개정판

자본시장법

[주석서 I]

한국증권법학회

傅 英 社

개정판 머리말

한국증권법학회 회원들이 공동 집필한 "자본시장법 주석서" 초판이 2009년 10월 발간되고 나서 학계, 업계 및 법조실무계로부터 분에 넘친 호평을 받았다. 그동안 한국증권법학회는 한국 증권분야의 정부정책과 산업에 중대한 법적 인프라 구축을 위하여 핵심적인 역할을 하여 왔는데, "자본시장법 주석서"도 그러한 역할의 일환이라 할 수 있다. 초판이 발간된 후 자본시장법 관련 법령이 수차례에 걸쳐 상당 부분 개정되었고 또한 많은 중요한 판례가 선고되었기 때문에 개정된 법령과 새로운 판례에 따라 초판의 내용을 수정할 필요가 있게 되었다. 그리고 초판이 발간된 후에 자본시장법과 관련하여 많은 단행본과 논문이 나왔으므로 이들 문헌에 포함된 중요한 내용을 포함시킬 필요도 있게 되었다.

이에 따라 "자본시장법 주석서" 개정판을 발간하기 위하여 한국증권법학회는 2013년 봄에 주석서 개정판 간행위원회를 구성하고 그 해 6월 한국증권법학회 회원들을 대상으로 집필신청을 받았다. 내용의 충실도와 객관성을 높이기 위하여 초판 원고 집필에 참여하지 않았던 회원들로부터 집필신청을 받은 결과 총 80명이 집필신청을 하였고, 각자의 집필범위를 확정한 후 각자 집필에 착수하였다. 1차 원고는 2014년 5월에 마감하였고 개정판 간행위원회 위원들이 분담하여 원고 내용을 감수하였고, 각 집필자들이 감수결과를 반영하여 완성한 최종 원고가 2014년 11월에 전부 취합되었다. 집필 기간이 장기화됨에 따라 집필 도중에 계속적으로 자본시장법과 그 시행령이 개정되었고, 심지어는 박영사에 최종 원고를 보낸 후인 작년 12월에도 매우 중요한 개정(시장질서 교란행위 도입)이 이루어져서 뒤늦게 원고를 수정, 보충한 경우도 많았다. 80인이라는 많은 집필진이 참여하여서 내용은 충실하게 되었지만 원고 수집과 감수 작업, 출판사의 교정 작업이 일반 서적에 비하여 비교할 수 없을 정도로 시일이 많이 소요되었고, 결국 처음 주석서 개정판 간행위원회를 구성한 때로부터 2년이 넘어서 발간이 이루어졌다. 당초의 예상보다 발간시기가 훨씬 늦어졌지만 늦은 만큼 내용이 충실해졌다고 믿는다.

개정판 발간을 위하여 처음 기획한 전임 송종준 회장님(충북대 법학전문대학원)은 기획단계에서 많은 정성을 기울였고, 개정판 원고 정리 과정에서 김병연 교수님(건국대 법학전문대학원), 김순석 교수님(전남대 법학전문대학원), 김정수 고문님(법무법인 율촌), 양호승 대표변호사님(법무법인 화우), 정윤모 연구위원님(자본시장연구원), 박임출 본부장님(한국예탁결제원) 등이 간행위원으로서 원고 정리는 물론 감수도 직접 하였고, 양호승 간행위원장님은 누락된 부분의 원고를 직접 보충하는 등 특히 많은 수고를 하였다. 본서는 집필자들과 간행위원들이 2년여 기간 동안 쏟은 노력의 소산이며, 한국증권법학회 회장 겸 개정판 편집대표로서 이 모든 분들에게 감사드린다. 아울러 80명에 이르는 대규모 집필진의 원고를 취합하고 정리하는 역할을 한 학회 사무국 김경미 국장님과, 조판 후에도 원고의 교체, 보충이 수차례 이루어져서 다른 도서에 비하면 훨씬 많은 고생을 하신 박영사 편집부 김선민 부장님에게도 감사드린다.

2015년 7월 15일

편집대표

한국증권법학회 회장

임 재 연

집 필 진

개정판 집필진	
강영기	고려대 법학연구소 전임연구원
강택신	한국상장회사협의회 과장
강희주	법무법인 광장 변호사
고동원	성균관대 교수
곽관훈	선문대 교수
김광록	충북대 교수
김동명	한국은행 부국장
김미정	금융감독원 변호사
김병연	건국대 교수
김선광	원광대 교수
김성용	성균관대 교수
김순석	전남대 교수
김연미	성균관대 교수
김영기	서울중앙지검 부부장검사
김영철	금융감독원 팀장
김영춘	한국거래소 부장
김 율	한국거래소 과장
김정수	법무법인 율촌 고문
김진억	금융투자협회 법무지원실장
김택주	국민대 교수
김학석	법무법인 율촌 변호사
김홍기	연세대 교수
남궁주현	법무법인 바른 변호사
남유선	국민대 교수
노태석	국회의원 비서관
류혁선	미래에셋증권 부문 대표
박선종	법무법인 나라 고문
박세화	충남대 교수
박승배	한국거래소 팀장
박임출	한국예탁결제원 본부장
박재현	법무법인 율촌 변호사

개정판 집필진	
박진욱	맥쿼리자산운용 전무
박훤일	경희대 교수
서동수	금융투자협회 대리
서완석	가천대 교수
성희활	인하대 교수
손영화	인하대 교수
송종준	충북대 교수
신영수	법무법인 율촌 변호사
신영재	법무법인 율촌 변호사
신현화	법무법인 율촌 변호사
심 영	연세대 교수
양호승	법무법인 화우 대표변호사
엄세용	한국거래소 부장
오성근	제주대 교수
오영표	신영증권 변호사
유석호	법무법인 화우 전문위원
유주선	강남대 교수
유호범	법무법인 율촌 전문위원
윤민섭	한국소비자원 선임연구원
은성욱	법무법인 율촌 변호사
이근영	한국거래소 팀장
이방우	금융감독원 선임조사역
이상복	서강대 교수
이서연	한국상장회사협의회 선임조사역
이서열	코리아에셋 이사
이숭희	법무법인 화우 변호사
이재혁	한국상장회사협의회 과장
이정수	김앤장 법률사무소 변호사
이정재	금융투자협회 대리
이진국	법무법인 율촌 변호사
이헌영	맥쿼리은행 서울지점 본부장

개정판 집필진	
이환기	부산지방법원 판사
임재연	법무법인 율촌 변호사
장근영	한양대 교수
장인봉	한국거래소 차장
정석호	한국거래소 부장
정순현	한국상장회사협의회 차장
정승화	한국예탁결제원 본부장
정윤모	자본시장연구원 연구위원
정은정	금융감독원 변호사
정준우	인하대 교수

개정판 집필진	
정지연	변호사
조아람	한국거래소 변호사
천창민	자본시장연구원 연구위원
최성근	영남대 교수
최승재	대법원 재판연구관
최윤상	테크앤로 법률사무소 변호사
하영태	동경대 정치법학연구과 객원연구원
황은아	삼성증권 법무팀장
황현영	국회입법조사처 입법조사관

초판 집필진	
강희주	법무법인 광장 변호사
강희철	법무법인 율촌 변호사
고창현	김앤장 법률사무소 변호사
권순일	대법원 대법관
권재열	경희대 교수
권종호	건국대 교수
김용재	고려대 교수
김정수	법무법인 율촌 고문
노태악	서울고등법원 부장판사
문경화	법무법인 세종 변호사
박임출	한국예탁결제원 본부장
박중민	금융투자협회 본부장
박철영	한국예탁결제원 부장
변제호	금융위원회 사무관

초판 집필진	
서종군	한국산업은행 사무국장
성희활	인하대 교수
송종준	충북대 교수
심 영	연세대 교수
안성포	전남대 교수
유석호	법무법인 화우 전문위원
윤영신	중앙대 교수
이진호	법무법인 리앤리파트너즈 변호사
장근영	한양대 교수
정윤모	자본시장연구원 연구위원
최문희	강원대 교수
최원진	기획재정부 과장
황호석	법무법인 세종 변호사

간행위원회

위원장: 양호승(법무법인 화우 대표변호사)

위 원: 김병연(건국대 교수) 김순석(전남대 교수)
김정수(법무법인 율촌 고문) 박임출(한국예탁결제원 본부장)
정윤모(자본시장연구원 연구위원)

(가나다 순)

집필분담표

주석서 집필분담표		
조 문	초 판	개 정 판
1-10조	고창현	강영기, 김홍기, 류혁선, 박선종
11-16조	정윤모	김동명
17-21조	정윤모	고동원
22-26조	심 영	은성욱
27-29조	심 영	서완석
30-36조	심 영	박세화, 남유선
37-40조	권순일	오성근
41-45조	권순일	신현화
46-46조의2	권순일	권순일
47-53조	권재열	이숭희
54-56조	김용재	황은아
57조	김용재	심영, 서동수
58-60조	김용재	황은아
61-65조	김용재	심영
66-70조	최문희	김택주
71-74조	최문희	김학석
75-78조	최문희	심영
79-82조	강희주	김미정
83-84조	강희주	박진욱
85조	강희주	김미정
86-91조	강희주	박진욱
92-95조	강희주	김미정
96-97조	안성포	신영재
98-100조	안성포	황은아
101조	안성포	신영재
102-109조	안성포	신영수
110-114조	안성포	오영표
115조	안성포	임재연

주석서 집필분담표		
조 문	초 판	개 정 판
116-117조	안성포	오영표
117조의2		오영표
118-121조	유석호	은성욱
122-124조	유석호	정은정
125-127조	유석호	남궁주현
128-132조	유석호	정은정
133-146조	송종준	강희주, 유호범
147-151조	유석호	곽관훈, 김선광, 신영재
152-158조	권종호	곽관훈, 김선광, 신영재
159-165조	권종호	김연미, 장인봉, 이근영
165조의2-3	권종호	김순석
165조의4-5	권종호	정준우
165조의6, 8, 9	권종호	이재혁
165조의7	권종호	이서연
165조의10	송종준	정순현
165조의11	송종준	김성용, 송종준
165조의12-14	송종준	황현영
165조의15	송종준	김순석
165조의16-18	송종준	강택신
165조의19		이서연
166-166조의2	송종준	강영기
166조의3	송종준	이헌영, 강영기
167조	송종준	강영기
168-171조	송종준	김연미
172조	노태악	양호승, 이정수
173-173조의2	노태악	장근영

174조	노태악	이상복
175조	노태악	이정수, 최승재
176조	김정수	성희활, 엄세용, 최성근
177조	김정수	이정수, 최성근
178조	김정수	박임출, 김병연, 김영기
178조의2-3		임재연
179조	김정수	김정수
제4장		김영기
180조	김정수	김정수
181-187조	서종군	윤민섭
188-193조	황호석	손영화
194-206조	문경화	하영태
207-212조	황호석	하영태
213-217조	문경화	하영태
217조의2-7		하영태
218-228조	강희철	양호승
229-234조	서종군	김광록
235-240조	서종군	최윤상
241조	서종군	임재연
242-243조	서종군	최윤상
244-248조	서종군	이방우
249-267조	박임출	유석호, 신영수, 이진국
268-269조	윤영신	유주선
270-271조	윤영신	박재현
272조	윤영신	유주선
272조의2		임재연

273조	윤영신	유주선
274-277조	윤영신	박재현
278조	윤영신	윤영신
278조의3		임재연
279-282조	박임출	유석호, 정지연
283-293조	박중민	김진억, 이정재
294-323조	박철영	천창민, 김택주, 정승화
323조의2-20		정석호
323조의21		이서열
324-335조	장근영	이서열
335조의2-15		박휜일
336-354조	장근영	박휜일
355-359조	권종호	박휜일
360-364조	강희주	박휜일
365-369조	최문희	정승화
370-372조	최문희	박휜일
373조	성희활	김율
373조의2-7		김율
374-378조	성희활	김율
379-389조	성희활	박승배
390-401조	성희활	조아람
402-414조	성희활	김영춘
415-425조	성희활	노태석
426-427조	성희활	김영철
427조의2		김영철
428-434조의4	성희활	정윤모
435-442조	최원진	이환기
443-449조	이진호	이환기

凡　　例

※ 본 주석서의 이용안내

• 주석내용의 시점 : 본 주석서는 2007년 8월 3일 제정되고, 2009년 2월 4일 시행된 자본시장과 금융투자업에 관한 법률에 대한 주석을 그 내용으로 하고 있다. 동법은 제정된 이후 21차례에 걸쳐 개정되었으며, 그중 10차례는 타법률의 개정으로 인한 변경이다. 본 주석서는 2014년 12월 30일 기준으로 집필되었다.

• 주석서의 목차설명 : 본 주석서의 목차는 2가지 종류이며, 총목차는 자본시장법의 편, 장, 절, 관의 명칭에 따라서 작성되었고, 조문목차는 각 조문별 시작 페이지를 표시하고 있다.

• 인용문헌의 약어표 : 본 주석서는 다수의 집필자에 의해 주석서가 집필되는 과정에서 인용문헌의 표시가 완전히 통일적으로 이루어지기에는 어려운 점이 있었다. 따라서 단행본과 논문 및 자료의 인용은 각 집필자에 따라 약간의 차이가 있다는 점을 밝혀두며, 다만 법령 및 규칙에 대하여는 다음과 같은 약어표에 따라서 작성되었다.

원　어	약　어
자본시장과금융투자업에관한법률	법
자본시장과금융투자업에관한법률 시행령	법 시행령
자본시장과금융투자업에관한법률 시행규칙	법 시행규칙
자본시장조사업무규정	조사업무규정
금융투자업감독규정	금융투자업규정
증권거래법	구증권법
증권거래법 시행령	구증권법 시행령
증권거래법 시행규칙	구증권법 시행규칙
간접투자자산운용업법	구간투법
간접투자자산운용업법 시행령	구간투법 시행령
간접투자자산운용업법 시행규칙	구간투법 시행규칙
간접투자자산운용업감독규정	구간투법규정
간접투자자산운용업감독규정 시행세칙	구간투법세칙
신탁법	신탁법
신탁업법	구신탁업법

선물거래법	구선물법
선물거래법 시행령	구선물법 시행령
선물거래법 시행규칙	구선물법 시행규칙
선물업감독규정	구선물규정
선물업감독규정 시행세칙	구선물세칙
증권관련집단소송법	증권소송법
한국증권선물거래소법	구거래소법
한국증권선물거래소법 시행령	구거래소법 시행령
증권업감독규정	증감규정
증권의 발행 및 공시 등에 관한 규정	발행공시규정
증권의 발행 및 공시 등에 관한 규정 시행세칙	발행공시세칙
증권범죄조사사무처리규정	증권범죄규정
자본시장조사 업무규정	조사업무규정
단기매매차익 반환 및 불공정거래조사 · 신고 등에 관한 규정	조사신고규정
공인회계사법	회계사법
공사채등록법	공사채법
자산유동화에관한법률	유동화법
자산유동화에관한법률 시행령	유동화법 시행령
자산유동화업무감독규정	유동화규정
주식회사의외부감사에관한법률	외감법
주식회사의외부감사에관한법률 시행령	외감법 시행령
주식회사의외부감사에관한법률 시행규칙	외감법 시행규칙
The Securities Act of 1933	미국 1933년법
The Securities Exchange Act of 1934	미국 1934년법
The Securities and Exchange Commission	미SEC
日本 金融商品去來法	日金商法
日本 證券取引法	日舊證券法

총 목 차

자본시장법 I

제 1 편 총 칙

제 2 편 금융투자업

제 3 편 증권의 발행 및 유통

제 4 편 불공정거래의 규제

자본시장법 Ⅱ

제 5 편 집합투자기구

제 6 편 금융투자업관계기관

제 7 편 한국거래소

제 8 편 감독 및 처분

제 9 편 보 칙

제10편 벌 칙

세부 목차

제 1 편 총　　칙

제 2 편 금융투자업

제 1 장 금융투자업의 인가 및 등록

제 3 편 증권의 발행 및 유통

제 1 장 증권신고서 제도

제 4 장 장외거래 등

제 4 편 불공정거래의 규제

제 1 장 내부자 거래 등

제 2 장 시세조종 등

제 3 장 부정거래행위 등

제 4 장 자본시장 불공정거래의 형사책임

자본시장과
금융투자업에 관한 법률

| 제 1 편 총 칙

제1편 총 칙

제 1 편 총칙에서는 자본시장과 금융투자업에 관한 법률의 목적 및 적용범위, 그리고 금융투자상품, 증권, 파생상품, 금융투자업, 금융투자업자 등과 같은 기본 개념들에 대해 정의하고 있다.

제 1 조(목적)

이 법은 자본시장에서의 금융혁신과 공정한 경쟁을 촉진하고 투자자를 보호하며 금융투자업을 건전하게 육성함으로써 자본시장의 공정성·신뢰성 및 효율성을 높여 국민경제의 발전에 이바지함을 목적으로 한다.

Ⅰ. 시장의 변화와 자본시장법 제정의 의의

자본시장이 발달되지 않은 시대에는 시장에 참가하는 업자의 감독, 투자자의 보호 등의 업자규제의 이념이 중심이었지만, 지금은 시장규제 이념이 중심이 되고 있다. 본래 증권관련 산업을 포함한 자본시장은 자금수요자인 기업과 공급자인 투자자 간의 자금중개기능을 통해 유동자금을 산업자본화하고 투자자의 자산운용 기회확대 및 자원의 효율적 배분을 가능케 하는 국가경제의 지속적인 중요한 경제 인프라의 하나이다. 그런데 국내자본시장 및 관련 산업의 발전에 있어서 기존의 법률체계가 제약요인으로 작용하고 있다고 판단하여, 이를 합리적으로 재정비하고 금융체제혁신과 자본시장의 경쟁촉진유도를 목적으로 한 자본시장법의 제정이 이루어졌다.

자본시장법은 증권거래법과 선물거래법, 한국증권선물거래소법, 간접투자자산운용업법, 신탁업법, 종합금융회사에 관한 법률 등 자본시장관련 법률을 하나의 법률로 통합하면서 규제의 사각지대를 없애고 투자자보호의 강화를 목표로 하고 있다. 즉, 금융투자업자에게 증권업, 선물업, 자산운용업 등 관련된 업무를 원활히 영위할 수 있는 환경을 조성하고 자본시장 참가자의 자유로운 활동지원을 위해 규제를 완화하는 동시에 금융소비자인 투자자에 대한 보호를 강화하기 위한 목적의 입법으로서, 종전에 투자자보호법제로서의 역할을 담당해온 증권거래법이 폐지되었으므로 자본시장법이 투자자보호를 위한 기본법으로서의 역할과 기능을 담당하는 것이 당연한 귀결이라고 할 수 있다.

또한 자본시장의 경쟁촉진과 대형투자은행의 육성을 골자로 하여 금융투자상품을 추상적 정의만으로 포괄하는 포괄주의 도입, 금융투자업의 진입환경 자유화와 업무범위의 확대, 선진국수준의 투자자보호 장치도입 등을 내용으로 하면서, 규제개혁을 통해 자본시장의 효율성을 제고하고 투자자보호를 통해 자본시장의 신뢰성을 향상시켜 자본시장의 균형적 발전을 도모하고 있는데, 자본시장의 규제개혁과 투자자보호의 강화가 자본시장법의 핵심이다.

한편, 은행·보험·서민금융회사 등이 대상에서 제외되어 규제의 형평성과 실효성 측면에서 문제가 될 여지가 있다는 견해가 있다. 즉, 은행이나 보험회사 등이 금융투자업무를 영위하는 경우 자본시장법상의 규제와 더불어 기관별 열거주의 규제체제하의 은행법, 보험업법 등에 의한 규제를 받는 등 이중규제의 문제가 있어서 경쟁력 저하의 우려는 물론, 업종간의 규제차익(Regulatory Arbitrage)의 존재로 인하여, 규제의 형평성과 실효성이 손상될 염려가 있고 금융산업의 균형적 발전에도 부정적 영향을 미칠 수도 있다[1]는 것이다.

Ⅱ. 자본시장법의 목적

자본시장법은 제 1 조에서 자본시장법의 목적에 대해 "이 법은 자본시장에서의 금융혁신과 공정한 경쟁을 촉진하고 투자자를 보호하며 금융투자업을 건전하게 육성함으로써 자본시장의 공정성·신뢰성 및 효율성을 높여 국민경제의 발전에 이바지함을 목적으로 한다"고 규정하고 있다.

이 목적규정은 자본시장법 전체의 기본이념을 나타내는 가장 중요한 규정으로서 자본시장법 규정의 해석 및 운용 시에 문언의 형식적 해석에 얽매이지 말고 이러한 목적규정을 중심으로 한 실질적 해석과 운용을 하는 것이 중요하다.

자본시장법 제 1 조는 '금융혁신과 공정한 경쟁의 촉진', '투자자보호', '금융투자업의 건전한 육성', '자본시장의 공정성·신뢰성 및 효율성 제고', '국민경제의 발전'이라는 개념들을 규정하고 있는데, 이들 개념의 상호관계를 문장구조에서 볼 때 '금융혁신과 공정한 경쟁의 촉진', '투자자보호', '금융투자업의 건전한 육성' 등의 1차적 목적달성을 통해 자본시장의 공정성 및 효율성을 높일 수 있고 최종적으로 국민경제의 발전이라는 궁극적인

1) 김동환, "자통법이 은행산업에 미치는 영향과 대응방안," 「컴퓨터월드」, 통권 제289호(2007), 54쪽.

목적을 달성할 수 있다고 해석할 수도 있고,[1] 규정형식과 관계없이 투자자보호가 가장 궁극적 목적이고 국민경제의 발전은 자본시장의 공정성·신뢰성·효율성을 통해 달성하려는 간접적이고 이념적인 목적이며 기타 개념들은 투자자보호를 위한 수단이라고 해석할 수도 있다.[2]

하지만 '투자자보호'나 '국민경제의 발전'은 다른 구체적 목적들이 달성됨으로써 간접적으로 달성되는 것에 불과하고, '자본시장기능의 확보'가 가장 중요한 것이라고 본다.[3] 자본시장에 직접 참여하지 않고 있는 국민 모두에게 있어서도 자본시장법은 중요한 의미를 가지기 때문이다. 즉, 자신은 투자를 하지 않고 있으므로 자본시장법과 아무런 관련이 없다는 생각을 하는 사람도 있을 수 있지만, 자본시장은 우리들 개개인의 생활과 직·간접적으로 연관되어 있는 것이고, 자본시장법은 이러한 국민공유의 재산인 금융·자본시장의 공정성과 건전성을 수호하는 법률이라는 인식을 가져야 한다.[4]

자본시장규제는 생명체로서의 자본시장을 대상으로 하기 때문에 언제나 현장에서의 대응이 필요하고 규율창조와 법운용이 동시에 진행되어, 공공재로서의 시장기능의 확보를 위해서는 자율규제기관의 역할과 기능도 법령만큼이나 중요하다.

Ⅲ. 자본시장법의 구체적 법익

자본시장법의 중요한 목적의 하나인 '투자자보호'의 중심적 의미는, 유가증권이 거래되는 시장에서 투자자가 투자대상으로서 보유하고 있는 유가증권을 당시의 경제적 가치를 반영한 가격, 즉 공정한 가격형성과정에서 형성된 시가로, 임의의 시기에 신속하게 최소비용으로 매각할 수 있는 환경을 가리킨다. 따라서 자본시장법은 유가증권시장의 기

1) 김정수, 「자본시장법원론」, SFL그룹, 2011, 20쪽.

2) 임재연, 「자본시장법」, 박영사, 2013, 3쪽. 투자자보호가 가장 중요한 목적이라는 것이 일반적인 견해라고 한다.

3) 일본 금상법 제 1 조의 목적규정을 보면, 종래의 증권거래법의 목적규정과 비교할 때, 새로이 자본시장기능의 온전한 발휘에 따른 금융상품 등의 공정한 가격형성 등을 도모할 것을 직접적인 목적의 하나로 규정함으로써, 이른바 시장법으로서의 성격도 가진다는 사실을 명확히 하고 있다. 小島宗一郎/松本圭介/中西健太郎/酒井敦史, "金融商品取引法の目的·定義規定,"「商事法務」, 1772号(2006), 18頁; 近藤光男/吉原和志/黒沼悦郎, 「金融商品取引法入門(第2版)」, 商事法務, 2011, 6頁; 小谷融/内山正次 編, 「金融商品取引法におけるディスクロージャー制度」, 税務研究会出版局, 2007, 3頁; 이것은 이전부터 공정한 가격형성의 확보를 통한 증권시장기능의 확보를 증권거래법의 목적으로 파악해야 한다고 본 시장법론이 반영된 것이다. 시장법론은 공정한 가격형성이 있은 후에 비로소 투자자의 보호가 적절히 확보되고 기업 등의 자금조달이 적절히 이루어지며, 나아가서는 효율적인 자원배분의 실현이라는 국민경제적 기능이 발휘될 수 있다고 보는 견해이다. 시장법론에 관한 내용은 上村達男, "証券取引法の目的と体系,"「企業会計」, Vol. 53, No. 5(2001), 135頁; 강영기, "투자자보호법제로서의 한국 자본시장법과 일본 금융상품거래법에 대한 고찰,"「기업법연구」 제26권 제 2 호(2012), 241쪽.

4) 이러한 인식은 자본시장법이 단순한 행정규제적인 성격에 그치는 것이 아니라 시장법으로서의 성격을 가지는데서 오는 당연한 결과라고 할 수 있다. 河村賢治, "金融商品取引法に関する一考察," 上村達男/神田秀樹/犬飼重仁 編著, 「金融サービス市場法制のグランドデザイン」, 東洋経済新聞社, 2007, 239頁 참조.

능을 훼손할 가능성이 있는 거래를 규제하고, 그러한 규제와 더불어 시장거래를 공정하고 효율적이며 신뢰할 수 있는 조치를 취함으로써 자본시장기능을 확보하는 법률이라고 할 수 있다.

만일 자본시장거래에 참가하는 일반적·추상적 총체로서의 투자자가 유가증권에 투자하는 경우에, 투자대상인 유가증권 및 그 유통 등에 관하여 적정한 정보공개가 이루어지고, 거래시장이 공정하며 자본시장기능이 원활하게 이루어짐으로써 편익을 향수할 수 있는 것을 '투자자보호'라고 표현한 것이라고 이해한다면, 투자자의 개별적인 재산권보호는 공정한 시장기능의 확보에 의한 반사적 이익에 불과하고, 투자자의 보호는 사실을 몰라서 입게 되는 손해로부터의 보호(공시제도)와 불공정한 거래로부터 입게 될 손해로부터의 보호(각종 거래규제)로 구성되게 될 것이다. 그런데 자본시장법에서 상정하는 투자자는 소비자적인 일반투자자와는 다르고, 자기의 판단과 책임 하에 자기가 투자하는 대상에 대해서 정보를 수집하고 투자 여부를 결정하는 투자자를 전제로 하여, 그 보호를 위한 조건을 정비하는 것이라고 할 수 있으므로, 표준적인 일반투자자가 '어느 정도의 합리성'[1)]을 가진 투자행동을 취한다는 점을 고려한 적절하고 타당한 규제를 마련하고 있는 것이 자본시장법이라고 하겠다.

제2조(국외행위에 대한 적용)

이 법은 국외에서 이루어진 행위로서 그 효과가 국내에 미치는 경우에도 적용한다.

Ⅰ. 국제금융법제와 역외적용

근래에 들어 국제거래에서의 역외적용 문제가 논의되고 있는데, 역외적용이란 국가가 자국의 법령을 자국 외의 사상에 대해서까지 확대하여 적용하는 것으로, 국제법은 일정한 경우에 국내법령의 역외적용을 예외적으로 허용하고 있다. 기업활동이 국제적으로 이루어지는 시대에는 국가법에 의한 기업규제는 필연적으로 중복되고, 때로는 두 나라의 법이 동일한 행위에 대해 적용되는 경우가 있고, 양국의 규제가 서로 모순되는 경우도 있을 것이다. 이것이 역외적용의 문제로서 국가에 따라 규율이 다르고, 여전히 통일적인 원칙이 형성되어 있지 않은 것이 현실이다. 따라서 당분간은 자국 법원에서 자국의 법에

1) 어느 정도의 합리성이란 투자판단에 필요한 정보를 적극적으로 수집한다는 점에서 불충분한 부분이 있더라도 적어도 정보가 제공되면 어느 정도의 투자판단이 가능한 수준을 의미한다.

의한 처리를 할 수밖에 없는데, 미국의 경우가 가장 적극적으로 외국의 회사 등에 대해서도 자국의 법규를 적용하려고 한다. 하지만 국가관할권의 행사에는 일반 국제법상 일정한 한계가 있을 수밖에 없기에, 그 한계의 획정을 둘러싸고 각국에서 논의가 활발한 것이다. 이에 관해서는 경쟁법 분야에서의 적용법리가 참고가 될 것이다.

일본에서도 독점금지법에서는 종전부터 역외적용 문제가 논의되었지만, 국제금융법제와 국제거래법 등 전반에 걸쳐 역외적용 문제가 확대되고 있고, 내용도 제각각이기 때문에, 예측가능성 및 국익 등의 관점에서 역외적용에 관한 규율을 통일할 필요성이 있다는 의견이 제기되고 있다. 그리고 도드-프랭크법 등의 역외적용의 움직임이 강화되는 영향도 있어서 새로이 규율의 통일적 고찰의 필요성이 검토되고 있는 것이다.

특히 금융 분야에 있어서는 글로벌화 내지 국제화가 불가피하기 때문에, 외국회사가 국내에서 유가증권의 취득을 권유하거나 국내회사가 외국에서 유가증권의 취득을 권유하는 것도 드물지 않다. 그렇다면 자본시장법이 적용되는 것은 어떠한 경우일까. 국내회사가 국내에서 유가증권을 발행하고 국내에서 취득을 권유하는 경우에는 자본시장법이 적용되는 것이 당연하다. 이것이 속지주의의 원칙이다. 또한 외국회사가 유가증권을 외국에서 발행하고 외국에서 취득을 권유하는 경우에는 당해 외국의 증권거래규제법이 적용된다. 그런데 이러한 속지주의를 넘어 당해 국가의 공법을 당해 국가 바깥에서 이루어진 행위에 대해 적용하는 것을 역외적용이라고 한다.

사법의 경우에는 국제사법에 따라 어느 법이 적용되는지 알 수 있으나 자본시장법과 같은 공법(엄밀히 공법이라고 할 수 있는지는 어려운 문제이지만, 적어도 공법적 요소가 있다)적 성격의 법률에 있어서는 그 취지, 목적에 비추어 역외적용이 이루어지는 경우가 있을 것이다. 자본시장법에 있어서도 이러한 역외적용의 문제가 충분히 정리되었는지는 의문이지만, 제 2 조에서 국외에서 이루어진 행위로서 그 효과가 국내에 미치는 경우에도 자본시장법이 적용된다고 규정하고 있다. 그런데 국내에서 일어나지 않은 행위에 대해 국내법을 적용하기 위해서는 국내법의 적용을 정당화할 수 있는 요소가 필요하다. 국내법이 보호하려는 이익과 관련성이 없다면 국내법 적용의 정당성이 결여되기 때문이다.[1)]

Ⅱ. 역외적용과 보호이익

예컨대 미국의 국내법인 도드-프랭크법이 역외적용을 통해 각국 국내법제의 정비를 촉진하는 요소가 있는데, 금융거래가 국경을 초월하여 이루어지고 있으므로 어쩌면 금융규제의 통일적인 움직임이 있어도 전혀 이상할 것이 없다. 하지만 도드-프랭크법의 역외적용과 일률적인 규제에 대해서도 비판적인 견해가 있고, 앞으로는 사법판단의 역외

1) 김정수, 전게서(2011), 37쪽.

적용, 집행·강제를 포함하여 국제관할권의 논의와 예측가능성이 있고 통일적인 이론을 아우르는 법질서의 형성을 위한 노력이 필요해질 것으로 본다.

일반적으로 일본에서도 금융상품거래법은 국내가 아니면 적용될 수 없다는 것이 일반적인 생각이다. 따라서 법을 위반한 자가 외국에 있는 경우에는 적용범위의 지리적 한계로 인하여 규율할 수 없는 것이 현실이다. 그런데 미국에서는 외국법에 준거하는 외국회사라도 미국 내에 자산이 있으면 법을 집행할 수 있고 국내시장에 영향이 있는 행위인 이상 행위자가 어디에 있든지 법을 적용하는 것이 일반적이다. 즉, 특정 국가의 국내법은 그 국가의 주권이 미치는 범위 내에서만 적용되는 것이 국제법상의 원칙이지만, 이러한 원칙에 대한 예외로서 국내에서의 행위나 자국민의 행위가 아니더라도 그 국가나 국민의 법적 이익을 침해하는 행위에 대해 국내법을 적용하는 보호주의의 입장[1]을 취하고 있는 것이다.

역외적용이 문제되는 것은 이처럼 국가나 국민의 법적 이익을 포함하는 국익의 보호가 필요한 경우이다. 자본시장법 제2조에서 말하는 국외에서 이루어진 행위로서 그 '효과가 국내에 미치는 경우'도 이러한 국익에 관계되는 경우를 일컫는다고 할 수 있다.

이처럼 외국에서 이루어진 행위라도 자국의 투자자 또는 시장에 영향을 미치는 경우에는 자국의 법을 적용한다는 원칙(효과기준)은 미국의 판례에서 발전한 기준인데, 여기서 말하는 '영향'이나 '효과'의 개념은 매우 광범위하여 시장에 대한 일반적인 효과만을 가지고 적용하기는 불충분하고, 외국에서의 특정 행위가 투자자나 시장에 예측 가능하면서 실질적인 부정적 효과를 미쳤는지가 적용 여부의 기준이다.[2]

한편, 특정 위반행위가 이루어진 장소를 기준으로 법의 적용 여부를 결정하는 원칙(행위기준)이 고려될 수 있는데, 위반행위를 구성하는 일련의 행위들이 여러 국가에 걸쳐 이루어지는 경우에 전체 행위 중에서 어느 정도 비중 있는 행위가 이루어진 경우에 국내법을 적용할 수 있는지가 문제될 수 있기 때문이다.[3]

법 제2조의 규정은 효과주의를 채택한 것으로 평가할 수 있지만, '효과가 국내에 미치는 경우'라고 하는 것은 국가나 국민의 법적 이익을 포함하는 국익에 대한 직접적인 부정적 효과만을 가리키는 것이 아니고, 그러한 부정적 효과의 현저한 발생가능성이 있는 경우에도 자본시장의 기능을 확보하기 위한 관점에서 자본시장법의 적용가능성을 긍정할 수 있다고 본다.

---

1) 양명조, 「경제법강의」, 신조사, 2012, 378쪽.
2) 김정수, 전게서(2011), 38쪽.
3) 상게서, 39쪽.

제 3 조(금융투자상품)

① 이 법에서 "금융투자상품"이란 이익을 얻거나 손실을 회피할 목적으로 현재 또는 장래의 특정(特定) 시점에 금전, 그 밖의 재산적 가치가 있는 것(이하 "금전 등"이라 한다)을 지급하기로 약정함으로써 취득하는 권리로서, 그 권리를 취득하기 위하여 지급하였거나 지급하여야 할 금전등의 총액(판매수수료 등 대통령령으로 정하는 금액을 제외한다)이 그 권리로부터 회수하였거나 회수할 수 있는 금전 등의 총액(해지수수료 등 대통령령으로 정하는 금액을 포함한다)을 초과하게 될 위험(이하 "투자성"이라 한다)이 있는 것을 말한다. 다만, 다음 각 호의 어느 하나에 해당하는 것을 제외한다. 〈개정 2011. 7. 25, 2013. 5. 28〉

1. 원화로 표시된 양도성 예금증서
2. 「신탁법」 제78조 제 1 항에 따른 수익증권발행신탁이 아닌 신탁으로서 다음 각 목의 어느 하나에 해당하는 신탁(제103조 제 1 항 제 1 호의 재산을 신탁 받는 경우는 제외하고 수탁자가 「신탁법」 제46조부터 제48조까지의 규정에 따라 처분 권한을 행사하는 경우는 포함한다. 이하 "관리형신탁"이라 한다)의 수익권
   가. 위탁자(신탁계약에 따라 처분권한을 가지고 있는 수익자를 포함한다)의 지시에 따라서만 신탁재산의 처분이 이루어지는 신탁
   나. 신탁계약에 따라 신탁재산에 대하여 보존행위 또는 그 신탁재산의 성질을 변경하지 아니하는 범위에서 이용·개량 행위만을 하는 신탁
3. 그 밖에 해당 금융투자상품의 특성 등을 고려하여 금융투자상품에서 제외하더라도 투자자 보호 및 건전한 거래질서를 해할 우려가 없는 것으로서 대통령령으로 정하는 금융투자상품

② 제 1 항의 금융투자상품은 다음 각 호와 같이 구분한다.

1. 증권
2. 파생상품
   가. 장내파생상품
   나. 장외파생상품

시행령 제 **3** 조(금융투자상품의 범위)

① 「자본시장과 금융투자업에 관한 법률」(이하 "법"이라 한다) 제 3 조 제 1 항 각 호 외의 부분 본문에서 "판매수수료 등 대통령령으로 정하는 금액"이란 다음 각 호의 금액을 말한다.

1. 법 제58조 제 1 항에 따른 수수료, 법 제76조 제 4 항에 따른 판매수수료(이하 "판매수수료"라 한다), 그 밖에 용역의 대가로서 투자자, 그 밖의 고객이 지급하는 수수료
2. 보험계약에 따른 사업비와 위험보험료
3. 그 밖에 금융위원회가 정하여 고시하는 금액

② 법 제 3 조 제 1 항 각 호 외의 부분 본문에서 "해지수수료 등 대통령령으로 정하는 금액"이란 다음 각 호의 금액을 말한다.

1. 법 제236조 제 2 항에 따른 환매수수료(이하 "환매수수료"라 한다), 그 밖에 중도해지로 인하여 투자자, 그 밖의 고객이 지급하는 해지수수료(이에 준하는 것을 포함한다)
2. 각종 세금
3. 발행인 또는 거래상대방이 파산 또는 채무조정, 그 밖에 이에 준하는 사유로 인하여 당초 지급하기로 약정한 금전 등을 지급할 수 없게 됨에 따라 투자자, 그 밖의 고객이 되돌려 받을 수 없는 금액

4. 그 밖에 금융위원회가 정하여 고시하는 금액
③ 법 제3조 제1항 제3호에서 "대통령령으로 정하는 금융투자상품"이란 「상법」 제340조의2 또는 제542조의3에 따른 주식매수선택권을 말한다. 〈신설 2013. 8. 27〉

Ⅰ. 금융투자상품 개념의 의의

자본시장법상의 금융투자상품 개념은 자본시장법의 적용범위를 획정하는 가장 중요한 개념으로서, 자본시장법에 대해 시대가 요구하고 기대하는 것이 무엇인지를 보여주는 거울이기도 하다.

종래에는 금융기관의 취급가능상품을 법령에 나열하는 열거주의 규제체제여서 21가지의 유가증권과 4가지의 파생상품에 대해서만 금융기관의 취급이 가능하고 투자자보호 규율이 적용되었기에 시장참가자의 다양한 욕구충족이 불가능하였다. 또한 새로운 금융상품의 등장이 곤란하여 금융혁신을 저해할 가능성이 높고 열거되지 않은 신상품에 대한 규제가 없어서 투자자보호가 미흡하였다.[1] 그러나 자본시장법 하에서는 금융투자상품을 투자성의 유무라는 포괄적·추상적 개념으로 정의하는 포괄주의로 전환하여 개발 및 판매 가능한 투자상품의 범위가 사실상 무한대로 확대되고 예금과 보험 상품을 제외한 투자상품의 설계 및 취급이 가능해졌다.[2]

Ⅱ. 금융투자상품의 정의

자본시장법은 금융투자상품을 이익을 얻거나 손실을 회피할 목적으로 현재 또는 장래의 특정 시점에 금전, 그 밖의 재산적 가치가 있는 것(금전 등)을 지급하기로 약정함으

1) 종래의 유가증권의 정의의 문제점 등과 관련하여, 한정적 열거주의를 취하고 있었기 때문에 사기적인 위법행위에 대해서 증권거래법의 투자자보호 규정을 제대로 적용할 수 없었고, 새로운 투자상품의 공중에 대한 판매와 건전한 시장형성을 저해하는 문제점을 개선할 필요가 있다는 지적은 일본에서도 있었는데, 금융상품거래법의 제정 시에 그러한 내용이 반영되었다. 近藤光男/吉原和志/黒沼悦郎, 전게서(2011), 28頁.

2) 금융상품거래법에서는 투자상품과 같은 포괄적 정의만을 두는 방식을 취하지 않고, 오히려 증권거래법이 채용하고 있던 전통적인 방식을 답습하였다. 즉, 투자상품의 정의는 유가증권과 파생상품거래의 쌍방을 포함하는 것이었는데, 금융상품거래법의 적용대상은 유가증권(2조 1항·2항)과 파생상품거래(2조 20항)로 분류된다. 그런데, 유가증권의 포괄적인 정의와는 달리 파생상품거래의 포괄적인 정의규정은 두지 않았다. 그러나 파생상품거래를 구성하는 각 거래의 기초자산·기초지표를 모든 자산·지표로 함으로써 포괄조항을 두는 것은 가능하다. 近藤光男/吉原和志/黒沼悦郎, 전게서(2011), 30·50頁.

로써 취득하는 권리로서, 그 권리를 취득하기 위하여 지급하였거나 지급하여야 할 금전 등의 총액이 그 권리로부터 회수하였거나 회수할 수 있는 금전 등의 총액을 초과하게 될 위험(투자성)이 있는 것으로 정의하고 있는데(3조 1항 본문), 이러한 금융상품을 정의하는 개념을 이익을 얻거나 손실을 회피할 목적, 금전 등의 지급, 약정함으로써 취득하는 권리, 투자성 등으로 구분하여 살펴보면 다음과 같다.

1. 이익을 얻거나 손실을 회피할 목적

금융투자상품이 되기 위해서는 '이익을 얻거나 손실을 회피할 목적'이 필요한데, 주로 증권은 이익을 얻는 것을 목적으로 하고 파생상품은 손실을 회피하는 것을 목적으로 한다. 그러므로 이것은 증권 및 파생상품의 거래목적을 포괄하는 금융투자상품의 중요한 특징을 표현하고 있으며, 이것이 바로 '투자의 목적'에 관한 요건이라고 할 수 있다.

예금이나 보험 상품 등도 이익을 얻거나 손실을 회피할 목적이 내포되어 있기는 하지만, '투자성'이 결여되어 있기 때문에 금융투자상품이 될 수 없다.[1)]

2. 현재 또는 장래의 특정 시점에 금전 등의 지급

금융투자상품 취득의 대가로 현재 또는 장래의 특정 시점에 금전, 그 밖의 재산적 가치가 있는 것(금전 등)의 지급이 있어야 하는데, 이행기에 따른 구별실익을 부정하는 견해도 있지만,[2)] 통상 지급행위의 시점이 현재인 경우는 증권거래에 관한 것이고, 장래의 특정 시점인 경우는 파생상품거래에 관한 것으로 본다. 일반적으로 파생상품은 장래의 특정 시점에 특정 조건으로 사전에 약정한 금액을 지급하는 것이기 때문이다.

여기서는 '특정 시점'을 요소로 하고 있으므로 지급기일이 확정되거나 확정될 수 있어야 하고, '그 밖의 재산적 가치가 있는 것'은 파생상품거래의 결제와 관련하여 실물인도를 포함시키기 위한 것이므로 '지급'에는 실물인도도 포함된다고 볼 수 있다.[3)]

3. 약정함으로써 취득하는 권리

금융투자상품은 약정함으로써 취득하는 권리이므로 이것은 '계약상의 권리'를 뜻한다. 이러한 계약상의 권리라고 하는 요건은 금융투자상품의 중요한 요소를 구성하는데, 이는 신용위험과 같은 계약외적 요소에 의한 원본손실가능성을 금융투자상품의 요소에서 배제하려는 것이라고 할 수 있다.[4)] 그런데 신용위험도 시장위험과 더불어 당해 증권의 가치평가에 있어서 중요한 요소라는 측면에서 보면 신용위험을 시장위험에 의한 원본

1) 임재연, 전게서(2013), 23쪽.
2) 김정수, 전게서(2011), 47쪽.
3) 임재연, 전게서(2013), 23쪽.
4) 김정수, 전게서(2011), 48쪽.

손실가능성만을 손실위험으로 보는 것에는 의문이 남는다.[1)]

한편, 파생상품의 경우에는 계약상의 권리를 금융투자상품으로 볼 수 있고 그 계약의 이행에 의하여 취득하게 되는 것은 기초자산이기 때문에 이러한 정의를 적용하는데 문제가 없으나, 증권의 경우에는 법문을 문리적으로 해석하면 논란의 여지가 있으므로 유연한 해석이 필요하다는 의견이 있다.[2)]

4. 투 자 성

(1) 투자성의 개념

금융투자상품이 되기 위해서는 투자성이 있어야 하는데, 자본시장법은 이에 대하여 '그 권리를 취득하기 위하여 지급하였거나 지급하여야 할 금전 등의 총액(판매수수료 등 대통령령으로 정하는 금액을 제외한다)이 그 권리로부터 회수하였거나 회수할 수 있는 금전 등의 총액(해지수수료 등 대통령령으로 정하는 금액을 포함한다)을 초과하게 될 위험이 있는 것'을 투자성이 있다고 정의한다. 즉, 투자성은 투자원본의 손실가능성을 의미한다.

원본이 보전되는 예금이나 보험의 경우에는 금융투자상품의 다른 요건을 충족시킨다고 하더라도 이러한 투자성의 요건을 충족시키지 못하기 때문에 금융투자상품의 범위에서 배제되는 것이므로, 투자성의 요건은 전통적인 예금이나 보험과 금융투자상품을 구분하는 중요한 기준이 된다고 할 수 있다.

(2) 지급금액에서 제외하는 금액

원본손실위험을 가리키는 투자성이 금융투자상품의 가장 중요한 특징이지만, 금융거래에서 불가피하게 발생하는 부수적 비용은 제외할 필요가 있다. 법령에서는 이러한 부수적 비용을 제외하고 원본손실을 정의하는데, 지급금액에서 제외되는 판매수수료 등 대통령령으로 정하는 금액은 다음과 같다(법 시행령 3조 1항).

1. 금융투자업자가 투자자로부터 받는 수수료(법 58조 1항), 집합투자증권의 판매와 관련된 판매수수료(법 76조 4항), 그 밖에 용역의 대가로서 투자자, 그 밖의 고객이 지급하는 수수료

2. 보험계약에 따른 사업비와 위험보험료

3. 그 밖에 금융위원회가 정하여 고시하는 금액

(3) 회수금액에 포함하는 금액

회수금액에 포함되는 해지수수료 등 대통령령으로 정하는 금액은 다음과 같다(법 시행령 3조 2항).

---

1) 한국증권법학회, 「주석서 I」, 박영사, 2009, 13쪽.

2) 임재연, 전게서(2013), 24쪽; 김정수, 전게서(2011), 48쪽.

1. 법 제236조 제 2 항에 따른 환매수수료(이하 "환매수수료"라 한다), 그 밖에 중도해지로 인하여 투자자, 그 밖의 고객이 지급하는 해지수수료(이에 준하는 것을 포함한다)

2. 각종 세금

3. 발행인 또는 거래상대방이 파산 또는 채무조정, 그 밖에 이에 준하는 사유로 인하여 당초 지급하기로 약정한 금전 등을 지급할 수 없게 됨에 따라 투자자, 그 밖의 고객이 되돌려 받을 수 없는 금액

4. 그 밖에 금융위원회가 정하여 고시하는 금액

(4) 신용위험과 투자성

금융투자상품의 특성인 투자성은 주로 시장에서 이자율·환율·가격 등의 변동에 따른 원본손실의 가능성을 가리키는데, 이것은 발행인의 신용위험에 따른 원본손실까지 포함시키는 경우에는 모든 예금이나 일반채권도 금융투자상품에 포함시키는 결과가 되므로 불합리하다는 견해가 일반적이다.[1]

Ⅲ. 금융투자상품의 구분

자본시장법 제 3 조 제 2 항은 금융투자상품을 증권과 파생상품으로 구분하고, 파생상품을 장내파생상품과 장외파생상품으로 구분한다는 것을 규정하면서, 증권과 파생상품의 개념에 대해서는 각각 제 4 조와 제 5 조에서 규정하고 있다.[2] 따라서 금융투자상품은 증권 또는 파생상품에 속하게 된다. 즉, 금융투자상품에 속하는 상품을 규정하면서 배제되는 경우를 규정하는 형식을 취하고 있다. 이처럼 자본시장법이 증권과 파생상품의 범위를 한정하여 규정하는 이상, 제 4 조의 증권이나 제 5 조의 파생상품에 속하지 않는 금융상품은 자본시장법의 적용대상이 될 수 없다.[3]

---

1) 임재연, 전게서(2013), 26쪽; 김정수, 전게서(2011), 50쪽.

2) 금융상품거래법은 유가증권과 파생상품거래에 적용된다. 동법 제 2 조 제24항은 금융상품의 정의를 규정하고 있는데, 이 개념은 파생상품거래의 기초자산을 정의하기 위한 개념이고, 금융상품거래법의 규제대상상품으로서는 증권거래법과 마찬가지로 유가증권 개념이 기본이 되고 있다. 河村賢治, 전게논문(2007), 239頁.

3) 임재연, 전게서(2013), 31쪽. 일본의 금상법도 유가증권과 파생상품거래에 대해 적용되기 때문에, 어느 상품 또는 거래가 유가증권 또는 파생상품거래에 해당하지 않으면 동법이 적용되지 않는다. 川東憲治 編, 「金融商品取引法(第1次改訂版)」, 学陽書房, 2007, 32頁; 近藤光男/志谷匡史/石田眞得/釜田薫子, 「基礎から学べる金融商品取引法」, 弘文堂, 2011, 14頁.

Ⅳ. 적용제외

자본시장법은 원화로 표시된 양도성 예금증서(CD)와 수탁자에게 신탁재산의 처분권한이 부여되지 아니한 신탁의 수익권을 금융투자상품의 정의에서 배제하고 있다(3조 1항 단서). 이것은 양도성 예금증서는 은행만이 발행할 수 있는데 만기까지 보유하면 원본손실위험이 없지만, 만기 전에 매각하는 경우에는 시중금리상황에 따라 원본손실위험이 있기 때문에 투자성이 인정된다고 할 수 있어도, 금융투자상품으로 인정하면 은행의 영업부문에 영향을 미칠 우려가 있어서 정책적으로 제외시킨 것이다.[1] 그리고 외화표시 CD는 환율로 인한 변동성이 있어서 투자성이 인정되기 때문에 원화표시 CD에 한정하고 있다.[2] 한편, 관리신탁은 수탁자에게 처분권한이 없는 것으로 원본손실의 위험이 적고 투자자보호 필요성이 매우 작기 때문에 금융투자상품에서 제외시킨 것이다.[3] 여기서 자본시장법의 적용대상을 판단함에 있어서 투자성을 가진 금융투자상품이라는 개념에 추상적으로 해당하는지 아닌지 여부만으로 적용대상인지에 대해서 판단하는 것이 아니라, 투자자보호의 필요성이라는 요소가 판단기준으로서 중요한 기능을 한다는 것을 알 수 있다.

제 4 조(증권)

① 이 법에서 "증권"이란 내국인 또는 외국인이 발행한 금융투자상품으로서 투자자가 취득과 동시에 지급한 금전등 외에 어떠한 명목으로든지 추가로 지급의무(투자자가 기초자산에 대한 매매를 성립시킬 수 있는 권리를 행사하게 됨으로써 부담하게 되는 지급의무를 제외한다)를 부담하지 아니하는 것을 말한다. 다만, 다음 각 호의 어느 하나에 해당하는 증권은 제 3 편 제 1 장(제 8 편부터 제10편까지의 규정 중 제 3 편 제 1 장의 규정에 따른 의무 위반행위에 대한 부분을 포함한다) 및 제178조·제179조를 적용하는 경우에만 증권으로 본다. 〈개정 2013. 5. 28〉

1. 투자계약증권
2. 지분증권, 수익증권 또는 증권예탁증권 중 해당 증권의 유통 가능성, 이 법 또는 금융관련 법령에서의 규제 여부 등을 종합적으로 고려하여 대통령령으로 정하는 증권

② 제 1 항의 증권은 다음 각 호와 같이 구분한다.

1. 채무증권
2. 지분증권
3. 수익증권
4. 투자계약증권

---

1) 임재연, 전게서(2013), 31쪽.
2) 김정수, 전게서(2011), 50쪽.
3) 김용재, 「자본시장과 법(上)」, 고려대학교 출판부, 2011, 35쪽.

5. 파생결합증권
6. 증권예탁증권

③ 이 법에서 "채무증권"이란 국채증권, 지방채증권, 특수채증권(법률에 의하여 직접 설립된 법인이 발행한 채권을 말한다. 이하 같다), 사채권(「상법」 제469조 제 2 항 제 3 호에 따른 사채의 경우에는 제 7 항 제 1 호에 해당하는 것으로 한정한다. 이하 같다), 기업어음증권(기업이 사업에 필요한 자금을 조달하기 위하여 발행한 약속어음으로서 대통령령으로 정하는 요건을 갖춘 것을 말한다. 이하 같다), 그 밖에 이와 유사(類似)한 것으로서 지급청구권이 표시된 것을 말한다.

④ 이 법에서 "지분증권"이란 주권, 신주인수권이 표시된 것, 법률에 의하여 직접 설립된 법인이 발행한 출자증권, 「상법」에 따른 합자회사·유한책임회사·유한회사·합자조합·익명조합의 출자지분, 그 밖에 이와 유사한 것으로서 출자지분 또는 출자지분을 취득할 권리가 표시된 것을 말한다.

⑤ 이 법에서 "수익증권"이란 제110조의 수익증권, 제189조의 수익증권, 그 밖에 이와 유사한 것으로서 신탁의 수익권이 표시된 것을 말한다.

⑥ 이 법에서 "투자계약증권"이란 특정 투자자가 그 투자자와 타인(다른 투자자를 포함한다. 이하 이 항에서 같다) 간의 공동사업에 금전등을 투자하고 주로 타인이 수행한 공동사업의 결과에 따른 손익을 귀속받는 계약상의 권리가 표시된 것을 말한다.

⑦ 이 법에서 "파생결합증권"이란 기초자산의 가격·이자율·지표·단위 또는 이를 기초로 하는 지수 등의 변동과 연계하여 미리 정하여진 방법에 따라 지급하거나 회수하는 금전등이 결정되는 권리가 표시된 것을 말한다. 다만, 다음 각 호의 어느 하나에 해당하는 것은 제외한다.

1. 발행과 동시에 투자자가 지급한 금전등에 대한 이자, 그 밖의 과실(果實)에 대하여만 해당 기초자산의 가격·이자율·지표·단위 또는 이를 기초로 하는 지수 등의 변동과 연계된 증권
2. 제 5 조 제 1 항 제 2 호에 따른 계약상의 권리(제 5 조 제 1 항 각 호 외의 부분 단서에서 정하는 금융투자상품은 제외한다)
3. 해당 사채의 발행 당시 객관적이고 합리적인 기준에 따라 미리 정하는 사유가 발생하는 경우 주식으로 전환되거나 그 사채의 상환과 이자지급 의무가 감면된다는 조건이 붙은 것으로서 제165조의11제 1 항에 따라 주권상장법인이 발행하는 사채
4. 「상법」 제469조 제 2 항 제 2 호, 제513조 및 제516조의2에 따른 사채
5. 그 밖에 제 1 호부터 제 4 호까지의 규정에 따른 금융투자상품과 유사한 것으로서 대통령령으로 정하는 금융투자상품

⑧ 이 법에서 "증권예탁증권"이란 제 2 항 제 1 호부터 제 5 호까지의 증권을 예탁받은 자가 그 증권이 발행된 국가 외의 국가에서 발행한 것으로서 그 예탁받은 증권에 관련된 권리가 표시된 것을 말한다.

⑨ 제 2 항 각 호의 어느 하나에 해당하는 증권에 표시될 수 있거나 표시되어야 할 권리는 그 증권이 발행되지 아니한 경우에도 그 증권으로 본다.

⑩ 이 법에서 "기초자산"이란 다음 각 호의 어느 하나에 해당하는 것을 말한다.

1. 금융투자상품
2. 통화(외국의 통화를 포함한다)
3. 일반상품(농산물·축산물·수산물·임산물·광산물·에너지에 속하는 물품 및 이 물품을 원료로

하여 제조하거나 가공한 물품, 그 밖에 이와 유사한 것을 말한다)
4. 신용위험(당사자 또는 제삼자의 신용등급의 변동, 파산 또는 채무재조정 등으로 인한 신용의 변동을 말한다)
5. 그 밖에 자연적·환경적·경제적 현상 등에 속하는 위험으로서 합리적이고 적정한 방법에 의하여 가격·이자율·지표·단위의 산출이나 평가가 가능한 것

시행령
제 **3** 조의2(증권신고서 제출 등의 규제만 적용되는 증권) 법 제 4 조 제 1 항 제 2 호에서 "대통령령으로 정하는 증권"이란 「상법」에 따른 합자회사·유한책임회사·합자조합·익명조합의 출자지분이 표시된 것을 말한다. 다만, 집합투자증권은 제외한다.

제 **4** 조의2(파생결합증권에서 제외되는 금융투자상품) 법 제 4 조 제 7 항 제 5 호에서 "대통령령으로 정하는 금융투자상품"이란 「상법」 제420조의2에 따른 신주인수권증서 및 같은 법 제516조의5에 따른 신주인수권증권을 말한다.

제 **4** 조(기업어음증권의 요건) 법 제 4 조 제 3 항에서 "대통령령으로 정하는 요건"이란 기업의 위탁에 따라 그 지급대행을 하는 다음 각 호의 어느 하나에 해당하는 자가 내어준 것으로서 "기업어음증권"이라는 문자가 인쇄된 어음용지를 사용하는 것을 말한다.
1. 다음 각 목의 어느 하나에 해당하는 자(이하 "은행"이라 한다)
   가. 「은행법」에 따라 인가를 받아 설립된 은행(같은 법 제59조에 따라 은행으로 보는 자를 포함한다)
   나. 「은행법」 제5조에서 은행으로 보는 신용사업 부문
   다. 「농업협동조합법」에 따른 농협은행
2. 「한국산업은행법」에 따른 한국산업은행
3. 「중소기업은행법」에 따른 중소기업은행

Ⅰ. 증권의 정의(1항)	Ⅱ. 증권의 종류(2항 내지 8항)

자본시장법은 상술한 바와 같이 '포괄성'에 입각하여 금융투자상품의 개념을 폭넓게 정의하고 있으며, 본조에서 증권에 해당하는 금융투자상품을 예시적으로 열거하여 증권 개념의 포괄성에 구체성을 도입하고 있다. 본조 제 1 항에서 증권의 개념을 정의한 뒤 제 2 항부터 6가지 증권의 종류에 대하여 기술하고 있다.

Ⅰ. 증권의 정의(1항)

증권이란 "내국인 또는 외국인이 발행한 금융투자상품으로서 투자자가 취득과 동시에 지급한 금전등 외에 어떠한 명목으로든지 추가로 지급의무(투자자가 기초자산에 대한 매매를 성립시킬 수 있는 권리를 행사하게 됨으로써 부담하게 되는 지급의무를 제외한다)를 부담하지 아니하는 것"으로 정의된다. 즉, 증권이 되기 위해서는 '추가지급의무 부존재'의 요건을 충족하

여야 한다.[1)]

취득시 지급한 금전등 외에 추가지급의무를 부담하지 아니하여야 한다는 의미는, 취득대가 이외에 추가적인 손실부담위험이 없어야 함을 의미한다. 즉, 손실가능한도가 투자원본까지인 것만 증권으로 보고, 원본을 넘어서까지 추가지급의무를 부담하는 손실을 보는 경우는 파생상품으로 분류하겠다는 취지로 볼 수 있다.[2)]

그런데 여기서 추가지급의무를 문언 그대로 '어떠한 명목으로든지 추가로 지급의무를 부담'하는 것으로 해석하는 경우에는 문제가 있을 수 있다. 예컨대 주식 매매시 대금의 일부만 주식의 이전시 지급되고 잔금은 그 후 지급하기로 하는 경우도 추가지급의무가 있는 경우에 해당하고 이에 따라 주식을 증권으로 보지 않고 파생상품으로 보아야 하는 결과가 될 수 있으므로, 추가지급의무는 단순히 금융투자상품의 이전이 있은 후 추가로 지급되는 '시기상의 추가'를 의미하는 것이 아니라, 원본을 초과하여 지급할 위험(원본초과손실 발생가능성)으로 이해하여야 한다.[3)]

그리고 자본시장법은 투자자가 기초자산에 대한 매매를 성립시킬 수 있는 권리를 행사하게 됨으로써 부담하게 되는 지급의무를 추가지급의무에서 배제한다. 이는 현물인도에 의한 결제가 이루어지는 경우 이를 위한 대금지급은 추가지급으로 보지 않는다는 의미이다. 예를 들어, 증권인 신주인수권부사채의 경우 내재된 권리를 행사하여 신주인수를 하기 위해서는 추가적인 대금납입행위가 필요한데, 이를 추가지급의무가 존재하는 것으로 볼 경우에는 증권에서 배제되는 문제가 있어 이를 보완하기 위하여 마련한 조치로 해석된다.

아울러 자본시장법은 증권의 발행주체로서 내국인과 외국인에 대하여 차별을 두고 있지 않다. 따라서 외국인이 발행한 증권도 기본적으로 본법의 적용을 받게 된다.[4)] 또한 증권은 금융투자상품의 한 분류이므로 당연히 상술한 금융투자상품의 개념요소인 ① 목적성, ② 금전등의 이전성, ③ 계약성, ④ 투자성 등을 충족하여야 한다.

제 4 조 제 1 항 단서 및 시행령 제 3 조의2에 의하면, 투자계약증권, 상법에 따른 합

---

1) 구증권법 시행규칙 제 1 조의3 제 2 항도 "증권 또는 증서의 인도와 동시에 그 대금을 전액 수령할 것"(2호)이라고 규정하여 대금전액수령을 규정하고, "소유자는 증권 또는 증서의 존속기간 동안 제 2 호의 규정에 따라 지급된 대금 외에 어떠한 명목으로 추가적인 지급의무를 부담하지 아니할 것"(3호)이라고 하여 추가지급의무의 부존재를 요건으로 규정하고 있었다.

2) 제 4 조 제 1 항의 반대해석에 의하여 원본손실위험이 100 이하인 경우를 증권, 100을 초과하는 경우를 파생상품으로 보는 견해가 있다(정순섭, "금융규제법상 포괄개념 도입의 가능성과 타당성," 「서울대학교 법학」 제49권 제 1 호(2008), 서울대학교 법학연구소, 302쪽). 하지만, 실제로 파생상품의 성격을 지닌 금융투자상품 중 추가지급의무가 부존재하는 경우가 대다수이므로, '추가지급의무의 부존재'는 법문에 따라 증권의 개념요소로 파악되지만, 그렇다고 하여 반대해석에 의해 '추가지급의무의 존재'를 파생상품의 필수적인 요소로 보는 것은 타당하지 않다는 견해 또한 있다(류혁선, "파생상품의 법적 개념에 대한 소고," 「증권법연구」 제12권 제 1 호(2011), 한국증권법학회, 28-31쪽).

3) 임재연, 「자본시장법(2012년판)」, 박영사, 2012, 63쪽.

4) 외국인이 발행한 증권은 외국환거래법상의 '외화증권'과는 구별되는 개념이다.

자회사, 유한책임회사, 합자조합, 익명조합의 출자지분의 경우에 증권신고서만을 제출하도록 하고 있다. 이러한 이유는 아마도 유통성이 제한되고 신뢰관계를 전제로 발행된다는 점에서 투자자 보호의 필요성이 상대적으로 적으므로(위와 같은 출자지분의 경우 그 양도에 상법상 제한이 따름), 모집시에 공모규제와 발행과정에서의 부정거래행위 금지만을 적용한 것으로 이해된다. 또한 투자계약증권의 경우는 그 개념이 추상적이고 아직 확정되지 않아서 적용규정을 제외한 것으로 이해되는데, 투자계약증권의 경우 투자자보호의 필요성에 비추어 배제규정을 두는 것이 바람직한 것인지는 의문이다.

다만, 영업자가 익명조합원으로부터 출자받은 재산으로 직접 사업을 수행하지 않고 이를 증권이나 파생상품 등 금융투자상품에 투자하는 경우, 익명조합의 출자지분은 지분증권인 동시에 집합투자증권에 해당한다.[1] 이러한 경우에는 익명조합의 지분증권이라 할지라도 시행령 제3조의2 단서조항(집합투자증권 배제)에 의거 제4조 제1항 단서조항을 적용하지 아니한다.

Ⅱ. 증권의 종류(2항 내지 8항)

1. 의 의

자본시장법은 제3조 및 제4조 제1항에서 금융투자상품으로서의 증권에 대하여 정의하고 있음에도 불구하고 예시적으로 본항에서 채무증권, 지분증권, 수익증권, 투자계약증권, 파생결합증권, 증권예탁증권 등 6가지 종류를 열거하고 있다.

2. 증권의 유형

자본시장법은 제4조 제3항부터 제8항까지 증권의 유형별로 정의를 하고 있으며, 특히 지분증권, 채무증권, 수익증권에 대하여는 각각 "그 밖에 이와 유사한 것"을 포함하도록 규정하여 자본시장법상 금융투자상품의 "포괄성"의 특성을 반영하고 있다.

(1) 채무증권(3항)

채무증권은 국채증권, 지방채증권, 특수채증권(법률에 의하여 직접 설립된 법인이 발행한 채권), 사채권(「상법」제469조 제2항 제3호에 따른 사채의 경우에는 제7항 제1호에 해당하는 것으로 한정), 기업어음증권(기업이 사업에 필요한 자금을 조달하기 위하여 발행한 약속어음으로서 대통령령이 정하는 요건을 갖춘 것), 그 밖에 이와 유사한 것으로 채무를 표시하는 것으로 정의된다. 종래 증권거래법상 개별적으로 정의되어 있던 것을 "채무증권"이라는 명칭으로 일반화한 것이다. 일반 상거래채권은 유사성을 결여하여 채무증권에 해당되지 않는다.[2]

---

1) 임재연, 전게서(2012), 40쪽.
2) 상게서, 35쪽.

상법의 개정에 따라 회사가 발행할 수 있는 사채의 종류가 다양화되었고,[1] 이에 따라 개정자본시장법은 기존 파생결합증권으로 분류되었던 원금보장형 파생결합증권을 파생결합사채[2]로 분류하여 채무증권으로 분류하고 있다.

그런데 금융투자회사가 금융투자상품의 형태로 발행되는 원금보장형 파생결합증권이 상법상 모두 파생결합사채로 구분되어 채무증권으로 분류되는 것은 규제상 여러 가지 문제를 내포하는 것은 아닌지 하는 우려가 있다. 본질적으로 상법 제469조 제 2 항에서 사채로서 정의하고 있는 파생결합사채는 기업이 자금조달을 하기 위한 방법[3]의 다양성을 확보하기 위한 수단이고, 금융투자업자가 파생결합증권을 발행하는 것은 해당 업무에 대하여 인가받은 자가 기초자산을 근거로 투자상품화하여 금융소비자에게 제공하고 금융투자업자는 파생결합증권의 손익구조를 생산하는 일련의 과정을 거치는 것으로 그 목적은 확연한 차이를 갖고 있다. 따라서 해당 상품의 외형상의 특성이 원금보장형인지의 여부만 판단하여 규제를 적용하는 것이 타당한지는 의문이다.[4]

(2) 지분증권(4항)

지분증권은 주권, 신주인수권이 표시된 것, 법률에 의하여 직접 설립된 법인이 발행한 출자증권, 「상법」에 따른 합자회사·유한책임회사·유한회사·합자조합·익명조합의 출자지분, 그 밖에 이와 유사한 것으로서 출자지분 또는 출자지분을 취득할 권리가 표시된

---

1) 상법 제469조(사채의 발행) ② 제 1 항의 사채에는 다음 각 호의 사채를 포함한다.
   1. 이익배당에 참가할 수 있는 사채
   2. 주식이나 그 밖의 다른 유가증권으로 교환 또는 상환할 수 있는 사채
   3. 유가증권이나 통화 또는 그 밖에 대통령령으로 정하는 자산이나 지표 등의 변동과 연계하여 미리 정하여진 방법에 따라 상환 또는 지급금액이 결정되는 사채

2) 자본시장법 제 4 조 제 7 항 제 1 호, "발행과 동시에 투자자가 지급한 금전등에 대한 이자, 그 밖의 과실(果實)에 대하여만 해당 기초자산의 가격·이자율·지표·단위 또는 이를 기초로 하는 지수 등의 변동과 연계된 증권"
   상법 시행령 제24조(파생결합사채의 발행), "법 제469조 제 2 항 제 3 호에 따라 유가증권이나 통화 또는 그 밖에 제20조에 따른 자산이나 지표 등의 변동과 연계하여 미리 정하여진 방법에 따라 상환 또는 지급금액이 결정되는 사채(이하 "파생결합사채"라 한다)"

3) 사채는 불특정다수인으로부터 자금을 조달할 목적으로 집단적·정형적으로 부담하며, 액면가로 단위화된 채권으로 정의되는 것이 일반적이다(이철송, 「회사법강의」, 박영사, 2009, 823쪽; 정찬형, 「상법강의(상)」, 박영사, 1049쪽). 설사 사채가 파생상품적 성격(가치파생성)을 갖는다고 하더라도 본질적으로 기업이 사업을 영위하기 위하여 자금조달의 목적으로 발행되는 것은 사채의 성격을 갖고 있으며, 개정상법은 그 종류를 다양화하고 있다고 할 것이다. 기존에도 전환사채, 교환사채 등은 엄밀하게는 자본시장법상 파생결합증권의 정의규정에 해당되나 이미 이를 파생결합증권으로 보아 규제하는 일은 없었다. 이에 대하여 전환사채 등은 자금조달 목적으로 법적 규제 대상으로서의 파생상품의 특성 중의 하나인 '상품생산성'의 특성을 갖지 아니하여 해당 상품이 파생상품의 성격을 설사 갖고 있다 하더라도 자본시장법상 파생결합증권으로 규제할 실익이 없다는 견해가 있다(류혁선, 전게논문(2011), 34쪽).

4) 금융위원회 보도자료에 의하면, 개정자본시장법은 파생결합증권 개념을 경제적 실질, 발행목적 등을 감안하여 채무증권, 지분증권 등과 명확히 구분되도록 범위를 재조정한다는 취지를 설명하고 있다(금융위원회, "자본시장과 금융투자업에 관한 법률 개정안 국무회의 통과"(붙임2, 자본시장법 개정안의 주요내용)(2011. 11. 22. 보도자료).

것으로 정의된다.

익명조합이라 함은, 당사자의 일방이 상대방의 영업을 위하여 출자를 하고, 그 영업으로 얻게 될 이익의 분배를 약정하는 계약관계를 말한다(상법 78조). 익명조합에 있어서는 출자자는 표면에 나타나지 않고 대외적으로는 영업자의 개인기업이 된다. 익명조합은 조합의 실질을 갖추지 못한 특수한 기업형태에 지나지 않으므로 민법의 조합의 규정이 보충적으로 적용되는 일도 없게 된다는[1] 점에서 민법상 조합의 지분과 별도로 규정할 의미를 찾을 수 있다.

합자회사의 무한책임사원의 출자지분과 같이 무한책임을 지는 지분을 증권으로 파악한 것을 문제점으로 지적하는 견해가 있다. 본조 제1항의 증권에 대한 일반적 정의에서 그 요건의 하나로 명시하고 있는 추가지급의무의 부재 요건에 따르면, 무한책임을 지는 경우는 추가지급의무가 존재함을 뜻하므로 증권의 개념에서 제외된다고 보아야 한다는 것이다.[2] 한편, 무한책임사원은 신용이나 노무출자도 허용이 되는데, 신용이나 노무출자가 미래에 이행될 수 있는 성질을 갖는 경우 대금전액의 동시납입원칙과도 충돌될 수 있는 문제가 있다. 한편, 합자회사는 무한책임사원뿐 아니라 유한책임사원도 주주유한책임에 유사한 혜택을 누리지 못하고 회사의 재산이 채무변제에 부족하면 개인적으로 직접 채권자에 대하여 책임을 진다는 점에는 차이가 없고 단지 출자가액을 그 한도로 할 뿐이므로(상법 212조 2항·1항)[3] 추가지급의무를 부담할 수 있다는 점에서 무한책임사원과 동일한 문제가 있다.

(3) 수익증권(5항)

수익증권은 제110조의 수익증권, 제189조의 수익증권, 그 밖에 이와 유사한 것으로서 신탁의 수익권이 표시되는 것으로 정의된다. 제110조의 수익증권은 신탁업자가 금전신탁계약에 의하여 신탁의 수익권에 대하여 발행하는 수익증권을 말한다.[4] 이와 관련하여 비금전신탁계약에 의한 수익권을 포함하지 않고 있다는 문제제기가 있다.[5] 제189조의 수익증권은 집합투자업자에 의하여 균등하게 분할되어 발행된 투자신탁의 수익권을 말한다.[6]

(4) 투자계약증권(6항)

투자계약증권은 특정 투자자가 그 투자자와 타인(다른 투자자를 포함) 간의 공동사업에

1) 문홍안, 「주석민법 채권각칙(5)」, 한국사법행정학회, 1999, 50쪽.
2) 한국증권업협회, 「자본시장통합법 해설서」, 2007, 93쪽.
3) 정동윤, 「주석상법(Ⅱ)」, 한국사법행정학회, 1997, 360쪽.
4) 제110조(수익증권) ① 신탁업자는 금전신탁계약에 의한 수익권이 표시된 수익증권을 발행할 수 있다.
5) 한국증권업협회, 전게서(2007), 93-94쪽; 비금전신탁에 대하여는 "그 밖에 이와 유사한 것으로서 신탁의 수익권이 표시된 것"(유사성의 기준)에 의하여 요건을 충족하면 수익증권으로 분류될 수 있을 것이다.
6) 제189조(수익증권 등) ① 투자신탁을 설정한 집합투자업자는 투자신탁의 수익권을 균등하게 분할하여 수익증권으로 표시하여야 한다.

금전등을 투자하고 주로 타인이 수행한 공동사업의 결과에 따른 손익을 귀속받는 계약상의 권리가 표시된 것으로 정의된다. 이는 미국 증권법상 투자계약(Investment Contract) 개념을 도입한 것으로 미국의 판례에 의하여 발전되어온 이른바 'Howey Test'를 받아들여 개념 정의를 시도한 것이다.[1)]

미국 증권관련 법은 증권의 한 종류로서 추상적인 개념인 투자계약(investment contract)을 규정하고 있다.[2)] 이에 대해서 명문의 구체적 정의는 없지만, 연방대법원은 1946년 Howey 사건[3)]을 통해 투자계약에 대한 기준을 명확히 판시하였고, 이 기준이 지금껏 증권 여부에 대한 중요한 판단기준으로 활용되고 있다.[4)] Howey 사건에서 연방대법원은 '투자계약'을 투자자가 공동사업에 금전을 투자해서 오로지 사업자 또는 제 3 자의 노력에 의하여 이익을 기대하는 경우의 계약, 거래 또는 계획(a contract, transaction or scheme whereby a person invests his money in a common enterprise and is led to expect profits solely from the efforts of the promoter or a third party)이라고 정의하면서, 과수단지를 매도한 회사측이 토지매매계약과 별도로 체결된 용역계약을 통하여 과수단지의 경작, 수확, 판매 등의 용역을 수행하고 그에 따른 보수를 받는 경우에, 토지매수인은 매도인의 노력에 의하여 경제적 이익이 결정되므로 증권의 매매에 해당한다고 판시하였다.[5)]

위와 같은 판결에 의해, ① 공동사업(common enterprise), ② 금전의 투자(invests of money), ③ 타인의 노력(efforts of others), ④ 이익의 기대(expectation of profit) 등이 투자계약의 판단여부를 결정하는 기준이 되었고, 이 기준을 Howey 기준(Howey test)이라고 한다.[6)]

일본 금상법 또한 미국의 투자계약의 개념요소를 간주유가증권으로서 도입하였는데, 이것이 집단투자스킴지분이다. 금상법 제 2 조 제 2 항 제 5 호는 집단투자스킴지분을 조합계약(민법 667조 1항), 익명조합계약(상법 535조), 투자사업유한책임조합계약(투자사업유한책임조합계약에관한법률 3조 1항) 또는 유한책임사업조합계약(유한책임사업조합계약에관한법률 3조 1항)에 근거한 권리, 사단법인의 사원권, 기타의 권리(외국의 법령에 기초한 권리는 제외) 가운데, 해당 권리를 가진 자(출자자)가 출자 또는 갹출한 금전(여기에 유사한 것으로 정령(政令)에서 정하는 것도 포함)을 충당하여 하는 사업[7)](출자대상사업)에서 발생한 수익의 배당 또는 해당 출자대상사업에 관련된 재산의 분배를 받을 수 있는 권리로서 정의하고 있다.

---

1) 재정경제부, "자본시장과 금융투자업에 관한 법률안 설명자료"(2006. 12. 28), 12쪽.
2) Securities Act of 1933 §2(a)(1)과 Securities Exchange Act of 1934 §3(a)(10).
3) S.E.C. v. W. J. Howey Co., 328 U.S. 293(1946).
4) 근래에는 이 기준 중 공동사업, 타인의 노력 등의 요건은 완화되는 추세이다.
5) S.E.C. v. W. J. Howey Co., 328 U.S. 293(1946); 임재연, "미국 연방증권법상 증권의 정의에 관한 연구," 「증권법연구」 제 9 권 제 1 호(2008), 한국증권법학회, 9쪽.
6) Howey 기준에 대한 상세 설명은 임재연, 「미국증권법」, 박영사, 2009, 70쪽 이하 참조.
7) '사업'이란 일정한 목적을 가지고 반복 연속해서 행해지는 동종의 행위를 의미하고, 투자를 포함하는 개념이다(河本一郎/大武泰南, 「金融商品取引法読本」, 有斐閣, 2008, 48頁).

이러한 집단투자스킴지분은 미국의 투자계약에 대한 Howey 기준을 원용한 것이지만, 미국 판례의 동향을 반영한 것으로 판단된다. 즉, 집단투자스킴이라고 하면, 복수의 사람이 출자 또는 갹출을 행하는 것으로 생각되지만, 법문상은 복수의 사람에 의한 출자 또는 갹출이 되는 것을 요건으로 하지는 않는다. 즉, 정의규정에서 2인 이상의 복수 투자자를 전제로 하는 공동사업에 대한 명문 규정을 두고 있지 않고 있으므로, 1인이 출자 또는 갹출하는 경우도 이것에 해당된다.

따라서 금융상품거래법상의 집단투자스킴은 ① 금전의 출자,[1] ② 사업의 영위,[2] ③ 수익의 배당 또는 재산의 분배[3]를 요건으로 한다. 이외에 금상법은 집단투자스킴지분을 정의하는 데 있어 "다음에 해당하지 않는 것(次のいずれにも該当しないもの)"이라고 하여 배제규정을 두고 있다. 배제규정에는 출자자 전원이 출자대상사업에 관여하는 경우에는 집단투자스킴에서 배제하도록 하고 있으므로(금상법 2조 2항 5호イ), 결국 위의 3가지 요소 외에, 미국의 투자계약에 대한 기준과 같이, ④ 타인의 노력이 집단투자스킴지분에 대한 판단기준으로 추가된다고 하겠다.[4]

자본시장법상 투자계약증권은 "특정 투자자가 그 투자자와 타인(다른 투자자를 포함) 간의 공동사업에 금전등을 투자하고 주로 타인이 수행한 공동사업의 결과에 따른 손익을 귀속받는 계약상의 권리가 표시된 것"으로 정의되며, 결국 ① 공동사업, ② 금전의 투자, ③ 타인의 노력, ④ 손익의 귀속[5] 등을 요소로 한다.

상술한 바와 같이, 일본의 경우는 공동사업에서 복수의 투자자를 요건으로 하고 있지 않으며, 미국 또한 Howey 기준에서 공동사업과 타인의 노력 부분을 완화하는 추세이다. 즉, 공동사업의 기준은 거의 완화되어 수평적 공동성[6] 외에 수직적 공동성[7]도 인정

1) 출자 또는 갹출하는 금전에는, 그와 유사한 것으로 정령(政令)으로 정하게 하고 있다(これに類するものとして政令で定めるものを含む). 그리하여, 시행령 제1조의3 제1항 제1호-제3호까지 유가증권, 환어음(為替手形), 약속어음(CP는 제외)이 열거되어 있고, 갹출한 금전 등의 전부를 충당해 취득한 물품으로 내각부령에서 정하는 것도 이것에 포함되는데(법 시행령 1조의3 4호), 이것에는 '경주용마'만이 정해져 있다(정의부령 5조). 즉, 4가지의 예시를 규정하고 있는 것이다.

2) Howey 기준(1946)의 '공동사업'과는 그 개념이 다른 것으로 판단된다. 즉, 복수의 투자자를 전제로 하지 않고 있다.

3) 이는 Howey 기준의 '이익의 기대'에 해당한다.

4) 류혁선/임재연, "일본 금융상품거래법상의 유가증권 개념에 대한 연구," 「성균관법학」 제21권 제2호(2009), 성균관대학교 법학연구소, 496-497쪽.

5) 자본시장법에는 Howey 기준의 하나의 요소인 '이익의 기대'(expectation of profit)의 요소가 누락되고, '손익의 귀속'이라는 피동적인 개념으로 대체 표현되어져 있다. 이의 개념을 Howey 기준처럼 이익의 기대로 정의하는 것이 보다 개념정의상 명확성이 있다는 견해가 있다(류혁선/임재연, 상게논문, 506-507쪽).

6) 공동사업의 요건을 인정하기 위하여 공동목적을 위한 2인 이상의 투자자에 의한 투자자금의 혼합관리(pooling)가 요구된다고 보는 이론이다. 제1, 제3, 제6, 제7 연방항소법원이 취하고 있는 입장이다(심인숙, "미국 연방증권법상 증권 개념," 「중앙법학」 제8집 제2호(2006. 8), 중앙법학회, 322쪽).

7) 모든 투자자의 자산증식이 권유자의 전문성에 의존한다는 점만 인정되면 공동사업의 요건을 충족한다고 보는 이론이다. 제5, 제11 연방항소법원이 취하는 입장이다. 이외에, 제9 연방항소법원이 취하고

하여 투자 일임계약[1] 등도 투자계약으로 포섭하고 있는 추세이다. 또한 타인의 노력 부분도 주로 타인의 노력에 의한다고 하여 Howey의 기준을 완화하는 추세이다.[2]

이러한 맥락에서 볼 때, 자본시장법상 투자계약증권 역시 "공동사업"을 요소로 하지만, 이는 복수의 투자자를 요건으로 하는 것이 아니라, "타인"에 "(다른 투자자를 포함한다)"고 규정하고 있으므로, 단일투자자가 다른 투자자를 포함하지 않고 투자를 한 경우에도 투자계약에 해당한다고 해석할 수 있다. 이 경우에는 투자자들 간의 공동사업이 아니라 투자자와 사업자 간의 공동사업이 된다.[3]

(5) 파생결합증권(7항)

파생결합증권은 기초자산의 가격·이자율·지표·단위 또는 이를 기초로 하는 지수 등의 변동과 연계하여 미리 정하여진 방법에 따라 지급하거나 회수하는 금전등이 결정되는 권리가 표시된 것으로 정의된다.

이미 폐지된 증권거래법과 비교해 본다면, 자본시장법상 파생결합증권은 기존의 증권거래법 시행령에 규정되어 있던 주식워런트증권, 주식연계증권, 파생결합증권 등을 포괄하는 개념이지만(구증권법 시행령 2조의3), 구 증권거래법과는 달리 그 대상이 되는 기초자산의 범위를 매우 확대하고 있으며, 자본시장법상 금융투자상품의 입법취지에 맞게 포괄주의의 관점에서 정의되고 있다.

여기서, '기초자산'이란 금융투자상품, 통화(외국의 통화를 포함한다), 일반상품(농산물·축산물·수산물·임산물·광산물·에너지에 속하는 물품 및 이 물품을 원료로 하여 제조하거나 가공한 물품, 그 밖에 이와 유사한 것을 말한다), 신용위험(당사자 또는 제삼자의 신용등급의 변동, 파산 또는 채무재조정 등으로

있는 입장으로 엄격한 수직적 공동성을 요구하는 판례도 있다. 제9 연방항소법원은 투자자의 재산이 권유자 또는 제 3 자의 노력과 성공에 밀접하게 연결되어 있고, 또한 그에 좌우되는 경우 공동사업의 요건을 충족한다고 보고 있다(심인숙, 상게논문, 323쪽). 수직적 공동성에 의해 복수의 투자자가 없더라도 투자자가 사업자의 능력과 노력에 의하여서 이익을 얻은 경우에는 투자계약으로 인정되는 판례로 McGill v. American land & Exploration Co., 776 F.2d 923(10th Cir. 1985)이 있다(임재연, 전게논문(2008), 11쪽).

1) 투자일임계약에는 수직적 공동성을 좀 더 엄격히 적용하고 있다. Schofield v. First Commodity Corp. 사건(638 F. Supp. 4(D.Mass., 1985))에서 연방지방법원은 Howey 기준에 의하면서도 상품선물거래에서의 투자계약이 연방증권법에 규정된 증권으로 인정되기 위한 공동기업의 요소는 직원이 투자자로부터 정액수수료를 받는 것이 아니라, 직원의 수입이 투자자의 투자결과에 직접 연계된 경우에만 인정되므로, 투자자와 상품선물회사 간의 투자계약은 증권이 아니라고 판시한 바 있다(임재연, 전게논문(2008), 11쪽).

2) 타인의 노력에 대한 판례로는 SEC v. Glenn W. Tunner Enterprises, Inc. 사건에서 "제 3 자의 노력이 부인할 수 없을 정도로 지대한 것이어서 사업의 성패를 좌우하는 필수적인 경영상의 노력"이라고 판시한 바 있다(S.E.C. v. Glenn W. Turner Enterprise Inc., 474 F.2d 476(9th Cir. 1973), p. 482; 심인숙, 전게논문(2006. 8), 319쪽).

3) 임재연, 전게서(2012), 41쪽; 자본시장법상의 '공동사업'의 개념을 투자자 1인과 타인(권유자)으로 해석하여 수평적 공동성이 결여된 경우에도 공동사업의 요건을 충족한다고 보는 견해도 있다[심인숙, "자본시장과 금융투자업에 관한 법률상 투자계약증권 개념에 대한 검토," 「비교사법」 제15권 제 1 호(통권 제40호), 2008, 한국비교사법학회, 81쪽].

인한 신용의 변동을 말한다), 그 밖에 자연적·환경적·경제적 현상 등에 속하는 위험으로서 합리적이고 적정한 방법에 의하여 가격·이자율·지표·단위의 산출이나 평가가 가능한 것의 어느 하나에 해당하는 것을 말한다(법 4조 7항).

종전 자본시장법은 "지급하거나 회수하는 금전등" 대신 "지급금액 또는 회수금액"으로 표기하여 현금결제형 권리만을 의미하는 것으로 해석될 소지가 있어 이러한 문제를 해결하는 차원에서 문구가 변경되었다.[1]

그리고 포괄적 정의규정상 파생결합증권으로 분류될 수 있지만, 규제를 달리 적용하여야 할 금융투자상품에 대하여는 배제규정을 열거하여 기술하고 있다. 파생결합증권에서 배제되는 금융투자상품으로는 ① 발행과 동시에 투자자가 지급한 금전등에 대한 이자, 그 밖의 과실(果實)에 대하여만 해당 기초자산의 가격·이자율·지표·단위 또는 이를 기초로 하는 지수 등의 변동과 연계된 증권(파생결합사채), ② 제 5 조 제 1 항 제 2 호에 따른 계약상의 권리(옵션), ③ 해당 사채의 발행 당시 객관적이고 합리적인 기준에 따라 미리 정하는 사유가 발생하는 경우 주식으로 전환되거나 그 사채의 상환과 이자지급 의무가 감면된다는 조건이 붙은 것으로서 제165조의11 제 1 항에 따라 주권상장법인이 발행하는 사채(조건부 자본증권), ④ 「상법」 제469조 제 2 항 제 2 호, 제513조 및 제516조의2에 따른 사채(교환사채, 전환사채, 신수인수권부사채), ⑤ 그 밖에 제 1 호부터 제 4 호까지의 규정에 따른 금융투자상품과 유사한 것으로서 대통령령으로 정하는 금융투자상품(신주인수권증서 및 신수인수권증권) 등이 열거되고 있다.

이와 같이 개정자본시장법에서 각종 사채 및 증권을 파생결합증권에서 배제하는 별도의 단서조항을 마련하고 있는 것은 자본시장법상 인가단위에서 파생결합증권을 발행하기 위해서는 실질적으로 장외파생상품인가를 받아야만 하기 때문이다.[2] 배제규정에서 열거하고 있는 각종 사채의 경우 종래 자본시장법상 정의규정에 의하면 파생결합증권에 해당될 수 있는 여지가 있으며,[3] 이럴 경우 장외파생상품인가를 받지 못한 일반기업들

1) 동 시행령 제139조에서 공개매수의 적용대상 증권으로 "권리의 행사로 그 기초자산을 취득할 수 있는 파생결합증권"을 기술하고 있는 점을 볼 때, 종전 자본시장법은 조문들 간에 모순이 존재하고 있었다. 굳이 현금결제형 파생결합증권만을 인정하여야 할 이론적, 정책적 이유가 없으므로 개정된 것은 합리적이다. 이와 같은 파생결합증권의 문제점과 관련한 상세 내용은 류혁선, 전게논문(2011), 34-35쪽 참조.

2) 법 시행령 [별표 1] 인가업무 단위 및 최저자기자본(15조 1항 및 16조 3항 관련) '비고 1'은 파생결합증권의 발행은 증권에 대한 투자매매업(1-1-1 또는 1-1-2)의 금융투자업인가를 받은 자가 장외파생상품에 대한 투자매매업(1-3-1 또는 1-3-2)의 금융투자업인가를 받은 경우로 한정하고 있다.

3) 기업이 자금조달목적으로 발행하는 경우에는 경제학적으로 파생상품인 경우에도 법적 규제의 대상이 되는 파생상품의 특성을 보유하고 있지 아니하여 파생결합증권으로 규제할 실익이 존재하지 않다는 견해가 있다(류혁선, 전게논문(2011), 31-36쪽). 본 논문은 법적 규제의 대상이 되는 파생상품의 특성을 '가치파생성', '장래결제성', '위험전가성', '상품생산성' 등으로 기술하고, 일반기업이 자금조달목적으로 발행하는 전환사채 등은 애초에 법적 규제의 대상이 되어야 하는 파생상품의 특성에 해당되지 않아 파생결합증권으로 규제할 실익이 존재하지 않는다는 논리를 전개하고 있다.

이 자금조달의 목적으로 해당 증권을 발행하지 못하게 되는 문제를 해소하기 위한 방안으로 도입되었다고 볼 수 있다. 또한 제 2 호에서 규정하고 있는 옵션의 경우에는 '추가지급의무의 존재' 유무에 따라 증권과 파생상품을 구분하고자 하는 기존 논리의 반영에 의한 것으로 추가지급의무가 부존재할 수 있는 옵션을 파생결합증권이 아닌 파생상품으로 구분하여 규제하고자 하는 의도이다.

(6) 증권예탁증권(8항)

증권예탁증권은 채무증권, 지분증권, 수익증권, 투자계약증권, 파생결합증권을 예탁받은 자가 그 증권이 발행된 국가 외의 국가에서 발행한 것으로서 그 예탁받은 증권에 관련된 권리가 표시된 것으로 정의된다. 종래 증권거래법은 증권예탁증권과 관련하여 국내예탁증권만을 유가증권으로 규정하고 있었으나, 자본시장법은 "그 증권이 발행된 국가 외의 국가에서 발행한 것"이라고 규정하여 그러한 제한을 두고 있지 않다. 국내 예탁증권은 발행주체를 증권예탁결제원으로 한정하고 있다(법 298조 2항).

3. 간주증권(9항)

제 9 항은 "제 2 항 각 호의 어느 하나에 해당하는 증권에 표시될 수 있거나 표시되어야 할 권리는 그 증권이 발행되지 아니한 경우에도 그 증권으로 본다"고 하여 증권의 권리를 표창하는 증서와 같은 실물의 발행 여부가 자본시장법상 증권개념의 요소는 아님을 규정하고 있다. 이는 투자자보호라는 관점에서 증권발행의 형식보다는 증권에 표시될 권리를 중시하는 것으로 증권 실물발행의 불필요성을 기술하고 있는 것이다. 일본의 금상법 역시 마찬가지로 증권 실물발행을 증권의 요건으로 하고 있지는 않다(금상법 2조 2항).

4. 기초자산의 정의(10항)

제10항은 기초자산에 대한 일반적인 정의를 두고 있고, 이 개념에 기초하여 파생결합증권과 파생상품의 개념이 정의되어 있으므로 양자 간의 통일적인 개념정의 및 포괄적인 정의가 가능하게 되었다. 특히 기초자산을 금융투자상품, 통화, 일반상품, 신용위험에서 더 나아가, 자연적·환경적·경제적 현상 등에 속하는 위험으로서 일정한 기준에 의해 평가가 가능한 것을 포함하도록 매우 포괄적으로 정의함으로써 그의 범위를 확대하였다. 따라서 날씨나 인구통계, 경제 통계수치 등을 기초자산으로 하는 상품도 가능하게 되었다.

자본시장법의 위와 같은 취지에도 불구하고, 투자매매업 인가를 받은 금융투자업자가 모든 기초자산을 활용하여 파생상품을 생산하는 것이 가능한 것은 아니다. 파생상품거래와 관련하여서는 자본시장법은 물론 외국환거래법이 동시에 적용될 수 있는데, 외국환거래법은 금융투자업자 및 금융투자중개업자에 대하여 외국환 취급범위를 열거주의 방식에 의거하여 제한하고 있으므로(외국환거래규정 2-14조), 이에 해당되지 않는 제 5 호 기초자산(그 밖에 자연적·환경적·경제적 현상 등에 속하는 위험으로서 합리적이고 적정한 방법에 의하여 가격·이자율·지표·단위의 산출이나 평가가 가능한 것)을 이용한 파생결합증권 내지는 파생상품의 생산은 현재로서는 불가할 수 있다. 이는 제 5 호 기초자산에 대하여는 일반적으로 헤지거래의 비용과다 및 어려움으로 인하여 외국계 금융기관과의 장외파생상품거래를 필수적으로 동반하는 경우가 다반사여서 해당 기초자산을 근거로 파생결합증권 내지 파생상품을 생산하는 것은 현실적으로 어려움을 겪고 있다.[1)]

제 5 조(파생상품)

① 이 법에서 "파생상품"이란 다음 각 호의 어느 하나에 해당하는 계약상의 권리를 말한다. 다만, 해당 금융투자상품의 유통 가능성, 계약당사자, 발행사유 등을 고려하여 증권으로 규제하는 것이 타당한 것으로서 대통령령으로 정하는 금융투자상품은 그러하지 아니하다. 〈개정 2013. 5. 28〉

1. 기초자산이나 기초자산의 가격·이자율·지표·단위 또는 이를 기초로 하는 지수 등에 의하여 산출된 금전등을 장래의 특정 시점에 인도할 것을 약정하는 계약
2. 당사자 어느 한쪽의 의사표시에 의하여 기초자산이나 기초자산의 가격·이자율·지표·단위 또는 이를 기초로 하는 지수 등에 의하여 산출된 금전등을 수수하는 거래를 성립시킬 수 있는 권리를 부여하는 것을 약정하는 계약
3. 장래의 일정기간 동안 미리 정한 가격으로 기초자산이나 기초자산의 가격·이자율·지표·단위 또는 이를 기초로 하는 지수 등에 의하여 산출된 금전등을 교환할 것을 약정하는 계약
4. 제 1 호부터 제 3 호까지의 규정에 따른 계약과 유사한 것으로서 대통령령으로 정하는 계약

② 이 법에서 "장내파생상품"이란다음 각 호의 어느 하나에 해당하는 것을 말한다. 〈개정 2013. 5. 28〉

1. 파생상품시장에서 거래되는 파생상품
2. 해외 파생상품시장(파생상품시장과 유사한 시장으로서 해외에 있는 시장과 대통령령으로 정하는 해외 파생상품거래가 이루어지는 시장을 말한다)에서 거래되는 파생상품
3. 그 밖에 금융투자상품시장을 개설하여 운영하는 자가 정하는 기준과 방법에 따라 금융투자상품시장에서 거래되는 파생상품

③ 이 법에서 "장외파생상품"이란 파생상품으로서 장내파생상품이 아닌 것을 말한다.

---

1) 자본시장법과 외국환거래법 간의 충돌 문제와 관련한 상세 논의는 류혁선, "파생상품거래의 규제에 관한 법적 연구," 성균관대학교 박사학위논문, 2010, 233-237쪽 참조. 해당 논문은 문제를 해결하기 위한 방안을 제시하고 있다. 외국환거래규정에 자연 등(기초자산 5호)을 근거로 한 파생상품에 대한 외국환업무를 금융투자업자도 영위할 수 있도록 규정을 삽입하는 방법도 고려될 수 있으나, 차제에 금융투자업자로 하여금 자본시장법상 허용된 모든 파생상품을 생산하는 것이 가능하도록 외국환업무의 대상을 자본시장법과 일치되도록 금융투자업자가 영위할 수 있는 모든 기초자산으로 대상을 포괄적으로 규정하고, 외국환 관리상 필요적인 요소에 대해서는 별도의 규정에 의하여 규제하는 방안을 제안하고 있다.

④ 제 1 항 각 호의 어느 하나에 해당하는 계약 중 매매계약이 아닌 계약의 체결은 이 법을 적용함에 있어서 매매계약의 체결로 본다.

시행령 제 **5** 조(해외 파생상품거래) 법 제 5 조 제 2 항 제 2 호에서 "대통령령으로 정하는 해외 파생상품거래"란 다음 각 호의 어느 하나에 해당하는 거래를 말한다. 〈개정 2013. 8. 27〉

1. 런던금속거래소의 규정에 따라 장외(파생상품시장과 비슷한 시장으로서 해외에 있는 시장 밖을 말한다. 이하 이 조에서 같다)에서 이루어지는 금속거래
2. 런던귀금속시장협회의 규정에 따라 이루어지는 귀금속거래
3. 미국선물협회의 규정에 따라 장외에서 이루어지는 외국환거래
4. 일본의 상품거래소법에 따라 장외에서 이루어지는 외국환거래
5. 선박운임선도거래업자협회의 규정에 따라 이루어지는 선박운임거래
6. 그 밖에 국제적으로 표준화된 조건이나 절차에 따라 이루어지는 거래로서 금융위원회가 정하여 고시하는 거래

금융투자업규정 **1-3**조(해외 파생상품거래) 영 제 5 조 제 6 호에서 "금융위원회가 정하여 고시하는 거래"란 대륙간 거래소의 규정에 따라 장외에서 이루어지는 에너지거래를 말한다.

Ⅰ. 본조의 취지

1. 본조의 의의

본조에서는 파생상품에 대해 정의하고 있다. 일반적으로 파생상품이란 그 가치가 글자 그대로 기초를 이루는 다른 기초자산[1)]에서 파생되는 상품을 말한다. 파생상품은 기초자산의 성격에 따라 상품파생상품(commodity derivatives)과 금융파생상품(financial derivatives)으로 나누어진다. 상품파생상품은 농산물, 금속, 석유 등 일반상품(commodities)을 기초자산(underlying asset)으로 하여 구성된다. 금융파생상품은 지수(indices), 이자율(interest rates), 통화(currencies) 등에 연관되어 그 가치가 결정되는 금융계약[2)]을 의미한다. 예컨대, 일정

1) 법 제 4 조 제10항 이 법에서 "기초자산"이란 다음 각 호의 어느 하나에 해당하는 것을 말한다.
   1. 금융투자상품
   2. 통화(외국의 통화를 포함한다)
   3. 일반상품(농산물·축산물·수산물·임산물·광산물·에너지에 속하는 물품 및 이 물품을 원료로 하여 제조하거나 가공한 물품, 그 밖에 이와 유사한 것을 말한다)
   4. 신용위험(당사자 또는 제삼자의 신용등급의 변동, 파산 또는 채무재조정 등으로 인한 신용의 변동을 말한다)
   5. 그 밖에 자연적·환경적·경제적 현상 등에 속하는 위험으로서 합리적이고 적정한 방법에 의하여 가격·이자율·지표·단위의 산출이나 평가가 가능한 것
2) 예컨대 한국거래소에 상장된 대표적인 금융파생상품으로, KOSPI200선물·옵션은 KOSPI200지수를 기초자산으로 하는 파생상품이고, KTB선물은 국고채금리를 기초자산으로 하는 파생상품이며, 원달러선물은 환율을 기초자산으로 하는 파생상품이다.

한 시기까지 일정한 가격으로 일정한 주식을 매수할 수 있는 권리인 주식매수옵션(call option on stock)은 기초자산인 주식의 가격변동으로부터 당해 계약의 가치가 파생되어 결정된다는 의미에서 파생상품이 되는 것이다. 파생상품의 가장 전형적인 것으로는 통상 선도(forward), 선물(futures), 옵션(option), 스왑(swap) 등이 논의된다. 법 제5조 제1항 각 호는 선도(선물)(1호), 옵션(2호), 스왑(3호)을 규정한 것이다. 선도와 선물은 장외상품(선도)이냐 거래소에서 거래되는 정형화된 장내상품(선물)이냐의 차이만 있을 뿐 개념상의 본질적인 차이는 없다.1)

2. 본조의 규정체계

본조의 규정체계를 먼저 살펴보면, 우선 파생상품의 개념을 선도(forwards), 옵션(options), 스왑(swaps)으로 3분하고 이러한 거래를 시장에서 하는 경우와 장외에서 하는 경우에 따라 장내파생상품과 장외파생상품으로 구분하고 있다. 스왑은 일정기간 동안 기초자산으로부터 파생되는 현금 등의 흐름을 교환하는 것인 반면, 선도거래는 개념상 특정시점에 측정된 기초자산으로부터의 현금흐름 등을 교환하는 것이기 때문에, 선도거래를 일정기간 동안 무한히 연속적으로 한다고 가정하면 그 경제적인 실질은 스왑거래와 같아진다. 따라서 개념적으로는 양자가 서로 다른 별개의 개념이라고 보기 어려운 점은 있으나, 상품으로서는 서로 별개의 상품으로 이해되고 있는 실질을 감안 별도로 규정한 것으로 보인다.2)

Ⅱ. 선도, 옵션, 스왑

1. 선도, 옵션, 스왑의 의미

자본시장법은, 파생상품을 선도, 옵션 또는 스왑의 어느 하나에 해당하는 것으로 정의하고 있다(법 5조 1항 각 호).

(1) 선도(1호)

선도는 "기초자산이나 기초자산의 가격, 이자율, 지표, 단위 또는 이를 기초로 하는 지수 등에 의하여 산출된 금전등을 장래의 특정 시점에 인도할 것을 약정하는 계약"이

1) "선도거래와 선물거래는 기본적으로 동일한 거래구조를 가지고 있지만, 선도거래는 장외에서 거래당사자간의 사적 합의에 따라 다양한 계약조건에 의하여 자유롭게 이루어지는 거래인 반면, 선물거래는 선도거래의 거래구조를 가지지만 수량·규격·품질 등이 표준화되어 있는 특정대상물을 공인된 거래소를 통하여 현재시점(계약시점)에서 정한 가격(선물가격)으로 장래의 일정시점(최종거래일)에 주고받을 것을 약속하는 거래이다." 김정수, 전게서(2011), 81쪽.

2) "스왑은 선도가 일정기간 반복되는 것이지만, 별도의 정의규정을 두는 것은 파생상품에 관한 대부분의 법적 문제는 스왑에 관한 것이기 때문이다." 임재연, 전게서(2013), 53쪽.

다. 현 시점에 주식을 매매하기로 약정하면서 다만 그 주식의 인도와 대금의 결제를 미래의 어느 특정 시점에 하기로 정하는 경우가 선도거래의 대표적인 예이다. 바꾸어 말하면, 선도거래는 일정한 대상을 매매(인도)하는 계약을 체결하면서 그 대상의 인도와 대금의 수령시점을 장래의 특정 시점으로 정해 두는 이행기가 장래인 매매(인도)계약이라 볼 수 있다. 다른 각도에서 표현하면 실질적인 매매시점은 장래이나 목적물의 가격변동위험을 회피 또는 인수하기 위해 지금 미리 계약을 해두어 가격과 수량을 정해두는 것이 선도거래의 본질이다.[1] 목적물의 가격변동위험을 회피하고자하는 자를 헤저(hedger)라 하고, 목적물의 가격변동위험을 인수하고자 하는 자를 투기자(speculator)라 한다. 선도거래의 대표적인 사례로 흔히 소개되는 것은 농산물의 가격변동위험을 방지하기 위해 향후 밭에서 나올 수확물을 미리 매매해 두는 이른 바 밭떼기 거래이다. 또, 수출기업들이 수출대금으로 받게 될 달러의 원화환산가치 하락위험을 방지하기 위해 미리 일정한 달러금액을 일정한 환율에 매도해 두는 것도 선도거래의 대표적인 예이다. 이렇게 미리 일정한 가격에 매도해 두면(예컨대 달러당 1,000원), 나중에 매출채권을 회수하여 달러를 수령하게 되는 시점에 달러의 원화환산가치가 하락하여(예: 달러당 800원) 실제 수령하게 될 원화수령금액이 감소하게 되더라도, 미리 1,000원이라는 고가에 달러를 매도해 둔 덕분에 200원만큼은 선도거래를 통해 보전을 받게 되어 달러로 표시된 수출대금채권에 내재된 환위험으로부터 보호받을 수 있게 된다.

선도거래 등 파생거래는 위 매출채권의 예에서처럼 위험을 회피하기 위한 목적(hedging) 또는 매출채권을 보유하지 않은 상태에서 순전히 달러의 가격에 대한 일정한 예상을 전제로 돈을 벌기 위한 투기목적(speculation)으로 수행되는 두 가지가 있을 수 있다. 위험회피거래의 경우 위험회피대상 자산과 합쳐서 보면 항상 위험으로부터의 손익 중립화 효과가 생기지만, 선도거래만 떼어 놓고 보면 달러의 가격이 예상과 달리 움직일 경우 손해를 보게 되어 추가지급의무가 생길 수 있음을 알 수 있다. 한편, 제 1 호의 선도거래는 문언에 보듯이 실물인수도 없이 차액만을 수수하는 차액정산형도 포함하고 있다.

(2) 옵션(2호)

옵션[2]은 "당사자 어느 한쪽의 의사표시에 의하여 기초자산이나 기초자산의 가격,

1) 선도거래(선물거래)는 현물거래에 비하여 가격변동에 따른 이익의 기회와 손실의 위험이 확대되는 특징이 있다. 즉, 현물거래에서는 가격이 상승하면 이익이 발생하고 하락하면 손실이 발생하는 것에 비하여, 선도거래(선물거래)에서는 매도인의 경우 가격이 하락하는 경우에도 이익이 발생할 수 있고, 가격이 상승하는 경우에도 손실이 발생할 수 있는 등, 가격변동에 따른 손익의 기회와 위험이 확대되는 효과가 있다.

2) 옵션계약과 보험계약은 기본구조가 '일방당사자는 위험을 인수(risk taking)하고 상대방은 위험을 회피(risk aversion)하는 계약'이라는 점에서 공통점이 있다. 옵션계약과 보험계약의 비교에 관한 상세는 박선종, "보험계약과 옵션계약의 비교에 관한 연구—변액보험과 장외옵션을 중심으로—," 「보험법연구」 제6권 제 1 호(2012. 6), 한국보험법학회, 7-25쪽 참조. 옵션계약의 이해에 관한 상세는 박선종, "법률

이자율, 지표, 단위 또는 이를 기초로 하는 지수 등에 의하여 산출된 금전 등을 수수하는 거래를 성립시킬 수 있는 권리를 부여하는 것을 약정하는 계약"이다. 미리 조건을 정해 두고 미래의 어느 시점에 정해진 조건에 따라 거래가 성립된다는 점에서 선도와 외관상 유사해 보이나, 결정적인 차이는 선도거래는 거래 자체가 이미 약정시점에 성립되고, 미래시점에서는 이행의 문제만 남는 반면, 옵션은 거래의 성립 여부가 나중에 결정된다는 점이다. 따라서 옵션을 보유한 사람은 선택에 따라 거래를 성립시킬지 말지 결정할 수 있어 권리만 있고 의무는 없다는 점에서, 정해진 만기가 도래하면 반드시 계약상의 권리·의무에 따라 인도하고 대금을 수수하여야 하는 선도와 차이가 있다.[1] 익숙한 예를 하나 든다면, 상법에 규정된 주식매수선택권, 즉 스톡옵션은 옵션의 전형적인 예이다. 옵션을 부여받은 임직원은 주가가 일정한 수준에 도달할 경우 회사에 대하여 주식을 발행(또는 기존에 이미 발행된 자사주를 교부)하여 줄 것을 청구할지 여부를 선택할 수 있는 권리를 갖는데 그것이 바로 옵션(call option)인 것이다. 이 권리를 행사하여 거래가 성립되면 그 때 가서야 비로소 주식을 발행받을 권리와 그에 따른 주금납입의무가 발생하게 된다는 점에서 선도와 구별된다.

옵션 매도자는 추가지급의무를 부담할 수 있지만, 옵션의 매수자는 상황에 따라 거래를 성립시킬지 여부를 선택할 수 있으므로[2] 추가지급의무를 부담하여야 하는 상황이라면 거래를 성립시키지 않음으로써 손실을 면할 수 있고, 따라서 추가지급의무의 존재라는 파생상품의 요건을 구비하지 못하므로 증권으로 보아야 하는가라는 의문이 있을 수 있다. 그러나 옵션의 경우는 본인이 경제적 합리성을 무시하고 옵션을 행사할 경우 추가지급의무를 부담할 수도 있으므로, 거래조건 자체로 추가지급의무가 부과되지 아니하는 증권과는 구별된다는 견해도 가능하다고 본다. 특히 이러한 관점에서는 옵션은 모든 파생거래의 기본요소로 사용이 되고, 또 레버리지 효과[3]가 커서 증권보다는 파생상품으로 다루는 것이 체계상 적절하다는 견해도 있을 수 있다고 생각된다. 한편, 제2호의 옵션거래도 실물인수도 없이 차액만을 수수하는 차액정산형도 포함하고 있다.

가를 위한 파생상품의 이해,"「증권법연구」제9권 제1호(2008. 6), 한국증권법학회, 478-486쪽; 김용재, 전게서(2011), 163-170쪽; 김정수, 전게서(2011), 82쪽; 임재연, 전게서(2013), 56-59쪽 참조.

1) 옵션계약은 매수인의 입장에서는 보험계약자와 마찬가지로 보험료(옵션프리미엄)를 지급하고, 보험사건 발생시(옵션의 권리를 행사하면 이익이 되는 상황(In-The-Money 상황))에 보험금(행사가격과 시장가격의 차액)을 지급 받는 구조와 본질적으로 동일하다. 반면 매도인의 입장에서는 옵션프리미엄(보험료)을 수취한 대가로 ITM 상황(보험사건 발생)에서 행사가격과 시장가격의 차액(보험금)을 지급하는 위험을 인수하는 구조로서 보험자(보험회사)와 본질적으로 동일한 지위이다.

2) 옵션계약 매수인의 선택권은 형성권이다.

3) 레버리지 효과(leverage effect)는 가격 변동에 따른 손익확대의 효과이다. 레버리지 효과에 관한 상세는 박선종, 전게논문(2008. 6), 476쪽 참조.

(3) 스왑(3호)

스왑[1]은 "장래의 일정기간 동안 미리 정한 가격으로 기초자산이나 기초자산의 가격, 이자율, 지표, 단위 또는 이를 기초로 하는 지수 등에 의하여 산출된 금전 등을 교환할 것을 약정하는 계약"이다(법 5조 1항·2항). 스왑거래는 통화스왑이나 이자율 스왑 또는 흔히 TRS(total return swap)라고 불리는 총수익 스왑 등의 형태로 실무상 자주 활용된다. 앞서 선도거래에서 본 매출채권의 예에서, 매출채권을 미리 매도해 버리는 선도거래와 유사한 효과를 거두는 방법으로, 달러 채권의 회수할 금액을 원화채권 회수금액을 보유한 사람과 서로 교환하는 방법을 생각할 수 있는데 이것이 통화스왑(currency swap)의 한 예이다. 한편, 변동금리부 채권을 갖고 있는 사람이 금리변동위험을 피하고 그 대신 고정금리의 안정적인 이자수익을 갖기를 원할 경우, 본인이 가지고 있는 채권에서 발생하는 변동금리 이자수입의 현금흐름을 거래상대방에게 넘기기로 하고, 본인은 그 거래상대방으로부터 고정금리를 갖는 특정 채권의 이자수입이라는 현금흐름을 지급받기로(양자의 차액만을 수수할 수도 있음) 약정을 체결하는 것이 이자율 스왑의 한 예이다. 차액으로 수수할 금액이 마이너스이면 추가지급의무가 발생하므로 파생과 증권의 구분기준을 충족시킨다는 점을 알 수 있다.

2. 장내와 장외 파생상품(법 5조 2항 및 3항)

자본시장법은 파생상품을 거래장소를 기준으로 장내파생상품과 장외파생상품으로 구분하고 있다. "장내파생상품"은 "파생상품시장에서 거래되는 파생상품 또는 해외파생상품시장에서 거래되는 파생상품"을 말한다(법 5조 2항). 여기서 파생상품시장이란 "장내파생상품의 매매를 위하여 거래소가 개설하는 시장"을 말하며(법 9조 14항), 해외파생상품시장이란 파생상품시장과 유사한 시장으로서 해외에 소재하는 시장과 대통령령이 정하는 해외파생상품거래가 이루어지는 시장을 말한다(법 5조 2항 및 법 시행령 5조 1항 참조). 장내파생상품은 거래소를 통해서 거래된다는 점에서 장외파생상품과 다른 특성을 갖게 된다. 다수의 시장참여자들을 대상으로 획일적인 거래가 이루어져야 하기 때문에 거래조건의 정형화(표준화)와 청산의 확실성과 간편성이 요구된다.[2]

3. 매매계약 간주(법 5조 4항)

한편 제 4 항은 "제 1 항 각 호의 어느 하나에 해당하는 계약 중 매매계약이 아닌 계

---

1) 스왑에 관한 추가적인 설명은 김용재, 전게서(2011), 173-177쪽; 김정수, 전게서(2011), 83-84쪽; 임재연, 전게서(2013), 60-61쪽 참조.

2) 증거금제도를 통하여 청산의 확실성과 간편성이 달성될 수 있다. 증거금에 대한 상세는 박선종, 전게논문(2008. 6), 474-475쪽.

약의 체결은 이 법을 적용함에 있어서 매매계약의 체결로 본다"고 규정[1)]하고 있는데, 이것은 본법 하에서 금융투자업자의 행위 규제와 관련 매매를 중심으로 규정하고 있는데, 파생상품거래가 계약 형식상으로는 반드시 법률적으로 매매계약의 형태를 띠고 있지 않을 수 있으므로 이와 같이 매매계약으로 본다는 간주 규정을 둔 것이다.[2)]

Ⅲ. 파생상품의 투자성과 증권과의 구별

파생상품의 경우 증권과 달리 장래의 결제 또는 추가지급의무가 있을 수 있다는 점에서 증권과 구별된다는 점은 앞서 언급한 바와 같다(법 3조 2항 및 1항, 5조 1항 각 호 참조).

제 6 조(금융투자업)

① 이 법에서 "금융투자업"이란 이익을 얻을 목적으로 계속적이거나 반복적인 방법으로 행하는 행위로서 다음 각 호의 어느 하나에 해당하는 업(業)을 말한다.

1. 투자매매업
2. 투자중개업
3. 집합투자업
4. 투자자문업
5. 투자일임업
6. 신탁업

② 이 법에서 "투자매매업"이란 누구의 명의로 하든지 자기의 계산으로 금융투자상품의 매도·매수, 증권의 발행·인수 또는 그 청약의 권유, 청약, 청약의 승낙을 영업으로 하는 것을 말한다.

③ 이 법에서 "투자중개업"이란 누구의 명의로 하든지 타인의 계산으로 금융투자상품의 매도·매수, 그 중개나 청약의 권유, 청약, 청약의 승낙 또는 증권의 발행·인수에 대한 청약의 권유, 청약, 청약의 승낙을 영업으로 하는 것을 말한다. 〈개정 2013. 5. 28〉

④ 이 법에서 "집합투자업"이란 집합투자를 영업으로 하는 것을 말한다.

⑤ 제 4 항에서 "집합투자"란 2인 이상에게 투자권유를 하여 모은 금전등 또는 「국가재정법」 제81조에 따른 여유자금을 투자자 또는 각 기금관리주체로부터 일상적인 운용지시를 받지 아니하

---

1) 매매는 당사자 일방이 재산권을 상대방에게 이전할 것을 약정하고 상대방이 그 대금을 지급할 것을 약정함으로써 그 효력이 발생한다(민법 563조). 우리 민법상의 매매계약은 "현물"을 대상으로 제정된 것이다. 선물(선도)계약의 매매에 있어서는 당사자, 재산권(목적물)의 보유 여부에 따른 거래의 제한 및 대금의 지급방법이 현물과 다르다. 따라서 효력이 발생하는 모습 또한 현물매매계약과는 다르다. 매매계약과 선물계약의 차이에 관한 상세는 박선종, 전게논문(2008. 6), 472-478쪽 참조.

2) 예컨대, 법 제 9 조 제 4 항은, "이 법에서 "투자권유"란 특정 투자자를 상대로 금융투자상품의 매매 또는 투자자문계약·투자일임계약·신탁계약(관리신탁계약 및 투자성 없는 신탁계약을 제외한다)의 체결을 권유하는 것을 말한다"고 하여 매매행위에 대해서만 언급하고 있기 때문에, 제 5 조 제 4 항과 같은 매매간주 규정을 두지 않을 경우 자칫 파생상품거래가 형식상 매매계약이 아니라는 이유로 제 9 조 제 4 항의 적용범위에서 제외될 수 있다. 同旨: 김정수, 전게서(2011), 85쪽; 임재연, 전게서(2013), 62쪽.

면서 재산적 가치가 있는 투자대상자산을 취득·처분, 그 밖의 방법으로 운용하고 그 결과를 투자자 또는 각 기금관리주체에게 배분하여 귀속시키는 것을 말한다. 다만, 다음 각 호의 어느 하나에 해당하는 경우를 제외한다.

1. 대통령령으로 정하는 법률에 따라 사모(私募)의 방법으로 금전등을 모아 운용·배분하는 것으로서 대통령령으로 정하는 투자자의 총수가 대통령령으로 정하는 수 이하인 경우
2. 「자산유동화에 관한 법률」 제 3 조의 자산유동화계획에 따라 금전등을 모아 운용·배분하는 경우
3. 그 밖에 행위의 성격 및 투자자 보호의 필요성 등을 고려하여 대통령령으로 정하는 경우

⑥ 이 법에서 "투자자문업"이란 금융투자상품, 그 밖에 대통령령으로 정하는 투자대상자산(이하 "금융투자상품등"이라 한다)의 가치 또는 금융투자상품등에 대한 투자판단(종류, 종목, 취득·처분, 취득·처분의 방법·수량·가격 및 시기 등에 대한 판단을 말한다. 이하 같다)에 관한 자문에 응하는 것을 영업으로 하는 것을 말한다. 〈개정 2013. 5. 28〉

⑦ 이 법에서 "투자일임업"이란 투자자로부터 금융투자상품등에 대한 투자판단의 전부 또는 일부를 일임받아 투자자별로 구분하여 그 투자자의 재산상태나 투자목적 등을 고려하여 금융투자상품등을 취득·처분, 그 밖의 방법으로 운용하는 것을 영업으로 하는 것을 말한다. 〈개정 2013. 5. 28〉

⑧ 이 법에서 "신탁업"이란 신탁을 영업으로 하는 것을 말한다.

⑨ 이 법에서 "전담중개업무"란 제249조의2 제 1 항에 따른 전문사모집합투자기구, 그 밖에 대통령령으로 정하는 투자자(이하 이 조 및 제77조의3에서 "전문사모집합투자기구등"이라 한다)에 대하여 다음 각 호의 어느 하나에 해당하는 업무를 효율적인 신용공여와 담보관리 등을 위하여 대통령령으로 정하는 방법에 따라 연계하여 제공하는 업무를 말한다. 〈신설 2013. 5. 28〉

1. 증권의 대여 또는 그 중개·주선이나 대리업무
2. 금전의 융자, 그 밖의 신용공여
3. 전문사모집합투자기구등의 재산의 보관 및 관리
4. 그 밖에 전문사모집합투자기구등의 효율적인 업무 수행을 지원하기 위하여 필요한 업무로서 대통령령으로 정하는 업무

[시행일: 2015. 1. 1] 제 6 조 제 5 항

Ⅰ. 본조의 취지	Ⅲ. 금융투자업의 종류(2항 내지 8항)
Ⅱ. 금융투자업의 정의(1항)	

Ⅰ. 본조의 취지

본조에서는 금융투자업의 종류와 종류별 개념을 정의하고 있다. 금융투자업에 대한 개념범위의 획정은 본법의 적용범위를 획정하는 의미를 갖는다. 본법에서는 과거 각 금융기관별 업무영역에 대하여 각 해당 금융기관을 규제하던 개별 법률에서 각각 독자적으로 규제하고 있던 '기관별 규제방식'을 이른바 '기능별 규제체계'로 개편하여, 금융기관의

종류에 구애되지 않고 해당 업무영역의 기능과 속성을 중심으로 본조에서와 같은 통일적인 개념정의를 두게 되었다. 이에 따라 은행법과 보험업법 등을 제외한 금융관련 6개 법률[1)]을 통합하고, 나머지 9개 법률[2)]의 경우는 관련규정을 정비하였음[3)]은 앞서 언급한 바와 같다. 과거 금융업종별로 규제가 분리되어 있을 때에는 유사한 금융상품에 대하여도 업종이 다르고 규제법률도 다르기 때문에 다른 규제수준이 적용되어 불합리한 점이 많았던 부분을 해소하기 위한 것이 바로 본법의 주요 목적 중의 하나인 기능별 규제체제의 도입인 것이다.

Ⅱ. 금융투자업의 정의(1항)

본조에서 정의하고 있는 금융투자업은 투자매매업, 투자중개업, 집합투자업, 투자자문업, 투자일임업, 신탁업 이렇게 6가지이다. 한편, 본조에서는 금융투자업의 개념으로 "이익을 얻을 목적으로 계속적이거나 반복적인 방법으로 행하는 행위"일 것을 요구하고 있다. 이는 종래의 입법방식과 비교해 보면, 상행위에 요구되는 영업성과 관련된 판례 및 학설상 해석을 토대로[4)] "영업"의 개념을 풀어서 쓴 것으로서,[5)] 금융투자업의 행위유형(예: 증권 매매거래의 중개활동)에 해당하는 행위이더라도 그러한 행위가 영업활동으로 이루어진 경우에만 본법의 "금융투자업"에 해당한다고 본다는 취지라 할 수 있다. 한편, "영업"에 대한 이러한 개념정의에도 불구하고 구체적인 사안에서 당해 행위가 본항의 요건에 해당하는지 여부의 판단은 여전히 어려울 수밖에 없을 것으로 생각된다. 예컨대, 투자중개업을 영위하는 금융기관이 투자자문업 등록을 하지 아니한 상태에서 고객에게 중개수수료를 받고 중개업무를 수행하던 중, 별도의 추가적인 수수료를 받음이 없이 대상자산의 매수와 관련한 투자자문 활동을 수행하였다면 그러한 행위가 무면허 투자자문 활동으로서 위법한 것이라 볼 수 있을까? 영업의 개념, 즉 계속성과 반복성, 영리성의 해석이 필요한 대목이고 그 판단이 간단치 않음을 알 수 있다. 참고로, 법 제7조 제4항 및 시행령 제7조 제2항에서는 투자중개업자가 대가 없이 투자판단의 전부나 일부를 일임받는 경우로서 일정한 경우를 금융투자업으로 보지 않음을 규정해 두고 있다.[6)]

1) 증권거래법, 선물거래법, 자산운용업법, 신탁업법, 종합금융회사에 관한 법률, 증권선물거래소법을 폐지.
2) 여신전문금융업법, 부동산투자회사법, 선박투자회사법, 산업발전법, 벤처기업육성에 관한 특별조치법, 중소기업창업지원법, 사회기반시설에 대한 민간투자법, 부품소재전문기업 등의 육성에 관한 특별조치법, 문화산업진흥기본법을 일부 개정.
3) 재정경제부, 전게 설명자료(2006. 12. 28), 5쪽.
4) 대법원 1994. 4. 29. 선고 93다54842 판결.
5) 구증권법 제2조 제8항: 이 법에서 증권업이라 함은 다음 각 호의 1에 해당하는 행위를 하는 영업을 말한다.
6) 금융투자업의 적용배제에 관하여, "자본시장법은 제7조 제1항부터 제5항까지에서 개별 금융투자업과 관련하여 금융투자업의 적용배제 경우를 규정하고, 그 외에 제7조 제6항에서 대통령령으로 정하

Ⅲ. 금융투자업의 종류(2항 내지 8항)

1. 투자매매업(2항)

"투자매매업"은 종래 증권회사의 매매업·인수업·매출업, 종금사의 매매업과 인수업, 그리고 간접투자자산운용업법상 간접투자증권의 판매업을 의미하는 것으로서 누구의 명의로 하든지 '자기계산'으로 매매가 이루어지는 경우라는 점에서 투자중개업과 구별된다.[1)]

2. 투자중개업(3항)

"투자중개업"은 과거 증권거래법상 증권회사의 위탁매매업, 중개업, 대리업, 매매위탁의 중개·주선·대리업, 모집·매출의 주선업, 선물거래법상 선물회사의 선물거래업, 종금사의 중개업, 간접투자자산운용업법상의 간접투자증권의 판매업 등을 말한다.[2)]

3. 집합투자업(4항 및 5항)

"집합투자업"이라 함은 복수의 자로부터 모집된 자금을 독립된 제 3 자가 운영하고 그 결과를 자금을 출연한 자에게 배분하여 귀속시키는 것, 곧 펀드의 운용을 영업으로 하는 것을 말한다. 국가재정법 제81조에 따른 기금의 운용도 비록 복수의 자로부터 자금이 모집된 것은 아니지만, 타인의 자금을 운용해주는 영업이라는 점에서는 유사성이 있으므로 본항의 개념에 포함시켰다. 한편, 종래 형식상으로는 타인으로부터 자금을 모아 운용한다는 점에서 차이가 없지만 소수의 자(전문투자자등을 제외한 자들로서 49인 이하를 말한다)(법 시행령 6조 2항 및 3항 참조)를 대상으로 하는 사모펀드로서 일정한 법률(예: 부동산투자회사법, 선박투자회사법 등)(법 시행령 6조 1항 참조)에 따라 운용되는 경우(단서 1호)와 종래 소위 ABS(Asset-Backed Securities)법이라고 불리던 「자산유동화에 관한 법률」 제 3 조에 의한 자산유동화계획에 따라 운용되는 경우(단서 2호)를 배제하였고, 그 밖에 필요한 경우를 추가할 수 있도록 대통령령에 위임하는 근거를 마련해 두었다(단서 3호).

는 바에 따라 금융투자업의 적용배제 경우를 규정하고 있다." 임재연, 전게서(2013), 74쪽.

1) "금융투자업자가 행하는 금융투자상품의 매도·매수는 자기매매(dealing)을 의미한다. 즉 자기의 계산으로 금융투자상품을 사고 팔아 이익을 취득하는 행위를 말한다. 이러한 행위는 금융투자업자뿐만 아니라 일반투자자 및 기관투자자 모두가 행하는 투자행위와 동일하다. 다만, 일반투자자나 기관투자자는 영업으로 행하는 것이 아니기 때문에 투자매매업에 속하지 않는다." 김정수, 전게서(2011), 94쪽.

2) "금융투자업자가 타인의 계산으로 행하는 금융투자상품의 매도·매수는 브로커(broker) 기능을 의미한다. 구증권법상으로는 '위탁매매업' 또는 '중개업'을 의미한다." 김정수, 전게서(2011), 97쪽.

4. 투자자문업(6항)

"투자자문업"은 금융투자상품의 가치 또는 금융투자상품에 대한 투자판단에 관한 자문에 응하는 금융업이고, 여기서 투자판단은 금융투자상품의 종류, 종목, 취득·처분, 취득·처분의 방법·수량·가격 및 시기 등에 대한 판단을 말하는 것으로 정의되어 있다. "투자자문은 고객과의 개별 계약에 의하여 보수를 받고 용역을 제공하는 행위인 점에서, 증권회사 임직원이 고객에게 위탁매매업의 부수업무로서 별도의 대가 없이 행하는 단순한 투자조언 또는 투자상담은 투자자문으로 보지 아니한다."[1)]

5. 투자일임업(7항)

"투자일임업"이라 함은 투자자로부터 금융투자상품에 대한 투자판단의 전부 또는 일부를 일임받아 투자자별로 구분하여 금융투자상품을 취득·처분, 그 밖의 방법으로 운용하는 것을 영업으로 하는 것을 말한다. 투자자문은 자문활동만을 의미하는데 반하여, 투자일임업은 스스로 판단하여 취득·처분 등 의사결정을 내릴 수 있다는 점에서 차이가 있다. "구 증권법은 포괄적 일임매매[2)]를 허용하지 않았으나, 현실적으로는 포괄적 일임매매가 빈번하게 발생하였고 분쟁의 원인이 되었다. 자본시장법은 일임매매제도를 투자일임업으로 흡수하여 포괄적 일임매매가 가능하게 되었다."[3)]

6. 신탁업(8항)

'신탁업'은 신탁법에 의한 신탁을 업으로 하는 것을 말한다. 특히 '관리신탁'의 경우는 앞서 본 바와 같이 투자성이 약하다고 보아 본법의 규제범위에서 배제되도록 그 수익권을 금융투자상품의 정의에서 제외하는 명문 규정을 두었음은 앞서 본 바와 같다(3조 1항 단서 2호).

"자본시장법은 종전 신탁업법과는 달리 수익증권의 범위를 크게 확대적용하고 있다. 즉, 금전신탁뿐만 아니라 그 밖에 신탁의 수익권이 표시된 것도 수익증권의 범주에 포함시킴으로써 신탁의 수익권을 금융투자상품의 범주에 포함시키고 있고, 자본시장법의 규제가 미치도록 하였다."[4)]

1) 김정수, 전게서(2011), 100-101쪽.
2) 포괄적 일임매매란, 증권 또는 선물의 종류, 종목, 취득·처분의 방법·수량·가격·시기까지 포괄적으로 위임하는 일임매매를 의미한다.
3) 김정수, 전게서(2011), 102쪽.
4) 상게서, 103쪽.

제 7 조(금융투자업의 적용배제)

① 자기가 증권을 발행하는 경우에는 투자매매업으로 보지 아니한다. 다만, 다음 각 호의 어느 하나에 해당하는 증권은 그러하지 아니하다. 〈개정 2013. 5. 28〉

1. 투자신탁의 수익증권
2. 대통령령으로 정하는 파생결합증권
3. 제77조 제 1 항에서 정하는 투자성 있는 예금계약, 그 밖에 이에 준하는 것으로서 대통령령으로 정하는 계약에 따른 증권
4. 제77조 제 2 항에서 정하는 투자성 있는 보험계약에 따른 증권

② 제51조 제 9 항의 투자권유대행인이 투자권유를 대행하는 경우에는 투자중개업으로 보지 아니한다.

③ 불특정 다수인을 대상으로 발행 또는 송신되고, 불특정 다수인이 수시로 구입 또는 수신할 수 있는 간행물·출판물·통신물 또는 방송 등을 통하여 조언을 하는 경우에는 투자자문업으로 보지 아니한다.

④ 투자중개업자가 투자자의 매매주문을 받아 이를 처리하는 과정에서 금융투자상품에 대한 투자판단의 전부 또는 일부를 일임받을 필요가 있는 경우로서 대통령령으로 정하는 경우에는 투자일임업으로 보지 아니한다.

⑤ 「담보부사채신탁법」에 따른 담보부사채에 관한 신탁업, 「저작권법」에 따른 저작권신탁관리업의 경우에는 신탁업으로 보지 아니한다. 〈개정 2009. 4. 22〉

⑥ 제 1 항부터 제 5 항까지 규정된 것 외에 다음 각 호의 어느 하나에 해당하는 경우에는 대통령령으로 정하는 바에 따라 제 6 조 제 1 항 각 호의 금융투자업으로 보지 아니한다. 〈개정 2013. 5. 28〉

1. 제 8 조의2 제 2 항에 따른 거래소가 증권시장 또는 파생상품시장을 개설·운영하는 경우
2. 투자매매업자를 상대방으로 하거나 투자중개업자를 통하여 금융투자상품을 매매하는 경우
3. 그 밖에 해당 행위의 성격 및 투자자 보호의 필요성 등을 고려하여 금융투자업의 적용에서 제외할 필요가 있는 것으로서 대통령령으로 정하는 경우

Ⅰ. 본조의 취지

본조에서는 일정한 경우 본법의 적용이 배제되도록 하고 있다. 개념적으로 금융투자업에 해당하는지 명확히 하기 위한 필요가 있는 경우 또는 금융투자업에 개념상으로는

해당하지만 정책적인 필요성이 있는 경우 등에 금융투자업으로 분류되지 않도록 명시한 것이다.

Ⅱ. 증권의 자기발행(1항)

제 1 항에서는 증권을 자기가 발행하는 경우를 투자매매업에서 제외하고 있다. 증권을 자기가 발행하는 가장 쉬운 예로는, 주식회사가 자금조달을 위해 주식을 발행하거나 회사채를 발행하는 경우를 들 수 있다. 회사가 주식을 발행한다는 의미는 회사법적인 의미에서 보면 주권을 발행하고 주금을 납입받는 행위이나, 거래법(去來法)적인 관점에서 보면 주식이라는 금융투자상품을 그 인수자에게 판매하는 매매행위이다. 회사가 이러한 주식을 발행하려면 미리 인수자를 물색하고 대중을 상대로 매도하겠다고 청약을 하거나, 매수하겠다는 청약을 하라고 권유하는 등의 행위를 해야 할 것이다. 이러한 행위들은 통상은 증권회사 등 전문 금융기관에 의뢰를 하여 비용을 지불하고 업무를 대행하도록 하는 경우도 있고, 경우에 따라서는 그러한 업무를 수행하는 증권사가 총액인수의 방식으로 주식을 인수한 뒤 투자자들에게 분매하는 형태도 상정해 볼 수 있다. 이러한 경우에, 이를 의뢰받은 당해 증권사 입장에서는 영업활동 차원에서 자기 또는 타인의 계산으로 주식의 판매활동을 벌인 것이므로 투자매매업 또는 투자중개업이 되겠지만, 위 사안에서 발행회사는 그것이 회사 자신의 주식발행을 위한 차원에서 이루어진 것이어서 이러한 업무를 증권사 등을 동원하여 업무를 대행시키든 본인이 직접 수행하든, 영업성(영리성, 계속성, 반복성)(법 6조 1항 참조)을 갖춘 것이라고 보기 적절치 못하다. 본 조항이 있기 전 종래 증권거래법 시절에서도 이러한 경우에는 '영업성'이 없다고 보아 증권업이라고 해석하지는 않는 것이 실무였는데, 본법에서는 이 점을 명시한 것이라는데 그 의의가 있다.

한편, 본항의 본문 중 괄호 부분에는 이러한 일반원칙에 대한 예외들이 규정되어 있다. 투자신탁의 수익증권, 파생결합증권 중 대통령령으로 정하는 것 및 투자성 있는 예금·보험 등을 제외한다고 규정한 부분이 그것이다.

투자신탁의 수익증권은 집합투자업자가 투자신탁을 설정하고 발행하는 것인데, 투자신탁의 수익증권 발행은 회사의 주식발행의 경우처럼 자금조달목적이라기보다는 투자자들에게 판매하여 운용수익을 올리기 위한 판매목적으로 발행되는 것이므로 투자매매업으로 규율할 필요가 있다. 따라서 집합투자업자가 수익증권을 발행하고 판매하려면 투자매매업에 대한 인가를 받아야 하게 된다. 한편, 같은 집합투자기구인 경우에도 투자회사의 경우는 이러한 예외를 두고 있지 않은데, 투자회사는 형식상 법인격이 있을 뿐 단순한 펀드로서 주식발행의 실질적인 주체라 보기 어렵고, 펀드 스스로 그 발행주식을 판매한다는 경우도 상정하기 어려우므로 예외로 규율하지 않은 것이라 할 수 있다.

한편, 파생결합증권에 대해서도 대통령령으로 정하는 일정한 경우는 투자매매업으로 규율되도록 하고 있다. 법 시행령 제 7 조 제 1 항에서는 지분증권과 연계된 파생결합증권 등 일정한 대상 증권을 정하고 있다. 따라서 투자매매업 인가를 받지 아니한 금융기관에서 위 시행령에 규정된 상품을 직접 발행하는 경우에는 자기가 증권을 발행하는 경우임에도 투자매매업 인가를 받아야 하게 된다. 예컨대, 은행에서 대통령령에 규정된 원본손실위험이 존재하는 파생결합상품, 즉 본법 제 3 조 제 1 항의 투자성이 인정되는 금융투자상품을 발행하려면 설령 그것이 은행 자신이 발행하는 경우이더라도 투자매매업 인가를 받아야 할 것이다.[1] 투자성 있는 예금이나 보험도 마찬가지이다.

Ⅲ. 등록된 투자권유대행인의 투자중개활동(2항)

본항에서는 "제51조 제 9 항의 투자권유대행인이 투자권유를 대행하는 경우에는 투자중개업으로 보지 아니한다"라고 규정하고 있다. 본법 제51조에서는 투자권유대행인에 관한 제도를 두고 일정한 요건에 따라 등록을 하고 자격을 유지하는 등록인에 대해서만 투자권유활동을 대행할 수 있도록 하고 있다. 이러한 일정 요건을 갖춘 투자권유대행인의 대행 활동에 대해서는 투자매매업으로 보지 않도록 함으로써 투자권유대행인이 투자중개업 인가를 받음이 없이 권유활동을 할 수 있도록 함과 동시에 일정한 요건을 갖추지 못한 자의 투자권유 대행 활동은 투자중개업 인가를 받아야만 가능하도록 함으로써 투자자 보호를 도모하고 있다.

Ⅳ. 불특정 다수를 상대로 한 일정한 투자조언활동(3항)

본항은 "불특정 다수인을 대상으로 발행 또는 송신되고, 불특정 다수인이 수시로 구입 또는 수신할 수 있는 간행물·출판물·통신물 또는 방송 등을 통하여 조언을 하는 경우에는 투자자문업으로 보지 아니한다"고 규정하고 있다. 이 규정은 흔히 신문이나 인터넷에서 접할 수 있는 투자조언, 증권분석, 시장전망 등과 같은 활동에 대해서는 별도의 투자자문업 등록을 하지 않고도 가능하도록 허용하고 있는 것에 그 의의가 있다. 이러한 내용은 과거 간접투자자산운용업법 시절에도 인정되던 사항이다.[2]

---

1) 예컨대 KIKO 관련 소송의 사안들을 살피면, 상당수 은행 지점의 판매담당자들이 Know Your Product Rule을 준수하지 못하는 경우가 있다. 이러한 상황의 재발방지를 위해서도 은행의 투자매매업 인가는 필요할 것으로 본다.

2) 구간투법 제 2 조 제 5 호 단서 및 동 시행령 제 4 조 제 2 항. 다만, 동 시행령 제 4 조 제 2 항 제 2 호에는 "별도의 대가 없이 다른 영업에 부수하여 투자조언을 하는 것"이 포함되어 있어 본법과 문언이 약간 다르다.

Ⅴ. 제한된 범위 내에서의 일시적인 투자판단의 일임 등(4항)

본항에서는 “투자중개업자가 투자자의 매매주문을 받아 이를 처리하는 과정에서 금융투자상품에 대한 투자판단의 전부 또는 일부를 일임받을 필요가 있는 경우로서 대통령령으로 정하는 경우에는 투자일임업으로 보지 아니한다”고 규정하고 있다. 대통령령이 정한 사유들을 보면 별도로 일시적이거나, 어느 정도 범위를 지정하여 위임이 이루어지는 경우 등 별도의 투자일임업 인가를 받도록 하기 적절치 않거나 불필요한 경우들이라고 할 수 있다.

Ⅵ. 신탁업으로 보지 아니하는 예외(5항)

신탁업의 개념이 “신탁을 영업으로 하는 것을 말한다”고 매우 포괄적으로 규정(법 6조 8항)되어 있기 때문에, 일부 개별법에서 별도로 규율하고 있는 사항들은 비록 개념적으로는 신탁업에 해당할 수 있더라도 본법의 적용을 받지 않도록 명시할 필요가 있다. 이러한 배경 하에, 본항에서는 담보부사채신탁법에 따른 담보부사채에 관한 신탁업, 저작권법에 따른 저작권신탁관리업을 신탁업으로 보지 아니한다고 하여 배제하고 있다.

Ⅶ. 기타 금융투자업으로 보지 아니하는 경우(6항)

금융투자업으로 보지 아니하는 세 가지 사유를 추가하고 있는데, 특히 두 번째(2호)가 중요하다.

1. 한국거래소의 시장 개설·운영행위(1호)

법 제373조에 의해 설립된 한국거래소는 시장을 개설하여 운용하는 활동을 하게 되는데, 이러한 활동도 개념상으로는 투자매매·중개업 또는 그에 부수된 보조활동으로 간주될 여지가 있어 한국거래소가 해당 영업인가를 받아야 하느냐는 라이선스 이슈가 생길 수 있으므로 이를 배제하기 위하여 본호의 규정을 둔 것이다.

2. 투자매매업자를 상대방으로 하거나 투자중개업자를 통하여 금융투자상품을 매매하는 경우(2호)

본인의 거래활동이 본인의 입장에서 개념상 금융투자업에 해당되더라도, 투자매매업자나 중개업자를 통하여 거래를 하게 되면 금융투자업에 해당하지 않아 본인의 라이선스 이슈가 해결됨을 의미하므로 실무상으로는 매우 중요한 의미를 가질 것으로 생각된다.

3. 그 밖에 대통령령이 정하는 경우(3호)

열거된 것 이외에 행위의 성격이나 투자자보호의 필요성을 감안할 때 금융투자업으로 보지 않아도 될 경우를 추가할 수 있도록 대통령령에 위임하고 있다. 이에 따라 현재 시행령 제 7 조 제 3 항에서 예외를 규정하고 있다.

제 8 조(금융투자업자)

① 이 법에서 "금융투자업자"란 제 6 조 제 1 항 각 호의 금융투자업에 대하여 금융위원회의 인가를 받거나 금융위원회에 등록하여 이를 영위하는 자를 말한다.
② 이 법에서 "투자매매업자"란 금융투자업자 중 투자매매업을 영위하는 자를 말한다.
③ 이 법에서 "투자중개업자"란 금융투자업자 중 투자중개업을 영위하는 자를 말한다.
④ 이 법에서 "집합투자업자"란 금융투자업자 중 집합투자업을 영위하는 자를 말한다.
⑤ 이 법에서 "투자자문업자"란 금융투자업자 중 투자자문업을 영위하는 자를 말한다.
⑥ 이 법에서 "투자일임업자"란 금융투자업자 중 투자일임업을 영위하는 자를 말한다.
⑦ 이 법에서 "신탁업자"란 금융투자업자 중 신탁업을 영위하는 자를 말한다.
⑧ 이 법에서 "종합금융투자사업자"란 투자매매업자 또는 투자중개업자 중 제77조의2에 따라 금융위원회의 지정을 받은 자를 말한다.

본조는 각 금융투자업의 종류에 따라 해당 업을 영위하는 금융투자업자를 분류하고 있다.

본조 제 1 항은 금융투자업자는 금융위원회의 인가를 받거나 금융위원회에 등록할 것을 규정하고 있다. 금융투자업 인가를 받지 않거나 등록하지 아니하고 금융투자업을 영위한 자는 형사적 처벌을 받는다(법 444조 1호, 445조 1호).

본조 제 2 항 내지 제 7 항은 각 금융투자업자의 개념요소로서 해당 금융투자업을 영위할 것을 요구하고 있다. 본조 제 8 항은 종합금융투자업자를 규정하고 있다. 종합금융투자업자는 전담중개업무나 기업에 대한 신용공여업무 등을 영위할 수 있는 자이며(법 8조 8항, 77조의2), 선진형 투자은행의 발전을 촉진하기 위한 목적으로 2013년 5월 18일 자본시장법 개정에서 새로이 도입되었다. 종합금융투자업자가 되기 위해서는 투자매매업자 또는 투자중개업자 중에서 자본금 3조원 이상 등 일정요건을 갖추어 금융위원회의 지정을 받아야 한다(법 77조의2 1항, 법 시행령 77조의3).[1] 상세한 내용은 금융투자업자의 인가 및 등록 부분에서 살펴본다.

1) 2013년 지정받은 종합금융투자업자는 대우증권, 우리투자증권, 삼성증권, 한국투자증권 및 현대증권 등 5개사이다.

제 8 조의2(금융투자상품시장 등)

① 이 법에서 "금융투자상품시장"이란 증권 또는 장내파생상품의 매매를 하는 시장을 말한다.

② 이 법에서 "거래소"란 증권 및 장내파생상품의 공정한 가격 형성과 그 매매, 그 밖의 거래의 안정성 및 효율성을 도모하기 위하여 제373조의2에 따른 금융위원회의 허가를 받아 금융투자상품시장을 개설하는 자를 말한다.

③ 이 법에서 "거래소시장"이란 거래소가 개설하는 금융투자상품시장을 말한다.

④ 거래소시장은 다음 각 호와 같이 구분한다.

1. 증권시장: 증권의 매매를 위하여 거래소가 개설하는 시장
2. 파생상품시장: 장내파생상품의 매매를 위하여 거래소가 개설하는 시장

⑤ 이 법에서 "다자간매매체결회사"란 정보통신망이나 전자정보처리장치를 이용하여 동시에 다수의 자를 거래상대방 또는 각 당사자로 하여 다음 각 호의 어느 하나에 해당하는 매매가격의 결정방법으로 증권시장에 상장된 주권, 그 밖에 대통령령으로 정하는 증권(이하 "매매체결대상상품"이라 한다)의 매매 또는 그 중개·주선이나 대리 업무(이하 "다자간매매체결업무"라 한다)를 하는 투자매매업자 또는 투자중개업자를 말한다.

1. 경쟁매매의 방법(매매체결대상상품의 거래량이 대통령령으로 정하는 기준을 넘지 아니하는 경우로 한정한다)
2. 매매체결대상상품이 상장증권인 경우 해당 거래소가 개설하는 증권시장에서 형성된 매매가격을 이용하는 방법
3. 그 밖에 공정한 매매가격 형성과 매매체결의 안정성 및 효율성 등을 확보할 수 있는 방법으로서 대통령령으로 정하는 방법

시행령 제 7 조의2(금융투자상품시장 등) ① 법 제 8 조의2 제 5 항 각 호 외의 부분에서 "대통령령으로 정하는 증권"이란 다음 각 호의 어느 하나에 해당하는 것을 말한다.

1. 주권과 관련된 증권예탁증권으로서 증권시장에 상장된 것
2. 그 밖에 공정한 가격 형성 및 거래의 효율성 등을 고려하여 총리령으로 정하는 증권

② 법 제 8 조의2 제 5 항 제 1 호에서 "대통령령으로 정하는 기준을 넘지 아니하는 경우"란 다음 각 호의 요건을 모두 충족하는 경우를 말한다.

1. 매월의 말일을 기준으로 법 제 4 조 제 2 항에 따른 증권의 구분별로 과거 6개월간 해당 다자간매매체결회사의 경쟁매매의 방법을 통한 매매체결대상상품(법 제 8 조의2 제 5 항 각 호 외의 부분에 따른 매매체결대상상품을 말한다. 이하 같다)의 평균거래량(매매가 체결된 매매체결대상상품의 총수량을 매매가 이루어진 일수로 나눈 것을 말한다. 이하 이 항 및 제78조에서 같다)이 같은 기간 중 증권시장에서의 매매체결대상상품의 평균거래량의 100분의 5 이하일 것
2. 매월의 말일을 기준으로 과거 6개월간 해당 다자간매매체결회사의 경쟁매매의 방법을 통한 종목별 매매체결대상상품의 평균거래량이 같은 기간 중 증권시장에서의 그 종목별 매매체결대상상품의 평균거래량의 100분의 10 이하일 것

③ 법 제 8 조의2 제 5 항 제 3 호에서 "대통령령으로 정하는 방법"이란 매매체결대상상품의 종목별로 매도자와 매수자 간의 호가가 일치하는 경우 그 가격으로 매매거래를 체결하는 방법을 말한다.

Ⅰ. 금융투자상품시장(1항)

1. 의　　의

'금융투자상품시장'이란 증권 또는 장내파생상품의 매매를 하는 시장을 말한다(법 8조의2 1항). 다수의 당사자가 거래소시스템 또는 이에 준하는 시스템을 통해서 증권 또는 장내파생상품의 매매를 하는 것으로 금융위원회의 허가 등을 받아서 개설하는 시장을 지칭한다. 금융투자상품시장의 개념은 2013년 5월 28일 자본시장법 개정에서 새로이 도입되었다.

본조는 장외파생상품의 매매를 하는 시장을 금융투자상품시장에서 제외하고 있는데 이러한 태도는 타당한가? 일반적으로 '시장'이란 여러 가지 상품을 사고 파는 장소를 말한다. 이러한 의미에서는 금융투자상품의 일종인 장외파생상품의 매매를 하는 시장도 금융투자상품시장이라고 부를 수 있을 것이다. 그러나 본조에서 말하는 금융투자상품시장은 다수의 당사자가 거래소시스템 또는 이에 준하는 시스템을 통해서 금융투자상품을 거래하는 것으로, 장외파생상품거래는 여기에는 포함되지 않는다고 보아야 한다. 개별적, 맞춤형으로 거래되는 장외파생상품거래의 특성상 굳이 금융투자상품시장의 범위에 포함시켜서 금융위원회의 시장개설 허가를 요구할 필요가 없기 때문이다.

금융투자상품시장은 거래소시스템 또는 이에 준하는 시스템을 통해서 거래하는 것으로 금융위원회의 허가 등을 받아서 개설하는 시장이다. 따라서 거래소 허가를 받지 아니하고 금융투자상품시장을 개설하거나 운영하면 '무허가 시장개설행위'가 된다(법 373조 본문).[1] 다만, ① 다자간매매체결회사가 다자간매매체결업무를 하는 경우(법 373조 1호), ② 금융투자협회가 증권시장에 상장되지 아니한 주권의 장외매매거래에 관한 업무를 하는 경우(동조 2호), ③ 그 밖에 거래소 외의 자가 금융투자상품의 매매체결에 관한 업무를 수행하더라도 공정한 가격 형성, 매매 그 밖의 거래의 안정성 및 효율성의 도모 및 투자자의 보호에 우려가 없는 경우로서 '대통령령으로 정하는 경우'[2](동조 3호)에는 무허가 시장

1) 금융위원회는 금융투자상품시장을 거래소, 다자간매매체결회사(ATS)를 포함한 적법한 금융투자상품시장과 무허가시장으로 구분하고 있다. 금융위원회, "자본시장법 개정안의 주요내용," 금융위 보도자료(2011. 11. 22), 붙임자료 2, 7쪽.

2) 법 제373조 제 3 호에서 "대통령령으로 정하는 경우"란 ① 제176조의8 제 4 항 제 2 호에 따라 투자매매업자 또는 투자중개업자가 신주인수권증서를 매매 또는 그 중개·주선이나 대리업무를 하는 경우, ② 제179조에 따라 채권중개전문회사가 증권시장 외에서 채무증권 매매의 중개업무를 하는 경우를 말한다(법 시행령 354조의2).

개설행위가 되지 않는다.

2. 종 류

(1) 거래소시장과 거래소외시장

금융투자상품시장은 거래소가 개설하는 금융투자상품시장(이하 '거래소시장')과 거래소 외의 자가 개설하는 금융투자상품시장(이하 '거래소외시장')으로 구분할 수 있다.

'거래소시장'이란 거래소가 개설하는 금융투자상품시장을 말한다(법 8조의2 3항). 거래소란 증권 및 장내파생상품의 공정한 가격 형성과 그 매매, 그 밖의 거래의 안정성 및 효율성을 도모하기 위하여 금융위원회의 허가를 받아 금융투자상품시장을 개설하는 자이며(법 8조의2 2항), 이러한 거래소가 개설하는 금융투자상품시장이 거래소시장이다.

'거래소외시장'이란 거래소 외의 자가 개설하는 금융투자상품시장을 말한다. 다자간매매체결회사가 개설하는 다자간매매체결업무를 하는 시장, 금융투자협회가 증권시장에 상장되지 아니한 주권의 장외매매거래에 관한 업무를 하는 시장, 그 밖에 투자매매업자 또는 투자중개업자가 신주인수권증서를 매매 또는 그 중개·주선이나 대리업무를 하는 시장 및 채권중개전문회사가 증권시장 외에서 채무증권 매매의 중개업무를 하는 시장 등이 이에 해당한다(법 373조, 법 시행령 354조의2).

(2) 장내시장과 장외시장

금융투자상품시장은 장내시장과 장외시장으로 구분할 수 있다. 일반적으로 장내시장은 자금공급자와 자금수요자가 거래소 등 조직화된 시스템을 통해서 거래하는 시장을 말하고, 장외시장은 거래소 등을 벗어나 전화, 전산망, 대면을 통해서 거래하는 시장을 말한다. 따라서 장내시장이라고 함은 흔히 거래소시장을 말하는 것이 보통이다.

구 자본시장법(법률 제11845호, 2013. 5. 28. 일부개정되기 이전의 법률을 말한다) 시행 당시에는 한국거래소가 개설하여 운영하는 증권시장 및 파생상품시장에서 이루어지는 거래만이 장내거래이고, 그 밖의 시장에서 금융투자상품을 거래하는 경우는 장외거래로 규정하고 있었다(구 자본시장법 166조). 그러나 현행 자본시장법은 장내거래의 범위를 확대하고 있다. 현행 자본시장법상 장내거래는 거래소시장 또는 다자간매매체결회사 시스템 내에서 이루어지는 금융투자상품의 매매, 그 밖의 거래를 말하고, 장외거래는 그 외에서 이루어지는 거래를 가리킨다(법 166조, 법 시행령 177조). 이는 다자간매매체결회사가 실질적으로 거래소와 거의 동일한 기능을 수행하는 점을 고려한 것이다. 자본시장법은 여러 조항[1]에서

---

1) 증권시장 또는 거래소시장에서의 매매에 다자간매매체결회사에서의 거래를 포함시키는 규정은 법 제69조(자기주식의 예외적 취득), 제104조(신탁재산과 고유재산의 구분), 제133조(공개매수의 적용대상), 제176조 제 2 항(시세조종행위 등의 금지), 제180조 제 1 항(공매도의 제한), 제296조(예탁결제원의 업무), 제377조(거래소 업무), 제402조(시장감시위원회), 제404조(이상거래의 심리 또는 회원의 감리), 제

다자간매매체결회사에서 이루어지는 증권의 매매거래를 증권시장 또는 거래소시장에서의 거래와 사실상 동등하게 취급하고 있다.

장내시장에서 이루어지는 거래는 장내거래이고 장외시장에서 이루어지는 거래는 장외거래이다. 주의할 점은 장내거래와 장외거래는 모두 금융투자상품시장 내에서 이루어지는 거래를 지칭하지만 항상 그러한 것은 아니라는 점이다. 예컨대, 본법 제176조 제4항의 장내거래와 장외거래를 연계하는 연계불공정거래행위는 금융투자상품시장 밖에서 이루어지는 장외거래를 연계하는 불공정거래를 포함한다고 볼 것인데, 이러한 경우에 장외거래는 금융투자상품시장 밖에서 이루어지는 거래를 포함하는 넓은 의미로 사용되고 있는 것이다.

[금융투자상품시장]

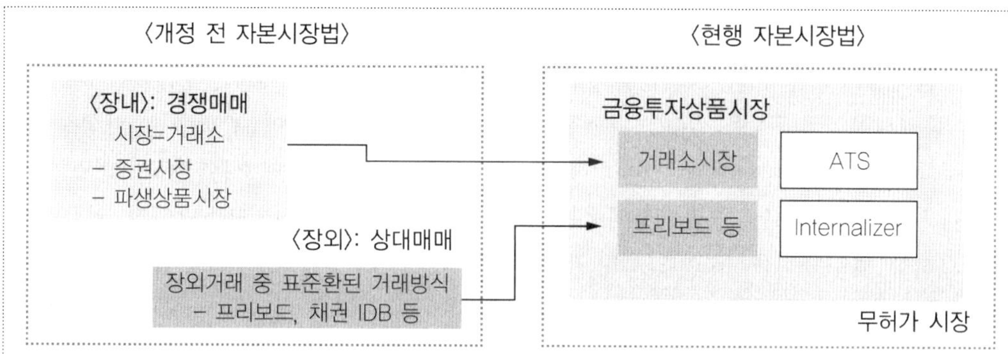

금융위원회, 보도자료(2011. 11. 22), 붙임자료 2, 7쪽.

Ⅱ. 거래소(2항-4항)

1. 의　　의

'거래소'란 증권 및 장내파생상품의 공정한 가격 형성과 그 매매, 그 밖의 거래의 안정성 및 효율성을 도모하기 위하여 금융위원회의 허가를 받아 금융투자상품시장을 개설하는 자를 말한다(법 8조의2 2항).

구 자본시장법은 거래소 유사시설의 개설을 금지함으로써 한국거래소에 독점적인 지위를 부여하고 있었다(구 자본시장법 386조 2항). 이러한 거래소 독점주의는 가격발견기능의 극대화를 위해서 모든 금융투자상품을 하나의 시장에 집중시키는 것으로 국내 자본시장의 발전에 기여를 하였으나 독점에 따른 폐해도 지적되었다.

429조(공시위반에 대한 과징금), 제440조(금융감독원의 업무) 등 여러 곳에서 볼 수 있다.

현행 자본시장법은 거래소 독점주의를 폐지하고 금융투자상품시장을 개설하거나 운영하려는 자는 일정한 요건을 갖추고 대통령령으로 정하는 시장개설 단위의 전부나 일부를 선택하여 금융위원회로부터 거래소 허가를 받도록 하고 있다(법 373조의2 이하). 이로써 복수의 거래소 출현 가능성이 열렸고, 거래소간의 경쟁을 통한 거래비용 감소, 거래체결 속도 증가, 서비스 향상 등의 효과가 기대되고 있다.

2. 거래소시장

'거래소시장'은 거래소가 개설하는 금융투자상품시장을 말한다(법 8조의2 3항). 거래소시장은 증권시장과 파생상품시장으로 구분된다(법 8조의2 4항). 증권시장이란 증권의 매매를 위하여 거래소가 개설하는 시장이고(법 8조의2 4항 1호), 파생상품시장이란 장내파생상품의 매매를 위하여 거래소가 개설하는 시장이다(법 8조의2 4항 2호).

거래소를 개설하여 운영하려는 자는 금융위원회의 허가를 받아야 하고, 증권시장과 파생상품시장으로 분류하여 시장을 개설하여야 한다. 증권시장에서의 매매거래에 관하여는 증권시장업무규정을 두고, 파생상품시장에서의 매매거래에 관하여는 파생상품시장업무규정을 두어야 한다(법 393조). 현재까지 허가를 받은 거래소는 한국거래소가 유일하다.[1] 한국거래소는 증권시장에서는 유가증권시장 업무규정, 코스닥시장 업무규정, 코넥스시장 업무규정을 두고 있으며, 파생상품시장에서는 파생상품시장 업무규정을 두고 있다.[2]

Ⅲ. 다자간매매체결회사(5항)

1. 의 의

'다자간매매체결회사'(Alternative Trading Systems: ATS)란 정보통신망이나 전자정보처리장치를 이용하여 동시에 다수의 자를 거래상대방 또는 각 당사자로 하여 경쟁매매의 방법 등 일정한 매매가격의 결정방법으로 증권시장에 상장된 주권, 그 밖에 대통령령으로 정하는 증권("매매체결대상상품")의 매매 또는 그 중개·주선이나 대리 업무("다자간매매체결업무")를 하는 투자매매업자 또는 투자중개업자를 말한다(법 8조의2 5항). 매매중개 기능만을 가지고 있던 전자증권 중개회사제도(Electronic Communication Network: ECN)와는 달리, 다자간매매체결회사는 가격발견기능까지 가지고 있어 거래소의 실질적인 경쟁자로서의 역할을

---

1) 한국거래소는 법 제373조의2 제1항의 개정규정에 따라 시장개설 단위의 전부에 대하여 거래소 허가를 받은 것으로 본다(법 부칙 15조 1항).

2) 한국거래소는 유가증권시장 업무규정[일부개정, 2013. 2. 22, 제891호], 코스닥시장 업무규정[일부개정, 2013. 9. 11, 제951호], 코넥스시장 업무규정[제정, 2013. 9. 11, 제951호], 파생상품시장 업무규정[일부개정, 2013. 9. 11, 제951호] 등을 두고 있다.

할 것으로 기대된다. 다자간매매체결회사에 적용되는 업무기준은 법 제78조에서 살펴본다.

2. 매매계약체결의 방법

다자간매매체결회사는 ① 경쟁매매의 방법(매매체결대상상품의 거래량이 대통령령으로 정하는 기준을 넘지 아니하는 경우로 한정한다)(법 8조의2 5항 1호), ② 매매체결대상상품이 상장증권인 경우 해당 거래소가 개설하는 증권시장에서 형성된 매매가격을 이용하는 방법(동항 2호), ③ 그 밖에 공정한 매매가격 형성과 매매체결의 안정성 및 효율성 등을 확보할 수 있는 방법으로서 매매체결대상상품의 종목별로 매도자와 매수자 간의 호가가 일치하는 경우 그 가격으로 매매거래를 체결시키는 방법(동항 3호, 동 시행령 7조의2 3항)으로 거래할 수 있다.

다자간매매체결회사는 경쟁매매의 방법으로 거래할 수 있다. 다만, 경쟁매매의 방법은 매매체결대상상품의 거래량이 "대통령령으로 정하는 기준을 넘지 아니하는 경우"로 한정된다(법 8조의2 5항 1호). 구체적으로 과거 6개월간 경쟁매매의 방법을 통한 다자간매매체결회사의 일일평균거래량은 같은 기간 증권시장 전체의 일일평균거래량의 5%(개별종목은 10%)를 초과할 수 없다(법 시행령 7조의2 2항).

만일, 다자간매매체결회사의 거래량이 위 기준을 초과하는 경우에는 법이 허용한 다자간매매체결회사의 거래방식에 해당하지 않게 된다. 그 결과 기준을 초과하는 매매체결은 무허가시장개설 행위가 된다. 따라서 다자간매매체결회사는 거래량 초과가 예상될 경우 관련요건을 갖추어 거래소로 전환할 필요가 있다.[1] 해외의 경우 BATS, Direct Edge와 같은 일부 다자간매매체결회사가 상장업무 등 수익창출을 위한 사업확대 차원에서 정규거래소로 전환함으로써 거래소간 경쟁을 강화시키는 역할을 수행한 사례가 있다고 한다.[2]

제 9 조(그 밖의 용어의 정의)

① 이 법에서 "대주주"란 다음 각 호의 어느 하나에 해당하는 주주를 말한다.

1. 법인의 의결권 있는 발행주식총수를 기준으로 본인 및 그와 대통령령으로 정하는 특수한 관계가 있는 자(이하 "특수관계인"이라 한다)가 누구의 명의로 하든지 자기의 계산으로 소유하는 주식(그 주식과 관련된 증권예탁증권을 포함한다)을 합하여 그 수가 가장 많은 경우의 그 본인(이하 "최대주주"라 한다)
2. 다음 각 목의 어느 하나에 해당하는 자(이하 "주요주주"라 한다)

1) 금융위원회, 보도자료(2013. 6. 13), 10쪽.
2) 장근영, "자본시장법상 다자간매매체결회사의 도입 및 관련 제도의 변화,"「증권법연구」 제14권 제2호(2013), 한국증권법학회, 516쪽.

가. 누구의 명의로 하든지 자기의 계산으로 법인의 의결권 있는 발행주식총수의 100분의 10 이상의 주식(그 주식과 관련된 증권예탁증권을 포함한다)을 소유한 자

나. 임원의 임면(任免) 등의 방법으로 법인의 중요한 경영사항에 대하여 사실상의 영향력을 행사하는 주주로서 대통령령으로 정하는 자

② 이 법에서 "임원"이란 이사 및 감사를 말한다.

③ 이 법에서 "사외이사"란 회사의 상시적인 업무에 종사하지 아니하는 자로서 제25조에 따라 선임되는 자를 말한다.

④ 이 법에서 "투자권유"란 특정 투자자를 상대로 금융투자상품의 매매 또는 투자자문계약·투자일임계약·신탁계약(관리형신탁계약 및 투자성 없는 신탁계약을 제외한다)의 체결을 권유하는 것을 말한다.

⑤ 이 법에서 "전문투자자"란 금융투자상품에 관한 전문성 구비 여부, 소유자산규모 등에 비추어 투자에 따른 위험감수능력이 있는 투자자로서 다음 각 호의 어느 하나에 해당하는 자를 말한다. 다만, 전문투자자 중 대통령령으로 정하는 자가 일반투자자와 같은 대우를 받겠다는 의사를 금융투자업자에게 서면으로 통지하는 경우 금융투자업자는 정당한 사유가 있는 경우를 제외하고는 이에 동의하여야 하며, 금융투자업자가 동의한 경우에는 해당 투자자는 일반투자자로 본다.

1. 국가
2. 한국은행
3. 대통령령으로 정하는 금융기관
4. 주권상장법인. 다만, 금융투자업자와 장외파생상품 거래를 하는 경우에는 전문투자자와 같은 대우를 받겠다는 의사를 금융투자업자에게 서면으로 통지하는 경우에 한한다.
5. 그 밖에 대통령령으로 정하는 자

⑥ 이 법에서 "일반투자자"란 전문투자자가 아닌 투자자를 말한다.

⑦ 이 법에서 "모집"이란 대통령령으로 정하는 방법에 따라 산출한 50인 이상의 투자자에게 새로 발행되는 증권의 취득의 청약을 권유하는 것을 말한다.

⑧ 이 법에서 "사모"란 새로 발행되는 증권의 취득의 청약을 권유하는 것으로서 모집에 해당하지 아니하는 것을 말한다.

⑨ 이 법에서 "매출"이란 대통령령으로 정하는 방법에 따라 산출한 50인 이상의 투자자에게 이미 발행된 증권의 매도의 청약을 하거나 매수의 청약을 권유하는 것을 말한다.

⑩ 이 법에서 "발행인"이란 증권을 발행하였거나 발행하고자 하는 자를 말한다. 다만, 증권예탁증권을 발행함에 있어서는 그 기초가 되는 증권을 발행하였거나 발행하고자 하는 자를 말한다.

⑪ 이 법에서 "인수"란 제삼자에게 증권을 취득시킬 목적으로 다음 각 호의 어느 하나에 해당하는 행위를 하거나 그 행위를 전제로 발행인 또는 매출인을 위하여 증권의 모집·사모·매출을 하는 것을 말한다.

1. 그 증권의 전부 또는 일부를 취득하거나 취득하는 것을 내용으로 하는 계약을 체결하는 것
2. 그 증권의 전부 또는 일부에 대하여 이를 취득하는 자가 없는 때에 그 나머지를 취득하는 것을 내용으로 하는 계약을 체결하는 것

⑫ 이 법에서 "인수인"이란 증권을 모집·사모·매출하는 경우 인수를 하는 자를 말한다.

⑬ 이 법에서 "주선인"이란 제11항에 따른 행위 외에 발행인 또는 매출인을 위하여 해당 증권의 모집·사모·매출을 하거나 그 밖에 직접 또는 간접으로 증권의 모집·사모·매출을 분담하는 자를 말한다.

⑭ 이 법에서 "매출인"이란 증권의 소유자로서 스스로 또는 인수인이나 주선인을 통하여 그 증권을 매출하였거나 매출하려는 자를 말한다.

⑮ 이 법에서 "상장법인," "비상장법인," "주권상장법인" 및 "주권비상장법인"이란 각각 다음 각 호의 자를 말한다.

1. 상장법인 : 증권시장에 상장된 증권(이하 "상장증권"이라 한다)을 발행한 법인
2. 비상장법인 : 상장법인을 제외한 법인
3. 주권상장법인 : 증권시장에 상장된 주권을 발행한 법인
4. 주권비상장법인 : 주권상장법인을 제외한 법인

⑯ 이 법에서 "외국법인등"이란 다음 각 호의 어느 하나에 해당하는 자를 말한다.

1. 외국 정부
2. 외국 지방자치단체
3. 외국 공공단체
4. 외국 법령에 따라 설립된 외국 기업
5. 대통령령으로 정하는 국제기구
6. 그 밖에 외국에 있는 법인 등으로서 대통령령으로 정하는 자

⑰ 이 법에서 "금융투자업관계기관"이란 다음 각 호의 자를 말한다.

1. 제283조에 따라 설립된 한국금융투자협회(이하 "협회"라 한다)
2. 제294조에 따라 설립된 한국예탁결제원(이하 "예탁결제원"이라 한다)

2의2. 제323조의3에 따라 인가를 받은 자(이하 "금융투자상품거래청산회사"라 한다)

3. 제324조 제 1 항에 따라 인가를 받은 자(이하 "증권금융회사"라 한다)

3의2. 제335조의3에 따라 인가를 받은 자(이하 "신용평가회사"라 한다)

4. 제336조에 따른 종합금융회사
5. 제355조 제 1 항에 따라 인가를 받은 자(이하 "자금중개회사"라 한다)
6. 제360조 제 1 항에 따라 인가를 받은 자(이하 "단기금융회사"라 한다)
7. 제365조 제 1 항에 따라 등록한 자(이하 "명의개서대행회사"라 한다)
8. 제370조에 따라 설립된 금융투자 관계 단체

⑱ 이 법에서 "집합투자기구"란 집합투자를 수행하기 위한 기구로서 다음 각 호의 것을 말한다.

1. 집합투자업자인 위탁자가 신탁업자에게 신탁한 재산을 신탁업자로 하여금 그 집합투자업자의 지시에 따라 투자·운용하게 하는 신탁 형태의 집합투자기구(이하 "투자신탁"이라 한다)
2. 「상법」에 따른 주식회사 형태의 집합투자기구(이하 "투자회사"라 한다)
3. 「상법」에 따른 유한회사 형태의 집합투자기구(이하 "투자유한회사"라 한다)
4. 「상법」에 따른 합자회사 형태의 집합투자기구(이하 "투자합자회사"라 한다)

4의2. 「상법」에 따른 유한책임회사 형태의 집합투자기구(이하 "투자유한책임회사"라 한다)

5. 「상법」에 따른 합자조합 형태의 집합투자기구(이하 "투자합자조합"이라 한다)

6. 「상법」에 따른 익명조합 형태의 집합투자기구(이하 "투자익명조합"이라 한다)
7. 경영권 참여, 사업구조 또는 지배구조의 개선 등을 위하여 지분증권 등에 투자·운용하는 투자합자회사로서 지분증권을 사모로만 발행하는 집합투자기구(이하 "사모투자전문회사"라 한다)

⑲ 이 법에서 "사모집합투자기구"란 집합투자증권을 사모로만 발행하는 집합투자기구로서 대통령령으로 정하는 투자자의 총수가 대통령령으로 정하는 수 이하인 것을 말한다.

⑳ 이 법에서 "집합투자재산"이란 집합투자기구의 재산으로서 투자신탁재산, 투자회사재산, 투자유한회사재산, 투자합자회사재산, 투자유한책임회사재산, 투자합자조합재산 및 투자익명조합재산을 말한다.

㉑ 이 법에서 "집합투자증권"이란 집합투자기구에 대한 출자지분(투자신탁의 경우에는 수익권을 말한다)이 표시된 것을 말한다.

㉒ 이 법에서 "집합투자규약"이란 집합투자기구의 조직, 운영 및 투자자의 권리·의무를 정한 것으로서 투자신탁의 신탁계약, 투자회사·투자유한회사·투자합자회사·투자유한책임회사의 정관 및 투자합자조합·투자익명조합의 조합계약을 말한다.

㉓ 이 법에서 "집합투자자총회"란 집합투자기구의 투자자 전원으로 구성된 의사결정기관으로서 수익자총회, 주주총회, 사원총회, 조합원총회 및 익명조합원총회를 말한다.

㉔ 이 법에서 "신탁"이란 「신탁법」 제 2 조의 신탁을 말한다.

㉕ 이 법에서 "금융투자상품거래청산업"이란 금융투자업자 및 대통령령으로 정하는 자(이하 "청산대상업자"라 한다)를 상대방으로 하여 청산대상업자가 대통령령으로 정하는 금융투자상품의 거래(이하 "청산대상거래"라 한다)를 함에 따라 발생하는 채무를 채무인수, 경개(更改), 그 밖의 방법으로 부담하는 것을 영업으로 하는 것을 말한다.

㉖ 이 법에서 "신용평가업"이란 다음 각 호의 어느 하나에 해당하는 것에 대한 신용상태를 평가(이하 "신용평가"라 한다)하여 그 결과에 대하여 기호, 숫자 등을 사용하여 표시한 등급(이하 "신용등급"이라 한다)을 부여하고 그 신용등급을 발행인, 인수인, 투자자, 그 밖의 이해관계자에게 제공하거나 열람하게 하는 행위를 영업으로 하는 것을 말한다.
1. 금융투자상품
2. 기업·집합투자기구, 그 밖에 대통령령으로 정하는 자

법 시행령 제 **9** 조(주요주주의 범위) 법 제 9 조 제 1 항 제 2 호 나목에서 "대통령령으로 정하는 자"란 다음 각 호의 어느 하나에 해당하는 자를 말한다.
1. 단독으로 또는 다른 주주와의 합의·계약 등에 따라 대표이사 또는 이사의 과반수를 선임한 주주
2. 경영전략·조직변경 등 주요 의사결정이나 업무집행에 지배적인 영향력을 행사한다고 인정되는 자로서 금융위원회가 정하여 고시하는 주주

규정 제**1-6**조(주요주주의 범위) 영 제 9 조 제 2 호에서 "금융위원회가 정하여 고시하는 주주"란 임원(「상법」 제401조의2 제 1 항 각 호의 자를 포함한다)인 주주로서 의결권 있는 발행주식총수의 100분의 1 이상을 소유하는 자를 말한다.

본조에서는 기본적인 용어들을 정의하고 있다. 아래에서는 이들 중에서 중요한 몇 가지 개념을 살펴본다.

Ⅰ. 대주주(1항)

자본시장법은 금융투자회사의 대주주를 최대주주와 주요주주로 구분하고 각각의 개념을 실질 지배력 기준에 따라 정의하고 있다. 대주주는 최대주주 또는 주요주주의 어느 하나에 해당하는 주주를 말한다(법 9조 1항).

1. 최대주주(1호)

(1) 누구의 명의로 하든지 자기의 계산으로

'최대주주'란 법인의 의결권 있는 발행주식총수를 기준으로 본인 및 특수관계인이 누구의 명의로 하든지 자기의 계산으로 소유하는 주식(그 주식과 관련된 증권예탁증권을 포함한다)을 합하여 그 수가 가장 많은 경우의 그 본인을 말한다(법 9조 1항 1호).

최대주주의 판단에 있어서는 "누구의 명의로 하든지 자기의 계산으로"라는 문구의 해석이 중요하다.[1] 이 문구는 주식의 소유에 있어서 명의와 계산이 다를 수 있음을 전제하는 것이다.

'명의'는 법률행위의 명의를 의미한다. 명의에는 자기명의와 타인명의가 있는데, 자기명의로 거래를 하는 것은 자신이 주식거래에서 생기는 권리·의무의 주체가 된다는 의미이고, 타인명의로 거래를 하는 것은 타인이 주식거래에서 생기는 권리·의무의 주체가 된다는 의미이다.

'계산'은 일반적으로 법률행위의 경제적 효과, 즉 손익의 귀속을 의미한다. 계산에는 자기의 계산과 타인의 계산이 있는데, '자기의 계산'이란 주식 등의 매매로 인한 거래행위의 경제적 손익이 자신에게 귀속된다는 것을 뜻하고, 타인의 계산이란 그 거래행위의

---

1) 특정한 행위를 자기명의 또는 타인명의로 하는지, 자기계산 또는 타인계산으로 하는지는 각종 법규의 적용 및 해석에 있어서 중요하다. 그에 대한 판단에 따라서 특정한 법규의 적용 여부가 결정되기 때문이다. 예컨대, 상법상 "자기주식의 취득"과 관련해서는 주식회사는 "자기의 명의와 계산"으로 자기주식을 취득할 수 있다(상법 341조). 자본시장법상 "투자매매업자"는 누구의 명의로 하든지 자기의 계산으로 금융투자상품의 매도·매수 등을 영업으로 하는 자이므로(법 6조 2항) 자기의 계산인지가 중요하며 그 명의는 중요한 것이 아니다.

경제적 손익이 타인에게 귀속된다는 것을 뜻한다.

이처럼 본항은 최대주주의 판단에 있어서 "누구의 명의로 하든지 자기의 계산"이라는 문구를 사용하고 있으므로, 최대주주에 해당하는지는 명의에 관계 없이 경제적 손익을 기준으로 판단하는 것이 원칙일 것이다. 이는 형식적인 명의보다는 실질적인 경제적 이익을 중시하여 최대주주를 판단한다는 취지이다. 그러나 구체적인 경우에 "누구의 명의로 하든지 자기의 계산"에 해당하는지를 결정하는 것은 쉽지가 않다. 예컨대, 어떠한 주식이 그 경제적 손익(주식가치 및 배당금 등에서 유래하는 경제적 손익)은 甲에게 귀속하지만 소유명의는 乙이 보유하면서 乙이 주식의 의결권 및 처분권한을 모두 행사하여 왔다면, 이러한 경우에 甲의 주식이라고 할 수 있을까? 이 문제는 이른바 TRS(total return swap) 또는 공매도(short sale)나 선도(forwards)거래와 같은 파생형 거래가 활성화되면서 명의상의 소유권자와 실질적인 경제적 손익의 귀속자가 분리되면서 현실적으로 발생하는 문제이다. 이러한 경우에는 경제적 이익이 甲에게 귀속되지만, 乙을 단순히 형식적인 주주라고 보기는 어렵게 된다. 이는 본항의 "누구의 명의로 하든지 자기의 계산으로"라는 문구가 경제적 손익 이외에도 의결권이나 처분권 등의 주식이 가지는 실질을 모두 고려하여 최대주주를 판단한다는 취지인지, 아니면 단순히 경제적 손익만 귀속되면 의결권이나 처분권의 보유는 묻지 않겠다는 취지인지가 분명하지 않기 때문이다.

이와 관련해서는 자본시장법상 관련규정 및 외국의 운용례를 살펴볼 필요가 있다. 자본시장법은 대량보유변동보고(소위 5% 보고: 법 147조 1항)나 공개매수(법 133조 3항 참조)에서 사용되는 '보유'의 개념에 대하여는 의결권이나 처분권을 고려한다는 취지의 규정을 두고 있으나(법 시행령 142조), 최대주주 및 주요주주의 개념에서는 "누구의 명의로 하든지 자기의 계산으로 소유하는 주식"이라는 문구를 사용하면서 '보유'의 개념에서와 같은 상세한 규정을 두고 있지 않다. 각 조문들의 문구, 입법목적, 취지 등을 참고하여 합리적으로 해석할 것이나 그것이 항상 쉬운 일이 아니어서 불합리한 결론이 내려질 수 있고 예측가능성이 떨어진다. 참고로, 자본시장법 제173조(임원 등의 특정증권등 소유상황 보고)는 구 증권거래법 시절 보고대상 증권이 주식이던 것을 주식관련 증권(특정증권: 법 172조 1항)으로 범위를 넓힘으로써 의결권을 보유하고 있지 않더라도 다른 형태의 증권 소유를 통해 당해 주식에 대한 경제적인 이익을 보유하는 경우에는 보고대상으로 하고 있다.

미국에서는 보다 상세한 규정을 두고 있다. 자본시장법 제173조의 임원 및 주요주주의 특정증권등의 소유상황 보고제도는 미국의 임원 및 주요주주의 보유증권 보고제도인 증권거래법(Securities Exchange Act of 1934) 제16조(a)항[1]을 본받은 것인데, 이 조항을 보면 우리나라에서 주요주주의 개념(법 9조 1항 2호 가목)과 주요주주의 보고대상 증권의 판단기준(법 173조 1항)으로 둘 다 "누구의 명의로 하든지 자기의 계산으로"라는 표현을 사용하고

1) SEA of 1934 §16(a), 15 U.S.C. §78(a)(http://www.sec.gov/about/laws/sea34.pdf).

있는 것과 마찬가지로, 미국에서도 수익적 소유자(beneficial owner)라는 개념을 사용하고 있다.[1] 그런데, 우리나라와는 달리 SEC의 Rule 16a-1에서는 두 경우의 의미를 약간 다르게 규정하고 있다. 즉, 주요주주(principal shareholder)의 판단기준으로서의 수익적 소유자(beneficial owner)의 개념은 기본적으로 5% 보고제도에서 사용하는 수익적 소유자(beneficial owner)와 같다고 함으로써(Rule 16a-1의 1항) 영향력에 중점을 두고 있는 반면, 그 밖의 판단기준, 예컨대 보고대상 주식 범위의 판단기준으로서의 수익적 소유자(beneficial owner)의 개념에는 원칙적으로 금전적 이익(pecuniary interest)을 기준으로 판단함으로써 양자를 구별하고 있다(Rule 16a-1의 2항). 미국이 세부적인 상황에 따라 수익적 소유자(beneficial ownership)의 개념에 미세한 차이를 두고 있는 것처럼, 자본시장법상 "누구의 명의로 하든지 자기의 계산으로"라는 표현이 가지는 의미도 세부적인 상황에 따라 그 조항이 가지는 의미를 명확히 해두는 것이 타당하다. 경제적 손익의 귀속과 의결권, 처분권 등이 혼재된 구조화된 증권이 많아지면서 명의와 계산의 어느 측면에 해당하는지가 불분명한 상황이 많아지고 있기 때문이다.

사견으로는 일반적으로 "자기의 계산으로"라는 문구를 해석함에 있어서는 경제적 손익의 귀속 여부를 기준으로 판단하는 것이 옳겠으나, 본항의 최대주주의 판단에 있어서는 자본시장법이 최대주주를 포함한 대주주의 주식소유와 의결권 행사 등을 제한하는 취지를 감안할 필요가 있다.[2] 자본시장법상 최대주주의 개념은 일반적으로 경제적 손익에 중점을 두어서 사용되지만, 금융투자회사의 지배구조에서 중요한 역할을 하는 최대주주의 경영권을 규제하는 측면에서 최대주주의 개념이 사용된다면 경제적 손익의 귀속 이외에도 의결권, 처분권의 귀속 등을 종합하여 최대주주의 여부를 실질적으로 판단할 필요가 있기 때문이다. 따라서 해당 주주에게 경제적 손익이 귀속되지 않더라도 의결권이나 처분권을 통해서 실질적으로 영향력을 행사하는 경우에는 최대주주의 개념에 포함될 가능성을 배제할 수 없다. 다만, 단순히 의결권을 전문적으로 관리하는 정도에 그치는 경우에는 본조가 상정하는 최대주주에 포함되지 않는다고 보아야 한다.

(2) 본인과 그 특수관계인이 소유하는 주식

최대주주는 '특수관계인'을 전제로 한 개념이다. 따라서 각 본인별로 특수관계인의 범위를 살펴보아야 하고, 본인과 특수관계인들의 의결권 있는 주식을 합하여 그 수가 가장 많은 경우에 그 본인이 최대주주가 된다. 따라서 지분이 가장 많은 주주라 하더라도

1) "Every person who is directly or indirectly the beneficial owner of more than 10 percent of any class of any equity security … shall file the statements required by this subsection with the Commission." SEA of 1934 §16(a)(1).

2) 대주주의 개념은 자본시장법의 여러 부분에서 사용된다. 예컨대, 금융투자업의 인가를 받기 위해서는 그 대주주에게 일정한 요건이 요구되고(법 12조 2항 6호, 18조 2항 5호 가목), 대주주가 되고자 하는 자는 금융위원회의 승인을 받아야 하는 등이 그 사례이다(법 23조).

반드시 최대주주가 되는 것은 아니다. 특수관계인은 본인이 개인인 경우와 법인 또는 단체인 경우에 따라서 그 범위가 다르게 나타난다. 특수관계인의 범위는 다음과 같다.

1) 본인이 개인인 경우

본인이 개인인 경우에 특수관계인은 ① 배우자(사실상의 혼인관계에 있는 자를 포함한다)(법 시행령 8조 1호 가목), ② 6촌 이내의 부계혈족과 4촌 이내의 부계혈족의 처(나목), ③ 3촌 이내의 부계혈족의 남편(다목), ④ 3촌 이내의 모계혈족과 그 배우자 및 자녀(라목), ⑤ 배우자의 2촌 이내의 부계혈족과 그 배우자(마목), ⑥ 양자의 생가의 직계존속(바목), ⑦ 양자 및 그 배우자와 양가(養家)의 직계비속(사목), ⑧ 혼인 외의 출생자의 생모(아목), ⑨ 본인의 금전, 그 밖의 재산에 의하여 생계를 유지하는 자 및 본인과 생계를 함께 하는 자(자목), ⑩ 본인이 단독으로 또는 그와 가목부터 자목까지의 관계에 있는 자와 합하여 법인이나 단체에 100분의 30 이상을 출자하거나, 그 밖에 임원의 임면 등 법인이나 단체의 중요한 경영사항에 대하여 사실상의 영향력을 행사하고 있는 경우에는 해당 법인이나 단체와 그 임원(본인이 단독으로 또는 그와 가목부터 자목까지의 관계에 있는 자와 합하여 임원의 임면 등의 방법으로 그 법인 또는 단체의 중요한 경영사항에 대하여 사실상의 영향력을 행사하고 있지 아니함이 본인의 확인서 등을 통하여 확인되는 경우에는 그 임원은 제외한다)(차목), ⑪ 본인이 단독으로 또는 그와 가목부터 차목까지의 관계에 있는 자와 합하여 법인이나 단체에 100분의 30 이상을 출자하거나, 그 밖에 임원의 임면 등 법인이나 단체의 중요한 경영사항에 대하여 사실상의 영향력을 행사하고 있는 경우에는 해당 법인이나 단체와 그 임원(본인이 단독으로 또는 그와 가목부터 차목까지의 관계에 있는 자와 합하여 임원의 임면 등의 방법으로 그 법인 또는 단체의 중요한 경영사항에 대하여 사실상의 영향력을 행사하고 있지 아니함이 본인의 확인서 등을 통하여 확인되는 경우에는 그 임원은 제외한다)(카목)이다.

2) 본인이 법인이나 단체인 경우

본인이 법인이나 단체인 경우 특수관계인은 ① 임원(법 시행령 8조 2호 가목), ② 「독점규제 및 공정거래에 관한 법률」("공정거래법")상 계열회사("계열회사") 및 그 임원(나목),[1] ③ 단독으로 또는 영 제8조 제1호 각 목의 관계에 있는 자와 합하여 본인에게 100분의 30 이상을 출자하거나, 그 밖에 임원의 임면 등 본인의 중요한 경영사항에 대하여 사실상의 영향력을 행사하고 있는 개인(그와 제1호 각 목의 관계에 있는 자를 포함한다) 또는 법인(계열회사는 제외한다), 단체와 그 임원(다목), ④ 본인이 단독으로 또는 본인과 가목부터 다목까지의 관계에 있는 자와 합하여 법인이나 단체에 100분의 30 이상을 출자하거나, 그 밖에 임원의 임면 등 법인이나 단체의 중요한 경영사항에 대하여 사실상의 영향력을 행사하고 있는 경우에는 해당 법인, 단체와 그 임원(본인이 임원의 임면 등의 방법으로 그 법인 또는 단체의

1) 법인이나 단체인 경우에는 공정거래법에서 정하는 계열회사의 개념을 포함하고 있으면서 그에 추가하여 범위를 넓히고 있음을 유의할 필요가 있다.

중요한 경영사항에 대하여 사실상의 영향력을 행사하고 있지 아니함이 본인의 확인서 등을 통하여 확인되는 경우에는 그 임원은 제외한다)(라목)이다.

2. 주요주주(2호)

(1) 10% 이상 소유주주

주요주주는 10% 이상 소유주주와 사실상의 지배주주로 구분된다. '10% 이상 소유주주'란 누구의 명의로 하든지 자기의 계산으로 법인의 의결권 있는 발행주식총수의 100분의 10 이상의 주식(그 주식과 관련된 증권예탁증권을 포함한다)을 소유한 자이다(법 9조 1항 2호 가목).

주요주주의 판단에서는 "누구의 명의로 하든지 자기의 계산으로"라는 문구의 해석이 중요한데 이에 대해서는 위의 최대주주에 대한 설명에서 살펴보았다.

10% 이상 소유주주의 판단은 의결권 있는 발행주식총수를 기준으로 한다(법 9조 1항 2호 가목).[1] 주주명부상의 주주와 실질주주가 다른 경우에는 실질주주를 기준으로 할 것이다.[2] 주요주주가 그 지위를 이용하는 것을 방지하기 위한 제도의 취지에 부합하기 때문이다. 전환권이나 신주인수권 등의 행사에 의하여 주주가 장차 취득할 수 있는 모든 권리를 합쳐서 계산하여야 한다는 견해도 있으나, 다양한 금융투자상품의 등장으로 그 경계를 정하기 어려운 점 등을 고려할 때 부정적으로 해석해야 할 것이다. 다만 전환사채, 신주인수권부사채 등 그 의결권과의 관계가 극히 밀접한 경우에는 입법론상 명시적으로 열거하는 것은 고려할 수 있을 것이다.

(2) 사실상의 지배주주

'사실상의 지배주주'란 임원의 임면(任免) 등의 방법으로 법인의 중요한 경영사항에 대하여 사실상의 영향력을 행사하는 주주로서 "대통령령으로 정하는 자"이다(법 9조 1항 2호 나목, 법 시행령 9조 1항 2호).

법 제9조 제1항 제2호 나목에서 "대통령령으로 정하는 자"란 ① 단독으로 또는 다른 주주와의 합의·계약 등에 따라 대표이사 또는 이사의 과반수를 선임한 주주(법 시행

1) 미국은 지분증권의 각 종류별로 10% 여부를 계산하고(SEA of 1934 §16(a)(1))("[E]very person who is directly or indirectly the beneficial owner of more than 10 percent of any class of any equity security …"), 일본은 그 대상에서 제외되는 주식을 규정하고 있으며(금상법 163조 1항, 164조 1항. 유가증권거래등에 관한 내각부령 24조). 중국의 경우에는 주요주주의 판단기준을 10%가 아닌 5% 이상의 주식을 소유한 주주로 규정하고 있다(중국 증권법 47조 1항).

2) 우리나라 대법원은 실질주주를 주주로 인정하여 주주권 행사를 인정하고 있다. 주의할 것은 주식은 주식양도합의와 주권의 교부에 의해서 이전되며, 주주명부상의 명의개서는 회사에 대한 대항요건일 뿐 주주권의 변동과는 직접적인 관련이 없다는 것이다. 따라서 주주명부상의 주주를 형식주주라고 칭하는 것은 엄격한 의미에서는 정확하지가 않은 서술이다. 물론 이는 주식회사가 주주명부상의 주주를 주주로 인정하는 경우 면책되는 주주명부의 면책적 효력과는 별개의 문제이다. 일본에서도 단차반환 의무자인 주요주주 판단시 주주명부의 기재와는 관계없이 실질적인 발행주식총수를 기준으로 산정할 것이라고 한 사례가 있다. 東京地判, 平成 4年10月 1日, 平3(ワ)10141)号 短期売買利益提供請求事件.

령 9조 1호), ② 경영전략·조직변경 등 주요 의사결정이나 업무집행에 지배적인 영향력을 행사한다고 인정되는 자로서 "금융위원회가 정하여 고시하는 주주"[1](동조 2호)를 말한다.

그런데 "사실상의 영향력을 행사하는 주주"의 개념에 대해서는 불명확한 점이 많다. 법률상 또는 사실상의 지배력을 가진 주주가 이를 이용하여 법인의 중요한 경영사항에 대하여 부당하게 자신의 목적을 달성할 수 있는 힘을 말한다고 볼 수 있을 것이나 여전히 불명확하다. 자본시장법은 시행령 및 금융투자업규정을 통해서 사실상 영향력을 행사하는 주주의 판단기준을 어느 정도 제시하고는 있으나, 이는 수시로 변경될 수 있는 것이어서 예측가능성이 떨어진다.

외국에서는 주요주주와 관련해서 사실상 영향력을 행사하는 주주의 기준은 폐지하고, '10% 이상 소유주주'(필요에 따라서는 비율은 조정하고 있다)의 단일기준을 채택하여 운영하는 경우가 많다.

Ⅱ. 전문투자자와 일반투자자(5항 및 6항)

1. 의 의

자본시장법은 투자자를 전문투자자와 일반투자자로 구분하고 양자를 차별적으로 취급하고 있다. 일반투자자에 한정하여 적합성원칙, 설명의무 등을 적용하고 있으며, 전문투자자에 대해서는 투자자 보호와 관련한 규제의 대부분을 적용대상에서 제외하고 있다.

전문투자자와 일반투자자에 대한 규제의 차별화는 규제의 집중을 통한 효율성 제고에 기여한다. 금융투자업자와 투자자 간의 행위규범과 상호 간의 역할규범이 보다 분명해지고 그에 따른 적절한 규제가 실시될 것이기 때문이다.

2. 전문투자자

전문투자자란 금융투자상품에 관한 전문성 구비 여부, 소유자산규모 등에 비추어 투자에 따른 위험감수능력이 있는 투자자로서 ① 국가, ② 한국은행, ③ "대통령령으로 정하는 금융기관,"[2] ④ 주권상장법인(다만, 금융투자업자와 장외파생상품 거래를 하는 경우에는 전문투자자와 같은 대우를 받겠다는 의사를 금융투자업자에게 서면으로 통지하는 경우에 한한다), ⑤ 그 밖에

1) 법 시행령 제9조 제2호에서 "금융위원회가 정하여 고시하는 주주"란 임원(「상법」 제401조의2 제1항 각 호의 자를 포함한다)인 주주로서 의결권 있는 발행주식총수의 100분의 1 이상을 소유하는 자를 말한다(금융투자업규정 1-6조).

2) 법 제9조 제5항 제3호에서 "대통령령으로 정하는 금융기관"이란 1. 은행, 2. 한국산업은행, 3. 중소기업은행, 4. 한국수출입은행, 5. 농업협동조합중앙회, 6. 수산업협동조합중앙회(「은행법」 제5조에서 은행으로 보는 신용사업 부문은 제외한다), 7. 보험회사, 8. 금융투자업자(겸영금융투자업자는 제외), 9. 증권금융회사, 10. 종합금융회사, 11. 자금중개회사, 12. 금융지주회사, 13. 여신전문금융회사, 14. 상호저축은행 및 그 중앙회, 15. 산림조합중앙회, 16. 새마을금고연합회, 17. 신용협동조합중앙회, 18. 위의 기관에 준하는 외국 금융기관을 말한다(법 9조 5항 3호, 법 시행령 10조 2항).

"대통령령으로 정하는 자"[1]를 말한다(법 9조 5항 본문). 다만, 전문투자자 중 대통령령으로 정하는 자가 일반투자자와 같은 대우를 받겠다는 의사를 금융투자업자에게 서면으로 통지하는 경우 금융투자업자는 정당한 사유가 있는 경우를 제외하고는 이에 동의하여야 하며, 금융투자업자가 동의한 경우에는 해당 투자자는 일반투자자로 본다(법 9조 5항 단서).

전문투자자는 전문성과 충분한 판단능력을 가지고 자신의 책임 하에 투자를 하는 자이므로 전문투자자간의 계약에 있어서는 원칙적으로 명시적으로 위임하거나 위임받은 사무 이외의 사항에 대해서는 이를 처리할 의무를 부담한다고 할 수 없다.[2]

자본시장법은 국가를 원칙적으로 전문투자자로 규정하고 있으며(법 9조 5항, 법 시행령 10조 1항), 여기서 국가는 헌법 및 정부조직법 등 법률에 따라 설치된 중앙행정기관, 국회·대법원·헌법재판소 및 중앙선거관리위원회 등을 말한다.[3] 노동부와 우정사업본부도 국가로서 전문투자자에 해당한다. 대한주택공사, 대한주택보증, 국민건강보험공단은 전문투자자에 해당하지 않는다. 다만, 자본시장법 시행령 제10조 제3항 제16호에 따라 금융투자상품 잔고가 100억원 이상으로서 협회에 관련 자료를 제출한 경우 2년간 전문투자자로 전환이 가능하다.[4] 외국인 개인의 경우에도 자본시장법 시행령 제10조 제3항 제17호에 준하는 요건을 모두 충족하는 경우 전문투자자에 해당한다.[5]

3. 일반투자자

'일반투자자'란 전문투자자가 아닌 투자자를 말한다(법 9조 6항). 즉 자본시장법은 일반투자자를 전문투자자의 잔여 개념으로 정의하는 방식을 사용하고 있다.

투자자가 대리인을 통하여 거래를 하는 경우에 금융투자업자는 직접적으로 대리인

1) 법 제9조 제5항 제5호에서 "대통령령으로 정하는 자"란 예금보험공사 및 정리금융기관, 한국자산관리공사, 한국주택금융공사, 한국투자공사, 금융투자협회, 한국예탁결제원, 거래소, 금융감독원, 집합투자기구(금융위원회가 고시하는 것은 제외), 신용보증기금, 기술신용보증기금, 법률에 따라 설립된 기금 및 그 기금을 관리·운용하는 법인, 법률에 따라 공제사업을 경영하는 법인, 지방자치단체, 해외 증권시장에 상장된 주권을 발행한 국내법인, 금융투자상품 잔고가 100억원 이상 등 일정한 요건을 충족하는 법인 또는 단체, 금융투자상품 잔고가 50억원 이상 등 일정한 요건을 충족하는 개인(외국인 개인은 제외), 외국 정부나 국제기구, 위에 준하는 외국인 등을 말한다. 다만, 제12호부터 제17호까지의 어느 하나에 해당하는 자가 금융투자업자와 장외파생상품 거래를 하는 경우에는 전문투자자와 같은 대우를 받겠다는 의사를 금융투자업자에게 서면으로 통지하는 경우만 해당한다(법 9조 5항 5호, 법 시행령 10조 3항).

2) "(신디게이트 론 거래에 있어서) … 참여은행과 대리은행은 모두 상호 대등한 지위에서 계약조건의 교섭을 할 수 있는 전문적 지식을 가진 거래주체라는 점에서 원칙적으로 대리은행은 대리조항에 의하여 명시적으로 위임된 사무의 범위 내에서 위임의 본지에 따라 선량한 관리자의 주의로써 위임사무를 처리하여야 하고, 명시적으로 위임받은 사무 이외의 사항에 대하여는 이를 처리하여야 할 의무를 부담한다고 할 수 없다." 대법원 2012. 2. 23. 선고 2010다83700 판결[손해배상].

3) 금융위원회 2009. 6. 2.자 유권해석, 자본시장법상 전문투자자.

4) 금융위원회 2009. 3. 10.자 유권해석, 일반투자자와 전문투자자의 분류.

5) 금융위원회 2009. 3. 10.자 유권해석, 외국인(개인)이 전문투자자에 포함되는지 여부.

만을 상대로 하는데, 이 때 전문투자자 여부를 본인을 기준으로 판단할지, 대리인을 기준으로 판단할지에 관하여 명문의 규정이 없다. 전문투자자인지는 당연히 본인을 기준으로 판단하여야 하지만 금융투자업자의 설명의무와 설명의 정도는 금융투자업자가 직접 상대하는 대리인을 기준으로 판단할 것이다.[1] 즉, 금융투자업자는 전문투자자의 대리인이 자본시장법상 전문투자업자의 자격을 갖추지 못한 경우 일반투자자가 이해할 수 있도록 설명하고 소정의 방법으로 확인을 받아야 한다(법 47조 1항·2항).

Ⅲ. 모집·매출과 사모(7-9항)

1. 공모발행

(1) 의의 및 기능

공모(public offering)는 자금조달을 위해서 불특정 다수의 투자자에게 주식이나 채권 등 증권을 발행하는 것을 말한다. 공모를 하는 이유는 원활한 자금조달을 위해서 다수의 투자자가 참여할 수 있도록 함으로써 증권의 수요층을 넓히고 시장성을 높이기 위한 것이다.

공모는 증권신고서 제출대상인 점에서 중요하다(법 119조). 공모에는 모집과 매출이 있는데 자본시장법은 공모의 개념을 별도로 규정하지 아니하고 모집과 매출의 개념만을 규정하고 있다(법 9조 7항·9항). 아래에서는 모집과 매출의 개념을 살펴본다.

(2) 모 집

자본시장법상 '모집'이란 50인 이상의 투자자에게 새로 발행되는 증권의 취득의 청약을 권유하는 것을 말한다(법 9조 7항). 즉, 모집에 해당하기 위해서는 ① 50인 이상의 투자자, ② 새로이 발행되는 증권, ③ 취득의 청약 권유라는 3가지 요건을 갖추어야 한다.

1) 50인 이상의 투자자

50인의 산출은 대통령령이 정하는 바에 따른다. 50인을 산출하는 경우에는 청약의 권유를 하는 날 이전 6개월 이내에 해당 증권과 같은 종류의 증권에 대하여 모집이나 매출에 의하지 아니하고 청약의 권유를 받은 자를 합산한다(법 시행령 11조 1항 본문). 즉, 과거 6개월을 대상기간으로 하여 그 기간 중의 취득 권유를 받은 자는 모두 합산한다.

"정보보호의 필요성"이 없는 자는 50인의 산출에서 제외한다. 즉, ① 일정한 범위의 전문가(법 시행령 11조 1항 1호)[2] 또는 ② 일정한 범위의 연고자(1항 2호)[3]와 같이 정보보호

---

1) 임재연, 전게서(2013), 173쪽.

2) 일정한 범위의 전문가란 ㈎ 제10조 제1항 제1호부터 제4호까지의 자(국가, 한국은행, 각종 은행, 예금보험공사 등), ㈏ 제10조 제3항 제12호·제13호에 해당하는 자 중 금융위원회가 정하여 고시하는 자, ㈐ 공인회계사법에 따른 회계법인, ㈑ 신용평가회사, ㈒ 발행인에게 회계, 자문 등의 용역을 제공

의 필요가 없는 자는 50인의 산출에서 제외한다. ③ 코넥스시장 주권상장법인(해당 시장에 주권을 상장하려는 법인을 포함한다)이 발행한 주권 등의 경우에는 '일정한 자'[1]를 합산대상자에서 제외한다(법 시행령 11조 2항).

'전매가능성'이 있는 경우에도 모집으로 본다. 즉, 청약의 권유를 받는 자의 수가 50인 미만으로서 증권의 모집에 해당하지 아니하는 경우에도 해당 증권이 발행일부터 1년 이내에 50인 이상의 자에게 양도될 수 있는 경우로서 증권의 종류 및 취득자의 성격 등을 고려하여 금융위원회가 정하여 고시하는 전매기준에 해당하는 경우에는 모집으로 본다(법 시행령 11조 3항). 전매가능성 기준은 모집에만 적용되고 매출의 경우에는 적용되지 않는다. 매출에서까지 전매가능성을 문제삼는다면 증권의 유통성이 크게 저해될 것이기 때문이다. 공모 관련 상세한 설명은 제119조 이하에서 살펴본다.

2) 새로이 발행되는 증권

모집은 50인 이상의 투자자에게 '새로이 발행되는 증권'의 취득의 청약을 권유하는 것이다. 따라서 이미 발행된 증권의 취득을 권유하는 행위는 모집에 해당하지 않는다.

이와 관련하여 투자자는 새로이 발행한 증권의 소유권을 원시취득하는 것인지, 아니면 일단 발행인이 취득한 증권의 소유권을 이전받는 것인지가 문제될 수 있다. 증권의 취득의 청약을 권유하는 것이라는 법문상 발행인이 새로이 발행되는 증권의 소유권을 취득한 후에 이 증권의 소유권을 이전하는 것으로 읽혀질 소지가 있으나, 투자자가 모집에 의해서 새로이 발행되는 증권의 소유권을 원시취득하는 것이라고 본다. 전통적인 유가증권의 법리상 증권의 발행은 단독행위이고 모집은 발행의 일종이기 때문이다.

3) 취득의 청약을 권유

모집은 50인 이상의 투자자에게 새로이 발행되는 증권의 '취득의 청약을 권유'하는 것이다. 즉, 투자자가 취득의 청약을 하며 발행인은 그에 응해서 발행을 함으로써 모집

하고 있는 공인회계사·감정인·변호사·변리사·세무사 등 공인된 자격증을 가지고 있는 자, ㈖ 그 밖에 발행인의 재무상황이나 사업내용 등을 잘 알 수 있는 전문가로서 금융위원회가 정하여 고시하는 자를 말한다(법 시행령 11조 1항 1호).

3) 일정한 범위의 연고자란 ㈎ 발행인의 최대주주(법 9조 1항 1호에 따른 최대주주를 말한다)와 발행주식총수의 100분의 5 이상을 소유한 주주, ㈏ 발행인의 임원(「상법」 제401조의2 제1항 각 호의 자를 포함한다. 이하 이 호에서 같다) 및 「근로복지기본법」에 따른 우리사주조합원, ㈐ 발행인의 계열회사와 그 임원, ㈑ 발행인이 주권비상장법인(주권을 모집하거나 매출한 실적이 있는 법인은 제외한다)인 경우에는 그 주주, ㈒ 외국 법령에 따라 설립된 외국 기업인 발행인이 종업원의 복지증진을 위한 주식매수제도 등에 따라 국내 계열회사의 임직원에게 해당 외국 기업의 주식을 매각하는 경우에는 그 국내 계열회사의 임직원, ㈓ 발행인이 설립 중인 회사인 경우에는 그 발기인, ㈔ 그 밖에 발행인의 재무상황이나 사업내용 등을 잘 알 수 있는 연고자로서 금융위원회가 정하여 고시하는 자를 말한다(법 시행령 11조 1항 2호).

1) 일정한 자란 ① 전문투자자, ② 제1항 제1호 다목부터 바목까지의 어느 하나에 해당하는 자, ③ 제1항 제2호 각 목의 어느 하나에 해당하는 자, ④ 제6조 제1항 각 호의 어느 하나에 해당하는 법률에 따라 설립되거나 설정된 집합투자기구, ⑤ 그 밖에 중소기업에 대한 투자의 전문성 등을 고려하여 금융위원회가 정하여 고시하는 자를 말한다(법 시행령 11조 2항).

의 법률적 효과가 발생한다.

(3) 매 출

자본시장법상 '매출'이란 50인 이상의 투자자에게 이미 발행된 증권의 매도의 청약을 하거나 매수의 청약을 권유하는 것을 말한다(법 9조 9항). 자본시장법상 매출에 해당하기 위해서는 ① 50인 이상의 투자자에게 ② 이미 발행된 증권의 ③ 매도의 청약을 하거나 매수의 청약을 권유하는 것의 3가지 요건을 모두 갖추어야 한다.

50인 이상의 투자자에 대한 요건은 모집에서와 같다(법 시행령 11조 1항). 다만, 50인 이상의 투자자를 산출함에 있어서는 증권시장 및 다자간매매체결회사 밖에서 청약의 권유를 받는 자를 기준으로 그 수를 산출한다(법 시행령 11조 3항).

매출은 모집과는 달리 이미 발행된 증권을 대상으로 한다. 이미 발행하여 대주주 등이 보유하고 있는 증권이 매출의 대상인 것이다.

매출은 매도의 청약을 하거나 매수의 청약을 권유하는 방법으로 이루어진다. 즉, 이미 발행된 증권을 매매의 방법에 의하여 이전하는 것이다.

2. 사모발행

(1) 의의 및 기능

사모(private offering)는 특정한 주주나 특정한 거래처, 은행 등 기관투자자를 대상으로 증권을 발행모집하는 방식을 말한다. 연고모집이라고도 한다.

공모발행에 비하여 발행인의 입장에서는 시간과 비용이 절약되고 기업내용의 공개를 회피할 수 있으며, 투자자의 입장에서는 유리한 조건으로 대량의 증권을 취득할 수 있다는 이점이 있다. 그러나 발행량이 한정될 수 있으며 발행인이 유통시장에서 사후관리를 할 수 없다는 지적이 있다.

사모발행은 소수의 투자자를 상대로 하므로 증권의 발행절차가 비교적 간단하고 대부분 직접발행의 형태를 취한다.

(2) 사 모

자본시장법은 '사모'란 새로 발행되는 증권의 취득의 청약을 권유하는 것으로서 모집에 해당하지 아니하는 것을 말한다(법 9조 8항). 따라서 자본시장법상 사모에 해당하기 위해서는 ① 50인 미만의 투자자에게 ② 새로이 발행되는 증권의 ③ 취득의 청약을 권유하는 것으로 ④ 모집에 해당하지 아니하는 것이라는 4가지의 요건을 모두 갖추어야 한다.

50인 미만의 투자자에 대한 산출방식은 모집에서와 같다.

사모는 새로이 발행되는 증권만을 대상으로 하는가, 아니면 이미 발행된 증권도 대상에 포함되는가? 사모는 특정한 투자자에 대한 증권의 발행에 중점이 두어져 있으므로 특정한 투자자를 상대로 하는 이상 이미 발행된 증권을 포함한다는 견해가 있을 수 있다. 그러나 자본시장법은 새로이 발행되는 증권만을 대상으로 하는 것을 분명히 하고 있으므로 사모는 새로이 발행되는 증권만을 대상으로 한다고 볼 것이다.

취득의 청약의 권유에 대한 해석은 모집에서와 같다. 즉, 투자자가 취득의 청약을 하며 발행인은 그에 응해서 승낙을 함으로써 모집의 법률적 효과가 발생한다.

Ⅳ. 발행 및 인수(10-11항)

1. 발 행

'발행인'이란 증권을 발행하였거나 발행하고자 하는 자를 말한다. 다만, 증권예탁증권을 발행함에 있어서는 그 기초가 되는 증권을 발행하였거나 발행하고자 하는 자를 말한다(법 9조 10항). 증권의 발행, 공시 등에 관해서는 「증권의 발행 및 공시 등에 관한 규정」[1]에서 상세하게 다루고 있다.

2. 인 수

'인수'란 제 3 자에게 증권을 취득시킬 목적으로 그 증권을 총액인수 또는 잔액인수하거나, 그러한 행위를 전제로 발행인 또는 매출인을 위하여 증권의 모집·사모·매출을 하는 것을 말한다(법 9조 11항).

'인수인'이란 증권을 모집·사모·매출을 하는 경우 인수에 해당하는 행위를 하는 자를 말한다.

'총액인수'란 제 3 자에게 증권을 취득시킬 목적으로 그 증권의 전부 또는 일부를 취득하거나 취득하는 것을 내용으로 하는 계약을 체결하는 것을 말한다(법 9조 11항 1호).

'잔액인수'란 제 3 자에게 증권을 취득시킬 목적으로 그 증권의 전부 또는 일부에 대하여 이를 취득하는 자가 없는 때에 그 나머지를 취득하는 것을 내용으로 하는 계약을 체결하는 것을 말한다(법 9조 11항 1호). 금융투자회사가 증권을 인수하거나 모집 또는 매출의 주선업무를 함에 있어서 필요한 사항은 금융투자협회의 업무규정인 「증권 인수업무에 등에 관한 규정」[2]에서 자세히 다루고 있다.

Ⅴ. 금융투자업관계기관(17항)

자본시장법은 제283조에 따라 설립된 한국금융투자협회("협회"), 제294조에 따라 설

1) 금융위원회, 증권의 발행 및 공시 등에 관한 규정, 금융위원회 고시 제2013-29호(개정 2013. 9. 17).
2) 금융투자협회, 증권 인수업무 등에 관한 규정(개정 2013. 8. 29).

립된 한국예탁결제원(“예탁결제원”), 제324조 제1항에 따라 인가를 받은 증권금융회사(“증권금융회사”), 제335조의3에 따라 인가를 받은 신용평가회사(“신용평가회사”), 제336조에 따라 인가를 받은 종합금융회사(“종합금융회사”), 제355조 제1항에 따라 인가를 받은 자금중개회사(“자금중개회사”), 제360조 제1항에 따라 인가를 받은 단기금융회사(“단기금융회사”), 제365조 제1항에 따라 등록한 명의개서대행회사(“명의개서대행회사”), 제370조에 따라 설립된 금융투자 관계단체를 “금융투자업관계기관”으로 정의하고 있다(법 9조 17항)

Ⅵ. 집합투자기구 등(18-24항)

‘집합투자기구’란 ① 집합투자를 수행하기 위한 기구로서 집합투자업자인 위탁자가 신탁업자에게 신탁한 재산을 신탁업자로 하여금 그 집합투자업자의 지시에 따라 투자·운용하게 하는 신탁 형태의 집합투자기구(“투자신탁”), ② 「상법」에 따른 주식회사 형태의 집합투자기구(“투자회사”), ③ 「상법」에 따른 유한회사 형태의 집합투자기구(“투자유한회사”), ④ 「상법」에 따른 합자회사 형태의 집합투자기구(“투자합자회사”), ⑤ 「상법」에 따른 유한책임회사 형태의 집합투자기구(“투자유한책임회사”), ⑥ 「상법」에 따른 합자조합 형태의 집합투자기구(“투자합자조합”), ⑦ 「상법」에 따른 익명조합 형태의 집합투자기구(“투자익명조합”), ⑧ 경영권 참여, 사업구조 또는 지배구조의 개선 등을 위하여 지분증권 등에 투자·운용하는 투자합자회사로서 지분증권을 사모로만 발행하는 집합투자기구(“사모투자전문회사”)를 말한다(법 9조 18항).

‘사모집합투자기구’란 집합투자증권을 사모로만 발행하는 집합투자기구로서 대통령령으로 정하는 투자자의 총수가 대통령령으로 정하는 수 이하인 것을 말한다(법 9조 19항). 사모로 발행하여야 하므로 사모의 개념(법 9조 8항)의 요건을 충족하여야 한다. 법 제9조 제19항에서 “대통령령으로 정하는 수”란 49인을 말한다. 이 경우 49인을 산출할 때 다른 집합투자기구가 그 집합투자기구의 집합투자증권 발행총수의 100분의 10 이상을 취득하는 경우에는 그 다른 집합투자기구의 투자자의 수를 합하여 산출한다(법 시행령 14조 2항).

자본시장법은 또한 집합투자기구와 관련된 각종 개념을 정의하고 있다. ‘집합투자재산’이란 집합투자기구의 재산으로서 투자신탁재산, 투자회사재산, 투자유한회사재산, 투자합자회사재산, 투자유한책임회사재산, 투자합자조합재산 및 투자익명조합재산을 말하고(법 9조 20항), ‘집합투자증권’이란 집합투자기구에 대한 출자지분(투자신탁의 경우에는 수익권을 말한다)이 표시된 것을 말하며(법 9조 21항), ‘집합투자규약’이란 집합투자기구의 조직, 운영 및 투자자의 권리·의무를 정한 것으로서 투자신탁의 신탁계약, 투자회사·투자유한회사·투자합자회사·투자유한책임회사의 정관 및 투자합자조합·투자익명조합의 조합계약을 말하고(법 9조 22항), ‘집합투자자총회’란 집합투자기구의 투자자 전원으로 구성된 의사결정기관으로서 수익자총회, 주주총회, 사원총회, 조합원총회 및 익명조합원총회를 말한다(법 9조 23항). 상세한 내용은 제5편 집합투자기구에 관한 설명에서 살펴본다.

제10조(다른 법률과의 관계)

① 금융투자업에 관하여는 다른 법률에 특별한 규정이 있는 경우를 제외하고는 이 법이 정하는 바에 따른다.

② 금융투자업자가 금융투자업을 영위하는 경우에는 「형법」 제246조를 적용하지 아니한다.

③ 기업어음증권을 발행하는 경우에는 「전자어음의 발행 및 유통에 관한 법률」 제6조의2를 적용하지 아니한다.

Ⅰ. 다른 법률과의 관계(1항)

1. 의 의

금융투자업에 관하여는 다른 법률에 특별한 규정이 있는 경우를 제외하고는 이 법이 정하는 바에 따른다(법 10조 1항). 여기서 "다른 법률에 특별한 규정이 있는 경우"의 의미가 문제가 된다. 이에 대해서는 두 가지의 해석방향이 있을 수 있다.

첫째는, '특별한 규정'을 본법에 대하여 특별히 규정한 경우를 뜻하는 것으로 한정하여 해석하는 것이다. 예컨대, 다른 법률에 본법의 적용을 배제하거나 본법에 우선하여 적용한다는 취지가 분명히 규정되어 있는 경우이다. 이렇게 이해한다면 그 다른 법률은 본법의 특별법으로서 특별법 우선의 원칙상 해당 법률의 규정이 우선 적용되는 것은 당연하다. 둘째는, '특별한 규정'의 의미를 해당 법률에서 '독자적인 규정' 또는 '관련규정'을 둔 경우를 뜻하는 것으로 폭 넓게 해석하는 것이다. 예컨대, 은행법에서 비슷한 규정을 두고 있다면 은행법의 특별한 규정이 자본시장법에 우선한다고 보는 것이다. 이렇게 해석한다면 다른 법률의 규정이 자본시장법에 우선하게 된다.

본조 제1항의 "다른 법률에 특별한 규정이 있는 경우"란 다른 법률에 본법에 대하여 특별한 규정이 있는 경우를 뜻하는 것으로 한정하여 해석하는 것이 타당하다. 자본시장법은 금융투자업에 관한 기본법으로서의 성격을 가지는 점을 감안하면, 다른 법률에 관련규정이 있기만 하면 무조건 해당 법률을 우선하여 적용한다는 취지로 해석하기는 어렵기 때문이다. 아래에서는 자본시장법의 적용에 관련된 몇 가지 사항을 살펴본다.

2. 상법과 자본시장법의 적용순위

상법과 자본시장법의 적용순위가 문제가 된다. 특히 상장회사의 지배구조에 관한 규정들이 상법으로 이전되고, 종류주식과 파생결합사채 등이 상법에 도입되면서 이 논의는 보다 중요해졌다.

이와 관련하여 동일한 사항에 대해서 상법과 자본시장법의 규정이 다른 경우에는 어느 법이 적용되는가? 상법은 기업의 조직과 활동을 규제하는 법규이고, 자본시장법은 금융투자업자의 영업활동을 규제하는 법규이다. 즉, 상법은 일반법이고 자본시장법은 상법에 대해서는 특별법의 성격을 가진다. 따라서 양자가 충돌하는 경우에는 특별한 사정이 없다면 특별법 우선의 원칙에 따라서 자본시장법이 적용된다.

그렇다면 특별법인 자본시장법이 구법이고 일반법인 상법이 신법인 경우에는 어느 법이 적용되는가? 상법시행법 제3조(상사특별법령의 효력)는 "상사에 관한 특별한 법령은 상법시행 후에도 그 효력이 있다"고 규정하는데, 이는 구법이라도 특별법인 경우에는 신법인 일반법에 우선함을 명문으로 규정하는 것이다. 자본시장법에는 이에 대한 명문의 규정이 없으나, 상법과의 관계에 있어서는 특별법인 자본시장법이 구법이라도 일반법인 상법에 우선하여 적용된다고 볼 것이다. 물론 상법이나 자본시장법에 법규의 적용순위에 대한 부칙 규정을 둔다면 그에 따를 것이다.

3. 사실관계가 신·구법에 걸치는 경우

신법 우선의 원칙, 특별법 우선의 원칙은 법규 상호 간의 우선적 효력에 관한 문제이다. 그런데 구법 시대에 발생하였으나 신법 시행 후에도 존속하는 사실에 대해서 신법의 소급효(遡及效)를 인정할 것인가, 아니면 구법의 추급효(追及效)를 인정할 것인가의 문제가 있다. 이는 법규 상호 간의 우열 문제가 아니고, 구법과 신법 간의 경과규정 또는 시제법의 문제이다. 보통 시행법이나 부칙에서 이를 정한다.

신법은 그 시행 후에 생긴 사실관계만을 규율하고 시행 전의 생활관계에는 적용되지 않는 것이 법률일반의 원칙이다(법률불소급의 원칙). 그러나 금융거래에서는 이와 달리 생각할 필요가 있다. 금융거래에서는 신법에 소급효를 인정하는 것이 오히려 당사자의 이해관계 및 거래의 현실에 부합하는 경우가 많기 때문이다. 상거래에 적용되는 상법시행법 제2조 제1항은 "상법은 특별한 규정이 없으면 상법시행 전에 생긴 사항에도 적용한다. 그러나 구법에 의하여 생긴 효력에 영향을 미치지 아니한다"고 규정하여 신법의 소급효를 원칙적으로 인정하고 있다.

이와 관련하여 자본시장법의 경우에도 상법을 유추적용하여 신법의 소급효를 인정하는 견해가 있을 수 있으나, 자본시장법은 상법과 달리 보아야 한다. 자본시장법에서는 상법시행법 제 2 조 제 1 항과 같은 명문의 규정이 없을 뿐 아니라, 자본시장법은 거래법규라기보다는 금융투자업자의 인가 및 등록, 재무 및 경영건전성 규제, 새로운 업무영역의 허용 여부, 불공정거래행위 등 규제적 성격이 강한 법규이므로 신법의 소급효를 인정하면 구법의 기준 하에 활동을 하여오던 금융투자업자에게 예기치 못한 손해를 미칠 수 있기 때문이다. 따라서 상법과 달리 자본시장법에서는 구법 당시에 발생한 행위에 대해서는 신법의 소급효가 인정되지 않는다고 본다.

Ⅱ. 형법 제246조의 적용배제(2항)

1. 도박죄의 규제가능성

금융투자업자가 금융투자업을 영위하는 경우에는 「형법」 제246조(도박, 상습도박)를 적용하지 아니한다(법 10조 2항). 자본시장법이 형법상 도박죄의 적용을 명시적으로 배제하는 이유는 일부 금융상품거래가 가지는 사행적 특성으로 인하여 형법상 도박죄가 적용될 경우 정상적인 금융투자상품거래가 위축될 것을 우려하였기 때문이다.

특정한 금융상품거래가 도박에 해당하여 사법상의 효력이 부인되거나 도박죄로 처벌되는 것은 전혀 비현실적인 가정만은 아니다. 실제로 일본에서는 도박죄의 가능성을 의식해서 선물금리계약(forward rate agreement: FRAs)과 선물환계약(forward exchange agreement: FEAs)의 거래가 장기간 금지된 사실이 있었다. 이들 계약들은 금리 또는 환율의 변동이라는 미래의 우연한 결과에 따라 그 지급 여부가 좌우되는 것으로 전형적인 도박계약의 특성을 가지고 있었기 때문이다. 미국에서도 테러선물시장의 설립이 계획되었으나, 도박죄 등의 가능성을 우려하여 무산된 사례가 있다.[1] 이처럼 금융투자상품, 특히 파생상품거래가 도박죄로 규제될 수 있다는 가능성은 금융투자상품거래의 리스크이다. 만일 자신이 체결한 파생상품거래가 도박으로 간주되는 경우에는, 해당 파생상품계약의 사법상 효력이 부인될 뿐 아니라, 형법상 도박죄로 처벌받을 위험도 있기 때문이다.

2. 금융거래와 도박죄의 구조적 유사성

(1) 재 물

금융투자상품거래와 도박죄의 관계를 파악하기 위해서는 우선 형법상 도박죄의 개념과 구성요건을 살펴볼 필요가 있다. 도박이란 "재물을 걸고 우연한 승부에 의하여 재물의 득실을 결정하는 행위"[2]를 말한다. 즉, 도박은 '재물', '우연한 승부', '재물의 득실을

1) 김홍기, "파생상품과 도박규제," 「비교사법」 제14권 제 1 호(2007), 비교사법학회, 533쪽.
2) 이재상, 「형법각론」, 박영사, 2006, 644쪽; 김일수/서보학, 「형법각론」, 박영사, 2005, 645쪽.

다투는 행위'의 3가지를 기본요소로 한다. 금융투자상품은 재물에 속하므로 재물이라는 요소는 특별히 문제될 것이 없다. 그러나 우연한 승부와 재물의 득실을 다투는 행위에 금융투자상품거래가 포함되는지가 문제된다.

(2) 우연한 승부

'우연한 승부'에서의 '우연성'은 객관적인 불확실성을 의미하는 것이 아니라 당사자가 확실하게 예견하거나 자유로이 통제할 수 없는 사정에 의존하는 것을 의미한다. 그런데 금융투자상품거래와 도박은 공통적으로 우연성이 강하다. 특히 파생상품거래는 그 '우연성'이 매우 커서 도박과의 관계가 더욱 문제가 된다. 파생상품은 지급·인도의무의 존재 여부, 지급금액이나 인도수량 등 파생상품계약의 주요한 내용이 이자율, 환율, 주가 등 장래의 특정한 시점에서의 수치에 의해서 좌우된다. 즉 파생상품거래에서의 지급·인도의 기준이 되는 이자율, 환율, 주가 등은 미래의 시점에서 결정되는 우연한 사건이며, 우연한 사건의 발생에 따라 지급이나 인도가 이루어지는 모습 때문에 도박과 매우 유사하다. 그 밖에도 자유로이 통제할 수 없는 사정에 의하여 가치가 결정되는 형태의 증권들은 대부분 이 우연성 요건을 충족시키게 될 것이다.

한편, '우연한 승부'에서 '승부'라는 부분이 어려운데 이는 예측불가능성을 뜻한다고 해석할 것이다. 금융투자상품거래와 도박은 양자 모두 예측불가능성을 가진다. 특히 파생상품의 경우에는 더욱 그러하다. 파생상품의 기초자산인 금리나 환율 등은 그 자체로 높은 변동성을 가지며, 대부분의 경우 객관적인 예측이 불가능하다.[1] 이는 재물의 지급·인도의 여부, 지급·인도의 규모에 대한 예측이 어려운 도박의 모습과 매우 유사하다. 이러한 측면에서 많은 학자들은 파생상품을 일반적인 의미에서 도박에 해당하는 것으로 보기도 한다.[2]

(3) 재물의 득실을 다투는 것

'재물의 득실을 다투는 것'도 어려운 부분이다. 재물의 득실을 다툰다고 함은 참가자들이 재물에 관하여 상호 득실을 다투는 것을 의미하므로 일방만이 위험을 부담하거나 상호 득실의 관계에 있지 아니한 경우에는 이 요건을 결한 것이 된다. 금융투자상품거래에서는 금융투자업자와 상대방 사이의 거래관계는 반드시 제로섬(zero-sum) 관계처럼 상호 득실을 다투는 것이 아닐 수 있다. 다만, 파생상품거래는 일방 당사자의 손실이 상대방의 이익으로 연결되므로 상호 득실을 다투는 성격이 매우 강하다. 결국 금융투자상품거래의 내용에 따라 이 요건의 충족여부를 판단할 수밖에 없을 것이다. 실제 판단과정에

1) 정순섭, "금융거래와 도박규제," 「증권법연구」 제 7 권 제 2 호(2006), 한국증권법학회, 177쪽.

2) William Blair, Liability Risks in Derivatives Sales, 11(1) JIBL 18, 19(1996)("Every investment is in one sense a gamble, but some derivatives seem to be bets pure and simple"); 김홍기, 전게논문(2007), 531쪽.

서는 각 개별 상품의 거래구조와 효과를 놓고 득실관계가 어떻게 되는지 구체적인 검토가 필요하다.

3. 도박죄 적용배제의 범위

(1) 형법상 도박죄의 적용배제

자본시장법은 금융투자업자가 금융투자업을 영위하는 경우에는 형법 제246조(도박, 상습도박)의 적용을 배제하고 있다(법 10조 2항).[1)]

이와 관련하여 금융거래는 경제적으로 정당한 이익이 있는 경우이기 때문에 명시적인 도박죄 적용배제 규정을 두는 것이 타당하지 않다는 주장이 있을 수 있다. 그러나 '경제적으로 정당한 이익'이 무엇인지가 애매하고 금융거래의 폭이 넓어서 모든 금융거래가 경제적으로 정당한 이익이 있다고 일률적으로 말하기도 어렵다. 만일 경제적인 정당한 이익이 위험관리를 뜻하는 것이라면 위험관리(헤지)의 목적이 없는 순수한 투기적 금융거래는 경제적으로 정당한 이익이 없으므로 도박으로 규율될 위험도 있다. 결국 금융거래의 경우에 해당 거래가 경제적인 정당한 이익이 있는지를 판단하는 것은 매우 어렵고, 이러한 어려움을 감안하면, 금융거래에 대해서 도박죄의 적용을 배제하는 명시적인 규정을 둘 필요가 있다. 금융투자상품거래, 특히 파생상품거래와 도박 사이에 유사성이 있는 것은 사실이나, 그러한 이유만으로 국내외적으로 이미 활성화되어 있는 금융투자상품거래의 사법적 효력을 부인하고 도박죄로 처벌하는 것은 곤란하기 때문이다.

한편 금융투자업 미인가 혹은 미등록자가 금융투자업을 영위할 경우에도 도박죄를 적용할 것인지가 문제가 된다. 이러한 경우에는 자본시장법상 금융투자업 영위에는 해당하지 않으나 자본시장법의 도박죄 적용배제 취지와 편면적 도박을 처벌하지 않는 통설, 판례에 따를 경우 도박죄로 처벌하기 어려울 것이다.

(2) 민사상 사행계약의 해당 가능성

본항은 형법상 도박죄의 적용을 배제하고 있을 뿐 사행성을 가지는 금융투자상품거래의 사법상의 효력에 대해서는 침묵하고 있다. 이와 관련해서는 헤지목적은 전혀 없이 투기목적만으로 수행되며, 수용의 한계를 넘어서 사회적 손실을 초래하는 금융상품거래는 사행계약에 해당하여 그 효력이 부인될 가능성을 완전히 배제할 수는 없다고 본다.

---

1) 다른 주요 국가의 경우에도 비슷한 규정을 두고 있다. 영국의 2000년 「금융서비스시장법」은 당사자 중 적어도 일방이 영업으로서 수행할 것 등의 요건하에 이루어지는 장외파생상품을 포함한 투자계약을 도박법의 적용대상에서 제외하고 있다. 호주의 2001년 「금융서비스개혁법」은 금융상품에 대한 도박법리의 적용을 배제하기 위해 포괄적인 면제규정을 도입하였다. 미국의 2000년 「상품선물현대화법」은 장외파생상품을 포함한 '적용대상스왑 계약'에 대해 각 주의 도박죄 적용을 배제하고 있다. 일본은 2003년 증권거래법 개정을 통해 은행과 증권회사 등 일정한 금융기관이 행하는 장외파생상품거래에 대한 도박규제의 적용을 배제하고 있다. 김홍기, 전게논문(2007), 550-555쪽.

다만, 거래상의 불확실성을 줄이기 위해서는, 거래소를 통하는 파생상품거래에 대해서는 사법상의 효력 역시 부인되지 않는다는 규정을 도입하는 것을 고려할 수는 있을 것이다.

Ⅲ. 전자어음법 제 6 조의2의 적용배제(3항)

기업어음(Commercial paper: CP)은 일반적으로 신용상태가 양호한 기업이 상거래와 관계없이 단기자금조달을 위해 자기신용을 바탕으로 발행하는 융통어음의 일종이다. 기업어음은 주식이나 사채에 비해 발행절차가 간단하고, 발행한도에 별다른 제한이 없으며, 등록이나 신고의무도 거의 없어서 신속한 자금조달에 널리 활용된다. 투자자로서도 만기가 단기이고 신용위험이 낮으면서도 수익성은 비교적 높은 투자수단으로서 기능한다.[1)]

2004년 3월에는 전자적 방식으로 약속어음을 발행할 수 있는 「전자어음의 발행 및 유통에 관한 법률」("전자어음법")이 제정되어 약속어음의 발행에 큰 변화의 기초를 마련하였다. 한편 2009년 5월에는 외감법 제 2 조 및 동 시행령 제 2 조에 따른 외부감사대상 주식회사(자산 100억 이상)가 약속어음을 발행할 경우 전자어음만으로 발행하도록 의무화하는 내용의 전자어음법 개정이 이루어져 그해 11월부터 시행되었다(전자어음법 6조 2항).

이로 인해 종이어음을 기반으로 하는 기업어음에 전자어음법의 강제 적용이 문제되자, 2010년 3월 자본시장법을 개정하여 기업어음증권을 발행하는 경우에는 전자어음법 제 6 조의2를 적용하지 아니하도록 하였다(법 10조 3항). 외감법상 외부감사대상 주식회사는 약속어음을 발행할 경우 전자어음으로 발행해야 하는데, 실무의 현실을 감안하여 금융투자회사가 기업어음증권을 발행할 경우에는 전자어음 형식의 발행의무를 배제한 것이다.

[초판: 고창현, 개정판: 강영기 · 김홍기 · 류혁선 · 박선종]

1) 성희활, "기업어음(Commercial paper: CP)의 법적 문제," 「법학연구」 제13집 제 3 호(2010. 12), 인하대 법학연구소, 47쪽.

자본시장과
금융투자업에 관한 법률

| 제 2 편 금융투자업

제 1 장 금융투자업의 인가 및 등록

○ 前注

Ⅰ. 금융투자업 진입규제의 취지

금융투자업자는 다수의 투자자들을 상대로 영업을 한다. 따라서 거래상대방인 고객의 보호와 자본시장의 건전한 질서를 유지하기 위해서는 일정한 자격을 가진 자에 한하여 금융투자업을 영위할 수 있도록 제한할 필요성이 있다.[1] 금융선진국의 자본시장 관련법들도 일정한 요건을 갖춘 자에 한하여 금융투자업을 영위할 수 있도록 제한하고 있으며, 이러한 요건을 갖추고 있지 않은 자에 의한 금융투자업의 영위는 원칙적으로 금지된다. 미국의 경우 투자자 보호 및 증권시장의 적정한 기능을 확보하기 위하여 증권 브로커-딜러(securities broker-dealer)나 투자자문업자(investment advisor)의 증권업에의 진입을 규제한다.[2]

우리 자본시장법은, 종래의 증권거래법,[3] 선물거래법, 간접투자자산운용업법, 신탁업법 등에 비해서는 진입규제의 강도가 다소 낮아졌지만, 투자자를 보호하고 금융투자업을 건전하게 육성하기 위해[4] 금융투자업에 대한 진입규제를 마련하고 있다. 이에 따라 누구든지 자본시장법에서 정하는 금융투자업 인가나 등록을 받지 아니하고는 금융투자업을 영위할 수 없다.[5]

1) 유가증권이나 기타 투자대상과 투자자를 연결하는 중개업자(투자서비스업자)의 행동을 효율적이고 공정하도록 하는 것은 투자자를 보호하고 국민경제의 건전한 발전을 달성하기 위하여 필요하다(黒沼悅郎, 「金融商品取人法入門」, 日本經濟新聞出版社, 2007, 30頁); SEC는 등록의무제도를 적절히 이용하여 브로커-딜러가 일정한 수준을 유지할 수 있도록 규제하고 있다(김건식/송옥렬, 「미국의 증권규제」, 홍문사, 2001, 433쪽).

2) 미국은 증권전문가들(securities professionals)이 정직(honesty), 성실(integrity), 자격(competence) 및 재무능력(financial capacity)을 확보하여 투자자를 보호하고 증권시장의 건전한 기능을 수행할 수 있도록 하기 위해 SEC 등록(registration)과 같은 규제를 한다(Alan R. Palmiter, *Securities Regulation*, Wolters Kluwer, 2008, p. 455 참조).

3) 증권거래법에서 증권업을 허가제로 하고 있는 이유는 일반투자자를 보호하고 국민경제의 발전에 기여하기 위하여 증권업자의 인적·물적·재산적 요건을 심사하고 재무건전성과 건전한 영업질서의 준수 여부를 감독하기 위한 것이라고 한다(대법원 2002. 6. 11. 선고 2000도357 판결 참조).

4) 법 제 1 조 참조.

5) 법 제11조 및 제17조 참조.

Ⅱ. 금융기능별 진입규제 방식으로 전환

1. 전환의 기본방향

자본시장법은 금융기관을 중심으로 하는 금융기관별 규제(institutional regulation) 체제에서 동일한 금융기능에 대해서는 동일한 규제를 적용하는 금융기능별 규제(functional regulation) 체제로 전환하였다. 이를 위해 우선 기존 자본시장관련 금융법상의 금융투자업, 금융투자상품, 투자자를 경제적 실질에 따라 기능이 동일한 것끼리 재분류하였다. 그 결과 금융투자업은 투자매매업, 투자중개업, 집합투자업, 투자일임업, 투자자문업, 신탁업으로, 금융투자상품은 증권, 장내파생상품, 장외파생상품으로, 그리고 투자자는 일반투자자와 전문투자자로 재분류되었다. 다음으로 영위대상이 되는 금융투자업과, 취급대상이 되는 금융투자상품, 영업대상이 되는 투자자를 조합하여 금융기능(업무단위)을 마련하였다. 마지막으로 이러한 금융기능을 중심으로 진입규제, 건전성규제, 영업행위규제와 같은 금융투자업 규제를 적용하였다.[1] 따라서 이제는 영위주체(금융기관)를 불문하고 금융기능이 동일하면 동일한 진입규제, 건전성규제, 영업행위규제가 적용된다.

2. 전환의 배경 및 효과

금융기능별 규제는 무엇보다도 진입규제에서 먼저 적용되며, 그것은 동일한 금융기능에 대해서는 동일한 진입규제가 적용되는 모습으로 나타나고 있다. 기존에는 증권거래법, 선물거래법, 간접투자자산운용업법, 신탁업법 등 자본시장과 관련된 각 개별법별로 종적으로 각각의 규제대상 금융투자회사를 증권회사, 선물회사, 자산운용회사, 신탁회사 등으로 구분하였다. 이들 개별법들은 당해 법에서 규제하고 있는 특정한 금융투자회사에 대해서만 규제하는 방식을 채택하였다. 특정한 금융투자회사만을 규제대상으로 삼고 있는 개별법들에 근거하여 규제를 하게 된 결과 동일한 금융기능임에도 불구하고 각각의 법률 내지 각각의 금융투자회사마다 규제의 수준이 상이하게 되어, 금융권역간 규제차익(regulatory arbitrage)이 발생하고 투자자보호의 사각지대가 발생하게 되었다. 이러한 문제점을 해결하기 위하여 자본시장법은 자본시장 관련법들을 단일법으로 통·폐합하면서 동일한 금융기능에 대해서는 그 기능을 수행하는 주체에 상관없이 동일한 인가 및 등록요건이 적용되도록 금융기능별로 진입요건을 설정하였다. 이에 따라 자본시장법 하에서는 동일한 금융기능을 영위하는 한 영위주체를 불문하고 동일한 진입규제가 적용되고, 동일한 금융기능의 상대방인 투자자에 대해서는 동일한 투자자 보호법제가 적용되게 되었다.

---

1) 재정경제부, "자본시장과 금융투자업에 관한 법률안 설명자료"(2006. 12. 28), 22쪽.

3. 자본시장법상 금융기능별 진입규제 개관

자본시장법에 나타난 금융기능별 진입규제의 모습을 전반적으로 살펴보면 다음과 같다.

첫째, 동일한 금융기능에 대해서는 동일한 진입요건이 적용되도록 금융기능별로 진입요건을 마련하였다. 또한 업무영역을 확장하는 경우에도 금융기능을 중심으로 하여 결정되는 업무단위를 추가하는 add on 방식을 채택하였다.[1)]

둘째, 각 금융기능별로 투자자가 노출되는 위험의 크기에 따라 인가제와 등록제를 차별적으로 적용하였다. 투자매매업과 같이 금융투자회사가 고객과 직접적으로 채권·채무관계를 가지거나, 투자중개업·집합투자업·신탁업과 같이 고객의 자산을 수탁하는 금융투자업에 대해서는 보다 강한 진입규제 방식인 인가제를 채택하였다. 반면에 투자일임업·투자자문업과 같이 고객의 자산을 수탁하지 않는 금융투자업에 대해서는 보다 약한 진입규제 방식인 등록제를 채택하였다.[2)]

셋째, 전반적인 진입요건은 종래보다 완화하되, 다음과 같이 금융기능의 특성을 반영하여 진입요건의 수준을 차등화하였다.

"금융투자업"의 특성을 진입요건에 반영하였다. 인가제를 채택한 금융투자업의 진입요건은 등록제를 채택한 금융투자업에 비해 엄격하게 설정하였다. 즉, 객관적인 요건만을 요구하는 등록제와 달리 감독당국의 재량적인 판단을 허용하는 사업계획의 타당성과 같은 요건이 추가되었다. 이에 비해 등록제의 경우에는 집행과정에서 사실상의 인가제나 허가제로 운영되지 않도록 사업계획의 타당성과 같은 재량적 판단이 허용되는 진입요건은 도입하지 않았다.[3)] 한편 인가제 내에서도 고객과 채권·채무관계를 가지는 금융투자업에 대해서는 고객의 자산을 수탁하는 금융투자업에 비해 강화된 요건을 마련하였다.[4)] 따라서 금융투자업에 대해서는 ① 투자매매업, ② 투자중개업·집합투자업·신탁업, ③ 투자자문업·투자일임업의 순으로 진입요건의 수준이 정해진다.

"금융투자상품"의 특성을 진입요건에 반영하였다. 취급대상 금융투자상품의 위험크기에 따라 장외파생상품 등 위험 금융투자상품을 대상으로 하는 인가에 대해서는 일반 금융투자상품에 비해 강화된 진입요건을 설정하였다. 따라서 금융투자상품에 대해서는 ① 장외파생상품, ② 증권, ③ 장내파생상품의 순서[5)]로 진입요건의 수준이 정해진다.

---

1) 상게 설명자료, 28쪽.
2) 상게 설명자료, 28쪽.
3) 등록처리기한도 인가의 경우 3개월인 것에 비하여 등록의 경우에는 2개월로 단축하였다.
4) 재정경제부, 전게 설명자료(2006. 12. 28), 29쪽.
5) 일반적으로 금융투자상품의 위험도는 파생상품이 증권보다 더 클 것이다. 그러나 자본시장법의 입법자는 장내파생상품만큼은 증권에 비해 그 위험도가 크지 않다는 입장을 취하고 있다. 왜냐하면 금융투자상품의 범위를 정하는데 있어서 포괄주의를 도입함에 따라 다양한 신종상품이 등장할 수 있는 증

"투자자"의 특성을 진입요건에 반영하였다. 위험감수능력이 미약한 일반투자자를 상대로 하는 금융투자업의 경우에는 전문투자자를 상대로 하는 경우보다 강화된 진입요건을 설정하였다. 투자자에 대해서는 ① 일반투자자, ② 전문투자자의 순으로 진입요건의 수준이 정해진다.

Ⅲ. 진입규제의 방식

1. 자본시장법상의 진입규제 방식

자본시장법은 금융투자업의 진입규제에 대해 인가제와 등록제를 채택하고 있다. 금융투자업을 영위하려면 업무의 종류에 따라 해당되는 인가를 받거나 등록을 하여야 한다. 인가제와 등록제는 금융기능별로 투자자가 노출되는 위험의 크기에 따라 차등적으로 적용된다. 자본시장법은 금융투자업을 6가지로 구분하면서 투자자가 상대적으로 많은 위험에 노출되게 되는 투자매매업, 투자중개업, 집합투자업 및 신탁업에 대해서는 인가제를 채택하고(법 11조), 투자자가 상대적으로 적은 위험에 노출되게 되는 투자자문업 및 투자일임업에 대해서는 등록제를 채택하였다(법 17조).

2. 진입규제 방식의 비교

일반적으로 금융투자업자의 진입규제 방식에는 허가제, 인가제, 등록제[1]가 있는데,[2] 통상적으로 허가제, 인가제, 등록제의 순서로 그 규제의 강도가 정해진다. 여기서는 이들 진입규제 방식의 의미와 그 특성에 대해 살펴보기로 한다.

첫째, 허가는 행정기관이 일정한 요건의 구비여부를 심사한 후 법령에서 정한 일반적인 상대적 금지를 해제하여 상대방으로 하여금 특정한 사실행위 또는 법률행위를 적법하게 할 수 있도록 하는 행정행위로서, 사업규제의 가장 전형적인 형태이다. 허가요건의 해당 여부를 판단 또는 심사하는 것은 담당 행정기관의 권한이므로, 허가제는 강력한 진입규제로서의 역할을 수행하게 된다.[3] 그 동안 금융감독당국의 허가를 받도록 함으로써,

---

권에 비해 장내파생상품은 거래소시장에서 거래될 수 있는 속성을 가진 상품으로 한정될 수밖에 없다는 현실적인 제약으로 인해 다양한 신종상품이 등장하기 어렵다고 보았기 때문일 것이다.

1) 우리나라도 1962년 증권거래법의 제정 당시에는 증권업의 등록제가 시행되어 오다가 1968년 4차 개정시 허가제로 전환되었다(임재연, 「증권거래법」, 박영사, 2006, 338쪽).

2) 종래에는 증권회사·자산운용회사·선물회사·보험회사에 대해서는 허가제를, 은행·종금·상호저축은행에 대해서는 인가제를, 투자자문사·투자일임사·수탁회사·자산보관회사에 대해서는 등록제를 채택하고 있었다.

3) 허가는 자연적 자유의 회복에 그치고 권리나 능력의 설정행위가 아니라는 통설적 견해에 의하면, 허가의 결과 일정한 독점적 이익을 받더라도 그것은 반사적 이익에 그치고 법적으로 보호되는 이익은 아니다(김동희, 「행정법 Ⅰ」, 박영사, 2007, 284쪽 참조). 그러나 기존 허가제 하에서는 감독기관의 제한적인 금융투자업 허가 관행으로 인하여 이미 시장에 진입한 금융투자업자에게 독과점적인 지위를 보장해주는 결과가 초래된다는 지적이 있었다.

금융투자업자의 난립을 억제하고 경영 및 재무 건전성에 기여하였다는 점에서 허가제의 의의가 있다.

둘째, 인가란 다른 법률관계의 당사자의 법률행위를 보충하여 그 법률행위의 효과를 완성시키는 행정행위를 의미한다. 기본적으로 당사자의 법률행위는 자율에 맡기되 공익에 반하는 법률행위의 효과를 차단하는 것을 목적으로 하는 행정기관의 보충행위이다. 종래 증권거래법 및 선물거래법, 간접투자자산운용업법에서 증권회사, 선물회사, 자산운용회사 등의 합병, 영업양수·도, 해산 등에 대해 금융위원회의 인가를 받도록 하였던 것이 그 사례이다.

셋째, 등록은 법이 정한 일정한 사항을 공적장부에 기재함으로써 효력이 발생하는 공증행위의 일종으로서, 등록요건을 갖추면 등록을 허용한다. 행정기관의 재량적 판단여지가 허가제에 비해 상대적으로 적어, 투명성이 높은 진입규제 방식이다. 그러나 실정법상에 등록요건과 그 결격사유를 규정하거나, 행정기관이 등록요건을 심사하고 등록거부 혹은 등록취소를 하는 과정에서 사실상 허가제에 가까운 형태로 운영될 가능성도 있다. 기존에 간접투자자산운용업법은 투자자문회사, 투자회사, 판매회사 등에 대하여 금융위원회의 등록요건을 마련하고 있었다.

3. 외국의 진입규제 방식

일본의 경우에는 금상법 제 2 조 제 8 항에 열거하는 행위[1)]를 업[2)]으로 하는 자에게

1) 금융상품거래업의 등록이 필요한 행위(일 금상법 2조 8항)
① 유가증권의 매매, 시장 derivative 거래, 외국시장 derivative 거래
② ①의 매개, 중개, 대리
③ 거래소금융시장에 있어서 유가증권의 매매·시장 derivative 거래 또는 외국 금융상품시장에 있어서 유가증권의 매매·외국시장 derivative 거래의 매개, 중개, 대리
④ 장외 derivative 거래 또는 그 매개, 중개, 대리
⑤ 유가증권 등 청산중개
⑥ 유가증권의 인수
⑦ 위탁자 지시형 투자신탁, 외국 투자신탁, 저당증권, 집단투자스킴 지분 등의 모집 또는 사모
⑧ 유가증권의 매출
⑨ 유가증권의 모집·매출의 취급 또는 사모의 취급
⑩ PTS 업무
⑪ 투자고문계약을 체결하여 행하는 유가증권의 가치 등에 관한 조언·금융상품의 가치 등의 분석에 기한 투자판단에 관한 조언
⑫ 투자일임계약에 기한 재산의 운용
⑬ 투자고문계약·투자일임계약의 체결의 대리, 매개
⑭ 투자신탁 수익증권 등의 권리자로부터 갹출을 받은 재산의 운용
⑮ 신탁수익권, 집단투자스킴 지분 등의 권리자로부터 갹출을 받은 재산의 운용
⑯ ①-⑩의 행위에 대해서, 고객으로부터 금전 또는 유가증권의 예탁을 받는 행위
⑰ 주식·사채 등의 대체업무
⑱ ①-⑰과 유사한 것으로서 정령에서 정하는 행위

2) 일 금상법에서는 일정한 행위를 '업'으로서 행하는 것을 금융상품거래업이라고 정의하고 있다. 업으로서 행한다는 것은, 반복 계속하여 행할 예정으로 있으면 족하고, 영리의 목적을 가지고 행하는 것(영

금융상품거래업자의 등록을 요구한다(일금상법 29조).[1] 종래에는 투자신탁위탁업, 투자법인자산운용업, 투자일임업무, PTS(Private Trading System)업무(사설증권거래소시스템 운영업무), 장외 derivative 거래, 원인수업무에 대해 등록제보다 진입요건이 엄격한 인가제를 채택하고 있었다. 그러나 금융상품거래법에서는 PST업무만을 인가제로 남겨두고(일금상법 30조 1항) 나머지 업무는 등록제로 전환하였다.[2]

한편 미국의 1934년 증권거래법(The Securities Exchange Act of 1934)은 증권거래를 집행하거나 증권매매를 권유 또는 권유시도를 하려는 브로커-딜러에게 등록을 요구한다(1934년 증권거래법 15조(a)(1)).[3] 즉 미국은 적용제외[4]에 해당하지 않는 한 누구라도 SEC에 등록하지 않고서 브로커-딜러로서 활동할 수 없다고 하여 등록제를 도입하고 있다. 또한 투자자문업자(investment advisor)에 대해서도 면제 혹은 주(state) 등록 대상이 되지 않는 한 원칙적으로 SEC에 등록하도록 요구한다(Investment Advisors Act of 1940 203조).[5]

영국의 경우 「2000년 금융서비스 및 시장법」(Financial Services and Markets Act 2000 : FSMA)은 인가업자(authorized person)나 적용면제업자가 아니면 규제업무(regulated activity)[6]를 영위하지 못하도록 금지한다(FSMA 19조(1)).[7] 따라서 영국은 금융투자업의 진입에 대해 인가제를 채택하였다고 볼 수 있다. 인가(authorization)를 얻는 가장 일반적인 방법은 1개 이상의 규제업무를 수행하기 위한 허가(permission)를 FSA(Financial Services Authority : 금융감독청)에 신청하는 것이다. 일단 허가가 나게 되면 자동적으로 인가가 부여된다.[8] 일반적으로 FSMA에 근거하여 인가를 받고자 하는 기업(firm)은 FSA에 Part Ⅳ 허가를 신청하여야 한다. 일단 허가가 부여되면 기업은 인가업자로 되며 그에 따라 합법적으로 규제업무를 수행할 수 있게 된다.[9] 인가로 인하여 어느 기업이 모든 규제업무에 종사하는 것이 허용되는 것은 아니며 단지 FSA에 의해 허가된 규제업무에 종사하는 것만이 허용되는 것이다.[10] FSA는 Part Ⅳ의 허가를 부여하기 전에 신청기업이 FSMA Schedule 6에 규정된 5

리성)은 금융상품거래업의 요건이 아니다(黑沼悅郎, 전게서(2007), 31頁).

1) 일본은 증권업에의 신규참여를 용이하게 하기 위하여 1998년 증권거래법 개정에 의하여 기존의 허가제를 등록제로 전환하였다(임재연, 전게서(2006), 339쪽).
2) 黑沼悅郎, 전게서(2007), 34頁.
3) Louis Loss & Joel Seligman, *Fundamentals of Securities Regulation*, Aspen, 2004, p. 810.
4) 적용제외증권, 상업어음(commercial paper), 은행인수어음 또는 상업환어음(commercial bill)이 적용제외에 해당한다(The Securities Exchange Act of 1934 15조(a)(1)).
5) Alan R. Palmiter, *Securities Regulation*, Wolters Kluwer, 2008, p. 474.
6) 규제업무(regulated activity)는 예금수령, 보험계약체결, 본인 또는 대리인으로서의 투자, 투자중개, 투자운용 등 은행·증권·보험 등 거의 모든 금융영역을 포괄한다.
7) 이것을 일반적 금지(general prohibition)라고 하는데, 이를 위반하면 징역이나 벌금과 같은 형사처벌의 대상이 된다(FSMA 19조(2) 및 23조 참조).
8) Andrew Haynes, Financial Services Law Guide, Tottel, 2006, p. 45.
9) Andrew Haynes, Financial Services Law Guide, Tottel, 2006, p. 50.
10) Andrew Haynes, Financial Services Law Guide, Tottel, 2006, p. 51.

가지 진입요건(threshold conditions)[1]을 충족하고 있으며 인가 이후에도 계속하여 충족할 수 있다는 사실을 확인하여야 한다.[2]

Ⅳ. 진입규제의 완화 추세

1. 선진외국의 입법 추세

세계 각국은 자국의 자본시장이 국제경쟁력을 갖출 수 있도록 금융분야 전반에 걸쳐 근본적인 자유화를 추진하는 금융대개혁을 단행하였다. 영국은 「1986년 금융서비스법」(Financial Services Act 1986)과 「2000년 금융서비스 및 시장법」(Financial Services and Markets Act 2000)을,[3] 호주는 「2001년 금융서비스개혁법」(Financial Services Reform Act 2001)을,[4] 일본은 2000년 「금융상품판매 등에 관한 법률」과 2006년 「금융상품거래법」을 제정하였다.[5] 이

1) 5가지 진입요건(threshold conditions)이란 법적 지위, 사무소의 소재지, 밀접한 관계(close link), 적정자산, 적격성을 말한다.

2) Andrew Haynes, Financial Services Law Guide, Tottel, 2006, p. 53.

3) 영국은 두 차례의 혁신적인 금융법 통합작업을 성공적으로 마무리하면서 가장 선진적인 통합 금융법 모델을 가지고 있는 나라로 평가받고 있다. 먼저 1986년 예금이나 보험을 제외한 투자상품만을 적용대상으로 하는 금융서비스법(Financial Services Act 1986)을 제정하였다. 이는 우리나라의 자본시장법에 해당하는 입법으로서, SIB(Securities and Investments Board)에게 규제권한이 부여되었지만 실제적으로는 SRO(Self-Regulatory Organization)에게 규제권한이 위임된 이원적 규제체제를 가지고 있었다. 그러나 이러한 1986년법에도 불구하고 1991년에 BCCI(Bank of Credit and Commerce International)가 파산하고 이어 1995년에 Barings Merchant Bank가 파산하자 이에 대처하여 금융감독시스템을 보완할 필요성이 있었고, 나아가 모든 형태의 금융기관을 규제할 수 있는 진정한 통합법 체계를 구축함으로써 금융산업간 형평성을 도모하는 한편, 금융시스템의 효율성을 제고하여 EU 금융통합시 주도권을 확보하기 위한 국가적 목적을 충족하기 위하여 새로운 규제체계를 도입하였다. 2000년 금융서비스 및 시장법(Financial Services and Markets Act 2000)은 증권, 장내파생상품, 장외파생상품, 집합투자대상은 물론이고 예금, 보험까지도 모두 포함하여 투자상품(Investments)으로 규정하고 이와 관련된 금융서비스 제공행위를 규제하고, 금융감독체계를 FSA로 단일화하여 FSA가 모든 금융기관에 대한 진입규제, 건전성규제, 영업행위규제를 담당하도록 하였다. 이에 따라 기존 1986년 금융서비스법(Financial Services Act 1986), 1987년 은행법(Banking Act 1987), 1982년 보험업법(Insurance Companies Act 1982) 그리고 1986년 주택금융조합법(Building Societies Act 1986)은 폐지되었다.

4) 호주는 국제금융센터의 육성과 금융시장의 발전을 위해 금융개혁을 추진하였다. 2001년 금융서비스개혁법(Financial Services Reform Act 2001)은 금융상품(Financial Products)과 관련된 금융서비스제공자(Financial Services Providers)의 금융서비스(Financial Services) 제공행위를 규제하고 있으며, 금융상품의 개념을 증권(Security), 투자관리상품(Managed Investment Product), 파생상품(Derivatives), 보험(Insurance), 연금(Superannuation Products), 외국환거래(Foreign Exchange Transactions) 등으로 광범위하게 정의하였다. 특이하게도 호주는 금융감독기관을 이원적으로 구성하고 있다(Twin Picks System). ASIC(Australian Securities and Investments Commission)이 영업행위규제를, 그리고 APRA(Australian Prudential Regulation Authority)가 건전성규제를 담당한다.

5) 한국과 유사한 금융법제를 가지고 있는 일본의 경우에도 근래 들어 많은 변화가 있었다. 먼저 2000년에 금융상품의 판매와 권유 측면(ex. 상품설명의무)만을 규제대상으로 하지만 그 적용대상을 투자상품, 예금, 보험 등 모든 금융상품으로 확대한 「금융상품 판매 등에 관한 법률」이 제정되었다. 이어서 2006년에는 투자자보호, 새로운 금융상품의 개발촉진, 규제완화, 기능별 규제의 도입을 목적으로 하는 「금융상품거래법」이 제정되었다. 동법의 제정으로 인해 기존 증권거래법, 금융선물거래법, 투자고문업법 및 외국증권업자법은 통폐합되었다. 금상법은 영국의 1986년 금융서비스법(Financial Services Act 1986)을 입법모델로 한 것으로서 예금, 보험, 상품선물, 부동산특정공동사업계약 등을 제외한 투자상

는 세계적으로 금융시장 및 금융산업이 급속히 발전하면서 기존 금융상품간 그리고 금융기관간 영역구분이 모호하게 되면서 금융규제에 변화요인이 나타났기 때문이다. 다양한 금융권역에 걸치는 복합금융상품의 출현에 따라 금융상품 및 그 적용법규의 구분이 모호하게 되었고, 각 금융권역간 유사한 금융상품의 등장으로 동일한 기능의 금융상품에 대한 차별적인 규제가 발생하게 되었다.[1] 이에 따라 금융 선진국들은 규제의 비효율성과 비형평성을 개선하여 국제 금융시장에서 자국의 경쟁력을 향상시키고 투자자의 편익을 제고하기 위해 규제개혁을 단행하였다. 규제개혁의 내용은 나라마다 상이한 모습을 띠고 있지만, 그 핵심적인 내용은 규제완화(deregulation)와 규제통합(integration)으로 요약될 수 있다. 즉, 금융기관의 자유로운 영업활동을 통한 경쟁력 강화를 유도하기 위해 금융규제를 대폭적으로 완화하는 한편, 금융영역간 규제의 형평성을 제고하고 규제차익의 발생을 제거하기 위하여 금융권역별 규제를 통폐합하였다.

2. 한국의 경우

금융투자업자의 자율과 창의를 최대한 보장하고 공정한 경쟁을 촉진하기 위해서는, 자유로운 신상품의 개발을 허용하고 시장이용자의 입장에서 경영할 수 있도록 할 뿐만 아니라 진입요건도 완화할 필요성이 있다. 그러나 그 동안 한국의 금융투자산업은 주로 허가제와 인가제를 중심으로 운영되었다.[2] 가장 강도높은 진입규제 방식인 허가제를 통하여 적정한 시장참가자의 숫자를 규제자가 선택할 수 있도록 하였다. 이러한 규제방식은 규제자가 시장참가자의 숫자를 조정할 수 있도록 허용함으로써 발전단계에 있는 산업에서의 과도한 경쟁을 억제하여 산업의 건전한 육성을 담보하는 역할을 수행하도록 하는 것이다. 그러나 규제자가 적정한 시장참가자의 규모를 알기가 어렵고 업자들 간의 자유로운 경쟁을 제한한다는 문제점이 지적되면서, 국내 금융투자업자의 대내외적 경쟁력 강화를 위해서는 개방적인 진입규제 정책으로 전환할 필요성이 커지게 되었다.

금융규제에 대한 다른 나라들의 추세를 살펴보면, 허가제에서 인가제로 그리고 등록제로 그 규제의 강도가 점차 낮아지는 경향이 있음을 알 수 있다. 미국이나 일본의 경우 진입규제는 주로 등록제를 기반으로 하고 예외적으로 인가제를 도입하여 운영하고 있다.

품(유가증권과 파생상품거래)과 이에 관한 투자업을 적용대상으로 하여 횡단적인 규제를 가하고 있다.

1) 유사한 금융기능을 수행하면서도 그 취급 가능한 금융권역을 달리하는 ELS(증권회사), ELD(은행), 그리고 ELF(자산운용회사)와 같은 금융상품들이 그 사례가 될 수 있을 것이다.

2) 구증권법은 증권회사에 대해 허가제를, 구선물법은 선물회사에 대해 허가제를, 구간투법은 자산운용회사에 대해 허가제를 그리고 투자일임업자와 투자자문업자에 대해 등록제를, 신탁업법은 신탁회사에 대해 인가제를 채택하였었다. 이들 진입규제 방식은 여러 가지 측면에서 차이가 나겠지만 가장 커다란 차이점은 허가제나 인가제의 경우 금융투자회사의 진입요건 중에 사업계획의 타당성 및 건전성이라는 규제자의 자유재량적 판단을 허용하는 주관적인 요건을 두고 있는데 반하여, 등록제의 경우에는 이러한 주관적인 진입요건이 배제되어 있다는 점일 것이다.

이는 금융투자업에의 진입장벽을 낮추어 줌으로써 금융투자업자간 경쟁을 촉진하여 자본시장을 발전시키기 위한 정책적 함의를 내포하고 있는 것이다.

2009년 2월에 시행된 자본시장법은 시장에서의 경쟁을 촉진시키고 금융혁신을 도모하기 위하여 진입규제를 완화함으로써, 창의적이고 능력이 있는 자의 금융투자업에의 진입을 허용하였다. 기존 허가제, 인가제 그리고 등록제로 3원화되어 있던 규제방식을 보다 완화하고 단순화하여 인가제와 등록제로 2원화하였다. 그런데 일본이나 미국이 일반적으로 금융투자업의 진입에 대하여 등록제를 채택하고 있는 것과는 달리, 우리 자본시장법은 규제완화를 지향하면서도 인가제를 유지하고 있다는 점에서 이들 국가들과 비교하여 상대적으로 진입규제의 강도가 높다. 이와 관련하여 금융투자업자의 진입요건으로서 적격성 심사(fit and proper test)가 불가피한 점을 고려하면 규제완화의 취지는 오히려 인가 또는 등록 절차의 간소화 등을 통해 이루어질 수밖에 없을 것으로 보는 견해가 있다.[1)]

제 1 절 인가요건 및 절차

제11조(무인가 영업행위 금지)

누구든지 이 법에 따른 금융투자업인가(변경인가를 포함한다)를 받지 아니하고는 금융투자업(투자자문업 및 투자일임업을 제외한다. 이하 이 절에서 같다)을 영위하여서는 아니 된다.

Ⅰ. 무인가 영업행위의 금지	Ⅱ. 위반시 제재

Ⅰ. 무인가 영업행위의 금지

자본시장법은 투자자문업과 투자일임업을 제외한 금융투자업을 영위하려면 금융투자업의 인가를 받도록 의무화하고 있다(법 11조). 자본시장법에서 정한 금융투자업 인가는 회사설립 허가가 아닌 금융투자업[2)]의 영위에 대한 인가이다. 여기서 인가란 다른 법률관계의 당사자의 법률행위를 보충하여 그 법률행위의 효과를 완성시키는 행정행위를 말한다. 기본적으로 당사자의 법률행위는 자율에 맡기되 공익에 반하는 법률행위의 효과를 차단하는 것을 목적으로 하는 행정기관의 보충행위이다.

금융투자업에 대한 진입규제는 투자자가 노출되는 위험의 크기에 따라 인가제와 등록제로 구분된다. 즉 고객과 채권·채무관계를 가지거나 고객의 자산을 수탁하는 금융투

1) 정순섭, “자본시장통합법상 금융투자업의 진입규제,” 「BFL」 제22호(2007. 3), 13쪽.
2) 투자자문업 및 투자일임업은 제외.

자업에 대해서는 보다 엄격한 진입규제방식인 인가제가 적용되고, 고객과 이러한 관계를 가지지 않는 금융투자업에 대해서는 상대적으로 완화된 진입규제방식인 등록제가 적용된다. 미등록 영업행위의 금지에 대해서는 별도로 법 제17조에서 규정하고 있다.

인가제가 적용되는 금융투자업은 투자매매업, 투자중개업, 집합투자업 그리고 신탁업의 4가지이다. 무인가 영업행위를 금지하는 것은 금융투자업자의 거래상대방인 고객을 보호하고 자본시장에서의 금융투자업을 건전하게 육성하기 위한 것으로 볼 수 있다(법 1조 참조). 다만, 사모투자전문회사(PEF : private equity fund)의 업무집행사원[1]에 대해서는 무인가 영업행위 금지에 대한 예외를 인정한다. 즉, PEF의 업무집행사원이 사모투자전문회사 재산의 운용 및 보관·관리, 사모투자전문회사 지분의 판매 및 환매 등을 영위하는 경우에는 법 제11조를 적용하지 아니한다(법 272조 4항). 이 경우 PEF 업무집행사원의 적격성에 대해서도 별다른 제한이 없다.[2]

과거 증권거래법상 증권업 허가제에 대하여 대법원은 "일반 투자자를 보호하고 국민경제의 발전에 기여하기 위하여 증권업자의 인적, 물적, 재산적 요건을 심사하고 재무건전성과 건전한 영업질서의 준수여부를 감독하기 위한 것"이라고 판시하였다.[3]

Ⅱ. 위반시 제재

이러한 제11조의 무인가 영업행위 금지 규정의 실효성을 확보하기 위해서, 동 조항을 위반한 경우에는 징역이나 벌금과 같은 형사처벌을 부과한다(법 444조 1호). 즉 제11조를 위반하여 금융투자업 인가(변경인가를 포함)를 받지 아니하고 투자자문업 및 투자일임업을 제외한 금융투자업을 영위한 자는 5년 이하의 징역 또는 2억원 이하의 벌금에 처한다.

금융위원회는 금융투자업자가 거짓, 기타 부정한 방법으로 금융투자업의 인가를 받은 경우, 인가조건을 위반한 경우, 인가요건의 유지의무를 위반한 경우, 그리고 금융투자업인가(변경인가를 포함)를 받지 아니하고[4] 금융투자업을 영위한 경우에는 금융투자업 인가를 취소할 수 있다(법 420조 1항, 법 시행령 373조 1항 1호). 또한 금융투자업자가 이러한 경우에 해당하게 되면 금융위원회는 업무정지, 위법행위 시정명령 또는 중지명령, 조치사실 공표명령 등과 같은 조치를 취할 수 있다(법 420조 3항).[5] 특히 금융투자업 인가와 등록이

1) 사모투자전문회사는 정관으로 무한책임사원 중에서 1인 이상을 업무집행사원으로 정하여야 한다. 업무집행사원은 사모투자전문회사의 업무를 집행할 권리와 의무를 가진다(법 272조 1항).

2) 김건식, 「증권거래법」, 두성사, 2006, 481쪽 참조.

3) 대법원 2002. 6. 11. 선고 2000도357 판결.

4) 자본시장법은 무인가 영업행위를 취소할 수 있는 것으로 규정하고 있다. 그러나 행정법상 인가는 법률행위의 효력요건이므로 무인가행위는 원칙적으로 무효이다(김동희, 전게서(2007), 290쪽).

5) 법 제420조 ③ 금융위원회는 금융투자업자가 제 1 항 각 호(제 6 호를 제외한다)의 어느 하나에 해당하

모두 취소된 경우에는 금융투자업자는 무인가 및 무등록업자로 되어 해산하게 된다(법 420조 2항). 그리고 금융투자업 인가(변경인가를 포함)를 받지 아니하고 투자매매업·투자중개업·집합투자업·신탁업을 영위한 경우에는 금융투자업자 및 그 임직원에 대한 처분 및 업무 위탁계약 취소·변경 명령의 사유가 된다(법 [별표 1] 1호).

한편, 외국 금융투자업자가 해산, 파산 등의 사유[1]에 해당하게 되면 금융위원회는 당해 외국 금융투자업자의 지점이나 영업소에 대해 금융투자업 인가를 취소할 수 있다(법 421조 1항). 외국 금융투자업자의 지점, 그 밖의 영업소는 그 업무에 관련된 금융투자업 인가와 등록이 모두 취소된 경우에는 지체 없이 청산하여야 한다.

제12조(금융투자업의 인가)

① 금융투자업을 영위하려는 자는 다음 각 호의 사항을 구성요소로 하여 대통령령으로 정하는 업무 단위(이하 "인가업무 단위"라 한다)의 전부나 일부를 선택하여 금융위원회로부터 하나의 금융투자업인가를 받아야 한다.

1. 금융투자업의 종류(투자매매업, 투자중개업, 집합투자업 및 신탁업을 말하되, 투자매매업 중 인수업을 포함한다)
2. 금융투자상품(집합투자업의 경우에는 제229조에 따른 집합투자기구의 종류를 말하며, 신탁업의 경우에는 제103조 제1항 각 호의 신탁재산을 말한다)의 범위(증권, 장내파생상품 및 장외파생상품을 말하되, 증권 중 국채증권, 사채권, 그 밖에 대통령령으로 정하는 것을 포함하고 파생상품 중 주권을 기초자산으로 하는 파생상품·그 밖에 대통령령으로 정하는 것을 포함한다)
3. 투자자의 유형(전문투자자 및 일반투자자를 말한다. 이하 같다)

② 제1항에 따라 금융투자업인가를 받으려는 자는 다음 각 호의 요건을 모두 갖추어야 한다.

1. 다음 각 목의 어느 하나에 해당하는 자일 것. 다만, 투자중개업 중 제78조에 따른 전자증권중개업무를 하고자 하는 자의 경우에는 「상법」에 따른 주식회사로서 거래소의 회원이어야 한다.
   가. 「상법」에 따른 주식회사이거나 대통령령으로 정하는 금융기관

거나 [별표 1] 각 호의 어느 하나에 해당하는 경우에는 다음 각 호의 어느 하나에 해당하는 조치를 할 수 있다.

1. 6개월 이내의 업무의 전부 또는 일부의 정지
2. 신탁계약, 그 밖의 계약의 인계명령
3. 위법행위의 시정명령 또는 중지명령
4. 위법행위로 인한 조치를 받았다는 사실의 공표명령 또는 게시명령
5. 기관경고
6. 기관주의
7. 그 밖에 위법행위를 시정하거나 방지하기 위하여 필요한 조치로서 대통령령으로 정하는 조치

1) 그 이외에도 인가취소사유에는 합병 또는 영업의 양도 등으로 인한 소멸; 국내지점, 그 밖의 영업소가 영위하는 금융투자업에 상당하는 영업의 폐지 또는 인가의 취소; 국내지점, 그 밖의 영업소가 영위하는 금융투자업에 상당하는 영업의 중지 또는 정지; 외국 법령을 위반한 경우(국내지점, 그 밖의 영업소가 이로 인해 영업 수행이 곤란하다고 인정되는 경우에 한함)가 있다. 외국 금융투자업자의 지점이나 영업소는 이러한 사실이 발생한 경우에 지체 없이 그 사실을 금융위원회에 보고하여야 한다.

나. 외국 금융투자업자(외국 법령에 따라 외국에서 금융투자업에 상당하는 영업을 영위하는 자를 말한다. 이하 같다)로서 외국에서 영위하고 있는 영업에 상당하는 금융투자업 수행에 필요한 지점, 그 밖의 영업소를 설치한 자

2. 인가업무 단위별로 5억원 이상으로서 대통령령으로 정하는 금액 이상의 자기자본을 갖출 것
3. 사업계획이 타당하고 건전할 것
4. 투자자의 보호가 가능하고 그 영위하고자 하는 금융투자업을 수행하기에 충분한 인력과 전산설비, 그 밖의 물적 설비를 갖출 것
5. 임원이 제24조 각 호의 어느 하나에 해당하지 아니할 것
6. 대주주나 외국 금융투자업자가 다음 각 목의 구분에 따른 요건을 갖출 것

가. 제 1 호 가목의 경우 대주주(최대주주의 특수관계인인 주주를 포함하며, 최대주주가 법인인 경우 그 법인의 중요한 경영사항에 대하여 사실상 영향력을 행사하고 있는 자로서 대통령령으로 정하는 자를 포함한다)가 충분한 출자능력, 건전한 재무상태 및 사회적 신용을 갖출 것

나. 제 1 호 나목의 경우 외국 금융투자업자가 충분한 출자능력, 건전한 재무상태 및 사회적 신용을 갖출 것

7. 금융투자업자와 투자자 간, 특정 투자자와 다른 투자자 간의 이해상충(利害相衝)을 방지하기 위한 체계를 갖출 것

③ 제 2 항의 인가요건에 관하여 필요한 세부사항은 대통령령으로 정한다.

시행령 제**15**조(인가업무 단위 등) ① 법 제12조 제 1 항 각 호 외의 부분에서 "대통령령으로 정하는 업무 단위"란 별표 1과 같다.

② 법 제12조 제 1 항 제 2 호에서 금융투자상품의 범위에 포함되는 증권 중 "대통령령으로 정하는 것"이란 다음 각 호의 것을 말한다.

1. 채무증권
2. 지방채증권
3. 법 제 4 조 제 3 항에 따른 특수채증권(이하 "특수채증권"이라 한다)
4. 지분증권(집합투자증권은 제외한다)
5. 상장주권
6. 집합투자증권
7. 제181조 제 1 항 제 1 호에 따른 증권

③ 법 제12조 제 1 항 제 2 호에서 금융투자상품의 범위에 포함되는 파생상품 중 "대통령령으로 정하는 것"이란 다음 각 호의 것을 말한다.

1. 주권 외의 것을 기초자산으로 하는 파생상품
2. 통화·이자율을 기초자산으로 하는 파생상품

제**16**조(인가요건 등) ① 법 제12조 제 2 항 제 1 호 가목에서 "대통령령으로 정하는 금융기관"이란 다음 각 호의 어느 하나에 해당하는 금융기관을 말한다.

1. 「한국산업은행법」에 따른 한국산업은행
2. 「중소기업은행법」에 따른 중소기업은행
3. 「한국수출입은행법」에 따른 한국수출입은행

4. 「농업협동조합법」에 따른 농업협동조합중앙회
5. 「수산업협동조합법」에 따른 수산업협동조합중앙회
6. 「은행법」에 따른 외국금융기관의 국내지점
7. 「보험업법」에 따른 외국보험회사의 국내지점
8. 그 밖에 금융위원회가 정하여 고시하는 금융기관

② 법 제12조 제2항 제1호 나목에 따른 외국 금융투자업자(이하 "외국 금융투자업자"라 한다)는 다음 각 호의 요건에 적합하여야 한다.

1. 별표 2 제4호 나목부터 마목까지의 요건을 갖출 것
2. 외국 금융투자업자에 대한 본국의 감독기관의 감독내용이 국제적으로 인정되는 감독기준에 맞을 것

③ 법 제12조 제2항 제2호에서 "대통령령으로 정하는 금액"이란 별표 1과 같다.

④ 법 제12조 제2항 제3호에 따른 사업계획은 다음 각 호의 요건에 적합하여야 한다.

1. 수지전망이 타당하고 실현가능성이 있을 것
2. (삭 제)
3. 위험관리와 금융사고 예방 등을 위한 적절한 내부통제장치가 마련되어 있을 것
4. 투자자 보호에 적절한 업무방법을 갖출 것(집합투자증권에 대한 투자매매업·투자중개업 인가의 경우에는 해당 신청인의 자기자본 적정성 등을 고려하여 집합투자증권의 매매·중개와 관련된 손해의 배상을 보장하기 위한 보험에의 가입을 포함한다)
5. 법령을 위반하지 아니하고 건전한 금융거래질서를 해칠 염려가 없을 것

⑤ 법 제12조 제2항 제4호에 따른 인력과 전산설비, 그 밖의 물적 설비는 다음 각 호의 요건에 적합하여야 한다.

1. 경영하려는 금융투자업에 관한 전문성과 건전성을 갖춘 주요직무 종사자(법 제286조 제1항 제3호에 따른 주요직무 종사자를 말한다. 이하 같다)와 업무를 수행하기 위한 전산요원 등 필요한 인력을 적절하게 갖출 것
2. 다음 각 목의 전산설비 등의 물적 설비를 갖출 것
   가. 경영하려는 금융투자업을 수행하기에 필요한 전산설비와 통신수단
   나. 사무실 등 충분한 업무공간과 사무장비
   다. 전산설비 등의 물적 설비를 안전하게 보호할 수 있는 보안설비
   라. 정전·화재 등의 사고가 발생할 경우에 업무의 연속성을 유지하기 위하여 필요한 보완설비

⑥ 대주주(법 제12조 제2항 제6호 가목에 따른 대주주를 말한다. 이하 이 장에서 같다)는 별표 2의 요건에 적합하여야 한다. 다만, 다음 각 호의 어느 하나에 해당하는 경우에는 금융위원회가 그 요건을 완화하여 고시할 수 있다.

1. 법 제22조 각 호의 어느 하나에 해당하는 자가 금융투자업인가를 받으려는 경우
2. 금융투자업자가 다른 회사와 합병·분할하거나 분할합병을 하는 경우

⑦ 법 제12조 제2항 제6호 가목에서 "대통령령으로 정하는 자"란 다음 각 호의 어느 하나에 해당하는 자를 말한다. 다만, 법인의 성격 등을 고려하여 금융위원회가 정하여 고시하는 경우에는 제1호에 해당하는 자는 제외한다.

1. 최대주주인 법인의 최대주주(최대주주인 법인을 사실상 지배하는 자가 그 법인의 최대주주와 명백히 다른 경우에는 그 사실상 지배하는 자를 포함한다)
2. 최대주주인 법인의 대표자

⑧ 법제12조 제2항 제6호의2에서 "대통령령으로 정하는 건전한 재무상태와 사회적 신용"이란 다음 각 호의 구분에 따른 사항을 말한다.

1. 건전한 재무상태: 법 제31조에 따른 경영건전성기준(겸영금융투자업자인 경우에는 해당 법령에서 정하는 경영건전성기준을 말한다)을 충족할 수 있는 상태
2. 사회적 신용:다음 각 목의 모든 요건에 적합한 것. 다만, 그 위반 등의 정도가 경미하다고 인정되는 경우는 제외한다.
   가. 최근 3년간 법, 이 영, 금융관련법령(제27조 제1항에 따른 금융관련법령을 말한다. 이하 이 항에서 같다.), 「독점규제 및 공정거래에 관한 법률」 및 「조세범 처벌법」을 위반하여 벌금형 이상에 상당하는 형사처벌을 받은 사실이 없을 것. 다만, 법 제446조, 그 밖에 해당 법률의 양벌 규정에 따라 처벌을 받은 경우는 제외한다.
   나. 최근 3년간 채무불이행 등으로 건전한 신용질서를 해친 사실이 없을 것

다. 최근 5년간 「금융산업의 구조개선에 관한 법률」에 따라 부실금융기관으로 지정되었거나 법 또는 금융관련법령에 따라 영업의 허가·인가·등록 등이 취소된 자가 아닐 것
라. 법, 금융관련법령이나 외국 금융관련법령(법 제24조 제 1 항 제 3 항에 따른 외국 금융관련 법령을 말한다.)에 따라 금융위원회, 외국 금융감독기관 등으로부터 지점, 그 밖의 영업소의 폐쇄 또는 그 업무의 전부나 일부의 정지 이상의 조치(이에 상당하는 행정처분을 포함한다. 이하 이 목에서 같다)를 받은 후 다음 구분에 따라 기간이 지났을 것
1) 영업의 전부정지: 업무정지가 끝난 날부터 3년
2) 업무의 일부정지: 업무정지가 끝난 날부터 2년
3) 지점, 그 밖의 영업소의 폐쇄 또는 그 업무의 전부나 일부의 정지: 해당 조치를 받은 날부터 1년

⑨ 법 제12조 제 2 항 제 7 호에 따른 이해상충을 방지하기 위한 체계(이하 이 절에서 "이해상충방지체계"라 한다)는 다음 각 호에 적합하여야 한다.
1. 법 제44조에 따라 이해상충이 발생할 가능성을 파악·평가·관리할 수 있는 적절한 내부통제기준을 갖출 것
2. 법 제45조 제 1 항 각 호 및 제 2 항 각 호의 행위가 발생하지 아니하도록 적절한 체계를 갖출 것

⑩ 법 제12조 제 3 항에 따라 외국 금융투자업자, 「은행법」에 따른 외국금융기관 또는 「보험업법」에 따른 외국보험회사(이하 이 항에서 "외국 금융투자업자등"이라 한다)가 금융투자업을 경영하기 위하여 국내에 지점, 그 밖의 영업소(이하 이 항에서 "지점등"이라 한다)를 두는 경우에는 해당 지점등 전부를 하나의 금융투자업자로 본다. 이 경우 외국 금융투자업자등은 금융투자업을 경영하기 위하여 국내에 지점등을 추가로 두려는 때에는 금융위원회가 정하여 고시하는 방법에 따라 금융위원회에 관련 자료를 제출하여야 한다.

⑪ 제 2 항, 제 4 항부터 제 6 항까지, 제 8 항부터 제 10 항까지의 규정에 따른 인가요건에 관하여 필요한 구체적인 기준은 금융위원회가 정하여 고시한다.

Ⅰ. 인가업무 단위

1. 기본방향

인가업무 단위는 금융투자업, 금융투자상품, 투자자라는 3가지 사항을 구성요소로 하는 금융기능을 중심으로 하여 정해진다. 법률에서는 인가업무 단위는 이러한 3가지 사항을 구성요소로 하여 결정된다는 기본적인 사항만을 규정하고, "구체적인 인가업무 단위"는 대통령령에서 정하도록 위임되어 있다.[1)]

2. 인가업무 단위의 세분화

금융투자업을 영위하려는 자는 ① 금융투자업의 종류, ② 금융투자상품의 범위, ③ 투자자의 유형을 조합하여 설정되는 1단위의 금융기능을 "인가업무 단위"로 하여 이러한 인가업무 단위들의 전부나 일부를 선택하여 금융위원회로부터 1개의 금융투자업 인가를 받아야 한다.[2)] 예를 들어 일반투자자(투자자)를 상대로 하여 장외파생상품(금융투자상품)의

---

1) 법 제12조 제 1 항, 법 시행령 제15조 제 1 항 및 [별표 1].
2) 금융투자업 인가 자체는 어디까지나 단일인가이고 다만 인가의 범위에 차이가 있는 것으로 보는 것이

투자매매업(금융투자업)을 영위하는 업무단위를 선택하거나, 전문투자자(투자자)를 상대로 하여 증권(금융투자상품)의 투자중개업(금융투자업)을 영위하는 업무단위를 선택할 수 있으며, 이 2가지 업무단위를 모두 선택할 수도 있다. 나아가 이러한 방식으로 결정되는 인가업무 단위를 모두 선택하여 영위할 수도 있다.

(1) 금융투자업의 종류

자본시장법은 현실적인 수요를 고려하여 인가대상인 금융투자업을 적절한 단위로 구분하고 있다. 인가업무단위의 전제로서 인정되는 금융투자업의 종류에는 투자매매업, 투자중개업, 집합투자업 그리고 신탁업이 있다. 다만, 투자매매업 중에 인수업을 포함함으로써(법 12조 1항 1호), 투자매매업에 대해서는 ① 인수업이 포함된 투자매매업, ② 인수업이 제외된 투자매매업,[1]으로 금융투자업의 선택을 가능하게 하였다. 인수업은 증권의 전부 또는 일부를 취득하는 것이므로 인수업을 영위하기 위하여 투자매매업의 영위가 필수적이므로 인수업을 포함한 투자매매업 전체의 인가가 필요하다. 금융투자업의 종류 중에서 투자자문업과 투자일임업이 제외되는 것은 이들 금융투자업은 인가대상이 아니라 보다 완화된 진입규제가 적용되는 등록대상이기 때문이다. 또한 투자중개업 중에서 전자증권중개업무(ECN)와 장외채권중개(Inter Dealer Broker업무)는 해당 업무의 특성을 감안하여 별도의 인가업무 단위로 설정하였다.

(2) 금융투자상품의 범위

금융투자상품의 범위는 증권, 장내파생상품 그리고 장외파생상품으로 구분된다. 다만 증권 중에는 국채증권, 사채권, 기타 대통령령으로 정하는 것이 포함되고, 파생상품 중에는 주권을 기초자산으로 하는 파생상품과 기타 대통령령으로 정하는 것이 포함되도록 함으로써, 상위 단계의 금융투자상품(증권, 장내파생상품 및 장외파생상품)을 보다 세분화하였다. 그 결과 증권이나 파생상품과 같은 상위 단계의 금융투자상품에서 보다 세분되어 결정되는 하위 단계의 금융투자상품(예를 들면, "국채증권"이나 "주권을 기초자산으로 하는 파생상품") 중에서 일부를 선택하여 취급하고자 하는 금융투자상품의 범위로 정할 수 있게 되었다. 즉, 반드시 증권 전체를 대상으로 하지 않더라도 증권 중에서 일부에 해당하는 국채증권만을 대상으로 하여서도 금융투자업을 영위할 수 있도록 허용하였다.

여기서 금융투자상품의 범위에 포함되는 증권 중에서 "기타 대통령령으로 정하는 것"이란 ① 채무증권, ② 지방채증권, ③ 특수채증권(법 4조 3항에 따른 특수채증권을 말함), ④ 지분증권(집합투자증권을 제외함), ⑤ 상장주권, ⑥ 집합투자증권, ⑦ 제181조 제1항 제1호에 따른 증권(RP대상증권)을 말한다(법 시행령 15조 2항). 한편 금융투자상품의 범위에 포함되

타당하다(同旨 : 정순섭, 전게논문(2007. 3), 14쪽).

1) 대고객 RP업무는 인수업이 제외된 RP증권매매업만으로 영위할 수 있다.

는 파생상품 중에서 "기타 대통령령으로 정하는 것"이란 ① 주권 이외의 것을 기초자산으로 하는 파생상품과 ② 통화·이자율을 기초자산으로 하는 파생상품을 말한다(법 시행령 15조 3항).

그 결과, 금융투자상품의 범위는 증권, 장내파생상품, 장외파생상품뿐만 아니라 보다 세분화된 증권 및 파생상품의 범위를 대상으로 하여서도 인가업무의 단위로 할 수 있게 되었다. 증권에 대해서는 증권 전체를 포괄하는 단위뿐만 아니라 국채증권, 사채권, 채무증권, 지방채증권, 특수채증권, 지분증권, 상장주권, 집합투자증권, RP대상증권으로 인가단위에 해당하는 금융투자상품의 범위가 세분화되었다. 파생상품에 대해서도 장내파생상품이나 장외파생상품 각각의 전체를 포괄하는 단위뿐만 아니라 주권을 기초자산으로 하는 장내파생상품,[1] 주권을 기초자산으로 하는 장외파생상품,[2] 주권 이외의 것을 기초자산으로 하는 장외파생상품, 통화·이자율을 기초자산으로 하는 장외파생상품[3]으로 인가단위에 해당하는 금융투자상품의 범위가 세분화되었다. 이것은 사채권만을 거래대상으로 하거나, 통화·이자율을 기초자산으로 하는 장외파생상품만을 거래대상으로 하는 금융투자업을 영위할 수 있다는 것을 의미한다.

또한, 금융투자상품과 관련하여 집합투자업의 경우에는 금융투자상품이 제229조에서 말하는 집합투자기구의 종류로 대치되며, 신탁업의 경우에는 금융투자상품이 제103조 제 1 항의 신탁재산으로 대치된다. 집합투자기구의 종류에는 집합투자재산의 운용대상에 따라 증권집합투자기구, 부동산집합투자기구, 특별자산집합투자기구, 혼합자산집합투자기구, 단기금융집합투자기구(MMF)가 있다(법 229조). 법 시행령은 이 중에서 혼합자산집합투자기구를 운용대상의 제한이 없는 상위 단계의 금융투자상품으로 설정하고[4] 그 하위 단계에 증권집합투자기구, 부동산집합투자기구, 특별자산집합투자기구를 설정하였다. 단기금융집합투자기구는 별도로 분류하지 않고 증권집합투자기구에 포함시켰다.

한편 신탁재산의 종류에는 금전, 증권, 금전채권, 동산·부동산·지상권 등 부동산 관련 권리, 무체재산권이 있다(법 103조 참조). 법 시행령은 [별표 1]에서 신탁재산의 범위에 따라 모든 재산을 신탁받을 수 있는 상위 단계의 신탁, 그 하위 단계에 금전만 신탁이 가능한 금전신탁과 금전만 신탁이 불가능한 재산신탁을 설정하였다.

---

1) 주식 등의 가격을 기초자산으로 하는 장내파생상품은 종래 증권회사 및 선물회사만, 주식 이외의 것을 기초자산으로 하는 장내파생상품은 종래 선물회사만 매매 또는 중개가 가능하였다(금융위원회, "자본시장과 금융투자업에 관한 법률 시행령 주요 설명자료"(2008. 4), 13쪽).

2) 주식 등의 가격을 기초자산으로 하는 장외파생상품은 종래 증권회사만 매매 또는 중개가 가능하였다(금융위원회, 전게 설명자료(2008. 4), 13쪽).

3) 외국환중개회사는 통화·이자율 관련 장외파생상품 업무를 영위하고, 은행의 장외파생상품 업무는 통화·이자율이 기초자산인 경우가 다수이다(금융위원회, 전게 설명자료(2008. 4), 13쪽).

4) 혼합자산집합투자기구는 운용대상에 제한이 없으므로 증권, 부동산, 특별자산을 비율제한 없이 자유롭게 취득할 수 있다.

법 시행령은 이러한 금융투자상품에 대한 일정한 범위를 정하여 인가단위로 하고 있다. 따라서 예를 들면 일반투자자를 상대로 하는 부동산집합투자기구의 집합투자업을 인가업무단위로 할 수 있는 것이다.

(3) 투자자의 유형

인가업무 단위 결정시 반영되는 투자자의 유형은 일반투자자와 전문투자자로 구분된다. 이들은 위험감수능력이 서로 상이하므로 자본시장법상 투자자 보호는 주로 일반투자자의 보호를 위해 적용된다. 특히 투자권유규제와 같은 금융투자업자의 영업행위에 관한 투자자보호 조항들은 원칙적으로 일반투자자를 대상으로 하는 경우에만 적용되고 전문투자자를 대상으로 하는 경우에는 적용되지 않는다.[1] 법 시행령은 투자자의 유형을 "일반투자자 및 전문투자자" 모두를 대상으로 하는 경우와 "전문투자자"만을 대상으로 하는 경우로 구분하였다(법 시행령 [별표 1] 참조).

[인가업무 단위 및 최저자기자본]

업무단위	금융투자업의 종류		금융투자상품의 범위			투자자 유형	최저자기자본
1-1-1	투자매매업	인수 포함	증권			일반 + 전문	500억원[1]
1-11-1				채무증권[2]		일반 + 전문	200[1]
1-111-1					국공채[2]	일반 + 전문	75[1]
1-12-1				지분증권(집합투자증권 제외)[2]		일반 + 전문	250[1]
1-13-1				집합투자증권[2]		일반 + 전문	50[1]
11-1-1		인수 제외	증권			일반 + 전문	200[1]
11-11-1				채무증권[2]		일반 + 전문	80[1]
11-111-1					국공채[2]	일반 + 전문	30[1]
11-112-1					사채[2]	일반 + 전문	40[1]
11-12-1				지분증권(집합투자증권 제외)[2]		일반 + 전문	100[1]
11-13-1				집합투자증권[2]		일반 + 전문	20[1][3]
11r-1r-1				RP대상증권[4]		일반 + 전문	60
12-112-1		인수만	증권		사채[2]	일반 + 전문	60[1]
1-2-1			장내파생			일반 + 전문	100[1]
1-21-1				주권기초		일반 + 전문	50[1]

1) 주권상장법인은 일반적으로 전문투자자로 구분된다. 그러나 장외파생상품 거래에 있어서는 별도의 의사표시가 없는 한 주권상장법인도 일반투자자의 범위에 포함하여 투자권유 규제의 보호를 받도록 하였다(법 9조 5항 4호 단서). 대표적인 장외파생상품 거래인 KIKO상품 거래에서 일부 주권상장법인들이 보여준 거래능력을 보면 전문투자자라기보다는 일반투자자에 가까웠다.

1-3-1		장외파생			일반 + 전문	900[1]
1-31-1			주권기초		일반 + 전문	450[1]
1-32-1			주권외기초		일반 + 전문	450[1]
1-321-1				통화 · 이자율기초	일반 + 전문	180[1]
2-1-1	투자중개업	증권			일반 + 전문	30[1]
2-11-1			채무증권[2]		일반 + 전문	10[1]
2-12-1			지분증권(집합투자증권 제외)[2]		일반 + 전문	10[1]
2-13-1			집합투자증권[2]		일반 + 전문 전문	10[1] 5
2r-1-2			RP대상증권[4]		일반 + 전문	201[1]
2-2-1		장내파생			일반 + 전문	10[1]
2-21-1			주권기초		일반 + 전문	100[1]
2-3-1		장외파생			일반 + 전문	50[1]
2-31-1			주권기초		일반 + 전문	50[1]
2-32-1			주권외기초		일반 + 전문	20[1]
2-321-1				통화 · 이자율기초	일반 + 전문	150[1]
2e-121-1	투자중개업 (ECN)	증권	지분증권(집합투자증권제외)[2]	상장주권	전문[5]	30
2i-11-2i	투자중개업 (장외채권중개)	증권	채무증권[2]			
3-1-1	집합투자업	모든 펀드(혼합펀드)			일반 + 전문	80[1]
3-11-1			증권펀드(MMF 포함)		일반 + 전문	40[1]
3-12-1			부동산펀드		일반 + 전문	20[1]
3-13-1			특별자산펀드		일반 + 전문	20[1]
3-14-1			혼합자산펀드		일반 + 전문	60[1]
4-1-1	신탁업	모든 신탁재산			일반 + 전문	250[1]
4-11-1			금전만신탁		일반 + 전문	130[1]
4-12-1			금전제외신탁		일반 + 전문	120[1]
4-121-1				부동산신탁	일반 + 전문	100[1]

1) 전문투자자만을 대상으로 하는 경우 1/2 경감(코드 번호는 0－0－2 형태)
2) 해당 증권을 기초로 하는 증권예탁증권 포함
3) 자신이 운용하는 집합투자기구의 집합투자증권을 매매하는 경우 1/2 경감 적용
4) RP대상증권 : 국공채, 상장법인·공기업 공모사채, 보증사채, 공모 ABS·MBS, 수익증권 등
5) 전문투자자 중 일부 제외

출처 : 금융위원회, "자본시장과 금융투자업에 관한 법률 시행령 주요 설명자료"(2008. 4), 19쪽

Ⅱ. 인가요건

1. 금융투자업자의 인가요건

금융투자업을 영위하려는 자는 자본시장법에서 정한 인가요건을 모두 갖추어야만 한다. 자본시장법은 외국의 사례를 참고로 하여 전반적으로 인가요건을 완화하는 한편, 각 금융기능의 특성에 따라 인가요건의 수준을 달리하였다. 인가요건은 7가지로 대별된다(법 12조 2항). 이들을 살펴보면 다음과 같다.

(1) 금융투자업자의 자격요건

금융투자업자가 되려면 ① 상법에 따른 주식회사이거나 대통령령으로 정하는 금융기관[1]에 해당하거나, 또는 ② 외국 금융투자업자[2](외국 법령에 따라 외국에서 금융투자업에 상당하는 영업을 영위하는 자를 말함)로서 외국에서 영위하고 있는 영업에 상당하는 금융투자업 수행에 필요한 지점, 기타 영업소를 설치한 자에 해당하여야 한다.

(2) 최저자기자본 요건

금융투자업을 영위하려는 자는 최저자기자본 요건을 충족하여야 한다. 금융투자업자는 인가업무 단위별로 5억원 이상으로서 대통령령에서 정하는 금액 이상의 자기자본을 보유하여야 한다. 현재 대부분의 금융관련 법령에서 인가요건은 자본금을 기준으로 하고 있으나, 자본시장법에서는 정확한 위험흡수 능력을 나타내는 자기자본을 인가요건으로 하고 있다. 자본시장법 시행령은 [별표 1]에서 대형화·겸업화·전문화·진입활성화를 유도할 수 있도록[3] 인가업무단위별로 최저 자기자본을 정하고 있다(법 시행령 16조 2호).[4] 따라서 취급하려는 인가업무의 단위가 추가되면 될수록 보유해야 하는 자기자본의 금액이 증가하게 된다. 예를 들어 일반투자자를 대상으로 증권의 투자매매업(인수포함)을 영위하기 위해 소요되는 최저자기자본은 500억원이고, 전문가를 대상으로 장내파생상품의 투자중개업을 영위하기 위해 소요되는 최저자기자본은 10억원이며, 그리고 일반투자자를 대상으로 부동산의 신탁업을 영위하기 위해 소요되는 최저자기자본은 100억원이므로, 어느 금융투자업자가 이들 업무를 모두 수행하기 위해서 필요한 최저자기자본은 610억원(=500억원+10억원+100억원)이 된다.

법 시행령은 금융투자업의 위험과 투자자 보호의 필요성 등이 적정하게 반영될 수 있도록 인가 및 등록단위별로 최저자기자본 요건을 설정하였다.[5] System Risk와 투자자

---

1) "대통령령으로 정하는 금융기관"은 법 시행령 제16조 제1항에 열거되어 있다.
2) 외국 금융투자업자는 법 시행령 제16조 제2항에 그 요건이 규정되어 있다.
3) 금융위원회, 전게 설명자료(2008. 4), 15쪽.
4) 개별 업무단위별 최저 자기자본은 완화하되, 전체적으로는 업권별 최저 자본금 수준과 유사한 수준에서 결정하였다.
5) 위험이 수반되는 투자매매업은 투자중개업에 비해, 신뢰가 중요한 신탁업은 집합투자업에 비해 각각

보호에 미치는 영향이 적은 업무의 경우에는 경쟁촉진을 위해 종래보다 자기자본을 경감하였고, 투자경험이 많고 투자위험 감수능력이 있는 전문투자자만을 대상으로 경영하는 경우에는 자기자본을 1/2 수준으로 경감하였다. 한편 금융투자업을 겸영하는 겸영금융투자회사(은행, 보험회사 등)[1]에 대해서는 해당 법령(은행법, 보험업법 등)에서 요구하는 자본금(이에 준하는 금액을 포함)을 제외한 금액을 기준으로 하여 최저자기자본 요건의 충족여부를 판단한다.[2]

(3) 사업계획의 타당성 요건

금융투자업을 영위하려는 자는 사업계획이 타당하고 건전해야 한다. 다른 인가요건들이 객관적인 기준을 제시하고 있는 데에 비해 이는 일종의 적합성 기준(fit and proper test)으로서 인가를 하는 감독당국자의 주관이 개입될 수 있는 여지를 허용하고 있는 진입요건이다. 규제자나 피규제자 모두가 공감할 수 있도록 운영되어야 할 것이라고 본다. 이와 관련하여 법 시행령 제16조 제 4 항은 자본시장법상의 사업계획의 타당성 요건을 보다 구체적으로 명시하고 있다. 즉 법 시행령은 사업계획이 ① 수지전망이 타당하고 실현가능성이 있을 것, ② 위험관리와 금융사고 예방 등을 위한 적절한 내부통제장치가 마련되어 있을 것, ③ 투자자 보호에 적절한 업무방법을 갖출 것, ④ 법령에 위반되지 아니하고 건전한 금융거래질서를 저해할 우려가 없을 것을 요구하고 있다.[3]

(4) 인적 및 물적 설비 요건

인적 설비와 물적 설비를 충족하여야 한다. 투자자의 보호가 가능하고 그 영위하고자 하는 금융투자업을 수행하기에 충분한 인력과 전산설비, 기타 물적 설비를 갖추어야 한다. 이러한 인력과 전산설비, 기타 물적 설비는 ① 영위하려는 금융투자업에 관한 전문성과 건전성을 갖춘 주요직무 종사자와 업무수행을 위한 전산요원 등 필요한 인력을 적절하게 갖추고, ② 일정한 전산설비 등의 물적 설비를[4] 갖추어야 한다는 요건에 적합하여야 한다(법 시행령 16조 5항).[5]

높은 자기자본을 요구한다. 또한 금융투자상품별로는 장외파생상품에 가장 많은 자기자본을 요구하고 새로운 상품이 등장할 수 있는 증권에 대해서는 장내파생상품에 비해 많은 자기자본을 요구한다(금융위원회, 전게 설명자료(2008. 4), 16쪽).

1) 법 제22조 참조.

2) 법 시행령 [별표 1] 비고 9.

3) 사업계획의 세부요건에 관한 구체적인 기준은 금융투자업규정 제2-6조 제 1 항 및 [별표 2] 3. 사업계획 참조.

4) 법 시행령 제16조 제 5 항 제 2 호에 의하면 물적 설비는 ① 경영하려는 금융투자업을 수행하기에 필요한 전산설비 및 통신수단, ② 사무실 등 충분한 업무공간과 사무장비, ③ 전산설비 등의 물적 설비를 안전하게 보호할 수 있는 보안설비, ④ 정전·화재 등의 사고가 발생할 경우 업무의 연속성을 유지하기 위하여 필요한 보완설비와 같은 요건에 적합하여야 한다.

5) 인적 설비와 물적 설비의 세부요건에 관한 구체적인 기준은 금융투자업규정 제2-6조 제 1 항 및 [별표 2] 1. 인력에 관한 사항, 2. 물적 설비 참조.

(5) 임원의 자격요건

금융투자업을 영위하려는 자는 임원이 법 제24조의 결격사유에 해당하여서는 안 된다. 임원의 결격사유로 열거되어 있는 사항들을 살펴보면, 미성년자, 금치산자, 한정치산자와 같은 행위무능력자, 파산선고를 받고 아직 복권되지 않은 자 등이다. 여기서 임원이란 이사와 감사를 말한다(법 9조 2항).

(6) 대주주요건

금융투자업을 영위하려는 자는 대주주요건을 충족하여야 한다. 대주주는 충분한 출자능력, 건전한 재무상태 및 사회적 신용을 구비하여야 한다. 대주주에는 최대주주의 특수관계인인 주주를 포함하며, 최대주주가 법인인 경우에는 그 법인의 중요한 경영사항에 대해 사실상 영향력을 행사하고 있는 자로서 대통령령으로 정하는 자를 포함한다. 여기서 대통령령으로 정하는 자란 최대주주인 법인의 최대주주[1]와 최대주주인 법인의 대표자를 말한다(법 시행령 16조 7항). 다만 법인의 성격 등을 고려하여 금융위원회가 정하여 고시하는 경우에는 최대주주인 법인의 최대주주를 제외한다.[2] 대주주는 자본시장법 시행령 [별표 2]의 요건[3]에 적합하여야 한다(법 시행령 16조 6항).[4] 그러나, 외국 금융투자업자에 대해서는 별도로 대주주요건을 요구하고 있지 않다. 단지 외국 금융투자업자가 국내에 설치하려는 지점이나 기타 영업소와 관련하여 해당 외국 금융투자업자 자신이 충분한 출자능력, 건전한 재무상태 및 사회적 신용을 갖출 것을 요구하고 있다(법 12조 2항 6호 나목). 즉 국내에서 금융투자업을 영위하려는 외국 금융투자업자의 국내 지점이나 기타 영업소에 관해서는, 외국 금융투자업자 자신이 국내 지점이나 기타 영업소에 대해 대주주에 준하는 지위에 있는 것으로 보아, "외국 금융투자업자"가 "국내 금융투자업자의 대주주"에게 요구되는 충분한 출자능력, 건전한 재무상태 및 사회적 신용과 같은 요건을 충족하도록 요구하는 것이다.

---

1) 최대주주인 법인을 사실상 지배하는 자가 그 법인의 최대주주와 명백히 다른 경우에는 그 사실상 지배하는 자도 포함된다.

2) 최대주주인 법인이 금융회사로서 설립근거법에 따른 소유한도 유무, 주식소유의 분산 정도 등을 고려하여 금융회사의 최대주주가 당해 금융회사를 사실상 지배하고 있지 않다고 금융위원회가 인정하는 경우에는 대주주요건에 대한 적격성 심사를 면제한다(금융투자업규정 2-1조 2항 참조).

3) 법 시행령 [별표 2]의 대주주 요건에서는 대주주를 금융기관, 내국법인, 내국인개인, 외국법인, 사모투자전문회사·투자목적회사로 구분하여 각 대주주 요건을 상세하게 규정하고 있다. 또한 금융투자업규정 제2-6조 제2항 및 [별표 3]에서도 대주주의 요건에 관해 상세한 규정을 두고 있다.

4) 다만, 다음 각 호의 어느 하나에 해당하는 경우에는 금융위원회가 그 요건을 달리 정하여 고시할 수 있다(법 시행령 16조 6항 본문 단서).
   1. 법 제22조 각 호의 어느 하나에 해당하는 자가 금융투자업인가를 받으려는 경우
   2. 금융투자업자가 다른 회사와 합병·분할하거나 분할합병을 하는 경우

(6)의 2 건전한 재무상태와 사회적 신용요건

대통령령으로 정하는 건전한 재무상태와 사회적 신용을 갖추고 있어야 한다. 건전한 재무상태란 법 제31조에 따른 경영건전성기준(겸영금융투자업자인 경우에는 해당 법령에서 정하는 경영건전성 기준을 말한다)을 충족할 수 있는 상태를 말한다. 사회적 신용이란 다음과 같은 요건을 모두 갖춘 것을 의미한다. 다만, 그 위반 등의 정도가 경미하다고 인정되는 경우는 제외한다. 첫째, 최근 3년간 법, 시행령, 금융관련 법령,[1] 독점규제 및 공정거래에 관한 법률, 및 조세범 처벌법을 위반하여 벌금형 이상에 상당하는 형사처벌을 받은 사실이 없을 것,[2] 둘째, 최근 3년간 채무불이행 등으로 건전한 신용질서를 해친 사실이 없을 것, 셋째, 최근 5년간 금융산업의 구조개선에 관한 법률에 따라 부실금융기관으로 지정되었거나 법 또는 금융관련법령에 따라 영업의 허가·인가·등록 등이 취소된 자가 아닐 것, 넷째, 법, 금융관련법령이나 외국 금융관련 법령[3]에 따라 금융위원회, 외국 금융감독기관 등으로부터 지점, 그 밖의 영업소의 폐쇄 또는 그 업무의 전부나 일부의 정지 이상의 조치를 받은 경우 업무의 전부정지의 경우에는 업무정지가 끝난 날부터 3년, 업무의 일부정지의 경우에는 업무정지가 끝난 날부터 2년, 지점, 그 밖의 영업소의 폐쇄 또는 그 업무의 전부나 일부의 정지의 경우에는 해당 조치를 받은 날부터 1년의 기간의 지났어야 한다.

(7) 이해상충방지체계 구축요건

금융투자업자와 투자자간, 특정한 투자자와 다른 투자자 간의 이해상충을 방지하기 위한 체계를 갖추어야 한다. 이해상충을 방지하기 위한 체계는 법 제44조에 따라 이해상충이 발생할 가능성을 파악·평가·관리할 수 있는 적절한 내부통제기준을 갖추고, 법 제45조 제 1 항 각 호 및 제 2 항 각 호의 행위가 발생하지 아니하도록 적절한 체계를 갖추어야 한다(법 시행령 16조 8항).[4]

자본시장법은 금융투자업자가 영위할 수 있는 업무의 범위를 자본시장관련업으로 확대하여 기존의 분업주의를 버리고 겸업주의로 전환하였으며 또한 취급가능한 금융투자상품에 대해서도 포괄주의적인 개념정의 방식을 채택하면서 그 외연을 대폭 확대함에 따라, 업자와 투자자 간의 이해상충이 발생할 가능성이 이전보다 늘어나게 되었다. 이러한 문제에 대비하여 자본시장법은 투자자 보호를 선진화하기 위해 이해상충을 방지하기 위한 엄격한 체제정비를 요구하였다. 그 결과 이해상충 관리시스템의 구축이 의무화되었

1) 법 제27조 제 1 항에 따른 금융관련 법령을 말한다.
2) 법 제448조, 그 밖에 해당 법률이 양벌규정에 따라 처벌을 받은 경우는 제외한다.
3) 법 제24조 제 1 항 제 3 호에 따른 외국 금융관련 법령을 말한다.
4) 이해상충방지체계의 세부요건에 관한 구체적인 기준은 금융투자업규정 제2-6조 제 1 항 및 [별표 2] 4. 이해상충방지체계 참조.

다. 즉 금융투자업의 겸영에 따른 이해상충을 상시적으로 관리하기 위한 내부통제시스템(internal controls system)의 설치를 의무화하고 있다. 이러한 내부통제시스템을 통해 이해상충의 발생 가능성을 파악한 경우에는 이해상충의 내용을 투자자에게 공시하도록 하여 위험요소를 거래상대방인 투자자들이 인지하고 대처할 수 있도록 하고(disclosure), 이해상충의 가능성을 해소한 후 서비스를 제공하여야 하며(control), 그럼에도 불구하고 해소가 불가능한 경우에는 투자자에 대한 서비스를 중단하여야 한다(avoid). 또한 투자매매업과 집합투자업처럼 업무의 성격상 처음부터 이해상충의 가능성이 크다고 판단되는 금융투자업을 겸영하는 경우에는, 조직분리, 임직원 겸직제한 등과 같은 추가적인 정보교류 차단장치(Chinese Wall)를 설치하도록 의무화하였다.

2. 인가요건에 관한 세부사항의 위임

인가요건에 대해 필요한 세부적인 사항은 대통령령으로 정한다(법 12조 3항). 외국 금융투자업자, 은행법에 따른 외국금융기관 또는 보험업법에 따른 외국보험회사가 국내에 지점, 그 밖의 영업소를 둘 이상 두는 경우 해당 지점 등 전부를 하나의 금융투자업자로 본다. 이 경우 외국 금융투자업자등은 지점 등을 추가로 신설하고자 하는 때에는 금융위원회가 정하여 고시하는 방법에 따라 이를 금융위원회에 관련 자료를 제출하여야 한다(법 시행령 16조 10항). 이러한 인가요건들 중에서, 특히 사업계획, 인적·물적 설비, 대주주, 건전한 재무상태와 사회적 신용, 이해상충방지체계, 외국금융투자업자, 외국금융투자업자의 영업소에 대한 인가요건에 관해 필요한 구체적인 기준은 금융위원회가 정한다(법 시행령 16조 10항).

제13조(인가의 신청 및 심사)

① 제12조 제 1 항에 따른 금융투자업인가를 받으려는 자는 인가신청서를 금융위원회에 제출하여야 한다.

② 금융위원회는 제 1 항의 인가신청서를 접수한 경우에는 그 내용을 심사하여 3개월(제14조에 따른 예비인가를 받은 경우에는 1개월) 이내에 금융투자업인가 여부를 결정하고, 그 결과와 이유를 지체 없이 신청인에게 문서로 통지하여야 한다. 이 경우 인가신청서에 흠결(欠缺)이 있는 때에는 보완을 요구할 수 있다.

③ 제 2 항의 심사기간을 산정함에 있어서 인가신청서 흠결의 보완기간 등 총리령으로 정하는 기간은 심사기간에 산입(算入)하지 아니한다.

④ 금융위원회는 제 2 항에 따라 금융투자업인가를 하는 경우에는 경영의 건전성 확보 및 투자자 보호에 필요한 조건을 붙일 수 있다.

⑤ 제 4 항에 따라 조건이 붙은 금융투자업인가를 받은 자는 사정의 변경, 그 밖에 정당한 사유

가 있는 경우에는 금융위원회에 조건의 취소 또는 변경을 신청할 수 있다. 이 경우 금융위원회는 2개월 이내에 조건의 취소 또는 변경 여부를 결정하고, 그 결과를 지체 없이 신청인에게 문서로 통지하여야 한다.

⑥ 금융위원회는 제 2 항에 따라 금융투자업인가를 하거나 제 5 항에 따라 그 인가의 조건을 취소 또는 변경한 경우에는 다음 각 호의 사항을 관보 및 인터넷 홈페이지 등에 공고하여야 한다.

1. 금융투자업인가의 내용
2. 금융투자업인가의 조건(조건을 붙인 경우에 한한다)
3. 금융투자업인가의 조건을 취소하거나 변경한 경우 그 내용(조건을 취소하거나 변경한 경우에 한한다)

⑦ 제 1 항부터 제 6 항까지의 규정에 따른 인가신청서 또는 조건의 취소, 변경신청서의 기재사항, 첨부서류 등 인가신청 또는 조건의 취소·변경의 신청에 관한 사항과 심사의 방법·절차 그 밖에 필요한 사항은 대통령령으로 정한다.

시행령 **제17조**(인가의 방법 및 절차 등) ① 법 제13조 제 1 항에 따라 금융위원회에 제출하는 인가신청서에는 다음 각 호의 사항을 기재하여야 한다.

1. 상호
2. 본점과 지점, 그 밖의 영업소의 소재지
3. 임원에 관한 사항
4. 경영하려는 인가업무 단위(법 제12조 제 1 항에 따른 인가업무 단위를 말한다. 이하 같다)에 관한 사항
5. 자기자본 등 재무에 관한 사항
6. 사업계획에 관한 사항
7. 인력과 전산설비 등의 물적 설비에 관한 사항
8. 대주주나 외국 금융투자업자에 관한 사항
9. 이해상충방지체계에 관한 사항
10. 그 밖에 인가요건의 심사에 필요한 사항으로서 금융위원회가 정하여 고시하는 사항

② 제 1 항에 따른 인가신청서에는 다음 각 호의 서류를 첨부하여야 한다.

1. 정관(이에 준하는 것을 포함한다)
2. 발기인총회, 창립주주총회 또는 이사회의 의사록 등 설립이나 인가신청의 의사결정을 증명하는 서류
3. 본점과 지점, 그 밖의 영업소의 위치와 명칭을 기재한 서류
4. 임원의 이력서와 경력증명서
5. 인가업무 단위의 종류와 업무방법을 기재한 서류
6. 최근 3개 사업연도의 재무제표와 그 부속명세서(설립 중인 법인은 제외하며, 설립일부터 3개 사업연도가 지나지 아니한 법인의 경우에는 설립일부터 최근 사업연도까지의 재무제표와 그 부속명세서를 말한다)
7. 업무개시 후 3개 사업연도의 사업계획서(추정재무제표를 포함한다) 및 예상수지계산서
8. 인력, 물적 설비 등의 현황을 확인할 수 있는 서류
9. 인가신청일(인가업무 단위를 추가하기 위한 인가신청 또는 겸영금융투자업자의 인가신청인 경우에는 최근 사업연도말) 현재 발행주식총수의 100분의 1 이상을 소유한 주주의 성명 또는 명칭과 그 소유주식수를 기재한 서류
10. 대주주나 외국 금융투자업자가 법 제12조 제 2 항 제 6 호 각 목의 요건을 갖추었음을 확인할 수 있는 서류
11. 이해상충방지체계를 갖추었는지를 확인할 수 있는 서류
12. 그 밖에 인가요건의 심사에 필요한 서류로서 금융위원회가 정하여 고시하는 서류

③ 금융투자업인가를 받으려는 자는 법 제14조에 따른 예비인가를 신청한 경우로서 예비인가 신청 시에 제출한 예비

인가신청서 및 첨부서류의 내용이 변경되지 아니한 경우에는 그 부분을 적시하여 이를 참조하라는 뜻을 기재하는 방법으로 제 1 항의 인가신청서의 기재사항 중 일부를 기재하지 아니하거나 제 2 항의 첨부서류 중 그 첨부서류의 제출을 생략할 수 있다.
④ 제 1 항에 따른 인가신청서를 제출받은 금융위원회는 「전자정부법」 제36조 제 1 항에 따른 행정정보의 공동이용을 통하여 법인등기부 등본을 확인하여야 한다.
⑤ 제 1 항에 따른 인가신청서를 제출받은 금융위원회는 금융투자업인가의 신청내용에 관한 사실 여부를 확인하고, 이해관계자 등으로부터 수렴된 의견을 고려하여 신청내용이 법 제12조 제 2 항에 따른 인가요건을 충족하는지를 심사하여야 한다.
⑥ 금융위원회는 제 5 항에 따라 금융투자업인가의 신청내용을 확인하기 위하여 필요한 경우에는 이해관계자, 발기인 또는 임원과의 면담 등의 방법으로 실지조사를 할 수 있다.
⑦ 금융위원회는 제 5 항에 따라 금융투자업인가의 신청내용에 관한 이해관계자 등의 의견을 수렴하기 위하여 신청인, 신청일자, 신청내용, 의견제시의 방법 및 기간 등을 인터넷 홈페이지 등에 공고하여야 한다.
⑧ 금융위원회는 제 7 항에 따라 접수된 의견 중 금융투자업인가의 신청인에게 불리하다고 인정되는 의견을 금융투자업인가의 신청인에게 통보하고, 기한을 정하여 소명하도록 할 수 있다.
⑨ 금융위원회는 금융투자업인가가 금융시장에 중대한 영향을 미칠 염려가 있는 경우 등 필요하다고 인정되는 경우에는 공청회를 개최할 수 있다.
⑩ 법 제13조 제 2 항에 따라 금융투자업인가를 받은 자는 그 인가를 받은 날부터 6개월 이내에 영업을 시작하여야 한다. 다만, 금융위원회가 그 기한을 따로 정하거나 금융투자업인가를 받은 자의 신청을 받아 그 기간을 연장한 경우에는 그 기한 이내에 그 인가받은 영업을 시작할 수 있다.
⑪ 금융위원회는 금융투자업인가에 조건을 붙인 경우에는 그 이행 여부를 확인하여야 한다.
⑫ 제 1 항부터 제11항까지에서 규정한 사항 외에 금융투자업인가의 신청과 심사, 인가신청서의 서식과 작성방법 등에 관하여 필요한 사항은 금융위원회가 정하여 고시한다.

Ⅰ. 인가절차

금융투자업에의 진입 여부를 결정하는 인가 및 등록은 금융투자업을 영위하려고 하는 당사자에게 미치는 영향이 매우 크다. 따라서 행정청인 금융위원회의 적정한 권한행사를 확보하기 위한 절차적 장치가 요구된다. 자본시장법은 금융투자업의 인가 및 등록에 대해 적법절차(due process)의 요청에 따라 엄격한 절차적 요건을 마련하였다.

1. 인가신청서의 제출

먼저 투자매매업, 투자중개업, 집합투자업, 신탁업과 같은 금융투자업에 대하여 인가를 받으려고 하는 자는 금융위원회에 인가신청서를 제출하여야 한다. 인가신청서에는 상호, 본점과 지점, 기타 영업소의 소재지, 임원에 관한 사항, 경영하려는 인가업무 단위에 관한 사항, 자기자본 등 재무에 관한 사항, 사업계획에 관한 사항, 인력과 전산설비 등의 물적 설비에 관한 사항, 대주주나 외국 금융투자업자에 관한 사항, 이해상충방지체계에 관한 사항, 기타 인가요건의 심사에 필요한 사항으로서 금융위원회가 정하여 고시하는 사항을 기재하여야 한다.[1] 또한 인가신청서에는 ① 정관(이에 준하는 것을 포함함), ② 발기인총회, 창립주주총회 또는 이사회의 의사록 등 설립 또는 인가신청의 의사결정을 증명하는 서류, ③ 본점과 지점, 기타 영업소의 위치와 명칭을 기재한 서류, ④ 임원의 이력서 및 경력증명서, ⑤ 인가업무 단위의 종류와 업무방법을 기재한 서류, ⑥ 최근 3개 사업연도의 재무제표와 그 부속명세서,[2] ⑦ 업무개시 후 3개 사업연도의 사업계획서(추정재무제표를 포함함) 및 예상수지계산서, ⑧ 인력, 물적 설비 등의 현황을 확인할 수 있는 서류, ⑨ 인가신청일(인가업무 단위를 추가하기 위한 인가신청 또는 겸영금융투자업자의 인가신청의 경우에는 최근 사업연도말) 현재 발행주식총수의 1% 이상을 소유한 주주의 성명 또는 명칭과 그 소유주식수를 기재한 서류, ⑩ 대주주나 외국 금융투자업자가 법 제12조 제 2 항 제 6 호 각 목의 요건을 갖추었음을 확인할 수 있는 서류, ⑪ 이해상충방지체계를 갖추었는지를 확인할 수 있는 서류, ⑫ 기타 인가요건의 심사에 필요한 서류로서 금융위원회가 정하여 고시하는 서류를 첨부하여야 한다.

다만, 인가신청자의 부담을 완화시켜 주기 위하여 예비인가 신청을 한 경우에는 본인가 신청시 참조방식을 이용할 수 있도록 하였다. 즉, 금융투자업 인가를 받으려는 자가 예비인가를 신청한 경우로서 예비인가 신청시에 제출한 예비인가신청서 및 첨부서류의 내용이 변경되지 아니한 경우에는 그 부분을 적시하여 이를 참조하라는 뜻을 기재하는 방법으로 인가신청서의 기재사항 중 일부를 기재하지 아니하거나 그 첨부서류의 제출을 생략할 수 있다(법 시행령 17조 3항).

2. 금융위원회의 심사, 결정 및 통지

금융위원회는 인가신청서를 접수한 날로부터 3개월 이내에 금융투자업 인가여부를 결정하여야 한다. 적법절차의 요청에 따라서 신속한 절차의 진행을 위하여 금융위원회의 심사기간을 제한한 것이다. 금융위원회는 금융투자업 인가의 신청내용에 관한 사실 여부를 확인하고, 이해관계자 등으로부터 제시된 의견을 고려하여 신청내용이 인가요건을 충족하는지 여부를 심사한다. 금융투자업 인가의 신청내용을 확인하기 위하여 필요한 경우에는 이해관계자, 발기인 또는 임원과의 면담 등의 방법으로 실지조사를 할 수 있다. 또한 금융위원회는 금융투자업 인가의 신청이 있는 경우에는 이해관계자 등의 의견을 수렴하기 위하여 신청인, 신청일자, 신청내용, 의견제시의 방법 및 기간 등을 인터넷 홈페이

1) 법 시행령 제17조 제 1 항.
2) 설립 중인 법인은 제외하며, 설립일부터 3개 사업연도가 지나지 아니한 법인의 경우에는 설립일부터 최근 사업연도까지의 재무제표와 그 부속명세서를 말한다(법 시행령 17조 2항 6호).

지 등에 공고하여야 한다. 이렇게 접수된 의견 중 금융투자업 인가의 신청인에게 불리하다고 인정되는 의견에 대하여는 이를 금융투자업 인가의 신청인에게 통보하고, 기한을 정하여 소명하도록 할 수 있다. 금융투자업 인가가 금융시장에 중대한 영향을 미칠 우려가 있는 경우 등 필요하다고 인정되는 경우에는 금융위원회가 공청회를 개최할 수 있다(법 시행령 17조 9항).

금융위원회가 인가여부를 결정한 경우에는 그 결과와 이유를 지체 없이 신청인에게 문서로 통지한다. 인가신청서에 흠결이 있는 경우에는 그 보완을 요구할 수 있다. 인가신청서의 흠결 보완기간 등은 심사기간에 산입하지 않는다.[1)]

3. 조건부 인가

금융위원회는 금융투자업 인가를 하는 경우 경영의 건전성 확보 및 투자자 보호에 필요한 조건을 붙일 수 있다(법 13조 4항). 자본시장법에 따른 업무인가시 일부 증권회사·자산운용사 등에 대하여 업무범위를 제한하는 조건을 부가한 사례가 있다.[2)] 조건부 금융투자업 인가를 받은 자는 사정의 변경, 기타 정당한 사유가 있는 경우에 금융위원회에 조건의 취소 또는 변경을 신청할 수 있다. 이 경우 금융위원회는 2개월 이내에 조건의 취소 또는 변경 여부를 결정하고, 그 결과를 지체 없이 신청인에게 문서로 통지하여야 한다. 금융투자업 인가에 조건을 붙인 경우 금융위원회는 그 이행 여부를 확인하여야 한다(법 시행령 17조 11항). 한편, 금융투자업자가 이러한 인가조건을 위반한 경우에는 그에 대한 조치로서 금융위원회는 인가를 취소할 수 있다(법 420조 1항 2호).

법 제13조 제 4 항은 "조건"이라는 용어를 사용하고 있으나,[3)] 자본시장법이 부여하고 있는 조건부 인가의 효력을 살펴보면 행정법 이론에서 말하는 "부담"에 해당하는 것

---

1) 인가심사기간에 산입하지 않는 기간이란 다음의 기간을 말한다(규칙 2조).
   1. 법 제12조 제 2 항 각 호의 요건을 충족하는지를 확인하기 위하여 다른 기관 등으로부터 필요한 자료를 제공받는 데에 걸리는 기간
   2. 법 제13조 제 2 항 후단에 따라 인가신청서 흠결의 보완을 요구한 경우에는 그 보완기간
   3. 금융투자업인가를 받으려는 자의 대주주(법 12조 2항 6호 가목에 따른 대주주를 말한다. 이하 같다) 또는 법 제12조 제 2 항 제 1 호 나목에 따른 외국 금융투자업자(이하 "외국 금융투자업자"라 한다)를 상대로 형사소송 절차가 진행되고 있거나 금융위원회, 공정거래위원회, 국세청, 검찰청 또는 「금융위원회의 설치 등에 관한 법률」에 따른 금융감독원(이하 "금융감독원"이라 한다) 등(외국 금융투자업자인 경우에는 이들에 준하는 본국의 감독기관 등을 포함한다)에 의한 조사·검사 등의 절차가 진행되고 있고, 그 소송이나 조사·검사 등의 내용이 인가심사에 중대한 영향을 미칠 수 있다고 인정되는 경우에는 그 소송이나 조사·검사 등의 절차가 끝날 때까지의 기간

2) 예컨대, 증권사의 선물업(장내파생상품 투자매매·중개업) 인가시 국내 한정 조건으로 인가한 사례, 자산운용사가 자본시장법에 따른 재인가 당시 집합투자업 인가업무단위 중 일부 업무에 한정하여 영위하도록 조건(예: MMF 제외 등)을 부가한 경우 등이 있다.

3) 행정실무상 행정행위의 부관은 일반적으로 조건으로 통칭됨에 따라 당해 부관이 어떠한 종류의 부관인지를 판별하는 것이 항상 문제가 되어 왔다. 이러한 문제상황은 조건과 부담의 구별 문제에서 두드러진다(장태주, "행정행위 부관의 기능과 한계," 「법조」 제52권 제 5 호(2003. 5), 40-41쪽).

으로 보아야 할 것이다. 일반적으로 "조건"이란 행정행위의 효력을 그 발생이 불확실한 장래의 사실에 의존하게 하는 행정청의 의사표시를 말한다. 행정행위는 통지에 의하여 완전한 효력을 발생하는 것이 원칙이나, 조건이 부가되면 그 효과는 조건이 성취되기 전까지는 불안정한 상태에 놓이게 된다. 조건에는 그 성취에 의하여 행정행위의 효과가 비로소 발생하는 정지조건과, 행정행위의 효력이 상실되는 해제조건이 있다. 이에 비해 "부담"은 행정행위의 주된 내용에 부가하여 그 상대방에게 작위·부작위·급부·수인을 명하는 행정청의 의사표시이다.[1)]

부담은 법령 또는 실무상 조건이라고 보는 경우가 많으나 양자는 성질상 구별되어야 한다. 먼저 정지조건부 행정행위는 조건이 성취되기 전까지는 그 효력이 정지되고 있는 것이나, 부담부 행정행위는 처음부터 완전히 효력을 발생하고 다만 그와 관련하여 상대방에 일정한 의무가 부과되고 있을 따름이다. 다음으로 해제조건부 행정행위는 조건성취에 의하여 당연히 그 효력을 상실하는데 비하여, 부담부 행정행위는 상대방이 그 의무를 이행하지 않는 경우에도 당연히 그 효력이 상실되는 것은 아니고, 행정청이 그 의무불이행을 이유로 행정행위를 철회하거나 행정상 강제집행이나 제재를 과할 수 있을 따름이다.[2)]

따라서 자본시장법상의 "조건"이라는 용어가 행정법 이론에서 말하는 조건에 해당하려면 인가조건이 성취되기 전까지는 인가의 효력이 정지되거나, 아니면 조건의 성취에 의하여 당연히 인가의 효력이 상실되어야만 한다. 그러나 법 제420조 제 1 항 제 2 호나 금융투자업규정 제2-5조의 인가조건[3)]을 검토해보면, 인가시에 부과되는 조건은 인가의 효력 발생을 제한하지 않고 처음부터 효력이 발생하고 있다는 점에서 정지조건과 다르고, 또한 조건위반으로 인해 당연히 인가의 효력이 상실되는 것이 아니라 행정청인 금융위원회가 인가를 취소할 수 있는 가능성을 제공할 뿐이라는 점에서 해제조건과 다르기 때문에, 행정법 이론상의 부담에 해당한다고 판단하는 것이 타당하다고 본다.[4)]

---

1) 김동희, 전게서(2007), 297-298쪽; 장태주, 전게논문(2003. 5), 41쪽.

2) 김동희, 전게서(2007), 298쪽; 장태주, 전게논문(2003. 5), 42쪽.

3) 금융투자업규정 제2-5조(인가조건의 부과) 법 제13조 제 4 항에 따라 금융위원회가 부과할 수 있는 조건은 다음 각 호와 같다.

   1. 금융투자업 인가를 받은 금융투자업자의 최대주주 및 그의 특수관계인에 대하여 인가일로부터 3년을 초과하지 아니하는 범위 내에서의 지분의 유지 및 양도제한에 관한 사항. 다만, 다음 각 목의 어느 하나에 해당하는 경우를 제외한다.
      가. 최대주주의 지위의 변동을 초래하지 아니하는 자본금의 증액 또는 발행주식의 양도
      나. 법령에 따른 의무의 이행
      다. 그 밖에 금융위원회가 최대주주의 지위 또는 지분의 이전이나 양도의 적정성을 인정한 경우
   2. 제 1 호 외에 금융투자업자의 경영건전성 확보, 투자자 보호 등을 위하여 필요한 사항

4) 이러한 "조건"이라는 용어는 그 이외에도 자본시장법 제335조 제 1 항 제 2 호(증권금융회사), 제354조 제 1 항 제 1 호(종합금융회사), 제359조 제 1 항 제 2 호(자금중개회사), 제364조 제 1 항 제 2 호(단기금융회사), 제372조 제 1 항 제 2 호(금융투자관계단체) 등에서도 동일하게 사용되고 있음을 알 수 있다. 즉 인가나 허가시에 금융위원회가 일정한 조건을 붙일 수 있도록 하고 있으며, 또한 이러한 인가·허

4. 인가의 공고

금융위원회는 금융투자업 인가를 하거나 인가조건을 취소·변경한 경우 그 인가내용이나 인가조건 등을 관보 및 인터넷 홈페이지 등에 공고하여야 한다(법 13조 6항). 공고에 포함되어야 할 사항으로는 ① 금융투자업 인가의 내용, ② 금융투자업 인가의 조건(조건을 붙인 경우에 한함), ③ 금융투자업 인가의 조건을 취소하거나 변경한 경우 그 내용(조건을 취소하거나 변경한 경우에 한함)이 규정되어 있다.

5. 영업의 개시

금융투자업 인가를 받은 자는 그 인가를 받은 날부터 6개월 이내에 영업을 시작하여야 한다. 다만, 금융위원회가 그 기한을 따로 정하거나 그 기한의 연장을 승인한 경우에는 그 기한 이내에 그 인가받은 영업을 개시할 수 있다(법 시행령 17조 10항).

6. 하위규정에의 권한 위임

인가절차에 관련된 보다 구체적이고 세부적인 사항은 대통령령이나 금융위원회 고시로 정할 수 있도록 위임되어 있다. 즉, 자본시장법은 인가신청서 또는 조건의 취소·변경 신청서의 기재사항·첨부서류 등 인가신청 또는 조건의 취소·변경의 신청에 관한 사항과 심사의 방법·절차, 그 밖에 필요한 사항을 대통령령으로 정할 수 있도록 위임하였다(법 13조 7항). 그리고 법 시행령은 또 다시 금융투자업 인가의 신청과 심사, 인가신청서의 서식과 작성방법 등에 관하여 필요한 사항을 금융위원회 고시로 정할 수 있도록 위임하였다(법 시행령 17조 12항). 이에 따라 금융위원회는 금융투자업규정에 금융투자업 인가의 절차와 신청서(첨부서류 포함)에 대해 매우 상세한 규정을 두고 있다.[1)]

Ⅱ. 기존 금융투자업자의 인가 갱신 : 신고에 의한 인가특례

자본시장법 공포 후 1년이 경과한 날(2008년 8월 4일) 당시 법 제 6 조 제 1 항 각호에서 열거하는 투자매매업, 투자중개업, 집합투자업, 신탁업의 어느 하나에 상당하는 업을 영위하고 있는 자는 그 영위하고 있는 업무의 범위에서 법 제15조의 인가유지요건을 갖추어 자본시장법 공포 후 1년이 경과한 날부터 2개월 이내(2008년 10월 3일)에 금융위원회에 신고할 수 있다(법 부칙 5조 1항).

금융위원회는 신고를 받은 경우에는 신고인이 제15조의 인가유지요건을 갖추었는지

가조건을 위반한 경우에는 금융위원회가 인가나 허가를 취소할 수 있도록 하고 있다.

1) 금융투자업규정 별표 제 1 호, 별지 제 1 호, 제 2 호 참조.

를 확인하여 자본시장법 시행일 전일(2009년 2월 3일)까지 그 결과를 신고인에게 통보하여야 한다. 이 경우 제15조의 인가유지요건을 갖춘 것으로 통보받은 자는 자본시장법 시행일에 금융투자업 인가를 받은 것으로 간주한다(법 부칙 5조 2항). 신고인은 법 제15조의 인가유지요건을 갖추지 아니한 것으로 통보받은 경우에도 법 제11조에 불구하고 이 법 시행 후 6개월(2009년 8월 3일)까지는 종전에 영위하고 있는 업무를 영위할 수 있다. 이 경우 그 업무를 영위하는 범위에서 이 법에 의한 금융투자업자로 간주한다(법 부칙 5조 3항).

법 제15조의 인가유지요건을 갖추지 아니한 것으로 통보받은 신고인은 자본시장법 시행일부터 3개월 이내(2009년 5월 3일)에 그 요건을 갖추어 금융위원회에 다시 신고할 수 있다(법 부칙 5조 4항). 재신고를 받은 경우 금융위원회는 신고인이 법 제15조의 인가유지요건을 갖추었는지를 확인하여 자본시장법 시행일부터 6개월 이내(2009년 8월 3일)에 그 결과를 신고인에게 통보하여야 한다(법 부칙 5조 5항).

제14조(예비인가)

① 제12조에 따른 금융투자업인가(이하 이 조에서 "본인가"라 한다)를 받으려는 자는 미리 금융위원회에 예비인가를 신청할 수 있다.

② 금융위원회는 예비인가를 신청받은 경우에는 2개월 이내에 제12조 제 2 항 각 호의 요건을 갖출 수 있는지 여부를 심사하여 예비인가 여부를 결정하고, 그 결과와 이유를 지체 없이 신청인에게 문서로 통지하여야 한다. 이 경우 예비인가신청에 관하여 흠결이 있는 때에는 보완을 요구할 수 있다.

③ 제 2 항의 심사기간을 산정함에 있어서 예비인가신청과 관련된 흠결의 보완기간 등 총리령으로 정하는 기간은 심사기간에 산입하지 아니한다.

④ 금융위원회는 제 2 항에 따라 예비인가를 하는 경우에는 경영의 건전성 확보 및 투자자 보호에 필요한 조건을 붙일 수 있다.

⑤ 금융위원회는 예비인가를 받은 자가 본인가를 신청하는 경우에는 제 4 항에 따른 예비인가의 조건을 이행하였는지 여부와 제12조 제 2 항 각 호의 요건을 갖추었는지 여부를 확인한 후 본인가 여부를 결정하여야 한다.

⑥ 제 1 항부터 제 5 항까지의 규정에 따른 예비인가의 신청서 및 그 기재사항·첨부서류 등 예비인가의 신청에 관한 사항과 예비인가심사의 방법·절차, 그 밖에 예비인가에 관하여 필요한 사항은 대통령령으로 정한다.

시행령 **제18조**(예비인가) ① 법 제14조 제 1 항에 따라 예비인가를 신청하려는 자는 제17조 제 1 항 각 호의 사항을 기재한 예비인가신청서를 금융위원회에 제출하여야 한다.

② 제 1 항에 따른 예비인가신청서에는 다음 각 호의 서류를 첨부하여야 한다.

1. 정관이나 정관안(이에 준하는 것을 포함한다)
2. 발기인총회, 창립주주총회 또는 이사회의 의사록 등 설립이나 인가신청의 의사결정을 증명하는 서류

3. 임원(임원으로 선임이 예정된 자를 포함한다)의 이력서와 경력증명서
4. 인가업무 단위의 종류와 업무방법을 기재한 서류
5. 최근 3개 사업연도의 재무제표와 그 부속명세서(설립 중인 법인은 제외하며, 설립일부터 3개 사업연도가 지나지 아니한 법인의 경우에는 설립일부터 최근 사업연도까지의 재무제표와 그 부속명세서를 말한다)
6. 업무개시 후 3개 사업연도의 사업계획서(추정재무제표를 포함한다) 및 예상수지계산서
7. 인력, 물적 설비 등(채용, 구매 등이 예정된 인력, 물적 설비 등을 포함한다)의 현황을 확인할 수 있는 서류
8. 예비인가신청일(인가업무 단위를 추가하기 위한 예비인가신청 또는 겸영금융투자업자의 예비인가신청인 경우에는 최근 사업연도말) 현재 발행주식총수의 100분의 1 이상을 소유한 주주의 성명이나 명칭과 그 소유주식수를 기재한 서류
9. 대주주나 외국 금융투자업자가 법 제12조 제2항 제6호 각 목의 요건을 갖추었음을 확인할 수 있는 서류
10. 이해상충방지체계를 갖추었거나 갖출 수 있는지를 확인할 수 있는 서류
11. 그 밖에 예비인가요건의 심사에 필요한 서류로서 금융위원회가 정하여 고시하는 서류

③ 법 제14조 제1항에 따라 신청된 예비인가의 심사 방법 및 절차에 관하여서는 제17조 제4항부터 제9항까지의 규정을 준용한다. 이 경우 "금융투자업인가"는 "예비인가"로 본다.

④ 법 제14조 제2항에 따라 예비인가를 받은 자는 예비인가를 받은 날부터 6개월 이내에 예비인가의 내용 및 조건을 이행한 후 법 제12조에 따른 금융투자업인가(이하 이 항에서 "본인가"라 한다)를 신청하여야 한다. 다만, 금융위원회가 예비인가 당시 본인가 신청기한을 따로 정하였거나, 예비인가 후 예비인가를 받은 자의 신청을 받아 본인가 신청기한을 연장한 경우에는 그 기한 이내에 본인가를 신청할 수 있다.

⑤ 제1항부터 제4항까지에서 규정한 사항 외에 예비인가의 신청과 심사, 예비인가신청서의 서식과 작성방법 등에 관하여 필요한 사항은 금융위원회가 정하여 고시한다.

Ⅰ. 예비인가 제도의 도입

금융투자업의 인가는 본인가와 예비인가로 구분된다. 본인가를 받으려는 자는 미리 예비인가를 신청할 수 있다. 법 제14조 제1항에 따르면 금융투자업 인가를 받으려는 자는 예비인가를 "신청할 수 있다"고 하여 예비인가 절차를 임의적 내지 선택적인 절차로 규정하고 있다. 즉 금융투자업을 영위하려는 자가 반드시 예비인가 절차를 거쳐야 하는 것은 아니며, 본인의 선택에 의하여 예비인가 절차를 거치지 않고 곧바로 본인가를 신청할 수 있는 것으로 하였다.

이에 비해 기존 금융위원회의 금융투자업규정 제2-3조(본인가 특례)에 의하면 일정한 경우에 한하여 예외적으로만 예비인가 신청없이 본인가를 신청할 수 있도록 함으로써, 상위법인 자본시장법과는 달리 인가는 원칙적으로 예비인가 절차를 거쳐서 본인가 절차로 이행되는 것으로 하였었다.[1)] 그러나 2009년 2월 4일에 개정된 금융투자업규정에서는

1) 개정 전 금융투자업규정 제2-3조(본인가 특례) 신청인이 다음 각 호의 어느 하나에 해당하는 경우에는 금융투자업의 예비인가를 신청하지 아니하고 본인가를 신청할 수 있다.
1. 본인가 신청시 인가요건을 전부 갖추고 있는 경우

예비인가를 임의적 절차로 규정한 자본시장법의 취지에 맞도록 제2-3조를 삭제하였다.

Ⅱ. 예비인가 절차

예비인가를 받으려는 자는 예비인가신청서를 금융위원회에 제출하여야 한다. 예비인가신청서에는 법 시행령 제18조 제 2 항에서 정하는 서류들을 첨부하여야 한다.[1] 예비인가가 신청된 경우에 금융위원회는 2개월 이내에 인가요건을 갖출 수 있는지 여부를 심사하여 예비인가 여부를 결정한다. 본인가 심사의 방법 및 절차에 적용되는 법인등기부등본 확인, 사실여부 확인, 실지조사, 이해관계자의 의견수렴을 위한 인터넷 홈페이지 공고, 소명기회 부여, 공청회 개최 등과 같은 사항은 예비인가 심사의 방법 및 절차에 관해서도 준용된다(법 시행령 18조 3항). 예비인가 여부의 결과와 이유는 지체 없이 신청인에게 문서로 통지한다. 예비인가신청에 흠결이 있는 경우에도 본인가신청에 있어서와 마찬가지로 흠결의 보완을 요청할 수 있다.

2개월의 예비인가 심사기간을 산정하는 경우 흠결의 보완기간 등 총리령으로 정하는 기간[2]은 심사기간에 산입하지 않는다. 예비인가시에 금융위원회는 경영의 건전성 확보 및 투자자 보호에 필요한 조건을 붙일 수 있다.

---

2. 금융산업의 구조조정을 위하여 신속한 합병·전환·영업양수도가 필요한 경우
3. 그 밖에 금융산업의 신용질서 유지 또는 투자자보호를 위하여 신속한 인가가 필요한 경우

1) 1. 정관 또는 정관안(이에 준하는 것을 포함)
2. 발기인총회, 창립주주총회 또는 이사회의 의사록 등 설립 또는 인가신청의 의사결정을 증명하는 서류
3. 임원(임원으로 선임이 예정된 자를 포함)의 이력서 및 경력증명서
4. 인가업무 단위의 종류와 업무방법을 기재한 서류
5. 최근 3개 사업연도의 재무제표와 그 부속명세서(설립 중인 법인을 제외)
6. 업무개시 후 3개 사업연도의 사업계획서(추정재무제표를 포함) 및 예상수지계산서
7. 인력, 물적 설비 등(채용, 구매 등이 예정된 인력, 물적 설비 등을 포함)의 현황을 확인할 수 있는 서류
8. 예비인가신청일 현재 발행주식총수의 1% 이상을 소유한 주주의 성명 또는 명칭과 그 소유주식수를 기재한 서류
9. 대주주나 외국 금융투자업자가 법 제12조 제 2 항 제 6 호 각 목의 요건을 갖추었음을 확인할 수 있는 서류
10. 이해상충방지체계를 갖추었는지를 확인할 수 있는 서류
11. 그 밖에 예비인가요건의 심사에 필요한 서류로서 금융위원회가 정하여 고시하는 서류

2) 예비인가심사기간에 산입하지 않는 기간이란 다음의 기간을 말한다(규칙 3조).
1. 법 제12조 제 2 항 각 호의 요건을 충족하는지를 확인하기 위하여 다른 기관 등으로부터 필요한 자료를 제공받는 데에 걸리는 기간
2. 법 제14조 제 2 항 후단에 따른 예비인가신청서 흠결의 보완을 요구한 경우에는 그 보완기간
3. 예비인가를 받으려는 자의 대주주 또는 외국 금융투자업자를 상대로 형사소송 절차가 진행되고 있거나 금융위원회, 공정거래위원회, 국세청, 검찰청 또는 금융감독원 등(외국 금융투자업자인 경우에는 이들에 준하는 본국의 감독기관 등을 포함)에 의한 조사·검사 등의 절차가 진행되고 있고, 그 소송이나 조사·검사 등의 내용이 예비인가심사에 중대한 영향을 미칠 수 있다고 인정되는 경우에는 그 소송이나 조사·검사 등의 절차가 끝날 때까지의 기간

예비인가를 받은 자가 본인가를 신청하는 경우에는 예비인가의 조건을 이행하였는지 여부와 본인가 요건을 갖추었는지 여부를 확인한 후 본인가 여부를 결정하여야 한다. 예비인가를 받은 자는 예비인가를 받은 날부터 6개월 이내에 예비인가의 내용 및 조건을 이행한 후 본인가를 신청하여야 한다. 다만, 금융위원회의 예비인가 당시 본인가 신청기한을 따로 정하였거나, 예비인가 후 본인가 신청기한의 연장에 대해 금융위원회의 승인을 받은 경우에는 그 기한 이내에 본인가를 신청할 수 있다. 그 밖에 예비인가의 신청 및 심사, 예비인가신청서의 서식 및 작성방법 등에 관하여 필요한 사항은 금융위원회가

[(예비)인가절차 흐름도]

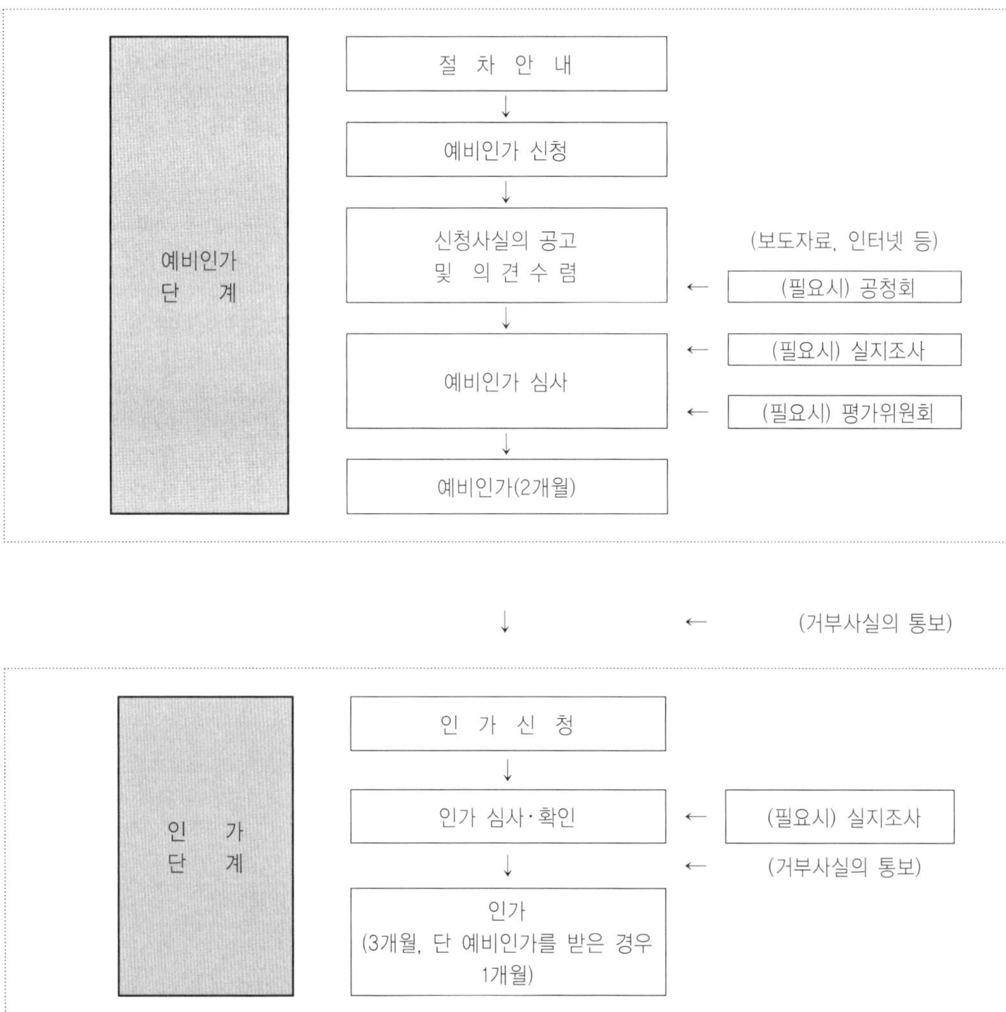

자료 : 금융투자업규정 [별표 1]

정하여 고시한다.

거짓이나 기타 부정한 방법으로 예비인가를 받은 경우에는 금융투자업자 및 그 임직원에 대한 처분 및 업무 위탁계약 취소·변경 명령의 사유가 된다(법 [별표 1] 2호).

제15조(인가요건의 유지)

금융투자업자는 제12조에 따른 금융투자업인가를 받아 그 영업을 영위함에 있어서 제12조 제2항 각 호의 인가요건(같은 조 같은 항 제6호의 2를 제외하며, 같은 조 같은 항 제2호 및 제6호의 경우에는 대통령령으로 정하는 완화된 요건을 말한다)을 유지하여야 한다.

시행령 제19조(인가유지요건의 완화) ① 법 제15조에서 "대통령령으로 정하는 완화된 요건"이란 다음 각 호와 같다.

1. 법 제12조 제2항 제2호의 경우 : 별표 1에 따른 해당 인가업무 단위별 최저자기자본의 100분의 70 이상을 유지할 것. 이 경우 유지요건은 매 회계연도말을 기준으로 적용하며, 특정 회계연도말을 기준으로 유지요건에 미달한 금융투자업자는 다음 회계연도말까지는 그 유지요건에 적합한 것으로 본다.
2. 법 제12조 제2항 제6호의 경우 : 다음 각 목의 구분에 따른 요건을 유지할 것
   가. 대주주가 별표 2 제1호부터 제3호까지의 어느 하나에 해당하는 자인 경우 같은 표 제1호 마목 1)·3)에 한하여 그 요건을 유지할 것. 이 경우 같은 표 제1호 마목 1) 중 "최근 5년간"은 "최대주주가 최근 5년간"으로, "벌금형"은 "5억원의 벌금형"으로 본다.
   나. 대주주가 별표 2 제4호 또는 제5호 라목에 해당하는 자인 경우에는 같은 표 제1호 마목 1)·3) 및 제4호 라목에 한하여 그 요건을 유지할 것. 이 경우 같은 표 제1호 마목 1) 중 "최근 5년간"은 "최대주주가 최근 5년간"으로, "벌금형"은 "5억원의 벌금형"으로 하고, 같은 표 제4호 라목 중 "최근 3년간"은 "최대주주가 최근 3년간"으로, "본국의 감독기관으로부터 법인경고 이상에 상당하는 행정처분을 받거나 벌금형 이상에 상당하는 형사처벌을 받은 사실"은 "본국의 사법기관으로부터 5억원의 벌금형을 받은 사실"로 본다.
   다. 대주주가 별표 2 제5호(라목은 제외한다)에 해당하는 자인 경우에는 같은 표 제1호 마목 1)·3)에 한하여 그 요건을 유지할 것. 이 경우 같은 표 제1호 마목 1) 중 "최근 5년간"은 "최대주주가 최근 5년간"으로, "벌금형"은 "5억원의 벌금형"으로 본다.
   라. 법 제12조 제2항 제6호 나목에 따른 외국 금융투자업자인 경우에는 이 호 나목의 요건에 한하여 그 요건을 유지할 것. 이 경우 "최대주주"는 각각 "외국 금융투자업자"로 본다.

② 금융위원회는 제16조 제6항 각 호의 어느 하나에 해당하는 경우에는 제1항 제2호 각 목의 요건을 완화하여 고시할 수 있다.

Ⅰ. 인가요건의 유지

금융투자업자에 대한 진입시의 인가요건은 진입 이후에도 유지요건으로 존속된다. 자본시장법은 원칙적으로 진입단계에서 요구하였던 진입요건을 진입 이후에도 계속적으로 충족해야 하는 유지요건으로 규정하여, 진입시의 적격성이 진입 이후에도 지속되도록 요

구하고 있다. 다만 예외적으로 일부 요건은 완화하여 적용한다. 이는 결과적으로 유지요건보다는 진입요건이 엄격하다는 의미가 된다. 자본시장법은 제15조에서 금융투자업 인가를 받아 영업을 영위함에 있어서는 인가요건을 유지하도록 하되, 자기자본 요건이나 대주주나 외국 금융투자업자 요건에 대해서만큼은 대통령령으로 정하는 바에 따라 완화된 요건을 적용한다(법 15조). 이에 따라 법 시행령은 금융투자업자에 대해 인가·등록시 자기자본의 70% 수준과 적정한 대주주의 사회적 신용을 유지하도록 규정하였다[1](법 시행령 19조 1항).

Ⅱ. 인가요건의 완화 내용

자기자본의 경우 인가시 인가업무 단위별 최저자기자본의 70% 수준을 유지하도록 완화하였다.[2] 유지요건의 충족 여부는 매 회계연도말을 기준으로 하며, 특정 회계연도말을 기준으로 유지요건에 미달한 금융투자업자이더라도 다음 회계연도말까지는 그 유지요건에 적합한 것으로 간주한다(법 시행령 19조 1항 1호). 예를 들어, 일반투자자를 대상으로 증권에 대한 투자매매업(인수포함)을 인가업무단위로 하려는 경우에는 인가 시점에서 최저자기자본이 500억원 이상이어야 하지만, 인가 이후의 시점에서는 인가시 최저자기자본의 70%에 해당하는 350억원 이상이면 인가요건은 계속 유지된다. 또한 설령 특정 회계연도말(예를 들어 2010년 3월말)에 자기자본이 유지요건에도 미달하는 250억원이 되더라도 이로 인해 곧바로 인가취소 대상으로 되는 것이 아니라 다음 회계연도말(2011년 3월말)까지는 일응 유지요건을 충족하는 것으로 간주하며, 다음 회계연도말 이후(2011년 4월 1일 이후)에도 자기자본이 350억원에 미달하게 되는 경우에 비로소 금융투자업인가의 취소대상이 된다(법 420조 1항 3호). 이는 자본유지요건의 충족여부는 1년에 1회 평가하되 이에 미달하더라도 1년간은 유예기간을 부여한다는 의미이다.

한편, 대주주의 유지요건의 경우 대주주의 재무건전성 요건은 출자 이후인 점을 감안하여 적용이 배제되고, 보다 완화된 출자능력요건과 사회적 신용요건만 적용된다. 원래 대주주의 인가요건을 보면, 출자능력 요건으로서 자기자본요건과 출자금요건이, 재무건전성 요건으로 부채비율(비금융기관) 혹은 재무건전성기준(금융기관)이, 그리고 사회적 신용요건으로서 부실금융기관의 대주주가 아니고 벌금형(최대주주와 특수관계인에 적용) 이상이 없을 것이 요구된다. 그러나 대주주의 인가유지요건의 경우에는 재무건전성 요건은 적용

1) 금융위원회, 전게 설명자료(2008. 4), 20쪽.
2) 법 시행령 부칙 제12조는 이미 외국 금융투자업자가 투자매매업을 영위하고 있는 경우에는 원칙적으로 최저자기자본의 70%를 요구하는 유지요건을 더욱 완화하여 최저자기자본의 50%로 하였다. 즉 외국 금융투자업자, 은행법에 따른 외국금융기관 또는 보험업법에 따른 외국보험회사의 지점, 기타 영업소가 자본시장법 공포 후 1년이 경과한 날 당시 투자매매업에 상당하는 업을 하고 있는 경우에는 최저자기자본 유지요건을 70%에서 50%로 완화하고 있다.

되지 않고, 사회적 신용요건과 출자능력요건[1]만 보다 완화하여 제한적으로 적용된다.[2]

제16조(업무의 추가 및 인가의 변경)

① 금융투자업자는 제12조에 따라 인가받은 인가업무 단위 외에 다른 인가업무 단위를 추가하여 금융투자업을 영위하려는 경우에는 제12조 및 제13조에 따라 금융위원회의 변경인가를 받아야 한다. 이 경우 제14조를 적용한다.

② 삭제

Ⅰ. 업무의 추가 및 인가의 변경

금융투자업자는 금융투자업의 진입단계에서도 다양한 업무단위를 선택할 수 있지만, 인가 이후에도 필요한 업무단위를 추가로 자유롭게 선택할 수 있다. 이미 인가받은 업무 이외에 다른 업무를 추가하려는 경우에는 금융위원회의 변경인가를 받아야 한다. 새로운 인가업무 단위를 추가하려는 경우에는 이를 위해 새로운 인가를 받을 필요는 없고, 단지 이미 받은 인가를 변경하는 절차를 밟으면 족하다(법 16조 1항 1문). 이미 인가받은 인가업무 단위 이외에 다른 인가업무 단위를 새로 추가하기 위해 변경인가를 신청하는 경우에도 진입시에 허용되었던 예비인가제도가 적용된다(법 16조 1항 2문). 원래 자본시장법 제정 당시에는 이미 인가받은 인가업무 단위 이외에 다른 업무단위를 추가하기 위한 변경인가 시에는 예비인가제도를 적용하지 않았었다. 그 결과 다른 업무단위를 추가하여 금융투자업을 경영하기 위하여 변경인가를 신청하는 경우 변경인가에 필요한 인력, 물적 설비 등을 인가 신청시에 모두 갖추어야 하는 부담이 초래되고 만약에 변경인가를 받지 못하게 될 경우에는 손실을 입을 수밖에 없다는 현실적인 문제점이 지적되었다. 2009년 2월 3일 개정된 자본시장법은 금융투자업자가 변경인가를 신청하는 때에도 예비인가제도를 적용하도록 수정하였다.

한편, 제정 당시의 자본시장법은 변경인가시에는 대주주의 적격성 요건에 대해 진입요건보다 완화된 유지요건을 적용하였었다(개정 전 법 16조 2항 참조). 그러나 2009년 2월 3일 개정에서는 다른 업무단위를 추가하기 위한 변경인가시에도 최초 인가와 동일한 대주

1) 출자금은 차입하여 조성된 자금이 아니어야 한다(법 시행령 [별표 2] 1호 라목).

2) 출자능력요건과 사회적 신용요건이 완화된 구체적 내용은 법 시행령 제19조 제1항 제2호 및 [별표 2] 참조.

주의 적격성요건을 적용하도록 수정하였다. 이에 따라 새로 추가하려는 인가업무를 수행하기 위해 필요한 자기자본뿐만 아니라 대주주의 적격성에 대해서도 진입요건이 적용됨을 주의할 필요가 있다.

Ⅱ. 기존 금융투자업자의 업무단위 추가에 대한 인가 및 등록의 특례

자본시장법은 특별히 기존 금융투자업자를 위하여 종래에 영위하고 있던 금융투자업에다 새로운 업무단위를 추가하여 인가 또는 등록을 신청할 수 있는 특례를 마련하였다. 자본시장법 공포 후 1년이 경과한 날(2008년 8월 4일) 당시 법 제6조 제1항에서 규정하고 있는 금융투자업의 어느 하나에 상당하는 업을 영위하고 있는 자는 그 영위하고 있는 업무에 인가업무 단위 또는 등록업무 단위를 새로 추가할 수 있었다. 이 경우 자본시장법 공포 후 1년이 경과한 날부터 2개월(2008년 10월 3일) 이내에 종전에 영위하고 있는 업무와 새로 추가하고자 하는 업무 단위를 종합하여 금융투자업 인가 또는 금융투자업 등록을 신청하도록 규정하였다(법 부칙 6조 1항).

금융위원회는 추가 인가·등록의 신청을 받은 경우에는 그 내용을 심사하여 자본시장법 시행일 전일(2009년 2월 3일)까지 그 결과를 신청인에게 통보하여야 하며, 이 경우 인가의 요건과 신청·심사 등에 관하여는 법 제12조 및 제13조를 준용하고, 등록의 요건과 신청·검토에 관하여는 법 제18조 및 제19조를 준용하도록 하였다. 다만, 종전에 영위하고 있는 업무의 인가요건과 등록요건에 관하여는 각각의 유지요건을 준용한다. 그 결과 동일한 기회에 신청을 하더라도 기존에 영위하고 있던 금융투자업에 대해서는 유지요건(인가·등록유지요건)이 적용되는데 비해, 새로 추가되는 금융투자업에 대해서는 진입요건(인가·등록요건)이 적용되었다.

인가 또는 등록을 신청한 자는 인가 또는 등록이 거부된 경우에도 법 제11조 및 제17조에 불구하고 자본시장법 시행 후 6개월(2009년 8월 3일)까지는 종전에 영위하고 있는 업무를 영위할 수 있었고, 이 경우 그 업무를 영위하는 범위 내에서 자본시장법에 의한 금융투자업자로 보았다.

결과를 통보받은 신청인 중 인가 또는 등록이 거부된 자는 자본시장법 시행일부터 3개월(2009년 5월 3일) 이내에 법 부칙 제6조 제2항의 요건을 갖추어 금융위원회에 다시 인가 또는 등록을 신청할 수 있었다. 이 경우 금융위원회는 인가·등록요건을 갖추었는지를 심사 또는 검토하여 자본시장법 시행일부터 6개월(2009년 8월 3일) 이내에 그 결과를 신청인에게 통보하도록 규정되었다.

[초판: 정윤모, 개정판: 김동명]

제 2 절 등록요건 및 절차

제17조(미등록 영업행위의 금지)

누구든지 이 법에 따른 금융투자업등록(변경등록을 포함한다)을 하지 아니하고는 투자자문업 또는 투자일임업을 영위하여서는 아니 된다.

Ⅰ. 미등록 영업 행위의 금지	Ⅲ. 등록 취소
Ⅱ. 위반 시 제재	

Ⅰ. 미등록 영업 행위의 금지

자본시장법은 금융위원회에 등록해야 하는 업무를 규정하고 그러한 등록(변경 등록을 포함한다)을 하지 않고 해당하는 업무를 영위하는 경우에 벌칙을 가하고 있다(법 17조, 445조 1호). 자본시장법상 등록 대상인 업무는 금융투자업 중 투자자문업과 투자일임업에 해당한다(법 17조). 즉 투자자문업이나 투자일임업을 영위하려면 자본시장법령이 정한 일정한 요건을 갖추어서 금융위원회에 등록해야 한다.

등록제는 인가제보다는 완화된 진입규제라고 할 수 있다. 즉 등록제는 다른 진입규제 방식인 허가제나 인가제와 비교하여 감독당국의 재량적 판단 여지가 적어 투명성이 높게 되는 진입규제 방식이 되는 것이다. 다만, 등록요건을 명확하게 규정하지 않거나 감독당국이 등록 요건을 '사실상' 심사하는 경우에 허가제나 인가제와 유사하게 운영될 가능성도 있다. 이런 점에서 등록 요건의 명확성이 요구되고, 감독당국도 원래의 등록제 취지에 맞게 운영할 필요가 있다.

자본시장법이 6개의 금융투자업 중 투자자문업과 투자일임업에 한해서만 등록제를 취한 이유는 다른 금융투자업, 즉 투자매매업·투자중개업·집합투자업·신탁업과 달리 고객인 투자자와 직접적인 채권·채무 관계를 가지고 있지 않거나 투자자의 자산을 수탁하지 않는 금융투자업이기 때문이다.[1)]

한편 자본시장법이 미등록 영업 행위를 금지하는 이유는 자본시장법의 제정 목적에 맞게 고객인 투자자를 보호하고 금융투자업을 건전하게 육성하기 위한 것이다(법 1조 참조).

---

1) 임재연, 「자본시장법」, 박영사, 2013, 114쪽. 투자매매업은 고객과 직접 채권·채무 관계를 갖게 되는 업무이나, 투자중개업·집합투자업·신탁업은 고객의 자산을 별도의 안전한 방식으로 수탁하는 업무이다(변제호/홍성기/김종훈/엄세용/김유석, 「자본시장법」, 지원출판사, 2009, 113쪽).

Ⅱ. 위반 시 제재

등록을 하지 않고 영업 행위를 한 경우에는 징역이나 벌금 등 형사 처벌이 부과된다. 이는 등록제의 실효성을 확보하기 위함이다. 즉 법 제17조를 위반하여 금융투자업 등록(변경 등록을 포함)을 하지 않고 투자자문업이나 투자일임업을 영위한 자에 대해서는 3년 이하의 징역이나 1억원 이하의 벌금에 처한다(법 445조 1호). 그리고 제17조를 위반하여 등록(변경 등록을 포함)을 하지 아니하고 투자자문업이나 투자일임업을 영위한 경우에는 해당 "금융투자업자 및 그 임직원에 대한 처분과 업무 위탁 계약 취소·변경 명령의 사유"가 된다(법 [별표 1] 3호). 또한 "거짓이나 기타 부정한 방법"으로 투자자문업이나 투자일일업 등록(변경 등록을 포함한다)을 한 자에 대해서도 3년 이하의 징역이나 1억원 이하의 벌금에 처한다(법 445조 2호).

Ⅲ. 등록 취소

자본시장법은 등록 취소에 관하여도 규정하고 있다. 즉 금융위원회는 금융투자업자가 "거짓, 기타 부정한 방법"으로 투자자문업이나 투자일임업을 등록한 경우나 등록 요건의 유지 의무를 위반한 경우에는 그러한 금융투자업 등록을 취소할 수 있다(법 420조 1항 1호 및 3호). 특히 금융투자업자(겸영금융투자업자는 제외)가 그 업무에 관련된 금융투자업 인가와 등록이 모두 취소된 경우에는 해당 금융투자업자는 해산하게 된다(법 420조 2항).

외국 금융투자업자에게 해산이나 파산 등의 사유[1]가 발생한 때에는 금융위원회는 당해 외국 금융투자업자의 국내 지점이나 영업소에 대해 해당 투자자문업이나 투자일임업 등록을 취소할 수 있다(법 421조 1항). 역외투자자문업자(즉 외국 투자자문업자가 외국에서 국내 거주자를 상대로 직접 영업을 하거나 통신수단을 이용하여 투자자문업을 영위하는 자)(법 18조 2항 1호)나 역외투자일임업자(즉 외국 투자일임업자가 외국에서 국내 거주자를 상대로 직접 영업을 하거나 통신수단을 이용하여 투자일임업을 영위하는 자)(법 18조 2항 1호)의 등록 취소에 관해서도 마찬가지로 적용된다(법 421조 4항). 그리고 외국 금융투자업자의 지점, 그 밖의 영업소는 그 업무에 관련된 인가와 등록이 모두 취소된 경우에는 지체 없이 청산하여야 한다(법 421조 3항).

---

1) 그 밖의 등록취소 사유에는 외국 금융투자업자의 "합병 또는 영업의 양도 등으로 인한 소멸, 국내지점이나 그 밖의 영업소가 영위하는 금융투자업에 상당하는 영업의 폐지 또는 등록의 취소, 국내지점이나 그 밖의 영업소가 영위하는 금융투자업에 상당하는 영업의 중지 또는 정지, 외국 법령을 위반한 경우(국내지점이나 그 밖의 영업소가 이로 인해 영업 수행이 곤란하다고 인정되는 경우에 한함)"가 있다(법 421조 1항). 외국 금융투자업자의 국내 지점이나 영업소는 이러한 사실이 발생한 경우에 지체 없이 그 사실을 금융위원회에 보고하여야 한다(법 421조 2항).

제18조(투자자문업 또는 투자일임업의 등록)

① 투자자문업 또는 투자일임업을 영위하려는 자는 다음 각 호의 사항을 구성요소로 하여 대통령령으로 정하는 업무 단위(이하 "등록업무 단위"라 한다)의 전부나 일부를 선택하여 금융위원회에 하나의 금융투자업등록을 하여야 한다.

1. 투자자문업 또는 투자일임업
2. 금융투자상품등의 범위(증권, 장내파생상품, 장외파생상품 및 그 밖에 대통령령으로 정하는 투자대상자산을 말한다)
3. 투자자의 유형

② 제 1 항에 따라 금융투자업등록을 하려는 자는 다음 각 호의 요건을 모두 갖추어야 한다.

1. 다음 각 목의 어느 하나에 해당하는 자일 것. 다만, 외국 투자자문업자(외국 법령에 따라 외국에서 투자자문업에 상당하는 영업을 영위하는 자를 말한다. 이하 같다) 또는 외국 투자일임업자(외국 법령에 따라 외국에서 투자일임업에 상당하는 영업을 영위하는 자를 말한다. 이하 같다)가 외국에서 국내 거주자를 상대로 직접 영업을 하거나 통신수단을 이용하여 투자자문업 또는 투자일임업을 영위하는 경우에는 적용하지 아니한다.
   가. 「상법」에 따른 주식회사이거나 대통령령으로 정하는 금융기관
   나. 외국 투자자문업자로서 투자자문업의 수행에 필요한 지점, 그 밖의 영업소를 설치한 자
   다. 외국 투자일임업자로서 투자일임업의 수행에 필요한 지점, 그 밖의 영업소를 설치한 자
2. 등록업무 단위별로 1억원 이상으로서 대통령령으로 정하는 금액 이상의 자기자본을 갖출 것
3. 다음 각 목의 구분에 따른 투자권유자문인력(제286조 제 1 항 제 3 호 가목에 따른 투자권유자문인력을 말한다. 이하 같다) 또는 투자운용인력(제286조 제 1 항 제 3 호 다목에 따른 투자운용인력을 말한다. 이하 같다)을 갖출 것. 이 경우 제 1 호 각 목 외의 부분 단서에 규정된 자가 해당 국가에서 투자권유자문인력 또는 투자운용인력에 상당하는 자를 다음 각 목의 수 이상 확보하고 있는 때에는 해당 요건을 갖춘 것으로 본다.
   가. 투자자문업의 경우에는 투자권유자문인력을 대통령령으로 정하는 수 이상 갖출 것
   나. 투자일임업의 경우에는 투자운용인력을 대통령령으로 정하는 수 이상 갖출 것
4. 임원이 제24조에 적합할 것
5. 대주주나 외국 투자자문업자 또는 외국 투자일임업자가 다음 각 목의 구분에 따른 요건을 갖출 것
   가. 제 1 호 가목의 경우 대주주(제12조 제 2 항 제 6 호가 목의 대주주를 말한다)가 대통령령으로 정하는 사회적 신용을 갖출 것
   나. 제 1 호 각 목 외의 부분 단서 및 같은 호 나목·다목의 경우 외국 투자자문업자 또는 외국 투자일임업자가 대통령령으로 정하는 사회적 신용을 갖출 것

5의2. 대통령령으로 정하는 건전한 재무상태와 사회적 신용을 갖출 것

6. 금융투자업자와 투자자 간, 특정 투자자와 다른 투자자 간의 이해상충을 방지하기 위한 체계로서 대통령령으로 정하는 요건을 갖출 것

시행령 제**20**조(등록업무 단위)
① 법 제18조 제1항 각 호 외의 부분에서 "대통령령으로 정하는 업무 단위"란 별표 3과 같다.
② 법 제18조 제1항 제2호에서 "대통령령으로 정하는 투자대상자산"이란 제6조의2 각 호의 자산을 말한다.

제**6**조의2(투자자문업의 투자대상자산) 법 제6조 제6항에서 "대통령령으로 정하는 투자대상자산"이란 다음 각 호의 자산을 말한다.
1. 부동산
2. 지상권·지역권·전세권·임차권·분양권 등 부동산 관련 권리
3. 제106조 제2항 각 호의 금융기관에의 예치금

제**21**조(등록의 요건 등) ① 법 제18조 제2항 제1호 가목에서 "대통령령으로 정하는 금융기관"이란 다음 각 호의 어느 하나에 해당하는 금융기관을 말한다.
1. 「한국산업은행법」에 따른 한국산업은행
2. 「중소기업은행법」에 따른 중소기업은행
3. 「한국수출입은행법」에 따른 한국수출입은행
4. 「농업협동조합법」에 따른 농업협동조합중앙회
5. 「수산업협동조합법」에 따른 수산업협동조합중앙회
6. 그 밖에 투자자 보호 및 건전한 금융거래질서를 해칠 염려가 없는 경우로서 금융위원회가 정하여 고시하는 금융기관

② 법 제18조 제2항 제2호에서 "대통령령으로 정하는 금액"이란 별표 3과 같다.
③ 법 제18조 제2항 제3호 가목에서 "대통령령으로 정하는 수"란 상근 임직원 1인을 말한다. 다만, 종합금융회사(「금융산업의 구조개선에 관한 법률」 제4조에 따른 인가를 받아 합병으로 신설되거나 존속하는 종합금융회사만 해당한다)인 경우에는 상근 임직원 4인을 말한다.
④ 법 제18조 제2항 제3호 나목에서 "대통령령으로 정하는 수"란 상근 임직원 2인을 말한다.
⑤ 법 제18조 제2항 제5호 가목에서 "대통령령으로 정하는 사회적 신용"이란 다음 각 호의 요건을 말한다.
1. 대주주가 별표 2 제1호부터 제3호까지 또는 제5호(라목은 제외한다)에 해당하는 자인 경우에는 같은 표 제1호마목의 요건을 갖출 것. 다만, 법 제12조에 따른 금융투자업인가를 받은 자가 금융투자업등록을 하려는 경우에 관하여는 금융위원회가 그 요건을 달리 정하여 고시할 수 있다.
2. 대주주가 별표 2 제4호 또는 제5호 라목에 해당하는 자인 경우에는 같은 표 제4호 가목·라목 및 마목의 요건을 갖출 것. 이 경우에 같은 표 같은 호 가목 중 "인가"는 "등록"으로, "인가 받으려는"은 "등록하려는"으로 본다.

⑥ 법 제18조 제2항 제5호 나목에서 "대통령령으로 정하는 사회적 신용"이란 별표 2 제4호 가목·라목 및 마목의 요건을 말한다. 이 경우 같은 표 같은 호 가목 중 "인가"는 "등록"으로, "인가 받으려는"은 "등록하려는"으로 하며, 같은 호 라목 중 "3년"은 "2년"으로 본다.
⑦ 법 제18조 제2항 제5호의2에서 "대통령령으로 정하는 건전한 재무상태와 사회적 신용"이란 제16조 제8항에 따른 사항을 말한다.
⑧ 법 제18조 제2항 제6호에 따른 이해상충을 방지하기 위한 체계(이하 이 절에서 "이해상충방지체계"라 한다)는 다음 각 호의 요건을 갖추어야 한다.
1. 법 제44조에 따라 이해상충이 발생할 가능성을 파악·평가·관리할 수 있는 적절한 내부통제기준을 갖출 것
2. 법 제45조 제1항 각 호 및 제2항 각 호의 행위가 발생하지 아니하도록 적절한 체계를 갖출 것

⑨ 제5항부터 제8항까지의 규정에 따른 등록요건에 관하여 필요한 구체적인 기준은 금융위원회가 정하여 고시한다.

시행령 별표 3: 등록업무 단위 및 최저자기자본(제20조 제1항 및 제21조 제2항 관련)

(단위: 억원)

등록업무 단위	금융투자업의 종류	투자대상자산의 범위	투자자의 유형	최저자기자본
5-1-1	투자자문업	증권, 장내파생상품, 장외파생상품 및 제6조의2 각 호에 따른 투자대상자산	일반투자자 및 전문투자자	8
5-1-2	투자자문업	증권, 장내파생상품, 장외파생상품 및 제6조의2 각 호에 따른 투자대상자산	전문투자자	4
5-2-1	투자자문업	증권, 장내파생상품, 장외파생상품 및 제6조의2 제3호에 따른 투자대상자산	일반투자자 및 전문투자자	5
5-2-2	투자자문업	증권, 장내파생상품, 장외파생상품 및 제6조의2 제3호에 따른 투자대상자산	전문투자자	2.5
5-3-1	투자자문업	제6조의2 각 호에 따른 투자대상자산	일반투자자 및 전문투자자	3
5-3-2	투자자문업	제6조의2 각 호에 따른 투자대상자산	전문투자자	1.5
6-1-1	투자일임업	증권, 장내파생상품, 장외파생상품 및 제6조의2 각 호에 따른 투자대상자산	일반투자자 및 전문투자자	27
6-1-2	투자일임업	증권, 장내파생상품, 장외파생상품 및 제6조의2 각 호에 따른 투자대상자산	전문투자자	13.5
6-2-1	투자일임업	증권, 장내파생상품, 장외파생상품 및 제6조의2 제3호에 따른 투자대상자산	일반투자자 및 전문투자자	15
6-2-2	투자일임업	증권, 장내파생상품, 장외파생상품 및 제6조의2 제3호에 따른 투자대상자산	전문투자자	7.5
6-3-1	투자일임업	제6조의2 각 호에 따른 투자대상자산	일반투자자 및 전문투자자	12
6-3-2	투자일임업	제6조의2 각 호에 따른 투자대상자산	전문투자자	6

비고

1. 법 제22조 각 호의 어느 하나에 해당하는 자에 대하여 법 제18조 제2항 제2호에 따른 자기자본을 적용할 때 해당 법령에서 요구하는 자본금(이에 준하는 금액을 포함한다)을 제외한 금액을 기준으로 한다.
2. 자기자본을 산정하는 경우에는 최근 사업연도 말일 이후 등록신청일까지의 자본금의 증감분을 포함하여 계산한다.
3. 5-3-1 및 5-3-2는 투자자문업자(5-2-1 또는 5-2-2의 투자자문업 등록을 한 자를 말한다) 및 투자일임업자(6-2-1 또는 6-2-2의 투자일임업 등록을 한 자를 말한다)가 변경등록하는 경우에만 해당한다.
4. 6-3-1 및 6-3-2는 투자일임업자(6-2-1 또는 6-2-2의 투자일임업 등록을 한 자를 말한다)가 변경등록하는 경우에만 해당한다.

Ⅰ. 등록 업무 단위	Ⅱ. 등록 요건

Ⅰ. 등록 업무 단위

1. 등록 업무 단위의 구성 요소

자본시장법은 '인가 업무 단위'와 마찬가지로 금융투자업, 금융투자상품, 투자자라는 3가지 사항을 구성 요소로 하여 '등록 업무 단위'를 규정하고 있다(법 18조 1항). 즉 ① 금융투자업의 종류, ② 금융투자상품의 범위, ③ 투자자의 유형을 조합하여 등록 업무 단위가 설정되는데, 시행령은 12개의 등록 업무 단위로 나누어 규정하고 있다(법 18조 1항, 법 시행령 20조 1항 및 [별표 3]). 따라서 금융투자업 등록을 하려는 자는 12개 등록 업무 단위의 "전부나 일부를 선택"하여 금융위원회로부터 "하나의 금융투자업 등록"을 받아야 한다(법 18조 1항). 등록 업무 인가 단위의 구성 요소가 되는 금융투자업의 종류는 "투자자문업이나 투자일임업"이 되며, 금융투자상품의 범위에는 "증권, 장내파생상품, 장외파생상품 및 그 밖에 대통령령으로 정하는 투자 대상 자산"이 있으며, 투자자의 유형에는 "전문투자자와 일반투자자"가 있다(법 18조 1항).

예를 들어, 전문투자자와 일반투자자 모두(투자자)를 상대로 하여 증권과 장내파생상품 및 장외파생상품(금융투자상품)의 투자일임업(금융투자업)을 영위하는 등록 업무 단위를 선택하거나, 전문 투자자(투자자)를 상대로 하여 증권과 장내파생상품 및 장외파생상품(금융투자상품)의 투자자문업(금융투자업)을 영위하는 등록 업무 단위를 선택하여 "하나의 금융투자업등록"을 할 수 있으며, 이 2가지 등록 업무 단위를 모두 선택하여 "하나의 금융투자업 등록"을 할 수 있다. 그리고 시행령이 정하는 등록 업무 단위 12개 모두를 선택하여 "하나의 금융투자업 등록"을 할 수도 있다.

한편, 등록 업무 단위 구분에 있어서 등록 업무 대상이 되는 금융투자상품의 범위와 관련해서는 자본시장법이 정의하고 있는 "금융투자상품"(즉 증권과 파생상품) 이외에도 "대통령령으로 정하는 투자 대상 자산"을 추가하고 있다는 점이 특징적이다. 이는 2013. 5. 자본시장법 개정 시 추가된 것이다. "대통령령으로 정하는 투자 대상 자산"이라 함은 "부동산, 지상권·지역권·전세권·임차권·분양권 등 부동산 관련 권리, 금융기관에의 예치금"을 말한다(법 시행령 20조 2항, 6조의2). 따라서 증권, 장내 파생상품, 장외 파생상품, 부동산이나 부동산 관련 권리 및 금융기관에 예치 모두를 투자 대상으로 하는 투자자문업이나 투자일임업을 등록할 수 있을 뿐만 아니라, 부동산이나 부동산 관련 권리 및 금융기관 예치에만 투자하는 것을 대상으로 하는 투자자문업이나 투자일임업 등록도 할 수 있다(법 시행령 [별표 3] 참조).

투자자 대상과 관련해서는 전문투자자와 일반투자자로 나누어, 일반투자자와 전문투자자 모두를 대상으로 하는 등록 업무 단위와 전문 투자자만을 대상으로 하는 등록 업무

단위로 나누고 있다(법 시행령 [별표 3]).

2. 등록 업무 단위의 간소화와 업무 범위 확대

등록 업무 단위 구분에서 특징적인 것은 등록시 금융투자상품의 구분을 세분화하지 않고 "증권, 장내파생상품, 장외파생상품 및 대통령령으로 정하는 투자 대상 자산" 전부를 대상으로 하여 등록할 수 있도록(법 시행령 [별표 3]) 간소화하고 있다는 점이다. 즉, 인가를 요하는 투자매매업이나 투자중개업 등의 경우에는 금융투자상품을 세분화하여 증권, 장내파생상품, 장외파생상품 별로 나누어 인가 단위를 설정하고 있으나, 등록을 요하는 투자자문업이나 투자일임업의 경우에는 증권 등 금융투자상품 전부를 대상으로 하여 등록을 받을 수 있도록 하고 있다. 이는 인가제와 달리 등록 업무의 경우에는 투자자문업이나 투자일임업의 대상이 되는 금융투자상품의 범위를 자세히 구분할 실익이 크지 않다는 점을 반영한 것으로 이해할 수 있다.

한편, 앞서 언급한 것처럼 자본시장법이 2013. 5. 개정되면서 등록시 "대통령령으로 정하는 투자 대상 자산"(즉 부동산이나 부동산 관련 권리, 금융기관 예치)만을 그 대상으로 하는 투자자문업이나 투자일임업 등록을 할 수 있도록 하여, 투자자문업이나 투자일임업의 업무 범위를 확대하고 있는 점도 특징적이다.

Ⅱ. 등록 요건

자본시장법령은 등록 요건을 자세히 규정하고 있다(법 18조 2항, 법 시행령 21조). 등록제는 인가제보다는 완화된 진입 규제 방식으로 이해할 수 있다. 따라서 자본시장법상도 등록 요건은 인가 요건보다 완화되어 규정되어 있다. 즉 금융투자업자의 인가 요건에는 "사업 계획이 타당하고 건전할 것"이라는 요건(법 12조 2항 3호)이 있는 반면에 등록 요건에는 이 요건이 없다. 등록을 요하는 투자자문업이나 투자일임업의 경우 고객의 자산을 수탁하지 않는다는 점을 고려할 때 굳이 이런 요건까지 요구할 필요가 없다는 점에서 등록 요건에서 배제한 것으로 이해할 수 있고, 더욱이 이러한 요건은 규제권자의 재량권이 개재될 여지가 있기 때문에 등록제 취지에 맞지 않기 때문으로도 이해할 수 있다. 또한 인가 요건에는 물적 설비 구비 요건과 인력 요건에 대해 규정하고 있지만(법 12조 2항 4호), 등록 요건에는 전문 인력 요건만 규정하고 있다. 이는 등록을 요하는 투자자문업이나 투자일임업의 경우에는 그 업무의 성격상 주로 전문 인력에 의존하므로 굳이 물적 시설 요건을 고려할 필요가 없기 때문으로 이해할 수 있다. 그리고 대주주의 사회적 신용 요건도 인가 요건에 비해서 완화되어 규정되어 있다(법 12조 2항 6호, 18조 2항 5호).

등록제와 관련해서 유의해야 할 점은 등록 요건이 구체적이지 않고 다소 추상적으로 규정되게 되면 감독당국의 재량권이 개입될 여지가 있어 등록제의 취지를 구현할 수 없는 문제가 생길 수 있다는 점이다. 예를 들어, 사회적 신용 요건 중에 "채무불이행 등으로 건전한 신용 질서를 해친 사실이 없을 것"(법 시행령 21조 7항, 16조 8항 2호)이라는 요건은 규제권자의 판단이 개입될 여지가 있으므로 등록제의 취지를 감안할 때 보다 구체적으로 규정할 필요가 있다.

1. 등록 금융투자업자의 법적 형태

투자일임업이나 투자자문업을 영위하는 등록 금융투자업자가 되려면 "① 상법상의 주식회사이거나 대통령령으로 정하는 금융기관, ② 외국 투자자문업자로서 투자자문업의 수행에 필요한 지점, 기타 영업소를 설치한 자, 또는 ③ 외국 투자일임업자로서 투자일임업의 수행에 필요한 지점, 기타 영업소를 설치한 자"이어야 한다(법 18조 2항 1호). 즉 국내 주식회사 또는 시행령으로 정하는 금융기관이던가 아니면 외국 투자자문업자나 외국 투자일임업자의 국내 지점 또는 영업소가 등록 투자자문업자나 투자일임업자로 될 수 있다. 다만, 외국 투자자문업자나 외국 투자일임업자가 역외 투자자문업자나 역외 투자일임업자로 등록한 경우에는 국내에 지점이나 영업소를 설치할 필요 없이 바로 국내 거주자를 상대로 하여 투자자문업이나 투자일일임업을 영위할 수 있다(법 18조 2항 1호 단서).

"상법상의 주식회사"라고 하고 있기 때문에 다른 형태의 상법상의 회사, 즉 합명회사, 합자회사, 유한책임회사, 유한회사의 형태는 허용되지 않는다. 그러나 입법론적으로는 그러한 다양한 회사의 설립을 굳이 금지할 필요는 없으므로 법적으로는 허용하여 신청자의 회사 형태에 대한 선택권을 넓히는 것도 검토할 만하다.

"대통령령으로 정하는 금융기관"이 투자자문업자나 투자일임업을 등록할 수 있도록 한 것은 2011. 8. 자본시장법 개정시 추가된 것이다. 그 이유는 그러한 금융기관이 상법상의 주식회사로서 설립된 금융기관이 아니고 특별법에 의하여 설립된 금융기관이라 그러한 금융기관에게 겸영 업무로서 투자자문업이나 투자일임업을 영위할 수 있도록 하기 위해서이다. 즉 일반은행·금융투자회사·보험회사 등 금융기관은 각 설립 근거법에 의해서 주식회사로 설립하도록 되어 있거나 또는 주식회사로 설립되어 있어서 "상법상의 주식회사"라는 자격 요건을 충족하기 때문에 굳이 별도의 금융기관의 범위에 포함시킬 필요는 없지만, 주식회사 형태가 아닌 금융기관의 경우에는 별도의 규정이 필요한 것이다. "대통령령이 정하는 금융기관"은 한국산업은행, 중소기업은행, 한국수출입은행, 농협은행,[1] 수산업협동조합중앙회 등이다(법 시행령 21조 1항).

1) 2011년 농업협동조합법 개정에 의해 종전의 농업협동조합중앙회 신용사업 부문이 농협은행으로 전환되었으므로(법 134조의4) 자본시장법에도 이를 반영하여야 할 것이다.

2. 최저 자기자본 요건

등록 요건에서 중요한 것 중의 하나는 자기자본 요건이다. 자본시장법은 자기자본에 대해서 “등록 업무 단위별로 1억원 이상으로서 대통령령으로 정하는 금액 이상의 자기자본을 갖추어야 한다”고 규정하고 있다(법 18조 2항 2호).

“대통령령으로 정하는 금액”은 시행령 [별표 3]에서 자세히 정하고 있는데(법 시행령 21조 2항), 위에서 언급한 “등록 업무 단위”별로 1.5억원에서 27억원까지 투자 위험에 따라 차등화하고 있다. 예를 들어, 전문투자자를 대상으로 하면서 “대통령령으로 정하는 투자 대상 자산”(즉 부동산이나 부동산 관련 권리 및 금융기관 예치에 투자)만을 대상으로 하는 투자자문업을 등록하는 경우에는 1.5억원의 자기자본이 요구된다. 즉 이 경우에는 전문투자자를 대상으로 하고 있어서 투자 위험이 그만큼 없고, 투자 대상 자산도 투자 위험이 가장 없다고 보는 것이다. 반면에 일반투자자 및 전문투자자를 대상으로 하면서 증권, 장내파생상품, 장외파생상품 및 “대통령령으로 정하는 투자 대상 자산”을 대상으로 하는 경우에는 27억원의 자기자본이 요구된다. 즉 이 경우에는 일반투자자를 대상으로 하고 투자 위험이 높다고 보기 때문이다.

그리고 투자자문업보다는 투자일임업이 보다 큰 금액의 자기자본을 요구하고 있다. 이는 투자일임업의 경우에는 투자자문업보다 투자 위험이 그만큼 크다는 것을 반영한 것이다. 또한 전문투자자만을 대상으로 하는 경우에는 일반투자자를 대상으로 하는 경우보다 자기자본을 2분의 1 감액하고 있다. 이는 전문투자자의 경우에는 투자 경험이 많고 투자 위험을 감수할 수 있는 능력이 있다고 보는 반면에 그렇지 않은 일반투자자에 대해서는 그만큼 보호의 필요성이 크다는 점을 반영한 것으로 이해할 수 있다.

그리고 등록 업무 단위별로 최저자기자본을 정하고 있기 때문에 등록 업무 단위를 추가하게 되면 보유해야 하는 최저자기자본 금액도 증가하게 된다. 예를 들어 투자일임업을 영위하기 위한 27억원의 최저자기자본을 유지하다가 추가로 투자자문업을 영위하기 위해서는 등록 업무 단위별로 요구되는 자기자본 요건을 추가로 갖추어야 한다.

한편, 금융투자업을 겸영하는 겸영금융투자업자(법 제22조가 규정하고 있는 금융기관 등으로서 일반은행, 특수은행, 보험회사 등을 말한다)가 투자자문업이나 투자일임업을 등록하려는 경우에는 해당 법령(은행법령, 보험업법령 및 관련 해당 법령 등)에서 요구하는 최저 자본금(이에 준하는 금액을 포함)을 제외한 금액을 기준으로 하여 등록을 위한 최저자기자본 요건을 충족하여야 한다(법 시행령 [별표 1] 비고 9).

3. 인력 요건

자본시장법은 등록 요건으로서 인력 요건에 대하여도 규정하고 있다. 즉 투자일임업이나 투자자문업을 영위하려면 자본시장법이 규정하고 있는 일정한 자격 요건을 갖춘 "투자권유자문인력"이나 "투자운용인력"을 고용해야 한다(법 18조 2항 3호). 투자권유자문인력이라 함은 "투자권유를 하거나 투자에 관한 자문 업무를 수행하는 자"를 말하고(법 286조 1항 3호 가목), "투자운용인력"이라 함은 "투자일임재산을 운용하는 업무를 수행하는 자"를 말한다(법 286조 1항 3호 다목).

투자자문업을 영위하려는 자는 대통령령으로 정하는 수 이상의 투자권유자문인력을 갖추어야 하는데(법 18조 2항 3호 가목), 시행령은 상근 임직원 1인으로 정하고 있다(법 시행령 21조 3항 본문). 다만, 「금융산업의 구조개선에 관한 법률」 제 4 조에 따른 인가를 받아 합병으로 신설되거나 존속하는 종합금융회사에 대해서는 상근 임직원이 4인 이상일 것을 요구하고 있다(법 시행령 21조 3항 단서). 또한 투자일임업을 영위하려는 자는 대통령령이 정하는 수 이상의 투자운용인력이 요구되는데, 시행령에서는 이를 상근 임직원 2인으로 정하고 있다(법 시행령 21조 4항). 다만 국내에 지점이나 영업소를 설치하지 않고 외국에서 직접 국내 거주자를 상대로 영업을 하거나 통신 수단을 이용하여 업무를 영위하는 역외투자자문업자나 역외투자일임업자가 해당 국가에서 이러한 인력에 상당하는 자를 위의 수 이상으로 확보하고 있는 경우에는 이러한 인력 요건을 구비한 것으로 간주된다(법 18조 2항 3호 단서).

4. 임원의 자격 요건

자본시장법은 임원의 결격 요건도 등록 요건의 하나로 규정하고 있다. 투자자문업이나 투자일임업을 영위하는 경우 임원의 역할이 중요하다는 점을 인식하고 그 요건으로 규정하고 있는 것이다. 임원이라 함은 이사와 감사(감사위원 포함)를 말한다(법 9조 2항). 즉 투자일임업이나 투자자문업을 영위하는 금융투자업자가 되려면 임원이 자본시장법 제24조가 규정하고 있는 결격 사유에 해당하여서는 안 된다(법 18조 2항 4호). 임원의 결격 사유로 열거되어 있는 주요 사항은 미성년자·피성년후견인·피한정후견인·피특정후견인[1] 등과 같은 행위무능력자, 파산 선고를 받고 아직 복권되지 않은 자, 금융 관련 법령을 위반하여 해임되거나 면직되어 아직 5년이 경과되지 않은 자 등이다(법 24조 1항).

5. 건전한 재무 상태와 사회적 신용 요건

등록을 하려는 자는 "대통령령이 정하는 건전한 재무 상태와 사회적 신용 요건"을 갖추어야 한다(법 18조 2항 5호의2). 2010. 3. 자본시장법 개정 시 추가된 요건이다. 시행령이 정하는 "건전한 재무 상태"의 요건은 "경영 건전성을 충족시킬 수 있는 상태"를 말한

1) 자본시장법(2014. 10. 기준)은 "금치산자, 한정치산자"로 규정되어 있지만, 민법이 2011년 개정되면서 피성년후견인, 피한정후견인, 피특정후견인으로 변경되었으므로 자본시장법에도 반영되어야 할 것이다.

다(법 시행령 21조 7항, 16조 8항 1호). 시행령이 정하는 "사회적 신용 요건"은 "최근 3년간 금융 관련 법령을 위반하여 벌금형 이상의 형사 처벌을 받지 않을 것," "최근 3년간 채무불이행 등으로 건전한 신용질서를 해친 사실이 없을 것," "최근 5년간 인·허가·등록 등이 취소된 사실이 없을 것" 등의 요건이다(법 시행령 21조 7항, 16조 8항 2호).

6. 대주주 및 외국 투자자문업자 또는 외국 투자일임업자의 사회적 신용 요건

주식회사나 시행령이 정하는 일정한 금융기관이 투자자문업이나 투자일임업 등록을 하려고 하는 경우에는 그러한 신청자의 대주주는 시행령이 정하는 사회적 신용을 갖추어야 한다(법 18조 2항 5호 가목). 여기서 "대주주"라 함은 "최대주주의 특수관계인인 주주를 포함하며, 최대주주가 법인인 경우 그 법인의 중요한 경영 사항에 대하여 사실상 영향력을 행사하고 있는 자로서 대통령령으로 정하는 자를 포함한다"(법 12조 2항 6호 가목). "시행령이 정하는 사회적 신용"요건은 "최근 5년간 금융 관련 법령을 위반하여 벌금형 이상의 형사 처벌을 받은 사실이 없을 것"과 "최근 5년간 채무불이행 등으로 건전한 신용 질서를 해친 사실이 없을 것" 등을 그 요건으로 하고 있다(법 시행령 21조 5항 [별표 2]).

등록을 하려는 외국 투자자문업자나 투자일임업자에 대하여도 비슷한 사회적 신용 요건을 요구하고 있다(법 18조 2항 5호 나목). 즉 위의 대주주에 적용되는 사회적 신용 요건 이외에도 본국 감독당국으로부터 최근 3년간 제재 조치를 받지 않거나 벌금형 이상의 형사 처벌을 받은 사실이 없을 것의 요건도 요구하고 있다(법 시행령 21조 6항 [별표 2]).

7. 이해상충 방지 체계 구축 요건

등록을 하려는 자는 "금융투자업자와 투자자 간, 특정한 투자자와 다른 투자자 간의 이해상충을 방지하기 위한 체계"를 갖추어야 한다(법 18조 2항 6호). 즉 법 제44조에 따라 "이해상충이 발생할 가능성을 파악·평가·관리할 수 있는 적절한 내부통제 기준"을 갖추어야 하며, 또한 법 제45조에 따른 정보 교류의 차단을 위한 적절한 체계를 갖추어야 한다(법 시행령 21조 8항, 법 44조, 45조). 이는 자본시장법이 여러 금융투자업을 겸업할 수 있도록 함으로써 그만큼 이해상충이 발생할 가능성이 많다는 점을 인식하고 투자자 보호를 위해서 이해상충 방지를 위한 체계를 구축할 것을 요구하고 있는 것이다. 이를 위해서 적절한 내부통제 체제를 유지하도록 요구하고 있고, 정보 교류 차단을 위한 적절한 체계를 갖출 것을 요구하고 있다.

제19조(등록의 신청 등)

① 제18조에 따른 금융투자업등록을 하려는 자는 등록신청서를 금융위원회에 제출하여야 한다.

② 금융위원회는 제 1 항의 등록신청서를 접수한 경우에는 그 내용을 검토하여 2개월 이내에 금융투자업등록 여부를 결정하고, 그 결과와 이유를 지체 없이 신청인에게 문서로 통지하여야 한다. 이 경우 등록신청서에 흠결이 있는 때에는 보완을 요구할 수 있다.

③ 제 2 항의 검토기간을 산정함에 있어서 등록신청서 흠결의 보완기간 등 총리령으로 정하는 기간은 검토기간에 산입하지 아니한다.

④ 금융위원회는 제 2 항의 금융투자업등록 여부를 결정함에 있어서 다음 각 호의 어느 하나에 해당하는 사유가 없는 한 등록을 거부하여서는 아니 된다.

1. 제18조 제 2 항의 금융투자업등록요건을 갖추지 아니한 경우
2. 제 1 항의 등록신청서를 거짓으로 작성한 경우
3. 제 2 항 후단의 보완요구를 이행하지 아니한 경우

⑤ 금융위원회는 제 2 항에 따라 금융투자업등록을 결정한 경우 투자자문업자등록부 또는 투자일임업자등록부에 필요한 사항을 기재하여야 하며, 등록결정한 내용을 관보 및 인터넷 홈페이지 등에 공고하여야 한다.

⑥ 제 1 항부터 제 5 항까지의 규정에 따른 등록신청서의 기재사항·첨부서류 등 등록의 신청에 관한 사항과 등록검토의 방법·절차, 그 밖에 필요한 사항은 대통령령으로 정한다.

시행령 제**22**조(등록의 방법 및 절차 등) ① 법 제19조 제 1 항에 따라 금융위원회에 제출하는 등록신청서에는 다음 각 호의 사항을 기재하여야 한다.

1. 상호
2. 본점의 소재지
3. 임원에 관한 사항
4. 경영하려는 등록업무 단위(법 제18조 제 1 항에 따른 등록업무 단위를 말한다. 이하 같다)에 관한 사항
5. 자기자본 등 재무에 관한 사항
6. 법 제286조 제 1 항 제 3 호 가목에 따른 투자권유자문인력(이하 "투자권유자문인력"이라 한다) 또는 법 제286조 제 1 항 제 3 호 다목에 따른 투자운용인력(이하 "투자운용인력"이라 한다)에 관한 사항
7. 대주주나 외국 투자자문업자 또는 외국 투자일임업자에 관한 사항
8. 이해상충방지체계에 관한 사항
9. 그 밖에 등록의 검토에 필요한 사항으로서 금융위원회가 정하여 고시하는 사항

② 제 1 항에 따른 등록신청서에는 다음 각 호의 서류를 첨부하여야 한다.

1. 정관(이에 준하는 것을 포함한다)
2. 본점의 위치와 명칭을 기재한 서류
3. 임원의 이력서와 경력증명서
4. 등록업무 단위의 종류와 업무방법을 기재한 서류
5. 최근 3개 사업연도의 재무제표와 그 부속명세서(설립 중인 법인은 제외하며, 설립일부터 3개 사업연도가 지나지 아니한 법인의 경우에는 설립일부터 최근 사업연도까지의 재무제표와 그 부속명세서를 말한다)
6. 투자권유자문인력 또는 투자운용인력의 현황을 확인할 수 있는 서류
7. 등록신청일(등록업무 단위를 추가하기 위한 등록신청이나 겸영금융투자업자의 등록신청인 경우에는 최근 사업연도 말) 현재 대주주의 성명이나 명칭과 그 소유주식수를 기재한 서류

8. 대주주나 외국 투자자문업자 또는 외국 투자일임업자가 법 제18조 제 2 항 제 5 호 각 목의 요건을 갖추었음을 확인할 수 있는 서류
9. 이해상충방지체계를 갖추었는지를 확인할 수 있는 서류
10. 그 밖에 등록의 검토에 필요한 서류로서 금융위원회가 정하여 고시하는 서류

③ 제 1 항에 따른 등록신청서를 제출받은 금융위원회는 「전자정부법」 제36조 제 1 항에 따른 행정정보의 공동이용을 통하여 법인 등기사항증명서를 확인하여야 한다.

④ 제 1 항에 따른 등록신청서를 제출받은 금융위원회는 금융투자업등록의 신청내용에 관한 사실 여부를 확인하고, 그 신청내용이 법 제18조 제 2 항에 따른 등록요건을 충족하는지를 검토하여야 한다.

⑤ 제 1 항부터 제 4 항까지에서 규정한 사항 외에 금융투자업등록의 신청과 검토, 등록신청서의 서식과 작성방법 등에 관하여 필요한 사항은 금융위원회가 정하여 고시한다.

Ⅰ. 등록 절차의 적법성 확보

진입규제 있어서 중요한 것은 진입 여부 결정 절차의 적법성(due process)을 확보하는 것이다. 그 이유는 진입 여부의 결정이 금융투자업을 영위하고자 하는 당사자에게는 중요한 사항이기 때문이다. 따라서 결정권자인 감독당국의 권한 행사의 남용을 적절히 통제할 수 있는 장치가 필요하다. 이에 따라 자본시장법은 등록 절차에 관한 규정을 두고 있다. 즉 등록을 하고자 하는 자에 대하여 등록 요건을 충족하는지를 확인할 수 있는 사항을 담은 신청서를 제출하도록 하고 있고, 일정한 기간 이내에 '검토'를 하여 등록 여부를 결정한 후에 이를 통지하도록 하고 있으며, 등록 거부 사유를 엄격하게 규정하고 있다(법 19조).

다만 자본시장법은 인가제와 달리 예비등록제를 채택하고 있지 아니한데, 그 이유는 인가제와 달리 사업 타당성 심사 등 감독당국의 재량권이 행사될 여지가 큰 요건을 등록요건으로 규정하고 있지 않아, 등록 신청자의 입장에서는 등록 가능성 여부를 예측하는 것이 비교적 용이하므로 굳이 예비등록제를 운영할 실익이 크지 않기 때문이다.

Ⅱ. 등록 절차

1. 등록 신청서의 제출

우선 투자일임업이나 투자자문업을 영위하기 위하여 등록하려는 자는 금융위원회에 등록 신청서를 제출하여야 한다(법 19조 1항). 등록 신청서는 인가 신청서에 비교하면 그 기재 사항이 비교적 간단한 편이다. 이는 그만큼 인가 요건보다는 까다롭지 않기 때문이

다. 등록 신청서에는 다음과 같은 사항이 기재되어야 한다. 즉 "상호, 본점의 소재지, 임원에 관한 사항, 경영하려는 등록 업무 단위에 관한 사항, 자기자본 등 재무에 관한 사항, 투자권유자문인력 또는 투자운용인력에 관한 사항, 대주주나 외국 투자자문업자 또는 외국 투자일임업자에 관한 사항, 이해 상충 방지 체계에 관한 사항"이 기재되어야 한다(법 시행령 22조 1항). 등록 요건을 충족하고 있는지를 판단하기 위한 사항들이다.

또한 등록 요건을 충족하는지 여부를 보다 확실하게 확인하기 위한 서류를 등록 신청서에 첨부하도록 하고 있다. 그러한 서류는 다음과 같다. "① 정관(이에 준하는 것을 포함), ② 본점의 위치와 명칭을 기재한 서류, ③ 임원의 이력서 및 경력증명서, ④ 등록업무 단위의 종류와 업무방법을 기재한 서류, ⑤ 최근 3개 사업연도의 재무제표와 그 부속명세서(설립 중인 법인은 제외하며, 설립일로부터 3개 사업연도가 지나지 아니한 법인의 경우에는 설립일로부터 최근 사업연도까지의 재무제표와 그 부속명세서를 말한다), ⑥ 투자권유자문인력 또는 투자운용인력의 현황을 확인할 수 있는 서류, ⑦ 등록 신청일(등록업무 단위를 추가하기 위한 등록 신청 또는 겸영금융투자업자의 등록 신청의 경우에는 최근 사업연도말) 현재 대주주의 성명 또는 명칭과 그 소유 주식수를 기재한 서류, ⑧ 대주주나 외국 투자자문업자 또는 외국 투자일임업자가 법 제18조 제 2 항 제 5 호 각 목에 규정된 사회적 신용의 요건을 갖추었음을 확인할 수 있는 서류, ⑨ 이해 상충 방지 체계를 갖추었는지를 확인할 수 있는 서류"이다(법 시행령 22조 2항).

2. 금융위원회의 신청서 검토, 결정 및 통지

신청서가 접수된 후에는 감독당국의 검토, 결정 및 통지의 절차가 있게 된다. 신속한 절차의 진행을 위하여 감독당국의 심사 기간을 제한하고 있다. 즉 금융위원회는 등록 신청서를 접수한 날로부터 그 내용을 '검토'하여 2개월 이내에 금융투자업 등록 여부를 결정하여야 한다(법 19조 2항). 금융위원회는 금융투자업 등록의 신청 내용에 관한 사실 여부를 확인하고, 그 신청 내용이 등록 요건을 충족하는지 여부를 검토하여야 한다(법 시행령 22조 4항). 등록신청서를 제출받은 금융위원회는 「전자정부법」 제36조 제 1 항에 따른 행정 정보의 공동 이용을 통하여 법인 등기 사항 증명서를 확인하여야 한다(법 시행령 22조 3항). 그리고 금융위원회는 검토 결과와 이유를 지체 없이 신청인에서 문서로 통지해야 한다(법 19조 2항). 금융위원회는 등록 신청서에 흠결이 있는 경우에는 그 보완을 요구할 수 있다(법 19조 2항). 등록 신청서의 흠결 보완 기간 등은 검토 기간에 산입하지 않는다(법 19조 3항).

감독당국은 등록 여부 결정에 있어서 심사권이 있는가? 이에 대해서는 등록 신청에 대한 검토는 "형식적 요건"만을 대상으로 보아야 한다는 견해가 있는 반면에,[1] "인가 신

1) 김건식/정순섭, 「자본시장법」, 두성사, 2009, 510쪽.

청의 경우와 같은 수준의 실질적 심사는 아니더라도 제한된 범위 내에서는 실질적 심사권이 인정"된다고 보아야 하는 견해가 있다.[1] 후자의 견해는 그 근거를 시행령 제22조 제 4 항이 "등록의 신청 내용에 관한 사실 여부를 확인하고, 신청 내용이 등록 요건을 충족하였는지 여부를 검토하여야 한다"고 규정하고 있다는 점, 법 제19조 제 4 항이 등록 거부 사유의 하나로 "등록 신청서를 거짓으로 작성한 경우"를 규정하고 있다는 점에 두고 있다.[2] 즉 이러한 규정에 비추어볼 때 "등록 신청에 대한 실질적 심사가 완전히 배제된다고 보기는" 어렵다는 것이다.[3]

생각해보면, 자본시장법이 '심사' 대신에 '검토'라는 용어를 사용한 것으로 보아 입법 취지는 등록제가 규제권자의 결정에 있어서 재량권이 없음을 나타내기 위한 것이라고 보이고, 이런 점에서 등록 신청 내용의 형식적 요건, 즉 객관적 기준의 충족 여부에 대한 검토만 해야 한다고 볼 여지도 있다. 그러나 자본시장법령이 감독당국으로 하여금 "등록 신청 내용에 대한 사실 여부를 확인"하고, "등록 요건을 충족하였는지 여부를 검토"하도록 하고 있으며, 심지어 "등록 신청서를 거짓으로 작성한 경우"를 등록 거부 사유의 하나로 규정하고 있는 점을 감안할 때, 해석상 감독당국이 어느 정도 '제한적인 심사권'(즉 완전한 의미의 실질적 심사권은 아니지만)을 가진다고 볼 여지가 있다. 즉 사실 여부를 확인하고, 요건 충족의 여부를 검토하고, 신청서가 거짓으로 작성되었는지 판단하기 위해서는 어느 정도 심사권을 행사할 수 있다고 볼 수 있다. 특히 등록 신청자나 대주주의 사회적 신용 요건 중 "채무불이행 등 건전한 신용 질서를 해친 사실이 없을 것"(법 시행령 21조 7항, 16조 8항 2호, 21조 5항 [별표 2])이라는 판단에 있어서는 감독당국의 심사권이 개재될 여지를 배제할 수 없다. 즉 자본시장법이 '검토'라는 용어를 사용하고 있지만, 그 내용을 보면 감독당국의 심사권을 완전히 배제하는 것이라고 보기는 어렵다. 따라서 감독당국의 실제 운영이 중요하다고 본다. 감독당국이 등록제의 취지에 맞게 형식적인 요건만 검토하는 방향으로 운영하는 것이 요구된다.

3. 등록 거부 사유

금융위원회는 금융투자업 등록 여부를 결정함에 있어서 원칙적으로 일정한 사유가 없는 한 등록을 거부할 수 없다(법 19조 4항). 그러한 등록 거부 사유로는 "금융투자업 등록 요건을 구비하지 못한 경우, 등록신청서를 거짓으로 작성한 경우, 등록신청서 흠결의 보완 요구를 불이행한 경우"이다(법 19조 4항 각 호). 이것은 규제권자의 재량권이 인정되는 인가제와 비교할 때 등록제의 특징이 된다. 즉 감독당국의 재량권이 인정되지 않는다고

1) 임재연, 전게서(2013), 130쪽.
2) 상게서, 130쪽.
3) 상게서, 130쪽.

볼 수 있다. 그러나 "등록신청서를 거짓으로 작성"하였는지 판단하기 위해서 심사권을 행사할 가능성도 있다. 특히 "등록 요건을 구비"하였는지 여부를 판단하기 위하여 실질적인 심사를 한다면 등록제의 취지가 반감될 수 있다.

4. 등록의 공고

금융위원회는 금융투자업 등록을 결정한 경우에는 투자자문업자 등록부나 투자일임업자 등록부에 필요한 사항을 기재하여야 하며, 또한 등록 결정한 내용을 관보 및 인터넷 홈페이지 등에 공고하여야 한다(법 19조 5항). 이러한 공고 절차를 통해서 이해 관계자뿐만 아니라 일반 대중도 등록된 금융투자업자에 관한 사항 등 관련 정보를 알 수 있게 된다.

제20조(등록요건의 유지)

투자자문업자 또는 투자일임업자는 금융투자업등록 이후 그 영업을 영위함에 있어서 제18조 제2항 각 호의 등록요건(같은 조 같은 항 제5호의2를 제외하며, 같은 항 제2호 및 제5호의 경우에는 대통령령으로 정하는 완화된 요건을 말한다)을 유지하여야 한다.

시행령 제23조(등록유지요건의 완화) 법 제20조에서 "대통령령으로 정하는 완화된 요건"이란 다음 각 호와 같다.

1. 법 제18조 제2항 제2호의 경우: 별표 3의 해당 등록업무 단위별 최저자기자본의 100분의 70 이상을 유지할 것. 이 경우 유지요건은 매 회계연도말을 기준으로 적용하며, 특정 회계연도말을 기준으로 유지요건에 미달한 금융투자업자는 다음 회계연도말까지는 그 유지요건에 적합한 것으로 본다.
2. 법 제18조 제2항 제5호의 경우: 다음 각 목의 구분에 따른 요건을 유지할 것
   가. 대주주가 별표 2 제1호부터 제3호까지 또는 제5호(라목은 제외한다)에 해당하는 자인 경우에는 같은 표 제1호 마목 1) 및 3)에 한하여 그 요건을 유지할 것. 이 경우 같은 표 제1호 마목 1) 중 "최근 5년간"은 "최대주주가 최근 5년간"으로, "벌금형"은 "5억원의 벌금형"으로 본다.
   나. 대주주가 별표 2 제4호 또는 제5호 라목에 해당하는 자인 경우에는 같은 표 제1호 마목 1)·3) 및 제4호 라목에 한하여 그 요건을 유지할 것. 이 경우 같은 표 제1호 마목 1) 중 "최근 5년간"은 "최대주주가 최근 5년간"으로, "벌금형"은 "5억원의 벌금형"으로 하고, 제4호 라목 중 "최근 3년간"은 "최대주주가 최근 3년간"으로, "본국의 감독기관으로부터 법인경고 이상에 상당하는 행정처분을 받거나 벌금형 이상에 상당하는 형사처벌을 받은 사실"은 "본국의 사법기관으로부터 5억원의 벌금형을 받은 사실"로 본다.
   다. 법 제18조 제2항 제5호 나목에 따른 외국 투자자문업자 또는 외국 투자일임업자인 경우에는 이 호 나목의 요건에 한하여 그 요건을 유지할 것. 이 경우 별표 2 제4호 라목 중 "3년"은 "2년"으로 한다. 이 경우에 "최대주주"는 각각 "외국 투자자문업자 또는 외국 투자일임업자"로, 별표 2 제4호 라목 중 "3년"은 "2년"으로 본다.

Ⅰ. 등록 요건의 유지

자본시장법은 등록 요건의 유지 조항도 두고 있다. 이는 등록 신청 시 등록 요건을 갖추었는데, 그 후에 등록 요건을 갖추지 못한 경우에 등록 취소 사유가 되는지 여부에 대한 논란이 있을 수 있어 이를 명확하게 하기 위해 둔 규정이다. 따라서 이러한 등록 요건을 유지하지 못할 때는 등록 취소 사유가 된다(법 420조 1항 3호).

다만 자본시장법은 일부 요건은 등록 유지 요건에서 제외하고 있으며, 일부 요건은 그 요건을 완화하여 운영하고 있다. 즉 등록 유지 요건에서 제외하고 있는 요건은 "건전한 재무 상태와 사회적 신용 요건"이며(법 20조), 보다 완화된 요건은 자기자본 요건과 대주주 요건의 2가지이다(법 20조). 자기자본 요건과 대주주 요건을 완화한 이유는 금융투자업을 영위하는 과정에서 일시적으로 이러한 요건을 유지하지 못하는 경우가 발생할 가능성이 있다는 점을 감안한 것으로 이해할 수 있다.[1] 보다 완화된 요건의 자세한 사항은 대통령령으로 정해지며(법 20조), 아래에서 자세히 살펴본다.

Ⅱ. 제외되는 등록 요건

자본시장법은 "건전한 재무 상태와 사회적 신용 요건"이라는 등록 요건을 유지 요건에서 제외하고 있다(법 20조). 즉 "경영 건전성을 충족시킬 수 있는 상태"라는 재무적 요건(법 시행령 21조 7항, 16조 8항 1호)은 유지 요건으로 적용되지 않는다(법 시행령 21조 7항, 16조 8항 1호). 또한 "사회적 신용 요건"인 "최근 3년간 금융 관련 법령을 위반하여 벌금형 이상의 형사 처벌을 받지 않을 것," "최근 3년간 채무불이행 등으로 건전한 신용질서를 해친 사실이 없을 것," "최근 5년간 인·허가·등록 등이 취소된 사실이 없을 것" 등의 요건(법 시행령 21조 7항, 16조 8항 2호)도 등록 유지 요건에서 배제된다(법 20조).

Ⅲ. 완화된 등록 유지 요건

1. 자기자본 요건의 완화

자기자본의 경우 등록 시 등록 업무 단위별 최저 자기자본의 100분의 70 수준을 유지하도록 완화하였다(법 시행령 23조 1호). 자기자본 유지 요건의 충족 여부는 매 회계연도말을 기준으로 하며, 특정 회계연도말을 기준으로 유지 요건에 미달한 금융투자업자는 다음 회계연도말까지는 그 유지 요건에 적합한 것으로 간주한다(법 시행령 23조 1호). 이는 자기자본 유지 요건의 충족 여부를 1년마다 평가하는 것으로 하고, 비록 이 요건에 미달

1) 변제호 외 4인, 전게서(2009), 131-132쪽.

하더라도 다음 1년간은 유예 기간을 부여한다는 의미이다. 예를 들어, 일반투자자 및 전문투자자를 대상으로 하는 투자일임업 등록 업무 단위인 경우, 등록 시는 최저 자기자본이 27억원 이상이어야 하지만, 등록 이후에는 등록 시 최저자기자본의 70%에 해당하는 18.9억원 이상이면 등록은 계속 유지된다. 또한 특정 회계연도말(예를 들어 2013년 12월말)에 최저자기자본이 유지 요건에 미달하는 17억원이 되더라도 바로 등록 취소가 되는 것은 아니고, 다음 회계연도말(2014년 12월말)까지는 유지 요건을 충족하는 것으로 간주하는 것이다. 그리고 다음 회계연도말 이후(2015년 1월 1일 이후)에도 자기자본이 18.9억원에 미달하게 되면 금융투자업 등록이 취소된다(법 420조 1항 3호). 이렇게 자기자본 요건에 완화된 기준을 적용한 이유는 영업 초기에 영업 확대에 한계가 있어 상당 기간 손실 발생이 불가피하다는 현실적 이유를 감안한 것으로 이해할 수 있다.[1)]

2. 대주주 요건의 완화

자본시장법이 대주주 요건을 완화한 이유는 등록 유지 요건을 충족하지 못할 때 등록 취소가 사유가 되므로 대주주의 사소한 위법 행위로 인해서 다수의 이해 관계가 이미 형성된 금융투자업자의 등록을 취소하는 것이 바람직하지 않기 때문으로 이해할 수 있다.[2)]

대주주가 국내 금융기관이나 국내 법인 또는 국내 개인인 경우에는, i) "최대주주가 최근 5년간 금융 관련 법령상 5억원 벌금형 이상에 상당하는 형사 처벌을 받은 사실이 없을 것"이라는 요건과 ii) "부실금융기관으로 지정되었거나 금융 관련 법령에 따라 영업의 허가·인가·등록 등이 취소된 금융기관의 대주주 또는 그 특수관계인이 아닐 것"이라는 요건만 충족하면 된다(법 시행령 23조 2호 가목, [별표 2] 1호 마목 1) 및 3)). 즉 "최근 5년간 금융 관련 법령 위반으로 벌금형 이상의 형사 처벌을 받은 사실이 없을 것"이라는 등록 요건을 "최근 5년간 5억원의 벌금형 이상의 형사 처벌을 받은 사실이 없을 것"으로 완화하고 있으며, 그 적용 대상도 "최대주주"로 한정하고 있다.

대주주가 외국 법인인 경우에는, i) "최대주주가 최근 5년간 금융 관련 법령상 벌금형 이상에 상당하는 형사 처벌을 받은 사실이 없을 것"이라는 요건, ii) "부실금융기관으로 지정되었거나 금융 관련 법령에 따라 영업의 허가·인가·등록 등이 취소된 금융기관의 대주주 또는 그 특수관계인이 아닐 것"이라는 요건 및 iii) "최대주주가 최근 3년간 본국의 사법기관으로부터 5억원의 벌금형 이상을 받은 사실이 없을 것"이라는 요건만 충족하면 된다(법 시행령 23조 2호 나목, [별표 2] 1호 마목 1) 및 3), 4호 라목). 등록 요건보다 많이 완화된 요건을 적용하고 있는 것이다.

외국 투자자문업자 또는 외국 투자일임업자인 경우에는, 신규 등록 요건인 "시행령

---

1) 상게서, 132쪽.
2) 상게서, 132쪽.

이 정하는 사회적 신용 요건"을 계속 유지할 필요는 없고, 다음의 요건만 충족하면 된다. 즉, i) "외국 투자자문업자 또는 외국 투자일임업자가 최근 5년간 금융 관련 법령상 벌금형 이상에 상당하는 형사 처벌을 받은 사실이 없을 것"이라는 요건, ii) "부실금융기관으로 지정되었거나 금융 관련 법령에 따라 영업의 허가·인가·등록 등이 취소된 금융기관의 대주주 또는 그 특수관계인이 아닐 것"이라는 요건 및 iii) 외국 투자자문업자 또는 외국 투자일임업자가 최근 2년간 본국의 사법기관으로부터 5억원 이상의 벌금형을 받은 사실이 없을 것"이라는 요건만 충족하면 된다(법 시행령 23조 2호 나목, [별표 2] 1호 마목 1) 및 3), 4호 라목). 즉 등록 요건보다 완화된 요건을 적용하고 있다.

한편, 이러한 대주주 요건을 등록 유지 요건으로 한 것에 대한 비판적인 견해도 있다. 즉 대주주 요건의 결격으로 등록이 취소되는 것은 위반 행위자와 처벌 대상자가 다르다는 점에서 문제가 있으며, 따라서 대주주 요건 위반 시에는 대주주의 주식 처분 명령 등 대주주에 대한 제재 방식으로 전환할 필요가 있다는 견해가 있다.[1)]

제21조(업무의 추가 및 변경등록)

① 금융투자업자는 제18조에 따라 등록한 등록업무 단위 외에 다른 등록업무 단위를 추가하여 금융투자업을 영위하려는 경우에는 제18조 및 제19조에 따라 금융위원회에 변경등록하여야 한다.

② 제 1 항에 따른 변경등록을 함에 있어서 제18조 제 2 항 제 5 호의 등록요건에 관하여는 같은 호에도 불구하고 대통령령으로 정하는 완화된 요건을 적용한다.

시행령 제23조의2(변경등록요건의 완화) 법 제21조 제 2 항에서 "대통령령으로 정하는 완화된 요건"이란 제23조 제 2 호 각 목의 구분에 따른 요건을 말한다.

Ⅰ. 업무의 추가 및 변경 등록 Ⅱ. 변경 등록 시 대주주 요건의 완화

Ⅰ. 업무의 추가 및 변경 등록

등록 업무 단위를 선택하여 이미 등록을 한 금융투자업자가 새로이 등록 업무 단위를 추가하려고 할 때 새로이 신규 등록을 하여야 하는가? 자본시장법은 이 경우에 "변경등록"이라는 제도를 채택하고 있다(법 21조 1항). 즉 신규 등록을 할 필요는 없고 기존의

1) 상게서, 133쪽.

등록을 변경하는 '변경 등록'을 금융위원회에 신청하면 된다(법 21조 1항). 변경 등록을 함에 있어서 그 등록 요건은 신규 등록 시의 등록 요건 중에서 대주주 요건만 제외하고 동일하다(법 21조 2항). 즉 대주주 요건은 완화된 요건을 적용하고 있는 것이다. 그리고 자기자본 요건과 관련해서는, 앞서 살펴본 것처럼, 추가로 등록하려는 '등록 업무 단위'에서 요구되는 자기자본을 추가로 충족하여야 할 것이다. 변경 등록 절차는 최초 등록 절차와 같다(법 21조 1항). 즉 금융위원회에 변경 등록 신청서를 제출하고 금융위원회의 검토와 통지, 공고 등의 절차를 밟게 된다(법 19조).

Ⅱ. 변경 등록시 대주주 요건의 완화

완화된 대주주 요건은 앞에서 살펴본 등록 유지 요건에서 적용되는 완화된 대주주 요건과 같다(법 21조 2항, 법 시행령 23조의2). 한편, 변경 등록에서 대주주 요건의 완화는 몇 차례 변화가 있었다. 2007년 제정 당시 자본시장법은 변경 등록시에는 대주주 요건에 대해 신규 등록 요건보다 완화된 유지 요건을 적용하였으나(제정 법 21조 2항), 2009년 2월 개정에서는 다른 업무 단위를 추가하기 위한 변경 등록 시에도 최초 등록과 동일한 대주주 요건을 적용하도록 완화된 대주주 요건 조항이 삭제되었다. 그러나 다시 2010년 3월 개정 시에 완화된 대주주 요건 조항을 신설하였다.

[초판: 정윤모, 개정판: 고동원]

제 2 장 금융투자업자의 지배구조

법상 금융투자업자에는 투자매매업자, 투자중개업자, 집합투자업자, 투자자문업자, 투자일임업자, 신탁업자가 해당한다(법 8조). 금융투자업자로서 투자매매업, 투자중개업, 집합투자업, 신탁업을 영위하기 위해서는 금융위원회로부터 인가를 받아야 하는데, 상법에 따른 주식회사이거나 법 시행령이 정하는 금융기관에 해당하여야 한다(법 12조 2항 1호 가목). 그리고, 금융투자업자로서 투자자문업, 투자일임업을 영위하기 위해서는 금융위원회에 등록을 해야 하는데, 상법에 따른 주식회사에 해당하여야 한다(법 18조 2항 1호 가목).[1)] 법은 금융투자업자의 지배구조에 대하여 특례를 규정하고 있으므로, 금융투자업자는 동 특례의 적용을 받음과 동시에 상법상 주식회사의 지배구조에 관한 규정의 적용을 받게 된다. 또한, 상법은 구증권거래법에 규정하고 있던 상장법인에 대한 특례 조항을 승계하여 이를 규정하고 있는바(상법 542조의2 내지 542조의13), 상장법인에 해당하는 금융투자업자는 또한 상법상 상장법인에 대한 특례 조항의 적용을 받게 된다. 법상 금융투자업자의 지배구조는 상법상 지배구조보다 엄격하게 규정되어 있는데, 금융투자업자의 건전한 지배구조 확보를 통해 투자자 보호 및 자본시장의 공정성, 신뢰성 등을 확보하는 기반을 마련하도록 하기 위함이다.

제22조(적용범위)

이 장은 다음 각 호의 어느 하나에 해당하는 자로서 금융투자업을 겸영(兼營)하는 자(이하 "겸영금융투자업자"라 한다)에게는 적용하지 아니한다.

1. 「은행법」 제2조의 금융기관과 같은 법 제5조에서 금융기관으로 보는 신용사업 부문(이하 "은행"이라 한다)
2. 「보험업법」 제2조의 보험회사(이하 "보험회사"라 한다)
3. 그 밖에 대통령령으로 정하는 금융기관 등

시행령 **제24조(적용범위)** 법 제22조 제3호에서 "대통령령으로 정하는 금융기관 등"이란 다음 각 호의 어느 하나에

---

1) 외국 투자자문업자에 관하여는 동법 제18조 제2항 제1호의 단서에 예외적용의 조항을 두고 있다.

해당하는 금융기관 등을 말한다.
1. 「한국산업은행법」에 따른 한국산업은행
2. 「중소기업은행법」에 따른 중소기업은행
3. 「한국수출입은행법」에 따른 한국수출입은행
4. 증권금융회사
5. 종합금융회사
6. 자금중개회사
7. 「외국환거래법」에 따른 외국환중개회사
8. 「한국주택금융공사법」에 따른 한국주택금융공사
9. 그 밖에 금융위원회가 정하여 고시하는 금융기관 등

현행 우리나라 금융규제 체계는 그 적용대상에 따라 은행업을 규율하는 「은행법」, 금융투자업을 규율하는 「자본시장과 금융투자업에 관한 법률」, 보험업을 규율하는 「보험업법」으로 분류되고, 은행 및 보험회사라고 하더라도 금융투자업을 동시에 영위하는 경우에는 자본시장법이 적용된다. 그런데, 은행과 보험회사의 지배구조에 관한 사항은 은행법과 보험업법이 별도로 규정하고 있으므로, 은행(농업협동조합중앙회 및 수산업협동조합중앙회의 신용사업부문 포함)과 보험회사에 대해서는 법상 금융투자업자의 지배구조에 관한 장을 적용하지 아니하는 것으로 하였다.

법 시행령은 한국산업은행, 중소기업은행, 한국수출입은행, 증권금융회사, 종합금융회사, 자금중개회사, 외국환중개회사, 한국주택금융공사, 그 밖에 금융위원회가 정하여 고시하는 금융기관 등을 금융투자업자의 지배구조 적용대상에서 제외하고 있다(법 시행령 24조). 여기서 금융위원회가 고시한 금융기관 등으로는 상호저축은행, 여신전문금융회사, 신용협동조합, 신용사업을 영위하는 지역농업협동조합·지역축산업협동조합·품목별협동조합·업종별협동조합, 신용사업을 영위하는 지구별수산업협동조합·업종별수산업협동조합·수산물가공수산업협동조합, 새마을금고, 체신관서가 있다(금융투자업규정 2-17조).

제23조(대주주의 변경승인 등)

① 금융투자업자(투자자문업자 및 투자일임업자를 제외한다)가 발행한 주식을 취득하여 대주주(제12조 제2항 제6호 가목의 대주주를 말하며, 대통령령으로 정하는 자를 제외한다. 이하 이 조에서 같다)가 되고자 하는 자는 제12조 제2항 제6호 가목의 대주주 요건 중 건전한 경영을 위하여 대통령령으로 정하는 요건을 갖추어 미리 금융위원회의 승인을 받아야 한다.

② 금융위원회는 제1항에 따른 승인을 받지 아니하고 취득한 주식에 대하여 6개월 이내의 기간을 정하여 처분을 명할 수 있다.

③ 제1항에 따른 승인을 받지 아니하고 주식을 취득한 자는 승인 없이 취득한 주식의 취득분에 대하여 의결권을 행사할 수 없다.

④ 투자자문업자 및 투자일임업자는 대주주가 변경된 경우에는 이를 2주 이내에 금융위원회에 보고하여야 한다. 이 경우 투자자문업 또는 투자일임업과 제 6 조 제 1 항 제 1 호부터 제 3 호까지 및 제 6 호의 어느 하나에 해당하는 금융투자업을 함께 영위하는 자로서 제 1 항에 따라 승인을 받은 때에는 보고를 한 것으로 본다.

⑤ 제 1 항 및 제 2 항에 따른 승인 및 처분명령의 세부요건에 관하여 필요한 사항은 대통령령으로 정한다.

시행령 제**25**조(변경승인이 면제되는 자의 범위) 법 제23조 제 1 항에서 "대통령령으로 정하는 자"란 다음 각 호의 어느 하나에 해당하는 자를 말한다.

1. 국가
2. 「예금자보호법」에 따른 예금보험공사
3. 최대주주의 특수관계인인 주주(최대주주가 아닌 주주만 해당한다)로서 주식의 취득결과 의결권 있는 발행주식총수의 100분의 1 미만을 소유하는 자
4. 회사의 합병에 따라 발행되는 신주를 배정받아 금융투자업자의 대주주가 되는 자

제**26**조(대주주의 변경승인 요건 등) ① 법 제23조 제 1 항에서 "대통령령으로 정하는 요건"이란 별표 4와 같다.

② 법 제23조 제 1 항에 따라 승인을 받으려는 자는 다음 각 호의 사항이 기재된 대주주 변경승인신청서를 금융위원회에 제출하여야 한다.

1. 신청인에 관한 사항
2. 대주주가 되려는 자의 주식취득대상 금융투자업자가 발행한 주식의 소유현황
3. 대주주가 되려는 자의 주식취득대상 금융투자업자가 발행하였거나 발행할 주식의 취득계획
4. 그 밖에 승인요건의 심사에 필요한 사항으로서 금융위원회가 정하여 고시하는 사항

③ 제 2 항에 따른 변경승인신청서에는 다음 각 호의 서류를 첨부하여야 한다.

1. 정관(이에 준하는 것을 포함하며, 법인인 경우에만 해당한다)
2. 외국 기업인 경우에는 법인등기부 등본에 준하는 서류
3. 최근 사업연도말 현재 재무제표 및 최근 사업연도말 이후 반기가 지난 경우에는 반기재무제표(법인인 경우에만 해당한다)
4. 제 3 호에 따른 재무제표에 대한 회계감사인(「주식회사의 외부감사에 관한 법률」 제 3 조 제 1 항에 따른 감사인을 말한다. 이하 같다)의 감사보고서 및 검토보고서
5. 대주주가 되려는 자가 금융기관인 경우에는 그 금융기관에 적용되는 재무건전성 기준에 따라 산출한 재무 상태와 이에 대한 회계감사인의 검토보고서
6. 그 밖에 승인요건의 심사에 필요한 서류로서 금융위원회가 정하여 고시하는 서류

④ 제 2 항에 따른 변경승인신청서를 제출받은 금융위원회는 「전자정부법」 제21조 제 1 항 또는 제22조의2제 1 항에 따른 행정정보의 공동이용을 통하여 다음 각 호의 행정정보를 확인하여야 하며, 신청인이 확인에 동의하지 아니하는 경우에는 그 서류(제 2 호의 경우에는 사업자등록증으로 갈음할 수 있다)를 첨부하도록 하여야 한다.

1. 법인등기부 등본(국내 법인인 경우만 해당한다)
2. 주민등록표 등본
3. 대주주가 되려는 자의 주식취득대상 금융투자업자의 법인등기부 등본

⑤ 금융위원회는 제 2 항에 따른 변경승인신청서를 접수한 경우에는 그 내용을 심사하여 60일 이내에 그 승인 여부를 결정하고, 그 결과와 이유를 지체 없이 신청인에게 문서로 통지하여야 한다. 이 경우 변경승인신청서에 흠이 있는 때에는 보완을 요구할 수 있다.

⑥ 제 5 항에 따른 심사기간을 계산할 때 변경승인신청서의 흠결의 보완기간 등 금융위원회가 정하여 고시하는 기간은 심사기간에 넣지 아니한다.

⑦ 금융위원회는 법 제23조 제 2 항에 따라 처분을 명하는 경우에는 처분대상 주식의 수, 처분 기한 등을 명시하여 서면으로 하여야 한다.
⑧ 제 1 항부터 제 7 항까지에서 규정한 사항 외에 변경승인의 신청방법 및 절차, 제 1 항에 따른 요건의 구체적인 기준 등에 관하여 필요한 사항은 금융위원회가 정하여 고시한다.

Ⅰ. 대주주의 개념 및 대주주변경의 승인·보고 제도의 목적

1. 대주주의 범위

법상 대주주는 최대주주와 주요주주로 구분된다. 최대주주란 법인의 의결권 있는 발행주식총수를 기준으로 본인 및 그와 특수한 관계가 있는 자(특수관계인)[1]가 누구의 명의로 하든지 자기의 계산으로 소유하는 주식(그 주식과 관련된 증권예탁증권을 포함한다)을 합하여

---

1) 최대주주를 정함에 있어 기준이 되는 특수관계인의 범위는 다음과 같다(법 시행령 8조).
1. 본인이 개인인 경우에는 다음 어느 하나에 해당하는 자
(1) 배우자(사실상의 혼인관계에 있는 자를 포함)
(2) 6촌 이내의 부계혈족 및 4촌 이내의 부계혈족의 처
(3) 3촌 이내의 부계혈족의 남편
(4) 3촌 이내의 모계혈족과 그 배우자 및 자녀
(5) 배우자의 2촌 이내의 부계혈족 및 그 배우자
(6) 입양자의 생가의 직계존속
(7) 출양자 및 그 배우자와 출양자 양가의 직계비속
(8) 혼인 외의 출생자의 생모
(9) 본인의 금전, 그 밖의 재산에 의하여 생계를 유지하는 자 및 생계를 함께 하는 자
(10) 본인이 단독으로 또는 그와 (1)부터 (9)까지의 관계에 있는 자와 합하여 100분의 30 이상을 출자하거나 그 밖에 임원의 임면 등 법인 또는 단체의 중요한 경영사항에 대하여 사실상의 영향력을 행사하고 있는 경우에는 해당 법인 또는 단체와 그 임원(임원을 특수관계인으로 보지 아니할 필요가 있는 경우로서 금융위원회가 정하여 고시하는 경우에는 그 임원을 제외. 아래에도 같음)
(11) 본인이 단독으로 또는 그와 (1)부터 (10)까지의 관계에 있는 자와 합하여 100분의 30 이상을 출자하거나 그 밖에 임원의 임면 등 법인 또는 단체의 중요한 경영사항에 대하여 사실상의 영향력을 행사하고 있는 경우에는 해당 법인 또는 단체와 그 임원
2. 본인이 법인 또는 단체인 경우에는 다음 어느 하나에 해당하는 자
(1) 임원
(2) 계열회사(「독점규제 및 공정거래에 관한 법률」에 따른 계열회사. 아래에도 같음) 및 그 임원
(3) 단독으로 또는 위 1에 해당하는 관계에 있는 자와 합하여 본인에게 100분의 30 이상을 출자하거나 그 밖에 임원의 임면 등 본인의 중요한 경영사항에 대하여 사실상의 영향력을 행사하고 있는 개인 및 그와 위 1에 해당하는 관계에 있는 자 또는 단체(계열회사를 제외. 아래에도 같음)와 그 임원
(4) 본인이 단독으로 또는 본인과 (1)부터 (3)까지의 관계에 있는 자와 합하여 100분의 30 이상을 출자하거나 그 밖에 임원의 임면 등 단체의 중요한 경영사항에 대하여 사실상의 영향력을 행사하고 있는 경우에는 해당 단체와 그 임원

그 수가 가장 많은 경우의 그 본인을 말한다(법 9조 1항 1호). 주요주주란 ① 누구의 명의로 하든지 자기의 계산으로 당해 금융투자업자의 의결권 있는 발행주식총수의 100분의 10 이상의 주식을 소유한 자 또는 ② 임원의 임면 등의 방법으로 법인의 중요한 경영사항에 대하여 사실상의 영향력을 행사하는 주주로서 (i) 단독으로 또는 다른 주주와의 합의·계약 등에 따라 대표이사 또는 이사의 과반수를 선임한 주주, (ii) 경영전략·조직변경 등 주요 의사결정이나 업무집행에 지배적인 영향력을 행사한다고 인정되는 자로서 금융위원회가 정하여 고시하는 주주를 말한다(법 9조 1항 2호).

최대주주의 범위와 관련하여, 법은 본인과 특수관계인의 소유 주식을 합하여 그 수가 가장 많은 경우의 본인이라고 규정하고 있는데, 그 합산의 대상이 된 주식을 소유한 자 중에서 누구를 본인으로 보아야 하는지를 명확하게 규정하고 있지 않다. 따라서, 합산의 대상이 된 주식을 소유하는 자 모두가 최대주주 본인에 각각 해당한다는 해석도 가능하다. 그러나, 이와 같이 해석하는 경우, 각각의 본인과 특수관계인의 소유 주식을 합산하면 그 수가 가장 많지 않아 최대주주로 볼 수 없는 모순적인 상황이 발생할 수 있고(각 본인마다 특수관계인의 범위가 달라질 수 있기 때문), 최대주주 본인이 다른 최대주주 본인을 기준으로는 최대주주의 특수관계인이 되는 결과가 될 수 있으며, 최대주주의 특수관계인의 범위가 지나치게 확대될 수 있다. 따라서 여기서 본인은 특수관계인 중 최대지분 보유자만이 해당하는 것으로 해석하는 것이 타당하며,[1] 이와 같이 해석하는 것이 최대주주의 문언적 의미에도 부합한다.

주요주주의 경우, 의결권 있는 발행주식총수의 100분의 10 이상의 주식을 소유한 자 이외에도 100분의 10 미만의 주식을 소유하더라도 법인의 중요한 경영사항에 대하여 사실상의 영향력을 행사하는 주주로서 단독으로 또는 다른 주주와의 합의·계약 등에 따라 대표이사 또는 이사의 과반수를 선임한 주주는 주요주주에 해당한다. 또한, 주요 의사결정이나 업무집행에 지배적인 영향력을 행사한다고 인정되는 자로서 임원(상법 401조의2 2항 각 호의 자를 포함한다)인 주주로서 의결권 있는 발행주식총수의 100분의 1 이상을 소유하는 자도 주요주주에 해당하는데(금융투자업규정 1−6조), 지배적인 영향력을 행사하는지 여부를 판단하기는 쉽지 않다.

2. 대주주 변경승인·보고의 목적

금융투자업자로서 투자매매업, 투자중개업, 집합투자업, 신탁업을 영위하기 위해서는 금융위원회로부터 인가를 받아야 하는데, 대주주의 충분한 출자능력, 건전한 재무상태 및 사회적 신용을 갖출 것이 인가의 요건으로 요구된다(법 12조 2항 6호). 그러나, 이러한 요건을 갖추어 인가를 받은 후에 대주주가 자신의 지분 일부 또는 전부를 이러한 요

1) 임재연, 「자본시장법」, 박영사, 2013, 91쪽.

건을 갖추지 못한 제3자에게 양도한다면 인가 요건을 규정한 취지가 형해화될 수 있으므로, 대주주의 변경시에도 엄격한 요건을 적용하여 승인을 받도록 한 것이다. 투자자문업, 투자일임업의 경우에는 금융위원회에 대주주 변경을 보고하여야 한다.

Ⅱ. 대주주 변경승인 제도

1. 승인대상 및 면제

투자자문업자 및 투자일임업자를 제외한 금융투자업자(투자매매업, 투자중개업, 집합투자업, 신탁업)가 발행한 주식을 취득하여 대주주가 되고자 하는 자는 미리 금융위원회의 승인을 받아야 한다. 대주주 변경승인은 주식을 취득하기 전에 사전에 받아야 한다.

변경승인의 대상이 되는 대주주는 최대주주와 주요주주이다. 최대주주의 경우에는 최대주주와 그 특수관계인을 포함하며, 최대주주가 법인인 경우 그 법인의 중요한 경영사항에 대하여 사실상 영향력을 행사하고 있는 자로서 최대주주인 법인의 최대주주(최대주주인 법인을 사실상 지배하는 자가 그 법인의 최대주주와 명백히 다른 경우에는 그 사실상 지배하는 자를 포함)와 최대주주인 법인의 대표자가 포함된다(법 시행령 16조 7항). 다만, 최대주주인 법인이 「금융위원회의 설치 등에 관한 법률」 제38조에 따른 검사대상기관으로서 설립근거법에 따른 소유한도 유무, 주식소유의 분산정도 등을 고려하여 최대주주인 법인의 최대주주가 그 법인을 사실상 지배하고 있지 아니하다고 금융위원회가 인정하는 경우에는 최대주주인 법인의 최대주주는 제외된다(금융투자업규정 2-1조 2항).

변경승인의 대상으로 규정된 대주주 중 (i) 국가, (ii) 예금보험공사, (iii) 최대주주의 특수관계인인 주주(최대주주가 아닌 주주만 해당)로서 주식의 취득결과 의결권 있는 발행주식 총수의 100분의 1 미만을 소유하는 자, (iv) 회사의 합병에 따라 발행되는 신주를 배정받아 금융투자업자의 대주주가 되는 자는 변경승인 대상에서 제외된다(법 시행령 25조). (iv)는 금융투자업 규정 제2-18조 제6항에서 규정한 면제 대상을 법 시행령에 반영한 것이다.

2. 승인요건

대주주 변경승인의 요건은 법 시행령 제26조 제1항 [별표 4]에 정하고 있는데, 대주주의 법적 형태에 따라 요건을 달리하여 규정하고 있다. 이를 모든 대주주에 대해서 적용되는 공통요건과 각 대주주의 법적 형태별로 적용되는 개별요건으로 구분할 수 있다.

(1) 공통요건

대주주 변경승인을 받고자 하는 자는 다음의 요건을 갖추어야 한다(법 시행령 [별표 4] 1호 다목). 다만, 공통요건의 경우 위반의 정도가 경미한 경우에는 승인이 가능하다.

① 최근 5년간 법, 법 시행령, 금융관련법령, 「독점규제 및 공정거래에 관한 법률」 및 「조세범처벌법」을 위반하여 벌금형 이상에 상당하는 형사처벌을 받은 사실이 없을 것

② 최근 5년간 채무불이행 등으로 건전한 신용질서를 해친 사실이 없을 것

③ 「금융산업의 구조 개선에 관한 법률」에 따라 부실금융기관으로 지정되었거나 법 또는 금융관련법령에 따라 영업의 허가·인가·등록 등이 취소된 금융기관의 대주주 또는 그 특수관계인이 아닐 것(다만, 법원의 판결에 따라 부실책임이 없다고 인정된 자 또는 부실에 따른 경제적 책임을 부담하는 등 금융위원회가 정하여 고시하는 기준에 해당하는 자는 제외)

④ 그 밖에 금융위원회가 정하여 고시하는 건전한 금융거래질서를 해친 사실이 없을 것

(2) 개별요건

1) 대주주가 금융기관인 경우

대주주가 금융기관인 경우에는 다음의 요건을 갖추어야 한다.

① 그 금융기관에 적용되는 재무건전성에 관한 기준으로서 금융위원회가 정하여 고시하는 기준을 충족할 것

② 그 금융기관이 상호출자제한기업집단등에 속하거나 주채무계열에 속하는 회사인 경우에는 그 상호출자제한기업집단등 또는 주채무계열의 부채비율이 100분의 300 이하로서 금융위원회가 정하여 고시하는 기준(100분의 200 이하,[1] 금융투자업규정 [별표 5] 1. 나.)을 충족할 것

2) 대주주가 금융기관이 아닌 내국법인인 경우

대주주가 금융기관이 아닌 내국법인인 경우에는 다음 요건을 충족하여야 한다.

① 최근 사업연도말 현재 부채비율이 100분의 300 이하로서 금융위원회가 정하여 고시하는 기준(100분의 200 이하, 금융투자업규정 [별표 5] 2. 가.)을 충족할 것

② 그 법인이 상호출자제한기업집단등에 속하거나 주채무계열에 속하는 회사인 경우에는 그 상호출자제한기업집단등 또는 주채무계열의 부채비율이 100분의 300 이하로서 금융위원회가 정하여 고시하는 기준(100분의 200 이하, 금융투자업규정 [별표 5] 2. 나.)을 충족할 것

③ 차입으로 조성된 자금이 출자금의 3분의 2 이하일 것

1) 그 소속기업 중 금융기관을 제외한 기업의 수정재무제표를 합산하여 부채비율을 계산한다.

3) 대주주가 내국인으로서 개인인 경우

대주주가 내국인으로서 개인인 경우는 다음 요건을 충족하여야 한다.

① 법 제24조(금융투자업자의 임원의 자격)에 적합할 것

② 차입으로 조성된 자금이 출자금의 3분의 2 이하일 것

4) 대주주가 외국법인인 경우

대주주가 외국법인인 경우에는 다음 요건을 충족하여야 한다.

① 승인신청일 현재 외국에서 주식취득대상 금융투자업자가 경영하고 있는 금융투자업에 상당하는 영업을 하고 있을 것

② 국제적으로 인정받는 신용평가기관으로부터 투자적격 이상의 신용평가등급을 받거나, 본국의 감독기관이 정하는 재무건전성에 관한 기준을 충족하고 있는 사실이 확인될 것

③ 최근 3년간 금융업에 상당하는 영업과 관련하여 본국의 감독기관으로부터 법인경고 이상에 상당하는 행정처분을 받거나 벌금형 이상에 상당하는 형사처벌을 받은 사실이 없을 것

위 요건을 적용할 때 대주주인 외국법인이 지주회사이어서 위 요건의 전부 또는 일부를 그 지주회사에 적용하는 것이 곤란하거나 불합리한 경우에는 그 지주회사가 승인신청시에 지정하는 회사(그 지주회사의 경영을 사실상 지배하고 있는 회사 또는 그 지주회사가 경영을 사실상 지배하고 있는 회사만 해당한다)가 위 요건을 전부나 일부를 충족하는 때에는 그 지주회사가 그 요건을 충족한 것으로 본다.

5) 대주주가 사모투자전문회사 또는 투자목적회사인 경우

사모투자전문회사의 경우에는 사모투자전문회사의 업무집행사원과 그 출자지분이 100분의 30 이상인 유한책임사원(사모투자전문회사에 대하여 사실상의 영향력을 행사하고 있지 아니하다는 사실이 정관, 투자계약서, 확약서 등에 의하여 확인된 경우는 제외) 및 사모투자전문회사를 사실상 지배하고 있는 유한책임사원이, 투자목적회사의 경우에는 투자목적회사의 주주나 사원인 사모투자전문회사의 업무집행사원과 그 출자지분이 100분의 30 이상인 주주나 사원(투자목적회사에 대하여 사실상의 영향력을 행사하고 있지 아니하다는 사실이 정관, 투자계약서, 확약서 등에 의하여 확인된 경우는 제외) 및 투자목적회사를 사실상 지배하고 있는 주주나 사원이, 각 해당 주체에 따라 공통요건과 다음과 같은 각각의 개별요건을 충족하여야 한다.

㈎ 금융기관인 경우

① 그 금융기관에 적용되는 재무건전성에 관한 기준으로서 금융위원회가 정하여 고시하는 기준을 충족할 것

② 그 금융기관이 상호출자제한기업집단등에 속하거나 주채무계열에 속하는 회사인

경우에는 그 상호출자제한기업집단등 또는 주채무계열의 부채비율이 100분의 300 이하로서 금융위원회가 정하여 고시하는 기준을 충족할 것

㈏ 금융기관이 아닌 내국법인인 경우

① 최근 사업연도말 현재 부채비율이 100분의 300 이하로서 금융위원회가 정하여 고시하는 기준을 충족할 것

② 그 법인이 상호출자제한기업집단등에 속하거나 주채무계열에 속하는 회사인 경우에는 그 상호출자제한기업집단등 또는 주채무계열의 부채비율이 100분의 300 이하로서 금융위원회가 정하여 고시하는 기준을 충족할 것

㈐ 내국인으로서 개인인 경우

법 제24조(금융투자업자의 임원의 자격)에 적합할 것

㈑ 외국법인인 경우

① 국제적으로 인정받는 신용평가기관으로부터 투자적격 이상의 신용평가등급을 받거나, 본국의 감독기관이 정하는 재무건전성에 관한 기준을 충족하고 있는 사실이 확인될 것

② 최근 3년간 금융업에 상당하는 영업과 관련하여 본국의 감독기관으로부터 법인경고 이상에 상당하는 행정처분을 받거나 벌금형 이상에 상당하는 형사처벌을 받은 사실이 없을 것

(3) 최대주주인 법인의 최대주주와 대표자에 대한 승인요건

최대주주인 법인의 최대주주와 대표자의 경우에는 그가 금융기관, 금융기관이 아닌 내국법인, 내국인으로서 개인인 경우에는 공통요건만을 충족하면 되고, 외국법인인 경우에는 최근 3년간 금융업에 상당하는 영업과 관련하여 본국의 감독기관으로부터 법인경고 이상에 상당하는 행정처분을 받거나 벌금형 이상에 상당하는 형사처벌을 받은 사실이 없으면 된다. 다만, 최대주주인 법인이 사모투자전문회사이거나 투자목적회사인 경우에는 사모투자전문회사 또는 투자목적회사에 적용되는 공통요건과 이들에 대한 개별 요건을 모두 충족하여야 한다.

3. 승인절차

변경승인을 받으려는 자는 다음의 사항이 기재된 대주주 변경승인 신청서를 일정한 서류를 첨부하여 금융위원회에 제출하여야 한다(법 시행령 26조 2항).

1. 신청인에 관한 사항
2. 대주주가 되려는 자의 주식취득대상 금융투자업자가 발행한 주식의 소유현황
3. 대주주가 되려는 자의 주식취득대상 금융투자업자가 발행하였거나 발행할 주식의

취득계획

4. 그 밖에 승인요건의 심사에 필요한 사항으로서 금융위원회가 정하여 고시하는 사항

변경승인신청서를 접수한 금융위원회는 그 내용을 심사하여 60일 이내에 그 승인 여부를 결정하고, 그 결과와 이유를 지체 없이 신청인에게 문서로 통지하여야 한다. 이 경우 변경승인신청서에 흠이 있는 때에는 보완을 요구할 수 있다(법 시행령 26조 5항). 심사기간을 계산할 때 변경승인신청서의 흠결의 보완기간 등 금융위원회가 정하여 고시하는 기간은 심사기간에 넣지 아니한다(법 시행령 26조 6항).

4. 승인효력기간 및 보고

금융위원회의 대주주 변경승인의 효력은 금융투자업자의 대주주가 되고자 하는 자가 승인을 받은 날부터 6개월 이내에 당해 금융투자업자의 주식을 취득하지 아니하는 경우에는 소멸한다. 다만, 금융위원회의 승인 당시 주식취득기한을 따로 정하였거나 승인 후 주식취득기한의 연장에 대하여 금융위원회의 승인을 받은 경우에는 그 기간을 달리 정할 수 있다(금융투자업규정 2-18조 4항). 금융투자업자의 대주주가 되고자 하는 자가 승인을 받은 후 주식을 취득한 때에는 그 사실을 지체 없이 금융위원회에 보고하여야 한다(금융투자업규정 2-18조 5항).

Ⅲ. 대주주 변경보고 제도

투자자문업자 및 투자일임업자는 대주주가 변경된 경우에는 이를 2주 이내에 금융위원회에 보고하여야 한다(법 23조 4항 전문). 대주주 변경승인과는 달리 사후 보고사항이므로 주식 등을 취득하여 대주주가 변경된 이후에 보고의무를 이행하면 되고, 보고의무 이행 주체도 대주주가 아닌 금융투자업자이다.

대주주 변경승인의 대상이 되는 투자매매업자, 투자중개업자, 집합투자업자, 신탁업자가 투자자문업 또는 투자일임업을 함께 영위하는 경우, 대주주가 되고자 하는 자가 변경승인을 받은 경우에는 보고를 한 것으로 보므로(법 23조 4항 후문), 해당 금융투자업자가 별도로 대주주 변경보고를 이행할 필요가 없다.

Ⅳ. 위반에 대한 제재

1. 처분명령 및 의결권 제한

금융위원회는 대주주 변경승인을 받지 아니하고 취득한 주식에 대하여 6개월 이내의 기간을 정하여 처분을 명할 수 있다(법 23조 2항). 또한 승인을 받지 않고 주식을 취득한 자는 승인 없이 취득한 주식의 취득분에 대하여 의결권을 행사할 수 없다(법 23조 3항). 대주주 변경승인 의무를 부담하기 이전에 이미 소유하고 있던 주식은 처분명령의 대상이 되거나 의결권 행사가 제한되지 않는다.

2. 형사제재

금융위원회의 사전승인 없이 주식을 취득하여 금융투자업자(투자매매업자, 투자중개업자, 집합투자업자, 신탁업자)의 대주주가 된 자 또는 승인을 받지 아니하고 취득한 주식에 대한 처분명령에 위반하여 주식을 처분하지 아니한 자는 1년 이하의 징역 또는 3천만원 이하의 벌금에 처한다(법 446조 1호·2호). 징역과 벌금을 병과할 수 있다(법 447조 1항). 법인의 대표자나 법인 또는 개인의 대리인, 사용인, 그 밖의 종업원이 그 법인 또는 개인의 업무에 관하여 위반행위를 하면 그 행위자를 벌하는 외에 그 법인 또는 개인에게도 해당 조문의 벌금형을 과(科)한다. 다만, 법인 또는 개인이 그 위반행위를 방지하기 위하여 해당 업무에 관하여 상당한 주의와 감독을 게을리하지 아니한 경우에는 그러하지 아니하다(법 448조).

3. 과 태 료

투자자문업자 및 투자일임업자가 대주주변경의 보고를 하지 아니하거나 거짓으로 보고한 경우에는 1천만원 이하의 과태료에 처해진다(법 449조 2항 1호).

제24조(임원의 자격)

① 다음 각 호의 어느 하나에 해당하는 자는 금융투자업자의 임원(「상법」 제401조의2 제1항 제3호에 따른 자로서 대통령령으로 정하는 자를 포함한다. 이하 이 조에서 같다)이 될 수 없으며, 임원이 된 후 이에 해당하게 된 경우에는 그 직(職)을 상실한다.

1. 미성년자, 금치산자 또는 한정치산자
2. 파산선고를 받은 자로서 복권되지 아니한 자
3. 금고 이상의 실형의 선고를 받거나 이 법, 대통령령으로 정하는 금융관련 법령(이하 이 조에서 "금융관련법령"이라 한다) 또는 외국 금융관련 법령(이 법 또는 금융관련법령에 상당하는 외국의 법령을 말한다. 이하 이 조에서 같다)에 따라 벌금 이상의 형을 선고받고 그 집행이

종료(집행이 종료된 것으로 보는 경우를 포함한다)되거나 집행이 면제된 날부터 5년이 경과되지 아니한 자

4. 금고 이상의 형의 집행유예의 선고를 받고 그 유예기간 중에 있는 자
5. 이 법, 금융관련법령 또는 외국 금융관련 법령에 따라 영업의 허가·인가·등록 등이 취소된 법인 또는 회사의 임직원이었던 자(그 취소사유의 발생에 관하여 직접 또는 이에 상응하는 책임이 있는 자로서 대통령령으로 정하는 자에 한한다)로서 그 법인 또는 회사에 대한 취소가 있는 날부터 5년이 경과되지 아니한 자
6. 이 법, 금융관련법령 또는 외국 금융관련 법령에 따라 해임되거나 면직된 날부터 5년이 경과되지 아니한 자
7. 재임 또는 재직 중이었더라면 이 법 또는 금융관련법령에 따라 해임요구 또는 면직요구의 조치를 받았을 것으로 통보된 퇴임한 임원 또는 퇴직한 직원으로서 그 통보된 날부터 5년(통보된 날부터 5년이 퇴임 또는 퇴직한 날부터 7년을 초과하는 경우에는 퇴임 또는 퇴직한 날부터 7년으로 한다)이 경과되지 아니한 자
8. 그 밖에 투자자 보호 및 건전한 거래질서를 해할 우려가 있는 자로서 대통령령으로 정하는 자

② 금융투자업자의 임원은 금융에 대한 경험과 지식을 갖춘 자로서 금융투자업의 공익성 및 건전경영과 신용질서를 해칠 우려가 없는 자이어야 한다.

③ 제2항에 따른 임원의 자격 요건에 관한 구체적인 사항은 대통령령으로 정한다.

시행령 제**26**조의2(임원 자격요건의 적용대상) 법 제24조 제1항 각 호 외의 부분에서 "대통령령으로 정하는 자"란 이사가 아니면서 명예회장·회장·부회장·사장·부사장·전무·상무·이사, 그 밖에 금융투자업자의 업무를 집행할 권한이 있는 것으로 인정될 만한 명칭을 사용하여 금융투자업자의 업무를 집행하는 사람을 말한다.

시행령 제**27**조(임원의 결격사유 등) ① 법 제24조 제3호에서 "대통령령으로 정하는 금융관련 법령"이란 다음 각 호의 법령(이하 이 조에서 "금융관련법령"이라 한다)을 말한다.

1. 「한국은행법」
2. 「은행법」
3. 「한국산업은행법」
4. 「중소기업은행법」
5. 「한국수출입은행법」
6. 「보험업법」
7. 「상호저축은행법」
8. 「신용보증기금법」
9. 「기술신용보증기금법」
10. 「신용협동조합법」
11. 「새마을금고법」
12. 「신용정보의 이용 및 보호에 관한 법률」
13. 「외국환거래법」
14. 「금융위원회의 설치 등에 관한 법률」
15. 「자산유동화에 관한 법률」
16. 「금융회사부실자산 등의 효율적 처리 및 한국자산관리공사의 설립에 관한 법률」

17. 「금융실명거래 및 비밀보장에 관한 법률」
18. 「외국인투자촉진법」
19. 「금융 산업의 구조 개선에 관한 법률」
20. 「한국주택금융공사법」
21. 「부동산가격 공시 및 감정평가에 관한 법률」
22. 「주택법」
23. 「예금자보호법」
24. 「주택저당채권유동화회사법」
25. 「담보부사채신탁법」
26. 「금융지주회사법」
27. 「근로자퇴직급여 보장법」
28. 「농업협동조합법」
29. 「수산업협동조합법」
30. 「전자금융거래법」
31. 「특정 금융거래정보의 보고 및 이용 등에 관한 법률」
32. 「주식회사의 외부감사에 관한 법률」
33. 「대부업의 등록 및 금융이용자보호에 관한 법률」
34. 「공사채등록법」
35. 「공인회계사법」
36. 「유사수신행위의 규제에 관한 법률」
37. 「사회기반시설에 대한 민간투자법」
38. 「부동산투자회사법」
39. 「선박투자회사법」
40. 「문화산업진흥 기본법」
41. 「산업발전법」
42. 「중소기업창업 지원법」
43. 「여신전문금융업법」
44. 「벤처기업육성에 관한 특별조치법」
45. 「부품·소재전문기업 등의 육성에 관한 특별조치법」
46. 「해외자원개발 사업법」
47. 삭제 〈2014. 12. 30〉
48. 「농림수산식품투자조합 결성 및 운용에 관한 법률」

② 법 제24조 제1항 제5호에서 "대통령령으로 정하는 자"란 영업의 허가·인가·등록 등의 취소의 원인이 되는 사유가 발생한 당시의 임직원(「금융 산업의 구조 개선에 관한 법률」 제14조 제2항에 따라 허가·인가·등록 등이 취소된 법인인 경우에는 같은 법 제10조에 따른 적기시정조치의 원인이 되는 사유가 발생한 당시의 임직원을 말한다)으로서 다음 각 호의 어느 하나에 해당하는 자를 말한다.

1. 감사 또는 감사위원회의 위원
2. 허가·인가·등록 등의 취소의 원인이 되는 사유의 발생과 관련된 위법·부당한 행위로 인하여 금융위원회[금융감독원 원장(이하 "금융감독원장"이라 한다)을 포함한다. 이하 이 조에서 같다]로부터 해임요구, 직무정지, 문책경고, 주의적 경고, 주의, 그 밖의 조치를 받은 임원
3. 허가·인가·등록 등의 취소의 원인이 되는 사유의 발생과 관련된 위법·부당한 행위로 인하여 금융위원회로부터 면직요구 또는 정직요구 조치를 받은 직원
4. 제2호 또는 제3호에 따른 제재 대상자로서 그 조치를 받기 전에 퇴임 또는 퇴직한 자

③ 법 제24조 제3항에 따라 다음 각 호의 어느 하나에 해당하는 자는 임원이 될 수 없다.

1. 법, 금융관련법령이나 외국 금융관련 법령(법 제24조 제1항 제3호에 따른 외국 금융관련 법령을 말한다. 이하 이 조에서 같다)에 따라 금융위원회, 외국 금융감독기관 등으로부터 해임요구, 직무정지 또는 문책경고 조치를 받은 임원으로서 다음 각 목에서 정하는 기간이 지나지 아니한 자
   가. 해임요구 : 해임요구일로부터 5년
   나. 직무정지 : 직무정지가 끝난 날부터 4년
   다. 문책경고 : 문책경고를 받은 날부터 3년
2. 법, 금융관련법령이나 외국 금융관련 법령에 따라 금융위원회, 외국 금융감독기관 등으로부터 면직, 정직 또는 감봉을 요구받은 직원으로서 다음 각 목에서 정하는 기간이 지나지 아니한 자
   가. 면직요구 : 면직요구일로부터 5년
   나. 정직요구 : 정직요구일로부터 4년
   다. 감봉요구 : 감봉요구일로부터 3년
3. 법, 금융관련법령 또는 외국 금융관련 법령에 따라 소속기관으로부터 직무정지나 문책경고 조치를 받은 직원으로서 다음 각 목에서 정하는 기간이 지나지 아니한 자
   가. 직무정지 또는 정직 : 직무정지 또는 정직이 끝난 날부터 4년
   나. 문책경고 또는 감봉 : 문책경고 또는 감봉 조치를 받은 날부터 3년
4. 재임 또는 재직 중이었더라면 법, 금융관련법령이나 외국 금융관련 법령에 따라 제1호부터 제3호까지의 조치(제1호 가목 및 제2호 가목의 조치는 제외한다)를 받았을 퇴임한 임원이나 퇴직한 직원으로서 퇴임하거나 퇴직한 날부터 3년이 지나지 아니한 자

금융투자업자의 경우 임원에 대한 결격사유가 규정되어 있다. 여기서 임원이란 (i) 이사 및 감사(등기 이사 및 감사)(법 9조 2항)와 (ii) 이사가 아니면서 명예회장·회장·부회장·사장·부사장·전무·상무·이사, 그 밖에 금융투자업자의 업무를 집행할 권한이 있는 것으로 인정될 만한 명칭을 사용하여 금융투자업자의 업무를 집행하는 사람을 말한다(법 시행령 26조의2). (ii)는 금융투자업자의 업무를 집행하는 미등기임원으로 볼 수 있으며, 2010. 3. 12. 개정 시 추가되었다. 이로써 미등기임원도 본조에서 정한 결격사유를 적용받게 되었다고 할 수 있다. 상법(상장회사에 대한 특례 포함)상 사외이사가 아닌 이사 및 미등기임원에 대해서는 결격사유를 규정하고 있지 않지만, 금융투자업자의 임원에 대해서는 투자자 보호 및 건전한 거래질서 확보를 위하여 결격사유를 규정한 것이다.

본조에서 정한 결격사유에 해당하면 임원으로 선임되지 못할 뿐만 아니라(선임되더라도 그 효력이 없다), 임원이 된 후에도 이에 해당하면 자동적으로 그 직을 상실한다.

금융투자업자의 임원은 금융에 대한 경험과 지식을 갖춘 자로서 금융투자업의 공익성 및 건전경영과 신용질서를 해칠 우려가 없는 자이어야 하고, 그 자격에 대한 구체적인 사항은 법 시행령으로 정하도록 되어 있다(법 24조 2항·3항). 금융투자업자의 임원에 대하여 소극적 결격사유가 없을 뿐만 아니라 금융에 대한 전문성이라는 적극적 자격요건을 요구하고 있는데, 아직 시행령에 구체적으로 정하여지지는 않았다.

제25조(사외이사의 선임 및 이사회의 구성)

① 금융투자업자(자산규모 등을 고려하여 대통령령으로 정하는 금융투자업자를 제외한다. 이하 이 조에서 같다)는 사외이사(社外理事)를 3인 이상 두어야 하며, 사외이사는 이사 총수의 2분의 1 이상이 되도록 하여야 한다.

② 금융투자업자는 사외이사후보를 추천하기 위하여 「상법」 제393조의2에 따른 위원회(이하 "사외이사후보추천위원회"라 한다)를 설치하여야 한다. 이 경우 사외이사후보추천위원회는 사외이사가 총 위원의 2분의 1 이상이 되도록 구성하여야 한다.

③ 제 2 항 후단은 최초로 제 1 항의 요건에 해당되어 사외이사를 두어야 하는 금융투자업자가 그 사외이사를 선임하는 경우에는 적용하지 아니한다.

④ 금융투자업자는 주주총회에서 사외이사를 선임하고자 하는 경우에는 사외이사후보추천위원회의 추천을 받은 자 중에서 선임하여야 한다. 이 경우 사외이사후보추천위원회가 사외이사후보를 추천함에 있어서는 제29조 제 6 항에 따른 주주제안권을 행사할 수 있는 요건을 갖춘 주주가 추천한 사외이사후보를 포함시켜야 한다.

⑤ 다음 각 호의 어느 하나에 해당하는 자는 제 1 항에 따른 금융투자업자의 사외이사가 될 수 없으며, 사외이사가 된 후 이에 해당하게 된 경우에는 그 직을 상실한다. 다만, 제 2 호를 적용함에 있어서 사외이사가 됨으로써 최대주주의 특수관계인에 해당하게 된 자의 경우에는 사외이사가 될 수 있다.

1. 최대주주
2. 최대주주의 특수관계인
3. 주요주주 및 그의 배우자와 직계존비속
4. 해당 회사 또는 그 계열회사(「독점규제 및 공정거래에 관한 법률」에 따른 계열회사를 말한다. 이하 같다)의 상근 임직원이거나 최근 2년 이내에 상근 임직원이었던 자
5. 해당 회사의 임원의 배우자 및 직계존비속
6. 해당 회사와 대통령령으로 정하는 중요한 거래관계가 있거나 사업상 경쟁관계 또는 협력관계에 있는 법인의 상근 임직원이거나 최근 2년 이내에 상근 임직원이었던 자
7. 해당 회사의 임직원이 비상근이사로 있는 회사의 상근 임직원
8. 그 밖에 사외이사로서의 직무를 충실하게 수행하기 곤란하거나 해당 회사의 경영에 영향을 미칠 수 있는 자로서 대통령령으로 정하는 자

⑥ 금융투자업자는 사외이사의 사임·사망 등 사전에 예측하지 못한 사유로 인하여 사외이사의 수가 제 1 항에 따른 이사회의 구성요건에 미달하게 된 경우에는 그 사유가 발생한 후 최초로 소집되는 주주총회에서 제 1 항에 따른 요건에 합치되도록 하여야 한다.

시행령 **제28조**(사외이사의 선임 등) ① 법 제25조 제 1 항에서 "대통령령으로 정하는 금융투자업자"란 다음 각 호의 어느 하나에 해당하는 자를 말한다.

1. 최근 사업연도말을 기준으로 자산총액이 2조원 미만인 금융투자업자. 다만, 최근 사업연도말을 기준으로 그 금융투자업자가 운용하는 집합투자재산, 법 제85조 제 5 호에 따른 투자일임재산(이하 "투자일임재산"이라 한다) 및 신탁재산의 전체 합계액이 6조원 이상인 경우는 제외한다.

2. 외국 금융투자업자의 국내지점, 그 밖의 영업소
3. 주주총회일로부터 6개월 이내에 합병 등으로 인하여 소멸하는 금융투자업자
4. 「채무자 회생 및 파산에 관한 법률」에 따라 회생절차가 개시되거나 파산선고를 받은 금융투자업자
5. 해산을 결의한 금융투자업자

② 법 제25조 제5항 제6호에서 "해당 회사와 대통령령으로 정하는 중요한 거래관계가 있거나 사업상 경쟁관계 또는 협력관계에 있는 법인"이란 다음 각 호의 법인을 말한다. 다만, 한국은행, 제10조 제2항 각 호의 어느 하나에 해당하는 자, 제10조 제3항 제1호부터 제13호까지의 어느 하나에 해당하는 자와 이들에 준하는 외국법인은 제외한다.

1. 최근 3개 사업연도 중 해당 금융투자업자와의 거래실적의 합계액이 자산총액(그 금융투자업자의 최근 사업연도말 현재의 대차대조표상의 자산총액을 말한다)이나 매출총액(그 금융투자업자의 최근 사업연도말 현재의 손익계산서상의 매출총액을 말한다. 이하 이 조에서 같다)의 100분의 10 이상인 법인
2. 최근 사업연도 중에 해당 금융투자업자와 매출총액의 100분의 10 이상의 금액에 상당하는 단일의 거래계약을 체결한 법인
3. 최근 사업연도 중에 해당 금융투자업자가 금전·증권을 대여하거나 차입한 금액과 담보제공 등 채무보증을 한 금액의 합계액이 자기자본(그 금융투자업자의 최근 사업연도말 현재의 대차대조표상의 자기자본을 말한다)의 100분의 10 이상인 법인
4. 해당 금융투자업자의 정기주주총회일 현재 그 금융투자업자가 자본금(그 금융투자업자가 출자한 법인의 자본금을 말한다)의 100분의 5 이상을 출자한 법인
5. 해당 금융투자업자와 기술제휴계약을 체결하고 있는 법인
6. 해당 금융투자업자의 회계감사인으로 선임된 회계법인
7. 해당 금융투자업자와 법률자문·경영자문 등의 자문계약을 체결하고 있는 법인

③ 법 제25조 제5항 제8호에서 "대통령령으로 정하는 자"란 다음 각 호의 어느 하나에 해당하는 자를 말한다.

1. 해당 금융투자업자 외에 둘 이상의 다른 주권상장법인의 사외이사·비상임이사 또는 비상임감사로 재임 중인 자
2. 해당 금융투자업자에 대한 회계감사나 세무대리를 하거나 해당 금융투자업자와 법률자문·경영자문 등의 자문계약을 체결하고 있는 공인회계사·세무사·변호사, 그 밖에 이에 준하는 자로서 자문용역을 제공하고 있는 자
3. 해당 금융투자업자의 발행주식총수의 100분의 1 이상에 해당하는 주식을 보유(법 제133조 제3항 본문에 따른 보유를 말한다)하고 있는 자
4. 해당 금융투자업자와의 거래(「약관의 규제에 관한 법률」 제2조 제1항에 따른 약관에 따라 행하여지는 그 금융투자업자와의 정형화된 거래는 제외한다) 잔액이 1억원 이상인 자
5. 다음 각 목의 어느 하나에 해당하는 단체에 소속된 변호사, 공인회계사 및 세무사 또는 최근 2년 이내 에 그 단체에 소속되었던 변호사, 공인회계사 및 세무사
   가. 해당 금융투자업자와 법률자문, 경영자문 등의 자문계약을 체결하고 있는 법률사무소(「변호사법」 제31조 제2항에 따른 법률사무소를 말한다)
   나. 해당 금융투자업자와 법률자문, 경영자문 등의 자문계약을 체결하고 있는 법무조합(「변호사법」 제58조의18에 따른 법무조합을 말한다)
   다. 해당 금융투자업자의 회계감사인으로 선임된 감사반(「주식회사의 외부감사에 관한 법률」 제3조 제1항 제2호에 따른 감사반을 말한다)

Ⅰ. 사외이사 선임의무	선임
Ⅱ. 금융투자업자의 사외이사	Ⅲ. 위반에 대한 제재

Ⅰ. 사외이사 선임의무

1. 사외이사 제도의 도입

사외이사란 회사의 상시적인 업무에 종사하지 아니하는 이사로서 법 제25조에 따라 선임되는 자를 말한다(법 9조 3항). 사외이사 제도는 대주주 및 경영진으로부터 독립되고 회사의 경영과 이해충돌이 없는 자를 이사회의 구성원으로 참여시켜 이사회의 감독기능을 강화함으로써 경영의 투명성을 확보하기 위하여 도입된 제도이다. 2000. 1. 21. 구증권법 개정으로 명문으로 사외이사 제도가 도입되었고, 구증권법상 상장회사에 관한 특례 규정이 상법으로 이관되면서 상법에는 2009. 1. 30. 개정으로 사외이사의 정의 및 결격사유, 상장회사에 있어 사외이사의 선임과 이사회 구성 및 강화된 결격사유가 규정되었다. 법에는 금융투자업자에게 적용되는 사외이사의 선임과 이사회 구성 및 결격사유가 별도로 규정되어 있다.

2. 상법상 사외이사 제도와의 관계

상법상 주식회사 형태를 갖는 금융투자업자는 상법의 지배구조에 관한 규정이 중첩적으로 적용된다. 이에 따라 상법(상장회사에 관한 특례 포함)과 법 중 더 엄격한 요건이 적용된다고 할 수 있다.

상법은 회사의 상무에 종사하지 않는 이사로서 일정한 결격사유[(i) 회사의 상무에 종사하는 이사·집행임원 및 피용자 또는 최근 2년 이내에 회사의 상무에 종사한 이사·감사·집행임원 및 피용자, (ii) 최대주주가 자연인인 경우 본인과 그 배우자 및 직계 존속·비속, (iii) 최대주주가 법인인 경우 그 법인의 이사·감사·집행임원 및 피용자, (iv) 이사·감사·집행임원의 배우자 및 직계 존속·비속, (v) 회사의 모회사 또는 자회사의 이사·감사·집행임원 및 피용자, (vi) 회사와 거래관계 등 중요한 이해관계에 있는 법인의 이사·감사·집행임원 및 피용자, (vii) 회사의 이사·집행임원 및 피용자가 이사·집행임원으로 있는 다른 회사의 이사·감사·집행임원 및 피용자]에 해당하지 않는 자로 정의하고 있다(상법 382조 3항). 사외이사가 동 결격사유에 해당하는 경우 그 직을 상실한다. 상법상 상장회사[1]의 경우에는 위 결격사유에 더하여 가중된 결격사유[2]를 규정하고 있다(상법

---

1) 대통령령이 정하는 증권시장에 상장된 주권을 발행한 주식회사를 말한다. 다만, 집합투자를 수행하기 위한 기구로서 대통령령으로 정하는 주식회사는 제외한다(상법 542조의2).

2) 상법 제542조의8 제 2 항 각 호:
   1. 미성년자, 금치산자 또는 한정치산자
   2. 파산선고를 받고 복권되지 아니한 자
   3. 금고 이상의 형을 선고받고 그 집행이 끝나거나 집행이 면제된 후 2년이 지나지 아니한 자
   4. 대통령령으로 별도로 정하는 법률을 위반하여 해임되거나 면직된 후 2년이 지나지 아니한 자
   5. 상장회사의 주주로서 의결권 없는 주식을 제외한 발행주식총수를 기준으로 본인 및 그와 대통령령

542조의8 2항).

상법상 상장회사가 아닌 주식회사는 원칙적으로 사외이사를 선임할 의무는 없지만, 감사위원회를 설치하는 경우 감사위원회 위원의 3분의 2 이상을 사외이사로 선임하여야 한다(상법 415조의2 2항 단서). 반면, 상장회사의 경우에는 대통령령으로 정하는 경우[1]를 제외하고는 이사 총수의 4분의 1 이상을 사외이사로 하여야 하고, 최근 사업연도말 현재의 자산총액이 2조원 이상인 상장회사는 사외이사를 3명 이상으로 하되, 이사 총수의 과반수가 되도록 하여야 한다(상법 542조의8 1항).

Ⅱ. 금융투자업자의 사외이사 선임

1. 사외이사의 자격

다음의 어느 하나에 해당하는 자는 금융투자업자의 사외이사가 될 수 없으며, 사외이사가 된 후 이에 해당하게 된 경우에는 그 직을 상실한다(법 25조 5항 본문).

1. 최대주주
2. 최대주주의 특수관계인
3. 주요주주 및 그의 배우자와 직계존비속
4. 해당 회사 또는 그 계열회사(「독점규제 및 공정거래에 관한 법률」에 따른 계열회사를 말한다.

으로 정하는 특수한 관계에 있는 자(이하 "특수관계인"이라 한다)가 소유하는 주식의 수가 가장 많은 경우 그 본인 및 그의 특수관계인

6. 누구의 명의로 하든지 자기의 계산으로 의결권 없는 주식을 제외한 발행주식총수의 100분의 10 이상의 주식을 소유하거나 이사·집행임원·감사의 선임과 해임 등 상장회사의 주요 경영사항에 대하여 사실상의 영향력을 행사하는 주주 및 그의 배우자와 직계 존속·비속
7. 그 밖에 사외이사로서의 직무를 충실하게 수행하기 곤란하거나 상장회사의 경영에 영향을 미칠 수 있는 자로서 대통령령으로 정하는 자

1) 상법 시행령 제34조 제1항:
1. 벤처기업육성에 관한 특별조치법에 따른 벤처기업 중 최근 사업연도 말 현재의 자산총액이 1천억원 미만으로서 코스닥시장(대통령령 제24697호 자본시장과 금융투자업에 관한 법률 시행령 일부개정령 부칙 제8조에 따른 코스닥시장을 말한다. 이하 같다) 또는 코넥스시장(자본시장과 금융투자업에 관한 법률 시행령 제11조 제2항「자본시장과 금융투자업에 관한 법률 시행령」제11조 제2항에 따른 코넥스시장을 말한다. 이하 같다)에 상장된 주권을 발행한 벤처기업인 경우
2. 「채무자 회생 및 파산에 관한 법률」에 따른 회생절차가 개시되었거나 파산선고를 받은 상장회사인 경우
3. 유가증권시장(「자본시장과 금융투자업에 관한 법률 시행령」 제176조의9 제1항에 따른 유가증권시장을 말한다. 이하 같다), 코스닥시장 또는 코넥스시장에 주권을 신규로 상장한 상장회사(신규상장 후 최초로 소집되는 정기주주총회 전날까지만 해당한다)인 경우. 다만, 유가증권시장에 상장된 주권을 발행한 회사로서 사외이사를 선임하여야 하는 회사가 코스닥시장 또는 코넥스시장에 상장된 주권을 발행한 회사로 되는 경우 또는 코스닥시장 또는 코넥스시장에 상장된 주권을 발행한 회사로서 사외이사를 선임하여야 하는 회사가 유가증권시장에 상장된 주권을 발행한 회사로 되는 경우에는 그러하지 아니하다.
4. 「부동산투자회사법」에 따른 기업구조조정 부동산투자회사인 경우
5. 해산을 결의한 상장회사인 경우

이하 같다)의 상근 임직원이거나 최근 2년 이내에 상근 임직원이었던 자

5. 해당 회사의 임원의 배우자 및 직계존비속

6. 해당 회사와 대통령령으로 정하는 중요한 거래관계가 있거나 사업상 경쟁관계 또는 협력관계에 있는 법인[1]의 상근 임직원이거나 최근 2년 이내에 상근 임직원이었던 자

7. 해당 회사의 임직원이 비상근이사로 있는 회사의 상근 임직원

8. 그 밖에 사외이사로서의 직무를 충실하게 수행하기 곤란하거나 해당 회사의 경영에 영향을 미칠 수 있는 자로서 대통령령으로 정하는 자[2]

다만, 사외이사가 됨으로써 최대주주의 특수관계인에 해당하는 경우는 '최대주주의

---

1) 법 시행령 제28조 제 2 항: "해당 회사와 대통령령으로 정하는 중요한 거래관계가 있거나 사업상 경쟁관계 또는 협력관계에 있는 법인"이란 다음 각 호의 법인을 말한다. 다만, 한국은행, 제10조 제 2 항 각 호의 어느 하나에 해당하는 자, 제10조 제 3 항 제 1 호부터 제13호까지의 어느 하나에 해당하는 자와 이들에 준하는 외국법인은 제외한다.
   1. 최근 3개 사업연도 중 해당 금융투자업자와의 거래실적의 합계액이 자산총액(그 금융투자업자의 최근 사업연도말 현재의 대차대조표상의 자산총액을 말한다)이나 매출총액(그 금융투자업자의 최근 사업연도말 현재의 손익계산서상의 매출총액을 말한다. 이하 이 조에서 같다)의 100분의 10 이상인 법인
   2. 최근 사업연도 중에 해당 금융투자업자와 매출총액의 100분의 10 이상의 금액에 상당하는 단일의 거래계약을 체결한 법인
   3. 최근 사업연도 중에 해당 금융투자업자가 금전·증권을 대여하거나 차입한 금액과 담보제공 등 채무보증을 한 금액의 합계액이 자기자본(그 금융투자업자의 최근 사업연도말 현재의 대차대조표상의 자기자본을 말한다)의 100분의 10 이상인 법인
   4. 해당 금융투자업자의 정기주주총회일 현재 그 금융투자업자가 자본금(그 금융투자업자가 출자한 법인의 자본금을 말한다)의 100분의 5 이상을 출자한 법인
   5. 해당 금융투자업자와 기술제휴계약을 체결하고 있는 법인
   6. 해당 금융투자업자의 회계감사인으로 선임된 회계법인
   7. 해당 금융투자업자와 법률자문·경영자문 등의 자문계약을 체결하고 있는 법인

2) 법 시행령 제28조 제 3 항:
   1. 해당 금융투자업자 외에 둘 이상의 다른 주권상장법인의 사외이사·비상임이사 또는 비상임감사로 재임 중인 자
   2. 해당 금융투자업자에 대한 회계감사나 세무대리를 하거나 해당 금융투자업자와 법률자문·경영자문 등의 자문계약을 체결하고 있는 공인회계사·세무사·변호사, 그 밖에 이에 준하는 자로서 자문용역을 제공하고 있는 자
   3. 해당 금융투자업자의 발행주식총수의 100분의 1 이상에 해당하는 주식을 보유(법 제133조 제 3 항 본문에 따른 보유를 말한다)하고 있는 자
   4. 해당 금융투자업자와의 거래(「약관의 규제에 관한 법률」 제 2 조 제 1 항에 따른 약관에 따라 행하여지는 그 금융투자업자와의 정형화된 거래는 제외한다) 잔액이 1억원 이상인 자
   5. 다음 각 목의 어느 하나에 해당하는 단체에 소속된 변호사, 공인회계사 및 세무사 또는 최근 2년 이내에 그 단체에 소속되었던 변호사, 공인회계사 및 세무사
      가. 해당 금융투자업자와 법률자문, 경영자문 등의 자문계약을 체결하고 있는 법률사무소(「변호사법」 제31조 제 2 항에 따른 법률사무소를 말한다)
      나. 해당 금융투자업자와 법률자문, 경영자문 등의 자문계약을 체결하고 있는 법무조합(「변호사법」 제58조의18에 따른 법무조합을 말한다)
      다. 해당 금융투자업자의 회계감사인으로 선임된 감사반(「주식회사의 외부감사에 관한 법률」 제 3 조 제 1 항 제 2 호에 따른 감사반을 말한다)

특수관계인'에 해당하는 것으로 보지 않고 사외이사가 될 수 있다(법 25조 5항 본문). 최대주주 본인이 단독으로 또는 일정한 관계에 있는 자와 합하여 중요한 경영사항에 대하여 사실상의 영향력을 행사하고 있는 법인이나 단체의 임원은 최대주주의 특수관계인에 해당하므로(법 시행령 8조 1호 차목·2호 라목 참조), 금융투자업자의 임원은 최대주주의 특수관계인으로 인정될 가능성이 높다. 이렇게 본다면 사외이사는 선임과 동시에 최대주주의 특수관계인이 되어 결격사유로 그 직을 상실하게 되는 불합리한 결과가 되므로 사외이가가 됨으로써 최대주주의 특수관계인에 해당하는 경우에는 예외를 인정하고 있는 것이다.

2. 사외이사의 정원

금융투자업자는 상법상 상장회사가 아니라도 사외이사를 3인 이상 두어야 하며, 사외이사가 이사 총수의 2분의 1 이상이 되도록 하여야 한다(법 25조 1항).

다만, 다음 금융투자업자의 경우에는 법상 사외이사 선임이 강제되지 않는데, 사외이사를 선임하고 유지하기 위해서 회사로서는 상당한 비용과 노력이 투입되어야 함을 고려하여 금융투자업자의 규모 또는 특성에 따라 일정한 경우에는 사외이사 선임의무를 면제한 것이다.

i) 최근 사업연도 말을 기준으로 자산총액이 2조원 미만인 금융투자업자. 금융투자업자의 규모가 적다는 점을 고려한 것이다. 다만, 최근 사업연도말을 기준으로 금융투자업자가 운용하는 집합투자재산, 투자일임재산 및 신탁재산의 전체 합계액이 6조원 이상인 경우는 사외이사를 선임하여야 한다(법 시행령 28조 1항 1호).

ii) 외국 금융투자업자의 국내지점과 그 밖의 영업소(법 시행령 28조 1항 2호). 외국 금융투자업자의 국내지점과 영업소는 금융투자업 인가를 받거나 등록을 함으로써 금융투자업자가 될 수 있지만, 독립된 법인격을 갖추고 의사결정을 하는 것이 아니므로 예외를 인정한 것이다.

iii) (a) 주주총회일로부터 6개월 이내에 합병 등으로 인하여 소멸하는 금융투자업자, (b) 「채무자 회생 및 파산에 관한 법률」에 따라 회생절차가 개시되거나 파산선고를 받은 금융투자업자, (c) 해산을 결의한 금융투자업자(법 시행령 28조 1항 3호 내지 5호). 가까운 시일 내에 소멸하거나 실질적으로 영업 수행이 곤란한 점 등을 고려하여 예외를 인정한 것이다.

법상 사외이사 선임의무가 면제된 경우에도, 최근 사업연도말을 기준으로 자산총액이 2조원 미만인 금융투자업자가 상장회사인 경우에는 상법에 따라 이사총수의 4분의 1 이상을 사외이사로 두어야 하며(상법 542조의8 1항), 상법에 따른 사외이사 결격사유도 적용된다.

3. 사외이사의 선임절차

금융투자업자는 사외이사후보를 추천하기 위해 상법 제393조의2에 따른 위원회("사외이사후보추천위원회")를 설치하여야 한다.

사외이사후보추천위원회는 사외이사가 총 위원의 2분의 1 이상이 되도록 구성하여야 한다(법 25조 2항). 독립적인 사외이사가 2분의 1 이상이 되도록 함으로써 중립적인 사외이사후보가 추천될 수 있도록 하기 위한 것이다. 다만, 이러한 사외이사후보추천위원회의 의무적인 사외이사 구성비율은 최초로 사외이사를 두어야 하는 금융투자업자가 그 사외이사를 선임하는 경우에는 적용하지 아니한다(법 25조 3항). 최초로 사외이사를 두어야 하는 경우에는 사외이사가 존재하지 않기 때문에 구성비율을 충족하는 것이 불가능하기 때문에 둔 규정이다.

금융투자업자는 주주총회에서 사외이사를 선임하고자 하는 경우에는 사외이사후보추천위원회의 추천을 받은 자 중에서 선임하여야 한다. 이 경우 사외이사후보추천위원회가 사외이사후보를 추천함에 있어서는 법 제29조 제 6 항에 따른 주주제안권을 행사할 수 있는 요건을 갖춘 주주가 추천한 사외이사후보를 포함시켜야 한다(법 25조 4항). 사외이사후보에 포함시킬 의무가 있으나, 동 후보를 사외이사로 선임하여야 하는 것은 아니다.

4. 사외이사의 정원에 대한 특례

금융투자업자는 사외이사의 사임이나 사망 등 사전에 예측하지 못한 사유로 사외이사의 수가 법에서 정한 이사회의 구성요건에 미달한 경우에는 그 사유가 발생한 후 최초로 소집되는 주주총회에서 요건에 합치되도록 선임하여야 한다(법 25조 6항). 사외이사의 선임을 위한 주주총회 개최에 상당한 시간과 비용이 소요될 수 있음을 고려하여 사외이사 선임만을 위한 주주총회를 개최하지 않고, 다른 사유로 인하여 주주총회가 소집되는 경우 그 주주총회에서 사외이사를 선임하여 이사회 구성요건에 합치되도록 할 수 있게 한 것이다.

Ⅲ. 위반에 대한 제재

사외이사 선임의무를 이행하지 아니한 자(법 25조 1항 위반), 사외이사선임을 위해 이사후보추천위원회를 설치하지 아니한 자(법 25조 2항 전단 위반), 사외이사후보추천위원회를 사외이사가 총 위원의 2분의 1 이상이 되도록 구성하지 아니한 자(법 25조 2항 후단 위반), 사외이사후보추천위원회의 추천을 받은 자 가운데서 사외이사를 선임하지 아니한 자(법 25조 4항), 예측하지 못한 사유로 사외이사의 수가 이사회 구성요건에 미달하게 된 경우 그 사유가 발생한 후 최초로 소집되는 주주총회에서 사외이사 선임의무에 합치되도록 사외이사를 두지 아니한 자(법 25조 6항 위반)에 대하여는 5천만원 이하의 과태료를 부과한다(법 449조 1항).

제26조(감사위원회의 설치)

① 금융투자업자(자산규모 등을 고려하여 대통령령으로 정하는 금융투자업자를 제외한다. 이하 이 조에서 같다)는 「상법」 제415조의2에 따른 감사위원회(이하 "감사위원회"라 한다)를 설치하여야 한다.

② 감사위원회는 다음 각 호의 요건을 모두 충족하여야 한다.

1. 총 위원의 3분의 2 이상이 사외이사일 것
2. 위원 중 1인 이상은 대통령령으로 정하는 회계 또는 재무전문가일 것
3. 감사위원회의 대표는 사외이사일 것

③ 다음 각 호의 어느 하나에 해당하는 자는 사외이사가 아닌 감사위원회의 위원이 될 수 없으며, 사외이사가 아닌 감사위원회의 위원이 된 후 이에 해당하게 된 경우에는 그 직을 상실한다. 다만, 해당 회사의 상근감사 또는 사외이사가 아닌 감사위원회의 위원으로 재임 중이거나 재임하였던 자는 제2호에 불구하고 사외이사가 아닌 감사위원회의 위원이 될 수 있다.

1. 해당 회사의 주요주주
2. 해당 회사의 상근 임직원 또는 최근 2년 이내에 상근 임직원이었던 자
3. 그 밖에 해당 회사의 경영에 영향을 미칠 수 있는 자 등 사외이사가 아닌 감사위원회의 위원으로서의 직무를 충실하게 수행하기 곤란한 자로서 대통령령으로 정하는 자

④ 금융투자업자는 사외이사의 사임·사망 등 사전에 예측하지 못한 사유로 인하여 사외이사의 수가 제2항에 따른 감사위원회의 구성요건에 미달하게 된 경우에는 그 사유가 발생한 후 최초로 소집되는 주주총회에서 제2항에 따른 요건에 합치되도록 하여야 한다.

⑤ 「상법」 제415조의2 제2항 단서는 제1항에 따른 감사위원회의 구성에 관하여는 적용하지 아니한다.

⑥ 「상법」 제409조 제2항 및 제3항은 감사위원회의 위원이 되는 사외이사의 선임에 관하여 준용한다.

시행령 **제29조**(감사위원회) ① 법 제26조 제1항에서 "대통령령으로 정하는 금융투자업자"란 제28조 제1항 각 호의 어느 하나에 해당하는 금융투자업자를 말한다.

② 법 제26조 제2항 제2호에서 "대통령령으로 정하는 회계 또는 재무전문가"란 다음 각 호의 어느 하나에 해당하는 자를 말한다.

1. 공인회계사의 자격을 가진 자로서 그 자격과 관련된 업무에 5년 이상 종사한 경력이 있는 자
2. 회계 또는 재무 분야의 석사학위 이상의 학위소지자로서 연구기관 또는 대학에서 회계 또는 재무 관련 분야의 연구원 또는 전임강사 이상의 직에 합산하여 5년 이상 근무한 경력이 있는 자
3. 주권상장법인에서 회계 또는 재무 관련 업무에 합산하여 임원으로 5년 이상 근무하거나 임직원으로 10년 이상

근무한 경력이 있는 자
4. 다음 각 목의 기관에서 회계 또는 재무 관련 업무나 이에 대한 감독업무에 합산하여 5년 이상 근무한 경력이 있는 자
   가. 국가
   나. 한국은행
   다. 제10조 제 2 항 각 호의 어느 하나에 해당하는 기관
   라. 제10조 제 3 항 제 1 호부터 제14호까지의 어느 하나에 해당하는 기관
   마. 다목 및 라목 외에 「금융위원회의 설치 등에 관한 법률」 제38조에 따른 검사대상기관
   바. 나목부터 마목까지의 기관 외에 「공공기관의 운영에 관한 법률」에 따른 공공기관(금융위원회가 정하여 고시하는 기관은 제외한다)
   사. 「공인회계사법」에 따른 회계법인
   아. 가목부터 사목까지의 기관에 준하는 외국법인등

③ 법 제26조 제 3 항 제 3 호에서 "대통령령으로 정하는 자"란 다음 각 호의 어느 하나에 해당하는 자를 말한다.
1. 주요주주의 배우자와 직계존비속
2. 상근임원의 배우자와 직계존비속
3. 계열회사의 상근 임직원이나 최근 2년 이내에 상근 임직원이었던 자

Ⅰ. 감사위원회 설치의무

1. 감사위원회의 의의

우리나라는 1999. 12. 31. 상법 개정을 통하여 감사위원회제도를 도입하였다. 감사위원회는 정관이 정한 바에 따라 감사에 갈음하여 설치되는 상법 제393조의2의 규정에 의한 이사회 내의 위원회를 말한다(상법 415조의2 1항). 감사위원회는 미국의 감사제도를 본받은 것으로 상법이 감사위원회제도를 도입한 것은 1998년 금융위기 하에서 국제금융기구의 권고에 의한 것으로 법에서 기대하는 기능을 하지 못하는 종래의 감사제도를 보완하기 위한 목적이었으나, 법적 위상이나 독립성, 중립성 측면에서 기존 감사제도를 능가한다고 보기 어렵다는 비판이 제기되고 있다.[1)]

2. 법률상 감사위원회 설치의무

상법은 최근 사업연도말 현재 자산총액이 2조원 이상인 상장회사의 경우 감사위원회를 의무적으로 설치하도록 하고 있다(상법 542조의11 1항, 상법 시행령 16조 1항).

---

1) 이철송, 「회사법강의(12판)」, 박영사, 2012, 831, 832쪽 참조.

금융관련 법률도 주요 금융기관에 대해서 감사위원회의 설치를 강제하고 있다. 금융지주회사 및 은행은 반드시 감사위원회를 설치하여야 하며(금융지주회사법 41조 1항, 은행법 23조의2 1항), 일정규모 이상의 보험회사(보험업법 16조 1항), 상호저축은행(상호저축은행법 10조의4 1항), 여신전문금융회사(여신전문금융업법 50조의5 1항)도 감사위원회의 설치가 강제되고 있다.

금융투자업자는 사외이사의 선임이 면제되는 금융투자업자를 제외하고 감사위원회를 설치하여야 한다(법 26조 1항). 따라서, 금융투자업자의 경우 사외이사 선임의무와 감사위원회 설치의무의 대상은 동일하며, 최근 사업연도말을 기준으로 자산총액이 2조원 미만인 금융투자업자(최근 사업연도말을 기준으로 금융투자업자가 운용하는 집합투자재산, 투자일임재산 및 신탁재산의 전체 합계액이 6조원 이상인 경우는 제외), 외국 금융투자업자의 국내지점 또는 그 밖의 영업소, 주주총회일 부터 6개월 이내에 합병 등으로 인하여 소멸하는 금융투자업자, 「채무자 회생 및 파산에 관한 법률」에 따라 회생절차가 개시되거나 파산선고를 받은 금융투자업자, 해산을 결의한 금융투자업자는 감사위원회 설치의무가 면제된다(법 시행령 29조 1항 → 28조 1항 1호 내지 5호).

Ⅱ. 금융투자업자의 감사위원회

1. 감사위원회 위원의 자격

(1) 사외이사가 아닌 감사위원회 위원

다음의 어느 하나에 해당하는 자는 사외이사가 아닌 감사위원회의 위원이 될 수 없으며, 사외이사가 아닌 감사위원회의 위원이 된 후 이에 해당하게 된 경우에는 그 직을 상실한다(법 26조 3항).

ⅰ) 해당 회사의 주요주주

ⅱ) 해당 회사의 상근 임직원 또는 최근 2년 이내에 상근 임직원이었던 자

ⅲ) 그 밖에 해당 회사의 경영에 영향을 미칠 수 있는 자 등 사외이사가 아닌 감사위원회의 위원으로서의 직무를 충실하게 수행하기 곤란한 자로서 대통령령으로 정하는 자[1]

사외이사가 아닌 감사위원회 위원이라고 하더라도 감사위원회 위원으로서 독립적인 업무 수행을 기대하기 어려운 회사와 이해관계에 있는 자를 배제하도록 한 것이다.

다만, 해당 회사의 상근감사 또는 사외이사가 아닌 감사위원회의 위원으로 재임 중이거나 재임하였던 자는 ⅱ)에 해당함에도 불구하고 사외이사가 아닌 감사위원회의 위원

1) 법 시행령 제29조 제3항:
  1. 주요주주의 배우자와 직계존비속
  2. 상근임원의 배우자와 직계존비속
  3. 계열회사의 상근 임직원이나 최근 2년 이내에 상근 임직원이었던 자

이 될 수 있다(법 26조 3항 단서). 이 조항은 사외이사가 아닌 감사위원이 연임할 수 있도록 허용하는 의미를 가진다.[1)]

상법상 상장회사에 대한 특례는 최근 사업연도 말 현재의 자산총액이 2조원 이상인 상장회사(이하 "대규모 상장회사")의 사외이사가 아닌 감사위원회위원의 결격사유를 규정하고 있으므로, 상장회사인 금융투자업자는 추가로 동 결격사유의 적용을 받는다(상법 542조의11 3항).

(2) 사외이사인 감사위원회 위원

법상 사외이사인 감사위원회 위원의 자격에 대해서는 별도로 규정하고 있지 않으므로, 사외이사로서의 결격사유(법 25조 5항)에 해당하지 않으면 사외이사인 감사위원회 위원이 될 수 있다.

2. 감사위원회 위원의 선임 및 의결권 제한

상법상 감사위원회 위원은 대규모 상장회사의 경우 주주총회에서 선임하고, 대규모 상장회사가 아닌 경우 정관에 다른 규정이 없으면 주주총회에서 선임된 이사 중에서 이사회에서 선임한다.

금융투자업자의 경우 사외이사인 감사위원회 위원은 주주총회에서 선임하며, 이 경우 의결권 없는 주식을 제외한 발행주식 총수의 100분의 3을 초과하는 수의 주식을 가진 주주는 그 초과하는 주식에 관하여 의결권을 행사하지 못한다(법 26조 6항→상법 409조 2항). 회사는 정관으로 이 비율보다 낮은 비율을 정할 수 있다(법 26조 6항→상법 409조 3항). 사외이사가 아닌 감사위원회 위원에 대해서는 의결권 행사 제한에 관한 규정이 적용되지 않고, 달리 주주총회에서 선임하여야 한다는 명문의 규정이 없으므로, 주주총회에서 선임된 이사 중에서 이사회에서 선임할 수 있다고 보아야 할 것이다.

3. 감사위원회의 구성

감사위원회는 상법에 근거하여 설치되므로 3인 이상의 이사로 구성되어야 한다(상법 415조의2 2항). 그리고, 총 위원의 3분의 2 이상이 사외이사이어야 하고, 위원 중 1인 이상은 일정한 회계 또는 재무 전문가[2)]이어야 하며, 감사위원회의 대표는 사외이사이어야

1) 김정수, 「자본시장법원론」, SFL그룹, 2011, 151쪽.

2) 법 시행령 제29조 제2항:

1. 공인회계사의 자격을 가진 자로서 그 자격과 관련된 업무에 5년 이상 종사한 경력이 있는 자
2. 회계 또는 재무 분야의 석사학위 이상의 학위소지자로서 연구기관 또는 대학에서 회계 또는 재무 관련 분야의 연구원 또는 조교수 이상의 직에 합산하여 5년 이상 근무한 경력이 있는 자
3. 주권상장법인에서 회계 또는 재무 관련 업무에 합산하여 임원으로 5년 이상 근무하거나 임직원으로 10년 이상 근무한 경력이 있는 자
4. 다음 각 목의 기관에서 회계 또는 재무 관련 업무나 이에 대한 감독업무에 합산하여 5년 이상 근

한다(법 26조 2항).

사외이사의 사임·사망 등 사전에 예측하지 못한 사유로 인해 사외이사 수가 감사위원회의 구성요건에 미달한 경우에는 그 사유가 발생한 후 최초로 소집되는 주주총회에서 요건에 합치되도록 하여야 한다(법 26조 4항). 사외이사의 정원의 특례와 마찬가지로 주주총회 개최에 따른 부담을 경감하기 위한 취지의 조항이다.

Ⅲ. 감사위원회 설치의무가 없는 금융투자업자의 감사위원회 설치

본조에 따라 감사위원회의 설치의무가 없는 금융투자업자(예컨대, 최근 사업연도말을 기준으로 자산총액이 2조원 미만인 금융투자업자 등)도 임의로 감사위원회를 설치할 수 있다. 이 때에도 본조에 따른 감사위원회 위원의 자격요건이나 감사위원회의 구성요건이 의무적으로 적용되는지 문제될 수 있다. 법 제27조 제 1 항은 감사위원회의 설치 의무는 없지만 상근감사를 설치하여야 하는 금융투자업자가 법 제26조 제 2 항과 제 3 항의 요건을 갖춘 감사위원회를 설치하면 상근감사를 둘 수 없다고 규정하고 있으므로, 감사위원회 위원의 자격요건과 감사위원회 구성요건은 이 경우에도 적용된다. 다만, 법 제26조 제 6 항의 감사위원회 위원이 되는 사외이사의 선임에 관한 의결권제한의 적용 여부를 명확히 규정하고 있지는 않으나, 상근감사의 경우에 상법 제409조 제 2 항의 의결권 제한이 적용되므로, 이를 대체하는 감사위원회의 사외이사인 위원에 대해서도 의결권 제한이 적용되는 것으로 보는 것이 타당하다.

Ⅳ. 위반에 대한 제재

금융투자업자가 감사위원회를 설치하여야 하는 경우, 감사위원회를 설치하지 아니한 자(법 26조 1항 위반), 감사위원회 구성요건을 모두 충족하는 감사위원회를 설치하지 아니한 자(법 26조 2항 위반), 사외이사의 사임·사망 등 사전에 예측하지 못한 사유로 인하여 사외이사의 수가 감사위원회 구성요건에 미달하게 된 경우 그 사유가 발생한 후 최초로 소집

무한 경력이 있는 자

가. 국가

나. 한국은행

다. 제10조 제 2 항 각 호의 어느 하나에 해당하는 기관

라. 제10조 제 3 항 제 1 호부터 제14호까지의 어느 하나에 해당하는 기관

마. 다목 및 라목 외에 「금융위원회의 설치 등에 관한 법률」 제38조에 따른 검사대상기관

바. 나목부터 마목까지의 기관 외에 「공공기관의 운영에 관한 법률」에 따른 공공기관(금융위원회가 정하여 고시하는 기관은 제외한다)

사. 「공인회계사법」 에 따른 회계법인

아. 가목부터 사목까지의 기관에 준하는 외국법인등

되는 주주총회에서 요건에 합치되도록 하지 아니한 자(법 26조 4항 위반)는 5천만원 이하의 과태료에 처해진다(법 449조 1항).

[초판: 심영, 개정판: 은성욱]

제27조(상근감사)

① 금융투자업자(자산규모 등을 고려하여 대통령령으로 정하는 금융투자업자를 제외한다)는 1인 이상의 상근감사를 두어야 한다. 다만, 이 법에 따라 감사위원회를 설치한 경우(감사위원회 설치 의무가 없는 금융투자업자가 제26조 제 2 항 및 제 3 항의 요건을 갖춘 감사위원회를 설치한 경우를 포함한다)에는 상근감사를 둘 수 없다.

② 제26조 제 3 항은 제 1 항에 따른 상근감사의 자격에 관하여 준용한다.

시행령 제**30**조(상근감사) 법 제27조 제 1 항 본문에서 "대통령령으로 정하는 금융투자업자"란 다음 각 호의 어느 하나에 해당하는 자를 말한다.

1. 최근 사업연도말을 기준으로 자산총액이 1천억원 미만인 금융투자업자. 다만, 최근 사업연도말을 기준으로 그 금융투자업자가 운용하는 집합투자재산, 투자일임재산과 신탁재산의 전체 합계액이 3조원 이상인 경우는 제외한다.
2. 제28조 제 1 항 제 2 호부터 제 5 호까지의 어느 하나에 해당하는 자

Ⅰ. 상근감사의 의의

우리나라는 2009년 1월 30일 구증권법상에 존재하던 상장회사의 상근감사에 관한 규정을 상법으로 이관한 바 있는데, 상법은 상근감사를 "회사에 상근하면서 감사업무를 수행하는 감사"라고 규정하고 있다(제542조의 10). 그러나 자본시장법은 상근감사에 대한 정의규정을 두고 있지 않으므로 자본시장법 제27조에서 말하는 상근감사는 상법의 규정을 빌려 '금융투자업자의 영업소에 상근하면서 감사업무를 수행하는 감사'라고 정의할 수 있을 것이다.

미국의 경우에는 소유와 경영이 분리된 회사의 경우, 경영진의 전횡을 감시하는데 들어가는 대리인 비용의 문제를 해결하기 위해 이사회 내에 있는 감사위원회가 '내부감사인' 기능을 하고, 그 구성원들은 사외이사들로 채워 포괄적인 감사 기능을 맡기고 있으며, 독일 등 유럽의 기업들은 이사회를 집행이사회와 감독이사회로 나누어 감독이사회가

감사기능을 수행하도록 하고 있으므로 상근감사를 둘 필요성이 거의 없다. 그러나 소유와 경영의 분리가 제대로 이루어지지 않고, 특히 감사위원회 제도가 도입되기 전 경영진과 이사회의 구분도 어려웠던 한국적 상황에서는 경영진에 비해 이사회가 상대적으로 그 힘이 약했다. 따라서 구 증권거래법은 경영감독 제도를 강화하고 충실한 사전감사를 수행하도록 하기 위해[1] 일정 규모의 상장법인 등에 대하여는 필수적으로 상근감사 1인 이상을 두도록 의무화 하였었다(구증권법 제191조의12).

그러나 금융위기 이후 기업지배구조 개선을 위해 이사회의 기능을 강화하면서 1999년 상법을 개정하여 감사위원회제도를 도입하였고, 상법상 주식회사는 선택적으로 정관에 정한 바에 따라 감사에 갈음하여 이사회 내의 위원회의 하나로서 감사위원회를 설치할 수 있게 되었다(상법 415조의2 1항). 그리고 상법의 상장회사에 대한 특례는 자산 2조원 이상의 상장기업에 대해 감사위원회를 도입하도록 의무화하였고(법 415조의2 1항, 542조의11 1항, 법 시행령 16조 1항), 감사위원회 구성원의 3분의 2를 사외이사로 채우면 상근감사를 두지 않아도 될 수 있게 되었다. 그렇지만 비상근감사의 경우에는 회사의 업무에 대한 정보접근이 어려워 실효적인 감사가 불가능하기 때문에,[2] 최근 사업연도말 현재의 자산총액이 1천억원 이상인 상장회사(상법 시행령 제36조)는 주주총회 결의에 의하여 상근감사를 1명 이상 두도록 한 것이다. 그러나 이에 대하여 상근을 하게 되면 감사의 독립성이 훼손될 수 있음을 우려하는 견해가 있다. 따로 생업이 없는 관계로 그 자리 유지에 신경을 쓰게 되고, 경영진의 눈치를 보게 될 것이라는 이유에서이다.[3]

상근감사는 금융투자업자의 외부로부터 금융투자업자의 영업소에 상주하며 금융투자업자의 경영 전반을 감시하는 직책이므로 그 독립성이 매우 중요하다. 그런데 그 직책의 성질상 통상적으로 금융회사의 상근감사는 금융회사를 감독하는 금융감독원이나 감사원 등에서 감독 경험을 쌓은 사람이 맡는 경우가 허다하였다. 그러나 금융회사의 경영진이 이들을 통하여 감독당국과 소통창구를 마련하여 금융회사의 부실을 감추는 수단으로 이용한다는 비판이 있었고, 특히 상근감사들이 저축은행 대주주의 부실 경영에 대하여 눈을 감아 온 것이 부실 저축은행 사태를 초래한 원인 중 하나로 지적되면서 그러한 비판이 더욱 강해졌으며, 이에 따라 상근감사 제도의 폐지를 추진하고 있는 금융회사도 많다고 한다. 그러나 독립적인 입장에서 상시로 업무를 감시하는 상근감사를 없애면 회사 내부에서 선임한 감시인이 그 역할을 담당하게 되고, 독립성이 담보되지 못한 회사 내부의 자가 금융투자업자의 경영 내용에 대하여 제대로 된 감시를 할 수 없다는 지적도 있을 수 있다.[4]

1) 서울고법 2007. 3. 8. 선고 2006나66885 판결.
2) 이철송, 「회사법강의(제21판)」, 박영사, 2013, 821쪽.
3) 김건식, "법적 시각에서 본 감사위원회," 「BFL」 제13호(2005. 9), 41쪽.
4) 한국증권신문 2012년 3월 26일자 기사 참조.

Ⅱ. 상근감사 설치의무 대상자

최근 사업연도말을 기준으로 자산총액이 1천억원 이상인 금융투자업자 또는 자산총액이 1천억원 미만인 경우에도 최근 사업연도말을 기준으로 그 금융투자업자가 운용하는 집합투자재산, 투자일임재산과 신탁재산의 전체 합계액인 3조원 이상인 경우에는 1인 이상의 상근감사를 두어야 한다(법 시행령 30조 1호). 그러므로 최근 사업연도말을 기준으로 자산총액이 1천억원 미만인 금융투자업자는 상근감사를 설치하지 않아도 되는데(법 시행령 30조 1호), 이는 회사의 규모를 고려한 차등적 규제가 목적이며, 그 규모는 기업지배구조 규제의 주된 목적이 투자자 보호취지에 부합하도록 모든 자산 가치를 합산하여 판단하여야 한다. 이와 같이 자본시장법은 회사의 규모를 자산총액을 기준으로 판단하도록 규정하고 있기 때문에, 운용재산의 규모 역시 자산총액으로 계산하는 것이 옳을 것이다.[1] 그리고 외국 금융투자업자의 국내지점·그 밖의 영업소, 주주총회일부터 6개월 이내에 합병 등으로 인하여 소멸하는 금융투자업자, 「채무자 회생 및 파산에 관한 법률」에 따라 회생절차가 개시되거나 파산선고를 받은 금융투자업자, 해산을 결의한 금융투자업자는 상근감사를 두지 않아도 된다.

그런데 상법은 감사를 두는 것을 원칙으로 하되, 정관에 규정을 두는 경우, 감사에 갈음하여 이사회 내의 위원회의 하나로서 감사위원회를 둘 수 있다(상법 415조의2 1항). 그리고 감사위원회를 둘 경우 감사는 둘 수 없다(동 조항). 그런데 상법의 상장회사에 대한 특례는 최근 사업연도말 현재 자산총액이 2조원 이상인 대규모상장회사의 경우에는 감사위원회 설치를 의무화하고 있다(상법 542조의11 1항, 상법 시행령 37조 1항). 요컨대 상법상 주식회사는 선택적으로 정관에 규정을 둔 경우, 감사에 갈음하여 감사위원회를 설치할 수 있지만, 소정의 규모 이상의 대규모상장회사에는 감사위원회 설치가 의무화 되어 있는 것이다. 이에 비해 금융관련 법률은 은행, 일정 규모 이상의 보험회사, 상호저축은행, 여신전문금융회사 등 주요 금융기관에 대해서 감사위원회 설치를 의무화 해놓고 있다(은행법 23조의1 1항, 보험업법 16조 1항, 상호저축은행법 10조의4 1항, 여신전문금융업법 50조의5 1 항).

그런데 감사위원회 설치 대상이 아니어서 비상근이사를 선임하면 되는데도(법 시행령 30조 2호) 불구하고, 자발적으로 감사위원회를 설치한 금융투자업자를 제외한 금융투자업자의 경우에는 상법상 감사를 선임하여야 할 것인데, 상법은 감사에 대해 상근을 요구하지 않는다. 그렇지만 자본시장에서 가장 중요한 역할을 하고 있으면서 투자자보호 및 건전한 거래질서유지를 위한 건전한 지배구조 확립이 절실한 금융투자업자의 경우에는 상법상 상장회사의 재배구조에 비해 보다 더 엄격한 요건이 절실하다. 따라서 자본시장법은 감사위원회의 설치를 강제할 정도의 규모는 아니지만 일정 규모 이상의 금융투자업자

---

1) 홍영만, 「자본시장법 유권해석」, 세경사, 2009, 54쪽.

에 대해서는 상근감사를 두도록 하여 경영감독 제도를 강화하고 충실한 사전감사를 수행하도록 한 것이라고 해석하여야 할 것이다.

Ⅲ. 상근감사의 자격

상근감사는 경영진의 경영활동을 감시해야 할 책무를 지는 자이기 때문에 경영진과의 독립성을 유지하지 않으면 안 된다. 이에 자본시장법은 상근감사의 자격요건을 규정함에 있어 감사위원회의 사외이사가 아닌 감사위원의 자격요건을 준용하고 있다(법 27조 2항).

그러므로 해당 회사의 주요 주주, 해당회사의 상근 임직원 또는 최근 2년 이내에 상근 임직원이었던 자, 그밖에 해당 회사의 경영에 영향을 미칠 수 있는 자 등 사외이사가 아닌 감사위원회의 위원으로서의 직무를 충실하게 수행하기 곤란한 자로서 ① 주요주주의 배우자와 직계존비속, ② 상근임원의 배우자와 직계존비속, ③ 계열회사의 상근 임직원이나 최근 2년 이내에 상근 임직원이었던 자는 상근감사로 선임될 수 없고, 상근감사로 선임된 후에도 이에 해당하면 그 직을 상실한다(법 26조 3항, 법 시행령 29조 3항).

Ⅳ. 상근감사의 수

상근감사를 두어야 하는 금융투자업자는 1인 이상의 상근감사를 두어야 한다.

제28조(내부통제기준 및 준법감시인)

① 금융투자업자는 법령을 준수하고, 자산을 건전하게 운용하며, 이해상충방지 등 투자자를 보호하기 위하여 그 금융투자업자의 임직원이 직무를 수행함에 있어서 준수하여야 할 적절한 기준 및 절차(이하 "내부통제기준"이라 한다)를 정하여야 한다.

② 금융투자업자(자산규모 등을 고려하여 대통령령으로 정하는 투자자문업자 및 투자일임업자를 제외한다. 이하 이 조에서 같다)는 내부통제기준의 준수 여부를 점검하고 내부통제기준을 위반하는 경우 이를 조사하여 감사위원회 또는 감사에게 보고하는 자(이하 "준법감시인"이라 한다)를 1인 이상 두어야 한다.

③ 금융투자업자는 준법감시인을 임면하고자 하는 경우에는 이사회 결의를 거쳐야 한다.

④ 준법감시인은 다음 각 호의 요건을 모두 충족한 자이어야 하며, 준법감시인이 된 후 제2호 또는 제3호의 요건을 충족하지 못하게 된 경우에는 그 직을 상실한다.

1. 다음 각 목의 어느 하나에 해당하는 경력이 있는 자일 것. 다만, 가목부터 라목까지의 어느 하나에 해당하는 자가 라목에서 규정한 기관에서 퇴임 또는 퇴직한 후 5년이 경과되지 아니한 경우에는 준법감시인이 되지 못한다.

가. 한국은행, 「한국투자공사법」에 따른 한국투자공사 또는 「금융위원회의 설치 등에 관한 법률」 제38조에 따른 검사대상기관(이에 상당하는 외국 금융기관을 포함한다)에서 합산하여 10년 이상 근무한 경력이 있는 자

나. 금융관련 분야의 석사학위 이상의 학위소지자로서 연구기관 또는 대학에서 연구원 또는 조교수 이상의 직에 합산하여 5년 이상 근무한 경력이 있는 자

다. 변호사 또는 공인회계사의 자격을 가진 자로서 그 자격과 관련된 업무에 합산하여 5년 이상 종사한 경력이 있는 자

라. 기획재정부, 금융위원회, 증권선물위원회, 금융감독원(「금융위원회의 설치 등에 관한 법률」에 따른 금융감독원을 말한다. 이하 같다), 거래소, 협회 또는 금융관련 법제업무 기관에서 합산하여 5년 이상 근무한 경력이 있는 자

2. 제24조에 적합할 것
3. 최근 5년간 이 법 또는 대통령령으로 정하는 금융관련 법령을 위반하여 금융위원회 또는 금융감독원 원장(이하 "금융감독원장"이라 한다), 그 밖에 대통령령으로 정하는 기관으로부터 제422조 제 1 항 제 3 호에 따른 문책경고 또는 같은 조 제 2 항 제 4 호에 따른 견책요구 이상에 해당하는 조치를 받은 사실이 없을 것

⑤ 준법감시인은 선량한 관리자의 주의로 그 직무를 수행하여야 하며, 다음 각 호의 업무를 수행하는 직무를 담당하여서는 아니 된다.

1. 해당 금융투자업자의 고유재산의 운용업무
2. 해당 금융투자업자가 영위하고 있는 금융투자업 및 그 부수업무
3. 해당 금융투자업자가 제40조에 따라 영위하고 있는 업무

⑥ 금융투자업자는 준법감시인이 그 직무를 독립적으로 수행할 수 있도록 하여야 한다.

⑦ 금융투자업자는 준법감시인을 임면한 때에는 그 사실을 금융위원회에 통보하여야 한다.

⑧ 금융투자업자의 임직원은 준법감시인이 그 직무를 수행함에 있어서 자료나 정보의 제출을 요구하는 경우 이에 성실히 응하여야 한다.

⑨ 금융투자업자는 준법감시인이었던 자에 대하여 그 직무수행과 관련된 사유로 부당한 인사상의 불이익을 주어서는 아니 된다.

⑩ 그 밖에 내부통제기준 및 준법감시인에 관하여 필요한 사항은 대통령령으로 정한다.

시행령 제**31**조(내부통제기준 등) ① 법 제28조 제 1 항에 따른 내부통제기준(이하 "내부통제기준"이라 한다)에는 다음 각 호의 사항이 포함되어야 한다.

1. 업무의 분장과 조직구조에 관한 사항
2. 고유재산과 투자자재산의 운용이나 업무를 수행하는 과정에서 발생하는 위험의 관리지침에 관한 사항
3. 임직원이 업무를 수행할 때 준수하여야 하는 절차에 관한 사항
4. 경영의사결정에 필요한 정보가 효율적으로 전달될 수 있는 체제의 구축에 관한 사항
5. 임직원의 내부통제기준 준수 여부를 확인하는 절차·방법과 내부통제기준을 위반한 임직원의 처리에 관한 사항
6. 임직원의 금융투자상품 매매와 관련한 보고 등 법에 따른 불공정행위를 방지하기 위한 절차나 기준에 관한 사항
7. 내부통제기준의 제정이나 변경 절차에 관한 사항
8. 법 제28조 제 2 항에 따른 준법감시인(이하 "준법감시인"이라 한다)의 임면절차에 관한 사항

9. 이해상충의 파악·평가와 관리에 관한 사항
10. 집합투자재산이나 신탁재산에 속하는 주식에 대한 의결권 행사와 관련된 법규 및 내부지침의 준수 여부에 관한 사항
11. 집합투자재산이나 신탁재산에 속하는 자산의 매매를 위탁하는 투자중개업자의 선정기준에 관한 사항
12. 그 밖에 내부통제기준에 관하여 필요한 사항으로서 금융위원회가 정하여 고시하는 사항

② 금융투자업자(외국 금융투자업자의 지점, 그 밖의 영업소는 제외한다)는 내부통제기준을 제정하거나 변경하려는 경우에는 이사회의 결의를 거쳐야 한다.
③ 금융위원회는 금융감독원장의 검사 결과 법령을 위반한 사실이 드러난 금융투자업자에 대하여 법령 위반행위의 재발 방지를 위하여 내부통제기준의 변경을 권고할 수 있다.
④ 내부통제기준에 관한 구체적인 기준은 금융위원회가 정하여 고시한다.

제**32**조(준법감시인 등) ① 법 제28조 제2항에서 "대통령령으로 정하는 투자자문업자 및 투자일임업자"란 투자자문업이나 투자일임업 외의 다른 금융투자업을 경영하지 아니하는 자로서 최근 사업연도말을 기준으로 그 자가 운용하는 투자일임재산의 합계액이 5천억 원 미만인 자를 말한다.
② 법 제28조 제4항 제3호에서 "대통령령으로 정하는 금융관련 법령"이란 제27조 제1항 각 호의 법령을 말한다.
③ 법 제28조 제4항 제3호에서 "대통령령으로 정하는 기관"이란 다음 각 호의 어느 하나에 해당하는 기관을 말한다.
1. 해당 직원이 소속하는 기관
2. 국토교통부장관 등 제2항에 따른 금융관련 법령에서 조치 권한을 가진 자(금융위원회와 금융감독원장은 제외한다)

Ⅰ. 내부통제시스템의 의의와 도입배경

내부통제(internal control)는 미국에서 처음 생겨난 개념으로 기업이 공표하는 제무제표의 신뢰성 확보, 사무경영의 유효성과 효율성의 향상, 업무집행에 관한 법령의 준수를 촉진하기 위해 기업 내부에 설치되는 시스템을 일컫는 것이고, 이 개념은 미국 공인회계사협회(AICPA) 등 5개 회계조직[1]이 후원하여 마련한 COSO(Committee of Sponsoring Organizations of Treadway, Treadway 후원위원회)에 의해 1992년과 1994년에 공표된 Internal Control-Integrated Framework(이른바 'COCO 보고서')에 기재되어 그 후 세계에 보급된 개념이다.[2] 미국에서의 내부통제는 1940년대까지는 주로 회계실무에서 재무제표 감사의 일환으로 여겨졌지만 그 후 여러 가지 과정을 거치면서 기업 경영 전반에 관한 문제까지 확대되어

1) AICPA, AAA, FEI, IIA, NAA.
2) 미국에서는 1977년의 미국해외부패방지법(Foreign Corrupt Practices Act: FCPA)에서 최초로 내부통제 구축의무가 명문화되어 건전한 기업지배구조 개선을 촉구하는 SEC의 법적 근거가 명확해졌다[U.S. General Accounting Office, Report to the Congress: Impact of Foreign Corrupt Practices Act on U.S. Business, at 70-71(1981)].

논의되고 있다.[1]

우리나라는 외환위기 이후에 내부통제의 중요성을 절감하여 자본시장의 투명성을 제고하고, 사전적인 리스크 관리와 계도를 해야 할 필요성을 느끼는 등 금융회사 내부통제기능의 중요성이 부각됨에 따라 펀드를 운용하는 국내 자산운용업계에서 금융회사의 임직원이 그 직무를 수행함에 있어서 따라야 할 기본적인 절차와 기준인 내부통제 기준을 만들게 되었고, 2000년 1월 21일에 증권거래법, 은행법, 보험업법 등 여러 금융관련 법령을 개정하여 준법감시인제도와 외감법상의 내부회계관리제도를 도입하였으며,[2] 2012년에 3월에는 상장사의 경영진이나 임직원이 정해진 법과 규정을 준수하고, 회사 경영을 적절하게 수행하는지를 감시하여 이사회에 보고하게 하는 등 회사의 준법·투명경영 및 주주보호를 유도하려는 취지의 준법지원인제도를 개정상법에 도입하였다.[3]

Ⅱ. 내부통제의 개념과 구성요소

미국에서 19세기에 출판된 감사보고서에는 내부통제라는 용어가 없었지만 1882년에 발행된 Geer의 'Geer's Analysis of the Science of Account'에 최초로 "Internal Check(내부견제)"라는 용어가 등장하고,[4] 1912년에 Montgomery는 내부견제가 잘 이루어지기만 한다면 감사인이 굳이 회계감사를 상세히 할 필요가 없다고 하였으며,[5] 1936년에 AIA는 '독립공인회계사에 의한 재무제표의 검사(Examination of Financial Statement by Independent Public Accountants)'에서 회계사가 회계원칙을 위한 준거성 및 내부견제와 내부통제시스템(the system of internal check and control)의 타당성을 검토할 필요성이 있다고 하면서 재무제표의 검사의 개념상 내부견제를 '내부견제 및 통제'로 확대하였고, 1939년에 AIA는 '감사 절차의 확대'를 발표하면서 처음으로 내부통제라고 하는 용어를 사용하여 감사인에게 부정이나 오류를 적발할 책임이 있음을 명확히 하였다.[6] 이처럼 내부통제의 개념이 등장하기 시작한 초창기에는 내부통제는 감사인을 통한 재무정보의 정확성을 추구하는 성격이 강했지만 나중에는 리스크관리와 결합되고, 통일체로서의 기업의 범위 및 규모가 확대되고 복잡해지면서 경영활동에 대한 효과적 통제를 위해 경영진에게도 내부통제의 책임을 부

1) 이상 서완석, "내부통제와 준법감시인제도," 「기업법연구」 제23권 제 4 호(2009), 294-296쪽); 서완석, "내부통제시스템의 본질과 내부통제의무 위반에 대한 법적 책임," 「상사법연구」 제31권 제 2 호(2012), 272쪽 참조.
2) 서완석, 전게논문(2009), 289쪽.
3) 서완석, 전게논문(2012), 271쪽.
4) Geer, G. P., Geer's Analysis of the Science of Accounts, Yushoudo American Historic Accounting Literature Vol. 25, 1882 (reprinted 1982), at 245-246.
5) Montgomery, R. H., Auditing Theory and Practice, 1912, at 82.
6) AIA, "Extensions of Auditing Procedure," Journal of Accountancy, June 1939.

여해야 한다는 논의가 힘을 얻게 되었다.[1)]

COSO 보고서는 제 2 권 1장에서 "내부통제라 함은 ① 운영의 유효성과 효율성, ② 재무보고서의 신뢰성, 그리고 ③ 관련법규의 준수 등[2)]에 관한 세 가지 목표 달성을 합리적으로 보장해줄 수 있도록 고안되어, 당해 기업의 이사회, 경영진 및 기타의 구성원들이 이를 수행하는 절차"라고 정의하고 있다.[3)]

그리고 COSO 보고서 상의 세 가지 목표 각각에 대한 내부통제는 경영진이 사업을 운영하는 방법에서부터, 경영절차와 통합된 ① 통제환경, ② 리스크 평가, ③ 통제활동, ④ 정보와 의사전달, 그리고 ⑤ 감시활동 등 서로 관련이 있는 다섯 가지 요소들로 구성되어 있으며, 모든 요소들은 각각의 목표범위와 관련이 있다.[4)] 그리고 각각의 목표는 재무보고서와 관련되어 있고,[5)] 이러한 구성요소는 경영진의 경영기법에서 도출한 것이며, 경영관리절차와 통합되어 있다.[6)] 그리고 내부통제시스템은 위 5가지 구성요소 모두가 효율적으로 기능할 때만 효과적인 것으로 추정된다.

Ⅲ. 내부통제기준

1. 내부통제기준의 개념

자본시장법상에서 말하는 내부통제기준은 금융투자업자가 법령을 준수하고, 자산을 건전하게 운용하며, 이해상충방지 등 투자자를 보호하기 위하여 그 금융투자업자의 임직원이 직무를 수행함에 있어서 준수하여야 할 적절한 기준 및 절차를 말한다(법 28조 1항). COSO 보고서 제 2 권 1장에서 정의하고 있는 내부통제의 개념과 크게 다를 바 없다.

2. 내부통제기준의 설정 및 운용

모든 금융투자업자는 내부통제기준을 설정하고 운용하여야 한다. 그런데 내부통제시

1) 이상 서완석, 전게논문(2012), 273－279쪽 참조.

2) 1992년에 발간된 COSO보고서는 Vol. 1(COSO Executive Summary), Vol. 2(COSO Framework), Vol. 3(COSO Reporting), Vol. 4(COSO Evaluation tools) 등 모두 네 권으로 이루어져 있는데, 내부통제의 세 가지 목적의 관계에 대해서 "세 가지 목적은 각각 독립해 있지만 중복되는 부분도 있고, 통상 다양한 요구가 따른다. 일반적으로는 내부통제의 유효성을 평가할 때, 각각의 목적 범주를 별개로 받아들이는 것이 가장 적절하다. 이사회와 경영자가 ① 당해 기업의 업무목적이 어느 정도 달성되고 있는지를 이해하고 있고, ② 공표된 재무제표가 신뢰할 수 있는 방법으로 작성되어 있으며, ③ 관련 법규를 준수한 점 등에 대하여 합리적 보장이 가능하다면, 내부통제는 이상 세 가지 범주 각각에 관하여 유효라는 판단을 할 수 있다"고 기술하고 있다〔COSO 보고서 at 108; 鳥羽至英/八田進二/高田敏文, 「內部統制統合的の枠組み(理論篇)」, 白挑書房, 1996, 180-181頁〕.

3) COSO Framework, at 9; COSO Reporting, at 2.

4) COSO Framework, at 10-12.

5) Id., at 3.

6) COSO Reporting, at 3-8.

스템은 기업마다 그 유형이 다르고, 그것이 효율적으로 기능하는 수준도 다르며, 특정한 내부통제시스템이라 하더라도 상황에 따라 다양한 형태로 기능한다. 따라서 각 기업은 그들이 처한 환경에 적합한 내부통제의 형식과 수준을 결정할 책임이 있다.[1] 그러므로 내부통제기준은 금융투자업자의 재무건전성, 경영건전성, 업무집행의 법령준수를 확보하기 위한 방안으로 각각의 금융투자업자가 자신의 상황에 맞게 회사업무 전반에 걸친 규범화를 시도하고 이를 적절히 운용하도록 하려는 것이다. 내부통제시스템을 적절하게 구축하여 운영하는 것은 기업운영의 기본이며, 동시에 경영진의 직무라는 점에 대해서는 이론이 없다.[2] 왜냐하면 내부통제기준이 추구하는 목표가 모두 경영관리와 밀접한 관련을 가지고 있기 때문이다. 따라서 경영진은 내부통제기준을 자신의 책임 하에 구축하고 운용하여야 하며, 임무를 해태했을 때 이에 대해 책임을 질 수 있어야 한다.

그러므로 경영진은 내부통제시스템의 본질에 대한 깊이 있는 성찰을 통해 모든 구성원들이 내부통제기준을 준수할 수 있도록 설계하고 유지할 수 있어야 한다. 그리고 COSO 보고서가 말하듯이 조직의 분위기를 결정하고, 조직을 구성하는 사람들의 통제에 대한 의식에 영향을 주며, 다른 모든 구성요소의 기초를 이루고 규율과 구조를 제공하는[3] 통제환경을 만드는데 힘써야 한다.

그런데 이사회는 주주를 대신하여 경영진을 감시하는 매우 중요한 역할을 하기 때문에 자본시장법은 금융투자업자(외국 금융투자업자의 지점, 그 밖의 영업소는 제외)가 내부통제기준을 제정하거나 변경하려는 경우, 이사회의 결의를 거치도록 하고 있다(법 시행령 31조 2항). 그리고 COSO 보고서는 통제환경의 요인으로서 인적요소가 중요하다는 점을 강조하면서 특히 CEO를 중시하는데, CEO는 내부통제에 대하여 최종책임을 지는 자이며, CEO의 역할 중 적극적인 통제환경의 모든 요인이나 내부통제의 구성요소에 영향을 미치는 사내 분위기결정에 큰 영향력을 행사할 수 있는 지위를 가지고 있기 때문이다. 결국 내부통제기준의 설정에 대한 책임은 이사회에 있고, CEO는 그 기준이 정한 바에 따라 구체적인 내부통제시스템을 구축하고 운영해야 할 책임이 있다고 하겠다.

그런데 상법은 주주총회의 승인을 요하는 사항의 제안, 대표이사의 선임 및 해임, 위원회의 설치와 그 위원의 선임 및 해임, 그리고 정관에서 정하는 사항을 제외하고는 이사회가 그 권한을 위원회에 위임할 수 있도록 하고 있다(상법 393조의2 2항). 그리고 자본시장법 상에 이를 배제하는 규정은 없다. 따라서 금융투자업자가 내부통제기준을 제정하거나 변경할 경우 이사회 내 위원회에서 결의할 수 있다고 보아야 한다. 다만 상법은 위원회가 결의한 사항은 각 이사에게 통지하여야 하며, 이 경우 이를 통지받은 각 이사는

---

1) 서완석, 전게논문(2012), 284쪽.

2) 상게논문, 272쪽.

3) COSO Reporting, at 23.

이사회의 소집을 요구할 수 있고, 이사회는 위원회가 결의한 사항에 대하여 다시 결의할 수 있다고 하고 있으므로(상법 393조의2 4항) 결국 내부통제기준의 제정 및 개정을 이사회의 결의에 의하도록 규정하고 있는 취지에 반하지 않는다.

3. 내부통제기준의 내용

내부통제기준에 관하여 필요한 사항은 자본시장법 시행령으로 정하는데(법 시행령 31조 1항), 법 시행령 제31조는 내부통제기준에 포함되어야 할 사항을 정해놓고 있다. 그 내용은 다음과 같다.

1. 업무의 분장과 조직구조에 관한 사항
2. 고유재산과 투자자재산의 운용이나 업무를 수행하는 과정에서 발생하는 위험의 관리지침에 관한 사항
3. 임직원이 업무를 수행할 때 준수하여야 하는 절차에 관한 사항
4. 경영의사결정에 필요한 정보가 효율적으로 전달될 수 있는 체제의 구축에 관한 사항
5. 임직원의 내부통제기준 준수 여부를 확인하는 절차·방법과 내부통제기준을 위반한 임직원의 처리에 관한 사항
6. 임직원의 금융투자상품 매매와 관련한 보고 등 법에 따른 불공정행위를 방지하기 위한 절차나 기준에 관한 사항
7. 내부통제기준의 제정이나 변경 절차에 관한 사항
8. 법 제28조 제2항에 따른 준법감시인(이하 "준법감시인"이라 한다)의 임면절차에 관한 사항
9. 이해상충의 파악·평가와 관리에 관한 사항
10. 집합투자재산이나 신탁재산에 속하는 주식에 대한 의결권 행사와 관련된 법규 및 내부지침의 준수 여부에 관한 사항
11. 집합투자재산이나 신탁재산에 속하는 자산의 매매를 위탁하는 투자중개업자의 선정기준에 관한 사항
12. 그 밖에 내부통제기준에 관하여 필요한 사항으로서 금융위원회가 정하여 고시하는 사항

그리고 금융투자업규정은 제2-22조에서 금융위원회가 정하여 고시하는 사항을 규정하고 있고 그 내용은 다음과 같다.

1. 지점, 그 밖의 영업소(이하 이 장에서 "지점"이라 한다)의 설치 및 각 지점별 영업관리자의 지정 등 그 통제에 관한 사항

2. 각 지점별 파생상품(파생결합증권 및 법 제93조에서 정한 집합투자기구의 집합투자증권을 포함한다. 이하 이 조에서 같다) 영업관리자의 지정 등 파생상품 투자자 보호에 필요한 절차나 기준에 관한 사항

3. 투자중개업자의 투자자계좌의 관리·감독에 관한 사항

4. 매매주문의 처리절차·방법이나 기준에 관한 사항

5. 투자자 예탁재산의 보관·관리방법에 관한 사항

6. 언론기관 등에 대한 업무관련 정보의 제공 절차나 기준에 관한 사항

7. 투자자 신용정보의 관리·보호에 관한 사항

8. 「특정 금융거래정보의 보고 및 이용 등에 관한 법률」 제 2 조 제 4 호의 자금세탁행위의 효율적 방지체제 구축·운영에 관한 사항

9. 투자자가 제기한 각종 고충·불만사항 및 투자자와 금융투자업자 사이에 발생한 분쟁의 처리기준 및 절차에 관한 사항

10. 기업의 자금조달을 위한 대표주관회사 업무 영위시 업무의 공정한 영위 및 이해상충방지 등에 관한 사항. 이 경우 대표주관회사의 담당직원의 적격기준, 기업실사 수행의 최소기간 및 법률·회계전문가 등 참여의무자, 일반적인 조사·검증절차 등에 관한 내용이 포함되어야 한다.

11. 매도 주문 수탁에 관한 사항

12. 신탁사업의 시공사 및 용역업체의 선정에 관한 사항[1]

한편 금융투자협회가 금융투자회사들 간의 내부통제기준이 서로 달라 생기는 혼란을 없애기 위해 제정한 '표준내부통제기준'은 금융투자회사들이 준수하여야 할 내부통제사항에 대하여 자세히 규정하고 있다.

4. 위반에 대한 제재

자본시장법 제28조 제 1 항을 위반하여 내부통제기준을 정하지 아니한 자에 대하여는 5천만원 이하의 과태료가 부과된다(법 449조 1항 9호).

Ⅳ. 준법감시인

1. 준법감시통제제도와 준법감시인

준법감시통제 제도는 내부통제의 일종으로서 미국에서 가장 먼저 발달한 것이고, 외

1) 금융투자업규정 제2-22조 제 1 항 제12호는 2014년 11월 4일에 그 신설내용이 고시되었는데, 동 규정 부칙 제 1 조(시행일) 제 2 호에 따르면, 고시 후 3개월이 경과한 날부터 시행하는 것으로 되어 있다.

부적으로 부과된 비회계적인 요구를 충족시키기 위한 일련의 맞춤장치로서[1] 위법행위로 인한 손해를 피하기 위하여 경영진이 자발적으로 도입하는 것이다.[2] 왜냐하면 회사 내부 직원들의 법 위반행위는 쉽게 감지할 수 없고, 이들의 위법행위로 인해 회사가 입는 피해는 회사의 존폐문제로까지 연결되기 때문이다.

준법감시는 내부통제의 한 부분이며, 내부통제가 현행 법률이 요구하는 수준 이상의 사회적 요구를 고려하는 개념이라면 준법감시는 회사의 임직원이 준수해야 할 행위규범이다.[3] 그러므로 자본시장법은 금융투자업자에게 내부통제기준의 준수 여부를 점검하고, 내부통제기준을 위반하는 경우, 이를 조사하여 감사위원회 또는 감사에게 보고하는 준법감시인을 1인 이상 두도록 하고 있다. 그렇기 때문에 자칫 준법감시인의 역할을 준법 관리만으로 국한하여 위험관리와 회계통제는 준법감시인의 역할에서 제외하려고 하는 견해가 있을 수 있다.[4]

그러나 준법감시인제도는 내부통제 및 위험관리 시스템으로 고객 재산의 선량한 관리자로서 금융기관과 그 종사자가 규정, 정책, 절차를 철저하게 준수하도록 함과 동시에 회사의 일반 정책과 내규를 준수하도록 내부적으로 사전적, 상시적으로 통제하고 감시하는 제도이고, COSO 위원회가 기업의 지배구조에 대한 감시·감독을 보다 강화하기 위해 만든 전사적 위험관리(Enterprise Risk Management: ERM) 모형은 내부통제를 포함하며, 그 개념이 COSO모형보다 확고해진 위험관리수단이고, ERM은 어떤 조직의 자산과 수익에 대한 위험을 최소화할 수 있도록 조직의 행위들을 계획, 조직, 유도, 제어하는 역할을 하는 것으로서 우연한 손실과 관련된 위험뿐만 아니라 재정상의, 전략상의, 운영상의, 그리고 기타 다양한 위험들도 포함하는 과정으로까지 계속 확대되고 있다. 또한 기업이 체결하고자 하는 계약들도 보다 새롭고 엄격한 기준들을 요구하는 방향으로 발전하는 속성을 가지고 있으므로 기업들은 새로운 영업 전략을 세워야 하고, 준법감시 시스템을 통해 이러한 과정에서 발생할 수 있는 위험을 관리하고 감시해야 한다. 결국 이러한 폭넓은 위험관리는 준법감시인의 역할을 전사적 위험관리 영역까지 확대함으로써 가능해진다.[5]

COSO 보고서도 내부통제가 통제환경, 위험평가, 통제활동, 정보와 의사소통, 그리고 감시활동 등과 같은 다섯 가지 통합적인 구성요소로 구성되고 내부통제 시스템은 위 5가지 구성 요소 모두가 효율적으로 기능할 때만 효과적인 것으로 간주된다고 밝히고 있

1) Lawrence A. Cunningham, "The appeal and limits of internal controls to fight fraud, terrorism, other ills," 29 J. Corp. L. 267, 276(2004).
2) 김건식/안수현, "준법감시인제도의 조기정착을 위한 시론,"「증권법연구」제 3 권 제 1 호(2002), 85쪽.
3) 김형기 외, "1997-1998년 한국경제의 위기와 경제개혁,"「경제발전연구」제11권 제 1 호(2005), 57-58쪽.
4) 성희활, "상장법인에 대한 내부통제와 준법지원인 제도의 도입타당성 고찰,"「법학연구」제12집 제 2 호(2009), 인하대학교 법학연구소, 190쪽.
5) Paul Belton, The evolving role of compliance officers during these difficult economic times, -Opportunities for Growth in Compliance Are Expanding-Not Diminishing-, 11 No. 4 J. Health Care Compliance 11(2009).

으므로 설령 우리나라의 경우 내부통제업무를 준법감시업무 중심으로 이해하는 현실을 고려하여 준법감시인의 역할을 ERM 영역으로까지 확대하지 않고 내부통제업무만으로 국한해서 본다고 하더라도 위험관리와 회계통제는 당연히 준법감시인의 역할에 속하는 것으로 보아야 한다.

2. 준법감시인의 자격

자본시장법은 준법감시인의 자격요건을 정해놓고 있는데, 다른 임직원의 내부통제기준 준수여부를 모니터링하는 자이므로 보다 전문적이고 준법의식이 강할 것을 요구하고 있다. 따라서 금융기관, 금융관련 법제업무기관, 학계, 법조계 등에서 일정한 기간 동안 근무한 경력을 요구하고, 임원의 자격에 준하여 결격요건에 해당하지 않을 것을 요구하며, 금융관련 법령을 위반하여 감독기관으로부터 일정한 수준의 조치를 받은 일이 없을 것을 요구하고 있다(법 제28조 제 4 항).

3. 준법감시인의 직무

준법감시인은 선량한 관리자의 주의로 그 직무를 수행하여야 하며, 해당 금융투자업자의 고유재산의 운용업무, 해당 금융투자업자가 영위하고 있는 금융투자업 및 그 부수업무, 그리고 투자자 보호 및 건전한 거래질서를 해할 우려가 없는 금융업무로서 해당 금융투자업자가 영위하고 있는 다른 금융업무는 겸직하지 못한다(법 28조 5항). 이해상충 방지와 준법감시인의 지위에서 그 능력을 준법감시 업무에만 전념하도록 하려는 데 있다고 이해하면 될 것이다.

그런데 법 제28조 제 5 항 각호의 업무 이외에 대해서는 겸직이 가능한지의 여부가 문제가 될 수 있다. 이에 대하여 준법감시인이 일상적인 업무를 담당하지 않도록 규정하고 있는 것은 가능한 공정하게 본연의 직무를 수행할 수 있도록 안전장치를 두고 있는 것으로 해석함으로써 준법감시인은 오직 준법감시업무에만 전념해야 하는 것으로 해석할 수 있는 견해가 있다.[1)] 그러나 법문 상에서 일정한 겸직금지 업무 이외에 일상적인 업무를 담당하지 않도록 규정한 바는 찾을 수 없다. 만일 그러하다면 굳이 법문 상에 겸직금지업무를 특정할 필요도 없을 것이다. 따라서 준법감시인은 법이 제외한 업무 이외의 업무에 대해서도 겸직을 할 수 있지만 겸직을 할 경우, 준법감시인은 그 직무를 독립적으로 수행하여야 한다(법 28조 6항)고 해석하는 것이 옳다고 본다. 준법감시 업무의 특성상 지극히 당연한 것이기 때문이다.[2)]

문제는 어떤 방식으로 준법감시인의 직무를 독립적으로 수행할 수 있도록 할 것인

1) 김정수, 「자본시장법원론」, SFL그룹, 2011, 157쪽.
2) 같은 생각: 홍영만, 전게서(2009), 57쪽.

지에 관한 것이다. 내부통제환경개념이 최초로 등장한 시기에는 경영진이 어떻게 종업원을 감독할 것인지에 관한 인적측면의 의미가 강했지만, 그 후에 발생한 사례들은 종업원보다 경영진의 부정행위가 그 원인으로 지목되는 경우가 더 많다는 연구결과가 있다.[1] 그러나 준법감시인은 앞에서 본 바와 같이 경영진에 대한 감독기관이라기 보다 CEO를 보좌하기 위한 기관이며, 회사에 대한 감독기능을 수행하기보다는 업무집행기능을 수행하는 기관이므로 감사기관만큼의 완전한 독립성을 가질 필요는 없고, 그 직무를 수행함에 있어 최대한 경영진의 간섭을 받지 않고 일할 수 있는 환경 조성이 필요하다는 취지로 이해하면 될 것이라고 생각한다.

그런데 효과적인 준법감시 프로그램이 되려면 준법감시인이 과도한 구속으로부터 벗어나 독립적으로 분석하고, 권고하거나, 의견을 제시할 수 있어야 하며, 모니터링에 필요한 객관적 자료를 제공받을 수 있어야 한다. 자신의 직무를 공정하게 집행할 수 있도록 하기 위해서는 업무상 독립성이 보장되어야 함은 너무도 당연하다. 미국의 SEC는 '40 Act and the Investment Advisers Act of 1940'에 의거하여 임직원, 이사 혹은 종업원들로부터 독립된 위치에서 규정을 관리하고 준법감시를 모니터링하는 최고 준법감시인을 선임하도록 하고[2] 그에게 이사회에 직접 보고할 수 있는 권한을 주고 있다.[3] 준법감시인의 독립성 부족은 준법감시 프로그램을 무력화시킬 수 있으므로 준법감시에서 가장 중요한 열쇠이다.[4] 그러므로 감사와의 업무구분이 명확하게 이루어져야 하고, 지위와 임기보장 및 업무의 독립성과 위상 제고 등의 문제가 선결되어야 한다. 뿐만 아니라 앞에서 본 바와 같이 자본시장법 제28조 제5항 각 호의 업무 이외에 대하여는 겸직이 가능하도록 되어 있어 자칫 준법감시인의 업무의 중요성이 몰각되고 다른 업무에 종속되어 부차적으로 행해질 수 있다는 인상을 줄 수 있으므로 적어도 대규모 회사의 경우에는 오직 준법감시업무만을 담당할 수 있도록 법을 개정하는 방향을 고려해야 할 것이다.[5]

또한 준법감시인의 보고체계도 독립성과 밀접한 관련이 있으므로 준법감시인을 상위직과 하위직으로 나눌 때 상위 준법감시인의 최종 보고라인은 CEO로 하되, 하위 준법감시인의 최종 보고라인을 상위 준법감시인으로 하고, 상위 준법감시인이 하위 준법감시인의 근무평정이나 급여액의 결정에 관한 권한을 갖게 한다면 준법감시인의 독립성이 어느 정도 확보될 수 있을 것이라고 생각한다.[6]

1) 小森清久, 「アメリカ内部統制論」, 白挑書房, 2008.
2) 17 C.F.R. §270.38a-1.
3) 17 C.F.R. §270.38a-1(a)(4)(iv).
4) Roy Snell, Independence is to compliance as law is to legal and audit is to audit-We Are Not Implementing Compliance Programs Because We Need More Legal Advice, 11 No. 3 J. Health Care Compliance 3(2009).
5) 서완석, 전게논문(2009), 317-318쪽 참조.
6) 상게논문, 318쪽 참조.

한편 금융투자업자가 준법감시인을 임면한 때에는 그 사실을 금융위원회에 통보하여야 하는데(법 28조 7항) 이는 금융위원회가 준법감시인으로서의 요건을 갖추었는지를 확인하기 위한 것이며, 자본시장법이 금융투자업자의 임직원은 준법감시인이 그 직무를 수행함에 있어서 자료나 정보의 제출을 요구하는 경우 이에 성실히 응하여야 하고, 금융투자업자는 준법감시인이었던 자에 대하여 그 직무수행과 관련된 사유로 부당한 인사상의 불이익을 주어서는 안 되도록 한 것은, 금융투자업자에게 준법감시인이 그 고유 업무를 독립적이고 효과적으로 수행할 수 있도록 협조할 의무를 부과한 것이라고 해석해야 할 것이다. 결국 자본시장법은 감독 당국의 외부적인 규율체제의 조력을 받아 금융투자업자의 내부적 통제장치로서의 준법감시인제도의 실효성을 확보할 수 있게 하는 것이다.[1)]

4. 준법감시 결과보고

준법감시인은 내부통제기준의 준수 여부를 점검하고, 내부통제기준을 위반하는 경우, 이를 조사하여 감사위원회 또는 감사에게 보고하여야 한다(법 28조 2항). 그런데 우리나라의 경우 현행 관련 법령에 따르면 준법감시인은 이사회의 업무감독기능을 대신하고 있으면서도 그 업무수행의 결과는 감사 또는 감사위원회에 보고하도록 되어 있다.

준법감시인은 법규준수프로그램에 의거 법령 및 규정 등에 대한 내부통제제도 상황 전반을 조사하는 반면, 감사위원회 또는 감사는 준법감시인 등이 담당하여야 할 법규준수프로그램이 회사의 정책 및 매뉴얼에 따라 이루어지고 있는지, 또는 그러한 운용지침 등이 타당한지 등에 대하여 주기적으로 금융회사의 모든 부서에 대하여 업무 및 회계감사를 실시하는 점에서 본질적 차이를 가지고 있다.[2)] 무엇보다도 내부통제 및 준법감시에 대한 최종 책임은 CEO에게 있다는 점에서 그렇다. 특히 준법감시인과 감사 또는 감사위원회의 업무영역의 중복을 문제삼으면서 준법감시인의 보고라인을 감사위원회 또는 감사로 한다는 것은 모순이라고 생각한다.[3)] 감사나 감사위원회는 주주 측에 서 있고, 준법감시인은 경영진 측에 서있는데 보고체계가 다르다는 것은 효율적인 준법감시와 그 결과에 대한 신속한 대책을 마련하는 데 있어 문제가 있기 때문이다.

준법감시인과 감사위원회가 투자자보호, 금융투자업자의 경영투명성 제고, 자본시장법 등 관련 법령이 요구하고 있는 법령의 준수목적 등을 위해 궁극적으로 상호 수렴되면서 상호의존적인 성격을 가지고 있기 때문에[4)] 업무집행의 독립성을 강화하면서 동시에 감사업무와의 협력을 하도록 하기 위해 감사 또는 감사위원회에도 보고하도록 하는

1) 같은 생각: 김구환, 「자본시장법 실무」, 법률서원, 2011, 120쪽.
2) 김정수, 전게서(2011), 159쪽.
3) 서완석, 전게논문(2009), 320-321쪽 참조.
4) 김정수, 전게서(2011), 159쪽.

것[1])은 또 다른 문제라고 생각한다.

5. 준법감시인과 감사위원회(감사)의 역할

준법감시인의 역할은 이사회와 최고 경영진이 감시기능 및 내부통제 기능을 효과적으로 수행하며 그 결과를 적절하게 이용하도록 하려는 것이다. 그런데도 우리나라의 경우에는 감사위원회(감사), 이사회 및 최고경영진과 준법감시인의 관계가 명확하게 정비되어 있지 않다.[2]) 본래 감사위원회(감사)는 주주 측에 서서 경영진에 대한 감독업무를 수행하고, 준법감시인은 경영진의 측에 서서 임직원들이 내부통제 기준을 준수하는지의 여부를 감시하는 것이다. 그런데 우리나라의 경우 준법감시인은 내부통제제도를 점검하고 관리하는 사람으로 정의되고 있고, 또한 여기서 말하는 내부통제제도가 "관련 법규의 준수"라고 하는 협의의 내부통제가 아니라 보다 넓은 의미에서의 일반적인 내부통제의 개념으로 정의되고 있다. 또한 회계감사를 주된 업무로 하는 미국의 감사위원회와 달리 우리나라 감사위원회는 회계감사뿐만 아니라 업무감독도 담당하고 있고, 미국의 준법감시인의 역할이 회사 내부의 임직원들의 법규준수 여부를 감시하는 것으로 제한되어 있는 반면에 우리나라 준법감시인의 역할은 내부통제 전반에 대한 준수 여부를 감독하는 것으로 되어 있다 보니 감사위원회(특히 상근감사위원)와 준법감시인의 역할이 중복되거나 불분명하여 감사위원회(감사)와의 업무의 상충 및 중복 등에 의한 업무의 갈등 또는 사각지대가 발생할 소지가 있어 업무에 혼선을 초래할 수 있다.[3])

감사위원회의 권한이 회계감사에 국한되는 것이 통례인 미국의 경우에는 업무중복의 문제가 크게 대두되지 않지만 우리 상법상 감사는 이사의 직무집행을 감사한다(상법 412조). 즉 감사는 회계감사뿐만 아니라 이사의 업무집행 전반을 감사할 직무와 권한을 가지고 있는 것으로 해석할 수 있다. 따라서 감사가 이사의 직무집행이 법령·정관에 위반하는 여부에 대한 감사를 할 수 있다는 것은 당연한 사실이며, 감사위원회에 대하여는 감사의 권한에 관한 규정이 준용된다(상법 415의2 6항). 이러한 점에서 바로 준법감시인의 역할과의 중복 문제가 생기게 되는 것이다. 따라서 준법감시인과 감사위원회 감사의 역할을 명확히 할 필요가 있다.[4])

6. 준법감시인의 위상과 지위

미국의 경우 준법감시에 대한 책임을 맡고 있는 자들은 전형적으로 직접 CEO나 최

1) 이상복, "감사위원과 준법감시인의 효율적 업무연계방안,"「상장회사감사회 회보」, 제96호(2007. 12), 3쪽.
2) 예컨대, 준법감시인의 보고라인을 감사위원회 또는 감사로 하면서도, 준법감시인의 근무평정이나 급여액의 결정에 관한 권한을 CEO가 행사하는 경우가 적지 않다.
3) 한국증권법학회,「자본시장법(주석서 Ⅰ)」, 박영사, 2009, 145쪽.
4) 이상 서완석, 전게논문(2009), 319-320쪽 참조.

고 법률고문에게 직접 보고를 하는 경우가 많지만 상대적으로 그 비율은 낮지만 최고재무담당관 혹은 이사회의 감사위원회에 보고하는 경우도 있다.[1] 또한 준법감시 프로그램의 책임을 맡고 있는 자들이 직접 이사회에 보고하지는 않더라도 필요하다면 이사회에 대한 접근권을 가지고 있어야 한다.[2] 심지어 준법감시인들이 그들의 일을 적절히 수행할 만큼의 충분한 영향력이나 위상 혹은 권한을 갖고 있지 않다면 최고 경영진에게만 책임을 지는 준법감시인 때문에 생기는 고유의 이해상충의 문제에 의해서 더 많은 손해를 입을 수 있기 때문에[3] 이사회가 준법감시인의 임면이나 보상 문제 등에 있어서 직접 준법감시인을 통제할 수 있어야 한다는 주장도 있다.[4] 예를 들어 회사가 추진하려는 일에 최고준법감시인이 반대 견해를 취하거나 최고 경영진의 조사중단 명령을 거부했을 경우 축출될 수도 있다.[5] 이러한 압력은 미국에서도 일어나고 있다고 한다.[6] 따라서 미국의 SEC Rule 206(4)-7은 준법감시인에게 회사의 내부자로서, 자격요건을 갖추고 있을 것을 요하는데, 책임이 희석되는 것을 막기 위해서 단 1명의 최고 준법감시인만을 둘 수 있도록 하고 있다.

결국 최고 경영진과 이사회의 견제와 균형의 원리 속에서 준법감시인이 자신이 맡은 바 임무를 적절하게 수행할 수 있으려면 어떠한 압력으로부터도 보호될 수 있을 정도의 위상과 지위를 가지고 있어야 하며, 보고 라인도 최고 경영진으로 국한되어서는 안 될 것이다.[7]

제28조의2(파생상품업무책임자)

① 자산규모 및 금융투자업의 종류 등을 고려하여 대통령령으로 정하는 금융투자업자(제22조에도 불구하고 겸영금융투자업자를 포함한다)는 상근 임원(「상법」 제401조의2 제 1 항 각 호의 자를 포함한다)으로서 대통령령으로 정하는 파생상품업무책임자를 1인 이상 두어야 하며, 파생상품업무책임자를 지정·변경한 때에는 그 사실을 금융위원회에 통보하여야 한다.

② 제 1 항의 파생상품업무책임자는 다음 각 호의 업무를 수행한다.

1. 파생상품 투자자보호에 필요한 절차나 기준의 수립 및 집행에 관한 관리·감독업무
2. 장외파생상품 매매에 대한 승인 업무
3. 그 밖에 대통령령으로 정하는 업무

---

1) 35%는 CEO에게, 21%는 최고법률고문에게, 그리고 13%는 이사회(혹은 감사위원회)에 보고한다고 한다(Melissa Klein Aguilar, Compliance Week Survey Shows Lack of CCO Standards, Compliance Wk., June 2008, at 19).
2) U.S. Sentencing Guidelines Manual §8B2.1(b)(2)(2004).
3) Ibid.
4) Cristie For & David Hess, "Can corporate monitorships improve compliance?," 34 J. Corp. L. 679, 693-694(2009).
5) Id., at 41.
6) Ford & Hess, 전게논문(2009), at 694.
7) 이상 서완석, 전게논문(2009), 320-321쪽 참조.

시행령 제32조의2(파생상품업무책임자) ① 법 제28조의2 제1항에서 "대통령령으로 정하는 금융투자업자"란 다음 각 호의 어느 하나에 해당하는 자를 말한다.
1. 장내파생상품에 대한 투자매매업 또는 투자중개업을 경영하는 자로서 최근 사업연도말일을 기준으로 자산총액이 1천억원 이상인 자
2. 장외파생상품에 대한 투자매매업 또는 투자중개업을 경영하는 자
② 법 제28조의2 제1항에서 "대통령령으로 정하는 파생상품업무책임자"란 금융투자업자의 파생상품업무를 총괄하는 자로서 법 제24조에 적합한 자를 말한다.

Ⅰ. 파생상품업무책임자

1. 의의 및 개념

자본시장법은 일정한 규모 이상의 금융투자업자(겸영금융투자업자 포함)에 대하여 상근임원으로서(상법 제401조의2 제1항 업무집행지시자 포함) 파생상품업무책임자를 두도록 하고 있다. 키코(KIKO) 등 통화옵션상품에 투자한 중소 수출업체에 막대한 손실이 발생하면서 감독부실 논란이 불거지고, 글로벌 금융위기의 확산과 주가, 환율, 금리 등이 급격하게 변동하였다. 따라서 파생상품의 거래 규모도 증가하였을 뿐만 아니라, 그 복잡성이나 위험성이 증대되면서 피해자도 증가하고 있으며, 금융투자업자의 경영리스크도 커지고 있다. 이에 따라 금융감독 당국은 파생상품 투자자의 피해를 최소화하고 금융회사의 부실화를 방지하기 위해 파생상품 시장 감독체계를 개선하고, 고위험 금융상품의 '과도한 거래'에 대한 규제를 강화하기 위해 일정한 규모 이상의 금융투자업자에게 파생상품 전문가를 두도록 하였다.

파생상품업무책임자라 함은 "금융투자업자의 파생상품업무를 총괄하는 자로서 자본시장법 제24에서 정하고 있는 금융투자업자의 임원의 결격사유에 해당하지 않는 자"이다(법 28조의2 1항 및 법 시행령 32조의2 2항).

2. 파생상품업무책임자 지정의무자

장내파생상품에 대한 투자매매업 또는 투자중개업을 경영하는 자로서 최근 사업연도말일을 기준으로 자산총액이 1천억원 이상인 자나 장외파생상품에 대한 투자매매업 또는 투자중개업을 경영하는 자는 파생상품업무책임자를 1인 이상 두어야 한다. 따라서 이에 해당하지 않는 금융투자업자로서 펀드판매만을 위한 투자매매업 및 투자중개업 겸영을 인가받은 경우에는 파생상품업무책임자를 지정하지 않아도 된다.[1)]

1) 홍영만, 전게서(2009), 61쪽.

3. 파생상품업무책임자의 업무

파생상품업무책임자는 파생상품 투자자보호에 필요한 절차나 기준의 수립 및 집행에 관한 관리·감독업무, 장외파생상품 매매에 대한 승인업무, 그밖에 법 제28조의2 제 2 항 제 3 호에 따라 법 시행령으로 정하는 업무 등을 수행한다.

한편 파생상품업무책임자가 금융투자업규정 제5-49조 제 4 항 제 2 호 나목에 따라 장외파생상품 매매에 대한 승인을 다른 임직원에게 위임하고자 하는 경우에는 장외파생상품 매매 승인의 위임 및 사후보고에 관한 기준(회사가 장외파생상품 매매금액 및 위험 등을 고려하여 별도 마련)에 따라야 한다. 그리고 파생상품업무책임자는 일반투자자를 대상으로 장외파생상품을 신규 취급하는 경우 해당 상품 구조의 적정성에 대한 심사 절차를 별도로 마련하여 운영하여야 하며, 준법감시인은 파생상품업무책임자의 업무수행의 적정성 및 파생상품의 리스크를 감안한 성과보상체계가 유지되고 있는지에 대하여 정기 또는 수시로 점검하여야 한다(금융투자회사 표준내부통제기준 37조).

제29조(소수주주권)

① 6개월 전부터 계속하여 금융투자업자(자산규모 등을 고려하여 대통령령으로 정하는 금융투자업자를 제외한다. 이하 이 조에서 같다)의 발행주식총수의 10만분의 5 이상에 해당하는 주식을 소유(주주권 행사에 관한 위임장을 취득하거나 2인 이상의 주주가 주주권을 공동 행사하는 경우를 포함한다. 이하 이 조에서 같다)한 자는 「상법」 제403조(같은 법 제324조, 제415조, 제424조의2, 제467조의2 및 제542조에서 준용하는 경우를 포함한다)에서 규정하는 주주의 권리를 행사할 수 있다.

② 6개월 전부터 계속하여 금융투자업자의 발행주식총수의 100만분의 250(대통령령으로 정하는 금융투자업자의 경우에는 100만분의 125) 이상에 해당하는 주식을 소유한 자는 「상법」 제402조(같은 법 제542조에서 준용하는 경우를 포함한다)에서 규정하는 주주의 권리를 행사할 수 있다.

③ 6개월 전부터 계속하여 금융투자업자의 발행주식총수의 10만분의 50(대통령령으로 정하는 금융투자업자의 경우에는 10만분의 25) 이상에 해당하는 주식을 소유한 자는 「상법」 제466조에서 규정하는 주주의 권리를 행사할 수 있다.

④ 6개월 전부터 계속하여 금융투자업자의 발행주식총수의 10만분의 250(대통령령으로 정하는 금융투자업자의 경우에는 10만분의 125) 이상에 해당하는 주식을 소유한 자는 「상법」 제385조(같은 법 제415조에서 준용하는 경우를 포함한다) 및 같은 법 제539조에서 규정하는 주주의 권리를 행사할 수 있다.

⑤ 6개월 전부터 계속하여 금융투자업자의 발행주식총수의 1만분의 150(대통령령으로 정하는 금

융투자업자의 경우에는 1만분의 75) 이상에 해당하는 주식을 소유한 자는 「상법」 제366조(같은 법 제542조에서 준용하는 경우를 포함한다. 이하 이 항에서 같다) 및 제467조에서 규정하는 주주의 권리를 행사할 수 있다. 이 경우 같은 법 제366조에서 규정하는 주주의 권리를 행사할 때에는 의결권 있는 주식을 기준으로 한다.

⑥ 6개월 전부터 계속하여 금융투자업자의 의결권 있는 발행주식총수의 1만분의 50(대통령령으로 정하는 금융투자업자의 경우에는 1만분의 25) 이상에 해당하는 주식을 소유한 자는 「상법」 제363조의2에서 규정하는 주주의 권리를 행사할 수 있다.

⑦ 제1항부터 제6항까지의 규정은 그 각 항에서 규정하는 「상법」의 해당 규정에 따른 소수주주권의 행사에 영향을 미치지 아니한다.

⑧ 제1항의 주주가 「상법」 제403조(같은 법 제324조, 제415조, 제424조의2, 제467조의2 및 제542조에서 준용하는 경우를 포함한다)에 따른 소송을 제기하여 승소한 경우에는 금융투자업자에게 소송비용, 그 밖에 소송으로 인한 모든 비용의 지급을 청구할 수 있다.

시행령 제**33**조(소수주주권의 행사) ① 법 제29조 제1항에서 "대통령령으로 정하는 금융투자업자"란 제28조 제1항 제1호 및 제2호의 자를 말한다.
② 법 제29조 제2항부터 제6항까지의 규정에서 "대통령령으로 정하는 금융투자업자"란 각각 최근 사업연도말 현재 자본금이 1천억 원 이상인 금융투자업자를 말한다.

Ⅰ. 소수주주권제도의 의의

소수주주권제도는 경영진에 대하여 강력한 영향력을 가진 지배주주 혹은 대주주와 같은 다수주주의 지배구조의 왜곡을 막고, 금융기관의 경우에는 산업자본과 금융자본간의 결합으로 인한 이해상충이나 금융기관의 사금고화를 막고자 지분이 적은 주주들이 단합하여 다수주주를 견제하고 대항할 수 있도록 함으로써 경영의 투명성과 건전성을 확보하고자 일정 수의 주식을 소유한 자들에게 상법이나 자본시장법에서 부여한 권리이다.

그런데 상장법인의 경우에는 소유의 분산도가 크기 때문에 상법상 소수주주권의 행사요건을 충족하기 어려운 점을 감안하여 그 행사요건을 더욱 완화하여야 할 필요가 있으며, 금융회사의 경우에는 경영의 건전성을 도모할 필요성이 특히 중요하므로 대규모 금융투자회사의 경우에는 상장회사든 비상장회사든 불문하고 소수주주권의 행사요건을 상장회사의 요건보다 더 완화하고 있다. 다만 일정기간 주식을 소유하여야만 소수주주권을 행사할 수 있다.

상법은 원칙적으로 소수주주권 행사요건으로 주식을 일정기간 보유할 것을 요하지 않고 일정한 시점에 지주비율을 갖추면 소수주주권을 행사할 수 있도록 하고 있지만, 상장회사 특례에서는 주식보유기간을 정해놓고 있고(상법 542조의6), 자본시장법도 금융투자업자의 경우에 소수주주권을 행사하려면 일정기간 주식을 보유할 것을 요구한다(법 29조 1항 내지 6항). 이와 같이 소수주주권의 행사요건이 상법과 다른 점 때문에 상법에서 정한 지주비율을 충족하지만 주식을 6개월간 계속 보유하지 않은 경우 소수주주권을 행사할 수 있는지에 논란이 있었고, 대법원이 상법에 따라 소수주주권을 행사할 수 있다고 판결한 바 있다.[1] 이에 자본시장법은 자본시장법상 소수주주권은 상법상 소수주주권의 행사에 영향을 미치지 않는다는 명문규정을 두게 되었다(법 29조 7항).

Ⅱ. 구체적인 소수주주권

1. 대표소송제기권

6개월 전부터 계속하여 금융투자업자의 발행주식 총수의 10만분의 5 이상에 해당하는 주식을 소유(주주권 행사에 관한 위임장을 취득하거나 2인 이상의 주주가 주주권을 공동 행사하는 경우 포함)한 자는 금융투자업자에 대하여 이사의 책임을 추궁한 대표소송(상법 403조)을 청구할 수 있다(법 29조 1항). 다만 최근 사업연도말을 기준으로 자산총액이 2조원 미만인 금융투자업자(최근 사업연도말을 기준으로 그 금융투자업자가 운용하는 집합투자재산, 투자일임재산 및 신탁재산의 전체 합계액이 6조원 이상인 경우 제외), 외국금융투자업자의 국내지점, 그 밖의 영업소는 자본시장법 제29조 제 1 항의 적용을 받지 않는다(법 시행령 33조 1항, 28조 1항 1호·2호).

대표소송을 제기할 수 있는 주주가 상법 제403조(동법 324조, 415조, 424조의2, 467조의2 및 542조에서 준용하는 경우 포함)에 따른 소송을 제기하여 승소한 경우에는 금융투자업자에게 소송비용, 그 밖에 소송으로 인한 모든 비용의 지급을 청구할 수 있다(법 29조 8항).

2. 위법행위유지청구권

6개월 전부터 계속하여 금융투자업자의 발행주식 총수의 10만분의 250 이상에 해당하는 주식을 소유한 자는 상법 제402조(동법 제542조에서 준용하는 경우 포함)에서 규정하는 주주의 권리를 행사할 수 있다. 다만 최근 사업연도말 현재 자본금이 1천억원 이상인 금융투자업자의 경우에는 100만분의 125 이상에 해당하는 주식을 소유하고 있어야 한다(법 29조 2항, 법 시행령 33조 2항).

---

1) 대법원 2004. 12. 10. 선고 2003다41715 판결.

3. 회계장부열람권

6개월 전부터 계속하여 금융투자업자의 발행주식총수의 10만분의 50 이상에 해당하는 주식을 소유한 자는 상법 제466조(주주의 회계장부열람권)에서 규정하는 주주의 권리를 행사할 수 있다. 다만 최근 사업연도말 현재 자본금이 1천억원 이상인 금융투자업자의 경우에는 10만분의 25 이상에 해당하는 주식을 소유하고 있어야 한다(법 29조 3항, 법 시행령 33조 2항).

4. 이사해임청구권

6개월 전부터 계속하여 금융투자업자의 발행주식총수의 10만분의 250 이상에 해당하는 주식을 소유한 자는 상법 제385조(이사의 해임, 동법 제415조에서 준용하는 경우 포함) 및 동법 제539조(청산인의 해임)에서 규정하는 주주의 권리를 행사할 수 있다. 다만 최근 사업연도말 현재 자본금이 1천억원 이상인 금융투자업자의 경우에는 10만분의 125 이상에 해당하는 주식을 소유하고 있어야 한다(법 29조 4항, 법 시행령 33조 2항).

5. 주주총회 소집 청구권

6개월 전부터 계속하여 금융투자업자의 발행주식총수의 1만분의 150 이상에 해당하는 주식을 소유한 자는 상법 제366조(소수주주에 의한 임시주주총회 소집청구, 동법 제542조에서 준용하는 경우 포함) 및 제467조(회사의 업무, 재산상태의 검사)에서 규정하는 주주의 권리를 행사할 수 있다. 이 경우 동법 제366조에서 규정하는 주주의 권리를 행사할 때에는 의결권 있는 주식을 기준으로 한다. 이러한 요건은 최근 사업연도말 현재 자본금이 1천억원 이상인 금융투자업자의 경우에는 10만분의 75 이상에 해당하는 주식을 소유하고 있어야 한다(법 29조 5항, 법 시행령 33조 2항).

6. 주주제안권

6개월 전부터 계속하여 금융투자업자의 의결권 있는 발행주식 총수의 1만분의 50 이상에 해당하는 주식을 소유한 자는 상법 제363조의2(주주제안권)에서 규정하는 주주의 권리를 행사할 수 있다. 다만 최근 사업연도말 현재 자본금이 1천억원 이상인 금융투자업자의 경우에는 10만분의 25 이상에 해당하는 주식을 소유하고 있어야 한다(법 29조 6항, 법 시행령 33조 2항).

[초판: 심영, 개정판: 서완석]

제 3 장 건전경영 유지

제 1 절 경영건전성 감독

금융시장의 혼란이나 금융기관의 부실화·도산은 그 충격이 국가전체에 미치는 영향이 매우 중대하므로, 금융시장과 금융기관에 대하여는 다른 산업부문에 비하여 더 많은 법적 규제와 감독이 시행되어 왔다. 자본시장법도 금융투자업자의 건전성을 확보하여 부실화를 사전에 예방하기 위한 법적 규제 장치를 가지고 있다. 금융투자업자에 대한 진입규제, 업무행위 규제, 건전성 규제 등이 모두 이 같은 맥락에서 마련된 제도이다.

진입규제는 금융투자업을 영위하고자 하는 자를 사전에 심사함으로써 부적격자가 금융시스템에 진입하는 것을 차단하고, 인가나 허가기준에 위반하는 행위가 발생한 경우 등에 인가 또는 허가를 취소할 수 있도록 하여 금융업자가 지속적으로 건전한 영업을 하도록 하는 역할을 담당한다. 자본시장법의 제정을 통해, 금융업자의 시장진입을 규제함에 있어 기존의 '금융기관별 규제'에서 '금융기능별 규제'로 전환하였다. 종전의 금융기관별 규제하에서는 은행, 증권, 보험 기능들을 통합한 대형규모의 금융회사의 등장이 어려웠다. 비록 일부 겸업이 가능하였지만 강한 진입규제가 존재하였다. 따라서 '금융업무단위'를 세분화하고 과거보다 진입구조를 쉽게 만들어 소형의 전문화된 금융투자회사는 물론 대형 금융투자회사의 등장을 가능하게 하였다.[1)]

업무행위 규제는 금융기관이 고객(투자자)을 상대로 영업을 할 때 고객을 보호할 목적으로 이루어지는 것인데, 일반고객과 전문고객을 구분하여 차등화된 업무행위 규제 원칙을 적용하게 된다. 전문고객의 경우는 위험감수능력이 있기 때문에 법에서 규정하는 보호의 정도가 약하므로 금융투자업자에 대한 업무행위 규제는 주로 일반고객 보호를 위해서 이루어진다. 이처럼 업무행위 규제는 소비자 또는 투자자인 고객을 보호하는 것이므로, 그 고객이 어떠한 금융기관을 대상으로 거래를 하든지 간에 동일한 상품을 구입하는 경우에는 동일한 정도의 보호가 필요하다는 원칙이 강조된다. 자본시장법은 6개의 금융투자업에게 공통적으로 적용되는 영업행위 규제제도(법 37조–65조)를 마련함은 물론이고, 금융투자업별 고유 특성을 반영한 업별 영업행위 규제제도(법 66조–117조)도 갖추었다. 공통 영업행위 규제는 신의성실의무, 금융상품 설명의무, 손실보전 금지 등의 규제를 모든 금융투자회사에게 확대 적용하는 한편 투자자의 특성을 파악할 의무, 원하지 않는 투

---

1) 이처럼 제도는 대형 금융투자회사의 등장이 가능하도록 정비되었음에도 불구하고, 자본시장법 시행(2009. 2) 이후 5년이 경과한 현재까지 소위 '자본시장의 빅뱅'이 없었다는 것은 아쉬운 점이다.

자권유 금지 등과 같은 금융선진국에서 시행해 온 규제를 새롭게 도입하였다.

건전성 규제는 먼저 개별 금융기관이 건전한 경영 상태를 유지하도록 하여 가능한 한 금융기관의 부실을 방지하고자 하는 미시적 측면의 목적을 지닌다. 금융기관이 고객과 직접적인 채권채무관계를 가지거나 금융기관의 파산으로 인하여 고객이 무담보채권자가 되는 경우에는 당해 금융기관의 고객 보호가 중대한 문제로 제기되므로, 건전성 규제를 통해 금융기관의 부실화를 최소화하자는 것이다.[1] 아울러 금융시스템의 안정성을 유지하여 금융기관의 고객, 채권자, 투자자를 보호하고자 하는, '시스템 위험(system risk)의 방지'라는 거시적 측면의 목적도 가지고 있다. 시스템 위험이란 불건전한 소수 금융기관의 파산으로 인해 다른 금융기관의 건전성에 영향을 미치고 결과적으로 금융시스템 전체를 파탄의 위험에 노출시키는 것을 의미한다. 이러한 시스템 위험을 가지고 있는 금융기관의 경우에는 엄격한 건전성 규제를 함으로써 그 붕괴를 막고 건전한 금융시스템을 유지하자는 것이다. 시스템 위험은 특히 은행의 경우에 가장 많이 존재하므로, 모든 국가에서 가장 엄격한 건전성 규제를 하고 있다.[2] 금융투자업자의 경우는 은행 등의 금융기관과 비교하여 볼 때 시스템 위험을 많이 가지고 있지는 않다. 이는 금융투자업자의 고객은 통상 자신의 책임하에 투자를 하고, 투자자산도 투자자에게 귀속되기 때문이다.[3] 그러나 금융거래의 자유화 및 국제화로 금융기관의 경영이 시장위험에 크게 영향을 받고 있기 때문에 시장위험관리의 중요성이 점점 더 강조되고 있는 추세이다. 한편 진입규제가 완화되면 재무 및 경영건전성 규제의 중요성은 더 커질 수밖에 없다. 따라서 자본시장법도 금융투자업자의 부실화를 예방하고 건전한 경영을 유도함으로써 금융시장과 금융투자업자에 대한 고객 및 투자자의 신뢰를 확보하기 위하여, 금융투자업자에게 영업용순자본을 총위험액 이상으로 유지하도록 하고(법 30조 1항), 금융위원회가 경영건전성 기준을 정하고, 건전성확보를 위하여 경영실태 및 위험에 대한 평가를 실시하도록 하고 있으며(법 31조 1항·2항·3항), 경영건전성 기준을 위반하는 경우 자본금 증액이나 이익배당 제한 등의 조치를 취할 수 있도록 하고 있다(법 31조 4항). 또한 금융투자업자에게 대주주와의 거래를 제한하는 등 이행상충 우려가 있는 행위를 하지 못하도록 제한하고 있다(법 34조). 그리고 각 금융기능별로 고객의 위험 노출 수준에 따라 금융위원회가 건전성 규제의 수

1) 은행과 같이 예금을 수취하는 기관에서 예금자가 예금을 지급받지 못하는 경우와 보험회사와 같이 고객이 보험료를 납입하고 일정한 위험에 대한 보험사고가 발생했을 때 보험금을 수취하여야 하나 보험회사의 부실이나 파산 등으로 인해 보험금을 받지 못하는 것 등을 방지할 목적의 건전성 규제가 이에 해당한다.

2) 은행의 건전성 규제에 대해서는 심영, "은행의 건전성규제 제도,"「중앙법학」 제 7 집 제 2 호(2005. 8. 31) 참조.

3) 고객의 예치금은 금융투자업자의 파산 등으로 인해 고객이 손해를 볼 가능성이 있으나, 우리나라는 현재 증권·금융회사에 대하여 시행하는 예치제도 및 예금자보호법에 의한 각종 제도로 이를 해결하고 있다.

준을 차등화할 수 있도록 하였다. 따라서 고객과 직접 채권채무관계가 있는 금융투자업(투자매매업)에 대해서는 강화된 건전성 규제를 적용하고, 고객의 자산을 수탁하는 금융투자업(투자중개업, 집합투자업, 신탁업)에 대해서는 완화된 건전성 규제를 적용, 고객의 자산을 수탁하지 않는 금융투자업(투자일임업, 투자자문업)에 대해서는 건전성 규제를 적용하지 않는 것이다.

아울러 법령과 규제당국의 통제와 함께, 금융투자업자 스스로 효율적인 위험관리를 통하여 건전성을 유지할 수 있도록, 금융투자회사의 이사회로 하여금 위험관리전담조직을 구성하는 등의 적절한 위험관리체제를 구축·운용하도록 하는 조치도 이루어지고 있다(금융투자업규정 3-42조, 3-43조).

제30조(재무건전성 유지)

① 금융투자업자(겸영금융투자업자, 그 밖에 대통령령으로 정하는 금융투자업자를 제외한다. 이하 이 조에서 같다)는 제 1 호의 합계액에서 제 2 호의 합계액을 뺀 금액(이하 "영업용순자본"이라 한다)을 금융투자업자의 자산 및 부채에 내재하거나 업무에 수반되는 위험을 금액으로 환산하여 합계한 금액(이하 "총위험액"이라 한다) 이상으로 유지하여야 한다.

1. 자본금·준비금, 그 밖에 총리령으로 정하는 금액
2. 고정자산, 그 밖에 단기간 내에 유동화가 어려운 자산으로서 총리령으로 정하는 자산

② 제 1 항의 영업용순자본과 총위험액의 산정에 관한 구체적인 기준 및 방법은 금융위원회가 정하여 고시한다.

③ 금융투자업자는 매 분기의 말일을 기준으로 영업용순자본에서 총위험액을 뺀 금액을 기재한 서면을 해당 분기의 말일부터 45일 이내로서 대통령령으로 정하는 기간 이내에 금융위원회에 보고하여야 하며, 보고기간 종료일부터 3개월간 본점과 지점, 그 밖의 영업소에 비치하고, 인터넷 홈페이지 등을 이용하여 공시하여야 한다.

시행령 제**34**조(재무건전성 유지 등) ① 법 제30조 제 1 항 각 호 외의 부분에서 "대통령령으로 정하는 금융투자업자"란 다음 각 호의 어느 하나에 해당하는 금융투자업자를 말한다.
1. 투자자문업자 또는 투자일임업자(다른 금융투자업을 경영하지 아니하는 경우만 해당한다)
2. 집합투자업자(집합투자증권 외의 금융투자상품에 대한 투자매매업 또는 투자중개업을 경영하는 자는 제외한다)
3. 삭제

② 법 제30조 제 3 항에서 "대통령령으로 정하는 기간"이란 45일을 말한다.

Ⅰ. 재무건전성 기준	Ⅲ. 재무건전성 공시
Ⅱ. 재무건전성 유지의무자	Ⅳ. 적기시정조치

Ⅰ. 재무건전성 기준

자본시장법은 재무건전성 규제에 있어 자기자본규제방식을 사용하고 있다. 금융투자업자는 영업용 순자본을 총 위험액 이상으로 유지하여야 한다(법 30조 1항). 즉 금융투자업자는 영업용순자본을 총위험액으로 나눈 영업용순자본비율을 100% 이상으로 유지하여야 하는 것이다. 영업용순자본이란 금융투자업자의 자본금과 준비금 그 밖에 자본금과 유사한 기능을 하는 자산(총리령으로 정하는 금액)에[1] 해당하는 금액에서 고정자산과 그 밖에 유동화 즉 현금화가 어려운 자산(총리령으로 정하는 자산)에[2] 해당하는 금액을 공제한 금액을 말한다.[3] 영업용 순자본은 금융투자업자가 유동성 부족이나 경영악화로 인한 파산 위험에 대처할 수 있는 기초가 되어 투자자를 보호하고 금융투자업자의 건전성을 확보하기 위한 기준이 된다.

총 위험액이란 자산 및 부채에 내재하거나 업무를 수행하는데 발생할 수 있는 위험을 금액으로 환산하여 이를 모두 합한 금액을 말한다. 총 위험액은 시장위험액(주식위험액, 금리위험액, 외환위험액, 집합투자증권등 위험액, 일반상품위험액, 옵션위험액), 신용위험액, 운영위험액의 금액을 합한 것이다.

Ⅱ. 재무건전성 유지의무자

영업용순자본을 유지하도록 하는 것은 금융투자업자의 건전성을 제고하여 시스템 위험을 방지하고 부실경영으로 인해 금융투자업자의 고객 등에 대한 피해를 최소화하기 위한 것이므로 대부분의 금융투자업자가 영업용순자본의 유지의무를 부담한다. 다만, 금융투자업자의 부실경영이나 파산이 시스템 위험을 가져오지 않고 고객에 대해서도 피해를 주지 않는 경우에는 영업용순자본 유지의무를 부과하지 않는다. 따라서 ① 투자자문업자 또는 투자일임업자(다른 금융투자업을 경영하지 아니하는 경우만 해당), ② 집합투자업자(집합투자증권 외의 금융투자상품에 대한 투자매매업 또는 투자중개업을 경영하는 자는 제외한다)는 영업용순자본 유지의무가 면제된다(법 시행령 34조 1항).[4]

---

1) "총리령으로 정하는 금액"이란, 1. 유동자산에 설정한 대손충당금, 2. 후순위 차입금, 3. 금융리스 부채, 4. 자산평가이익, 5. 제1호부터 제4호까지에서 규정한 사항 외에 자본적 성격을 가지는 부채 등 법 제30조 제1항에 따른 영업용순자본에 포함시킬 필요가 있다고 금융위원회가 정하여 고시하는 사항 등의 금액을 말한다(규칙 5조 1항).

2) "총리령으로 정하는 자산"이란, 1. 선급금, 2. 선급비용, 3. 선급법인세, 4. 자산평가손실, 5. 제1호부터 제4호까지에서 규정한 사항 외에 단기간 내에 유동화가 곤란한 자산 등 영업용순자본에서 제외할 필요가 있다고 금융위원회가 정하여 고시하는 사항 등의 금액을 말한다(규칙 5조 2항)

3) 영업용순자본을 정리해 보면 "영업용순자본=기준일 현재 대차대조표의 자산총액에서 부채총액을 차감한 잔액(순재산액)−차감항목의 합계금액+가산항목의 합계금액"을 의미한다.

4) 투자자문업과 투자일임업의 규제를 정한 종전의 구간투법에서도 영업용순자본에 관한 규제를 하지 않

겸영금융투자업자도 영위하는 금융투자업에 대해서는 본법의 적용을 받는 것이 원칙이다. 그러나 겸영금융투자업자의 건전성 규제제도 및 그 기준은 당해 금융업자의 영업전반에 따른 경영의 건전성을 규제하는 것이므로, 각각의 겸영투자업자를 규율하는 법령에 따라 건전성 규제가 이루어지므로 본조의 규율대상에서 제외된다. 겸영금융투자업자는 은행(수산업협동조합중앙회의 신용사업부문 포함), 보험회사, 한국산업은행, 중소기업은행, 한국수출입은행과 같은 특수은행, 증권금융회사, 종합금융회사, 자금중개회사, 외국환중개회사, 한국주택금융공사 등이다(법 22조 및 법 시행령 24조).

Ⅲ. 재무건전성 공시

금융투자업자는 매 분기의 말일을 기준으로 영업용순자본에서 총위험액을 뺀 금액을 기재한 서면을 해당 분기의 말일부터 45일 이내로서 대통령령으로 정하는 기간(45일, 법 시행령 34조 2항) 이내에 금융위원회에 보고하여야 하며, 보고기간 종료일부터 3개월간 본점과 지점, 그 밖의 영업소에 비치하고, 인터넷 홈페이지 등을 이용하여 공시하여야 한다(법 30조 3항).

Ⅳ. 적기시정조치

금융위원회는 금융투자업자가 자본시장법상 재무건건성 기준(법 30조 1항·2항)을 위반한 경우에는, 금융투자업자에 대하여 자본금의 증액, 이익배당의 제한 등 경영건전성 확보를 위한 필요한 조치를 명할 수 있다(법 31조 4항).

금융투자업규정에 의하면 영업용순자산비율이 일정 비율을 미달하는 경우 금융위원회가 경영개선권고,[1] 경영개선요구,[2] 경영개선명령[3] 등의 적기시정조치를 취하게 된다

았으며, 최저순자산액을 유지하도록 의무를 부과하였다(구간투법 145조 2항). 투자자문업자의 경우는 2억원 이상, 투자일임업자는 20억원 이상의 최저순자산액을 유지하여야 했다(구간투법 시행령 134조).

1) 경영개선권고는, 영업용순자본비율이 150% 미만이 경우에 취해지는 시정조치로서, 1. 인력 및 조직운용의 개선, 2. 경비절감, 3. 점포관리의 효율화, 4. 부실자산의 처분, 5. 영업용순자본감소행위의 제한, 6. 신규업무 진출의 제한, 7. 자본금의 증액 또는 감액, 8. 대손충당금 등의 설정 등의 일부 또는 전부에 해당하는 조치를 권고하는 것이다(금융투자업규정 3-26조 1항 1호, 2항).

2) 경영개선요구는, 영업용순자본비율이 120% 미만인 경우 취해지는 시정조치로서, 1. 고위험자산보유제한 및 자산처분, 2. 점포의 폐쇄, 통합 또는 신설제한, 3. 조직의 축소, 4. 자회사의 정리, 5. 임원진 교체 요구, 6. 영업의 일부정지, 7. 합병·제3자 인수·영업의 전부 또는 일부의 양도·「금융지주회사법」에 따른 금융지주회사(이하 "금융지주회사"라 한다)의 자회사로의 편입(단독 또는 다른 금융기관과 공동으로 금융지주회사를 설립하여 그 금융지주회사의 자회사로 편입하는 경우를 포함한다. 이하 같다)에 관한 계획수립, 8. 금융투자업규정 제3-26조 제2항에서 정하는 사항 등의 전부 또는 일부에 해당하는 조치의 이행을 요구하는 것이다(금융투자업규정 3-27조 1항 1호, 2항).

3) 경영개선명령은, 영업용순자본비율이 100% 미만인 경우 취해지는 시정조치로서, 1. 주식의 일부 또는 전부소각, 2. 임원의 직무집행 정지 및 관리인 선임, 3. 합병, 금융지주회사의 자회사로의 편입, 4. 영

(금융투자업규정 3-26조, 3-27조, 3-28조). 단 금융투자업자가 자본의 확충 또는 자산의 매각 등으로 단기간 내에 적기시정조치의 요건을 벗어날 수 있다고 판단되는 경우에는 일정기간 동안 적기시정조치를 유예할 수 있다(금융투자업규정 3-30조). 금융위원회로부터 적기시정조치를 받은 금융투자업자는 2개월 범위 내의 조치권자가 정한 기한 내에 경영개선계획을 금융감독원장에게 제출하여야 한다(금융투자업규정 3-31조 1항). 경영개선계획을 승인받은 금융투자업자는 원칙적으로 경영개선권고의 경우는 승인일로부터 6개월, 경영개선요구의 경우는 승인일로부터 1년 내에 경영개선계획을 이행하여야 한다(금융투자업규정 3-32조 1항·2항)[1]. 금융감독원장은 경영개선권고를 받은 금융투자업자가 경영개선계획을 성실하게 이행하지 아니하는 경우에는 경영개선요구를 하여야 하고, 경영개선요구를 받은 금융투자업자가 경영개선계획의 주요사항을 이행하지 아니하는 경우에 경영개선명령을 하여야 한다(금융투자업규정 3-34조 1항·2항). 경영개선명령을 받은 금융투자업자가 이행기간 내에 경영정상화가 이루어지지 아니하였다고 판단되는 경우, 금융위원회는 경영개선명령에서 이루어지는 조치, 인가취소, 임원의 해임권고, 그 밖의 투자자보호를 위하여 필요한 조치를 취할 수 있다(금융투자업규정 3-34조 3항).[2]

제31조(경영건전성기준)

① 금융투자업자(겸영금융투자업자를 제외한다. 이하 이 절에서 같다)는 경영의 건전성을 유지하기 위하여 다음 각 호의 사항에 관하여 금융위원회가 정하여 고시하는 경영건전성기준을 준수하여야 하며, 이를 위한 적절한 체계를 구축·시행하여야 한다.

1. 자기자본비율, 그 밖의 자본의 적정성에 관한 사항

업의 전부 또는 일부의 양도, 5. 제3자의 당해 금융투자업 인수, 6. 6개월 이내의 영업정지, 7. 계약의 전부 또는 일부의 이전, 8. 제3-27조 제2항에서 정하는 사항 등의 일부 또는 전부에 해당하는 조치를 이행하도록 명령하는 것이다(금융투자업규정 3-28조 1항 1호, 2항).

1) 경영개선명령을 받은 금융투자업자의 경영개선계획 이행기간은 금융위원회가 정한다(금융투자업규정 3-32조 3항).

2) 일본의 경우, 금융상품거래업자는 매월 자기자본규제비율(영업용순자본비율에 상응하는 개념)에 관한 신고서를 내각총리대신(금융청장관)에게 제출하여야 하는데, 자기자본규제비율이 140% 이하로 된 경우는 그때마다 자구 조치 계획서를 첨부하여야 한다(일 금상법 46조의6 1항, 동법 부령 179조 1항·2항·4항). 그리고 금융상품거래업자는 분기별로 자기자본규제비율을 기재한 서면을 모든 영업소에 비치하여 공중에게 열람을 제공하여야 한다(일 금상법 46조의6 3항). 금융상품거래업자의 자기자본규제비율이 120%를 하회하는 경우 내각총리대신은 공익 또는 투자자보호를 위하여 필요하다고 인정되는 경우에 그 필요의 한도에서 업무 방법의 변경이나 재산의 공탁 그리고 기타 감독상 필요한 사항을 명할 수 있다(일 금상법 53조 1항). 만일 자기자본규제비율이 100%를 하회하는 경우에는 내각총리대신이 필요성을 판단하여 3개월 이내의 기간을 정하여 업무의 전부 또는 일부의 정지를 명할 수 있으며(일 금상법 53조 2항), 업무정지명령 후 3개월이 경과하여도 계속하여 자기자본규제비율이 100%에 미치지 못하고 이러한 상황의 회복 가능성이 희박하다고 판단되는 경우 금융상품거래업의 등록을 취소할 수 있다(일 금상법 53조 3항). 일본 금융상품거래업자의 경영건전성과 고객보호에 관한 내용은 神崎克郎/志谷匡史/川口恭弘, 「金融商品去來法」, 青林書院, 2012, 678-695頁 참조.

2. 자산의 건전성에 관한 사항
3. 유동성에 관한 사항
4. 그 밖에 경영의 건전성 확보를 위하여 필요한 사항으로서 대통령령으로 정하는 사항

② 금융위원회는 제 1 항에 따른 경영건전성기준을 정함에 있어서 금융투자업자가 영위하는 금융투자업의 종류 등을 고려하여 금융투자업별로 그 내용을 달리 정할 수 있다.

③ 금융위원회는 금융투자업자의 경영건전성 확보를 위한 경영실태 및 위험에 대한 평가를 할 수 있다. 다만, 자산규모 등을 고려하여 대통령령으로 정하는 금융투자업자에 대하여는 평가를 실시하여야 한다.

④ 금융위원회는 금융투자업자가 제 1 항 및 제 2 항의 기준을 충족하지 못하거나 제30조 제 1 항 및 제 2 항을 위반한 경우에는 금융투자업자에 대하여 자본금의 증액, 이익배당의 제한 등 경영건전성 확보를 위한 필요한 조치를 명할 수 있다.

시행령 제**35**조(경영건전성기준) ① 법 제31조 제 1 항 제 4 호에서 "대통령령으로 정하는 사항"이란 다음 각 호의 사항을 말한다.
1. 위험관리에 관한 사항
2. 외환건전성에 관한 사항
3. 그 밖에 경영의 건전성 확보를 위하여 필요한 사항으로서 금융위원회가 정하여 고시하는 사항

② 법 제31조 제 3 항 단서에서 "대통령령으로 정하는 금융투자업자"란 다음 각 호에 해당하는 자를 말한다.
1. 경영실태에 대한 평가의 경우에는 다음 각 목의 어느 하나에 해당하지 아니하는 금융투자업자
   가. 다자간매매체결회사
   나. 제179조에 따른 채권중개전문회사(다른 금융투자업을 경영하지 아니하는 경우만 해당한다)
   다. 투자자문업자 또는 투자일임업자(다른 금융투자업을 경영하지 아니하는 경우만 해당한다)
   라. 외국 금융투자업자의 지점, 그 밖의 영업소
2. 위험에 대한 평가의 경우에는 다음 각 목의 기준을 모두 충족하는 금융투자업자
   가. 최근 사업연도 말일을 기준으로 자산총액(대차대조표상의 자산총액에서 투자자예탁금을 뺀 금액을 말한다)이 1천억원 이상일 것
   나. 장외파생상품에 대한 투자매매업 또는 증권에 대한 투자매매업(인수업을 경영하는 자만 해당한다)을 경영할 것

Ⅰ. 경영건전성기준

1. 경영건전성기준의 개념

금융투자업자(겸영금융투자업자는 제외)는 재무건전성 유지를 위하여 영업용 순자본을 총 위험액 이상으로 유지하여야 하는 것뿐만 아니라 금융위원회가 정하여 고시하는 자기자본비율, 자산건전성 및 유동성에 관한 사항, 기타 위험관리·외환건전성 사항 등 경영

건전성 확보를 위해 필요한 사항 등에 관한 경영건전성기준을 준수하고 이를 위한 적절한 체계를 구축·시행하여야 한다(법 31조 1항, 법 시행령 35조 1항). 금융위원회가 경영건전성기준을 정함에 있어서 금융투자업의 종류를 고려하여 금융투자업자별로 기준의 내용을 다르게 정할 수 있기 때문에, 각 금융투자업이 가지는 위험수준에 따라 규제기준을 조절하는 것이 가능하다(법 31조 2항).

2. 경영건전성기준의 주요내용

(1) 자기자본비율 등 자본적정성

금융투자업자는 금융투자업을 건전하게 영위할 수 있는 자본수준을 유지하여야 한다. 특히 자기자본은 자본충실의 원칙에 따라 금융투자업자가 이를 항상 보유하고 있어야 하므로, 금융투자업자의 채무상환에 대한 최소한의 재원으로 이용할 수 있다. 자기자본비율이 낮을수록 금융투자업자는 수익에 대한 분배율을 높일 수 있으나 외부환경의 변화로 인해 경영상 어려움에 처해지면 파산의 위험이 커지게 된다.

(2) 자산건전성

금융투자업자의 경영건전성을 계량화할 때 자산의 건전성을 적정하게 산출할 기준이 필요하다. 만약 부실한 자산을 건실한 자산으로 평가한 경우라면 당해 금융투자업자의 건전성을 정확하게 나타낼 수 없기 때문이다.

금융투자업규정은 대출채권 등 자산 및 부채에 대한 적정한 충당금 설정을 위하여 자산건전성 분류(금융투자업규정 [별표 7]) 및 충당금 적립기준(표준비율이라 함)을 제시하고 있다. 금융투자업자는 매분기마다 대출채권 등을 정상, 요주의, 고정, 회수의문, 추정손실 등 5단계로 분류하고 감독규정에서 정하는 표준비율 이상의 대손충당금을 적립하여야 한다. 자산건전성 분류대상 자산에는 대출채권, 가지급금과 미수금, 미수수익, 사모사채, 대여금, 대지급금, 부도어음, 부도채권, 채무보증 등이다.

(3) 유 동 성

금융투자업자는 부채규모와 위험액을 고려하여 투자자 및 채권자에 대한 지급능력을 충분히 유지하여야 한다. 유동성이 부족하면 금융시장환경이 악화된 경우에 금융투자업자가 이에 적절히 대처할 수 없어 금융투자업자의 부실화로 이어지기 때문이다. 외국환건전성을 위해서 외국환업무취급금융투자업자는 외화유동성비율을 준수하여야 한다(금융투자업규정 3-46조).

(4) 위험관리

금융투자업자의 위험관리는 영업활동과정에서 발생하는 다양한 위험에 대비하여 리스크관리체계(risk management system)를 구축·시행함으로써 위험을 적시에 인식, 평가, 감시, 통제하여 이익을 실현할 수 있도록 하는 것이다. 금융투자업자가 가지고 있는 위험은 시장위험, 운영위험, 신용위험 및 유동성위험과 같이 다양하다. 금융투자업자는 이러한 위험을 종류별로 평가하고 관리하여야 한다(금융투자업규정 3-42조).

Ⅱ. 경영실태평가 및 경영건전성확보 조치

1. 경영실태평가

경영실태평가는 금융투자업자의 경영 및 재무건전성을 평가하는 제도로 금융투자업자의 자본적정성, 수익성, 내부통제 등 다양한 부문에 대해 종합적이고 체계적인 방법으로 점검·분석하고 이를 일정한 등급으로 평가함으로써 개별기관의 경영실태를 합리적이고 객관적으로 파악하는 한편 그 결과를 감독 및 검사업무에 반영한다.

경영실태 및 위험에 대한 금융위원회의 평가는 임의적인 평가가 원칙이나, 경영실태평가의 경우는 다자간매매체결회사, 다른 금융투자업을 영위하지 않는 채권중개전문회사, 다른 금융투자업을 영위하지 않는 투자자문 또는 투자일임업자의 경우 그리고 외국금융투자업자의 지점, 그 밖의 영업소를 제외한 금융투자업자에 대하여 의무적으로 실시하여야 한다(법 31조 3항, 법 시행령 35조 2항 1호). 그리고 위험평가의 경우에는 최근 사업연도 말일을 기준으로 자산총액(대차대조표상의 자산총액에서 투자자예탁금을 뺀 금액)이 1천억원 이상인 장외파생상품에 대한 투자매매업 또는 증권에 대한 투자매매업(인수업을 영위하는 자만 해당)을 영위하는 금융투자업자에 대하여 위험에 대한 평가가 반드시 이루어져야 한다(법 31조 3항, 법 시행령 35조 2항 2호).

경영실태평가는 종합경영실태평가와 잠정경영실태평가가 있다. 종합경영실태평가는 개별 금융투자업자의 종합적이고 전반적인 경영실태를 진단하기 위하여 종합(부문)검사 시에 실시한다. 잠정경영실태평가는 개별 금융투자업자의 개략적인 경영 상태와 재무추이를 파악하기 위하여 분기마다 실시한다.

종합경영실태평가는 검사현장에서 실시하므로 계량항목뿐만 아니라 비계량항목의 평가·검증이 용이하고 경영진과의 면담도 수시로 이루어질 수 있어 다양한 측면에서의 평가가 가능하다. 이에 비하여 잠정경영실태평가는 주로 서면 또는 전산자료에 의한 계량항목 평가에 의존하고는 있으나 상시감시체제로서의 역할을 담당한다.

2. 경영건전성확보 조치

금융투자업자가 경영건전성기준을 충족하지 못하면 금융위원회는 금융투자업자에 대하여 자본금의 증액, 이익배당의 제한 등 경영건전성을 확보하는데 필요한 조치를 명할 수 있다(법 31조 4항). 또한 자기자본비율이 일정수준에 미달하는 등 재무상태가 부실하면 「금융 산업의 구조 개선에 관한 법률」에 따른 금융위원회의 적기시정조치의 대상이 된다(동법 10조).

제32조(회계처리)

① 금융투자업자는 다음 각 호에 따라 회계처리를 하여야 한다.

1. 회계연도를 금융투자업별로 총리령으로 정하는 기간으로 할 것
2. 금융투자업자의 고유재산과 신탁재산, 그 밖에 총리령으로 정하는 투자자재산을 명확히 구분하여 회계 처리할 것
3. 증권선물위원회의 심의를 거쳐 금융위원회가 정하여 고시하는 금융투자업자 회계처리준칙 및 「주식회사의 외부감사에 관한 법률」 제13조에 따른 기업회계기준을 따를 것

② 금융투자업자의 고유재산의 회계처리에 관한 사항으로서 제1항에서 정하지 아니한 회계처리, 계정과목의 종류와 배열순서, 그 밖에 필요한 사항은 금융위원회가 정하여 고시한다.

금융투자업자는 고유재산, 신탁재산, 투자자재산을 명확히 구분하여 회계처리를 하여야 한다. 금융투자업자의 회계처리에 관한 사항은 금융투자업자 회계처리준칙 및 기업회계기준이 정하는 바에 따른다. 금융투자업자 회계처리준칙은 금융투자업의 회계처리와 재무보고에 통일성과 객관성을 부여하기 위하여 기업회계기준에서 정하지 아니하였거나 금융투자업의 특수성으로 인하여 달리 적용할 필요가 있는 사항 등을 규정한 것이다.

제33조(업무보고서 및 공시 등)

① 금융투자업자는 매 사업연도 개시일 부터 3개월간·6개월간·9개월간 및 12개월간의 업무보고서를 작성하여 그 기간 경과 후 45일 이내로서 대통령령으로 정하는 기간 이내에 금융위원회에 제출하여야 한다.

② 금융투자업자는 제1항에 따른 업무보고서를 금융위원회에 제출한 날부터 그 업무보고서 중 중요사항을 발췌한 공시서류를 1년간 본점과 지점, 그 밖의 영업소에 이를 비치하고, 인터넷 홈페이지 등을 이용하여 공시하여야 한다.

③ 금융투자업자는 거액의 금융사고 또는 부실채권의 발생 등 금융투자업자의 경영상황에 중대한 영향을 미칠 사항으로서 금융투자업의 종류별로 대통령령으로 정하는 사항이 발생한 경우에는 금융위원회에 보고하고, 인터넷 홈페이지 등을 이용하여 공시하여야 한다.

④ 금융투자업자는 제1항에 따른 업무보고서 외에 매월의 업무 내용을 적은 보고서를 다음 달 말일까지 금융위원회에 제출하여야 한다.

⑤ 제1항에 따른 업무보고서, 제2항에 따른 공시서류의 기재사항 및 제3항에 따른 경영상황 공시, 제4항에 따른 보고서, 그 밖에 필요한 사항은 대통령령으로 정한다.

시행령 제**36**조(업무보고서 제출 기한 등) ① 법 제33조 제 1 항에서 "대통령령으로 정하는 기간"이란 45일을 말한다.

② 법 제33조 제 3 항에서 "대통령령으로 정하는 사항이 발생한 경우"란 다음 각 호와 같다.

1. 투자매매업이나 투자중개업인 경우
   가. 거액의 금융사고 또는 부실채권 등이 발생한 경우
   나. 「금융 산업의 구조 개선에 관한 법률」 제10조에 따른 적기시정조치를 받은 경우
   다. 법 제161조 제 1 항 각 호의 어느 하나에 해당하는 경우(법 제159조 제 1 항에 따른 사업보고서 제출대상법인이 아닌 금융투자업자만 해당한다)
   라. 투자매매업이나 투자중개업의 경영과 관련하여 해당 법인이나 그 임직원이 형사처벌을 받은 경우
   마. 증권시장(다자간매매체결회사에서의 거래를 포함한다), 파생상품시장 등의 결제를 하지 아니한 경우
   바. 그 밖에 금융위원회가 정하여 고시하는 경우
2. 집합투자업인 경우
   가. 제 1 호 가목부터 다목까지의 어느 하나에 해당하는 경우
   나. 집합투자업의 경영과 관련하여 해당 법인이나 그 임직원이 형사처벌을 받은 경우
   다. 그 밖에 금융위원회가 정하여 고시하는 경우
3. 투자자문업이나 투자일임업인 경우
   가. 제 1 호 가목부터 다목까지의 어느 하나에 해당하는 경우
   나. 투자자문업이나 투자일임업의 경영과 관련하여 해당 법인 또는 그 임직원이 형사처벌을 받은 경우
   다. 그 밖에 금융위원회가 정하여 고시하는 경우
4. 신탁업인 경우
   가. 제 1 호 가목부터 다목까지의 어느 하나에 해당하는 경우
   나. 신탁업의 경영과 관련하여 해당 법인이나 그 임직원이 형사처벌을 받은 경우
   다. 시공사 또는 위탁자가 발행하는 어음이나 수표가 부도로 되거나 은행과의 거래가 정지되거나 금지된 경우
   라. 그 밖에 금융위원회가 정하여 고시하는 경우

③ 법 제33조 제 1 항에 따른 업무보고서(이하 "분기별 업무보고서"라 한다) 및 같은 조 제 4 항에 따른 매월의 업무내용을 적은 보고서(이하 "월별 업무보고서"라 한다)의 기재사항은 다음 각 호와 같다.

1. 금융투자업자의 개요
2. 금융투자업자가 경영하고 있는 업무의 내용에 관한 사항
3. 재무에 관한 현황
4. 영업에 관한 사항
5. 최대주주(그의 특수관계인을 포함한다)와 주요주주에 관한 사항
6. 특수관계인과의 거래에 관한 사항
7. 지점, 그 밖의 영업소와 인력의 관리에 관한 사항
8. 투자자재산의 현황과 그 보호에 관한 사항
9. 장외파생상품 매매, 그 밖의 거래의 업무내용, 거래현황과 평가손익현황(장외파생상품의 위험을 회피하기 위한 관련 거래의 평가손익을 포함한다) 등에 관한 사항
10. 금융투자업자나 그 임직원이 최근 5년간 금융위원회, 금융감독원장 등으로부터 조치를 받은 경우 그 내용
11. 그 밖에 금융투자업자의 영업이나 경영에 관련된 사항으로서 금융위원회가 정하여 고시하는 사항

④ 법 제33조 제 2 항에 따른 공시서류의 기재사항은 다음 각 호와 같다.

1. 제 3 항 제 1 호부터 제 7 호까지의 사항
2. 그 밖에 투자자에게 알릴 필요가 있다고 금융위원회가 정하여 고시하는 사항

⑤ 금융투자업자는 제 2 항 각 호의 어느 하나에 해당하는 사항이 발생한 경우에는 그 사실이 발생한 날의 다음 날까지 그 내용을 금융위원회에 보고하고, 인터넷 홈페이지 등을 이용하여 공시하여야 한다.

⑥ 금융위원회는 금융투자업자가 법 제33조 제 2 항 또는 제 3 항에 따라 공시하는 사항 중 법 제47조 제 3 항에 따

른 중요사항(이하 "중요사항"이라 한다)에 관하여 거짓의 사실을 공시하거나 중요사항을 빠뜨리는 등 불성실하게 공시하는 경우에는 금융투자업자에 대하여 정정공시나 재공시 등을 요구할 수 있다.
⑦ 제1항부터 제6항까지에서 규정한 사항 외에 분기별 업무보고서, 월별 업무보고서, 공시서류 및 경영상황 공시와 관련하여 그 서식과 작성방법, 기재사항 등에 관한 구체적인 기준은 금융위원회가 정하여 고시한다.

Ⅰ. 경영정보 보고의무

1. 업무보고서 작성 및 보고의무

금융투자업자는 월별 업무보고서와 분기별 업무보고서(3개월간·6개월간·9개월간·12개월간)를 작성하여 금융위원회에 제출하여야 한다. 월별 업무보고서는 다음 달 말일까지, 분기별 보고서는 매 사업연도 분기 종료 후 45일 이내에 제출하여야 한다(법 33조 4항, 법 시행령 36조 1항).[1)]

업무보고서에 기재할 사항은 다음과 같다(법 시행령 36조 3항 및 금융투자업규정 3-66조 1항). 월별 업무보고서와 분기별 업무보고서의 기재내용은 동일하다. 다만, 월별 업무보고서에는 감사인의 감사의견 또는 검토의견을 기재하지 않는다(금융투자업규정 3-66조 1항 1호).

① 금융투자업자의 개요

② 금융투자업자가 영위하고 있는 업무의 내용에 관한 사항

③ 재무에 관한 현황

④ 영업에 관한 사항

⑤ 최대주주(그의 특수관계인을 포함) 및 주요주주에 관한 사항

⑥ 특수관계인과의 거래에 관한 사항

⑦ 지점, 그 밖의 영업소 및 인력의 관리에 관한 사항

⑧ 투자자재산의 현황 및 그 보호에 관한 사항

⑨ 장외파생상품 매매, 그 밖의 거래의 업무내용, 거래현황 및 평가손익현황(장외파생상품의 위험을 회피하기 위한 관련 거래의 평가손익을 포함) 등에 관한 사항

⑩ 금융투자업자 및 그 임직원이 최근 5년간 금융위원회, 금융감독원장 등으로부터 조치를 받은 경우 그 내용

1) 일본의 금융상품거래업자는 매 사업연도 경과 후 3개월 이내에 내각부령이 정하는 소정의 사업보고서를 내각총리대신에게 제출하여야 한다(일 금상법 46조, 47조의2. 1종 금융상품거래업자의 사업연도는 4월 1일부터 익년 3월 31일까지로 정하고 있음). 1종 금융상품거래업 업자는 사업보고서 외에 업무 또는 재산 상황에 관한 보고서도 제출하여야 한다(일 금상법 46조의3 2항).

⑪ 그 밖에 금융투자업자의 영업 또는 경영에 관련된 사항으로서 금융위원회가 정하여 고시하는 사항(감사인의 감사의견 또는 검토의견,[1] 이사회 등 회사의 기관 및 계열회사에 관한 사항, 영업용순자본비율에 관한 사항(전업투자자문·투자일임업자는 제외), 위험관리정책에 관한 사항, 법규준수를 위한 내부통제정책에 관한 사항, 투자매매업자 또는 투자중개업자가「자산유동화에 관한 법률」2조 4호에서 정하는 유동화증권(「자산유동화에 관한 법률」에서 정하는 유동화전문회사 또는 신탁업자가 아닌 회사, 그 밖의 특수목적기구가 자산유동화에 준하는 업무를 하여 발행하는 증권이나 같은 법률에서 정하는 방법 이외의 것에 따라 유동화자산을 기초로 발행하는 증권을 포함)을 매매 또는 중개하는 경우에는 유동화증권 등 매매 또는 중개의 업무내용 및 거래현황 등에 관한 사항, 그 밖에 금융투자업자의 경영 및 영업에 관한 중요사항)

또한 투자일임업자와 신탁업자는 투자일임 또는 신탁관련 통계조사 및 분석을 위한 자료를 금융투자협회가 정하는 바에 따라 제출하여야 한다(금융투자업규정 3-66조 9항).

2. 경영상황 보고의무

금융투자업자는 경영 상황에 중대한 영향을 미칠 사실이 발생한 경우에는 그 사실이 발생한 날의 다음날까지 그 내용을 금융위원회에 보고하여야 한다(법 시행령 36조 5항). 금융투자업자가 보고하여야 할 사항을 정리하면 모든 금융투자업자가 보고하여야 하는 공통사항과 금융투자업자의 종류별로 정하고 있는 개별사항으로 나눌 수 있다(법 시행령 36조 2항).

(1) 공통 보고사항

금융투자업자는 다음 사실이 발생하면 공통적으로 금융위원회에 보고하여야 한다. 법 제33조 제 3 항, 제161조 제 1 항, 법 시행령 제36조 제 2 항, 제171조, 금융투자업규정 제3-70조 제 1 항을 정리해 보면, 법 제159조 제 1 항에 따른 사업보고서 제출대상법인인 금융투자업자는 ③에서 ⑪까지에 해당하는 사실이 발생하면 법 제161조에 따라 주요사항보고서를 금융위원회에 제출하고 나머지 사항(①, ②, ⑫, ⑬)의 경우는 본조(법 33조 3항, 법 시행령 36조 2항, 금융투자업규정 3-70조 1항)에 따라 금융위원회에 그 내용을 보고한다. 그리고 사업보고서 제출대상법인이 아닌 금융투자업자는 아래 전 사항을 본조에 따라 금융위원회에 그 내용을 보고한다. 따라서 금융투자업자 사이에 실질의 내용에서는 큰 차이가 없다.

---

1) 투자자문업 및 투자일임업만을 영위하는 금융투자업자의 경우, 감사인의 감사의견 또는 검토의견은 최근 사업연도 말을 기준으로 운용하는 투자일임재산의 합계액에 따라 다음과 같이 제출한다. 1. 5,000억원 미만의 경우는 12개월간의 업무보고서 작성 시에, 2. 5,000억원 이상의 경우는 3개월간, 6개월간, 9개월간 및 12개월간의 업무보고서 작성 시에 제출한다(금융투자업규정 3-66조 8항).

① 거액의 금융사고 또는 부실채권 등이 발생한 경우

②「금융 산업의 구조 개선에 관한 법률」 제10조에 따른 적기시정조치를 받은 경우

③ 발행한 어음 또는 수표가 부도로 되거나 은행과의 당좌거래가 정지 또는 금지된 때

④ 영업활동의 전부 또는 중요한 일부가 정지되거나 그 정지에 관한 이사회 등의 결정이 있은 때

⑤「채무자 회생 및 파산에 관한 법률」에 따른 회생절차개시의 신청이 있은 때

⑥「자본시장과 금융투자업에 관한 법률」,「상법」, 그 밖의 법률에 따른 해산사유가 발생한 때

⑦ 자본증가 또는 자본감소, 조건부자본증권의 발행에 따른 부채의 증가에 관한 이사회의 결의가 있은 때(법 시행령 171조 1항)

⑧ 주식의 포괄적 교환에 의한 완전모회사의 설립이 있은 때(상법 360조의2), 주식의 포괄적 이전에 의한 완전모회사의 설립이 있은 때(상법 360조의15), 합병계약서 작성 및 그 승인결의가 있은 때(상법 522조), 회사의 분할 또는 분할합병이 있은 때(상법 530조의2)

⑨ 중요한 영업 또는 자산을 양수하거나 양도할 것을 결의한 때(법 시행령 171조 2항)[1)]

⑩ 자기주식을 취득(자기주식의 취득을 목적으로 하는 신탁계약의 체결을 포함) 또는 처분(자기주식의 취득을 목적으로 하는 신탁계약의 해지를 포함)할 것을 결의한 때

⑪ 경영·재산 등에 관하여 중대한 영향을 미치는 사실이 발생한 때(법 시행령 171조 3항)[2)]

1) 법 시행령 제171조 제2항에서 규정하고 있는 중요한 영업 또는 자산을 양수하거나 양도할 것을 결의한 때란, 1. 양수·양도하려는 영업부문의 자산액(장부가액과 거래금액 중 큰 금액)이 최근 사업연도말 현재 자산총액(한국채택국제회계기준을 적용하는 연결재무제표 작성대상법인인 경우에는 연결재무제표의 자산총액을 말함)의 100분의 10 이상인 양수·양도, 2. 양수·양도하려는 영업부문의 매출액이 최근 사업연도말 현재 매출액(한국채택국제회계기준을 적용하는 연결재무제표 작성대상법인인 경우에는 연결재무제표의 매출액을 말함)의 100분의 10 이상인 양수·양도, 3. 영업의 양수로 인하여 인수할 부채액이 최근 사업연도말 현재 부채총액(한국채택국제회계기준을 적용하는 연결재무제표 작성대상법인인 경우에는 연결재무제표의 부채총액을 말함)의 100분의 10 이상인 양수, 4. 영업전부의 양수, 5. 양수·양도하려는 자산액(장부가액과 거래금액 중 큰 금액을 말함)이 최근 사업연도말 현재 자산총액(한국채택국제회계기준을 적용하는 연결재무제표 작성대상법인인 경우에는 연결재무제표의 자산총액을 말함)의 100분의 10 이상인 양수·양도(다만, 일상적인 영업활동으로서 상품·제품·원재료를 매매하는 행위 등 금융위원회가 정하여 고시하는 자산의 양수·양도는 제외) 등을 말한다.

2) 법 시행령 제171조 제3항에서 정하고 있는 법 제161조 제1항 제9호의 경영·재산 등에 관하여 중대한 영향을 미치는 사실이란, 1.「기업구조조정촉진법」 제4조 제4항 각 호의 어느 하나에 해당하는 관리절차가 개시되거나 같은 법 제12조에 따라 공동관리절차가 중단된 때, 2. 법 시행령 제167조 제1항 제2호 각 목의 어느 하나에 해당하는 증권에 관하여 중대한 영향을 미칠 소송이 제기된 때, 3. 해외 증권시장에 주권의 상장 또는 상장폐지가 결정되거나, 상장 또는 상장폐지된 때 및 외국금융투자감독기관 또는 법 제406조 제1항 제2호에 따른 외국 거래소 등으로부터 주권의 상장폐지, 매매거래정지, 그 밖의 조치를 받은 때, 4. 전환사채권, 신주인수권부사채권 또는 교환사채권의 발행에 관한 결정이 있은 때, 5. 다른 법인의 지분증권이나 그 밖의 자산을 양수하는 자에 대하여 미리 정한 가액으로 그 지분증권 등을 양도할 수 있는 권리를 부여하는 계약 또는 이에 상당하는 계약 체결에 관한 결정이 있은 때, 6. 조건부자본증권이 주식으로 전환되는 사유가 발생하거나 그 조건부자본증권의 상환과 이자지급 의무가 감면되는 사유가 발생하였을 때, 7. 그 밖에 그 법인의 경영·재산 등에 관하여 중대한 영향을 미치는 사항으로서 금융위원회가 정하여 고시하는 사실이 발생한 때 등을 의미한다.

⑫ 경영과 관련하여 해당 법인 또는 그 임직원이 형사처벌을 받은 경우

⑬ 금융위원회가 정한 사항(금융투자업규정 3-70조 1항)[1)]

(2) 개별 보고사항

1) 투자매매업과 투자중개업

투자매매업자와 투자중개업자의 개별 보고사항은 증권시장(다자간매매체결회사에서의 거래를 포함), 파생상품시장 등의 결제를 이행하지 아니한 경우이다(법 시행령 36조 2항 1호 마목).

2) 신 탁 업

신탁업자의 개별 보고사항은 시공사 또는 위탁자가 발행하는 어음 또는 수표가 부도로 되거나 은행과의 거래가 정지 또는 금지된 경우이다(법 시행령 36조 2항 4호 다목).

3. 기 타

금융투자업자는 외감법에 따라 회계감사를 받은 다음 감사보고서, 재무제표 및 부속명세서, 수정재무제표에 따라 작성한 영업용순자본비율보고서 및 자산부채비율보고서, 해외점포의 감사보고서와 재무제표 및 부속명세서를, 금융감독원장이 요청할 경우, 제출하여야 한다(금융투자업규정 3-67조 1항). 금융투자업자는 회계감사인의 감사보고서의 내용이 회계연도 종료일 현재로 작성하여 제출한 업무보고서의 내용과 다른 경우에는 그 내역 및 사유를 설명하는 자료를 감사보고서와 함께 즉시 제출하여야 한다(금융투자업규정 3-67조 3항).

외국환업무취급금융투자업자는 외화자산 및 외화부채현황, 만기별 외화자금조달·운용현황, 그 밖에 외화유동성비율 및 외국환포지션 한도관리의 시행에 필요한 사항을 서면이나 전산자료 형태로 보고하여야 한다(금융투자업규정 3-68조). 그리고 외국 금융투자업자의 국내지점은 그 본점의 영업에 관한 결산서류 중 감사보고서 및 재무제표 및 부속명세서에 준하는 서류를 금융감독원장이 요청하는 경우 즉시 제출하여야 한다(금융투자업규정 3-69조 2항).

---

1) 법 시행령 제36조 제2항 각호에서 규정하고 있는 금융위원회 고시사항이란, 1. 「독점규제 및 공정거래에 관한 법률」 제2조 제2호에서 정하는 동일 기업집단별로 금융투자업자의 직전 분기말 현재 재무상태표의 자산총액에서 부채총액을 차감한 잔액의 100분의 10에 상당하는 금액을 초과하는 부실채권이 발생한 경우(다만 그 금액이 40억원 이하인 경우에는 제외), 2. 「금융기관 검사 및 제재에 관한 규정」에서 정하는 금융사고 등으로 금융투자업자의 직전 분기말 자기자본의 100분의 2에 상당하는 금액을 초과하는 손실이 발생하였거나 손실이 예상되는 경우(다만, 그 금액이 10억원 이하인 경우에는 제외), 3. 민사소송의 패소 등의 사유로 금융투자업자의 직전 분기말 자기자본의 100분의 1에 상당하는 금액을 초과하는 손실이 발생한 경우(다만, 그 금액이 10억원 이하인 경우에는 제외), 4. 금융투자업규정 제3-26조부터 제3-28조까지 및 제3-35조, 법 제420조 제1항 각 호 외의 부분 및 제3항 제1호·제2호 또는 「금융산업의 구조개선에 관한 법률」 제14조 제2항 각 호 외의 부분 본문에 따른 조치를 받은 경우, 5. 원화유동성비율을 위반한 경우, 6. 회계기간 변경을 결정한 경우, 7. 법 제9조 제15항 제1호에 따른 상장법인이 아닌 금융투자업자에 재무구조에 중대한 변경을 초래하는 사항 등의 사항이 발생하는 경우 등을 말한다(금융투자업규정 3-70조 1항).

Ⅱ. 경영공시의무[1)]

1. 경영공시제도

(1) 경영공시의 목적

우리나라는 1998년 10월에 금융기관의 경영 상황을 투명하게 공시토록 함으로써 금융기관의 경영공시제도를 개선하였다.[2)] 공시제도 개선목적은 금융위기에 따른 금융기관 구조조정 이후 금융이용자가 금융기관과 금융상품 등을 합리적인 판단에 따라 선택할 수 있도록 함과 동시에 금융기관의 책임경영체제 확립과 대외신인도 제고를 도모하기 위한 것이다.

공시제도는 시장규율(market discipline)을 통한 금융시스템의 안정성을 증가시키고 자본과 자원의 분배를 보다 효율적으로 할 수 있다.[3)] 특히 금융시장 환경의 변화로 인해 자본시장과 유가증권시장에서의 공시 강화가 더욱 필요하게 되었다.

금융시장은 금융규제감독당국의 노력을 보강하는 자율규율기능을 가지고 있다. 금융시장에서는 금융기관이 위험을 효과적으로 관리하는 경우에는 보상을 주고 위험관리가 부적절하거나 무분별한 경우에는 제재를 하는 기능을 담당하기 때문이다.[4)] 효과적인 자율시장규율 기능이 실행되면 금융안정과 효율성(financial stability and efficiency)의 확보에 도움을 주며 금융시스템에 대한 규제와 감독의 최소화가 이루어질 수 있다.[5)] 다만, 자율시장규율 기능은 금융규제감독의 보완적인 수단으로 이용되어야 한다.

우리나라의 경우 경영공시제도는 주주, 채권자, 소비자, 기타 이해관계인에게 기업의 경영상태, 활동내용 등과 관련된 각종 정보를 적기에 공시함으로써 기업에 대한 평가 자료를 제공하려는 제도이고 특히 금융기관의 경우 경영공시제도는 시장참가자에게 재무상태에 관한 정확하고 시의성 있는 정보를 제공함으로써 시장규율 기능을 통하여 개별금융기관의 건전성과 금융시스템의 안정성을 보장하고 금융규제감독당국의 건전성규제를 효과적으로 보완하는 수단으로 활용된다.[6)]

---

1) 금융기관 경영공시에 대한 자세한 내용은 심영, "금융기관의 경영정보 공시제도," 「비교사법」 제13권 제 2 호(2006. 6. 30) 참조.

2) 금융감독위원회, "금융기관의 경영공시제도 개선," 금융감독위원회 보도자료(1998. 10. 10).

3) Multidisciplinary Working Group on Enhanced Disclosure, "Final Report"(April 26, 2001), p. 6.

4) Basel Committee on Banking Supervision, "Enhancing Bank Transparency"(Sep. 1998), p. 1.

5) See Franco Bruni, "Prudential Regulation in an Integrated Financial Market : Issues of Optimality and Credibility," in Guido Ferrarini ed., Prudential Regulation of Banks and Securities Firms : European and International Aspects(1995), p. 90.

6) 금융감독위원회, 전게 보도자료(1998. 10. 10).

⑵ 경영공시의 장점

금융기관의 경영공시제도를 통한 정보공개의 장점은 다음과 같다.[1)]

첫째, 공공에 대한 정보공개는 금융기관에 있어서 문제발생을 방지하는데 도움을 준다. 정보공개가 강화되면 시장규율 기능이 조금 더 빨리, 그리고 효과적으로 이루어지며 금융기관이 신중하고 효과적인 방법으로 행동하도록 하는 보상유인이 강화된다.

둘째, 적정한 시기에 행하여지는 공공에 대한 공시(timely public disclosure)는 급격한 시장가격변동의 가능성을 감소시킬 수 있다. 시장참여자가 현재 상황만을 알 수 있는 정보를 가진 경우에는, 미래의 상황을 적절히 예측할 수 없기 때문에, 현재 문제에 대한 지나친 대응을 할 가능성이 있다. 그러나 시장참여자가 문제의 진행 상태를 알 수 있는 정보를 보다 더 많이 얻게 된다면, 미래에 대한 적절한 예측을 가능하게 함으로써, 현재시점에서의 지나친 대응이 자제될 수 있는 것이다.

셋째, 공공에 대한 정보공개는 은행으로 하여금 신중한 행위를 하도록 하는 감독수단에 대하여 이를 준수하였는가의 여부를 공공에 알리게 함으로써 감독을 강화시키는 기능을 한다.

⑶ 우리나라 금융기관 경영정보 공시의무의 개요

우리나라 금융기관은 정기경영공시와 법령이 정하는 사항이 발생한 경우 관련 내용을 공시하는 수시공시의무가 있다.

우리나라 금융업관련법 및 감독규정에서는 다음과 같은 사항을 중심으로 금융기관이 정기적으로 경영정보를 공시하도록 한다. 금융기관은 (1) 조직 및 인력에 관한 사항, (2) 재무 및 손익에 관한 사항, (3) 자금의 조달 및 운용에 관한 사항, (4) 건전성·수익성·생산성 등을 나타내는 경영지표에 관한 사항, (5) 제재 및 적기시정조치를 받은 내용, (6) 연중 수시공시내용, (7) 내부통제제도에 관한 사항에 대한 공시를 하여야 한다. 그 밖에 금융기관종류별로 경영공시사항을 정하고 있다.[2)]

1) Basel Committee on Banking Supervision, pp. 6-7.

2) 예를 들면, 은행의 경우 경영방침, 리스크관리 등 은행경영에 중요한 영향을 미치는 사항을 공시하도록 하며(은행업감독규정 41조 1항 5호), 보험회사의 경우 보험약관 및 사업방법서, 보험료 및 해약환급금, 예정기초율 등 보험상품에 관한 사항(보험업법 시행령 67조 1항 4호)과 경영·자산 등에 관하여 중대한 영향을 미칠 회계처리기준 등을 변경하기로 한 결정(보험업감독규정 7-44조 1항 5호)을 공시하도록 한다.

2. 금융투자업자의 경영공시

(1) 정기경영공시

1) 정기경영공시의 내용

금융기관의 정기경영공시 내용은 각 금융기관의 종류별로 경영통일공시기준에서 정하고 있으나, 금융투자업자의 정기경영공시는 업무보고서에 기재한 내용 중에서 중요한 사항을 발췌하여 공시하도록 한다(법 33조 2항). 금융투자업자가 공시하여야 사항은 다음과 같다(법 시행령 36조 4항).

① 금융투자업자의 개요

② 금융투자업자가 영위하고 있는 업무의 내용에 관한 사항

③ 재무에 관한 현황

④ 영업에 관한 사항

⑤ 최대주주(그의 특수관계인을 포함) 및 주요주주에 관한 사항

⑥ 특수관계인과의 거래에 관한 사항

⑦ 지점, 그 밖의 영업소 및 인력의 관리에 관한 사항

⑧ 그 밖의 금융투자업자의 영업 또는 경영에 관련된 사항으로서 금융위원회가 정하여 고시하는 사항(법 시행령 36조 4항 2호, 금융투자업규정 3-66조 5항: 감사인의 감사의견 또는 검토의견, 이사회 등 회사의 기관 및 계열회사에 관한 사항, 영업용순자본비율에 관한 사항(전업투자자문·투자일임업자는 제외), 위험관리정책에 관한 사항, 법규준수를 위한 내부통제정책에 관한 사항, 투자매매업자 또는 투자중개업자가 「자산유동화에 관한 법률」 2조 4호에서 정하는 유동화증권(「자산유동화에 관한 법률」에서 정하는 유동화전문회사 또는 신탁업자가 아닌 회사, 그 밖의 특수목적기구가 자산유동화에 준하는 업무를 하여 발행하는 증권이나 같은 법률에서 정하는 방법 이외의 것에 따라 유동화자산을 기초로 발행하는 증권을 포함)을 매매 또는 중개하는 경우에는 유동화증권 등 매매 또는 중개의 업무내용 및 거래현황 등에 관한 사항, 그 밖에 금융투자업자의 경영 및 영업에 관한 중요사항)[1]

2) 정기경영공시 시기 및 방법

금융투자업자는 분기별 업무보고서를 금융위원회에 제출한 날로부터 1년간 공시서류를 공시하여야 한다. 공시의 방법은 본점과 지점, 그 밖의 영업소에 공시서류를 비치

---

1) 다만, 다자간매매체결회사는 금융투자업규정 제3-66조 제1항 제4호부터 제6호의 사항(위험관리정책에 관한 사항, 법규준수를 위한 내부통제정책에 관한 사항, 투자매매업자 또는 투자중개업자가 「자산유동화에 관한 법률」제2조 제4호에서 정하는 유동화증권(「자산유동화에 관한 법률」에서 정하는 유동화전문회사 또는 신탁업자가 아닌 회사, 그 밖의 특수목적기구가 자산유동화에 준하는 업무를 하여 발행하는 증권이나 같은 법률에서 정하는 방법 이외의 것에 따라 유동화자산을 기초로 발행하는 증권을 포함)을 매매 또는 중개하는 경우에는 유동화증권 등 매매 또는 중개의 업무내용 및 거래현황 등에 관한 사항, 그 밖에 금융투자업자의 경영 및 영업에 관한 중요사항)을 포함하지 아니할 수 있다(금융투자업규정 3-66조 5항 단서).

하여야 한다. 그리고 인터넷 홈페이지를 이용하여 공시하여야 한다. 금융기관의 정기경영공시 자료는 일반적으로 해당 협회의 인터넷 홈페이지에도 공시되고 소비자보호단체에게도 제공된다.

금융투자업자가 반기보고서와 분기보고서를 제출한 경우에는 당해 분기의 공시서류를 공시한 것으로 본다(금융투자업규정 3-66조 4항).[1]

⑵ 금융투자업자의 수시경영공시

금융투자업자는 법 제33조 제 3 항에 따라 정한 사항이 발생하면 금융위원회에 보고하여야 할 뿐만 아니라 그 사실을 인터넷 홈페이지 등을 이용하여 공시하여야 한다. 공시는 금융위원회에 보고와 동시에 또는 보고 후 지체 없이 하여야 할 것이다. 홈페이지가 없는 금융투자업자는 금융투자협회 인터넷 홈페이지에 게시하고 당해 금융투자업자의 본점 및 영업점 비치 등의 방법으로 공시하여야 할 것이다.

⑶ 공시의무 위반에 대한 제재

1) 정정공시 또는 재공시

금융위원회는 금융투자업자가 정기경영공시 및 수시경영공시를 하면서, 투자자의 합리적인 투자판단 또는 해당 금융투자상품의 가치에 중대한 영향을 미칠 수 있는 사항(중요사항)(법 47조 3항)에 관하여 거짓의 사실을 공시하거나 중요한 사항을 누락하는 등 불성실하게 공시한 경우에는 당해 금융투자업자에 대해 정정공시 또는 재공시를 요구할 수 있다.

2) 과 태 료

업무보고서를 제출하지 아니하거나 거짓으로 작성하여 제출한 자(법 33조 1항 위반), 공시서류를 비치 또는 공시하지 아니하거나 거짓으로 작성하여 비치 또는 공시한 자(법 33조 2항 위반), 경영상황 보고 또는 공시를 하지 아니하거나 거짓으로 보고 또는 공시한 자(법 33조 3항 위반) 등에 대하여는 5천만원 이하의 과태료를 부과한다(법 449조 1항 13호-15-2호).

---

1) 일본의 경우는, 내각총리대신이 공익 또는 투자자 보호를 위해 필요하다고 판단한 경우 금융상품거래업자에 대하여 사업보소서의 전부 또는 일부의 공고를 명할 수 있고(일 금상법 46조의3 3항), 사업연도마다 금융상품거래업자는 내각부령이 정한 사항을 기재한 설명서(1종 금융상품거래업자와 그 외의 거래업자를 구분하여 규정하고 있음)를 매사업연도 종료일 이후 3개월이 경과한 날로부터 1년간 모든 영업소에 비치하고 공중이 열람할 수 있도록 해야 한다(일 금상법 47조의 3, 47조의4, 동법 부령 174조, 183조).

제 2 절 대주주와의 거래제한 등

제34조(대주주와의 거래 등의 제한)

① 금융투자업자(겸영금융투자업자는 제외한다. 이하 이 절에서 같다)는 다음 각 호의 어느 하나에 해당하는 행위를 하여서는 아니 된다. 다만, 담보권의 실행 등 권리행사에 필요한 경우, 제176조 제3항 제1호에 따른 안정조작 또는 같은 항 제2호에 따른 시장조성을 하는 경우, 그 밖에 금융투자업자의 건전성을 해치지 아니하는 범위에서 금융투자업의 효율적 수행을 위하여 대통령령으로 정하는 경우에는 그러하지 아니하며, 이 경우 금융위원회는 다음 각 호별로 그 소유기한 등을 정하여 고시할 수 있다.

1. 그 금융투자업자의 대주주가 발행한 증권을 소유하는 행위
2. 그 금융투자업자의 특수관계인(금융투자업자의 대주주를 제외한다) 중 대통령령으로 정하는 자가 발행한 주식, 채권 및 약속어음(기업이 사업에 필요한 자금을 조달하기 위하여 발행한 것에 한한다)을 소유하는 행위. 다만, 대통령령으로 정하는 비율의 범위에서 소유하는 경우를 제외한다.
3. 그 밖에 금융투자업자의 건전한 자산운용을 해할 우려가 있는 행위로서 대통령령으로 정하는 행위

② 금융투자업자는 대주주(그의 특수관계인을 포함한다. 이하 이 조에서 같다)에 대하여 신용공여(금전·증권 등 경제적 가치가 있는 재산의 대여, 채무이행의 보증, 자금 지원적 성격의 증권의 매입, 그 밖에 거래상의 신용위험을 수반하는 직접적·간접적 거래로서 대통령령으로 정하는 거래를 말한다. 이하 이 절에서 같다)를 하여서는 아니 되며, 대주주는 그 금융투자업자로부터 신용공여를 받아서는 아니 된다. 다만, 금융투자업자의 건전성을 해할 우려가 없는 신용공여로서 대통령령으로 정하는 신용공여의 경우에는 이를 할 수 있다.

③ 금융투자업자는 제1항 제2호 단서 또는 제2항 단서에 해당하는 행위(대통령령으로 정하는 행위를 제외한다)를 하고자 하는 경우에는 미리 이사회 결의를 거쳐야 한다. 이 경우 이사회 결의는 재적이사 전원의 찬성으로 한다.

④ 금융투자업자는 제1항 제2호 단서 또는 제2항 단서에 해당하는 행위(대통령령으로 정하는 행위를 제외한다)를 한 경우에는 그 사실을 금융위원회에 지체 없이 보고하고, 인터넷 홈페이지 등을 이용하여 공시하여야 한다.

⑤ 금융투자업자는 제4항에 따른 보고사항 중 대통령령으로 정하는 사항을 종합하여 분기별로 금융위원회에 보고하고, 인터넷 홈페이지 등을 이용하여 공시하여야 한다.

⑥ 금융위원회는 금융투자업자 또는 그의 대주주가 제1항부터 제5항까지의 규정을 위반한 혐의가 있다고 인정될 경우에는 금융투자업자 또는 그의 대주주에게 필요한 자료의 제출을 명할 수 있다.

⑦ 금융위원회는 금융투자업자의 대주주(회사에 한한다)의 부채가 자산을 초과하는 등 재무구조의 부실로 인하여 금융투자업자의 경영건전성을 현저히 해칠 우려가 있는 경우로서 대통령령으로 정하는 경우에는 금융투자업자에 대하여 대주주가 발행한 증권의 신규취득 및 제2항 단서에 따른 신용공여를 제한할 수 있다.

시행령 제**37**조(대주주와의 거래 등의 제한 등) ① 법 제34조 제 1 항 각 호 외의 부분 단서에서 "대통령령으로 정하는 경우"란 다음 각 호의 어느 하나에 해당하는 경우를 말한다.

1. 법 제34조 제 1 항 제 1 호를 적용할 때 다음 각 목의 어느 하나에 해당하는 경우
   가. 대주주가 변경됨에 따라 이미 소유하고 있는 증권이 대주주가 발행한 증권으로 되는 경우
   나. 인수와 관련하여 해당 증권을 취득하는 경우
   다. 관련 법령에 따라 사채보증 업무를 할 수 있는 금융기관 등이 원리금의 지급을 보증하는 사채권을 취득하는 경우
   라. 특수채증권을 취득하는 경우
   마. 그 밖에 금융투자업자의 경영건전성을 해치지 아니하는 경우로서 금융위원회가 정하여 고시하는 경우
2. 법 제34조 제 1 항 제 2 호를 적용할 때 다음 각 목의 어느 하나에 해당하는 경우
   가. 특수관계인이 변경됨에 따라 이미 소유하고 있는 주식, 채권 및 법 제34조 제 1 항 제 2 호에 따른 약속어음(이하 이 호에서 "약속어음"이라 한다)이 특수관계인이 발행한 주식, 채권 및 약속어음으로 되는 경우
   나. 제 1 호 나목부터 마목까지의 어느 하나에 해당하는 경우
   다. 경영권 참여를 목적으로 지분을 취득하는 경우 등 금융위원회가 정하여 고시하는 출자로 주식을 취득하는 경우
   라. 차익거래나 투자위험을 회피하기 위한 거래로서 금융위원회가 정하여 고시하는 거래를 목적으로 주식, 채권 및 약속어음을 소유하는 경우
   마. 제 3 항에 따른 자기자본의 변동이나 특수관계인이 발행한 주식, 채권 및 약속어음의 가격변동으로 인하여 제 3 항에서 정하는 비율을 초과하는 경우
   바. 해외 집합투자기구를 설립하기 위하여 자기자본의 100분의 30의 범위에서 금융위원회의 확인을 받아 주식을 취득하는 경우
   사. 그 밖에 금융투자업자의 경영건전성을 해치지 아니하는 경우로서 금융위원회가 정하여 고시하는 경우

② 법 제34조 제 1 항 제 2 호 본문에서 "대통령령으로 정하는 자"란 계열회사를 말한다.

③ 법 제34조 제 1 항 제 2 호 단서에서 "대통령령으로 정하는 비율"이란 금융위원회가 정하여 고시하는 자기자본의 100분의 8을 말한다.

④ 법 제34조 제 1 항 제 3 호에서 "대통령령으로 정하는 행위"란 다음 각 호의 어느 하나에 해당하는 행위를 말한다.

1. 대주주나 특수관계인과 거래를 할 때 그 외의 자를 상대방으로 하여 거래하는 경우와 비교하여 해당 금융투자업자에게 불리한 조건으로 거래를 하는 행위
2. 법 제34조 제 1 항 제 1 호·제 2 호 또는 이 항 제 1 호에 따른 제한을 회피할 목적으로 하는 행위로서 다음 각 목의 어느 하나에 해당하는 행위
   가. 제 3 자와의 계약이나 담합 등에 의하여 서로 교차하는 방법으로 하는 거래행위
   나. 장외파생상품거래, 신탁계약, 연계거래 등을 이용하는 행위

제**38**조(신용공여의 범위 등) ① 법 제34조 제 2 항 본문에서 "대통령령으로 정하는 거래"란 다음 각 호와 같다.

1. 대주주(그의 특수관계인을 포함한다. 이하 이 조에서 같다)를 위하여 담보를 제공하는 거래
2. 대주주를 위하여 어음을 배서(「어음법」 제15조 제 1 항에 따른 담보적 효력이 없는 배서는 제외한다)하는 거래
3. 대주주를 위하여 출자의 이행을 약정하는 거래
4. 대주주에 대한 금전·증권 등 경제적 가치가 있는 재산의 대여, 채무이행의 보증, 자금 지원적 성격의 증권의 매입, 제 1 호부터 제 3 호까지의 어느 하나에 해당하는 거래의 제한을 회피할 목적으로 하는 거래로서 다음 각 목의 어느 하나에 해당하는 거래
   가. 제 3 자와의 계약 또는 담합 등에 의하여 서로 교차하는 방법으로 하는 거래
   나. 장외파생상품거래, 신탁계약, 연계거래 등을 이용하는 거래
5. 그 밖에 채무인수 등 신용위험을 수반하는 거래로서 금융위원회가 정하여 고시하는 거래

② 법 제34조 제 2 항 단서에서 "대통령령으로 정하는 신용공여"란 다음 각 호의 어느 하나에 해당하는 것을 말한다.

1. 임원에 대하여 연간 급여액(근속기간 중에 그 금융투자업자로부터 지급된 소득세 과세대상이 되는 급여액을 말한다)과 1억원 중 적은 금액의 범위에서 하는 신용공여
2. 금융위원회가 정하여 고시하는 해외 현지법인에 대한 채무보증
3. 다음 각 목의 어느 하나의 경우가 법 제34조 제2항 본문에 따른 신용공여에 해당하는 경우 그 신용공여
   가. 담보권의 실행 등 권리행사를 위하여 필요한 경우로서 법 제34조 제1항 각 호의 행위를 하는 경우
   나. 법 제176조 제3항 제1호에 따른 안정조작이나 같은 항 제2호에 따른 시장조성을 하는 경우로서 법 제34조 제1항 각 호의 행위를 하는 경우
   다. 제37조 제1항 각 호의 경우
   라. 제37조 제3항에 따른 비율의 범위에서 주식, 채권 및 약속어음(법 제34조 제1항 제2호에 따른 약속어음을 말한다. 이하 제39조에서 같다)을 소유하는 경우

제**39**조(이사회의 결의 등을 요하지 아니하는 거래 등) ① 법 제34조 제3항 전단 및 제4항에서 "대통령령으로 정하는 행위"란 각각 금융위원회가 정하여 고시하는 단일거래 금액이 자기자본(제37조 제3항에 따른 자기자본을 말한다)의 1만분의 10에 해당하는 금액과 10억원 중 적은 금액의 범위에서 소유하거나 신용공여하려는 행위를 말한다. 다만, 해당 금융투자업자의 일상적인 거래분야의 거래로서 「약관의 규제에 관한 법률」 제2조 제1항에 따른 약관에 따른 거래 금액은 단일거래 금액에서 제외한다.
② 법 제34조 제5항에서 "대통령령으로 정하는 사항"이란 다음 각 호와 같다.
1. 법 제34조 제1항 제2호 단서에 따라 주식, 채권 및 약속어음을 소유하는 경우
   가. 분기 말 현재 주식, 채권 및 약속어음의 소유 규모
   나. 분기 중 주식, 채권 및 약속어음의 증감 내역
   다. 취득가격이나 처분가격
   라. 그 밖에 금융위원회가 정하여 고시하는 사항
2. 법 제34조 제2항 단서에 따라 신용공여를 하는 경우
   가. 분기 말 현재 신용공여의 규모
   나. 분기 중 신용공여의 증감 금액
   다. 신용공여의 거래조건
   라. 그 밖에 금융위원회가 정하여 고시하는 사항

제**40**조(대주주와의 거래 등의 제한 사유) 법 제34조 제7항에서 "대통령령으로 정하는 경우"란 다음 각 호의 어느 하나에 해당하는 경우를 말한다.
1. 대주주(회사만 해당하며, 회사인 특수관계인을 포함한다. 이하 이 조에서 같다)의 부채가 자산을 초과하는 경우
2. 대주주가 둘 이상의 신용평가업자에 의하여 투자부적격 등급으로 평가받은 경우

Ⅰ. 대주주 및 계열회사와의 거래금지 당사자

1. 거래금지 의무자

모든 금융투자업자는 법 제34조에서 정하는 거래제한 대상에 포함된다. 다만, 겸영

금융투자업자는 각각의 법률에 따라 대주주와의 거래제한을 받게 된다.

2. 거래금지의 상대방

금융투자업자의 일정한 거래가 제한되는 상대방은 당해 금융투자업자의 대주주 또는 계열회사이다.

대주주는 최대주주와 주요주주로 나눌 수 있다. 최대주주란 당해 금융투자업자의 의결권 있는 발행주식 총수를 기준으로 본인 및 그와 특수한 관계가 있는 자(특수관계인)[1]가 누구의 명의로 하든지 자기의 계산으로 소유하는 주식(그 주식과 관련된 증권예탁증권을 포함)을 합하여 그 수가 가장 많은 경우의 그 본인을 말한다(법 9조 1항 1호). 주요주주란 ① 누구의 명의로 하든지 자기의 계산으로 당해 금융투자업자의 의결권 있는 발행주식 총수의 100분의 10 이상의 주식(그 주식과 관련된 증권예탁증권을 포함)을 소유한 자 또는 ② 임원의 임면 등의 방법으로 법인의 중요한 경영사항에 대하여 사실상의 영향력을 행사하는 주주로서 단독으로 또는 다른 주주와의 합의·계약 등에 따라 대표이사 또는 이사의 과반수를 선임한 주주나 경영전략·조직변경 등 주요 의사결정이나 업무집행에 지배적인 영향

---

1) 특수관계인의 범위는 다음과 같다(법 시행령 8조).

1. 본인이 개인인 경우에는 다음 어느 하나에 해당하는 자

(1) 배우자(사실상의 혼인관계에 있는 자를 포함)

(2) 6촌 이내의 부계혈족 및 4촌 이내의 부계혈족의 처

(3) 3촌 이내의 부계혈족의 남편

(4) 3촌 이내의 모계혈족과 그 배우자 및 자녀

(5) 배우자의 2촌 이내의 부계혈족 및 그 배우자

(6) 입양자의 생가의 직계존속

(7) 출양자 및 그 배우자와 출양자 양가의 직계비속

(8) 혼인 외의 출생자의 생모

(9) 본인의 금전, 그 밖의 재산에 의하여 생계를 유지하는 자 및 생계를 함께 하는 자

(10) 본인이 단독으로 또는 그와 (1)부터 (9)까지의 관계에 있는 자와 합하여 100분의 30 이상을 출자하거나 그 밖에 임원의 임면 등 법인 또는 단체의 중요한 경영사항에 대하여 사실상의 영향력을 행사하고 있는 경우에는 해당 법인 또는 단체와 그 임원(임원을 특수관계인으로 보지 아니할 필요가 있는 경우로서 금융위원회가 정하여 고시하는 경우에는 그 임원을 제외. 아래에도 같음)

(11) 본인이 단독으로 또는 그와 (1)부터 (10)까지의 관계에 있는 자와 합하여 100분의 30 이상을 출자하거나 그 밖에 임원의 임면 등 법인 또는 단체의 중요한 경영사항에 대하여 사실상의 영향력을 행사하고 있는 경우에는 해당 법인 또는 단체와 그 임원

2. 본인이 법인 또는 단체인 경우에는 다음 어느 하나에 해당하는 자

(1) 임원

(2) 계열회사(｢독점규제 및 공정거래에 관한 법률｣에 따른 계열회사. 아래에도 같음) 및 그 임원

(3) 단독으로 또는 위 1에 해당하는 관계에 있는 자와 합하여 본인에게 100분의 30 이상을 출자하거나 그 밖에 임원의 임면 등 본인의 중요한 경영사항에 대하여 사실상의 영향력을 행사하고 있는 개인 및 그와 위 1에 해당하는 관계에 있는 자 또는 단체(계열회사를 제외. 아래에도 같음)와 그 임원

(4) 본인이 단독으로 또는 본인과 (1)부터 (3)까지의 관계에 있는 자와 합하여 100분의 30 이상을 출자하거나 그 밖에 임원의 임면 등 단체의 중요한 경영사항에 대하여 사실상의 영향력을 행사하고 있는 경우에는 해당 단체와 그 임원

력을 행사한다고 인정되는 자로서 금융위원회가 정하여 고시하는 주주에 해당하는 자를 말한다(법 9조 1항 2호).

계열회사란 「독점규제 및 공정거래에 관한 법률」에 따른 계열회사를 말한다(법 25조 5항 4호 참조). 금융투자업자의 대주주에 해당하는 경우에는 계열회사에 포함되지 않는다. 이는 금융투자업자의 대주주에 대해 보다 엄격한 규제를 하기 때문이다.

Ⅱ. 대주주와의 거래제한 내용

1. 증권의 소유

(1) 대주주 발행증권 소유금지

금융투자업자는 자신의 대주주가 발행한 증권을 소유할 수 없다. 소유가 금지되는 대상은 증권이므로 법 제4조에서 정한 증권이 이에 해당한다. 법 제4조는 금융투자상품의 범위를 정하기 위한 규정이지만, 금융투자업자가 소유할 수 없는 대주주 발행증권에 대한 범위가 따로 정해지지 아니하였기 때문에 이에 따라야 한다.

(2) 계열회사 발행 주식·채권·약속어음의 소유제한

금융투자업자는 자기 계열회사가 발행한 주식, 채권 및 사업에 필요한 자금을 조달하기 위해 발행한 약속어음을 금융투자업자의 자기자본 100분의 8을 초과하여 소유할 수 없다.

계열회사의 경우는 대주주와는 달리 소유가 금지되는 증권의 범위가 제한적이다. 금융투자업자가 소유할 수 없는 계열회사 발행의 약속어음은 기업어음증권을 포함한 약속어음을 말한다. 법 제4조 제3항에서 정의한 기업어음증권은 기업의 위탁에 따라 그 지급대행을 하는 은행, 산업은행 또는 중소기업은행이 교부한 “기업어음증권”이라는 문자가 인쇄된 어음용지를 사용하는 것을 말한다. 계열회사가 발행한 것으로 금융투자업자가 소유할 수 없는 것은 대주주와는 달리 그 종류를 특정하고 있기 때문에 금융투자업자는 계열회사가 발행하는 기업어음증권을 소유할 수 없을 뿐만 아니라 기업어음증권에 포함되지 아니하는 약속어음의 경우에도 계열회사가 사업에 필요한 자금을 조달하기 위하여 발행한 것이라면 당해 약속어음을 소유할 수 없다고 본다.

(3) 증권소유의 예외적 허용

1) 일반적 예외

금융투자업자는 다음의 경우에는 대주주가 발행한 증권을 소유하거나 계열회사가 발행한 주식·채권·약속어음을 자기자본 100분의 8을 초과하여 소유할 수 있다.

① 담보권의 실행 등 권리행사를 위하여 필요한 경우

② 법 제176조 제3항 제1호에 따른 안정조작을 하는 경우

③ 법 제176조 제3항 제2호에 따른 시장조성을 하는 경우

2) 대주주 발행 증권 소유에 대한 예외

금융투자업자는 다음의 경우에 해당하면 대주주가 발행한 증권을 소유할 수 있다. 다만, 그 소유가 허용되는 기간은 금융위원회가 각 사유별로 정하여 고시한 기간이다.

① 대주주가 변경됨에 따라 이미 소유하고 있는 증권이 대주주가 발행한 증권으로 되는 경우

② 인수와 관련하여 해당 증권을 취득하는 경우

③ 관련 법령에 따라 사채보증업무를 영위할 수 있는 금융기관 등이 원리금의 지급을 보증하는 사채권을 취득하는 경우

④ 특수채증권을 취득하는 경우

⑤ 금융투자업자의 경영건전성을 해하지 아니하는 경우로서 금융위원회가 정하여 고시하는 경우(단주를 취득하는 경우와 그 밖에 금융위원회가 인정하는 불가피한 경우)

3) 계열회사 발행 주식·채권·약속어음 소유에 대한 예외

금융투자업자는 다음에 해당하는 경우에는 계열회사가 발행한 주식, 채권 또는 약속어음을 자기자본 100분의 8을 초과하여 소유할 수 있다(법 시행령 37조 1항 2호).

① 계열회사가 변경됨에 따라 이미 소유하고 있는 주식, 채권 및 사업에 필요한 자금을 조달하기 위하여 발행한 약속어음이 소유가 제한되는 계열회사가 발행한 주식, 채권 및 약속어음으로 되는 경우

② 인수와 관련하여 해당 증권을 취득하는 경우

③ 관련 법령에 따라 사채보증업무를 영위할 수 있는 금융기관 등이 원리금의 지급을 보증하는 사채권을 취득하는 경우

④ 특수채증권을 취득하는 경우

⑤ 금융위원회가 정하여 고시하는 출자로 주식을 취득하는 경우(금융투자업규정 3-71조 3항, 3-6조 16호 참조)

⑥ 금융위원회가 정하여 고시하는 차익거래 또는 투자위험을 회피하기 위한 거래를 목적으로 주식, 채권 및 약속어음을 소유하는 경우(금융투자업규정 3-71조 4항 참조)

⑦ 자기자본의 변동이나 계열회사가 발행한 주식, 채권 및 약속어음의 가격변동으로 인하여 자기자본의 100분의 8을 초과하는 경우

⑧ 금융투자업자의 경영건전성을 해하지 아니하는 경우로서 금융위원회가 정하여 고시하는 경우(단주를 취득하는 경우와 그 밖에 금융위원회가 인정하는 불가피한 경우)

4) 대주주 발행증권의 신규취득 금지

금융투자업자가 예외적으로 대주주 발행증권을 취득할 수 있는 경우에 해당하더라도 대주주의 부채가 자산을 초과하거나 대주주가 둘 이상의 신용평가업자에 의하여 투자 부적격 등급으로 평가를 받은 경우에는 신규로 증권을 취득할 수 없다(법 시행령 40조). 이때 대주주는 회사만을 말하며 회사인 특수관계인은 포함된다. 대주주 발행증권의 신규취득을 금지하는 것은 대주주의 부실로 인한 위험이 금융투자업자에게 전이되어 건전성을 해칠 우려가 있기 때문이다.

2. 건전한 자산운용을 해할 수 있는 행위의 금지

금융투자업자는 대주주 또는 계열회사와 거래를 하면서, 그 외의 자를 상대방으로 하여 거래하는 경우보다 당해 금융투자업자에게 불리한 조건으로 거래를 할 수 없다(법 34조 1항 3호, 법 시행령 37조 4항 1호). 금융투자업자는 대주주가 발행한 증권 소유금지, 계열회사가 발행한 주식, 채권 및 약속어음의 소유제한, 제3자보다 불리한 조건으로 대주주 또는 계열회사와의 거래를 회피할 목적으로 제3자와 계약이나 담합 등을 통해 서로 교차하는 방법으로 거래를 하거나 장외파생상품, 신탁계약 또는 연계거래 등을 이용하여서는 아니 된다(법 34조 1항 3호, 법 시행령 37조 4항 2호).

3. 신용공여의 제한

(1) 신용공여 제한의 목적

금융투자업자가 대주주 등에게 신용공여를 하는 것을 엄격히 제한하는 이유는 금융투자업자가 대주주의 사금고가 되는 것과 대주주가 가지는 위험이 금융투자업자로 전이되는 것을 방지함으로써 금융투자업자의 건전성을 확보하기 위함이다.

(2) 신용공여의 제한 범위

신용공여란 신용위험을 수반하는 금융거래를 말한다. 금융투자업자의 신용공여가 제한되는 대상은 금융투자업자의 대주주 및 그의 특수관계인(법 시행령 8조 참조)이다. 금융투자업자가 할 수 없는 신용공여의 범위는 다음과 같다. 대주주는 그의 특수관계인을 포함한다.

① 금전·증권 등 경제적 가치가 있는 재산의 대여
② 채무이행의 보증, 자금 지원적 성격의 증권의 매입
③ 대주주를 위하여 담보를 제공하는 거래
④ 대주주를 위하여 어음을 배서(「어음법」 제15조 제1항에 따른 무담보배서는 제외)하는 거래

⑤ 대주주를 위하여 출자의 이행을 약정하는 거래

⑥ 대주주에 대한 신용공여의 제한을 회피할 목적으로 제 3 자와의 계약 또는 담합 등에 의하여 서로 교차하는 방법으로 행하는 거래 또는 장외파생상품거래, 신탁계약, 연계거래 등을 이용하는 거래

⑦ 채무인수 등 신용위험을 수반하는 거래로서 금융위원회가 정하여 고시하는 거래(채무의 인수, 자산유동화회사 등 다른 법인의 신용을 보강하는 거래, 그 밖에 대주주의 지급불능시 이로 인하여 금융투자업자에 손실을 초래할 수 있는 거래)

(3) 허용되는 신용공여의 범위

금융투자업자는 건전성을 해할 우려가 없는 신용공여를 제한적으로 대주주와 그의 특수관계인에게 할 수 있다. 금융투자업자에게 허용되는 신용공여의 범위는 다음과 같다.

① 임원에 대하여 연간 급여액(근속기간 중에 그 금융투자업자로부터 지급된 소득세 과세대상이 되는 급여액)과 1억원 중 적은 금액의 범위에서 행하는 신용공여

② 금융위원회가 정하여 고시하는 해외 현지법인(금융투자업규정 3－65조 4호 참조)에 대한 채무보증

③ 대주주 발행증권 소유금지와 계열회사 발행 주식·채권·약속어음 소유제한의 예외에 해당하여 이를 취득하는 것이 신용공여에 해당하는 경우

그러나 금융투자업자가 대주주에게 신용공여를 할 수 있는 경우에 해당하더라도 대주주의 부채가 자산을 초과하거나 대주주가 둘 이상의 신용평가업자에 의하여 투자부적격 등급으로 평가를 받은 경우에는 신용공여를 제한할 수 있다(법 시행령 40조). 이때 대주주는 회사만을 말하며 회사인 특수관계인은 포함된다. 이는 대주주의 부실로 인한 위험이 금융투자업자에게 전이되어 건전성을 해칠 우려가 있기 때문이다.

Ⅲ. 대주주와의 거래

금융투자업자는 계열회사가 발행한 주식, 채권 또는 약속어음을 자기자본 100분의 8까지 소유할 수 있으며, 시행령이 정한 대주주에 대한 예외적 신용공여는 허용된다. 이 경우에도 금융투자업자는 이사회의 승인을 얻어야 하며 거래 후에는 공시 및 보고의무가 있다.

1. 이사회의 승인

금융투자업자의 행위를 승인하기 위한 이사회의 결의는 재적이사 전원의 찬성이 있

어야 한다. 이사회의 승인은 사전에 하여야 하며 개별적으로 하여야 하고 포괄적 승인은 할 수 없다. 다만, 단일거래 금액(해당 금융투자업자의 일상적인 거래분야의 거래로서 「약관의 규제에 관한 법률」 제2조에 따른 약관에 의한 거래 금액은 단일거래 금액에서 제외)이 자기자본의 1만분의 10에 해당하는 금액과 10억원 중 적은 금액의 범위에서 계열회사의 주식 등을 소유하거나 대주주 등에 신용공여하려는 행위의 경우는 이사회의 승인이 필요 없다(법 시행령 39조 1항). 단일거래 금액이란 동일한 개인 또는 법인 각각에 대한 개별 신용공여약정에 따른 약정금액(주식, 채권 및 약속어음 취득의 경우에는 단일한 매매계약에 따른 취득금액)을 기준으로 산정한 금액을 말한다. 다만, 동일한 법인 또는 개인에 대하여 같은 날에 다수의 약정이 체결되는 경우에는 개별 약정금액의 합계액을 기준으로 산정한 금액을 말한다(금융투자업규정 3-73조).

2. 거래사실의 보고 및 공시의무

금융투자업자가 계열회사가 발행한 주식, 채권 또는 약속어음을 자기자본 100분의 8까지 소유하거나 예외적으로 허용된 대주주에 대한 신용공여를 한 경우에는 지체 없이 이를 금융위원회에 보고하고 인터넷 홈페이지 등을 이용하여 공시하여야 한다. 이 보고 및 공시의무는 개별 거래가 발생한 경우 금융투자업자가 부담한다. 금융투자업자가 이사회의 승인 없이 할 수 있는 거래의 경우에는 보고 및 공시의무도 없다.

금융투자업자는 다음에 관한 사항을 분기별로 금융위원회에 보고하고 인터넷 홈페이지 등을 이용하여 공시하여야 한다.

① 금융투자업자가 계열회사의 주식, 채권 및 약속어음을 자기자본 100분의 8 이내에서 소유하는 경우는 분기 말 현재 소유 규모, 분기 중 증감 내역, 취득가격 또는 처분가격, 취득목적, 분기말 현재 보유지분율, 분기말 현재 시가, 당해 분기 중 처분한 경우 처분가격 및 동 처분에 따른 손익현황 등(법 시행령 39조 2항 1호 및 금융투자업규정 3-74조 1항)

② 건전성을 해할 우려가 없는 것으로 금융투자업자에게 허용되는 신용공여를, 대주주에게 하는 경우는 분기 말 현재 신용공여의 규모, 분기 중 신용공여의 증감금액, 신용공여의 거래조건, 자금용도, 신용공여기간·적용금리 등 거래조건, 담보의 종류 및 평가액, 주요 특별약정내용 등(법 시행령 39조 2항 2호 및 금융투자업규정 3-74조 2항)

Ⅳ. 위반에 대한 조치 및 제재

1. 자료 제출명령

금융투자업자 또는 대주주가 대주주와의 거래제한 등을 위반한 혐의가 있는 경우에는 금융위원회는 금융투자업자뿐만 아니라 그의 대주주에게도 필요한 자료 제출명령을 할 수 있다. 자료 제출명령을 위반한 자에 대하여는 5천만원 이하의 과태료를 부과한다(법 449조 1항 18호).

2. 대주주와의 거래 등 금지 및 제한 위반

금융투자업자의 대주주가 발행한 증권소유금지와 계열회사가 발행한 주식 등의 소유제한 규정을 위반한 자는 5년 이하의 징역 또는 2억원 이하의 벌금에 처한다(법 444조 3호). 금융투자업자의 대주주에 대한 신용공여 제한을 위반한 경우 금융투자업자와 그로부터 신용공여를 받은 자는 5년 이하의 징역 또는 2억원 이하의 벌금에 처한다(법 444조 4호). 신용공여 제한위반의 경우 신용공여를 받은 자도 처벌대상이 되는 것은 대주주도 그 금융투자업자로부터 신용공여를 받아서는 아니 되는 의무를 부담하기 때문이다(법 34조 2항).

위 각각에 해당하는 죄를 범한 자에게는 징역과 벌금을 병과할 수 있다(법 447조 1항). 법인의 대표자나 법인 또는 개인의 대리인, 사용인, 그 밖의 종업원이 그 법인 또는 개인의 업무에 관하여 이를 위반행위를 하면 그 행위자를 벌하는 외에 그 법인 또는 개인에게도 해당 조문의 벌금형을 과(科)한다. 다만, 법인 또는 개인이 그 위반행위를 방지하기 위하여 해당 업무에 관하여 상당한 주의와 감독을 게을리하지 아니한 경우에는 그러하지 아니하다(법 448조).

3. 이사회 승인·보고 및 공시의무 위반

대주주 등과의 거래에 이사회의 승인이 필요한 경우 이사회 결의를 거치지 아니한 자와 대주주 등과의 거래에 대하여 보고 또는 공시를 하지 아니하거나 거짓으로 보고 또는 공시한 자에 대하여는 5천만원 이하의 과태료를 부과한다(법 449조 1항 16호 및 17호).

제35조(대주주의 부당한 영향력 행사의 금지)

금융투자업자의 대주주(그의 특수관계인을 포함한다. 이하 이 조 및 제36조에서 같다)는 금융투자업자의 이익에 반하여 대주주 자신의 이익을 얻을 목적으로 다음 각 호의 어느 하나에 해당하는 행위를 하여서는 아니 된다.

1. 부당한 영향력을 행사하기 위하여 금융투자업자에 대하여 외부에 공개되지 아니한 자료 또는 정보의 제공을 요구하는 행위. 다만, 제29조 제 3 항 또는 「상법」 제466조에 따른 권리의 행사에 해당하는 경우를 제외한다.
2. 경제적 이익 등 반대급부의 제공을 조건으로 다른 주주와 담합하여 금융투자업자의 인사 또는 경영에 부당한 영향력을 행사하는 행위
3. 그 밖에 제 1 호 및 제 2 호에 준하는 행위로서 대통령령으로 정하는 행위

시행령 第41조(부당한 영향력 행사의 범위) 법 제35조 제3호에서 "대통령령으로 정하는 행위"란 다음 각 호의 어느 하나에 해당하는 행위를 말한다.
1. 금융투자업자로 하여금 위법행위를 하도록 요구하는 행위
2. 금리, 수수료, 담보 등에 있어서 통상적인 거래조건과 다른 조건으로 대주주 자신이나 제3자와의 거래를 요구하는 행위
3. 법 제71조 제2호에 따른 조사분석자료(이하 "조사분석자료"라 한다)의 작성과정에서 영향력을 행사하는 행위

금융투자업자의 대주주와 그의 특수관계인은 부당한 영향력을 행사하여서는 아니 된다. 부당한 영향력이란 금융투자업자의 이익에 반하여 자신의 이익을 얻을 목적을 가지고 다음의 행위를 하는 경우이다.

① 부당한 영향력을 행사하기 위하여 금융투자업자에 대하여 외부에 공개되지 아니한 자료 또는 정보의 제공을 요구하는 행위(소수주주가 회계장부열람권을 행사하는 경우는 제외)[1)]

② 경제적 이익 등 반대급부의 제공을 조건으로 다른 주주와 담합하여 금융투자업자의 인사 또는 경영에 부당한 영향력을 행사하는 행위

③ 금융투자업자로 하여금 위법행위를 하도록 요구하는 행위

④ 금리, 수수료, 담보 등에 있어서 통상적인 거래조건과 다른 조건으로 대주주 자신 또는 제삼자와의 거래를 요구하는 행위

⑤ 조사분석자료(법 71조 2호)의 작성과정에서 영향력을 행사하는 행위

대주주(그의 특수관계인을 포함) 자신의 이익을 얻을 목적으로 위와 같은 행위를 한 자는 5년 이하의 징역 또는 2억원 이하의 벌금에 처한다(법 444조 5호). 이 경우 징역과 벌금을 병과할 수 있다(법 447조).

第36조(금융위원회의 자료 제출명령)

금융위원회는 금융투자업자의 대주주가 제35조를 위반한 혐의가 있다고 인정될 경우에는 금융투자업자 또는 그의 대주주에게 필요한 자료의 제출을 명할 수 있다.

금융투자업자는 금융위원회의 감독대상이 되므로 금융감독원장의 검사를 받아야 되고 금융감독원장은 검사를 함에 필요한 자료를 금융투자업자에게 제출하도록 요구할 수 있다(법 419조 1항 및 5항). 또한 금융위원회는 투자자 보호 또는 건전한 거래질서를 위하여 필요하다고 인정되는 경우에는 관계자에게 참고가 될 보고 또는 자료의 제출을 명령할

1) 소수주주가 회계장부열람권을 행사하는 경우에도 회사는 주주의 청구가 부당함을 증명하면 이를 거부할 수 있다(상법 466조 2항).

수 있다(법 426조). 따라서 본조는 대주주의 부당한 영향력 행사금지를 위반한 경우 금융투자업자, 금융투자업자의 대주주, 대주주의 특수관계인 모두가 자료 제출명령 대상이 됨을 명확히 규정한 것이다.

[초판: 심영, 개정판: 박세화·남유선]

제 4 장 영업행위 규칙

제 1 절 공통 영업행위 규칙

제 1 관 신의성실의무 등

제37조(신의성실의무 등)

① 금융투자업자는 신의성실의 원칙에 따라 공정하게 금융투자업을 영위하여야 한다.

② 금융투자업자는 금융투자업을 영위함에 있어서 정당한 사유 없이 투자자의 이익을 해하면서 자기가 이익을 얻거나 제삼자가 이익을 얻도록 하여서는 아니 된다.

Ⅰ. 신의성실공정의무	Ⅱ. 투자자이익우선의무

Ⅰ. 신의성실공정의무

1. 서 설

우리나라 자본시장법 제37조 제 1 항은 "금융투자업자는 신의성실의 원칙에 따라 공정하게 금융투자업을 영위하여야 한다"고 규정하고 있다. 그리고 동조 제 2 항은 "금융투자업자는 금융투자업을 영위함에 있어서 정당한 사유 없이 투자자의 이익을 해하면서 자기가 이익을 얻거나 제 3 자가 이익을 얻도록 하지 못한다"고 규정하고 있다. 이 중 동법 제37조 제 1 항은 금융투자업자의 신의성실공정의무라고 할 수 있고,[1] 동조 제 2 항은 투자자의 이익우선의무 등과 같은 포괄적·일반적 의무라고 할 수 있다.[2]

본래 구 증권거래법[3] 제107조 제 2 항과 구 간접투자자산운용업법[4] 제86조는 선량

1) 최근의 판례 중 증권회사의 주가연계증권(ELS)의 판매와 관련하여 증권회사의 책임을 물음에 있어서 신의성실의 원칙을 적용한 예로는 서울지방법원 2010. 7. 1 판결 2009가합90394를 들 수 있다. 본 사례에서 법원은 민법 제 2 조의 신의성실의 원칙이라는 표현을 사용하지 않고 있으나, 법원이 언급하고 있는 신의성실원칙은 민법 제 2 조의 원칙을 말한다. 동 사례에 대하여는 이상훈, "ELS 판매 증권회사의 신의성실 원칙상의 주의의무,"「기업지배구조연구」 제45권 겨울(좋은기업지배구조연구소, 2012), 140-143쪽.

2) 임재연, 전게서(2013), 147쪽.

3) 법률 제972호, 1962. 1. 15, 제정, 시행 1962. 4. 1.

4) 법률 제6987호, 2003. 10. 4, 제정, 시행 2004. 1. 5.

한 관리자의 주의의무를 규정하고 있었으나, 자본시장법 제정과정에서 금융투자업자의 이해상충을 방지하기 위하여 세련된 체제가 구축되어야 한다는 주장에 따라 신의성실공정의무에 관한 규정이 새롭게 마련되었다.[1] 이 규정의 신설과정에서는 금융투자업자에게 기존의 민·상법이나 기타 금융관련법령에서 시행되던 선관주의의무나 충실의무와는 전혀 차원을 달리하는[2] 가중된 형태의 주의의무, 이른바 자금수탁자로서의 신인의무인 'fiduciary duty'를 도입하여야 한다는 주장이 제기되기도 하였었다.[3]

이러한 법 제정과정에서의 논의를 살펴보면, 해당 규정의 기초법리, 적용범위 또는 그 기능에 관한 우리나라에서의 합의가 아직 충분히 이루어지지는 아니한 상태인 것으로 보인다. 다만, 입법의 의도만을 고려하여 보면, 동법 제37조 제 1 항의 신의성실공정의무는 국제증권감독기구(International Organization of Securities Commission, IOSCO)가 1990년 11월 산티아고 총회에서 채택한 증권업자의 7대 행위규범원칙[4] 중 제 1 의 원칙인 「성실·공정」의무(honest and fairness)를 자본시장법에 도입하였다고 보아도 크게 무리가 없는 것으로 판단된다.[5]

이와 같이 우리나라에서 금융투자업자에 대한 신의성실공정의무는 자본시장법의 제정과 더불어 도입되었다고 할 수 있기 때문에 향후 동법 제37조 제 1 항의 의의와 그 적용범위 또는 그 기능에 대하여 활발한 논의가 전개될 필요성이 있다.

한편 미국은 1990년 국제증권감독기구가 증권업자의 성실·공정의무 채택하기 이전부터 연방증권관련 법제를 통하여 많은 관련학설과 판례를 축적하여 왔다. 그 축적된 논리가 국제증권감독기구의 원칙으로 확산되어 국제적 규범으로 채택되고 있다고 할 수 있다. 따라서 이 글에서는 자본시장법 제37조 제 1 항의 신의성실공정의무의 연혁적 국가라고 할 수 있는 미국의 법제를 중심으로 그에 관한 기초법리를 우선적으로 소개하고자 한

1) 한국증권법학회, 「자본시장법(주석서 1)」, 박영사, 2009, 179쪽.

2) 여기서 차원을 달리한다는 것은 선관주의의무와 충실의무가 위임관계를 기초로 한다는 점에서 착안한 것이다(김화진/김병연/김용재, "증권관련 업무 겸업과 이해상충 해결방안," 「한국증권업협회 연구용역보고서」(2006. 10), 126쪽).

3) 이에 관한 상세한 내용은 상게논문, 126-127쪽.

4) 7대 행위규범원칙의 내용을 살펴보면 다음과 같다. ① 성실·공정(honest and fairness) : 증권업자는 그 업무를 수행함에 있어서 고객의 최대의 이익 및 시장의 건전성을 추구할 수 있도록 성실하고 공정하게 행동하여야 한다. ② 주의의무(diligence) : 증권업자는 그 업무를 수행함에 있어서 고객의 최대의 이익 및 시장의 건전성을 추구할 수 있도록 상당한 기술, 배려 및 주의를 가지고 행동하여야 한다. ③ 능력(capabilities) : 증권업자는 그 업무를 적절하게 수행하는데 필요한 인재를 고용하고 절차를 정비하여야 한다. ④ 고객에 관한 정보취득(information about customers) : 증권업자는 서비스를 제공함에 있어서 고객의 자산상황, 투자경험 및 투자목적을 파악하여야 한다. ⑤ 고객에 대한 정보제공(information for customers) : 증권업자는 고객과의 거래를 함에 있어서 당해거래에 관한 구체적 정보를 충분히 제공하여야 한다. ⑥ 이해상충의 방지(conflicts of interest) : 증권업자는 이해상충을 회피하기 위하여 노력하여야 한다. 이해상충을 회피할 수 없을 우려가 있는 경우에도 모든 고객을 공평하게 취급하여야 한다. ⑦ 준수의무(compliance) : 증권업자는 고객의 최대의 이익 및 시장의 건전성을 추구하기 위하여 그 업무에 적용되는 모든 규칙을 준수하여야 한다(http://www.iosco.org).

5) 김정수, 전게서(2011), 170쪽; 한국증권법학회, 전게서, 179쪽도 이와 동일한 취지로 이해한다.

다. 그리고 우리나라에서의 증권업자의 신의성실공정의무와 다른 법리와의 관계를 분석한 후 자본시장법에서의 그 구체적 기능을 살펴보고자 한다.

2. 연혁 및 기초법리

(1) 개　요

앞에서 기술한 바와 같이 자본시장법상 신의성실공정의무는 국제증권감독기구의 행위규범원칙 중 제1의 내용을 도입한 것으로 볼 수 있다. 국제증권감독기구가 권고하고 있는 성실·공정의무의 유래는 미국의 법리에서 찾을 수 있다. 미국은 증권업자의 성실공정의무의 기초법리를 이른바, 간판이론(the shingle theory)[1] 및 수탁자이론(the fiduciary theory)[2]에서 구하고 있다. 전자의 대표적인 판례로는 1943년 Charles Hughes & Co. v. SEC(이하 '1943년 Charles Hughes사례'라고 한다)[3]를 들 수 있고, 후자의 경우에는 1949년(Arleen W.)[4] Hughes v. SEC 1949년의 Hughes 사례[5](이하 '1949년 Hughes사례'라고 한다)가 대표적인 판례이다.

그런데 양 판례는 불공정거래의 규제를 목적으로 한 미국의 1933년 증권법(Securities Act of 1933)과 1934년 증권거래법(Securities Exchange Act of 1934)법이 제정된 지 얼마 지나지 않아서 발생한 사건으로서 그 이후 미국 및 전 세계 증권업계에 새로운 법리를 제시한 것으로 평가받고 있다. 양 사례의 명칭도 Hughes Ⅰ(The first Hughes) 및 Hughes Ⅱ로 불리기도 한다.[6] 이하에서 신의성실공정의무의 연혁적 사례이자 기초법리를 제공하고 있는 양 판례에 대하여 살펴보고자 한다.

(2) 1943년 Charles Hughes 사례[7]와 간판이론

1) 간판이론[8]의 개념

간판이론(shingle theory)이란 브로커·딜러가 증권업자로서의 간판을 내걸 때(When he hangs out his 'shingle')에는 고객에 대하여 공정하고 성실하게 업무를 수행하겠다는 묵시적

1) James D. Cox·Robert W. Hillman·Donald C. Langevoort, Securities Regulation Cases and Materials, Aspen(5th ed., 2006), pp. 1032-1034.
2) Andrew S. QC·Stuart Ritchie, Fiduciary Duties, Jordan(5th ed., 2008), pp. 14-17.
3) Charles Hughes & Co. Inc. v. SEC, 139 F.2d 434(2d Cir. 1943).
4) 동 사례의 명칭과 관련하여 다소 혼선이 있을 수 있다. 일반적으로는 Arleen W.의 명칭은 생략된 채 Hughes로 소개된다. 미국의 공식 판례집에서도 「Hughes v. SEC …」로 기재되어 있다. 다만 그 이전 1948년 SEC심결례에서는 Arleen W. Hughes라는 명칭을 사용하였다.
5) Hughes v. SEC, 174 F.2d 969(D. C. Cir. 1949).
6) Franklin D. Ormsten, "SEC Shingle Theory : Continuing Viability; Continuing Questions," Educational Materials & Links(http://www.sacarbitration.com/shingle), p. 4.
7) 이 사건의 판결은 http://www.leagle.com/decision/1943573139F2d434_1421에서 쉽게 접근할 수 있다.
8) 이하의 내용은 오성근, 증권투자권유에 관한 법적 규제와 책임, 법원사, 2004, 제2장 제2절 Ⅰ의 내용을 주로 인용하였다.

인 표시(implied representation)를 한 것으로 보는 이론을 말한다.[1] 따라서 간판을 내걸고 있는 브로커·딜러가 증권투자의 권유를 하는 경우 권유내용에 합리적인 근거가 있어야 하고, 그 전제로서 권유증권에 대한 합리적인 조사를 행하여야 한다.[2]

간판이론은 브로커나 딜러가 고객을 공정하게 취급을 하였는가에 관한 이론이기도 하다. 따라서 금융투자상품의 거래에 관한 자본시장법 제46조의 적합성원칙[3]과 제47조의 설명의무 등도 간판이론의 한 단면이라고 할 수 있다.

간판이론은 브로커가 고객에게 특정 증권을 시장가격(prevailing market prices)보다 훨씬 높은 가격에서 강매(强賣)시킨 사례인 1943년 Charles Hughes사례에서 최초로 채택되었다.

2) 사실관계와 쟁점[4]

이 사례에서 원고이자 증권업자인 Charles Hughes는 뉴욕주 법률에 의거 1940년 4월 9일 등록되었고, 브로커와 딜러로서 증권업을 영위하고 있었다. 본사도 뉴욕에 있었으며, 주로 장외거래(over-the-counter trading)에 종사하였다. Charles Hughes는 증권시장에 관하여 별로 지식이 없는 독신 여성이나 미망인(single women or widows)을 상대로 주식투자를 권유하였는데, 그 과정에서 고객들로부터 신임(confidence)을 얻게 되자 사실상 고객의 증권투자포트폴리오를 관리하게 되었고,[5] 수시로 주식의 교체를 권유하였다.

고객들(Mrs. Furbeck and ther customers)에게는 주식의 시세를 알리지 않은 채 장외시장(over-the-counter-market)에서 시장가격(market value)보다 16.1% 내지 40.9% 높은 가격으로 주식을 매입해 주고, 그 차액을 수수료로 챙겼다.

미국 증권거래위원회(Securities and Exchange Committee, SEC)는 브로커가 고객에게 제시한 가격이 당시의 시장가격과 다른 가격이라는 사실을 밝히지 않고 고객에게 증권을 매입해 준 행위는, 1933년 증권법 제17조(a)항, 1934년 증권거래법 제15조(c)항(1)호 및 증권거래위원회규칙 15c(1)-2 등의 사기행위에 해당한다는 이유로 위 회사의 브로커·딜러 등록을 취소(revocation)하였다.[6] 증권거래위원회의 논리는 '브로커·딜러가 브로커·딜러라는 간판을 내건 사실은 고객에게 공정하고 성실하게 업무를 수행한다는 것을 묵

1) 정준우, "증권업자의 부당한 투자권유행위의 합리적 규제방안," 「비교사법」 제11권 제 3 호(2004), 438쪽; Arthur B. Laby, SELLING ADVICE AND CREATING EXPECTATIONS : WHY BROKERS SHOULD BE FIDUCIARIES, 87 Wash. L. Rev. 707, 744(2012); Thomas Lee Hazen, The law of Securities Regulation, Thomson West(5th ed., 2006), pp. 670-671.

2) A. Jacobs, "The Impact of Securities Exchange Act Rule 10b-5 on Broker-Dealers," 57 Connell L. Rev. 869(1972), p. 899; Hanly v. SEC 415 F.2d 589(2d Cir. 1969).

3) 김택주, "이익보장약정에 의한 증권거래와 투자자보호," 상사법연구 제21권 제 2 호, 2002, 453쪽.

4) 이 내용은 오성근, 전게서, 제 2 장 제 2 절 I 을 주로 인용하였다.

5) she virtually placed complete control her securities portfolio in their hands.

6) Charles Hughes & Co., Inc., SEC Securities Exchange Act Release No. 3464(July 20, 1943).

시적으로 표시하는 것이다'라는 데 있다. 이 사건에 이어서 증권거래위원회는 브로커가 증권을 권유하는 경우에는 권유증권에 대한 합리적인 조사를 하여야 한다는 원칙을 간판이론에 추가하였고, 이에 위반하는 행위는 사기적 행위 금지규정에 반하는 것으로 보았다.[1)]

3) 판결의 내용[2)]

법원은 증권거래위원회의 행정처분을 지지하였다.[3)] 즉 위와 같은 사실관계와 쟁점에 대하여 법원은 장외거래업무에 종사하는 원고인 증권업자가 적극적으로 고객에게 매수를 권유한 후, 시장가격을 현저히 초과하는(beyond the usual) 가격으로 고객에게 매도한 경우에는 사기를 행한 것으로 보았다. 왜냐하면 증권업자 스스로가 당해 증권에 대하여 조언할 충분한 자격을 갖고 있는 자임을 표시하고 있다고 보았기 때문이다. 따라서 증권업자의 매도가격이 시장가격을 현저히 초과하는 경우에는 그 시장가격을 공시하여야 한다고 설명하였다.[4)] 또한 비록 원고가 스스로를 단순한 매도·매수자 간 당사자거래(Even considering petitioner as a principal in a simple vendor-purchaser transaction)라고 생각하였을 지라도, 원고는 전문적 지식(expert knowledge)을 가지고 있고, 적극적으로 조언(proffered advice)을 하였다는 점에서, 원고는 여전히 특별한 의무를 부담한다(still under a special duty)고 지적하였다. 따라서 법원은 원고가 고객이 시장상황에 무지하다는 사실에 편승하여 이득을 취하여서는 아니 된다고 설명하였다.[5)]

법원은 원고가 거래가 성공하기 위한 핵심은 원고가 고객으로부터 점진적으로 얻어온 신뢰(confidence)라고 보았다. 그리하여 일단 그와 같은 신뢰가 확립되면, 원고가 취득한 가격과의 차액(mark-up)[6)]을 명확히 밝히지 아니하였다는 것은 중요사실에 대한 설명을 게을리 한 것이며, 사기적 수단(fraudulent device)을 이용한 행위에 해당한다고 판시하였다.[7)]

4) 동 판결의 특징

① 매수자위험부담원칙의 비적용

동 판결은 미국의 1933년 증권법 및 1934년 증권거래법상 사기적 금지규정에 관한 새로운 해석론을 확립한 점에 또 하나의 특징이 있다. 즉 동 판결은 신뢰를 바탕으로 하

---

1) Thomas Lee Hazen, op. cit., pp. 672-673; Hanly v. SEC, 415 F.2d 589(2nd Cir. 1969). 본 건에 대한 상세한 내용에 관하여는 Note, 44 N. Y. U. L. Rev. 1191(1969) 및 John C. Coffee, Jr.·Joel Seligman, Securities Regulation Cases and Materials(9th ed., 2003), pp. 705-711.

2) http://www.leagle.com/decision/1943573139F2d434_1421.

3) 139 F.2d 434(2d Cir. 1943).

4) It should disclosure the market price if sales are to be made substantially above the level.

5) not to take advantage of its customers' ignorance of market conditions.

6) 간판이론은 단지 증권업자의 차액수수료의 취득사례에만 적용되었던 것은 아니다(Thomas Lee Hazen, op. cit., p. 671).

7) 139 F. 2d 434, 436-437.

는 사기와 기만적 행위에 대하여는 종래의 매수자위험부담원칙(the rule of caveat emptor)을 적용하지 아니하겠다[1]는 입장을 명확히 밝혔다.[2]

미국은 1929년의 주가폭락 사태가 증권업자들의 사기적 행위에도 한 원인이 있다고 보아 1933년 증권법의 제정을 기화로 하는 일련의 증권관련법제정 시 사기적 행위 등에 대하여는 "매도자도 주의해야 한다(Let the seller also beware)"라고 추가적인 원리를 확립하고자 하였다.[3] 그리하여 1933년 증권법 및 1934년 증권거래법 등에서 사기금지규정을 상세히 도입하게 되었다. 그러나 증권거래위원회는 증권거래에 있어서의 일반적 사기금지규정과의 적용상 차이점에 대하여 어려움을 겪고 있었다.

1943년 Charles Hughes사례의 판결은 증권거래위원회의 고민을 해결하게 하는 계기가 되었다. 그것은 증권거래위원회에 등록한 증권업자가 증권업무에 종사하는 것, 즉 간판을 내걸었다는 것 자체가 공정거래를 하여야 한다는 묵시의 표시를 포함하고 있기 때문에 전통적인 매수자위험부담의 원칙에서 탈피하여 매도자위험부담원칙을 도출할 수 있는 계기가 되었기 때문이다.

② 공시의무 및 공정거래

1943년 Charles Hughes사례는 매도자위험부담원칙을 도출하는 계기가 되었다. 이에 따라 증권업자의 공시의무와 공정거래의무도 자연스럽게 도출할 수 있게 되었다. 증권거래위원회는 동 사례 등에서 도출되는 공시의무는 "고객을 보호하기 위한 최소한의 장치"라고 설명하고 있다.[4] 그리하여 공시의무를 제대로 이행하게 되면 원고는 그렇게 많은 이익을 얻을 수 없게 된다고 보았다.[5]

동 사례에서 법원은 증권업자가 간판을 내걸은 것은 공정한 거래를 행한다는 점을 묵시적으로 표시하는 것이라고 판단하였다. 다만 구체적으로 어떠한 것이 공정한 거래인지에 대하여는 명확한 기준을 제시하지 않고 1939년의 Duker & Duker심결[6] 등을 인용하고 있다. Duker & Duker심결에서 증권거래위원회는 "고객은 공정하고 전문직업인의 규범(standard of the profession)에 따라 취급된다"라고만 설명하였다.[7] 위와 같이 미국의 증권거래위원회도 단지 "공정하고 전문직업인의 규범"이라고만 설명하였고, 구체적인 기준

1) 이와 관련하여 법원이 인용한 판례는 Federal Trade Commission v. Standard Education Society, 302 U.S. 112(1937)이다.
2) 139 F. 2d 434, 436-437.
3) Message from the President-Regulation of Securities Issues, presented to the Senate, March 28, 1933, 77 Cong. Rec. 937(1933).
4) William T. Lesh, Federal Regulation of Over-the-Counter Brokers and Dealers, 59 Harv. L. Rev (1946), p. 1246.
5) Ibid., p. 1247.
6) Duker & Duker 6 S.E.C. 386(1939).
7) William T. Lesh, op. cit., p. 1247.

을 제시하지 못하였다. 이로 인하여 적용범위가 무한할 수 있다는 결점이 있었다.

그러나 간판이론의 이러한 결점은 역으로 규제기관에게 증권업자의 다양한 부정행위를 규제할 수단을 제공할 수 있는 장점으로 작용하였다. 즉 법원은 증권업자가 간판을 내걸었기 때문에 공정한 거래를 하여야 한다는 묵시적인 표시를 내포하고 있다는 점을 명확히 함으로써 많은 지지를 받았다. 그것은 증권업자는 자기의 간판에 묵시적인 표시가 내포되어 있으므로 보다 높은 행위규범을 부담하고, 증권거래의 공정성을 확보하여야 하며, 일반투자자를 보호하여야 하는 의무를 부담한다고 보았기 때문이다.[1)]

이와 같이 1943년 Charles Hughes사례가 제시한 간판이론은 일부의 비판에도 불구하고 미국의 증권관련제정법의 목적을 달성하는 수단으로 인식되어 판례법으로서 발전하여 왔다.

(3) 1949년 Hughes사례[2)]와 수탁자이론

1) 수탁자의 개념 및 증권업자

간판이론에서 보았던 것과 마찬가지로 증권거래위원회(SEC)는 증권업자가 법 형식상으로는 통상적인 거래에 있어서의 매수 또는 매도당사자로서의 본인(principal)에 해당한다고 할지라도, 증권업자와 고객과의 사이에서는 고객이 증권업자를 신뢰(confidence)하였다고 볼 수 있는 경우에는 증권업자를 묵시적인 대리인(implied agency)으로 보아야 한다는 법리를 전개하여 왔다.[3)] 이를 '수탁자이론'이라 한다. 다만 민사소송의 경우 단순한 위탁매매의 실행(brokerage) 등에는 수탁자책임이 인정되지 아니하는 경우가 적지 않다.

수탁자이론에 따르면 보통법상의 수탁자에 관한 법리가 투자자문업자는 물론 브로커·딜러 등의 증권업자에게 적용된다.[4)] 따라서 증권업자는 고객의 이익을 최우선으로 하여야 할 의무[5)]와 모든 이해상반사항에 관한 공시의무를 부담되게 된다.[6)]

그런데 증권업자가 딜러로서 거래를 하는 때에는 대등당사자 간의 거래라고 볼 수 있다. 이러한 때에도 증권업자를 수탁자로 볼 수 있는지 문제될 수 있다. 수탁자이론은 그 근거를 다음과 같이 증권과 증권거래의 특성에서 구하고 있다.

첫째, 증권은 복잡한 상품(intricate merchandise)이다. 이 때문에 증권을 이해하기 위하여는 전문적인 지식이 필요하다. 일반투자자는 통상적으로 비전문가이고 기술적이지도

---

1) 139 F.2d 434, 437(2d Cir. 1943).
2) 이 판결의 전체 내용은 https://www.casetext.com/case/hughes-v-securities-and-exchange-commission/에서 쉽게 접근할 수 있다.
3) Louis Loss·Joel Seligman, Securities Regulation, Little, Brown(3rd ed., 1991), pp. 3816-3817.
4) Steven W. Stone, Adviser Issues for Broker-Dealers, Morgan Lewis(2007), p. 14.
5) SEC, Securities Exchange Act of 1934, In the matter of: Arleen W. Hughes, Release No. 4048(1948. 2. 18), p. 8.
6) James D. Cox·Robert W. Hillman·Donald C. Langevoort, op. cit., p. 1033; Ibid., p. 7.

않지만 증권업자는 전문가이다.[1] 따라서 보통법에 의거 투자 전문가인 증권업자는 비전문가인 투자자를 보호할 의무가 있다.[2]

둘째, 증권거래에 필요한 정보가 증권업자에게 집중되어 있다. 이 때문에 일반투자자는 증권시장의 구조상 증권업자를 통하여 간접적으로 관련정보를 수집하는 것이 일반적이다. 그리고 증권거래에는 특수한 기술(special skills)이 필요하다.[3] 이와 같은 현실은 증권업자가 딜러로서 거래당사자가 되는 경우에도 고객이 증권업자에게 의존할 수밖에 없는 관계, 이른바 특별결합관계(relational reliance)[4]를 형성할 수밖에 없게 된다. 그리하여 그러한 관계에 대하여 마치 신뢰받은 자를 수탁자[5]로 보는 신임관계(fiduciary relationship)로 보아왔던 것이다.[6]

이와 같이 수탁자이론은 고객이 증권업자를 증권거래를 하는 전문가로서 신뢰하고 있다는 점에 기초를 두고 있고, 이 점이 다른 사업과 다르다.[7] 수탁자에게는 위탁자의 이익을 우선시 하여야 하고, 수탁자의 지위를 이용하여 자기의 이익을 추구하여서는 아니 되는 엄격한 의무가 부과된다. 따라서 이에 반하는 행위는 사기적 행위에 해당하게 된다. 1949년 Hughes 사례는 이에 관한 대표적인 판례이다.[8]

2) 1949년 Hughes 사례의 사실관계와 쟁점[9]

1949년 Hughes 사례의 경우, 원고인 증권업자는 1928년부터 콜로라도 스프링스(Colorado Springs)를 근거지로 하여 브로커·딜러로서 영업을 하여 왔다. 이후 1940년 원고는 1934년 증권거래법 제15조에 의거 브로커·딜러로 등록하였다. 1942년에는 1940년 투자자문업자법(Investment Advisers Act of 1940) 제203조에 의거 투자자문업자로도 등록하였다.[10] 그리고 미국연방 9개 주에 걸쳐 175명의 고객이 있었다. 고객과의 사이에서는 "회사(증권업자)는 별도의 합의가 없는 한 모든 거래를 투자자문 및 본인의 자격으로 행한다"

---

1) SEC, News Digest A brief summary of financial proposals filed with and by the S.E.C. For Release(1961. 11. 2), p. 1.

2) Jerry F. English, Securities-Investment Adviser Act-Failure to Disclosure Adviser's Position in market with Respect to Stock Recommended to Subscribers.-SEC v. Capital gains Research, Boston College L. R, Vol.4, 210(1962. 10. 1), p. 212.

3) Robert H. Mundheim, Professional Responsibilities of Broker-dealers : The Suitability Doctrine, Vol. 1965 Duke, L. J. 445(1965. summer), p. 450.

4) Donald C. Langevoort, Fraud and Deception by Securities Professionals, 61 Tex. L. Rev. 1247(1983). pp. 1250, 1279-1283.

5) 이를 'trust-like' relationship이라고 한다(Andrew S. QC·Stuart Ritchie, op. cit., p. 14; Peter Birks, The Content of Fiduciary Obligation, 34 Isr. L. Rev. 3(2000), pp. 35-36).

6) Louis Loss·Joel Seligman, op. cit 42, p. 3830 n. 115.

7) Robert H. Mundheim, op. cit., pp. 446-447, 본문과 각주 4).

8) Steven W. Stone, op. cit., p. 14.

9) 이 내용은 https://www.casetext.com/case/hughes-v-securities-and-exchange-commission/와 앞의 각주 43) SEC Release No. 4048(1948. 2. 18))의 자료를 근거로 기술하였다.

10) SEC Release No. 4048, p. 2; 174 F. 2d 969, 971(D.C.Cir. 1949).

고 규정한 합의서(Memorandum of Agreement)가 교환되었다.[1)]

동 사례의 쟁점은 ① 원고인 증권업자가 공개증권시장(open market)에서 당해 증권을 매입하는 경우에 최선의 가격(best price)과, ② 원고가 해당 증권의 취득가격(비용)을 공시하지 아니하고 고객에게 증권을 매도해버린 점에 있었다.[2)]

원고의 이러한 행위에 대하여 증권거래위원회는 브로커·딜러인 원고에게는 수탁자로서 공시의무가 있고, 이를 이행하지 아니한 행위는[3)] 반사기규정(anti-fraud)인 1933년 증권법 제17조(a)항, 1934년 증권거래법 제10조(b)항, 제15조(c)항(1)호, 증권거래위원회 규칙 제10조b-5 15c(1)-2를 고의적으로 위반하는 것[4)]이라고 하여 브로커·딜러로서의 등록을 취소하는 명령(order revoking her registration as a broker and dealer)을 하였다.[5)] 본 사례는 증권거래위원회의 처분의 정당성에 관한 것이었다. 다만 본 건에서는 1943년 Charles Hughes 사례에서 볼 수 있었던 영업이익마진(mark-ups)은 문제되지 아니하였다.

3) 판결의 내용[6)]

동 사례에서 법원은 증권거래위원회의 취소명령(order of revocation)을 지지하면서, 그 이유를 다음과 같이 밝히고 있다.[7)] 먼저 원고와 고객 간에 이루어진 거래의 대부분의 경우, 원고는 명백하게 수탁자로서 행동하였다(petitioner concededly acted as a fiduciary)고 보았다. 기록에 따라 법원은 원고가 일부의 예를 제외하고는 동시에 투자자문업자 및 브로커·딜러라고 하는 이중적 자격(dual capacity)에서 행동하였음이 분명하다고 지적하였다.[8)] 이와 더불어 그와 같은 이중적 자격을 갖는 때에는 이해상반의 문제가 필연적으로 발생하고, 그러한 문제가 발생하는 경우, 법은 수탁자에 대한 규율의 일부로서 엄격한 행위규범(stringent standards of conduct)을 사전에 정하는 형식으로 보호조항(safeguards)을 명시하여 왔다고 설명하였다. 이에 대한 부연설명을 위하여 법원은 100여년 이전의 연방대법

1) Company petitioner, when acting as investment adviser, shall act as Principal in every such transaction(Ibid.); SEC Release No. 4048, p. 3.
2) SEC Release No. 4048, p. 3.
3) SEC Release No. 4048, p. 1.
4) SEC Release No. 4048, p. 13; 174 F. 2d 969, 975.
5) SEC Release No. 4048, p. 14.
6) 이 내용은 주로 https://www.casetext.com/case/hughes-v-securities-and-exchange-commission/의 핵심부분을 요약한 것이다.
7) 174 F. 2d 969, 975-976.
8) 이와 관련하여 미국의 1940년 투자자문업법(The Investment Advisers Act of 1940) 제206조(3)항에 따르면 "투자자문업은 우편 또는 州間通商의 수단 또는 방법을 직접 또는 간접적으로 이용, 고객에 대하여 거래의 완료 전에 서면으로 거래에 있어서의 자기의 자격을 명확히 하여야 하고, 당해 거래에 대하여 고객의 동의를 얻지 아니한 채 해당고객을 상대방으로 하는 증권매매인 자기거래(for his own account)를 행하거나 혹은 해당고객의 계산으로 증권의 위탁매매를 행함에 있어서 해당고객이외의 자의 브로커로서 거래를 하여서는 아니 된다. 다만 이 금지규정은 해당 브로커 또는 딜러가 해당거래에 관하여 투자자문으로서 행동하지 아니하는 경우에는 브로커 또는 딜러의 고객과 거래를 하는 때에는 적용하지 아니한다"(http://www.sec.gov/).

원이 해당 원리에 대하여 판시[1]한 내용을 소개하였다. 즉 "이해관계가 상반되는 때 법은 현명하게도 간섭한다. 이러한 간섭은 수탁자의 의무감[2]이 이기적 동기를 극복할 가능성이 있는 몇몇 사안에서 나타나는 것이 아니라, 이기심이 의무감을 지배하여 결국에는 의무감을 저버리게 할 개연성(possibility)과 위험성(danger)이 존재하는 사안들에 대비하기 위하여 규정된다"[3]라는 내용이 그에 해당한다.

이어서 법원은 원고의 행위가 제정법 및 그에 의거한 규칙이 정한 반사기규정을 위반하였다고 판단하였다. 왜냐하면 원고의 행위가 상반되는 이해관계의 성질 및 범위에 대하여 완전한 공시를 하지 아니하였고, 이는 생략행위(acts of omission)에 해당하기 때문이다.[4]

나아가 법원은 위에서 기술한 사실관계인 원고의 행위, 즉 ① 상당한 주의(due diligence)를 가지고 공개시장(open market)에서 고객을 위하여 매수할 수 있는 증권의 최선의 가격(best price)과, ② 원고가 해당 증권의 취득가격(비용)을 공시하지 아니하고 고객에게 증권을 매도해버린 점에 대한 공시를 하지 아니한 사실관계에 대한 판단을 밝혔다. 이에 따르면 법원은 1933년 증권법 제17조(a)항, 1934년 증권거래법 제10조(b)항 및 동법 제15조(c)항(1)호 및 관련규칙 등을 근거로 "어떠한 상황에 비추어서 타인을 오인하게 하지 않도록 할 목적으로 중요한 사실에 대한 설명을 생략하는 것은 명백히 위법하다"고 지적하였다.[5] 그 이유는 위에서 인용한 제정법상 세 개의 규정과 규칙의 문언이, 국회가 단지 고의적으로 허위사실을 설명하는 것을 금지하는 것뿐만이 아니라 반사실(half-truth)의 설명 또는 완전한 사실(whole-truth)에 관한 설명을 하지 아니하는 행위도 금지하고 있기 때문이다.

법원은 이와 같은 제정법규의 문언이, 사려 깊은 투자자 또는 그렇지 아니한 투자자인지의 여부를 불문하고, 투자행위를 전체적으로 보호할 목적으로 마련되었다고 해석하였다. 그리고 현 시점에서 공개시장에서 취득할 수 있는 최선의 가격 및 등록인(원고) 및 비용은 모두 앞에서 인용한 문언의 범위 내의 중요사실에 해당한다고 결론내렸다. 따라서 그에 대한 공시가 없는 한, 고객의 입장에서는 수탁자의 이중적이고 상반되는 역할

1) 이 때 법원이 인용한 사례는 Michoud et al. v. Girod et al., 1846, 4 How. 503, 554-555이다.

2) 원문에는 the sense of that duty라고 되어 있으나 앞 문장과의 관계를 감안하여 이와 같이 번역하였다.

3) "In this conflict of interest, the law wisely interposes. It acts not on the possibility, that, in some cases, the sense of that duty may prevail over the motives of self-interest, but it provides against the possibility in many cases, and the danger in all cases, that the dictates of self-interest will exercise a predominant influence, and supercede that of duty"(174 F. 2d 969, 975).

4) The acts of petitioner which constitute violations of the antifraud sections of statutes and of regulations thereunder are acts of omission in that petitioner failed to fully disclose the nature and extent of her adverse interest(ibid., p. 975).

5) "any omission to state a material fact necessary in order to make the statements made, in the light of the circumstances under which they were made, not misleading," is expressly made unlawful (ibid., 976).

(fiduciary's acting in a dual and conflicting role)에 대하여 동의할 수 없다고 판시하였다.

4) 동 판결의 특징

1949년 Hughes 사례는 1943년 Hughes 사례와 달리 원고가 불합리한 이익을 취했다고 볼 수 없는 사실관계에 대하여도 수탁자이론을 적용하여 증권업자의 행위가 사기금지규정에 해당할 수 있음을 적시하였다는 점에서 특징이 있다. 그 근거는 최선의 시장가격과 증권업자의 취득가격을 공시하지 아니한 점에서 구하고 있다. 이러한 공시의무는 간판이론에서 볼 수 있었던 바와 같이 거래당사자 간의 신임관계(fiduciary relationship)를 인정함으로써 매도자의 공시의무, 즉 매도자의 주의의무에서 도출할 수 있게 된다.[1)]

(4) 간판이론과 수탁자이론의 수렴

양 이론은 적용범위에서 차이가 발생할 수 있는데, 이론적인 측면에서만 보면 간판이론의 적용범위가 수탁자이론의 적용범위보다 넓어지게 된다. 왜냐하면 간판이론은 고객의 증권업자에 대한 신뢰의 정도와는 관계없이 간판을 내걸었다는 사실 자체만으로 그 법리가 적용될 수 있기 때문이다.[2)]

그러나 1943년 Hughes사례의 간판이론과 1949년 Hughes사례의 수탁자이론은 실제로는 동일한 결론을 도출할 수 있고,[3)] 적용상 구별을 언제나 명확하게 할 수 없는 것으로 보인다.[4)] 왜냐하면 법원은 ① 1943년 Hughes사례에서도 여전히 공정한 거래를 행한다고 하는 묵시적인 표시 중에서의 '공정한 거래'의 기준의 설정을 해석상의 자유재량에 위임할 수 있음을 확인하고 있고, ② 수탁자이론의 경우에도 당사자 간의 '신임관계를 형성하는 행위의 기준'에 대하여 간판이론과 마찬가지로 해석상 자유재량의 여지를 남겨놓고 있기 때문이다. 이처럼 양 이론은 모두 유연한 해석을 중시하고 있다고 할 수 있다.

한편 증권거래위원회는 내부자거래에 관한 연방대법원의 Chiarella 판결[5)] 및 Dirks 판결[6)]이전에는 수탁자이론을 간판이론에 흡수하여 판단하여 왔다.[7)] 그러나 내부자거래에 관한 연방대법원의 Chiarella 판결 및 Dirks 판결 이후에는 법원의 법리와 조화를 추구하기 위하여 수탁자이론에 의하여 증권업자를 규제하고 있다고 볼 수 있다.[8)]

---

1) SEC Release No. 4048, pp. 5-6.
2) Manuel F. Cohen·Joel J. Rabin, Broker-Dealer Selling Practice Standards : The Importance of Administrative Adjudication in Their Development, 29 Law & Contemp. Prob. 691(1964), p. 702.
3) Comment, Current Problems in Securities Regulation, 62 mich. L. Rev. 680(1964), p. 738.
4) 실제로 미국의 주요 문헌에서도 여전히 혼용해서 목차를 구성하는 예가 있다. 대표적으로 Thomas Lee hazen, op. cit., §14.15, pp. 698-672.
5) Chiarella v. United States, 445 U.S. 222(1980).
6) Dirks v. SEC, 463 U.S. 646(1983).
7) Louis Loss/Joel Seligman, op. cit., p. 3831 n.115; Manuel F. Cohen·Joel J. Rabin, op. cit., p. 704.
8) Louis Loss/Joel Seligman, op. cit., p. 3778.

3. 외국의 입법례[1)]

(1) 일본의 금융상품거래법상 성실공정의무 및 주요 판례

1) 규정의 변천

일본에서 증권업자의 성실공정의무에 관한 규정은 1992년 증권거래법 제49조의 2에 의하여 신설되었다. 그리고 1998년 개정증권거래법 제33조로 이관되었다. 현행 금융상품거래법은 제36조에 그에 관한 규정을 두고 있다. 현행 금융상품거래법의 규정은 1998년 개정증권거래법의 규정을 계수한 것이므로 규정의 변천과정에서는 1998년 증권거래법의 규정이 중요하다고 할 수 있다.

2) 해 석 론

1998년 구증권거래법 제33조는 "증권회사, 그 임원 및 사용인은 고객에 대하여 성실하고 공정하게 그 업무를 수행하여야 한다"고 규정하였다. 이 규정에 대하여 일본에서는 1990년 11월 국제증권감독기구(IOSCO)가 채택한 증권업자의 행위규범원칙 중 제 1 의 원칙인 성실·공정의무를 증권거래법에 명문화한 것으로 해석하였다.[2)] 그리고 일본의 구증권거래법은 증권회사, 임원 및 사용인의 증권업무수행에 있어서의 고객보호를 위한 상세한 원칙을 정하고 있었다. 예를 들면 거래형태명시의무(동법 38조), 거래설명서교부의무(동법 40조), 거래보고서교부의무(동법 41조), 단정적 판단의 제공으로 인한 권유 등의 금지(동법 42조) 등을 정하고 있었다. 일본의 학계에서는 이러한 거래 원칙에 따라 구체적인 의무를 수행하지 아니하는 사항에 대하여도 성실공정의무가 적용된다고 보고 있다.[3)]

따라서 성실공정의무는 증권거래에 변화가 있는 경우 이에 대응하는 새로운 규범이 창출되기 때문에 특히 중요성을 갖게 된다.[4)] 다만 일본에서는 증권회사의 성실공정의무가 증권투자에 있어서 투자자의 자기책임원칙을 전제로 하는 것이라고 해석하고 있다. 즉 증권투자는 투자자가 스스로의 판단과 책임으로 하는 것이고 이를 전제로 하여 증권회사의 성실공정의무가 문제된다는 것이다. 그러므로 증권회사, 임원 및 그 사용인은 고객에 대하여 공정하고 성실하게 증권업무를 수행하여야 한다는 것은 고객의 증권거래에 대하여 이익을 발생시키고 손실을 회피하여야 하는 의무가 아니라,[5)] 고객에 대하여 투자자의 자기 판단과 책임으로 증권투자를 하여야 함을 이해시켜야 하는 의무인

1) 미국의 경우도 증권관련법제 이외에 근로자퇴직소득보장법(The Employment Retirement Income Security Act, ERISA) 등에서 관련규정을 두고 있다. 이에 관하여는 2009년 주석서 I 179쪽 이하에서 상세히 다루고 있기 때문에 여기서는 생략한다.
2) 河本一郎·大武泰南·神崎克郎, 第 4 版 證券取引ハンドブック, ダイヤモンド社, 2000, 218頁.
3) 상게서.
4) 상게서.
5) 상게서, 219頁.

것이다.[1)]

3) 사 례

일본에서 증권업자의 성실공정의무에 관하여 소개되는 대표적인 판례와 그 내용은 다음과 같다.[2)]

① 東京高法 平成 6年 12月 8日 판결[3)]

본 건은 증권회사 직원에게 시장상황에 따른 적시 매각의무가 있는지에 대한 것이었다. 이에 대하여 법원은 시장에 상장되어 있는 주식의 가격은 항상 변동하는 것이므로 그것을 확실하게 예측하는 것은 어렵다고 보았다. 그 이유는 시장상황에 따라 적합한 시기에 증권을 매각하기 위하여는 하락추세가 계속되고 있다고 하더라도 반등세로 전환되는 시기가 도래하는 것을 예측하여야 하는데, 반등으로의 전환 시기 즉 하락추세가 언제 멈출지를 예측하는 것은 어렵다고 보았기 때문이다. 따라서 증권회사가 주식시장이나 주가의 움직임을 정확하게 예측할 수 있으리라고 기대하는 것은 무리가 있다는 것이다. 그러므로 증권회사가 고객의 손실이 확대되지 않도록 예탁받은 담보유가증권을 조기에 매각할 의무가 있다고 할 수 없다고 판시하였다.

② 大阪高法 平成 7年 4月 20日 판결[4)]

이 판례에서는 외화표시워런트상품은 장외매매에 의한다는 사실을 설명을 하여야 하는지의 여부가 문제되었다. 본 건 증권회사의 담당자는 외화표시워런트 거래를 권유함에 있어서 "워런트채권은 주식보다 수배의 이익을 얻을 수 있는 히트상품이고 수수료도 없다"고 설명하였을 뿐이다.

그러나 법원은 워런트거래를 권유함에 있어서는 ① 워런트의 의의, ② 권리행사가격, 권리행사기간 즉, 권리행사에 따른 취득주식수의 의의, ③ 외화표시워런트의 가격형성구조 및 고위험상품으로서 가치가 영(零)이 될 수 있다는 점, ④ 외화표시워런트 거래는 상장주식 등과는 달리 증권회사와 장외매매를 한다는 점에 대하여 충분히 설명하고, 원고가 이에 대하여 정확하게 인식할 수 있게 하여야 한다고 보았다. 그럼에도 불구하고 증권회사 직원은 이에 대한 어떠한 설명도 없었기 때문에 담당자의 권유는 외화표시워런트를 권유함에 있어서의 주의의무를 위반하였다고 할 수 있고, 증권거래 시 증권회사의 성실의무에 반하는 위법행위라고 할 수 있다고 지적하였다. 이로 인하여 증권회사는 위법한 권유로 인하여 거래를 한 결과 고객에게 손실을 발생시켰으므로 민법 제715조에 의거 손해배상책임을 부담하였다.

---

1) 구일본증권업협회의 협회원의 투자권유, 고객관리 등에 관한 규칙 제3조.

2) 이하의 내용은 1998년 증권거래법개정 직후 주요 문헌에서 인용된 것을 소개한 것이다.

3) 判例時報 第1585号 26頁.

4) 判例時報 第1546號, 1996. 1. 1, 20頁.

③ 東京地法 平成 7年 6月 19日 판결[1]

본 건은 투자자가 워런트의 보유비중을 지속적으로 증가시킬 때, 증권업자는 투자자에게 투자를 단념하도록 설득하는 등 고객에게 손실을 끼치지 않도록 배려해야 할 의무를 부담하여 하는지의 여부가 문제되었다. 즉 본 건의 투자자는 워런트가격이 지속적으로 하락하고 있는 가운데에서도 손실을 회복하기 위하여 증권회사의 담당자를 통하여 액면 2.0p의 가치밖에 없는 워런트의 매수비중을 더욱 높였다.

그런데 투자자는 증권회사 담당자가 스스로 워런트거래의 위험성에 대한 인식의 부족으로 인하여, 본사로부터도 의문시 되었던 거래에 대하여 고객에게 전혀 설명하지 아니하였기 때문에 워런트의 매수를 확대하였다고 주장하였다. 법원은, 담당자가 고객에게 매수확대의 위험성에 대하여 충분히 설명하고 매수확대를 단념하도록 설득함으로써, 고객이 불필요한 손실을 입히지 아니하도록 배려하여야 할 신의칙상의 의무를 해태한 과실이 인정된다고 하였다.

④ 東京高法 平成 8年 11月 27日 판결[2]

본 건의 사실관계는 적합성원칙과 설명의무가 중첩적으로 적용되었다.[3] 법원은 증권거래법 제49조의 2[4]가 성실공정의무를 정하고, 동법 제50조 제 1 항 제 1 호[5]가 단정적 판단을 제공하여 권유하는 행위를 금지하는 점 등에 의하면, 증권회사 및 그 사용인은 투자자에 대하여 증권거래의 권유 시 투자자의 직업, 연령, 증권거래에 관한 지식, 경험, 자력 등에 비추어 당해 증권거래로 인한 이익과 위험에 관한 정확한 정보의 제공과 설명을 하고, 투자자에게, 올바른 인식을 형성한 후에 자율적인 판단에 의거하여 당해 증권거래를 할지의 여부를 결정할 수 있도록, 배려하여야 할 신의칙상의 의무(설명의무)를 부담한다고 판시하였다. 따라서 증권회사 및 그 사용인이 위의 의무를 위반하여 거래권유를 함으로써 투자자가 손해를 입은 때에는 불법행위를 구성하고 손해배상책임을 면할 수 없다고 결론 내렸다.

(2) EU의 성실공정의무 관련규정

EU의 금융상품시장지침(The Markets in Financial Instruments Directive, MiFID)[6]은 제24조 제 1 항에서 성실공정의무를 명시하고 있다. 이에 따르면 회원국은 투자서비스 및 그 부수서비스를 고객에게 제공하는 때 투자업자가 고객의 최선의 이익에 따라 성실, 공정 그리

1) 判例時報 第1566號, 1996. 7. 21, 40頁.
2) 判例時報 第1587號, 1997. 2. 21, 72頁.
3) 오성근, 증권투자권유에 관한 법적 규제와 책임, 법원사, 2004. 제 2 장 Ⅲ.
4) 1997년 개정 전 법률.
5) 1997년 개정 전 법률.
6) DIRECTIVE 2014/65/EU OF THE EUROPEAN PARLIAMENT AND OF THE COUNCIL of 15 May 2014 on markets in financial instruments and amending Directive 2002/92/EC and Directive 2011/61/EU.

고 전문가로서 행동하도록 조치를 강구하여야 한다고 규정하고 있다. 이 밖에도 제23조 내지 제30조 등에서 투자자를 보호하기 위한 규정을 두고 있다.

한편 영국의 경우는 금융행위감독기구(Financial Conduct Authority, FCA)의 사업원칙(FCA Principle For Business)[1] PRIN 2.1.1.R에서는 증권업자의 성실성(integrity)을, 그리고 6.에서는 고객에 대한 공정한 취급(treat them fairly)을 규정하고 있다.

4. 자본시장법상 다른 법리와의 관계

(1) 검토대상 법리

자본시장법은 금융투자상품을 정의함에 있어서 '투자성'이라는 개념 요소를 도입하면서 금융투자업자에게 공통영업행위규칙으로서 신의성실공정의무를 지우고 있다(동법 37조).[2] 그리하여 금융투자업자는 신의성실의 원칙에 따라 공정하게 금융투자업을 영위하여야 한다. 이외도 동법은 집합투자업자, 투자자문업자, 일임투자업자 및 신탁업자 등 이른바 자산운용업자에게 공통영업행위규칙으로서 선관주의의무 및 충실의무를 부과하고 있다.

따라서 자본시장법상 신의성실공정의무가 구체적인 기능을 발휘하기 위하여는 민법 제 2 조의 신의성실의 원칙, 선관주의의무 및 충실의무와의 관계를 분석·정리하는 작업이 선행되어야 한다.

(2) 신의성실공정의무와 민법 제 2 조의 신의성실의무와의 관계

자본시장법 제37조의 신의성실공정의무가 민법 제 2 조의 신의성실원칙을 주의적으로 규정한 것인지의 여부에 대하여 긍정설과 부정설이 나뉜다. 먼저, 긍정설은 대체적으로 민법 제 2 조는 모든 법률관계의 초석으로서 이 조항이 없었던 구증권법체계에서도 민법 제 2 조의 적용이 가능하였던 점을 논거로 들고 있다.[3] 이에 대하여 부정설은 자본시장법 제37조의 신의성실공정의무를 민법 제 2 조의 신의성실의 원칙을 단순히 되풀이 한 것으로 보는 것은 지나치게 소극적인 해석이라고 한다. 그 이유는 증권회사와 고객간의 각종 거래관계도 당연히 민법의 규율을 받으므로,[4] 이를 굳이 자본시장법에 민법의 일반원칙과 동일한 조항을 반복적으로 규정할 필요가 없기 때문이다.[5]

---

1) George Walker·Rogert Purves, Financial Services Law, OUP(3rd ed., 2014), pp. 223-224; Hudson, The Law and Regulation of Finance, Sweet & Maxwell(2nd ed., 2013), pp. 258-265, 302-303.

2) 한편, 미국은 회사법상 이사의 성실의무에 관한 논의가 있는데, 그 개념과 내용은 증권업자의 성실·공정의무와는 다르다고 할 수 있다. 이에 대한 상세한 내용은 손성, "미국 Disney 판결에 관한 분석과 시사점," 「상사판례연구」 제21집 제 1 권, 한국상사판례학회, 2008, 167쪽 이하 참조.

3) 임재연, 전게서, 147쪽; 김정수, 전게서, 171쪽.

4) 윤광균, "증권회사의 고객보호의무와 손해배상책임," 「저스티스」 통권 제97호, 한국법학원, 2007, 118쪽.

5) 한국증권법학회, 전게서, 178쪽.

한편 이와 관련된 판례의 입장은 의사의 설명의무,[1] 숙박업자의 고객보호의무,[2] 수익증권판매업자의 설명의무 및 고객보호의무,[3] ELS상품 판매와 관련된 증권회사의 신의성실의무[4] 등의 존재를 인정하고 있다. 그리고 이러한 설명의무 또는 고객보호의무는 기본적으로 신의칙상 인정되는 부수적인 의무임을 확인하고 있다.[5] 그리고 미국의 1943년 Hughes사례와 사실관계가 어느 정도 유사해 보이는 워런트거래관련 사건[6]에서 대법원은 "매매거래에 있어서 매수인은 목적물을 염가로 구입할 것을 희망하고 매도인은 목적물을 고가로 처분하기를 희망하는 이해상반의 지위에 있으며, 각자가 자신의 지식과 경험을 이용하여 최대한으로 자신의 이익을 도모할 것으로 예상되기 때문에, 당사자 일방이 알고 있는 정보를 상대방에게 사실대로 고지하여야 할 신의칙상의 주의의무가 인정된다고 볼 만한 특별한 사정이 없는 한, 매도인이 목적물의 시가를 묵비하여 매수인에게 고지하지 아니하거나 또는 시가보다 높은 가액을 시가라고 고지하였다 하더라도 상대방의 의사결정에 불법적인 간섭을 하였다고 볼 수 없으므로 불법행위가 성립한다고 볼 수 없는바, 주식과 같은 투기성 있는 객체의 거래에 있어서는 더욱 그러하다"고 판시하여 일견 신의성실의 원칙이 적용되기 위한 전제로 투자자의 자기책임원칙을 강조하고 있는 것처럼 보일 수도 있다.

그러나 이 판결의 피고는 증권회사의 직원이 아니라 장외시장을 통하여 테크노필이 발행한 워런트를 원고들에게 직접 매도한 매도인 또는 소개인이었다. 따라서 근본적으로 1943년 Hughes사례의 판결과 사실관계가 다르다고 할 수 있고, 이러한 거래의 경우 투자자의 자기책임원칙이 강조되는 것은 합당하다.

생각건대, 증권업자를 통한 증권거래 시 고객을 보호하기 위한 법리로서 우리 판례는 표현이 다른 몇 가지 법리를 적용하고 있으나, 우리 법상 민법 제 2 조의 신의성실의무의 법리보다 적용범위가 넓은 법리를 찾을 수 없다. 왜냐하면 민법 제 2 조의 신의성실의 원칙은 사법관계의 기초법리이므로 금융투자업자도 이 원칙에 따른 행위를 하여야 하기 때문이다. 그리고 미국 증권업자의 성실·공정의무의 기초법리로 수렴되고 있는 수탁자이론의 핵심요소가 고객과 증권업자 간의 특별결합관계인데, 신의성실원칙의 주요한 내용이 특별결합관계 내지 사회생활관계 하에서 타인의 정당한 이익에 대한 배려의 의무를 가리키기 때문이다.[7]

1) 대법원 2013. 4. 26. 선고 2011다29666 판결; 대법원 1992. 4. 14. 선고 91다36710 판결 등.
2) 대법원 2000. 11. 24. 선고 2000다38718 판결.
3) 대법원 2012. 12. 26. 선고 2010다86815 판결; 대법원 2011. 7. 28. 선고 2010다76368 판결 등.
4) 서울지방법원 2010. 7. 1. 선고 2009가합90394 판결.
5) 대법원 2000. 11. 24. 선고 2000다38718 판결.
6) 대법원 2006. 11. 23. 선고 2004다62955 판결.
7) 이정원, "보험자의 고지의무에 대한 소고,"「부산대 법학연구」제52권 제 2 호, 부산대학교법학연구소, 2011, 494-495쪽.

따라서 현행 법체계의 법리해석상 자본시장법 제37조의 신의성실공정의무는 민법 제2조의 신의성실의무의 적용범위보다 넓게 적용될 여지는 없고, 민법 제2조의 주의적 규정으로서 금융투자업자 행위의 해석원리로 삼아야 한다고 풀이한다.

(3) 신의성실공정의무와 선관주의의무와의 관계

자본시장법은 금융투자업자의 유형을 투자매매업, 투자중개업, 집합투자업, 투자자문업, 투자일임법 및 신탁업 등으로 나누고 있다. 자본시장법은 이러한 금융투자업을 영위하는 업자 중 집합투자업자, 투자자문업자 투자일임업자 및 신탁업자에 대하여는 명시적으로 선관주의의무를 부담시키고 있다.[1)]

투자매매업자와 투자중개업자에 대하여는 명시적으로 선관주의에 관한 규정을 두고 있지 않지만, 이들 업자도 동 의무를 부담하는 데에는 이론의 여지가 없다. 왜냐하면 ① 투자매매업이란 누구의 명의로 하든지 자기의 계산으로 금융투자상품의 매도·매수, 증권의 발행·인수 또는 그 청약의 권유, 청약, 청약의 승낙을 영업으로 하는 것을 말하고(동법 6조 2항), ② 투자중개업이란 누구의 명의로 하든지 타인의 계산으로 금융투자상품의 매도·매수, 그 중개나 청약의 권유, 청약, 청약의 승낙 또는 증권의 발행·인수에 대한 청약의 권유, 청약, 청약의 승낙을 영업으로 하는 것을 말하기 때문이다(동법 6조 3항).

이 중 투자매매업은 상법상 자기명의로써 타인의 계산으로 법률행위를 하는 위탁매매인(상법 101조)의 개념과는 다르지만, 증권회사가 영위하고 있는 자기매매업, 인수업 및 매출업을 포함하는 것으로 볼 수 있다. 그리고 투자중개업의 범위에는 제정 시부터 상법상 위탁매매인 및 대리업을 포함하였고, 2013년 5월 28일 개정을 통하여 상법상 중개업(상법 93조)도 추가적으로 포함하였다. 그에 따라 투자매매업자와 투자중개업자는 투자자와의 관계에서 수임인의 지위에 서게 된다. 따라서 어떠한 유형의 영업을 하든지 위임의 본지에 따라 민법상 선량한 관리자의 주의의무를 부담하게 된다(민법 680조, 681조).

이처럼 자본시장법은 자산운용업자를 중심으로 선관주의의무에 관한 규정을 명시적으로 두고 있고, 그 이외의 투자매매업자와 투자중개업자도 법리상 선관주의의무를 부담하게 되므로 모든 금융투자업자가 선관주의의무를 부담한다. 따라서 금융투자업자에게 공통영업행위규칙으로서 선관주의의무만을 규정하는 것이 타당하다고 볼 여지도 있다. 그럼에도 불구하고 동법이 공통영업행위규칙으로서 별도로 신의성실공정의무를 명시한 것은 모든 금융투자업자에게 위임의 요소가 없는 금융투자업자의 영업행위도 항상 성실하고 공정하게 수행하도록 함으로써 규제의 공백을 없애기 위함이다.

---

1) 이하의 내용은 오성근, “자본시장법상 투자신탁의 자산운용행위규제,” 「법과 정책」 제15집 제2호, 제주대학교법학연구소, 2009, 187쪽 이하의 내용을 수정 보완한 것이다.

(4) 신의성실공정의무와 충실의무와의 관계

미국의 1943년 Hughes사례와 1949년 Hughes사례는 모두 증권 및 증권거래의 특수성을 감안하여 일반투자자를 보호하고, 증권업자에게 통상의 거래와는 다른 고도의 행위규범을 부과하는데 근거가 되는 법리를 제시하였다. 그리고 양 판결은 증권시장을 무대로 한 각양각색의 부정행위에 대하여 대처할 수 있는 유연성을 갖고 있는 판결이기도 하다. 증권거래에 있어서는 투자자 보호를 위하여 특별한 규제가 필요하다는 점은 양 판결뿐만이 아니라 미국의 1933년 증권법이나 1934년 증권거래법 등이 제정된 사실에서도 잘 알 수 있다.

이러한 1943년 Hughes사례의 판결과 1949년 Hughes사례의 판결의 의의는 미국의 증권관련 제정법이 규정한 일반적 사기금지규정에서는 개별적으로 명확히 금지되지 아니하는 행위이지만, 증권업자의 공정거래의무인 성실·공정의무를 도입함으로써 투자자 보호의 관점에서 그러한 행위를 규제할 수 있는 법적 수단을 명확히 하였다는 점에 있다. 그리하여 통상의 매도자에게는 부과되지 아니하는 고도의 행위규범을 증권업자에게 부과할 수 있는 것으로 이해할 수 있다. 이러한 점에서 보면, 미국에서의 증권업자의 성실·공정의무의 법적 성질은 주의의무(duty of care)가 아닌 충실의무(duty of loyalty)라고 해석할 수 있다.[1)]

앞에서 기술한 바와 같이 자본시장법은 제79조 제 2 항 등에서 자산운용업자의 충실의무를 규정하고 있다. 자본시장법 제79조 제 2 항 등의 충실의무가 영미법상 충실의무를 의도하여 도입하였는지의 여부는 불분명하다. 다만 입법자는 선관주의의무와 충실의무의 적용 요건을 '투자신탁재산의 운용'과 '해당 업무수행'으로 각각 달리 정함으로써 그 위법성요건에 관한 입법 의도를 어느 정도 밝히고 있는 것으로 보인다. 즉, 자산운용회사는 항상 투자자의 이익이 되도록 재산을 운용하여야 하고, 투자자가 납득할 수 있는지의 여부를 숙고하면서 업무를 수행할 의무를 부담한다는 취지가 내포된 것으로 풀이할 수 있다.

그러나 문리적인 측면에서 보면, 동 의무는 회사법상 이미 도입된 충실의무와 선관주의의무의 관계에 대한 해석과 관련된다. 우리나라의 다수설과 판례는 충실의무에 관한 규정이 선관주의의무와 전혀 다른 의무를 규정한 것으로 보기 어렵다고 판단하고 있다.[2)] 따라서 동 규정도 그에 따라 해석되어야 한다. 자본시장법상 신의성실공정의무는 선관주의의무보다는 그 적용범위가 보다 넓다는 점에 대하여는 이미 밝힌 바와 같으므로 동법에서 정하고 있는 충실의무의 적용범위 역시 신의성실공정의무의 적용범위 내에 포섭된다고 할 수 있다.

---

1) SEC Release No. 4048, pp. 6-7.

2) 이철송, 「회사법강의」, 박영사, 2012, 719쪽.

5. 구체적 기능

(1) 서

자본시장법 제37조의 신의성실공정의무는 민법 제2조의 신의성실의 원칙을 주의적으로 규정한 것이다. 그 적용범위는 비위임적 요소가 있는 증권업자의 행위까지 포함함으로써 선관주의의무보다는 넓다고 할 수 있다. 그러한 점을 기초로 이하에서는 신의성실공정의무가 자본시장법의 규제체제 하에서의 구체적으로 어떠한 기능을 발휘할 수 있는지를 분석하여 보고자 한다. 그리고 그 분석을 함에 있어서는 일반적 규제 시 유용한 기능과 자산운용업자규제에 유용한 기능으로 나누어 기술한다.[1)]

(2) 일반적 규제 시 유용한 기능

자본시장법상 신의성실공정의무에 관한 제37조는 일반적 규제를 함에 있어서 다음과 같은 구체적 기능을 할 수 있다.

첫째, 금융상품을 권유하는 투자권유대행자의 행위를 규제하는 조항으로서 유용하게 기능할 수 있다. 자본시장법에 따르면 금융투자업자는 금융투자상품에 전문적 지식이 있는 자 등(이하 "투자권유대행인"이라 한다)에게 파생상품을 제외한 투자권유를 위탁할 수 있다(동법 51조 1항). 그리고 투자권유대행인은 투자권유를 위탁한 자를 위하여만 투자권유를 하도록 규제받고 있다(동법 동조 3항). 또한 투자권유대행인은 위탁한 금융투자업자를 대리하여 계약을 체결하는 행위를 할 수 없다(동법 52조 2항 1호). 이러한 규정에 따르면 투자권유대행인은 상인인 금융투자업자를 위하여 그 영업부류에 속하는 거래를 중개하는 상법상 중개대리상(상법 87조)에 해당한다. 중개대리상계약의 성질은 위임이다. 따라서 투자권유대행인은 자기에게 투자권유를 위탁한 금융투자업자에게만 선관주의의무를 부담하고(민법 680조), 투자자와는 법률관계를 가지지 아니하기 때문에 투자자에게 직접적인 책임을 지지 아니하는 것이 원칙이다. 그러나 자본시장법 제37조 제1항의 조항에 '공정성'의무를 추가하고 있기 때문에 투자권유대행인이 이에 반하여 투자권유를 하여 고객에게 손해를 입힌 경우, 그 권유자가 고객에 대하여 직접적인 책임을 질 수 있는 근거가 마련되었다고 할 수 있다.

둘째, 신의성실공정의무는 자본시장의 건전성 확보라는 측면에서도 유용하게 기능할 수 있다. 자본시장법 제1조는 법의 목적 사항으로서 자본시장의 '공정성', '신뢰성' 및 '효율성'이라는 표현만을 사용하고 자본시장의 '건전성 확보'라는 요건은 명시하지 아니하고 있다. 살피건대, 동법은 기본적으로 자본시장의 존재를 예정하고 있다. 그리고 자본시

---

1) 이하의 내용은 오성근, 전게 논문을 참조하여 추가적으로 정리한 것이다. 다만 선관주의의무 등에 관한 내용 등은 본 주제와는 다소 거리가 있으므로 생략하기로 한다.

장은 투자자의 투자판단을 집약하는 장치로서 기능하고 있다. 금융투자업자는 시장과 투자자를 연결하는 접점이 된다. 그러므로 금융투자업자도 자본시장에서 금융투자상품거래의 공정성을 확보하여야 하는 역할을 담당하여야 하며, 여기에는 자본시장의 건전성을 추구하여야 하는 의무도 포함되어 있다고 해석할 수 있다. 결국 신의성실공정의무는 시장의 건전성을 확보하는 범위 내에서 투자자의 이익을 최대한 보호하여야 하는 의무라고 할 수 있다.

셋째, 고객에 대한 정보제공의무의 정도를 달리 적용할 수 있는 기능을 할 수 있다. 금융투자업자와 고객과의 사이에 신뢰의 관계가 기본적으로 존재하기 때문에 금융투자업자에 대한 고객의 신뢰는 보호되어야 한다. 이러한 금융투자업자의 일반적 보호의무는 사전적으로 금융투자상품에 대한 정보공개의무를 인정함으로써 일부 구현된다.[1] 따라서 고객이 전문가인 금융투자업자를 통해 금융투자상품을 거래할 때에는 관련된 정보제공을 받을 것을 기대한다. 이러한 기대는 투자권유의 유무와 상관없이 존재한다고 할 수 있다. 다만 투자권유가 있는 상황에서는 특정인에게 적극적 권유를 했음을 이유로, 이러한 정보제공의무가 좀 더 강화되어 해당 고객의 주관적 상황에 맞도록 설명을 해야 하는 것이고, 투자권유가 없는 경우라면 이보다는 약화된 설명·정보제공을 하는 것으로 족하다고 볼 수 있다.[2] 전자의 경우는 자본시장법 제47조의 설명의무로 구체화되고 후자의 경우는 자본시장법 제37조의 일반적인 신의성실의무로서의 '기본적 정보제공의무'로 구체화될 수 있는 것이다.[3]

넷째, 규제·감독기능의 국제적 조화를 추구할 수 있다. 자본시장법 제37조의 신의성실·공정의무는 외국에서는 주로 성실·공정의무로 사용되고 있다(호주의 금융서비스개혁법 912A, 일본의 금융상품거래법 36조, 독일의 유가증권거래법 31조 등 참조). 주요 금융선진국에서 성실·공정의무규정을 도입한 이유는 1990년 국제증권감독기구(IOSCO)에서 성실·공정의무(honest and fairness)를 포함한 7대 행위규범을 발표하고 국내법으로 입법화할 것을 결의하였기 때문이다. 따라서 자본시장법 제37조 제 1 항의 규정은 국제적 관점에서 규제·감독기능의 국제적 조화를 추구할 수 있다는 점에서 유용하다.

(3) 자산운용업자규제 시 유용한 기능

자본시장법상 신의성실공정의무에 관한 기능은 모든 금융투자업자에게 적용되는 것이지만, 자산운용업자에 대하여는 특히 유용하다고 할 수 있다.

첫째, 자산운용업자는 다른 금융투자업자와 마찬가지로 자본시장과 투자자를 연결하

1) 김건식·정순섭, 「자본시장법 제 2 판」, 두성사, 2010, 545쪽.
2) 장근영, "투자권유 없이 거래하는 고객에 대한 금융투자업자의 의무," 「증권법연구」 제12권 제 2 호, 한국증권법학회, 2011, 62쪽.
3) 장근영, 상게논문, 63쪽.

는 접점으로서 기능한다. 따라서 자산운용업자는 신의성실공정의무에 따라 거래의 공정성을 확보하여 시장의 건전성을 추구하여야 할 의무를 부담한다.

둘째, 자본시장법 제174조 미공개중요정보 이용행위 금지규정은 자산운용 시 자산운용업자에 대한 신의성실공정의무 준수를 강제하는 기능을 할 수 있다. 상당한 경우 자산운용업자는 집합투자재산으로 자산운용대상 주권상장법인의 주요주주에 해당하는 수준의 주식을 보유할 수 있다. 이 경우 자산운용회사의 임직원 및 대리인(동법 174조 1항 5호)은 자연스럽게 투자대상 주권상장법인의 미공개정보에 접근할 수 있고, 그 정보를 이용하여 주식매매를 하고 차익을 얻을 수 있다. 이러한 행위는 궁극적으로 해당 집합투자재산 투자자의 이익을 해할 뿐만이 아니라 자본시장에 대한 투자자의 신뢰를 손상시킨다. 본래 자산운용회사의 임직원 등은 투자자와 직접적인 법률관계를 가지지 아니하므로 투자자에게 책임을 지지 아니함이 원칙이다. 그러나 자본시장법 제37조 제1항은 거래의 공정의무도 포함하고 있으므로 이에 반한 자산운용행위를 함으로써 투자자의 이익을 해하는 경우에는 자산운용회사의 임직원 등도 투자자에 대하여 직접적인 책임을 져야 하는 법리적 근거가 마련되었다고 할 수 있다. 자본시장법 제175조는 자산운용회사의 임직원 등이 미공개중요정보를 이용하여 한 경우 제3자에 대한 손해배상책임을 지도록 규정하고 있는데, 이는 그러한 행위가 공정의무에 반하는 것으로 보았기 때문이다.

셋째, 자본시장법 제176조의 시세조종행위 등의 금지규정도 자산운용업자가 자산운용을 하는 때에 준수하여야 할 신의성실공정의무에 관한 구체적 규정이라고 할 수 있다. 자본시장법은 누구든지 상장증권 또는 장내파생상품매매에 관하여 시세조종을 하여서는 아니 된다고 명시하고 있다. 이와 같이 자본시장법은 시세조종행위의 주체를 한정하지 않고 있다. 따라서 자산운용회사 및 그 임직원 등도 동 규정의 적용을 받게 된다. 자산운용회사 및 운용전문인력(Fund Manager)의 명성, 경쟁력, 인사고과 및 연봉 등은 회사전체 그리고 개개인이 운용하는 집합투자기구의 수익률에 좌우된다. 이로 인하여 자산운용회사 또는 운용전문인력은 언제든지 특정 상장증권 또는 장내파생상품에 대하여 부당하게 거래량을 증가시키거나 매매가 성황을 이루고 있는 듯이 잘못 알게 하거나 그 시세를 인위적으로 변동시키는 행위를 통하여 집합투자기구의 수익률을 조작하고자 하는 유혹에 빠질 수 있다. 그러한 행위는 사기적 또는 불공정행위에 해당하고 공정의무에 반한다. 자본시장법 제177조는 제3자에 대한 시세조종의 배상책임을 명시하고 있는데, 동 규정은 자산운용회사는 물론 공정의무에 위반한 해당 회사의 임직원에게 적용하는 경우에 유용하다고 할 수 있다.

넷째, 자본시장법 제85조 제1호는 자산운용업자가 집합투자재산을 운용함에 있어서 금융투자상품, 그 밖의 투자대상자산의 가격에 중대한 영향을 미칠 수 있는 매도 또는 매수의사를 결정한 후에는 선행매매(front-running)를 할 수 없도록 강제하고 있다. 이 역시 신의성실공정의무가 구체적으로 기능할 수 있는 조항이다. 자산운용회사는 집합투자재산으로 많은 금융투자상품을 보유하고 있다. 따라서 집합투자재산에 관한 매도 매수의사를 결정한 후 이를 실행하기 이전에 그 금융투자상품 그 밖의 투자대상자산을 자산운용회사의 계산으로 매수 또는 매도하거나 제 3 자에게 매수 또는 매도를 권유할 수 있다. 이러한 행위 역시 집합투자재산 투자자의 이익을 해칠 뿐만 아니라 시장의 건전성에 대한 투자자의 신뢰를 손상시키므로 동법 제37조 제 1 항에 의거 규제할 수 있게 된다.

6. 맺 음 말

자본시장법 제37조의 금융투자업자의 신의성실공정의무는 1990년 국제증권감독기구(IOSCO)가 공표한 증권업자의 7대 행위규범 중 제1의 원칙인 성실·공정의무를 입법화한 것이라고 할 수 있다. 7대 행위규범은 국제적으로 통용되고 있다. 이러한 면에서 자본시장법상 신의성실공정의무에 관한 규정은 국제적 차원에서 규제·감독의 조화를 이룰 수 있다는 데에 적지 아니한 의의가 있다.

국제증권감독자기구가 공표한 성실·공정의무(honest and fairness)는 미국의 1943년 Hughes 판결과 1949년 Hughes 판결에서 확립된 간판이론과 수탁자이론을 기초로 하고 있다. 다만, 내부자거래에 관한 Chiarella 판결 및 Dirks 판결 이후에는 양 이론은 점차 수탁자이론으로 수렴되고 있다.[1] 이를 토대로 이상에서는 금융투자업자의 신의성실공정의무에 대한 기초법리를 고찰하여 보았다. 고찰의 결과 우리나라의 경우는 미국과는 달리 현행 법리의 체계상 동 의무에 대하여 독자적인 법리를 적용하고 발전시키기에는 무리가 있다고 판단되었다.[2] 그 이유 중의 하나는 법제 체계가 불문법 국가와 성문법 국가의 차이에서 발생할 수 있는 법률규정의 해석과 적용, 그리고 역사적 경험의 차이에서 오는 것일 수도 있다.

그러나 자본시장법 제37조의 신의성실공정의무 규정이 사문화되는 것을 방지하고 그 기능을 다하기 위하여는 향후 학계에서의 활발한 논의와 합의가 필요하다. 그 이유는 ① 자본시장법상 신의성실공정의무는 민법 제 2 조의 신의원칙과 관련된 법리가 자본시장법에 적용되어야 하는데, 민법 제 2 조 신의성실원칙의 경우 그 해석과 관련하여 신의칙이 우리 법체계상 지위에 대하여도 합의가 이루어지지 아니한 상태이며, ② 그 구체적

1) Louis Loss·Joel Seligman, op. cit., p. 3778.

2) 외국의 경우에도 수탁자의 의무위반과 관련하여 'honesty'와 'fairness'에 대한 해석론이 반드시 일치하는 것은 아니다. 그 중에서 'honesty'에 대하여는 우리가 신의성실의무로 해석하는 'good faith'의 또 다른 표현에 불과하다는 견해도 있다. 이 견해에서는 수탁자가 성실하고 합리적으로 행동하였을 경우에는 일반적으로 공정한 것으로 보아 의무위반이라고 볼 수 없다고 한다. 다만, 전문적 수탁자(professional trustees)에 대하여는 법원이 달리 취급하고 있음은 부정하지 않고 있다(Paul S. Davies/Graham Virgo, op. cit., pp. 743-746).

인 내용이나 기능과 관련해서도 여전히 논의가 있기 때문이다.[1] 또한 민법 제2조 신의성실의 원칙의 구체적 내용에 대하여는 법관의 재량에 맡겨져 있는 사항이라는 입장과 단지 재판규범의 역할을 하는데 그치는 것이 아니라 수범자에 대한 행위규범으로서의 기능도 한다는 견해로 나누어져 있기도 하다.[2] 민법 학계에서의 이와 같은 논의현상이 자본시장법의 규정을 해석함에 있어서도 재현된다면 동법 제37조의 조문은 의도하든 의도하지 아니하든 그 기능을 제대로 수행하지도 못한 채 방치될 가능성이 있다.

그러한 점에서 금번의 주석서가 이러한 논의를 활성화시키는데 조금이나마 도움이 되었으면 한다. 그리고 자본시장법상 신의성실공정의무를 기존의 어떠한 법리에 포섭되는 것으로 해석할 것인지 아니면 새로운 법리를 창설한 것으로 해석할 것인지의 여부와는 관계없이 미국의 1943년 Hughes 사례의 판결과 1949년 Hughes 사례의 판결이 지향하는 바가 금융투자업자를 규제함에 있어서 제대로 반영되어야 할 것이다. 또한 금융투자상품거래에 관한 분쟁의 해결 시에도 양 판결에서 나타난 취지가 해석상 주요 참조사항이 되어야 할 것으로 보인다.

Ⅱ. 투자자이익우선의무

1. 적용범위

자본시장법 제37조 제2항은 금융투자업자가 금융투자업을 영위함에 있어서 정당한 사유가 없이 투자자의 이익을 해하면서 자기 또는 제3자의 이익을 얻지 못하도록 하고 있다. 이 규정은 민법 제124조의 자기계약 및 쌍방대리의 금지규정과 상법 제398조의 이사 등과 회사 간의 자기거래 제한 규정을 자본시장법상 금융투자업자를 규제하기 위하여 도입한 것이라고 보는 견해도 있는데,[3] 단지 그에 국한할 필요는 없을 것이다. 왜냐하면 앞서 제37조 제1항에 대한 해석론의 전개 시 기술한 바와 같이 자본시장법이 인정하고 있는 투자매매업자, 집합투자업자, 투자자문업자, 투자일임업자 및 신탁업자는 모두 선관주의의무를 부담하기 때문이다. 따라서 금융투자업자는 투자자의 최선의 이익이 되도록 업무를 수행하여야 하며, 동 규정은 이를 구체적으로 명시한 것이라고 할 수 있다. 따라서 '투자자이익우선의무'[4]라고 칭하는 것이 보다 바람직한 것으로 풀이한다.[5]

그리고 투자매매업은 상법상 자기명의로써 타인의 계산으로 법률행위를 하는 위탁

---

1) 곽윤직 편집대표, 「민법주해 Ⅰ」, 박영사, 2010, 86-88쪽; 이정원, 전게논문, 493쪽.
2) 곽윤직 편집대표, 전게서, 86-89쪽.
3) 증권법학회, 전게서, 189쪽; 김정수, 전게서, 172쪽.
4) 임재연, 전게서, 147쪽.
5) 향후 이 조항에 대한 해석상 논란의 소지가 적지 않다. 다른 규정과의 적용상 충돌도 예상된다. 따라서 개정안 마련 시에는 입법적으로 이에 대한 매듭을 짓는 것이 해석과 적용 양 측면에서 바람직한 것으로 보인다.

매매인(상법 101조)의 개념과는 다르지만, 증권회사가 영위하고 있는 자기매매업, 인수업 및 매출업을 포함하는 것으로 볼 수 있고, 투자중개업의 범위에는 제정 시부터 상법상 위탁매매인 및 대리업을 포함하였고, 2013년 5월 28일 개정을 통하여 상법상 중개업(상법 93조)도 추가적으로 포함하였기 때문에 자기계약과 쌍방대리의 법리만으로는 제37조 제 2 항의 도입취지를 충분히 달성할 수 없기 때문이다. 또한 집합투자업자, 투자자문업자, 투자일임업자 및 신탁업자도 항상 고객의 대리인의 지위를 가지고 행동을 하는 것은 아니기 때문이다.

한편 자본시장법 제37조 제 2 항의 규정은 자기계약과 쌍방대리의 금지를 포함하는 것으로 해석하는 데에는 이론의 여지가 없을 것으로 여겨진다. 따라서 동 규정은 민법 제124조와 상법 제398조에 대한 대법원의 법리가 금융투자업자에게도 적용할 수 있음을 확인시킨 점에서는 의의가 적지 않다.

2. 정당한 사유

(1) 자기거래와 쌍방대리의 경우

자본시장법 제37조 제 2 항은 금융투자업자가 '정당한 사유'가 있는 경우에는 자기가 이익을 얻거나 제 3 자가 이익을 얻을 수 있도록 하고 있다. 따라서 정당한 사유에 대한 개념정의가 매우 중요하다. 왜냐하면 정당한 사유의 내용에 따라 제37조 제 2 항의 존재의의가 달라질 수 있기 때문이다.

자본시장법 제37조 제 2 항의 규제범위에는 민법 제124조의 자기거래(또는 자기계약) 및 쌍방대리도 포함된다. 대법원은 자기거래와 쌍방 대리는 본인의 이익을 보호하기 위해 금지되나, 예외적으로 본인이 미리 승낙한 경우[1]나 기존의 이해관계를 결제시키는 채무이행의 경우에는 쌍방대리가 허용되는 것으로 판시하고 있다. 따라서 '본인의 승낙' 또는 '이해관계를 결제시키기 위한 채무이행'은 정당한 사유에 해당한다. 여기서의 본인의 범위에는 투자자는 물론 자기거래의 경우 금융투자회사 자신도 포함된다.

상법 제398조의 이사 등과 회사 간의 거래와 관련하여 대법원은 다음과 같이 판시하고 있다.[2]

첫째, 상법 제398조가 이사와 회사 사이의 거래에 관하여 이사회의 승인을 얻도록 규정하고 있는 취지는, 이사가 그 지위를 이용하여 회사와 거래를 함으로써 자기 또는 제 3 자의 이익을 도모하고 회사 나아가 주주에게 불측의 손해를 입히는 것을 방지하고자 하는 데에 있다고 하면서, 이사회의 승인을 얻은 경우 민법 제124조의 적용을 배제하도록 규정한 상법 제398조 후문의 반대해석상 이사회의 승인을 얻지 아니하고 회사와

1) 대법원 1969. 6. 24. 선고 69다571 판결.
2) 대법원 2007. 5. 10. 선고 2005다4284 판결.

거래를 한 이사의 행위는 일종의 무권대리인의 행위로 볼 수 있고 무권대리인의 행위에 대하여는 추인이 가능하기 때문에, 상법 제398조 전문이 이사와 회사 사이의 이익상반거래에 대하여 이사회의 사전 승인만을 규정하고 사후 승인을 배제하고 있다고 볼 수는 없다고 판시하고 있다. 이에 따르면 이사 등과 금융투자회사 간의 거래는 사전 승인 뿐 만이 아니라 사후 승인도 정당한 사유에 해당할 여지가 있다.

둘째, 이사와 회사 사이의 이익상충거래가 비밀리에 행해지는 것을 방지하고 그 거래의 공정성을 확보함과 아울러 이사회에 의한 적정한 직무감독권의 행사를 보장하기 위해서는 그 거래와 관련된 이사는 이사회의 승인을 받기에 앞서 이사회에 그 거래에 관한 자기의 이해관계 및 그 거래에 관한 중요한 사실들을 개시하여야 할 의무가 있고, 만일 이러한 사항들이 이사회에 개시되지 아니한 채 그 거래가 이익상반거래로서 공정한 것인지 여부가 심의된 것이 아니라 단순히 통상의 거래로서 이를 허용하는 이사회의 결의가 이루어진 것에 불과한 경우 등에는 이를 가리켜 상법 제398조 전문이 규정하는 이사회의 승인이 있다고 할 수는 없다고 판시하고 있다. 따라서 이사 등이 해당거래와 관련한 이해관계 및 그 중요한 사실들을 개시하지 아니한 채 금융투자회사의 이사회의 승인결의가 있다고 하여도 그것은 정당한 사유에 해당하지 아니한다.

셋째, 이사와 회사 사이의 이익상반거래에 대한 승인은 주주 전원의 동의가 있다거나 그 승인이 정관에 주주총회의 권한사항으로 정해져 있다는 등의 특별한 사정이 없는 한 이사회의 전결사항이라고 하면서, 이사회의 승인을 받지 못한 이익상반거래에 대하여 아무런 승인 권한이 없는 주주총회에서 사후적으로 추인 결의를 하였다 하여 그 거래가 유효하게 될 수는 없다고 판시하고 있다. 따라서 주주총회에서 이사 등의 회사와의 거래에 대하여 사후 승인을 받았다고 하더라도 그것은 정당한 사유에 해당하지 못한다.

넷째, 회사가 이익상반거래를 묵시적으로 추인하였다고 보기 위해서는 그 거래에 대하여 승인 권한을 갖고 있는 이사회가 그 거래와 관련된 이사의 이해관계 및 그와 관련된 중요한 사실들을 지득한 상태에서 그 거래를 추인할 경우 원래 무효인 거래가 유효로 전환됨으로써 회사에 손해가 발생할 수 있고 그에 대하여 이사들이 연대책임을 부담할 수 있다는 점을 용인하면서까지 추인에 나아갔다고 볼 만한 사유가 인정되어야 한다고 판시하고 있다. 따라서 이러한 이익상반거래를 묵시적으로 추인한 행위는 정당한 사유에 해당하지 못한다.

(2) 위탁매매인으로서의 개입권의 행사

1) 의 의

상법은 위탁자가 거래소의 시세 있는 물건 또는 유가증권의 매매를 위탁한 경우에는 위탁매매인 스스로가 매수인(매도위탁의 경우) 또는 매도인(매수위탁의 경우)이 될 수 있다고 명시하고 있다(동법 107조 1항). 이 규정에 따라 위탁매매인의 지위를 갖는 금융투자업자는 개입권을 행사할 수 있다. 이러한 개입권의 행사는 자본시장법 제37조 제 2 항에서 말하는 '정당한 사유'에 해당한다.

위탁매매인의 개입권이란 위탁매매인이 직접 위탁된 매매거래의 상대방이 될 수 있는 권리를 말한다. 과거에는 물건에 대하여만 개입권을 행사할 수 있도록 하였으나, 2010. 5. 14. 개정으로 거래소의 시세가 있는 유가증권에 대하여도 위탁매매인이 개입권을 행사할 수 있게 되었다.

2) 취 지

위탁매매인, 즉 금융투자업자가 매매상대방의 지위를 겸한다면 그가 가격 등 매매조건을 스스로 결정하므로 위탁자, 투자자의 이익을 해할 염려가 있다. 그러므로 금융투자업자는 제 3 자 중에서 매매상대방을 찾아야 하는 것이 원칙이다(상법 제107조 제 1 항의 반대해석). 이는 민법상 대리인의 자기계약이 금지되고(동법 124조 전단), 상법 제398조의 이사 등의 자기거래가 금지되는 것과 같은 이치이다.

그러나 가격 등 매매조건의 공정성이 보장된다면 금융투자업자가 매매의 상대방이 되더라도 위탁자에게 불리할 것은 없다. 금융투자업자의 입장에서는 자기상을 겸하거나 제 3 자로부터 동일한 증권에 관해 반대의 위탁을 받았기 때문에 위탁자, 즉 투자자가 원하는 증권을 자신이 소유하거나 투자자가 처분하고자 하는 증권을 자신이 필요로 할 경우에는, 자신이 직접 거래당사자가 됨으로써 비용을 줄이고 이윤을 증가시킬 수 있다.

그러므로 상법은 위탁자에게 불리하지 않은 상황에서 위탁매매인의 영리 실현을 배가시켜 주기 위하여 개입권을 인정한 것이다.

3) 법적 성질

위탁매매인, 즉 금융투자업자의 개입권은 위탁매매인의 일방적 의사표시에 의하여 효과가 발생한다(상법 107조 1항). 따라서 그 법적 성질은 형성권이다(통설).

4) 개입권행사 요건

금융투자업자의 개입권행사는 투자자의 이익을 해할 우려가 있으므로 다음과 같은 요건이 구비된 경우에만 인정된다.

① 거래소의 시세가 있는 증권일 것

거래소의 시세 있는 증권의 매매를 위탁한 경우에 한해 개입권을 행사할 수 있다. 이에 해당하는 것으로는 자본시장법 제386조 제 1 항에 의하여 한국거래소가 개설한 유가증권시장 등이 그 예이다. 거래소의 시세는 그 지역의 거래계의 객관적인 평가로 볼 수 있고, 금융투자업자가 그 가격을 지급한다면 투자자의 입장에서는 가장 공정한 매매라고 할 수 있으므로 개입권의 행사를 허용하는 것이다. 따라서 이 요건은 개입권행사에 있어서 가장 중요하다고 할 수 있다.

② 개입을 금하는 특약이나 법률이 없을 것

투자자가 매매상대방을 지정하거나 기타 위탁매매인의 개입을 금하는 명시 또는 묵시의 의사표시가 있으면 개입권을 행사할 수 없다. 개입을 금하는 의사는 위탁매매인이 개입권을 행사하기 전에 표시하면 족하다. 위탁매매인의 개입을 법으로 금지하는 예가 있다. 자본시장법은 투자매매업자 또는 투자중개업자가 금융투자상품에 관한 같은 매매에 있어 자신이 본인이 됨과 동시에 상대방의 투자중개업자가 되어서는 아니 된다고 명시하고 있다(동법 67조).

그러나 투자중개업자는 투자자로부터 증권시장 또는 파생상품시장에서의 매매의 위탁을 받은 경우에는 반드시 증권시장 또는 파생상품시장을 통하여 매매가 이루어지도록 하여야 하고, 이 경우에는 자기계약이 금지되지 아니한다.

③ 위탁매매가 실행되지 아니하였을 것

금융투자업자는 위탁받은 매매를 실행하지 않은 상태에서만 개입권을 행사할 수 있다. 이미 제 3 자와 위탁받은 매매를 한 경우에는 그 제 3 자에 대해 채권이 발생한다. 이 채권은 투자자와 금융투자업자와의 사이에서는 투자자에 귀속하므로(상법 103조), 위탁매매인인 금융투자업자가 개입권을 행사할 여지가 없다.

3. 위반의 유형

자본시장법 제37조 제 2 항에 위반되는 유형은 매우 다양할 것으로 보인다. 먼저 위에서 기술한 정당한 사유에 해당하지 아니함에도 불구하고 해당 행위를 하였을 경우에는 동조 위반으로 볼 수 있다. 그리고 과거 투자신탁회사들이 회사의 이익을 개선하기 위하여 활용하였던 회사재산과 집합투자기구의 재산 간의 편출입,[1] 특정한 집합투자기구의 운용성과를 높이기 위하여 활용되었던 자전거래[2] 등도 중요한 위반의 유형으로 들 수 있다. 이 밖에도 증권의 분매과정에서 투자자의 이익을 해하면서 자기 또는 제삼자의 이익을 추구하는 행위라든지 또는 선행매매행위 등도 동조의 위반유형에 해당할 것이다.

결국 동조의 규정은 자본시장법이 규정하고 있는 금융투자업자별 영업행위 규칙에 위반하는 행위이거나 또는 불공정거래행위 등 광범위한 범위에 걸쳐서 적용할 여지가 있는 규정으로 볼 수 있다.

1) 대법원 2007. 11. 29. 선고 2005다64552 판결; 대법원 2009. 1. 30. 선고 2006다62461 판결.

2) 대법원 2004. 10. 28. 선고 2002도3131 판결.

제38조(상호)

① 금융투자업자가 아닌 자는 그 상호 중에 "금융투자"라는 문자 또는 이와 같은 의미를 가지는 외국어 문자로서 대통령령으로 정하는 문자를 사용하여서는 아니 된다.

② 증권을 대상으로 하여 투자매매업 또는 투자중개업을 영위하는 자가 아닌 자는 그 상호 중에 "증권"이라는 문자 또는 이와 같은 의미를 가지는 외국어문자로서 대통령령으로 정하는 문자를 사용하여서는 아니 된다. 다만, 제229조 제 1 호의 증권집합투자기구는 제183조 제 1 항에 따라 "증권"이라는 문자 또는 이와 같은 의미를 가지는 외국어문자로서 대통령령으로 정하는 문자를 사용할 수 있다.

③ 장내파생상품 또는 장외파생상품을 대상으로 하여 투자매매업 또는 투자중개업을 영위하는 자가 아닌 자는 그 상호 중에 "파생" 또는 "선물"이라는 문자 또는 이와 같은 의미를 가지는 외국어문자로서 대통령령으로 정하는 문자를 사용하여서는 아니 된다.

④ 집합투자업자가 아닌 자는 그 상호 중에 "집합투자," "투자신탁" 또는 "자산운용"이라는 문자 또는 이와 같은 의미를 가지는 외국어문자로서 대통령령으로 정하는 문자를 사용하여서는 아니 된다. 다만, 투자신탁인 집합투자기구는 "투자신탁"이라는 문자 또는 이와 같은 의미를 가지는 외국어문자로서 대통령령으로 정하는 문자를 사용할 수 있다.

⑤ 투자자문업자가 아닌 자는 그 상호 중에 "투자자문"이라는 문자 또는 이와 같은 의미를 가지는 외국어문자로서 대통령령으로 정하는 문자를 사용하여서는 아니 된다. 다만, 「부동산투자회사법」에 따른 부동산투자자문회사는 "투자자문"이라는 문자 또는 이와 같은 의미를 가지는 외국어문자로서 대통령령으로 정하는 문자를 사용할 수 있다.

⑥ 투자일임업자가 아닌 자는 그 상호 중에 "투자일임"이라는 문자 또는 이와 같은 의미를 가지는 외국어문자로서 대통령령으로 정하는 문자를 사용하여서는 아니 된다.

⑦ 신탁업자가 아닌 자는 그 상호 중에 "신탁"이라는 문자 또는 이와 같은 의미를 가지는 외국어문자로서 대통령령으로 정하는 문자를 사용하여서는 아니 된다. 다만, 집합투자업자 또는 제 7 조 제 5 항에 따른 업을 영위하는 자는 그 상호 중에 "신탁"이라는 문자 또는 이와 같은 의미를 가지는 외국어문자로서 대통령령으로 정하는 문자를 사용할 수 있다.

시행령 제**42**조(상호의 제한) ① 법 제38조 제 1 항에서 "대통령령으로 정하는 문자"란 financial investment(그 한글표기문자를 포함한다)나 그와 비슷한 의미를 가지는 다른 외국어문자(그 한글표기문자를 포함한다)를 말한다.

② 법 제38조 제 2 항 본문 및 단서에서 "대통령령으로 정하는 문자"란 각각 securities(그 한글표기문자를 포함한다)나 그와 비슷한 의미를 가지는 다른 외국어문자(그 한글표기문자를 포함한다)를 말한다.

③ 법 제38조 제 3 항에서 "대통령령으로 정하는 문자"란 derivatives 또는 futures(그 한글표기문자를 포함한다)나 그와 비슷한 의미를 가지는 다른 외국어문자(그 한글표기문자를 포함한다)를 말한다.

④ 법 제38조 제 4 항 본문에서 "대통령령으로 정하는 문자"란 collective investment, pooled investment, investment trust, unit trust 또는 asset management(그 한글표기문자를 포함한다)나 그와 비슷한 의미를 가지는 다른 외국어문자(그 한글표기문자를 포함한다)를 말하며, 같은 항 단서에서 "대통령령으로 정하는 문자"란 investment trust(그 한글표기문자를 포함한다)나 그와 비슷한 의미를 가지는 다른 외국어문자(그 한글표기문자를 포함한다)를 말한다.

⑤ 법 제38조 제 5 항 본문 및 단서에서 "대통령령으로 정하는 문자"란 각각 investment advisory(그 한글표기문자를 포함한다)나 그와 비슷한 의미를 가지는 다른 외국어문자(그 한글표기문자를 포함한다)를 말한다.

⑥ 법 第38조 제6항에서 "대통령령으로 정하는 문자"란 discretionary investment(그 한글표기문자를 포함한다)나 그와 비슷한 의미를 가지는 다른 외국어문자(그 한글표기문자를 포함한다)를 말한다.
⑦ 법 第38조 제7항 본문 및 단서에서 "대통령령으로 정하는 문자"란 각각 trust(그 한글표기문자를 포함한다)나 그와 비슷한 의미를 가지는 다른 외국어문자(그 한글표기문자를 포함한다)를 말한다.

Ⅰ. 상호의 선정

1. 상호선정에 관한 입법주의

상인이 상호를 선정함에 있어서 상호가 표상하는 뜻이 상인 또는 영업내용의 실제와 일치하여야 하느냐의 여부는 입법정책상의 문제인데, 다음과 같은 세 가지 입법주의가 있다.

(1) 상호진실주의

상호는 반드시 영업주 또는 영업내용의 실제와 부합하여야 한다는 입법주의이다. 예를 들면 「홍길동 양복점」은 홍길동이란 사람이 영업주일 경우에 한하여, 그리고 양복업에 대하여만 사용할 수 있다. 이는 프랑스의 입법주의이다.

(2) 상호자유주의

상인으로 하여금 영업의 실제와는 관계없이 어떠한 상호든지 자유롭고 선정·승계할 수 있게 하는 입법주의이다. 예를 들면 「홍길동 한정식」은 홍길동이 아닌 사람이 한정식을 운영할 수 있고, 또 홍길동이란 사람이 한정식이 아닌 경양식점을 운영하여도 무관하다. 다만, 이 입법주의에 따라 상호를 선정하는 경우 거래상대방에게 상인의 동일성 및 영업내용의 혼란을 줄 우려가 있다(영미, 독일).

(3) 절충주의

상인이 새로이 상호를 선정할 때에는 영업의 실제와 일치하도록 하지만, 영업의 양도 또는 상속에 의하거나 회사에서 사원의 입·퇴사가 있는 때에는 상호의 속용을 허용하는 입법주의이다(1998년 이전 독일).

(4) 상법상의 원칙

상법은 「상인은 그 성명 기타의 명칭으로 상호를 정할 수 있다」고 규정하고 있으므로(동법 18조) 상호자유주의를 원칙으로 하고 있다. 그러므로 상인은 영업의 실제와 관계없이 영업주, 영업내용, 관련지역을 나타내거나 또는 나타내지 않는 어떠한 문자든지 상호로 선택할 수 있다. 예를 들면 제주도하고 전혀 인연이 없는 사람이 「제주옥돔」이라는 상호를 걸고 흑돼지를 팔더라도 무방하다. 다만, 상법은 상호자유주의를 채택하면서도 거래상대방을 기만하여 건전한 거래질서를 해할 염려가 있는 최소한의 범위에서 몇 가지 제약을 가하고 있다.

2. 상호선정의 제한

상법은 상호자유주의를 원칙하고 있다. 다만, 거래상대방의 신뢰를 보호하는 한편 무질서한 상호선정으로 인한 불이익을 입는 자가 발생하는 것을 방지하기 위하여 다음과 같은 제한을 두고 있다.

(1) 상호단일의 원칙

1) 의 의

상호단일의 원칙이라 함은 동일한 영업에는 동일한 상호를 사용하도록 하는 것을 말한다(상법 21조 1항). 상법은 하나의 영업에 여러 개의 상호를 사용하는 경우 대외적으로 영업의 주체와 영업 자체의 동일성에 혼동을 줄 우려가 있고, 다른 상인의 상호선택의 폭을 제한할 수 있기 때문에 이 원칙을 적용하고 있다.

2) 영업별단일성

상호의 단일은 하나의 영업에 하나의 상호를 사용하여야 한다는 것을 의미한다. 따라서 수개의 영업을 영위할 때에는 영업별로 상호를 달리 정할 수 있다. 예를 들어 숙박업과 음식업을 겸영하는 상인은 전자에는 백록담호텔이란 상호를, 후자에는 용두암식당이란 상호를 붙일 수 있다.

그러나 이는 자연상인에 국한되는 것이다. 회사의 상호는 영업에 관하여 뿐만 아니라 회사의 전인격(全人格)을 나타내는 명칭이므로 하나만이 있을 수 있다. 따라서 회사는 두 개 이상의 영업을 하더라도 하나의 상호만을 사용하여야 한다. 삼성전자가 반도체사업과 휴대폰사업을 동시에 영위하는 것과 같다.

3) 수개의 영업소와 상호

상인이 하나의 영업에 관하여 수개의 영업소를 갖더라도 영업은 하나이다. 그러므로 각 영업소는 동일한 상호를 사용하여야 한다. 다만 상법은 영업소가 둘 이상이어서 본·지점의 관계에 있게 되는 경우에는 지점의 상호에는 본점과의 종속관계를 표시하도록 하고 있다(21조 2항). 예를 들면 「우리은행 여의도지점」과 같은 식으로 한다.

(2) 회사상호의 사용제한

회사가 아니면 상호에 회사임을 표시하는 문자를 사용하지 못한다(상법 20조 전단). 이에 위반한 경우에는 200만원의 과태료를 과한다(28조). 이러한 제한을 하는 것은 자연인인 상인이 상호에 회사라는 명칭을 사용함으로써 영업규모와 신용도를 과장하려는 경향이 있기 때문이다.

(3) 회사의 상호표시방법

상법상 회사의 상호에는 그 종류에 따라 합명회사, 합자회사, 주식회사, 유한책임회사(2011년 개정) 또는 유한회사의 문자를 사용하여야 한다(동법 19조). 이와 같은 제한을 하는 이유는 회사의 종류별로 사원의 책임이 다르기 때문에 거래상대방이 부담하는 거래상의 위험도 달라지며, 회사별로 조직구성과 대표행위의 절차가 상이한데 이것도 거래의 효력에 영향을 미칠 수 있기 때문이다.

(4) 특정업종을 나타내는 상호의 규율

특정업종을 영위하는 자는 관련 특별법에 의하여 상호 중에 업종을 표시하여야 하는 경우가 있다. 예를 들면 보험·증권·은행 등의 영업을 하는 자는 그 상호 중에 보험·증권·은행 등의 문자를 사용하여야 한다(은행법 14조, 보험업법 8조 1항). 보험회사는 상호 중에 다시 주로 영위하는 보험회사의 종류, 즉 생명보험회사인지 손해보험회사인지를 표시하여야 한다(보험업법 8조 1항).

한편 특별법에 의하여 위 사업을 영위하고자 하였으나, 인·허가를 받지 못한 자는 해당 명칭 및 유사명칭을 사용하지 못한다(은행법 14조, 보험업법 8조 2항, 자본시장법 38조).

(5) 주체를 오인시킬 수 있는 상호의 사용금지

1) 의 의

상법은 누구든지 타인의 영업으로 오인할 수 있는 상호의 사용을 금지하고 있다(동법 23조 1항). 이에 위반한 경우에는 벌칙이 적용된다(28조). 이 규정의 의의는 상인이 상호자유주의를 악용하여 타인의 영업으로 오인될 만한 상호를 사용함으로써 타인이 쌓은 신용과 사회적 지명도를 훔치는 것을 방지하는 데에 있다. 상법 제23조의 규정은 주로 상인이 다른 상인의 상호 또는 그와 유사한 상호를 사용한 경우에 적용되지만, 반드시 이에 국한되지는 아니한다. 즉, 상인이 아니더라도 본조에서 말하는 타인의 영업으로 오인할 수 있는 상호에서의 타인이 될 수 있다.

Ⅱ. 금융투자업에 관한 상호사용의 규제

1. 상법규정의 적용과 예외

앞에서 기술한 바와 같이 상법은 상호선정에 관하여 상호자유주의를 채택하면서도 거래상대방의 신뢰를 보호하는 한편 무질서한 상호선정으로 인한 불이익을 입는 자가 발생하는 것을 방지하기 위하여 몇 가지 제한을 두고 있다. 상법의 규정은 일반적으로 자본시장법의 상호사용에 적용된다. 다만 자본시장법은 상법의 특별법으로서 증권의 발행과 유통에 관한 규율을 하는 법이기 때문에 상법과는 다른 몇 가지 특별한 규정을 두고 있다.

상호에 관한 상법의 규정과 법리 중 자본시장법에 적용될 수 있는 것은 상호진실주의, 회사상호사용제한(상법 20조) 및 오인야기금지규정(상법 23조) 등을 들 수 있다.

2. 입법과정

2006년 우리나라 자본시장법안 제38조 제 1 항에서는 금융투자회사는 그 상호 중에 "투자"라는 문자를 사용하도록 강제하고 있었다. 이에 따라 종래 '○○증권'은 '○○투자증권'으로, '○○자산운용회사'는 '○○투자운용회사'로 상호를 변경하여야 했다. 그러나 이 규정은 기대되는 이익이 거의 없는 반면, 상호변경에 따른 비용만 발생하므로 일본과 같이 "투자"라는 문자의 사용의무를 폐지하는 것이 바람직하다는 주장에 따라 당초의 안은 폐기되었다.[1)]

3. 상호진실주의

자본시장법은 금융투자업자가 아닌 자는 그 상호 중에 "금융투자"라는 문자 또는 이와 같은 의미를 가지는 외국어문자, 즉 "financial investment"(그 한글표기문자를 포함한다)나 "그와 비슷한 의미를 가지는 외국어 문자"(그 한글표기문자를 포함한다)를 사용하지 못하도록 하고 있다(법 38조 1항, 법 시행령 42조 1항). 이와 같이 자본시장법은 금융투자업을 영위하는 상인만이 금융투자라는 영업내용의 실재와 부합하는 상호를 사용하게 한다는 점에서 상호진실주의를 채택하고 있다고 할 수 있다. 다만, 자본시장법은 금융투자업자로 하여금 상호 중에 반드시 금융투자라는 상호를 사용하도록 강제하고 있는 것은 아니다. 따라서 종래와 같이 "증권," "투자신탁," "선물," 또는 "자산운용"이라는 용어를 사용하여도 무방하다.

---

1) 금융감독위원회, "자본시장과 금융투자업에 관한 법률(안)에 대한 검토 결과"(2006. 9. 26), 3쪽 참조.

4. 회사상호의 사용제한

상법은 자연인인 상인이 상호에 회사라는 명칭을 사용함으로써 영업규모와 신용도를 과장하려는 경향이 있기 때문에 회사상호의 사용을 제한하고 있다(동법 20조). 자본시장법상 금융투자업자의 경우에도 대부분[1]은 주식회사일 것이므로(동법 12조 2항, 18조 2항), 자연인인 상인이 이러한 회사의 명칭을 사용하여서는 아니 된다.

상법은 합명회사나 합자회사의 무한책임사원의 성명을 상호 중에 사용할 수 있도록 하고 있으나(동법 226조, 269조), 자본시장법은 이를 금지하고 있다. 자본시장법상 집합투자업자는 투자합자회사 설립 시 상법과 마찬가지로 무한책임사원 1인과 유한책임사원 1인의 기명날인을 받아야 한다. 그러나 투자합자회사는 업무집행사원 1인 이외의 무한책임사원을 둘 수 없고, 이 경우 무한책임사원은 반드시 집합투자업자이어야 한다(자본시장법 214조). 그리고 집합투자업자는 주식회사이어야 한다(동법 12조 2항).

따라서 집합투자업자가 투자합자조합을 설립 하는 경우에도 자연인인 상인의 성명을 상호 중에 사용할 수 없고, 사용하고자 하는 때에는 집합투자업자의 상호를 사용하여야 한다.

5. 주체를 오인시킬 수 있는 상호의 사용금지

자본시장법은 금융투자업별로 상호의 사용을 규제하고 있다. 즉 증권을 대상으로 투자매매업 또는 투자중개업을 영위하는 자가 아닌 자는 그 상호 중에 증권 또는 "securities"(그 한글표기문자를 포함한다)나 "그와 비슷한 의미를 가지는 다른 외국어 문자"(그 한글표기문자를 포함한다)를 사용하지 못한다(법 38조 2항, 법 시행령 42조 2항). 다만, 제 증권집합투자기구(동법 229조 1호)는 제183조 제 1 항에 따라 "증권"이라는 문자 또는 이와 같은 의미를 가지는 외국어문자로서 대통령령으로 정하는 문자를 사용할 수 있다(법 38조 2항, 법 시행령 42조 2항). 따라서 증권집합투자기구에는 증권, securities(그 한글표기문자를 포함한다)나 그와 비슷한 의미를 가지는 다른 외국어 문자(그 한글표기문자를 포함한다)를 사용할 수 있다.

장내파생상품 또는 장외파생상품을 대상으로 하여 투자매매업 또는 투자중개업을 영위하는 자가 아닌 자는 그 상호 중에 "파생," "선물"이라는 문자 또는 "derivatives 또는 futures"(그 한글표기문자를 포함한다)나 "그와 비슷한 의미를 가지는 다른 외국어 문자"(그 한글표기문자를 포함한다)를 사용하지 못한다(법 38조 3항, 법 시행령 42조 3항).

집합투자업자가 아닌 자는 그 상호 중에 "집합투자," "투자신탁" 또는 "자산운용"이라는 문자 또는 "collective investment, pooled investment, investment trust, unit trust 또는 asset management"(그 한글표기문자를 포함한다)나 "그와 비슷한 의미를 가지는 다른 외

1) 투자자문업자와 투자일임업자를 제외한다(자본시장법 제11조).

국어문자”(그 한글표기문자를 포함한다)를 사용하지 못한다. 다만, 투자신탁인 집합투자기구는 “투자신탁”이라는 문자 또는 “investment trust”(그 한글표기문자를 포함한다)나 “그와 비슷한 의미를 가지는 다른 외국어문자”(그 한글표기문자를 포함한다)를 사용할 수 있다(법 38조 4항, 법 시행령 42조 4항).

그 밖에 자본시장법은 투자자문업자, 투자일임업자 및 신탁업자가 아닌 자의 상호사용에 관하여도 위와 유사한 규제를 하고 있다.

자본시장법이 금융투자업자별로 위와 같은 규제를 하는 것은 다른 금융투자업을 영위하는 상인 또는 금융투자업을 전혀 영위하지 아니하는 상인이 금융투자업자의 영업으로 오인될 만한 상호를 사용함으로써 해당금융투자업자가 쌓은 신용과 사회적 지명도를 훔치는 것을 방지하기 위한 것으로 풀이된다. 따라서 상호에 관한 자본시장법 제38조와 동 시행령 제42조는 상법 제23조 제 1 항의 규정을 구체화한 규정으로 볼 수 있다.

제39조(명의대여의 금지)

금융투자업자는 자기의 명의를 대여하여 타인에게 금융투자업을 영위하게 하여서는 아니 된다.

Ⅰ. 명의대여의 의의 및 취지

명의대여라 함은 타인에게 자기의 성명 또는 상호를 사용하여 영업할 것을 허락하는 행위를 말한다. 명의차용은 상인이 사회적으로 또는 특정분야에서 명성과 신용을 가지고 있는 자의 이름을 빌어 영업을 하고자 할 때 또는 행정관청의 특허·면허 등이 필요한 영업을 하고자 하지만 이를 받지 못한 자가 이미 면허를 받은 자의 이름을 빌어 영업을 할 때 주로 발생한다. 명의대여를 하는 경우에는 명의대여자의 이름으로 거래한 상대방에 대하여 예측하지 못한 손해를 줄 우려가 있다.

따라서 거래상대방의 예측하지 못한 손해에 대하여는 명의대여자에게 거래상의 책임을 묻는 것이 상거래의 안전을 위하여 바람직하다. 이 같은 취지에서 상법은 외관법리 내지는 금반언의 법리에 입각하여 명의대여자로 하여금 자기의 명성이나 신용을 사용하여 실제로 영업을 한 명의차용자와 연대하여 책임을 지도록 하고 있다.

Ⅱ. 상법과 자본시장법 규정의 차이

상법 제24조는 타인에게 명의를 대여한 자, 즉 명의대여자는 자기를 영업주로 오인하여 명의차용자와 거래한 제 3 자에 대하여 명의차용자와 연대하여 책임을 진다고 규정하고 있다. 이에 비하여 자본시장법은 금융투자업자로 하여금 자기의 명의를 대여하여 타인에게 금융투자업을 영위하게 하여서는 아니 된다고 규정하고 있다(동법 39조).

따라서 상법상 명의대여행위에 대한 책임은 손해배상책임의 문제로 귀착되지만, 자본시장법상 명의대여의 행위는 위법행위문제로 귀착된다. 자본시장법 제445조 제 3 호는 금융투자업자가 명의를 대여하여 타인에게 금융투자업을 영위하게 한 때에는 3년 이하의 징역 또는 1억원 이하의 벌금에 처하도록 규정하고 있다. 이 점 자본시장법상 명의대여행위가 중대한 법률위반행위임을 반증하는 것이다.

Ⅲ. 금지의 이유

상법이 명의대여를 허용하는데 비하여 자본시장법에서는 이를 금지하는 이유에 대하여는 크게 두 가지로 정리해볼 수 있다.

첫째, 자본시장법은 무인가 영업행위를 금지하고 있는데(동법 11조, 17조), 상법과 같이 명의대여를 허용하고 금융투자업자가 외관법리 또는 금반언의 법리에 따른 책임만을 지도록 하게 되면, 사실상 무인가 영업행위를 용인하는 결과가 된다. 따라서 금융투자업자의 명의대여행위는 자본시장법상 금융투자업자의 시장진입규제에 관한 큰 틀을 허물어버리게 되므로 허용할 수 없는 것이다.

둘째, 경험칙으로 부당한 금융투자업무로 인한 금융사고액의 규모는 일반상거래의 규모보다 크다. 게다가 무인가업자가 금융투자업자의 명의를 빌려 영업을 하고 손해가 발생할 경우에는 그 손해액을 예측하기 어렵다. 즉, 상법 제24조의 규정을 준용하여 명의차용자와 명의대여자가 충분히 변제할 수 있는 규모를 초과하는 것이 일반적이다. 따라서 투자자보호차원에서도 명의대여행위 자체를 금지하는 것이라고 할 수 있다.

셋째, 무인가·무등록 금융투자업자에게 명의대여를 허용하게 되면, 첫 번째 이유와 같이 시장진입규제의 틀이 허물어질 위험성이 있음은 물론 시장질서가 교란될 가능성이 있다. 이 경우에는 자본시장법의 목적인 '금융투자업의 건전한 육성', '자본시장의 공정성·신뢰성 및 효율성 고양'이라는 목적을 달성할 수 없게 된다.

Ⅳ. 적용예외

자본시장법은 명의대여규정의 적용 예외로서 두 가지를 두고 있다(동법 77조). 즉 투자성 있는 예금에 관한 특례(동법 동조 1항)와 투자성 있는 보험에 관한 특례(동법 동조 2항)가 그에 해당한다. 그리하여 자본시장법은 은행이 투자성 있는 예금계약, 그 밖에 이에 준하는 것으로서 대통령령으로 정하는 계약을 체결하는 경우에는 투자매매업에 관한 금융투자업인가(동법 12조)를 받은 것으로 보고, 명의대여금지에 관한 동법 제39조를 적용하지 아니하고 있다.

이 밖에도 자본시장법은 보험회사(「보험업법」 2조 8호부터 10호까지의 자를 포함한다)가 투자성 있는 보험계약을 체결하거나 그 중개 또는 대리를 하는 경우에는 투자매매업 또는 투자중개업에 관한 금융투자업인가(동법 12조)를 받은 것으로 보고, 이 경우는 동법 제39조에의 명의대여금지규정을 적용하지 아니한다.

제40조(금융투자업자의 다른 금융업무 영위)

금융투자업자(겸영금융투자업자, 그 밖에 대통령령으로 정하는 금융투자업자를 제외한다. 이하 이 조에서 같다)는 투자자 보호 및 건전한 거래질서를 해할 우려가 없는 금융업무로서 다음 각 호의 금융업무를 영위할 수 있다. 이 경우 금융투자업자는 제 2 호부터 제 5 호까지의 업무를 영위하고자 하는 때에는 그 업무를 영위하고자 하는 날의 7일 전까지 이를 금융위원회에 신고하여야 한다. 〈개정 2008. 2. 29〉

1. 이 법 또는 대통령령으로 정하는 금융관련 법령에서 인가·허가·등록 등을 요하는 금융업무 중 「보험업법」 제91조에 따른 보험대리점의 업무 또는 보험중개사의 업무, 그 밖에 대통령령으로 정하는 금융업무
2. 이 법 또는 대통령령으로 정하는 금융관련 법령에서 정하고 있는 금융업무로서 해당 법령에서 금융투자업자가 영위할 수 있도록 한 업무
3. 국가 또는 공공단체 업무의 대리
4. 투자자를 위하여 그 투자자가 예탁한 투자자예탁금(제74조 제 1 항의 투자자예탁금을 말한다)으로 수행하는 자금이체업무
5. 그 밖에 그 금융업무를 영위하여도 투자자 보호 및 건전한 거래질서를 해할 우려가 없는 업무로서 대통령령으로 정하는 금융업무

시행령 **제43조**(금융투자업자의 업무범위) ① 법 제40조 각 호 외의 부분 전단에서 "대통령령으로 정하는 금융투자업자"란 다음 각 호의 어느 하나에 해당하는 금융투자업자를 말한다.

1. 법 제40조 제 3 호 및 제 4 호를 적용할 때 투자매매업 또는 투자중개업을 경영하지 아니하는 금융투자업자
2. 법 제40조 제 5 호를 적용할 때 다음 각 목의 어느 하나에 해당하는 금융투자업만을 경영하는 금융투자업자

가. 투자자문업
나. 투자일임업
다. 투자자문업 및 투자일임업
3. 그 밖에 금융위원회가 정하여 고시하는 금융투자업자
② 법 제40조 제1호에서 "대통령령으로 정하는 금융관련 법령"이란 제27조 제1항 각 호의 법령을 말한다.
③ 법 제40조 제1호에서 "대통령령으로 정하는 금융업무"란 다음 각 호의 어느 하나에 해당하는 금융업무를 말한다.
1. 법 제254조 제8항에 따른 일반사무관리회사(이하 "일반사무관리회사"라 한다)의 업무
2. 「외국환거래법」에 따른 외국환업무 및 외국환중개업무
3. 삭제
4. 「근로자퇴직급여 보장법」에 따른 퇴직연금사업자의 업무
5. 「담보부사채신탁법」에 따른 담보부사채에 관한 신탁업무
6. 「부동산투자회사법」에 따른 자산관리회사의 업무
7. 「산업발전법」(법률 제9584호 산업발전법 전부개정법률로 개정되기 전의 것을 말한다) 제14조에 따라 등록된 기업구조조정전문회사의 업무
8. 「중소기업창업 지원법」에 따른 중소기업창업투자회사의 업무
9. 「여신전문금융업법」에 따른 신기술사업금융업
10. 그 밖에 투자자 보호 및 건전한 거래질서를 해칠 염려가 없는 금융업무로서 금융위원회가 정하여 고시하는 금융업무
④ 법 제40조 제2호에서 "대통령령으로 정하는 금융관련 법령"이란 제27조 제1항 각 호의 법령을 말한다.
⑤ 법 제40조 제5호에서 "대통령령으로 정하는 금융업무"란 다음 각 호의 업무를 말한다. 다만, 제4호의 업무는 증권에 대한 투자매매업을 경영하는 경우만 해당하고, 제5호의 업무는 해당 증권에 대한 투자매매업 또는 투자중개업을 경영하는 경우만 해당하며, 제6호의 업무는 증권 및 장외파생상품에 대한 투자매매업을 경영하는 경우만 해당하고, 제7호 및 제8호의 업무는 채무증권에 대한 투자매매업 또는 투자중개업을 경영하는 경우만 해당한다.
1. 「자산유동화에 관한 법률」에 따른 자산관리자의 업무와 유동화전문회사업무의 수탁업무
2. 투자자계좌에 속한 증권·금전 등에 대한 제3자 담보권의 관리업무
3. 「상법」 제484조 제1항에 따른 사채모집의 수탁업무
4. 법 제71조 제3호에 따른 기업금융업무, 그 밖에 금융위원회가 정하여 고시하는 업무와 관련한 대출업무
5. 증권의 대차거래와 그 중개·주선 또는 대리업무
6. 지급보증업무
7. 원화로 표시된 양도성 예금증서의 매매와 그 중개·주선 또는 대리업무
8. 대출채권, 그 밖의 채권의 매매와 그 중개·주선 또는 대리업무
9. 대출의 중개·주선 또는 대리업무
10. 그 밖에 투자자 보호 및 건전한 거래질서를 해칠 염려가 없는 금융업무로서 금융위원회가 정하여 고시하는 금융업무
⑥ 제5항 제4호 및 제6호에 따른 업무의 구체적인 범위에 관하여 필요한 사항은 금융위원회가 정하여 고시한다.

Ⅰ. 구증권거래법상 규제의 한계

종래 증권거래법은 증권회사의 고유업무로서 증권업을 규정하고 있었다(동법 2조 8항,

28조). 그리고 겸영업무로서는 신용공여업무(동법 49조) 및 증권저축업무(동법 50조), 금융관련법령이 정하거나 금융감독위원회가 인가한 업무(동법 51조 1항) 및 동 시행령이 정하는 부수업무(동법 51조 1항) 등이 있었다.1)

증권회사의 겸영업무는 법정겸영업무로서 인가겸영업무로 나눌 수 있었다. 법정겸영업무란 신용공여업무나 증권저축업무 등 증권거래법 또는 금융관련법령에서 정하여 허용한 업무를 말한다. 예를 들면 외국환거래법에 의한 외국환업무(3조 1항 16호·17호, 8조), 간접투자자산운용업법에 의한 판매회사업무·수탁회사업무·자산보관회사업무(동법 제26조 1항, 23조, 24조) 등, 보험업법에 의한 보험대리점업무·보험중개사업무(보험업법 91조, 87조 2항, 89조 2항) 등이 그에 해당한다. 인가겸영업무란 대통령령이 정하는 금융업으로서 그 업무의 성격상 증권회사가 겸업하는 것이 가능하다고 판단하여 금융위원회가 인가한 업무를 말한다. 예를 들면 선물업, 장외파생상품업, 투자자문업, 투자일임업 및 신탁업 등이 그에 해당한다.

다만, 대법원은 인가겸영업무에 대하여 증권회사가 인가를 받지 아니하고 업무를 겸영하고자 매매행위를 하여도 그 매매행위의 효력에는 영향이 없다고 판시하였다.2) 그러나 이러한 대법원의 입장에도 불구하고 종래의 증권거래법을 비롯한 금융관련법의 체계는 은행, 증권, 보험의 영역을 구분하고 상호 간의 겸영을 금지하는 분업형 구조를 가지고 있었다. 이러한 분업형 구조는 글로벌시장에서 겸영·겸업·대형화하는 금융기관과의 경쟁력에서 우위를 점할 수 없었고, 국제 금융시장의 변화의 능동적으로 대처할 수 없다는 한계가 있었다.

Ⅱ. 자본시장법상 겸영업무

구증권거래법상 분업형 구조의 한계를 극복하기 위하여 자본시장법은 금융투자업을 기능별로 투자매매업, 투자중개업, 집합투자업, 투자자문업, 투자일임업 및 신탁업으로 나누고(동법 6조 1항), 상호 간에 겸영을 허용하는 것을 원칙으로 하였다.3) 그리하여 종래 증권거래법상 인가겸영업무이었던 선물업, 장외파생상품업무, 투자자문업과 투자일임업 및 신탁업은 자본시장법 제 6 조 제 1 항의 고유업무에 해당하고 더 이상 인가겸영업무는 존재하지 아니한다. 법정겸영업무만이 있을 뿐이다. 그러한 법정겸영업무에 관한 규정이 동법 제40조와 동 시행령 제43조이다.

다만, 자본시장법은 제정과정에서 많은 논의가 있었던4) 지급결제시스템과 지로업무

1) 임재연, 전게서, 151쪽.
2) 대법원 1973. 5. 30. 선고 72다1726 판결.
3) 자본시장연구회, 해설서, 153-157쪽.
4) 그 과정에 대하여는 증권법학회, 전게서, 200-201쪽.

에 참여할 수 있는 금융투자업자는 투자매매업자나 투자중개업자로 제한하고 있다(동 시행령 43조 1항 1호). '투자자문업', '투자일임업' 또는 '투자자문업과 투자일임업'만을 영위하는 금융투자업자는 자본시장법 제40조와 동 시행령 제43조에서 정하는 다양한 금융업무를 겸영할 수 없다(동 시행령 43조 1항 2호, 동법 40조 5호, 동 시행령 43조 5호).

투자일임업자 또는 투자자문업자의 겸영을 금지하는 것은 고객의 자금을 직접 수탁하지 아니하므로 최저자기자본 요건이 대폭 완화되어 있고,[1] 등록제를 채택하고 있다는 점에서 다른 업무수행능력이 결여된 자가 시장에 참여할 우려가 있기 때문이다. 또한 이러한 금융투자업은 고도로 전문성을 요구하는 것이므로 해당업무에 전념하도록 하는 것이 법의 취지에 부합하기 때문이다.

그러나 자본시장법이 투자중개업자나 투자매매업자에 대한 신뢰도를 바탕으로 이들 금융투자업자에게는 겸영을 대폭 허용하였다고 하더라도 업무의 성격에 따라서는 이해상충의 문제가 언제든지 발생할 수 있다. 그러한 문제점이 발생하기 쉬운 예로는 투자자문업, 투자일임업·집합투자업 또는 대출업을 겸영하는 경우를 들 수 있다.

Ⅲ. 겸영에 따른 이해상반행위 규제

1. 투자자문업의 겸영

투자매매업자나 투자중개업자(이하 '증권회사'라고 한다)는 본업인 증권업 이외에 많은 업무를 겸영할 수 있다(자본시장법 12조). 이 경우 증권업의 고객과 겸영업무의 고객의 이해가 충돌할 수 있다. 대표적으로 증권회사는 투자자문업을 영위할 수 있다. 투자자문계약을 체결하고 있는 고객은 그 조언에 따라 투자를 한다. 여기서 증권회사 또는 그 임직원은 증권회사가 투자자문업을 겸영하는 경우 투자자문업과 관련된 조언에 따라 고객이 투자하고자 하는 증권거래에 관한 정보를 이용하여 자기의 계산으로 증권거래를 할 우려가 있다. 또는 투자자문업의 고객이외의 투자자에 대하여 증권거래의 위탁을 권유할 수도 있다.

그러나 증권회사는 투자자문업을 영위하는 경우 투자자문업의 고객에 대하여 선량한 관리자의 주의로서 해당업무를 충실하게 수행하여야 한다. 이 때문에(법 96조) 투자자문업을 영위함으로써 취득한 고객의 매매정보를 이용하여 스스로 증권거래를 하거나 또는 투자권유에 이용하는 것은 투자자문업 수행 시 부담하는 선관주의의무(충실의무)를 위반하는 결과가 된다. 그리하여 증권회사 또는 그 임직원은 투자자문업자의 조언에 따라 고객이 행하는 증권의 매매 또는 파생상품 등 금융투자상품에 관한 정보를 이용하여 자

1) 투자자문업의 최저자기자본금은 2.5억원, 투자일임업은 7.5억원이다(법 18조 2항 2호, 법 시행령 21조).

기의 계산으로 해당 금융투자상품의 거래 등을 하거나 또는 고객 이외의 자에 대하여 해당 금융투자상품거래의 위탁 등을 권유하여서는 아니 된다. 이러한 행위는 자본시장법 제37조 제 2 항의 투자자이익 우선의무에 반하기 때문이다.

한편 증권회사 또는 그 임직원은 투자자문업자의 조언에 따라 고객이 거래한 금융투자상품의 거래를 종료시키거나 또는 고객으로 하여금 반대매매를 시키기 위하여 투자자문업의 고객 이외의 고객에 대하여 해당 금융투자상품 거래 등을 권유하여서는 아니 된다. 이러한 행위는 위에서 기술한 이해상반과는 달리 증권업에서의 고객의 이익을 희생시켜 투자자문업의 고객의 이익을 추구하는 행위로써 자본시장법 제37조 제 1 항의 신의성실공정의무에 반하기 때문에 규제되어야 하는 것이다.

2. 투자일임업, 집합투자업의 겸영

증권회사는 업무단위의 인가를 통하여 투자일임업무 및 집합투자업을 겸영할 수 있다(법 12조, 법 시행령 15조). 이른바 자산운용업을 겸영할 수 있는 것이다.[1] 이 경우에도 증권회사는 각각의 업무를 수행함에 있어 선관주의의무(충실의무)를 부담한다. 즉 증권회사는 투자일임업을 겸영함에 있어 투자자에 대하여 선량한 관리자의 주의로써 투자일임재산을 운용하여야 하고(법 96조 1항), 투자자의 이익을 보호하기 위하여 해당업무를 충실하게 수행하여야 한다(동법 동조 2항).

집합투자업의 겸영 시에는 투자자에 대하여 선량한 관리자의 주의로써 집합투자재산을 운영하여야 하고(법 79조 1항), 투자자의 이익을 보호하기 위하여 해당업무를 충실하게 수행하여야 한다(동법 동조 2항). 따라서 투자일임업무의 투자자와 집합투자기구의 수익자의 이익을 희생시켜 자기 또는 다른 증권업에 관련된 투자자의 이익을 추구하여서는 아니 된다. 이러한 점에서 자산운용업을 영위하는 금융투자업자의 이해상반 방지하기 위한 주요 해석론으로는 다음과 같은 내용을 제시할 수 있다.

첫째, 증권회사 또는 그 임직원은 증권회사가 투자일임업무를 겸영하는 경우 증권회사가 투자일임업무 수행에 따르는 투자일임계약에 의거 투자자를 위하여 행하는 금융투자상품에 관한 정보를 이용하여 증권회사의 계산으로 해당 금융투자상품 거래 등을 하거나 또는 당해 투자자 이외의 투자자에 대하여 해당 금융투자상품 거래 등의 위탁을 권유하여서는 아니 된다.

1) 이 경우 증권회사는 자산운용업과 자산운용상품 판매업을 동시에 수행하게 된다. 그러나 이러한 운영체제는 과거 일체형투자신탁 하에서 많은 부작용을 낳았던 경험이 있다. 결국 수조원의 공적자금이 투입되어 그 부작용을 어느 정도 해소하였던 경험이 바로 그에 해당한다. 따라서 동 규정은 종합금융투자업자를 양성하기 위한 근거규정으로서는 의미가 있으나, 우리 금융산업의 문화와 경험에 비추어 보아서는 향후 장기간 실질적인 효용성을 거두기 어렵다고 판단된다. 그럼에도 불구하고 이 글에서는 겸영 시 발생할 수 있는 실질적 이해상반의 문제를 정리하는 의미에서 관련문제점을 약간 기술하였다.

둘째, 증권회사가 집합투자업을 겸영하는 경우 당해 업무에 의거한 집합투자재산의 운용지시와 관련된 금융투자상품 거래 등에 관한 정보를 이용하여 증권회사의 계산으로 해당금융투자상품 거래 등을 하거나 해당 금융투자상품 거래 등의 권유를 하여서는 아니 된다.

셋째, 증권회사 또는 그 임직원은 투자일임업무 수행에 따르는 투자일임계약에 의거하여 투자자를 위하여 행한 금융투자상품 거래 등을 종료시키거나 또는 일임계약의 투자자를 위한 반대매매를 시키기 위하여 그 투자자 이외의 투자자에 대하여 해당 금융투자상품의 거래 등을 권유하여서는 아니 된다. 그리고 증권회사 또는 그 임직원은 집합투자업의 운용업무에 의거한 집합투자재산의 운용지시에 따라서 행한 금융투자상품 거래 등을 종료시키거나 반대매매를 시키기 위하여 당해 집합투자기구 재산의 수익자 이외의 투자자에 대하여 해당 금융투자상품의 거래 등을 권유하여서는 아니 된다.

넷째, 투자자문업자의 조언에 의거하여 투자자가 행한 금융투자상품의 거래 등에 관한 정보 또는 투자일임계약에 의거 투자자를 위하여 행한 금융투자상품 거래 등에 관한 정보를 이용하여 거래일임계약 업무 수행 시 해당 금융투자상품 거래 등을 하는 행위도 금지된다.

다섯째, 집합투자업의 운용업무 의거한 집합투자재산의 운용지시와 관련된 금융투자상품의 거래 등에 관한 정보를 이용하여 거래일임계약에 의거한 해당 금융투자상품의 거래 등을 하는 행위도 금지된다.

마지막으로 다른 증권업에서의 투자자의 이익을 희생시켜 투자일임계약의 투자자와 집합투자업의 투자자의 이익을 추구하는 행위를 하여서도 아니 된다.

3. 대출업의 겸영

자본시장법에 따르면 증권회사는 금융위원회가 정하여 고시하는 업무와 관련한 대출업무를 영위할 수 있다(동 시행령 43조 5항 4호 후단). 따라서 증권회사는 만기 3개월 이내의 프로젝트파이낸싱 대출업무를 영위할 수 있다(금융투자업규정 4-1조). 증권회사는 대출업무를 겸영하는 경우에도 증권업의 투자자에 대하여 신의성실의 원칙에 따라 공정하게 업무를 수행하여야 한다(동법 37조 1항).

대출업의 겸영으로 발생하는 이해상충은 투자자문업, 투자일임업 또는 집합투자업의 겸영으로 초래될 수 있는 이해상반과는 성격을 달리 한다. 즉 증권회사는 원칙적으로 자본시장법 제72조에서 정하는 신용공여 이외에는 금전대출을 할 수 없다. 그와 같은 제한을 하는 취지는 증권업에 있어서의 금전대출을 강요하는 행위를 방지함과 동시에 금전의 차입으로 인하여 자기의 재산상태를 초과하는 증권거래를 예방함으로서 증권업의 투자자를 보호하고자 하는데 있다.

이러한 점에서 대출업의 겸영에 따르는 규제는 투자자문업자의 겸영이나 자산운용업의 겸영과는 성격을 달리한다고 할 수 있는 것이다.

[초판: 권순일, 개정판: 오성근]

제41조(금융투자업자의 부수업무 영위)

① 금융투자업자는 금융투자업에 부수하는 업무를 영위하고자 하는 경우에는 그 업무를 영위하고자 하는 날의 7일 전까지 이를 금융위원회에 신고하여야 한다.

② 금융위원회는 제 1 항에 따른 부수업무 신고내용이 다음 각 호의 어느 하나에 해당하는 경우에는 그 부수업무의 영위를 제한하거나 시정할 것을 명할 수 있다.

1. 금융투자업자의 경영건전성을 저해하는 경우
2. 인가를 받거나 등록한 금융투자업의 영위에 따른 투자자 보호에 지장을 초래하는 경우
3. 금융시장의 안정성을 저해하는 경우

③ 제 2 항에 따른 제한명령 또는 시정명령은 그 내용 및 사유가 구체적으로 기재된 문서로 하여야 한다.

④ 금융위원회는 제 1 항에 따라 신고 받은 부수업무 및 제 2 항에 따라 제한명령 또는 시정명령을 한 부수업무를 대통령령으로 정하는 방법 및 절차에 따라 인터넷 홈페이지 등에 공고하여야 한다.

시행령 제**44**조(부수업무 등의 공고) ① 금융위원회는 금융투자업자가 경영하려는 부수업무를 신고한 경우에는 법 제41조 제 4 항에 따라 그 신고일로부터 7일 이내에 다음 각 호의 사항을 인터넷 홈페이지 등에 공고하여야 한다.

1. 금융투자업자의 명칭
2. 부수업무의 신고일자
3. 부수업무의 개시 예정일자
4. 부수업무의 내용
5. 그 밖에 금융위원회가 정하여 고시하는 사항

② 금융위원회는 법 제41조 제 2 항에 따른 제한명령이나 시정명령을 한 경우에는 그 내용과 사유를 인터넷 홈페이지 등에 공고하여야 한다.

Ⅰ. 부수업무의 의의 및 범위

금융투자업자의 부수업무란 '금융투자업이 아닌 업무로서 인가받은 금융투자업에

부수되는 업무'를 말한다. 구증권법은 증권업자가 영위할 수 있는 부수업무를 사전에 법령에서 열거하고 있었다. 즉 구증권법 시행령 제36조의2 제 5 항은 증권업의 부수업무로서, ① 증권업과 관련된 업무, ② 증권회사가 소유하고 있는 인력·자산 또는 설비 등을 활용하는 업무, ③ 기타 법령에 의하여 허가·인가·승인 또는 등록 등을 필요로 하지 아니하는 업무들을 구체적으로 열거하였다. 그런데 이러한 시스템 하에서 부수 업무를 확대하려면 매번 법령의 개정이 필요하여 증권회사의 업무 확대가 적기에 이루어지지 못하는 폐단이 발생하였다. 또한 법령의 개정이 탄력적으로 이루어지지 못하므로 부수업무의 확대를 위한 절차가 지연되어 비용이 증대되는 문제점이 반복되었다. 이러한 점을 개선하기 위하여 법 제41조는 기존의 영위 가능한 모든 부수업무를 법률에 사전적으로 열거하는 체계(Positive 체제)에서 벗어나, 원칙적으로 금융투자업자로 하여금 모든 부수업무의 취급을 허용하되 예외적으로 제한하는 체제(Negative 체제)로 전환하였다.[1] 이러한 Negative 체제는 탄력적인 법 운영을 가능케 함으로써 규제자와 수범자 모두의 편의를 증대시킬 수 있다.

법 제41조 제 1 항에 의하여 금융투자업자는 부수업무 개시 7일 전에 감독당국에 부수업무 개시 사실을 신고하여야 한다. 그리고 시행령 제44조 제 1 항에서는 이러한 신고를 받은 금융위원회는 신고일로부터 7일 이내에 ① 금융투자업자의 명칭, ② 부수업무의 신고일자, ③ 부수업무의 개시 예정일자, ④ 부수업무의 내용, ⑤ 그 밖에 금융위원회가 정하여 고시하는 사항을 인터넷 홈페이지 등에 공고하도록 규정하고 있다.

Ⅱ. 부수업무의 제한

법 제41조 제 2 항에 의하여 감독당국은 예외적으로 부수업무가 금융투자회사의 건전성 또는 투자자 보호, 시장질서에 문제를 야기할 경우 부수업무의 영위를 제한하거나 시정을 요구할 수 있다. 다만, 법 제41조 제 3 항에 의하여 제한명령이나 시정명령은 반드시 이유가 구체적으로 기재된 서면에 의하도록 함으로써, 금융감독당국의 자의적인 재량이 개입되지 못하도록 예방하고 있다. 법 시행령 제44조 제 2 항에서는 이렇게 제한명령이나 시정명령을 한 금융위원회는 그 내용 및 사유를 역시 인터넷 홈페이지에 공고하도록 의무지우고 있다.

---

1) 부수업무를 예외적으로 제한하는 체제(Negative 체제)로 전환하였다고 하더라도, 금융투자업자가 취급할 수 있는 부수업무는 해당 금융투자업자가 영위하는 금융투자업에 부수하는 업무에 한하고, 금융투자업에 부수하지 않는 업무(예: 프로스포츠단 운영)는 금융투자업자가 영위할 수 있는 부수업무에 해당한다고 볼 수 없다(임재연, 「자본시장법」, 박영사, 2013, 154쪽).

제42조(금융투자업자의 업무위탁)

① 금융투자업자는 금융투자업, 제40조 각 호의 업무 및 제41조 제 1 항의 부수업무와 관련하여 그 금융투자업자가 영위하는 업무의 일부를 제삼자에게 위탁할 수 있다. 다만, 투자자 보호 또는 건전한 거래질서를 해할 우려가 있는 것으로서 대통령령으로 정하는 업무를 제삼자에게 위탁하여서는 아니 된다.

② 금융투자업자는 제 1 항 본문에 따라 제삼자에게 업무를 위탁하는 경우에는 다음 각 호의 사항을 포함하는 위탁계약을 체결하여야 하며, 그 내용을 대통령령으로 정하는 방법 및 절차에 따라 금융위원회에 보고하여야 한다.

1. 위탁하는 업무의 범위
2. 수탁자의 행위제한에 관한 사항
3. 위탁하는 업무의 처리에 대한 기록유지에 관한 사항
4. 그 밖에 투자자 보호 또는 건전한 거래질서를 위하여 필요한 사항으로서 대통령령으로 정하는 사항

③ 금융위원회는 제 2 항에 따른 위탁계약의 내용이 다음 각 호의 어느 하나에 해당하는 경우에는 해당 업무의 위탁을 제한하거나 시정할 것을 명할 수 있다.

1. 금융투자업자의 경영건전성을 저해하는 경우
2. 투자자 보호에 지장을 초래하는 경우
3. 금융시장의 안정성을 저해하는 경우
4. 금융거래질서를 문란하게 하는 경우

④ 제 1 항 본문에 따라 위탁받는 업무가 본질적 업무(해당 금융투자업자가 인가를 받거나 등록을 한 업무와 직접적으로 관련된 필수업무로서 대통령령으로 정하는 업무를 말한다. 이하 이 항에서 같다)인 경우 그 본질적 업무를 위탁받는 자는 그 업무 수행에 필요한 인가를 받거나 등록을 한 자이어야 한다. 이 경우 그 업무를 위탁받는 자가 외국 금융투자업자로서 대통령령으로 정하는 요건을 갖춘 경우에는 인가를 받거나 등록을 한 것으로 본다.

⑤ 제 1 항의 업무를 위탁받은 자는 위탁받은 업무를 제삼자에게 재위탁하여서는 아니 된다. 다만, 투자자 보호를 해하지 아니하는 범위에서 금융투자업의 원활한 수행을 위하여 필요한 경우로서 대통령령으로 정하는 경우에는 위탁한 자의 동의를 받아 제삼자에게 재위탁할 수 있다.

⑥ 제 1 항의 업무를 위탁한 자는 대통령령으로 정하는 기준에 따라 위탁한 업무의 범위에서 위탁받은 자에게 투자자의 금융투자상품의 매매, 그 밖의 거래에 관한 정보 및 투자자가 맡긴 금전, 그 밖의 재산에 관한 정보를 제공할 수 있다.

⑦ 금융투자업자는 제 1 항 본문에 따라 업무위탁을 하고자 하는 경우 투자자정보 보호 및 위험관리·평가 등에 관한 업무위탁 운영기준을 정하여야 한다.

⑧ 금융투자업자는 제 1 항 본문에 따라 업무위탁을 한 내용을 제59조 제 1 항에 따른 계약서류 및 제123조 제 1 항에 따른 투자설명서(집합투자업자의 경우 제124조 제 2 항 제 3 호에 따른 간이투자설명서를 포함한다. 이하 제64조, 제86조 및 제93조에서 같다)에 기재하여야 하며, 투자자와 계약을 체결한 후에 업무위탁을 하거나 그 내용을 변경한 경우에는 이를 투자자에게 통보하여야 한다.

⑨ 「민법」 제756조는 제 1 항의 업무를 위탁받은 자가 그 위탁받은 업무를 영위하는 과정에서

투자자에게 손해를 끼친 경우에 준용한다.

⑩ 제54조, 제55조 및 「금융실명거래 및 비밀보장에 관한 법률」 제 4 조는 제 1 항의 업무를 위탁받은 자가 그 위탁받은 업무를 영위하는 경우에 준용한다.

⑪ 그 밖에 업무의 위탁·재위탁의 기준·방법 및 절차에 관하여 투자자 보호 또는 건전한 거래질서를 위하여 필요한 사항은 대통령령으로 정한다.

시행령 제**45**조(위탁이 금지되는 업무범위) 법 제42조 제 1 항 단서에서 "대통령령으로 정하는 업무"란 다음 각 호의 업무를 말한다. 다만, 투자자 보호 및 건전한 거래질서를 해칠 우려가 없는 경우로서 금융위원회가 정하여 고시하는 업무는 제외한다.

1. 다음 각 목의 업무(해당 업무에 관한 의사결정권한까지 위탁하는 경우만 해당한다)
   가. 준법감시인의 업무 중 금융위원회가 정하여 고시하는 업무를 제외한 업무
   나. 내부감사업무
   다. 위험관리업무
   라. 신용위험의 분석·평가업무
2. 금융투자업의 종류에 따른 다음 각 목의 업무
   가. 투자매매업인 경우에는 제47조 제 1 항 제 1 호 가목(단순한 계좌개설 업무 및 실명확인 업무는 제외한다)·나목 및 라목의 업무
   나. 투자중개업인 경우에는 제47조 제 1 항 제 2 호 가목(단순한 계좌개설 업무 및 실명확인 업무는 제외한다) 및 다목의 업무
   다. 집합투자업인 경우에는 제47조 제 1 항 제 3 호 각 목의 업무. 다만, 집합투자재산 중 외화자산의 운용·운용지시업무[집합투자재산에 속하는 지분증권(지분증권과 관련된 증권예탁증권을 포함한다)의 의결권 행사를 포함한다. 이하 이 목에서 같다], 원화자산(외화자산이 아닌 자산을 말한다. 이하 이 호에서 같다)인 집합투자재산 총액의 100분의 20 범위에서의 운용·운용지시업무(금융투자업자에게 위탁하는 경우만 해당한다), 운용·운용지시업무와 관련한 조사분석업무 및 집합투자재산에 속한 증권, 장내파생상품, 「외국환거래법」에 따른 대외지급수단의 단순매매주문업무와 의사결정권한까지 위탁하지 아니하는 집합투자재산의 평가업무는 제외한다.
   라. 투자자문업인 경우에는 제47조 제 1 항 제 4 호 가목 및 나목의 업무. 다만, 투자자문계약자산 중 외화자산에 대한 투자판단을 제공하는 업무 및 원화자산인 투자자문계약자산 총액의 100분의 20 범위에서의 투자판단을 제공하는 업무(금융투자업자에게 위탁하는 경우만 해당한다)는 제외한다.
   마. 투자일임업인 경우에는 제47조 제 1 항 제 5 호 가목 및 나목의 업무. 다만, 투자일임재산 중 외화자산의 운용업무, 원화자산인 투자일임재산 총액의 100분의 20 범위에서의 운용업무(금융투자업자에게 위탁하는 경우만 해당한다), 운용업무와 관련한 조사분석업무 및 투자일임재산에 속한 증권, 장내파생상품, 「외국환거래법」에 따른 대외지급수단의 단순매매주문업무는 제외한다.
   바. 신탁업인 경우에는 제47조 제 1 항 제 6 호 가목부터 라목까지의 업무. 다만, 법 제308조에 따른 예탁대상증권등 또는 외화자산인 집합투자재산·신탁재산의 보관·관리업무(외화자산인 집합투자재산의 운용 및 운용지시의 이행업무를 포함한다), 신탁재산 중 외화자산의 운용업무[신탁재산에 속하는 지분증권(지분증권과 관련된 증권예탁증권을 포함한다)의 의결권 행사를 포함한다. 이하 이 목에서 같다], 원화자산인 신탁재산 총액의 100분의 20 범위에서의 운용업무(금융투자업자에게 위탁하는 경우만 해당한다), 운용업무와 관련한 조사분석업무 및 신탁재산에 속한 증권, 장내파생상품, 「외국환거래법」에 따른 대외지급수단의 단순매매주문업무는 제외한다.

제**46**조(업무위탁의 보고 등) ① 금융투자업자는 법 제42조 제 1 항에 따라 업무를 위탁받은 자가 그 위탁받은 업무를 실제로 수행하려는 날의 7일 전까지 다음 각 호의 서류를 첨부하여 금융위원회에 보고하여야 한다. 다만, 이미 보고한 내용을 일부 변경하는 경우로서 변경되는 내용이 경미한 경우 등 금융위원회가 정하여 고시하는 경우에는 금융

위원회가 보고시기 및 첨부서류 등을 다르게 정하여 고시할 수 있다.
1. 업무위탁계약서 사본
2. 법 제42조 제7항에 따른 업무위탁 운영기준(이하 이 항에서 "업무위탁 운영기준"이라 한다)
3. 업무위탁계약이 법 제42조 제3항 각 호의 어느 하나에 해당하지 아니하고 업무위탁 운영기준에 위배되지 아니한다는 준법감시인(준법감시인이 없는 경우에는 감사 등 이에 준하는 자를 말한다)의 검토의견 및 관련 자료
4. 법 제42조 제4항 후단에 따라 외국 금융투자업자에게 본질적 업무(법 제42조 제4항에 따른 본질적 업무를 말한다)를 위탁하는 경우에는 그 외국 금융투자업자가 제47조 제2항에 따른 요건을 갖춘 자임을 증명하는 서류
5. 그 밖에 투자자 보호나 건전한 거래질서를 위하여 필요한 서류로서 금융위원회가 정하여 고시하는 서류

② 법 제42조 제2항 제4호에서 "대통령령으로 정하는 사항"이란 다음 각 호의 어느 하나에 해당하는 사항을 말한다.
1. 업무위탁계약의 해지에 관한 사항
2. 위탁보수 등에 관한 사항
3. 그 밖에 업무위탁에 따른 이해상충방지체계 등 금융위원회가 정하여 고시하는 사항

③ 금융위원회는 법 제42조 제3항에 따라 제한명령 또는 시정명령을 하는 경우에는 그 내용과 사유가 구체적으로 기재된 문서로 하여야 한다.

제**47**조(본질적 업무의 범위 등) ① 법 제42조 제4항 전단에서 "대통령령으로 정하는 업무"란 금융투자업의 종류별로 다음 각 호에서 정한 업무를 말한다. 다만, 제6호 나목 및 다목의 업무 중 채권추심업무 및 그 밖에 투자자 보호 및 건전한 거래질서를 해칠 우려가 없는 경우로서 금융위원회가 정하여 고시하는 업무는 제외한다.
1. 투자매매업인 경우에는 다음 각 목의 업무
   가. 투자매매업 관련 계약의 체결과 해지업무
   나. 금융투자상품의 매매를 위한 호가 제시업무
   다. 매매주문의 접수, 전달, 집행 및 확인업무
   라. 증권의 인수업무
   마. 인수대상 증권의 가치분석업무
   바. 인수증권의 가격결정, 청약사무수행 및 배정업무
2. 투자중개업인 경우에는 다음 각 목의 업무
   가. 투자중개업 관련 계약의 체결 및 해지업무
   나. 일일정산업무
   다. 증거금 관리와 거래종결업무
   라. 매매주문의 접수, 전달, 집행 및 확인업무
3. 집합투자업인 경우에는 다음 각 목의 업무
   가. 법 제9조 제18항 제1호에 따른 투자신탁(이하 "투자신탁"이라 한다)의 설정을 위한 신탁계약의 체결·해지업무와 같은 항 제3호에 따른 투자유한회사(이하 "투자유한회사"라 한다), 같은 항 제4호에 따른 투자합자회사(이하 "투자합자회사"라 한다), 같은 항 제5호에 따른 투자조합(이하 "투자조합"이라 한다), 같은 항 제6호에 따른 투자익명조합(이하 "투자익명조합"이라 한다)의 설립업무
   나. 집합투자재산의 운용·운용지시업무[집합투자재산에 속하는 지분증권(지분증권과 관련된 증권예탁증권을 포함한다)의 의결권행사를 포함한다]
   다. 집합투자재산의 평가업무
4. 투자자문업인 경우에는 다음 각 목의 업무
   가. 투자자문계약의 체결과 해지업무
   나. 투자자문의 요청에 응하여 투자판단을 제공하는 업무
5. 투자일임업인 경우에는 다음 각 목의 업무
   가. 투자일임계약의 체결과 해지업무
   나. 투자일임재산의 운용업무

6. 신탁업인 경우에는 다음 각 목의 업무
   가. 신탁계약(투자신탁의 설정을 위한 신탁계약을 포함한다)과 집합투자재산(투자신탁재산은 제외한다)의 보관·관리계약의 체결과 해지업무
   나. 신탁재산(투자신탁재산은 제외한다. 이하 이 호에서 같다)의 보관·관리업무
   다. 집합투자재산의 보관·관리업무(운용과 운용지시의 이행 업무를 포함한다)
   라. 신탁재산의 운용업무[신탁재산에 속하는 지분증권(지분증권과 관련된 증권예탁증권을 포함한다)의 의결권행사를 포함한다]

② 법 제42조 제4항 후단에서 "대통령령으로 정하는 요건"이란 외국 금융투자업자가 소재한 국가에서 외국 금융감독기관의 허가·인가·등록 등을 받아 위탁받으려는 금융투자업 또는 법 제40조 제1호에 따른 금융업무에 상당하는 영업을 하는 것을 말한다.

제**48**조(재위탁의 범위) 법 제42조 제5항 단서에서 "대통령령으로 정하는 경우"란 다음 각 호에서 정한 업무를 위탁하는 경우를 말한다.

1. 위탁받은 업무의 일부로서 다음 각 목의 어느 하나에 해당하는 업무
   가. 전산관리·운영 업무
   나. 고지서 등 발송 업무
   다. 보관업무(신탁업에 해당하는 보관 업무는 제외한다)
   라. 조사분석 업무
   마. 법률검토 업무
   바. 회계관리 업무
   사. 문서 등의 접수 업무
   아. 채권추심 업무
   자. 그 밖에 금융위원회가 정하여 고시하는 단순 업무
2. 제47조 제1항 제3호 나목의 업무 중 외화자산인 집합투자재산의 운용·운용지시업무[집합투자재산에 속하는 지분증권(지분증권과 관련된 증권예탁증권을 포함한다)의 의결권 행사를 포함한다] 및 같은 호 다목의 업무(외화자산의 평가업무로서 의사결정권한까지 위탁하지 아니하는 것만 해당한다)
3. 제47조 제1항 제5호 나목의 업무 중 외화자산인 투자일임재산의 운용업무
4. 제47조 제1항 제6호 나목 및 다목의 업무 중 법 제308조에 따른 예탁대상증권등 및 외화자산의 보관·관리업무(집합투자재산의 운용 및 운용지시의 이행업무를 포함한다)와 같은 호 라목의 업무 중 외화자산인 신탁재산의 운용업무[신탁재산에 속하는 지분증권(지분증권과 관련된 증권예탁증권을 포함한다)의 의결권 행사를 포함한다]

제**49**조(업무위탁 관련 정보제공기준 등) ① 법 제42조 제6항에서 "대통령령으로 정하는 기준"이란 다음 각 호의 것을 말한다.

1. 제공하는 정보는 위탁한 업무와 관련한 정보일 것
2. 정보제공과 관련된 기록을 유지할 것
3. 제공하는 정보에 대한 수탁자의 정보이용에 관하여 관리·감독이 가능할 것

② 금융투자업자는 법 제42조 제7항에 따른 업무위탁 운영기준에 다음 각 호의 사항을 포함하여야 한다.

1. 업무위탁에 따른 위험관리·평가에 관한 사항
2. 업무위탁의 결정·해지절차에 관한 사항
3. 수탁자에 대한 관리·감독에 관한 사항
4. 투자자정보 보호에 관한 사항
5. 수탁자의 부도 등 우발상황에 대한 대책에 관한 사항
6. 위탁업무와 관련하여 자료를 요구할 수 있는 수단 확보에 관한 사항
7. 그 밖에 금융위원회가 정하여 고시하는 사항

③ 위탁계약의 내용을 변경하는 경우에는 법 제42조 제 2 항 및 제 3 항을 준용한다.
④ 재위탁의 경우에는 법 제42조 제 2 항부터 제 4 항까지, 제 5 항 본문, 제 6 항부터 제10항까지, 법 제43조 및 이 조 제 2 항·제 3 항·제 5 항을 각각 준용한다. 이 경우 법 제42조 제 2 항·제 7 항 및 제 8 항을 준용할 때에는 재위탁 계약의 내용을 금융위원회에 보고하여야 하는 자, 업무재위탁 운영기준을 정하여야 하는 자와 업무위탁 내용을 계약서류 등에 기재하고 투자자에게 통보하여야 하는 자는 최초로 업무를 위탁한 금융투자업자로 한다.
⑤ 제 1 항부터 제 4 항까지에서 규정한 사항 외에 업무위탁의 보고 등의 서식과 작성방법, 첨부서류 등에 관하여 필요한 사항은 금융위원회가 정하여 고시한다.
⑥ 법 제43조 제 2 항 제 4 호에 따른 법 별표 1 제312호에서 "대통령령으로 정하는 경우"란 이 영 별표 5 각 호의 어느 하나에 해당하는 경우를 말한다.

Ⅰ. 본조의 취지

금융투자업자는 법 제42조 제 1 항에 따라 그가 영위하는 업무의 일부를 제 3 자에게 위탁할 수 있다. 이는 호주의 금융서비스개혁법, 日本의 金商法, IOSCO의 '아웃소싱원칙' 등을 모델로 한 것으로서, 금융시장이 고도화되고 전문화되면서 금융투자업자의 업무 중 일부를 외부의 전문적인 조직에 위탁함으로써 금융투자업자가 그 업무의 효율성을 도모할 수 있도록 하기 위한 것이다. 다만, 금융투자업은 인가나 등록을 요하는 업무로서 엄격한 규제의 대상이 되므로, 금융투자업자의 업무의 일부를 어디까지 금융투자업자가 아닌 제 3 자에게 위탁하는 것이 적절한지에 대해서는 여러 논의가 있다.

법 제42조는 금융투자업자의 제 3 자에 대한 업무위탁을 원칙적으로 허용하고, 그 외 위탁계약의 금융위원회 보고, 업무위탁 제한, 업무수탁자의 자격제한, 재위탁금지, 업무수탁자에 대한 정보제공, 업무위탁 운영기준, 업무위탁시 투자자에 대한 통지의무, 민법상 사용자책임 준용, 직무관련 정보이용금지와 손실보전 등 영업행위 준칙 준용, 기타 세부사항의 대통령령 위임 등을 규정하고 있다.

구법과 대비할 때 현행법은 위탁업무의 범위를 대폭 확대하였다. 우선 구법상으로 위탁이 금지되었던 본질적인 업무에 대하여도 업무의 위탁이 허용되었다. 다음으로 구간투법상 업무위탁규정(186조)이나 금융위원회의 '금융기관의 업무위탁 등에 관한 규정'에도 업무위탁에 관련된 내용이 있었으나, 법이 근본적으로 구법상의 Positive 체제(원칙적 금지, 예외적 허용)에서 Negative 체제(원칙적 허용, 예외적 금지)로 전환하였으므로 위탁업무의 범위도 자연스럽게 확대되었다.

구증권법		자본시장통합법
원칙적 금지 예외적 허용	▸▸▸	원칙적 허용 예외적 금지

Ⅱ. 업무위탁

1. 원칙적 허용

법 제42조 제1항은 금융투자업자의 고유업무, 겸영업무 및 부수업무와 관련하여 그 업무의 일부를 제3자[1]에게 위탁하는 것을 원칙적으로 허용하고 있다. 이에 따라 금융투자업자가 그 업무를 제3자에게 위탁하고자 하는 경우, 해당 금융투자업자는 일정한 사항이 포함된 위탁계약을 체결하고(법 42조 2항), 업무를 위탁받은 자가 그 위탁받은 업무를 실제로 수행하려는 날의 7일 전까지 이를 금융위원회에 보고하면 충분하다(법 시행령 46조 1항).

그러나, 인가 또는 등록을 요하는 금융투자업의 주요 업무를 인가 또는 등록을 받지 않은 제3자에게 임의로 위탁하는 것은 곤란하므로, 법 제42조 제1항 단서는 투자자 보호 또는 건전한 거래질서를 해할 우려가 있는 것으로서 대통령령으로 정하는 업무는 제3자에게 위탁하지 못하도록 제한하고 있다.

2. 본질적 업무의 위탁과 수탁자의 자격

구간투법이나 금융위원회 규정에는 본질적 업무에 대한 위탁이 불가능한 것으로 규정되어 있었다. 그러나 법은 입장을 180도 선회하여 본질적 업무에 대해서도 위탁을 허용하고 있다. 여기서 본질적인 업무란 당해 금융투자업자가 인가를 받거나 등록을 한 업무와 직접적으로 관련된 필수업무로서 법 시행령 제47조에 정해진 업무를 말한다.

다만, 인가나 등록을 받은 업무를 제3자에게 위탁하는 것은 인가나 등록의 취지를 몰각시킬 우려가 있으므로, 법 제42조 제4항은 수탁자도 반드시 업무수행에 필요한 인

1) 정보교류차단과 관련하여, 법 제45조 제2항은 금융투자업자가 '대통령령으로 정하는 회사'와 이해상충이 발생할 가능성이 큰 경우로서 일정한 경우에 해당하는 행위를 하지 못하도록 규정하고 있는데, 위 '대통령령으로 정하는 회사'를 정의함에 있어 법 시행령 제51조 제1항 제2호는 '금융투자업자가 제16조 제10항에 따른 외국 금융투자업자등의 지점, 그 밖의 영업소인 경우에는 그 외국 금융투자업자 등'이라고 규정함으로써, 본·지점 간의 정보교류도 위 조항의 규제대상임을 명백히 하고 있다. 그러나 업무위탁에 관하여는 "제3자"라고만 규정하여, 외국본점이 국내 지점을 기준으로 제3자에 해당하는지 여부가 법문상 분명하지 않은 바, 입법적 보완이 필요한 부분이다(임재연, 전게서(2013), 156쪽).

가나 등록을 받도록 요구하고 있다. 이 경우 그 업무를 위탁받는 자가 외국 금융투자업자로서 당해 외국 금융투자업자가 소재한 국가에서 외국 금융감독기관의 허가·인가·등록 등을 받아 위탁받으려는 금융투자업 또는 법 제40조 제 1 호에 따른 금융업무에 상당하는 영업을 하는 경우에는 인가를 받거나 등록을 한 것으로 본다. 이는 선의의 투자자를 보호하기 위하여 수탁자가 단순한 외관이 아닌 실질을 갖추어야 한다는 요구가 반영된 것이다. 따라서 회사 경영상 전략의 다양성을 보장해 주는 차원에서 법은 본질적인 업무의 위탁을 허용하였지만, 적격 수탁자에게 위탁하여야 한다는 최소한의 제한을 부과하고 있다.

한편 동 조항을 문면으로만 보면, 비본질적 업무에 대해서는 위탁이 전혀 제한되지 않는다고 해석된다. 그렇지만 비본질적 업무의 위탁과 관련해서도 어느 정도 제한을 가하는 등 외연을 명확히 할 필요가 있을 것으로 보인다.

3. 위탁계약의 체결

금융투자업자가 법 제42조 제 1 항에 따라 제 3 자에게 업무를 위탁하는 경우에는 다음 각 호의 사항을 포함하는 위탁계약을 체결하여야 한다(법 42조 2항, 법 시행령 46조 2항).

1. 위탁하는 업무의 범위
2. 수탁자의 행위제한에 관한 사항
3. 위탁하는 업무의 처리에 대한 기록유지에 관한 사항
4. 그 밖에 투자자 보호 또는 건전한 거래질서를 위하여 필요한 사항으로서 다음의 사항
   가. 업무위탁계약의 해지에 관한 사항
   나. 위탁보수 등에 관한 사항
   다. 그 밖에 업무위탁에 따른 이해상충방지체계 등 금융위원회가 정하여 고시하는 사항

4. 금융위원회 보고

금융투자업자가 제 3 자에게 업무를 위탁하는 경우 업무를 위탁받은 자가 그 위탁받은 업무를 실제로 수행하려는 날의 7일 전까지 다음 각 호의 서류를 첨부하여 금융위원회에 보고하여야 한다. 다만, 이미 보고한 내용을 일부 변경하는 경우로서 변경되는 내용이 경미한 경우 등 금융위원회가 정하여 고시하는 경우에는 금융위원회가 보고시기 및 첨부서류 등을 다르게 정하여 고시할 수 있다(법 42조 2항, 법 시행령 46조 1항).

1. 업무위탁계약서 사본
2. 법 제42조 제 7 항에 따른 업무위탁 운영기준(이하 이 항에서 "업무위탁 운영기준"이라 한다)
3. 업무위탁계약이 법 제42조 제 3 항 각 호의 어느 하나에 해당하지 아니하고 업무위탁 운영기준에 위배되지 아니한다는 준법감시인(준법감시인이 없는 경우에는 감사 등 이에 준하

는 자를 말한다)의 검토의견 및 관련 자료

4. 법 제42조 제4항 후단에 따라 외국 금융투자업자에게 본질적 업무(법 제42조 제4항에 따른 본질적 업무를 말한다)를 위탁하는 경우에는 그 외국 금융투자업자가 제47조 제2항에 따른 요건을 갖춘 자임을 증명하는 서류

5. 그 밖에 투자자 보호나 건전한 거래질서를 위하여 필요한 서류로서 금융위원회가 정하여 고시하는 서류

5. 금융위원회 조치

금융위원회는 위탁계약의 내용이 다음 각 호의 어느 하나에 해당하는 경우에는 해당 업무의 위탁을 제한하거나 시정할 것을 명할 수 있다(법 42조 3항).

1. 금융투자업자의 경영건전성을 저해하는 경우
2. 투자자 보호에 지장을 초래하는 경우
3. 금융시장의 안정성을 저해하는 경우
4. 금융거래질서를 문란하게 하는 경우

6. 재위탁 금지

업무를 위탁받은 자는 위탁받은 업무를 제삼자에게 재위탁하여서는 아니 된다. 다만, 투자자 보호를 해하지 아니하는 범위에서 금융투자업의 원활한 수행을 위하여 필요한 경우로서 대통령령으로 정하는 경우에는 위탁한 자의 동의를 받아 제삼자에게 재위탁할 수 있다(법 42조 5항). 이에 따라, 법 시행령 제48조는 재위탁이 허용되는 3가지 유형을 규정하고 있는 바, ① 위탁업무에 부수되는 업무,[1] ② 외화자산인 집합투자재산의 운용·운용지시업무, ③ 외화자산인 투자일임재산의 운용업무, ④ 법 제308조에 따른 예탁대상증권 등 외화자산의 보관·관리업무 등이 그것이다.

한편 법 제42조 제11항에 근거하여 시행령 제49조 제4항은 재위탁을 할 경우 법 제42조 제2항부터 제4항까지, 제5항 본문, 제6항부터 제10항까지, 그리고 법 제43조를 준용한다는 규정을 두고 있다.

7. 업무위탁관련 정보제공기준 및 업무위탁 운영기준

제3자에게 업무를 위탁하려는 금융투자업자는 업무위탁관련 정보제공기준을 마련한 후, 정보를 제공할 수 있다. 법 시행령 제49조 제1항은 정보제공기준을 제시하고 있고, 제

1) 전산관리·운영업무, 고지서 등 발송업무, 신탁업에 해당하는 보관업무를 제외한 보관업무, 조사분석업무, 법률검토업무, 회계관리업무, 문서 등의 접수 업무, 채권추심업무, 그 밖에 위탁업무에 관련된 단순업무로서 금융위원회가 정하여 고시하는 업무를 열거하고 있다.

2항은 법 제42조 제7항의 업무위탁 운영기준에 포함될 사항을 규정하고 있다.

8. 기 타

법은 업무위탁의 확대와 함께 기타 다양한 투자자 보호 장치를 마련하고 있다. 즉 법 제42조 제8항은 금융투자업자로 하여금 업무위탁내용을 투자자와의 투자계약서류 및 증권모집·매출시 작성하는 투자설명서에 기재하도록 하고 있다. 또한 계약체결 이후 업무위탁내용이 변경될 경우에는 이를 투자자에게 통보하도록 하고 있다. 법 제42조 제9항은 업무를 위탁받은 제3자가 투자자에게 손해를 미칠 경우 금융투자업자는 사용자 책임을 지게 됨을 규정하고 있다. 법 제42조 제10항은 업무를 위탁받은 제3자에게 법 제54조(직무관련정보 이용금지), 제55조(손실보전등의 금지), 「금융실명거래 및 비밀보장에 관한 법률」 제4조가 준용됨을 밝히고 있다.

Ⅲ. 위탁금지업무

금융투자업자는 투자자 보호 또는 건전한 거래질서를 해할 우려가 있는 것으로서 대통령령으로 정하는 업무를 제3자에게 위탁하지 못한다(법 42조 1항 단서).

구체적으로, 시행령 제45조 제1호는 준법감시인업무, 내부감사업무, 위험관리업무, 신용위험의 분석·평가업무 등 금융투자업자의 긴밀한 내부통제영역에 해당하는 사항의 위탁을 전면적으로 금지하고 있다. 만약 이러한 업무마저 의사결정권한까지 포함하여 전적으로 제3자에게 위탁한다면 투자자 보호나 건전한 거래질서를 해할 위험성이 높을 뿐만 아니라, 금융투자업자에게 최소한도로 요구되는 선관주의의무를 방기함으로써 계약위반이나 불법행위책임 이외에도 자체적인 평판(reputation)이 저해될 위험이 있다는 우려가 있기 때문이다.

다음으로 법 시행령 제45조 제2호는 개별 금융투자업의 종류에 따라 위탁이 금지되는 업무를 구체적으로 나열하고 있는바, 이를 수탁자의 자격이 제한되는 본질적 업무와 구별하여 핵심업무라고 하기도 한다.[1]

---

1) 위 시행령 규정에 따르면 신탁업자는 법 308조에 따른 예탁대상증권 등 또는 외화자산인 집합투자재산·신탁재산의 보관·관리업무 등 일부의 업무를 제외하고, 그 본질적 업무인 신탁업무를 제3자에게 위탁할 수 없다. 그런데, 신탁법이 2011. 7. 25. 전부 개정되면서(법률 제10924호, 시행 2012. 7. 26.), 재신탁이 허용되었는바, 이에 따라 자본시장법상 신탁업자의 신탁업무 위탁을 금지하고 있는 위 조항과 개정신탁법의 내용이 상충된다는 지적이 있다. 그러나 자본시장법은 신탁업 인가를 받은 신탁업자에 대해서만 적용되므로, 위 조항과 개정신탁법의 내용이 전면적으로 상충된다고 할 수는 없고, 신탁업자에 대해서는 자본시장법이 우선 적용되므로 자본시장법의 적용을 받는 신탁업자에 대해서는 그 본질적 업무로서 신탁업무의 위탁이 허용되지 않는 반면, 자본시장법의 적용을 받지 않는 민사신탁에 대해서는 신탁법에 따른 재신탁이 허용된다고 해석된다.

Ⅳ. 업무위탁제도의 평가

1. 관련산업에의 예상효과

법이 금융투자업자로 하여금 일부 업무를 아웃소싱할 수 있게 하였으므로, 금융투자업자의 핵심역량이 강화되고 비용절감의 효과가 발생하며 더욱 전문성이 확보될 수 있는 여건이 조성되었다고 평가된다. 업무위탁은 전략적인 차원에서 내부자원의 효율적인 재배치를 가능토록 하고, 보다 향상된 자원관리를 통해 기업의 핵심역량에 집중할 수 있도록 한다. 금융투자업자의 경영판단에 따라 경쟁력 제고를 위한 아웃소싱은 언제든지 필요한 것인데, 법 제42조는 이러한 필요성을 적극적으로 수용한 것이다. 여기서 법이 예정하고 있는 업무위탁은 일상영업의 단순한 외주화, 공동화, 전략적 협력관계, 기업적 네트워크의 형성 등을 포함하고 있다.[1)]

[업무위탁관련 제도변경 내용][2)]

구 분	구증권법	자본시장법
인허가업무(본질업무)	전면금지	원칙적 허용
인허가업무(비본질업무)	원칙적 허용	원칙적 허용
후선, 지원업무	원칙적 허용	원칙적 허용
업무수탁자의 자격	없음	위탁받는 업무가 본질적 업무인 경우 인가, 등록업자로 제한
재위탁 가능 여부	없음	원칙적 금지

1) 업무위탁의 단계별 발전 형태를 보면 다음의 4단계로 나눌 수 있다고 한다. 제1단계는 소위 하위공정의 단순화 외주화로 시스템 자회사를 설립하거나 외부의 소프트웨어회사에 시스템 개발 및 운영·보수를 위탁하는 것이다. 제2단계는 시스템의 공동센터화나 네트워크 및 인프라의 공동화 등이며, 하위공정이 아웃소싱의 대상이라는 점에서 1단계와 동일하다고 할 수 있다. 제3단계는 하위공정의 외주화를 포함하여 종래 자기 스스로 할 수 없었던 업무를 수행하기 위해 여타 기업과 전략적 제휴를 맺는 단계로서, 글로벌 네트워크 구축, 신상품의 적기개발, 합병시의 시스템 정비 등 여타 금융기관과의 경쟁에서 우위를 확보하기 위한 전략적 아웃소싱을 지칭한다. 가장 대표적으로 1996년 실시된 JP Morgan의 아웃소싱 전략을 들 수 있는데, JP Morgan은 우량금융기관으로서 우수한 시스템을 보유하고 있음에도 불구하고 이를 더욱 효율적으로 운용하기 위한 기술력의 유지와 고도화에 부심해 왔다. 이를 위해 JP Morgan은 CSC, Anderson Consulting, AT&T Solutions, Bell·Atlantic 등 5개 기업과 컨소시엄을 구성하여 동 컨소시엄으로 하여금 JP Morgan의 시스템 부서의 역할을 담당하도록 하였다. CSC는 데이터센터의 유지 및 시스템 운용, Anderson Consulting은 업무지원, AT&T Solutions는 글로벌 네트워크, Bell·Atlantic은 'desktop service'라 불리는 사무실 내 네트워크를 각각 담당하였다. 이러한 제3단계의 아웃소싱에 의해 JP Morgan은 자사가 필요로 한 업무능력을 직접 조달하고 시스템 관련 비용을 고정비로부터 변동비로 전환하는 것이 가능하게 되었다. 제4단계는 기업적 네트워크를 형성하는 것으로, outsourcer와 기업이 네트워크라는 가상공간을 통해 결합되어 특정 부문의 서비스를 네트워크상에서 공유하는 가장 발전된 단계를 지칭한다. 한국증권업협회, 「금융위 T/F 주요 이슈에 대한 추가검토 Ⅲ-업무위탁, 상법상 익명조합 및 조합출자지분-」, 증권산업지원부 법규업무실 자료(2006. 8), 2-3쪽.

2) 신인석, 전게자료(2008. 4. 21), 7쪽.

제43조(검사 및 처분)

① 제42조 제 1 항에 따라 업무를 위탁받은 자는 그 위탁받은 업무와 관련하여 그 업무와 재산상황에 관하여 금융감독원장의 검사를 받아야 한다. 이 경우 제419조 제 5 항부터 제 7 항까지 및 제 9 항을 준용한다.

② 금융위원회는 제42조 제 1 항에 따라 업무를 위탁받은 자가 다음 각 호의 어느 하나에 해당하는 경우에는 위탁계약의 어느 한쪽 또는 양쪽 당사자에게 위탁계약의 취소 또는 변경을 명할 수 있다.

1. 제42조 제10항에서 준용하는 제54조, 제55조 또는 「금융실명거래 및 비밀보장에 관한 법률」 제 4 조 제 1 항, 같은 조 제 3 항부터 제 5 항까지의 규정을 위반한 경우
2. 제 1 항 전단에 따른 검사를 거부·방해 또는 기피한 경우
3. 제 1 항 후단에서 준용하는 제419조 제 5 항에 따른 보고 등의 요구에 불응한 경우
4. 별표 1 각 호의 어느 하나(그 위탁받은 업무와 관련된 것에 한한다)에 해당하는 경우

③ 금융위원회는 제 2 항에 따라 조치를 한 경우에는 그 내용을 기록하고, 이를 유지·관리하여야 한다.

④ 금융투자업자 또는 제42조 제 1 항에 따라 업무를 위탁받은 자(업무를 위탁받았던 자를 포함한다)는 금융위원회에 자기에 대한 제 2 항에 따른 조치 여부 및 그 내용을 조회할 수 있다.

⑤ 금융위원회는 제 4 항의 조회요청을 받은 경우에는 정당한 사유가 없는 한 조치 여부 및 그 내용을 그 조회 요청자에게 통보하여야 한다.

⑥ 제425조는 제 2 항에 따른 위탁계약의 취소 또는 변경명령에 관하여 준용한다.

Ⅰ. 총 설

제43조는 Negative 체제로의 전환과 함께 광범위한 업무위탁이 행해질 경우, 업무수탁자에 대한 감독을 강화하려는 차원에서 입법화된 것이다. 구법과 같은 Positive 체제에서는 감독기관의 업무위탁에 대한 감독이 용이하다는 장점이 있었지만, 금융투자업자의 경영전략에 있어서 유연성이 떨어진다는 단점이 발견되었다. 그러나 현행법과 같은 Negative 체제에서는 구체제와는 반대의 결과가 발생한다. 즉 금융투자업자가 경영판단에 따라 전략적으로 업무위탁을 신속히 할 수 있는 장점도 있지만, 감독기관이 사전에 불허하는 업무들을 시행령에 명백하게 규정하여야 하고 그렇지 못할 경우 감독하지 못하는 단점이 발생하는 것이다. 따라서 법이 금융투자상품의 정의, 금융투자업자의 부수업무 영위, 펀드종류별 투자자산 대상 폐지 등에서 Negative 체제로 전환한 것을 감안하여, 금융투자업자의 업무위탁을 통한 경영 효율성의 제고라는 장점은 발휘하되, 업무위탁에 따른 각종 감독 장치를 통하여 업무수탁자에 대한 적절한 감독을 행하여야 할 것이다.

Ⅱ. 검사 및 처분

1. 취　　지

사실 업무위탁계약은 금융투자업자가 외부의 제 3 자로부터 업무수행에 필요한 물품이나 서비스를 공급받기로 하는 계약과 같은 일반채권계약에 불과하므로, 동 계약의 체결에 대하여 정관규정에 의한 주주총회의 특별결의(예 : 타인과 영업의 손익을 같이 하는 계약 등의 체결)를 받는 것은 별론으로 하고(상법 374조 2호), 금융위원회로부터 별도의 인가나 승인을 받을 필요는 없다(법 42조 2항). 그러나 법문의 규정이 없음을 들어 업무를 위탁받은 자가 금융감독당국으로부터 검사나 제재가 면제되는지에 대해서는 의문이 제기된다. 왜냐하면 그의 부적절한 업무수행으로 인하여 금융투자업자의 업무를 마비시키는데 그치지 않고 직접적으로 일반 금융소비자들이 피해를 보기 때문인데, 제43조는 이러한 경우를 대비한 규정이다.

2. 비 교 법

비교법적으로 미국에서는 어떠한 요건을 충족할 때 금융감독당국이 업무를 위탁받은 자에 대한 검사에서 더 나아가 직접적으로 규제·감독까지 할 수 있는 조항도 발견된다. 예를 들어 은행에서의 업무위탁과 관련하여, 금융서비스회사법(The Bank Service Corporation Act)은 금융감독관청으로 하여금 계약에 의하여 은행에게 금융서비스업무(banking service)를 제공하는 아웃소싱 기업에 대해서도 감독권한이 있음을 명시하고 있다.[1] 즉 관련조항을 보면, "해당 연방은행감독기관으로부터 감독대상이 되는 은행·은행자회사·은행제휴회사[이하 은행]가 계약이나 기타의 방법으로 [제 3 자로 하여금] 본장에서 인가받은 어떠한 서비스[금융서비스]를 은행내부나 은행외부에서 은행의 이익을 위하여 제공토록 하는 경우, (1) 마치 동 서비스가 은행내부에서 수행되는 것과 동일한 정도로 당해 서비스이행에 대하여 [제 3 자는] 감독기관으로부터 규제·감독을 받아야 하고, (2) 은행은 당해 서비스계약체결 혹은 당해 서비스 제공 중 우선적으로 도래한 사실발생일로부터 30일 내에 서비스계약관계의 존재에 대하여 감독기관에게 사후 통지하여야 한다"고 규정하고 있다.[2]

3. 위탁계약의 취소 또는 변경

이러한 외국의 입법례와 비교할 때, 법 제43조 제 1 항은 업무를 위탁받은 자에 대해 금감원장의 검사만을 받도록 함으로써 규제를 다소 완화하고 있다. 그렇지만 법 제43조

1) 12 U.S.C. §1861 (1999).
2) 12 U.S.C. §1867(c) (1999) ([　]부분은 논자가 첨가).

제 2 항에서는 다음의 경우 금융위원회가 업무수탁자나 금융투자업자를 상대로 직접 또는 간접적으로 위탁계약의 취소 또는 변경 명령을 내릴 수 있도록 규정하고 있는데, 이를 통해 간접적이나마 제재로서의 효과도 달성할 수 있는 것이다.

① 업무를 위탁받은 자가 외부에 공개되지 아니한 투자자의 직무관련 정보를 이용하거나 투자자를 상대로 법에서 금지하는 손실보장약정을 하는 경우, 또는 투자자로부터 서면상의 요구나 동의를 받지 않은 채 투자자에 대한 금융거래정보를 타에게 제공하거나 누설하는 등 금융실명제법(4조 1항·3항-5항)을 위반한 경우

② 업무를 위탁받은 자가 업무와 재산상황에 관한 금감원장의 검사를 거부·방해 또는 기피하는 경우

③ 업무를 위탁받은 자가 금감원장의 검사와 관련하여 업무 또는 재산에 관한 보고 등의 요구에 불응하는 경우

④ 업무위탁계약 취소·변경 명령사유를 상세히 규정한 [별표 1]에 해당하는 경우

업무위탁계약이 체결될 경우, 종래에는 전혀 금융에 관여하지 않았던 비금융기업들이 금감원장으로부터 검사를 받고 금융위원회로부터 제재당할 수 있다는 사실은 매우 이례적이다. 따라서 금융투자업자가 아웃소싱계약을 체결할 경우에는, ① 업무수탁자가 추후 금감원장으로부터 검사의 대상이 될 수 있다는 점, ② 검사시 준수사항을 적절히 이행하기 위하여 상호간 적절하게 정보를 제공하고 협조하여야 한다는 점 등을 명시하는 것이 바람직하다. 한편 금융위원회는 계약취소나 계약변경의 명령이 절차적으로 적법하였고 실체적으로 비례의 원칙에 합치된다는 점을 객관적으로 증명할 수 있어야 한다. 따라서 금융위원회는 업무위탁계약을 취소하거나 변경하는 명령을 행할 때 이를 반드시 기록하여 유지·관리하여야 할 의무가 있는 것이다(법 43조 3항). 한편 금융투자업자나 업무를 위탁받은 자는 금융위원회에 자신에 대한 조치 여부 및 내용을 조회할 수 있으며 금융위원회는 정당한 사유가 없는 한 이에 응하여야 한다(법 43조 4항·5항). 그리고 금융위원회의 조치에 불복하는 금융투자업자나 업무수탁자는 법 제425조에 의하여 이의를 신청할 수 있다.

제44조(이해상충의 관리)

① 금융투자업자는 금융투자업의 영위와 관련하여 금융투자업자와 투자자 간, 특정 투자자와 다른 투자자 간의 이해상충을 방지하기 위하여 이해상충이 발생할 가능성을 파악·평가하고, 내부통제기준이 정하는 방법 및 절차에 따라 이를 적절히 관리하여야 한다.

② 금융투자업자는 제 1 항에 따라 이해상충이 발생할 가능성을 파악·평가한 결과 이해상충이 발

생할 가능성이 있다고 인정되는 경우에는 그 사실을 미리 해당 투자자에게 알려야 하며, 그 이해상충이 발생할 가능성을 내부통제기준이 정하는 방법 및 절차에 따라 투자자 보호에 문제가 없는 수준으로 낮춘 후 매매, 그 밖의 거래를 하여야 한다.

③ 금융투자업자는 제2항에 따라 그 이해상충이 발생할 가능성을 낮추는 것이 곤란하다고 판단되는 경우에는 매매, 그 밖의 거래를 하여서는 아니 된다.

Ⅰ. 본조의 취지

이해상충행위란 투자자의 이익을 해하면서 자신이나 타 투자자의 이익을 추구하는 행위인데, 이는 단일의 금융투자업을 영위하는 경우에도 발생 가능하지만 복수의 금융투자업을 사내겸영할 경우에는 그 발생가능성이 더욱 커진다고 할 수 있다. 법 제44조 제1항과 제2항은 금융투자업자로 하여금 이러한 이해상충행위를 관리하기 위하여 내부통제기준이 정하는 방법 및 절차를 객관적이고 투명하게 마련할 것을 요구하고, 만일 금융투자업자가 부득이하게 당해 절차를 따를 수 없는 경우에는 고객으로부터 승인을 받도록 하고 있다.

이러한 제44조 제1항은 미국의 'Dumping 규제에 있어서 객관적이고 투명한 절차의 확립'을 우리 법제로 수용한 것으로 평가된다. 객관적이고 투명한 절차, 소위 '이해상충 관리를 위한 내부통제(internal controls) 시스템'을 마련하는 방법은 이해상충을 제거하기보다는 피해의 가능성을 최소화하는 방향으로 내규를 제정하여 펀드매니저의 행위를 자체적으로 통제한다는 측면에서 규제적인 접근방식과 대동유사하다. 내부통제시스템이란 상시적으로 이해상충이 발생할 가능성을 파악·평가하며 내부통제기준이 정하는 바에 따라 이를 적절히 관리하도록 하는 시스템을 말하는데, 고객계정의 자기거래나 쌍방대리거래에 참여하는 상한선(예: 금액대비, 보유비율대비 등)을 정한 내규 등을 대표적인 예로서 들 수 있다.[1] 물론 경우에 따라서는 회사가 이러한 한도를 벗어날 수도 있다. 그렇지만 한도 초과의 거래를 할 경우에는 중첩적으로 제44조 제1항의 내부통제와 제2항의 고객동의를 얻도록 함으로써, 외견상 고객계정에 있어서 비정상적인 자산운용 행태가 발견되더라도 소송이나 제재로 가게 되는 최악의 상황을 막을 수 있을 것이다. 마지막으로 제44조 제3항은 이해상충의 가능성을 낮추는 것이 곤란하다고 판단되는 경우에는

1) 예를 들어 Investment Company Act Rule 10f-3, 17 C.F.R. §270.10f-3, 62 Fed. Reg. 42, 408(Aug. 7, 1997) and 66 Fed. Reg. 10 (Jan. 16, 2001) and 68 Fed. Reg. 3142(Jan. 22, 2003) 참조.

금융투자업자로 하여금 아예 금융서비스의 제공을 단념하도록 규정하고 있다(소위 '거래단념의무').

[자본시장법상 이해상충 방지장치 개관]

1. 신의성실·이해상충방지(법 제37조), 선관의무·충실의무(법 제79조, 제96조, 제102조)
2. 금융투자업자별 이해상충행위 직접 금지(법 제71조, 제85조, 제98조, 제108조)
3. 이해상충 발생가능성 파악·평가 등 내부통제기준 마련(법 제44조 제 1 항)
4. 이해상충 발생가능성 투자자 고지 및 방지조치 후 거래(법 제44조 제 2 항, 제 3 항)
5. 정보교류 차단장치 설치(법 제45조)

Ⅱ. 금융투자업자의 고객에 대한 이해상충행위 사전 개시와 고객의 승인

법 제44조 제 2 항을 피상적으로 보면 금융투자업자가 고객에게 사전에 이해상충의 발생가능성을 통지하는 것으로 족하고 고객의 승인은 필요하지 않다고 오해할 수 있다. 그런데 단지 이해상충의 발생가능성을 통지하는 것만으로 금융투자업자가 면책된다고 한다면, 정당화할 수 없는 자기거래나 쌍방대리행위를 한 금융투자업자에게 책임을 물을 수 없는 면죄부를 주는 셈이 되는데, 이러한 해석은 구체적인 타당성과 정당성을 결여한다. 따라서 법문의 "그 이해상충이 발생할 가능성을 내부통제기준이 정하는 방법 및 절차에 따라 투자자 보호에 문제가 없는 수준으로 낮춘 후"라는 문구는 금융투자업자가 고객에게 이해상충에 관한 정보를 충분히 납득할 수 있을 정도로 고지(disclosure)한 후 고객으로부터 승인(informed consent)을 받아야 한다는 것으로 해석하여야 한다. 여기서의 승인에는 사전승인뿐만 아니라 사후승인(추인)이 모두 포함된다.

비교법적으로 미국의 투자자문업법 제206(3)조는 법령상의 투자자문업자(등록된 자에 한하지 않음)가 "거래의 종료 전에 서면으로 고객에게 당해 거래에 있어서 자신이 자기거래 혹은 쌍방대리행위를 하고 고객에게 승인을 구한다는 점을 밝히지 않는 한," 본인 혹은 타인의 이익을 위하여 고객과 거래하는 것을 위법이라고 규정한다. 물론 동 조항은 투자자문업자로 행위하지 않는 중개인이나 자기매매인과의 거래에 대해서는 적용을 배제하고 있다. 그러나 투자자문업자에 관한 법령상의 정의가 너무도 광의이므로 "특별한 대가"를 받고 상당한 투자운용서비스를 제공하는 증권업자에 대해서는 동 조항이 적용된다. 그런데 금융투자업자들은 어떠한 기준에 의하더라도 법령상의 투자자문업자에 해당할 것이므로, 투자자문업법 제206(3)조의 적용을 받게 된다. 더욱이 제206(3)조는 자금수탁자에게 적용할 수 있는 보통법상의 원칙들을 법문화한 것이므로, 금융투자업자들의

자기거래와 쌍방대리행위에 대한 일응의 기준을 정립한 것이다.[1]

Ⅲ. 기타 쟁점

1. 고지 및 승인의 대상행위

추가적으로 해결하여야 할 문제는 고지하고 승인받아야 할 대상의 범위이다. 금융투자업자의 상한가 혹은 하한가에 의한 매매가 다른 금융기관에서의 매매가격보다 불리하게 이루어진 경우에 금융투자업자는 동 사실과 가격을 고지하여야 하고, 고객은 충분한 정보를 숙지한 상태에서 과도한 지급에 대해 동의를 하여야 한다. 물론 다른 가치 있는 서비스를 패키지로서 함께 제공함으로써 비용에 계상된 경우는 예외이다.[2] 금융투자업자는 “위험 없는 자기거래업(riskless principal transactions)”을 영위하는지 여부를 고지하여야 한다.[3] 그 외 자기거래의 위험성이 높은 거래들도 광범위한 고지가 이루어져야 한다. 예를 들어 펀드매니저가 유일한 시장조성자인 경우, 중개부서가 본인의 이익을 위하여 혹은 다른 고객의 이익을 위하여 어떠한 고객에게 주문을 권유하는 등의 부당권유행위를 주도한 경우, 인수가 시장에서 검증받지 않은 회사의 주식에 관련된 경우 등이 그것이다. 한편 요구되는 고지의 정도는 고객의 이익을 저해할 가능성, 고객에 대한 고지의 적절성 및 고지사항에 대한 고객의 평가능력 등과 함수관계에 있다.

2. 포괄적 승인의 허용 여부

관련 쟁점으로서 특정 유형의 거래에 있어서 얼마나 자주 공시를 하여야 하는지 그리고 그에 관한 승인을 받아야 하는지가 문제된다. 펀드매니저가 복수의 거래를 행하기 전에 미리 포괄적인 승인(blanket consent)을 받아야 하는가? 아니면 개별거래의 세부내역을 고지하고 각각 별개의 동의를 받아야만 하는가? 이 문제와 관련하여 법 제44조 제 2 항은 아무런 시사점을 주지 않는다. 참고로 미국에서도 법 제44조 제 2 항에 해당하는 투자자문업법 제206(3)조의 해석과 관련하여 포괄승인이 가능한지 여부가 문제되어 왔다. 법문을 엄격하게 해석하면 개별 승인만을 의미한다고 협소하게 볼 것이지만, 고객에 대해 서면에 의한 완전한 공시가 이루어지고 ‘비준서와 사업보고서 요약본(confirmations and annual summaries)’에 실행거래에 대한 완전한 정보가 제공된다면, 포괄승인도 허용된다는 학설이 있을 수 있는 것이다. 그렇지만 미국의 판례들은 사전의 포괄적인 공시와 승인은 자기

---

1) 김용재, “자본시장통합법상 이해상충방지체제에 관한 제언-미국의 규제원칙을 참조하여-,” 「상사법연구」 제26권 제 2 호(2007. 8. 31), 436쪽.

2) SEC Rule 10b-10, 17 C.F.R. §240.10b-10(West 2004).

3) Ibid.

거래나 쌍방대리의 경우 허용되지 않는다는 점을 명확히 하여 왔다.[1] 이는 자기거래나 쌍방대리행위가 허용되는 예외사유를 가능한 한 좁게 인정함으로써, 궁극적으로 고객보호에 만전을 기하려는 사법부의 의지라고 생각된다. 마찬가지로 법 제44조 제 2 항의 해석에 있어서도 포괄적인 승인은 허용되지 않는다고 판단된다.

제45조(정보교류의 차단)

① 금융투자업자는 그 영위하는 금융투자업(고유재산 운용업무를 포함한다. 이하 이 조에서 같다) 간에 이해상충이 발생할 가능성이 큰 경우로서 대통령령으로 정하는 경우에는 다음 각 호의 어느 하나에 해당하는 행위를 하여서는 아니 된다.

1. 금융투자상품의 매매에 관한 정보, 그 밖에 대통령령으로 정하는 정보를 제공하는 행위
2. 임원(대표이사, 감사 및 사외이사가 아닌 감사위원회의 위원을 제외한다) 및 직원을 겸직하게 하는 행위
3. 사무공간 또는 전산설비를 대통령령으로 정하는 방법으로 공동으로 이용하는 행위
4. 그 밖에 이해상충이 발생할 가능성이 있는 행위로서 대통령령으로 정하는 행위

② 금융투자업자는 금융투자업의 영위와 관련하여 계열회사, 그 밖에 대통령령으로 정하는 회사와 이해상충이 발생할 가능성이 큰 경우로서 대통령령으로 정하는 경우에는 다음 각 호의 어느 하나에 해당하는 행위를 하여서는 아니 된다.

1. 금융투자상품의 매매에 관한 정보, 그 밖에 대통령령으로 정하는 정보를 제공하는 행위
2. 임원(비상근감사를 제외한다) 및 직원을 겸직하게 하거나 파견하여 근무하게 하는 행위
3. 사무공간 또는 전산설비를 대통령령으로 정하는 방법으로 공동으로 이용하는 행위
4. 그 밖에 이해상충이 발생할 가능성이 있는 행위로서 대통령령으로 정하는 행위

시행령 **제50조**(금융투자업자의 정보교류의 차단) ① 법 제45조 제 1 항 각 호 외의 부분에서 "대통령령으로 정하는 경우"란 다음 각 호의 어느 하나에 해당하는 경우를 말한다. 다만, 정보교류에 따른 이해상충이 발생할 가능성이 크지 아니한 경우로서 금융위원회가 정하여 고시하는 경우는 제외한다.

1. 고유재산운용업무(누구의 명의로 하든지 자기의 계산으로 제 2 항 제 1 호에 따른 금융투자상품을 매매하거나 소유하는 업무로서 투자매매업이나 제68조 제 2 항에 따른 기업금융업무가 아닌 업무를 말한다. 이하 이 조에서 같다)·투자매매업·투자중개업과 집합투자업(집합투자재산을 금융투자상품에 운용하는 업무만 해당한다. 이하 이 조에서 같다)·신탁업(신탁재산을 금융투자상품에 운용하는 업무 및 집합투자재산·신탁재산 중 금융투자상품을 보관·관리하는 업무만 해당한다. 이하 이 조에서 같다) 간의 경우. 다만, 다음 각 목의 어느 하나에 해당하는 경우에는 법 제45조 제 1 항 각 호의 어느 하나에 해당하는 행위를 할 수 있다.
   가. 투자매매업·투자중개업 중 기업금융업무(법 제71조 제 3 호에 따른 기업금융업무를 말하며 집합투자증권에 대한 인수업무 또는 모집·매출·사모의 주선업무는 제외한다. 이하 이 조 및 제51조 제 3 항에서 같다)와 집합투자업 중 기업금융업무 간의 경우
   나. 고유재산운용업무·투자매매업·투자중개업 중 전담중개업무와 전문사모집합투자기구등의 투자자재산을 전담중

1) 따라서 포괄적인 동의는 제206(3)조의 자기거래시 충분하지 않다는 학설로는 Louis Loss & Joel Seligman, Securities Regulation, 3919 n. 48 (3d ed. 2001)이 있다.

개업무로서 보관·관리하는 신탁업 간의 경우

다. 투자매매업·투자중개업 중 집합투자증권의 판매업무, 그 밖에 고객의 재산 관리에 대한 종합적인 용역의 제공을 위하여 필요한 업무로서 금융위원회가 정하여 고시하는 업무(이하 이 목에서 "판매업무등"이라 한다)와 신탁업 간의 경우. 다만, 다음의 경우에는 법 제45조 제1항 각 호의 어느 하나에 해당하는 행위를 할 수 없다.

1) 판매업무등과 다른 투자매매업·투자중개업 및 고유재산운용업무 간의 경우

2) 투자매매업자나 투자중개업자가 투자자문업·투자일임업을 영위하는 경우 투자자문업·투자일임업과 판매업무등을 제외한 투자매매업·투자중개업 및 고유재산운용업무 간의 경우

3) 신탁업자가 투자자문업·투자일임업 및 집합투자업을 영위하는 경우 투자자문업·투자일임업 및 신탁업 중 신탁재산을 운용하는 업무와 집합투자업 및 신탁업으로서 집합투자재산을 보관·관리하는 업무 간의 경우

2. 기업금융업무와 고유재산운용업무·금융투자업 간의 경우. 다만, 다음 각 목의 경우에는 법 제45조 제1항 각 호의 어느 하나에 해당하는 행위를 할 수 있다.

가. 기업금융업무와 다음 각각의 업무 간의 경우

1) 주권비상장법인(법 제390조에 따른 증권상장규정에 따라 거래소에 주권의 상장예비심사를 청구하여 거래소로부터 그 주권이 상장기준에 적합하다는 확인을 받은 주권비상장법인은 제외한다. 이하 이 목에서 같다)에 출자하거나 금융위원회가 정하여 고시하는 방법에 따라 주권비상장법인에 자금을 지원하는 업무

2) 국채증권, 지방채증권, 제119조 제1항 각 호의 법률에 따라 직접 설립된 법인이 발행한 채권, 같은 조 제2항 각 호의 증권, 제11조 제1항 제1호 가목 및 나목에 따른 전문가 간에만 거래되는 증권으로서 금융위원회가 정하여 고시하는 기준을 충족하는 증권 및 제183조 제1항 각 호에 따른 기준을 충족하는 기업어음증권에 대한 매매를 하거나 그 매매를 중개·주선 또는 대리하는 업무

3) 법 제393조에 따른 증권시장업무규정에서 정하는 장중대량매매(場中大量賣買) 또는 시간외대량매매(時間外大量賣買)의 방법, 그 밖에 이에 준하는 방법으로 하는 주식의 매매를 중개·주선 또는 대리하는 업무

4) 인수업무 또는 모집·사모·매출의 주선업무를 수행하는 과정에서 해당 기업이 발행한 신주인수권증서를 매매하거나 이를 중개·주선 또는 대리하는 업무

5) 그 밖에 기업금융업무와의 연관성 등을 고려하여 금융위원회가 정하여 고시하는 업무

나. 기업금융업무 중 제68조 제2항 제4호의3 또는 제4호의4에 따른 업무와 고유재산운용업무 간의 경우

3. 전담중개업무와 고유재산운용업무·금융투자업(전담중개업무는 제외한다) 간의 경우

4. 기업금융업무와 전담중개업무 간의 경우

② 법 제45조 제1항 제1호에서 "금융투자상품의 매매에 관한 정보, 그 밖에 대통령령으로 정하는 정보"란 다음 각 호의 어느 하나에 해당하는 정보를 말한다. 다만, 이해상충이 발생할 가능성이 크지 아니한 경우로서 금융위원회가 정하여 고시하는 기준에 따라 제공하는 정보는 제외한다.

1. 금융투자상품의 매매에 관한 정보

2. 금융투자상품의 소유현황에 관한 정보. 다만, 투자자가 예탁한 증권의 총액과 증권의 종류별 총액에 관한 정보, 그 밖에 금융위원회가 정하여 고시하는 정보를 제공하는 경우는 제외한다.

3. 집합투자재산, 투자일임재산 및 신탁재산의 구성내역과 운용에 관한 정보. 다만, 금융위원회가 정하여 고시하는 방법과 절차에 따라 집합투자재산, 투자일임재산 및 신탁재산의 구성내역과 운용에 관한 정보 중 2개월이 지난 정보를 제공하는 경우는 제외한다.

4. 기업금융업무를 하면서 알게 된 정보로서 법 제174조 제1항 각 호 외의 부분에 따른 미공개중요정보

③ 법 제45조 제1항 제3호에서 "대통령령으로 정하는 방법"이란 다음 각 호의 방법을 말한다.

1. 사무공간이 벽이나 칸막이 등을 통하여 공간적으로 분리되지 아니하거나, 출입문을 공동으로 이용하는 방법

2. 법 제45조 제1항 제1호에 따른 정보에 관한 전산자료가 공유되지 못하도록 독립되어 저장·관리·열람되지 아니하는 방법

④ 법 제45조 제1항 제4호에서 "대통령령으로 정하는 행위"란 다음 각 호의 어느 하나에 해당하는 행위를 말한다.

1. 제1항 각 호에 따른 업무 간에 담당 부서를 독립된 부서로 구분하지 아니하거나, 담당 부서가 그 업무를 독립적으로 처리하지 아니하는 행위. 다만, 이해상충이 발생할 가능성이 크지 아니한 경우로서 금융위원회가 정하여 고

시하는 경우는 제외한다.
2. 제 1 항 각 호에 따른 업무를 수행하는 임직원 간에 해당 업무에 관한 회의를 하거나 통신을 한 경우에는 그 회의 또는 통신에 관한 기록을 유지하지 아니하거나, 매월 1회 이상 그 사항에 대하여 준법감시인(준법감시인이 없는 경우에는 감사 등 이에 준하는 자를 말한다)의 확인을 받지 아니하는 행위

제**51**조(계열회사 등과의 정보교류의 차단) ① 법 제45조 제 2 항 각 호 외의 부분에서 "대통령령으로 정하는 회사"란 다음 각 호의 회사를 말한다.
1. 금융투자업자가 집합투자업을 경영하는 경우에는 그 금융투자업자가 운용하는 집합투자기구의 집합투자증권을 판매하는 투자매매업자·투자중개업자(이하 이 조에서 "집합투자증권 판매회사"라 한다)
2. 금융투자업자가 제16조 제10항에 따른 외국 금융투자업자의 지점, 그 밖의 영업소인 경우에는 그 외국 금융투자업자등

② 법 제45조 제 2 항 각 호 외의 부분에서 "대통령령으로 정하는 경우"란 다음 각 호의 어느 하나에 해당하지 아니하는 경우를 말한다.
1. 법 제45조 제 2 항 제 1 호를 적용할 때 다음 각 목의 어느 하나에 해당하는 경우
   가. 국내외 법령에 따라 보유주식 등에 대한 보고·공시 등의 의무를 이행하기 위하여 해당 정보를 계열회사(제 1 항 제 2 호의 자를 포함한다. 이하 이 호에서 같다)에게 제공하는 경우
   나. 계열회사가 금융투자업자의 내부통제기준의 준수 업무 및 준수 여부에 대한 점검업무를 수행하기 위한 경우로서 그 계열회사에 관련 정보(제 3 항 제 3 호에 따른 정보는 제외한다. 이하 이 목에서 같다)를 제공하거나 계열회사와 금융투자업 관련 업무를 공동으로 수행하는 경우로서 그 계열회사에 관련 정보를 제공하는 경우. 이 경우 금융투자업자는 미리 금융위원회의 확인을 받은 내부통제기준에 따라 정보를 제공하여야 한다.
   다. 금융투자업자가 투자매매업 또는 투자중개업을 경영하는 경우로서 투자자가 예탁한 증권의 총액 및 증권의 종류별 총액에 관한 정보, 그 밖에 금융위원회가 정하여 고시하는 정보를 그 계열회사에게 제공하는 경우
   라. 집합투자재산, 투자일임재산 또는 신탁재산에 속하는 증권, 장내파생상품, 「외국환거래법」에 따른 대외지급수단의 단순한 매매주문업무를 계열회사에 위탁하는 경우로서 금융위원회가 정하여 고시하는 기준에 따라 그 매매주문업무에 필요한 증권, 장내파생상품, 「외국환거래법」에 따른 대외지급수단의 종류·가격·수량 등 금융위원회가 정하여 고시하는 정보를 그 계열회사에게 제공하는 경우
   마. 집합투자재산의 구성내역 및 운용에 관한 정보 중 2개월이 지난 정보를 금융위원회가 정하여 고시하는 기준에 따라 집합투자증권 판매회사에게 제공하는 경우
   바. 금융투자업자가 법 제42조 제 1 항에 따라 그 금융투자업자가 경영하는 업무의 일부를 계열회사에게 위탁하는 경우로서 같은 조 제 6 항에 따른 정보를 그 계열회사에게 제공하는 경우
   사. 계열회사가 금융투자업자의 내부통제기준의 준수 업무 및 준수 여부에 대한 점검업무를 수행하기 위하여 금융위원회가 정하여 고시하는 기준에 따라 그 계열회사에 제 3 항 제 3 호에 따른 정보를 제공하는 경우
2. 법 제45조 제 2 항 제 2 호를 적용할 때 다음 각 목의 어느 하나에 해당하는 경우. 다만, 다목부터 차목까지의 경우에는 미리 금융위원회의 확인을 받은 경우만 해당한다.
   가. 집합투자업자가 아닌 금융투자업자의 상근 임직원이 집합투자업(외국 법령에 따른 집합투자업에 상당하는 영업을 포함한다. 이하 이 호에서 같다)을 경영하지 아니하는 계열회사(제 1 항 제 2 호의 자를 포함한다. 이하 이 호에서 같다)의 비상근 임직원(외국 법령에 따른 집합투자업에 상당하는 영업을 하는 계열회사의 경우에는 집합투자업의 직무를 수행하지 아니하는 임직원으로 한정한다. 이하 이 호에서 같다)을 겸직하거나, 집합투자업자가 아닌 금융투자업자의 비상근 임직원이 집합투자업을 경영하지 아니하는 계열회사의 임직원을 겸직하는 경우
   나. 집합투자업자가 아닌 금융투자업자가 그 임직원을 집합투자업을 경영하지 아니하는 계열회사에 파견하여 근무하게 하거나 집합투자업을 경영하지 아니하는 계열회사로부터 그 임직원을 파견받아 근무하게 하는 경우
   다. 투자자문업자 또는 투자일임업자의 상근 임직원이 계열회사의 비상근 임직원을 겸직하거나, 투자자문업자 또는 투자일임업자의 비상근 임직원이 계열회사의 임직원을 겸직하는 경우

라. 집합투자업자의 상근 임직원(집합투자업을 경영하는 겸영금융투자업자의 경우에는 금융투자업의 직무를 수행하는 임직원만 해당한다)이 집합투자업을 경영하는 계열회사 또는 금융지주회사(「금융지주회사법」에 따른 금융지주회사를 말하며, 외국 법령에 따라 설립된 회사로서 이와 비슷한 회사를 포함한다. 이하 이 호에서 같다)인 계열회사의 비상근 임직원을 겸직하거나 집합투자업자의 비상근 임직원이 집합투자업을 경영하는 계열회사 또는 금융지주회사인 계열회사의 임직원(집합투자업을 경영하는 겸영금융투자업자의 경우에는 금융투자업의 직무를 수행하는 임직원만 해당한다)을 겸직하는 경우

마. 집합투자업자가 그 임직원(집합투자업을 경영하는 겸영금융투자업자의 경우에는 금융투자업의 직무와 관련이 있는 임직원만 해당한다. 이하 이 목에서 같다)을 집합투자업을 경영하는 계열회사 또는 금융지주회사인 계열회사에 파견하여 근무(집합투자업을 경영하는 겸영금융투자업자의 경우에는 금융투자업의 직무를 수행하는 경우만 해당한다. 이하 이 목에서 같다)하게 하거나 집합투자업을 경영하는 계열회사 또는 금융지주회사인 계열회사로부터 임직원을 파견받아 근무하게 하는 경우

바. 집합투자업자의 임직원이 그 집합투자업자가 업무집행사원인 사모투자전문회사(법 제9조 제18항 제7호에 따른 사모투자전문회사를 말한다. 이하 같다)가 투자한 회사(사모투자전문회사의 투자목적에 부합되는 회사에 한한다)의 비상근 임직원을 겸직하거나 집합투자업자가 그 임직원을 파견하여 근무하게 하는 경우

사. 집합투자업자가 외국 법령에 따라 외국에서 법 제279조 제1항에 따른 외국 집합투자기구(이하 "외국 집합투자기구"라 한다)를 설정·설립하는 경우로서 해당 집합투자업자의 임직원이 해당 외국 집합투자기구의 비상근 임원을 겸직하는 경우

아. 집합투자업을 경영하는 겸영금융투자업자의 임직원 중 금융투자업의 직무를 수행하지 아니하는 임직원이 금융투자업을 경영하지 아니하는 계열회사의 임직원을 겸직하는 경우

자. 집합투자업을 경영하는 겸영금융투자업자의 임직원 중 금융투자업의 직무와 관련이 없는 임직원을 금융투자업을 경영하지 아니하는 계열회사에 파견하여 근무하게 하거나 금융투자업을 경영하지 아니하는 계열회사로부터 그 임직원을 파견받아 금융투자업 외의 직무에 근무하게 하는 경우

차. 그 밖에 가목부터 자목까지의 규정에 준하는 경우로서 금융위원회가 정하여 고시하는 경우

3. 법 제45조 제2항 제3호를 적용할 때 다음 각 목의 어느 하나에 해당하는 경우

가. 계열회사와 함께 투자자, 그 밖의 고객과 대면하여 안내·상담·투자권유·계약체결 등의 업무를 처리하기 위한 사무공간을 계열회사와 공동으로 이용하는 경우

나. 가목에 따른 업무를 처리하기 위하여 출입문을 계열회사와 공동으로 이용하는 경우

③ 법 제45조 제2항 제1호에서 "금융투자상품의 매매에 관한 정보, 그 밖에 대통령령으로 정하는 정보"란 다음 각 호의 어느 하나에 해당하는 정보로서 불특정 다수인이 알 수 있도록 공개되기 전의 것을 말한다. 다만, 이해상충이 발생할 가능성이 크지 아니한 경우로서 금융위원회가 정하여 고시하는 기준에 따라 제공하는 정보는 제외한다.

1. 금융투자업자의 금융투자상품(금융위원회가 정하여 고시하는 것은 제외한다)의 매매 및 소유현황에 관한 정보
2. 투자자의 금융투자상품 매매 및 소유현황에 관한 정보
3. 집합투자재산, 투자일임재산 및 신탁재산의 구성내역과 운용에 관한 정보
4. 기업금융업무를 하면서 알게 된 정보로서 법 제174조 제1항 각 호 외의 부분에 따른 미공개중요정보

④ 법 제45조 제2항 제3호에서 "대통령령으로 정하는 방법"이란 다음 각 호의 방법을 말한다.

1. 사무공간이 벽이나 칸막이 등으로 공간적으로 분리되지 아니하거나, 출입문을 공동으로 이용하는 방법
2. 법 제45조 제2항 제1호에 따른 정보에 관한 전산자료가 공유되지 못하도록 독립하여 열람되지 아니하는 방법

⑤ 법 제45조 제2항 제4호에서 "대통령령으로 정하는 행위"란 금융투자업자의 금융투자업무를 수행하는 임직원이 그 계열회사(제1항 제2호의 자를 포함한다) 또는 집합투자증권 판매회사의 임직원과 그 금융투자업의 업무에 관한 회의를 하거나 통신을 한 경우 해당 금융투자업자가 내부통제기준이 정하는 방법 및 절차에 따라 그 회의 또는 통신에 관한 기록을 유지하지 아니하거나 준법감시인(준법감시인이 없는 경우에는 감사 등 이에 준하는 자를 말한다)의 확인을 받지 아니하는 행위를 말한다.

Ⅰ. 본조의 취지

법 제45조는 이해상충의 가능성이 높은 것으로 인정되는 금융투자업간에는 사내겸영(1항)이든 제휴회사를 통한 겸업(2항)이든 그 형태를 불문하고 정보교류의 차단장치, 소위 chinese wall의 구축을 의무화하고 있다. 즉 투자매매업과 집합투자업 등 이해상충의 가능성이 큰 금융투자업에 있어서는 금융투자상품의 매매에 관한 정보 등 이해상충의 소지가 큰 정보의 제공을 금지하고, 임원(대표이사와 감사 제외)과 직원의 겸직을 금지하며, 이해상충의 발생을 예방할 수 있는 수준으로 사무공간과 전산설비의 공동이용을 금지하는 것이다.

Ⅱ. 격리방법

격리의 방법은 금융투자업자로 하여금 자기거래나 쌍방대리의 가능성이 있는 업무부문을 분리시키도록 요구하는 것이다. 예를 들어 자산운용부문과 중개부문의 물리적인 분리를 들 수 있다. 이러한 격리에 관한 발상은 원래 투자금융부서가 인수업무를 수행하는 중 혹은 은행이 여·수신업무를 영위하면서 고객에 대한 대출금의 원리금 상환을 감시하는 중 취득하게 된 내부정보의 처리에 관한 문제로부터 비롯되었다고 한다. 이때에는 격리를 함으로써 각 부서가 서로 다른 부서에서 하는 업무를 알지 못하게 되고, 그 결과 조직적인 유대관계로부터 상호간 영향을 받지 않게 된다는 것이다.[1)]

Ⅲ. 격리의 한계

이러한 격리가 자기거래·쌍방대리의 문제를 해결하는데 유용하다는 점에 대해서는 이론이 없지만, 격리도 한계를 갖는다. 실제로 격리는 특정 거래에서 회사의 이해가 드러나는 정도로 "공연한 사실이 된 정보(hard factual information)"의 이전만을 차단할 뿐이다. 즉 격리는 펀드매니저로 하여금 자신의 소속회사가 어떠한 증권의 인수나 대량매매거래(자신이 매도나 매수 포지션을 취하여야 하는 증권)에 참여한다는 사실을 모르게끔 하지는 못한다.

1) SEC, Report of the Advisory Committee for the Broker-Dealer Model Compliance Program, Guide to Broker-Dealer Compliance, announced in Exchange Act Release No. 11098, at 112(Nov. 13, 1974).

격리의 또 다른 문제점은 겸영의 한 쪽 부문이 투자금융업이나 상업은행업이고 다른 쪽 부문이 위탁매매업이나 자산운용업인 상황에서 전자가 내부정보를 접하게 되는 경우 발생한다. 즉 투자금융업이나 상업은행업을 영위하는 과정에서 거래업체에 대한 매우 부정적인 정보를 접하게 되는데, 이는 증권회사의 중개인이나 펀드매니저들이 도저히 접할 수 없는 고급정보에 해당한다. 실제로 발행회사의 주식매매를 권유한 중개인이 있었고, 동 시기에 그 중개인은 알지 못한 상황에서 투자금융 부문이 발행회사가 상당한 손실을 입었다는 사실을 알게 되었을 때와 관련한 사건이 미국의 Slade v. Shearson, Hammill & Co. 사건[1]이다. 1심법원은 본 사안에서 당해 회사가 부정적인 정보를 공시할 수 없지만, 당해 주식을 매수하던지 혹은 매수를 권유할 수도 없다는 견해를 표방하였다. 이 사건은 결국 격리규제가 어느 정도 한계가 있다는 점을 명백히 보여준 것이라고 판단한다.[2] 즉 격리방안만으로는 이해상충을 완전히 해소할 수 없는 것이다.

Ⅳ. 격리되어야 할 행위유형

법 제45조 제 1 항은 금융투자업자가 사내겸영을 할 경우에, 그리고 동조 제 2 항은 원칙적으로 제휴회사를 통한 겸업을 할 경우(시행령에서 겸업 이외의 경우에 대해서도 규정하고 있음)에 있어서, 격리되어야 할 행위유형을 규정한 것이다. 법 시행령 제50조는 전자에 대한 세부 내용을 정하고 있으며, 제51조는 후자에 대한 세부 내용을 정하고 있다.

1. 사내겸영의 경우

(1) 격리대상

1) '고유재산운용업무·투자매매업·투자중개업과 집합투자업·신탁업' 간의 경우

본조에서 고유재산운용업무란 누구의 명의로 하든지 자기의 계산으로 금융투자상품을 매매하거나 소유하는 업무로서, 투자매매업이나 법 시행령 제68조 제 2 항에 따른 기업금융업무가 아닌 업무를 말한다. 그리고 집합투자업은 집합투자재산을 금융투자상품에 운용하는 업무만을 말하며, 신탁업은 신탁재산을 금융투자상품에 운용하는 업무 및 집합투자재산·신탁재산 중 금융투자상품을 보관·관리하는 업무만을 말한다(법 시행령 50조 1항 1호). 고유재산운용업무와 투자매매업은 자기재산을 운용하는 경우인데 반하여, 집합투자업과 신탁업은 타인의 자산을 운용하는 경우이므로, 본질적으로 이해상충이 발생할 가능성이 있다. 따라서 법은 고유재산운용업무·투자매매업·투자중개업과 집합투자업·신탁업

---

1) 517 F.2d 398(2d Cir. 1974).

2) 왜냐하면 Slade 사건의 법리를 따르자면 회사의 투자금융부문 및 거래부문과 운용부문 사이에 설치된 차단벽(격리장치)을 실제로 무너뜨려야 하기 때문이다.

간의 경우를 격리대상으로 규정하고 있다(법 시행령 50조 1항 1호).

다만, 아래의 경우에는 정보교류차단 의무가 면제된다(법 시행령 50조 1 1호 단서).

가. 투자매매업·투자중개업 중 기업금융업무(법 71조 3호에 따른 기업금융업무를 말하며 집합투자증권에 대한 인수업무 또는 모집·매출·사모의 주선업무는 제외한다. 이하 이 조 및 51조 3항에서 같다)와 집합투자업 중 기업금융업무 간의 경우

나. 고유재산운용업무·투자매매업·투자중개업 중 전담중개업무와 전문사모집합투자기구등의 투자자재산을 전담중개업무로서 보관·관리하는 신탁업 간의 경우

다. 투자매매업·투자중개업 중 집합투자증권의 판매업무, 그 밖에 고객의 재산 관리에 대한 종합적인 용역의 제공을 위하여 필요한 업무로서 금융위원회가 정하여 고시하는 업무(이하 이 목에서 "판매업무등"이라 한다)와 신탁업 간의 경우. 다만, 다음의 경우에는 법 제45조 제1항 각 호의 어느 하나에 해당하는 행위를 할 수 없다.

1) 판매업무등과 다른 투자매매업·투자중개업 및 고유재산운용업무 간의 경우

2) 투자매매업자나 투자중개업자가 투자자문업·투자일임업을 영위하는 경우 투자자문업·투자일임업과 판매업무등을 제외한 투자매매업·투자중개업 및 고유재산운용업무 간의 경우

3) 신탁업자가 투자자문업·투자일임업 및 집합투자업을 영위하는 경우 투자자문업·투자일임업 및 신탁업 중 신탁재산을 운용하는 업무와 집합투자업 및 신탁업으로서 집합투자재산을 보관·관리하는 업무 간의 경우

2) '기업금융업무와 고유재산운용업무·금융투자업' 간의 경우

기업금융업무와 고유재산운용업무·금융투자업 간의 정보교류도 차단의 대상이 된다(법 시행령 50조 1항 2호).

다만, 아래와 같은 경우에는 차단의무가 면제된다.

가. 기업금융업무와 다음 각각의 업무 간의 경우

1) 주권비상장법인(법 390조에 따른 증권상장규정에 따라 거래소에 주권의 상장예비심사를 청구하여 거래소로부터 그 주권이 상장기준에 적합하다는 확인을 받은 주권비상장법인은 제외한다. 이하 이 목에서 같다)에 출자하거나 금융위원회가 정하여 고시하는 방법에 따라 주권비상장법인에 자금을 지원하는 업무

2) 국채증권, 지방채증권, 제119조 제1항 각 호의 법률에 따라 직접 설립된 법인이 발행한 채권, 같은 조 제2항 각 호의 증권, 제11조 제1항 제1호 가목 및 나목에 따른 전문가 간에만 거래되는 증권으로서 금융위원회가 정하여 고시하는 기준을 충족하는 증권 및 제183조 제1항 각 호에 따른 기준을 충족하는 기업어음증권에 대한 매매를 하거나 그 매매를 중개·주선 또는 대리하는 업무

3) 법 제393조에 따른 증권시장업무규정에서 정하는 장중대량매매(場中大量賣買) 또는 시간외대량매매(時間外大量賣買)의 방법, 그 밖에 이에 준하는 방법으로 하는 주식의 매매를 중개·주선 또는 대리하는 업무

4) 인수업무 또는 모집·사모·매출의 주선업무를 수행하는 과정에서 해당 기업이 발행한 신주인수권증서를 매매하거나 이를 중개·주선 또는 대리하는 업무

5) 그 밖에 기업금융업무와의 연관성 등을 고려하여 금융위원회가 정하여 고시하는 업무

나. 기업금융업무 중 법 제68조 제2항 제4호의3 또는 제4호의4에 따른 업무와 고유재산운용업무 간의 경우

3) '전담중개업무[1]와 고유재산운용업무·금융투자업(전담중개업무는 제외한다)' 간의 경우

전담중개업무와 고유재산운용업무·금융투자업(전담중개업무는 제외한다) 간의 정보교류도 차단의 대상이 된다(법 시행령 50조 1항 3호).

4) '기업금융업무와 전담중개업무' 간의 경우

기업금융업무와 전담중개업무 간의 정보교류도 차단의 대상이 된다(법 시행령 50조 1항 4호).

(2) 금지행위

법은 금융투자업자가 영위하는 금융투자업 간에 아래와 같은 행위를 하지 못하도록 규정하고 있다. 다만, 정보교류에 따른 이해상충이 발생할 가능성이 크지 아니한 경우로서 금융위원회가 정하여 고시하는 경우는 제외한다(법 45조 1항, 법 시행령 50조 1항).

첫째, 불특정 다수인이 알 수 있도록 공개되기 전의 정보로서, 금융투자업자의 금융투자상품(금융위원회가 정하여 고시하는 금융투자상품은 제외) 매매 및 소유현황에 관한 정보, 투자자의 금융투자상품 매매 및 소유현황에 관한 정보(다만, 투자자가 예탁한 증권의 총액과 증권의 종류별 총액에 관한 정보, 그 밖에 금융위원회가 정하여 고시하는 정보를 제공하는 경우는 제외), 집합투자재산, 투자일임재산 및 신탁재산의 구성내역과 운용에 관한 정보(다만, 금융위원회가 정하여 고시하는 기준에 따라 집합투자재산, 투자일임재산 및 신탁재산의 구성내역과 운용에 관한 정보 중 2개월이 지난 정보를 제공하는 경우는 제외), 기업금융업무를 하면서 알게 된 정보로서 법 제174조 제1항

---

1) "전담중개업무"란 제249조의2 제1항에 따른 전문사모집합투자기구, 그 밖에 대통령령으로 정하는 투자자(이하 이 조 및 제77조의3에서 "전문사모집합투자기구등"이라 한다)에 대하여 다음 각 호의 어느 하나에 해당하는 업무를 효율적인 신용공여와 담보관리 등을 위하여 대통령령으로 정하는 방법에 따라 연계하여 제공하는 업무를 말한다(법 6조 9항).
   1. 증권의 대여 또는 그 중개·주선이나 대리업무
   2. 금전의 융자, 그 밖의 신용공여
   3. 전문사모집합투자기구등의 재산의 보관 및 관리
   4. 그 밖에 전문사모집합투자기구등의 효율적인 업무 수행을 지원하기 위하여 필요한 업무로서 대통령령으로 정하는 업무

각 호 외의 부분에 따른 미공개중요정보의 교류가 금지된다(법 45조 1항 1호, 법 시행령 50조 2항).

둘째, 임원(대표이사, 감사 및 사외이사가 아닌 감사위원회의 위원 제외) 및 직원의 겸직이 금지된다. 그렇지만 해당 부문을 담당하는 등기 임원 1인을 반드시 두도록 하는 것은 아니다(법 45조 1항 2호).[1]

셋째, 사무공간 또는 전산설비의 공동 이용 등이 금지된다. 여기서 사무공간의 격리는 벽이나 칸막이 등을 통한 하드웨어적 개념인데 반하여, 전산설비의 분리는 전산자료의 공유 금지와 같은 소프트웨어적 개념이다(법 45조 1항 3호, 법 시행령 50조 3항).

넷째, 격리의 실효성을 극대화하기 위하여 업무간 담당 부서를 독립된 부서로 구분하거나 담당 부서가 업무를 독립적으로 처리하도록 의무화하고 있으며, 임직원 간의 회의·통신시 내부통제기준이 정하는 방법 및 절차에 따라 기록을 유지토록 하고 준법감시인의 확인을 거치도록 의무화하고 있다(법 45조 1항 4호, 법 시행령 50조 4항).

2. 겸업이나 기타의 경우

(1) 격리대상

금융투자업자는 금융투자업의 영위와 관련하여 일정한 회사와 이해상충이 발생할 가능성이 큰 경우로서 대통령령으로 정하는 경우에는 일정한 행위를 하여서는 아니 된다.

규제 대상이 되는 상대 회사는 아래와 같다(법 45조 2항, 법 시행령 51조 1항).

1. 계열회사

2. 금융투자업자가 집합투자업을 경영하는 경우에는 그 금융투자업자가 운용하는 집합투자기구의 집합투자증권을 판매하는 투자매매업자·투자중개업자(이하 이 조에서 "집합투자증권 판매회사"라 한다)

3. 금융투자업자가 제16조 제10항에 따른 외국 금융투자업자등의 지점, 그 밖의 영업소인 경우에는 그 외국 금융투자업자등

그리고, 대통령령으로 정보교류가 허용되는 경우는 다음과 같다(법 시행령 51조 2항).

1. 법 제45조 제2항 제1호를 적용할 때 다음 각 목의 어느 하나에 해당하는 경우

가. 국내외 법령에 따라 보유주식 등에 대한 보고·공시 등의 의무를 이행하기 위하여 해당 정보를 계열회사(1항 2호의 자를 포함한다. 이하 이 호에서 같다)에게 제공하는 경우

나. 계열회사가 금융투자업자의 내부통제기준의 준수 업무 및 준수 여부에 대한 점검업무를 수행하기 위한 경우로서 그 계열회사에 관련 정보(3항 3호에 따른 정보는 제외한다. 이하 이 목에서 같다)를 제공하거나 계열회사와 금융투자업 관련 업무를 공동으로 수행하는 경우로서 그 계열회사에 관련 정보를 제공하는 경우. 이 경우 금융투자업자는 미리 금융위원회의 확인을 받은 내부통제기준에 따라 정보를 제공하여야 한다.

---

1) 신인석, 전게 자료(2008. 4. 21), 17쪽.

다. 금융투자업자가 투자매매업 또는 투자중개업을 경영하는 경우로서 투자자가 예탁한 증권의 총액 및 증권의 종류별 총액에 관한 정보, 그 밖에 금융위원회가 정하여 고시하는 정보를 그 계열회사에게 제공하는 경우

라. 집합투자재산, 투자일임재산 또는 신탁재산에 속하는 증권, 장내파생상품, 「외국환거래법」에 따른 대외지급수단의 단순한 매매주문업무를 계열회사에 위탁하는 경우로서 금융위원회가 정하여 고시하는 기준에 따라 그 매매주문업무에 필요한 증권, 장내파생상품, 「외국환거래법」에 따른 대외지급수단의 종류·가격·수량 등 금융위원회가 정하여 고시하는 정보를 그 계열회사에게 제공하는 경우

마. 집합투자재산의 구성내역 및 운용에 관한 정보 중 2개월이 지난 정보를 금융위원회가 정하여 고시하는 기준에 따라 집합투자증권 판매회사에게 제공하는 경우

바. 금융투자업자가 법 제42조 제1항에 따라 그 금융투자업자가 경영하는 업무의 일부를 계열회사에게 위탁하는 경우로서 같은 조 제6항에 따른 정보를 그 계열회사에게 제공하는 경우

사. 계열회사가 금융투자업자의 내부통제기준의 준수 업무 및 준수 여부에 대한 점검업무를 수행하기 위하여 금융위원회가 정하여 고시하는 기준에 따라 그 계열회사에 제3항 제3호에 따른 정보를 제공하는 경우

2. 법 제45조 제2항 제2호를 적용할 때 다음 각 목의 어느 하나에 해당하는 경우. 다만, 다목부터 차목까지의 경우에는 미리 금융위원회의 확인을 받은 경우만 해당한다.

가. 집합투자업자가 아닌 금융투자업자의 상근 임직원이 집합투자업(외국 법령에 따른 집합투자업에 상당하는 영업을 포함한다. 이하 이 호에서 같다)을 경영하지 아니하는 계열회사(1항 2호의 자를 포함한다. 이하 이 호에서 같다)의 비상근 임직원(외국 법령에 따른 집합투자업에 상당하는 영업을 하는 계열회사의 경우에는 집합투자업의 직무를 수행하지 아니하는 임직원으로 한정한다. 이하 이 호에서 같다)을 겸직하거나, 집합투자업자가 아닌 금융투자업자의 비상근 임직원이 집합투자업을 경영하지 아니하는 계열회사의 임직원을 겸직하는 경우

나. 집합투자업자가 아닌 금융투자업자가 그 임직원을 집합투자업을 경영하지 아니하는 계열회사에 파견하여 근무하게 하거나 집합투자업을 경영하지 아니하는 계열회사로부터 그 임직원을 파견받아 근무하게 하는 경우

다. 투자자문업자 또는 투자일임업자의 상근 임직원이 계열회사의 비상근 임직원을 겸직하거나, 투자자문업자 또는 투자일임업자의 비상근 임직원이 계열회사의 임직원을 겸직하는 경우

라. 집합투자업자의 상근 임직원(집합투자업을 경영하는 겸영금융투자업자의 경우에는 금융투자업의 직무를 수행하는 임직원만 해당한다)이 집합투자업을 경영하는 계열회사 또는 금융지주회사(「금융지주회사법」에 따른 금융지주회사를 말하며, 외국 법령에 따라 설립된 회사로서 이와 비슷한 회사를

포함한다. 이하 이 호에서 같다)인 계열회사의 비상근 임직원을 겸직하거나 집합투자업자의 비상근 임직원이 집합투자업을 경영하는 계열회사 또는 금융지주회사인 계열회사의 임직원(집합투자업을 경영하는 겸영금융투자업자의 경우에는 금융투자업의 직무를 수행하는 임직원만 해당한다)을 겸직하는 경우

마. 집합투자업자가 그 임직원(집합투자업을 경영하는 겸영금융투자업자의 경우에는 금융투자업의 직무와 관련이 있는 임직원만 해당한다. 이하 이 목에서 같다)을 집합투자업을 경영하는 계열회사 또는 금융지주회사인 계열회사에 파견하여 근무(집합투자업을 경영하는 겸영금융투자업자의 경우에는 금융투자업의 직무를 수행하는 경우만 해당한다. 이하 이 목에서 같다)하게 하거나 집합투자업을 경영하는 계열회사 또는 금융지주회사인 계열회사로부터 임직원을 파견받아 근무하게 하는 경우

바. 집합투자업자의 임직원이 그 집합투자업자가 업무집행사원인 사모투자전문회사(법 9조 18항 7호에 따른 사모투자전문회사를 말한다. 이하 같다)가 투자한 회사(사모투자전문회사의 투자목적에 부합되는 회사에 한한다)의 비상근 임직원을 겸직하거나 집합투자업자가 그 임직원을 파견하여 근무하게 하는 경우

사. 집합투자업자가 외국 법령에 따라 외국에서 법 제279조 제 1 항에 따른 외국 집합투자기구(이하 "외국 집합투자기구"라 한다)를 설정·설립하는 경우로서 해당 집합투자업자의 임직원이 해당 외국 집합투자기구의 비상근 임원을 겸직하는 경우

아. 집합투자업을 경영하는 겸영금융투자업자의 임직원 중 금융투자업의 직무를 수행하지 아니하는 임직원이 금융투자업을 경영하지 아니하는 계열회사의 임직원을 겸직하는 경우

자. 집합투자업을 경영하는 겸영금융투자업자의 임직원 중 금융투자업의 직무와 관련이 없는 임직원을 금융투자업을 경영하지 아니하는 계열회사에 파견하여 근무하게 하거나 금융투자업을 경영하지 아니하는 계열회사로부터 그 임직원을 파견받아 금융투자업 외의 직무에 근무하게 하는 경우

차. 그 밖에 가목부터 자목까지의 규정에 준하는 경우로서 금융위원회가 정하여 고시하는 경우

3. 법 제45조 제 2 항 제 3 호를 적용할 때 다음 각 목의 어느 하나에 해당하는 경우

가. 계열회사와 함께 투자자, 그 밖의 고객과 대면하여 안내·상담·투자권유·계약체결 등의 업무를 처리하기 위한 사무공간을 계열회사와 공동으로 이용하는 경우

나. 가목에 따른 업무를 처리하기 위하여 출입문을 계열회사와 공동으로 이용하는 경우

(2) 금지행위

금융투자업자는 위에 해당하는 회사와 정보교류가 허용되는 경우 외의 경우에 있어

서는 아래와 같은 행위를 하여서는 아니 된다.

첫째, 불특정 다수인이 알 수 있도록 공개되기 전의 정보로서, 금융투자업자의 금융투자상품(금융위원회가 정하여 고시하는 것은 제외) 매매 및 소유현황에 관한 정보, 투자자의 금융투자상품 매매 및 소유현황에 관한 정보, 집합투자재산, 투자일임재산 및 신탁재산의 구성내역과 운용에 관한 정보, 기업금융업무를 하면서 알게 된 정보로서 법 제174조 제1항 각 호 외의 부분에 따른 미공개중요정보의 교류가 금지된다(법 45조 2항 1호, 법 시행령 51조 3항).

둘째, 임원(비상근감사를 제외한다) 및 직원을 겸직하게 하거나 파견하여 근무하게 하는 행위가 금지된다(법 45조 2항 2호).

셋째, 사무공간 또는 전산설비의 공동 이용 등이 금지된다(법 45조 항 3호, 법 시행령 51조 4항).

넷째, 그밖에 금융투자업자의 임직원이 그 계열회사 등의 임직원과 회의·통신시 내부통제기준이 정하는 방법 및 절차에 따라 기록을 유지토록 하고 준법감시인의 확인을 거치도록 의무화하고 있다(법 45조 2항 4호, 법 시행령 51조 5항).

[초판: 권순일, 개정판: 신현화]

제2관 투자권유 등

제46조(적합성 원칙 등)

① 금융투자업자는 투자자가 일반투자자인지 전문투자자인지의 여부를 확인하여야 한다.

② 금융투자업자는 일반투자자에게 투자권유를 하기 전에 면담·질문 등을 통하여 일반투자자의 투자목적·재산상황 및 투자경험 등의 정보를 파악하고, 일반투자자로부터 서명(「전자서명법」 제2조 제2호에 따른 전자서명을 포함한다. 이하 같다), 기명날인, 녹취, 그 밖에 대통령령으로 정하는 방법으로 확인을 받아 이를 유지·관리하여야 하며, 확인받은 내용을 투자자에게 지체 없이 제공하여야 한다.

③ 금융투자업자는 일반투자자에게 투자권유를 하는 경우에는 일반투자자의 투자목적·재산상황 및 투자경험 등에 비추어 그 일반투자자에게 적합하지 아니하다고 인정되는 투자권유를 하여서는 아니 된다.

시행령 제52조(투자목적 등의 확인방법) 법 제46조 제2항에서 "대통령령으로 정하는 방법"이란 다음 각 호의 어느 하나에 해당하는 방법을 말한다.

1. 전자우편, 그 밖에 이와 비슷한 전자통신
2. 우편
3. 전화자동응답시스템

Ⅰ. 총 설

금융투자상품의 취득은 필연적으로 투자위험을 수반하는 만큼 금융투자상품에 대한 투자판단은 투자자 자신의 책임 하에 하는 것이 기본원칙이다. 판례도 일찍이 구증권법 시행 당시부터 '자기책임의 원칙'을 증권투자의 기본원리로 인정하고 있다.[1] 그러나 금융의 세계화가 급격히 진행되어 자본시장에 영향을 미치는 정보가 시시각각 대량 생산될 뿐만 아니라 자산의 증권화 및 금융공학의 발전으로 고도로 복잡·다양한 금융투자상품이 제공되는 현대 자본시장에서는 일반투자자는 물론 심지어는 전문투자자들까지도 자신이 가지고 있는 정보와 지식만으로 정확한 투자판단을 한다는 것은 매우 어려운 일이 아닐 수 없다. 투자의 규모가 확대되고 그 선택의 폭이 커질수록 투자자의 입장에서는 투자판단에 필요한 정보와 투자에 관한 조언을 제공하는 전문가의 역할이 중요해진다.

자본시장법은 종래의 증권관련 법령과 달리 '투자권유 규제'를 전면적으로 도입하여 이를 입법화하였다는 데에 큰 특색이 있다. 이는 구증권법이 유가증권의 정의에 관하여 한정적 열거주의를 채택하고 있었고,[2] 종래의 자본시장 관련 법률이 금융회사를 중심으로 기관별 규율체제(Institutional Regulation)를 채택하고 있었던 데에 반하여, 금융투자상품의 정의에 관하여 포괄주의를 도입함과 아울러[3] 자본시장규제를 이른바 '경제적 실질이

1) 투자권유자의 책임에 관하여 이른바 보호의무이론을 밝힌 최초의 판결인 대법원 1994. 1. 11. 선고 93다26205 판결은 "무릇 증권거래는 본래적으로 여러 불확정 요소에 의한 위험성을 동반할 수밖에 없는 것으로서 투자가로서도 일정한 범위 내에서는 자신의 투자로 발생할지 모르는 손실을 스스로 부담해야 함이 당연…"하다고 판시하고 있다. 이에 관한 하급심 판결례를 살펴보면, 서울지방법원 1999. 5. 14. 선고 98가합96525 판결은 "일반적으로 주식투자를 하는 사람은 자신의 위험부담 하에서 주식거래를 하는 것이고, 증권회사 직원이 고객의 주식거래와 관련하여 고객에게 조언을 하는 경우에도 그 조언을 받아들여 주식거래를 할 것인지 여부는 고객이 자신의 책임과 부담으로 결정할 사항이라 할 것이다"라고 판결하였고, 서울지방법원 2000. 2. 1. 선고 99가합5212 판결은 "일반적으로 증권투자는 직접투자나 간접투자를 막론하고 증권의 종류나 매매의 시기 및 방법 등에 의하여 그 수익률이 변동함으로 인하여 항상 위험이 따르게 마련이고, 원칙적으로 투자자는 자신의 책임 아래 자신에게 개시되어진 정보를 기초로 당해 거래의 위험성을 판단하여 투자하고 그에 따른 위험을 부담하는 것이다(자기책임의 원칙)"라고 판결하였다.

2) 구증권법 제 2 조 제 1 항.

3) 법 제 3 조, 제 4 조, 제 5 조.

동일한 금융기능을 동일하게 규율하는' 기능별 규율체제(Functional Regulation)로 전환하면서 그에 대응하여 투자자 보호 제도를 선진화하기 위한 조치의 일환이다.

Ⅱ. 고객조사의무

1. 의의 및 연혁

금융투자업자는 투자자에게 투자권유를 하기 전에 먼저 그가 일반투자자인지 전문투자자인지 여부를 확인하여야 하고(법 46조 1항), 만약 그가 일반투자자라면 면담·질문 등을 통하여 그의 투자목적·재산상황 및 투자경험 등의 정보를 파악하여 그로부터 서명, 기명날인, 녹취 그 밖에 대통령령이 정하는 방법[1]으로 확인을 받아 이를 유지·관리하여야 하는데(법 46조 2항), 이를 '고객조사의무'라고 한다. 이러한 고객조사의무는 후술하는 '적합성 원칙'의 전제가 된다.

연혁적으로 고객조사의무의 기원은 미국 연방증권법 제정 이전인 1909년 뉴욕증권거래소(NYSE)가 채택한 "Know-your-customer" rule에서 찾을 수 있다.[2] 즉, 회원사는 고객 및 그의 주문, 현금 또는 신용계좌 등에 관한 기본적 사실관계에 대하여 상당한 주의의무를 다하여 조사하여야 한다는 것이다("use due diligence to learn the essential facts relative to every customer, every order, every cash or margin account…"). 이 규칙은 원래는 뉴욕증권거래소 회원들을 지급불능상태의 고객으로부터 보호할 의도로 제정된 것이나, 연방증권법 제정 이후 투자자 보호를 위한 규정으로 기능하게 되었다.[3]

연방증권법 제정 이후 결성된 전국증권업협회(NASD)가 제정한 공정관행규칙(Rules of Fair Practice)상의 적합성 원칙(Suitability)도 고객조사의무와 밀접한 관련이 있다. 원래 전국증권업협회의 공정관행규칙 중에는 "회원은 증권의 구입, 매각 또는 교환을 고객에게 권유함에 있어서 그 고객의 다른 증권 보유 현황과 재무상황 및 필요성에 대하여 고지한 사실(facts, if any, disclosed)을 기초로 그 권유가 고객에게 적합한 것이라는 합리적인 근거를 가져야 한다"는 규정이 있었다.[4] 그런데 전국증권업협회는 위 규정의 해석상 브로커·딜러 스스로 고객의 투자목적 및 재산상태를 조사할 의무, 즉 고객정보수집의무까지 부담하는 것은 아니라는 입장을 취하고 있었다. 이 때문에 1960년대에 미국에서 사회문제가

---

1) 법 시행령 제52조는 전자우편 그 밖에 이와 비슷한 전자통신, 우편, 전화자동응답시스템 등을 들고 있다.
2) Jerry W. Markham, "Protecting the Institutional Investor－Jungle Predator or Shorn Lamb?," 12 Yale J. on Reg. 345, 355-369(1995).
3) Geoffrey B. Goldman, "Crafting A Suitability Requirement for the Sale of Over-the-Counter Derivatives : Should Regulators Punish the Wall Street Hounds Of Greed?," 95 Colum. L. Rev. 1112, pp. 1129-1130(1995).
4) NASD Rule 2310.

된 소위 '보일러-룸 거래'(boiler-room operation)[1]에서 브로커·딜러들은 고객과 이전부터 거래관계가 없었고 고객의 투자목적 및 재산상태를 알지 못했기 때문에 적합성 원칙 위반에 대한 책임이 없다는 이유로 면책을 주장하는 일이 발생하였다. 이에 미국 의회는 1961년 SEC에 증권시장의 자율규제 시스템이 적절한지 여부 등을 조사·보고하도록 지시하였고,[2] SEC는 1963년 의회에 제출한 증권시장특별조사보고서에서 브로커·딜러의 부당행위를 방지하기 위한 대책으로서 전국증권업협회의 공정관행규칙에 있는 적합성 원칙의 개념을 보다 분명히 하면서, 이에 위반되는 행위의 유형과 기준을 제시할 것과 적합성 원칙 위반행위에 대한 제재를 강화할 것 등을 제안하기에 이르렀다. 이를 계기로 적합성 원칙은 브로커·딜러의 부당투자권유행위를 규제하는 수단으로 크게 각광을 받게 되었고, 그 후 전국증권업협회는 공정관행규칙을 개정하여 "회원은 기관투자자가 아닌 고객에 대하여 머니마켓 뮤츄얼펀드 이외의 투자를 권유하는 경우에는 고객의 재산상태, 조세 지위, 투자목적 기타 투자권유와 관련하여 고려하는 것이 합리적이라고 인정되는 정보를 수집하기 위해 합리적인 노력을 하여야 한다"는 규정을 두게 되었다.[3]

우리나라에서는 종래 금융감독위원회 규정인 증권업감독규정에서 증권회사의 고객조사의무를 규정하고 있었다. 즉, 증권회사는 일반고객[4]에게 투자권유를 개시하기 전에 고객과의 면담 등을 통하여 고객의 재무상황, 소득상황, 투자목적, 위험에 대한 태도, 투자경험 및 지식, 증권회사의 투자권유에 대한 고객의 의존도 등에 관한 정보("고객정보"라 한다)를 파악하기 위한 노력을 기울여야 하며, 증권회사가 파악한 고객정보를 고객의 서면확인을 받아 유지·관리하여야 한다(증감규정 4-15조 3항). 현행법은 종래 증권회사의 영업행위준칙이었던 고객조사의무를 금융투자업자의 투자권유에 관한 일반 원칙으로 규정하였다는 데 그 의의가 있다.[5]

---

1) 'boiler-room operation'이란 대개는 별로 가치가 없는 특정 회사의 발행주식(주로 'penny stock'이라고 하는 저가주가 여기에 해당한다)을 판매하기 위하여 고강도의 전화판촉(high pressure telephone sales campaign)을 하는 것을 말한다. 이 명칭은 판매사원들이 방 1개에 10대 내지 20대의 전화를 가설하고 보일러룸업자로부터 받은 자료에만 의존하여 'sucker list'라는 명단에 있는 사람들을 대상으로 주식의 매수를 권유한 데서 비롯되었다.

2) H.R.J. Res. 87-196, 87th Cong, 75 Stat. 465(1961).

3) NASD Rule 2310(b).

4) 종래 증권업감독규정은 투자자를 적격기관투자자와 일반고객으로 분류하여, "적격기관투자자"라 함은 유가증권거래에 필요한 전문적 능력을 갖추고 있다고 감독원장이 정하는 자로서 증권회사가 적격기관투자자라는 사실을 서면으로 통지한 고객을 말하고, "일반고객"이라 함은 증권회사의 서비스를 제공받는 자로서 적격기관투자자를 제외한 고객을 말한다고 정의하고 있었다(증감규정 4-1조 2항 6·7호).

5) 「금융투자회사의 영업 및 업무에 관한 규정」 제2-3조(투자자정보의 확인) 제 1 항은 "금융투자회사는 별지 제 1 호의 "일반투자자 투자정보 확인서"(이하 "투자자정보 확인서"라 한다)를 참조하여 해당 금융투자회사가 자율적으로 정한 서식에 따라 일반투자자의 투자목적, 재산상황 및 투자경험 등의 정보(이하 "투자자정보"라 한다)를 확인하고, 해당 일반투자자로부터 서명(「전자서명법」 제 2 조 제 2 호에 따른 전자서명을 포함한다. 이하 같다), 기명날인, 녹취, 전자우편 또는 그 밖에 이와 유사한 전자통신, 우편, 전화자동응답시스템(이하 "서명 등"이라 한다)의 방법으로 확인을 받아 유지·관리하여야 한다"고 규정하고 있다.

2. 정보미제공 고객

정보미제공 고객이란 투자매매업자 또는 투자중개업자가 투자자에게 투자자정보를 제공하지 아니하면 보호를 받을 수 없다는 점을 통지하였음에도 불구하고 자신의 정보를 제공하지 않겠다는 의사를 서면으로 제출한 투자자를 말한다(금융투자업규정 4-20조 1항 5호 라목). 금융투자업자는 정보미제공 고객에 대하여 ① 증권시장에 상장되어 있지 아니한 증권으로서 향후 상장이 확정되지 아니한 증권, ② 증권시장에서 투자경고종목·투자위험종목·관리종목으로 지정된 증권, ③ 투자적격등급에 미치지 아니하거나 신용등급을 받지 아니한 사채권, 자산유동화증권, 기업어음증권 및 이에 준하는 고위험 채무증권, ④ 신용거래 및 투자자예탁재산규모에 비추어 결제가 곤란한 증권거래, ⑤ 파생상품(파생결합증권 및 법 93조에서 정한 집합투자기구의 집합투자증권을 포함한다)거래 등에 해당하는 증권투자나 거래를 권유해서는 안 된다(금융투자업규정 4-20조 1항 5호 라목). 이에 위반하는 행위는 불건전영업행위로서 제재의 대상이 된다.

Ⅲ. 적합성 원칙

1. 의 의

금융투자업자가 일반투자자에게 투자권유를 하는 경우에는 일반투자자의 투자목적·재산상황 및 투자경험 등에 비추어 그 일반투자자에게 적합하지 아니하다고 인정되는 투자권유를 하여서는 아니 되는데(법 46조 3항), 이를 적합성 원칙이라고 한다. 법은 고객조사의무와 더불어 적합성 원칙을 금융투자업자의 투자권유에 관한 일반원칙으로 규정하고 있다.

적합성 원칙의 연원에 관해서는 전술한 바와 같다. 우리나라의 경우, 적합성 원칙 역시 종래에는 증권회사의 영업행위준칙으로서 증감규정에 규정되어 있었다. 즉, 증권회사가 일반고객을 상대로 투자권유를 하는 경우에는 당해 투자대상이 고객의 투자목적, 재산상태, 유가증권 투자내역 및 위험에 대한 태도 등에 비추어 당해 고객에게 적합하다고 볼 수 있는 합리적 근거를 가지고 있어야 한다는 것이다(증감규정 4-15조 2항).[1) 2)]

---

1) 「금융투자회사의 영업 및 업무에 관한 규정」 제2-4조(투자권유의 적합성 등) 제1항은 "금융투자회사가 일반투자자에게 투자권유를 하는 경우 해당 일반투자자의 투자자정보를 감안하여 가장 적합한 금융투자상품의 매매, 투자자문계약, 투자일임계약 또는 신탁계약의 체결을 권유하여야 한다"고 규정하고 있다.

2) 한국금융투자협회 표준투자권유준칙 제5조(고객 및 금융투자상품의 분류)는 고객의 투자성향을 투자자정보 확인서의 기초정보 평가결과에 따라 안정형, 안정추구형, 위험중립형, 적극투자형, 공격투자형의 5단계로, 금융투자상품 및 포트폴리오의 투자위험도를 초저위험, 저위험, 중위험, 고위험, 초고위험의 5단계로 각 분류하도록 규정하고 있고{기초정보 평가결과에 따른 투자성향(평가결과 투자성향)과 고객의 위험선호도에 따른 투자성향(위험선호 투자성향)이 상이한 경우에는 위험선호 투자성향에 따

2. 금융투자상품 조사의무

법에 명문의 규정은 없지만 적합성 원칙의 전제로서 금융투자업자에게는 고객조사의무와 더불어 금융투자상품 조사의무가 있다고 보아야 한다. 금융투자업규정은 투자권유와 관련하여 '신뢰할 만한 정보·이론 또는 논리적인 분석·추론 및 예측 등 적절하고 합리적인 근거를 가지고 있지 아니하고 특정 금융투자상품의 매매거래나 특정한 매매전략·기법 또는 특정한 재산운용배분의 전략·기법을 채택하도록 투자자에게 권유하는 행위'를 불건전영업행위로 금지하고 있는데(금융투자업규정 4-20조 1항 5호 다목), 금융투자업자가 적합성 원칙을 준수하였다고 하려면 당연히 금융투자상품 조사의무를 이행하였다고 주장하여야 할 것이기 때문이다.

연혁적으로, 금융투자상품 조사의무의 기원은 미국 증권법상의 간판이론(看板理論, Shingle Theory)과 조사의무이론(Duty to Investigate, "Know Your Security")에서 찾을 수 있다. 간판이론은 미국 증권거래위원회(SEC)가 브로커·딜러의 불공정한 영업행위를 규율하기 위하여 발전시킨 이론으로, 브로커·딜러는 영업을 개시할 때, 즉 간판을 내걸 때(When he hangs out his "shingle") 고객에 대하여 공정하고 성실하게 업무를 수행하겠다는 묵시적인 표시(implied representation)를 하였다고 보아야 한다는 것이다.[1] 따라서 브로커·딜러가 불공정하거나 불성실한 행위를 한 때에는 묵시적인 표시를 위반한 것이 되므로, 이러한 브로커·딜러의 불공정 행위 또는 불성실행위는 부실표시(不實表示)로서 연방증권법상 사기(fraud)에 해당한다는 것이다.[2] 간판이론은 초기에는 주로 브로커·딜러가 고객으로부터 부당하게 높은 수수료를 받아낸 사건들에 적용되었는데, SEC는 점차 그 적용범위를 확대하기에 이르렀다.[3]

라 분류하되, 다만 위험선호 투자성향이 평가결과 투자성향보다 높은 경우에는 평가결과 투자성향에 따라 분류한다}, 제 6 조(투자권유의 적합성 확보)는 고객의 투자성향보다 투자위험도가 높은 금융투자상품 등에 대한 투자권유를 하여서는 아니되고, 고객이 자신의 투자성향보다 투자위험도가 높은 금융투자상품 등에 투자하고자 하는 경우에는 해당 금융투자상품 등의 투자위험성을 다시 고지하고 해당 고객으로부터 서명 등의 방법으로 투자위험성을 고지받았다는 사실을 확인받도록 규정하고 있다.

1) James D. Cox, Robert W. Hillman, Donald C. Langevoort, Securities Regulation-Cases and Materials, Aspen Publishers, Inc.(1997), p. 1094.

2) 미국 제 2 연방항소법원은 1943년 선고한 Charles Hughes & Co v. SEC 판결{139 F.2d 434(2d Cir. 1943), cert. denied, 321 U.S. 786(1944)}에서 간판이론을 채택하였다. 이 판결의 사실관계는 다음과 같다. Charles Hughes 증권회사의 직원들은 증권시장에 관하여 별로 지식이 없는 독신 여성이나 미망인들을 상대로 전화로 주식투자를 권유하였는데, 그 과정에서 고객들로부터 신임을 얻게 되자 수시로 주식의 교체를 권유하였다. 그들은 고객들에게 주식의 시세를 알리지 않은 채 장외시장에서 시가보다 16.1% 내지 40.9% 높은 가격으로 주식을 매입해 주고 그 차액을 수수료로 챙겼는데(이른바 "mark-up"), SEC는 이러한 행위는 1933년법 제17조 (a)항, 1934년법 제15조 (c)항 (1)호 및 Rule 15c1-2 등의 사기행위에 해당한다는 이유로 위 회사의 브로커·딜러 등록을 취소하였다. 법원은 위 판결에서 증권회사가 위와 같은 거래를 할 수 있었던 것은 고객의 신임을 얻었기 때문인데, 증권회사가 고객에게 높은 수수료를 붙여서 주식을 팔면서 그 시세를 알리지 않은 것은 '중요한 사실의 표시 누락' 또는 '사기적 수단'에 해당한다고 판결하였다.

3) Robert N. Rapp, "Rethinking Risky Investments for that Little Old Lady: A Realistic Role for Modern

그리하여 브로커·딜러가 고객에 대하여 증권 가격의 상승 등에 관하여 근거 없이 의견, 예측 또는 가능성을 주장하는 것도 부실표시로서 연방증권법상 사기에 해당한다는 입장을 취하였다.[1] 즉 브로커·딜러는 그가 추천하는 주식에 관하여 의견이나 예측을 하는 경우, 이는 실제상의 지식과 주의 깊은 고려에 기하여 책임 있게 이루어진 것이라는 것을 고객에게 묵시적으로 표시한 것이기 때문에 브로커·딜러가 근거 없이 낙관적인 의견이나 예측을 하는 것은 부실표시에 해당한다는 것이다.

조사의무이론은 간판이론에서 한 걸음 더 나아가 브로커·딜러는 고객에 대한 관계에서 조사의무를 부담하며 이를 이행하지 않은 때에는 연방증권법을 위반한 책임을 져야 한다는 것이다. 미국 제2연방항소법원이 1969년 선고한 Hanly v. SEC 판결[2]은 조사의무이론을 적용한 대표적인 예이다. 법원은 이 판결에서, 브로커·딜러는 고객에 대한 관계에서 충분한 근거를 가지고 의견을 제공한다는 것을 묵시적으로 표시한 것이기 때문에 충분하고 합리적인 근거 없이 특정 증권에 대한 투자를 권유해서는 안 되며, 나아가 브로커·딜러가 투자권유를 하는 때에는 브로커·딜러가 합리적인 조사를 하였다는 것과 그러한 조사를 토대로 권유를 한다는 것을 묵시적으로 표시하는 것이고, 만약 특정 증권에 대한 중요한 정보를 결여하고 있을 때에는 그러한 사실 및 이로 인한 위험을 밝혀야 한다고 판시하였다.[3] 또한 SEC는 1977년 In re Merill Lynch, Pierce, Fenner & Smith 사건[4]에서 브로커·딜러가 증권발행회사가 제공한 자료와 추정에 맹목적으로 의존하는 것은 합리적인 조사를 한 것으로 볼 수 없다고 결정하였는데, 이 역시 조사의무이론을 적용한 경우이다. SEC는 위 결정에서 조사의무이론은 브로커·딜러뿐만 아니라 애널리스트에게도 적용되는 것이고, 고객들은 브로커·딜러의 투자권유는 독자적이고 객관적인 분석을 토대로 이루어지는 것이라고 여기기 때문에 브로커·딜러는 증권 발행 회사의 자료에 전적으로 의존해서는 안 된다고 밝혔다.[5]

Portfolio Theory in Assessing Suitability Obligations of Stockbrokers," 24 Ohio N.U.L. Rev. 189, 199 (1998).

1) In re Alexander Reid & Co. 40 SEC 986(1962), 1962 SEC LEXIS 514.

2) 415 F.2d 589(2d Cir. 1969).

3) 이 판결의 사실관계는 다음과 같다. Richard J. Buck & Co.라는 브로커·딜러의 직원들은 고객들에게 "Sonics의 주가가 6월 내지 1년 이내에 2배로 뛸 것이다"라는 등의 낙관적인 전망을 하면서 투자를 권유하였다. Sonics라는 전자회사는 설립 이래 적자를 면치 못해 채무초과 상태였는데, 무선회로에 사용되는 세라믹 필터를 개발하였어도 생산에 소요되는 자금을 확보하지 못하여 다른 회사들과 라이선스계약을 추진하다가 실패하자 결국 파산하고 말았다. SEC는 브로커·딜러가 고객에게 증권투자를 권유하면서 자신이 알고 있거나 또는 합리적으로 확인할 수 있는 불리한 중요정보를 밝히지 않은 채 낙관적인 주장을 하는 것은 1933년법 제17조 (a)항, 1934년법 제10조 (b)항, 제15조 (c)항 (1)호 및 Rule 10b-5 등의 사기금지규정을 고의로(willfully) 위반한 것이라는 이유로 1934법 제15조 (b)항 (7)호에 의하여 징계처분을 하였다.

4) 1977 SEC LEXIS 412.

5) 위 사건의 사실관계는 다음과 같다. Merill Lynch사의 애널리스트로서 컴퓨터 제조회사인 Scientific을 담당하고 있던 Pierce는 위 회사 경영진이 제공한 자료와 낙관적인 전망만을 근거로 독자적으로 충분

금융투자상품 조사의무가 금융투자업자에 대한 투자자 일반의 신뢰 보호를 목적으로 한 것임에 대하여, 고객조사의무와 적합성 원칙은 금융투자업자의 투자권유 대상이 되는 특정 투자자의 보호를 목적으로 하고 있다는 점에서 주관적·후견적인 성격을 가진다고 할 수 있다.

3. 의무위반의 효과

(1) 행정적 제재

법은 투자매매업자 또는 투자중개업자 등이 일반투자자에게 투자권유를 함에 있어 고객조사의무 및 적합성 원칙을 위반하는 행위를 하는 경우 이를 투자자 보호 또는 건전한 거래질서를 해할 우려가 있는 행위(이른바 불건전영업행위)로 규정하여 금지하고 있다(법 71조 7호, 법 시행령 68조 5항 13호, 금융투자업규정 4-20조 1항 5호 라목). 고객조사의무 및 적합성 원칙을 위반하여 투자권유를 한 투자매매업자 또는 투자중개업자 등에 대하여는 5천만 원 이하의 과태료가 부과된다(법 449조 1항 29호, 71조 7호).

(2) 민사책임

금융투자업자의 투자권유가 적합성 원칙에 위배됨을 이유로 투자자가 민사상 손해배상책임을 구할 수 있는가? 이에 대하여 학설은 민사책임부정설, 보호의무설, 민사책임긍정설 등이 대립하고 있다.[1] ① 민사책임부정설은 적합성 원칙을 엄격하게 적용하면 자기책임의 원칙에 반할 수 있기 때문에 이 원칙의 위반은 부당한 방법에 의한 투자권유 등 다른 규제와 결합하여 위법성이 인정될 수 있다고 하는 견해인데,[2] 그 근거로 미국도 적합성 원칙 위반만을 이유로 민사책임을 인정하는 데 소극적이라는 이유를 든다.[3] ② 보호의무설은 우리나라 판례의 보호의무이론에 따라 적합성 원칙 위반행위가 '투자자에게 거래행위에 필연적으로 수반되는 위험성에 관한 올바른 인식형성을 방해하는 행위 또는 고객의 투자상황에 비추어 과대한 위험을 수반하는 거래를 적극적으로 권유하는 행위'에 해당하는 경우에 한하여 투자권유자가 손해배상책임을 진다고 보는 견해

한 평가와 분석을 하지 않은 채 위 회사 주식을 매수추천종목에 포함시켰다. 이를 토대로 Merill Lynch 직원들은 고객들에게 위 회사 주가가 단기간 내에 급등할 것이라든가 또는 전국적 증권거래소에 상장될 것이라든가 등의 낙관적인 전망을 하면서 매수를 권유하였는데, SEC는 이러한 행위는 1933법 제17조 (a)항, 1934년법 제10조 (b)항 및 Rule 10b-5 등의 위반행위에 해당한다고 판단하였다.

1) 손영화, "증권법상 적합성 원칙의 보험상품의 판매·권유에 대한 적용," 「증권법연구」 제 8 권 제 1 호(2007), 33쪽; 김지환, "증권투자권유와 적합성 원칙," 「상사법연구」 제21권 제 1 호(2002), 한국상사법학회, 477쪽.

2) 김택주, "증권투자권유에 있어서 주의의무," 「동아법학」 제26호(1999), 동아대학교, 198쪽; 정준우, "증권업자의 부당한 투자권유행위의 합리적 규제방안," 「비교사법」 제11권 제 3 호(2004), 한국비교사법학회, 452쪽.

3) 미국에서의 적합성 원칙 위반과 손해배상책임에 관해서는 권순일, 「증권투자권유자책임론」, 박영사, 2002, 113쪽 이하 참조.

이다.[1] ③ 민사책임긍정설은 적합성 원칙에 위반하는 경우 그것만으로도 위법성이 인정되므로 불법행위가 성립한다는 견해이다.[2]

판례는 일찍부터 증권회사의 임·직원이 고객에게 부당한 투자권유를 함으로써 고객이 손해를 입은 경우에 고객에 대한 보호의무를 저버린 것으로 평가될 수 있는 때에는 불법행위책임이 성립한다는 입장을 취하고 있다.[3] 이러한 판례이론에 따르면 적합성 원칙은 보호의무의 내용, 즉 '고객의 투자상황에 비추어 과대한 위험성을 수반하는 거래를 적극적으로 권유하는 것을 회피할 의무'의 이론적 토대가 된다. 그러나 법원은 투자권유의 위법 여부가 문제된 사건에서 대개 그 사실관계를 종합적으로 고려하여 보호의무위반 여부를 판단하는 태도를 취하여 왔기 때문에 실제로 적합성 원칙 위반을 이유로 손해배상책임을 인정한 사례는 찾아보기 어렵다.

서울지방법원 2000. 2. 1. 선고 99가합5212 판결[4]은 적합성 원칙 위반 여부를 정면으로 판단한 최초의 판결이다. 이 사건의 사실관계는 다음과 같다. 현대투자신탁증권 주식회사는 1996년 10월경 당시 동남아지역 신흥시장의 우량채권 수익률이 10%대로 낮아지고 1995년 말경부터 러시아 기업의 발행주식을 기초자산으로 하는 역외펀드에 투자했던 다른 국내 금융기관들이 100%가 넘은 고수익률을 기록하자, 러시아 및 동유럽국가의 국공채에 대한 투자가 유망하다고 판단하여 이를 그 투자대상으로 하고, 당시 국내의 3년 만기 회사채 연 수익률보다 3-4% 높은 연 16%대를 예상수익률로 잡은 공사채형·단위형·모집식 증권투자신탁을 설정 운용하기로 하여 수익증권 매입을 청약할 고객들을 모집하였다. 그런데 이 사건 투자자들이 수익증권을 매수한 이후인 1998년 8월 17일 러시아가 외국인 소유의 루블화 표시 국채에 대하여 90일간의 지불유예를 선언하는 바람

1) 현행법 제정 이전의 논의이지만, "적합성 원칙 위반이 위법성에 해당되어 불법행위가 되느냐는 case by case로 판단하여야 할 것"이라는 견해(김지환, 전게논문(2002), 478쪽), "적합성 원칙 등 증권업계의 자율규제위반에 대해 이러한 행위들은 그 자체만으로 고객에 대하여 기망행위가 된다고 단정하기 어렵지만 만약 이를 방치한다면 투자자의 판단을 혼란시켜 증권거래에 있어서 투자자 보호의 이념을 사실상 형해화시키는 결과를 야기할 위험성이 크므로 이와 같은 보호의무의 위반 여부는 부당권유행위의 위법성을 판단하는 하나의 징표로 삼을 수 있을 것"이라고 하여 일정한 경우에 위법성에 해당한다고 보는 견해(권순일, "투자권유와 증권회사의 고객에 대한 보호의무," 「저스티스」 제31권 제2호(1998. 6), 175-176쪽) 등이 있다.

2) 이상철, "증권매매위탁계약에 관한 몇 가지 법률적 문제점," 「증권거래에 관한 제문제(상)」, 재판자료 제90집(2001), 법원도서관, 36쪽; 손영화, 전게논문(2007), 34쪽은, 적합성 원칙은 판례법 국가에서 자율규제로 발달한 미국 및 증권거래법에 규정한 일본과 달리 우리나라에서는 금융감독위원회규정으로 정하고 있어, 이를 바로 적용하여 개인투자자에게 민사상 손해배상청구를 할 수 있도록 인정하는 것은 어려울 것이나, 추후 자본시장통합법안에서 이를 입법하는 경우에는 그 위반에 따른 민사책임의 추궁이 가능할 것이라고 전망하고 있다.

3) 대법원 1994. 1. 11. 선고 93다26205 판결.

4) 99가합9894, 99가합9900, 99가합12869, 99가합16946, 99가합16953, 99가합16960, 99가합16977, 99가합27335, 99가합28413, 99가합28796, 99가합30355, 99가합32689, 99가합32757, 99가합40932, 99가합49458(병합) 판결; 서울고등법원 2000. 12. 22. 선고 2000나12374 판결 등; 대법원 2003. 7. 25. 선고 2001다10458 판결 등.

에 러시아 은행들의 선물환계약이 이행불능상태에 빠짐으로써 펀드의 평가액이 사실상 영(零)에 가깝게 되었다. 이 사건에서 원고들은 현대투자신탁증권 주식회사 직원들이 주로 세금우대 공사채형 수익증권 같은 안정성 위주의 상품에 투자해 온 보수적 투자성향의 원고들에게 위험성이 높은 러시아 투자상품인 이 사건 하이일드 또는 베스트인컴 수익증권을 매입하도록 적극 권유한 것은 투자자의 투자목적, 재산상태 및 투자경험을 고려하여 이에 적합한 권유를 해야 할 적합성 원칙을 위반한 것이라고 주장하였다.

법원은 위 판결에서 거래경위와 거래방법, 원고들의 투자상황, 거래의 위험도 및 이에 관한 피고 회사 직원들의 설명정도 등을 종합적으로 고려하여 보면 피고 회사 직원들의 권유행위는 원고들의 투자상황에 비추어 과대한 위험성을 수반하는 거래를 적극적으로 권유함으로써 적합성 원칙을 위반한 경우라고 보기 어렵다고 판시하였다. 이 사건에서 법원은 투자대상이 국채이고 러시아가 자국통화표시 국채에 대하여 채무를 이행하지 않은 전례가 없었다는 점, 국제환거래에 따른 환차손을 피하기 위하여 루블화－달러화 선물환계약 및 달러화－원화 선물환계약이 체결되었다는 점 등을 근거로 적합성 원칙 위반 주장을 배척한 것으로 보인다.

Ⅳ. 보호의무론[1]

1. 서 론

현행법 시행 이전에도 우리나라는 미국·일본 등의 입법례를 따라 증권투자권유에 대한 규제 시스템을 마련하여 놓고 있었다. 이들 규제 시스템은 투자권유자의 유형에 따라 증권회사 임직원의 부당권유행위 금지,[2] 투자신탁회사 등 임직원의 부당판매행위 금지,[3] 투자자문회사 임직원의 부당행위 금지[4] 등으로 대별할 수 있었고, 그 법적 근거에

1) 이에 대해서는 권순일, 전게서(2002), 161쪽 이하에 의존하였다.

2) 구증권법 제52조(부당권유행위 등의 금지) 증권회사 또는 그 임·직원은 다음 각 호의 행위를 하여서는 아니 된다. 1. 유가증권의 매매거래에 있어서 고객에 대하여 당해 거래에서 발생하는 손실의 전부 또는 일부를 부담할 것을 약속하고 권유하는 행위, 2. 유가증권의 발행업무와 관련하여 고객을 유치하기 위하여 고객에 대하여 직접 또는 간접으로 재산상의 이익을 제공하거나 자기의 거래상의 지위를 부당하게 이용하여 고객의 사업활동을 제한하는 행위, 3. 제 1 호 및 제 2 호의 행위 이외에 유가증권의 발행 또는 매매 기타 거래와 관련하여 투자자의 보호 또는 거래의 공정을 저해하거나 증권업의 신용을 추락시키는 것으로서 대통령령이 정하는 행위.

3) 구증권투자신탁업법 제27조(투자신탁설명서 등의 작성·제공) ② 위탁회사 및 판매회사는 수익증권의 취득을 권유함에 있어서는 그 상대방에게 투자신탁설명서를 제공하고 그 주요내용을 설명하여야 한다.

4) 구증권법 제70조의6(증권거래행위 등의 금지) 투자자문회사 또는 그 임·직원은 그 업무와 관련하여 다음 각 호의 1에 해당하는 행위를 하여서는 아니 된다. … 4. 유가증권에의 투자에 관하여 고객과 일정한 이익의 보장 또는 이익의 분할을 약속하거나 손실의 전부 또는 일부를 부담할 것을 약속하는 행위, 5. 특정 유가증권에 관하여 조언을 받는 고객의 매매에 의한 당해 유가증권의 가격변동을 이용하여 자기 또는 당해 고객 외의 제 3 자의 이익을 도모할 목적으로 정당한 근거 없이 조언을 하는 행위, … 7.

따라 법적 규제와 자율규제 등으로 분류할 수 있었다.

그럼에도 불구하고 종래 증권투자권유자의 법적 책임에 관한 논의는 거의 없었다고 하여도 과언이 아니다. 증권감독당국이나 증권업협회 등이 투자자 보호 및 증권시장에 대한 신뢰 확보를 위하여 부당권유행위의 금지, 적합성 원칙의 준수 등 투자권유에 대한 규제의 집행을 주도한 사례는 찾아보기 어렵다.[1] 이 점은 미국의 증권거래위원회(SEC)가 연방증권법의 집행을 통하여 간판이론을 발전시키고 전국증권업협회, 증권거래소 등 자율규제기구(SRO)가 고객조사의무원칙, 적합성 원칙 등을 발전시킨 것과는 매우 대조적이다. 투자자들은 물론 법조 실무계에서도 투자권유에 따른 책임문제에 관한 인식은 미미한 실정이었다. 우리나라의 판례에 나타난 증권투자 관련 분쟁은 증권회사 직원의 횡령사건에서 증권회사와 고객 사이에 위탁매매계약이 체결되었는지 여부,[2] 이른바 "깡통계좌" 정리사건에서 증권회사가 신용거래 담보물을 즉시 처분할 의무를 부담하는지 여부,[3] 구증권법에 위배된 수익보장약정의 사법상 효력[4] 등이 주로 문제가 되었다.

그런데 1990년대 들어 포괄적 일임매매약정을 수반한 수익보장약정에 의한 권유를 둘러싸고 투자자들이 증권회사의 불법행위책임을 이유로 손해배상책임을 구하는 사건이 출현하였고, 이를 계기로 우리나라에서도 증권투자권유자의 책임에 관한 이론이 발전하게 되었다. 먼저 법원은 일본에서의 부당권유와 관련한 투자권유자의 주의의무에 관한 판례이론을 도입하여 증권회사의 수익보장약정에 의한 권유가 고객에 대한 '보호의무'를 저버린 경우에 해당할 때에는 불법행위책임이 성립한다는 이른바 고객보호의무이론을 발전시켰다. 이와 더불어 법원은 포괄적 일임매매의 약정이 있는 경우에 증권회사의 직원은 고객에 대하여 '충실의무'를 부담한다는 이른바 충실의무이론을 확립하였다. 최근에는 하급심을 중심으로 이러한 판례이론을 구체화하여 적용한 판결들이 축적되어 가고 있는데, 현행법의 시행이 이러한 판례이론의 발전에 어떤 영향을 미칠지 주목된다.

2. 판례이론의 형성

우리나라에서 증권투자권유자의 책임에 관한 논의를 선도한 판결은 서울고등법원

제1호 내지 제6호 외에 유가증권의 공정한 거래질서를 해치고 투자자의 투자판단을 오도할 우려가 있는 것으로서 대통령령이 정하는 행위.

1) 2002년 1월 27일자 연합뉴스는 현재 1,700개 증권사 지점에 있는 투자상담사들은 시세조종, 일임매매, 임의매매 등 각종 위법행위에 가담하는 경우가 많으나 감독당국의 손길이 거의 미치지 못하고 있는데, 증권업협회가 증권사 전문인력의 영업행위를 검사할 수 있는 권한을 금융감독원장으로부터 위임받아 투자상담사들을 효율적으로 규제하는 방안이 곧 시행될 예정이라고 보도하고 있다. 〈http://www.yonhapnews.net/news/20020127〉

2) 대법원 1980. 11. 11. 선고 80다135 판결[공1981. 1. 15.(648), 13393].

3) 대법원 1992. 7. 10. 선고 92다6242 판결[공1992. 9. 1.(927), 2364]; 1992. 7. 14. 선고 92다14946 판결[공1992. 9. 1.(927), 2408].

4) 대법원 1980. 12. 23. 선고 79다2156 판결[공1981. 2. 15.(650), 13513].

1993. 4. 20. 선고 92나39206 판결이다. 이 판결의 사실관계는 다음과 같다. 원고는 증권회사 영업부장인 피고와 사이에 5억원을 피고의 관리와 책임 하에 증권거래에 투자하는 대신에 피고는 원고에게 매월 1.5%의 이익을 보장하고 그 이상의 이익이 나면 원고 7, 피고 3의 비율로 이익을 분배하기로 약정하였는데, 그 증권거래로 수익을 거두지 못한 것은 물론 원금까지 손해를 보게 되었다. 그러자 원고는 수익보장약정이 강행법규인 증권거래법 제52조 제 1 호에 위반하여 무효라 하더라도, 피고가 원고로 하여금 그러한 약정으로 투자하게 한 것은 불법행위를 구성한다고 주장하였다. 서울고등법원은 이 판결에서 "증권회사의 영업부장의 직책에 있어 평소 증권거래에 대한 적법한 위탁거래와 위법한 위탁거래가 어떠한 것인가를 일반 고객보다 더 잘 알고 있다고 여겨지는 피고가 위와 같은 증권거래법의 규정에 위배하여 고객인 원고와 일정한 수익보장과 이익금분배약정을 체결한 것이라면 이는 원고의 불법보다 피고의 불법이 훨씬 커서 원고에 대한 불법행위를 구성한다고 볼 수밖에 없다"고 판시하였다. 이 판결은 불법행위제도를 이용한 증권법의 집행이라는 측면을 강조하였다는 점에서 큰 의의가 있다. 그러나 일반적 불법행위 조항인 민법 제750조를 두고 있는 우리 법체계에서 불법행위책임이 성립하려면 위법성 요건을 충족시켜야 하는데, 강행법규위반행위가 사법상 위법성을 띠는 실질적 근거를 설명하지 못하였다는 것이 문제점으로 지적되었다.[1]

한편 대법원 1994. 1. 11. 선고 93다26205 판결[2]은 증권회사의 임직원이 부당한 투자권유를 한 경우에 일정한 요건을 충족하면 불법행위책임이 성립할 수 있음을 인정한 최초의 판결인데, 이 사건에서 대법원은 "무릇 증권거래는 본래적으로 여러 불확정 요소에 의한 위험성을 동반할 수밖에 없는 것으로서 투자가로서도 일정한 범위 내에서는 자신의 투자로 인해 발생할지 모르는 손실을 스스로 부담해야 함이 당연한 점에 비추어, 증권회사의 임·직원이 강행규정에 위반된 이익보장으로 투자를 권유하였으나 투자 결과 손실을 본 경우에 투자가에 대한 불법행위책임이 성립하기 위하여는, 이익보장 여부에 대한 적극적 기망행위의 존재까지 요구하는 것은 아니라 하더라도, 적어도 거래경위와 거래방법, 고객의 투자상황(재산상태, 연령, 사회적 경험 정도 등), 거래의 위험도 이에 관한 설

1) 판례는 강행법규를 위반하였다는 것만으로는 선량한 풍속 기타 사회질서를 위반한 것이라고 볼 수 없다는 입장을 취하고 있다. 대법원 1969. 11. 11. 선고 69다925 판결(집 17(4)민, 4)은 "민법 제746조 소정의 불법원인이라 함은 선량한 풍속 기타 사회질서에 위반하는 것을 말하는 것이며, 강행법규에 위반하는 무효의 행위에 의하여 급부한 것이라 하여도 그 행위가 선량한 풍속 기타 사회질서를 해치는 것이라 볼 수 없는 때에는 부당이득이나 불법행위에 의하여 그 이익의 반환 또는 손해배상을 구할 수 있는 것으로서 원고의 본건 금원 지급의 원인 되는 행위가 외국환관리법에 위반되는 무효의 것이라 하여도 그 지급행위의 원인되는 행위가 선량한 풍속 기타 사회질서에 위반되는 불법의 것이라 할 수 없다"고 판시하고 있다. 같은 취지의 판결로는 대법원 1981. 7. 28. 선고 81다145 판결[집 29(2)민, 249]; 대법원 1983. 11. 22. 선고 83다430 판결[집 31(6)민, 26]; 대법원 2001. 5. 29. 선고 2001다1782 판결[공2001. 7. 15.(134), 1469].

2) 공1994상, 687.

명의 정도 등을 종합적으로 고려한 후 당해 권유행위가 경험이 부족한 일반 투자가에게 거래행위에 필연적으로 수반되는 위험성에 관한 올바른 인식형성을 방해하거나 고객의 투자상황에 비추어 과대한 위험성을 수반하는 거래를 적극적으로 권유한 경우에 해당하여, 결국 고객에 대한 보호의무를 저버려 위법성을 띤 행위인 것으로 평가될 수 있는 경우라야 할 것이다"라고 판시하였다.

위 판결에서 대법원은 위법성의 판단기준으로 '보호의무'라는 개념을 도입하고 그 내용으로, 첫째 투자자의 정확한 인식을 형성하는 것을 방해하는 것을 회피할 의무, 둘째 투자자의 투자상황에 비추어 과대한 위험을 수반하는 거래를 적극적으로 권유하는 것을 회피할 의무 등을 제시하고 있다. 전자는 단정적 판단의 제공에 의한 권유, 손실부담 내지 이익보증 특약에 의한 권유, 허위의 표시 또는 오해를 생기게 하는 표시에 의한 권유 등 증권거래법상 부당권유행위의 금지를 그 내용으로 하는 것으로서 일반 거래상의 사기행위에 대응하여 증권거래상의 부실표시 내지 기망적 행위의 금지를 규정하고 있다. 후자는 적합성 원칙을 사법상 위법성 판단의 기준으로 도입한 것인데, 적합성 원칙의 후견적 요소를 감안하여 적합성 원칙 위반이 사법상 위법한 것으로 평가되려면 고객의 투자상황에 비추어 과대한 위험성을 수반하는 거래를 적극적으로 권유한 경우에 해당되어야 한다는 기준을 제시하고 있다.

대법원은 위 판결에서, "사실관계에 의하면 원고가 증권투자에 대한 상당한 정도의 지식과 경험을 축적한 것으로 보이고, 거래에 있어서도 원고가 유가증권의 종류, 종목과 매매의 구분, 방법 등을 포괄적으로 위임하기는 하였으나 매월 증권회사로부터 잔고현황, 거래내역 등을 공식적으로 통지받는 것 외에 피고로부터 매도 또는 매수가 이루어질 때마다 이를 바로 전화 등으로 보고 받아 그 거래상황을 충분히 파악해 왔던 점 등에 비추어 보면, 피고가 원고에게 증권거래를 권유함에 있어서 고객보호의무를 위반한 것으로 볼 수 없다"고 하여 불법행위책임을 인정한 앞의 서울고등법원 92나39206 판결을 파기하였다.

대법원이 증권회사 임직원의 투자권유가 고객에 대한 보호의무위반에 해당한다는 이유로 불법행위로 인한 손해배상책임의 성립을 인정한 최초의 판결은 대법원 1996. 8. 23. 선고 94다38199 판결[1]이다. 이 사건은 고객이 증권회사 지점장의 수익보장약정에 의한 권유에 따라 주식거래를 일임하였는데 그 후 손실이 발생한 사실을 알고 거래를 중단하겠다고 했으나 증권회사 지점장이 재차 수익보장에 관한 각서를 교부하여 계속 투자할 것을 권유하여 거래를 계속한 결과 큰 손실을 본 사안인데, 원고는 주위적으로 수익보장약정의 이행을 구하고, 제 1 예비적 청구로서 수익보장약정이 강행법규위반으로 무효

1) 공1996하, 2800; 이 판결에 대한 평석으로는 김건식, "증권회사직원의 이익보증약정과 투자자의 구제," 「민사판례연구(XIV)」, 박영사, 1997; 김신, "투자수익보장약정의 효력," 「판례연구」, 부산판례연구회, 1998; 권순일, 전게논문(1998. 6).

라면 증권회사가 법률상 원인 없이 금원을 예탁받은 것이므로 부당이득으로 예탁원금 손실액 상당의 반환을 구하고, 제 2 예비적 청구로서 불법행위로 인한 손해배상책임을 구하였다. 이에 대해 원심인 서울고등법원 1994. 7. 5. 선고 93나24546 판결은, 첫째 원고가 이 사건 투자수익보장약정 이전에 주식투자 경험이 있다는 사정 등에서 수익보장약정의 위법성을 알았거나 알 수 있었다고 보여지므로 증권회사 직원이 그 위법성을 설명하지 않았다 하여 불법행위를 구성한다고 보기 어렵고, 둘째 증권회사 지점장이 투자수익을 보장할 의사와 능력이 없이 원고를 적극적으로 기망하였다고 단정하기 어려우며, 셋째 증권회사 지점장의 투자권유행위가 경험이 부족한 일반투자자에게 거래행위에 필연적으로 수반되는 위험성에 대한 올바른 인식형성을 방해하거나 고객의 투자상황에 비추어 과다한 위험성을 수반하는 거래를 적극적으로 권유한 경우에 해당한다고 보기 어렵다는 등의 이유로 불법행위책임의 성립을 부정하였다. 그런데 위 대법원 판결은 증권회사측이 일임거래의 중단을 희망하는 고객에게 수익보장의 각서를 제공하면서 계속 거래를 권유한 것은 증권거래에 수반하는 위험성에 관한 올바른 인식형성을 방해한 경우에 해당하여 보호의무를 저버린 것으로서 불법행위책임을 진다고 판시하였다.

이러한 대법원의 판결 이후 판례는 투자권유자의 책임에 관한 보호의무이론을 거듭 확인하고 있다. 예를 들어 대법원 1999. 6. 11. 선고 97다58477 판결,[1] 대법원 1999. 12. 24. 선고 99다44588 판결[2] 등은 포괄적 일임매매약정이 수반된 수익보장약정에 의한 권유가 이루어진 사건에서 투자권유자의 보호의무위반을 인정한 판결들이다. 그러나 이 판결들은 투자권유자가 투자자의 정확한 인식을 형성하는 것을 방해하는 것을 회피할 의무와 투자자의 투자상황에 비추어 과대한 위험을 수반하는 거래를 적극적으로 권유하는 것을 회피할 의무 가운데 어느 의무를 위반하였다는 것인지 명확한 판단을 하지 않고 있는 점이 문제이다. 한편 최근에는 하급심 판결을 중심으로 수익보장약정에 의한 권유 이외의 다른 증권 관계 법령 위반행위에 관하여 보호의무이론을 적용한 사례들이 축적되는 모습을 보이고 있다. 대법원 2001. 10. 12. 선고 2000다28537 판결[3]은 이른바 '단정적 판단의 제공에 의한 권유행위'가 보호의무위반에 해당한다고 본 사례이다.

3. 보호의무위반의 유형

(1) 수익보장약정에 의한 권유

1) 수익보장약정의 효력

우리나라에서 부당권유행위의 대표적인 예는 포괄적 일임매매약정이 수반된 투자

1) 공1999하, 1352.
2) 공2000상, 303.
3) 공2001. 12. 1.(143), 2452.

수익보장약정에 의한 권유이다.[1] 판례는 일찍부터 증권회사 또는 그 임직원의 부당권유 행위를 금지하는 구증권법 제52조 제1호는 공정한 증권거래질서의 확보를 위하여 제정된 강행법규로서 이에 위배되는 주식거래에 관한 투자수익보장약정은 무효라는 입장을 취하고 있었다.[2] 그러나 증권투자신탁회사 및 그 임직원의 투자권유행위에 관해서는 구증권법 제52조 제1호가 적용되지 않기 때문에 증권투자신탁회사와 고객 사이에 체결된 수익보장약정의 효력에 관하여 종래 하급심의 입장은 유효설을 취한 것[3]과 무효설을 취한 것[4]으로 나뉘어 있었다. 대법원 1998. 10. 27. 선고 97다47989 판결[5]은 투자신탁회사와 고객 사이에 이루어진 수익보장약정은 공정한 투자신탁거래질서를 해하는 것이고, 현행법상 증권회사도 증권투자신탁회사와의 계약에 의하여 수익증권판매업무를 담당할 수 있는데, 수익증권의 판매주체가 증권투자신탁회사나 그 임직원이라고 하여 증권회사나 그 임직원과 달리 취급할 이유가 없기 때문에 이러한 수익보장약정은 무효라고 판단하였다.[6]

투자자문회사와 고객 사이에 체결된 수익보장약정의 효력을 정면으로 판단한 대법원 판례는 아직 없다. 그렇지만 구증권법 제70조의6 제4호는 투자자문회사 및 그 임직원에 대하여 "유가증권에의 투자에 관하여 고객과 일정한 이익의 보장 또는 이익의 분할을 약속하거나 손실의 전부 또는 일부를 부담할 것을 약속하는 행위"를 금지하고 있었다. 이와 관련하여 하급심 판결 중에는 위 조항은 투자자문회사의 영업질서를 규제

---

1) 김건식, 전게논문(1997), 280쪽은 "손실보증," "이익보증," "손실보전," "보증약정"의 개념을 구별하여 사용하면서 구증권법 제52조 제1호는 원칙적으로 손실보증의 금지에 관한 것임을 지적하고 있다. 여기에서는 "투자수익보장약정"이라는 용어를 손실보증과 이익보증을 포괄하는 개념으로 사용한다.

2) 투자수익보장약정의 효력에 관한 최초의 판결은 대법원 1980. 12. 23. 선고 79다2156 판결(공1981, 13513); 대법원 1996. 8. 23. 선고 94다38199 판결(공1996하, 2800); 대법원 1997. 2. 14. 선고 95다19140 판결(공1997상, 736). 대법원 2001. 4. 24. 선고 99다30718 판결[공2001. 6. 15.(132), 1194]은 구증권법 제52조 제3호, 재정경제부령 제13조의3 제2호에 의하여 금지된 손실보전의 약속이나 그 손실보전행위는 위험관리에 의하여 경제활동을 촉진하는 증권시장의 본질을 훼손하고 안이한 투자판단을 초래하여 가격형성의 공정을 왜곡하는 행위로서 증권투자에 있어서 자기책임원칙에 반하는 것이므로, 정당한 사유 없는 손실보전의 약속 또는 그 실행행위는 사회질서에 위반되어 무효라고 판시하였다.

3) 서울지방법원 남부지원 1996. 6. 20. 선고 95가합23843 판결; 광주지방법원 1996. 12. 4. 선고 96가합6402 판결(하집 1996-2, 329).

4) 서울지방법원 1996. 11. 14. 선고 95가합79338 판결(하집 1996-2, 386); 인천지방법원 1998. 1. 16. 선고 96가합17321 판결; 서울고등법원 1997. 8. 28. 선고 96나28204 판결.

5) 공1998하, 2747. 이 판결은 구증권투자신탁업법(1995. 12. 29. 법률 제5044호로 전문 개정되기 전의 것) 제6조 제2항은 위탁회사가 발행한 수익증권을 수익자가 매입하는 거래에 있어서 위탁회사는 재무부장관의 승인을 얻어 원본의 손실을 초래할 경우 또는 미리 정한 최소액의 이익을 얻지 못할 경우에 그 보전 또는 보족에 관한 사항을 정하는 수익증권을 발행할 수 있도록 규정하고 있는데, 수익보장약정은 이 규정에 위배하여 이루어졌다는 점을 주된 논거로 한다. 같은 취지의 판결로는 대법원 1998. 11. 10. 선고 98다14092 판결(공1998하, 2832); 대법원 1999. 2. 12. 선고 98다25337 판결(공1999상, 520); 대법원 1999. 3. 23. 선고 99다4405 판결(공1999상, 752).

6) 이 판결에 대한 평석으로는 권순일, "증권투자신탁거래에 있어서 수익보장약정의 효력과 투자자의 보호의무," 「상사판례연구(Ⅴ)」, 박영사, 2000, 339쪽.

하기 위한 단속규정에 불과하다고 보아 투자자문업자와 고객 사이에 체결된 수익보장약정은 유효하다고 판시한 것이 있다.[1] 그러나 대법원 1998. 10. 27. 선고 97다47989 판결, 대법원 1999. 3. 23. 선고 99다4405 판결 등은 구증권법 제70조의6 제 4 호는 강행법규라는 입장을 취하고 있으므로 이에 위배하여 이루어진 수익보장은 무효라고 보아야 할 것이다.[2]

2) 증권거래에서의 수익보장약정과 불법행위책임

앞의 대법원 1994. 1. 11. 선고 93다26205 판결은 증권회사 임직원의 수익보장약정에 의한 권유가 보호의무위반에 해당하는지 여부를 판단함에 있어서 고려하여야 할 요소로서 ① 거래경위와 거래방법, ② 고객의 투자상황, ③ 거래의 위험도 및 이에 관한 설명의 정도 등을 들고 있다.

이와 관련하여 먼저 법원이 손해배상책임을 부정한 판결들을 살펴보면, ① 대기업에서 26년간 근무하다가 정년퇴직한 남자가 10여 년간 주식거래를 하였고 다른 증권회사를 통하여도 2억 원 가량의 자금으로 주식거래를 한 경험이 있으며 증권회사의 투자상담사와 사이에 일임매매약정 및 수익보장약정을 하고 주식거래를 시작한 후에도 그 계좌의 거래상황을 파악하고 있었던 점 등에 비추어 볼 때 투자자도 그와 같은 약정이 위법하다는 것을 알고 있었다고 보이므로 증권회사가 위험성에 관한 올바른 인식형성을 방해하였다고 보기 어렵다고 한 사례,[3] ② 고객이 증권회사 지점장의 권유로 일임매매, 신용거래 및 수익보장약정을 하고 이어서 주식투자를 일임하였는데, 증권회사 지점장이 수익성이 전혀 검증되지 않은 '대현', '공성통신전자' 등 두 종목에 집중 투자하였다가 손해를 본 사안에서, 고객의 주식거래경험에 비추어 볼 때 위험성에 관한 올바른 인식형성을 방해하였다거나 과대한 위험성을 수반하는 거래를 적극적으로 권유하였다고 보기 어렵다고 한 사례[4] 등이 있다. 그런데 이 판결들의 공통점은 수익보장약정에 의한 권유가 '경험이 부족한 일반 투자가에게 거래행위에 필연적으로 수반되는 위험성에 관한 올바른 인식형성을 방해한 경우'에 해당하는지 여부를 판단함에 있어서 투자자의 투자경험, 투자자가 거래 개시 이후에 계좌의 거래상황을 파악하고 있었다는 점 및 투자자로서도 일임매매를 맡은 증권회사 직원이 다소 공격적인 투자를 할 것을 예상할 수 있었다는 점 등을 중시하고 있다는 점이다.

---

1) 앞의 서울지방법원 1997. 11. 27. 선고 96가합27211 판결.

2) 구증권법 제210조 제 5 호는 제70조의6을 위반한 자에 대하여 1년 이하의 징역 또는 500만원 이하의 벌금에 처하도록 규정하고 있다.

3) 서울지방법원 1999. 6. 4. 선고 98가합84706 판결.

4) 서울고등법원 1999. 9. 17. 선고 99나24920 판결. 이 사건은 투자권유자가 자신의 투자권유 또는 일임매매계좌의 주식매수에 관하여 충분하고 합리적인 근거를 가졌는지라는 관점에서 살펴볼 필요가 있을 것이다.

한편 손해배상책임을 인정한 판결들을 살펴보면, 앞에서 본 대법원 1996. 8. 23. 선고 94다38199 판결, 대법원 1999. 6. 11. 선고 97다58477 판결 등이 있고, 그 밖에 ① 고객이 증권회사 지점장의 수익보장약정을 믿고 주식매매거래를 시작한 이후 계좌에 남아 있는 주식의 평가금액이 투자원금에 미달하여 이를 모두 출금하였는데 재차 수익보장약정에 의한 권유를 받아 투자를 하였고 지점장이 일임매매약정을 기화로 과당매매를 한 사안에서, 증권회사 지점장이 원금보장약정을 근거로 고객을 주식매매거래에 끌어들이고 다시 이를 근거로 계속적인 거래를 권유한 것은 보호의무를 저버린 것이라고 인정한 사례,[1] ② 투자경험이 많지 않은 가정주부가 증권회사 지점에서 고문이라는 직함으로 투자상담업무를 해 온 사람이 자신으로부터 위임도 받지 않은 채 주식매매거래계좌를 이용하여 임의거래를 한 데 대하여 항의를 하였으나 오히려 이를 계기로 그와 일임매매 및 수익보장약정을 한 사안에서, 증권회사측이 그러한 약정을 하게 된 동기는 자신의 이익을 도모하는 데 주로 있었을 뿐만 아니라 가정주부에게 적극적으로 투자권유를 하였다는 점 등에 비추어 불법행위의 성립을 인정한 사례,[2] ③ 치과의사가 증권회사 직원에게 자신의 계좌관리를 위임하였는데 증권회사 직원이 단정적인 판단을 제공하면서 대량매수를 권유하였고 그 후 손실보증을 하면서까지 고객의 매도요청을 거부한 사안에서 증권회사측의 보호의무위반을 인정한 사례[3] 등이 있다. 이 판결들의 태도는 보호의무위반 여부를 판단함에 있어서 고객측의 사정보다 투자권유의 경위, 방법, 태양 등에 비추어 투자권유행위가 사회통념상 용인될 수 있는지 여부에 중점을 두고 있다고 할 수 있다.

3) 증권투자신탁거래에서의 수익보장약정과 불법행위책임

판례는 증권투자신탁회사의 임직원이 수익보장약정에 의하여 수익증권의 매수를 권유한 경우에 대부분 불법행위책임의 성립을 인정하고 있다.[4] 이러한 판결들을 분석하여 보면, 첫째 원고가 학교법인, 재단법인, 금융기관 등 기관투자자로서 거액의 여유자금을 안정적인 금융상품에 주로 투자하여 왔고 주식형 투자신탁상품에는 투자한 적이 거의

1) 서울지방법원 1999. 10. 26. 선고 98가합56183 판결.

2) 대법원 1999. 12. 24. 선고 99다44588 판결[공2000. 2. 1.(99), 303].

3) 서울지방법원 2000. 2. 11. 선고 99가합28260 판결.

4) 앞의 대법원 1998. 10. 27. 선고 97다47989 판결; 1998. 11. 10. 선고 98다14092 판결; 1999. 2. 12. 선고 98다25337 판결; 1999. 3. 23. 선고 99다4405 판결; 2001. 7. 13. 선고 99다4887 판결(공보불게재). 하급심 판결로는 앞의 서울지방법원 1996. 11. 14. 선고 95가합23843 판결; 인천지방법원 1998. 1. 16. 선고 96가합17321 판결; 서울고등법원 1999. 3. 19. 선고 98나38595 판결; 서울지방법원 2000. 8. 9. 선고 99가합47360 판결 등. 이에 대하여 서울지방법원 2000. 7. 6. 선고 98가합54576 판결은 원고는 귀뚜라미보일러그룹의 설립자로서 피고 회사의 수익보장약정에 의한 권유로 주식형 수익증권을 매수하였지만, 거래 개시 이후에 주가지수의 변동사항과 이로 인한 수익증권의 평가액이 어떻게 등락하고 있는지 상세하게 보고 받고 있었다는 점, 원고측은 1,000억원대의 개인 및 그룹 운용자금을 운용하면서 수익증권 투자의 위험성을 충분히 알고 있었으며 투자신탁회사들 간의 과당경쟁을 이용하여 수익을 보장받는 대신 투자에 따른 위험을 회피하기 위하여 최저수익률보장을 적극적으로 유인하였다고 추인되는 점 등을 근거로 보호의무위반 주장을 배척하고 원고의 청구를 기각하였다.

없는 경우가 많고, 둘째 투자신탁업계의 과당경쟁으로 거액의 여유자금을 예치하는 과정에서 고율의 수익률을 보장하는 각서를 작성해 주는 관행이 있어서 수익보장약정이 없었더라면 수익증권의 판매가 이루어지지 않았을 것이라는 점을 쉽게 추인할 수 있다는 등의 특색이 있다. 판례가 투자신탁거래에 관하여 비교적 쉽게 수익보장약정에 의한 권유가 투자 위험성에 관한 올바른 인식형성을 방해하는 행위라고 인정할 수 있었던 이유도 이 때문인 것으로 보인다. 또한 구증권투자신탁법은 구증권법과 달리 투자신탁회사 임직원의 수익보장약정행위를 금지하는 규정을 두고 있지 않았기 때문에 앞의 대법원 1998. 10. 27. 선고 97다47989 판결이 나오기 전까지는 투자자의 입장에서 수익보장약정이 무효라는 사실을 알았거나 알 수 있었다고 보기 어려운 점도 판례의 태도에 영향을 미쳤을 것으로 추측된다.

한편 구증권투자신탁 관계 법령은 위탁회사 또는 수익증권의 판매회사에게 수익증권의 취득을 권유함에 있어서 투자자에게 투자신탁설명서를 제공하고 그 주요내용을 설명할 의무를 부과하고 있었다. 증권투자신탁회사가 수익증권의 매수를 권유하면서 수익률을 보장하였을 때에는 당연히 당해 투자신탁의 운용개념 및 방법, 투자원금이 보장되지 않는다는 사실 등을 고지하지 않은 경우에 해당하므로, 이는 당연히 후술하는 설명의무위반의 문제에도 해당된다. 중요한 것은 증권투자신탁거래에 관한 위 판결들을 계기로 보호의무이론은 그 적용대상을 "일반고객" 또는 지식 및 경험이 부족한 일반투자자로 한정하지 않고 있다는 점이다.[1] 판례의 보호의무이론은 개인 투자자는 물론 기업, 재단법인, 의료법인, 학교법인, 금융기관(상호신용금고, 리스금융 주식회사 등) 등도 그 적용 범위에 포함시키고 있었는데, 현행법 시행 이후에도 같은 태도를 취할 것인지 주목된다.

(2) 허위표시 또는 단정적 판단의 제공 등에 의한 권유

1) 허위표시

허위표시에 의한 권유가 부당권유행위에 해당함은 물론이다. 금융투자업자는 투자권유를 함에 있어서 '거짓의 내용을 알리는 행위'를 하여서는 아니 된다(법 49조 1호). 서울고등법원 1999. 4. 2. 선고 98나42266 판결은 증권회사 직원의 허위표시에 의한 권유를 이유로 증권회사의 손해배상책임을 인정한 예이다. 이 사건에서 원고는 피고 증권회사의 직원에게 주식매매를 일임하여 거래를 한 결과 상당한 손실이 발생하였는데, 그 직원은 그러한 사실을 숨긴 채 원고에게 마치 이익이 많이 발생한 것처럼 고지하는 등으로 원고를 속여 주식거래를 계속하고 추가로 투자를 권유하였다. 법원은 위 판결에서 증권회사 직원의 위와 같은 투자권유행위나 위탁금 수령행위는 불법행위로서 객관적·외형적으로 보아 그의 사무집행에 속하거나 그것과 밀접하게 관련되어 있다는 이유로 증권회사의 사용자

1) 앞의 대법원 97다47989 판결은 그 대표적인 예이다.

책임을 인정하였다. 허위표시에 의한 권유의 경우에는 사기에 해당하므로 판례의 보호의무이론을 적용할 필요 없이 곧바로 민법상 불법행위책임이 성립됨을 보여준 사례이다.

2) 단정적 판단의 제공

금융투자업자는 투자권유를 함에 있어서 '불확실한 사항에 대해서 단정적 판단을 제공하거나 확실하다고 오인하게 할 소지가 있는 내용을 알리는 행위'를 해서는 아니 된다(법 49조 2호). 대법원 1994. 1. 11. 선고 93다23205 판결이 지적한 것처럼 증권거래는 본래 여러 불확정한 요소에 의한 위험성을 동반할 수밖에 없는 것임에도 불구하고 투자권유업무에 종사하는 자가 만약 단정적 판단을 제공하여 투자권유를 한다면, 이는 증권거래 전문가로서 지켜야 할 주의의무를 다한 것이라고 보기 어렵다. 미국의 조사의무이론에서 보듯이 브로커·딜러가 고객에게 특정 증권에 대하여 투자권유를 하면 고객은 브로커·딜러가 그 증권에 관한 합리적인 조사를 근거로 그러한 추천을 한 것으로 인식하는 것이 보통이다. 따라서 단정적인 판단 또는 합리적인 근거가 없는 판단을 제공하는 것은 고객으로 하여금 자기책임의 전제가 되는 투자위험에 관한 올바른 인식형성을 방해하는 행위라고 볼 수 있다. 단정적 판단의 제공에 의한 권유행위의 위법성을 판단함에 있어서는 투자권유자가 사용한 표현은 물론 투자권유자가 합리적이고 충분한 근거를 가지고 권유를 하였는지 여부, 투자자의 이해력과 투자경험 유무 기타 정황 등을 종합적으로 고려하여 그러한 권유행위가 증권투자거래에 관한 사회통념에 반하는지 여부를 기준으로 삼아야 할 것이다.

판례도 같은 입장을 취하고 있다. 단정적 판단의 제공을 이유로 손해배상책임을 인정한 판결로는, 증권회사 직원이 고객으로부터 계좌관리를 위탁받았음을 기화로 고객에게 "지금 대한중석 주식을 매수하면 100% 가격이 상승할 것이 확실하다," "소문이 날까봐 내용을 밝힐 수는 없지만 혼자만 알고 있는 호재가 있다," "지금 당장 투자하지 않으면 시기를 놓친다"고 말하면서 대한중석 주식을 대량으로 매수할 것을 권유하였다가 주가 하락으로 손실을 본 사안에서 증권회사 직원과 사용자인 증권회사의 불법행위책임을 인정한 사례가 있다.[1] 한편 손해배상책임을 부정한 판결로는, 증권회사 직원이 고객들에게 "바로크가구가 신기술 발명품인 평면광원체를 개발하여 향후 많은 이익이 날 것으로 예상되고, 앞으로 주가가 5만원 정도가 될 것이다"라고 설명하여 매수를 권유하였으나 그 후 바로크가구가 부도가 난 사안에서, 증권회사 직원으로서는 바로크가구의 투자안내서, 증권거래소의 간접공시사항 및 평면광원체 발명회사의 사업계획서 등을 검토하고 직접 회사를 방문하여 신기술개발사실을 확인한 후 이를 영업상 유용한 정보로 판단하여 그 주식의 전망이 좋다고 설명하였을 뿐만 아니라 바로크가구는 재무구조가 비교적 건실

1) 앞의 서울지방법원 99가합28260 판결.

한 기업이었으나 1997년 하반기 이후 금융위기로 말미암아 부도를 맞게 된 점 등에 비추어 증권회사의 권유행위가 합리적 근거와 가정에 입각하지 않은 행위라고 볼 수 없다는 이유로 불법행위의 성립을 부정한 사례가 있다.[1)]

3) 시세조작유포

시세조작유포에 의한 권유는 투자권유자가 투자자에게 특정 주식이 이른바 작전주이고 작전팀에서 시세조종을 하고 있으므로 손해 볼 염려가 없으며 단기간 내 시세차익을 얻을 수 있다고 적극 투자를 권유하는 행위로서 단정적 판단의 제공에 의한 권유의 한 유형으로 볼 수 있다. 그리하여 법 제176조 제 2 항 제 2 호는 "누구든지 상장증권 또는 장내파생상품의 매매를 유인할 목적으로 그 증권 또는 장내파생상품의 시세가 자기 또는 타인의 시장조작에 의하여 변동한다는 말을 유포하는 행위"를 금지하고 있는데, 이에 위반한 때에는 형사처벌을 받게 되거나 손해배상책임을 진다(법 443조 1항 5호, 177조).

문제는 고객에게 이른바 작전주 매수를 권유하는 행위가 민법상 불법행위를 구성하느냐 하는 것이다. 서울지방법원 1999. 10. 14. 선고 98가단91899 판결은 증권회사 직원이 고객에게 작전주 매수를 적극 권유하는 행위는 그 주식 매입에 필연적으로 수반되는 위험성에 관한 올바른 인식형성을 방해하거나 또는 고객의 투자상황에 비추어 과대한 위험성을 수반하는 거래를 적극적으로 권유한 경우에 해당하여 보호의무를 저버린 위법행위라고 판결하였다. 위 판결은 나아가 증권회사 직원의 그와 같은 투자권유행위는 객관적·외형적으로 보아 그의 사무집행과 밀접하게 관련된 행위이기 때문에 사용자인 증권회사로서도 연대하여 손해를 배상할 책임이 있다고 인정하였다. 또한 부산고등법원 2001. 6. 27. 선고 99나12291 판결도 증권회사 직원이 고객에게 작전세력과 연계하여 특정 주식에 개입하고 있으니 여기에 투자하면 2배의 수익을 올려 그 중 절반은 작전세력에게 제공하고 나머지 수익을 보장해 주겠다고 투자를 권유한 것은 부당권유행위로서 불법행위를 구성한다고 판결하였다. 이 판결에서 법원은 불법행위 당사자인 원고가 공동불법행위자인 피고측에 대하여 이러한 불법행위를 주장하면서 그 손해배상을 구하는 것은 민법 제746조의 본문 규정이 적용되어 원칙적으로 이를 허용할 수 없다고 할 것이나, 증권회사의 지점장이 적극적으로 주가조작에 대한 수익보장을 약정하면서 고객에게 투자를 권유한 반면, 고객으로서는 이에 소극적으로 응하여 이러한 약정을 하게 되었다는 점 등을 살펴볼 때, 피고측의 불법성이 원고의 그것보다 현저하게 크고, 따라서 급여자인 원고보다 더 큰 불법을 저지른 수익자인 피고측이 원고의 손해배상청구를 선량한 풍속 기타 사회질서에 위반한 불법원인급여를 내세워 반환을 거절하는 것은 공평에 반하고 신의성실의 원칙에도 어긋나기 때문에 이러한 경우에는 민법 제746조 본문의 적용이 배제

1) 서울지방법원 99가합101776 판결.

된다고 판단하였다.

한편 증권회사의 불법행위책임을 부정한 판결로는 서울고등법원 2000. 6. 23. 선고 99나58640 판결을 들 수 있다. 이 사건은 증권회사 직원에게 일임매매를 맡긴 고객이 그 직원으로부터 특정 주식의 시세조종을 통하여 이익을 얻자는 제안을 받고 이를 승낙하여 현금 및 신용거래를 통하여 주식투자에 나섰다가 손실을 본 사안이었다. 법원은 이 판결에서 각종 매스컴에 증권회사 직원의 시세조종행위의 폐해에 관한 보도가 수시로 행하여져 고객의 지적 수준에 비추어 볼 때 시세조종행위의 위험성이나 불법성을 이미 잘 알고 있었다고 인정되기 때문에 증권회사 직원이 시세조종행위에 필요한 자금을 투자할 것을 권유하면서 그 위험성을 특별히 설명하지 아니하였다 하여도 고객에 대한 보호의무를 위반한 것으로 볼 수는 없다고 판결하였다. 그리고 대법원 2000. 3. 28. 선고 98다48934 판결[1)]은 고객이 증권회사 직원으로부터 특정 주식의 시세가 다른 증권회사 직원의 시장조작에 의하여 변동될 것이라는 말을 듣고 자신들의 투자수익을 목적으로 이에 편승하여 주식을 매매하였다가 손해를 입은 경우, 고객으로서는 증권회사 직원의 시세조종 등 불공정거래행위가 사용자인 증권회사의 사무집행행위에 해당하지 않음을 알았다고 보아야 한다는 이유로 증권회사의 사용자책임을 부정하였다. 이 판결은 비록 증권회사 직원의 작전주 권유행위가 민법 제750조 소정의 불법행위에 해당하는지 여부는 정면으로 판단하고 있지 않지만 이를 긍정하는 입장을 취하고 있는 것으로 생각된다. 그런데 앞의 대법원 2001. 10. 12. 선고 2000다28537, 28544 판결은 증권회사가 신용거래계좌를 개설하려는 고객의 남편이자 대리인에게 "일정실업 주식이 작전종목이다," "정보가 왔는데 100% 확실하다," "정보제공자측에서 곧바로 작전하니 시간이 없다"라고 말하여 투자를 권유한 행위는 단정적 판단의 제공에 의한 권유에 해당하여 불법행위책임이 성립한다고 하였다.

4) 미공개정보의 제공

법은 상장법인의 업무 등과 관련된 미공개중요정보[2)]를 특정 증권 등의 매매 그 밖의 거래에 이용하거나 타인에게 이용하게 하는 행위를 금지하고 있다(법 174조 1항). 이를 위반한 때에는 앞서 본 허위표시에 의한 시세조종행위나 시세조작유포행위와 마찬가지로 형사처벌을 받고(법 443조 1항 1호), 해당 특정 증권의 매매 그 밖의 거래를 한 자가 그와 관련하여 입은 손해를 배상할 책임을 진다(법 175조 1항).

---

1) 공2000. 5. 15.(106), 1049. 원심인 부산고등법원 1998. 8. 27. 선고 98나574 판결은 증권회사 직원에 대하여는 구증권법(1995. 12. 29.자로 개정되기 전의 법률 제4701호) 제105조 제2항, 제1항에서 정한 시세조종 등 불공정거래행위에 해당한다는 이유로 법 제106조 제1항에 의하여 손해배상책임을 인정하였다. 위 대법원 판결은 구증권법상의 특별손해배상책임에 관하여 원고측의 과실을 참작하여 과실상계를 한 원심의 입장을 지지하고 있다.

2) 투자자의 투자판단에 중대한 영향을 미칠 수 있는 정보로서 대통령령으로 정하는 방법에 따라 불특정 다수인이 알 수 있도록 공개되기 전의 것을 말한다.

투자자가 주권상장법인 또는 코스닥상장법인 등의 주간사 업무를 맡은 증권회사의 직원으로부터 미공개정보를 제공받아 투자하였다가 손실을 입은 경우에 그 미공개정보가 허위이거나 불완전한 정보였다는 이유로 손해배상을 청구할 수 있는가. 서울지방법원 2000. 6. 30. 선고 98가합114034 판결은 원고들이 코스닥상장법인의 주간사 업무를 맡은 증권회사 직원으로부터 허위의 내부정보를 제공받고 주식을 매입하였다가 손해를 본 사건에서 피고측의 행위는 부당한 이득을 얻기 위하여 고의로 허위의 시세 또는 허위의 사실 기타 풍설을 유포하거나 위계를 쓴 경우에 해당하므로 구증권법 제188조의4 제 4 항 제 1 호, 제188조의5 제 1 항에 의하여 손해를 배상할 책임이 있다고 판단한 사례이다. 이 사건에서 피고측은 원고들은 코스닥 상장 이전에 그에 관한 정보를 사전에 입수하여 주식을 매입한 것이므로 이는 미공개정보의 이용행위를 금지한 구증권법 제188조의2 제 1 항에 위배되는 불법행위를 저지른 것으로서, 불법행위를 통하여 부당이득을 얻으려고 한 자가 자신들의 불법행위로 인하여 손해를 보았다고 주장하는 것은 신의성실의 원칙에 위반된다고 주장하였으나, 법원은 원고들이 주식을 매수할 당시의 구증권법 제188조의2는 주권상장법인이나 코스닥상장법인에 관한 거래만을 규율할 뿐 상장 예정인 법인에 관한 거래를 규율하고 있지 않다는 이유로 신의칙 주장을 배척하였다.

한편 미국의 연방증권법 판례 중에는 정보수령자(tipee)가 정보제공자(tipper)를 상대로 그 정보의 내용이 허위이거나 부실표시라는 이유로 제기한 SEC Rule 10b-5 위반소송에서 이를 쟁점으로 다룬 판결이 있다. 즉 Bateman Eichler, Hill Richards, Inc. v. Berner 사건[1]에서 Brennan 대법관은 피고측의 *in pari delicto* 항변이 받아들여지려면 ① 원고측의 잘못이 적어도 피고측의 잘못과 실질적으로 같은 정도가 되어야 하고, ② 소송을 불허함으로써 증권법의 효율적인 집행과 투자자 보호에 장해가 없어야 한다는 2가지 요건이 충족시켜야 한다는 기준을 제시하여 피고의 항변을 배척하였다.[2]

(3) 적합성 원칙을 위반한 권유

앞의 Ⅲ. 3. (2)항 참조

---

1) 472 U.S. 299(1985).

2) 이 판결의 요지는 다음과 같다. "… 정보제공자, 증권전문가 및 정보수령자 사이에는 상대적인 귀책사유의 정도에 관하여 중요한 차이가 있다. 이 법원은 정보수령자가 그 정보를 개시할 상응하는 의무를 부담하지 않는다면 미공개정보의 이용행위가 증권거래소법 제10조 (b)항 및 Rule 10b-5 위반행위에 해당하지 않는다고 판시한 바 있다. Dirks v. SEC, 463 U.S. 646 (1983), Chiarella v. United States, 445 U.S. 222 (1980) 내부자거래에서 1차적으로 책임이 있는 자에 대하여 그로부터 파생하여 책임을 지는 자가 동일한 정도로 잘못이 있다고는 믿지 않는다. … *in pari delicto* 항변을 배척함으로써 투자자 보호와 증권업에 있어서 높은 수준의 영업윤리 확보라는 연방증권법의 주된 목적을 달성할 수 있을 것이라고 믿는다. …이러한 소송을 허용하지 않는다면 많은 사기적 행위가 규제당국에 발각되지 않거나 처벌되지 않고 묻혀질 것이기 때문이다. 귀책사유가 있는 자 상호 간의 소송을 허용함으로써 그들의 불법적 행동을 노출시키고 이에 따른 민사적, 행정적, 형사적 제재를 받게 하는 것이 중요하다."

4. 요 약

판례의 보호의무이론을 정리하면 다음과 같다. 투자권유에 관한 업무에 종사하는 자는 투자자인 고객에게 투자정보 또는 투자판단에 관한 조언을 제공함에 있어서 투자자가 합리적인 의사결정을 할 수 있도록 투자자 보호를 위한 관계 법령, 자율규제규범 등을 준수할 의무가 있다. 투자권유자가 이러한 의무를 위반한 경우 투자권유자와 투자자의 관계, 당해 규범의 보호법익, 침해행위의 태양 그 밖에 구체적 사정 등을 종합하여 볼 때 투자권유자의 고객에 대한 보호의무를 위반하였다고 평가할 수 있는 때에는 당해 투자권유행위를 신뢰 또는 의존함으로써 고객에게 발생한 손해를 배상할 책임을 져야 한다는 것이다.

보호의무이론은 고객에 대한 보호의무위반 여부를 불법행위의 위법성 판단기준으로 제시함으로써 증권법상의 투자권유에 관한 규제를 민법상의 불법행위로 연결하는 기능을 수행한다. 판례에 나타난 각종 보호의무위반의 태양은 예시적인 것이다. 투자권유의 생활관계와 이에 대한 증권법 규제가 변화하고 발전함에 따라 불법행위의 유형을 명확히 하는 것은 앞으로의 과제라고 할 것이다.

第46조의2(적정성의 원칙 등)

① 금융투자업자는 일반투자자에게 투자권유를 하지 아니하고 파생상품, 그 밖에 대통령령으로 정하는 금융투자상품(이하 "파생상품등"이라 한다)을 판매하려는 경우에는 면담·질문 등을 통하여 그 일반투자자의 투자목적·재산상황 및 투자경험 등의 정보를 파악하여야 한다.

② 금융투자업자는 일반투자자의 투자목적·재산상황 및 투자경험 등에 비추어 해당 파생상품 등이 그 일반투자자에게 적정하지 아니하다고 판단되는 경우에는 대통령령으로 정하는 바에 따라 그 사실을 알리고, 일반투자자로부터 서명, 기명날인, 녹취, 그 밖에 대통령령으로 정하는 방법으로 확인을 받아야 한다.

Ⅰ. 총 설

고객조사의무 및 적합성 원칙은 장차 투자권유가 이루어질 것을 전제로 하므로(법 46조 2항·3항), 금융투자업자가 일반투자자에게 투자권유를 하지 아니하고 금융투자상품을 판매하는 경우에는 그 적용이 없다.

법은 투자권유를 특정 투자자를 상대로 금융투자상품의 매매 또는 투자자문계약·투자일임계약·신탁계약(관리신탁계약 및 투자성 없는 신탁계약을 제외한다)의 체결을 권유하는 것을 말한다고 정의하고 있다(법 9조 4항). 금융투자상품에 대한 조사분석자료를 공표하는 행위(법 71조 2호) 및 투자광고(법 57조 1항) 등은 투자권유에 해당하지 않는다. 금융투자상품의 단순한 설명이나 안내 등도 투자권유로 보기 어렵다. 그렇기 때문에 고객이 이러한 자료들에 근거하여 투자권유 없이 자신의 투자성향에 비추어 부적합한 고위험상품에 투자하더라도 적합성 원칙의 보호를 받지 못하게 된다. 또한 고객이 온라인증권거래를 통하여 직접 금융투자상품을 거래하는 경우와 같이 금융투자업자가 단순주문집행업무(execution-only services)를 하는 경우에는 고객정보확인절차가 마련되어 있지 않거나 적합성 원칙의 적용이 없으므로 투자자보호제도가 충분히 마련되어 있다고 할 수 없다.

2009년 2월 4일 시행된 개정법은 이러한 문제점을 개선하기 위하여 고객이 투자권유 없이 본인의 판단으로 투자하는 경우에도 금융투자업자가 파생상품 등과 같이 고위험상품을 판매하려는 경우에는 고객정보를 파악하여 고객의 투자성향에 비추어 적정하지 아니하다고 판단되는 경우에는 경고 등을 통해 위험성을 의무적으로 알리도록 하였다.

Ⅱ. 적정성 원칙

적정성 원칙(Appropriateness)이란 금융투자업자는 그 상품이나 서비스가 고객에게 적정하지 아니하다고 판단하는 경우에는 그 사실을 고객에게 경고하여야 한다는 원칙이다. EU 금융상품시장지침(the Markets in Financial Instruments Directive : MiFID) 제19조(5)항은 각 회원국들에게 첫째로, 금융투자업자들(investment firms)로 하여금 고객에게 그 상품이나 서비스가 당해 고객에게 적정한지 여부를 판단하기 위하여 그 상품이나 서비스와 관련된 투자분야에 관한 고객의 지식과 경험에 관한 정보를 확인할 것과 둘째로, 금융투자업자가 그 상품이나 서비스가 고객정보에 비추어 적정하지 아니하다고 판단되는 경우에는 그 사실을 고객에게 경고할 것을 요구하고 있다.[1] 이러한 적정성 원칙은 금융투자업자가 개별적인 투자권유나 투자관리 이외의 투자서비스를 제공하는 경우에 적용된다.[2] 그리하여 금융투자업자가 단순주문집행업무만을 수행하는 경우에도 금융투자상품이 파생상품 등의 복합상품(complex products)에 해당할 때에는 고객에게 그 위험성을 경고하여야 한다.[3]

개정법은 적정성의 원칙을 도입하여 금융투자업자가 일반투자자에게 투자권유를 하지

1) Directive 2004/39/EC of 21 April 2004 on markets in financial instruments(MiFID, Article 19(5)).

2) UK FSA COBS 10. 1. 1.

3) Alessandra Chirico, "Suitability and Appropriateness under MFID : 'Faithful watchdogs' or 'terrible twins'?," ECMI Policy Brief, No. 9/September 2007.

아니하고 파생상품 등을 판매하려는 경우에는 면담·질문 등을 통하여 그 일반투자자의 투자목적·재산상황 및 투자경험 등의 정보를 파악하도록 규정하고 있다(법 46조의2 1항). 그리하여 금융투자업자는 일반투자자의 투자목적·재산상황 및 투자경험 등에 비추어 해당 파생상품 등이 그 일반투자자에게 적정하지 아니하다고 판단되는 경우에는 대통령령으로 정하는 바에 따라 그 사실을 알리고, 일반투자자로부터 서명, 기명날인, 녹취, 그 밖에 대통령령으로 정하는 방법으로 확인을 받아야 한다(법 46조의2 2항). 일반투자자가 홈트레이딩 시스템을 이용하여 파생상품 등에 투자하는 경우 종래에는 금융투자업자의 고객조사의무와 적합성 원칙이 적용되지 않았으나, 개정법에 의하면 적정성 원칙이 적용되므로 금융투자업자는 온라인상에 고객정보확인 시스템을 갖추어야 하고 해당 파생상품 등이 그 고객에게 적정하지 아니하다고 판단되는 경우에는 그 사실을 알리고 거래를 거절하거나 그래도 고객이 거래를 원할 때에는 서명 등의 방법으로 확인을 받은 후 거래를 하여야 한다.

[초판, 개정판: 권순일]

제47조(설명의무)

① 금융투자업자는 일반투자자를 상대로 투자권유를 하는 경우에는 금융투자상품의 내용, 투자에 따르는 위험, 그 밖에 대통령령으로 정하는 사항을 일반투자자가 이해할 수 있도록 설명하여야 한다.

② 금융투자업자는 제 1 항에 따라 설명한 내용을 일반투자자가 이해하였음을 서명, 기명날인, 녹취, 그 밖의 대통령령으로 정하는 방법 중 하나 이상의 방법으로 확인을 받아야 한다.

③ 금융투자업자는 제 1 항에 따른 설명을 함에 있어서 투자자의 합리적인 투자판단 또는 해당 금융투자상품의 가치에 중대한 영향을 미칠 수 있는 사항(이하 "중요사항"이라 한다)을 거짓 또는 왜곡(불확실한 사항에 대하여 단정적 판단을 제공하거나 확실하다고 오인하게 할 소지가 있는 내용을 알리는 행위를 말한다)하여 설명하거나 중요사항을 누락하여서는 아니 된다. 〈개정 2009. 2. 3〉

Ⅰ. 설명의무의 의의

일반투자가가 고객으로서 금융투자상품에 대하여 투자를 하려면 금융투자업자와 거래를 할 수밖에 없다. 법은 일반투자자를 금융투자상품에 관한 전문적인 지식이 없는 자로 정의하고 있다(법 9조 6항). 금융투자상품의 매매에 있어서 금융투자업자와 고객인 일반투자자 사이에는 정보의 비대칭성으로 인한 교섭력(bargaining power)의 차이가 존재한다. 이 때문에 고객은 금융투자업자가 제공하는 정보를 신뢰하거나, 그것에 강하게 의존할 수밖에 없는 상황에 처하게 된다. 특히 금융기술이 혁신되고, 금융서비스가 점점 다양하게 발전하고 있는 현실에서 고객의 금융투자업자에 대한 신뢰와 의존은 향후 더욱 심화될 것으로 판단된다.[1] 이에 금융투자업자의 우위성으로 인하여 발생할 수 있는 문제점을 해결하여 약자로서의 일반투자자를 보호하여야 하는 필요성이 있다.

법 시행 이전에는 선물, 자산운용, 부동산투자회사 등만이 실정법적 근거를 바탕으로 설명의무를 부담하고 있을 뿐 증권회사나 신탁회사가 법률상 설명의무를 부담한다는 명시적인 근거규정을 찾아 볼 수 없었다. 그러나 법은 일반투자자와 금융투자업자 사이에 투자계약이 체결되는 경우 그 계약체결 전에 금융투자업자가 일반투자자에 대하여 금융투자상품의 투자를 권유하는 경우 상품의 내용과 투자위험 등을 당해 투자자가 이해할 수 있도록 설명하는 의무를 명시적으로 부담시키고 있다(법 47조 1항). 이처럼 금융투자업자의 설명의무는 일반투자자가 자유로운 의사주체로서 수집한 충분한 정보를 바탕으로 한 투자(informed investment)를 유도하기 위하여 마련되었다.[2] 결국 일반투자자에 대하여 자기책임을 요구할 수 있기 위해 그 전제가 되는 설명의무를 금융투자업자에게 부담시키고 있는 것이다.

한편, 법은 전문투자자의 위험감수능력을 고려하여 전문투자자에 대한 설명의무를 예정하고 있지 않은 것으로 보인다. 그러나, 구체적인 사정에 따라서는 전문투자자의 경우에도 금융투자업자가 제공하는 정보를 신뢰하거나, 그것에 강하게 의존할 수밖에 없는 상황에 처하여질 수 있으므로 전문투자자에 대해서도 종래의 판례와 같이 고객보호위무 위반, 주로 설명의무 위반의 문제가 발생할 수 있다.

Ⅱ. 설명의무의 법적 성질

1. 설명의무 위반으로 인한 손해배상책임의 법적 성격

금융투자상품의 투자권유에 있어서의 고객에 대한 설명의무는 투자계약의 성립 이전에 금융투자업자가 일반투자자에게 부담하는 의무이다. 이는 금융투자계약의 성립에 따른 금융투자업자의 급부의무와 직접적인 관련이 없으며, 금융투자업자에게 금융투자계약 체결 이전에 성실하게 계약체결 교섭을 하여야 할 의무 중의 하나로서 단지 신의칙에

1) 양석완, “금융기관의 설명의무와 조언의무,” 「법과정책」 제10호(2004), 제주대학교, 226쪽.
2) 정윤모, “금융투자업자의 영업행위규제와 투자자 보호,” 「증권」 제132호(2007), 한국증권업협회, 40쪽; Susanna Kim Ripken, “The Dangers and Drawbacks of the Disclosure Antidote : Toward a More Substantive Approach to Securities Regulation,” 58 Baylor Law Review 139, 152-153(2006).

근거하여 법이 특별히 정하고 있는 고객보호의무의 한 유형에 해당한다.[1] 이를 위반하여 고객에게 손해가 발생한 때에는 불법행위로 인한 손해배상책임을 부담하고,[2] 법은 일반투자자에 대한 손해배상책임을 특별히 정하고 있는 것이다. 다만, 전문투자자에 대한 설명의무의 위반으로 손해배상책임을 부담하는 경우 민법상의 불법행위책임이 문제될 수 있을 것이다.

2. 설명의무와 적합성 원칙 간의 관계

법은 적합성 원칙과 설명의무를 독립적인 별개의 의무사항으로 규정하고 있다. 따라서, 이론적으로는 적합성 원칙을 준수하였지만 설명의무를 위반하거나, 설명의무를 준수하였지만 적합성 원칙을 위반하는 경우가 발생할 여지가 있다. 현실적으로는 양자에 관련된 의무 위반이 문제되는 경우 적합성 원칙과 설명의무를 모두 위반한 것으로 인정되는 사례가 다수이다. 특히 판례상 설명의무를 준수하였지만 적합성 원칙을 위반하는 경우가 인정된 사례를 발견하기는 어렵다. 이는 적합성 원칙을 위반한 경우 설명의무의 이행이 의미를 갖기는 어렵기 때문일 것이다. 그런 의미에서 적합성 원칙은 설명의무의 이행을 위한 전제가 되는 것으로도 볼 수 있다.

Ⅲ. 설명의무의 내용

1. 설명의 대상

설명의무는 고객이 자기책임 하에 합리적인 투자판단을 할 수 있도록 필요한 정보를 적극적으로 제공하여야 하는 작위의무와 설명시 투자자를 오도(misleading)하는 부실기재(misstatement) 또는 중요한 사항을 누락(omission)한 채 설명하지 말아야 하는 부작위의무로 구성되어 있다.[3]

이를 나누어 살펴보면, 우선 금융투자업자의 설명의무는 투자권유가 선행된 금융투자상품의 거래에 한정하여 적용된다.[4] 이때 금융투자업자가 법상 설명의무를 다하기 위해서는 투자판단에 필요한 중요한 사항들을 충분하고 정확하게 설명하여야 한다. 즉, 일반투자자를 상대로 투자권유를 하는 경우 설명의무를 다하기 위해서는 금융투자업자는

1) 권기훈, “선물업자의 설명의무,” 「상사판례연구」 제17집(2004), 한국상사판례학회, 259쪽 참조.

2) 대법원 2003. 7. 11. 선고 2001다11802 판결. 위 판결에서 대법원은 투자신탁회사의 임직원이 고객에게 투자신탁상품의 매입을 권유할 때에는 그 투자에 따르는 위험을 포함하여 당해 투자신탁의 특성과 주요내용을 명확히 설명함으로써 고객이 그 정보를 바탕으로 합리적인 투자판단을 할 수 있도록 고객을 보호하여야 할 주의의무가 있고, 이러한 주의의무를 위반한 결과 고객에게 손해가 발생한 때에는 불법행위로 인한 손해배상책임이 성립하는 것으로 보았다.

3) 정준우, 전게논문(2004), 434쪽.

4) 자기책임의 원칙에 따라 투자권유 없이 체결되는 금융투자상품의 거래에 대해서는 설명의무가 부과되지 않는다는 의미이다.

금융투자상품의 내용, 투자에 따르는 위험, 그 밖에 시행령이 정하는 사항으로서 금융투자상품의 투자성에 관한 구조와 성격, 투자자로부터 받는 수수료에 관한 사항, 조기상환조건이 있는 경우 그에 관한 사항, 계약의 해제·해지에 관한 사항을 일반투자자가 이해할 수 있도록 설명하여야 한다(법 47조 1항, 법 시행령 53조 1항). 금융투자상품의 내용은 증권 또는 파생상품의 각 종류에 따라 다양할 것이고, 법과 시행령에서 구체적으로 제시하고 있는 설명의 대상은 금융투자상품의 내용에 대한 구체화로 볼 수 있다. 법에 규정되어 있는 투자에 따르는 위험과 시행령에 규정되어 있는 금융투자상품의 투자성에 관한 구조와 성격은 실질적으로는 동일한 것으로 보인다. 투자에 따르는 위험을 이해한다는 것은 투자성, 즉 투자의 위험성에 관한 구조와 성격을 이해하는 것과 다르지 않기 때문이다. 한편, 투자의 위험성에 관한 구조와 성격을 어느 정도까지 설명하여야 하는지에 대하여 문제될 수 있는데, 이에 관하여는 아래 설명의 정도에서 살펴본다. 투자자의 수수료에 관한 사항은 금융투자상품에 기본적으로 내재하는 위험은 아닐지라도 투자수익에 영향을 미치는 중요한 정보라는 점에서 설명의무의 대상으로 편입되어 있다.[1] 일본에서는 투자자로부터 받는 수수료에 주식위탁판매수수료, 투자신탁의 판매수수료, 투자신탁의 신탁보수 및 운용관련경비 등이 포함된다는 논의가 있다. 그러나 거래의 상대방이 되는 것 자체의 대가는 수수료라고 볼 수 없으므로 채권매매에서 매매가격차이나 파생상품거래에서 스프레드는 포함되지 않는다고 한다.[2]

또한 금융투자업자는 이상의 설명을 함에 있어서 투자자의 합리적인 투자판단 또는 해당 금융투자상품의 가치에 중대한 영향을 미칠 수 있는 사항(이하 "중요사항"으로 줄임)을 거짓 또는 왜곡하여 설명하거나 중요사항을 누락하여서는 아니 된다. 이 경우의 '왜곡'이라 함은 불확실한 사항에 대하여 단정적 판단을 제공하거나 확실하다고 오인하게 할 소지가 있는 내용을 알리는 행위를 말한다(법 47조 3항, 법 시행령 53조 2항).

2. 설명의 방법

금융투자업자는 설명한 내용을 일반투자자가 이해하였음을 서명, 기명날인, 녹취, 전자우편, 그 밖에 이와 비슷한 전자통신, 우편, 전화자동응답시스템의 방법 중 하나 이상의 방법으로 확인을 받아야 한다(법 47조 2항). 법이 하나 이상의 방법으로 확인받도록 요구하고 있으므로 1가지 방법으로 확인하여도 물론 문제되지 않는다.[3]

1) 안수현, "(가칭)자본시장통합법과 소비자보호법의 접점 – '금융소비자'의 보호–," 「증권법연구」 제 7 권 제 2 호(2006), 241쪽.

2) 黑沼悅郎 감수, Q&A 금융상품취인법의 실무, 98頁.

3) 이와는 달리 법이 "하나 이상의 방법"으로 규정한 것은 그 입법취지상 최소 2가지가 넘는 방법으로 확인하여야 한다는 뜻으로 이해하는 견해(전욱, "자본시장과 금융투자업에 관한 법률상의 금융투자자 보호제도에 관한 고찰," 「저스티스」 통권 제107호(2008), 한국법학원, 204쪽)가 있으나, 이는 문리해석에 반하므로 수용하기 어렵다.

금융투자업자가 확인을 받음에 있어서 사용하는 언어가 외국어로 되어 있거나 전문용어가 일부 포함되어 있는 경우에도 해당 투자자가 충분히 이해할 수 있도록 설명이 이루어지거나 또는 해당 투자자의 경험이나 능력 등에 비추어 충분히 이해될 수 있다면 설명의 방법으로서 문제가 된다고 단정할 수 없다.[1)]

3. 설명의 정도

법은 고객인 일반투자자의 투자상품 등에 관한 구체적인 이해를 돕기 위해서 당해 금융투자상품에 대한 투자가 합리적인지를 정확하게 판단할 수 있을 정도의 설명을 할 것을 금융투자업자에게 요구하고 있다(법 47조 2항). 즉, 금융투자업자는 당해 고객의 지식, 경험, 재산의 상황, 계약체결의 목적 등 고객의 속성을 감안하여 고객이 이해할 수 있도록 시장리스크·신용리스크에 의해서 원본결손이 생길 우려가 있다는 것, 판매대상권리의 권리행사기간의 제한, 계약해제기간의 제한 등에 대하여 설명하여야 한다. 참고로 대법원 판례는 법이 시행되기 이전에도 이와 같은 취지로 판시하여 왔다. 예컨대, 대법원은 “일반적으로 공사채형 투자신탁의 경우 투자에 따르는 위험과 관련하여 투자권유자는 채권시장의 시가 변동에 의한 위험, 발행주체의 신용 위험, 그리고 만약 외국채권을 신탁재산에 편입하는 때에는 환시세의 변동에 의한 위험이 존재하고 이로 인하여 원본 손실의 가능성이 있다는 사실 등을 설명하여야 할 것이나, 고객에게 어느 정도의 설명을 하여야 하는지는 투자 대상인 상품의 특성 및 위험도의 수준, 고객의 투자 경험 및 능력 등을 종합적으로 고려하여 판단하여야 한다”고 판시하였다.[2)]

위 판시에서 지적하고 있는 고객의 투자 경험 및 능력에 관하여 판단한 사안을 검토해본다. 일반투자자가 금융기관과 1차 및 2차 선물환계약을 체결하였는데, 1차 선물환계약에 관련하여 금융기관의 설명의무 위반이 인정되었으나, 2차 선물환계약에 대해서는 일반투자자가 1차 선물환계약을 정산하는 단계에서 환율변동으로 인한 차액정산금의 지급을 경험하였고 그 이후에 2차 선물환계약이 체결되었음을 이유로 금융기관의 설명의무 위반이 인정되지 않은 사례가 있다. 대법원은 위 사례에서 금융기관이 일반고객과 전문적인 지식과 분석능력이 요구되는 금융거래를 할 때에는 상대방이 그 거래의 구조와 위험성을 정확하게 평가할 수 있도록 거래에 내재된 위험요소 및 잠재적 손실에 영향을 미치는 중요인자 등 거래상의 주요 정보를 적합한 방법으로 설명할 신의칙상의 의무가 있다고 할 것이나, 계약자나 그 대리인이 그 내용을 충분히 잘 알고 있는 경우에는 그러한 사항에 대하여서까지 금융기관에게 설명의무가 인정될 수는 없다고 판시하였다.[3)]

1) 김건식/정순섭, 「새로 쓴 자본시장법(제3판)」, 2013, 781쪽 참조.
2) 대법원 2003. 7. 11. 선고 2001다11802 판결.
3) 대법원 2010. 11. 11. 선고 2010다55699 판결. 이 사건의 원심은 2차 선물환계약에 대해서도 금융기관의 설명의무 위반을 인정하였으나, 위 대법원 판결로 파기되었다. 이에 대해서는 만일 2차 선물환계약

결국, 금융투자상품에 관련된 설명의무의 범위와 정도에 관련된 대법원의 기존 입장은, 투자 대상인 상품의 특성 및 위험도의 수준, 고객의 투자 경험 및 능력 등을 종합적으로 고려하여 판단하여야 하고, 금융기관으로서는 투자자에게 거래상의 주요 정보를 적합한 방법으로 설명할 신의칙상의 의무가 있되, 계약자나 그 대리인이 그 내용을 충분히 잘 알고 있는 경우에는 그러한 사항에 대하여서까지 금융기관에게 설명의무가 인정될 수는 없다는 것으로 요약될 수 있다.[1)]

한편, 소위 KIKO통화옵션계약을 둘러싼 수출기업들과 은행들 간의 분쟁 사건에서 대법원은 2013. 9. 26. 4건의 전원합의체 판결을 통하여 장외파생상품 거래시 설명의무의 내용에 관련된 몇 가지 중요한 판시를 하였다.[2)] 금융기관이 일반 고객에게 설명하여야 할 장외파생상품에 관련된 거래상의 주요정보에는 당해 장외파생상품 계약의 구조와 주요 내용, 고객이 그 거래를 통하여 얻을 수 있는 이익과 발생 가능한 손실의 구체적 내용, 특히 손실발생의 위험요소 등이 모두 포함된다. 그러나, 당해 장외파생상품의 상세한 금융공학적 구조나 다른 금융상품에 투자할 경우와 비교하여 손익에 있어서 어떠한 차이가 있는지 설명할 의무는 없다. 또한, 수수료가 시장의 관행에 비하여 현저하게

의 체결에 있어서도 1차 선물환계약에서와 유사하게 설명의무가 제대로 이행되지 않았다면 금융기관의 설명의무의 위반은 인정하되, 투자자의 위험에 대한 부주의로 보아 과실상계의 문제로 보아야 한다는 견해가 있다(맹수석, "금융투자상품 판매시 금융기관의 설명의무," 「충남대학교 법학연구」 제24권 제1호(2013), 654쪽).

1) 투자자 자신의 이해와 직접적 관련이 있는 주요한 내용에 관하여는 "투자자가 그 상품을 판매하는 금융투자업자의 인식과 비슷한 수준으로 인식할 수 있을 정도"로 설명하여야 한다는 1심 판단이 있었으나(서울중앙지방법원 2012. 9. 27. 선고 2011가합78083 판결), 2심 판단에서는 위와 같은 대법원의 기존 입장을 재확인하였다(서울고등법원 2013. 5. 16. 선고 2012나83508 판결).

2) 대법원 2013. 9. 26. 선고 2011다53683(본소)·2011다53690(반소) 판결, 2012다1146·2012다1153(병합) 판결, 2012다13637 판결, 2013다26746 판결 등. 한편 위 판결들에서 본문의 설명의무에 관련된 내용 외에 주목할 만한 사항을 정리하면 다음과 같다. (1) 환헤지 적합성 관련: 전체 환율 구간이 아닌 일부 구간에서만 환위험 회피가 된다고 하여 구조적으로 환헤지에 부적합다고 단정할 수 없다. 반드시 기업이 보유하는 회환현물 전체에 대하여 환헤지가 가능해야 한다는 원칙이 있는 것도 아니다. (2) 약관성 관련: KIKO 계약의 구조는 다른 장외파생상품들과 마찬가지로 은행이 고객의 필요에 따라 구조나 조건을 적절히 변경하여 사용하기 편하도록 표준화하여 미리 마련해 놓은 것으로 그 구조만으로는 거래당사자 사이에 아무런 권리·의무가 발생하지 않고 거기에 계약금액, 행사환율 등 구체적 계약 조건들이 결부됨으로써 비로소 전체 계약의 내용으로 완결되는 것이므로, 그 구조 자체는 따로 약관에 해당하지 않는다. (3) 사정변경의 원칙 관련: 환율의 변동가능성은 이 사건 각 통화옵션계약에 이미 전제된 내용이거나 내용 자체이고, 원고와 피고는 환율이 각자의 예상과 다른 방향과 폭으로 변동할 경우의 위험을 각자 인수한 것이지, 환율이 일정 범위 내에서 유지됨을 계약의 기초로 삼았다고 볼 수 없는 점 등에 비추어 사정변경의 원칙이 적용되지 않는다. (4) KIKO 계약 체결 시 은행이 준수해야 할 적합성 원칙의 내용: 은행은 기업의 예상 외화유입액, 재산상태, 환헤지의 필요 여부, 거래목적, 거래경험, 당해 계약에 대한 지식 또는 이해 정도, 다른 환헤지 계약 체결 여부 등의 경영상황을 파악한 다음, 그에 비추어 해당 기업에 적합하지 아니한 KIKO 계약의 체결을 권유하여서는 아니된다. 은행은 그 인가요건, 업무범위, 지배구조 및 감독체계 등 여러 면에서 투자를 전문으로 하는 금융기관 등에 비해 더 큰 공신력을 가지고 있어 은행의 권유는 기업의 의사결정에 강한 영향을 미칠 수 있으므로, 은행으로서는 위와 같이 위험성이 큰 장외파생상품의 거래를 권유할 때에는 다른 금융기관에 비해 더 무거운 고객 보호의무를 부담한다. (5) 과실상계 관련: KIKO 계약 과정에서 은행의 고객에 대한 적합성 원칙 및 설명의무 위반행위는 과실상계가 제한되는 영득행위에 해당한다고 할 수 없다.

높지 아니한 이상 그 상품구조 속에 포함된 수수료 및 그로 인하여 발생하는 마이너스 시장가치에 대하여 설명할 의무도 없다. 그리고, 장외파생상품 거래를 중도에 해지할 수 있는지와 그 경우 중도청산금의 개략적인 규모와 산정방법에 대하여도 설명할 의무가 없다. 대법원은 계약체결의 목적을 고려하여, 당해 금융상품이 고도의 금융공학적 지식에 의하여 개발된 것으로서 환율 등 장래 예측이 어려운 변동요인에 따라 손익의 결과가 크게 달라지는 고위험구조이고, 고객의 예상 외화유입액 등에 비추어 객관적 상황이 환헤지 목적보다는 환율변동에 따른 환차익을 추구하는 정도에 이른 것으로 보이는 경우라면 그 거래의 위험성에 대하여 고객이 한층 분명하게 인식할 수 있도록 구체적이고 상세하게 설명할 의무가 있다고 보았다.

제48조(손해배상책임)

① 금융투자업자는 제47조 제1항 또는 제3항을 위반한 경우 이로 인하여 발생한 일반투자자의 손해를 배상할 책임이 있다.

② 금융투자상품의 취득으로 인하여 일반투자자가 지급하였거나 지급하여야 할 금전등의 총액(대통령령으로 정하는 금액을 제외한다)에서 그 금융투자상품의 처분, 그 밖의 방법으로 그 일반투자자가 회수하였거나 회수할 수 있는 금전등의 총액(대통령령으로 정하는 금액을 포함한다)을 뺀 금액은 제1항에 따른 손해액으로 추정한다.

Ⅰ. 손해배상책임의 의의

1. 손해배상책임의 특징

금융투자업자가 법상 설명의무를 제대로 이행하지 않아 일반투자자가 피해를 입었다면 당해 피해자에 대하여 손해배상의 책임을 진다.[1] 그러나 오늘날 복잡하고 고도화된 금융투자거래로 인한 손해액을 전문성이 없는 일반투자자에게 증명하게 하는 것은 손해배상제도를 사실상 무의미하게 만들 수 있다. 말하자면, 설명의무위반과 그를 바탕으로 한 거래행위 간에 상당한 인과관계를 증명한다고 하더라도 금융투자업의 성격상 인과관계가 있는 손해액의 범위를 증명하기가 곤란하다. 이에 호주와 일본의 입법례를 참고하여 법은 일반투자자의 소송부담을 경감시키기 위하여 손해액의 추정제도를 마련하고

1) 설명의무의 위반으로 인한 손해배상책임은 법의 시행 이전에도 판례상 인정되고 있었다. 예컨대, 대법원 2006. 6. 29. 선고 2005다49799 판결 참조.

있다.[1)] 법상 손해액을 추정함으로써 손해와 인과관계가 없다는 증명책임을 사실상 금융투자업자에게 전환시키는 효과가 있다.[2)]

이처럼 법에 의한 손해배상은 민법상의 불법행위에 기한 손해배상책임(민법 750조)보다 그 요건이 완화되어 있어 원고의 승소가능성이 높은 까닭에 법위반행위에 대한 억지효과를 제고하는 효과가 있으며, 또한 일반투자자의 손해액의 증명에 소비되는 시간과 경비를 줄일 수 있어 소송촉진에 기여하게 된다. 요컨대, 법상의 손해배상제도는 설명의무위반행위로 인하여 발생한 손해를 전보(compensation)할 뿐만 아니라, 장래에 발생가능한 설명의무 위반행위를 억지(deterrence)하는 실효성이 있을 것으로 판단된다.

2. 추정되는 손해액의 실례

법은 일반투자자의 투자금액과 회수금액의 차액인 원금결손액을 손해액으로 추정한다. 즉, 손해액은 금융투자상품의 취득으로 인하여 일반투자자가 지급하였거나 지급하여야 할 금전 등의 총액(대통령령으로 정하는 금액 제외)[3)]에서 그 금융투자상품의 처분, 그 밖의 방법으로 그 일반투자자가 회수하였거나 회수할 수 있는 금전 등의 총액(대통령령으로 정하는 금액 포함)[4)]을 뺀 금액으로 추정한다(법 48조 1항). 예를 들어 설명하면 다음과 같다. 일반투자자 甲이 금융투자상품인 주식을 1천만원 상당한 규모로 구입하면서도 당해 금융투자업자로부터 원금손실 위험을 비롯한 투자에 따르는 위험에 관하여 전혀 설명을 듣지 못하였다고 가정하자. 만약 시간이 경과하면서 주가가 하락하여 투자금액이 100만원으로 되었고, 이에 甲이 손해배상을 청구하였다면 손해액은 900만원으로 추정된다. 금융투자업자가 손해액이 900만원보다 작다고 주장하기 위해서는 스스로가 이를 증명해야 하는 책임을 부담한다.

Ⅱ. 손해배상책임의 법적 성질

법 시행 이전에 증권업자의 부당한 투자권유에 의해 증권매매위탁계약을 체결하고

1) 이병래, "자본시장통합법의 투자자보호제도 –선진화의 실천적 함의를 중심으로–,"「BFL」 제22호(2007), 서울대학교 금융법센터, 21쪽.
2) 자본시장통합법연구회 편,「자본시장통합법 해설서」, 한국증권업협회, 2007, 301쪽. 이에 반하여 법 제48조 제 2 항은 손해액의 추정만을 명시적으로 규정할 뿐이므로 인과관계상 증명책임의 전환까지 의도한 것은 아니라는 견해도 있다. 한기정, "자본시장통합법 제정방안과 금융고객 보호제도의 선진화,"「BFL」 제18호(2006), 서울대학교 금융법센터, 24쪽. 손해배상책임의 법리상 항상 인정된 손해액 전부에 대한 배상책임이 있는 것이 아니라 손해액 중 해당 위반행위와 인과관계 있는 손해에 대하여서만 배상책임이 인정되기 때문에 손해액을 추정하는 규정에 의하여 손해인과관계도 추정된다고 해석하는 것은 부당하다는 견해도 있다(임재연,「자본시장법」 박영사, 2013, 180쪽 참조).
3) 2013년 11월 현재 대통령령은 금액을 정하지 않고 있다.
4) 2013년 11월 현재 대통령령은 금액을 정하지 않고 있다.

이로 인하여 경제적인 손해를 본 투자자에 대하여 부담하는 증권업자의 손해배상책임의 법적 성질은 그 부당한 투자권유행위 자체의 위법성이 인정되는 불법행위책임으로 이해되었다.[1] 이와 같은 연장선상에서 법상 손해배상책임도 불법행위책임의 일종으로 판단된다.

여기서 법상의 손해배상책임과 민법상의 불법행위책임(민법 750조)의 관계가 문제된다. 그러나 법상의 손해배상을 청구하더라도 민법상 불법행위책임의 요건만 충족한다면 민법에 의한 손해배상청구는 제한되지 않는다고 보아야 한다. 일반투자자는 자기에게 유리한 청구권을 선택적으로 행사할 수 있으므로 자신의 채권확보를 강화하고 구제가능성을 증대시킬 수 있다. 다만, 법에는 민법에 비하여 손해액의 추정이라는 특례를 규정하고 있으므로, 현실적으로 피해자는 법상의 손해배상청구권을 행사하는 것이 용이하다.

Ⅲ. 손해배상책임의 성립요건

손해배상책임의 성립요건 중 법에 별도의 규정이 있는 것을 제외한 기타의 사항, 예컨대 불법행위의 존재, 손해의 발생, 불법행위와 손해발생 간의 인과관계, 손해배상의 방법, 소멸시효 등은 민법상의 불법행위에 관한 규정에 따른다.

한편, 위 불법행위의 존재의 증명에 관련된 것으로서, 최근 하급심 판결 중에는 금융기관 측에 설명의무를 이행한 데 대한 증명책임이 있다고 해석하는 것이 손해의 공평타당한 부담을 지도원리로 하는 손해배상제도의 이상에 부합한다고 본 것이 있다.[2] 그 이유로 금융투자상품 투자는 금융에 관한 전문적 지식이 필요하므로 금융전문가가 아닌 일반 투자자로서는 금융투자상품의 구조와 위험성의 내용을 알기 어려울 뿐만 아니라 금융기관이 그러한 내용에 대해 설명의무를 다하였는지, 금융기관의 설명의무 위반과 투자자의 손해발생 사이에 인과관계가 있는지를 밝혀내기가 어렵다는 점, 그러한 이유로 설명의무는 금융기관의 고객보호의무를 근거로 하는 점, 은행업감독업무시행세칙(2007. 7. 26. 개정된 것)은 금융기관으로 하여금 장외파생상품거래에 있어서 상품설명서, 제안서 등 당해 거래를 위하여 거래상대방과 수수한 모든 자료를 보관하여야 한다고 규정하고 있는 점(65조 6호 사목), 따라서 금융기관이 서면이나 녹음 녹화자료 등에 의해 설명의무의 이행을 증명하기는 용이한 반면에 투자자 측에서 설명의무가 이행되지 않았음을 증명하기는 성질상 매우 어려운 점 등을 들고 있다.

---

1) 우리나라의 다수설이자 판례의 입장이다. 오성근, 「증권투자권유에 관한 법적 규제와 책임」, 법원사, 2004, 130쪽.

2) 서울중앙지방법원 2013. 1. 17. 선고 2011가합71808 판결.

제49조(부당권유의 금지)

금융투자업자는 투자권유를 함에 있어서 다음 각 호의 어느 하나에 해당하는 행위를 하여서는 아니 된다.

1. 거짓의 내용을 알리는 행위
2. 불확실한 사항에 대하여 단정적 판단을 제공하거나 확실하다고 오인하게 할 소지가 있는 내용을 알리는 행위
3. 투자자로부터 투자권유의 요청을 받지 아니하고 방문·전화 등 실시간 대화의 방법을 이용하는 행위. 다만, 투자자 보호 및 건전한 거래질서를 해할 우려가 없는 행위로서 대통령령으로 정하는 행위를 제외한다.
4. 투자권유를 받은 투자자가 이를 거부하는 취지의 의사를 표시하였음에도 불구하고 투자권유를 계속하는 행위. 다만, 투자자 보호 및 건전한 거래질서를 해할 우려가 없는 행위로서 대통령령으로 정하는 행위를 제외한다.
5. 그 밖에 투자자 보호 또는 건전한 거래질서를 해할 우려가 있는 행위로서 대통령령으로 정하는 행위

Ⅰ. 부당권유의 의의

법은 부당권유의 개념을 정의하는 규정을 두지 않고 있다. 법 제49조는 부당권유의 금지를 규정하면서 투자권유라는 용어를 사용하고 있을 뿐이다. 동법은 투자권유를 "특정 투자자를 상대로 금융투자상품의 매매 또는 투자자문계약·투자일임계약·신탁계약(관리신탁계약 및 투자성 없는 신탁계약을 제외한다)의 체결을 권유하는 것"으로 정의하고 있다(법 9조 4항).[1] 이에 미루어 짐작할 때 부당권유는 부당하게 이루어지는 투자권유로서 고객의 건전한 투자판단을 저해하는 행위로 이해할 수 있다.[2]

---

1) 법이 시행되기 이전의 구증권법의 하위규정인 증감규정 제4-15조 제 1 항에 따르면 투자권유는 "증권회사가 특정한 유가증권의 매매거래나 특정한 매매전략·기법 또는 특정한 재산운용배분의 전략·기법을 채택하도록 고객에게 권유"하는 것으로 정의된 바 있다. 한국증권업협회가 제정한 「증권회사의 영업행위에 관한 규정」 제1-2조 제 1 항 제 2 호에서도 이와 유사하게 투자권유를 "증권회사가 고객에게 특정한 유가증권 및 주식관련선물 등의 매매거래나 특정한 매매전략·기법 또는 특정한 재산운용배분의 전략·기법을 채택하도록 권유하는 행위"로 정의하고 있다.

2) 김병연, "증권투자권유규제에 대한 소고 -자본시장통합법(안)과 관련하여-," 「비교사법」 제14권 1호(2007), 한국비교사법학회, 474쪽.

Ⅱ. 부당권유 금지의 필요성

투자자는 자신과 금융투자업자의 이해가 상호 충돌할 수도 있다는 점을 인식하지 못한 채 오히려 금융투자업자를 전문가라고 절대적으로 믿고 그의 투자권유에 따라 금융투자상품을 매수할 가능성이 있다. 그러나 금융투자업자가 자신의 수수료수입을 증대시키려는 목적으로 무리한 투자권유를 하여 거래행위에 필연적으로 수반되는 위험성에 관한 투자자의 올바른 인식형성을 방해한다면 투자자는 예측하지 못한 손해를 입을 우려가 있다.[1)]

물론 투자자는 투자결정에 대한 최종적인 판단을 하여야 하는 주체이기는 하지만 그렇다고 해서 금융투자업자의 투자권유행위 자체에 부당하거나 불법한 요소가 있는 경우에도 자기책임의 원칙을 고수하라고 요구하는 것은 합리적이라 할 수 없다.[2)] 이에 법은 투자자 보호와 건전한 거래질서를 확립하기 위한 차원에서 투자자의 구체적인 사정과 관계없이 그의 건전한 판단을 저해할 우려가 있는 행위를 예시적으로 열거하여 금지하고 있다.

한편, 아래에서 살펴볼 부당권유 금지의 대상 유형은 법에서 규정하고 있는 적합성 원칙이나 설명의무의 내용과 중복되는 부분이 있다. 제1호의 거짓의 내용을 알리는 행위와 제2호의 단정적 판단의 제공행위는 설명의무와 중복되는 면이 있고, 제3호의 불초청 권유와 제4호의 의사에 반한 재권유는 적합성 원칙과 중복되는 면이 있다. 다만, 법에서 적합성 원칙이나 설명의무가 일반투자자에게 투자권유를 하는 경우에 적용되는 것에 비하여 부당권유의 금지는 일부 사항을 제외하고는 전문투자자에게도 적용될 수 있다는 점을 주의하여야 한다.

Ⅲ. 부당권유 금지의 대상 유형

1. 거짓의 내용을 알리는 행위

금융투자업자는 투자를 권유할 때에는 투자자가 합리적인 투자판단과 의사결정을 할 수 있도록 투자자를 보호할 의무를 부담한다.[3)] 따라서 거짓의 내용을 알려서 투자를 권유하는 행위는 금융투자업자의 선관주의의무에 반하는 행위이며 동시에 투자자가 예상하지 못한 손해를 입을 가능성이 있으므로 법률상 금지된다(법 49조 1호). 만약에 허위의 사실을 알리어 투자를 권유하고 투자자가 이를 신뢰하여 투자결정을 한 후 금융투자업자

1) 대법원 2007. 7. 12. 선고 2006다53344 판결 참조.
2) 김병연, 전게논문(2007), 472쪽.
3) 대법원 2006. 6. 29. 선고 2005다49799 판결 참조.

가 위탁거래를 실행하여 수수료를 취득하였다면 이는 사기에 해당하여 불법행위책임이 발생할 수 있다.[1)]

2. 단정적 판단의 제공행위

금융투자업자는 정부나 공공기관 등 신뢰할 만한 기관이 작성 또는 공개한 자료나 관련법 등에 의거한 공시, 증권회사 애널리스트의 조사분석자료 등을 근거로 하여 이성적인 추론과정을 거쳐 투자를 권유하여야 한다. 이에 법은 금융투자업자가 불확실한 사항에 대하여 단정적 판단을 제공하거나 확실하다고 오인하게 할 소지가 있는 내용을 알리는 행위를 금지하고 있다(법 47조 3항, 49조 2호). 여기서 단정적 판단의 제공행위에 해당하는지의 여부는 투자자의 투자에 관련된 제반정황을 종합적으로 고려하고, 그러한 권유행위가 금융투자에 관한 사회통념에 반하는지의 여부를 기준으로 결정하여야 한다. 예컨대, 투자대상의 가격의 등락에 관한 구체적 이유나 장래의 주가를 제시하거나 혹은 필히, 반드시, 절대, 100% 등의 말을 사용하는 경우가 이에 해당할 가능성이 크다.[2)]

이상과 같이 법이 단정적 판단의 제공행위를 금지하는 것은 그러한 행위가 투자자의 자주적이고도 냉정한 판단을 해칠 우려가 큰 것은 물론이고 투자자의 자기책임의 원칙의 근간을 무너뜨릴 위험이 있기 때문이다.[3)] 또한 금융투자거래는 그 속성상 여러 불확정한 요소에 의한 위험성이 수반될 수밖에 없는 까닭에 금융투자업자가 왜곡행위를 하여 투자권유를 한다는 것은 금융투자업자의 영업준칙을 준수한 것으로 보기 곤란하다는 점도 반영되어 있다.[4)]

3. 불초청 권유(unsolicited call; cold call)

금융투자업자는 투자자로부터 투자권유의 요청을 받은 경우 이외에는 자택 또는 회사 방문, 전화, 길거리 호객 행위 등 실시간 대화에 의한 투자권유를 할 수 없다. 즉, 불초청 투자권유는 투자자의 사생활을 해치고 충동적인 투자를 유발할 우려가 있어 부당권유행위로 규제한다(법 49조 3호 본문).[5)] 그러나 이와 같은 유형의 부당권유행위규제는 그

---

1) 서울고등법원 1999. 4. 2. 선고 98나42266 판결 참조.

2) 판례에 따르면, 다음달 중에 주가가 2,000원이 될 것이라는 의견(서울지방법원 2000. 2. 11. 선고 99가합28260 판결), 틀림없이 이익이 실현된다는 의견(대법원 2003. 1. 24. 선고 2001다2129 판결) 등은 단정적인 판단에 해당한다.

3) 김택주, 전게논문(1999), 192-193쪽.

4) 권순일, "증권투자권유자의 책임에 관한 연구–한국·미국·일본의 판례를 중심으로–," 서울대학교 박사학위논문, 2002, 175쪽.

5) 資本市場研究会 編, 「利用者の視点からみた投資サービス法」, 財経詳報社, 2006, 122頁(大崎貞和 집필부분). 이 때문에 법상 불초청 투자권유규제의 취지가 미국의 Do Not Call 제도의 그것과 동일한 것으로 보는 견해가 있다. 미국의 공정거래위원회가 부당한 텔레마케팅으로부터 소비자를 보호하기 위한 제도로서 전화권유거부등록제도(National Do Not Call Registry)를 도입한 적이 있지만, 2003년 Do

대상이 위험성이 크고 복잡한 금융투자상품, 즉 장외파생상품인 경우에 한해서만 적용될 뿐이고(법 49조 3호 단서, 법 시행령 54조 1항), 투자적인 성격이 있는 보험계약, 증권 등에 대해서는 적용하지 않는다. 법이 그 적용범위를 한정한 까닭은 모든 금융투자상품에 대하여 이러한 규제를 적용한다는 것은 금융투자회사의 마케팅 활동을 제한하는 것과 다를 바 없기 때문이다.[1] 그러므로 투자자의 요청의사가 없는 상황에서 이루어지는 모든 "장외파생상품"에 대한 "실시간의 투자권유"가 금지되므로, 투자권유의 대상이 장외파생상품이 아니거나 그 행위가 실시간으로 이루어지지 않는다면 이는 법의 규제대상에 포함되지 않는다. 따라서 이메일을 이용한 투자권유는 그것이 장외파생상품을 대상으로 한다고 하더라도 성질상 실시간 대화방식으로 이루어지지 않으므로 충분히 가능하다.[2]

불초청 투자권유에 대한 규제는 이미 선진국에서는 널리 시행되고 있는 것을 법이 명문으로 도입한 것이다.[3] 예컨대, 영국의 경우 자본시장통합법의 일종에 해당하는 1986년 "금융서비스법(Financial Services Act of 1986)"은 요청받지 않은 투자권유를 금지하고 있으며, 만약에 그러한 투자권유로 투자계약이 체결되었다 하더라도 그 계약의 집행이 불가능할 뿐만 아니라 지급된 금전 및 재산에 대한 원상회복청구도 가능하다(법 56조 1항·2항). 일본의 금융상품거래법의 경우에도 금융상품거래업자나 그 임직원은 금융상품거래계약의 체결 권유를 원하지 않는 고객에 대하여 방문이나 전화를 통하여 실시간 계약체결을 권유하는 행위를 할 수 없다(38조 3호). 호주의 2001년 "금융서비스개혁법(Financial Services Reform Act of 2001)"도 위의 입법례와 동일한 취지의 규정을 두고 있다(992A조, 992AA조).

4. 의사에 반한 재권유(solicitation against will)

금융투자업자는 투자권유를 받은 투자자가 이를 거부하는 취지의 의사를 표시하였음에도 불구하고 이를 무시하고 투자권유를 계속하는 행위를 할 수 없다(법 49조 4호). 의사에 반한 재권유금지는 모든 금융투자상품을 대상으로 하며, 이를 금지하는 이유는 투자자의 사생활을 보호하고 평온한 삶에 대한 침해를 방지하자는 데 있다. 따라서 투자자 보호 및 건전한 거래질서를 해할 우려가 없는 행위는 설령 의사에 반한 재권유에 해당하더라도 금지되지 않는다. 그러한 행위로서는 일정기간 경과 후의 재권유, 다른 종류의 금융투자상품에 대한 매수의 권유 등을 들 수 있다. 재권유가 가능하게 되는 기간과 같은 종류의 투자권유인지 여부 등은 금융위원회가 고시하는 감독규정에서 정한다(법 시행령 54조 2항).

Not Call 관련 법이 제정되면서 금융기관의 텔레마케팅에 의한 판매권유에까지 규제의 범위가 확대되었다. 안수현, 전게논문(2006), 235쪽.

1) 김성태/이희동, 「대한민국을 바꾸는 자본시장통합법」, 한스미디어, 2008, 124쪽.
2) 안수현, 전게논문(2006), 236쪽.
3) 연강흠, "대형 금융투자회사의 출현전망과 과제," 「증권」 제128호(2006), 한국증권업협회, 31쪽.

이상과 같은 행위금지는 법제정으로 새롭게 신설된 것으로서, 일본의 "금융상품거래법"도 이와 동일한 취지의 규정을 두고 있다(38조 5호).

5. 기타 투자자 보호·건전한 거래질서를 해할 우려 있는 행위

투자자로부터 금전의 대여나 그 중개·주선 또는 대리를 요청받지 아니하고 이를 조건으로 투자권유를 하는 행위는 금지된다. 여기서의 "투자자"의 범위에는 전문투자자와 신용거래방법에 따른 투자경험이 있는 일반투자자는 제외된다(법 시행령 55조).

第50조(투자권유준칙)

① 금융투자업자는 투자권유를 함에 있어서 금융투자업자의 임직원이 준수하여야 할 구체적인 기준 및 절차(이하 "투자권유준칙"이라 한다)를 정하여야 한다. 다만, 파생상품 등에 대하여는 일반투자자의 투자목적·재산상황 및 투자경험 등을 고려하여 투자자 등급별로 차등화된 투자권유준칙을 마련하여야 한다. 〈개정 2009. 2. 3〉

② 금융투자업자는 투자권유준칙을 정한 경우 이를 인터넷 홈페이지 등을 이용하여 공시하여야 한다. 투자권유준칙을 변경한 경우에도 또한 같다.

③ 협회는 투자권유준칙과 관련하여 금융투자업자가 공통으로 사용할 수 있는 표준투자권유준칙을 제정할 수 있다.

Ⅰ. 투자권유준칙의 법적 성질

행정법상 "준칙(directive)"이라 함은 행정청이 개별적 처분을 할 수 있는 재량권의 행사를 위하여 사전에 제정한 그 권한행사의 기준을 의미하며, 행정규칙의 성격을 지닌 것으로 보고 있다.[1] 그러나 법에 따라 금융투자업자가 정하여야 하는 투자권유준칙은 명문상 "준칙"이라는 용어를 사용하고 있으나, 그 법적 성격은 법규성이 없는 모범규준(best practice)의 일종이다.

금융투자협회는 2013 표준투자권유준칙의 표지에 "개별 회사가 회사의 투자권유준칙을 제정·운영함에 있어 참고할 수 있도록 하기 위하여 마련한 자료입니다. 각 회사는 이 표준투자권유준칙을 참고하여 회사의 특성에 맞도록 변경 또는 수정하여 사용하시기

1) 이광윤 외, 「신행정판례연구」, 삼영사, 2001, 25쪽.

바랍니다"라는 설명을 기재하고 있는데, 이는 위와 같이 법규성이 없는 모범규준으로서의 성격을 밝히고 있는 것으로 보인다.

Ⅱ. 투자권유준칙의 제정 및 공시의 의의

투자권유를 실정법 차원에서만 접근하는 경우 투자권유에 대한 규제의 실효성을 제고하기 어렵다. 다양한 형태의 부당한 투자권유로부터 투자자를 보호하기 위해서는 전문적인 시장참가자라고 할 수 있는 금융투자업자의 적극적·능동적인 역할을 요구하는 등 행위규제적 차원에서 접근하여 규제하여야 한다. 즉, 투자권유에 대한 실정법상의 기본적인 규제체제만으로는 높은 효율성을 기대할 수 없으므로 자율규제적 차원에서 행위준칙을 통한 병행적인 규제가 필요하다.[1] 이에 법은 바람직한 형태의 투자권유행위가 자율적으로 시장에서 정착되는 것을 유도하기 위해 금융투자업자가 투자권유준칙을 정할 수 있는 근거를 두고 있다. 그리하여 금융투자업자는 투자위험성이 가장 높은 파생상품 등에 대하여는 일반투자자의 투자목적·재산상황 및 투자경험 등을 고려하여 투자자 등급별로 차등화된 투자권유준칙을 마련하여야 한다(법 50조 1항).[2]

투자권유준칙은 투자자에게도 간접적으로 효력을 미치므로 금융투자업자가 이를 공시하는 것은 투자권유의 적정성 제고와 당해 업무의 투명성 확보, 그리고 투자자의 신뢰보호 차원에서 도움이 된다. 이에 법은 투자권유준칙을 제정한 경우와 변경한 경우에 그 공시를 의무화하고 있다(법 50조 2항). 다만, 금융투자업자가 준칙을 제정하는 작업은 상당히 어렵고도 번거로우며, 자칫하면 그가 만든 준칙이 법령 등을 위반할 위험이 있다. 이러한 위험을 불식시키기 위하여 자율규제기관인 협회가 표준투자권유준칙을 제정하여 보급하는 길을 열어놓고 있다(법 50조 3항).

제51조(투자권유대행인의 등록 등)

① 금융투자업자는 다음 각 호의 요건을 모두 갖춘 자(개인에 한한다)에게 투자권유(파생상품 등에 대한 투자권유를 제외한다)를 위탁할 수 있다. 이 경우 제42조를 적용하지 아니한다. 〈개정 2008. 2. 29, 2009. 2. 3〉

1. 제3항에 따라 금융위원회에 등록된 자가 아닐 것

1) 김병연, 전게논문(2007), 472-473쪽.

2) 이와 관련하여 「금융투자회사의 영업 및 업무에 관한 규정」 제2-10조는 "한국금융투자협회는 금융투자회사가 공통으로 사용할 수 있는 표준투자권유준칙을 제정할 수 있다"고 규정하고 있으며, 실제 실무에서도 업계의 의견을 수렴하여 만든 표준투자권유준칙이 이용되고 있다. 동 표준투자권유준칙에는 MMF는 무위험, 채권형 펀드는 저위험(4등급), 주식·채권 혼합형 펀드는 중위험(3등급), 주식형 펀드는 고위험(2등급), 파생상품 펀드는 초고위험(1등급)으로 분류되어 있다.

2. 금융투자상품에 관한 전문 지식이 있는 자로서 대통령령으로 정하는 자격을 갖출 것
3. 제53조 제 2 항에 따라 등록이 취소된 경우 그 등록이 취소된 날부터 3년이 경과하였을 것

② 제 1 항에 따라 투자권유를 위탁받은 자는 제 3 항에 따른 등록 전에는 투자권유를 하여서는 아니 된다.

③ 금융투자업자는 제 1 항에 따라 투자권유를 위탁한 경우에는 위탁받은 자를 금융위원회에 등록하여야 한다. 이 경우 금융위원회는 그 등록업무를 대통령령으로 정하는 바에 따라 협회에 위탁할 수 있다. 〈개정 2008. 2. 29〉

④ 금융투자업자는 제 3 항에 따라 투자권유를 위탁받은 자를 등록하고자 하는 경우에는 금융위원회(제 3 항 후단에 따라 협회에 위탁한 경우에는 협회를 말한다. 이하 이 조에서 같다)에 등록신청서를 제출하여야 한다. 〈개정 2008. 2. 29〉

⑤ 금융위원회는 제 4 항의 등록신청서를 접수한 경우에는 그 내용을 검토하여 2주 이내에 등록여부를 결정하고, 그 결과와 이유를 지체 없이 신청인에게 문서로 통지하여야 한다. 이 경우 등록신청서에 흠결이 있는 때에는 보완을 요구할 수 있다. 〈개정 2008. 2. 29〉

⑥ 제 5 항의 검토기간을 산정함에 있어서 등록신청서 흠결의 보완기간 등 총리령으로 정하는 기간은 검토기간에 산입하지 아니한다. 〈개정 2008. 2. 29〉

⑦ 금융위원회는 제 5 항의 등록 여부를 결정함에 있어서 다음 각 호의 어느 하나에 해당하는 사유가 없는 한 등록을 거부하여서는 아니 된다. 〈개정 2008. 2. 29〉

1. 제 1 항의 요건을 갖추지 아니한 경우
2. 제 4 항의 등록신청서를 거짓으로 작성한 경우
3. 제 5 항 후단의 보완요구를 이행하지 아니한 경우

⑧ 금융위원회는 제 5 항에 따라 등록을 결정한 경우 투자권유대행인등록부에 필요한 사항을 기재하여야 하며, 등록결정한 내용을 인터넷 홈페이지 등에 공고하여야 한다. 〈개정 2008. 2. 29〉

⑨ 제 3 항에 따라 등록된 자(이하 "투자권유대행인"이라 한다)는 등록 이후 그 영업을 영위함에 있어서 제 1 항 제 2 호의 요건을 유지하여야 한다.

⑩ 제 3 항부터 제 8 항까지의 규정에 따른 등록신청서의 기재사항·첨부서류 등 등록의 신청에 관한 사항과 등록검토의 방법·절차, 그 밖에 등록에 관하여 필요한 사항은 대통령령으로 정한다.

Ⅰ. 투자권유대행인제도의 의의

법 시행 이전에는 투자자가 금융투자상품을 구매하기 위한 주된 방법은 직접 금융기관의 점포를 방문하는 것이었다. 은행은 그 점포가 전국적으로 분포하고 있어 접근성이 양호한 상태이고 보험업도 다수의 보험설계사가 활동하고 있어 보험계약체결이 용이하였다. 그러나 금융투자회사 중 규모가 가장 큰 증권회사의 점포는 그 수가 충분하지

않아 투자자의 접근성이 상대적으로 취약하다는 평가를 받고 있었다.[1] 투자자의 금융투자회사에 대한 접근상의 불편을 줄이기 위하여 법은 해외에서 이미 널리 시행되고 있는 판매권유자(introducing broker)제도[2]를 모델로 하여 투자권유대행인제도를 신설하였다.[3] 그 결과 이제는 투자자가 금융투자회사의 점포를 방문하지 않더라도 투자권유대행인을 통하여 금융투자상품에 대하여 접근할 수 있는 길이 열린 것이다. 따라서 법이 시행되기 이전에는 증권회사의 상품을 구입하는 채널이 증권회사 영업점, 은행으로 한정되었지만 법 시행 후에는 접근통로가 과거에 비하여 다양화된 것으로 평가된다. 요컨대, 금융투자회사가 이 제도를 통해 용이하게 판매망을 확충할 수 있게 되었다는 사실은 금융투자회사의 경쟁력 제고에 도움이 될 것이다.[4]

예외적으로 투자권유대행인은 파생상품에 대해서는 투자권유를 할 수 없으며, 방문판매도 할 수 없다(법 51조 1항). 이처럼 법은 파생상품이 투자위험성이 큰 까닭에 금융투자업자는 개인인 투자권유대행인에게 투자권유를 위탁할 수는 있지만 파생상품은 그 대상으로부터 제외시켜 놓고 있다.

Ⅱ. 투자권유대행인의 법적 지위

1. 투자권유대행계약의 법적 성격

투자권유대행계약은 위탁자인 금융투자업자의 요청으로 대행인이 금융투자상품에 대한 투자권유업무를 처리하여 주고 그 대가로 일정한 수수료를 받는 것이므로 기본적으로는 위임의 일종이다. 그리고 투자권유대행계약은 당사자의 합의만으로 성립하는 낙성계약이고, 투자권유대행인이 투자권유업무를 처리할 것을 약정함에 대하여 위탁자는 그 대가로 수수료를 지급할 것을 약정하므로 쌍무 및 유상계약이며, 일정한 형식을 요하지 아니하므로 불요식계약이다. 이상과 같이 투자권유대행인과 위탁자 사이의 관계는 기본

1) 김성태/이희동, 전게서(2008), 104쪽.

2) 예컨대, 미국의 경우에는 1920년대부터 "등록대리인(registered representative)"이 존재하였으며 현재 등록대리인은 자율규제기관인 뉴욕증권거래소(NYSE)와 전미증권업협회(NASD)의 감독 하에 있다. 자본시장통합법연구회 편, 전게서(2007), 224쪽.

3) 자본시장통합법연구회 편, 전게서(2007), 217쪽. 참고로 금융위원회의 홈페이지에 탑재된 법의 영문번역에는 투자권유대행인을 investment solicitor로 표현하고 있다.

4) 김병연, 전게논문(2007), 483쪽. 이상에서 설명한 바처럼 법상 투자권유대행인제도는 자본시장참여자의 저변을 확대하는 측면도 있지만, 한편으로는 동법은 엄격한 요건을 갖춘 자만이 투자권유대행인이 될 수 있을 뿐만 아니라 투자권유대행인은 투자자 보호를 위한 관련 투자권유규제를 엄격하게 준수하여야 한다는 점에서 투자자 보호를 위한 인프라(infrastructure)의 일종으로도 이해할 수 있다. 예컨대, 자본시장법은 금융투자상품에 관한 전문적인 지식이 없는 일반투자자(법 9조 6항)를 전문투자자(법 9조 5항)로부터 구분하고 전자에 대한 투자권유에 관하여 자세한 규제체제를 갖추고 있는데, 이러한 규제체제를 금융투자업자와 마찬가지로 투자권유대행인에게도 적용하는 방법으로 법은 투자권유대행인으로 하여금 투자자 보호에 노력할 것을 요구하고 있다. 김성태/이희동, 전게서(2008), 104-105쪽.

적으로 위임관계이므로 투자권유대행에 드는 모든 비용은 위탁자인 금융투자업자가 부담하여야 한다.

한편, 법은 투자권유대행인이 금융투자업자에게 고용되는 것을 명시적으로 금하지 않고 있기 때문에 현실에서는 투자권유대행계약이 고용계약의 형태로 이루어질 가능성이 있다.[1)]

2. 투자권유대행인의 법적 지위

통상적인 법률행위의 위임에는 대리권의 수여가 수반되는 경우가 많지만 그렇다고 해서 그것이 반드시 위임의 요건은 아니다. 대리권의 수여가 수반되지 않는 경우도 적지 않은데, 투자권유대행도 이러한 부류에 속한다. 말하자면, 대행의 유형을 대행인에게 전혀 기본적인 대리권이 없는 고유의 대행과 대행인이 본인으로부터 일정한 범위의 기본적인 대리권을 수여받고 그 범위 내에서 효과의사를 대행인이 스스로 결정하는 대리적 대행으로 나누는 경우 투자권유대행인은 전자의 범주에 속한다.[2)]

투자권유대행인은 특정한 금융투자업자로부터 금융투자상품에 대한 투자권유업무를 위탁받은 자로서 금융투자상품의 판매의 중개업무만을 수행할 수 있다. 즉, 투자권유대행인은 투자를 권유하고 투자자와 금융투자업자를 상호 연결시켜 주는 역할만을 할 수 있을 뿐이다. 선물·옵션 등의 파생상품은 권유조차할 수 없다. 그러므로 투자권유대행인은 특정 금융투자업자로부터 위임을 받아(법 51조 1항 1호 참조), 그를 위하여 다수의 투자자를 상대로 특정한 유형의 금융투자상품의 매수를 권유하고, 그 권유에 따라 금융투자상품의 매매계약을 맺겠다는 의사표시를 한 투자자가 있는 때에는 그 뜻을 소속 금융투자업자에게 전달하여야 한다. 이처럼 투자권유대행인은 금융투자상품의 매매계약을 직접 체결할 수는 없기 때문에 금융투자상품매매계약의 주체는 투자권유대행인이 아니라 금융투자업자이다.[3)] 요컨대, 투자권유대행인은 특정한 금융투자업자에 종속되어 금융상품의 판매를 중개하는 이른바 '투자도우미'에 지나지 않는다.

이 밖에도 법은 금융투자업자로 하여금 투자권유대행인이 투자권유를 대행함에 있어서 법령을 준수하고 건전한 거래질서를 해하는 일이 없도록 성실히 관리할 것을 요구하고 있는 것으로 보아(법 52조 4항) 금융투자업자와 투자권유대행인의 관계는 실질적으로는 사용자 및 피용자의 관계와 다를 바 없을 것으로 판단된다. 이처럼 현실에서 투자권

1) 법 시행 이전 증권업계에서는 판매증진을 위하여 투자상담사(Certified Investment Consultant) 제도를 운영한 바 있다. 투자상담사는 그 신분의 형태에 따라 증권회사에 재직하는 임직원으로서 투자상담을 담당하는 내근투자상담사와 증권회사에 내근하지 않는 상태에서 증권회사와 계약을 통하여 투자상담을 전담하는 전담투자상담사가 있었다. 자본시장통합법연구회 편, 전게서(2007), 223-224쪽.

2) 이러한 대행의 분류는 어음행위에 있어서 기명날인의 대행에서 널리 인정되고 있다. 정찬형, 「상법강의(하)(제11판)」, 박영사, 2009, 105쪽.

3) 김성태/이희동, 전게서(2008), 105쪽.

유대행인은 금융투자업자의 피용인으로서의 지위에 비견할 것으로 예상된다. 법도 이러한 입장에서 투자권유대행인이 투자권유를 대행함에 있어서 투자자에게 손해를 끼친 경우에 금융투자업자에 대하여는 민법 第756조의 사용자책임 규정를 준용하고 있다(법 52조 5항).

Ⅲ. 투자권유대행인의 등록

1. 등록의 의의

투자권유를 함에 있어서 투자권유대행인과 투자자 사이에는 정보의 비대칭이 존재한다. 말하자면, 대개의 경우 투자권유대행인은 금융투자상품에 대한 정보를 많이 가지고 있는 반면에 투자자는 상품이나 금융투자업자에 대한 정보가 부족한 상황에 놓인다. 특히 방문방식으로 이루어지는 투자권유는 금융투자업자의 점포 이외의 장소에서 이루어지므로 장소적 고정성이 없다. 이와 같이 상대적으로 열악한 투자환경을 개선하기 위해서는 정부가 개입하여 투자권유대행인을 행정적으로 감독할 필요가 있다. 이에 법은 투자권유대행인의 권한행사를 위한 전제요건으로서 등록을 요구하고 있다(법 51조 2항). 또한 등록제를 운영함으로써 감독당국은 투자권유대행인의 실체를 쉽게 파악하여 탈법적인 투자권유행위에 대하여 신속하게 조치를 취할 수 있다. 더 나아가 법은 특정한 자격요건을 갖춘 개인들만이 투자권유대행인으로 등록하여 투자권유를 할 수 있게 규정하고 있다. 이는 전문성이 결여된 투자권유대행인의 난립을 방지하는 효과가 있다.

2. 등록요건

(1) 기등록자가 아닐 것

기등록한 투자권유대행인은 다른 금융투자업자를 위하여 투자권유대행인으로 등록할 수 없다(법 51조 1항 1호). 이는 투자권유대행인은 특정 금융투자업자를 위하여 업무를 수행하여야 한다는 것을 의미한다. 따라서 투자권유대행인은 복수의 금융투자업자로부터 위탁을 받아서 투자권유를 하는 것은 불가능하다.[1)]

(2) 전문성이 있을 것

금융투자상품은 증권과 파생상품을 아우르는 포괄적인 개념이다(법 2조 2항). 특히 파생상품은 재무적인 필요에 의하여 새로운 유형이 지속적으로 출시되는 경향이 있고 투자성 있는 금융투자상품보다 위험이 높다는 특성이 있지만, 이러한 특성을 제대로 이해하기란 쉽지 않다. 이 같은 특징을 고려할 때 투자권유대행인이 투자자에게 투자를 권유하

---

1) 상게서, 106쪽.

기 위해서는 금융상품에 대한 전반적인 이해가 선행되어야 한다. 따라서 법은 투자권유대행인으로서의 기본적인 자질과 소양을 담보하기 위해 엄격한 전문성구비기준을 충족한 자만이 투자권유대행인으로 등록할 수 있게 하며(법 51조 1항 2호), 등록 이후에도 그 영업을 영위함에 있어서 이 요건을 유지하여야 할 것을 요구하고 있다(법 51조 9항).

구체적으로 살펴보자면, 투자권유대행인의 등록을 위한 전문성구비요건은 투자권유의 대상상품에 따라 세부적으로 분류된다. 즉, 집합투자증권의 투자권유대행인으로 등록하기 위해서는 협회가 시행하는 투자권유자문인력·투자운용인력 능력검증시험에 합격한 자(법 286조 1항 3호 가목·다목) 또는 보험 모집에 종사중인 보험설계사·보험대리점·보험중개사(보험업법 시행령 [별표 3])로서 협회가 정한 교육을 이수하여야 한다. 기타 증권 및 파생상품의 투자권유대행인으로 등록하기 위해서는 협회가 시행하는 해당 투자권유자문인력·운용인력의 능력을 검증할 수 있는 시험에 합격한 자로서 협회가 정한 교육을 이수하여야 한다(법 시행령 56조).

(3) 등록취소일로부터 일정기간 경과할 것

투자권유대행인이 법 제53조 제 2 항에 따라 등록이 취소된 경우에는 그 등록이 취소된 날부터 3년이 경과하여야 다시 등록할 수 있다(법 51조 1항 3호). 이 요건은 투자권유대행인의 건전성을 확보하는 데 그 목적이 있다.

3. 등록업무 담당기관

투자권유대행인의 등록업무는 금융위원회의 소관사항이다. 그리하여 금융투자업자는 투자권유를 위탁한 경우에는 위탁받은 자를 금융위원회에 등록하여야 한다. 이 경우 금융위원회는 그 등록업무를 협회에 위탁할 수 있는데(법 51조 3항), 금융위원회가 등록업무를 위탁하기 위해서는 협회와 미리 그 위탁에 관한 계약을 체결하고 협회로 하여금 법에 규정된 등록 등에 관한 사항을 준수하도록 하는 내용과 매 분기별로 등록현황을 보고하도록 하는 내용이 위탁계약의 내용에 포함되어야 한다(법 시행령 57조).

4. 등록절차

(1) 금융투자업자의 등록신청서 제출

금융투자업자는 투자권유를 위탁받은 자를 등록하고자 하는 경우에는 금융위원회에, 금융위원회가 등록업무를 협회에 위탁한 경우에는 협회에 등록신청서를 제출하여야 한다(법 51조 4항). 등록신청서에는 금융투자업자의 명칭, 투자권유대행인으로 등록하고자 하는 자의 인적 사항, 투자권유를 위탁할 금융투자상품 및 계약의 범위, 그 밖에 등록의 검토에 필요한 사항으로서 금융위원회 또는 협회가 정하여 고시하는 사항을 기재하여야 한다(법 51조 10항, 법 시행령 58조 1항).

등록신청서에 첨부하여야 할 서류로서는 투자권유대행인의 주민등록증 사본 또는 이에 준하는 것, 계약서 사본, 투자권유대행인의 등록요건으로서 전문성요건을 충족한 것을 확인할 수 있는 서류, 그 밖에 등록의 검토에 필요한 서류로서 금융위원회가 정하여 고시하는 서류가 있다(법 시행령 58조 2항).

(2) 금융위원회의 등록여부 결정, 검토결과통지·보완요구

금융위원회는 등록신청서를 접수한 경우 등록의 신청내용에 관한 사실 여부를 확인하고, 그 신청내용이 투자권유대행인의 등록요건을 충족하는지 여부를 검토하여(법 시행령 58조 3항) 2주 이내에 등록 여부를 결정하고, 그 결과와 이유를 지체 없이 신청인에게 문서로 통지하여야 한다. 이 경우 등록신청서에 흠결이 있는 때에는 보완을 요구할 수 있다(법 51조 5항). 이상의 검토기간을 산정함에 있어서 등록신청서 흠결의 보완기간 등 총리령으로 정하는 기간은 검토기간에 산입하지 아니한다(법 51조 6항).

금융위원회는 등록여부를 결정함에 있어서 투자권유대행인으로서의 등록요건을 갖추지 아니한 경우, 등록신청서를 거짓으로 작성한 경우, 금융위원회의 등록신청서에 대한 보완요구를 이행하지 아니한 경우 이외에는 등록을 거부할 수 없다(법 51조 7항).

(3) 금융위원회의 등록결정공고

금융위원회는 투자권유대행인으로서의 등록을 결정한 경우 금융위원회가 정하여 고시하는 사항을 기재한 투자권유대행인 등록증을 신청인에게 교부하여야 할 뿐만 아니라(법 시행령 58조 4항), 투자권유대행인등록부에 필요한 사항을 기재하여야 하며, 등록결정한 내용을 인터넷 홈페이지 등에 공고하여야 한다(법 51조 8항).

제52조(투자권유대행인의 금지행위 등)

① 금융투자업자는 투자권유대행인 외의 자에게 투자권유를 대행하게 하여서는 아니 된다.

② 투자권유대행인은 다음 각 호의 어느 하나에 해당하는 행위를 하여서는 아니 된다.

1. 위탁한 금융투자업자를 대리하여 계약을 체결하는 행위
2. 투자자로부터 금전·증권, 그 밖의 재산을 수취하는 행위
3. 금융투자업자로부터 위탁받은 투자권유대행업무를 제삼자에게 재위탁하는 행위
4. 그 밖에 투자자 보호 또는 건전한 거래질서를 해할 우려가 있는 행위로서 대통령령으로 정하는 행위

③ 투자권유대행인은 투자권유를 대행함에 있어서 투자자에게 다음 각 호의 사항을 미리 알려야 하며, 자신이 투자권유대행인이라는 사실을 나타내는 표지를 게시하거나 증표를 투자자에게 내보여야 한다.

1. 투자권유를 위탁한 금융투자업자의 명칭
2. 투자권유를 위탁한 금융투자업자를 대리하여 계약을 체결할 권한이 없다는 사실
3. 투자권유대행인은 투자자로부터 금전·증권, 그 밖의 재산을 수취하지 못하며, 금융투자업자가 이를 직접 수취한다는 사실
4. 그 밖에 투자자 보호 또는 건전한 거래질서를 위하여 필요한 사항으로서 대통령령으로 정하는 사항

④ 금융투자업자는 투자권유대행인이 투자권유를 대행함에 있어서 법령을 준수하고 건전한 거래질서를 해하는 일이 없도록 성실히 관리하여야 하며, 이를 위한 투자권유대행기준을 정하여야 한다.

⑤ 「민법」 제756조는 투자권유대행인이 투자권유를 대행함에 있어서 투자자에게 손해를 끼친 경우에 준용한다.

⑥ 제46조부터 제49조까지, 제54조, 제55조 및 「금융실명거래 및 비밀보장에 관한 법률」 제4조는 투자권유대행인이 투자권유를 대행하는 경우에 준용한다.

Ⅰ. 투자권유대행인의 투자권유

1. 투자권유대행인의 금지행위

(1) 개 관

투자권유를 위탁받은 자는 투자권유대행인으로 등록한 후에서야 투자권유를 할 수 있다(법 51조 2항). 법은 투자권유대행인이 원칙적으로 모든 유형의 투자권유를 하는 것을 허용하되, 예외적으로 특정한 행위를 금지하는 이른바 'negative system'을 채택하고 있다. 이러한 'negative system'을 채택한 것은 투자권유대행인이 금융투자업자의 위탁을 받아 금융투자상품 판매를 사실상 중개하는 자에 지나지 않는다는 법적 지위를 감안한 결과로 보인다. 이와 같은 제도 하에서는 투자권유대행인이 금지행위를 하지 않는 한 행정청의 조치대상이 되지 않으므로 행정청의 관여가 최소한으로 된다는 이점이 있다.

(2) 투자권유대행인의 금지행위의 유형

법은 투자권유대행인의 금지행위로서 다음과 같은 4가지 행위를 열거하고 있다(법 52조 2항).

첫째, 투자권유대행인은 단순한 중개업무만을 수행하여야 할 뿐이므로 위탁한 금융투자업자를 대리하여 계약을 체결하는 행위를 할 수 없다.

둘째, 투자자로부터 금전·증권, 그 밖의 재산을 수취하는 행위는 금지된다. 이러한

행위를 금지하는 것은 투자권유대행인이 투자를 권유할 때 그의 명의나 자체적인 계산으로 상품판매을 할 수 없다는 취지를 반영하고 있다.

셋째, 투자권유대행계약은 금융투자업자의 투자권유대행인에 대한 신뢰관계를 기초로 하고 있으므로 금융투자업자로부터 위탁받은 투자권유대행업무를 제3자에게 재위탁하는 행위를 할 수 없다.

넷째, 그 밖에 투자자 보호 또는 건전한 거래질서를 해할 우려가 있는 행위를 할 수 없다. 법 시행령은 이러한 행위를 예시적으로 열거하고 있는데, 구체적으로는 투자자를 대리하여 계약을 체결하는 행위, 투자자로부터 금융투자상품에 대한 매매권한을 위탁받는 행위, 제3자로 하여금 투자자에게 금전을 대여하도록 중개·주선 또는 대리하는 행위, 그 밖에 투자자 보호 또는 건전한 거래질서를 해할 우려가 있는 행위로서 금융위원회가 정하여 고시하는 행위를 말한다(법 시행령 59조 1항).

2. 투자권유대행인의 투자권유방법

(1) 개 관

법은 투자권유대행인 제도를 도입하면서 투자자 보호를 위한 장치를 함께 마련하고 있다. 즉, 투자권유대행인이 금융투자상품을 졸속으로 판매하는 경우를 막기 위해 그에 대해서도 금융투자업자에 적용되는 것과 같은 수준의 규제가 적용된다. 이에 투자권유대행인은 금융투자회사에게 적용되는 설명의무, 적합성원칙 등의 투자권유 규제를 위반해서는 안되며 투자자의 손해에 대하여는 손해배상책임을 부담한다(법 52조 6항). 이 밖에도 법은 투자권유대행시 투자권유대행인에게 신분의 고지·표시의무를 부담시키고 있다.

(2) 투자권유대행인의 고지·표시의무

1) 고지·표시의무의 의의

투자권유대행인은 스스로 투자금융업자를 대리하여 투자상품매매계약을 맺는 것이 아니라 일반대중에게 금융투자상품을 매수할 것을 권유하여 매매계약의 청약을 하도록 하고 이를 소속 금융투자업자에게 전달하여 그 계약이 맺어지도록 연결하는 업무를 수행한다. 따라서 투자권유대행인이 금융투자상품을 선전하고 매수를 권유하는 것은 법적으로는 청약의 유인에 지나지 않고, 투자자의 청약에 대하여 금융투자업자가 승낙한 때에야 비로소 투자상품매매계약이 성립하게 된다. 이에 투자자가 투자권유대행인과 금융투자업자를 동일시하거나 그를 금융투자업자로 오인하는 것을 방지하기 위하여 법은 투자권유대행인에게 자신의 신분을 투자권유대행행위를 하기 전에 분명히 알리도록 하는 의무와 투자자에 대하여 자신의 신분을 표시하도록 하는 의무를 부과하고 있다.

2) 고지·표시의무의 내용

투자권유대행인이 투자권유를 대행함에 있어서 투자자에게 미리 알려야 하는 사실 내지 사항으로는 ① 투자권유를 위탁한 금융투자업자의 명칭, ② 투자권유를 위탁한 금융투자업자를 대리하여 계약을 체결할 권한이 없다는 사실, ③ 투자권유대행인은 투자자로부터 금전·증권, 그 밖의 재산을 수취하지 못하며, 금융투자업자가 이를 직접 수취한다는 사실, ④ 투자자를 대리하여 계약을 체결할 수 없다는 사실, ⑤ 투자자로부터 금융투자상품에 대한 매매권한을 위탁받을 수 없다는 사실, ⑥ 그 밖에 투자자 보호 또는 건전한 거래질서를 위하여 필요한 사항으로서 금융위원회가 정하여 고시하는 사항이 있다(법 52조 3항, 법 시행령 59조 2항). 또한 투자권유대행인은 자신이 투자권유대행인이라는 사실을 나타내는 표지를 게시하거나 증표를 투자자에게 내보여야 한다(법 52조 3항 본문).

Ⅱ. 투자권유대행과 관련한 금융투자업자의 의무와 책임

1. 금융투자업자의 관리의무

금융투자업자는 투자권유업무를 위탁한 투자권유대행인을 직접 관리하여야 하며(법 52조 4항), 만약 투자권유대행인의 불법행위로 인하여 투자자에게 손해를 끼친 경우에는 금융투자업자도 배상책임을 부담한다.

2. 금융투자업자의 책임

법은 투자자 보호차원에서 금융투자업자에 대하여 민법 제756조의 사용자책임을 준용하고 있다(법 52조 6항). 불법행위에 있어 사용자책임이 성립하려면 사용자와 불법행위자 사이에 사용관계, 즉 사용자가 불법행위자를 실질적으로 지휘·감독하는 관계가 있어야 한다.

금융투자업자와 투자권유대행자의 관계는 그 법적 성질상 위임이다. 그러나 사용자책임은 위임의 경우에도 위임인과 수임인 사이에 지휘·감독관계가 있고 수임인의 불법행위가 외형상 객관적으로 위임인의 사무집행에 관련된 경우 위임인은 수임인의 불법행위에 대하여 사용자책임을 부담한다.[1] 민법 제756조에 규정된 사용자책임의 요건인 "사무집행에 관하여"에 따라 피용자의 불법행위가 외형상 객관적으로 사용자의 사업활동 내지 사무집행행위 또는 그와 관련된 것으로 판단되면 행위자의 주관적 사정을 불문하고 이를 사무집행에 관하여 한 행위로 본다. 이에 투자권유대행인이 고의로 다른 사람에게 가해행위를 한 경우 그 행위가 투자권유대행인의 사무집행 그 자체는 아니라 할지라도

1) 대법원 1998. 4. 28. 선고 96다25500 판결(위임인이 수임인의 불법행위에 대하여 사용자책임을 부담하기 위한 요건에 관한 판결).

금융투자업자의 사업과 시간적·장소적으로 근접하고, 투자권유대행인의 사무의 전부 또는 일부를 수행하는 과정에서 이루어지거나 가해행위의 동기가 업무처리와 관련되었다면 외형적·객관적으로 금융투자업자의 사무집행행위와 관련된 것이라고 보아 금융투자업자의 사용자책임이 성립한다. 이 경우 금융투자업자가 위험발생 및 방지조치를 결여하였는지 여부는 손해의 공평한 부담을 위하여 부가적으로 고려될 사항이다.[1)]

제53조(검사 및 조치)

① 투자권유대행인은 투자권유의 대행과 관련하여 그 업무와 재산상황에 관하여 금융감독원장의 검사를 받아야 한다. 이 경우 제419조 제5항부터 제7항까지 및 제9항을 준용한다.

② 금융위원회는 투자권유대행인이 다음 각 호의 어느 하나에 해당하는 경우에는 금융투자업자의 투자권유대행인 등록을 취소하거나 그 투자권유대행인에 대하여 6개월 이내의 투자권유대행업무 정지를 할 수 있다. 〈개정 2008. 2. 29〉

1. 제51조 제9항에 따른 등록요건 유지의무를 위반한 경우
2. 제52조 제2항·제3항 또는 제6항(제46조, 제47조, 제49조, 제54조, 제55조 및 「금융실명거래 및 비밀보장에 관한 법률」 제4조 제1항, 같은 조 제3항부터 제5항까지의 규정을 준용하는 경우에 한한다)을 위반한 경우
3. 제1항 전단에 따른 검사를 거부·방해 또는 기피한 경우
4. 제1항 후단에서 준용하는 제419조 제5항에 따른 보고 등의 요구에 불응한 경우

③ 금융위원회는 제2항에 따라 투자권유대행인 등록을 취소하거나 투자권유대행업무를 정지한 경우에는 그 내용을 기록하고, 이를 유지·관리하여야 한다. 〈개정 2008. 2. 29〉

④ 금융위원회는 제2항에 따라 투자권유대행인 등록을 취소하거나 투자권유대행업무를 정지한 경우에는 그 사실을 인터넷 홈페이지 등에 공고하여야 한다. 〈개정 2008. 2. 29〉

⑤ 금융투자업자 또는 투자권유대행인(투자권유대행인이었던 자를 포함한다)은 금융위원회에 자기에 대한 제2항에 따른 조치 여부 및 그 내용을 조회할 수 있다. 〈개정 2008. 2. 29〉

⑥ 금융위원회는 제5항의 조회요청을 받은 경우에는 정당한 사유가 없는 한 조치 여부 및 그 내용을 그 조회 요청자에게 통보하여야 한다. 〈개정 2008. 2. 29〉

⑦ 제423조(제2호를 제외한다)는 제2항에 따른 투자권유대행인 등록의 취소에 관하여 준용하고, 제425조는 제2항에 따른 투자권유대행인 등록의 취소 및 투자권유대행업무의 정지에 관하여 준용한다.

Ⅰ. 금융감독원장의 검사	Ⅱ. 금융위원회의 조치

1) 대법원 2000. 2. 11. 선고 99다47297 판결(민법 제756조 소정의 사용자책임의 요건인 "사무집행에 관하여"의 의미 및 피용자의 고의에 기한 타인에 대한 가해행위가 이에 해당하는지 여부에 관한 판단기준에 관한 판결) 참조.

Ⅰ. 금융감독원장의 검사

투자권유대행인은 투자권유의 대행과 관련하여 그 업무와 재산상황에 관하여 금융감독원장의 검사를 받아야 한다. 즉, 금융감독원장은 투자권유대행인의 투자권유대행이라는 업무활동과 투자권유대행인의 재산실태를 분석·평가하고, 그가 취급한 업무나 수행한 행위가 관계법규나 감독당국의 명령 등에 위배되었는지 여부를 확인, 조사하여야 한다.[1] 이 경우 금융위원회의 투자권유대행인에 대한 검사는 금융투자업자에 대한 검사를 규정한 법 제419조 제 5 항부터 제 7 항까지 및 제 9 항을 준용한다(법 53조 1항).

Ⅱ. 금융위원회의 조치

1. 조치대상행위

금융위원회의 조치대상이 되는 경우로서는 ① 투자권유대행인의 등록요건 유지의무를 위반한 경우, ② 투자권유대행자가 법상 금지된 행위를 하거나 고지·표시의무 또는 금융투자업자와 같은 수준에서 준수되어야 하는 법규정들을 위반한 경우, ③ 투자권유대행인이 금융위원회의 검사를 거부·방해 또는 기피한 경우, ④ 투자권유대행인이 금융위원회의 보고 등의 요구에 불응한 경우가 있다(법 53조 2항).

2. 조치의 내용

금융위원회는 투자권유대행인이 조치대상이 되는 행위를 한 경우 청문을 거쳐서 금융투자업자의 투자권유대행인 등록을 취소하거나, 그 투자권유대행인에 대하여 6개월 이내의 투자권유대행업무 정지를 할 수 있다(법 53조 2항·7항, 423조 1호).

3. 기 타

금융위원회는 투자권유대행인 등록을 취소하거나 투자권유대행업무를 정지한 경우에는 그 내용을 기록하고, 이를 유지·관리하여야 하며(법 53조 3항), 그 사실을 사회에 알리고 투자자의 주의를 촉구하기 위하여 인터넷 홈페이지 등에 공고하여야 한다(법 53조 4항).

금융투자업자 또는 투자권유대행인(투자권유대행인이었던 자를 포함)은 금융위원회에 자기에 대한 조치여부 및 그 내용을 조회할 수 있다(법 53조 5항). 이러한 조회요청이 있는 경우 금융위원회는 정당한 사유가 없는 한 조치여부 및 그 내용을 그 조회요청자에게 통보

1) 구증권법 하에서 금융감독원이 작성한 「증권검사매뉴얼」(101.1 검사계획 수립절차)에 따르면 "금융회사에 대한 검사"라 함은 "금융회사의 업무활동 및 경영실태를 분석·평가하고 금융회사가 취급한 업무나 취한 행위가 관계법규나 감독당국의 명령 등에 위배되었는지 여부를 확인, 조사하는 행위"로 정의된다.

할 의무를 부담한다(법 53조 6항).

만약에 금융위원회의 조치에 대하여 불복하는 경우 조치를 받은 자는 그 조치의 고지를 받은 날부터 30일 이내에 그 사유를 갖추어 금융위원회에 이의신청을 할 수 있으며(법 425조 1항), 금융위원회는 그러한 이의신청에 대하여 원칙적으로 60일 이내에 결정을 하여야 하지만 부득이한 사정으로 그 기간 이내에 결정을 할 수 없을 경우에는 30일의 범위에서 그 기간의 연장도 가능하다(법 53조 7항, 425조 2항).

[초판: 권재열, 개정판: 이승희]

제 3 관　직무관련 정보의 이용 금지 등

第54条(직무관련 정보의 이용 금지)

금융투자업자는 직무상 알게 된 정보로서 외부에 공개되지 아니한 정보를 정당한 사유 없이 자기 또는 제삼자의 이익을 위하여 이용하여서는 아니 된다.

Ⅰ. 본조의 취지

금융투자업자는 업무를 수행하는 중 고객의 개인정보 및 금융거래정보, 상장예정법인 등 관련 미공개중요정보, 조사분석자료 관련 정보, 시장정보 등 다양한 정보를 취득 또는 생성하게 된다. 금융투자업자가 이러한 정보를 이용하여 자기 또는 제삼자의 이익을 추구할 경우 개인의 재산권이나 사생활이 침해될 수 있고 시장질서에도 혼란을 가져올 수 있다. 본조는 이를 금지함으로써 개인의 재산권 및 사생활의 비밀과 자유를 보호하고 금융시장질서를 유지하는데 그 취지가 있다.

그런데 금융투자업자가 취급하는 정보 중 개인정보나 신용정보는 개인정보보호법, 신용정보의 이용 및 보호에 관한 법률, 정보통신망 이용촉진 및 정보보호에 관한 법률에 의하여, 금융거래정보는 금융실명거래 및 비밀보장에 관한 법률에 의하여 명문으로 보호되고 있다. 주문정보 또는 운용정보를 이용한 선행매매행위는 법 제71조, 제85조, 제98조, 제108조에 의하여 불건전 영업행위로 금지되고 있고, 상장예정법인 등의 업무 등과 관련된 미공개중요정보를 특정증권등의 매매, 그 밖의 거래에 이용하거나 타인에게 이용하는 행위는 법 제174조에 의하여 금지되고 있다. 조사분석자료 관련 정보의 이용 및 제공은 법 제71조가 규율하고 있다. 따라서 본조는 상기 규정들이 적용되지 않는 영역을 보호하기 위한 보충적 규정이다. 본조가 금융투자업자 전체에 포괄적으로 적용되는 공통 영업행위 규칙에 위치한 것도 이러한 취지를 반영한 것이다.

Ⅱ. 적용범위

1. 행위주체

본조가 적용되는 행위주체는 금융투자업자이다. 겸영금융투자업자를 제외한다는 규정이 없으므로 겸영금융투자업자도 적용대상이다. 법은 금융투자업자에 준하는 수준의 정보 취득이 가능한 자로서, 금융투자업자로부터 업무를 위탁받은 자(법 42조 10항), 투자권유대행인(법 52조 6항), 투자회사 형태의 집합투자기구의 감독이사(법 199조 5항), 집합투자기구의 일반사무관리회사(법 255조), 집합투자기구평가회사(법 260조), 채권평가회사(법 265조), 금융투자협회(법 289조), 예탁결제원(법 304조), 금융투자상품거래청산회사(법 323조의17), 증권금융회사(법 328조), 명의개서대행회사(법 367조)에 대하여도 본조를 준용하고 있다.

2. 직무상 알게 된 정보로서 외부에 공개되지 아니한 정보

본조에 따라 이용이 금지되는 정보는 '직무상 알게 된 정보로서 외부에 공개되지 아니한 정보'이다. 여기서 '직무'란 금융투자업자가 영위하는 금융투자업, 겸영업무, 부수업무 및 이에 필수적으로 수반되는 업무로 볼 수 있다. '직무상 알게 된 정보'라야 하므로 직무와 무관하게 취득한 정보는 본조의 적용대상이 아니다.

다만 직무 관련성은 그 판단이 용이하지 않을 수 있다. 금융투자업자의 임직원이 사적인 자리에서 정보를 취득하여 이를 이용한 경우에도 본조가 적용될 것인가. 만일 대화 당사자가 조사분석자료를 공표하는 금융투자분석사와 기업공시담당자였다면 어떠할 것인가. 죄형법정주의 원칙에 따라 그 범위를 엄격히 해석하여 직무를 직접 수행하면서 취득한 정보가 아니라면 본조가 적용되지 않는다는 견해가 있을 수 있다. 그러나 금융투자업자는 자기 또는 제삼자를 위하여 다양한 정보를 끊임없이 수집하는 위치에 있고 본조도 이러한 업무 특성을 고려하여 제정되었다고 보이므로, 금융투자업자가 직무를 직접 수행하면서 취득한 정보가 아니라도 직무상 이용 가능한 정보라면 '직무상 알게 된 정보'에 해당된다고 봄이 타당하다.

'외부에 공개되지 아니한 정보'이므로 이미 외부에 공개된 정보는 본조의 적용대상이 아니다. 외부에 공개되었다고 하려면 불특정 다수인이 알 수 있는 상태라야 할 것이므로 정보 공개의 기준은 법 제174조 및 법 시행령 제201조를 준용하면 될 것으로 보인다. '정보'는 그 범위에 제한이 없으므로 정보로서 가치가 있고 외부에 공개되지 않은 정보는 모두 본조의 적용대상으로 볼 수 있다.

3. 정당한 사유 없이 자기 또는 제삼자의 이익을 위하여 이용

이용행위의 태양에 제한이 없으므로 정당한 사유 없이 고객의 개인정보 및 금융거래정보, 미공개중요정보, 조사분석자료 관련 정보, 시장정보 등을 자기 또는 제삼자의 이익을 위하여 유·무상으로 양도하거나, 이를 이용하여 선행매매를 하는 행위에 대하여도 모두 본조가 적용된다. 다만 개별 규정에서 별도로 규율하고 있는 행위는 개별 규정이 우선적으로 적용될 것이다.

Ⅲ. 위반시 제재

1. 행 정 벌

금융위원회는 금융투자업자가 본조를 위반할 경우 금융투자업자 및 해당 임직원에게 필요한 조치를 취할 수 있다(법 420條, 422條, [별표 1]). 또한 금융투자업자로부터 업무를 위탁받은 자가 본조를 위반하면 위탁계약의 어느 한쪽 또는 양쪽 당사자에게 위탁계약의 취소 또는 변경을 명할 수 있고(법 43條 2항), 투자권유대행인이 본조를 위반하면 투자권유대행인의 등록을 취소하거나 그 투자권유대행인에 대하여 6개월 이내의 투자권유대행업무 정지를 할 수 있고(법 53條 2항), 투자회사의 감독이사가 본조를 위반하면 해임요구, 6개월 이내의 직무정지, 문책경고, 주의적 경고, 주의 등의 조치를 취할 수 있다(법 253條 3항).

2. 형 벌

본조(법 42條 10항, 52條 6항, 199條 5항, 255條, 260條, 265條, 289條, 304條, 328條 또는 367條에서 준용하는 경우를 포함한다)를 위반하여 직무상 알게 된 정보로서 외부에 공개되지 아니한 정보를 자기 또는 제삼자의 이익을 위하여 이용한 자는 3년 이하의 징역 또는 1억원 이하의 벌금에 처하게 된다(법 445條 9호). 법은 양벌규정을 두고 있으므로, 금융투자업자의 임직원이 본조를 위반할 경우 그 행위자를 벌하는 외에 금융투자업자에 대해서도 벌금이 부과될 수 있다. 다만, 금융투자업자가 그 위법행위를 방지하기 위하여 해당 업무에 관하여 상당한 주의와 감독을 게을리하지 아니한 경우에는 그러하지 아니하다(법 448條).

특정 행위가 본조에도 해당되고 형벌 조항이 있는 다른 규정에도 해당된다면 1개 또는 수개의 행위가 외관상 수개의 형벌법규에 해당되는 것같이 보이나 실질적으로는 1개의 구성요건만 적용되는 경우로서 죄수론(罪數論)상 법조경합(法條競合)에 해당되어 본조의 적용이 배제된다. 따라서 행위자는 다른 규정에 정해진 형으로 처벌될 뿐 본조에 따른 형벌은 받지 않게 된다.

제55조(손실보전 등의 금지)

금융투자업자는 금융투자상품의 매매, 그 밖의 거래와 관련하여 제103조 제3항에 따라 손실의 보전 또는 이익의 보장을 하는 경우, 그 밖에 건전한 거래질서를 해할 우려가 없는 경우로서 정당한 사유가 있는 경우를 제외하고는 다음 각 호의 어느 하나에 해당하는 행위를 하여서는 아니 된다. 금융투자업자의 임직원이 자기의 계산으로 하는 경우에도 또한 같다.

1. 투자자가 입을 손실의 전부 또는 일부를 보전하여 줄 것을 사전에 약속하는 행위
2. 투자자가 입은 손실의 전부 또는 일부를 사후에 보전하여 주는 행위
3. 투자자에게 일정한 이익을 보장할 것을 사전에 약속하는 행위
4. 투자자에게 일정한 이익을 사후에 제공하는 행위

Ⅰ. 본조의 취지	Ⅳ. 예외적으로 허용되는 경우
Ⅱ. 불법행위와의 관계	Ⅴ. 위반시 제재
Ⅲ. 재산상 이익제공과의 구분	

Ⅰ. 본조의 취지

금융투자상품은 본질적으로 원본손실가능성이 있는 금융상품이므로, 일정한 수익률이 보장되는 금융상품과 달리 항상 위험이 따르고 그 위험은 원칙적으로 자기책임의 원칙에 따라 투자자가 부담할 수밖에 없다. 그런데 만일 투자자에게 투자에 대한 손실 발생 여부와 관계없이 원본의 보전이나 일정한 이익이 보장된다면 항상 투자에 따른 위험은 회피하고 이익만을 취득하게 되어 자기책임의 원칙에 반하게 된다. 다른 투자자들이 원본손실이나 예상이익의 감소를 볼 때 해당 투자자만 일정한 이익을 보장받으므로 고객이 정당한 사유 없이 차별되는 결과도 발생한다. 또한 투자자에게 보전되는 금액은 결국 금융투자업자의 고유자산이나 영업이익에 의하여 실행될 수밖에 없으므로 금융투자업자의 재정을 부실하게 만들어 결과적으로 다른 일반 투자자에게 불이익을 끼칠 수 있다. 나아가 안이한 투자 행태를 조장하고 투자자들 사이에 불평등감을 심화시킬 뿐 아니라 금융투자상품 시장의 가격형성기능을 왜곡시켜 선량한 일반 공중으로 하여금 금융투자상품 투자를 기피케 함으로써 자본시장 자체의 존립을 어렵게 만들 수도 있다. 본조는 이러한 점을 고려하여 공정한 증권거래질서를 확보하기 위하여 제정된 강행법규로 이를 위반한 손실보전 또는 이익보장 약정은 무효이고 그 약속 및 실행행위도 무효라는 것이

대법원의 확립된 견해이다(대법원 2002. 12. 26. 선고 2000다56952 판결; 대법원 1998. 10. 27. 선고 97다47989 판결; 대법원 1997. 2. 14. 선고 95다19140 판결; 대법원 1980. 12. 23. 선고 79다2156 판결 등 참조). 무효인 손실부담약정에 기하여 고객이 지급받은 이익금은 결국 금융투자업자의 손실에 기한 법률상 원인이 없는 부당이득으로 투자자에게 지급되었더라도 다시 금융투자업자에게 반환되어야 한다(대법원 1997. 2. 14. 선고 95다19140 판결). 또한 손실보전약정을 전제로 일정기간 법적 조치 등을 취하지 않기로 하는 약정도 효력이 없다(대법원 2003. 1. 24. 선고 2001다2129 판결).

Ⅱ. 불법행위와의 관계

손실보전 또는 이익보장 약정이 무효이므로 그러한 약정이 있다 할지라도 투자자는 이를 근거로 약정한 금액의 지급을 청구할 수는 없다. 그러나 거래행위와 거래방법, 고객의 투자 상황, 거래의 위험도 및 이에 관한 설명의 정도 등을 종합적으로 고려할 때 당해 권유행위가 경험이 부족한 일반 투자가에게 거래행위에 필연적으로 수반되는 위험성에 관한 올바른 인식형성을 방해하거나 고객의 투자 상황에 비추어 과대한 위험성을 수반하는 거래를 적극적으로 권유한 경우에 해당하여 결국 고객에 대한 보호의무를 저버려 위법성을 띤 행위인 것으로 평가된다면, 투자자는 불법행위에 기한 손해배상청구를 할 수 있다(대법원 1996. 8. 23. 선고 94다38199 판결; 대법원 1994. 1. 11. 선고 93다26205 판결 등 참조).

Ⅲ. 재산상 이익제공과의 구분

투자자에 대한 손실보전 또는 이익보장과 유사한 개념으로 투자자에 대한 재산상 이익제공이 있다. 즉, 투자매매업자, 투자중개업자, 투자일임업자, 신탁업자는 일정한 요건 하에 투자자에게 재산상 이익을 제공하는 것이 허용된다(법 71조 7호, 98조 2항 10호, 108조 9호, 법 시행령 68조 5항 3호, 99조 4항 4호, 109조 3항 4호, 규정 제4-18조, 4-76조, 4-92호). 그러나 이미 손실을 입은 투자자에게 손실을 보전하거나 이익을 보장할 목적으로 재산상 이익을 제공한다면 이는 재산상 이익제공을 허용하는 규정에도 불구하고 본조 위반이 되어 허용되지 않으므로 유의할 필요가 있다.

Ⅳ. 예외적으로 허용되는 경우

본조에 따르면, 법 제103조 제3항에 따라 손실의 보전 또는 이익의 보장을 하는 경우, 그 밖에 건전한 거래질서를 해할 우려가 없는 경우로서 정당한 사유가 있는 경우에는 손실의 보전이나 이익의 보장이 가능하다. 법 제103조 제 3 항은 신탁재산의 수탁과 관련된 규정으로, 해당 규정의 위임을 받아 제정된 법 시행령 제104조 제 1 항은 손실의 보전이나 이익의 보장을 원칙적으로 금지하면서 연금이나 퇴직금의 지급을 목적으로 하는 신탁으로서 금융위원회가 고시하는 경우[1]에는 손실의 보전이나 이익의 보장을 할 수 있다고 정하고 있다.

본조는 '그 밖에 건전한 거래질서를 해할 우려가 없는 경우로서 정당한 사유가 있는 경우'에 대하여는 설명하고 있지 않은데, 금융투자업규정상 투자매매업자 및 투자중개업자에 대하여는 그 판단기준이 제시되어 있다. 즉, ① 투자매매업자·투자중개업자 및 그 임직원이 자신의 위법(과실로 인한 위법 포함) 행위 여부가 불명확한 경우 사적 화해의 수단으로 손실을 보상하는 행위(다만, 증권투자의 자기책임원칙에 반하는 경우에는 그러하지 아니하다), ② 투자매매업자 또는 투자중개업자의 위법행위로 인하여 손해를 배상하는 행위, ③ 분쟁조정 또는 재판상의 화해절차에 따라 손실을 보상하거나 손해를 배상하는 행위는 준법감시인 보고를 전제로 허용된다(법 71조 7호, 법 시행령 68조 5항 14호, 고시 4-20조 1항 7호). 동 규정이 투자매매업자나 투자중개업자에 대한 불건전 영업행위 금지규정이기는 하나, 다른 금융투자업자에 대하여도 동일한 기준이 적용될 수 있을 것으로 보인다.

Ⅴ. 위반시 제재

1. 행 정 벌

금융위원회는 금융투자업자가 본조를 위반할 경우 금융투자업자 및 해당 임직원에게 필요한 조치를 취할 수 있다(법 420조, 422조, [별표 1]). 또한 자본시장법은 금융투자업자로부터 업무를 위탁받은 자(법 42조 10항), 투자권유대행인(52조 6항)에 대하여도 본조를 준용하고 있는데, 금융투자업자로부터 업무를 위탁받은 자가 본조를 위반하면 위탁계약의 어느 한쪽 또는 양쪽 당사자에게 위탁계약의 취소 또는 변경을 명할 수 있고(법 43조 2항), 투자권유대행인이 본조를 위반하면 투자권유대행인의 등록을 취소하거나 그 투자권유대행인에 대하여 6개월 이내의 투자권유대행업무 정지를 할 수 있다(법 53조 2항).

2. 형 벌

본조(법 42조 10항, 52조 6항에서 준용하는 경우를 포함한다)를 위반하여 손실의 보전 또는 이익의 보장을 한 자는 3년 이하의 징역 또는 1억원 이하의 벌금에 처하게 된다(법 445조 10호). 법은 양벌규정을 두고 있으므로, 금융투자업자의 임직원이 본조를 위반할 경우 그

1) 신노후생활연금신탁(노후생활연금신탁 포함), 연금신탁(신개인연금신탁 및 개인연금신탁 포함), 퇴직일시금신탁에 대하여 손실의 보전을 하는 경우를 말한다(금융투자업규정 4-82조 1항).

행위자를 벌하는 외에 금융투자업자에 대해서도 벌금이 부과될 수 있다. 다만, 금융투자업자가 그 위법행위를 방지하기 위하여 해당 업무에 관하여 상당한 주의와 감독을 게을리하지 아니한 경우에는 그러하지 아니하다(법 448조).

第56條(약관)

① 금융투자업자는 금융투자업의 영위와 관련하여 약관을 제정 또는 변경하고자 하는 경우에는 미리 금융위원회에 신고하여야 한다. 다만, 다음 각 호의 어느 하나에 해당하는 경우에는 약관을 제정 또는 변경한 후 7일 이내에 금융위원회 및 협회에 보고하여야 한다.

1. 약관내용 중 투자자의 권리 또는 의무와 관련이 없는 사항을 변경하는 경우
2. 제 3 항의 표준약관을 그대로 사용하는 경우
3. 제정 또는 변경하고자 하는 약관의 내용이 다른 금융투자업자가 이미 금융위원회에 신고한 약관의 내용과 같은 경우
4. 전문투자자만을 대상으로 하는 약관을 제정 또는 변경하는 경우

② 금융투자업자는 약관을 제정 또는 변경한 경우에는 인터넷 홈페이지 등을 이용하여 공시하여야 한다.

③ 협회는 건전한 거래질서를 확립하고 불공정한 내용의 약관이 통용되는 것을 방지하기 위하여 금융투자업 영위와 관련하여 표준이 되는 약관(이하 이 조에서 "표준약관"이라 한다)을 제정할 수 있다.

④ 협회는 표준약관을 제정 또는 변경하고자 하는 경우에는 미리 금융위원회에 신고하여야 한다. 다만, 전문투자자만을 대상으로 하는 표준약관을 제정 또는 변경하는 경우에는 그 표준약관을 제정 또는 변경한 후 7일 이내에 금융위원회에 보고하여야 한다.

⑤ 제 1 항에 따라 약관을 신고 또는 보고받거나 제 4 항에 따라 표준약관을 신고 또는 보고받은 금융위원회는 그 약관 또는 표준약관을 공정거래위원회에 통보하여야 한다. 이 경우 공정거래위원회는 통보받은 약관 또는 표준약관이 「약관의 규제에 관한 법률」 제 6 조부터 제14조까지의 규정에 위반된 사실이 있다고 인정될 때에는 금융위원회에 그 사실을 통보하고 그 시정에 필요한 조치를 취하도록 요청할 수 있으며, 금융위원회는 특별한 사유가 없는 한 이에 응하여야 한다.

⑥ 금융위원회는 약관 또는 표준약관이 이 법 또는 금융과 관련되는 법령에 위반되거나 그 밖에 투자자의 이익을 침해할 우려가 있다고 인정되는 경우에는 금융투자업자 또는 협회에 그 내용을 구체적으로 기재한 서면에 의하여 약관 또는 표준약관을 변경할 것을 명할 수 있다.

Ⅰ. 본조의 취지

본조의 약관은 「약관의 규제에 관한 법률」 제 2 조 제 1 항에 따른 약관으로 그 명칭이나 형태 또는 범위에 상관없이 계약의 한쪽 당사자가 여러 명의 상대방과 계약을 체결하기 위하여 일정한 형식으로 미리 마련한 계약의 내용을 말한다. 약관은 현행 법령과 판례상 기본적으로 계약의 성질을 지니고 있으므로[1] 사적 자치의 원칙이 적용됨이 타당할 것이나, 금융투자업자가 금융투자업의 영위와 관련하여 제정하는 약관은 금융투자상품에 대한 전문성이 부족한 투자자를 상대로 한다는 점에서 감독기관이 그 제정 및 변경에 관여하도록 하고 있다.

구증권법에 따른 구증감규정에서는 금융감독원장에 대한 보고의무만을 부여하고 있었는데(구증감규정 4-40조, 4-41조), 자본시장법은 약관의 제정 및 변경을 원칙적으로 신고에 의하도록 하고 공시의무를 도입함으로써 약관에 대한 규제를 확대하였다. 또한 불공정약관에 대한 심사를 강화하기 위하여 금융위원회로 하여금 공정거래위원회에 약관을 통보하도록 하고, 공정거래위원회가 이를 확인하여 「약관의 규제에 관한 법률」 위반사실이 인정되면 금융위원회에 그 사실을 통보하고 그 시정에 필요한 조치를 취할 것을 요청할 수 있도록 하였다.

Ⅱ. 내용 검토

1. 금융투자업자의 약관 제정 및 변경

금융투자업자가 금융투자업의 영위와 관련하여 약관을 제정하거나 변경하고자 할 경우 금융위원회에 대한 사전신고의무가 있다. 그러나 약관내용 중 투자자의 권리 또는 의무와 관련이 없는 사항을 변경하는 경우, 표준약관을 그대로 사용하는 경우, 제정 또는 변경하고자 하는 약관의 내용이 다른 금융투자업자가 이미 금융위원회에 신고한 약관의 내용과 동일한 경우, 전문투자자만을 상대로 하는 약관을 제정 또는 변경하는 경우에는 제정 또는 변경 후 7일 이내에 금융위원회 및 협회에 보고할 수 있도록 하고 있다. 그런데 금융위원회가 금융투자업자로부터 약관에 대한 사전신고를 수리하거나 사후보고를 접수하는 업무가 협회로 위탁되어 있기 때문에(법 438조 2항, 법 시행령 387조 2항 2호 가목) 실질적으로는 사전신고 및 사후보고가 모두 협회를 통하여 이루어지고 있다.[2] 사전신고의무와 관련하여 협회가 제정한 「금융투자회사의 약관운용에 관한 규정」(이하 "협회약관규

---

1) 권재열, "約款規制의 法理," 「법제」(2001), 법제처, 56쪽.

2) 전자금융거래법상 전자금융거래에 관한 약관은 금융위원회에 보고하도록 되어 있고, 그 보고접수 및 변경권고 업무는 금융감독원장에게 위탁하도록 되어 있으므로(전자금융거래법 25조, 48조), 협회에 신고 또는 보고하는 것이 아님에 유의할 필요가 있다.

정"이라 한다)을 보면, 협회는 표준약관의 우선 사용을 의무화하면서 표준약관을 수정하여 사용하고자 할 경우 시행예정일 10영업일 전까지 협회에 보고하도록 하고 있고, 표준약관이 없어 별도의 약관을 제정하거나 이를 변경하고자 하는 경우에는 시행예정일 20영업일 전까지 협회에 보고하도록 하고 있다(협회약관규정 3조, 4조). 금융투자업자가 사전신고 또는 사후보고를 통하여 약관을 제정 또는 변경한 경우, 금융투자업자는 인터넷 홈페이지 등을 이용하여 제정 또는 변경된 약관을 공시하여야 한다.

2. 협회의 표준약관 제정 및 변경

협회는 자율규제기관으로서 건전한 거래질서를 확립하고 불공정한 내용의 약관이 통용되는 것을 방지하기 위하여 금융투자업 영위와 관련하여 표준이 되는 약관, 즉 표준약관을 제정할 수 있다. 협회는 표준약관을 제정 또는 변경하고자 하는 경우 금융위원회에 사전신고를 하여야 한다. 다만, 전문투자자만을 대상으로 하는 표준약관을 제정 또는 변경하는 경우에는 그 표준약관을 제정 또는 변경한 후 7일 이내에 금융위원회에 보고하여야 한다. 협회가 표준약관을 제정하면 협회약관규정에 따라 금융투자업자는 해당 표준약관을 우선적으로 사용하여야 함은 전술한 바와 같다.

3. 약관의 심사 및 시정조치

(1) 협회의 약관 심사

금융위원회는 약관 또는 표준약관이 자본시장법 또는 금융과 관련되는 법령에 위반되거나 그 밖에 투자자의 이익을 침해할 우려가 있다고 인정되는 경우 금융투자업자 또는 협회에 그 내용을 구체적으로 기재한 서면에 의하여 약관 또는 표준약관을 변경할 것을 명할 수 있다. 그런데 금융위원회의 권한 중 금융투자업자의 약관을 심사하여 그 변경을 명하는 권한은 협회에 위탁되어 있어(법 438조 2항, 법 시행령 387조 2항 2호 가목) 실질적으로는 협회가 협회약관규정에 정해진 바에 따라 금융투자업자가 신고 또는 보고하는 약관의 심사업무를 수행하고 있다.

> 협회약관규정 제6조(약관의 심사) 협회는 금융투자회사로부터 보고받은 약관에 다음 각 호의 사항이 포함되어 있는지 여부를 심사하여야 한다.
> 1. 법 등 관계법령에 위반되는 내용
> 2. 금융투자회사의 고의 또는 중대한 과실로 인한 법률상의 책임을 배제하는 내용
> 3. 상당한 이유없이 금융투자회사의 손해배상범위를 제한하거나 금융투자회사가 부담하여야 할 위험을 고객에게 이전시키는 내용
> 4. 고객에 대하여 부당하게 과중한 손해배상의무를 부담시키는 내용
> 5. 법률의 규정에 의한 고객의 해제권 또는 해지권을 상당한 이유없이 제한하거나 그 행사를 제한하는 내용

6. 금융투자회사에게 법률에서 정하고 있지 아니하는 해제권·해지권을 부여하거나 법률의 규정에 의한 해제권·해지권의 행사요건을 완화하여 고객에 대하여 부당하게 불이익을 줄 우려가 있는 내용
7. 계속적인 채권·채무관계의 발생을 목적으로 하는 계약에서 그 존속 기간을 부당하게 단기 또는 장기로 하거나 묵시의 기간연장 또는 갱신이 가능하도록 정하여 고객에게 부당하게 불이익을 줄 우려가 있는 내용
8. 법률의 규정에 의한 고객의 항변권·상계권 등의 권리를 상당한 이유 없이 배제 또는 제한하는 내용
9. 고객에게 부여된 기한의 이익을 상당한 이유없이 박탈하는 내용
10. 금융투자회사 또는 고객 의사표시의 부당한 의제를 통하여 고객에게 불이익을 줄 수 있는 내용
11. 고객이 계약의 거래형태 등 제반사항에 비추어 예상 또는 이해하기 어려운 내용
12. 계약의 목적을 달성할 수 없을 정도로 계약에 따르는 고객의 본질적 권리를 제한하는 내용
13. 그 밖에 고객에 대하여 부당하게 불리한 내용

만일 약관을 심사한 결과 약관내용의 변경이 필요하다고 인정되는 경우 또는 이미 사용하고 있는 약관이 관계법령 개정 등의 사유로 변경이 필요하다고 인정되는 경우 협회는 금융투자업자에 대하여 약관내용의 변경을 권고할 수 있다. 협회로부터 약관내용의 변경권고를 받은 금융투자업자는 통보를 받은 날로부터 5영업일 이내에 해당 권고의 수락 여부를 협회에 보고하고 변경권고를 수락한 경우 해당 보고일로부터 5영업일 이내에 변경된 약관을 협회에 보고하여야 한다(협회약관규정 7조, 8조).

(2) 공정거래위원회의 약관 심사

약관이나 표준약관이 제정 또는 변경되어 신고 또는 보고를 받은 금융위원회는 이를 공정거래위원회에 통보하여야 한다. 공정거래위원회는 통보받은 약관 또는 표준약관이 「약관의 규제에 관한 법률」 제 6 조부터 제14조까지의 규정에 위반되는지 여부를 확인한 후 이를 위반한 사실이 인정되면 금융위원회에 그 사실을 통보하고 시정에 필요한 조치를 취하도록 요청할 수 있다. 이 경우 금융위원회는 특별한 사유가 없는 한 공정거래위원회의 요청에 응하여야 한다.

Ⅲ. 위반시 제재

금융위원회는 금융투자업자가 본조를 위반하여 신고 또는 보고를 하지 아니하거나 거짓으로 신고 또는 보고를 한 경우, 약관 공시를 하지 아니하거나 거짓으로 공시한 경우, 본조 제 6 항에 따른 변경명령을 위반한 경우 금융투자업자 및 해당 임직원에게 필요한 조치를 취할 수 있다(법 420조, 422조, [별표 1]). 이와 별개로 본조 제 1 항을 위반하여 신고를 하지 아니하고 약관을 제정 또는 변경한 자 및 거짓, 그 밖의 부정한 방법으로 본조 제 1 항에 따른 신고를 한 자에게는 5천만원 이하의 과태료를 부과하고(법 449조 1항 24호, 25호), 금융위원회 및 협회에 대한 약관의 제정 또는 변경에 대한 사후보고의무를 이

행하지 아니하거나 거짓으로 보고한 자에게는 1천만원 이하의 과태료를 부과한다(법 449조 2항 4호).

[초판: 김용재, 개정판: 황은아]

제57조(투자광고)

① 금융투자업자가 아닌 자는 금융투자업자의 영위업무 또는 금융투자상품에 관한 광고(이하 "투자광고"라 한다)를 하여서는 아니 된다. 다만, 협회와 금융투자업자를 자회사 또는 손자회사로 하는 「금융지주회사법」에 따른 금융지주회사는 투자광고를 할 수 있으며, 증권의 발행인 또는 매출인은 그 증권에 대하여 투자광고를 할 수 있다.

② 금융투자업자(제1항 단서의 자를 포함한다. 이하 이 조에서 같다)는 투자광고(집합투자증권에 대한 투자광고를 제외한다)를 하는 경우에는 그 금융투자업자의 명칭, 금융투자상품의 내용, 투자에 따른 위험, 그 밖에 대통령령으로 정하는 사항이 포함되도록 하여야 한다.

③ 금융투자업자는 집합투자증권에 대하여 투자광고를 하는 경우 다음 각 호의 사항이 포함되도록 하여야 하며, 집합투자기구의 명칭, 집합투자기구의 종류에 관한 사항, 집합투자기구의 투자목적 및 운용전략에 관한 사항, 그 밖에 집합투자증권의 특성 등을 고려하여 대통령령으로 정하는 사항 외의 사항을 투자광고에 사용하여서는 아니 된다.

1. 집합투자증권을 취득하기 전에 투자설명서(제123조 제1항에 따른 투자설명서를 말한다) 또는 간이투자설명서(제124조 제2항 제3호에 따른 간이투자설명서를 말한다)를 읽어 볼 것을 권고하는 내용
2. 집합투자기구는 운용결과에 따라 투자원금의 손실이 발생할 수 있으며, 그 손실은 투자자에게 귀속된다는 사실
3. 집합투자기구의 운용실적을 포함하여 투자광고를 하는 경우에는 그 운용실적이 미래의 수익률을 보장하는 것은 아니라는 내용

④ 금융투자업자는 투자광고를 함에 있어서 제103조 제3항에 따라 손실의 보전 또는 이익의 보장을 하는 경우를 제외하고는 손실보전 또는 이익보장으로 오인하게 하는 표시를 하여서는 아니 된다.

⑤ 투자광고에 있어 「표시·광고의 공정화에 관한 법률」 제4조 제1항에 따른 표시·광고사항이 있는 경우에는 같은 법이 정하는 바에 따른다.

⑥ 그 밖에 투자광고의 방법 및 절차 등에 관하여 필요한 사항은 대통령령으로 정한다.

시행령 **제60조**(투자광고) ① 법 제57조 제2항에서 "대통령령으로 정하는 사항"이란 다음 각 호의 사항을 말한다.
1. 법 제57조 제2항에 따른 금융투자업자(이하 이 조에서 "금융투자업자"라 한다)는 금융투자상품에 대하여 충분히 설명할 의무가 있다는 내용
2. 금융투자업자로부터 제1호에 따른 설명을 듣고서 투자할 것을 권고하는 내용

3. 법 제58조 제 1 항에 따른 수수료에 관한 사항
4. 투자광고를 하는 자, 투자광고의 내용, 투자광고의 매체·크기·시간 등을 고려하여 금융위원회가 정하여 고시하는 사항

② 법 제57조 제 3 항 각 호 외의 부분에서 "대통령령으로 정하는 사항"이란 다음 각 호의 사항을 말한다.

1. 집합투자업자, 집합투자재산을 보관·관리하는 신탁업자와 집합투자증권을 판매하는 투자매매업자·투자중개업자(일반사무관리회사가 있는 경우에는 일반사무관리회사를 포함한다)의 상호 등 그 업자에 관한 사항
2. 제 1 호의 자가 받는 보수나 수수료에 관한 사항
3. 해당 집합투자기구의 투자운용인력에 관한 사항
4. 과거의 운용실적이 있는 경우에는 그 운용실적
5. 집합투자증권의 환매에 관한 사항
6. 그 밖에 투자광고에 포함하여도 투자자 보호를 해치지 아니한다고 인정되는 사항으로서 금융위원회가 정하여 고시하는 사항

③ 금융투자업자는 투자광고를 하는 경우 다음 각 호의 사항을 준수하여야 한다.

1. 수익률이나 운용실적을 표시하는 경우에는 수익률이나 운용실적이 좋은 기간의 수익률이나 운용실적만을 표시하지 아니할 것
2. 금융투자상품의 비교광고를 하는 경우에는 명확한 근거 없이 다른 금융투자상품이 열등하거나 불리한 것으로 표시하지 아니할 것
3. 준법감시인(준법감시인이 없는 경우에는 감사 등 이에 준하는 자를 말한다)의 사전확인을 받는 등 금융위원회가 정하여 고시하는 방법에 따를 것

Ⅰ. 투자광고 규제의 의의

법은 금융투자업자가 무분별하게 광고를 행하는 것을 방지하여 투자자를 보호하기 위해 광고 규제를 도입하였다. 특히 구증권법 등과 달리 금융투자업자가 아닌 자의 투자광고를 원칙적으로 금지하였으며, 금융투자상품의 투자위험 등 투자광고에 반드시 포함되어야 할 사항을 법으로 명시한 것이 특징이다.[1)]

적합성원칙과 설명의무 등이 적용되기 위한 조건인 "투자권유"를 "투자광고"와 구분하기 위하여 투자권유의 개념을 특정 투자자를 상대로 금융투자상품의 매매 등을 권유하는 행위로 정의하고 불특정 투자자를 상대로 하는 것은 투자광고로 의제하였다. 이는 광고가 투자권유에 해당하는 것으로 보게 되면 설명의무와 적합성 원칙 등이 적용되어 광

1) 구증권법 하에서는 법령이 아닌 증권업감독규정 상에 광고규제를 도입하고 있었으며, 증권업감독규정은 증권회사가 광고에 관한 내부통제기준 수립·운영을 의무화하고 그 밖에 상세한 광고기준에 대해서는 협회에 위임하는 수준이었다. 한편, 구간투법에서는 구증권법과 달리 법 조문상 광고규제를 명문화하여 반드시 포함하여야 할 사항을 명시하였으며 이를 자본시장법은 큰 변화 없이 수용하였다.

고가 사실상 불가능해지기 때문이다.[1)]

Ⅱ. 투자광고의 개념과 범위 등

1. 투자광고와 영위업무

법은 투자광고를 "금융투자업자의 영위업무 또는 금융투자상품에 관한 광고"로 정의하고 있으나 광고할 수 있는 금융투자업자 영위업무의 범위에 관하여는 정의하고 있지 않다. 좁은 의미로 해석하면 투자권유의 개념상 금융투자상품 외에 투자자문계약, 투자일임계약, 신탁계약을 포함하고 있으므로, 투자광고 또한 투자자문계약·투자일임계약·신탁계약에 관한 사항을 포함하는 것으로 볼 수 있다. 넓은 의미로 해석하면 해당 금융투자업을 인가받아 영위하는 모든 업무와 법 제40조에 따른 겸영업무, 법 제41조에 따른 부수업무를 포괄하는 것으로 해석할 수도 있다. 그러나 겸영금융투자업자가 행하는 금융투자업이 아닌 업무와 채용모집 광고 등은 법 제57조의 규제대상에는 포함되지는 않는다.[2)]

금융투자업자가 아닌 자는 원칙적으로 투자광고를 하지 못한다. 다만, 협회와 금융지주회사, 증권의 발행인 또는 매출인은 예외적으로 허용된다. 증권의 발행인·매출인이 해당 증권에 대하여 투자광고를 할 수 있는 것은 당연하다고 볼 수 있다. 다만, 감독당국은 금융투자업자가 아닌 증권의 발행인 등은 금융투자협회의 자율규제를 적용받지 않는 등 투자자 보호의 공백우려가 있어 증권신고서 수리 이전에는 단순한 형태의 광고만을 할 수 있도록 지도하고 있다.[3)]

2. 청약의 권유와 투자광고

시행령 제2조 제2호에서 "청약의 권유"란 권유받는 자에게 증권을 취득하도록 하기 위하여 신문·방송·잡지 등을 통한 광고, 안내문·홍보전단 등 인쇄물의 배포, 투자설명회의 개최, 전자통신 등의 방법으로 증권 취득청약의 권유 또는 증권 매도청약이나 매수청약의 권유 등 증권을 발행 또는 매도한다는 사실을 알리거나 취득의 절차를 안내하는 활동으로 정의하고 있다.

---

1) 재정경제부, 「자본시장과 금융투자업에 관한 법률안」 차관회의 설명자료(2006. 12. 28), 70쪽.

2) 광고가 가능한 영위업무 범위를 명확히 하여 광고규제의 적용범위를 명확히 할 필요가 있다. 참고로 「표시·광고의 공정화에 관한 법률」 제2조에서는 '광고'를 사업자등이 ① 자기 또는 다른 사업자등에 관한 사항, ② 자기 또는 다른 사업자등의 상품 등의 내용, 거래 조건, 그 밖에 그 거래에 관한 사항을 신문, 방송, 전기통신 등의 방법으로 소비자에게 널리 알리거나 제시하는 것으로 정의하여 그 적용범위가 상당히 넓게 해석될 수 있다.

3) 시행령 제2조 제2호 단서에 따라 인수인의 명칭과 증권의 발행금액을 포함하지 아니하는 등 단순히 발행사실을 알리거나 안내하는 경우로 한정하며, 그 구체적인 사항은 금융감독원이 작성한 단순광고 운영 가이드라인을 참조.

한편, 법 제124조 제 2 항에서는 누구든지 증권신고의 대상이 되는 증권의 모집 또는 매출, 그 밖의 거래를 위하여 청약의 권유 등을 하고자 하는 경우에는 투자설명서, 예비투자설명서 또는 간이투자설명서를 사용하도록 규정하고 있으며, 같은 항 제 3 호에서는 증권신고서가 수리된 후 신문·방송·잡지 등을 이용한 광고, 안내문·홍보전단 또는 전자전달매체를 통하여 간이투자설명서를 사용하는 방법으로 청약의 권유를 하도록 규정하고 있다. 이 규정을 그대로 적용하면, 증권신고의 대상이 되는 증권에 대한 투자광고는 청약의 권유에 해당되어 투자설명서를 사용하는 방법으로만 가능한 것으로 해석될 여지가 있다.

본래 '청약의 권유' 개념은 공모와 사모를 구분하는 핵심 개념으로, 공모이냐 사모이냐에 따라 증권신고서 제출의무, 공시의무 부과 여부가 결정되는 등 투자자 보호를 위한 발행시장 규제 적용범위가 달라진다. 미국의 경우, 연방대법원은 투자자보호의 필요성을 공모와 사모의 구별 기준으로 채택하고 투자자보호의 필요성은 투자자의 정보접근 가능성과 전문지식에 의하여 판단하였다.1)

청약의 권유시 투자설명서 사용을 의무화하는 것은 투자자에게 충분한 사전적 정보제공을 통한 합리적인 의사결정을 돕기 위한 장치로 볼 수 있다. 일반 발행기업과 달리 금융투자업자는 각종 투자자 보호를 위한 여러 가지 규제를 받고 있으며 투자광고 규제가 입법화되어 투자자 보호가 강화된 점을 고려해볼 때, 금융투자업자의 투자광고가 청약의 권유에 해당되어 사실상 법 제57조에 따른 투자광고에 제약이 따르면 안 될 것이다. 따라서 추후 법 개정 등을 통해 투자광고와 청약의 권유의 개념을 명확히 해야 할 필요가 있다고 생각된다.

Ⅲ. 투자광고의 내용

1. 투자광고에 반드시 포함할 내용

금융투자업자가 투자광고에 반드시 포함하여야 할 사항은 크게 ① 집합투자증권 광고와 ② 집합투자증권외의 광고로 구분된다. 이는 입법과정에서 집합투자증권이 은행과 보험업권 등에서도 판매하고 있음을 고려하여 구간투법상 판매광고 조항을 그대로 옮겨놓으면서 2개의 광고기준이 생겼기 때문이다.

집합투자증권을 제외한 일반적인 투자광고는 금융투자업자의 명칭, 상품의 내용, 투자위험, 설명의무의 존재 및 그 설명을 듣고 투자할 것에 대한 권고, 수수료 및 그 밖에

1) 특히 사모로 인정되려면 증권매수인의 수가 아니라 매도청약의 상대방의 수가 중요하고, 전문지식 있는 투자자라고 하여도 그렇지 않은 투자자가 있는 한 미국 1933년법 §4(2)에 의한 등록면제가 적용되지 않고, 또한 전문지식 있는 투자자라고 하여도 등록신고서에 의하여 공개되어야 할 정도의 정보에 접하고 있어야 한다고 판단하였다. 임재연, 「미국증권법」, 박영사, 2009, 205-211쪽 참조.

금융위원회가 고시하는 사항이 포함되어야 한다(법 57조 2항 및 법 시행령 60조 1항).

집합투자증권에 관한 투자광고는 집합투자증권을 제외한 일반적인 투자광고와 달리 반드시 포함되어야 하는 사항뿐만 아니라 포함될 수 있는 사항을 추가적으로 규정하고 있다(법 57조 3항 및 법 시행령 60조 2항). 즉 집합투자증권 투자광고는 투자 전 (간이)투자설명서를 읽어볼 것에 대한 권고, 원금손실의 투자자 귀속, 운용실적 포함 시 그 실적이 미래 수익률을 보장하지 않는다는 사실을 반드시 포함하여야 하며, 집합투자기구의 명칭, 종류, 투자목적 및 운용전략, 집합투자업자·신탁업자·판매회사·일반사무관리회사에 관한 사항, 해당 업자가 받는 보수·수수료, 투자운용인력, 환매에 관한 사항 및 그 밖에 금융위원회가 고시하는 사항 외의 사항을 투자광고에 표시할 수 없다.

2. 투자광고에 금지되는 내용

금융투자업자는 투자광고시 손실보전 또는 이익보장으로 오인하게 표시할 수 없다(법 57조 4항). 다만, 법 제103조 제3항 및 시행령 제104조 제1항 단서에 따라 연금이나 퇴직금의 지급을 목적으로 하는 신탁으로서 손실의 보전이나 이익의 보장을 할 수 있는 금융위원회가 고시하는 신탁계약은 제외된다.

Ⅳ. 투자광고 관련 준수사항 등

금융투자업자는 법 제57조에서 정하고 있는 사항 이외에 「표시·광고의 공정화에 관한 법률(표시광고법)」 제4조 제1항에 따라 공정거래위원회가 정한 표시·광고에 포함하여야 하는 사항("중요정보")을 표시·광고에 포함하여야 하고 표시·광고의 방법(인터넷 게재를 포함)을 준수하여야 한다. 통상 금융투자업자 또한 일반 사업자등과 마찬가지로 부당한 표시·광고행위를 방지하는 일반법인 표시광고법 제3조 제1항의 적용을 받아 소비자를 속이거나 소비자로 하여금 잘못 알게 할 우려가 있는 행위로서 공정한 거래질서를 해칠 우려가 있는 ① 거짓·과장의 표시·광고, ② 기만적인 표시·광고, ③ 부당하게 비교하는 표시·광고, ④ 비방적인 표시·광고 등을 하여서는 아니 된다. 만일 이를 위반할 경우, 공정거래위원회는 같은 법 제15조 제4항 및 제5항에 따라 금융위원회에 위반사실을 통보하여 처리하도록 할 수 있으며, 금융위원회는 관계 법령에 따라 이를 성실히 처리하여 공정거래위원회에 그 결과를 통보하여야 한다. 덧붙여 그러한 부당한 표시·광고 외에도 표시·광고를 하지 아니하여 소비자 피해가 자주 발생하는 중요정보 등에 관하여 공정거래위원회가 반드시 표시·광고하도록 고시하는 경우에 금융투자업자가 해당 중요정보를 투자광고에 반드시 포함하도록 하여 투자자 보호를 보다 두텁게 하고자하는 취지라고 볼 수 있다.[1)]

1) 공정거래위원회는 표시광고법 제4조 제1항에 따라 '중요한 표시·광고사항 고시'를 제정하였으나 현

또한 투자광고를 하는 경우 ① 수익률이나 운용실적을 표시함에 있어서 좋은 기간의 수익률 또는 운용실적만을 표시하지 못하며, ② 명확한 근거 없는 비교 광고를 할 수 없고, ③ 준법감시인의 사전 확인이 의무화된다.

금융투자업규정 제4-12조 제 1 항은 내부통제기준의 수립·운영, 금융투자협회의 사전심사, 심사필의 표시 등의 절차를 규정하고 있으며, 제 2 항에서는 금융투자협회로 하여금 금융투자업자가 준수하여야 할 투자광고 기준, 심사절차 및 방법 등 필요한 사항을 정할 수 있도록 규정하고 있다.

Ⅴ. 의무위반에 대한 제재

법 제57조 제 1 항부터 제 4 항까지를 위반하여 투자광고를 한 자는 1년 이하의 징역 또는 3천만원 이하의 벌금에 처한다(법 446조 8호). 징역과 벌금을 병과할 수 있다(법 447조 1항). 법인의 대표자나 법인 또는 개인의 대리인, 사용인, 그 밖의 종업원이 그 법인 또는 개인의 업무에 관하여 위반행위를 하면 그 행위자를 벌하는 외에 그 법인 또는 개인에게도 해당 조문의 벌금형을 과(科)한다. 다만, 법인 또는 개인이 그 위반행위를 방지하기 위하여 해당 업무에 관하여 상당한 주의와 감독을 게을리 하지 아니한 경우에는 그러하지 아니하다(법 448조).

법 제57조 제 6 항을 위반하여 투자광고를 한 자는 5천만원 이하의 과태료가 부과될 수 있다(법 449조 1항 25호의2).[1)]

[초판: 김용재, 개정판: 심영 · 서동수]

제58조(수수료)

① 금융투자업자는 투자자로부터 받는 수수료의 부과기준 및 절차에 관한 사항을 정하고, 인터넷 홈페이지 등을 이용하여 공시하여야 한다.

② 금융투자업자는 제 1 항에 따른 수수료 부과기준을 정함에 있어서 투자자를 정당한 사유 없이 차별하여서는 아니 된다.

③ 금융투자업자는 제 1 항에 따른 수수료 부과기준 및 절차에 관한 사항을 협회에 통보하여야 한다.

④ 협회는 제 3 항에 따라 통보받은 사항을 금융투자업자별로 비교하여 공시하여야 한다.

재 금융투자업과 관련한 중요정보는 별도로 고시되어 있지 아니하다.

1) 구증권법은 별도의 벌칙조항이 없었으며 구간투법에서는 징역 1년 또는 500만원 이하의 벌금을 규정하였다.

Ⅰ. 수수료 부과기준 등의 공시　　Ⅱ. 차별적용 금지

Ⅰ. 수수료 부과기준 등의 공시

자본시장법은 금융투자업자의 수수료 산정에 대하여 구체적인 기준을 제시하지 않고 있어 그 산정은 전적으로 금융투자업자의 자율에 맡겨져 있다. 본조는 금융투자업자의 영업에 있어 자율성을 존중하면서도 수수료 산정에 있어서 합리성과 투명성이 유지될 수 있도록 개별 수수료가 아닌 수수료의 부과기준과 절차만을 공시하도록 하고 있다. 또한 투자자가 금융투자업자를 선택함에 있어서 참고자료로 활용할 수 있도록 금융투자업자가 정한 수수료 부과기준 및 절차를 협회에 통보하도록 하고 협회가 이를 금융투자업자별로 비교하여 공시하도록 하고 있다.

수수료의 범위에는 제한이 없으므로 문언상으로만 보면 증권발행업무, 금융자문업무, 기업인수합병 자문업무, 대출주선업무 등과 관련된 정형화 및 표준화가 어려운 수수료에 대하여도 본조에 따른 공시의무가 부과된다고 해석될 여지가 있다. 그러나 이러한 수수료는 거래상대방과의 개별 협상에 의하여 사안별로 책정되는 것이기 때문에 부과기준이나 절차를 구체화하기 어려워 현실적으로는 공시대상에 포함시키지 않고 있다. 협회가 제정한 금융투자회사의 영업 및 업무에 관한 규정 제2-62조 및 동 시행세칙 제 6 조와 별지 제 3 호를 보더라도, 투자중개업자가 수령하는 위탁매매수수료 및 투자일임업자가 수령하는 자문형랩어카운트 수수료 외에는 그 통보방법에 관한 자세한 안내가 없다.[1]

Ⅱ. 차별적용 금지

본조 제 2 항은 수수료 부과기준을 정함에 있어서 투자자를 정당한 사유 없이 차별하여서는 아니 된다고 정하고 있다. 본조 제 2 항이 고객별로 부과되는 실제 수수료가 아닌 수수료 부과기준을 차별하지 못하도록 규정한 것은 고객의 수익기여도나 자산규모 등에 따라 수수료를 달리 책정할 필요성이 늘 존재하기 때문이다.

금융투자업자는 이러한 수요를 반영하여 일정한 기준에 따라 고객별로 수수료를 차등 적용하는 협의수수료 제도를 운영하고 있다. 협의수수료 부과기준을 금융투자업자의 인터넷 홈페이지 등에 공시하고 협회에도 통보하여 협회 통합공시시스템에 그 부과기준이 공시되도록 하고 있다. 인터넷 홈페이지 등에 공시할 의무나 협회통보의무를 해태하

1) 실제로 공시대상으로 인식되고 있는 수수료 부과기준 및 절차의 범위는 협회의 통합공시시스템에 공시된 '금융투자회사 수수료 비교' 페이지에서 확인할 수 있다.

면 본조 제 1 항 및 제 3 항을 위반한 것이 되는바, 실제로 금융감독원의 자본시장법 위반 검사 사례 중에, "「협의수수료 기준안」을 마련하고 고객별로 수수료를 차등하여 부과하고 있음에도 동 수수료의 부과기준 및 절차에 관한 사항을 인터넷 홈페이지 등에 공시하지 아니하고 협회에도 통보하지 아니한 사실"을 지적한 예가 있다.[1)]

제59조(계약서류의 교부 및 계약의 해제)

① 금융투자업자는 투자자와 계약을 체결한 경우 그 계약서류를 투자자에게 지체 없이 교부하여야 한다. 다만, 계약내용 등을 고려하여 투자자 보호를 해할 우려가 없는 경우로서 대통령령으로 정하는 경우에는 그 계약서류를 교부하지 아니할 수 있다.

② 금융투자업자와 계약을 체결한 투자자는 제 1 항에 따른 계약서류를 교부받은 날부터 7일 이내에 계약(해당 계약의 성질, 그 밖의 사정을 감안하여 대통령령으로 정하는 계약에 한한다)의 해제를 할 수 있다.

③ 제 2 항에 따른 계약의 해제는 해당 계약의 해제를 하는 취지의 서면을 해당 금융투자업자에게 송부한 때에 그 효력이 발생한다.

④ 금융투자업자는 제 3 항에 따라 계약이 해제된 경우 해당 계약의 해제까지의 기간에 상당하는 수수료, 보수, 그 밖에 해당 계약에 관하여 투자자가 지급하여야 하는 대가로서 대통령령으로 정하는 금액을 초과하여 해당 계약의 해제에 수반하는 손해배상금 또는 위약금의 지급을 청구할 수 없다.

⑤ 금융투자업자는 제 3 항에 따라 계약이 해제된 경우 해당 계약과 관련한 대가를 미리 지급받은 때에는 이를 투자자에게 반환하여야 한다. 다만, 대통령령으로 정하는 금액 이내의 경우에는 반환하지 아니할 수 있다.

⑥ 제 2 항부터 제 5 항까지의 규정에 반하는 특약으로서 투자자에게 불리한 것은 무효로 한다.

법 시행령 **제61조**(계약서류의 교부 및 계약의 해제) ① 법 제59조 제 1 항 단서에서 "대통령령으로 정하는 경우"란 다음 각 호의 어느 하나에 해당하는 경우를 말한다.

1. 매매거래계좌를 설정하는 등 금융투자상품을 거래하기 위한 기본 계약을 체결하고 그 계약내용에 따라 계속적·반복적으로 거래를 하는 경우
2. 투자자가 계약서류를 받기를 거부한다는 의사를 서면으로 표시한 경우
3. 투자자가 우편이나 전자우편으로 계약서류를 받을 의사를 서면으로 표시한 경우로서 투자자의 의사에 따라 우편이나 전자우편으로 계약서류를 제공하는 경우
4. 그 밖에 투자자 보호를 해칠 염려가 없는 경우로서 금융위원회가 정하여 고시하는 경우

② 법 제59조 제 2 항에서 "대통령령으로 정하는 계약"이란 투자자문계약을 말한다.

③ 법 제59조 제 4 항 및 제 5 항 단서에서 "대통령령으로 정하는 금액"이란 각각 다음 각 호의 구분에 따른 금액을 말한다.

1. 투자자문계약에 따른 자문에 응하지 아니한 경우 : 투자자문계약을 체결하기 위하여 사회통념상 필요한 비용에 상당하는 금액

1) 「금융투자검사사례집」, 금융감독원, 2012. 12, 79-80쪽.

2. 투자자문계약에서 수수료를 자문에 응하는 횟수에 따라 산정하는 것으로 하고 있는 경우 : 계약을 해제할 때까지 자문에 응한 횟수에 따라 산정한 수수료에 상당하는 금액(그 금액이 자문에 응한 수수료로서 사회통념상 상당하다고 인정되는 금액을 초과하는 경우에는 그 초과한 금액을 뺀 금액을 말한다)
3. 제 1 호 및 제 2 호 외의 경우 : 투자자문계약에서 정한 전체 계약기간에 대한 수수료를 그 계약기간의 총일수로 나눈 금액에 법 제59조 제 1 항에 따른 계약서류를 교부받은 날부터 계약의 해제를 한 날까지의 일수를 곱한 금액(그 금액이 자문에 응하는 수수료로서 사회통념상 상당하다고 인정되는 금액을 초과하는 경우에는 그 초과한 금액을 뺀 금액을 말한다)

Ⅰ. 계약서류의 교부

금융투자업자는 투자자와 증권매매를 위한 매매계좌개설계약, 장내파생상품 매매를 위한 파생상품계좌설정계약, 신용거래계약, 증권대차계약, 환매조건부매매계약, 전자금융거래이용계약, 장외파생상품거래계약 등 다양한 형태의 계약을 체결한다. 본조 제 1 항은 금융투자업자가 이러한 계약을 체결한 경우 계약서류를 투자자에게 지체 없이 교부하도록 정하고 있다. 이와 관련하여 법 제47조 제 2 항에 따라 금융투자업자가 일반투자자에게 투자권유를 할 때 투자설명을 하였고 투자자가 이를 이해하였음을 확인하는 서면[1]이나, 법 제124조에 따라 증권신고서의 효력이 발행한 증권을 취득하고자 하는 자에게 교부하는 투자설명서는 각 규정에 따라 별도로 규율되는 것으로 본조 제 1 항과는 무관하다.

한편 계약내용 등을 고려하여 투자자 보호를 해할 우려가 없는 다음의 경우에는 예외적으로 계약서류를 교부하지 않아도 된다. 첫째, 매매거래계좌를 설정하는 등 금융투자상품을 거래하기 위한 기본 계약을 체결하고 그 계약내용에 따라 계속적·반복적으로 거래를 하는 경우이다. 예를 들어 투자자가 주식 또는 펀드를 매매할 경우 금융투자업자는 투자자가 매매를 할 때마다 별개의 투자중개계약을 체결하고 있다고 볼 수 있는데 그 때마다 계약서류를 작성하여 교부하도록 한다는 것이 현실적으로 불가능하므로 포괄적인 투자중개계약을 체결하고 그 계약내용에 따라 이루어지는 계속적·반복적 거래에 대하여는 계약서류 교부의무를 면제하고 있는 것이다. 둘째, 투자자가 계약서류를 받기를 거부한다는 의사를 서면으로 표시한 경우이다. 본조 제 1 항의 취지가 투자자로 하여금

1) 금융투자업자는 일반투자자를 상대로 투자권유를 하는 경우에는 금융투자상품의 내용, 투자에 따르는 위험 등을 일반투자자가 이해할 수 있도록 설명하고, 설명한 내용을 일반투자자가 이해하였음을 서명, 기명날인, 녹취, 그 밖의 대통령령으로 정하는 방법 중 하나 이상의 방법으로 확인을 받아야 한다(법 47조 1항·2항).

계약서류를 교부받아 계약내용을 숙지하여 거래에 활용하도록 하고, 분쟁발생시 방어방법으로 활용할 수 있도록 하는 것임을 고려할 때, 투자자가 스스로 이를 포기 또는 거부하는 경우에까지 투자자에게 계약서류를 교부받도록 강제할 수는 없기 때문이다. 셋째, 투자자가 우편이나 전자우편으로 계약서류를 받을 의사를 서면으로 표시한 경우로서 투자자의 의사에 따라 우편이나 전자우편으로 계약서류를 제공하는 경우이다. 고객이 그 편의에 따라 계약서류를 교부받는 방법을 선택할 수 있도록 한 것이다. 법 시행령은 '그 밖에 투자자 보호를 해칠 염려가 없는 경우로서 금융위원회가 정하여 고시하는 경우'도 예외로 정하고 있으나, 이와 관련된 금융위원회 고시가 제정된 바 없으므로 앞서 열거한 예외만 참고하면 된다.

Ⅱ. 계약해제제도

계약해제제도란 투자자가 금융투자업자와 계약을 체결한 후 일정기간 내에 당해 계약을 무조건적으로 해제할 수 있는 제도를 말한다. 할부거래에 관한 법률이나 방문판매 등에 관한 법률에서 인정되고 있는 청약철회권을 자본시장법에도 도입하자는 논의에 따라 본조 제 2 항이 규정된 것이다.[1] 그러나 취득시점부터 시시각각 가치가 증감변동하는 금융투자상품 거래에 관하여 7일만에 계약을 해제할 수 있도록 권한을 부여한다면 수익이 난 경우에만 계약을 유지하고 손실을 입은 경우에는 즉시 계약을 해제하여 원본을 회복하려 할 것이므로, 이는 자기책임의 원칙에 반할 뿐 아니라 투자자에게 도덕적 해이를 야기하고 금융투자업자의 재무건전성을 해함으로써 자본시장의 기본적 질서를 위협하는 결과가 초래될 것이다. 그렇기 때문에 자본시장법은 투자자문계약에 한정하여 계약해제제도를 도입하였다. 투자자가 투자자문을 받아 금융투자상품에 투자했다 할지라도 금융투자상품 투자는 본인의 투자판단에 의한 별개의 행위이므로 본조 제 2 항의 적용대상이 아니다.

계약해제제도에 따라 투자자문업자와 투자자문계약을 체결한 투자자는 계약서류를 교부받은 날로부터 7일 이내에 계약을 해제할 수 있다. 계약해제의 효력발생시점은 투자자가 계약을 해제한다는 취지의 서면을 투자자문업자에게 송부한 때이다. 계약이 해제된 경우 금융투자업자가 계약의 해제에 수반하여 투자자에게 청구할 수 있는 손해배상금 또는 위약금은 해당 계약의 해제까지의 기간에 상당하는 수수료, 보수, 그 밖에 해당 계약에 관하여 투자자가 지급하여야 하는 대가로서 법 시행령 제61조 제 3 항에서 정하는 금액을 초과하지 못한다. 또한 금융투자업자는 계약과 관련하여 대가를 미리 지급받았다면

1) 재정경제부, "「자본시장과 금융투자업에 관한 법률 제정안」, 공청회 등을 통한 의견수렴 결과," 2006, 21쪽.

이를 투자자에게 반환하여야 한다. 다만, 법 시행령 제3항에서 정하는 금액 이내인 경우에는 반환하지 않아도 된다. 한편 본조 제2항부터 제5항까지의 규정에 반하는 특약으로서 투자자에게 불리한 것은 무효이다.

Ⅲ. 위반시 제재

금융위원회는 금융투자업자가 본조 제1항을 위반하여 계약서류를 제공하지 아니한 경우, 본조 제4항을 위반하여 손해배상금 또는 위약금의 지급을 청구한 경우 또는 본조 제5항을 위반하여 해당 계약과 관련하여 미리 지급받은 대가를 투자자에게 반환하지 아니한 경우 금융투자업자 및 해당 임직원에게 필요한 조치를 취할 수 있다(법 420조, 422조, [별표 1]). 이와 별개로 본조 제1항을 위반하여 투자자에게 계약서류를 제공하지 아니한 자에게는 5천만원 이하의 과태료를 부과한다(법 449조 1항 26호).

第60조(자료의 기록 · 유지)

① 금융투자업자는 금융투자업 영위와 관련한 자료를 대통령령으로 정하는 자료의 종류별로 대통령령으로 정하는 기간 동안 기록 · 유지하여야 한다.

② 금융투자업자는 제1항에 따라 기록 · 유지하여야 하는 자료가 멸실되거나 위조 또는 변조가 되지 아니하도록 적절한 대책을 수립 · 시행하여야 한다.

법 시행령 **62**조(자료의 기록 · 유지) ① 금융투자업자는 법 제60조 제1항에 따라 다음 각 호의 자료를 다음 각 호의 기간 동안 기록 · 유지하여야 한다. 다만, 금융위원회는 투자자 보호를 해칠 염려가 없는 경우에는 그 기간을 단축하여 고시할 수 있다.

1. 영업에 관한 자료
   가. 투자권유 관련 자료 : 10년
   나. 주문기록, 매매명세 등 투자자의 금융투자상품의 매매, 그 밖의 거래 관련 자료 및 다자간매매체결회사의 다자간매매체결업무(법 제8조의2 제5항 각 호 외의 부분에 따른 다자간매매체결업무를 말한다. 이하 같다) 관련 자료 : 10년
   다. 집합투자재산, 투자일임재산, 신탁재산 등 투자자재산의 운용 관련 자료 : 10년
   라. 매매계좌 설정 · 약정 등 투자자와 체결한 계약 관련 자료 : 10년
   마. 업무위탁 관련 자료 : 5년
   바. 부수업무 관련 자료 : 5년
   사. 그 밖의 영업 관련 자료 : 5년
2. 재무에 관한 자료 : 10년
3. 업무에 관한 자료
   가. 주주총회 또는 이사회 결의 관련 자료 : 10년
   나. 법 제161조에 따른 주요사항보고서(이하 "주요사항보고서"라 한다)에 기재하여야 하는 사항에 관한 자료 : 5년

다. 고유재산 운용 관련 자료 : 3년
라. 자산구입·처분 등, 그 밖의 업무에 관한 자료 : 3년
4. 내부통제에 관한 자료
가. 내부통제기준, 위험관리 등 준법감시 관련 자료 : 5년
나. 임원·대주주·전문인력의 자격, 이해관계자 등과의 거래내역 관련 자료 : 5년
다. 그 밖의 내부통제 관련 자료 : 3년
5. 그 밖에 법령에서 작성·비치하도록 되어 있는 장부·서류 : 해당 법령에서 정하는 기간(해당 법령에서 정한 기간이 없는 경우에는 제 1 호부터 제 4 호까지의 보존기간을 고려하여 금융위원회가 정하여 고시하는 기간을 말한다)
② 제 1 항에 따른 자료의 종류·구분 등에 관한 구체적인 기준은 금융위원회가 정하여 고시한다.

Ⅰ. 자료의 기록·유지의무	Ⅲ. 위반시 제재
Ⅱ. 위·변조 방지대책 수립 등	

Ⅰ. 자료의 기록·유지의무

1. 자료의 기록 및 유지의 필요성

본조는 금융투자업자에게 자료를 기록하고 일정 기간 동안 이를 유지하도록 의무를 부과하고 있다. 관계법령 및 규정 준수 여부를 금융투자업자 스스로 또는 금융감독기관이 점검함에 있어서 자료를 상시 확인할 필요가 있고, 고객의 요구가 있을 경우 자료를 제공해주어야 할 뿐 아니라, 분쟁이 발생한 경우에는 분쟁을 해결하는데 이를 활용해야 하기 때문이다. 자본시장법은 본조를 집합투자기구의 일반사무관리회사(법 255조), 집합투자기구평가회사(법 260조), 채권평가회사(법 266조)에도 준용하고 있다.

2. 자료의 보존연한

금융투자업자가 모든 자료를 영구적으로 보관하는 것은 물리적으로 한계가 있고 시간의 경과에 따라 자료에 따라 그 보관의 필요성이 점차적으로 소멸되는 경우가 있기 때문에 본조는 자료의 특성에 따라 보존연한을 달리 정하여 보존연한이 경과하면 금융투자업자가 자료를 자율적으로 처리할 수 있도록 정하고 있다.

보존연한은 금융투자업규정이 자세히 정하고 있는데, 동 규정에 따르면, 자료는 서면, 전산자료, 그 밖에 마이크로필름 등의 형태로 기록·유지되어야 하며, 이 경우 계약서 등 권리·의무 및 중요한 사실관계에 관한 자료의 경우는 당해 권리·의무 및 사실관계의 종료일로부터 보존연한을 기산하여야 한다. 다만, 다른 법령·규정 등에서 보존기간을 달리 정한 경우에는 그에 따른다(고시 4-13조 1항). 구체적 보존연한의 구분은 아래 표와 같다(고시 4-13조 1항 [별표 12]).

구 분	자료의 종류	최소보존 기간
영업에 관한 자료	1. 투자광고, 투자권유 및 투자계약 관련자료 ① 투자자의 일반정보(법 제46조 제2항에 따라 파악한 정보) - 투자자가 다수의 계좌 · 금융투자상품을 거래하고 있는 경우에는 1개의 기록으로 대체가능 ② 약관을 포함한 투자자에게 제공한 문서(서신, 안내문, 투자권유문서 등을 포함) - 약관, 투자설명서, 상품설명서, 위험고지문서 제공시에는 그 사실을 증명하는 증빙자료도 포함 - 투자권유의 적합성 확인서류 ③ 투자광고에 관한 사항 - 방송광고를 제외한 광고의 사본 - 방송광고 등은 광고문안 및 광고내용 ④ 장외파생상품 거래업무 관련 - 장외파생상품 거래대장 - 상근임원의 승인서류, 거래상대방의 신원확인서류 - 거래상대방과 수수한 제반서류 ⑤ 투자계약서 또는 계좌계설 관련서류	10년
	2. 분쟁 등 제1호외에 투자자와 관련된 자료 ① 투자자의 예탁재산 출납기록 - 투자자별 예탁재산 종류별로 입출고(금), 출납기록, 시기 ② 투자자예탁재산 보관기록 - 예탁증권의 종류, 수량, 보관처, 질권설정여부 등 - 별도예치금 일별금액 및 산출근거	5년
	3. 주문기록, 매매명세 등 투자자의 금융투자상품의 거래 관련 자료 ① 투자자의 주문기록 - 투자자별 증권거래 및 파생상품의 주문정보(종목, 주문호가, 시기, 호가종류, 주문접수자 등) ② 투자자의 매매거래기록 - 매매거래 체결정보(시기, 종목, 가격, 제세공과금 등) ③ 일일정산대장 등 그 밖에 투자자의 거래와 관련된 자료	10년
	3의2. 최선집행기준의 점검 결과	10년
	3의3. 다자간매매체결업무와 관련된 자료 ① 호가의 입력내용 ② 매매거래내용	10년
	4. 투자자재산의 운용관련자료 ① 공통자료(집합투자재산, 투자일임재산, 신탁재산) - 자산배분내역서, 매매주문서, 매매보고서, 자산 대여 · 대차 등 운용지시서, 부동산 등 투자대상자산 관리위탁계약서, 부동산 등 매매 · 임대차등 계약서, 대출계약서 및 예금 · 보험금등에 대한 근질 및 근저당 등 담보권설정	10년

<table>
<tr><td></td><td>서류, 이자 · 공사비 · 등기비용 · 제세공과금 등 납부서류 등
② 집합투자재산 운용관련자료
- 자산운용보고서, 집합투자재산평가위원회 회의록, 의결권공시대상법인에 대한 의결권행사 기록, 기준가격 오류 수정 및 재공고에 관한 기록 등
③ 투자일임재산 운용관련자료
- 투자일임보고서, 일임재산운용내역서
④신탁재산 운용관련자료
- 의결권공시대상법인에 대한 의결권행사 기록, 신탁재산명세서, 신탁재산운용내역서 등</td><td></td></tr>
<tr><td></td><td>5. 업무위탁 및 부수업무 관련 자료
① 업무위탁 관련자료
- 업무위탁계약서(Delegation Agreement), 업무위탁 운영기준, 업무위탁계약에 관한 준법감시인의 검토의견, 수탁 외국 금융투자업자 등의 자격증빙서류
② 조사분석자료 등에 관한 기록
- 조사분석자료, 배포시기(최초 배포시기, 일반공표시기)</td><td>3년</td></tr>
<tr><td>재무에 관한 자료</td><td>6. 재무에 관한 서류 및 그 작성의 기초가 되는 서류
① 법령, 규정 등에서 정한 회계장부
② 특수관계인의 범위, 현황, 변경내역
③ 증권보유기록(자기계산으로 보유하는 경우에 한한다)
- 증권 종류별, 수량, 보관방법 등에 관한 기록
④ 증권 매매기록(자기계산으로 매매하는 경우에 한한다)
⑤ 파생상품 거래기록(자기계산으로 거래하는 경우에 한한다)
⑥ 특수관계인과의 거래기록
- 내부품의, 거래목적, 거래동기, 공정거래(arm's length rule) 적합여부, 거래대상, 거래시기, 수량 · 가격, 거래사유</td><td>10년</td></tr>
<tr><td rowspan="4">업무에 관한 자료</td><td>7. 주주총회 또는 이사회 결의 관련 자료</td><td>10년</td></tr>
<tr><td>8. 법 제161조에 따른 주요사항보고서에 기재되는 거래 관련 자료</td><td>5년</td></tr>
<tr><td>9. 고유재산 운용 관련 자료</td><td>3년</td></tr>
<tr><td>10. 자산구입 · 처분 등, 그 밖의 업무에 관한 자료</td><td>3년</td></tr>
<tr><td rowspan="2">내부통제에 관한 자료</td><td>11. 내부통제기준, 위험관리 등 내부통제 관련 자료
① 내부통제기준 운영에 관한 사항
- 내부통제기준 운영, 점검사항
- 내부통제기준 개정에 관한 사항
② 준법감시인의 활동에 관한 사항
- 준법감시인의 역할, 내부통제활동 등
③ 내부감사활동에 관한 기록
- 내부감사실시내용, 감사결과</td><td>5년</td></tr>
<tr><td>12. 임원 · 대주주 · 전문인력의 자격, 이해관계자 등과의 거래내역 등 인력 및 이해관계자 관련 자료</td><td>5년</td></tr>
<tr><td>그 밖의</td><td>13. 다른 법령에서 작성 · 비치하도록 되어 있는 장부 · 서류</td><td>해당</td></tr>
</table>

자료	① 금융투자업자에 적용되는 법규에서 정하고 있는 사항 ② 민원에 관한 사항 - 민원처리, 민원내용, 민원일자 등 ③ 감독당국의 승인, 허가, 인가, 각종 지침, 비조치의견서 등 ④ 각종 계약서	법령에서 정한 기간

Ⅱ. 위·변조 방지대책 수립 등

금융투자업자는 본조 제1항에 따라 기록·유지하여야 하는 자료가 멸실되거나 위조 또는 변조되지 않도록 적절한 대책을 수립·시행하여야 하며 금융감독원의 검사·조사시 3영업일 이내에 이를 제출할 수 있어야 한다(본조 2항, 고시 4-13조 2항). 또한 금융투자업규정 제4-13조 제1항 및 [별표 12]에서 정한 보존기간 동안 투자자가 당해 투자자의 거래 기록물, 금융투자업자가 당해 투자자에게 통지한 내용의 기록물, 증권 및 파생상품의 거래 업무와 관련하여 당해 투자자로부터 제출받은 의사표시자료의 사본의 제공을 서면으로 요청하는 경우 6영업일 이내에 이를 제공하여야 한다. 다만, 불가피한 사유 때문에 그 기간 안에 제공하지 못하는 경우에는 그 사유와 제공가능일자를 투자자에게 통지하여야 한다(고시 4-13조 3항).

Ⅲ. 위반시 제재

1. 행 정 벌

금융위원회는 금융투자업자가 본조 제1항을 위반하여 자료를 기록·유지하지 아니하거나 거짓으로 기록·유지한 경우, 본조 제2항에 따른 대책을 수립·시행하지 아니한 경우 금융투자업자 및 해당 임직원에게 필요한 조치를 취할 수 있다(법 420조, 422조, [별표 1]).

2. 형 벌

본조 제1항(255조, 260조 또는 265조에서 준용하는 경우를 포함한다)을 위반하여 자료를 기록·유지하지 아니한 자는 3년 이하의 징역 또는 1억원 이하의 벌금에 처하게 된다(법 445조 11호). 법은 양벌규정을 두고 있으므로, 금융투자업자의 임직원이 본조를 위반할 경우 그 행위자를 벌하는 외에 금융투자업자에 대해서도 벌금이 부과될 수 있다. 다만, 금융투자업자가 그 위법행위를 방지하기 위하여 해당 업무에 관하여 상당한 주의와 감독을 게을리하지 아니한 경우에는 그러하지 아니하다(법 448조).

[초판: 김용재, 개정판: 황은아]

제61조(소유증권의 예탁)

① 금융투자업자(겸영금융투자업자를 제외한다. 이하 이 조에서 같다)는 그 고유재산을 운용함에 따라 소유하게 되는 증권(대통령령으로 정하는 것을 포함한다)을 예탁결제원에 지체 없이 예탁하여야 한다. 다만, 해당 증권의 유통 가능성, 다른 법령에 따른 유통방법이 있는지 여부, 예탁의 실행 가능성 등을 고려하여 대통령령으로 정하는 경우에는 예탁결제원에 예탁하지 아니할 수 있다.

② 금융투자업자가 제 1 항 본문에 따라 외화증권(「외국환거래법」 제 3 조 제 1 항 제 8 호의 외화증권을 말한다. 이하 같다)을 예탁결제원에 예탁하는 경우에는 대통령령으로 정하는 방법에 따라 예탁하여야 한다.

시행령 제**63**조(소유증권의 예탁) ① 법 제61조 제 1 항 본문에서 "대통령령으로 정하는 것"이란 다음 각 호의 것을 말한다.
1. 원화로 표시된 양도성 예금증서
2. 그 밖에 금융위원회가 정하여 고시하는 것

② 법 제61조 제 1 항 단서에서 "대통령령으로 정하는 경우"란 다음 각 호의 어느 하나에 해당하는 경우를 말한다.
1. 법 및 이 영, 그 밖에 다른 법령에 따라 해당 증권을 예탁결제원에 예탁할 수 있는 증권 또는 증서로 발행할 수 없는 경우
2. 발행인이 투자자와 해당 증권을 예탁결제원에 예탁할 수 있는 증권 또는 증서로 발행하지 아니할 것을 발행조건 등에 따라 약정하는 경우
3. 「외국환거래법」 제 3 조 제 1 항 제 8 호에 따른 외화증권(이하 "외화증권"이라 한다)을 제 3 항에 따른 방법으로 예탁결제원에 예탁할 수 없는 경우로서 금융위원회가 정하여 고시하는 외국 보관기관에 예탁하는 경우
4. 그 밖에 해당 증권의 성격이나 권리의 내용 등을 고려할 때 예탁이 부적합한 경우로서 총리령으로 정하는 경우

③ 법 제61조 제 2 항에서 "대통령령으로 정하는 방법"이란 금융위원회가 정하여 고시하는 외국 보관기관에 개설된 예탁결제원 계좌로 계좌대체 등을 통하여 예탁하는 방법을 말한다.

Ⅰ. 예탁계좌개설의무

투자매매업과 투자중개업을 영위하는 금융투자업자는 증권시장에서 자기매매와 위탁매매를 대량으로 거래하고 이에 따른 결제도 연속적으로 이행하여야 할 뿐만 아니라, 자기보유 증권과 고객이 예탁한 증권을 관리해야 하므로 예탁자로서 참가하는 이익이 가장 크다. 더욱이 법 제61조 제 1 항에 의하여 금융투자업자는 자기보유증권을 한국예탁결제원에 의무적으로 예탁하여야 하므로 실질적으로 한국예탁결제원에 계좌를 의무적으로 개설하여야만 한다.[1)]

1) 증권예탁원, 「증권예탁결제제도」, 2003, 115쪽.

Ⅱ. 예탁대상증권

겸영금융투자업자가 아닌 금융투자업자는 고유재산의 운용으로 소유하는 증권을 한국예탁결제원에 의무적으로 지체 없이 예탁하여야 한다. 의무적으로 예탁하여야 하는 증권에는 원화로 표시된 양도성예금증서와 기타 금융위원회가 정하여 고시한 것도 포함된다(법 시행령 63조 1항). 금융투자업규정은 어음(법 4조 3항에 따른 기업어음증권은 제외), 기타 증권과 유사하고 집중예탁과 계좌 간 대체에 적합한 것으로서 예탁결제원이 따로 정하는 것을 규정하고 있다(4-15조 1항).

반면에 법령에 따라 해당 증권을 예탁할 수 있는 증권 또는 증서로 발행할 수 없는 경우, 발행인이 투자자와 해당 증권을 예탁결제원에 예탁할 수 있는 증권 또는 증서로 발행하지 아니할 것을 발행조건 등에 따라 약정하는 경우, 투자계약증권인 경우, 합자회사·유한책임회사·합자조합·익명조합의 출자지분이 표시된 것인 경우(집합투자증권은 제외), 발행일로부터 만기가 3일 이내에 도래하는 어음인 경우(법 시행규칙 7조의2)는 반드시 의무예탁할 필요는 없다.

외화증권의 경우에는 금융투자업자는 금융위원회가 정하여 고시하는 외국보관기관에 개설된 예탁결제원 계좌로 계좌대체 등을 통하여 예탁하여야 한다(법 시행령 63조 3항). 이러한 방법으로 예탁결제원에 예탁할 수 없는 경우에는 금융위원회가 고시하는 외국보관기관에 예탁하여야 한다.

제62조(금융투자업 폐지 공고 등)

① 금융투자업자는 금융투자업 또는 지점, 그 밖의 영업소의 영업을 폐지하고자 하는 경우에는 그 뜻을 폐지 30일 전에 전국을 보급지역으로 하는 둘 이상의 일간신문에 공고하여야 하며, 알고 있는 채권자에게는 각각 통지하여야 한다.

② 금융투자업자는 다음 각 호의 어느 하나에 해당하는 경우에는 그 금융투자업자가 행한 금융투자상품의 매매, 그 밖의 거래를 종결시켜야 한다. 이 경우 그 금융투자업자는 그 매매, 그 밖의 거래를 종결시키는 범위에서 금융투자업자로 본다.

1. 제417조 제1항 제6호에 따라 금융투자업 폐지의 승인을 받은 경우
2. 제417조 제1항 제7호에 따라 금융투자업 폐지의 승인을 받은 경우
3. 제420조 제1항 또는 제421조 제1항(같은 조 제4항에서 준용하는 경우를 포함한다)에 따라 금융투자업인가 또는 금융투자업등록이 취소된 경우

Ⅰ. 본조의 취지

법 제62조는 금융투자업의 폐지시 공고의무와 잔무종결의무를 규정한 기술적이고 절차적인 조항이다. 해산된 주식회사가 청산의 목적 범위 내에서 제한적인 권리·의무능력의 주체가 되듯이, 폐지를 승인받거나 인가·등록이 취소된 금융투자업자라도 자신이 체결한 거래를 종료하는 시점까지는 제한적인 의미에서 금융투자업자로 간주된다.

Ⅱ. 폐지공고 및 거래종결

금융투자업자는 금융투자업을 폐지하고자 하는 경우 미리 30일 전에 전국을 대상으로 하는 2개 이상의 일간지에 이를 공고하고 개인적으로 아는 채권자들에게 폐지계획을 통지하여야 한다. 이는 향후 금융투자업의 폐지로 인하여 기존의 채권자나 잠재적인 채권자들에게 불이익이 발생하지 않도록 미연에 방지하기 위한 것이다.

금융투자업자는 금융투자업을 폐지하는 경우 거래를 종결시켜야 하고, 거래를 종결시키는 범위 내에서만 금융투자업자로 본다. 거래를 종결시켜야 할 금융투자업의 폐지사유는 다음 네 가지이다. ① 금융투자업자가 투자매매업·투자중개업·집합투자업·신탁업 중 어느 하나에 해당하는 금융투자업 전부(이에 준하는 경우 포함)를 폐지하고자 하여 금융위원회의 승인을 받은 경우, ② 금융투자업자가 투자자문업이나 투자일임업 전부(이에 준하는 경우 포함)를 폐지하고자 하여 금융위원회의 승인을 받은 경우, ③ 금융투자업자가 허위 기타 부정한 방법으로 금융투자업을 인가·등록받거나 또는 인가조건을 위반하는 등 법 제420조 제 1 항의 사유에 해당하여 금융위원회로부터 금융투자업 인가 또는 등록이 취소된 경우, ④ 외국금융투자업자의 지점이나 영업소가 해산·파산·합병(또는 영업양도)·영업폐지·영업중지·외국법령위반 등으로 국내에서의 영업수행이 곤란하다고 인정되어 금융위원회로부터 금융투자업 인가 또는 등록이 취소된 경우이다.

Ⅲ. 의무위반에 대한 제재

법 제62조 제 1 항을 위반하여 공고 또는 통지를 하지 아니한 자에게는 5천만원 이하의 과태료가 부과된다(법 449조 1항 27호).

제63조(임직원의 금융투자상품 매매)

① 금융투자업자의 임직원(겸영금융투자업자 중 대통령령으로 정하는 금융투자업자의 경우에는 금융투자업의 직무를 수행하는 임직원에 한한다. 이하 이 조에서 같다)은 자기의 계산으로 대통령령으로 정하는 금융투자상품을 매매하는 경우에는 다음 각 호의 방법에 따라야 한다.

1. 자기의 명의로 매매할 것
2. 투자중개업자 중 하나의 회사(투자중개업자의 임직원의 경우에는 그가 소속된 투자중개업자에 한하되, 그 투자중개업자가 그 임직원이 매매하려는 금융투자상품을 취급하지 아니하는 경우에는 다른 투자중개업자를 이용할 수 있다)를 선택하여 하나의 계좌를 통하여 매매할 것. 다만, 금융투자상품의 종류, 계좌의 성격 등을 고려하여 대통령령으로 정하는 경우에는 둘 이상의 회사 또는 둘 이상의 계좌를 통하여 매매할 수 있다.
3. 매매명세를 분기별(투자권유자문인력, 제286조 제1항 제3호 나목의 조사분석인력 및 투자운용인력의 경우에는 월별로 한다. 이하 이 조에서 같다)로 소속 금융투자업자에게 통지할 것
4. 그 밖에 불공정행위의 방지 또는 투자자와의 이해상충의 방지를 위하여 대통령령으로 정하는 방법 및 절차를 준수할 것

② 금융투자업자는 그 임직원의 자기계산에 의한 금융투자상품 매매와 관련하여 불공정행위의 방지 또는 투자자와의 이해상충의 방지를 위하여 그 금융투자업자의 임직원이 따라야 할 적절한 기준 및 절차를 정하여야 한다.

③ 금융투자업자는 분기별로 임직원의 금융투자상품의 매매명세를 제2항의 기준 및 절차에 따라 확인하여야 한다.

시행령 **제64조**(임직원의 금융투자상품 매매) ① 법 제63조 제1항 각 호 외의 부분에서 "대통령령으로 정하는 금융투자업자"란 다음 각 호의 어느 하나에 해당하는 금융투자업자를 말한다.

1. 법 제22조 제1호 및 제2호의 자
2. 제24조 제1호부터 제3호까지 및 제5호부터 제9호까지의 자

② 법 제63조 제1항 각 호 외의 부분에서 "대통령령으로 정하는 금융투자상품"이란 다음 각 호의 어느 하나에 해당하는 것을 말한다.

1. 증권시장에 상장된 지분증권(제178조에 따른 장외거래 방법에 의하여 매매가 이루어지는 주권을 포함한다). 다만, 다음 각 목의 어느 하나에 해당하는 것은 제외한다.
   가. 법 제9조 제18항 제2호에 따른 투자회사(이하 "투자회사"라 한다)의 주권과 투자유한회사·투자합자회사·투자유한책임회사·투자합자조합·투자익명조합의 지분증권
   나. 「근로복지기본법」 제33조에 따라 설립된 우리사주조합 명의로 취득하는 우리사주조합이 설립된 회사의 주식
2. 증권시장에 상장된 증권예탁증권(제1호에 따른 지분증권과 관련된 증권예탁증권만 해당한다. 이하 이 항에서 같다)
3. 법 제71조 제4호 나목에 따른 주권관련사채권으로서 제1호에 따른 지분증권이나 제2호에 따른 증권예탁증권과 관련된 것
4. 제1호에 따른 지분증권, 제2호에 따른 증권예탁증권이나 이들을 기초로 하는 지수의 변동과 연계된 파생결합증권
5. 장내파생상품
6. 제1호에 따른 지분증권, 제2호에 따른 증권예탁증권이나 이들을 기초로 하는 지수의 변동과 연계된 장외파생상품

③ 법 제63조 제1항 제2호 단서에서 "대통령령으로 정하는 경우"란 다음 각 호의 어느 하나에 해당하는 경우를 말한다.

1. 둘 이상의 회사를 통하여 매매할 수 있는 경우 : 다음 각 목의 어느 하나에 해당하는 경우
   가. 금융투자업자의 임직원이 거래하고 있는 투자중개업자가 그 금융투자업자의 임직원이 매매하려는 금융투자상

품을 취급하지 아니하는 경우
나. 모집·매출의 방법으로 발행되거나 매매되는 증권을 청약하는 경우
다. 그 밖에 금융위원회가 정하여 고시하는 경우
2. 둘 이상의 계좌를 통하여 매매할 수 있는 경우 : 다음 각 목의 어느 하나에 해당하는 경우
가. 투자중개업자가 금융투자상품별로 계좌를 구분·설정하도록 함에 따라 둘 이상의 계좌를 개설하는 경우
나. 「조세특례제한법」에 따라 조세특례를 받기 위하여 따로 계좌를 개설하는 경우
다. 그 밖에 금융위원회가 정하여 고시하는 경우
④ 금융투자업자의 임직원은 자기의 계산으로 제 2 항 각 호의 어느 하나에 해당하는 금융투자상품을 매매하는 경우에는 법 제63조 제 1 항 제 4 호에 따라 다음 각 호의 방법과 절차를 준수하여야 한다.
1. 금융투자상품을 매매하기 위한 계좌를 개설하는 경우에는 소속 금융투자업자의 준법감시인(준법감시인이 없는 경우에는 감사 등 이에 준하는 자를 말한다. 이하 이 항에서 같다)에게 신고할 것
2. 소속 금융투자업자의 준법감시인이 매매, 그 밖의 거래에 관한 소명을 요구하는 경우에는 이에 따를 것
3. 소속 금융투자업자의 내부통제기준으로 정하는 사항을 준수할 것
4. 그 밖에 금융위원회가 정하여 고시하는 방법과 절차를 준수할 것

Ⅰ. 본조의 취지

법 제정 이전에는 증권회사의 임직원 등은 증권·선물의 직접 투자가 금지되었고 증권저축을 통해서만 투자가 허용되었다. 이는 불공정거래를 방지하기 위한 것이었으나, 현실적으로 임직원들의 우회 투자를 방지하기는 어려웠을 뿐만 아니라 선행매매 등 불공정 거래와 이해상충 행위를 방지함에 있어서도 상당히 미흡하였던 것이 사실이다. 증권저축에 대해서는 월급여액의 50% 이내에서만 허용된다는 제한이 있을 뿐 일반 위탁매매계좌와 동일하게 운용될 수 있었으므로, 사실상 임직원들에게 자기매매가 허용되었던 것이다. 더욱이 거래내역 보고 등 적절한 내부통제장치가 마련되어 있지 않아 사실상 규제를 받지 않는 상황이었다.[1)]

이러한 상황에서 증권회사의 임직원 등에 대해 증권·선물의 직접 투자를 금지하는 구증권법의 규제에 대해서는 다음과 같은 비판이 제기되었다. 첫째, 증권산업의 국제화가 가속화되면서 이러한 규제를 받지 않는 외국증권업자가 국내에 진입할 경우 규제완화의 요구가 거세질 것임은 명약관화하였고 규제의 국제정합성 추구라는 측면에서도 이러한 규제가 존치되어야 할 정당성은 희박해졌다. 둘째, 증권회사 이외의 타 금융기관 임직원의 경우 일부 정보의 접근 및 분석에 있어서 증권회사의 임직원과 대등한 위치에 있

1) 재정경제부, 「자본시장과 금융투자업에 관한 법률안」 차관회의 설명자료(2006. 12. 28), 89쪽.

음에도 불구하고 이들의 주식투자를 규제하지 않으면서 증권회사 임직원만의 주식투자를 제한하는 것은 형평성의 측면에서 심각한 문제가 있었다. 셋째, 이러한 규제는 증권회사 임직원의 자유로운 재산권행사를 침해할 뿐만 아니라 구증권법이 증권회사 임직원들의 차명에 의한 투자를 사실상 유인하게 되므로 많은 범법자들을 양산하는 상황을 초래하였다.[1] 이 때문에 법은 구증권법 제42조를 폐지하기에 이른 것이다.

Ⅱ. 규제의 대상

법 제63조는 금융투자업자의 임직원 등의 직접 투자를 원칙적으로 허용하되, 내부통제장치를 강화하여 불공정행위 및 이해상충행위를 규제하는 패러다임의 전환을 가져왔다.[2] 여기서의 금융투자업자에는 겸영금융투자업자가 포함된다. 그런데 금융투자업을 겸영하는 은행이나 보험회사, 한국산업은행 등 법 시행령 제24조에서 규정하는 기타 금융기관의 경우에는 금융투자업 부문의 임직원만 법 제63조의 규제를 받는다(법 시행령 64조 1항).

Ⅲ. 적용대상행위

법 제63조의 적용대상이 되는 행위는 임직원이 자기계산으로 다음의 금융투자상품, 즉 증권시장에 상장된 지분증권(협회를 통한 장외거래가 이루어지는 주권은 포함되나, 투자회사의 주권이나 우리사주조합 명의로 취득하는 우리사주조합이 설립된 회사의 주식은 제외된다), 증권시장에 상장된 DR, 이러한 지분증권이나 DR과 연계되었거나 이들의 지수변동과 연계된 파생결합증권 내지 장외파생상품, 장내파생상품, 전환사채·신주인수권부사채·교환사채·전환형 조건부자본증권로서 증권시장에 상장된 지분증권이나 DR과 관련된 것들을 매매하는 경우이다(법 시행령 64조 2항). 그리고 임직원이 이러한 금융투자상품을 매매할 때에는 법 제1항 제1호 및 제2호에 의하여 자기명의로 1인 1계좌만 허용하되,[3] 동조 동항 제3호에 의하여 매매명세를 분기별로 소속 금융투자업자에게 정기적으로 통지하도록 하고 있다.

Ⅳ. 내부통제

임직원의 금융투자상품 매매를 허용함에 따라 강화된 내부통제장치는 시행령 제64조

1) 김용진, 「자본시장제도론 : 증권법의 이론과 실제」, 율곡출판사, 2007, 721쪽.
2) 참고로 미국, 일본, 영국, 홍콩 등 외국에서도 임직원의 자기매매는 원칙적으로 허용하되 내부통제장치를 강화하는 형식으로 규제의 틀을 갖추고 있다고 한다. 재정경제부, 전게 설명자료(2006. 12. 28), 89쪽.
3) 다만, 법 시행령 제64조 제3항에 의하면 1인 1계좌의 예외로서, 2 이상의 회사를 통하여 매매할 수 있는 경우와 2 이상의 계좌를 통하여 매매할 수 있는 경우를 규정하고 있다.

제 4 항에 규정되어 있는데, 계좌개설시 소속 금융투자업자의 준법감시인이나 감사에게 신고하고, 준법감시인이 매매에 관한 소명자료를 요구할 때에는 이에 응하여야 하며, 법 제63조 제 2 항에 의하여 당해 임직원이 따라야 할 적절한 기준 및 절차 등 자체 내부통제기준에서 정하는 사항과 금융위원회가 고시하는 방법과 절차를 준수하도록 하고 있다. 한편 법 제63조 제 3 항에 의하여 금융투자업자는 매 분기별로 임직원의 금융투자상품 매매명세를 내부통제기준에 따라 확인하여야 한다.[1)]

Ⅴ. 의무위반에 대한 제재

법 제63조 제 1 항 제 1 호를 위반하여 타인명의로 자기의 계산으로 금융투자상품을 매매하면 3년 이하의 징역 또는 1억원 이하의 벌금에 처해진다(법 445조 12호). 징역과 벌금을 병과할 수 있다(법 447조 1항). 법인의 대표자나 법인 또는 개인의 대리인, 사용인, 그 밖의 종업원이 그 법인 또는 개인의 업무에 관하여 위반행위를 하면 그 행위자를 벌하는 외에 그 법인 또는 개인에게도 해당 조문의 벌금형을 과(科)한다. 다만, 법인 또는 개인이 그 위반행위를 방지하기 위하여 해당 업무에 관하여 상당한 주의와 감독을 게을리 하지 아니한 경우에는 그러하지 아니하다(법 448조).

법 제63조 제 1 항을 위반하여 같은 항 제 2 호부터 제 4 호까지의 방법에 따르지 아니하고 자기의 계산으로 금융투자상품을 매매한 자에게는 5천만원 이하의 과태료가 부과된다(법 449조 1항 28호).

第64조(손해배상책임)

① 금융투자업자는 법령·약관·집합투자규약·투자설명서(제123조 제 1 항에 따른 투자설명서를 말한다)에 위반하는 행위를 하거나 그 업무를 소홀히 하여 투자자에게 손해를 발생시킨 경우에는 그 손해를 배상할 책임이 있다. 다만, 배상의 책임을 질 금융투자업자가 제37조 제 2 항, 제44조, 제45조, 제71조 또는 제85조를 위반한 경우(투자매매업 또는 투자중개업과 집합투자업을 함께 영위함에 따라 발생하는 이해상충과 관련된 경우에 한한다)로서 그 금융투자업자가 상당한 주의를 하였음을 증명하거나 투자자가 금융투자상품의 매매, 그 밖의 거래를 할 때에 그 사실을 안 경우에는 배상의 책임을 지지 아니한다.

② 금융투자업자가 제 1 항에 따른 손해배상책임을 지는 경우로서 관련되는 임원에게도 귀책사유(歸責事由)가 있는 경우에는 그 금융투자업자와 관련되는 임원이 연대하여 그 손해를 배상할 책임이 있다.

---

1) 한편 법 제63조를 위반한 경우 3년 이하의 징역이나 1억원 이하의 벌금형(법 445조 12호), 5천만원 이하의 과태료(법 449조 1항 28호) 등의 제재를 부과하고 있다.

Ⅰ. 본조의 취지

법 제64조의 제정 과정에서 금융투자업자의 이해상충행위와 관련하여 손해배상의 특칙을 마련하여 금융투자업자의 겸영행위가 투자자의 손해와는 무관하고 오히려 고객의 이익을 증진하려는 목적으로 행해졌다는 점을 금융투자업자로 하여금 증명토록 하여야 한다는 주장과[1] 남소의 우려와 금융투자업자로 하여금 다양한 업무를 사내겸영할 수 있도록 하자는 입법취지 자체가 몰각될 수 있다는 우려도 있었다. 법이 다양한 투자자보호 장치를 제도화하였으므로, 이해상충행위로부터 투자자를 보호하여야 한다는 당위론과 금융투자업자의 사내겸영을 자유화하여야 한다는 취지를 조화롭게 절충하여야 한다는 견해가 제시되기도 하였다.[2] 따라서 법 제64조는 투자자보호와 금융투자업자의 겸영 허용이라는 상충된 이익을 절충하여 입법하였다.

Ⅱ. 손해배상책임

금융투자업자가 법령·약관·집합투자규약·투자설명서에 위반하는 행위를 하거나 업무를 소홀히 함으로써 투자자에게 손해를 발생시킨 경우 손해배상책임을 지나 이해상충 관련 규정을 위반한 때에는 완화된 형태로 증명책임이 전환된다. 즉 손해배상책임이 있는 금융투자업자가 이해상충 관련규정을 위반한 때에는 당해 금융투자업자가 상당한 주의를 하였음을 증명하거나 투자자가 거래시 그러한 이해상충사실을 안 경우에만 면책된다. 이러한 증명책임의 전환은 투자매매업 또는 투자중개업과 집합투자업을 겸영한 경우에만 제한적으로 적용된다.

금융투자업자가 투자자에게 손해배상책임을 지는 경우 관련된 임원에게도 귀책사유가 있을 때에는 양자가 연대하여 손해배상책임을 지도록 함으로써 투자자의 보호를 강화하였다.

1) 김화진/김병연/김용재, 「증권관련 업무 겸업과 이해상충 해결방안」, 한국증권업협회 연구용역보고서(2006. 10), 127-129쪽.
2) 한국증권업협회, 「자본시장통합법 해설서」, 2007, 313쪽.

제65조(외국 금융투자업자의 특례)

① 외국 금융투자업자의 지점, 그 밖의 영업소(이하 이 조에서 "국내지점등"이라 한다)에 대하여 이 법을 적용함에 있어서 대통령령으로 정하는 영업기금은 이를 자본금으로 보고, 자본금·적립금 및 이월이익잉여금의 합계액은 이를 자기자본으로 보며, 국내대표자는 임원으로 본다.

② 국내지점등은 제 1 항의 영업기금과 부채의 합계액에 상당하는 자산을 대통령령으로 정하는 방법으로 국내에 두어야 한다.

③ 국내지점등이 청산 또는 파산하는 경우 그 국내에 두는 자산은 국내에 주소 또는 거소가 있는 자에 대한 채무의 변제에 우선 충당하여야 한다.

④ 금융위원회는 다음 각 호의 요건을 모두 충족하는 국내지점등의 대표자의 직무를 일시 대행할 자(이하 이 항에서 "직무대행자"라 한다)를 지정하여야 하며, 그 국내지점등은 그 사실을 소재지에서 등기하여야 한다. 이 경우 금융위원회는 직무대행자에게 적정한 보수를 지급할 것을 그 국내지점등에 명할 수 있다.

1. 국내지점등의 대표자가 없거나 대표자가 그 직무를 수행할 수 없음에도 불구하고 대표자를 새로 선임하지 아니하거나 직무대행자를 지정하지 아니하는 경우로서 국내지점등과 이해관계가 있는 자가 금융위원회에 직무대행자의 선임을 요구할 것
2. 금융위원회가 제 1 호의 요구에 따라 그 국내지점등에 대하여 10일 이내에 대표자 또는 직무대행자를 선임하거나 지정할 것을 요청할 것
3. 제 2 호의 요청을 받은 국내지점등이 제 2 호에 따른 기간 이내에 대표자 또는 직무대행자를 선임하거나 지정하지 아니할 것

⑤ 제 1 항부터 제 4 항까지에 규정된 사항 외에 결산에 관한 사항 등 국내지점등의 금융투자업의 영위에 관하여 필요한 사항은 대통령령으로 정한다.

시행령 **제65조**(외국 금융투자업자의 영업기금 등) ① 법 제65조 제 1 항에서 "대통령령으로 정하는 영업기금"이란 다음 각 호의 것을 말한다.

1. 외국 금융투자업자가 지점, 그 밖의 영업소를 설치하거나 영업을 하기 위하여 그 지점, 그 밖의 영업소에 공급한 원화자금
2. 외국 금융투자업자의 지점, 그 밖의 영업소(이하 이 조에서 "국내지점등"이라 한다)의 적립금으로부터 전입한 자금
3. 외국 금융투자업자가 지점, 그 밖의 영업소를 추가로 설치하기 위하여 이미 국내에 설치된 지점, 그 밖의 영업소의 이월이익잉여금에서 전입한 자금

② 법 제65조 제 2 항에 따라 국내지점등이 국내에 자산을 두어야 하는 방법은 다음 각 호와 같다.

1. 현금이나 국내 금융기관에 대한 예금·적금·부금
2. 국내에 예탁하거나 보관된 증권
3. 국내에 있는 자에 대한 대여금, 그 밖의 채권
4. 국내에 있는 고정자산
5. 그 밖에 국내법에 따라 강제집행이 가능한 자산 중 금융위원회가 정하여 고시하는 자산

③ 국내지점등은 다음 각 호의 사항을 준수하여야 한다.

1. 본점과 독립하여 결산할 것
2. 결산 결과 해당 국내지점등이 제 2 항 각 호의 방법으로 국내에 두고 있는 자산의 합계액이 법 제65조 제 1 항에 따른 영업기금과 부채의 합계액에 미달하는 경우에는 결산이 확정된 날부터 60일 이내에 보전할 것

Ⅰ. 본조의 취지

외국 금융투자업자의 지점이나 영업소(이하 "국내지점등"이라 한다)는 독립된 법인격을 가지고 있지 아니하므로 독자적으로 자본금을 가지거나 임원을 선임할 수 없지만 영업기금을 자본금으로, 자본금·적립금·이월이익잉여금의 합계액을 자기자본으로 국내대표자를 임원으로 간주한다. 그리고 국내지점등으로 하여금 본점과 독립하여 결산하여야 한다(법 시행령 65조 3항 1호). 국내지점등은 영업기금과 부채에 상당하는 자산을 국내에 두어야 하는데 이러한 자산이 영업기금과 부채의 합계액에 미달할 경우 결산확정일로부터 60일 이내에 이를 보전하여야 한다(법 시행령 65조 3항 2호).

국내 투자자를 보호하기 위한 속지주의 입장에서 외국금융투자업자가 국내 지점이나 영업소를 청산하거나 파산하는 경우 국내에 두는 자산을 국내 투자자에 대한 채무변제에 우선 충당하도록 한다(법 65조 3항).

Ⅱ. 의무위반에 대한 제재

법 제65조 제 2 항을 위반하여 자산을 국내에 두지 아니한 자와 제65조 제 3 항을 위반하여 자산을 국내에 주소나 거소가 있는 자에 대한 채무의 변제에 우선 충당하지 아니한 자는 1년 이하의 징역 또는 3천만원 이하의 벌금에 처한다(법 446조 9호·10호). 징역과 벌금을 병과할 수 있다(법 447조 1항). 법인의 대표자나 법인 또는 개인의 대리인, 사용인, 그 밖의 종업원이 그 법인 또는 개인의 업무에 관하여 위반행위를 하면 그 행위자를 벌하는 외에 그 법인 또는 개인에게도 해당 조문의 벌금형을 과(科)한다. 다만, 법인 또는 개인이 그 위반행위를 방지하기 위하여 해당 업무에 관하여 상당한 주의와 감독을 게을리하지 아니한 경우에는 그러하지 아니하다(법 448조).

[초판: 김용재, 개정판: 심영]

제 2 절 금융투자업자별 영업행위 규칙

제 1 관 투자매매업자 및 투자중개업자의 영업행위 규칙

제66조(매매형태의 명시)

투자매매업자 또는 투자중개업자는 투자자로부터 금융투자상품의 매매에 관한 청약 또는 주문을 받는 경우에는 사전에 그 투자자에게 자기가 투자매매업자인지 투자중개업자인지를 밝혀야 한다.

Ⅰ. 매매형태의 명시의무

투자매매업이란 누구의 명의로 하든지 자기의 계산으로 금융투자상품의 매도·매수, 증권의 발행·인수 또는 그 청약의 권유, 청약, 청약의 승낙을 영업으로 하는 것을 말한다. 증권회사의 업무 중 자기계정을 이용하는 영업, 즉 장외파생상품 또는 파생결합증권을 발행하는 것이 대표적인 예다. 그 외 기업공개, 회사채 발행과 같은 인수업무도 투자매매업에 해당된다.[1)]

투자중개업이란 누구의 명의로 하든지 타인의 계산으로 금융투자상품의 매도·매수, 그 중개나 청약의 권유, 청약, 청약의 승낙 또는 증권의 발행·인수에 대한 청약의 권유, 청약, 청약의 승낙을 영업으로 하는 것을 말한다. 예를 들어 증권회사가 자기계정에 미리 매입해놓은 채권을 고객에게 중개할 때나 증권회사가 자기계정에 미리 매입해놓은 채권을 고객에게 판매하는 경우에는 투자매매업에 해당되지만, 증권거래소에 주문을 내어 고객에게 채권을 매수해 주는 경우에는 투자중개업에 해당된다. 즉 금융투자회사 대 고객 간의 거래는 투자매매업이며, 고객 대 고객의 거래는 투자중개업에 해당되는 것이다.

금융투자업자가 투자매매업자인 경우에 투자자와 대립되는 지위에 서게 되고, 금융투자업자의 손익은 매매가에 의하여 결정된다. 이에 반하여 투자중개업자인 경우에는 금융투자업자의 수익은 수수료수입이며, 매매가로 인한 손익은 투자자에게 귀속될 뿐이다.

금융투자업자가 투자매매업자로서 매매주문 등을 받는 경우에 자신의 이익을 극대화하게 거래를 유인할 동기가 더욱 강해지고, 이러한 이해관계의 차이로 인하여 투자자

1) 투자매매업자 중 유가증권의 인수업을 하려고 하는 자는 이에 대하여는 별도의 인가를 받아야 한다.

의 이익이 침해될 가능성이 커지게 된다. 투자자의 입장에서도 금융투자상품을 매매하는 경우에 거래 상대방이 누구인가에 따라 그 신뢰의 정도가 차이가 날 수 있기 때문에 투자매매업자인가 투자중개업자인가 여부가 의미를 가진다.

이때 매매형태를 사전에 명시하여 이에 대한 고객의 의사를 확인시킴으로써 금융투자업자의 기회주의적인 행동을 예방할 수 있게 된다.

미국에서도 브로커-딜러가 고객과의 거래시마다 서면확인서를 교부해야 하는데, 서면확인서에는 자신이 당해 고객의 대리인인지, 다른 고객의 대리인인지, 쌍방의 대리인인지, 또는 자기가 거래의 당사자인지를 명시하여야 한다(SEC Rule 10b-10(a)(2)).

Ⅱ. 매매형태 명시의 시기와 방법

매매형태 명시의 시기는 주문을 받은 때에 "사전에" 밝혀야 한다. 여기서 "사전"이란 매매 주문을 받고 그 주문을 수락하기 전의 의미이다.[1]

매매형태 명시의 방법에 관해서는 특별한 규정이 없으므로 구두에 의하든 문서에 의하든 무방하다.[2]

Ⅲ. 의무위반의 효력

이 규정은 훈시규정으로 볼 것이므로, 금융투자업자가 매매형태 명시의무에 위반한 경우에도 그 거래가 당연히 무효가 되는 것은 아니다.[3]

Ⅳ. 위반에 대한 제재

자본시장법 第66조를 위반하여 사전에 자기가 투자매매업자인지 투자중개업자인지를 밝히지 아니하고 금융투자상품의 매매에 관한 주문을 받은 자는 1년 이하의 징역 또는 3천만원 이하의 벌금에 처한다(법 446조 11호).

또한 금융위원회는 매매형태 명시의무를 위반한 금융투자업자 및 그 임직원에 대해서 일정한 처분을 할 수 있다(법 420조 1항 6호·3항, 422조 1항·2항 [별표 1] 74호).

---

1) 임재연, 「자본시장법」, 박영사, 2014, 207쪽.
2) 상게서, 207쪽.
3) 상게서, 207쪽.

제67조(자기계약의 금지)

투자매매업자 또는 투자중개업자는 금융투자상품에 관한 같은 매매에 있어 자신이 본인이 됨과 동시에 상대방의 투자중개업자가 되어서는 아니 된다. 다만, 다음 각 호의 어느 하나에 해당하는 경우에는 그러하지 아니하다.

1. 투자매매업자 또는 투자중개업자가 증권시장 또는 파생상품시장을 통하여 매매가 이루어지도록 한 경우
2. 그 밖에 투자자 보호 및 건전한 거래질서를 해할 우려가 없는 경우로서 대통령령으로 정하는 경우

시행령 제66조 (자기계약의 금지의 예외) 법 제67조 제2호에서 "대통령령으로 정하는 경우"란 다음 각 호의 어느 하나에 해당하는 경우를 말한다.

1. 투자매매업자 또는 투자중개업자가 자기가 판매하는 집합투자증권을 매수하는 경우
2. 투자매매업자 또는 투자중개업자가 다자간매매체결회사를 통하여 매매가 이루어지도록 한 경우
3. 그 밖에 공정한 가격 형성과 매매, 거래의 안정성과 효율성 도모 및 투자자의 보호에 우려가 없는 경우로서 금융위원회가 정하여 고시하는 경우

Ⅰ. 의 의

민법 제124조에서는 대리인의 자기계약을 금지하고 있는데, 이는 대리인이 직접 당사자의 지위를 동시에 가지게 되면 본인의 이익보다는 자기의 이익을 우선시할 가능성이 있게 되므로 이를 금지하는 것이다. 투자중개업자는 위탁매매를 하는 것으로서 타인간의 매매를 주선하는 것을 업으로 하게 된다. 이때 위탁자와 위탁매매인의 관계는 위임으로서 이에 대한 자기계약을 금지하는 것은 위 민법규정과 같은 취지로 볼 수 있다. 즉 투자중개업자에 있어서 자신이 거래상대방이 된다는 것은 마치 투자매매업자로서 자기매매를 하는 것과 같게 된다. 금융투자상품의 가격은 수시로 변화되므로 투자매매업자 또는 투자중개업자가 자기매매나 위탁매매에 대한 선택이 가능하다면 투자자의 이익을 희생시키고 자신의 이익을 추구할 가능성이 있게 되므로 이를 금지하는 것이다.

투자매매업자가 동시에 상대방의 투자중개업자가 되는 경우도 위탁자에 대한 자기매매를 하는 것으로서 위와 같은 구조가 된다.

Ⅱ. 자기계약금지에 대한 예외

공정한 시세가 형성되는 금융투자상품의 경우에는 자기계약 금지의무를 적용할 필요가 없다. 따라서 투자중개업자가 투자자로부터 증권시장 또는 파생상품시장에서의 매매의 위탁을 받은 경우에는 자기계약의 금지 규정이 적용되지 않는다. 이는 상법상 위탁매매인은 거래소의 시세가 있는 물건의 매매에 대하여 직접상대방이 될 수 있는 전면적 개입권을 가지는 것(상법 제107조)과 같은 취지의 규정이다. 이에 대하여 금융투자상품은 상법 제107조에서 말하는 "거래소의 시세 있는 물건에 해당함에도 불구하고 투자매매업자나 투자중개업자의 개입권을 인정하지 않는다"고 해석하고 있으나,[1] 구자본시장법에서는 현행 단서와 같은 조항을 두고 있지 않아서 본문만 볼 때 개입권을 부정하기가 쉬우나, 구자본시장법 제68조(시장매매의무)에서 "투자중개업자는 투자자로부터 증권시장 또는 파생상품시장에서의 매매의 위탁을 받은 경우에는 반드시 증권시장 또는 파생상품시장을 통하여 매매가 이루어지도록 하여야 한다. 이 경우 제67조를 적용하지 아니한다"고 규정하므로, 기본규정의 취지는 현행 단서에서 시장을 통하여 매매하는 경우 등에 예외를 인정하는 것과 동일하다. 이는 시장을 통해서 매매하는 경우에 거래소의 시세가 있는 물건의 매매가 되는 것이고, 이때는 개입권을 인정하는 취지로 해석하고자 한다.[2]

또한 시행령에 따르면 ① 투자매매업자 또는 투자중개업자가 자기가 판매하는 집합투자증권을 매수하는 경우, ② 투자매매업자 또는 투자중개업자가 다자간매매체결회사를 통하여 매매가 이루어지도록 한 경우, ③ 그 밖에 공정한 가격 형성과 매매, 거래의 안정성과 효율성 도모 및 투자자의 보호에 우려가 없는 경우로서 금융위원회가 정하여 고시하는 경우도[3] 자기계약금지에 대한 예외를 인정하는데, ①의 경우 집합투자증권의 수익

---

1) 한국증권법학회, 「자본시장법 주석서(Ⅰ)」, 박영사, 2009, 314쪽. 구자본시장법에서는 단서 조항을 두고 있지 않아서 본문만 볼 때 개입권을 부정하기가 쉬우나, 구자본시장법 제68조(시장매매의무)에서 "투자중개업자는 투자자로부터 증권시장 또는 파생상품시장에서의 매매의 위탁을 받은 경우에는 반드시 증권시장 또는 파생상품시장을 통하여 매매가 이루어지도록 하여야 한다. 이 경우 제67조를 적용하지 아니한다"고 규정하므로, 기본규정의 취지는 현행 단서에서 시장을 통하여 매매하는 경우 등에 예외를 인정하는 것과 동일하다고 생각된다. 다만, 개정법하에서는 시행령에서 자기계약금지의 예외범위를 넓히고 있다는 특색이 있다.

2) 개정법하에서도 상법과 달리 투자매매업자나 투자중개업자의 개입권을 인정하지 않는다고 해석하는 견해도 있다. 임재연, 전게서(2014), 208쪽.

3) 금융투자업규정 제4-17조의2(자기계약의 금지의 예외) 영 제66조 제3호에서 "금융위원회가 정하여 고시하는 경우"란 다음 각 호의 어느 하나에 해당하는 경우를 말한다.
   1. 투자매매업자 또는 투자중개업자(영 제7조 제4항 제3호 각 목의 어느 하나에 해당하는 자를 거래상대방 또는 각 당사자로 하는 환매조건부매매의 수요·공급을 조성하는 자로 한정한다)가 기관간조건부매매(제5-1조 제7호에 따른 기관간조건부매매를 말한다. 이하 이 호에서 같다)를 중개·주선 또는 대리하면서 시장조성을 위하여 기관간조건부매매를 하는 경우
   2. 투자매매업자 또는 투자중개업자가 영 제176조의8 제4항 제2호에 따라 신주인수권증서를 매매하는 경우

성은 자산운용사의 운용에 따르고, 판매가격도 법정되므로[1)] 집합투자증권의 시세의 변동[2)]에 따라 투자자가 손해를 입을 우려가 없기 때문이며, ②의 경우 거래소와 같은 의미를 가지므로 이때도 공정한 거래소의 시세가 형성된다는 점에서 예외를 인정한다.

Ⅲ. 벌 칙

자기계약금지규정에 위반하여 금융투자상품을 매매한 경우에는 1년 이하의 징역 또는 3천만원 이하의 벌금에 처한다(법 446조 12호).

第68条(최선집행의무)

① 투자매매업자 또는 투자중개업자는 금융투자상품의 매매(대통령령으로 정하는 거래는 제외한다. 이하 이 조에서 같다)에 관한 투자자의 청약 또는 주문을 처리하기 위하여 대통령령으로 정하는 바에 따라 최선의 거래조건으로 집행하기 위한 기준(이하 이 조에서 "최선집행기준"이라 한다)을 마련하고 이를 공표하여야 한다.

② 투자매매업자 또는 투자중개업자는 최선집행기준에 따라 금융투자상품의 매매에 관한 청약 또는 주문을 집행하여야 한다.

③ 투자매매업자 또는 투자중개업자는 대통령령으로 정하는 기간마다 최선집행기준의 내용을 점검하여야 한다. 이 경우 최선집행기준의 내용이 제 2 항에 따른 청약 또는 주문을 집행하기에 적합하지 아니한 것으로 인정되는 때에는 이를 변경하고, 그 변경 사실을 공표하여야 한다.

④ 투자매매업자 또는 투자중개업자는 금융투자상품의 매매에 관한 청약 또는 주문을 받는 경우에는 미리 문서, 전자문서, 그 밖에 대통령령으로 정하는 방법으로 최선집행기준을 기재 또는 표시한 설명서를 투자자에게 교부하여야 한다. 다만, 이미 해당 설명서(제 3 항에 따라 최선집행기준을 변경한 경우에는 변경한 내용이 기재 또는 표시된 설명서를 말한다)를 교부한 경우에는 그러하지 아니하다.

⑤ 제 1 항에 따른 최선의 거래조건의 구체적인 내용, 최선집행기준의 공표의 방법과 제 2 항에 따른 청약·주문의 집행 방법 및 제 3 항에 따른 최선집행기준의 점검·변경 및 변경 사실의 공표 방법 등에 관하여 필요한 사항은 대통령령으로 정한다.

시행령 제66조의2(최선집행의무) ① 법 제68조 제 1 항에서 "대통령령으로 정하는 거래"란 다음 각 호의 어느 하나에 해당하는 매매를 말한다.

---

1) 집합투자증권의 판매가격이 법정되어, 투자매매업자 또는 투자중개업자는 집합투자증권을 판매하는 경우 투자자가 집합투자증권의 취득을 위하여 금전 등을 납입한 후 최초로 산정되는 기준가격으로 판매하여야 한다. 다만, 투자자의 이익을 해할 우려가 없는 경우로서 대통령령으로 정하는 경우에는 대통령령으로 정하는 기준가격으로 판매하여야 한다(법 76조).

2) 상장되어 거래되는 상장지수펀드(ETF)와 같은 경우 "증권시장 또는 파생상품시장에서의 매매의 위탁을 받은 경우"에 해당되어 자기계약금지에 대한 예외가 인정될 것이다.

1. 증권시장에 상장되지 아니한 증권의 매매
2. 장외파생상품의 매매
3. 다음 각 목의 어느 하나에 해당하는 금융투자상품 중 복수의 금융투자상품시장에서의 거래 가능성 및 투자자 보호의 필요성 등을 고려하여 총리령으로 정하는 금융투자상품의 매매
가. 증권시장에 상장된 증권
나. 장내파생상품

② 법 제68조 제1항에 따른 최선집행기준(이하 "최선집행기준"이라 한다)에는 다음 각 호의 사항을 고려하여 최선의 거래조건으로 집행하기 위한 방법 및 그 이유 등이 포함되어야 한다. 다만, 투자자가 청약 또는 주문의 처리에 관하여 별도의 지시를 하였을 때에는 그에 따라 최선집행기준과 달리 처리할 수 있다.
1. 금융투자상품의 가격
2. 투자자가 매매체결과 관련하여 부담하는 수수료 및 그 밖의 비용
3. 그 밖에 청약 또는 주문의 규모 및 매매체결의 가능성 등

③ 법 제68조 제1항 또는 제3항 후단에 따른 최선집행기준의 공표 또는 그 변경 사실의 공표는 다음 각 호의 모든 방법을 포함하는 방법으로 하여야 한다. 이 경우 최선집행기준의 변경 사실을 공표할 때에는 그 이유를 포함하여야 한다.
1. 투자매매업자 또는 투자중개업자의 본점과 지점, 그 밖의 영업소에 게시하거나 비치하여 열람에 제공하는 방법
2. 투자매매업자 또는 투자중개업자의 인터넷 홈페이지를 이용하여 공시하는 방법

④ 투자매매업자 또는 투자중개업자가 법 제68조 제2항에 따라 투자자의 청약 또는 주문을 집행한 후 해당 투자자가 그 청약 또는 주문이 최선집행기준에 따라 처리되었음을 증명하는 서면 등을 요구하는 경우에는 금융위원회가 정하여 고시하는 기준과 방법에 따라 해당 투자자에게 제공하여야 한다.

⑤ 법 제68조 제3항 전단에서 "대통령령으로 정하는 기간"이란 3개월을 말한다.

⑥ 법 제68조 제4항 본문에서 "대통령령으로 정하는 방법"이란 팩스를 말한다.

⑦ 제1항부터 제6항까지에서 규정한 사항 외에 최선집행기준의 세부내용 및 관련 자료의 보관 등에 필요한 사항은 금융위원회가 정하여 고시한다.

Ⅰ. 의 의

구자본시장법에서는 "투자중개업자는 투자자로부터 증권시장 또는 파생상품시장에서의 매매의 위탁을 받은 경우에는 반드시 증권시장 또는 파생상품시장을 통하여 매매가 이루어지도록 하여야 한다"(구법 68조)고 하여 시장매매의무에 관하여 규정하고 있었으나, 개정 자본시장법에서는 이를 삭제하고 최선집행의무에 관한 규정을 도입하고 있다.

최선집행의무는 고객의 주문의 대상으로 된 금융투자상품이 복수의 시장에서 거래되는 경우에 고객이 특정 시장을 지정하지 않는 한, 금융투자업자는 고객에게 유리한 조건으로 거래할 수 있는 시장에서 매매를 성립시켜야 하는 의무이다. 자본시장법에서는 신의성실의무에 대하여 규정하고 있는데(법 37조), 최선집행의무는 고객에 대한 성실의무

가 거래를 집행하는 국면에서 구체화된 것이다.

개정 전 자본시장법에서는 시장매매의무에 관한 규정을 두고 있었는데, 이 규정의 취지는 금융투자상품의 거래를 거래소에 집중시켜 거래의 원활을 도모하며 시장에서의 금융투자상품의 수급을 조절하고 공정한 가격형성을 확보하기 위함이었다.[1] 이와 달리 최선집행의무는 복수의 거래소시장의 존재를 전제로 하는데, 개정 자본시장법상 복수의 거래소시장의 개설이 가능하게 됨으로써 최선집행의무에 관한 규정을 두게 되었다. 개정 자본시장법에서 거래소에 관한 법정 설립주의를 대신하여 거래소 허가제를 도입하는 한편, 다자간매매체결회사 및 거래소 허가제의 도입 등에 따라 금융투자상품시장의 개념을 정의하면서 현행 거래소 유사시설 금지조항을 무허가 시장개설금지 조항으로 대체함으로써, 복수의 시장을 통한 경쟁을 유도하고 있다.[2] 따라서 이전의 한국거래소가 독점적 지위를 유지하고 있을 때에는 최선집행의무에 관한 규정을 두어 규제할 이유가 없었지만, 이제는 투자자에 대한 보호의무로서 최선집행의무에 대하여 규정할 필요성이 있게 되었다.

외국의 입법례를 보면 EU 등에서 시장간의 경쟁을 도모하려는 목적에서 시장매매원칙을 폐지하고 최선집행의무를 도입하였다.[3] 일본의 경우도 2004면 증권거래법 개정에서 거래소와 사설거래시스템의 경쟁조건을 평등하게 함과 동시에 증권회사의 "최량집행의무"를 법정하고 거래소거래원칙도 폐지하였으며,[4] 이후 금상법도 이를 답습하고 있다.[5]

Ⅱ. 의무의 내용

1. 최선집행기준의 설정

(1) 최선집행기준을 설정해야 할 거래의 범위

금융투자업자는 금융투자상품의 매매에 관한 투자자의 청약 또는 주문을 처리하기 위하여 대통령으로 정하는 바에 따라 최선집행기준을 마련하고 이를 공표하여야 한다. 즉 금융투자업자는 투자자의 주문에 대하여 최선의 거래의 조건으로 집행하기 위한 방침 및 방법을 정해야 할 의무를 부담하게 된다.

최선집행기준을 설정한 경우 투자매매업자 또는 투자중개업자는 최선집행기준에 따

1) 김건식, 「증권거래법」, 두성사, 2006, 411쪽.
2) 개정 자본시장법에서는 '제 7 편 한국거래소'는 '제 7 편 거래소'로 개정.
3) EU의 금융상품시장 지침(Richtlinie 2004/39/EG des Euripäischen Parlaments und des Rates vom 21.4. 2004 über Märkte für Finnanzinstrumente : MiFID) Art. 21(Verpflichtung zur kundengünstigsten Ausführung von Aufträgen).
4) 일본 구증권법 제43조의2, 구증권법 시행령 제16조의2.
5) 일본 금상법 제40조의2, 금상법 시행령 제16조의6.

라 금융투자상품의 매매에 관한 청약 또는 주문을 집행하여야 한다.

위 금융투자상품의 거래에는 시행령에서 정한 거래는 제외하게 되는데, 이에 따를 때 최선집행의무는 원칙적으로 복수의 시장에서 거래될 것으로 예정되는 상장증권 등에 한해서 적용되게 된다. 시행령에서는 최선집행의무가 면제되는 거래로 다음을 들고 있다(법 시행령 66조의2 1항): ① 증권시장에 상장되지 아니한 증권의 매매, ② 장외파생상품의 매매, ③ 다음의 어느 하나에 해당하는 금융투자상품 중 복수의 금융투자상품시장에서의 거래 가능성 및 투자자 보호의 필요성 등을 고려하여 총리령[1]으로 정하는 금융투자상품의 매매 ⓐ 증권시장에 상장된 증권, ⓑ 장내파생상품.

(2) 기재내용

최선집행기준에는 다음의 사항을 고려하여 최선의 거래조건으로 집행하기 위한 방법 및 그 이유 등이 포함되어야 한다. 다만, 투자자가 청약 또는 주문의 처리에 관하여 별도의 지시를 하였을 때에는 그에 따라 최선집행기준과 달리 처리할 수 있다(법 시행령 66조의2 2항).

① 금융투자상품의 가격

② 투자자가 매매체결과 관련하여 부담하는 수수료 및 그 밖의 비용

③ 그 밖에 청약 또는 주문의 규모 및 매매체결의 가능성 등

(3) 공표의 방법

최선집행기준의 공표 또는 그 변경 사실의 공표는 다음의 모든 방법을 포함하는 방법으로 하여야 한다. 이 경우 최선집행기준의 변경 사실을 공표할 때에는 그 이유를 포함하여야 한다(법 시행령 66조의2 3항).

① 투자매매업자 또는 투자중개업자의 본점과 지점, 그 밖의 영업소에 게시하거나 비치하여 열람에 제공하는 방법

② 투자매매업자 또는 투자중개업자의 인터넷 홈페이지를 이용하여 공시하는 방법

(4) 최선집행기준의 점검 및 변경

투자매매업자 또는 투자중개업자는 3개월마다 최선집행기준의 내용을 점검하여야

---

1) 법 시행규칙 제7조의3(최선집행기준이 적용되지 아니하는 거래) 영 제66조의2 제1항 제3호 각 목 외의 부분에서 "총리령으로 정하는 금융투자상품"이란 다음 각 호의 어느 하나에 해당하는 금융투자상품을 말한다.

1. 채무증권
2. 지분증권(주권은 제외한다)
3. 수익증권
4. 투자계약증권
5. 파생결합증권
6. 증권예탁증권(주권과 관련된 증권예탁증권은 제외한다)
7. 장내파생상품

한다. 이 경우 최선집행기준의 내용이 제 2 항에 따른 청약 또는 주문을 집행하기에 적합하지 아니한 것으로 인정되는 때에는 이를 변경하고, 그 변경 사실을 공표하여야 한다(법 68조 3항, 법 시행령 66조의2 5항).

2. 서면 및 설명서의 교부

(1) 서면의 교부

투자매매업자 또는 투자중개업자가 법 제68조 제 2 항에 따라 투자자의 청약 또는 주문을 집행한 후 해당 투자자가 그 청약 또는 주문이 최선집행기준에 따라 처리되었음을 증명하는 서면 등을 요구하는 경우에는 금융위원회가 정하여 고시하는 기준과 방법[1]에 따라 해당 투자자에게 제공하여야 한다(법 시행령 66조의2 4항).

(2) 설명서의 교부

투자매매업자 또는 투자중개업자는 금융투자상품의 매매에 관한 청약 또는 주문을 받는 경우에는 미리 문서, 전자문서, 그 밖에 대통령령으로 정하는 방법[2]으로 최선집행기준을 기재 또는 표시한 설명서를 투자자에게 교부하여야 한다. 다만, 이미 해당 설명서(3항에 따라 최선집행기준을 변경한 경우에는 변경한 내용이 기재 또는 표시된 설명서를 말한다)를 교부한 경우에는 그러하지 아니하다(법 68조 4항).

Ⅲ. 의무위반의 효과

최선집행의무에 위반한 경우 금융투자업자는 투자자에 대하여 손해배상책임을 질 수 있다. 손해배상책임과 관련하여 최선집행인가 아닌가를 판단함에 있어서는 집행가격이 중요한 의미를 지닌다. 그러나 집행의 신속성 및 확실성도 더하여 판단할 필요가 있다. 따라서 사후적으로 검토하여 가격만으로 볼 때 최선이 아니어도 이것만으로 최선집

1) 금융투자업규정 제4-17조의3(최선집행의무) ① 영 제66조의2 제 4 항에서 "금융위원회가 정하여 고시하는 기준과 방법"이란 다음 각 호의 요건을 모두 충족하는 것을 말한다.
1. 다음 각 목의 어느 하나에 해당하는 방법(이하 이 항에서 "서면 등"이라 한다)으로 투자자에게 제공할 것
가. 서면 교부
나. 전화, 전신 또는 모사전송, 전자우편, 그 밖에 이와 비슷한 전자통신
2. 투자자에게 제공하는 서면 등에 다음 각 목의 사항을 포함할 것
가. 금융투자상품의 종목, 수량 및 매도·매수의 구분 등 투자자의 매매주문내역
나. 매매주문이 체결된 시간, 장소, 그 밖에 체결내용 및 방법
다. 매매주문이 최선집행기준에서 정한 절차에 따라 집행되었는지 여부 및 그 이유
3. 투자자가 영 제66조의2 제 4 항에 따라 요구한 날로부터 1개월 이내에 제 1 항에 따른 서면 등을 제공할 것
② 투자매매업자 또는 투자중개업자는 법 제68조 제 3 항에 따라 최선집행기준의 내용을 점검한 결과를 [별표 12]에서 정한 최소보존기간 이상 서면 또는 전자문서 등의 형태로 기록·유지하여야 한다.

2) 팩스를 말한다(법 시행령 66조의2 6항).

행의무의 위반으로 볼 것은 아니다. 다만 당해 금융투자상품에 있어서 집행시점에 있어서 다른 시장가격과 현저하게 차이가 나는 가격으로 거래를 성립시킨 경우에 금융투자업자는 고객에 대하여 손해를 배상할 책임이 있게 된다.

第69조(자기주식의 예외적 취득)

투자매매업자는 투자자로부터 그 투자매매업자가 발행한 자기주식으로서 증권시장(다자간매매체결회사에서의 거래를 포함한다. 이하 이 조에서 같다)의 매매 수량단위 미만의 주식에 대하여 매도의 청약을 받은 경우에는 이를 증권시장 밖에서 취득할 수 있다. 이 경우 취득한 자기주식은 대통령령으로 정하는 기간 이내에 처분하여야 한다.

법 시행령 제67조(자기주식의 처분 기간) 법 제69조 후단에서 "대통령령으로 정하는 기간"이란 취득일부터 3개월을 말한다.

Ⅰ. 본조의 취지 Ⅱ. 자기주식의 처분

Ⅰ. 본조의 취지

과거에는 자기주식의 취득은 출자의 환급이 된다는 이유 등으로 이를 엄격히 제한하였으나. 지금은 자기주식의 취득에 대한 제한이 완화되어 상장여부를 가지지 않고 배당가능이익의 범위 내에서는 자기주식의 취득이 가능하게 되었다(상법 341조). 다만, 자기주식취득이 불공정거래에 이용될 수 있으므로 그 취득의 방법을 다음의 방법으로 제한한다(법 165조의3 1항). ①「상법」제341조 제1항에 따른 방법,[1] ② 신탁계약에 따라 자기주식을 취득한 신탁업자로부터 신탁계약이 해지되거나 종료된 때 반환받는 방법(신탁업자가 해당 주권상장법인의 자기주식을「상법」341조 1항의 방법으로 취득한 경우로 한정한다).

이전에는 ① 증권시장에서 취득하는 방법, ② 공개매수의 방법, ③ 신탁계약에 따라

1) 상법 제341조 ① 회사는 다음의 방법에 따라 자기의 명의와 계산으로 자기의 주식을 취득할 수 있다. 다만, 그 취득가액의 총액은 직전 결산기의 대차대조표상의 순자산액에서 제462조 제1항 각 호의 금액을 뺀 금액을 초과하지 못한다.
1. 거래소에서 시세(時勢)가 있는 주식의 경우에는 거래소에서 취득하는 방법
2. 제345조 제1항의 주식의 상환에 관한 종류주식의 경우 외에 각 주주가 가진 주식 수에 따라 균등한 조건으로 취득하는 것으로서 대통령령으로 정하는 방법
상법 시행령 제9조(자기주식 취득 방법의 종류 등) ① 법 제341조 제1항 제2호에서 "대통령령으로 정하는 방법"이란 다음 각 호의 어느 하나에 해당하는 방법을 말한다.
1. 회사가 모든 주주에게 자기주식 취득의 통지 또는 공고를 하여 주식을 취득하는 방법
2.「자본시장과 금융투자업에 관한 법률」제133조부터 제146조까지의 규정에 따른 공개매수의 방법

자기주식을 취득한 신탁업자로부터 신탁계약이 해지되거나 종료된 때 반환받는 방법이 인정되었으나, 여기에 더하여 "회사가 모든 주주에게 자기주식 취득의 통지 또는 공고를 하여 주식을 취득하는 방법"으로도 취득할 수 있게 되었다.

투자매매업자나 투자중개업자의 자기주식취득의 방법도 위와 같이 제한되므로, 원칙적으로 증권시장에서 취득하여야 한다. 그런데 증권시장에서는 단위 미만의 거래가 되지 않으므로 거래단위 미만의 주식을 보유한 투자자의 경우에 이를 매도하기에 어려움을 겪을 수 있다. 이러한 상황을 감안하여 투자매매업자는 투자자로부터 그 투자매매업자가 발행한 자기주식으로서 증권시장의 매매 수량단위 미만의 주식에 대하여 매도주문을 받은 경우에는 이를 증권시장 밖에서 취득할 수 있게 하였다(법 69조).

Ⅱ. 자기주식의 처분

이 경우 취득한 자기주식은 취득일로부터 3개월 이내에 처분하여야 한다(법 69조, 법 시행령 67조).

제70조(임의매매의 금지)

투자매매업자 또는 투자중개업자는 투자자나 그 대리인으로부터 금융투자상품의 매매의 청약 또는 주문을 받지 아니하고는 투자자로부터 예탁받은 재산으로 금융투자상품의 매매를 하여서는 아니 된다.

Ⅰ. 의 의

임의매매란 투자매매업자 또는 투자중개업자가 투자자나 그 대리인으로부터 금융투자상품의 매매의 청약 또는 주문을 받지 아니하고 투자자로부터 예탁받은 재산으로 금융투자상품의 매매를 하는 것을 말한다(법 70조). 이는 투자매매업자나 투자중개업자의 직원이 고객의 위탁 또는 위임 없이 고객의 재산으로 금융투자상품에 대한 거래행위를 하는 것으로서 위법성이 크다.

임의매매는 다음에 보는 바와 같이 형법 제356조 상의 업무상 배임죄에 해당할 가능성이 있다. 그러나 배임이 성립하기 위해서는 당해 직원에게 자기의 행위가 임무에 반하며 타인에게 손해를 가한다는 점에 대하여 고의가 있어야 하는데, 횡령을 위한 임의매매가 아닌 경우에는 '고의'가 인정되기 어렵다.[1] 따라서 자본시장법에서 이를 규제하고, 그 위반에 대한 처벌규정을 두어 5년 이하의 징역 또는 2억 이하의 벌금에 처하도록 하였다(법 444조 7호).

Ⅱ. 일임매매와 구별

구증권법상으로는 일임매매에 대한 규제규정을 두어 "증권회사는 고객으로부터 유가증권의 매매거래에 관한 위탁을 받은 경우, 그 수량·가격 및 매매시기에 한하여 그 결정을 위임받아 매매거래를 할 수 있다. 이 경우 그 유가증권의 종류·종목 및 매매의 구분과 방법에 관하여는 고객의 결정이 있어야 한다"고 하였다(구증권법 107조). 그러나 증권법상 허용되는 절차에 따른 일임매매는 거의 이루어지지 않고, 불법적인 포괄적인 일임매매가 일반적으로 이루어졌다. 판례도 일임매매에 관한 증권법에 위반한 약정도 사법상으로는 유효하다고 보고 있었다.[2]

자본시장법에서는 구증권법상의 일임매매에 관한 규정을 폐지하였다.[3] 따라서 일임매매를 하고자 하는 금융투자업자는 투자일임업 등록을 하고 그에 대한 영업행위규제 등 법규제를 준수하여야 한다. 다만, 투자일임업 예외사유[4]에서 보는 바와 같이 투자중개업

1) 김건식/정순섭, 「자본시장법(제 2 판)」, 두성사, 2010, 436쪽.

2) 대법원 1979. 3. 27. 선고 78다2483 판결; 대법원 1996. 8. 23. 선고 94다38199 판결; 대법원 2002. 3. 29. 선고 2001다49128 판결 등.

3) 일임매매는 불건전 영업행위로서 자본시장법상 원칙적으로 금지된다(법 71조 6호)

4) 다음의 경우는 투자일임업의 예외사유에 해당한다(법 시행령 7조 3항). 따라서 별도의 투자일임업의 등록이 없이도 가능하다.
예외사유란 투자중개업자가 따로 대가 없이 금융투자상품에 대한 투자판단의 전부나 일부를 일임받는 경우로서 다음 각 호의 어느 하나에 해당하는 경우를 말한다.
1. 투자자가 금융투자상품의 매매거래일(하루에 한정한다)과 그 매매거래일의 총매매수량이나 총매매금액을 지정한 경우로서 투자자로부터 그 지정 범위에서 금융투자상품의 수량·가격 및 시기에 대한 투자판단을 일임받은 경우
2. 투자자가 여행·질병 등으로 일시적으로 부재하는 중에 금융투자상품의 가격 폭락 등 불가피한 사유가 있는 경우로서 투자자로부터 약관 등에 따라 미리 금융투자상품의 매도 권한을 일임받은 경우
3. 투자자가 금융투자상품의 매매, 그 밖의 거래에 따른 결제나 증거금의 추가 예탁 또는 법 제72조에 따른 신용공여와 관련한 담보비율 유지의무나 상환의무를 이행하지 아니한 경우로서 투자자로부터 약관 등에 따라 금융투자상품의 매도권한(파생상품인 경우에는 이미 매도한 파생상품의 매수권한을 포함한다)을 일임받은 경우
4. 투자자가 투자중개업자가 개설한 계좌에 금전을 입금하거나 해당 계좌에서 금전을 출금하는 경우에는 따로 의사표시가 없어도 자동으로 법 제229조 제 5 호에 따른 단기금융집합투자기구(이하 "단기금융집합투자기구"라 한다)의 집합투자증권 등을 매수 또는 매도하거나 증권을 환매를 조건으로 매수 또는 매도하기로 하는 약정을 미리 해당 투자중개업자와 체결한 경우로서 투자자로부터 그 약정에 따라 해당 집합투자증권 등을 매수 또는 매도하는 권한을 일임받거나 증권을 환매를 조건으로 매수 또는 매도하는 권한을 일임받은 경우

자가 투자자의 매매주문을 받아 이를 이행하는 과정에서 일부 재량적 처리를 할 수밖에 없는 상황이 발생할 수 있는데, 이는 투자일임 유사행위로서 투자일임업으로 보지는 않는다.

임의매매의 경우는 구증권법상으로도 금지되었는데(구증권법 52조의3), 일임매매와 임의매매의 구분이 애매할 수 있다. 실제로 주가가 하락한 경우 당사자간에 있어서 포괄적 일임매매인가 임의매매인가에 대한 분쟁이 발생하고는 하였다. 자본시장법상 일임매매는 금지되지만 이를 무효로 볼 것은 아니기에 역시 분쟁의 소지가 있게 된다.

그 구분은 구체적 사안에 따라 해결될 수밖에 없을 것인데, 투자자가 거래에 대하여 이의제기를 하였는가 여부 등이 임의매매 여부를 판단함에 있어서 고려될 것이다. 또한 투자자가 투자일임을 하여 놓고 사후적으로 문제를 삼을 수도 있으므로 녹취 등 증거의 확보가 중요한 의미를 가진다.

Ⅲ. 매매결과의 귀속과 추인

투자매매업자나 투자중개업자의 임의매매가 있는 경우에 증권시장에서 그 매매가 무효로 되는 것은 아니다. 그러나 투자자가 투자매매업자나 투자중개업자에 대하여 거래를 추인하지 않는 한 그 매매결과가 투자자에게 귀속되지는 않는다.

임의매매에 대한 추인이 가능할 것인가에 대하여는 본조가 투자자보호를 위한 규정이라는 점에서 일반적으로 이를 인정하고 있다.[1] 대법원은 묵시적 추인도 가능하다는 입장이다.[2]

추인과 관련하여 무단매수 후 투자자의 매도위탁에 의하여 매도한 경우에는 투자자가 무단매입에 대하여 묵시적 추인을 한 것으로 해석될 수 있으나, 묵시적 추인은 제한적으로 인정하여야 한다. 판례에서는 "무권대리행위는 그 효력이 불확정 상태에 있다가 본인의 추인 유무에 따라 본인에 대한 효력발생 여부가 결정되는 것으로서, 추인은 무권대리행위가 있음을 알고 그 행위의 효과를 자기에게 귀속시키도록 하는 단독행위인바, 증권회사의 고객이 그 직원의 임의매매를 묵시적으로 추인하였다고 하기 위하여는 자신이 처한 법적 지위를 충분히 이해하고 진의에 기하여 당해 매매의 손실이 자기에게 귀속된다는 것을 승인하는 것으로 볼 만한 사정이 있어야 할 것이고, 나아가 임의매매를 사후에 추인한 것으로 보게 되면 그 법률효과는 모두 고객에게 귀속되고 그 임의매매행위가 불법행위를 구성하지 않게 되어 임의매매로 인한 손해배상청구도 할 수 없게 되므로,

---

5. 그 밖에 투자자 보호 및 건전한 금융거래질서를 해칠 염려가 없는 경우로서 금융위원회가 정하여 고시하는 경우.

1) 한국증권법학회, 전게서(2009), 319쪽; 임재연, 전게서(2014), 205쪽; 김건식, 전게서(2006), 437쪽.

2) 대법원 2003. 12. 26. 선고 2003다49542 판결.

임의매매의 추인, 특히 묵시적 추인을 인정하려면, 고객이 임의매매 사실을 알고도 이의를 제기하지 않고 방치하였는지 여부, 임의매수에 대해 항의하면서 곧바로 매도를 요구하였는지 아니면 직원의 설득을 받아들이는 등으로 주가가 상승하기를 기다렸는지, 임의매도로 계좌에 입금된 그 증권의 매도대금(예탁금)을 인출하였는지 또는 신용으로 임의매수한 경우 그에 따른 그 미수금을 이의 없이 변제하거나, 미수금 변제독촉에 이의를 제기하지 않았는지 여부 등의 여러 사정을 종합적으로 검토하여 신중하게 판단하여야 할 것이다"고 판시하였다.[1]

이렇게 추인이 인정되므로 투자자로서는 투자매매업자나 투자중개업자에 대하여 거래를 추인하여 유효를 주장하거나, 거래가 고객에 대하여는 무효임을 전제로 거래대금상당액의 예탁금의 반환 혹은 원물반환을 청구할 수 있다.[2]

Ⅳ. 투자자의 구제

1. 손해배상청구권

(1) 의 의

임의매매를 한 경우에는 채무불이행 또는 불법행위에 해당할 수 있다. 판례도 대제로 불법행위의 성립을 인정하고,[3] 채무불이행 성립을 인정한 경우[4]도 있다. 또한 자본시장법에서는 금융투자업자가 법령위반 등의 행위를 한 경우에 투자자에 대한 손해배상책임을 인정한다(법 64조). 금융투자업자의 위법행위로 손해를 본 경우에 투자자는 민사상 불법행위에 기한 손해배상청구를 할 수 있지만 자본시장법에서는 투자자보호를 위하여 그 요건을 완화하여 금융투자업자의 손해배상책임을 인정하고 있으므로 이 규정에 의한 손해배상책임의 가능성도 있게 된다.[5]

다만 투자자의 의사에 따라 증권의 매수 후 투자매매업자나 투자중개업자의 직원이 무단으로 매도한 경우, 손해배상청구권에 대해서 매매거래의 결과가 고객에게 귀속되지 않기 때문에 고객에게는 아무런 손해도 발생하지 않고, 따라서 고객의 손해배상청구권이 인정되지 않는다는 주장도 있다.[6] 그러나 투자자는 증권의 매도로 인하여 예탁결제원에 혼장임치된 증권에 대해서 자신이 가지는 공유지분권침해로 인한 손해배상청구권을 행사할

1) 대법원 2002. 10. 11. 선고 2001다59217 판결.
2) 임재연, 전게서(2014), 205쪽.
3) 대법원 1993. 9. 28. 선고 93다26618 판결 외.
4) 대법원 1994. 9. 9. 선고 93다40256 판결.
5) 여기서 손해배상청구를 위한 요건으로서 위법성을 요구하지 않는 것 등에 비추어 이 조항의 책임은 법정책임이라고 볼 수 있다. 이 규정의 성질을 법정책임이라고 보았을 때 민사상 불법행위에 기한 손해배상책임과는 청구권경합의 관계에 서게 된다(통설, 판례).
6) 이것은 일본 최고재판소(平成 4.2.28. 判例ダイミズ 83號, 78頁)의 견해이다. 임재연, 전게서(2014), 206쪽.

수 있고, 따라서 고객은 손해배상청구권과 원물반환청구권을 선택적으로 행사할 수 있다.[1]

우리 민법은 채무불이행이든 불법행위이든 금전배상의 원칙을 취하고 있으므로(민법 394조, 763조), 손해배상은 금전배상에 의한다.

(2) 손해배상의 기준시점

주가는 항상 변동하므로 손해액 산정의 기준시점을 언제로 할 것인가에 따라 손해배상액도 차이가 날 수 있다. 이에 대하여 임의매매시를 기준으로 하여야 한다는 견해는 손해배상채권의 내용은 원칙적으로 채권의 발생시, 즉 손해의 발생시를 기준으로 한다는 점을 논거로 한다. 이에 반하여 사실심변론종결시를 기준으로 하여야 한다는 견해는 투자자에게 피해가 없었던 상태로 돌리는 것이 손해배상의 이상이라고 한다.[2]

투자자의 입장에서는 주가가 변동하므로 어느 한 견해를 취하는 것이 항상 유리하다고 볼 수는 없다.

임의매매와 관련하여 판례는 손해액의 산정은 처분시의 시가를 기준으로 결정하되 처분후의 주가상승으로 인한 손해는 특별손해로 본다고 하여,[3] 처분시를 기준시점으로 삼고 있다.

(3) 손해액의 산정

여기서 손해액은 임의매매가 없었던 상태에 투자자가 가지고 있던 주식평가액 및 예탁금 등의 잔고와 임의매매를 한 이후의 상태, 즉 고객이 임의매매사실을 알고 문제를 제기할 당시에 가지게 된 주식평가액 및 예탁금 등의 잔고의 차액이다.[4]

무단매도로 인한 손해배상액에 대하여 무단처분시의 가격이 통상의 손해이고, 처분후의 주가상승으로 인한 손해는 특별손해로 보고 있다.[5] 따라서 불법행위자인 증권회사의 직원이 주가상승을 알았거나 알 수 있었던 경우에 한하여 손해배상책임이 인정되므로[6] 다음에 보는 원물반환청구권을 행사하는 것이 유리하다.

투자매매업자나 투자중개업자가 고객의 주식을 임의로 처분함으로써 이들 주식으로부터 발생하였을 배당금을 수령하지 못한 경우와 신주발행이 있었으나 이를 인수하지 못

---

1) 임재연, 전게서(2014), 206쪽.
2) 권순일, "증권회사 담보유가증권 보관·처분의 법률관계," 「상사판례연구(Ⅲ), 박영사, 1996, 459쪽.
3) 대법원 1993. 9. 28. 선고 93다26618 판결; 대법원 1995. 10. 12. 선고 94다16786 판결; 대법원 2000. 11. 24. 선고 2000다1327 판결.
4) 대법원 2003. 12. 26. 선고 2003다49542 판결.
5) 대법원 1993. 9. 28. 선고 93다26618 판결; 대법원 1995. 10. 12. 선고 94다16786 판결; 대법원 2000. 11. 24. 선고 2000다1327 판결 등.
6) 판례는 "불법행위자가 주식을 처분할 때 그와 같은 특별한 사정을 알았거나 알 수 있었고, 또 고객이 주식의 가격이 올랐을 때 주식을 매도하여 그로 인한 이익을 확실히 취득할 수 있었던 경우에 한한다."고 하였다(대법원 2007. 6. 14. 선고 2004다4553 판결 등). 이에 따라 투자자가 특별손해를 배상받을 수 있는 경우는 사실상 거의 없을 것이라고 한다. 김건식/정순섭, 전게서(2010), 438쪽.

한 경우에 이를 손해액의 산정에 포함시킬 수 있을 것인가도 문제된다. 배당금의 지급이나 무상신주를 배정받을 권리는 주주권에 속하므로, 이를 받지 못함으로써 투자자가 입은 손해는 통상의 손해로 보아 손해액의 산정에 포함해야 할 것이다.[1]

유상신주에 대해서는 달리 보아야 한다는 견해가 있다.[2] 유상신주는 주주가 꼭 인수하는 것이 아니기 때문에 손해의 발생여부는 상당히 유동적이라고 할 수 있다. 다만 유상신주의 발행가격이 시가보다 현저히 낮아 투자자가 신주인수를 할 것으로 예상된 경우에는 그 차액이 특별손해에 해당한다고 볼 수 있으므로, 투자매매업자나 투자중개업자가 위 사정을 알거나 알 수 있었을 경우에 한하여 손해배상청구가 가능하다.[3]

2. 증권의 반환청구권

투자매매업자나 투자중개업자가 투자자의 증권을 임의로 처분한 후 주가가 상승한 경우에 주가 상승분은 특별손해로 배상을 받기가 어렵다. 이 때 투자자가 손해배상청구를 하는 대신에 주식의 반환을 청구할 수 있는가가 문제된다. 투자자는 임의매매의 효과를 무효로 볼 수 있으므로 원상회복청구권의 행사 즉 주식의 반환을 요구할 수 있다고 할 것이다.[4] 판례도 주권반환청구를 인정하고 있다.[5] 대용주식을 임의매매한 경우에도 투자매매업자나 투자중개업자가 투자자의 주식을 보관하는 경우라는 점에서 예탁주식에 차이가 없기 때문에 이를 달리 취급할 것은 아니다.[6] 다만 주식의 경우 투자자가 투자매매업자나 투자중개업자에게 예탁한 경우 이는 한국예탁결제원에 혼장임치되기 때문에 반환시에는 동종·동량의 주식을 반환하면 된다.

위와 반대로 투자매매업자나 투자중개업자가 투자자의 증권을 임의로 처분한 후 주가가 하락한 경우에 투자매매업자나 투자중개업자 쪽에서 증권을 반환하는 것이 가능한가도 문제된다. 이에 대하여 투자자는 임의매매가 없었다면 주식의 계속보유로 주가하락에 따른 손실을 입었을 것이므로 투자매매업자나 투자중개업자도 금전배상 대신에 주식을 반환함으로써 채무를 면할 수 있다고 보기도 한다.[7]

그러나 이 견해에 의하면 주가가 지속적으로 하락한 경우에도 투자자가 그 손실을

1) 김건식, "고객의 주식을 보관하는 증권회사의 의무," 「상사판례연구(Ⅲ)」, 박영사, 1996, 500쪽; 권순일, 전게논문(1996), 461쪽, 281쪽; 한국증권법학회, 전게서(2009), 321쪽; 대법원 1991. 5. 24. 선고 90다14416 판결.

2) 권순일, 전게논문(1996), 462쪽. 판례도 달리 취급하고 있다. 대법원 1991. 5. 24. 선고 90다14416 판결.

3) 권순일, 상게논문, 462쪽, 김건식 교수는 유상신주의 경우에도 증권회사가 손해배상의무를 진다고 본다. 김건식, 전게논문(1996), 500쪽.

4) 김건식/정순섭, 전게서(2010), 438쪽; 한국증권법학회, 전게서(2009), 322쪽; 권순일, 전게논문(1996), 457쪽.

5) 대법원 1992. 3. 27. 선고 92다1698 판결.

6) 김건식/정순섭, 전게서(2010), 438쪽; 권순일, 전게논문(1996), 457쪽.

7) 권순일, 전게논문(1996), 458쪽; 김건식/정순섭, 전게서(2010), 438쪽.

떠안아야 하는데, 투자매매업자나 투자중개업자의 임의매매로 투자자의 입장에서는 증권을 보유하지 못하여 주식하락에 적절히 대응할 수 없는 입장에 있었는데도 주가하락으로 인한 손해를 투자자에게 부과하는 것은 부당하다. 판례도 신용거래 약정이 있는 경우에 증권회사가 증권을 임의로 처분한 사안에서, “원고의 손해는 특별한 사정이 없는 한 금전으로 배상하여야 한다”고 하여 주식의 반환에 대해서는 부정한다.[1)]

Ⅴ. 업무상 배임죄의 성립

업무상 배임죄가 성립하기 위해서는 주관적으로 배임행위의 결과 본인에게 재산상의 손해가 발생 또는 발생될 염려가 있다는 인식과 자기 또는 제 3 자가 재산상의 이득을 얻는다는 인식이 있으면 족한 것이고, 자신의 행위가 임무에 반하며 본인에게 재산상의 손해를 가한다는 의사나 자기 또는 제 3 자에게 재산상의 이득을 얻게 하려는 목적까지는 요하지 않는다.

그런데 투자매매업자나 투자중개업자는 투자자에 대하여 선관주의의무에 따라 업무를 처리해야 할 지위에 있다고 할 수 있다. 그런데 임의매매의 경우 유가증권의 시세변동으로 인하여 고객에게 손해가 발생될 염려가 있다는 인식이 미필적으로나마 있었다고 할 것이고, 금융투자업자는 매매거래로 인한 수수료를 이득으로 취득할 것이므로 투자매매업자나 투자중개업자의 직원이 임의매매를 한 경우에는 특별한 사정이 없는 한 업무상 배임죄가 성립한다.

판례도 임의매매가 있는 경우에 증권회사에 대해서 특별한 사정이 없는 한 업무상 배임죄가 성립한다고 하였다.[2)]

[초판: 최문희, 개정판: 김택주]

제71조(불건전 영업행위의 금지)

투자매매업자 또는 투자중개업자는 다음 각 호의 어느 하나에 해당하는 행위를 하여서는 아니 된다. 다만, 투자자 보호 및 건전한 거래질서를 해할 우려가 없는 경우로서 대통령령으로 정하는 경우에는 이를 할 수 있다.

1. 투자자로부터 금융투자상품의 가격에 중대한 영향을 미칠 수 있는 매수 또는 매도의 청약이나 주문을 받거나 받게 될 가능성이 큰 경우 이를 체결시키기 전에 그 금융투자상품을 자기의 계산으로 매수 또는 매도하거나 제삼자에게 매수 또는 매도를 권유하는 행위

1) 대법원 1994. 9. 9. 선고 93다40256 판결.
2) 대법원 1995. 11. 21. 선고 94도1598 판결.

2. 특정 금융투자상품의 가치에 대한 주장이나 예측을 담고 있는 자료(이하 "조사분석자료"라 한다)를 투자자에게 공표함에 있어서 그 조사분석자료의 내용이 사실상 확정된 때부터 공표 후 24시간이 경과하기 전까지 그 조사분석자료의 대상이 된 금융투자상품을 자기의 계산으로 매매하는 행위
3. 조사분석자료 작성을 담당하는 자에 대하여 대통령령으로 정하는 기업금융업무와 연동된 성과보수를 지급하는 행위
4. 다음 각 목의 어느 하나에 해당하는 증권의 모집 또는 매출과 관련한 계약을 체결한 날부터 그 증권이 증권시장에 최초로 상장된 후 대통령령으로 정하는 기간 이내에 그 증권에 대한 조사분석자료를 공표하거나 특정인에게 제공하는 행위
   가. 주권
   나. 대통령령으로 정하는 주권 관련 사채권
   다. 가목 또는 나목과 관련된 증권예탁증권
5. 투자권유대행인 및 투자권유자문인력이 아닌 자에게 투자권유를 하게 하는 행위
6. 투자자로부터 금융투자상품에 대한 투자판단의 전부 또는 일부를 일임받아 투자자별로 구분하여 금융투자상품을 취득·처분, 그 밖의 방법으로 운용하는 행위. 다만, 투자일임업으로서 행하는 경우와 제7조 제4항에 해당하는 경우에는 이를 할 수 있다.
7. 그 밖에 투자자 보호 또는 건전한 거래질서를 해할 우려가 있는 행위로서 대통령령으로 정하는 행위

시행령 제**68**조(불건전 영업행위의 금지) ① 법 제71조 각 호 외의 부분 단서에서 "대통령령으로 정하는 경우"란 다음 각 호의 어느 하나에 해당하는 경우를 말한다. 〈개정 2012. 6. 29., 2013. 8. 27.〉

1. 법 제71조 제1호를 적용할 때 다음 각 목의 어느 하나에 해당하는 경우
   가. 투자자의 매매에 관한 청약이나 주문에 관한 정보를 이용하지 아니하였음을 증명하는 경우
   나. 증권시장(다자간매매체결회사에서의 거래를 포함한다)과 파생상품시장 간의 가격 차이를 이용한 차익거래, 그 밖에 이에 준하는 거래로서 투자자의 정보를 의도적으로 이용하지 아니하였다는 사실이 객관적으로 명백한 경우
2. 법 제71조 제2호를 적용할 때 다음 각 목의 어느 하나에 해당하는 경우
   가. 조사분석자료의 내용이 직접 또는 간접으로 특정 금융투자상품의 매매를 유도하는 것이 아닌 경우
   나. 조사분석자료의 공표로 인한 매매유발이나 가격변동을 의도적으로 이용하였다고 볼 수 없는 경우
   다. 공표된 조사분석자료의 내용을 이용하여 매매하지 아니하였음을 증명하는 경우
   라. 해당 조사분석자료가 이미 공표한 조사분석자료와 비교하여 새로운 내용을 담고 있지 아니한 경우
3. 법 제71조 제3호를 적용할 때 해당 조사분석자료가 투자자에게 공표되거나 제공되지 아니하고 금융투자업자 내부에서 업무를 수행할 목적으로 작성된 경우
4. 법 제71조 제5호를 적용할 때 투자권유대행인 및 투자권유자문인력이 아닌 자에게 금적립계좌등에 대한 투자권유를 하게 하는 경우

② 법 제71조 제3호에서 "대통령령으로 정하는 기업금융업무"란 다음 각 호의 어느 하나에 해당하는 업무를 말한다. 〈개정 2012. 6. 29.〉

1. 인수업무
2. 모집·사모·매출의 주선업무
3. 기업의 인수 및 합병의 중개·주선 또는 대리업무
4. 기업의 인수·합병에 관한 조언업무

4의2. 설비투자, 사회간접자본 시설투자, 자원개발, 그 밖에 상당한 기간과 자금이 소요되는 프로젝트를 수주(受注)한 기업을 위하여 사업화 단계부터 특수목적기구(특정 프로젝트를 사업으로 운영하고 그 수익을 주주 등에게 배분하는 목적으로 설립된 회사, 그 밖의 기구를 말한다)에 대하여 신용공여, 출자, 그 밖의 자금지원(이하 이 항에서 "프로젝트금융"이라 한다)을 하는 자금조달구조를 수립하는 등 해당 사업을 지원하는 프로젝트금융에 관한 자문업무

4의3. 프로젝트금융을 제공하려는 금융기관 등을 모아 일시적인 단체를 구성하고 자금지원조건을 협의하는 등 해당 금융기관 등을 위한 프로젝트금융의 주선업무

4의4. 제 4 호의2에 따른 자문업무 또는 제 4 호의3에 따른 주선업무에 수반하여 이루어지는 프로젝트금융

5. 사모투자전문회사재산의 운용업무

③ 법 제71조 제 4 호 각 목 외의 부분에서 "대통령령으로 정하는 기간"이란 40일을 말한다. 〈개정 2009. 2. 3.〉

④ 법 제71조 제 4 호 나목에서 "대통령령으로 정하는 주권 관련 사채권"이란 전환사채권, 신주인수권부사채권, 교환사채권(주권, 전환사채권 또는 신주인수권부사채권과 교환을 청구할 수 있는 교환사채권만 해당한다) 및 제176조의12에 따른 전환형 조건부자본증권을 말한다. 〈개정 2009. 2. 3., 2013. 8. 27.〉

⑤ 법 제71조 제 7 호에서 "대통령령으로 정하는 행위"란 다음 각 호의 어느 하나에 해당하는 행위를 말한다. 〈개정 2010. 6. 11.〉

1. 법 제 9 조 제 5 항 단서에 따라 일반투자자와 같은 대우를 받겠다는 전문투자자(제10조 제 1 항 각 호의 자는 제외한다)의 요구에 정당한 사유 없이 동의하지 아니하는 행위
2. 일반투자자의 투자목적, 재산상황 및 투자경험 등을 고려하지 아니하고 일반투자자에게 지나치게 자주 투자권유를 하는 행위
3. 투자자(투자자가 법인, 그 밖의 단체인 경우에는 그 임직원을 포함한다) 또는 거래상대방(거래상대방이 법인, 그 밖의 단체인 경우에는 그 임직원을 포함한다) 등에게 업무와 관련하여 금융위원회가 정하여 고시하는 기준을 위반하여 직접 또는 간접으로 재산상의 이익을 제공하거나 이들로부터 재산상의 이익을 제공받는 행위
4. 증권의 인수업무 또는 모집·사모·매출의 주선업무와 관련하여 다음 각 목의 어느 하나에 해당하는 행위
   가. 발행인이 법 제119조 제 3 항에 따른 증권신고서(법 제122조 제 1 항에 따른 정정신고서와 첨부서류를 포함한다)와 법 제123조 제 1 항에 따른 투자설명서(법 제124조 제 2 항 제 2 호에 따른 예비투자설명서 및 법 제124조 제 2 항 제 3 호에 따른 간이투자설명서를 포함한다) 중 중요사항에 관하여 거짓의 기재 또는 표시를 하거나 중요사항을 기재 또는 표시하지 아니하는 것을 방지하는 데 필요한 적절한 주의를 기울이지 아니하는 행위
   나. 증권의 발행인·매출인 또는 그 특수관계인에게 증권의 인수를 대가로 모집·사모·매출 후 그 증권을 매수할 것을 사전에 요구하거나 약속하는 행위
   다. 인수(모집·사모·매출의 주선을 포함한다. 이하 이 호에서 같다)하는 증권의 배정을 대가로 그 증권을 배정받은 자로부터 그 증권의 투자로 인하여 발생하는 재산상의 이익을 직접 또는 간접으로 분배받거나 그 자에게 그 증권의 추가적인 매수를 요구하는 행위
   라. 인수하는 증권의 청약자에게 증권을 정당한 사유 없이 차별하여 배정하는 행위
   마. 그 밖에 투자자의 보호나 건전한 거래질서를 해칠 염려가 있는 행위로서 금융위원회가 정하여 고시하는 행위
5. 금융투자상품의 가치에 중대한 영향을 미치는 사항을 미리 알고 있으면서 이를 투자자에게 알리지 아니하고 해당 금융투자상품의 매수나 매도를 권유하여 해당 금융투자상품을 매도하거나 매수하는 행위
6. 투자자가 법 제174조·제176조 및 제178조를 위반하여 매매, 그 밖의 거래를 하려는 것을 알고 그 매매, 그 밖의 거래를 위탁받는 행위
7. 금융투자상품의 매매, 그 밖의 거래와 관련하여 투자자의 위법한 거래를 감추어 주기 위하여 부정한 방법을 사용하는 행위
8. 금융투자상품의 매매, 그 밖의 거래와 관련하여 결제가 이행되지 아니할 것이 명백하다고 판단되는 경우임에도 정당한 사유 없이 그 매매, 그 밖의 거래를 위탁받는 행위
9. 투자자에게 해당 투자매매업자·투자중개업자가 발행한 자기주식의 매매를 권유하는 행위
10. 투자자로부터 집합투자증권(증권시장에 상장된 집합투자증권은 제외한다)을 매수하거나 그 중개·주선 또는 대리

하는 행위. 다만, 법 제235조 제6항 단서에 따라 매수하는 경우는 제외한다.

11. 법 제55조 및 제71조에 따른 금지 또는 제한을 회피할 목적으로 하는 행위로서 장외파생상품거래, 신탁계약, 연계거래 등을 이용하는 행위
12. 채권자로서 그 권리를 담보하기 위하여 백지수표나 백지어음을 받는 행위
13. 집합투자증권의 판매업무와 집합투자증권의 판매업무 외의 업무를 연계하여 정당한 사유 없이 고객을 차별하는 행위
14. 그 밖에 투자자의 보호나 건전한 거래질서를 해칠 염려가 있는 행위로서 금융위원회가 정하여 고시하는 행위[1)]

---

1) 제4-20조(불건전 영업행위의 금지) ① 영 제68조 제5항 제14호에서 "금융위원회가 정하여 고시하는 행위"란 다음 각 호의 어느 하나에 해당하는 행위를 말한다.

1. 경쟁을 제한할 목적으로 다른 투자매매업자 또는 투자중개업자와 사전에 협의하여 금융투자상품의 매매호가, 매매가격, 매매조건 또는 수수료 등을 정하는 행위
2. 다른 투자매매업자 또는 투자중개업자에 대하여 금융투자상품의 매매호가, 매매가격, 매매조건 또는 수수료 등의 변경을 요구하거나 직접 또는 간접으로 이를 강요하는 행위
3. 투자자의 거래가 탈세의 수단으로 하는 행위라는 사실을 알면서도 이를 지원하거나 알선하는 행위
4. 금융투자상품의 시장가격에 중대한 영향을 미칠 것으로 예상되는 투자자의 매매주문을 위탁받고 이를 시장에 공개하기 전에 당해 주문에 관한 정보를 제3자에게 제공하는 행위. 다만, 다음 각 목의 요건을 모두 충족하는 정보제공행위는 제외한다.
   가. 정보의 제공이 당해 매매주문의 원활한 체결을 위한 것일 것
   나. 정보를 제공받는 자가 예상되는 가격변동을 이용한 매매를 하지 아니하거나 주문정보를 다른 제3자에게 전달하지 아니할 것이라고 믿을 수 있는 합리적 근거가 있을 것
   다. 매매주문을 위탁한 투자자에 관한 일체의 정보제공이 없을 것
5. 투자권유와 관련하여 다음 각 목의 어느 하나에 해당하는 행위
   가. 일반투자자를 대상으로 빈번한 금융투자상품의 매매거래 또는 과도한 규모의 금융투자상품의 매매거래를 권유하는 행위. 이 경우 특정거래가 빈번한 거래인지 또는 과도한 거래인지 여부는 다음의 사항을 감안하여 판단한다.
   (1) 일반투자자가 부담하는 수수료의 총액
   (2) 일반투자자의 재산상태 및 투자목적에 적합한지 여부
   (3) 일반투자자의 투자지식이나 경험에 비추어 당해 거래에 수반되는 위험을 잘 이해하고 있는지 여부
   (4) 개별 매매거래시 권유내용의 타당성 여부
   나. 투자자를 거래상대방으로 하여 매매하는 경우 외에 금융투자상품시장에서 자기계산에 따라 금융투자상품 매매를 유리하게 또는 원활히 할 목적으로 투자자에게 특정 금융투자상품의 매매를 권유하는 행위 〈개정 2013. 9. 17〉
   다. 신뢰할 만한 정보·이론 또는 논리적인 분석·추론 및 예측 등 적절하고 합리적인 근거를 가지고 있지 아니하고 특정 금융투자상품의 매매거래나 특정한 매매전략·기법 또는 특정한 재산운용배분의 전략·기법을 채택하도록 투자자에게 권유하는 행위
   라. 다음의 어느 하나에 해당하는 일반투자자 외의 일반투자자에게 투자권유를 함에 있어 법 제46조 제2항 및 제3항을 위반하는 행위
   (1) 단기금융집합투자기구의 집합투자증권, 국채증권, 지방채증권, 특수채증권, 그 밖에 이에 준하는 것으로서 위험이 높지 않은 증권만을 거래하는 투자자
   (2) 투자매매업자 또는 투자중개업자가 법 제46조 제2항 및 제3항에 따른 의무를 부담하지 아니하여도 무방하다는 의사를 서면 또는 전자통신 등의 방법으로 명확하게 표시한 투자자
   (3) 투자매매업자 또는 투자중개업자가 투자자에게 투자자정보를 제공하지 아니하면 보호를 받을 수 없다는 점을 통지하였음에도 불구하고 자신의 정보를 제공하지 않겠다는 의사를 서면으로 제출한 투자자. 다만, 당해 투자자가 그 투자자정보 중 일부만을 제공한 경우에는 그 제공된 정보의 범위내에서 법 제46조 제2항 및 제3항을 적용한다.
   마. 라목(3) 본문에 해당하는 일반투자자를 상대로 다음의 어느 하나에 해당하는 증권투자나 거래를 권유하는 행위

(1) 증권시장에 상장되어 있지 아니한 증권으로서 향후 상장이 확정되지 아니한 증권
(2) 증권시장에서 투자경고종목·투자위험종목·관리종목으로 지정된 증권
(3) 투자적격등급에 미치지 아니하거나 신용등급을 받지 아니한 사채권, 자산유동화증권, 기업어음증권 및 이에 준하는 고위험 채무증권
(4) 신용거래 및 투자자예탁재산규모에 비추어 결제가 곤란한 증권거래
(5) 파생상품(파생결합증권 및 법 제93조에서 정한 집합투자기구의 집합투자증권을 포함한다)거래 〈개정 2008. 12. 26.〉

바. 해당 영업에서 발생하는 통상적인 이해가 아닌 다른 특별한 사유(인수계약 체결, 지급보증의 제공, 대출채권의 보유, 계열회사 관계 또는 자기가 수행 중인 기업인수 및 합병 업무대상, 발행주식총수의 1% 이상 보유 등)로 그 금융투자상품의 가격이나 매매와 중대한 이해관계를 갖게 되는 경우에 그 내용을 사전에 일반투자자에게 알리지 아니하고 특정 금융투자상품의 매매를 권유하는 행위. 다만, 다음의 어느 하나에 해당하는 사유로 이를 알리지 아니한 경우는 제외한다.
(1) 투자자가 매매권유 당시에 당해 이해관계를 알고 있었거나 알고 있었다고 볼 수 있는 합리적 근거가 있는 경우. 다만, 조사분석자료에 따른 매매권유의 경우는 제외한다.
(2) 매매를 권유한 임직원이 그 이해관계를 알지 못한 경우. 다만, 투자매매업자 또는 투자중개업자가 그 이해관계를 알리지 아니하고 임직원으로 하여금 당해 금융투자상품의 매매를 권유하도록 지시하거나 유도한 경우는 제외한다.
(3) 당해 매매권유가 투자자에 대한 최선의 이익을 위한 것으로 인정되는 경우. 다만, 조사분석자료에 따른 매매권유의 경우는 제외한다.

사. 조사분석자료를 작성하거나 이에 영향력을 행사하는 자가 자신의 재산적 이해에 영향을 미칠 수 있는 금융투자상품의 매매를 일반투자자에게 권유하는 경우 그 재산적 이해관계를 고지하지 아니하는 행위. 이 경우 재산적 이해의 범위, 고지의 내용과 방법에 관한 사항은 협회가 정한다.

아. 특정 금융투자상품의 매매를 권유한 대가로 권유대상 금융투자상품의 발행인 및 그의 특수관계인등 권유대상 금융투자상품과 이해관계가 있는 자로부터 재산적 이익을 제공받는 행위

자. 바목에 불구하고 일반투자자를 상대로 계열회사가 발행한 증권 중 투자적격등급에 미치지 아니하거나 또는 신용등급을 받지 아니한 사채권, 자산유동화증권, 기업어음증권 및 이에 준하는 고위험 채무증권(이하 "고위험 채무증권 등"이라 한다)의 매매를 권유하는 행위 〈신설 2013. 4. 23〉

6. 조사분석자료의 작성 및 공표와 관련하여 다음 각 목의 어느 하나에 해당하는 행위

가. 조사분석자료를 일반인에게 공표하기 전에 조사분석자료 또는 조사분석자료의 주된 내용을 제3자(나목의 조사분석자료 작성업무에 관여한 자를 제외한다)에게 먼저 제공한 경우 당해 조사분석자료를 일반인에게 공표할 때에는 이를 제3자에게 먼저 제공하였다는 사실과 최초의 제공시점을 함께 공표하지 않는 행위

나. 조사분석자료의 작성업무에 관여한 계열회사, 계열회사의 임직원, 그 밖에 이에 준하는 자가 있는 경우 사전에 그 자에 대하여 법 제71조 제2호에 따른 매매거래를 하지 아니하도록 요구하지 아니하는 행위 〈개정 2009. 7. 6〉

다. 나목의 요구를 하였으나 이에 응하지 않을 경우 조사분석자료의 작성과정에 관여하지 못하도록 하는 등 필요한 적절한 조치를 취하지 않는 행위

7. 다음 각 목의 어느 하나에 해당하는 행위[사전에 준법감시인(준법감시인이 없는 경우에는 감사 등 이에 준하는 자를 말한다)에게 보고한 경우에 한한다]를 제외하고 증권의 매매, 그 밖에 거래와 관련하여 손실을 보전하거나 이익을 보장하는 행위

가. 투자매매업자·투자중개업자 및 그 임직원이 자신의 위법(과실로 인한 위법을 포함한다. 이하 이 조에서 같다)행위여부가 불명확한 경우 사적 화해의 수단으로 손실을 보상하는 행위. 다만, 증권투자의 자기책임원칙에 반하는 경우에는 그러하지 아니하다.

나. 투자매매업자 또는 투자중개업자의 위법행위로 인하여 손해를 배상하는 행위

다. 분쟁조정 또는 재판상의 화해절차에 따라 손실을 보상하거나 손해를 배상하는 행위

8. 일중매매거래 및 시스템매매와 관련하여 다음 각 목의 어느 하나에 해당하는 행위

가. 일중매매거래 및 시스템매매 프로그램의 투자실적에 관하여 허위의 표시를 하거나 과장 등으로 오해를 유발하는 표시를 하는 행위

나. 일중매매거래나 시스템매매에 수반되는 위험을 일반투자자에게 고지하지 아니하는 행위. 이 경우 위험고지의 대상·시기·방법 및 내용에 대하여는 협회가 정한다.
다. 금융투자상품 거래에 관한 경험·지식·재산상태 및 투자목적 등에 비추어 일중매매거래에 적합하다고 보기 어려운 일반투자자를 상대로 일중매매거래기법을 교육하는 등 일중매매거래를 권유하는 행위
라. 금융투자상품 거래에 관한 경험·지식 등에 비추어 당해 투자자가 시스템매매를 바르게 이해하고 있다고 볼 수 있는 합리적 근거가 있는 경우를 제외하고는 일반투자자를 상대로 특정 시스템매매 프로그램의 이용을 권유하는 행위

9. 설명의무 및 매매거래 전 정보제공과 관련하여 다음 각 목의 어느 하나에 해당하는 행위
가. 투자자의 매매거래주문을 처리하기 전에 다음의 사실을 고지하지 아니하는 행위. 다만, 투자자가 이미 이를 알고 있다고 인정할 만한 합리적 근거가 있는 경우는 제외한다.
(1) 당해 매매거래에 있어서 투자매매업자·투자중개업자가 동시에 다른 투자자의 위탁매매인, 중개인 또는 대리인의 역할을 하는 경우 그 사실
(2) 중개 또는 대리시 매매상대방이 투자자의 실명을 요구하는 때에는 이를 알릴 수 있다는 사실
(3) 매매거래의 결제를 위하여 증권의 실물을 전달하게 되는 경우 당해 증권의 하자와 관련한 책임소재
나. 다음의 어느 하나에 해당하는 경우를 제외하고 법 제47조에 따른 설명의무를 이행하기 위한 설명서를 교부하지 아니하는 행위. 이 경우 설명서의 구체적인 내용은 협회가 정한다.
(1) 서명 또는 기명날인으로 설명서의 수령을 거부하는 경우
(2) 설명서에 갈음하는 투자설명서를 교부하는 경우
다. 나목에 따른 설명서를 각 영업점에서 투자자의 접근이 용이한 장소에 비치하거나 전자통신 등의 방법에 따라 공시하는 등 투자자가 언제든지 열람할 수 있도록 하는 조치를 취하지 아니하는 행위

10. 집합투자증권의 판매와 관련하여 다음 각 목의 어느 하나에 해당하는 행위
가. 다음 각각의 어느 하나에 해당하는 행위 〈개정 2012. 7. 10, 2013. 4. 23〉
(1) 특정 집합투자증권 취급시 자기가 받는 판매보수 또는 판매수수료가 다른 집합투자증권 취급시 받는 판매보수 또는 판매수수료보다 높다는 이유로 일반투자자를 상대로 특정 집합투자증권의 판매에 차별적인 판매촉진노력(영업직원에 대한 차별적인 보상이나 성과보수의 제공 및 집중적 판매독려 등)을 하는 행위. 다만, 투자자의 이익에 부합된다고 볼 수 있는 합리적 근거가 있어 판매대상을 단일집합투자업자의 집합투자증권으로 한정하거나 차별적인 판매촉진노력을 하는 경우는 제외한다.
(2) 계열회사 또는 계열회사에 준하는 회사[자기가 해당 회사의 발행주식(의결권 없는 주식은 제외한다) 총수의 100분의 30 이상을 소유한 회사, 상호간 임원 겸임 또는 계열회사로 인정될 수 있는 영업상의 표시행위 등의 사실이 있는 회사 등을 말한다. 이하 이 호에서 같다]인 집합투자업자가 운용하는 집합투자기구의 집합투자증권이라는 이유로 일반투자자를 상대로 해당 집합투자증권의 판매에 차별적인 판매촉진노력(영업직원에 대한 차별적인 보상이나 성과보수의 제공 및 집중적 판매독려 등)을 하는 행위. 이 경우 (1)의 단서를 준용한다.
나. 자기가 행한 집합투자증권의 판매의 대가로 집합투자업자를 상대로 집합투자재산의 매매주문을 자기나 제3자에게 배정하도록 직접 또는 간접으로 요구하는 행위. 다만, 집합투자업자가 사전에 투자설명서에 최선의 매매조건을 제시하는 투자매매업자 또는 투자중개업자가 둘 이상 있는 때에는 판매실적을 감안하여 매매를 위탁하는 투자매매업자 또는 투자중개업자를 선정하겠다고 사전에 공시한 집합투자증권을 투자매매업자 또는 투자중개업자가 판매하는 경우 그 공시내용을 근거로 판매의 대가로 집합투자업자에 대하여 매매주문을 요구하는 경우는 제외한다.
다. 집합투자증권의 판매의 대가로 자기에게 위탁하는 집합투자재산의 매매거래에 대하여 유사한 다른 투자자의 매매거래보다 부당하게 높은 수수료를 요구하는 행위
라. 특정 집합투자증권의 판매와 관련하여 투자자를 상대로 예상수익률의 보장, 예상수익률의 확정적인 단언 또는 이를 암시하는 표현, 실적배당상품의 본질에 반하는 주장이나 설명 등을 하는 행위
마. 매 사업연도별로 집합투자증권의 총 판매금액 중 계열회사 또는 계열회사에 준하는 회사인 집합투자업자가 운용하는 집합투자기구의 집합투자증권의 판매금액의 비중이 100분의 50을 초과

하도록 계열회사 또는 계열회사에 준하는 회사가 운용하는 집합투자기구의 집합투자증권을 판매하는 행위. 다만, 다음의 어느 하나에 해당하는 집합투자기구의 집합투자증권은 판매금액을 산정함에 있어서 제외한다. 〈신설 2013. 4. 23〉

(1) 법 제229조 제 5 호에 따른 단기금융집합투자기구

(2) 전문투자자만을 대상으로 사모로만 발행하는 집합투자기구

11. 투자자의 매매주문의 접수·집행 등과 관련하여 다음 각 목의 어느 하나에 해당하는 행위

가. 일반투자자를 거래상대방으로 하여 금융투자상품을 매매거래하는 경우 매매거래 당시의 시장상황 및 투자자의 거래탐색비용 등에 비추어 투자자에게 부당한 거래조건으로 거래하는 행위. 다만, 재고부담 등 정당한 사유로 인하여 거래시세보다 불리한 거래조건을 투자자에게 제시하고 당시의 시세를 투자자에게 사전에 고지하는 경우에는 제외한다.

나. 시장에서의 매매주문을 받은 경우 투자자가 지정한 주문 내용과 방법에 따라 즉시 주문을 당해 시장에 전달하지 아니하는 행위. 다만, 다음의 요건을 모두 충족하는 경우에는 주문방법(매매거래시장, 주문의 시장전달 시기, 호가방법 등)을 변경하거나 다른 주문과 합하여 일괄처리 할 수 있다.

(1) 매매주문방법의 변경이 투자자의 당초 매매주문의 목적을 달성하는데 더 효과적이라고 볼 수 있는 합리적 근거가 있을 것

(2) 주문에 대한 최선의 매매체결을 위하여 투자매매업자 또는 투자중개업자가 주문방법의 변경이나 다른 주문과 합하여 일괄처리 할 수 있다는 것에 대하여 투자자의 서면 등에 의한 사전에 동의가 있을 것

(3) 주문방법의 변경이나 주문의 일괄처리에 대한 내부통제가 적절히 이루어지고 있을 것

다. 다음의 어느 하나에 해당하는 경우를 제외하고는 계좌명의인 이외의 자로부터 매매거래의 위탁을 받는 행위. 다만, 업무상 통상적인 노력을 기울여 이 목에 따른 정당한 매매주문자로 볼 수 있었던 자로부터 주문을 받은 경우(주문자가 정당한 매매주문자가 아니라는 사실을 알고 있었던 경우는 제외한다)는 제외한다.

(1) 계좌개설 시에 투자자가 매매주문을 대리할 수 있는 자를 서면으로 지정하고 동 대리인이 매매주문을 내는 경우

(2) 위임장 등으로 매매주문의 정당한 권한이 있음을 입증하는 자가 매매주문을 내는 경우

(3) 일임계약에 따라 일임매매관리자가 주문을 내는 경우

라. 단일계좌에서의 거래와 관련하여 계좌명의인이 계좌명의인 이외의 자를 매매주문자, 입출금(고) 청구자, 매매거래통지의 수령자 등으로 지정하는 경우 계좌명의인으로부터 위임의사를 서면으로 제출받지 아니하는 행위

마. 계좌명의인으로부터 라목에 따른 위임의사를 제출받았음에도 불구하고 단일계좌에서 계좌명의인 이외의 자가 행하는 거래에 관한 지시를 거부하는 행위. 다만, 투자매매업자 또는 투자중개업자가 계좌명의인 이외의 자에 대한 위임의 일부 또는 전부를 인정하지 아니하겠다는 의사를 사전에 계좌명의인에게 서면으로 표시한 경우는 제외한다.

바. 투자자가 매매거래의 진정한 의사가 없음이 명백함에도 주문을 수탁하는 행위. 이 경우 진정한 매매거래 의사가 있었는지 여부는 다음의 사항을 감안하여야 한다.

(1) 당해 매매주문의 대상이 되는 증권시장등에 상장된 금융투자상품의 수량 및 평균거래량

(2) 증권시장에 상장된 주권 발행기업의 지분분포

(3) 당해 투자자의 예탁재산 규모 및 거래행태

(4) 매매주문 당시의 호가상황

12. 수수료의 지급 등과 관련하여 다음 각 목의 어느 하나에 해당하는 행위

가. 국내·외에서 금융투자업을 영위하지 아니하는 자(투자권유대행인을 제외한다)에 대하여 거래대금, 거래량 등 투자자의 매매거래 규모 또는 금융투자업자의 수수료 수입에 연동하여 직접 또는 간접의 대가를 지급하는 행위

나. 투자자로부터 성과보수(예탁자산규모에 연동하여 보수를 받는 경우는 이 절에서 성과보수로 보지 아니한다)를 받기로 하는 약정을 체결하는 행위 및 그에 따라 성과보수를 받는 행위

13. 금융투자업자 자기가 발행하였거나 발행하고자 하는 주식(전환사채 등 주식관련사채를 포함한다. 이하 이 호에서 같다)을 일반투자자를 상대로 매수를 권유하거나 매도하는 행위. 다만, 다음 각 목의 어느 하나에 해당하는 경우는 제외한다.

Ⅰ. 규제의 취지와 개요

금융투자상품 거래는 고도의 전문적인 정보와 지식을 요하는 복잡한 측면이 있다. 일반투자자는 스스로 투자판단을 할 능력이 불충분하므로 전문가의 도움을 받는 것이 일반적이며, 전문가인 투자매매업자나 투자중개업자의 조언에 따르는 예가 많다. 또한 상장된 금융투자상품의 거래는 거래소 회원인 투자중개업자를 통해서만 할 수 있기 때문에 일반투자자는 투자중개업자의 도움을 받는다.

투자매매업자나 투자중개업자가 투자자와 접촉하거나 투자자의 주문을 받는 과정에서 투자자에게 부당한 권유를 하거나 투자자의 주문정보를 이용하거나 애널리스트 등이 금융투자상품의 가치판단에 관한 조사분석자료를 이용하는 등의 방법으로 투자자의 이익을 해하거나 건전한 거래질서를 해하는 행위를 할 우려가 있다. 따라서 법은 금융투자업자 일반에 적용되는 공통된 영업행위규칙들인 신의성실의무(법 37조), 적합성 원칙(법 46조), 설명의무(법 47조), 부당권유의 금지(법 49조)에 관한 규정들에 추가하여 일정한 유형의 행위를 불건전 영업행위로서 열거하며 금지하고 있다. 이것은 투자자를 효과적으로 보호하기 위해서는 투자중개업자의 행동을 규제하는 것이 필요하다는 점에 입각한 것이다.

구증권법에서는 증권회사에 대해 부당권유행위의 금지라는 표제 하에 금융투자업자 일반에 적용되는 영업행위규칙에 대응하는 규정을 두고(구증권법 52조), 기타 증권의 매매와 관련하여 투자자 보호와 거래의 공정을 해할 우려가 있는 사항을 시행령에 위임하였다(구증권법 시행령 36조의3). 나아가 금감위의 구증권업감독규정에서는 영업행위준칙(4편)이라는 표제 아래 증권회사의 불건전영업행위(4편 2장 4-5조 내지 4-13조)와 투자권유(4편 3장 4-14조 내지 4-16조)에 관하여 금지되는 행위유형을 개별적으로 자세히 규정하였다.

가. 둘 이상의 신용평가업자로부터 모두 상위 2등급 이상에 해당 하는 신용등급을 받은 경우
나. 주권상장법인인 금융투자업자가 주식을 모집 또는 매출하는 경우

14. 금융투자상품의 투자중개업자가 투자자의 주문을 다른 금융투자상품의 투자중개업자에게 중개함에 있어 중개수수료 이외의 투자자의 재산을 수탁받는 행위

② 협회는 제1항 제11호 바목에 해당하는 매매주문을 방지하기 위하여 투자매매업자 또는 투자중개업자의 전산업무처리프로그램이 갖추어야 할 최소한의 기준을 정할 수 있다.

자본시장법은 구증권법 시행령과 구증권업감독규정상 금지행위들을 답습하고 구증권법에는 없던 불건전영업행위의 유형을 새로이 추가하면서 금지 행위들을 구체적으로 열거하고 있다. 이하에서 이 금지행위들을 차례로 살펴보기로 한다.

Ⅱ. 선행매매의 금지(1호)

1. 선행매매의 의의와 본호의 취지

투자중개업자나 투자매매업자는 기업에 관한 시장정보를 일반 투자자보다 먼저 획득할 수 있는 지위에 있으므로, 이러한 우월적 지위를 이용하여 자기의 이익을 도모하려고 할 수 있다. 선행매매(front running, 프런트러닝)란 투자매매업자나 투자중개업자가 금융투자상품의 가격에 중대한 영향을 미칠 수 있는 매수 또는 매도의 청약이나 주문을 받거나 받게 될 가능성이 큰 경우 그 고객의 주문을 체결하기 전에 자기의 계산으로 매수 또는 매도하거나 제 3 자에게 매수 또는 매도를 권유하는 행위이다(법 71조 1호). 예컨대 기관투자자 B가 C회사 주식에 대해 대규모 매수주문을 A증권회사에 한 경우에 B의 주문을 체결하기 전에 A증권회사가 먼저 C회사 주식을 매수하는 행위와 같다. 이러한 행위는 먼저 주문을 낸 고객에 대한 계약상 의무 위반을 구성한다.

선행매매는 다른 불건전한 영업행위 유형과는 달리 다른 투자자에게 직접적으로 피해를 주는 것은 아니지만, 이러한 행위는 비윤리적 행위로서 증권선물업자의 전형적인 불건전한 거래행위로 오래전부터 규제되어 왔다.[1] 이와 관련하여 구증권법 시행령에서는 "고객의 매매주문 동향 등 직무와 관련하여 알게 된 정보를 자기 또는 제 3 자의 이익을 위하여 이용하는 행위(36조의3 5호)"라고 하여 포괄적인 규정을 두었으나, 법에서는 구증감규정(4-5조)을 본받아 구증권법 시행령을 보다 구체화하고 있다. 구증감규정에서는 주문정보를 이용하여 매매하는 것뿐만 아니라 이러한 주문정보를 제 3 자에게 제공하는 것도 금지하였다(4-5조 2항).[2]

금융투자업규정은 금융투자상품의 시장가격에 중대한 영향을 미칠 것으로 예상되는 투자자의 매매주문을 위탁받고 이를 시장에 공개하기 전에 당해 주문에 관한 정보를 제 3 자에게 제공하는 행위도 금지한다(금융투자업규정 4-20조 1항 4호). 다만, 정보의 제공이 당해 매매주문의 원활한 체결을 위한 것이고, 정보를 제공받는 자가 예상되는 가격변동을 이용한 매매를 하지 아니하거나 주문정보를 다른 제 3 자에게 전달하지 아니할 것이라고 믿을 수 있는 합리적 근거가 있으며, 매매주문을 위탁한 투자자에 관한 일체의 정보제공

1) 김정수, 「자본시장법원론(제 2 판)」, SFL그룹, 2014, 306쪽.

2) 증권회사는 유가증권의 시장가격에 중대한 영향을 미칠 것으로 예상되는 고객의 매매주문을 위탁받고 이를 시장에 공개하기 전에 당해 주문에 관한 정보를 제 3 자에게 제공하여서는 아니 된다(구증감규정 4-5조 2항).

이 없다는 요건을 모두 충족하는 정보제공행위는 금지되지 않는다(금융투자업규정 4-20조 1항 4호 단서 각 목).

2. "주문을 받게 될 가능성이 큰 경우"의 의미

법은 주문을 받은 경우뿐만 아니라 "받게 될 가능성이 큰 경우"도 규제대상으로 한다. 이에 비해 구증감규정에서 "주문을 위탁받게 될 것이 확실한 경우"라고 하였다. 양자에 표현상 차이가 있지만 어느 쪽이든 어떠한 경우에 주문을 받게 될 "가능성이 크거나" 혹은 "확실한" 것으로 볼 수 있는가에 대해서는 의문이 없지 않다.

3. 선행매매와 내부자거래 규제

투자중개업자가 고객의 주문을 이행하기 전에 그와 같은 주문정보를 이용하여 자기계산으로 매매를 하는 것이 미공개 내부정보를 이용한 내부자거래(법 174조)에 해당하는가? 법 제174조 제 1 항의 해석으로는 고객의 주문정보는 상장법인에 관한 정보가 아니므로 미공개정보에 해당한다고 볼 수는 없을 것이다.

그러나 입법론적으로 고객의 주문정보를 이용한 경우에도 내부자거래로서 규제해야 하는가에 관해서는 견해가 갈리고 있다. 주문정보(시장정보)와 내부정보의 차이에 입각하여 주문정보의 이용행위는 내부자거래로 규제해서는 안 된다는 견해가 있다.[1] 즉 주문정보는 시장에서 주문의 수요·공급 사이의 일시적 괴리에 의하여 발생하는 가격변동을 이용하는 행위로서 이 행위에 의한 주가변동은 일시적·제한적인데 비하여, 내부정보를 이용한 행위가 주가에 미치는 충격은 지속적이고 강력한 것이므로, 주문정보 이용행위를 가장 강한 처벌이 가해지는 내부자거래로서 규제해서는 안 된다는 것이다.[2] 이에 대해 긍정설은 투자중개업자가 주문정보를 이용하는 것은 직무수행과정에서 얻은 정보를 이용하는 것으로서 정당화하기 어렵다는 이유로 입법론적으로 내부자거래로 규제해야 한다고 한다.[3] EU의 2003년 「부정거래행위지침」(Market Abuse Directive)에 의하면 선행매매도 내부자거래에 해당하는 것으로 보고 있고, 영국의 「금융서비스 및 시장법」도 고객주문관련정보를 내부정보로 규정하는 방식으로 규제하고 있다.[4] 독일에서는 내부정보와 주문정보의 차이에도 불구하고 선행매매는 내부자거래를 구성한다는 견해가 다수 있다.[5] 고객주문관련정보 또한 직무상 알게 된 정보이므로 자기 또는 제 3 자를 위하여 이용하여

1) 김정수, 전게서(2014), 272쪽.
2) 상게서, 272쪽.
3) 김건식/정순섭, 「새로 쓴 자본시장법(제 3 판)」, 두성사, 2013, 408쪽.
4) Niamh Moloney, EC Securities Regulation(2008), pp. 958-959; 김건식/정순섭, 전게서(2013), 408쪽.
5) Caspari, ZGR 1994, 530, 540; Claussen, DB 1994, 27, 28 f.; Kümpel, WM 1993, 2025, 2027 f.; Peltzer, ZIP 1994, 746, 749; 자세한 것은 Hopt, FS Heinsius, 1991, S. 289, 294-296.

서는 안 된다(법 54조). 투자중개업자가 그 직무수행과정에서 얻은 주문정보를 이용하는 것은 정당화되기 어렵다는 점에서 주문정보 이용행위도 입법론상 내부자 거래로 규제하는 것이 바람직할 것이다.

4. 금지의 예외

선행매매로서 금지되지 않는 행위의 예로서 시행령은 다음과 같은 것을 규정하고 있다(법 시행령 68조 1항 1호 가목·나목). 투자자의 매매주문에 관한 정보를 이용하지 아니하였음을 증명하는 경우(가목)와 증권시장과 파생상품시장 간의 가격 차이를 이용한 차익거래, 그 밖에 이에 준하는 거래로서 투자자의 정보를 의도적으로 이용하지 아니하였다는 사실이 객관적으로 명백한 경우(나목)가 그것이다.

5. 선행매매와 형사책임

선행매매를 한 자에 대해서는 5년 이하의 징역 또는 2억원 이하의 벌금형이 가해진다(법 444조 8호). 선행매매가 업무상 배임죄에 해당하는가? 투자중개업자는 투자자의 재산관리의무를 부담하는데, 선행매매가 이러한 의무를 위반한 것인지, 투자자의 재산에 손해를 가하는 것인지의 문제이다. 투자중개업자와 고객 사이에 선행매매를 하지 않기로 하는 합의가 있었다면 재산관리의무를 위반한 것이라는 점에 의문이 없다. 배임죄의 성립에는 재산상 실손해의 발생이 요건이 아니므로, 만일 선행매매가 없었다면 고객이 보다 낮은 가격으로 증권을 매수할 수 있었을 것이라는 점이 증명되면 원칙적으로 배임죄는 성립된다고 볼 수 있다. 그러나 이러한 증명은 쉽지 않을 것이다. 증권의 시세는 상이한 상황에 의존하므로 선행매매의 영향에 의한 시세변동분을 확정하기는 어렵기 때문이다. 따라서 선행매매로 인해 배임죄가 인정되기는 쉽지 않다.

Ⅲ. 조사분석업무 관련 규제의 개관

1. 조사분석업무의 기능

투자자들은 기업 및 금융투자상품의 가치에 대한 판단 및 투자의사결정을 함에 있어서 여러 가지 정보에 의존하게 된다. 이 중 증권회사나 그 소속 애널리스트가 제공하는 조사분석자료는 중요한 정보 제공원이 된다. 증권회사의 조사·분석은 증권을 발행하는 기업들을 조사·분석하고 그 결과 얻어진 정보를 기초로 기업의 가치를 평가하는 것이다. 따라서 기업 및 기업이 발행한 증권에 대한 조사분석자료는 투자자와 발행기업 사이의 정보의 비대칭을 해소하는 중요한 기능을 수행한다.[1] 조사분석자료가 정확한 정보

1) 조성훈/정윤모/박현수, 「증권산업에서의 이해상충에 관한 연구 Ⅰ : 증권회사 조사분석」, 한국증권연구

에 근거해서 진실되게 작성되는 것은 투자자보호를 위해 긴요하며 나아가 증권시장에 대한 신뢰 제고를 위해서도 중요하다.

2. 조사분석업무에 관한 규제의 취지

조사분석자료의 작성과 관련하여 애널리스트가 언제나 정보의 비대칭을 해소하는 기능을 하는 것은 아니다.[1] 애널리스트 자신도 발행기업의 내부자와 같은 정도로 정보의 우위에 서지 못할 수 있을 뿐만 아니라, 다음 설명에서 보는 것처럼 조사분석정보의 작성에 있어서 자신의 이익을 도모하거나 투자자의 이익과 충돌되는 다양한 이해관계자의 이익을 투자자의 이익보다 우선시키려는 유인이 있기 때문이다. 애널리스트는 투자자의 이익보다 자신의 개인적 이익을 추구할 수 있으며, 소속 회사의 이익을 우선시하거나 소속 회사와 다양한 업무관계를 맺고 있는 발행회사의 이익을 우선시할 유인도 있다.[2] 이와 같이 애널리스트가 투자자의 이익보다 자기나 제3자의 이익을 우선시하려는 유인에 따라 조사분석자료를 작성한다면 그 자료의 진실성은 담보되지 못하며 진실하지 못한 정보를 신뢰한 투자자는 손해를 입을 수 있다.

위와 같은 이유로 법에서는 조사분석업무의 공정성 및 투명성을 제고하고 투자자보호를 위하여 조사분석과 관련하여 투자자의 이익을 해할 수 있는 행위를 불건전영업행위로서 규제하고 있다. 법에서는 조사분석자료와 관련해서 이해상충이 발생할 수 있는 요인에 따라 금지행위를 구분하여 규정하고 있다.

첫째, 애널리스트가 투자자와의 관계에서 정보우위를 이용해서 사적이익을 추구하는 행위로서 선행매매와 스캘핑을 규제한다(법 71조 1호·2호). 둘째, 발행회사와의 관계 유지를 도모함으로써 소속회사의 전체 이익을 위해서 조사분석보고서가 이용되는 것을 방지하기 위하여 회사의 기업금융업무와 연동된 성과보수를 지급하는 행위나 IPO와 관련된 조사분석자료의 공표행위에 대해 규제하고 있다(법 71조 3호·4호).

Ⅳ. 조사분석자료 공표 전 매매거래의 금지(2호)

1. 스캘핑(scalping)의 의의와 본호의 취지

스캘핑(scalping)은 미국에서는 투자자문업자(Investment Advisor)[3]의 영업행위로서 규제

원, 2003, 9-10쪽.

1) Stephen J. Choi & A. C. Pritchard, Securities Regulation : Cases and Analysis, Foundation Press, 2005, p. 2.

2) 애널리스트가 직면하는 다양한 이해상충의 국면에 관해서는 조성훈 외, 전게 보고서(2003), 12쪽 이하 참조.

3) 증권의 투자, 매도, 매수와 관련하여 자문을 제공하지만 증권의 매매 자체를 영업으로 하지 않는 자를 말한다.

되어 왔다. 미국에서 스캘핑은 "고객에게 증권투자를 권유하기 직전에 그 증권을 먼저 매수한 후 투자권유 후에 가격 상승을 이용하여 재매도함으로써 매매차익을 노리는 행위"이다.[1] 이것은 투자자문업자법(Investment Advisor Act of 1940)상의 사기금지 조항(206조)에 의해 규제되고 있다. 이에 비해 법은 "애널리스트가 금융투자상품의 가치에 대한 주장이나 예측을 담고 있는 자료(조사분석자료)를 투자자에게 공표함에 있어 조사분석자료의 내용이 확정된 때로부터 공표 후 24시간이 경과하기 전까지 조사분석자료의 대상이 된 금융투자상품을 자기의 계산으로 매매하는 것"을 금지하고 있다(법 71조 2호). 증권시장에서 영향력 있는 애널리스트의 금융투자상품에 대한 의견은 금융투자상품의 가격에 상당한 영향을 줄 수가 있는데, 이들은 자신의 의견을 공표하기 전에 미리 금융투자상품을 매수하고 의견의 공표 후 (시세가 오른 후) 다시 매도함으로써 차익을 얻을 수 있다. 스캘핑은 정보가 시장에 공표되기 전에 거래한다는 점에서 선행매매와 유사하지만, 전자는 조사분석자료(정보)를 거래자(scalper)가 만들어 내는 것임에 반해, 후자의 시장정보(주문정보)는 그러하지 않다는 점에서 차이가 있다. 스캘핑에 관한 규정은 구증권법 시행령(36조의3 15호)과 구증감규정(4-7조 1항 본문)을 답습한 것이다.

금융투자업규정은 조사분석자료의 작성 및 공표와 관련하여 다음 행위도 금지하고 있다(4-20조 1항 6호 가목 내지 다목). ① 조사분석자료를 일반인에게 공표하기 전에 조사분석자료나 그 주된 내용을 제 3 자에게 먼저 제공한 경우 당해 조사분석자료를 일반인에게 공표할 때에는 이를 제 3 자에게 먼저 제공하였다는 사실과 최초의 제공시점을 함께 공표하지 않는 행위(가목), ② 조사분석자료의 작성업무에 관여한 계열회사, 계열회사의 임직원, 그 밖에 이에 준하는 자가 있는 경우 사전에 그 자에 대하여 자기계산에 따른 매매거래를 하지 아니하도록 요구하지 않는 행위(나목), ③ 나목의 요구를 하였으나 이에 응하지 않을 경우 조사분석자료의 작성과정에 관여하지 못하도록 하는 등 필요한 적절한 조치를 취하지 않는 행위가 그것이다.

2. 조사분석자료의 의미

(1) 조사분석자료의 의의

"조사분석자료"란 금융투자상품의 가치에 대한 주장이나 예측을 담고 있는 자료이다. 금융투자회사의 명의로 공표 또는 제 3 자에게 제공되는 것으로 특정 금융투자상품(집합투자증권은 제외한다)의 가치에 대한 주장이나 예측을 담고 있는 자료를 말한다.[2]

1) SEC v. Capital Gains Research Bureau Inc., 375 U.S. 180(1963).
2) 금융투자협회, 금융투자회사의 영업 및 업무에 관한 규정 제2-25조 제 1 호.

(2) 조사분석자료의 판단기준과 범위

조사분석자료의 해당 여부는 (가) 금융투자상품의 가치에 대한 주장이나 예측을 담고 있는지 여부, (나) 개인자격이 아니라 금융투자회사나 조사분석담당 부서에서 공식적으로 작성된 것인지의 여부에 따라 판단한다. 조사분석담당부서는 명칭 여하를 불문하고 조사분석자료의 작성 및 심사·승인 등의 업무를 수행하는 부서[1]를 의미하므로 법인의 지점이나 영업부에서 부서장의 책임 하에 공식적으로 작성되고 그 자료가 매수·매도 등 금융투자상품의 가치판단에 관한 내용을 수록하고 있으면 조사분석자료에 해당한다. 다만 법인 영업부 직원이나 지점 직원 등이 영업력 제고를 위해 개인 자격으로 작성하여 특정 고객에게 제공하는 자료는 조사분석자료에 해당하지 않는다.

3. 조사분석자료의 "공표"의 의미

조사분석자료의 "공표"라 함은 조사분석자료의 내용을 다수의 일반인이 인지할 수 있도록 금융투자회사 또는 조사분석 담당부서에서 공식적인 내부절차를 거쳐 발표하는 행위이다. 언론기관 배포·인터넷 게재·영업점 비치·영업직원에 대한 통보·E-mail 등 전자통신수단에 의한 통지 등과 같은 것을 들 수 있다.[2]

4. 금지의 예외

스캘핑이 금지되는 기간은 조사분석자료의 내용이 확정된 때로부터 공표 후 24시간이 경과되기 전이다. 조사분석자료의 확정이란 "조사분석자료의 주요 내용을 더 이상 수정하지 아니하기로 내부적으로 확정하는 등 사실상 확정"된 것을 말한다(구증감규정 4-7조 1항).

구증권법 시행규칙(13조의2)은 조사분석자료의 공표 전에 거래를 한 경우라 하더라도 일정한 경우에는 규제의 대상으로 하지 않았다. 시행령은 이 규정을 그대로 본받아 금지의 예외를 규정하고 있다(법 시행령 68조 1항 2호 가목 내지 라목). 즉 조사분석자료의 내용이 직접 또는 간접으로 특정 금융투자상품의 매매를 유도하는 것이 아닌 경우(가목), 조사분석자료의 공표로 인한 매매유발이나 가격변동을 의도적으로 이용하였다고 볼 수 없는 경우(나목), 공표된 조사분석자료의 내용을 이용하여 매매하지 아니하였음을 증명하는 경우(다목), 해당 조사분석자료가 이미 공표한 조사분석자료와 비교하여 새로운 내용을 담고 있지 아니한 경우(라목)가 그것이다.

5. 스캘핑과 내부자거래

스캘핑은 투자매매업자가 조사분석자료에 대한 고객과의 정보의 격차를 이용하여

---

1) 금융투자협회, 금융투자회사의 영업 및 업무에 관한 규정 제2-25조 제3호.
2) 금융투자협회, 금융투자회사의 영업 및 업무에 관한 규정 제2-25조 제4호.

거래를 하는 것이라고 할 수 있다. 정보의 격차를 이용한 거래라는 점에서 내부자거래와 유사하다고 할 수 있다. 다만 투자매매업자가 이용한 것이 "특정한 주식에 대한 정보"가 아니라 "특정한 주식에 대한 공표의견에 관한 정보"라는 점에서 차이가 있다.

이와 같이 미공개정보를 이용한 내부자거래와 유사하다는 점에서 스캘핑을 내부자거래로 보고 규제할 것인가는 논의의 여지가 있다. 현행법의 해석으로는 "특정 증권에 대한 공표의견에 관한 정보"를 내부정보로 보아 내부자거래에 해당하는 것으로 보는 것은 무리가 있다. 독일의 판례는 이것을 내부자거래로서보다는 시세조종행위(독일 증권거래법 20a조 I항 1문 2호)[1]로서 규율하고 있다.[2] 그 이유로는 스캘핑에 있어서 스캘퍼의 이용행위는 특정 증권에 대한 미공개정보에 관한 것이 아니라, 스스로 작출한 증권에 대한 공표의견("사실")에 대한 것이라는 점, 독일 증권거래법의 내부자거래의 연원이 된 EG의 내부자거래 지침도[3] 내부자거래의 내부정보(Inside information)와 "사실"(스캘퍼가 스스로 만들어 낸 의견)을 서로 구별하고 있다는 점을 들고 있다.

입법론적으로 애널리스트와 같은 전문가가 고객에 비해 정보우위에 있으면서 그것을 이용하여 거래를 하는 것은 불공정한 것으로 보아 입법론상으로 내부자거래로 규제하는 것이 타당하다는 견해가 있다.[4] 스캘핑이 현행법상 내부자거래 유형 중 어느 하나에 해당하는 것으로 볼 수는 없을 것이다. 그러나 애널리스트의 정보우위를 고려하면 애널리스트가 정보우위를 이용하여 증권거래를 하는 것은 내부자거래와 비슷하게 불공정한 것으로 볼 여지가 있다. 그럼에도 불구하고 후술하는 바와 같이 스캘핑의 경우 내부자거래보다는 형사책임이 대폭 완화되어 있는데 이는 의문이다.[5]

6. 스캘핑과 형사책임

스캘핑에 대해서는 5년 이하의 징역 또는 2억원 이하의 벌금형이 규정되어 있다(법 444조 8호).

V. 조사분석자료 담당자에 대한 성과보수 지급 금지(3호)

1. 본호의 취지

조사분석자료의 작성을 담당하는 자에 대하여 시행령으로 정하는 일정한 기업금융업무와 연동된 성과보수를 지급하는 행위는 금지된다. 증권회사의 조사분석부서의 수익

---

1) WpHG §20a I 1 Nr. 2.
2) BGH vom 6. 11. 2003, 6. November 2003, 1 StR 24/03; NStZ 2004 Heft 5, 285.
3) EG-Insiderrichtlinie vom 13. November 1989(ABl. EG L 334 S. 30).
4) 김건식/정순섭, 전게서(2013), 409쪽.
5) 내부자거래규정의 위반에 대해서는 10년 이하의 징역 또는 5억원 이하의 벌금형에 처한다(법 443조 1항).

은 회사의 다른 부문으로부터 재정적 지원을 받으므로 조사분석 담당자가 받는 보수도 조사분석보고서가 창출하는 수익이 아닌 다른 부문의 수익에 의해 영향을 받게 된다. 이 경우 조사분석보고서의 내용은 소속회사 전체의 수익 증대를 위해 왜곡될 가능성이 있게 된다. 특히 인수업무나 M&A 관련 업무가 증권회사의 수익 증대에 지대한 영향을 끼치는 핵심 업무가 되면[1] 조사분석업무도 이들 업무의 수익으로부터 보조를 받게 되고 애널리스트의 보수도 이들 업무의 수익으로부터 지급되게 된다. 증권회사는 이들 핵심 업무로부터 얻는 수익이 높기 때문에 발행회사와 지속적인 업무관계를 형성할 유인이 있게 된다. 이러한 역학관계 때문에 인수업무나 M&A관련 업무와 관련해 조사분석보고서가 왜곡될 가능성이 있게 된다. 특히 IPO시에 발행회사가 실제보다 더욱 우량한 회사인 것처럼 조사분석보고서를 작성하여 공모 가격을 부풀림으로써 투자자에게 손해를 입히게 될 수가 있다.[2]

법에서는 조사분석자료 작성자에게 인수업무나 M&A관련 업무 등 일정한 기업금융 업무와 연동하여 성과보수를 지급하는 것을 금지함으로써 위와 같은 폐단을 방지하고자 한다. 조사분석자료가 투자자에게 공표되거나 제공되지 아니하고 금융투자업자 내부에서 업무를 수행할 목적으로 작성된 경우에는 성과보수 지급 금지 규정은 적용되지 않는다 (법 시행령 68조 1항 3호).

2. 조사분석자료 작성자의 의미

"조사분석자료 담당자"란 조사분석자료의 작성 및 관련자료 수집, 심사, 승인 등의 업무를 수행하는 자를 말한다. 금융투자협회의 "금융투자회사의 영업 및 업무에 관한 규정"에서는 이를 금융투자분석사라고 하고 있다(2-25조 2호). 구증권업협회의 "증권회사의 영업행위에 관한 규정"에서는 조사분석 "담당자"라는 용어를 사용하고 있는데, 언뜻 "작성자"보다는 "담당자"라는 용어가 광의로 읽힌다. 일상용어례에 의하면 작성자는 조사분석자료의 실제 "작성"에만 관여한 자인 반면에 담당자는 작성뿐만 아니라 "수집, 심사, 승인" 등의 업무를 수행하는 자도 포함되는 것으로 볼 수 있기 때문이다. 그러나 조사분석자료의 작성을 위해서는 관련 자료의 수집이 필수적으로 수반될 것이라는 점, 물리적 작성을 담당하지는 않더라도 심사와 승인을 하는 자가 실제 작성자에게 사실상 간섭을 하거나 작성에 실질적으로 관여하는 등 양자 사이에 유기적 관련성이 있다는 점을 감안하면 본호의 담당자에는 "수집, 심사, 승인을 한 자"도 포함하는 것이 바람직하다고 본다.

1) 조성훈 외, 전게 보고서(2003), 14쪽.
2) Choi & Pritchard, 전게서(2005), pp. 464-466.

3. 기업금융업무의 유형

법 시행령에서는 기업금융업무의 예로서 인수업무, 모집·사모·매출의 주선업무, 기업의 인수 및 합병의 중개·주선 또는 대리업무, 기업의 인수·합병에 관한 조언업무, 사모투자전문회사재산의 운용업무(법 시행령 68조 2항 1호 내지 5호)를 들고 있다.

4. 형사책임

조사분석자료 작성자에 대해 기업금융업무와 연동하여 성과보수를 지급한 경우에는 5년 이하의 징역 또는 2억원 이하의 벌금형이 규정되어 있다(법 444조 8호).

Ⅵ. 증권의 인수업무와 관련한 조사분석자료의 공표 금지(4호)

1. 본호의 취지

주권, 전환사채권, 신주인수권부사채권, 교환사채권(주권, 전환사채권 또는 신주인수권부사채권과 교환을 청구할 수 있는 교환사채권만 해당한다) 및 제176조의12에 따른 전환형 조건부자본증권(법 시행령 68조 4항)의 모집·매출과 관련한 계약을 체결한 날로부터 그 증권이 증권시장에 최초로 상장된 후 40일 이내에(법 시행령 68조 3항) 그 증권에 대한 조사분석자료를 공표하거나 특정인에게 제공하는 행위는 금지된다. 이는 구증권법 시행령 제36조의3 제 1 호 마목의 규정을 답습한 것이다.

증권의 인수업무에 관여한 증권회사는 업무상 사업관계에 있는 기업의 이익을 투자자 고객의 이익보다 우선시키려고 할 수 있다. 예컨대 기업공개시 소화되지 않은 발행주식을 증권회사가 싸게 인수한 후 일정기간이 경과하여 증권회사 내의 조사분석부서를 통하여 동 주식의 매수 보고서를 발표하거나 보고서 발표 후 당초 매수가보다 비싸게 매도하는 것과 같다. 이렇게 함으로써 인수계약의 상대방 회사의 주권의 가치를 부풀림으로써 투자자를 호도하거나 증권회사 자신이 매매 차익을 얻을 수가 있다. 본호는 이와 같은 폐단을 방지하기 위하여 인수계약을 체결한 회사의 증권에 관한 조사분석자료는 일정기간 동안 공표하거나 특정인에게 제공할 수 없도록 하고 있다.

2. 조사분석자료의 의미와 범위

조사분석자료의 의미는 앞서 스캘핑에 대해서 설명한 바와 같다. 다만 인수업무와 관련하여 기업공개(IPO)시 그 업무 수행 중에 작성하는 자료 중에서 IPO 업무수행 과정 중 작성하는 주식분석보고서 같은 것이 본호에서 말하는 조사분석자료에 해당하는지는 의문이 있다. 이것이 주권의 가치에 대한 주장이나 예측을 담고 있으면 조사분석자료에 해당한다고 보아야 할 것이다.

3. 공표와 제공의 의미

조사분석자료의 공표의 의미는 앞서 스캘핑에 관해서 설명한 바와 같다. 즉 조사분석자료를 다수의 일반투자자가 인지할 수 있도록 발표하는 것을 의미한다. 본호에서는 조사분석자료를 공표하는 것뿐만 아니라 “특정인에게 제공”하는 것도 금지하고 있다. 이 때 “특정인에 대한 제공”은 일반 공중은 인지하지 못하도록 접근을 제한하면서 특정인에게만 제공하는 것을 말한다. “공표”가 다수의 일반투자자가 인지할 수 있도록 하는 것임에 반해, “특정인에 대한 제공”은 그렇지 않다는 점에서 차이가 있다.

4. 신규기업공개(IPO)가 아닌 상장과 공표(제공)

위와 같이 인수업무와 관련해 조사분석자료의 공표 및 제공은 금지되지만, 법문의 해석상 다음과 같은 경우에는 공표와 제공이 금지되지 않는다. 즉 법문에서는 증권이 시장에 “최초로 상장된 후에” 공표와 제공이 금지된다고 하고 있으므로, 신규 기업공개가 아니라 상장 후 유상증자 과정에서 주관회사로 참여한 경우에는 조사분석자료의 공표와 특정인에 대한 제공이 허용된다.

5. 상장 이전의 공표(제공)와 IPO 후 1년 이내의 공표(제공)

법문상 증권의 상장 후 일정 기간 이내의 공표와 제공이 금지되므로 증권의 상장 이전에는 공표와 제공을 할 수 있다. 다만 구증권업협회 영업행위에 관한 규정은 인수한 증권이 거래소에 상장된 날로부터 일정한 기간이 경과하지 아니한 경우라 하더라도 인수증권의 가격이나 매매에 중대한 이해관계가 있다고 보므로 그 사실을 일반 고객에게 고지할 의무를 부담하도록 하였다.[1]

증권시장에 주권을 최초로 상장하기 위한 대표주관업무를 수행한 법인이 IPO 후 40일이 경과하지 않은 경우에는 증권회사의 조사분석자료의 공표나 제공은 금지된다. 따라서 법문의 반대해석상 IPO 후 40일이 경과한 후에는 공표나 제공이 금지되지 않는다고 할 수 있다. 그러나 금융투자협회의 업무규정은 이 경우에도 상장일로부터 1년이 경과하지 않은 경우에는 조사분석자료를 공표하거나 특정인에게 제공하는 경우 이 법인과의 이해관계를 조사분석자료에 명시할 것을 요구하고 있다.[2]

---

1) 구한국증권업협회, 증권회사의 영업행위에 관한 규정 제1-5조 제1항 제3호.
2) 금융투자협회, 금융투자회사의 영업 및 업무에 관한 규정 제2-29조.

6. 형사책임

본호에 위반하여 조사분석자료를 공표하거나 특정인에게 제공한 자에 대해서는 5년 이하의 징역 또는 2억원 이하의 벌금형이 규정되어 있다(법 444조 8호).

Ⅶ. 부적격자에 의한 투자권유의 금지(5호)

1. 본호의 의의와 취지

종래 투자자가 금융투자상품을 구매하기 위해서는 직접 금융기관의 점포를 방문해야 하였지만 증권·자산운용업계의 점포 수가 적어서 투자자의 불편을 초래하였다. 법은 투자자가 금융투자상품에 대해 보다 다양한 경로로 접근할 수 있도록 하고 금융투자상품의 판매망 확충을 위하여 투자권유대행인 제도(법 51조 내지 53조)를 도입하였다.[1] 투자권유대행인은 금융투자업자의 위탁을 받아 금융투자상품의 판매권유를 대행하는 것을 영업으로 하는 자로서(법 52조 1항), 구간투법상 취득권유자 제도를 확대한 것이다.

법은 투자자보호의 관점에서 투자권유대행인의 판매권유행위와 관련해 일정한 규제를 가하고 있다. 투자권유대행인의 등록을 의무화하고(법 51조), 투자권유대행인의 영업행위규제를 규정하고 있다(법 52조 2항). 협회(한국금융투자협회)는 투자권유자문인력(투자권유를 하거나 투자에 관한 자문 업무를 수행하는 자)(법 286조 1항 3호 가목)의 등록과 관리 업무를 수행하도록 한다. 이들 투자권유대행인과 투자권유자문인력은 법 소정의 자격과 전문지식을 갖추고 있을 것이 요구되며, 판매시 투자자보호를 위하여 투자권유대행인에게도 금융투자상품과 관련해 설명의무를 부과하고 손해배상책임을 부담하도록 하며, 투자권유대행인이 손해배상책임을 부담하는 경우에는 금융투자업자에게도 민법상 사용자책임에 의한 손해배상의무를 부과하고 있다(법 52조).

이와 같은 제도는 금융투자상품의 구매 경로의 확충을 기함과 더불어 판매권유시 발생할 수 있는 불완전판매를 방지함으로써 투자자를 보호하기 위한 것이라고 할 수 있다. 이에 더하여 법은 위 제도의 실효성을 기하기 위하여 부적격한 자에 의한 판매권유를 금지하고 있다. 금융투자업자 일반에 대해서 투자권유대행인 이외의 자에게 투자권유를 대행하게 하는 것을 금지할 뿐만 아니라(법 52조 1항), 본호에서는 투자매매업자 또는 투자중개업자에 대해 투자권유대행인 및 투자권유자문인력이 아닌 자에게 투자권유를 하게 하는 행위를 금지하고 있다.

본호는 종래 구증감규정상 증권업협회가 정하는 자격을 갖추어 동 협회에 등록한 자가 아닌 자로 하여금 일반고객을 상대로 증권의 투자에 관한 상담을 하지 못하도록 금

---

1) 재정경제부, "「자본시장과 금융투자업에 관한 법률안」 차관회의 설명자료"(2006. 12. 28), 56쪽.

지한 규정(4-13조)을 본받은 것이라고 할 수 있다.

2. 형사책임

본호를 위반한 경우에는 5년 이하의 징역 또는 2억원 이하의 벌금에 처한다(법 444조 8호). 그런데 금융투자업자가 투자권유대행인 이외의 자에게 투자권유를 대행하게 한 때에는 3년 이하의 징역 또는 1억원 이하의 벌금에 처하고 있으므로(법 445조 8호), 본호보다 형사책임이 약하다. 같은 유형의 위반행위에 대해서 서로 다른 법정형을 규정하고 있는 이유는, 투자매매업자나 투자중개업자는 직접 투자자를 접촉하고 판매를 담당하고 있으므로 판매와 관련해 부적격자에 의한 투자권유에 의해 투자자에게 손해를 가할 수 있는 가능성이나 빈도가 높기 때문이다.[1)]

Ⅷ. 일임매매의 금지(6호)

1. 일임매매의 의의와 본호의 취지

(1) 일임매매의 의의

투자자로부터 금융투자상품에 대한 투자판단의 전부 또는 일부를 일임받아 투자자별로 구분하여 금융투자상품을 취득·처분, 그 밖의 방법으로 운용하는 행위는 금지된다. 투자자는 자신의 투자판단과 자기책임의 원칙에 따라 금융투자상품을 거래할 것이지만, 금융투자상품의 투자를 위해서는 증권시장의 특성상 투자정보에 대한 기민성·신속성이 요구되므로 투자자는 정보·경험·전문지식 면에서 우위에 있는 금융투자업자 또는 그 직원에게 투자판단을 위임하여 거래하도록 할 수가 있다. 이와 같이 투자자로부터 투자판단의 전부 또는 일부를 일임받아 거래하는 것을 일임매매라고 한다. 일임매매에는 투자자가 금융투자상품의 종류, 종목, 매매의 구분과 방법, 수량, 가격 등 모든 사항에 관하여 금융투자업자 또는 그 직원에게 위임하는 "포괄적 일임매매"와 이 중 일부 사항에 관해서만 위임하는 "제한적 일임매매"가 있다.[2)]

(2) 종래의 제도와 문제점

과거 구증권법은 증권회사가 고객으로부터 증권의 매매에 관하여 위탁을 받을 경우에 그 수량·가격·매매의 시기에 한하여 일임을 받을 수 있었다(구증권법 107조 1항). 따라서 증권의 종류(주식/채권/선물/옵션)·종목 및 매매의 구분(매수 또는 매도)과 방법(현금거래/신용

1) 구간투법에서 판매회사의 임·직원이 아닌 자에게 판매 업무를 위탁한 경우(구간투법 61조의2에 의한 취득권유자에 대한 취득권유업무의 위탁의 경우도 포함)에 5년 이하의 징역 또는 3천만원 이하의 벌금에 처하도록 하였다.

2) 김정수, 전게서(2002), 263쪽.

거래)에 관해서는 고객이 스스로 결정하여야 하였고 제한적으로만 일임매매가 허용되었다. 구증권법상 증권회사가 제한적 일임매매를 하기 위해서는 고객과 서면계약을 체결하여야 했고 이를 금감위와 거래소에 보고할 의무를 부담하였다(구증권법 시행규칙 20조의2 2항). 일임매매 규정에 위반한 때에는 3년 이하의 징역 또는 2천만원 이하의 벌금에 처하였다(구증권법 208조 3호).

한편 구간투법에서는 고객으로부터 투자자문자산의 가치 등의 분석에 기초한 투자판단의 전부 또는 일부를 일임받아 그 투자를 위하여 투자하는 투자일임업을 인정하고 있었다(구간투법 2조). 증권회사도 겸영업무에 대한 금감위의 인가를 받아 겸영업무로서 "자산종합관리계좌(wrap account)" 형태의 투자일임업을 영위할 수 있었다(구증권법 51조, 구증권법 시행령 36조의2).

구증권법상 일임매매에서 일임은 수량, 가격 및 매매시기에 한해서만 허용이 되었다(구증권법 107조). 그러나 실제로는 일임매매가 대부분 수량, 가격, 매매시기뿐만 아니라 그 종류와 종목까지 일임받아 행해졌고 투자자와의 분쟁이 끊이지 않았다.[1] 일임매매는 투자일임업에 비해 업무수행이 용이하고 투자일임업에서처럼 추가비용 없이 고객의 수요에 대응할 수 있고 증권회사로서도 수수료 수입을 올릴 수 있었기 때문이다.

위와 같이 포괄적 일임매매가 허용되지 않음에도 불구하고 위법한 일임매매가 이루어지면서 증권회사와 투자자 사이에 분쟁도 다수 발생하였던 것이 사실이다.[2] 그리하여 법은 불법적인 일임매매를 근절하고 일임매매 제도를 개선하여, 종래 제한적으로 허용되던 일임매매도 금지하되, 금융투자업자가 투자일임업 등록을 한 경우와 투자중개업자가 투자자의 매매주문을 받아 이를 처리하는 과정에서 금융투자상품에 대한 투자판단의 전부 또는 일부를 일임받을 필요가 있는 경우로서 대통령령으로 정하는 경우에는 일임매매를 할 수 있도록 하였다(법 7조 4항, 법 시행령 7조 2항). 이제 금융투자업자가 일임매매를 하려면 투자일임업 등록을 하고, 투자일임업에 관한 영업행위규제를 준수하여야 한다.

2. 일임매매가 허용되는 경우

투자일임업으로서 금융위에 등록(법 18조)한 경우와 투자중개업자가 투자자의 매매주문을 받아 이를 처리하는 과정에서 금융투자상품에 대한 투자판단의 전부 또는 일부를 일임받을 필요가 있는 경우로서 대통령령으로 정하는 경우(법 7조 4항)에는 일임매매를 할 수 있다(법 71조 6호 단서). 시행령에서는 투자중개업자가 따로 대가 없이 금융투자상품에 대한 투자판단(법 6조 6항에 따른 투자판단)의 전부나 일부를 일임받는 경우로서 다음 중 어

1) 김건식/정순섭, 전게서(2013), 144쪽.

2) 2002-2004년 사이에 금융감독원의 증권부문에 대한 분쟁조정신청 건수 중 일임매매 관련 분쟁의 비중이 30% 이상을 차지하고 있음은 이와 같은 사실을 여실히 보여준다(재정경제부, 전게 설명자료(2006. 12. 28), 88쪽).

느 하나에 해당하는 경우를 규정하고 있다(법 시행령 7조 2항).

첫째, 투자자가 금융투자상품의 매매거래일(하루에 한정한다)과 그 매매거래일의 총매매수량이나 총매매금액을 지정한 경우로서 투자자로부터 그 지정 범위에서 금융투자상품의 수량·가격 및 시기에 대한 투자판단을 일임받은 경우이다(1호).

둘째, 투자자가 여행·질병 등으로 인하여 일시적으로 부재하는 중에 금융투자상품의 가격 폭락 등 불가피한 사유가 있는 경우로서 투자자로부터 약관 등에 따라 미리 금융투자상품의 매도 권한을 위임받은 경우이다(2호).

셋째, 투자자가 금융투자상품의 매매, 그 밖의 거래에 따른 결제나 증거금의 추가 예탁 또는 법 제72조에 따른 신용공여와 관련한 담보비율 유지의무나 상환의무를 이행하지 아니한 경우로서 투자자로부터 약관 등에 따라 금융투자상품의 매도권한(파생상품인 경우에는 이미 매도한 파생상품의 매수권한을 포함한다)을 일임받은 경우이다(3호).

넷째, 투자자가 투자중개업자가 개설한 계좌에 금전을 입금하거나 해당 계좌에서 금전을 출금하는 경우에는 따로 의사표시가 없어도 자동으로 법 제229조 제5호에 따른 단기금융집합투자기구의 집합투자증권 등을 매수 또는 매도하거나 증권을 환매를 조건으로 매수 또는 매도하기로 하는 약정을 미리 해당 투자중개업자와 체결한 경우로서 투자자로부터 그 약정에 따라 해당 집합투자증권 등을 매수 또는 매도하는 권한을 일임받거나 증권을 환매를 조건으로 매수 또는 매도하는 권한을 일임받은 경우이다(4호).

다섯째, 그 밖에 투자자 보호 및 건전한 금융거래질서를 해칠 염려가 없는 경우로서 금융위원회가 정하여 고시하는 경우이다(5호). 아직 금융위 규정은 이에 관해 규정하고 있지 않다.

3. 일임매매의 사법상 효력

종래 포괄적 일임매매를 행하였을 경우에 그 사법상 효력에 관해서 대법원 판례는 일관하여 유효하다고 판시하여 왔다.[1] 그 이유는 구증권법 제107조가 고객의 보호를 위한 규정인데 고객에 의한 매매 위임의 의사표시가 분명하다는 점, 그 효력을 부인할 경우 거래 상대방과의 사이에서 법적 안정성을 심히 해하게 되어 부당한 결과를 초래한다는 점을 들었다.[2]

자본시장법에서는 일정한 요건을 갖춘 일임매매를 제한적으로 허용하던 구증권법의 태도와는 달리 일임매매를 하는 경우 제71조를 위반한 것이 되어 소정의 제재를 받게 된다. 따라서 투자자와 금융투자업자의 직원 간에 일임매매약정의 효력을 부정하는 설[3]과

1) 대법원 1993. 12. 28. 선고 93다26632, 26649 판결; 대법원 1996. 8. 23. 선고 94다38199 판결; 대법원 2002. 3. 29. 선고 2001다49128 판결.
2) 대법원 2002. 3. 29. 선고 2001다49128 판결. 임재연, 전게서(2014), 224쪽.
3) 김건식/정순섭, 전게서(2013), 808쪽.

그 효력이 바로 무효가 되는 것은 아니라고 보아야 한다는 설[1]이 있다.

4. 일임매매와 불법행위의 성립 여부

위와 같이 판례는 포괄적 일임매매의 법적 효력은 인정하는 한편, 구증권법상 일임매매 방식에 위반한 주식 거래 자체가 불법행위는 아니라고 하였다.[2] 그러나 증권회사의 직원이 고객에 대한 충실의무를 위반하여 고객의 이익을 무시하고 거래한 경우(과당매매와 같은 경우)에는 주식매매의 반복이 전문가로서의 합리적인 선택이라고 볼 수 없는 경우 불법행위가 성립한다고 하였다. 즉 "증권회사가 고객과 포괄적 일임매매약정을 하였음을 기화로 그 직원이 충실의무를 위반하여 고객의 이익을 무시하고 회사의 영업실적만을 증대시키기 위하여 무리하게 빈번한 회전매매를 함으로써 고객에게 손해를 입힌 경우에는 과당매매행위로서 불법행위가 성립한다"는 것이다.[3]

5. 일임매매와 형사책임

본호를 위반한 경우에는 5년 이하의 징역 또는 2억원 이하의 벌금에 처한다(법 444조 8호). 구증권법상 일임매매 규정에 위반한 때에는 3년 이하의 징역 또는 2천만원 이하의 벌금에 처하던 것에 비하여 형량이 상당히 높아졌다. 구증권법상 임의매매 금지 규정(구증권법 52조의3)에 위반한 때에는 5년 이하의 징역 또는 3천만원 이하의 벌금에 처하였고(구증권법 207조의3 5호), 포괄적 일임매매 금지 규정에 위반한 때에는 3년 이하의 징역 또는 2천만원 이하의 벌금에 처함으로써(구증권법 208조 3호) 양자의 형량이 상이하였다. 법에서는 구증권법에서 제한적으로 허용하던 일임매매도 원칙적으로 불허하므로, 일임매매와 임의매매 금지에 위반한 경우의 법정형을 동일하게 규정하게 되었다.

Ⅸ. 기타 시행령이 정하는 불건전영업행위의 금지(7호)

법은 기타 "투자자 보호 또는 건전한 거래질서를 해할 우려가 있는 행위로서 대통령령으로 정하는 행위"를 금지한다고 규정하여 시행령으로 불건전영업행위를 추가할 수 있도록 하고 있다. 시행령에서는 다음과 같은 행위를 추가하고 있다(법 시행령 68조 5항 1호 내지 14호).

---

1) 임재연, 전게서(2014), 224쪽.
2) 대법원 2005. 10. 7. 선고 2005다11541 판결.
3) 대법원 1996. 8. 23. 선고 94다38199 판결; 대법원 1997. 10. 24. 선고 97다24603 판결; 대법원 2002. 3. 29. 선고 2001다49128 판결.

1. 일반투자자로의 전환을 요구하는 전문투자자에 대한 요구 불응행위(법 시행령 68조 5항 1호)

법은 투자자를 전문투자자와 일반투자자로 구분하고 일반투자자에 대하여 설명의무·적합성 원칙 등 강화된 투자자보호 장치를 적용하고 있다(법 46조, 47조). 전문투자자는 ① 국가, ② 한국은행, ③ 금융기관, ④ 주권상장법인, ⑤ 기타로 구성하되 ③, ⑤의 세부범위를 시행령에 위임하고 있다(법 9조 5항 3호·5호, 법 시행령 10조 2항·3항). 그리고 전문투자자 중 전문성이 다소 낮은 투자자에 대해서는 본인 의사에 따라 일반투자자로의 전환을 허용하고 있는데(법 9조 5항 단서), 시행령에서는 일반투자자로의 전환이 허용되는 전문투자자의 범위를 규정하고 있다(법 시행령 10조 1항). 즉 지방자치단체, 국내외 주권상장법인, 기금관리·운용법인, 공제사업자, 금융위원회에 신고한 자발적 전문투자자 등은 일반투자자로 전환할 수 있다. 이것은 전문투자자 중 전문성이 낮은 투자자에게 일반투자자로 전환할 수 있는 기회를 부여하기 위함이다.

위와 같은 일반투자자로 전환이 가능한 전문투자자가 일반투자자와 같은 대우를 받겠다는 의사를 금융투자업자에게 서면으로 통지하는 경우에 금융투자업자는 정당한 사유가 있는 경우를 제외하고는 이에 동의하여야 한다(법 9조 5항 단서). 정당한 사유 없이 이에 응하지 않는 행위는 불건전 영업행위로서 금지된다(법 71조 7호, 법 시행령 68조 5항 1호).

2. 과당매매(churning)(법 시행령 68조 5항 2호)

(1) 과당매매의 의의 및 금지되는 이유

구증권법에서는 제한적 일임매매를 허용하면서 증권회사에 동 매매거래를 할 경우에 선량한 관리자의 주의의무를 부과하고, 특히 "위탁받은 취지와 위탁받은 금전 및 유가증권의 규모에 비추어 지나치게 자주 매매거래를 하는 것"을 금지하였다(구증권법 107조 2항 2호). 또한 구증권법은 부당권유행위 등 금지 규정(구증권법 52조 3호, 구증권법 시행령 36조의3 10호)에서 "고객의 투자목적 및 투자경험 등에 비추어 볼 때 지나치게 빈번하게 유가증권의 매매를 권유하는 행위"를 금지하였다. 전자의 규정과 같이 "일임매매 약정을 한 경우"에 동 약정에 따라 자신이 관리하는 계좌의 증권을 과도하게 거래하는 것을 과당매매(또는 과당거래)라고 일컫기도 하고,[1] 후자의 규정처럼 "지나치게 빈번하거나 과도한 규모의 매매거래"를 과당매매라고 일컫기도 한다.[2] 양자 모두 과도하거나 지나치게 빈번하게 증권을 거래하는 것을 과당매매라고 한다는 점에서는 일치한다.

증권회사는 거래시마다 수수료를 받으므로 일임매매 권한을 가지고 있는 계좌에 대

1) 김건식, 전게서(2006), 361쪽.
2) 김정수, 전게서(2002), 273쪽.

해서 수수료 수입을 증대하기 위하여 매매를 과다하게 체결하려고 할 수 있다. 과당매매란 증권회사가 수수료 수입이나 영업실적을 올리기 위해서 고객의 증권거래에 대한 지식·경험·자력·투자목적에 비추어 다량이거나 지나치게 빈번하게 거래하는 것을 의미한다.[1)]

과당매매는 고객에게 아무런 이익을 주지 않으면서 증권회사가 수수료 수입(영업실적 증대)을 위해 행하는 것이라는 점에서 고객에 대한 성실의무[2)] 또는 선관주의 의무를 위반하는 것으로서 금지된다. 과거에 과당매매는 포괄적 일임매매에서 증권회사 직원에 의해 주로 이루어졌다. 그러나 현재는 원칙적으로 일임매매 자체가 금지되므로 과거와 같은 과당매매는 불가능할 것이다. 시행령은 구증권법 시행령을 본받아 "일반투자자의 투자목적, 재산상황 및 투자경험 등을 감안하지 아니하고 일반투자자에게 지나치게 빈번하게 투자권유를 하는 행위"를 불건전 영업행위로서 금지하고 있다(법 71조 7호, 법 시행령 68조 5항 2호). 나아가 금융투자업규정은 투자권유와 관련하여 일반투자자를 대상으로 빈번한 금융투자상품의 매매거래 또는 과도한 규모의 금융투자상품의 매매거래를 권유하는 행위를 금지하고 있다(4-20조 1항 5호 가목).

(2) 과당매매의 판단기준

미국 판례상 과당거래에 해당하기 위해서는 ① 고객의 투자목적에 비추어 과도한 거래(excessive trading)("거래의 과도성"), ② 고객의 계좌를 브로커가 관리(control)할 것("고객 계좌의 지배"), ③ 주관적 요소로서 고객의 이익을 고의나 중대한 과실로 무시할 것이라는 세 가지 요소가 갖추어져야 한다.[3)]

과거 우리 판례도 과당매매인지의 여부는 "고객 구좌에 대한 증권회사의 지배 여부, 주식 매매의 동기 및 경위, 거래기간과 매매횟수 및 양자의 비율, 매입 주식의 평균적 보유기간, 매매 주식 중 단기매매가 차지하는 비율, 동일 주식의 매입·매도를 반복한 것인지의 여부, 수수료 등의 비용을 공제한 후의 이익 여부, 운용액 및 운용기간에 비추어 본 수수료 액수의 과다 여부, 손해액에서 수수료가 차지하는 비율, 단기매매가 많이 이루어져야 할 특별한 사정이 있는지의 여부 등을 고려한다"라고 하여 앞의 두 가지 요소를 요구하고 있다.[4)]

일임매매 약정이 성립된 경우에는 고객계좌의 관리여부에 관한 요건은 인정되기가 쉬울 것이다. 과거 주로 포괄적 일임매매 약정이 있는 경우에 과당매매를 인정한 판례가 다수 있다. 그러나 원칙적으로 일임매매가 허용되지 않는 현행법 하에서는 이 요건이 문

1) 河本一郎/大武泰南,「證券取引法讀本」, 有斐閣, 2005, 188頁.
2) 神崎克郎/志谷匡史/川口恭弘, 전게서(2006), 498頁.
3) 자세한 것은 Cox/Hillman/Langevoort, Securities Regulation, Aspen Law & Business, 1997, p. 1114 이하.
4) 대법원 1997. 10. 24. 선고 97다24603 판결; 대법원 2007. 4. 12. 선고 2004다4980 판결; 대법원 2007. 7. 12. 선고 2006다53344 판결.

제될 소지는 크지 않다. 고객의 이익에 비해 증권회사의 수수료 수입의 획득이 거래를 행한 큰 동기를 이루었는지가 주관적 요소로서 중요한 고려사항이 될 것이다.[1)]

거래의 과도성 여부의 판단에 있어서 구증권법은 "위탁받은 취지와 위탁받은 금전 및 유가증권의 규모"를 고려한다고 하여 금전과 유가증권의 규모를 중요한 요소로 삼았다. 고객의 재산상태, 투자목적, 투자성향, 투자지식, 경험 등을 고려할 수 있을 것이다.[2)] 구증감규정(4-14조)은 어느 정도의 거래가 빈번하거나 과도한 거래인지는 고객이 부담하는 수수료, 고객의 재산 상태나 투자목적, 고객의 투자지식이나 경험에 비추어 당해 고객이 주식매매거래에 수반되는 위험을 잘 이해하고 있는지 여부, 개별 매매거래 권유내용의 타당성을 감안하여 판단하도록 하였다. 금융투자업규정도 이러한 판단기준을 답습하고 있다.[3)]

(3) 과당매매와 불법행위

우리 판례는 포괄적 일임매매에 기해 과당매매가 이루어진 경우에는 고객에 대한 불법행위가 성립한다고 하고 있다. 즉 "증권회사와 고객 사이에 주식의 포괄적 일임매매의 약정이 있는 경우에 그 직원이 결과적으로 수익성 없는 주식 거래를 반복하였다는 사정만으로 선량한 관리자로서의 주의의무(충실의무)를 위배하였다고 할 수는 없으나, 증권회사가 고객과 포괄적 일임매매 약정을 하였음을 기화로 그 직원이 충실의무를 위반하여 고객의 이익을 무시하고 회사의 영업실적만을 증대시키기 위하여 무리하게 빈번한 회전매매를 함으로써 고객에게 손해를 입힌 경우에는 과당매매행위로서 불법행위가 성립된다"라고 한다.[4)]

(4) 손해배상책임의 범위

① 차 액 설

대법원은 차액설을 취하여오고 있는데,[5)] 불법행위로 인한 재산상의 손해는 위법한 가해행위로 인하여 발생한 재산상의 불이익이고, 과당매매의 경우 과당매매가 없었더라면 존재하였을 재산상태와 과당매매가 종료된 이후의 재산상태의 차이가 손해라고 하였다.

② 수수료설[6)]

일부 하급심은 차액설에 의하는 경우 그 기간 중에 있었던 정상적인 일임매매를 통

1) 神崎克郎/志谷匡史/川口恭弘, 전게서(2006), 498頁.

2) 神崎克郎/志谷匡史/川口恭弘, 전게서(2006), 498頁.

3) 거래가 빈번한 거래인지 또는 과도한 거래인지 여부는 다음의 사항을 감안하여 판단한다(금융투자업규정 4-20조 1항 5호 가목 2문). (1) 일반투자자가 부담하는 수수료의 총액, (2) 일반투자자의 재산상태 및 투자목적에 적합한지 여부, (3) 일반투자자의 투자지식이나 경험에 비추어 당해 거래에 수반되는 위험을 잘 이해하고 있는지 여부, (4) 개별 매매거래시 권유내용의 타당성 여부.

4) 대법원 2007. 7. 12. 선고 2006다53344 판결.

5) 임재연, 전게서(2014), 230쪽.

6) 상게서, 230쪽.

한 주식투자손익결과로서 위탁자에게 귀속되어야 할 부분도 포함되어 있으므로 이를 전부 과당매매로 인한 손해라는 수수료설을 채택하였다.[1]

③ 수정차액설[2]

나아가 과당매매 기간 동안 주가변동이 있는 때에는 이를 고려하여 손해액을 산정한다고 하면서, "과당매매가 없었더라면 존재하였을 재산상태는 정상적인 일임거래가 이루어졌을 경우의 투자위험이 반영되어야 하므로, 과당매매가 시작되는 시점의 예탁금 및 주식 등의 평가액으로부터 주가지수 변동률 등을 사용하여 정상적인 일임거래가 이루어졌을 경우 발생되었을 것으로 예상되는 손실과 거래비용을 적절히 평가하여 이를 공제한 금액(정상거래 후 잔고)"이고, 결국 그 금액과 과당매매 종료시의 잔고(과당매매 후 잔고)의 차액을 과당매매로 인한 손해로 보아야 한다고 한다.[3] 과당매매와 상당인과관계가 있는 손해액은 예탁금 총액(주가변동으로 인한 주가지수 변동률을 반영함)에서 잔고평가액과 거래비용을 공제한 금액이라고 한다.[4] 수정차액설의 태도가 타당하다고 생각한다.

④ 고객의 투자손실 포함 여부

과당거래로 인한 손해배상액의 범위에 통상 고객이 입은 투자손실까지 포함되는지에 관해서 의문이 있을 수 있지만, 우리 대법원 판례는 정상적인 일임거래가 이루어졌을 경우의 투자위험을 고려해야 한다고 함으로써 투자자의 투자손실은 보상하지 않는다는 취지로 판시한 바 있다. 투자자의 투자손실은 투자대상을 잘못 골랐기 때문에 발생한 것이며, 과당매매에 의해 거래를 여러 번 했다고 하여 발생한 것은 아니므로[5] 판례의 태도는 옳다고 본다.

(5) 과당매매와 형사책임

구증권법하에서는 과당매매에 대해서 일임매매 규정을 위반한 경우와 동일한 법정형의 형사책임이 과해졌다. 그러나 앞서 살펴본 것처럼 법에서는 과당매매에 대해서 명시적인 금지규정을 두지 않았다. 법은 본조 각 호의 불건전 영업행위 금지 규정의 위반행위에 대해서는 동일한 벌칙을 규정하고 있는데(법 444조 8호), 법 제444조 제7호의 위임을 받은 시행령의 행위에 대해서는 명시적으로 벌칙의 적용을 배제하고, 과태료만 부과하고 있다(법 449조 1항 29호).

1) 서울고등법원 2004. 7. 22. 선고 2003나81209 판결.
2) 임재연, 전게서(2014), 230쪽.
3) 대법원 2007. 4. 12. 선고 2004다38907 판결.
4) 대법원 2007. 4. 12. 선고 2004다6122 판결.
5) 그리하여 미국 판례 중에는 투자손실에 대한 배상을 위해서는 추가적인 요건의 증명이 필요하다고 한다. Mihara v. Dean Witter, 619 F.2d 814(9th Cir.1980).

3. 투자자와의 재산상 이익 수수행위(법 시행령 68조 5항 3호)

(1) 본호의 취지

투자자 또는 거래상대방에게 금융위가 정하는 고시 기준을 위반하여 직접 또는 간접적으로 재산상 이익을 제공하거나 이들로부터 제공받는 행위는 금지된다. 투자자나 거래상대방이 법인 기타 단체인 경우에는 그 임·직원에 대해서도 마찬가지의 규제가 가해진다(법 71조 7호, 법 시행령 68조 5항 3호). 이익을 제공하거나 제공받는 행위 모두 금지되는데, 이 규정은 구증권법 제52조의4를 답습한 것이다. 이것은 투자매매업자나 투자중개업자 간의 경쟁을 이용하여 이들의 업무에 대한 수수료 지급을 대가로 부당하게 금전·서비스 기타 재산상의 이익을 수수하는 비윤리적 거래를 방지하기 위함이다.

(2) 재산상 이익수수의 범위와 이익수수에 대한 보고 등

금지되는 재산상 이익의 제공은 금융위의 고시에 의하게 되는데, 사회통념에 비추어 재산상 이익제공의 목적과 내용에 따라 개별적으로 판단되게 될 것이다. 특정 조건에 해당하는 투자자에 대한 수수료 할인 혜택이나[1] 같은 조건에 있는 다른 고객에 비해 우대하는 거래조건의 제시와 같은 것을 들 수 있다.[2]

금융위의 금융투자업규정은 다음과 같이 투자매매업자·투자중개업자의 이익제공·수령기준을 규정하고 있다(금융투자업규정 4-18조). 수수가 허용되는 이익제공·수령기준인 "금융위원회가 정하여 고시하는 기준"(법 시행령 68조 5항 3호)이란 투자매매업자·투자중개업자(그 임·직원을 포함)가 투자매매계약의 체결 또는 투자중개계약의 체결과 관련하여 투자자(투자자가 법인, 그 밖의 단체인 경우 그 임·직원을 포함) 또는 거래상대방(거래상대방이 법인, 그 밖의 단체인 경우 그 임·직원을 포함) 등에게 제공하거나 투자자 또는 거래상대방로부터 제공받는 금전·물품·편익 등의 범위가 일반인이 통상적으로 이해하는 수준에 반하지 않는 것을 말한다(금융투자업규정 4-18조 1항). 이 때 금전·물품·편익 등은 협회가 정하는 한도를 초과할 수 없다(금융투자업규정 4-18조 2항). 또한 제1항에 따른 금전·물품·편익 등을 제공하거나 제공받는 경우 제공목적, 제공내용, 제공일자 및 제공받는 자 등에 대한 기록을 유지하고 미리 준법감시인(준법감시인이 없는 경우에는 감사 등 이에 준하는 자)에게 보고하여야 하되, 준법감시인에게 미리 보고하기 곤란한 경우에는 사후에 보고할 수 있다(금융투자업규정 4-18조 3항).

이익제공·수수 및 보고의 시행을 위하여 필요한 구체적 기준에 대해서는 협회에 위임하며, 이익제공·수수의 한도는 일정 금액 범위 이내로 정하도록 하고 있다(금융투자업규정 4-18조 4항).

1) 임재연, 전게서(2006), 402쪽.

2) 松尾直彦/松本圭介, 「實務論点 金融商品取引法」, 金融財政事情研究會, 2008, 162頁.

4. 인수업무에 관한 불건전 영업행위(법 시행령 68조 5항 4호)

증권의 인수업무와 관련된 일정한 행위는 금지된다(법 71조 7호, 법 시행령 68조 5항 4호 가목 내지 마목). 이는 구증권법 시행령 제36조의3의 규정을 답습한 것이다.

① 발행인이 법 제119조 제 3 항에 따른 증권신고서(법 122조 1항에 따른 정정신고서 및 첨부서류를 포함)와 법 제123조 제 1 항에 따른 투자설명서(법 124조 2항 2호에 따른 예비투자설명서 및 법 124조 2항 3호에 따른 간이투자설명서를 포함) 중 중요사항에 관하여 거짓의 기재 또는 표시를 하거나 중요사항을 기재 또는 표시하지 아니하는 것을 방지하는 데 필요한 적절한 주의를 기울이지 아니하는 행위(가목).

② 증권의 발행인·매출인 또는 그 특수관계인에 대하여 증권의 인수를 대가로 모집·사모·매출 후 그 증권을 매수할 것을 사전에 요구하거나 약속하는 행위(나목).

③ 인수(모집·사모·매출의 주선을 포함)하는 증권의 배정을 대가로 그 증권을 배정받은 자로부터 그 증권의 투자로 인하여 발생하는 재산상의 이익을 직접 또는 간접으로 분배받거나 그 자에게 그 증권의 추가적인 매수를 요구하는 행위(다목).

④ 인수하는 증권의 청약자에게 증권을 정당한 사유 없이 차별하여 배정하는 행위(라목).

⑤ 그 밖에 투자자의 보호나 건전한 거래질서를 해칠 염려가 있는 행위로서 금융위원회가 정하여 고시하는 행위(마목). 금융위의 금융투자업규정(4-19조)은 증권의 인수와 관련하여 발행인 또는 청약자에 대하여 해당 인수계약에 명시되지 아니한 증권의 청약·인수, 자금의 지원 또는 증권의 매매 등을 하는 행위(1호)와 제 1 호의 행위를 제의, 요구 또는 약속하는 행위(2호)를 규정하고 있다.

또한 시행령에서는 다음과 같은 행위를 금지하고 있다.

⑥ 금융투자상품의 가치에 중대한 영향을 미치는 사항을 사전에 알고 있으면서 이를 투자자에게 알리지 아니하고 해당 금융투자상품의 매수 또는 매도를 권유하여 해당 금융투자상품을 매도 또는 매수하는 행위(법 71조 7호, 법 시행령 68조 5항 5호).

⑦ 투자자가 미공개정보행위, 시세조종 및 부정거래행위에 기한 매매행위 등을 하고자 함을 알고 그 매매행위 등을 위탁받는 행위(법 71조 7호, 법 시행령 68조 5항 6호).

⑧ 금융투자상품의 매매, 그 밖의 거래와 관련하여 투자자의 위법한 거래를 감추어 주기 위하여 부정한 방법을 사용하는 행위(법 71조 7호, 법 시행령 68조 5항 7호).

⑨ 금융투자상품의 매매, 그 밖의 거래와 관련하여 결제가 이행되지 아니할 가능성이 명백하다고 판단되는 경우임에도 정당한 사유 없이 그 매매, 그밖에 거래를 위탁받는 행위(법 71조 7호, 법 시행령 68조 5항 8호).

⑩ 해당 투자매매업자·투자중개업자가 발행한 자기주식의 매매를 권유하는 행위(법 71조 7호, 법 시행령 68조 5항 9호).

⑪ 투자자로부터 집합투자증권(증권시장에 상장된 것을 제외)을 매수하거나 그 중개·주선 또는 대리하는 행위(법 71조 7호, 법 시행령 68조 5항 10호).

⑫ 법령에서 정하는 금지 또는 제한 규정을 회피할 목적으로 장외파생상품거래, 신탁계약, 연계 거래 등을 이용하는 행위(법 71조 7호, 법 시행령 68조 5항 11호).

⑬ 채권자로서 그 권리를 담보하기 위하여 백지수표나 백지어음을 받는 행위(법 71조 7호, 법 시행령 68조 5항 12호).

⑭ 집합투자증권의 판매업무와 집합투자증권의 판매업무 외의 업무를 연계하여 정당한 사유 없이 고객을 차별하는 행위(법 71조 7호, 법 시행령 68조 5항 13호). 이외에 금융위원회는 기타 불건전행위로서 금지되는 행위의 유형을 고시할 수 있다(법 71조 7호, 법 시행령 68조 5항 14호). 금융위의 금융투자업규정에서는 비교적 상세하고 구체적으로 금지행위의 유형을 열거하고 있다(4-20조).

제72조(신용공여)

① 투자매매업자 또는 투자중개업자는 증권과 관련하여 금전의 융자 또는 증권의 대여의 방법으로 투자자에게 신용을 공여할 수 있다. 다만, 투자매매업자는 증권의 인수일로부터 3개월 이내에 투자자에게 그 증권을 매수하게 하기 위하여 그 투자자에게 금전의 융자, 그 밖의 신용공여를 하여서는 아니 된다.

② 제1항에 따른 신용공여의 기준 및 방법에 관하여 필요한 사항은 대통령령으로 정한다.

시행령 제69조(신용공여) ① 투자매매업자 또는 투자중개업자는 법 제72조 제1항에 따라 다음 각 호의 어느 하나에 해당하는 방법으로 투자자에게 신용을 공여할 수 있다.

1. 해당 투자매매업자 또는 투자중개업자에게 증권 매매거래계좌를 개설하고 있는 자에 대하여 증권의 매매를 위한 매수대금을 융자하거나 매도하려는 증권을 대여하는 방법
2. 해당 투자매매업자 또는 투자중개업자에 증권을 예탁하고 있는 자에 대하여 그 증권을 담보로 금전을 융자하는 방법

② 제1항에도 불구하고 투자매매업자 또는 투자중개업자가 전담중개업무를 제공하는 경우에는 다음 각 호의 어느 하나에 해당하는 방법으로 그 전담중개업무를 제공받는 전문사모집합투자기구등에 대하여 신용을 공여할 수 있다. 〈신설 2011. 9. 30, 2013. 8. 27〉

1. 증권의 매매를 위한 매수대금을 융자하거나 매도하려는 증권을 대여하는 방법
2. 전담중개업무로서 보관·관리하는 전문사모집합투자기구등의 투자자재산인 증권을 담보로 금전을 융자하는 방법

③ 제1항 및 제2항에 따른 신용공여의 구체적인 기준과 담보의 비율 및 징수방법 등은 금융위원회가 정하여 고시한다. 〈개정 2011. 9. 30〉

Ⅰ. 신용공여, 신용거래의 의의와 본조의 취지

신용공여란 증권시장에서 매매거래를 함에 있어 투자자가 금융투자업자로부터 매수시에는 매매대금을 융자받고(신용거래융자), 매도시에는 증권을 대여해 주는 것을 말하고(법 72조 1항 본문, 법 시행령 69조 1항, 금융투자업규정 4-21조 1호). "신용거래"란 신용거래융자 또는 신용거래대주를 받아 결제하는 거래를 말한다. 금융투자업자로부터 대금이나 주식을 제공받는다는 점을 제외하고는 통상의 매매와 차이가 없다. 신용거래는 증권시장의 수급을 증가시켜 증권의 유동성을 높인다. 반면에 투기에 이용될 가능성이 높다.[1)]

Ⅱ. 인수업무와 관련된 신용공여의 금지

투자매매업자는 증권의 인수일로부터 3개월 이내에 투자자에게 그 증권을 매수하게 하기 위해서 금전의 융자 기타 신용공여를 할 수 없다(법 72조 1항 단서). 이는 구증권법 제49조 제 4 항을 이어받은 것이다. 이와 같이 인수와 관련해 신용공여를 금지하는 이유는 증권의 인수인이 된 투자매매업자가 증권의 인수와 관련해 신용공여의 이익을 제공함으로써 신용공여의 이익을 제공하지 않는다면 용이하게 처분할 수 없는 증권을 투자자에게 취득시키고 인수의 위험을 부당하게 투자자에게 전가하는 것을 방지하기 위함이다.[2)]

Ⅲ. 신용공여의 기준 및 방법

1. 시 행 령

신용공여의 기준과 방법은 시행령에서 구체화하고 있다(법 72조 2항, 법 시행령 69조). 해당 투자매매업자 또는 투자중개업자에 증권 매매거래계좌를 개설하고 있는 자에 대하여 증권 매매를 위한 매수대금을 융자하거나 매도증권을 대여하는 방법에 의하거나(법 시행령 69조 1항 1호), 해당 투자매매업자 또는 투자중개업자에 증권을 예탁하고 있는 자에 대하여

---

1) 김건식/정순섭, 전게서(2013), 597쪽.
2) 神崎克郎/志谷匡史/川口恭弘, 전게서(2006), 501頁.

그 증권을 담보로 금전을 융자하는 방법(법 시행령 69조 1항 2호)으로 신용공여를 할 수 있다. 그리고 투자매매업자 또는 투자중개업자가 전담중개업무를 제공하는 경우에는 증권의 매매를 위한 매수대금을 융자하거나 매도하려는 증권을 대여하는 방법, 전담중개업무로서 보관·관리하는 전문사모집합투자기구등의 투자자재산인 증권을 담보로 금전을 융자하는 방법으로 그 전담중개업무를 제공받는 전문사모집합투자기구등에 대하여 신용을 공여할 수 있다(법 시행령 69조 2항).

2. 금융위원회의 금융투자업규정

신용공여의 구체적 기준과 담보의 비율 및 징수방법은 금융위원회가 정한다(법 시행령 69조 3항). 금융위의 금융투자업규정은 신용공여에 관하여 신용공여약정의 체결, 신용공여의 회사별 한도, 담보의 징구, 담보비율, 담보로 제공된 증권의 평가, 신용거래가 제한되는 투자자, 신용거래 종목, 신용거래의 보고에 관하여 상세한 규정을 두고 있다(4-21조 내지 4-35조).[1)]

(1) 신용공여약정의 체결과 신용거래계좌의 설정

투자매매업자 또는 투자중개업자가 신용공여를 하고자 하는 경우에는 투자자와 신용공여에 관한 약정을 체결하여야 하고(4-22조 1항). 투자매매업자 또는 투자중개업자가 투자자로부터 신용거래를 수탁받은 때에는 신용거래계좌를 설정하여야 하며 계좌설정보증금으로 100만원을 징구하여야 한다(4-22조 3항).

(2) 담보의 징구와 담보비율

투자매매업자 또는 투자중개업자는 신용거래 융자시에는 매수한 주식을, 신용거래 대주시에는 매도대금을 담보로 징구한다(4-24조 2항). 담보비율은 투자자의 신용상태 및 종목별 거래상황 등을 고려하여 신용공여금액의 100분의 140 이상에 상당하여야 한다(4-25조 1항). 신용제공가액에 대한 담보가액의 비율이 투자매매업자나 투자중개업자가 정한 담보유지비율에 미달하는 때에는 지체 없이 추가담보를 징수해야 하며(4-25조 3항), 추가담보요구 후에 추가담보를 납부하지 않은 때에는 담보를 처분하여 채권을 회수할 수 있다(4-28조 1항 2호).

(3) 신용거래보증금과 대용증권

투자매매업자 또는 투자중개업자가 투자자로부터 신용거래를 수탁받은 때에는 신용거래 보증금을 징수하여야 하며, 보증금은 대용증권으로 대신할 수 있다(4-25조 2항).

---

1) 이하 본항의 규정의 인용은 금융투자업규정의 해당 규정을 말한다.

(4) 임의상환

(가) 투자매매업자·투자중개업자는 다음과 같은 경우 그 다음 영업일에 투자자계좌에 예탁된 현금을 투자자의 채무변제에 우선 충당하고, 담보증권, 그 밖의 증권의 순서로 필요한 수량만큼 임의처분하여 투자자의 채무변제에 충당할 수 있다.

1. 투자자가 신용공여에 따른 채무의 상환요구를 받고 상환기일 이내에 상환하지 아니하였을 때

2. 투자자가 담보의 추가납부를 요구받고 투자매매업자·투자중개업자가 정한 납입기일까지 담보를 추가로 납입하지 않았을 때

3. 투자자가 신용공여와 관련한 이자·매매수수료 및 제세금 등의 납부요구를 받고 투자매매업자·투자중개업자가 정한 납입기일까지 이를 납입하지 아니하였을 때

(나) 담보처분의무 여부

대법원은 "주가변동이 심한 주식시장의 특성상 증권회사가 증권을 처분하는 시기는 임의로 정할 수 있고, 고객이 신용융자금이나 주식매수대금을 증권회사에 납부하지 아니하여 증권회사가 매수주식을 처분하여 그 처분대금을 신용융자금이나 미수대금에 충당하는 경우에 있어서 증권회사로서는 고객의 손실을 최소한도에 그치도록 하여야 할 신의칙상의 주의의무가 있다고 하더라도 매수주식을 처분할 수 있었던 최초의 시점에 처분하지 않았다고 하여도 당시 주식가격이 하락하는 경향이 뚜렷하여 가격상승을 기대할 수 없는 특별한 사정이 인정된다면 모르되 그렇지 않는 한 그 시점에 처분하는 것이 반드시 고객의 손실을 최소화하는 것이라고 단정할 수 없는 것이므로, 증권회사가 미리 고객으로부터 위와 같은 시점에 매수주식을 처분하여 줄 것을 위임받았다는 등 특별한 사정이 없는 한 증권회사가 위와 같은 시점에 매수주식을 지체 없이 처분하지 않았다고 하여 주의의무를 위반하였다고 볼 수 없다"고 판시하였다.[1]

(다) 담보의 임의처분과 손해배상책임

대용증권의 제공을 질권설정으로 보고 매수유가증권의 보관을 혼장임치로 보면, 담보권자인 증권회사가 아무런 사유 없이 이를 임의처분하면 질권설정자 또는 임차인인 투자자에 대한 채무불이행이나 불법행위에 해당한다.[2]

대법원은 "증권회사가 고객 소유의 주식을 위법하게 처분한 불법행위로 인하여 고객이 입게 된 손해의 액은 원칙적으로 처분 당시의 주식의 시가를 기준으로 결정하여야 하고, 그 후 주식의 가격이 올랐다고 하더라도 그로 인한 손해는 특별한 사정으로 인한 것이어서 증권회사가 주식을 처분할 때 그와 같은 특별한 사정을 알았거나 알 수 있었고

1) 대법원 1994. 1. 14. 선고 93다30150 판결.
2) 임재연, 전게서(2014), 246쪽.

또 고객이 주식의 가격이 올랐을 때 주식을 매도하여 그로 인한 이익을 확실히 취득할 수 있었던 경우에 한하여 고객은 그와 같이 오른 가격에 의한 손해배상을 청구할 수 있다"고 판시하였다.[1)]

또, 배당금 또는 유무상증자와 관련된 손해에 관하여, 대법원은 "증권매매위탁 약정의 경우에 있어 증권회사가 위탁받은 주식에 관한 이익배당금의 수령이나 무상증자에 의한 신주의 인수를 이행하지 아니하였다면 이는 특단의 사정이 없는 한 위 위탁약정에 관한 채무불이행이 된다고 할 것이므로 증권회사는 위탁자에게 이로 인한 손해를 배상할 의무가 있는 한편, 유상증자의 경우는 위탁자 본인의 청약 및 그에 따른 업무대행 위임에 관한 명시적인 의사표시가 있는 때에 한하여 증권회사가 그 업무를 대행처리하는 것이 거래관행이어서 특약이 없는 한 유상주식의 인수에 관한 통지나 업무대행이 위탁자와 증권회사 사이의 위탁매매 약정상의 채무에 당연히 포함되는 것은 아니다"라고 판시하였다.[2)]

(5) 신용거래 등의 제한

투자매매업자 또는 투자중개업자는 투자자계좌의 순재산액이 100만원에 미달하는 투자자에 대해서는 신규로 신용거래를 하지 못한다(4-29조 1항). 투자매매업자 또는 투자중개업자가 신용거래에 의해 매매할 수 있는 증권은 증권시장에 상장된 주권(주권과 관련된 증권예탁증권을 포함) 및 상장지수집합투자증권에 한하며(4-30조 1항), 거래소가 투자경고종목, 투자위험종목 또는 관리종목으로 지정한 증권인 경우나 거래소가 매매호가전 예납조치 또는 결제전 예납조치를 취한 증권인 경우에는 신규의 신용거래를 할 수 없다(4-30조 2항).

(6) 매매주문의 수탁 등 제한

투자매매업자 또는 투자중개업자는 상환기일이 도래한 신용공여가 있는 투자자에 대하여는 신용공여금액의 상환을 위한 주문수탁 이외의 매매주문의 수탁이나 현금 또는 증권의 인출을 거부할 수 있다(4-32조).

Ⅳ. 신용공여에 대한 감독과 위반시 제재

본조에 위반하여 금전의 융자 기타 신용공여를 한 때에는 금융투자업자 및 그 임·직원에 대한 처분 및 업무 위탁계약의 취소·변경 명령의 사유가 된다([별표 1] 80호).

투자매매업자 또는 투자중개업자는 신용공여의 이자율 및 연체이자율, 최저 담보유지비율 등을 정하거나 변경한 경우에는 지체 없이 금융감독원장에게 이를 보고하여야 하

1) 대법원 1993. 9. 28. 선고 93다26618 판결.
2) 대법원 1991. 5. 24. 선고 90다14416 판결.

며(4-31조 2항), 금융위원회는 신용공여 상황의 급격한 변동, 투자자 보호 또는 건전한 거래질서유지를 위하여 필요한 경우에는 신용공여 한도의 변경, 신용공여의 방법별 또는 신용거래의 종목별 한도의 설정에 관하여 조치를 취할 수 있고, 천재지변·전시·사변·경제사정의 급변·그 밖에 이에 준하는 사태가 발생하는 경우에는 투자매매업자 또는 투자중개업자에 대하여 신용공여의 일부 또는 전부를 중지하게 할 수 있다(4-33조). 또한 금융위원회는 신용공여에 관한 금융위의 금융투자업규정을 위반한 투자매매업자 또는 투자중개업자에 대하여 신용공여의 일부 또는 전부를 중지시키거나, 그 밖에 필요한 조치를 취할 수 있다(4-35조).

제73조(매매명세의 통지)

투자매매업자 또는 투자중개업자는 금융투자상품의 매매가 체결된 경우에는 그 명세를 대통령령으로 정하는 방법에 따라 투자자에게 통지하여야 한다.

시행령 제70조(매매명세의 통지 방법) ① 투자매매업자 또는 투자중개업자는 법 제73조에 따라 통지를 하는 경우에는 다음 각 호에서 정하는 방법에 따라야 한다.
1. 매매가 체결된 후 지체 없이 매매의 유형, 종목·품목, 수량, 가격, 수수료 등 모든 비용, 그 밖의 거래내용을 통지하고, 매매가 체결된 날의 다음 달 20일까지 월간 매매내역·손익내역, 월말 현재 잔액현황·미결제약정현황 등을 통지할 것
2. 다음 각 목의 어느 하나에 해당하는 방법 중 투자매매업자 또는 투자중개업자와 투자자 간에 미리 합의된 방법(계좌부 등에 의하여 관리·기록되지 아니하는 매매거래에 대하여는 가목만 해당한다)으로 통지할 것. 다만, 투자자가 통지를 받기를 원하지 아니하는 경우에는 지점, 그 밖의 영업소에 비치하거나 인터넷 홈페이지에 접속하여 수시로 조회가 가능하게 함으로써 통지를 갈음할 수 있다.
   가. 서면 교부
   나. 전화, 전신 또는 모사전송
   다. 전자우편, 그 밖에 이와 비슷한 전자통신
   라. 그 밖에 금융위원회가 정하여 고시하는 방법

② 제1항에 따른 통지와 관련하여 필요한 세부사항은 금융위원회가 정하여 고시한다.

Ⅰ. 매매명세 통지의 의의

투자매매업자 또는 투자중개업자는 금융투자상품의 매매가 체결된 경우에는 그 명

세를 시행령의 규정에 따라 투자자에게 통지하여야 한다. 이것은 구증권법 제46조의 매매거래 통지의무를 계승한 것이다.

매매명세의 통지는 임의매매와 같은 위법거래나 수수료 수입을 목적으로 하는 과당거래를 미연에 방지하기 위한 것이라고 할 수 있다.[1] 매매명세의 통지에 의해 고객은 통지내용과 자신의 거래 기록을 대조하여 임의매매의 소지를 방지할 수 있다.[2]

Ⅱ. 매매명세 통지의 내용과 방법

투자매매업자 또는 투자중개업자는 매매 체결 후 지체 없이 매매의 유형, 종목·품목, 수량, 가격, 수수료 등 제비용, 기타 거래내용을 통지하고, 매매가 체결된 날의 다음날 20일까지 월간 매매내역, 월말 현재 잔고현황, 미결제 약정현황, 월간 손익내역을 통지하여야 한다(법 시행령 70조 1항 1호).

통지의 방법은 서면교부, 전화, 전신 또는 기타 방법 중 어느 하나의 방식 중 투자매매업자 또는 투자중개업자와 투자자가 미리 합의한 방식에 의한다(법 시행령 70조 1항 2호). 기타 매매거래 등의 통지와 월간 매매내역의 통지에 관하여 세부사항은 금융위원회가 정한다(법 70조 2항, 금융투자업규정 4-36조 내지 4-37조).

Ⅲ. 매매명세 통지의무의 위반과 손해배상책임

판례는 구증권법상 매매명세 통지의무를 위반한 때에 그로 인해 손해가 발생한 때에는 그 손해를 배상할 책임이 있는 것으로 보았다. 즉 "주식매매거래를 위탁받은 증권회사가 매매거래의 성립에도 불구하고 그 사실을 지체 없이 위탁자에게 통지하지 아니하였다면 증권회사는 구증권법 제110조에 따라 제정된 수탁계약준칙 제 4 조 제 2 항 소정의 통지의무를 해태한 것으로서 그로 인하여 위탁자가 입게 된 손해를 배상할 책임이 있다"고 하였다.[3]

또, 대법원은 "증권회사가 전화로 매도주문을 받았다가 매매가 성립되었으면 지체 없이 이를 주문자에게 통지해야 하는데, 15일이 지난 뒤에야 뒤늦게 통지를 한 경우 주문자에게 위 기간 동안 매도대금을 이용치 못함으로써 생긴 손해를 배상해 줄 의무가 있다"라고 통상의 손해를 배상할 책임이 있는 점을 명확히 하고 있다.[4] 다만, 민법상 불법행위책임 성립요건상 통지의무 해태와 손해발생 간의 인과관계가 증명되어야 한다.[5]

1) 임재연, 전게서(2014), 249쪽.
2) 김건식, 전게서(2006), 411쪽.
3) 서울고등법원 1990. 3. 30. 선고 89나25207 판결.
4) 서울고등법원 1990. 3. 30. 선고 89나25207 판결.

Ⅳ. 위반시 행정제재

본조에 위반하여 매매명세를 통지하지 않거나 거짓으로 통지한 경우에는 1천만원 이하의 과태료를 부과하며(법 449조 2항 5호), 금융투자업자 및 그 임·직원에 대한 처분 및 업무 위탁계약의 취소·변경 명령의 사유가 된다([별표 1] 81호).

제74조(투자자예탁금의 별도예치)

① 투자매매업자 또는 투자중개업자는 투자자예탁금(투자자로부터 금융투자상품의 매매, 그 밖의 거래와 관련하여 예탁받은 금전을 말한다. 이하 같다)을 고유재산과 구분하여 증권금융회사에 예치(預置) 또는 신탁하여야 한다.

② 겸영금융투자업자 중 대통령령으로 정하는 투자매매업자 또는 투자중개업자는 제 1 항에 불구하고 투자자예탁금을 제 1 항에 따른 예치 또는 신탁 외에 신탁업자(증권금융회사를 제외한다. 이하 이 조에서 같다)에게 신탁할 수 있다. 이 경우 그 투자매매업자 또는 투자중개업자가 신탁업을 영위하는 경우에는 「신탁법」 제 3 조 제 1 항에 불구하고 자기계약을 할 수 있다.

③ 투자매매업자 또는 투자중개업자는 제 1 항 또는 제 2 항에 따라 증권금융회사 또는 신탁업자(이하 이 조에서 "예치기관"이라 한다)에게 투자자예탁금을 예치 또는 신탁하는 경우에는 그 투자자예탁금이 투자자의 재산이라는 뜻을 밝혀야 한다.

④ 누구든지 제 1 항 또는 제 2 항에 따라 예치기관에 예치 또는 신탁한 투자자예탁금을 상계(相計)·압류(가압류를 포함한다)하지 못하며, 투자자예탁금을 예치 또는 신탁한 투자매매업자 또는 투자중개업자(이하 이 조에서 "예치금융투자업자"라 한다)는 대통령령으로 정하는 경우 외에는 예치기관에 예치 또는 신탁한 투자자예탁금을 양도하거나 담보로 제공하여서는 아니 된다.

⑤ 예치금융투자업자는 다음 각 호의 어느 하나에 해당하게 된 경우에는 예치기관에 예치 또는 신탁한 투자자예탁금을 인출하여 투자자에게 우선하여 지급하여야 한다. 이 경우 그 예치금융투자업자는 대통령령으로 정하는 기간 이내에 그 사실과 투자자예탁금의 지급시기·지급장소, 그 밖에 투자자예탁금의 지급과 관련된 사항을 둘 이상의 일간신문에 공고하고, 인터넷 홈페이지 등을 이용하여 공시하여야 한다.

1. 인가가 취소된 경우
2. 해산의 결의를 한 경우
3. 파산선고를 받은 경우
4. 제 6 조 제 1 항 제 1 호 및 제 2 호의 금융투자업 전부 양도가 승인된 경우
5. 제 6 조 제 1 항 제 1 호 및 제 2 호의 금융투자업 전부 폐지가 승인된 경우
6. 제 6 조 제 1 항 제 1 호 및 제 2 호의 금융투자업 전부의 정지명령을 받은 경우
7. 그 밖에 제 1 호부터 제 6 호까지의 사유에 준하는 사유가 발생한 경우

⑥ 예치기관은 그 예치기관이 제 5 항 각 호의 어느 하나에 해당하게 된 경우에는 예치금융투자

5) 대법원 1991. 1. 11. 선고 90다카16006 판결.

업자에게 예치 또는 신탁 받은 투자자예탁금을 우선하여 지급하여야 한다.
⑦ 예치기관은 다음 각 호의 어느 하나에 해당하는 방법으로 투자자예탁금을 운용하여야 한다.
1. 국채증권 또는 지방채증권의 매수
2. 정부·지방자치단체 또는 대통령령으로 정하는 금융기관이 지급을 보증한 채무증권의 매수
3. 그 밖에 투자자예탁금의 안정적 운용을 해할 우려가 없는 것으로서 대통령령으로 정하는 방법
⑧ 제1항 또는 제2항에 따라 투자매매업자 또는 투자중개업자가 예치기관에 예치 또는 신탁하여야 하는 투자자예탁금의 범위, 예치 또는 신탁의 비율, 예치 또는 신탁한 투자자예탁금의 인출, 예치기관의 투자자예탁금 관리, 그 밖에 투자자예탁금의 예치 또는 신탁에 관하여 필요한 사항은 대통령령으로 정한다. 이 경우 예치 또는 신탁의 비율은 투자매매업자 또는 투자중개업자의 재무상황 등을 고려하여 인가받은 투자매매업자 또는 투자중개업자별로 달리 정할 수 있다.

시행령 제**72**조(투자자예탁금의 예외적 양도 등) 법 제74조 제4항에서 "대통령령으로 정하는 경우"란 다음 각 호의 어느 하나에 해당하는 경우를 말한다.
1. 법 제74조 제4항에 따른 예치금융투자업자(이하 "예치금융투자업자"라 한다)가 다른 회사에 흡수합병되거나 다른 회사와 신설합병함에 따라 그 합병에 의하여 존속되거나 신설되는 회사에 예치기관에 예치 또는 신탁한 투자자예탁금을 양도하는 경우
2. 예치금융투자업자가 금융투자업의 전부나 일부를 양도하는 경우로서 양도내용에 따라 양수회사에 예치기관에 예치 또는 신탁한 투자자예탁금을 양도하는 경우
3. 법 제40조 제4호에 따른 자금이체업무와 관련하여 금융위원회가 정하여 고시하는 한도 이내에서 금융위원회가 정하여 고시하는 방법에 따라 예치금융투자업자가 은행에 예치기관에 예치 또는 신탁한 투자자예탁금을 담보로 제공하는 경우
4. 그 밖에 투자자의 보호를 해칠 염려가 없는 경우로서 금융위원회가 정하여 고시하는 경우

Ⅰ. 본조의 취지

투자매매업자나 투자중개업자는 금융투자상품의 거래와 관련하여 투자자로부터 금전이나 증권 등 금융투자상품의 예탁을 받는다. 투자자의 보호를 위해서는 예탁된 금전이나 금융투자상품이 건전한 상태로 확실히 보관되어, 금융투자업자의 재무상태가 악화된다 하더라도 투자자가 반환받을 수 있도록 할 필요가 있다. 그런데 투자자는 금전이나 증권의 반환에 관하여 채권적 권리를 갖는 것으로 볼 수 있다. 이 경우 투자매매업자나 투자중개업자의 재산상태가 악화되어 채무초과 상태에 이르렀다면 투자자의 채권적 권리는 위험한 상태에 빠질 수 있다. 이 때 투자자는 파산재단 채권자가 되어 나머지 채권자와 동등한 입장에 서서 배당을 받을 수 있을 뿐이기 때문이다.

투자자가 예탁한 재산과 관련해 채권적 권리가 아니라 배타적인 권리를 인정한다면 투자매매업자나 투자중개업자의 재산상태와 관계없이 투자자의 예탁재산은 보호받을 수 있다. 이들 예탁재산을 투자매매업자나 투자중개업자의 재산과 별도로 보관하도록 하여 특정할 수 있다면 예탁재산은 투자매매업자나 투자중개업자의 재산상태 여하와 관계없이 안전하게 반환받을 수 있을 것이다.[1]

위탁매매와 다른 업무를 겸영하는 투자매매업자 또는 투자중개업자의 경영이 부실해질 경우 고객의 예탁금과 예탁금융투자상품도 더불어 부실해질 우려가 있으므로 투자매매업자나 투자중개업자의 고유재산과 구분하여 투자자의 예탁금과 예탁금융투자상품을 예치 또는 신탁하도록 하는 것이다.[2] 법은 투자자 예탁재산의 보호를 위해서 투자자 예탁금을 별도 예치하도록 하고 투자자 예탁증권을 예탁결제원에 예탁하도록 하고 있다(법 74조, 75조).

Ⅱ. 투자자예탁금의 별도예치

1. 의 의

투자자예탁금이란 투자매매업자 또는 투자중개업자가 투자자로부터 금융투자상품의 매매, 그 밖의 거래와 관련하여 투자자로부터 받은 금전을 말한다(법 74조 1항 괄호 부분). 투자자예탁금의 별도예치란 투자자예탁금을 투자매매업자 또는 투자중개업자의 고유재산과 구분하여 증권금융회사에 예치(預置) 또는 신탁하여야 하는 것을 말한다(법 74조 1항).

겸영금융투자업자 중 은행, 한국산업은행, 중소기업은행 그리고 보험회사는 증권금융회사에 대한 예치 외에도 신탁업자에 신탁할 수도 있다(법 74조 2항 전단, 법 시행령 71조). 이 때 투자매매업자 또는 투자중개업자가 신탁업을 영위하는 경우에도 자기계약을 할 수 있다(법 74조 2항 후단).

2. 투자자예탁금의 범위와 산정기준, 투자자 예탁금의 구분 관리

별도예치 또는 신탁해야 하는 투자자예탁금의 범위의 상세는 시행령에서 규정하고 있다(법 74조 1항·2항·8항, 법 시행령 75조 1항). 시행령에 의하면 별도예치 또는 신탁해야 하는 투자자 예탁금은 다음의 ①에서 ②를 공제한 금액의 100% 이상의 금액이다(법 시행령 75조 1항 1호·2호, 2항).

①은 투자자가 금융투자상품의 매매, 그 밖의 거래를 위하여 예탁한 금액, 투자자예탁금의 이용료 등 투자매매업자 또는 투자중개업자가 투자자에게 지급한 금액, 투자자가

1) 神崎克郎/志谷匡史/川口恭弘, 전게서(2006), 452-453頁.
2) 김건식, 전게서(2006), 411-412쪽.

보유하는 장내파생상품의 일일정산에 따라 발생한 이익 금액의 합계액이다. ②는 투자자가 증권시장(다자간매매체결회사에서의 거래를 포함한다) 또는 파생상품시장에서 행하는 금융투자상품의 매매, 그 밖의 거래를 위하여 투자매매업자 또는 투자중개업자가 거래소(금융위원회가 정하여 고시하는 자를 포함)와 다른 투자매매업자 또는 투자중개업자에게 예탁 중인 금액, 투자자가 해외에서 행하는 금융투자상품의 매매, 그 밖의 거래를 위하여 투자매매업자 또는 투자중개업자가 해외 증권시장(그 결제기관을 포함), 외국 다자간매매체결회사(외국 법령에 따라 외국에서 다자간매매체결회사에 상당하는 업무를 하는 자를 말하며, 그 결제기관을 포함한다) 또는 해외 파생상품시장(법 5조 2항 2호에 따른 해외 파생상품 시장을 말하며, 그 결제기관을 포함)과 외국 투자매매업자 또는 외국 투자중개업자에게 예탁 중인 금액, 위탁수수료 등 투자자가 행한 금융투자상품의 매매, 그 밖의 거래와 관련된 모든 비용액, 「예금자보호법 시행령」 제3조 제3항 제1호부터 제4호까지의 금전, 투자자가 보유하는 장내파생상품의 일일정산에 따라 발생한 손실금액의 합계액이다. 투자자예탁금의 범위에 관하여 보다 상세한 사항은 금융위원회가 정하여 고시한다(법 시행령 75조 5항).

예치기관은 예치 또는 신탁받은 투자자예탁금을 자기재산과 구분하여 신의에 따라 성실하게 관리하여야 한다(법 시행령 75조 4항).

Ⅲ. 투자자재산의 명시의무

투자매매업자 또는 투자중개업자가 증권금융회사 또는 신탁업자("예치기관")에게 투자자예탁금을 예치 또는 신탁하는 경우에는 투자자예탁금이 투자자의 재산이라는 뜻을 밝혀야 한다(법 74조 3항).

Ⅳ. 투자자예탁금의 상계 등 금지

누구든지 예치기관에 예치 또는 신탁한 투자자예탁금을 상계(相計)·압류(가압류를 포함)하지 못하며, 투자자예탁금을 예치 또는 신탁한 투자매매업자 또는 투자중개업자("예치금융투자업자")는 시행령이 정하는 예외적인 경우 외에는 예치기관에 예치 또는 신탁한 투자자예탁금을 양도하거나 담보로 제공할 수 없다(법 74조 4항, 법 시행령 72조).

시행령에서는 그 예외사항으로서 예치금융투자업자가 다른 회사와 합병에 의해 소멸됨으로써 존속 또는 신설되는 회사에 양도하는 경우, 금융투자업의 전부 또는 일부의 양도에 의해 양수회사에 양도하는 경우, 자금이체업무(법 40조 4호)와 관련하여 예치금융투자업자가 금융위원회가 정하여 고시하는 한도 이내에서 은행에 담보로 제공하는 경우를 들고 있다.

Ⅴ. 투자자예탁금의 우선 지급

예치금융투자업자가 인가 취소 등 일정한 사유에 해당하게 된 때에는 예치 또는 신탁된 투자자예탁금을 인출하여 투자자에게 우선 지급하여야 한다(법 74조 5항 전단 각 호). 일정한 사유란 인가취소, 해산결의, 파산선고, 금융투자업 전부의 양도 승인·금융투자업 전부 폐지의 승인·금융투자업 전부의 정지명령(법 6조 1항 1호 및 2호), 기타 이에 준하는 경우이다.

예치기관이 이와 같은 사유에 해당하는 경우에는 예치금융투자업자에게 예치 또는 신탁받은 투자자예탁금을 우선하여 지급하여야 한다(법 74조 6항). 예치금융투자업자에게 위와 같은 사유가 발생한 때에는 2개월 이내에 그 사실과 투자자예탁금의 지급시기·지급장소, 그 밖에 투자자예탁금의 지급과 관련된 사항을 두 개 이상의 일간신문에 공고하고, 인터넷 홈페이지 등을 이용하여 공시하여야 한다(법 74조 5항 후단, 법 시행령 73조).

Ⅵ. 투자자예탁금의 운용 방법

투자자예탁금은 안전한 운용이 가능하다고 인정되는 일정한 방법에 의해 운용되어야 한다. 즉 예치기관은 투자자예탁금을 국채증권 또는 지방채증권의 매수, 정부·지방자치단체 또는 은행 등 시행령이 정하는 일정한 금융기관이 지급을 보증한 채무증권의 매수 및 기타 투자자예탁금의 안정적 운용을 해할 우려가 없는 것으로서 시행령으로 정하는 방법으로 운용하여야 한다(법 74조 7항, 법 시행령 74조 1항·2항).

시행령에서는 투자자예탁금의 안전한 운용이 가능하다고 인정되는 운용방법으로서 증권 또는 원화로 표시된 양도성 예금증서를 담보로 한 대출, 한국은행에의 예치, 특수채증권의 매수, 기타 금융위원회가 고시하는 방법을 규정하고 있다(법 시행령 74조 2항). 금융투자업규정은 별도예치금의 운용 방법으로서 국제결제은행(BIS) 자기자본비율이 10%를 초과하는 은행이 발행한 채권 중 후순위채권 및 주식관련채권 이외의 채권 및 「한국주택금융공사법」에 따른 한국주택금융공사가 채권유동화계획에 따라 발행한 주택저당증권의 매입 등 일정한 사항을 규정하고 있다(4-40조).

[초판: 최문희, 개정판: 김학석]

제75조(투자자 예탁증권의 예탁)

① 투자매매업자 또는 투자중개업자는 금융투자상품의 매매, 그 밖의 거래에 따라 보관하게 되는 투자자 소유의 증권(대통령령으로 정하는 것을 포함한다)을 예탁결제원에 지체 없이 예탁하여야 한다. 다만, 해당 증권의 유통 가능성, 다른 법령에 따른 유통방법이 있는지 여부, 예탁의 실행 가능성 등을 고려하여 대통령령으로 정하는 경우에는 예탁결제원에 예탁하지 아니할 수 있다.

② 투자매매업자 또는 투자중개업자가 제1항 본문에 따라 외화증권을 예탁결제원에 예탁하는 경우에는 대통령령으로 정하는 방법에 따라 예탁하여야 한다.

시행령 **제76조**(투자자 예탁증권의 예탁) ① 법 제75조 제1항 본문에서 "대통령령으로 정하는 것"이란 다음 각 호의 것을 말한다.
1. 원화로 표시된 양도성 예금증서
2. 그 밖에 금융위원회가 정하여 고시하는 것
② 법 제75조 제1항 단서에서 "대통령령으로 정하는 경우"란 제63조 제2항 각 호의 어느 하나에 해당하는 경우를 말한다.
③ 법 제75조 제2항에서 "대통령령으로 정하는 방법"이란 금융위원회가 정하여 고시하는 외국 보관기관에 개설된 예탁결제원 계좌로 계좌대체 등을 통하여 예탁하는 방법을 말한다.

Ⅰ. 투자자 예탁증권의 예탁의 의의와 예탁증권의 범위

투자매매업자 또는 투자중개업자는 금융투자상품의 매매, 그 밖의 거래에 따라 보관하게 되는 투자자소유의 증권을 예탁결제원에 예탁하여야 한다(법 75조 1항 본문). 시행령은 원화표시 양도성 예금증서 및 금융위원회가 고시하는 증권도 예탁하도록 한다(법 시행령 76조 1항 1호·2호). 금융투자업규정은 어음(법 4조 3항에 따른 기업어음증권을 제외), 기타 증권과 유사하고 집중예탁과 계좌 간 대체에 적합한 것으로서 예탁결제원이 따로 정하는 것을 규정하고 있다(4-47조 1항, 4-15조 1항). 이러한 의무화된 투자자 예탁증권의 범위는 법 제61조에서 규정하고 있는 금융투자업자 소유증권의 예탁의무 범위와 같다.

Ⅱ. 예탁하지 않아도 되는 증권

투자자 증권을 예탁하지 않아도 되는 범위도 법 제61조의 예탁면제 범위와 같다. 즉 ① 법령에 따라 해당 증권을 예탁할 수 있는 증권 또는 증서로 발행할 수 없는 경우, ② 발행인이 투자자와 해당 증권을 예탁결제원에 예탁할 수 있는 증권 또는 증서로 발행하지 아니할 것을 발행조건 등에 따라 약정하는 경우, ③ 투자계약증권인 경우, ④ 합자회사·유한책임회사·합자조합·익명조합의 출자지분이 표시된 것인 경우(집합투자증권은 제외), ⑤ 발행일로부터 만기가 3일 이내에 도래하는 어음인 경우(법 시행규칙 7조의2)는 반드시 의무예탁 할 필요는 없다.

외화증권의 경우 금융투자업자는 금융위원회가 정하여 고시하는 외국보관기관에 개설된 예탁결제원 계좌로 계좌대체 등을 통하여 예탁하여야 한다(법 시행령 75조 2항 → 법 시행령 63조 2항). 이러한 방법으로 예탁결제원에 예탁할 수 없는 경우에는 금융위원회가 고시하는 외국보관기관에 예탁하여야 한다. 금융위원회는 외국보관기관의 범위도 금융투자업자 소유증권 예탁의 경우와 동일하게 정하고 있다.

제76조(집합투자증권 판매 등에 관한 특례)

① 투자매매업자 또는 투자중개업자는 집합투자증권을 판매하는 경우 투자자가 집합투자증권의 취득을 위하여 금전 등을 납입한 후 최초로 산정되는 기준가격(제238조 제 6 항에 따른 기준가격을 말한다. 이하 같다)으로 판매하여야 한다. 다만, 투자자의 이익을 해할 우려가 없는 경우로서 대통령령으로 정하는 경우에는 대통령령으로 정하는 기준가격으로 판매하여야 한다.

② 투자매매업자 또는 투자중개업자는 제92조 제 1 항(제186조 제 2 항에서 준용하는 경우를 포함한다)에 따른 통지를 받은 경우에는 해당 집합투자증권을 판매하여서는 아니 된다. 다만, 제92조 제 2 항(제186조 제 2 항에서 준용하는 경우를 포함한다)에 따른 통지를 받은 경우에는 판매를 다시 시작할 수 있다.

③ 투자매매업자 또는 투자중개업자는 집합투자기구가 제182조에 따라 등록되기 전에는 해당 집합투자증권을 판매하거나 판매를 위한 광고를 하여서는 아니 된다. 다만, 투자자의 이익을 해할 우려가 없는 경우로서 대통령령으로 정하는 경우에는 판매를 위한 광고를 할 수 있다.

④ 투자매매업자 또는 투자중개업자는 집합투자증권의 판매와 관련하여 판매수수료(집합투자증권을 판매하는 행위에 대한 대가로 투자자로부터 직접 받는 금전을 말한다. 이하 같다) 및 판매보수(집합투자증권을 판매한 투자매매업자·투자중개업자가 투자자에게 지속적으로 제공하는 용역의 대가로 집합투자기구로부터 받는 금전을 말한다. 이하 같다)를 받는 경우 집합투자기구의 운용실적에 연동(連動)하여 판매수수료 또는 판매보수를 받아서는 아니 된다.

⑤ 제 4 항의 판매수수료 및 판매보수는 다음 각 호의 한도를 초과하여서는 아니 된다. 다만, 사모집합투자기구에 대하여는 다음 각 호의 한도를 적용하지 아니한다.

1. 판매수수료 : 납입금액 또는 환매금액의 100분의 3 이하로서 대통령령으로 정하는 한도
2. 판매보수 : 집합투자재산의 연평균가액의 1천분의 15 이하로서 대통령령으로 정하는 한도

⑥ 제 5 항에 따른 판매수수료 및 판매보수의 한도의 구체적인 설정방법, 부과방법, 그 밖에 판매수수료 및 판매보수에 관하여 필요한 사항은 대통령령으로 정한다.

시행령 제**77**조(집합투자증권 판매 등에 관한 특례) ① 법 제76조 제 1 항 단서에서 "대통령령으로 정하는 경우"란 다음 각 호의 경우를 말한다.

1. 투자자가 집합투자규약으로 정한 집합투자증권의 매수청구일을 구분하기 위한 기준시점을 지나서 투자매매업자 또는 투자중개업자에게 금전등을 납입하는 경우
2. 투자매매업자 또는 투자중개업자가 단기금융집합투자기구의 집합투자증권을 판매하는 경우로서 다음 각 목의 어느 하나에 해당하는 경우
   가. 투자자가 금융투자상품 등의 매도나 환매에 따라 수취한 결제대금으로 결제일에 단기금융집합투자기구의 집합투자증권을 매수하기로 집합투자증권을 판매하는 투자매매업자 또는 투자중개업자와 미리 약정한 경우
   나. 투자자가 급여 등 정기적으로 받는 금전으로 수취일에 단기금융집합투자기구의 집합투자증권을 매수하기로 집합투자증권을 판매하는 투자매매업자 또는 투자중개업자와 미리 약정한 경우
3. 다음 각 목의 어느 하나에 해당하는 자에게 단기금융집합투자기구의 집합투자증권을 판매하는 경우
   가. 「외국환거래법」 제13조에 따른 외국환평형기금
   나. 「국가재정법」 제81조에 따라 여유자금을 통합하여 운용하는 단기금융집합투자기구 및 증권집합투자기구
4. 법 제76조 제 1 항 본문에 따른 기준가격을 적용할 경우 해당 집합투자기구의 투자자 이익 등을 침해할 우려가 있다고 제261조에 따른 집합투자재산평가위원회가 인정하는 경우
5. 투자자가 집합투자기구를 변경하지 아니하고 그 집합투자기구의 집합투자증권을 판매한 투자매매업자 또는 투자중개업자를 변경할 목적으로 집합투자증권을 환매한 후 다른 투자매매업자 또는 투자중개업자를 통하여 해당 집합투자증권을 매수하는 경우

② 법 제76조 제 1 항 단서에서 "대통령령으로 정하는 기준가격"이란 다음 각 호와 같다.

1. 제 1 항 제 1 호의 경우 : 금전등의 납입일부터 기산하여 제3영업일에 공고되는 기준가격
2. 제 1 항 제 2 호 및 제 3 호의 경우: 금전등의 납입일에 공고되는 기준가격
3. 제 1 항 제 4 호의 경우 : 금전등의 납입일부터 기산하여 제3영업일 또는 그 이후에 공고되는 기준가격
4. 제 1 항 제 5 호의 경우 : 집합투자증권을 환매한 후 15일 이내에 집합투자규약에서 정하는 투자매매업자 또는 투자중개업자 변경의 효력이 발생하는 날에 공고되는 기준가격

③ 법 제76조 제 3 항 단서에서 "대통령령으로 정하는 경우"란 관련 법령의 개정에 따라 새로운 형태의 집합투자증권의 판매가 예정되어 있어, 그 집합투자기구의 개괄적인 내용을 광고하여도 투자자의 이익을 해칠 염려가 없는 경우를 말한다. 이 경우 관련 법령의 개정이 확정되지 아니한 경우에는 광고의 내용에 관련 법령의 개정이 확정됨에 따라 그 내용이 달라질 수 있음을 표시하여야 한다.

④ 법 제76조 제 5 항에 따라 투자매매업자 또는 투자중개업자가 취득하는 판매수수료와 판매보수(법 제76조 제 4 항에 따른 판매보수를 말한다. 이하 "판매보수"라 한다)는 다음 각 호의 한도를 초과하여서는 아니 된다.

1. 판매수수료 : 납입금액 또는 환매금액의 100분의 2
2. 판매보수 : 집합투자재산의 연평균가액의 100분의 1. 다만, 투자자의 투자기간에 따라 판매보수율이 감소하는 경우로서 금융위원회가 정하여 고시하는 기간을 넘는 시점에 적용되는 판매보수율이 100분의 1 미만인 경우 그 시점까지는 100분의 1에서부터 1천분의 15까지의 범위에서 정할 수 있다.

⑤ 투자매매업자 또는 투자중개업자는 집합투자규약으로 정하는 바에 따라 다음 각 호의 방법으로 판매수수료나 판매보수를 받을 수 있다.

1. 판매수수료 : 판매 또는 환매시 일시에 투자자로부터 받거나 투자기간 동안 분할하여 투자자로부터 받는 방법
2. 판매보수 : 매일의 집합투자재산의 규모에 비례하여 집합투자기구로부터 받는 방법

⑥ 판매수수료는 집합투자규약으로 정하는 바에 따라 판매방법, 투자매매업자·투자중개업자, 판매금액, 투자기간 등을 기준으로 차등하여 받을 수 있다.

⑦ 제 1 항 제 1 호에 따른 기준시점 및 같은 항 제 5 호에 따른 투자매매업자 또는 투자중개업자의 변경에 관한 사항, 제 4 항 및 제 5 항에 따른 판매수수료와 판매보수의 구체적인 한도 산정기준, 그 밖에 필요한 세부적인 사항은 금융위원회가 정하여 고시한다.

Ⅰ. 집합투자증권의 판매가격의 제한의 취지

투자신탁의 수익권 등 집합투자증권(법 9조 21항)의 판매 가격은 투자자가 집합투자증권의 취득을 위하여 금전 등을 납입한 후 최초로 산정되는 기준가격으로 정하여야 한다(미래가격 주의)(법 76조 1항 본문) 이 때 기준가격이란 집합투자재산의 평가(법 238조 1항 내지 5항)결과에 따라 시행령이 정하는 방법으로 투자신탁이나 투자익명조합의 집합투자업자 또는 투자회사 등이 정한 가격을 말한다(법 238조 6항에 따른 기준가격).

집합투자증권의 가치는 집합투자재산의 가치에 근거하므로 그 가치가 수시로 변하게 된다. 따라서 집합투자증권의 판매 가격을 투자자가 투자를 결정하는 시점보다 이전의 시점에서 결정한다면(과거가격주의) 투자자는 집합투자증권의 가격의 차이를 이용하여 거래를 할 수가 있다. 즉 집합투자재산의 가격이 급락하면 과거의 가격을 적용받기 위해 환매를 신청하고 급등하면 매수를 신청하는 것이다. 그리하여 법은 집합투자증권의 판매가격을 집합투자증권의 취득을 위하여 금전 등을 납입한 후에 산정되는 가격으로 정하도록 하여 '미래가격주의'를 채택하고 있다.

그러나 투자자의 이익을 해할 우려가 없는 경우로서 시행령이 정하는 경우에는 시행령으로 정하는 기준가격으로 판매하여야 한다(법 76조 1항 단서). 시행령에서는 투자자가 집합투자규약에서 정한 집합투자증권의 매수청구일을 구분하기 위한 기준 시점을 지나서 투자매매업자 또는 투자중개업자에게 금전 등을 납입하는 경우와 투자매매업자 또는 투자중개업자가 단기금융집합투자기구의 집합투자증권을 판매하는 경우 등을 들고 있다(법 시행령 77조 1항).

Ⅱ. 집합투자증권의 판매 및 판매광고의 제한

1. 환매연기 통지시 판매의 제한

법은 구간투법의 규정을 이어받아 집합투자증권의 판매를 제한하는 규정을 두고 있다. 투자신탁이나 투자익명조합의 집합투자업자 또는 투자회사는 집합투자증권의 환매의 연기가 있는 경우(법 237조 1항), 집합투자기구에 대한 회계감사인의 감사의견이 적정의견이 아닌 경우(법 240조 3항)에는 해당 집합투자증권을 판매한 투자매매업자 또는 투자중개업자에게 이를 즉시 통지하여야 한다(법 92조 1항, 186조 2항). 집합투자증권의 판매를 담당하는 투자매매업자 등이 이러한 통지를 받은 경우에는 해당 집합투자증권을 판매할 수 없다(법 76조 2항 본문).

위와 같은 환매연기나 감사의견의 부적정의 사유가 해소된 때에는 집합투자업자(또는 투자회사)는 해당 집합투자증권을 판매한 투자매매업자 또는 투자중개업자에게 이를 즉시 통지하여야 하는데(법 92조 2항, 186조 2항), 이 통지를 받은 때에는 다시 판매를 재개할 수 있다(법 76조 2항 단서).

2. 집합투자기구의 등록 전 판매 및 판매광고의 금지

투자매매업자 또는 투자중개업자는 집합투자기구가 법 제182조에 따라 금융위원회에 등록되기 전에는 해당 집합투자증권을 판매하거나 판매를 위한 광고를 할 수 없다(법 76조 3항 본문). 등록되기 전에 광고를 하는 경우에는 투자자의 이익을 해칠 우려가 있기 때문이다. 따라서 시행령에서는 투자자의 이익을 해할 우려가 없는 경우로서 일정한 경우에는 등록 전에도 판매를 위한 광고를 할 수 있도록 하고 있다(법 76조 3항 단서, 법 시행령 77조 3항).

시행령에서는 관련 법령의 개정에 따라 새로운 형태의 집합투자증권의 판매가 예정되어 있어, 그 집합투자기구의 개괄적인 내용을 광고하여도 투자자의 이익을 해할 우려가 없는 경우를 들고 있다. 이 경우 관련 법령의 개정이 확정되지 아니한 경우에는 광고의 내용에는 관련 법령의 개정이 확정됨에 따라 그 내용이 달라질 수 있음을 표시하여야 한다(법 시행령 77조 3항).

이 규정에 위반한 때에는 3년 이하의 징역 또는 1억원 이하의 벌금에 처한다(법 445조 13호).

Ⅲ. 판매수수료와 판매보수에 대한 규제

판매수수료란 집합투자증권 판매의 대가로 투자자로부터 직접 받는 일회성의 금전을 말하며, 판매보수란 집합투자증권을 판매한 투자매매업자·투자중개업자가 투자자에게 지속적으로 제공하는 용역의 대가로 집합투자기구로부터 받는 계속적인 금전을 말한다. 집합투자증권의 판매를 담당하는 투자매매업자 등은 집합투자증권의 판매와 관련하여 판매수수료 및 판매보수를 받는데, 집합투자기구의 운용실적에 연동(連動)하여 판매수수료 또는 판매보수를 받는 것은 금지된다(법 76조 4항).

법은 판매수수료와 판매보수에 대한 상한을 법에 규정하고 시행령으로 구체적인 한도를 정하도록 한다. 그러나 사모집합투자기구에 대해서는 한도 적용이 없다(법 76조 5항). 판매수수료는 납입금액 또는 환매금액의 2% 이내로 정해지며, 집합투자규약에서 판매 또는 환매시 일시에 투자자로부터 받거나 투자기간 동안 분할하여 투자자로부터 받는 방법으로 정할 수도 있다(법 시행령 77조 4항 1호, 77조 5항 1호). 판매수수료는 집합투자규약에서 정한 바에 따라 판매방법, 투자매매업자·투자중개업자, 판매금액, 투자기간 등을 기준으로 차등하여 받을 수 있다(법 시행령 77조 6항). 판매보수는 집합투자재산의 연평균가액의 1% 범위 내에서 정해고 집합투자규약에 의해 매일의 집합투자재산의 규모에 비례하여 받을 수 있다(법 시행령 77조 4항 2호, 77조 5항 2호). 금융투자업규정은 판매 및 환매의 기준시점, 부과기준, 관련 자료의 보관·유지 의무를 정하고 있다(금융투자업규정 4-48조).

판매수수료 및 판매보수에 관한 규정에 위반한 때에는 5천만원 이하의 과태료를 부과한다(법 449조 1항 30호).

제77조(투자성 있는 예금·보험에 대한 특례)

① 은행이 투자성 있는 예금계약, 그 밖에 이에 준하는 것으로서 대통령령으로 정하는 계약을 체결하는 경우에는 제12조에 따라 투자매매업에 관한 금융투자업인가를 받은 것으로 본다. 이 경우 제15조, 제39조부터 제45조까지, 제49조 제 3 호, 제56조, 제58조, 제61조부터 제65조까지 및 제 2 편 제 2 장·제 3 장·제 4 장 제 2 절 제 1 관을 적용하지 아니하며, 제 3 편 제 1 장은 투자성 있는 외화예금계약을 체결하는 경우에 대하여는 적용하지 아니한다.

② 보험회사(「보험업법」 제 2 조 제 8 호부터 제10호까지의 자를 포함한다)가 투자성 있는 보험계약을 체결하거나 그 중개 또는 대리를 하는 경우에는 제12조에 따라 투자매매업 또는 투자중개업에 관한 금융투자업 인가를 받은 것으로 본다. 이 경우 제15조, 제39조부터 제45조까지, 제49조 제 3 호, 제51조부터 제53조까지, 제56조, 제58조, 제61조부터 제65조까지, 제 2 편 제 2 장·제 3 장·제 4 장 제 2 절 제 1 관 및 제 3 편 제 1 장을 적용하지 아니한다.

시행령 **제77조의2**(투자성 있는 예금계약에 준하는 계약) 법 제77조 제 1 항 전단에서 "대통령령으로 정하는 계약"이란 금적립계좌등의 발행을 위한 계약을 말한다.

Ⅰ. 본조의 취지

자본시장법은 포괄적인 금융상품 개념을 도입하고 있어서 은행이나 보험 등 법상 금융투자업 이외의 금융영역에서 취급하고 있는 금융상품 중에도 투자성을 가진 상품이 존재할 수 있다. 종래 은행이나 보험사가 영위하는 업무 중에 금융투자업의 속성이 있음에도 불구하고 금융투자업으로 규율받지 않는 업무가 존재하였으므로 투자자 보호에 문제가 있을 수 있었다. 은행이 투자성 있는 예금을 판매하거나, 보험회사가 투자성 있는 보험을 판매하는 업무는 증권 투자매매업·중개업에 해당하며, 은행·보험사가 간접투자증권을 판매하는 업무도 증권 투자매매업·중개업에 해당한다. 이들 업무가 금융투자업에 해당하는 것이 명백하므로 법은 동일한 기능을 하는 상품에 대해서는 동일한 규제를 가한다는 원칙에 따라 투자자 보호의 공백을 없애기 위하여 금융투자업으로 규율하기로 하였다.

다만 은행과 보험회사 등 비금융투자회사에 대해서는 투자자 보호에 필요한 최소한의 규제만을 적용하여 부담을 최소화하기로 하였다.[1] 즉 투자성 있는 예금과 보험을 은행이나 보험사가 취급할 경우에는 투자매매업인가는 받은 것으로 보아 인가와 같은 진입규제의 적용을 배제하고, 투자자보호를 위한 핵심인 투자매매업·투자중개업의 영업행위 규제만 적용하는 것이다.

Ⅱ. 투자성 있는 예금·보험에 대한 규제의 의의

법은 '예금'이나 '보험'에 대한 정의 규정은 두지 않고 있다. 은행법 및 은행관련 법에서도 예금에 대한 명시적인 정의규정은 찾아볼 수 없다. 판례는 금전신탁과 예금을 구별하면서 예금을 '원금 및 약정이율에 따른 이자의 지급이 보장되는 금전의 소비임치계약'[2]으로 보고, 통설도 예금계약의 법적 성격을 민법상 소비임치계약으로 보고 있는데, 이러한 견해에 따르면 예금은 '원금보전성'이 있는 것이라고 할 수 있다.

위와 같은 예금에 관한 종래의 전통적 이해에 의하면 예금은 원금이 보전되므로 예금과 '투자성'을 결부시켜 '투자성 있는 예금'이란 개념은 애초에 성립이 불가능한 것이 아닌가 하는 의문이 제기될 수 있다. 그러나 전통적인 예금에 대한 개념에도 불구하고, 은행이 원본손실의 우려가 있는 투자성 있는 금융상품을 취급할 수 있게 되는 경우에는 동 상품의 특성에 대한 설명 및 운용결과에 대한 통지 등을 통해 고객에게 충분한 정보가 전달될 수 있도록 하여 투자자보호를 도모할 필요가 있다. 투자성 있는 예금계약에 준하는 계약(시행령은 금적립계좌등의 발행을 위한 계약을 정하고 있다)의 경우도 같다.

한편 보험계약은 당사자 일방이 약정한 보험료를 지급하고 상대방이 재산 또는 생명이나 신체에 관하여 불확정한 사고가 생길 경우에 일정한 보험금액 기타의 급여를 지급할 것을 약정하는 것(상법 638조)이다. 보험계약 중에서 원본손실가능성이 있으면 투자

1) 재정경제부, "「자본시장과 금융투자업에 관한 법률안」 차관회의 설명자료"(2006. 12. 28), 46-47쪽.

2) 대법원 2007. 11. 29. 선고 2005다64552 판결.

성 있는 보험이다. 이와 같이 투자성 있는 예금이나 보험은 모두 원본지급이 보장되지 않는 것이므로 영업행위규제를 적용한다.

Ⅲ. 투자성 있는 예금·보험에 대한 법의 적용범위

1. 적용되는 규정

투자성 있는 예금이나 보험을 은행이나 보험회사가 취급하면 금융투자업인가를 받은 것으로 보고 투자자보호의 핵심 규정인 금융투자업자 일반에 대한 영업행위규제를 적용한다. 투자성 있는 예금의 경우에는 발행공시규제, 불공정거래규제, 투자권유규제 등 증권에 관한 규제를 적용한다(법 77조 1항). 다만 투자성 있는 외화예금을 체결하는 경우에는 정책적으로 발행공시규제는 적용하지 않는다(법 77조 1항 단서).

투자성 있는 보험에 대해서도 투자성 있는 예금과 동일한 규제를 가하지만, 정책적으로 증권규제 중 발행공시규제(법 3편 1장)는 제외된다. 투자성 있는 보험이어서 금융투자상품에 해당하더라도 보험상품으로서의 성질을 가지므로 보험업 인가를 받지 않고서는 동 상품을 취급할 수 없음을 유의하여야 한다.

2. 적용이 배제되는 규정

투자성 있는 예금계약을 체결하거나 투자성 있는 보험계약을 체결·중개·대리하는 경우에는 법 제12조에 따라 투자매매업에 관한 금융투자업 인가를 받은 것으로 간주하고(법 77조 1항·2항), 기타 인가와 관련된 규정의 적용은 명시적으로 배제된다. 투자매매업자와 투자중개업자의 영업행위규칙(4장 2절 1관)은 적용되지 않는다.

투자성 있는 예금과 보험을 취급하는 은행이나 보험회사는 이미 은행법과 보험업법에 따라 고유한 건전성규제(자기자본비율, 지급여력비율)를 받고 있으므로 건전성규제(법 2편 3장)는 적용하지 않는다. 나아가 별도의 지배구조에 관한 규정을 두고 있으므로 지배구조에 관한 규정(법 2편 2장)도 적용하지 않는다.

제77조의2(종합금융투자사업자의 지정 등)

① 금융위원회는 투자매매업자 또는 투자중개업자로서 다음 각 호의 기준을 모두 충족하는 자를 종합금융투자사업자로 지정할 수 있다.

1. 「상법」에 따른 주식회사일 것
2. 증권에 관한 인수업을 영위할 것
3. 3조원 이상으로서 대통령령으로 정하는 금액 이상의 자기자본을 갖출 것

4. 그 밖에 해당 투자매매업자 또는 투자중개업자의 신용공여 업무수행에 따른 위험관리 능력 등을 고려하여 대통령령으로 정하는 기준

② 투자매매업자 또는 투자중개업자로서 종합금융투자사업자로 지정받고자 하는 자는 금융위원회에 신청하여야 한다.

③ 금융위원회는 제 1 항에 따른 종합금융투자사업자의 지정을 위하여 필요한 경우에는 자료의 제출을 요청할 수 있다.

④ 금융위원회는 종합금융투자사업자가 다음 각 호의 어느 하나에 해당하는 경우에는 제 1 항에 따른 지정을 취소할 수 있다.

1. 거짓, 그 밖의 부정한 방법으로 지정받은 경우
2. 제 1 항 각 호의 기준을 충족하지 못하는 경우

⑤ 제 1 항 및 제 4 항에 따른 지정 및 지정취소 절차 등에 관한 세부적인 사항은 대통령령으로 정한다.

⑥ 제 1 항 제 3 호에 따른 자기자본의 구체적인 세부기준은 금융위원회가 정하여 고시한다.

시행령 제**77**조의**3**(종합금융투자사업자의 지정 등) ① 법 제77조의2 제 1 항 제 3 호에서 “대통령령으로 정하는 금액”이란 3조원을 말한다.

② 법 제77조의2 제 1 항 제 4 호에서 “대통령령으로 정하는 기준”이란 다음 각 호의 기준을 말한다.

1. 종합금융투자사업자의 업무와 관련한 위험관리 및 내부통제 등을 위한 적절한 인력, 전산시스템 및 내부통제장치를 갖출 것
2. 다음 각 목의 요건을 모두 갖출 것
   가. 법 제44조에 따라 이해상충이 발생할 가능성을 파악·평가·관리할 수 있는 적절한 내부통제기준을 갖출 것
   나. 법 제45조 제 1 항 각 호 및 제 2 항 각 호의 행위가 발생하지 아니하도록 적절한 체계를 갖출 것

③ 법 제77조의2 제 2 항에 따라 종합금융투자사업자로 지정받으려는 자는 같은 조 제 1 항 각 호의 요건을 갖추었음을 확인할 수 있는 서류를 첨부하여 금융위원회에 지정신청서를 제출하여야 한다.

④ 금융위원회는 제 3 항의 지정신청서를 접수한 경우에는 그 내용을 검토하여 2개월 이내에 종합금융투자사업자 지정 여부를 결정하고, 그 결과와 이유를 지체 없이 신청인에게 문서로 통지하여야 한다. 이 경우 지정신청서에 흠결이 있는 때에는 보완을 요구할 수 있다.

⑤ 제 4 항의 검토기간을 산정할 때 지정신청서 흠결의 보완기간 등 총리령으로 정하는 기간은 검토기간에 산입하지 아니한다.

⑥ 금융위원회는 제 4 항의 종합금융투자사업자 지정 여부를 결정할 때 다음 각 호의 어느 하나에 해당하는 사유가 없는 한 지정을 하여야 한다.

1. 법 제77조의2 제 1 항의 종합금융투자사업자 지정요건을 갖추지 아니한 경우
2. 제 3 항의 지정신청서를 거짓으로 작성한 경우
3. 제 4 항 후단의 보완요구를 이행하지 아니한 경우

⑦ 금융위원회는 제 4 항에 따라 종합금융투자사업자 지정을 결정한 경우 종합금융투자사업자 지정부에 필요한 사항을 적어야 하며, 지정결정한 내용을 관보 및 인터넷 홈페이지 등에 공고하여야 한다.

⑧ 금융위원회는 법 제77조의2 제 4 항에 따라 종합금융투자사업자 지정을 취소한 경우에는 그 내용을 기록하고, 이를 유지·관리하여야 하며, 그 사실을 관보 및 인터넷 홈페이지 등에 공고하여야 한다.

⑨ 제 1 항부터 제 8 항까지에서 규정한 사항 외에 종합금융투자사업자 지정요건의 세부기준, 지정신청과 검토, 지정신청서의 서식 및 지정취소의 절차 등에 관하여 필요한 사항은 금융위원회가 정하여 고시한다.

Ⅰ. 종합금융투자사업자 지정요건

종합금융투자사업자가 되기 위해서는 ① 주식회사일 것, ② 인수업을 영위할 것, ③ 3조원 이상의 자기자본을 갖추어야 하며, ④ 위험관리, 이해상충관리, 정보교류의 차단을 위한 적절한 내부통제장치를 갖추어야 한다. 자기자본의 규모는 투자은행의 대형화 유도와 신용리스크에 대한 대비를 목적으로 한다.

Ⅱ. 지정절차

종합금융투자업자의 지정은 투자매매업자 또는 투자중개업자의 신청에 따라 금융위원회가 한다. 지정신청서를 접수한 금융위원회는 2개월 이내에 지정 여부를 결정하여 그 결과와 이유를 신청인에게 문서로 통지하여야 한다. 금융위원회는 지정을 위하여 필요한 경우에 자료제출을 요청할 수 있으며 지정신청서에 흠결이 있는 때에는 보완을 요구할 수 있다. 지정요건을 모두 갖춘 경우에는 지정신청서를 거짓으로 작성한 경우나 보완요구를 이행하지 아니한 경우가 아니라면 금융위원회는 종합금융투자업자 지정을 하여야 한다(법 시행령 77조의3 6항).

Ⅲ. 지정취소

종합금융투자업자가 거짓이나 부정한 방법으로 지정받은 경우와 지정요건을 충족하지 못하는 경우에는 금융위원회는 지정을 취소할 수 있다.

제77조의3(종합금융투자사업자에 관한 특례)

① 종합금융투자사업자가 아니고는 전담중개업무를 영위할 수 없다.

② 종합금융투자사업자는 전문사모집합투자기구 등에 대하여 전담중개업무를 제공하는 경우에는 미리 해당 전문사모집합투자기구 등, 그 밖에 대통령령으로 정하는 자와 다음 각 호의 사항을 포함하는 내용에 관한 계약을 체결하여야 한다.

1. 전담중개업무와 관련된 종합금융투자사업자와 전문사모집합투자기구 등의 역할 및 책임에 관한 사항

2. 종합금융투자사업자가 전문사모집합투자기구 등의 재산을 제삼자에 대한 담보, 대여, 그 밖에 대통령령으로 정하는 방법으로 이용하는 경우 그 이용에 관한 사항
3. 종합금융투자사업자가 제2호에 따라 이용한 전문사모집합투자기구 등의 재산 현황 등에 관한 정보를 전문사모집합투자기구 등에게 제공하는 절차 및 방법
4. 그 밖에 대통령령으로 정하는 사항

③ 종합금융투자사업자는 이 법 또는 다른 금융관련 법령에도 불구하고 다음 각 호의 업무를 영위할 수 있다.
1. 기업에 대한 신용공여 업무
2. 그 밖에 해당 종합금융투자사업자의 건전성, 해당 업무의 효율적 수행에 이바지할 가능성 등을 고려하여 종합금융투자사업자에만 허용하는 것이 적합한 업무로서 대통령령으로 정하는 것

④ 종합금융투자사업자가 제3항 제1호 또는 제72조 제1항 본문에 따라 신용공여를 하는 경우에는 신용공여의 총 합계액이 자기자본의 100분의 100을 초과하여서는 아니 된다. 다만, 종합금융투자사업자 업무의 특성, 해당 신용공여가 종합금융투자사업자의 건전성에 미치는 영향 등을 고려하여 대통령령으로 정하는 경우에는 그러하지 아니하다.

⑤ 종합금융투자사업자가 제3항 제1호에 따라 신용공여를 하는 경우 동일한 법인 및 그 법인과 대통령령으로 정하는 신용위험을 공유하는 자에 대하여 그 종합금융투자사업자의 자기자본의 100분의 25의 범위에서 대통령령으로 정하는 비율에 해당하는 금액을 초과하는 신용공여를 할 수 없다.

⑥ 종합금융투자사업자가 추가로 신용공여를 하지 아니하였음에도 불구하고 자기자본의 변동, 동일차주 구성의 변동 등으로 인하여 제4항 및 제5항의 한도를 초과하게 되는 경우에는 그 한도를 초과하게 된 날부터 1년 이내에 그 한도에 적합하도록 하여야 한다.

⑦ 종합금융투자사업자는 그와 계열회사의 관계에 있는 법인(대통령령으로 정하는 해외법인을 포함한다. 이하 이 항에서 같다)에 대하여 제3항 제1호에 따른 신용공여를 하거나 또는 그 법인이 운용하는 전문사모집합투자기구에 대하여 전담중개업무를 제공하여서는 아니 된다.

⑧ 종합금융투자사업자에 대하여는 「한국은행법」과 「은행법」을 적용하지 아니한다.

⑨ 제3항 제1호에 따른 신용공여의 구체적 범위 등에 관하여 필요한 사항은 대통령령으로 정한다.

시행령 제**77**조의**4**(전담중개업무에 관한 계약 등) ① 법 제77조의3 제2항 각 호 외의 부분에서 "대통령령으로 정하는 자"란 종합금융투자사업자로부터 법 제6조 제9항 제3호의 업무를 위탁받은 자 및 전문사모집합투자기구 등으로부터 법 제184조 제6항 제2호의 업무를 위탁받은 일반사무관리회사를 말한다.

② 법 제77조의3 제2항 제2호에서 "대통령령으로 정하는 방법"이란 환매조건부매매, 그 밖에 전담중개업무의 효율적인 수행 등을 고려하여 총리령으로 정하는 방법을 말한다.

③ 법 제77조의3 제2항 제4호에서 "대통령령으로 정하는 사항"이란 다음 각 호의 사항을 말한다.
1. 전담중개업무의 범위와 기준 및 절차 등에 관한 사항
2. 전담중개업무 제공에 따른 수수료 또는 그 밖의 비용 등에 관한 사항
3. 계약 종료의 사유 및 절차, 계약당사자의 채무불이행에 따른 손해배상 등에 관한 사항

시행령 제**77**조의**5**(신용공여의 범위 등) ① 법 제77조의3 제3항 제1호에 따른 신용공여의 범위는 다음 각 호와

같다.
1. 대출
2. 지급보증[이에 따른 대지급금(代支給金)의 지급을 포함한다]
3. 기업어음증권에 해당하지 아니하는 어음의 할인·매입
② 법 제77조의3 제 4 항 단서에서 "대통령령으로 정하는 경우"란 다음 각 호의 어느 하나에 해당하는 경우를 말한다.
1. 금융위원회가 정하여 고시하는 방법에 따라 전문사모집합투자기구 등으로부터 받은 담보를 활용하여 제삼자로부터 조달한 자금으로 신용공여를 하는 경우
2. 기업의 인수·합병에 관한 조언업무나 그 인수·합병의 중개·주선 또는 대리업무와 관련하여 총리령으로 정하는 기간 이내의 신용공여를 하는 경우
3. 국가, 지방자치단체, 외국 정부, 제362조 제 8 항 각 호의 금융기관 또는 이에 준하는 외국 금융기관이 원리금의 상환에 관하여 보증한 신용공여(원리금의 상환이 보증된 부분에 한정한다)를 하는 경우
③ 법 제77조의3 제 5 항에서 "대통령령으로 정하는 신용위험을 공유하는 자"란 같은 기업집단(「독점규제 및 공정거래에 관한 법률」 제 2 조 제 2 호에 따른 기업집단을 말한다. 이하 이 조에서 같다)에 속하는 회사를 말한다.
④ 법 제77조의3 제 5 항에서 "대통령령으로 정하는 비율"이란 100분의 25를 말한다.
⑤ 법 제77조의3 제 7 항에서 "대통령령으로 정하는 해외법인"이란 종합금융투자사업자가 기업집단에 속하는 경우로서 그 동일인과 같은 법 시행령 제 3 조 제 1 호 나목부터 라목까지의 어느 하나에 해당하는 관계에 있는 외국법인을 말한다.
⑥ 제 2 항부터 제 5 항까지에서 규정한 사항 외에 신용공여의 기준 및 신용공여의 현황에 대한 보고 등에 필요한 세부사항은 금융위원회가 정하여 고시한다.

Ⅰ. 전담중개업무	Ⅱ. 기업신용공여업무

Ⅰ. 전담중개업무

종합금융투자사업자는 전담중개업무(prime brokerage)(법 6조 9항)를 배타적으로 영위할 수 있다. 그러나 이해상충 위험을 회피하기 위해 계열회사가 운용하는 전문사모집합투자기구에 대한 전담중개업무의 제공이 금지된다. 종합금융투자사업자가 전담중개업무를 제공하는 경우에는 미리 법에서 규정한 내용을 포함한 계약을 체결하여야 한다.

계약내용에 반드시 포함되어야 하는 사항은 ① 전담중개업무와 관련한 역할과 책임, ② 재담보, ③ 전문사모집합투자기구 등의 재산현황 등에 관한 정보를 제공하는 절차 및 방법, ④ 전담중개업무의 범위·기준·절차, ⑤ 수수료와 비용, ⑥ 계약의 종료사유와 절차, 계약당사자의 채무불이행에 따른 손해배상책임에 관한 것이다.

금융투자업규정은 금융투자협회가 전담중개업무 관련 계약의 표준서식·방법·절차 등을 작성하여 제시할 수 있도록 하여(규정 제4-103조) 이를 근거로 작성한 표준계약에 자율적으로 따르도록 한다.

Ⅱ. 기업신용공여업무

2013년 개정법은 종합금융투자사업자의 기업신용공여업무를 허용하였다(법 77조의3 3항 1호). 신용공여의 범위는 대출, 지급보증(대지급금의 지급 포함), 기업어음증권에 해당하지 아니하는 어음의 할인·매입이다(법 시행령 77조의5 1항). 그 밖에 종합금융투자사업자는 투자매매업자 또는 투자중개업자로서 증권과 관련하여 금전의 융자 또는 증권의 대여방법으로 투자자에게 신용을 공여할 수 있으며(법 72조 1항), 전담중개업무를 제공하는 경우에는 전담중개업무를 제공받는 전문사모집합투자기구 등에게도 ① 증권의 매매를 위한 매수대금을 융자하거나 매도하려는 증권을 대여하는 방법 또는 ② 전담중개업무로서 보관·관리하는 전문사모집합투자기구 등의 투자자재산인 증권을 담보로 금전을 융자하는 방법으로 신용을 공여할 수 있다(법 시행령 69조 2항). 그러나 계열회사지원 방지를 위해 종합금융투자사업자의 계열회사에 대한 신용공여는 금지된다. 계열회사가 운용하는 전문사모집합투자기구에 대한 전담중개업무의 제공이 금지되므로 계열회사가 운용하는 전문사모집합투자기구에 대한 신용공여도 금지된다.

종합금융투자사업자의 신용공여업무는 한도제한 규제를 받는다. 신용공여한도는 총신용공여한도와 개별기업신용공여한도가 있다. 총신용공여한도는 기업신용공여, 증권관련 신용공여, 전담중개업으로 제공하는 신용공여의 합계액이 자기자본의 100% 이내이다(법 77조의3 4항). 다만, ① 전문사모집합투자기구 등으로부터 받은 담보를 활용하여 제3자로부터 조달한 자금으로 신용공여하는 경우와 ② 기업의 인수·합병에 관한 조언업무나 그 인수·합병의 중개·주선 또는 대리업무와 관련하여 총리령으로 정하는 기간 이내의 신용공여를 하는 경우, ③ 국가, 지방자치단체, 외국 정부, 시행령 제362조 제8항 각 호의 금융기관 또는 이에 준하는 외국 금융기관이 원리금의 상환에 관하여 보증한 신용공여(원리금의 상환이 보증된 부분에 한정)를 하는 경우는 총신용공여한도에서 제외된다(법 시행령 77조의5 2항).

기업신용공여업무에 대한 개별기업신용공여한도는 동일한 법인과 그 법인과 신용을 공유하는 자에 대한 신용공여액의 합계액을 기준으로 자기자본의 25% 이내이다(법 77조의3 5항).

종합금융투자사업자가 추가로 신용공여를 하지 아니하였음에도 불구하고 자기자본의 변동, 동일차주 구성의 변동 등으로 인하여 총신용공여한도 또는 개별기업신용공여한도를 초과하게 되는 경우에는 그 한도를 초과하게 된 날부터 1년 이내에 그 한도에 적합하도록 하여야 한다(법 77조의3 6항).

제78조(다자간매매체결회사에 관한 특례)

① 다자간매매체결회사는 다자간매매체결업무를 함에 있어서 다음 각 호의 사항에 대하여 대통령령으로 정하는 업무기준을 준수하여야 한다.

1. 매매체결대상상품 및 다자간매매체결회사에서의 거래에 참가하는 자(이하 이 조, 제402조 및 제404조에서 "거래참가자"라 한다)에 관한 사항
2. 매매체결대상상품의 매매정지 및 그 해제에 관한 사항
3. 매매확인 등 매매계약의 체결에 관한 사항과 채무인수·차감 및 결제방법·결제책임 등 청산·결제에 관한 사항
4. 증거금 등 거래참가자의 매매수탁에 관한 사항
5. 매매체결대상상품의 발행인 등의 신고·공시에 관한 사항
6. 매매결과의 공표 및 보고에 관한 사항
7. 다자간매매체결업무의 개폐·정지 및 중단에 관한 사항
8. 그 밖에 다자간매매체결업무의 수행과 관련하여 필요한 사항

② 제40조, 제72조, 제73조 및 제419조 제 2 항부터 제 4 항까지의 규정은 다자간매매체결회사에는 적용하지 아니한다.

③ 금융위원회가 지정하는 거래소(이하 이 조, 제402조 및 제404조에서 "지정거래소"라 한다)는 다자간매매체결회사에서의 투자자 보호 및 건전한 거래질서를 위하여 다음 각 호의 사항을 감시할 수 있다.

1. 매매체결대상상품의 매매에 관한 청약 또는 주문이나 거래참가자가 다자간매매체결회사에 제출하는 호가의 상황
2. 매매체결대상상품에 관련된 풍문·제보나 보도
3. 매매체결대상상품의 발행인 등에 관한 신고 또는 공시
4. 그 밖에 매매체결대상상품의 가격 형성이나 거래량에 영향을 미치는 상황 또는 요인으로서 대통령령으로 정하는 것

④ 지정거래소는 다음 각 호의 어느 하나에 해당하는 경우에는 거래참가자에게 그 사유를 밝힌 서면으로 관련 자료의 제출을 요청하거나, 거래참가자에 대하여 그와 관련된 업무·재산상황·장부·서류, 그 밖의 물건을 감리할 수 있다. 이 경우 제404조 제 2 항 및 제 3 항을 준용한다.

1. 제377조 제 1 항 제 8 호에서 정하는 이상거래의 혐의가 있다고 인정되는 매매체결대상상품의 종목 또는 매매 품목의 거래상황을 파악하기 위한 경우
2. 거래참가자가 제 1 항에 따른 업무기준을 준수하는지를 확인하기 위한 경우

⑤ 누구든지 다음 각 호의 어느 하나에 해당하는 경우를 제외하고는 다자간매매체결회사의 의결권 있는 발행주식총수의 100분의 15를 초과하여 다자간매매체결회사가 발행한 주식을 소유할 수 없다. 이 경우 제406조 제 2 항부터 제 4 항까지 및 제407조를 준용한다.

1. 집합투자기구가 소유하는 경우(사모집합투자기구가 소유하는 경우는 제외한다)
2. 정부가 소유하는 경우
3. 그 밖에 대통령령으로 정하는 바에 따라 금융위원회의 승인을 받아 소유하는 경우

⑥ 제383조 제 1 항·제 2 항, 제408조 및 제413조는 다자간매매체결회사에 준용한다.

⑦ 다자간매매체결회사(제 8 조의2 제 5 항 제 1 호의 방법에 따라 매매가격을 결정하는 다자간매매체결회사는 제외한다)는 매매체결대상상품의 거래량이 대통령령으로 정하는 기준을 넘는 경우에는 투자자 보호 및 매매체결의 안정성 확보 등을 위하여 대통령령으로 정하는 조치를 하여야 한다.

⑧ 다자간매매체결회사의 업무 방법 및 절차, 그 밖에 공정한 매매가격 형성과 매매체결의 안정성 및 효율성 등의 확보를 위하여 필요한 세부사항은 대통령령으로 정한다.

시행령 제**78**조(다자간매매체결회사의 업무기준 등) ① 법 제78조 제 1 항 각 호 외의 부분에서 "대통령령으로 정하는 업무기준"이란 다음 각 호의 기준을 말한다.

1. 다음 각 목의 어느 하나에 해당하는 매매체결대상상품에 대해서는 다자간매매체결업무를 영위하지 아니할 것
   가. 거래소가 법 제390조에 따른 증권상장규정에 따라 관리종목 또는 이에 준하는 종목으로 지정한 매매체결대상상품
   나. 의결권이 없는 상장주권
   다. 그 밖에 매매거래계약의 체결실적이 낮은 매매체결대상상품 등 투자자 보호와 거래의 특성 등을 고려하여 금융위원회가 정하여 고시하는 매매체결대상상품
2. 거래참가자(법 제78조 제 1 항 제 1 호에 따른 다자간매매체결회사에서의 거래에 참가하는 자를 말한다)는 매매체결대상상품에 관한 투자매매업자 또는 투자중개업자로 할 것
3. 거래소가 매매체결대상상품의 거래를 정지하거나 그 정지를 해제하였을 때에는 해당 매매체결대상상품의 거래를 정지하거나 그 정지를 해제할 것
4. 매수하거나 매도하려는 호가·수량의 공개기준 및 매매체결의 원칙과 방법 등을 정할 것. 이 경우 매매체결대상상품의 가격의 변동에 관한 제한의 범위는 그 매매체결대상상품을 상장한 거래소의 기준에 따라야 한다.
5. 법 제378조 제 1 항에 따라 청산기관으로 지정된 거래소의 증권시장업무규정(법 제393조 제 1 항에 따른 증권시장업무규정을 말한다. 이하 이 조에서 같다)에서 정하는 바에 따라 매매확인, 채무인수, 차감 및 결제불이행에 따른 처리 등 청산에 관한 사항을 정할 것. 이 경우 매매거래에 따른 청산업무를 위하여 관련 내역을 거래소에 제공하는 절차 및 방법을 포함하여야 한다.
6. 예탁결제원의 결제업무규정(법 제303조 제 1 항에 따른 결제업무규정을 말한다)에서 정하는 바에 따라 증권의 인도와 대금의 지급 등 결제에 관한 사항을 정할 것
7. 법 제78조 제 3 항에 따른 지정거래소(이하 "지정거래소"라 한다)의 증권시장업무규정에 따라 수탁을 거부하여야 하는 사항 등 수탁에 관한 사항을 정할 것
8. 종목별 매일의 가격과 거래량을 공표할 것
9. 다자간매매체결업무를 정지하는 기간과 그 사유 및 중단하는 날을 정할 것
10. 지정거래소의 시장감시규정(법 제403조에 따른 시장감시규정을 말한다)에서 정하는 바에 따라 법 제78조 제 3 항 각 호의 사항을 지정거래소에 제공하는 절차 및 방법 등을 정할 것
11. 법 제 8 조의2 제 5 항 제 1 호에 따른 경쟁매매의 방법을 사용할 경우 매매체결대상상품의 평균거래량이 제 7 조의2 제 2 항 각 호의 요건에 적합하도록 다자간매매체결업무를 영위하는 기준과 방법을 정할 것
12. 그 밖에 투자자 보호 및 다자간매매체결업무의 공정성 확보 등을 위하여 금융위원회가 정하여 고시하는 사항을 준수할 것

② 다자간매매체결회사는 제 1 항 각 호의 사항이 포함된 업무규정을 정하여야 한다.

③ 다자간매매체결회사는 제 2 항에 따라 업무규정을 정하거나 이를 변경하였을 때에는 금융위원회에 지체 없이 보고하고, 인터넷 홈페이지 등을 이용하여 공시하여야 한다.

④ 금융위원회는 시장의 공정한 가격형성 및 투자자 보호 등을 위하여 필요한 경우 해당 다자간매매체결회사에 대하여 업무규정의 변경을 요구할 수 있다.

⑤ 법 제78조 제 3 항 제 4 호에서 "대통령령으로 정하는 것"이란 매매가격·거래량 및 매매체결의 시간 등 매매체

결대상상품의 매매체결에 관한 정보를 말한다.

⑥ 법 제78조 제 5 항 제 3 호에 따라 다음 각 호의 어느 하나에 해당하는 경우에는 금융위원회의 승인을 받아 다자간매매체결회사의 의결권 있는 발행주식총수의 100분의 15를 초과하여 다자간매매체결회사가 발행한 주식을 소유할 수 있다.

1. 외국 다자간매매체결회사(외국 법령에 따라 외국에서 다자간매매체결회사에 상당하는 업무를 하는 자를 말한다. 이하 같다)가 다자간매매체결회사와의 제휴를 위하여 소유하는 경우
2. 다자간매매체결회사의 공정한 운영을 해칠 우려가 없는 경우로서 총리령으로 정하는 금융기관, 금융투자업관계기관 또는 외국 다자간매매체결회사가 다자간매매체결회사의 의결권 있는 발행주식총수의 100분의 30까지 주식을 소유하는 경우
3. 제 2 호에 따른 금융기관이 공동으로 주식을 소유하는 경우로서 다음 각 목의 어느 하나에 해당하는 자의 다자간매매체결회사에 대한 주식보유비율을 초과하여 주식을 소유하는 경우
   가. 「외국인투자 촉진법」 제 2 조 제 1 항 제 1 호에 따른 외국인
   나. 비금융회사(금융위원회가 정하여 고시하는 금융업이 아닌 업종을 영위하는 회사를 말한다)

⑦ 법 제78조 제 7 항에서 "대통령령으로 정하는 기준을 넘는 경우"란 매매체결대상상품의 거래량이 다음 각 호의 어느 하나에 해당하는 경우를 말한다.

1. 매월의 말일을 기준으로 법 제 4 조 제 2 항에 따른 증권의 구분별로 과거 6개월간 해당 다자간매매체결회사의 매매체결대상상품의 평균거래량이 같은 기간 중 증권시장에서의 매매체결대상상품의 평균거래량의 100분의 5를 초과하는 경우
2. 매월의 말일을 기준으로 과거 6개월간 해당 다자간매매체결회사의 종목별 매매체결대상상품의 평균거래량이 같은 기간 중 증권시장에서의 그 종목별 매매체결대상상품의 평균거래량의 100분의 10을 초과하는 경우

⑧ 법 제78조 제 7 항에서 "대통령령으로 정하는 조치"란 다음 각 호의 조치를 말한다.

1. 다자간매매체결회사의 사업계획 및 이해상충방지체계 등이 투자자 보호와 거래의 공정성 확보에 적합하도록 하는 조치
2. 다자간매매체결업무를 안정적으로 영위하기 위하여 필요한 인력과 전산설비 등 물적 설비를 갖추도록 하는 조치

⑨ 제 1 항부터 제 8 항까지에서 규정한 사항 외에 다자간매매체결업무의 보고, 업무 방법 및 절차 등에 관하여 필요한 세부사항은 금융위원회가 정하여 고시한다.

Ⅰ. 다자간매매체결회사의 업무기준

1. 매매체결대상상품 매매체결업무 제한

다자간매매체결회사는 증권시장에 상장된 주권을 포함한 매매체결대상상품의 매매 또는 그 중개·주선이나 대리 업무(다자간매매체결업무)를 영위하는데(법 8조의2 5항), ① 거래소가 상장규정에 따라 관리종목 또는 이에 준하는 종목으로 지정한 매매체결대상상품, ② 의결권 없는 상장주권, ③ 투자자 보호와 거래의 특성 등을 고려하여 금융위원회가 정하는 매매체결대상상품(거래소 상장폐지결정종목, 코넥스종목, 신규상장종목, 유동성공급종목, 단기과

열종목, 투자위험종목 등; 금융투자업규정 4-48조의2 1항)에 해당하면 다자간매매체결업무를 영위해서는 안 된다. 또한 거래소가 매매체결대상상품의 거래를 정지하거나 그 정지를 해제하였을 때에는 해당 상품의 거래를 정지하거나 그 정지를 해제하여야 한다. 이는 투자자 보호를 위해 위험성이 높은 상품을 거래대상에서 제외하기 위함이다.

2. 거래참가자 제한

다자간매매체결회사의 거래에는 투자매매업자 또는 투자중개업자만 참가할 수 있다. 따라서 투자자는 직접 거래참가자가 될 수 없으며 투자중개업자를 통하여 매매체결을 하여야 한다.

3. 매매계약과 청산·결제에 관한 사항

다자간매매체결회사는 매매수량단위, 최소 호가단위, 거래시간, 익명대량매매체결 등은 운용의 자율성과 탄력성을 가지고 업무규정에 관련 내용을 정하게 된다.[1] 그러나 가격변동제한폭은 매매체결대상상품을 상장한 거래소의 기준, 청산에 관한 사항은 청산기관으로 지정된 거래소의 증권시장업무규정, 결제에 관한 사항은 예탁결제원의 결제업무규정, 수탁에 관한 사항은 지정거래소의 증권시장업무규정에 따른 업무규정을 마련하여야 한다.

4. 업무규정의 보고 및 공시의무

업무규정을 정하거나 변경한 다자간매매체결회사는 업무규정을 금융위원회에 지체 없이 보고하고 인터넷 홈페이지를 이용하여 공시하여야 한다. 금융위원회는 시장의 공정한 가격형성 및 투자자 보호를 위하여 필요한 경우에는 업무규정의 변경을 요구할 수 있다.

Ⅱ. 시장감시 기능

다자간매매체결회사에 대한 시장감시업무(이상거래심리, 거래참가자에 대한 감리)는 금융위원회가 지정하는 거래소(지정거래소)가 담당한다. 지정거래소가 시장감시업무를 수행하기 위해 요청하는 경우 관련 자료를 제출하여야 한다.

1) 장근영, "자본시장법상 다자간매매체결회사의 도입 및 관련 제도의 변화," 「증권법연구」 제14권 제2호(2013), 510쪽.

Ⅲ. 다자간매매체결회사의 소유규제

다자간매매체결회사에 대한 주식소유는 의결권 있는 발행주식총수의 15%로 제한된다. 예외적으로 ① 집합투자기구(사모집합투자기구 제외)가 소유하는 경우, ② 정부가 소유하는 경우, ③ 외국 다자간매매체결회사와 제휴가 필요한 경우나 금융기관·금융투자업관계기관·외국다자간매매체결회사가 의결권 있는 발행주식 총수의 30% 이내로 소유하는 경우로 금융위원회의 승인을 받아 15%를 초과하여 의결권 있는 발행주식을 소유하는 것 등을 허용한다.

주식소유의 개념과 주식소유위반에 대한 의결권 행사제한, 한도적합의무, 한도초과주식 처분명령, 이행강제금 제도는 거래소의 주식소유제한과 관련한 조항을 준용한다.

Ⅳ. 비경쟁매매방식의 다자간매매체결회사의 추가 조치의무

다자간매매체결회사의 경쟁매매방식에 의한 거래가 일정 수준을 초과하는 경우에는 거래소로 전환하여야 한다(법 시행령 7조의2 2항). 이에 비하여 비경쟁매매방식으로 매매가격을 결정하는 다자간매매체결회사는 매매체결대상상품의 거래량이 시행령으로 정하는 일정한 수준(과거 6개월간 평균거래량이 증권시장 전체 평균거래량의 5% 또는 종목별 평균거래량의 10%)을 넘는 경우에는 투자자 보호 및 매매체결의 안전성을 확보하기 위하여 ① 다자간매매체결회사의 사업계획 및 이해상충방지체계 등이 투자자 보호와 거래의 공정성 확보에 적합하도록 하고, ② 다자간매매체결업무를 안정적으로 영위하기 위하여 필요한 인력과 전산설비 등 물적 설비를 갖추어야 한다.

[초판: 최문희, 개정판: 심영]

제 2 관 집합투자업자의 영업행위 규칙

제79조(선관의무 및 충실의무)

① 집합투자업자는 투자자에 대하여 선량한 관리자의 주의로써 집합투자재산을 운용하여야 한다.

② 집합투자업자는 투자자의 이익을 보호하기 위하여 해당 업무를 충실하게 수행하여야 한다.

Ⅰ. 선관의무와 충실의무의 개요

금융투자업 중 집합투자업과 신탁업은 법상으로 구분되어 있다(법 6조 1항). 집합투자[1]는 2인 이상에게 투자권유를 하여 모은 금전 등 또는 「국가재정법」 제81조에 따른 여유자금을 투자자 또는 각 기금관리주체로부터 일상적인 운용지시를 받지 아니하면서 재산적 가치가 있는 투자대상자산을 취득·처분, 그 밖의 방법으로 운용하고 그 결과를 투자자 또는 각 기금관리주체에게 배분하여 귀속시키는 것을 말하고(법 6조 5항), 집합투자업자는 이와 같은 집합투자를 영업으로 하는 자를 말하며(법 6조 4항), 신탁업은 신탁을 영업으로 하는 것을 말한다(법 6조 8항). 이처럼 법상으로 집합투자업자와 신탁업자를 구분하고 있으므로 집합투자업자의 선관의무와 충실의무는 신탁관계에서의 수탁자의 의무와 유사한 측면도 있겠지만, 그 범위에 있어서 구별되는 측면도 있을 것이다.

그런데, 법에서 선관의무와 충실의무에 대한 정의규정을 별도로 두고 있지 않으므로, 상법상 이사의 선관의무와 충실의무에 관한 해석을 준용하는 것이 합리적으로 보인다. 우리 상법은 주식회사의 이사에 대하여 선관의무와 충실의무를 인정하고 있다. 즉, 상법은 이사와 회사 간의 관계를 위임관계로 파악한 후, 이사로 하여금 선량한 관리자의 주의로써 회사의 직무를 수행하도록 하고(상법 382조 2항, 민법 681조), 이사에게 법령과 정관의 규정에 따라서 회사를 위하여 그 직무를 충실하게 수행할 의무를 부담시키고 있다(상법 382조의3). 이러한 선관의무와 충실의무를 이해하기 위해서는 입법적인 모태라고 할 수 있는 영미법의 태도를 살펴 볼 필요가 있다. 영미법에서는 이사의 책임을 선관주의의무(Duty of Care)와 충실의무(Duty of Loyalty)로 크게 나누고 있다. 선관주의의무는 유사한 상황에서 합리적인 자가 취할 수 있는 주의의무를 가지고 선의(in good faith)로 이사의 임무를 수행하여야 한다는 원칙을 말하고, 업무상의 과실이나 부작위에 대해서 책임을 부담하도록 되어 있다. 충실의무는 이사는 업무를 수행함에 있어서 회사에게 최선의 이익이 되도록 충실하게 하여야 한다는 원칙인데,[2] 이는 주로 회사와 이사 개인의 이해관계가 충돌되는 상황에서 이사 개인의 이익보다는 회사의 이익을 우선하여야 한다는 것으로 나타나게 된다. 따라서 충실의무 위반 여부가 문제되는 경우에는 선관주의의무의 위반과는 달리 이사는 자신의 행위가 공정하였다는 것을 증명하여야 하고, 이에 대한 사법심사는 이사의 의사결정과정과 이사의 행위의 실체관계에 대해서 모두 이루어지게 된다.

---

1) 2013. 5. 28. 법 개정으로 집합투자에 해당하기 위해서는 '2인 이상의 투자자로부터 모은 금전등 또는 「국가재정법」 제81조에 따른 여유자금'을 운용대상으로 하여야 한다. 다만 본조항의 시행일은 2015. 1. 1.로 그 이전까지는 투자자의 수가 1인인 집합투자기구의 설정이 허용된다.

2) Arthur R. Pinto, Douglas M. Branson, Understanding Corporate Law, §8.01.

Ⅱ. 선관의무와 충실의무의 내용과 위반의 효과

집합투자업자는 투자대상에 대한 상당한 이해를 가지고서 투자대상에 대한 정보를 파악하여야 하고, 투자대상 선별 혹은 투자자금 집행에 있어서는 자신의 이익보다는 투자자의 이익을 위하여 공정하여야 하며, 투자대상의 재무상태 등에 대하여 숙지하고 있어야 한다. 집합투자업자의 선관주의의무 위반은 적극적인 의무위반의 경우뿐만 아니라, 부작위 또는 손실을 막을 수 있었음에도 실패한 경우(non-feasance)에도 책임을 부담하는 경우가 있게 된다.

집합투자업자는 집합투자재산을 운용함에 있어서 법령과 정관 기타 투자재산의 보호 등을 위해서 마련된 약관, 집합투자규약 등의 규정을 준수하여야 하고, 투자자의 이익을 보호하기 위하여 자기의 이익과 투자자의 이익이 충돌되는 경우에는 투자자의 이익을 우선하여 보호하는 등 충실의무를 준수하여야 할 것이다. 법에서 선관주의의무와 충실의무를 구현한 조항들을 살펴보면 다음과 같다. 집합투자업자는 신의성실의 원칙에 따라 공정하게 집합투자업을 영위하여야 하고, 집합투자업을 영위함에 있어서 정당한 사유 없이 투자자의 이익을 해하면서 자기가 이익을 얻거나 제 3 자가 이익을 얻도록 하여서는 아니 된다(법 37조). 집합투자업자는 법에서 명문으로 규정한 명의대여 금지의무(법 39조), 다른 금융업무와 부수업무 영위시의 금융위원회에 신고의무(법 40조, 41조), 제 3 자에 대한 업무위탁시의 신고의무 등의 준수(법 42조), 이해상충의 관리의무(법 44조), 정보교류의 차단 등의 의무(법 45조), 적합성의 원칙 등의 준수의무(법 46조), 설명의무의 준수의무(법 47조), 부당권유금지의무(법 49조), 투자권유준칙(법 50조), 투자권유대행인에 관련된 의무(법 51조, 52조), 직무관련 정보의 이용금지의무(법 54조), 손실보전의 금지의무(법 55조), 약관의 제정 또는 변경시의 신고, 공시의무 등(법 56조), 투자광고시의 준수의무(법 57조), 수수료에 대한 공시의무 등(법 58조), 계약 서류의 교부의무 등(법 59조), 자료의 기록·유지의무 등(법 60조), 소유증권의 예탁의무(법 61조), 금융투자업 폐지 공고의무 등(법 62조), 임직원의 금융투자상품 매매에 관한 규정 준수의무(법 63조) 등 법상의 의무를 준수하여야 할 것이다.

집합투자업자의 업무집행이 선량한 관리자로서의 주의의무 위반 또는 충실의무 위반 등에 해당되는 경우에는 집합투자업자가 투자자에 대하여 일반적인 불법행위책임에 따른 손해배상책임(민법 750조)을 질 수 있다고 해석하여야 할 것이다.[1] 그리고 집합투자

1) 구간투법에서 규정하는 자산운용회사는 수익증권의 판매업무를 직접 담당하지 않는 경우에도 수익증권의 판매에 직접적인 이해관계가 있을 뿐 아니라 투자신탁의 설정자 및 운용자로서 투자신탁에 대하여 제 1 차적으로 정보를 생산하고 유통시켜야 할 지위에 있으므로, 이러한 자산운용회사로서는 판매회사나 투자자에게 투자신탁의 수익구조와 위험요인에 관한 올바른 정보를 제공함으로써 투자자가 그 정보를 바탕으로 합리적인 투자판단을 할 수 있도록 투자자를 보호하여야 할 주의의무와 이에 따른 불법행위책임을 부담한다(대법원 2011. 7. 28. 선고 2010다76368 판결; 대법원 2007. 9. 6. 선고 2004다53197 판결 등 참조).

업자가 설명의무의 준수에 관한 법 제47조 제1항(투자위험의 설명 등) 또는 법 제47조 제3항(합리적 투자판단에 영향을 미치는 중요한 사항에 대한 설명 등)을 위반한 경우에는 법상의 규정에 따라서 손해배상책임을 질 수 있다(법 48조). 한편, 금융투자업자가 법령·약관·집합투자규약·투자설명서(법 123조 1항에 따른 투자설명서를 말한다)에 위반하는 행위를 하거나 그 업무를 소홀히 하여 투자자에게 손해를 발생시킨 경우에는 그 손해를 배상할 책임이 있다(법 64조). 그런데 법 제48조 또는 법 제64조의 손해배상의무는 특별규정으로서 상법이나 민법의 손해배상책임에 우선하여 적용되는 것으로 보아야 하고, 위 각 손해배상책임 규정들의 관계는 투자자에게 유리하게 청구권경합의 관계로 보는 것이 타당할 것이다.

第80조(자산운용의 지시 및 실행)

① 투자신탁의 집합투자업자는 투자신탁재산을 운용함에 있어서 그 투자신탁재산을 보관·관리하는 신탁업자에 대하여 대통령령으로 정하는 방법에 따라 투자신탁재산별로 투자대상자산의 취득·처분 등에 관하여 필요한 지시를 하여야 하며, 그 신탁업자는 집합투자업자의 지시에 따라 투자대상자산의 취득·처분 등을 하여야 한다. 다만, 집합투자업자는 투자신탁재산의 효율적 운용을 위하여 불가피한 경우로서 대통령령으로 정하는 경우에는 자신의 명의로 직접 투자대상자산의 취득·처분 등을 할 수 있다.

② 투자신탁의 집합투자업자(그 투자신탁재산을 보관·관리하는 신탁업자를 포함한다. 이하 이 항에서 같다)는 제1항에 따라 투자대상자산의 취득·처분 등을 한 경우 그 투자신탁재산으로 그 이행 책임을 부담한다. 다만, 그 집합투자업자가 제64조 제1항에 따라 손해배상책임을 지는 경우에는 그러하지 아니하다.

③ 집합투자업자는 제1항 단서에 따라 투자대상자산의 취득·처분 등의 업무를 수행하는 경우에는 투자신탁재산별로 미리 정하여진 자산배분명세에 따라 취득·처분 등의 결과를 공정하게 배분하여야 한다. 이 경우 집합투자업자는 자산배분명세, 취득·처분 등의 결과, 배분결과 등에 관한 장부 및 서류를 총리령으로 정하는 방법에 따라 작성하고 이를 유지·관리하여야 한다.

④ 제3항의 자산배분명세 등에 관하여 필요한 사항은 총리령으로 정한다.

⑤ 투자신탁을 제외한 집합투자기구의 집합투자업자는 그 집합투자재산을 운용함에 있어서 집합투자기구의 명의(투자익명조합의 경우에는 그 집합투자업자의 명의를 말한다)로 대통령령으로 정하는 방법에 따라 집합투자재산(투자신탁재산은 제외한다) 별로 투자대상자산의 취득·처분 등을 하고, 그 집합투자기구의 신탁업자에게 취득·처분 등을 한 자산의 보관·관리에 필요한 지시를 하여야 하며, 그 신탁업자는 집합투자업자의 지시에 따라야 한다. 이 경우 집합투자업자가 투자대상자산의 취득·처분 등을 함에 있어서는 집합투자업자가 그 집합투자기구를 대표한다는 사실을 표시하여야 한다.

시행령 제**79**조(자산운용의 지시방법 등) ① 법 제80조 제 1 항 본문 및 같은 조 제 5 항 전단에서 "대통령령으로 정하는 방법"이란 그 지시내용이 전산시스템에 의하여 객관적이고 정확하게 관리할 수 있는 방법을 말한다.
② 법 제80조 제 1 항 단서에서 "대통령령으로 정하는 경우"란 신탁계약서에 다음 각 호의 어느 하나에 해당하는 방법을 신탁계약에 정하여 투자대상자산을 운용하는 경우를 말한다.
1. 증권시장이나 해외 증권시장에 상장된 증권의 매매
2. 장내파생상품의 매매
3. 법 제83조 제 4 항에 따른 단기대출
4. 법 제251조 제 4 항에 따른 대출
5. 다음 각 목의 어느 하나에 해당하는 금융기관이 발행·할인·매매·중개·인수 또는 보증하는 어음의 매매
   가. 은행
   나. 「한국산업은행법」에 따른 한국산업은행
   다. 「한국수출입은행법」에 따른 한국수출입은행
   라. 「중소기업은행법」에 따른 중소기업은행
   마. 투자매매업자 또는 투자중개업자
   바. 증권금융회사
   사. 종합금융회사
   아. 「상호저축은행법」에 따른 상호저축은행
6. 양도성 예금증서의 매매
7. 「외국환거래법」에 따른 대외지급수단의 매매거래
8. 투자위험을 회피하기 위한 장외파생상품의 매매 또는 금융위원회가 정하여 고시하는 기준에 따른 법 제 5 조 제 1 항 제 3 호에 따른 계약의 체결
9. 그 밖에 투자신탁재산을 효율적으로 운용하기 위하여 불가피한 경우로서 금융위원회가 정하여 고시하는 경우

③ 투자신탁을 제외한 집합투자기구의 집합투자업자가 그 집합투자기구의 신탁업자에게 취득·처분 등을 한 자산의 보관·관리에 관하여 필요한 지시를 하는 경우에는 제 1 항의 방법을 따른다.

Ⅰ. 자산운용의 지시

1. 자산운용의 지시권

투자신탁의 집합투자업자는 투자신탁재산을 운용함에 있어서 그 투자신탁재산을 보관·관리하는 신탁업자에 대하여 대통령령이 정하는 바에 따라서 그 지시내용이 전산시스템에 의하여 객관적이고 정확하게 관리될 수 있는 방법(법 시행령 79조 1항)으로 투자신탁재산별로 투자대상자산의 취득·처분 등에 관하여 필요한 지시를 하여야 하며, 그 신탁업자는 집합투자업자의 지시에 따라 투자대상자산의 취득·처분 등을 하여야 한다. 즉, 투자신탁재산의 투자대상자산의 취득·처분은 집합투자업자가 결정하여 신탁업자에게 지시하는 것이고, 신탁업자는 투자대상재산에 대한 집합투자업자의 지시에 따라서 그 재산을

운용하여야 할 의무가 있는 것이다.

집합투자업자가 투자신탁재산의 운용에 대해 가지는 지시권은 집합투자업자의 고유한 권한으로서, 이러한 권한은 선관의무와 충실의무에 따라서 행사되어야 할 것이다. 그리고 이러한 권한은 그 지시내용이 전산시스템에 의하여 객관적이고 정확하게 관리될 수 있는 방법(법 시행령 79조 1항)으로 투자신탁재산별로 행사되어야 하기 때문에 신탁업자에게 포괄적으로 권한을 위임하는 것은 일임의 형태로서 법의 정신에 반하여 인정되기 어려울 것이다. 집합투자업자가 행사하는 권한은 투자대상 자산의 취득·처분 등에 필요한 지시이며, 이러한 범위를 벗어난 지시를 하는 것은 허용되지 않는다고 할 것이다.

2. 집합투자업자의 직접 취득·처분

집합투자업자는 투자신탁재산의 효율적 운용을 위하여 불가피한 경우로서 대통령령으로 정하는 특정한 경우에는 자신의 명의로 직접 투자대상자산의 취득·처분 등을 할 수 있다(법 시행령 79조 2항). 즉, ① 증권시장 또는 해외 증권시장에 상장된 증권의 매매, ② 장내파생상품의 매매, ③ 법 제83조 제4항에 따른 단기대출, ④ 법 제251조 제4항에 따른 대출, ⑤ 은행, 「한국산업은행법」에 따른 한국산업은행, 「한국수출입은행법」에 따른 한국수출입은행, 「중소기업은행법」에 따른 중소기업은행, 투자매매업자 또는 투자중개업자, 증권금융회사, 종합금융회사, 「상호저축은행법」에 따른 상호저축은행의 어느 하나에 해당하는 금융기관이 발행·할인·매매·중개·인수 또는 보증하는 어음의 매매, ⑥ 양도성 예금증서의 매매, ⑦ 「외국환거래법」에 따른 대외지급수단의 매매거래, ⑧ 투자위험을 회피하기 위한 장외파생상품의 매매 또는 금융위원회가 정하여 고시하는 기준에 따른 법 제5조 제1항 제3호에 따른 계약의 체결, ⑨ 그 밖에 투자신탁재산을 효율적으로 운용하기 위하여 불가피한 경우로서 금융위원회가 정하여 고시하는 경우 중의 하나에 해당하는 방법을 신탁계약에 정하여 투자대상자산을 운용하는 경우에는 집합투자업자가 자신의 명의로 직접 투자대상자산의 취득·처분이 가능하다.

집합투자업자가 운용하는 투자신탁자산은 신탁업자에게 신탁되어 있기 때문에 법률상 그 처분권한은 원칙적으로 신탁업자에게 귀속되어 신탁업자의 명의로 취득·처분할 수 있고, 집합투자업자가 자신의 명의로 직접 투자대상자산의 취득·처분 등을 명할 수는 없다고 할 것이다. 그러나 투자신탁재산의 효율적인 운영을 위하여 불가피한 경우에는 대통령령이 정하는 경우에 한하여 법률이 규정한 예외로서 집합투자업자 자신의 명의로 투자대상자산의 취득·처분을 명할 수 있다고 할 것이다.

집합투자업자가 위의 단서에 따라 투자대상자산의 취득·처분 등의 업무를 수행하는 경우에는 투자신탁재산별로 미리 정하여진 자산배분명세에 따라 취득·처분 등의 결과를 공정하게 배분하여야 한다. 이 경우 집합투자업자는 자산배분명세, 취득·처분 등의 결과, 배분결과 등에 관한 장부 및 서류를 총리령으로 정하는 방법에 따라 작성하고 이를 유지·관리하여야 한다(법 80조 3항, 법 시행규칙 9조). 한편 자산분배명세 등에 대해 필요한 사항은 총리령으로 정한다(법 80조 4항, 법 시행규칙 10조).

3. 집합투자기구 명의의 거래

투자신탁을 제외한 집합투자기구의 집합투자업자는 그 집합투자재산을 운용함에 있어서 집합투자기구의 명의(투자익명조합의 경우에는 그 집합투자업자의 명의를 말한다)로 투자대상자산의 취득·처분 등을 하고, 그 집합투자기구의 신탁업자에게 취득·처분 등을 한 자산의 보관·관리에 필요한 지시를 하여야 하며, 그 신탁업자는 집합투자업자의 지시에 따라야 한다. 이 경우 집합투자업자가 투자대상자산의 취득·처분 등을 함에 있어서는 집합투자업자가 그 집합투자기구를 대표한다는 사실을 표시하여야 한다(법 80조 5항). 즉, 집합투자업자가 투자대상자산의 취득·처분 등을 함에 있어서는 신탁업자나 집합투자업자의 명의로 하는 것이 아니라, 집합투자기구의 명의로 하여야 하며, 집합투자업자가 그 집합투자기구를 대표한다는 사실을 표시하여야 하는 것이다.

Ⅱ. 집합투자업자의 이행책임 및 손해배상책임

1. 원 칙

투자신탁의 집합투자업자(그 투자신탁재산을 보관·관리하는 신탁업자를 포함)는 법 제80조 제1항에 따라 투자대상자산의 취득·처분 등을 한 경우 그 투자신탁재산으로 이행책임을 부담한다(법 80조 2항 본문). 집합투자업자는 투자신탁재산의 운용지시자로서 혹은 직접 운용자로서 투자대상자산의 취득이나 처분에 대해 그 자신의 재산이 아니라 투자신탁의 재산으로 이행책임을 부담한다.

2. 예 외

집합투자업자는 원칙적으로 이행책임을 부담하지만, 법령 등에 위반하여 법 제64조 제1항에 따라 손해배상책임을 지는 경우에는 그러하지 아니하다(법 80조 2항 단서). 법 제64조 제1항의 책임은 금융투자업자가 법령·약관·집합투자규약·투자설명서에 위반하는 행위를 하거나 그 업무를 소홀히 하여 투자자에게 손해를 발생시킨 경우에 그 손해를 배상할 책임이 있다는 취지를 규정하고 있다. 집합투자업자에게 이러한 위법한 행위가 있는 경우에는 법령이나 약관 또는 집합투자규약 등에 위반될 뿐만 아니라 집합투자업자의 선관주의의무 내지는 충실의무에도 위반되므로 집합투자업자가 고유의 재산으로 손해를 배상할 책임이 있는 것이다.

제81조(자산운용의 제한)

① 집합투자업자는 집합투자재산을 운용함에 있어서 다음 각 호의 어느 하나에 해당하는 행위를 하여서는 아니 된다. 다만, 투자자 보호 및 집합투자재산의 안정적 운용을 해할 우려가 없는 경우로서 대통령령으로 정하는 경우에는 이를 할 수 있다.

1. 집합투자재산을 증권(집합투자증권, 그 밖에 대통령령으로 정하는 증권을 제외하며, 대통령령으로 정하는 투자대상자산을 포함한다. 이하 이 호에서 같다) 또는 파생상품에 운용함에 있어서 다음 각 목의 어느 하나에 해당하는 행위
   가. 각 집합투자기구 자산총액의 100분의 10 이내의 범위에서 대통령령으로 정하는 비율을 초과하여 동일 종목의 증권에 투자하는 행위. 이 경우 동일법인 등이 발행한 증권 중 지분증권(그 법인 등이 발행한 지분증권과 관련된 증권예탁증권을 포함한다. 이하 이 관에서 같다)과 지분증권을 제외한 증권은 각각 동일 종목으로 본다.
   나. 각 집합투자업자가 운용하는 전체 집합투자기구 자산총액으로 동일법인 등이 발행한 지분증권 총수의 100분의 20을 초과하여 투자하는 행위
   다. 각 집합투자기구 자산총액으로 동일법인 등이 발행한 지분증권 총수의 100분의 10을 초과하여 투자하는 행위
   라. 대통령령으로 정하는 적격 요건을 갖추지 못한 자와 장외파생상품을 매매하는 행위
   마. 파생상품의 매매에 따른 위험평가액이 대통령령으로 정하는 기준을 초과하여 투자하는 행위
   바. 파생상품의 매매와 관련하여 기초자산 중 동일법인 등이 발행한 증권(그 법인 등이 발행한 증권과 관련된 증권예탁증권을 포함한다)의 가격변동으로 인한 위험평가액이 각 집합투자기구 자산총액의 100분의 10을 초과하여 투자하는 행위
   사. 같은 거래상대방과의 장외파생상품 매매에 따른 거래상대방 위험평가액이 각 집합투자기구 자산총액의 100분의 10을 초과하여 투자하는 행위
2. 집합투자재산을 부동산에 운용함에 있어서 다음 각 목의 어느 하나에 해당하는 행위
   가. 부동산을 취득한 후 5년 이내의 범위에서 대통령령으로 정하는 기간 이내에 이를 처분하는 행위. 다만, 부동산개발사업(토지를 택지·공장용지 등으로 개발하거나 그 토지 위에 건축물, 그 밖의 공작물을 신축 또는 재축하는 사업을 말한다. 이하 같다)에 따라 조성하거나 설치한 토지·건축물 등을 분양하는 경우, 그 밖에 투자자 보호를 위하여 필요한 경우로서 대통령령으로 정하는 경우를 제외한다.
   나. 건축물, 그 밖의 공작물이 없는 토지로서 그 토지에 대하여 부동산개발사업을 시행하기 전에 이를 처분하는 행위. 다만, 집합투자기구의 합병·해지 또는 해산, 그 밖에 투자자 보호를 위하여 필요한 경우로서 대통령령으로 정하는 경우를 제외한다.
3. 집합투자재산을 집합투자증권(제279조 제1항의 외국 집합투자증권을 포함한다. 이하 이 호에서 같다)에 운용함에 있어서 다음 각 목의 어느 하나에 해당하는 행위
   가. 각 집합투자기구 자산총액의 100분의 50을 초과하여 같은 집합투자업자(제279조 제1항의 외국 집합투자업자를 포함한다)가 운용하는 집합투자기구(제279조 제1항의 외국 집합투자기구를 포함한다)의 집합투자증권에 투자하는 행위
   나. 각 집합투자기구 자산총액의 100분의 20을 초과하여 같은 집합투자기구(제279조 제1항

의 외국 집합투자기구를 포함한다)의 집합투자증권에 투자하는 행위

다. 집합투자증권에 자산총액의 100분의 40을 초과하여 투자할 수 있는 집합투자기구(제279조 제 1 항의 외국 집합투자기구를 포함한다)의 집합투자증권에 투자하는 행위

라. 사모집합투자기구(사모집합투자기구에 상당하는 외국 사모집합투자기구를 포함한다)의 집합투자증권에 투자하는 행위

마. 각 집합투자기구의 집합투자재산으로 같은 집합투자기구(제279조 제 1 항의 외국 집합투자기구를 포함한다)의 집합투자증권 총수의 100분의 20을 초과하여 투자하는 행위. 이 경우 그 비율의 계산은 투자하는 날을 기준으로 한다.

바. 집합투자기구의 집합투자증권을 판매하는 투자매매업자 또는 투자중개업자가 받는 판매수수료 및 판매보수와 그 집합투자기구가 투자하는 다른 집합투자기구(제279조 제 1 항의 외국 집합투자기구를 포함한다)의 집합투자증권을 판매하는 투자매매업자[외국 투자매매업자(외국 법령에 따라 외국에서 투자매매업에 상당하는 영업을 영위하는 자를 말한다)를 포함한다] 또는 투자중개업자[외국 투자중개업자(외국 법령에 따라 외국에서 투자중개업에 상당하는 영업을 영위하는 자를 말한다)를 포함한다]가 받는 판매수수료 및 판매보수의 합계가 대통령령으로 정하는 기준을 초과하여 집합투자증권에 투자하는 행위

4. 그 밖에 투자자 보호 또는 집합투자재산의 안정적 운용 등을 해할 우려가 있는 행위로서 대통령령으로 정하는 행위

② 제 1 항 제 1 호 마목의 위험평가액, 같은 항 같은 호 바목의 위험평가액 및 같은 항 같은 호 사목의 거래상대방 위험평가액의 산정방법 등에 관하여 필요한 사항은 금융위원회가 정하여 고시한다.

③ 집합투자재산에 속하는 투자대상자산의 가격 변동 등 대통령령으로 정하는 사유로 불가피하게 제 1 항에 따른 투자한도를 초과하게 된 경우에는 초과일로부터 대통령령으로 정하는 기간까지는 그 투자한도에 적합한 것으로 본다.

④ 제 1 항 제 1 호 가목 및 마목부터 사목까지와 제 3 호 가목·나목은 집합투자기구의 최초 설정일 또는 설립일 부터 6개월 이내의 범위에서 대통령령으로 정하는 기간까지는 적용하지 아니한다.

시행령 제**80**조(자산운용한도 제한의 예외 등) ① 법 제81조 제 1 항 각 호 외의 부분 단서에서 "대통령령으로 정하는 경우"란 다음 각 호의 어느 하나에 해당하는 행위를 하는 경우를 말한다. [개정 2009. 2. 3, 2009. 7. 1, 2010. 6. 11, 2012. 6. 29, 2013. 8. 27]

1. 법 제81조 제 1 항 제 1 호 가목을 적용할 때 다음 각 목의 어느 하나에 해당하는 투자대상자산에 각 집합투자기구[라목부터 사목까지의 경우에는 법 제229조 제 2 호에 따른 부동산집합투자기구(이하 "부동산집합투자기구"라 한다), 아목부터 카목까지의 경우에는 법 제229조 제 3 호에 따른 특별자산집합투자기구(이하 "특별자산집합투자기구"라 한다)로서 그 집합투자규약에 해당 내용을 정한 경우만 해당한다] 자산총액의 100분의 100까지 투자하는 행위

가. 국채증권

나. 「한국은행법」 제69조에 따른 한국은행통화안정증권

다. 국가나 지방자치단체가 원리금의 지급을 보증한 채권

라. 특정한 부동산을 개발하기 위하여 존속기간을 정하여 설립된 회사(이하 "부동산개발회사"라 한다)가 발행한 증권

마. 부동산, 그 밖에 금융위원회가 정하여 고시하는 부동산 관련 자산을 기초로 하여 「자산유동화에 관한 법률」 제2조 제4호에 따라 발행된 유동화증권(이하 "유동화증권"이라 한다)으로서 그 기초자산의 합계액이 「자산유동화에 관한 법률」 제2조 제3호에 따른 유동화자산(이하 "유동화자산"이라 한다) 가액의 100분의 70 이상인 유동화증권

바. 「주택저당채권유동화회사법」 또는 「한국주택금융공사법」에 따른 주택저당채권담보부채권 또는 주택저당증권(「주택저당채권유동화회사법」에 따른 주택저당채권유동화회사, 「한국주택금융공사법」에 따른 한국주택금융공사 또는 제79조 제2항 제5호 가목부터 사목까지의 금융기관이 지급을 보증한 주택저당증권을 말한다)

사. 다음의 요건을 갖춘 회사(이하 "부동산투자목적회사"라 한다)가 발행한 지분증권

(1) 부동산 또는 다른 부동산투자목적회사의 투자증권에 투자하는 것을 목적으로 설립될 것

(2) 부동산투자목적회사와 그 종속회사(「주식회사의 외부감사에 관한 법률」에 따른 종속회사에 상당하는 회사를 말한다)가 소유하고 있는 자산을 합한 금액 중 부동산 또는 제240조 제4항 제4호에 따른 자산을 합한 금액이 100분의 90 이상일 것

아. 「사회기반시설에 대한 민간투자법」에 따른 사회기반시설사업의 시행을 목적으로 하는 법인이 발행한 주식 및 채권

자. 「사회기반시설에 대한 민간투자법」에 따른 사회기반시설사업의 시행을 목적으로 하는 법인에 대한 대출채권

차. 「사회기반시설에 대한 민간투자법」에 따라 하나의 사회기반시설사업의 시행을 목적으로 하는 법인이 발행한 주식 및 채권을 취득하거나 그 법인에 대한 대출채권을 취득하는 방식으로 투자하는 것을 목적으로 하는 법인(같은 법에 따른 사회기반시설투융자회사는 제외한다)의 지분증권

카. 다음의 어느 하나에 해당하는 출자지분 또는 권리(이하 "사업수익권"이라 한다)

1) 「상법」에 따른 합자회사·유한책임회사·합자조합·익명조합의 출자지분

2) 「민법」에 따른 조합의 출자지분

3) 그 밖에 특정사업으로부터 발생하는 수익을 분배받을 수 있는 계약상의 출자지분 또는 권리

2. 법 제81조 제1항 제1호 가목을 적용할 때 다음 각 목의 어느 하나에 해당하는 투자대상자산에 각 집합투자기구 자산총액의 100분의 30까지 투자하는 행위

가. 지방채증권

나. 특수채증권(제1호나목 및 다목은 제외한다) 및 직접 법률에 따라 설립된 법인이 발행한 어음[법 제4조 제3항에 따른 기업어음증권(이하 "기업어음증권"이라 한다) 및 제79조 제2항 제5호 각 목의 금융기관이 할인·매매·중개 또는 인수한 어음만 해당한다]

다. 파생결합증권

라. 제79조 제2항 제5호 가목부터 사목까지의 금융기관이 발행한 어음 또는 양도성 예금증서와 같은 호 가목, 마목부터 사목까지의 금융기관이 발행한 채권

마. 제79조 제2항 제5호 가목부터 사목까지의 금융기관이 지급을 보증한 채권(모집의 방법으로 발행한 채권만 해당한다) 또는 어음

바. 경제협력개발기구에 가입되어 있는 국가가 발행한 채권

사. 「자산유동화에 관한 법률」 제31조에 따른 사채 중 후순위 사채권 또는 같은 법 제32조에 따른 수익증권 중 후순위 수익증권(집합투자규약에서 후순위 사채권 또는 후순위 수익증권에 금융위원회가 정하여 고시하는 비율 이상 투자하는 것을 정한 집합투자기구만 해당한다)

아. 「주택저당채권유동화회사법」 또는 「한국주택금융공사법」에 따른 주택저당채권담보부채권 또는 주택저당증권(「주택저당채권유동화회사법」에 따른 주택저당채권유동화회사, 「한국주택금융공사법」에 따른 한국주택금융공사 또는 제79조 제2항 제5호 가목부터 사목까지의 금융기관이 지급을 보증한 주택저당증권을 말한다)

3. 법 제81조 제1항 제1호 가목을 적용할 때 동일법인 등이 발행한 지분증권(그 법인 등이 발행한 지분증권과 관련된 증권예탁증권을 포함한다. 이하 이 항에서 같다)의 시가총액비중이 100분의 10을 초과하는 경우에 그 시가총액비중까지 투자하는 행위. 이 경우 시가총액비중은 거래소가 개설하는 증권시장 또는 해외 증권시장별로 산정하며 그 산정방법, 산정기준일 및 적용기간 등에 관하여 필요한 사항은 금융위원회가 정하여 고시한다.

4. 법 제81조 제 1 항 제 1 호 나목 또는 다목을 적용할 때 각 집합투자업자가 운용하는 전체 부동산집합투자기구의 자산총액 또는 각 부동산집합투자기구의 자산총액으로 다음 각 목의 어느 하나에 해당하는 지분증권에 그 지분증권 총수의 100분의 100까지 투자하는 행위
   가. 부동산개발회사가 발행한 지분증권
   나. 부동산투자목적회사가 발행한 지분증권
5. 법 제81조 제 1 항 제 1 호 나목 또는 다목을 적용할 때 각 집합투자업자가 운용하는 전체 특별자산집합투자기구의 자산총액 또는 각 특별자산집합투자기구의 자산총액으로 다음 각 목의 어느 하나에 해당하는 지분증권에 그 지분증권 총수의 100분의 100까지 투자하는 행위
   가. 「사회기반시설에 대한 민간투자법」에 따른 사회기반시설사업의 시행을 목적으로 하는 법인이 발행한 주식
   나. 「사회기반시설에 대한 민간투자법」에 따른 하나의 사회기반시설사업의 시행을 목적으로 하는 법인이 발행한 주식 또는 채권을 취득하거나 그 법인에 대한 대출채권을 취득하는 방식으로 투자하는 것을 목적으로 하는 법인(같은 법에 따른 사회기반시설투융자회사는 제외한다)의 지분증권
6. 법 제81조 제 1 항 제 3 호 가목 또는 나목을 적용할 때 다음 각 목의 어느 하나에 해당하는 집합투자증권에 각 집합투자기구(자산총액의 100분의 40을 초과하여 투자할 수 있는 집합투자기구만 해당하되, 나목은 자산총액의 100분의 60 이상 채무증권에 투자할 수 있는 증권집합투자기구도 포함한다) 자산총액의 100분의 100까지 투자하는 행위
   가. 집합투자업자(법 제279조 제 1 항에 따른 외국 집합투자업자를 포함한다. 이하 이 항에서 같다)가 운용하는 집합투자기구(외국 집합투자기구의 경우에는 법 제279조 제 1 항에 따라 등록한 것만 해당한다. 이하 이 목 및 다목에서 같다)의 집합투자재산을 외화자산으로 100분의 70 이상 운용하는 경우에 그 집합투자기구의 집합투자증권
   나. 금융위원회가 정하여 고시하는 상장지수집합투자기구(상장지수집합투자기구와 비슷한 것으로서 외국 상장지수집합투자기구를 포함한다. 이하 이 항에서 같다)의 집합투자증권(외국 집합투자증권의 경우에는 법 제279조 제 1 항에 따라 등록한 집합투자기구의 집합투자증권만 해당한다)
   다. 같은 집합투자업자가 운용하는 집합투자기구의 집합투자재산을 둘 이상의 다른 집합투자업자(법 제279조 제 1 항의 외국 집합투자업자를 포함한다)에게 위탁하여 운용하는 경우에 그 집합투자기구의 집합투자증권(같은 집합투자업자가 운용하는 집합투자기구의 자산총액의 100분의 90 이상을 외화자산에 운용하는 경우에 한한다)

   6의2. 법 제81조 제 1 항 제 3 호 가목을 적용할 때 같은 집합투자업자가 운용하는 집합투자기구(법 제279조 제 1 항의 외국 집합투자기구를 포함한다. 이하 이 호에서 같다)의 집합투자재산을 둘 이상의 다른 집합투자업자(법 제279조 제 1 항의 외국 집합투자업자를 포함한다)에게 위탁하여 운용하는 경우에 그 집합투자기구의 집합투자증권(같은 집합투자업자가 운용하는 집합투자기구의 자산총액의 100분의 90 이상을 외화자산에 운용하는 경우만 해당한다)에 각 집합투자기구 자산총액의 100분의 100까지 투자하는 행위

7. 법 제81조 제 1 항 제 3 호 나목을 적용할 때 상장지수집합투자기구의 집합투자증권이나 같은 집합투자업자가 운용하는 집합투자기구(법 제279조 제 1 항의 외국 집합투자기구를 포함한다. 이하 이 호에서 같다)의 집합투자재산을 둘 이상의 다른 집합투자업자(법 제279조 제 1 항의 외국 집합투자업자를 포함한다)에게 위탁하여 운용하는 경우에 그 집합투자기구의 집합투자증권(같은 집합투자업자가 운용하는 집합투자기구의 자산총액의 100분의 90 이상을 외화자산에 운용하는 경우만 해당한다)에 각 집합투자기구 자산총액의 100분의 30까지 투자하는 행위
8. 법 제81조 제 1 항 제 3 호 가목 또는 나목을 적용할 때 같은 집합투자기구(외국 집합투자기구를 포함한다)에 법 제251조 제 1 항에 따라 보험회사가 설정한 각 투자신탁 자산총액의 100분의 100까지 투자하는 행위. 다만, 보험회사가 설정한 전체 투자신탁 자산총액의 100분의 50을 초과하여 그의 계열회사가 운용하는 집합투자기구에 투자하여서는 아니 된다.〔동 단서 시행일 2014. 7. 1〕
9. 법 제81조 제 1 항 제 3 호 마목을 적용할 때 법 제251조 제 1 항에 따라 보험회사가 설정한 투자신탁재산으로 같은 집합투자기구(외국 집합투자기구를 포함한다)의 집합투자증권 총수의 100분의 100까지 투자하는 행위
10. 법 제81조 제 1 항 제 3 호 바목을 적용할 때 법 제251조 제 1 항에 따라 보험회사가 설정한 투자신탁재산으로 법 제81조 제 1 항 제 3 호 바목에 따른 기준을 초과하여 투자하는 행위

11. 「국가재정법」 제81조에 따른 여유자금을 통합하여 운용하는 경우 법 제81조 제1항 제3호를 적용할 때 같은 호에 따른 기준을 초과하여 투자하는 행위
12. 그 밖에 투자자의 보호 및 집합투자재산의 안정적 운용을 해칠 염려가 없는 행위로서 금융위원회가 정하여 고시하는 행위

② 법 제81조 제1항 제1호 각 목 외의 부분에서 "대통령령으로 정하는 증권"이란 법 제279조 제1항에 따른 외국 집합투자증권을 말한다.

③ 법 제81조 제1항 제1호 각 목 외의 부분에서 "대통령령으로 정하는 투자대상자산"이란 다음 각 호의 어느 하나에 해당하는 투자대상자산을 말한다. [개정 2013. 8. 27]

1. 원화로 표시된 양도성 예금증서
2. 기업어음증권 외의 어음
3. 제1호 및 제2호 외에 대출채권, 예금, 그 밖의 금융위원회가 정하여 고시하는 채권(채권)
4. 사업수익권

④ 법 제81조 제1항 제1호 가목 전단에서 "대통령령으로 정하는 비율"이란 100분의 10을 말한다.

⑤ 법 제81조 제1항 제1호 라목에서 "대통령령으로 정하는 적격 요건"이란 제10조 제1항 각 호의 어느 하나에 해당하는 자가 다음 각 호의 어느 하나에 해당하는 요건을 충족하는 것을 말한다. [개정 2010. 6. 11] [[시행일 2010. 6. 13]]

1. 신용평가회사(외국 법령에 따라 외국에서 신용평가업무에 상당하는 업무를 수행하는 자를 포함한다. 이하 제2호에서 같다)에 의하여 투자적격 등급 이상으로 평가받은 경우
2. 신용평가회사에 의하여 투자적격 등급 이상으로 평가받은 보증인을 둔 경우
3. 담보물을 제공한 경우

⑥ 법 제81조 제1항 제1호 마목에서 "대통령령으로 정하는 기준"이란 각 집합투자기구의 자산총액에서 부채총액을 뺀 가액의 100분의 100을 말한다. 다만, 전문사모집합투자기구의 경우에는 이를 100분의 400으로 한다. [개정 2011. 9. 30, 2013. 8. 27]

⑦ 법 제81조 제1항 제2호 가목 본문에서 "대통령령으로 정하는 기간"이란 다음 각 호의 기간을 말한다. [개정 2009. 7. 1, 2012. 6. 29]

1. 국내에 있는 부동산 중 「주택법」 제2조 제1호에 따른 주택 : 1년. 다만, 집합투자기구가 미분양주택(「주택법」 제38조에 따른 사업주체가 같은 조에 따라 공급하는 주택으로서 입주자모집공고에 따른 입주자의 계약일이 지난 주택단지에서 분양계약이 체결되지 아니하여 선착순의 방법으로 공급하는 주택을 말한다)을 취득하는 경우에는 집합투자규약에서 정하는 기간으로 한다.

1의2. 국내에 있는 부동산 중 「주택법」 제2조 제1호에 따른 주택에 해당하지 아니하는 부동산 : 1년

2. 국외에 있는 부동산 : 집합투자규약으로 정하는 기간

⑧ 법 제81조 제1항 제2호 가목 단서에서 "대통령령으로 정하는 경우"란 집합투자기구가 합병·해지 또는 해산되는 경우를 말한다.

⑨ 법 제81조 제1항 제2호 나목 단서에서 "대통령령으로 정하는 경우"란 부동산개발사업을 하기 위하여 토지를 취득한 후 관련 법령의 제정·개정 또는 폐지 등으로 인하여 사업성이 뚜렷하게 떨어져서 부동산개발사업을 수행하는 것이 곤란하다고 객관적으로 증명되어 그 토지의 처분이 불가피한 경우를 말한다.

⑩ 법 제81조 제1항 제3호 바목에서 "대통령령으로 정하는 기준"이란 제77조 제4항에서 정한 한도를 말한다.

제81조(자산운용의 제한의 예외적 한도 초과사유 등) ① 법 제81조 제1항 제4호에서 "대통령령으로 정하는 행위"란 다음 각 호의 어느 하나에 해당하는 행위를 말한다.

1. 각 집합투자기구에 속하는 증권 총액의 범위에서 금융위원회가 정하여 고시하는 비율을 초과하여 환매조건부매도(증권을 일정기간 후에 환매수할 것을 조건으로 매도하는 경우를 말한다. 이하 같다)를 하는 행위
2. 각 집합투자기구에 속하는 증권의 범위에서 금융위원회가 정하여 고시하는 비율을 초과하여 증권을 대여하는 행위
3. 각 집합투자기구의 자산총액 범위에서 금융위원회가 정하여 고시하는 비율을 초과하여 증권을 차입하는 행위

② 법 제81조 제 3 항에서 "대통령령으로 정하는 사유"란 다음 각 호의 어느 하나에 해당하는 사유를 말한다. [개정 2013. 8. 27]
1. 집합투자재산에 속하는 투자대상자산의 가격 변동
2. 투자신탁의 일부해지 또는 투자회사·투자유한회사·투자합자회사·투자유한책임회사·투자합자조합 및 투자익명조합의 집합투자증권의 일부소각
3. 담보권의 실행 등 권리행사
4. 집합투자재산에 속하는 증권을 발행한 법인의 합병 또는 분할합병
5. 그 밖에 투자대상자산의 추가 취득 없이 법 제81조 제 1 항에 따른 투자한도를 초과하게 된 경우
③ 법 제81조 제 3 항에서 "대통령령으로 정하는 기간까지"란 3개월까지(부도 등으로 처분이 불가능한 투자대상자산은 그 처분이 가능한 시기까지)를 말한다.
④ 법 제81조 제 4 항에서 "대통령령으로 정하는 기간"이란 1개월(법 제229조 제 2 호 및 제 3 호의 경우에는 6개월)을 말한다. [개정 2010. 6. 11] [시행일 2010. 6. 13]]

Ⅰ. 집합투자업자의 자산운용 제한

집합투자업자가 자산을 운용함에 있어서는 투자자보호 등에 문제가 없는 것으로 대통령령이 인정하는 경우를 제외하고는 일정한 범위를 벗어난 행위를 할 수 없도록 규정되어 있다. 법 제81조 제 1 항을 위반하여 집합투자재산을 운용하는 경우 5년 이하의 징역 또는 2억원 이하의 벌금에 처해질 수 있고(법 444조 9호), 금융위원회가 해당 금융투자업자 및 관련 임직원에 대해서 제재를 할 수 있다(법 420조, 422조).

1. 증권의 경우

증권(법 시행령 제81조 제 2 항에서 법 제279조 제 1 항의 외국집합투자증권은 제외하고, 법 시행령 제81조 제 3 항에서 투자대상자산인 ① 원화로 표시된 양도성 예금증서, ② 기업어음증권 외의 어음, ③ 제 1 호 및 제 2 호 외에 대출채권, 예금, 그 밖의 금융위가 정하여 고시하는 채권, 사업수익권은 포함한다)의 경우에는 동일 종목에 대통령령이 정하는 일정비율(법 시행령 제80조 제 4항 에 의하면 100분의 10) 이상 투자하는 행위, 동일법인 등이 발행한 지분증권 100분의 20을 초과하여 투자하는 행위, 동일 법인이 발행한 지분 100분의 10을 초과하여 투자하는 행위, 적격요건[1)]을 갖추지 못한 자와 장외파생상품거래행위를 하는 것, 파생상품의 매매에 따른 위험평가액이 대통령

1) 법 시행령 제81조 제 5 항에 의하면 다음의 조건을 모두 만족시키는 자를 말한다. 즉, 1. 제10조 제 1 항 각 호의 어느 하나에 해당하는 자일 것, 2. 신용평가업자(외국 법령에 따라 외국에서 신용평가업무에 상당하는 업무를 수행하는 자를 포함한다)에 의하여 투자적격 등급 이상으로 평가받은 자일 것 등이다.

령으로 정하는 기준(각 집합투자기구의 자산총액에서 부채총액을 뺀 가액의 100분의 100을 말한다[1])을 초과하여 투자하는 행위, 파생상품의 매매와 관련하여 기초자산 중 동일법인 등이 발행한 증권(그 법인 등이 발행한 증권과 관련된 증권예탁증권을 포함한다)의 가격변동으로 인한 위험평가액이 각 집합투자기구 자산총액의 100분의 10을 초과하여 투자하는 행위, 같은 거래상대방과의 장외파생상품 매매에 따른 거래상대방 위험평가액이 각 집합투자기구 자산총액의 100분의 10을 초과하여 투자하는 행위 등을 금지한다(법 81조 1항 1호).

2. 부동산의 경우

부동산의 경우에는 부동산을 취득한 후 5년 이내의 범위에서 대통령령[2](국내에 있는 부동산중 「주택법」 제2조 제1호에 따른 주택은 3년, 국내에 있는 부동산 중 「주택법」 제2조 제1호에 따른 주택에 해당하지 아니하는 부동산은 1년, 국외에 있는 부동산은 집합투자규약으로 정하는 기간을 말한다)으로 정하는 기간 이내에 이를 처분하는 행위를 금지한다. 다만, 부동산개발사업에 따라 조성하거나 설치한 토지·건축물 등을 분양하는 경우, 그 밖에 투자자 보호를 위하여 필요한 경우로서 대통령령으로 정하는 경우[3](집합투자기구가 합병·해지 또는 해산되는 경우를 말한다)를 제외한다. 또한 건축물, 그 밖의 공작물이 없는 토지로서 그 토지에 대하여 부동산개발사업을 시행하기 전에 이를 처분하는 행위도 금지된다. 다만, 집합투자기구의 합병·해지 또는 해산, 그 밖에 투자자 보호를 위하여 필요한 경우로서 대통령령으로 정하는 경우[4](부동산개발사업을 하기 위하여 토지를 취득한 후 관련 법령의 제정·개정 또는 폐지 등으로 인하여 사업성이 뚜렷하게 떨어져서 부동산개발사업을 수행하는 것이 곤란하다고 객관적으로 증명되어 그 토지의 처분이 불가피한 경우를 말한다)를 제외한다(법 81조 1항 2호).

3. 집합투자증권의 경우

집합투자재산을 집합투자증권(법 제279조 제1항의 외국 집합투자증권을 포함)에 운용함에 있어서는 다음의 운용방법이 금지된다. 즉 각 집합투자기구 자산총액의 100분의 50을 초과하여 같은 집합투자업자가 운용하는 집합투자기구의 집합투자증권에 투자하는 행위, 각 집합투자기구 자산총액의 100분의 20을 초과하여 같은 집합투자기구의 집합투자증권에 투자하는 행위, 집합투자증권에 자산총액의 100분의 40을 초과하여 투자할 수 있는 집합투자기구의 집합투자증권에 투자하는 행위, 사모집합투자기구(사모집합투자기구에 상당하는 외국 사모집합투자기구를 포함한다)의 집합투자증권에 투자하는 행위, 각 집합투자기구의 집합투자재산으로 같은 집합투자기구의 집합투자증권 총수의 100분의 20을 초과하여 투자하는

1) 법 시행령 第80조 제6항.
2) 법 시행령 第80조 제7항.
3) 법 시행령 第80조 제8항.
4) 법 시행령 第80조 제9항.

행위(이 경우 그 비율의 계산은 투자하는 날을 기준), 집합투자기구의 집합투자증권을 판매하는 투자매매업자 또는 투자중개업자가 받는 판매수수료 및 판매보수와 그 집합투자기구가 투자하는 다른 집합투자기구의 집합투자증권을 판매하는 투자매매업자(외국 투자매매업자(외국 법령에 따라 외국에서 투자매매업에 상당하는 영업을 영위하는 자를 말한다)를 포함한다) 또는 투자중개업자(외국 투자중개업자(외국 법령에 따라 외국에서 투자중개업에 상당하는 영업을 영위하는 자를 말한다)를 포함한다)가 받는 판매수수료 및 판매보수의 합계가 대통령령으로 정하는 기준[1](법 시행령 제77조 제 4 항에서 정하는 한도로 판매수수료는 납입금액 또는 환매금액의 100분의 2, 판매보수는 집합투자재산의 연평균가액의 100분의 1)을 초과하여 집합투자증권에 투자하는 행위 등이 제한된다(법 81조 1항 3호).

4. 기타의 경우

그 밖에 투자자 보호 또는 집합투자재산의 안정적 운용 등을 해할 우려가 있는 행위로서 각 집합투자기구에 속하는 증권 총액의 범위에서 금융위원회가 정하여 고시하는 비율(100분의 50)[2]을 초과하여 환매조건부매도를 하는 행위, 각 집합투자기구에 속하는 증권의 범위에서 금융위원회가 정하여 고시하는 비율(100분의 50)[3]을 초과하여 증권을 대여하는 행위, 각 집합투자기구의 자산총액 범위에서 금융위원회가 정하여 고시하는 비율(100분의 20)[4]을 초과하여 증권을 차입하는 행위가 금지된다(법 시행령 81조 1항).

Ⅱ. 자산운용 제한의 예외 등

1. 고시사항

법 제81조 제 1 항 제 1 호 마목의 위험평가액이나 위험평가액의 산정방법 등에 관하여 필요한 사항은 금융위원회가 정하여 고시한다(법 81조 2항, 규정 4-54조).

2. 투자한도초과의 경우

집합투자재산에 속하는 투자대상자산의 가격 변동 등 대통령령으로 정하는 사유[5]로

1) 법 시행령 제80조 제10항.
2) 금융투자업규정 제4-53조 제 1 항.
3) 금융투자업규정 제4-53조 제 1 항.
4) 금융투자업규정 제4-53조 제 2 항.
5) 다음의 하나에 해당하는 경우를 말한다. 1. 집합투자재산에 속하는 투자대상자산의 가격 변동, 2. 투자신탁의 일부해지 또는 투자회사·투자유한회사·투자합자회사·투자조합 및 투자익명조합의 집합투자증권의 일부소각, 3. 담보권의 실행 등 권리행사, 4. 집합투자재산에 속하는 증권을 발행한 법인의 합병 또는 분할합병, 5. 그 밖에 투자대상자산의 추가 취득 없이 법 제81조 제 1 항에 따른 투자한도를 초과하게 된 경우(법 시행령 81조 2항).

불가피하게 제 1 항에 따른 투자한도를 초과하게 된 경우에는 초과일로부터 대통령령으로 정하는 기간[1]까지는 그 투자한도에 적합한 것으로 본다(법 81조 3항).

3. 적용 제한

법 제81조 제 1 항 제 1 호 가목 및 마목부터 사목까지와 같은 항 제 3 호 가목·나목, 제229조 각 호에 따른 투자비율은 집합투자기구의 최초 설정일 또는 설립일 부터 6개월 이내의 범위에서 대통령령으로 정하는 기간(1개월, 법 229조 2호 및 3호의 경우에는 6개월)[2]까지는 적용하지 아니한다(법 81조 4항).

제82조(자기집합투자증권의 취득 제한)

투자신탁이나 투자익명조합의 집합투자업자는 집합투자기구의 계산으로 그 집합투자기구의 집합투자증권을 취득하거나 질권의 목적으로 받지 못한다. 다만, 다음 각 호의 어느 하나에 해당하는 경우에는 집합투자기구의 계산으로 그 집합투자기구의 집합투자증권을 취득할 수 있다.

1. 담보권의 실행 등 권리 행사에 필요한 경우. 이 경우 취득한 집합투자증권은 대통령령으로 정하는 방법에 따라 처분하여야 한다.
2. 제191조에 따라 수익증권을 매수하는 경우

시행령 제82조(자기집합투자증권의 처분) 투자신탁이나 투자익명조합의 집합투자업자는 법 제82조 제 1 호 전단에 따라 취득한 집합투자증권을 같은 호 후단에 따라 취득일부터 1개월 이내에 다음 각 호의 어느 하나에 해당하는 방법으로 처분하여야 한다.

1. 소각
2. 투자매매업자 또는 투자중개업자를 통한 매도

Ⅰ. 자기집합투자증권의 취득 제한	Ⅱ. 자기집합투자증권 취득 제한의 예외

Ⅰ. 자기집합투자증권의 취득 제한

투자신탁이나 투자익명조합의 집합투자업자는 집합투자기구의 계산으로 그 집합투자기구의 집합투자증권을 취득하거나 질권의 목적으로 받지 못한다. 이것은 자기집합투자증권의 취득은 투자금의 반환과 동일한 효과를 가져와서 자본의 공동화를 초래하기 때

---

1) 3개월을 말한다. 다만, 부도 등으로 처분이 불가능한 투자대상자산은 그 처분이 가능한 시기까지 법 제81조 제 1 항에 따른 투자한도에 적합한 것으로 본다(법 시행령 81조 3항).

2) 법 시행령 제81조 제 4 항.

문에 금지되는 것으로서 자기주식의 취득 내지 질취의 금지와 동일한 목적을 달성하기 위한 규정으로 이해할 수 있다.

Ⅱ. 자기집합투자증권 취득 제한의 예외

집합투자업자는 담보권의 실행 등 권리 행사에 필요한 경우와 반대수익자의 수익권 매수청구권의 행사에 따라서 수익증권을 매수하는 경우(법 191조의 경우)에는 예외적으로 자기집합투자증권을 취득할 수 있다. 자기집합투자증권을 담보로 취득하는 것은 다른 담보물이 없는 경우 등 극히 예외적인 경우로 한정되어야 하겠지만, 담보권의 실행 등 권리행사에 필요한 경우에는 자기집합투자증권을 예외적으로 취득할 수 있다. 담보권의 실행 등 권리행사에 필요하여 취득한 집합투자증권은 대통령령으로 정하는 방법[1]에 따라 처분하여야 한다. 이러한 처분의무는 집합투자업자에게 위 기간 내에 처분할 의무를 부담시키는 데에 그치고, 그러한 기간이 경과하기까지 처분하지 않는 경우라 하더라도 그 취득이 무효라거나 처분의제의 효과를 발생시키지는 않는다. 집합투자업자의 위 처분의무의 위반은 특별한 사정이 없는 한 선관주의의무 등의 위반으로 될 것이다.

[초판: 강희주, 개정판: 김미정]

제83조(금전차입 등의 제한)

① 집합투자업자는 집합투자재산을 운용함에 있어서 집합투자기구의 계산으로 금전을 차입(借入)하지 못한다. 다만, 다음 각 호의 어느 하나에 해당하는 경우에는 집합투자기구의 계산으로 금전을 차입할 수 있다.

1. 제235조에 따른 집합투자증권의 환매청구가 대량으로 발생하여 일시적으로 환매대금의 지급이 곤란한 때
2. 제191조 및 제201조 제 4 항에 따른 매수청구가 대량으로 발생하여 일시적으로 매수대금의 지급이 곤란한 때

② 제 1 항에 따라 집합투자기구의 계산으로 금전을 차입하는 경우 그 차입금의 총액은 차입 당시 집합투자재산 총액의 100분의 10을 초과하여서는 아니 된다.

③ 제 1 항에 따른 금전차입의 방법, 차입금 상환 전 투자대상자산의 취득 제한 등에 관하여 필요한 사항은 대통령령으로 정한다.

④ 집합투자업자는 집합투자재산을 운용함에 있어서 집합투자재산 중 금전을 대여(대통령령으로 정하는 금융기관에 대한 30일 이내의 단기대출을 제외한다)하여서는 아니 된다.

---

1) 취득일부터 1개월 이내에 다음 각 호의 어느 하나에 해당하는 방법으로 처분하여야 한다. ① 소각, ② 투자매매업자 또는 투자중개업자를 통한 매도(법 시행령 82조).

⑤ 집합투자업자는 집합투자재산을 운용함에 있어서 집합투자재산으로 해당 집합투자기구 외의 자를 위하여 채무보증 또는 담보제공을 하여서는 아니 된다.

시행령 제**83**조(금전차입 등의 제한) ① 집합투자업자는 법 제83조 제1항 각 호 외의 부분 단서에 따라 집합투자기구의 계산으로 금전을 차입하는 경우에는 같은 조 제3항에 따라 다음 각 호의 어느 하나에 해당하는 금융기관에 한하여 금전을 차입할 수 있다.
1. 제79조 제2항 제5호 각 목의 어느 하나에 해당하는 금융기관
2. 보험회사
3. 제1호 또는 제2호에 준하는 외국 금융기관
② 집합투자업자는 제1항에 따라 금전을 차입한 경우에는 그 차입금 전액에 대한 변제가 완료되기 전까지 투자대상자산을 추가로 매수(파생상품의 전매와 환매는 제외한다)하여서는 아니 된다.
③ 법 제83조 제4항에서 "대통령령으로 정하는 금융기관"이란 제345조 제1항 각 호의 어느 하나에 해당하는 금융기관을 말한다.

Ⅰ. 금전차입의 제한

1. 금전차입 제한의 의의

집합투자업자는 집합투자재산을 운용함에 있어서 집합투자기구의 부실화를 방지하기 위하여 집합투자기구의 계산으로 금전을 차입(借入)하지 못하도록 규정하고 있다(법 83조 1항). 이는 집합투자기구가 금전을 차입을 하였다가 집합투자재산의 가격 하락으로 채무상환 능력이 떨어질 경우 집합투자기구의 부실로 이어지고 이는 집합투자증권의 투자자 손실로 이어질 가능성이 매우 크기 때문에 제한한 것으로 이해된다.

2. 금전차입의 제한적 허용

(1) 제한적 허용

법 제235조에 따른 집합투자증권의 환매청구가 대량으로 발생하여 일시적으로 환매대금의 지급이 곤란한 때와 법 제191조 및 법 제201조 제4항에 따른 매수청구가 대량으로 발생하여 일시적으로 매수대금의 지급이 곤란한 때에는 환매에 응하기 위하여 혹은 매수청구에 응하기 위하여 필요한 금전을 차입할 긴급한 필요성이 인정되므로, 예외적으로 집합투자기구의 계산으로 금전을 차입할 수 있다(법 83조 1항 단서). 그렇지만 집합투자기구의 계산으로 금전을 차입하는 경우 그 차입금의 총액은 차입 당시 집합투자재산 총액의 100분의 10을 초과하여서는 아니 된다(법 83조 2항). 금전차입의 방법, 차입금 상환

전 투자대상자산의 취득 제한 등에 관하여 필요한 사항은 대통령령[1]에 정하여져 있는데, 차입대상 금융기관의 제한과 투자자산의 추가매수의 제한 등이다(법 83조 3항). 금전을 차입할 수 있는 금융기관은 영 제79조 제 2 항 제 5 호 각 목의 어느 하나에 해당하는 금융기관(은행, 증권사 및 저축은행이 해당됨), 보험회사, 위에 기재된 금융기관에 준하는 외국 금융기관으로부터 차입만 가능하다. 집합투자기구의 차입금융기관을 대통령령으로 제한한 것은 그렇지 않을 경우 집합투자업자의 대주주 혹은 인가받지 않은 법인으로부터 차입할 우려가 크고, 차입 조건도 감독기관의 규제를 받지 않을 경우 집합투자기구에 불리하게 작용할 우려가 있어 제한한 것으로 이해된다.

집합투자업자는 위와 같이 금전을 차입한 경우에는 그 차입금 전액에 대한 변제가 완료되기 전까지 투자대상자산을 추가로 매수(파생상품의 전매와 환매는 제외한다)하여서는 아니 된다. 차입금의 변제를 완료하기 전까지 투자대상자산을 추가로 매수하는 것을 제한하는 이유는 차입금을 변제하기 전에 투자대상자산을 추가로 매입하는 경우에는 이자 등의 재무적 부담으로 인하여 차입금을 상환하지 못할 위험성이 증대되어 채무불이행의 위험 혹은 재무구조의 부실화의 우려가 높아지기 때문이다. 그러나 차입금의 전액 변제가 이루어지기 전에 투자대상자산의 추가 매수를 금지한 규정은 크게 그 의미를 가지기 어려울 것으로 보인다. 왜냐하면 집합투자기구는 원칙적으로 금전의 차입을 금지하고 있고 예외적으로 대량 환매 혹은 집합투자증권 투자자의 매수청구권 행사로 일시적인 유동성을 확보하기 위해 차입을 허용하고 있는데 해당 집합투자기구가 신규로 자산을 투자할 유동성이 있다면 우선 차입금의 상환에 사용하는 것이 법의 제정 취지에 부합하기 때문이다.

(2) 부동산 취득 시 금전 차입 허용

법 제94조 제 1 항은 집합투자업자가 집합투자재산으로 부동산을 취득하는 경우에는 대통령령으로 정하는 방법에 따라 집합투자기구의 계산으로 금전을 차입할 수 있도록 예외를 인정하고 있다. 특이한 점은 부동산집합투자기구의 금전 차입을 허용한 것이 아니라 어떤 종류의 집합투자기구를 통해서든 집합투자재산으로 부동산을 취득하는 경우 금전차입을 허용하고 있는데 차입금 한도는 다음 각 호와 같다(법 시행령 97조 7항).

1. 부동산집합투자기구의 계산으로 차입하는 경우 : 그 부동산집합투자기구의 자산총액에서 부채총액을 뺀 가액의 100분의 200. 다만, 집합투자자총회에서 달리 의결한 경우에는 그 의결한 한도

2. 부동산집합투자기구가 아닌 집합투자기구의 계산으로 차입하는 경우 : 그 집합투자기구에 속하는 부동산 가액의 100분의 100의 범위에서 금융위원회가 정하여 고시[2]하

1) 법 시행령 제83조 제 1 항·제 2 항.

2) 금융투자업규정 제4-72조 ② 영 제97조 제 7 항 제 2 호에서 "금융위원회가 정하여 고시하는 비율"이란

는 비율. 이 경우 부동산 가액의 평가는 법 제238조 제2항에 따른 평가위원회(이하 "집합투자재산평가위원회"라 한다)가 같은 조 제3항에 따른 집합투자재산평가기준에 따라 정한 가액으로 한다.

구간투법(143조 2항)에서는 부동산집합투자기구에 한하여 금전 차입을 허용하였으나 자본시장법에서는 부동산집합투자기구로 제한하지 않은 것은 과거 간투법은 집합투자재산 중 일부라도 부동산에 투자하는 경우 이를 부동산집합투자기구로 분류하였으나 자본시장법(229조)은 증권집합투자기구나 특별자산집합투자기구도 집합투자재산의 50% 미만을 부동산에 투자하는 것이 허용되고 있어 차입이 허용되는 경우를 부동산집합투자기구로 제한한 것이 아니라 집합투자재산으로 부동산을 취득하는 경우로 규정한 것이다. 집합투자업자는 법 제94조 제1항에 따라 차입한 금전을 부동산에 운용하는 방법 외의 방법으로 운용할 수 없으나 집합투자기구의 종류 등을 고려하여 금융위원회가 정하여 고시[1]하는 경우에는 부동산에 운용하는 방법 외의 방법으로 운용할 수 있도록 예외를 인정하고 있다.

자본시장법이 원칙적으로 집합투자기구의 금전 차입을 허용하지 않으면서 집합투자재산으로 부동산을 취득하는 경우 이를 허용하고 있는 이유는 부동산이 가지는 특성을 고려한 것으로 보인다. 즉 일반 상장주식이나 채권은 금융시장의 환경에 따라 가격 변동성이 커 자산가격 하락 시 투자자 보호에 문제점이 발생할 수 있으나 부동산의 경우 가격 변동성은 낮은 반면 레버리지 효과에 대한 긍정적인 면을 고려하여 허용한 것으로 이해된다. 또한 경쟁 펀드인 부동산투자회사법(29조)상의 부동산투자회사가 자기자본의 2배를 초과하지 않은 범위 내에서 자금차입 또는 사채발행이 가능하도록 규정한 점도 고려했을 것으로 보인다.

Ⅱ. 금전대여의 제한

집합투자업자는 집합투자재산을 운용함에 있어서 집합투자재산 중 금전을 대여하여서는 아니 된다(법 83조 4항). 다만, 대통령령으로 정하는 금융기관[2]에 대한 30일 이내의 단기대출은 제외한다. 이러한 법률이 제정된 배경은 집합투자업자는 은행이나 보험사 혹은 여신전문금융업자[3]에 비해 여신심사에 필요한 전문성이 부족하여 집합투자재산의 운

100분의 70을 말한다.

1) 금융투자업규정 제4-72조 ③ 영 제97조 제8항에서 "금융위원회가 정하여 고시하는 경우"란 차입한 금전으로 부동산에 투자할 수 없는 불가피한 사유가 발생하여 일시적으로 현금성 자산에 투자하는 경우를 말한다.

2) 법 시행령 제345조 제1항 각 호의 어느 하나에 해당하는 금융기관을 말한다(법 시행령 83조 3항).

3) 여신전문금융업(與信專門金融業)이란 신용카드업, 시설대여업, 할부금융업 또는 신기술사업금융업을 말한다(여신전문금융업법 2조 1호).

용을 대출로 할 경우 채권회수에 문제가 발생할 수 있다. 또한 여신업무는 전통적으로 은행 등 제한된 금융기관의 업무로 한정되어 왔는데 집합투자재산의 운용방법으로 대출을 허용할 경우 금융업권간의 충돌을 우려한 부분도 있는 것으로 이해된다.

그러나 집합투자업자가 부동산집합투자기구를 운용하는 경우에는 자금대여를 허용하는 특례도 있다(법 94조 2항). 법 제83조 제 4 항에 불구하고 집합투자업자는 집합투자재산으로 부동산개발사업을 영위하는 법인(부동산신탁업자, 그 밖에 대통령령으로 정하는 자를 포함한다)에 대하여는 금전 대여를 허용하고 있다. 이는 부동산개발사업의 경우 자금 대출이 일반적으로 이루어지고 있고 대출 시에 해당 부동산을 담보로 확보할 수 있어 채권 회수에 큰 문제가 없는 것으로 간주하고 예외를 허용한 것이다.

그 외에도 특별자산집합투자기구도 대출이 아닌 대출채권의 형식으로 집합투자재산의 운용이 가능하다. 자본시장법은 대출채권에 대한 정의는 별도로 규정하지 않고 있다. 그러나 실무에서 이해하는 대출채권은 은행, 보험사 및 여신전문금융기관들이 자금 차입처의 신용을 포함한 채무상환능력에 대한 여심심사를 한 후 대출이 이루어지면 해당 대출을 집합투자업자가 매입하는 집합투자재산 운용행위로 이해하고 있다. 이렇게 하는 것이 집합투자재산의 운용에 안정성을 높일 수 있다고 보는 것이다.

그러나 집합투자업자가 집합투자재산을 운용함에 있어 은행과 같이 일반기업에 대출을 제공하는 것은 집합투자업의 본연의 역할을 감안할 때 허용하지 않는 것이 맞으나 특별자산집합투자기구가 '하나의 사업만을 목적으로 설립된 법인(특수목적법인)'에 투자하는 경우가 일반적인데, 그 경우 대출채권과 대출을 굳이 구분하여 허용 여부를 판단하는 것이 맞는지 의문이다. 왜냐하면 여신기관의 대출이 이루어진 기존의 대출을 매입하더라도 집합투자업자는 스스로 차입처의 신용이나 현금흐름, 차입금의 상환 능력 등 여신기관과 동일한 수준의 여신 심사가 필요하기 때문이다.

Ⅲ. 보증과 담보제공의 제한

집합투자업자는 집합투자재산을 운용함에 있어서 집합투자재산으로 해당 집합투자기구 외의 자를 위하여 채무보증 또는 담보제공을 하여서는 아니 된다(법 83조 5항). 집합투자재산을 가지고 해당 집합투자기구를 위하여 채무보증 또는 담보제공을 하는 것은 해당 집합투자재산의 운용을 위해 필요한 목적으로 이해될 수 있다. 그러나 제 3 자를 위한 채무보증 또는 담보제공은 집합투자기구의 투자자를 위한 목적이 아닌 다른 목적으로 전용될 우려가 있어 이를 허용하지 않고 있다.

제84조(이해관계인과의 거래제한 등)

① 집합투자업자는 집합투자재산을 운용함에 있어서 대통령령으로 정하는 이해관계인(이하 이 절에서 "이해관계인"이라 한다)과 거래행위를 하여서는 아니 된다. 다만, 집합투자기구와 이해가 상충할 우려가 없는 거래로서 다음 각 호의 어느 하나에 해당하는 거래의 경우에는 이를 할 수 있다.

1. 이해관계인이 되기 6개월 이전에 체결한 계약에 따른 거래
2. 증권시장 등 불특정다수인이 참여하는 공개시장을 통한 거래
3. 일반적인 거래조건에 비추어 집합투자기구에 유리한 거래
4. 그 밖에 대통령령으로 정하는 거래

② 집합투자업자는 제1항 단서에 따라 허용되는 이해관계인과의 거래가 있는 경우 또는 이해관계인의 변경이 있는 경우에는 그 내용을 해당 집합투자재산을 보관·관리하는 신탁업자에게 즉시 통보하여야 한다.

③ 집합투자업자는 집합투자재산을 운용함에 있어서 집합투자기구의 계산으로 그 집합투자업자가 발행한 증권(제189조의 수익증권을 제외한다)을 취득하여서는 아니 된다.

④ 집합투자업자는 집합투자재산을 운용함에 있어서 대통령령으로 정하는 한도를 초과하여 그 집합투자업자의 계열회사가 발행한 증권(제189조의 수익증권, 그 밖에 대통령령으로 정하는 증권을 제외하며, 계열회사가 발행한 지분증권과 관련한 증권예탁증권 및 대통령령으로 정하는 투자대상자산을 포함한다. 이하 이 조에서 같다)을 취득하여서는 아니 된다.

⑤ 제4항에 따른 계열회사가 발행한 증권의 취득 제한에 관하여 필요한 사항은 대통령령으로 정한다.

Ⅰ. 이해관계인과의 거래제한

법은 집합투자업자의 이해상충거래로 인한 투자자의 손실 또는 손해를 방지하기 위하여 집합투자업자는 집합투자재산을 운용함에 있어서 대통령령으로 정하는 이해관계인[1)]과 거래행위를 하여서는 아니 된다고 규정하고 있다(법 84조 1항). 이 규정은 집합투자업자가 집합투자재산을 운용함에 있어 이해관계자와 거래를 할 경우 이해관계인인 제3자를 위해 집합투자기구의 투자자 이익을 희생시킬 우려가 있어 제도적으로 이해관계인

1) 다음 각 호의 어느 하나에 해당되는 자를 말한다. ① 집합투자업자의 임직원 및 그 배우자, ② 집합투자업자의 대주주 및 그 배우자, ③ 집합투자업자의 계열회사, 계열회사의 임직원 및 그 배우자, ④ 집합투자업자가 운용하는 전체 집합투자기구의 집합투자증권을 100분의 30 이상 판매·위탁판매한 투자매매업자 또는 투자중개업자, ⑤ 집합투자업자가 운용하는 전체 집합투자기구의 집합투자재산의 100분의 30 이상을 보관·관리하고 있는 신탁업자, ⑥ 집합투자업자가 법인이사인 투자회사의 감독이사(법 시행령 84조).

과의 거래를 금지한 것이다. 이는 법 제79조(선관의무 및 충실의무)가 정한 집합투자업자의 투자자에 대한 선관주의의무 및 충실의무를 실현하는 방법으로 규정되었다고 볼 수 있다. 그러나 실제 집합투자재산을 운용하는 과정에서 이해관계인과의 거래가 투자자의 이익에 부합할 가능성도 있어 예외적으로 거래를 허용하고 있다.

Ⅱ. 이해관계인과의 거래가 허용되는 경우

집합투자기구와 이해가 상충될 우려가 없는 거래로서 ① 이해관계인이 되기 6개월 이전에 체결한 계약에 따른 거래, ② 증권시장 등 불특정 다수인이 참여하는 공개시장을 통한 거래, ③ 일반적인 거래조건에 비추어 집합투자기구에 유리한 거래, ④ 그 밖에 대통령령으로 정하는 거래[1] 중 어느 하나에 해당하는 경우에는 예외적으로 이해관계인과 거래를 할 수 있다(법 84조 1항 단서). 이 경우에는 이해상충의 우려가 없기 때문에 제한적으로 그 거래가 허용되는 것이다.

집합투자업자는 위와 같은 사유에 따라 허용되는 이해관계인과의 거래가 있는 경우 또는 이해관계인의 변경이 있는 경우에는 그 내용을 해당 집합투자재산을 보관·관리하는 신탁업자에게 즉시 통보하여야 한다(법 84조 2항).

Ⅲ. 일반적인 거래조건에 비추어 집합투자기구에 유리한 거래

법 제84조에서 집합투자업자가 집합투자기구를 운용함에 있어서 이해상충 우려가 적은 경우에 대해서는 예외적으로 거래를 허용하고 있다. 그 중 '일반적인 거래조건에 비추어 집합투자기구에 유리한 거래'(법 84조 1항 3호)란 과연 어떤 거래를 의미하는지 의문이 있다. 집합투자업자가 이해관계인과의 거래를 하려는 시점에, 그 거래와 동일하거나 매우 유사한 거래가 있다면 거래조건을 비교하여 이해관계인과의 거래가 집합투자기

1) 다음 각 호의 어느 하나에 해당되는 경우를 말한다. ① 이해관계인의 중개·주선 또는 대리를 통하여 금융위원회가 정하여 고시하는 방법에 따라 이해관계인이 아닌 자와 행하는 투자대상자산의 매매, ② 이해관계인의 매매중개(금융위원회가 정하여 고시하는 매매형식의 중개를 말한다)를 통하여 그 이해관계인과 행하는 다음 각 목의 어느 하나에 해당하는 투자대상자산의 매매 가. 채무증권 나. 원화로 표시된 양도성 예금증서 다. 어음(기업어음증권을 제외한다), ③ 각 집합투자기구 자산총액의 100분의 10 이내에서 이해관계인(집합투자업자의 대주주 또는 계열회사를 제외한다)에게 집합투자재산을 다음 각 목의 어느 하나에 해당하는 방법으로 운용하는 거래 가. 법 제83조 제4항에 따른 단기대출 나. 환매를 조건으로 하는 증권(제181조 제1항에 따른 증권을 말한다)의 매수, ④ 금융기관(83조 1항 1호의 금융기관 및 이에 준하는 외국 금융기관에 한한다. 이하 이 호에서 같다)에의 예치. 이 경우 집합투자업자가 운용하는 전체 집합투자재산 중 이해관계인인 금융기관에 예치한 금액은 전체 금융기관에 예치한 금액의 100분의 10을 초과하여서는 아니 된다. ⑤ 이해관계인인 신탁업자와의 「외국환거래법」에 따른 외국통화의 매매, ⑥ 그 밖에 거래의 형태, 조건, 방법 등을 고려하여 집합투자기구와 이해가 상충될 염려가 없다고 금융위원회의 확인을 받은 거래(법 시행령 85조).

구에 불리하지 않다고 객관적으로 판단되면 허용된다고 보는 것이 맞을 것이다. 그러나 동일하거나 유사한 거래가 없는 경우는 해당 규정을 어떻게 적용할 것인지 의문이 든다.

국내[1)]에서는 펀드에 유리한 거래를 '일반적인 거래조건에 비추어 집합투자기구에 유리한 거래란 최소한 집합투자기구에 불리하지 않는 가격으로 성사되는 거래로 이해하는 것이 바람직하다'는 의견[2)]이 있다.

호주의 경우 집합투자기구의 운용과 관련 펀드에 유리한 거래와 비슷한 취지로 공정한 거래 조건(arm's length)에 대해 규정[3)]하고 있는데, 공정한 거래조건인지 여부를 판단하기 위해 ⅰ) 유사한 거래(comparable transaction), ⅱ) 협상과정(bargaining process) 검토, ⅲ) 해당 거래가 펀드에 미치는 영향(impact on registered scheme), ⅳ) 선택 가능한 대안의 존재 여부(alternative options available to the entity), ⅴ) 거래를 승인하는 이사들의 판단을 도울 수 있는 전문가의 자문(expert advice for directors)을 바탕으로 판단하고 있다.

호주 ASIC에서 정한 이해관계인 거래에 관한 규정(RG76)[4)]을 보면 "이해관계인 거래를 결정함에 있어 이사들은 전문가에 의해 제공된 의견서가 직접적으로 의사결정에 관련된 경우를 포함하여 전문가의 의견에 적절히 의존할 필요가 있다"는 규정이 있다.

자본시장법도 이해관계인과의 거래를 원칙적으로 금지하되, 이해상충 우려가 없으면서 투자자에게 유리하다는 것을 증명하는 방법으로 예를 들면 '독립적인 가격'을 평가할 수 있는 일정 규모 이상의 회계법인과 같은 2개 이상의 전문기관으로부터 해당 거래조건이 공정한 거래조건에 해당한다는 의견을 받아 집합투자업자가 운영 중인 집합투자재산평가위원회 같은 기구를 통해 이를 승인하는 절차를 마련한다면 현재의 법 규정에 비해 좀 더 투명하게 운용할 수가 있을 것이다.

Ⅳ. 취득의 제한

법 시행령 제86조 제 1 항 제 1 호에 따르면 집합투자업자가 운용하는 전체 집합투자기구의 집합투자재산으로 계열회사가 발행한 지분증권(그 지분증권과 관련된 증권예탁증권을 포함한다)을 취득하는 경우 계열회사가 발행한 전체 지분증권에 대한 취득금액은 집합투자업자가 운용하는 전체 집합투자기구 자산총액 중 지분증권에 투자 가능한 금액의 100분의 10과 집합투자업자가 운용하는 각 집합투자기구 자산총액의 100분의 50을 초과할 수

1) 변제호 외, 「자본시장법」, 지원출판사, 2009, 267쪽.
2) 같은 견해로 홍영만, 전게서(2009), 138쪽을 보면, '일반적인 거래 조건에 비추어 집합투자기구에 유리한 거래'란 집합투자기구에 불리하지 않은 공정한 거래를 포함하는 개념으로 해석하고 있다.
3) Australian Securities & Investments Commission(ASIC) RG 76.70.
4) ASIC RG 76.91 The directors will need to be satisfied that it is appropriate to rely on the expert advice, including that the opinion given by the expert is directly relevant to the decision at hand.

없다. 은행의 경우 은행법에 따라 금융기관이 아닌 자가 대주주가 되는데 제한이 있으나, 집합투자업자의 경우 일반기업이 대주주가 되는데 별다른 제약이 없어 집합투자업자는 자신이 운용하고 있는 집합투자기구의 자금운용 방법으로 계열사가 발행한 증권에 투자할 경우 투자자의 이익을 해하면서 계열사의 경영권 보호 혹은 계열사의 자금 지원으로 활용될 우려가 있어 이러한 규정이 도입되었다. 다만, 다음 각 목의 어느 하나에 해당하는 경우는 제외한다.

① 계열회사가 발행한 전체 지분증권의 시가총액비중(80조 1항 3호 후단에 따라 산정한 시가총액비중을 말한다)의 합이 집합투자업자가 운용하는 전체 집합투자기구 자산총액 중 지분증권에 투자 가능한 금액의 100분의 10을 초과하는 경우로서 그 계열회사가 발행한 전체 지분증권을 그 시가총액비중까지 취득하는 경우

② 다수 종목의 가격수준을 종합적으로 표시하는 지수 중 금융위원회가 정하여 고시하는 지수의 변화에 연동하여 운용하는 것을 목표로 하는 집합투자기구의 집합투자재산으로 그 계열회사가 발행한 전체 지분증권을 해당 지수에서 차지하는 비중까지 취득하는 경우

집합투자업자는 계열회사의 전체 주식을 각 집합투자기구 자산총액의 100분의 10을 초과하여 취득하는 경우에는 집합투자기구 자산총액의 100분의 10을 기준으로 집합투자재산에 속하는 각 계열회사별 주식의 비중을 초과하는 계열회사의 주식에 대하여는 법 제87조 제 2 항에 따라 의결권을 행사하여야 한다(법 시행령 86조 4항). 집합투자업자는 법 제84조 제 4 항의 증권을 추가적으로 취득하지 아니하였음에도 불구하고 금융위가 정하여 고시하는 사유로 인하여 제 1 항 각 호에 따른 한도를 초과하게 된 때에는 그 사유가 발생한 날부터 3개월 이내에 제 1 항 각 호에 따른 한도에 적합하도록 운용하여야 한다(법 시행령 86조 5항).

또한 각 집합투자업자가 운용하는 전체 집합투자기구의 집합투자재산으로 계열회사가 발행한 증권(법 제84조 제 4 항에 따른 증권 중 지분증권을 제외한 증권을 말한다)에 투자하는 경우에는 계열회사 전체가 그 집합투자업자에 대하여 출자한 비율에 해당하는 금액을 한도로 한다. 이 규정은 결국 집합투자업자가 지분증권, 즉 주식을 제외한 증권(가장 대표적으로 계열회사가 발행한 회사채에 투자하는 경우)에 투자하는 경우에는 계열회사가 집합투자업자에게 출자한 비율을 한도로 한다는 의미이다.

다만, 집합투자업자가 계열사의 지분증권에 대해 한도를 초과하여 보유하는 경우 의결권 행사에 제한이 있으나 지분증권을 제외한 증권에 대해서는 법 제444조가 정한 벌칙 외에는 다른 제한은 없다.

[초판: 강희주, 개정판: 박진욱]

제85조(불건전 영업행위의 금지)

집합투자업자는 다음 각 호의 어느 하나에 해당하는 행위를 하여서는 아니 된다. 다만, 투자자 보호 및 건전한 거래질서를 해할 우려가 없는 경우로서 대통령령으로 정하는 경우에는 이를 할 수 있다.

1. 집합투자재산을 운용함에 있어서 금융투자상품, 그 밖의 투자대상자산의 가격에 중대한 영향을 미칠 수 있는 매수 또는 매도 의사를 결정한 후 이를 실행하기 전에 그 금융투자상품, 그 밖의 투자대상자산을 집합투자업자 자기의 계산으로 매수 또는 매도하거나 제삼자에게 매수 또는 매도를 권유하는 행위
2. 자기 또는 대통령령으로 정하는 관계인수인(이하 이 절에서 "관계인수인"이라 한다)이 인수한 증권을 집합투자재산으로 매수하는 행위
3. 자기 또는 관계인수인이 대통령령으로 정하는 인수업무를 담당한 법인의 특정증권 등(제172조 제1항의 특정증권 등을 말한다)에 대하여 인위적인 시세(제176조 제2항 제1호의 시세를 말한다)를 형성하기 위하여 집합투자재산으로 그 특정증권 등을 매매하는 행위
4. 특정 집합투자기구의 이익을 해하면서 자기 또는 제삼자의 이익을 도모하는 행위
5. 특정 집합투자재산을 집합투자업자의 고유재산 또는 그 집합투자업자가 운용하는 다른 집합투자재산, 투자일임재산(투자자로부터 투자판단을 일임 받아 운용하는 재산을 말한다. 이하 같다) 또는 신탁재산과 거래하는 행위
6. 제삼자와의 계약 또는 담합 등에 의하여 집합투자재산으로 특정 자산에 교차하여 투자하는 행위
7. 투자운용인력이 아닌 자에게 집합투자재산을 운용하게 하는 행위
8. 그 밖에 투자자 보호 또는 건전한 거래질서를 해할 우려가 있는 행위로서 대통령령으로 정하는 행위

시행령 제**87**조 (불건전 영업행위의 금지) ① 법 제85조 각 호 외의 부분 단서에서 "대통령령으로 정하는 경우"란 다음 각 호의 어느 하나에 해당하는 경우를 말한다. [개정 2009. 12. 21, 2012. 6. 29, 2013. 8. 27, 2013. 11. 13.]

1. 법 제85조 제1호를 적용할 때 다음 각 목의 어느 하나에 해당하는 경우
   가. 집합투자재산의 운용과 관련한 정보를 이용하지 아니하였음을 증명하는 경우
   나. 증권시장(다자간매매체결회사에서의 거래를 포함한다)과 파생상품시장 간의 가격 차이를 이용한 차익거래, 그 밖에 이에 준하는 거래로서 집합투자재산의 운용과 관련한 정보를 의도적으로 이용하지 아니하였다는 사실이 객관적으로 명백한 경우
2. 법 제85조 제2호를 적용할 때 인수일부터 3개월이 지난 후 매수하는 경우

2의2. 법 제85조 제2호를 적용할 때 인수한 증권이 국채증권, 지방채증권, 「한국은행법」 제69조에 따른 한국은행통화안정증권, 특수채증권 또는 법 제4조 제3항에 따른 사채권(제68조 제4항에 따른 주권 관련 사채권 및 제176조의13제1항에 따른 상각형 조건부자본증권은 제외한다. 이하 이 호에서 같다) 중 어느 하나에 해당하는 경우. 다만, 사채권의 경우에는 투자자 보호 및 건전한 거래질서를 위하여 금융위원회가 정하여 고시하는 발행조건, 거래절차 등의 기준을 충족하는 채권으로 한정한다.

3. 법 제85조 제5호를 적용할 때 특정 집합투자재산을 그 집합투자업자의 고유재산과 제85조 제2호에 따른 매매중개를 통하여 같은 호 각 목의 투자대상자산의 매매를 하는 경우와 집합투자업자가 운용하는 집합투자기구 상호 간에 자산(제224조 제4항에 따른 미지급금 채무를 포함한다)을 동시에 한쪽이 매도하고 다른 한쪽이 매수하는 거래로서 다음 각 목의 어느 하나에 해당하는 경우. 이 경우 집합투자기구 상호 간의 매매거래에 있어서 매매가

격, 매매거래절차 및 방법, 그 밖에 필요한 사항은 금융위원회가 정하여 고시한다.
가. 최초 설정 또는 설립된 집합투자기구의 집합투자규약상의 투자한도를 준수하기 위하여 불가피한 경우(최초 설정일 또는 설립일부터 1개월 이내로 한정한다)
나. 집합투자증권의 환매에 응하기 위하여 불가피한 경우
다. 집합투자기구의 해지 또는 해산에 따른 해지금액 등을 지급하기 위하여 불가피한 경우
라. 그 밖에 금융위원회가 투자자의 이익을 해칠 염려가 없다고 인정한 경우

② 법 제85조 제2호에서 "대통령령으로 정하는 관계인수인"이란 다음 각 호의 어느 하나에 해당하는 인수인을 말한다.
1. 집합투자업자와 같은 기업집단(「독점규제 및 공정거래에 관한 법률」 제2조 제2호에 따른 기업집단을 말한다. 이하 같다)에 속하는 인수인
2. 집합투자업자가 운용하는 전체 집합투자기구의 집합투자증권을 금융위원회가 정하여 고시하는 비율 이상 판매한 인수인

③ 법 제85조 제3호에서 "대통령령으로 정하는 인수업무"란 발행인 또는 매출인으로부터 직접 증권의 인수를 의뢰받아 인수조건 등을 정하는 업무를 말한다.

④ 법 제85조 제8호에서 "대통령령으로 정하는 행위"란 다음 각 호의 어느 하나에 해당하는 행위를 말한다.
1. 집합투자규약이나 투자설명서를 위반하여 집합투자재산을 운용하는 행위
2. 집합투자기구의 운용방침이나 운용전략 등을 고려하지 아니하고 집합투자재산으로 금융투자상품을 지나치게 자주 매매하는 행위
3. 집합투자업자가 운용하는 집합투자기구의 집합투자증권을 판매하는 투자매매업자 또는 투자중개업자(그 임직원과 투자권유대행인을 포함한다)에게 업무와 관련하여 금융위원회가 정하여 고시하는 기준을 위반하여 직접 또는 간접으로 재산상의 이익을 제공하는 행위
4. 투자매매업자 또는 투자중개업자(그 임직원을 포함한다) 등으로부터 업무와 관련하여 금융위원회가 정하여 고시하는 기준을 위반하여 직접 또는 간접으로 재산상의 이익을 제공받는 행위
5. 투자자와의 이면계약 등에 따라 그 투자자로부터 일상적으로 명령·지시·요청 등을 받아 집합투자재산을 운용하는 행위
6. 집합투자업자가 운용하는 집합투자기구의 집합투자증권을 판매하는 투자매매업자 또는 투자중개업자와의 이면계약 등에 따라 그 투자매매업자 또는 투자중개업자로부터 명령·지시·요청 등을 받아 집합투자재산을 운용하는 행위
7. 법 제55조,제81조,제84조 및 제85조에 따른 금지 또는 제한을 회피할 목적으로 하는 행위로서 장외파생상품거래, 신탁계약, 연계거래 등을 이용하는 행위
8. 채권자로서 그 권리를 담보하기 위하여 백지수표나 백지어음을 받는 행위
9. 그 밖에 투자자의 보호와 건전한 거래질서를 해칠 염려가 있는 행위로서 금융위원회가 정하여 고시하는 행위

Ⅰ. 불건전 영업행위의 금지	Ⅱ. 불건전영업행위의 예외

Ⅰ. 불건전 영업행위의 금지

1. 의 의

투자자의 보호와 건전한 거래질서를 유지하기 위하여 일정한 유형의 행위를 불건전 영업행위로 규제하고 있다. 이는 단속규정으로서 그에 위반된 불건전 영업행위는 행위에 따른 법률 효과가 부인되는 것은 아니지만, 손해배상사유가 될 수 있을 것이다. 또

한 형사처벌(법 85조 1호 내지 7호) 또는 과태료 부과(법 85조 8호) 대상이 될 수 있고(법 444조, 449조), 금융위원회가 해당 금융투자업자 및 관련 임직원에 대해서 제재를 할 수 있다(법 420조, 422조).

2. 구체적 유형

법에서 열거한 불건전 영업행위는 다음과 같다(법 85조).

① 집합투자재산을 운용함에 있어서 금융투자상품, 그 밖의 투자대상자산의 가격에 중대한 영향을 미칠 수 있는 매수 또는 매도 의사를 결정한 후 이를 실행하기 전에 그 금융투자상품, 그 밖의 투자대상자산을 집합투자업자 자기의 계산으로 매수 또는 매도하거나 제삼자에게 매수 또는 매도를 권유하는 행위〔선행매매(fronting running)〕

② 자기 또는 대통령령으로 정하는 관계인수인[1](이하 "관계인수인"이라 한다)이 인수한 증권을 집합투자재산으로 매수하는 행위[2]

③ 자기 또는 관계인수인이 대통령령으로 정하는 인수업무[3]를 담당한 법인의 특정증권 등(법 제172조 제1항의 특정증권 등을 말한다)에 대하여 인위적인 시세(법 176조 2항 1호의 시세를 말한다)를 형성하기 위하여 집합투자재산으로 그 특정증권 등을 매매하는 행위

④ 특정 집합투자기구의 이익을 해하면서 자기 또는 제삼자의 이익을 도모하는 행위[4]

⑤ 특정 집합투자재산을 집합투자업자의 고유재산 또는 그 집합투자업자가 운용하는 다른 집합투자재산, 투자일임재산(투자자로부터 투자판단을 일임받아 운용하는 재산을 말한다. 이하 같다) 또는 신탁재산과 거래하는 행위[5]

---

1) 다음의 어느 하나에 해당되는 경우를 말한다. ① 집합투자업자와 같은 기업집단(「독점규제 및 공정거래에 관한 법률」 제2조 제2호에 따른 기업집단을 말한다)에 속하는 인수인, ② 집합투자업자가 운용하는 전체 집합투자기구의 집합투자증권을 금융위원회가 정하여 고시하는 비율(100분의 30) 이상 판매한 인수인(법 시행령 87조 2항).

2) 구간투법(91조 9호)에서는 '관계증권회사가 인수하고 남은 투자증권을 취득하게 하는 행위'를 하여서는 안 된다고 규정하여 잔액인수한 증권만 취득할 수 없는 것으로 해석되나, 현행법에서는 총액인수와 잔액인수를 모두 포함하는 것으로 해석된다(변제호 외 4인 공저, 「자본시장법」, 지원출판사, 2009, 272쪽 참조). 금융위원회는 2013. 8. 21. D자산운용(주) 대해 "2009. 4. 29.-2011. 2. 28. 기간 중 동사의 관계인수인인 ○○증권이 인수한 ○○○○ 등 채권 3개 종목(액면기준 231.3억원)을 인수일로부터 3월 이내에 '○○○' 등 6개 집합투자재산으로 총 6회에 걸쳐 매수하였다"며 관계인수인 인수증권 매수제한 위반으로 제재한 바 있다(금융감독원 제재내용 공시 참조).

3) 발행인 또는 매출인으로부터 직접 증권의 인수를 의뢰받아 인수조건 등을 정하는 업무를 말한다(법 시행령 87조 3항).

4) 금융위원회는 2011. 3. 2. D자산운용(주)에 대해 "'08. 7. 1.-'09. 8. 26. 기간 중 특정 펀드의 수익률을 높이기 위하여 시가(직전체결가)보다 낮은 가격으로 매수하거나 높은 가격으로 매도하는 방법으로 ○○○○ 가입 펀드 등 4개 펀드에 총 44.9억원의 이익 제공을 도모하였으며, '05. 7. 15.-'09. 8. 26. 기간 중 펀드 설정 및 자금유치에 기여한 자의 소속 증권회사에 매매주문을 집중하고, 타 증권회사보다 높은 위탁 매매 수수료율을 적용하여 총 7.8억원의 이익 제공을 도모하였다"며 법 제85조 제4호 위반으로 제재한 바 있다(금융감독원 제재내용 공시 참조).

5) 금융위원회는 2013. 1. 30. K자산운용(주)에 대해 "○○○팀 ○○○ 등 2인은 2010. 5. 28.-2011. 4. 28. 기간 중 '◎◎◎◎◎' 등 7개 집합투자기구 상호간에 '◎◎◎◎◎◎' 채권 등 8개 종목을 총 8회(액면 366억원, 거래금액 371억원)에 걸쳐 자전거래하였다"며 자전거래 제한 위반으로 제재한 바 있다(금

⑥ 제삼자와의 계약 또는 담합 등에 의하여 집합투자재산으로 특정 자산에 교차하여 투자하는 행위

⑦ 투자운용인력이 아닌 자에게 집합투자재산을 운용하게 하는 행위

⑧ 그 밖에 투자자 보호 또는 건전한 거래질서를 해할 우려가 있는 행위로서 대통령령으로 정하는 행위

또한 집합투자규약이나 투자설명서를 위반하여 집합투자재산을 운용하는 행위, 집합투자업자가 운용하는 집합투자기구의 집합투자증권을 판매하는 투자매매업자 또는 투자중개업자(그 임직원과 투자권유대행인을 포함한다)에게 업무와 관련하여 금융위원회가 정하여 고시하는 기준을 위반하여 직접 또는 간접으로 재산상의 이익을 제공하는 행위, 투자매매업자 또는 투자중개업자(그 임직원을 포함한다) 등으로부터 업무와 관련하여 금융위원회가 정하여 고시하는 기준을 위반하여 직접 또는 간접으로 재산상의 이익을 제공받는 행위, 법 제55조·제81조·제84조 및 제85조에 따른 금지 또는 제한을 회피할 목적으로 하는 행위로서 장외파생상품거래, 신탁계약, 연계거래 등을 이용하는 행위[1] 등을 법 시행령에서 불건전 영업행위로 규정하고 있다(법 시행령 87조 4항).

이외에 금융위원회 고시[2]로 일정한 유형의 행위를 불건전 영업행위로 규정하고 있

융감독원 제재내용 공시 참조).

1) 금융위원회는 2013. 8. 21. D자산운용(주) 대해 "2011. 9. 5.-2011. 9. 9. 기간 중 집합투자기구간 자전거래 금지를 회피할 목적으로 '○○○' 등 2개 집합투자기구(매도펀드)와 '○○○'(매수펀드) 간에 '◎◎◎◎' 채권(3.1억원)을 중개증권사에 매도한 후 재매수하는 방법의 연계거래를 이용하였다"며 자전거래 제한을 회피할 목적으로 연계거래 등을 이용한 행위로 기관에 대해 과태료 부과 및 관련 임직원에 대해 제재조치를 한 바 있다(금융감독원 제재내용 공시 참조).

2) 제4-63조(불건전 영업행위의 금지) 영 제87조 제 4 항 제 9 호에 따라 집합투자업자는 다음 각 호의 어느 하나에 해당하는 행위를 하여서는 아니 된다.

1. 자신 또는 관계인수인, 관계 투자중개업자의 매매수수료를 증가시킬 목적으로 증권을 단기매매하게 하는 행위
2. 집합투자재산을 일정기간동안 월 또는 일단위로 계속하여 매수하는 조건이나 위약금 지급 조건 등의 별도약정이 있는 증권에 운용하는 행위
3. 합리적인 기준 없이 집합투자재산에 대한 매매주문을 처리할 투자중개업자를 선정하거나 정당한 근거 없이 투자중개업자간 수수료를 차별하는 행위

3의2. 집합투자재산을 금융투자상품에 운용하는 경우에 매 사업연도별로 총 거래대금 중 계열회사인 투자중개업자의 중개를 통하여 거래한 금액의 비중이 100분의 50을 초과하도록 계열회사인 투자중개업자와 거래하는 행위 〈신설 2013. 4. 23〉

4. 집합투자업자가 공모집합투자기구의 집합투자재산으로 국내에서 발행된 무보증사채를 편입함에 있어 2이상(신용평가기관의 업무정지 등 부득이한 사유가 있는 경우에는 1 이상)의 신용평가기관으로부터 신용평가를 받지 아니한 무보증사채를 편입하는 행위. 다만, 당해 무보증사채의 발행일부터 소급하여 3개월 이내에 신용평가를 받은 사실이 있는 경우에는 그러하지 아니하다. [본조 신설 2008. 12. 26.]
5. 투자자문업자로부터 투자자문을 받은 집합투자업자는 법 제79조의 선관의무 및 충실의무에 위반하여 내부적인 투자판단 과정없이 집합투자재산을 운용하는 행위 〈신설 2011. 1. 18〉
6. 집합투자재산을 집합투자업자의 계열회사가 발행한 고위험 채무증권 등에 운용하는 행위 〈신설 2013. 4. 23〉
7. 법 제251조 제 1 항에 따른 집합투자업겸영보험회사가 투자신탁재산을 영 제273조 제 1 항 제 1 호·

다. 2013. 4. 23. 금융투자업규정을 개정하여 과도한 계열사간 거래규제 방안으로 집합투자업자가 계열사인 증권회사에 펀드의 매매주문을 위탁할 수 있는 한도를 연간 총 위탁금액의 50%로 한정(금융투자업규정 4-63조 3의2호), 집합투자재산을 집합투자업자의 계열회사가 발행한 고위험 채무증권 등에 운용하는 행위 금지(금융투자업규정 4-63조 6호, 2013. 10. 24. 시행. 시행 후 2년간 유효), 집합투자업겸영보험회사가 변액보험 특별계정의 50%를 초과하여 계열사인 집합투자업자에 위탁 또는 투자일임하여 운용하는 행위 금지(금융투자업규정 4-63조 7호, 2014. 7. 1. 시행) 등을 도입하였다.

Ⅱ. 불건전 영업행위의 예외

위의 불건전 영업행위에 해당되는 경우에도 투자자 보호 및 건전한 거래질서를 해할 우려가 없는 경우로서 대통령령으로 정하는 경우에는 이를 할 수 있다(법 85조 단서). 대통령령이 규정하는 예외적인 사유는 다음의 어느 하나에 해당되는 경우를 말한다(법 시행령 87조 1항). 이 규정이 예외적인 사유를 한정적 혹은 열거적으로 규정한 것인가 아니면 예시적으로 규정한 것인가 하는 논란이 있을 수 있으나, 투자자보호 및 건전한 거래질서를 해할 우려가 없는 경우로서 대통령령으로 규정한 경우에 한하여 예외적으로 이를 할 수 있는 한정적인 규정으로 이해하는 것이 합리적일 것이다.

① 법 제85조 제1항을 적용함에 있어 다음의 어느 하나에 해당되는 경우

㉮ 집합투자재산의 운용과 관련한 정보를 이용하지 아니하였음을 증명하는 경우

㉯ 증권시장(다자간매매체결회사에서의 거래를 포함)과 파생상품시장 간의 가격 차이를 이용한 차익거래, 그 밖에 이에 준하는 거래로서 집합투자재산의 운용과 관련한 정보를 의도적으로 이용하지 아니하였다는 사실이 객관적으로 명백한 경우

② 법 제85조 제2호를 적용할 때 인수일부터 3개월이 경과하여 매수하는 경우

②-2. 법 제85조 제2호를 적용할 때 인수한 증권이 국채증권, 지방채증권, 「한국은행법」 제69조에 따른 한국은행통화안정증권, 특수채증권 또는 법 제4조 제3항에 따른 사채권(68조 4항에 따른 주권 관련 사채권 및 176조의13 1항에 따른 상각형 조건부자본증권은 제외한다. 이하 이 호에서 같다) 중 어느 하나에 해당하는 경우. 다만, 사채권의 경우에는 투자자 보호 및 건전한 거래질서를 위하여 금융위원회가 정하여 고시[1]하는 발행조건, 거래절차 등의

제2호에 해당하는 방법으로 운용하는 경우에 전체 투자신탁재산의 100분의 50을 초과하여 계열회사에 위탁 또는 투자일임하는 행위 〈신설 2013. 4. 23〉

8. 집합투자업자가 영 제373조 제4항 제1호에 따른 인가취소의 처분을 회피할 목적으로 그 집합투자업자의 고유재산, 특수관계인(영 제8조의 특수관계인을 말한다. 이하 제4-77조 제17호에서 같다) 또는 이해관계인(영 제84조의 이해관계인을 말한다. 이하 제4-77조 제17호에서 같다)의 재산만으로 집합투자재산을 운용하거나 또는 허위·이면계약 등을 체결하는 행위 〈신설 2013. 9. 17〉

1) 금융투자업규정 제4-60조(관계인수인 등) ① 영 제87조 제1항 제2호의2에서 "금융위원회가 정하여

기준을 충족하는 채권으로 한정한다(2013. 11. 13. 개정).

③ 법 제85조 제 5 호를 적용할 때 특정 집합투자재산을 그 집합투자업자의 고유재산과 법 제85조 제 2 호에 따른 매매중개를 통하여 같은 호 각 목의 투자대상자산의 매매를 하는 경우와 집합투자업자가 운용하는 집합투자기구 상호간에 같은 자산(법 224조 4항에 따른 미지급금 채무를 포함한다)을 같은 수량으로 같은 시기에 일방이 매도하고 다른 일방이 매수하는 거래로서 다음 각 목의 어느 하나에 해당하는 경우. 이 경우 집합투자기구 상호 간의 매매거래에 있어서 매매가격, 매매거래절차 및 방법, 그 밖에 필요한 사항은 금융위원회가 정하여 고시[1]한다.

㉮ 최초 설정 또는 설립된 집합투자기구의 집합투자규약상의 투자한도를 준수하기 위하여 불가피한 경우

㉯ 집합투자증권의 환매에 응하기 위하여 불가피한 경우

㉰ 집합투자기구의 해지 또는 해산에 따른 해지금액 등을 지급하기 위하여 불가피한 경우

고시하는 발행조건, 거래절차 등의 기준"이란 다음 각 호에 모두 해당하는 경우를 말한다.

1. 집합투자업자가 모집의 방법으로 발행되는 채권을 청약을 통하여 매수하며, 그 매수금액이 발행금액의 100분의 30을 초과하지 아니할 것
2. 거래시점을 기준으로 신용평가업자로부터 최상위등급 또는 최상위등급의 차하위등급 이내의 신용등급을 받은 채권일 것
3. 제 1 호의 거래를 수행한 경우에는 그 사항에 대하여 준법감시인의 확인을 받을 것
4. 관계인수인으로부터 매수한 채권의 종목, 수량 등 거래내역을 협회가 정하는 방법과 절차에 따라 매분기별로 공시할 것

1) 금융투자업규정 제4-59조(집합투자기구간 거래 등) ① 집합투자업자가 영 제87조 제 1 항 제 3 호에 따라 자기가 운용하는 집합투자기구 상호 간에 같은 자산을 같은 수량으로 같은 시기에 일방이 매도하고 다른 일방이 매수 하는 거래(이하 이 조에서 "자전거래"라 한다)를 하는 경우에는 다음 각 호의 요건을 모두 충족하여야 한다.

1. 증권시장 등을 통한 처분(다자간매매체결회사를 통한 처분을 포함한다)이 곤란한 경우 등 그 불가피성이 인정되는 경우일 것 〈개정 2013. 9. 17〉
2. 제7-35조 제 2 항에 따른 부도채권 등 부실화된 자산이 아닐 것
3. 당해 집합투자기구의 투자자의 이익에 반하지 않는 거래일 것
4. 당해 집합투자기구의 집합투자규약 및 투자설명서의 투자목적 및 방침에 부합하는 거래일 것

② 제 1 항 제 2 호에 불구하고 부도채권 등 부실화된 자산에 주로 투자하는 것을 집합투자규약에 정한 집합투자기구에 대하여는 부도채권 등 부실화된 자산을 자전거래를 통하여 매도할 수 있다.

③ 집합투자업자가 자전거래를 하는 경우 그 가격은 영 제260조에 따라 평가한 가액으로 한다. 다만, 시장상황의 변동 등으로 인하여 영 제260조에 따라 평가한 가액으로 자전거래를 하는 것이 투자자의 이익에 반한다고 준법감시인이 판단하는 경우에는 집합투자재산평가위원회가 시장상황 등을 감안하여 평가한 가액으로 한다.

④ 집합투자업자는 자기가 운용하는 사모집합투자기구 및 공모집합투자기구간에 자전거래를 할 수 없다. 다만, 집합투자자의 이익을 해할 우려가 없다고 집합투자업자의 준법감시인 및 신탁업자의 확인을 받은 경우에는 그러하지 아니하다.

⑤ 집합투자업자는 신탁업자의 확인을 받아 자전거래와 관련하여 필요한 절차·방법 등 세부기준을 마련하여야 한다.

⑥ 집합투자업자는 자전거래와 관련하여 제 1 항에서 정한 요건의 충족여부를 확인할 수 있는 자료를 5년간 보관·유지하여야 한다.

㉣ 그 밖에 금융위원회가 투자자의 이익을 해칠 염려가 없다고 인정한 경우

집합투자업자는 자기 또는 관계인수인이 인수한 증권을 인수일로부터 3개월 이내에 집합투자재산으로 매수하는 것이 금지되는데, 이에 대한 예외 범위는 점차 확대되었다. 2009. 12. 21. 시행령 개정으로 인수한 증권이 국채증권, 지방채증권, 한국은행통화안정증권인 경우 3개월 경과 전에도 매수가 허용되었다. 이후 2012. 6. 29. 시행령 개정으로 일정한 금융기관이 발행한 채권으로서 금융위원회가 정하여 고시하는 발행조건, 거래절차 등의 기준을 충족하는 채권도 매수가 허용되었으며, 2013. 11. 13. 시행령 개정으로 주권 관련 사채권 등을 제외한 사채권으로서 금융위원회가 정하여 고시하는 일정한 기준을 충족하는 채권까지 예외가 확대되었다(법 시행령 87조 1항 2의2호, 규정 4-60조).

[초판: 강희주, 개정판: 김미정]

第86條(성과보수의 제한)

① 집합투자업자는 집합투자기구의 운용실적에 연동하여 미리 정하여진 산정방식에 따른 보수(이하 "성과보수"라 한다)를 받아서는 아니 된다. 다만, 다음 각 호의 어느 하나에 해당하는 경우에는 성과보수를 받을 수 있다.

1. 집합투자기구가 사모집합투자기구인 경우
2. 사모집합투자기구 외의 집합투자기구 중 운용보수의 산정방식, 투자자의 구성 등을 고려하여 투자자 보호 및 건전한 거래질서를 해할 우려가 없는 경우로서 대통령령으로 정하는 경우

② 집합투자업자는 제 1 항 단서에 따라 성과보수를 받고자 하는 경우에는 그 성과보수의 산정방식, 그 밖에 대통령령으로 정하는 사항을 해당 투자설명서(제123조 제 1 항에 따른 투자설명서를 말한다) 및 집합투자규약에 기재하여야 한다.

Ⅰ. 성과보수의 제한

자본시장법은 집합투자기구의 성과보수를 원칙적으로 금지하고 있으나 일정한 예외를 두어 집합투자기구의 성과보수 제도를 제한적으로 인정하고 구간투법(177조)은 공모집합투자기구의 성과보수를 인정하지 않았으나 자본시장법은 공모집합투자기구에 대해서

도 일정한 제한을 두고 성과보수를 허용하였다는 점에서 의미가 있다. 성과보수의 도입에 제한을 두는 이유는 집합투자업자가 성과보수를 얻기 위해 지나치게 공격적으로 집합투자재산을 운용할 경우 투자자 보호에 문제가 발생할 수 있고 성과보수가 인정되는 집합투자기구와 성과보수가 인정되지 않는 집합투자기구간의 이해상충 문제도 고려한 것으로 보인다. 그러나 이를 전면적으로 금지하기보다는 제한적으로 허용한 것은 집합투자업자가 운용 성과를 높일 경우 인센티브를 지급하는 것은 투자자에게도 불리하지 않다고 본 것이다.

Ⅱ. 성과보수의 허용

1. 성과보수가 허용되는 경우

집합투자기구가 사모집합투자기구인 경우 혹은 사모집합투자기구 외의 집합투자기구 중 운용보수의 산정방식, 투자자의 구성 등을 고려하여 투자자 보호 및 건전한 거래질서를 해할 우려가 없는 경우로서 대통령령으로 정하는 경우에는 성과보수를 받을 수 있다. 성과보수가 허용되는 경우는, 다음 각 호의 요건을 모두 충족하는 경우를 말한다. 이 경우 성과보수의 산정방식, 지급시기 등에 대하여 필요한 사항은 금융위가 정하여 고시한다(법 시행령 88조 1항).

① 성과보수가 금융위가 정하여 고시하는 요건을 갖춘 기준 지표(이하 "기준 지표"라 한다)에 연동하여 산정될 것

② 기준지표의 성과대비 집합투자기구의 성과가 낮은 경우에는 성과보수를 적용하지 아니하는 경우보다 적은 운용보수를 받게 되는 보수체계를 갖출 것

③ 기준지표의 성과를 초과하는 집합투자기구의 운용성과가 부의 수익률을 나타내거나 일정 성과가 금융위가 정하여 고시하는 기준에 미달하는 경우에는 성과보수를 받지 아니하도록 할 것

④ 금융위가 정하여 고시하는 최소투자금액 이상을 투자한 투자자로만 구성될 것

⑤ 최소 존속기간이 1년 이상으로서 법 제230조에 따른 환매금지형집합투자기구(이하 "환매금지형집합투자기구"라 한다)로 설정·설립하되, 집합투자증권을 추가로 발행하지 아니할 것

2. 현행 성과보수제도의 문제점

공모집합투자기구의 성과보수는 위에 열거된 모든 요건을 충족할 경우 허용하고 있다. 그러나 위 요건을 모두 만족시키는 공모집합투자기구가 있을 수 있는지 의문이다. 왜냐하면 성과보수를 지급할 수 있는 집합투자기구는 최소 존속기간이 1년 이상으로서

환매금지형집합투자기구로 설정하여야 하고 투자자의 최소 투자금액은 기관투자자의 경우 10억원, 개인투자자의 경우 5억원으로 정하고 있다(금융투자업규정 4-65조 5항).

한편 법(제230조 제3항)에 따르면 환매금지형집합투자기구는 집합투자증권의 최초 발행일부터 90일 이내에 그 집합투자증권을 증권시장에 상장하여야 하는데, 상장된 집합투자기구의 투자금액을 기관투자자의 경우 10억원, 개인투자자의 경우 5억원으로 어떻게 제한할 수 있는지 의문이다. 혹시 투자금액의 제한이 상장 전 투자금액을 기준으로 한 것이고 상장 이후 거래되는 때에는 적용되지 않는 것이 아닌가 의문이 있을 수 있으나 금융투자업규정 제4-65조에서 "투자금액의 기준은 증권시장을 통해 집합투자증권을 취득하는 경우에도 다음 각 호의 요건을 충족하여야 한다"고 규정하고 있어 그러한 해석은 어렵다. 결국 공모 집합투자기구에 대한 성과보수 규정은 현실적으로 적용 가능성이 없는 무의미한 규정이다.

또한 성과보수는 기준지표에 연동하여 산정하도록 규정하면서 구체적인 기준지표는 금융위원회가 정하도록 정하고 있는데 금융투자업규정(4-65조 1항)을 보면 아래와 같다.

① 증권시장 또는 파생상품시장에서 널리 사용되는 공인된 지수를 사용할 것
② 집합투자기구의 성과를 공정하고 명확하게 보여줄 수 있는 지수를 사용할 것
③ 검증가능하고 조작할 수 없을 것

자본시장법은 집합투자기구의 종류를 증권집합투자기구, 부동산집합투자기구, 특별자산집합투자기구으로 구분하고 있는데 증권시장이나 파생상품시장에서 널리 사용되는 공인된 지수란 증권집합투자기구의 경우 KOSPI지수 등 활용 가능한 지수가 있을 수 있으나 부동산이나 특별자산의 경우 이에 해당하는 지수를 찾기가 어려워, 사실상 성과보수를 지급하는 집합투자기구의 설정은 어려울 것이다.

2. 투자설명서 등에 기재

집합투자업자가 위의 단서규정에 따라 성과보수를 받고자 하는 경우에는 그 성과보수의 산정방식, 그 밖에 대통령령으로 정하는 사항[1]을 해당 투자설명서(법 123조 1항에 따른 투자설명서를 말한다) 및 집합투자규약에 기재하여야 한다(법 시행령 88조 2항).

1) 즉, ① 성과보수를 취득한다는 뜻과 그 한도, ② 성과보수를 지급하지 아니하는 집합투자기구보다 높은 투자위험에 노출될 수 있다는 사실, ③ 성과보수를 포함한 보수 전체에 관한 사항, ④ 기준 지표, ⑤ 성과보수의 지급시기, ⑥ 성과보수가 지급되지 아니하는 경우에 관한 사항, ⑦ 그 밖에 투자자 보호를 위하여 필요한 사항으로서 금융위원회가 정하여 고시하는 사항을 말한다(법 시행령 88조 2항).

제87조(의결권 등)

① 집합투자업자(투자신탁이나 투자익명조합의 집합투자업자에 한한다. 이하 이 조에서 같다)는 투자자의 이익을 보호하기 위하여 집합투자재산에 속하는 주식의 의결권을 충실하게 행사하여야 한다

② 제 1 항에도 불구하고 집합투자업자는 다음 각 호의 어느 하나에 해당하는 경우에는 집합투자재산에 속하는 주식을 발행한 법인의 주주총회에 참석한 주주가 소유하는 주식수에서 집합투자재산에 속하는 주식수를 뺀 주식수의 결의내용에 영향을 미치지 아니하도록 의결권을 행사하여야 한다.

1. 다음 각 목의 어느 하나에 해당하는 자가 그 집합투자재산에 속하는 주식을 발행한 법인을 계열회사로 편입하기 위한 경우
   가. 그 집합투자업자 및 그와 대통령령으로 정하는 이해관계가 있는 자
   나. 그 집합투자업자에 대하여 사실상의 지배력을 행사하는 자로서 대통령령으로 정하는 자
2. 그 집합투자재산에 속하는 주식을 발행한 법인이 그 집합투자업자와 다음 각 목의 어느 하나에 해당하는 관계가 있는 경우
   가. 계열회사의 관계가 있는 경우
   나. 그 집합투자업자에 대하여 사실상의 지배력을 행사하는 관계로서 대통령령으로 정하는 관계가 있는 경우
3. 그 밖에 투자자 보호 또는 집합투자재산의 적정한 운용을 해할 우려가 있는 경우로서 대통령령으로 정하는 경우

③ 제 2 항에도 불구하고 집합투자업자는 법인의 합병, 영업의 양도·양수, 임원의 임면, 정관변경, 그 밖에 이에 준하는 사항으로서 투자자의 이익에 명백한 영향을 미치는 사항(이하 이 조에서 "주요의결사항"이라 한다)에 대하여 제 2 항의 방법에 따라 의결권을 행사하는 경우 집합투자재산에 손실을 초래할 것이 명백하게 예상되는 때에는 제 1 항에 따라 의결권을 행사할 수 있다. 다만, 「독점규제 및 공정거래에 관한 법률」 제 9 조 제 1 항에 따른 상호출자제한기업집단(이하 "상호출자제한기업집단"이라 한다)에 속하는 집합투자업자는 집합투자재산으로 그와 계열회사의 관계에 있는 주권상장법인이 발행한 주식을 소유하고 있는 경우에는 다음 각 호의 요건을 모두 충족하는 방법으로만 의결권을 행사할 수 있다.

1. 그 주권상장법인의 특수관계인(「독점규제 및 공정거래에 관한 법률」 제 7 조 제 1 항 제 5 호 가목에 따른 특수관계인을 말한다)이 의결권을 행사할 수 있는 주식의 수를 합하여 그 법인의 발행주식총수의 100분의 15를 초과하지 아니하도록 의결권을 행사할 것
2. 집합투자업자가 제81조 제 1 항 각 호 외의 부분 단서에 따라 같은 항 제 1 호 가목의 투자한도를 초과하여 취득한 주식은 그 주식을 발행한 법인의 주주총회에 참석한 주주가 소유한 주식수에서 집합투자재산인 주식수를 뺀 주식수의 결의내용에 영향을 미치지 아니하도록 의결권을 행사할 것

④ 집합투자업자는 제81조 제 1 항 및 제84조 제 4 항에 따른 투자한도를 초과하여 취득한 주식에 대하여는 그 주식의 의결권을 행사할 수 없다.

⑤ 집합투자업자는 제삼자와의 계약에 의하여 의결권을 교차하여 행사하는 등 제 2항부터 제 4 항

까지의 규정의 적용을 면하기 위한 행위를 하여서는 아니 된다.

⑥ 금융위원회는 집합투자업자가 제2항부터 제5항까지의 규정을 위반하여 집합투자재산에 속하는 주식의 의결권을 행사한 경우에는 6개월 이내의 기간을 정하여 그 주식의 처분을 명할 수 있다.

⑦ 집합투자업자는 각 집합투자재산에서 대통령령으로 정하는 비율 또는 금액 이상을 소유하는 주식을 발행한 법인(이하 이 조에서 "의결권공시대상법인"이라 한다)에 대한 의결권 행사 여부 및 그 내용(의결권을 행사하지 아니한 경우에는 그 사유)을 대통령령으로 정하는 방법에 따라 기록·유지하여야 한다.

⑧ 집합투자업자는 집합투자재산에 속하는 주식 중 대통령령으로 정하는 주식(제9조 제15항 제3호 나목에 따른 주권상장법인의 경우에는 주식과 관련된 증권예탁증권을 포함한다)의 의결권 행사 내용 등을 다음 각 호의 구분에 따라 공시하여야 한다. 이 경우 공시 방법 등에 관하여 필요한 사항은 대통령령으로 정한다.

1. 제2항 및 제3항에 따라 주요의결사항에 대하여 의결권을 행사하는 경우 : 의결권의 구체적인 행사내용 및 그 사유
2. 의결권공시대상법인에 대하여 의결권을 행사하는 경우 : 제7항에 따른 의결권의 구체적인 행사내용 및 그 사유
3. 의결권공시대상법인에 대하여 의결권을 행사하지 아니한 경우 : 제7항에 따른 의결권을 행사하지 아니한 구체적인 사유

⑨ 집합투자업자는 제8항에 따라 의결권 행사 여부에 관한 사항 등을 공시하는 경우에는 투자자가 그 의결권 행사 여부의 적정성 등을 파악하는 데에 필요한 자료로서 대통령령으로 정하는 자료를 함께 공시하여야 한다.

Ⅰ. 집합투자업자의 의결권 행사

1. 의결권 행사의 방법이 제한되는 경우

집합투자업자는 투자자의 이익을 보호하기 위하여 집합투자재산에 속하는 주식의 의결권을 충실하게 행사하여야 한다. 다만 다음에 해당되는 경우에는 집합투자재산에 속하는 주식을 발행한 법인의 주주총회에 참석한 주주가 소유하는 주식수에서 집합투자재산에 속하는 주식수를 뺀 주식수의 결의내용에 영향을 미치지 아니하도록 의결권을 행사하여야 한다.

1. 다음 각 목의 어느 하나에 해당하는 자가 그 집합투자재산에 속하는 주식을 발행한 법인을 계열회사로 편입하기 위한 경우

가. 그 집합투자업자 및 그와 대통령령[1]으로 정하는 이해관계가 있는 자

나. 그 집합투자업자에 대하여 사실상의 지배력을 행사하는 자로서 대통령령[2]으로 정하는 자

2. 그 집합투자재산에 속하는 주식을 발행한 법인이 그 집합투자업자와 다음 각 목의 어느 하나에 해당하는 관계가 있는 경우

가. 계열회사의 관계가 있는 경우

나. 그 집합투자업자에 대하여 사실상의 지배력을 행사하는 관계로서 대통령령[3]으로 정하는 관계가 있는 경우

3. 그 밖에 투자자 보호 또는 집합투자재산의 적정한 운용을 해할 우려가 있는 경우로서 대통령령으로 정하는 경우

2. 의결권의 제한의 한계

집합투자업자는 주요의결사항에 대하여 법 제87조 제 2 항의 방법에 따라 의결권을 행사하는 경우 집합투자재산에 손실을 초래할 것이 명백하게 예상되는 때에는 법 제87조 제 1 항에 따라 의결권을 행사할 수 있다. 다만, 상호출자제한기업집단에 속하는 집합투자업자는 집합투자재산으로 그와 계열회사의 관계에 있는 주권상장법인이 발행한 주식을 소유하고 있는 경우에는 다음 각 호의 요건을 모두 충족하는 방법으로만 의결권을 행사할 수 있다.

1. 그 주권상장법인의 특수관계인이 의결권을 행사할 수 있는 주식의 수를 합하여 그 법인의 발행주식총수의 100분의 15를 초과하지 아니하도록 의결권을 행사할 것

2. 집합투자업자가 제81조 제 1 항 각 호 외의 부분 단서에 따라 같은 항 제 1 호 가목의 투자한도를 초과하여 취득한 주식은 그 주식을 발행한 법인의 주주총회에 참석한 주주가 소유한 주식수에서 집합투자재산인 주식수를 뺀 주식수의 결의내용에 영향을 미치지 아니하도록 의결권을 행사할 것

---

1) 특수관계인 및 제141조 제 2 항에 따른 공동보유자를 말한다(법 시행령 89조 1항).

2) 다음 각 호의 어느 하나에 해당하는 자를 말한다. ① 관계 투자매매업자·투자중개업자 및 그 계열회사, ② 집합투자업자(법 제87조 제 1 항의 집합투자업자를 말한다)의 대주주(최대주주의 특수관계인인 주주를 포함한다)(법 시행령 89조 2항).

3) 법 시행령 제89조 제 2 항 각 호의 어느 하나에 해당하는 자가 되는 관계를 말한다(법 시행령 89조 3항).

Ⅱ. 의결권행사의 제한 등

1. 의결권행사의 제한과 공시

집합투자업자는 법 제81조 제1항 및 법 제84조 제4항에 따른 투자한도를 초과하여 취득한 주식에 대하여는 그 주식의 의결권을 행사할 수 없다. 집합투자업자는 제3자와의 계약에 의하여 의결권을 교차하여 행사하는 등 법 제81조 제2항부터 제4항까지의 규정의 적용을 면하기 위한 행위를 하여서는 아니 된다. 금융위는 집합투자업자가 법 제81조 제1항부터 제5항까지의 규정을 위반하여 집합투자재산에 속하는 주식의 의결권을 행사한 경우에는 6개월 이내의 기간을 정하여 그 주식의 처분을 명할 수 있다.

2. 의결권행사의 공시 등

집합투자업자는 각 집합투자재산에서 집합투자기구 자산총액의 100분의 5 또는 100억원 이상을 소유하는 주식을 발행한 법인(이하 "의결권공시대상법인"이라 함)에 대한 의결권 행사 여부 및 그 내용(의결권을 행사하지 아니한 경우에는 그 사유)을 법 제88조에 따른 자산운용보고서 및 법 제90조에 따른 영업보고서에 기재하여야 한다(법 87조 7항).

집합투자업자는 집합투자재산에 속하는 주식 중 대통령령으로 정하는 주식(9조 15항 3호 나목에 따른 주권상장법인의 경우에는 주식과 관련된 증권예탁증권을 포함한다)의 의결권 행사 내용 등을 다음 각 호의 구분에 따라 공시하여야 한다. 이 경우 공시 방법 등에 관하여 필요한 사항은 대통령령으로 정한다.

1. 제2항 및 제3항에 따라 주요의결사항에 대하여 의결권을 행사하는 경우 : 의결권의 구체적인 행사내용 및 그 사유

2. 의결권공시대상법인에 대하여 의결권을 행사하는 경우 : 제7항에 따른 의결권의 구체적인 행사내용 및 그 사유

3. 의결권공시대상법인에 대하여 의결권을 행사하지 아니한 경우 : 제7항에 따른 의결권을 행사하지 아니한 구체적인 사유

집합투자업자는 법 제87조 제8항에 따른 의결권의 행사 내용을 주주총회일부터 5일 이내에 증권시장을 통하여 공시하여야 한다(법 87조 8항, 법 시행령 91조 2항). 집합투자업자는 법 제87조 제9항에 따라 의결권 행사 여부에 관한 사항 등을 공시하는 경우에는 투자자가 그 의결권 행사 여부의 적정성 등을 파악하는 데에 필요한 자료로서 대통령령으로 정하는 자료[1]를 함께 공시하여야 한다.

1) 다음의 자료를 말한다, 즉, ① 의결권 행사와 관련된 집합투자업자의 내부지침, ② 집합투자업자가 의

제88조(자산운용보고서의 교부)

① 집합투자업자는 자산운용보고서를 작성하여 해당 집합투자재산을 보관·관리하는 신탁업자의 확인을 받아 3개월마다 1회 이상 해당 집합투자기구의 투자자에게 교부하여야 한다. 다만, 투자자가 수시로 변동되는 등 투자자의 이익을 해할 우려가 없는 경우로서 대통령령으로 정하는 경우에는 자산운용보고서를 투자자에게 교부하지 아니할 수 있다.

② 집합투자업자는 제 1 항에 따른 자산운용보고서에 다음 각 호의 사항을 기재하여야 한다.

1. 다음 각 목의 어느 하나에 해당하는 날(이하 이 조에서 "기준일"이라 한다) 현재의 해당 집합투자기구의 자산·부채 및 집합투자증권의 기준가격
   가. 회계기간의 개시일부터 3개월이 종료되는 날
   나. 회계기간의 말일
   다. 계약기간의 종료일 또는 존속기간의 만료일
   라. 해지일 또는 해산일
2. 직전의 기준일(직전의 기준일이 없는 경우에는 해당 집합투자기구의 최초 설정일 또는 성립일을 말한다)부터 해당 기준일까지의 기간(이하 이 조에서 "해당 운용기간"이라 한다) 중 운용경과의 개요 및 해당 운용기간 중의 손익 사항
3. 기준일 현재 집합투자재산에 속하는 자산의 종류별 평가액과 집합투자재산 총액에 대한 각각의 비율
4. 해당 운용기간 중 매매한 주식의 총수, 매매금액 및 대통령령으로 정하는 매매회전율
5. 그 밖에 대통령령으로 정하는 사항

③ 제 1 항에 따른 자산운용보고서의 교부시기 및 방법, 비용부담 등에 관하여 필요한 사항은 대통령령으로 정한다.

Ⅰ. 자산운용보고서의 작성 등

1. 자산운용보고서의 제공

집합투자업자는 사모집합투자기구가 아닌 공모집합투자기구에 한해 자산운용보고서를 작성하여 해당 집합투자재산을 보관·관리하는 신탁업자의 확인을 받아 3개월마다 1회 이상 해당 집합투자기구의 투자자에게 교부하여야 한다(법 88조 1항). 다만, 투자자가 수시로 변동되는 등 투자자의 이익을 해할 우려가 없는 경우로서 대통령령으로 정하는 경우에는 자산운용보고서를 투자자에게 교부하지 아니할 수 있는데, 다음 각 호의 어느

결권 행사와 관련하여 집합투자기구별로 소유하고 있는 주식수 및 증권예탁증권수, ③ 집합투자업자와 의결권행사 대상법인의 관계가 제89조 제 1 항 또는 제 2 항에서 정하고 있는 관계에 해당하는지 여부이다(법 시행령 91조 4항).

하나에 해당하는 경우를 말한다(법 시행령 92조 1항).

① 투자자가 법 제88조에 따른 자산운용보고서의 수령을 거부한다는 의사를 서면, 전화·전신·팩스, 전자우편 또는 이와 비슷한 전자통신의 방법으로 표시한 경우

② 집합투자업자가 단기금융집합투자기구를 설정 또는 설립하여 운용하는 경우로서 매월 1회 이상 금융위가 정하여 고시하는 방법으로 자산운용보고서를 공시하는 경우

③ 집합투자업자가 환매금지형집합투자기구를 설정 또는 설립하여 운용하는 경우(법 제230조 제3항에 따라 그 집합투자증권이 상장된 경우에 한한다)로서 3개월마다 1회 이상 금융위가 정하여 고시하는 방법으로 자산운용보고서를 공시하는 경우

④ 투자자가 소유하고 있는 집합투자증권의 평가금액이 10만원 이하인 경우로서 집합투자규약에 자산운용보고서를 제공하지 아니한다고 정하고 있는 경우

자산운용보고서의 교부시기 및 방법, 비용부담 등에 관하여 필요한 사항은 대통령령으로 정한다(법 818조 3항). 집합투자업자는 투자자에게 자산운용보고서를 교부하는 경우에는 법 제88조 제3항에 따라 집합투자증권을 판매한 투자매매업자·투자중개업자를 통하여 기준일부터 2개월 이내에 직접 또는 우편발송 등의 방법으로 교부하여야 한다. 투자자에게 전자우편 주소가 없는 등의 경우에는 자본시장법 제89조 제2항 제1호[1] 및 제3호[2]의 방법에 따라 공시하는 것으로 갈음할 수 있으며, 투자자가 우편발송을 원하는 경우에는 그에 따라야 한다고 규정하고 있지만 실무에서는 우편발송 위주로 교부되고 있다.

2. 자산운용보고서의 작성·교부에 따른 비용 부담

과거 자산운용업법에서는 자산운용보고서의 작성·교부비용은 집합투자기구의 부담으로 한다고 규정(구 자산운용업법 시행령 100조 5항)하였으나, 자본시장법은 집합투자업자가 비용을 부담하는 것으로 규정하고 있다(법 시행령 92조 5항). 자산운용보고서의 작성·교부비용이라 함은 자산운용보고서를 작성 및 인쇄에 소요되는 비용, 그리고 수익자에게 우편으로 송부하는 비용을 포함한다. 자산운용보고서의 서식 및 작성방법, 그 밖에 필요한 사항은 금융위가 정하여 고시한다(법 시행령 96조 6항). 자산운용보고서에 대한 작성·교부비용의 부담 주체에 대해 고객의 개인정보를 보유하고 있고, 법상 자산운용보고서의 교부도 이를 판매한 투자매매업자·투자중개업자를 통하여 이루어지고 있어 집합투자업자보다는 투자매매업자·투자중개업자가 부담하는 것이 더 자연스럽다.

1) 집합투자업자, 집합투자증권을 판매한 투자매매업자 또는 투자중개업자 및 협회의 인터넷 홈페이지를 이용하여 공시하는 방법.

2) 집합투자업자, 집합투자증권을 판매한 투자매매업자 또는 투자중개업자의 본점과 지점, 그 밖의 영업소에 게시하는 방법.

3. 자산운용보고서의 내용

(1) 기준일 현재의 해당 집합투자기구의 자산·부채 및 집합투자증권의 기준가격

여기에서 기준일이라 함은 회계기간의 개시일부터 3개월이 종료되는 날, 회계기간의 말일, 계약기간의 종료일 또는 존속기간의 만료일, 또는 해지일 또는 해산일의 어느 하나에 해당되는 날을 말한다.

(2) 해당 운용기간 중 운용경과의 개요 및 해당 운용기간 중의 손익사항

해당 운용기간일이라 함은 직전의 기준일(직전의 기준일이 없는 경우에는 해당 집합투자기구의 최초 설정일 또는 성립일을 말한다)부터 해당 기준일까지의 기간을 말한다. 투자자의 보호를 위하여 이러한 해당 운용기간 중의 운용경과의 개요 및 해당 운용기간 중의 손익 사항을 자산운용보고서에 기재하여야 한다.

(3) 기준일 현재 집합투자재산에 속하는 자산의 종류별 평가액과 집합투자재산 총액에 대한 각각의 비율

투자자가 투자자산의 평가액 등을 알 수 있도록 하기 위하여 집합투자재산에 속하는 자산의 종류별 평가액과 집합투자재산 총액에 대한 각각의 평가비율을 자산운용보고서에 기재하여야 한다.

(4) 해당 운용기간 중 매매한 주식의 총수, 매매금액 및 대통령령으로 정하는 매매회전율[1)]

해당 운용기간 중 매매한 주식의 총수, 매매금액 및 매매회전율은 투자자로 하여금 운용자산이 되는 주식의 수량, 매매금액 등을 통하여 집합투자재산의 구성내용을 알 수 있도록 하는 것이고, 매매회전율은 적정한 정도의 빈도로 매매를 하고 있는지 여부 혹은 과당매매를 확인할 수 있는 지표가 될 수 있다.

(5) 그 밖에 대통령령으로 정하는 사항

그 밖에 대통령령으로 정하는 사항은 다음의 사항을 말한다. 즉 ① 기준일(법 88조 2항 1호 각 호 외의 부분에 따른 기준일을 말함) 현재 집합투자재산에 속하는 투자대상자산의 내역, ② 집합투자기구의 투자운용인력에 관한 사항, ③ 매월의 주식, 주식 외의 증권 및 장내파생상품별 거래의 투자중개업자별 거래금액·수수료 및 그 비중, ④ 이해관계인과의 거래에 관한 사항, ⑤ 법 제87조 제 7 항에 따른 의결권공시대상법인에 대한 의결권의 행사 여부 및 그 내용(의결권을 행사하지 아니한 경우에는 그 사유를 포함함), ⑥ 제86조 제 1 항에 따른

1) 해당 운용기간(법 제88조 제 2 항 제 2 호에 따른 해당 운용기간을 말한다) 중 매도한 주식가액의 총액을 그 해당 운용기간 중 보유한 주식의 평균가액으로 나눈 비율을 말한다(법 시행령 92조 2항).

계열회사 발행증권의 거래내역에 관한 사항, ⑦ 그 밖에 투자자 보호를 위하여 필요한 사항으로서 금융위가 정하여 고시하는 사항(법 시행령 92조 3항).

Ⅱ. 자산운용보고서의 개선

자산운용보고서는 투자자에게 직접 교부되는 반면 영업보고서(법 90조)는 집합투자업자가 작성하여 금융위원회 및 협회에 제출되고 금융위원회 및 협회는 이들 자료를 일반인에게 공시한다. 두 보고서에 포함되어야 할 내용은 대부분 동일하다. 그렇다면 현행 자산운용보고서를 투자자에게 제공하고 동시에 영업보고서를 대신하여 이 보고서를 금융위나 협회에 제출하는 것도 고려해 볼 일이다. 자본시장법(249조 1항)에 따르면 영업보고서 역시 사모집합투자기구인 경우 영업보고서의 제출의무를 면제한 것을 보면 영업보고서 제출 의무도 감독기관의 규제에 작성 목적이 있기보다는 투자자에게 공시하는 데에 목적이 있는 것으로 보여 통합하여 운영하면 집합투자업자의 부담도 줄이고 투자자들도 동일한 정보를 하나의 보고서를 통해 얻을 수 있을 것으로 보인다.

第89조(수시공시)

① 투자신탁이나 투자익명조합의 집합투자업자는 다음 각 호의 어느 하나에 해당하는 사항이 발생한 경우 이를 지체 없이 공시하여야 한다.

1. 투자운용인력의 변경
2. 환매연기 또는 환매재개의 결정 및 그 사유
3. 대통령령으로 정하는 부실자산이 발생한 경우 그 명세 및 상각률
4. 집합투자자총회의 결의내용
5. 그 밖에 투자자 보호를 위하여 필요한 사항으로서 대통령령으로 정하는 사항

② 제1항에 따른 수시공시는 다음 각 호의 방법으로 한다.

1. 집합투자업자, 집합투자증권을 판매한 투자매매업자 또는 투자중개업자 및 협회의 인터넷 홈페이지를 이용하여 공시하는 방법
2. 집합투자증권을 판매한 투자매매업자 또는 투자중개업자로 하여금 전자우편을 이용하여 투자자에게 알리는 방법
3. 집합투자업자, 집합투자증권을 판매한 투자매매업자 또는 투자중개업자의 본점과 지점, 그 밖의 영업소에 게시하는 방법

Ⅰ. 수시공시

집합투자기구에 대한 수시공시 제도는 구간투법 제122조에 의하여 처음으로 도입되었다. 그 취지는 (i) 투자신탁회사들이 부실자산 발생 시 이에 관한 투명한 공개를 꺼려하여 투자자들의 신뢰를 상실하였고, (ii) 투자운용인력의 잦은 교체로 당초의 운용자의 경력과 능력을 신뢰한 투자자들로 하여금 적절한 대응을 할 수 없게 하였으며, (iii) 그 이외에도 투자자의 이해를 보호하는 데 필요한 정보는 수시로 공시하게 하는 것이 바람직하다는 데에 있다.[1] 구간투법을 그대로 반영한 자본시장법(89조)은 집합투자업자에 대해 아래에 해당하는 어느 사항이 발생할 경우 지체 없이 수시공시를 하도록 규정하고 있다.

수시공시대상은 ① 투자운용인력의 변경(투자운용인력을 변경한 날부터 최근 3년 이내의 운용경력으로 한다), ② 환매연기 또는 환매재개의 결정 및 그 사유, ③ 대통령령으로 정하는 부실자산이 발생한 경우 그 명세 및 상각률, ④ 집합투자자총회의 결의내용, ⑤ 그 밖에 투자자 보호를 위하여 필요한 사항으로서 대통령령으로 정하는 사항(법 89조) 등이다. 한편 위 ⑤의 그 밖에 투자자 보호를 위하여 필요한 사항으로서 대통령령으로 정하는 사항이라 함은 다음의 어느 하나에 해당하는 사항을 말한다(법 시행령 93조 3항). ① 투자설명서의 변경, ② 집합투자업자의 합병, 분할, 분할합병 또는 영업의 양도·양수, ③ 집합투자업자 또는 일반사무관리회사가 기준가격을 잘못 계산하여 이를 수정하는 경우에는 그 내용(법 262조 1항 후단에 따라 공고·게시하는 경우에 한한다), ④ 사모집합투자기구가 아닌 집합투자기구(존속하는 동안 투자금을 추가로 모집할 수 있는 집합투자기구로 한정한다. 이하 이 항에서 같다)로서 설정 및 설립 이후 1년이 되는 날에 원본액이 50억원 미만인 경우 그 사실과 해당 집합투자기구가 법 제192조 제 1 항 단서에 따라 해지될 수 있다는 사실, ⑤ 사모집합투자기구가 아닌 집합투자기구가 설정 및 설립되고 1년이 지난 후 1개월간 계속하여 원본액이 50억원 미만인 경우 그 사실과 해당 집합투자기구가 법 제192조 제 1 항 단서에 따라 해지될 수 있다는 사실, ⑥ 그 밖에 투자자의 투자판단에 중대한 영향을 미치는 사항으로서 금융위가 정하여 고시하는 사항이다.

Ⅱ. 수시공시의 방법

수시공시는 집합투자업자, 집합투자증권을 판매한 투자매매업자 또는 투자중개업자 및 협회의 인터넷 홈페이지를 이용하여 공시하는 방법(법 89조 2항 1호), 집합투자증권을 판매한 투자매매업자 또는 투자중개업자로 하여금 전자우편을 이용하여 투자자에게 알리는 방법(법 89조 2항 2호), 집합투자업자, 집합투자증권을 판매한 투자매매업자 또는 투자중

1) 오성근, "우리나라와 일본의 투자신탁 공시규제에 대한 고찰," 「증권법연구」 제10권 제 1 호(2009), 138쪽.

개업자의 본점과 지점 그 밖의 영업소에 게시하는 방법(법 89조 2항 3호), 세 가지 방법 모두를 통하여 공시하여야 한다.

자본시장법 제정시 수시공시 방법은 위에 언급한 세 가지 방법 중 어느 하나를 통해 공시를 하도록 규정하였으나(법 시행령 93조 1호), 2009년 2월 3일 자본시장법 개정시 시행령에서 규정하던 내용을 법으로 반영하고 수시공시 방법도 투자자 보호를 이유로 세 가지 모두 하는 것으로 개정되었다.

Ⅲ. 수시공시의무 위반의 효과

집합투자업자 등이 수시공시의무를 위반하여 공시를 하지 아니하거나 거짓으로 공시를 한 때에는 1년 이하의 징역 또는 3천만원 이하의 벌금에 처하여질 수 있다(법 446조 15호). 법 제446조에 해당한 죄를 범한 자에게는 징역과 벌금을 병과할 수 있다(법 447조 1항). 또한, 금융투자업자는 법령·약관·집합투자규약·투자설명서에 위반하는 행위를 하거나 그 업무를 소홀히 하여 투자자에게 손해를 발생시킨 경우에는 손해배상의 책임이 있으므로 위와 같은 수시공시의무를 위반하여 투자자에게 손해를 가한 경우에는 손해배상책임이 인정될 수 있다(법 64조 1항). 금융투자업자가 위와 같이 수시공시의무 위반으로 인하여 손해배상책임을 지는 경우로서 관련되는 임원에게도 귀책사유가 있는 경우에는 그 금융투자업자와 관련되는 임원은 연대하여 손해배상책임을 질 수 있다(법 64조 2항).

Ⅳ. 수시공시제도의 개선

위에서 언급한 수시공시를 세 가지 방법으로 모두 이행하는 것은 집합투자업자 및 집합투자기구 판매업자의 공시 부담을 가중시키는 반면 정작 투자자 입장에서는 어떤 방법을 통해 집합투자기구의 공시정보를 얻어야 할지 혼란스러울 수 있다. 자본시장법 제정시 상장법인의 수시공시에 대해 구증권법하에서는 수시공시의 업무 주관이 금융위와 거래소로 이원화되어 있어 기업은 금융위와 거래소가 정한 서로 다른 서식에 따라 금감위와 거래소에 이중으로 보고하는 불편의 문제점을 지적하면서 수시공시 주관기관[1])을 거래소로 단일화하여 기업들이 거래소에만 공시하면 되도록 제도를 개선한 바 있다. 그래서 일반상장법인에 적용되는 수시공시는 자본시장법 제391조에 따라 거래소가 정하는 공시규정의 적용을 받도록 하였다. 이와 마찬가지로 집합투자기구의 수시공시도 현행처럼 세 가지 방법 모두가 아니라, 투자자 누구나 펀드 공시하면 쉽게 접근할 수 있도록 협회의 홈페이지를 통한 공시, 혹은 금융감독원 홈페이지를 통한 공시 등, 어느 한 방법

1) 공시관련 규정 마련, 공시시스템 운영 등을 의미한다.

을 특정하여 공시하도록 규제한다면 집합투자업자나 판매업자의 공시부담을 줄이고 투자자들 역시 펀드에 대한 정보를 더 쉽게 얻을 수 있을 것이다.

또한 현행 집합투자기구의 수시공시 항목은 매우 제한적이며 증권집합투자기구를 중심으로 규정되어 있다. 부동산집합투자기구의 경우 부동산의 매입이나 처분 사실, 특별자산집합투자기구의 경우 투자대상 프로젝트에 투자하는 과정에서 특별자산에 해당하는 시설물의 운영 개시, 주요 계약의 변경 등 투자 판단에 중요한 사항들이 있을 수 있으나 위 수시공시사항에 열거되지 않아 공시가 불가능하다.[1] 현행 증권집합투자기구 중심으로 열거되어 있는 펀드의 수시공시 사항을 집합투자기구의 종류별로 항목을 구분하여 규정하고 공시대상 항목도 더 확대할 필요가 있다.

제90조(집합투자재산에 관한 보고 등)

① 집합투자업자(투자신탁이나 투자익명조합의 집합투자업자에 한한다. 이하 이 조에서 같다)는 대통령령으로 정하는 방법에 따라 집합투자재산에 관한 매 분기의 영업보고서를 작성하여 매 분기 종료 후 2개월 이내에 금융위원회 및 협회에 제출하여야 한다.

② 집합투자업자는 집합투자기구에 대하여 다음 각 호의 어느 하나에 해당하는 사유가 발생한 경우 그 사유가 발생한 날부터 2개월 이내에 제239조에 따른 결산서류를 금융위원회 및 협회에 제출하여야 한다.

1. 집합투자기구의 회계기간 종료
2. 집합투자기구의 계약기간 또는 존속기간의 종료
3. 집합투자기구의 해지 또는 해산

③ 금융위원회 및 협회는 제 1 항 및 제 2 항에 따라 제출받은 서류를 인터넷 홈페이지 등을 이용하여 공시하여야 한다.

④ 협회는 대통령령으로 정하는 방법에 따라 각 집합투자재산의 순자산가치의 변동명세가 포함된 운용실적을 비교하여 그 결과를 인터넷 홈페이지 등을 이용하여 공시하여야 한다.

Ⅰ. 집합투자재산에 대한 보고	Ⅱ. 보고의무 위반의 효과

1) 공시제도가 투자자에게 주요사항을 알려 투자판단을 돕는 것이 목적이므로 열거되지 않은 사항에 대해서도 중요도에 따라 공시를 허용하는 것이 맞으나, 협회의 「금융투자회사의 영업 및 업무에 관한 규정」상 허용되지 않고 있다. 이는 수많은 집합투자기구의 무분별한 공시를 방지하여 투자자에게 정확한 정보를 전달하려는 취지로 이해되기도 한다.

Ⅰ. 집합투자재산에 대한 보고

1. 정기적인 보고사항

집합투자업자(투자신탁이나 투자익명조합의 집합투자업자에 한함)는 공모집합투자기구에 한하여 대통령령으로 정하는 방법에 따라 집합투자재산에 관한 매 분기의 영업보고서를 작성하여 매 분기 종료 후 2개월 이내에 금융위 및 협회에 제출하여야 한다(법 90조 1항). 법 제186조 제 2 항에 근거하여 투자회사에 대해서도 동일하게 적용된다.

집합투자업자(법 90조 1항의 집합투자업자를 말함)는 법 제90조 제 1 항에 따라 집합투자재산(투자신탁재산 및 투자익명조합재산에 한함)에 관한 영업보고서를 금융위가 정하여 고시하는 기준에 따라 다음의 서류로 구분하여 작성하여야 한다(법 시행령 94조 1항).

① 투자신탁의 설정 현황 또는 투자익명조합의 출자금변동 상황

② 집합투자재산의 운용현황과 집합투자증권(투자신탁 수익증권과 투자익명조합 지분증권에 한한다)의 기준가격표

③ 법 제87조 제 8 항 제 1 호·제 2 호에 따른 의결권의 구체적인 행사내용 및 그 사유를 적은 서류

④ 집합투자재산에 속하는 자산 중 주식의 매매회전율(법 88조 2항 4호에 따른 매매회전율을 말함)과 자산의 위탁매매에 따른 투자중개업자별 거래금액·수수료와 그 비중

2. 수시보고사항

집합투자업자는 공모집합투자기구에 한하여 ① 집합투자기구의 회계기간 종료, ② 집합투자기구의 계약기간 또는 존속기간의 종료, ③ 집합투자기구의 해지 또는 해산의 어느 하나에 해당하는 사유가 발생한 경우 그 사유가 발생한 날부터 2개월 이내에 법 제239조에 따른 결산서류를 금융위 및 협회에 제출하여야 한다(법 90조 2항).

3. 공 시

금융위 및 협회는 제 1 항 및 제 2 항에 따라 제출받은 영업보고서 및 결산서류를 인터넷 홈페이지 등을 이용하여 공시하여야 한다(법 90조 3항). 협회는 대통령령으로 정하는 방법에 따라 각 집합투자재산의 순자산가치의 변동명세가 포함된 운용실적을 비교하여 그 결과를 인터넷 홈페이지 등을 이용하여 공시하여야 한다(법 90조 4항).

협회는 법 제90조 제 4 항에 따라 각 집합투자재산의 운용실적을 다음과 같이 구분하여 금융위가 정하여 고시하는 기준에 따라 비교·공시하여야 한다(법 시행령 94조 2항).

① 집합투자업자, ② 투자매매업자·투자중개업자, ③ 집합투자기구의 종류, ④ 금융

위가 정하여 고시하는 주된 투자대상자산(이하 "주된 투자대상자산"이라 함), ⑤ 운용보수, ⑥ 판매수수료·판매보수, ⑦ 수익률. 이 경우 사모집합투자기구가 아닌 집합투자기구(존속하는 동안 투자금을 추가로 모집할 수 있는 집합투자기구로 한정)로서 원본액 50억원 미만과 50억원 이상의 집합투자기구의 수익률은 별도로 비교·공시하여야 한다. ⑧ 그 밖에 금융위가 정하여 고시하는 것 등이다.

협회는 집합투자기구의 운용실적의 비교·공시를 위하여 필요한 범위 안에서 각 집합투자기구의 집합투자규약, 투자설명서 및 기준가격 등에 관한 자료의 제출을 투자신탁이나 투자익명조합의 집합투자업자 또는 투자회사 등(법 182조 1항에 따른 투자회사 등을 말함)에 요청할 수 있다(법 시행령 94조 3항).

Ⅱ. 보고의무 위반의 효과

법 제90조 제 1 항 또는 제 2 항을 위반하여 영업보고서나 결산서류를 제출하지 아니하거나 거짓으로 작성하여 제출한 자에 대하여는 5천만원 이하의 과태료를 부과할 수 있다(법 449조 1항 34호). 본조에서 규정하는 정기적인 보고사항이나 수시보고사항은 투자자의 투자판단에 영향을 미칠 수 있는 중요한 투자정보라고 할 수 있다. 따라서 법령·약관·집합투자규약·투자설명서에 위반하는 행위를 하거나 그 업무를 소홀히 하여 투자자에게 손해를 발생시킨 경우에는 손해배상의 책임이 있는 금융투자업자는 위와 같은 보고의무를 위반하여 투자자에게 손해를 가한 경우에는 손해배상책임이 인정될 수 있다(법 64조 1항). 금융투자업자가 위와 같이 보고의무 위반으로 인하여 손해배상책임을 지는 경우로서 관련되는 임원에게도 귀책사유가 있는 경우에는 그 금융투자업자와 관련되는 임원은 연대하여 손해배상책임을 질 수 있다(법 64조 2항).

제91조(장부·서류의 열람 및 공시 등)

① 투자자는 집합투자업자(투자신탁이나 투자익명조합의 집합투자업자에 한하며, 해당 집합투자증권을 판매한 투자매매업자 및 투자중개업자를 포함한다. 이하 이 조에서 같다)에게 영업시간 중에 이유를 기재한 서면으로 그 투자자에 관련된 집합투자재산에 관한 장부·서류의 열람이나 등본 또는 초본의 교부를 청구할 수 있다. 이 경우 그 집합투자업자는 대통령령으로 정하는 정당한 사유가 없는 한 이를 거절하여서는 아니 된다.

② 제 1 항에 따른 열람이나 등본 또는 초본의 교부 청구의 대상이 되는 장부·서류의 범위 등에 관하여 필요한 사항은 대통령령으로 정한다.

③ 집합투자업자는 집합투자규약을 인터넷 홈페이지 등을 이용하여 공시하여야 한다.

Ⅰ. 투자자의 장부열람청구 등

투자자는 집합투자업자(투자신탁이나 투자익명조합의 집합투자업자에 한하며, 해당 집합투자증권을 판매한 투자매매업자 및 투자중개업자를 포함함)에게 영업시간 중에 이유를 기재한 서면으로 그 투자자에 관련된 집합투자재산에 관한 장부·서류의 열람이나 등본 또는 초본의 교부를 청구할 수 있다. 이 경우 그 집합투자업자는 대통령령으로 정하는 정당한 사유가 없는 한 이를 거절하여서는 아니 된다(법 91조 1항).

위에서 "대통령령으로 정하는 정당한 사유"란 다음 각 호의 어느 하나에 해당하는 경우를 말한다. 즉 ① 집합투자재산의 매매주문내역 등이 포함된 장부·서류를 제공함으로써 제공받은 자가 그 정보를 거래 또는 업무에 이용하거나 타인에게 제공할 것이 뚜렷하게 염려되는 경우, ② 집합투자재산의 매매주문내역 등이 포함된 장부·서류를 제공함으로써 다른 투자자에게 손해를 일으킬 가능성이 명백히 인정되는 경우, ③ 해지 또는 해산된 집합투자기구에 관한 장부·서류로서 법 시행령 제62조 제 1 항에 따른 보존기한이 경과하는 등의 사유로 인하여 투자자의 열람제공 요청에 응하는 것이 불가능한 경우이다(법 시행령 95조 1항). 이 경우 집합투자업자(법 제91조 제 1 항의 집합투자업자를 말함)는 열람이나 교부가 불가능하다는 뜻과 그 사유가 기재된 서면을 투자자에게 교부하여야 한다(법 시행령 95조 1항 단서).

Ⅱ. 장부·서류의 제공 범위

위 조항에 따른 열람이나 등본 또는 초본의 교부 청구의 대상이 되는 장부·서류의 범위 등에 관하여 필요한 사항은 대통령령으로 정한다. 법 제91조 제 2 항에 따라 투자자가 열람이나 등본 또는 초본의 교부를 청구할 수 있는 장부·서류는 다음과 같다. ① 집합투자재산 명세서, ② 집합투자증권 기준가격대장, ③ 재무제표 및 그 부속명세서, ④ 집합투자재산 운용내역서 등이다(법 시행령 95조 2항). 집합투자업자는 집합투자규약을 인터넷 홈페이지 등을 이용하여 공시하여야 한다(법 91조 3항).

투자자에게 주어진 집합투자기구의 장부·서류의 열람청구권과 관련 해당 규정을 좀 더 명확히 할 필요가 있다. 즉 집합투자재산에 관한 장부·서류의 열람이나 등본 또는 초본을 청구할 수 있는 장부·서류의 범위가 법 시행령으로 규정한 위 네 가지 항목이 전부인지, 아니면 위 네 가지 항목 외에도 투자자에게 교부하지 못할 정당한 사유에 해당하지 않는다면 교부를 해야 하는지 의문이다.

더구나 법 시행령 제95조 제 2 항 제 4 호에서 규정한 “집합투자재산의 운용내역서”도 투자자가 요청하는 경우 제공하도록 되어 있다. 그러나 본 규정은 법 제45조에서 2개월이 지난 운용정보의 경우 정보교류 차단 대상에서 제외하고 있는 점(법 시행령 50조 2항 3호)에 비추어 2개월이 지난 운용내역서만 제공이 허용되는지, 아니면 법 시행령 제95조 제 1 항에서 규정한 “자료를 제공하지 못할 정당한 사유”에 해당하지 않을 경우 2개월 경과 전의 운용내역서도 제공대상이 되는지 불분명하다.

실무에서는 투자자가 우월적 지위에서 비밀유지를 조건으로 관련 장부나 서류의 교부를 요청할 경우 이를 거절하기가 쉽지 않은데, 만일 이를 특정 투자자에게만 제공할 경우 정보제공의 차별화로 투자자간의 형평에 문제가 발생할 수 있다. 이에 대한 명확한 규정이 필요하다.

[초판: 강희주, 개정판: 박진욱]

제92조(환매연기 등의 통지)

① 집합투자업자(투자신탁이나 투자익명조합의 집합투자업자에 한한다. 이하 이 조에서 같다)는 다음 각 호의 어느 하나에 해당하는 사유가 발생한 경우 해당 집합투자증권을 판매한 투자매매업자 또는 투자중개업자에게 이를 즉시 통지하여야 한다.

1. 제237조 제 1 항에 따라 집합투자증권의 환매를 연기한 경우
2. 제240조 제 3 항에 따른 집합투자기구에 대한 회계감사인의 감사의견이 적정의견이 아닌 경우

② 집합투자업자는 제 1 항의 사유가 해소된 경우에는 해당 집합투자증권을 판매한 투자매매업자 또는 투자중개업자에게 이를 즉시 통지하여야 한다.

Ⅰ. 환매연기 등의 통지	Ⅱ. 환매연기사유의 해소의 통지

Ⅰ. 환매연기 등의 통지

1. 통 지

집합투자업자(투자신탁이나 투자익명조합의 집합투자업자에 한함)는 ① 법 제237조 제 1 항에 따라 집합투자증권의 환매를 연기한 경우, ② 법 제240조 제 3 항에 따른 집합투자기구에 대한 회계감사인의 감사의견이 적정의견이 아닌 경우 중의 하나에 해당하는 사유가 발생한 경우 해당 집합투자증권을 판매한 투자매매업자 또는 투자중개업자에게 이를 즉시

통지하여야 한다(법 92조 1항).

2. 환매연기사유

집합투자증권의 환매를 연기하거나 집합투자기구에 대한 회계감사인의 의견이 적정이 아닌 경우는 집합투자증권의 환매가 어려울 수 있는 사유에 해당되므로 이를 투자매매업자나 투자중개업자에게 즉시 통지하도록 하고 있다. 법 제237조에 따라 투자신탁이나 투자익명조합의 집합투자업자 또는 투자회사 등은 집합투자재산인 자산의 처분이 불가능한 경우 등 법 시행령 제256조[1]에서 정하는 사유로 인하여 집합투자규약에서 정한 환매일에 집합투자증권을 환매할 수 없게 된 경우에는 그 집합투자증권의 환매를 연기할 수 있다. 이 경우 투자신탁이나 투자익명조합의 집합투자업자 또는 투자회사 등은 환매를 연기한 날부터 6주 이내에 집합투자자총회에서 집합투자증권의 환매에 관한 사항으로서 법 시행령 제257조[2]에서 정하는 사항을 결의(법 190조 5항 본문, 201조 2항 단서, 210조 2항 단서, 215조 3항, 220조 3항 및 226조 3항의 결의를 말함)하여야 한다.

Ⅱ. 환매연기사유의 해소의 통지

집합투자업자는 법 제92조 제1항의 사유가 해소된 경우에는 해당 집합투자증권을

1) 법 시행령 제256조(환매연기 사유) 법 제237조 제1항 전단에서 "대통령령으로 정하는 사유"란 다음 각 호의 어느 하나에 해당하는 경우를 말한다.
1. 집합투자재산의 처분이 불가능하여 사실상 환매에 응할 수 없는 경우로서 다음 각 목의 어느 하나에 해당하는 경우
가. 뚜렷한 거래부진 등의 사유로 집합투자재산을 처분할 수 없는 경우
나. 증권시장이나 해외 증권시장의 폐쇄·휴장 또는 거래정지, 그 밖에 이에 준하는 사유로 집합투자재산을 처분할 수 없는 경우
다. 천재지변, 그 밖에 이에 준하는 사유가 발생한 경우
2. 투자자 간의 형평성을 해칠 염려가 있는 경우로서 다음 각 목의 어느 하나에 해당하는 경우
가. 부도발생 등으로 인하여 집합투자재산을 처분하여 환매에 응하는 경우에 다른 투자자의 이익을 해칠 염려가 있는 경우
나. 집합투자재산에 속하는 자산의 시가가 없어서 환매청구에 응하는 경우에 다른 투자자의 이익을 해칠 염려가 있는 경우
다. 대량의 환매청구에 응하는 것이 투자자 간의 형평성을 해칠 염려가 있는 경우
3. 환매를 청구받거나 요구받은 투자매매업자 또는 투자중개업자·집합투자업자·신탁업자·투자회사등이 해산등으로 인하여 집합투자증권을 환매할 수 없는 경우
4. 그 밖에 제1호부터 제3호까지의 경우에 준하는 경우로서 금융위원회가 환매연기가 필요하다고 인정한 경우

2) 법 시행령 제257조(환매연기총회 의결사항 등) ① 법 제237조 제1항 후단에서 "대통령령으로 정하는 사항"이란 다음 각 호의 사항을 말한다.
1. 환매를 재개하려는 경우에는 환매대금의 지급시기와 지급방법
2. 환매연기를 계속하려는 경우에는 환매연기기간과 환매를 재개할 때의 환매대금의 지급시기 및 지급방법
3. 법 제237조 제5항에 따라 일부환매를 하는 경우에는 환매연기의 원인이 되는 자산의 처리방법

판매한 투자매매업자 또는 투자중개업자에게 이를 즉시 통지하여야 한다(법 92조 2항).

제93조(파생상품의 운용 특례)

① 집합투자업자는 파생상품 매매에 따른 위험평가액(제81조 제 1 항 제 1 호 마목의 위험평가액을 말한다. 이하 이 조에서 같다)이 대통령령으로 정하는 기준을 초과하여 투자할 수 있는 집합투자기구의 집합투자재산을 파생상품에 운용하는 경우에는 계약금액, 그 밖에 대통령령으로 정하는 위험에 관한 지표를 인터넷 홈페이지 등을 이용하여 공시하여야 한다. 이 경우 그 집합투자기구의 투자설명서(제123조 제 1 항에 따른 투자설명서를 말한다)에 해당 위험에 관한 지표의 개요 및 위험에 관한 지표가 공시된다는 사실을 기재하여야 한다.

② 집합투자업자는 장외파생상품 매매에 따른 위험평가액이 대통령령으로 정하는 기준을 초과하여 투자할 수 있는 집합투자기구의 집합투자재산을 장외파생상품에 운용하는 경우에는 장외파생상품 운용에 따른 위험관리방법을 작성하여 그 집합투자재산을 보관·관리하는 신탁업자의 확인을 받아 금융위원회에 신고하여야 한다.

법 시행령 제96조(파생상품의 운용 특례) ① 법 제93조 제 1 항 전단에서 "대통령령으로 정하는 기준"이란 집합투자기구 자산총액의 100분의 10을 말한다.

② 법 제93조 제 1 항 전단에서 "대통령령으로 정하는 위험에 관한 지표"란 다음 각 호의 지표를 말한다. 다만, 위험에 관한 지표 산출을 위한 자료가 부족하여 지표의 산출이 불가능한 경우 등 금융위원회가 정하여 고시하는 파생상품인 경우에는 제 2 호를 적용하지 아니한다.

1. 파생상품 매매에 따른 만기시점의 손익구조
2. 시장상황의 변동에 따른 집합투자재산의 손익구조의 변동 또는 일정한 보유기간에 일정한 신뢰구간 범위에서 시장가격이 집합투자기구에 대하여 불리하게 변동될 경우에 파생상품 거래에서 발생할 수 있는 최대손실예상금액
3. 그 밖에 투자자의 투자판단에 중요한 기준이 되는 지표로서 금융위원회가 정하여 고시하는 위험에 관한 지표

③ 제 2 항에 따른 위험에 관한 지표의 구체적인 산정방식, 그 밖에 필요한 사항은 금융위원회가 정하여 고시한다.

④ 법 제93조 제 2 항에서 "대통령령으로 정하는 기준"이란 집합투자기구 자산총액의 100분의 10을 말한다.

Ⅰ. 파생상품 위험평가액 한도

앞서 본 바와 같이 법 제81조 제 1 항 제 1 호 마목에서 집합투자재산을 파생상품에 운용함에 있어 파생상품 매매에 따른 위험평가액이 각 집합투자기구 순자산액의 100분의 100을 초과하여 투자하는 것을 금지하고 있다. 또한 법 제93조 제 1 항에서 파생상품 매매에 따른 위험평가액(법 81조 1항 1호 마목의 위험평가액을 말함)이 대통령령으로 정하는 기

준(집합투자기구 자산총액의 100분의 10을 말함[1])을 초과하여 투자할 수 있는 집합투자기구의 집합투자재산을 파생상품에 운용하는 경우에는 계약금액, 그 밖에 대통령령으로 정하는 위험에 관한 지표를 인터넷 홈페이지 등을 이용하여 공시하도록 하고 있다. 위험에 관한 지표라 함은 다음과 같은 지표를 말한다.

① 파생상품 매매에 따른 만기시점의 손익구조

② 시장상황의 변동에 따른 집합투자재산의 손익구조의 변동 또는 일정한 보유기간에 일정한 신뢰구간 범위 안에서 시장가격이 집합투자기구에 대하여 불리하게 변동될 경우 파생상품 거래에서 발생할 수 있는 최대손실예상금액

③ 그 밖에 투자자의 투자판단에 중요한 기준이 되는 지표로서 금융위가 정하여 고시하는 위험에 관한 지표

다만, 위험에 관한 지표 산출을 위한 자료가 부족하여 지표의 산출이 불가능한 경우 등 금융위원회가 정하여 고시하는 파생상품의 경우에는 위 ②의 지표를 적용하지 아니한다(법 시행령 96조 2항).

법 시행령 제96조 제2항에 따른 위험에 관한 지표의 구체적인 산정방식, 그 밖에 필요한 사항은 금융위원회가 정하여 고시한다(법 시행령 96조 3항). 이 경우 그 집합투자기구의 투자설명서(법 123조 1항에 따른 투자설명서를 말함)에 해당 위험에 관한 지표의 개요 및 위험에 관한 지표가 공시된다는 사실을 기재하여야 한다(법 93조 1항).

Ⅱ. 장외파생상품 거래상대방 위험평가액 한도

앞서 본 바와 같이 법 제81조 제1항 제1호 사목에서 동일 거래상대방과의 장외파생상품 매매에 따른 거래상대방 위험평가액이 각 집합투자기구 자산총액의 100분의 10을 초과하여 투자하는 것을 금지하고 있다. 또한 법 제93조 제2항에서 장외파생상품 매매에 따른 위험평가액이 대통령령으로 정하는 기준(집합투자기구 자산총액의 100분의 10을 말함[2])을 초과하여 투자할 수 있는 집합투자기구의 집합투자재산을 장외파생상품에 운용하는 경우에는 장외파생상품 운용에 따른 위험관리방법을 작성하여 그 집합투자재산을 보관·관리하는 신탁업자의 확인을 받아 금융위원회에 신고하도록 하고 있다.

---

1) 법 시행령 제96조 제1항.
2) 법 시행령 제96조 제4항.

제94조(부동산의 운용 특례)

① 집합투자업자는 제83조 제 1 항 각 호 외의 부분 본문에 불구하고 집합투자재산으로 부동산을 취득하는 경우에는 대통령령으로 정하는 방법에 따라 집합투자기구의 계산으로 금전을 차입할 수 있다.

② 집합투자업자는 제83조 제 4 항에 불구하고 집합투자재산으로 부동산개발사업을 영위하는 법인(부동산신탁업자, 그 밖에 대통령령으로 정하는 자를 포함한다)에 대하여 대통령령으로 정하는 방법에 따라 금전을 대여할 수 있다.

③ 집합투자업자는 집합투자재산으로 부동산을 취득하거나 처분하는 경우에는 그 부동산의 현황, 거래가격, 그 밖에 대통령령으로 정하는 사항이 기재된 실사보고서를 작성·비치하여야 한다.

④ 집합투자업자는 집합투자재산으로 부동산개발사업에 투자하고자 하는 경우에는 추진일정·추진방법, 그 밖에 대통령령으로 정하는 사항이 기재된 사업계획서를 작성하여 「부동산가격공시 및 감정평가에 관한 법률」에 따른 감정평가업자로부터 그 사업계획서가 적정한지의 여부에 대하여 확인을 받아야 하며, 이를 인터넷 홈페이지 등을 이용하여 공시하여야 한다.

⑤ 투자신탁재산으로 부동산을 취득하는 경우 「부동산등기법」 제81조를 적용할 때에는 그 신탁원부에 수익자를 기록하지 아니할 수 있다. [개정 2011. 4. 12 제10580호(부동산등기법)] [시행일 2011. 10. 13]

⑥ 제 1 항 및 제 2 항에 따른 금전 차입과 금전 대여의 한도, 차입한 금전의 운용 제한 등에 관하여 필요한 사항은 대통령령으로 정한다.

법 시행령 **제97조**(부동산의 운용 특례) ① 법 제94조 제 1 항에서 "대통령령으로 정하는 방법"이란 집합투자업자가 다음 각 호의 어느 하나에 해당하는 금융기관 등에게 부동산을 담보로 제공하거나 금융위원회가 정하여 고시하는 방법으로 금전을 차입하는 것을 말한다. 다만, 집합투자자총회에서 달리 의결한 경우에는 그 의결에 따라 금전을 차입할 수 있다.

1. 제79조 제 2 항 제 5 호 각 목의 금융기관
2. 보험회사
3. 「국가재정법」 에 따른 기금
4. 다른 부동산집합투자기구
5. 제 1 호부터 제 4 호까지의 규정에 준하는 외국 금융기관 등

② 법 제94조 제 2 항에서 "대통령령으로 정하는 자"란 「부동산투자회사법」 에 따른 부동산투자회사 또는 다른 집합투자기구를 말한다.

③ 법 제94조 제 2 항에서 "대통령령으로 정하는 방법"이란 다음 각 호의 요건을 모두 충족하는 방법을 말한다.

1. 집합투자규약에서 금전의 대여에 관한 사항을 정하고 있을 것
2. 집합투자업자가 부동산에 대하여 담보권을 설정하거나 시공사 등으로부터 지급보증을 받는 등 대여금을 회수하기 위한 적절한 수단을 확보할 것

④ 집합투자업자가 법 제94조 제 2 항에 따라 금전을 대여하는 경우 그 대여금 한도는 해당 집합투자기구의 자산총액에서 부채총액을 뺀 가액의 100분의 100으로 한다.

⑤ 법 제94조 제 3 항에서 "대통령령으로 정하는 사항"이란 다음 각 호의 사항을 말한다.

1. 부동산의 거래비용
2. 부동산과 관련된 재무자료

3. 부동산의 수익에 영향을 미치는 요소
4. 그 밖에 부동산의 거래 여부를 결정함에 있어 필요한 사항으로서 금융위원회가 정하여 고시하는 사항

⑥ 법 제94조 제 4 항에서 "대통령령으로 정하는 사항"이란 다음 각 호의 사항을 말한다.
1. 건축계획 등이 포함된 사업계획에 관한 사항
2. 자금의 조달·투자 및 회수에 관한 사항
3. 추정손익에 관한 사항
4. 사업의 위험에 관한 사항
5. 공사시공 등 외부용역에 관한 사항
6. 그 밖에 투자자를 보호하기 위하여 필요한 사항으로서 금융위원회가 정하여 고시하는 사항

⑦ 집합투자업자가 법 제94조 제 1 항에 따라 금전을 차입하는 경우에 그 차입금 한도는 다음 각 호와 같다.
1. 부동산집합투자기구의 계산으로 차입하는 경우 : 그 부동산집합투자기구의 자산총액에서 부채총액을 뺀 가액의 100분의 200. 다만, 집합투자자총회에서 달리 의결한 경우에는 그 의결한 한도
2. 부동산집합투자기구가 아닌 집합투자기구의 계산으로 차입하는 경우 : 그 집합투자기구에 속하는 부동산 가액의 100분의 100의 범위에서 금융위원회가 정하여 고시하는 비율. 이 경우 부동산 가액의 평가는 법 제238조 제 2 항에 따른 평가위원회(이하 "집합투자재산평가위원회"라 한다)가 같은 조 제 3 항에 따른 집합투자재산평가기준에 따라 정한 가액으로 한다.

⑧ 집합투자업자는 법 제94조 제 1 항에 따라 차입한 금전을 부동산에 운용하는 방법 외의 방법으로 운용하여서는 아니 된다. 다만, 집합투자기구의 종류 등을 고려하여 금융위원회가 정하여 고시하는 경우에는 부동산에 운용하는 방법 외의 방법으로 운용할 수 있다.

⑨ 부동산집합투자기구의 집합투자업자는 제45조 제 2 호 다목에도 불구하고 제240조 제 4 항 제 1 호부터 제 3 호까지의 업무와 그에 부수하는 업무의 일부를 제 3 자에게 위탁하는 방법으로 수행할 수 있다.

Ⅰ. 부동산 운용 특례의 입법취지

집합투자업자는 집합투자재산을 운용함에 있어서 법에서 특별히 예외를 인정한 경우를 제외하고는 집합투자기구의 계산으로 금전을 차입하지 못하고(법 83조 1항), 집합투자재산 중 금전을 대여하는 것도 제한되어 있다(법 83조 4항). 그러나, 부동산에 대해서는 운용의 특례를 인정하여, 집합투자업자는 법 제83조 제 1 항 각 호 외의 부분 본문에 불구하고 집합투자재산으로 부동산을 취득하는 경우에는 대통령령으로 정하는 방법에 따라 집합투자기구의 계산으로 금전을 차입할 수 있고(법 94조 1항), 법 제83조 제 4 항에 불구하고 집합투자재산으로 부동산개발사업을 영위하는 법인(부동산신탁업자, 그 밖에 대통령령으로 정하는 자)에 대하여 대통령령으로 정하는 방법에 따라 금전을 대여할 수 있다(법 94조 2항). 위 규정은 구간투법 제143조 제 2 항 등이 부동산의 운용 특례를 인정한 것을 이어 받은 것이다. 부동산에 이와 같은 운용상 특례를 인정하는 이유는, 집합투자업자가 부동산에 대한 투자를 함에 있어서 부동산을 취득하여야 하는 경우에 부동산을 담보로 제공하는

등의 방법으로 그에 필요한 자금을 차입할 수 있도록 하고, 집합투자재산으로 부동산개발에 자금이 필요한 경우에는 그 자금을 대여할 수 있도록 하여 부동산개발사업의 원활한 진행을 가능하도록 한 것이다.

Ⅱ. 부동산 운용 특례규정의 내용

1. 금전차입과 대여

집합투자업자는 법 제83조 제1항 각 호 외의 부분 본문에 불구하고 집합투자재산으로 부동산을 취득하는 경우에는 대통령령으로 정하는 방법에 따라 집합투자기구의 계산으로 금전을 차입할 수 있다(법 94조 1항). 집합투자업자가 ① 법 시행령 제79조 제2항 제5호 각 목의 금융기관, ② 보험회사, ③「국가재정법」에 따른 기금, ④ 다른 부동산집합투자기구, ⑤ 위 ①부터 ④까지에 준하는 외국 금융기관 중의 어느 하나에 해당하는 금융기관 등에게 부동산을 담보로 제공하는 등의 방법으로 금전을 차입하는 것을 말한다. 다만, 집합투자자총회에서 달리 의결한 경우에는 그 의결에 따라 금전을 차입할 수 있다(법 시행령 97조 1항). 위와 같이 차입한 금전은 부동산에 운용하는 방법 외의 방법으로 운용하여서는 아니 된다(법 시행령 97조 8항). 다만, 차입한 금전으로 부동산에 투자할 수 없는 불가피한 사유가 발생하여 일시적으로 현금성 자산에 투자하는 경우는 예외적으로 허용된다(금융투자업규정 4-72조 3항). 집합투자업자가 위 1항에 따라 금전을 차입하는 경우 그 차입금 한도는 다음과 같다(법 시행령 97조 7항).

① 부동산집합투자기구의 계산으로 차입하는 경우 : 그 부동산집합투자기구의 자산총액에서 부채총액을 뺀 가액의 2배. 다만, 집합투자자총회에서 달리 의결한 경우에는 그 의결한 한도 내에서 차입할 수 있다.

② 부동산집합투자기구가 아닌 집합투자기구의 계산으로 차입하는 경우 : 그 집합투자기구에 속하는 부동산 가액의 100분의 100 범위에서 금융위원회가 정하여 고시하는 비율(100분의 70).[1] 이 경우 부동산 가액의 평가는 법 제238조 제2항에 따른 집합투자재산평가위원회가 법 제238조에 따른 집합투자재산평가기준에 따라 정한 가액으로 한다.

또한 집합투자업자는 법 제83조 제4항에 불구하고 집합투자재산으로 부동산개발사업을 영위하는 법인(부동산신탁업자, 그 밖에 대통령령으로 정하는 자, 즉「부동산투자회사법」에 따른 부동산투자회사 또는 다른 집합투자기구를 포함함(법 시행령 97조 2항))에 대하여 대통령령으로 정하는 방법에 따라 금전을 대여할 수 있다(법 94조 2항). 금전대여의 경우에 그 방법은 ① 집합투자규약에서 금전의 대여에 관한 사항을 정하고 있을 것, ② 집합투자업자가 부동산에 대하하

1) 금융투자업규정 제4-72조(부동산의 운용 특례) ② 영 제97조 제7항 제2호에서 "금융위원회가 정하여 고시하는 비율"이란 100분의 70을 말한다.

여 담보권을 설정하거나 시공사 등으로부터 지급보증을 받는 등 대여금을 회수하기 위한 적절한 수단을 확보할 것을 모두 충족하는 방법을 말한다(법 시행령 97조 3항). 위와 같이 대여된 금전은 부동산개발사업을 위하여 필요한 자금으로 사용되어야 할 것이다. 집합투자업자가 법 제94조 제2항에 따라 금전을 대여하는 경우 그 대여금 한도는 해당 집합투자기구의 자산총액에서 부채총액을 뺀 가액의 100분의 100으로 한다(법 시행령 97조 4항).

2. 실사보고서 등

집합투자업자는 집합투자재산으로 부동산을 취득하거나 처분하는 경우에는 그 부동산의 현황, 거래가격, 그 밖에 대통령령으로 정하는 사항(① 부동산의 거래비용, ② 부동산과 관련된 재무자료, ③ 부동산의 수익에 영향을 미치는 요소, ④ 그 밖에 부동산의 거래 여부를 결정함에 있어 필요한 사항으로서 금융위가 정하여 고시하는 사항)이 기재된 실사보고서를 작성·비치하여야 한다(법 94조 3항, 법 시행령 97조 5항). 집합투자업자는 집합투자재산으로 부동산개발사업에 투자하고자 하는 경우에는 추진일정·추진방법, 그 밖에 대통령령으로 정하는 사항(① 건축계획 등이 포함된 사업계획에 관한 사항, ② 자금의 조달·투자 및 회수에 관한 사항, ③ 추정손익에 관한 사항, ④ 사업의 위험에 관한 사항, ⑤ 공사시공 등 외부용역에 관한 사항, ⑥ 담보권 설정 등 부동산과 관련한 권리의 무관계에 관한 사항, 실사자에 관한 사항)이 기재된 사업계획서를 작성하여 「부동산가격공시 및 감정평가에 관한 법률」에 따른 감정평가업자로부터 그 사업계획서가 적정한지의 여부에 대하여 확인을 받아야 하며, 이를 인터넷 홈페이지 등을 이용하여 공시하여야 한다(법 94조 4항, 법 시행령 97조 5항).

3. 부동산등기상 특례

투자신탁재산으로 부동산을 취득하는 경우 「부동산등기법」 제81조를 적용할 때에는 그 신탁원부에 수익자를 기록하지 아니할 수 있다(법 94조 5항).

제95조(청산)

① 금융위원회는 집합투자업을 영위하는 금융투자업자의 청산사무를 감독한다.
② 금융위원회는 청산사무 및 재산의 상황을 검사하거나 재산의 공탁명령, 그 밖에 청산의 감독에 필요한 명령을 할 수 있다.
③ 금융위원회는 집합투자업을 영위하는 금융투자업자가 금융투자업인가의 취소로 인하여 해산한 경우에는 직권으로 청산인을 선임한다.
④ 금융위원회는 집합투자업을 영위하는 금융투자업자가 법원의 명령 또는 판결에 의하여 해산하는 경우와 청산인이 없는 경우에는 직권으로 또는 이해관계인의 청구에 의하여 청산인을 선임한다.
⑤ 금융위원회는 청산인을 선임한 경우에는 집합투자업을 영위하는 금융투자업자에게 보수를 주

게 할 수 있다. 이 경우 보수액은 금융위원회가 정하여 고시한다.

⑥ 금융위원회는 청산인이 업무를 집행함에 있어서 현저하게 부적합하거나 중대한 법령 위반사항이 있는 경우에는 직권으로 또는 이해관계인의 청구에 의하여 청산인을 해임할 수 있다.

Ⅰ. 청산사무의 감독	Ⅱ. 청산인의 선임

Ⅰ. 청산사무의 감독

금융위원회는 집합투자업을 영위하는 금융투자업자의 청산사무를 감독한다(법 95조 1항). 금융위원회는 청산사무 및 재산의 상황을 검사하거나 재산의 공탁명령, 그 밖에 청산의 감독에 필요한 명령을 할 수 있다(법 95조 2항).

Ⅱ. 청산인의 선임

금융위원회는 집합투자업을 영위하는 금융투자업자가 금융투자업인가의 취소로 인하여 해산한 경우에는 직권으로 청산인을 선임한다(법 95조 3항). 상법에 따르면 정관에 다른 정함이 있거나 주주총회에서 타인을 청산인으로 선임한 때를 제외하고, 통상의 경우에는 합병·분할·분할합병 또는 파산의 경우 외에는 이사가 청산인이 되도록 되어 있으며(상법 531조 1항), 위와 같은 규정에 의한 청산인이 없는 경우에는 이해관계인의 청구에 의하여 법원이 청산인을 선임하도록 되어 있다(상법 531조 2항). 법은 금융위원회의 금융투자업자에 대한 후견적 내지 감독적 기능을 인정하여 집합투자업을 영위하는 금융투자업자가 금융투자업인가의 취소로 인하여 해산한 경우에는 금융위원회가 청산인을 직권으로 선임하도록 하고 있다. 또, 금융위원회는 집합투자업을 영위하는 금융투자업자가 법원의 명령 또는 판결에 의하여 해산하는 경우와 청산인이 없는 경우에는 직권으로 또는 이해관계인의 청구에 의하여 청산인을 선임한다(법 95조 4항). 금융위원회는 청산인을 선임한 경우에는 집합투자업을 영위하는 금융투자업자에게 보수를 주게 할 수 있다. 이 경우 보수액은 금융위원회가 정하여 고시한다(법 95조 5항). 금융위원회는 청산인이 업무를 집행함에 있어서 현저하게 부적합하거나 중대한 법령 위반사항이 있는 경우에는 직권으로 또는 이해관계인의 청구에 의하여 청산인을 해임할 수 있다(법 95조 6항).

[초판: 강희주, 개정판: 김미정]

제 3 관 투자자문업자 및 투자일임업자의 영업행위 규칙

第96条(선관의무 및 충실의무)

① 투자자문업자는 투자자에 대하여 선량한 관리자의 주의로써 투자자문에 응하여야 하며, 투자일임업자는 투자자에 대하여 선량한 관리자의 주의로써 투자일임재산을 운용하여야 한다.

② 투자자문업자 및 투자일임업자는 투자자의 이익을 보호하기 위하여 해당 업무를 충실하게 수행하여야 한다.

Ⅰ. 본조의 취지 및 의의

"투자자문업"이란 금융투자상품, 부동산, 지상권, 지역권, 전세권, 임차권, 분양권 등 부동산 관련 권리 및 금융기관에의 예치금(이하 "금융투자상품등")의 가치 또는 금융투자상품등에 대한 투자판단(종류, 종목, 취득·처분, 취득·처분의 방법·수량·가격 및 시기 등에 대한 판단을 말한다)에 관한 자문에 응하는 것을 영업으로 하는 것을 말한다(법 6조 6항). 또한 "투자일임업"이란 투자자로부터 금융투자상품등에 대한 투자판단의 전부 또는 일부를 일임받아 투자자별로 구분하여 그 투자자의 재산상태나 투자목적 등을 고려하여 금융투자상품등을 취득·처분, 그 밖의 방법으로 운용하는 것을 영업으로 하는 것을 말한다(법 6조 7항).

본조는 이러한 투자자문업자와 투자일임업자의 일반적인 행위기준으로서의 선량한 관리자의 주의의무(선관의무)와 충실의무를 명문화한 것이다. 자본시장법은 아래 제98조의 불건전 영업행위의 금지에 대하여는 행정제재, 과태료 및 벌칙을 부과하고 있으나 본조의 위반에 대하여는 이러한 행정제재, 벌칙 및 과태료를 부과하지 않고 있다. 그러나 투자자들은 본조의 위반을 근거로 투자자문업자와 투자일임업자에 대하여 손해배상청구를 할 수 있을 것이다.

Ⅱ. 선관의무의 의의

투자자와 투자자문업자 및 투자일임업자 간의 관계는 민법상 위임관계라 할 수 있다. 따라서 본조의 선관의무도 민법 제681조(수임인은 위임의 본지에 따라 선량한 관리자의 주의로써 위임사무를 처리하여야 한다)의 수임인의 선관의무를 규정한 것으로 이해된다.[1] 선관의무

1) 김정수, 「자본시장법원론」, SFL그룹, 2011, 173쪽.

를 규정한 법들은 선량한 관리자의 주의의무가 무엇인지 정의내리고 있지 않지만, 판례는 선량한 관리자의 주의라 함은 '보통의 주의력을 가진 행위자가 구체적인 상황에서 통상 가져야 할 주의의 정도'라고 판시하고 있는바,[1] 이에 의하면 위임관계의 목적에 따라 구체적 상황에 있는 행위자로서 통상적, 일반적으로 요구되는 주의의 정도를 선량한 관리자의 주의로 볼 수 있다.[2]

투자자문업자와 투자일임업자의 선관의무 역시 투자자문업자 및 투자일임업자라는 지위에서 투자자문 또는 투자일임의 거래를 하는 구체적인 상황에서 통상 가져야 하는 주의의 정도를 기울여야 한다는 의미로 해석된다. 좀 더 구체적인 기준을 위하여 판례를 살펴보면 다음과 같다.

판례는, 투자일임계약에 의하여 고객의 자산을 관리하는 투자자문회사는 고객에 대하여 부담하는 선관주의의무의 당연한 내용으로서 우선 고객의 투자목적, 투자경험, 위험선호의 정도 및 투자예정기간 등을 미리 파악하여 그에 적합한 투자방식을 선택하여 투자하여야 하고, 조사된 투자목적에 비추어 볼 때 과도한 위험을 초래하는 거래행위를 감행하여 고객의 재산에 손실을 가한 때에는 그로 인한 손해를 배상할 책임이 있으나, 고객의 투자목적 등은 지극히 다양하므로, 어느 특정한 상품에 투자하거나 어떠한 투자전략을 채택한 데에 단지 높은 위험이 수반된다는 사정만으로 일률적으로 선관주의의무를 위반한 것이라고 단정할 수는 없다고 판시하고 있다.[3]

위 판례의 내용을 기초로 볼 때, 투자자문업자와 투자일임업자의 선관의무 위반으로 인한 책임을 면하기 위해서는, 우선 (i) 고객의 투자목적, 투자경험, 위험선호의 정도 및 투자예정기간 등을 미리 파악해야 하고, (ii) 위 투자목적, 성향 등에 적합한 투자방식을 선택하여야 하며, (iii) 위 투자 목적, 성향 등에 비추어 볼 때 과도한 위험을 초래하는 거래행위를 감행하거나 감행하도록 자문을 해서는 안 될 것이다.

다만, 선량한 관리자의 주의의무는 결과책임이 아니므로, 투자자문업자 및 투자일임업자가 그 업계에서 통상적, 일반적으로 가져야 하는 주의를 가지고 업무를 처리한 경우에는 선관주의 의무에 위반하였다고 해석될 수 없을 것이다. 즉, 결과적으로 고객들이 투자 손실을 입었다고 하여 바로 선량한 관리자로서의 주의의무를 다하지 못하였다고 할 수 없고 투자자문이나 투자일임 업무를 수행하는 과정에서 통상적으로 볼 때 현저한 불합리가 없는 한 그 투자 판단은 허용되는 재량의 범위 내의 것으로서 고객에 대한 선량한 관리자의 주의의무 내지 충실의무를 다한 것으로 인정될 것이다[4].

---

1) 대법원 1986. 3. 26. 선고 84다카1923 판결 참조.
2) 「주석민법, 채권각칙(4)」, 박영사, 1999, 388쪽.
3) 대법원 2008. 9. 11. 선고 2006다53856 판결; 서울남부지방법원 2010. 7. 23. 선고 2009가합13300 판결 참조.
4) 대법원 2008. 9. 11. 선고 2006다53856 판결 참조.

Ⅲ. 충실의무의 의의

본조는 자본시장법 제정 전에는 투자자의 이익을 보호하여야 한다고 규정되어 있었으나, 현재는 투자자의 이익을 보호하기 위하여 해당 업무를 충실하게 수행하여야 한다는 내용으로 충실의무를 부가하였다.

본조의 충실의무는 상법상 이사의 충실의무를 인용한 것으로 보고 있다.[1] 충실의무를 규정하고 있는 상법 제382조의3은 "이사의 충실의무"라는 표제 하에 "이사는 법령과 정관의 규정에 따라 회사를 위하여 그 직무를 충실하게 수행하여야 한다"는 규정을 두고 있다. 여기서 충실의무란 통상 이사가 회사의 업무를 처리하는 데에 있어서 일심 전력을 다하고 특히 회사와 이사의 이해관계가 충돌하는 경우에는 회사의 이익을 우선시킬 의무를 의미한다고 한다.[2]

위 충실의무와 본조 제1항의 선관의무와의 관계에 대하여 학설이 대립한다. 상법학자들 간에 충실의무는 선관의무를 구체적으로 부연 설명한 것에 불과하다는 同質說[3]과 선관의무와는 다른 영미법상 본래의 충실의무를 규정한 것이라는 異質說[4]이 대립하고 있다.

충실의무와 선관의무와의 관계에 대하여 위와 같이 동질설과 이질설이 있고 본조의 충실의무 역시 이사의 충실의무를 인용한 것이므로 동일한 학설대립이 가능할 것이다. 다만, 동질설과 이질설의 학설대립에도 불구하고, 본조에서 충실의무를 규정함으로써, 투자자와 투자자문업자 및 투자일임업자의 이해관계가 대립될 경우 투자자의 이익을 우선하여야 하는 의무는 명시적으로 인정된 것이라 하겠다.[5]

第97조(계약의 체결)

① 투자자문업자 또는 투자일임업자는 일반투자자와 투자자문계약 또는 투자일임계약을 체결하고자 하는 경우에는 다음 각 호의 사항을 기재한 서면자료를 미리 일반투자자에게 교부하여야 한다.

1. 투자자문의 범위 및 제공방법 또는 투자일임의 범위 및 투자대상 금융투자상품
2. 투자자문업 또는 투자일임업의 수행에 관하여 투자자문업자 또는 투자일임업자가 정하고 있는 일반적인 기준 및 절차

---

1) 「주석 금융법 Ⅲ」, 2013, 603쪽.

2) 「주석상법, 회사법 3」, 2003, 198쪽.

3) 손주찬, 「상법(상)」, 박영사, 2002, 841쪽; 정찬형, 「회사법강의」, 박영사, 2002, 598쪽; 이철송, 전게서(2009), 591쪽; 최기원, 「신회사법론」, 박영사, 2001, 614쪽; 최준선, 「회사법」, 삼영사, 2007, 457쪽.

4) 강위두, 「회사법」, 형설출판사, 2000, 539쪽; 정동윤, 「회사법」, 법문사, 2001, 431쪽; 권기범, 「현대회사법론」, 삼지원, 2001, 650쪽; 임홍근, 전게서(2000), 501쪽; 이기수/유진희/이동승, 「회사법(상법강의 Ⅱ)」, 박영사, 2002, 340쪽.

5) 김정수, 전게서(2011), 174쪽.

3. 투자자문업 또는 투자일임업을 실제로 수행하는 임직원의 성명 및 주요경력
4. 투자자와의 이해상충방지를 위하여 투자자문업자 또는 투자일임업자가 정한 기준 및 절차
5. 투자자문계약 또는 투자일임계약과 관련하여 투자결과가 투자자에게 귀속된다는 사실 및 투자자가 부담하는 책임에 관한 사항
6. 수수료에 관한 사항
7. 투자실적의 평가 및 투자결과를 투자자에게 통보하는 방법(투자일임계약의 경우에 한한다)
8. 그 밖에 투자자가 계약체결 여부를 결정하는 데에 중요한 판단기준이 되는 사항으로서 대통령령으로 정하는 사항

② 투자자문업자 또는 투자일임업자는 일반투자자와 투자자문계약 또는 투자일임계약을 체결하는 경우 제59조 제 1 항에 따라 일반투자자에게 교부하는 계약서류에 다음 각 호의 사항을 기재하여야 한다. 이 경우 그 기재내용은 제 1 항에 따라 교부한 서면자료에 기재된 내용과 달라서는 아니 된다.

1. 제 1 항 각 호의 사항
2. 계약당사자에 관한 사항
3. 계약기간 및 계약일자
4. 계약변경 및 계약해지에 관한 사항
5. 투자일임재산이 예탁된 투자매매업자·투자중개업자, 그 밖의 금융기관의 명칭 및 영업소명

시행령 제**98**조(계약의 체결) 법 제97조 제 1 항 제 8 호에서 "대통령령으로 정하는 사항"이란 다음 각 호의 사항을 말한다.

1. 임원 및 대주주에 관한 사항
2. 투자일임계약인 경우에는 투자자가 계약개시 시점에서 소유할 투자일임재산의 형태와 계약종료 시점에서 소유하게 되는 투자일임재산의 형태
3. 투자일임재산을 운용할 때 적용하는 투자방법에 관한 사항
4. 법 제99조 제 1 항에 따른 투자일임보고서(이하 "투자일임보고서"라 한다)의 작성대상 기간
5. 그 밖에 투자자가 계약체결 여부를 결정하는 데에 중요한 판단기준이 되는 사항으로서 금융위원회가 정하여 고시하는 사항

Ⅰ. 본조의 취지

법은 고객을 투자위험 감수능력에 따라 일반투자자와 전문투자자로 구분하고(법 9조 5항·6항), 금융투자회사에 대해서는 고객을 항상 일반투자자와 전문투자자로 구분하여 관

리하도록 의무화하고 있다. 즉 일반투자자에 대하여 설명의무·적합성 원칙 등 강화된 투자자 보호 장치를 적용하고(법 46조, 47조), 전문투자자에 대해서는 투자자보호 규제를 적용하지 않음으로써 투자자 보호와 영업활동 자유 간의 균형을 도모하고 있다. 전문투자자는 ① 국가, ② 한국은행, ③ 금융기관, ④ 주권상장법인, ⑤ 기타로 구성되며, ③과 ⑤의 세부범위는 시행령(법 시행령 10조)에 위임하고 있다(법 9조 5항). 또한 전문투자자 중 전문성이 다소 낮은 투자자에 대해서는 본인 의사에 따라 일반투자자로의 전환을 허용하고 있다(법 9조 5항 단서).

본조는 위와 같은 전문투자자가 아닌 일반투자자를 보호하기 위하여, 투자자문업자 또는 투자일임업자가 투자자문계약 또는 투자일임계약을 체결할 때 서면자료 교부의무와 서면계약서 기재사항에 대하여 규정하고 있다. 따라서 본조는 전문투자자인 고객과 계약을 체결할 때에는 적용이 되지 않는다.

Ⅱ. 투자자문계약 또는 투자일임계약의 체결

1. 계약체결 전 서면자료의 교부

투자자문업자 또는 투자일임업자는 일반투자자와 투자자문계약 또는 투자일임계약을 체결하고자 하는 경우에는 다음의 사항을 기재한 서면자료를 미리 일반투자자에게 교부하여야 한다(법 97조 1항).

① 투자자문의 범위 및 제공방법 또는 투자일임의 범위 및 투자대상 금융투자상품

② 투자자문업 또는 투자일임업의 수행에 관하여 투자자문업자 또는 투자일임업자가 정하고 있는 일반적인 기준 및 절차

③ 투자자문업 또는 투자일임업을 실제로 수행하는 임직원의 성명 및 주요경력

④ 투자자와의 이해상충방지를 위하여 투자자문업자 또는 투자일임업자가 정한 기준 및 절차

⑤ 투자자문계약 또는 투자일임계약과 관련하여 투자결과가 투자자에게 귀속된다는 사실 및 투자자가 부담하는 책임에 관한 사항

⑥ 수수료에 관한 사항

⑦ 투자실적의 평가 및 투자결과를 투자자에게 통보하는 방법(투자일임계약의 경우에 한함)

⑧ 그 밖에 투자자가 계약체결 여부를 결정하는 데에 중요한 판단기준이 되는 사항으로서 다음의 사항(법 시행령 98조)

i) 임원 및 대주주에 관한 사항

ii) 투자일임계약의 경우 투자자가 계약개시 시점에서 소유할 투자일임재산의 형태와 계약종료 시점에서 소유하게 되는 투자일임재산의 형태

iii) 투자일임재산을 운용함에 있어 적용하는 투자방법에 관한 사항

iv) 투자일임보고서(법 제99조 제 1 항에 따른 투자일임보고서를 말함)의 작성대상 기간

v) 그 밖에 투자자가 계약체결 여부를 결정하는 데에 중요한 판단기준이 되는 사항으로서 금융위원회가 정하여 고시하는 사항으로 다음 중 어느 하나에 해당하는 사항(금융투자업규정 4-73조)

a. 투자자는 투자일임자산의 운용에 대하여 합리적인 제한(투자일임계약에서 정한 바에 따라 운용조건 등을 변경하는 것을 말한다)을 두거나 특정증권 등의 취득·처분 및 계약의 해지를 요구할 수 있으며, 투자일임업자는 투자일임계약에서 정한 특별한 사유가 없는 한 투자자의 합리적인 제한 또는 특정증권 등의 취득·처분 및 계약의 해지 요구에 대하여 응할 의무가 있다는 사항

b. 투자자에 대하여 매 분기 1회 이상 투자자의 재무상태, 투자목적 등의 변경여부를 확인하고, 변경된 내용에 부합하도록 투자일임자산을 운용한다는 사항 및 투자자가 4회(계약한 연도에는 3회) 이상 재무상태, 투자목적 등 변경에 대하여 회신하지 않을 경우 투자일임계약을 해지할 수 있다는 사항

c. 투자일임계약을 체결한 투자자는 자기의 재무상태, 투자목적 등에 대하여 투자일임업자의 임·직원에게 상담을 요청할 수 있으며, 투자일임업자의 임·직원은 그 상담요구에 대하여 응한다는 사항

d. 투자일임업자와 주로 거래하는 투자매매업자·투자중개업자가 있는 경우 그 명칭 및 이해관계의 내용에 관한 사항

e. 당해 임직원이 과거에 내부자 거래, 시세조종, 부정거래행위 등 위법행위로 형사제재를 받았거나 금융위원회로부터 법 제422조 제 1 항 제 1 호부터 제 5 호까지 또는 같은 조 제 2 항 제 1 호부터 제 6 호까지의 조치를 받은 사실이 있는 경우 그 사항

f. 법 제98조 및 영 제99조에서 정하고 있는 투자자문업자 또는 투자일임업자의 금지행위에 관한 사항

g. 성과보수는 기준지표(제4-65조 제 1 항에 따른 요건을 충족하는 기준지표를 말한다)에 연동하여 산정한다는 사실. 단 투자일임업자와 투자자의 합의에 의해 달리 정할 수 있다.

2. 계약의 체결

투자자문업자 또는 투자일임업자는 일반투자자와 투자자문계약 또는 투자일임계약을 체결하는 경우 계약서류를 지체 없이 일반투자자에게 교부하여야 하는데 그 교부하는 계약서류에 다음의 사항을 기재하여야 한다. 이 경우 그 기재내용은 계약체결 전 교부한 서면자료에 기재된 내용과 달라서는 아니 된다(법 97조 2항).

① 법 제97조 제 1 항 각 호의 사항

② 계약당사자에 관한 사항

③ 계약기간 및 계약일자

④ 계약변경 및 계약해지에 관한 사항

⑤ 투자일임재산이 예탁된 투자매매업자·투자중개업자, 그 밖의 금융기관의 명칭 및 영업소명

Ⅲ. 위반시 제재

1. 행 정 벌

금융위원회는 투자자문업자 또는 투자일임업자가 본조를 위반할 경우 투자자문업자 또는 투자일임업자 및 해당 임직원에게 필요한 조치를 취할 수 있다(법 420조, 422조[별표 1]).

2. 본조의 규정을 위반한 투자자문계약 및 투자일임계약의 효력

본조에는 본조의 규정에 위반하여 체결한 투자자문계약 및 투자일임계약의 효력에 대하여는 언급이 없으므로, 이러한 의무를 위반한 투자자문계약 및 투자일임계약을 어떻게 해석하여야 할 것인지에 대하여 의문이 있을 수 있다. 본조의 규정은 일반투자자 보호를 위한 규제로서 단속규정으로 계약의 효력에는 영향이 없는 것으로 보는 것이 타당하다고 생각한다. 해당 조항이 단속규정인지 여부에 대하여는 효력에 관한 별도의 규정 의무, 금지규정이 속한 법률의 입법취지, 금지규정의 반사회성을 들고 있다. 본조의 규정에는 효력에 대한 별도 규정이 없고 본조를 위반한 계약을 무효로 하였을 경우 보호되는 공익 보다는 무효로 인하여 생길 사법질서의 교란이 더 크므로 본조는 단속규정이라고 해석하는 것이 타당하다고 본다.[1)]

[초판: 안성포, 개정판: 신영재]

第98条(불건전 영업행위의 금지)

① 투자자문업자 또는 투자일임업자는 다음 각 호의 어느 하나에 해당하는 행위를 하여서는 아니 된다. 다만, 투자자 보호 및 건전한 거래질서를 해할 우려가 없는 경우로서 대통령령으로 정하는 경우에는 이를 할 수 있다.

1. 투자자로부터 금전·증권, 그 밖의 재산의 보관·예탁을 받는 행위
2. 투자자에게 금전·증권, 그 밖의 재산을 대여하거나 투자자에 대한 제삼자의 금전·증권, 그

1) 김동훈, "민사판례연구－단속규정과 효력규정, 무효의 효과,"「고시연구」, 2003, 125쪽.

밖의 재산의 대여를 중개·주선 또는 대리하는 행위

3. 투자권유자문인력 또는 투자운용인력이 아닌 자에게 투자자문업 또는 투자일임업을 수행하게 하는 행위
4. 계약으로 정한 수수료 외의 대가를 추가로 받는 행위
5. 투자자문에 응하거나 투자일임재산을 운용하는 경우 금융투자상품등의 가격에 중대한 영향을 미칠 수 있는 투자판단에 관한 자문 또는 매매 의사를 결정한 후 이를 실행하기 전에 그 금융투자상품등을 자기의 계산으로 매매하거나 제삼자에게 매매를 권유하는 행위

② 투자일임업자는 투자일임재산을 운용함에 있어서 다음 각 호의 어느 하나에 해당하는 행위를 하여서는 아니 된다. 다만, 투자자 보호 및 건전한 거래질서를 해할 우려가 없는 경우로서 대통령령으로 정하는 경우에는 이를 할 수 있다.

1. 정당한 사유 없이 투자자의 운용방법의 변경 또는 계약의 해지 요구에 응하지 아니하는 행위
2. 자기 또는 관계인수인이 인수한 증권을 투자일임재산으로 매수하는 행위
3. 자기 또는 관계인수인이 대통령령으로 정하는 인수업무를 담당한 법인의 특정증권등(제172조 제1항의 특정증권등을 말한다. 이하 이 호에서 같다)에 대하여 인위적인 시세(제176조 제2항 제1호의 시세를 말한다)를 형성하기 위하여 투자일임재산으로 그 특정증권등을 매매하는 행위
4. 특정 투자자의 이익을 해하면서 자기 또는 제삼자의 이익을 도모하는 행위
5. 투자일임재산으로 자기가 운용하는 다른 투자일임재산, 집합투자재산 또는 신탁재산과 거래하는 행위
6. 투자일임재산으로 투자일임업자 또는 그 이해관계인의 고유재산과 거래하는 행위
7. 투자자의 동의 없이 투자일임재산으로 투자일임업자 또는 그 이해관계인이 발행한 증권에 투자하는 행위
8. 투자일임재산을 각각의 투자자별로 운용하지 아니하고 여러 투자자의 자산을 집합하여 운용하는 행위
9. 투자자로부터 다음 각 목의 행위를 위임받는 행위
가. 투자일임재산을 예탁하는 투자매매업자·투자중개업자, 그 밖의 금융기관을 지정하거나 변경하는 행위
나. 투자일임재산을 예탁하거나 인출하는 행위
다. 투자일임재산에 속하는 증권의 의결권, 그 밖의 권리를 행사하는 행위
10. 그 밖에 투자자 보호 또는 건전한 거래질서를 해할 우려가 있는 행위로서 대통령령으로 정하는 행위

시행령 제**99**조(불건전 영업행위의 금지) ① 법 제98조 제1항 각 호 외의 부분 단서에서 "대통령령으로 정하는 경우"란 다음 각 호의 경우를 말한다.

1. 법 제98조 제1항 제1호 및 제2호를 적용할 때 투자자문업자 또는 투자일임업자가 다른 금융투자업, 그 밖의 금융업을 겸영하는 경우로서 그 겸영과 관련된 해당 법령에서 법 제98조 제1항 제1호 및 제2호에 따른 행위를 금지하지 아니하는 경우

2. 법 제98조 제1항 제5호를 적용할 때 다음 각 목의 어느 하나에 해당하는 경우
   가. 투자자문 또는 투자일임재산의 운용과 관련한 정보를 이용하지 아니하였음을 증명하는 경우
   나. 차익거래 등 투자자문 또는 투자일임재산의 운용과 관련한 정보를 의도적으로 이용하지 아니하였다는 사실이 객관적으로 명백한 경우

② 법 제98조 제2항 각 호 외의 부분 단서에서 "대통령령으로 정하는 경우"란 다음 각 호의 경우를 말한다.

1. 삭제
2. 법 제98조 제2항 제2호를 적용할 때 인수일부터 3개월이 지난 후 매수하는 경우

2의2. 법 제98조 제2항 제2호를 적용할 때 인수한 증권이 국채증권, 지방채증권, 「한국은행법」 제69조에 따른 한국은행통화안정증권, 특수채증권, 그 밖에 제10조 제2항 제1호·제9호·제10호·제12호·제13호에 해당하는 금융기관이 발행한 채권(투자자 보호 및 건전한 거래질서를 위하여 금융위원회가 정하여 고시하는 발행조건, 거래절차 등의 기준을 충족하는 채권으로 한정한다) 중 어느 하나에 해당하는 경우

3. 법 제98조 제2항 제6호를 적용할 때 다음 각 목의 어느 하나에 해당하는 경우
   가. 이해관계인이 되기 6개월 이전에 체결한 계약에 따른 거래인 경우
   나. 증권시장 등 불특정 다수인이 참여하는 공개시장을 통한 거래인 경우
   다. 일반적인 거래조건에 비추어 투자일임재산에 유리한 거래인 경우
   라. 환매조건부매매
   마. 투자일임업자 또는 이해관계인의 중개·주선 또는 대리를 통하여 금융위원회가 정하여 고시하는 방법에 따라 투자일임업자 또는 이해관계인이 아닌 자와 행하는 투자일임재산의 매매
   바. 이해관계인이 매매중개(금융위원회가 정하여 고시하는 매매형식의 중개를 말한다)를 통하여 채무증권, 원화로 표시된 양도성 예금증서 또는 어음(기업어음증권은 제외한다)을 그 이해관계인과 매매하는 경우
   사. 투자에 따르는 위험을 회피하기 위하여 투자일임재산으로 상장지수집합투자기구의 집합투자증권을 차입하여 매도하는 거래인 경우
   아. 그 밖에 금융위원회가 투자자의 이익을 해칠 염려가 없다고 인정하는 경우
4. 법 제98조 제2항 제8호를 적용할 때 개별 투자일임재산을 효율적으로 운용하기 위하여 투자대상자산의 매매주문을 집합하여 처리하고, 그 처리 결과를 투자일임재산별로 미리 정하여진 자산배분명세에 따라 공정하게 배분하는 경우
5. 법 제98조 제2항 제9호 다목을 적용할 때 다음 각 목의 어느 하나에 해당하는 경우
   가. 주식매수청구권의 행사
   나. 공개매수에 대한 응모
   다. 유상증자의 청약
   라. 전환사채권의 전환권의 행사
   마. 신주인수권부사채권의 신주인수권의 행사
   바. 교환사채권의 교환청구
   사. 파생결합증권의 권리의 행사
   아. 법 제5조 제1항 제2호에 따른 권리의 행사

③ 법 제98조 제2항 제3호에서 "대통령령으로 정하는 인수업무"란 발행인이나 매출인으로부터 직접 증권의 인수를 의뢰받아 인수조건 등을 정하는 업무를 말한다.

④ 법 제98조 제2항 제10호에서 "대통령령으로 정하는 행위"란 다음 각 호의 어느 하나에 해당하는 행위를 말한다.

1. 법 제9조 제5항 단서에 따라 일반투자자와 같은 대우를 받겠다는 전문투자자(제10조 제1항 각 호의 자는 제외한다)의 요구에 정당한 사유 없이 동의하지 아니하는 행위
2. 투자일임계약을 위반하여 투자일임재산을 운용하는 행위
3. 투자일임의 범위, 투자목적 등을 고려하지 아니하고 투자일임재산으로 금융투자상품을 지나치게 자주 매매하는 행위
4. 투자자(투자자가 법인, 그 밖의 단체인 경우에는 그 임직원을 포함한다) 또는 거래상대방(거래상대방이 법인, 그 밖의 단체인 경우에는 그 임직원을 포함한다) 등에게 업무와 관련하여 금융위원회가 정하여 고시하는 기준을 위반

하여 직접 또는 간접으로 재산상의 이익을 제공하거나 이들로부터 제공받는 행위
5. 법 제55조 및 제98조에 따른 금지 또는 제한을 회피할 목적으로 하는 행위로서 장외파생상품거래, 신탁계약, 연계거래 등을 이용하는 행위
6. 채권자로서 그 권리를 담보하기 위하여 백지수표나 백지어음을 받은 행위
7. 그 밖에 투자자 보호 또는 건전한 거래질서를 해칠 염려가 있는 행위로서 금융위원회가 정하여 고시하는 행위

금융투자업규정 제**4-77**조(불건전 영업행위의 금지) 영 제99조 제 4 항 제 7 호에서 "금융위원회가 정하여 고시하는 행위"란 다음 각 호의 어느 하나에 해당하는 행위를 말한다.
1. 불특정다수의 투자일임재산을 통합하여 운용할 목적으로 설계된 상품을 불특정다수의 투자자에게 제공하는 행위
2. 투자자의 동의를 얻지 아니하고 투자운용인력을 교체하는 행위. 다만, 투자일임계약에서 부득이하다고 기재한 경우를 제외한다.
3. 투자일임재산의 운용내역 및 자산의 평가가액에 대한 투자자의 조회를 거부하거나 방해하는 행위
4. 특정 증권 등의 취득과 처분을 각 계좌재산의 일정비율로 정한 후 여러 계좌의 주문을 집합하는 행위. 다만, 제 5 호에 따라 투자자를 유형화한 경우 각 유형에 적합한 방식으로 투자일임재산을 운용하는 경우에는 그러하지 아니하다.
5. 투자자의 연령·투자위험 감수능력·투자목적·소득수준·금융자산의 비중 등 재산운용을 위해 고려가능한 요소를 반영하여 투자자를 유형화하고 각 유형에 적합한 방식으로 투자일임재산을 운용하지 않는 행위
6. 제4-73조 제 2 호에 따라 매 분기 1회 이상 투자자의 재무상태, 투자목적 등의 변경여부를 확인한 후 변경상황을 재산운용에 반영하지 아니하는 행위
7. 투자일임업을 경영하는 투자중개업자가 투자중개업무와 투자일임업무를 결합한 자산관리계좌(이하 "맞춤식 자산관리계좌(Wrap Account)"라 한다)를 운용함에 있어 투자일임재산에 비례하여 산정하는 투자일임수수료 외에 위탁매매수수료 등 다른 수수료를 부과하는 행위
8. 성과보수를 수취하는 경우 기준지표(제4-65조 제 1 항에 따른 요건을 충족하는 기준지표를 말한다)에 연동하여 산정하지 않는 행위. 단 투자일임업자와 투자자간 합의에 의해 달리 정한 경우에는 그러하지 아니하다.
9. 투자일임재산을 운용하지 않는 임직원이 투자일임재산에 편입된 금융투자상품의 취득·처분 등 투자일임재산의 운용에 관하여 투자자에게 상담하는 행위. 다만 투자일임재산을 운용하는 자가 상담일로부터 2주전에 투자일임재산에 편입된 금융투자상품에 대하여 작성한 자료에 근거할 경우에는 그러하지 아니하다.
10. 고유재산운용업무와 투자일임재산간 법 제45조 제 1 항 제 1 호에 해당하는 행위
11. 투자광고의 내용에 특정 투자일임계좌의 수익률 또는 여러 투자일임계좌의 평균수익률을 제시하는 행위
12. 투자권유시 제 5 호에 따라 투자자를 유형화한 경우 월별, 분기별 등 일정기간동안의 각 유형별 가중평균수익률과 최고·최저수익률을 같이 제시하는 행위 이외의 방법으로 수익률을 제시하는 행위
13. 투자자문업자로부터 투자자문을 받은 투자일임업자는 법 제96조의 선관의무 및 충실의무에 위반하여 내부적인 투자판단 과정없이 투자일임재산을 운용하는 행위
14. 수시입출방식으로 투자일임 계약을 체결하고 투자일임재산을 운용하면서 다음 각 목의 사항을 준수하지 아니하는 행위
   가. 투자일임재산을 거래일과 결제일이 동일한 자산으로 운용할 것
   나. 투자일임재산으로 운용할 수 있는 채무증권(금융기관이 발행·매출·중개한 어음을 포함한다)은 취득시점을 기준으로 신용평가업자의 신용평가등급(둘 이상의 신용평가업자로부터 신용평가등급을 받은 경우에는 그 중 낮은 신용평가등급이고, 세분류하지 않은 신용평가등급을 말한다. 이하 이 조에서 같다)이 최상위등급 또는 최상위등급의 차하위등급 이내일 것.
   다. 투자일임재산의 남은 만기의 가중평균된 기간이 90일 이내일 것
   라. 투자일임재산을 잔존만기별로 구분하여 관리하고 다음에 해당하는 비율을 유지할 것. (이 경우 제7-16조 제 5 항을 준용한다)
   (1) 제7-16조 제 3 항 각 호에 해당하는 자산의 비율 : 100분의 10 이상

(2) 제7-16조 제4항 각 호에 해당하는 자산의 비율 : 100분의 30 이상

15. 투자일임재산으로 투자일임업자 또는 그 계열회사가 발행한 증권에 다음 각 목의 어느 하나에 해당하는 기준을 초과하여 투자하는 행위
   가. 지분증권의 경우 : 각 투자일임재산 총액을 기준으로 100분의 50
   나. 지분증권을 제외한 증권(집합투자증권, 파생결합증권 및 법 제110조에 따른 수익증권은 제외한다)의 경우 : 전체 투자일임재산을 기준으로 계열회사 전체가 그 투자일임업자에 대하여 출자한 비율에 해당하는 금액[계열회사 전체가 소유하는 그 투자일임업자의 의결권 있는 주식수를 그 투자일임업자의 의결권 있는 발행주식 총수로 나눈 비율에 그 투자일임업자의 자기자본(자기자본이 자본금 이하인 경우에는 자본금을 말한다)을 곱한 금액을 말한다]
16. 제15호에 불구하고 투자일임재산을 투자일임업자의 계열회사가 발행한 고위험 채무증권 등에 운용하는 행위
17. 투자자문·일임업자가 영 제373조 제4항 제1호에 따른 등록취소를 회피할 목적으로 고유재산, 이해관계인 또는 특수관계인의 재산만을 이용하거나, 허위 또는 이면계약 체결 등을 하는 행위

Ⅰ. 투자자문업자 또는 투자일임업자의 불건전 영업행위

투자자문업자 또는 투자일임업자에게 금지되는 행위가 불건전 영업행위로 열거되어 있는데 각각의 내용을 살펴보면 다음과 같다.

① 투자자로부터 금전·증권, 그 밖의 재산의 보관·예탁을 받는 행위가 금지된다(법 98조 1항 1호). 증권회사는 자산을 예탁한 고객에게 투자자문을 제공하기도 하고, 투자일임재산을 예탁받아 운용하기도 하는데, 이러한 보관 및 예탁은 증권회사가 투자중개업자 또는 투자매매업자로서 하는 것일 뿐 투자자문업자나 투자일임업자로서 하는 것이 아니다. 증권회사와 달리 투자매매업이나 투자중개업 인가 없이 투자일임업만을 영위하는 자는 투자자가 증권회사에 개설한 계좌를 이용하여 투자자의 자산을 운용할 뿐 스스로 투자자의 자산을 보관·예탁받는 일을 할 수 없다.[1] 상대적으로 높은 자기자본요건과 인력과 전산설비 등의 물적 설비에 관한 인가요건을 적용받고(법 12조, 법 시행령 16조), 투자자예탁금의 별도예치(법 74조), 투자자예탁증권의 예탁(법 75조) 등 규제를 적용받는 투자매매업자나 투자중개업자와 달리 투자자문업자나 투자일임업자에 대하여는 이와 같은 투자자 보호장치가 적용되지 않기 때문이다.

1) 투자자문업만을 영위하면 수익성이 낮아 실제로는 '투자자문사'라는 명칭을 사용하면서 투자자문업과 투자일임업을 동시에 영위하는 회사가 대부분이다. 이 경우 투자일임업을 영위하는 투자자문사는 투자자가 증권회사에 계좌를 개설하고 투자일임업자를 해당 계좌의 주문대리인으로 지정하도록 한 후, 주문대리인으로서 증권회사에 주문을 제출하여 투자일임재산을 운용하게 된다.

② 투자자에게 금전·증권, 그 밖의 재산을 대여하거나 투자자에 대한 제삼자의 금전·증권, 그 밖의 재산의 대여를 중개·주선 또는 대리하는 행위가 금지된다(법 98조 1항 2호). 증권회사는 대출주선업무 및 증권대차업무를 겸영업무로 수행하고 있는데, 본 금지규정으로 인하여 투자일임재산을 대출이나 증권대차의 방식으로 운용하는 것은 허용되지 않는다. 대출채권의 중개 역시 그 거래실질에 따라 대출로 해석될 가능성이 있다는 점에 유의할 필요가 있다.

다만, ① 및 ②의 금지행위는 투자자문업자 또는 투자일임업자가 다른 금융투자업, 그 밖의 금융업을 겸영하는 경우로서 그 겸영과 관련된 해당 법령에서 해당 행위를 금지하지 아니하는 경우에는 그 예외가 인정된다(법 시행령 99조 1항 1호).

③ 투자권유자문인력 또는 투자운용인력이 아닌 자에게 투자자문업 또는 투자일임업을 수행하게 하는 행위가 금지된다(법 98조 1항 3호). 투자권유자문인력이나 투자운용인력의 전문성에 따라 투자성과가 좌우되므로 자격요건을 충족하는 자에 대하여만 해당 업무를 허용하고 있는 것이다.

④ 계약으로 정한 수수료 외의 대가를 추가로 받는 행위가 금지된다(법 98조 1항 4호). 따라서 투자자문 또는 투자일임업무를 수행함에 있어 예상하지 못한 추가 비용이 발생된다 하더라도 이를 투자자에게 추가로 청구할 수는 없다.

⑤ 투자자문에 응하거나 투자일임재산을 운용하는 경우 금융투자상품등의 가격에 중대한 영향을 미칠 수 있는 투자판단에 관한 자문 또는 매매 의사를 결정한 후 이를 실행하기 전에 그 금융투자상품등을 자기의 계산으로 매매하거나 제삼자에게 매매를 권유하는 행위가 금지된다(법 98조 1항 5호). 투자자문업자나 투자일임업자의 선행매매행위를 금지하는 규정인데, 투자자문 또는 투자일임재산의 운용과 관련한 정보를 이용하지 아니하였음을 증명하는 경우 또는 차익거래 등 투자자문 또는 투자일임재산의 운용과 관련한 정보를 의도적으로 이용하지 아니하였다는 사실이 객관적으로 명백한 경우에는 본 금지규정 위반에 해당되지 않는다(법 시행령 99조 1항 2호).

Ⅱ. 투자일임업자의 불건전 영업행위

투자일임업자에 대하여 금지되는 불건전 영업행위가 별도로 규정되어 있는데 이는 투자자의 재산을 직접 취득·처분한다는 점에서 보다 엄격한 규제가 필요하기 때문이다. 그 내용을 상술하면 다음과 같다.

① 정당한 사유 없이 투자자의 운용방법의 변경 또는 계약의 해지 요구에 응하지 아니하는 행위가 금지된다(법 98조 2항 1호). 투자일임업자는 본래 투자자로부터 투자판단을 일임받아 투자일임재산을 운용하므로 투자자가 투자일임재산운용에 일일이 관여하지

는 못하나, 대체적인 투자일임의 범위 및 투자대상 금융투자상품등은 투자자가 정할 수 있도록 한 것이다. 투자일임의 범위 및 투자대상 금융투자상품등, 투자자가 투자일임재산의 운용방법을 변경하거나 계약의 해지를 요구할 수 있다는 내용 등은 사전에 서면자료로 투자자에게 교부되어야 한다(법 97조 1항 1호·7호의2).

② 자기 또는 관계인수인이 인수한 증권을 투자일임재산으로 매수하는 행위가 금지된다(법 98조 2항 2호). 자기 또는 관계인수인이 인수한 증권을 투자일임재산으로 매수하도록 할 경우 자기 또는 관계인수인이 부담하여야 하는 인수위험이 부당하게 투자자에게 전가되고, 대상증권에 대한 수요가 부적절하게 형성되어 대상증권의 적정 시장가치가 왜곡될 우려가 있어 이를 금지하고 있다.

이와 관련하여 만일 자기 또는 관계인수인뿐만 아니라 다수의 인수단이 관여된 경우에 자기 또는 관계인수인이 아닌 다른 인수회사를 통하여 증권을 인수하는 것이 가능할 것인가. 이에 대하여 명문의 유권해석은 없으나 금융감독기관은 통상의 인수계약서에 인수단별로 청약물량에 불균형이 발생하는 경우 상호 인수물량을 조정하는 규정이 포함된다는 점을 들어 본 금지규정을 보수적으로 해석해왔다. 즉, 다른 인수회사로부터 해당 증권을 취득하는 경우도 본 금지규정을 위반한 것으로 보는 것이다. 나아가 법 제98조에 따른 금지 또는 제한을 회피할 목적으로 하는 행위로서 장외파생상품거래, 신탁계약, 연계거래 등을 이용하는 행위가 금지되므로(법 시행령 99조 4항 5호), 자기 또는 관계인수인이 인수한 증권을 기초자산으로 하여 일정 기간 동안 그 가치의 증감변동을 주고받는 형태의 스왑거래를 하거나 다른 증권회사로 하여금 해당 증권을 취득하도록 한 후 다시 이를 투자일임재산으로 취득하는 형태의 거래는 할 수 없다.

다만, 인수일부터 3개월이 지난 경우에는 본 금지규정이 적용되지 않는다(법 시행령 99조 2항 2호). 3개월 정도 기간이 경과하면 인수시점 당시의 리스크는 시장상황에 의하여 대부분 희석되어 시장에서 유통되는 다른 증권과 차별성이 없어지고, 투자자 수익을 고려하여 해당 증권을 편입시킬 수요를 무시하고 규제를 지나치게 장기화할 경우 해당 투자일임업자를 역차별하는 결과가 발생될 우려가 있기 때문이다.

또한 대상증권이 국채증권, 지방채증권, 한국은행통화안정증권, 특수채증권, 그 밖에 법 시행령 제10조 제2항 제1호·제9호·제10호·제12호·제13호에 해당하는 금융기관이 발행한 채권(투자자 보호 및 건전한 거래질서를 위하여 금융위원회가 정하여 고시하는 발행조건, 거래절차 등의 기준[1])을 충족하는 채권으로 한정한다)인 경우에도 본 금지규정이 적용되지 않는다(법

1) 금융투자업규정 제4-73조의2(관계인수인과 거래) 영 제99조 제2항 제2호의2에서 "금융위원회가 정하여 고시하는 발행조건, 거래절차 등의 기준"이란 다음 각 호에 모두 해당하는 경우를 말한다.
1. 투자일임업자가 모집의 방법으로 발행되는 채권을 청약을 통하여 매수하며, 그 매수금액이 발행금액의 100분의 30을 초과하지 아니할 것
2. 거래시점을 기준으로 신용평가업자로부터 최상위등급 또는 최상위등급의 차하위등급 이내의 신용

시행령 99조 2항 2호의2). 열거된 채무증권은 투자위험이 크지 않고 공정가격 산정이 용이하다는 점을 고려한 것이다.

③ 자기 또는 관계인수인이 발행인이나 매출인으로부터 직접 증권의 인수를 의뢰받아 인수조건 등을 정하는 업무를 담당한 법인의 특정증권등(172조 1항의 특정증권등을 말한다)에 대하여 인위적인 시세(제176조 제 2 항 제 1 호의 시세를 말한다)를 형성하기 위하여 투자일임재산으로 그 특정증권등을 매매하는 행위가 금지된다(법 98조 2항 3호, 시행령 99조 3항). 한편 법 제176조에서 금지되는 시세조종행위는, 상장증권 또는 장내파생상품의 매매에 관하여 (i) 그 매매가 성황을 이루고 있는 듯이 잘못 알게 하거나, 그 밖에 타인에게 그릇된 판단을 하게 할 목적으로 통정매매 또는 가장매매 등을 하는 행위, (ii) 매매를 유인할 목적으로 시세를 변동시키는 매매 등을 하는 행위, (iii) 시세를 고정시키거나 안정시킬 목적으로 일련의 매매 등을 하는 행위를 말한다. 본 금지규정은 법 제176조와 달리 일정한 목적이나 행위유형을 정하지 않고 인위적인 시세를 형성하기 위하여 투자일임재산을 특정증권등의 매매에 이용하기만 하면 본 금지규정 위반이 인정되는 것으로 정하고 있다. 만일 본 금지규정을 위반한 행위가 법 제176조의 시세조종행위에도 해당된다면, 죄수론(罪數論)상 상상적 경합에 해당될 것이다.

④ 특정 투자자의 이익을 해하면서 자기 또는 제삼자의 이익을 도모하는 행위가 금지된다(법 98조 2항 4호).

⑤ 투자일임재산으로 자기가 운용하는 다른 투자일임재산, 집합투자재산 또는 신탁재산과 거래하는 행위가 금지된다(법 98조 2항 5호). 본 금지규정은 특정 투자일임재산과 투자일임업자가가 운용하는 다른 투자일임재산, 집합투자재산 또는 신탁재산 간에 상호 이해상충이 발생되지 못하도록 개연성 자체를 차단한 것이다. ④의 행위와 달리 특정 투자자의 이익을 해할 것을 요구하지 않으므로, 모든 투자자에게 이익이 되는 거래라 할지라도 본 금지규정을 위반한 것이 된다. 신탁업자에 대하여는 신탁재산간 상호 이익이 되는 범위 내에서 신탁재산간의 자전거래가 예외적으로 허용되나(법 시행령 109조 1항 3호), 투자일임업자에 대하여는 이러한 예외가 인정되지 않는다는 점을 유념할 필요가 있다.

⑥ 투자일임재산으로 투자일임업자 또는 그 이해관계인의 고유재산과 거래하는 행위가 금지된다(법 98조 2항 6호). 다만, (i) 이해관계인이 되기 6개월 이전에 체결한 계약에 따른 거래인 경우, (ii) 증권시장 등 불특정 다수인이 참여하는 공개시장을 통한 거래인 경우, (iii) 일반적인 거래조건에 비추어 투자일임재산에 유리한 거래인 경우, (iv) 환매조

등급을 받은 채권일 것

3. 제 1 호의 거래를 수행한 경우에는 그 사항에 대하여 준법감시인(준법감시인이 없는 경우에는 감사 등 이에 준하는 자를 말한다)의 확인을 받을 것
4. 관계인수인으로부터 매수한 채권의 종목, 수량 등 거래내역을 협회가 정하는 방법과 절차에 따라 매 분기별로 공시할 것

건부매매, (v) 투자일임업자 또는 이해관계인의 중개·주선 또는 대리를 통하여 투자일임업자 또는 이해관계인이 일정수수료만을 받고 투자일임재산과 제3자간의 투자대상자산의 매매를 연결시켜 주는 방법(고시 4-74조)에 따라 투자일임업자 또는 이해관계인이 아닌 자와 행하는 투자일임재산의 매매, (vi) 이해관계인이 매매중개(금융위원회가 정하여 고시하는 매매형식의 중개를 말한다[1])를 통하여 채무증권, 원화로 표시된 양도성 예금증서 또는 어음(기업어음증권은 제외한다[2])을 그 이해관계인과 매매하는 경우, (vii) 투자에 따르는 위험을 회피하기 위하여 투자일임재산으로 상장지수집합투자기구의 집합투자증권을 차입하여 매도하는 거래인 경우, (viii) 그 밖에 금융위원회가 투자자의 이익을 해칠 염려가 없다고 인정하는 경우에는 투자일임업자 또는 그 이해관계인의 고유재산과의 거래가 허용된다(법 시행령 99조 2항 3호).

(iii)의 예외는 "일반적인 거래조건에 비추어 투자일임재산에 유리한 거래"가 무엇인지 설명하고 있지 않아 활용에 곤란한 점이 많다. 시장가격이 공개시장에서 형성되어 있다면 그 조건보다 유리하게 거래를 하면 될 것이나 그렇지 않은 경우는 유리한 거래를 확정하기 어렵기 때문이다. 또한 고유재산으로 보유하고 있으나 다른 금융투자업자로부터는 구할 수 없는 상품이 투자일임재산 운용에 필요한 경우를 과연 유리한 거래로 볼 것인가, 다른 금융투자업자로부터 구할 수 있다 하더라도 수수료를 고려하면 고유재산과 거래하는 것이 오히려 유리할 경우 과연 유리한 거래로 볼 것인가 등 여러 가지 의문사항에 대하여도 명확한 기준이 없는 상태이다. 결국 사안에 따라 금융감독기관의 판단에 의존할 수밖에 없는데 실무상 혼란을 최소화하고 투자자 이익보호에 더 충실하려면 그 기준을 별도로 정립할 필요가 있다. 규정화하는 것이 곤란하다면 금융감독기관의 명확한 유권해석이라도 있어야 할 것인데, 유권해석을 내림에 있어서는 투자자 이익보호의 관점에서 유리한 거래의 범위를 최대한 유연하게 해석할 필요가 있다고 보인다.

(vi)의 예외는 채권의 경우 장내거래보다 장외거래가 활성화되어 있고, 이러한 채권의 장외거래나 원화로 표시된 양도성 예금증서 또는 어음 거래의 경우 금융투자업자가 자기 계산으로 매수하여 투자자에게 다시 매도하는 형태를 띤다는 점을 고려하여 규정된 것이다. 즉 이러한 거래는 형식상 투자매매의 형태이나 실질은 단순중개에 불과하기 때문이다.

---

1) "금융위원회가 정하여 고시하는 매매형식의 중개"란 투자일임업자가 채무증권, 원화로 표시된 양도성 예금증서 또는 어음(기업어음증권을 제외한다)을 이해관계인과 거래하는 경우 이해관계인에게 지급한 중개수수료(명목에 불구하고 이해관계인이 매매의 중개를 행한 대가로 취득하는 이익을 말한다)를 감안할 때 거래의 실질이 중개의 위탁으로 볼 수 있고, 이해관계인이 투자일임업자로부터 매매 또는 중개의 위탁을 받아 투자일임업자 또는 제3자로부터 매입한 채권 등을 지체 없이 제3자 또는 투자일임업자에 매도하는 경우를 말한다(고시 4-75조).

2) 기업어음증권은 채무증권에 포함되기 때문에 어음에서 제외한 것이므로 기업어음증권도 본 예외규정의 적용을 받는다.

(viii)의 경우는 금융위원회가 별도의 예외를 인정할 수 있도록 정하고 있으나 이에 따른 예외규정이 별도로 제정된 바는 없다.

⑦ 투자자의 동의 없이 투자일임재산으로 투자일임업자 또는 그 이해관계인이 발행한 증권에 투자하는 행위가 금지된다(법 98조 2항 7호). 투자일임업자 또는 그 이해관계인이 발행한 증권으로는 해당 투자일임업자가 증권회사인 경우 그 증권회사가 발행한 파생결합증권이나 투자일임업자의 계열회사가 발행한 주식, 채권 등을 예로 들 수 있다. 그런데 파생결합증권의 경우 증권회사의 고유재산으로 파생결합증권을 발행하여 투자일임재산에 편입한다는 점에서 ⑥과의 관계가 문제될 수 있는데, 본 금지규정은 투자일임업자 또는 그 이해관계인의 발행증권에 대한 특별규정이라 볼 것이므로, 투자자의 동의가 있으면 ⑥과 무관하게 이를 투자일임재산으로 취득할 수 있다고 해석하여야 한다.

다만, 투자자의 동의를 받은 경우에도 투자일임재산으로 자기 또는 그 계열회사가 발행한 증권에 다음 기준을 초과하여서는 투자할 수 없다(고시 4-77조 15호).

i) 지분증권의 경우 : 각 투자일임재산 총액을 기준으로 100분의 50

ii) 지분증권을 제외한 증권(집합투자증권, 파생결합증권 및 법 제110조에 따른 수익증권은 제외한다)의 경우 : 전체 투자일임재산을 기준으로 계열회사 전체가 그 투자일임업자에 대하여 출자한 비율에 해당하는 금액[계열회사 전체가 소유하는 그 투자일임업자의 의결권 있는 주식수를 그 투자일임업자의 의결권 있는 발행주식 총수로 나눈 비율에 그 투자일임업자의 자기자본(자기자본이 자본금 이하인 경우에는 자본금을 말한다)을 곱한 금액을 말한다]

또한 투자자의 동의를 받아 상기 기준 이내로 운용하는 경우라 할지라도, 투자일임업자의 계열회사가 발행한 고위험 채무증권 등은 투자일임재산으로 운용할 수 없다(고시 4-77조 16호).[1]

⑧ 투자일임재산을 각각의 투자자별로 운용하지 아니하고 여러 투자자의 자산을 집합하여 운용하는 행위가 금지된다(법 98조 2항 8호). 본 금지규정은 투자일임업자가 다수의 투자자로부터 투자판단을 일임받아 집합운용하는 것을 금지하고 있는데, 이를 허용하면 투자일임업자가 인가받지 않은 집합투자업을 영위하는 것으로 해석될 수 있기 때문이다. 그러나 투자일임업자가 다수의 투자자의 투자일임재산을 관리하고 있는 상황에서 다수의 투자자들에게 유사한 포트폴리오가 형성될 수 있고 시장상황도 모든 투자자에게 동일하게 작용하기 때문에 다수의 투자자들에게 같은 종목을 매매해줄 필요성이 늘 발생한다. 이러한 점을 고려하여 개별 투자일임재산을 효율적으로 운용하기 위하여 투자대상자산의 매매주문을 집합하여 처리하고, 그 처리 결과를 투자일임재산별로 미리 정하여진

---

1) 다만, 금융투자업규정 부칙(2013. 4. 23) 제 3 조 제 1 항에 따르면, 본 금융투자업규정 제4-77조 제15호 및 제16호는 2013. 4. 23. 개정되어 2013. 10. 24.부터 시행되는 것으로, 시행 후 최초로 체결(기존 계약의 변경 또는 갱신을 포함한다)되는 투자일임계약부터 적용되는 것으로 되어 있다.

자산배분명세에 따라 공정하게 배분하는 집합주문은 허용하고 있다(법 시행령 99조 2항 4호). 그런데 집합주문도 특정 증권 등의 취득과 처분을 각 계좌재산의 일정비율로 정한 후 여러 계좌의 주문을 집합하는 방식으로는 처리할 수 없다. 다수의 투자자들에게 특정 증권 등의 편입비율을 동일하게 정해두고 대표계좌에서 일괄 매수한 후 비율별로 각 계좌에 배분한다면 사실상 집합운용을 하는 것과 다를 바 없기 때문이다. 다만, 투자일임계좌를 이용하는 투자자군이 넓게 형성된 상황에서 집합주문을 지나치게 제한할 경우 투자일임업 영위가 어렵다는 점을 고려하여, 투자자의 연령·투자위험 감수능력·투자목적·소득수준·금융자산의 비중 등 재산운용을 위해 고려가능한 요소를 반영하여 투자자를 유형화하고 각 유형에 적합한 방식으로 투자일임재산을 운용할 것을 의무화함과 동시에 이와 같이 유형화된 투자일임재산 운용에 있어서는 상기와 같은 방식의 집합주문이 허용되도록 하였다(고시 4-77조 4호, 5호).

⑨ 투자자로부터 다음 행위를 위임받는 것이 금지된다. (i) 투자일임재산을 예탁하는 투자매매업자·투자중개업자, 그 밖의 금융기관을 지정하거나 변경하는 행위를 위임받는 것이 금지된다. 투자중개업이나 투자매매업 인가가 없는 투자일임업자는 증권회사의 계좌를 이용하여 투자일임업을 수행하는데, 증권회사로서는 수수료 수입을 증대시키기 위해 이러한 투자일임계좌를 유치할 유인이 생기게 된다. 이로 인하여 투자일임업자와 증권회사간에 유착관계 또는 부정행위가 발생될 수 있기 때문에, 본 금지규정은 투자매매업자·투자중개업자, 그 밖의 금융기관의 지정 또는 변경을 투자자가 투자일임업자에게 위임하지 못하도록 한 것이다. (ii) 투자일임재산을 예탁하거나 인출하는 행위를 위임받는 것이 금지된다. 투자일임재산을 예탁하거나 인출하는 행위를 위임받을 경우 횡령사고가 발생할 가능성이 높아지므로, 투자일임재산의 예탁 및 인출은 투자자가 스스로 하도록 하였다. (iii) 투자일임재산에 속하는 증권의 의결권, 그 밖의 권리를 행사하는 행위는 위임이 금지된다. 투자일임재산은 대외적 소유권이 이전되는 신탁재산과 달리 그 소유권을 투자자가 보유한다. 그렇기 때문에 투자일임재산에 속하는 증권의 의결권, 그 밖의 권리를 행사하는 행위도 투자자가 스스로 행사하도록 한 것이다. 다만, 주식매수청구권의 행사, 공개매수에 대한 응모, 유상증자의 청약, 전환사채권의 전환권의 행사, 신주인수권부사채권의 신주인수권의 행사, 교환사채권의 교환청구, 파생결합증권의 권리의 행사, 법 제5조 제1항 제2호에 따른 권리의 행사의 경우는 투자판단이 개입될 여지가 있는 권리행사라는 점에서 투자일임업자에 대한 위임이 가능하도록 하였다(법 시행령 99조 2항 5호).

이외에도 법 시행령 및 금융투자업규정은 다양한 불건전 영업행위 유형을 열거하고 있는데 이에 대한 상술은 생략하기로 한다.

Ⅲ. 위반시 제재

1. 행 정 벌

금융위원회는 투자일임업자가 본조를 위반할 경우 투자일임업자 및 해당 임직원에게 필요한 조치를 취할 수 있다(법 420조, 422조[별표 1]). 이와 별도로 본조 제2항 제10호를 위반한 자에게는 5천만원 이하의 과태료를 부과한다(법 449조 1항 29호).

2. 형 벌

본조 제1항(유사투자자문업자에게 준용하는 경우를 포함한다)·제2항(10호를 제외한다)을 위반하여 각 해당 조항 각 호의 어느 하나에 해당하는 행위를 한 자는 5년 이하의 징역 또는 2억원 이하의 벌금에 처하게 된다(법 444조 8호). 법은 양벌규정을 두고 있으므로, 금융투자업자의 임직원이 본조를 위반할 경우 그 행위자를 벌하는 외에 금융투자업자에 대해서도 벌금이 부과될 수 있다. 다만, 금융투자업자가 그 위법행위를 방지하기 위하여 해당 업무에 관하여 상당한 주의와 감독을 게을리하지 아니한 경우에는 그러하지 아니하다(법 448조).

제98조의2(성과보수의 제한)

① 투자자문업자 또는 투자일임업자는 투자자문과 관련한 투자결과 또는 투자일임재산의 운용실적과 연동된 성과보수를 받아서는 아니 된다. 다만, 투자자 보호 및 건전한 거래질서를 해할 우려가 없는 경우로서 대통령령으로 정하는 경우에는 성과보수를 받을 수 있다.

② 투자자문업자 또는 투자일임업자가 제1항 단서에 따라 성과보수를 받고자 하는 경우에는 그 성과보수의 산정방식, 그 밖에 대통령령으로 정하는 사항을 해당 투자자문 또는 투자일임의 계약서류에 기재하여야 한다.

시행령 **제99조의2**(성과보수의 제한 등) ① 법 제98조의2 제1항 단서에서 "대통령령으로 정하는 경우"란 다음 각 호의 어느 하나에 해당하는 경우를 말한다.

1. 투자자가 전문투자자인 경우
2. 투자자가 일반투자자인 경우에는 다음 각 목의 요건을 모두 충족하는 경우
   가. 성과보수가 금융위원회가 정하여 고시하는 요건을 갖춘 기준지표 또는 투자자와 합의에 의하여 정한 기준수익률(이하 이 조에서 "기준지표등"이라 한다)에 연동하여 산정될 것
   나. 운용성과(투자자문과 관련한 투자결과 또는 투자일임재산의 운용실적을 말한다. 이하 이 항에서 같다)가 기준지표등의 성과보다 낮은 경우에는 성과보수를 적용하지 아니하는 경우보다 적은 운용보수를 받게 되는 보수체계를 갖출 것
   다. 운용성과가 기준지표등의 성과를 초과하더라도 그 운용성과가 부(負)의 수익률을 나타내거나 또는 금융위원회가 정하여 고시하는 기준에 미달하는 경우에는 성과보수를 받지 아니하도록 할 것

라. 그 밖에 성과보수의 산정방식, 지급시기 등에 관하여 금융위원회가 정하여 고시하는 요건을 충족할 것
② 법 제98조의2제2항에서 "대통령령으로 정하는 사항"이란 다음 각 호를 말한다.
1. 성과보수가 지급된다는 뜻과 그 한도
2. 성과보수를 지급하지 아니하는 경우보다 높은 투자위험에 노출될 수 있다는 사실
3. 성과보수를 포함한 보수 전체에 관한 사항
4. 기준지표등
5. 성과보수의 지급시기
6. 성과보수가 지급되지 아니하는 경우에 관한 사항
7. 그 밖에 투자자를 보호하기 위하여 필요한 사항으로서 금융위원회가 정하여 고시하는 사항

금융투자업규정 제**4-77**조의**2**(성과보수의 제한)
① 영 제99조의2 제1항 제2호 가목에서 "금융위원회가 정하여 고시하는 요건을 갖춘 기준지표"란 다음 각 호의 요건을 모두 충족하는 지표를 말한다.
1. 증권시장 또는 파생상품시장에서 널리 사용되는 공인된 지수를 사용할 것
2. 투자일임재산의 운용성과(투자자문업의 경우 투자자가 투자자문에 따라 투자한 성과를 포함한다. 이하 이 조에서 같다)를 공정하고 명확하게 보여줄 수 있는 지수를 사용할 것
3. 검증가능하고 조작할 수 없을 것
② 영 제99조의2 제1항 제2호 다목에서 "금융위원회가 정하여 고시하는 기준에 미달하는 경우"란 성과보수를 지급할 경우 당해 투자일임재산의 운용성과가 부(負)의 수익률을 나타내게 되는 경우를 말한다.

Ⅰ. 본조의 취지

본조가 도입되기 전 자본시장법은 투자자문 및 투자일임업자가 성과보수를 수취하는 것을 제한하지 않고 있어 투자자문 및 투자일임업자가 높은 수익을 올려 많은 성과보수를 받기 위하여 소수의 종목에 집중투자하여 과도한 리스크에 노출되는 등의 이해상충 문제가 발생할 수 있었다. 특히 투자자문 및 투자일임업은 집합투자업과 달리 분산투자 의무가 적용되지 않는다는 점에서 높은 성과보수를 얻기 위하여 특정 종목에 집중 투자할 위험이 더 컸다. 이러한 점을 고려하여, 본조는 투자자문 및 투자일임업자의 성과보수 수취를 금지함으로써 투자자문 및 투자일임업자의 과도한 수익추구행위를 근절하기 위하여 도입되었다.[1)]

집합투자업자에 대하여도 성과보수를 제한하는 유사한 규정이 있는데(법 86조, 법 시행령 88조) 분산투자에 있어 상당 부분 예외가 인정되는 사모집합투자기구에 대하여는 성과

1) 국회 정무위원회, 「자본시장과 금융투자업에 관한 법률 일부개정법률안(정부안) 심사보고서」, 2013. 4, 74-75쪽.

보수 제한이 없다는 점에서(법 249조), 규제 형평이 과연 이루어졌는지 여부에 대하여는 추가적인 논의가 필요할 것으로 보인다.

Ⅱ. 성과보수의 제한 및 예외

투자자문업자 또는 투자일임업자는 투자자문과 관련한 투자결과 또는 투자일임재산의 운용실적과 연동된 성과보수를 받아서는 아니 된다. 다만, 예외적으로 투자자 보호 및 건전한 거래질서를 해할 우려가 없는 경우로서 투자자가 전문투자자인 경우에는 성과보수를 받을 수 있다(법 98조의2 1항 단서). 또한 투자자가 일반투자자라 할지라도 ① (i) 증권시장 또는 파생상품시장에서 널리 사용되는 공인된 지수를 사용하고, (ii) 투자일임재산의 운용성과(투자자문업의 경우 투자자가 투자자문에 따라 투자한 성과를 포함한다)를 공정하고 명확하게 보여줄 수 있는 지수를 사용하고, (iii) 검증가능하고 조작할 수 없는 기준지표 또는 투자자와 합의에 의하여 정한 기준수익률(이하 "기준지표등"이라 한다)에 연동하여 성과보수가 산정될 것, ② 운용성과(투자자문과 관련한 투자결과 또는 투자일임재산의 운용실적을 말한다)가 기준지표등의 성과보다 낮은 경우에는 성과보수를 적용하지 아니하는 경우보다 적은 운용보수를 받게 되는 보수체계를 갖출 것, ③ 운용성과가 기준지표등의 성과를 초과하더라도 그 운용성과가 부(負)의 수익률을 나타내거나 또는 성과보수를 지급할 경우 당해 투자일임재산의 운용성과가 부(負)의 수익률을 나타내게 되는 경우는 성과보수를 받지 아니하도록 할 것, ④ 그 밖에 성과보수의 산정방식, 지급시기 등에 관하여 금융위원회가 정하여 고시하는 요건을 충족할 것이라는 요건을 모두 충족하면 성과보수의 지급이 가능하다(법 98조의2 1항 2호).

투자자문업자 또는 투자일임업자가 상기와 같은 요건을 충족하여 성과보수를 받고자 하는 경우에는 그 성과보수의 산정방식, 그 밖에 대통령령으로 정하는 사항을 해당 투자자문 또는 투자일임의 계약서류에 기재하여야 한다(법 98조의2 2항).

Ⅲ. 위반시 제재

금융위원회는 투자일임업자가 본조를 위반할 경우 투자일임업자 및 해당 임직원에게 필요한 조치를 취할 수 있다(법 420조, 422조[별표 1]). 이와 별개로 본조를 위반하여 성과보수를 받은 자에게는 5천만원 이하의 과태료를 부과한다(법 449조 1항 34호의2).

제99조(투자일임보고서의 교부)

① 투자일임업자는 다음 각 호의 사항에 대한 보고서(이하 이 조에서 "투자일임보고서"라 한다)를 작성하여 3개월마다 1회 이상 투자일임계약을 체결한 일반투자자에게 교부하여야 한다.

1. 투자일임재산의 운용현황
2. 투자일임재산 중 특정 자산을 그 투자일임업자의 고유재산과 거래한 실적이 있는 경우 그 거래시기·거래실적 및 잔액

② 투자일임보고서의 기재사항 및 교부방법 등에 관하여 필요한 사항은 대통령령으로 정한다.

시행령 제100조(투자일임보고서의 교부 등) ① 법 제99조 제1항에 따른 투자일임보고서에는 해당 투자일임보고서 작성대상 기간에 대하여 다음 각 호의 사항을 기재하여야 한다.
1. 운용경과의 개요 및 손익 현황
2. 투자일임재산의 매매일자, 매매가격, 위탁수수료 및 각종 세금 등 운용현황
3. 투자일임재산에 속하는 자산의 종류별 잔액현황, 취득가액, 시가 및 평가손익
4. 투자일임수수료를 부과하는 경우에는 그 시기 및 금액
5. 그 밖에 투자자를 보호하기 위하여 필요한 사항으로서 금융위원회가 정하여 고시하는 사항
② 투자일임업자는 투자자에게 투자일임보고서를 내주는 경우에는 투자일임보고서 작성대상 기간이 지난 후 2개월 이내에 직접 또는 우편발송 등의 방법으로 내주어야 한다. 다만, 일반투자자가 전자우편을 통하여 투자일임보고서를 받는다는 의사표시를 한 경우에는 전자우편을 통하여 보낼 수 있다.
③ 투자일임보고서의 서식과 작성방법, 교부방법, 그 밖에 필요한 사항은 금융위원회가 정하여 고시한다.

Ⅰ. 투자일임보고서의 교부

투자일임업자는 ① 투자일임재산의 운용현황, ② 투자일임재산 중 특정 자산을 그 투자일임업자의 고유재산과 거래한 실적이 있는 경우 그 거래시기·거래실적 및 잔액에 관한 투자일임보고서를 작성하여 3개월마다 1회 이상 투자일임계약을 체결한 일반투자자에게 교부하여야 한다(법 99조 1항).

Ⅱ. 기재사항 및 교부방법

1. 기재사항

투자일임보고서에는 작성대상 기간에 대한 다음의 사항을 기재하여야 한다(법 시행령 100조 1항).

① 운용경과의 개요 및 손익 현황

② 투자일임재산의 매매일자, 매매가격, 위탁수수료 및 각종 세금 등 운용현황

③ 투자일임재산에 속하는 자산의 종류별 잔고현황, 취득가액, 시가 및 평가손익

④ 투자일임수수료를 부과하는 경우에는 그 시기 및 금액

⑤ 그 밖에 투자자 보호를 위하여 필요한 사항으로서 "금융위원회가 정하여 고시하는 사항" 여기에서 "금융위원회가 정하여 고시하는 사항"이란 다음 각 호의 사항을 말한다(고시 4-78조 1항).

i) 투자일임재산을 실제로 운용한 투자운용인력에 관한 사항

ii) 성과보수에 관한 약정이 있을 경우 기준지표의 성과와 성과보수 지급내역

iii) 투자자의 투자성향개요

iv) 투자자가 부여한 각종 투자제한사항

v) 실제 적용된 투자전략과 시장상황분석

vi) 운용과정에서 발생한 위험요소 분석

vii) 투자일임수수료, 증권거래세 등 총 발생비용 및 세부내역

viii) 매매회전률

ix) 성과보수 수취시 성과보수 부과기준 및 충족여부

2. 교부방법

투자일임업자가 투자자에게 투자일임보고서를 교부하는 경우에는 투자일임보고서 작성대상 기간 경과 후 2개월 이내에 직접 또는 우편발송 등의 방법으로 교부하여야 한다. 다만, 일반투자자가 전자우편을 통하여 투자일임보고서를 받는다는 의사표시를 한 경우에는 전자우편을 통하여 보낼 수 있다(법 시행령 100조 2항). 투자일임보고서의 서식과 작성방법, 교부방법, 그 밖에 필요한 사항은 금융감독원장이 정하여 고시한다(법 시행령 100조 3항, 고시 4-78조 2항).

Ⅲ. 위반시 제재

금융위원회는 본조에 따라 투자일임보고서를 제공하지 아니하거나 거짓으로 작성·제공한 경우 투자일임업자 및 해당 임직원에게 필요한 조치를 취할 수 있다(법 420조, 422조[별표 1]).

제100조(역외투자자문업자 등의 특례)

① 제22조부터 제36조까지, 제38조, 제40조, 제41조, 제44조, 제45조, 제50조부터 제52조까지, 제56조 및 제61조부터 제63조까지의 규정은 제18조 제2항 제1호 각 목 외의 부분 단서에 따른 투자자문업 또는 투자일임업을 영위하는 외국 투자자문업자(이하 "역외투자자문업자"라 한다) 또는 외국 투자일임업자(이하 "역외투자일임업자"라 한다)에게는 적용하지 아니한다.

② 역외투자자문업자 또는 역외투자일임업자는 투자자 보호를 위하여 총리령으로 정하는 요건에 해당하는 연락책임자를 국내에 두어야 한다.

③ 역외투자자문업자 또는 역외투자일임업자는 국내 거주자와 체결하는 투자자문계약 또는 투자일임계약 내용에 그 계약에 대하여 국내법이 적용되고 그 계약에 관한 소송은 국내법원이 관할한다는 내용을 포함하여야 한다.

④ 역외투자자문업자 또는 역외투자일임업자는 제98조에서 정한 사항의 준수 여부 점검 등을 위하여 임직원이 그 직무를 수행함에 있어서 따라야 할 적절한 기준 및 절차를 마련하고, 그 운영실태를 정기적으로 점검하여야 한다.

⑤ 역외투자자문업자 또는 역외투자일임업자는 대통령령으로 정하는 방법에 따라 업무보고서를 작성하여 금융위원회에 제출하여야 한다.

⑥ 역외투자일임업자는 전문투자자 중 대통령령으로 정하는 자 외의 자를 대상으로 투자일임업을 영위하여서는 아니 된다.

⑦ 역외투자일임업자는 투자일임재산으로 취득한 외화증권을 대통령령으로 정하는 외국 보관기관에 보관하여야 한다.

⑧ 그 밖에 역외투자자문업자 또는 역외투자일임업자의 업무방법 및 절차 등에 관하여 필요한 사항은 대통령령으로 정한다.

시행령 **제101조**(역외투자자문업자 등의 특례) ① 법 제100조 제1항에 따른 역외투자자문업자(이하 이 조에서 "역외투자자문업자"라 한다) 또는 같은 항에 따른 역외투자일임업자(이하 이 조에서 "역외투자일임업자"라 한다)는 같은 조 제5항에 따라 매 사업연도 개시일부터 3개월간·6개월간·9개월간 및 12개월간의 업무보고서를 금융위원회가 정하여 고시하는 기준에 따라 작성하여 그 기간이 지난 후 1개월 이내에 금융위원회에 제출하여야 한다.

② 법 제100조 제6항에서 "대통령령으로 정하는 자"란 다음 각 호의 어느 하나에 해당하는 자를 말한다.

1. 국가
2. 한국은행
3. 제10조 제2항 제1호부터 제17호까지의 어느 하나에 해당하는 자
4. 제10조 제3항 제1호부터 제14호까지의 어느 하나에 해당하는 자

③ 법 제100조 제7항에서 "대통령령으로 정하는 외국 보관기관"이란 제63조 제3항에 따른 외국 보관기관을 말한다.

④ 역외투자일임업자는 금융위원회가 정하여 고시하는 기준에 따라 작성한 투자일임보고서를 월 1회 이상 투자자에게 직접 또는 우편발송 등의 방법으로 내주어야 한다. 다만, 투자자가 전자우편을 통하여 해당 투자일임보고서를 받는다는 의사표시를 한 경우에는 전자우편을 통하여 보낼 수 있다.

⑤ 제1항부터 제4항까지에서 규정한 사항 외에 역외투자자문업자 또는 역외투자일임업자의 업무방법 및 절차 등에 관하여 필요한 사항은 금융위원회가 정하여 고시한다.

Ⅰ. 정 의

역외투자자문업자 또는 역외투자일임업자란 외국 투자자문업자(외국 법령에 따라 외국에서 투자자문업에 상당하는 영업을 영위하는 자를 말한다) 또는 외국 투자일임업자(외국 법령에 따라 외국에서 투자일임업에 상당하는 영업을 영위하는 자를 말한다)가 외국에서 국내 거주자를 상대로 직접 영업을 하거나 통신수단을 이용하여 투자자문업 또는 투자일임업을 영위하는 자를 말한다(법 18조 2항 1호 단서).

Ⅱ. 적용배제 규정

법 제 2 장 금융투자업자의 지배구조(법 22조 내지 29조), 제 3 장 건전경영유지 제 1 절 경영건전성 감독(법 30조 내지 33조), 제 2 절 대주주와의 거래제한(법 34조 내지 36조), 제 4 장 영업행위규칙 제 1 절 공통영업행위규칙 중 상호(법 38조), 금융투자업자의 다른 금융업무 영위(법 40조), 금융투자업자의 부수업무 영위(법 41조), 이해상충관계(법 44조), 정보교류의 차단(법 45조), 제 2 관 투자권유 중 투자권유준칙(법 50조), 투자권유대행인의 등록(법 51조), 투자권유대행인의 금지행위 등(법 52조), 약관(법 56조) 및 소유증권의 예탁(법 61조), 금융투자업 폐지 공고(법 62조), 임직원의 금융투자상품매매(법 63조)의 규정은 역외투자자문업자 또는 역외투자일임업자에게는 적용하지 아니한다.

Ⅲ. 준수사항

1. 연락사무소의 개설

역외투자자문업자 또는 역외투자일임업자는 투자자 보호를 위하여 총리령에서 정하는 요건에 해당하는 연락책임자[1]를 국내에 두어야 한다(법 100조 2항).

---

1) 법 시행규칙 제11조(국내 연락책임자의 요건) 법 제100조 제 2 항에서 "총리령으로 정하는 요건에 해당하는 연락책임자"란 법 제100조 제 1 항에 따른 역외투자자문업자 또는 역외투자일임업자의 대리인으로서 다음 각 호의 어느 하나에 해당하는 자를 말한다.
1. 다음 각 목의 어느 하나에 해당하는 금융기관
가. 법 제22조 제 1 호에 따른 은행
나. 「한국산업은행법」에 따른 한국산업은행
다. 「한국수출입은행법」에 따른 한국수출입은행
라. 「중소기업은행법」에 따른 중소기업은행

2. 불건전 영업행위 금지규정 준수여부 점검

역외투자자문업자 또는 역외투자일임업자는 법 제98조에서 정한 사항의 준수 여부 점검 등을 위하여 임직원이 그 직무를 수행함에 있어서 따라야 할 적절한 기준 및 절차를 마련하고, 그 운영 실태를 정기적으로 점검하여야 한다(법 100조 4항).

3. 금융위원회에 대한 업무보고서 제출

역외투자자문업자 또는 역외투자일임업자는 매 사업연도 개시일로부터 3개월간·6개월간·9개월간 및 12개월간의 업무보고서를 작성하여 그 기간이 지난 후 1개월 이내에 금융위원회에 제출하여야 하며(법 100조 5항, 법 시행령 101조 1항, 고시 4-79조 1항), 업무보고서에는 다음의 내용이 포함되어야 한다.

① 회사의 개황 등에 관한 사항: 회사의 개황, 연혁, 영업의 개요, 재무현황, 주요주주, 임원, 전문 인력 및 영업소 현황 등

② 영업에 관한 사항: 투자자문·일임업무 담당자, 투자자문·일임계약 현황 등

4. 역외 투자일임업자의 투자자에 대한 투자일임보고서 교부

역외 투자일임업자는 금융위원회가 정하여 고시하는 기준에 따라 작성된 투자일임보고서를 월 1회 이상 투자자에게 직접 또는 우편발송 등의 방법으로 교부하여야 한다. 다만, 투자자가 전자우편을 통하여 해당 투자일임보고서를 수령한다는 의사표시를 한 경우에는 전자우편에 의하여 교부할 수 있다(법 시행령 101조 4항).

5. 투자자 제한

역외투자일임업자는 다음에 열거된 전문투자자 외의 자를 대상으로 하여서는 투자일임업을 영위할 수 없다(법 100조 6항, 법 시행령 101조 2항).

① 국가

② 한국은행

마. 금융투자업자(법 제22조에 따른 겸영금융투자업자는 제외한다)
바. 법 제324조 제1항에 따라 인가를 받은 증권금융회사(이하 "증권금융회사"라 한다)
사. 법 제336조에 따른 종합금융회사
아. 「상호저축은행법」에 따른 상호저축은행

2. 다음 각 목의 어느 하나에 해당하는 자
가. 「변호사법」에 따른 법무법인
나. 「변호사법」에 따른 법무법인(유한)
다. 「변호사법」에 따른 법무조합
라. 「변호사법」에 따른 법무법인으로서 「소득세법」에 따라 공동사업장으로 등록된 경우에는 그 공동사업장에 소속된 변호사

3. 「공인회계사법」에 따른 회계법인

③ 법 시행령 제10조 제 2 항 제 1 호부터 제17호까지[1]의 어느 하나에 해당하는 자

④ 법 시행령 제10조 제 3 항 제 1 호부터 제14호까지[2]의 어느 하나에 해당하는 자

6. 외화증권의 보관

역외투자일임업자는 투자일임재산으로 취득한 외화증권을 다음의 외국 보관기관에 개설된 예탁결제원 계좌로 계좌대체 등을 통하여 예탁·보관하여야 한다(법 100조 7항, 법 시행령 63조 3항, 101조 3항, 고시 4-15조 2항).

① 예탁결제원과 유사한 기능을 수행할 목적으로 설립된 외국의 증권예탁기관 또는 결제기관으로서 당해 외국 정부 또는 감독기관의 감독을 받는 기관

② ①에 해당하는 기관이 출자한 기관으로서 국제예탁 및 결제업무를 수행할 목적

---

1) 법 시행령 제10조 제 2 항 제 1 호부터 제17호까지 열거된 금융기관
1. 「은행법」에 따른 은행
2. 「한국산업은행법」에 따른 한국산업은행
3. 「중소기업은행법」에 따른 중소기업은행
4. 「한국수출입은행법」에 따른 한국수출입은행
5. 「농업협동조합법」에 따른 농업협동조합중앙회 및 농협은행
6. 「수산업협동조합법」에 따른 수산업협동조합중앙회
7. 「보험업법」에 따른 보험회사
8. 금융투자업자(겸영금융투자업자 제외)
9. 증권금융회사
10. 종합금융회사
11. 법 제355조 제 1 항에 따라 인가를 받은 자금중개회사
12. 「금융지주회사법」에 따른 금융지주회사
13. 「여신전문금융업법」에 따른 여신전문금융회사
14. 「상호저축은행법」에 따른 상호저축은행 및 그 중앙회
15. 「산림조합법」에 따른 산림조합중앙회
16. 「새마을금고법」에 따른 새마을금고연합회
17. 「신용협동조합법」에 따른 신용협동조합중앙회

2) 법 시행령 제10조 제 3 항 제 1 호부터 제14호까지 열거된 자
1. 「예금자보호법」에 따른 예금보험공사 및 정리금융기관
2. 「금융회사부실자산 등의 효율적 처리 및 한국자산관리공사의 설립에 관한 법률」에 따른 한국자산관리공사
3. 「한국주택금융공사법」에 따른 한국주택금융공사
4. 「한국투자공사법」에 따른 한국투자공사
4의2. 삭제
5. 협회
6. 법 제294조에 따라 설립된 한국예탁결제원
7. 거래소
8. 「금융위원회의 설치 등에 관한 법률」에 따른 금융감독원
9. 집합투자기구(금융위원회가 정하여 고시하는 것은 제외한다)
10. 「신용보증기금법」에 따른 신용보증기금
11. 「기술신용보증기금법」에 따른 기술신용보증기금
12. 법률에 따라 설립된 기금(제10호 및 제11호는 제외한다) 및 그 기금을 관리·운용하는 법인
13. 법률에 따라 공제사업을 경영하는 법인
14. 지방자치단체

으로 특별히 설립된 국방부 직할부대 및 기관

③ 다음 요건을 모두 갖춘 외국의 금융기관

i) 보관규모가 미화 100억 달러 이상의 국제증권 전문보관기관

ii) 국제보관업무의 경험이 풍부하고 현지증권시장 사정에 정통한 기관

iii) 국제적 또는 특정권역(대륙별)에 걸쳐 보관업무를 제공할 수 있는 기관

④ ①부터 ③까지 이외의 기관으로서 특정국가에서 특화된 예탁·보관을 위하여 예탁결제원이 특별히 필요하다고 인정하는 기관

7. 계약내용에 포함시킬 사항

역외투자자문업자 또는 역외투자일임업자는 국내 거주자와 체결하는 투자자문계약 또는 투자일임계약 내용에 그 계약에 대하여 국내법이 적용되고 그 계약에 관한 소송은 국내법원이 관할한다는 내용을 포함시켜야 한다(법 100조 3항). 또한 역외투자일임업자는 투자자와 투자일임계약을 체결하는 경우, 그 계약의 내용에 투자원칙, 투자대상의 종류별·지역별 구성 비율, 위험수준, 비교지표(벤치마크), 투자일임자산의 평가방법 등을 포함시켜야 하며 투자자의 서면 동의 없이 이를 변경하여서는 아니 된다(고시 4-79조 2항).

Ⅳ. 위반시 제재

금융위원회는 역외투자자문업자 또는 역외투자일임업자가 본조 제2항부터 제8항까지의 규정을 위반한 경우 역외투자자문업자 또는 역외투자일임업자 및 해당 임직원에게 필요한 조치를 취할 수 있다(법 420조, 421조, 422조[별표 1]).

[초판: 안성포, 개정판: 황은아]

제101조(유사투자자문업의 신고)

① 불특정 다수인을 대상으로 하여 발행되는 간행물, 전자우편 등에 의하여 금융투자상품에 대한 투자판단 또는 금융투자상품의 가치에 관한 조언으로서 대통령령으로 정하는 것을 업(이하 이 조에서 "유사투자자문업"이라 한다)으로 영위하고자 하는 자는 금융위원회가 정하여 고시하는 서식에 따라 금융위원회에 신고하여야 한다.

② 유사투자자문업을 영위하는 자는 다음 각 호의 어느 하나에 해당하는 경우 2주 이내에 이를 금융위원회에 보고하여야 한다.

1. 유사투자자문업을 폐지한 경우
2. 명칭 또는 소재지를 변경한 경우

3. 대표자를 변경한 경우

③ 금융위원회는 유사투자자문업의 질서유지 및 고객보호 등을 위하여 필요하다고 인정되는 경우에는 유사투자자문업을 영위하는 자에 대하여 영업내용 및 업무방법 등에 관한 자료의 제출을 요구할 수 있다.

④ 제98조 제 1 항(제 3 호를 제외한다)은 제 1 항에 따라 신고하여야 하는 자에게 준용한다.

시행령 **제102조**(유사투자자문업의 신고) 법 제101조 제 1 항에서 "대통령령으로 정하는 것"이란 불특정 다수인을 대상으로 발행 또는 송신되고, 불특정 다수인이 수시로 구입 또는 수신할 수 있는 간행물·출판물·통신물 또는 방송 등을 통하여 투자자문업자 외의 자가 일정한 대가를 받고 영위하는 투자조언을 말한다.

Ⅰ. 유사투자자문업의 의의

유사투자자문업이란 불특정 다수인을 대상으로 발행 또는 송신되고, 불특정 다수인이 수시로 구입 또는 수신할 수 있는 간행물·출판물·전자우편·통신물 또는 방송 등을 통하여 투자자문업자 외의 자가 일정한 대가를 받고 금융투자상품에 대한 투자판단 또는 금융투자상품의 가치에 관한 조언을 영위하는 행위를 말한다. 이러한 업무를 대가를 받지 않고 행하면 유사자문업에 해당하지 아니하여 이 법의 규제를 받지 아니하나, 일정한 대가를 받고 행하는 경우에는 유사투자자문업이 되어 금융위원회에 신고하여야 하는 등 일정한 규제를 받게 된다.

유사투자자문업은 금융투자상품만 그 투자자문의 대상으로 하므로 부동산 투자 등 금융투자상품이 아닌 경우에는 유사투자자문업에 해당되지 아니한다.

Ⅱ. 유사투자자문업자에 대한 규제

1. 유사투자자문업의 신고

유사투자자문업을 영위하고자 하는 자는 금융위원회가 정하여 고시하는 서식(금융투자업규정 시행세칙 별책서식 제23호 서식)에 따라 금융위원회에 사전 신고하여야 한다(법 101조 1항).

2. 유사투자자문업자의 보고 내용

유사투자자문업을 영위하는 자는 ① 유사투자자문업을 폐지한 경우, ② 명칭 또는 소재지를 변경한 경우, 그리고 ③ 대표자를 변경한 경우에는 2주 이내에 이를 금융위원회에 보고(금융투자업규정 시행세칙 별책서식 24호 서식)하여야 한다(법 101조 2항).

3. 자료제출 요구

금융위원회는 유사투자자문업의 질서유지 및 고객보호 등을 위하여 필요하다고 인정되는 경우에는 유사투자자문업을 영위하는 자에 대하여 영업내용 및 업무방법 등에 관한 자료의 제출을 요구할 수 있다(법 101조 3항).

4. 불건전 영업행위의 금지

유사투자자문업을 금융위원회에 신고하여야 하는 자는 다음에 해당하는 행위를 하여서는 아니 된다(법 101조 4항, 98조 1항 1호·2호·4호).

① 투자자로부터 금전·증권, 그 밖의 재산의 보관·예탁을 받는 행위. 다만, 투자자 보호 및 건전한 거래질서를 해할 우려가 없는 경우로서 유사투자자문업자가 다른 금융투자업, 그 밖의 금융업을 겸영하는 경우로서 그 겸영과 관련된 해당 법령에서 금지하지 아니하는 경우에는 이를 할 수 있다(법 시행령 99조 1항).

② 투자자에게 금전·증권, 그 밖의 재산을 대여하거나 투자자에 대한 제삼자의 금전·증권, 그 밖의 재산의 대여를 중개·주선 또는 대리하는 행위. 다만, 투자자 보호 및 건전한 거래질서를 해할 우려가 없는 경우로서 유사투자자문업자가 다른 금융투자업, 그 밖의 금융업을 겸영하는 경우로서 그 겸영과 관련된 해당 법령에서 금지하지 아니하는 경우에는 이를 할 수 있다(법 시행령 99조 1항).

③ 계약으로 정한 수수료 외의 대가를 추가로 받는 행위.

④ 투자자문에 응하는 경우 금융투자상품등의 가격에 중대한 영향을 미칠 수 있는 투자판단에 관한 자문 또는 매매 의사를 결정한 후 이를 실행하기 전에 그 금융투자상품을 자기의 계산으로 매매하거나 제삼자에게 매매를 권유하는 행위.

Ⅲ. 위반시 제재

1. 행 정 벌

금융위원회는 유사투자자문업자가 본조 제 1 항에서 제 3 항 중 하나를 위반할 경우 유사투자자문업자 및 해당 임직원에게 필요한 조치를 취할 수 있다(법 420조, 422조[별표 1]). 또한, 본조에 따른 신고를 하지 아니하고 유사투자자문업을 영위한 자는 1천만원 이하의 과태료를 부과한다(법 449조 2항 6호).

2. 형 벌

법 제101조 제 4 항을 위반하여 불건전 영업행위를 한 자는 5년 이하의 징역 또는 2억원 이하의 벌금에 처한다(법 444조 8호). 법은 양벌규정을 두고 있으므로, 유사투자자문업의 임직원이 본조를 위반할 경우 그 행위자를 벌하는 외에 유사투자자문업자에 대해서도 벌금이 부과될 수 있다. 다만, 유사투자자문업자가 그 위법행위를 방지하기 위하여 해당 업무에 관하여 상당한 주의와 감독을 게을리하지 아니한 경우에는 그러하지 아니하다(법 448조).

[초판: 안성포, 개정판: 신영재]

제 4 관 신탁업자의 영업행위 규칙

제102조(선관의무 및 충실의무)

① 신탁업자는 수익자에 대하여 선량한 관리자의 주의로써 신탁재산을 운용하여야 한다.

② 신탁업자는 수익자의 이익을 보호하기 위하여 해당 업무를 충실하게 수행하여야 한다.

Ⅰ. 본조의 취지

신탁법 제 2 조에 의하면, 신탁이라 함은 "신탁을 설정하는 자(위탁자)와 신탁을 인수하는 자(수탁자) 간의 신임관계에 기하여 위탁자가 수탁자에게 특정의 재산(영업이나 저작재산권의 일부를 포함한다)을 이전하거나 담보권의 설정 또는 그 밖의 처분을 하고 수탁자로 하여금 일정한 자(수익자)의 이익 또는 특정의 목적을 위하여 그 재산의 관리, 처분, 운용, 개발, 그 밖에 신탁 목적의 달성을 위하여 필요한 행위를 하게 하는 법률관계"를 말한다. 위 규정을 기초로 할 때 신탁업자란, 신탁의 인수를 업으로 하는 일정 규모 이상의 주식회사로 법에 따른 영업인가를 받은 자를 말한다(법 12조). 본조는 이러한 신탁업자의 일반적인 선량한 관리자의 주의의무(법 102조 1항)와 충실의무(법 102조 2항)를 명문화한 것이다.

선량한 관리자의 주의의무(선관주의의무)를 명문으로 규정한 것으로는 민법상 특정물 인도채무자의 선관주의의무(민법 374조), 주식회사 이사의 회사에 대한 선관주의의무(상법

382조 2항, 민법 681조) 및 신탁관계에서 수탁자의 선관주의의무(신탁법 32조) 등이 있으며, 충실의무에 관한 명문규정으로는 주식회사 이사의 회사에 대한 충실의무(상법 382조의3) 및 수탁자의 충실의무(신탁법 33조) 등이 있다. 그러나 법에서 선관주의의무와 충실의무에 대한 정의 규정을 별도로 두고 있지 않으므로 신탁법과 상법상 규정에 관한 해석을 준용하여 신탁업자의 선관주의의무와 충실의무의 내용을 설명하는 것이 합리적으로 보인다.

Ⅱ. 신탁업자의 선관주의의무

1. 의 의

일반적으로 선관주의라 함은 민사상 과실책임의 전제가 되는 주의의무의 정도를 나타내는 것으로 채무자의 직업·사회적 지위 등에 비추어 거래상 그 경우에 일반적으로 요구되는 정도의 주의를 말한다. 다시 말하면 구체적 채무자를 기준으로 하여 그의 능력에 따른 주의를 말하는 것이 아니라, 평균적·추상적 채무자가 마땅히 기울여야 할 일반적·객관적 주의를 가리킨다.[1]

신탁법 제32조는「수탁자는 선량한 관리자의 주의로 신탁사무를 처리하여야 한다. 다만, 신탁행위로 달리 정한 경우에는 그에 따른다」라고 규정하여, 수탁자에 대하여 선관주의의무를 부과하고 있다. 신탁관계에서 신탁재산의 명의와 신탁재산의 소유권이 수탁자에게 귀속되는 것으로 되어 있지만, 신탁재산의 관리 또는 처분은 수익자의 이익을 위하여 행하여져야 하므로 타인의 재산의 관리 또는 처분에 관하여 기울여야 할 정도의 주의의무를 요구하고 있다. 따라서 수탁자가 통상의 합리적인 자의 지식 혹은 판단을 행사하지 않은 경우, 수탁자는 선관주의의무를 다했다고 할 수 없게 되는데, 수탁자에게 요구되는 주의정도는 수탁자가 자신의 일에 보수를 받는가 여부에 관계없이 동일하다.[2]

더욱이 은행 및 신탁회사와 같은 전문수탁자 혹은 법인수탁자의 주의의무는 자연인 수탁자보다 더 높은 수준이 되어야 할 것이다. 왜냐하면 이들은 신탁사무관리의 전문가이고, 또 큰 경험이나 시설이 없는 자연인과 비교할 때 여러 부서에 많은 근로자와 물적 시설을 보유하기 때문이다. 또 신탁업인가를 받고 신탁을 영업으로 인수하는 자는, 그들이 특별한 능력을 갖고 있다는 것을 표시하면서 신탁을 인수하는 것이기 때문에, 그들이 제공하겠다는 서비스는 타인의 사무를 관리하는 자로서 합리적으로 제공할 수 있는 수준이 되어야 한다.[3]

1) 민법상 주의의무의 원칙규정은 제374조이다. 이 규정은 직접적으로는 특정물채권의 채무자가 부담하는 보존의무에 관한 것이지만, 여기서의 선량한 관리자의 주의정도를 민법상 주의의무의 기준으로 본다(김형배,「채권총론(제2판)」, 박영사, 1999, 53쪽).

2) 이중기,「신탁법」, 삼우사, 2007, 272쪽.

3) 상게서, 272-273쪽.

토지신탁계약에 있어서의 수탁자의 선관주의의무와 관련하여 판례는 “신탁법 제28조[1]에 의하면, 수탁자는 신탁의 본지에 따라 선량한 관리자의 주의로써 신탁재산을 관리 또는 처분하여야 하고, 이러한 주의의무는 민법상 위임에 있어서 수임인의 주의의무와 같은 개념으로 이해할 수 있으며, 따라서 토지신탁계약의 수탁자는 우선적으로 위탁자의 지시에 따라 사무처리를 하여야 하나, 그 지시에 따라 신탁사업을 추진하는 것이 신탁의 취지에 적합하지 않거나 경제성이 없는 것으로 판단되어 위탁자에게 불이익할 때에는 그러한 내용을 위탁자에게 알려주고 그 지시를 변경하도록 조언할 의무가 있다”고 판시하고 있다.[2]

2. 주의의무의 가중·경감 여부

일반적으로 선관주의의무규정은 임의규정 내지 보충규정으로 보기 때문에 특약 또는 특별규정이 있을 때에는 이 규정이 적용되지 않는다.[3] 특히 민법에서는 주의의무를 경감하는 경우에 행위자 자신의 구체적 주의능력에 따른 주의만을 요구하고 있다. 이러한 주의를 민법은 「자기재산과 동일한 주의」(민법 695조), 「자기의 재산에 관한 행위와 동일한 주의」(민법 922조), 「고유재산에 대하는 것과 동일한 주의」(민법 1022조)로 표현하고 있다.

사적자치의 존중이라는 관점에서, 신탁법상 수탁자의 선관주의의무를 신탁행위로 가중하거나 경감시키거나 그로 인한 책임을 경감하는 면책조항도 원칙적으로 유효하다고 보아야 할 것이다.[4] 예를 들면, 수탁자는 고의·중과실의 경우에만 신탁의무위반에 관한 책임을 부담하기로 신탁행위에서 정할 수 있다. 일반적인 계약의 경우와 동일하다. 단, 이때에도 계약의 경우와 같이 공서양속이나 신의칙의 적용에 의하여 책임제한조항의 효력이 부정되거나 제한되는 경우가 있을 수 있다. 예를 들어 고의나 중과실의 경우에도 책임을 부담하지 아니한다는 특약은 무효로 보아야 할 것이다.

그러나 본조는 신탁행위에 의한 책임의 가중·경감 여부와 상관없는 業法상의 행정규범이다. 따라서 신탁회사가 영업으로 수탁자가 된 경우에 신탁법상에서는 선관주의의무를 경감할 수 있다 하여도, 業法상 신탁회사로서의 선관주의의무를 경감하는 것은 허용되지 않는 것으로 해석하여야 할 것이다.[5]

1) 현행 신탁법 제32조에 해당한다.
2) 대법원 2006. 6. 9. 선고 2004다24557 판결.
3) 곽윤직 편집대표, 「民法注解(Ⅷ)」, 109쪽(송덕수 집필부분); 김형배, 전게서(1999), 52쪽.
4) 四宮和夫, 「信託法(新版)」, 有斐閣, 1989, 247頁.
5) 新井誠, 「信託法(第 3 版)」, 有斐閣, 2008, 247頁; 김정수, 「자본시장법원론」, SFL그룹, 2011, 296쪽.

Ⅲ. 신탁업자의 일반적 충실의무

1. 의 의

충실의무라 함은 신인관계를 기초로 하는 신탁에 있어서 수탁자의 가장 중요한 의무 중 하나로서, 수탁자는 오로지 수익자의 이익을 위하여서만 행동하여야 한다는 원칙이다.[1] 신탁법 제33조는 "수탁자는 수익자의 이익을 위하여 신탁사무를 처리하여야 한다"라고 규정하여, 수탁자에 대하여 충실의무를 부과하고 있다. 개정 전 신탁법(법률 10924호로 전면 개정되기 전의 것을 말한다. 이하 본 관에서 같다)에는 수탁자의 충실의무에 관한 명문규정이 존재하지 않았으나, 그 당시에도 판례는 "수탁자의 충실의무는 수탁자가 신탁목적에 따라 신탁재산을 관리하여야 하고 신탁재산의 이익을 최대한 도모하여야 할 의무로서, 일반적으로 수탁자의 신탁재산에 관한 권리취득을 제한하고 있는 신탁법 제31조를 근거로 인정되고 있다"라고 판시하여 수탁자의 충실의무를 인정하고 있었다.[2]

2. 충실의무의 내용

신탁법상 충실의무의 내용을 구체화한 규정으로는 ① 이익상반행위의 금지(신탁법 34조)와 ② 수탁자의 신탁이익향수금지(신탁법 36조)가 있다. 이와 관련하여, 신탁법 제35조는 「수익자가 여럿인 경우 수탁자는 각 수익자를 위하여 공평하게 신탁사무를 처리하여야 한다. 다만, 신탁행위로 달리 정한 경우에는 그러하지 아니하다」라고 규정하여 수탁자의 공평의무를 인정하고 있는데, 위 공평의무도 충실의무의 한 유형이라고 보는 견해와[3] 위 공평의무는 선관주의의무에 근거한 것이라고 보는 견해가 있다.[4]

(1) 이익상반행위의 금지

신탁법 제34조는 이익상반행위를 원칙적으로 금지하고 있으며, ① 신탁행위로 허용한 경우 및 ② 법원의 허가를 받은 경우에 예외적으로 이를 허용하고 있다. 이익상반행위에는 다음과 같은 행위가 포함된다.

1) 수익자와 수탁자 간의 이익이 충돌하는 경우

여기에는 수탁자가 신탁재산을 고유재산으로 하는 경우, 수탁자가 신탁재산에 관한 권리를 고유재산에 귀속시키는 경우, 고유재산을 신탁재산으로 하는 경우, 고유재산에 관한 권리를 신탁재산에 귀속시키는 경우 등이 해당한다(신탁법 34조 1항 1호 및 2호).

---

1) 四宮和夫, 전게서(1989), 231頁.
2) 대법원 2005. 12. 22. 선고 2003다55059 판결.
3) 이중기, 전게서(2007), 302쪽.
4) 최동식, 「신탁법」, 법문사, 2006, 223쪽.

2) 신탁간의 이익이 충돌하는 경우

수탁자가 여러 개의 신탁을 인수한 경우 하나의 신탁재산 또는 그에 관한 권리를 다른 신탁의 신탁재산에 귀속시키는 행위가 여기에 해당한다(신탁법 34조 1항 3호).

3) 제 3 자와 신탁재산 간 거래에서 제 3 자를 대리하는 경우

수탁자가 제 3 자와 신탁재산 간의 거래에서 위 제 3 자를 대리하여 신탁재산에 대한 행위를 하는 것은 이익상반행위에 해당한다(신탁법 34조 1항 4호).

4) 기타 수익자의 이익에 반하는 행위

신탁법 제34조 제 1 항 제 1 호 내지 제 4 호에 명시된 것 이외에, 수탁자가 자신의 채무를 위하여 신탁재산을 담보로 제공하는 행위, 신탁사무처리 중 얻은 정보를 수탁자 개인을 위하여 유용하는 행위, 제 3 자의 채무를 위하여 신탁재산을 담보로 제공하는 행위 등과 같은 이익상반행위도 금지된다.

(2) 신탁이익향수금지

신탁법 제36조는 「수탁자는 누구의 명의로도 신탁의 이익을 누리지 못한다. 다만, 수탁자가 공동수익자의 1인인 경우에는 그러하지 아니하다」라고 규정하여, 수탁자는 신탁의 이익을 향수하지 못하도록 하고 있다. 따라서 수탁자가 신탁재산에서 이익을 취득하는 행위, 수탁자가 신탁보수 이외에 신탁사무의 처리에 따른 부수적 이익을 취득하는 행위, 수탁자가 1인 수익자가 되는 행위, 수탁자가 단독수익자로부터 수익권을 양도받는 행위 및 수탁자가 단독수익자로부터 수익권에 대한 질권 또는 양도담보권을 설정받는 행위 등은 모두 신탁이익향수에 해당하여 금지된다. 수탁자가 공동수익자의 1인인 경우에는 예외로 한 것은 다른 수익자가 공동수익자인 수탁자를 견제 내지 감독할 수 있어 수탁자가 신탁을 남용할 가능성이 많지 않기 때문이다.[1)]

일본 신탁법 제 8 조는[2)] 수탁자가 수익자로서 이익을 향수하는 것을 허용하고 있으며, 다만 제163조 제 2 호에서 수탁자가 수익권의 전부를 고유재산으로 가진 상태(즉, 수탁자가 단독수익자인 상태)가 1년 이상 계속된 경우를 신탁의 종료사유로 삼고 있다. 따라서, 일본 신탁법상으로는 수탁자가 1년의 기간 동안은 단독수익자가 될 수 있도록 허용되고 있다.[3)]

1) 안성포, "채권금융기관에 의한 담보신탁의 활용," 「증권법연구」 제13권 제 3 호(2012), 한국증권법학회, 303쪽.
2) 일본 신 신탁법 제 8 조는 "수탁자는 수익자로서 신탁의 이익을 향수하는 경우를 제외하고는 누구의 명의로도 신탁의 이익을 향수할 수 없다"
3) 류혁선/최승재, "자기신탁형 수익증권발행신탁," 「증권법연구」 제14권 제 2 호(2013), 한국증권법학회, 492쪽.

제103조(신탁재산의 제한 등)

① 신탁업자는 다음 각 호의 재산 외의 재산을 수탁할 수 없다.
1. 금전
2. 증권
3. 금전채권
4. 동산
5. 부동산
6. 지상권, 전세권, 부동산임차권, 부동산소유권 이전등기청구권, 그 밖의 부동산 관련 권리
7. 무체재산권(지식재산권을 포함한다)

② 신탁업자는 하나의 신탁계약에 의하여 위탁자로부터 제1항 각 호의 재산 중 둘 이상의 재산을 종합하여 수탁할 수 있다.

③ 제1항 각 호의 재산의 신탁 및 제2항의 종합재산신탁의 수탁과 관련한 신탁의 종류, 손실의 보전 또는 이익의 보장, 그 밖의 신탁거래조건 등에 관하여 필요한 사항은 대통령령으로 정한다.

④ 신탁업자는 부동산개발사업을 목적으로 하는 신탁계약을 체결한 경우에는 그 신탁계약에 의한 부동산개발사업별로 제1항 제1호의 재산을 대통령령으로 정하는 사업비의 100분의 15 이내에서 수탁할 수 있다.

시행령 **제103조**(신탁의 종류) 법 제103조 제3항에 따라 금전신탁은 다음 각 호와 같이 구분한다.
1. 위탁자가 신탁재산인 금전의 운용방법을 지정하는 금전신탁(이하 "특정금전신탁"이라 한다)
2. 위탁자가 신탁재산인 금전의 운용방법을 지정하지 아니하는 금전신탁(이하 "불특정금전신탁"이라 한다)

제104조(신탁업무의 방법 등) ① 신탁업자는 수탁한 재산에 대하여 손실의 보전 또는 이익의 보장을 하여서는 아니 된다. 다만, 연금 또는 퇴직금 지급을 목적으로 하는 신탁으로서 금융위원회가 정하여 고시하는 경우에는 손실의 보전 또는 이익의 보장을 할 수 있다.

② 신탁업자는 제1항 단서에 따라 손실의 보전 또는 이익의 보장을 한 신탁재산의 운용실적이 신탁계약으로 정한 것에 미달하는 경우에는 특별유보금(손실의 보전이나 이익의 보장계약이 있는 신탁의 보전 또는 보장을 위하여 적립하는 금액을 말한다), 신탁보수, 고유재산의 순으로 충당하여야 한다.

③ 신탁업자는 신탁계약기간이 끝난 경우에는 제1항 단서에 따라 손실의 보전 또는 이익의 보장을 한 경우를 제외하고는 신탁재산의 운용실적에 따라 반환하여야 한다.

④ 신탁업자는 위탁자가 신탁계약기간이 종료되기 전에 신탁계약을 해지하는 경우에는 제3항에 따른 신탁재산의 운용실적에서 신탁계약에서 정하고 있는 중도해지수수료를 빼고 반환하여야 한다. 다만, 금융위원회가 정하여 고시하는 사유에 해당하는 경우에는 이를 빼지 아니한다.

⑤ 신탁업자는 신탁계약이 정하는 바에 따라 신탁보수를 받을 수 있다.

⑥ 신탁업자는 특정금전신탁 계약을 체결(갱신을 포함한다. 이하 이 항에서 같다)하거나 제1호에서 정한 금전의 운용방법을 변경할 때에는 다음 각 호의 구분에 따른 사항을 준수하여야 한다. 다만, 수익자 보호 및 건전한 거래질서를 해칠 우려가 없는 경우로서 계약의 특성 등을 고려하여 금융위원회가 정하여 고시하는 특정금전신탁의 경우는 제외한다.
1. 계약을 체결할 때: 위탁자로 하여금 신탁재산인 금전의 운용방법으로서 운용대상의 종류·비중·위험도, 그 밖에 위탁자가 지정하는 내용을 계약서에 자필로 적도록 할 것
2. 제1호에서 정한 금전의 운용방법을 변경할 때: 위탁자로 하여금 그 변경내용을 계약서에 자필로 적도록 하거나 다음 각 목의 어느 하나에 해당하는 방법으로 확인받도록 할 것. 다만, 운용대상의 위험도를 변경하는 경우에는 그 변경내용을 계약서에 자필로 적도록 하여야 한다.

가. 서명(「전자서명법」 제 2 조 제 2 호에 따른 전자서명을 포함한다)
나. 기명날인
다. 녹취
⑦ 법 제103조 제 4 항에서 "대통령령으로 정하는 사업비"란 공사비, 광고비, 분양비 등 부동산개발사업에 드는 모든 비용에서 부동산 자체의 취득가액과 등기비용, 그 밖에 부동산 취득에 관련된 부대비용을 제외한 금액을 말한다.

Ⅰ. 본조의 취지

본조에 의하여 상사신탁으로[1] 신탁의 인수가 가능한 재산의 종류는 금전, 증권, 금전채권, 동산, 부동산, 지상권, 전세권, 부동산임차권, 부동산소유권 이전청구권, 그 밖의 부동산관련 권리, 무체재산권(지적재산권을 포함)으로 한정된다. 이를 위반하여 다른 재산을 수탁한 신탁업자는 징역 1년 이하 또는 3천만원 이하의 벌금에 처해진다(법 446조 18호). 부동산개발사업을 목적으로 하는 신탁계약을 체결한 신탁업자는 그 신탁계약에 의한 부동산개발사업별로 금전을 '대통령령으로 정하는 사업비'의 100분의 15 이내에서 수탁할 수 있다(법 103조 4항). 여기서 말하는 '대통령령으로 정하는 사업비'란 공사비, 광고비, 분양비 등 부동산개발사업에 드는 비용에서 부동산 자체의 취득가액과 등기비용, 그 밖에 부동산 취득에 관련된 부대비용을 제외한 금액을 말한다(법 시행령 104조 6항). 이를 위반한 신탁업자는 징역 1년 이하 또는 3천만원 이하의 벌금에 처해진다(법 446조 18호).

이와 같이 신탁업자가 수탁할 수 있는 신탁재산을 제한하는 것은 구신탁업법이 1922년 일본의 신탁업법을 그대로 받아들인 데서 기인한다. 수탁 가능한 재산을 신탁법처럼 재산권 일반으로 하게 된다면, 어떤 위험이 발생하게 될지 예측할 수 없기 때문에, 사전 예방적 관점에서 인수할 수 있는 재산을 통상 안전하고 확실하게 관리·처분할 수 있는 것으로 인정된 재산에 한정하여 신탁회사로 하여금 전형적인 신탁업에 전념하도록 하기 위한 것이었다. 그러나 신탁업의 다양화·활성화를 도모하기 위하여 수탁재산의 제한과 같은 사전예방적인 규제보다는 행위규제, 감독조치와 같은 사후규제를 강화하여 수탁가능재산의 범위 제한을 철폐하고,[2] 재산권 일반을 수탁가능한 재산으로 하는 입법이 필요하다고 생각한다.[3]

1) 수탁자가 신탁의 인수를 영업으로 하는 것을 '상사신탁'이라 하며, 수탁자가 영업으로서 인수한 것이 아닌 신탁을 '민사신탁'이라고 한다. 이재욱, 「신탁법 실무」, 법률정보센터, 2013, 24쪽.
2) 이재욱/이상호, 「신탁법 해설」, 한국사법행정학회, 1999, 77쪽.
3) 자본시장법 개정안 제103조 제 1 항은 신탁법 제 2 조에 따라 신탁가능재산으로 담보권 및 채무 등을 포함시키고 있다.

Ⅱ. 상사신탁의 분류

상사신탁은 신탁인수시의 재산에 따라 크게 금전신탁, 재산신탁 및 종합재산신탁으로 구분되는데, 금전신탁은 금전의 운용방법을 위탁자가 지정하느냐의 여부에 따라 특정금전신탁과 불특정금전신탁으로 분류되며, 재산신탁은 증권신탁, 금전채권신탁, 동산신탁 및 부동산신탁 등으로 분류된다. 그리고 종합재산신탁은 금전, 증권, 부동산 등 여러 재산을 함께 인수하여 통합 관리하는 신탁이다.

신탁업자가 신탁업에 관한 업무의 종류 또는 방법을 변경한 경우에는 그 이유와 변경한 내용을 기재한 서류를 첨부하여 변경일부터 2주 이내에 금융감독원장에게 보고하여야 한다. 금융위원회는 보고받은 내용이 신탁에 관한 법령이나 건전한 신탁거래질서에 반한다고 인정되는 경우에는 금융감독원장의 건의에 따라 당해 신탁업자에 대하여 그 내용의 변경을 요구할 수 있다. 이에 따른 보고의 서식 및 작성방법 등에 관하여 필요한 사항은 금융감독원장이 정한다(고시 4-81조).

1. 금전신탁

위탁자로부터 금전을 수탁하여 신탁회사가 운용하여 신탁기간 종료시 수익자에게 금전으로 교부하는 신탁을 말하는데(법 103조 1항 1호),[1] 운용방법의 지정여부에 따라 특정금전신탁과 불특정금전신탁으로 구분한다. 즉, 전자는 위탁자가 신탁재산인 금전의 운용방법을 지정하는 신탁이고, 후자는 위탁자가 금전의 운용방법을 지정하지 않고 수탁회사가 신탁재산을 운용하는 금전신탁이다(법 시행령 103조 1호·2호). 특정금전신탁의 경우 실무상 운용방법의 지정 방식 내지 내용에 따라 (i) 위탁자가 운용대상을 특정종목과 비중 등 구체적으로 지정한 특정금전신탁과 (ii) 위탁자가 운용대상을 특정종목과 비중 등 구체적으로 지정하지 않은 특정금전신탁으로 구별되며, 후자의 경우에는 수탁자에게 신탁재산의 운용과 관련하여 일정한 재량이 부여되어 있다. 한편 불특정금전신탁의 경우, 2004. 1. 5. 시행된 간접투자자산운용업법에서 불특정금전신탁을 간접투자로 규정하고, 동법 시행 후 6개월이 경과한 2004. 7. 5.부터 이를 신규로 설정하는 것을 금지하였다.[2]

1) 금전신탁의 개념과 관련하여, 대법원 2001. 12. 24. 선고 2000도4099 판결은 "새마을금고법 시행령 제24조는 금고의 여유자금은 연합에의 예탁, 금융기관에의 예탁 또는 신탁회사에의 금전신탁, 국채·지방채 및 연합회장이 정하는 유가증권의 매입의 방법에 의하여 이를 운용할 수 있다고 정하고 있는바, 신탁이라 함은 신탁설정자와 신탁을 인수하는 자와의 특별한 신임관계에 기하여 위탁자가 특정의 재산권을 수탁자에게 이전하거나 기타의 처분을 하고 수탁자로 하여금 일전한 자의 이익을 위하여 또는 특정의 목적을 위하여 그 재산권을 관리, 처분하게 하는 법률관계를 말하므로(신탁법 1조 2항), 증권투자신탁업법에 의하여 증권투자신탁회사가 발매하는 수익증권을 매입하는 행위는 위 시행령에서 말하는 신탁회사에의 금전신탁에는 해당하지 않는다"고 판시하였다.

2) 구간투법 부칙 제14조 제1항 참조.

2. 재산신탁

(1) 증권신탁

고객으로부터 증권을 수탁하여 관리운용하고 신탁 만기시 신탁재산을 운용현상대로 교부하는 신탁으로 관리증권신탁과 운용증권신탁이 있다. 여기서의 증권이란 법 제 4 조가 정의하는 "내국인 또는 외국인이 발행한 금융투자상품으로서 투자자가 취득과 동시에 지급한 금전 등 외에 어떠한 명목으로든지 추가로 지급의무(투자자가 기초자산에 대한 매매를 성립시킬 수 있는 권리를 행사하게 됨으로써 부담하게 되는 지급의무를 제외한다)를 부담하지 아니하는 것"을 말하며, 법상 증권의 종류는 전통적인 증권인 채무증권, 지분증권, 수익증권, 증권예탁증권과 새로운 증권인 투자계약증권과 파생결합증권으로 구분된다(법 4조 2항). 그리하여 기업의 위탁으로 지급을 대행하는 은행이 교부한 어음용지(조폐공사용지)를 활용한 기업어음(CP)도 증권에 포함된다(법 시행령 4조).

(2) 금전채권신탁

금전채권을 신탁재산으로 수탁하여 이를 관리 추심하고 신탁 만기시 추심대전 등을 수익자에게 지급하는 신탁으로서, 신탁재산으로는 대출채권, 신용카드채권, 리스채권, 할부채권, 건설공사대금채권 등이 있다. 그러나 당해 채권이 양도가능하여야 하고 제 3 자에 대하여 채권회수가 보장되어야 하는 등 수탁채권에 관한 제한이 있다.

(3) 동산신탁

선박, 항공기, 차량, 증기 기타설비, 기계, 기구 등의 동산이나 기타 여러 가지 동산의 설비를 수탁하여 관리·처분하는 신탁으로서, 해당 법률에 의해 등기 또는 등록할 수 있는 재산이어야 한다.

(4) 부동산신탁

1) 부동산관리신탁

㈎ 의 의

신탁회사가 소유자를 대신하여 임대차관리, 시설의 유지관리, 법률, 세무관리, 수입금의 자금운용 등 일체의 관리를 해주고 그 수익을 수익자에게 교부하여 주는 제도를 말하는데, 부동산등기 위조 등의 위험으로부터 소유권을 안전하게 보호하여 주는 기능도 수행한다. 이 제도는 부동산을 소유하고 있으나 해외에 거주, 타 업무종사 또는 전문지식의 결여로 관리하기 어려운 상황에 있거나, 특정 목적을 위하여 보유부동산을 신탁회사로 형식상 소유권의 보관(신탁재산)이 필요한 경우 등에 활용되고 있다.

㈏ 관리신탁의 종류

(a) 갑종 관리신탁 부동산의 전반적인 관리자체를 목적으로 신탁하는 경우를 말하며, 수탁자는 임대차관리, 시설의 유지관리 등 적극적인 관리업무를 수행한다.

(b) 을종 관리신탁 신탁을 통하여 등기부상의 소유권만을 보전하기 위하여 신탁하는 경우로 현재 실무상 취급하고 있는 관리신탁 대부분이 여기에 해당한다.

2) 부동산처분신탁

대형고가의 부동산, 권리관계가 복잡하여 처분함에 어려움이 있는 부동산, 잔금 정산까지 장기간이 소요되어 소유권 관리에 안전을 요하는 부동산을 신탁회사가 전문성과 공신력을 바탕으로 효율적으로 처분하여 주는 신탁제도이다.

부동산의 처분을 신탁함으로써 매각을 희망하는 사람은 매매와 관련된 분쟁을 방지하고 번거로운 매매과정을 벗어날 수 있다. 또한 매수자는 신탁된 부동산이므로 불의의 강제집행 등으로부터 보호되며 매매대금 지급시 확실한 소유권확보를 할 수 있는 장점이 있다.

처분신탁은 반드시 신탁등기를 수반하여야 하며 이 점에서 부동산의 중개업무와 근본적인 차이가 있다.

3) 부동산담보신탁

부동산의 소유자가 채권자에 대한 자신 또는 타인의 채무이행을 담보하기 위하여 자기 소유의 부동산을 신탁회사에게 이전하고 신탁회사는 채권자(우선수익자)를 위하여 일정기간 신탁부동산의 담보력이 유지되도록 관리하다가 채무가 불이행되면 신탁부동산을 환가하여 채권자에게 변제한 후 잔액이 있을 경우 위탁자에게 반환하는 신탁제도를 말한다.

부동산담보신탁은 부동산신탁회사의 신탁상품 중 수탁재산규모 기준으로 볼 때 가장 취급비중이 높은 상품으로, 금융기관의 근저당권부 대출제도에 비하여 도산절연(bankruptcy remoteness) 및 이중청구(dual recourse) 등과 같은 상대적인 이점으로 인하여 크게 활성화되고 있다.

4) 토지신탁

㈎ 의 의

부동산신탁회사가 수탁자로서 신탁된 토지상에 건물을 신축하는 등 개발행위를 하고, 토지 및 지상건물을 일체로 분양 또는 임대하여 그 수입으로 신탁회사의 투입자금을 회수하고 수익을 교부하는 것을 내용으로 하는 신탁제도이다.

㈏ 토지신탁의 종류

(a) 임 대 형 임대형은 토지를 매각하지 않고 신탁을 통하여 부동산의 개발 및 임대사업을 수행하고, 신탁종료시에는 현상 있는 그대로 신탁재산이 수익자에게 반환된

다. 즉 이 방식은 토지의 실질적 소유권을 유보하면서, 그 유효이용을 도모하고 장기 안정적으로 부동산임대수입을 얻는 것을 목적으로 하는 것이다. 따라서 토지소유자는 매년도의 임대소득과 장래의 자본적 소득을 기대할 수 있다.

(b) 분 양 형 분양형은 토지의 처분을 목적으로 신탁을 통해 부동산의 개발 및 처분을 수행하고, 토지 및 건물의 소유권은 처분과 동시에 구입자에게 이전되지만 신탁종료시에는 그 대금으로써 분양대금이 수익자에게 지급된다. 이 방식은 토지소유자가 최종적으로 부동산의 소유권을 잃어버리는 것이지만, 단순한 처분과는 달리 부가가치를 얻는 것 이외에도 분양시점에서의 자본적 소득을 수익할 수 있게 된다.

5) 분양관리신탁

분양사업자가 「건축물의 분양에 관한 법률」 제 4 조에 따라 사용승인 전에 건축물을 분양하고자 할 경우 신탁회사와 신탁계약 및 대리사무계약을 체결하도록 하여 피분양자의 분양대금을 보호하고 있는데, 이와 같은 신탁을 분양관리신탁이라 한다. 분양관리신탁은 신탁등기가 가지는 제 3 자 대항력을 활용하여 피분양자의 분양대금 채권을 안전하게 보호하고, 신탁회사의 공신력을 활용하여 투명하게 분양사업을 관리함으로써, 건축물 분양시장의 건전한 발전을 도모하는데 그 의의가 있다. 이는 건축법 제 8 조의 규정에 의한 건축허가를 받아 건축하는 바닥면적 3,000㎡ 이상인 건축물로서 사용승인 전에 분양하는 건축물을 대상으로 한다.

(5) 종합재산신탁

종합재산신탁은 단일 계약에 의해 금전, 증권, 부동산, 무체재산권 등 여러 유형의 재산을 함께 수탁받아 통합관리·운용할 수 있는 신탁제도이다(법 103조 2항). 법은 종합재산신탁의 인수와 관련한 신탁의 종류, 원본 또는 이익의 보전 그 밖의 신탁거래조건 등에 관하여 필요한 세부사항은 대통령령으로 정하도록 하고 있다(법 103조 3항). 시행령 제 6 조 제 4 항 제 2 호 가목에서 종합재산신탁으로서 금전의 수탁비율이 100분의 40 이하인 경우 재산신탁 내의 소액신탁자금 운용의 효율성을 도모하기 위해 공동운용을[1] 허용하고는 있지만(법 시행령 109조 3항 5호 단서), 신탁회사가 행하는 종합재산신탁은 집합투자로 보지는 않는다(법 6조 5항 단서).

---

1) 투자목적이 같은 계좌별 신탁자금을 모아서 공동운용한 후 투자성과를 배분하는 이른바 공동운용기금(CIF : Collective Investment Fund)을 말한다.

Ⅲ. 투자성 있는 신탁상품

1. 원 칙

법은 금융투자상품의 매매와 그 밖의 거래를 대상으로 한다(법 1조). 금융투자상품이란 이익을 얻거나 손실을 회피할 목적으로 현재 또는 장래의 특정시점에 금전, 그 밖의 재산적 가치가 있는 것을 지급하기로 약정함으로써 취득하는 권리로서, 그 권리를 취득하기 위하여 지급하였거나 지급하여야 할 금전 등으로 실제 투자에 활용되지 않은 서비스 제공의 대가의 총액(판매수수료 등 수수료, 보험계약상 사업비 및 위험보험료 등)이 그 권리로부터 회수하였거나 회수할 수 있는 금전 등(해지수수료와 제세금 등)과 발행인·거래상대방의 파산 등에 따른 손실의 총액을 초과하게 될 위험이 있는 것을 말한다(법 3조 1항, 법 시행령 3조). 따라서 법의 적용을 받는 신탁상품은 원본손실의 가능성이 있는 실적배당형 신탁상품을 원칙으로 한다.

법 제103조 제3항은 신탁의 수탁과 관련한 신탁의 종류, 손실의 보전 또는 이익의 보장, 그 밖의 신탁거래조건 등에 관하여 필요한 사항을 대통령령으로 정할 수 있도록 하고 있고, 시행령 제104조 제1항에서 신탁업자는 신탁 당시에 인수한 재산에 대하여 손실보전 또는 이익의 보장을 할 수 없도록 규정하고 있다. 따라서 신탁계약기간이 종료된 경우에 신탁업자는 신탁재산의 운용실적에 따라 반환하여야 한다(법 시행령 104조 3항). 그리고 신탁계약기간이 종료되기 전에 위탁자가 신탁계약을 해지하는 경우에는 신탁재산의 운용실적에서 신탁계약이 정하고 있는 중도해지수수료를 빼고 반환하여야 한다. 다만, "금융위원회가 정하여 고시하는 사유"에 해당하는 경우에는 이를 빼지 아니한다(법 시행령 104조 4항). 여기서 "금융위원회가 정하여 고시하는 사유"란 다음 각 호의 어느 하나에 해당하는 경우를 말한다.

① 「조세특례제한법」, 그 밖의 조세관계법령에서 소득세 납부의무가 면제되는 신탁으로서 중도 해지하는 경우에도 세제혜택이 부여되는 일정한 사유의 발생으로 신탁계약을 해지하는 경우

② 신탁업자가 합병하거나 경영합리화 등을 위해 영업점을 통·폐합 또는 이전함에 따라 수익자가 거래불편 등을 이유로 신탁계약을 중도 해지하는 경우

③ 고시 제4-93조 제1호의 불건전 영업행위를 시정하기 위하여 신탁계약을 중도 해지하는 경우

신탁업자는 신탁계약이 정하는 바에 따라 신탁보수를 받을 수 있다(법 시행령 104조 5항).

신탁업자는 특정금전신탁 계약을 체결(갱신을 포함)하거나 금전의 운용방법을 변경할 때에는 다음 사항을 준수하여야 한다. 다만, 수익자 보호 및 건전한 거래질서를 해칠 우려가 없는 경우로서 계약의 특성 등을 고려하여 금융위원회가 정하여 고시하는 특정금전

신탁의 경우는 제외한다(법 시행령 104조 6항).

1. 계약을 체결할 때 : 위탁자로 하여금 신탁재산인 금전의 운용방법으로서 운용대상의 종류·비중·위험도, 그 밖에 위탁자가 지정하는 내용을 계약서에 자필로 적도록 할 것

2. 제 1 호에서 정한 금전의 운용방법을 변경할 때 : 위탁자로 하여금 그 변경내용을 계약서에 자필로 적도록 하거나 다음 각 목의 어느 하나에 해당하는 방법으로 확인받도록 할 것. 다만, 운용대상의 위험도를 변경하는 경우에는 그 변경내용을 계약서에 자필로 적도록 하여야 한다.

가. 서명(「전자서명법」 제 2 조 제 2 호에 따른 전자서명을 포함)

나. 기명날인

다. 녹취

2. 예　　외

연금 또는 퇴직금 지급을 목적으로 하는 신탁상품으로서[1)] "금융위원회가 정하여 고시하는 경우"에는 예외적으로 손실의 보전 또는 이익의 보장을 할 수 있다(법 시행령 104조 1항 단서). 여기서 "금융위원회가 정하여 고시하는 경우"란 다음 각 호의 신탁에 대하여 손실의 보전을 하는 경우를 말한다(고시 4-82조 1항).

① 신노후생활연금신탁(노후생활연금신탁을 포함)

② 연금신탁(신개인연금신탁 및 개인연금신탁을 포함)

③ 퇴직일시금신탁

그리고 손실의 보전 또는 이익의 보장을 한 신탁재산의 운용실적이 신탁계약으로 정한 것에 미달하는 경우에는 신탁업자는 특별유보금(손실의 보전이나 이익의 보장계약이 있는 신탁의 보전 또는 보장을 위하여 적립하는 금액을 말함), 신탁보수 및 고유재산의 순으로 이를 충당하여야 한다(법 시행령 104조 2항).

1) 정부는 근로자의 노후생활 안정을 위하여 일시금 위주로 운용되고 있는 종전의 퇴직금 제도를 퇴직연금제도로 전환하는 내용의 근로자퇴직급여 보장법을 2005년 12월 1일부터 시행하고 있다. 이 법에서는 사용자가 확정급여형퇴직연금제도 또는 확정기여형연금제도를 설정할 수 있도록 규정하고 있다. 이 제도는 기업과 근로자들이 금융기관을 선정해 퇴직금을 맡기고 이를 은행, 보험, 증권사 등이 운용해 돌려주는 제도이다. 퇴직연금상품은 고객마다 신탁계정을 별도로 설치해 자금을 예치, 운용하게 된다. 운용방식은 은행과 보험사간에 다소 차이가 나는데, 은행은 종전의 특정금전신탁과 마찬가지로 개인과 기업의 자금을 별도로 운용하고(확정기여형퇴직연금은 근로자가 적립금운용을 지시하도록 되어 있다), 보험사는 여러 기업의 자산을 한데 묶어 자금을 운용하되 이 때 자산운용상품은 보험사 상품으로 한정된다.

제104조(신탁재산과 고유재산의 구분)

① 제34조 제 2 항은[1] 신탁업자에게는 적용하지 아니한다.

② 신탁업자는 다음 각 호의 어느 하나에 해당하는 경우 신탁계약이 정하는 바에 따라 신탁재산을 고유재산으로 취득할 수 있다.

1. 신탁행위에 따라 수익자에 대하여 부담하는 채무를 이행하기 위하여 필요한 경우[금전신탁재산의 운용으로 취득한 자산이 거래소시장(다자간매매체결회사에서의 거래를 포함한다) 또는 이와 유사한 시장으로서 해외에 있는 시장에서 시세(제176조 제 2 항 제 1 호의 시세를 말한다)가 있는 경우에 한한다]
2. 신탁계약의 해지, 그 밖에 수익자 보호를 위하여 불가피한 경우로서 대통령령으로 정하는 경우(제103조 제 3 항에 따라 손실이 보전되거나 이익이 보장되는 신탁계약에 한한다)

> 시행령 **제105조**(고유재산에 의한 신탁재산의 취득) 법 제104조 제 2 항 제 2 호에서 "대통령령으로 정하는 경우"란 다음 각 호의 요건을 모두 충족하는 경우로서 금융위원회가 인정하는 경우를 말한다.
> 1. 신탁계약기간이 종료되기까지의 남은 기간이 3개월 이내일 것
> 2. 신탁재산을 고유재산으로 취득하는 방법 외에 신탁재산의 처분이 곤란할 경우일 것
> 3. 취득가액이 공정할 것

Ⅰ. 본조의 취지

신탁법에서는 신탁재산을 고유재산으로 취득하는 행위 등 수탁자의 이익상반행위를 원칙적으로 금지하고 있으며(신탁법 34조 1항), 다만 신탁행위로 허용한 경우, 수익자에게 그 행위에 관련된 사실을 고지하고 수익자의 승인을 받은 경우 및 법원의 허가를 받은 경우에 한하여 예외적으로 그와 같은 이익상반행위를 허용하고 있다(신탁법 34조 2항). 그러나, 법의 적용을 받은 상사신탁에 대해서는 신탁법 제34조 제 2 항의 적용을 배제하고, 오로지 금전신탁재산의 운용상 필요한 경우 및 수익자보호를 위하여 불가피한 경우에 한하여 신탁계약이 정하는 바에 따라 신탁재산을 고유재산으로 취득할 수 있도록 허용하고 있다.

신탁업자가 본조에 위반하여 신탁재산을 고유재산으로 취득하는 거래는 비록 그 거래가 수익자에게 이익이 된다고 하더라도 무효이다.[2]

1) 신탁법 부칙(2011. 7. 25. 제10924호) 제 3 조 제 5 항에서 본조 제 1 항을 개정하면서 "신탁법 제31조 제 1 항 단서"를 "제34조 제 2 항"으로 한다고 하였는데, 여기서의 "제34조 제 2 항"은 "신탁법 제34조 제 2 항"의 오기인 것으로 보인다(광장신탁법연구회, 「주석 신탁법」, 박영사, 2013, 478-479쪽).

2) 대법원 2009. 1. 30. 선고 2006다62461 판결.

Ⅱ. 고유재산에 의한 신탁재산의 취득가능범위

1. 금전신탁재산의 운용상 필요한 경우

신탁회사가 금전신탁에 관하여 그 운용에 의하여 취득한 자산이 다자간매매체결회사에서의 거래를 포함하여 증권시장, 파생상품시장 또는 이와 유사한 시장으로서 해외에 있는 시장에서 시세[1]가 있는 것일 때에는 신탁행위에 따라 수익자에 대하여 부담하는 채무를 이행하기 위하여 필요한 경우에 한하여 신탁계약이 정하는 바에 따라 신탁재산을 고유재산으로 취득할 수 있다(법 104조 2항 1호). 이를 위반하여 신탁재산을 고유재산으로 취득한 자는 징역 3년 이하의 징역 또는 1억원 이하의 벌금에 처한다(법 445조 16호).

2. 수익자 보호를 위하여 불가피한 경우

연금 또는 퇴직금 지급을 목적으로 하는 신탁으로서 손실의 보전 또는 이익이 보장되는(법 시행령 104조 1항 단서) 신탁계약에 한하여, ① 신탁계약이 해지되는 경우와 ② 신탁계약기간이 종료되기까지의 잔여기간이 3개월 이내이고, 신탁재산을 고유재산으로 취득하는 방법 외에 신탁재산의 처분이 곤란하며, 취득가액이 공정한 경우로서 금융위원회가 인정하는 경우에(법 시행령 105조 1호·2호·3호) 수익자 보호를 위하여 신탁계약이 정하는 바에 따라 신탁재산을 고유재산으로 취득할 수 있다(법 104조 2항 2호). 이를 위반하여 신탁재산을 고유재산으로 취득한 자는 징역 3년 이하의 징역 또는 1억원 이하의 벌금에 처한다(법 445조 16호).

3. 수탁은행의 自行預金(self deposit)의 허용 여부

신탁업을 영위하는 은행이 신탁재산에 속하는 현금을 자신에게 예치하여 은행계정으로 하는 것, 즉 자행예금을 신탁법 제34조 제 1 항 제 1 호 규정의 "신탁재산을 고유재산으로 하는 것"으로 보아 이를 금지하여야 하는지가 문제된다. 이에 대하여, 은행계정은 신탁계정의 여유금을 단지 이용하는 관계에 지나지 않고, 신탁재산으로서는 언제든지 수탁자에 의하여 이용이 중지될 수 있는 관계로 보아야 하므로 수탁은행의 자행예금은 넓게는 충실의무에 저촉되지만 수익자의 승낙이 있으면 허용된다는 견해가 있다.[2] 그러나, (i) 법에서는 투자매매업자 및 투자중개업자의 경우에는 투자자예탁금에 관하여 예외적으로 자기계약을 허용하고 있음에도(법 74조 1항·2항), 신탁업자에 대해서는 그와 예외규정

1) 여기서의 시세란 증권시장 또는 파생상품시장에서 형성된 시세, 다자간매매체결회사가 상장주권의 매매를 중개함에 있어서 형성된 시세(법 176조 제 2 항 제 1 호) 및 증권상장규정에 따라 신규상장, 재상장 또는 변경 상장되는 증권에 대하여 증권시장에서 최초로 형성되는 시세(법 시행령 제202조)를 말한다.

2) 최동식, 전게서(2006), 210쪽.

을 두고 있지 않으므로 신탁업자에 대해서는 그와 같은 자기계약이 허용되지 않는다고 보는 것이 타당하다는 점, (ii) 신탁업자는 금액의 규모 또는 시간의 제약으로 인하여 다른 방법으로 운용할 수 없는 때에 한하여 당해 신탁업자의 고유계정에 자금을 일시적으로 대여하는 방법으로 운용할 수 있는바(법 시행령 107조 2항 3호, 109조 1항 1호 자목, 고시 4-88조), 그 반대해석상 이와 같은 명시적인 허용규정에 해당하지 않는 때에는 고유계정에 자금을 대여할 수 없다고 할 것인데, '고유계정에의 예치'는 '고유계정에 대한 대여'와 실질적으로 동일하게 취급하는 것이 타당하므로 명시적인 허용규정이 없는 한 고유계정에의 예치도 허용되지 않는다고 보는 것이 타당하다는 점 및 (iii) 법은 신탁업자로 하여금 신탁재산에 속하는 금전을 금융기관에의 예치 등의 방법으로 운영하도록 하고(법 105조 1항 3호) 또한 신탁재산을 운용함에 따라 발생한 여유자금을 금융기관에의 예치 등의 방법으로 운용하도록 하고 있는바, 이와 같이 금전을 운용하는 경우에도 법 제104조 제 2 항 규정의 예외에 해당하지 않는 한 신탁법 제34조 제 1 항이 적용된다고 보는 것이 타당하다는 점 등에 비추어 볼 때, 수탁은행의 자행예금은 법 제104조에 위반되어 무효라고 보는 타당하다.

제105조(신탁재산 등 운용의 제한)

① 신탁업자는 신탁재산에 속하는 금전을 다음 각 호의 방법으로 운용하여야 한다.

1. 증권(대통령령으로 정하는 증권에 한한다)의 매수
2. 장내파생상품 또는 장외파생상품의 매수
3. 대통령령으로 정하는 금융기관에의 예치
4. 금전채권의 매수
5. 대출
6. 어음의 매수
7. 실물자산의 매수
8. 무체재산권의 매수
9. 부동산의 매수 또는 개발
10. 그 밖에 신탁재산의 안전성·수익성 등을 고려하여 대통령령으로 정하는 방법

② 신탁업자는 제103조 제 1 항 제 5 호 및 제 6 호의 재산만을 신탁 받는 경우, 그 밖에 대통령령으로 정하는 경우를 제외하고는 신탁의 계산으로 그 신탁업자의 고유재산으로부터 금전을 차입할 수 없다.

③ 제 1 항 및 제 2 항에 따른 신탁재산 운용의 구체적 범위·조건·한도, 그 밖의 신탁재산의 운용방법 및 제한에 관하여 필요한 사항은 대통령령으로 정한다.

시행령 제106조(신탁재산의 운용방법 등) ① 법 제105조 제 1 항 제 1 호에서 "대통령령으로 정하는 증권"이란 다음 각 호의 어느 하나에 해당하는 증권을 말한다.

1. 채무증권
2. 지분증권
3. 수익증권
4. 삭제
5. 파생결합증권
6. 증권예탁증권

② 법 제105조 제 1 항 제 3 호에서 "대통령령으로 정하는 금융기관"이란 다음 각 호의 어느 하나에 해당하는 금융기관을 말한다.

1. 은행
2. 「한국산업은행법」에 따른 한국산업은행
3. 「중소기업은행법」에 따른 중소기업은행
4. 증권금융회사
5. 종합금융회사
6. 「상호저축은행법」에 따른 상호저축은행
7. 「농업협동조합법」에 따른 농업협동조합
8. 「수산업협동조합법」에 따른 수산업협동조합
9. 「신용협동조합법」에 따른 신용협동조합
10. 「우체국 예금·보험에 관한 법률」에 따른 체신관서
11. 제 1 호부터 제10호까지에 준하는 외국 금융기관

③ 법 제105조 제 1 항 제10호에서 "대통령령으로 정하는 방법"이란 다음 각 호의 어느 하나에 해당하는 방법을 말한다.

1. 원화로 표시된 양도성 예금증서의 매수
2. 지상권, 전세권, 부동산임차권, 부동산소유권 이전등기청구권, 그 밖의 부동산 관련 권리에의 운용
3. 환매조건부매수
4. 증권의 대여 또는 차입
5. 근로자퇴직급여 보장법 제16조 제 2 항에 따른 신탁계약으로 퇴직연금 적립금을 운용하는 경우에는 같은 법 시행령 제17조 제 1 항 제 1 호 나목에 따른 보험계약의 보험금 지급청구권에의 운용
6. 그 밖에 신탁재산의 안정성·수익성 등을 고려하여 금융위원회가 정하여 고시하는 방법

④ 법 제105조 제 2 항에서 "대통령령으로 정하는 경우"란 다음 각 호의 어느 하나에 해당하는 경우를 말한다.

1. 법 제103조 제 4 항에 따라 부동산개발사업을 목적으로 하는 신탁계약을 체결한 경우로서 그 신탁계약에 의한 부동산개발사업별로 사업비(제104조 제 7 항에 따른 사업비를 말한다)의 100분의 15 이내에서 금전을 신탁받는 경우
2. 다음 각 목의 요건을 모두 충족하는 경우로서 금융위원회의 인정을 받은 경우
   가. 신탁계약의 일부해지 청구가 있는 경우에 신탁재산을 분할하여 처분하는 것이 곤란할 것
   나. 차입금리가 공정할 것

⑤ 신탁업자가 신탁재산에 속하는 금전을 운용하는 경우에는 다음 각 호의 기준을 지켜야 한다.

1. 특정금전신탁인 경우(그 신탁재산으로 법 제165조의3 제 3 항에 따라 주권상장법인이 발행하는 자기주식을 취득·처분하는 경우만 해당한다)
   가. 법 제1656조의3 제 1 항 제 1 호의 방법으로 취득할 것
   나. 자기주식을 취득한 후 1개월 이내에 처분하거나 처분한 후 1개월 이내에 취득하지 아니할 것
   다. 자기주식을 취득하고 남은 여유자금을 금융위원회가 정하여 고시하는 방법 외의 방법으로 운용하지 아니할 것

2. 불특정금전신탁인 경우
   가. 사모사채(금융위원회가 정하여 고시하는 자가 원리금의 지급을 보증한 사모사채와 담보부사채는 제외한다)에 운용하는 경우에는 각 신탁재산의 100분의 3을 초과하지 아니할 것
   나. 지분증권(그 지분증권과 관련된 증권예탁증권을 포함한다) 및 장내파생상품에 운용하는 경우에는 각 신탁재산의 100분의 50을 초과하지 아니할 것. 이 경우 장내파생상품에 운용하는 때에는 그 매매에 따른 위험평가액(법 제81조 제2항의 위험평가액을 말한다. 이하 이 조에서 같다)을 기준으로 산정한다.
   다. 장외파생상품에 운용하는 경우에는 그 매매에 따른 위험평가액이 각 신탁재산의 100분의 10을 초과하지 아니할 것
   라. 동일법인 등이 발행한 지분증권(그 지분증권과 관련된 증권예탁증권을 포함한다)에 운용하는 경우에는 그 지분증권 발행총수의 100분의 15를 초과하지 아니할 것
   마. 그 밖에 금융위원회가 정하여 고시하는 신탁재산의 운용방법에 따를 것
3. 제1호 및 제2호 외의 신탁의 경우 수익자 보호 또는 건전거래질서 유지를 위하여 금융위원회가 정하여 고시하는 기준을 따를 것

Ⅰ. 신탁재산인 금전의 운용방법

1. 금전의 운용방법

신탁업자는 신탁재산에 속하는 금전을 ① (i) 채무증권(국채증권, 지방채증권, 특수채증권, 사채권, 기업어음증권, 그 밖에 이와 유사한 것으로서 채무를 표시하는 증권(법 4조 3항, 법 시행령 106조 1항 1호)), (ii) 지분증권(주권, 신주인수권을 표시한 것, 법률에 의하여 직접 설립된 법인이 발행한 출자증권, 상법에 의한 합자회사, 유한회사, 익명조합의 출자지분, 민법에 의한 조합의 출자지분, 그 밖에 이와 유사한 것으로서 출자지분을 표시한 증권(법 4조 4항, 법 시행령 106조 1항 2호)), (iii) 수익증권(법 제110조의 수익증권, 제189조의 수익증권, 그 밖에 이와 유사한 것으로서 신탁의 수익권이 표시되는 것(법 4조 5항, 법 시행령 106조 1항 3호)), (iv) 파생결합증권(기초자산의 가격, 이자율, 지표, 단위 또는 이를 기초로 하는 지수 등이 변동과 연계하여 미리 정하여진 방법에 따라 지급금액 또는 회수금액이 결정되는 권리가 표시된 것(법 3조 7항, 법 시행령 106조 1항 4호)) 및 (v) 증권예탁증권(채무증권, 지분증권, 수익증권, 투자계약증권, 파생결합증권을 예탁 받은 자가 그 증권이 발행된 국가 외의 국가에서 발행한 것으로서 그 예탁받은 증권에 관련된 권리가 표시된 것(법 4조 8항, 법 시행령 106조 1항 5호))의 매수, ② 장내파생상품 또는 장외파생상품의 매수, ③ 은행 등 금융기관에의 예치, ④ 금전채권의 매수, ⑤ 대출, ⑥ 어음의 매수, ⑦ 실물자산의 매수, ⑧ 무체재산권의 매수, ⑨ 부동산의 매수 또는 개발, ⑩ (i) 원화로 표시된 양도성 예금증서의 매수, (ii) 지상권, 전세권, 부동산임차권, 부동산소유권 이전등기청구권, 그 밖의 부동산 관련 권리에의 운용, (iii) 환매조건부 매수, (iv)

증권의 대여 또는 차입, (v) 「근로자퇴직급여 보장법」 제16조 제 2 항에 따른 신탁계약으로 퇴직연금 적립금을 운용하는 경우에는 같은 법 시행령 제17조 제 1 항 제 1 호 나목에 따른 보험계약의 보험금 지급청구권에의 운용 또는 (vi) 그 밖에 신탁재산의 안정성·수익성 등을 고려하여 금융위원회가 정하여 고시하는 방법으로 운영하여야 한다(법 105조 1항, 법 시행령 106조 1항·2항·3항).

2. 특정금전신탁의 자금 운용

특정금전신탁의 경우 신탁업자는 위탁자가 지정한 방법에 따라 특정금전신탁의 자금을 운용하여야 하고(고시 4-85조 1항), 위탁자로부터 신탁자금의 운용방법을 지정받음에 있어서 법령에서 정하고 있는 범위에서 지정받아야 하며, 그 운용방법을 신탁계약서에 명시하여야 한다(고시 4-85조 2항). 다만, 위탁자가 지정한 방법대로 운용할 수 없는 신탁재산이 있는 경우에는 ① 금액의 규모 또는 시간의 제약으로 인하여 다른 방법으로 운용할 수 없는 때에는 당해 신탁업자의 고유계정에 대한 일시적인 자금의 대여(단, 투자매매업자 또는 투자중개업자로서 신탁업을 영위하는 자와 신탁업을 겸영하는 은행, 증권금융회사 또는 보험회사에 한한다) 또는 ② 법 제355조의 자금중개회사의 중개를 거쳐 행하는 단기자금대여(이 경우 한도는 전 회계연도말 신탁 수탁고 잔액의 '100분의 10' 이내로 한다)의 방법으로 운용할 수 있다(고시 4-85조 3항).

3. 특정금전신탁에 있어서 자기주식의 취득 및 처분

특정금전신탁의 경우 그 신탁재산으로 법 제165조의3 제 3 항에 따라 주권상장법인이 발행하는 자기주식을 취득·처분하는 때에는 ① 법 제165조의3 제 1 항 제 1 호의 방법으로 자기주식을 취득하여야 하고, ② 자기주식을 취득한 후 1개월 이내에 처분하거나 처분한 후 1개월 이내에 취득하지 말아야 하며, ③ 자기주식을 취득하고 남은 여유자금을 "금융위원회가 정하여 고시하는 방법" 외의 방법으로 운용하지 말아야 하고, ④ 법 시행령 제176조의2 제 2 항 제 1 호부터 5호까지의 어느 하나에 해당하는 기간 동안에 자기주식을 취득하거나 처분하지 말아야 한다(법 시행령 106조 5항 1호). 위 ③에서 "금융위원회가 정하여 고시하는 방법"이란 다음 각 호의 어느 하나에 해당하는 방법을 말한다(고시 4-83조).

i) 당해 신탁업자의 고유계정에 대한 일시적인 자금의 대여. 다만, 금액의 규모 또는 시간의 제약으로 인하여 다른 방법으로 운용할 수 없는 경우에 한한다.

ii) 법 제355조의 자금중개회사의 중개를 거쳐 행하는 단기자금의 대여.

iii) 법 시행령 제106조 제 2 항 각 호의 금융기관에 대한 예치.

4. 불특정금전신탁에 있어서 금전 운용

① 신탁업자가 불특정금전신탁의 신탁재산인 금전을 사모사채("금융위원회가 정하여 고시하는 자"가 원리금의 지급을 보증한 사모사채와 담보부사채를 제외함)에 운용하는 경우에는 각 신탁재산의 100분의 3을 초과하지 못한다(법 시행령 106조 5항 2호 가목). 여기에서 "금융위원회가 정하여 고시하는 자"라 함은 (i) 은행, 「한국산업은행법」에 따른 한국산업은행, 「중소기업은행법」에 따른 중소기업은행, 「한국수출입은행법」에 따른 한국수출입은행, 증권금융회사, 종합금융회사, 「보험업법」에 따른 보증보험회사, 「신용보증기금법」에 따른 신용보증기금, 「기술신용보증기금법」에 따른 기술신용보증기금 또는 「한국주택금융공사법」에 따른 주택금융신용보증기금, (ii) 투자매매업자·투자중개업자, (iii) 「여신전문금융업법」에 따른 여신전문금융회사를 말한다(고시 4-84조 1항).

② 신탁업자가 불특정금전신탁의 신탁재산인 금전을 지분증권(그 지분증권과 관련된 증권예탁증권을 포함함) 및 장내파생상품에 운용하는 경우에는 각 신탁재산의 100분의 50을 초과하지 못한다. 이 경우 장내파생상품에 운용하는 때에는 그 매매에 따른 위험평가액(법 제81조 제2항의 위험평가액을 말함)을 기준으로 산정한다(법 시행령 106조 5항 2호 나목).

③ 신탁업자가 불특정금전신탁의 신탁재산인 금전을 장외파생상품에 운용하는 경우에는 그 매매에 따른 위험평가액이 각 신탁재산의 100분의 10을 초과하지 못한다(법 시행령 106조 5항 2호 다목).

④ 신탁업자가 불특정금전신탁의 신탁재산인 금전을 동일법인 등이 발행한 지분증권(그 지분증권과 관련된 증권예탁증권을 포함함)에 운용하는 경우에는 그 지분증권 발행총수의 100분의 15를 초과하지 못한다(법 시행령 106조 5항 2호 라목).

⑤ 신탁업자가 불특정금전신탁의 신탁재산인 금전을 대출로 운용함에 있어서는 다음 각 목의 어느 하나에 해당하는 경우를 제외하고는 동일한 개인 또는 법인에 대한 대출은 전 회계연도말 불특정금전신탁 수탁고 잔액의 100분의 5를 초과하지 못한다(법 시행령 106조 5항 2호 마목, 고시 4-84조 2항 1호).

i) 당해 신탁업자의 고유계정(신탁업자의 고유재산을 관리하는 계정을 말함)에 대한 일시적인 자금의 대여. 다만, 금액의 규모 또는 시간의 제약으로 인하여 다른 방법으로 운용할 수 없는 경우에 한한다.

ii) 전 회계연도말 불특정금전신탁 수탁고 잔액의 100분의 10 이내에서 법 제355조의 자금중개회사의 중개를 거쳐 행하는 단기자금의 대여.

⑥ 신탁업자가 불특정금전신탁의 신탁재산에 속하는 증권을 대여하는 방법으로 운용하는 경우 그 대여거래 총액은 각 불특정금전신탁상품별로 신탁재산의 100분의 50을 초과하지 못한다(법 시행령 106조 5항 2호 마목, 고시 4-84조 2항 2호).

⑦ 대여자산의 중도상환 요청기간 중 결제를 목적으로 하는 경우 이외에는 신탁재산으로 증권을 차입하지 못한다(법 시행령 106조 5항 2호 마목, 고시 4-84조 2항 3호).

5. 대출에 의한 운용

신탁업자는 신탁재산에 속하는 금전을 대출의 방법으로 운용하는 경우에는 ① 금액의 규모 또는 시간의 제약으로 인하여 다른 방법으로 운용할 수 없는 경우에 당해 신탁업자의 고유계정에 대한 일시적인 자금의 대여(단, 투자매매업자 또는 투자중개업자로서 신탁업을 영위하는 자와 신탁업을 겸영하는 은행, 증권금융회사 또는 보험회사에 한한다), ② 법 제355조의 자금중개회사의 중개를 거쳐 행하는 단기자금대여(이 경우 한도는 전 회계연도말 신탁 수탁고 잔액의 '100분의 10' 이내로 한다), ③ 신용대출, ④ 저당권 또는 질권에 따라 담보되는 대출, ⑤ 은행 등 정해진 금융기관이 원리금을 지급보증하는 대출 또는 ⑥ 사모사채의 인수의 방법으로만 하여야 한다(고시 4-87조 1항).

6. 어음의 매수에 의한 운용

신탁업자는 신탁재산에 속하는 금전을 어음매수의 방법으로 운용하는 경우 해당 어음은 ① 신탁업자, 은행 등 정해진 금융기관이 발행·매출·중개한 어음이거나 ② 상장법인이나 법률에 따라 직접 설립된 법인이 발행한 어음이어야 한다(고시 4-87조 2항).

Ⅱ. 고유재산으로부터의 금전차입금지 및 그에 대한 예외

신탁업자는 원칙적으로 신탁의 계산으로 그 신탁업자의 고유재산으로부터 금전을 차입할 수 없다(법 105조 2항). 다만, 부동산신탁(법 103조 1항 5호) 및 부동산관련권리취득신탁(법 103조 1항 6호)의 경우에는 신탁의 계산으로 신탁업자의 고유재산으로부터 금전을 차입할 수 있다. 또한 법 제103조 제 4 항에 따라 부동산 개발사업을 목적으로 하는 신탁계약을 체결한 경우로서 그 신탁계약에 의한 부동산 개발사업별로 사업비(104조 7항에 따른 사업비를 말함)의 100분의 15 이내에서 금전을 신탁받는 경우(법 시행령 106조 4항 1호) 및 신탁계약의 일부해지 청구가 있는 경우 신탁재산을 분할하여 처분하는 것이 곤란하고 또한 차입금리가 공정하다는 것을 금융위원회로부터 인정받은 경우(법 시행령 106조 4항 2호)에는 예외적으로 신탁의 계산으로 그 신탁업자의 고유재산으로부터 금전을 차입할 수 있다.

제106조(여유자금의 운용)

신탁업자는 제103조 제 1 항 제 5 호 및 제 6 호의 재산만을 신탁받는 경우 그 신탁재산을 운용함에 따라 발생한 여유자금을 다음 각 호의 방법으로 운용하여야 한다.

1. 대통령령으로 정하는 금융기관에의 예치
2. 국채증권, 지방채증권 또는 특수채증권의 매수
3. 정부 또는 대통령령으로 정하는 금융기관이 지급을 보증한 증권의 매수
4. 그 밖에 제103조 제 1 항 제 5 호 및 제 6 호에 따른 신탁재산의 안정성·수익성 등을 저해하지 아니하는 방법으로서 대통령령으로 정하는 방법

시행령 제**107**조(여유자금의 운용) ① 법 제106조 제 1 호 및 제 3 호에서 "대통령령으로 정하는 금융기관"이란 각각 제106조 제 2 항 각 호의 금융기관을 말한다.
② 법 제106조 제 4 호에서 "대통령령으로 정하는 방법"이란 다음 각 호의 어느 하나에 해당하는 방법을 말한다.
1. 법 제83조 제 4 항에 따른 단기대출
2. 제106조 제 2 항 각 호의 금융기관이 발행한 채권(특수채증권은 제외한다)의 매수
3. 그 밖에 신탁재산의 안정성·수익성 등을 해치지 아니하는 방법으로서 금융위원회가 정하여 고시하는 방법

Ⅰ. 본조의 적용대상

본조의 적용대상이 되는 신탁은 신탁인수시 신탁재산으로 토지와 그 정착물을 수탁하고 신탁종료 시 운용현상대로 수익자에게 교부하여 주는 부동산신탁(법 103조 1항 5호)과 부동산에 관한 지상권, 전세권, 부동산임차권, 부동산소유권 이전등기청구권 그 밖의 부동산 관련 권리를 신탁재산으로 하는 신탁(법 103조 1항 6호)에서 그 신탁재산의 운용으로 발생한 여유자금을 적용대상으로 한다.

Ⅱ. 여유금의 운용제한

1. 금융기관에의 예치

시행령 제106조 제 2 항은 신탁재산을 운용함에 따라 발생한 여유자금을 예치할 수 있는 금융기관으로 ① 은행, ② 「한국산업은행법」에 따른 한국산업은행, ③ 「중소기업은행법」에 따른 중소기업은행, ④ 증권금융회사, ⑤ 종합금융회사, ⑥ 「상호저축은행법」에 따른 상호저축은행, ⑦ 「농업협동조합법」에 따른 농업협동조합, ⑧ 「수산업협동조합법」에 따른 수산업협동조합, ⑨ 「신용협동조합법」에 따른 신용협동조합, ⑩ 「우체국 예금·

보험에 관한 법률」에 따른 체신관서, ⑪ ①부터 ⑩까지에 준하는 외국 금융기관을 규정하고 있다(법 시행령 107조 1항).

2. 국채증권, 지방채증권 또는 특수채증권의 매수

채권은 발행주체가 누구인가에 따라 국채증권, 지방채증권, 특수채증권 등으로 분류할 수 있다. 법 제 4 조 제 3 항에서 이들 채권을 채무증권으로 정의한다. 국채증권은 국가가 재정수요를 충족시키기 위해 발행하는 채권으로 보통 줄여서 국채라고 불린다. 한편 지방채증권은 지방자치단체가 재정수요를 충족하기 위하여 발행하는 채권으로 보통 줄여서 지방채라고 불린다. 그리고 특수채증권이란 특수법인이 발행한 채권을 말하며 흔히 특수채라고 불린다. 특수채의 예로는 한국은행이 발행하는 통화안정채권, 산업은행 등 특수금융기관이 발행하는 금융채, 한국전력공사 등 공사나 공단이 발행하는 공사채, 공단채 등이 있다.

3. 정부 또는 금융기관이 지급보증한 증권의 매수

여기서의 금융기관은 시행령 제106조 제 2 항의 ① 은행, ② 「한국산업은행법」에 따른 한국산업은행, ③ 「중소기업은행법」에 따른 중소기업은행, ④ 증권금융회사, ⑤ 종합금융회사, ⑥ 「상호저축은행법」에 따른 상호저축은행, ⑦ 「농업협동조합법」에 따른 농업협동조합, ⑧ 「수산업협동조합법」에 따른 수산업협동조합, ⑨ 「신용협동조합법」에 따른 신용협동조합, ⑩ 「우체국 예금·보험에 관한 법률」에 따른 체신관서, ⑪ ①부터 ⑩까지에 준하는 외국 금융기관을 말한다(법 시행령 107조 2항).

4. 기　　타

(1) 단기대출

30일 이내의 금융기관 간 단기자금 거래에 의한 자금공여를 말한다(법 64조 4항, 법 시행령 107조 2항 1호).

(2) 금융기관이 발행한 채권(특수채증권은 제외함)의 매수

여기서의 금융기관은 시행령 제106조 제 2 항의 ① 은행, ② 「한국산업은행법」에 따른 한국산업은행, ③ 「중소기업은행법」에 따른 중소기업은행, ④ 증권금융회사, ⑤ 종합금융회사, ⑥ 「상호저축은행법」에 따른 상호저축은행, ⑦ 「농업협동조합법」에 따른 농업협동조합, ⑧ 「수산업협동조합법」에 따른 수산업협동조합, ⑨ 「신용협동조합법」에 따른 신용협동조합, ⑩ 「우체국 예금·보험에 관한 법률」에 따른 체신관서 및 ⑪ 위 ①부터 ⑩까지에 준하는 외국 금융기관을 말한다(법 시행령 107조 2항).

(3) 신탁업자의 고유계정에 일시적인 자금대여

신탁재산의 안정성·수익성 등을 해치지 않는 방법으로 투자매매업자 또는 투자중개업을 겸영하는 신탁업자 또는 신탁업을 겸영하는 은행 또는 보험회사는 금액의 규모 또는 시간의 제약으로 인하여 다른 방법으로 운용할 수 없는 경우에 한하여 당해 신탁업자의 고유계정에 일시적으로 자금을 대여하는 방법으로 운용할 수 있다(법 시행령 107조 2항 3호, 고시 4-88조).

제107조(공탁의무 등): 삭제[1)]

제108조(불건전 영업행위의 금지)

신탁업자는 다음 각 호의 어느 하나에 해당하는 행위를 하여서는 아니 된다. 다만, 수익자 보호 및 건전한 거래질서를 해할 우려가 없는 경우로서 대통령령으로 정하는 경우에는 이를 할 수 있다.

1. 신탁재산을 운용함에 있어서 금융투자상품, 그 밖의 투자대상자산의 가격에 중대한 영향을 미칠 수 있는 매수 또는 매도 의사를 결정한 후 이를 실행하기 전에 그 금융투자상품, 그 밖의 투자대상자산을 자기의 계산으로 매수 또는 매도하거나 제삼자에게 매수 또는 매도를 권유하는 행위
2. 자기 또는 관계인수인이 인수한 증권을 신탁재산으로 매수하는 행위
3. 자기 또는 관계인수인이 대통령령으로 정하는 인수업무를 담당한 법인의 특정증권등(제172조 제1항의 특정증권등을 말한다. 이하 이 호에서 같다)에 대하여 인위적인 시세(제176조 제2항 제1호의 시세를 말한다)를 형성시키기 위하여 신탁재산으로 그 특정증권등을 매매하는 행위
4. 특정 신탁재산의 이익을 해하면서 자기 또는 제삼자의 이익을 도모하는 행위
5. 신탁재산으로 그 신탁업자가 운용하는 다른 신탁재산, 집합투자재산 또는 투자일임재산과 거래하는 행위
6. 신탁재산으로 신탁업자 또는 그 이해관계인의 고유재산과 거래하는 행위
7. 수익자의 동의 없이 신탁재산으로 신탁업자 또는 그 이해관계인이 발행한 증권에 투자하는 행위
8. 투자운용인력이 아닌 자에게 신탁재산을 운용하게 하는 행위
9. 그 밖에 수익자 보호 또는 건전한 거래질서를 해할 우려가 있는 행위로서 대통령령으로 정하는 행위

시행령 **제109조**(불건전 영업행위의 금지) ① 법 제108조 각 호 외의 부분 단서에서 “대통령령으로 정하는 경우”란 다음 각 호의 어느 하나에 해당하는 경우를 말한다.
1. 법 제108조 제1호를 적용할 때 다음 각 목의 어느 하나에 해당하는 경우

1) 2009. 1. 13. 자본시장과 금융투자업에 관한 법률 일부개정법률안에 의하여, 신탁업자의 공탁의무와 자기자본 규제의 중복을 제거하여 신탁업자의 규제 부담을 완화하기 위하여 당초 제정안에 규정되었던 신탁업자의 공탁의무는 폐지되었다.

가. 신탁재산의 운용과 관련한 정보를 이용하지 아니하였음을 증명하는 경우
나. 증권시장(다자간매매체결회사에서의 거래를 포함한다)과 파생상품시장 간의 가격 차이를 이용한 차익거래, 그 밖에 이에 준하는 거래로서 신탁재산의 운용과 관련한 정보를 의도적으로 이용하지 아니하였다는 사실이 객관적으로 명백한 경우
2. 법 제108조 제 2 호를 적용할 때 인수일부터 3개월이 지난 후 매수하는 경우
2의2. 법 제108조 제 2 호를 적용할 때 인수한 증권이 국채증권, 지방채증권, 「한국은행법」 제69조에 따른 한국은행통화안정증권, 특수채증권, 그 밖에 제10조 제 2 항 제 1 호 제 9 호·제10호·제12호·제13호에 해당하는 금융기관이 발행한 채권(투자자 보호 및 건전한 거래질서를 위하여 금융위원회가 정하여 고시하는 발행조건, 거래절차 등의 기준을 충족하는 채권으로 한정한다) 중 어느 하나에 해당하는 경우
3. 법 제108조 제 5 호를 적용할 때 같은 신탁업자가 운용하는 신탁재산 상호간에 자산을 동시에 한쪽이 매도하고 다른 한쪽이 매수하는 거래로서 다음 각 목의 어느 하나에 해당하는 경우. 이 경우 매매가격, 매매거래 절차 및 방법, 그 밖에 필요한 사항은 금융위원회가 정하여 고시한다.
가. 신탁계약의 해지(일부해지를 포함한다)에 따른 해지금액 등을 지급하기 위하여 불가피한 경우
나. 그 밖에 금융위원회가 수익자의 이익을 해할 염려가 없다고 인정하는 경우
4. 법 제108조 제 6 호를 적용할 때 다음 각 목의 어느 하나에 해당하는 경우. 다만, 「근로자퇴직급여 보장법」에 따른 특정금전신탁의 경우에는 다음 각 목(라목은 제외한다)의 어느 하나에 해당하는 경우 중 신탁재산으로 신탁업자의 원리금 지급을 보장하는 고유재산과 거래하는 경우는 제외한다.
가. 이해관계인이 되기 6개월 이전에 체결한 계약에 따른 거래
나. 증권시장 등 불특정다수인이 참여하는 공개시장을 통한 거래
다. 일반적인 거래조건에 비추어 신탁재산에 유리한 거래
라. 환매조건부매매
마. 신탁업자 또는 이해관계인의 중개·주선 또는 대리를 통하여 금융위원회가 정하여 고시하는 방법에 따라 신탁업자 및 이해관계인이 아닌 자와 행하는 투자대상자산의 매매
바. 신탁업자 또는 이해관계인의 매매중개(금융위원회가 정하여 고시하는 매매형식의 중개를 말한다)를 통하여 그 신탁업자 또는 이해관계인과 행하는 채무증권, 원화로 표시된 양도성 예금증서 또는 어음(기업어음증권을 제외한다)의 매매
사. 법 제104조 제 2 항 또는 법 제105조 제 2 항에 따른 거래
아. 예금거래(수탁액이 3억원 이상인 특정금전신탁 또는 「자산유동화에 관한 법률」 제 3 조에 따른 자산유동화계획에 의한 여유자금운용을 말한다)
자. 금액의 규모 또는 시간의 제약으로 인하여 다른 방법으로 운용할 수 없는 경우로서 일시적인 자금의 대여(그 신탁재산을 운용하는 신탁업자에게 대여하는 경우만 해당한다)
차. 그 밖에 거래의 형태, 조건, 방법 등을 고려하여 신탁재산과 이해가 상충될 염려가 없는 경우로서 금융위원회가 정하여 고시하는 거래
5. 제 3 항 제 5 호를 적용할 때 개별 신탁재산을 효율적으로 운용하기 위하여 투자대상자산의 매매주문을 집합하여 처리하고, 그 처리 결과를 신탁재산별로 미리 정하여진 자산배분명세에 따라 공정하게 배분하는 경우

② 법 제108조 제 3 호에서 "대통령령으로 정하는 인수업무"란 발행인 또는 매출인으로부터 직접 증권의 인수를 의뢰받아 인수조건 등을 정하는 업무를 말한다.

③ 법 제108조 제 9 호에서 "대통령령으로 정하는 행위"란 다음 각 호의 어느 하나에 해당하는 행위를 말한다.
1. 법 제 9 조 제 5 항 단서에 따라 일반투자자와 같은 대우를 받겠다는 전문투자자(제10조 제 1 항 각 호의 자를 제외한다)의 요구에 정당한 사유 없이 동의하지 아니하는 행위
2. 신탁계약을 위반하여 신탁재산을 운용하는 행위
3. 신탁계약의 운용방침이나 운용전략 등을 고려하지 아니하고 신탁재산으로 금융투자상품을 지나치게 자주 매매하는 행위
4. 수익자(수익자가 법인, 그 밖의 단체인 경우에는 그 임직원을 포함한다) 또는 거래상대방(거래상대방이 법인, 그

밖의 단체인 경우에는 그 임직원을 포함한다) 등에게 업무와 관련하여 금융위원회가 정하여 고시하는 기준을 위반하여 직접 또는 간접으로 재산상의 이익을 제공하거나 이들로부터 재산상의 이익을 제공받는 행위

5. 신탁재산을 각각의 신탁계약에 따른 신탁재산별로 운용하지 아니하고 여러 신탁계약의 신탁재산을 집합하여 운용하는 행위. 다만, 다음 각 목의 어느 하나에 해당하는 경우에는 이를 할 수 있다.
   가. 제6조 제4항 제2호에 해당하는 경우
   나. 다른 투자매매업자 또는 투자중개업자와 합병하는 등 금융위원회가 정하여 고시하는 요건을 갖춘 신탁업자가 제104조 제1항 단서에 따라 손실의 보전이나 이익의 보장을 한 신탁재산(그 요건을 갖춘 날부터 3년 이내에 설정한 신탁의 신탁재산으로 한정한다)을 운용하는 경우
6. 여러 신탁재산을 집합하여 운용한다는 내용을 밝히고 신탁계약의 체결에 대한 투자권유를 하거나 투자광고를 하는 행위
7. 제3자와의 계약 또는 담합 등에 의하여 신탁재산으로 특정 자산에 교차하여 투자하는 행위
8. 법 제55조·제105조·제106조·제108조 및 이 영 제104조 제1항에 따른 금지 또는 제한을 회피할 목적으로 하는 행위로서 장외파생상품거래, 신탁계약, 연계거래 등을 이용하는 행위
9. 채권자로서 그 권리를 담보하기 위하여 백지수표 또는 백지어음을 받는 행위
10. 그 밖에 수익자 보호 또는 건전한 거래질서를 해할 염려가 있는 행위로서 금융위원회가 정하여 고시하는 행위

Ⅰ. 본조의 취지

본조는 선행매매(front running),[1] 충실의무 위반행위, 부적격자에 의한 신탁재산 운용 등 신탁업자의 불건전 영업행위를 금지함으로써 수익자를 보호하고 건전한 거래질서를 유지함에 그 취지가 있다.

Ⅱ. 금지되는 불건전한 영업행위

1. 선행매매의 금지

선행매매를 금지한다. 즉, 신탁업자는 신탁재산을 운용함에 있어서 금융투자상품, 그 밖의 투자대상자산의 가격에 중대한 영향을 미칠 수 있는 매수 또는 매도 의사를 결정한 후 이를 실행하기 전에 그 금융투자상품, 그 밖의 투자대상자산을 자기의 계산으로 매수 또는 매도하거나 제3자에게 매수 또는 매도를 권유하는 행위를 하여서는 아니 된다(법 108조 1호).

1) 김정수, 「현대증권법원론」, 박영사, 2002, 271쪽. 선행매매란 증권의 가격에 중대한 영향을 미칠 것으로 예상되는 고객의 매수(매도)주문을 위탁받거나 또는 위탁받게 될 것이 확실한 경우, 그 주문을 체결하기 전에 동일한 증권을 자기계산으로 매수(매도)하거나 제3자에게 매수(매도)를 권유하는 행위를 말한다. 선행매매는 주식시장보다 선물시장에서 빈번하게 발생하는 대표적인 불공정거래유형의 하나라고 할 수 있다.

그러나 ① 신탁업자가 신탁재산의 운용과 관련한 정보를 이용하지 아니하였음을 증명하는 경우 또는 ② 신탁업자가 증권시장(다자간매매체결회사에서의 거래를 포함한다)과 파생상품시장 간의 가격 차이를 이용한 차익거래, 그 밖에 이에 준하는 거래로서 신탁재산의 운용과 관련된 정보를 의도적으로 이용하지 아니하였다는 사실이 객관적으로 명백한 경우에는 자기계산으로 투자대상자산을 매수 또는 매도하거나 제 3 자에게 매수 또는 매도를 권유하는 행위를 할 수 있다(법 108조 단서, 법 시행령 109조 1항 1호 가목·나목).

2. 충실의무 위반행위의 금지

법은 충실의무의 내용을 보다 구체화하기 위하여, 신탁업자가 수탁하는 신탁재산에 대하여 손해를 주는 행위와 수익자의 이익을 희생시켜 자기 또는 제 3 자의 이익을 도모하는 다음과 같은 행위들을 불건전 영업행위로 금지하고 있다.

① 인수증권매수 : 신탁업자는 자기 또는 관계인수인이 인수한 증권을 신탁재산으로 매수하는 행위를 하여서는 아니 된다. 다만 인수일부터 3개월이 경과하여 매수하는 경우에는 그러하지 아니하다(법 108조 2호, 법 시행령 109조 1항 2호).

② 시세조종목적매매 : 신탁업자는 자기 또는 관계인수인이 발행인 또는 매출인으로부터 직접 증권의 인수를 의뢰받아 인수조건 등을 정하는 인수업무를 담당한 법인의 특정증권 등[1]에 대하여 인위적인 시세[2]를 형성시키기 위하여 신탁재산으로 그 특정증권 등을 매매하는 행위를 하여서는 아니 된다(법 108조 3호, 법 시행령 109조 2항).

③ 이해상충거래 : 신탁업자는 특정 신탁재산의 이익을 해하면서 자기 또는 제 3 자의 이익을 도모하는 행위를 하여서는 아니 된다(법 108조 4호).

④ 자전거래 : 신탁업자는 신탁재산으로 그 신탁업자가 운용하는 다른 신탁재산, 집합투자재산 또는 투자일임재산과 거래하는 행위를 하여서는 아니 된다(법 108조 5호). 그러나 같은 신탁업자가 운용하는 신탁재산 상호간에 자산을 동시에 한쪽이 매도하고 다른 한쪽이 매수하는 거래(이른바 '자전거래')로서 (i) 신탁계약의 해지(일부해지를 포함함)에 따른 해지금액 등을 지급하기 위하여 불가피한 경우 또는 (ii) 그 밖에 수익자의 이익을 해할 우려가 없는 경우로서 금융위원회가 인정하는 경우에는 그러하지 아니하며, 이 경우 매매가격, 매매거래 절차 및 방법, 그 밖에 필요한 사항은 금융위원회가 정하여 고시한다(법 시행령 109조 1항 3호). 또한 신탁업자가 자전거래를 하는 경우에는 4가지 요건, 즉 (i) 증권시

1) 법 제172조 제 1 항의 특정증권등으로 (i) 그 법인이 발행한 증권(대통령령으로 정하는 증권을 제외한다), (ii) (i)의 증권과 관련된 증권예탁증권, (iii) 그 법인 외의 자가 발행한 것으로서 (i) 또는 (ii)의 증권과 교환을 청구할 수 있는 교환사채권, (iv) (i)부터 (iii)까지의 증권만을 기초자산으로 하는 금융투자상품을 말한다.

2) 법 제176조 제 2 항 제 1 호의 시세로 증권시장 또는 파생상품시장에서 형성된 시세, 전자증권중개회사가 상장주권의 매매를 중개함에 있어서 형성된 시세, 그 밖에 대통령령으로 정하는 시세를 말한다.

장 등을 통한 처분(다자간매매체결회사를 통한 처분 포함)이 곤란한 경우 등 그 불가피성이 인정되는 경우일 것, (ii) 고시 제7-35조 제2항에 따른 부도채권 등 부실화된 자산이 아닐 것, (iii) 당해 신탁의 수익자의 이익에 반하지 않는 거래일 것 및 (iv) 당해 신탁약관의 투자목적 및 방침에 부합하는 거래일 것을 모두 충족하여야 한다(법 시행령 109조 1항 3호, 고시 4-90조 1항). 신탁업자가 이자, 조세공과금 또는 신탁보수의 지급이나 신탁약관 등에서 정한 각종 한도를 준수하기 위하여 운용자산의 처분이 필요하나 시장매각이 곤란하다고 인정되는 경우에는 그 소요금액의 범위 내에서 시장가격(다만, 시장성이 없는 자산의 경우에는 채권평가충당금 등을 감안하여 시장가격에 준하는 적정한 가격)을 적용하여 운용자산을 자전거래하는 경우, 법 시행령 제109조 제1항 제3호 나목에 따라 금융위원회로부터 인정받은 것으로 본다(고시 4-90조 2항). 신탁업자는 자전거래와 관련하여 필요한 절차·방법 등 세부기준을 마련하고 자전거래 관련 자료를 5년간 보관·유지하여야 한다(고시 4-90조 3항).

⑤ 자기거래(self dealing) : 신탁업자는 신탁재산으로 신탁업자 또는 그 이해관계인의 고유재산과 거래하는 행위를 하여서는 아니 된다(법 108조 6호). 그러나 (i) 이해관계인이 되기 6개월 이전에 체결한 계약에 따른 거래, (ii) 증권시장 등 불특정다수인이 참여하는 공개시장을 통한 거래, (iii) 일반적인 거래조건에 비추어 신탁재산에 유리한 거래, (iv) 환매조건부매매, (v) 신탁업자 또는 이해관계인의 중개·주선 또는 대리를 통하여 금융위원회가 정하여 고시하는 방법(이해관계인이 일정수수료만을 받고 신탁업자와 이해관계인이 아닌 자 간의 투자대상자산의 매매를 연결시켜 주는 방법 : 고시 4-91조 1항)에 따라 신탁업자 및 이해관계인이 아닌 자와 행하는 투자대상자산의 매매, (vi) 신탁업자 또는 이해관계인의 매매중개(신탁업자가 채무증권, 원화로 표시된 양도성 예금증서 또는 어음을 이해관계인과 거래하는 경우 이해관계인에게 지급한 중개수수료를 감안할 때 거래의 실질이 중개의 위탁으로 볼 수 있고, 이해관계인이 신탁업자로부터 매매 또는 중개의 위탁을 받아 신탁업자 또는 제3자로부터 매입한 채권 등을 지체 없이 제3자 또는 신탁업자에 매도하는 경우를 말함 : 고시 4-91조 2항)를 통하여 그 신탁업자 또는 이해관계인과 행하는 채무증권, 원화로 표시된 양도성 예금증서 또는 어음(기업어음증권을 제외함)의 매매, (vii) 법 제104조 제2항 또는 법 제105조 제2항에 따른 거래, (viii) 예금거래(수탁액이 3억원 이상인 특정금전신탁 또는 「자산유동화에 관한 법률」 제3조에 따른 자산유동화계획에 의한 여유자금운용을 말한다), (ix) 금액의 규모 또는 시간의 제약으로 인하여 다른 방법으로 운용할 수 없는 경우로서 일시적인 자금의 대여(그 신탁재산을 운용하는 신탁업자에게 대여하는 경우에 한함), (x) 그 밖에 금융위원회가 거래의 형태, 조건, 방법 등을 고려하여 신탁재산과 이해가 상충될 우려가 없다고 승인한 거래에 해당하는 경우에는 그러하지 아니하다(법 시행령 109조 1항 4호 가목 내지 차목).

⑥ 자기발행증권취득 : 신탁업자는 수익자의 동의 없이 신탁재산으로 신탁업자 또는 그 이해관계인이 발행한 증권에 투자하는 행위를 하여서는 아니 된다(법 108조 7호).

3. 부적격자에 의한 신탁재산 운용의 금지

신탁업자는 법 제286조 제 1 항 다호에서 말하는 투자운용인력이 아닌 자에게 신탁재산을 운용하게 하여서는 아니 된다(법 108조 8호).

4. 기타 불건전 영업행위

법은 대통령령으로 불건전 영업행위를 추가할 수 있도록 하고 있으며(법 108조 9호), 이에 따라 법 시행령 제109조 제 3 항에서는 다음과 같은 행위들을 불건전 영업행위로 금지하고 있는데, 이를 위반한 자에 대하여는 5천만원 이하의 과태료를 부과한다(법 449조 1항 29호).

① 전문투자자요구거절 : 법 제 9 조 제 5 항 각 호 외의 부분 단서에 따라 일반투자자와 같은 대우를 받겠다는 전문투자자(시행령 제10조 제 1 항 각 호의 자를 제외함)의 요구에 정당한 사유 없이 동의하지 아니하는 행위(법 시행령 109조 3항 1호)

② 신탁계약위반 : 신탁계약을 위반하여 신탁재산을 운용하는 행위(법 시행령 109조 3항 2호)

③ 과당매매(Churning) : 신탁계약의 운용방침이나 운용전략 등을 감안하지 아니하고 신탁재산으로 금융투자상품을 지나치게 빈번하게 매매하는 행위(법 시행령 109조 3항 3호)

④ 이익수수 : 수익자(수익자가 법인, 그 밖의 단체인 경우에는 그 임직원을 포함함) 또는 거래상대방(거래상대방이 법인, 그 밖의 단체인 경우에는 그 임직원을 포함함) 등에게 업무와 관련하여 "금융위원회가 정하여 고시하는 기준"을 위반하여 직접 또는 간접으로 재산상의 이익을 제공하거나 이들로부터 제공받는 행위(법 시행령 109조 3항 4호). 여기에서 "금융위원회가 정하여 고시하는 기준"이란 신탁업자(그 임직원을 포함함)가 신탁계약의 체결 또는 신탁재산의 운용과 관련하여 수익자(수익자가 법인, 그 밖의 단체인 경우 그 임직원을 포함함) 또는 거래상대방(거래상대방이 법인, 그 밖의 단체인 경우 그 임직원을 포함함) 등에게 제공하거나 수익자 또는 거래상대방으로부터 제공받는 금전·물품·편익 등의 범위가 일반인이 통상적으로 이해하는 수준에 반하지 않는 것을 말하는데, 위 금전·물품·편익 등은 금융투자협회가 정하는 한도를 초과할 수 없다(고시 4-92조 1항·2항). 신탁업자가 금전·물품·편익 등을 제공하거나 제공받는 경우 제공목적, 제공내용, 제공일자 및 제공받는 자 등에 대한 기록을 유지하고 미리 준법감시인(준법감시인이 없는 경우에는 감사 등 이에 준하는 자를 말함)에게 보고하여야 하며, 다만 준법감시인에게 미리 보고하기 곤란한 경우에는 사후에 보고할 수 있다(고시 4-92조 3항).

⑤ 집합운용 : 신탁재산을 각각의 신탁재산별로 운용하지 아니하고 여러 신탁재산을 집합하여 운용하는 행위. 다만, 시행령 다음 각 목의 어느 하나에 해당하는 경우에는 이

를 할 수 있다(법 시행령 109조 3항 5호).

가. 제6조 제4항 제2호에 해당하는 경우

나. 다른 투자매매업자 또는 투자중개업자와 합병하는 등 금융위원회가 정하여 고시하는 요건을 갖춘 신탁업자가 제104조 제1항 단서에 따라 손실의 보전이나 이익의 보장을 한 신탁재산(그 요건을 갖춘 날부터 3년 이내에 설정한 신탁의 신탁재산으로 한정한다)을 운용하는 경우

⑥ 집합운용광고 : 여러 신탁재산을 집합하여 운용한다는 내용을 밝히고 신탁계약의 체결에 대한 투자권유를 하거나 투자광고를 하는 행위(법 시행령 109조 3항 6호)

⑦ 교차투자 : 제3자와의 계약 또는 담합 등에 의하여 신탁재산으로 특정 자산에 교차하여 투자하는 행위(법 시행령 109조 3항 7호)

⑧ 탈법행위 : 법령에서 정하는 금지 또는 제한 규정을 회피할 목적으로 장외파생상품거래, 신탁계약, 연계거래 등을 이용하여 탈법하는 행위. 이 경우 금지 또는 제한 규정의 범위, 탈법행위의 수단·유형·기준 등은 금융위원회가 정하여 고시한다(법 시행령 109조 3항 8호).

⑨ 백지수표/백지어음 취득 : 채권자로서 그 권리를 담보하기 위하여 백지수표 또는 백지어음을 받는 행위(법 시행령 109조 3항 9호).

⑩ 기타 : 그 밖에 수익자 보호 또는 건전한 거래질서를 해할 우려가 있는 행위로서 다음 어느 하나에 해당하는 행위(법 시행령 109조 3항 10호, 고시 4-93조).

ⅰ) 신탁대출, 증권의 매입 등 신탁자금의 운용과 관련하여 신탁, 예·적금, 집합투자증권, 보험 등 고유부문 취급 금융상품 판매 또는 가입을 강요함으로써 차주 등의 자금사용을 제한하거나 금융비용을 가중시키는 행위

ⅱ) 특정금전신탁에 속하는 금전으로 당해 신탁에 가입한 위탁자 또는 그 계열회사 발행주식, 어음, 회사채를 취득하거나 위탁자 또는 그 계열회사에 대출하는 행위(법 시행령 제106조 제5항 제1호에 따른 특정금전신탁재산으로 해당 위탁자가 발행하는 자기주식을 취득하는 경우를 제외함)

ⅲ) 신탁자금의 운용과 관련하여 일정기간 동안 기업어음을 월 또는 일 단위로 계속하여 발행·중개·매수하는 조건, 위약금 지급 조건 등의 별도약정이 부수된 기업어음을 위탁자의 운용지시 없이 취득하는 행위

ⅳ) 수탁액이 3억원 이상인 특정금전신탁, 「자산유동화에 관한 법률」 제3조에 따른 자산유동화계획에 의한 여유자금운용 또는 「근로자퇴직급여 보장법」에 따른 특정금전신탁(원리금 보장이 필요한 경우에 한함)의 예금 금리 등을 고유계정의 예금과 불합리하게 차등하는 행위

v) 합리적인 기준 없이 신탁재산에 대한 매매주문을 처리할 투자중개업자를 선정하거나 정당한 근거 없이 투자중개업자간 수수료를 차별하는 행위

vi) 신탁재산으로 고유재산 또는 신탁업자의 계열회사가 발행한 증권을 (x) 지분증권을 경우, 각 신탁재산 총액을 기준으로 100분의 50을 초과하여 소유하거나 (y) 지분증권을 제외한 증권(집합투자증권, 파생결합증권 및 법 110조에 따른 수익증권을 제외)의 경우, 전체 신탁재산을 기준으로 계열회사 전체가 그 신탁업자에 대하여 출자한 비율에 해당하는 금액을 초과하여 소유하는 행위(다만, 법 시행령 제106조 제 1 항 제 1 호에 따라 신탁재산으로 자기주식을 취득하는 경우 및 「근로자퇴직급여 보장법」에 따라 신탁재산으로 퇴직연금 적립금을 운용하는 경우는 제외한다) 및 신탁재산을 신탁업자의 계열회사가 발행한 고위험 채무증권 등에 운용하는 행위

vii) 신탁업자가 전문인력을 갖추지 아니하고 「사회기반시설에 대한 민간투자법」에 따른 사회기반시설에 투자하는 신탁계약(사회기반시설과 관련되는 법인에 대한 대출채권의 신탁에 따른 수익권의 매입, 사회기반시설과 관련되는 법인이 발행한 증권의 매입 및 그 증권의 신탁에 따른 수익권의 매입에 집합투자재산의 100분의 40을 초과하여 투자하는 집합투자기구를 포함함)을 체결하는 행위

viii) 증권운용전문인력이 아닌 자가 금융투자상품의 운용업무를 하거나 부동산운용전문인력이 아닌 자가 부동산의 운용업무를 하는 행위

ix) 준법감시전문인력 및 집합투자재산 계산전문인력을 각각 2인 이상 갖추지 아니하고 집합투자재산의 보관·관리 업무를 하는 행위

x) 특정금전신탁의 특정한 상품(신탁업자가 신탁재산의 구체적인 운용방법을 미리 정하여 위탁자의 신탁재산에 대한 운용방법 지정이 사실상 곤란한 상품을 말한다)에 대해서 안내 설명서를 비치하거나 배포하는 등의 방법으로 불특정다수의 투자자에게 홍보하는 행위

xi) 금전신탁계약(투자자가 운용대상을 특정종목과 비중 등 구체적으로 지정하는 특정금전신탁의 경우에는 제외)을 체결한 투자자에 대하여 월 1회 이상 신탁재산의 운용내역을 신탁계약에서 정한 바에 따라 투자자에게 통지하지 아니하는 행위. 다만, 투자자가 서면으로 수령을 거절하는 의사표시를 한 경우는 제외한다.

xii) 신탁재산으로 증권을 매매할 경우 매매계약의 본인이 됨과 동시에 상대방의 위탁매매인·중개인 또는 대리인이 되는 행위. 다만, (x) 수탁액이 3억원 이상인 경우 또는 (y) 증권시장을 통하여 거래되는 증권으로 운용하는 경우에 해당하는 특정금전신탁은 제외한다.

xiii) 신탁 계약조건 등을 정확하게 공시하지 아니하는 행위

xiv) 신탁 계약조건 등의 공시와 관련하여 다음 각 목의 어느 하나에 해당하는 행위

a. 신탁거래와 관련하여 확정되지 않은 사항을 확정적으로 표시하거나 포괄적으로 나타내는 행위

b. 구체적인 근거와 내용을 제시하지 아니하면서 현혹적이거나 타 신탁상품보다 비

교우위가 있음을 막연하게 나타내는 행위

c. 특정 또는 불특정 다수에 대하여 상품안내장 등을 배포하여 명시적으로나 암시적으로 예정수익률을 제시하는 행위

d. 오해 또는 분쟁의 소지가 있는 표현을 사용하는 행위

xv) 원본의 보전계약을 할 수 없는 상품에 대하여는 신탁통장 등에 신탁재산의 운용실적에 따라 원본의 손실이 발생할 수 있다는 내용을 기재하지 아니하는 행위

xvi) 실적배당 신탁상품의 수익률의 공시와 관련하여 다음 각 목의 사항을 준수하지 아니하는 행위

a. 실적배당 신탁상품에 대하여 매일의 배당률 또는 기준가격을 영업장에 비치하는 등 게시할 것

b. 배당률 또는 기준가격을 참고로 표시하는 경우에는 장래의 금리변동 또는 운영실적에 따라 배당률 또는 기준가격이 변동될 수 있다는 사실을 기재할 것

c. 수익률을 적용하는 상품에 대하여 하나의 배당률로 표시하는 경우에는 전월 평균배당률로 기재하되, 하나 이상의 배당률로 표시하는 경우에는 최근 배당률부터 순차적으로 기재할 것

xvii) 고유재산·다른 신탁상품의 이익 또는 손실회피를 주된 목적으로 하는 행위로서 다음 각 목의 어느 하나에 해당하는 행위

a. 신탁재산을 고유재산·다른 신탁상품으로부터 신용공여를 받은 자가 발행한 증권·어음 등으로 운용하는 행위

b. 신탁재산을 고유재산·다른 신탁상품으로부터 신용공여를 받은 자에 대한 대출로 운용하는 행위

xviii) 특정금전신탁계약의 체결을 권유함에 있어 신탁계약서 기재사항을 사전에 알리지 아니하는 행위

xix) 투자자문업자로부터 투자자문을 받은 신탁업자가 법 제102조의 선관의무 및 충실의무에 위반하여 내부적인 투자판단 과정없이 신탁재산을 운용하는 행위

xx) 수시입출방식으로 신탁계약을 체결하고 신탁재산을 운용하면서 다음 각 목의 사항을 준수하지 아니하는 행위

a. 신탁재산을 거래일과 결제일이 동일한 자산으로 운용할 것

b. 신탁재산으로 운용할 수 있는 채무증권(금융기관이 발행·매출·중개한 어음 포함)은 취득시점을 기준으로 신용평가업자의 신용평가등급(둘 이상의 신용평가업자로부터 신용평가등급을 받은 경우에는 그 중 낮은 신용평가등급이고, 세분류하지 않은 신용평가등급을 말함)이 최상위등급 또는 최상위등급의 차하위등급 이내일 것

c. 신탁재산의 남은 만기의 가중평균된 기간이 90일 이내일 것

d. 신탁재산을 잔존만기별로 구분하여 관리하고 일정 자산비율을 유지할 것

xxi) 특정증권 등의 취득과 처분을 각 계좌재산의 일정비율로 정한 후 여러 계좌의 주문을 집행하는 행위. 다만, 아래 제26호에 따라 투자자를 유형화한 경우 각 유형에 적합한 방식으로 신탁재산을 운용하는 경우에는 그러하지 아니하다.

xxii) 매 분기 1회 이상 투자자의 재무상태 등 변경여부를 확인하고 변경상황을 재산운용에 반영하지 아니하는 행위. 다만, 투자자가 운용대상을 특정종목과 비중 등 구체적으로 지정하는 특정금전신탁은 제외한다.

xxiii) 투자광고의 내용에 특정 신탁계좌의 수익률 또는 여러 신탁계좌의 평균수익률을 제시하는 행위

xxiv) 투자권유시 아래 제26호에 따라 투자자를 유형화할 경우 월별, 분기별 등 일정기간 동안의 각 유형별 가중평균수익률과 최고·최저수익률을 같이 제시하는 행위 이외의 방법으로 수익률을 제시하는 행위

xxv) 성과보수를 수취하는 경우 기준지표(고시 4-65조 1항에 따른 요건을 충족하는 기준지표)에 연동하여 산정하지 않는 행위. 단, 신탁업자와 투자자간 합의에 의해 달리 정한 경우에는 그러하지 아니하다.

xxvi) 금전신탁(투자자가 운용대상을 특정종목과 비중 등 구체적으로 지정하는 특정금전신탁은 제외)의 경우 투자자의 연령·투자위험 감수능력·투자목적·소득수준·금융자산의 비중 등 재산운용을 위해 고려가능한 요소를 반영하여 투자자를 유형화하고 각 유형에 적합한 방식으로 신탁재산을 운용하지 않는 행위

xxvii) 신탁업을 경영하는 투자중개업자가 신탁업무와 투자중개업무를 결합한 자산관리계좌를 운용함에 있어 신탁재산에 비례하여 산정하는 신탁보수 외에 위탁매매수수료 등 다른 수수료를 부과하는 행위

제109조(신탁계약)

신탁업자는 위탁자와 신탁계약을 체결하는 경우 제59조 제1항에 따라 위탁자에게 교부하는 계약서류에 다음 각 호의 사항을 기재하여야 한다.

1. 위탁자, 수익자 및 신탁업자의 성명 또는 명칭
2. 수익자의 지정 및 변경에 관한 사항
3. 신탁재산의 종류·수량과 가격
4. 신탁의 목적
5. 계약기간
6. 신탁재산의 운용에 의하여 취득할 재산을 특정한 경우에는 그 내용
7. 손실의 보전 또는 이익의 보장을 하는 경우 그 보전·보장 비율 등에 관한 사항

8. 신탁업자가 받을 보수에 관한 사항
9. 신탁계약의 해지에 관한 사항
10. 그 밖에 수익자 보호 또는 건전한 거래질서를 위하여 필요한 사항으로서 대통령령으로 정하는 사항

시행령 제110조(신탁계약) 법 제109조 제10호에서 "대통령령으로 정하는 사항"이란 다음 각 호의 사항을 말한다.
1. 수익자가 확정되지 아니한 경우에는 수익자가 될 자의 범위·자격, 그 밖에 수익자를 확정하기 위하여 필요한 사항
2. 수익자가 신탁의 이익을 받을 의사를 표시할 것을 요건으로 하는 경우에는 그 내용
3. 「신탁법」 제3조 제1항에 따른 등기·등록 또는 같은 조 제2항에 따른 신탁재산의 표시와 기재에 관한 사항
4. 수익자에게 교부할 신탁재산의 종류 및 교부방법·시기
5. 신탁재산의 관리에 필요한 공과금·수선비, 그 밖의 비용에 관한 사항
6. 신탁계약 종료 시의 최종계산에 관한 사항
7. 그 밖에 건전한 거래질서의 유지를 위하여 필요한 사항으로서 금융위원회가 정하여 고시하는 사항

Ⅰ. 신탁계약체결시 계약서류의 교부의무

법 제59조 제1항은 금융투자자를 보호한다는 견지에서 금융투자업자로 하여금 금융투자자에게 계약서류를 지체 없이 교부할 의무를 부과하고 있다. 이는 계약체결시 금융투자자가 계약내용을 정확하게 파악할 수 있도록 서면교부를 의무화하고 있는 것이다. 따라서 신탁업자가 위탁자와 신탁계약을 체결하는 경우에도 신탁계약의 내용을 기재한 계약서류를 교부하여야 한다.

Ⅱ. 계약서류의 기재사항(법 109조)

1. 위탁자, 수익자 및 신탁업자의 성명 또는 명칭

신탁법 제1조 제2항은, "본법에서 신탁이라 함은 신탁설정자(이하 위탁자라 함)와 신탁을 인수하는 자(이하 수탁자라 함)와 특별한 신임관계에 기하여 위탁자가 특정의 재산권을 수탁자에게 이전하거나 기타의 처분을 하고, 수탁자로 하여금 일정한 자(이하 수익자라 함)의 이익을 위하여 그 재산권을 관리·처분하게 하는 법률관계를 말한다"고 규정하고 있다. 따라서 위탁자, 수익자 그리고 신탁업자(수탁자)는 신탁계약의 당사자이고 이들은 계약시점에 각각 특정되어 있어야 한다.

2. 수익자의 지정 및 변경에 관한 사항

신탁은 수익자를 위하여 설정되는 것이고, 수익자는 신탁의 이익을 향수하는 주체로서 수탁자 및 신탁재산과 아울러 신탁에 있어서 기본적인 요소이다. 수익자가 존재하지 아니하는 신탁은 생각할 수 없다. 그러나 수익자는 신탁설정시에 반드시 존재하여야 하는 것은 아니다. 예를 들어 장래 태어날지 알 수 없는 子를 위한 신탁 등 현재는 아직 존재하지 아니하는 장래의 수익자를 위한 신탁도 설정할 수 있다. 이러한 신탁은 장래의 어느 시점에 수익자가 출현하여 그 자가 신탁법이 규정하는 수익자의 권리를 행사하게 될 것이다. 다만 이처럼 신탁계약 체결시 수익자가 특정되지 않은 경우에는 수익자를 확정하기 위하여 필요한 사항을 기재하여야 한다.

3. 신탁재산의 종류·수량과 가격

신탁재산이란 신탁을 설정한 목적의 객체, 즉 신탁행위의 대상으로서 수탁자가 신탁목적에 따라 관리·처분할 수 있는 재산권으로 수탁자와 위탁자로부터 자기의 이름으로 양수하거나 처분받아 신탁목적에 따라 관리·처분하여야 할 대상을 말한다. 따라서 신탁계약체결시에 그 신탁재산은 특정되어야 한다.

4. 신탁의 목적

신탁은 특정한 신탁목적에 따라서 신탁재산을 수탁자가 관리·처분하는 것이므로 신탁목적이 특정되어야 한다. 신탁목적은 위탁자측에서 본다면 신탁의 설정에 의하여 달성하고자 하는 기본 목적을 지시하는 것인 한편, 수탁자측에서 본다면 신탁재산에 관한 관리·처분권한을 행사하여야 할 범위를 명확히 하는 것이 된다.

5. 계약기간

신탁계약 체결시에 당초 예정하고 있는 신탁계약기간을 의미한다. 계약기간의 제한은 없다. 주의할 점은 신탁계약기간과 신탁기간은 다르다는 것이다. 신탁계약기간이 종료하면 신속하게 신탁재산이 반환되는 것을 전제로 하면서도 실제로 귀속권리자에게 이전할 때까지는 신탁은 존속하는 것으로 간주한다(신탁법 101조 4항). 이 기간을 포함하여 신탁재산이 반환되기까지의 기간을 신탁기간이라 한다.

6. 신탁재산의 운용에 의하여 취득할 재산을 특정한 경우에는 그 내용

법 제105조 제 3 항에 의하여 신탁재산의 운용의 구체적 범위 등이 정하여져 있는 경우가 이에 해당한다.

7. 손실의 보전 또는 이익의 보장을 하는 경우 그 보전·보장 비율 등에 관한 사항

연금 또는 퇴직금 지급을 목적으로 하는 신탁으로서 금융위원회가 정하여 고시하는 경우에는 손실의 보전 또는 이익의 보장을 할 수 있는 예외를 인정한다(법 시행령 104조 1항 단서). 여기서 "금융위원회가 정하여 고시하는 경우"란 다음 각 호의 신탁에 대하여 손실의 보전을 하는 경우를 말한다(고시 4-82조 1항).

① 신노후생활연금신탁(노후생활연금신탁을 포함)

② 연금신탁(신개인연금신탁 및 개인연금신탁을 포함)

③ 퇴직일시금신탁

그리고 손실의 보전 또는 이익의 보장을 한 신탁재산의 운용실적이 신탁계약으로 정한 것에 미달하는 경우에는 신탁업자는 특별유보금(손실의 보전이나 이익의 보장계약이 있는 신탁의 보전 또는 보장을 위하여 적립하는 금액을 말함), 신탁보수, 고유재산의 순으로 이를 충당하여야 한다(법 시행령 104조 2항).

8. 신탁업자가 받을 보수에 관한 사항

신탁보수는 신탁재산에서 지급되므로 신탁회사가 신탁보수를 받는 경우에는 구체적인 금액을 기재하여야 한다. 또한 신탁보수는 반드시 지급되는 것은 아니므로 신탁보수를 받지 않는 경우에는 그 사유를 기재하여야 한다.

9. 신탁계약의 해지에 관한 사항

신탁행위로 신탁계약의 해지에 관한 사항을 정할 수 있다(신탁법 99조 4항).

10. 그 밖에 수익자 보호 또는 건전한 거래질서를 위하여 필요한 사항

① 수익자가 확정되지 아니한 경우에는 수익자가 될 자의 범위·자격, 그 밖에 수익자를 확정하기 위하여 필요한 사항(법 시행령 110조 1호), ② 수익자가 신탁의 이익을 받을 의사를 표시할 것을 요건으로 하는 경우에는 그 내용(법 시행령 110조 2호), ③ 「신탁법」 제3조 제1항에 따른 등기·등록 또는 같은 조 제2항에 따른 신탁재산의 표시와 기재에 관한 사항(법 시행령 110조 3호),[1] ④ 수익자에게 교부할 신탁재산의 종류 및 교부방법·시기(법 시행령 110조 4호), ⑤ 신탁재산의 관리에 필요한 공과금·수선비, 그 밖의 비용에 관

1) 여기에 규정된 "「신탁법」 제3조 제1항에 따른 등기·등록 또는 같은 조 제2항에 따른 신탁재산의 표시와 기재에 관한 사항"은 "「신탁법」 제4조 제1항에 따른 등기·등록 또는 같은 조 제2항에 따른 신탁재산의 표시와 기재에 관한 사항"으로 개정되어야 할 것으로 보인다.

한 사항(법 시행령 110조 5호), ⑥ 신탁계약 종료시의 최종계산에 관한 사항(법 시행령 110조 6호) 및 ⑦ (i) 위탁자가 신탁재산인 금전의 운용방법을 지정하고 수탁자는 지정된 운용방법에 따라 신탁재산을 운용한다는 사실, (ii) 특정금전신탁계약을 체결한 투자자는 신탁계약에서 정한 바에 따라 특정

금전신탁재산의 운용방법을 변경지정하거나 계약의 해지를 요구할 수 있으며, 신탁회사는 특별한 사유가 없는 한 투자자의 운용방법 변경지정 또는 계약의 해지 요구에 대하여 응할 의무가 있다는 사실, (iii) 특정금전신탁계약을 체결한 투자자는 자기의 재무상태, 투자목적 등에 대하여 신탁회사의 임·직원에게 상담을 요청할 수 있으며, 신탁업자의 임·직원은 그 상담요구에 대하여 응할 준비가 되어 있다는 사실 및 (iv) 특정금전신탁재산의 운용내역 및 자산의 평가가액을 투자자가 조회할 수 있다는 사실을 기재하여야 한다(법 시행령 110조 7호, 고시 4-94조).

[초판: 안성포, 개정판: 신영수]

제110조(수익증권)

① 신탁업자는 금전신탁계약에 의한 수익권이 표시된 수익증권을 발행할 수 있다.

② 신탁업자는 제 1 항에 따라 수익증권을 발행하고자 하는 경우에는 대통령령으로 정하는 서류를 첨부하여 금융위원회에 미리 신고하여야 한다.

③ 수익증권은 무기명식으로 한다. 다만, 수익자의 청구가 있는 경우에는 기명식으로 할 수 있다.

④ 기명식 수익증권은 수익자의 청구에 의하여 무기명식으로 할 수 있다.

⑤ 수익증권에는 다음 각 호의 사항을 기재하고 신탁업자의 대표자가 이에 기명날인 또는 서명하여야 한다.

1. 신탁업자의 상호
2. 기명식의 경우에는 수익자의 성명 또는 명칭
3. 액면액
4. 운용방법을 정한 경우 그 내용
5. 제103조 제 3 항에 따른 손실의 보전 또는 이익의 보장에 관한 계약을 체결한 경우에는 그 내용
6. 신탁계약기간
7. 신탁의 원금의 상환과 수익분배의 기간 및 장소
8. 신탁보수의 계산방법
9. 그 밖에 대통령령으로 정하는 사항

⑥ 수익증권이 발행된 경우에는 해당 신탁계약에 의한 수익권의 양도 및 행사는 그 수익증권으로 하여야 한다. 다만, 기명식 수익증권의 경우에는 수익증권으로 하지 아니할 수 있다.

제111조(수익증권 발행 신고 등) ① 법 제110조 제2항에서 "대통령령으로 정하는 서류"란 다음 각 호의 서류를 말한다.
1. 수익증권 발행계획서
2. 자금운용계획서
3. 신탁약관이나 신탁계약서
② 법 제110조 제5항 제9호에서 "대통령령으로 정하는 사항"이란 다음 각 호의 사항을 말한다.
1. 수익증권의 발행일
2. 수익증권의 기호 및 번호

Ⅰ. 수익증권

1. 수익증권의 개념

신탁계약에서 수익자는 '신탁의 이익을 누리는 주체'로서 신탁으로부터 발생하는 각종 권리를 가지는데, '수익권'은 수익자가 가지는 신탁재산 및 수탁자에 대한 각종 권리의 총체를 의미한다.[1] 구체적으로 보면 수익권은 신탁재산에 대한 급부를 청구할 수 있는 권리인 '수익채권'과 그 수익채권의 경제적 가치를 확보하기 위하여 가지는 권리[2] 및 수탁자가 가지는 비용청구권과 보수청구권에 대응하는 '신탁채무'의 총체, 즉 '권리와 의무의 총체'이다.[3] '수익증권'이란 신탁의 수익권이 화체(化體)된 유가증권이다. 신탁의 수익권을 수익증권으로 발행하면 유가증권인 수익증권의 속성에 의하여 수익권의 양도 및 담보설정을 수익증권의 교부로 할 수 있다는 점에서 양도성이 증대되고 거래비용이 절감된다.

한편, 법 제4조 제1항은 금융투자상품의 하나인 '증권'을 지분증권, 채무증권, 수익증권, 투자계약증권, 파생결합증권 및 증권예탁증권으로 구분하고 있고, 제4조 제5항은 '수익증권'을 금전신탁계약에 의한 수익권이 표시된 수익증권(110조의 수익증권), 투자신탁의 수익증권(189조의 수익증권), 그 밖에 이와 유사한 것으로서 신탁의 수익권이 표시된 것[4]'으로 정의하고 있다. 따라서 법 제4조 제5항의 수익증권은 자본시장법의 규제대상인 '증권'의 하나로, 투자권유규제, 증권의 발행 및 유통 관련 공시규제, 불공정거래규제 등 법

1) 최동식, 「신탁법」, 법문사, 2006, 165쪽.
2) 수탁자해임권, 신탁재산관리인 선임청구권, 신탁위반 법률행위의 취소권 또는 유지청구권 등.
3) 최수정, "신탁법상의 수익권," 「선진상사법률연구」(2012), 법무부, 141-142쪽.
4) 수익증권을 발행하지 아니하는 신탁의 수익권은 "그 밖에 이와 유사한 것으로서 신탁의 수익권이 표시된 것"에 해당하고, 실무상 신탁업자의 경우 '수익권증서'를 발급하여 주는데, 이 수익권증서는 유가증권이 아니라 수익권이라는 권리를 증명하여 주는 '증거증권'에 해당한다.

상 각종 규제의 대상이 된다.

2. 금전신탁의 수익증권발행

법은 다양한 유형의 신탁계약 중에 금전신탁계약에 의한 수익권만을 수익증권으로 발행할 수 있음을 명시하고 있다(법 110조 1항).[1] 개정 전 신탁법은 신탁이 수익증권을 발행할 수 있는지에 대하여 명시적으로 규정하지 않았기 때문에 법 제110조 제 1 항은 금전신탁이 수익증권의 발행을 명시적으로 허용하여 주는 특례조항이었다.[2] 그러나 현행 신탁법은 신탁재산의 종류를 불문하고 신탁행위로 정하면 수익증권을 발행할 수 있도록 명시적으로 허용하였기 때문에,[3] 자본시장법도 이를 반영하여 모든 신탁에 있어서 수익증권을 발행할 수 있도록 허용할 필요가 있다.[4]

3. 신탁법상 수익증권발행신탁의 도입 개요

신탁법은 상법상 주식회사의 주식과 사채에 관한 규정을 기본모델로 주식에 대응하는 수익증권과 사채에 대응하는 신탁사채를 도입함으로써 신탁을 이용한 자금집중이 가능하도록 하였다.[5] 신탁법은 수익증권을 발행하기로 정한 신탁(이하 "수익증권발행신탁"이라 한다)과 관련하여 수익증권의 발행, 수익자명부, 수익증권의 불소지, 수익권의 양도, 수익증권의 권리추정력 및 선의취득, 수익권에 대한 질권, 기준일, 수익증권 발행시 권리행사, 수익증권의 상실, 신탁사채의 발행, 한도 및 절차 등 수익증권과 신탁사채와 관련한 제반 규정을 신설하였다(신탁법 78조 내지 89조).

Ⅱ. 수익증권의 발행

1. 수익증권의 발행신고

신탁업자는 수익증권을 발행하고자 하는 경우에는 수익증권 발행계획서, 자금운용계획서 및 신탁약관이나 신탁계약서를 첨부하여 금융위원회에 미리 신고하여야 한다(법 110

---

1) 신탁의 방식을 차용한 '투자신탁'도 수익증권의 발행을 허용하였다(법 189조).

2) 제정 신탁업법(법률 제945호, 1961. 12. 31, 제정, 1961. 12. 31. 시행)에는 수익증권의 발행에 대한 명시적 규정이 없었는데, 1968. 12. 19. 국회에서 통과된 신탁업법은 금전신탁계약에 한하여 수익증권발행을 명시적으로 허용하였는 바, 허용 취지는 "수익증권을 발행할 수 있게 함으로써 信託資金의 增大를 기하게 하려는 것"이다(국회의 1968. 11. 30. 신탁업법 일부개정안 제안이유 참조).

3) 수익권의 양도성 증대와 거래비용 감소의 필요성은 일부 상사신탁에만 제한된 것이 아니므로, 신탁에서 수익증권의 발행을 일반적으로 허용할 필요가 있다는 이유에서 모든 신탁에서 수익증권의 발행을 허용한 것이다(법무부, 「신탁법해설」, 2012, 612쪽).

4) 법 개정안은 신탁의 종류를 불문하고 모든 신탁이 수익증권을 발행할 수 있음을 명시적으로 허용하고 있다.

5) 법무부, 전게서(2012), 613쪽.

조 2항). 수익증권의 발행은 불특정 다수의 투자자에게 전전유통될 수 있다는 점에서 투자자 보호를 위하여 수익증권 발행, 신탁재산인 금전의 운용계획 및 신탁계약의 내용에 대한 사전신고제를 채택함으로써 금융감독당국이 이를 사전에 통제할 수 있는 장치를 마련하기 위한 것이다.[1)]

2. 수익증권의 발행형식

수익증권은 무기명식으로 발행하는 것을 원칙으로 한다. 무기명식 수익증권은 수익자의 청구가 있는 경우에는 기명식으로 변경할 수 있으며, 기명식 수익증권도 수익자의 청구에 의하여 무기명식으로 변경할 수 있다(법 110조 3항 및 4항). 주권이나 사채권과 마찬가지로 수익증권을 기명식으로 할 것인지 무기명으로 할 것인지를 신탁행위로 자유로이 선택할 수 있도록 한 것이고, 일단 수익증권이 발행된 이후에도 수익자에게 선택권을 부여한 것이다.

3. 수익증권의 요식증권성

법은 수익자 보호를 위하여 신탁의 수익권에 관한 중요한 내용을 수익증권에 반드시 기재하도록 함으로써 수익증권이 요식증권임을 명시하고 있다. 즉, 수익증권의 권면에는 신탁업자의 상호, 기명식의 경우에는 수익자의 성명 또는 명칭, 액면액, 운용방법을 정한 경우 그 내용, 손실의 보전 또는 이익의 보장에 관한 계약을 체결한 경우에는 그 내용, 신탁계약기간, 신탁의 원금의 상환과 수익분배의 기간 및 장소, 신탁보수의 계산방법, 그 밖에 대통령령으로 정하는 사항[2)]을 기재하고 신탁업자의 대표자가 이에 기명날인 또는 서명하여야 한다(법 110조 5항 및 법 시행령 111조 2항).

Ⅲ. 수익권의 양도 및 행사

1. 수익권의 양도 및 행사

수익증권이 발행된 경우에는 해당 신탁계약에 의한 수익권의 양도 및 행사는 그 수익증권으로 하여야 한다. 다만, 기명식 수익증권의 경우에는 수익증권으로 하지 아니할 수 있다(법 110조 6항).[3)] 수익증권으로 표시된 수익권의 양도는 '수익증권의 교부'로, 수익

---

1) 수익증권발행의 근거를 최초로 규정한 1968년 구신탁업법은 인가제를 채택하였으나 신탁영업의 규제완화를 위하여 2005년 구신탁업법은 사전보고제도로 변경하였다.

2) 수익증권의 발행일과 수익증권의 기호 및 번호.

3) 기명식 수익증권의 경우에는 수탁자가 수익자명부를 작성할 것이므로 수익자명부의 확인을 통하여 수익권의 행사를 할 수 있는 길을 열어둔 것으로 보이나, 법 제110조 제6항 단서는 수익권의 양도 및 질권설정을 수익증권의 교부로 하여야 한다는 신탁법 제81조 제1항 및 제83조 제1항과 상충되는 문제가 있어 재고가 필요하다.

권의 권리행사는 '수익증권의 제시'로 할 수 있음을 규정한 것이다.[1] 한편, 기명식 수익증권의 경우에는 수익권의 이전은 취득자의 성명과 주소를 수익자명부에 적지 아니하면 신탁업자에게 대항할 수 없다(신탁법 81조 2항). 수익증권발행신탁에서 수익권을 표시하는 수익증권을 발행하는 정함이 있는 수익권의 경우 수익증권의 발행 전에 한 수익권의 양도는 수탁자에 대하여 효력이 없다. 다만, 수익증권을 발행하여야 하는 날부터 6개월이 경과한 경우에는 수익증권의 발행 전에 한 수익권의 양도도 수탁자에게 그 효력을 주장할 수 있다(신탁법 81조 4항). 수익증권의 점유자는 적법한 소지인으로 추정하고, 수익증권의 선의취득에 관하여는 수표법 제21조[2]를 준용한다(신탁법 82조).

2. 수익증권에 대한 질권

법은 수익증권의 질권설정에 대하여 명시적으로 규정하고 있지 아니하므로 일반법인 신탁법상의 질권설정 방식이 적용될 것이다. 신탁법은 상법상 주식의 약식질권에 준하여 수익증권발행신탁의 수익권에 대한 질권설정 방식을 규정하고 있다.[3] 수익증권발행신탁의 수익권을 질권의 목적으로 할 때에는 그 수익권을 표시하는 수익증권을 질권자에게 교부하여야 하고, 수익증권을 교부받은 질권자는 계속하여 수익증권을 점유하지 아니하면 그 질권으로써 수탁자 및 제 3 자에게 대항하지 못한다(신탁법 83조 1항 및 2항). 특정 수익권에 대하여 수익증권을 발행하지 아니한다는 뜻을 정한 수익증권발행신탁의 경우 해당 수익권에 대한 질권은 그 질권자의 성명과 주소를 수익자명부에 적지 아니하면 수탁자 및 제 3 자에게 대항하지 못한다(신탁법 83조 3항). 아울러 수익증권 발행 전의 질권설정은 수탁자에 대하여 효력이 없고, 다만 수익증권을 발행하여야 하는 날부터 6개월이 경과한 경우에는 수익증권 발행 전의 질권설정으로 수탁자에게 대항할 수 있다(신탁법 83조 4항). 한편, 법 제309조 및 제310조에 따라 수익증권을 한국예탁결제원에 예탁할 경우에는 법 제311조 제 2 항에 따라 '증권의 교부'로 간주되는 투자자계좌부 또는 예탁자계좌부의 '질권의 기재(질물인 뜻과 질권자의 기재)'의 방식을 이용하여 질권을 설정할 수도 있다.

1) 신탁법 제81조 및 제83조가 수익증권발행신탁의 수익권을 양도하거나 질권의 목적으로 할 때에는 해당 수익증권을 교부하도록 하는 규정을 신설하였으므로, 법 제110조 제 6 항은 불필요한 규정인 것으로 판단된다.

2) 수표법 제21조(수표의 선의취득) 어떤 사유로든 수표의 점유를 잃은 자가 있는 경우에 그 수표의 소지인은 그 수표가 소지인출급식일 때 또는 배서로 양도할 수 있는 수표의 소지인이 제19조에 따라 그 권리를 증명할 때에는 그 수표를 반환할 의무가 없다. 그러나 소지인이 악의 또는 중대한 과실로 인하여 수표를 취득한 경우에는 그러하지 아니하다.

3) 주식과 같이 기명식 수익증권에 대해서 등록질 제도를 검토하였으나, 물상대위의 범위에 대해서 신탁법 제66조 제 4 항이 포괄적으로 규정하고 있어서 약식질과 등록질의 차이가 없다는 이유로 수익증권에 대한 등록질을 도입하지 않았다(법무부, 전게서(2012), 644쪽).

제111조(수익증권의 매수)

신탁업자는 대통령령으로 정하는 방법에 따라 수익증권을 그 고유재산으로 매수할 수 있다. 이 경우 「신탁법」 제36조를 적용하지 아니한다.

제112조(수익증권의 매수) 신탁업자는 법 제111조에 따라 수익증권을 그 고유재산으로 매수하는 경우에는 법 제104조 제2항에 따라 산정한 가액으로 매수하여야 한다.

Ⅰ. 신탁업자의 고유재산에 의한 수익증권 매수

신탁업자는 자신이 발행한 수익증권을 그 고유재산으로 매수할 수 있고, 이 경우 신탁법 제36조를 적용하지 아니한다(법 111조). 신탁업자가 그 고유재산으로 수익증권을 매수한 경우 결과적으로 신탁업자가 매수한 수익증권을 통하여 신탁의 이익을 향수하는 것이다. 이 경우 수탁자인 신탁업자가 신탁의 이익을 향수하는 것을 금지한 신탁법 제36조의 위반가능성을 없애기 위하여 신탁법 제36조[1])의 적용을 배제한 것이다.

Ⅱ. 고유재산에 의한 수익증권의 매수가격

신탁업자가 고유재산으로 수익증권을 매수하는 경우에는 수익증권 매수가액 산정과 관련하여 신탁업자와 수익증권 보유자 사이에 이해가 상충될 수 있기 때문에 매수가액 산정방법을 명시할 필요가 있다. 법 시행령은 "신탁업자는 수익증권을 그 고유재산으로 매수하는 경우에는 법 제104조 제2항에 따라 산정한 가액으로 매수하여야 한다"라고 규정하고 있다(법 시행령 112조).

그런데 법 제104조 제2항은 신탁업자가 신탁재산을 고유재산으로 취득할 수 있는 근거규정일 뿐 동 조항과 관련한 시행령에서는 매수가액 산정방식에 대하여 규정하고 있지 않다. 이는 현재는 폐지된 신탁업법(법률 제8908호, 2008. 3. 14, 일부개정, 시행 2008. 3. 14., 이하 "구신탁업법"이라 한다)을 자본시장법으로 통합하는 과정에서 구신탁업법상 신탁업자의 수익증권매수와 관련한 매수가액 산정방식에 관한 규정인 구신탁업법 제17조의6[2])과 구신

1) 신탁법 제36조 수탁자는 누구의 명의로도 신탁의 이익을 누리지 못한다. 다만, 수탁자가 공동수익자의 1인인 경우에는 그러하지 아니하다.

2) 구신탁업법 제17조의6(수익증권의 매수) 신탁회사는 금융위원회가 정하는 바에 따라 수익증권을 그 고유재산으로 매수할 수 있다. 이 경우에는 「신탁법」 제29조(현행 제36조-필자 주)의 규정은 이를

탁업감독규정 제 5 조[1] 및 제15조[2]를 잘못 정비한 탓이다. 구신탁업법은 신탁업자가 고유재산에 의하여 수익증권을 매수하는 경우 매수가액 산정방식에 대하여 신탁의 '중도해지시에 지급하는 해지환급금'의 산정기준인 '신탁재산의 운용실적에서 신탁계약에서 정하고 있는 중도해지수수료를 뺀 가격'을 적용하도록 규정하였다. 따라서 법 시행령 제112조는 "신탁업자는 법 제111조에 따라 수익증권을 그 고유재산으로 매수하는 경우에는 제104조 제 4 항[3]에 따라 산정한 가액으로 매수하여야 한다"라고 개정되어야 할 것이다. 이렇게 입법착오를 시정하면, 신탁업자의 고유재산에 의한 수익증권 매수가격은 '신탁재산의 운용실적에서 신탁계약에서 정하고 있는 중도매수수수료를 뺀 가격'이 될 것이다. 신탁업자의 고유재산에 의한 수익증권 매수가격을 산정함에 있어서 신탁재산의 운용실적을 기준으로 삼은 것은 신탁의 기본원칙인 실적배당원칙(實績配當原則)을 실현하기 위한 것이다. 즉, 신탁업자가 신탁재산의 운용실적이 아닌 원본보장이나 손실보장 목적으로 수익증권을 매수하는 것을 금지함으로써 건전한 투자문화를 정착시킴과 동시에 신탁업자의 재무적 건전성을 확보할 수 있다.

제112조(의결권 등)

① 신탁재산으로 취득한 주식에 대한 권리는 신탁업자가 행사한다. 이 경우 신탁업자는 수익자의 이익을 보호하기 위하여 신탁재산에 속하는 주식의 의결권을 충실하게 행사하여야 한다.

② 신탁업자는 신탁재산에 속하는 주식의 의결권을 행사함에 있어서 다음 각 호의 어느 하나에 해당하는 경우에는 제 1 항에 불구하고 신탁재산에 속하는 주식을 발행한 법인의 주주총회의 참석주식수에서 신탁재산에 속하는 주식수를 뺀 주식수의 결의내용에 영향을 미치지 아니하도록 의결권을 행사하여야 한다. 다만, 신탁재산에 속하는 주식을 발행한 법인의 합병, 영업의 양도·양수, 임원의 선임, 그 밖에 이에 준하는 사항으로서 신탁재산에 손실을 초래할 것이 명백하게 예상되는 경우에는 그러하지 아니하다.

1. 다음 각 목의 어느 하나에 해당하는 자가 그 신탁재산에 속하는 주식을 발행한 법인을 계열회사로 편입하기 위한 경우
   가. 신탁업자 또는 그와 대통령령으로 정하는 특수관계에 있는 자
   나. 신탁업자에 대하여 사실상의 지배력을 행사하는 자로서 대통령령으로 정하는 자

적용하지 아니한다.

1) 구신탁업감독규정 제 5 조(중도해지) ① 법 제10조 제 3 항 및 법 시행령 제10조 제 1 호의 규정에 의하여 위탁자는 신탁계약에 정한 바에 따라 신탁만기일 전에 신탁계약을 해지할 수 있다. 이 경우의 신탁이익은 제 7 조의 규정에 의한 신탁이익에서 신탁계약으로 정한 중도해지수수료를 차감하여 산정한다.

2) 구신탁업감독규정 제15조(수익증권의 매수가격) 신탁회사가 법 제17조의6의 규정에 따라 수익증권을 그 고유재산으로 매수하는 경우의 매수가격은 제 5 조 제 1 항의 규정을 적용하여 산출한다.

3) 법 시행령 제104조 ④ 신탁업자는 위탁자가 신탁계약기간이 종료되기 전에 신탁계약을 해지하는 경우에는 제 3 항에 따른 신탁재산의 운용실적에서 신탁계약에서 정하고 있는 중도해지수수료를 빼고 반환하여야 한다. 다만, 금융위원회가 정하여 고시하는 사유에 해당하는 경우에는 이를 빼지 아니한다.

2. 신탁재산에 속하는 주식을 발행한 법인이 그 신탁업자와 다음 각 목의 어느 하나에 해당하는 관계에 있는 경우
   가. 계열회사의 관계에 있는 경우
   나. 신탁업자에 대하여 사실상의 지배력을 행사하는 관계로서 대통령령으로 정하는 관계에 있는 경우
3. 그 밖에 수익자의 보호 또는 신탁재산의 적정한 운용을 해할 우려가 있는 경우로서 대통령령으로 정하는 경우

③ 신탁업자는 신탁재산에 속하는 주식이 다음 각 호의 어느 하나에 해당하는 경우에는 그 주식의 의결권을 행사할 수 없다.

1. 동일법인이 발행한 주식 총수의 100분의 15를 초과하여 주식을 취득한 경우 그 초과하는 주식
2. 신탁재산에 속하는 주식을 발행한 법인이 자기주식을 확보하기 위하여 신탁계약에 따라 신탁업자에게 취득하게 한 그 법인의 주식

④ 신탁업자는 제삼자와의 계약 등에 의하여 의결권을 교차하여 행사하는 등 제2항 및 제3항의 적용을 면하기 위한 행위를 하여서는 아니 된다.

⑤ 제2항 각 호 외의 부분 단서는 상호출자제한기업집단에 속하는 신탁업자에게는 적용하지 아니한다.

⑥ 금융위원회는 신탁업자가 제2항부터 제5항까지의 규정을 위반하여 신탁재산에 속하는 주식의 의결권을 행사한 경우에는 6개월 이내의 기간을 정하여 그 주식의 처분을 명할 수 있다.

⑦ 신탁업자는 합병, 영업의 양도·양수, 임원의 선임 등 경영권의 변경과 관련된 사항에 대하여 제2항에 따라 의결권을 행사하는 경우에는 대통령령으로 정하는 방법에 따라 인터넷 홈페이지 등을 이용하여 공시하여야 한다.

제113조(의결권행사의 제한 등) ① 법 제112조 제2항 제1호 가목에서 "대통령령으로 정하는 특수관계가 있는 자"란 특수관계인 및 제141조 제2항에 따른 공동보유자를 말한다.
② 법 제112조 제2항 제1호 나목에서 "대통령령으로 정하는 자"란 신탁업자의 대주주(최대주주의 특수관계인인 주주를 포함한다. 이하 이 조에서 같다)를 말한다.
③ 법 제112조 제2항 제2호 나목에서 "대통령령으로 정하는 관계"란 신탁업자의 대주주가 되는 관계를 말한다.
제114조(의결권행사의 공시) 법 제112조 제7항에 따른 의결권 행사의 공시는 다음 각 호의 구분에 따른 방법으로 하여야 한다.
1. 의결권을 행사하려는 주식을 발행한 법인이 주권상장법인인 경우 : 주주총회일부터 5일 이내에 증권시장을 통하여 의결권 행사 내용 등을 공시할 것
2. 의결권을 행사하려는 주식을 발행한 법인이 주권상장법인이 아닌 경우 : 법 제89조 제2항 제1호의 방법에 따라 공시하여 일반인이 열람할 수 있도록 할 것
[전문개정 2012. 6. 29]

Ⅰ. 신탁재산인 주식의 의결권 행사 방법

1. 신탁업자의 신탁재산인 주식에 대한 의결권 행사의 원칙

신탁업자는 신탁재산으로 취득한 주식에 대한 권리를 직접 행사하고, 신탁업자는 수익자의 이익을 보호하기 위하여 신탁재산에 속하는 주식의 의결권을 충실하게 행사하여야 한다(법 112조 1항). 신탁의 법리상 신탁재산인 주식에 대한 법적 소유자는 수탁자인 신탁업자이므로 신탁업자가 신탁재산인 주식에 대하여 의결권을 행사하는 것은 당연하다고 볼 수 있다. 그리고 수탁자인 신탁업자는 신탁법 제33조 및 법 제102조 제 2 항에 의하여 수익자에 대하여 충실의무를 부담하는 것이므로 신탁재산인 주식에 대한 의결권을 행사함에 있어서 수익자의 이익을 보호하기 위하여 충실하게 의결권을 행사하여야 한다.

2. 신탁업자의 그림자투표방식의 의결권 행사

신탁업자의 신탁재산인 주식에 대한 의결권 행사는 원칙적으로 주주총회의 결의내용에 영향을 미치는 방식으로 행사하여야 한다. 그런데 법은 신탁이 기업집단확장을 위한 우회수단으로 활용될 가능성을 차단하기 위하여 특정한 주주총회 의결사항에 대해서는 신탁업자의 의결권행사를 제외한 나머지 주주들의 의결권 행사에 따라 가결 여부가 결정되도록 함으로써 신탁업자의 의결권 행사가 해당 주주총회결의에 영향을 미치지 못하도록 하는 그림자투표제도(shadow voting)를 도입하였다.[1] 즉, (i) 신탁업자, 그 특수관계인 및 공동보유자[2] 또는 사실상 지배력을 행사하는 자로서 신탁업자의 대주주 및 그 특수관계인이 그 신탁재산에 속하는 주식을 발행한 법인을 계열회사로 편입하기 위한 경우와, (ii) 신탁재산에 속하는 주식을 발행한 법인이 그 신탁업자와 계열회사의 관계인 경우나 신탁업자의 대주주인 경우에는, 신탁재산에 속하는 주식을 발행한 법인의 주주총회의 참석 주식수에서 신탁재산에 속하는 주식수를 뺀 주식수의 결의내용에 영향을 미치지 아니하도록 의결권을 행사하여야 한다(법 112조 2항 본문).

다만, 이 경우에도 신탁재산에 속하는 주식을 발행한 법인의 합병, 영업의 양도·양수, 임원의 선임, 그 밖에 이에 준하는 사항으로서 신탁재산에 손실을 초래할 것이 명백하게 예상되는 경우에는 신탁업자가 그림자투표를 하지 아니하고 결의내용에 영향을 미치도록 의결권을 행사할 수 있다(법 112조 2항 단서). 신탁재산인 주식에 대한 그림자투표제도의 도입취지와 수익자의 신탁재산인 주식에 대한 재산권 보장을 비교형량하여 합병,

1) 집합투자재산인 주식에 대한 의결권 행사에 대해서도 그림자투표제도를 도입하였다(법 87조 2항 내지 3항).

2) 법 제141조 제 2 항에 따른 공동보유자.

영업의 양도·양수, 임원의 선임 등 신탁재산에 손실이 초래할 것이 명백하여 수익자의 재산권 침해의 가능성이 있는 경우에는 재산권 보장을 우선시 하여 그림자투표제도의 적용을 배제한 것이다. 한편, 이러한 그림자투표의 예외조항도 상호출자제한기업집단에 속하는 신탁업자에게는 적용하지 아니하므로, 상호출자제한기업집단에 속하는 신탁업자가 이러한 경우에도 그림자투표를 하여야 한다(법 112조 5항).

3. 15%초과보유주식과 자기주식의 의결권행사 금지

신탁업자가 신탁을 활용하여 지분을 우회적으로 취득함으로써 경영권을 확보하는 것을 방지하기 위하여 법은 신탁재산에 속하는 주식이 동일 법인이 발행한 주식 총수의 15%를 초과한 경우 신탁업자가 그 초과하는 주식에 대하여 의결권을 행사할 수 없도록 하였다(법 112조 3항 1호). 그리고 자기주식은 상법 제369조 제2항에 따라 의결권이 없는 것과 마찬가지로, 법은 신탁재산에 속하는 주식이 그 주식의 발행 법인이 자기주식을 확보하기 위하여 신탁계약에 따라 신탁업자에게 취득하게 한 경우에도 의결권을 행사할 수 없도록 하였다(법 112조 3항 2호).

4. 의결권 교차행사 등 잠탈행위금지

신탁업자는 제삼자와의 계약 등에 의하여 의결권을 교차하여 행사하는 등 그림자투표 강제규정이나 초과보유주식 및 자기주식의 의결권행사 금지규정의 적용을 면하기 위한 행위를 하여서는 아니 된다(법 112조 4항).

5. 의결권행사 위반 주식에 대한 처분명령

금융위원회는 신탁업자가 규정을 위반하여 신탁재산에 속하는 주식의 의결권을 행사한 경우에는 6개월 이내의 기간을 정하여 그 주식의 처분을 명할 수 있다(법 112조 6항 본문).

Ⅱ. 신탁업자의 신탁재산인 주식에 대한 의결권행사의 공시

신탁업자는 합병, 영업의 양도·양수, 임원의 선임 등 경영권의 변경과 관련된 사항에 대하여 법 제112조 제2항에 따라 의결권을 행사하는 경우에는 인터넷 홈페이지 등을 이용하여 공시하여야 한다(법 112조 7항). 신탁업자는 고유재산이 아닌 신탁재산으로 다량의 주식을 보유할 수 있는바, 신탁업자의 의결권의 행사는 주주총회의 결의내용에 중대한 영향을 미칠 수 있으므로 신탁업자의 의결권행사에 대하여 공시의무를 부과하였다. 의결권행사의 공시의 방법으로 신탁업자는 (i) 의결권을 행사하려는 주식을 발행한 법인이 주권상장법인인 경우 주주총회일부터 5일 이내에 증권시장을 통하여 의결권 행사 내용 등을 공시하여야 하고, (ii) 의결권을 행사하려는 주식을 발행한 법인이 주권상장법인이 아닌 경우에는 집합투자기구의 수시공시의 방법(법 89조 2항 1호[1]의 방법에 한함)에 따라 공시하여 일반인이 열람할 수 있도록 하여야 한다(법 시행령 114조).

제113조(장부·서류의 열람 및 공시 등)

① 수익자는 신탁업자에게 영업시간 중에 이유를 기재한 서면으로 그 수익자에 관련된 신탁재산에 관한 장부·서류의 열람이나 등본 또는 초본의 교부를 청구할 수 있다. 이 경우 그 신탁업자는 대통령령으로 정하는 정당한 사유가 없는 한 이를 거절하여서는 아니 된다.

② 제 1 항에 따른 열람이나 등본 또는 초본의 교부 청구의 대상이 되는 장부·서류의 범위 등에 관하여 필요한 사항은 대통령령으로 정한다.

제115조(장부·서류의 열람 및 공시 등) ① 법 제113조 제 1 항 후단에서 "대통령령으로 정하는 정당한 사유"란 다음 각 호의 어느 하나에 해당하는 경우를 말한다. 이 경우 신탁업자는 열람이나 교부가 불가능하다는 뜻과 그 사유가 기재된 서면을 수익자에게 내주어야 한다.

1. 신탁재산의 운용내역 등이 포함된 장부·서류를 제공함으로써 제공받은 자가 그 정보를 거래 또는 업무에 이용하거나 타인에게 제공할 것이 뚜렷하게 염려되는 경우
2. 신탁재산의 운용내역 등이 포함된 장부·서류를 제공함으로써 다른 수익자에게 손해를 입힐 것이 명백히 인정되는 경우
3. 신탁계약이 해지된 신탁재산에 관한 장부·서류로서 제62조 제 1 항에 따른 보존기한이 지나는 등의 사유로 인하여 수익자의 열람제공 요청에 응하는 것이 불가능한 경우

② 수익자가 법 제113조 제 1 항에 따라 열람이나 등본 또는 초본의 교부를 청구할 수 있는 장부·서류는 다음 각 호와 같다.

1. 신탁재산 명세서
2. 재무제표 및 그 부속명세서
3. 신탁재산 운용내역서

Ⅰ. 수익자의 장부열람교부청구권

1. 수익자의 신탁업자에 대한 장부열람교부청구권

수익자는 신탁재산에 대하여 중대한 이해관계를 가지고 있고, 신탁업자에 대한 감독권능을 실효성 있게 행사하기 위해서는 신탁업자의 신탁재산 관리현황에 대한 정보접근

1) 법 제89조(수시공시) ② 제 1 항에 따른 수시공시는 다음 각 호의 방법으로 한다. 1. 집합투자업자, 집합투자증권을 판매한 투자매매업자 또는 투자중개업자 및 협회의 인터넷 홈페이지를 이용하여 공시하는 방법.

권한이 필요하다. 법은 수익자의 신탁재산과 관련한 장부·서류에 대한 열람교부청구권을 인정하고 있다(법 113조 1항). 장부열람교부청구권의 대상인 장부 또는 서류는 신탁재산명세서, 재무제표와 그 부속명세서 및 신탁재산 운용내역서이다(법 시행령 115조 2항).

2. 신탁법 제40조와의 관계

신탁법 제40조는 위탁자 및 수익자의 신탁사무의 처리와 계산에 관한 장부 및 그 밖의 서류에 대한 열람복사청구권 및 설명요구권을 인정하고 있을 뿐만 아니라 이해관계인의 열람복사청구권도 인정하고 있다.[1] 신탁법상의 열람복사청구권 및 설명요구권과 이 법의 장부열람교부청구권은 별개의 제도이므로 수익자는 신탁법 제40에 따른 열람복사청구권 및 설명요구권을 행사할 수도 있고 이 법의 장부열람교부청구권을 행사할 수도 있다고 보는 것이 타당하다.[2]

Ⅱ. 수익자의 장부열람교부청구권의 제한

수익자의 장부열람교부청구권은 무제한 허용되는 것은 아니다. 신탁업자는 (i) 신탁재산의 운용내역 등이 포함된 장부·서류를 제공함으로써 제공받은 자가 그 정보를 거래 또는 업무에 이용하거나 타인에게 제공할 것이 뚜렷하게 염려되는 경우, (ii) 신탁재산의 운용내역 등이 포함된 장부·서류를 제공함으로써 다른 수익자에게 손해를 입힐 것이 명백히 인정되는 경우 및 (iii) 신탁계약이 해지된 신탁재산에 관한 장부·서류로서 제62조 제1항에 따른 보존기한이 지나는 등의 사유로 인하여 수익자의 열람제공 요청에 응하는 것이 불가능한 경우에는 수익자의 열람교부청구권행사에 대하여 거절할 수 있다(법 113조 1항, 법 시행령 115조 1항). 이 경우 신탁업자는 열람이나 교부가 불가능하다는 뜻과 그 사유가 기재된 서면을 수익자에게 교부해야 한다(법 시행령 115조 1항 후문).

제114조(신탁재산의 회계처리 등)

① 신탁업자는 신탁재산에 관하여 회계처리를 하는 경우 금융위원회가 증권선물위원회의 심의를 거쳐 정하여 고시한 회계처리기준에 따라야 한다.

② 금융위원회는 제1항에 따른 회계처리기준의 제정 또는 개정을 전문성을 갖춘 민간법인 또는

---

1) 신탁법 제40조(서류의 열람 등) ① 위탁자나 수익자는 수탁자나 신탁재산관리인에게 신탁사무의 처리와 계산에 관한 장부 및 그 밖의 서류의 열람 또는 복사를 청구하거나 신탁사무의 처리와 계산에 관하여 설명을 요구할 수 있다. ② 위탁자와 수익자를 제외한 이해관계인은 수탁자나 신탁재산관리인에게 신탁의 재산목록 등 신탁사무의 계산에 관한 장부 및 그 밖의 서류의 열람 또는 복사를 청구할 수 있다.

2) 대법원 2008. 9. 25. 선고 2006마459 판결 참조.

단체로서 대통령령으로 정하는 자에게 위탁할 수 있다. 이 경우 그 민간법인 또는 단체는 회계처리기준을 제정 또는 개정한 때에는 이를 금융위원회에 지체 없이 보고하여야 한다.

③ 신탁업자는 신탁재산에 대하여 그 신탁업자의 매 회계연도 종료 후 2개월 이내에 「주식회사의 외부감사에 관한 법률」 제 3 조 제 1 항에 따른 감사인(이하 "회계감사인"이라 한다)의 회계감사를 받아야 한다. 다만, 수익자의 이익을 해할 우려가 없는 경우로서 대통령령으로 정하는 경우에는 회계감사를 받지 아니할 수 있다.

④ 신탁업자는 신탁재산의 회계감사인을 선임하거나 교체하는 경우에는 그 선임일 또는 교체일부터 1주 이내에 금융위원회에 그 사실을 보고하여야 한다.

⑤ 회계감사인은 신탁업자가 행하는 수익증권의 기준가격 산정업무 및 신탁재산의 회계처리 업무를 감사할 때 관련 법령을 준수하였는지 여부를 감사하고 그 결과를 신탁업자의 감사(감사위원회가 설치된 경우에는 감사위원회를 말한다)에게 통보하여야 한다.

⑥ 회계감사인은 제 9 항에 따른 감사기준 및 「주식회사의 외부감사에 관한 법률」 제 5 조에 따른 회계감사기준에 따라 회계감사를 실시하여야 한다.

⑦ 회계감사인은 신탁업자에게 신탁재산의 회계장부 등 관계 자료의 열람·복사를 요청하거나 회계감사에 필요한 자료의 제출을 요구할 수 있다. 이 경우 신탁업자는 지체 없이 이에 응하여야 한다.

⑧ 「주식회사의 외부감사에 관한 법률」 제 9 조는 제 3 항에 따른 신탁재산의 회계감사에 관하여 준용한다.

⑨ 회계감사인의 선임기준, 감사기준, 회계감사인의 권한, 회계감사보고서의 제출 및 공시 등에 관하여 필요한 사항은 대통령령으로 정한다.

제116조(회계처리기준 제정의 위탁) 법 제114조 제 2 항 전단에서 "대통령령으로 정하는 자"란 「주식회사의 외부감사에 관한 법률 시행령」 제 7 조의2 제 1 항에 따른 사단법인 한국회계기준원(이하 "한국회계기준원"이라 한다)을 말한다.

제117조(회계감사 적용면제) 법 제114조 제 3 항 단서에서 "대통령령으로 정하는 경우"란 다음 각 호의 어느 하나에 해당하는 경우를 말한다.

1. 다음 각 목의 어느 하나에 해당하는 금전신탁인 경우
   가. 특정금전신탁
   나. 이익의 보장을 하는 금전신탁(손실만을 보전하는 금전신탁은 제외한다)
   다. 회계감사 기준일 현재 수탁원본이 300억원 미만인 금전신탁
2. 법 제103조 제 1 항 제 2 호부터 제 7 호까지의 재산의 신탁인 경우

제118조(회계감사인의 선임 등) ① 신탁업자는 회계감사인을 선임하거나 교체하려는 경우에는 감사의 동의(감사위원회가 설치된 경우에는 감사위원회의 의결을 말한다)를 받아야 한다.

② 신탁재산에 관한 회계감사기준은 금융위원회가 증권선물위원회의 심의를 거쳐 정하여 고시한다.

③ 신탁재산에 대한 회계감사와 관련하여 회계감사인의 권한은 법 및 「주식회사의 외부감사에 관한 법률」에서 정하는 바에 따른다.

④ 회계감사인은 신탁재산에 대한 회계감사를 마친 때에는 다음 각 호의 사항이 기재된 회계감사보고서를 작성하여 신탁업자에게 지체 없이 제출하여야 한다.

1. 신탁재산의 대차대조표
2. 신탁재산의 손익계산서

3. 신탁재산의 수익률계산서
4. 신탁업자와 그 특수관계인과의 거래내역
⑤ 신탁업자는 회계감사인으로부터 회계감사보고서를 제출받은 경우에는 이를 지체 없이 금융위원회에 제출하여야 한다.
⑥ 신탁업자는 금융위원회가 정하여 고시하는 방법에 따라 해당 수익자가 회계감사보고서를 열람할 수 있도록 하여야 한다.
⑦ 회계감사에 따른 비용은 그 회계감사의 대상인 신탁재산에서 부담한다.

Ⅰ. 본조의 취지

신탁재산에 대한 회계처리를 투명하고 공정하게 함과 동시에 신탁회계처리의 특수성을 반영하기 위하여 법은 신탁업자의 고유재산의 회계처리와 별도로 신탁재산의 회계처리에 대한 절차, 기준 및 방법을 명시적으로 규정하고 있다.

Ⅱ. 신탁재산의 회계처리

1. 신탁회계처리기준

신탁업자는 신탁재산에 관하여 회계처리를 하는 경우 금융위원회가 증권선물위원회의 심의를 거쳐 정하여 고시한 회계처리기준(이하 "신탁회계처리기준"이라 한다)에 따라야 한다(법 114조 1항). 사단법인 한국회계기준원은 금융위원회의 위탁을 받아 신탁회계처리기준을 제·개정 업무를 담당한다.[1)]

2. 신탁재산에 대한 회계감사인의 회계감사와 면제

신탁업자는 신탁재산에 대하여 그 신탁업자의 매 회계연도 종료 후 2개월 이내에 「주식회사의 외부감사에 관한 법률」(이하 "외감법"이라 한다) 제3조 제1항에 따른 회계감사인의 회계감사를 받아야 한다(법 114조 1항, 법 시행령 116조). 다만, 금전신탁 중 특정금전신탁, 이익의 보장을 하는 금전신탁(손실만을 보전하는 금전신탁은 제외) 및 회계감사 기준일 현재 수탁원본이 300억원 미만인 금전신탁과 재산신탁인 경우는 회계감사인의 회계감사가 면제된다(법 114조 3항, 법 시행령 117조).[2)] 특정금전신탁의 경우에는 위탁자의 지시에 따라 신탁업자가 신탁재산을 운용하기 때문에 위탁자 또는 수익자의 보호의 필요성이 적다

1) 기업회계기준서 제5004호「신탁업자의 신탁계정」.
2) 반대해석상 금전과 재산이 동시에 신탁재산이 되는 종합재산신탁의 경우에는 회계감사인의 회계감사가 면제되지 아니한다.

는 점을 고려한 것이고, 이익보장형 금전신탁의 경우에는 신탁업자가 이익을 보장하므로 수익자 보호의 필요성이 적다는 점을 고려한 것이며, 수탁원본이 300억 미만인 금전신탁과 재산신탁의 경우에는 신탁재산이 적어 회계감사인의 회계감사 비용을 부담하는 것이 과중하다는 점을 고려한 입법인 것으로 생각된다.

3. 회계감사인의 선임과 교체

신탁업자는 신탁재산의 회계감사인을 선임하거나 교체하는 경우에는 감사의 동의(감사위원회가 설치된 경우에는 감사위원회의 의결)를 받아야 하고, 그 선임일 또는 교체일부터 1주 이내에 금융위원회에 그 사실을 보고하여야 한다(법 114조 4항, 법 시행령 118조 1항).

4. 회계감사인의 감사의 범위와 방법

회계감사인은 신탁업자가 행하는 수익증권의 기준가격 산정업무 및 신탁재산의 회계처리 업무를 감사할 때 관련 법령을 준수하였는지 여부를 감사하고 그 결과를 신탁업자의 감사(감사위원회가 설치된 경우에는 감사위원회)에게 통보하여야 한다(법 114조 5항). 회계감사인은 감사기준 및 외감법 제5조에 따른 회계감사기준에 따라 회계감사를 실시하여야 한다(법 114조 6항). 회계감사인은 신탁업자에게 신탁재산의 회계장부 등 관계 자료의 열람·복사를 요청하거나 회계감사에 필요한 자료의 제출을 요구할 수 있고, 이 경우 신탁업자는 지체 없이 이에 응하여야 한다(법 114조 7항). 신탁재산에 대한 회계감사와 관련하여 회계감사인의 권한은 법 및 외감법에서 정하는 바에 따른다(법 시행령 118조 3항).

5. 회계감사보고서 작성과 수익자의 열람청구권

회계감사인은 신탁재산에 대한 회계감사를 마친 때에는 신탁재산의 대차대조표, 신탁재산의 손익계산서, 신탁재산의 수익률계산서 및 신탁업자와 그 특수관계인과의 거래내역이 기재된 회계감사보고서를 작성하여 신탁업자에게 지체 없이 제출하여야 한다(법 시행령 118조 4항). 신탁업자는 회계감사인으로부터 회계감사보고서를 제출받은 경우에는 이를 지체 없이 금융위원회에 제출하여야 한다(법 시행령 118조 5항). 신탁업자는 금융위원회가 정하여 고시하는 방법에 따라 해당 수익자가 회계감사보고서를 열람할 수 있도록 하여야 한다(법 시행령 118조 6항).

6. 회계감사 비용의 부담주체

회계감사에 따른 비용은 그 회계감사의 대상인 신탁재산에서 부담한다(법 시행령 118조 7항).

[초판: 안성포, 개정판: 오영표]

제115조(회계감사인의 손해배상책임)

① 회계감사인은 제114조 제3항에 따른 회계감사의 결과 회계감사보고서 중 중요사항에 관하여 거짓의 기재 또는 표시가 있거나 중요사항이 기재 또는 표시되지 아니함으로써 이를 이용한 수익자에게 손해를 끼친 경우에는 그 수익자에 대하여 손해를 배상할 책임을 진다. 이 경우 「주식회사의 외부감사에 관한 법률」 제3조 제1항 제3호에 따른 감사반이 회계감사인인 때에는 그 신탁재산에 대한 감사에 참여한 자가 연대하여 손해를 배상할 책임을 진다.

② 회계감사인이 수익자에 대하여 손해를 배상할 책임이 있는 경우로서 그 신탁업자의 이사·감사(감사위원회가 설치된 경우에는 감사위원회의 위원을 말한다. 이하 이 항에서 같다)에게도 귀책사유가 있는 경우에는 그 회계감사인과 신탁업자의 이사·감사는 연대하여 손해를 배상할 책임을 진다. 다만, 손해를 배상할 책임이 있는 자가 고의가 없는 경우에 그 자는 법원이 귀책사유에 따라 정하는 책임비율에 따라 손해를 배상할 책임이 있다. 〈개정 2014. 1. 28〉

③ 제2항 단서에도 불구하고 손해배상을 청구하는 자의 소득인정액(「국민기초생활 보장법」 제2조 제8호에 따른 소득인정액을 말한다)이 대통령령으로 정하는 금액 이하에 해당되는 경우에는 회계감사인과 신탁업자의 이사·감사는 연대하여 손해를 배상할 책임이 있다. 〈신설 2014. 1. 28〉

④ 「주식회사의 외부감사에 관한 법률」 제17조 제6항부터 제9항까지의 규정은 제1항 및 제2항의 경우에 준용한다. 〈개정 2014. 1. 28〉

제118조의2(회계감사인 등의 손해배상책임) 법 제115조 제3항에 따라 회계감사인과 신탁업자의 이사·감사가 연대하여 손해를 배상할 책임이 있는 경우는 손해배상을 청구하는 자의 그 손해배상 청구일이 속하는 달의 직전 12개월간의 소득인정액 합산금액이 1억 5천만원 이하인 경우로 한다.
[본조신설 2015. 3. 3]

Ⅰ. 회계감사인의 책임

회계감사인은 신탁재산에 대한 회계감사의 결과 회계감사보고서 중 중요사항에 관하여 거짓의 기재 또는 표시가 있거나 중요사항이 기재 또는 표시되지 아니함으로써 이를 이용한 수익자에게 손해를 끼친 경우에는 그 수익자에 대하여 손해를 배상할 책임을 진다(법 115조 1항). 이 경우 외감법 제3조 제1항 제3호에 따른 감사반이 회계감사인인 때에는 그 신탁재산에 대한 감사에 참여한 자가 연대하여 손해를 배상할 책임을 진다(법 115조 1항).

Ⅱ. 연대책임과 비례책임

회계감사인이 수익자에 대하여 손해를 배상할 책임이 있는 경우로서 그 신탁업자의 이사·감사(감사위원회가 설치된 경우에는 감사위원회의 위원)에게도 귀책사유가 있는 경우에는 그 회계감사인과 신탁업자의 이사·감사는 연대하여 손해를 배상할 책임을 진다. 다만, 손해를 배상할 책임이 있는 자가 고의가 없는 경우에 그 자는 법원이 귀책사유에 따라 정하는 책임비율에 따라 손해를 배상할 책임이 있다(법 115조 2항). 그러나 손해배상을 청구하는 자의 소득인정액(「국민기초생활 보장법」제2조 제8호에 따른 소득인정액)이 그 손해배상 청구일이 속하는 달의 직전 12개월간의 소득인정액 합산금액이 1억 5천만원(법 시행령 118조의2) 이하인 경우에는 회계감사인과 신탁업자의 이사·감사는 연대하여 손해를 배상할 책임이 있다(법 115조 3항).

책임비율에 따라 손해를 배상할 책임이 있는 자 중 배상능력이 없는 자가 있어 손해액의 일부를 배상하지 못하는 경우에는 배상능력이 없는 자를 제외한 자가 각자 책임비율의 50%(외감법시행령 17조②)의 범위에서 손해액을 추가로 배상할 책임을 진다(법 115조 4항, 외감법 17조 6항).

Ⅲ. 면책사유

감사인 또는 감사에 참여한 공인회계사가 그 임무를 게을리하지 아니하였음을 증명하는 경우에는 손해배상책임을 지지 않는다(법 115조 4항, 외감법 17조 7항). 따라서 원고는 피고의 과실을 증명할 필요가 없고, 피고가 무과실을 증명하여야 면책된다.

Ⅳ. 제척기간

회계감사인의 손해배상책임은 그 청구권자가 해당 사실을 안 날로부터 1년 이내 또는 감사보고서를 제출한 날로부터 3년 이내에 청구권을 행사하지 아니한 때에는 소멸한다. 다만, 감사인을 선임할 때 계약으로 그 기간을 연장할 수 있다(법 115조 4항, 외감법 17조 9항).

[초판: 안성포, 개정판: 임재연]

제116조(합병 등)

① 신탁업자가 합병하는 경우 합병 후 존속하는 신탁업자 또는 합병으로 인하여 설립된 신탁업자는 합병으로 인하여 소멸된 신탁업자의 신탁에 관한 권리의무를 승계한다.

② 「신탁법」 제12조, 제21조 제2항 및 제3항은 신탁업자의 합병에 관하여 이의를 제기한 수익자가 있는 경우 그 신탁업자의 임무 종료 및 새로운 신탁업자의 선임 등에 관하여 준용한다.
③ 금융위원회는 신탁업자가 그 목적을 변경하여 다른 업무를 행하는 회사로서 존속하는 경우에는 그 회사가 신탁에 관한 채무 전부를 변제하기에 이르기까지 재산의 공탁을 명하거나, 그 밖에 필요한 명령을 할 수 있다. 합병으로 인하여 신탁업자가 아닌 회사가 신탁업자의 임무 종료를 위하여 필요한 사무를 처리하는 동안에도 또한 같다.

Ⅰ. 신탁업자의 합병

주식회사가 다른 회사와 흡수합병하거나 신설합병하는 경우에는 존속회사 또는 신설회사가 기존에 발생한 소멸회사의 권리의무를 포괄승계하는 것이 회사법상 합병의 일반적인 효력이다(상법 530조 및 235조). 신탁업자는 상법 및 「금융산업의 구조개선에 관한 법률」에 따라 흡수합병 또는 신설합병할 수 있는바, 신탁업자의 합병에 있어서도 상법상 합병의 효력과 동일하게 소멸하는 신탁업자의 신탁에 관한 권리의무를 승계하는 것은 당연하다. 개정 전 신탁법 제11조 제1항 후문은 "법인이 해산한 때"를 수탁자의 임무종료사유로 규정하면서 동조 제2항은 "법인이 합병된 경우에 합병으로 인하여 설립된 법인 또는 합병 후 존속하는 법인"에게 신수탁자가 신탁사무를 처리할 수 있게 될 때까지 신탁재산을 보관하여 사무인계에 필요한 행위를 할 의무를 부과함으로써 수탁자의 합병을 수탁자의 임무종료사유로 명시하였기 때문에, 개정 전 신탁법하에서 법 제116조 제1항은 신탁업자의 합병에 있어서는 신탁업자의 신탁에 관한 권리의무를 승계하도록 하는 특별규정이었다. 그런데 신탁법 제12조 제1항은 "법인인 수탁자가 합병 외의 사유로 해산한 경우"를 수탁자의 임무종료사유로 규정하면서 오히려 동조 제5항은 "수탁자인 법인이 합병하는 경우 합병으로 설립된 법인이나 합병 후 존속하는 법인은 계속 수탁자로서의 권리·의무를 가진다."라고 규정함으로써 개정 전 신탁법의 입법정책을 변경하여 수탁자의 합병에 따른 권리·의무의 포괄적 승계를 인정하였기 때문에, 법 제116조 제1항은 주의적 규정이다.[1)]

1) 상법상 합병의 효력에 따라 존속법인 또는 신설법인이 소멸법인의 권리·의무를 포괄적으로 승계하는 것이기 때문에 신탁법 제12조 제5항도 주의적 규정이라 볼 수 있다(법무부, 「신탁법개정특별분과위원회회의록」 제1권, 2010, 362쪽).

합병의 효과로 소멸회사의 권리의무는 사법상의 관계나 공법상의 관계를 불문하고 그 성질상 이전이 허용하지 않는 것을 제외하고는 모두 합병으로 인하여 존속한 회사에 승계되는바(대법원 1994. 10. 25. 선고 93누21231 판결; 대법원 2004. 7. 8. 선고 2002두1946 판결), 신탁업자로서 인가를 받은 지위는 합병의 효력에 의하여 승계되는 것으로 볼 수 있다. 다만, 신탁업자가 합병하고자 하는 경우에는 합병에 대하여 금융위원회의 승인을 받아야 한다(법 417조 1항 1호).

Ⅱ. 신탁업자의 합병에 대한 수익자의 이의제기와 신탁사무의 종료

신탁은 위탁자와 수탁자 사이의 신임관계에 기초하는 법률관계이고, 수익자의 수익권의 내용은 수탁자인 신탁업자의 신탁재산에 대한 관리처분권의 행사에 따라 결정될 것이므로, 신탁업자의 합병에 의하여 신탁업자의 신뢰도가 달라질 경우, 수익자에게 신탁업자를 변경할 수 있는 선택권을 부여할 필요가 있다. 그리고 신탁업자의 합병에 대하여 수익자가 이의를 제기할 경우 신탁업자의 합병을 불가능하도록 하는 것은 신탁업자의 합병에 지나친 제약이 될 수 있다. 법은 신탁업자의 합병에 대하여 수익자가 이의를 제기할 경우를 신탁업자의 임무종료사유로 규정함으로써 직접적으로는 신탁업자의 합병이 가능하도록 규정하고 간접적으로는 신탁업자의 합병에 대하여 수익자가 이의를 제기할 수 있음을 규정하고 있다(법 116조 2항).[1] 여기서 신탁업자의 임무종료라 함은 신탁계약은 그대로 유지가 되면서 해당 신탁업자의 신탁사무처리의 권리와 의무가 종료됨을 뜻하므로, 특정의 신탁 및 그 수탁자를 비롯한 신탁당사자들의 신탁관계가 더 이상 계속되지 않는 신탁법 제98 내지 103조가 규정하는 '신탁의 종료'와는 다른 개념이다.

그런데 수익자의 입장에서 신탁업자의 합병으로 기존 신탁업자의 신탁사무가 종료됨에도 불구하고 새로운 신탁업자를 선임하여 신탁계약관계를 계속 유지할 수 있도록 할 필요가 있다. 법은 새로운 신탁업자의 선임에 관한 절차, 새로운 신탁업자의 기존 신탁계약에 따른 신탁사무의 원활한 인계 및 수익자에 대한 새로운 신탁업자의 인지를 위한 통지의무와 관련하여 신탁법상 '수탁자의 임무종료 및 신수탁자의 선임규정'을 준용하도록 규정하고 있다. 우선 수익자의 신탁업자에 대하여 이의제기로 신탁사무가 종료되는 경우 그 이해관계인은 법원에 신수탁자의 선임을 청구할 수 있다(법 116조 2항, 신탁법 21조 2항).[2] 새

1) 합병에 대한 수익자의 이의절차를 규정함으로써 수익자를 보호하는 것은 회사와 관련한 합병에서의 채권자보호와 유사한 취지로 이해된다.

2) 현행 법 제116조 제2항은 '신탁법 제21조 제3항'도 신탁업자의 합병에 이의를 제기함으로써 신탁이 종료하는 경우에 준용하고 있으나, 이는 입법의 착오인 것으로 판단된다. 신탁법 개정 전에는 이 법이 개정 전 신탁법 제17조 제1항 및 제3항을 준용하면서 유언과 관련한 제17조 제2항을 준용하지 않았고, 신탁법 제21조 제3항은 유언에 의하여 수탁자로 지정된 자가 신탁을 인수하지 아니하거나 인수할 수 없는 경우에 있어서 신수탁자 선임을 규정하는 내용인데, 신탁업자의 합병에 따른 신탁의 종

로이 선임된 신탁업자가 신탁사무를 처리할 수 있을 때까지 신탁재산을 보관하고 신탁사무 인계에 필요한 행위를 하고 이러한 사실을 수익자에게 통지할 의무를 기존 신탁업자에게 부과하였다(법 116조 2항, 신탁법 12조 4항).

Ⅲ. 신탁업자의 사업목적 변경과 금융위원회의 조치

신탁업자는 사업목적을 변경하여 다른 사업목적에 따른 업무를 수행하는 회사로 존속하는 경우에는 기존에 신탁업자와 신탁계약을 체결한 자 또는 신탁채권자에게 불측의 손해를 끼칠 염려가 있는바, 법은 금융위원회에게 해당 신탁업자가 신탁에 관한 채무 전부를 변제하기에 이르기까지 재산의 공탁을 명하거나 그 밖에 필요한 명령을 할 수 있는 권한을 부여하였다(법 116조 3항 전문). 이러한 금융위원회의 조치권한은 신탁업자가 신탁업자가 아닌 회사와 합병하면서 신탁업자로서 임무종료를 위하여 필요한 사무를 처리하는 동안에도 인정된다(법 116조 3항 후문).

제117조(청산)

제95조는 신탁업을 영위하는 금융투자업자의 청산에 관하여 준용한다.

Ⅰ. 본조의 취지	Ⅱ. 금융위원회의 청산사무에 대한 감독

Ⅰ. 본조의 취지

신탁업을 영위하는 금융투자업자의 청산에 관하여는 다수의 수익자 또는 위탁자가 관여되어 있다는 점에서 일반 기업의 청산절차와 달리 청산사무를 금융위원회가 직접 감독할 필요가 있기 때문에 법은 집합투자업자의 청산에 관한 규정을 준용한다(법 117조).

Ⅱ. 금융위원회의 청산사무에 대한 감독

금융위원회는 신탁업을 영위하는 금융투자업자의 청산사무를 감독하고, 금융위원회는 청산사무 및 재산의 상황을 검사하거나 재산의 공탁명령, 그 밖에 청산의 감독에 필요한 명령을 할 수 있다(법 117조 및 95조 1항 내지 2항). 금융위원회는 신탁업을 영위하는 금융투자업자가 금융투자업인가의 취소로 인하여 해산한 경우에는 직권으로 청산인을 선

료시 신수탁자의 선임과는 그 전제가 다르기 때문이다.

임하고, 신탁업을 영위하는 금융투자업자가 법원의 명령 또는 판결에 의하여 해산하는 경우와 청산인이 없는 경우에는 직권으로 또는 이해관계인의 청구에 의하여 청산인을 선임하며, 금융위원회는 청산인을 선임한 경우에는 신탁업을 영위하는 금융투자업자에게 보수를 주게 할 수 있다(법 117조 및 95조 3항 내지 5항). 금융위원회는 청산인이 업무를 집행함에 있어서 현저하게 부적합하거나 중대한 법령 위반사항이 있는 경우에는 직권으로 또는 이해관계인의 청구에 의하여 청산인을 해임할 수 있다(법 117조 및 95조 6항).

[초판: 안성포, 개정판: 오영표]

제117조의2(관리형신탁에 관한 특례)

① 제103조 제 1 항 제 4 호부터 제 6 호까지의 어느 하나에 규정된 재산만을 수탁받는 신탁업자가 관리형신탁계약을 체결하는 경우 그 신탁재산에 수반되는 금전채권을 수탁할 수 있다.

② 제 1 항에 따른 신탁재산의 운용방법 및 제한에 관하여 필요한 사항은 대통령령으로 정한다.

제118조의3(관리형신탁에 관한 특례) ① 신탁업자가 법 제117조의2 제 1 항에 따라 금전채권을 수탁한 경우 그 금전채권에서 발생한 과실인 금전은 다음 각 호의 어느 하나에 해당하는 방법으로 운용하여야 한다.
1. 제106조 제 2 항 각 호의 금융기관에의 예치
2. 국채증권, 지방채증권 또는 특수채증권의 매수
3. 국가 또는 제106조 제 2 항 각 호의 금융기관이 지급을 보증한 증권의 매수
4. 그 밖에 신탁재산의 안정성 및 수익성 등을 고려하여 총리령으로 정하는 방법
② 제 1 항에 따른 운용방법의 세부사항, 그 밖에 신탁재산의 제한에 필요한 사항은 금융위원회가 정하여 고시한다.

Ⅰ. 관리형신탁의 개념

법은 금융투자상품의 개념정의에서 제외되는 신탁의 수익권으로서 '관리형신탁의 수익권'을 규정하고 있다(법 3조 1항 2호). 관리형신탁이란 (i) 위탁자 또는 처분권한을 가지는 수익자의 지시에 따라서만 신탁재산의 처분이 이루어지는 신탁, 또는 (ii) 신탁계약에 따라 신탁재산에 대하여 보존행위 또는 그 신탁재산의 성질을 변경하지 아니하는 범위에서 이용·개량 행위만을 하는 신탁을 말한다(법 3조 1항 2호 가목 및 나목). 관리형신탁은 신탁업자의 관리처분권한의 범위가 신탁재산에 대한 보존행위 또는 신탁재산의 이용·개량행위만으로 제한된 신탁이거나 신탁업자의 관리처분권한의 범위에 신탁재산의 처분권한이

포함되어 있더라도 위탁자 또는 수익자의 지시에 따라서만 신탁재산의 처분이 이루어지는 신탁, 즉 신탁업자에게 처분의 재량이 인정되지 아니하는 신탁이다.[1] 관리형신탁은 적극적인 처분권 또는 운영권을 신탁업자가 보유하는 신탁과 달리 원본손실가능성이 거의 없기 때문에 관리형신탁의 수익권을 금융투자상품으로 인정할 규제실익이 없다는 점에서 관리형신탁의 수익권을 금융투자상품의 정의에서 제외한 것이다.[2] 그리고 관리형신탁의 특징, 즉 신탁업자의 처분의 재량이 없는 신탁이라 하더라도 (i) 수익증권발행신탁 또는 (ii) 금전만을 신탁재산으로 하는 금전신탁인 경우에는 관리형신탁의 개념에서 제외된다.[3]

Ⅱ. 관리형신탁에 관한 특례

1. 신탁재산에 수반되는 금전채권의 수탁 허용

법은 수탁하는 신탁재산의 종류별로 신탁의 종류를 분류하고 이러한 신탁의 종류에 따라 신탁재산으로 취득할 수 있는 재산을 제한하고 있다.[4] 따라서 (i) 동산, (ii) 부동산, (iii) 지상권, 전세권, 부동산임차권, 부동산소유권 이전등기청구권, 그 밖의 부동산 관련 권리 중 어느 하나의 재산만을 수탁한 신탁업자는 원칙적으로 금전채권을 수탁할 수 없는 것이 원칙이나, 이러한 관리형신탁의 경우에도 신탁재산에 수반되는 금전채권을 수탁할 실무상 필요성을 감안하여 금전채권의 수탁을 허용한 것이다(법 117조의2).

1) 아울러 신탁법 제46조 내지 제48조에 따라 수탁자가 비용상환청구권 또는 보수청구권에 근거하여 신탁재산에 대한 처분권한이 보장되더라도 이러한 처분권한은 수탁자의 신탁재산관리로서의 처분권한이 아닌바, 법은 관리형신탁의 정의와 관련한 '처분권한'의 범위에 이러한 처분권한은 포함하지 아니함으로써 규제적 정합성을 높였다.

2) 개정 전 법은 수탁자가 신탁재산에 대한 처분권이 없는 신탁만을 의미하는 '관리신탁'의 수익권을 금융투자상품의 정의에서 배제하였는데, 개정법은 그 범위를 수탁자의 처분권이 있더라도 신탁계약에 따라 위탁자 또는 수익자의 지시에 의해서만 처분의 재량이 있는 신탁으로 확대하면서 그 용어를 '관리형신탁'으로 바꾼 것이다. 처분·운용이 결부되지 않는 순수한 관리신탁은 처분·운용신탁에 비해 원본손실 가능성이 작아 투자자 보호의 필요성이 크지 않은 점을 감안하여 금융투자상품에서 정책적으로 배제한 것이다(국회 재정경제위원회 수석전문위원, 「자본시장과 금융투자업에 관한 법률안 검토보고서」, 2007. 6, 23쪽).

3) 수익증권발행신탁의 경우에는 유통성이 높은 수익증권의 특성상 다수의 투자자가 보유할 가능성이 높다는 점에서 투자자 보호를 위하여 금융투자상품의 개념에 다시 포섭할 실익이 있다고 본 것이다. 그리고 금전신탁의 경우에는 금전으로 다른 재산을 취득, 처분 등 그 밖의 방법으로 운용할 가능성이 있다는 점에서 비록 신탁업자의 처분권이 없는 신탁이라도 금융투자상품의 개념에 포섭하고자 한 것이다.

4) 예를 들어, 부동산과 금전채권을 신탁재산으로 하는 종합재산신탁으로 신탁을 설정할 경우에는 금전채권을 신탁할 수 있음은 당연하나, 부동산만을 신탁재산으로 하는 신탁을 설정할 경우에는 금전채권은 원칙적으로 신탁재산으로 취득할 수 없다.

2. 금전채권의 과실의 운용방법 제한

한편, 관리형신탁의 신탁업자가 수탁한 금전채권으로부터 발생한 과실인 금전은 (i) 제106조 제 2 항 각 호의 금융기관에의 예치, (ii) 국채증권, 지방채증권 또는 특수채증권의 매수, (iii) 국가 또는 제106조 제 2 항 각 호의 금융기관이 지급을 보증한 증권의 매수 및 (iv) 그 밖에 신탁재산의 안정성 및 수익성 등을 고려하여 총리령으로 정하는 방법으로 운용하여야 한다(법 시행령 118조의3). 이 규정은 예외적으로 금전채권을 수탁한 관리형신탁의 신탁업자가 금전으로부터 발생하는 과실에 대한 운용가능재산을 안전자산으로 제한함으로써 관리형신탁의 수익자를 보호하고 수탁자가 관리형신탁의 특례를 남용할 가능성을 방지하기 위한 규정이다.

[개정판: 오영표]

자본시장과
금융투자업에 관한 법률

| 제 3 편 증권의 발행 및 유통

제 1 장 증권신고서 제도

○ 前注

Ⅰ. 증권신고서제도의 의의

증권시장은 발행시장과 유통시장으로 구분할 수 있다. 발행시장은 기업이 발행하는 증권을 투자자가 취득하는 시장[1]이고, 유통시장은 이미 투자자가 취득한 증권을 투자자 사이에서 거래하는 시장이다. 증권시장에서는 거래의 공정성 확보 및 투자자 보호를 위하여 공시제도를 채택하고 있는바, 이는 증권의 발행인이 투자자의 투자판단에 필요한 정보를 신속·정확하게 시장에 제공하도록 함으로써 투자자가 정확한 정보에 근거하여 투자결정을 하도록 하기 위한 것이다. 유통시장에서는 정기공시(사업보고서·분기보고서·반기보고서) 및 수시공시(주요사항보고서·거래소 시장공시)를 통해 증권의 발행인에 관한 정보가 공시되고, 발행시장에서는 증권신고서 등을 통해 증권의 내용 및 증권의 발행인에 관한 정보 등이 공시되고 있다.

이와 같이 증권신고서제도는 발행시장에서 증권의 발행인으로 하여금 증권의 내용, 투자위험요소, 발행인의 재산 및 경영상태 등 투자자의 의사결정에 필요한 정보를 제공하도록 하여 투자자를 보호하기 위한 제도이다. 이미 유통시장에 공시를 하고 있는 기업이라고 하더라도, 새로이 증권을 발행하거나 증권시장 밖에서 증권을 분매하고자 하는 경우에는 증권신고서제도에 따라야 한다.

법은 증권의 모집 또는 매출에 대해서 일정한 경우 증권신고서를 금융위원회에 제출하도록 하여 수리, 효력발생 전, 효력발생 후의 단계별로 모집 또는 매출행위를 제한하거나 허용하고 있다. 즉, 증권의 모집가액 또는 매출가액 각각의 총액이 일정한 금액 이상인 경우 증권의 발행인은 증권신고서를 금융위원회에 제출하여 수리되지 않으면 모집 또는 매출을 할 수 없다(법 119조 1항). 또한, 증권신고서가 효력이 발생하지 아니한 경

1) 대주주가 자신의 보유주식을 투자자에게 분매하는 경우와 같이 이미 발행된 증권이라도 대량의 증권이 일반투자자에게 증권시장 밖에서 분산매매되는 거래는 발행시장의 거래에 속한다.

우 그 증권의 발행인·매출인 등은 증권의 취득 또는 매수의 청약에 대하여 승낙을 할 수 없다(법 121조 1항). 증권신고서가 효력이 발생한 후에는 발행인은 투자설명서를 증권신고서의 효력이 발생하는 날에 금융위원회에 제출하여야 하며, 이를 비치하여 일반인이 열람할 수 있도록 하여야 하고(법 123조 1항), 누구든지 그 증권을 취득하고자 하는 자에게 투자설명서를 미리 교부하지 아니하면 그 증권을 취득하게 하거나 매도하여서는 아니 된다(법 1조 1항).

증권신고서제도는 좁게 보면 증권신고서 자체만을 의미하는 것이고, 넓게 보면 증권신고서 및 투자설명서와 관련된 모든 행위규제, 즉 자본시장법상의 발행시장에 대한 규제를 의미하는 것이라고 볼 수 있다. 본장에서는 넓은 의미에서의 증권신고서제도에 대해서 살펴보고자 한다.

Ⅱ. 증권신고서제도의 필요성

증권은 그 자체만으로는 아무런 가치가 없고 그 증권을 발행하는 발행인이나 증권의 권리내용에 의하여 가치가 결정되므로, 이와 관련된 정보를 투자자가 증권을 취득하기 이전에 충분히 알 수 있도록 할 필요가 있다. 또한 증권을 발행하여 자금을 조달하는 기업의 입장에서는 가능한 높은 가격으로 투자자를 원활하게 유치하기 위하여 낙관적인 정보를 제공할 유인을 가지므로 이를 규제할 필요가 있다. 이러한 측면에서 불특정다수인을 대상으로 증권을 통하여 자금을 조달하고자 하는 자가 투자자에게 투자판단에 필요한 충분한 정보를 정확하게 제공하도록 하는 증권신고서제도의 필요성이 인정될 수 있으며, 상법상의 주식청약서나 사채청약서만으로 충분한 정보의 공시가 이루어질 수 없는 단점을 보완하고 있다

이러한 증권신고서제도의 필요성은 신규로 증권시장에 증권을 발행하는 기업에 대해서 뿐만 아니라, 이미 증권시장에 증권을 발행하여 유통시장에서 공시를 통해 발행인에 관한 정보를 제공하고 있는 기업에게도 인정된다.

증권신고서제도를 통해 투자자의 투자판단에 필요한 충분한 정보가 정확하게 제공됨으로써 건실한 기업에 자금이 집중되는 효율적 자원배분이 이루어질 수 있고, 증권시장에 대한 신뢰 확보를 통해 자본시장의 발전을 도모할 수 있을 것이다.

제118조(적용범위)

이 장은 국채증권, 지방채증권, 대통령령으로 정하는 법률에 따라 직접 설립된 법인이 발행한 채권, 그 밖에 다른 법률에 따라 충분한 공시가 행하여지는 등 투자자 보호가 이루어지고 있다고 인정되는 증권으로서 대통령령으로 정하는 증권에 관하여는 적용하지 아니한다.

Ⅰ. 본조의 취지	Ⅱ. 적용면제증권

Ⅰ. 본조의 취지

증권신고서는 증권의 내용이나 발행인 등에 관한 정보를 투자자에게 충분하고 정확하게 제공하도록 하기 위한 것이나, 발행인으로서는 증권신고서를 준비·제출하는데 상당한 비용이 투입되어야 하고, 증권의 발행에도 더 많은 시간이 소요된다. 그런데, 국채·지방채 등과 같이 발행인의 신용이 높아 채무불이행 위험이 거의 없거나, 이미 당해 증권이나 발행인에 대하여 충분히 공시되어 투자자 보호가 이루어지고 있는 경우에는 굳이 위와 같은 부담을 주면서까지 증권신고서를 제출하도록 할 필요는 없을 것이다. 이에 따라 법은 일정한 증권에 대해서 증권신고서 제출을 면제하고 있다.

구증권법에서는 유가증권에 대하여 열거주의를 취하고 있었기 때문에 법령상 열거된 유가증권 중 증권신고서 적용면제증권을 규정하더라도 열거된 전체 유가증권의 범위 내에서 적용면제증권이 정해졌다(구증권법 7조). 반면, 자본시장법에서는 증권에 대한 포괄주의를 채택함에 따라 증권신고서에 관한 규정의 적용범위가 적용면제증권을 제외한 모든 증권의 모집 또는 매출로 확대된다. 따라서 법상 증권에 해당되는 것은 이 조에서 열거되지 않은 경우 증권신고서의 적용대상이 됨으로써 투자자 보호의 범위가 그만큼 확대되었다고 볼 수 있다.

Ⅱ. 적용면제증권

1. 국채, 지방채

국채와 지방채의 경우 발행인의 성격상 신용이 높아 채무불이행 위험이 사실상 없고, 가격 변동의 위험이 적고 권리내용이 표준화된 채권이므로, 증권신고서 제출을 면제하더라도 투자자 보호에 문제가 없다. 다만, 지방채의 경우 지방자치단체의 과도한 투자로 인하여 사실상 파산상태에 이를 가능성이 있으므로, 일률적으로 면제증권으로 규정하는 것의 타당성에 대해서는 검토할 필요가 있다.[1)]

1) 임재연, 「자본시장법」, 박영사, 2014, 349쪽.

2. 특 수 채

대통령령으로 정하는 법률에 따라 직접 설립된 법인이 발행한 채권, 즉 특수채를 공모하는 경우에도 증권신고서 제출이 면제된다. 단순히 "특별한 법률에 의하여 설립된 법인이 발행한 채권(구증권법 2조 1항 3호)"이라고 규정한 구증권법과 달리 법에서는 법 시행령에서 특수법인의 설립근거법을 구체적으로 명시하고 있다.[1] 이는 다양한 특수법인들[2]이 발행하는 채권을 무조건 적용면제증권으로 정하고 있던 구증권법의 문제점을 반영한

1) 법 시행령 제119조(법 제3편 제1장 적용제외 증권) ① 법 제118조에서 "대통령령으로 정하는 법률"이란 다음 각 호의 법률을 말한다.

1. 「한국은행법」
2. 「한국산업은행법」
3. 「중소기업은행법」
4. 「한국수출입은행법」
5. 「농업협동조합법」(농업협동조합중앙회 및 농협은행만 해당한다)
6. 「수산업협동조합법」(수산업협동조합중앙회만 해당한다)
7. 「예금자보호법」
8. 「금융기관부실자산 등의 효율적 처리 및 한국자산관리공사의 설립에 관한 법률」
9. 「한국토지공사법」
10. 「한국도로공사법」
11. 「한국주택금융공사법」
12. 삭제
13. 「한국전력공사법」
14. 「한국석유공사법」
15. 「한국가스공사법」
16. 「대한석탄공사법」
17. 「한국수자원공사법」
18. 「한국농촌공사 및 농지기금관리법」
19. 「농수산물유통공사법」
20. 「한국공항공사법」
21. 「인천국제공항공사법」
22. 「항만공사법」
23. 삭제
24. 「한국관광공사법」
25. 「한국철도공사법」
26. 「한국철도시설공단법」
27. 「한국환경공단법」
28. 삭제
29. 「수도권매립지관리공사의 설립 및 운영 등에 관한 법률」
30. 「중소기업진흥에 관한 법률」
31. 「제주특별자치도 설치 및 국제자유도시 조성을 위한 특별법」
32. 삭제
33. 「산업집적활성화 및 공장설립에 관한 법률」
34. 「한국장학재단 설립 등에 관한 법률」
35. 「한국광물자원공사법」
36. 「무역보험법」

2) 정확한 숫자는 파악되지 않으나 특별법에 의해 직접 설립된 특수법인은 2008년 현재 약 1,000여개에 이르는 것으로 추정된다.

규정이라고 본다.

3. 기 타

다른 법률에 의하여 충분히 공시가 행하여지는 등 투자자 보호에 문제가 없다고 인정되는 증권으로서 대통령령이 정하는 증권도 증권신고서 제출이 면제된다. 법 시행령은 ① 국가 또는 지방자치단체가 원리금의 지급을 보증한 채무증권, ② 국가 또는 지방자치단체가 소유하는 증권을 미리 금융위원회와 협의하여 매출의 방법으로 매각하는 경우의 그 증권, ③ 「지방공기업법」 제68조 제 1 항부터 제 6 항까지의 규정에 따라 발행되는 채권 중 도시철도의 건설 및 운영과 주택건설사업을 목적으로 설립된 지방공사가 발행하는 채권, ④ 「국제금융기구에의 가입조치에 관한 법률」 제 2 조 제 1 항에 따른 국제금융기구가 금융위원회와의 협의를 거쳐 기획재정부장관의 동의를 받아 발행하는 증권, ⑤ 「한국주택금융공사법」에 따라 설립된 한국주택금융공사가 채권유동화계획에 의하여 발행하고 원리금 지급을 보증하는 주택저당증권 및 학자금대출증권, ⑥ 「전자단기사채등의 발행 및 유통에 관한 법률」 제 2 조 제 2 호에 따른 전자단기사채등으로서 만기가 3개월 이내인 증권의 경우에는 증권신고서 제출이 면제된다(법 시행령 119조 2항).

제119조(모집 또는 매출의 신고)

① 증권의 모집 또는 매출(대통령령으로 정하는 방법에 따라 산정한 모집가액 또는 매출가액 각각의 총액이 대통령령으로 정하는 금액 이상인 경우에 한한다)은 발행인이 그 모집 또는 매출에 관한 신고서를 금융위원회에 제출하여 수리되지 아니하면 이를 할 수 없다.

② 제 1 항에 불구하고 증권의 종류, 발행예정기간, 발행횟수, 발행인의 요건 등을 고려하여 대통령령으로 정하는 기준과 방법에 따라 일정기간 동안 모집하거나 매출할 증권의 총액을 일괄하여 기재한 신고서(이하 "일괄신고서"라 한다)를 금융위원회에 제출하여 수리된 경우에는 그 기간 중에 그 증권을 모집하거나 매출할 때마다 제출하여야 하는 신고서를 따로 제출하지 아니하고 그 증권을 모집하거나 매출할 수 있다. 이 경우 그 증권(집합투자증권 및 파생결합증권 중 대통령령으로 정하는 것을 제외한다)을 모집하거나 매출할 때마다 대통령령으로 정하는 일괄신고와 관련된 서류(이하 "일괄신고추가서류"라 한다)를 제출하여야 한다.

③ 발행인은 제 1 항의 신고서와 제 2 항의 일괄신고서(이하 "증권신고서"라 한다)에 발행인(투자신탁의 수익증권 및 투자익명조합의 지분증권의 경우에는 그 투자신탁 및 투자익명조합을 말한다. 이하 이 항에서 같다)의 미래의 재무 상태나 영업실적 등에 대한 예측 또는 전망에 관한 사항으로서 다음 각 호의 사항(이하 "예측정보"라 한다)을 기재 또는 표시할 수 있다. 이 경우 예측정보의 기재 또는 표시는 제125조 제 2 항 제 1 호·제 2 호 및 제 4 호의 방법에 따라야 한다.

1. 매출규모·이익규모 등 발행인의 영업실적, 그 밖의 경영성과에 대한 예측 또는 전망에 관한 사항

2. 자본금규모·자금흐름 등 발행인의 재무 상태에 대한 예측 또는 전망에 관한 사항
3. 특정한 사실의 발생 또는 특정한 계획의 수립으로 인한 발행인의 경영성과 또는 재무상태의 변동 및 일정시점에서의 목표수준에 관한 사항
4. 그 밖에 발행인의 미래에 대한 예측 또는 전망에 관한 사항으로서 대통령령으로 정하는 사항

④ 증권신고서를 제출하는 경우 증권신고서에 기재하여야 할 사항이나 그 첨부서류에 이미 제출된 것과 같은 부분이 있는 때에는 그 부분을 적시하여 이를 참조하라는 뜻을 기재한 서면으로 갈음할 수 있다.

⑤ 증권신고서를 제출하는 경우 신고 당시 해당 발행인의 대표이사(집행임원 설치회사의 경우 대표집행임원을 말한다. 이하 이 조에서 같다) 및 신고업무를 담당하는 이사(대표이사 및 신고업무를 담당하는 이사가 없는 경우 이에 준하는 자를 말한다)는 그 증권신고서의 기재사항 중 중요사항에 관하여 거짓의 기재 또는 표시가 있거나 중요사항의 기재 또는 표시가 누락되어 있지 아니하다는 사실 등 대통령령으로 정하는 사항을 확인·검토하고 이에 각각 서명하여야 한다.

⑥ 제 1 항부터 제 5 항까지의 규정에도 불구하고 발행인 및 같은 종류의 증권에 대하여 충분한 공시가 이루어지고 있는 등 대통령령으로 정한 사유에 해당하는 때에는 매출에 관한 증권신고서를 제출하지 아니할 수 있다.

⑦ 제 1 항부터 제 4 항까지의 증권신고서의 기재사항 및 그 첨부서류에 관하여 필요한 사항은 대통령령으로 정한다.

Ⅰ. 증권신고서 수리전 모집 또는 매출행위의 금지

1. 의 의

누구든지 법에 의하여 증권신고서의 제출면제대상이 아닌 모집 또는 매출행위를 하고자 하는 경우에는 발행인이 금융위원회에 증권신고서를 제출하여 수리되어야 한다. 이를 위반하여 증권신고서를 제출하지 아니하거나 수리되지 않은 상태에서 증권의 모집 또는 매출행위를 하는 경우에는 형사처벌의 대상이 됨과 동시에(법 444조 12호),[1] 금융위원회의 과징금부과대상(법 429조 1항 2호)이 된다.

1) 구증권법 제209조 제 2 호에서는 "제 8 조의 규정에 위반한 유가증권의 모집·매출을 주선한 자"도 형사처벌의 대상으로 하고 있었으나, 자본시장법에서는 이를 삭제하였다.

2. 신고의무자

증권신고서를 제출하여야 하는 자는 발행인이다. 법에서 "발행인"이란 증권을 발행하였거나 발행하고자 하는 자를 말한다. 다만, 증권예탁증권을 발행함에 있어서는 그 기초가 되는 증권을 발행하였거나 발행하고자 하는 자를 말한다(법 9조 10항).

증권을 매출하는 경우에도 발행인이 증권신고서를 제출하여야 한다. 증권신고서를 통해 공시되는 기업에 관한 정보는 발행인이 준비하는 것이 가장 적절하고 정확하기 때문이다. 따라서, 예컨대 대주주가 증권시장 외에서 주식을 분매하여 매출하고자 하는 경우 증권신고서는 그 주식을 발행한 회사가 제출하여야 한다. 이 경우 대주주는 발행회사에 증권신고서 제출을 요청하여야 할 것이다.

만일 발행회사가 그 요청을 거부하는 경우 대주주는 매출 방식에 의해 주식을 매각할 수 없게 될 것이다. 발행회사가 이를 수용할 의무가 있는지에 대해서는 견해의 대립이 있으나,[1] 증권신고서 제출은 발행회사의 입장에서는 상당한 비용과 책임을 부담하는 행위이고, 대주주의 입장에서는 반드시 매출 방식에 의해서만 투하자본을 회수할 수 있는 것은 아니므로, 발행회사에게 증권신고서 제출의무가 있다고 보기는 어렵다고 본다. 만일 증권신고서를 제출하지 않고 매출을 하게 된다면 매출인이 법위반에 따른 책임을 부담하게 된다.

3. 증권신고서 제출 전후의 모집 또는 매출행위에 대한 단계별 규제

(1) 증권신고서 수리전(pre-filing period)

증권신고서를 제출하여 수리되기 전에는 모집 또는 매출행위가 금지된다. 발행인이 이를 위반할 경우 형사처벌(법 444조 12호)과 과징금 제재(법 429조 1항 2호)가 부과된다. 법상 모집행위는 '증권의 취득의 청약을 권유'하는 것이고, 매출행위는 '증권의 매도의 청약을 하거나 매수의 청약을 권유'하는 것을 말한다(법 9조 7항·9항). 모집행위의 경우 증권이 발행되어 있지 아니하므로, 매출행위와 달리 발행인의 청약이 포함되어 있지 않다.

매도의 '청약'은 상대방의 승낙의 의사표시만으로 매매계약 체결이 가능한 의사표시를 말한다. 청약은 상대방의 승낙이 있으면 곧 계약이 성립하는 구체적·확정적 의사표시이어야 하므로, 계약의 내용을 결정할 수 있을 정도의 사항이 포함되어야 한다.

'청약의 권유'는 "권유받는 자에게 증권을 취득하도록 하기 위하여 신문·방송·잡지 등을 통한 광고, 안내문·홍보전단 등 인쇄물의 배포, 투자설명회의 개최, 전자통신 등의

1) 회사는 매출인이 신고비용을 부담하는 경우에는 따로 정관에 주식양도를 제한하고 있는 경우가 아닌 한 신고를 거부할 수 없다고 하는 견해(김건식/정순섭, 「자본시장법(제3판)」, 두성사, 2013, 188쪽)와 회사와의 특약이 없는 한 회사가 주주의 요청에 반드시 응할 법적 의무가 없다는 견해(임재연, 전게서(2014), 355쪽)가 있다.

방법으로 증권 취득청약의 권유 또는 증권 매도청약이나 매수청약의 권유 등 증권을 발행 또는 매도한다는 사실을 알리거나 취득의 절차를 안내하는 활동"을 말한다(법 시행령 2조 2호).

그런데, 발행인은 신고서의 수리 이전이라고 하더라도 증권이 원활하게 매각될 수 있도록 하기 위한 사전준비를 할 필요성이 있을 것이다. 구증권법은 신고서 수리 이전에 발행인이 할 수 있는 행위에 대하여 규정하지 않았고, 청약의 권유와 관련된 행위라면 금지된다고 해석될 수 있었다. 이에 반해 법 시행령은 '인수인의 명칭과 증권의 발행금액을 포함하지 아니하는 등 금융위원회가 정하여 고시하는 기준[1)]에 따라 (i) 발행인의 명칭, (ii) 발행 또는 매도하려는 증권의 종류와 발행 또는 매도 예정금액, (iii) 증권의 발행이나 매도의 일반적인 조건, (iv) 증권의 발행이나 매출의 예상 일정, (v) 그 밖에 투자자 보호를 해칠 염려가 없는 사항으로서 금융위원회가 정하여 고시하는 사항 중 전부나 일부에 대하여 광고 등의 방법으로 단순히 그 사실을 알리거나 안내하는 경우'는 청약의 권유 개념에서 제외하여 이를 허용하고 있다. 발행인의 명칭과 발행예정금액은 표시할 수 있으나, 인수인의 명칭과 확정된 발행금액 및 발행가액은 표시하지 못한다는 점을 유의할 필요가 있다.

한편, 모집 또는 매출행위는 증권신고서가 수리되어야 할 수 있고, 금융위원회는 증권신고서의 형식을 제대로 갖추지 아니한 경우 또는 그 증권신고서 중 중요사항에 관하여 거짓의 기재 또는 표시가 있거나 중요사항이 기재 또는 표시되지 아니한 경우에는 그 수리를 거부할 수 있으므로(법 120조 2항), 신고서 제출 후 그 수리가 이루어지지 않은 기간 동안 모집 또는 매출행위를 할 수 있는지가 문제될 수 있다. 법문상으로는 '제출하여 수리'되지 아니하면 할 수 없도록 규정하고 있으나, 증권의 발행 및 공시 등에 관한 규정 제2-3조 제 5 항은 "효력발생기간을 계산함에 있어 금융위가 신고서를 수리하면 접수된 날에 수리된 것으로 본다"는 규정을 두고 있으므로 문제되지 않고, 실무상 형식을 제대로 갖추지 아니한 경우 이외에는 접수일에 수리하고 있으므로 이러한 경우도 거의 발생하지 않는다.[2)]

(2) 신고서 수리 후 효력발생 전(waiting period or cooling period)

증권신고서가 수리된 후에는 모집 또는 매출행위가 가능해진다. 누구든지 증권신고의 대상이 되는 증권의 모집 또는 매출, 그 밖의 거래를 위하여 청약의 권유 등을 하고

1) 증권의 발행 및 공시 등에 관한 규정 제1-3조: 영 제 2 조 제 2 호 단서에서 "금융위원회가 정하여 고시하는 기준"이란 청약의 권유에서 제외되는 단순 사실의 광고 또는 안내 방법으로서 다음 각 호에 따라야 한다.
   1. 인수인의 명칭을 표시하지 않을 것
   2. 증권의 발행금액 및 발행가액을 확정하여 표시하지 않을 것
   3. 증권신고의 대상이 되는 증권의 거래를 위한 청약의 권유는 투자설명서, 예비투자설명서 또는 간이투자설명서에 따른다는 뜻을 명시할 것

2) 임재연, 전게서(2014), 390쪽.

자 하는 경우에는 투자설명서, 예비투자설명서, 간이투자설명서 중 어느 하나를 사용하여야 하므로(법 124조 2항), 모집 또는 매출행위를 하는 경우 투자설명서 등을 사용하여야 한다. 다만, 신고서 효력 발생 전에 정식의 투자설명서는 작성되기 어려우므로 예비투자설명서나 간이투자설명서를 사용하게 될 것이다.

청약의 권유에 정의된 광고 등 다양한 안내방법을 사용하는 것이 가능한지 문제되나, 법상 투자설명서 등을 사용하도록 하고 있으므로, 이를 사용하지 않는 방법은 허용된다고 보기 어렵다. 법이 청약의 권유의 개념에 다양한 안내방법을 포함시킨 것은 증권신고서 수리 이전에 이루어지는 다양한 청약의 권유 활동을 제한하기 위한 취지라는 것을 고려하면, 이를 신고서 수리 이후에는 이러한 안내방법을 허용한다는 취지로 해석하기는 어렵다고 할 것이다.

한편, 증권신고서가 수리된 후 효력이 발생하기 전에는 증권의 취득 또는 매수의 청약이 있더라도 그 증권의 발행인·매출인과 그 대리인은 그 청약의 승낙을 하여서는 아니 된다(법 121조 1항).

(3) 신고서 효력 발생 후(post effectiveness period)

증권신고서의 효력이 발생된 후에는 증권의 취득 또는 매수의 청약이 있는 경우에 그 증권의 발행인·매출인과 그 대리인은 그 청약을 승낙할 수 있다. 따라서 신고서 효력 발생 이후에야 증권을 취득하게 하거나 매도할 수 있게 되는 것이다. 다만, 증권을 취득하는 자에게 투자설명서를 미리 교부하여야 한다(법 124조 1항).

4. 신고서 제출 대상 모집 또는 매출

(1) 의 의

증권의 모집 또는 매출을 하기 위해서는 증권신고서를 제출하여야 한다. 다만, 법은 모집 또는 매출가액이 일정한 금액 미만인 경우에는 신고서를 제출하지 않도록 하고 있다.

(2) 증권신고서 제출대상금액

대통령령에서 정하는 방법에 따라 산정한 모집 또는 매출금액이 10억원 이상인 경우 증권신고서를 제출하여야 한다(법 시행령 120조 1항). 모집 또는 매출이라고 하더라도 그 금액이 소액인 경우 증권신고서를 제출하도록 하면 이에 따른 시간과 비용부담이 조달금액에 비하여 지나치게 크다고 할 수 있고, 소액인 만큼 투자자 보호의 필요성도 상대적으로 낮다고 할 수 있어 모집 또는 매출금액이 10억원 이상인 경우에 증권신고서를 제출하도록 정한 것이다.

모집 또는 매출금액은 모집의 경우 권유금액, 매출의 경우 권유 또는 청약한 금액을 말하며, 실제 발행되어 납입된 금액이 아니다. 따라서 당해 증권의 최종 발행되어 납입된 금액이 10억원에 미달하는 경우에도 권유 또는 청약금액이 10억원 이상이면 증권신고서를 제출하여야 한다.

한편, 모집가액 또는 매출가액 "각각의" 총액이 대통령령이 정하는 금액 이상인 경우라고 규정하고 있으므로 모집가액과 매출가액은 별도로 계산하여야 한다.

(3) 모집 또는 매출가액의 산정방법

증권의 모집 또는 매출가액을 산정하는 방법은 다음과 같다(법 시행령 120조 1항).

1. 모집 또는 매출하고자 하는 증권의 모집가액 또는 매출가액과 해당 모집일 또는 매출일부터 과거 1년간(같은 기간 동안 같은 종류의 증권에 대한 모집 또는 매출의 신고가 행하여진 경우에는 그 신고 후의 기간을 말한다)에 이루어진 같은 종류의 증권의 모집 또는 매출로서 그 신고서를 제출하지 아니한 모집가액 또는 매출가액[소액출자자[1](그 증권의 발행인과 인수인을 제외한다)가 법 시행령 제178조[2]에 따른 중개방법에 따라 증권을 매출하는 경우 해당 매출가액을 제외한다] 각각의 합계액

2. 법 시행령 제11조 제 1 항에 따라 합산을 하는 경우에는 그 합산의 대상이 되는 모든 청약의 권유 각각의 합계액

위와 같이 산정한 가액이 10억원 이상인 경우 증권신고서를 제출하여야 한다.

제 1 호에서 "같은 종류의 증권"을 어떻게 판단할 것인지 구체적으로 규정되어 있지 않은데, 투자자보호를 고려하여 법 제 4 조 제 2 항에 정의된 6가지 포괄적인 분류에 따른 증권을 기준으로 보아야 할 것이다.[3] 이에 반하여 법 제 4 조 제 3 항 내지 제 8 항에서 각 증권별로 열거된 개별 증권의 구분에 따라 같은 종류의 증권으로 판단하여야 한다는 견해도 있다.[4]

Ⅱ. 일괄신고서 제도

1. 의 의

일괄신고서는 일정한 기간 동안 모집 또는 매출할 증권의 총액을 일괄하여 기재한 신고서를 말한다. 일괄신고서를 제출하게 되면 실제로 증권을 발행할 때에는 일괄신고추가서류라는 일종의 약식신고서만을 제출함으로써 별도의 신고서를 제출하지 아니하고

1) 법 시행령 제120조(모집 또는 매출의 신고대상) 제 2 항: 제 1 항에서 "소액출자자"란 해당 법인이 발행한 지분증권총수의 100분의 1에 해당하는 금액과 3억원 중 적은 금액 미만의 지분증권을 소유하는 자를 말한다. 다만, 그 법인의 최대주주 및 그 특수관계인은 소액출자자로 보지 아니한다.
2) 호가중개시스템에 의한 매출을 말한다.
3) 임재연, 전게서(2014), 330쪽.
4) 금융감독원, 「기업공시 실무안내」, 2012. 9, 74쪽.

증권을 모집 또는 매출할 수 있다(법 119조 2항). 일괄신고서 제도는 특정기간 동안 동일한 증권을 공모할 경우 별도의 증권신고서 제출을 요구하지 않음으로써 공시부담을 감소하고 시장여건에 따라 탄력적으로 증권을 공모할 수 있다는 장점이 있다.

2. 일괄신고서 제출기준과 방법

(1) 일괄신고서 제출가능 증권

일괄신고서 및 일괄신고추가서류를 이용하여 모든 증권을 모집 또는 매출할 수 있는 것은 아니고 대통령령으로 정하는 증권에 한하여 가능하다.

일괄신고서를 제출할 수 있는 증권은 다음과 같다(법 시행령 121조 1항).

1. 주권
2. 전환사채권, 신주인수권부사채권, 교환사채권(주권, 전환사채권 또는 신주인수권부사채권과 교환을 청구할 수 있는 교환사채권만 해당), 이익참가부사채권
3. 제 2 호의 사채권을 제외한 사채권
4. 파생결합증권
5. 개방형 집합투자증권(환매금지형집합투자기구가 아닌 집합투자기구의 집합투자증권과 이에 준하는 외국 집합투자증권)

(2) 발행예정기간

일괄신고서를 통하여 모집 또는 매출할 수 있는 기간을 발행예정기간이라 한다. 이 기간은 일괄신고서의 효력발생일부터 2개월 이상 1년 이내의 기간이다. 다만, 개방형집합투자증권 또는 금적립계좌등인 경우에는 해당 집합투자규약 또는 발행계약에서 정하는 존속기간 또는 계약기간(집합투자규약 또는 발행계약에서 존속기간 또는 계약기간을 정하지 아니한 경우에는 무기한으로 한다)을 발행예정기간으로 한다(법 시행령 121조 2항). 존속기간 또는 계약기간을 정하지 아니한 개방형집합투자증권 또는 금적립계좌등은 한번 일괄신고서를 제출하면 사실상 증권신고서 제출이 면제된다.

(3) 일반사채권과 파생결합증권에 대한 일괄신고 제출가능 발행인 요건

일반사채권과 파생결합증권에 대한 일괄신고서를 제출할 수 있는 발행인은 다음과 같다(법 시행령 121조 4항).

1. 다음에 해당하는 자로서 일반사채권 또는 파생결합증권 중 같은 종류에 속하는 증권을 최근 1년간 모집 또는 매출한 실적이 있을 것

가. 최근 1년간 사업보고서와 반기보고서를 제출한 자

나. 최근 1년간 분기별 업무보고서 및 월별 업무보고서를 제출한 금융투자업자

2. 최근 사업연도의 재무제표에 대한 회계감사인의 감사의견이 적정 또는 한정일 것

3. 최근 1년 이내에 금융위원회로부터 증권의 발행을 제한하는 조치를 받은 사실이 없을 것

한편, 분할 또는 분할합병으로 인하여 설립 또는 존속하는 법인은 분할 또는 분할합병 전의 법인이 위의 요건을 충족하고, 최근 사업연도 재무제표에 대한 회계감사인의 감사의견이 적정 또는 한정인 경우에는 위의 요건에 불구하고 일괄신고서를 제출할 수 있다(법 시행령 121조 5항). 이에 따라 분할 또는 분할합병으로 인하여 설립 또는 존속하는 법인은 최소한 하나의 사업연도가 경과하여야 일괄신고서를 이용할 수 있게 된다.

(4) 발행횟수

일괄신고서를 제출한 자는 발행예정기간 중 3회 이상 그 증권을 발행하여야 한다(법 시행령 121조 3항).

(5) "잘 알려진 기업"에 대한 특례

일괄신고서에 기재된 발행예정기간 동안 다음 요건을 모두 갖춘 자는 법 시행령 제121조 제1항 제1호부터 제3호까지의 증권에 대한 일괄신고서를 제출할 수 있으며, 이 경우 발행예정기간은 2년 이내로 하며, 발행예정기간 중 3회 이상 증권을 발행하여야 하는 발행횟수 제한이 적용되지 않는다(법 시행령 121조 6항·8항).

1. 주권상장법인으로서 주권이 상장된 지 5년이 경과하였을 것

2. 최근 사업연도의 최종 매매거래일 현재 시가총액이 5천억원 이상일 것. 이 경우 시가총액은 해당 주권상장법인의 주권의 가격(증권시장에서 성립된 최종가격을 말한다)에 발행주식총수를 곱하여 산출한 금액을 말한다.

3. 최근 3년간 사업보고서·반기보고서 및 분기보고서를 기한 내에 제출하였을 것

4. 최근 3년간 공시위반으로 금융위원회 또는 거래소로부터 금융위원회가 정하여 고시하는 제재를 받은 사실이 없을 것

5. 최근 사업연도의 재무제표에 대한 회계감사인의 감사의견이 적정일 것

6. 최근 3년간 법에 따라 벌금형 이상의 형을 선고받거나 「주식회사의 외부감사에 관한 법률」 제13조에 따른 회계처리기준의 위반과 관련하여 같은 법에 따라 벌금형 이상의 형을 선고받은 사실이 없을 것

위 요건을 충족하여 일괄신고서를 제출한 법인이 일괄신고서에 기재된 발행예정기간 중 합병 등에 따라 새로운 법인으로 설립되는 경우로서 합병 등의 당사자가 되는 모든 법인이 위 모든 요건을 충족하는 경우에는 이미 제출한 일괄신고서를 이용할 수 있다. 다만, 합병 등의 당사자가 되는 법인이 위 요건 중 일부를 갖추지 못하는 경우에도 금융위원회가 정하여 고시하는 조건에 해당하는 경우에는 이미 제출한 일괄신고서를 이용할 수 있다(법 시행령 121조 7항, 증권발행공시규정 2-4조).

3. 일괄신고서 및 일괄신고추가서류의 기재사항 등

법에서는 일괄신고서 및 일괄신고추가서류의 기재사항과 첨부서류를 법 시행령으로 정하도록 하고 있다. 이에 따라 법 시행령[1]에서는 기재사항과 첨부서류에 대한 기본적인 사항을 규정하고 기재방법 등 세부적인 사항은 금융위원회가 정하도록 하고 있다. 다만, 개방형집합투자증권 및 금적립계좌등의 경우에는 일괄신고추가서류의 제출이 면제되어 있다(법 시행령 122조 1항).

---

1) 법 시행령 제122조(일괄신고추가서류 등) ① 법 제119조 제2항 후단에서 "대통령령으로 정하는 것"이란 개방형 집합투자증권 및 금적립계좌등을 말한다.
② 법 제119조 제2항 후단에 따른 일괄신고추가서류(이하 "일괄신고추가서류"라 한다)에는 다음 각 호의 사항을 기재하여야 한다.
1. 법 제119조 제5항에 따른 대표이사 및 신고업무를 담당하는 이사의 제124조 각 호의 사항에 대한 서명. 다만, 투자자 보호를 해칠 염려가 없는 경우로서 금융위원회가 정하여 고시하는 경우에는 생략할 수 있다.
2. 모집 또는 매출의 개요
3. 일괄신고서상의 발행예정기간 및 발행예정금액
4. 발행예정기간 중에 이미 모집 또는 매출한 실적
5. 모집 또는 매출되는 증권에 대한 인수인의 의견(인수인이 있는 경우만 해당한다)
6. 그 밖에 투자자를 보호하기 위하여 필요한 사항으로서 금융위원회가 정하여 고시하는 사항
③ 일괄신고추가서류의 기재내용은 일괄신고서(법 122조 1항에 따른 정정신고서를 포함한다)의 기재내용을 변경하는 내용이어서는 아니 된다.
④ 그 밖에 일괄신고추가서류의 서식 및 작성방법 등에 관하여 필요한 사항은 금융위원회가 정하여 고시한다.
법 시행령 제126조(일괄신고서의 기재사항 및 첨부서류) ① 일괄신고서(집합투자증권은 제외한다)에는 다음 각 호의 사항을 기재하여야 한다.
1. 법 제119조 제5항에 따른 대표이사 및 신고업무를 담당하는 이사의 제124조 각 호의 사항에 대한 서명
2. 발행예정기간
3. 발행예정금액
4. 제125조 제1항 제3호에 따른 발행인에 관한 사항
5. 그 밖에 투자자를 보호하기 위하여 필요한 사항으로서 금융위원회가 정하여 고시하는 사항
② 일괄신고서에는 다음 각 호의 서류를 첨부하여야 한다. 다만, 「전자정부법」 제36조 제1항에 따른 행정정보의 공동이용을 통하여 법인 등기사항증명서를 확인하여야 한다.
1. 정관 또는 이에 준하는 것으로서 조직운영과 투자자의 권리의무를 정한 것
2. 일괄하여 신고할 것을 결의한 이사회의사록이나 그 결의를 증명할 수 있는 서류의 사본
3. 법인등기부 등본 또는 이에 준하는 것으로서 그 설립을 증명할 수 있는 서류(법인 등기사항증명서로 확인할 수 없는 경우로 한정한다)
4. 회계감사인의 감사보고서
5. 연결재무제표의 작성의무가 있는 경우에는 회계감사인이 작성한 연결재무제표에 대한 감사보고서
6. 그 밖에 투자자를 보호하기 위하여 필요한 서류로서 금융위원회가 정하여 고시하는 서류
③ 제1항 및 제2항에서 규정한 사항 외에 일괄신고서의 서식 및 작성방법 등에 관하여 필요한 사항은 금융위원회가 정하여 고시한다.

Ⅲ. 예측정보의 기재

1. 의 의

예측정보란 과거에 확정된 정보가 아니라 '발행인의 미래의 재무상태나 영업실적 등에 관한 사항'을 말한다. 증권신고서와 일괄신고서의 기재내용은 원칙적으로 객관적으로 증명이 가능한 정보(hard information)이어야 하고, 확정되지 않은 미래의 사항에 대한 정보인 예측정보(forward-looking information)를 기재해서는 안 된다. 이는 허위 또는 부실한 공시를 통하여 투자자의 오해를 유발하는 것을 방지하기 위한 것이다. 그러나 발행인이 투자를 권유하면서 사업에 대한 전망이나 예측을 하는 것은 당연한 것이며, 투자자 또한 당해 기업 또는 발행인에 대한 기대를 가지고 투자하는 것이므로 예측이나 전망에 대한 합리적 근거 또는 타당성만 확보될 수 있다면 투자자에게 오히려 유익한 정보가 될 수 있어 법상 제한적으로 예측정보를 기재할 수 있도록 하고 있다(법 119조 3항).

2. 예측정보의 대상 및 범위

증권신고서 등을 기재함에 있어 예측정보는 발행인의 미래의 재무상태나 영업실적 등에 대한 예측 또는 전망에 관한 사항에 대해서 기재할 수 있다.

투자신탁의 수익증권과 투자익명조합의 지분증권의 경우에는 그 가치가 해당 증권을 발행하는 집합투자업자(수익증권의 경우) 또는 영업자(투자익명조합의 경우)의 재무상태나 영업실적에 관련된 것이 아니라 집합투자기구인 투자신탁과 투자익명조합과 관련되어 있으므로 투자신탁과 투자익명조합에 대한 예측 또는 전망을 기재할 수 있도록 하고 있다(법 119조 3항).

예측정보는 다음의 사항에 대하여 기재할 수 있다.

① 매출규모, 이익규모 등 발행인의 영업실적 그 밖의 경영성과에 대한 예측 또는 전망에 관한 사항

② 자본금규모, 자금흐름 등 발행인의 재무 상태에 대한 예측 또는 전망에 관한 사항

③ 특정한 사실의 발생 또는 특정한 계획의 수립으로 인한 발행인의 경영성과 또는 재무상태의 변동 및 일정시점에서의 목표수준에 관한 사항

④ 그 밖에 발행인의 미래에 대한 예측 또는 전망에 관한 사항으로서 대통령령으로 정하는 사항[1)]

---

1) 법 시행령 제123조(예측정보의 범위) 법 제119조 제 3 항 제 4 호에서 "대통령령으로 정하는 사항"이란 법 제119조 제 3 항 제 1 호부터 제 3 호까지에 따른 예측정보에 관하여 평가요청을 받은 경우 그 요청을 받은 자가 그 예측정보의 적정성에 관하여 평가한 사항을 말한다.

3. 예측정보의 기재방법

예측정보는 확정된 정보가 아니므로 자칫하면 투자자의 오해를 유발할 수 있는 내용 등 발행인의 수익성, 사업전망 등에 대해 지나치게 낙관적인 내용이 기재될 수 있다. 이에 따라 법상 예측정보의 기재방법을 정하고, 이를 위반한 경우 발행인에 대해서 예측정보를 기재한 것 자체만으로도 손해배상책임을 물을 수 있도록 하고 있다.

예측정보는 ① 그 기재 또는 표시가 예측정보라는 사실이 밝혀져 있을 것, ② 예측 또는 전망과 관련된 가정이나 판단의 근거가 밝혀져 있을 것, ③ 그 기재 또는 표시에 대하여 예측치와 실제 결과치가 다를 수 있다는 주의문구가 밝혀져 있을 것이 요구된다 (법 119조 3항 → 법 125조 2항).

Ⅳ. 참조방식의 기재

증권신고서를 제출하는 경우 증권신고서에 기재하여야 할 사항이나 그 첨부서류에 이미 제출된 것과 같은 부분이 있는 때에는 그 부분을 적시하여 이를 참조하라는 뜻을 기재한 서면으로 갈음할 수 있다(법 119조 4항). 이는 증권의 발행인이 사업보고서, 반기보고서, 분기보고서 또는 주요사항보고서 등에 신고서의 기재사항이나 첨부서류와 같은 부분이 있는 때에는 참조하라는 뜻을 기재한 서면을 제출함으로써 동일한 자료를 다시 제출하지 않을 수 있도록 한 것이다.

이러한 참조방식의 기재로 발행인은 증권신고서 기재사항이나 첨부서류 작성·제출에 따른 부담을 줄일 수 있다. 그러나, 실제에 있어서는 그다지 효용성이 크지는 않다. 증권신고서의 작성기준일과 각종 공시서류의 작성기준일에 대한 명확한 기준이 없어 사업보고서, 분·반기보고서 등에 기재된 내용을 그대로 참조할 수 있는가가 불명확하고, 투자자에게 교부되는 투자설명서에까지 참조방식의 기재를 하는 것은 타당하지 않다. 실제로도 참조방식의 기재를 꺼리는 것이 보통이다.[1)]

Ⅴ. 대표이사 등의 확인 및 검토

1. 의 의

증권신고서의 기재사항 중 중요사항에 관하여 거짓의 기재 또는 표시가 있거나, 중요사항이 기재 또는 표시되지 않음으로써 증권의 취득자가 손해를 입은 경우 발행인

1) 실제 발행인들도 공시서류를 작성함에 있어 파일이나 문서의 내용을 복사하는 형식으로 작성하고 있어 그다지 불편을 느끼지 않기 때문이다.

등[1])은 손해배상책임을 지게 된다. 손해배상책임을 지는 자 중 당해 발행인의 대표이사와 신고업무를 담당한 이사의 책임을 명확히 하기 위하여 이들에게 기재사항에 대한 확인 및 검토한 후 서명을 하도록 하는 것이다(법 119조 5항).[2])

2. 의 무 자

증권신고서의 기재내용을 확인 및 검토하고 서명을 하여야 하는 자는 대표이사와 당해 신고업무를 담당한 이사이나, 이러한 자가 없는 경우에는 이에 준하는 자이다.

대표이사가 수인이 있는 경우 각자대표로서 대표이사 중 누구든 확인·검토 및 서명 의무를 이행하면 되지만, 공동대표이사의 경우 공동으로만 회사를 대표할 수 있으므로 연명하여 서명하여야 한다.

이사의 경우 신고업무를 담당한 이사라고 규정되어 있으므로 회사의 이사 중 당해 신고업무를 담당한 이사가 의무를 진다. 일반적으로 회사의 정관 또는 내규상 신고 등 공시업무를 담당하는 이사가 정해져 있는 경우에는 그 이사가 의무자가 되지만, 그와는 별도로 신고업무를 담당한 이사가 있는 경우에는 직제 등과 관계없이 그 업무를 직접적으로 수행한 이사가 의무자라고 할 수 있다.

대표이사 또는 신고업무 담당 이사가 없는 경우에는 그에 준하는 자가 의무자가 된다. 현실적으로 대표이사와 이사가 없는 경우란 대표이사의 경우 결원이 된 경우이고,[3]) 이사의 경우 결원 또는 신고업무를 담당하는 자가 없는 경우를 예상할 수 있다. 대표이사나 이사의 결원에 대해서는 당해 업무를 대행하는 자가 이에 해당될 것이므로 반드시 이사일 필요는 없다고 본다. 또한, 신고업무 담당 이사가 없는 경우에 대해서는 다른 이사가 그 업무를 수행한 경우에는 전술한 바와 같이 그 이사가 신고업무 담당이

1) 법 제125조 제 1 항 각 호
  1. 그 증권신고서의 신고인과 신고 당시의 발행인의 이사(이사가 없는 경우 이에 준하는 자를 말하며, 법인의 설립 전에 신고된 경우에는 그 발기인을 말한다)
  2. 「상법」 제401조의2 제 1 항 각 호의 어느 하나에 해당하는 자로서 그 증권신고서의 작성을 지시하거나 집행한 자
  3. 그 증권신고서의 기재사항 또는 그 첨부서류가 진실 또는 정확하다고 증명하여 서명한 공인회계사·감정인 또는 신용평가를 전문으로 하는 자 등(그 소속단체를 포함한다) 대통령령으로 정하는 자
  4. 그 증권신고서의 기재사항 또는 그 첨부서류에 자기의 평가·분석·확인 의견이 기재되는 것에 대하여 동의하고 그 기재내용을 확인한 자
  5. 그 증권의 인수인 또는 주선인(인수인 또는 주선인이 2인 이상인 경우에는 대통령령으로 정하는 자를 말한다)
  6. 그 투자설명서를 작성하거나 교부한 자
  7. 매출의 방법에 의한 경우 매출신고 당시의 매출인

2) 2002년 미국에서 발생한 엔론 등 대기업의 분식회계사건 이후 기업이 제출하는 재무제표에 대해 대표이사 및 CFO가 직접 책임지도록 하기 위해 도입한 SOX 제320조의 소위 "CEO & CFO's certification 제도를 모델로 한 것이다(김정수, 자본시장법원론, SFL그룹(2011), 413쪽)

3) 대표이사의 경우 회사의 업무를 총괄하고 회사를 대표하는 자이므로 신고업무 담당이라는 개념을 적용하기 곤란하다. 그렇다고 대표이사를 신고업무를 담당하는 이사라고 할 수는 없을 것이다.

사이므로 달리 적용될 여지가 없고, 이사가 아닌 자가 업무를 수행한 경우에는 그 자가 이에 해당될 수 있다.

한편, 이사가 없는 경우 대표이사가 신고업무 담당이사에 준하는 자로 볼 수 있는지에 대해서 의문이 있을 수 있으나, 제5항의 취지를 최소한 대표이사와 대표이사를 제외한 이사 2인에게 책임을 묻기 위한 것으로 이해하므로 불가능하다고 본다. 따라서 대표이사(또는 그에 준하는 자)와 이사(또는 그에 준하는 자) 2인 이상이 반드시 확인 및 검토 후 서명하여야 한다.

3. 확인 및 검토의 내용

대표이사와 신고업무 담당이사가 확인, 검토하여야 할 사항은 증권신고서의 기재사항 중 중요한 사항에 관하여 거짓의 기재 또는 표시가 있거나 중요사항의 기재 또는 표시가 누락되어 있지 아니하다는 사실 등 대통령령이 정하는 사항[1]이다.

이에 따라 증권신고서 거짓의 기재 등으로 손해배상책임이 인정될 경우 대표이사와 신고업무 담당이사가 확인 또는 검토하지 않았다는 것을 이유로 배상책임을 면할 수 없게 될 것이다.

4. 서　　명

대표이사와 신고업무 담당이사는 자신들의 확인 및 검토사실에 대해 각자가 직접 서명하여야 하며, 날인으로 대체할 수 없다.

Ⅵ. 기재사항 및 첨부서류

증권신고서의 기재사항과 첨부서류에 대해서는 대통령령에서 집합투자증권[2]과 유동

---

1) 법 시행령 제124조(증권신고서에 대한 대표이사 등의 확인·검토) 법 제119조 제5항에서 "대통령령으로 정하는 사항"이란 다음 각 호에 해당하는 사항을 말한다.
  1. 법 제119조 제3항에 따른 증권신고서(이하 "증권신고서"라 한다)의 기재사항 중 중요사항에 관하여 거짓의 기재 또는 표시가 없고, 중요사항의 기재 또는 표시가 빠져 있지 아니하다는 사실
  2. 증권신고서의 기재 또는 표시 사항을 이용하는 자로 하여금 중대한 오해를 일으키는 내용이 기재 또는 표시되어 있지 아니하다는 사실
  3. 증권신고서의 기재사항에 대하여 상당한 주의를 다하여 직접 확인·검토하였다는 사실
  4. 「주식회사의 외부감사에 관한 법률」 제2조에 따른 외부감사대상 법인인 경우에는 같은 법 제2조의2 및 제2조의3에 따라 내부회계관리제도가 운영되고 있다는 사실

2) 법 시행령 제127조(집합투자증권의 증권신고서의 기재사항 등) ① 법 제119조 제6항에 따라 집합투자증권의 증권신고서에는 다음 각 호의 사항을 기재하여야 한다.
  1. 법 제119조 제5항에 따른 대표이사 및 신고업무를 담당하는 이사의 제124조 각 호의 사항에 대한 서명
  2. 모집 또는 매출에 관한 사항
    가. 모집 또는 매출에 관한 일반사항

화증권[1])에 대한 증권신고서의 기재사항과 첨부서류, 그 이외의 증권[2])으로 나누어서 이

나. 모집 또는 매출되는 집합투자증권의 권리내용
다. 모집 또는 매출되는 집합투자증권의 취득에 따른 투자위험요소
라. 모집 또는 매출되는 집합투자증권에 대한 인수인의 의견(인수인이 있는 경우만 해당한다)
마. 그 밖에 투자자를 보호하기 위하여 필요한 사항으로서 금융위원회가 정하여 고시하는 사항

3. 집합투자기구에 관한 사항
가. 집합투자기구의 명칭
나. 투자목적·투자방침과 투자전략에 관한 사항
다. 운용보수, 판매수수료·판매보수, 그 밖의 비용에 관한 사항
라. 출자금에 관한 사항(투자신탁인 경우는 제외한다)
마. 재무에 관한 사항
바. 집합투자업자(투자회사의 경우 발기인과 감독이사를 포함한다)에 관한 사항
사. 투자운용인력에 관한 사항
아. 집합투자재산의 운용에 관한 사항
자. 집합투자증권의 판매와 환매에 관한 사항
차. 집합투자재산의 평가와 공시에 관한 사항
카. 손익분배와 과세에 관한 사항
타. 신탁업자와 일반사무관리회사(일반사무관리회사가 있는 경우만 해당한다)에 관한 사항
파. 법 제42조에 따른 업무위탁에 관한 사항(그 업무위탁이 있는 경우만 해당한다)
하. 그 밖에 투자자를 보호하기 위하여 필요한 사항으로서 금융위원회가 정하여 고시하는 사항

② 제 1 항에 따른 집합투자증권의 증권신고서에는 다음 각 호의 서류를 첨부하여야 한다. 다만, 「전자정부법」 제21조 제 1 항 또는 제22조의2 제 1 항에 따른 행정정보의 공동이용을 통하여 첨부서류에 대한 정보를 확인할 수 있는 경우에는 그 확인으로 첨부서류를 갈음할 수 있다.

1. 집합투자규약(부속서류를 포함한다)
2. 법인등기부 등본 또는 이에 준하는 것으로서 그 설립을 증명할 수 있는 서류(투자신탁, 투자조합 및 투자익명조합인 경우는 제외한다)
3. 출자금의 납부를 증명할 수 있는 서류(투자신탁인 경우는 제외한다)
4. 다음 각 목의 자와 체결한 업무위탁계약서(그 부속서류를 포함한다)의 사본
가. 집합투자업자(투자신탁 및 투자익명조합인 경우는 제외한다)
나. 신탁업자
다. 일반사무관리회사(그 일반사무관리회사와 업무위탁계약을 체결한 경우만 해당한다)
라. 법 제42조에 따른 업무수탁자(그 업무수탁자와 업무위탁계약을 체결한 경우만 해당한다)
5. 투자매매업자 또는 투자중개업자와 판매계약 또는 위탁판매계약을 체결한 경우에는 그 계약서(부속서류를 포함한다)의 사본
6. 집합투자증권의 인수계약을 체결한 경우에는 그 계약서의 사본
7. 그 밖에 투자자를 보호하기 위하여 필요한 서류로서 금융위원회가 정하여 고시하는 서류

③ 그 밖에 집합투자증권의 증권신고서의 서식 및 작성방법 등에 관하여 필요한 사항은 금융위원회가 정하여 고시한다.

1) 법 시행령 제128조(유동화증권의 증권신고서의 기재사항 및 첨부서류) ① 법 제119조 제 7 항에 따라 유동화증권의 증권신고서에는 다음 각 호의 사항을 기재하여야 한다.

1. 법 제119조 제 5 항에 따른 대표이사 및 신고업무를 담당하는 이사의 제124조 각 호의 사항에 대한 서명
2. 모집 또는 매출에 관한 다음 각 목의 사항
가. 모집 또는 매출에 관한 일반사항
나. 모집 또는 매출되는 유동화증권의 권리내용
다. 모집 또는 매출되는 유동화증권의 취득에 따른 투자위험요소
라. 모집 또는 매출되는 유동화증권에 대한 인수인의 의견(인수인이 있는 경우만 해당한다)
마. 자금의 사용목적
3. 발행인에 관한 다음 각 목의 사항
가. 회사의 개요
나. 임원에 관한 사항

다. 업무의 위탁에 관한 사항
4. 「자산유동화에 관한 법률」 제 2 조 제 2 호에 따른 자산보유자(이하 "자산보유자"라 한다)에 관한 다음 각 목의 사항
가. 자산보유자의 개요
나. 사업의 내용
다. 재무에 관한 사항
라. 임원에 관한 사항
5. 유동화자산에 관한 다음 각 목의 사항
가. 유동화자산의 종류별 세부명세
나. 유동화자산의 평가내용
다. 유동화자산의 양도 등의 방식 및 세부계획
6. 「자산유동화에 관한 법률」 제 3 조에 따른 자산유동화계획(이하 "자산유동화계획"이라 한다) 등에 관한 다음 각 목의 사항
가. 자산유동화계획의 세부구조
나. 유동화증권의 발행과 상환계획 등
다. 「자산유동화에 관한 법률」 제10조에 따른 자산관리자(이하 "자산관리자"라 한다)와 자산의 관리방법 등
라. 자금의 차입과 운용계획
7. 그 밖에 투자자를 보호하기 위하여 필요한 사항으로서 금융위원회가 정하여 고시하는 사항
② 제 1 항에 따른 유동화증권의 증권신고서에는 다음 각 호의 서류를 첨부하여야 한다. 이 경우 금융위원회는 「전자정부법」 제36조 제 1 항에 따른 행정정보의 공동이용을 통하여 법인 등기사항증명서를 확인하여야 한다.
1. 제125조 제 2 항 제 1 호부터 제 5 호까지의 서류
2. 자산관리위탁계약서 사본
3. 업무위탁계약서 사본
4. 그 밖에 투자자를 보호하기 위하여 필요한 서류로서 금융위원회가 정하여 고시하는 서류
③ 제 1 항 및 제 2 항에서 규정한 사항 외에 유동화증권의 증권신고서의 서식과 작성방법 등에 관하여 필요한 사항은 금융위원회가 정하여 고시한다.

2) 법 시행령 제125조(신고서의 기재사항 및 첨부서류) ① 법 제119조 제 1 항에 따른 신고서(집합투자증권 및 유동화증권은 제외한다)에는 다음 각 호의 사항을 기재하여야 한다.
1. 법 제119조 제 5 항에 따른 대표이사 및 신고업무를 담당하는 이사의 제124조 각 호의 사항에 대한 서명
2. 모집 또는 매출에 관한 다음 각 목의 사항
가. 모집 또는 매출에 관한 일반사항
나. 모집 또는 매출되는 증권의 권리내용
다. 모집 또는 매출되는 증권의 취득에 따른 투자위험요소
라. 모집 또는 매출되는 증권의 기초자산에 관한 사항(파생결합증권 및 금융위원회가 정하여 고시하는 채무증권의 경우만 해당한다)
마. 모집 또는 매출되는 증권에 대한 인수인의 의견(인수인이 있는 경우만 해당한다)
바. 주권비상장법인(설립 중인 법인을 포함한다)이 인수인의 인수 없이 지분증권(지분증권과 관련된 증권예탁증권을 포함한다)의 모집 또는 매출(이하 "직접공모"라 한다)에 관한 신고서를 제출하는 경우에는 금융위원회가 정하여 고시하는 요건을 갖춘 분석기관(이하 이 조에서 "증권분석기관"이라 한다)의 평가의견. 다만, 금융위원회가 정하여 고시하는 경우에는 이를 생략할 수 있다.
사. 자금의 사용목적
아. 그 밖에 투자자를 보호하기 위하여 필요한 사항으로서 금융위원회가 정하여 고시하는 사항
3. 발행인에 관한 다음 각 목의 사항(설립 중인 법인의 경우에는 금융위원회가 정하여 고시하는 사항을 말한다)
가. 회사의 개요
나. 사업의 내용

에 대한 기재 사항과 첨부서류에 관한 기본적인 사항을 정하고 그 밖의 서식과 작성방법은 금융위원회가 정하여 고시한다.

금융위원회는 투자자 보호 등을 위하여 필요하다고 인정되는 경우에는 법 시행령에서 정하는 기재사항 및 첨부서류에 관한 규정에 불구하고 외국 기업 등 발행인의 성격,

---

다. 재무에 관한 사항
라. 회계감사인의 감사의견
마. 이사회 등 회사의 기관 및 계열회사에 관한 사항
바. 주주에 관한 사항
사. 임원 및 직원에 관한 사항
아. 이해관계자와의 거래내용
자. 그 밖에 투자자를 보호하기 위하여 필요한 사항으로서 금융위원회가 정하여 고시하는 사항

② 제 1 항에 따른 신고서에는 다음 각 호의 서류를 첨부하여야 한다. 이 경우 금융위원회는 「전자정부법」 제36조 제 1 항에 따른 행정정보의 공동이용을 통하여 법인 등기사항증명서를 확인하여야 한다.

1. 정관 또는 이에 준하는 것으로서 조직운영 및 투자자의 권리의무를 정한 것
2. 증권의 발행을 결의한 주주총회(설립 중인 법인인 경우에는 발기인 총회를 말한다) 또는 이사회의 사록(그 증권의 발행이 「상법」 제418조 제 2 항에 따른 발행인 경우에는 그 증권의 발행의 구체적인 경영상 목적, 그 주주 외의 자와 발행인과의 관계 및 그 주주 외의 자의 선정경위를 포함한다)의 사본, 그 밖에 증권의 발행결의를 증명할 수 있는 서류
3. 법인 등기사항증명서에 준하는 것으로서 법인 설립을 증명할 수 있는 서류(법인 등기사항증명서로 확인할 수 없는 경우로 한정한다)
4. 증권의 발행에 관하여 행정관청의 허가·인가 또는 승인 등을 필요로 하는 경우에는 그 허가·인가 또는 승인 등이 있었음을 증명하는 서류
5. 증권의 인수계약을 체결한 경우에는 그 계약서의 사본
6. 다음 각 목의 증권을 증권시장에 상장하려는 경우에는 거래소로부터 그 증권이 상장기준에 적합하다는 확인을 받은 상장예비심사결과서류(코넥스시장에 상장하려는 경우에는 상장심사결과서류를 말한다)
   가. 지분증권(집합투자증권은 제외한다)
   나. 증권예탁증권(지분증권과 관련된 것만 해당한다)
   다. 파생결합증권(증권시장이나 해외 증권시장에서 매매거래되는 가목 또는 나목의 증권의 가격이나 이를 기초로 하는 지수의 변동과 연계하여 미리 정하여진 방법에 따라 가목 또는 나목의 증권의 매매나 금전을 수수하는 거래를 성립시킬 수 있는 권리가 표시된 것만 해당한다)
7. 법 제124조 제 2 항 제 2 호에 따른 예비투자설명서(이하 "예비투자설명서"라 한다)를 사용하려는 경우에는 예비투자설명서
8. 법 제124조 제 2 항 제 3 호에 따른 간이투자설명서(이하 "간이투자설명서"라 한다)를 사용하려는 경우에는 간이투자설명서
9. 직접공모의 경우에는 다음 각 목의 서류
   가. 증권분석기관의 평가의견서
   나. 가목의 평가와 관련하여 기밀이 새지 아니하도록 하겠다는 증권분석기관 대표자의 각서
   다. 제137조 제 1 항 제 3 호의2에 따른 청약증거금관리계약에 관한 계약서 사본 및 같은 계약에 따라 청약증거금을 예치하기 위하여 개설한 계좌의 통장 사본
10. 그 밖에 투자자를 보호하기 위하여 필요한 서류로서 금융위원회가 정하여 고시하는 서류

③ 제 1 항에 따른 신고서를 제출하여야 하는 법인 중 「주식회사의 외부감사에 관한 법률 시행령」 제 1 조의3 제 1 항에 따른 종속회사가 있는 법인(이하 "연결재무제표 작성대상법인"이라 한다)의 경우에는 제 1 항 제 3 호 다목에 따른 재무에 관한 사항, 그 밖에 금융위원회가 정하여 고시하는 사항은 「주식회사의 외부감사에 관한 법률」 제 1 조의2 제 2 호에 따른 연결재무제표(이하 "연결재무제표"라 한다)를 기준으로 기재하되 그 법인의 재무제표를 포함하여야 하며, 제 1 항 제 3 호 라목에 따른 회계감사인의 감사의견은 연결재무제표와 그 법인의 재무제표에 대한 감사의견을 기재하여야 한다.

④ 제 1 항부터 제 3 항까지에서 규정한 사항 외에 신고서의 서식과 작성방법 등에 관하여 필요한 사항은 금융위원회가 정하여 고시한다.

법 제4조 제2항 각 호에 따른 증권의 구분 및 종류 등을 고려하여 증권신고서의 기재사항 및 첨부서류를 달리 정하여 고시할 수 있다(법 시행령 129조).

따라서 법 시행령 제125조부터 제128조의 규정에 의한 기재사항 및 첨부서류에 관한 규정은 기본적 기재사항 또는 예시적 기재사항의 성격을 가지는 것으로 금융위원회가 정하는 기재사항 및 첨부서류와 그에 따른 서식 및 기재방법이 우선적으로 적용된다.

Ⅶ. 제119조 위반에 대한 과징금 및 형사상의 제재

1. 과 징 금

금융위원회는 증권신고서 등의 거짓 기재 등으로 인하여 배상책임을 질 자가 증권신고서, 투자설명서 등을 제출하지 아니하거나, 해당 서류의 중요한 사항에 거짓의 기재 또는 표시를 하거나 기재 또는 표시를 하지 않는 경우에는 신고서상의 모집 또는 매출가액의 100분의 3(20억원을 초과하는 경우에는 20억원)을 초과하지 아니하는 범위에서 과징금을 부과할 수 있다(법 429조 1항).

2. 형사상 제재

증권신고서에 관한 법 제119조에 위반하여 증권을 모집 또는 매출한 자, 증권신고서·정정신고서·투자설명서 등의 중요한 사항에 거짓의 기재 또는 표시를 하거나 중요한 사항을 기재 또는 표시하지 아니한 자, 거짓 기재 등이 있음을 알고도 이를 진실 또는 정확하다고 증명하여 그 뜻을 기재한 공인회계사·감정인 또는 신용평가를 전문으로 하는 자에 대해서는 5년 이하의 징역 또는 2억원 이하의 벌금에 처할 수 있다(법 444조 12호·13호).

제119조의2(자료요구권 등)

① 종속회사(발행인이 지배회사로서 그 회사와 「주식회사의 외부감사에 관한 법률」 제1조의2제2호에 따른 대통령령으로 정하는 지배·종속의 관계에 있는 경우 그에 종속되는 회사를 말하며, 국제회계기준 등 발행인이 적용한 회계기준에 따라 연결재무제표 작성대상 종속회사를 보유한 외국법인등의 경우에는 해당 회계기준에 따른 종속회사를 말한다. 이하 같다)가 있는 법인(이하 "연결재무제표 작성대상법인"이라 한다) 중 증권신고서를 제출하여야 하는 법인은 증권신고서의 작성을 위하여 필요한 범위에서 종속회사에게 관련 자료의 제출을 요구할 수 있다.

② 연결재무제표 작성대상법인 중 증권신고서를 제출하여야 하는 법인은 증권신고서의 작성을 위하여 필요한 자료를 입수할 수 없거나 종속회사가 제출한 자료의 내용을 확인할 필요가 있는 때에는 종속회사의 업무와 재산상태를 조사할 수 있다.

증권신고서를 제출하여야 하는 법인 중 「주식회사의 외부감사에 관한 법률 시행령」 제 1 조의2 제 1 항에 따른 종속회사가 있는 법인(이하 "연결재무제표 작성대상법인"이라 한다)의 경우에는 제 1 항 제 3 호 다목에 따른 재무에 관한 사항, 그 밖에 금융위원회가 정하여 고시하는 사항은 「주식회사의 외부감사에 관한 법률」 제 1 조의2 제 2 호에 따른 연결재무제표(이하 "연결재무제표"라 한다)를 기준으로 기재하되 그 법인의 재무제표를 포함하여야 하며, 제 1 항 제 3 호 라목에 따른 회계감사인의 감사의견은 연결재무제표와 그 법인의 재무제표에 대한 감사의견을 기재하여야 한다(법 시행령 125조 3항). 이에 따라 증권신고서를 제출하여야 할 법인은 증권신고서 작성을 위하여 종속회사에게 관련 자료를 요구하고, 필요한 자료를 입수할 수 없거나 제출된 자료의 내용을 확인할 필요가 있는 때에 종속회사의 업무와 재산상태를 조사할 필요가 있는바, 이에 대한 법적 근거를 마련한 조항이다.

제120조(신고의 효력발생시기 등)

① 제119조 제 1 항 및 제 2 항에 따른 증권의 신고(이하 "증권신고"라 한다)는 그 증권신고서가 금융위원회에 제출되어 수리된 날부터 증권의 종류 또는 거래의 특성 등을 고려하여 총리령으로 정하는 기간이 경과한 날에 그 효력이 발생한다.

② 금융위원회는 증권신고서의 형식을 제대로 갖추지 아니한 경우 또는 그 증권신고서 중 중요사항에 관하여 거짓의 기재 또는 표시가 있거나 중요사항이 기재 또는 표시되지 아니한 경우를 제외하고는 그 수리를 거부하여서는 아니 된다.

③ 제 1 항의 효력의 발생은 그 증권신고서의 기재사항이 진실 또는 정확하다는 것을 인정하거나 정부에서 그 증권의 가치를 보증 또는 승인하는 효력을 가지지 아니한다.

④ 증권의 발행인은 증권신고를 철회하고자 하는 경우에는 그 증권신고서에 기재된 증권의 취득 또는 매수의 청약일 전일까지 철회신고서를 금융위원회에 제출하여야 한다.

Ⅰ. 증권신고서의 효력발생기간

1. 의 의

증권신고서를 제출하여 수리된 후 일정한 기간이 경과되면 증권신고서의 효력이 발생한다(법 120조 1항). 증권신고서의 효력 발생으로 발행인·매출인과 그 대리인은 증권의 취득 또는 매수의 청약에 대해 승낙을 할 수 있게 된다.

증권신고서의 효력 발생 전에는 그 승낙이 제한되므로, 증권신고서가 수리된 후 효력이 발생하게 되는 때까지의 기간(소위 대기기간 또는 냉각기간) 동안 금융위원회는 신고서를 심사하고 필요한 경우 정정을 요구할 수 있으며, 투자자는 신고서를 충분히 숙지하여 신중한 투자결정을 할 수 있는 기회가 부여된다.

이러한 취지에 따라, 일부 경미한 사항에 대한 정정을 제외하고는 정정신고서가 제출되는 경우 새로이 효력발생기간이 기산되도록 하고 있고(법 122조 2항), 효력발생 이후에서야 청약에 대한 승낙을 할 수 있도록 규정하고 있다(법 121조).

2. 효력발생기간

증권의 종류 및 거래의 특성을 감안하여 효력발생기간은 총리령[1]으로 정한다. 이에

1) 법 시행규칙 제12조(신고의 효력발생시기) ① 법 제120조 제1항에 따른 증권신고의 효력발생시기는 그 증권신고서가 수리된 날부터 다음 각 호의 기간이 경과한 날로 한다.
1. 채무증권의 모집 또는 매출인 경우에는 7일. 다만, 다음 각 목의 어느 하나에 해당하는 채무증권인 경우에는 5일
가. 「담보부사채신탁법」에 따라 발행되는 담보부사채
나. 영 제362조 제8항에 따른 보증사채권
다. 「자산유동화에 관한 법률」 제3조에 따른 자산유동화계획에 따라 발행되는 사채권
라. 법 제119조 제2항에 따른 일괄신고서에 의하여 모집 또는 매출되는 채무증권
2. 지분증권의 모집 또는 매출인 경우에는 15일. 다만, 주권상장법인[법 제9조 제18항 제2호에 따른 투자회사(이하 "투자회사"라 한다)는 제외한다]의 주식의 모집 또는 매출인 경우에는 10일, 주주 또는 제3자에게 배정하는 방식의 주식(투자회사의 주식은 제외한다)의 모집 또는 매출인 경우에는 7일
3. 증권시장에 상장된 법 제230조 제1항에 따른 환매금지형집합투자기구(이하 "환매금지형집합투자기구"라 한다)의 집합투자증권의 모집 또는 매출인 경우에는 10일, 주주 등 출자자 또는 수익자에게 배정하는 방식의 환매금지형집합투자기구의 집합투자증권의 모집 또는 매출인 경우에는 7일
4. 제1호부터 제3호까지에 해당하는 증권의 모집 또는 매출 외의 경우에는 15일
② 다음 각 호의 어느 하나에 해당하는 경우에는 제1항 각 호에도 불구하고 각각 다음 각 호에서 정하는 날에 해당 증권신고의 효력이 발생한다. 다만, 다음 각 호에서 정하는 날이 제1항 각 호에서 정하는 날 이전인 경우에는 제1항 각 호에 따른다.
1. 모집가액, 매출가액, 발행이자율 및 이와 관련된 사항의 변경으로 인하여 정정신고서를 제출하는 경우에는 그 정정신고서가 수리된 날부터 3일이 지난 날
2. 법 제182조 제1항에 따라 등록된 사항을 변경하기 위하여 정정신고서를 제출하는 경우에는 그 정정신고서가 수리된 날(집합투자기구만 해당한다)
③ 금융위원회는 다음 각 호의 어느 하나에 해당하여 증권신고의 효력발생시기를 앞당길 필요가 있는 경우에는 제1항 각 호 및 제2항 각 호에 따른 기간을 단축하여 효력발생시기를 따로 정하여 고시할 수 있다.
1. 해당 증권신고서의 내용이 이미 일반인에게 널리 알려져 있거나 쉽게 이해될 수 있을 것
2. 해당 증권의 발행인 이 영 제119조 제1항 각 호의 어느 하나에 해당하는 법률에 따라 직접 설립되었거나 국가·지방자치단체로부터 업무감독을 받는 자 또는 금융위원회가 정하여 고시하는 국제기구 또는 단체로서 이미 일반인에게 그 공공성을 널리 인정받고 있을 것
④ 금융위원회는 증권의 발행인이 다음 각 호의 어느 하나에 해당하여 법 제120조 제1항에 따른 증권신고(법 제122조 제1항 또는 제3항에 따른 정정신고를 포함한다)의 효력발생시기를 투자자 보호 또는 건전한 거래질서를 위하여 연장할 필요가 있는 경우에는 제1항 각 호 및 제2항 각 호에 따른 기간에서 3일을 연장할 수 있다. 다만, 제1항 제1호가목·나목 또는 라목에 해당하는 채무증권을 모집 또는 매출하는 경우와 주권비상장법인이 증권시장에 상장하기 위하여 지분증권을 모집 또는 매출

의하면 모집 또는 매출되는 증권의 복잡성, 발행형태별 특성 등을 감안하여 효력발생기간에 차등을 두고 있다.

Ⅱ. 수리 거부사유

1. 의 의

증권신고서의 제출은 법문상 수리를 요하는 신고행위이므로 금융위원회가 수리 또는 수리거부를 할 수 있다(법 120조 2항). 그러나 구증권법에서는 이에 대해서는 아무런 언급이 없어 해석상 논란이 있을 수 있었고, 그러한 논란을 피하기 위하여 금융감독위원회는 수리거부권을 행사하지 않았던 것으로 보인다.[1] 자본시장법에서는 수리거부에 대한 명문의 규정을 두고 있다.

그러나 수리거부사유가 법상 명시되지 않는 경우 증권신고서 제출이 원초적으로 제한될 수 있고, 적시성을 요하는 증권의 모집 또는 매출의 시기를 제약할 수 있다. 이에 따라 법에서는 제출된 증권신고서의 수리거부 사유를 엄격하게 제한하여 명시하고 있다.

2. 수리거부사유

법상 명시된 수리거부사유로는 "형식을 제대로 갖추지 않은 경우"와 "증권신고서중 중요사항에 대한 거짓의 기재 또는 표시가 있거나 중요사항이 기재 또는 표시되지 않은 경우"이다.

여기서 중요사항이란, 투자자의 합리적인 투자판단 또는 해당 금융투자상품의 가치에 중대한 영향을 미칠 수 있는 사항을 의미한다(법 47조 3항).

명시된 수리거부사유에 해당하지 않는 경우 금융위원회는 증권신고서의 수리를 거부하여서는 아니 된다.

하는 경우에는 그러하지 아니하다.

1. 최근 사업연도의 재무제표에 대한 「주식회사의 외부감사에 관한 법률」 제 3 조 제 1 항에 따른 감사인의 감사의견이 적정의견이 아닌 경우
2. 법 제159조 제 1 항 본문에 따른 사업보고서 제출대상법인(이하 "사업보고서 제출대상법인"이라 한다)이 제출한 최근 사업연도의 사업보고서 또는 반기·분기보고서상 자본금 전액이 잠식된 경우
3. 사업보고서 제출대상법인이 사업보고서, 반기보고서 또는 분기보고서를 법정기한 내에 제출하지 아니한 경우
4. 그 밖에 투자자 보호 또는 건전한 거래질서를 위하여 증권신고의 효력발생시기를 연장할 필요가 있다고 금융위원회가 정하여 고시하는 경우

⑤ 제 1 항부터 제 4 항까지의 규정에 따른 기간에는 영 제153조 제 1 항 각 호에 해당하는 날을 산입하지 아니한다. 다만, 집합투자증권의 경우에는 그러하지 아니하다.

1) 구증권법 제 8 조 제 1 항에서는 '유가증권신고서를 제출하여 수리되지 아니하면'이라고 규정하고 있어 수리되지 않을 수 있다는 전제가 있었다. 그러나 공식적으로 유가증권신고서의 수리가 거부된 사례를 발견할 수 없다.

금융위원회의 수리거부는 권리의무에 영향을 미치는 행정처분이므로 행정상 쟁송의 대상이 된다. 또한, 수리의무가 부과되어 있으므로 금융위원회가 명시적으로 수리를 거부하지는 않더라도 수리를 하지 않는 경우에는 그 부작위도 행정상 쟁송의 대상이 될 수 있다.

3. 수리거부의 효과

제출된 증권신고서의 수리가 거부된 경우 효력발생기간이 기산되지 않는다. 증권신고서가 제출된 것만으로는 수리가 된 것으로 볼 수는 없으므로 수리된 날부터 기산되는 효력발생기간이 진행되지 않는다.

Ⅲ. 효력발생의 의미와 증권신고서의 심사

1. 의 의

증권신고서가 수리된 후 증권의 종류, 발행형태별로 일정한 기간이 경과하면 증권신고서의 효력이 발생하게 된다. 법상 명시적으로 인정되는 신고서 효력발생의 효과는 투자자에게 투자설명서를 교부할 수 있으며(법 123조 1항), 당해 증권의 취득 또는 매수의 청약에 대한 승낙을 할 수 있다는 것이다(법 121조 1항).

한편, 신고서의 효력발생은 "증권신고서의 진실 또는 정확하다는 것을 인정하거나 정부가 증권의 가치를 보증 또는 승인하는 의미가 아님"을 규정하고 있다(법 120조 3항).

2. 증권신고서의 심사

(1) 심사의 의의

자본시장법이나 구증권법에서 금융위원회의 증권신고서의 심사에 대해 적극적으로 명시하고 있지는 않다. 그러나, 법 제120조 제2항에서 증권신고서의 형식을 제대로 갖추지 아니한 경우 또는 그 증권신고서 중 중요사항에 관하여 거짓의 기재 또는 표시가 있거나 중요사항이 기재 또는 표시되지 아니한 경우 수리를 거부할 수 있다고 규정하고 있고, 법 제122조 제1항에서 증권신고서의 형식을 제대로 갖추지 아니한 경우 또는 그 증권신고서 중 중요사항에 관하여 거짓의 기재 또는 표시가 있거나 중요사항이 기재 또는 표시되지 아니한 경우와 중요사항의 기재나 표시내용이 불분명하여 투자자의 합리적인 투자판단을 저해하거나 투자자에게 중대한 오해를 일으킬 수 있는 경우에는 증권신고서의 기재내용을 정정한 정정신고서의 제출을 요구할 수 있다고 규정하고 있으므로, 금융위원회는 증권신고서의 수리 이전에, 수리 이후 증권의 취득 또는 매수의 청약일 전일까지 증권신고서의 형식 구비 여부에 대한 '형식적 심사권'과 중요사항 기재 또는 표시에 관한 '실질적 심사권'을 가진다고 하겠다.

(2) 심사의 대상

금융위원회는 증권신고서에 대한 형식적 심사권 및 실질적 심사권을 가진다.

형식적 심사는 증권신고서의 형식을 제대로 갖추었는지에 대해 이루어지고, 실질적 심사는 증권신고서 중 중요사항에 관하여 거짓의 기재 또는 표시가 있거나 중요사항이 기재 또는 표시되지 아니하였는지와 중요사항의 기재나 표시내용이 불분명하여 투자자의 합리적인 투자판단을 저해하거나 투자자에게 중대한 오해를 일으킬 수 있는지에 대해서 이루어진다. 통상적으로 증권신고서의 기재사항 및 첨부서류의 기재내용 등 한정된 범위 내에서의 심사에 초점이 맞춰질 것이나, 당사자의 자료제출, 진술 요구 등 조사하는 것도 가능하다고 보아야 할 것이다(법 131조).

'증권의 가치'도 심사대상에 포함되는지가 문제되는데, 증권의 가치는 발행인이 발행인의 상황과 증권의 권리내용 및 시장상황 등을 종합적으로 고려하여 결정하고 투자자가 그 결정에 대한 수용 여부를 판단할 사항이라고 보는 것이 타당할 것이므로, 심사대상에 포함되지 않는다고 본다. 다만, 증권의 가치를 결정하는 요소가 되는 중요사항에 대해서는 심사할 수 있다고 할 것이다.

3. 심사결과조치

증권신고서에 대한 심사결과 금융위원회는 당해 증권신고서의 수리를 거부하거나 법 제122조에 의한 정정요구를 할 수 있다. 한편, 법 제131조에 따른 보고 및 조사를 할 수 있고, 법 제132조에 따라 정정명령, 증권의 발행·모집·매출 그 밖의 거래를 정지 또는 금지하거나 대통령령이 정하는 조치[1]를 할 수 있다.

Ⅳ. 철회신고서

1. 의 의

증권의 발행인은 증권신고를 철회하고자 하는 경우에는 그 증권신고서에 기재된 증권의 취득 또는 매수의 청약일 전일까지 철회신고서를 금융위원회에 제출하여야 한다(법

1) 법 시행령 제138조(금융위원회의 조치) 법 제132조 각 호 외의 부분 전단에서 "대통령령으로 정하는 조치"란 다음 각 호의 어느 하나에 해당하는 조치를 말한다.
1. 1년의 범위에서 증권의 발행 제한
2. 임원에 대한 해임권고
3. 법을 위반한 경우에는 고발 또는 수사기관에의 통보
4. 다른 법률을 위반한 경우에는 관련 기관이나 수사기관에의 통보
5. 경고 또는 주의

120조 4항). 일반적으로 증권신고서가 제출되고 수리되면 일반인이 열람할 수 있는 상태가 되는데, 그 상태에서는 발행인 또는 매도인이 증권의 발행 또는 매도의사를 철회하더라도 이를 알 수가 없다. 이는 투자자들에게 당해 발행인에 대한 잘못된 정보가 제공될 소지가 있으므로 이를 명확히 하기 위해서는 발행 또는 매도의사의 철회 사실을 공시할 필요가 있다.

2. 철회의 대상과 사유

"증권신고를 철회하고자 하는 경우"라고 규정하고 있어 문언만으로는 철회의 대상은 "증권신고"인 것처럼 보인다. 그러나 철회신고의 취지를 투자자의 의사결정과 관련하여 불확정한 상태를 제거하기 위한 것으로 이해한다면 증권신고 그 자체만으로는 철회의 의미가 없으며, 증권발행 또는 매도의 의사표시를 철회하는 것으로 이해된다.

철회의 사유는 법상 제한이 없다.

3. 철회가능기간

증권신고서를 철회하고자 하는 경우에는 청약일 전일까지 금융위원회에 철회신고서를 제출하여야 한다. 철회신고서의 경우 제출하는 것으로 족하며, 별도의 수리행위는 불필요하다고 본다. 구증권법상 증권신고서의 효력발생시점까지 철회하도록 하였으나, 법은 정정신고서 제출기한과 동일하게 청약일 전일까지 가능하도록 하였다.

제121조(거래의 제한)

① 제120조에 따른 신고의 효력이 발생하지 아니한 증권의 취득 또는 매수의 청약이 있는 경우에 그 증권의 발행인·매출인과 그 대리인은 그 청약의 승낙을 하여서는 아니 된다.

② 제119조 제2항에 따라 일괄신고추가서류를 제출하여야 하는 경우 그 일괄신고추가서류가 제출되지 아니하면 그 증권의 발행인·매출인과 그 대리인은 그 증권에 관한 취득 또는 매수의 청약에 대한 승낙을 하여서는 아니 된다.

Ⅰ. 증권신고서 관련 거래의 제한

1. 의 의

증권신고서를 제출하여 수리되면 효력발생 여부와 관계없이 제한적이나마 권유 또는 청약행위를 할 수 있으나, 당해 거래를 체결할 수는 없다(법 121조 1항). 이는 투자자의 투자판단의 기초가 되는 자료의 내용이 확정되기 전까지는 거래를 체결하지 못하도록 함으로써 투자자의 불측의 피해를 방지하고자 하는 것이라고 본다.

2. 제한대상행위

법문상 증권신고서의 효력발생 전에 제한되는 행위는 "발행인·매출인과 그 대리인의 승낙"이다.

모집 또는 매출이 증권의 취득청약에 대한 권유인 경우에는 투자자의 청약에 대한 승낙을 통해 거래를 체결하지 못하도록 하는 점은 명확하다. 그러나 매출의 경우 매출인이 청약을 하는 경우가 있어 문제가 된다. 이 경우에는 증권신고서의 효력이 발생하더라도 매출인이 승낙을 하는 것이 아니라 투자자가 승낙을 하는 것이므로 제한대상행위에 해당되지 않게 된다. 그렇다고 효력발생 전에는 가능했던 매출인에 의한 매도의 청약을 효력 발생 후에 다시 금지된다고 해석할 수도 없다.

통상적인 증권의 모집 또는 매출에 있어서는 투자자의 취득청약을 권유하는 것이 일반적이므로 발행인 또는 매출인의 승낙만을 금지하면 족하다는 점에서 이렇게 규정한 것으로 보이나, 규제의 취지상 매도 청약에 대하여 투자자가 승낙하는 것도 제한할 필요가 있으므로 입법적인 보완이 필요하다. 다만, 이 규정 위반시 형사처벌이 부과될 수 있다는 점에서 엄격한 해석이 필요하고 현행 법상으로는 매수 청약이 금지된다고 보기는 어려울 것이다.

3. 위반시 형사상 제재

이 규정을 위반하여 증권신고서의 효력발생 전에 증권의 취득 또는 매수청약에 대한 승낙을 한 발행인 또는 매도인 및 그 대리인은 1년 이하의 징역 또는 3천만원 이하의 벌금에 처할 수 있다(법 446조 20호).

Ⅱ. 일괄신고추가서류 관련 거래의 제한

일괄신고서를 제출한 경우에는 증권의 모집 또는 매출하는 경우 별도의 증권신고서를 제출할 필요가 없고 일괄신고추가서류만을 제출하면 별도의 효력발생기간이 경과되지 않더라도 모집 또는 매출을 할 수 있다.

이에 따라 일괄신고서에 따라 증권을 발행 또는 매출하고자 하는 경우에는 일괄신고추가서류를 제출하지 않으면 청약의 권유 또는 청약을 할 수 없고(법 119조 2항), 이에 대한 승낙도 할 수 없도록 하였다(법 121조 2항).

그런데, 일괄신고추가서류를 제출하지 않으면 청약의 권유 또는 청약을 할 수 없기 때문에 동 서류의 제출 전에 승낙을 금지하는 조항은 큰 의미가 없을 것으로 보인다. 발행인의 청약의 권유나 청약이 없음에도 불구하고, 투자자가 먼저 청약을 하는 경우는 실제로 상정하기 어렵기 때문이다.

[초판: 유석호, 개정판: 은성욱]

제122조(정정신고서)

① 금융위원회는 증권신고서의 형식을 제대로 갖추지 아니한 경우 또는 그 증권신고서 중 중요사항에 관하여 거짓의 기재 또는 표시가 있거나 중요사항이 기재 또는 표시되지 아니한 경우와 중요사항의 기재나 표시내용이 불분명하여 투자자의 합리적인 투자판단을 저해하거나 투자자에게 중대한 오해를 일으킬 수 있는 경우에는 그 증권신고서에 기재된 증권의 취득 또는 매수의 청약일 전일까지 그 이유를 제시하고 그 증권신고서의 기재내용을 정정한 신고서(이하 이 장에서 "정정신고서"라 한다)의 제출을 요구할 수 있다. 〈개정 2008. 2. 29, 2009. 2. 3〉 [시행일 2009. 2. 4]

② 제 1 항에 따른 요구가 있는 경우 그 증권신고서는 그 요구를 한 날부터 수리되지 아니한 것으로 본다.

③ 증권신고서(제119조 제 2 항의 일괄신고추가서류를 포함한다. 이하 이 항에서 같다)를 제출한 자는 그 증권신고서의 기재사항을 정정하고자 하는 경우에는 그 증권신고서에 기재된 증권의 취득 또는 매수의 청약일 전일까지 정정신고서를 제출할 수 있다. 이 경우 대통령령으로 정하는 중요한 사항을 정정하고자 하는 경우 또는 투자자 보호를 위하여 그 증권신고서에 기재된 내용을 정정할 필요가 있는 경우로서 대통령령으로 정하는 경우에는 반드시 정정신고서를 제출하여야 한다. 〈개정 2013. 5. 28〉 [시행일 2013. 8. 29]

④ 일괄신고서를 제출한 자는 제 3 항에 불구하고 그 발행예정기간 종료 전까지 정정신고서를 제출할 수 있다. 이 경우 집합투자증권 중 대통령령으로 정하는 것을 제외하고는 발행예정금액 및 발행예정기간은 이를 정정하여서는 아니 된다. 다만, 발행예정금액의 100분의 20의 범위에서 대통령령으로 정하는 한도 이하로 감액되는 발행예정금액은 정정할 수 있다. 〈개정 2009. 2. 3〉 [시행일 2009. 2. 4]

⑤ 제 1 항·제 3 항 또는 제 4 항에 따라 정정신고서가 제출된 경우에는 그 정정신고서가 수리된 날에 그 증권신고서가 수리된 것으로 본다.

⑥ 제 1 항에 따른 요구를 받은 후 대통령령으로 정하는 기한 이내에 발행인이 정정신고서를 제출하지 아니하는 경우에는 해당 증권신고서를 철회한 것으로 본다. [신설 2013. 5. 28] [시행일 2013. 8. 29]

Ⅰ. 정정요구

1. 의 의

증권신고서가 수리된 후 효력이 발생하기 전까지 금융위원회는 증권신고서에 대한 심사를 하게 된다. 이 과정에서 금융위원회는 증권신고서가 형식을 제대로 갖추지 않았거나 증권신고서의 내용 중 중요사항에 관하여 거짓의 기재 또는 표시가 있거나 중요사항이 기재 또는 표시되지 않은 경우와 중요사항의 기재나 표시내용이 불분명하여 투자자의 합리적인 투자판단을 저해하거나 투자자에게 중대한 오해를 일으킬 수 있는 경우 그 기재내용을 정정한 정정신고서의 제출을 요구할 수 있다(법 122조 1항).

구증권법 제11조 제 1 항에 따르면 "형식상의 불비, 기재불충분에 대하여 정정신고서의 제출을 명할 수 있다"고 규정하고 있었으나,[1] 자본시장법에서는 정정신고서의 제출을 "요구할 수 있다"고 규정하고 있어 양자 간 어떤 차이가 있는지 문제될 수 있다. 이와 관련하여 명령에 응하지 않거나, 요구에 응하지 않는 경우에 대해 형사벌칙의 적용이 없고, 명령 또는 요구가 있은 때로부터 증권신고서는 수리되지 않은 것으로 보므로(법 122조 2항, 구증권법 11조 2항) 정정명령과 정정요구의 실질적 차이는 없는 것으로 보인다.[2]

2. 정정요구사유

금융위원회는 증권신고서의 형식을 제대로 갖추지 아니한 경우, 기재내용 중 중요한 사항에 관하여 거짓의 기재 또는 표시가 있는 경우, 중요사항이 기재 또는 표시되지 아니한 경우와 중요사항의 기재나 표시내용이 불분명하여 투자자의 합리적인 투자판단을 저해하거나 투자자에게 중대한 오해를 일으킬 수 있는 경우에 정정신고서 제출을 요구할

1) 구증권법 제11조(정정신고서) ① 금융감독위원회는 유가증권신고서에 형식상의 불비가 있거나 그 신고서에 기재할 중요한 사항의 기재가 불충분하다고 인정하는 때에는 그 이유를 제시하고 정정신고서의 제출을 명할 수 있다.

2) 임재연, 「자본시장법」, 박영사, 2011, 351쪽.

수 있다(법 122조 1항). 이는 증권신고서의 수리거부 사유와 유사하다.[1]

여기에서 "중요사항"이라 함은 무엇을 의미하는지가 문제될 수 있는데, 자본시장법은 설명의무와 관련하여 '투자자의 합리적인 투자판단 또는 해당 금융투자상품의 가치에 중대한 영향을 미칠 수 있는 사항'을 "중요사항"이라 규정[2]하고 있어, 정정신고서 제출 요구사유를 판단함에 있어서도 동 규정이 적용될 수 있을 것이다.

판례는 '허위의 기재 또는 표시가 있거나 중요한 사항을 기재 또는 표시하지 아니한 경우'라 함은 '투자자에게 유가증권의 가치를 판단하는데 오해를 일으키지 않도록 하기 위하여 필요한 중요한 사항'에 관한 것이어야 하고, 그에 해당하는지 여부는 그 기재가 행하여진 때를 기준으로 보통의 신중한 투자자가 증권을 매수하기 전에 당연히 알아야 할 사항을 사실대로 기재하지 않고, 거짓되게 기재한 것인지를 기준으로 판단해야 하며, 이는 주로 회사의 영업 및 손익상황, 재무구조 등 일반인들이 투자를 하기 전에 파악해야 할 기업현황에 대한 정확한 정보에 관하여 모집 또는 매출 당시 사실과 달리 기재하거나 이를 과장한 경우 또는 투자자가 알아야 할 사실을 고의로 숨긴 경우를 말하는 것이지, 모집 당시에는 전혀 예측할 수 없었던 기업 외적인 사항이나 그 후의 사정변경 등에 의하여 발생할 수 있는 상황까지 예상하고 그에 대비하여 기재할 것을 요구하는 것은 아니라고 판시한 바 있다.[3]

또한 가장납입, 허위납입과 관련하여 주금의 가장납입 또는 위조된 주금납입금보관증명서에 의한 증자등기를 경료할 의도 하에 마치 실질적인 자금조달에 의해 유상증자를 할 것처럼 증권신고서를 작성하여 금융감독위원회에 제출하는 행위는 증권신고서의 중요사항에 관하여 허위의 기재를 한 경우에 해당한다고 판시한 사례도 있다.[4]

---

1) 자본시장법 제120조(신고의 효력발생시기 등) … ② 금융위원회는 증권신고서의 형식을 제대로 갖추지 아니한 경우 또는 그 증권신고서 중 중요사항에 관하여 거짓의 기재 또는 표시가 있거나 중요사항이 기재 또는 표시되지 아니한 경우를 제외하고는 그 수리를 거부하여서는 아니 된다.

2) 자본시장법 제47조(설명의무) … ③ 금융투자업자는 제1항에 따른 설명을 함에 있어서 투자자의 합리적인 투자판단 또는 해당 금융투자상품의 가치에 중대한 영향을 미칠 수 있는 사항(이하 "중요사항"이라 한다)을 거짓 또는 왜곡(불확실한 사항에 대하여 단정적 판단을 제공하거나 확실하다고 오인하게 할 소지가 있는 내용을 알리는 행위를 말한다)하여 설명하거나 중요사항을 누락하여서는 아니 된다.

3) 대법원 2002. 5. 14. 선고 99다48979 판결(하급심 판례: 서울고등법원 1999. 7. 23. 선고 98나50335 판결).

4) 유상증자에 의한 유가증권을 발행함에 있어 사채업자의 자금을 유상증자를 위한 주금납입계좌에 일시적으로 입금한 다음 주금납입금보관증명서를 발급받아 증자등기 경료 직후 이를 인출하여 사채업자에게 반환하는 방법으로 주금납입을 가장하거나, 실제로는 주금납입이 이루어지지 않았음에도 위조된 주금납입금보관증명서를 제출하여 증자등기가 경료되게 한 경우에는, 비록 형식상으로는 유상증자의 외형을 갖추었다 하더라도 실질적으로는 자금을 조달할 의도나 목적이 없어 납입한 주금이 전혀 자본금으로 편입되지 않으므로, 주금의 가장납입 또는 위조된 주금납입금보관증명서에 의한 증자등기를 경료할 의도 하에 마치 실질적인 자금조달에 의하여 유상증자를 할 것처럼 구 증권법(2003. 12. 31. 법률 제7025호로 개정되기 전의 것) 제8조의 유가증권신고서를 작성하여 금융감독위원회에 제출하는 행위는 같은 법 제207조의3 제2호의 유가증권신고서의 중요한 사항에 관하여 허위의 기재를 한 경우에 해당한다(대법원 2006. 10. 26. 선고 2006도5147 판결).

3. 정정요구기간

금융위원회는 당해 증권신고서에 기재된 증권의 취득 또는 매수의 청약일 전일까지 그 이유를 제시하고 증권신고서의 기재내용을 정정한 정정신고서 제출을 요구할 수 있다(법 122조 1항). 구증권법에서는 단순히 "그 이유를 제시하고 정정신고서의 제출을 명할 수 있다"라고만 규정하고 있어 언제까지 정정명령을 할 수 있는가에 대해서는 명확하지 않았다. 자본시장법은 이를 감안하여 정정신고서 제출 요구기간을 "증권의 취득 또는 매수의 청약일 전일"로 명확하게 규정하였다. 여기에서 청약일 전일이라고 함은 투자자가 청약을 개시하기 전에 투자판단에 필요한 정보를 제공하도록 한다는 점에서 청약일 또는 청약기간 개시일 전일로 해석함이 타당하다.[1)]

4. 정정요구의 방법

자본시장법상 정정요구의 방법에는 특별한 제한은 없으나, 반드시 정정요구를 하는 이유를 제시하여야 한다(법 122조 1항). 이는 불필요하거나 금융위원회의 자의적인 정정요구로 증권의 발행을 지연시키거나 사실상 금지하는 것을 막고자 하기 위함에 그 취지가 있다.

Ⅱ. 정정요구의 효과

금융위원회가 정정신고서 제출을 요구하면 그 날부터 당해 증권신고서는 수리되지 아니한 것으로 본다(법 122조 2항). 이에 따라 정정신고서를 제출하여 수리되기 전까지는 모집·매출을 할 수 없다. 문제는 정정요구 전에 권유행위를 한 경우 그 행위에 대해서는 법상 적용되는 책임을 부담하는지 여부이다. 증권신고서의 수리 후 효력이 발생하기 전이라도 청약의 권유행위는 할 수 있으므로(법 119조 1항), 금융위원회가 이 기간 중 정정요구를 하게 되면 이전의 증권신고서에 기한 권유행위는 자본시장법상 거짓의 기재 또는 표시를 하거나 중요한 사항에 대한 기재 또는 표시를 하지 않은 권유에 해당될 수 있고, 이러한 경우에는 자본시장법상 책임이 인정될 수 있을 것이다.

한편, 자본시장법은 2013. 5. 28. 개정(2013. 8. 29. 시행)을 통하여 증권신고서 철회 간주에 관한 규정을 신설하였다. "금융위원회의 정정신고서 제출을 요구받은 후 3개월 이내 발행인이 정정신고서를 제출하지 아니하는 경우에는 해당 증권신고서를 철회한 것으

1) 현실적으로 청약일은 기간으로 표시되기 때문에 실무적으로는 "청약 개시일의 전일"까지 정정신고서를 제출해야 한다. 왜냐하면 정정신고서는 투자의사결정에 중요한 사항 등을 정정하기 위한 것으로서 청약개시 이전에 그 사항을 투자자에게 알려야 할 필요가 있기 때문이다(윤승한, 「자본시장법 강의」, 삼일인포마인, 2009, 435쪽).

로 본다(법 122조 6항, 법 시행령 130조 5항)"는 규정이 그것이다. 기존에는 금융위원회의 정정신고서 제출 요구에도 불구하고 발행자가 이에 따르지 않는 경우에 해당 증권신고서를 수리하지 않는 것 이외에 아무런 조치를 취할 수 없었는데, 이러한 경우 발행절차가 종료되지 않아 투자자 입장에서는 증권발행절차가 계속 진행중인 것으로 오인할 가능성이 있었다. 이에 투자자의 오인 가능성을 차단하고 투자자 보호를 보다 강화하고자 동 규정을 신설하였다.[1)]

Ⅲ. 자발적인 정정과 의무적인 정정

1. 의 의

증권신고서를 제출한 자가 아무런 제한 없이 그 기재내용을 정정할 수 있다면 투자자에게 진실한 투자판단자료를 제공한다는 증권신고서 제도는 오히려 투자자를 혼란스럽게 만드는 것이 될 수도 있다. 따라서 증권신고서의 기재내용은 반드시 정정신고서라는 형식적인 절차를 통하여 정정하게 할 필요가 있는 것이다. 그러한 정정사유가 자발적으로 기재내용을 변경하고자 하는 경우이든, 증권신고서를 제출한 자의 의사와는 상관없이 특정사유가 발생하면 반드시 정정신고서를 제출하여야 하는 경우이든 그 사유는 불문한다. 즉, 증권신고서의 기재내용은 정정신고서라는 제도를 통하여 정정될 수 있다는 것을 의미하는 것이다.

한편, 자발적 정정의 경우 자본시장법상 정정사유에 아무런 제한이 없으나, 의무적 정정의 경우에는 자본시장법 시행령에서 정하는 정정사유로 제한된다.[2)] 따라서 의무적 정정사유에 해당되지 않는 한, 자발적인 정정에 해당되므로 정정 여부는 증권신고서를 제출한 자가 자신의 의사에 따라 결정할 수 있다.

2. 정정신고서 제출 가능기간

정정신고서를 제출할 수 있는 기간은 "증권신고서에 기재된 증권의 취득 또는 매수의 청약일 전일까지"이다. 정정신고서 제출요구 가능기간(법 122조 1항)과 같다. 그렇다면 증권신고서에 기재된 증권의 취득 또는 매수의 청약일이 지난 후 투자자 보호에 영향을 미칠 만한 중요한 사항이 발생한 경우 정정신고서의 제출이 가능한 것인지 여부가 문제될 수 있을 것이다. 이에 대해서는 자본시장법은 별도로 규정하고 있는 바가 없다. 하지만 증권신고서에 기재된 증권의 취득 또는 매수의 청약일이 지난 후에도 실제로 투자설명

1) 국회 정무위원회, 「자본시장과 금융투자업에 관한 법률 일부개정법률안 검토보고서」, 2012. 9, 132쪽.
2) 서술의 편의상 법 제122조 제3항 전단을 자발적 정정이라 하고, 후단을 의무적 정정이라 부르기로 한다.

서를 통해 공시된 내용에 새로운 변화가 발생하여 이를 갱신 또는 수정해야 할 상황이 발생할 여지는 매우 크며, IPO가 진행중인 기업의 경우 거래소의 공시채널을 통한 변경된 상황에 대한 공시가 어려운 점 등을 감안할 때 이에 대한 입법적 정리가 필요할 것이다.[1]

3. 의무적 정정사유

자본시장법에서는 구증권법[2]과 달리 의무적 정정사유를 "대통령령으로 정하는 중요한 사항을 정정하고자 하는 경우"와 "투자자 보호를 위하여 증권신고서에 기재된 내용을 정정할 필요가 있는 경우로서 대통령령으로 정하는 경우"로 구분하고 있다(법 122조 3항).

"대통령령으로 정하는 중요한 사항"이란 다음과 같은 사항을 말한다(법 시행령 130조 1항).

1) 집합투자증권을 제외한 증권인 경우에는 다음 각 목의 어느 하나에 해당하는 사항

가. 모집가액 또는 매출가액·발행이율 등 발행조건

나. 배정기준일·청약기간 또는 납입기일

다. 자금의 사용목적

라. 인수인·보증기관 또는 수탁회사

마. 그 밖에 투자자의 합리적인 투자판단이나 해당 증권의 가치에 중대한 영향을 미칠 수 있는 사항으로서 금융위원회가 정하여 고시하는 사항[3]

2) 집합투자증권인 경우에는 다음 각 목의 어느 하나에 해당하는 사항

가. 모집가액 또는 매출가액, 발행예정기간, 발행예정금액 등 발행조건

나. 인수인(인수인이 있는 경우만 해당한다)

다. 법 제182조 제1항에 따라 등록한 사항을 변경하는 경우

라. 그 밖에 투자자의 합리적인 투자판단이나 해당 집합투자증권의 가치에 중대한 영향을 미칠 수 있는 사항으로서 금융위원회가 정하여 고시하는 사항[4]

"투자자 보호를 위하여 그 증권신고서에 기재된 내용을 정정할 필요가 있는 경우로서 대통령령으로 정하는 경우"란 다음과 같은 경우를 말한다(법 시행령 130조 2항).

---

1) 김정수, 「자본시장법원론」, SFL그룹, 2011, 435쪽.

2) 구증권법 제11조 제3항에서는 "재정경제부령이 정하는 중요한 사항의 변경이 있는 경우에는 반드시 정정신고서를 제출하여야 한다"고만 규정하고 있었다.

3) 증권의 발행 및 공시 등에 관한 규정 제2-13조(증권신고서의 정정사유) ① 영 제130조 제1항 제1호마목에서 "금융위원회가 정하여 고시하는 사항"이란 다음 각 호의 사항을 말한다.
1. 증권 발행과 관련된 담보·보증 또는 기초자산
2. 발행증권의 수
3. 모집 또는 매출되는 증권의 취득에 따른 투자위험요소

4) 증권의 발행 및 공시 등에 관한 규정 제2-13조(증권신고서의 정정사유) ② 영 제130조 제1항 제2호 라목에서 "금융위원회가 정하여 고시하는 사항"이란 모집 또는 매출되는 증권의 취득에 따른 투자위험요소를 말한다.

1) 증권신고서의 기재나 표시내용이 불분명하여 그 증권신고서를 이용하는 자로 하여금 중대한 오해를 일으킬 수 있는 내용이 있는 경우

2) 발행인(투자신탁의 수익증권이나 투자익명조합의 지분증권인 경우에는 그 투자신탁이나 투자익명조합을 말한다)에게 불리한 정보를 생략하거나 유리한 정보만을 강조하는 등 과장되게 표현된 경우

3) 집합투자증권을 제외한 증권인 경우에는 다음 각 목의 어느 하나에 해당하는 사실이 발생한 때

가. 최근 사업연도의 재무제표 또는 반기보고서, 법 제160조에 따른 분기보고서가 확정된 때

나. 발행인의 사업목적이 변경된 때

다. 영업의 양도·양수 또는 합병계약이 체결된 때

라. 발행인의 경영이나 재산 등에 중대한 영향을 미치는 소송의 당사자가 된 때

마. 발행한 어음이나 수표가 부도로 되거나 은행과의 당좌거래가 정지되거나 금지된 때

바. 영업활동의 전부나 중요한 일부가 정지된 때

사. 「채무자 회생 및 파산에 관한 법률」에 따른 회생절차개시의 신청이 있은 때

아. 법, 「상법」, 그 밖의 법률에 따른 해산사유가 발생한 때

4) 집합투자증권인 경우에는 다음 각 목의 어느 하나에 해당하는 사실이 발생한 때

가. 최근 결산기의 재무제표가 확정된 때

나. 집합투자기구 간의 합병계약이 체결된 때

다. 집합투자재산 등에 중대한 영향을 미치는 소송이 제기된 때

Ⅳ. 일괄신고서의 정정

1. 의 의

일괄신고서를 제출한 자는 발행예정기간 종료 전까지 정정신고서를 제출할 수 있다(법 122조 4항).

동 규정과 관련하여 2013. 5. 28. 자본시장법 개정 이전에는 일괄신고서의 정정이라 함은 일괄신고추가서류를 제외한 일괄신고서 자체의 정정만 의미하는 것으로 이해되었다. 일괄신고서를 제출한 발행인이 증권을 발행하고자 하는 경우에는 일괄신고추가서류를 제출하고 별도의 효력발생기간 없이 증권을 발행할 수 있으므로, 일괄신고추가서류의 경우 정정이라는 행위를 상정할 수 없다고 보았던 것이다.[1)]

---

1) 임재연, 전게서(2011), 354쪽.

이러한 해석과 관련하여 일괄신고추가서류를 제출한 이후 기재사항 중 단순오기, 중요사항의 변경 등이 발생한 경우 발행인의 자발정정 또는 의무정정의 대상이 되는지 여부가 문제되었다. 자본시장법상 일괄신고추가서류에 대한 정정신고서의 제출에 대한 명시적 규정이 없다 하여 발행인이 단순오기 등의 경우 자발적으로 정정하는 것까지 허용되지 않는 것으로 해석하기는 곤란하다는 견해가 제기되었던 것이다. 이에 자본시장법은 2013. 5. 28. 개정을 통해 발행인의 자발정정, 의무정정 대상에 일괄신고추가서류를 포함(법 122조 3항)함으로써 청약일 이전에 일괄신고추가서류를 제출한 경우 청약일 전 자발정정을 허용하는 한편, 중요사항의 변경이 발생한 경우 정정신고서 제출의무를 부과함으로써 투자자 보호를 기할 수 있게 되었다.

2. 정정가능기간

일괄신고서는 발행예정기간 동안의 증권발행에 대한 신고서이므로 발행인은 발행예정기간 종료 전까지 정정신고서를 제출할 수 있다(법 122조 4항). 명문의 규정은 없으나 금융위원회의 정정신고서 제출요구도 이 기간 내에만 가능한 것으로 보아야 할 것이다.[1]

3. 정정불가사항

일괄신고서에 대한 정정사유는 일반적인 증권신고서에 대한 정정의 경우와 크게 다르지 않다. 기재사항에 대한 중요한 사항의 변경이 정정대상이 된다. 다만, 일정한 기간 동안 발행되는 일정한 금액의 증권에 대한 신고라는 점에서 발행예정기간과 발행예정금액에 대한 정정은 할 수 없다. 이는 발행예정기간과 발행예정금액의 정정을 통하여 일괄신고기간 및 금액을 계속적으로 확장함으로써 공시의무를 회피하는 것을 방지하기 위한 것이다.

이와 관련하여 발행예정기간중 발행예정금액을 모두 발행한 경우 새로이 일괄신고서를 제출할 수 있는가에 대해서는 자본시장법상 명문의 규정이 마련되어 있지 않아 논란의 소지가 있을 수 있다. 일괄신고서를 제출한 발행인에 대해서 일반적인 증권신고서를 제출하는 것이 금지되어 있지 않다는 점, 일괄신고서 제도가 발행인의 부담을 완화하기 위한 점[2] 등을 고려하면 발행예정금액의 발행이 완료된 시점부터 발행예정기간이 종료되는 것으로 해석하는 것이 타당할 것이다.[3]

한편, 집합투자증권 중 개방형 집합투자증권의 경우에는 발행예정기간 및 발행예정

1) 물론, 일괄신고서를 포함한 증권신고서에 대한 조사결과 정정은 발행예정기간 이후에도 가능하다(법 132조). 다만, 발행예정기간 등 종료 이후에 이루어지는 정정은 그 실익이 없을 것이다.

2) 유석호, "증권거래법상 공모규제의 문제점과 개선방안,"「증권법연구」제 3 권 제 2 호(2002), 207쪽.

3) 일본의 경우 일괄신고서의 종료보고서(발행등록취하보고서)를 제출할 수 있도록 하고 있다(금상법 23조의7).

금액을 정정할 수 있다(법 시행령 130조 3항). 발행예정기간과 발행예정금액에 대한 정정이 원칙적으로 금지되는 것은 발행예정기간과 발행예정금액을 계속 정정함으로써 증권신고 의무를 회피할 가능성을 봉쇄하기 위함에 그 취지가 있는바, 개방형 집합투자증권의 경우에는 그러한 문제가 없기 때문이다.[1]

또한, 구증권법상으로는 발행예정금액을 정정할 수 없었는데,[2] 자본시장법은 발행예정금액의 100분의 20의 범위에서 대통령령으로 정하는 한도 이하로 감액되는 발행예정금액은 정정할 수 있도록 하였다. 이에 따라 대통령령에서는 그 한도를 100분의 20으로 정하되, 금융위원회가 투자자 보호 등을 위하여 필요하다고 인정되는 경우 그 한도를 발행예정금액의 100분의 20 이하로 정하여 고시할 수 있다고 규정하였다(법 시행령 130조 4항).[3]

4. 효력발생시기

일괄신고서의 정정신고서는 수리된 날부터 3일이 경과한 날에 그 효력이 발생한다. 다만, 일괄신고서의 정정신고서가 수리된 날부터 3일이 경과한 날이 당초의 일괄신고서의 효력이 발생하는 날보다 먼저 도래하는 경우에는 당초의 일괄신고서의 효력이 발생하는 날에 그 효력이 발생한다.[4]

Ⅴ. 정정신고서 제출의 효과

금융위원회의 정정요구 또는 발행인의 자발적인 정정 및 의무적인 정정사유에 의하여 정정신고서가 제출되면 당해 증권신고서 또는 일괄신고서는 정정신고서가 수리된 날에 수리된 것으로 본다(법 122조 5항). 따라서 증권신고서의 효력발생기간도 원칙적으로 정정신고서가 수리된 날부터 다시 기산된다.

그러나 다음의 어느 하나에 해당하는 사유로 정정신고서를 제출하는 경우에는 당초의 신고서 효력 발생일에 영향을 미치지 아니한다.[5]

---

1) 김건식/정순섭, 「자본시장법(제 3 판)」, 두성사, 2013, 145쪽.

2) 구증권법 제11조(정정신고서) … ④ 제 8 조 제 1 항 단서의 규정에 의한 일괄신고서를 제출한 자는 제 3 항의 규정에 불구하고 그 발행예정기간 종료 전에 정정신고서를 제출할 수 있다. 이 경우 발행예정금액 및 발행예정기간은 이를 정정할 수 없다.

3) 그러나 증권의 발행 및 공시 등에 관한 규정에서 이를 구체적으로 규정하고 있는 바는 없다.

4) 증권의 발행 및 공시 등에 관한 규정 제2-3조(효력발생시기의 특례 등) ① 규칙 제12조에 따라 금융위가 따로 정하는 효력발생시기는 다음 각 호와 같다.
   1. 일괄신고서의 정정신고서는 수리된 날부터 3일이 경과한 날에 그 효력이 발생한다. 다만, 일괄신고서의 정정신고서가 수리된 날부터 3일이 경과한 날이 당초의 일괄신고의 효력이 발생하는 날보다 먼저 도래하는 경우에는 당초의 일괄신고서의 효력이 발생하는 날에 그 효력이 발생한다.

5) 증권의 발행 및 공시 등에 관한 규정 제2-3조 제 2 항·제 3 항, 제2-12조 제 4 항.

1. 증권시장에 상장하기 위하여 지분증권(지분증권과 관련된 증권예탁증권을 포함한다)을 모집 또는 매출하는 경우로서 모집 또는 매출할 증권수를 당초에 제출한 신고서의 모집 또는 매출할 증권수의 80% 이상과 120% 이하에 해당하는 증권수로 변경하는 겨우

2. 초과배정옵션[1]계약을 추가로 체결하거나 초과배정수량을 변경하는 경우

3. 공개매수의 대가로 교부하기 위하여 신주를 발행함에 있어 발행예정주식수가 변경되는 경우

4. 사소한 문구수정 등 투자자의 투자판단에 크게 영향을 미치지 아니하는 경미한 사항[2]을 정정하기 위하여 정정신고서를 제출하는 경우

5. 발행가액·인수인, 전환가액, 채무증권의 발행이자율 등의 산정·결정방법을 기재한 경우로서 발행가액·인수인 등이 확정되어 증권신고서의 기재내용을 정정하는 경우

Ⅵ. 위반에 대한 제재

1. 과 징 금

금융위원회는 증권신고서 등의 중요사항에 관하여 거짓기재 등으로 손해배상책임을 질 자가 정정신고서를 제출하지 아니하거나, 정정신고서의 중요사항에 관하여 거짓의 기재 또는 표시를 하거나 중요사항을 기재 또는 표시하지 아니한 때 증권신고서상의 모집가액 또는 매출가액의 3%(20억원을 초과하는 경우에는 20억원)를 초과하지 아니하는 범위에서 과징금을 부과할 수 있다(법 429조 1항).

2. 형사상 제재

정정신고서를 제출하지 아니하거나 정정신고서 중 중요사항에 관하여 거짓의 기재 또는 표시를 하거나 중요사항을 기재 또는 표시하지 아니한 자 및 그 중요사항에 관하여 거짓의 기재 또는 표시가 있거나 중요사항의 기재 또는 표시가 누락되어 있는 사실을 알고도 서명을 한 자와 그 사실을 알고도 이를 진실 또는 정확하다고 증명하여 그 뜻을 기재한 공인회계사·감정인 또는 신용평가를 전문으로 하는 자는 5년 이하의 징역 또는 2억원 이하의 벌금에 처한다(법 444조 13호·14호).

---

1) 주식공모시 인수회사가 당초 공모하기로 한 주식의 수량을 초과하는 주식을 청약자에게 배정하는 것을 조건으로 하여 그 초과배정 수량에 해당하는 신주를 발행회사로부터 미리 정한 가격으로 취득할 수 있는 권리를 말한다(증권의 발행 및 공시 등에 관한 규정 2-19조 1항).

2) 당초 증권신고서의 효력발생일에 영향을 미치지 아니하는 '경미한 사항'이라 함은 자구의 수정, 오자 또는 탈자, 단순한 비율계산의 오류 등 기재내용을 정정 또는 변경하여도 투자판단에 영향이 없는 사항을 의미한다. 반면 투자자 보호에 필요한 사항, 모집 또는 매출일정의 변경, 중요한 수치의 기재오류, 영업의 위험에 관한 사항 등은 투자자의 투자 판단과 관련하여 중요한 사항으로 분류되어 증권신고서의 효력 발생에 영향을 미친다(금융감독원, 「기업공시 실무안내」, 2012, 99쪽).

제123조(투자설명서의 작성·공시)

① 제119조에 따라 증권을 모집하거나 매출하는 경우 그 발행인은 대통령령으로 정하는 방법에 따라 작성한 투자설명서(이하 "투자설명서"라 한다) 및 제124조 제2항 제3호에 따른 간이투자설명서(모집 또는 매출하는 증권이 집합투자증권인 경우로 한정한다. 이하 이 조에서 같다)를 그 증권신고의 효력이 발생하는 날(제119조 제2항에 따라 일괄신고추가서류를 제출하여야 하는 경우에는 그 일괄신고추가서류를 제출하는 날로 한다)에 금융위원회에 제출하여야 하며, 이를 총리령으로 정하는 장소에 비치하고 일반인이 열람할 수 있도록 하여야 한다. 〈개정 2008. 2. 29, 2013. 5. 28〉 [시행일 2013. 8. 29]

② 투자설명서에는 증권신고서(제119조 제2항의 일괄신고추가서류를 포함한다. 이하 이 장에서 같다)에 기재된 내용과 다른 내용을 표시하거나 그 기재사항을 누락하여서는 아니 된다. 다만, 기업경영 등 비밀유지와 투자자 보호와의 형평 등을 고려하여 기재를 생략할 필요가 있는 사항으로서 대통령령으로 정하는 사항에 대하여는 그 기재를 생략할 수 있다.

③ 대통령령으로 정하는 집합투자증권 및 파생결합증권의 발행인은 제1항 외에 다음 각 호의 구분에 따라 투자설명서 및 간이투자설명서를 금융위원회에 추가로 제출하여야 하며, 이를 총리령으로 정하는 장소에 비치하고 일반인이 열람할 수 있도록 하여야 한다. 다만, 그 집합투자증권 및 파생결합증권의 모집 또는 매출을 중지한 경우에는 제출·비치 및 공시를 하지 아니할 수 있다. 〈개정 2008. 2. 29, 2013. 5. 28〉 [시행일 2013. 8. 29]

1. 제1항에 따라 투자설명서 및 간이투자설명서를 제출한 후 총리령으로 정하는 기간마다 1회 이상 다시 고친 투자설명서 및 간이투자설명서를 제출할 것
2. 제182조 제8항에 따라 변경등록을 한 경우 변경등록의 통지를 받은 날부터 5일 이내에 그 내용을 반영한 투자설명서 및 간이투자설명서를 제출할 것

Ⅰ. 투자설명서의 작성 및 공시

1. 의 의

증권의 모집 또는 매출에 있어서 투자자의 투자판단의 자료로서 최종적으로 제공되는 것은 증권신고서가 아니라 투자설명서이다.[1] 자본시장법에는 투자설명서에 대한 별도의 정의규정이 없는데, 이와 관련하여서는 크게 실질설과 형식설로 견해가 대립되고 있다. 우선 실질설에 의하면, 투자설명서는 실질적으로 증권의 투자권유를 목적으로 발행인이 기업내용에 대한 정보를 담은 문서 또는 자료[2]는 모두 투자설명서에 해당하며,

1) 구증권법에서는 이를 "사업설명서"라는 명칭으로 규정하고 있었다(12조).

2) 구체적으로는 회사설립취지서, 증자설명서, 주식 또는 사채의 모집안내·매출안내, 신주배정통지서 등이 이에 해당된다(강대섭, "증권시장에서의 부실공시로 인한 손해배상책임에 관한 연구," 고려대 박사

따라서 투자설명서라는 명칭이 없는 경우에도 투자에 관한 일체의 자료는 투자설명서에 해당되는 것으로 본다.[1] 한편, 형식설은 법령에 투자설명서의 구성(표제부와 본문)과 기재사항이 규정되어 있으므로 이러한 규정에 의해 작성된 문서만을 투자설명서로 볼 수 있다고 하는 견해와, 반드시 투자설명서라는 명칭을 사용하여야 하는 것은 아니지만, 모집 또는 매출에 기하여 법률상 의무로 작성된 것이어야 하고 그 기재내용은 법과 시행령에서 정한 사항 이상을 기재한 것이어야 하며, 작성된 투자설명서는 일반인에게는 열람에 제공되고 청약자에게 교부된 것이라는 요건을 갖춘 청약권유문서만 자본시장법상 제125조의 책임이 적용된다는 견해가 있다.[2]

증권신고의 효력이 발생한 증권을 취득하도록 하기 위해서는 투자설명서를 반드시 교부하여야 한다(법 124조 1항). 이에 따라 투자설명서를 교부하기 전에 발행인은 투자설명서 및 간이투자설명서(모집 또는 매출하는 증권이 집합투자증권인 경우로 한정)를 금융위원회에 제출하고 일반인이 열람할 수 있도록 하여야 한다(법 123조 1항). 기존에는 투자설명서의 제출의무만 규정하고 있었으나, 2013. 5. 28. 개정을 통하여 모집 또는 매출증권이 집합투자증권인 경우에는 투자설명서 외 간이투자설명서의 제출의무도 부과하게 되었다.

2. 제출시기

투자설명서 및 간이투자설명서(모집 또는 매출하는 증권이 집합투자증권인 경우로 한정)는 증권신고서의 효력이 발생하는 날에 금융위원회에 제출하여야 하며, 일괄신고서에 의해 증권을 모집 또는 매출하는 경우에는 일괄신고추가서류를 제출하는 날에 제출하여야 한다. 증권신고서 이외에 투자설명서를 금융위원회에 제출하도록 한 것은 투자설명서에 기재된 내용이 증권신고서에 기재된 내용과 차이가 없는지를 심사하기 위한 것이다.[3]

투자설명서 및 간이투자설명서(모집 또는 매출하는 증권이 집합투자증권인 경우로 한정)를 제출하지 아니한 경우 금융위원회가 증권신고의 신고인, 증권의 발행인·매출인 또는 인수인 또는 주선인에 대하여 이유를 제시한 후 그 사실을 공고하고 정정을 명할 수 있으며, 필요한 때에는 그 증권의 발행·모집·매출, 그 밖의 거래를 정지 또는 금지하거나 법 시행령[4]으로 정하는 조치를 할 수 있다(법 132조 4호). 형사상 제재로는 1년 이하의 징역 또

학위논문, 56-58쪽).

1) 김건식/정순섭, 「자본시장법(제 2 판)」, 2010, 147쪽; 김정수, 전게서(2011), 438쪽; 임재연, 전게서(2011), 368쪽(동 견해는 형식설을 취하는 입장에서는 투자설명서의 개념에 포함되지 않는 방법에 의해 청약권유를 한 경우에도 민법 제750조의 불법행위책임이 적용되므로 투자자보호에 문제가 없다고 주장하지만, 자본시장법에 투자설명서에 관한 손해배상책임 규정이 존재하고, 손해배상책임발생의 요건에 있어서 민법상 불법행위책임과 차이가 있는 이상 실질설이 투자자보호에 보다 적합하다고 한다).

2) 이준섭, "증권집단소송의 도입과 증권거래법상 손해배상책임체계의 개선방안," 「증권법연구」 제 4 권 제 2 호(2003), 13쪽.

3) 김정수, 전게서(2011), 439쪽.

4) 법 시행령 제138조(금융위원회의 조치) 법 제132조 각 호 외의 부분 전단에서 "대통령령으로 정하는

는 3천만원 이하의 벌금에 처할 수 있다(법 446조 21호).

3. 투자설명서의 작성방법

투자설명서에는 증권신고서(일괄신고추가서류 포함)에 기재된 내용과 다른 내용을 표시하거나 그 기재사항을 누락하여 작성하여서는 안 된다. 다만, 기업경영 등 비밀유지와 투자자 보호와의 형평 등을 고려하여 기재를 생략할 필요가 있는 사항으로서 대통령령[1]으로 정하는 사항에 대하여는 그 기재를 생략할 수 있다(법 123조 2항).

투자설명서는 표제부와 본문으로 구분하여 작성(법 시행령 131조 1항)하되, 표제부에는 다음 각 호의 사항을 기재하여야 한다(법 시행령 131조 2항).

1) 증권신고의 효력발생일

2) 해당 증권의 모집가액 또는 매출가액

3) 청약기간

4) 납부기간

5) 해당 증권신고서의 사본과 투자설명서의 열람 장소

6) 안정조작이나 시장조성을 하려는 경우 증권시장에서 안정조작이나 시장조성이 행하여질 수 있다는 뜻

7) 청약일 전날(개방형 집합투자증권 및 금적립계좌등인 경우에는 청약일 이후에도 해당)까지는 해당 증권신고서의 기재사항 중 일부가 변경될 수 있다는 뜻

8) 정부가 증권신고서의 기재사항이 진실 또는 정확하다는 것을 인정하거나 해당 증권의 가치를 보증 또는 승인하는 것이 아니라는 뜻

9) 그 밖에 투자자를 보호하기 위하여 필요한 사항으로서 금융위원회가 정하여 고시하는 사항[2]

한편, 투자설명서의 본문에는 증권신고서를 제출하는 경우 그 증권의 종류에 따른

조치"란 다음 각 호의 어느 하나에 해당하는 조치를 말한다.
1. 1년의 범위에서 증권의 발행 제한
2. 임원에 대한 해임권고
3. 법을 위반한 경우에는 고발 또는 수사기관에의 통보
4. 다른 법률을 위반한 경우에는 관련 기관이나 수사기관에의 통보
5. 경고 또는 주의

1) 법 시행령 제131조(투자설명서의 작성·공시) … ⑤ 법 제123조 제2항 단서에서 "대통령령으로 정하는 사항"이란 다음 각 호의 어느 하나에 해당하는 사항을 말한다.
1. 「군사기밀보호법」 제2조에 따른 군사기밀에 해당하는 사항
2. 발행인의 업무나 영업에 관한 것으로서 금융위원회의 확인을 받은 사항

2) 증권발행공시규정 제2-14조(투자설명서의 기재사항 등) ① 영 제131조 제2항 제9호에서 "금융위원회가 정하여 고시하는 사항"이란 다음 각 호의 사항을 말한다.
1. 발행회사의 명칭
2. 증권의 종목
3. 대표주관회사의 명칭

신고서의 기재사항을, 일괄신고추가서류를 제출하는 경우에는 그 서류의 기재사항을 각 기재하여야 한다(법 시행령 131조 3항).[1)]

증권신고서 제출시 예비투자설명서를 함께 제출한 경우(법 시행령 125조 2항 7호)로서 증권신고의 효력이 발생할 때까지 증권신고서의 기재사항에 변경이 없는 경우에는 그 증권신고의 효력이 발생한 후에 예비투자설명서를 투자설명서로 사용할 수 있다. 이 경우 예비투자설명서의 표제부는 일정 사항이 기재된 투자설명서의 표제부로 바꿔야 한다(법 시행령 131조 4항).

4. 공 시

발행인은 총리령[2)]으로 정하는 장소에 투자설명서를 비치하고 일반인이 열람할 수 있도록 하여야 한다.

Ⅱ. 투자설명서의 내용

1. 원칙-증권신고서의 내용과 동일

증권신고서는 투자자에게 투자설명서에 기재하여 제공할 내용에 대한 심사를 청구하는 서류라고도 볼 수 있다. 따라서 심사를 받은 내용과 투자자에게 제공되는 내용이 달라서는 권유의 진정성을 확보할 수 없다. 이에 따라 자본시장법은 투자설명서에는 증권신고서(일괄신고추가서류를 포함)[3)]에 기재된 내용과 다른 내용을 표시하거나 그 기재사항을 누락하여서는 아니 된다고 규정하고 있다(법 123조 2항).[4)]

---

1) 법 시행령 제131조(투자설명서의 작성·공시) … ③ 투자설명서의 본문에는 다음 각 호의 사항을 기재하여야 한다.
  1. 제125조 제1항에 따라 신고서를 제출하는 경우 : 제125조 제1항 각 호의 사항
  2. 법 제119조 제2항 후단에 따라 일괄신고추가서류를 제출하는 경우 : 제122조 제2항 각 호 및 제126조 제1항 제4호의 사항
  3. 제127조 제1항에 따라 신고서를 제출하는 경우 : 제127조 제1항 각 호의 사항
  4. 제128조 제1항에 따라 신고서를 제출하는 경우 : 제128조 제1항 각 호의 사항
  5. 제129조에 따라 신고서를 제출하는 경우 : 금융위원회가 정하여 고시하는 사항

2) 법 시행규칙 제13조(투자설명서의 비치·공람 등) ① 법 제123조 제1항 및 같은 조 제3항 각 호 외의 부분 본문에서 "총리령으로 정하는 장소"란 각각 다음 각 호의 장소를 말한다.
  1. 해당 증권의 발행인의 본점
  2. 금융위원회
  3. 법 제373조에 따라 설립된 한국거래소
  4. 청약사무를 취급하는 장소

3) 동 증권신고서에 일괄신고추가서류만 포함시키고 정정신고서는 포함하지 않고 있는 것과 관련하여 입법상 오류로서 정정신고서도 포함시켜야 한다는 견해가 있다(임재연, 전게서(2011), 368쪽).

4) 현실적으로는 증권신고서의 표지만을 투자설명서로 바꿔서 사용한다.

2. 예외－일부사항의 제외

증권신고서의 경우 기재내용의 진실성을 확인하기 위하여 발행인의 의사에 따라 기재내용을 생략하게 할 수는 없다. 그러나 투자자에게 교부하여야 하는 투자설명서의 경우 정보를 공개하지 않는 것이 국가적 이익이나 당해 발행인의 이익에 부합된다면 이를 생략할 수 있도록 할 필요성이 인정된다. 이에 따라 투자설명서에는 기업경영 등 비밀유지와 투자자 보호와의 형평 등을 고려하여 기재를 생략할 필요가 있는 사항으로서 대통령령으로 정하는 사항에 대하여는 그 기재를 생략할 수 있다.

이에 따라 법 시행령 제131조 제5항에서는 군사기밀보호법 제2조에 따른 군사기밀에 해당되는 사항이나 발행인의 업무 또는 영업에 관한 것으로서 금융위원회의 확인을 받은 사항에 대해서는 기재를 생략할 수 있도록 하고 있다.

Ⅲ. 개방형집합투자증권 및 금적립계좌등의 투자설명서

1. 의 의

개방형집합투자증권 및 금적립계좌등[1]의 경우 지속적으로 환매와 재설정이 가능하므로 일괄신고서를 이용할 수 있도록 규정하고 있다. 따라서 일괄신고서가 제출된 집합투자기구가 새로이 개방형집합투자증권을 발행하고자 하는 경우 및 일괄신고서를 제출한 발행인이 새로이 금적립계좌등을 발행하고자 하는 경우에는 그에 대하여 일괄신고추가서류를 제출한 후에 발행하여야 하나, 개방형집합투자증권 및 금적립계좌등의 경우 법 제119조 제2항 후단에서 일괄신고추가서류의 제출을 면제하고 있으므로 이와 같은 절차 없이 증권을 발행할 수 있다.

기존에는 개방형집합투자증권의 경우에만 상기와 같이 규정하고 있었으나, 2013. 5. 28. 개정 이후 금적립계좌등에 대해서도 동일규정을 적용하게 되었다. 금적립계좌등의 경우 자본시장법상 파생결합증권에 해당하나, 특정 기간에 청약·증권의 교부 등이 이루어지는 파생결합증권과 달리 수시로 입·출금이 발생하는 등 개방형 집합투자증권과 유사한 특성이 존재하기 때문이다.

---

1) 법 시행령 제7조(금융투자업의 적용배제) … ② 법 제7조 제1항 제3호에서 "대통령령으로 정하는 계약에 따른 증권"이란 다음 각 호의 어느 하나에 해당하는 것(이하 "금적립계좌등"이라 한다)을 말한다.
   1. 제4조 각 호의 어느 하나에 해당하는 자 또는 「농업협동조합법」에 따른 농협은행(이하 이 호에서 "은행등"이라 한다)이 투자자와 체결하는 계약에 따라 발행하는 금적립계좌[투자자가 은행등에 금전을 지급하면 기초자산인 금(金)의 가격 등에 따라 현재 또는 장래에 회수하는 금전등이 결정되는 권리가 표시된 것으로서 금융위원회가 정하여 고시하는 기준에 따른 파생결합증권을 말한다]
   2. 그 밖에 증권 및 장외파생상품에 대한 투자매매업의 인가를 받은 자가 투자자와 체결하는 계약에 따라 발행하는 파생결합증권으로서 금융위원회가 투자에 따른 위험과 손익의 구조 등을 고려하여 고시하는 파생결합증권

2. 개방형 집합투자증권 및 금적립계좌등의 투자설명서의 추가제출

개방형집합투자증권과 금적립계좌등은 일괄신고추가서류의 제출이 면제되어 있으나, 이 경우에도 투자설명서는 제출하여야 한다. 원래 일괄신고추가서류를 제출하는 경우 그 제출일에 투자설명서를 제출하여야 하나(법 123조 1항), 개방형집합투자증권과 금적립계좌등은 일괄신고추가서류의 제출이 면제되어 있으므로 투자설명서와 간이투자설명서의 추가제출에 관한 별도의 규정이 마련되어 있다.

개방형집합투자증권 및 금적립계좌등의 발행인은 투자설명서 및 간이투자설명서를 다음 구분에 따라 금융위원회에 추가로 제출하여야 하며, 이를 해당 증권의 발행인의 본점, 금융위원회, 거래소, 청약사무를 취급하는 장소에 비치하고 일반인이 열람할 수 있도록 하여야 한다. 다만, 그 개방형집합투자증권 및 금적립계좌등의 모집 또는 매출을 중지한 경우에는 제출·비치·공시를 하지 아니할 수 있다(법 123조 3항). 이는 일정 기간 동안 수시로 발행되는 개방형 집합투자증권 및 금적립계좌등의 특성을 감안하여 그 변경사항을 투자자들에게 적시에 공시할 수 있도록 하기 위한 것이다.[1]

1) 투자설명서 및 간이투자설명서를 제출한 후 1년(시행규칙 13조 2항)마다 1회 이상 다시 고친 투자설명서 및 간이투자설명서를 제출할 것

2) 변경등록을 한 경우 변경등록의 통지를 받은 날부터 5일 이내 그 내용을 반영한 투자설명서 및 간이투자설명서를 제출할 것

제124조(정당한 투자설명서의 사용)

① 누구든지 증권신고의 효력이 발생한 증권을 취득하고자 하는 자(전문투자자, 그 밖에 대통령령으로 정하는 자를 제외한다)에게 제123조에 적합한 투자설명서(집합투자증권의 경우 투자자가 제123조에 따른 투자설명서의 교부를 별도로 요청하지 아니하는 경우에는 제 2 항 제 3 호에 따른 간이투자설명서를 말한다. 이하 이 항 및 제132조에서 같다)를 미리 교부하지 아니하면 그 증권을 취득하게 하거나 매도하여서는 아니 된다. 이 경우 투자설명서가 제436조에 따른 전자문서의 방법에 따르는 때에는 다음 각 호의 요건을 모두 충족하는 때에 이를 교부한 것으로 본다. 〈개정 2013. 5. 28〉 [시행일 2013. 8. 29]

1. 전자문서에 의하여 투자설명서를 받는 것을 전자문서를 받을 자(이하 "전자문서수신자"라 한다)가 동의할 것
2. 전자문서수신자가 전자문서를 받을 전자전달매체의 종류와 장소를 지정할 것
3. 전자문서수신자가 그 전자문서를 받은 사실이 확인될 것
4. 전자문서의 내용이 서면에 의한 투자설명서의 내용과 동일할 것

1) 김건식/정순섭, 전게서(2010), 148쪽.

② 누구든지 증권신고의 대상이 되는 증권의 모집 또는 매출, 그 밖의 거래를 위하여 청약의 권유 등을 하고자 하는 경우에는 다음 각 호의 어느 하나에 해당하는 방법에 따라야 한다.

1. 제120조 제 1 항에 따라 증권신고의 효력이 발생한 후 투자설명서를 사용하는 방법
2. 제120조 제 1 항에 따라 증권신고서가 수리된 후 신고의 효력이 발생하기 전에 발행인이 대통령령으로 정하는 방법에 따라 작성한 예비투자설명서(신고의 효력이 발생되지 아니한 사실을 덧붙여 적은 투자설명서를 말한다. 이하 같다)를 사용하는 방법
3. 제120조 제 1 항에 따라 증권신고서가 수리된 후 신문·방송·잡지 등을 이용한 광고, 안내문·홍보전단 또는 전자전달매체를 통하여 발행인이 대통령령으로 정하는 방법에 따라 작성한 간이투자설명서(투자설명서에 기재하여야 할 사항 중 그 일부를 생략하거나 중요한 사항만을 발췌하여 기재 또는 표시한 문서, 전자문서, 그 밖에 이에 준하는 기재 또는 표시를 말한다. 이하 같다)를 사용하는 방법

③ 집합투자증권의 경우 제 2 항에도 불구하고 간이투자설명서를 사용할 수 있다. 다만, 투자자가 제123조에 따른 투자설명서의 사용을 별도로 요청하는 경우에는 그러하지 아니하다. [신설 2013. 5. 28] [시행일 2013. 8. 29]

④ 제 1 항 및 제 3 항에 따라 집합투자증권의 간이투자설명서를 교부하거나 사용하는 경우에는 투자자에게 제123조에 따른 투자설명서를 별도로 요청할 수 있음을 알려야 한다. [신설 2013. 5. 28] [시행일 2013. 8. 29]

Ⅰ. 투자설명서의 교부의무

1. 의 의

증권신고서제도 및 투자설명서제도는 증권의 모집 또는 매출에 의하여 증권을 취득하고자 하는 투자자에게 적절하고 충분한 정보를 제공하기 위한 제도이므로 투자권유를 함에 있어서 투자설명서가 제공되어야 함은 당연하며, 투자자에게 증권을 취득하게 하거나 매도하고자 하는 경우에는 미리 투자설명서를 교부하여야 한다(법 124조 1항).[1] 이러한 투자설명서 교부의무는 청약의 권유의 방식과는 구분되어야 한다. 투자설명서에 의한 청약의 권유의무(법 124조 2항)와는 별도로 취득 또는 매수 전에 투자설명서를 교부하여야 한다는 의미로 보는 것이 타당하다.[2] 이는 투자자에게 증권을 취득하게 하거나 매도하는

1) 구증권법은 유가증권신고의 효력이 발생한 유가증권에 관하여 그 유가증권을 취득하고자 하는 자의 청구가 있는 경우에만 사업설명서를 교부하도록 규정하고 있었다(구증권법 13조 1항).

2) 증권을 취득하게 하거나 매도하기 이전에 투자설명서를 교부하면 되므로 청약의 권유시에는 교부하지 않아도 된다. 다만, 청약접수일에 임박하여 교부하기보다는 투자자 보호의 취지에 맞게 투자자가 내용을 숙지할 수 있도록 사전에 여유시간을 두고 교부하는 것이 바람직하다(금융감독원, "투자설명서 교부의무 관련 주요내용 및 유의사항," 보도자료, 2009. 2. 17).

경우 반드시 사전에 투자설명서를 교부하여 투자자가 증권 및 발행인에 관한 내용에 대해 충분히 파악한 이후 투자의사결정을 하도록 함에 그 취지가 있다.[1)]

증권신고서의 효력 발생 전에 예비투자설명서나 간이투자설명서를 사용하여 청약의 권유를 한 경우에는 신고서의 효력 발생 후 계약체결시 다시 정식 투자설명서를 교부하여야 한다. 다만, 청약 권유를 증권신고서의 효력 발생 후에 투자설명서를 교부하는 형식으로 하였다면 다시 투자설명서를 교부할 필요는 없을 것이다.

2. 교부대상 투자설명서

투자자에게 교부가 강제되는 투자설명서는 증권신고의 효력이 발생한 증권에 대한 투자설명서이다. 따라서 증권신고서의 효력발생 전에 이용된 예비투자설명서와 간이투자설명서는 교부대상이 아니다. 또한, 증권신고의 효력발생 후에 이용된 간이투자설명서는 투자설명서의 내용 중 일부가 발췌된 것이라는 점에서 교부대상이 될 수 없다.[2)]

집합투자증권의 경우 투자자에게 정식 투자설명서를 별도로 요청할 수 있음을 알렸음에도, 투자자가 정식 투자설명서의 교부를 별도로 요청하지 아니하는 경우에는 간이투자설명서를 교부하여야 한다(법 124조 1항 본문·4항). 기존의 집합투자증권 투자설명서의 경우 전문용어, 약어 등을 많이 사용하여 일반투자자가 그 내용을 이해하기 어렵고, 분량이 과다하여 상당수의 투자자가 투자설명서를 읽어보지 않는 등의 문제점[3)]이 있어 이를 개선하고자 2013. 5. 28. 개정 당시 간이투자설명서로 대체할 수 있도록 근거규정이 마련되었다.[4)] 이에 따라 간략하게 핵심적 내용이 포함된 간이투자설명서를 투자자에게 교부할 수 있게 됨에 따라 투자자의 이해도를 한층 더 높일 수 있게 되었다.[5)]

---

1) 금융감독원, 「기업공시 실무안내」, 2012. 9, 89쪽.

2) 간이투자설명서는 투자자로 하여금 현재 공모되고 있는 증권에 관하여 관심을 불러일으키고, 나아가 보다 충분한 정보를 필요로 하는지 여부를 결정하는 데 도움을 주는 문건에 불과하여 자본시장법이 정식으로 요구하는 투자설명서를 대체하는 문건이 아니다(김정수, 전게서(2011), 442-443쪽).

3) 한국투자자보호재단의 2011년 펀드투자자 설문조사 결과, 응답자의 90.9%가 용어가 어려워 펀드 투자가 어렵다고 답변하였고, 온라인펀드몰 이용자 중 투자설명서를 꼼꼼히 읽는 경우는 30.1%에 불과하였으며 이를 읽지 않는 이유는 대부분이 '내용이 너무 많아서'로 답변한 것으로 나타났다(금융감독원, "이제 펀드 알기가 좀 더 쉬워집니다," 보도자료, 2012. 7. 9).

4) 금융감독원, 상게 보도자료(2012. 7. 9).

5) 투자설명서는 증권신고서 서식을 사용하고 방대한 양을 담고 있어 투자자가 투자결정에 필요한 정보를 한눈에 획득하기 어려운 반면, 간이투자설명서는 분량이 적고 핵심적인 내용 위주로 구성되어 오히려 투자자의 이해도를 높일 수 있다. 한편, 미국의 경우 3-4페이지에 분량의 요약투자설명서 교부가 가능하며 인터넷을 통해 투자설명서를 교부하되, 투자자가 원하는 경우 서면으로도 제공하고 있으며, EU와 일본은 요약투자설명서 교부를 원칙으로 하되, 투자자가 요청하는 경우 투자설명서를 교부하도록 규정하고 있음을 감안할 필요가 있다(국회 정무위원회, 「자본시장과 금융투자업에 관한 법률 일부개정법률안 검토보고서」, 2012. 9, 95-96쪽).

3. 교부면제자

전문투자자와 대통령령[1]으로 정하는 자에 대해서는 발행인의 투자설명서 교부의무가 면제된다(법 124조 1항 본문). 이는 투자설명서 교부의무자의 부담을 고려한 것으로 보인다.[2] 이에 따라 투자설명서의 수령을 거부한다는 의사를 서면, 전화·전신·모사전송, 전자우편 및 이와 비슷한 전자통신, 그 밖에 금융위원회가 정하여 고시하는 방법으로 표시한 자에 대해서도 그 교부의무가 면제된다. 또한 모집 또는 매출시 권유대상자 산정시 제외되는 자에 대해서도 투자설명서 교부의무가 면제된다.

4. 전자문서 형식의 투자설명서

투자설명서의 교부는 서면에 의한 교부를 원칙으로 한다. 즉, 인쇄된 투자설명서를 교부하여야 하나, 최근 전자통신방법의 발달에 따라 전자전달매체를 통한 투자설명서의 교부를 투자설명서 교부의 방법으로 인정하게 되었다.

이에 따라 투자설명서가 법 제436조에 따른 전자문서[3]의 방법에 따르는 때에는 다음 각 호의 요건을 모두 충족하는 때에 이를 교부한 것으로 본다(법 124조 1항 후문).

① 전자문서에 의하여 투자설명서를 받는 것을 전자문서를 받을 자(이하 "전자문서수신자")가 동의할 것

② 전자문서수신자가 전자문서를 받을 전자전달매체의 종류와 장소를 지정할 것

③ 전자문서수신자가 그 전자문서를 받은 사실이 확인될 것

④ 전자문서의 내용이 서면에 의한 투자설명서의 내용과 동일할 것

상기 요건을 모두 충족하는 경우 투자설명서의 e-mail 등을 통한 교부도 가능하다.[4]

---

1) 법 시행령 제132조(투자설명서의 교부가 면제되는 자) : 법 제124조 제1항 각 호 외의 부분 전단에서 "대통령령으로 정하는 자"란 다음 각 호의 어느 하나에 해당하는 자를 말한다.
   1. 제11조 제1항 제1호 다목부터 바목까지 및 같은 항 제2호 각 목의 어느 하나에 해당하는 자
   1의2. 제11조 제2항 제2호 및 제3호에 해당하는 자
   2. 투자설명서를 받기를 거부한다는 의사를 서면, 전화·전신·모사전송, 전자우편 및 이와 비슷한 전자통신, 그 밖에 금융위원회가 정하여 고시하는 방법으로 표시한 자
   3. 이미 취득한 것과 같은 집합투자증권을 계속하여 추가로 취득하려는 자. 다만, 해당 집합투자증권의 투자설명서의 내용이 직전에 교부한 투자설명서의 내용과 같은 경우만 해당한다.

2) 전문투자자의 경우 위험감수능력이 충분하여 종래와 같이 투자자의 청구가 있을 경우에만 투자설명서를 교부하도록 하여 발행인의 부담을 완화하고자 함에 그 취지가 있다(재정경제부, 「자본시장과 금융투자업에 관한 법률안 설명자료」, 2007. 12. 28, 90쪽).

3) 「정보통신망 이용촉진 및 정보보호 등에 관한 법률」에 따른 정보통신망을 이용한 전자문서(컴퓨터 등 정보처리능력을 가진 장치에 의하여 전자적인 형태로 작성되어 송·수신 또는 저장된 문서형식의 자료로서 표준화된 것을 말한다).

4) 투자설명서를 e-mail로 발송하는 경우 다음 방법 중 하나를 갖춘 경우 수신사실이 확인되는 것으로 인정할 수 있다(금융감독원, "투자설명서 교부의무 관련 주요내용 및 유의사항," 보도자료, 2009. 2. 17).
   1. e-mail 발송사실이 확인 가능하고, e-mail 수신사실이 자동회신되거나 투자자의 수신확인 메일 등 수신사실의 증빙자료가 있는 경우

한편, 온라인 청약의 경우에는 공인인증서로 인터넷 홈페이지에 접속하여 「① 전자문서 교부 동의서에 체크하고 ② 투자설명서를 다운로드받은 후 ③ 확인서에 체크하여야 ④ 청약화면으로 넘어갈 수 있도록 시스템을 구성」하여 청약접수를 받으면 전자문서 교부방법의 요건을 충족한 것으로 볼 수 있다.[1]

5. 위반시 제재

투자설명서를 미리 교부하지 아니하고[2] 증권을 취득하게 하거나 매도한 경우에 대해서는 금융위원회가 증권신고의 신고인, 증권의 발행인·매출인·인수인 또는 주선인에 대하여 이유를 제시한 후 그 사실을 공고하고 정정을 명할 수 있으며, 필요한 때에는 그 증권의 발행·모집·매출, 그 밖의 거래를 정지 또는 금지하거나 법 시행령[3]으로 정하는 조치를 할 수 있다(법 132조 4호).

한편, 형사상 제재로는 1년 이하의 징역 또는 3천만원 이하의 벌금에 처할 수 있다(법 446조 22호).

Ⅱ. 단계별 투자설명서의 사용

1. 의 의

증권신고의 대상이 되는 증권의 모집 또는 매출, 그 밖의 거래를 위하여 청약의 권유 등을 하고자 하는 경우에는 투자설명서(예비투자설명서, 간이투자설명서 포함)를 사용하여야 한다(법 124조 2항). 다만, 집합투자증권의 경우에는 투자자에게 정식 투자설명서를 별도로 요청할 수 있음을 알렸음에도 투자자가 정식 투자설명서의 사용을 별도로 요청하지 아니하는 경우에는 간이투자설명서를 사용할 수 있다(법 124조 3항).

한편, 동 규정에서 "사용하여야 한다"는 말의 의미를 어떻게 해석할 것인가에 대해서는 명확한 의견이 제시되고 있지 않다.

이와 관련하여 투자설명서의 사용이란 투자설명서를 피권유자에게 교부하는 것, 즉

---

2. e-mail 발송사실의 확인이 가능하고, 투자자와 수신사실에 대한 확인전화 녹취 등 수신사실의 증빙자료가 있는 경우

1) 금융감독원, 상게 보도자료(2009. 2. 17).

2) 투자설명서를 실제로 교부하지 않으면서 청약자에 대하여 투자설명서 내용을 설명하고 확인을 받는 것만으로는 투자설명서 교부의무를 이행한 것으로 볼 수 없다(김건식/정순섭, 전게서(2010), 151쪽).

3) 법 시행령 제138조(금융위원회의 조치) : 법 제132조 각 호 외의 부분 전단에서 "대통령령으로 정하는 조치"란 다음 각 호의 어느 하나에 해당하는 조치를 말한다.
1. 1년의 범위에서 증권의 발행 제한
2. 임원에 대한 해임권고
3. 법을 위반한 경우에는 고발 또는 수사기관에의 통보
4. 다른 법률을 위반한 경우에는 관련 기관이나 수사기관에의 통보
5. 경고 또는 주의

인쇄된 서면의 투자설명서의 점유를 투자자에게 이전하는 것을 의미하는 것이라는 견해가 있을 수 있다. 하지만, 제 1 항과의 관계를 고려하여 해석하게 되면 "교부"의 의미는 아닌 것으로 이해된다. 제 1 항에서의 교부의무는 청약의 권유의 결과 취득 또는 매도하기 전에 투자설명서를 그 취득자에게 교부하여야 한다는 것이므로, 제 2 항의 "사용"의 의미를 "교부"로 이해하게 되면 효력발생 후에 청약의 권유 및 계약의 체결이 함께 이루어지는 경우에는 동일한 서류를 이중으로 교부하게 되는 문제가 발생하게 될 것이다. 또한, "사용"을 "교부"로 이해하게 되면 "청약의 권유"의 방법이 투자설명서 교부로만 한정되는 결과가 되어 불합리하게 된다. 따라서 투자설명서의 개념 및 투자설명서의 "사용"의 개념을 명확히 할 필요가 있으며,[1] 제 2 항에서의 "사용"의 의미는 증권신고서의 제출, 효력발생 등의 단계별로 투자설명서, 간이투자설명서 및 예비사업설명서의 기재내용에 해당되는 사항을 이용하여 권유하는 것이라 해석하는 것이 타당하다. 결국, 진행단계별로 제출 또는 교부할 수 있는 투자설명서 등의 내용과 동일한 내용을 이용하여 권유를 하여야 한다는 의미인 것이다.

2. 단계별 투자설명서

(1) 투자설명서(1호)

증권신고서의 효력이 발생한 후에는 그 신고서의 내용과 동일한 내용을 기재한 최종적인 "투자설명서"를 이용할 수 있다. 이는 증권신고서의 효력발생일에 금융위원회에 제출하여야 하는 투자설명서를 말한다. 예비투자설명서를 제출한 경우로서 증권신고의 효력이 발생할 때까지 증권신고서의 기재사항에 변경이 없는 경우에는 그 증권신고의 효력이 발생한 후에 예비투자설명서를 투자설명서로 사용할 수 있다. 이 경우 예비투자설명서의 표제부는 시행령 제131조 제 2 항 각 호의 사항이 기재된 투자설명서의 표제부로 바꿔야 한다(법 시행령 131조 4항).

(2) 예비투자설명서(2호)

예비투자설명서란 증권신고서가 수리된 후 신고의 효력이 발생하기 전에 발행인이 대통령령으로 정하는 방법[2]에 따라 작성한, 신고의 효력이 발생되지 아니한 사실을 덧붙여 적은 투자설명서를 의미한다.

---

1) 장근영, "자본시장법상 증권공모시의 행위규제에 관한 고찰," 「증권법연구」 제10권 제 1 호(2009), 52쪽.

2) 법 시행령 제133조(예비투자설명서의 작성방법) ① 법 제124조 제 2 항 제 2 호에 따라 예비투자설명서의 표제부에는 다음 각 호의 사항을 기재하여야 한다.
 1. 제131조 제 2 항 제 2 호부터 제 6 호까지의 사항
 2. 해당 증권신고서가 금융위원회에 제출되었으나 아직 증권신고의 효력이 발생하지 아니하고 있다는 뜻과 효력발생일까지는 그 기재사항 중 일부가 변경될 수 있다는 뜻
 3. 그 밖에 투자자를 보호하기 위하여 필요한 사항으로서 금융위원회가 정하여 고시하는 사항

증권신고서가 수리되면 효력발생 전이라도 모집 또는 매출행위를 할 수 있다. 다만, 증권신고서의 기재사항이 변경될 수 있는 것은 청약일 전일까지이지만,[1] 효력발생 전까지는 증권신고서의 심사과정에서 금융위원회가 정정을 요구할 수 있으므로 그 내용이 변경될 가능성이 크다. 따라서 이 기간 중의 청약권유행위는 제한적일 수밖에 없다. 이러한 점을 반영하여 증권신고서의 효력이 발생되지 않았음을 명시한 예비투자설명서를 사용할 수 있다.

(3) 간이투자설명서(3호)

1) 개 념

간이투자설명서는 증권신고서가 수리된 후 신문·방송·잡지 등을 이용한 광고, 안내문·홍보전단 또는 전자전달매체를 통하여 발행인이 대통령령[2]으로 정하는 방법에 따라 작성한, 투자설명서에 기재하여야 할 사항 중 그 일부를 생략하거나 중요한 사항만을 발췌하여 기재·표시한 문서, 전자문서, 그 밖에 이에 준하는 기재·표시를 말한다.

증권신고서가 수리된 후부터는 투자설명서를 이용하여 모집 또는 매출행위를 할 수 있으나 투자설명서의 내용 중 일부만을 발췌하여 청약의 권유를 할 수도 있다. 이러한 점을 반영하여 2000년 구증권법 개정시 간이사업설명서제도를 도입하였고 이 법에서는 간이투자설명서로 그 명칭이 변경되었다. 내용은 구증권법상의 제도와 동일하다.

간이투자설명서의 "사용"에 대해서는 투자설명서의 "사용"과 마찬가지로 불명확한 점이 있다. "투자설명서 등의 사용"을 투자설명서 등에 기재된 내용을 이용하여 권유하는 것이라고 본다는 점은 전술하였다. 문제는 간이투자설명서가 투자설명서의 내용 중 일부를 발췌하여 사용하는 것이라고 정의하는 한, 투자설명서와 예비투자설명서는 반드

---

1) 구증권법에서는 효력발생일까지 정정신고서를 제출할 수 있었으므로 효력발생 후에는 정정신고서에 의한 정정이 불가능했다.

2) 법 시행령 제134조(간이투자설명서의 작성방법) ① 법 제124조 제2항 제3호에 따라 간이투자설명서에는 다음 각 호의 구분에 따른 사항을 기재하거나 표시하여야 한다.

1. 해당 증권신고의 효력이 발생하기 전인 경우에는 다음 각 목의 사항
   가. 제131조 제2항 제2호부터 제6호까지의 사항
   나. 해당 증권신고서가 금융위원회에 제출되었으나 아직 증권신고의 효력이 발생하지 아니하고 있다는 뜻과 효력발생일까지는 그 기재사항 중 일부가 변경될 수 있다는 뜻
   다. 제125조 제2항 제6호 각 목의 증권을 증권시장에 상장하려는 경우에는 거래소로부터 그 증권이 상장기준에 적합하다는 확인을 받은 상장예비심사결과(코넥스시장에 상장하려는 경우에는 상장심사결과를 말한다)
   라. 제131조 제3항에 따라 투자설명서의 본문에 기재하여야 할 사항으로서 투자자를 보호하기 위하여 기재하거나 표시하는 것이 필요하다고 금융위원회가 정하여 고시하는 사항
   마. 그 증권의 모집 또는 매출과 발행인(투자신탁의 수익증권이나 투자익명조합의 지분증권인 경우에는 그 투자신탁이나 투자익명조합을 말한다)에 관한 구체적인 내용은 예비투자설명서 또는 투자설명서를 참조하라는 뜻
2. 해당 증권신고의 효력이 발생한 후인 경우에는 다음 각 목의 사항
   가. 제131조 제2항 제1호부터 제8호까지의 사항
   나. 제1호 다목부터 마목까지의 사항

시 그 서면을 교부할 필요는 없으나 그 내용의 전부를 어떤 형식으로든지 제공하여야 한다는 것이고, 발췌하는 경우에는 간이투자설명서의 형식만을 이용하여야 한다는 것이 된다. 개념을 명확히 할 필요가 있다.

2) 간이투자설명서의 사용방법

간이투자설명서의 사용방법은 신문·방송·잡지 등을 통한 광고, 안내문·홍보전단 또는 전자전달매체를 통하는 것에 한정된다. 따라서 구두방식의 간이투자설명서는 허용되지 않는다고 본다.

3) 간이투자설명서의 사용시기

간이투자설명서는 증권신고의 효력이 발생한 후에도 사용할 수 있으나, 증권신고의 효력이 발생하기 전과 발생한 후의 기재사항에 차이가 있다(법 시행령 134조 1항). 간이투자설명서에 일정 사항을 기재 또는 표시하는 경우 발행인(투자신탁의 수익증권과 투자익명조합의 지분증권인 경우에는 그 투자신탁과 투자익명조합)에게 불리한 정보를 생략하거나 유리한 정보만을 가려뽑아 기재 또는 표시하여서는 아니 된다(법 시행령 134조 2항).

3. 위반시 제재

청약의 권유를 함에 있어 제124조 제2항의 규정을 위반한 경우에 대해서는 금융위원회가 증권신고의 신고인, 증권의 발행인·매출인·인수인 또는 주선인에 대하여 이유를 제시한 후 그 사실을 공고하고 정정을 명할 수 있으며, 필요한 때에는 그 증권의 발행·모집·매출, 그 밖의 거래를 정지 또는 금지하거나 법 시행령[1)]으로 정하는 조치를 할 수 있다(법 132조 4호).

한편, 형사상 제재로는 1년 이하의 징역 또는 3천만원 이하의 벌금에 처할 수 있다(법 446조 23호).

[초판: 유석호, 개정판: 정은정]

---

1) 법 시행령 제138조(금융위원회의 조치) : 법 제132조 각 호 외의 부분 전단에서 "대통령령으로 정하는 조치"란 다음 각 호의 어느 하나에 해당하는 조치를 말한다.

1. 1년의 범위에서 증권의 발행 제한
2. 임원에 대한 해임권고
3. 법을 위반한 경우에는 고발 또는 수사기관에의 통보
4. 다른 법률을 위반한 경우에는 관련 기관이나 수사기관에의 통보
5. 경고 또는 주의

발행시장에서의 공시의무위반에 따른 손해배상책임

발행인과 투자자 사이에 최초로 거래가 이루어지는 발행시장에서, 거래의 대상이 되는 증권, 특히 주식은 보통의 상품과는 다르고, 그 가치를 측정하기가 매우 곤란하며, 기교적 조작에 의하여 거래가 체결될 위험성이 높기 때문에 그 가치를 평가하거나 거래를 할 때에는 상당히 전문적인 지식을 갖추고 있어야 한다. 그런데 증권거래의 대중화는 전문적 지식을 갖추지 못한 일반투자대중들의 증권시장 참여를 촉진시켰고, 이들의 이탈을 막기 위해서는 그들의 신뢰를 얻고, 그들의 자금을 증권시장으로 유인할 수 있는 보호책이 절실히 필요하게 되었다.[1]

자본시장법은 발행인과 불특정 다수인 간의 비대면거래를 통해 위반행위가 발생하는 증권시장의 특성을 고려하여, 그 규제의 목적을 시장 상황에 정통한 자가 매매차익을 편취하는 행위로부터 선의의 투자자를 보호하는 것에서 찾고자 한다. 발행인의 대주주나 주요 거래 금융기관과 같이 그 경제적인 지위로 인하여 발행인에 관한 정보를 용이하게 입수할 수 있는 자 혹은 기관투자자 등과 같이 증권거래에 대해 전문적인 식견을 갖추고 있는 자는 공시대상에서 제외하더라도 문제가 없다. 그렇지만 일반 투자자는 정보에 대한 접근성이 현저히 떨어지고, 증권에 대한 투자 판단 여부를 결정하기 위해 발행인이나 그 밖의 사람들로부터 정보를 입수할 경제적인 여력도 없다.[2] 따라서 자본시장법은 일반투자자가 증권에 대하여 합리적으로 투자판단을 할 수 있도록 하기 위하여 증권 발행인 등에 대하여 그들이 필요로 하는 중요한 정보를 공시하도록 하고 있다.

또한 공시제도의 목적은 투자자, 즉 매수인만을 보호하기 위한 것만이 아니라 발행인 등에게 적극적 공시의무를 부과하여, 투자자의 신뢰를 확보하고, 증권거래를 촉진시켜 자금조달을 원활하게 하고자 하는 데서도 찾을 수 있다. 미국에서 증권법이 만들어질 당시 루스벨트 대통령이 입법제안을 통해 "이 제안은 옛날부터 전해오는 원칙인 '매수인은 주의하시오'라는 원칙에 '매도인도 주의하시오'라는 법원칙을 덧붙인 것이다"라고 한 것은 그 대표적인 예라 할 수 있다.[3] 발행인의 공시는 발행인이 현재 자본조달에 참여하고 있는지의 여부에 관계없이 사회적으로 동등한 가치를 갖는다.[4] 이것은 두 가지 점에 있어 중요한 의미를 가지는데, 첫째, 공시규정은 발행인이 증권을 매도하는지의 여부에 관계없이 동일한 공시수준을 가지고 있어야 한다. 둘째, 그 회사가 그 당시에 공개적으로 주식을 모집하는지와 관계없이 공시규정의 준수를 위해 회사의 의사결정자들에게 동일하게 강력한 유인을 제공할 수 있도록 민사적 책임이 체계화되어야 한다.

1) 서완석, 「유가증권 발행시장의 공시제도」, 한국학술정보(주), 2007, 366쪽.
2) 상게서, 31쪽.
3) 상게서, 31쪽.
4) Merritt B. Fox, "Civil Liability and Mandatory Disclosure," 109 Colum. L. Rev. 237, 268 (2009).

기업의 투명성은 금융시장의 발전과 경제 성장에 있어 하나의 중요한 요소로 인식되고 있다. 강제공시 제도는 강제하지 않으면 굳이 공시하고 싶어 하지 않는 발행인에 관한 정보를 공시하도록 함으로써 기업의 투명성을 제고하려는 데서도 그 의의를 찾을 수 있다.[1] 그러므로 강제공시 규정 위반과 관련된 자에 대한 민사상의 손해배상을 허용하는 시스템은 준법의식을 고취시킬 수 있는 유인을 만들어 낼 수 있다.[2]

따라서 각국의 증권거래 관련법은 공시제도와 불공정거래의 방지를 위한 법적 수단을 두어 투자자 보호의 목적을 달성하고자 하고 있는데, 특히 강제공시 시스템은 동일한 상황에서 동일한 공시수준을 요구하고, 기업의 의사결정자들은 동일하게 법을 준수해야 할 강력한 유인을 갖는다. 이에 따라, 법규 준수에 대한 유인의 근거로 공시규정을 위반했을 경우, 민사책임을 물을 수 있는 시스템 구축이 필요하다.

자본시장법은 증권신고서와 투자설명서제도의 실효성 확보를 위해 행정상 제재, 형사상 제재를 두고 있다. 그러나 이러한 제재는 시장의 투명성 확보에는 기여할 수 있지만 피해를 입은 자에 대한 실질적 구제는 비효율적이므로 금전적인 배상을 통한 것이 가장 효과적이다. 그러므로 증권발행과 관련된 규정 위반으로 투자자가 손해를 입은 경우, 대면거래를 통해 이루어지는 민법상의 불법행위와 달리 발행인 대 불특정 다수인간의 비대면거래를 통하여 위반행위가 발생하는 증권시장의 특성을 고려하여[3] 발행공시에 있어서 공시의무위반에 관하여 손해를 입은 자의 구제와 위반자에 대한 실효적인 책임추궁을 위해 위반행위의 태양에 따라 요건이나 효과의 면에서 손해배상을 청구하는 자에게 유리하도록 대면거래를 통해 이루어지는 민법상의 불법행위책임의 일반원칙에 수정을 가한 특칙을 두고 있다(125조-127조).

제125조(거짓의 기재 등으로 인한 배상책임)

① 증권신고서(정정신고서 및 첨부서류를 포함한다. 이하 이 조에서 같다)와 투자설명서(예비투자설명서 및 간이투자설명서를 포함한다. 이하 이 조에서 같다) 중 중요사항에 관하여 거짓의 기재 또는 표시가 있거나 중요사항이 기재 또는 표시되지 아니함으로써 증권의 취득자가 손해를 입은 경우에는 다음 각 호의 자는 그 손해에 관하여 배상의 책임을 진다. 다만, 배상의 책임을 질 자가 상당한 주의를 하였음에도 불구하고 이를 알 수 없었음을 증명하거나 그 증권의 취득자가 취득의 청약을 할 때에 그 사실을 안 경우에는 배상의 책임을 지지 아니한다. 〈개정 2009. 2. 3, 2013. 5. 28〉

1. 그 증권신고서의 신고인과 신고 당시의 발행인의 이사(이사가 없는 경우 이에 준하는 자를 말

---

1) Id. at 239.

2) Ibid.

3) 김정수, 「자본시장법원론」, SFL그룹, 2011, 443쪽.

하며, 법인의 설립 전에 신고된 경우에는 그 발기인을 말한다)

2. 「상법」 제401조의2 제 1 항 각 호의 어느 하나에 해당하는 자로서 그 증권신고서의 작성을 지시하거나 집행한 자
3. 그 증권신고서의 기재사항 또는 그 첨부서류가 진실 또는 정확하다고 증명하여 서명한 공인회계사·감정인 또는 신용평가를 전문으로 하는 자 등(그 소속단체를 포함한다) 대통령령으로 정하는 자
4. 그 증권신고서의 기재사항 또는 그 첨부서류에 자기의 평가·분석·확인 의견이 기재되는 것에 대하여 동의하고 그 기재내용을 확인한 자
5. 그 증권의 인수인 또는 주선인(인수인 또는 주선인이 2인 이상인 경우에는 대통령령으로 정하는 자를 말한다)
6. 그 투자설명서를 작성하거나 교부한 자
7. 매출의 방법에 의한 경우 매출 신고 당시의 매출인

② 예측정보가 다음 각 호에 따라 기재 또는 표시된 경우에는 제 1 항에 불구하고 제 1 항 각 호의 자는 그 손해에 관하여 배상의 책임을 지지 아니한다. 다만, 그 증권의 취득자가 취득의 청약 시에 예측정보 중 중요사항에 관하여 거짓의 기재 또는 표시가 있거나 중요사항이 기재 또는 표시되지 아니한 사실을 알지 못한 경우로서 제 1 항 각 호의 자에게 그 기재 또는 표시와 관련하여 고의 또는 중대한 과실이 있었음을 증명한 경우에는 배상의 책임을 진다.

1. 그 기재 또는 표시가 예측정보라는 사실이 밝혀져 있을 것
2. 예측 또는 전망과 관련된 가정이나 판단의 근거가 밝혀져 있을 것
3. 그 기재 또는 표시가 합리적 근거나 가정에 기초하여 성실하게 행하여졌을 것
4. 그 기재 또는 표시에 대하여 예측치와 실제 결과치가 다를 수 있다는 주의문구가 밝혀져 있을 것

③ 제 2 항은 주권비상장법인이 최초로 주권을 모집 또는 매출하기 위하여 증권신고서를 제출하는 경우에는 적용하지 아니한다.

Ⅰ. 거짓 기재 등으로 인한 배상책임

1. 의 의

증권 관련 위법행위에 관하여 민법상 불법행위책임을 묻기 위해서는 피해자인 투자자가 발행인의 고의·과실, 손해액, 인과관계 등을 증명하여야 하는데, 증권 관련 소송에서 일반투자자에게 이러한 부담을 지우는 것은 사실상 배상책임을 물을 수 없게 하는 것과 같다. 따라서 자본시장법에서는 증권신고서에 관한 거짓 기재 등으로 인한 손해배상책임에 관하여 민법상의 불법행위에 관한 소송에 대한 특칙을 규정함으로써 투자자의 증

명부담을 줄여주고 있다. 다만 자본시장법상 손해배상책임과 민법상 손해배상책임은 서로 배척하는 것이 아니라 경합적으로 적용되므로, 투자자는 양 청구권을 모두 행사할 수 있다.[1] 판례 역시 같은 태도이다.[2]

2. 대상서류

자본시장법 제125조가 적용되는 서류는 증권신고서와 투자설명서이다. 증권신고서에는 일괄신고서(법 119조 3항) 및 일괄신고추가서류(법 123조 2항), 정정신고서와 각 신고서의 첨부서류가 포함된다. 구증권법상으로는 유가증권신고서에 정정신고서와 첨부서류가 포함된다는 명시적 규정이 없어[3] 정정신고서, 첨부서류의 부실기재의 경우 손해배상책임을 물을 수 있는지 여부에 대한 논란이 있었으나, 자본시장법에서는 증권신고서에 정정신고서와 첨부서류가 포함된다고 명시적으로 규정하여 이를 해결하였다. 또한, 투자설명서에는 정식 투자설명서 외에 예비투자설명서와 간이투자설명서가 포함된다.

증권신고서와 투자설명서에 해당하지 않는 자료에 허위기재 등 부실표시가 있어 투자자가 손해를 본 경우 자본시장법 제125조가 적용되는지 여부가 문제될 수 있다. 투자설명서의 개념을 실질적으로 파악하여 명칭이나 형식 등에 구애받지 않고 투자권유를 목적으로 작성된 서류를 모두 투자설명서로 파악하는 견해[4]에서는 동 규정의 적용을 긍정할 것이다. 그러나 증권신고서와 투자설명서 이외의 서류에 허위기재 등 부실표시가 있다 하더라도 별도의 명시적 규정이 마련되지 않는 한 법적 안정성 측면에서 그 적용을 부정하는 것이 타당하다.[5] 이와 관련하여 적용부정설의 입장을 취한 하급심 판례가 있

1) 임재연, 「자본시장법」, 박영사, 2014, 420쪽; 김건식/정순섭, 「자본시장법(제 3 판)」, 두성사, 2013, 229쪽.

2) 피고는 증권거래법 제197조가 민법 제750조의 특별규정으로서 법조경합의 관계에 있으므로 감사인의 선의의 투자자에 대한 손해배상책임에 관하여는 증권거래법 제197조가 민법 제750조에 우선하여 적용되므로 민법 제750조의 규정은 그 적용이 배제된다고 주장하나, 증권거래법에 의한 감사인의 손해배상책임은 감사인의 피감사대상인 회사 및 일반투자자인 제 3 자에 대한 손해배상책임을 광범위하게 인정하여 피해자의 구제를 도모하는 대신에 일반 불법행위의 그것보다 짧은 소멸시효를 도입함으로써 이러한 광범위한 책임에 따른 무한한 책임상태의 장기간 존속을 방지함으로써 증권시장의 안정을 도모하고 외부감사인의 존속을 도모하기 위한 것이라 할 것이므로, 피해자가 굳이 증권거래법에 의한 손해배상책임보다 엄격한 요건을 갖추고 있고, 증명이 곤란한 민법상 불법행위책임을 주장하는 것까지 배제하는 취지는 아니라 할 것이어서 선의의 투자자는 선택적으로 증권거래법에 의한 손해배상책임을 묻거나 또는 민법상 불법행위책임을 물을 수 있다(대법원 1997. 9. 12. 선고 96다41991 판결; 서울지방법원 1996. 8. 28. 선고 96나15298 판결).

3) 구증권법 제14조(허위기재등으로 인한 배상책임) ① 유가증권신고서와 제12조의 규정에 의한 사업설명서(예비사업설명서 및 간이사업설명서를 포함한다. 이하 이 조에서 같다) 중 허위의 기재 또는 표시가 있거나 중요한 사항이 기재 또는 표시되지 아니함으로써 유가증권의 취득자가 손해를 입은 때에는 다음 각호의 자는 그 손해에 관하여 배상의 책임을 진다. 다만, 배상의 책임을 질 자가 상당한 주의를 하였음에도 불구하고 이를 알 수 없었음을 증명하거나 그 유가증권의 취득자가 취득의 청약시에 그 사실을 안 때에는 그러하지 아니하다(이하 생략).

4) 임재연, 전게서(2014), 402쪽.

5) 김용재, 「자본시장과 법(上)」, 고려대학교 출판부, 2011, 254쪽.

다.[1] 참고로 증권신고서나 투자설명서가 아닌 다른 문서에 기하거나 구두에 의한 청약의 권유에 대해서도 미국, 일본의 입법례와 같이 자본시장법 제125조에서 직접 규율하는 것이 바람직하다는 견해가 있다.[2]

3. 대상행위

이 법상의 손해배상책임이 적용되는 행위는 증권신고서와 투자설명서 중 "중요사항에 관하여 거짓의 기재 또는 표시가 있거나 중요사항이 기재 또는 표시되지 않는 것"이다.

1) 중요사항

거짓 기재 또는 표시나 기재 또는 표시되지 않는 것의 대상은 증권신고서 기재사항 중 중요사항이다. 구증권법상으로는 기재누락과는 달리 허위기재의 경우 "중요사항"이라는 요건을 명시적으로 요구하고 있지 않아(구증권법 14조 1항),[3] 중요사항이 아닌 경우 허위기재의 대상이 될 수 있는지 여부와 관련하여 논란이 있었다. 그러나 허위기재와 기재누락을 달리 취급할 합리적 이유가 없어 허위기재의 경우에도 중요성 요건을 충족해야 한다고 보는 것이 일반적 견해였다.[4] 자본시장법은 "중요사항에 관하여 거짓의 기재 또는 표시가 있거나 중요사항이 기재 또는 표시되지 아니함으로써"라고 명시적으로 규정함으로써 이러한 논란을 해결하였다.[5]

여기에서 중요사항이라 함은 "투자자의 합리적인 투자판단 또는 해당 금융투자상품의 가치에 중대한 영향을 미칠 수 있는 사항"을 의미한다.[6] 구체적으로는 정정신고서에 관한 법 제122조 제 3 항의 규정에 의한 의무적 정정사유와 법 제174조 제 1 항의 규정

1) 상장법인의 결산속보공시제도는 한국증권거래소에서 증권거래법에의 명문규정 없이 1986 사업년도 12월말 결산법인을 대상으로 하여 협조사항으로 실시하다가 1989. 3월말 결산법인부터 폐지키로 한 제도로서 이에 의한 결산속보는 증권거래법 제14조 소정의 유가증권신고서나 사업설명서와는 본질적인 성격을 달리하므로 위 결산속보를 허위기재하였다 하더라도 위 유가증권신고서나 사업설명서를 허위기재한 경우의 배상책임과 손해배상액에 대하여 규정하고 있는 같은 법 제14조와 제15조가 동일하게 적용되지는 아니한다(서울지방법원 1991. 3. 22. 선고 89가합53281 판결).

2) 미국, 일본의 경우 투자설명서를 포함한 제반 투자권유문서 및 구두에 의한 표시도 포함하고 있으며, 증권신고서나 투자설명서가 아닌 다른 문서에 기하거나 구두에 의한 청약의 권유에 대하여 포괄적 사기금지에 관한 자본시장법 제179조에 의한 손해배상책임이 인정될 여지는 있으나 직접 제125조에 규정하는 것이 바람직하다(임재연, 전게서(2014), 421쪽).

3) 반면, 구증권법은 형사처벌 조항에서는 고의로 중요사항에 대해 허위기재를 한 자에 한정하여 규정하고 있었다(207조의3 2호).

4) 김건식/정순섭, 전게서(2013), 231쪽; 박준, "상장법인의 투자자에 대한 손해배상책임과 기업의 대응방안,"「상장협」 추계호(1992), 95쪽.

5) 이는 허위기재의 경우 중요성 요건을 요구하지 않으면 손해배상책임이 과도해질 수 있다는 의견을 반영한 것이라 한다(재정경제부,「자본시장과 금융투자업에 관한 법률 설명자료」, 2007. 12. 28, 90쪽).

6) 자본시장법 제47조(설명의무) … ③ 금융투자업자는 제 1 항에 따른 설명을 함에 있어서 투자자의 합리적인 투자판단 또는 해당 금융투자상품의 가치에 중대한 영향을 미칠 수 있는 사항(이하 "중요사항"이라 한다)을 거짓 또는 왜곡(불확실한 사항에 대하여 단정적 판단을 제공하거나 확실하다고 오인하게 할 소지가 있는 내용을 알리는 행위를 말한다)하여 설명하거나 중요사항을 누락하여서는 아니 된다.

에 의한 "투자자의 투자판단에 중대한 영향을 미칠 수 있는 정보"라는 미공개중요정보의 개념이 그 판단기준으로서 제시될 수 있다. 그러나 최종적인 중요성에 대한 판단은, 법원이 재판과정에서 구체적 사안별로 개별적으로 판단하게 될 것이다.

2) 거짓의 기재 또는 표시, 기재 또는 표시의 누락

거짓의 기재 또는 표시라는 것은 증권거래법상의 허위의 기재 또는 표시와 같은 의미로 사실과 다른 기재를 하거나 표시를 하는 것을 말한다. 일반적으로는 각종 공시서식상 기재요구사항에 대한 서술 또는 기재를 하는 것이 대부분이나, 단순한 당부 또는 유무 여부에 대한 표시도 이에 해당된다.

한편, 기재 또는 표시를 하지 아니한다는 것의 의미는 서식상의 기재 또는 표시 요구항목에 대하여 아무런 기재 또는 표시를 하지 않는 것을 말한다. "해당사항 없음"이라고 기재하는 것도 이에 해당될 수 있다. 다만 이것이 기재 또는 표시를 누락한 것인지, 거짓의 기재 또는 표시를 한 것인지에 대하여 의문이 있을 수 있으나, 전술한 바와 같이 양자 모두 중요한 사항에 대하여 적용하도록 명시적으로 규정하고 있는 이 법에서는 구분의 실익이 없다. 다만, 사실과 다르게 "해당사항 없음"이라고 기재하는 것은 거짓의 기재로 보는 것이 타당할 것이다.

손해배상청구권자는 증권신고서, 투자설명서의 중요사항에 관하여 거짓의 기재 또는 표시가 있거나 중요사항이 기재 또는 표시되지 아니하였다는 사실을 증명해야 한다. 그러나 현실적으로 증권신고서와 투자설명서 내용에 관한 모든 재무 및 영업에 관한 자료는 발행인이 보관하고 있고, 원고가 이러한 자료를 입수하기 어려우므로 원고가 증권신고서와 투자설명서에 허위기재 또는 누락이 존재한다는 사실을 증명하는 것은 용이하지 않을 것이다.[1)]

자본시장법은 허위표시와 기재누락만을 규정하고 있고, 투자자에게 오해를 야기하는 표시(誤認表示, misleading statement)를 명시하고 있지 않아 부실표시에 포함되는지 여부가 문제될 수 있다. 오인표시는 표시 자체가 한편으로는 진실하나 다른 한편으로는 허위인 '모호한 표시'와, 표시된 사실은 진실하지만 투자자의 오인을 막기 위해서 필요한 사실이 누락됨으로써 오해를 야기하는 '半眞實表示'가 포함된다. 이와 관련하여 자본시장법 시행령 제124조 제 2 호는 증권신고서 제출시 발행인의 대표이사와 신고담당이사가 확인·검토하여야 하는 대상에 허위표시, 기재누락 이외에 '증권신고서의 기재 또는 표시사항을 이용하는 자로 하여금 중대한 오해를 일으키는 내용이 기재 또는 표시되어 있지 아니하다는 사실'을 포함하고 있는 점을 감안할 때 자본시장법 제125조의 손해배상책임에는 오인표시가 포함되지 않는다고 해석될 여지가 있으나, 오인표시의 경우에도 투자자의 잘못된

1) 임재연, 전게서(2014), 423쪽.

판단을 야기한다는 점에서 허위표시 또는 기재누락과 다를 바 없으므로 부실표시에 포함된다고 보는 것이 일반적이다.[1)]

4. 허위표시 또는 기재누락의 기준시점

허위표시 또는 기재누락에 해당되는지 여부는 그 기재가 행하여진 때를 기준으로 보통의 신중한 투자자가 증권을 매수하기 전에 당연히 알아야 할 사항을 사실대로 기재하지 않고, 거짓되게 기재한 것인지를 기준으로 판단하되, 모집 또는 매출 당시에는 전혀 예측할 수 없었던 사항이나 그 후의 사정변경 등에 의하여 발생할 수 있는 상황까지 예상하고 그에 대비하여 기재할 것까지 요구하는 것은 아니다.[2)]

5. 배상청구권자

(1) 발행시장에서 증권을 취득한 자

자본시장법 제125조 제 1 항은 증권신고서에 관한 배상책임을 청구할 수 있는 자는 거짓 기재 또는 표시 등으로 "증권의 취득자가 손해를 입은 경우"라고 규정하고 있으므로 증권신고서 또는 투자설명서 등에 기초하여 투자판단을 행한 증권취득자가 손해배상청구권자가 되며, 이는 증권거래법의 태도와 동일하다(증권거래법 14조 1항). 자본시장법은 '모집'의 경우에는 '취득'이라는 용어를 사용하고 '매출'의 경우에는 '매수'라는 용어를 사용하고 있어(법 9조 7항·9항), 여기에서의 취득자에는 매출에 응하여 매수한 자의 경우 포함이 되는지 여부가 문제될 수 있다. 자본시장법 제124조 제 1 항의 경우 증권의 취득이 매수를 포함하는 것으로 규정된 점을 감안할 때 손해배상청구권자인 "증권의 취득자"의 경우에도 매출에 응하여 취득한 자를 포함하는 것으로 해석하는 것이 타당할 것이다.[3)]

(2) 유통시장에서 증권을 취득한 자

발행시장에서 모집·매출을 통하여 증권을 취득한 자로부터 증권을 매입한 자 또는 유통시장에서 거래되는 증권을 취득한 자 즉, 전득자의 경우 동 손해배상청구권을 행사

---

1) 임재연, 전게서(2014), 422쪽; 김건식/정순섭, 전게서(2013), 231쪽.

2) '허위의 기재 또는 표시가 있거나 중요한 사항을 기재 또는 표시하지 아니한 경우'라 함은 '투자자에게 유가증권의 가치를 판단하는데 오해를 일으키지 않도록 하기 위하여 필요한 중요한 사항'에 관한 것이어야 하고, 그에 해당하는지 여부는 그 기재가 행하여진 때를 기준으로 보통의 신중한 투자자가 증권을 매수하기 전에 당연히 알아야 할 사항을 사실대로 기재하지 않고, 거짓되게 기재한 것인지를 기준으로 판단해야 할 것이로되, 이는 주로 회사의 영업 및 손익상황, 재무구조 등 일반인들이 투자를 하기 전에 파악해야 할 기업현황에 대한 정확한 정보에 관하여 모집 또는 매출 당시 사실과 달리 기재하거나 이를 과장한 경우 또는 투자자가 알아야 할 사실을 고의로 숨긴 경우를 말하는 것이지, 모집 당시에는 전혀 예측할 수 없었던 기업외적인 사항이나 그 후의 사정변경 등에 의하여 발생할 수 있는 상황까지 예상하고 그에 대비하여 기재할 것을 요구하는 것은 아니라 할 것이다(대법원 2002. 5. 14. 선고 99다48979 판결; 서울고등법원 1999. 7. 23. 선고 98나50335 판결).

3) 김건식/정순섭, 전게서(2013), 237쪽.

할 수 있는지 여부와 관련하여 자본시장법은 명시적으로 규정하고 있지 않아 해석상 논란이 있다.

1) 발행시장에서의 증권 취득자로부터 직접 증권을 취득한 자

발행시장에서 모집·매출을 통하여 증권을 취득한 자로부터 직접 증권을 취득한 자가 손해배상청구권자에 포함되는지 여부와 관련하여, 자본시장법 제125조 제1항이 "증권의 취득자가 손해를 입은 경우에는 그 손해에 관하여 배상의 책임을 진다. 다만, … 그 증권의 취득자가 취득의 청약을 할 때에 그 사실을 안 경우에는 배상의 책임을 지지 않는다"고 규정하고 있는 것은, 발행시장에서의 취득자만을 전제로 한 취지로 볼 수 있다는 견해가 있을 수 있다.[1] 그러나 발행시장에서의 취득자가 아니라 하더라도 발행시장에서의 취득자로부터 직접 거래를 통하여 증권을 취득한 자의 경우에는 다음 사항을 고려할 때 손해배상청구권자에 포함된다고 보는 견해가 있다.[2]

① 증권신고서 등의 허위기재, 누락에 의하여 최초 취득자가 거래한 취득가격을 전제로 산정한 가격에 의하여 거래가 이루어졌을 것이다.[3]

② 증권신고서는 공모가 완료된 후에도 3년간 일정 장소에 비치하고 인터넷 홈페이지 등을 이용하여 공시하게 되어 있으므로(법 129조), 이후의 유통시장에서의 거래에도 상당한 영향을 미치는데, 부실기재로 인하여 손해를 입었다는 점에서 제1차로 취득한 자와 그 후에 취득한 자를 차별할 합리적인 이유가 없다.[4]

③ 자본시장법 제125조의 기본취지는 유통시장에서의 공시, M&A에서의 공시 등의 경우에도 그대로 드러나고 있으며, 이들 규정에 의하면 증권시장에서 증권을 매수한 투자자까지 보호하고 있다.[5]

2) 유통시장에서의 증권의 취득자

문제는 거래소에서 동종의 증권을 취득한 자와 같이 유통시장에서 거래되는 모집·매출된 증권을 취득한 전득자의 경우에도 손해배상청구권자로 인정할 수 있는지 여부이다. 거래소에서 취득하는 등의 경우에는 대부분 당해 증권이 당초 공모의 대상으로 발행된 것인지 여부를 판단하기 어렵기 때문이다. 이에 대해서는 첨예하게 견해가 나뉘고 있다.

우선 발행시장에서 모집·매출된 증권이 공개시장에 상장되어 거래가 시작된 이후부터 최초로 정기공시서류가 공시되기 이전까지는 투자자가 해당 증권에 대한 정보를 얻을 수 있는 수단은 여전히 증권신고서 또는 투자설명서이며, 공개시장에서의 주가형성도 이

1) 임재연, 전게서(2014), 425쪽.
2) 상게서, 430쪽.
3) 상게서, 430쪽.
4) 일본 금상법(22조 1항)과는 달리 전득자에 대한 규정을 따로 두고 있지 않는 자본시장법에서는 전득자를 반드시 제외할 필요는 없다(김건식/정순섭, 전게서(2013), 237쪽).
5) 김용재, 전게서(2011), 262쪽.

를 근거로 형성된다는 점에서 공개시장에서 매수한 매수자에게도 제125조의 손해배상청구권을 허용하는 것이 마땅하다는 견해가 있다. 다만, 이 견해는 미국의 사례[1]를 참고하여 일정기간이 경과한 후에는 매수자가 당해 허위기재를 신뢰하고 매수하였다는 증명책임을 배상청구를 주장하는 자에게 부담토록 하는 것이 합리적이며, 그 범위를 입법적으로 명시할 필요가 있다고 주장한다.[2] 그러나 입법론으로는 유통시장에서의 취득자도 일정 범위 내에서 손해배상청구권자에 포함시키는 것도 검토할만하지만, 현행법의 해석론으로는 유통시장에서 증권을 취득한 자의 경우 손해배상청구권자의 범위에 포함시키기는 어려울 것이다.[3] 다음으로 자본시장법은 증권거래법[4]과 달리 제125조는 발행공시위반의 경우의 발행시장에서의 '증권취득자'를, 제162조는 유통공시위반의 경우의 발행시장 및 유통시장에서의 '증권취득자와 처분자'를 각각 손해배상청구권자로 규정하고 있어 동 문제를 입법적으로 해결하고 있다는 견해도 있다.[5]

이와 관련하여 종래 대법원은 증권의 유통시장에서 해당 증권을 인수한 자는 증권신고서 등의 허위기재시 해당 관여자에게 민법상 불법행위책임을 물을 수 있는 경우가 있을 수 있음은 별론으로 하고, 증권거래법 제14조 소정의 손해배상청구권자인 증권취득자의 범위에 포함되지 않는다는 견해를 취하고 있었다.[6] 그런데, 이후 대법원은 증권거래법 제14조에 따른 손해배상을 청구할 수 있는 자는 모집 또는 매출에 의하여 발행시장에서 유가증권을 취득한 사람에 한정되는 것이 아니고, 유통시장에서 유가증권을 취득한

1) 미국은 1933년법 제11조에서 "해당 증권을 취득한 모든 자(any person acquiring such security)"로 규정하고 있어 공개시장에서의 매수자까지 모두 포함한다고 보는 것이 일반적이다. 판례도 마찬가지(Hertzbery v. Dignity Partners, Inc., 191 F.3d 1076)인데, 다만 손해배상청구권을 주장하는 자는 자신이 매수한 증권이 허위기재 등을 통해 공모발행한 주식이라는 사실을 증명할 것이 요구된다(Barnes v. Osofsky, 373 F.2d 269). 즉 공모발행과의 연결(traceable)을 증명할 수 있다면 공개시장에서 매수한 자도 제11조에 의한 손해배상청구권이 인정되는 것이다(김정수, 전게서(2011), 455쪽).

2) 김정수, 전게서(2011), 452쪽 내지 455쪽.

3) 만일, 유통시장에서 거래한 증권이 부실기재가 있는 신고서 등에 의하여 발행된 바로 그 증권이라는 점을 증명할 수 있다면 손해배상청구권을 인정할 여지가 있지만, 집중예탁제도를 취하고 있는 현행 법제상 공개된 시장에서 거래된 증권이나 거래상대방을 특정한다는 것은 본질적으로 불가능하므로 이와 같은 증명은 불가능하다고 한다(임재연, 전게서(2014), 429쪽).

4) 구증권법은 유통시장에서의 허위기재로 인한 손해배상에 관한 제186조의5 규정이 발행시장에서의 허위기재로 인한 손해배상에 관한 제14조 내지 제16조를 준용하는 규정체계를 갖추었던 반면, 자본시장법은 각각 별도의 조문으로 해당 내용을 규정하고 있다.

5) 김건식/정순섭, 전게서(2013), 239쪽.

6) 우리 증권거래법이 유가증권의 발행시장에서의 공시책임과 유통시장에서의 공시책임을 엄격하게 구분하고, 그 책임요건을 따로 정하고 있는 점, 증권거래법 제14조의 손해배상책임 규정은 법이 특별히 책임의 요건과 손해의 범위를 정하고, 책임의 추궁을 위한 증명책임도 전환시켜 유가증권 발행시장에 참여하는 투자자를 보호하기 위하여 규정한 조항인 점에 비추어, 유가증권의 유통시장에서 해당 유가증권을 인수한 자는 위와 같은 유가증권 발행신고서 등의 허위 기재시 해당 관여자에게 민법상 불법행위책임을 물을 수 있는 경우가 있을 수 있음은 별론으로 하고, 증권거래법 제14조 소정의 손해배상청구권자인 유가증권 취득자의 범위에는 포함되지 않는다고 봄이 타당하다(대법원 2002. 5. 14. 선고 99다48979 판결 등).

사람도 포함된다고 하여 종전과 상반된 취지로 판시하였다.[1)]

이에 대하여 대법원은 기존의 유통시장에서의 증권 취득자가 손해배상청구권자에 포함되지 않는다는 불포함설의 태도를 취하였으나, 이후 포함설로 그 태도를 변경하였다고 해석하는 견해[2)]가 있는가 하면, 2008년의 판결은 그 이전 판결과 달리 사업보고서의 허위기재가 문제된 경우로서 유통시장에서의 허위기재로 인한 손해배상에 관한 증권거래법 규정이 같은 법 제14조 내지 제16조를 준용함에 따른 것이며, 증권거래법 제186조의5에 의하여 준용되는 경우가 아닌 원래의 발행공시의무위반의 경우에도 같은 법 제14조의 손해배상청구권자에 유통시장에서의 증권 취득자가 포함된다고 본 것은 아니라는 견해가 있다.[3)]

2008년의 대법원 판결은 유통시장에서 유가증권을 취득한 사람이 포함된다는 논거로서 증권거래법 제186조의5가 제14조 내지 제16조를 준용한다는 것을 제시하였는데, 자본시장법은 증권거래법과 달리 준용법체계를 갖추지 않고 각각 별도의 조문으로 구성하고 있어 동 판결의 중요한 논거가 더 이상 유지되지 않아 현행 법 체계하에서도 동일한 논리를 주장할 수 있을지는 의문이다.

6. 배상책임자

1) 배상책임자의 확대

위법행위로 인한 배상책임을 강화하기 위하여 당해 모집 또는 매출행위를 한 자 외에도 모집 또는 매출과정에 관여한 사람들까지 배상책임자로 규정하고 있다. 책임의 주체를 이와 같이 광범위하게 규정한 것은 이들이 책임을 지지 않으려면 스스로 진실한 정보의 완전공개가 이루어질 수 있도록 주의를 기울이라는 취지라고 볼 수 있다.[4)] 이러한 배상책임자 간의 배상책임의 성질은 자본시장법상 명문의 규정은 없지만, 부진정연대채무로 본다.[5)] 따라서 배상청구권자는 배상책임자의 전부 또는 일부에 대하여 배상책임을

1) 구 증권거래법은 증권거래의 공정성을 확보하고 투자자를 보호하기 위하여 유가증권의 발행인으로 하여금 유가증권의 내용이나 발행회사의 재산, 경영상태 등 투자자의 투자판단에 필요한 기업내용을 신속·정확하게 공시하게 하는 제도를 두고 있고, 그와 같은 공시제도의 일환으로 같은 법 제186조의2 제1항은 '주권상장법인 등 대통령령이 정하는 법인은 그 사업보고서를 각 사업연도 경과 후 90일 내에 금융감독위원회 등에 제출하여야 한다'고 규정하고 있으며, 같은 법 제186조의5는 사업보고서의 허위기재 등 유통시장의 부실공시로 인한 손해배상책임에 관하여 유가증권신고서의 허위기재 등으로 인한 손해배상책임에 관한 같은 법 제14조 내지 제16조를 준용하고 있다. 따라서 같은 법 제14조에 따른 손해배상을 청구할 수 있는 사람은 모집 또는 매출에 의하여 '발행시장'에서 유가증권을 취득한 사람에 한정되는 것이 아니고, '유통시장'에서 유가증권을 취득한 사람도 포함된다(대법원 2008. 11. 27. 선고 2008다31751 판결).

2) 임재연, 전게서(2014), 427쪽.

3) 김건식/정순섭, 전게서(2013), 238쪽.

4) 임재연, 전게서(2014), 433쪽.

5) 유석호, 전게논문(2005), 256쪽.

물을 수 있고, 손해배상을 한 채무자는 다른 채무자에게 각각의 부담부분에 대한 구상권을 행사할 수 있다.

2) 신고인과 신고 당시의 이사(1호)

그 증권신고서의 신고인이라 함은 증권을 발행하였거나 발행하고자 하는 법인을 말한다. 자본시장법상 증권의 모집·매출시 증권신고서 제출의무를 발행인으로 제한(법 119조 1항)하고 있어 증권의 신규발행의 경우는 물론 매출의 경우에도 발행인이 신고인이 된다.

신고 당시의 발행인의 이사라 함은 당해 법인의 이사 전원을 말한다고 본다. 대표이사 또는 신고업무 담당이사로 한정되어 있지 않으므로 등기된 이사 전부를 말한다고 본다.[1)] 또한, 이사가 없는 경우에는 "이에 준하는 자"가 책임을 지게 된다. "이에 준하는 자"의 의미에 대해서는 명시적으로 규정하고 있는 바 없어 구체적으로 무엇을 의미하는지 불분명하다.

"신고 당시 이사"와 관련하여 "신고 당시"가 신고서의 제출, 수리, 효력발생시 중 구체적으로 언제를 의미하는지에 대해 논의가 있다. 이와 관련하여서는 신고서의 부실기재가 일단 확정되는 것은 신고서의 제출시점이므로 신고서 제출일 현재 재직하는 이사가 책임의 주체가 된다는 견해가 있다.[2)] 반면, 증권신고서상 부실표시가 손해배상책임의 요건이고 한편으로는 청약일 전일까지 정정신고서를 제출할 수 있으므로 신고서 제출시의 이사와 신고서의 효력발생시 이사는 모두 손해배상책임의 주체가 된다고 해석하는 견해가 있다.[3)]

한편, 설립 중인 법인의 경우 그 설립 전에 증권신고가 이루어진 경우에는 발기인이 배상책임자가 된다.

3) 상법상 업무집행지시자 등(2호)

제 2 호에서는 상법 제401조의2 제 1 항 각 호의 어느 하나에 해당하는 자로서 증권신고서의 작성을 지시하거나 집행한 자도 배상책임자로 규정하고 있다. 상법상 업무집행지시자 등[4)]이라 함은 업무집행지시자, 무권대행자 및 표현이사를 말한다. 단순히 상법상

1) 증권신고서의 기재사항에 대한 확인의무는 대표이사와 신고업무 담당이사로 한정되어 있으므로(법 119조 5항) 이들이 주로 책임을 지게 될 가능성이 높다.

2) 김건식/정순섭, 전게서(2013), 233쪽.

3) 임재연, 전게서(2014), 434쪽[정정신고서를 통해 중요사항의 부실표시 또는 누락이 정정되지 않는 한 최초 신고서 제출시 이사로 보아야 한다는 견해(김정수, 전게서(2011), 456쪽)도 실질적으로는 동 견해와 결과적으로 차이가 없다].

4) 상법 제401조의2(업무집행지시자 등의 책임) ① 다음 각 호의 1에 해당하는 자는 그 지시하거나 집행한 업무에 관하여 제399조·제401조 및 제403조의 적용에 있어서 이를 이사로 본다.
1. 회사에 대한 자신의 영향력을 이용하여 이사에게 업무집행을 지시한 자
2. 이사의 이름으로 직접 업무를 집행한 자
3. 이사가 아니면서 명예회장·회장·사장·부사장·전무·상무·이사 기타 업무를 집행할 권한이 있는 것으로 인정될 만한 명칭을 사용하여 회사의 업무를 집행한 자

업무집행지시자 등에 해당된다고 하여 배상책임자로 되는 것은 아니고, 당해 증권신고서 등의 작성을 지시하거나 집행하여야 한다. 그러나 이들은 경영의 직접적인 결재라인에서 비켜있기 때문에 현실적으로 이들의 지시·집행을 증명하여 책임을 부과하는 일은 실질적으로 용이하지는 않을 것이다.[1)]

4) 공인회계사 등(3호)

제 3 호에서는 증권신고서의 기재사항 또는 그 첨부서류가 진실 또는 정확하다고 증명하여 서명한 공인회계사·감정인 또는 신용평가를 전문으로 하는 자 등(그 소속단체 포함)[2)] 대통령령으로 정하는 자도 배상책임자로 규정하고 있다. 이에 따라 법 시행령 제135조 제 1 항에서는 그 외에 변호사, 세무사, 변리사 등 공인된 자격을 가진 자(그 소속단체 포함)를 추가로 규정하고 있다. 공인회계사, 감정인 등은 증권신고서의 기재사항 또는 그 첨부서류가 진실 또는 정확하다고 증명하여 서명한 경우에만 책임을 지므로 자신이 증명하거나 서명하지 아니한 기재사항 또는 그 첨부서류에 대해서는 무과실을 증명하면 면책된다.

5) 기타 의견 등 확인자(4호)

제 4 호에서는 "그 증권신고서의 기재사항 또는 그 첨부서류에 자기의 평가·분석·확인의견이 기재되는 것에 대하여 동의하고 그 기재내용을 확인한 자"를 배상책임자로 규정하고 있다. 이는 2003년 증권거래법 개정시 추가된 사항으로서 다양한 유형의 전문가들이 자신의 평가·분석·확인의견을 증권신고서 또는 첨부서류에 기재할 수 있는데, 이들의 의견 등 또한 투자자의 투자판단에 중요요소가 될 수 있기 때문이다.[3)] 증권신고서 또는 첨부서류에 의견 등이 기재되는 것에 대해 동의하고 그 내용을 확인할 것까지 요구하고 있으므로, 기재내용에 대한 확인을 받지 못한 경우에는 책임을 물을 수 없을 것이다. 자기의 의견 등에 대해 증권신고서나 첨부서류에 기재하는 것은 제 3 호의 자들과 그다지 차이가 없으나, 공인된 자격이 없는 점과 소속단체와 연관성을 인정하지 않는다는 점 등에 차이가 있다.

6) 인수인 또는 주선인(5호)

제 5 호에서는 "그 증권의 인수인[4)] 또는 주선인(인수인 또는 주선인이 2인 이상인 경우에는

② 제 1 항의 경우에 회사 또는 제 3 자에 대하여 손해를 배상할 책임이 있는 이사는 제 1 항에 규정된 자와 연대하여 그 책임을 진다.

1) 김정수, 전게서(2011), 459쪽.

2) 2003년 증권거래법 개정시 전문가들이 소속된 소속단체를 손해배상의 책임을 질 자의 범위에 포함시켰다. 이는 소속단체가 실제로 부실표시 등을 발행인과 공모하거나 개입한 경우에도 해당 의견을 작성한 전문가 개인에게 책임을 미루는 것을 차단하고, 또한 소속단체를 책임의 주체에 포함시킴으로써 소속 전문가들에 대한 내부통제를 강화하며, 나아가 손해배상 문제가 발생하였을 경우 실제의 보상을 확보함으로써 투자자 보호에 만전을 기하기 위함에 그 취지가 있다(김정수, 전게서(2011), 460쪽).

3) 김정수, 전게서(2011), 460쪽.

4) 증권인수인은 자기의 평판과 명성을 배경으로 공모에 따른 증권의 분매를 담당하는 자이고, 발행회사의 영업 및 재산상태를 조사하여 증권신고서 등 공시서류의 정확성을 조사해야 할 지위와 증권의 최

대통령령으로 정하는 자를 말한다)을 배상책임자로 규정하고 있다.[1] 이에 따라 자본시장법 시행령 제135조 제 2 항은 '발행인 또는 매출인으로부터 직접 증권의 인수를 의뢰받아 인수조건 등을 정하는 인수인, 발행인 또는 매출인으로부터 인수 외의 방법으로 그 발행인 또는 매출인을 위하여 해당 증권의 모집·사모·매출을 할 것을 의뢰받거나 그 밖에 직접 또는 간접으로 증권의 모집·사모·매출을 분담할 것을 의뢰받아 그 조건 등을 정하는 주선인'이라 규정하고 있다. 기존에는 '증권의 인수계약을 체결한 자(인수계약을 체결한 자가 2인 이상인 경우에는 발행인 또는 매출인으로부터 직접 증권의 인수를 의뢰받아 인수조건 등을 정하는 인수인)'로 규정하고 있었는데, 2013. 5. 28. 개정시 상기와 같이 변경되었다. 동 개정을 통하여 증권모집의 주선인에 대해서도 인수인과 동일한 증권신고서 부실기재에 따른 배상책임을 부담하도록 한 것이다.[2]

7) 투자설명서 작성자 등(6호)

제 6 호에서는 "그 투자설명서를 작성하거나 교부한 자"도 배상책임자로 규정하고 있다. 투자설명서를 작성한 자는 언제나 발행인이다. 매출의 경우에도 신고의무가 발행인에게 있으므로 투자설명서 작성자는 발행인이 된다. 그런데 발행인은 제 1 호에서 이미 배상책임자로 규정되어 있다. 투자설명서 작성자가 실제로 투자설명서를 작성한 자를 지칭하는 것이 아니라면 규정할 실익이 없는 조문이 된다.

한편, 2009년 법 개정시에는 당초 "투자설명서를 작성한 자"를 "투자설명서를 작성하거나 교부한 자"로 개정되어 증권거래법 제14조와 동일한 내용으로 변경되었다. 이에 따라 투자설명서를 이용하여 권유를 행한 자가 배상책임자가 될 수 있게 되었다. 이 경우 배상책임자로 될 수 있는 것은 인수나 판매를 담당한 증권회사이다.

8) 매출의 방법에 의한 경우 매출신고 당시의 매출인(7호)

제 7 호에서는 "매출의 방법에 의한 경우 매출신고 당시의 매출인"을 배상책임자로 규정하고 있다.[3] 매출의 경우 실제 행위자는 매출인이지만 신고의무는 발행인에게 있고, 증권을 매출할 정도로 대량의 증권을 소유한 자는 일반적으로 발행인에 대해 지배력·영향력을 행사할 수 있는 지위에 있어 이러한 지위를 이용하여 신고서 작성시 그 내용에 영향을 줄 수 있으므로 손해배상책임의 주체로 보고 있다.[4] 하지만, 손해배상책임의 원

종적인 인수 여부에 관한 상당한 임의성을 갖고 있기 때문에 허위공시에 대한 손해배상책임을 부담하는 것이다(이형기, "증권발행 인수심사의 적정화를 위한 연구," 「상장협」 제47호(2003. 3), 166쪽).

1) 구증권법 제14조 제 1 항 제 3 호에서는 "당해 발행인과 인수계약을 체결한 자"라고 규정하여 매출의 경우 인수인이 책임을 지는가에 대하여 다툼이 있을 수 있었다. 이 법에서는 그러한 문제는 입법적으로 해결하였다.

2) 국회 정무위원회, 「자본시장과 금융투자업에 관한 법률 개정안 검토보고서」, 2012. 9, 5쪽.

3) 기존에는 "매출의 방법에 의한 경우 매출 신고 당시의 그 매출되는 증권의 소유자"라 규정되어 있었으나 2013. 5. 28. 개정 당시 상기와 같이 개정되었다.

4) 임재연, 전게서(2014), 439쪽.

인인 증권신고서 또는 투자설명서에 대한 부실기재에 대해 매출인이 그 원인을 제공한 경우 외에는 그 책임을 인정하기는 어려울 것으로 보인다. 따라서 매출인이 배상책임을 지는 것은 행위자로서보다는 증권의 모집 또는 매출 관련 행위자의 책임을 넓게 인정하려는 정책적인 목적이 강한 것으로 보인다.

7. 무과실의 항변 – 증명책임의 전환

제 1 항 단서는 전단에서는 배상책임을 질 자가 "상당한 주의를 하였음에도 불구하고 이를 알 수 없었음을 증명"하는 경우 배상책임을 지지 않는다고 규정하고 있다. 일반 불법행위로 인한 손해배상책임에 있어서는 배상을 청구하는 자가 배상책임자의 고의 또는 과실을 증명하여야 한다.[1] 그러나 증권신고서 등의 거짓기재 등으로 인한 손해배상책임에 있어서는 배상책임자가 상당한 주의를 다한 경우라도 알 수 없었음을 증명한 경우에만 책임을 면할 수 있도록 하고 있다(증명책임 전환).

이와 같이 손해배상책임을 질 자가 그 책임을 면하기 위해서는 상당한 주의를 하였음에도 불구하고 부실표시를 알 수 없었음을 증명하여야 하기 때문에 단순히 그 부실표시를 알지 못하였다든가, 상당한 주의를 다 하지 못하였다면 책임을 면할 수 없고, 이와 같은 '상당한 주의'의 항변을 하기 위해서는 자신의 지위와 특성에 따라 합리적으로 기대되는 조사를 하였으며, 그에 의해 문제된 사항이 진실이라고 믿을 만한 합리적인 근거가 있음을 증명해야 한다.[2]

8. 악의의 항변

제 1 항 단서에서는 배상책임자가 책임을 면할 수 있는 또 하나의 경우로 배상청구권자가 취득의 청약시에 거짓 기재 등을 알았던 경우를 규정하고 있다. 이에 대한 증명책임을 누가 지는가에 대해서는 법문상 명확하지는 않다. 거짓 기재 등으로 인한 손해배상책임에 대하여 특례를 인정하는 법의 취지를 고려하면 배상책임자가 진다고 보아야 할 것이다.[3] 판례 또한 "배상의무자인 이사가 책임을 면하기 위해서는 자신이 상당한 주의를 하였음에도 불구하고 이를 알 수 없었음을 증명하거나, 그 유가증권의 취득자가 취득의 청약시에 그 사실을 알았음을 입증하여야 한다"고 판시하여 같은 입장을 취하고 있다.[4] 한

1) 이러한 측면에서 증권신고서의 거짓 기재 등으로 인한 손해배상책임의 성격을 무과실책임으로 보지 않고, 증명책임이 전환된 과실책임으로 보는 견해가 있다(유석호, 전게논문(2005), 263쪽).

2) 대법원 2002. 9. 24. 선고 2001다9311 판결.

3) 이에 관하여 배상책임자에게 증명책임을 인정하는 것이 통설의 견해이고, 증권거래법 제14조가 투자자를 위한 특칙이라는 점, 증명책임 분배의 일반이론에 따르더라도 권리장애규정인 단서규정은 이를 주장하는 자가 증명할 책임이 있다는 점에서 통설이 타당하다는 견해가 있다(김건식/정순섭, 전게서(2013), 242쪽).

4) 증권거래법 제186조의5에 의하여 준용되는 같은 법 제14조의 규정을 근거로 주식의 취득자가 사업보고서의 내용을 공시할 당시의 당해 주권상장법인의 이사에 대하여 사업보고서의 허위기재 등으로 인

편, 취득자의 악의는 "취득의 청약을 할 때"를 기준으로 판단하도록 규정하고 있으므로, 취득 청약시 취득자가 선의였다면 그 이후의 사정에 의해 부실표시를 알게 되었다 하더라도 손해배상청구권에는 영향이 없을 것이다.[1]

Ⅱ. 예측정보에 대한 배상책임의 특칙

1. 의 의

증권신고서 등의 기재사항 중 일정사항[2]에 대해서는 일정한 기재방법에 따를 경우 결정된 정보(hard information)뿐만 아니라 결정되지 않는 정보(soft information)도 기재할 수 있다. 이러한 예측정보는 경제상황, 발행인의 영업실적 등 여러 가지 요인에 따라 예측치와 다른 결과가 발생할 수도 있다. 이런 경우를 모두 거짓 기재 등에 해당된다고 보게 되면 예측정보의 기재 자체를 금지하는 것과 같게 된다. 따라서 법에서는 일정한 기재방법에 따르는 경우(safe harbor)에는 예측치와 결과치가 다른 경우에도 배상책임을 묻지 않도록 하는 특칙을 인정하고 있다(법 125조 2항).

2. 예측정보의 기재방법

예측정보를 기재함에 있어서는 그것이 확정된 정보가 아니라고 하더라도 허위의 정보이어서는 안 된다. 따라서 합리적인 판단에 기초하여 예측하는 경우 타당성을 갖는 정보이어야 한다. 이에 따라 법에서는 결과치와 다른 예측정보를 기재한 것만으로 배상책임을 지지 않기 위해서는 예측정보 기재시에는 ① 그 기재 또는 표시가 예측정보라는 사실이 밝혀져 있을 것, ② 예측 또는 전망과 관련된 가정이나 판단의 근거가 밝혀져 있을 것, ③ 그 기재 또는 표시가 합리적 근거나 가정에 기초하여 성실하게 행하여졌을 것, ④ 그 기재 또는 표시에 대하여 예측치와 실제 결과치가 다를 수 있다는 주의문구가 밝혀져 있을 것 등을 요건으로 하고 있다(법 125조 2항).

3. 예측정보 관련 면책의 예외

1) 배상책임자의 고의 또는 중과실

배상책임자가 예측정보를 기재함에 있어서 고의 또는 중과실이 있는 경우에는 배상

하여 입은 손해의 배상을 청구하는 경우, 배상의무자인 이사가 책임을 면하기 위해서는 자신이 '상당한 주의를 하였음에도 불구하고 이를 알 수 없었음'을 증명하거나, 그 유가증권의 취득자가 '취득의 청약시에 그 사실을 알았음'을 증명하여야 하고(제14조 제1항 단서 참조), 여기서 '상당한 주의를 하였음에도 불구하고 이를 알 수 없었음'을 증명한다는 것은 '자신의 지위에 따라 합리적으로 기대되는 조사를 한 후 그에 의하여 허위기재 등이 없다고 믿을 만한 합리적인 근거가 있었고 또한 실제로 그렇게 믿었음'을 입증하는 것을 의미한다(대법원 2007. 9. 21. 선고 2006다81981 판결).

1) 임재연, 전게서(2014), 445쪽.

2) 법 제119조 제3항.

책임을 면할 수 없다(법 125조 2항 단서). 그러나 무엇에 대한 고의 또는 중과실인가에 대해서는 법문상 명확하지가 않다. 예측정보와 관련하여 배상책임을 물을 수 있는 경우는 예측치와 결과치가 다른 경우인데, 양자가 일치할 수 없다는 것은 예측정보의 특성상 당연한 것이므로 단순히 "다를 수 있음"에 대한 고의 또는 중과실은 아니라고 본다. 결국, 합리적인 근거나 가정에 기초하여 성실하게 예측이 이루어지지 않은 것에 대한 고의라고 보아야 할 것이다.

2) 배상청구권자의 악의

배상청구권자가 예측정보의 내용 중 중요사항에 대한 거짓 기재 등을 안 경우에는 그 결과치가 다르게 나타난 경우에도 배상책임을 물을 수 없음은 제 1 항과 같다.

4. 최초상장공모(IPO)시의 적용 배제

주권비상장법인이 최초로 주권을 모집 또는 매출하는 경우에는 예측정보 관련 배상책임의 특칙이 적용되지 않는다(법 125조 3항).[1] 여기에서 특칙이 적용되지 않는다는 의미는 예측정보의 기재방법에 따라 기재한 경우에도 결과치가 다른 경우에는 배상책임을 진다는 의미이므로 결국 예측정보를 기재할 수 없다는 것으로 본다. 이는 증권시장에 대한 공시경험이 없는 회사의 경우 예측정보를 지나치게 많이 포함하여 공시하는 것을 억제함으로써 투자자를 보호하기 위함에 그 취지가 있다.[2]

第126條(손해배상액)

① 제125조에 따라 배상할 금액은 청구권자가 해당 증권을 취득함에 있어서 실제로 지급한 금액에서 다음 각 호의 어느 하나에 해당하는 금액을 뺀 금액으로 추정한다.

1. 제125조에 따라 손해배상을 청구하는 소송의 변론이 종결될 때의 그 증권의 시장가격(시장가격이 없는 경우에는 추정처분가격을 말한다)
2. 제 1 호의 변론종결 전에 그 증권을 처분한 경우에는 그 처분가격

② 제 1 항에 불구하고 제125조에 따라 배상책임을 질 자는 청구권자가 입은 손해액의 전부 또는 일부가 중요사항에 관하여 거짓의 기재 또는 표시가 있거나 중요사항이 기재 또는 표시되지 아니함으로써 발생한 것이 아님을 증명한 경우에는 그 부분에 대하여 배상책임을 지지 아니한다.

1) 이와 관련하여서는 예측정보의 공시가 가장 필요한 기업들은 IPO를 하는 기업들임을 고려하여 이들 기업에 대해서도 면책요건을 적용하는 것이 바람직하다는 견해가 있다(김정수, 전게서(2011), 470쪽).
2) 임재연, 전게서(2014), 446쪽.

Ⅰ. 손해배상액의 산정방법

1. 의 의

증권의 가격은 시장 내부에서의 수요·공급과 시장 외부에서의 각종 여건 등 매우 다양한 요인에 의하여 결정되는 가변적인 성질을 가지고 있다. 그러므로 증권 취득자가 발행시장에서의 공시의무위반으로 인한 가격의 변동분만을 구분하여 그 인과관계와 손해배상액을 증명하는 것은 결코 쉬운 일이 아니다. 자본시장법은 투자자 보호 측면에서 발행시장에서 공시의무위반에 따른 손해의 발생시 그 손해액에 관한 추정규정을 두어, 배상의무자[1)]가 공시의무위반과 손해 사이 인과관계의 부존재를 증명하지 못하는 한, 증권 취득자[2)]는 기본적으로 법이 정하는 요건에 의하여 추정되는 금액 상당의 손해를 배상받을 수 있도록 하고 있다(법 126조 1항·2항).[3)4)]

2. 손해배상액의 추정

손해배상액의 산정과 관련하여 우선 손해배상청구권자가 변론종결 당시 증권을 소유하고 있는 경우, 청구권자가 해당 증권을 취득함에 있어서 실제로 지급한 금액에서 손해배상을 청구하는 소송의 변론이 종결될 때 그 증권의 시장가격(시장가격이 없는 경우에는 추정처분가격)을 공제한 금액을 손해배상액으로 추정한다(법 126조 1항 1호).[5)6)] 한편, 손해배상청구 소송의 변론이 종결될 때 시장가격이 없는 경우에는 추정처분가격이 공제의 대상

1) 손해배상청구 소송에서 피고를 말한다.

2) 손해배상청구 소송에서 원고를 말한다.

3) 증권거래법 제15조에서는 제1항에서 손해배상액 산정방법을 규정하면서 "다음 각 호의 1에 해당하는 액을 공제한 금액으로 한다"라고 하여 문언상으로는 간주규정형식을 취하고 있었다. 반면, 제2항에서는 배상책임을 질 자가 손해액과 허위기재 등과의 인과관계가 없음을 증명하는 경우에는 그 부분에 대해서는 배상책임이 없다고 규정하여 논란이 있었다. 이와 관련하여 1997년 제2항이 신설되기 전에 제1항에 대하여 제기되었던 위헌심판소송에서 헌법재판소는 "제15조를 간주규정으로 보아 손해액의 일부가 부실기재로 인하여 발생한 것이 아닌 경우에까지 배상의무자가 손해배상책임을 면하지 못한다면 자기책임의 원칙에 반하여 위헌이지만, 그것을 추정규정으로 보아 배상의무자의 반증을 허용한다면 위헌이 아니다"라고 판시한 바 있다(헌재 1996. 10. 4. 94헌가8). 다만, 자본시장법에서는 손해액으로 추정한다고 규정하고 있어 이러한 논란을 입법적으로 해결하였다.

4) 이와 달리 민법상 불법행위책임을 묻기 위하여는, 청구인은 발행인의 고의·과실, 손해액, 인과관계 등을 증명하여야 하는데, 증권가격의 가변적인 성질상 그 증명이 용이하지 않은 것이 현실이다.

5) 변론종결시를 기준으로 한 것은 민사소송절차를 염두에 둔 것인데, 항소심 변론종결시까지 장기간이 소요되는 경우 여러 가지 요인이 주가에 반영되고, 자본시장법 제126조 제2항의 책임제한규정이 있지만 피고의 증명이 용이하지 아니하다는 문제가 있으므로 제소시를 기준으로 하는 것이 타당하다는 견해도 있으나, 이 경우 원고가 주가수준을 고려하여 가장 유리한 때에 제소할 수 있게 되어 원고에게 지나치게 유리하다는 문제가 있다(임재연, 전게서(2014), 454쪽).

6) 미국 SA §11 (e)(1)은 "제소시의 가치(the value thereof as of the time such suit was brought)"로 규정하고, 일본 금상법 제19조 제1항 제1호도 "손해배상을 청구하는 때의 시장가액(損害賠償を請求する時における市場価額)"이라고 규정한다.

되는데, 이때 추정처분가격이 무엇을 의미하는가에 대해서는 명확한 기준이 없다.[1] 입법적으로 명확히 할 필요가 있다.[2] 다음으로 손해배상청구권자가 변론종결 전에 증권을 처분한 경우, 청구권자가 해당 증권을 취득함에 있어서 실제로 지급한 금액에서 그 처분가격을 공제한 금액이 손해배상액으로 추정된다. 여기서 처분가격은 공개시장에서의 처분가격만을 가리키지 않고 장외시장, 대면거래에서의 처분가격도 이에 해당한다.[3]

Ⅱ. 손해배상액과 인과관계

1. 손해인과관계에 관한 증명책임의 전환

증권 취득자의 손해는 거짓의 기재 또는 표시가 있거나 중요사항이 기재 또는 표시되지 아니함으로써 입은 것이어야 한다(법 125조 1항). 즉, 증권 취득자가 손해배상을 청구하기 위해서는 증권신고서 등의 부실표시와 취득한 증권의 가격하락이라는 손해 사이에 인과관계가 존재하여야 한다. 이를 "손해인과관계"라고 한다. 이와 관련하여 자본시장법 제126조 제 1 항은 "증권신고서의 거짓기재 등으로 인하여 배상책임을 질 자가 청구권자가 입은 손해의 일부 또는 전부가 중요사항에 관하여 거짓의 기재 또는 표시가 있거나 중요사항이 기재 또는 표시되지 아니함으로 인하여 발생한 것이 아님을 증명한 경우에는 그 부분에 대하여 배상책임을 지지 아니한다"라고 규정하여, 손해인과관계에 관한 증명책임을 배상책임자에게 전환하고 있다(법 126조 2항). 따라서 증권 취득자는 증권신고서 등에 중요사항에 관하여 부실표시가 존재하는 사실과 자신이 손해를 입은 사실만 증명하면 되고, 중요사항에 관하여 부실표시와 손해 사이의 인과관계의 존재를 증명할 책임은 없다. 이때는 손해배상책임을 부담할 사람인 피고가 부실표시와 증권 취득자인 원고의 손해 사이에 인과관계가 없음을 증명하여야 한다.[4]

---

1) 거짓 기재 등으로 소송이 진행되는 과정에서는 매매거래 정지, 상장폐지 등 거래가 형성되지 않는 상황이 발생할 가능성이 많다. 그러나 이를 그대로 인정하게 되면 손해액을 산정할 수가 없어 특칙을 규정하고 있는 법의 취지가 사라질 수 있다.

2) 비상장법인 합병시 이용되는 본질가치 등을 고려할 수 있을 것이다.

3) 임재연, 전게서(2014), 454쪽.

4) 여기서 피고가 부담하는 '손해인과관계의 부존재사실'의 증명은 직접적으로 문제된 당해 허위공시 등 위법행위가 손해 발생에 아무런 영향을 미치지 아니하였다는 사실이나 부분적 영향을 미쳤다는 사실을 증명하는 방법 또는 간접적으로 문제된 당해 허위공시 등 위법행위 이외의 다른 요인에 의하여 손해의 전부 또는 일부가 발생하였다는 사실을 증명하는 방법으로 가능하다고 할 것이나, 위와 같은 손해 추정조항의 입법 취지에 비추어 볼 때 예컨대 허위공시 등의 위법행위 이후 매수한 주식의 가격이 하락하여 손실이 발생하였는데 그 가격 하락의 원인이 문제된 당해 허위공시 등 위법행위 때문인지 여부가 불분명하다는 정도의 입증만으로는 위 손해의 추정이 깨진다고 볼 수 없다(대법원 2007. 9. 21. 선고 2006다81981 판결; 대법원 2007. 10. 25. 선고 2006다16758 판결; 대법원 2008. 6. 26. 선고 2006다35742 판결 등 참조).

2. 거래인과관계의 요구 여부

증권 취득자가 부실한 공시서류의 내용을 진실한 것으로 신뢰하고 증권을 취득한 경우에 거래인과관계[1]가 인정된다. 그런데 증권 취득자가 증권신고서 등의 부실기재로 인한 손해배상청구를 할 경우, 위와 같은 거래인과관계의 존재가 요구되는지에 관하여, 불요구설과 요구설이 대립하고 있다. 불요구설은 자본시장법이 증권 취득자의 손해배상청구에 있어서 거래인과관계의 존재를 요건으로 규정하지 아니하므로, 청구권자가 거래인과관계를 증명할 필요가 없다는 견해이다.[2] 이에 반하여 요구설은 증권 취득자의 손해배상청구에 있어서 거래인과관계의 존재를 요건으로 한다는 견해이다.

요구설은 구체적으로 ① 거래인과관계에 대한 증명책임 자체는 증권 취득자에게 있고, 다만 취득자가 신뢰를 추정할 만한 간접사실을 증명하면 이에 기하여 신뢰가 사실상 추정된다는 견해,[3] ② 거래인과관계를 취득자가 증명하여야 하는 것이 아니라 배상의무자가 거래인과관계의 부존재를 증명하여야 면책되는데, 배상의무자는 취득자가 증권신고서 등을 보지 않았다는 점을 증명하는 것으로는 부족하고 부실기재를 알았다는 점(악의)도 증명하여야 한다는 견해,[4] ③ 직접 또는 간접으로 해당 증권신고서 등의 기재내용을 신뢰하지 않으면서도 해당 증권을 취득한 자나 증권신고서 등의 기재내용이 무엇인지도 모르면서 증권을 취득한 자 등은 투기적 행위자인데, 이들은 성실하고 합리적인 투자자를 보호하기 위한 자본시장법의 보호대상이 아니므로 원칙적으로 거래인과관계의 증명이 요구된다는 견해[5] 등이 존재한다.

요구설의 기본적인 설명에 의할 경우, 증권 취득자는 손해배상청구 소송에서 자신이 증권신고서 등의 부실기재내용을 검토한 후, 이를 사실이라고 신뢰한 상태에서, 증권을 취득하였다는 사실, 즉 거래인과관계를 증명하여야 한다. 그러나 현실에서는 투자자들이 증권신고서나 투자설명서를 검토하고 증권을 취득하는 경우가 매우 드물기 때문에, 사실상 거래인과관계를 증명할 수 없는 문제가 있다. 이 경우 증권 취득자의 손해배상의 청구가 불가능해지게 되는데, 민법상 불법행위책임의 일반원칙을 수정하여 발행공시의무위반에 관한 손해배상책임을 별도로 규정하는 자본시장법의 취지상 이러한 결론이 부당함에는 의문이 없다. 이에 관하여 거래인과관계의 증명이 사실상, 이론상 불가능하므로 현행법상 거래인과관계는 자본시장법 제125조에 의한 손해배상청구권행사의 요건이 아니

1) 위법행위로 인하여 피해자가 일정한 거래를 하였을 때, 위법행위와 거래 사이에 거래인과관계가 있다고 한다.

2) 김용재, 전게서(2011), 256쪽; 김정수, 전게서(2011), 448쪽; 임재연, 전게서(2014), 457쪽.

3) 이동신, "유가증권 공시서류의 부실기재에 관한 책임," 「증권거래에 관한 제문제(上)」, 법원도서관, 재판자료 제90집(2001), 397쪽.

4) 김건식/정순섭, 전게서(2013), 243쪽

5) 황동욱, 「불법증권거래와 손해배상」, 동현출판사, 1997, 38-42쪽.

라고 보면서, 자본시장법이 손해배상책임의 발생요건에 있어서 거래인과관계를 요건으로 규정하지 않은 이유는 거래인과관계에 관한 별도의 증명이 없어도 중요성의 증명에 의하여 거래인과관계의 존재도 당연히 인정되는 것으로 보기 때문이라는 견해도 있다.[1)2)] 또한 요구설의 각 견해에 의하더라도 증권 취득자로 하여금 엄격하게 거래인과관계를 증명하도록 하는 것이 아니고, ① 사실상의 추정, ② 증명책임의 전환, ③ 간접지득 포함, ④ 시장에 대한 사기이론 등을 통하여 증명책임의 완화를 시도하고 있으므로, 결론에 있어서는 불요구설과 큰 차이가 없을 것으로 보인다.

Ⅲ. 과실상계 또는 책임제한의 법리 적용

대법원은 증권신고서 등의 부실기재로 인한 손해배상책임의 범위를 정함에 있어서 과실상계 또는 공평의 원칙에 기한 책임제한의 법리를 적용하고 있다.[3)4)] 다만 과실상계는 그 적용에 있어서 법리상의 제한이 있으므로 신의칙 내지 공평의 원칙에 기한 책임제한의 법리가 주로 적용된다.[5)] 대법원은 고의에 의한 불법행위의 경우에는 가해자로 하여금 불법행위로 인한 이익을 최종적으로 보유하게 하여 공평의 이념이나 신의칙에 반하는 결과가 초래되지 아니하는 경우에 한하여 과실상계나 책임의 제한을 인정할 수 있다고 한다.[6)]

제127조(배상청구권의 소멸)

제125조에 따른 배상의 책임은 그 청구권자가 해당 사실을 안 날부터 1년 이내 또는 해당 증권에 관하여 증권신고서의 효력이 발생한 날부터 3년 이내에 청구권을 행사하지 아니한 경우에는 소멸한다.

제125조에 따른 손해배상책임은, 청구권자가 거짓의 기재 등이 있음을 안 날부터 1년 이내 또는 해당 증권에 관하여 증권신고서의 효력이 발생한 날부터 3년 이내에 청구권을 행사하지 아니한 경우에는 청구권을 행사할 수 없다(법 127조). 문언상으로 청구권이 소멸한다고 규정하고 있어 그 기간의 성격이 소멸시효인지, 제척기간인지 불분명할 수도

1) 임재연, 전게서(2014), 459쪽.
2) 이 견해는 거래인과관계란 투자자가 부실공시라는 사실을 알았더라면 해당 증권을 취득하지 않았을 것이라는 관계이므로 손해배상책임의 원인인 부실공시내용은 합리적인 투자자의 투자판단에 실질적인 영향을 미칠 정도의 것, 즉 중요한 것이어야 한다는 점을 전제로 한다(임재연, 전게서(2014), 459쪽).
3) 대법원 2007. 10. 25. 선고 2006다16758·16765 판결.
4) 김건식/정순섭, 전게서(2013), 247쪽; 임재연, 전게서(2014), 455쪽.
5) 임재연, 전게서(2014), 455쪽.
6) 대법원 2007. 10. 25. 선고 2006다16758·16765 판결.

있으나, "시효로 인하여 소멸한다"는 형식으로 규정하고 있지 아니하므로 제척기간으로 보는 것이 타당하다.[1)2)3)] 이때 제척기간은 재판상 또는 재판 외의 권리행사기간이며 재판상 청구를 위한 출소기간은 아니다.[4)]

손해배상청구권의 제척기간의 기산점과 관련하여, "청구권자가 해당 사실을 안 날"이란 청구권자가 증권신고서 등의 중요사항에 관하여 거짓의 기재 또는 표시가 있거나 중요사항이 기재 또는 표시되지 아니한 사실을 현실적으로 인식한 때를 말한다, 일반인이 그와 같은 허위기재나 기재 누락의 사실을 인식할 수 있는 정도라면 특별한 사정이 없는 한 청구권자도 그러한 사실을 현실적으로 인식하였다고 봄이 상당하다.[5)] 판례 역시 제척기간의 기산점을 증권 취득자의 주관적 상태를 기준으로 하지 않고 일반인이 부실공시를 인식할 수 있는 정도인지 여부에 의하여 판단하고 있다. 따라서 손해배상청구소송의 피고가 일반인이 그 부실표시의 사실을 인식할 수 있는 정도였다는 사정을 증명하면 특별한 사정이 없는 한 청구권자인 원고 역시 그 시점에 부실표시의 사실을 인식한 것으로 보게 된다.

이와 관련하여 위와 같은 판례의 태도에 의하면, 청구권자 본인이 부실기재사실을 몰랐더라도 일반인이 이를 인식할 수 있으면 청구권자도 현실적으로 인식한 것으로 보게 되므로, "그 청구권자가 해당 사실을 안 날"을 기산점으로 하여 이때로부터 "1년 이내"의

1) 김건식/정순섭, 전게서(2013), 248쪽; 김정수, 전게서(2011), 448쪽; 임재연, 전게서(2014), 463쪽.

2) 제척기간은 소멸시효기간과 달리 시효의 중단·정지라는 제도가 없고, 재판과정에서 법원이 직권으로 조사하여 적용할 수 있다.

3) 발행시장에서의 공시의무 위반에 따른 손해배상책임과 관련하여, 자본시장법은 피해자의 충분한 구제를 위하여 민법의 불법행위책임의 일반원칙을 수정하여 규정하기 때문에 보통의 경우 피해자는 자본시장법에 따른 손해배상책임만 묻더라도 그 책임을 효과적으로 추궁할 수 있다. 따라서 피해자가 처음부터 자본시장법이 아닌 민법을 전면에 내세워 손해배상책임을 묻는 경우는 거의 없다. 다만 자본시장법상 발행공시의무위반으로 인한 손해배상책임의 제척기간이 단기인 관계(그 청구권자가 해당 사실을 안 날부터 1년 이내 또는 해당 증권에 관하여 증권신고서의 효력이 발생한 날부터 3년 이내)로 이 기간이 도과한 경우에는 부득이하게 위 제척기간보다 장기의 소멸시효기간(민법 제766조, 손해 및 가해자를 안 날로부터 3년, 불법행위를 한 날로부터 10년))이 적용되는 민법상 불법법행위로 인한 손해배상청구권을 행사하는 경우가 일반적이다. 민법상 불법행위로 인한 손해배상책임은 자본시장법상 손해배상책임과는 달리 소멸시효기간이 적용되므로 시효중단제도가 적용된다. 다만, 손해배상청구 전에 금융감독원 등에 진정서를 제출하는 것만으로는 민법이 규정하는 소멸시효중단사유가 될 수 없다(대법원 2000. 3. 28. 선고 98다48934 판결 참조).

4) 김건식/정순섭, 전게서(2013), 243쪽; 임재연, 전게서(2014), 463쪽.

5) 증권거래법 제186조의5, 제14조에 의하면 사업보고서 중 허위의 기재 또는 표시가 있거나 중요한 사항이 기재 또는 표시되지 아니함으로써 유가증권의 취득자가 손해를 입은 때에는 당해 사업보고서의 제출자인 법인과 그 이사 등은 위 손해를 배상할 책임이 있고, 같은 법 제186조의5, 제16조에 의하면 위 손해배상책임은 그 청구권자가 '당해 사실을 안 날'부터 1년 이내 또는 사업보고서의 효력이 발생한 날부터 3년 내에 청구권을 행사하지 아니한 때에는 소멸하는바, 여기서 '당해 사실을 안 날'이란 청구권자가 사업보고서의 허위기재나 기재누락의 사실을 현실적으로 인식한 때라고 볼 것이고, 일반인이 그와 같은 사업보고서의 허위기재나 기재누락의 사실을 인식할 수 있는 정도라면 특별한 사정이 없는 한 청구권자도 그러한 사실을 현실적으로 인식하였다고 봄이 상당하다(대법원 2007. 10. 25. 선고 2006다16758, 16765 판결).

기간을 제척기간으로 규정하는 자본시장법 제127조의 규정이 지나치게 단기여서 문제라고 하는 견해가 있다.[1)]

[초판: 유석호, 개정판: 남궁주현]

제128조(증권발행실적보고서)

증권신고의 효력이 발생한 증권의 발행인은 금융위원회가 정하여 고시하는 방법에 따라 그 발행실적에 관한 보고서(이하 "증권발행실적보고서"라 한다)를 금융위원회에 제출하여야 한다. 〈개정 2008. 2. 29〉

Ⅰ. 의 의	Ⅱ. 제출시기 및 기재사항

Ⅰ. 의 의

증권신고서를 제출하고 증권을 모집 또는 매출한 발행인은 그 모집 또는 매출의 결과를 제출하여야 한다. 이를 증권발행실적보고서라 한다.

발행실적보고서는 증권신고서의 기재내용을 확인하기 위하여 금융위원회가 제출을 요구하는 서류로서 일종의 예비조사서류라고 본다.

Ⅱ. 제출시기 및 기재사항

증권신고의 효력이 발생한 증권의 발행인은 금융위원회가 정하여 고시하는 바에 따라 그 증권발행실적보고서를 제출하도록 하고 있다.

이에 따라 증권의 발행 및 공시 등에 관한 규정 제2-19조[2)] 제1항은 발행인이 모

1) 임재연, 전게서(2014), 465쪽.

2) 증권의 발행 및 공시 등에 관한 규정 제2-19조(증권발행실적보고서) ① 법 제128조에 따라 발행인은 모집 또는 매출을 완료한 때[초과배정옵션(주식공모시 인수회사가 당초 공모하기로 한 주식의 수량을 초과하는 주식을 청약자에게 배정하는 것을 조건으로 하여 그 초과배정 수량에 해당하는 신주를 발행회사로부터 미리 정한 가격으로 취득할 수 있는 권리를 말한다) 계약을 인수회사와 체결한 경우에는 동 옵션의 권리행사로 인한 주식발행이 완료되었거나 동 옵션의 권리행사기한 도래로 주식이 새로이 발행되지 아니하는 것이 확정된 때를 말한다] 지체 없이 발행실적보고서를 금융위에 제출하여야 한다. 다만, 일괄신고서의 효력이 발생한 발행인은 추가서류를 제출하여 모집 또는 매출을 완료한 때 지체 없이 발행실적보고서를 금융위에 제출하여야 한다.
② 발행실적보고서에는 다음 각 호의 사항을 기재하여야 한다.
1. 발행인의 명칭 및 주소

집 또는 매출을 완료한 때 지체 없이 발행실적보고서를 금융위원회에 제출하여야 하며, 다만 일괄신고서의 효력이 발생한 발행인은 추가서류를 제출하여 모집 또는 매출을 완료한 때 지체 없이 발행실적보고서를 금융위원회에 제출하도록 규정하고 있다. 발행실적보고서에는 발행인의 명칭 및 주소, 주관회사의 명칭, 청약 및 배정에 관한 사항, 공시의 이행에 관한 사항, 증권의 교부일, 상장일 및 증자등기일, 유상증자 전후의 주요주주의 지분변동상황, 신주인수권증서의 발행내역, 주주가 주식인수의 청약을 하지 아니한 주식의 처리내역, 조달된 자금의 사용내역을 기재하여야 한다.

한편, 증권발행실적보고서를 제출하지 아니하거나 거짓으로 작성하여 제출한 자에 대하여는 1천만원 이하의 과태료를 부과한다(법 449조 2항 7호).

제129조(신고서와 보고서의 공시)

금융위원회는 다음 각 호의 서류를 3년간 일정한 장소에 비치하고, 인터넷 홈페이지 등을 이용하여 공시하여야 한다. 이 경우 기업경영 등 비밀유지와 투자자 보호와의 형평 등을 고려하여 대통령령으로 정하는 사항을 제외하고 비치 및 공시할 수 있다. 〈개정 2008. 2. 29, 2013. 5. 28〉

1. 증권신고서 및 정정신고서
2. 투자설명서(집합투자증권의 경우 제124조 제 2 항 제 3 호에 따른 간이투자설명서를 포함한다)
3. 증권발행실적보고서

---

2. 주관회사의 명칭
3. 청약 및 배정에 관한 사항
4. 공시의 이행에 관한 사항
5. 증권의 교부일, 상장일 및 증자등기일
6. 유상증자 전후의 주요주주의 지분변동상황
7. 신주인수권증서의 발행내역
8. 주주가 주식인수의 청약을 하지 아니한 주식의 처리내역
9. 조달된 자금의 사용내역

③ 합병등의 증권신고서에 대한 발행실적보고서에는 다음 각 호의 사항을 기재하여야 한다.

1. 합병등의 일정
2. 최대주주 및 주요주주 지분변동 상황
3. 주식매수청구권 행사
4. 채권자보호에 관한 사항
5. 합병등 관련 소송의 현황
6. 신주배정등에 관한 사항
7. 합병등 전·후의 요약재무정보

④ 영 제121조 제 1 항에 따른 개방형 집합투자증권의 발행인이 집합투자기구별로 각 회계기간의 순발행실적(총판매금액에서 총환매금액을 차감한 금액을 말한다) 등을 기재한 발행실적보고서를 회계기간말부터 1개월 이내에 금융위에 제출하는 경우 제 1 항에 따른 발행실적보고서를 제출한 것으로 본다.

⑤ 금적립계좌등의 발행인이 매 사업연도의 순발행실적(제 4 항에 따른 순발행실적을 말한다) 등을 기재한 발행실적보고서를 사업연도말부터 1개월 내에 금융위에 제출한 경우 제 1 항에 따른 발행실적보고서를 제출한 것으로 본다.

⑥ 그 밖에 발행실적보고서의 서식 및 작성방법 등에 관하여 필요한 사항은 감독원장이 정한다.

Ⅰ. 신고서 등의 공시	Ⅱ. 공시제외사항

Ⅰ. 신고서 등의 공시

금융위원회는 증권의 모집 또는 매출과 관련하여 금융위원회에 제출된 증권신고서 및 정정신고서, 투자설명서 및 발행실적보고서를 일정한 장소에 비치하고, 인터넷 홈페이지 등을 통하여 공시하여야 한다. 2013. 5. 28. 개정을 통하여 투자설명서의 경우 집합투자증권의 간이투자설명서가 포함되었다.

금융위원회는 이러한 서류를 금융감독원의 전자공시시스템(DART)을 통하여 3년간 일반인이 열람할 수 있도록 공시한다.

Ⅱ. 공시제외사항

금융위원회는 증권신고서 등을 공시함에 있어서 기업경영 등 비밀유지와 투자자 보호의 형평을 고려하여 대통령령으로 정하는 사항을 제외하고 비치 또는 공시할 수 있다.

이에 따라 법 시행령 제136조에서는 증권신고서 등의 기재사항 중 ①「군사기밀보호법」 제 2 조에 따른 군사기밀에 해당되는 사항과 ② 발행인 또는 종속회사(「주식회사의 외부감사에 관한 법률 시행령」 제 1 조의3 제 1 항에 따른 종속회사)의 업무 또는 영업에 관한 것으로서 금융위원회의 확인을 얻은 사항에 대해서는 비치 또는 공시 대상에서 제외하고 있다. 금융위원회의 확인은 개별적 사안별로 이루어진다.

제130조(신고서를 제출하지 아니하는 모집 · 매출)

제119조 제 1 항에 따른 신고서를 제출하지 아니하고 증권을 모집 또는 매출하는 발행인은 투자자를 보호하기 위하여 재무상태에 관한 사항의 공시, 그 밖에 대통령령으로 정하는 조치를 하여야 한다. 다만, 제119조 제 6 항에서 정한 사유에 해당하는 때에는 그러하지 아니하다. 〈2013. 5. 28〉

Ⅰ. 의　　의	Ⅲ. 호가중개시스템을 통한 소액매출에 대한 특례
Ⅱ. 소액공모공시서류의 제출	

Ⅰ. 의 의

자본시장법상 모집 또는 매출에는 해당되나 모집 또는 매출가액이 10억원에 미달하여 증권신고서 제출이 면제된 경우라 하더라도 투자자 보호의 필요성이 완전히 사라진다고 할 수는 없다. 이에 따라 법에서는 신고서 제출이 면제된 경우(이하 "소액공모"라 함)에 대해서도 일정한 사항을 공시하고 법 시행령 제137조에서 정하는 조치[1)]를 하도록 규정하고 있다. 그런데 2013. 5. 28. 법 개정을 통해 발행인 및 같은 종류의 증권에 대하여 충분한 공시가 이루어지고 있는 등 일정 사유[2)]에 해당하는 경우 매출에 관한 증권신고

1) 법 시행령 제137조(신고서를 제출하지 아니하는 모집·매출) ① 법 제130조에서 "대통령령으로 정하는 조치"란 다음 각 호의 조치를 말한다.

1. 증권의 모집 또는 매출 전에 발행인(투자신탁의 수익증권이나 투자익명조합의 지분증권인 경우에는 그 투자신탁이나 투자익명조합을 말하며, 법 제159조 제1항에 따른 사업보고서 제출대상법인 및 제176조 제1항 각 호에 따른 외국법인등은 제외한다. 이하 이 조에서 같다)의 재무상태와 영업실적을 기재한 서류를 금융위원회에 제출할 것. 이 경우 해당 서류(집합투자증권인 경우는 제외한다)는 금융위원회가 정하여 고시하는 바에 따라 회계감사인의 회계감사를 받거나 공인회계사의 확인과 의견표시를 받은 것이어야 한다.
2. 청약의 권유를 하는 경우에는 다음 각 목의 사항을 인쇄물 등에 기재하거나 표시할 것. 이 경우 재무상태와 영업실적에 관하여 제1호에 따라 제출된 서류의 내용과 다른 내용이나 거짓의 사실을 기재하거나 표시하여서는 아니 된다.
   가. 제125조 제1항 제2호 및 제3호의 사항(집합투자증권인 경우에는 제127조 제1항 제2호 및 제3호의 사항을, 유동화증권인 경우에는 제128조 제1항 제2호부터 제7호까지의 사항을 말한다)
   나. 제131조 제2항 제2호부터 제4호까지의 사항
3. 증권의 모집 또는 매출의 개시일 3일 전까지 청약의 권유방법과 제2호에 따라 인쇄물 등에 기재하거나 표시한 내용을 금융위원회에 제출할 것. 증권의 모집 또는 매출을 시작한 후 청약의 권유방법이나 인쇄물등에 기재하거나 표시한 내용을 변경한 경우에도 또한 같다.

3의2. 다음 각 목의 어느 하나에 해당하는 자와 청약증거금의 예치, 보관 및 투자자에 대한 반환 등에 관한 사항을 포함하는 청약증거금관리계약을 체결하고 계좌를 개설할 것
   가. 증권에 관한 투자매매업자 또는 투자중개업자
   나. 제4조 각 호의 자
   다. 증권금융회사

4. 증권의 모집 또는 매출이 끝난 경우에는 지체 없이 그 모집 또는 매출 실적에 관한 결과를 금융위원회에 보고할 것
5. 다음 각 목의 결산에 관한 서류를 매 사업연도 경과 후 90일 이내에 금융위원회에 제출할 것. 다만, 법 제159조 제1항에 따른 사업보고서 제출대상법인, 제176조 제1항 각 호에 따른 외국법인등, 모집 또는 매출한 증권의 상환 또는 소각을 완료한 법인 및 제362조 제8항에 따른 보증사채권만을 발행한 법인의 경우에는 그러하지 아니하다.
   가. 대차대조표와 그 부속 명세서
   나. 손익계산서와 그 부속 명세서
   다. 이익잉여금처분계산서 또는 결손금처리계산서
   라. 회계감사인의 감사보고서(회계감사인의 회계감사를 받은 법인만 해당한다)

2) 법 시행령 제124조의2(매출에 관한 신고서 제출의 특례): 법 제119조 제6항에서 "발행인 및 같은 종류의 증권에 대하여 충분한 공시가 이루어지고 있는 등 대통령령으로 정하는 사유에 해당하는 때"란 다음 각 호의 요건을 모두 충족하였을 때를 말한다.

1. 발행인이 사업보고서 제출대상법인으로서 최근 1년간 사업보고서·반기보고서 및 분기보고서를 기한 내에 제출하였을 것

서 제출을 면제(법 119조 6항)하도록 새로이 법적 근거가 마련되었는바, 이와 같이 발행인과 같은 종류의 증권에 대하여 충분한 공시가 이루어지고 있는 등 일정 사유에 해당하는 때에는 소액공모의 경우에도 그 재무상태에 관한 사항의 공시 등 일정 조치의무가 면제되게 되었다. 원래 자본시장법 개정안에는 소액공모의 경우 이와 같은 내용의 별도의 규정이 없었으나, 국회 논의과정에서 발행인과 매출대상 증권에 대하여 충분한 공시가 이루어져 매출신고서의 제출이 면제되는 경우 소액공모의 의무를 면제하여 발행인의 부담을 경감시킬 필요가 있다는 의견이 제기됨에 따라 소액공모의 경우에도 동일한 취지의 규정이 신설되기에 이르렀다.[1)]

동 규정을 위반하여 법 시행령 제137조에서 정하는 조치를 이행하지 아니한 경우(법 119조 6항에 따라 발행인 및 같은 종류의 증권에 대하여 충분한 공시가 이루어지고 있는 경우는 제외)에는 5천만원 이하의 과태료를 부과한다(법 449조 1항 36호).

Ⅱ. 소액공모공시서류의 제출

1. 모집 또는 매출 전

증권의 모집 또는 매출 전에 발행인[2)]은 발행인의 재무상태 및 영업실적을 기재한 서류를 증권의 모집 또는 매출의 개시일 3일 전[3)]까지 금융위원회에 제출하여야 한다. 재무상태 및 영업실적을 기재한 서류라 함은 일반적으로 재무제표를 말하는 것으로 금융위원회가 정하여 고시하는 바에 따라 회계감사인의 회계감사를 받거나 공인회계사의 확인 및 의견표시를 받은 것이어야 한다(법 시행령 137조 1항 1호).

구체적으로는 설립 후 1사업연도가 경과한 법인의 경우 최근 사업연도의 회계감사

---

2. 발행인이 최근 1년간 공시위반으로 법 제429조에 따른 과징금을 부과받거나 이 영 제138조 · 제175조에 따른 조치를 받은 사실이 없을 것
3. 최근 2년 이내에 매출하려는 증권과 같은 종류의 증권에 대한 증권신고서가 제출되어 효력이 발생한 사실이 있을 것
4. 증권시장에 상장하기 위한 목적의 매출이 아닐 것
5. 투자매매업자 또는 투자중개업자를 통하여 매출이 이루어질 것
6. 그 밖에 금융위원회가 정하여 고시하는 요건을 충족할 것

1) 현행 법 제130조는 신고서를 제출하지 않고 증권을 매출하는 발행인에게 재무상태에 관한 공시 등의 의무를 부과하고 있으며, 이는 현재 매출신고서의 제출이 면제되는 매출금액 10억원 이하의 소액매출도 일정한 정보를 투자자에게 제공하도록 강제하기 위한 것인바, 개정안과 같이 발행인과 매출대상 증권에 대하여 충분한 공시가 이루어져 매출신고서의 제출이 면제되는 경우에는 자본시장법 제130조의 의무 중 일부 또는 전부를 면제하여 발행인의 부담을 경감시킬 필요가 있는 것으로 보이는바, 이에 대한 추가적인 검토가 있어야 할 것으로 사료된다(국회 정무위원회, 「자본시장과 금융투자업에 관한 법률 일부개정법률안 검토보고서」, 2012. 9, 130쪽).

2) 투자신탁의 수익증권이나 투자익명조합의 지분증권인 경우에는 그 투자신탁이나 투자익명조합을 말하며, 법 제159조 제1항에 따른 사업보고서 제출대상법인 및 제176조 제1항 각 호에 따른 외국법인등은 제외한다.

3) 증권의 발행 및 공시 등에 관한 규정 제2-17조 제2항.

인의 감사보고서(최근 사업연도 경과 후 반기결산일이 지난 경우에는 반기 검토보고서 포함) 또는 최근월 말일 기준의 회계감사인의 감사보고서를 제출하여야 하며, 설립 후 1사업연도가 경과하지 아니한 법인의 경우에는 최근월 말일 기준의 회계감사인의 감사보고서를 제출하여야 한다.[1] 다만, 집합투자증권의 경우에는 금융위에 해당 서류를 제출하지 아니하여도 된다(법 시행령 137조 1항 1호).

2. 청약권유시

소액공모시 청약의 권유를 함에 있어서는 인쇄물 등에 일정한 사항을 기재 또는 표시하여야 한다(법 시행령 137조 1항 2호). 이 경우 재무상태와 영업실적에 관하여 모집 또는 매출 전에 금융위원회에 제출한 서류의 내용과 다른 내용이나 거짓의 사실을 기재하거나 표시하여서는 안 된다(법 시행령 137조 1항 2호).

3. 소액공모 공시서류의 제출

증권의 모집 또는 매출의 개시일 3일 전까지 청약권유의 방법과 인쇄물 등에 기재하거나 표시한 사항을 금융위원회에 제출하여야 한다(법 시행령 137조 1항 3호). 모집 또는 매출을 개시한 후 청약권유의 방법이나 인쇄물 등에 기재 또는 표시한 내용을 변경한 경우에도 또한 같다(법 시행령 137조 1항 3호).

기존에는 "증권의 모집 또는 매출을 시작한 경우에는 지체 없이"라고 규정되어 있었는데, 투자자가 투자판단을 할 수 있는 숙려기간 부족 등의 문제가 제기됨에 따라 2012. 6. 29. 시행령 개정 당시 상기와 같이 변경되었다. 이로써 투자자가 청약 여부를 판단하기 위한 충분한 시간의 부여가 가능하게 되었다.[2]

4. 소액공모시 청약증거금의 관리

증권을 모집 또는 매출하는 발행인은 증권에 관한 투자매매업자 또는 투자중개업자 등과 청약증거금의 예치, 보관 및 투자자에 대한 반환 등에 관한 사항을 포함하는 청약증거금관리계약을 체결하고 계좌를 개설하여야 한다(법 시행령 137조 1항 3의2호). 기존에는 소액공모를 실행하는 회사가 청약증거금을 관리함에 따라 증거금의 납입·반환 과정에서 횡령 등의 사고가 발생[3]하는 등의 문제가 제기됨에 따라 2012. 6. 29. 시행령 개정을 통해 소액공모시 투자매매업자, 투자중개업자 등이 청약증거금 관리업무를 수행하도록 의무화하였다.[4]

---

1) 증권의 발행 및 공시 등에 관한 규정 제2-17조 제1항.
2) 금융위원회, 자본시장국 업무 브리핑, 2011. 9. 15, 5쪽.
3) 매일경제, "네프로아이티 청약금 횡령사건, 소액공모제 허점 악용," 2011. 7. 19.
4) 금융위원회, 자본시장국 업무 브리핑, 2011. 9. 15, 5쪽.

5. 소액공모 실적보고서의 제출

증권의 모집 또는 매출이 종료된 경우에는 지체 없이 그 모집 또는 매출 실적에 관한 결과를 금융위원회에 제출하여야 한다(법 시행령 137조 1항 4호). 동 서류에는 발행인의 명칭 및 주소, 주관회사의 명칭(주관회사가 있는 경우에 한함), 청약 및 배정에 관한 사항, 증권의 교부일, 상장일 및 증자등기일, 유상증자 전후의 주요주주의 지분변동 상황, 조달된 자금의 사용내역을 기재하여야 한다.[1)]

6. 기 제출 서류의 참조

소액공모와 관련하여 재무상태 및 영업실적에 관한 서류를 제출하여야 하는 경우로서 당해 소액공모전에 행하여진 모집 또는 매출시에 제출한 서류가 있고, 그 내용이 변경되지 않은 경우에는 그 서류를 참조하라는 뜻을 기재한 서면으로 그 발행인의 재무상태와 영업실적에 관한 서류의 제출을 갈음할 수 있다(법 시행령 137조 2항). 예컨대, 소액공모전에 증권신고를 한 경우 그 내용이 변경되지 않은 경우에는 그 증권신고서에 첨부된 감사보고서를 참조할 수 있다.

Ⅲ. 호가중개시스템을 통한 소액매출에 대한 특례

1. 의 의

법 시행령 제178조에 의하여 금융투자협회가 운영하는 주권장외거래시스템(이하 "호가중개시스템"이라 함)을 통하여 주권을 매도하기 위한 호가를 제시하는 행위는 그 상대방이 불특정다수이므로 법상 매출에 해당된다. 이는 호가중개시스템이 증권시장에 포함되지 않기 때문이다. 그러나 호가중개시스템의 매매체결방식은 실제에 있어 증권시장과 다르지 않아 증권신고서를 통하여 투자자를 보호할 실익이 없고, 호가중개시스템을 이용한 거래에까지 매출 신고서를 제출하도록 하는 것은 증권시장에 상장되지 않은 회사의 주권거래가 원활하게 이루어지도록 도입된 호가중개시스템의 취지에도 반하기 때문에 일정요건을 모두 충족하는 경우 해당 증권의 발행인이 자본시장법 시행령 제137조에 따른 조치를 이행한 것으로 간주하는 특례규정을 두고 있다(법 시행령 137조 3항).

1) 증권의 발행 및 공시 등에 관한 규정 제2-17조 제3항.

2. 적용대상

(1) 10억원 미만의 매출

이 특례는 호가중개시스템을 이용한 10억원 미만의 매출에 대해서만 적용된다(법 시행령 137조 3항 1호). 호가중개시스템을 이용한 거래라고 하더라도 그 금액이 10억원 이상인 경우에는 증권신고서를 제출하여야 한다. 이는 법 제130조에서 "제119조 제 1 항에 따른 신고서를 제출하지 아니하고 증권을 모집 또는 매출하는 경우"에 하여야 할 조치를 함에 있어 호가중개시스템을 이용한 거래에 대한 특례를 규정하는 것이므로 당해 매출이 증권신고서 제출대상인 경우에는 해당사항이 없기 때문이다.

(2) 장외거래

해당 증권의 매출이 제178조에 따른 장외거래방법 즉, 호가중개시스템에 의하여야 한다.[1)]

(3) 소액출자자의 매출

소액출자자(발행인 및 인수인 제외)의 매출에 대해서만 적용된다(법 시행령 137조 3항 2호). 소액출자자라 함은 해당 법인이 발행한 지분증권의 100분의 1에 해당하는 금액과 3억원 중 적은 금액 미만의 지분증권을 소유하는 자를 말하되, 그 법인의 최대주주 및 그 특수관계인은 제외한다(법 시행령 120조 2항).

(4) 일정한 사항의 공시

해당 증권의 발행인이 발행인에 관한 사항과 발행인의 재무상태 및 영업실적에 관한 사항을 기재한 서류를 금융위원회가 정하여 고시하는 방법에 따라 공시하여야 한다(법 시행령 137조 3항 3호).[2)]

---

1) 법 시행령 제178조(협회를 통한 장외거래) ① 협회는 법 제286조 제 1 항 제 5 호에 따라 증권시장에 상장되지 아니한 주권의 장외매매거래에 관한 업무를 수행하는 경우에는 다음 각 호의 기준을 준수하여야 한다.
   1. 동시에 다수의 자를 각 당사자로 하여 당사자가 매매하고자 제시하는 주권의 종목, 매수하고자 제시하는 가격(이하 "매수호가"라 한다) 또는 매도하고자 제시하는 가격(이하 "매도호가"라 한다)과 그 수량을 공표할 것
   2. 주권의 종목별로 금융위원회가 정하여 고시하는 단일의 가격 또는 당사자 간의 매도호가와 매수호가가 일치하는 경우에는 그 가격으로 매매거래를 체결시킬 것
   3. 매매거래대상 주권의 지정·해제기준, 매매거래방법, 결제방법 등에 관한 업무기준을 정하여 금융위원회에 보고하고, 이를 일반인이 알 수 있도록 공표할 것
   4. 금융위원회가 정하여 고시하는 바에 따라 재무상태·영업실적 또는 자본의 변동 등 발행인의 현황을 공시할 것

   ② 협회 외의 자는 증권시장 및 다자간매매체결회사 외에서 제 1 항에 따른 방법으로 주권 매매의 중개업무를 하여서는 아니 된다.

2) 증권의 발행 및 공시등에 관한 규정 제2-18조(호가중개시스템을 통한 소액매출시의 특례) ① 영 제137조 제 3 항 제 3 호의 규정에서 "금융위원회가 정하여 고시하는 방법"이란 발행인이 매출을 하는 날

3. 특례의 적용

호가중개시스템을 이용한 소액매출에 해당되는 경우에는 소액공모에 관한 법상의 공시의무가 면제된다.

제131조(보고 및 조사)

① 금융위원회는 투자자 보호를 위하여 필요한 경우에는 증권신고의 신고인, 증권의 발행인·매출인·인수인, 그 밖의 관계인에 대하여 참고가 될 보고 또는 자료의 제출을 명하거나, 금융감독원장에게 그 장부·서류, 그 밖의 물건을 조사하게 할 수 있다. 〈개정 2008. 2. 29〉

② 제 1 항에 따라 조사를 하는 자는 그 권한을 표시하는 증표를 지니고 이를 관계인에게 내보여야 한다.

Ⅰ. 보고와 조사	Ⅱ. 조사업무의 방해

Ⅰ. 보고와 조사

1. 의 의

금융위원회는 증권신고서 및 일괄신고서 등 증권의 모집 또는 매출에 관련된 서류의 진정성 확보 등 투자자 보호를 위하여 필요한 경우에는 증권신고서 및 그 첨부서류 등으로 제출된 서류 외에 추가적으로 보고 또는 자료의 제출을 명할 수 있다.

이는 증권신고서 등 금융위원회에 제출된 서류의 범위 내에서 행하는 예비조사 성격의 심사와는 달리, 적극적으로 필요한 자료의 요구 등을 할 수 있는 본격적인 조사에 해당된다고 볼 수 있다.

의 3일 전까지 다음 각 호의 서류를 금융위 및 한국금융투자협회(이하 "협회"라 한다)에 제출하여 공시하는 것을 말한다.

1. 영 제137조 제 1 항 제 3 호에 따라 금융위에 제출하는 기재 또는 표시내용 중 발행인에 관한 사항만을 기재한 서류
2. 제2-17조 제 1 항의 서류

② 사업보고서 제출대상법인이 사업보고서를 매출을 하는 날의 3일 전일 현재 이미 금융위에 제출하여 공시하고 있는 경우에는 제 1 항에 따른 공시의무를 면제한다.

③ 발행인은 제 1 항 제 1 호의 서류를 매결산기별 및 매반기별로 그 변동사항을 정정하여 제출하여야 한다. 이 경우 제출시기는 각각 결산기 경과 후 90일 이내 또는 반기 경과 후 45일 이내로 하며, 감사보고서 또는 반기검토보고서를 각각 첨부하여야 한다.

④ 제 1 항 제 1 호의 서류에 대한 세부적인 기재내용 및 방법 등은 감독원장이 정한다.

2. 조사의 대상

금융위원회는 증권의 모집 또는 매출과 관련하여 증권신고[1]의 신고인, 발행인, 매출인, 인수인, 그 밖의 관계인에 대하여 참고가 될 보고 또는 자료의 제출 등을 명할 수 있다. 관계인에 대해서는 명확한 규정이 없으나, 증권신고서 등의 거짓 기재 등으로 인한 배상책임에 있어 배상책임을 질 자를 포함하여 널리 증권의 모집 또는 매출에 관여하거나 하였던 자를 말한다고 본다. 예컨대, 증권신고의 실무담당자, 청약사무를 취급한 투자매매업자 등이 이에 속한다고 볼 수 있다.

3. 조사의 방법

금융위원회는 직접 조사하거나 금융감독원장으로 하여금 조사업무를 수행하게 할 수 있다. 일반적으로는 전문적으로 조사업무를 수행하는 금융감독원장으로 하여금 조사업무를 수행하도록 할 것이다.

조사방법은 보고 및 자료제출 명령, 장부·서류 그 밖의 물건의 조사이다. 법 제426조의 조사와 달리 출석 또는 진술서의 제출 등의 조사방법은 이용할 수 없다.

4. 증표의 휴대 및 제시

조사업무를 수행하는 자는 그 권한을 표시하는 증표를 지니고 이를 관계인에게 제시하여야 한다.

Ⅱ. 조사업무의 방해

제 1 항에 따른 보고 및 조사에 불응한 자에 대해서는 5천만원 또는 1천만원 이하의 과태료에 처할 수 있다(법 449조 1항 20호, 법 449조 2항 8호).

제132조(위원회의 조치)

금융위원회는 다음 각 호의 어느 하나에 해당하는 경우에는 증권신고의 신고인, 증권의 발행인·매출인·인수인 또는 주선인에 대하여 이유를 제시한 후 그 사실을 공고하고 정정을 명할 수 있으며, 필요한 때에는 그 증권의 발행·모집·매출, 그 밖의 거래를 정지 또는 금지하거나 대통령령으로 정하는 조치를 할 수 있다. 이 경우 그 조치에 필요한 절차 및 조치기준은 총리령으로 정

1) 법 제120조(신고의 효력발생시기 등) ① 제119조 제 1 항 및 제 2 항에 따른 증권의 신고(이하 "증권신고"라 한다)는 그 증권신고서가 금융위원회에 제출되어 수리된 날부터 증권의 종류 또는 거래의 특성 등을 고려하여 총리령으로 정하는 기간이 경과한 날에 그 효력이 발생한다.

한다. 〈개정 2008. 2. 29, 2009. 2. 3, 2013. 5. 28〉

1. 증권신고서·정정신고서 또는 증권발행실적보고서를 제출하지 아니한 경우
2. 증권신고서·정정신고서 또는 증권발행실적보고서 중 중요사항에 관하여 거짓의 기재 또는 표시가 있거나 중요사항이 기재 또는 표시되지 아니한 경우
3. 제121조를 위반하여 증권의 취득 또는 매수의 청약에 대한 승낙을 한 경우
4. 투자설명서에 관하여 제123조 또는 제124조를 위반한 경우
5. 예비투자설명서 또는 간이투자설명서에 의한 증권의 모집·매출, 그 밖의 거래에 관하여 제124조 제2항을 위반한 경우
6. 제130조에 따른 조치를 하지 아니한 경우

Ⅰ. 위원회의 조치

1. 의　　의

금융위원회는 증권신고서, 투자설명서 및 발행실적보고서 등 제출된 서류의 심사 또는 조사결과 증권의 모집 또는 매출과 관련된 규제 중 일정한 사항을 위반한 자에 대해서는 시정명령 기타 행정상의 제재를 가할 수 있다.

2. 조치대상자

증권신고의 신고인, 증권의 발행인·매출인·인수인 또는 주선인에 대해서 일정한 조치를 할 수 있다. 자본시장법 제131조의 조사대상자 중 "관계인"의 경우는 조치대상자에서는 제외된다.

3. 조치사유

금융위원회가 조치를 할 수 있는 사유는 다음과 같다(법 132조).

① 증권신고서·정정신고서 또는 증권발행실적보고서를 제출하지 아니한 경우

② 증권신고서·정정신고서 또는 증권발행실적보고서 중 중요사항에 관하여 거짓의 기재 또는 표시가 있거나 중요사항이 기재 또는 표시되지 아니한 경우

③ 제121조를 위반하여 증권의 취득 또는 매수의 청약에 대한 승낙을 한 경우

④ 투자설명서에 관하여 제123조 또는 제124조를 위반한 경우

⑤ 예비투자설명서 또는 간이투자설명서에 의한 증권의 모집·매출, 그 밖의 거래에 관하여 제124조 제2항을 위반한 경우

⑥ 제130조에 따른 조치를 하지 아니한 경우

4. 조치의 내용

금융위원회는 증권신고서 등의 정정을 명할 수 있고, 필요한 때에는 그 증권의 발행·모집·매출, 그 밖의 거래를 정지 또는 금지할 수 있다.

이 중에서 "그 밖의 거래"가 무엇을 의미하는지는 명확하지가 않다. 당해 증권에 대한 청약이 개시된 경우에는 정정명령이 의미가 없으므로 당해 거래를 정지시킬 필요가 있다고 본다. 또한, 당해 증권이 발행 또는 매출된 이후에 문제가 발견된 경우 당해 증권의 거래를 금지하는 것도 투자자 보호를 위하여 필요성을 인정할 수 있다. 이와 같이 증권의 모집 또는 매출과 직접적인 관계가 있는 거래가 "그 밖의 거래"에 포함된다고 해석하는 것은 무리가 없다고 본다.

그러나 증권의 모집 또는 매출과 간접적인 관계가 있는 거래와 무관한 거래의 경우에는 논란이 있을 수 있다.

먼저, 공개매수의 대가로 주식을 발행하여 주는 "교환공개매수" 거래에 있어서 증권신고서에 거짓의 기재가 있는 경우와 같이 간접적 관계가 있는 거래는 정지 또는 금지의 대상이 된다고 보는 것이 타당할 것이다. 이러한 거래는 증권의 모집 또는 매출과 분리하여 고려할 수 없는 거래이고, 증권신고서 등의 거짓기재가 공개매수에 관한 투자자의 판단과 연관성이 있기 때문이다.

둘째, 증권의 모집 또는 매출과 무관한 거래에 대해서는 "그 밖의 거래"에 포함되지 않는다고 보는 것이 타당하다. 증권신고서 등과 관련된 위반행위가 있었다고 해서 그와 직·간접적인 관계가 없는 거래까지 정지 또는 금지할 수 있다고 해석하는 것은 무리가 있다.

한편, 대통령령에서는 다음의 조치를 할 수 있도록 규정하고 있다(법 시행령 138조).

① 1년의 범위에서 증권의 발행 제한[1)]

② 임원에 대한 해임권고

③ 법을 위반한 경우에는 고발 또는 수사기관에의 통보

④ 다른 법률을 위반한 경우에는 관련 기관이나 수사기관에의 통보

⑤ 경고 또는 주의

한편, 위원회의 처분을 위반한 자에 대해서는 1년 이하의 징역 또는 3천만원 이하의 벌금에 처할 수 있다(법 446조 24호).

[초판: 유석호, 개정판: 정은정]

1) 이에 따를 경우 당해 모집 또는 매출과 관련이 없는 증권의 발행도 포함되는데, 직·간접적 관계가 없는 거래가 정지 또는 금지의 대상이 아니라고 보는 입장에서는 과도한 규제라고 본다.

제 2 장 기업의 인수 · 합병 관련제도

제 1 절 공개매수

○ 前注

Ⅰ. 공개매수의 연혁

공개매수는 미국, 영국, 프랑스 등 구미제국에서 복합적 기업결합(conglomerate)에 의한 기업 확장이 보편화되면서 회사의 지배권을 취득하기 위한 기업인수(merger and acquisition, M&A)의 일환으로 널리 활용되어 왔다.

연혁적으로 공개매수는 20세기 초 영국에서 그 현상이 태동하여 제 2 차 세계대전 이후 미국기업의 유럽진출과 더불어 증가하기 시작하였다. 미국 내에서는 '60년대에 들어 공개매수가 크게 증가하기 시작했다. 그것은 당시 대표적인 지배권 장악수단으로 이용되었던 위임장 권유제도(proxy solicitation)보다 공개매수를 이용하는 것이 비용 면에서 유리하고, 단기간 내에 대량의 주식을 취득할 수 있으며, 실패하더라도 주식의 처분이 용이하였기 때문이다. 특히 미국은 1968년 이전까지만 해도 미국 연방법상 현금공개매수에 의한 규제가 존재하지 않았다는 점이 공개매수의 선호를 촉발시킨 중요한 원인이라고 할 수 있다.[1] 그리고 '70년대에 들어와서는 미국경제의 현저한 퇴조현상이 나타남에 따라 독점금지법상의 기업결합규제를 완화한 경제 정책적 배경 속에서 공개매수에 의한 기업결합이 현저히 증가하였다.

그러나 미국은 지배권시장에서 현금공개매수가 증가하면서 1933년 증권법에 의한 증권발행규제와 1934년 증권거래법에 의한 위임장 규제 사이에 투자자 보호의 미흡 등 규제의 흠결[2]이 나타남에 따라 공개매수법인 윌리암즈법(Williams Act)을 제정하였다. 이

1) Louis Loss, Fundamentals of Securities Regulation(Little, Brown & Company, 1983), p. 568.

2) 교환공개매수의 경우에는 1933년 증권법상 등록의무와 공시의무가 적용되고, 위임장 권유의 경우에는

법은 1934년 증권거래법을 개정한 것으로서 완전정보공시주의의 철학 위에서 투자자보호를 극대화하고자 하였으며, 공개매수자와 대상회사 경영진의 균등취급정신 하에서 규제의 중립성을 견지하고 있다.[1)]

그 밖에 유럽에서는 프랑스의 경우에는 1959년에 공개매수가 처음 발생하였지만, 영미에 비하여 그 발생 실적은 크게 저조한 편이다. 그리고 구미제국보다 뒤늦게 공개매수를 도입한 일본의 경우에는 1972년에 공개매수가 처음 발생하였다.

한편 우리나라의 경우 공개매수는 1976년 증권거래법에 처음으로 도입되었지만, 대량주식소유의 제한[2)] 등 적대적 공개매수가 성공할 수 없는 경영권 보호 장벽이 존재하였고, 사회 문화적으로도 적대적 기업 인수에 대한 부정적 이미지가 지배하는 등의 이유로 공개매수제도가 발전하지 못하였다.[3)] 그러나 1994년 1월부터 대량주식소유제한제도가 폐지되고, 1997년 말 금융위기 후 공개매수 등 M&A 활성화를 위한 규제완화가 지속되면서 우리나라에서도 공개매수가 비교적 활발하게 이용되었다. 우리나라에서는 1994년 5월 미국법인인 나이키(주)가 삼나 스포츠(주)에 대하여 행한 공개매수가 최초의 사례이다. 지금까지 발생한 대부분의 공개매수는 우호적인 것이었지만 적대적 공개매수도 발생하였다. 1994년 11월 한솔제지가 동해종합금융(주)을 인수한 사례는 최초의 적대적 공개매수에 해당한다. 우리나라에서는 1994년 이후 2012년 7월말까지 총 129건의 공개매수가 발생하였다.[4)]

Ⅱ. 공개매수의 정의 : 미국에서의 논의

공개매수에 대한 법적 규제의 지도적인 입법례를 갖고 있는 미국에서는 공개매수의 개념을 법으로 정의하지 아니하고 이를 판례와 해석론에 맡기고 있다. 공개매수규제에 관한 연방법인 윌리암즈법[5)]의 제정과 관련하여 미국의 의회보고서에서는 전통적인 의미에 있어서 공개매수의 청약은 일반적으로 개인 또는 단체가 특정회사의 주식등을 시장가격보다 높은 매수가격으로 매수하고자 하는 청약을 말하며, 그 청약에 승낙하기 위해서는 소유하는 주식을 제공하여야 하고, 청약자는 일정한 조건이 성취되면 그 제공주식의

1934년 증권거래법에 의하여 신고와 공시의무가 적용되지만, 현금공개매수의 경우에는 그러한 의무가 적용되지 않았다. 김정수, 「자법시장법원론」, SFL그룹, 2011, 763쪽.

1) William Tyson, "The Proper Relationships between Federal and State Law in the Regulation of Tender Offers," 66 Notre Dame L, Rev., 241, 252(1990).
2) 누구든지 상장법인이 발행한 주식은 누구의 명의로 하든지 자기의 계산으로 당해 유가증권이 신규로 상장된 당시에 총발행주식(의결권이 없는 주식은 제외)의 100분의 10 이상을 소유하고 있는 주주는 그 소유비율, 그 외의 자는 총발행주식의 100분의 10을 초과하여 소유하지 못한다(구증권법 200조 1항).
3) 김정수, 전게서(2011), 765쪽.
4) 김태형, "공개매수의 현황," 「BFL」(2012. 9), 서울대학교 금융법센터, 7-8쪽.
5) 1968년의 개정에서 신설된 1934년 증권거래법 제13조 d, e, 제14조 d, e, f의 5개 조항을 말한다.

전부 또는 일부를 매수할 의무를 부담하는 것이라고 정의한 바 있다.[1)]

이러한 정의에 따르면 공개매수는 주식매수의 공개적 청약, 프리미엄부 매수가격, 피권유자의 주식제공, 청약자의 제공주식의 전부 또는 일부에 대한 조건부 매수라는 4가지 요소가 그 본질적인 구성요건인 것으로 풀이된다고 볼 수 있다. 그 밖에 이와 같은 요건 이외에도 공개매수의 성립요건에 대상회사의 지배권취득목적이 존재하여야 하고, 주식매수의 청약에 청약의 유효기간과 주주의 주식제공기간 등과 같은 확정기한부 매수기간의 요소가 추가된다고 풀이하는 견해[2)]도 있다.

미국의 일반적인 해석론에 따르면 공개매수의 대부분이 대상회사의 지배권의 취득 또는 강화에 목적이 있는 것은 사실이지만 공개매수가 언제나 대상회사의 지배권을 취득할 목적으로 행하여지는 것은 아니다.[3)] 대상회사의 경영에 있어서 단순한 영향력의 행사, 투자의 효율화 또는 대상회사의 폐쇄기업화 등을 목적으로 행하여지는 경우도 있다는 점에서 공개매수의 본질적 구성요건에서 지배권의 취득목적은 절대적인 것은 아니라고 보고, 공개매수란 회사, 개인 또는 단체가 일정기간 동안에 특정가격 또는 특정조건으로 현금의 지급 또는 유가증권과의 교환으로 공개회사가 발행한 유가증권의 전부 또는 일부를 매수하기 위하여 행하는 공개적 청약(public offer) 또는 권유(solicitation)라고 정의하고 있다.[4)]

그러나 이와 같은 개념정의에서는 공개매수를 유가증권 시장 외에서 이루어지는 주식등의 매수로만 제한하지 않고 있다. 그것은 공개매수의 본질적 구성요소를 일정한 형식적 요소에 의하여만 파악하면, 일정한 증권거래가 공개매수를 행한 것과 동일한 효과를 얻으면서 그 형식요건의 일부를 변형하거나 회피함으로써 엄격한 법적 규제를 면탈할 수 있는 불합리를 용인하는 결과로 되어 공개매수법의 근본정신을 침탈하는 결과가 되기 때문이다. 그리하여 오늘날 미국에 있어서는 공개매수를 전형적인 공개매수의 개념보다 확장하여 정의하는 것이 판례와 학설의 주류이다. 후술하는 바와 같이 미국에서는 1979년 Wellman v. Dickinson 사건의 판결[5)]에서 제시된 8가지 기준(eight factor test), 이른바 Wellman Test가 공개매수의 성립여부를 판단하는 일반기준으로 여겨지고 있다.

한편 우리나라의 자본시장법은 공개매수를 불특정다수로부터 증권시장 및 다자간매

1) H. R. Rep. No.1711. 90th Cong., 2d Sess. 4, Reprinted in 1968 U.S. Code Cong & Ad. News 2811
2) Note, “Cash Tender Offers,” 83 Harv. L. Rev. 378 (1969).
3) 영국의 Weinberg, Blank, Greystoke는 공개매수를 대상회사의 의결권지배에 충분한 주식을 취득할 목적으로 하는 청약이라고 정의하면서, 공개매수가 반드시 지배권취득에 목적이 있는 것은 아니라고 풀이하고 있다. M. A Weinberg, M. V. Blank & A.L. Greystoke, Takeovers & Mergers(Sweet & Maxwel, 1979), p. 4.
4) Edward R. Aranow & Herbert A. Einhorn, “Essential Ingredients of the Cash Tender Invitation,” 27 Bus. Law. 415 (1979).
5) 475 F. Supp. 783 (S.D.N.Y. 1979), Aff'd, 682 F. 2d 355 (2d Cir.1982), cert. denied, 460 U.S. 1069 (1983).

매체결회사(이하 '증권시장등') 밖에서 주식등의 매수청약 또는 매도청약의 권유에 의하여 주식등을 매수하는 것이라고 정의하고 있다(법 133조 1항). 이러한 정의 태도는 미국의 경우와는 달리 일정한 주식등의 거래가 공개매수인지에 대한 혼란스러운 해석상의 다툼을 방지할 수 있는 장점이 있다. 그러나 증권시장등 외에서의 주식등의 매수라고 하더라도 법상 공개매수가 강제되는 경우가 아닌 5% 미만의 주식등의 매수가 공개매수라고 볼 수 있을지에 대한 판단 문제에 있어서는 미국에서의 정의론이 공개매수의 본질론적 관점에서 참고될 수 있다고 본다.

Ⅲ. 공개매수의 법적 성질

공개매수는 특수한 유가증권거래로서 투자자보호를 위하여 청약의 의사표시의 형식과 조건이 법정되는 등 전통적인 계약의 성질과는 다른 특성을 가진다. 이것은 우리의 법제 하에서도 다르지 아니하다고 본다.

1. 조건부청약

공개매수의 청약은 조건부 청약이다. 공개매수의 청약은 대상회사의 주주에 대하여 행하는 의사표시로서 그 상대방인 다수의 주주가 일정기간 내에 공개매수자에게 소유주식을 제공 또는 예탁하여 그 수가 매수예정수량에 달할 것을 조건으로 하고, 그 조건의 성취가 있을 때에 매매계약이 성립한다. 여기서 조건의 성취는 계약의 성립요건으로서의 승낙을 뜻하지만, 그 승낙은 개별주주의 의사표시만으로는 부족하고 상호 무관한 독립적인 개별 주주들의 의사표시의 총체로서의 승낙을 의미한다. 그러므로 특정주주가 청약을 승낙하고 소유주식을 제공하였다 할지라도 매수기간의 종료시까지, 그리고 조건의 완전한 성취가 있기까지에는 청약자인 공개매수자에 대하여 계약의 이행을 주장할 수 없다.

청약에 있어서 조건은 청약자 또는 상대방의 의사에 의하여 좌우될 수 있는 임의조건(condition potestative)이어서는 아니 되며, 장래의 불확실한 사실의 발생에 의하여 결정되는 우연적 조건(condition casuelle)이어야 한다.[1] 그리고 청약에 있어서의 조건은 정지조건(condition suspensive)일 수도 해제조건(condition résolutoire)일 수도 있다. 정지조건은 공개매수자가 매수하고자 하는 최소수량의 증권이 제공되어야 한다는 유보조항이 여기에 해당한다. 따라서 유보조항이 존재하면 청약을 승낙한 자는 승낙의 의사를 표시한 때에 권리를 취득하는 것이 아니고 조건부 권리만을 가질 뿐이다. 유보조건이 성취되지 아니하면 그 조건부 권리는 그 승낙시점부터 소급하여 소멸한다.

1) Robert Wtterwulghe, L'offre publique d'acquisition au service d'un marché des sociétés - une Analyse Droit - Economie (La Renaissance du Livre, 1973), p. 41.

2. 일방적 채무부담계약

공개매수는 특정회사의 불특정한 주주에 대하여 제공주식의 전부 또는 일부를 매수하겠다는 확정적 의사표시로서 일방적 채무부담(engagement unilatéral de volonté)을 내용으로 하는 청약이다.

공개매수의 청약은 단순히 법률사실에 불과한 전통적인 계약법상의 청약과는 달리 유효한 법률행위이다. 즉 그것은 일정수량의 증권제공이라는 조건이 유보되지만, 증권을 매수하겠다는 의사에 의한 일방적 약속이므로 상대방의 승낙으로부터 독립하여 고유한 효력을 갖는 일방적 의사표시행위(acte de volonté unilatéral)이다.[1]

그러므로 청약자는 상대방의 승낙을 기다리지 아니하고 청약상의 의무를 일방적으로 부담한다. 상대방의 승낙이 있고 그 승낙이 철회되지 않는 한 완전히 유효한 계약으로 성립하므로,[2] 상대방은 이 때에 청약자에게 의무의 이행을 주장할 수 있는 계약상의 권리를 갖게 된다. 공개매수의 청약에 이와 같은 효력을 인정하는 것은 불특정다수로부터 주식을 매수하여 단기간 내에 회사의 지배권이 이전되는 공개매수거래의 특성에서 그 이유를 찾을 수 있다.[3]

3. 철회불가의 청약

공개매수의 청약은 그 철회가 불가한 청약이다.[4] 일반적인 편무계약에 있어서 청약은 그것이 승낙되기 전이라면 언제든지 철회할 수 있는 것과는 대조적이다. 그러나 청약자는 매수기간 중에는 매수가격, 매수수량 등에 관한 청약의 의사표시를 변경할 수는 있으나, 청약의 의사표시가 상대방에게 도달하면 청약자는 일방적인 채무를 부담하므로 상대방의 승낙에 관계없이 자기의 청약을 이행하여야 할 의무, 즉 구속력이 발생한다. 이것은 증권시장을 교란하는 투기행위를 방지하고 공개매수의 공공성을 보장함은 물론, 투자자의 보호에 충실하기 위한 것이다.[5]

4. 집단적 청약

자본시장법은 공개매수를 불특정다수에 대한 매수의 청약 또는 매도청약의 권유라고 명시하고 있다. 공개매수의 청약은 다수의 피권유주주에 대하여 소유주식의 매도를 권유하는 공개적인 청약으로서 다중에 대한 집단적 청약(offre au public, offre collective)이

1) Ibid.
2) Pierre Bézard, Les offres publique d'achat(Masson, 1982), p. 17.
3) Wttewulghe, p. 36.
4) Wttewulghe, p. 35; Bézard, p. 17.
5) Wttewulghe, p. 36.

다.[1] 다중에 대한 집단청약은 그 상대방이 대상회사의 기명주주 또는 무기명주주 모두에게 집단적으로 이루어진다는 의미를 갖는다.

5. 부합계약

공개매수는 대상회사의 피권유주주에 대하여 행하여지는 부합계약(contrat d'adhésion)이다. 공개매수 청약은 대상회사의 특정주주에 대한 청약이 아니라, 주주의 전부 또는 일부에 대하여 행하여진다는 점에 그 특징이 있다. 그 청약의 내용은 당사자 중의 일방인 공개매수자에 의하여 배타적으로 결정되고, 상대방인 주주는 그 청약의 내용 전체를 승낙하든지 또는 거절하든지 하는 선택의 자유만을 갖는다.[2]

공개매수의 청약을 부합계약으로 보는 본질적인 이유는 계약당사자인 공개매수자와 주주 간에 존재하는 경제적인 불평등 때문이다. 이러한 경제적 불평등은 증권시장의 불완정성으로부터 초래되고 그 불완정성은 정보의 결여 또는 부족에서 기인한다고 할 수 있다.

Ⅳ. 공개매수개념의 확장논의 : 미국의 경우

1. 주주압력설

미국의 증권거래위원회(SEC)와 법원은 전통적인 형식요건과 일치하지 아니하는 증권매수도 공개매수의 성립범위에 들 수 있다고 해석함으로써 공개매수개념에 대한 확장논의가 시작되었다. 그 논의의 대상은 공개시장매수와 사적교섭매수이다. 이와 같은 논의는 공개매수의 본질을 새로이 파악하는 것으로부터 출발하고 있는데 그 본질은 주주압력(shareholder pressure)에 있다고 한다.

이러한 견지에서는 공개매수는 주주에게 심리적인 압력을 가하여 불충분한 정보 아래에서 숙려하지 아니하고 주식의 매도결정을 하게 하는 데에 그 본질이 있다고 본다. 따라서 전형적인 공개매수 이외에 주식의 공개시장매수 또는 일정한 주주와의 사적비밀매수라 할지라도 주식의 취득방법이 당해 주주에게 일종의 심리적인 압박을 주어서 불충분한 정보로 성급하게 소유주식의 매도결정을 초래하는 경우에도 공개매수의 성립 여부를 가릴 수 있다.[3] 다만 여기서는 주식의 매도압력을 야기하는 요소의 범위가 문제가 되고 있을 뿐이다.[4] 우리 법상으로도 공개매수가 강제되는 명시적인 요건에 해당하지 않

---

1) Bézard, p. 56.

2) Wttewulghe, p. 61.

3) Edward R. Aranow, Herbert A. Einhorn & George Berlstein, Developments in Tender Offers for Corporate Control(Columbia Univ. Press, 1977), pp. 14-15; Note, "The Developing Meaning of Tender Offer under the Securities Act of 1934," 86 Harv. L. Rev. 1256, 1275(1973. 5); 송종준, "Williams법과 공개매수정의론,"「판례월보」제218호(1988. 11), 판례월보사, 21쪽 이하 참조.

4) 미국의 판례와 학설에 대한 상세한 소개는 송종준, "유가증권 공개매수에 관한 연구," 고려대학교 박

는 주식등의 매수가 공개매수에 해당할지의 여부를 판단할 때에는 이 주주압력의 요소가 그 근거로서 고려될 수 있을 것이다. 이하에서는 미국의 판례, 학설, 그리고 SEC의 입장을 중심으로 이 문제를 살펴보기로 한다.

2. 판례의 태도

(1) 공개시장매수의 공개매수성

미국의 판례는 일반적인 공개시장매수와 공개매수에 앞서 행한 공개시장매수(pre- tender offer market purchase)는 공개매수로 성립될 수 없다는 입장을 취하고 있다.[1] 그러나 특정회사의 지배권행사에 필요한 상당비율의 주식을 취득하고자 하는 계획이 소문에 의하여 알려지거나 적극적으로 공표되고, 그 후 신속하게 이루어지는 시장매수는 공개매수라고 판시한 예[2]가 있다. 공표에 의한 시장매수는 당해주주에게 주식매도의 결정에 압력을 줄 수 있다는 점을 논거로 하고 있다.

(2) 사적교섭매수의 공개매수성

사적교섭매수(privately negotiated purchase)는 공개시장 외에서 매수인과 매도인인 주주 사이에 개별방문, 전화, 우편수단 등의 직접적인 접촉을 통한 교섭에 의하여 주식의 매매가 이루어지는 것을 말한다. 미국의 판례는 이와 같은 교섭방식에 의한 사적교섭매수가 공개매수로 성립될 수 있다는 점에 대해 대체로 긍정적이다. 이러한 입장은 Cattleman's Investment Co. v. Fears 사건[3]의 판결에서 최초로 확인되었으며, 권유수단으로서의 직접적인 접촉은 주주로 하여금 성급한 투자결정을 하도록 압력을 주었다는 점이 이유가 되었다.

그 후의 판례는 사적교섭매수의 공개매수성을 판단하는 기준을 주식의 매도압력(pressure to sell)에서 찾고, 그러한 압력을 야기하는 요소를 구체적으로 구명하는 데에 초점을 맞추고 있다. 주식매도의 권유를 받는 상대방, 즉 피권유자수의 다수성 및 피권유자의 주식투자경험 또는 전문성 여부가 주식매도의 압력을 창출하는 요소라고 한 판례,[4]

사학위논문, 1990, 30쪽 이하 참조.

1) 일반적인 시장매수의 공개매수 성립을 부정한 판례로는 대표적으로 Kennecott Copper Corp. v. Curtiss-Wright Corp. 584 F. 2d, 1195(2d cir. 1978); Stromfeld v. Great Atlantic & Pacific Tea Co., 484 F. Supp. 1264(S.D.N.Y. 1980), aff'd 646 F. 2d 563(2d cir, 1980); Maynard Oil Co. v. Deltec Panamerica S.A, 630 F. Supp. 502(S.D.N.Y. 1985) 등이 있다. 공개매수에 선행하는 시장매수의 공개매수 성립을 부정한 대표적인 판례로는 Gulf & Western Industries Inc. v. Great Atlantic & Pacific Tea Co. 356 F. Supp. 1066(S.D.N.Y, 1974), aff'd 476 F. 2d 687(2d Cir, 1973); Copperweld Corp. v. Imetal, 403 F. Supp. 579(W.D. Pa, 1975) 등이 있다.

2) S-G Securities, Inc. v. Fuqua Investment Co., 466 F. Supp. 1114(D. Mass. 1978) : Loews Corp. v. Accident & Gas Industries Co.,Civil No. 74 C-1396(N.D. Ill. Aug. 20, 1974).

3) 343 F. Supp. 1248(W.D. Okla. 1972).

4) D-Z Investment Co. v. Holloway[1974-1975 Transfer Binder] CCH Fed. SEC. L. Rep. at 94,771

대상회사의 지배권을 취득할 목적으로 대량주식을 취득할 의사를 공표하고 그 공표에 뒤따른 신속한 주식취득(공개시장 및 사적교섭매수)은 주식의 매도압력을 초래한다고 한 판례[1]가 있다.

그 후 Wellman v. Dickinson 사건의 판결[2]에서 사적교섭매수의 공개매수성을 판단하는 8가지 기준(eight factor test)을 처음으로 제시한 바 있다. 이를 Wellman Test라고 한다. 그 기준은 (1) 주주들에 대한 적극적이고 광범위한 권유가 있을 것, (2) 주주의 상당비율에 대한 권유가 있을 것, (3) 프리미엄부 매수가격이 있을 것, (4) 청약조건이 확정적일 것, (5) 일정주식의 제공을 조건으로 하는 청약일 것, (6) 확정기한부 청약일 것, (7) 피청약자에 대한 주식매도압력이 존재할 것, (8) 매수계획의 공표가 있을 것 등이다.[3]

이 기준이 오늘날 사적교섭매수의 공개매수 성립여부를 결정하는 지배적인 판례법 원칙이 되고 있다. 다만 이 기준 하에서는 사적교섭매수의 공개매수성을 인정하는 데에 위의 8가지 요소가 모두 충족되어야 하는지가 문제된다. 그것은 구체적인 사실관계에서 나타나는 개별요소의 중요성에 따라 결정된다. 예컨대 제 2 요소와 제 8 요소의 부존재는 공개매수의 성립에 영향을 주지 아니한다거나,[4] 상황 전반을 종합적으로 보고 판단해야 한다[5]는 것이 판례의 입장이기도 하다.

3. 학설의 입장

(1) 공개시장매수의 공개매수성

미국에서 일반적인 공개시장매수는 공개매수로 성립할 수 없다고 보는 견해가 유력하다. 공개매수의 성립을 인정하면 공개시장제도가 사실상 붕괴될 수 있고, 실제로 공개매수의 실체적 규제를 준수하면서 공개시장거래를 행하는 것은 불가능하기 때문이다. 그러나 공개시장매수라 하더라도 지배권 취득목적의 시장매수, 매수계획의 공표를 수반한

(S.D.N.Y. 1974); Brascan Ltd. v. Edper Equities Ltd.477 F. Supp.773(S.D.N.Y. 1979).

1) S-G Securiries INC. v. Fuqua Investment Co. 466 F. Supp. 1114(D. Mass. 1978).

2) 475 F. Supp. 783(S.D.N.Y. 1979), aff'd, 682 F. 2d 355(2d Cir. 1982), Cert. Denied, 460 U.S. 1069 (1983). 이 사건에서 S사는 Dickinson(이하 D)사 주식의 1/3을 매입하여 그 지배권을 취득할 것을 계획하고, 9인의 개별주주를 권유하여 주식매수를 종료한 후, 30인의 기관투자자에게 전화를 했다. 여기서 S사는 그들에게 D사 주식의 20%가 제공될 것을 조건으로 하여 매수청약을 했다. 어떤 기관투자자에게는 한 시간, 어떤 경우에는 그 다음 날까지밖에 승낙할 시간이 주어지지 않았다. 수시간 내에 S사는 D사의 사외보통주식의 30%에 대한 구두약정을 체결하고 최종적으로 34%의 지분을 취득하기에 이르렀다.

3) 개별기준의 적용에 관한 해설은 James D. Cox, Robert W. Hillman and Donald C. Langevoort, Securities Regulation-Cases and Materials(ASPEN, 2004), pp. 961-963; 송종준, 전게 학위논문(1990), 48-51쪽 참조.

4) Hoover v. Fuqua Industries Inc.[1979-1980 Transfer Binder] Fed. Sec. L. Rep. CCH at 97,107(N.D. Ohio, 1979).

5) Hanson Trust v. SCM, 774 f. 2D 47(2d Cir. 1985).

시장매수, 공개매수에 선행하는 시장매수 등에 대하여는 긍정, 부정의 견해가 대립하고 있다.[1)]

(2) 사적교섭매수의 공개매수성

공개시장 외에서 행한 사적교섭매수가 공개매수로 성립할 수 있는 지에 대하여 학설은 찬성하는 견해가 지배적이다. 그 판단기준은 판례와 마찬가지로 실질적인 기준은 주주의 주식매도압력에서 찾고, 그 압력을 창출하는 구체적인 형식적 기준이 무엇인지를 구명하고자 하는 시도가 이루어지고 있다.[2)] 그 형식적 기준으로 권유행위, 프리미엄 가격, 청약조건의 확정, 매수예정수량, 응모기간의 제한 등에 대한 주주의 인지, 프리미엄의 일시적 존재, 매수조건에 대한 협상기회의 결여, 소유주식의 대체성 등을 제시하면서 이 중에서 4가지 요소가 충족되면 주주압력을 초래하므로 그 거래가 공개시장거래이든, 사적교섭매수이든 공개매수로 성립할 수 있다는 견해[3)]가 있다. 또한 공개매수는 부진정한 사적교섭매수(ostensibly private purchase), 즉 진정한 사적매수가 아닌 경우에 한하여 성립할 수 있고, 그 판단기준은 피권유자의 수, 피권유자의 주식소유비율의 정도, 매수계획의 공표, 피권유자의 지식·경험의 정도, 권유방법 등 5가지 기준을 제시하면서 피권유자의 수가 제 1 차적 판단기준이고 나머지 4가지 기준은 보완적 요소라고 파악하는 견해[4)]도 있다.

4. SEC의 제안

SEC는 증권거래법상의 공개매수규제를 회피할 목적으로 전형적인 공개매수를 변형한 방법으로 회사의 지배권을 취득하기 위한 시도가 빈발함에 따라, 공개매수의 정의규칙의 제정을 제안한 바 있다.[5)] 이 규칙안은 전형적인 공개매수개념을 벗어나는 공개적 권유행위(public solicitations)와 사적교섭매수는 물론이고, 공개시장매수도 공개매수의 개념에 포함시킬 수 있는 근거를 제공한 셈이다. 그러나 이 안은 입법으로 채택되지 않았다. 중요한 것은 SEC의 제안은 하나의 의견에 불과하므로 공개매수법인 Williams법의 입법취지와 일치하는 범위에서만 평가될 수 있을 것이다.

SEC는 이 제안에서 공개매수를 증권의 제공을 목적으로 하는 신청(request) 또는 유인(invitation)을 포함하여, 단일종류의 증권의 매수를 목적으로 하는 하나 또는 그 이상의 청약, 또는 증권의 매도를 목적으로 하는 청약의 권유라고 포괄적으로 정의하고 있다

1) 상세한 내용은 송종준, 전게 학위논문(1990), 43-47쪽 참조.
2) 상게 학위논문(1990), 51-60쪽 참조.
3) Note, "The Elusive Definition of a Tender Offer"(Symposium; Current Issues in Tender Offers), Journal of Corp. L, 503, 513(spring, 1982).
4) Aranow, Einhorn & Berlstein, pp. 4-10.
5) SEC Exch. Act Release, No. 34-16385(Nov. 29, 1979).

(14(b)(1)). 그리고 그러한 청약 또는 청약의 권유는 45일 동안에 10인 이상의 자에 대하여 당해 종류의 증권의 5% 이상을 취득할 목적으로 행해져야 한다는 객관적인 기준을 정하고 있다(동 i 호). 그리고 이에 해당하지 않더라도 청약 또는 청약의 권유 상에 (1) 광범위한 수단으로 유포하는 청약이나 청약의 권유, (2) 현재시장가격보다 5% 또는 2달러를 초과한 가격을 제시한 경우에 그 중 큰 쪽보다 높은 프리미엄가격을 제공하는 청약이나 청약의 권유, (3) 매수가격과 조건의 교섭과정에 상당한 기회가 제공되지 아니한 청약이나 청약의 권유가 있는 경우에도 공개매수로 포함하고 있다(동 ii 호).

SEC의 이러한 제안에는 위에서 소개한 Wellman Test 중 (5) 일정주식의 제공을 조건으로 하는 청약, (8) 매수계획의 공표의 요소가 포함되어 있지 않다는 점에서 양 기준 사이에 차이가 있다. 그러나 SEC는 그 후 공개매수의 성립요건으로서 Wellman Test의 적용을 권고함으로써 위의 제안은 사실상 그 기준에 흡수되었다고 볼 수 있다.

제133조(공개매수의 적용대상)

① 이 절에서 "공개매수"란 불특정 다수인에 대하여 의결권 있는 주식, 그 밖에 대통령령으로 정하는 증권(이하 "주식등"이라 한다)의 매수(다른 증권과의 교환을 포함한다. 이하 이 절에서 같다)의 청약을 하거나 매도(다른 증권과의 교환을 포함한다. 이하 이 절에서 같다)의 청약을 권유하고 증권시장 및 다자간매매체결회사(이와 유사한 시장으로서 해외에 있는 시장을 포함한다. 이하 이 절에서 같다) 밖에서 그 주식등을 매수하는 것을 말한다.

② 이 절에서 "공개매수사무취급자"란 공개매수를 하고자 하는 자를 대리하여 매수·교환·입찰, 그 밖의 유상취득(이하 이 절에서 "매수등"이라 한다)을 할 주식등의 보관, 공개매수에 필요한 자금 또는 교환대상 증권의 지급, 그 밖의 공개매수 관련 사무를 취급하는 자를 말한다.

③ 주식등을 대통령령으로 정하는 기간 동안 증권시장 밖에서 대통령령으로 정하는 수 이상의 자로부터 매수등을 하고자 하는 자는 그 매수등을 한 후에 본인과 그 특별관계자(대통령령으로 정하는 특별한 관계가 있는 자를 말한다. 이하 같다)가 보유(소유, 그 밖에 이에 준하는 경우로서 대통령령으로 정하는 경우를 포함한다. 이하 이 절 및 제 2 절에서 같다)하게 되는 주식등의 수의 합계가 그 주식등의 총수의 100분의 5 이상이 되는 경우(본인과 그 특별관계자가 보유하는 주식등의 수의 합계가 그 주식등의 총수의 100분의 5 이상인 자가 그 주식등의 매수등을 하는 경우를 포함한다)에는 공개매수를 하여야 한다. 다만, 매수등의 목적, 유형, 그 밖에 다른 주주의 권익침해 가능성 등을 고려하여 대통령령으로 정하는 매수등의 경우에는 공개매수 외의 방법으로 매수등을 할 수 있다.

④ 제 3 항을 적용함에 있어서 증권시장에서의 경쟁매매 외의 방법에 의한 주식등의 매수로서 대통령령으로 정하는 매수의 경우에는 증권시장 밖에서 행하여진 것으로 본다.

⑤ 제 3 항에 따른 주식등의 수와 주식등의 총수는 총리령으로 정하는 방법에 따라 산정한 수로 한다.

Ⅰ. 본조의 취지

본조는 공개매수의 개념을 정의하고, 일정한 기준에 해당하는 경우에는 공개매수를 강제하는 것을 규정하고 있다. 본조가 일정한 기준에 해당하는 경우에 공개매수를 강제한 것은 불특정다수인을 대상으로 주식등을 매수하는 경우에만 공개매수규제를 적용한다면 특정인을 대상으로 일정한 시차를 두고 매집해 들어갈 경우에는 법적용의 사각지대가 발생하여, 소수의 주주로부터 대량주식매입이나 유사공개매수 등으로 인하여 기존 대주주나 일반투자자들이 불측의 피해를 입을 소지가 있기 때문이다.[1] 공개매수는 증권시장등 밖에서 불특정다수인으로부터 이루어지는 5% 이상의 주식거래의 투명성을 높이고, 주주들에게 공평한 매각기회를 제공하는 효과가 있다.[2]

그 밖에 본조는 공개매수가 강제되지 않는 예외적인 경우를 규정하고, 공개매수사무취급자에 관한 규정을 두되 사무취급자 선정을 자유롭게 하였고, 공개매수가 강제되는 기준인 발행주식총수의 5%의 산정기준은 총리령에서 정하도록 위임하고 있다.

Ⅱ. 공개매수의 정의

1. 공개매수의 일반 정의

공개매수란 불특정 다수인에 대하여 의결권 있는 주식등의 매수의 청약을 하거나 매도의 청약을 권유하고 증권시장등 밖에서 그 주식등을 매수하는 것을 말한다(1항). 본조의 정의에 따르면 공개매수는 공개시장매수의 경우에는 성립할 수 없고, 오로지 유가증권시장 또는 코스닥시장 등 증권시장 및 다자간매매체결회사 밖에서 이루어지는 사적교섭매수의 경우에만 성립할 수 있다. 그리고 이론적으로는 공개매수의 성립에는 매수하고자 하는 주식등의 수는 물론, 매도상대방이 불특정다수이면 그 수에 일정한 제한이 따르는 것은 아니라고 본다.

본항에서 명시되지는 않았지만 공개매수가 성립하기 위해서는 주주에게 매도압력(pressure to sell)이 존재하여야 한다.[3] 이렇게 풀이하는 것은 매도압력은 충분한 정보가 공시되지 않은 채 성급하게 주식을 매도하게 될 심리적 압박을 의미하는 것이고, 그 압박

1) 증권감독원, 「증권거래법 개정내용 해설」(1997. 5), 43-44쪽.
2) 김건식, "개정 증권거래법상의 공개매수제도," 「인권과 정의」 제248호(1997. 4), 32쪽.
3) 상게논문, 26쪽.

은 공개매수의 본질에 해당하는 실질적인 요소이기 때문이다. 법상 공개매수가 강제되는 요건(6개월 내, 10인 이상의 주주, 5% 이상의 취득)은 매도압력을 유발시키는 요소로서의 의미가 함의되어 있다고 풀이할 수 있을 것이다. 그러나 그러한 강제요건이 구비되지 않은 경우에 있어서 일정한 주식의 매수를 공개매수로 인정할 것인지의 여부는 매도압력의 존부에 따라 판단할 수밖에 없을 것이다. 따라서 미국의 Wellman 판결기준에서 제시한 8가지 요소들은 공개매수의 본질론적 관점에서 우리법상으로도 공개매수의 성립에 필요한 거래정황을 판단함에 있어서도 참작될 수 있을 것이다. 본항은 전술한 바 있는 공개매수의 본질적 성립요소 중 그 최소한을 규정하고 있다고 본다. 이를 분설하면 다음과 같다.

2. 공개매수 개념의 구성요소

(1) 불특정다수인에 대한 권유

불특정다수인의 개념은 피권유자의 수가 다수라는 것을 의미한다. 이는 매수청약의 상대방 또는 매도청약의 권유의 상대방을 말한다.[1] 그러므로 특정의 범위에 속하는 자들을 대상으로 주식매도의 권유가 행하여지더라도 피권유자가 불특정 다수이면 불특정다수인에 대한 권유에 해당한다고 풀이할 것이다.[2] 과거에 증권거래법은 50인을 불특정다수의 판단기준으로 본 적이 있으나, 실제의 적용에 있어 그 수적 기준을 명시하기는 어렵다. 또한 피권유자인 주주가 기관투자자와 같이 증권투자에 관한 충분한 지식과 경험을 갖는 자가 다수 포함되는 경우에는 피권유자의 수가 다수일지라도 피권유자의 특성도 고려하여야 하므로 불특정다수인에는 해당하지 않는 것으로 풀이하여야 할 것이다.[3] 요컨대 불특정다수인을 구체적인 수적 기준에 의하여 그 범위를 획일적으로 정하는 것은 바람직하지 않고, 구체적인 거래의 사정을 고려하여 종합적으로 판단하여야 한다.

여기서 주의하여야 할 것은 현행법이 발행주식총수의 5% 이상을 6월 이내에 10인 이상의 주주로부터 취득할 때에는 반드시 공개매수의 방법으로 강제(3항)하고 있다 하여 불특정다수의 개념이 위와 같은 수적 기준으로 제한되는 것은 아니라고 하는 점이다. '6월 이내 10인 이상'의 기준은 법상 공개매수가 '강제'되기 위한 불특정다수의 최소 기준에 불과하다. 본질론적으로는 피권유자가 10인 이상인 경우에만 공개매수가 성립할 수 있는 것은 아니기 때문이다.[4]

---

1) 상계논문, 29쪽; 임재연, 「자본시장법」, 박영사, 2013, 477쪽.
2) 神崎克朗, 「證券取引法」, 有斐閣, 1987, 158頁.
3) 김정수, 전게서(2011), 767쪽.
4) 송종준, 전게서(2008), 74쪽. 다수인의 범위는 공개매수의 강제 기준(의무공개매수기준)인 10인 이상인지 여부를 가지고 판단하는 것이 타당하다는 견해로는 임재연, 전게서(2013), 477쪽; 김정수, 전게서(2011), 767쪽 참조.

(2) 증권시장등 밖에서의 거래

증권시장등 밖에서의 거래라 함은 한국거래소가 개설하는 유가증권시장과 코스닥시장, 다자간매매체결회사를 이용하지 아니하고 장외에서 이루어지는 거래를 말한다. 미국에서는 전술한 바와 같이 공개매수의 본질론적 관점에서 증권시장매수의 공개매수 성립 여지에 대하여 논란이 있었지만, 본항은 증권시장 및 다자간매매체결회사 외의 거래에 대하여만 공개매수의 성립을 허용한다는 명시적인 규정을 둠으로써 해석론상의 다툼의 소지를 없애 법적용의 명확성과 안정성을 꾀하고 있다. 증권시장등 내에서의 거래는 누구나 참여할 수 있어서 주주 간의 평등이 보장되고, 거래수량과 가격이 공표되며 경쟁매매에 의하여 공정하게 체결되기 때문에[1] 이 거래에 대하여 공개매수의 성립을 인정할 이유는 없다. 여기서 증권시장등에는 이와 유사한 시장으로서 해외에 있는 시장도 포함[2]된다. 따라서 국내 증권시장에 상장한 기업이 해외 증권거래소에 원주나 증권예탁증권을 동시에 상장한 경우로서 그 해외 증권거래소에서 거래하는 경우에는 공개매수에 해당하지 않는다. 그러나, 해외에서도 당해 증권거래소 밖에서 국내법에 의한 공개매수 요건을 충족하는 거래가 진행되면 증권시장등 밖에서의 거래에 해당하므로 공개매수가 성립한다.

이와 관련하여 증권시장등 밖에서 주식의 대량보유자, 차익거래자(arbitrageur), 기관투자자 등에 대하여 사적인 교섭을 통하여 짧은 시간 안에 상당한 양의 주식을 매입하는 이른바 스트리트 스윕(street sweep)에 대하여 공개매수가 성립할 수 있을 지에 대한 논의도 있다. 이들이 모두 전문적 투자자에 해당한다고 볼 경우에는 매수의 청약 또는 매도청약의 권유는 그 수가 불특정다수에 해당하더라도 매도압력을 유발한다고 볼 수 없어서 공개매수의 성립을 인정하기는 어려울 것이다.[3] 그러나 스트리트 스윕의 경우 사적 매수의 상대방은 대부분이 전문적 투자자이겠지만, 만약 청약의 상대방이 전문적 투자자가 아닌 경우에는 공개매수의 성립을 부정할 이유는 없을 것으로 본다.[4]

(3) 증권의 매수

공개매수가 성립하기 위해서는 증권을 매수하여야 한다. 법에서는 증권의 개념이 종전의 제한적 열거주의에서 포괄주의로 전환됨에 따라 공개매수의 대상인 증권의 범위도 확장되었다. 공개매수의 대상으로서 증권이라 함은 주권상장법인이 발행한 증권[5]으로서

1) 김건식/정순섭, 「새로 쓴 자본시장법(제 3 판)」, 두성사, 2013, 344쪽; 임재연, 전게서(2013), 480쪽.

2) 구증권법상으로는 명문의 규정이 없었다.

3) 우리 법상으로는 증권시장 밖에서 5% 이상을 매입하는 경우에는 반드시 공개매수에 의하도록 규정하고 있기 때문에 사적 교섭에 의한 스트리트 스윕은 금지된다고 한다. 김정수, 전게서(2011), 769쪽.

4) 미국에서는 장외에서 사적 교섭에 의하여 빠른 시간 안에 스트리트 스윕을 하는 경우에는 거래의 상황에 따라서 공개매수가 성립할 수 있다고 한다. 김정수, 전게서(2011), 770쪽.

5) 주권상장법인 이외에도 널리 공개회사가 발행한 주권등에 대하여도 공개매수를 확대할 필요가 있다.

주권, 신주인수권이 표시된 것, 전환사채권, 신주인수권부사채권, 이상의 증권과 교환을 청구할 수 있는 교환사채권, 이상의 증권을 기초자산으로 하는 파생결합증권으로서 권리행사로 그 기초자산을 취득할 수 있는 것 등의 어느 하나에 해당하는 증권을 말한다(법 시행령 139조 1호). 그리고 주권상장법인 외의 자가 발행한 증권으로서 법 시행령 제139조 제 1 호에 따른 증권과 관련된 증권예탁증권, 제 1 호에 따른 증권이나 앞의 증권예탁증권과 교환을 청구할 수 있는 교환사채권, 제 1 호에 따른 증권이나 이상의 증권을 기초자산으로 하는 파생결합증권으로서 권리의 행사로 그 기초자산을 취득할 수 있는 것을 말한다(법 시행령 139조 2호). 그러나 법은 의결권 없는 우선주이더라도 우선적 배당을 하지 못하여 의결권이 부활된 우선주가 여기의 증권에 포함되는 것인지를 정하고 있지 아니하다. 포괄주의 방식의 채용과 관계없이 의결권이 부활된 우선주는 의결권 있는 주권이므로 여기의 증권에 포함된다고 볼 것이다.

(4) 매수의 청약 또는 매도청약의 권유

공개매수가 성립하기 위해서는 불특정다수인을 상대로 매수청약 또는 매도청약의 권유를 하여야 한다. 그리고 매수청약은 민법상 계약의 성립요건인 청약을 가리키고, 매도청약의 권유는 청약의 유인을 의미하는 것으로 풀이된다.[1)]

민법상 매매계약과는 달리 공개매수계약은 상대방의 개별적인 승낙이 있다 하여 계약이 성립하는 것은 아니다. 공개매수계약은 매수청약의 경우 개별주주의 매도의사표시만으로서는 부족하고 상호 무관한 독립적인 개별주주의 매도의사표시의 총체로서의 승낙이 있어야 성립한다. 다시 말하면 응모주식의 총수가 공개매수자의 매수예정수량조건을 충족하여야 한다. 이 경우 공개매수자는 원칙적으로 청약을 취소할 수 없고 일방적 채무를 부담하게 되지만, 공개매수기간의 종료시까지 주주의 응모가 공개매수자의 청약조건을 충족할 때에 비로소 매매계약이 성립하므로 그 때까지는 개별적으로 매매계약의 이행을 청구할 수 없다.

또한 공개매수자의 매수청약에 대하여 상대방 주주는 응모에 의하여 승낙하지만, 상대방은 공개매수기간이 종료하기까지는 그 승낙을 자유로이 철회할 수 있다. 반면에 매도청약의 권유에 따라 상대방이 주식매도의 청약(응모)을 한 때에도 위와 같은 조건의 성취가 있을 때에 공개매수자의 승낙이 있는 것이다.[2)] 이 경우에 공개매수는 일방적 채무

송종준, 전게서(2008), 71쪽.

1) 공개매수의 공고시 응모한 주식이 일정수량에 미치지 못하는 때에는 전체를 매수하지 않겠다는 조건을 명시한 경우에는 청약의 유인으로 보는 견해도 있다. 임재연, 전게서(2013), 479쪽.

2) 이와 다른 견해도 있다. 즉, 공개매수자가 응모주식을 공개매수기간이 종료한 날의 다음 날 이후에 지체 없이 매수할 의무를 부담하는 것을 원만하게 설명하기 위해서는 이론적으로 매수청약이든 매도청약의 권유이든 공개매수자는 청약의 권유를 할 뿐이고 주주의 응모행위는 매도청약으로 파악하는 것이 보다 자연스럽고, 실무상으로도 응모주주의 행위를 청약으로 표시한다고 한다. 김건식/정순섭, 전게서(2013), 342-343쪽.

부담계약이므로 공개매수자의 상대방에 대한 승낙은 그 의사에 따라 자유롭게 결정되는 것이 아니고, 매수조건에 부합할 경우에 한하여 공개매수자는 승낙할 의무를 부담한다고 본다.[1] 이것은 공개매수의 부합계약성에서 당연한 귀결이다.

유가증권의 매도청약의 권유에 있어서 권유는 개개의 투자자에 대한 개별적이거나 구체적인 권유행위뿐만 아니라 일반적인 권유행위를 포함한다. 따라서 문서에 의하거나 구두에 의한 표시 또는 광고의 방법으로도 권유를 할 수 있다. 구체적으로는 다수인에 대한 매수청약서의 배포, 전화, 투자자에 대한 개별적인 매수의사의 표시, 신문·잡지·텔레비전 등 대중매체를 통한 광고 등이 권유행위에 해당한다.

그 밖에 공개매수는 주식등의 매수 이외에 교환[2], 입찰, 기타 유상취득 등의 경우에도 성립할 수 있다(2항·3항). 그러나 상속, 증여, 무상양수 등의 경우에는 성립하지 않는다.

(5) 취득하고자 하는 주식수량

법은 6개월 이내에 10人 이상의 자로부터 발행주식총수의 5% 이상을 취득할 경우에는 공개매수를 강제하고 있다(아래 Ⅳ. 2.에서 상술함). 그러나 공개매수의 일반 정의에서는 그 성립을 위하여 취득하고자 하는 주식수량에 일정한 수적 제한이 설정되어야 하는 것은 아니다. 따라서 이론상으로는 5% 미만의 주식을 취득하고자 할 경우에도 공개매수가 성립하는 데에는 문제가 없다(통설).[3]

(6) 지배권취득의 목적

본항은 공개매수의 성립요소로서 대상회사의 지배권취득의도를 요하고 있지 않다. 지배권취득에 상당하는 주식수를 매수하지 않는 경우에도 위와 같은 요소가 충족되면 공개매수가 성립할 수 있기 때문이다. 다만 법은 발행주식총수의 5%를 지배권변동이 가능한 최소한의 수적 기준으로 보고, 이 경우에는 공개매수를 강제하고 있을 뿐이다.

---

1) 김건식/정순섭, 전게서(2013), 343쪽.
2) 매수등의 개념에 '교환'이 포함되므로 다른 증권과의 교환에 의한 공개매수 이른바 '교환공개매수(exchange offer)'도 허용되며, 교환공개매수는 실무상 지주회사 전환에 이용되는 경우가 많다. 이 때 지주회사는 주권상장법인인 자회사의 주식을 공개매수하면서 그 대가로 지주회사의 신주 또는 자기주식을 교부하게 되는데, 지주회사는 응모자로부터 자회사 주식을 현물출자 받는 결과가 된다. 공개매수의 경우 매수가격을 인하하는 등 매도인에게 불리한 방향으로 매수조건을 변경할 수 없는 반면(법 136조 3항), 현물출자의 경우 법원은 감정결과가 부당하다고 인정하는 때에는 매수가격을 인하하여 매도인에게 불리한 방향으로 변경결정을 할 수 있으므로(상법 422조 3항), 공개매수에 관한 규정과 현물출자에 관한 규정이 충돌하게 되는 문제가 발생할 수 있다. 실무적으로는 이러한 문제를 해결하기 위하여, 현물출자에 대한 법원의 인가결정에 따라 공개매수를 진행하였다. 그런데 2011. 4. 14. 개정 상법에는 현물출자의 목적이 상장주식 등 거래소의 시세 있는 유가증권인 경우에는 이사회가 정한 평가액이 상법 시행령 제13조 제2항에 정한 방법으로 산정된 시세를 초과하지 않는 때에는 현물출자에 대한 검사를 면제한다는 취지의 상법 제422조 제2항 제2호가 신설되었는바, 이에 해당하는 경우에는 공개매수에 관한 규정과 현물출자에 관한 규정의 충돌 문제는 발생하지 않을 것으로 보인다.
3) 현행법상의 공개매수규정과 절차는 이 경우에도 적용된다고 보아야 할 것이다. 송종준, 전게서(2008), 77쪽; 김정수, 전게서(2011), 771쪽.

3. 자기주식에 대한 공개매수

실무상 적대적 M&A에 대항하거나 상장폐지를 할 목적으로 자기주식을 취득하는 경우가 있다. 주권상장법인은 각 주주가 가지는 주식 수에 따라 균등한 조건으로 취득하는 것을 전제로 공개매수의 방법으로 자기 주식을 취득할 수 있고, 자기주식 취득이 공개매수의 강제 요건에 해당하는 경우에는 반드시 공개매수에 의하여야 한다. 다만, 현행 상법은 상환주식에 대한 자기 취득을 금지하고 있으므로(법 165조의3 1항 1호, 상법 341조 1항, 상법 시행령 9조 1항 2호), 상환주식의 자기 취득을 위한 공개매수는 허용되지 않는다고 할 것이다.

Ⅲ. 공개매수사무취급자

공개매수사무취급자는 매수등을 할 주식등의 보관, 공개매수에 필요한 자금 또는 교환대상 증권의 지급, 그 밖의 공개매수 관련 사무를 취급할 자를 말한다(2항). 공개매수사무취급자의 업무는 주식의 보관, 또는 자금의 지급 등으로 국한되는 것이 아니라 공개매수사무와 관련된 사무로서 공개매수신고서의 작성, 제출 등도 이에 포함된다고 볼 것이다.

공개매수사무취급자는 공개매수대리인이라고도 부르지만 본항에서는 대리인이라는 명칭을 사용하지 않고 있으며, 또한 증권회사로 그 자격을 제한하고 있지도 않다. 과거에는 공개매수사무취급자를 공개매수대리인으로 지정하는 것을 강제하거나 그 대리인 자격을 증권회사로 한정한 바 있었다(구증권법 21조 5항). 공개매수사무취급자를 강제하는 것은 사무처리 및 규제의 편리, 다수 주주의 보호와 주식거래의 안전을 위해 필요할 수도 있다.[1)]

그러나 대리인강제주의는 공개매수자에게 비용부담을 강제하는 것이고, 구법에서와 같이 증권회사를 대리인으로 지정해야만 하는 경우에는 증권회사와 대상회사 사이에 직접 또는 간접의 자본소유관계 또는 특수한 상호작용에 의하여 공개매수가 방해되는 폐단도 초래할 수 있다.[2)] 따라서 본항이 공개매수사무취급자 또는 공개매수대리인의 선정 강제주의를 버린 것은 합리적인 입법조치이다. 다만 입법론적으로는 공개매수사무취급자를 임의로 선정하는 경우에도 그 자격을 공신력 있는 금융기관으로 제한하여 다수 주주의 보호와 함께 공개매수거래의 법적 안전을 확보하도록 하는 것이 바람직하다고 본다.

---

1) 임재연, 전게서(2013), 481쪽.
2) 안문택, 「증권거래법체계」, 육법사, 1985, 328-329쪽; 송종준, 전게 학위논문(1990), 88쪽.

Ⅳ. 공개매수의 강제와 요건

1. 의 의

의결권 있는 주식등을 증권시장등[1] 밖에서 대통령령이 정하는 수 이상의 자로부터 매수등을 한 후에 매수등을 하는 본인과 그 특별관계자가 보유(소유에 준하는 경우로서 대통령령이 정하는 경우를 포함)하게 되는 주식등의 수의 합계가 당해 주식등의 총수의 합계의 100분의 5 이상이 되는 경우(그 합계가 이미 5% 이상인 자가 주식등을 매수등을 하는 경우도 포함)에는 공개매수하여야 한다(3항). 이것은 일정규모 이상 거래의 투명성을 확보하고 주주에게 공평한 매각기회를 부여하기 위한 것이다.[2] 이것을 의무공개매수 또는 5% 의무공개매수라고 부르기도 한다.[3]

1998년 구증권법 개정시에 폐지된 바 있는 25% 의무공개매수제도(25% 이상을 취득하고자 할 경우에는 50%+1주 이상의 주식을 의무적으로 공개매수하여 취득하여야 하는 제도)와 구별하기 위하여 본항의 공개매수를 5% 의무공개매수라고 부를 수도 있다. 그러나 의무공개매수는 유럽의 의무공개매수(mandatory bid, 30% 이상을 취득하고자 할 때에는 발행주식 전부를 의무적으로 공개매수하여 취득해야 하는 제도로서 강제공개매수라고도 함)를 지칭하는 것으로 보아야 하므로, 본항의 공개매수를 의무공개매수 또는 5% 의무공개매수라고 부르는 것은 정확한 표현은 아니라고 본다.[4]

그 밖에 현행법은 매수등의 목적, 유형, 그 밖에 다른 주주의 권익침해의 가능성을 고려하여 대통령령으로 정하는 경우에는 공개매수 외의 방법으로 매수등을 할 수 있도록 하여 공개매수의 강제에 대한 예외를 규정하고 있다(3항 단서).

2. 공개매수강제의 요건

본항에서는 공개매수가 강제되기 위한 일반 요건을 규정하고 있으며, 구체적인 세부요건은 대통령령에 위임하고 있다. 본항의 규정 순서대로 분설하면 다음과 같다.

(1) 대상증권

법에서는 종전의 증권거래법에 비하여 공개매수의 적용대상이 되는 증권의 범위를

---

1) 2013. 8. 29. 시행된 개정 자본시장법 제133조 제1항은 공개매수의 개념과 관련하여, 다자간매매체결회사를 통하여 매수등을 하는 경우를 공개매수의 범위에서 제외하고 있으나, 제133조 제3항은 다자간매매체결회사를 통하여 매수등을 하는 경우를 공개매수의 강제 범위에서 제외하고 있지 않다. 이는 입법상의 오류로 보인다.

2) 김건식/정순섭, 전게서(2013), 345쪽.

3) 임재연, 전게서(2013), 481-482쪽; 김건식, 전게논문(1997. 4), 32쪽.

4) 이와 관련하여 5% 의무공개매수는 의무공개매수의 일종이 아니라 오히려 공개매수의 개념을 정의한 것으로 파악하는 견해도 있다. 유영일, "의무공개매수에 관한 연구,"「사회과학연구」 제8권 제1호(1998. 6), 63쪽.

크게 확대하였다. 이것은 자본시장법이 종전의 제한열거주의를 포괄주의로 전환하여 증권의 개념을 정의하고 있기 때문이다.[1] 법에서 정하고 있는 공개매수의 대상으로서 증권이라 함은 주권상장법인이 발행한 증권과 주권상장법인 외의 자가 발행한 증권으로 주권상장법인의 의결권 있는 주식에 관계되는 증권이어야 한다. 법 시행령은 새로운 금융투자상품의 등장이 확대될 것임을 감안하여 사실상 의결권 있는 주식으로 전환, 교환 또는 인도를 청구할 수 있는 권리가 부여된 모든 증권에 대해 공개매수 규정이 적용되도록 구체화하였다.[2]

① 주권상장법인이 발행한 증권으로서는 의결권 있는 주식에 관계되는 주권, 신주인수권이 표시된 것, 전환사채권, 신주인수권부사채권, 이상의 증권과 교환을 청구할 수 있는 교환사채권, 이상의 증권을 기초 자산으로 하는 파생결합증권(권리의 행사로 그 기초 자산을 취득할 수 있는 것에 한한다) 등이 이에 해당한다(1항, 법 시행령 139조 1호). 신주인수권을 표시하는 것, 전환사채권, 신주인수권부사채권, 교환사채권, 파생결합증권 등을 대상증권으로 한 것은 이들은 잠재주식으로서 장래에 주식으로 바뀔 수 있기 때문이다. 신주인수권을 표시한 것으로는 신주인수권부사채로부터 분리된 신주인수권증권, 신주인수권증서, 기타 신주인수선택권(예컨대 warrant) 또는 신주인수권과 결합한 파생결합증권 등이 있다.

② 주권상장법인 외의 자가 발행한 증권으로서는 (i) 제 1 호에 따른 증권과 관련된 증권예탁증권, (ii) 제 1 호에 따른 증권 또는 (i)의 증권과 교환을 청구할 수 있는 교환사채권, (iii) 제 1 호에 따른 증권 또는 (i)·(ii)의 증권을 기초 자산으로 하는 파생결합증권(권리의 행사로 그 기초 자산을 취득할 수 있는 것에 한한다) 등이 여기에 해당한다(법 시행령 139조 2호). 주권상장법인이 아닌 자가 이상의 증권을 발행한 경우에 그 증권을 취득한 자가 권리를 행사함으로써 주권 상장법인이 발행한 증권을 취득할 수 있기 때문이다.

그 밖에 의결권 없는 우선주이더라도 우선적 배당을 하지 못하여 의결권이 부활된 우선주도 여기의 증권에 포함될 것인지는 법이 달리 정하고 있지 않지만, 의결권이 부활된 우선주는 의결권 있는 주권이므로 여기의 증권에 포함된다고 볼 것이다(통설).

(2) 매수기간

공개매수가 강제되기 위한 요건으로서 매수기간은 당해 주식등의 매수등을 하는 날로부터 과거 6개월간을 말한다(법 시행령 140조 1항). 따라서 6개월을 초과한 기간 동안의 매수는 고려할 필요가 없다. 본항이 '6개월'이라는 기간을 설정한 취지는 단기간 내에 지배권변동의 가능성이 있는 주식등의 거래가 은밀하게 이루어지는 것을 억제하기 위한 것

1) 종전부터 포괄주의 방식으로 전환할 것을 주장해 온 대표적인 견해로는 이준섭, "공개매수법에 관한 고찰·개정 M&A법의 성찰," 「상사법연구」 제18권 제 2 호(1999. 11), 334쪽; 홍복기, "공개매수에 관한 현행 증권거래법령에 있어서 몇 가지 문제점," 「비교사법」 제 8 권 제 2 호(2001. 12), 153쪽이 있다.

2) 금융위원회, "「자본시장과 금융투자업에 관한 법률 시행령」 주요 설명자료," 2008. 4, 39쪽.

이라고 본다.[1)] 다만 6개월이라는 기간이 합리적인 기간인지에 대하여는 재검토할 여지도 있다고 본다.

(3) 매수장소

주식등의 매수는 증권시장등 밖에서 이루어져야 한다. 여기의 증권시장등은 한국거래소가 개설한 유가증권시장과 코스닥시장, 다자간매매체결회사를 말하며, 이와 유사한 시장으로서 해외에 있는 시장을 포함한다(1항). 따라서 증권시장등에서 이루어지는 매수에는 공개매수가 강제되지 아니한다. 증권시장등에서의 매수에는 본질적으로 공개매수가 성립할 수 없다는 견지에서는 당연한 것을 규정한 것이다.

그러나 증권시장에서의 경쟁매매 외의 방법에 의한 주식등의 매수로서 대통령령으로 정하는 매수의 경우에는 증권시장 밖에서 행하여진 것으로 간주된다(4항). 여기서 증권시장에서의 매수로 보지 아니하는 매수란 매도 및 매수 쌍방당사자 간의 계약, 그 밖의 합의에 따라 종목, 가격 및 수량 등을 결정하고 그 매매의 체결 및 결제를 증권시장을 통하는 방법에 의하여 하는 주식등의 매수를 말한다(법 시행령 144조). 이것은 시간외 대량 매매방식에 의한 주식 취득도 공개매수의 대상으로 규제하기 위한 것이다.

(4) 매수상대방의 수

공개매수가 강제되기 위해서는 매수청약 또는 매도청약의 권유의 상대방의 수가 가 6개월 이내에 '10인 이상'이어야 한다(법 시행령 140조 2항). 그러나 매수청약 또는 매도청약의 상대방이 '10인 미만'인 경우에도 이론상으로는 공개매수가 성립할 수 있다 함은 전술한 바와 같다. 다만 10인 미만인 경우에는 구태여 공개매수를 강제함으로써 주주들을 보호할 필요가 없다고 판단한 것이다.[2)]

여기서 '10인'이라는 숫자는 공개매수가 강제되기 위한 최소한의 수적 기준이다. 10인은 주식등의 매매계약이 체결된 상대방의 수가 아니라, 매수청약 또는 매도청약의 권유를 받은 상대방의 수를 뜻하는 것이다. 따라서 매수청약 또는 매도청약의 권유의 상대방의 수가 10인 이상이면 반드시 공개매수로 주식등을 취득해야 한다(통설).[3)] '10인 이상'의 수를 산정하는 기준은 주식등의 매수등을 하는 상대방의 수와 당해 주식등을 매수하는 날로부터 과거 6개월간 당해 주식등을 매수등을 하는 상대방의 수를 합한 것이다(법 시행령 140조 2항).

1) 김정수, 전게서(2011), 772쪽; 송종준, 전게서(2008), 80쪽.
2) 김건식, 전게논문(1997. 4), 32쪽.
3) 이에 대하여 매수상대방의 수가 10인 미만의 경우에는 공개매수방법에 의하지 않고 주식을 장외에서 매수할 수 있다고 주장하는 견해도 있다. 김정수, 전게서(2011), 772쪽.

(5) 매수등

공개매수가 강제되기 위해서는 특정회사의 주식등을 매수, 교환, 입찰, 기타 유상취득함으로써 주식등의 총수의 5% 이상이 되어야 한다. 이것은 5% 미만의 주식등을 보유하고 있는 자가 추가로 주식등을 취득함으로써 결과적으로 5% 이상이 될 경우에, 그 취득이 매수, 교환, 입찰, 기타 유상취득의 방법에 의하여 하고자 한다면 반드시 그 취득은 공개매수에 의하여야 함을 뜻한다. 또한 이미 5% 이상의 주식등을 보유하고 있는 자가 추가로 주식등을 취득하되, 그 취득이 매수, 교환, 입찰, 기타 유상취득의 방법에 의하여 하고자 하는 경우에도 마찬가지이다.

그리고 매수, 교환, 입찰, 기타 유상취득은 모두 유상의 대가로서 기발행 주식등의 소유관계가 이전되는 경우를 말한다. 그러므로 새로이 주식등을 취득하여 5% 이상이 되거나, 이미 5% 이상의 주식등을 보유하고 있는 자가 추가로 주식등을 취득하는 경우에 그 취득방법이 매수, 교환, 입찰, 기타의 유상취득에 의하여 이루어지지 않는다면 공개매수가 강제되지 아니한다.[1] 예컨대 상속, 증여, 무상양수 등의 방법에 의한 주식등의 취득에는 공개매수가 성립할 수 없고 또한 강제되지 아니한다. 또한 법률의 규정 또는 금전의 신탁계약, 담보계약, 기타 계약에 의하여 주식등의 처분권한이나 의결권 또는 의결권을 지시할 수 있는 권리를 취득하는 경우에도 주식등의 소유관계를 이전하는 것을 목적으로 하는 매수, 교환, 입찰, 또는 유상양수가 아니므로 그 취득결과 5% 보유요건을 충족시키더라도 공개매수는 강제되지 않는다. 금융기관과 특정금전신탁계약을 체결하고 취득주식의 의결권을 행사하는 경우, 주식등에 대하여 질권을 설정받는 경우,[2] 위임장의 권유에 의하여 의결권행사의 대리행사를 하는 경우, 우리사주조합으로부터 의결권행사의 위임을 받거나 우리사주조합에게 의결권행사를 지시할 수 있는 경우, 의결권신탁계약 또는 의결권구속계약을 한 경우 등이 그러한 예에 속한다고 볼 수 있다. 이 경우에 그러한 계약이 유상으로 이루어졌더라도 마찬가지이다.

그리고 주식등을 매수, 교환, 입찰, 기타 유상 취득하고자 하는 본인과 특별관계에 있지 아니한 자가 그 본인에 대하여 새로이 특별관계를 맺게 되는 경우, 예컨대 본인인 갑의 아들이 을이라는 여자와 결혼을 하고, 을이 결혼 전에 본인과 동일한 회사가 발행한 주식등을 이미 소유 또는 보유하고 있었던 경우에 배우자인 을의 보유분을 본인인 갑이 공개매수에 의하여 취득하여야 하는 것은 아니다.[3] 그러나 이 예에서 본인인 갑이 6개월 내에 10인 이상의 주주로부터 추가로 매수, 입찰, 교환, 기타 유상취득에 의하여 주

---

1) 이문성, "개정 증권거래법 아래서의 의무공개매수제도와 소액주주의 보호,"「상장협」춘계호(1997. 5), 52쪽.

2) 상게논문, 52쪽.

3) 상게논문, 52쪽.

식을 취득하고자 한다면 반드시 공개매수에 의하여 취득하여야 한다. 그런데 여기서 주의할 것은 주식등의 취득방법이 매수, 교환, 입찰, 기타 유상취득에 해당하지 않아 공개매수가 강제되지 않더라도 그 취득주식등은 5%의 보유범위를 산정함에 있어서는 포함될 수 있다는 점이다(아래 (6) 2)에서 상술함).

그 밖에 신주발행시에 주식을 인수하는 것도 여기의 매수에 포함될지에 대하여 의문이 있을 수 있다. 이에 대하여 제3항에서는 유상취득(구법에서는 유상양수)도 매수에 포함시키고 있으므로 신주의 인수도 이에 해당된다고 볼 여지가 있다. 그러나 유상양수이든 유상취득이든 용어와 관계없이 공개매수는 이미 발행된 주식등을 취득하는 경우에만 성립하고, 또한 기존 주식등의 양도에 대한 하나의 제한방식이므로 신주의 인수는 여기의 매수 또는 유상취득에 포함되지 않는다고 보아야 할 것이다.[1]

(6) 5% 이상의 보유

1) 5%의 의미

공개매수가 강제되기 위해서는 증권시장등 밖에서 매수등을 한 결과 보유하게 되는 주식등의 수량은 의결권 있는 발행주식총수 등의 5% 이상이어야 한다. 여기서 5%의 의미는 새로이 매수하게 되는 주식등을 포함하여 공개매수자가 보유하게 되는 주식등의 보유비율을 뜻한다. 그러므로 주식등을 취득하여 새로이 5% 이상이 되거나, 이미 5% 이상의 주식을 보유하는 자가 추가로 주식을 취득하고자 하는 경우가 모두 감안되어야 한다(3항).[2]

2) 보유의 의미

보유라 함은 소유 기타 이에 준하는 경우로서 대통령령이 정하는 경우를 포함한다. 이것은 미국 증권거래법상 실질적 소유기준(beneficial ownership)개념을 반영한 것이다. 법은 본인과 특별관계자의 관계가 없더라도 주식을 소유하지 아니하고 보유하는 경우를 '소유에 준하는 경우'로 취급하여, 본인과 특별관계자의 보유주식수와 합산하여 계산하도록 하고 있다(3항). 이와 같이 보유개념을 확대한 것은 주식을 소유하고 있지 않지만 신탁, 대리, 위임 기타 계약으로 의결권을 행사할 수 있는 경우에도 공개매수 규제를 받지 않음으로써 기업지배권변동에 대한 공시제도로서의 기능에 문제가 생길 수 있기 때문이다.[3] 공개매수는 일반적으로 기업지배권의 취득이나 강화를 목적으로 한다는 점에서 의결권 행사여부가 중요한 기준이 된다는 것을 고려한 것이다. 이로써 공개매수거래의 투

1) 송종준, 전게서(2008), 83쪽; 김건식/정순섭, 전게서(2013), 346쪽.
2) 이 경우 6개월 내에 10인 이상의 주주로부터 극단적으로 1주씩 10주를 매수하는 경우에도 공개매수가 강제되므로 입법론적으로는 일정 수 이하의 매수는 적용을 제외하는 조항을 둘 필요가 있다고 하는 견해도 있다 김건식, 전게논문(1997. 4), 34쪽; 임재연, 전게서(2013), 493쪽.
3) 증권감독원, 전게 해설(1997. 5), 60쪽.

명성이 확보될 수 있다. 법 시행령은 소유에 준하는 보유에 해당하는 경우를 다음과 같이 제한적으로 열거하고 있다(법 시행령 142조).

① 누구의 명의로든지 자기의 계산으로 주식등을 소유하는 경우,[1] ② 법률의 규정 또는 매매, 그 밖의 계약에 따라 주식등의 인도청구권을 가지는 경우,[2] ③ 법률의 규정 또는 금전의 신탁계약·담보계약, 그 밖의 계약에 따라 해당 주식등의 의결권(의결권의 행사를 지시할 수 있는 권한을 포함)을 가지는 경우,[3] ④ 법률의 규정 또는 금전의 신탁계약·담보계약·투자일임계약, 그 밖에 계약에 따라 해당 주식등의 취득 또는 처분의 권한을 가지는 경우,[4] ⑤ 주식등의 매매의 일방예약을 하고 해당 매매를 완결할 권리를 취득하는 경우로서 그 권리행사에 의하여 매수인으로서의 지위를 가지는 경우,[5] ⑥ 주식등을 기초자산으로 하는 자본시장법 제 5 조 제 1 항 제 2 호에 따른 계약상의 권리를 갖는 경우로서 그 권리의 행사에 의하여 매수인으로서의 지위를 가지는 경우,[6] ⑦ 주식매수선택권을 부여받은 경우로서 그 권리의 행사에 의하여 매수인으로서의 지위를 가지는 경우 등이다.

3) 보유의 주체

㈎ 본인과 특별관계자

이 5%는 본인인 공개매수자의 보유주식뿐만 아니라, 특별관계자의 보유주식도 합산하여 산정된다. 특별관계자에는 형식적 기준(친족 또는 출자관계)에 따른 특수관계인과 실질적 기준(의결권의 공동행사관계)에 따른 공동보유자가 있다. 특별관계자의 범위를 이와 같이 확대한 것은 특수관계인에 속하지 않는 관계회사나 위성 그룹계열회사 또는 협력업체나 거래처 등을 동원하여 기업지배권의 탈취를 시도하거나, 사전에 의결권 등을 공동으로 행사하기로 합의하고 주식을 대량매집한 후 공동으로 의결권을 행사하여 기업지배권을 획득할 수 있다는 허점을 방지하고자 한 것이다.[7]

1) 주식을 법적으로 소유하는 경우뿐만 아니라 사실상으로 소유하는 경우를 모두 포함한다.

2) 아직 주식에 대한 소유권은 없이 계약상의 인도청구권만을 갖는 경우이다.

3) 이 경우에 의결권을 행사할 권한 또는 의결권행사의 지시권한을 보유하는 자가 당해 회사의 사업활동을 지배할 목적이 있을 필요는 없다. 은행의 특정금전신탁을 이용하여 주식을 소유하는 것도 여기의 보유에 해당한다.

4) 투자일임계약에 따라 투자권한을 보유하고 있는 투자자문업자, 신탁계약에 의해 운용지시권을 보유하고 있는 특정금전신탁의 위탁자, 재산관리권을 내용으로 투자권을 보유하고 있는 친권자 등이 이에 해당한다고 볼 수 있다. 그러나 담보계약에 의한 처분권한이 있는 경우 실무상으로 담보물을 처분할 수 있는 권리를 발생시키는 사유가 있는 경우에 비로소 보유한 것으로 취급한다고 한다. 김건식/정순섭, 전게서(2013), 311쪽.

5) 아직 매매계약이 체결되어 있지 않지만 계약을 완결시킬 수 있는 권리를 갖는 것을 말한다.

6) 당사자 어느 한쪽의 의사표시에 의하여 기초자산이나 기초자산의 가격·이자율·지표·단위 또는 이를 기초로 하는 지수 등에 의하여 산출된 금전 등을 수수하는 거래를 성립시킬 수 있는 권리를 부여하는 것을 약정하는 계약에 의하여 갖게 되는 권리(파생상품)의 행사에 의하여 매수인으로서의 지위를 갖는 것을 말한다.

7) 예컨대, 현대그룹이 위성 계열회사 등을 동원하여 국민투자신탁(주)의 주식을 대량 매집한 경우, 쌍용

㈏ 특별관계자의 범위

특별관계자에는 특수관계인과 공동보유자가 있다.

(a) 특수관계인 특수관계인은 본인과 일정한 친족 또는 출자관계에 있는 개인 또는 법인을 말하며, 그 범위는 다음과 같다(법 9조 1항 1호, 법 시행령 8조).

(ㄱ) 본인이 개인인 경우(법 시행령 8조 1호) 배우자(사실상의 혼인관계에 있는 자를 포함), 6촌 이내의 부계혈족 및 4촌 이내의 부계혈족의 처, 3촌 이내의 부계혈족의 남편, 3촌 이내의 모계혈족과 그 배우자 및 자녀, 배우자의 2촌 이내의 부계혈족 및 그 배우자, 양자의 생가의 직계존속, 양자 및 그 배우자와 양자 양가의 직계비속, 혼인 외의 출생자의 생모, 본인의 금전, 그 밖의 재산에 의하여 생계를 유지하는 자 및 본인과 생계를 함께 하는 자, 본인이 단독으로 또는 앞의 각 항목의 관계에 있는 자와 합하여 법인이나 단체에 100분의 30 이상을 출자하거나, 그 밖에 임원의 임면 등 법인이나 단체의 중요한 경영사항에 대하여 사실상의 영향력을 행사하고 있는 경우에는 해당 법인이나 단체와 그 임원(본인이 단독으로 또는 앞의 각 항목의 관계에 있는 자와 합하여 임원의 임면 등의 방법으로 그 법인 또는 단체의 중요한 경영사항에 대하여 사실상의 영향력을 행사하고 있지 아니함이 본인의 확인서 등을 통하여 확인되는 경우에는 그 임원은 제외한다), 본인이 단독으로 또는 그와 앞의 각 항목의 관계에 있는 자와 합하여 법인이나 단체에 100분의 30 이상을 출자하거나, 그 밖에 임원의 임면 등 법인이나 단체의 중요한 경영사항에 대하여 사실상의 영향력을 행사하고 있는 경우에는 해당 법인이나 단체와 그 임원(본인이 단독으로 또는 그와 각 항목의 관계에 있는 자와 합하여 임원의 임면 등의 방법으로 그 법인 또는 단체의 중요한 경영사항에 대하여 사실상의 영향력을 행사하고 있지 아니함이 본인의 확인서 등을 통하여 확인되는 경우에는 그 임원은 제외한다) 등이다.

(ㄴ) 본인이 법인 또는 단체인 경우(법 시행령 8조 2호) 임원, 「독점규제 및 공정거래에 관한 법률」에 따른 계열회사 및 그 임원, 단독으로 또는 제 1 호 각 항목의 관계에 있는 자와 합하여 본인에게 100분의 30 이상을 출자하거나, 그 밖에 임원의 임면 등 본인의 중요한 경영사항에 대하여 사실상의 영향력을 행사하고 있는 개인(그와 제 1 호 각 항목의 관계에 있는 자를 포함한다) 또는 법인(계열회사는 제외), 단체와 그 임원, 본인이 단독으로 또는 본인과 앞의 각 항목의 관계에 있는 자와 합하여 법인이나 단체에 100분의 30 이상을 출자하거나, 그 밖에 임원의 임면 등 법인이나 단체의 중요한 경영사항에 대하여 사실상의 영향력을 행사하고 있는 경우에는 해당 법인, 단체와 그 임원(본인이 임원의 임면 등의 방법으로 그 법인 또는 단체의 중요한 경영사항에 대하여 사실상의 영향력을 행사하고 있지 아니함이 본인의 확인서 등을 통하여 확인되는 경우에는 그 임원은 제외한다) 등이다.

그룹이 인천투자금융(주)의 경영권장악을 위하여 계열사 및 협력업체나 거래처 등을 통하여 공개매수 전에 주식을 대량 매집한 경우, (주)데이콤의 지배권쟁탈전에서 대기업 그룹사들이 자금력을 동원하여 계열사나 협력업체 등을 통하여 비밀 매집한 경우 등이 이에 해당한다. 증권감독원, 전게 해설(1997. 5), 53쪽.

(ㄷ) 특수관계인의 예외　　위의 제 1 호와 제 2 호 각 항목의 어느 하나에 해당하는 자가 소유하는 주식등의 수가 1,000주 미만인 경우에는 특수관계인으로 보지 않는다(법 시행령 141조 3항). 이것은 1,000주 정도의 소량의 주식이 회사의 실질적인 지배관계에 별 영향을 주지 않을 것이라고 보기 때문이다. 여기서 1,000주의 수는 문언상으로만 보면 주식의 액면가액의 다과와는 관계없는 것으로 볼 수 있지만, 주식의 액면이 100원과 같이 소액인 경우에도 동일하게 취급하는 것은 부당하다고 본다. 실무상의 편의를 고려한 적절한 조치가 필요하다고 본다.

또한 제 1 호와 제 2 호의 각 항목에 해당하는 자가 공동보유자에 해당하지 아니함을 증명한 경우에는 특수관계인으로 보지 아니한다.[1] 이것은 특수관계인의 범주에 들더라도 실질적 보유관계에 있지 아니한 자를 배제하기 위한 것으로서 합리적인 조치이다. 따라서 특수관계인은 다음에 보는 공동보유자로 추정하는 효과만을 발생시킨다.[2] 그러나 1,000주 미만의 주식등을 소유하고 있는 자라도 공동보유자인 경우에는 공동보유에 따른 합산원칙이 적용됨은 물론이다.

(b) 공동보유자　　공동보유자란 본인과 합의, 계약 등에 의하여 공동으로 주식등을 취득 또는 처분하거나, 주식등을 공동 또는 단독으로 취득한 후 그 취득한 주식을 상호 양도하거나 양수하는 행위, 의결권 또는 의결권의 행사를 지시할 수 있는 권한을 공동으로 행사하는 행위를 할 것을 합의한 자를 말한다(법 시행령 141조 2항).

(ㄱ) 공동으로 주식등을 취득하거나 처분하는 행위　　이 경우에는 주식등의 취득 또는 처분에 공동목적만 있으면 족하고 의결권의 행사 또는 의결권의 지시 관계에 대한 공동목적은 필요하지 않다고 보아야 할 것이다. 그러므로 이 경우에는 공동으로 주식등을 취득하더라도 의결권의 행사방향이 같은가 또는 다른가는 문제되지 아니한다. 이것은 공동보유의 관계에 있더라도 의결권의 행사방향이 같은가, 다른가에 따른 예외가 없기 때문이다.

(ㄴ) 주식등을 공동 또는 단독으로 취득한 후, 그 취득한 주식을 상호 양도 또는 양수하는 행위　　이 경우에는 주식의 차명보유 또는 주식파킹(stock parking)에 의하여 주식을 보유하면서 취득주식을 상호 양도 또는 양수하는 행위도 공동보유의 개념에 포함시키기 위한 것이다. 이것은 주식을 취득하는 단계에서는 본인과의 합의 또는 계약관계가 없더라도, 그 후 취득주식을 상호 양도 또는 양수하여 「공동보유관계」를 벗어나려는 시도를 방지하고자 함에 목적이 있다.

---

1) 실무적으로 공동보유관계가 아님이 인정되는 경우로는 당사자간 경영권 분쟁이 있는 경우, 당사자간 소송제기 등 법적 다툼이 있는 경우, 공정거래법상 계열분리된 경우 등이 예시되고 있다. 금융감독원, 「기업공시 실무안내」, 2012. 9, 241쪽.

2) 그러나 공동의 목적이 없음을 증명하는 것이 사실상 어렵다는 점에서 공동보유자로 간주하는 것과 큰 차이가 없다고 한다. 이문성, 전게논문(1997), 51쪽.

(ㄷ) 의결권 또는 의결권의 행사를 지시할 수 있는 권한을 공동으로 행사하기로 하는 행위　　이 경우에는 본인과 주권 등을 공동으로 취득 또는 처분하는 관계는 아니더라도 의결권 또는 의결권행사의 지시권을 공동으로 행사할 목적이 있으면 족하다. 따라서 이 경우에는 같은 방향의 의결권행사 또는 의결권행사의 지시권의 경우에만 적용된다고 풀이하여야 할 것이다. 이것은 주권의 소유 이외에도 의결권의 행사 여부가 중요하기 때문이다. 여기서 공동행위의 성립에는 그 형식은 묻지 아니하고 주식의 취득시점에서든, 의결권의 행사시점에서든 의결권의 행사를 「함께」한다는 의사의 합치가 있어야 하므로, 우연히 의결권의 행사방향이 동일하다고 하여 공동행위가 성립한다고 볼 수는 없을 것이다.[1] 그리고 공동보유목적은 추정되는 것이 아니므로 이를 다투는 자가 그 증명책임을 부담하여야 할 것이다.[2]

4) 보유비율의 산정

5%의 비율은 본인과 특별관계자가 보유한 주식등의 수의 합계가 당해 주식등의 총수의 100분의 5 이상인 것을 말한다. 그 산정방법은 총리령에서 정하고 있다(5항). 법 시행규칙은 증권의 종류에 따라 구체적인 계산 기준을 정하고 있다(법 시행규칙 14조 1항).

(가) 주식등의 수의 산정방법

대상증권이 ① 주권인 경우에는 그 주식의 수, ② 신주인수권이 표시된 것인 경우에는 신주인수권의 목적인 주식의 수(신주인수권의 목적인 주식의 발행가액총액 및 발행가격이 표시되어 있는 경우에는 해당 발행가액 총액을 해당 발행가격으로 나누어 얻은 수를 말한다), ③ 전환사채권인 경우에는 권면액을 전환에 의하여 발행할 주식의 발행가격으로 나누어 얻은 수(이 경우 1 미만의 단수는 계산하지 아니한다), ④ 신주인수권부사채권인 경우에는 신주인수권의 목적인 주식의 수, ⑤ 교환사채권인 경우에는 다음 각 목의 어느 하나에 해당하는 수, ㉮ 교환대상 증권이 ①부터 ④까지, ⑥ 및 ⑦에 따른 증권인 경우에는 교환대상 증권별로 ①부터 ④까지, ⑥ 및 ⑦에서 정하는 수, ㉯ 교환대상 증권이 교환사채인 경우에는 교환대상이 되는 교환사채권을 기준으로 하여 교환대상 증권별로 ①부터 ④까지, ⑥ 및 ⑦에서 정하는 수, ⑥ 파생결합증권인 경우에는 다음 각 목의 어느 하나에 해당하는 수, ㉮ 기초 자산이 되는 증권이 ①부터 ⑤까지 및 ⑦에 따른 증권인 경우에는 기초 자산이 되는 증권별로 ①부터 ⑤까지 및 ⑦에서 정하는 수, ㉯ 기초 자산이 되는 증권이 파생결합증권인 경우에는 기초 자산이 되는 파생결합증권을 기준으로 하여 기초 자산이 되는 증권별로 ①부터 ⑤까지 및 ⑦에서 정하는 수, ⑦ 증권예탁증권인 경우에는 그 기초가 되는 증권별로 ①부터 ⑥까지에서 정하는 수를 기준으로 하여 산정한다(법 시행규칙 14조 1항). 그리고

---

1) 서울민사지방법원 1997. 2. 6. 선고 97카합118 결정.

2) 이준섭, 전게논문(1999), 339쪽; 송종준, 전게서(2008), 87쪽.

본인과 특별관계자가 주식매수선택권을 부여받은 경우에는 그 선택권의 행사에 따라 매수할 의결권 있는 주식(자기주식을 포함)도 여기서의 주식등의 수에 포함된다(법 시행규칙 14조 3항). 이상은 5%의 비율 산정에 있어서 분자에 해당하는 사항이다.

한편 주식등의 수를 산정함에 있어서 기준이 되는 것은 의결권인데, 여기서는 의결권의 제한 또는 부활을 고려하여야 할 것이다.[1] 예컨대 본래 의결권이 있는 주식도 특정인에 속하면 의결권이 없는 경우(자기주식, 상호보유주식, 법령위반으로 의결권이 제한되는 주식, 법령에 의한 의결권제한 주식등)와 처음에는 의결권이 없는 주식도 일정한 요건이 갖추어지면 의결권이 부활하는 경우(의결권이 부활한 의결권 없는 우선주)가 있기 때문이다.[2] 그 밖에 공개매수자가 대상회사의 특수관계인인 경우에 대상회사가 보유하는 자기주식은 원칙적으로 의결권이 없으므로 포함되지 않는다고 보아야 할 것이다.[3] 그러나 이러한 경우 자기주식을 공개매수자에게 처분하기로 하는 계약이 있으면 포함되어야 한다.

(나) 비율산정방법

공개매수대상 증권수의 비율은 본인과 그 특별관계자가 보유하게 되는 주식등의 수의 합계(분자)를 대상회사가 발행한 의결권 있는 주식총수와 본인 및 그 특별관계자가 보유하는 대상회사 등이 발행한 주식등의 수를 합산한 수(분모)로 나눈 백분율이다.

분모에 해당하는 "주식등의 총수"는 의결권 있는 발행주식총수와 당해 매수등을 한 후에 본인과 그 특별관계자가 보유하는 주식등의 수를 합하여 계산한 수이다. 다만 본인과 그 특별관계자가 보유하는 주식등의 수에서는 주권, 교환사채권의 교환대상이 되는 주권(자기주식은 제외한다), 파생결합증권의 기초 자산이 되는 주권(자기주식은 제외한다) 및 증권예탁증권의 기초가 되는 주권은 제외된다(법 시행규칙 14조 2항). 신주인수권을 표시하는 증서, 전환사채권, 신주인수권부사채권 등 잠재주식의 경우에는 장래 당해 증권에 부여된 권리의 행사로 인하여 취득 가능한 주식수의 발행이 예정되어 있으므로 대상회사가 발행한 주식총수와 함께 분모에 포함되는 것이다.[4] 그러나 본인과 그 특별관계자가 보유하는 주권, 교환사채권의 교환대상이 되는 주권, 파생결합증권의 기초 자산이 되는 주권과 증권예탁증권의 기초가 되는 주권은 이미 발행된 것으로서 대상회사가 발행한 주식총수에 이미 반영되어 있어서 중복계산을 피하여야 하므로 분모에서는 제외되는 것이다.

요컨대 분모에 합산되는 본인과 특별관계자가 보유하는 주식등이라 함은 잠재주식과 자기주식을 말하는 것이다. 교환사채권의 교환대상과 파생결합증권의 기초 자산이 되는 주권에서 자기주식이 분모에 합산되는 것은 대상회사가 발행한 발행주식총수는

1) 송종준, 전게서(2008), 87쪽.
2) 증권감독원, 전게 해설(1997. 5), 67쪽.
3) 임재연, 전게서(2013), 492쪽.
4) 결과적으로 매수자마다 당해 주식등의 총수가 달라진다는 의미가 된다. 증권감독원, 전게 해설(1997. 5), 66쪽.

의결권 있는 주식만을 뜻하므로 여기에서 배제되는 것이지만, 본인과 특별관계자가 장래 보유하게 되는 대상회사의 자기주식은 일종의 잠재주식에 부여된 권리행사에 의하여 장래 취득하게 될 주식과 같은 의미를 갖게 되므로 분모에 포함되는 것이다. 그 밖에 주식매수선택권을 부여받은 경우에는 분모에 해당하는 주식등의 수에 주식매수선택권의 행사에 따라 매수할 의결권 있는 주식(자기주식을 포함한다)도 합하여 계산하여야 한다(법 시행규칙 14조 3항).

매수등 후의 주식등 보유비율 = a/(b+c+d)

a : 매수등 후 보유 주식등의 수
(본인 또는 특별관계자가 보유하는 보통주와 의결권있는 우선주의 주식총수 + 본인 또는 특별관계자가 보유하는 신주인수권증서, CB, BW, EB의 전환 등 가능 주식총수, 파생결합증권의 기초자산인 주식의 수, 증권예탁증권의 기초가 되는 주식의 수, 주식매수선택권의 행사로 매수할 주식의 수)

b : 회사가 발행한 의결권 있는 주식의 총수(보통주 + 의결권 있는 우선주의 주식총수)

c : 본인과 특별관계자가 기보유한 신주인수권증서, CB, BW, EB, Stock Option의 전환 등 가능 주식총수, 파생결합증권의 기초자산인 주식의 수, 증권예탁증권의 기초가 되는 주식의 수, 주식매수선택권의 행사로 매수할 주식의 수

d : 당해 매수에서 매수한 신주인수권증서, CB, BW, EB, Stock Option의 전환 등 가능 주식총수, 파생결합증권의 기초자산인 주식의 수, 증권예탁증권의 기초가 되는 주식의 수, 주식매수선택권의 행사로 매수할 주식의 수

3. 공개매수 강제의 적용제외

매수등의 목적, 유형, 그 밖에 다른 주주의 권익침해의 가능성 등을 고려하여 대통령령이 정하는 매수등의 경우에는 공개매수가 강제되지 아니한다(3항 단서, 법 시행령 143조).

(1) 주식등의 소각매수등(1호)

주식등의 소각을 위한 매수등을 제외한 것은 회사가 자기주식을 취득하는 형태이고 지배권취득을 목적으로 한 것이 아니라는 점이 고려된 것이다. 주주평등의 관점에서는 공개매수의 강제대상으로 하는 것이 바람직하다는 견해[1]도 있다. 그러나 공개매수가 주주평등의 원칙을 실현하고자 함에서보다는, 지배권거래의 투명성을 기하고자 한 데에 주된 목적이 있는 제도라는 점에서 이를 공개매수의 강제대상에서 제외한 것이 불합리한 것은 아니라고 본다.[2]

1) 김건식/정순섭, 전게서(2013), 349쪽.
2) 이문성, 전게논문(1997), 53쪽; 임재연, 전게서(2013), 493쪽.

(2) 주식매수청구권의 행사(2호)

주식매수청구에 응한 주식의 매수의 경우에도 회사가 자기주식을 취득하는 형태로서 주식매수청구권에 기한 주식의 매수가 회사의 지배권변경과 직접 관련이 없는 것이고, 매도하는 주주가 권리를 행사하는 것임이 고려된 것이다.

(3) 신주인수권 등의 권리행사에 따른 주식등의 매수등(3호)

신주인수권이 표시된 것, 전환사채권, 신주인수권부사채권 또는 교환사채권의 권리행사에 따른 주식등의 매수등에도 공개매수가 강제되지 아니한다. 신주인수권 등의 행사에 의한 주식매수를 제외한 것은 신주인수권이나 전환권을 취득할 당시에 공개매수의무를 부담한 것이고, 또 이것은 새로이 전환권 등을 취득하는 것이 아니라 이미 취득한 권리를 행사하는 단계이므로 그 권리를 행사하는 단계에서 다시 공개매수를 강제할 필요가 없기 때문이다.[1)]

(4) 파생결합증권의 권리행사에 따른 주식등의 매수등(4호)

파생결합증권의 권리행사에 따른 주식등의 매수등에도 공개매수가 강제되지 아니한다. 파생결합증권은 공개매수의 적용대상이 되지만 그 증권의 취득시에 이미 공개매수의무를 부담한 것이므로 그 권리를 행사하는 단계에서 다시 공개매수를 강제할 필요가 없기 때문이다.

(5) 특수관계인으로부터의 매수등(5호)

특수관계인으로부터의 매수등을 제외한 것은 그 매수는 본인이 지배하는 주식의 수에 영향을 미치지 않는 것으로 보기 때문이다.[2)] 다만 특수관계인 중에는 1,000주 미만 보유자나 본인과 공동보유의 관계에 있지 않는 자도 있을 수 있으므로(이 경우에는 공동보유의 관계없음이 증명되어야 함) 이들로부터 주식등을 매수등을 하는 경우에는 공개매수가 강제되는 수가 있다고 볼 것이다. 그러나 공동보유자로부터의 매수등에는 이와 같은 예외가 인정되지 않는다.[3)]

(6) 전자증권중개업무에 의한 주식등의 매수(6호)

전자증권중개업무를 규정하고 있던 개정 전 법 제78조가 다자간매매체결회사에 관한 규정으로 변경되고 다자간매매체결회사를 통한 매수등은 공개매수의 개념에서 제외됨에 따라 본 호는 삭제되었다.

---

1) 김건식/정순섭, 전게서(2013), 349쪽; 이문성, 전게논문(1997), 53쪽; 임재연, 전게서(2013), 493-494쪽; 송종준, 전게서(2008), 89쪽.

2) 김건식/정순섭, 전게서(2013), 349쪽; 이문성, 전게논문(1997), 53쪽; 송종준, 전게서(2008), 89쪽.

3) 임재연, 전게서(2013), 494쪽; 송종준, 전게서(2008), 89쪽.

(7) 기타(7호)

그 밖에 다른 투자자의 이익을 해칠 염려가 없는 경우로서 금융위원회가 정하여 고시하는 주식등의 매수등에도 공개매수가 강제되지 아니한다. 이 위원회가 정하는 매수등의 범위는 "증권의 발행 및 공시 등에 관한 규정"에서 상세히 정하고 있다(동규정 3-1조).[1] 이와 관련하여 PEF가 주채무계열인 금호아시아나계열기업군 및 그 공동보유자(10인 이상임) 보유의 건설회사 주식을 매수함에 있어 공개매수절차에 따라 매수하여야 하는지가 실무상 논란이 되었으나, 동 규정 제3-1조 제14호가 공개매수절차 면제의 근거가 되었다. 한편, 동 규정 제3-1조 제14호는 주채무계열이 처분하여야 하는 최저한도를 정하고 있지 않으므로, 주채무계열이 보유 주식의 일부만을 처분하는 경우뿐만 아니라 주채무계열은 보유 주식을 처분하지 않고 그 공동보유자만이 보유 주식을 처분하는 경우에도 적용된다고 해석하는 것이 타당하다.

1) 금융위원회가 정하는 것으로는 1. 기업의 경영합리화를 위하여 법률의 규정 또는 정부의 허가·인가·승인 또는 문서에 의한 지도·권고 등에 따른 주식등의 매수등, 2. 정부의 공기업민영화계획 등에 의하여 정부(한국은행, 한국산업은행 및 정부투자기관을 포함한다)가 처분하는 주식등의 매수등, 3. 회생절차개시 또는 파산을 법원에 신청한 회사의 주식등 또는 해당 회사 보유 주식등을 법원의 허가·인가·결정·명령 또는 문서에 의한 권고 등에 따라 처분하는 경우 동 주식등의 매수등, 4. 채권금융기관(「기업구조조정촉진법」 제2조 제1호에 따른 채권금융기관을 말한다. 이하 같다) 또는 채권은행(「기업구조조정촉진법」 제2조 제2호에 따른 채권은행을 말한다. 이하 같다)이 다음 각 목의 어느 하나에 해당하는 기업의 주식등을 제3자에게 매각하는 경우 그 주식등의 매수등(가. 기업구조조정촉진을 위한 금융기관협약 및 그 후속 협약이 정하는 바에 따라 공동으로 기업개선작업 추진대상으로 선정된 기업, 나. 기업구조조정 촉진법 제13조 또는 제22조에 따라 채권금융기관 또는 채권은행의 공동관리절차가 개시된 부실징후기업), 5. 금산법 제10조에 따른 적기시정조치에 따라 해당 금융기관이 이행하는 사항과 관련되는 다음 각 목의 어느 하나에 해당하는 주식등의 매수등(가. 해당 금융기관이 발행하는 주식등의 취득, 나. 해당 금융기관이 보유한 주식등의 매수등, 다. 제3자의 해당 금융기관 주식등의 매수등), 6. 「예금자보호법」 제2장에 따른 예금보험공사가 부실금융기관의 경영합리화를 위하여 관련 법규 등에서 정하는 바에 따라 행하는 부실 금융기관 주식등의 매수등 및 예금보험공사가 동 주식등을 처분하는 경우의 해당 주식등의 매수등, 7. 「국유재산의 현물출자에 관한 법률」에 따라 정부가 국유재산을 정부출자기업체에 현물출자하고 그 대가로 해당 회사가 발행하는 주식등의 취득, 8. 「외국인투자촉진법」 제5조부터 제7조까지의 규정에 따라 외국투자가가 취득한 주식등을 처분하는 경우의 해당 주식등의 매수등 또는 외국인투자기업의 합작당사자가 주식등을 처분하는 경우 합작계약에 따라 우선매입권을 가진 다른 합작당사자의 해당 주식등의 매수등, 9. 금융기관이 관련법규에 따른 자본금 요건을 충족하기 위하여 발행하는 주식의 취득 또는 자기자본비율 등 재무요건을 충족하기 위하여 감독원장 등에게 경영개선계획서 등을 제출하고 발행하는 주식의 취득, 10. 제5호에 따른 자본금 증액시 일반주주의 대량실권 발생이 예상되어 해당 금융기관의 최대주주 및 그 특수관계인이 증자를 원활하게 하기 위하여 불가피하게 행하는 해당 금융기관 주식등의 매수등, 11. 금융투자업규정 제6-7조에 따른 주식의 종목별 외국인 전체취득한도에 달하거나(한도에서 단주가 부족한 경우를 포함한다) 초과한 종목을 증권회사의 중개에 의하여 외국인간에 매매거래를 하는 경우 해당 주식의 매수, 12. 증권시장에 상장하기 위하여 모집 또는 매출하는 주식을 인수한 투자매매업자가 증권신고서에 기재한 바에 따라 모집 또는 매출한 주식을 매수하는 경우 해당 주식의 매수, 13. 공개매수사무취급자가 공개매수 개시 이전 해당 주식을 차입하여 매도한 경우 이의 상환을 위한 장내매수, 14. 주채무계열(은행업감독규정 제79조 제1항에 따른 주채무계열을 말한다. 이하 같다)이 주채권은행(은행업감독규정 제80조 제1항에 따른 주채권은행을 말한다)과 「은행법」 제34조, 은행업감독규정 제82조 제3항 및 은행업감독업무시행세칙 제52조 제4항에 근거하여 체결한 재무구조개선약정에 따라 재무구조 개선을 위하여 주채무계열 및 그 공동보유자가 보유한 주식등을 처분하는 경우의 해당 주식등의 매수등이 있다.

한편 국내기업의 해외상장과 관련하여 공개매수 강제의 예외적용 여부가 문제될 수 있다. 이러한 문제는 국내에 상장된 기업이 그 원주를 의무공개매수 규제를 실시하고 있는 특정 국가의 증권시장에 상장(Dual Listing)하게 될 경우에 발생할 수 있다. 예를 들어, 국내와 해외에 동시 상장된 기업의 경영권이 변동(예: 기존 대주주가 30% 이상 지분을 매각하여 최대주주등이 변동되는 경우)되는 경우, 국내에서는 6개월 이내에 10인 이상으로부터의 매수 조건이 성취되지 않아 공개매수가 강제되지 않는 반면, 동시 상장된 해외의 증권시장에서는 30% 이상 지분 변동으로 인해 의무공개매수 규제가 적용되는 경우가 있을 수 있다. 이 경우 해외에서 의무공개매수가 진행될 경우 '증권시장등 밖'에서의 매수등이 진행되게 되므로 결과적으로 국내에서도 공개매수가 강제되는 상황이 발생하게 된다. 따라서 처음에는 공개매수 강제가 적용되지 않았던 거래가 해외의 의무공개매수 규제에 의해 국내에서도 공개매수가 강제되는 상황이 발생할 수 있게 된다. 이러한 상황은 해외의 규제가 국내 규제에 영향을 미쳐 국내 공개매수 규제의 독자성을 상실시키는 효과를 가져오므로 입법론상으로 이러한 경우에도 공개매수 강제에 대한 예외를 인정하는 것이 바람직하다고 본다.[1)2)]

4. 지배주주의 매도청구권과 공개매수 강제

회사의 발행주식총수의 100분의 95 이상을 자기의 계산으로 보유하고 있는 지배주주는 소수주주에게 보유하고 있는 주식의 매도를 청구할 수 있다(상법 360조의24). 그런데 지배주주가 매도청구권을 행사하는 경우는 공개매수 강제의 예외로 규정되어 있지 않으므로, 주권상장법인의 소수주주가 10인 이상이어서 공개매수 강제 요건에 해당되는 경우 매도청구권 규정과 공개매수 강제 규정 중 어느 규정을 우선적으로 적용할 것인지가 문제된다. 이에 대하여는, 공개매수를 통해 95%까지 지분을 취득하고 자진 상장폐지를 신청한 후 나머지 5% 소수주주에 대하여 매도청구권을 행사하여야 한다고 하는 견해 및 자본시장법상 공개매수 강제가 적용되는 경우에는 매도청구권을 행사할 수 없다고 보는 견해[3)]가 있을 수 있다. 이러한 견해들은 모두 공개매수 강제 규정이 우선적으로 적용됨

1) 실제로 국내와 싱가포르에 동시 상장하고 있는 국내 상장기업의 대주주 지분 매각거래와 관련하여 국내 자본시장법에 의해서는 공개매수가 강제되지 않으나, 의무공개매수제도를 채택하고 있는 싱가포르법에 의해서는 의무공개매수대상에 해당하여 결과적으로 국내에서도 공개매수를 실시해야 하는지 여부가 문제된 적이 있다. 그러나, 당해 상장법인은 2013. 1월 싱가포르에서의 상장구조를 Primary 상장에서 Secondary 상장으로 변경함으로써 싱가포르에서 의무공개매수 규제적용을 면제받았고, 결과적으로 이러한 논란은 현실화되지 않았다.

2) 이 경우 국내 투자자 보호의 문제가 제기될 수 있으나, 동시상장의 경우 국내 투자자도 해외시장으로의 이동(migration)이 보장되는 경우가 대부분이므로 국내 투자자가 해외에서 진행되는 공개매수에 응모하기를 원할 경우 그 해외시장으로 이동하여 공개매수에 응모할 수 있다는 점을 감안할 필요가 있다.

3) 이병기, "개정상법상 지배주주에 의한 소수주식의 전부취득," 「BFL」 제51호(2012. 1), 서울대학교 금융법센터, 136쪽.

을 전제로 하는 것으로 이해된다. 그러나 공개매수 강제 규정이 우선 적용되면 주권상장법인의 경우 사실상 매도청구권 행사의 가능성이 봉쇄되고, 매도청구권의 행사의 경우에는 소수주주 전부가 지배주주에 대하여 보유 주식을 매도할 의무를 부담한다는 점에서 주주간 불평등 문제는 발생할 여지가 거의 없으므로 공개매수 강제의 예외로 규정하는 것이 타당하다고 본다.

제134조(공개매수공고 및 공개매수신고서의 제출)

① 공개매수를 하고자 하는 자는 대통령령으로 정하는 방법에 따라 다음 각 호의 사항을 공고(이하 "공개매수공고"라 한다)하여야 한다.

1. 공개매수를 하고자 하는 자
2. 공개매수할 주식등의 발행인(그 주식등과 관련된 증권예탁증권, 그 밖에 대통령령으로 정하는 주식등의 경우에는 대통령령으로 정하는 자를 말한다. 이하 이 절에서 같다)
3. 공개매수의 목적
4. 공개매수할 주식등의 종류 및 수
5. 공개매수기간·가격·결제일 등 공개매수조건
6. 매수자금의 명세, 그 밖에 투자자 보호를 위하여 필요한 사항으로서 대통령령으로 정하는 사항

② 공개매수공고를 한 자(이하 "공개매수자"라 한다)는 대통령령으로 정하는 방법에 따라 다음 각 호의 사항을 기재한 신고서(이하 "공개매수신고서"라 한다)를 그 공개매수공고를 한 날(이하 "공개매수공고일"이라 한다)에 금융위원회와 거래소에 제출하여야 한다. 다만, 공개매수공고일이 공휴일(「근로자의 날 제정에 관한 법률」에 따른 근로자의 날 및 토요일을 포함한다), 그 밖에 금융위원회가 정하여 고시하는 날에 해당되는 경우에는 그 다음 날에 제출할 수 있다. 〈개정 2008. 2. 29〉

1. 공개매수자 및 그 특별관계자에 관한 사항
2. 공개 매수할 주식등의 발행인
3. 공개매수의 목적
4. 공개 매수할 주식등의 종류 및 수
5. 공개매수기간·가격·결제일 등 공개매수조건
6. 공개매수공고일 이후에 공개매수에 의하지 아니하고 주식등의 매수등을 하는 계약이 있는 경우에는 그 계약의 내용
7. 매수자금의 명세, 그 밖에 투자자 보호를 위하여 필요한 사항으로서 대통령령으로 정하는 사항

③ 제1항 및 제2항에 따른 공개매수기간은 대통령령으로 정하는 기간 이내여야 한다.

④ 공개매수자는 공개매수신고서에 그 주식등의 발행인의 예측정보를 기재 또는 표시할 수 있다. 이 경우 예측정보의 기재 또는 표시는 제125조 제2항 제1호·제2호 및 제4호의 방법에 따라야 한다.

⑤ 공개매수신고서의 첨부서류, 그 밖에 공개매수신고서에 관하여 필요한 사항은 대통령령으로 정한다.

Ⅰ. 본조의 취지

본조는 공개매수를 할 때에는 일정한 사항을 공고하는 외에도 공개매수신고서를 금융위원회와 거래소에 제출하고 이를 비치케 하고 있다. 이것은 공개매수에 관한 중요정보의 공시를 강제하고, 부실정보공시를 규제하여 투자자를 보호하고자 하는 데에 그 목적이 있다. 공개매수에 관련된 중요한 정보를 공시케 하지 않으면 대상회사의 주주는 주식의 매도압력을 받아 합리적이고 공정한 의사결정을 기대하기 어렵기 때문이다.[1] 또한 공개매수신고서의 내용을 구체화한 것은 공개매수는 다수의 당사자에게 이해관계가 엇갈리는 사안이고, 사후에 공개매수와 관련된 책임을 부과하기 위한 중요한 근거이자 인과관계의 증명자료가 된다는 점에서 그 기재내용의 정확성 및 상세성이 확보되도록 하여 사후에 빈번하게 발생할 수 있는 분쟁에 대비코자 한 것이다.[2]

본조는 공개매수의 공고와 동시에 공개매수신고서를 제출하도록 있다. 과거와는 달리 대기기간을 폐지하고 공개매수의 공고와 동시에 곧바로 공개매수할 수 있도록 하여 공개매수가 신속하게 실행될 수 있도록 하였다. 아울러 최단·최장기로 매수기간을 설정하여 주식의 매도결정에 필요한 최소한의 합리적인 기간을 확보하고 있다. 그 밖에 공개매수신고서에는 예측정보를 기재하도록 하여 주식등의 발행인(대상회사)의 장래경영계획 등을 공시하여 투자판단에 도움이 되도록 하였다.

Ⅱ. 공개매수의 공고

공개매수를 하고자 하는 자는 「신문 등의 자유와 기능 보장에 관한에 관한 법률」에 따른 일반일간신문 또는 경제분야의 특수일간신문 중 전국을 보급지역으로 하는 2 이상의 신문에 공고하여야 한다(1항, 법 시행령 145조 1항). 공개매수자가 공개매수 정정신고서를 제출한 때에도 지체 없이 그 사실과 변경된 내용(공개매수공고에 포함된 사항에 한한다)을 공고하여야 한다(법 136조 5항). 그러나 공개매수의 공고를 위하여 종전처럼 반드시 증권회사인 공개매수사무취급자를 대리인으로 지정할 필요는 없다.

공개매수의 공고에는 공개매수를 하고자 하는 자, 공개매수할 주식등의 발행인(그 주식등과 관련된 증권예탁증권, 그 밖에 교환사채권과 파생결합증권의 경우에는 증권예탁증권의 기초가 되는 주식

1) 송종준, 전게 학위논문(1990), 95쪽.
2) 증권감독원, 전게 해설(1997. 5), 68쪽.

등의 발행인, 교환사채권의 교환의 대상이 되는 주식등의 발행인, 파생결합증권의 기초 자산이 되는 주식등의 발행인을 말한다), 공개매수의 목적, 공개매수할 주식등의 종류와 수, 공개매수기간·가격·결제일 등 공개매수조건 및 매수자금의 명세, 그 밖에 투자자보호를 위하여 대통령령으로 정하는 사항을 공고하여야 한다. 대통령령으로 정하는 사항은 공개매수자 및 그 특별관계자의 현황, 공개매수사무취급자에 관한 사항, 공개매수의 방법, 공개매수할 주식등의 발행인의 임원 또는 최대주주와의 사전협의가 있었는지 여부와 사전협의가 있는 경우 그 협의내용, 공개매수 종료 후 공개매수대상회사에 관한 장래계획, 공개매수공고 전에 해당 주식등의 매수등의 계약을 체결하고 있는 경우에는 그 계약사실 및 내용, 그리고 공개매수신고서 및 공개매수설명서의 열람 장소 등이다(1항, 법 시행령 145조 4항). 이 공고는 금융위원회가 정하여 고시하는 방법에 따라야 한다(법 시행령 145조 1항). 이와 같은 정보는 주주들의 투자판단에 기초 자료를 제공하는 데에도 목적이 있지만, 공시할 정보의 내용과 범위를 명시하는 것이 공개매수와 관련한 책임을 부과하기 위한 중요한 근거가 되고, 또 인과관계의 증명자료가 된다.[1]

한편 공고를 한 공개매수자는 공고일에 공개매수절차에 들어갈 수 있다(2항). 종전에는 공개매수의 공고일부터 3일이 경과하지 아니하면 공개매수를 하지 못하도록 하였으나, 2005년 1월 구증권법 개정에서 이 대기기간제도가 폐지되었다. 원래 대기기간을 두었던 것은 공고를 한 즉시 공개매수의 효력이 발생하여 주식을 응모할 수 있도록 하면 공개매수에 직면한 투자자가 투자판단에 성급한 결정을 내릴 수 있으므로 투자자에게 숙고할 기간을 줌으로써 이로부터 투자자를 보호하고자 한 데에 그 취지가 있었다.[2] 그러나 대기기간이 설정되지 않더라도 공개매수기간이 최소한 20일 이상이 주어지므로 이러한 문제에 대한 우려는 해소될 수 있고, 또한 공개매수제도가 단기간 내에 지배권을 취득하기 위한 제도라는 점에서 대기기간을 폐지한 것은 합리적인 조치이다.[3]

Ⅲ. 공개매수신고

1. 공개매수 신고의 법적 성격

공개매수를 하고자 하는 자는 공고한 날에 금융위원회와 거래소에 공개매수신고서를 제출하여야 한다(2항). 법은 이른바 동시신고제를 채택하고 있다. 아울러 대기기간을 폐지함에 따라 공고와 동시에 공개매수의 효력이 발생하게 되었다. 과거 대기기간제도 하에서는 신고 후 대기기간이 경과하여야 공개매수의 효력이 발생하였지만, 동시신고제

1) 송종준, 전게서(2008), 91쪽.
2) 임재연, 전게서(2013), 497쪽.
3) 송종준, 전게서(2008), 91쪽.

에서는 대기기간이 존재하지 않으므로 신고 여부와 관계없이 공고에 의하여 공개매수의 효력이 발생한다. 엄밀하게 말하면 현행법은 공개매수의 효력발생을 중심으로 볼 때에 즉시공고제를 채택하고 있다고 보아야 한다. 따라서 자본시장법상의 공개매수 신고는 공개매수신고서의 기재사항에 대한 형식적 하자, 부실기재의 여부에 대한 감독과 심사를 위한 행정상의 요식절차에 불과하다고 본다.[1)]

2. 공개매수신고의 절차

공개매수에 의하여 주식등을 매수하고자 하는 자는 일정한 사항을 기재한 신고서를 공개매수공고를 한 날에 금융위원회와 거래소에 제출하여야 하고, 공개매수공고일이 공휴일(근로자의 날과 토요일 포함), 그 밖의 금융위원회가 정하여 고시하는 날(법 제413조에 따라 금융위원회가 휴장명령을 한 날)에 해당하는 때에는 그 다음날에 제출할 수 있다(2항). 금융위원회가 정하여 고시하는 날이란 법 제413조에 따라 금융위원회가 휴장명령을 한 날을 의미한다(증권의발행및공시등에관한규정 3－5조). 공개매수신고서에는 일정한 첨부서류를 첨부하여야 한다(5항).

그리고 신고서를 제출한 때에는 지체 없이 그 사본을 공개매수할 주식등의 발행인에게 송부하여야 한다(법 135조). 증권예탁증권, 교환사채권, 파생결합증권을 공개매수하는 경우에도 그 기초가 되는 주식등 또는 교환의 대상이 되는 주식등의 발행인에게 그 사본을 송부하여야 한다(법 134조 1항 2호, 법 시행령 145조 2항 및 3항).

3. 공개매수신고서의 기재사항

공개매수자가 신고서에 기재하여 공시하여야 할 정보로는 필수기재사항과 임의기재사항이 있다. 필수기재사항은 법이 정하는 공개매수자 및 그 특별관계자에 관한 사항 등 공개매수에 관한 중요한 정보, 기타 대통령령이 정하는 사항으로서 의무적으로 공시하여야 할 사항이고(2항, 법 시행령 146조 2항), 임의기재사항은 예측정보에 관한 것으로서 자율적으로 기재할 수 있는 사항이다. 공개매수신고서에는 공개매수공고에 기재된 내용과 다른 내용을 표시하거나 그 기재사항을 빠뜨려서는 아니 된다(법 시행령 146조 1항).

1) 필수기재사항

㈎ 공개매수자 및 그 특별관계자에 관한 사항

공개매수자와 그 특별관계자에 관한 사항으로서 공개매수자 및 그 특별관계자의 현황, 공개매수자가 법인인 경우에는 당해 법인이 속해 있는 기업집단과 그 법인의 재무에 관한 현황 등이 여기에 해당한다(증권의발행및공시등에관한규정 3-2조 1항 1호). 특별관계자의

1) 상게서, 92쪽.

범위는 법 시행령 제141조 제 2 항이 정하고 있다.

(나) 공개매수할 주식등의 발행인

이것은 공개매수 대상회사에 관한 사항으로서 공개매수대상회사 및 그 특별관계자의 현황, 공개매수대상회사가 속해 있는 기업집단에 관한 사항이다(증권의발행및공시등에관한규정 3-2조 1항 2호).

(다) 공개매수의 목적

이것은 공개매수자가 공개매수를 하고자 하는 목적이 대상회사의 지배권 또는 경영권을 취득하고자 하는 것인지, 현재의 지배권을 강화하고자 하는 것인지에 관한 사항이다.

(라) 공개매수할 주식등의 종류 및 수

공개매수예정 주식등의 종류 및 수, 공개매수 후 소유하게 되는 주식등의 수, 공개매수 대상회사의 발행 주식등의 총수 등이 이에 해당한다(증권의발행및공시등에관한규정 3-2조 1항 4호).

(마) 공개매수기간·가격·결제일 등 공개매수조건

공개매수의 기간, 가격, 결제일 등 일반적 조건과 결제의 방법 등이 여기에 해당한다(증권의발행및공시등에관한규정 3-2조 1항 5호).

(바) 공개매수 공고일 이후에 공개매수에 의하지 아니하고 주식등의 매수등을 하는 계약이 있는 경우에는 당해 계약의 내용

공개매수기간 중에는 공개매수에 의하지 아니하고 다른 방법으로 대상회사의 주식등의 매수등을 하지 못한다(법 140조 본문). 그러나 해당 주식등의 매수등의 계약을 공개매수공고 전에 체결하고 있는 경우로서 그 계약체결 당시 공개매수의 적용대상(법 133조 1항)에 해당하지 아니하고 공개매수공고와 공개매수신고서에 그 계약사실과 내용이 기재되어 있는 경우에는 다른 주주의 권익 침해가 없는 경우에는 공개매수에 의하지 아니하고 매수등을 할 수 있다(법 140조 단서, 법 시행령 151조 1호).

(사) 매수자금의 명세

공개매수에 필요한 금액 이상의 금융기관잔고 기타 자금보유내역, 다른 유가증권과의 교환에 의한 공개매수의 경우에는 교환의 대가로 인도할 유가증권의 보유내역, 독점규제 및 공정거래에 관한 법률 제 8 조의2 제 1 항 제 2 호의 기준을 충족할 목적으로 현물출자를 받기 위하여 공개매수를 하고자 하는 경우에는 신주의 발행내용 등이 이에 속한다(증권의발행및공시등에관한규정 3-2조 1항 7호).

(아) 기타 투자자 보호를 위하여 필요한 사항으로서 대통령령으로 정하는 사항

여기에 해당하는 사항으로는 공개매수사무취급자에 관한 사항(사무취급회사명, 사무취급

회사의 공개매수 관련업무 수행범위, 사무취급회사의 본·지점 소재지 및 전화번호), 공개매수대상회사의 현황(최근 분기 및 최근 3사업연도 재무 및 손익 상황, 공개매수공고일 이전 6월간의 공개매수대상회사 주식등의 거래상황), 공개매수의 방법(청약의 방법, 철회의 방법, 청약주식등의 매입방법, 공개매수신고의 정정 및 철회의 방법 등), 공개매수에 필요한 자금 또는 교환대상 증권의 조성내역(차입의 경우 차입처를 포함, 공개매수에 필요한 자금 조성내역, 교환대상 증권의 조성내역, 교환의 대가로 인도할 증권 발행회사의 현황), 공개매수자 및 그 특별관계자의 최근 1년간 공개매수대상회사의 주식등의 보유상황 및 거래상황, 공개매수대상회사의 임원 또는 최대주주와의 사전협의가 있는지 여부와 사전협의가 있는 경우 그 협의내용, 공개매수 종료 후 공개매수대상회사에 관한 장래계획, 공개매수의 중개인 또는 주선인이 있는 경우 그에 관한 사항(법인명 또는 성명, 법인의 설립목적 및 사업내용, 공개매수신고서 및 공개매수설명서의 열람장소), 공개매수신고서 및 공개매수설명서의 열람 장소 등이다(법 시행령 146조 2항, 증권의발행및공시등에관한규정 3-2조 1항).

2) 임의기재사항-예측정보

공개매수신고서에는 연성정보(soft information)의 하나로서 공개매수할 주식등의 발행인의 예측정보(forward-looking information)를 기재 또는 표시할 수 있다(4항). 예측정보를 공시할 수 있게 한 것은 발행인의 미래 재무상태 또는 영업실적전망치 등이 투자자가 공개매수의 청약에 응모할지 여부를 판단함에 있어서 유용하기 때문이다.[1] 현행법은 공개매수신고서에 예측정보를 기재할 것인지 여부에 대해 공개매수자가 선택할 수 있도록 하고 있다. 그러나, 예측정보 기재를 공개매수자의 재량에 맡겨두는 것이 바람직한지 의문이 있다. 발행인이 증권에 대한 매수를 권유하는 증권신고서의 경우와는 달리, 공개매수에서는 공개매수자가 증권에 대한 매도를 권유하는 것이고, 공개매수자는 가능한 한 낮은 가격에 매수하기를 원하므로 예측정보를 과장하여 기재할 유인이 없기 때문이다. 입법론상으로 적어도 상장폐지를 목적으로 하는 공개매수에서는 예측정보를 의무적으로 기재하도록 할 필요가 있다.[2]

(가) 예측정보의 범위

예측정보는 주식등의 발행인의 미래의 재무 상태나 영업실적 등에 관한 예측 또는 전망에 관한 사항으로서 자본시장법이 정하고 있는 것을 말한다(법 125조 2항, 119조 3항). 여기에 속하는 정보는 ① 매출규모·이익규모 등 주식등 발행인의 영업실적 기타 경영성과에 대한 예측 또는 전망에 관한 사항, ② 자본금규모·자금흐름 등 주식등 발행인의 재무 상태에 대한 예측 또는 전망에 관한 사항, ③ 특정한 사실의 발생 또는 특정한 계

1) 송종준, 전게서(2008), 93쪽.
2) 신동찬/유호범/문병순, "상장폐지 목적의 공개매수와 소수주주 보호," 「BFL」 제55호(2012. 9), 서울대학교 금융법센터, 77쪽.

획의 수립으로 인한 발행인의 경영성과 또는 재무상태의 변동 및 일정시점에서의 목표수준에 관한 사항, ④ 기타 발행인의 미래에 대한 예측 또는 전망에 관한 사항으로서 대통령령이 정하는 사항 등이다. 대통령령이 정하는 사항이라 함은 앞의 ①-③에 관하여 평가요청을 받은 경우에 그 요청을 받은 자가 그 예측정보의 적정성에 관하여 평가한 사항을 말한다(법 시행령 123조).

(나) 예측정보의 기재방법

공개매수신고서에 예측정보를 기재하는 경우에 공개매수자는 (i) 당해 기재 또는 표시가 예측정보라는 사실을 명시하여야 하고, (ii) 예측 또는 전망과 관련된 가정 또는 판단의 근거를 명시하여야 하며, (iii) 당해 기재 또는 표시에 대하여 예측치와 실제 결과치가 다를 수 있다는 주의문구(bespeaks caution)를 명시하여야 한다(4항, 법 125조 2항 1호·2호·4호).

4. 첨부서류

공개매수신고서에는 일정한 서류를 첨부하여야 한다(5항). 이 첨부서류는 대체로 공개매수와 관련되는 증빙서류들이다. 그러나 전자정부법에 따른 행정정보의 공동이용을 통하여 첨부서류에 대한 정보를 확인할 수 있는 경우(동법 21조 1항 또는 22조의2 1항)에는 그 확인으로 첨부서류를 갈음할 수 있다(법 시행령 146조 4항).

공개매수자가 개인인 경우에는 주민등록등본(외국인인 경우에는 이에 준하는 서류), 공개매수자가 법인 또는 기타 단체인 경우에는 정관 및 법인등기부등본 또는 이에 준하는 서류, 공개매수 관련 사무에 관한 계약서 사본, 공개매수에 필요한 금액 이상의 금융기관 예금 잔고 기타 자금의 확보를 증명하는 서류, 다른 유가증권과의 교환에 의한 공개매수의 경우에는 공개매수자가 교환의 대가로 인도할 유가증권의 확보를 증명하는 서류(다만 독점규제 및 공정거래에 관한 법률 제8조의2 제2항 제2호의 기준에 해당하지 아니할 목적으로 현물출자를 받기 위하여 공개매수를 하고자 하는 경우에는 신주의 발행을 증명하는 서류), 다른 유가증권과의 교환에 의한 공개매수에 관하여 유가증권의 모집 또는 매출의 신고(법 119조 1항 또는 2항)를 하여야 하는 경우에는 그 신고서에 기재할 사항의 내용과 동일한 내용을 기재한 서류, 주식등의 매수등에 정부의 허가·인가 또는 승인이 필요한 경우에는 그 허가·인가 또는 승인이 있었음을 증명하는 서류, 공개매수공고 내용, 공개매수공고 전에 해당 주식등의 매수등의 계약을 체결하고 있는 경우에는 그 계약서의 사본, 그 밖에 공개매수신고서의 기재사항을 확인하는데 필요한 서류로서 금융위원회가 정하여 고시하는 서류 등이다(법 시행령 146조 4항).

금융위원회가 고시하는 서류는 공개매수대금 또는 교환대상 증권을 결제일까지 인출 또는 처분하지 아니하는 경우에는 그 내용을 기재한 서류, 공개매수신고서를 제출한 후 공개매수대금 또는 교환대상 증권을 인출 또는 처분하여 결제일까지 운용하고자 하는 경우에는 인출일 또는 처분일부터 결제일까지의 자금 또는 유가증권의 운용계획서와 그 내용을 확인할 수 있는 서류, 공개매수자가 외국인 또는 외국법인등인 경우에는 국내에 주소 또는 사무소를 가진 자에게 당해 공개매수에 관한 권한을 부여한 것을 증명하는 서면, 그리고 공개매수신고서에 첨부하는 서류가 한글로 기재된 것이 아닌 경우에는 그 한글 번역문 등이다(증권의발행및공시등에관한규정 3-3조). 그 밖에 공개매수신고서의 서식 및 작성방법 등에 관하여 필요한 사항은 금융위원회가 정하여 고시한다(법 시행령 146조 5항).

5. 신고의무위반의 법적 효력

공개매수의 신고의무를 위반하여 주식을 취득한 경우 그 주식취득의 사법상 효력은 부인되지 않는다.[1] 법 제145조가 신고 없이 또는 부실기재에 의한 신고가 있을 경우에는 위법한 주식취득으로 보아 의결권 행사를 제한하고, 금융위원회가 처분명령을 내릴 수 있도록 한 것은 그 주식취득이 유효함을 전제로 한 것이다. 여기서 신고서의 제출의무에는 공개매수신고서는 물론이고, 금융위원회의 정정명령에 의한 정정신고서의 제출의무(법 136조)도 포함되고, 공개매수설명서의 작성, 교부, 비치의무와 적법한 공개매수설명서의 사용의무(법 137조)도 포함된다고 본다.[2] 그리고 신고의무위반으로 인하여 대상회사 또는 응모주주에게 손해가 발생한 경우에 신고의무위반 자체가 손해배상청구의 원인이 될 수는 없고, 신고된 정보의 허위표시 또는 중요사실의 부실표시로 인한 손해발생의 관계가 성립할 때에 그 책임도 추궁할 수 있을 것이다.[3] 다만 공개매수신고의무에 위반하여 취득한 주식은 공개매수에 의하지 아니한 주식취득의 경우와 마찬가지로 그 주식등의 매수(그 주식등과 관련한 권리 행사 등으로 취득한 주식을 포함한다)를 한 날로부터 의결권을 행사할 수 없고, 금융위원회는 6개월 이내의 기간을 정하여 그 주식등(그 주식등과 관련한 권리 행사 등으로 취득한 주식을 포함한다)의 처분을 명할 수 있다(법 145조). 그러나 공개매수신고서의 제출의무위반의 경우와는 달리, 공개매수설명서의 작성, 교부, 비치의무 등을 위반하여 취득한 주식의 의결권은 법이 달리 규정하고 있지 않으므로 제한되지 않는다고 본다.

그 밖에 신고의무를 위반한 경우에는 위반자에 대하여 징역 또는 벌금 등 형사제재가 가해질 수 있다(법 444조 15호-17호). 그리고 금융위원회는 신고의무위반자에 대하여 일정한 과징금을 부과할 수 있고(법 429조 2항), 공개매수정지, 정정명령 등 일정한 행정조치를 취할 수 있다(법 146조).

1) 송종준, 전게 학위논문(1990), 104쪽; 이준섭, 전게논문(1999), 343쪽; 김화진, 「M&A와 경영권(개정증보판)」, 박영사, 1999, 100쪽; 김건식/정순섭, 전게서(2013), 364쪽; 김정수, 전게서(2011), 795쪽.
2) 송종준, 전게서(2008), 115쪽.
3) 송종준, 전게 학위논문(1990), 104쪽.

Ⅳ. 공개매수기간

1. 최단·최장기 법정주의

공개매수의 유효기간은 공개매수를 공고한 날부터 최단 20일, 최장 60일 사이에서 자유로이 정할 수 있다(3항, 법 시행령 146조 3항). 이와 같은 최단·최장기 입법태도는 영국, 일본, 미국의 입법례를 기초로 한 것이다.[1] 주주에게 투자판단의 의사결정에 필요한 주지기간을 제공하고, 대상회사에게도 방어기간을 부여하기 위하여 최단의 기간으로서 20일을 설정한 것이다. 그리고 최단기의 매수기간만을 정하는 경우에는 매수기간이 장기화되어 주주가 불안정한 위치에 놓이게 될 염려도 있으므로 이를 방지하기 위하여 최장기로서 매수기간이 60일을 초과할 수 없도록 한 것이다.

입법론적으로는 미국이나 EU에 비하여 공개매수기간이 실질적으로 단기이므로, 투자판단을 위한 실질적인 기간을 금융기관 영업일(business day)로 바꾸되, 가장 보편적으로 발생하고 있는 공개매수에 있어서 투자자의 투자판단을 위한 충분한 숙려기간을 제공할 필요가 있다. 따라서 현행의 단기 20일은 다소 연장하고 장기 60일은 다소 축소하는 것이 합리적이다. 그 대안으로서 현행 공개매수기간의 최단기간은 20영업일로 연장하고, 최장기간은 40영업일로 단축하는 방안이 검토될 수 있다고 본다.[2]

2. 매수기간의 연장

공개매수의 기간은 20일 이상 60일 이내의 기간으로 제한되지만, 그 공개매수기간 중 당해 공개매수에 대하여 대항하는 공개매수(대항공개매수, 경쟁공개매수, competing tender offer)가 있는 경우에는 그 대항공개매수기간의 종료시까지 그 기간을 연장할 수 있다(법 시행령 147조 3호 다목). 이것은 최초의 공개매수자와 대항공개매수자간에 거래의 평등성을 확보해 주기 위한 것이고, 최초의 공개매수자가 대항공개매수의 매수조건 등을 고려하여 적절히 대항할 수 있는 조치를 취할 수 있게 하기 위한 것이다.[3]

공개매수자가 대항공개매수에 대항하기 위하여 정정신고를 통하여 공개매수가격을 인상한 경우, 이러한 정정신고가 대항공개매수에 해당하는지 여부가 문제될 수 있다. 이는 공개매수자의 정정신고서가 제출된 이후에 대항공개매수자가 대항공개매수기간을 연장하거나 대항공개매수를 철회할 수 있는지 여부와 관련되어 있다. 이에 관하여 정정신고서는 새로운 공개매수신고서에 해당하지 않으므로 대항공개매수로 볼 수 없다는 견해도 가능하나, 이러한 정정신고는 실질적으로 대항공개매수에 대항하는 것과 다름없으므

1) 영국 City Code rule 31.1, 31.6); 일본 금융상품거래법 제27조의2; 미국 1934년 증권거래법 Sec. 14(d)(5). Rule 14e-1.
2) 송종준, 전게서(2008), 104쪽.
3) 김건식, 전게논문(1997. 4), 42쪽; 증권감독원, 전게 해설(1997. 5), 83쪽; 송종준, 전게서(2008), 104쪽.

로 대항공개매수로 보는 것이 타당하다.[1] 따라서 정정신고서가 제출된 경우 대항공개매수자는 대항공개매수기간을 연장하거나 대항공개매수를 철회할 수 있다고 본다.

第135條(신고서 사본의 송부)

공개매수자는 공개매수신고서를 제출한 경우에는 지체 없이 그 사본을 공개매수할 주식등의 발행인에게 송부하여야 한다.

Ⅰ. 본조의 취지

본조는 공개매수자로 하여금 공개매수신고서를 금융위원회와 거래소에 제출하는 외에도, 대상회사에게도 그 사본을 송부하도록 함으로써 대상회사의 경영진이 공개매수에 대하여 적절히 대응할 수 있도록 하기 위한 것이다.

Ⅱ. 신고서 사본의 송부

본조는 공개매수신고서의 사본을 공개매수할 주식등의 발행인, 즉 대상회사에게 송부하도록 하고 있다. 종전에는 공개매수신고서는 금융위원회에만 제출하고, 그 사본을 거래소와 대상회사에 송부하도록 하였다(구증권법 22조). 그러나 법은 공개매수신고서를 금융위원회 외에 거래소에도 동시에 제출하는 것으로 개정되었으므로 그 사본은 발행인, 즉 대상회사에게만 송부하면 된다(본조). 그리고 그 사본은 지체 없이 송부하여야 한다. 그러나 '지체 없이'라는 의미가 모호하므로 금융위원회와 거래소에 대한 송부와 동시에 또는 그 다음 날 등과 같이 송부시점을 특정하여 명시하는 것이 대상회사의 대응을 위하여 합리적이다.

Ⅲ. 신고서 사본을 송부하지 아니한 경우의 처분 등

공개매수신고서의 사본을 발행인에게 송부하지 않은 경우에 금융위원회는 공개매수

---

1) 임재연, 전게서(2013), 501쪽. 김현태/이승환, "공개매수자의 의무 및 특수한 형태의 공개매수," 「BFL」 제55호(2012. 9), 서울대학교 금융법센터, 39쪽.

자 등에 대하여 공개매수의 정정을 명할 수 있고, 공개매수를 정지 또는 금지하거나 1년의 범위에서 공개매수의 제한 및 공개매수사무취급의 제한, 임원의 해임권고, 고발 및 수사기관에의 통보, 경고 · 주의 등의 조치를 취할 수 있다(법 146조 2항, 법 시행령 152조). 아울러 공개매수신고서의 사본을 송부하지 않은 자에게는 5천만원 이하의 과태료를 부과한다(법 449조).

제136조(정정신고 · 공고 등)

① 금융위원회는 공개매수신고서의 형식을 제대로 갖추지 아니한 경우 또는 그 공개매수신고서 중 중요사항에 관하여 거짓의 기재 또는 표시가 있거나 중요사항이 기재 또는 표시되지 아니한 경우에는 공개매수기간이 종료하는 날까지 그 이유를 제시하고 그 공개매수신고서의 기재내용을 정정한 신고서(이하 이 절에서 "정정신고서"라 한다)의 제출을 요구할 수 있다. 〈개정 2008. 2. 29〉

② 제 1 항에 따른 요구가 있는 경우 그 공개매수신고서는 그 요구를 한 날부터 제출되지 아니한 것으로 본다.

③ 공개매수자는 공개매수조건, 그 밖에 공개매수신고서의 기재사항을 정정하고자 하는 경우 또는 투자자 보호를 위하여 그 공개매수신고서에 기재된 내용을 정정할 필요가 있는 경우로서 총리령으로 정하는 경우에는 공개매수기간이 종료하는 날까지 금융위원회와 거래소에 정정신고서를 제출하여야 한다. 다만, 매수가격의 인하, 매수예정 주식등의 수의 감소, 매수대금 지급기간의 연장(제 4 항 제 1 호의 경우를 제외한다), 그 밖에 대통령령으로 정하는 공개매수조건 등은 변경할 수 없다. 〈개정 2008. 2. 29〉.

④ 공개매수자가 제 1 항 또는 제 3 항에 따라 공개매수신고서의 정정신고서를 제출하는 경우 공개매수기간의 종료일은 다음 각 호와 같다.

1. 그 정정신고서를 제출한 날이 제134조 제 1 항 제 5 호에 따라 공고한 공개매수기간 종료일 전 10일 이내에 해당하는 경우에는 그 정정신고서를 제출한 날부터 10일이 경과한 날
2. 그 정정신고서를 제출한 날이 제134조 제 1 항 제 5 호에 따라 공고한 공개매수기간 종료일 전 10일 이내에 해당하지 아니하는 경우에는 그 공개매수기간이 종료하는 날

⑤ 공개매수자는 제 1 항 또는 제 3 항에 따라 정정신고서를 제출한 경우에는 지체 없이 그 사실과 정정한 내용(공개매수공고에 포함된 사항에 한한다)을 공고하여야 한다. 이 경우 공고의 방법은 제134조 제 1 항에 따른다.

⑥ 공개매수자는 공개매수신고서의 정정신고서를 제출한 경우에는 지체 없이 그 사본을 공개 매수할 주식등의 발행인에게 송부하여야 한다.

Ⅰ. 본조의 취지

본조는 이미 제출된 공개매수신고서를 정정하는 경우에 정정신고서의 제출에 따르는 관련 사항을 규정하고 있다. 공개매수신고서는 금융위원회의 요구에 의하여 정정이 강제되는 경우와 공개매수자가 스스로 기제출된 신고서상의 공개매수조건 등 기재내용을 변경하기 위하여 자발적으로 정정하는 경우가 있다. 정정신고서제도는 완전하고도 공정한 정보공시주의 이념을 실천하기 위한 것이다. 정정신고서 제출의 요구는 금융위원회의 신고서 심사에 따른 행정처분이다. 자발적 정정신고제도는 공개매수자에게 부실 기재된 정보를 스스로 정정할 수 있는 기회를 주기 위한 것이고, 대상회사의 대응태도, 기타 사정에 따라 매수조건 등을 변경하여 적절하게 대응할 경우를 예정한 것이다.

공개매수신고서의 정정은 투자자의 투자판단에 영향을 주고, 그 판단을 위한 추가적인 시간이 소요될 수 있으므로, 본조는 그 정정에 따른 공개매수종료일의 연장 여부도 명시하고 있다. 또한 공개매수자에게는 정정신고서상의 정정내용을 공고하고, 그 신고서의 사본을 대상회사에 송부하는 등 공시를 의무화하고 있다.

Ⅱ. 금융위원회의 요구에 의한 정정신고

1. 정정신고서의 제출을 요구할 수 있는 사유

금융위원회가 정정신고서의 제출을 요구할 수 있는 사유는 공개매수신고서의 형식을 제대로 갖추지 아니한 경우, 공개매수신고서 중 중요사항에 관하여 거짓의 기재 또는 표시가 있거나 중요사항이 기재 또는 표시되지 아니한 경우이다(1항). 전자는 신고서의 형식 불비와 관련된 것이고, 후자는 중요사항의 허위기재 또는 중요사항의 누락에 관한 것이다. 어느 경우이든 금융위원회가 정정신고서의 제출을 요구하기 위해서는 그 이유를 제시하여야 한다.

후자의 경우에 중요사항의 개념은 증권거래법의 기본이념인 정보의 중요성 기준(standard of materiality)에 기초한 것이다. 정보의 중요성 기준 하에서는 합리적이고 신중한 주주라면 허위 기재되거나 누락된 정보가 자신의 투자판단을 현저히 변경할 가능성 또는 개연성이 있을 정도일 경우에 정보의 중요성이 인정된다.[1] 따라서 투자자의 투자판단에 실질적인 영향을 미칠 가능성이 없는 중요하지 않은 사항의 허위기재 또는 누락은 정정요구의 대상이 되지 아니한다. 그리고 후자의 정정요구는 중요사항을 허위로 기재하거나 누락시킨 경우에만 허용되므로 금융위원회는 기재된 사항이 투자판단상 오해를 유발할 수 있는 경우에는 정정신고서의 제출을 요구할 수 없다. 입법론적으로는 이 경우에도 투자자 보호를 위하여 정정신고서의 제출을 요구할 수 있도록 명시하는 것이 바람직하다.[1]

2. 정정신고서를 제출하지 않는 경우의 행정 조치

금융위원회가 제1항에 따라 정정신고서 제출을 요구한 경우 그 공개매수신고서는 그 요구를 한 날로부터 제출되지 않은 것으로 본다(2항). 이 경우 공개매수신고서가 '제출되지 않은 것으로 본다'는 것은 이미 진행되어 온 공개매수의 효력이 정지됨을 의미하는 것이 아니라, 그 요구 시점부터 공개매수신고서의 제출이 없는 것으로서 금융위원회의 행정처분 또는 행정조치의 대상이 되는 것을 뜻한다.[2] 공개매수는 공고에 의하여 매수의 청약 또는 매도청약의 권유 등의 사법적 효력이 발생하는 것이지, 공개매수신고서의 제출 여하에 따라 공개매수의 효력이 영향을 받는 것은 아니기 때문이다.

금융위원회는 정정신고서의 제출이 없으면 투자자 보호를 위하여 필요한 때에는 공개매수를 정지 또는 금지하거나 대통령령이 정하는 조치를 취할 수 있다(법 146조 2항). 대통령령이 정하는 조치로는 1년의 범위에서 공개매수의 제한(공개매수자 및 공개매수자의 특별관계자에 한한다), 1년의 범위에서 공개매수사무취급업무의 제한(공개매수사무취급자에 한한다), 임원에 대한 해임권고, 법 위반의 경우 고발 또는 수사기관에의 통보, 다른 법률을 위반한 경우 관련기관 또는 수사기관에의 통보, 경고 또는 주의 등이다(법 시행령 152조).

그 밖에 공개매수신고서 및 그 정정신고서의 신고인과 그 대리인 등(법 142조 1항)이 정정신고서를 제출하지 않은 경우에는 공개매수신고서에 기재된 공개매수예정총액(공개매수할 주식등의 수량을 공개매수가격으로 곱하여 산정한 금액)의 100분의 3(20억원 한도)을 초과하지 아니하는 범위에서 과징금을 부과할 수 있다(법 429조 2항).

Ⅲ. 공개매수자의 자발적 정정신고

1. 공개매수조건 등의 정정

공개매수자는 공개매수기간의 종료일까지 이미 공고된 공개매수조건, 기타 신고서의

1) 상세한 설명은 송종준, 전게 학위논문(1990), 96-100쪽; 김정수, 전게서(2011), 1014쪽 이하 참조.
1) 송종준, 전게서(2008), 97쪽.
2) 상게서, 97쪽.

기재사항을 임의로 정정할 수 있으며, 이 경우 금융위원회와 거래소에 정정신고서를 제출하여야 한다(3항). 공개매수조건의 정정은 대항공개매수가 발생하는 경우와 같이 공개매수자가 매수조건을 변경하여 유연하게 대응할 필요가 있는 경우에 이용할 수 있도록 하기 위한 것이다. 그러나 그 공개매수조건은 대상회사의 주주 보호를 위하여 이들에게 불리하게 변경될 수는 없다. 기재사항의 정정은 신고서상 허위로 기재 또는 표시되거나 중요사항을 기재 또는 표시하지 않은 경우에 이루어지는 것이 보통이지만, 기재내용이 불분명하거나 과장되어 표현된 경우에 투자자 또는 공개매수자를 위해서도 정정되어야 할 필요가 있다.[1)] 이것은 부실 기재된 신고서의 내용을 진실한 내용으로 수정할 기회를 주기 위한 것이지만, 부실기재를 이유로 야기될 수 있는 손해배상책임 등 민사, 행정, 형사적 책임을 방지하는 효과도 있다.

2. 투자자 보호를 위한 정정

공개매수자는 투자자 보호를 위하여 공개매수신고서에 기재된 내용을 정정할 필요가 있는 경우로서 총리령으로 정하는 경우에는 정정할 수 있다. 공개매수신고서의 기재나 표시내용이 불분명하여 그 공개매수신고서를 이용하는 자로 하여금 중대한 오해를 일으킬 수 있는 내용이 있는 경우와 공개매수자에게 불리한 정보를 생략하거나 유리한 정보만을 강조하는 등 과장되게 표현된 경우가 이에 해당한다(법 시행규칙 15조). 이 경우에 공개매수자는 금융위원회와 거래소에 정정신고서를 제출하여야 한다(3항). 이것은 공개매수자의 자발적인 의사에 의해 행하여지는 정정신고이다.

공개매수자의 자발적 정정신고는 투자자 보호를 위한 것이어야 한다. 여기서 투자자 보호를 위한 것으로는 예컨대 매수가격의 인상, 매수예정주식등의 수의 증가, 매수대금 지급기간의 단축 등을 들 수 있다.

3. 정정신고가 허용되지 않는 경우

공개매수자에게 정정신고가 허용되지 않는 경우는 매수조건 등의 변경이 투자자에게 불리하거나 투자자의 권익을 침해하거나 침해할 소지가 있는 경우를 말한다. 즉, 매수가격의 인하, 매수예정 주식등의 수의 감소, 매수대금 지급기간의 연장(정정신고서가 당초 공개매수종료일 전 10일 이내에 해당하는 경우에는 제외), 기타 공개매수기간의 단축, 응모주주에게 줄 대가의 종류의 변경(다만 응모주주가 선택할 수 있는 대가의 종류를 추가하는 경우는 제외), 공개매수 대금지급기간의 연장을 초래하는 공개매수조건의 변경 등(법 시행령 147조 1호·2호·3호)의 경우에는 변경할 수 없으므로 정정신고도 허용되지 아니한다(3항 단서).

다만 공개매수 대금지급기간의 연장을 초래하는 공개매수조건의 변경이더라도 정정

1) 상게서, 97쪽.

신고서 제출일 전 3일의 기간 중 해당 주식등의 증권시장에서 성립한 가격(최종가격을 기준으로 한다)의 산술평균가격이 공개매수가격의 100분의 90 이상인 경우 또는 대항공개매수가 있는 경우의 매수가격 인상, 공개매수공고 후 해당주식등의 총수에 변경이 있는 경우 또는 대항공개매수가 있는 경우의 매수예정 주식등의 수의 증가, 그리고 대항공개매수가 있는 경우의 공개매수기간의 연장(그 대항공개매수기간의 종료일까지로 한정한다) 등의 경우에는 공개매수조건을 변경할 수 있다(법 136조 3항 단서, 법 시행령 147조 2호 단서). 따라서 이에 해당하는 경우에는 변경에 따른 정정신고서를 제출할 수 있다.

이와 관련하여 공개매수자가 법 제136조 제3항 본문에 의해 자진하여 정정신고서를 제출하고 이에 따라 법 제136조 제4항에 의해 공개매수종료일이 10일 연장되어 결과적으로 대금지급기간도 순연하여 10일 연장될 경우 정정신고가 가능한지 여부가 문제될 수 있다. 이에 대해 법 시행령 제147조 제3호에서 자진정정에 의한 경우는 대금지급기간 연장을 허용하지 않고 있으므로 정정신고서를 제출할 수 없다는 견해가 있을 수 있다. 이 견해에 의하면 정정신고서를 당초 공개매수기간 종료일 전 10일 이내에 제출하면 공개매수 종료일이 그 정정신고서를 제출한 날로부터 10일이 연장되지만, 그 경우에도 대금지급기간은 연장될 수 없다는 결론에 이르게 된다. 그러나 이러한 입장을 고수하게 될 경우 모든 공개매수자는 최초 공개매수신고서 제출시 자진정정을 예상하여 공개매수 종료일로부터 대금지급기간을 10일 이상 확보하여야 한다는 이상한 결론에 이르게 되고, 공개매수자로 하여금 공개매수기간이 종료하는 날의 다음날 이후 지체 없이 매수하도록 규정하고 있는 법 제140조와 모순되는 결과가 초래된다. 생각건대, 법 제136조 제3항 단서에서 '제4항 제1호의 경우를 제외한다'고 명시하고 있으므로 이 법률 규정이 시행령 규정에 우선하여 적용되어야 하고(법률 우위의 원칙), 이 단서 조항은 구증권거래법 시절에는 없었으나 자본시장법에 새로 도입되었다는 점을 감안할 때 자진정정으로 공개매수 종료일이 10일 연장되는 경우에는 대금지급기간도 순연하여 10일 연장할 수 있는 것으로 해석하여야 할 것이다.

Ⅳ. 정정신고와 공개매수기간의 종료일

금융위원회의 요구에 따라 공개매수신고서를 정정하거나, 공개매수자가 자발적으로 정정하는 경우에는 투자판단의 기초자료인 중요정보에 변경이 생긴 것이므로 공개매수기간도 조정될 필요가 있다. 그리하여 법은 정정신고서를 제출한 날이 당초 공고된 공개매수기간의 종료일 전 10일 이내에 해당하는 경우에는 그 정정신고서를 제출한 날부터 10일이 경과한 날이 공개매수기간의 종료일이 되고, 그 종료일 전 10일 이내에 해당하지 아니하는 경우에는 당초 공고된 공개매수기간이 종료하는 날이 공개매수기간의 종료일

이 된다(4항).

전자의 경우에는 공개매수기간이 정정신고서 제출일로부터 10일 더 연장되는 것이고, 후자의 경우에는 그 종료일에 변동이 없게 된다. 공개매수기간의 연장여부를 당초 공개매수 종료일 전 10일을 기준으로 결정한 것은 종전에는 당초 공개매수신고서의 수리시점부터 정정신고서의 제출시점까지의 기간이 자동적으로 연장되었는데, 정정신고로 인하여 그 공개매수기간이 과도하게 연장되는 것을 방지하기 위한 것이다.[1]

한편 대항공개매수가 발생하여 공개매수시간을 연장하고자 하는 경우에 공개매수기간은 대항공개매수기간의 종료일까지로 한정된다(법 시행령 147조). 본조 제 4 항은 공개매수신고서의 정정신고서를 제출하는 경우의 공개매수기간의 종료일을 정한 일반규정인 반면, 제 3 항 단서에 따른 법 시행령 제147조 제 3 호 다목은 공개매수기간 중 대항공개매수가 발생하는 경우에 적용되는 예외규정이다. 입법기술상으로는 법 제136조 제 4 항 제 3 호에 대항공개매수가 발생하는 경우 공개매수기간의 연장에 대한 특별규정을 두는 것이 바람직하다고 본다.

Ⅴ. 정정신고서의 공시

정정신고서를 제출한 경우에는 공개매수자는 그 정정내용을 공시하여야 한다. 즉, 금융위원회의 요구에 따라 정정신고서를 제출하든, 공개매수자의 자발적 의사에 따라 정정신고서를 제출한 경우이든 공개매수자는 정정사실과 정정내용(공개매수공고에 포함된 사항에 한한다)을 공고하여야 한다(5항 전단). 이 경우 그 공고는 당초의 공고방법에 따른다(5항 후단).

아울러 공개매수자는 지체 없이 정정신고서의 사본을 공개매수할 주식등의 발행인에게 송부하여야 한다(6항). 입법론적으로는 공고와 동시 또는 그 다음 날 송부하도록 명시하는 것이 바람직할 것이다.

第137条(공개매수설명서의 작성·공시)

① 공개매수자(공개매수사무취급자를 포함한다. 이하 이 조에서 같다)는 공개매수를 하고자 하는 경우에는 대통령령으로 정하는 방법에 따라 그 공개매수에 관한 설명서(이하 "공개매수설명서"라 한다)를 작성하여 공개매수공고일에 금융위원회와 거래소에 제출하여야 하며, 이를 총리령으로 정하는 장소에 비치하고 일반인이 열람할 수 있도록 하여야 한다. 이 경우 제134조 제 2 항 각 호 외의 부분 단서를 준용한다. 〈개정 2008. 2. 29〉

---

1) 임재연, 전게서(2013), 505쪽; 송종준, 전게서(2008), 99쪽.

② 공개매수설명서에는 공개매수신고서에 기재된 내용과 다른 내용을 표시하거나 그 기재사항을 누락하여서는 아니 된다.

③ 공개매수자는 공개매수할 주식등을 매도하고자 하는 자에게 제1항에 적합한 공개매수설명서를 미리 교부하지 아니하면 그 주식등을 매수하여서는 아니 된다. 이 경우 공개매수설명서가 제436조에 따른 전자문서의 방법에 따르는 때에는 다음 각 호의 요건을 모두 충족하는 때에 이를 교부한 것으로 본다.

1. 전자문서에 의하여 공개매수설명서를 받는 것을 전자문서수신자가 동의할 것
2. 전자문서수신자가 전자문서를 받을 전자전달매체의 종류와 장소를 지정할 것
3. 전자문서수신자가 그 전자문서를 받은 사실이 확인될 것
4. 전자문서의 내용이 서면에 의한 공개매수설명서의 내용과 동일할 것

Ⅰ. 본조의 취지

본조는 공개매수신고서에 기재 또는 표시된 중요사항을 일반인에게 공시하기 위하여 공개매수설명서를 작성하도록 규정하고 있다. 공개매수신고서는 금융위원회와 거래소에 제출되고, 대상회사에 그 사본이 송부되므로 투자자에게는 직접 미치지 않는다. 따라서 공개매수에 응할지 여부를 결정하여야 하는 투자자 등 일반인에게 직접 그 기재내용을 알릴 필요가 있다. 그리하여 본조는 공개매수설명서의 작성, 제출, 비치, 열람의무를 부과하고, 공개매수설명서를 미리 교부하지 아니하고는 주식등을 매수할 수 없도록 하여 공개매수설명서의 교부를 강제하고 있다. 또한 공개매수설명서는 전자문서의 방법으로도 교부할 수 있도록 하였다.

Ⅱ. 공개매수설명서의 작성·제출·비치·열람공여

1. 공개매수설명서의 의의

공개매수설명서는 공개매수에 응하려는 투자자에게 투자판단에 필요한 중요정보를 직접 제공하기 위한 공시서류이다. 공개매수신고서는 그 내용이 복잡하고 전문적이어서 투자판단의 핵심을 인식하기가 어렵다. 그리하여 공개매수에 응할지 여부를 결정하여야 하는 투자자가 이해하기 쉽도록 공개매수설명서를 작성하여 비치하고 이를 투자자에게

교부하도록 하였다. 그러나 구증권법은 공개매수설명서를 유가증권의 모집 또는 매출(법 119조)에 있어서 작성하여야 하는 투자설명서(법 123조)에 상응한 것으로 취급하여 사업설명서에 관한 규정을 공개매수설명서에도 준용하도록 규정한 바 있다(구증권법 24조 2항). 법에서는 이러한 규정을 삭제하였다.

2. 공개매수설명서의 작성·제출·비치·열람공여의무

공개매수자는 공개매수를 하고자 하는 경우에는 공개매수설명서를 작성하여 금융위원회와 거래소에 제출하여야 한다(1항 전단). 공개매수사무취급자를 둔 경우에는 그가 제출하여야 한다. 공개매수공고일이 공휴일, 그 밖에 금융위원회가 정하여 고시하는 날에 해당하는 경우에는 그 다음 날에 제출할 수 있다(1항 후단, 134조 2항 단서). 공개매수설명서는 대통령령이 정하는 방법에 따라 작성하여야 하고, 공개매수설명서에는 법 제134조 제 2 항이 규정하는 사항을 기재하여야 한다. 다만 공개매수자가 주권상장법인인 경우에는 금융위원회가 정하여 고시하는 사항(해당 법인의 재무에 관한 사항)의 기재를 생략할 수 있다(법 시행령 148조 단서, 증권의발행및공시등에관한규정 3-9조). 이것은 상장법인인 공개매수자의 재무정보는 이미 금융위원회와 거래소에 비치되어 있는 점을 고려한 것이다. 그러나 재무정보만을 분리하여 이에 관한 내용을 투자자가 별도로 열람하여 인지케 하는 것은 투자자 보호를 위하여 바람직하지 않다.[1)]

그리고 공개매수설명서는 공개사무취급자의 본점과 지점, 그 밖에 영업소, 금융위원회, 거래소에 비치하고 일반인이 열람할 수 있도록 하여야 한다(1항 전단, 법 시행규칙 16조).

Ⅲ. 공개매수설명서의 부실기재 금지

공개매수설명서에는 공개매수신고서에 기재된 내용과 다른 내용을 표시하거나 그 기재사항을 누락하여서는 아니 된다(2항). 따라서 공개매수신고서에 허위 기재되거나 누락된 중요사항이 있는 경우에 공개매수정정신고서를 공고·제출하지 아니하고 공개매수설명서에만 정정하여 기재하는 것은 허용되지 아니한다. 공개매수신고서와 다른 내용을 표시하거나 중요사항을 누락한 경우에는 금융위원회는 공개매수를 정지하거나 금지하는 등의 조치를 내릴 수 있다(법 146조 2항).

1) 송종준, 전게서(2008), 95쪽.

Ⅳ. 공개매수설명서의 교부 전 매수금지

1. 교부 전 매수금지-교부강제

공개매수자는 공개매수할 주식등을 매도하고자 하는 자에게 공개매수설명서를 미리 교부하지 아니하면 그 주식등을 매수하여서는 아니 된다(3항 전단). 이것은 공개매수자가 주식등을 매도하고자 하는 자에게 공개매수설명서를 교부하지 않으면 투자자는 투자판단에 필요한 정보 없이 매도여부를 결정하여야 하므로 교부를 강제하여 투자자 보호를 기하기 위한 것이다. 공개매수계약은 부합계약으로서의 성질을 가지는바, 일반적인 거래에서 보통거래약관의 교부를 강제하는 것과 유사한 것이다. 또한 유가증권의 모집 또는 매출에 있어서 투자설명서를 미리 교부하지 않으면 증권을 취득하게 하거나 매도하여서는 아니 된다는 것(법 124조 1항)과 마찬가지이다.

공개매수설명서의 교부는 매수하기 전에 주식등을 매도하고자 하는 자에게 미리 이루어져야 한다. 공개매수설명서를 금융위원회, 거래소 및 공개매수사무취급자의 본·지점에 비치하였다고 하여 그 설명서가 교부된 것으로 되지 아니한다.[1] 공개매수공고와 비치 후 매수하기 전에 그 설명서가 서면이든 전자문서이든 사전에 배포되거나 전달되어야 한다.

2. 전자문서에 의한 교부 의제

공개매수설명서는 전자문서의 방법으로도 교부할 수 있다(3항 후단). 전자문서에 의하여 교부하기 위해서는 법이 정한 방법과 절차(법 436조)에 따라야 한다. 그리고 전자문서에 의한 공개매수설명서는 ① 전자문서에 의하여 공개매수설명서를 받는 것을 전자문서수신자가 동의할 것, ② 전자문서수신자가 전자문서를 받을 전자전달매체의 종류와 장소를 지정할 것, ③ 전자문서수신자가 그 전자문서를 받은 사실이 확인될 것, ④ 전자문서의 내용이 서면에 의한 공개매수설명서의 내용과 동일할 것 등의 요건을 모두 충족하는 때에 교부가 의제된다. 전자문서에 의한 교부의제는 공개매수할 주식등을 매도하고자 하는 자 중에는 전자문서를 이용하지 않는 자도 있고, 전자매체의 결함 등이 발생할 수 있는 점을 감안하여 피교부자의 의사가 명백하고, 전자문서에 의한 교부사실을 확인할 수 있는 상태에서만 인정하여 이를 둘러싼 분쟁의 소지를 방지하기 위한 것이다.

Ⅴ. 공개매수설명서의 작성·공시 규제 위반에 대한 처분 등

공개매수설명서의 작성·공시에 관한 규정에 위반한 경우에 금융위원회는 공개매수

1) 상게서, 101쪽.

자 등에 대하여 공개매수의 정정을 명할 수 있고, 공개매수를 정지 또는 금지하거나 1년의 범위에서 공개매수의 제한 및 공개매수사무취급의 제한, 임원의 해임권고, 고발 및 수사기관에의 통보, 경고·주의 등의 조치를 취할 수 있다(법 146조 2항, 법 시행령 152조).

이와 같은 행정처분 이외에도 공개매수설명서 중 중요사항에 관하여 거짓의 기재 또는 표시를 하거나 중요사항을 기재 또는 표시하지 않은 자에 대하여는 5년 이하의 징역 또는 2억원 이하의 벌금에 처한다(법 444조 15호). 그리고 공개매수설명서를 미리 교부하지 아니하고 주식등을 매수한 자에게는 1년 이하의 징역 또는 3천만원 이하의 벌금에 처한다(법 446조 25호).

제138조(공개매수에 관한 의견표명)

① 공개매수신고서가 제출된 주식등의 발행인은 대통령령으로 정하는 방법에 따라 그 공개매수에 관한 의견을 표명할 수 있다.

② 발행인은 제 1 항에 따라 의견을 표명한 경우에는 그 내용을 기재한 문서를 지체 없이 금융위원회와 거래소에 제출하여야 한다. 〈개정 2008. 2. 29〉

Ⅰ. 본조의 취지

본조는 대상회사의 주주가 응모여부를 결정하는데 참고가 될 수 있도록 대상회사에게 공개매수에 관한 의견을 표명할 수 있도록 하고 있다. 주주들은 공개매수설명서의 내용을 참고할 수 있기도 하지만, 대상회사의 의견을 종합하여 결정하도록 하는 것이 주주들의 합리적이고 객관적이며 공정한 판단을 위하여 바람직하기 때문이다.[1] 본조는 공개매수에 관한 의견표명을 이사의 선택적 재량권으로 규정하고 있으며, 의견을 표명할 경우 의견표명의 방법, 그리고 금융위원회와 거래소에 대한 의견표명문서의 제출의무를 명시하고 있다.

1) 금융위원회, 전게 설명자료(2008. 4), 40쪽.

Ⅱ. 대상회사의 공개매수에 관한 의견표명

1. 의견표명의 재량

공개매수의 대상회사는 대통령령이 정하는 바에 의하여 공개매수에 관한 의견을 표명할 수 있다(1항). 이 의견표명은 대상회사의 재량권에 속하므로 대상회사가 공개매수에 대하여 적극적으로 의견을 표시하거나 침묵을 지키는 것은 자유이고, 대상회사는 공개매수에 대한 찬성, 반대, 중립의견 중 어느 하나를 선택할 수 있다. 그러나 의견을 표명할 경우에는 광고, 서신, 기타 문서에 의하여야 하고(법 시행령 149조 1항), 이 의견표명에는 공개매수에 대한 발행인의 찬성·반대 또는 중립의 의견에 관한 입장 및 그 이유가 포함되어야 하며, 의견표명 이후 그 의견에 중대한 변경이 있는 경우에는 지체 없이 광고·서신(전자우편 포함), 기타 문서로서 그 사실을 알려야 한다(법 시행령 149조 2항). 구증권법에서는 찬성, 반대 또는 중립의견이라는 구체적인 표현이 없이 공개매수에 관한 의견이라고 규정하였으나(구증권법 25조) 자본시장법은 이를 명시하고 있다. 그러나 신·구법이 모두 의견표시의무를 부과하고 있지 않는 이상 큰 차이는 없다고 본다.

한편 의견표명이 대상회사의 이사회의 의무가 아님은 법문언상 명백하다. 그리고 이사회가 주주의 매매결정을 돕기 위하여 정보를 공시할 법적 의무가 있는 것도 아니다.[1] 그러나 대상회사의 이사회는 상황에 따라서는 적극적으로 의견을 표시하거나, 또는 중요한 정보를 적극적으로 공시할 의무도 있다고 본다.[2] 예컨대 대상회사와 공개매수자 간 또는 대상회사의 이사와 공개매수자 간의 이해충돌관계에 있는 사항이나 대상회사의 자산을 약취(looting)할 의도를 가진 공개매수, 부당한 매수조건에 의한 공개매수등의 경우에 이사가 의견을 전혀 표시하지 않는 것은 이사의 선관주의의무 또는 충실의무에 반하기 때문이다.[3] 따라서 법이 대상회사 경영진에게 의견표명의무를 명시하지 않았더라도 대상회사의 의견표명권한은 이사의 선관주의의무 또는 충실의무에 저촉되지 않는 범위에서 허용되는 재량권으로서의 성질을 갖는다고 볼 것이다.

또한 의견표명은 광고, 서신, 기타 문서에 의하여 하도록 함으로써 의견표명의 투명성을 기하고 있다. 의견 표명문서의 제출과 관련하여 구두에 의한 의견표시가 가능한 것인지에 대하여, 문서에 의한 의견표시를 넓게 풀이하거나[4] 현실적으로 규제할 수 없다는 이유에서 이것을 긍정하는 견해[5]가 있다. 구두에 의한 의견표명은 공개매수에 이해

1) 김건식, 전게논문(1997. 4), 41쪽; 임재연, 전게서(2013), 513쪽.
2) 홍복기, 전게논문(2001. 12), 159-160쪽.
3) 임재연, 전게서(2013), 513쪽에서도 의견표시는 이사의 선관주의의무와 충실의무에 의한 것이므로, 의견표시는 지배권방어를 위해서가 아니라 중립적인 지위에서 성실하고 합리적인 조사를 거쳐 전체 주주에게 최선의 방향을 제시하는 것이어야 한다고 기술하고 있다.
4) 김건식/정순섭, 전게서(2013), 356쪽.
5) 임재연, 전게서(2013), 513쪽.

관계있는 자들에게 해당 정보의 주지성, 투명성을 보장하여 공정한 판단을 확보해 주기 위한 법의 기본취지에 반하므로 금지된다고 풀이할 것이다.[1] 입법정책적으로는 구두에 의한 의견표명에 대한 제재 또는 벌칙 규정을 두어 이를 엄격하게 규제하는 것이 필요하다고 본다.

그리고 대상회사가 공개매수에 관하여 의견을 표명할 경우에는 정보의 중요성원칙에 따라 그 내용에 있어서 중요한 사항을 누락하거나 오해를 일으킬 수 있는 것이어서는 아니 된다고 풀이할 것이다.[2] 종전의 증권거래법에는 이를 명시하였지만(구증권법 시행령 13조 후단), 자본시장법 시행령에서는 이에 대한 규정이 빠져 있다. 이것은 입법상의 오류라고 본다. 의견의 허위표명을 막아 공정한 투자판단을 유도하기 위해서는 이를 시행령에 명시하여야 하고, 그 외에 허위사실을 표시하는 것도 금지시켜야 한다. 이를 담보하기 위한 민·형사상 제재규정을 두는 것이 바람직할 것이다.

2. 의견표명문서의 제출의무

대상회사가 제1항에 따라 의견을 표명할 때에는 그 내용을 기재한 문서를 지체 없이 금융위원회와 거래소에 제출하여야 한다(2항). 법문상으로는 명시되어 있지 않더라도 구두에 의한 의견표시는 법상의 의견표명의 형식을 위반한 것이지만 이 경우에도 금융위원회와 거래소에 그 내용을 문서로 제출하여야 할 것이다. 구두표시라고 하여 규제할 수 없다면 의견표시상의 허위 표시 또는 기재누락을 방지하고자 하는 법의 취지가 몰각될 수도 있기 때문이다.[3] 그리고 구두표시 자체가 공개매수에 대한 찬성, 반대 또는 중립의견에 관한 것이 아니라면 굳이 허용되지 않는다고 볼 필요는 없을 것이지만, 찬성, 반대 또는 중립의견에 관한 구두표시는 허용되지 않는다고 풀이하는 것이 법의 취지에 부합할 것이다.

Ⅲ. 의견표명의 의무화 문제

입법론적으로 공개매수에 대한 응모여부를 공정하고 객관적으로 결정할 수 있도록 대상회사에게 공개매수에 대한 찬성, 반대, 또는 중립의 의사를 표명할 의무를 부과하고 그 의견표명의 방법과 시점 등도 규정하는 것이 필요하다고 본다.[4] 이 경우 대상회사의 의견표명보고서에는 의견표시의 근거로서 외부전문가로부터의 자문 또는 조언을 받은

1) 송종준, 전게서(2008), 99쪽.
2) 상게서, 100쪽.
3) 상게서, 99쪽.
4) 적어도 상장폐지 목적의 공개매수에서는 의무화하여야 한다는 견해로는 신동찬/유호범/문병순, 전게논문(2012. 9), 77-78쪽

사실,[1] 이사회결의내용, 대상회사와 공개매수자 간의 이해충돌관계에 있는 사실(예컨대 이사겸임, 주식상호보유 등), 대상회사의 이사와 공개매수자 사이에 사적인 이해관계가 있는 사실(예컨대 특별이익을 공여하기로 하는 약정, 금전적 이해관계, 경영자지위의 유지약정관계 등) 등을 기재하도록 의무화하여야 할 것이다.[2] 아울러 의견표명의 시점도 명시할 필요가 있다.[3]

第139條(공개매수의 철회 등)

① 공개매수자는 공개매수공고일 이후에는 공개매수를 철회할 수 없다. 다만, 대항공개매수(공개매수기간 중 그 공개매수에 대항하는 공개매수를 말한다)가 있는 경우, 공개매수자가 사망·해산·파산한 경우, 그 밖에 투자자 보호를 해할 우려가 없는 경우로서 대통령령으로 정하는 경우에는 공개매수기간의 말일까지 철회할 수 있다.

② 공개매수자는 제1항에 따라 공개매수를 철회하고자 하는 경우에는 철회신고서를 금융위원회와 거래소에 제출하고, 그 내용을 공고하여야 한다. 이 경우 공고의 방법은 제134조 제1항에 따른다. 〈개정 2008. 2. 29〉

③ 공개매수자는 공개매수의 철회신고서를 제출한 경우에는 지체 없이 그 사본을 공개매수를 철회할 주식등의 발행인에게 송부하여야 한다.

④ 공개매수대상 주식등의 매수의 청약에 대한 승낙 또는 매도의 청약(이하 "응모"라 한다)을 한 자(이하 "응모주주"라 한다)는 공개매수기간 중에는 언제든지 응모를 취소할 수 있다. 이 경우 공개매수자는 응모주주에 대하여 그 응모의 취소에 따른 손해배상 또는 위약금의 지급을 청구할 수 없다.

Ⅰ. 본조의 취지

본조는 공개매수자에게 원칙적으로 공개매수를 철회할 수 없도록 하여 철회를 허용함으로써 초래될 수 있는 투기, 또는 불공정행위를 방지하고자 하고 있다. 다만 불가피한 경우에만 철회를 허용하고 있다. 반면에 응모주주에게는 공개매수기간 중에는 언제든

1) 대상회사의 이사회가 공개매수 가격의 적정성에 대해 그 근거를 제시한 사례가 있다. 2004. 3. 30. Citibank Overseas Investment Corporation이 한미은행에 대해 실시한 공개매수에서 발행인인 한미은행의 이사회는 이사회 결의를 통해 공개매수에 대해 찬성하는 의견표명을 하면서, Goldman Sachs (Asia) L.L.C가 이사회에 제공한 의견서를 제시하였다. 그 의견서에서 Goldman Sachs (Asia) L.L.C.는 주주가 현금으로 지급받을 매수가격이 재무적 관점에서 볼 때("from a financial point of view") 공정("fair")하다는 의견을 제시하였다.

2) 김건식/정순섭, 전게서(2013), 355쪽; 김정수, 전게서(2011), 782-783쪽.

3) 미국은 공개매수 개시 후 10 영업일 내에 의견을 표시하도록 규정하고 있다(SEC Rule 14e-2).

지 취소를 허용하여 응모주주의 권리를 보호하고 있다. 아울러 공개매수자의 철회는 중요한 사정변경이므로 철회신고서의 제출과 공고, 발행인에 대한 사본의 송부에 의하여 공시하도록 규정하고 있다.

Ⅱ. 공개매수자의 철회

1. 철회의 원칙적 금지

공개매수자는 공고일 이후에는 원칙적으로 공개매수를 철회할 수 없다(1항). 그것은 자의적인 공개매수를 금지하고 공개매수자가 자기에게 유리한 철회에 관한 조항을 계약에 정하여 투자자의 부담으로 시세조종, 내부자거래 등 불공정거래에 의하여 부당한 이득을 획득하는 것을 방지하여야 하기 때문이다.[1)]

2. 철회의 예외적 허용

공개매수자는 일정한 경우에는 공개매수기간의 말일까지 공개매수를 철회할 수 있다(1항 단서). 이것은 대상회사에 중대한 사정변경이 생겨서 공개매수를 속행하도록 강제하는 것이 공개매수자에게 지나치게 가혹하기 때문이다. 철회할 수 있는 사유로는 대항공개매수가 있는 경우, 공개매수자가 사망, 해산, 파산한 경우와 그 밖에 투자자 보호를 해할 우려가 없는 경우로서 대통령령이 정하는 경우이다. 대통령령이 정한 사유로는 ① 공개매수자가 발행한 어음 또는 수표가 부도로 되거나 은행과의 당좌거래가 정지 또는 금지된 경우, ② 공개매수 대상회사에 합병·분할·분할합병·주식의 포괄적 이전 또는 포괄적 교환, 법 시행령 제171조 제1항 각 호의 어느 하나에 해당하는 중요한 영업 또는 자산의 양도·양수, 해산, 파산, 발행한 어음 또는 수표의 부도, 은행과의 당좌거래의 정지 또는 금지, 주식등의 상장폐지, 천재·지변·전시·사변·화재, 그 밖의 재해 등으로 인하여 최근 사업 연도 자산총액의 100분의 10 이상의 손해가 발생한 경우 등이 있다(법 시행령 150조). ②에 열거된 사유가 발생한 경우에 공개매수를 철회하기 위해서는 공개매수를 철회할 수 있다는 조건을 공개매수공고시 게재하고 이를 공개매수신고서에 기재하여야 한다(법 시행령 150조 2호). 그러나 ①의 경우에는 이러한 제한이 따르지 않는다(법 시행령 150조 1호).

3. 철회의 절차와 공시

공개매수자가 공개매수를 철회하고자 하는 경우에는 철회신고서를 금융위원회와 거래소에 제출하고 그 내용을 공고하여야 한다(2항 전단). 공고방법은 공개매수신고시의 공

1) 商事法務研究會, 「企業買収の實務と法理」, 252頁; 증권감독원, 전게 해설(1997. 5), 87쪽.

고 방법(법 134조 1항)에 따른다(2항 후단). 그리고 공개매수자는 철회신고서의 제출 후 지체 없이 그 사본을 공개매수할 주식등의 발행인에게 송부하여야 한다(3항).

Ⅲ. 응모주주의 취소

공개매수 대상 주식등의 매수의 청약에 대한 승낙 또는 매도의 청약(이하 '응모'라 함)을 한 자(이하 '응모주주'라 함)는 공개매수기간 중에는 언제든지 응모를 취소할 수 있다(4항 전단). 취소의 방법에 대하여는 규정하고 있지 않으므로 응모주주가 공개매수자 또는 공개매수사무취급자에게 통지하면 된다.[1] 이것은 공개매수기간 중에 주가가 상승하거나 대항공개매수가 더 유리한 매수가격조건을 제시하는 경우에 응모하지 않은 자에 비해 불리한 입장에 놓이게 될 염려가 있는 점을 고려하여, 이러한 불평등을 시정하고, 공개매수에 응한 후에도 공개매수자가 공시한 정보를 충분히 재검토할 수 있는 재고의 기회를 부여함으로써 투자자보호를 강화하고자 한 것이다.[2]

응모의 취소는 공개매수기간이 종료되기 전에만 허용되고, 그 기간이 종료된 후에는 허용되지 않는다. 그것은 공개매수기간이 종료된 후에는 공개매수가 (집단적) 계약으로 확정적으로 성립하였기 때문이다. 취소는 집단적 계약의 성립 전에 허용되는 것이므로 엄밀히 말하면 철회라고 하여야 한다. 공개매수 정정신고서의 제출로 인하여 공개매수기간이 연장되는 경우(법 136조 4항)에는 그 연장기간 동안에도 취소가 가능하다.

한편 응모라는 청약은 원칙적으로 철회가 허용되지 않으므로 만약에 응모자가 취소권을 행사한 경우에는 취소에 따른 계약위반[3]으로 손해배상책임을 야기할 수도 있다. 그러나 법은 이로부터 취소권을 행사한 주주를 보호하기 위하여 공개매수자는 취소권을 행사한 응모주주에 대하여 응모의 취소에 따른 손해배상 또는 위약금의 지급을 청구할 수 없도록 명시하였다(4항 후단). 여기서의 취소는 공개매수의 청약과 승낙에 의한 주식등의 매매계약이 성립하기 전에 응모라는 청약을 거두어들이는 의사표시를 뜻하므로 정확히 말하면 취소라는 표현은 철회라고 하여야 한다. 법은 공개매수에 의한 매매계약이 성립한 이후에는 응모자에게 취소권을 인정하고 있지 않다.

---

1) 임재연, 전게서(2013), 516쪽.

2) 神崎克郎, 「證券取引法」, 270頁; 증권감독원, 전게 해설(1997. 5), 88쪽; 임재연, 전게서(2013), 51쪽; 김정수, 전게서(2011), 794쪽; 송종준, 전게서(2008), 106쪽.

3) 공개매수기간이 종료되기까지는 공개매수자의 매수의 청약에 대한 승낙과 대상회사 주주의 매도의 청약, 이른바 응모가 있다 하여 주식등의 매매계약이 성립되는 것이 아니다. 공개매수청약은 공개매수기간이 종료되는 시점에서 신고서에서 정하는 공개매수조건이 불특정다수의 응모에 의하여 충족된 경우에만 매매계약이 성립하게 된다. 그러므로 공개매수기간 중에는 개별적으로 상대방에 대한 청약과 승낙의 의사가 합치되었더라도 그것은 조건부 계약에 불과하다. 따라서 여기서 말하는 계약위반은 조건부 계약의 위반으로서의 의미를 갖는 것이고, 정확히는 청약의 철회라고 풀이하여야 한다. 그러나 공개매수자는 법이 달리 허용하는 경우가 아니면 공개매수가 종료하기까지 매도의 청약을 철회할 수 없다.

제140조(공개매수에 의하지 아니한 매수등의 금지)

공개매수자(그 특별관계자 및 공개매수사무취급자를 포함한다)는 공개매수공고일부터 그 매수기간이 종료하는 날까지 그 주식등을 공개매수에 의하지 아니하고는 매수등을 하지 못한다. 다만, 공개매수에 의하지 아니하고 그 주식등의 매수등을 하더라도 다른 주주의 권익침해가 없는 경우로서 대통령령으로 정하는 경우에는 공개매수에 의하지 아니하고 매수등을 할 수 있다.

Ⅰ. 본조의 취지

본조는 공개매수자의 별도매수를 금지하고 있다.[1] 공개매수조건의 확정원칙에 의하여 현재의 보유주식 및 매수예정주식가 명백히 밝혀진 상태에서 그 주식에 변동을 가져올 수 있는 별도의 매수를 인정하지 아니하고 공개매수에 의하여만 매수할 의무를 부과하는 것은 주주의 투자판단상의 혼란과 별도매수의 가격과 공개매수가격과의 차이로 인한 주주의 불평등취급을 방지하며,[2] 시세조종이나 내부자거래의 가능성을 차단하고자 한 것이다.[3] 그러나 투자자보호와 공개매수의 공정성에 영향을 주지 않는 경우에는 그 예외를 인정하고 있다.

Ⅱ. 별도매수금지의 원칙

별도매수라 함은 공개매수의 기간 중에 공개매수자가 공개매수에 의하지 않는 다른 방법에 의하여 매수대상인 주식등을 매수등을 하는 것을 말한다. 법은 공개매수를 할 수 있는 날로부터 그 매수기간이 종료하는 날까지 당해 주식등을 공개매수에 의하지 아니하고는 매수등을 할 수 없도록 금지하고 있다(본조). 그러므로 공개매수자는 공개매수기간 중에는 대상회사의 일반주주 또는 대주주와의 개별거래는 물론, 증권시장등에서의 시장매수도 행할 수 없다. 어느 경우이든 공개매수자의 계산으로 타인명의로 매수하는 것도

1) 반대의 경우로, 공개매수자가 공개매수기간 중에 보유 주식을 매각할 수 있는지 여부가 문제될 수 있다. 법은 명시적으로 이를 금지하고 있지는 아니하나, (i) 공개매수신고서에 공개매수 후 소유하게 되는 주식등의 수를 기재하여야 하므로 매각으로 인하여 정정사유가 발생할 수 있고, (ii) 시세조종행위 및 미공개정보이용행위에 해당할 가능성이 높으므로, 실제 공개매수기간 중의 주식 매각이 적법하다고 평가될 수 있는 경우를 상정하기는 어렵다.

2) 김건식/정순섭, 전게서(2013), 361쪽; 임재연, 전게서(2013), 517쪽; 송종준, 전게서(2008), 109쪽.

3) 안문택, 전게서(1985), 329-330쪽; 신영무, 「증권거래법」, 서울대출판부, 1988, 393-394쪽; 송종준, 전게서(2008), 109쪽.

금지된다.[1][2]. 매수등은 유상취득만을 의미하므로 무상증자, 주식배당, 주식분할, 주식병합으로 인한 취득이나 증여 또는 상속으로 인한 취득 등은 제외된다.

한편 공개매수기간 중이라도 대상회사의 신주 발행이 금지되지 아니하는데, 이 경우 공개매수인 및 특별관계자가 대상회사의 유상증자에 참여하는 것이 별도매수금지의 원칙에 위반되는 것인지 논란이 있을 수 있다. 먼저, 주주배정 유상증자의 경우는 다른 주주와 동일한 조건에 의하여 이루어지므로 공개매수자 및 특수관계인의 신주인수권을 박탈한 합리적인 근거가 없다. 따라서 공개매수자 및 특별관계자가 대상회사의 주주배정 유상증자에 참여하여 공개매수기간 중에 신주를 취득하는 것은 별도매수금지의 원칙에 반하지 않는다. 반면, 제3자 배정방식의 유상증자는 주주평등원칙에 반하고, 사실상 공개매수인의 목적 달성을 지원하기 위한 방편으로 악용될 소지가 있으므로 별도매수로서 제한하여야 한다는 견해가 있을 수 있다. 그러나 제3자 배정 시 주주 간 불평등 취급 문제는 제3자 배정방식 유상증자의 본질적 속성에 기인하는 것으로서 별도매수금지와는 규제의 측면을 달리하며 신주의 인수가 '매수등'의 개념에 명시적으로 포함되지 않는 이상 제3자 배정방식 유상증자를 주주배정 유상증자와 달리 취급할 이유가 없으므로, 제3자 배정방식 유상증자를 통한 신주의 인수 또한 별도매수금지의 원칙에 위반하는 것이 아니라고 볼 것이다.[3] 공개매수자가 공개매수기간 동안 주식매수선택권 또는 주식관련사채에 따른 권리를 행사하는 것이 금지되는지 문제될 수 있으나 이미 보유한 주식등에 대한 권리행사를 특별히 금지할 이유는 없을 것이다. 다만, 관련 내용을 공개매수신고서에 기재하여야 할 것이다.[4] 공개매수자의 상대방이 풋옵션 등 권리를 행사함으로써 결과적으로 주식등을 취득하게 되는 경우에는 별도매수 금지에 위반될 수 있으나 공개매수자에게 책임을 물을 수는 없을 것이다. 물론 관련내용을 공개매수신고서에 기재하지 않을 경우에는 부실기재에 따른 책임을 부담할 수 있을 것이다.[5]

그런데 공개매수자에 대하여만 별도매수를 금지하면 별도매수금지원칙의 실효성을 기하기 어려운 경우도 있다. 그리하여 법은 공개매수자와 특별관계에 있는 자 및 공개매수사무취급자의 별도매수도 금지하고 있다(법 141조 전단). 그러나 특수관계인에 해당하는 자라도 공개매수자와 주식등을 공동보유하고 있지 않음을 증명하면 특수관계인으로 보지 않으므로 이 경우에는 별도 매수할 수 있다(법 시행령 141조 3항).

공개매수자의 특별관계자를 공개매수자로 추가하거나 공개매수자의 특별관계자가

1) 송종준, 전게서(2008), 109쪽.
2) 공개매수가격보다 낮은 가격에 주식을 매수하는 것만을 금지하는 것은 아니고, 공개매수가격보다 높은 가격에 주식을 매수하는 것도 금지된다는 것에, 임재연, 전게서(2013), 517쪽.
3) 임재연, 전개서(2013), 517쪽; 김현태/이승환, 전게논문(2012. 9), 32쪽.
4) 김현태/이승환, 전게논문(2012. 9), 33쪽.
5) 상게논문, 34쪽.

공개매수기간 중에 새로운 공개매수를 할 수 있는지에 관하여 논란이 있다. 먼저, 공개매수자의 특별관계자가 새로운 공개매수를 할 수 없다고 보아야 한다. 새로운 공개매수에 의한 주식매수를 허용한다면 공개매수자가 각종 규정을 회피하기 위하여 특별관계자를 동원하여 새로운 공개매수를 할 수 있기 때문이다.[1] 반면, 기존의 공개매수자에 의하여 진행되고 있던 공개매수의 철회나 매수조건의 변경으로 관념할 수 있는 공개매수자의 추가가 아닌 한, 일반주주의 입장에서 매수인이 사후에 추가되었다고 하여 특별히 불리할 것이 없으므로 공개매수가 개시된 이후 공개매수자의 특별관계자를 당초 공개매수의 매수인으로 추가하는 것은 허용되어야 한다는 견해[2]가 있다. 이에 대하여 이를 허용할 경우 사실상 공개매수주체가 변경될 수 있고, 이 경우 공개매수 기간을 20일 이상으로 정하도록 한 규정을 우회할 수 있으므로 허용되지 않는다고 보는 견해도 있다.

Ⅲ. 별도매수의 예외적 허용

별도매수금지의 원칙은 투자자보호와 공개매수의 공정성에 영향을 주지 않는 경우에는 그 예외를 인정할 필요가 있다. 법 시행령은 공개매수에 의하지 아니하고 그 주식등의 매수등을 하더라도 다른 주주의 권익침해가 없는 경우에는 그 예외를 허용하고 있다(법 141조 단서, 법 시행령 151조). 즉, ① 해당 주식등의 매수등의 계약을 공개매수 공고 전에 체결하고 있는 경우로서, 그 계약체결 당시 공개매수의 적용대상(법 133조 1항)에 해당하지 아니하고, 공개매수공고 및 공개매수신고서에 그 계약사실 및 내용이 기재되어 있는 경우(1호), ② 공개매수사무취급자가 공개매수자 및 그 특별관계자 이외의 자로부터 해당 주식등의 매수등의 위탁을 받은 경우(2호)에는 공개매수에 의하지 아니하고 매수등을 할 수 있다.

위 ①과 관련하여 해당 주식등의 매수등의 계약을 공개매수 공고 전에 체결하되, 당해 공개매수의 성공을 조건으로 하여 공개매수의 종료 후에 그 계약을 이행하기로 한 경우에도 법 시행령 제151조 제 1 호에 의한 별도 매수로서 허용되는지 여부가 문제된다. 이에 대해서는 이러한 매수등의 계약은 후속하는 공개매수와 별개의 계약이고 법 제141조에 의한 균일가 매수원칙에 위배되지 않는다는 이유로 허용되는 별도매수에 해당한다고 보는 견해가 있다.[3] 그러나, 이러한 매수등의 계약이 공개매수의 성공여부와 결부되어 있다면 그 계약체결 시점에 법 제133조 제 1 항에 따른 공개매수의 적용대상이라 보아야 할 것이므로 이러한 조건부 계약은 허용되지 않는다고 보아야 할 것이다. 공개매수의 성공을 조건으로 한다는 것은 계약체결 시점에 이미 불특정 다수인을 대상으로 하는

---

1) 임재연, 전게서(2013), 518쪽. 김현태/이승환, 전게논문(2012. 9), 30쪽.
2) 김현태/이승환, 전게논문, 30쪽.
3) 권윤구/성해경/최희준, "공개매수자의 별도매수," 「BFL」 제55호(2012. 9), 51-63쪽.

공개매수를 목적으로 하고 있다고 보아야 하고, 이 경우 전체적으로 하나의 매수등에 해당한다고 보는 것이 합리적이기 때문이다.

Ⅳ. 별도매수금지에 반하여 매수등을 한 자에 대한 처분 등

공개매수기간중 공개매수에 의하지 아니하고 주식등을 매수등을 한 자에 대하여 금융위원회는 공개매수자 등에 대하여 공개매수의 정정을 명할 수 있고, 공개매수를 정지 또는 금지하거나 1년의 범위에서 공개매수의 제한 및 공개매수사무취급의 제한, 임원의 해임권고, 고발 및 수사기관에의 통보, 경고·주의 등의 조치를 취할 수 있다(법 146조 2항, 법 시행령 152조).

이러한 행정처분 이외에도 공개매수기간중 별도매수금지에 반하여 주식등을 매수등을 한 자에게는 3년 이하의 징역 또는 1억원 이하의 벌금에 처한다(법 445조 19호).

제141조(공개매수의 조건과 방법)

① 공개매수자는 공개매수신고서에 기재한 매수조건과 방법에 따라 응모한 주식등의 전부를 공개매수기간이 종료하는 날의 다음 날 이후 지체 없이 매수하여야 한다. 다만, 다음 각 호의 어느 하나에 해당하는 조건을 공개매수공고에 게재하고 공개매수신고서에 기재한 경우에는 그 조건에 따라 응모한 주식등의 전부 또는 일부를 매수하지 아니할 수 있다.

1. 응모한 주식등의 총수가 공개매수 예정주식등의 수에 미달할 경우 응모 주식등의 전부를 매수하지 아니한다는 조건
2. 응모한 주식등의 총수가 공개매수 예정주식등의 수를 초과할 경우에는 공개매수 예정 주식등의 수의 범위에서 비례 배분하여 매수하고 그 초과 부분의 전부 또는 일부를 매수하지 아니한다는 조건

② 공개매수자가 제 1 항에 따라 공개매수를 하는 경우 그 매수가격은 균일하여야 한다.

Ⅰ. 본조의 취지

본조는 공개매수의 조건과 방법을 명시하고 있다. 원칙적으로 매수예정주식등의 수에 미달하더라도 응모주식의 전부를 매수하여야 한다는 전부매수의 원칙을 명시하는 한

편, 공개매수의 공고와 신고서에 조건을 기재한 경우에 한하여 그 조건에 따른 매수의무를 규정하여 응모주식의 매매와 관련한 분쟁의 소지를 없애고자 하고 있다. 그리고 본조는 매수가격의 균일성을 명시하여 매수가격의 인상이 있는 경우에 그 인상 전에 응모한 주주에게도 인상가격을 지급할 것을 규정하여 주주를 보호하고 있다.

Ⅱ. 전부매수의 원칙과 예외

1. 원 칙

공개매수자는 공개매수신고서에 기재한 매수조건과 방법에 따라 응모한 주식의 전부를 공개매수기간이 종료하는 날의 다음 날 이후 지체 없이 매수하여야 한다(1항 본문). 이것을 전부매수의 원칙이라고 한다. 공개매수자가 매수예정수량을 정하였더라도 응모주식의 전부 또는 일부를 매수하지 않는다는 조건이 명시되지 않은 경우에는 대상회사의 주주가 응모한 주식의 수량은 이 매수예정수량을 초과하거나 하회하여도 공개매수자는 원칙적으로 미달주식의 전부 또는 초과한 주식수량을 포함한 응모주식 전부를 매수하여야 한다. 그러나 여기에는 다음과 같은 예외가 있다.

2. 예 외

(1) 응모주식의 미달

응모주식등의 총수가 매수예정수량에 미달할 경우에는 그 미달주식의 전부를 매수하지 않는다는 조건을 공고시 게재하고 공개매수신고서에 기재한 경우에는 공개매수자는 응모주식의 전부를 매수할 의무가 없다(1항 1호). 수량부족은 공개매수계약의 불성립을 의미하는 것일 뿐만 아니라, 만약 이러한 경우에까지 전부매수의 의무를 부과한다면 공개매수자에게 지나치게 가혹하기 때문이다. 그런데 공개매수공고와 공개매수신고서에 응모주식등의 총수가 매수예정수량에 미달할 경우에 응모주식등의 '일부'만을 매수하겠다는 조건이 기재될 수도 있을 것이다.

이 경우에 미달된 응모주식등의 전부 또는 일부만을 매수할 수 있을지에 대하여는 명확하지 않다. 응모주식의 전부를 매수하는 것과 관련해서는 법 제141조 제 1 항 단서의 문언 및 응모주주의 이익이나 신뢰가 침해된 것이 없다는 것을 이유로 허용된다는 견해가 일반적이다.[1] 그러나, 응모주주의 응모시점에서의 의사와 취소시점의 의사가 다를 수 있다는 점을 들어 반대하는 견해가 있다.[2] 생각건대, 공개매수 예정 주식등의 수에 미달

1) 임재연, 전게서(2013), 520쪽; 이와 동일 취지의 금융위 유권해석은 김현태/이승환, 전게논문(2012. 9), 35쪽 각주 34 참조.
2) 김현태/이승환, 전게논문(2012. 9), 35－36쪽.

할 것으로 예상하고 취소하지 않은 주주에게 예상하지 못한 손실을 줄 수 있는 경우도 있을 것이므로 입법적 재고가 필요한 것으로 보인다. 그러나 응모주식의 일부만을 선착순 또는 안분비례에 의하여 매수하겠다는 내용을 공고하고 공개매수신고서에 기재하였더라도 미달주식의 일부만을 매수하는 것은 응모주주를 불평등하게 취급하는 것이므로 투자자 보호의 취지상 허용되지 않는다고 풀이할 것이다.[1)]

(2) 안분비례매수

응모주식의 수량이 매수예정수량을 초과하게 되는 경우에도 그 초과부분의 전부 또는 일부를 매수하지 않는다는 조건을 공고하고 신고서에 기재한 경우에는 초과 주식등의 전부 또는 일부를 매수할 의무를 면제하고 있다(1항 2호). 이것은 수량부족의 경우와는 반대로 공개매수자는 공개매수의 성공에 필요한 수량의 주식만을 매수하면 그 목적이 달성되므로 초과 수량에 대하여까지 이를 매수할 의무를 부과하는 것은 부당하기 때문이다.[2)] 이 경우에는 공개매수공고와 공개매수신고서에 매수예정수량의 범위 안에서 개별 주주의 응모주식수의 비율에 의하여 매수수량의 배분을 결정할 수 있다는 조건을 명시하고 그 비율에 의하여 응모주식을 매수하여야 한다(증권의발행및공시등에관한규정 3-6조). 이를 안분비례매수의 원칙(pro rata basis)이라 한다. 이러한 원칙은 전통적인 공개매수에 있어서 일반적으로 적용되었던 선착순매수원칙(first-come-first served basis)을 배제함으로써, 공개매수에 참여하는 모든 투자자에게 공평한 기회를 부여하고, 투자자의 주식응모여부의 결정에 심리적인 압박을 가하는 것을 방지코자 함에 그 목적이 있다.[3)]

이와 관련하여 안분비례매수 조건을 공개매수신고서 등에 기재하였으나, 공개매수자가 그와 같은 조건에 반하여 초과한 응모주식등을 모두 매수하는 것이 허용되는지 의문이 있을 수 있다. 그러나, 이 경우에는 앞의 응모수량 미달의 경우와는 달리 응모주주의 이익이나 신뢰 훼손의 위험이 거의 없다는 점에서 전부매수를 허용하여도 문제가 없을 것으로 보인다.[4)]

Ⅲ. 매수가격의 균일성

공개매수가격은 균일하여야 한다(2항). 이것을 균일성원칙이라고 한다. 이 원칙을 명시함으로써 응모시점마다 차별적인 매수가격을 설정하거나 입찰식으로 가격이 결정되는

1) 송종준, 전게서(2008), 107쪽.
2) 상게서, 107쪽.
3) Meredith M. Brown, "The Scope of the Williams Act and Its 1970 Amendments," Bus. Law. 1645 (July, 1971).
4) 임재연, 전게서(2013), 520-521쪽; 김현태/이승환, 전게논문(2012. 9), 36쪽.

경우에 주주의 주식매도압력이 커지는 것을 방지할 수 있다.[1] 이 원칙 하에서는 공개매수자는 매수가격의 인상 후에 응모한 주주에게는 물론, 그 전에 응모한 주주에게도 인상된 매수가격을 균일하게 지급하여야 한다. 이것을 주주평등취급의 원칙(equal treatment rule) 또는 최고가격지급원칙(best price rule)이라고 한다. 이 원칙은 공개매수에 응하여 주식을 제공한 모든 주주를 평등하게 취급하여 누구에게나 최고가격의 지급을 보장함으로써 투자자보호의 충실을 기하고자 함에 목적이 있다. 교환공개매수의 경우에는 교환비율의 균일성도 준수되어야 한다.

Ⅳ. 기타 매수조건의 균일성

공개매수는 증권시장등 외에서 불특정다수인에 대하여 균일한 조건으로 주식등의 매수를 청약하거나 매도의 청약을 권유하는 것을 말한다. 공개매수자는 주식등의 보유자에 대하여 매수의 청약 등을 하지만 일부의 주주만을 유리하게 취급하면 동일한 공개매수에 응한 투자자간에 불공평한 결과를 초래하고, 증권시장에 대한 신뢰가 확보되지 않으므로 매수조건이 균일할 것이 요청된다. 법은 매수조건으로서 매수가격의 균일성만을 규정하고 있으나, 매수기간, 대금지급 등 기타의 매수조건에 있어서도 균일성이 요구된다고 본다.[2][3]

한편, 법 시행령 제147조 제2호에서 공개매수 대가의 종류를 추가하는 것을 예외적으로 허용하고 있는 것과 관련하여 여러 종류의 공개매수 대가가 제시되는 경우, 공개매수 가격의 균일성을 어떻게 확보할 것인지 문제된다. 공개매수자가 공개매수신고서에 공개매수대가 상호간의 균일성이 어떻게 유지되는지 공시하게 하고, 그러한 공시가 불합리할 경우 법 제136조 제1항에 의한 정정명령을 활용하여야 할 것이다.[4]

Ⅴ. 대금지급 등 결제

공개매수기간이 종료하면 공개매수자는 매수대금의 지급 또는 교환할 증권의 교부를 지체 없이 행하지 않으면 아니 된다. 법은 공개매수가 종료한 경우 매수대금 또는 매

1) 김건식/정순섭, 전게서(2013), 358쪽; 임재연, 전게서(2013), 521쪽.
2) 임재연, 전게서(2013), 521쪽; 김건식/정순섭, 전게서(2013), 358쪽; 송종준, 전게서(2008), 102쪽.
3) 공개매수자가 일부 주주의 응모를 배제하는 것은 주주평등의 원칙에 반하므로 허용되지 않는다. 적대적 M&A에 대한 방어책으로 이루어지는 공개매수에 있어서 적대적 M&A를 시도하는 자가 매집한 주식을 고가에 처분하는 것을 방지하기 위한 경우 등 일부 주주의 응모를 배제할 필요가 있는 경우도 있다는 것에, 임재연, 전게서(2013), 522쪽. 다만, 이를 허용할 것인지 여부는 입법에 의하여 해결되어야 할 것으로 보인다.
4) 박진표, "공개매수규제의 개선에 관한 제언," 「BFL」 제55호(2012. 9), 98-99쪽.

수대가의 지급 등 결제에 관한 구체적인 규정을 두고 있지 아니하다. 다만 공개매수자는 공개매수기간이 종료하는 날의 다음날 이후 지체 없이 응모주식을 매수할 의무가 있고(1항 본문), 공개매수신고서에는 공개매수조건으로서 결제일을 기재하도록 하고 있다(법 134조 1항 5호). 그러나 '지체 없이'란 의미가 유동적이고, 결제일이 명시되더라도 이것이 매수대금의 현실적인 지급을 보장하는 것이 아니므로 이들 규정은 투자자의 보호에는 충실하지 못하다고 볼 것이다.[1]

이와 관련하여 공개매수신고서를 금융위원회에 제출하는 경우에 현금공개매수의 경우에는 '공개매수에 필요한 금액 이상의 금융기관 예금 잔액 기타 자금의 확보를 증명하는 서류'를, 교환공개매수의 경우에는 '공개매수자가 교환의 대가로 인도할 증권의 확보를 증명하는 서류'를 첨부하여야 한다(법 시행령 146조 4항 4호 및 5호). 그리고 "증권의 발행 및 공시 등에 관한 규정"에서는 대금지급조건 등 공개매수신고서의 기재사항을 확인하기 위하여 첨부하여야 할 서류를 명시하고 있다. 즉 공개매수대금 또는 교환대상증권을 결제일까지 인출 또는 처분하지 아니하는 경우에는 그 내용을 기재한 서류(동규정 3-3조 1호), 그리고 공개매수대금 또는 교환대상 증권을 인출 또는 처분하여 결제일까지 운용하고자 하는 경우에는 인출일 또는 처분일부터 결제일까지의 자금 또는 증권의 운용계획서와 그 내용을 확인할 수 있는 서류(동규정 3-3조 2호)를 첨부하여야 한다. 그러나 이와 같은 서류는 매수대금의 지급 또는 교환할 증권의 교부를 담보하는 것이 아니다. 이들 서류는 공개매수신고서의 제출시점에서의 매수대금 또는 교환대상 증권의 보유만을 증명하는 것에 불과하다. 이와 같이 법 시행령 및 금융위원회 규정이 공개매수가 종료하는 시점에서 공개매수의 대가의 지급을 명확히 규정하지 않은 것은 투자자 보호상 문제가 있다.

따라서 매수대금의 지급에 있어서 공개매수자의 사정으로 대금지급채무의 불이행이 발생할 염려도 있으므로 대금지급의 확실성을 보장하기 위해서는 일정한 금융기관의 지급보증을 공개매수청약의 조건으로 하거나, 매수대금 또는 교환할 증권을 공신력 있는 금융기관에 예치하도록 명시하는 것이 투자자보호의 요청에 부합할 것이다.[2]

第142조(공개매수자 등의 배상책임)

① 공개매수신고서(그 첨부서류를 포함한다. 이하 이 조에서 같다) 및 그 공고, 정정신고서(그 첨부서류를 포함한다. 이하 이 조에서 같다) 및 그 공고 또는 공개매수설명서 중 중요사항에 관하여 거짓의 기재 또는 표시가 있거나 중요사항이 기재 또는 표시되지 아니함으로써 응모주주가 손해를 입은 경우에는 다음 각 호의 자는 그 손해에 관하여 배상의 책임을 진다. 다만, 배상의 책임을 질 자가 상당한 주의를 하였음에도 불구하고 이를 알 수 없었음을 증명하거나 응모주주가

1) 송종준, 전게서(2008), 108쪽.
2) 상게서, 108-109쪽.

응모를 할 때에 그 사실을 안 경우에는 배상의 책임을 지지 아니한다.

1. 공개매수신고서 및 그 정정신고서의 신고인(신고인의 특별관계자를 포함하며, 신고인이 법인인 경우 그 이사를 포함한다)과 그 대리인
2. 공개매수설명서의 작성자와 그 대리인

② 예측정보가 다음 각 호에 따라 기재 또는 표시된 경우에는 제 1 항에 불구하고 제 1 항 각 호의 자는 그 손해에 관하여 배상의 책임을 지지 아니한다. 다만, 응모주주가 주식등의 응모를 할 때에 예측정보 중 중요사항에 관하여 거짓의 기재 또는 표시가 있거나 중요사항이 기재 또는 표시되지 아니한 사실을 알지 못한 경우로서 제 1 항 각 호의 자에게 그 기재 또는 표시와 관련하여 고의 또는 중대한 과실이 있었음을 증명한 경우에는 배상의 책임을 진다.

1. 그 기재 또는 표시가 예측정보라는 사실이 밝혀져 있을 것
2. 예측 또는 전망과 관련된 가정 또는 판단의 근거가 밝혀져 있을 것
3. 그 기재 또는 표시가 합리적 근거 또는 가정에 기초하여 성실하게 행하여졌을 것
4. 그 기재 또는 표시에 대하여 예측치와 실제 결과치가 다를 수 있다는 주의문구가 밝혀져 있을 것

③ 제 1 항 및 제 2 항에 따라 배상할 금액은 손해배상을 청구하는 소송의 변론이 종결될 때의 그 주식등의 시장가격(시장가격이 없는 경우에는 추정처분가격을 말한다)에서 응모의 대가로 실제로 받은 금액을 뺀 금액으로 추정한다.

④ 제 3 항에 불구하고 제 1 항 및 제 2 항에 따라 배상책임을 질 자는 응모주주가 입은 손해액의 전부 또는 일부가 중요사항에 관하여 거짓의 기재 또는 표시가 있거나 중요사항을 기재 또는 표시하지 아니함으로써 발생한 것이 아님을 증명한 경우에는 그 부분에 대하여 배상의 책임을 지지 아니한다.

⑤ 제 1 항 및 제 2 항에 따른 배상책임은 응모주주가 해당 사실을 안 날부터 1년 이내 또는 해당 공개매수공고일부터 3년 이내에 청구권을 행사하지 아니한 경우에는 소멸한다.

Ⅰ. 본조의 취지

본조는 공개매수신고서 등 공시서류에 부실기재가 있는 경우에 공개매수자등의 응모주주에 대한 손해배상책임에 대하여 규정하고 있다. 이 책임은 증권의 모집 또는 매출에 있어서 증권신고서 등의 부실공시로 인한 손해배상책임(법 126조)과 동일하다. 이 손해배상책임은 그 성질이 불법행위책임이지만, 일반불법행위책임에서는 인정되지 않는 특칙규정이 적용된다. 부실공시자인 공개매수자 등에게 고의 또는 과실, 부실표시와 손해 사

이에 인과관계가 추정되도록 하여, 공개매수자 등에게 상당한 주의의 항변이나 악의의 항변, 인과관계의 부존재에 대한 증명책임을 전환하고 있다. 아울러 예측정보의 부실공시책임에 대한 면책기준도 함께 규정하고 있다. 본조의 특별한 책임체계는 증권시장의 특수성을 감안하여 투자자인 응모주주를 보호하기 위한 것이다.

Ⅱ. 손해배상책임의 성립요건과 당사자

1. 책임의 성질

본조 제1항이 정하고 있는 공개매수자의 부실공시로 인한 손해배상책임의 성질은 불법행위책임이다. 그런데 그 책임의 성립요건은 민법 제750조의 일반불법행위책임과는 다르다. 즉 본조 제4항에서는 공개매수 공고 또는 신고서상 중요사항이 거짓 표시되거나 누락됨으로써 손해를 끼친 때에는 그 부실표시와 손해발생 사이의 인과관계를 추정하고 있고, 또한 민법상의 불법행위책임에서는 모든 피해자가 손해배상채권자가 될 수 있지만 제1항에서는 대상회사의 응모주주로 그 범위를 제한하고 있다.

이러한 관계에서 제1항은 민법 제750조와 특칙 관계에 있는 불법행위책임규정인지, 아니면 새로운 불법행위로서의 법정책임을 정하고 있는 규정인지의 문제가 제기될 수 있다. 증권의 모집 또는 매출과 유통시장에서의 부실공시책임에서도 동일한 문제가 있다. 판례는 증권신고서상의 부실기재 및 유통시장에서의 부실공시에 기한 손해배상책임을 법이 특별히 규정한 법정책임이라고 파악한다.[1] 학설 중에도 이를 따르는 견해[2]가 있다. 이 견해에서는 본조 제1항의 책임과 민법 제750조에 의한 책임에 청구권경합을 인정한다.

생각건대 제1항의 손해배상책임규정은 피해자인 응모주주를 특별히 보호하기 위해 민법상의 불법행위책임과는 달리 부실표시의 신뢰에 대한 인과관계의 추정을 명시하고 이러한 원칙이 적용되는 자의 범위를 응모주주로 제한한 것이므로 이 규정은 일반불법행위책임에 대한 특칙으로서의 성질을 갖는다고 본다.[3] 그러므로 공개매수자의 부실공시에 의하여 손해를 받은 "응모주주"에 관한 한 민법 제750조의 일반불법행위책임규정은 그 적용이 배제되는 것이고, "응모주주" 이외의 다른 피해자에 대하여는 민법의 일반원칙이 적용된다고 보아야 할 것이다.[4]

---

1) 대법원 1999. 10. 22. 선고 97다26555 판결; 대법원 1998. 4. 24. 선고 97다32215 판결; 대법원 1997. 9. 12. 선고 96다41991 판결 등.

2) 강대섭, "증권시장에 있어서의 부실공시로 인한 손해배상책임에 관한 연구," 고려대 박사학위논문, 1992, 44쪽 이하; 임재연, 전게서(2013), 400쪽; 김건식/정순섭, 전게서(2013), 229쪽.

3) 송종준 외, 「증권거래법상 경영자의 민사책임론」, 충북대 출판부, 1999, 252쪽 이하; 이철송, 전게논문(1999. 9), 9-10쪽; 이준섭, 전게논문(2000. 9), 155쪽 이하; 송종준, 전게서(2008), 116쪽.

4) 송종준, 전게서(2008), 116쪽.

2. 성립요건

(1) 주관적 요건

공개매수자의 부실공시책임은 과실책임이므로 부실공시라는 위법행위를 행함에 주관적 요건으로서 고의 또는 과실이 필요하지만, 그 주관적 요건에 대하여 제 1 항은 달리 규정하고 있지 않다. 생각건대 부실공시는 법상 정확하고 완전한 정보의 공시의무를 정한 법 규정(법 134조, 136조, 137조 등)을 위반한 것으로서 그 위반에는 공개매수자 등의 과실이 추정된다고 볼 것이다. 따라서 부실공시에 대한 과실의 부존재에 대한 증명책임은 공개매수자에게 전환되어 있다고 풀이할 것이다.[1] 여기서의 과실에는 중대한 과실뿐만 아니라 경과실도 포함된다. 제 1 항 단서에서 상당한 주의의 항변에 의한 면책을 예외적으로 규정하고 있는 것은 부실표시에 대한 고의 또는 과실의 존재를 추정하고 있음을 반증하는 것이다.[2]

(2) 인과관계

공개매수자가 부실공시에 기한 손해배상책임을 지기 위하여는 부실공시를 응모주주가 신뢰하여야 하고, 또 그 신뢰에 기초하여 공개매수에 응모함으로써 손해를 입어야 한다. 부실공시책임의 성질이 불법행위책임이므로 부실공시와 손해의 발생 사이에 상당한 인과관계가 존재하여야 한다. 그 인과관계에 대한 증명책임은 피해자에게 있는 것이 일반불법행위책임의 일반원칙이다. 그러나 부실공시책임에 있어서 인과관계에 대한 증명책임은 응모주주에게 요구되지 않고[3] 공개매수자에게 전환된다. 여기서 말하는 인과관계는 신뢰의 인과관계(또는 거래인과관계, transaction causation)를 뜻한다고 본다.[4] 그것은 응모주주가 부실표시된 사실을 안 때에는 배상책임을 지지 아니한다는 제 1 항 단서의 해석에서 그 근거를 찾을 수 있기 때문이다. 또한 법정의무로서 중요정보가 공시된 이후에는 응모주주가 공시된 정보가 진실한 것이라고 신뢰하고 주식의 응모를 결정한 것이라고 봄이 상당하고, 증권거래에 있어서는 응모주주가 스스로 신뢰의 인과관계를 증명하는 것은 사실상 불가능하고 투자자보호의 법정신에도 부합하기 때문이다. 이것은 이른바 시장사기이론(fraud-on-the-market theory)에 따른 해석이다. 따라서 공개매수자는 부실표시

---

1) 강대섭, 전게 학위논문(1992), 74쪽; 임재연, 전게서(2013), 523쪽; 송종준, 전게서(2008), 117쪽.

2) 이것을 일종의 무과실책임이라고 보는 견해도 있다. 윤승한, 「증권거래법강의」, 삼일세무정보, 2000, 350쪽.

3) 증권신고서의 부실공시책임에 있어서 신뢰(거래)인과관계에 대한 증명이 요구되지 않는다는 견해로는 김정수, 전게서(2011), 798쪽; 임재연, 전게서(2013), 441쪽; 김건식/정순섭, 전게서(2013), 243쪽 참조. 반면에 신뢰를 추정할 만한 간접사실(증권신고서 등을 직접 읽어 본 경우, 증권회사 직원 등을 통하여 간접적으로 읽은 사실 등)에 대한 증명이 요구된다는 견해로는 황동욱, 「증권관련집단소송」, 동현출판사, 2004, 38-42쪽; 이동신, "유가증권공시서류의 부실기재에 관한 책임," 「증권거래에 관한 제문제(상)」, 재판자료 제90집(2001), 397쪽.

4) 송종준, 전게서(2008), 117쪽.

에 대한 신뢰의 부존재, 즉 부실표시사실에 대한 응모주주의 악의를 증명하여 신뢰인과관계의 존재를 부정하여야 한다. 또한 부실기재와 손해 사이에도 인과관계가 존재하여야 한다. 이것을 손해인과관계(loss causation)라고 한다. 신뢰인과관계의 존재는 제1항의 규정에 의하여 추정되고, 손해인과관계는 제4항에 의하여 그 존재가 추정된다고 본다. 따라서 신뢰 및 손해의 인과관계의 부존재에 대한 증명책임은 공개매수자 등 부실표시자에게 전환된다.[1)]

(3) 손해의 발생

법은 공개매수자가 공개매수신고서상 부실공시로 인하여 응모주주에게 손해를 끼친 때에는 그 손해를 배상하도록 규정하고 있다(1항). 이것은 증권발행인이 증권신고서상에 부실공시를 함으로써 증권취득자에게 끼친 손해를 배상하도록 하고 있는 규정(법 126조 2항)과 동일한 것이다(4항). 그 손해는 부실기재의 전과 후의 주식등의 가격에 차이가 있으면 추정된다(3항).

3. 손해배상책임의 청구권자와 부담자

(1) 손해배상청구권자

공개매수자의 부실기재로 인한 손해배상청구소송에 있어서는 소송의 쟁점에 대하여 법률적으로 보호가 가능하고 명백한 소의 이익을 갖는 자만이 당사자적격(standing to sue)이 인정된다. 그런데 법은 응모주주를 손해배상청구권자로 규정하고 있으므로(1항), 그 응모주주에게 소송당사자적격이 인정됨에는 이론이 있을 수 없다.

그러나 공개매수자의 부실공시에 의하여 손해를 입을 수 있는 자가 반드시 대상회사의 응모주주로 제한되는 것은 아니므로, 응모주주 이외의 피해자에 대한 민사책임관계에는 민법 제750조가 적용될 수 있다. 따라서 비응모주주, 대상회사, 기타 증권시장의 일반투자자 등 응모주주 이외의 다른 피해자는 일반불법행위에 기한 손해배상책임에 있어서는 당사자적격을 부정할 이유가 없을 것이다.[2)] 본조는 이에 대하여는 달리 규정하고 있지 아니하다.

(2) 손해배상책임의 부담자

법상 공개매수자 등의 부실공시로 인하여 응모주주에 대하여 부담할 손해배상책임의 주체는 공개매수신고서상의 신고자와 그 대리인 및 공개매수설명서의 작성자와 그 대리인이다(1항 1호· 2호). 여기서 신고자에는 공개매수자의 특별관계자가 포함되며 신고자

---

1) 증권신고서의 부실공시책임에 있어서 임재연, 전게서(2013), 442-443쪽; 대법원 2002. 10. 11. 선고 2002다38521 판결도 같은 입장을 취하고 있다.
2) 송종준, 「주석상법(Ⅳ)」, 한국사법행정학회, 2003, 278쪽 이하 참조.

가 법인인 경우에는 그 이사도 포함된다. 그런데 이들의 책임은 그 성질이 불법행위책임이므로 이들은 공동불법행위자의 관계에 있다고 할 수 있고, 따라서 이들의 책임은 부진정연대책임의 관계에 있다고 볼 것이다.[1]

그러나 부실공시의 책임은 공시의 주체 또는 공시와 직접 관련되는 자에 대하여만 인정하는 것이 책임원칙에 부합하므로 공개매수자와 특별관계에 있는 자에 대해서까지 획일적으로 부실공시에 대한 연대책임을 지우는 것은 부당하다고 본다. 그러므로 특별관계자가 공개매수자의 부실공시에 대하여 공동불법행위의 관계가 존재하지 않는다면 그 책임도 부정되어야 할 것이다. 입법론적으로는 특별관계자에게는 불법행위의 공동성을 추정함으로써 증명책임을 전환하거나, 과실의 비율에 따른 손해배상책임제도를 도입함으로써 이 문제를 해결하는 것이 바람직하다고 본다.[2]

한편 응모주주 이외의 자에 대하여 부담할 손해배상책임의 주체로서 제 1 항이 정하고 있는 자들이 모두 공동불법행위의 관계에 있다고 볼 수는 없다. 따라서 이들의 책임은 언제나 연대책임의 관계에 있다고 할 수는 없고, 부실공시라는 위법행위에 대하여 공동관계에 있는 자만이 공개매수자와 함께 민법상 공동불법행위책임을 지게 된다고 볼 것이다.[3]

4. 면책항변사유

부실공시에 따른 배상책임을 질 자가 상당한 주의를 하였음에도 불구하고 부실공시를 알 수 없었음을 증명하거나(상당한 주의의 항변), 응모주주가 응모 당시에 부실공시의 사실을 안 경우(악의의 항변)에는 손해배상책임을 지지 않는다(1항 단서). 이와 같은 항변사유는 부실 표시자 등 손해배상책임을 질 자가 증명하여야 한다. 증명책임이 전환되는 셈이다. 손해배상책임을 질 자는 상당한 주의의 항변사유로서 부실표시에 대한 고의 또는 과실의 부존재를 증명하여야 하는 것이고, 악의의 항변사유로서 응모주주가 응모할 당시에 부실표시의 존재에 대하여 알고 있었음을 증명하여야 한다. 이러한 면책의 항변은 민법상 일반불법행위책임에서는 인정되지 않는 것으로서 법상 투자자보호를 위한 특칙사항인 것이다.[4] 또한 손해배상채무자는 손해액의 전부 또는 일부가 부실기재와 인과관계가 없음을 증명(손해인과관계 부존재의 항변)하여 책임을 면제 또는 경감받을 수 있다(4항).

---

1) 신영무, 전게서(1988), 241쪽; 강대섭, 전게 학위논문(1992), 116쪽; 임재연, 전게서(2013), 522쪽.
2) 증권신고서의 부실공시에 있어서는 그 책임주체의 범위에서 특별관계자가 배제되어 있다(법 125조).
3) 송종준, 전게서(2008), 119쪽.
4) 법정의 공시서류에 의하지 아니하고 구두, 광고 등으로 예측정보를 부실표시한 경우의 책임과 면책에 대하여는 송종준, "예측정보의 부실공시와 민사책임구조,"「증권법연구」 제 1 권 제 1 호(2000. 12), 15쪽 이하 참조.

Ⅲ. 예측정보의 면책요건

1. 면책특례의 필요성

예측정보가 투자자에게는 유용하지만, 한편으로 그 정보를 공급하는 공개매수자에게는 비용을 수반되는 문제가 있으므로, 법은 이를 강제하지 아니하고 자율적인 공시의 대상으로 한 것이다. 그러나 투자판단상 예측정보가 가지는 유용성 때문에 공개매수자로 하여금 적극적인 예측정보의 공시를 권장하기 위한 특별한 원칙이 필요하다. 그리하여 예측정보가 부실공시되더라도 일정한 요건에 따르는 경우에는 제 1 항에 의한 부실공시 책임을 면제하는 특례규정을 두게 된 것이다. 이 규정을 안전한 면책규정(safe harbor provision)이라고 한다.

한편, 입법론으로 상장폐지 목적으로 행해지는 공개매수에 대해서는 예측정보의 기재를 의무화하는 방안에 대해 고려해볼 만하다. 상장폐지를 목적으로 행해지는 공개매수에서는 통상 그 주체가 지배주주이거나 지배주주가 되고자 하는 자이므로 대상회사의 경영정보에 대한 접근권한이 있는 경우가 대부분이어서 예측정보 기재로 인한 비용은 상대적으로 낮은 반면, 소수주주들은 정보비대칭으로 인해 대상회사에 대한 정보가 상대적으로 빈약하여 예측정보 기재로 인한 편익이 상대적으로 높기 때문이다. 상장폐지를 목적으로 행해지는 공개매수에서는 공개매수가 성공할 경우 소수주주는 대상회사에서 영원히 축출되는 반면, 공개매수자는 상장폐지 후 대상회사로부터의 경제적 과실을 모두 취득하게 된다는 점을 감안할 때 공개매수자로 하여금 공개매수 당시 예측정보를 기재하도록 의무화하여 공개매수자와 응모자 간의 정보비대칭을 일부나마 해소시킬 필요가 있다.[1)]

2. 면책특례의 적용요건

면책특례가 적용되기 위하여는 다음과 같은 몇 가지 요건이 구비되어야 한다.

(1) 법정의 공시서류에 예측정보가 거짓 표시되거나 중요사항의 기재가 누락되었을 것

예측정보는 공개매수 공고 또는 신고서 등 법정의 공시서면에 기재되었어야 하고, 예측정보 중 중요사항에 관하여 거짓의 기재 또는 표시가 있거나 중요사항이 기재 또는 표시되지 않았어야 한다(2항). 그러므로 법정의 공시서류에 의하지 아니한 정보의 공개 또는 구두에 의한 예측정보의 표시(oral statements)에 대하여는 면책특례가 인정되지 아니한다.[2)] 법이 서면에만 국한한 것은 투자자에게는 정보접근의 용이성을 확보하여 주고

1) 신동찬/유호범/문병순, 전게논문(2012. 9), 70-71쪽.

2) 법 제142조에 의한 손해배상책임은 공개매수신고서 등 법정의 공시서면상 부실기재를 전제로 인정되는 것이므로 구두표시상의 부실기재와는 관련이 없다. 예측정보의 부실기재에 따른 책임도 마찬가지

예측정보를 평가할 수 있는 신뢰체제를 제공하며, 금융감독기관에게는 공시정보의 정확성 및 완전성을 유지 관리할 수 있도록 하기 위한 것이다.1)

(2) 주의문구 등 법정형식을 구비할 것

예측정보의 부실공시에 따른 손해배상책임을 면하기 위하여는 일정한 형식요건과 실질요건을 갖추어야 한다. 먼저 형식요건으로서 (i) 당해 기재 또는 표시가 예측정보라는 사실이 밝혀져 있고, (ii) 예측 또는 전망과 관련된 가정 또는 판단의 근거가 밝혀져 있으며, (iii) 당해 기재 또는 표시에 대하여 예측치와 실제 결과치가 다를 수 있다는 주의문구가 밝혀져 있어야 한다(2항 1호·2호·4호).

(i)은 예측정보와 확정된 과거정보를 구별하여 투자자의 투자판단상 오해를 방지하기 위한 것이고, (ii)는 예측정보는 미래의 불확정한 사실을 전망하는 정보이므로 여기에는 투자자에게 미래에 대한 과도한 기대와 신뢰를 초래할 수 있는 허황된 사실이 포함될 여지가 많은 점을 우려하여, 미래의 예측치를 산출하는 데 기초가 된 가정이나 근거를 제시케 하기 위한 것이라고 본다.2) (iii)은 표시된 예측치에 대한 투자자의 과도한 신뢰가능성 때문에 예측치가 실제의 결과치와 다를 수 있음을 명시함으로써 투자자에게 투자판단에 있어서 미리 주의를 환기시키기 위한 것이라고 생각한다. 이러한 주의문구 등의 명시가 있으면 문제의 부실표시된 예측정보의 중요성(materiality)이 부정되어 예측정보의 부실공시로 인한 책임이 면제되는 것이다.3)

한편 실질요건으로서 예측정보의 기재 또는 표시는 합리적인 근거에 기초하여 성실하게 행하여졌어야 한다(2항 3호). 예측정보의 공시에는 당해 예측 또는 전망과 관련된 가정이나 판단의 근거를 명시하여야 하는데, 예측정보의 기초가 된 가정이나 근거가 허위

이다. 따라서 구두표시에 의한 예측정보의 부실기재에 대한 면책규정도 필요하지 않게 된다. 그러나 구두표시의 경우에도 일정한 요건이 구비되면 면책특례를 인정하는 입법례도 있다. 미국의 1995년 개정 증권법에서는 (i) 구두표시에 특정 내용(particular statement)이 예측정보이고, 또 예측치와 실제의 결과치는 다를 수 있다는 주의문구가 수반되고, (ii) 실제치와 예측치 간의 차이를 발생시키는 원인이 될 수 있는 부가적인 정보가 구득이 용이한 서면에 포함되어 있다는 구두표시가 수반되고, (iii) 그 구두표시가 부가정보를 담고 있는 서면 또는 그 일부임을 확인하고 있고, (iv) 그 확인된 서면 자체에도 적정한 주의문구를 담고 있는 경우에 한하여 예측정보의 구두표시에도 안전한 면책특례가 적용될 수 있도록 규정하고 있다. 1933년 증권법 §27A(c)(2), 1934년 증권거래법 §21E(c)(2).

1) SEC Concept Release, Safe Harbor for Forward-Looking Statements(File No. S7-29-94), p. 8; Louis Loss & Joel Seligman, Securities Regulation(3rd ed.) Vol. Ⅱ(Little, Brown & Co., 1989), pp. 622-635.

2) 일반적으로 공개매수신고서에서는 증권신고서의 경우와는 달리 예측정보가 반대방향으로 기재될 가능성이 높다. 즉, 증권신고서는 발행인이 투자자에게 주식등의 매수를 권유하므로 낙관적 전망을 기재할 유인이 큰 반면, 공개매수신고서에는 공개매수자가 주식등 보유자에게 매도를 권유하는 것이므로 미래에 대한 낙관적인 전망보다는 비관적인 또는 중립적인 전망을 기재할 가능성이 있다. 이런 의미에서 공개매수신고에서는 공개매수자가 예측정보를 기재할 유인이 상당히 낮다고 볼 수 있다.

3) Edward Brodsky & M. Patricia Adamski, Law of corporate Officers and Directors, Rights, Duties and Liabilities(CBC, 1995), §12:06.50; In re Donald J. Trump Casino Securities Litigation, 7 F.3d.357 (CA3, 1993), cert. den. 114 Ct 1219(1994). 주의문구표시의 법적 의미에 대한 분석은 Donal C. Langevoort, Disclosure that "Bespeaks Caution," 49 Bus. Law. 481, 482-486(1994) 참조.

이거나 오해를 유발할 수 있는 사실이 게재된 경우에는 표시된 예측정보의 진실성을 확보할 수 없을 것이다. 그리하여 예측정보의 진실성을 담보할 수 있도록 하기 위한 실질요건으로서 예측정보의 기초에는 합리적인 근거(reasonable basis)가 있어야 하며, 또 그것은 성실하게 표시되어야 함을 선언한 것이다. 따라서 표시된 예측정보에 합리적인 기초가 결여되면 그 예측정보는 일반적인 부실표시로 취급되어 면책특례에서 배제된다고 본다.[1)]

3. 면책특례의 배제

다음과 같은 경우에는 위와 같은 면책특례는 적용되지 아니한다. 즉, 응모주주가 주식등의 응모를 할 때에 예측정보 중 중요사항에 관하여 거짓의 기재 또는 표시가 있거나 중요사항이 기재 또는 표시되지 아니한 사실을 알지 못한 경우(선의)로서 공개매수자 등 책임질 자에게 그 예측정보의 거짓 기재 또는 표시에 관련하여 고의 또는 중대한 과실이 있었음을 증명한 경우에는 손해배상책임을 진다. 여기서 고의 또는 중대한 과실의 증명책임은 응모주주에게 있다(2항 단서). 다시 말하면 공개매수자 등 책임질 자가 고의 또는 중과실로 거짓 기재 또는 표시한 사항을 응모주주가 진실하다고 믿은 경우에 한하여 공개매수자 등 책임질 자는 손해배상책임을 지는 것이다.

Ⅳ. 손해배상액의 산정기준

공개매수자의 부실공시로 인하여 응모주주가 손해를 받는 경우는 상대적으로 낮은 매수가격에 응모한 경우, 공개매수 이외의 방법으로 공개매수가격보다 고가로 매수한 경우, 부실공시로 공개매수거래 자체가 실패하여 응모주식을 매도하지 못한 경우 등을 예상할 수 있을 것이다. 이 경우 법상으로는 경성정보이든 예측정보이든 공개매수신고서 등의 부실공시로 인하여 응모주주가 받은 손해를 배상할 금액은 손해배상청구소송의 변론이 종결될 때의 그 주식등의 시장가격 또는 시장가격이 없는 경우에는 추정처분가격에서 응모의 대가로 실제로 받는 금액을 뺀 금액으로 추정한다(3항). 구증권법에서는 유가증권발행에 있어서 유가증권신고서와 사업설명서상의 허위기재로 인한 배상책임의 산정기준에 관한 규정(구증권법 15조)을 준용하는 규정이 없었는데 법에서는 법 제126조와 동일한 취지의 규정을 둔 것이다. 법 제126조에서와 마찬가지로 제 3 항에서의 손해액은 추정되는 것일 뿐이므로 초과손해액은 이를 증명하여 배상을 청구할 수 있다(4항).

한편 부실정보를 공시하지 않았다면 주식을 응모하였을 비응모주주도 응모의 기회를 상실함으로써 손해를 입는 수도 있다. 이 경우에 공개매수자의 부실공시를 신뢰하여

1) Rubinstein v. Collins, 20 F.3d.160(CA5, 1994); Kowal v. MCI Communications Corp., 16F.3d. 1271, 1277(CA DC, 1994).

손해를 입은 비응모주주는 민법상 일반불법행위에 기한 손해배상액의 산정에 관한 일반 원칙에 따라 배상 청구할 수 있다고 본다.1)

Ⅴ. 손해배상책임의 경감

경성정보이든 예측정보이든 부실표시에 의하여 손해배상책임을 질 자는 응모주주가 입은 손해액의 전부 또는 일부가 중요사항에 관하여 거짓의 기재 또는 표시가 있거나 중요사항을 기재 또는 표시하지 않음으로써 발생한 것이 아님을 증명한 경우에는 그 부분에 대하여 배상의 책임을 지지 아니한다(4항).

Ⅵ. 손해배상청구권의 소멸

공개매수자 등의 손해배상책임은 일정한 기간이 경과하면 소멸한다. 이 손해배상청구권의 소멸기간은 청구권자가 해당 사실(부실공시)을 안 날부터 1년 이내, 또는 해당 주식등에 관한 공개매수공고일로부터 3년 이내에 청구권을 행사하지 아니한 경우에는 소멸한다(5항). 이 기간은 시효에 의하여 소멸한다는 문언이 없으므로 제척기간이라고 볼 것이다.2)

제143조(공개매수결과보고서)

공개매수자는 금융위원회가 정하여 고시하는 방법에 따라 공개매수의 결과를 기재한 보고서(이하 "공개매수결과보고서"라 한다)를 금융위원회와 거래소에 제출하여야 한다. 〈개정 2008. 2. 29〉

Ⅰ. 본조의 취지	Ⅱ. 공개매수결과보고서

Ⅰ. 본조의 취지

본조는 공개매수자로 하여금 금융위원회와 거래소에 공개매수결과보고서를 제출할 의무를 부과하고 있다. 공개매수결과보고서는 공개매수의 실행 내용을 기재한 서류로서 공개매수 이후의 투자판단에 중요한 정보라는 점에서 이를 공시하여 투자자를 보호하기

1) 이를 인정한 미국의 판례로는 Spielman v. General Host Corp.(1975); Dyer v. Eastern Trust & Banking Co.(1971) 등이 있다.

2) 신영무, 전게서(1988), 748쪽; 강대섭, 전게 학위논문(1992), 118쪽; 임재연, 전게서(2013), 524쪽; 김건식/정순섭, 전게서(2013), 363쪽.

위함이다.

Ⅱ. 공개매수결과보고서

공개매수결과보고서는 공개매수를 종료한 후 그 결과를 기재한 보고서를 말한다. 이것은 증권의 모집 또는 매출에 있어서 증권발행실적보고서(법 128조)에 상응하는 것이다. 그 기재는 금융위원회가 고시하는 방법에 따라야 한다. 따라서 공개매수자는 공개매수가 종료한 때에 지체 없이 공개매수로 취득한 공개매수자의 보유 주식등의 수, 지분율 등을 기재한 공개매수결과보고서를 금융위원회와 거래소에 제출하여야 한다(법 143조, 증권의발행및공시등에관한규정 3-8조). 금융위원회와 거래소는 이 보고서를 접수일로부터 3년간 비치하고, 인터넷 홈페이지 등을 이용하여 공시하여야 한다(법 144조 5호).

第144조(신고서 등의 공시)

금융위원회와 거래소는 다음 각 호의 서류를 그 접수일부터 3년간 비치하고, 인터넷 홈페이지 등을 이용하여 공시하여야 한다. 〈개정 2008. 2. 29〉

1. 공개매수신고서 및 정정신고서
2. 공개매수설명서
3. 第138조에 따른 문서
4. 第139조 제2항에 따른 철회신고서
5. 공개매수결과보고서

Ⅰ. 본조의 취지	Ⅱ. 신고서 등의 공시

Ⅰ. 본조의 취지

본조는 공개매수가 개시된 후 제출된 중요한 서류를 일정기간 비치하고 공시케 하기 위하여 비치기간, 서류의 범위, 공시방법 등을 명시하고 있다. 공개매수가 공시규제의 일환이라는 점에서 공개신고서 등에 기재된 중요한 정보를 공시하도록 하여 투자자가 언제든지 열람하고 투자판단의 공정성과 정확성을 확보하기 위한 것이다.

Ⅱ. 신고서 등의 공시

금융위원회와 거래소는 공개매수신고서 및 정정신고서, 공개매수설명서, 의견표명(법 138조)에 따른 문서, 철회신고서(법 139조 2항), 공개매수결과보고서를 그 접수일부터 3년간 비치하고, 인터넷 홈페이지 등을 이용하여 공시하여야 한다(법 144조).

이 공시의무는 공개매수의 전체 진행과정을 증권시장과 투자자에게 사후에 공시하여, 관련 회사에 대한 사후의 투자판단을 위한 정보를 제공하는 기능과 부실공시 등으로 인한 이해관계자의 책임추궁 등을 위한 증거자료를 보전하는 기능을 갖는다.

第145條(의결권 제한 등)

제133조 제3항 또는 제134조 제1항·제2항을 위반하여 주식등의 매수등을 한 경우에는 그 날부터 그 주식(그 주식등과 관련한 권리행사등으로 취득한 주식을 포함한다)에 대한 의결권을 행사할 수 없으며, 금융위원회는 6개월 이내의 기간을 정하여 그 주식등(그 주식등과 관련한 권리 행사 등으로 취득한 주식을 포함한다)의 처분을 명할 수 있다. 〈개정 2008. 2. 29〉

Ⅰ. 본조의 취지

본조는 공개매수가 강제되는 경우(법 133조 3항)임에도 불구하고 이에 위반하여 주식등을 매수등을 하거나, 공개매수를 공고(법 134조 1항)하지 않거나 공개매수신고서(법 134조 2항)를 제출하지 아니하고 주식등을 매수한 경우에는 의결권제한과 처분명령을 내릴 수 있게 하고 있다. 이러한 제재 수단은 공개매수와 관련한 공시제도의 실효성을 확보하기 위한 것이기도 하지만, 공개매수의 주된 목적이 경영권지배라는 점에서 위반주식의 의결권을 박탈하는 것이 형사처벌만에 의한 제재보다도 위법한 공개매수의 방지를 위한 가장 실효성 있는 제재수단이기 때문이다.[1)]

1) 증권감독원, 전게 해설(1997. 5), 71쪽.

Ⅱ. 의결권의 제한

1. 의결권행사의 금지

위법하게 취득한 주식등에 대한 의결권은 그 매수의 날로부터 행사할 수 없다(법 145조 전단). 의결권행사가 금지되는 주식등은 이와 관련한 권리행사 등으로 취득한 주식도 포함된다. 따라서 신주인수권부사채, 전환사채 또는 교환사채를 매수한 경우에는 신주인수권, 전환권 또는 교환권을 행사하여 인수한 주식에 대한 의결권 행사도 금지된다. 여기에서 의결권 행사의 금지는 금융위원회가 따로 명령처분을 내리는 시점부터가 아니라, 위법한 행위를 한 날로부터 자동적으로 효력이 발생한다. 위법하게 매수한 주식등은 의결권만이 행사가 금지될 뿐이므로 그 밖의 공익권과 자익권 등 주주권은 그대로 존속한다.[1)]

2. 의결권행사가 금지되는 주식등의 범위

법문상 의결권행사가 금지되는 주식등은 '그 주식등'이라는 표현을 사용하고 있다. 여기서 '그 주식등'의 범위는 해당 위반행위로 인하여 취득한 주식 전부라고 보는 것이 통설이자 실무의 입장이다. 그 논거는 (1) 법 제145조는 5% 의무공개매수뿐만 아니라 공개매수의 공고 및 신고서 제출 규정들도 포함하고 있는 점,[2)] (2) 대량보유보고의무의 위반시에는 위반분에 대한 의결권 행사금지가 명시되어 있지만 본조에서는 그렇지 않다는 점,[3)] (3) 실무에서도 매수한 주식 전부에 대하여 처분명령을 내리고 있는 점[4)] 등이 제시되고 있다.

생각건대 이론적으로는 공개매수의 강제가 적용되는 요건 또는 기준에 해당하지 않으면 누구든지 아무런 법적 제한을 받지 아니하고 주식을 취득할 수 있으므로 이것만을 고려하면 5% 미만의 주식에 대하여도 의결권 행사를 금지하는 것은 부당하다.[5)] 그러나 공개매수가 강제되는 경우는 물론, 5% 이내에서 임의로 공개매수를 하는 경우에도 공개매수 공고 및 신고서의 제출의무를 준수하여야 하는데 이러한 제반 의무를 위반하여 주식등을 취득한 것은 위법한 것이고, 위법행위에 대한 제재로서 매수한 주식등의 전부에 대하여 의결권행사를 금지하는 것은 법정책적인 문제라고 볼 수 있다. 이러한 견지에서 본조의 취지에 대한 통설의 해석은 타당하다고 본다.[6)]

---

1) 임재연, 전게서(2013), 525쪽; 송종준, 전게서(2008), 114쪽.
2) 김정수, 전게서(2011), 795쪽.
3) 김건식/정순섭, 전게서(2013), 365쪽; 임재연, 전게서(2013), 525쪽.
4) 1998년 신성무역주식에 대한 25%의무공개매수 위반사건에서 공개매수자측(사보이호텔)이 22.67%를 보유한 시점에서 주식을 취득하여 25%를 초과하여 주식을 취득하였는데, 당시 증권관리위원회는 22.67%를 초과하는 주식 전부에 대한 처분명령을 내린 바 있다.
5) 송종준, 전게서(2008) 113쪽.
6) 상게서, 113쪽.

3. 의결권행사가 금지되는 기간

본조는 의결권 행사가 금지되는 시점은 해당 주식등을 위법하게 매수한 날부터라고 명시하고 있다(법 145조 전단). 그러나 구증권법에서는 그 종기를 해당 주식등을 매수한 날로부터 그 주식등을 처분하여 의결권을 행사할 수 없게 되는 날의 전날까지 의결권을 행사할 수 없다고 명시한 바 있다(구증권법 21조, 동 시행령 12조). 그러나 본조에서는 의결권 행사금지의 종기에 대하여 달리 정하고 있지 않다. 그렇더라도 의결권행사가 금지되는 기간은 위법하게 매수한 주식등의 처분시까지라고 풀이할 것이다. 여기서 처분은 금융위원회의 처분명령에 의한 것이든 임의로 처분한 것이든 불문한다.

Ⅲ. 처분명령

1. 6개월 내의 처분

금융위원회는 6개월 이내의 기간을 정하여 위법하게 매수한 주식등의 처분을 명할 수 있다(법 145조 후단). 이와 같은 처분명령을 규정한 것은 형사처벌만으로서는 공개매수자가 이를 감수할 경우에 제도의 실효성이 반감된다는 점을 고려한 것이다. 여기서 처분대상은 의결권행사가 금지되는 주식등의 경우와 같이 위법하게 매수한 주식등의 전부라고 본다.[1]

2. 처분의 방법

금융위원회의 처분명령시 그 처분의 방법에 대하여는 법이 달리 규정하고 있지 않다. 따라서 처분명령에 따른 주식등의 처분 방법은 증권시장에서의 매각, 장외매각(상대매각, 공개경쟁매각 등) 등으로 반드시 제한되지는 않는다고 본다. 다만 위법하게 취득한 주식을 공개매수자의 특수관계인에게 매각한다거나, 공동보유관계에 있는 자에게 매각하는 것은 허용되지 아니한다고 본다.[2] 그것을 인정하면 공개매수를 강제한 법 취지와 금융위원회에게 부여한 처분명령의 실효성을 확보할 수 없기 때문이다. 그러나 당사자 간의 계약으로 우호적인 제 3 자에게 매각하는 것도 그 자가 공개매수자와 특별관계자의 관계에 있지 않는 한 제한할 수 없다고 본다. 입법론적으로는 금융위원회가 증권시장에서의 매각 또는 공개매각을 명령하는 등으로 그 처분방법을 명시하는 것이 공정한 입법태도라고 본다.[3]

1) 상게서, 113쪽.
2) 임재연, 전게서(2013), 525쪽; 송종준, 전게서(2008), 114쪽.
3) 송종준, 전게서(2008), 114쪽.

그런데 금융위원회의 처분명령을 이행하지 않을 경우에도 당해 주식의 효력은 의결권제한의 효력이 지속되는 것일 뿐, 기타의 자익권이나 공익권은 그대로 존속한다. 처분명령에 위반한 자는 1년 이하의 징역 또는 3천만원 이하의 벌금에 처한다(법 446조). 이것은 처분명령의 실효성을 제고하기 위한 것이다.

제146조(조사 및 조치)

① 금융위원회는 투자자 보호를 위하여 필요한 경우에는 공개매수자, 공개매수자의 특별관계자, 공개매수사무취급자, 그 밖의 관계인에 대하여 참고가 될 보고 또는 자료의 제출을 명하거나, 금융감독원장에게 그 장부·서류, 그 밖의 물건을 조사하게 할 수 있다. 이 경우 제131조 제2항을 준용한다. 〈개정 2008. 2. 29〉

② 금융위원회는 다음 각 호의 어느 하나에 해당하는 경우에는 공개매수자, 공개매수자의 특별관계자 또는 공개매수사무취급자에 대하여 이유를 제시한 후 그 사실을 공고하고 정정을 명할 수 있으며, 필요한 때에는 그 공개매수를 정지 또는 금지하거나 대통령령으로 정하는 조치를 할 수 있다. 이 경우 그 조치에 필요한 절차 및 조치기준을 정하여 총리령으로 정한다. 〈개정 2008. 2. 29, 2009. 2. 3〉

1. 공개매수공고 또는 제136조 제5항의 공고를 하지 아니한 경우
2. 공개매수신고서, 정정신고서 또는 공개매수결과보고서를 제출하지 아니한 경우
3. 공개매수공고, 공개매수신고서, 정정신고서, 제136조 제5항의 공고 또는 공개매수결과보고서 중 중요사항에 관하여 거짓의 기재 또는 표시가 있거나 중요사항이 기재 또는 표시되지 아니한 경우
4. 제135조, 제136조 제6항 또는 제139조 제3항을 위반하여 공개매수신고서, 정정신고서 또는 철회신고서의 사본을 발행인에게 송부하지 아니한 경우
5. 제135조, 제136조 제6항 또는 제139조 제3항에 따른 신고서 사본에 신고서에 기재된 내용과 다른 내용을 표시하거나 그 내용을 누락하여 송부한 경우
6. 공개매수설명서에 관하여 제137조를 위반한 경우
7. 제139조 제1항 또는 제2항을 위반하여 공개매수를 철회한 경우
8. 제140조를 위반하여 공개매수에 의하지 아니하고 매수등을 한 경우
9. 제141조를 위반하여 공개매수를 한 경우
10. 제145조를 위반하여 의결권을 행사하거나, 같은 조에 따른 처분명령을 위반한 경우

Ⅰ. 본조의 취지

본조는 법상 요구되는 공개매수 공고, 신고서 제출 등 각종의 의무를 위반하여 주식 등을 매수한 경우에 금융위원회에 정정명령을 내릴 수 있도록 하고, 정정이 불가하거나 정정이 가능하더라도 필요한 경우에는 공개매수를 정지 또는 금지시키는 조치를 내릴 수 있게 하여 법상 강제되는 각종 의무 이행의 실효성을 확보하는 데에 그 목적이 있다.

Ⅱ. 투자자 보호를 위한 상시적 조치

제1항은 금융위원회는 투자자 보호를 위하여 필요한 경우에는 공개매수자 등에게 필요한 조치를 취할 수 있음을 규정하고 있다. 이 조치는 공개매수자 등의 위법한 행위를 전제로 하여 내려지는 것이 아니라, 금융위원회가 투자자의 보호를 위하여 언제든지 재량으로 내릴 수 있는 행정상의 조치이다. 금융위원회는 공개매수 공고 또는 신고서상의 기재사항에 대하여 참고가 될 보고 또는 자료의 제출을 명하거나, 금융감독원장에게 기재사항의 근거가 되는 장부나 서류 기타 물건의 내역이 정확한 사실에 기초한 것인지의 여부를 언제든지 조사하게 할 수 있다(1항 전단). 이 조사권의 수행에 있어서 조사를 하는 자는 그 권한을 표시하는 증표를 지니고 이를 관계인에게 내보여야 한다(1항 후단, 131조 2항).

Ⅲ. 위법행위에 대한 조치

제2항은 공개매수자 등이 법상 부과되고 있는 각종의 의무를 위반하거나 위법행위를 한 경우에 금융위원회가 그 정정명령 또는 공개매수의 정지 또는 금지 명령 등의 조치를 취할 수 있음을 정하고 있다(2항). 여기서 정지는 진행 중인 공개매수의 효력을 중단시키는 행정처분이므로 정정신고 등 보완이 따를 경우에는 그 중단된 효력이 계속 진행되는 조치이고, 금지는 공개매수를 종국적으로 허용하지 않는 것으로서 정정신고 등 보완의 여지를 부여하지 않거나 부여할 수 없는 때에 취할 수 있는 조치라고 본다.

이러한 조치가 내려질 수 있는 대상은 다음과 같다. ① 공개매수의 공고 또는 정정공고(법 136조 5항)를 하지 아니한 경우, ② 공개매수신고서, 정정신고서 또는 공개매수결과보고서를 제출하지 않은 경우, ③ 공개매수공고, 공개매수신고서, 정정신고서, 정정공고(법 136조 5항) 또는 공개매수결과보고서 중 중요사항에 관하여 거짓의 기재 또는 표시가 있거나 중요사항이 기재 또는 표시되지 않은 경우, ④ 공개매수신고서, 정정신고서 또는 철회신고서의 사본을 발행인에게 송부하지 않은 경우, ⑤ 공개매수신고서 등의 사본에 신고서에 기재된 내용과 다른 내용을 표시하거나 그 내용을 누락하여 송부한 경우, ⑥ 공개매수설명서의 작성 제출 및 비치 열람의무를 위반하거나, 그 설명서에 신고서에 기재된 내용과 다른 내용을 표시하거나 그 기재사항을 누락한 경우, 그 설명서의 사전교부의무를 위반한 경우, ⑦ 공고일 이후에 공개매수를 철회하거나 철회신고서를 제출 또는 공고하지 않은 경우, ⑧ 공개매수기간 동안에 별도매수금지의무를 위반하여 공개매수에 의하지 아니하고 매수등을 한 경우, ⑨ 공개매수의 조건과 방법에 따라 주식등을 매수하지 않거나 매수가격이 균일하지 않은 경우, ⑩ 공개매수가 강제되는 경우에 공개매수에 의하지 아니하고 주식등을 매수하거나, 공개매수를 공고하지 않거나 신고서를 제출하지 아니하고 매수한 주식등에 대하여 의결권을 행사하였거나, 금융위원회의 처분명령을 위반한 경우 등이다.

금융위원회가 이러한 조치를 내리기 위해서는 공개매수자, 공개매수자의 특별관계자 또는 공개매수사무취급자에 대하여 이유를 제시하고 그 사실을 공고하여야 하고, 필요한 때에는 위법한 공개매수를 정지 또는 금지하거나 대통령령이 정하는 조치를 할 수 있다(2항). 대통령령이 정하는 조치는 1년의 범위에서 공개매수의 제한(공개매수자 및 공개매수자의 특별관계자에 한한다), 1년의 범위에서 공개매수사무취급업무의 제한(공개매수사무취급자에 한한다), 임원에 대한 해임권고, 법 위반의 경우 고발 또는 수사기관에의 통보, 다른 법률을 위반한 경우 관련기관 또는 수사기관에의 통보, 경고 또는 주의 등이다(법 시행령 152조).

한편 금융위원회의 위법행위에 대한 조치로서 공개매수의 정지 등 기타의 조치는 위법행위의 성질상 정정이 필요한 경우에는 먼저 정정명령을 내려야 할 것이고, 정정만으로 법의 목적을 달성할 수 없을 경우에 한하여 공개매수의 정지 등 기타의 조치를 내려야 할 것이다.

또한 금융위원회는 공개매수신고서 및 그 정정신고서의 신고인과 그 대리인 등(법 142조 1항)이 법 제134조에 의한 공개매수신고서, 법 제136조에 의한 정정신고서, 법 제137조에 의한 공개매수설명서를 제출하지 않거나 공고하여야 할 사항을 공고하지 않은 경우, 그리고 그 신고서 및 설명서 등에 중요사항에 관하여 부실기재한 경우 공개매수신고서에 기재된 공개매수예정총액(공개매수할 주식등의 수량을 공개매수가격으로 곱하여 산정한 금액)의 100분의 3(20억원 한도)을 초과하지 아니하는 범위에서 과징금을 부과할 수 있다(법 429조 2항).

[초판: 송종준, 개정판: 강희주 · 유호범]

제 2 절 주식등의 대량보유상황의 보고

Ⅰ. 제도의 의의 및 기능

주권상장법인의 의결권과 관련된 주식을 대량보유하게 된 자는 보유상황 및 보유목적 등에 대해 금융위원회와 거래소에 보고해야 할 의무가 있다. 주식등의 대량보유상황에 대한 보고제도는 기업지배권 시장의 공정한 경쟁을 위하여 일정비율 이상의 주식 취득 및 변동내용을 신속하게 공시함으로써 음성적인 주식매집을 방지하고 경영권에 대한 불공정한 침탈을 방지하기 위한 제도이다.[1)]

동 제도에 따라 주권상장법인의 주식등을 5% 이상 대량보유하게 되거나 그 후 보유비율이 1% 이상 변동될 경우 또는 보유목적이나 중요사항이 변경된 경우에는 그 변동된 날부터 5일[2)] 이내에 그 보유상황, 변동·변경내용을 금융위원회와 거래소에 보고할 의무(이하 "5% 보고"라고 한다)가 있다(법 147조 1항). 대량보유신고의 기준이 5%라는 점에서 동 제도를 '5%룰' 또는 '5% 보고제도'라고 부른다.

5% 보고제도는 일반적으로 M&A시장에서 경영권 방어를 위한 제도로 이해되고 있으나, 그 자체로서는 경영권방어수단이 될 수 없고 오로지 M&A 시장의 공정성을 확보하기 위한 제도라고 보아야 한다. 다시 말해서 공개회사의 일정비율 이상 지분의 대량보유상황 또는 변동 상황을 공시하도록 함으로써 M&A 과정에서 지배권 경쟁에 대한 상황정보를 알려주는 것을 주된 목적으로 하고 있으며, 그 외에 유통시장의 투명성을 높이고 불공정거래를 방지하는 기능도 수행한다.[3)]

주권상장법인은 당해 회사의 지분이 공개시장에서 거래되는 특성상 주식의 분산도가 높은 것이 일반적이다. 따라서 5% 정도의 지분을 가지고 있는 자의 움직임은 충분히 기업의 지배권 변동에 영향을 줄 수 있으므로 경영권을 유지하고자 하는 자에게는 아주 가치 있는 정보일 수 있다.[4)] 따라서 5% 보고제도는 공개시장이나 개인적인 거래를 통해 은밀하게 진행될 수 있는 적대적 공개매수의 움직임을 해당기업의 경영진과 주주들에게 조기에 알려주는 '조기경보체제(early warning system)'라고 할 수 있다.[5)]

하지만 이 제도는 지배권 경쟁 당사자 중 누구에게만 유리한 제도일 수 없으며, 공격자와 방어자 모두 동등한 입장에서 지분상황을 공시하도록 하는 중립적 제도이다. 또

1) 김병연/권재열/양기진, 「자본시장법－사례와 이론－」, 박영사, 2012, 298쪽.
2) 5% 보고 관련 규정에서 '일'은 공휴일, "근로자의 날 제정에 관한 법률"에 따른 근로자의 날, 토요일은 기간계산시 산입하지 않으므로(법 시행령 153조 1항), 사실상 영업일을 의미한다. 이하 본 절에서 같다.
3) 유석호, "주식 등의 대량보유상황보고 관련 법적 쟁점과 과제," 「증권법연구」 제 6 권 제 2 호(2005), 79쪽.
4) 상게논문, 79쪽.
5) 김정수,「자본시장법원론」, SFL그룹, 2011, 739쪽.

한 주식등의 대량보유자들의 움직임은 유통시장에 참가하고 있는 일반투자자에게도 투자판단에 중요한 정보로서의 가치가 있다. 대량보유자들은 일반투자자에 비하여 회사 내의 정보에 대한 접근가능성이 높고, 투자의 숙련도나 전문성에 있어서도 우위에 있을 개연성이 높으므로 이들의 매매현황은 일반투자자의 투자의사 결정에 중요한 판단요소가 될 수 있는 것이다. 아울러 임원등의 특정증권등 소유상황보고제도(법 173조)와 함께 내부자거래 등의 불공정거래를 감시하기 위한 제도로서도 의미를 가지고 있다.[1)]

Ⅱ. 제도의 연혁

5% 보고제도는 미국에서 1968년 제정된 '윌리암즈법(Williams Act)'[2)]에서 최초로 도입되었다. 1968년 제정된 미국의 윌리암즈법은 기업지배권 시장의 공정성과 투명성을 확보하기 위하여 공개매수신고서제도와 함께 5% 보고제도를 도입하였다. 이때는 미국의 제3차 M&A 붐이 휩쓸고 지나간 때로서 이른바 "Saturday Night Special[3)]"에 대한 대책으로 동 제도가 도입된 것이다.[4)]

우리나라의 경우는 구 증권거래법 개정에 의해 1991년 12월 31일에 5% 보고제도가 도입되어 1992년 3월부터 시행되었다. 그러나 당시 우리나라의 경우 M&A라는 단어 자체가 생소한 시절이었고, 실제로 이렇다 할 M&A 사례도 없었다. 따라서 우리나라의 5% 보고제도는 미국처럼 은밀하게 진행되는 잠재적 공개매수를 공시하기 위한 제도로서가 아니라 단지 대량보유주식의 보유상황을 시장에 공시한다는 1차원적 수준을 넘지 못하였다.[5)] 당시는 자본시장 개방에 대한 논의가 활발하게 이루어졌던 때였고, 그 과정에서 M&A에 대한 사전경보장치로서 단순히 소유상황에 대한 공시만 이루어졌던 것이다.[6)]

이후 1994년 1월 5일에 구 증권거래법 개정으로 10% 이상의 대량주식취득을 금지하고 있던 제200조[7)]의 폐지가 결정되면서 5% 보고의무자를 본인 외에 특수관계인까지

1) 유석호, 전게논문(2005), 79쪽.
2) 윌리암즈법은 이 법의 제안자인 New Jersey주의 상원의원인 Harrison Williams의 이름을 딴 것이다. 이 법은 1934년 Securities Exchange Act의 Section 13(d), 13(e), 14(d), 14(e), 14(f)를 개정하는 법률로 공개매수와 대량보유에 관한 공시와 관련된 규정이다. 최초 도입시에 대량보유상황 공시의무의 기준은 10%였으나 실효성에 의문이 제기되어 1970년 5%로 개정되었다.
3) 1960년대 M&A 붐 당시 토요일 오후 공개매수를 발표하고 월요일에 공개매수를 실시하여 기존 경영진의 방어기회를 빼앗는 사례가 빈발하자 그 당시 유행하던 Saturday Night Special이라는 TV프로의 제목을 붙여 부르던 것에서 유래하였다.
4) 김정수, 전게서(2011), 739쪽.
5) 김건식, 「증권거래법」, 두성사, 2000, 232쪽.
6) 유석호, 전게논문(2005), 79쪽.
7) 구증권법 제200조는 10% 이상의 대량주식취득을 금지하였던 규정으로 1994년 개정으로 폐지되었으나, 효력발생은 1997년부터라는 조건을 달고 있었기 때문에 실질적으로는 1997년부터 폐지되었다. 김정수, 전게서(2011), 740쪽.

확대하면서 소유 개념을 보유 개념으로 변경하였다. 또한 1997년에 3년간 유예되었던 제200조가 실질적으로 폐지되면서 이에 대한 보완조치로 신고의무자의 범위에 '사실상 영향력, 공동보유자 및 보유'와 같은 실질적인 개념을 도입하여 보고의무를 확대하였다.[1] 종래 단순한 친인척관계 또는 지분출자 관계 중심의 특수관계자 외에 당사자 간의 의사합치를 통한 공동보유자 개념[2]이 도입된 것이다.[3]

2005년 1월 17일의 개정은 기존 제도의 시행과정에서 제기되었던 일부 문제점을 보완하고,[4] 향후 활성화될 것으로 예상되는 M&A 시장에 공정한 게임의 룰을 제공하기 위한 것이었다. 이에 따라 보유목적을 변경하는 경우에도 보고의무가 부과되었고, 경영참가목적으로 5% 이상을 신규취득하거나 보유목적을 변경한 경우 보고일로부터 5일 동안 추가취득 및 의결권행사를 금지하는 냉각기간제도가 도입되었다.[5] 2007년 제정된 자본시장법은 2005년 구 증권거래법의 내용을 그대로 승계하고 있다.

한편, 구 자본시장법은 5% 보고의무를 위반하는 경우 형벌과 행정조치 규정만을 두고 있었으나 2013년 개정된 자본시장법은 5% 보고의무를 위반하는 경우 과징금을 부과할 수 있도록 하였다(법 429조 4항).

第147조(주식등의 대량보유 등의 보고)

① 주권상장법인의 주식등을 대량보유(본인과 그 특별관계자가 보유하게 되는 주식등의 수의 합계가 그 주식등의 총수의 100분의 5 이상인 경우를 말한다)하게 된 자는 그 날부터 5일(대통령령으로 정하는 날은 산입하지 아니한다. 이하 이 절에서 같다) 이내에 그 보유상황, 보유 목적(발행인의 경영권에 영향을 주기 위한 목적 여부를 말한다), 그 보유 주식등에 관한 주요계약내용, 그 밖에 대통령령으로 정하는 사항을 대통령령으로 정하는 방법에 따라 금융위원회와 거래소에 보고하여야 하며, 그 보유 주식등의 수의 합계가 그 주식등의 총수의 100분의 1 이상 변동된 경우(그 보유 주식등의 수가 변동되지 아니한 경우, 그 밖에 대통령령으로 정하는 경우를 제외한다)에는 그 변동된 날부터 5일 이내에 그 변동내용을 대통령령으로 정하는 방법에 따라 금융위원회와 거래소에 보고하여야 한다. 이 경우 그 보유 목적이 발행인의 경영권에 영향을 주기 위한 것

1) 김정수, 전게서(2011), 739쪽.

2) 실질적으로 주식을 보유하는 자를 모두 포함시키는 것은 미국의 'beneficial owner' 개념을 도입한 것으로서 대량보유의 신고의무가 적대적 기업매수의 조기경보체제의 의미를 지니고 있는 이상 보유의 개념에 실질적인 보유자를 포함시키는 것은 당연하다고 할 수 있다. 김정수, 전게서(2011), 740쪽.

3) 유석호, 전게논문(2005), 80쪽.

4) 이른바, '슈퍼개미' 등으로 알려진 불공정거래자들이 기존 5% 보고제도의 허점을 이용하여 경영참가목적으로 5% 보고를 한 뒤 시세조종행위를 하거나, 단순투자 목적으로 보유목적을 공시한 뒤 경영참가행위를 함으로써 5% 보고제도의 취지를 해치는 사례가 발생하여 그에 대한 대책이 필요한 상태였다. 여기에 소버린자산운용이 수익창출 목적으로 보유하는 것이라고 공시한 SK주식 약 15%의 보유목적을 변경하지 않은 채 최태원 회장의 퇴임 등을 요구하는 사례가 발생하자 보유목적을 변경하는 경우에도 보고의무를 부과하여야 한다는 논의가 시장을 중심으로 제기되었다.

5) 유석호, 전게논문(2005), 80쪽.

(임원의 선임·해임 또는 직무의 정지, 이사회 등 회사의 기관과 관련된 정관의 변경 등 대통령령으로 정하는 것을 말한다)이 아닌 경우와 전문투자자 중 대통령령으로 정하는 자의 경우에는 그 보고내용 및 보고시기 등을 대통령령으로 달리 정할 수 있다. 〈개정 2008. 2. 29〉

② 제1항에 따른 주식등의 수 및 주식등의 총수는 총리령으로 정하는 방법에 따라 산정한 수로 한다. 〈개정 2008. 2. 29〉

③ 제1항에 따라 주식등의 대량보유상황·보유 목적 또는 그 변동내용을 보고하는 날 전일까지 새로 변동내용을 보고하여야 할 사유가 발생한 경우 새로 보고하여야 하는 변동내용은 당초의 대량보유상황, 보유 목적 또는 그 변동내용을 보고할 때 이를 함께 보고하여야 한다.

④ 제1항에 따라 보고한 자는 그 보유 목적이나 그 보유 주식등에 관한 주요계약내용 등 대통령령으로 정하는 중요한 사항의 변경이 있는 경우에는 5일 이내에 금융위원회와 거래소에 보고하여야 한다. 〈개정 2008. 2. 29〉

Ⅰ. 대량보유상황 및 변동의 보고

1. 보고의무자

대량주식보유로 인한 보고의무자는 본인과 특별관계자가 보유하게 되는 주식등의 보유[1]비율이 5% 이상인 자이다. 특별관계자[2]의 경우에도 그 자신의 입장에서는 본인이므로 보고의무자이다. 따라서 누구든지 주권상장법인의 주식등을 보유하게 되는 경우 특별관계자의 보유비율과 합하여 5% 이상이 되는 경우에는 보고의무자가 된다. 예컨대, A(5%), B(3%), C(2%) 등의 3인이 각자의 입장에서 상대방이 특별관계자인 경우 가장 많이 보유한 A만이 보고의무자가 아니라 A, B, C 각자가 10%에 대한 보고의무자가 되는 것이다. 다만, 본인과 특별관계자가 함께 보고하는 경우 번거로움을 피하기 위하여 보유주식 등의 수가 가장 많은 자를 대표자로 선정하여 연명으로 보고할 수 있다(법 시행령 153조 4항).

한편, 구증권법에서는 국가, 지방자치단체 등의 경우 보고의무를 면제하여 주었다.[3]

1) '보유'에 대한 정의는 공개매수에 관한 규정(법 133조 3항)을 준용하도록 되어 있다. 따라서 소유와 법 시행령 제142조에서 열거되는 소유에 준하는 보유의 경우를 의미한다.

2) 특별관계자에 대한 정의는 공개매수에 관한 규정(법 133조 3항)을 준용하도록 되어 있다. 따라서 여기서 말하는 특별관계자는 특수관계인과 공동보유자를 포함하는 개념이며, 특수관계인의 범위를 정함에 있어 주식 등의 수가 1,000주 미만이거나 공동보유자가 아님을 소명한 자는 특별관계자에 포함되지 않는다(법 시행령 141조).

3) 구증권법 시행령 제86조의3에서는 국가, 지방자치단체, 예산회계법 제7조의 규정에 의한 정부의 기금, 증권금융회사, 법인세법 시행령 제17조 제1항 제6호의 규정에 의한 조합 등의 경우에는 보고의무가 면제되었다.

그러나 자본시장법은 이러한 면제규정을 삭제하여 국가 등의 경우도 보고의무가 부과되나, 후술하는 바와 같이 보고내용 및 보고시기 등을 달리 정할 수 있다.[1] 발행회사가 소지한 자기주식에 대해서는 명시적 규정은 없으나 해석상 종전과 같이 보고의무가 면제되는 것으로 본다.[2]

2. 보고대상 증권

보고대상 증권은 "상장법인의 주식등"이다. 비상장법인의 주식등이 보고대상에서 제외되는 이유는 비상장법인의 경우 불특정다수에 주식의 분산되지 않은 경우가 많으며, 따라서 은밀한 주식매집을 통한 적대적 기업매수의 가능성이 상대적으로 적기 때문이다.[3] "주식등"의 개념은 공개매수 적용대상 증권과 동일하다(법 시행령 139조).[4] 다만 권리행사에 따라 기초자산을 취득하게 되는 것이 아닌, 차액을 현금으로 결제하는 주식연계증권(ELS), 주식워런트증권(ELW)은 5% 보고대상인 "주식등"에 해당하지 않는다.[5]

3. 보고사유

보유상황 및 변동보고의 보고사유는 새로이 5% 이상을 보유하게 된 때 및 5% 이상 보유자의 보유비율이 1% 이상 변동되었을 때이다. 여기에서 5% 이상을 보유하게 된 때라 함은 최종적인 지분의 취득에 의하여 보유비율이 5% 이상으로 된 때를 말한다. 예컨대, 4.9%를 보유하고 있던 자가 0.1% 이상을 추가로 취득하게 된 때를 말한다. 보유비율 산정방식도 공개매수의 경우와 같다.

한편, 5% 이상을 보유한 자의 보유비율이 1% 이상 변동되었을 때라 함은 예컨대, 5%보유자가 6% 이상을 보유하게 되거나, 4% 이하를 보유하게 된 때를 말한다.

4. 보고기한

(1) 원 칙

5% 보고기한은 원칙적으로 주식등을 신규로 보유하게 된 날 또는 주식등의 총수의 1% 이상 변동된 날로부터 5일 내에 금융위원회와 거래소에 보고하여야 한다. 공휴일, "근로자의 날 제정에 관한 법률"에 따른 근로자의 날, 토요일은 기간계산시 산입하지 않으며(법 시행령 153조 1항), 이는 모든 보고사유에 관하여 동일하게 적용된다.

---

1) 후술 4, 5 참조.
2) 금융감독원, 「기업공시실무안내」, 2010, 200쪽; 김병연/권재열/양기진, 전게서(2012), 304쪽.
3) 김정수, 전게서(2011), 756쪽.
4) 공개매수제도에 관한 법 제133조 제1항 관련 부분 참조.
5) 김병연/권재열/양기진, 전게서(2012), 300쪽.

(2) 예 외

보유목적이 발행인의 경영권에 영향을 주기 위한 것이 아닌 경우와 전문투자자 중 대통령령이 정하는 자의 경우에는 그 보유 또는 변동이 있었던 달의 다음 달 10일까지 보고할 수 있다(법 시행령 154조 3·4항).

여기에서 발행인의 경영권에 영향을 주기 위한 것이라 함은, 임원의 선임·해임 또는 직무의 정지, 이사회 등 회사의 기관과 관련된 정관의 변경 등 법 시행령 제154조 제 1 항에 열거된 것을 위하여 회사나 그 임원에 대하여 사실상 영향력을 행사(상법, 그 밖의 다른 법률에 따라 상법 제363조의 2, 제366조에 따른 권리를 행사하거나 이를 제 3 자가 행사하도록 하는 것을 포함한다)하는 것을 말한다(법 시행령 154조 1항).

또한, 전문투자자 중 대통령령이 정하는 자라 함은 국가, 지방자치단체, 한국은행 및 그 보고내용 및 보고시기를 달리 정할 필요가 있는 자로서 금융위원회가 정하여 고시[1] 하는 자를 말한다(법 시행령 154조 2항). 과거 구 증권거래법의 경우 기관투자자에 대해서도 동일한 특례를 인정하였었다(구법 200조의2 1항 단서, 구법 시행령 86조의7 2항). 기관투자자들의 경우 주식거래 규모가 크기 때문에 5%를 초과하는 경우가 빈번하게 발생되기 때문이었다.[2] 그러나 자본시장법은 동 규정을 폐지하였으므로 기관투자자도 일반투자자와 동일하게 보고의무를 부담하게 된다.

즉, 보유목적이 경영권에 영향을 주기 위한 것이 아닌 경우에는 누구든지 다음 달 10일까지 보고하면 되고, 전문투자자 중 대통령령이 정하는 자는 보유목적이 무엇이든 불문하고 다음 달 10일까지 보고하면 된다.[3]

(3) 보고기준일

보고기한을 계산함에 있어 기산일을 보고기준일이라 하며, 보고기준일은 주식등을 어떠한 방법으로 취득하였는지에 따라 달라진다. 지분변동의 원인별 보고기준일은 다음과 같다(법 시행령 153조 3항).

① 주권비상장법인이 발행한 주권이 증권시장에 상장된 경우에는 그 상장일

② 흡수합병의 경우에는 합병을 한 날, 신설합병의 경우에는 그 상장일

③ 증권시장(다자간매매체결회사에서의 거래를 포함한다)에서 주식등을 매매한 경우에는 그 계약체결일[4]

④ 증권시장 외에서 주식등을 취득하는 경우에는 그 계약체결일

---

1) 금융위원회가 정하여 고시하는 자에 대하여는 증권의 발행 및 공시 등에 관한 규정 제3-13조에 규정되어 있다.

2) 김정수, 전게서(2011), 747쪽.

3) 이는 기관투자자의 경우에도 경영권에 영향을 주기 위한 목적인 아닌 경우에만 보고기한의 특례를 인정하던 구증권법 시행령 제86조의8과는 차이가 있다.

4) 구증권법 시행령 제86조의4 제 2 항 제 3 호에서는 장내거래의 경우 결제일을 기준일로 하고 있었다.

⑤ 증권시장 외에서 주식등을 처분하는 경우에는 대금을 수령하는 날과 주식등을 인도하는 날 중 먼저 도래하는 날

⑥ 유상신주 발행으로 인하여 배정되는 신주를 취득하는 경우에는 주금납입일의 다음날

⑦ 주식등을 차입하는 경우에는 그 차입계약을 체결하는 날, 상환하는 경우에는 해당 주식 등을 인도하는 날

⑧ 주식등을 증여받는 경우에는 「민법」에 따른 효력발생일, 증여하는 경우에는 해당 주식등을 인도하는 날

⑨ 상속으로 주식등을 취득하는 경우로서 상속인이 1인인 경우에는 단순승인 또는 한정승인에 따라 상속이 확정되는 날, 상속인이 2인 이상인 경우에는 그 주식등과 관계되는 재산분할이 종료되는 날

⑩ ①–⑨까지 외의 사유로 인하여 보고하여야 하는 경우에는 「민법」·「상법」 등 관련 법률에 따라 해당 법률행위 등의 효력이 발생하는 날

5. 보고내용

5% 이상을 취득한 자는 그 보유상황, 보유목적, 그 보유 주식등에 관한 주요계약내용 등에 관한 내용 및 그 밖에 대통령령으로 정하는 사항을 보고하여야 한다. 대통령령에서 정하는 보고사항은 ① 주식등을 대량보유하게 된 자와 그 특별관계자에 관한 사항, ② 보유 주식등의 발행인에 관한 사항, ③ 변동 사유, ④ 취득 또는 처분 일자·가격 및 방법, ⑤ 보유 형태, ⑥ 취득에 필요한 자금이나 교환대상물건의 조성내역(차입인 경우에는 차입처를 포함한다) 및 ⑦ 이러한 내용과 관련된 세부사항으로서 금융위원회가 정하여 고시[1]하는 사항이다(법 시행령 153조 2항). 상장주식의 5% 이상 소유한 대량보유자가 된 후 1% 이상 지분변동이 있는 경우에 보고해야 하는 내용도 이와 동일하다.

보고내용 중 보유목적이라 함은 발행인의 경영권에 영향을 주기 위한 목적 여부를 말한다(법 147조 1항). 따라서 보고시 경영권에 영향을 주기 위하여 주식등을 보유한 것인지의 여부를 밝혀야 한다. 경영권에 영향을 주기 위한 행위에 대해서 자본시장법은 경영진의 선임·해임이나 정관변경은 물론 합병등과 같은 조직개편 및 회사 자본금의 변경, 배당결정 등까지 폭넓게 규정하고 있다.[2] 이처럼 그 범위를 넓게 보고 있음에 따라 일반

1) 이는 증권의 발행 및 공시 등에 관한 규정 제3-10조에 열거된 사항을 말한다.

2) 법 시행령 제154조(대량보유 등의 보고에 대한 특례) ① 법 제147조 제 1 항 후단에서 "대통령령으로 정하는 것"이란 다음 각 호의 어느 하나에 해당하는 것을 위하여 회사나 그 임원에 대하여 사실상 영향력을 행사(「상법」, 그 밖의 다른 법률에 따라 「상법」 제363조의2·제366조에 따른 권리를 행사하거나 이를 제삼자가 행사하도록 하는 것을 포함한다)하는 것을 말한다.

1. 임원의 선임·해임 또는 직무의 정지
2. 이사회 등 회사의 기관과 관련된 정관의 변경

적인 주주권의 행사도 이에 해당할 수 있다는 문제제기도 있다.[1)]

보유주식등에 관한 주요계약 내용에 대해서는 명확한 규정은 없으나 5%보고의 취지상 보유지분의 변동이나 보유목적의 변경을 야기할 수 있는 계약으로서 보유주식등에 대한 담보권 설정계약, 의결권 행사와 관련된 계약 등이 이에 해당된다고 본다.

한편, 보유목적이 경영권에 영향을 주기 위한 것(법 시행령 154조 1항)이 아닌 경우 및 전문투자자 중 국가, 지방자치단체, 한국은행 및 그 보고내용 및 보고시기를 달리 정할 필요가 있는 자로서 금융위원회가 정하여 고시된 자(법 시행령 154조 2항)의 경우에는 경영권에 영향을 주기 위한 자에 비하여 보고내용이 간소화되어 있다. 먼저 국가나 지방자치단체 등의 전문투자자가 아닌 자로서 경영권에 영향을 주기 위한 것이 아닌 경우에는 ① 보유 상황, ② 보유 주식등의 발행인에 관한 사항, ③ 대량보유자 및 특별관계자에 관한 사항, ④ 취득 또는 처분일자·가격 및 방법 및 ⑤ 주식등의 보유기간 동안 경영권에 영향을 주기 위한 행위를 하지 아니하겠다는 확인[2)]에 관한 사항만을 기재하면 된다(법 시행령 154조 3항).

위 국가, 지방자치단체, 한국은행 등과 같은 전문투자자의 경우에는 경영참여 목적 여부와 관계없이 약식 보고가 가능하다. 즉, ① 보고하여야 할 사유가 발생한 날의 보유상황 및 변동 내용 ② 주식등을 대량보유하게 된 자와 그 특별관계자에 관한 사항, ③ 보유주식등의 발행인에 관한 사항만을 보고하면 된다.

6. 변동보고의 면제

5% 보고에 있어 주식등을 5% 이상 보유한 자의 보유비율이 1% 이상 변동하였으나 그 보유주식수가 변동되지 않은 경우와 대통령령이 정하는 경우[3)]에는 변동보고의무를

---

3. 회사의 자본금의 변경
4. 회사의 배당의 결정
5. 회사의 합병, 분할과 분할합병
6. 주식의 포괄적 교환과 이전
7. 영업전부의 양수·양도 또는 금융위원회가 정하여 고시하는 중요한 일부의 양수·양도
8. 자산 전부의 처분 또는 금융위원회가 정하여 고시하는 중요한 일부의 처분
9. 영업전부의 임대 또는 경영위임, 타인과 영업의 손익 전부를 같이하는 계약, 그 밖에 이에 준하는 계약의 체결, 변경 또는 해약
10. 회사의 해산

1) 자세한 것은 유석호, 전게논문(2005), 94-95쪽 참조.

2) 여기에서의 '확인'이란 경영권에 영향을 주기 위한 것이 아니라고 보고하고 있는 기간 동안에는 경영권에 영향을 미치는 행위를 하지 않겠다는 확인으로 보아야 할 것이다. 보유목적을 변경하는 경우에는 그러한 제한이 적용될 수 없기 때문이다. 이에 대해 이러한 기재를 하는 것이 과연 의미가 있는지는 의문스럽다는 견해도 있다. 실무적으로 구증권법상에서도 이러한 기재 때문에 보유목적을 변경할 수 없는 것이 아닌가 하는 의문이 제기되었었다.

3) 법 시행령 제153조 제5항 : … ⑤ 법 제147조 제1항 전단에서 "대통령령으로 정하는 경우"란 다음 각 호의 어느 하나에 해당하는 경우를 말한다.

1. 주주가 가진 주식 수에 따라 배정하는 방법으로 신주를 발행하는 경우로서 그 배정된 주식만을 취

면제하고 있다(법 147조 1항 본문). 이는 보고의무자의 의사와 무관하게 보유비율이 변동되거나 다른 주주와 동등하게 부여된 기회를 이용하여 보유비율이 변경된 경우에 대하여 보고의무를 면제하는 것이다.

Ⅱ. 보유비율의 산정방법

주식대량보유 여부를 판단할 때 "주식 등의 수" 및 "주식 등의 총수"에 관한 산정방법은 총리령에서 상세하게 정하고 있다(법 147조 2항 및 법 시행규칙 17조). 이는 공개매수에 있어서의 보유비율 산정방식과 같다.[1)]

Ⅲ. 보고기간중의 변동내용 보고

대량보유상황 및 변동 상황의 보고는 보고의무발생일로부터 5일 내에 하여야 한다(법 147조 1항). 따라서 그 5일의 기간 중에 추가적인 변동 상황이 발생할 수가 있다. 이에 따라 법 제147조 제 3 항에서는 보고하는 날 전일까지 새로 변동내용을 보고하여야 할 사유가 발생한 경우 새로 보고하여야 하는 변동내용은 당초의 보고 시 이를 함께 보고하도록 하고 있다.

문언상으로는 최초 보고의무가 발생한 이후 보고기간 내에 새로이 보고의무가 발생한 경우에만 함께 보고하도록 하고 있다. 예컨대, 5% 신규취득 후 보고기간(5일) 내에 1%를 추가로 취득한 경우에는 양자를 함께 보고하여야 하나, 0.5%를 추가로 취득하였다면 함께 보고할 의무가 없다. 다만, 보고의무자가 0.5%를 추가 취득한 사실을 자발적으로 함께 보고하는 것은 무방하다.[2)]

득하는 경우

2. 주주가 가진 주식 수에 따라 배정받는 신주인수권에 의하여 발행된 신주인수권증서를 취득하는 것만으로 보유 주식등의 수가 증가하는 경우
3. 자기주식의 취득 또는 처분으로 보유 주식등의 비율이 변동된 경우
4. 자본감소로 보유 주식등의 비율이 변동된 경우
5. 신주인수권이 표시된 것(신주인수권증서는 제외한다)·신주인수권부사채권·전환사채권 또는 교환사채권에 주어진 권리행사로 발행 또는 교환되는 주식의 발행가격 또는 교환가격 조정만으로 보유 주식 등의 수가 증가하는 경우

1) 법 제133조 제 5 항 및 법 시행규칙 제14조 관련 부분 참조.

2) 보유목적이 경영권에 영향을 주기 위한 경우에는 후술하는 냉각기간과 관련하여 보고기간 중 추가취득이 불가능하므로 본항이 적용될 여지가 없다.

Ⅳ. 변경보고

1. 의 의

법 제147조 제1항에 따라 5%보고를 한 자는 지분의 변동이 없더라도 그 보고내용 중 보유목적 등 중요한 사항이 변경된 경우 그 날부터 5일 이내에 금융위원회와 거래소에 보고하여야 한다(법 147조 4항). M&A와 관련하여 주식등의 보유자의 보유목적의 변경과 보유비율 등의 변경을 초래할 수 있는 중요한 사항의 변경은 기존 경영진이나 투자자에게 있어 중요한 정보이므로 이를 보고하도록 하는 것이다. 구 증권거래법의 경우 1% 이상의 지분이 변동되지 않는 한 이러한 내용변경에 대한 변경보고를 요구하지 않았으나, 자본시장법의 경우 보유목적의 변경은 물론 5% 취득과 관련한 주요계약내용에 중요한 변경이 있는 경우도 보고대상에 포함시키고 있다.[1)]

2. 보고사유

변경보고를 해야 할 중요한 사항은 보유목적의 변경과 보유 주식등에 관한 주요계약내용 등 대통령령으로 정하는 중요한 사항의 변경이다(법 147조 4항, 법 시행령 155조).

먼저 보유목적의 변경은 경영권에 영향을 주기 위한 목적에서 그렇지 않은 경우로의 변경 또는 그 반대의 경우로서 양자 모두 보고의무가 발생하나, 후술하는 바와 같이 그 보고시기에 있어서는 차이가 있다. 보유목적의 변경은 보고의무자의 의사에 관한 문제이므로 언제든지 자유롭게 변경할 수 있다. 다만, 보고된 보유목적과 행위 간에 일관성이 없는 경우에는 허위보고의 문제가 발생할 수 있다.

두 번째로 보유 주식에 대한 신탁·담보계약, 그 주요 계약 내용이 변경되는 경우에도 변경보고를 하여야 한다. 이 때 주요계약의 판단기준은 보유주식 등의 변동을 초래할 수 있는지 여부가 될 것이다.[2)]그러나 법령의 내용이 구체적이지 못해 실제에 있어서 주요계약 여부는 법원의 판단에 맡겨질 것으로 보인다.

세 번째로 보유형태의 변경도 변경보고 대상에 포함된다. 소유와 소유 이외의 보유 간에 변경이 있는 경우에 한한다고 규정하고 있어 극히 제한적인 경우에 한정되고 있다. 예컨대 보유하던 주식을 대여해 줌으로써 보유형태가 소유에서 보유로 변경되거나 주식매수선택권을 행사하여 기존의 보유형태에서 소유형태로 변경된 경우가 이에 해당할 것이다.[3)]

---

1) 김정수, 전게서(2011), 742쪽.
2) 김병연/권재열/양기진, 전게서(2012), 299쪽.
3) 상게서, 299쪽.

3. 보고시기

보고내용이 변경된 경우의 보고는 보고사유 발생일로부터 5일 내에 하여야 한다(4항). 다만, 경영권에 영향을 주기 위한 목적에서 그렇지 않는 경우로 보유목적을 변경하는 경우에는 다음 달 10일까지 보고하면 되고, 위 국가, 지방자치단체, 한국은행 등과 같은 전문투자자의 경우에는 경영참여 목적 여부와 관계없이 다음달 10일까지 보고하면 된다(법 시행령 154조 4항).

Ⅴ. 위반시 제재

5% 보고에 대한 법 제147조를 위반한 경우 아래 법 제150조의 의결권행사 제한과 처분명령, 제151조의 조사 및 정정요구 외에, 아래와 같은 제재가 부과될 수 있다.

즉, 법 제147조 제 1 항, 제 3 항 또는 제 4 항을 위반하여 보고를 하지 않는 경우 또는 제147조에 따른 보고서류 중 대통령령[1]이 정하는 중요한 사항에 거짓의 기재 등을 하는 경우 주권상장법인이 발행한 주식의 시가총액[2]의 10만분의 1(5억원을 초과하는 경우에는 5억원)을 초과하지 아니하는 범위에서 과징금이 부과될 수 있다(법 429조 4항). 또한, 법 제147조 제 1 항, 제 3 항 또는 제 4 항을 위반하여 보고를 한 경우에는 1년 이하의 징역 또는 3천만원 이하의 벌금에 처하고(법 446조 24호), 제147조에 따른 보고서류에 위 대통령령이 정하는 중요한 사항에 관하여 거짓의 기재 또는 표시를 하거나 중요한 사항을 기재 또는 표시하지 아니하는 경우에는 5년 이하의 징역 또는 2억원 이하의 벌금에 처한다(법 444조 18호). 한편, 법인의 대표자, 법인 또는 개인의 대리인·사용인, 그 밖의 종업원이 그 법인 또는 개인의 업무에 관하여 위 제444조를 위반한 경우에는 그 행위자를 처벌하는 외에 그 법인 또는 개인에게도 벌금형을 부과한다(법 448조).

제148조(대량보유보고서 등의 발행인에 대한 송부)

147조 제 1 항 또는 제 4 항에 따라 보고한 자는 지체 없이 그 사본을 해당 주식등의 발행인(대통령령으로 정하는 주식등의 경우에는 대통령령으로 정하는 자를 말한다)에게 송부하여야 한다.

5% 보고, 1% 이상 변동에 따른 변동보고 또는 보유목적이나 보유주식등에 대한 신탁·담보계약, 그 밖의 주요계약내용, 보유형태에 대한 주요계약내용 등 중요사항 변경보

1) 법 시행령 제157조에 열거된 사항을 말한다.
2) 이의 계산방식은 법 시행령 제379조 제 3 항에 따른다.

고를 한 자는 보고 후 지체 없이 보고서 사본을 주식등의 발행인에게 송부하여야 한다. 여기에서 대량보유의 대상이 교환사채권인 경우에는 교환의 대상이 되는 주식 등의 발행인에게, 파생결합증권인 경우에는 그 기초 자산이 되는 주식 등의 발행인에게, 증권예탁증권인 경우에는 그 기초가 되는 주식등의 발행인에게 보고서 사본을 각 송부하여야 한다(법 시행령 156조).

이는 기존 경영진이 공시된 5% 보고서를 보지 못할 가능성을 고려한 것으로서 적대적 M&A를 시도하는 상황에서 기존 경영진에게 적절할 방어의 기회를 주기 위한 방안의 하나로 보인다.

법 제148조를 위반하여 보고서를 발행인에게 송부하지 않거나 보고서에 기재된 내용과 다른 내용을 표시하거나 그 내용을 누락하여 송부한 자에 대해서는 5천만원 이하의 과태료가 부과될 수 있다(법 449조 1항 37호 및 38호).

제149조(보고서 등의 공시)

금융위원회 및 거래소는 제147조 제 1 항 및 제 4 항에 따라 제출받은 보고서를 3년간 비치하고, 인터넷 홈페이지 등을 이용하여 공시하여야 한다. 〈개정 2008. 2. 29〉

금융위원회와 거래소는, 제147조 제 1 항 및 제 4 항에 따른 5% 보고, 1% 변동보고 또는 변경보고에 대한 보고서를 3년간 비치하고, 금융감독원의 전자공시시스템(DART) 및 한국거래소 상장공시시스템(KIND)을 통하여 공시한다.

제150조(위반 주식등의 의결권행사 제한 등)

① 제147조 제 1 항·제 3 항 및 제 4 항에 따라 보고(그 정정 보고를 포함한다)하지 아니한 자 또는 대통령령으로 정하는 중요한 사항을 거짓으로 보고하거나 대통령령으로 정하는 중요한 사항의 기재를 누락한 자는 대통령령으로 정하는 기간 동안 의결권 있는 발행주식총수의 100분의 5를 초과하는 부분 중 위반분에 대하여 그 의결권을 행사하여서는 아니 되며, 금융위원회는 6개월 이내의 기간을 정하여 그 위반분의 처분을 명할 수 있다. 〈개정 2008. 2. 29〉
② 제147조 제 1 항·제 3 항 및 제 4 항에 따라 주식등의 보유 목적을 발행인의 경영권에 영향을 주기 위한 것으로 보고하는 자는 그 보고하여야 할 사유가 발생한 날부터 보고한 날 이후 5일까지 그 발행인의 주식등을 추가로 취득하거나 보유 주식등에 대하여 그 의결권을 행사할 수 없다.
③ 제 2 항을 위반하여 주식등을 추가로 취득한 자는 그 추가 취득분에 대하여 그 의결권을 행사할 수 없으며, 금융위원회는 6개월 이내의 기간을 정하여 그 추가 취득분의 처분을 명할 수 있다. 〈개정 2008. 2. 29〉

Ⅰ. 보고의무 위반행위

의결권제한과 처분명령의 대상이 되는 위반행위의 유형은 다음과 같다.

1. 법 제147조에서 규정한 바에 따라 보고(그 정정 보고를 포함)를 하지 아니하는 경우
2. 대통령령으로 정하는 중요한 사항(① 대량보유자와 그 특별관계자에 관한 사항, ② 보유 목적, ③ 보유 또는 변동 주식등의 종류와 수, ④ 취득 또는 처분 일자와 ⑤ 보유 주식등에 관한 신탁·담보계약, 그 밖의 주요계약 내용)의 전부 또는 일부를 거짓으로 보고하는 경우(법 시행령 157조)
3. 위 대통령령으로 정하는 중요한 사항의 기재를 누락한 경우

법 제150조 제1항에서는 보고에 정정보고를 포함한다고 규정하고 있으나 5% 보고에 있어서 정정보고는 보고기한 중에 행한 정정보고만이 해당되고, 보고기한이 경과된 후 제출된 정정보고는 지연보고, 즉 보고서를 제출하지 않은 것으로 보아야 할 것이다.

보고기한 중에 정정보고가 있는 경우 5% 보고 위반의 하자가 치유되는지에 대한 해석상 논란이 있다. 이에 대하여 5% 보고는 5% 보고기간 이내에서만 이행하면 되므로 그 기간 내에 정정보고가 있었다면 하자가 치유된다는 견해와, 최초의 5% 보고가 이루어졌을 때 이를 진실한 것으로 믿고 경영권 방어나 투자판단을 할 가능성이 있고 그에 따라 이미 조치나 투자가 이루어질 수도 있으므로 하자의 치유는 인정되지 않아야 한다는 입장이 있다. 판례는 비록 5일의 기간 내에 최초 보고의 하자에 대한 추완이 있었다고 하더라도 최초 보고 당시 대량보유(변동)보고의무 위반의 점에 대한 고의가 있는 한 그 정정보고가 5일의 기간 내에 있었다는 이유만으로 최초 보고의 하자가 치유된다고 보기는 어렵다고 판시한 바 있다.[1] 다만, 5% 보고기간을 주고 있는 상황에서 그 기간 내에 정정보고가 이루어졌다면 하자가 치유된 것으로 보는 것이 더 타당하고, 위 판례도 고의적으로 위반한 경우에 대한 것으로 해석되므로, 판례의 입장을 존중한다고 하여도 고의성이 없는 경우에는 5% 보고기간 내에 정정보고가 이루어지면 하자가 치유된다고 해석하는 것이 합리적으로 보인다.

1) 서울중앙지방법원 2004. 3. 26.자 2004카합809 결정.

Ⅱ. 보고의무 위반행위의 효과

5% 보고의무를 위반하는 경우에는 ① 당해 주식의 의결권 행사가 제한되고, ② 금융위원회가 위반분에 관하여 처분명령을 내릴 수 있다.

1. 의결권 제한

(1) 의결권제한 대상 지분

제 1 항 전단에서는 5% 보고의무를 위반한 자는 5%를 초과하는 부분 중 위반 주식등에 대한 의결권을 행사할 수 없도록 규정하고 있다. 이에 대하여 5% 보고의무를 위반한 주식 모두에 대하여 의결권이 없는지, 아니면 5% 미만은 가능하고 5% 이상이 되는 주식에 대하여만 5% 보고의무 위반 주식으로 보아 의결권 제한이 가능한지에 대한 해석상 논란이 있을 수 있다.

법문이 명시적으로 의결권제한의 대상이 "5%를 초과하는 부분" 중 위반분이라고 규정하고 있기 때문에 주식 전체가 아니고 5%를 제외한 나머지 주식에 대하여 의결권이 제한된다고 해석하여야 할 것이다.[1)]

한편, 법 제147조에 따르면 발행주식총수의 5% '이상'을 취득하는 경우에 5% 보고의무를 부과하고 있다. 즉 5% 미만의 주식의 취득은 5% 보고 없이 이루어질 수 있다. 따라서 의결권제한 역시 5%를 '초과'하는 부분 중 위반분이 아니라 5% '이상'에 해당되는 부분 중 위반분으로 규정하여야 타당할 것이다. 이는 입법의 오류로 보인다.

또한, 위 의결권 제한의 대상은 5%를 초과하는 부분 중 '위반분'만이라고 규정되어 있으므로 여러 차례에 걸쳐 주식을 취득하면서 일부는 5% 보고를 하고 일부는 하지 않는 경우, 보고를 한 부분에 대하여는 의결권이 제한되지 않고 보고를 하지 않은 부분에 대하여만 '위반분'으로서 의결권이 제한된다는 해석이 가능하다. 그러나 이에 대하여 서울중앙지방법원은 현대엘리베이터 사건에서 2차 취득분의 5% 보고를 누락하고 3차 취득분의 5% 보고를 한 사례에서 2차 취득분의 보고를 누락한 3차 취득분의 보고의 경우 중요한 사항에 누락이 있어 그 의결권이 제한된다는 결정을 내린 바 있다.[2)]

(2) 의결권 제한의 의미

의결권행사를 제한하기 위하여 금융위원회 또는 누군가가 의결권 행사를 제한하는 행정조치는 필요없다.[3)] 이는 법에 의하여 의결권이 제한되는 것으로 주주총회 의결권

1) 김건식/정순섭, 「새로 쓴 자본시장법(제 3 판)」, 두성사, 2013, 328쪽; 서울행정법원 2008. 9. 5. 선고 2008구합23276 판결.
2) 서울중앙지방법원 2004. 3. 26.자 2004카합809 결정.
3) 임재연, 「자본시장법」, 박영사, 2013, 550쪽.

산정시 직접 의결권행사를 제한할 수 있는 것이다. 따라서, 경영권을 보유하고 있는 대주주는 이 규정에 따라 의결권을 산정하면 되므로 특별히 가처분을 할 필요성이 적을 것이다. 적대적 M&A 상황에서 의결권을 행사하고자 하는 공격자가 의결권행사허용가처분을 받아 의결권을 행사하고 기존 대주주의 의결권의 행사를 금지하고자 하는 공격자가 의결권행사금지가처분을 받는 방식이 보다 일반적이라고 할 수 있다.

(3) 의결권행사 제한기간

고의 또는 중과실로 인하여 보고의무를 이행하지 않은 경우, 매수 등을 한 날부터 당해 보고를 한 후 6개월간의 의결권 행사가 제한된다(법 시행령 158조 1호). 예컨대, 1월 1일에 5% 보고의무가 발생하였으나 고의적으로 보고를 하지 않다가 3월 1일 보고를 하였다면 9월 2일부터 의결권 행사가 가능하게 된다.

한편, 이 법 또는 법 시행령 기타 다른 법령에 의하여 5% 보고 내용이 금융위원회와 거래소에 이미 신고되거나 정부의 승인, 지도, 권고 등에 따라 취득 또는 처분하였다는 사실로 인한 착오가 발생하여 보고가 지연한 경우에는 매수 등을 한 날부터 보고일까지만 의결권 행사가 제한된다(법 시행령 158조 2호). 위 예외사유들과 관련하여, 5% 보고와 동일한 수준의 신고가 되었어야 하는지에 대한 논란이 있을 수 있다. 이에 대하여 적용규정의 내용이 다르므로 동일한 신고는 어려울 것이고 임원 등의 특정증권 등의 소유상황보고의 정도면 인정되어야 한다고 한다.[1] 또한, 정부 승인 등에 따른 취득 또는 처분과 관련하여서는 해당 주주에 대하여 비자발적인 처분이나 취득을 명하는 것만을 의미하지 않고, 은행법상 동일인의 은행 주식취득에 대한 금융위원회의 승인 등도 여기에 해당된다고 한다. 한편, 이러한 착오에 의하여 1월 1일에 보고의무가 발생하였으나 보고를 지연하다가 3월 1일에 보고를 하였다면 3월 2일부터 의결권 행사가 가능하다. 따라서 그 이전에 의결권을 행사하였다면 그 효력을 다툴 수 있게 된다.

한편, 여기서 '착오'의 의미는 주식보유사실에 대한 착오이고 5% 보고의무 존재에 대한 착오는 착오로 인정하지 않는다고 한다. 즉, 5% 보고의무를 전혀 모르고 위반한 경우에는 위 법 시행령 제158조 제 2 호의 착오에 해당되지 않는다고 한다.[2] 그러나 이 시행령 제158조 제 2 호의 규정의 취지는 이미 신고를 했으므로 또는 정부 등의 승인으로 인하여 신고가 불필요하다고 착각해서 대량보유상황보고를 하지 않은 자를 보호하기 위한 취지[3]로 보여 위와 같은 해석이 타당한 것인지는 의문이고, '착오'의 사유가 외부로 들어나는 것이 아니므로 5% 보고의무를 전혀 모르고 위반했는지 알면서 위반했는지에 대하여 위반 주주가 명시적으로 드러내지 않는 한 그러한 것을 구분할 실익도 크지 않으

1) 김건식/정순섭, 전게서(2013), 330쪽.
2) 김건식/정순섭, 전게서(2013), 330쪽; 김정수, 전게서(2013), 759-760쪽.
3) 김건식/정순섭, 전게서(2013), 330쪽.

리라 생각된다.

(4) 의결권 제한에 따른 정족수 계산

이 조항에 따라 의결권행사가 제한되는 경우 주주총회에서 의사정족수 및 의결정족수의 계산이 어떻게 되는지에 대한 의문이 있을 수 있다.

상법 제371조에 의하면 주주총회의 결의에 관하여는 의결권없는 주주가 가진 주식의 수는 발행주식의 총수에 산입하지 아니한다. 또한, 주주총회의 결의에 관하여는 상법 제368조 제4항의 규정에 의하여 행사할 수 없는 의결권의 수는 출석한 주주의 의결권의 수에 산입하지 아니한다.

그러므로, 5% 보고의무를 위반한 주식에 대하여는 각 의안의 정족수의 계산과 관련하여 모수에 해당하는 발행주식총수에도 산입되지 않고[1] 의결권의 수에도 산입되지 않는다고 하겠다.

4. 처분명령

금융위원회는 보고의무자에 대하여 6개월 내의 기간을 정하여 보고의무 위반분에 대한 처분을 명할 수 있다(법 150조 1항 후단). 이러한 처분명령은 취득자와 경영자 사이의 경쟁관계에 영향을 줄 수도 있는 엄격한 제재이므로 신중하고 예외적으로 인정하여야 한다고 한다.[2]

위와 관련하여 6개월의 의결권행사 제한기간을 경과한 주식에 대하여도 처분명령을 내릴 수 있는지에 대한 논란이 있을 수 있다. 이에 대하여 본 항의 규정상 특별히 6개월의 의결권행사 제한기간이 경과하면 보고의무 위반분에 대한 하자가 치유되다는 내용이 없으므로, 위 경우에도 본항의 처분명령의 대상이 될 수 있다고 해석하는 것이 타당하다.[3]

자본시장법은 위반 주식에 대한 처분명령만 규정하고 있고 재취득 금지는 규정하고 있지 않다. 따라서 때로는 고의적으로 보고의무를 위반한 경우 그 위반자에 대하여 처분명령을 하게 되면 경우에 따라서는 보고의무 위반자에게 유리한 상황이 초래될 수도 있다. 위반분에 대해서 처분명령을 하지 않게 되면 의결권 제한기간이 보고 후 6개월까지 지속되나 처분명령에 따라 처분을 한 후 다시 취득하고 적법하게 보고의무를 이행하게 되면 의결권 행사에 제한을 받지 않게 되기 때문이다.[4]

위와 같은 재취득금지는 규정하고 있지 않지만, 금융위원회가 특정인이 매수할 수 없도록 처분방법을 제한할 수는 있다고 한다. 현대엘리베이터 주식에 대한 보고의무 위

1) 이철송, 「회사법강의」, 박영사, 2012, 555쪽.
2) 김건식/정순섭, 전게서(2013), 331쪽; 임재연, 전게서(2013), 550쪽.
3) 김건식/정순섭, 전게서(2013), 331쪽; 서울행정법원 2008. 9. 5. 선고 2008구합23276 판결.
4) 물론, 처분명령이 없어도 자의적으로 의결권 행사제한 기간 동안 처분하고 다시 취득하면 동일한 결과가 발생한다.

반 사건에서 내려진 처분명령도 특정인과의 거래가 아닌 불특정다수에게 주식을 매각하도록 하는 조건이었다.[1)]

Ⅲ. 냉각기간

1. 의 의

5% 보고시 경영권에 영향을 주기 위한 목적으로 보고하는 경우에는 일정기간 동안 당해 주식등을 추가로 취득하거나 의결권을 행사할 수 없도록 하는 것을 냉각기간제도(cooling period)라고 한다. M&A 목적으로 주식등을 취득한 후 보고기한을 이용하여 그 기간 동안 적법하게 공시를 하지 않고 추가로 주식등을 취득하거나, 이미 보유하고 있던 주식등의 보유목적을 경영권에 영향을 주기 위한 것으로 변경한 후 즉시 의결권 행사를 함으로써 기존 경영진의 방어 기회를 박탈하는 행위를 방지하기 위한 제도이다.

2. 적용대상 보고

법 제150조 제 2 항에서는 "법 제147조 제 1 항·제 3 항 및 제 4 항에 따라 주식등의 보유목적을 경영권에 영향을 주기 위한 것으로 보고하는 자"에게 냉각기간이 적용된다고 규정하고 있어 5% 신규취득보고, 1% 변동보고 및 보유목적 등 변경보고에 냉각기간이 적용되는 것으로 보인다. 이에 관하여 신규 및 목적변경보고에 대해서 냉각기간이 적용된다는 것에는 이론이 없으나 변동보고에 대해서는 해석상 혼란이 있다.

구증권법 제200조의2의 해석과 관련하여 금융감독원의 기업공시 실무가이드라인 07(지분)-14에 따르면 1% 변동보고에 대해서는 냉각기간이 적용되지 않는다고 한다.[2)] 그렇게 해석하는 근거에 대해서는 분명치 않다. 제 1 항에 의한 보고에는 신규보고와 변동보고가 포함되어 있으므로 이렇게 해석할 이유가 없다. 경영권에 영향을 주기 위한 경우에는 보고의무의 발생 여부와 상관없이 공시되지 않은 지분의 취득과 의결권 행사를 제한하는 것이 목적이라면 1% 변동보고를 제외할 이유가 없는 것이고, 만약 1% 변동보고를 제외하고자 하는 목적이 있다면 법문상 명확히 표현되었어야 할 것이다.

3. 냉각기간

냉각기간은 보고 의무 발생일로부터 보고 후 5일 동안이다. 민법상 기간의 계산에는 초일이 불산입되므로 보고 의무 발생일의 익일부터 5영업일 동안이라는 해석이 가능한

1) 임재연, 전게서(2013), 550쪽; 김정수, 전게서(2011), 760쪽.

2) 김건식/정순섭, 전게서(2013), 324쪽. 이에 대해서는 구증권법 제200조의3 제 2 항을 이 법으로 이관하면서 냉각기간의 기산일을 보고의무발생일로 강화한 점과 구증권법하에서도 이에 관하여 논란이 있었던 점을 고려하면 변동의무를 해석상 제외하는 것은 타당하지 않다고 본다.

데 이러한 경우에 보고의무 발생일부터 냉각기간이 진행되어야 하는 것이 아닌가 하는 생각이 든다.

보고 의무 발생일은 발행인의 경영권에 영향을 주기 위한 것으로 보유목적을 가지고 주식 등을 신규로 취득하거나 또는 추가 취득하는 날 또는 단순 투자 목적으로 주식을 보유하다가 그 보유목적을 발행인의 경영권에 영향을 주기 위한 것으로 변경하는[1) 날이다. 보고 의무 발생일로부터 5일 내에 보고하면 되므로 일찍 보고할수록 냉각기간이 줄어들게 된다.

4. 냉각기간 동안 금지되는 행위

냉각기간 동안에는 발행인의 주식등을 추가로 취득할 수 없다. 또한, 기 보유하는 주식 등에 대하여도 냉각기간 동안 의결권 행사가 제한되는 데, 의결권 행사가 제한되는 주식등의 범위는 신규 5% 보고와 보유목적등 변경보고의 경우에는 그 보유 주식등 중 5% 이상에 해당되는 부분이고, 1% 변동보고의 경우에는 해당 변동분에 대해서 적용된다고 본다.[2)]

Ⅳ. 냉각기간 중 추가 취득한 주식에 대한 처우

냉각기간중 추가취득한 주식등에 대하여는 모두 의결권을 행사할 수 없고, 금융위원회는 6개월 이내의 기간을 정하여 해당 추가취득분에 대하여 처분을 명할 수 있다.

Ⅴ. 위반시 제재

법 제446조에 따라, 법 제150조 제1항, 제3항에 따른 처분명령이나 시정명령을 위반한 자에 대하여 1년 이하의 징역 또는 3천만원 이하의 벌금이 부과된다(법 446조 26호). 또한 법인의 대표자, 법인 또는 개인의 대리인·사용인, 그 밖의 종업원이 그 법인 또는 개인의 업무에 관하여 위 제446조를 위반한 경우에는 그 행위자를 처벌하는 외에 그 법인 또는 개인에게도 벌금형을 부과한다(법 448조).

1) 보유목적의 변경은 경영권에 영향을 주기 위한 목적이 아닌 경우에서 영향을 주기 위한 것으로 변경한 것에 한한다.

2) 임재연, 전게서(2013), 547쪽.

제151조(조사 및 정정요구 등)

① 금융위원회는 투자자 보호를 위하여 필요한 경우에는 제147조 제 1 항 또는 제 4 항에 따라 보고서를 제출한 자, 그 밖의 관계인에 대하여 참고가 될 보고 또는 자료의 제출을 명하거나, 금융감독원장에게 그 장부·서류, 그 밖의 물건을 조사하게 할 수 있다. 이 경우 제131조 제 2 항을 준용한다. 〈개정 2008. 2. 29〉

② 금융위원회는 제147조 제 1 항 또는 제 4 항에 따라 제출된 보고서의 형식을 제대로 갖추지 아니한 경우 또는 그 보고서 중 중요사항에 관하여 거짓의 기재 또는 표시가 있거나 중요사항의 기재 또는 표시가 누락된 경우에는 그 이유를 제시하고 그 보고서의 정정을 명할 수 있으며, 필요한 때에는 거래를 정지 또는 금지하거나 대통령령으로 정하는 조치를 할 수 있다. 〈개정 2008. 2. 29〉

Ⅰ. 조사 및 정정요구

1. 조 사

금융위원회는 투자자보호를 위하여 필요한 경우에 주식 등의 5% 보고를 한 자와 그 밖의 관계자에 대하여 참고가 될 보고 또는 자료의 제출을 명하거나 금융감독원장으로 하여금 장부·서류 그 밖의 물건을 조사하게 할 수 있다. 이러한 자료제출 및 조사 등은 투자자보호를 위하여 필요한 경우에 할 수 있다는 목적상의 제한이 있다. 한편, 자본시장법상 '관계자'에 대한 정의가 없는데 '관계자'는 자본시장법상 '이해관계자'나 '특수관계자'와는 달리 대량보유 등의 보고와 관련이 있는 사람은 이에 해당된다고 해석할 수 있겠다. 본 조항은 법 제131조 제 2 항을 준용하므로 조사를 하는 자는 그 권한을 표시하는 증표를 지니고 이를 관계인에게 내보여야 한다. 또한, 금융위원회는 위 조사 등의 절차와 기준을 미리 정하여야 한다(법 439조 1호 가목).

2. 정정요구 등 조치

금융위원회는 보고서의 형식상의 불비, 보고서 중 중요사항의 거짓의 기재 또는 표시가 있거나 중요사항의 기재 또는 표시가 누락된 경우에는 그 이유를 제시하고 그 보고서의 정정을 명할 수 있으며, 필요한 때에는 거래를 정지 또는 금지하거나 대통령령으로 정하는 조치를 할 수 있다. 여기서 대통령령이 정하는 조치란 ① 임원에 대한 해임권고, ② 법을 위반한 경우에는 고발 또는 수사기관에의 통보, ③ 다른 법률을 위반한 경우에는 관련기관이나 수사기관에의 통보, ④ 경고 또는 주의를 의미한다(법 시행령 159조).

금융위원회는 위 조치의 절차와 기준을 미리 정해야 하고(법 439조 1호 가목), 또한, 법 제151조 제 2 항의 조치를 취할 경우에는 증권선물위원회의 심의를 거쳐야 한다(법 439조 2호 가목).

금융위원회에 정정명령에 따라 보고서를 정정하는 경우에도 보고기한이 경과한 경우에는 보고의무를 이행하지 않은 것으로 보아야 한다. 한편, 법에서는 거래의 정지 또는 금지를 규정하고 있으나 무슨 거래를 대상으로 하는지에 대해서는 명확하지 않다. 5% 보고 후에 아직 이행이 완료되지 않은 거래의 정지를 의미할 것으로 생각되는데 시기상 위 조치가 이루어지기 전에 이미 거래가 완료될 것이므로, 위와 같은 거래정지 또는 금지가 가능할 것인가에 대해서는 의문이다.

또한, 대통령령에서 정하는 조치[1] 중 임원에 대한 해임권고의 효과에 대해서도 의문이다. 5% 보고에 있어서 보고의무자는 금융회사나 상장법인이 아니라 주권상장법인의 주식등을 보유하는 개인 또는 법인 등이다. 보고의무를 위반한 자가 법인인 경우 해당 임원의 해임을 권고하는 것의 실효성이 있을지 의문스럽다.

Ⅱ. 위반시 제재

제151조 제 2 항에 따른 정정보고서 중 법 시행령 제157조의 중요한 사항에 관하여 거짓의 기재 또는 표시를 하거나 중요한 사항을 기재 또는 표시하지 아니하는 경우에는 5년 이하의 징역 또는 2억원 이하의 벌금에 처하며(법 444조 18호). 주권상장법인이 발행한 주식의 시가총액[2]의 10만분의 1(5억원을 초과하는 경우에는 5억원)을 초과하지 아니하는 범위에서 과징금이 부과될 수 있다(법 429조 4항 2호).

또한, 제151조 제 2 항에 따른 금융위원회의 처분을 위반한 경우에는 1년 이하의 징역 또는 3천만원 이하의 벌금에 처하고(법 446조 24호), 제151조 제 1 항에 따른 검사, 조사 또는 확인을 거부, 방해 또는 기피한 자는 5천만원 이하의 과태료를 부과하며(법 449조 1항 20호), 제151조 제 1 항에 따른 보고 또는 자료의 제출명령에 불응한 자에게는 1천만원 이하의 과태료를 부과한다(법 429조 2항 8호).

1) 제159조(금융위원회의 조치) 법 제151조 제 2 항에서 “대통령령으로 정하는 조치”란 다음 각 호의 어느 하나에 해당하는 조치를 말한다.
1. 임원에 대한 해임권고
2. 위법행위로 인한 조치를 받았다는 사실의 공표명령이나 게시명령
3. 각서의 제출 지시
4. 법을 위반한 경우에는 고발 또는 수사기관에의 통보
5. 다른 법률을 위반한 경우에는 관련기관이나 수사기관에의 통보
6. 경고 또는 주의

2) 이의 계산방식은 법 시행령 제379조 제 3 항에 따른다.

한편, 법인의 대표자, 법인 또는 개인의 대리인·사용인, 그 밖의 종업원이 그 법인 또는 개인의 업무에 관하여 위 제444조부터 제446조의 어느 하나를 위반한 경우에는 그 행위자를 처벌하는 외에 그 법인 또는 개인에게도 벌금형을 부과한다. 다만, 법인 또는 개인이 그 위반행위를 방지하기 위하여 해당 업무에 관하여 상당한 주의와 감독을 게을리하지 아니한 경우에는 그러하지 아니하다(법 448조).

[초판: 유석호, 개정판: 곽관훈 · 김선광 · 신영재]

제 3 절 의결권 대리행사의 권유 제한

Ⅰ. 의결권 대리행사권유의 의의

의결권 대리행사란 주주총회에 직접 출석할 수 없는 주주가 대리인을 통해 의결권을 행사하는 것을 말한다. 의결권 대리행사는 주주가 능동적으로 대리인을 선임하여 하는 경우와 수동적으로 회사나 다른 주주로부터 권유를 받아서 하는 경우가 있다. 일반적으로 전자를 의결권 대리행사, 후자는 의결권 대리행사의 권유라고 한다. 의결권을 대리행사하기 위해서는 대리인은 대리권을 증명하는 서면, 즉 위임장을 회사에 제출하여야 하는데, 이 점에 착안하여 의결권 대리행사의 권유를 위임장권유(proxy solicitation)라고도 한다.

의결권 대리행사는 주주총회에 출석하지 못하는 주주에게 의결권을 행사할 수 있는 기회를 제공하기 위한 것으로서 이를 금지하는 것은 정관으로도 이를 금지할 수 없다. 다만 의결권 대리행사가 주주총회의 개최를 저지하거나 총회진행을 혼란에 빠뜨릴 목적으로 이루어지는 경우에는 회사는 이를 거부할 수 있다.[1)]

의결권 대리행사의 권유(위임장권유)는 권유자가 피권유자인 주주에게 위임장용지를 교부하고 주주는 그것에 필요한 사항을 기재하여 권유자에게 반송하는 형태로 이루어지며, 통상 회사측에 의해 주주총회결의의 성립에 필요한 정족수를 확보하기 위하여 이루어지지만 경우에 따라서는 현경영진과 대립하는 주주에 의해 이루어지기도 한다. 주주제안권을 행사한 주주가 다른 주주로부터 찬성을 이끌어 내기 위해 혹은 회사제안을 부결시키기 위해 의결권대리행사 권유를 하는 경우가 그 전형이다.[2)] 이 경우에는 대부분 회

1) 대법원 2001. 9. 7. 선고 2001도2917 판결.

2) 주주제안과 의결권대리행사 권유는 원래 별개의 제도이고 주주가 주주제안을 하는 경우 반드시 의결권대리행사 권유를 하여야 하는 것은 아니다. 그러나 주주제안의 내용을 보면 회사를 통해 주주에게

사측에서도 주주측의 의결권대리행사 권유에 대항하여 회사가 제안한 안건을 가결하거나 혹은 주주가 제안한 의안을 부결하기 위해 일반주주를 상대로 의결권대리행사 권유를 하게 되는데, 이를 통상 위임장쟁탈(proxy fight) 또는 위임장경쟁(proxy contest)이라고 한다.

Ⅱ. 의결권 대리행사권유의 법적 성질

의결권대리행사 권유의 법적 성질에 관해서 통설은 의결권대리행사를 권유하는 자가 주주의 의결권을 대리행사하는 대리인이 되거나 제 3 자를 대리인으로 선임하는 것이 주주에 대해 청약하는 행위이고, 주주가 위임장용지에 필요한 사항을 기재하여 반송하는 행위를 이러한 청약에 대한 승낙으로 본다(위임계약청약설).[1] 이에 반해 주주가 위임장용지에 찬부를 기입하여 권유자에게 반송하는 행위는 서면에 의한 투표행위이며 의결권대리행사 권유는 이러한 투표에 대한 유인행위라고 하는 견해(투표유인행위설)[2]와 의결권대리행사 권유는 단순한 위임계약의 체결을 위한 청약의 유인에 지나지 않고 주주에 의한 위임장의 반송을 청약으로 보는 견해(위임계약청약유인설)가 있다. 위임계약청약유인설은 주주가 위임장을 반송하더라도 권유자가 의결권대리행사를 승낙을 하지 않으면 의결권 대리행사를 목적으로 하는 위임계약이 성립되지 않는다는 점이 문제가 되고, 투표유인행위설은 주주가 위임장용지에 찬부를 기재하여 권유자에게 반송하면 그 자체로 의결권행사는 완료된다는 점에서 권유자에 의한 자의적인 의결권행사를 원천적으로 방지할 수 있는 장점은 있으나 의결권대리행사 권유제도를 서면투표제도와 동일시한다는 점에서 문제가 있다.[3] 그런 의미에서 통설인 위임계약청약설이 타당하다고 본다.

Ⅲ. 의결권대리행사 권유에 대한 법적 규제

의결권대리행사 권유에 관해서는 법 제152조 내지 제158조와 법 시행령 제160조 내지 제164조·시행규칙 제18조(이하 "의결권대리행사 권유규제"라 한다)에서 규제하고 있다. 의결권대리행사 권유를 규제하는 이유는 첫째, 의결권대리행사 권유가 적절하게 운영되지 않

그 내용을 통지하는 것만으로는 제공할 수 있는 정보량에 한계가 있으므로 의결권행사에 관심이 적은 일반주주의 찬성을 이끌어 내기 위해서는 제안주주가 직접 적극적으로 다른 주주를 설득할 필요가 있다. 그 때문에 주주제안이 이루어지면 제안주주에 의한 의결권대리행사 권유도 함께 이루어지는 경우가 적지 않다.

1) 이철송, 「회사법강의」, 박영사, 2013, 528쪽; 김정수, 「자본시장법원론」, SFL그룹, 2011, 849쪽; 임재연, 「자본시장법」, 박영사, 2013, 560쪽; 김건식/정순섭, 「자본시장법」, 두성사, 2009, 259쪽; 송종준, 「적대적 M&A의 법리」, 도서출판 개신, 2008, 128쪽.

2) 김용진, 「자본시장제도론」, 율곡출판사, 2007, 782쪽; 신영무, 「증권거래법」, 서울대출판부, 1988, 402쪽.

3) 김건식/정순섭, 전게서(2009), 259쪽.

으면 경영진의 이해에 따라 악용될 소지가 있을 뿐만 아니라 제공되는 정보가 한쪽이 유리하게 의도된 것일 경우 주주의 의결권행사가 방해받을 수 있다는 점, 둘째 주주로부터 다수의 의결권을 위임받은 자가 주주총회에서 자의적으로 의결권을 행사하여 주가에 영향을 미칠 가능성도 배제할 수 없으므로, 이러한 위험을 방지하는 한편 주주가 충분한 정보에 기하여 위임장을 작성한 후 반송할 수 있도록 하기 위함이다.[1] 한편 2013년 개정 자본시장법에서는 발행회사에 대한 의결권권유자의 권리를 강화하기 위한 방안으로서 발행인의 협력의무제도(제152조의2)를 도입하였으며, 위임장 교부전 유예기간을 5영업일에서 2영업일로 단축하여 의결권권유자의 실질적인 권유기간을 연장하였다.

第152조(의결권 대리행사의 권유)

① 상장주권(그 상장주권과 관련된 증권예탁증권을 포함한다. 이하 이 절에서 같다)의 의결권 대리행사의 권유를 하고자 하는 자(이하 "의결권권유자"라 한다)는 그 권유에 있어서 그 상대방(이하 "의결권피권유자"라 한다)에게 대통령령으로 정하는 방법에 따라 위임장 용지 및 참고서류를 교부하여야 한다.

② 제 1 항에서 "의결권 대리행사의 권유"란 다음 각 호의 어느 하나에 해당하는 행위를 말한다. 다만, 의결권피권유자의 수 등을 고려하여 대통령령으로 정하는 경우에는 의결권 대리행사의 권유로 보지 아니한다.

1. 자기 또는 제 3 자에게 의결권의 행사를 대리시키도록 권유하는 행위
2. 의결권의 행사 또는 불행사를 요구하거나 의결권 위임의 철회를 요구하는 행위
3. 의결권의 확보 또는 그 취소 등을 목적으로 주주에게 위임장용지를 송부하거나 그 밖의 방법으로 의견을 제시하는 행위

③ 국가기간산업 등 국민경제상 중요한 산업을 영위하는 법인으로서 대통령령으로 정하는 상장법인(이하 "공공적 법인")의 경우에는 그 공공적 법인만이 그 주식의 의결권 대리행사의 권유를 할 수 있다.

④ 제 1 항의 위임장용지는 주주총회의 목적 사항 각 항목에 대하여 의결권피권유자가 찬반(贊反)을 명기할 수 있도록 하여야 한다.

⑤ 의결권권유자는 위임장용지에 나타난 의결권피권유자의 의사에 반하여 의결권을 행사할 수 없다.

⑥ 위임장용지 및 참고서류의 기재사항 등에 관하여 필요한 사항은 대통령령으로 정한다.

Ⅰ. 의결권대리행사 권유규제	Ⅱ. 해석상의 쟁점

1) 三浦亮太/浜口厚子/山中修/松下憲, 「株主提案と委任状勧誘」, 商事法務, 2008, 33頁.

Ⅰ. 의결권대리행사 권유규제

1. 적용범위

법 제152조 제1항은 "상장주권의 의결권 대리행사의 권유를 하고자 하는 자는 그 권유에 있어서 그 상대방에게 대통령령으로 정하는 방법에 따라 위임장용지 및 참고서류를 교부하여야 한다"고 규정하고 있다. 따라서 의결권대리행사 권유규제가 적용되는 것은 상장주권을 대상으로 이루어지는 의결권대리행사 권유에 국한된다.[1] 비상장회사의 주권에 대해서는 의결권대리행사 권유규제의 적용은 없으며[2], 상장회사가 발행한 주식이더라도 상장되지 않은 주식이거나 혹은 의결권이 없거나 제한된 주식의 경우[3]도 마찬가지이다. 한편, 상장주권과 관련된 증권예탁증권은 해당 상장주권에 대한 의결권을 가지므로 의결권대리행사 권유규제 대상에 포함된다.[4]

2. 권유행위

(1) 의결권대리행사 권유규제의 적용대상

구증권법에서는 권유행위에 대해 정의규정을 두고 있지 않았으나 자본시장법에서는 동법이 적용되는 구체적인 권유행위에 관해 3가지 유형을 규정하고 있다.[5] 즉 ① 자기 또는 제3자에게 의결권의 행사를 대리시키도록 권유하는 행위, ② 의결권의 행사 또는 불행사를 요구하거나 의결권위임의 철회를 요구하는 행위, ③ 의결권의 확보 또는 그 취소 등을 목적으로 주주에게 위임장용지를 송부하거나 그 밖의 방법으로 의견을 제시하는 행위가 그것이다(법 152조 2항 1호 내지 3호).

1) 김병연/권재열/양기진, 「자본시장법－사례와 이론－」, 박영사, 2012, 310쪽.

2) 비상장주식을 규제대상에서 제외하는 이유는 주식의 분산이 제대로 되어 있지 않을 것이기 때문이기도 하지만, 보다 근본적으로는 자본시장법이 투자자보호차원에서 개입할 필요가 없기 때문이다. 김정수, 전게서(2011), 853쪽.

3) 예컨대 자기주식(상법 369조 2항), 배당우선주식(동법 370조), 이해관계자가 보유하는 주식(동법 368조 4항), 의결권의 10% 이상의 주식을 소유당하고 있는 회사(피지배회사)가 소유하고 있는 지배회사의 주식(동법 369조 3항), 감사선임의 경우 3%를 초과하는 주식(상세는 김용진, 전게서(2007), 785쪽)이 그것이다.

4) 김정수, 전게서(2011), 853쪽.

5) 미국의 경우에도 의결권대리행사 권유에 관해 포괄적인 정의규정을 두고 있으나(SEC규칙 §14a-1(1)(1)) 일본의 경우에는 이러한 정의규정이 없다. 그 결과 일본에서는 의결권대리행사 권유의 정의를 둘러싸고 많은 논란이 있는데, 일반적으로 ① 단순히 자기의 의견을 공표하거나 상대방의 의견을 비판하는 행위(설명회나 인쇄물을 통해 경영자가 주주제안에 대한 자신의 의견을 표명하거나 주주가 웹사이트에 주주총회 관련 페이지를 만들어서 자신의 의견을 표명하는 행위), ② 단지 의결권행사를 촉구하는 행위(예컨대, 회사가 소집통지서에 의결권행사를 권장하는 문언을 기재하거나 주주에 대해 의결권행사를 권장하는 서면을 송부하는 행위)는 의결권대리행사 권유에 해당하지 않는다고 보지만, ③ 의결권대리행사 권유에 응하지 않도록 요청하는 행위 또는 위임장의 철회를 요청하는 행위나 ④ 위임장을 교부하지 않고 자신이 제안한 의안에 찬성하도록 요청하는 행위에 대해서는 학설의 대립이 있다. 우리나라의 경우에는 위의 ③은 법 제152조 제2항 제2호, ④는 제152조 제3호에 해당할 것이다.

의결권대리행사 권유에 관한 법상의 규제는 위임장을 '권유'하는 행위가 개시되는 시점에서 적용되므로 어떠한 행위가 위임장 '권유'에 해당하는지가 실무상 중요한 문제인데, 법에서는 의결권대리행사 권유행위를 구체적으로 유형화함으로써 법적 안정성을 도모하는 한편, 위임장의 취득을 목적으로 하거나 주주의 의결권행사에 영향력을 행사할 목적이 아닌, 단순한 주주 간의 의견교환이나 정보제공행위에 대해서는 의결권대리행사 권유규제가 미치지 않음을 분명히 한 것이다. 이러한 경우까지 의결권대리행사 권유규제를 받는다면 지나친 규제비용이 발생할 수 있기 때문이다.[1)] 따라서 제안주주가 단지 현경영진의 경영방침을 비판하거나 회사제안에 반대하는 취지의 의견표명을 하는 것은 의결권 대리행사를 목적으로 한 권유가 아니므로 의결권대리행사 권유규제의 적용대상이 아니다. 그러나 이러한 비판이나 의견표명이 최종적으로는 자기 또는 제 3 자에게 위임장을 권유하기 위한 계속적인 계획의 일환으로 이루어진 경우라면 권유에 해당할 개연성은 크다.[2)]

권유행위의 개념에 관해서는 공시를 촉진한다는 의미에서 폭넓게 규정할 필요가 있다는 견해가 있으나, 그렇게 되면 법상의 규정을 준수하는데 소요되는 비용과 법적 리스크를 꺼려 주주의 자유로운 의사교환까지도 위축시킬 우려가 있기 때문에[3)] 권유의 개념에 관해서는 어느 정도 구체적으로 규정하는 것이 바람직하다. 법상의 정의규정도 이점을 고려한 것으로 생각된다.

(2) 의결권대리행사 권유규제의 적용제외

의결권대리행사 권유규제의 적용제외에 관해 규정하고 있는 법 시행령 제161조는 일본의 경우와 동일하며(일본금융상품거래법 시행령 36조의6) 미국의 SEC규칙 §14a-1(1)(2)를 모델로 한 것이다. 의결권대리행사 권유에 관한 규제는 다음의 경우에는 적용되지 않는다.

i) 해당 상장주권의 발행인 및 그 임원 외의 자가 10명 미만의 의결권피권유자에게 그 주식의 의결권 대리행사의 권유를 하는 경우(법 시행령 161조 1호)[4)]

이 경우를 적용대상에서 제외한 것은 권유자가 회사내부자가 아니고 피권유자의 수가 10인 미만으로 소규모이므로 의결권대리행사 권유제도의 남용은 그다지 문제가 되지 않기 때문이다. 물론 발행회사나 그 임원이 의결권대리행사 권유를 하는 경우에는 피권유자가 1인인 경우에도 적용된다.[5)] 임원의 범위에 관해서는 회사법상의 임원 이외에 회

1) 김정수, 전게서(2011), 850쪽.
2) 松山遥, 「敵対的株主提案とプロキシーファイト」, 商事法務, 2007, 74쪽.
3) Thomas Lee Hazen, The Law of Securities Regulation (2005), p. 363; 임재연, 전게서(2008), 930쪽; 권종호, "주주에 의한 의결권대리행사 권유의 법제상의 제약요인과 그 규제론," 「비교사법」 제 4 권 제 1 호(1997), 32쪽.
4) 일본의 경우에는 10인을 계산함에 있어서 제 2 호의 피권유자는 제외하고 있다(일본 금상법 시행령 37조 2항).
5) 김용진, 전게서(2007), 784쪽.

사에서 실질적으로 임원과 유사한 지배력·영향력을 갖는 자(업무집행지시자, 고문 등)도 포함된다. 또한 이사가 회사를 대표하여 권유를 하는 경우는 '발행인에 의한 권유'에 해당하므로 본호의 '임원의 권유'에는 임원이 그 지위를 떠나 개인적 자격에서 권유를 하는 경우를 의미하는 것으로 보아야 한다.[1)]

ii) 신탁, 그 밖의 법률관계에 의하여 타인의 명의로 주식을 소유하는 자가 그 타인에 대하여 해당 주식의 의결권 대리행사의 권유를 하는 경우(동조 2호)

이 경우는 형식상은 권유의 형식을 취하더라도 실제는 실질주주가 의결권을 행사하는 방법으로서 대리형식이 취해진 것에 지나지 않으므로 의결권대리행사 권유규제의 적용대상에서 제외한 것이다. 예를 들면 명의개서를 완료하지 않은 주식양수인이 주주명부상의 주주인 양도인에 대해 위임장의 교부를 요구하는 경우가 이에 해당한다.[2)]

iii) 신문·방송·잡지 등 불특정 다수인에 대한 광고를 통하여 의결권 대리행사의 권유를 하는 경우로서 그 광고내용에 해당 상장주권의 발행인의 명칭, 광고의 이유, 주주총회의 목적사항 및 위임장용지·참고서류를 제공하는 장소만을 표시하는 경우(동조 3호)

이 경우를 제외한 것은 의결권대리행사 권유라고 하더라도 주주를 직접 권유의 대상으로 하고 있지 않을 뿐만 아니라 그 실체는 권유를 위한 단순한 광고에 지나지 않기 때문이다.

1997년 구증권법 개정 전에도 동조 제3호와 유사한 규정을 구증권법 시행령에서 두고 있었다. 즉 "신문광고를 통하여 발행회사의 명칭, 광고이유, 주주총회의 목적 사항 및 참고서류, 위임장용지 기타 서류를 제공하는 장소만 표시하여 권유하는 행위"에 대해서는 공시규제의 적용을 배제하였으나(동 시행령 85조 7항 2호), 실무에서 이를 악용하는 사례가 발생하자 1997년 개정에서 동규정을 삭제하였다. 그 결과 구체적인 권유내용이 기재되지 아니한 광고를 통하여 권유를 하는 경우에도 위임장규칙이 적용되었으나,[3)] 자본시장법에서는 동규정이 부활하였기 때문에 단순히 권유광고에 지나지 않는 경우에는 의결권대리행사 권유규제는 적용되지 않고, 그 대신에 당해 광고를 보고 광고에서 지정한 장소에 온 주주에 대해 위임장용지를 교부하는 것은 의결권대리행사 권유에 해당하고 따라서 의결권대리행사 권유에 관한 규제가 적용된다.[4)]

3. 권유자의 범위

권유자에 대해서는 별다른 제한이 없다. 따라서 상장회사가 스스로 권유하는 경우는 물론이고 회사의 임원이나 주주, 사채권자 나아가서는 이러한 자 이외의 제3자도 주주

1) 三浦亮太, 전게서(2008), 35頁.
2) 상게서, 36頁.
3) 임재연, 전게서(2013), 559쪽.
4) 今井宏,「議決権代理行使の勧誘」, 商事法務研究会, 1971, 112-113頁.

총회의 목적사항과 이해관계가 있으면 의결권대리행사 권유를 할 수 있다.[1)]

다만 국가기간산업 등 국민경제상 중요한 산업을 영위하는 법인으로서 대통령령으로 정하는 상장법인(공공적 법인)의 경우에는 당해 공공적 법인만이 그 주식의 의결권 대리행사의 권유를 할 수 있다(법 152조 3항). 이는 주주 등에 의한 의결권대리행사 권유를 인정하지 않겠다는 것으로서 경영권분쟁의 수단으로 의결권대리행사 권유가 이용되는 것을 방지하자는 취지이다. 공공적 법인의 범위에 관해서는 법 시행령 제162조[2)]에서 규정하고 있다.

회사가 스스로 의결권대리행사 권유를 할 수 있는지에 대해서는 논란이 있는데, 경영자가 회사의 기관의 자격에서 의결권대리행사 권유를 하는 것은 회사가 직접 의결권대리행사 권유를 하는 것을 의미하므로 가능하다고 본다.[3)] 그러나 회사가 직접 대리인이 되어 의결권대리행사 권유를 한다는 것은 현실적으로 불가능하므로 회사가 의결권대리행사 권유를 하는 경우란 경영자가 기관의 자격에서 의결권대리행사 권유를 하는 경우로 국한될 것이다.

4. 주주의 지시에 반하는 의결권행사

주주의 지시에 반하는 의결권행사를 규제하기 위해 1997년 구증권법 개정에서는 "권유자는 위임장용지에 나타난 피권유자의 의사에 따라 의결권을 행사하여야 한다"는 규정을 신설한 바 있으나(구증권법 시행령 85조 6항), 자본시장법 제152조 제 5 항에서는 "의결권권유자는 위임장용지에 나타난 의결권피권유자의 의사에 반하여 의결권을 행사할 수 없다"고 규정함으로써 보다 강력한 규제의지를 보이고 있다.

그러나 통설적 견해는 대리인이 주주의 의사에 반하여 의결권을 행사하더라도 거래의 안전과 의결권대리행사 권유제도에 관한 규정이 단속규정이라는 점을 고려할 때 주주와 대리인간의 위임계약위반으로 인한 손해배상책임문제만 발생할 뿐 그 의결권행사는 유효하고 주주총회의 결의에도 영향이 없다는 것이다. 다만 회사가 권유자인 경우에는 회사가 주주의 의사를 알고 있었으므로 주주의 의사에 반한 의결권행사는 무효이고(민법 130조), 주주총회결의 취소의 사유가 된다고 한다.[4)]

---

1) 임재연, 전게서(2013), 554쪽; Hazen, 전게서(2005), p. 361.

2) 공공적 법인(법 152조 3항의 공공적 법인을 말한다. 이하 같다)은 법 제152조 제 3 항에 따라 다음 각 호의 요건을 충족하고 있는 법인 중에서 금융위원회가 관계부처장관과의 협의 및 국무회의에의 보고를 거쳐 지정하는 법인으로 한다.
   1. 경영기반이 정착되고 계속적인 발전가능성이 있는 법인일 것
   2. 재무구조가 건실하고 높은 수익이 예상되는 법인일 것
   3. 해당 법인의 주식을 국민이 광범위하게 분산 보유할 수 있을 정도로 자본금규모가 큰 법인일 것

3) 임재연, 전게서(2013), 555쪽; 김정수, 전게서(2011), 851쪽.

4) 이철송, 전게서(2009), 426쪽; 임재연, 전게서(2013), 560쪽. 김정수, 전게서(2011), 864쪽.

그러나 이 견해는 주주의 지시에 반하는 의결권행사의 유·무효를 권유자가 누구인지를 기준으로 회사인 경우에는 무효이고 주주인 경우에는 유효라는 것인데, 의결권 대리행사라는 동일한 제도를 두고 권유자를 기준으로 그 효력을 완전히 달리 해석하는 것이 과연 설득력이 있는지 의문을 제기하는 견해도 있다. 오히려 의결권대리행사 권유제도는 의결권 대리행사라는 회사법상의 제도를 근거로 하는 제도이고 의결권 대리행사에 관한 회사법상의 규정은 효력규정으로 보는 것이 일반적이므로 의결권대리행사 권유에 관한 자본시장법상의 규정(특히 법 152조 5항)은 효력규정으로 보아 주주의 의사에 반하는 의결권행사는 권유자가 누구이든 무효이고 주주총회결의 취소의 사유가 된다고 보아야 한다는 것이다.[1)]

5. 위임의 철회 및 종료

주주는 총회결의가 있기 전에는 언제든지 대리권수여를 철회할 수 있다(민법 128조 후단, 689조 1항). 철회의 의사표시는 위임장소지인에게 통지함으로써 할 수도 있고, 다른 사람에게 다시 위임장을 교부하는 방법으로도 할 수 있다. 철회의 방법에는 특별한 제한이 없으나 상대방에 대한 철회의 의사표시는 필요하다.[2)] 주주가 주주총회에 직접 출석하여 의결권을 행사하는 경우에는 위임장은 철회된 것으로 본다.

주주가 사망 또는 파산하거나 대리인이 성년후견개시의 심판을 받은 때는 위임은 종료한다(민법 690조). 따라서 이 경우에 대리인이 의결권을 행사하면 그것은 무권대리로서 무효로 보아야 할 것이지만, 회사에 이러한 사실이 통지되기 전에 대리인이 의결권을 행사한 경우라면 그것은 적법한 의결권행사로 보아야 할 것이다.[3)]

Ⅱ. 해석상의 쟁점

1. 일부주주를 대상으로 한 의결권대리행사 권유

일부주주만을 대상으로 한 의결권대리행사 권유가 허용되는지 논란이 있다. 권유자가 발행회사나 회사임원이고 그 비용을 회사가 부담하는 경우에는 전 주주를 대상으로 의결권대리행사 권유를 하여야 하고 일부주주만을 대상으로 의결권대리행사 권유를 하는 것은 주주평등의 원칙상 허용되지 않는다고 보지만,[4)] 권유자가 주주인 경우에는 일

1) 한국증권법학회, 「자본시장법 주석서 I」, 박영사, 2009, 656쪽.
2) 임재연, 전게서(2013), 561쪽.
3) 상게서, 562쪽.
4) 일본의 경우에는 의결권을 행사할 수 있는 주주수가 1,000명 이상인 회사가 의결권대리행사 권유를 하는 경우에는 전 주주를 대상으로 의결권대리행사 권유를 하도록 의무화하고 있다. 위임권유를 하지 않은 경우에는 전 주주를 상대로 서면투표의 기회를 제공하여야 한다(일본 회사법 298조 2항, 311조).

부주주만을 대상으로 한 의결권대리행사 권유는 허용된다고 보는 것이 일반적이다.[1] 이 경우 의결권대리행사 권유에서 발생하는 비용은 주주들이 부담하기 때문에 주주평등의 원칙을 들어 전체주주에 대해서 의결권대리행사 권유를 강제할 수는 없기 때문이다.[2]

2. 일부의안을 대상으로 한 의결권대리행사 권유

주주총회에 상정된 의안 전체가 아니라 일부에 대해서만 의결권대리행사 권유를 하는 것은 가능한가. 권유자가 회사인 경우에는 전 의안에 대해 의결권대리행사 권유를 하여야 함은 말할 필요가 없다. 그러나 주주가 권유자로서 의결권대리행사 권유를 하는 경우에는 전 의안에 대해 권유를 할 필요는 없고 자신이 제안한 의안이나 회사의 제안 중 반대하는 의안에 대해서만 권유하면 그것으로 족하다고 본다. 그러나 이에 대해 회사 또는 임원이 권유자인 경우 일부 의안에 대해서만 권유하는 것을 배제할 이유가 없다는 점에서 회사와 주주 모두 일부 의안에 대한 의결권대리행사 권유가 가능하다는 견해도 있다.[3]

3. 수회의 주주총회에 대한 포괄적 위임

일본의 경우 의결권행사의 대리권은 총회마다 수여하여야 한다(일 회사법 310조 2항). 그러나 우리나라의 경우에는 이러한 규정이 없기 때문에 위임장의 제출은 매 주주총회마다 하여야 하는지 아니면 1회의 제출로 수회의 총회에 대해 포괄적으로 대리권을 수여할 수 있는지에 관해 학설의 다툼이 있다. 1회의 제출로 수회의 주주총회에서 의결권 대리행사를 할 수 있다고 하면 회사는 이러한 포괄위임장을 받아둠으로써 주주총회의 결의를 조작하는 것이 가능하게 되는 등 자칫하면 의결권 대리행사제도가 회사지배수단으로 남용될 우려가 있을 뿐만 아니라 우리법상 인정되지 않은 의결권신탁도 사실상 가능하게 한다는 점에서[4] 찬성하기 어렵다.[5]

4. 백지위임

위임장용지에는 주주총회의 목적사항 각 항목별로 피권유자가 찬반을 명기할 수 있도록 하여야 하므로(법 152조 4항) 권유자가 찬부의 란이 없는 위임장을 교부하여 백지위임을 권유하는 것은 당연히 위법이다. 그러나 찬부의 란이 있는 위임장을 받은 주주가 그 란에 찬부를 표시하지 않고 위임장을 반송한 경우에는 당해주주는 찬부의 판단을 대

1) 김용진, 전게서(2007), 786쪽; 임재연, 전게서(2013), 557쪽; 김정수, 전게서(2011), 853쪽.
2) 김정수, 전게서(2011), 853쪽.
3) 상게서, 855쪽.
4) 이철송, 전게서(2009), 433쪽.
5) 찬성하는 견해로는 정찬형, 「상법강의(상)」, 박영사, 2007, 778쪽.

리인에게 위임한 것으로 볼 수 있으므로 당해 위임장은 유효하다.[1]

5. 위임장의 진정성

위임장은 권유자가 송부한 위임장용지에 필요한 사항을 기재하여 반송하는 형태로 제출하는 것이 통상이지만 주주가 직접 별도로 작성하여 대리인을 통해 제출하는 것도 가능하다. 다만 후자의 경우에는 주주 본인이 작성한 것인지를 확인하기 위하여 위임장에 사용된 인장과 신고인이 일치하는지 확인할 필요가 있다. 만약 일치하지 않는 경우에는 대체수단(인감증명서의 제출 등)을 통해 주주본인에 의한 대리권수여사실이 증명되지 않은 때에는 유효한 위임장으로 취급해서는 아니 된다. 한편, 판례는 회사가 위임장과 함께 인감증명서, 참석장 등을 제출하도록 요구하는 것은 대리인의 자격을 보다 확실하게 확인하기 위하여 요구하는 것일 뿐, 이러한 서류 등을 지참하지 아니하였다 하더라도 주주 또는 대리인이 다른 방법으로 위임장의 진정성 내지 위임의 사실을 증명할 수 있다면 회사는 그 대리권을 부정할 수 없다고 판시하여 인감증명서의 제출이 안된 위임장이라고 해서 무조건 대리권을 부인할 수는 없다고 할 것이다.[2]

6. 위임장에 의한 수권의 범위

의결권대리행사 권유시에는 의안별로 찬부의 란이 마련된 위임장용지를 참고서류와 함께 송부하여야 한다(법 152조 1항·4항, 법 시행령 163조). 이는 경영자가 다수의 주주로부터 백지위임을 받음으로써 의결권대리행사 권유가 회사지배수단으로 남용되는 것을 방지하는 한편, 총회결의에 주주의 의사가 정확히 반영되도록 하기 위한 것이다. 이러한 취지를 생각하면 위임장에 의한 수권의 범위는 위임장용지에 기재된 의안의 범위 내로 한정되고 위임장에 기재되지 않은 사항에 관해서는 원칙적으로 대리권은 미치지 않는 것으로 보아야 할 것이다.

그러나 ① 주주총회운영에 관한 절차적 사항이나 ② 원안의 수정제안에 관한 사항에 대해서는 그렇게 볼 수 없다. 먼저 ①의 경우는 총회운영절차에 관해 어떠한 내용의 동의가 부의될 것인지는 사전에 알 수 없는 것이고 그런 점에서 절차적 사항에 관한 수권은 백지위임일 수밖에 없기 때문이다. 그리고 ②의 경우는 수정동의에 대한 백지위임은 무효라는 견해[3]도 있지만, 실무적으로는 수정동의가 인정되는 범위는 한정될 뿐만

---

1) 松山遥, 전게서(2007), 58頁.

2) 대법원 2009. 4. 23. 선고 2005다22701 판결.

3) 그 이유는 수정동의에 대해 백지위임을 인정하게 되면 원안이 수정될 경우 당해 수정동의에 대한 찬부는 대리인에게 일임되어 버리고 주주의 의사에 합치하지 않는 방향으로 의결권이 행사될 가능성이 있기 때문이라는 것이다(太田洋, "株主提案と委任状勧誘に関する実務上の諸問題,"「商事法務」第1801号(2007. 6. 5), 36頁).

아니라 수정동의는 주주총회의 목적사항에 한해 제출할 수 있으며 일반주주가 예측할 수 있는 범위를 넘는 수정제안은 허용되지 않는다는 점, 그리고 수정동의는 대부분의 경우 원안과는 양립하지 않는 관계에 있으므로 수정제안에 관해 백지위임을 인정하더라도 주주의 의사에 반하는 형태로 의결권이 행사될 가능성은 매우 낮기 때문이라는 것이다.[1)]

7. 소집통지서발송전 의결권대리행사 권유

의결권대리행사 권유규제에서는 위임장용지와 참고서류의 교부시기에 관해서만 규정하고 있을 뿐(법 시행령 160조) 주주총회소집절차와의 관계에서 의결권대리행사 권유의 선후에 대해서는 규정하고 있지 않다. 그 결과 소집통지발송 전에 의결권대리행사 권유가 가능한지가 논란이 되고 있는데, 이에 대해서는 가능하다고 보는 견해가 유력하다. 이것이 주로 문제되는 것은 권유자가 주주일 때인데, 의결권대리행사 권유는 소집통지서의 발송 후에만 가능하다고 하면 주주가 의결권대리행사 권유의 준비를 위해 사용할 수 있는 시간(2주간)적 제약으로 인해 의결권대리행사 권유를 성공시키는 것이 사실상 불가능하기 때문이라는 것이다.[2)]

8. 주주총회결의에 대한 효과 및 손해배상책임

의결권대리행사 권유규제를 위반하는 경우 민사적으로는 어떠한 조치를 취할 수 있는지는 논란의 여지가 있다. 회사가 위법한 권유행위를 한 경우에는 사전적인 조치로서 이사의 위법행위유지청구권에 관한 상법 제402조에 기하여 의결권대리행사 권유의 유지를 청구하는 것,[3)] 그리고 사후적인 조치로서는 주주총회의 소집절차 또는 결의방법의 법령위반 혹은 결의방법의 현저한 불공정을 이유로 한 총회결의취소의 소(상법 376조)의 제기를 생각해 볼 수 있지만, 가부를 둘러싸고는 학설상의 다툼이 있다.[4)] 다만, 다른 의결권대리행사 권유의 절차를 위반한 경우와 달리, 제154조 위반은 위임장제도의 근간을 부정하는 것으로 이를 통해 주주총회 결의에 중대한 영향이 있었다고 한다면 주주총회 결의취소의 사유로 인정하는 것이 타당하다고 본다[5)].

---

1) 松山遥, 전게서(2007), 58-60頁.
2) 상게서, 76頁.
3) 三浦亮太, 전게서(2008), 144, 176頁 참조.
4) 예컨대, 의결권대리행사 권유규제를 위반한 권유가 결의취소의 소의 원인이 될 수 있는가에 관해서는 (i) 제도의 목적 및 규정의 내용으로 봐서 의결권대리행사 권유규제는 실질적 의의의 회사법의 일부이고 따라서 의결권대리행사 권유규제의 위반은 결의방법의 '법령'위반을 구성하므로 결의취소의 소의 대상이 된다는 견해[龍田龍, "株式会社の委任状制度," 「インベスト」 第21巻 第1号(1968), 36頁; 김건식, 전게서(2004), 262쪽; 김용진, 전게서(2007), 792쪽]와 (ii) 의결권대리행사 권유는 주주총회의 개최 또는 결의성립요건으로서 법률상 강제되는 것은 아니기 때문에 의결권대리행사 권유규제의 위반은 법령위반으로서 결의취소의 소의 사유가 되지 않는다는 견해[大隅健一郎·今井宏, 「会社法論中巻」, 有斐閣, 1992, 67頁; 김정수, 전게서(2011), 864쪽]가 대립하고 있다(상세는 三浦亮太, 전게서(2008), 176頁).
5) 김정수, 전게서(2011), 863쪽; 임재연, 전게서(2013), 572쪽.

하급심 판례이기는 하나, 판례는 의결권 대리행사의 권유절차에 관한 규정인 자본시장법 제152조 제 1 항은 단속규정이라고 봄이 상당하고, 앞서 본 바와 같이 피고의 주주들은 부의안건에 대한 찬반여부를 표시하여 의결권 행사를 위임하였기 때문에, 설령 의결권대리행사 권유에 원고가 주장하는 절차상의 하자가 있었다고 하더라도 그러한 사정이 이 사건 주주총회 결의의 취소사유가 된다고 볼 수도 없다고 판시한 바 있다.[1)]

한편, 주주가 의결권대리행사 권유규제를 위반한 의결권대리행사 권유에 의한 손해를 입은 경우에는 민법상의 불법행위책임규정에 기하여 손해배상을 청구할 수 있다.[2)]

제152조의2(발행인과 의결권권유자와의 관계)

① 발행인이 아닌 의결권권유자는 발행인이 의결권 대리행사의 권유를 하는 경우에는 그 발행인에 대하여 다음 각 호의 어느 하나에 해당하는 행위를 할 것을 요구할 수 있다.

1. 발행인이 아닌 의결권권유자에 대하여 주주명부(제316조에 따른 실질주주명부를 포함한다)의 열람·등사를 허용하는 행위
2. 발행인이 아닌 의결권권유자를 위하여 그 의결권권유자의 비용으로 위임장 용지 및 참고서류를 주주에게 송부하는 행위

② 발행인은 제 1 항에 따른 요구가 있는 경우에는 요구받은 날부터 2일(대통령령으로 정하는 날은 제외한다) 이내에 이에 응하여야 한다.

2013년 개정된 자본시장법은 주주총회가 내실있게 운영될 수 있도록 하기 위한 방안으로서 의결권대리행사 권유시 협력의무 도입(제152조의2)과 사전신고기간의 단축(제153조)에 대한 개정이 이루어졌다.[3)]

법 제152조의2의 도입은 의결권대리행사 권유 시 발행회사에 대한 의결권권유자의 권리를 강화하기 위한 개정이다. 종래 발행인 이외의 자가 의결권대리행사 권유를 하고자 하는 경우에는 주주명부의 확보가 어려웠을 뿐만 아니라 피권유자인 주주에게 권유에 필요한 위임장 용지와 참고서류를 송부하기 어려웠다. 따라서 사실상 의결권대리행사 권유가 억제되어 왔던 문제점이 있었다.[4)]

이러한 문제점을 해결하기 위해 발행인이 의결권대리행사의 권유를 하는 경우에 발행인이 아닌 의결권 권유자는 (i) 그 발행인에 대하여 주주명부의 열람·등사를 허용하는 행위를 요구할 수 있으며(152조의2 1항 1호), 또한 (ii) 발행인이 아닌 의결권 권유자의 비용으로 위임장 용지 및 참고서류를 주주에게 송부하는 행위를 요구할 수 있도록 하였다(152

1) 서울중앙지방법원 2012. 12. 7. 선고 2012가합32893 판결 참조.
2) 김건식, 전게서(2004), 263쪽.
3) 상장회사협의회, 「상장」(2013. 11), 30쪽.
4) 송종준, "M&A 법적 환경의 변화와 개선과제," 「상장협」(2013), 한국상장회사협의회, 82쪽.

조의2 1항 2호). 발행인이 이러한 요구를 받은 경우 반드시 2일 이내에 이에 응하여야만 한다(152조의2 2항). 다만 2일을 계산함에 있어 공휴일, 근로자의 날 및 토요일은 제외한다(법 시행령 163조의2).

동 규정의 도입으로 발행인이 아닌 자가 발행인이 갖고 있는 주주명부의 열람·등사가 가능하게 되었으며, 이에 따라 발행인 이외의 자에 의한 의결권대리행사 권유가 종전에 비하여 활성화될 가능성이 커졌다고 할 수 있다. 특히, 발행인이 아닌 의결권 권유자의 요구가 있는 경우 발행인이 2영업일 이내에 이에 응할 것을 의무화하여 동 제도의 실효성을 제고하고 있다.[1)]

법 제152조의2 제 2 항에 위반하여 발행인이 아닌 의결권권유자의 요구에 응하지 아니한 자는 5천만원 이하의 과태료의 부과대상이 될 수 있다(법 448조 2항 8의2).

제153조(위임장 용지 및 참고서류의 비치 및 열람)

의결권권유자는 제152조에 따라 위임장 용지 및 참고서류를 의결권피권유자에게 제공하는 날 2일(대통령령으로 정하는 날을 제외한다) 전까지 이를 금융위원회와 거래소에 제출하여야 하며, 총리령으로 정하는 장소에 이를 비치하고 일반인이 열람할 수 있도록 하여야 한다. 〈개정 2013. 5. 28〉

Ⅰ. 위임장용지	Ⅲ. 위반시 제재
Ⅱ. 참고서류	

Ⅰ. 위임장용지

권유자는 위임장용지를 피권유자에게 제공하는 날 2일 전까지 금융위원회와 거래소에 제출하여야 하며, 총리령에서 정하는 장소[2)]에 이를 비치하고 일반인이 열람할 수 있도록 하여야 한다(법 153조). 2일을 계산함에 있어서는 공휴일, 근로자의 날, 토요일은 제외한다(법 시행령 164조, 153조 1항). 2013. 5. 28. 법 개정 전에는 위임장 용지 및 참고서류를 의결권피권유자에게 제공하는 날 5영업일 전까지 제출하도록 하였으나 규제를 완화하기 위하여 2영업일로 단축하였다.

1) 상게논문, 82쪽.

2) 다음의 장소를 말한다(법 시행규칙 18조) 1. 주권상장법인의 본점과 지점, 그 밖의 영업소, 2. 명의개서대행회사, 3. 금융위원회, 4. 거래소.

1. 의　　의

위임장용지란 권유자가 참고서류와 함께 피권유자인 주주에게 교부하는 것으로서 주주총회 목적사항 각 항목에 대하여 피권유자가 찬반을 명기할 수 있도록 기재된 서면을 말한다(법 152조 1항·4항). 피권유자인 주주는 이 위임장용지에 필요한 사항을 기재하고 기명날인 또는 서명을 하여 권유자에게 반송하게 되는데, 반송된 위임장용지를 위임장이라고 한다.[1)]

상법적으로 정의를 하면 위임장은 주주의 대리인이 회사에 제출하는 '대리권을 증명하는 서면'을 말한다(상법 368조 3항 후단). 다만, 상법상의 위임장은 백지위임도 가능하지만 의결권대리행사를 위한 위임장용지는 아래와 같이 찬반표시 등 법에 열거된 사항이 기재된 양식이어야 한다(법 152조 6항, 시행령 163조).

한편, 상법은, 감사의 선임에 있어서 최대주주와 그 특수관계인에게 의결권을 위임한 자가 소유하는 주식을 최대주주 및 그 특수관계인과 합산하여 발행주식총수의 100분의 3을 초과하면 그 초과분에 대하여는 의결권을 금지하고 있다. 판례는 이와 관련하여 이 규정은 감사선임에 있어서 최대주주의 영향력을 최소화하고 소액주주들의 의견을 최대한 반영함으로써 상장법인의 경영을 투명하게 하기 위한 취지로 마련한 것이므로 여기서 말하는 의결권을 위임한 자는 최대주주의 영향력 아래에 있는 주주가 최대주주의 의사에 따라 의결권을 행사할 수 있도록 백지위임장을 수여한 경우를 의미한다고 보아야 하며, 증권거래법(현 자본시장법)에 따라 의결권대리행사를 권유하여 당해 주주가 표시한 의사를 대리행사하는 경우는 이에 포함되지 아니한다고 판단하고 있다[2)].

2. 교부방법

위임장용지는 권유자가 회사인 경우에는 주주총회 소집통지서와 함께 송부되는 것이 일반적이지만, 권유자가 주주인 경우에는 권유자가 직접 피권유자에게 교부할 수 있으며, 경우에 따라서는 우편이나 모사전송에 의한 방법 혹은 전자우편에 의한 방법, 인터넷 홈페이지를 이용하는 방법으로도 교부할 수 있다(법 시행령 160조). 그리고 위임장용지는 참고서류와 함께 의결권대리행사 권유 이전에 또는 권유와 동시에 교부되어야 한다(법 시행령 160조).

3. 기재사항

위임장용지의 기재사항에 관해서는 법 시행령 제163조 제1항에서 규정하고 있다.

---

1) 임재연, 전게서(2013), 563쪽.

2) 서울중앙지방법원 2008. 4. 28.자 2008카합1306 결정.

즉 위임장용지에는 ① 의결권을 대리행사하도록 위임한다는 내용, ② 의결권권유자 등 의결권을 위임받는 자, ③ 의결권피권유자가 소유하고 있는 의결권 있는 주식수, ④ 위임할 주식수, ⑤ 주주총회의 각 목적사항 및 목적사항별 찬반여부, ⑥ 주주총회 회의시 새로이 상정된 안건이나 변경 또는 수정 안건에 대한 의결권 행사 위임여부 및 위임내용, ⑦ 위임일자 및 위임시간(주주총회의 목적사항 중 일부에 대하여 우선 의결권을 대리행사하도록 위임하는 경우에는 그 위임일자와 위임시간을 말한다), ⑧ 위임인의 성명 및 주민등록번호(법인의 경우에는 명칭 및 사업자등록번호를 말한다)를 기재하여야 하며, 이러한 사항은 피권유자에 의해 특정될 수 있도록 하여야 한다. 그리고 위임장용지의 구체적인 기재내용, 서식 및 작성방법에 관해서는 금융위원회가 정하여 고시[1]하도록 하고 있다(법 시행령 163조 3항).

위임장용지에 주주총회의 목적사항 전체가 아니라 구체적인 사항별로 피권유자가 찬반여부를 표시할 수 있도록 한 것(법 152조 4항, 법 시행령 163조 5호)은 주주의 의사를 보다 정확하게 반영하기 위해서이다.[2]

Ⅱ. 참고서류

1. 의 의

참고서류란 권유자에 의해 위임장용지와 함께 피권유자에게 제공되는 서류로서 의결권 대리행사의 개요 등 법정사항을 기재한 서류이다. 의결권대리행사 권유시 참고서류의 교부를 의무화한 것은 피권유자가 의안에 대한 찬부를 판단함에 필요한 정보를 제공하기 위해서이다. 참고서류는 위임장용지와 마찬가지로 권유자에 의해 피권유자에게 제공하는 날 2일 전까지 금융위원회와 거래소에 제출되어야 하며, 총리령으로 정하는 장소에 이를 비치하고 일반인이 열람할 수 있도록 하여야 한다(법 153조). 2일을 계산함에 있어서는 공휴일, 근로자의 날, 토요일은 제외한다(법 시행령 164조, 153조 1항).

2. 교부방법

참고서류는 위임장용지와 함께 의결권대리행사 권유와 동시에 혹은 그 전에 교부되며, 그 방법은 위임장용지와 동일하다.

3. 기재사항

참고서류에 기재하여야 할 사항에 관해서는 법 시행령 제163조 제 2 항에서 규정하

1) 증권의 발행 및 공시 등에 관한 규정 제3-15조에는 참고서류에 대하여는 추가적인 기재사항 등을 고시를 하고 있으나 위임장용지에 대하여는 그러한 내용을 고시하고 있지 않다.

2) 김건식/정순섭, 전게서(2009), 260쪽.

고 있다. 즉 참고서류에는 ① 의결권 대리행사의 권유의 개요, ② 주주총회의 각 목적 사항, ③ 의결권 대리행사의 권유를 하는 취지를 기재하여야 하며, 참고서류의 구체적인 기재내용, 서식 및 작성방법 등에 관해서는 금융위원회가 정하여 고시[1]하도록 하고 있다(동조 3항).

일본의 경우 참고서류의 기재사항에 관해 권유자가 주주인 경우에는 상대적으로 간소화되어 있다(위임장권유부령 21조 내지 38조, 40조). 주주의 경우에는 경영진과는 달리 정보에 대한 접근이 매우 제한적인데, 이러한 상황에서 경영진과 동일한 수준의 정보공시를 요구하게 되면 주주의 의결권대리행사 권유를 부당히 위축시킬 우려가 있다는 것이 그 이유이다. 일본에서는 이 점을 고려하여 주주가 참고서류에 기재하여야 할 사항은 장부열람권 등 소수주주권을 행사하여 얻을 수 있는 정보를 기재하면 족한 것으로 하고 있다.[2]

Ⅲ. 위반시 제재

법 제446조에 의하면, 법 제153조를 위반하여 위임장 용지 및 참고서류를 제출하지 아니한 자에 대하여 1년 이하의 징역 또는 3천만원 이하의 벌금이 부과된다(법 446조 21호). 또한 법인의 대표자, 법인 또는 개인의 대리인·사용인, 그 밖의 종업원이 그 법인 또는 개인의 업무에 관하여 위 제446조를 위반한 경우에는 그 행위자를 처벌하는 외에 그 법인 또는 개인에게도 벌금형을 부과한다(법 448조).

제154조(정당한 위임장 용지 등의 사용)

의결권권유자는 위임장 용지 및 참고서류 중 의결권피권유자의 의결권 위임 여부 판단에 중대한 영향을 미칠 수 있는 사항(이하 이 절에서 "의결권 위임관련 중요사항"이라 한다)에 관하여 거짓의 기재 또는 표시를 하거나 의결권 위임 관련 중요사항의 기재 또는 표시를 누락하여서는 아니 된다.

Ⅰ. 정당한 위임장 용지 등의 사용

권유자는 위임장용지 및 참고서류 중에 피권유자의 의결권 위임여부판단에 중대한

1) 증권의 발행 및 공시등에 관한 규정 제3-15조.
2) 松山遥, 전게서(2007), 53頁.

영향을 미칠 수 있는 사항에 관하여 허위·부실의 기재를 하거나 누락해서는 아니 된다(법 154조).

이는 구증권법 시행령 제85조 제 4 항에서 규정하고 있던 "부실서류의 이용금지"에 상당하는 규정으로서 이 규정에 의해 권유자는 권유시에 ① 허위의 사실을 기재한 서류나 ② 중요사항에 관하여 오해를 발생시킬 우려가 있는 기재를 한 서류, ③ 중요한 사항에 관하여 오해를 발생시키지 아니하기 위하여 필요한 사실의 기재가 누락된 서류 등을 작성 사용하는 것이 금지된다.

의결권대리행사 권유는 정보공시제도로서도 중요한 기능을 하는 점을 고려하면 위임장서류작성에 있어서 허위부실의 표시를 금지하는 동규정은 의결권대리행사 권유규제의 핵심이라고 할 수 있다.[1)] 미국 SEC규칙 §14(e)와 일금상법 시행령 제36조4에서도 유사한 규정을 두고 있다.

Ⅱ. 위반시 제재

법 제444조에 의하면, 법 제154조에 따른 위임장 용지 및 참고서류 중 의결권피권유자의 의결권 위임여부 판단에 중대한 영향을 미칠 수 있는 사항에 관하여 거짓의 기재 또는 표시를 하거나 의결권 위임 관련 중요사항을 기재 또는 표시하지 아니한 자에 대하여 5년 이하의 징역 또는 2억원 이하의 벌금이 부과된다(법 444조 19호). 또한 법인의 대표자, 법인 또는 개인의 대리인·사용인, 그 밖의 종업원이 그 법인 또는 개인의 업무에 관하여 위 제444조를 위반한 경우에는 그 행위자를 처벌하는 외에 그 법인 또는 개인에게도 벌금형을 부과한다(법 448조).

제155조(의견표명)

의결권 대리행사의 권유대상이 되는 상장주권의 발행인은 의결권 대리행사의 권유에 대하여 의견을 표명한 경우에는 그 내용을 기재한 서면을 지체 없이 금융위원회와 거래소에 제출하여야 한다. 〈개정 2008. 2. 29〉

주주총회를 앞두고 의결권대리행사 권유를 행한 회사경영진이 설명회나 인쇄매체, 회사의 웹사이트 등을 통해 회사가 제안한 의안을 가결시키기 위해 혹은 주주제안을 부결시키기 위해 일반주주를 상대로 의견표명을 하는 경우가 종종 있다. 특히 결의의 성립이 불투명하거나 의안이 중요할수록 보다 적극적으로 의견을 표명하게 될 것이다. 그 과

1) 김정수, 전게서(2002), 532쪽.

정에서 회사경영진이 허위의 과장된 의견표명을 하는 것도 충분히 있을 수 있으며, 이를 그대로 방치하게 되면 위임장용지나 참고서류의 진정성을 담보하기 위한 각종 규제(법 154조, 법 시행령 165조 3항)는 무용지물이 될 것이다. 그리하여 법 제155조는 상장주권의 발행인에 대해 의결권 대리행사의 권유에 대해 의견을 표명한 경우에는 그 내용을 기재한 서면을 지체 없이 금융위원회와 거래소에 제출하도록 한 것이다.

법 제155조는 의견표명에 관한 서면제출의무를 발행인에 대해서만 부과하고 주주에 대해서는 부과하지 않은 점에 특징이 있는데, 그 이유는 주주에 대해서까지 이 의무를 부과하게 되면 정당한 주주활동까지 위축시킬 수 있다는 점을 고려했기 때문일 것이다.

그러나 위임장쟁탈이 전개되고 있는 상황의 경우에는 생각을 달리하여야 한다. 위임장쟁탈의 상황이 되면 경영자이든 주주이든 의결권대리행사 권유의 성공을 위해 의결권대리행사 권유에 관해 다양한 형태로 의견을 표명하게 될 것이다. 이때에도 법 제155조에 의해 경영진만 서면제출의무를 부담하게 된다면 이것은 심히 부당하다. 그런 의미에서 입법적 보완이 필요하다.

第156조(정정요구 등)

① 금융위원회는 위임장용지 및 참고서류의 형식을 제대로 갖추지 아니한 경우 또는 위임장용지 및 참고서류 중 의결권위임 관련 중요사항에 관하여 거짓의 기재 또는 표시가 있거나 의결권 위임관련 중요사항이 기재 또는 표시되지 아니한 경우에는 그 이유를 제시하고 위임장용지 및 참고서류를 정정하여 제출할 것을 요구할 수 있다. 〈개정 2008. 2. 29〉

② 제 1 항에 따른 요구가 있는 경우에는 당초 제출한 위임장용지 및 참고서류는 제출하지 아니한 것으로 본다.

③ 의결권권유자는 위임장용지 및 참고서류의 기재사항을 정정하고자 하는 경우에는 그 권유와 관련된 주주총회일 7일(대통령령으로 정하는 날을 제외한다) 전까지 이를 정정하여 제출할 수 있다. 이 경우 대통령령으로 정하는 중요한 사항을 정정하고자 하는 경우 또는 투자자보호를 위하여 그 위임장용지 및 참고서류에 기재된 내용을 정정할 필요가 있는 경우로서 대통령령으로 정하는 경우에는 반드시 이를 정정하여 제출하여야 한다.

Ⅰ. 정정명령

금융위원회는 ① 위임장용지 및 참고서류가 형식을 제대로 갖추지 아니한 경우, ②

위임장용지 및 참고서류 중 피권유자가 의결권위임여부를 판단함에 있어서 중대한 영향을 미칠 수 있는 사항에 관해 거짓의 기재 또는 표시를 하거나 기재 또는 표시를 하지 아니한 경우(법 156조 1항)에는 그 이유를 제시하고 위임장용지 및 참고서류에 대해 정정을 요구할 수 있다. 이러한 사유로 금융위원회가 정정요구를 한 때에는 당초 제출한 위임장용지 및 참고서류는 제출하지 아니한 것으로 본다(동조 2항).

Ⅱ. 자발적 정정

권유자는 위임장용지 및 참고서류의 기재사항을 정정할 수 있다. 이 경우 권유자는 그 권유와 관련된 주주총회일 7일(대통령령으로 정하는 날을 제외한다) 전까지 이를 정정하여 제출하여야 한다(동조 3항). 7일을 계산함에 있어서는 공휴일, 근로자의 날, 토요일을 제외한다(법 시행령 165조 1항).

Ⅲ. 의무적 정정

권유자는 다음의 경우에는 반드시 위임장용지 및 참고서류를 정정하여 제출하여야 한다(법 156조 3항 후단).

ⅰ) ① 의결권권유자등 의결권을 위임받는 자, ② 의결권권유자가 소유하고 있는 주식의 종류 및 수와 그 특별관계자가 소유하고 있는 주식의 종류 및 수, ③ 의결권 대리인이 있는 경우 의결권권유자의 대리인의 성명, 그 대리인이 소유하고 있는 주식의 종류 및 수, ④ 의결권 권유자 및 그 대리인과 해당 주권상장법인과의 관계, ⑤ 주주총회의 각 목적에 관해 정정하고자 하는 경우(법 시행령 165조 2항)

ⅱ) ① 기재 또는 표시사항이 불분명하여 의결권피권유자로 하여금 중대한 오해를 일으킬 수 있는 경우, ② 권유자에게 불리한 정보를 생략하거나 유리한 정보만을 강조하는 등 과장되게 표현된 경우(법 시행령 165조 3항)

Ⅳ. 위반시 제재

법 제444조에 의하면, 법 제156조에 따른 정정서류 중 의결권피권유자의 의결권 위임여부 판단에 중대한 영향을 미칠 수 있는 사항에 관하여 거짓의 기재 또는 표시를 하거나 의결권 위임 관련 중요사항을 기재 또는 표시하지 아니한 자에 대하여 5년 이하의 징역 또는 2억원 이하의 벌금이 부과된다(법 444조 19호). 또한, 법 제446조에 따라, 법 제153조 제3항 후단을 위반하여 정정서류를 제출하지 아니한 자에 대하여 1년 이하의 징역 또는 3천만원 이하의 벌금이 부과된다(법 446조 21호). 또한 법인의 대표자, 법인 또는 개인의 대리인·사용인, 그 밖의 종업원이 그 법인 또는 개인의 업무에 관하여 위 제444조와 제446조를 위반한 경우에는 그 행위자를 처벌하는 외에 그 법인 또는 개인에게도 벌금형을 부과한다(법 448조).

第157조(위임장용지 등의 공시)

금융위원회와 거래소는 제152조에 따른 위임장용지 및 참고서류, 제155조에 따른 서면 및 제156조에 따른 정정내용을 그 접수일로부터 3년간 비치하고 인터넷홈페이지 등을 이용하여 공시하여야 한다.〈개정 2008. 2. 29〉

금융위원회와 거래소는 위임장용지 및 참고서류, 발행인의 의견표명서면 및 정정내용을 그 접수일로부터 3년간 비치하고 인터넷홈페이지 등을 이용하여 공시하여야 한다(법 157조).

第158조(조사 및 조치)

① 금융위원회는 투자자 보호를 위하여 필요한 경우에는 의결권권유자, 그 밖의 관계인에 대하여 참고가 될 보고 또는 자료의 제출을 명하거나 금융감독원장에게 그 장부·서류, 그 밖의 물건을 조사하게 할 수 있다. 이 경우 제131조 제2항을 준용한다. 〈개정 2008. 2. 29〉

② 금융위원회는 다음 각 호의 어느 하나에 해당하는 경우에는 의결권권유자에 대하여 이유를 제시한 후 그 사실을 공고하고 정정을 명할 수 있으며, 필요한 때에는 의결권 대리행사의 권유를 정지 또는 금지하거나 대통령령으로 정하는 조치를 취할 수 있다. 이 경우 그 조치에 필요한 절차 및 조치기준은 총리령으로 정한다. 〈개정 2008. 2. 29, 2009. 2. 3〉

1. 제152조 제1항을 위반하여 위임장용지 및 참고서류를 의결권피권유자에게 교부하지 아니한 경우
2. 제152조 제3항을 위반하여 공공적 법인이 아닌 자가 의결권 대리행사의 권유를 한 경우
3. 위임장용지 및 참고서류에 관하여 제153조 또는 제154조를 위반한 경우
4. 제153조 또는 제156조 제1항·제3항에 따라 제출하는 위임장용지 및 참고서류 중 의결권 위임관련 중요사항이 기재 또는 표시되지 아니한 경우
5. 제156조 제3항 후단을 위반하여 정정서류를 제출하지 아니한 경우

Ⅰ. 조 사

금융위원회는 투자자 보호를 위하여 필요한 경우 권유자 그 밖의 관계인에 대하여 참고가 될 보고 또는 자료의 제출을 명하거나 금융감독원장에게 그 장부·서류, 그 밖의 물건을 조사하게 할 수 있다(법 158조 1항). 이 때 조사를 하는 자는 그 권한을 표시하는 증표를 지니고 이를 관계인에게 제시하여야 한다(동조 후단).

Ⅱ. 정정명령

금융위원회는 다음 경우 권유자에 대하여 이유를 제시한 후 그 사실을 공고하고 정정을 명할 수 있다.

(i) 위임장용지 및 참고서류를 의결권피권유자에게 교부하지 아니한 경우(법 152조 1항 위반), (ii) 공공적 법인이 아닌 자가 의결권 대리행사의 권유를 한 경우(법 152조 3항 위반), (iii) 위임장용지 및 참고서류의 제출, 비치 및 열람과정에서 위반이 있거나(법 153조 위반) 위임장용지 및 참고서류 중 의결권위임관련사항에 관해 부실표시가 있는 경우(법 154조 위반), (iv) 제153조 또는 제156조 제 1 항·제 3 항에 기하여 금융위원회와 거래소에 제출하는 위임장용지 및 참고서류 중 의결권 위임관련 중요사항이 기재 또는 표시되지 아니한 경우, (v) 정정서류를 제출하지 아니한 경우(법 156조 3항 후단 위반).

Ⅲ. 조 치

금융위원회는 위의 (i) 내지 (v)의 경우 필요한 때에는 의결권 대리행사의 권유를 정지 또는 금지하거나 대통령령으로 정하는 조치, 즉 ① 1년의 범위에서 의결권 대리행사의 권유의 제한, ② 임원에 대한 해임권고, ③ 위법행위로 인한 조치를 받았다는 사실의 공표명령 또는 게시명령, ④ 각서징구, ⑤ 법위반의 경우 고발 또는 수사기관에의 통보, ⑥ 다른 법률을 위반한 경우 관련기관 또는 수사기관에의 통보, ⑦ 경고 또는 주의의 조치를 취할 수 있다(법 시행령 166조). 이 경우 그 조치에 필요한 절차 및 조치기준은 총리령으로 정한다(법 158조 2항).

이처럼 금융위원회는 의결권대리행사 권유에 관한 규정을 위반하여 권유를 하는 경우에는 위반사실을 공고함과 동시에 정정명령을 발할 수 있고, 투자자보호를 위하여 필요한 때에는 의결권대리행사 권유의 정지 또는 금지를 명할 수 있을 뿐만 아니라 고발 또는 수사기관에의 통보까지 할 수 있다. 그러나 이러한 조치의 대상이 되는 행위는 권유행위이므로 주주가 반송한 위임장에 대한 취급이 부정·부당하더라도 위임장의 사용금지나 의결권행사의 정지, 주주총회개최금지 등의 조치를 취할 수 있는 것은 아니다.

한편, 금융위원회는 위 조치의 절차와 기준을 미리 정해야 하고(법 439조 1호 가목), 또한, 법 제158조 제2항의 조치를 취할 경우에는 증권선물위원회의 심의를 거쳐야 한다(법 439조 2호 가목).

Ⅳ. 위반시 제재

법 제446조에 의하면, 법 제158조 제2항의 금융위원회 처분을 위반한 자에 대하여 1년 이하의 징역 또는 3천만원 이하의 벌금이 부과된다(법 446조 24호). 또한 법인의 대표자, 법인 또는 개인의 대리인·사용인, 그 밖의 종업원이 그 법인 또는 개인의 업무에 관하여 위 제446조를 위반한 경우에는 그 행위자를 처벌하는 외에 그 법인 또는 개인에게도 벌금형을 부과한다(법 448조).

또한, 제151조 제1항에 따른 검사, 조사 또는 확인을 거부, 방해 또는 기피한 자는 5천만원 이하의 과태료를 부과하며(법 449조 1항 20호), 제158조 제1항에 따른 보고 또는 자료의 제출명령에 불응한 자에게는 1천만원 이하의 과태료를 부과한다(법 429조 2항 8호).

[초판: 권종호, 개정판: 곽관훈 · 김선광 · 신영재]

제3장 상장법인의 사업보고서 등

○ 前注

Ⅰ. 공시방법

증권시장은 크게 발행시장과 유통시장으로 나뉘며, 증권시장에서의 공시방법도 크게 발행시장공시와 유통시장공시로 나눌 수 있다. 발행시장공시는 증권이 투자자에게 대량으로 발행 또는 분산매매되는 발행시장에서[1] 투자자의 투자판단에 필요한 정보의 제공을 위하여 증권과 발행회사에 관한 정보를 발행인에게 공시하도록 강제하는 제도이다. 발행시장공시는 원칙적으로 증권신고서의 제출과 투자자에 대한 사업설명서의 교부에 의해 이루어진다.

이에 대해 유통시장공시는 유통시장에서 거래되는 증권의 투자판단에 필요한 정보제공을 목적으로 발행인에 의해 이루어지는 정보공시이다. 유통시장에서는 발행인에게 새로 자금이 유입되지 않지만 유통시장의 활성화 없이는 발행시장에서 공모가 성공할 수 없고, 유통시장에서의 증권 투자자는 여전히 투자판단을 위하여 해당 증권 및 발행인에 대한 정보가 필요하므로, 이러한 정보를 제공하기에 가장 적합한 자인 발행인에게 일정한 정보를 공시하도록 강제하는 것이다. 유통시장공시는 결국 유통시장에서 공정한 가격이 형성되도록 돕는 역할을 한다.[2]

유통시장공시에는 사업보고서, 반기보고서, 분기보고서와 같이 정기적으로 공시가 이루어지는 '정기공시'와 주요사항보고서와 같이 경영에 관한 주요사항이 발생할 때마다 수시로 공시가 이루어지는 '수시공시'가 중심을 이룬다. 그 외에 공개매수나 의결권 대리행사, 자기주식 취득 등 특수한 거래와 관련하여 이루어지는 '특수공시', 투자자 사이에 불공정한 정보비대칭이 발생하는 것을 방지하기 위해 이루어지는 '공정공시'도 유통시장공시의 일익을 담당하고 있다.

유통시장에 대한 규제는 내용규제보다는 주로 공시규제에 의해 이루지고 있다.

---

1) 김건식/정순섭, 「새로 쓴 자본시장법(제3판)」, 두성사, 2013, 161쪽.
2) 금융감독원, 「기업공시실무안내」, 2012, 23쪽.

Ⅱ. 정기공시제도

정기공시란 유통시장에서 증권을 거래하는 투자자에게 투자판단에 필요한 정보를 제공하기 위하여 정기적으로 행하는 공시를 말한다. 정기공시는 사업연도마다 제출하는 사업보고서와 분기 및 반기마다 제출하는 분기보고서·반기보고서가 있다.

정기공시는 유통시장공시의 핵심을 이루는 제도로서 ① 특정한 행위나 거래와 관계없이 일정 기간 경과만으로 공시의무가 발생하고, ② 공시의무자인 발행인은 유통시장에서의 거래당사자가 아니고 거래에서 직접적인 이득이나 손실을 보지 아니한다는 점에서 발행시장공시와는 구별된다.

제159조(사업보고서 등의 제출)

① 주권상장법인, 그 밖에 대통령령으로 정하는 법인(이하 "사업보고서 제출대상법인"이라 한다)은 그 사업보고서를 각 사업연도 경과 후 90일 이내에 금융위원회와 거래소에 제출하여야 한다. 다만 파산, 그 밖의 사유로 인하여 사업보고서의 제출이 사실상 불가능하거나 실효성이 없는 경우로서 대통령령으로 정하는 경우에는 사업보고서를 제출하지 아니할 수 있다. 〈개정 2008. 2. 29〉

② 사업보고서 제출대상법인은 제1항의 사업보고서에 다음 각 호의 사항을 기재하고, 대통령령으로 정하는 서류를 첨부하여야 한다. 〈개정 2013. 5. 28〉

1. 회사의 목적, 상호, 사업내용
2. 임원보수(「상법」, 그 밖의 법률에 따른 주식매수선택권을 포함하되, 대통령령으로 정하는 것에 한한다. 이하 이 항에서 같다)
3. 임원 개인별 보수와 그 구체적인 산정기준 및 방법(임원 개인에게 지급된 보수가 5억원 이내의 범위에서 대통령령으로 정하는 금액 이상인 경우에 한한다)
4. 재무에 관한 사항
5. 그 밖에 대통령령으로 정하는 사항

③ 최초로 제1항에 따라 사업보고서를 제출하여야 하는 법인은 사업보고서 제출대상법인에 해당되게 된 날부터 5일(제1항에 따른 사업보고서의 제출기간 중에 사업보고서 제출대상법인에 해당하게 된 경우에는 그 제출기한으로 한다) 이내에 그 직전 사업연도의 사업보고서를 금융위원회와 거래소에 제출하여야 한다. 다만 그 법인이 증권신고서 등을 통하여 이미 직전 사업연도의 사업보고서에 준하는 사항을 공시한 경우에는 직전 사업연도의 사업보고서를 제출하지 아니할 수 있다. 〈개정 2008. 2. 29, 2009. 2. 3〉

④ 사업보고서 제출대상법인은 제1항의 사업보고서를 작성함에 있어서 금융위원회가 정하여 고시하는 기재방법 및 서식에 따라야 한다. 〈개정 2008. 2. 29, 2009. 2. 3〉

⑤ 삭제 〈2009. 2. 3〉

⑥ 사업보고서 제출대상법인은 사업보고서에 그 법인의 예측정보를 기재 또는 표시할 수 있다.

이 경우 예측정보의 기재 또는 표시는 제125조 제 2 항 제 1 호·제 2 호 및 제 4 호의 방법에 따라야 한다.

⑦ 사업보고서를 제출하는 경우 제출 당시 그 법인의 대표이사(집행임원 설치회사의 경우 대표집행임원을 말한다) 및 제출업무를 담당하는 이사는 그 사업보고서의 기재사항 중 중요사항에 관하여 거짓의 기재 또는 표시가 있거나 중요사항의 기재 또는 표시가 누락되어 있지 아니하다는 사실 등 대통령령으로 정하는 사항을 확인·검토하고 이에 각각 서명하여야 한다. 〈개정 2013. 5. 28〉

Ⅰ. 사업보고서의 의의

사업보고서는 매사업연도에 대하여 제출하는 정기보고서이다. 사업연도가 1년 미만인 회사의 경우에는 해당 사업연도에 맞추어 사업보고서를 제출하여야 한다. 사업보고서에는 사업연도 개시일부터 종료일까지 기업의 사업내용, 재무상황 및 영업실적 등 기업 전반에 대한 현황을 공시한다. 사업보고서 제출대상법인은 각 사업연도 경과 후 90일 이내에 사업보고서를 금융위원회와 거래소에 제출하여야 한다(159조 1항).

Ⅱ. 사업보고서 제출의무

1. 사업보고서 제출대상법인

사업보고서를 사업연도마다 제출하여야 하는 법인(사업보고서제출대상법인)은 다음과 같다.

i) 주권상장법인(159조 1항)

ii) ① 주권외의 지분증권,[1)] ② 무보증사채권,[2)] ③ 전환사채권·신주인수권부사채권·이익참가부사채권 또는 교환사채권, ④ 신주인수권을 표시하는 증서, ⑤ 증권예탁증권,[3)] ⑥ 파생결합증권을 증권시장에 상장한 발행인(법 시행령 167조 1항 1호)

iii) 주권 및 위의 ii)의 ① 내지 ⑥에 해당하는 증권을 모집 또는 매출한 발행인(법 시행령 167조 1항 2호)[4)]

1) 집합투자증권과 자산유동화계획에 따른 유동화전문회사등(「자산유동화에 관한 법률」 제 3 조에 따른 유동화전문회사등을 말한다)이 발행하는 출자지분은 제외한다.

2) 담보부사채권과 법 시행령 제362조 제 8 항에 따른 보증사채권을 제외한 사채권을 말한다.

3) 주권 또는 앞의 ①부터 ④까지의 증권과 관련된 증권예탁증권만 해당한다.

4) 제130조에 따라 증권신고서 제출의무가 면제되는 모집 또는 매출의 경우는 제외하며, 상장이 폐지된

ⅳ) 상기의 발행인에 해당하지 않더라도 외부감사대상법인으로서 주권 및 ⅲ)에 해당하는 증권별로 그 증권의 소유자 수가 500인 이상인 발행인(법 시행령 167조 1항 3호)이다.

이와 같이 사업보고서 제출대상법인은 정기적인 정보를 필요로 하는 증권의 투자자가 다수 존재하는 경우 발행인으로 하여금 정기적으로 정보공시를 하도록 의무화한 것이다. ⅰ) 및 ⅱ)의 증권은 상장증권으로서 많은 투자자가 존재할 것이 예상되고, ⅲ)의 증권도 모집 또는 매출에 의해 다수의 투자자가 존재할 것으로 기대되며, ⅳ)의 경우 증권의 소유자 수가 500인 이상으로 다수의 투자자의 존재가 확실하다. 다만 발행회사의 의사에 의하여 상장 또는 공모가 진행되는 ⅰ), ⅱ) 및 ⅲ)의 경우와 달리 ⅳ)의 경우에는 주식의 양도성에 따라 발행회사의 의도에 의하지 않고 또는 발행회사의 의사에 반하여 사업보고서 제출의무가 발생할 수도 있다. 그러나 정기공시의 필요성은 발행인의 의사에 의해서가 아니라 공시를 원하는 일반투자자의 존재여부를 기준으로 판단하여야 하므로, ⅳ)의 경우에도 사업보고서 제출의무의 부과가 정당화된다.[1] 일단 500인 수의 기준을 충족하게 되면 그 후 감소하여 300인 미만이 될 때까지는 계속하여 사업보고서는 제출하여야 한다(법 시행령 167조 1항 3호). 소유자수의 산출방법은 금융위원회가 정하여 고시한다.[2]

2. 사업보고서 제출의무면제법인

파산 등의 사유로 인하여 사업보고서의 제출이 사실이 불가능하거나 실효성이 없는 경우로서 대통령령이 정하는 경우에는 사업보고서의 제출이 면제된다(법 159조 1항 단서). 구체적으로는 다음과 같다(법 시행령 167조 2항).

① 파산한 경우(1호)

② 상법 제517조, 그 밖의 법률에 따라 해산사유가 발생한 경우(2호)

③ 주권상장법인 또는 상장증권발행인의 경우에는 상장의 폐지요건에 해당하는 발행인으로서 해당 법인에게 책임이 없는 사유로 사업보고서의 제출이 불가능하다고 금융위원회의 확인을 받은 경우(3호)

④ 모집·매출을 한 발행인의 경우에는 모집·매출을 한 각각의 증권마다 증권소유자의 수가 모두 25인 미만인 경우로서 금융위원회가 인정한 경우(4호)[3]

경우는 포함한다.

1) 구증권법에서는 증권의 소유자가 500인 이상인 경우에도 등록법인에게만 사업보고서 제출의무를 부과하였으나, 자본시장법에서는 등록법인제도가 없어졌다. 이에 따라 상장이나 공모를 전혀 준비하지 않는 기업의 경우에도 외형기준에 따라 외부감사대상이고 주주의 수가 500인 이상이 되면 사업보고서 제출의무가 있게 되는데, 주주의 수는 회사가 직접 통제할 수 있는 사항이 아니므로 회사가 예상하지 못한 상태에서 사업보고서 제출의무가 발생할 수 있다.

2) 매 사업연도 말을 기준으로 산정한다(증권발행공시규정 4-2조).

3) 다만, 그 소유자의 수가 25인 미만으로 감소된 날이 속하는 사업연도의 사업보고서는 제출하여야 한다.

⑤ 그 외에 외부감사대상법인으로서 발행한 증권의 소유자 수가 500인 이상이어서 사업보고서 제출의무가 인정되는 발행인의 경우에는 발행한 각각의 증권마다 소유자의 수가 300인 미만으로 된 경우(5호).[1]

위 ⑤에 따라 사업보고서 제출의무를 부담하는 발행인의 경우에는 자산총액이 70억원 미만이 되어 외감법의 적용대상에서 제외된 때에는 더 이상 사업보고서 제출의무가 없게 된다. 반면 증권의 소유자가 300인 미만으로 감소된 때에는 공시의무가 면제되며, 증권의 소유자의 수가 다시 300인 이상으로 되어도 바로 공시의무가 부활하는 것은 아니고 다시 500인 이상이 된 시점에서 공시의무가 부활한다(법 시행령 167조 1항 3호).[2] 채권을 상장 또는 공모하여 사업보고서 제출의무가 발생한 발행인이 채권을 상환한 경우에는 더 이상 투자자보호의 실익이 없으므로 사업보고서 제출의무를 부담하지 않는다.[3]

사업보고서제출의무를 면제하는 취지는 증권의 유동성이 현저하게 저하되거나 증권소유자수가 현저하게 감소한 경우 투자자 보호의 필요성이 크지 않기 때문이고, 외부감사대상에서 제외된 때에는 공시에 따른 비용문제를 고려한 것이다.

Ⅲ. 사업보고서의 기재사항 등

1. 사업보고서 기재사항

사업보고서에는 회사의 목적, 상호, 사업내용, 임원보수,[4] 임원 개인별 보수와 그 구체적인 산정기준 및 방법,[5] 재무에 관한 사항, 기타 대통령령에서 정하는 사항이다(법 159조 2항). 여기서 말하는 대통령령에서 정하는 사항이란 다음과 같다(법 시행령 168조 2항).

① 법 제159조 제7항에 따른 대표이사와 제출업무를 담당하는 이사가 확인 및 검토하여야 하는 사항에 대한 서명(1호)[6]

---

1) 다만, 그 소유자의 수가 300인 미만으로 감소된 날이 속하는 사업연도의 사업보고서는 제출하여야 한다.
2) 금융감독원, 전게서(2012), 23쪽, 49-50쪽.
3) 상게서, 23쪽, 46쪽.
4) 주식매수선택권을 포함하되, 대통령령이 정하는 것에 한한다. 법 시행령 제168조 제1항에서는 임원 모두에게 지급된 그 사업연도의 보수 총액을 기재하도록 하고 있다.
5) 2013. 5. 28. 개정으로 추가되었으며, 임원 개인에게 지급된 보수가 5억원 이내의 범위에서 대통령령으로 정하는 금액 이상인 경우에 한한다. 법 시행령 제168조 제2항에서는 공시의무의 대상인 임원 개인별 보수를 5억원으로 정하고 있다.
6) 법 시행령 제169조에 따르면, 다음 각 호의 사항을 확인·검토하여 각각 서명하여야 한다.
   1. 사업보고서의 기재사항 중 중요사항에 관하여 거짓의 기재 또는 표시가 없고, 중요사항의 기재 또는 표시를 빠뜨리고 있지 아니하다는 사실
   2. 사업보고서의 기재 또는 표시 사항을 이용하는 자로 하여금 중대한 오해를 일으키는 내용이 기재 또는 표시되어 있지 아니하다는 사실
   3. 사업보고서의 기재사항에 대하여 상당한 주의를 다하여 직접 확인·검토하였다는 사실
   4. 「주식회사의 외부감사에 관한 법률」 제2조에 따른 외부감사대상 법인인 경우에는 같은 법 제2조의2 및 제2조의3에 따라 내부회계관리제도가 운영되고 있다는 사실

② 회사의 개요(2호)
③ 이사회 등 회사의 기관 및 계열회사에 관한 사항(3호)
④ 주주에 관한 사항(4호)
⑤ 임원 및 직원에 관한 사항(5호)
⑥ 회사의 대주주("그 특수관계인" 포함) 또는 임직원과의 거래내용(6호)
⑦ 재무에 관한 사항과 그 부속명세(7호)
⑧ 회계감사인의 감사의견(8호)
⑨ 그 밖에 투자자에게 알릴 필요가 있는 사항으로서 금융위원회가 정하여 고시하는 사항(9호)

2. 첨부서류

사업보고서에는 위의 법정사항을 기재하는 한편, 다음의 서류를 첨부하여야 한다(법 159조 2항, 법 시행령 168조 6항).[1)]

① 회계감사인의 감사보고서(당해 법인의 재무제표에 대한 감사보고서와 연결재무제표에 대한 감사보고서를 말함)
② 감사의 감사보고서[2)]
③ 법인의 내부감시장치[3)]의 가동현황에 관한 감사의 평가의견서
④ 그 밖에 금융위원회가 정하여 고시하는 서류[4)]

Ⅳ. 사업보고서의 작성 및 제출

1. 최초제출

법인이 최초로 사업보고서 제출대상법인에 해당하게 된 때에는 제출대상법인에 해당되게 된 날로부터 5일(사업보고서의 제출기간 중에 사업보고서 제출대상법인에 해당하게 된 경우에는 그 제출기한까지) 이내에 그 직전 사업연도의 사업보고서를 금융위원회와 거래소에 제출하여야 한다. 다만 그 법인이 증권신고서 등을 통하여 이미 직전 사업연도의 사업보고서에 준하는 사항을 공시한 경우에는 제출의무는 면제된다(법 159조 3항).

---

1) 다만, ①의 연결재무제표에 대한 감사보고서는 자산총액 2조원 미만의 회사로서 한국채택국제회계기준(K-IFRS)을 채택하지 않은 회사는 사업연도 종료 후 120일 이내에 제출할 수 있다(법 시행령 168조 6항).
2) 상법 제447조의4에 따른 감사보고서를 말한다.
3) 이사회의 이사직무집행의 감독권과 감사(감사위원회가 설치된 경우에는 감사위원회를 말한다)의 권한, 그 밖의 법인의 내부감시장치를 말한다.
4) 증권발행공시규정 제4-3조 제3항에서는 사업보고서에 자기의 평가·분석·확인 의견이 기재되는 것에 대하여 동의하고 그 기재내용을 확인한 자의 동의서, 상법 제447조의2에 따른 영업보고서, 정관 또는 이에 준하는 것으로서 조직운영 및 투자자의 권리·의무를 정한 것을 첨부하도록 요구한다.

2. 사업보고서기재사항

사업보고서는 금융위원회가 정하여 고시하는 기재방법 및 서식에 따라서 작성하여야 하며(법 159조 4항), 이에 의하면 사업보고서에는 다음의 사항을 기재하여야 한다(발행공시규정 4-3조 1항).

1. 사업의 내용(제조·서비스업 및 금융업으로 구분한다)
2. 이사의 경영진단 및 분석의견
3. 그 밖에 투자자보호를 위하여 필요한 사항

가. 주요사항보고서 및 거래소 공시사항 등의 진행·변경상황
나. 주주총회 의사록 요약
다. 우발채무 등
라. 제재현황
마. 결산기 이후 발생한 주요사항
바. 중소기업기준검토표 등
사. 장래계획에 관한 사항의 추진실적
아. 자금의 사용내역

그 외에 기업인수목적회사의 경우에는 기업인수목적회사의 요건(법 시행령 6조 4항 14호 충족 여부) 충족 여부에 관한 사항(발행공시규정 4-3조 1항 자목), 조건부 자본증권을 발행한 경우에는 전환 또는 상각의 사유가 되는 가격·지표·단위·지수의 현황에 관한 사항(발행공시규정 4-3조 1항 타목)을 기재하여야 하며, 유동화전문회사등이 제출하는 사업보고서등은 자산유동화계획 추진실적을 기재하는 등 별도의 규정을 두고 있다(발행공시규정 4-3조 4항·5항). 저탄소 녹색성장 기본법과 관련하여서도 일정한 사항을 기재하도록 하고 있다(발행공시규정 4-3조 1항 차목, 카목). 외국법인등의 경우에는 특수성을 감안하여 사업보고서 작성, 첨부서류 및 제출기간 등을 달리 정하고 있다(법 165조).

2009년 2월 3일 자본시장법 개정 전에는 사업보고서를 특정사업부문이나 특정지역별로 구분하여 작성·공시하도록 하는 세그멘트 공시를 강제하고 있었으나, 2009년 자본시장법 개정으로 폐지되었다.[1)]

그 밖에 사업보고서의 서식 및 작성방법 등에 관하여 필요한 사항은 감독원장이 정하며(발행공시규정 4-3조 8항), 이에 따라 금융감독원은 기업공시서식 작성기준을 마련하고 있다.

---

1) 김건식/정순섭, 전게서(2013), 273쪽.

V. 연결재무제표

1. 연결재무제표

연결재무제표는 둘 이상의 회사가 지배·종속의 관계에 있는 경우 지배회사가 작성하는 연결재무상태표, 연결손익계산서 또는 연결포괄손익계산서, 연결자본변동표, 연결현금흐름표 및 주석을 말한다(외감법 1조의2 2호, 외감법 시행령 1조의2 2항).

사업보고서를 제출하여야 하는 법인 중 외감법에 따른 연결재무제표 작성대상법인의 경우에는 재무에 관한 사항과 그 부속명세서, 그 밖에 금융위원회가 정하는 사항[1]은 연결재무제표를 기준으로 기재하되, 그 법인의 개별 재무제표를 포함하여야 하며, 회계감사인의 감사의견은 연결재무제표와 그 법인의 개별 재무제표에 대한 감사의견을 기재하여야 한다(법 시행령 168조 4항).

다만, 최근 사업연도말 현재의 자산총액이 2조원 미만인 법인 중 한국회계기준원이 제정한 회계처리기준으로서 국제회계기준에 따라 채택한 기준(한국채택국제회계기준: K-IFRS)을 적용하지 아니하는 법인은 그 법인의 재무제표를 기준으로 사업보고서 및 감사보고서를 작성하여 그 사업연도 종료 후 90일까지 제출하고, 연결재무제표를 기준으로 한 사항과 연결재무제표에 대한 감사의견은 사업연도 종료 후 120일까지 보완하여 제출할 수 있다(법 시행령 168조 5항).

연결재무제표는 지배종속관계에 있는 기업전체의 재무상황과 경영성과를 파악할 수 있도록 하고, 상호출자·내부거래 및 불공정거래 등을 상계·제거하거나 적절히 공시함으로써 개별 재무제표의 왜곡을 방지하는 효과를 거두게 한다.[2]

2. 지배·종속관계

지배·종속관계라 함은 주식회사가 경제활동에서 효용과 이익을 얻기 위하여 다른 회사(조합 등 법인격이 없는 기업을 포함한다)의 재무정책과 영업정책을 결정할 수 있는 능력을 가지는 경우로서 그 주식회사(이하 "지배회사"라 한다)와 그 다른 회사(이하 "종속회사"라 한다)의 관계를 말한다. 이 경우 지배·종속의 관계는 한국채택국제회계기준(K-IFRS) 또는 그 밖에 외감법에 따라 정한 회계처리기준에 따라 판단하여야 한다(외감법 시행령 1조의3 1항).

---

1) 금융위원회가 정하여 고시하는 사항이란 한국채택국제회계기준(K-IFRS)을 적용하는 법인에 대하여 다음 각 호에서 정하는 사항으로 한다. 다만, 감독원장은 기재사항의 특성을 감안하여 필요한 범위 내에서 조정할 수 있다(발행공시규정 4-3조 6항).
   1. 영 제168조 제3항 제2호의 사항(회사의 개요)
   2. 제1항 제1호의 사항(사업의 내용)
   3. 제1항 제2호의 사항(이사의 경영진단 및 분석의견)
   4. 제1항 제3호 다목부터 마목까지의 사항(우발채무 등, 제재현황, 결산기 이후 발생한 주요사항)

2) 임재연, 「자본시장법」, 박영사, 2013, 581쪽.

한국채택국제회계기준(K-IFRS)을 적용하지 아니하는 회사의 경우에는 증권선물위원회가 정하는 기준에 해당하는 종속회사는 종속회사에서 제외한다(외감법 시행령 1조의3 4항).

3. 기업집단결합재무제표

2009년 2월 3일 개정 전의 외감법에서는 연결재무제표 대상이 되는 지배종속의 관계까지는 이르지 아니하였지만 출자 등으로 상호 밀접하게 결합된 기업집단이나 그 소속회사 혹은 동일인에 의해 지배되고 있는 기업집단에 대하여 기업집단결합재무제표(이하 '결합재무제표'라 한다)의 작성을 요구하였고, 이에 따라 결합재무제표를 작성하는 기업집단의 소속회사는 결합재무제표를 사업보고서 등에 첨부서류로 제출하도록 하였으나, 2009년 2월 9일 외감법이 개정되면서 결합재무제표 작성의무는 2013년 1월 1일부터 폐지되었다.[1)]

Ⅵ. 예측정보

사업보고서 제출대상법인은 사업보고서에 그 법인의 예측정보를 기재 또는 표시할 수 있는데, 이 경우 예측정보의 기재 또는 표시에는 ① 예측정보라는 사실과 ② 예측 또는 전망과 관련된 가정이나 판단의 근거가 밝혀져 있어야 하고, ③ 기재 또는 표시에 대하여 예측치와 실제 결과치가 다를 수 있다는 주의문구가 명시되어 있어야 한다(법 159조 6항, 125조 2항 1호·2호·4호).

증권에 대한 투자에 있어 투자자가 가장 관심을 가지는 것은 해당 증권의 장래가치인데, 증권의 장래가치는 현재의 기업실적뿐만 아니라 미래의 예상실적도 고려하여 결정되므로, 예측정보는 투자결정에 있어서 매우 중요하지만, 합리적인 근거없이 작성된다면 투자자들을 현혹시킬 우려가 있다. 이에 1999년 구증권법 개정시 예측정보를 기재하기 위한 요건과 예측정보에 대한 면책에 대한 규정을 신설하였으며, 자본시장법에도 유지되고 있다.[2)][3)]

Ⅶ. 대표이사 등의 확인·서명

사업보고서제출 당시의 그 법인의 대표이사[4)] 및 제출업무를 담당하는 이사는 사업보고서의 기재사항 중 중요사항에 관하여 다음의 사항을 확인·검토하고 이에 각각 서명

1) 김건식/정순섭, 전게서(2013), 275쪽.
2) 임재연, 전게서(2013), 350쪽; 김건식/정순섭, 전게서(2013), 194쪽.
3) 자세한 내용은 제119조에 대한 주석 참조.
4) 집행임원 설치회사의 경우 대표집행임원을 말한다.

하여야 한다(법 159조 7항, 법 시행령 169조).

① 사업보고서의 기재사항 중 중요사항에 관하여 거짓의 기재 또는 표시가 없고, 중요사항의 기재 또는 표시를 빠뜨리고 있지 아니하다는 사실(1호)

② 사업보고서의 기재 또는 표시사항을 이용하는 자로 하여금 중대한 오해를 일으키는 내용이 기재 또는 표시되어 있지 아니하다는 사실(2호)

③ 사업보고서의 기재사항에 대하여 상당한 주의를 다하여 직접 확인·검토하였다는 사실(3호)

④ 외부감사대상법인의 경우에는 외감법 제2조의2 및 제2조의3에 따라 내부회계관리제도가 운영되고 있다는 사실(4호)

대표이사 등의 인증제도는 2002년 미국에서 제정된 Sarbanes-Oxley법을 모델로 한 것으로서 대표이사 및 제출업무담당이사로 하여금 공시서류의 내용을 직접 확인·검토하게 하고 내부회계관리제도를 비롯한 합리적 내부통제제도의 구축을 촉진함으로써 공시서류의 정확성 및 신뢰성을 확보하여 공시서류에 대한 투자자의 신인도를 제고하기 위한 것이다.

제출업무담당이사는 등기이사를 말하며 등기이사가 없는 경우에는 당해 이사의 업무를 집행하는 자가 신고담당이사로 서명할 수 있다. 결산일과 사업보고서 제출일 사이에 대표이사 또는 제출업무담당이사의 변경이 있는 경우에는 공시서류의 내용을 실질적으로 확인·검토한 이사가 서명하는 것을 원칙으로 하며, 사업보고서 제출일 현재 재직중인 이사가 서명하는 것도 가능하다.[1][2]

제160조(반기·분기보고서의 제출)

사업보고서 제출대상법인은 그 사업연도 개시일부터 6개월간의 사업보고서(이하 "반기보고서"라 한다)와 사업연도 개시일부터 3개월간 및 9개월간의 사업보고서(이하 "분기보고서"라 한다)를 각각 그 기간 경과 후 45일 이내에 금융위원회와 거래소에 제출하여야 하되, 사업보고서 제출대상법인이 재무에 관한 사항과 그 부속명세, 그 밖에 금융위원회가 정하여 고시하는 사항을 연결재무제표를 기준으로 기재하여 작성한 반기보고서와 분기보고서를 금융위원회와 거래소에 제출하는 경우에는 그 최초의 사업연도와 그 다음 사업연도에 한하여 그 기간 경과 후 60일 이내에 제출할 수 있다. 이 경우 제159조 제2항·제4항·제6항 및 제7항을 준용한다. 〈개정 2008. 2. 29, 2009. 2. 3〉

1) 금융감독원, 전게서(2012), 60쪽.
2) 자세한 내용은 제119조에 대한 주석 참조.

Ⅰ. 반기·분기보고서의 의의

반기보고서는 사업보고서 제출대상법인이 사업연도개시 후 6개월간의 기업내용을 기재한 사업보고서를 말하며, 분기보고서란 사업연도 개시일부터 3개월 및 9개월간의 기업내용을 기재한 사업보고서를 말한다. 결국 사업보고서 제출대상법인은 분기마다 누적된 내용으로 정기보고를 작성, 제출하여야 한다.

반기 및 분기보고서는 사업연도가 1년인 회사가 매 사업연도마다 연 1회 제출하는 사업보고서제도를 보완하는 것으로서 유통시장에서 공시기회를 증가시켜 적시에 필요한 정보를 공시함으로써 투자자보호를 위한 것이다.

Ⅱ. 제출기관 및 제출기간

사업보고서 제출대상법인은 반기보고서와 분기보고서를 작성하여 금융위원회와 거래소에 제출하여야 하며, 제출기간은 반기보고서의 경우는 사업연도개시 후 6개월 경과 후 45일 이내이고, 분기보고서의 경우에는 사업연도개시 후 3개월 및 9개월 경과 후 45일 이내이다. 다만 사업보고서 제출대상법인이 연결재무제표를 기준으로 작성한 반기보고서와 분기보고서의 제출은 최초의 사업연도와 그 다음 사업연도에 한하여 그 기간 경과 후 60일 이내에 제출할 수 있다(법 160조).

Ⅲ. 기재사항 등

분기보고서와 반기보고서의 작성과 관련하여 기재사항, 첨부사항, 작성방법, 예측정보, 대표이사 등의 확인서명제도는 사업보고서에 관한 규정이 준용된다(법 160조, 법 시행령 170조). 다만 부속명세는 기재하지 아니할 수 있으며(법 시행령 170조 1항), 회계감사인의 감사의견은 반기보고서의 경우에는 (i) 한국채택국제회계기준(K-IFRS)을 적용하는 연결재무제표 작성대상법인인 경우에는 해당 법인의 개별 재무제표에 대한 회계감사인의 확인 및 의견표시와 연결재무제표에 대한 회계감사인의 확인 및 의견표시로, (ii) 그 이외의 법인은 해당 법인의 개별 재무제표에 대한 회계감사인의 확인 및 의견표시로 갈음할 수 있고(법 시행령 170조 1항 1호) 분기보고서의 경우에는 생략할 수 있다(법 시행령 170조 1항 2호).[1]

1) 다만, 금융기관 또는 최근 사업연도말 현재의 자산총액이 5천억원 이상인 주권상장법인의 분기보고서는

그리고 (i) 반기보고서의 경우에는 회계감사인의 반기감사보고서나 반기검토보고서, (ii) 분기보고서인 경우에는 회계감사인의 분기감사보고서나 분기검토보고서를 첨부하여야 한다. 다만, 한국채택국제회계기준(K-IFRS)을 적용하는 연결재무제표 작성대상법인인 경우에는 분기보고서에도 연결재무제표에 대한 분기감사보고서나 분기검토보고서를 함께 제출하여야 한다(법 시행령 170조 2항).

제161조(주요사항보고서의 제출)

① 사업보고서 제출대상법인은 다음 각 호의 어느 하나에 해당하는 사실이 발생한 경우에는 그 사실이 발생한 날의 다음 날까지 그 내용을 기재한 보고서(이하 "주요사항보고서"라 한다)를 금융위원회에 제출하여야 한다. 이 경우 제159조 제6항 및 제7항을 준용한다. 〈개정 2008. 2. 29, 2013. 5. 28〉

1. 발행한 어음 또는 수표가 부도로 되거나 은행과의 당좌거래가 정지 또는 금지된 때
2. 영업활동의 전부 또는 중요한 일부가 정지되거나 그 정지에 관한 이사회 등의 결정이 있은 때
3. 「채무자 회생 및 파산에 관한 법률」에 따른 회생절차개시의 신청이 있은 때
4. 이 법, 「상법」, 그 밖의 법률에 따른 해산사유가 발생한 때
5. 대통령령이 정하는 경우에 해당하는 자본 또는 부채의 변동에 관한 이사회 등의 결정이 있은 때
6. 「상법」 제360조의2, 제360조의15, 제522조 및 제530조의2에 규정된 사실이 발생한 때
7. 대통령령으로 정하는 중요한 영업 또는 자산을 양수하거나 양도할 것을 결의한 때
8. 자기주식을 취득(자기주식의 취득을 목적으로 하는 신탁계약의 체결을 포함한다) 또는 처분(자기주식의 취득을 목적으로 하는 신탁계약의 해지를 포함한다)할 것을 결의한 때
9. 그 밖에 그 법인의 경영·재산 등에 관하여 중대한 영향을 미치는 사항으로서 대통령령으로 정하는 사실이 발생한 때

② 사업보고서 제출대상법인은 제1항에 따라 주요사항보고서를 제출하는 경우에는 제1항 각 호의 항목별로 대통령령으로 정하는 서류를 첨부하여야 한다.

③ 사업보고서 제출대상법인은 주요사항보고서를 작성함에 있어서 금융위원회가 정하여 고시하는 기재방법 및 서식에 따라야 한다. 〈개정 2008. 2. 29〉

④ 금융위원회는 제출된 주요사항보고서가 투자자의 투자판단에 중대한 영향을 미칠 우려가 있어 그 내용을 신속하게 알릴 필요가 있는 경우에는 대통령령으로 정하는 방법에 따라 행정기관, 그 밖의 관계기관에 대하여 필요한 정보의 제공 또는 교환을 요청할 수 있다. 이 경우 요청을 받은 기관은 특별한 사유가 없는 한 이에 협조하여야 한다. 〈개정 2008. 2. 29〉

⑤ 금융위원회는 제1항에 따라 주요사항보고서가 제출된 경우 이를 거래소에 지체 없이 송부하여야 한다.

반기보고서와 같은 기준이 적용된다(법 시행령 170조 1항 2호).

Ⅰ. 주요사항보고서의 의의

사업보고서와 함께 금융위원회에 의하여 운영되는 또 하나의 유통공시제도가 주요사항보고서이다. 이것은 사업보고서제출대상법인이 회사존립, 경영권변동, 영업활동 등에 관해 주요사실이 발생한 경우 그 사실이 발생한 날의 익일까지 금융위원회에 제출하여야 하는 보고서를 말한다(법 161조 1항). 급변하는 경제환경에서 사업보고서 등 정기적인 공시에 의한 정보만으로는 투자자들의 투자판단에 부족하기 때문에, 투자판단에 영향을 미칠 중요한 사실이 발생한 경우 그 정보를 기업이 수시로 공시하도록 하려는 취지이므로,[1] 주요사항보고서는 한국거래소에 의한 수시공시와 유사한 성격을 가진다.

종전 증권거래법하에서는 금융감독위원회(현 금융위원회)와 거래소가 중복적으로 수시공시제도를 운영하였는데 자본시장법으로 전환하면서 전통적인 의미의 수시공시는 자율규제로 전환하고 그 제도의 운영권한을 한국거래소에 일임하는 대신에 금융위원회에 의한 주요사항보고서제도를 새롭게 신설하였다(법 391조, 법부칙('07. 8. 3) 23조). 종전 수시공시사항 중 형사·행정제재가 필요한 중요사항만을 한정하여 공적규제대상으로 하고 일반적인 수시공시사항은 거래소의 자율규제대상으로 일원화시킴으로써 상장법인의 중복공시에 따른 공시부담을 경감하고 공적규제와 자율규제간의 역할 분담을 명확히 하기 위해서이다.[2] 즉, 주요사항보고서제도는 법정 공시로서 위반할 경우 형벌, 증권 발행 제한, 과징금 등 중한 제재가 따르는 반면에 거래소의 수시공시제도는 거래소규정상 공시로서 위반할 경우 불성실공시법인 지정, 공시위반제재금 등 상대적으로 경한 제재가 따른다는 점에 차이가 있다. 또한, 공시의무대상자 관점에서도 전자는 사업보고서제출대상법인으로 광범위한 반면, 후자는 주권상장법인으로 한정된다는 점에서 다르다. 그럼에도 불구하고 투자자 입장에서는 주요사항보고서 및 수시공시를 양 기관 전자공시시스템인 DART와 KIND 어느 쪽에서나 열람할 수 있다. 양 기관 간에 공시를 접수받고 지체 없이 상호 공유할 법적 의무가 존재하기 때문이다(법 161조 5항, 392조 3항).

한편, 사업보고서 등 정기보고서에서의 예측정보 기재 및 대표이사 등의 확인·검토(법 159조 6항·7항)와 마찬가지로 주요사항보고서에도 예측정보를 기재할 수 있으며, 대표이

1) 임재연, 전게서(2013), 586쪽.
2) 변제호 외 4인 공저, 「자본시장법」, 지원출판사, 2009, 400쪽; 금융감독원, 「기업공시 실무안내」, 2013, 24쪽.

사나 제출업무담당이사는 주요사항보고서의 진실성을 담보하기 위하여 기재사항을 확인·검토하고 이에 각각 서명하여야 한다(법 161조 1항 후단). 이것은 정기공시와 마찬가지로 해당 기업에게 미래의 경영성과를 알릴 기회를 제공하여 투자자에게 다양한 투자정보를 얻도록 함과 동시에 공시 남용을 방지하고 투자자를 보호하고자 경영 및 공시 책임자에게 엄격한 책임을 부여하려는 취지라고 할 수 있다.

Ⅱ. 주요사항보고서의 제출 사유 및 시점

주요사항보고서는 부도, 영업정지, 회생절차, 해산 등 회사의 존립에 관련된 사건(161조 1항 1-4호), 포괄적 주식교환, 합병, 분할 등 경영권 변동(161조 1항 6호), 또는 자본변동,[1] 중요한[2] 자산양수도, 자기주식 취득·처분, 그 밖에 대통령령으로 정하는 경영·재산 등의 중대한 영향을 미치는 사실이 일어난 경우(161조 1항 5호, 7-9호)에 한하여 제출의무가 발생한다.[3] 여기에서 대통령령에 위임된 사항은 부실징후기업에 대한 채권금융기관 공동관리 등, 주권·주식관련사채 등의 효력관련소송, 해외시장에서의 상장·상장폐지 및 거래정지 등 시장조치, 주식관련사채 발행, 지분증권등 양수도계약, 조건부자본증권 주식전환사유 발생 등 다음과 같다(영 171조 3항).

① 「기업구조조정 촉진법」 제4조 제4항 각 호의 어느 하나에 해당하는 관리절차가 개시되거나 같은 법 제12조에 따라 공동관리절차가 중단된 때(1호)

② 제167조 제1항 제2호 각 목의 어느 하나에 해당하는 증권에 관하여 중대한 영향을 미칠 소송이 제기된 때(2호)

③ 해외 증권시장에 주권의 상장 또는 상장폐지가 결정되거나, 상장 또는 상장폐지된 때 및 외국금융투자감독기관 또는 법 제406조 제1항 제2호에 따른 외국 거래소(이하 "외국 거래소"라 한다) 등으로부터 주권의 상장폐지, 매매거래정지, 그 밖의 조치를 받은 때(3호)

④ 전환사채권, 신주인수권부사채권 또는 교환사채권의 발행에 관한 결정이 있은 때(4호)

⑤ 다른 법인의 지분증권이나 그 밖의 자산(이하 이 호에서 "지분증권등"이라 한다)을 양수하는 자에 대하여 미리 정한 가액으로 그 지분증권등을 양도(2항 1호·5호에 해당하는 양수·양

1) 자본의 증가·감소 또는 조건부자본증권의 발행에 따른 증가를 말한다(법 시행령 171조 1항).

2) 해당 기업의 양수도 대상자산이 전체 자산, 매출, 또는 부채의 10% 이상인 경우를 말한다(법 시행령 171조 2항).

3) 주요사항보고서와 유사한 미국의 current report 및 일본의 임시보고서의 항목 수도 각각 22개 및 26개로 한정되어 있다.

도로 한정한다)할 수 있는 권리를 부여하는 계약 또는 이에 상당하는 계약 체결에 관한 결정이 있은 때(5호)

⑥ 조건부자본증권이 주식으로 전환되는 사유가 발생하거나 그 조건부자본증권의 상환과 이자지급 의무가 감면되는 사유가 발생하였을 때(6호)

⑦ 그 밖에 그 법인의 경영·재산 등에 관하여 중대한 영향을 미치는 사항으로서 금융위원회가 정하여 고시하는 사실이 발생한 때(7호)

주요사항보고서는 제출 사유에 해당하는 사실이 발생한 날의 다음 날까지 금융위원회에 제출하여야 하는데(161조 1항). 실제로는 금융감독원이 운영하는 전자공시시스템인 DART에 해당 사실을 입력하면 된다. 주요사항보고서가 제출된 경우 이를 거래소(KIND)에 지체 없이 송부하여야 한다(161조 5항).

Ⅲ. 주요사항보고서의 작성방식 및 첨부서류 등

사업보고서제출대상법인은 금융위원회가 정하는 기재방법 및 서식에 따라 주요사항보고서를 작성하여야 하며(법 161조 3항), 주요사항보고서를 금융위원회에 제출하는 경우에는 각 항목별로 대통령령으로 정하는 서류[1)]를 첨부하여야 한다(법 161조 2항). 금융위원회는 제출된 주요사항보고서가 투자자의 투자판단에 중대한 영향을 미칠 우려가 있어 그 내용을 신속하게 알릴 필요가 있는 경우에는 행정기관, 그 밖의 관계기관에 대하여 필요한 정보의 제공 또는 교환을 요청할 수 있으며(법 시행령 172조),[2)] 이 경우 요청을 받은 기

1) "대통령령으로 정하는 서류"란 다음 각 호의 서류나 그 사본을 말한다(법 시행령 171조 4항).
   1. 법 제161조 제1항 제1호 중 어음이나 수표가 부도로 된 경우에는 은행의 부도확인서 등 해당 사실을 증명할 수 있는 서류
   2. 법 제161조 제1항 제1호 중 은행과의 당좌거래가 정지되거나 금지된 경우에는 은행의 당좌거래 정지확인서 등 해당 사실을 증명할 수 있는 서류
   3. 법 제161조 제2호의 경우에는 이사회의사록, 행정기관의 영업정지처분명령서 등 영업정지 사실을 증명할 수 있는 서류
   4. 법 제161조 제3호의 경우에는 법원에 제출한 회생절차개시신청서 등 해당 사실을 증명할 수 있는 서류
   5. 법 제161조 제4호의 경우에는 이사회의사록, 파산결정문 등 해당 사유 발생 사실을 증명할 수 있는 서류
   6. 법 제161조 제5호부터 제8호까지의 경우에는 이사회의사록 등 해당 사실을 증명할 수 있는 서류
   7. 법 제161조 제9호의 경우에는 통지서·소장 등 해당 사실을 증명할 수 있는 서류
   8. 그 밖에 투자자 보호를 위하여 필요하다고 금융위원회가 정하여 고시하는 서류

2) 법 시행령 제172조(정보제공요청 대상기관) 금융위원회는 법 제161조 제4항에 따라 다음 각 호의 기관에 정보의 제공을 요청하는 사유를 기재한 문서(전자문서를 포함한다) 또는 모사전송의 방법으로 필요한 정보의 제공을 요청할 수 있다.
   1. 법 제161조 제1항 제1호의 사항에 관하여는 「어음법」 제38조 및 「수표법」 제31조에 따른 어음교환소로 지정된 기관
   2. 법 제161조 제1항 제3호·제4호 및 제171조 제2항 제2호의 사항에 관하여는 관할 법원
   3. 제171조 제2항 제1호의 사항에 관하여는 주채권은행

관은 특별한 사유가 없는 한 이에 협조하여야 한다(법 161조 4항).

제161조의2(자료요구권 등)

① 연결재무제표 작성대상법인 중 사업보고서 제출대상법인은 제162조 제1항에 따른 사업보고서등의 작성을 위하여 필요한 범위에서 종속회사에게 관련 자료의 제출을 요구할 수 있다.

② 연결재무제표 작성대상법인 중 사업보고서 제출대상법인은 제162조 제1항에 따른 사업보고서등의 작성을 위하여 필요한 자료를 입수할 수 없거나 종속회사가 제출한 자료의 내용을 확인할 필요가 있는 때에는 종속회사의 업무와 재산상태를 조사할 수 있다.

[본조신설 2013. 5. 28]

Ⅰ. 종속회사에 대한 자료요구 및 조사 권한의 의의

한국채택국제회계기준(K-IFRS) 시행에 따라 지배회사가 사업보고서, 주요사항보고서 등의 재무제표 등 재무사항 및 비재무사항을 연결기준으로 원활히 작성함으로써 투자자에게 정확한 정보를 제공하도록 하기 위하여 종속회사에 대한 자료제출 요구 및 조사 권한을 가지도록 신설한 제도라고 할 수 있다.

주식회사의 외부감사에 관한 법률(이하 '외감법'이라 한다)에는 이미 같은 취지의 제도가 반영되었는데(외감법 6조의2), 양자의 차이점은 외감법이 재무사항 작성에만 적용되는 반면에 이 법에 의한 권한은 비재무사항에 대하여도 적용되고, 양자를 위반한 경우 각각 부과되는 벌칙이 전자는 징역 2년 이하 또는 벌금 2천만원 이하인데 비해 후자는 징역 1년 이하 또는 벌금 3천만원이하라는 점이다(법 446조 19호의2).

Ⅱ. 자료요구 및 조사의 방법 등

지배회사의 종속회사에 대한 자료요구는 사업보고서, 주요사항보고서 등을 작성하는데 필요한 경우에 한하여 필요최소한의 범위 내에서 관련자료를 특정하여 서면 등으로 요구하는 방법으로 이루어져야 할 것이다.

또한, 지배회사의 종속회사에 대한 조사는 사업보고서, 주요사항보고서 등을 작성하는데 필요한 자료를 입수할 수 없거나 종속회사가 제출한 자료에 불분명한 내용이 있어

---

4. 그 밖의 사항에 관하여는 해당 정보를 소유하고 있는 행정기관, 그 밖의 관계 기관

확인이 필요한 경우에 한하여 종속회사의 업무 및 재산상태를 조사할 수 있다. 결국 조사권은 자료요구권을 보완하는 성격으로 보는 것이 합목적적이므로 자료요구 없이 조사부터 하는 것은 입법취지에 어긋난다고 봄이 타당할 것이다.

따라서, 지배회사는 이 자료요구 및 조사 권한을 종속회사를 지배하거나 감독하는 수단으로 남용하여서는 안될 것이다.

第162조(거짓의 기재 등에 의한 배상책임)

① 제159조 제 1 항의 사업보고서·반기보고서·분기보고서·주요사항보고서(이하 "사업보고서등"이라 한다) 및 그 첨부서류(회계감사인의 감사보고서는 제외한다) 중 중요사항에 관하여 거짓의 기재 또는 표시가 있거나 중요사항이 기재 또는 표시되지 아니함으로써 사업보고서 제출대상법인이 발행한 증권(그 증권과 관련된 증권예탁증권, 그 밖에 대통령령으로 정하는 증권을 포함한다. 이하 이 조에서 같다)의 취득자 또는 처분자가 손해를 입은 경우에는 다음 각 호의 자는 그 손해에 관하여 배상의 책임을 진다. 다만, 배상의 책임을 질 자가 상당한 주의를 하였음에도 불구하고 이를 알 수 없었음을 증명하거나 그 증권의 취득자 또는 처분자가 그 취득 또는 처분을 할 때에 그 사실을 안 경우에는 배상의 책임을 지지 아니한다. 〈개정 2009. 2. 3〉

1. 그 사업보고서등의 제출인과 제출당시의 그 사업보고서 제출대상법인의 이사
2. 「상법」 제401조의2 제 1 항 각 호의 어느 하나에 해당하는 자로서 그 사업보고서등의 작성을 지시하거나 집행한 자
3. 그 사업보고서등의 기재사항 및 그 첨부서류가 진실 또는 정확하다고 증명하여 서명한 공인회계사·감정인 또는 신용평가를 전문으로 하는 자 등(그 소속단체를 포함한다) 대통령령으로 정하는 자
4. 그 사업보고서등의 기재사항 및 그 첨부서류에 자기의 평가·분석·확인 의견이 기재되는 것에 대하여 동의하고 그 기재내용을 확인한 자

② 예측정보가 다음 각 호에 따라 기재 또는 표시된 경우에는 제 1 항에 불구하고 제 1 항 각 호의 자는 그 손해에 관하여 배상의 책임을 지지 아니한다. 다만, 해당 증권의 취득자 또는 처분자가 그 취득 또는 처분을 할 때에 예측정보 중 중요사항에 관하여 거짓의 기재 또는 표시가 있거나 중요사항이 기재 또는 표시되지 아니한 사실을 알지 못한 경우로서 제 1 항 각 호의 자에게 그 기재 또는 표시와 관련하여 고의 또는 중대한 과실이 있었음을 증명한 경우에는 배상의 책임을 진다.

1. 그 기재 또는 표시가 예측정보라는 사실이 밝혀져 있을 것
2. 예측 또는 전망과 관련된 가정 또는 판단의 근거가 밝혀져 있을 것
3. 그 기재 또는 표시가 합리적 근거 또는 가정에 기초하여 성실하게 행하여졌을 것
4. 그 기재 또는 표시에 대하여 예측치와 실제 결과치가 다를 수 있다는 주의문구가 밝혀져 있을 것

③ 제 1 항 및 제 2 항에 따라 배상할 금액은 청구권자가 그 증권을 취득 또는 처분함에 있어서

실제로 지급한 금액 또는 받은 금액과 다음 각 호의 어느 하나에 해당하는 금액(처분의 경우에는 제1호에 한한다)과의 차액으로 추정한다.

1. 제1항 및 제2항에 따라 손해배상을 청구하는 소송의 변론이 종결될 때의 그 증권의 시장가격(시장가격이 없는 경우에는 추정처분가격을 말한다)
2. 제1호의 변론종결 전에 그 증권을 처분한 경우에는 그 처분가격

④ 제3항에 불구하고 제1항 및 제2항에 따라 배상책임을 질 자는 청구권자가 입은 손해액의 전부 또는 일부가 중요사항에 관하여 거짓의 기재 또는 표시가 있거나 중요사항이 기재 또는 표시되지 아니함으로써 발생한 것이 아님을 증명한 경우에는 그 부분에 대하여 배상책임을 지지 아니한다.

⑤ 제1항 및 제2항에 따른 배상의 책임은 그 청구권자가 해당 사실을 안 날부터 1년 이내 또는 해당 제출일부터 3년 이내에 청구권을 행사하지 아니한 경우에는 소멸한다.

Ⅰ. 사업보고서등 공시 위반에 따른 민사책임

1. 유통시장에서의 부실공시로 인한 손해배상책임

발행시장에서 증권신고서 등의 부실공시로 인하여 손해배상책임이 발생하는 것과 마찬가지로, 유통시장에서도 사업보고서, 주요사항보고서 등의 중요사항에 관하여 허위기재나 누락 등으로 인한 손해가 발생한 경우 배상책임을 부담하는 것은 당연하다. 다만, 종전의 증권거래법에서는 발행시장에서의 부실공시로 인한 손해배상책임 관련조항을 준용하도록 함으로써 범위나 대상에 대한 논란의 소지가 있었기 때문에 별도 조항으로 독립시켜 신설한 것이다.[1)]

2. 손해배상책임의 발생요건 및 책임자

먼저, 발생요건은 사업보고서, 반기보고서, 분기보고서, 주요사항보고서 및 그 첨부서류(회계감사인의 감사보고서는 제외한다) 중 중요사항에 관하여 거짓의 기재 또는 표시가 있거나 중요사항이 기재 또는 표시되지 아니함으로써 사업보고서 제출대상법인이 발행한 증권(그 증권과 관련된 증권예탁증권, 그 밖에 대통령령으로 정하는 증권[2)]을 포함한다)의 취득자 또는 처분자가 손해를 입은 경우이다.

1) 김정수, 전게서(2014), 824쪽.

2) "대통령령으로 정하는 증권"이란 다음 각 호의 증권을 말한다(법 시행령 173조 1항).
   1. 해당 증권(그 증권과 관련된 증권예탁증권을 포함)과 교환을 청구할 수 있는 교환사채권
   2. 해당 증권 및 제1호에 따른 교환사채권만을 기초자산으로 하는 파생결합증권

다음으로 손해에 관하여 배상의 책임을 부담하는 자는 사업보고서등의 제출인(회사) 등 다음과 같다(법 162조 1항).

① 사업보고서등의 제출인과 제출당시의 그 사업보고서 제출대상법인의 이사(1호)

② 상법상의 업무집행지시자에 해당하는 자로서 사업보고서등의 작성을 지시하거나 집행한 자(2호)

③ 사업보고서등의 기재사항 및 그 첨부서류가 진실 또는 정확하다고 증명하여 서명한 공인회계사·감정인 또는 신용평가를 전문으로 하는 자 등(그 소속단체를 포함) 대통령령으로 정하는 자[1](3호)

④ 사업보고서등의 기재사항 및 그 첨부서류에 자기의 평가·분석·확인 의견이 기재되는 것에 대하여 동의하고 그 기재내용을 확인한 자(4호)

Ⅱ. 손해배상책임의 예외

1. 면책사유

거짓의 기재 등에 의한 손해배상에 대하여 자본시장법은 면책사유를 두고 있는데 배상책임을 질 자가 상당한 주의를 하였음에도 불구하고 이를 알 수 없었음을 증명하거나 그 증권의 취득자 또는 처분자가 그 취득 또는 처분을 할 때에 그 사실을 안 경우이다(법 162조 1항 단서). 여기서 '상당한 주의를 하였음에도 불구하고 이를 알 수 없었음'을 증명한다는 것은 '자신의 지위에 따라 합리적으로 기대되는 조사를 한 후 그에 의하여 허위기재 등이 있다고 믿을 만한 합리적인 근거가 있었고 또한 실제로 그렇게 믿었음'을 증명하는 것을 의미한다.[2] 이 조항은 발행공시에서의 손해배상에 대하여 면책사유를 두는 것과 마찬가지의 취지로서 정보공시의 중요성과 허위·부실공시의 위험성이 크다는 자본시장의 특성을 고려하여 증명책임을 원고로부터 피고로 전환한 것이라고 할 수 있다.

즉, 민법상 손해배상책임은 원고가 피고의 고의, 과실 등을 증명하는 것이 원칙인 반면, 자본시장법상 사업보고서등의 거짓의 기재 등에 의한 배상책임은 가해자가 상당한 주의를 하였음에도 불구하고 이를 알 수 없었다는 무과실을 증명하는 경우에야 책임을 벗어 날 수 있도록 함으로써 손해배상책임의 청구자인 투자자 등에게 증명의 곤란을 덜어주고 유리하도록 해주는 제도인 것이다.

다만, 원고가 사업보고서등의 거짓의 기재 등 위법사실을 알고서도 매매거래 등에

1) "대통령령으로 정하는 자"란 공인회계사, 감정인, 신용평가를 전문으로 하는 자, 변호사, 변리사 또는 세무사 등 공인된 자격을 가진 자(그 소속 단체를 포함)를 말한다(법 시행령 173조 2항).

2) 대법원 2007. 9. 21. 선고 2006다81981 판결.

참여함으로써 손해를 본 경우에는 투자자의 자기책임이라는 기본원칙아래 손해의 위험성을 감수한 투자자를 보호할 필요가 없게 된다. 따라서 이러한 사실을 피고가 증명한 경우에도 면책사유를 허용하고 있는 것이다.

2. 예측정보 특례

사업보고서등의 경우에도 증권신고서와 마찬가지로 예측정보 공시를 허용하고 있는데, 예측정보에 의해 증권의 취득자나 처분자가 손해를 입었다고 하더라도 다음의 요건을 충족하는 경우 그 손해에 관해 사업보고서등의 제출인 등은 손해배상책임을 지지 아니한다(법 162조 2항).

① 그 기재 또는 표시가 예측정보라는 사실이 밝혀져 있을 것(1호)

② 예측 또는 전망과 관련된 가정 또는 판단의 근거가 밝혀져 있을 것(2호)

③ 그 기재 또는 표시가 합리적 근거 또는 가정에 기초하여 성실하게 행하여졌을 것(3호)

④ 그 기재 또는 표시에 대하여 예측치와 실제 결과치가 다를 수 있다는 주의문구가 밝혀져 있을 것(4호)

예측정보의 경우에도 그 내용을 신뢰한 투자자의 손해를 배상하는 것이 손해배상법리나 투자자보호원칙에 부합하지만, 일정한 조건이나 환경을 전제로 예측하는 것이므로 그 조건이나 환경이 바뀌면 그 결과가 대폭적으로 변하게 될 수밖에 없다는 특성을 고려하여 면책받을 수 있는 특례를 마련한 것이다. 따라서 투자자가 예측정보의 특성을 고려하여 판단할 수 있도록 예측정보라는 사실 등 몇 가지 점을 분명히 명시하면 원칙적으로 손해배상책임을 지지 아니할 수 있도록 하는 safe harbor 조항의 성격을 가진다. 그럼에도 불구하고, 그 증권의 취득자나 처분자가 예측정보 중 중요사항에 관해 허위·부실 공시가 있음을 알지 못하고, 그리고 당해 허위·부실공시와 관련하여 사업보고서등 제출회사의 임원 등에게 고의 또는 중과실이 있었음을 증명한 때에는 사업보고서등의 제출인 등은 손해배상책임을 진다(법 162조 2항 단서).

Ⅲ. 손해배상금액의 산정 등

1. 손해배상금액의 산정

증권신고서의 경우와 마찬가지로 사업보고서등(예측정보를 포함한다)에 있어서 공시의무를 위반한 경우 해당 위반자가 배상하여야 할 금액은 청구권자가 그 증권을 취득 또는 처분함에 있어서 실제로 지급한 금액 또는 받은 금액과 다음 각 호의 어느 하나에 해당하는 금액(처분의 경우에는 1호에 한한다)과의 차액으로 추정한다(법 162조 3항).

① 손해배상청구소송의 변론이 종결될 때의 그 증권의 시장가격(시장가격이 없는 경우에는 추정처분가격)(1호)

② 제 1 호의 변론종결 전에 그 증권을 처분한 경우에는 그 처분가격(2호)

다만 공시의무위반자는 청구권자가 입은 손해액의 전부 또는 일부가 허위·부실공시에 의해 발생한 것이 아님을 증명한 때에는 그 부분에 대하여 배상책임을 지지 아니하는데(법 162조 4항). 이것은 손해와 인과관계가 없음을 증명한 부분을 배상금액에서 당연히 제외하려는 것이다.

2. 인과관계 등 증명

공시의무 위반으로 인한 손해배상책임도 원칙적으로 민법상 불법행위에 속하기 때문에 그 구성요건인 ① 권리침해 또는 의무위반(위법성), ② 위법행위자의 고의 또는 과실, ③ 위법행위와 손해 간의 인과관계, ④ 손해액을 피해자 즉, 투자자가 모두 증명할 필요가 있는지 살펴 볼 필요가 있다. 첫째, 법상 공시의무 위반이 있어야 하므로 의무위반에 대한 증명은 필요하고, 둘째, 고의·과실의 경우 앞에서 본 바와 같이 증명책임의 전환이 일어나므로 증명은 불필요하다. 그런데 셋째, 인과관계의 증명에 대하여는 거래인과관계와 손해인과관계로 나누어 볼 필요가 있고, 전자는 원고가 피고의 부실표시를 실제로 신뢰하고 거래하였다는 사실을 말하는데 우리나라의 판례는 발행시장의 경우와 마찬가지로 사업보고서등 유통시장에서의 공시의무 위반의 경우에도 거래인과관계의 존재를 시장사기이론[1]에 근거하여 추정하는 입장으로 보인다.[2] 후자의 손해인과관계는 바로 민법상 불법행위책임의 요건에 해당되는데 앞에서 본 바와 같이 증명책임의 전환이 일어나므로 증명이 불필요하다. 끝으로, 손해액도 마찬가지로 증명책임의 전환이 일어나므로 상대방인 위반행위자가 인과관계가 없음을 증명하지 않는 한 추정된다고 할 수 있다. 이와 같이 일반적인 불법행위책임과는 요건의 증명에서 상당한 차이가 있으므로 사업보고서등의 허위·부실공시에 대한 자본시장법상의 손해배상책임규정은 민법의 불법행위책임에 대한 특칙을 정한 것이라고 할 수 있다.[3]

3. 제척기간

손해배상책임은 청구권자가 해당 사실을 안 날부터 1년 이내 또는 해당 제출일로부터 3년 이내에 청구권을 행사하지 아니한 경우에는 소멸한다(법 162조 5항). "해당 사실을

1) 증권시장에서 거래하는 투자자는 시장에서 형성된 가격이 모든 공정한 정보가 반영되어 있다는 신뢰를 가지고 거래한다고 보는 미국에서 발전한 이론을 말한다.

2) 김정수, 전게서(2014), 828-829쪽; 대법원 2007. 10. 25. 선고 2006다16758·16765 판결 참조.

3) 다만, 예측정보의 경우에는 허위부실공시와 관련하여 공시의무위반자에게 손해배상책임을 묻기 위해서는 공시의무위반자의 고의·중과실이 필요하고, 이에 대한 증명책임이 고객에게 있다는 점(법 162조 2항 단서)에서 불법행위에 대한 특칙이라고 말하기에는 어려움이 있다.

안 날"은 청구권자가 사업보고서등의 중요사항에 관하여 허위기재나 기재누락을 현실적으로 인식한 때를 말하며 일반인이 그와 같은 사업보고서의 허위기재나 기재누락의 사실을 인식할 수 있는 정도라면 특별한 사정이 없는 한 배상청구권자도 마찬가지로 인식하였다고 봄이 상당할 것이다.[1)] 제척기간은 재판상 또는 재판외의 권리행사기간이며 재판상 청구를 위한 출소기간은 아니다.[2)]

第163조(사업보고서등의 공시)

금융위원회와 거래소는 사업보고서등을 3년간 일정한 장소에 비치하고, 인터넷 홈페이지 등을 이용하여 공시하여야 한다. 이 경우 기업경영 등 비밀유지와 투자자 보호와의 형평 등을 고려하여 대통령령으로 정하는 사항을 제외하고 비치 및 공시할 수 있다. 〈개정 2008. 2. 29〉

금융위원회와 거래소는 사업보고서등을 3년간 일정한 장소에 비치하고, 인터넷 홈페이지 등을 이용하여 공시하여야 하므로(법 163조 본문) 금융위원회는 금융감독원이 운영하는 전자공시시스템인 DART를, 거래소는 공시매체인 KIND, 증권정보단말기 및 증권시장지를 통하여 투자자에게 공시하고 있다. 다만 기업경영 등 비밀유지와 투자자 보호와의 형평 등을 고려하여 일정한 사항은 제외되는데(법 163조 단서), ① 군사기밀보호법 제 2 조에 따른 군사기밀에 해당하는 사항, ② 법 제159조 제 1 항에 따른 사업보고서 제출대상법인의 업무나 영업에 관한 것으로서 금융위원회의 확인을 받은 사항이 해당된다(법 시행령 174조).

第164조(조사 및 조치)

① 금융위원회는 투자자 보호를 위하여 필요한 경우에는 사업보고서 제출대상법인, 그 밖의 관계인에 대하여 참고가 될 보고 또는 자료의 제출을 명하거나, 금융감독원장에게 그 장부·서류, 그 밖의 물건을 조사하게 할 수 있다. 이 경우 제131조 제 2 항을 준용한다. 〈개정 2008. 2. 29〉

② 금융위원회는 다음 각 호의 어느 하나에 해당하는 경우에는 사업보고서 제출대상법인에 대하여 이유를 제시한 후 그 사실을 공고하고 정정을 명할 수 있으며, 필요한 때에는 증권의 발행, 그 밖의 거래를 정지 또는 금지하거나 대통령령으로 정하는 조치를 할 수 있다. 이 경우 그 조치에 필요한 절차 및 조치기준은 총리령으로 정한다. 〈개정 2008. 2. 29, 2009. 2. 3〉

1. 사업보고서등을 제출하지 아니한 경우
2. 사업보고서등 중요사항에 관하여 거짓의 기재 또는 표시가 있거나 중요사항이 기재 또는 표시되지 아니한 경우

---

1) 임재연, 전게서(2013), 599쪽; 대법원 2010. 8. 19. 선고 2008다2336 판결 참조.
2) 대법원 2012. 1. 12. 선고 2011다80203 판결.

Ⅰ. 행정조치

1. 조 사

금융위원회는 투자자 보호를 위하여 필요한 경우에는 사업보고서 제출대상법인, 그 밖의 관계인에 대하여 참고가 될 보고 또는 자료의 제출을 명하거나, 금융감독원장에게 그 장부·서류, 그 밖의 물건을 조사하게 할 수 있다. 이 경우 조사를 하는 자는 그 권한을 표시하는 증표를 지니고 이를 관계인에게 내보여야 한다(법 164조 1항, 131조 2항).

2. 조 치

금융위원회는 사업보고서등을 제출하지 아니하거나, 사업보고서등 중요사항에 관하여 거짓의 기재 또는 표시가 있거나 중요사항이 기재 또는 표시되지 아니한 경우에는 사업보고서 제출대상법인에 대하여 이유를 제시한 후 그 사실을 공고하고 정정을 명할 수 있으며, 필요한 때에는 증권의 발행, 그 밖의 거래를 정지 또는 금지하거나 다음의 조치를 할 수 있다(법 164조 2항, 법 시행령 175조).

① 1년의 범위에서 증권의 발행 제한(1호)
② 임원에 대한 해임권고(2호)
③ 법을 위반한 경우에는 고발 또는 수사기관에의 통보(3호)
④ 다른 법률을 위반한 경우에는 관련기관이나 수사기관에의 통보(4호)
⑤ 경고 또는 주의(5호)

또한 한국거래소는 유가증권시장 또는 코스닥시장 주권상장법인이 사업보고서, 반기보고서 또는 분기보고서를 제출기한까지 제출하지 않는 경우 관리종목으로 지정한다(유가증권시장 상장규정 47조, 코스닥시장 상장규정 28조). 그리고 유가증권시장 상장법인의 경우 사업보고서를 제출기한부터 10일 이내에 제출하지 않거나 반기기보고서 또는 분기보고서 미제출로 관리종목으로 지정된 상태에서 추가로 사업보고서, 반기보고서 또는 분기보고서를 제출하지 않는 경우 상장폐지하며(유가증권시장 상장규정 48조), 코스닥시장 상장법인의 경우 사업보고서를 제출기한부터 10일 이내에 제출하지 않거나 최근 2년간 3회 이상 제출기한내에 사업보고서, 반기보고서 또는 분기보고서를 제출하지 아니하는 경우 상장폐지한다(코스닥시장 상장규정 38조).

Ⅱ. 형사처벌

제159조, 제160조 또는 제161조 제 1 항을 위반하여 사업보고서, 반기보고서, 분기보고서나 주요사항보고서를 제출하지 아니한 자는 1년 이하의 징역 또는 3천만원 이하의 벌금에 처한다(법 446조 28호). 또한 사업보고서, 반기보고서, 분기보고서, 주요사항보고서 또는 제164조 제 2 항에 따른 정정명령에 따라 제출하는 사업보고서 중 중요사항에 관하여 거짓의 기재 또는 표시를 하거나 중요사항을 기재 또는 표시하지 아니한 자 및 그 중요사항에 관하여 거짓의 기재 또는 표시가 있거나 중요사항의 기재 또는 표시가 누락되어 있는 사실을 알고도 확인·서명을 한 대표이사 또는 공시담당이사와 그 사실을 알고도 이를 진실 또는 정확하다고 증명하여 그 뜻을 기재한 공인회계사·감정인 또는 신용평가를 전문으로 하는 자는 5년 이하의 징역 또는 2억원 이하의 벌금에 처한다(법 444조 13호).

제165조(사업보고서 등의 제출에 관한 특례)

① 제159조부터 제161조까지의 규정에 불구하고 외국법인등의 경우에는 대통령령으로 정하는 기준 및 방법에 따라 제출의무를 면제하거나 제출기한을 달리하는 등 그 적용을 달리할 수 있다. 〈개정 2013. 8. 13〉

② 제160조에도 불구하고 「중소기업기본법」 제 2 조에 따른 중소기업이 발행한 주권을 매매하는 대통령령으로 정하는 증권시장에 상장된 주권을 발행한 법인의 경우에는 대통령령으로 정하는 기준 및 방법에 따라 반기·분기보고서의 제출의무를 면제하거나 제출기한을 달리하는 등 그 적용을 달리할 수 있다. 〈신설 2013. 8. 13〉

Ⅰ. 외국법인에 대한 특례

자본시장법은 국내에서 공모 또는 상장한 외국법인에 대한 사업보고서 제도의 적용과 관련하여 별도의 특례를 마련하고 있다. 외국법인등[1]의 경우에는 대통령령으로 정하는 기준 및 방법에 따라 사업보고서, 분기보고서, 반기보고서 및 주요사항보고서(이하 사업

1) "외국법인등"은 외국정부, 외국지방자치단체, 외국공공단체, 외국법령에 따라 설립된 외국기업, 조약에 따라 설립된 국제기구, 그 밖에 외국에 있는 법인 등으로서 대통령령으로 정하는 자를 말한다(법 9조 16항)

보고서등)의 제출의무를 면제하거나 제출기한을 달리하는 등 그 적용을 달리할 수 있다(법 165조 1항). 그리고 금융위원회는 외국법인등의 종류·성격, 외국 법령 등을 고려하여 외국법인등의 사업보고서등의 구체적인 기재내용, 첨부서류 및 서식 등을 달리 정하여 고시한다(법 시행령 176조 7항).

1. 제출의무 면제

다음 각 호의 어느 하나에 해당하는 외국법인등에 대하여는 사업보고서등에 관한 규정(법 159조 내지 161조)을 적용하지 아니한다(법 시행령 176조 1항).

① 외국 정부(1호)

② 외국 지방자치단체(2호)

③ 외국의 법령에 따라 설립되어 공익사업을 영위하는 외국공공단체로서 외국 정부 또는 외국 지방자치단체가 지분을 보유하고 있는 외국 공공단체(3호)

④ 국제금융기구에의 가입조치에 관한 법률 제 2 조 제 1 항 각 호의 국제금융기구(4호)

2. 사업보고서등의 제출기한

외국법인의 경우에는 우리나라와의 물리적 거리, 시차 및 번역 소요시간 등을 고려하여 사업보고서, 분기보고서 및 반기보고서의 제출기한을 국내법인과 달리 정하고 있다. 사업보고서등의 제출의무가 면제되지 않는 외국법인등은 사업보고서 경과 후 120일(법 159조 1항에서 정하는 기간(90일)에 30일 연장) 이내에 제출할 수 있고, 반기보고서 및 분기보고서의 경우에는 반기 및 분기 경과 후 60일(160조 전단에서 정하는 기간(45일)에 15일 연장) 이내에 제출할 수 있다(법 시행령 176조 2항). 그럼에도 불구하고 외국법인 등이 사업보고서등에 상당하는 서류를 해당 국가에 제출한 경우에는 그 날부터 10일(주요사항보고서의 경우에는 5일) 이내에 사업보고서등을 제출할 수 있다(법 시행령 176조 3항).[1]

법 시행령 제176조 제 2 항 및 제 3 항은 기존의 증권거래법 시행령 제83조의4 제 2 항 및 제 3 항[2]을 그대로 이관한 것으로 2008. 1. 8. 구증권법 시행령 개정 이전에는 외국법인의 경우 별도의 사업보고서 제출기한 없이 해당 국가에 사업보고서를 제출하는 경

1) 이 경우 해당 국가에서 제출한 사업보고서등에 상당하는 서류에 금융위원회가 정하여 고시하는 요약된 한글 번역문을 첨부하여 제출할 수 있다(법 시행령 176조 3항).

2) 구증권법 시행령 제83조의4(외국법인등에 대한 특례) ② 외국법인등(제 1 항 각 호의 어느 하나에 해당하는 외국법인등은 제외한다. 이하 이 조에서 같다)은 법 제186조의4에 따라 사업보고서를 법 제186조의2에 따른 기간이 지난 후 30일 이내에 제출할 수 있다.
③ 제 2 항에도 불구하고 외국법인등이 사업보고서·반기보고서 또는 분기보고서에 상당하는 서류를 당해 국가에 제출하는 경우 그날부터 10일 이내에 사업보고서·반기보고서 또는 분기보고서를 제출하거나 당해 국가에서 제출한 사업보고서·반기보고서 또는 분기보고서에 상당하는 서류에 요약된 한글 번역문을 첨부하여 제출할 수 있다.

우 그 날부터 10일 이내에 제출하도록 하였으나(구증권법 시행령 83조의4 2항), 2008. 1. 8. 구 증권법 시행령 개정으로 해당 조문이 제 3 항으로 그대로 이관되고 제 2 항이 신설되어 1차상장 외국법인에 대한 사업보고서 제출의무가 부여되었다. 따라서 법 시행령 제176조 제 3 항 제정 취지 및 개정 연혁 등을 고려할 때 2차상장 외국법인의 경우 해당국가의 사업보고서 제출일이 120일 이후인 경우에는 120일을 초과할 수 있으며, 이 경우 해당국가에 사업보고서를 제출 한 후 10일 이내에 제출하면 된다고 보아야 할 것이다. 또한 해당국가에서 사업보고서의 제출기한이 연장되는 경우에는 국내 제출기한도 해당국가 제출기한 후 10일 이내로 연장되게 된다고 본다.

3. 재무제표의 제출면제

사업보고서, 반기보고서 및 분기보고서를 제출하는 외국법인등은 금융위원회가 정하는 사유[1]에 해당하는 때에는 연결재무제표에 상당하는 서류를 제출한 경우 그 외국법인등의 재무제표를 제출하지 아니할 수 있다. 이 경우 그 외국법인등은 사업보고서, 반기보고서 및 분기보고서에 다음 사항을 기재하지 아니할 수 있다(법 시행령 176조 4항).

ⅰ) 사업보고서의 경우

① 그 외국법인등의 재무제표를 기준으로 한 재무에 관한 사항과 그 부속명세

② 그 외국법인등의 재무제표에 대한 회계감사인의 감사의견

ⅱ) 반기보고서 및 분기보고서의 경우

① 그 외국법인등의 재무제표를 기준으로 한 재무에 관한 사항과 그 부속명세

② 그 외국법인등의 재무제표에 대한 회계감사인의 감사의견 또는 확인과 의견표시

4. 주요사항보고서 제출의무

증권시장에 지분증권을 상장한 외국법인등[2]은 법 제161조 제 1 항 각 호에 따라 영업활동 등에 관해 주요사실이 발생한 때에 주요사항보고서를 금융위원회에 제출하는 경우 외에 다음과 같은 경우에도 금융위원회가 정하여 고시하는 날[3]까지 주요사항보고서를 금융위원회에 제출하여야 한다(법 시행령 176조 5항).

---

1) "금융위원회가 정하여 고시하는 사유"라 함은 설립근거가 되는 국가 또는 증권이 상장된 국가의 법률에 따라 해당 외국법인등의 재무제표 및 그 재무제표에 대한 외국 회계감사인의 감사보고서의 제출이 의무화되어 있지 아니하는 경우를 말한다(증권의 발행 및 공시 등에 관한 규정 4-9조).

2) 외국 지주회사(외국 법령에 따라 설립된 회사로서 지분증권의 소유를 통하여 다른 회사의 사업내용을 지배하는 것을 주된 사업으로 하는 회사를 말한다. 이하 같다)의 경우에는 그 외국 지주회사의 자회사(외국 지주회사가 채택하고 있는 회계처리기준에 따라 연결대상이 되는 회사를 말한다)가 다음 각 호의 어느 하나에 해당하는 경우를 포함한다.

3) "금융위원회가 정하여 고시하는 날"이란 그 사실 발생일 이후 2영업일을 말한다(증권의 발행 및 공시 등에 관한 규정 4-12조).

① 지분증권의 양도제한, 외국법인등의 국유화 등 외국법인등이나 그 출자자에게 중대한 영향을 미치는 외국 법령 등이 변경된 때(1호)

② 외국법인등의 주식 등에 대하여 외국에서 공개매수 또는 안정조작·시장조성이 행하여지는 때(2호)

③ 외국금융투자감독기관 또는 외국 거래소로부터 관계법규위반으로 조치를 받은 때(3호)

④ 외국 거래소로부터 매매거래 정지·해제, 상장폐지 조치를 받은 때(4호)

5. 회계처리기준

증권시장에 지분증권을 상장한 외국법인등의 사업보고서·반기보고서·분기보고서에 기재하거나 첨부하는 재무제표 또는 연결재무제표는 다음의 어느 하나에 해당하는 회계처리기준에 따라 작성된 것이어야 한다(법 시행령 176조 6항).

① 한국채택국제회계기준(1호)

② 국제회계기준위원회가 제정한 국제회계기준(2호)

③ 미국 내에서 일반적으로 인정되는 회계처리기준(3호)

Ⅱ. 코넥스시장 상장법인에 대한 특례

창업초기 중소·벤처기업에 특화된 중소기업전용시장인 코넥스시장의 경우 시장참여자가 전문투자자 등으로 제한되는 특성과 중소·벤처기업의 공시부담 등을 고려하여 코넥스시장에 상장된 주권을 발행한 법인에 대한 특례를 마련하고 있다(법 165조 2항). 중소기업법 제 2 조에 따른 중소기업이 발행한 주권을 매매하는 코넥스시장에 주권을 상장한 법인에 대하여는 반기·분기보고서의 제출의무를 면제한다(법 시행령 176조 8항).

[초판: 권종호, 개정판: 김연미 · 장인봉 · 이근영]

제 3 장의2 주권상장법인에 대한 특례

제165조의2(적용범위)

① 이 장은 다음 각 호의 어느 하나에 해당하지 아니하는 주권상장법인에 대하여 적용한다.
1. 외국법인등. 다만, 제165조의16 및 제165조의18은 그러하지 아니하다.
2. 투자회사

② 이 장은 주권상장법인에 관하여 「상법」 제 3 편에 우선하여 적용한다.

자본시장법상 주권상장법인에 대한 특례규정은 외국법인과 투자회사 등을 제외한 주권상장법인에 대하여 적용한다. 다만, 외국법인등일지라도 자본시장법 제165조의16(주권상장법인 재무관리기준)과 제165조의18(주권상장법인에 대한 조치)의 경우에는 특례규정이 적용된다.[1)]

한편 상장법인의 특례규정은 주권상장법인에 관하여 상법 제 3 편(회사편)에 우선하여 적용한다. 다만 자본시장법이 규정하고 있지 않은 사항을 상법이 규정하고 있을 때에는 상법의 규정이 보충적으로 적용된다. 예컨대, 자본시장법은 자기주식의 취득에 따른 이사의 자본충실책임을 규정하고 있지 않는데, 이를 규정한 상법 제341조 제 3 항과 제 4 항의 경우 상장법인에게도 적용될 것이다.[2)]

○ 前注(자기주식 취득 및 처분의 특례)

Ⅰ. 상법상의 규제	Ⅱ. 자본시장법상의 규제

자기주식 취득이란 회사가 자기의 명의와 계산으로 자신이 발행한 주식을 취득하는 것을 말한다. 자기주식의 취득에 대해서는 상법과 자본시장법에서 각각 규제하고 있는데, 모두 일정한 요건을 준수하는 것을 전제로 자기주식의 취득을 허용하고 있다(상법 341조, 법 165조의2).

1) 금융감독원, 「기업공시 실무안내」, 2013, 73쪽.
2) 한국상사법학회 편, 주식회사법대계 Ⅰ, 법문사, 2013, 1027쪽(정수용 집필부분).

Ⅰ. 상법상의 규제

2011년 개정 전 상법은 배당가능이익의 범위 내라 할지라도 자기주식의 취득에 대하여 원칙적으로 금지하고 있는 반면, 자본시장법은 이를 허용하고 있어서 상장여부에 따라 이러한 차별을 하는 것은 부당하는 비판이 많았다. 이를 반영하여 2011년 개정상법에서는 회사가 배당가능이익의 범위 내에서 자기의 명의와 계산으로 자기주식을 취득하는 것을 허용하고 있다(상법 341조 1항). 그 이외에 특정한 목적을 위하여 자기주식을 취득하는 경우에는 이러한 재원규제와 관계없이 예외적으로 자기주식의 취득을 인정하고 있다. 즉, ① 회사의 합병 또는 다른 회사의 영업전부의 양수로 인한 때(상법 341조의2 1호), ② 회사가 권리를 실행함에 있어 그 목적을 달성하기 위하여 필요한 때(2호), ③ 단주처리를 위해 필요한 때(3호), ④ 주주가 주식매수청구권을 행사한 때(4호), ⑤ 발행주식총수의 20분의 1 범위 내에서의 질취를 위한 때(341조의3)[1]이다.

한편 상법 제341조 제 1 항이 배당가능이익의 범위 내에서 자기주식 취득을 원칙적으로 허용한 규정인지, 아니면 개정상법에도 불구하고 상법상 자기주식의 취득은 금지가 원칙이고 예외적으로만 허용된다고 보아야 하는지 여부가 논란된다.

원칙허용설은 상법은 종래 자기주식을 "취득하지 못한다"는 표현을 일반취득과 특정목적의 취득에서 모두 "취득할 수 있다"로 변경함으로써 자기주식 취득금지의 원칙은 더 이상 유지되지 않는다고 주장한다.[2] 즉, 개정 전 상법 제341조는 "회사는 다음의 경우 외에는 자기의 계산으로 자기의 주식을 취득하지 못한다"고 규정하였으나, 개정상법 제341조 제 1 항은 "회사는 다음의 방법에 따라 자기의 명의와 계산으로 자기의 주식을 취득할 수 있다"고 규정하고, 제341조의2는 "회사는 다음 각 호의 어느 하나에 해당하는 경우에는 제341조에도 불구하고 자기의 주식을 취득할 수 있다"고 규정한 점을 근거로 든다. 또한 개정법의 입법취지로부터 그 근거를 찾기도 한다.[3]

원칙금지설은 개정상법의 취지와 관련하여 개정상법이 자기주식의 취득에 대한 규제를 대폭적을 완화하였지만, 주식회사의 출자의 환급을 원칙적으로 금지하는 것이 채권자보호를 위한 요청이라는 점에서 명문의 규정은 없지만 여전히 자기주식취득 금지가 원칙이라는 견해이다. 이 견해는 상법 제341조 배당가능이익의 범위 내에서의 취득과 제341조의2 특정한 목적에 의한 취득은 모두 자기주식의 취득이 예외적으로 허용되는 경우라는 주장이다.[4] 생각건대, 자기주식의 취득은 자본충실의 원칙에 입각하여 회사채권

1) 합병 또는 다른 회사의 영업의 전부의 양수로 인한 경우 및 회사의 권리를 실행함에 있어 목적달성을 위해 필요한 경우에는 그 한도를 초과하여 질취할 수 있다(상법 341조의3 단서).
2) 임재연, 전게서(2013), 442쪽.
3) 법무부, 「상법 회사편 해설」, 2012, 105쪽.
4) 권기범, 「현대회사법론(제 4 판)」, 삼영사, 2012, 513쪽; 송옥렬, 전게서(2013), 834쪽; 이철송, 전게서

자 보호를 위하여 인정되는 원칙이므로 상법이 규정한 예외적인 경우에만 허용된다는 원칙금지설이 타당하다고 본다.

그 외에도 ① 위탁매매업자가 위탁자의 계산으로 자기주식을 취득하는 경우(예컨대, 투자매매업자·투자중개업자가 고객의 위탁을 받아 자기주식을 취득하는 경우)[1]나 ② 신탁회사가 신탁재산으로서 자기주식을 취득하는 경우 혹은 ③ 회사가 무상으로 자기주식을 취득하는 경우에는 해석상 허용되는 것으로 보고 있다.[2] ① 및 ②는 회사가 제 3 자(타인)의 계산으로 자기주식을 취득하는 경우이고, ③의 경우에는 회사의 재산을 감소시켜 채권자를 위태롭게 하거나 부당한 투기수단으로 이용될 가능성이 없기 때문이다.[3]

Ⅱ. 자본시장법상의 규제

자기주식 취득을 금지하는 논거에 대해서는 일찍부터 비판적인 견해가 적지 않았다. 예컨대, 자기주식 취득은 사실상 출자의 환원으로서 자본충실원칙을 해한다는 주장에 대해서는 배당가능이익을 재원으로 할 경우에는 전혀 문제가 안 될 뿐만 아니라 내부자거래의 우려는 자본시장법상의 내부자거래규제로서 대처할 수 있으며, 방어수단으로서의 남용우려 역시 경영자의 선관주의의무 위반이나 판례 등에 의해 확립된 방어수단의 정당화 기준(중요목적기준 등)에 의해서도 얼마든지 규제가 가능하다는 것이다.

자기주식 취득을 사전예방적인 차원에서 획일적으로 규제하는 기존의 규제방식에 대한 이러한 비판과 함께 자기주식 취득이 갖는 재무전략적인 측면에서의 효용(자기주식취득의 이익배당기능이나 주가부양수단으로서의 기능)과 적대적 M&A의 위협의 증가에 따른 방어수단의 필요성이 강조되면서 우리나라에서도 1994년 구증권법의 개정을 통해 상장법인에 한해 자기주식 취득을 원칙적으로 허용하였다. 상장법인의 자기주식 취득 및 처분에 대해 자본시장법에서는 제165조의3에서 규정하고 있다.

한편 2013년 자본시장법 개정에서는 2011년 개정상법을 반영하여 자기주식에 관한 조항의 일부 정비가 이루어졌다. 주권상장법인의 자기주식의 취득방법으로서 신탁계약에 의하는 경우 이외에 상법 제341조 제 1 항에 따른 방법을 수용하였다. 또한 상법 제341조 제 2 항은 배당가능이익의 범위 내에서 자기주식의 취득을 하는 경우 주주총회 또는 이사회결의에 의하도록 하고 있다. 이에 따라 상장회사가 자본시장법에 따라 자기주식을 취득하는 경우에도 주주총회 또는 이사회결의가 필요한지 여부에 대해 해석상 문제될 수

(2013), 381쪽; 최준선, 전게서(2012), 236쪽.

1) 그러나 자본시장법 시행령에서는 투자매매업자·투자중개업자는 자신이 발행한 자기주식의 매매를 투자자에게 권유하지 못하도록 규정하고 있다(법 시행령 68조 5항 9호).

2) 이철송, 전게서(2013), 392쪽.

3) 대법원 1989. 11. 28. 선고 88누9268 판결.

있으므로, 이사회결의로써 가능하도록 기존 자본시장법 시행령 제176조의2 제 1 항에 규정하였던 내용을 자본시장법 제165조의3 제 3 항에 규정함으로써 해석상 논란의 소지를 제거하였다.

제165조의3(자기주식 취득 및 처분의 특례)

① 주권상장법인은 다음 각 호의 방법으로 자기주식을 취득할 수 있다.

1. 「상법」 제341조 제 1 항에 따른 방법
2. 신탁계약에 따라 자기주식을 취득한 신탁업자로부터 신탁계약이 해지되거나 종료된 때 반환받는 방법(신탁업자가 해당 주권상장법인의 자기주식을 「상법」 제341조 제 1 항의 방법으로 취득한 경우로 한정한다)

② 제 1 항의 경우 자기주식의 취득가액의 총액은 「상법」 제462조 제 1 항에 따른 이익배당을 할 수 있는 한도 이내이어야 한다.

③ 주권상장법인은 제 1 항의 방법 또는 「상법」 제341조 제 1 항 각 호의 어느 하나에 해당하는 방법으로 자기주식을 취득하는 경우에는 같은 조 제 2 항에도 불구하고 이사회의 결의로써 자기주식을 취득할 수 있다.

④ 주권상장법인은 제 1 항에 따라 자기주식을 취득(자기주식을 취득하기로 하는 신탁업자와의 신탁계약의 체결을 포함한다)하거나 이에 따라 취득한 자기주식을 처분(자기주식을 취득하기로 하는 신탁업자와의 신탁계약의 해지를 포함한다)하는 경우에는 대통령령으로 정하는 요건·방법 등의 기준에 따라야 한다. [전문개정 2013. 4. 5]

Ⅰ. 자기주식의 취득방법 및 재원에 대한 규제

1. 자기주식 취득의 허용

주권상장법인(외국법인등 및 투자회사 제외)은 원칙적으로 자기주식을 취득할 수 있다(법 165조의3 1항). 다만 은행법 등 다른 법률에서 별도로 규제하고 있는 경우에는 그에 따라야 한다. 자기주식 취득에 대해 자본시장법은 목적에 대해 특별히 제한하고 있지 않기 때문에 주권상장법인은 오로지 주가관리나 적대적 M&A에 대한 방어수단으로 자기주식을 취득하는 것도 가능하다. 자기주식 취득을 방어수단으로 이용하는 것에 대해서는 경영진이 회사의 자금으로 경영권을 안정시킨다는 것은 불공정하다는 비판이 있지만, 적대적 M&A가 기업가치를 훼손하고 주주의 공동이익을 침해하는 경우라면 이 때에는 자기주식을 통해 경영권을 방어하는 것은 정당화된다고 본다.[1] 회사의 여유자금을 오로지 주가관리만을 위해 사용한다는 것에 대해서는 계속기업(going concern)을 전제로 할 때 비판의 여지가 있을 수 있을 것이다.

2. 자기주식의 취득방법

자본시장법상 주권상장법인은 (i)상법 제341조 제1항에 따른 방법이나 (ii) 신탁계약에 따라 자기주식을 취득한 신탁업자로부터 신탁계약이 해지되거나 종료된 때 반환받는 방법(신탁업자가 해당 주권상장법인의 자기주식을 상법 제341조 제1항의 방법으로 취득한 경우로 한정함)으로 자기주식을 취득할 수 있다(법 165조의3 1항). 상법 제341조 제1항에 따르면 회사는 ① 거래소에서 시세가 있는 주식의 경우에는 거래소에서 취득하는 방법, ② 제345조 제1항의 주식의 상환에 관한 종류주식의 경우 외에 각 주주가 가진 주식 수에 따라 균등한 조건으로 취득하는 것으로서 대통령령으로 정하는 방법에 따라 자기의 명의와 계산으로 자신의 주식을 취득할 수 있다. 여기서 대통령령으로 정하는 방법이라 함은 (a) 회사가 모든 주주에게 자기주식 취득의 통지 또는 공고를 하여 주식을 취득하는 방법, (b) 자본시장법 제133조부터 제146조까지의 규정에 따른 공개매수의 방법을 말한다(상법 시행령 9조).

따라서 자본시장법상 허용되는 자기주식 취득방법은 (i) 거래소에서 취득하는 방법, (ii) 회사가 모든 주주에게 자기주식 취득의 통지 또는 공고를 하여 주식을 취득하는 방법, (iii) 자본시장법상 공개매수의 방법, (iv) 신탁계약에 따라 자기주식을 취득한 신탁업자로부터 신탁계약이 해지되거나 종료된 때 반환받는 방법 등 네 가지이다. 여기서 (i) 내지 (iii)은 회사가 자기명의로 자기주식을 취득하는 경우이며, (iv)는 타인명의로 취득하는 경우이다.

(1) 거래소에서 취득하는 방법

회사는 거래소에서 시세가 있는 주식의 경우에는 거래소에서 취득하는 방법으로 자기주식을 취득할 수 있다. 여기서 "거래소에서 시세가 있는 주식"은 자본시장법상 상장주식을 의미하고, "거래소에서 취득"한다는 것은 자본시장법상 증권시장에서 취득하는 것을 의미한다.[2] 상법은 거래소에서 장내취득하기만 하면 자기주식을 취득하는 방법에 대하여 아무런 제한규정을 두지 않고 있다. 주권상장법인에 관한 자기주식 특례 규정인 자본시장법 제165조의3 제1항은 상법 제341조 제1항에 의한 취득방법을 수용하고 있

1) 임재연, 「증권거래법(전정판)」, 박영사, 2008, 645쪽.
2) 임재연, 「개정판 회사법 I」, 박영사, 2013, 444-445쪽.

지만, 발행공시규정 제5-5조는 매수주문의 방법 및 기간외 대량매매 등에 대하여 규정하고 있다. 그러나 상법에는 이러한 제한이 없기 때문에 주권상장법인이 자본시장법상의 절차가 아니라 상법에 따라 자기주식을 취득하는 경우에는 자본시장법, 특히 발행공시규정의 제한을 받는지 여부가 문제될 수 있었다. 이에 대해 자본시장법은 상장법인 및 증권시장의 감독목적도 있으므로 상장법인에 대해서는 자본시장법이 우선하여 적용된다고 해석되었는데,[1] 2013년 개정된 자본시장법은 주권상장법인의 특례 규정을 상법 회사편에 우선하여 적용한다고 규정하여 이를 명확히 하였다(법 165조의2 2항). 따라서 상장법인이 발행공시규정의 제한을 회피하여 상법의 요건에 따라 자기주식을 취득할 수는 없을 것이다.

(2) 회사가 모든 주주에게 자기주식 취득의 통지 또는 공고를 하여 주식을 취득하는 방법(균등한 조건으로 취득하는 방법)

2013년 개정 전 자본시장법 제165조의2 제 2 항이 주권상장법인의 자기주식 취득방법을 제한적으로 열거함에 따라 상장회사가 상법 제341조 제 1 항 제 2 호 및 상법 시행령 제 9 조에 따른 균등조건 취득의 방법으로 자기주식을 취득할 수 있는지 여부가 문제되었다. 이에 대해 거래소에서 취득하는 방법 이외의 다른 방법이 더 공정할 수 있고, 거래소 외에서의 취득이 회사에 더 유리할 수도 있으므로 상장회사라 하더라도 균증조건 취득방법으로 취득할 수 있다는 견해가 제기되었다.[2] 반면 2013년 개정 전 자본시장법 제165조의2 제 2 항이 상법 제341조 제 1 항을 명시적으로 열거하지 않았을 뿐만 아니라,[3] 구법 제165조의2 제 2 항을 상법에 대한 특별 규정으로 보아 상장회사는 균등조건 취득의 방법으로 자기주식을 취득할 수 없다고 해석하는 것이 일반적인 견해이었다.[4]

한편 2013년 개정된 자본시장법 제165조의3 제 1 항이 자기주식의 취득방법으로서 상법 제341조 제 1 항에 따른 방법을 명시적으로 규정함에 따라, 상장회사가 상법 제341조 제 1 항 제 2 호에 따라 주주가 가진 주식 수에 따라 균등조건으로 취득하는 방법(이하 "균등조건 취득방법" 이라 한다), 즉 회사가 모든 주주에게 자기주식 취득의 통지 또는 공고를 하여 주식을 취득할 수 있는 방법을 활용할 수 있는지 여부가 문제된다.

자본시장법 제165조의2 제 2 항에 따라 주권상장법인에 대해서는 자본시장법상의 특례 규정이 상법에 우선하여 적용되지만, 자본시장법과 그 하위 법령에서 상법 제341조 제 1 항

1) 한국상사법학회 편, 전게서(2013), 1002쪽(정수용 집필부분).
2) 이철송, 전게서(2013), 387쪽. 이 견해는 거래소를 통해 취득하는 방법은 모든 주주에게 형식적으로 공평한 기회를 보장하지만, 거래방식에 따라서는 일부 주주의 주식만을 집중적으로 취득할 수도 있으므로 거래소를 통한 취득일지라도 형식적인 공평성 이외에 주주들에게 실질적으로 공평한 기회를 제공하여야 한다고 주장한다.
3) 한국상사법학회 편, 전게서(2013), 1002쪽(정수용 집필부분).
4) 상게서, 1029쪽(정수용 집필부분).

제 2 호의 균등조건에 의한 취득방법에 대하여 특별하게 규정하고 있지 않으므로, 상장법인도 균등조건에 의한 취득방법을 활용할 수 있을 것이다. 다만, 개별 주주들에게 통지를 하기 위해서는 기준일이나 주주명부 폐쇄 등을 통하여 실질주주를 확정하는 절차가 필요로 하는 등 번거로움이 있기 때문에 현실적으로 활용될 가능성은 높지 않다고 본다.[1)]

상법 시행령 제10조는 균등한 조건으로 취득하는 방법에 관하여 다음과 같이 규정하고 있다.

1) 이사회 결의

주주총회에서 자기주식 취득을 결정한 회사가 자기주식을 취득하려는 경우에는 이사회의 결의로써 다음 사항을 정하여야 한다. 이 경우 주식 취득의 조건은 이사회가 결의할 때마다 균등하게 정하여야 한다(상법 시행령 10조 1호).

가. 자기주식 취득의 목적

나. 취득할 주식의 종류 및 수

다. 주식 1주를 취득하는 대가로 교부할 금전이나 그 밖의 재산(해당 회사의 주식은 제외. 이하에서 "금전등")의 내용 및 그 산정 방법

라. 주식 취득의 대가로 교부할 금전등의 총액

마. 20일 이상 60일 내의 범위에서 주식양도를 신청할 수 있는 기간("양도신청기간")

바. 양도신청기간이 끝나는 날부터 1개월의 범위에서 양도의 대가로 금전등을 교부하는 시기와 그 밖에 주식 취득의 조건

2) 통지 및 공고

회사는 양도신청기간이 시작하는 날의 2주 전까지 각 주주에게 회사의 재무 현황, 자기주식 보유 현황 및 제 1 호 각 목의 사항을 서면으로 또는 각 주주의 동의를 받아 전자문서로 통지하여야 한다. 다만, 회사가 무기명식의 주권을 발행한 경우에는 양도신청기간이 시작하는 날의 3주 전에 공고하여야 한다(상법 시행령 10조 2호).

3) 주식양도 신청

회사에 주식을 양도하려는 주주는 양도신청기간이 끝나는 날까지 양도하려는 주식의 종류와 수를 적은 서면으로 주식양도를 신청하여야 한다(상법 시행령 10조 3호).

4) 계약의 성립

주주가 회사에 대하여 주식 양도를 신청한 경우 회사와 그 주주 사이의 주식 취득을 위한 계약 성립의 시기는 양도신청기간이 끝나는 날로 정하고, 주주가 신청한 주식의 총수가 제 1 호 나목의 취득할 주식의 총수를 초과하는 경우 계약 성립의 범위는 취득할 주식의 총수를 신청한 주식의 총수로 나눈 수에 제 3 호에 따라 주주가 신청한 주식의 수

1) 동지: 상게서, 1002쪽(정수용 집필부분).

를 곱한 수(이 경우 끝수는 버린다)로 정하여야 한다(상법 시행령 10조 4호).[1]

(3) 공개매수에 의한 취득

자본시장법상 주권상장법인은 법 제133조부터 제146조까지의 규정에 따른 공개매수의 방법을 통하여 자기주식을 취득할 수 있다(상법 시행령 9조 1항 2호). 자본시장법상 공개매수란 불특정 다수인에 대하여 의결권 있는 주식, 그 밖에 대통령령으로 정하는 증권("주식등")의 매수(다른 증권과의 교환을 포함한다)의 청약을 하거나 매도(다른 증권과의 교환을 포함한다)의 청약을 권유하고 증권시장 및 다자간매매체결회사(이와 유사한 시장으로서 해외에 있는 시장을 포함한다) 밖에서 그 주식등을 매수하는 것을 말한다(법 133조 1항).

여기서 "의결권 있는 주식, 그 밖에 대통령령으로 정하는 증권"이란 의결권 있는 주식에 관계되는 다음 각 호의 어느 하나에 해당하는 증권("주식등")을 말한다(법 시행령 139조 1항).

1. 주권상장법인이 발행한 증권으로서 다음 각 목의 어느 하나에 해당하는 증권

가. 주권

나. 신주인수권이 표시된 것

다. 전환사채권

라. 신주인수권부사채권

마. 가목부터 라목까지의 증권과 교환을 청구할 수 있는 교환사채권

바. 가목부터 마목까지의 증권을 기초자산으로 하는 파생결합증권(권리의 행사로 그 기초자산을 취득할 수 있는 것만 해당한다)

2. 제 1 호에 따른 주권상장법인 외의 자가 발행한 증권으로서 다음 각 목의 어느 하나에 해당하는 증권

가. 제 1 호에 따른 증권과 관련된 증권예탁증권

나. 제 1 호에 따른 증권이나 가목의 증권과 교환을 청구할 수 있는 교환사채권

다. 제 1 호에 따른 증권이나 가목·나목의 증권을 기초자산으로 하는 파생결합증권(권리의 행사로 그 기초자산을 취득할 수 있는 것만 해당한다)

비상장회사도 자본시장법상 공개매수의 방법으로 자기주식을 취득할 수 있는가? 이에 대해 상법 시행령 제 9 조 제 1 항 제 2 호는 자본시장법에 규정된 공개매수에 의하여 취득하는 방법을 정한 것이고, 반드시 자본시장법상 공개매수의 대상에 한정한다는 취지는 아니므로 비상장회사도 이 방식으로 취득할 수 있다는 견해[2]와, 상장회사만이 자본

1) 상법 시행령 제10조 제 4 호에 대해서는 주주가 가진 주식 수에 따라 균등조건으로 자기주식을 취득하여야 한고 규정한 상법 제341조 제 1 항 제 2 호와 모순된다는 주장이 제기된다(신현탁, "개정상법에 의한 자기주식취득 제도의 변화,"「경영법률」 제23권 제 4 호(2013), 139쪽).

2) 임재연, 전게서(2013), 446쪽.

시장법상 공개매수의 방법으로 자기주식을 취득할 수 있다는 견해[1]로 나뉜다. 전자의 견해를 취하는 경우 비상장회사의 주식은 자본시장법상 공개매수의 대상증권에 해당하지 않기 때문에 오히려 상법 시행령에서 이를 규정할 실익이 있으며, 다만 이 경우 자본시장법의 공개매수 관련 규제가 적용되지 않는다고 해석한다.[2]

(4) 신탁계약에 의한 취득

상장법인은 자기주식을 타인명의로 간접취득할 수도 있는데, 상장법인은 신탁업자와 자기주식 신탁계약을 체결함으로써 자기주식을 신탁회사 명의로 취득할 수 있다(법 165조의3 1항 2호 괄호 및 동조 2항). 신탁계약을 체결하는 경우에 신탁업자는 자기주식을 상법 제341조 제 1 항에 따라 거래소에서 취득하거나, 공개매수 또는 모든 주주에게 취득의 통지 또는 공고하는 방법으로 취득하여야 한다(법 165조의3 1항 2호 괄호 및 동조 2항, 상법 341조 1항 2호, 상법 시행령 9조 1항).[3]

자본시장법에서는 신탁계약을 통해 자기주식을 취득하는 것에 대해서는 매수방법 등에 대한 규제가 없다. 이는 신탁업자의 업무에 대해서는 자본시장법과 신탁법에서 별도로 규제하고 있을 뿐만 아니라 주권상장법인이 자기의 명의로 자기주식을 취득하는 경우에 비해 상대적으로 주가상승 등 시세조종에 대한 우려가 적은 것으로 보았기 때문일 것이다. 그러나 신탁계약을 통한 자기주식의 취득은 주로 특정금전신탁의 방법으로 이루어질 수밖에 없으므로 주권상장법인은 얼마든지 신탁업자에게 영향력을 행사할 수 있고, 그 점에서는 신탁을 통한 자기주식 취득의 경우에도 의도적인 주가조정 등의 형태가 나타날 수 있다. 이러한 때에는 시세조종혐의를 배제할 수 없을 것이다.[4] 금융감독원의 실무는 자기주식 신탁계약의 자기주식 매매주문으로 발생할 수 있는 가격왜곡 현상을 최소화하기 위하여 자기주식을 직접 취득·처분할 때 적용되는 제한을 동일하게 적용하며, 다만 일일 주문수량은 발행주식총수의 1% 이내로 제한한다.[5]

반면 신탁계약을 통해 자기주식을 취득한 경우에도 일정의 공시규제는 이루어지고 있다. 즉 자기주식 취득에 관하여 신탁계약을 체결한 주권상장법인은 해당계약을 체결한 후 3월이 경과한 때에는 그 날부터 5일 이내에 신탁계약에 따라 신탁업자가 취득하여 보유하고 있는 자기주식 상황보고서, 즉 "신탁계약에 의한 취득상황보고서"를 금융위원회에 제출하여야 한다(발행공시규정 5-10조 1항). 그리고 동 보고서에는 보고대상 기간 중 해당 신탁계약을 통하여 취득한 자기주식의 취득 결과를 확인할 수 있는 서류를 첨부하여야

1) 송옥렬, 전게서(2013), 836쪽; 안성포, "자기주식취득의 허용에 따른 법적 쟁점," 「상사법연구」 제30권 제 2 호(2011), 85쪽.
2) 임재연, 전게서(2013), 448쪽.
3) 한국상사법학회 편, 전게서(2013), 1029쪽(정수용 집필부분).
4) 김정수, 전게서(2011), 878쪽.
5) 금융감독원, 전게서(2013), 61쪽.

한다(동조 3항 전단). 신탁계약에 따라 자기주식을 취득하여 보유하고 있는 주권상장법인은 자기주식 보유상황을 해당연도 각 분기말을 기준으로 사업보고서 및 분·반기보고서에도 기재하여야 한다(동조 4항).

그리고 신탁계약을 체결하고 있는 주권상장법인으로서 자기주식 취득금액한도를 초과하게 된 경우에는 해당 주권상장법인은 신탁계약을 체결하고 있는 신탁업자에 해당 사실을 지체 없이 통보하여야 한다(발행공시규정 5-11조 3항).

3. 취득재원

주권상장법인이 자기주식을 취득하는 경우 자기주식의 취득가액의 총액은 상법 제462조 제1항에 따른 이익배당을 할 수 있는 한도 이내이어야 한다(법 165조의3 2항). 증권발행공시규정 제5-11조는 자기주식 취득금액한도의 산정기준을 정하고 있는데, 자기주식 신탁계약을 체결한 경우와 자기주식을 처분한 경우에 관한 특칙이 존재하여, 구체적인 취득한도금액이 상법과 달라질 수 있다. 자본시장법은 상법과는 달리 상법상 배당가능이익에 결산기말 이후에 자기주식을 취득한 금액을 공제하고, 처분한 금액을 가산하여 취득한도를 계산한다.[1)]

즉, 주권상장법인이 자기주식을 취득할 수 있는 금액의 한도는 직전 사업연도말 재무제표를 기준으로 상법 제462조 제1항에 따른 이익배당을 할 수 있는 한도의 금액[2)]에서 제1호부터 제3호까지의 금액을 공제하고 제4호의 금액을 가산한 금액으로 한다(발행공시규정 5-11조 1항).

1. 직전 사업연도말 이후 상법 제341조의2, 제343조 제1항 후단, 법 제165조의3에 따라 자기주식을 취득한 경우 그 취득금액(자기주식의 취득이 진행 중인 경우에는 해당 최초취득일부터 취득금액한도 산정시점까지 발생한 자기주식의 취득금액을 포함한다)

2. 신탁계약이 있는 경우 그 계약금액(일부해지가 있는 경우에는 해당 신탁계약의 원금 중에서 해지비율 만큼의 금액을, 직전 사업연도말 현재 해당 신탁계약을 통하여 취득한 자기주식이 있는 경우에는 해당 신탁계약의 원금 중에서 취득한 자기주식에 해당하는 금액을 각각 차감한 금액을 말한다)

3. 직전 사업연도말 이후의 정기주주총회에서 결의된 이익배당금액 및 상법 제458조 본문의 규정에 따라 해당 이익배당에 대하여 적립하여야 할 이익준비금(법 165조의12에 따라 이사회에서 결의된 분기 또는 중간배당금액 및 해당 분기 또는 중간배당에 대하여 적립하여야 할 이익준비금

---

1) 한국상사법학회 편, 전게서(2013), 1029쪽(정수용 집필부분).

2) 제462조(이익의 배당) ① 회사는 대차대조표의 순자산액으로부터 다음의 금액을 공제한 액을 한도로 하여 이익배당을 할 수 있다.
1. 자본금의 액
2. 그 결산기까지 적립된 자본준비금과 이익준비금의 합계액
3. 그 결산기에 적립하여야 할 이익준비금의 액
4. 대통령령으로 정하는 미실현이익

을 포함한다)

4. 직전 사업연도말 이후 상법 제342조·법 제165조의3 제4항·제165조의5 제4항에 따라 처분한 자기주식(상법 제343조 제1항 후단에 따라 소각한 주식은 제외한다)이 있는 경우 그 처분주식의 취득원가(이동평균법을 적용하여 산정한 금액으로 한다)

경영실적 등의 악화로 인해 이익배당을 할 수 있는 한도 등의 감소로 직전 사업연도 말의 취득한도를 초과하여 자기주식을 취득한 경우 2013년 개정 전 자본시장법은 이를 3년 이내 처분하도록 규정하였다. 그러나 2011년 상법 개정으로 이러한 경우 초과하여 취득한 자기주식을 처분할 의무를 부담하지 않고, 이사들이 제341조 제3항과 제4항에 따른 책임만 부담한다. 이에 따라 상법과의 정합성을 위해 2013년 자본시장법을 개정하여 3년 이내에 처분하도록 규정한 구법 제165조의2 제5항, 시행령 제176조의3을 삭제하였다. 자기주식의 취득 또는 처분 기간은 이사회의 결의사항에 따른다(시행령 176조의2 1항 1호, 규정 5-1조 1호 바목 및 2호 바목). 처분의무 조항은 삭제되었지만, 취득한도금액을 초과하여 취득한 자기주식은 이사회 결의로 상당한 기간 내에 처분하여야 할 것이다.

자기주식을 취득할 때 이사의 자본충실책임을 규정한 상법 제341조 제3항과 제4항은 자본시장법에 그 규정이 없으므로 상장법인에도 적용된다.[1] 상법 제341조 제3항과 제4항에 따른 책임과 관련하여 12월말 결산법인이 2013년 1월에 자기주식을 취득하고 2013년 3월 말에 정기총회를 통해 재무제표를 확정하는 경우, 취득할 1월 당시 직전 결산기의 배당가능이익은 2012년 재무제표가 아직 확정되지 않았으므로 2011년 배당가능이익이 될 수밖에 없으며, 자기주식을 취득한 해당 영업연도는 2013년 이므로 배당가능이익을 2011년과 2013년을 비교하여야 하는지, 아니면 2011년과 2012년을 비교하여야 하는지가 문제된다. 상법의 문언만으로 보면 2011년(직전 결산기)과 2013년(해당 영업연도)의 배당가능이익을 비교하여 이사의 자본충실책임을 판단할 수밖에 없다.[2]

4. 위반의 효과

(1) 취득방법의 위반

자본시장법에서 자기주식 취득의 방법에 대해 엄격히 규제하는 이유는 주주에게 주식을 매각할 기회를 공평하게 제공하기 위해서이다. 따라서 취득방법을 위반한 경우에는 주주평등원칙에 반하므로 그 거래는 무효라고 보는 견해[3]와, 원칙적으로 무효이지만 상대방이 선의인 경우에 한하여 유효로 보는 견해[4]가 있다.

---

1) 한국상사법학회 편, 전게서(2013), 1029쪽(정수용 집필부분).
2) 금융감독원, 전게서(2013), 119쪽; 한국상사법학회 편, 전게서(2013), 1028쪽(정수용 집필부분).
3) 임재연, 전게서(2013), 462쪽; 김정수, 전게서(2011), 873쪽.
4) 한국증권법학회, 「자본시장법[주석서 Ⅰ]」, 박영사, 2012, 696쪽(권종호 집핍부분).

자기주식의 대부분을 차지하는 거래소를 통한 취득의 경우 현재 증권거래시스템 아래에서는 매도인별로 매도한 주식수를 특정할 수 없으므로 자기주식을 무효로 본다고 하더라도 원상회복이 불가능하다는 현실적인 문제가 제기된다.[1)]

(2) 취득한도의 위반

자본시장법에서 자기주식의 취득재원에 대해 규제하는 이유는 회사의 채권자를 보호하기 위해서이다. 취득재원에 대한 규제에 위반하여 자기주식을 취득한 경우 그 법적 효과에 관해서는 유효설이 유력하다. 그 근거로는 자본시장법에서는 자기주식 취득을 원칙적으로 허용하고 있는 점, 자기주식 취득을 무효로 했을 때 발생하는 거래 안전상의 문제, 취득한 자기주식 중 재원규제 위반분과 그렇지 않은 부분의 구별의 현실적 어려움 등이 거론된다.[2)] 반면 무효설은 취득금액 한도를 위반한 경우 위반분만 무효로 본다.[3)]

취득재원에 관한 규제를 위반한 자기주식 취득의 경우에도 원칙적으로 무효로 보아야 할 것이나 현실적으로 취득한 자기주식 중 재원규제를 위반한 부분과 그렇지 않은 부분을 구별하는 것이 불가능할 수 있다는 점, 배당가능이익의 한도감소로 인하여 초과취득하게 된 자기주식을 무효로 하지 않고 3년 이내에 초과분을 처분하도록 하였는데 2013년 개정 자본시장법은 이 처분규정마저 삭제한 점(법 165조의2 5항 삭제)을 고려하면 유효로 볼 수밖에 없을 것이다.

Ⅱ. 자기주식 취득의 절차

1) 이사회 결의

주권상장법인은 자본시장법 제165조의3 제 1 항의 방법 또는 상법 제341조 제 1 항 각 호의 어느 하나에 해당하는 방법으로 자기주식을 취득하는 경우에는 상법 제341조 제 2 항에도 불구하고 이사회의 결의로써 자기주식을 취득할 수 있다(법 165조의3 3항). 자기주식의 처분도 이사회 결의에 따른다(법 165조의3 4항, 법 시행령 176조의2 1항).

주권상장법인이 법 제165조의3에 따라 자기주식을 취득 또는 처분하거나 신탁계약을 체결 또는 해지하려는 경우 이사회는 다음 사항을 결의하여야 한다(법 시행령 176조의2 1항).

1. 거래소에 취득하는 방법이나 균등한 조건으로 취득 또는 처분하려는 경우에는 취득 또는 처분의 목적·금액 및 방법, 주식의 종류 및 수, 그 밖에 금융위원회가 정하여 고시하는 사항[4)]

---

1) 임재연, 전게서(2013), 458쪽; 한국상사법학회 편, 전게서(2013), 1036쪽(정수용 집필부분).

2) 김정수, 전게서(2002), 542쪽.

3) 임재연, 전게서(2013), 458쪽; 김정수, 전게서(2011), 873쪽.

4) 제5-1조(자기주식취득·처분에 관한 이사회결의 사항) 주권상장법인이 영 제176조의2 제 1 항 제 1 호에 따라 이사회결의를 거쳐야 할 사항은 다음 각 호와 같다.

2. 신탁계약을 체결 또는 해지하려는 경우에는 체결 또는 해지의 목적·금액, 계약기간, 그 밖에 금융위원회가 정하여 고시하는 사항[1]

2) 주요사항보고서의 제출

주권상장법인은 자기주식을 취득(자기주식의 취득을 목적으로 하는 신탁계약의 체결을 포함한다) 할 것을 이사회에서 결의한 때에는 그 사실이 발생한 날의 다음 날까지 그 내용을 기재한 주요사항보고서를 금융위원회에 제출하여야 한다(법 161조 1항 8호). 이처럼 자기주식 취득 전에 주요사항보고서를 금융위원회에 제출하도록 한 것은 미공개정보를 이용한 불법내부자거래를 방지하고 감독당국이 그 취득의 적법성여부를 사전에 객관적으로 검토하기 위해서이다.[2] 금융위원회는 주요사항보고서가 제출된 경우 이를 거래소에 지체 없이 송부하여야 한다(법 161조 5항).

금융감독원의 실무는 자본시장법에 자기주식 취득 이외에 상법 제341조의2에 따른 특정목적에 의한 자기주식 취득의 경우 별도의 결의가 있다고 보기 어렵고, 단지 다른 행위에 자기주식 취득이 수반되는 것에 불과하므로, 자기주식 취득에 대한 주요사항보고서 제출의무는 없다고 본다. 다만 이렇게 취득한 자기주식을 처분할 때에는 처분결의를 수반하므로 제출의무가 있다.[3]

3) 취득결과보고서의 제출

주권상장법인이 자기주식의 취득을 완료하였거나 취득기간이 만료된 때에는 그 날로부터 5일 이내에 취득결과보고서를 금융위원회에 제출하여야 한다(발행공시규정 5-8조 1항). 취득결과보고서에는 ① 매매거래의 내역을 증명할 수 있는 서류, ② 취득에 관한 이

---

1. 취득의 경우
  가. 취득의 목적
  나. 취득예정금액
  다. 주식의 종류 및 수
  라. 취득하고자 하는 주식의 가격
  마. 취득방법
  바. 취득하고자 하는 기간
  사. 취득 후 보유하고자 하는 예상기간
  아. 취득을 위탁할 투자중개업자의 명칭
  자. 그 밖에 투자자 보호를 위하여 필요한 사항

1) 제5-2조(신탁계약에 의한 자기주식취득·처분에 관한 이사회결의 사항) 주권상장법인이 영 제176조의 2 제1항 제2호에 따라 이사회결의를 거쳐야 할 사항은 다음 각 호와 같다.
1. 신탁계약의 체결의 경우
  가. 체결목적
  나. 체결금액
  다. 계약일자 및 계약기간
  라. 계약을 체결하고자 하는 신탁업자의 명칭
  마. 그 밖에 투자자 보호를 위하여 필요한 사항

2) 임재연, 전게서(2013), 632쪽.

3) 금융감독원, 전게서(2013), 54쪽.

사회 결의 내용대로 취득하지 않았을 경우에는 그 사유서 및 소명자료를 첨부하여야 한다(동조 2항). 주권상장법인은 취득결과보고서를 제출한 경우에 한하여 자기주식 취득에 관하여 새로운 이사회 결의를 할 수 있다(발행공시규정 5-4조 1항 전단).[1] [2] 자기주식 취득에 관하여 신탁계약을 체결한 주권상장법인은 해당 계약을 체결한 후 3월이 경과한 때에는 그날부터 5일 이내에 신탁계약에 따라 신탁업자가 취득하여 보유하고 있는 자기주식 상황보고서(이하 "신탁계약에의한취득상황보고서")를 금융위에 제출하여야 한다(발행공시규정 5-10조 1항).

주요사항보고서 제출 후 주가가 상승하는 경우 신고금액을 초과하여 자기주식을 취득할 수 있는가? 현행법상 자기주식의 취득신고는 취득수량과 취득금액 중 어느 것을 기준으로 그 이행여부를 판단할 것인지에 대해 명확한 규정은 없으나, 해석상 다음과 같은 근거에서 취득신고주식수량을 그 이행여부 판단기준으로 본다. 첫째, 발행공시규정 제5-4조 제1항에 따르면 취득신고주식수량을 모두 취득하지 못한 경우에는 해당 취득기간 만료 후 1개월이 경과하여야 새로운 이사회 결의를 할 수 있다. 둘째, 주요사항보고서상의 취득예정금액은 취득신고수량에 주요사항보고서 제출일의 전일종가를 적용하여 산출한 금액으로서 이는 취득할 금액이 아니라 투자자에게 공시하기 위한 예시금액에 불과하다. 따라서 주요사항보고서 제출 후 취득신고수량에 따라 자기주식을 취득하였으나 주가가 상승한 결과 취득예정금액을 초과하게 되는 것은 문제가 되지 않는다. 물론 상법상 배당가능이익의 한도를 초과할 수는 없다.[3]

4) 취득기간

주권상장법인이 법 제165조의3 제1항 및 제2항에 따라 자기주식을 취득하려는 경우에는 법 제391조에 따라 이사회 결의 사실이 공시된 날의 다음 날부터 3개월 이내에 금융위원회가 정하여 고시하는 방법[4]에 따라 증권시장에서 자기주식을 취득하여야 한다(법 시행령 176조의2 3항). 주권상장법인은 자기주식의 취득결과보고서를 제출한 경우에 한하여 자기주식 취득에 관하여 새로운 이사회 결의를 할 수 있다. 3개월의 기간 이내에 결

1) 그러나 주권상장법인이 주식매수선택권 행사에 대비하기 위하여 자기주식을 취득하고자 하는 경우에는 다음의 요건을 충족하면 취득결과보고서를 제출하지 않더라도 자기주식 취득에 관하여 새로운 이사회 결의를 할 수 있다(발행공시규정 5-4조 2항). ① 종전의 이사회결의에 따른 자기주식 취득이 주식매수선택권의 행사에 따라 자기주식을 교부하는 것을 목적으로 하지 않을 것, ② 새로운 이사회 결의일 현재 주식매수선택권의 행사가능일이 이미 도래하였거나 행사가능일이 3월 이내에 도래하는 경우로서 주식매수선택권 행사에 따라 자기주식을 교부하기로 한 수량 이내에서 취득할 것. 이 경우 해당 주권상장법인은 그 사실을 증명할 수 있는 서류를 주요사항보고서에 첨부하여야 한다.

2) 주권상장법인이 주식매수선택권의 행사에 따라 교부할 목적으로 취득하고 있는 자기주식은 해당 취득에 대한 취득결과보고서 제출 전이라도 이를 취득목적에 따라 교부할 수 있다. 이 경우 교부된 자기주식은 취득결과보고서 제출시점까지는 처분되지 않은 것으로 본다(발행공시규정 5-4조 3항).

3) 금융감독원, 전게서(2013), 130쪽.

4) 증권발행공시규정 제5-5조 참조.

의한 취득신고주식수량을 모두 취득하지 못한 경우에는 해당취득기간 만료 후 1월이 경과하여야 새로운 이사회 결의를 할 수 있다(발행공시규정 5-4조 1항 후단). 다만, 보통주를 취득하기 위하여 취득에 관한 이사회결의를 하였으나 다시 상법에 따른 의결권이 없거나 제한되는 주식을 취득하고자 하는 경우에는 후단의 규정을 적용하지 아니한다(동조항 단서). 즉, 위 제한을 받지 않고 신고한 취득기간 이내에 별도의 이사회결의로 자기주식을 취득할 수 있다.[1] 또한 주식매수선택권의 부여를 위하여 자기주식을 취득하는 경우에도 일정한 요건을 충족하는 때에는 이러한 제한을 받지 않는다(발행공시규정 5-4조 2항).

5) 매수주문의 방법

(가) 원　　칙

주권상장법인이 자기주식을 취득하는 경우에는 취득방법이나 취득규모에 따라서는 시세에 큰 영향을 미칠 수 있다. 따라서 이러한 매매주문으로 인한 가격왜곡 현상을 최소화하기 위하여 발행공시규정은 매수주문방법에 관해 일정한 제한을 하고 있다. 즉, 주권상장법인이 상법 제341조 제1항 제1호의 방법으로 자기주식을 취득하기 위하여 매수주문을 하고자 할 때에는 다음의 방법에 따라야 한다(발행공시규정 5-5조 1항).

i) 첫째, 거래소가 정하는 바에 따라 장개시 전에 매수주문을 하는 경우에는 매수가격은 전일의 종가와 전일의 종가를 기준으로 100분의 5 높은 가격의 범위 이내로 하여야 한다.

ii) 둘째, 거래소가 정하는 정규시장의 매매거래시간 중에 매수주문(정정매수주문을 포함)을 하는 경우에는 매수가격은 다음 ①에서 정하는 가격과 ②에서 정하는 가격의 범위 이내로 하여야 한다. 이 경우 매매거래시간 중 매수주문은 거래소가 정하는 정규시장이 종료하기 30분 전까지 제출하여야 한다. ① 매수주문시점의 최우선매수호가와 매수주문 직전까지 체결된 당일의 최고가 중 높은 가격, ② 매수주문시점의 최우선매수호가와 매수주문 직전의 가격 중 높은 가격으로부터 10 호가가격단위 낮은 가격.

iii) 셋째, 1일 매수주문수량은 취득신고주식수의 100분의 10에 해당하는 수량과 이사회결의일 전일을 기산일로 하여 소급한 1개월간의 일평균거래량의 100분의 25에 해당하는 수량 중 많은 수량 이내로 하여야 한다. 다만, 그 많은 수량이 발행주식총수의 100분의 1에 해당하는 수량을 초과하는 경우에는 발행주식총수의 100분의 1에 해당하는 수량 이내로 하여야 한다.

(iv) 넷째, 매수주문일 전일의 장 종료 후 즉시 위탁투자중개업자로 하여금 1일 매수주문수량등을 거래소에 신고하도록 하여야 하며, 매수주문위탁 투자중개업자는 1일 1사로 하여야 하고, 이사회에서 결의한 자기주식 취득기간 중에 매수주문을 위탁하는 투

1) 한국상사법학회 편, 전게서(2013), 1032쪽(정수용 집필부분).

자중개업자는 5사를 초과해서는 아니 된다.

㈏ **시간외 대량매매**

주권상장법인이 다음 어느 하나에 해당하는 경우에는 거래소가 정하는 시간외 대량매매의 방법에 따라 자기주식을 취득할 수 있다(발행공시규정 5-5조 2항).

ⅰ) 정부, 한국은행, 예금보험공사, 한국산업은행, 중소기업은행, 한국수출입은행 및 정부가 납입자본금의 100분의 50 이상을 출자한 법인으로부터 자기주식을 취득하는 경우

ⅱ) 정부가 주권상장법인의 자기주식 취득과 관련하여 공정경쟁 촉진, 공기업 민영화 등 정책목적 달성을 위하여 허가·승인·인가 또는 문서에 의한 지도·권고를 하고 금융위에 요청한 경우로서 금융위가 투자자보호에 문제가 없다고 인정하여 승인하는 경우

㈐ **주식매수선택권의 행사에 따른 취득의 경우**

주권상장법인이 주식매수선택권의 행사에 따라 자기주식을 교부하기 위하여 새로이 자기주식을 취득하고자 이사회 결의를 한 때에는, 매수주문가격 및 1일 매수주문수량 등의 적용에 있어서 각각의 이사회 결의를 기준으로 적용한다(발행공시규정 5-5조 3항).

㈑ **매수주문의 특례**

자본시장법은 이처럼 주권상장법인의 자기주식 취득에 대해서는 매수수량과 시기에 대해 일정한 제한을 가하고 있지만, 시장상황의 급변 등 특수한 상황에 대비한 특례도 아울러 규정하고 있다. 즉 거래소는 시장상황 급변 등으로 투자자 보호와 시장안정을 유지하기 위하여 즉각적인 조치가 필요한 경우 1일 매수주문수량을 이사회 결의 주식수 이내로 하여 주권상장법인 자기주식을 취득하도록 할 수 있다(발행공시규정 5-6조 1항). 다만 이러한 조치를 취하거나 이를 변경하려고 할 경우에는 거래소는 사전에 금융위원회의 승인을 받아야 한다(동조 2항).

㈒ **투자중개업자의 위탁거부**

자기주식의 취득을 위탁받은 투자중개업자는 해당 주권상장법인이 영 제176조의2 제2항에 위반하여 자기주식이 취득 제한기간 중에 자기주식의 매수를 위탁하는 것임을 안 경우에는 그 위탁을 거부하여야 한다(발행공시규정 5-7조).

Ⅲ. 자기주식의 처분

1. 처분방법

자본시장법은 상법과 마찬가지로 자기주식 처분에 관한 사항을 특별히 규정하고 있지 않다. 다만 자기주식의 장내처분에 관해서는 다음에 기술하는 것처럼 시장왜곡이나 불공정거래 방지를 위한 제한이 있다(발행공시규정 5-9조 5-8항). 금융감독원 실무는 자본시

장법상 자기주식의 취득은 모든 주주에게 매도할 수 있는 기회를 공평하게 주어야 하기 때문에 주주평등의 원칙상 거래소시장을 통한 경쟁매매만 허용한다. 그러나 자기주식의 처분에 관해서는 명문의 규정이 없어 이러한 원칙을 엄격하게 적용할 필요가 없으므로 장내처분뿐만 아니라 장외처분도 가능하다고 한다.[1]

또한 장외처분의 경우 거래소시장을 통한 매도의 경우와는 달리 수량과 매도가격에 대한 제한도 없으므로, 원칙적으로 수량과 매도가격 역시 당사자들의 합의에 의하여 정해진다. 그렇지만 발행공시규정이 장내매도의 경우 가격제한 규정을 둔 취지를 고려해 볼 때, 장외처분의 경우에도 이에 상응하는 합리적인 가격이어야 할 것이고, 처분가격이나 처분시기가 불합리한 경우 불공정거래행위나 이사의 배임행위 등 민·형사상 책임이 발생할 수 있다.[2]

2. 처분 절차

주권상장법인이 취득한 자기주식을 처분(자기주식을 취득하가로 하는 신탁업자와의 신탁계약의 해지를 포함한다)하는 경우에는 대통령령으로 정하는 요건·방법 등의 기준에 따라야 한다(법 165조의3 4항).

1) 이사회 결의

주권상장법인이 취득한 자기주식을 처분하거나 신탁계약을 해지하려는 경우 먼저 이사회 결의를 거쳐야 한다(법 시행령 176조의2 1항 본문). 다만, 주식매수선택권의 행사에 따라 자기주식을 교부하는 경우와 신탁계약의 계약기간이 종료한 경우에는 그러하지 아니하다(법 시행령 176조의2 1항 단서).

자기주식을 처분하려는 경우 이사회 결의사항은 처분의 목적·금액 및 방법, 주식의 종류 및 수, 그 밖에 금융위원회가 정하여 고시하는 사항[3]이다(영 176조의2 1항 1호). 신탁계약을 해지하려는 경우에는 해지의 목적·금액, 계약기간, 그 밖에 금융위원회가 정하여

---

1) 금융감독원, 전게서(2013), 121쪽; 한국상사법학회 편, 전게서(2013), 1030쪽(정수용 집필부분).

2) 금융감독원, 전게서(2013), 121쪽.

3) 제5-1조(자기주식취득·처분에 관한 이사회결의 사항) 주권상장법인이 영 제176조의2 제1항 제1호에 따라 이사회결의를 거쳐야 할 사항은 다음 각 호와 같다.
1. 취득의 경우 (생략)
2. 처분의 경우
가. 처분목적
나. 처분예정금액
다. 주식의 종류 및 수
라. 처분하고자 하는 주식의 가격
마. 처분방법
바. 처분하고자 하는 기간
사. 처분을 위탁할 투자중개업자의 명칭
아. 그 밖에 투자자 보호를 위하여 필요한 사항

고시하는 사항[1])이다(영 176조의2 1항 2호).

2) 처분결과보고서

주권상장법인이 자기주식을 처분하면 처분결과보고서를 금융위원회에 제출하여야 하는데, 그 절차는 취득결과보고서와 동일하다. 즉 주권상장법인이 자기주식의 처분을 완료하거나 처분하고자 하는 기간이 만료된 때에는 그 날로부터 5일 이내에 자기주식의 처분에 관한 결과보고서(처분결과보고서)를 금융위원회에 제출하여야 하며, 이때 처분결과보고서에는 ① 처분내역을 증명할 수 있는 서류, ② 처분에 관한 이사회결의 내용대로 처분하지 않았을 경우에는 그 사유서 및 소명자료를 첨부하여야 한다(발행공시규정 5-9조 1항, 5-8조).[2])

주권상장법인은 처분결과보고서를 제출한 경우에 한하여 자기주식처분에 관하여 새로운 이사회 결의를 할 수 있으며, 처분기간, 즉 이사회 결의일 익일부터 3월 이내(발행공시규정 5-9조 1항)의 기간 동안 결의한 처분주식수량을 모두 처분하지 못한 경우에는 해당 처분기간 만료 후 1월이 경과하여야 새로운 이사회 결의를 할 수 있다(발행공시규정 5-9조 1항, 5-4조 1항).[3]) 다만 주식매수선택권의 행사에 따라 자기주식을 교부하는 경우와 신탁계약의 계약기간이 종료된 경우에는 처분결과보고서의 제출을 생략할 수 있다(발행공시규정 5-9조 4항).

3) 신탁계약 해지결과의 보고

주권상장법인이 신탁계약을 해지하는 이사회 결의를 한 때에는 신탁계약을 해지한 날부터 5일 이내에 신탁계약의 해지결과보고서(신탁계약해지결과보고서)를 금융위에 제출하여야 한다(발행공시규정 5-10조 2항). 신탁계약해지결과보고서에는 신탁계약 해지사실을 확인할 수 있는 서류를 첨부하여야 한다(동조 3항 후단).

---

1) 제5-2조(신탁계약에 의한 자기주식취득·처분에 관한 이사회결의 사항) 주권상장법인이 영 제176조의2 제1항 제2호에 따라 이사회결의를 거쳐야 할 사항은 다음 각 호와 같다.
   1. 신탁계약의 체결의 경우 (생략)
   2. 신탁계약의 해지(일부해지를 포함한다. 이하 같다)의 경우
      가. 해지목적
      나. 해지금액
      다. 해지일자
      라. 해지할 신탁업자의 명칭
      마. 그 밖에 투자자 보호를 위하여 필요한 사항

2) 다만 주식매수선택권의 행사에 따라 자기주식을 교부하는 경우에는 발행공시규정 제5-4조 제1항 및 제5-8조를 준용하지 아니하며, 자기주식을 교환대상으로 하는 교환사채의 발행을 통하여 처분하는 경우에는 발행공시규정 제5-8조를 준용하지 않는다(발행공시규정 5-9조 1항).

3) 다만, 보통주를 처분하기 위하여 이사회결의를 하였으나 다시 의결권 없는 주식을 처분하고자 하는 경우에는 그러하지 아니하다(발행공시규정 5-9조 1항, 5-4조 1항 단서).

3. 매도주문의 방법

자기주식처분의 경우에도 자기주식 취득의 경우와 마찬가지로 매도주문방법에 관해 엄격히 규제하고 있는데, ① 증권시장을 통한 처분뿐만 아니라 ② 시간외대량매매방법에 의한 처분, ③ 전자증권중개회사를 통한 처분에 관해서도 각각 규정을 두고 있다. 이는 자기주식의 장내처분은 위의 3방법에 의해서만 이루어져야 함을 의미하는 것으로 보아야 할 것이다.

1) 증권시장을 통한 처분

주권상장법인이 증권시장을 통하여 자기주식을 처분하기 위하여 매도주문을 하고자 할 때에는 다음 방법에 따라야 한다(발행공시규정 5-9조 5항).

ⅰ) 첫째, ① 거래소가 정하는 바에 따라 장 개시 전에 매도주문을 하는 경우에는 매도가격은 전일의 종가와 전일종가를 기준으로 2 호가가격단위 낮은 가격의 범위 이내로 하여야 하며, ② 거래소가 정하는 정규시장의 매매거래시간 중에 매도주문(정정매도주문 포함)을 하는 경우에는 매도가격은 매도주문 직전의 가격과 매도주문시점의 최우선매도호가 중 낮은 가격과 그 가격으로부터 10 호가가격단위 높은 가격의 범위 이내로 하여야 한다. 이 경우 매매거래시간 중 매도주문은 거래소가 정하는 정규시장이 종료하기 30분 전까지 제출하여야 한다(1호).

ⅱ) 둘째, 1일 매도주문수량은 처분신고주식수의 100분의 10에 해당하는 수량과 처분신고서 제출일 전일을 기산일로 하여 소급한 1개월간의 일평균거래량의 100분의 25에 해당하는 수량 중 많은 수량 이내로 하여야 한다. 다만, 그 많은 수량이 발행주식총수의 100분의 1에 해당하는 수량을 초과하는 경우에는 발행주식총수의 100분의 1에 해당하는 수량 이내로 하여야 한다(2호).

ⅲ) 셋째, 매도주문일 전일의 장 종료 후 즉시 매도주문 위탁 투자중개업자는 1일 매도주문수량등을 거래소에 신고하여야 한다(3호).

ⅳ) 매도주문 위탁 투자중개업자는 1일 1사로 하여야 하고, 다만 이사회 결의에서 정한 자기주식 처분기간 중에 매도주문을 위탁하는 투자중개업자는 5사를 초과해서는 아니 된다(4호).

2) 시간외대량매매의 방법에 의한 처분

주권상장법인은 자기주식을 거래소가 정하는 시간외대량매매의 방법으로 처분하는 것도 가능한데, 이 경우에는 위 (1)의 ⅰ) 및 ⅱ)는 적용하지 아니하며, 매도주문의 호가는 당일(장 개시 전 시간외대량매매의 경우에는 전일을 말한다) 종가를 기준으로 100분의 5 낮은 가격과 100분의 5 높은 가격의 범위 이내로 하여야 한다(발행공시규정 5-9조 6항).

3) 다자간매매체결회사를 통한 처분

주권상장법인이 다자간매매체결회사를 통하여 자기주식을 처분하기 위하여 매도주문을 할 때에는 발행공시규정 제5-9조 제 5 항에 따른 증권시장을 통한 처분의 방법을 준용한다(발행공시규정 5-9조 7항).

4) 투자중개업자의 위탁거부

주권상장법인으로부터 자기주식의 처분을 위탁받은 투자중개업자는 주권상장법인이 자기주식처분기준에 관한 시행령 제176조의2에 위반하여 자기주식의 매도를 위탁하는 것임을 안 경우에는 그 위탁을 거부하여야 한다(발행공시규정 5-9조 8항).

4. 자기주식을 교환대상으로 하는 전환사채의 발행

주권상장법인이 자기주식을 교환대상으로 하거나 자기주식으로 상환하는 사채권을 발행한 경우에는 그 사채권을 발행하는 때에 자기주식을 처분한 것으로 본다(법 시행령 176조의2 4항). 주권상장법인이 자기주식을 교환대상으로 하는 교환사채의 발행을 완료한 때에는 그 날로부터 5일 이내에 처분결과보고서를 제출하여야 하며, 동 처분결과보고서에는 처분(교환사채 발행) 내역을 증명할 수 있는 서류를 첨부하여야 한다(발행공시규정 5-9조 3항).

Ⅳ. 자기주식 취득 또는 처분의 금지기간

주권상장법인은 다음에 해당하는 기간 동안에는 자기주식의 취득 또는 처분 및 신탁계약의 체결 또는 해지를 할 수 없다(법 시행령 176조의2 2항, 106조 5항). 이는 자기주식의 취득 또는 처분(신탁계약의 체결·해지 및 신탁계약을 통한 자기주식의 취득·처분)으로 인하여 인위적인 시장가격의 왜곡이 발생하거나, 미공개정보를 이용한 매매거래가 발생되지 않도록 하기 위한 것이다.

1. 다른 법인과의 합병에 관한 이사회 결의일부터 과거 1개월간
2. 유상증자의 신주배정에 관한 기준일(일반공모증자의 경우에는 청약일) 1개월 전부터 청약일까지의 기간
3. 준비금의 자본전입에 관한 이사회 결의일부터 신주배정기준일까지의 기간
4. 제205조 제 1 항 제 5 호에 따른 시장조성을 할 기간
5. 법 제174조 제 1 항에 따른 미공개중요정보가 있는 경우 그 정보가 공개되기 전까지의 기간
6. 처분(신탁계약의 해지를 포함) 후 3개월간 또는 취득(신탁계약의 체결을 포함) 후 6개월간.

이러한 제한사유 중 제 1 호와 제 2 호는 상장법인이 자기주식을 취득하여 주가에 영

향을 미침으로써 합병이나 신주발행 시의 기준가격의 공정한 산정을 저해할 우려가 있기 때문이다. 제 3 호의 경우 신주발행과 관련하여 기존에 공시한 사항의 변경이 초래되기 때문이다. 제 4 호 내지 제 5 호는 증권시장에서의 기타 공정한 거래의 형성을 저해한다. 제 6 호는 빈번한 취득·처분으로 인한 시장가격의 왜곡을 예방하기 위한 것이다.[1)]

한편 (i) 주요사항보고서 제출 후 자기주식 취득 전에 보고서에 기재한 취득기간, 취득방법, 수량 등을 변경할 수 있는가? 이러한 사항은 투자자의 투자판단에 영향을 미치는 중요한 사항이고, 변경을 허용하면 투자자에게 혼란을 줄 수 있으므로 변경을 허용하지 않는 것이 금융감독원의 실무이다.[2)] (ii) 신고한 자기주식취득기간 중에 취득수량을 증가시키거나 별도의 자기주식 취득을 위한 주요사항보고서를 제출하는 것은 이미 제출한 보고서에 대한 공시번복에 해당할 수 있고 투자자들의 예측 가능성을 저해할 수 있으므로 허용되지 않는다(발행공시규정 5-4조 1항).[3)] 반면 유사한 경제적 효과를 초래함에도 불구하고 자기주식의 신탁계약기간 도중 별도의 신탁계약을 체결하면서 주요사항보고서를 제출하는 것은 허용한다. 즉, 자본시장법이 신탁계약 체결 이후 6개월 이내에 이를 해지하거나, 신탁계약 해지 이후 3개월 이내에 신규 신탁계약을 체결하는 것을 금지하고 있다. 그러나 자기주식의 신탁계약기간 도중 새로운 신탁계약을 체결하면서 주요사항보고서를 추가로 제출할 수 있는지 여부에 대하여는 명문의 규정은 없는데, 신탁계약의 체결 및 해지에 대한 제한만 명시하고, 통상 신탁계약기간이 1년 이상인 장기인 점 등을 고려하여 신탁계약기간 중 별도의 신탁계약 체결 및 동 보고서의 제출도 허용한다.[4)]

한편 취득 또는 처분의 제한기간 운용과 관련하여 투자자의 투자판단에 중대한 영향을 미칠 요인이 적거나 기업 경영상 불가피하게 자기주식의 취득 또는 처분이 필요한 경우까지 제한할 필요가 없기 때문에 다음의 경우 "처분(신탁계약의 해지를 포함한다) 후 3개월간 또는 취득(신탁계약의 체결을 포함한다) 후 6개월간"이라는 제한이 적용되지 않는다(법 시행령 176조의2 2항 6호).[5)]

가. 임직원에 대한 상여금으로 자기주식을 교부하는 경우(계열사의 임직원은 불포함)

나. 주식매수선택권의 행사에 따라 자기주식을 교부하는 경우

다. 법 제165조의3 제 2 항에 따른 한도를 초과하는 자기주식을 처분하는 경우

라. 임직원에 대한 퇴직금·공로금 또는 장려금 등으로 자기주식을 지급(「근로복지기본법」에 따른 사내근로복지기금에 출연하는 경우를 포함)하는 경우

1) 금융감독원, 전게서(2013), 57-59쪽; 한국상사법학회 편, 전게서(2013), 1032-1033쪽(정수용 집필부분).
2) 금융감독원, 전게서(2013), 120쪽; 한국상사법학회 편, 전게서(2013), 1033쪽(정수용 집필부분).
3) 금융감독원, 전게서(2013), 122쪽.
4) 금융감독원, 전게서(2013), 123쪽; 한국상사법학회 편, 전게서(2013), 1033쪽(정수용 집필부분).
5) 김정수, 전게서(2011), 881쪽.

마. 「근로복지기본법」 제 2 조 제 4 호에 따른 우리사주조합에 처분하는 경우

바. 법령 또는 채무이행 등에 따라 불가피하게 자기주식을 처분하는 경우

사. 「공기업의 경영구조개선 및 민영화에 관한 법률」의 적용을 받는 기업이 민영화를 위하여 그 기업의 주식과의 교환을 청구할 수 있는 교환사채권을 발행하는 경우

아. 국가 또는 「예금자보호법」에 따른 예금보험공사로부터 자기주식을 취득한 기업이 그 주식과 교환을 청구할 수 있는 교환사채권을 발행하는 경우(자목의 경우는 제외). 이 경우 교환의 대상이 되는 자기주식의 취득일부터 6개월이 지난 후에 교환을 청구할 수 있는 교환사채권만 해당한다.

자. 아목에 따른 기업이 교환사채권을 해외에서 발행하는 경우로서 자기주식을 갈음하여 발행하는 증권예탁증권과 교환을 청구할 수 있는 교환사채권을 발행하는 경우

차. 자기주식의 취득일부터 금융위원회가 정하여 고시하는 기간이 경과한 후 자기주식을 기초로 하는 증권예탁증권을 해외에서 발행하기 위하여 자기주식을 처분하는 경우

카. 신탁계약에 따라 자기주식을 취득한 신탁업자로부터 신탁계약이 해지되거나 종료된 때(법 165조의3 1항 2호) 자기주식을 반환받는 경우

금융감독원 실무에 따르면 주권상장법인이 일정한 계약에 따른 대가로 현재 보유하고 있지 아니한 자기주식을 취득하여 계약 상대방에게 이를 교부하기로 하는 약정을 한 경우에는 이와 같은 약정을 할 당시에 이미 자기주식의 처분을 예정하고 있었던 것으로서, 자기주식을 취득한 이후 발생한 채무이행 등의 사정에 따라 처분하는 것이 아니므로, 상기 바목의 "채무이행에 따라 불가피하게" 자기주식을 처분하는 경우에 해당한다고 보기 어렵다고 본다.[1)]

V. 자기주식의 법적 지위

자기주식의 법적 지위에 관해 자본시장법은 아무런 규정을 두고 있지 않다. 상법에서도 자기주식의 경우 의결권이 없다는 규정(동법 369조 2항) 이외에는 특별한 규정을 두고 있지 않다.

공익권은 인정되지 않다는 것에 대해 이설이 없으나 자익권의 경우에는 견해가 대립하고 있다. 통설은 자익권도 전면적으로 인정되지 않는다고 본다. 즉, 주주권은 본래 회사 이외의 자를 위하여 인정되는 권리로서 회사가 동시에 그 구성원이 되는 자기주식 취득의 경우에는 그 성질상 인정될 수 없다고 한다. 다만 준비금의 무상전입시 신주인수권이 인정되어야 하는지에 대해서는 견해의 대립이 있다.[2)]

---

1) 금융감독원, 전게서(2013), 72쪽.
2) 최준선, 「회사법(제 8 판)」, 삼영사, 2013, 242쪽.

회사가 자기주식을 제 3 자에게 양도하게 되면 그 때에는 자기주식에 부착된 모든 권리가 부활하여 양수인은 모든 권리를 행사할 수 있게 된다.

[초판: 권종호, 개정판: 김순석]

제165조의4(합병 등의 특례)

① 주권상장법인은 다음 각 호의 어느 하나에 해당하는 행위(이하 이 조에서 "합병 등"이라 한다)를 하려면 대통령령으로 정하는 요건·방법 등의 기준에 따라야 한다.

1. 다른 법인과의 합병
2. 대통령령으로 정하는 중요한 영업 또는 자산의 양수 또는 양도
3. 주식의 포괄적 교환 또는 포괄적 이전
4. 분할 또는 분할합병

② 주권상장법인은 합병 등을 하는 경우 투자자 보호 및 건전한 거래질서를 위하여 대통령령으로 정하는 바에 따라 외부의 전문평가기관(이하 이 조 및 제165조의18에서 "외부평가기관"이라 한다)으로부터 합병 등의 가액, 그 밖에 대통령령으로 정하는 사항에 관한 평가를 받아야 한다.

③ 금융위원회는 외부평가기관의 합병 등에 관한 평가가 현저히 부실한 경우, 그 밖에 투자자 보호 또는 건전한 거래질서를 해할 우려가 있는 경우로서 대통령령으로 정하는 경우에는 제 2 항에 따른 평가 업무를 제한할 수 있다.

④ 외부평가기관의 범위, 제 3 항에 따른 평가 업무 제한의 방법 등에 대하여는 대통령령으로 정한다.

시행령 **제176조의5**(합병의 요건·방법 등) ① 주권상장법인이 다른 법인과 합병하려는 경우에는 다음 각 호의 방법에 따라 산정한 합병가액에 따라야 한다. 이 경우 주권상장법인이 제 1 호 또는 제 2 호 가목 본문에 따른 가격을 산정할 수 없는 경우에는 제 2 호 나목에 따른 가격으로 하여야 한다.

1. 주권상장법인간 합병의 경우에는 합병을 위한 이사회 결의일과 합병계약을 체결한 날 중 앞서는 날의 전일을 기산일로 한 다음 각 목의 종가(증권시장에서 성립된 최종가격을 말한다. 이하 이 항에서 같다)를 산술평균한 가액(이하 이 조에서 "기준시가"라 한다)을 기준으로 100분의 30(계열회사 간 합병의 경우에는 100분의 10)의 범위에서 할인 또는 할증한 가액. 이 경우 가목 및 나목의 평균종가는 종가를 거래량으로 가중산술평균하여 산정한다.
   가. 최근 1개월간 평균종가. 다만, 산정대상기간 중에 배당락 또는 권리락이 있는 경우로서 배당락 또는 권리락이 있은 날부터 기산일까지의 기간이 7일 이상인 경우에는 그 기간의 평균종가로 한다.
   나. 최근 1주일간 평균종가
   다. 최근일의 종가
2. 주권상장법인(코넥스시장에 주권이 상장된 법인은 제외한다. 이하 이 호 및 제 4 항에서 같다)과 주권비상장법인간 합병의 경우에는 다음 각 목의 기준에 따른 가격
   가. 주권상장법인의 경우에는 제 1 호의 가격. 다만, 제 1 호의 가격이 자산가치에 미달하는 경우에는 자산가치로 할 수 있다.

나. 주권비상장법인의 경우에는 자산가치와 수익가치를 가중산술평균한 가액

② 제 1 항 제 2 호 나목에 따른 가격으로 산정하는 경우에는 금융위원회가 정하여 고시하는 방법에 따라 산정한 유사한 업종을 영위하는 법인의 가치(이하 이 항에서 "상대가치"라 한다)를 비교하여 공시하여야 하며, 같은 호 각 목에 따른 자산가치·수익가치 및 그 가중산술평균방법과 상대가치의 공시방법은 금융위원회가 정하여 고시한다.

③ 제 1 항에도 불구하고 주권상장법인인 기업인수목적회사가 투자자 보호와 건전한 거래질서를 위하여 금융위원회가 정하여 고시하는 요건을 갖추어 그 사업목적에 따라 다른 법인과 합병하여 그 합병법인이 주권상장법인이 되려는 경우에는 다음 각 목의 기준에 따른 가액으로 합병가액을 산정할 수 있다.

1. 주권상장법인인 기업인수목적회사의 경우 : 제 1 항 제 1 호에 따른 가액
2. 기업인수목적회사와 합병하는 다른 법인의 경우 : 다음 각 목의 구분에 따른 가액
   가. 다른 법인이 주권상장법인인 경우 : 제 1 항 제 1 호에 따른 가격. 다만, 이를 산정할 수 없는 경우에는 제 1 항 각 호 외의 부분 후단을 준용한다.
   나. 다른 법인이 주권비상장법인인 경우 : 기업인수목적회사와 협의하여 정하는 가액

④ 주권상장법인이 주권비상장법인과 합병하여 주권상장법인이 되는 경우에는 다음 각 호의 요건을 충족하여야 한다.

1. 삭제
2. 합병의 당사자가 되는 주권상장법인이 법 제161조 제 1 항에 따라 주요사항보고서를 제출하는 날이 속하는 사업연도의 직전사업연도의 재무제표를 기준으로 자산총액·자본금 및 매출액 중 두 가지 이상이 그 주권상장법인보다 더 큰 주권비상장법인이 다음 각 목의 요건을 충족할 것
   가. 법 제390조에 따른 증권상장규정(이하 이 호에서 "상장규정"이라 한다)에서 정하는 재무 등의 요건
   나. 감사의견, 소송계류, 그 밖에 공정한 합병을 위하여 필요한 사항에 관하여 상장규정에서 정하는 요건

⑤ 특정 증권시장에 주권이 상장된 법인이 다른 증권시장에 주권이 상장된 법인과 합병하여 특정 증권시장에 상장된 법인 또는 다른 증권시장에 상장된 법인이 되는 경우에는 제 4 항을 준용한다. 이 경우 "주권상장법인"은 "합병에도 불구하고 같은 증권시장에 상장되는 법인"으로, "주권비상장법인"은 "합병에 따라 다른 증권시장에 상장되는 법인"으로 본다.

⑥ 삭제

⑦ 법 제165조의4 제 2 항에 따라 주권상장법인이 다른 법인과 합병하는 경우 다음 각 호의 구분에 따라 합병가액의 적정성에 대하여 외부평가기관의 평가를 받아야 한다.

1. 주권상장법인(기업인수목적회사는 제외한다. 이하 이 호 및 제 2 호에서 같다)이 주권상장법인과 합병하는 경우로서 다음 각 목의 어느 하나에 해당하는 경우
   가. 주권상장법인이 제 1 항 제 1 호에 따라 합병가액을 산정하면서 기준시가의 100분의 10을 초과하여 할인 또는 할증된 가액으로 산정하는 경우
   나. 주권상장법인이 제 1 항 제 2 호 나목에 따라 산정된 합병가액에 따르는 경우
   다. 주권상장법인이 주권상장법인과 합병하여 주권비상장법인이 되는 경우. 다만, 제 1 항 제 1 호에 따라 산정된 합병가액에 따르는 경우 또는 다른 회사의 발행주식 총수를 소유하고 있는 회사가 그 다른 회사를 합병하면서 신주를 발행하지 아니하는 경우는 제외한다.
2. 주권상장법인이 주권비상장법인과 합병하는 경우로서 다음 각 목의 어느 하나에 해당하는 경우
   가. 주권상장법인이 제 1 항 제 2 호 나목에 따라 산정된 합병가액에 따르는 경우
   나. 제 4 항에 따른 합병의 경우. 다만, 다른 회사의 발행주식 총수를 소유하고 있는 회사가 그 다른 회사를 합병하면서 신주를 발행하지 아니하는 경우는 제외한다.
   다. 주권상장법인(코넥스시장에 주권이 상장된 법인은 제외한다)이 주권비상장법인과 합병하여 주권비상장법인이 되는 경우. 다만, 합병의 당사자가 모두 제 1 항 제 1 호에 따라 산정된 합병가액에 따르는 경우 또는 다른 회사의 발행주식 총수를 소유하고 있는 회사가 그 다른 회사를 합병하면서 신주를 발행하지 아니하는 경우는 제외한다.
3. 기업인수목적회사가 다른 주권상장법인과 합병하는 경우로서 그 주권상장법인이 제 1 항 제 2 호 나목에 따라 산정된 합병가액에 따르는 경우

⑧ 외부평가기관은 다음 각 호의 어느 하나에 해당하는 자로 한다.
1. 제68조 제2항 제1호 및 제2호의 업무를 인가받은 자
2. 신용평가회사
3. 「공인회계사법」에 따른 회계법인

⑨ 제8항에 따른 외부평가기관(이하 "외부평가기관"이라 한다)이 다음 각 호의 어느 하나에 해당하는 경우에는 그 기간 동안 법 제165조의4 제2항에 따른 평가 업무를 할 수 없다. 다만, 제4호의 경우에는 해당 특정회사에 대한 평가 업무만 할 수 없다.
1. 제8항 제1호의 자가 금융위원회로부터 주식의 인수업무 참여제한의 조치를 받은 경우에는 그 제한기간
2. 제8항 제2호의 자가 신용평가업무와 관련하여 금융위원회로부터 신용평가업무의 정지처분을 받은 경우에는 그 업무정지기간
3. 제8항 제3호의 자가 「주식회사의 외부감사에 관한 법률」에 따라 업무정지조치를 받은 경우에는 그 업무정지기간
4. 제8항 제3호의 자가 「주식회사의 외부감사에 관한 법률」에 따라 특정회사에 대한 감사업무의 제한조치를 받은 경우에는 그 제한기간

⑩ 외부평가기관이 평가의 대상이 되는 회사와 금융위원회가 정하여 고시하는 특수관계에 있는 경우에는 합병에 대한 평가를 할 수 없다.

⑪ 법 제165조의4 제3항에서 "대통령령으로 정하는 경우"란 다음 각 호의 어느 하나에 해당하는 경우를 말한다.
1. 외부평가기관이 제9항 또는 제10항을 위반한 경우
2. 외부평가기관의 임직원이 평가와 관련하여 알게 된 비밀을 누설하거나 업무 외의 목적으로 사용한 경우
3. 외부평가기관의 임직원이 합병 등에 관한 평가와 관련하여 금융위원회가 정하여 고시하는 기준을 위반하여 직접 또는 간접으로 재산상의 이익을 제공받은 경우
4. 그 밖에 투자자 보호와 외부평가기관의 평가의 공정성·독립성을 해칠 우려가 있는 경우로서 금융위원회가 정하여 고시하는 경우

⑫ 금융위원회는 법 제165조의4 제3항에 따라 외부평가기관에 대하여 1년의 범위에서 일정한 기간을 정하여 같은 조 제2항에 따른 평가 업무의 전부 또는 일부를 제한할 수 있다.

⑬ 법률의 규정에 따른 합병에 관하여는 제1항부터 제5항까지 및 제7항부터 제12항까지를 적용하지 아니한다. 다만, 합병의 당사자가 되는 법인이 계열회사의 관계에 있고 합병가액을 제1항 제1호에 따라 산정하지 아니한 경우에는 합병가액의 적정성에 대하여 외부평가기관에 의한 평가를 받아야 한다.

제176조의6(영업양수·양도 등의 요건·방법 등) ① 법 제165조의4 제1항 제2호에서 "대통령령으로 정하는 중요한 영업 또는 자산의 양수 또는 양도"란 제171조 제2항 각 호의 어느 하나에 해당하는 것을 말한다.

② 법 제165조의4 제1항 제3호에 따른 주식의 포괄적 교환 또는 포괄적 이전과 같은 항 제4호에 따른 분할합병에 관하여는 제176조의5 제1항(분할되는 법인의 합병대상이 되는 부분의 합병가액 산정에 관하여는 같은 항 제2호 나목)을 준용한다. 다만, 주식의 포괄적 이전으로서 그 주권상장법인이 단독으로 완전자회사가 되는 경우에는 그러하지 아니하다.

③ 법 제165조의4 제1항 제2호에 따른 중요한 영업 또는 자산의 양수·양도, 같은 항 제3호에 따른 주식의 포괄적 교환, 포괄적 이전(「상법」 제360조의2 및 제360조의15에 따른 완전자회사가 되는 법인 중 주권비상장법인이 포함되는 경우와 완전모회사가 주권비상장법인으로 되는 경우만 해당한다) 또는 법 제165조의4 제1항 제4호에 따른 분할합병을 하려는 경우에는 각각 영업 또는 자산의 양수·양도 가액, 주식의 포괄적 교환 비율, 포괄적 이전 비율 또는 분할합병 비율의 적정성에 대하여 외부평가기관(제176조의5 제9항·제10항에 따라 합병에 대한 평가를 할 수 없는 외부평가기관은 제외한다)의 평가를 받아야 한다. 다만, 다음 각 호의 어느 하나에 해당하는 경우에는 외부평가기관의 평가를 받지 아니할 수 있다.
1. 중요한 자산의 양수·양도 중 증권시장을 통한 증권의 매매, 자산의 경매 등 외부평가기관의 평가 필요성이 적은 자산의 양수·양도로서 금융위원회가 정하여 고시하는 경우
2. 코넥스시장에 상장된 법인과 주권비상장법인 간의 중요한 영업 또는 자산의 양수·양도, 주식의 포괄적 교환 및

포괄적 이전 또는 분할합병의 경우
④ 법 제165조의4 제1항 제2호에 따른 중요한 영업 또는 자산의 양수·양도, 같은 항 제3호에 따른 주식의 포괄적 교환, 포괄적 이전 및 같은 항 제4호에 따른 분할·분할합병에 관하여는 제176조의5 제11항부터 제13항까지를 준용한다.

Ⅰ. 본조의 취지

기업조직재편행위인 합병, 영업양수도, 주식의 포괄적 교환과 이전, 회사분할과 분할합병에 대해서는 원칙적으로 상법이 적용된다. 그런데 합병 등과 같은 상장회사의 조직재편행위는 회사의 재무구조나 주주 및 채권자의 이익에 중대한 영향을 미친다. 그리하여 자본시장법은 상장회사가 조직을 재편할 경우 일정한 요건과 방법에 따르도록 하고, 투자자의 보호 및 건전한 거래질서를 위하여 외부의 전문평가기관으로부터 합병 등의 가액이나 그 밖의 사항에 대한 평가를 받도록 하며, 그러한 평가가 현저히 부실하거나 투자자의 보호 및 건전한 거래질서를 해할 우려가 있는 때에는 금융위원회로 하여금 당해 평가업무를 제한할 수 있도록 규정하고 있다. 또한 동법 시행령은 외부평가기관의 범위와 금융위원회의 평가업무제한방법 그리고 합병과 영업양수 등의 요건 및 방법 등에 관한 세부사항을 규정하고 있다. 이는 조직재편행위의 공정성과 적정성을 담보함으로써 주주와 채권자의 이익을 도모하고, 다른 한편으론 이러한 조직재편행위가 일부 대주주의 부당한 사익추구수단으로 악용되는 것을 방지하기 위함이다.

Ⅱ. 합　　병

1. 합병의 의의

(1) 합병의 개념

합병이란 2개 이상의 회사가 상법의 절차에 따라 그 중 1개 회사를 제외하고는 소멸하거나 전부 소멸하되 청산절차를 거치지 않고, 소멸회사의 모든 권리·의무를 존속회사 또는 신설회사가 포괄적으로 승계하며 사원을 수용하는 법률사실을 말한다.[1] 한편 합병은 다원화된 조직의 비능률을 해소하고 사무비용을 절감하며 생산과 판매의 통합운영을 가능하게 하는 장점이 있지만, 경제력집중의 원인과 독과점의 수단이 되는 단점도

1) 이철송, 「상법강의(제21판)」, 박영사, 2013, 115쪽.

아울러 갖고 있다. 이러한 합병의 본질에 대해서는 인격합일설[1]과 현물출자설[2] 및 사원현물출자설[3]이 대립하고 있다.

(2) 합병의 종류

합병에는 흡수합병과 신설합병이 있다. 먼저 흡수합병이란 수개의 합병당사회사 중 하나의 회사만이 존속하고 나머지 회사는 모두 소멸하면서 존속회사가 소멸회사의 모든 권리·의무를 포괄적으로 승계하고 사원을 수용하는 방법이다. 다음으로 신설합병이란 합병당사회사 전부가 소멸하면서 이들에 의해 신설된 회사가 소멸회사의 모든 권리·의무를 포괄적으로 승계하며 사원을 수용하는 방법이다. 우리나라에서는 주로 흡수합병이 행해지는데, 신설합병의 경우에는 회사를 새로이 설립해야 한다는 절차적·경제적 부담이 크고 세제상으로도 불리하기 때문이다.[4]

한편 합병의 경우에는 소멸회사의 주주에게 존속회사 또는 신설회사의 주식을 지급하는 것이 원칙이다. 그런데 2011년 개정상법에 의해 교부금합병과 삼각합병이 가능해졌다. 원래 합병에서의 교부금은 금전으로만 지급할 수 있었는데, 개정상법은 금전 외의 재산(예 : 존속회사의 사채, 자회사나 모회사가 발행한 주식이나 사채 등)으로도 교부금을 지급할 수 있게 하였고, 더 나아가 합병대가의 전부를 교부금으로 지급할 수 있도록 하였다(교부금합병). 또한 개정상법 제523조의2는 현물의 합병교부금에 모회사의 주식도 포함될 수 있음을 전제로 자회사인 존속회사의 모회사주식취득을 허용하였다(삼각합병).

(3) 합병의 자유와 제한

회사는 원칙적으로 자유롭게 합병할 수 있다(상법 174조 1항). 그러나 상법과 특별법상 다음과 같은 제한이 있다. 즉 ① 합병당사회사 중 일방 또는 쌍방이 주식회사나 유한회사인 때에는 합병 후 존속하는 회사 또는 신설되는 회사도 주식회사 또는 유한회사이어야 한다(상법 174조 2항). 만약 인적회사가 존속회사 또는 신설회사로 된다면 물적회사의 사원이 무한책임을 지게 되기 때문이다. ② 유한회사와 주식회사가 합병할 경우에는 주식회사가 사채의 상환을 완료하지 않으면 유한회사를 존속회사나 신설회사로 하지 못한다(상법 600조 2항). 그렇지 않으면 존속 또는 신설회사인 유한회사가 사채상환의무를 부담해야 하는데, 이는 유한회사가 사채를 발행할 수 없다는 제한과 모순되기 때문이다. ③

1) 우리나라와 일본의 통설이다.
2) 서돈각/정완용, 「상법강의(상)(제 4 전정)」, 법문사, 1999, 641쪽; 大隅健一郎, "會社合併の本質," 「會社法の諸問題」, 265-267頁.
3) 服部榮三, "會社合併の基本的性質," 「民商法雜誌」創刊 25周年記念論集(上), 290頁.
4) 법인세법은 신설회사가 소멸회사의 권리·의무를 승계하는 것을 소멸회사가 자산을 신설회사에 양도하는 것으로 보아 양도차익을 계산하여 소멸회사의 법인세로 과세하고(44조 1항), 소득세법은 소멸회사의 주주가 신설회사로부터 받는 주식이나 합병교부금의 가액에서 소멸회사 주식의 취득가액을 뺀 잔액을 배당으로 의제하여 과세하기 때문이다(17조 2항 4호).

유한회사와 주식회사가 합병하여 주식회사가 존속 또는 신설회사로 될 때에는 법원의 인가를 얻지 아니하면 합병의 효력이 없다(상법 600조 1항). 유한회사와 달리 주식회사에서는 출자미필에 대해 사원이 책임을 지지 않기 때문에 이를 악용하는 것을 예방하기 위함이다(상법 551조, 593조 참조). ④ 해산 후 청산중에 있는 회사도 존립중의 회사를 존속회사로 하는 경우에는 합병할 수 있다(상법 174조 3항). ⑤ 독점규제법상 일정한 거래분야에서 경쟁을 실질적으로 제한하는 효과가 있는 기업간의 합병은 금지된다(동법 7조 1항 3호). 한편 2011년 개정상법은 회사의 종류로 유한책임회사를 새로이 도입하면서, ①의 경우에도 이를 추가하여 규정하고 있다.

2. 합병가액의 산정

(1) 규제의 취지

신설합병의 경우에는 당사회사의 전부가 그리고 흡수합병의 경우에는 존속회사를 제외한 나머지 회사가 모두 해산하게 되므로 합병당사회사의 주주 등 이해관계자에게 중대한 영향을 미치게 된다. 물론 소멸회사의 주주는 합병의 대가로서 신설회사 또는 존속회사의 주식이나 합병교부금을 받게 되지만, 이 중 주식의 경우에는 그 가치를 어떻게 산정하느냐에 따라 합병당사회사 주주들의 이해관계가 크게 달라지게 된다. 특히 합병당사회사 중에 주권비상장법인이 포함되어 있을 경우에는 이 문제가 더욱 심화된다. 그리하여 자본시장법은 합병을 ① 주권상장법인간의 합병과 ② 주권상장법인과 주권비상장법인간의 합병으로 구분한 후 각각의 경우에 있어서 합병가액의 구체적인 산정방법을 규정하고 있다. 그리고 추가요건으로서 ① 주권상장법인인 기업인수목적회사가 다른 법인을 합병한 후 주권상장법인이 되려는 경우, ② 주권상장법인이 주권비상장법인과 합병하여 주권상장법인이 되는 경우, ③ 유가증권시장 주권상장법인이 코스닥시장 주권상장법인과 합병하여 유가증권시장 상장법인 또는 코스닥시장 상장법인이 되는 경우에 대하여 규정하고 있다.

(2) 주권상장법인간의 합병

주권상장법인간의 합병에 있어서는 합병을 위한 이사회의 결의일과 합병계약을 체결한 날 중 앞서는 날의 전일을 기산일로 하여 ① 최근 1개월간의 평균종가(다만, 산정대상기간 중에 배당락 또는 권리락이 있는 경우로서 배당락 또는 권리락이 있은 날부터 기산일까지의 기간이 7일 이상인 경우에는 그 기간의 평균종가), ② 최근 1주일간의 평균종가, ③ 최근일의 종가를 산술평균한 가액을 기준으로 100분의 30(계열회사 간 합병의 경우에는 100분의 10)의 범위에서 할인 또는 할증한 가액을 합병가액으로 한다(법 시행령 176조의5 1항 1호 1문). 이 경우 각각의 종가는 증권시장에서 성립된 최종가격을 말하고, ①과 ②의 평균종가는 종가를 거래량으로 가중산술평균하여 산정한다(법 시행령 176조의5 1항 1호 2문). 다만 이에 의해 가격을 산정할 수 없는 경우에는 자산가치와 수익가치를 가중산술평균한 가액을 합병가액으로 한다(법 시행령 176조의5 1항 2문).

(3) 주권상장법인과 주권비상장법인간의 합병

주권상장법인(코넥스시장에 주권이 상장된 법인은 제외함)과 주권비상장법인간의 합병에 있어서 ① 주권상장법인은 위의 주권상장법인간의 합병에서와 동일한 방식으로 산정한 가액을, ② 주권비상장법인은 자산가치와 수익가치를 가중산술평균한 가액을 합병가액으로 한다(법 시행령 176조의5 1항 2호). 다만 ①의 경우에 그 가액이 자산가치에 미달할 경우에는 자산가치로 할 수 있고(법 시행령 176조의5 1항 2호 가목 단서), ①에 의해 가액을 산정할 수 없는 경우에는 ②에 의한 가액을 합병가액으로 한다(법 시행령 176조의5 1항 2문).

한편 ②의 경우에는 금융위원회가 정하여 고시하는 방법에 따라 산정한 유사한 업종을 영위하는 법인의 가치(상대가치)를 비교하여 공시하여야 하며, ①과 ②에 따른 자산가치·수익가치 및 그 가중산술평균방법과 상대가치의 공시방법은 금융위원회가 정하여 고시한다(법 시행령 176조의5 2항). 이와 관련하여 증권발행공시규정은 법 시행령 제176조의5 제 2 항에 따른 자산가치·수익가치 및 그 가중산술평균방법과 상대가치의 산출방법에 관하여 이 조에서 달리 정하지 않는 사항은 감독원장이 정한다고 규정하고 있고(동 규정 5-13조 1항), 동 규정의 시행세칙은 제 4 조(합병가액의 산정방법)에서 규정 제5-13조에 따른 자산가치·수익가치의 가중산술평균방법은 자산가치와 수익가치를 각각 1과 1.5로 하여 가중산술평균하는 것을 말한다고 규정하고 있다.

(4) 추가요건

1) 주권상장법인인 기업인수목적회사가 합병 후 주권상장법인이 되려는 경우

주권상장법인인 기업인수목적회사가 투자자의 보호와 건전한 거래질서를 위하여 금융위원회가 정하여 고시하는 요건을 갖추어 그 사업목적에 따라 다른 법인과 합병한 후 그 합병법인이 주권상장법인이 되려는 경우에는 다음의 기준에 따른 가액으로 합병가액을 산정할 수 있다(법 시행령 176조의5 3항). 즉 ① 주권상장법인인 기업인수목적회사의 경우에는 주권상장법인간의 합병에서와 동일한 방식으로 산정한 가액을(법 시행령 176조의5 3항 1호), ② 기업인수목적회사와 합병하는 다른 법인의 경우에 ⓐ 다른 법인이 주권상장법인인 경우에는 주권상장법인간의 합병에서와 동일한 방식으로 산정한 가액으로, ⓑ 다른 법인이 주권비상장법인인 경우에는 기업인수목적회사와 협의하여 정하는 가액(법 시행령 176조의5 3항 2호)을 합병가액으로 산정할 수 있다. 다만 ⓐ의 경우에 그 가액을 산정할 수 없는 때에는 시행령 제176조의5 제 1 항 각 호 외의 부분 후단을 준용한다.

한편 "금융위원회가 정하여 고시하는 요건"이란 ① 기업인수목적회사가 자본시장법

제165조의5 제 2 항에 따라 매수하는 주식을 공모가격 이상으로 매수할 것, ② 자본시장법 시행령 제 6 조 제 4 항 제14호 다목에 따른 투자매매업자가 소유하는 증권(기업인수목적회사가 발행한 법 시행령 제139조 제 1 호 각 목의 증권으로 의결권 없는 주식에 관계된 증권을 포함함)을 합병기일 이후 1년간 계속 소유할 것, ③ 주권비상장법인과 합병하는 경우 자본시장법 시행령 제176조의5 제 3 항 제 2 호 나목에 따라 협의하여 정한 가격을 시행령 제176조의5 제 2 항에 따라 산출한 합병가액 및 상대가치와 비교하여 공시할 것 등의 요건을 말한다(증권발행공시규정 5-13조 4항).

2) 주권상장법인이 주권비상장법인과 합병하여 주권상장법인이 되는 경우

주권상장법인이 주권비상장법인과 합병하여 주권상장법인이 되는 경우에 당해 주권상장법인은 자본시장법 제161조 제 1 항에 따라 주요사항보고서를 제출하는 날이 속하는 사업연도의 직전사업연도의 재무제표를 기준으로 자산총액과 자본금 및 매출액 중 두 가지 이상이 그 주권상장법인보다 더 큰 주권비상장법인이 ① 자본시장법 제390조에 따른 증권상장규정(이하 "상장규정"이라고 함)에서 정하는 재무 등의 요건과 ② 감사의견, 소송계류, 그 밖에 공정한 합병을 위하여 필요한 사항에 관하여 상장규정에서 정하는 요건을 충족해야 한다(법 시행령 176조의5 4항).

3) 주권상장시장이 다른 법인이 합병 후 다른 시장의 상장법인이 되는 경우

유가증권시장 주권상장법인이 코스닥시장 주권상장법인과 합병하여 유가증권시장 상장법인 또는 코스닥시장 상장법인이 되는 경우에는 자본시장법 시행령 제176조의5 제 4 항을 준용한다. 이 경우 "주권상장법인"은 "합병에도 불구하고 같은 증권시장에 상장되는 법인"으로, "주권비상장법인"은 "합병에 따라 다른 증권시장에 상장되는 법인"으로 본다(법 시행령 176조의5 5항).

3. 합병가액에 관한 외부평가기관의 평가

(1) 규제의 취지

합병에 있어서 합병가액의 산정은 합병당사회사의 모든 이해관계인에게 매우 중요하다. 그리하여 자본시장법은 합병의 유형별로 합병가액의 산정방법을 규정하고 있고, 산정된 합병가액의 평가에 관한 규정도 아울러 두고 있다. 즉 주권상장법인이 합병 등을 하는 경우에는 투자자의 보호 및 건전한 거래질서를 위하여 대통령령으로 정하는 바에 따라 외부의 전문평가기관으로부터 합병 등의 가액과 그 밖에 대통령령으로 정하는 사항에 관한 평가를 받아야 하는데(법 165조의4 2항), 이 경우 금융위원회는 외부평가기관의 합병 등에 관한 평가가 현저히 부실한 경우 또는 그 밖에 투자자의 보호나 건전한 거래질서를 해할 우려가 있는 경우로서 대통령령으로 정하는 경우에는 외부평가기관의 평가업

무를 제한할 수 있다(법 165조의4 3항). 이 경우 외부평가기관의 범위나 평가업무제한의 방법 등에 대하여는 대통령령으로 정한다(법 165조의4 4항).

(2) 외부평가기관의 자격

합병가액에 관한 외부평가를 담당할 기관은 ① 시행령 제68조 제2항 제1호 및 제2호의 업무를 인가받은 자, ② 신용평가회사, ③「공인회계사법」에 따른 회계법인 중 어느 하나에 해당하는 자이어야 한다(법 시행령 176조의5 8항).

(3) 외부평가기관의 평가대상

주권상장법인이 다른 법인과 합병하는 경우에는 다음에 의해 합병가액의 적정성에 대하여 외부평가기관의 평가를 받아야 한다(법 시행령 176조의5 7항).

1) 주권상장법인(기업인수목적회사는 제외함)이 주권상장법인과 합병하는 경우로서 ① 주권상장법인이 시행령 제176조의5 제1항 제1호에 따라 합병가액을 산정하면서 기준시가의 100분의 10을 초과하여 할인 또는 할증된 가액으로 산정하는 경우, ② 주권상장법인이 제1항 제2호 나목에 따라 산정된 합병가액에 따르는 경우, ③ 주권상장법인이 주권상장법인과 합병하여 주권비상장법인이 되는 경우(다만, 제1항 제1호에 따라 산정된 합병가액에 따르는 경우 또는 다른 회사의 발행주식 총수를 소유하고 있는 회사가 그 다른 회사를 합병하면서 신주를 발행하지 아니하는 경우는 제외한다) 중 어느 하나에 해당되는 경우에는 외부평가기관으로부터 합병가액의 적정성에 관한 평가를 받아야 한다(법 시행령 176조의5 7항 1호).

2) 주권상장법인이 주권비상장법인과 합병하는 경우로서 ① 주권상장법인이 시행령 제176조의5 제1항 제2호 나목에 따라 산정된 합병가액에 따르는 경우, ② 시행령 제176조의5 제4항에 따른 합병의 경우(다만, 다른 회사의 발행주식 총수를 소유하고 있는 회사가 그 다른 회사를 합병하면서 신주를 발행하지 아니하는 경우는 제외함), ③ 주권상장법인(코넥스시장에 주권이 상장된 법인은 제외함)이 주권비상장법인과 합병하여 주권비상장법인이 되는 경우(다만, 합병의 당사자가 모두 시행령 176조의5 1항 1호에 따라 산정된 합병가액에 따르는 경우 또는 다른 회사의 발행주식 총수를 소유하고 있는 회사가 그 다른 회사를 합병하면서 신주를 발행하지 아니하는 경우는 제외함) 중 어느 하나에 해당되는 경우에는 외부평가기관으로부터 합병가액의 적정성에 관한 평가를 받아야 한다(법 시행령 176조의5 7항 2호).

3) 기업인수목적회사가 다른 주권상장법인과 합병하는 경우로서 그 주권상장법인이 시행령 제176조의5 제1항 제2호 나목에 따라 산정된 합병가액에 따르는 경우에는 외부평가기관으로부터 합병가액의 적정성에 관한 평가를 받아야 한다(법 시행령 176조의5 7항 3호).

(4) 외부평가기관의 평가업무 금지기간

합병가액의 적정성을 평가하는 외부평가기관이 ① 시행령 제176조의5 제8항 제1호의 자가 금융위원회로부터 주식의 인수업무 참여제한의 조치를 받은 경우에는 그 제한

기간, ② 시행령 제176조의5 제 8 항 제 2 호의 자가 신용평가업무와 관련하여 금융위원회로부터 신용평가업무의 정지처분을 받은 경우에는 그 업무정지기간, ③ 시행령 제176조의5 제 8 항 제 3 호의 자가 외감법에 따라 업무정지조치를 받은 경우에는 그 업무정지기간, ④ 시행령 제176조의5 제 8 항 제 3 호의 자가 외감법에 따라 특정회사에 대한 감사업무의 제한조치를 받은 경우에는 그 제한기간 중 어느 하나에 해당하는 경우에는 그 기간 동안 평가업무를 할 수 없다(법 시행령 176조의5 9항).

(5) 외부평가기관의 업무제한

외부평가기관이 평가의 대상이 되는 회사와 금융위원회가 정하여 고시하는 특수관계에 있는 경우에는 합병에 대한 평가를 할 수 없다(법 시행령 176조의5 10항). 여기서 "금융위원회가 정하여 고시하는 특수한 관계에 있는 경우"란 ① 외부평가기관이 합병당사회사에 그 자본금의 100분의 3 이상을 출자하고 있거나 합병당사회사가 외부평가기관에 100분의 3 이상을 출자하고 있는 경우, ② 외부평가기관에 그 자본금의 100분의 5 이상을 출자하고 있는 주주와 합병당사회사에 그 자본금의 100분의 5 이상을 출자하고 있는 주주가 동일인이거나 특수관계인인 경우(다만, 그 동일인이 기관투자자로서 외부평가기관 및 합병당사회사와 ⑤의 관계에 있지 아니한 경우에는 그러하지 아니함), ③ 외부평가기관의 임원이 합병당사회사에 100분의 1 이상을 출자하고 있거나 합병당사회사의 임원이 외부평가기관에 100분의 1 이상을 출자하고 있는 경우, ④ 외부평가기관 또는 합병당사회사의 임원이 합병당사회사 또는 외부평가기관의 주요주주의 특수관계인인 경우, ⑤ 동일인이 외부평가기관 및 합병당사회사에 대하여 임원의 임면 등 법인의 주요경영사항에 대하여 사실상 영향력을 행사하는 관계가 있는 경우, ⑥ 외부평가기관이 합병당사회사의 회계감사인(평가대상 재무제표에 대한 회계감사인을 포함함)인 경우 중 어느 하나에 해당하는 경우를 말한다(증권발행공시규정 5-14조).

(6) 외부평가기관에 관한 제재

합병가액의 평가에 있어서 금융위원회는 외부평가기관의 합병 등에 관한 평가가 현저히 부실한 경우 또는 그 밖에 투자자의 보호나 건전한 거래질서를 해할 우려가 있는 경우로서 대통령령으로 정하는 경우에는 외부평가기관의 평가업무를 제한할 수 있다(법 165조의4 3항). 이 경우 금융위원회의 제한조치는 별표에서 정하는 기준에 따르되, 다만 ① 당해 위법행위의 시정 또는 원상회복 여부, ② 유사사건에 대한 조치와의 형평성, ③ 당해 조치가 향후 특정 증권시장 참여자에게 미칠 영향을 종합적으로 고려하여 정상을 참작할 사유가 있는 경우에는 그 이유를 제시하고 기준과 다르게 조치할 수 있다(증권발행공시규정 5-14조의3 1항). 한편 여기서 "대통령령으로 정하는 경우"란 ① 외부평가기관이 시행령 제176조의5 제 9 항 또는 제10항을 위반한 경우, ② 외부평가기관의 임직원이 평가와 관련하여 알게 된 비밀을 누설하거나 업무 외의 목적으로 사용한 경우, ③ 외부평가기관의 임직원이 합병 등에 관한 평가와 관련하여 금융위원회가 정하여 고시하는 기준을 위반하여 직접 또는 간접으로 재산상의 이익을 제공받은 경우, ④ 그 밖에 투자자 보호와 외부평가기관의 평가의 공정성·독립성을 해칠 우려가 있는 경우로서 금융위원회가 정하여 고시하는 경우 중 어느 하나에 해당하는 경우를 말한다(법 시행령 176조의5 11항). 이 경우 금융위원회는 외부평가기관에 대하여 1년의 범위에서 일정한 기간을 정하여 평가업무의 전부 또는 일부를 제한할 수 있다(법 시행령 176조의5 12항).

4. 적용 제외

법률의 규정에 따른 합병에 관하여는 시행령 제176조의5 제1항부터 제5항까지 및 제7항부터 제12항까지를 적용하지 아니한다(법 시행령 176조의5 13항 본문). 다만 합병의 당사자가 되는 법인이 계열회사의 관계에 있고 합병가액을 시행령 제176조의5 제1항 제1호에 따라 산정하지 아니한 경우에는 합병가액의 적정성에 대하여 외부평가기관에 의한 평가를 받아야 한다(법 시행령 176조의5 13항 단서).

5. 합병에 관한 정보의 공시

(1) 규제의 내용

(구)증권거래법은 주권상장법인이 다른 법인과 합병하는 경우에 금융위원회와 한국거래소에 신고할 의무를 부과하였다(동법 190조의2 1항). 그러나 자본시장법은 이러한 합병신고서에 의한 신고의무를 폐지하면서 합병으로 인하여 증권을 모집 또는 매출하는 경우(신주발행에 의한 합병)에는 증권신고서에 합병에 관한 주요사항을 기재하도록 하였다. 현재 이에 관한 세부규정은 증권발행공시규정에 있다.

(2) 증권신고서의 제출

1) 제출의무

주권상장법인이 다른 법인과 합병을 하면서 증권의 모집 또는 매출을 하려면 그 모집 또는 매출에 관한 신고서를 금융위원회에 제출하고 금융위원회가 이를 수리하여야 할 수 있다(법 119조 1항). 그리고 증권신고서를 제출하는 경우에는 신고 당시 당해 발행인의 대표이사(집행임원 설치회사의 경우 대표집행임원) 및 신고업무를 담당하는 이사(대표이사 및 신고업무를 담당하는 이사가 없는 경우 이에 준하는 자)가 그 증권신고서의 기재사항 중 중요사항에 관하여 거짓의 기재 또는 표시가 있거나 중요사항의 기재 또는 표시가 누락되어 있지 아니하다는 사실 등 대통령령으로 정하는 사항을 확인·검토한 후 각각 서명하여야 한다(법 119조 5항).

2) 증권신고서의 기재사항

주권상장법인이 합병으로 인하여 증권을 모집 또는 매출하는 경우에는 자본시장법 시행령 제129조에 따른 증권신고서에 다음의 각 사항을 기재하여야 한다.

1) 자본시장법 제119조 제5항에 따른 대표이사 및 이사의 동법 시행령 제124조 각 호의 사항(① 자본시장법 119조 3항에 따른 증권신고서의 기재사항 중 중요사항에 관하여 거짓의 기재 또는 표시가 없고, 중요사항의 기재 또는 표시가 빠져 있지 아니하다는 사실, ② 증권신고서의 기재 또는 표시 사항을 이용하는 자로 하여금 중대한 오해를 일으키는 내용이 기재 또는 표시되어 있지 아니하다는 사실, ③ 증권신고서의 기재사항에 대하여 상당한 주의를 다하여 직접 확인·검토하였다는 사실, ④ 외감법 2조에 따른 외부감사대상 법인인 경우에는 같은 법 2조의2 및 2조의3에 따라 내부회계관리제도가 운영되고 있다는 사실)에 대한 서명이 기재되어 있어야 한다(증권발행공시규정 2-9조 1항 1호).

2) 합병의 개요로서 ① 합병에 관한 일반사항, ② 합병가액과 상대가치(법 시행령 제176조의5 제2항에 따라 상대가치를 공시해야 하는 경우에 한함) 및 각각에 대한 산출근거(외부평가가 의무화된 경우 외부평가기관의 합병비율의 적정성에 대한 평가의견을 포함함), ③ 합병의 요령, ④ 모집 또는 매출되는 증권의 주요 권리내용, ⑤ 모집 또는 매출되는 증권의 취득에 따른 투자위험요소, ⑥ 출자·채무보증 등 당사회사간의 이해관계에 관한 사항, ⑦ 주식매수청구권에 관한 사항, ⑧ 그 밖에 투자자 보호를 위하여 필요한 사항을 기재해야 한다(증권발행공시규정 2-9조 1항 2호).

3) 합병당사회사에 관한 주요사항(신설합병의 경우에는 소멸회사를 말함)으로서 ① 회사의 개요, ② 사업의 내용, ③ 재무에 관한 사항, ④ 회계감사인의 감사의견, ⑤ 이사회 등 회사의 기관 및 계열회사에 관한 사항, ⑥ 주주에 관한 사항, ⑦ 임원 및 직원 등에 관한 사항, ⑧ 그 밖에 투자자 보호를 위하여 필요한 사항을 기재해야 한다(증권발행공시규정 2-9조 1항 3호).

3) 증권신고서의 첨부서류

주권상장법인이 금융위원회에 제출하는 증권신고서에는 ① 합병당사회사 및 신설합병회사의 정관 또는 이에 준하는 것으로서 조직운영 및 투자자의 권리의무를 정한 것, ② 합병당사회사의 합병주주총회의 소집을 위한 이사회의 의사록 사본 또는 그 밖에 이에 준하는 서류, ③ 합병당사회사의 법인등기부 등본, ④ 합병에 관하여 행정관청의 허가·인가 또는 승인 등을 필요로 하는 경우에는 그 허가·인가 또는 승인 등이 있었음을 증명하는 서류, ⑤ 합병계약서 및 계획서 사본, ⑥ 합병당사회사의 최근 3사업연도 재무제표에 대한 회계감사인의 감사보고서, ⑦ 합병당사회사의 최근 3사업연도 회계감사인의 연결감사보고서, ⑧ 합병당사회사의 반기재무제표에 대한 회계감사인의 반기감사보고서 또는 반기검토보고서, ⑨ 합병당사회사의 분기재무제표에 대한 회계감사인의 분기감사보고서 또는 분기검토보고서, ⑩ 합병당사회사 중 주권비상장법인의 경우에는 주주명부, ⑪ 증권발행공시규정 제1항 제2호 나목에 따른 외부평가기관의 평가의견서, ⑫ 예비투자설명서를 사용하려는 경우에는 예비투자설명서, ⑬ 간이투자설명서를 사용하려는 경우에는 간이투자설명서를 첨부해야 한다(증권발행공시규정 2-9조 2항).

다만 ⑥에서의 감사보고서의 경우 합병당사회사가 주권상장법인인 경우로서 최근 사업연도에 대한 회계감사인의 감사가 종료되지 않은 때에는 그 직전 2사업연도에 대한 회계감사인의 감사보고서를 말한다. 그리고 ⓐ 외감법 제2조에 따른 외부감사 대상법인 또는 자본시장법 제159조에 따른 사업보고서 제출대상법인(이하 "외부감사의무법인"이라고 함)으로서 설립 후 3사업연도가 경과하지 아니한 경우에는 경과한 사업연도에 대한 감사보고서(기업인수목적회사가 설립된 후 최초 사업연도가 경과하지 아니한 경우에는 회사 설립시점의 감사보고서를 말함), ⓑ 외부감사의무법인이 아닌 법인으로서 자본시장법 시행령 제176조의5 제3항 제2호의 규정을 적용받는 경우에는 동 규정에 따른 감사의견을 증명할 수 있는 감사보고서 등의 서류, ⓒ 외부감사의무법인이 아닌 법인으로서 자본시장법 시행령 제176조의5 제3항 제2호의 규정을 적용받지 아니하는 경우에는 회사가 제시한 최근 3사업연도 재무제표 중 어느 하나에 해당하는 경우에는 같은 각각에서 정하는 서류로 제출할 수 있다. 한편 ⑦에서의 연결감사보고서는 최근 사업연도에 대한 회계감사인의 감사가 종료되지 않은 경우에는 그 직전 2사업연도, 설립 후 3사업연도가 경과하지 아니한 경우에는 경과한 사업연도에 대한 감사보고서를 말하고, ⑧에서의 반기감사보고서 또는 반기검토보고서는 자본시장법 제160조에 따른 반기보고서 제출대상법인에 해당하지 않는 경우에는 회사가 제시한 반기재무제표로 하며, ⑨에서의 분기감사보고서 또는 분기검토보고서는 자본시장법 제160조에 따른 분기보고서 제출대상법인으로서 동법 시행령 제170조 제1항 제2호 단서의 규정을 적용받지 않는 경우에는 회사가 제시한 분기재무제표로 한다.

(3) 주요사항보고서의 제출

1) 제출의무

주권상장법인이 합병을 할 때에는 증권신고서와 별도로 일정한 사항을 기재한 주요사항보고서를 합병일의 다음 날까지 금융위원회에 제출하여야 한다(법 161조 1항 6호). 합병은 당사회사의 주가에 커다란 영향을 미치는 중요한 거래이므로 투자자에게 가급적 조기에 공시할 필요가 있기 때문에 합병사실을 주요사항보고서의 기재사항으로 한 것이다.[1] 그리고 주권상장법인이 주요사항보고서를 제출한 후 합병 등을 사실상 종료한 때에는 지체 없이 그에 관련된 사항을 기재한 서면을 금융위원회에 제출해야 하지만, 증권발행공시규정 제2-19조 제3항에 따라 증권발행실적보고서를 제출하는 경우에는 그러하지 아

1) 김건식/정순섭, 「자본시장법」, 두성사, 2009, 267쪽.

니하다. 한편 여기서 "합병 등을 사실상 종료한 때"란 ① 합병등기를 한 때, ② 등기 등 사실상 영업양수·양도를 종료한 때, ③ 관련 자산의 등기 등 사실상 자산양수·양도를 종료한 때, ④ 분할 또는 분할합병 등기를 한 때, ⑤ 주식교환을 한 날 또는 주식이전에 따른 등기를 한 때를 말한다(증권발행공시규정 5-15조).

2) 주요사항보고서의 기재사항

주요사항보고서에는 예측정보를 포함시킬 수 있는데, 이때에는 예측정보공시방법을 준수하여야 하고(법 159조 6항), 법인의 대표이사나 제출업무담당이사가 주요사항보고서의 기재사항 중 중요사항에 관하여 거짓의 기재 또는 표시가 있거나 중요사항의 기재 또는 표시가 누락되어 있지 아니하다는 사실 등 대통령령으로 정하는 사항을 확인·검토한 후 각각 서명하여야 한다(법 159조 7항). 여기서 "대통령령으로 정하는 사항"이란 ① 주요사항보고서의 기재사항 중 중요사항에 관하여 거짓의 기재 또는 표시가 없고, 중요사항의 기재 또는 표시를 빠뜨리고 있지 아니하다는 사실, ② 주요사항보고서의 기재 또는 표시사항을 이용하는 자로 하여금 중대한 오해를 일으키는 내용이 기재 또는 표시되어 있지 아니하다는 사실, ③ 주요사항보고서의 기재사항에 대하여 상당한 주의를 다하여 직접 확인·검토하였다는 사실, ④ 외감법 제 2 조에 따른 외부감사대상 법인인 경우에는 동법 제 2 조의2 및 제 2 조의3에 따라 내부회계관리제도가 운영되고 있다는 사실에 해당하는 사항을 말한다(법 시행령 169조). 이러한 주요사항보고서를 주권상장법인이 금융위원회에 제출할 때에는 합병에 관한 이사회의 의사록 등 해당 사실을 증명할 수 있는 서류를 첨부하여야 한다(법 시행령 171조 4항 6호).

3) 금융위원회의 조치

주권상장법인이 합병과 관련하여 주요사항보고서를 제출한 경우에 금융위원회는 제출된 주요사항보고서가 투자자의 투자판단에 중대한 영향을 미칠 우려가 있어 그 내용을 신속하게 알릴 필요가 있는 때에는 대통령령으로 정하는 방법에 따라 행정기관이나 그 밖의 관계기관에 대하여 필요한 정보의 제공 또는 교환을 요청할 수 있다(법 161조 4항 1문). 즉 금융위원회는 ① 법 제161조 제 1 항 제 1 호의 사항에 관하여는 어음법 제38조 및 수표법 제31조에 따른 어음교환소로 지정된 기관, ② 법 제161조 제 1 항 제 3 호와 제 4 호 및 제171조 제 3 항 제 2 호의 사항에 관하여는 관할법원, ③ 법 시행령 제171조 제 3 항 제 1 호의 사항에 관하여는 기업구조조정촉진법 제 2 조 제 3 호에 따른 주채권은행 또는 같은 법 제15조에 따른 채권금융기관협의회, ④ 그 밖의 사항에 관하여는 해당 정보를 소유하고 있는 행정기관이나 그 밖의 관계 기관에 정보의 제공을 요청하는 사유를 기재한 문서(전자문서를 포함함) 또는 모사전송의 방법으로 필요한 정보의 제공을 요청할 수 있다(법 시행령 172조). 이 경우 요청을 받은 기관은 특별한 사유가 없는 한 이에 협조하여야 한다(법 161조 4항 2문). 한편 금융위원회는 제출된 주요사항보고서를 지체 없이 한국거래소에 송부하여야 한다(법 161조 5항).

Ⅲ. 영업양수도 등

1. 의 의

(1) 중요한 영업·자산의 양수도

주권상장법인이 대통령령으로 정하는 중요한 영업이나 자산의 양수 또는 양도를 하려면 대통령령으로 정하는 요건·방법 등의 기준에 따라야 한다(법 165조의4 1항). 여기서 "영업양수도"란 일정한 영업목적을 위하여 조직화된 유기적 일체로서의 기능적 재산(적극재산과 소극재산)인 영업을 양도하거나 양수하는 것을 말한다.[1] 그리고 "대통령령으로 정하는 중요한 영업이나 자산의 양수 또는 양도"란 ① 양수·양도하려는 영업부문의 자산액(장부가액과 거래금액 중 큰 금액을 말함)이 최근 사업연도 말 현재 자산총액(한국채택국제회계기준을 적용하는 연결재무제표 작성대상법인인 경우에는 연결재무제표의 자산총액을 말함)의 100분의 10 이상인 양수·양도, ② 양수·양도하려는 영업부문의 매출액이 최근 사업연도 말 현재 매출액(한국채택국제회계기준을 적용하는 연결재무제표 작성대상법인인 경우에는 연결재무제표의 매출액을 말함)의 100분의 10 이상인 양수·양도, ③ 영업의 양수로 인하여 인수할 부채액이 최근 사업연도 말 현재 부채총액(한국채택국제회계기준을 적용하는 연결재무제표 작성대상법인인 경우에는 연결재무제표의 부채총액을 말함)의 100분의 10 이상인 양수, ④ 영업전부의 양수, ⑤ 양수·양도하려는 자산액(장부가액과 거래금액 중 큰 금액을 말함)이 최근 사업연도 말 현재 자산총액(한국채택국제회계기준을 적용하는 연결재무제표 작성대상법인인 경우에는 연결재무제표의 자산총액을 말함)의 100분의 10 이상인 양수·양도(다만, 일상적인 영업활동으로서 상품·제품·원재료를 매매하는 행위 등 금융위원회가 정하여 고시하는 자산의 양수·양도는 제외함) 중 어느 하나에 해당하는 것을 말한다(법 시행령 176조의6 1항 → 171조 2항).

(2) 주식의 포괄적 교환과 이전

주권상장법인이 대통령령으로 정하는 주식의 포괄적 교환 또는 이전을 하려면 대통령령으로 정하는 요건과 방법 등의 기준에 따라야 한다(법 165조의4 1항). 여기서 "주식의 포괄적 교환"이란 A회사와 B회사가 계약에 의해 B회사의 주주가 소유하는 B회사의 주식 전부를 A회사에 이전하고, 그 대가로 A회사가 B회사의 주주에게 A회사의 신주를 발행하거나 자기주식을 교부하는 것을 말한다. 그리고 "주식의 포괄적 이전"이란 B회사의 계획에 의해 A회사를 신설하여 B회사의 주주가 가진 B회사의 주식 전부를 A회사에 이

1) 대법원 1989. 12. 26. 선고 88다카10128 판결.

전하고, 그 대가로 A회사는 설립시 발행하는 주식을 B회사의 주주에게 배정하는 것을 말한다. 이러한 주식의 포괄적 교환·이전은 미국의 주식교환제도를 본받은 일본의 1999년 개정상법상의 주식의 포괄적 교환·이전을 모범으로 수용한 것이다.

한편 기업결합의 다양한 방법 중 가장 완전한 방법은 합병이다. 그리하여 만약 A회사와 B회사가 합병을 한다면 주식의 포괄적 교환·이전에 의해 얻어지는 완전모자회사관계보다 더욱 강력한 기업결합의 효과를 얻을 수 있다. 그러나 일반적으로 합병을 하게 되면 조직의 비대화로 말미암아 규모의 불경제가 생기고, 이종의 사업이 한 회사 내에 혼합되어 있음으로 인해 경영상의 비효율성이 발생되며, 다양한 분야의 사업수행으로 인해 기업위험이 집중되는 문제가 발생된다. 그런데 주식의 포괄적 교환·이전은 당사회사의 법적 독립성을 그대로 유지함으로써 기업위험은 합리적으로 분산시키되, 경영지휘의 통일성을 기할 수 있는 매우 효율적인 방법이 되는 것이다.

(3) 회사분할

주권상장법인이 대통령령으로 정하는 분할 및 분할합병을 하려면 대통령령으로 정하는 요건과 방법 등의 기준에 따라야 한다(법 165조의4 1항). 여기서 "회사분할"이란 특정한 회사의 영업을 둘 이상으로 분리한 후 그 분리된 영업재산을 자본으로 하여 새로운 회사를 신설하거나 또는 다른 회사와 합병시키는 회사의 조직법적 행위를 말한다. 이러한 회사분할에 의해 본래의 회사는 완전히 소멸하거나 또는 축소된 상태로 존속하고, 분할회사의 주주는 분할회사의 권리·의무를 승계한 다른 회사의 주식을 취득하게 된다. 한편 회사분할에는 ① 분할회사가 해산하면서 그를 토대로 2개 이상의 새로운 회사가 생겨나거나 또는 분할회사는 그대로 존속하면서 그 일부의 권리의무를 신설회사가 승계하는 방법(단순분할), ② 분할된 회사의 일부분을 기존의 다른 회사에 흡수합병시키거나 또는 기존의 회사들과 신설합병하는 방법(분할합병)이 있다. 회사분할제도는 기업환경이 급변하면서 그에 대응하기 위한 기업조직개편의 중요성이 강조되자, 1998년의 개정상법이 기업으로 하여금 직접적인 기업분할의 이점을 누리도록 하기 위하여 새로이 도입하였다.

2. 증권신고서의 제출

(1) 제출의무

구증권법은 합병에서와 마찬가지로 주권상장법인이 중요한 영업이나 자산의 양수 또는 양도, 주식의 포괄적 교환·이전, 분할 및 분할합병을 하는 경우에도 금융위원회와 한국거래소에 신고할 의무를 부과하였다. 그러나 자본시장법은 이러한 신고의무를 폐지하는 대신에 영업과 자산의 양수도, 주식의 포괄적 교환·이전, 분할 및 분할합병으로 인하여 증권을 모집 또는 매출하는 경우에는 합병의 경우에 준하여 증권신고서에 이러한 조직재편행위에 관한 주요사항을 기재하도록 하였다(증권발행공시규정 2-10조).

(2) 증권신고서의 기재사항

합병에서와 마찬가지로 주권상장법인이 중요한 영업이나 자산의 양수 또는 양도, 주식의 포괄적 교환·이전, 분할 및 분할합병 등으로 인하여 증권을 모집 또는 매출하는 경우에는 자본시장법 시행령 제129조에 따른 증권신고서에 각각의 유형별로 일정한 사항을 기재하여야 한다(법 시행령 2-10조). 이 경우 각각의 증권신고서의 서식 및 작성방법 등에 관하여 필요한 사항은 감독원장이 정한다(증권발행공시규정 2-10조 11항).

1) 중요한 영업의 양수도

주권상장법인이 중요한 영업의 양수 또는 양도를 하는 경우에는 ① 법 제119조 제5항에 따른 대표이사 및 이사의 법 시행령 제124조상의 일정한 사항(ⓐ 법 제119조 제3항에 따른 증권신고서의 기재사항 중 중요사항에 관하여 거짓의 기재 또는 표시가 없고, 중요사항의 기재 또는 표시가 빠져 있지 아니하다는 사실, ⓑ 증권신고서의 기재 또는 표시 사항을 이용하는 자로 하여금 중대한 오해를 일으키는 내용이 기재 또는 표시되어 있지 아니하다는 사실, ⓒ 증권신고서의 기재사항에 대하여 상당한 주의를 다하여 직접 확인·검토하였다는 사실, ⓓ 외감법 제2조에 따른 외부감사대상 법인인 경우에는 같은 법 제2조의2 및 2조의3에 따라 내부회계관리제도가 운영되고 있다는 사실)에 대한 서명, ② 영업양수도의 개요(ⓐ 영업양수도의 일반사항, ⓑ 영업양수도의 가액 및 산출근거(외부평가가 의무화된 경우 외부평가기관의 양수도 가액의 적정성에 대한 평가의견을 포함함), ⓒ 영업양수도의 요령, ⓓ 양수 또는 양도하고자 하는 영업의 내용, ⓔ 모집 또는 매출되는 증권의 주요 권리내용, ⓕ 모집 또는 매출되는 증권의 취득에 따른 투자위험요소, ⓖ 출자나 채무보증 등 당사회사간의 이해관계에 관한 사항, ⓗ 주식매수청구권에 관한 사항, ⓘ 그 밖에 투자자 보호를 위하여 필요한 사항), ③ 당사회사[1]에 관한 사항(ⓐ 회사의 개요, ⓑ 사업의 내용, ⓒ 재무에 관한 사항, ⓓ 회계감사인의 감사의견, ⓔ 이사회 등 회사의 기관 및 계열회사에 관한 사항, ⓕ 주주에 관한 사항, ⓖ 임원 및 직원 등에 관한 사항, ⓗ 그 밖에 투자자 보호를 위하여 필요한 사항)을 증권신고서에 기재해야 한다(증권발행공시규정 2-10조 1항).

2) 중요한 자산의 양수도

주권상장법인이 중요한 자산의 양수 또는 양도를 하는 경우에는 ① 자본시장법 제119조 제5항에 따른 대표이사 및 이사의 법 시행령 제124조상의 일정한 사항(ⓐ 자본시장법 제119조 제3항에 따른 증권신고서의 기재사항 중 중요사항에 관하여 거짓의 기재 또는 표시가 없고, 중요사항의 기재 또는 표시가 빠져 있지 아니하다는 사실, ⓑ 증권신고서의 기재 또는 표시 사항을 이용하는 자로 하여금 중대한 오해를 일으키는 내용이 기재 또는 표시되어 있지 아니하다는 사실, ⓒ 증권신고서의 기재사항에 대하여 상당한 주의를 다하여 직접 확인·검토하였다는 사실, ⓓ 외감법 제2조에 따른 외부감사대상 법인인 경우에는 같은 법 제2조의2 및 제2조의3에 따라 내부회계관리제도가 운영되고 있다는 사실)에 대한 서

1) 이 경우 당사회사는 증권신고서를 제출하는 회사를 말하고, 신설합병의 경우에는 소멸회사를 말한다.

명, ② 자산양수도의 개요(ⓐ 자산양수도의 일반사항, ⓑ 자산양수도의 가액 및 산출근거(외부평가가 의무화된 경우 외부평가기관의 양수·도 가액 적정성에 대한 평가의견을 포함함), ⓒ 자산양수도의 요령, ⓓ 양수 또는 양도하고자 하는 자산의 내용, ⓔ 모집 또는 매출되는 증권의 주요 권리내용, ⓕ 모집 또는 매출되는 증권의 취득에 따른 투자위험요소, ⓖ 출자나 채무보증 등 당사회사간의 이해관계에 관한 사항, ⓗ 주식매수청구권에 관한 사항, ⓘ 그 밖에 투자자 보호를 위하여 필요한 사항), ③ 당사회사[1]에 관한 사항(ⓐ 회사의 개요, ⓑ 사업의 내용, ⓒ 재무에 관한 사항, ⓓ 회계감사인의 감사의견, ⓔ 이사회 등 회사의 기관 및 계열회사에 관한 사항, ⓕ 주주에 관한 사항, ⓖ 임원 및 직원 등에 관한 사항, ⓗ 그 밖에 투자자 보호를 위하여 필요한 사항)을 증권신고서에 기재해야 한다(증권발행공시규정 2-10조 3항).

3) 주식의 포괄적 교환 및 이전

주권상장법인이 주식의 포괄적 교환·이전을 하는 경우에는 ① 법 제119조 제 5 항에 따른 대표이사 및 이사의 법 시행령 제124조상의 일정한 사항(ⓐ 법 제119조 제 3 항에 따른 증권신고서의 기재사항 중 중요사항에 관하여 거짓의 기재 또는 표시가 없고, 중요사항의 기재 또는 표시가 빠져 있지 아니하다는 사실, ⓑ 증권신고서의 기재 또는 표시 사항을 이용하는 자로 하여금 중대한 오해를 일으키는 내용이 기재 또는 표시되어 있지 아니하다는 사실, ⓒ 증권신고서의 기재사항에 대하여 상당한 주의를 다하여 직접 확인·검토하였다는 사실, ⓓ 외감법 제 2 조에 따른 외부감사대상 법인인 경우에는 같은 법 제 2 조의2 및 제 2 조의3에 따라 내부회계관리제도가 운영되고 있다는 사실)에 대한 서명, ② 주식의 포괄적 교환·이전의 개요(ⓐ 주식의 포괄적 교환·이전의 일반사항, ⓑ 주식의 포괄적 교환·이전의 비율 및 산출근거(외부평가가 의무화된 경우 외부평가기관의 교환·이전 비율 적정성에 대한 평가의견을 포함함), ⓒ 주식의 포괄적 교환·이전의 요령, ⓓ 모집 또는 매출되는 증권의 주요 권리내용, ⓔ 모집 또는 매출되는 증권의 취득에 따른 투자위험요소, ⓕ 출자나 채무보증 등 당사회사간의 이해관계에 관한 사항, ⓖ 주식매수청구권에 관한 사항, ⓗ 그 밖에 투자자 보호를 위하여 필요한 사항), ③ 당사회사[2]에 관한 사항(ⓐ 회사의 개요, ⓑ 사업의 내용, ⓒ 재무에 관한 사항, ⓓ 회계감사인의 감사의견, ⓔ 이사회 등 회사의 기관 및 계열회사에 관한 사항, ⓕ 주주에 관한 사항, ⓖ 임원 및 직원 등에 관한 사항, ⓗ 그 밖에 투자자 보호를 위하여 필요한 사항)을 증권신고서에 기재해야 한다(증권발행공시규정 2-10조 5항).

4) 회사분할

주권상장법인이 분할을 하는 경우에는 ① 법 제119조 제 5 항에 따른 대표이사 및 이사의 법 시행령 제124조상의 일정한 사항(ⓐ 법 제119조 제 3 항에 따른 증권신고서의 기재사항 중 중요사항에 관하여 거짓의 기재 또는 표시가 없고, 중요사항의 기재 또는 표시가 빠져 있지 아니하다는 사실, ⓑ 증권신고서의 기재 또는 표시 사항을 이용하는 자로 하여금 중대한 오해를 일으키는 내용이 기재 또는 표시되어 있지 아니하다는 사실, ⓒ 증권신고서의 기재사항에 대하여 상당한 주의를 다하여 직접 확인·검토하

1) 이 경우 당사회사는 증권신고서를 제출하는 회사를 말하고, 신설합병의 경우에는 소멸회사를 말한다.
2) 이 경우 당사회사는 주식의 포괄적 교환의 경우에는 완전모회사 및 완전자회사가 되는 회사, 주식의 포괄적 이전의 경우에는 완전자회사가 되는 회사를 말한다.

였다는 사실, ⓓ 외감법 제2조에 따른 외부감사대상 법인인 경우에는 같은 법 제2조의2 및 제2조의3에 따라 내부회계관리제도가 운영되고 있다는 사실)에 대한 서명, ② 분할의 개요(ⓐ 분할에 관한 일반사항, ⓑ 분할의 요령, ⓒ 분할되는 영업 및 자산의 내용, ⓓ 모집 또는 매출되는 증권의 주요 권리내용, ⓔ 모집 또는 매출되는 증권의 취득에 따른 투자위험요소, ⓕ 그 밖에 투자자 보호를 위하여 필요한 사항), ③ 당사회사[1]에 관한 사항(ⓐ 회사의 개요, ⓑ 사업의 내용, ⓒ 재무에 관한 사항, ⓓ 회계감사인의 감사의견, ⓔ 이사회 등 회사의 기관 및 계열회사에 관한 사항, ⓕ 주주에 관한 사항, ⓖ 임원 및 직원 등에 관한 사항, ⓗ 그 밖에 투자자 보호를 위하여 필요한 사항)을 증권신고서에 기재해야 한다(증권발행공시규정 2-10조 7항).

5) 분할합병

주권상장법인이 분할합병을 하는 경우에는 ① 법 제119조 제5항에 따른 대표이사 및 이사의 법 시행령 제124조상의 일정한 사항(ⓐ 법 제119조 제3항에 따른 증권신고서의 기재사항 중 중요사항에 관하여 거짓의 기재 또는 표시가 없고, 중요사항의 기재 또는 표시가 빠져 있지 아니하다는 사실, ⓑ 증권신고서의 기재 또는 표시 사항을 이용하는 자로 하여금 중대한 오해를 일으키는 내용이 기재 또는 표시되어 있지 아니하다는 사실, ⓒ 증권신고서의 기재사항에 대하여 상당한 주의를 다하여 직접 확인·검토하였다는 사실, ⓓ 외감법 제2조에 따른 외부감사대상 법인인 경우에는 같은 법 제2조의2 및 제2조의3에 따라 내부회계관리제도가 운영되고 있다는 사실)에 대한 서명, ② 분할합병의 개요(ⓐ 합병에 관한 일반사항, ⓑ 합병가액과 상대가치(법 시행령 제176조의5 제2항에 따라 상대가치를 공시해야 하는 경우에 한함) 및 각각에 대한 산출근거(외부평가가 의무화된 경우 외부평가기관의 합병비율의 적정성에 대한 평가의견을 포함함), ⓒ 합병의 요령, ⓓ 모집 또는 매출되는 증권의 주요 권리내용, ⓔ 모집 또는 매출되는 증권의 취득에 따른 투자위험요소, ⓕ 출자나 채무보증 등 당사회사간의 이해관계에 관한 사항, ⓖ 주식매수청구권에 관한 사항, ⓗ 그 밖에 투자자 보호를 위하여 필요한 사항, ⓘ 분할되는 영업 및 자산의 내용), ③ 당사회사[2]에 관한 사항(ⓐ 회사의 개요, ⓑ 사업의 내용, ⓒ 재무에 관한 사항, ⓓ 회계감사인의 감사의견, ⓔ 이사회 등 회사의 기관 및 계열회사에 관한 사항, ⓕ 주주에 관한 사항, ⓖ 임원 및 직원 등에 관한 사항, ⓗ 그 밖에 투자자 보호를 위하여 필요한 사항)을 증권신고서에 기재해야 한다(증권발행공시규정 2-10조 9항).

(3) 증권신고서의 첨부서류

주권상장법인이 중요한 영업이나 자산의 양수도, 주식의 포괄적 교환·이전, 분할 및 분할합병과 관련하여 금융위원회에 제출하는 증권신고서에는 ① 합병당사회사 및 신설합병회사의 정관 또는 이에 준하는 것으로서 조직운영 및 투자자의 권리·의무를 정한 것, ② 합병당사회사의 합병주주총회의 소집을 위한 이사회의 의사록 사본 또는 그 밖에 이에 준하는 서류, ③ 합병당사회사의 법인등기부 등본, ④ 합병에 관하여 행정관청의 허가·인가 또는 승인 등을 필요로 하는 경우에는 그 허가·인가 또는 승인 등이 있었음

1) 이 경우 당사회사는 분할되는 회사를 말한다.
2) 이 경우 당사회사는 분할되는 회사 및 분할합병의 상대방회사를 말한다.

을 증명하는 서류, ⑤ 합병계약서 및 계획서 사본, ⑥ 합병당사회사의 최근 3사업연도 재무제표에 대한 회계감사인의 감사보고서, ⑦ 합병당사회사의 최근 3사업연도 회계감사인의 연결감사보고서, ⑧ 합병당사회사의 반기재무제표에 대한 회계감사인의 반기감사보고서 또는 반기검토보고서, ⑨ 합병당사회사의 분기재무제표에 대한 회계감사인의 분기감사보고서 또는 분기검토보고서, ⑩ 합병당사회사 중 주권비상장법인의 경우에는 주주명부, ⑪ 증권발행공시규정 제1항 제2호 나목에 따른 외부평가기관의 평가의견서, ⑫ 예비투자설명서를 사용하려는 경우에는 예비투자설명서, ⑬ 간이투자설명서를 사용하려는 경우에는 간이투자설명서를 첨부해야 한다(증권발행공시규정 2-10조 2항·4항·6항·8항·10항 → 2-9조 2항). 이 경우 ① 중요한 영업과 자산의 양수도에서의 당사회사는 증권신고서를 제출하는 회사를 말하고, ② 주식의 포괄적 교환·이전에서의 당사회사는 주식의 포괄적 교환의 경우에는 완전모회사 및 완전자회사가 되는 회사, 주식의 포괄적 이전의 경우에는 완전자회사가 되는 회사를 말하며, ③ 분할에서의 당사회사는 분할되는 회사를 말하고, ④ 분할합병에서의 당사회사는 분할되는 회사 및 분할합병의 상대방회사를 말한다.

3. 주요사항보고서의 제출

1) 제출의무

주권상장법인은 중요한 영업이나 자산의 양수도, 주식의 포괄적 교환·이전, 분할 및 분할합병 중 어느 하나에 해당하는 사실이 발생한 경우에는 그 사실이 발생한 날의 다음 날까지 그 내용을 기재한 주요사항보고서를 금융위원회에 제출해야 한다(법 161조 1항 1문·6호). 이러한 사실에 관한 정보는 당해 주권상장법인 등의 주가에 매우 중요한 영향을 미치므로 가급적 투자자에게 조기에 공시하도록 하기 위함이다. 한편 주권상장법인이 주요사항보고서를 제출한 후 합병 등을 사실상 종료한 때에는 지체 없이 그에 관련된 사항을 기재한 서면을 금융위원회에 제출해야 하는데, 다만 증권발행공시규정 제2-19조 제3항에 따라 증권발행실적보고서를 제출하는 경우에는 그러하지 아니하다. 여기서 "합병 등을 사실상 종료한 때"란 ① 합병등기를 한 때, ② 등기 등 사실상 영업양수·양도를 종료한 때, ③ 관련 자산의 등기 등 사실상 자산양수·양도를 종료한 때, ④ 분할 또는 분할합병 등기를 한 때, ⑤ 주식교환을 한 날 또는 주식이전에 따른 등기를 한 때를 말한다(증권발행공시규정 5-15조).

2) 주요사항보고서의 기재사항

주권상장법인이 중요한 영업이나 자산의 양수도, 주식의 포괄적 교환·이전, 분할 및 분할합병 등에 관련된 주요사항보고서를 금융위원회에 제출할 경우에는 당해 주요사항보고서에 예측정보를 기재 또는 표시할 수 있는데, 그러한 예측정보의 기재 또는 표시는 자본시장법 제125조 제 2 항 제 1 호·제 2 호 및 제 4 호의 방법에 따라야 한다. 즉 ① 그 기재 또는 표시가 예측정보라는 사실이 밝혀져 있어야 하고, ② 예측 또는 전망과 관련된 가정이나 판단의 근거가 밝혀져 있어야 하며, ③ 그 기재 또는 표시에 대하여 예측치와 실제 결과치가 다를 수 있다는 주의문구가 밝혀져 있어야 한다. 그리고 주요사항보고서를 제출할 당시 법인의 대표이사(집행임원 설치회사의 경우 대표집행임원을 말함) 및 제출업무를 담당하는 이사가 그 주요사항보고서의 기재사항 중 중요사항에 관하여 거짓의 기재 또는 표시가 있거나 중요사항의 기재 또는 표시가 누락되어 있지 아니하다는 사실 등 대통령령으로 정하는 사항을 확인·검토하고 이에 각각 서명하여야 한다(법 161조 1항 2문 → 159조 6항·7항).

한편 "대통령령으로 정하는 사항"이란 ① 주요사항보고서의 기재사항 중 중요사항에 관하여 거짓의 기재 또는 표시가 없고, 중요사항의 기재 또는 표시를 빠뜨리고 있지 아니하다는 사실, ② 주요사항보고서의 기재 또는 표시 사항을 이용하는 자로 하여금 중대한 오해를 일으키는 내용이 기재 또는 표시되어 있지 아니하다는 사실, ③ 주요사항보고서의 기재사항에 대하여 상당한 주의를 다하여 직접 확인·검토하였다는 사실, ④ 외감법 제 2 조에 따른 외부감사대상 법인인 경우에는 동법 제 2 조의2 및 제 2 조의3에 따라 내부회계관리제도가 운영되고 있다는 사실에 해당하는 사항을 말한다(법 시행령 169조). 한편 이러한 주요사항보고서를 주권상장법인이 금융위원회에 제출할 때에는 합병에 관한 이사회의 의사록 등 해당사실을 증명할 수 있는 서류를 첨부하여야 한다(법 시행령 171조 4항 6호).

3) 금융위원회의 조치

주권상장법인이 중요한 영업이나 자산의 양수도, 주식의 포괄적 교환·이전, 분할 및 분할합병 등과 관련하여 주요사항보고서를 제출한 경우에 금융위원회는 제출된 주요사항보고서가 투자자의 투자판단에 중대한 영향을 미칠 우려가 있어 그 내용을 신속하게 알릴 필요가 있는 때에는 대통령령으로 정하는 방법에 따라 행정기관이나 그 밖의 관계기관에 대하여 필요한 정보의 제공 또는 교환을 요청할 수 있다(법 161조 4항 1문). 즉 금융위원회는 ① 법 제161조 제 1 항 제 1 호의 사항에 관하여는 어음법 제38조 및 수표법 제31조에 따른 어음교환소로 지정된 기관, ② 법 제161조 제 1 항 제 3 호와 제 4 호 및 제171조 제 3 항 제 2 호의 사항에 관하여는 관할법원, ③ 법 시행령 제171조 제 3 항 제 1 호의 사항에 관하여는 기업구조조정촉진법 제 2 조 제 3 호에 따른 주채권은행 또는 같은 법 제15조에 따른 채권금융기관협의회, ④ 그 밖의 사항에 관하여는 해당 정보를 소유하고 있는 행정기관이나 그 밖의 관계 기관에 정보의 제공을 요청하는 사유를 기재한 문서(전자문서를 포함함) 또는 모사전송의 방법으로 필요한 정보의 제공을 요청할 수 있다(법 시행령 172조). 이 경우 요청을 받은 기관은 특별한 사유가 없는 한 이에 협조하여야 한다(법

161조 4항 2문). 한편 금융위원회는 제출된 주요사항보고서를 지체 없이 한국거래소에 송부하여야 한다(법 161조 5항).

4. 외부평가기관의 평가

(1) 외부평가의 대상

주권상장법인이 중요한 영업이나 자산의 양수도, 주식의 포괄적 교환·이전(상법 제360조의2 및 제360조의15에 따른 완전자회사가 되는 법인 중 주권비상장법인이 포함되는 경우와 완전모회사가 주권비상장법인으로 되는 경우만 해당함), 분할합병을 하려는 경우에는 각각 영업이나 자산의 양수도가액, 주식의 포괄적 교환·이전비율 및 분할합병비율의 적정성에 대하여 외부평가기관(법 시행령 제176조의5 제 9 항과 제10항에 따라 합병에 대한 평가를 할 수 없는 외부평가기관은 제외함)의 평가를 받아야 한다(법 시행령 176조의6 3항 본문).

그러나 ① 중요한 자산의 양수도 중 증권시장을 통한 증권의 매매, 자산의 경매 등 외부평가기관의 평가 필요성이 적은 자산의 양수도로서 금융위원회가 정하여 고시하는 경우, ② 코넥스시장에 상장된 법인과 주권비상장법인간의 중요한 영업이나 자산의 양수도, 주식의 포괄적 교환·이전 및 분할합병의 경우 중 어느 하나에 해당하는 경우에는 외부평가기관의 평가를 받지 아니할 수 있다(법 시행령 176조의6 3항 단서).

한편 주권상장법인의 주식의 포괄적 교환·이전과 분할합병의 경우에는 합병가액의 산정에 관한 자본시장법 시행령 제176조의5 제 1 항을 준용한다. 다만 주식의 포괄적 이전으로서 그 주권상장법인이 단독으로 완전자회사가 되는 경우에는 그러하지 아니하다(법 시행령 176조의6 2항). 이 경우에는 주권상장법인의 주주가 완전모회사의 주주로 그 지위만 바뀔 뿐 당해 주권상장법인의 자산에는 변화가 없기 때문이다.

(2) 외부평가의 주체

주권상장법인이 중요한 영업이나 자산의 양수도, 주식의 포괄적 교환·이전, 분할합병을 하려는 경우에 영업이나 자산의 양수도가액, 주식의 포괄적 교환·이전비율 및 분할합병비율의 적정성에 대한 외부평가를 담당할 기관은 ① 자본시장법 시행령 제68조 제 2 항 제 1 호 및 제 2 호의 업무를 인가받은 자, ② 신용평가회사, ③ 공인회계사법에 따른 회계법인 중 어느 하나에 해당하는 자이어야 한다(법 시행령 176조의5 8항).

(3) 외부평가기관의 업무금지기간

주권상장법인의 중요한 영업이나 자산의 양수도, 주식의 포괄적 교환·이전, 분할합병에 있어서 영업이나 자산의 양수도가액, 주식의 포괄적 교환·이전비율 및 분할합병비율의 적정성을 평가하는 외부평가기관이 ① 법 시행령 제176조의5 제 8 항 제 1 호의 자가 금융위원회로부터 주식의 인수업무 참여제한의 조치를 받은 경우에는 그 제한기간,

② 법 시행령 제176조의5 제 8 항 제 2 호의 자가 신용평가업무와 관련하여 금융위원회로부터 신용평가업무의 정지처분을 받은 경우에는 그 업무정지기간, ③ 법 시행령 제176조의5 제 8 항 제 3 호의 자가 외감법에 따라 업무정지조치를 받은 경우에는 그 업무정지기간, ④ 법 시행령 제176조의5 제 8 항 제 3 호의 자가 외감법에 따라 특정회사에 대한 감사업무의 제한조치를 받은 경우에는 그 제한기간 중 어느 하나에 해당하는 경우에는 그 기간 동안 평가업무를 수행할 수 없다(법 시행령 176조의5 9항).

(4) 외부평가기관에 대한 규제

금융위원회는 외부평가기관의 중요한 영업이나 자산의 양수도, 주식의 포괄적 교환·이전, 분할 및 분할합병 등에 관한 평가가 현저히 부실한 경우 또는 그 밖에 투자자의 보호나 건전한 거래질서를 해할 우려가 있는 경우로서 대통령령으로 정하는 경우에는 외부평가기관의 평가업무를 제한할 수 있다(법 165조의4 3항). 이 경우 외부평가기관의 범위나 평가업무제한의 방법 등에 대하여는 대통령령으로 정한다(법 165조의4 4항). 한편 외부평가기관에 대한 금융위원회의 제한조치는 별표에서 정하는 기준에 따르되, 다만 ① 당해 위법행위의 시정 또는 원상회복 여부, ② 유사사건에 대한 조치와의 형평성, ③ 당해 조치가 향후 특정 증권시장 참여자에게 미칠 영향을 종합적으로 고려하여 정상을 참작할 사유가 있는 경우에는 그 이유를 제시하고 기준과 다르게 조치할 수 있다(증권발행공시규정 5-14조의3 1항).

여기서 "대통령령으로 정하는 경우"란 ① 외부평가기관이 시행령 제176조의5 제 9 항 또는 제10항을 위반한 경우, ② 외부평가기관의 임직원이 평가와 관련하여 알게 된 비밀을 누설하거나 업무 외의 목적으로 사용한 경우, ③ 외부평가기관의 임직원이 합병 등에 관한 평가와 관련하여 금융위원회가 정하여 고시하는 기준을 위반하여 직접 또는 간접으로 재산상의 이익을 제공받은 경우, ④ 그 밖에 투자자 보호와 외부평가기관의 평가의 공정성·독립성을 해칠 우려가 있는 경우로서 금융위원회가 정하여 고시하는 경우 중 어느 하나에 해당하는 경우를 말한다(법 시행령 176조의5 11항 → 176조의6 4항). 이 경우 금융위원회는 외부평가기관에 대하여 1년의 범위에서 일정한 기간을 정하여 평가업무의 전부 또는 일부를 제한할 수 있다(법 시행령 176조의5 12항 → 176조의6 4항).

한편 법률의 규정에 따른 분할합병에 관하여는 법 시행령 제176조의5 제 1 항부터 제 5 항까지 및 제 7 항부터 제12항까지를 적용하지 아니하지만, 분할합병의 당사자가 되는 법인이 계열회사의 관계에 있고 합병가액을 동조 제 1 항 제 1 호에 따라 산정하지 아니한 경우에는 합병가액의 적정성에 대하여 외부평가기관에 의한 평가를 받아야 한다(법 시행령 176조의5 13항 → 176조의6 4항).

Ⅳ. 소 결

주권상장법인의 합병, 분할, 분할합병, 주식의 포괄적 교환·이전은 당해 법인의 조직재편에 관한 것이므로 그에 관한 결정은 경영진의 경영판단에 속하지만, 이러한 조직재편은 주주와 채권자 등 이해관계자의 이익에도 직결되므로 순수하게 경영진의 경영판단에만 맡겨둘 수는 없다. 그리하여 상법은 합병 등과 같은 조직재편의 경우 엄격한 법정절차에 따라 진행하도록 하면서, 주주와 채권자의 이익보호에 관련된 다양한 사항을 규정하고 있다. 한편 주권상장법인의 합병 등과 같은 조직재편은 자본시장에 참여하는 투자자들의 투자판단에 매우 중요한 영향을 미치므로 그들의 이익을 보호하고 그들에게 예견가능성을 제공할 수 있어야 한다. 그리하여 자본시장법은 수많은 이해관계자가 복합적으로 연결되어 있는 주권상장법인의 합병 등에 대하여 엄격히 규제하고 있다. 그렇지만 주권상장법인의 합병 등에 있어서의 투자자보호는 동법상의 공시제도만을 효과적으로 활용해도 충분히 달성할 수 있고, 이런 점에서 자본시장법이 합병 등과 같은 조직재편절차에 직접 개입할 필요가 있는지는 의문이다. 더욱이 자본시장법에 규정된 주권상장법인에 관한 특례규정의 내용은 그 대부분이 상법상의 규제내용에 부수적인 제한을 가하거나 일정한 요건을 부가하는 것이다.[1] 이처럼 주권상장법인의 합병 등에 관련된 특례규정을 자본시장법에 두어야 할 특별한 법리적 이유나 경제적인 합리성은 없다. 따라서 입법론적으로는 주권상장법인의 합병 등에 관한 특례규정을 상법으로 일원화 하여 법체계적인 안정성과 내용적인 정합성을 확보·유지하는 것을 적극적으로 검토할 필요가 있다. 그리고 이 과정에서는 현재 주권상장법인의 합병 등에 관련된 자본시장법상의 규정체계(법 → 시행령 → 시행규칙 → 규정)가 위임입법의 한계를 이탈한 것은 아닌지에 대해서도 보다 심층적으로 검토해야 할 것이다.

제165조의5(주식매수청구권의 특례)

① 주권상장법인이 「상법」 제360조의3 · 제360조의9 · 제360조의16 · 제374조 · 제522조 · 제527조의2 및 제530조의3(같은 법 제530조의2에 따른 분할합병 및 같은 조에 따른 분할로서 대통령령으로 정하는 경우만 해당한다)에서 규정하는 의결사항에 관한 이사회 결의에 반대하는 주주(「상법」 제344조의3 제 1 항에 따른 의결권이 없거나 제한되는 종류주식의 주주를 포함한다. 이하 이 조에서 같다)는 주주총회 전(「상법」 제360조의9에 따른 완전자회사가 되는 회사의 주주와 같은 법 제527조의2에 따른 소멸하는 회사의 주주의 경우에는 같은 법 제360조의9 제 2 항 및 제527조의2 제 2 항에 따른 공고 또는 통지를 한 날부터 2주 이내)에 해당 법인에 대하여 서

1) 정준우, "자본시장법상 상장법인 특례규정의 정합성 검토(Ⅱ)," 「선진상사법률연구」 통권 제62호(2013. 4), 법무부, 33-36쪽.

면으로 그 결의에 반대하는 의사를 통지한 경우에만 자기가 소유하고 있는 주식(반대 의사를 통지한 주주가 제391조에 따라 이사회 결의 사실이 공시되기 이전에 취득하였음을 증명한 주식과, 이사회 결의 사실이 공시된 이후에 취득하였지만 대통령령으로 정하는 경우에 해당함을 증명한 주식만 해당한다)을 매수하여 줄 것을 해당 법인에 대하여 주주총회의 결의일(「상법」 제360조의9에 따른 완전자회사가 되는 회사의 주주와 같은 법 제527조의2에 따른 소멸하는 회사의 주주의 경우에는 같은 법 제360조의9 제2항 및 제527조의2 제2항에 따른 공고 또는 통지를 한 날부터 2주가 경과한 날)부터 20일 이내에 주식의 종류와 수를 기재한 서면으로 청구할 수 있다.

② 제1항의 청구를 받으면 해당 법인은 매수청구기간이 종료하는 날부터 1개월 이내에 해당 주식을 매수하여야 한다.

③ 제2항에 따른 주식의 매수가격은 주주와 해당 법인 간의 협의로 결정한다. 다만, 협의가 이루어지지 아니하는 경우의 매수가격은 이사회 결의일 이전에 증권시장에서 거래된 해당 주식의 거래가격을 기준으로 하여 대통령령으로 정하는 방법에 따라 산정된 금액으로 하며, 해당 법인이나 매수를 청구한 주주가 그 매수가격에 대하여도 반대하면 법원에 매수가격의 결정을 청구할 수 있다.

④ 주권상장법인이 제1항에 따라 매수한 주식은 대통령령으로 정하는 기간 이내에 처분하여야 한다.

⑤ 주권상장법인은 「상법」 제363조에 따라 같은 법 제360조의3, 제360조의16, 제374조, 제522조 및 제530조의3(같은 법 제530조의2에 따른 분할합병 및 같은 조에 따른 분할로서 대통령령으로 정하는 경우만 해당한다)에서 규정하는 결의사항에 관한 주주총회 소집의 통지 또는 공고를 하거나 같은 법 제360조의9 제2항 및 제527조의2 제2항에 따른 통지 또는 공고를 하는 경우에는 제1항에 따른 주식매수청구권의 내용 및 행사방법을 명시하여야 한다. 이 경우 같은 법 제344조의3 제1항에 따른 의결권이 없거나 제한되는 종류주식의 주주에게도 그 사항을 통지하거나 공고하여야 한다.

시행령 제**176**조의**7**(주주의 주식매수청구권) ① 법 제165조의5 제1항 및 제5항 전단에서 "분할로서 대통령령으로 정하는 경우"란 각각 「상법」 제530조의12에 따른 물적분할이 아닌 분할로서 분할에 의하여 설립되는 법인이 발행하는 주권이 증권시장에 상장되지 아니하는 경우(거래소의 상장예비심사결과 그 법인이 발행할 주권이 상장기준에 부적합하다는 확인을 받은 경우를 포함한다)를 말한다.

② 법 제165조의5 제1항에서 "대통령령으로 정하는 경우"란 이사회 결의 사실이 공시된 날의 다음 영업일까지 다음 각 호의 어느 하나에 해당하는 행위가 있는 경우를 말한다.

1. 해당 주식에 관한 매매계약의 체결
2. 해당 주식의 소비대차계약의 해지
3. 그 밖에 해당 주식의 취득에 관한 법률행위

③ 법 제165조의5 제3항 단서에서 "대통령령으로 정하는 방법에 따라 산정된 금액"이란 다음 각 호의 금액을 말한다.

1. 증권시장에서 거래가 형성된 주식은 다음 각 목의 방법에 따라 산정된 가격의 산술평균가격
   가. 이사회 결의일 전일부터 과거 2개월(같은 기간 중 배당락 또는 권리락으로 인하여 매매기준가격의 조정이 있는 경우로서 배당락 또는 권리락이 있은 날부터 이사회 결의일 전일까지의 기간이 7일 이상인 경우에는 그 기간)간 공표된 매일의 증권시장에서 거래된 최종시세가격을 실물거래에 의한 거래량을 가중치로 하여 가중산술평균한 가격

나. 이사회 결의일 전일부터 과거 1개월(같은 기간 중 배당락 또는 권리락으로 인하여 매매기준가격의 조정이 있는 경우로서 배당락 또는 권리락이 있은 날부터 이사회 결의일 전일까지의 기간이 7일 이상인 경우에는 그 기간)간 공표된 매일의 증권시장에서 거래된 최종시세가격을 실물거래에 의한 거래량을 가중치로 하여 가중산술평균한 가격

다. 이사회 결의일 전일부터 과거 1주일간 공표된 매일의 증권시장에서 거래된 최종시세가격을 실물거래에 의한 거래량을 가중치로 하여 가중산술평균한 가격

2. 증권시장에서 거래가 형성되지 아니한 주식은 제176조의5 제 1 항 제 2 호 나목에 따른 가격

④ 법 제165조의5 제 4 항에서 "대통령령으로 정하는 기간"이란 해당 주식을 매수한 날부터 5년을 말한다.

Ⅰ. 본조의 취지

상법상 주식회사가 합병과 같은 일정한 조직재편행위를 하려면 주주총회의 특별결의를 얻어야 한다. 이 경우 당해 결의사항에 반대하는 주주는 주주총회 전에 회사에 대하여 서면으로 반대의사를 통지한 후 주주총회의 결의일로부터 20일 내에 주식의 종류와 수를 기재한 서면으로 자기가 소유하고 있는 주식의 매수를 회사에 대해 청구할 수 있는데, 이를 반대주주의 주식매수청구권이라고 한다. 즉 주식매수청구권(the appraisal right of dissenters; dissenter's right to obtain payment of the fair value of his shares; the shareholder's cash-out right)[1]은 회사의 조직구조에 중대한 변화를 가져오며 주주 등의 이해관계자에게 중대한 영향을 미치는 합병이나 영업양도 등과 같은 특정의 의안이 주주총회에서 결의되었을 경우에 그 결의에 반대하는 주주가 경제적인 손실 없이 자신의 투하자본을 회수하기 위한 방법으로써 자신의 소유주식을 공정한 가격으로 매수해 줄 것을 회사에 대해 청구할 수 있는 권리이다. 이는 원래 미국의 회사법에서 유래하는 제도로서 다수파로부터 소수파를 보호하려는 정치적 민주주의의 원리가 회사법에 반영된 것이다.

이처럼 주식매수청구권은 부당하거나 불공정한 합병 등에 반대하는 소액주주의 경제적 이익을 보호하기 위한 장치로서 법률에 의해 인정되므로 그 행사에 있어서 회사의 동의나 승낙이 필요 없다. 한편 회사나 지배주주도 주식매수청구권을 통하여 합병 등에

1) 이처럼 주식매수청구권에 대해서는 "appraisal right"란 용어가 쓰이기도 하고(Melvin A. Eisenberg, The Structure of the Corporation-A Legal Analysis, Little Brown and Company, Boston, 1976, p. 217), "dissenter's right"란 용어가 쓰이기도 한다. 그러나 미국의 모범사업회사법은 이를 구분하여 "appraisal right"는 반대주주에게 사법적인 구제책을 제공하는 경우에, "dissenter's right"는 반대주주가 사법적인 구제절차를 거치지 않고도 공정한 가치를 얻을 수 있는 경우에 쓰고 있다(American Bar Association, Model Business Corporation Act, Vol. 2(3rd ed.), Law & Business, Inc., New York, 1985, p. 1355).

반대하는 주주를 합법적으로 배제할 수 있다. 이런 점에서 주식매수청구권은 지배주주와 소액주주의 이익조정을 위한 제도라고 할 수 있다. 그렇지만 주식매수청구권은 ① 사실상 주주에 대한 출자환급을 광범위하게 허용하므로 회사의 자본충실을 침해할 수 있고, ② 소액주주의 보호가 아닌 그들의 축출수단으로써 악용될 소지가 있으며, ③ 주식매수청구권의 행사에 따른 현금자산의 유출에 불안을 느낀 채권자가 채권회수를 서둘러 회사의 재무구조가 부실하게 될 위험성을 내포하고 있다.[1] 그리하여 상법은 주식매수청구권의 경제적 효용성을 유지하면서 동시에 내포된 위험성을 최소화하기 위한 여러 규정을 두고 있고, 자본시장법도 동일한 목적 하에 주권상장법인에 관한 특례규정을 두고 있다. 다만 주식매수청구권에 관한 자본시장법상의 규정은 행사요건과 행사효과 등에 있어서 상법과 다른 차이점을 내포하고 있다.

Ⅱ. 주식매수청구권의 행사요건

1. 행사대상

주권상장법인에 있어서 주식매수청구권은 합병 등과 같은 조직재편행위가 주주총회에서 가결되었을 경우에 이에 반대하는 주주에게 투하자본의 회수기회를 보장해 주기 위하여 부여한 권리(회사에 대해 자신이 소유한 주식을 공정한 가격으로 매수하여 줄 것을 청구할 수 있는 권리)이다. 그리고 이는 다수자주주의 의사결정으로부터 소수자주주의 이익을 보호하기 위한 것으로서, 반대하는 소수자의 이익을 당해 주주가 소유하는 주식을 회사가 공정한 가격으로 매수해 주는 방법을 통해 보호해 준다는 점에 그 특징이 있다. 다만 주식매수청구권은 회사의 조직과 구조에 근본적인 변화를 가져오는 일정한 경우에 있어서만 인정되고 있는데, 이는 법리적인 판단이 아니라 법정책적인 결정이다.

이와 관련하여 자본시장법은 주권상장법인의 조직과 구조 및 기초적 사항에 변화를 초래하는 다양한 행위 중에서 특히 상법 제360조의3(주식교환), 제360조의9(간이주식교환), 제360조의16(주식이전), 제374조(영업양도 등), 제522조(합병), 제527조의2(간이합병) 및 제530조의3(분할합병)에서 규정하는 의결사항에 대해서만 이사회의 결의에 반대하는 주주에게 주식매수청구권을 부여하고 있다. 즉 이 경우 주권상장법인의 주주는 주주총회 전[2]에 당해 법인에 대하여 서면으로 그 결의에 반대하는 의사를 통지한 후 주주총회의 결의일[3]

---

1) 임재연, 「자본시장법」, 박영사, 2013, 653-654쪽.

2) 구체적으로 상법 제360조의9에 따른 완전자회사가 되는 회사의 주주와 같은 법 제527조의2에 따른 소멸하는 회사의 주주의 경우에는 같은 법 제360조의9 제 2 항 및 제527조의2 제 2 항에 따른 공고 또는 통지를 한 날부터 2주 이내를 말한다.

3) 구체적으로 상법 제360조의9에 따른 완전자회사가 되는 회사의 주주와 같은 법 제527조의2에 따른 소멸하는 회사의 주주의 경우에는 같은 법 제360조의9 제 2 항 및 제527조의2 제 2 항에 따른 공고 또는 통지를 한 날부터 2주가 경과한 날을 말한다.

로부터 20일 이내에 주식의 종류와 수를 기재한 서면으로 자기가 소유하고 있는 주식[1]을 매수하여 줄 것을 청구할 수 있다(법 165조의5 1항).

2. 행사주체

(1) 주주명부상의 주주

자본시장법상 주식매수청구권을 행사할 수 있는 주체는 주주명부상의 주주이다. 따라서 주주명부의 폐쇄기간 중에 주식을 양수한 자는 주식매수청구권을 행사할 수 없고, 비록 주주명부에 등재된 주주라도 이미 주식을 양도한 자는 현재의 주주가 아니므로 그 자신이나 양수인을 위해서 주식매수청구권을 행사할 수 없으며,[2] 주식을 양수하였지만 명의개서를 하지 아니한 실질주주도 주식매수청구권을 행사할 수 없다. 즉 자본시장법상 주식매수청구권을 행사할 수 있는 주체는 주주명부의 폐쇄기준일로부터 매수청구권의 행사일까지 계속하여 주식을 보유한 주주이어야 하는 것이다. 그러나 주식을 예탁결제원에 예탁한 예탁자의 고객은 실질주주증명서에 의하여 본인이 직접 회사에 대하여 반대의 통지와 매수청구를 하거나 또는 예탁자를 통하여 예탁결제원으로 하여금 주식매수청구권을 행사하게 할 수 있다.

한편 무기명주식을 보유한 주주는 반대의 통지와 함께 주권을 회사에 공탁하여야 주식매수청구권을 행사할 수 있다.[3] 그리고 주식매수청구권을 행사할 수 있는 주주의 경우에도 당해 청구권의 구체적인 발생사유에 따라서는 다소의 차이가 있다. 예를 들어 영업양도의 경우 양도회사에서는 영업의 전부나 중요한 일부를 양도하는 경우에 모두 반대주주의 주식매수청구권이 인정되고, 양수회사의 경우에는 영업의 전부이든 일부이든 관계없이 회사에 중대한 영향을 미칠 경우에만 반대주주의 주식매수청구권이 인정된다. 그리하여 양도내용에 따라서는 쌍방회사에서 모두 반대주주의 주식매수청구권이 인정되거나 인정되지 않기도 하고, 어느 일방회사에서만 반대주주의 주식매수청구권이 인정되기도 한다.[4] 한편 합병의 경우에는 소멸회사와 존속회사의 반대주주 모두에 대해 주식매수청구권이 인정된다.

(2) 의결권 없는 주식의 보유주주

과거에 상법은 회사의 조직재편행위 중 유일하게 분할합병의 경우에만 의결권 없는 주식에 대해서 의결권을 부여하였고, 그로 인해 결국 의결권 없는 주식을 보유한 주주에

---

1) 다만, 반대의사를 통지한 주주가 자본시장법 제391조에 따라 이사회의 결의사실이 공시되기 이전에 취득하였음을 증명한 주식과 이사회의 결의사실이 공시된 이후에 취득하였지만 대통령령으로 정하는 경우에 해당함을 증명한 주식만 해당한다.

2) 임재연, 전게서(2013), 655쪽.

3) 김정수, 「자본시장법원론」, SFL그룹, 2011, 899쪽; 이철송, 전게서(2013), 575쪽.

4) 이철송, 전게서(2013), 573쪽.

게도 주식매수청구권을 부여하게 되였다. 그리하여 분할합병을 제외한 나머지 유형의 조직재편행위에서는 의결권 없는 주식을 보유한 주주가 주식매수청구권을 행사할 수 없었다. 그러나 현행 상법은 과거와 달리 주식매수청구권의 행사요건으로서 사전반대의 통지만을 요구할 뿐 주주총회에 참석하여 반대할 것을 요건으로 규정하고 있지 않다. 따라서 이는 상법이 의결권 없는 주식을 보유한 주주에게도 주식매수청구권을 인정하기 위한 것으로 해석할 수 있다. 특히 회사의 존립이나 운영에 근본적인 변화가 발생하는 조직재편행위의 경우에는 모든 주주의 이해관계를 걸려 있으므로 의결권 없는 주식을 보유한 주주에게도 그러한 변화로부터 벗어날 수 있는 길을 열어주어야 한다는 점을 고려할 때 더욱 그러하다. 한편 자본시장법은 주권상장법인의 의결권 없는 주식을 보유한 주주들에게도 주식매수청구권을 명문으로 인정하고 있다(법 165조의5 1항).

(3) 이사회결의 후 주식을 취득한 주주

주식매수청구권의 행사시점과 관련하여 상법은 "주주총회 전에" 또는 "이사회의 결의가 있는 때에" 주주는 회사에 대해 "자기가 소유하고 있는 주식"의 매수를 청구할 수 있다고 규정하고 있다. 그리하여 합병 등에 관한 이사회의 결의가 있은 후에 주식을 취득한 주주도 주식매수청구권을 행사할 수 있는가에 대한 논란이 있다. 즉 이사회에서 합병 등에 관한 결의가 있고 그 내용이 공표된 후에 주식을 취득한 주주에 대해서는 이미 그러한 사실을 알고 취득한 것이므로 주식매수청구권을 인정할 수 없다는 견해와 합병 등에 관한 계획의 공표라는 것이 명문에 의한 정형화된 공시방법으로 인정되지 않는 한 그에 의해 모든 투자자가 안다고 할 수 없으므로 이러한 예외를 인정할 수 없다는 견해[1)]가 대립하고 있다.

한편 (구)증권거래법도 상법처럼 "이사회의 결의가 있는 때에" 주주는 주식매수청구권을 행사할 수 있다고 규정하고 있어, 주식매수청구권을 행사하려는 주주는 이사회의 결의 이전에 주식을 보유하고 있어야 하는 것으로 해석이 가능하였지만[2)] 논란이 있었다. 그리하여 자본시장법은 주식매수청구권을 행사할 수 있는 대상주식으로 "이사회의 결의사실이 공시되기 이전에 취득하였음을 증명한 주식"이라고 규정함으로써 주식매수청구권을 행사하는 주주는 이사회의 결의 이전에 주식을 보유하고 있어야 함을 명확히 하였다. 그렇지만 비록 이사회의 결의사실이 공시된 이후에 취득한 주식이라도 주주가 대통령령으로 정하는 경우에 해당함을 증명한 경우에는 주식매수청구권을 행사할 수 있다(법 165조의5 1항). 이 경우 "대통령령으로 정하는 경우"란 이사회의 결의사실이 공시된 날의 다음 영업일까지 ① 해당 주식에 관한 매매계약의 체결, ② 해당 주식의 소비대차계약의 해지, ③ 그 밖에 해당 주식의 취득에 관한 법률행위 중 어느 하나에 해당하는

1) 이철송, 전게서(2013), 574쪽; 최기원, 「신회사법론(제14대정판)」, 박영사, 2012, 437쪽.
2) 김정수, 전게서(2013), 900쪽.

행위가 있는 경우를 말한다(법 시행령 176조의7 2항).

3. 행사방법

(1) 반대의사의 통지

1) 반대의사의 대상

주권상장법인의 주주가 주식매수청구권을 행사하려면 주주총회 전에 합병 등에 관한 이사회의 결의에 반대하는 의사를 회사에 통지해야 한다(법 165조의5 1항). 즉 주식매수청구권을 행사하려는 주주의 반대대상은 합병 등에 관한 이사회의 결의인 것이다. 이 경우 이사회의 결의에 반대하는 의사를 회사에 통지하였다는 사실은 주주가 증명해야 한다.

2) 반대의사의 통지방법

주식매수청구권을 행사하려는 주주는 합병 등에 관한 이사회의 결의에 반대하는 의사를 서면으로 주권상장법인에 통지해야 한다(법 165조의5 1항). 이 경우 서면의 구체적인 내용에 대해서는 자본시장법이 규정하고 있지 않으므로, 주주는 자신이 주주라는 점과 보유하고 있는 주식의 종류와 수 그리고 합병 등에 관한 이사회의 결의에 반대한다는 뜻만 기재하면 충분하다.[1] 따라서 실무적으로는 주주가 회사로부터 주주총회소집통지서와 함께 받은 주식매수청구권 행사안내서의 하단부에 있는 반대의사통지서 양식을 절취하여 주주번호, 주주명, 소유주식의 종류와 수, 주주의 주소·주민등록번호·전화번호 등을 기재한 후 기명날인 또는 서명하여 회사에 보내고 있지만, 주주가 반드시 그 양식을 이용할 필요는 없다. 한편 이 경우 주주명부상의 주주는 당해 반대의사에 관한 서면을 주권상장법인에 통지하면 되고, 증권회사를 통하여 주식을 예탁한 실질주주는 당해 증권회사에 통지하면 된다.[2]

3) 반대의사의 통지기간

자본시장법상 주식매수청구권을 행사하려는 주주는 "주주총회 전에" 합병 등에 관한 이사회의 결의에 반대하는 의사를 서면으로 주권상장법인에 통지해야 한다(법 165조의5 1항). 그런데 자본시장법은 "주주총회 전"의 구체적인 의미에 관하여 규정하고 있지 않다. 그리하여 주주총회 전이기만 하다면 주주총회의 당일이라도 주주총회의 개최 전에만 주주가 반대의사를 통지하면 유효한 통지로 보아야 한다는 견해가 있다.[3] 그러나 이사회의 결의에 대한 주주의 반대의사통지는 주권상장법인으로 하여금 반대주주의 현황을 파

1) 미국의 모범사업회사법은 주주총회의 결의가 있으면 회사는 반대주주들에게 주식매수청구에 관한 통지서와 양식을 송부하도록 하면서, 그 통지서는 지급청구지의 주소와 주식을 보관할 장소 및 시기, 지급청구 후 주식거래가 금지되는 기간, 지급청구서의 양식, 통지서의 도착 후 30일 이후 60일 이내의 범위에서 정한 지급청구기간, 관련법규의 사본 등을 포함하도록 규정하고 있다(MBCA §13.22(b)).

2) 임재연, 전게서(2013), 658쪽.

3) 상게서, 658쪽.

악하여 주주총회의 결의에 대비하며 매수준비를 갖추도록 예고하는 의미를 갖고 있다고 보아야 하고, 따라서 주주의 반대의사통지는 주주총회일의 전날까지 당해 법인에 도달하여야 한다.[1] 다만 상법 제360조의9(간이주식교환)에 따른 완전자회사가 되는 회사의 주주와 제527조의2(간이합병)에 따른 소멸하는 회사의 주주의 경우에는 상법 제360조의9 제2항 및 제527조의2 제2항에 따른 공고 또는 통지를 한 날부터 2주 이내에 반대의사를 주권상장법인에 통지하면 된다(법 165조의5 1항).

(2) 서면에 의한 매수청구

1) 매수청구기간

주식매수청구권을 행사하려는 주주는 주주총회 전에 반대의사를 통지한 후 주주총회의 결의일로부터 20일 이내에 서면으로 주권상장법인에 대하여 주식매수를 청구할 수 있다. 다만 상법 제360조의9(간이주식교환)에 따른 완전자회사가 되는 회사의 주주와 제527조의2(간이합병)에 따른 소멸하는 회사의 주주의 경우에는 상법 제360조의9 제2항 및 제527조의2 제2항에 따른 공고 또는 통지를 한 날부터 2주가 경과한 날로부터 20일 이내에 서면으로 주식매수를 청구할 수 있다(법 165조의5 1항). 자본시장법이 반대주주의 주식매수청구권의 행사기간을 이처럼 20일이라는 단기간으로 제한한 것은 주가의 변동에 관한 주주와 주권상장법인간의 이해관계가 상이하기 때문에 이를 신속히 처리하여 법률관계의 안정을 도모하기 위함이다. 따라서 여기서의 20일이란 기간은 제척기간으로 보아야 한다.[2]

2) 매수청구서의 기재사항

주주가 주권상장법인에 대해 주식매수청구권을 행사할 때에는 매수청구서에 주식의 종류와 수를 기재해야 한다(법 165조의5 1항). 그러나 당해 법인이 어느 한 종류의 주식만을 발행한 때에는 주식의 종류를 기재할 필요가 없다.[3]

3) 매수청구의 철회 여부

주식매수청구권은 원칙적으로 주주의 이익을 보호하기 위한 것이므로 주주의 권리이지 의무가 아니다. 따라서 주식매수청구기간 중에는 주주가 언제라도 행사한 매수청구권을 철회할 수 있다. 그렇다면 주식매수청구권의 행사기간이 경과한 후에도 주주가 철회할 수 있을까? 생각건대 주식매수청구권은 그 법적 성질이 형성권이고, 주주의 일방적인 철회는 단체법적 질서를 해칠 수 있으므로 금지된다고 보아야 한다. 그렇지만 주식매수청구권은 주주와 회사와의 이익조정을 위한 제도이기도 하므로 회사의 동의만 있다면

1) 이철송, 전게서(2013), 575쪽.
2) 임재연, 전게서(2013), 659쪽.
3) 상게서, 659쪽.

철회가 가능하다고 보아야 할 것이다.[1] 다만 주주가 주권상장법인으로부터 이미 매매대금을 지급받은 경우에는 철회할 수 없다.

Ⅲ. 주식매수청구권의 행사효과

1. 매매가격의 결정

(1) 1단계 : 협의가격

주주가 주식매수청구권을 행사한 경우에 매수가격은 원칙적으로 매수를 청구한 주주와 당해 주권상장법인간에 협의로 결정한다(법 165조의5 3항 본문). 이 경우 협의의 구체적인 방법에 대해서는 자본시장법이 규정하고 있지 않으므로 주주와 당해 법인은 개별협의이든 단체협의이든 모두 할 수 있다. 그렇지만 주권상장법인의 경우에는 주식이 대중에게 광범위하게 분산되어 있어 사실상 주주와 개별적인 협의를 하는 것이 어렵다. 그리하여 합병 등을 하는 주권상장법인은 합병신고서 또는 합병계약서 등에 법정매수가격으로서 "협의를 위한 회사의 제시가격"을 기재해 두고, "매수를 청구한 주주가 그 가격에 반대하는 경우에는 법원에 매수가격의 결정을 청구할 수 있음"을 주석으로 달아둔다. 이처럼 실무적으로 매수를 청구한 주주는 법인이 제시한 가격에 응할지 여부만 결정하게 된다.

(2) 2단계 : 법정가격

주식매수청구권에 있어서 주주와 주권상장법인간에 매수가격에 관한 협의가 성립되지 않은 경우에는 합병 등에 관한 이사회의 결의일 이전에 증권시장에서 거래된 당해 주식의 거래가격을 기준으로 하여 대통령령이 정하는 방법에 따라 산정된 금액을 매수가격으로 한다(법 165조의5 3항 단서). 이 경우 "대통령령으로 정하는 방법에 따라 산정된 금액"이란 ① 증권시장에서 거래가 형성된 주식은 일정한 방법에 따라 산정된 가격(ⓐ 이사회의 결의일 전일부터 과거 2개월(같은 기간 중 배당락 또는 권리락으로 인하여 매매기준가격의 조정이 있는 경우로서 배당락 또는 권리락이 있은 날부터 이사회 결의일 전일까지의 기간이 7일 이상인 경우에는 그 기간)간 공표된 매일의 증권시장에서 거래된 최종시세가격을 실물거래에 의한 거래량을 가중치로 하여 가중산술평균한 가격, ⓑ 이사회의 결의일 전일부터 과거 1개월(같은 기간 중 배당락 또는 권리락으로 인하여 매매기준가격의 조정이 있는 경우로서 배당락 또는 권리락이 있은 날부터 이사회 결의일 전일까지의 기간이 7일 이상인 경우에는 그 기간)간 공표된 매일의 증권시장에서 거래된 최종시세가격을 실물거래에 의한 거래량을 가중치로 하여 가중산술평균한 가격, ⓒ 이사회 결의일 전일부터 과거 1주일간 공표된 매일의 증권시장에서 거래된 최종시세가격을 실물거래에 의한 거래량을 가중치로 하여 가중산술평균한 가격)의 산술평균가격, ② 증권시장에서 거래가 형성되지 아니한 주식은 자본시장법 시행령 제176조의5 제1항 제2호 나

1) 상게서, 663쪽.

목에 따른 가격(자산가치와 수익가치를 가중산술평균한 가액)을 말한다(법 시행령 176조의7 3항).

(3) 3단계 : 법원결정에 의한 가격

주식매수청구권에 있어서 주주와 주권상장법인간의 협의가 성립되지 않고, 또한 법정매수가격에 주주나 당해 법인이 반대하는 경우에는 각 당사자가 법원에 매수가격의 결정을 청구할 수 있다(법 165조의5 3항 단서). 이 경우 법원이 매수가액을 결정함에 있어서는 당해 법인의 재산상태 그 밖의 사정을 참작하여 공정한 가액으로 이를 산정하여야 한다(상법 374조의2 5항).

2. 매수대금의 지급

(1) 지급기간

주식매수청구권의 법적 성질은 형성권이다. 따라서 주주가 주식매수를 청구한 경우에 주권상장법인은 매수청구기간이 종료하는 날부터 1개월 이내에 당해 주식을 매수해야 한다(법 165조의5 2항). 즉 주권상장법인은 매수청구기간이 종료하는 날부터 1개월 이내에 청구주주에게 매매대금의 지급을 완료해야 하는 것이다. 다만 이 경우 1개월이란 기간은 매매대금의 지급기한이므로 그동안 법정이자가 발생하지 않는다. 한편 주권비상장법인의 경우에는 매매대금의 지급기한이 2개월이다(상법 374조의2 2항).

(2) 대금지급의 지체

주권상장법인이 주주로부터 매수청구를 받은 후 1개월의 매수기간 내에 매매대금을 지급하지 않은 경우에는 이행지체의 책임을 지므로(민법 387조 1항), 매수기간 이후에는 지체에 따른 법정이자도 지급해야 한다. 이 경우 지체이자율은 상사이율인 연 6%로 보아야 한다(상법 54조). 한편 주권상장법인이 주주의 주식매수청구에 불응할 경우에는 주주가 당해 법인에 대해 매매대금의 지급을 청구할 수 있고, 다른 한편으론 이사를 상대로 손해배상을 청구할 수 있다(상법 401조 1항).

(3) 관련문제

주식매수청구권에 있어서 주권상장법인이 주식을 매수하는 효과는 당해 법인이 주주에게 매매대금을 지급한 후에 발생하므로, 그 전에는 청구주주가 주주의 지위를 잃지 않는다. 따라서 주주의 매수청구 후 법인의 대금지급 전에 열리는 주주총회에서는 청구주주도 의결권을 행사할 수 있다.[1] 그렇다면 주주가 주식매수청구권을 행사한 후 매매대금을 지급받기 전에 이익배당이나 신주발행이 이루어진다면, 청구주주는 이익배당청구권과 신주인수권을 행사할 수 있을까? 생각건대 만약 이를 인정하게 되면 오히려 주주에

1) 이철송, 전게서(2013), 577쪽.

게 부당한 이익을 주는 결과가 된다. 일반적으로 매수가격은 배당금이나 신주인수 등에 관한 기대가치가 반영된 것으로 볼 수 있기 때문이다. 따라서 청구주주는 이익배당청구권이나 신주인수권을 행사할 수 없다. 그렇지만 주주가 주식매수청구를 철회한 경우에는 대금지급청구권에 대신하여 이익배당청구권과 신주인수권이 부활할 것이다.

3. 매수주식의 처분

(1) 처분기간

주권상장법인이 주주의 주식매수청구권 행사에 의해 주식을 매수한 때에는 당해 주식을 매수한 날로부터 5년 내에 처분해야 한다(법 165조의5 4항, 법 시행령 176조의7 4항). 그런데 이와 달리 주권비상장법인의 경우에는 법인이 주식을 매수한 날(매매대금을 지급한 날)로부터 상당한 시기에 그 주식을 처분해야 한다(상법 342조).

(2) 처분방법

자본시장법은 주권상장법인이 주주의 매수청구에 따라 취득한 주식에 대해 처분의 무만을 규정하고 있을 뿐 구체적인 처분방법에 대해서는 규정하고 있지 않다. 그렇지만 이 경우의 주식은 자기주식이므로, 주권상장법인은 자기주식의 처분에 관한 상법과 자본시장법상의 일반원칙에 따라 매수한 주식을 처분할 수 있다.

Ⅳ. 소 결

상법과 자본시장법은 일반규정과 특별규정의 관계로서 주주에게 주식매수청구권을 부여하고 있고, 주식매수청구권에 내포된 위험성을 제거하고 경제적인 효용성을 제고하기 위한 보완규정을 두고 있다. 그런데 주식매수청구권에 관한 양 법상의 규정내용은 ① 매수기간이 상법의 경우 2개월임에 비하여 자본시장법에서는 1개월이라는 점, ② 매수가격의 결정절차에 있어서 상법은 2단계의 구조를 취하고 있는데 비해 자본시장법은 3단계의 구조를 취하고 있다는 점에 차이가 있을 뿐이다. 따라서 주식매수청구권에 관한 규정을 주권상장법인과 주권비상장법인으로 나누어 상법과 자본시장법에서 별도로 규정할 이유가 있는지에 대한 근본적인 검토가 필요하다고 본다. 사견으로는 주식매수청구권에 관련된 규정은 모두 상법으로 일원화 하여 일반규정과 특례규정으로 처리하는 것이 가장 바람직하다고 본다.[1]

한편 일원화 하는 과정에서는 ① 매매가격의 결정절차를 현재의 3단계에서 2단계로 축소해야 한다. 매매가격의 결정에 있어서 당사자간에 협의가 성립되지 않으면 곧바로

1) 정준우, 전게논문(2013. 4), 38-39쪽.

각 당사자가 법원에 매수가격의 결정을 청구할 수 있도록 하는 것이 일반사법의 처리원칙에 부합하기 때문이다. 물론 자본시장법 시행령에서 규정하고 있는 법정가격도 실증적인 자료에 근거한 것이므로 어느 정도 합리성을 부여할 수 있다. 그렇지만 법정가격에 사실상의 강제력을 부여하는 것은 법리적으로 타당하지 않고, 헌법에 보장된 공정하고 신속한 재판을 받을 권리를 침해할 위험성이 있다.[1] ② 주주의 주권상장법인에 대한 반대의사의 표시나 주식매수의 청구는 서면만이 아니라 전자문서로도 할 수 있도록 허용해야 한다. 그리고 이 경우에 필요한 주주의 동일성 확인절차에 대해서는 전자투표에 관한 상법 제368조의4 제 3 항과 동법 시행령 제13조 제 1 항을 준용해야 한다.

[초판: 권종호, 개정판: 정준우]

第165조의6(주식의 발행 및 배정 등에 관한 특례)

① 주권상장법인이 신주(제 3 호의 경우에는 이미 발행한 주식을 포함한다. 이하 이 항 및 제 4 항에서 같다)를 배정하는 경우 다음 각 호의 방식에 따른다.

1. 주주에게 그가 가진 주식 수에 따라서 신주를 배정하기 위하여 신주인수의 청약을 할 기회를 부여하는 방식
2. 신기술의 도입, 재무구조의 개선 등 회사의 경영상 목적을 달성하기 위하여 필요한 경우 제 1 호 외의 방법으로 특정한 자(해당 주권상장법인의 주식을 소유한 자를 포함한다)에게 신주를 배정하기 위하여 신주인수의 청약을 할 기회를 부여하는 방식
3. 제 1 호 외의 방법으로 불특정 다수인(해당 주권상장법인의 주식을 소유한 자를 포함한다)에게 신주인수의 청약을 할 기회를 부여하고 이에 따라 청약을 한 자에 대하여 신주를 배정하는 방식

② 주권상장법인은 신주를 배정하는 경우 그 기일까지 신주인수의 청약을 하지 아니하거나 그 가액을 납입하지 아니한 주식[이하 이 조 및 제165조의18에서 "실권주"(失權株)라 한다]에 대하여 발행을 철회하여야 한다. 다만, 금융위원회가 정하여 고시하는 방법에 따라 산정한 가격 이상으로 신주를 발행하는 경우로서 다음 각 호의 어느 하나에 해당하는 경우에는 그러하지 아니하다.

1. 실권주가 발생하는 경우 대통령령으로 정하는 특수한 관계에 있지 아니한 투자매매업자가 인수인으로서 그 실권주 전부를 취득하는 것을 내용으로 하는 계약을 해당 주권상장법인과 체결

1) 과거 구증권법은 제191조 제 3 항에서 "당해 법인이나 매수를 청구하는 주식수의 100분의 30 이상이 그 매수가격에 반대하는 경우에는 금융위원회가 그 매수가격을 조정할 수 있고, 매수가격조정신청은 매수종료일의 10일전까지 하여야 한다"고 규정하고 있었다. 그런데 이 규정에 대해서는 ① 법인은 곧바로 법원에 매수가격의 결정을 청구할 수 있도록 하면서 청구주주는 100분의 30 이상의 요건을 구비해야 법원에 청구할 수 있도록 하는 것은 매우 불공평할 뿐만 아니라 합리적인 이유도 없고, ② 금융위원회에 가격조정권한을 주는 것 역시 타당하지 않으며 오히려 헌법상의 재판청구권을 침해할 소지가 있다는 비판이 있었다(정준우, "반대주주의 주식매수청구권에 관한 고찰," 「신세기 회사법의 전개(우전이병태교수화갑기념논문집)」, 1996, 341-343쪽). 그리하여 자본시장법은 일단 금융위원회의 조정가격제도를 폐지하였다.

하는 경우

2. 제 1 항 제 1 호의 경우 신주인수의 청약 당시에 해당 주권상장법인과 주주 간의 별도의 합의에 따라 실권주가 발생하는 때에는 신주인수의 청약에 따라 배정받을 주식수를 초과하는 내용의 청약(이하 이 호에서 "초과청약"이라 한다)을 하여 그 초과청약을 한 주주에게 우선적으로 그 실권주를 배정하기로 하는 경우. 이 경우 신주인수의 청약에 따라 배정받을 주식수에 대통령령으로 정하는 비율을 곱한 주식수를 초과할 수 없다.
3. 그 밖에 주권상장법인의 자금조달의 효율성, 주주 등의 이익 보호, 공정한 시장질서 유지의 필요성을 종합적으로 고려하여 대통령령으로 정하는 경우

③ 주권상장법인은 제 1 항 제 1 호의 방식으로 신주를 배정하는 경우 「상법」 제416조 제 5 호 및 제 6 호에도 불구하고 주주에게 신주인수권증서를 발행하여야 한다. 이 경우 주주 등의 이익 보호, 공정한 시장질서 유지의 필요성 등을 고려하여 대통령령으로 정하는 방법에 따라 신주인수권증서가 유통될 수 있도록 하여야 한다.

④ 제 1 항 제 3 호의 방식으로 신주를 배정하는 경우에는 정관으로 정하는 바에 따라 이사회의 결의로 다음 각 호의 어느 하나에 해당하는 방식으로 신주를 배정하여야 한다. 이 경우 「상법」 제418조 제 1 항 및 같은 조 제 2 항 단서를 적용하지 아니한다.

1. 신주인수의 청약을 할 기회를 부여하는 자의 유형을 분류하지 아니하고 불특정 다수의 청약자에게 신주를 배정하는 방식
2. 제165조의7에 따라 우리사주조합원에 대하여 신주를 배정하고 청약되지 아니한 주식까지 포함하여 불특정 다수인에게 신주인수의 청약을 할 기회를 부여하는 방식
3. 주주에 대하여 우선적으로 신주인수의 청약을 할 수 있는 기회를 부여하고 청약되지 아니한 주식이 있는 경우 이를 불특정 다수인에게 신주를 배정받을 기회를 부여하는 방식
4. 투자매매업자 또는 투자중개업자가 인수인 또는 주선인으로서 마련한 수요예측 등 대통령령으로 정하는 합리적인 기준에 따라 특정한 유형의 자에게 신주인수의 청약을 할 수 있는 기회를 부여하는 경우로서 금융위원회가 인정하는 방식

[전문개정 2013. 5. 28]

Ⅰ. 본조의 취지

본조는 주권상장법인의 신주배정방식[1])을 체계적으로 구분하고, 실권주 처리 방법

1) 종전에는 주권상장법인의 신주배정방식에 대한 명확한 법적 근거는 없었으며, 구 증권의 발행 및 공시등에 관한 규정 제5-16조(적용범위 및 용어의 정의)에서 용어정의의 형태로 주권상장법인의 신주배정방식을 정하고 있었다. 동 규정에 따르면, "주주배정증자방식"이란 「상법」 제418조 제 1 항에 따라 신주를 발행하는 증자방식을 말하며, "제 3 자배정증자방식"이란 「상법」 제418조 제 2 항에 따라 신주를 발행하는 증자방식을 말하고, "일반공모증자방식"이란 법 제165조의6에 따른 증자방식을 말하며, "주주우선공모증자방식"이란 주주에게 우선 청약의 기회를 부여하고 미 청약된 주식이 있는 경우

등을 엄격히 제한하여 실권주 처리에 따라 발생할 수 있는 편법증여 등의 문제[1])를 법적으로 해결하고, 아울러 주권상장법인의 주주배정방식 신주발행의 경우 신주인수권 증서의 발행을 의무화하기 위한 규정이다.

Ⅱ. 주권상장법인의 신주배정방법

주권상장법인은 신주를 배정하는 경우 다음의 방식에 따라야 한다.

(1) 주주에게 그가 가진 주식 수에 따라서 신주를 배정하기 위하여 신주인수의 청약을 할 기회를 부여하는 방식(주주배정방식)

(2) 신기술의 도입, 재무구조의 개선 등 회사의 경영상 목적을 달성하기 위하여 필요한 경우 제 1 호 외의 방법으로 특정한 자(해당 주권상장법인의 주식을 소유한 자를 포함한다)에게 신주를 배정하기 위하여 신주인수의 청약을 할 기회를 부여하는 방식(제 3 자배정증자방식)[2])

이를 불특정 다수인(해당 법인의 주주를 포함한다)에게 청약의 기회를 부여하는 증자방식을 말한다. 또한, 실무상으로는 '주주배정후 실권주공모방식'의 증자방식도 허용되고 있었다. 이는 상법상 실권주의 처리방법을 이사회에서 정할 수 있으므로, 당초 주주배정방식 주식발행에 관한 이사회 결의시 실권주의 처리방법을 일반공모방식으로 한다고 결의하는 것도 가능한 것으로 해석되었기 때문이다(금융감독원, 「기업공시 실무 FAQ」, 2011. 8, 90-91쪽).

1) 통상 주주배정후 발생하는 실권주는 이사회 재량으로 처분이 가능하여 제 3 자에게 주주배정과 같은 조건으로 처리하고 있었으며, 주주배정방식과 제 3 자배정방식의 경우 할인율 제한(주주배정의 경우 할인율 제한이 없으며, 제 3 자배정방식의 경우 기준가의 10% 이내로 발행가액을 정함. 증권의 발행 및 공시등에 관한 규정 5-18조)이 달라서 실권주를 이사회 결의로 제 3 자에게 배정하는 경우 할인율 제한 없이 주식을 제 3 자에게 배정하는 결과가 된다. 이로 인해 주주배정방식의 경우 대량 실권이 발생하는 경우 편법증여, 경영권양도 수단 등으로 남용 소지가 있다(자본시장과 금융투자업에 관한 법률 일부개정법률안 입법예고, 규제영향분석서, 12쪽(금융위원회 공고 제2012-99호, 2012. 5. 11)). 또한 학계에서도 실권주의 이사회 처리에 대해 지분확대, 상속 또는 유가증권의 매매차익을 획득할 수 있도록 대주주 또는 그 2세 등 특정인에게 인수시키거나, 임원 또는 회사의 간부들에게 공로 또는 보너스로 배정하기고 하고, 사원의 복지를 위하여 사우회 등에게 배정하기도 하는 점 등에 대해 이사의 권리남용으로 볼 수 있다는 점을 지적하며, 실권주 처리에 대한 일정한 기준을 미리 마련할 필요성이 제기되고 있었다(최준선, 「회사법(제 9 판)」, 삼조사, 2014, 635쪽).

2) 이 방식은 제 3 자배정방식으로 상법 제418조 제 2 항의 주주 외의 자에 대한 신주배정의 경우에 해당한다. 그런데, 상법은 주주 외의 자에 대한 신주배정시 "정관이 정하는 바에 따라 주주 외의 자에게 신주를 배정할 수 있다."라고 규정하고 있는 반면, 자본시장법은 주주외의 자에 대한 신주배정의 경우를 제 3 자배정방식과 일반공모방식으로 나누면서 일반공모방식의 경우 정관이 정하는 바에 따라 배정할 수 있도록 하고 있는 반면(법 165조의6 4항), 제 3 자배정방식의 경우에는 정관상 근거를 요하고 있지 아니하다. 이러한 자본시장법 규정에 대해서 주권상장법인은 제 3 자배정의 경우 정관상 근거가 필요 없이 자본시장법상 상장법인의 특례로 이사회결의만으로도 가능하다는 해석과, 자본시장법상 제 3 자배정방식도 상법상 주주 외의 자에 대한 신주의 배정이므로 상법 제418조 제 2 항이 적용되어 정관상 근거가 필요하다는 해석이 가능할 것으로 보인다. 그러나 감독당국은 주권상장법인이 제 3 자 배정방식의 주식발행을 하기 위하여는 정관의 규정에 의한 이사회결의가 필요한 것으로 해석하고 있다(금융감독원, 「자본시장법 개정에 따른 유상증자 절차 변경 유의사항」, 2013. 9, 10쪽).

한편, 정관에 주주 외의 자에 대한 신주배정을 규정하는 경우 그 범위와 한도에 대해서도 임원, 발기인, 종업원, 외국합작투자자 등으로 그 범위가 예측 가능하여야 하며, 한도도 발행주식총수의 일정범위 이내 등으로 명시하여야 한다고 해석되고 있다(이철송, 「회사법강의(제21판)」, 박영사, 2013, 867쪽). 그러나 자본시장법은 그 범위를 제 3 자배정방식의 경우에는 "특정한 자(해당 주권상장법인의

(3) 제 1 호 외의 방법으로 불특정 다수인(해당 주권상장법인의 주식을 소유한 자를 포함한다)에게 신주인수의 청약을 할 기회를 부여하고 이에 따라 청약을 한 자에 대하여 신주를 배정하는 방식(일반공모방식)

일반공모증자방식인 불특정 다수인(해당 주권상장법인의 주식을 소유한 자를 포함)에게 신주인수의 청약을 할 기회를 부여하고 이에 따라 청약을 한 자에 대하여 신주를 배정하는 방식으로 신주를 배정하는 경우에는 정관으로 정하는 바에 따라 이사회의 결의로 다음의 어느 하나에 해당하는 방식으로 신주를 배정하여야 한다. 또한 이 경우 주주의 신주인수권은 배제되며, "신기술의 도입, 재무구조의 개선 등 회사의 경영상 목적을 달성하기 위하여 필요한 경우"에 한하여 주주외의 자에게 신주를 배정할 수 있는 상법 제418조 제 1 항 및 제 2 항 단서가 적용되지 아니한다.

(1) 신주인수의 청약을 할 기회를 부여하는 자의 유형을 분류하지 아니하고 불특정 다수의 청약자에게 신주를 배정하는 방식

(2) 제165조의7에 따라 우리사주조합원에 대하여 신주를 배정하고 청약되지 아니한 주식까지 포함하여 불특정 다수인에게 신주인수의 청약을 할 기회를 부여하는 방식

(3) 주주에 대하여 우선적으로 신주인수의 청약을 할 수 있는 기회를 부여하고 청약되지 아니한 주식이 있는 경우 이를 불특정 다수인에게 신주를 배정받을 기회를 부여하는 방식(주주우선공모방식)

(4) 투자매매업자 또는 투자중개업자가 인수인 또는 주선인으로서 마련한 수요예측 등 대통령령으로 정하는 합리적인 기준에 따라 특정한 유형의 자에게 신주인수의 청약을 할 수 있는 기회를 부여하는 경우로서 금융위원회가 인정하는 방식[1)]

주식을 소유한 자를 포함한다)," 일반공모방식의 경우 "불특정 다수인(해당 주권상장법인의 주식을 소유한 자를 포함한다)"고 규정하고 있다. 이에 대해서도 주권상장법인은 주주 외의 자에 대한 규정방식을 자본시장법상 "특정한 자," 또는 "불특정 다수인" 정도로 규정해도 되는지, 아니면 종전 상법의 해석과 같이 임원, 외국합작투자자 등 일정 예측 가능한 범위로 규정해야 하는지 여부가 문제될 수 있다. 이러한 문제에 대해 아직 명확한 판례나 유권해석이 존재하지는 않는다. 실무상으로는 감독당국의 해석에 따라 제 3 자배정방식의 경우에도 정관상 근거를 두고 있으며, 발행한도 또한 일정범위로 한정하여 운용되고 있는 것으로 보인다(한국상장회사협의회, 상장회사 표준정관 제10조(2013. 12. 27 개정)). 다만, 동 표준정관에 따르면 제 3 자의 특정범위에 대해서는 자본시장법과 같이 "특정한 자"로만 규정하고 있는 바, 특정한 자의 범위 한정 여부에 대해서는 자본시장법 제165조의6이 상법 제418조 제 2 항에 대한 특례규정으로 인식되고 있는 것으로 보인다.

1) 통상 수요예측은 IPO시 발행가액 산정을 위해 사용되는 방법인데, 자본시장법은 주권상장법인이 일반공모방식으로 주식을 발행하는 경우에도 같은 방법을 사용할 수 있도록 하면서, 구체적인 방식은 금융위원회에서 정하도록 하고 있다. 그러나 금융위에서 정한 구체적인 사항은 없는 실정이다. 동 조문의 신설이유에서 구체적인 신설이유를 밝히고 있지 않지만, 주권상장법인이 이러한 방식으로 주식을 발행하는 경우 기관투자자 등에 대해 일정 비율을 배정하고 나머지는 일반인(주주 포함)에게 공모하는 방식으로 하는 주식발행 등을 고려할 수 있을 것으로 생각된다. 이렇게 기관투자자의 증자참여를 유도할 경우 기업에게는 자금조달의 효율성을 제고할 수 있으며, 일반투자자들 또한 과도한 유통물량 출회로 인한 주가가치 하락을 방지하는 효과를 도모할 수 있어 기업자금조달의 효율성을 제고하고 투자자를 보호할 수 있을 것으로 기대된다.

Ⅲ. 실권주 처리방법

주권상장법인은 신주를 배정하는 경우 그 기일까지 신주인수의 청약을 하지 아니하거나 그 가액을 납입하지 아니한 주식(실권주)[1]에 대하여 발행을 철회하여야 한다. 다만, 금융위원회가 정하여 고시하는 방법에 따라 산정한 가격 이상[2]으로 신주를 발행하는 경우로서 다음 각 호의 어느 하나에 해당하는 경우에는 그러하지 아니하다.

(1) 실권주가 발생하는 경우 대통령령으로 정하는 특수한 관계에 있지 아니한 투자매매업자가 인수인으로서 그 실권주 전부를 취득하는 것을 내용으로 하는 계약을 해당 주권상장법인과 체결하는 경우[3]

(2) 주주배정방식의 경우 신주인수의 청약 당시에 해당 주권상장법인과 주주 간의 별도의 합의에 따라 실권주가 발생하는 때에는 신주인수의 청약에 따라 배정받을 주식수

---

1) 상법상 실권주란 신주인수권이 있는 주주 또는 신수인수권 증서의 취득자가 청약일까지 청약을 하지 않아서 신주인수권을 상실한 주식(상법 419조 4항)과, 청약을 하였으나 납입기일에 납입 또는 현물출자의 이행을 하지 않아서 주식인수인의 권리를 상실한 주식(상법 423조 2항)을 말한다. 자본시장법 또한 상법상 규정과 마찬가지로 실권주의 개념을 정의하고 있는 것으로 보인다. 따라서 주주배정방식, 제3자배정방식, 일반공모방식의 경우 모두 실권주가 발생할 수 있으며, 자본시장법에 따른 실권주 처리방법을 따라야 할 것으로 보인다. 그러나 감독당국의 해석에 의하면 실권주는 주주배정과 일반공모방식의 경우에만 발생하며, 제3자배정방식은 회사와 제3자 간의 신주인수계약이므로 당해 제3자가 청약하지 아니한 주식(실권주)은 발행할 수 없는 것으로 운용되고 있다(금융감독원, 전게서(2013. 9), 10쪽).

2) 이에 대하여는 증권의 발행 및 공시 등에 관한 규정 제5-15조의2(실권주 철회의 예외 등)에서 상세히 정하고 있다. 즉, ① 법 제165조의6 제2항 각 호 외의 부분 단서에서 "금융위원회가 정하여 고시하는 방법에 따라 산정한 가격"이란 청약일전 과거 제3거래일부터 제5거래일까지의 가중산술평균주가(그 기간 동안 증권시장에서 거래된 해당 종목의 총 거래금액을 총 거래량으로 나눈 가격을 말한다. 이하 같다)에서 다음의 어느 하나의 할인율을 적용하여 산정한 가격을 말한다. 다만, 주권상장법인이 증권시장에서 시가가 형성되어 있지 않은 종목의 주식을 발행하고자 하는 경우에는 제5-18조 제3항을 준용한다.
   1. 법 제165조의6 제1항 제1호의 방식으로 신주를 배정하는 방식 : 100분의 40
   2. 법 제165조의6 제1항 제2호의 방식으로 신주를 배정하는 방식 : 100분의 10
   3. 법 제165조의6 제1항 제3호의 방식으로 신주를 배정하는 방식 : 100분의 30
   ② 영 제176조의8 제5항에서 "금융위원회가 정하여 고시하는 방법"이란 인수인 또는 주선인이 전문투자자를 대상으로, 발행되는 주식에 대한 수요와 투자성향 등을 파악하는 방법을 말한다.

3) 이 방식은 종전의 주주배정후 실권주공모방식 증자와 유사한 결과가 된다. 그러나 이 규정과 관련하여서는 다음과 같은 문제점이 지적될 수 있다. 즉, 자본시장법은 편법증여 등 실권주의 임의처리로 인한 문제점을 개선하기 위해 실권주처리 요건을 엄격히 하고 있으며, 종래 주주배정방식 증자의 경우 이러한 문제가 발생할 여지가 있었다. 그런데, 개정법하에서도 주주배정후 실권주를 증권회사가 인수하는 경우 실권주를 철회하지 않고 발행할 수 있는 바, 이를 인수한 증권회사가 이를 일반에 공모하지 않고 특정인에게 배정하는 경우 종래와 같은 문제점이 계속될 여지가 있다. 이에 대하여 감독당국은 인수인이 실권주를 전부 인수하는 경우 실권주 발행을 허용하고 있을 뿐 공모 여부에 대한 규제가 없으므로, 인수계약으로 배정방법, 대상과 주식 수 등을 명시하고 있다면 주주배정후 실권주를 인수한 증권회사가 일반에 공모하지 않고 특정인에게 배정할 수 있다(금융감독원, 전게서(2013. 9), 14쪽)고 하고 있어, 개정 취지와 맞지 않게 제도가 운용될 여지가 있다. 다만, 이 경우에도 발행가액에 대한 할인율 제한(주주배정의 경우 40%)이 적용되고 있어 일정수준 기존 실권주의 임의처리에 따른 문제점은 보완되고 있다.

를 초과하는 내용의 청약(이하 이 호에서 "초과청약"이라 한다)을 하여 그 초과청약을 한 주주에게 우선적으로 그 실권주를 배정하기로 하는 경우. 이 경우 신주인수의 청약에 따라 배정받을 주식수에 대통령령으로 정하는 비율을 곱한 주식수를 초과할 수 없다.

(3) 그 밖에 주권상장법인의 자금조달의 효율성, 주주 등의 이익 보호, 공정한 시장질서 유지의 필요성을 종합적으로 고려하여 대통령령으로 정하는 경우[1]

Ⅳ. 신주인수권증서의 발행

주권상장법인은 주주배정방식으로 신주를 배정하는 경우에는 주주에게 신주인수권증서를 발행하여야 한다.[2] 이 경우 주주 등의 이익 보호, 공정한 시장질서 유지의 필요성 등을 고려하여 다음의 어느 하나의 방법[3]에 따라 신주인수권증서가 유통될 수 있도록 하여야 한다

(1) 증권시장에 상장하는 방법

(2) 둘 이상의 금융투자업자(주권상장법인과 계열회사의 관계에 있지 아니한 투자매매업자 또는 투자중개업자를 말한다)를 통하여 신주인수권증서의 매매 또는 그 중개·주선이나 대리업무가 이루어지도록 하는 방법.[4]

[초판: 권종호, 개정판: 이재혁]

제165조의7(우리사주조합원에 대한 주식의 배정 등에 관한 특례)

① 대통령령으로 정하는 주권상장법인 또는 주권을 대통령령으로 정하는 증권시장에 상장하려는 법인(이하 이 조에서 "해당 법인"이라 한다)이 주식을 모집하거나 매출하는 경우 「상법」 제418조에도 불구하고 해당 법인의 우리사주조합원(「근로복지기본법」에 따른 우리사주조합원을 말한다.

1) 대통령령이 정하는 경우라 함은 ① 법 제130조에 따라 신고서를 제출하지 아니하는 모집·매출의 경우와 ② 주권상장법인이 우리사주조합원(제176조의9 제3항 제1호에 따른 우리사주조합원을 말한다. 이하 이 호에서 같다)에 대하여 법 제165조의7 또는 「근로복지기본법」 제38조 제2항에 따라 발행되는 신주를 배정하지 아니하는 경우로서 실권주(법 제1조의6 제2항 각 호 외의 부분 본문에 따른 실권주를 말한다)를 우리사주조합원에게 배정하는 경우를 말함(법 시행령 178조의8 3항).

2) 상법은 신주인수권 증서의 발행이 임의적 사항(416조 5호 및 6호)임에 비하여 주권상장법인은 의무사항이다.

3) 대통령령으로 정하는 방법이라 함은 ① 증권시장에 상장하는 방법, ② 둘 이상의 금융투자업자(주권상장법인과 계열회사의 관계에 있지 아니한 투자매매업자 또는 투자중개업자를 말한다)를 통하여 신주인수권증서의 매매 또는 그 중개·주선이나 대리업무가 이루어지도록 하는 방법을 말한다.

4) 매매 또는 그 중개·주선이나 대리업무의 세부사항은 금융투자업자가 회사 내부의 주문·체결 시스템을 통하여 신주인수권증서를 투자자 또는 다른 금융투자업자에게 매매하거나 중개·주선 또는 대리하는 것을 말한다(이 경우 인터넷 홈페이지·유선·전자우편 등을 통하여 신주인수권증서를 매수할 투자자 또는 다른 금융투자업자를 탐색하는 것을 포함)(증권의 발행 및 공시등에 관한 규정 5-19조 3항).

이하 같다)에 대하여 모집하거나 매출하는 주식총수의 100분의 20을 배정하여야 한다. 다만, 다음 각 호의 어느 하나에 해당하는 경우에는 그러하지 아니하다. 〈개정 2010. 6. 8, 2013. 4. 5, 2013. 5. 28〉

1. 「외국인투자 촉진법」에 따른 외국인투자기업 중 대통령령으로 정하는 법인이 주식을 발행하는 경우
2. 그 밖에 해당 법인이 우리사주조합원에 대하여 우선배정을 하기 어려운 경우로서 대통령령으로 정하는 경우

② 우리사주조합원이 소유하는 주식수가 신규로 발행되는 주식과 이미 발행된 주식의 총수의 100분의 20을 초과하는 경우에는 제1항을 적용하지 아니한다.

③ 제165조의6제1항 제1호의 방식으로 신주를 발행하는 경우 제1항에 따른 우리사주조합원에 대한 배정분에 대하여는 「상법」 제419조 제1항부터 제3항까지의 규정을 적용하지 아니한다. 〈신설 2013. 5. 28〉

④ 금융위원회는 제1항에 따른 우리사주조합원에 대한 주식의 배정과 그 주식의 처분 등에 필요한 기준을 정하여 고시할 수 있다. 〈개정 2013. 5. 28〉 [본조신설 2009. 2. 3] [제목개정 2013. 4. 5]

Ⅰ. 우리사주조합원에 대한 우선배정

유가증권시장 상장법인 또는 주권을 유가증권시장에 상장하려는 법인[1]이 주식을 모집하거나 매출하는 경우 해당 법인의 우리사주조합원에게 모집하거나 매출하는 주식총수의 100분의 20을 배정하여야 한다.

Ⅱ. 우리사주조합원 우선배정에 대한 예외

우리사주조합원 우선배정에 대한 예외로서 다음에 해당하는 경우에는 우선배정을 하지 아니한다.

---

1) 법 시행령 제176조의9(우리사주조합원에 대한 주식의 배정 등에 관한 특례의 예외 등) ① 법 제165조의7 제1항 각 호 외의 부분 본문에서 "대통령령으로 정하는 주권상장법인"이란 한국거래소가 법 제4조 제2항 각 호의 증권의 매매를 위하여 개설한 증권시장으로서 금융위원회가 정하여 고시하는 증권시장(이하 "유가증권시장"이라 한다)에 주권이 상장된 법인을 말한다. 〈신설 2013. 8. 27〉
② 법 제165조의7 제1항 각 호 외의 부분 본문에서 "대통령령으로 정하는 증권시장"이란 유가증권시장을 말한다. 〈신설 2013. 8. 27〉

① 「외국인투자촉진법」에 따른 외국인투자기업 중 대통령령으로 정하는 법인이 주식을 발행하는 경우

② 그 밖에 해당 법인이 우리사주조합원에 대하여 우선배정을 하기 어려운 경우로서 대통령령으로 정하는 경우[1)]

③ 우리사주조합원이 소유하는 주식수가 신규로 발행되는 주식과 이미 발행된 주식의 총수의 100분의 20을 초과하는 경우[2)]

Ⅲ. 우리사주조합원 실권분에 대한 주주통지의무 배제

우리사주조합원 우선배정분 중에서 실권주가 발생하는 경우 이를 주주에게 추가 배정하기 위하여 실무에서는 관행적으로 우리사주조합원의 우선청약을 받은 후 약 20여일 후 주주에 대한 청약을 실시하여 왔다. 이는 상법 제419조에서 정하는 주주에 대한 신주배정 통지기간[3)]을 확보하기 위함이나, 이로 인해 우리사주조합원은 발행가액이 확정되지 않은 상태에서 청약을 하는 문제가 있었다.

이러한 문제를 해소하고자 자본시장법(2013. 8. 13. 개정)에서는 주주배정방식[4)]으로 신주를 발행하는 경우, 우리사주조합원에 대한 배정분에 대하여 상법 제419조를 적용하지 않도록 하는 규정을 신설하였다.

이에 따라 주주배정방식의 증자의 경우 우리사주조합원 우선배정분 중 조합원이 청약하지 아니한 주식에 대하여 청약일 2주간 전에 주주에 대한 신주배정 통지를 하지 않

1) 법 시행령 제176조의9(우리사주조합원에 대한 주식의 배정 등에 관한 특례의 예외 등) ③ 법 제165조의7제 1 항 제 2 호에서 "대통령령으로 정하는 경우"란 다음 각 호의 어느 하나에 해당하는 경우를 말한다. 〈개정 2010. 12. 7, 2013. 8. 27〉
   1. 주권상장법인(유가증권시장에 주권이 상장된 법인을 말한다)이 주식을 모집 또는 매출하는 경우 우리사주조합원(「근로복지기본법」에 따른 우리사주조합의 조합원을 말한다. 이하 이 조에서 같다)의 청약액과 법 제165조의7 제 1 항 각 호 외의 부분 본문에 따라 청약 직전 12개월간 취득한 해당 법인 주식의 취득가액(취득가액이 액면액에 미달하는 경우에는 액면액을 말한다. 이하 이 조에서 같다)을 합산한 금액이 그 법인으로부터 청약 직전 12개월간 지급받은 급여총액(소득세과세대상이 되는 급여액을 말한다)을 초과하는 경우
   2. 삭제 〈2013. 8. 27〉

2) 이러한 경우 우리사주조합원의 소유주식수는 법 제119조 제 1 항에 따라 증권의 모집 또는 매출에 관한 신고서를 금융위원회에 제출한 날(법 119조 2항 전단에 따른 일괄신고서를 제출하여 증권의 모집 또는 매출에 관한 신고서를 제출하지 아니하는 경우에는 주주총회 또는 이사회의 결의가 있은 날)의 직전일의 주주명부상 우리사주조합의 대표자 명의로 명의개서된 주식에 따라 산정한다. 다만, 「근로복지기본법」 제43조 제 1 항에 따른 수탁기관이 예탁결제원에 예탁한 주식의 경우에는 법 제310조 제 1 항에 따른 투자자계좌부에 따라 산정한다(법 시행령 176조의9 4항).

3) 회사가 신주를 발행하는 경우 회사는 신주인수권을 가진 자에 대하여 그 인수권을 가지는 주식의 종류 및 수와 일정한 기일(신주배정 기준일)까지 주식인수의 청약을 하지 아니하면 그 권리를 잃는다는 뜻을 신주배정 기준일의 2주간 전까지 통지하여야 한다(상법 419조 1항 및 3항).

4) 주주에게 그가 가진 주식 수에 따라서 신주를 배정하기 위하여 신주인수의 청약을 할 기회를 부여하는 방식을 말한다(법 165조의6 1항 1호).

더라도 주주에게 추가 배정을 할 수 있으므로, 우리사주조합원도 발행가액이 확정된 이후에 주주와 동일한 날에 청약을 할 수 있게 되었다.

[초판: 권종호, 개정판: 이서연]

第165조의8(액면미달발행의 특례)

① 주권상장법인은 「상법」 제417조에도 불구하고 법원의 인가 없이 같은 법 제434조에 따른 주주총회의 결의만으로 주식을 액면미달의 가액으로 발행할 수 있다. 다만, 그 액면미달금액의 총액에 대하여 상각(償却)을 완료하지 아니한 경우에는 그러하지 아니하다. 〈개정 2013. 4. 5〉

② 제1항에 따른 주주총회의 결의에서는 주식의 최저발행가액을 정하여야 한다. 이 경우 최저발행가액은 대통령령으로 정하는 방법에 따라 산정한 가격 이상이어야 한다.

③ 주권상장법인은 주주총회에서 다르게 정하는 경우를 제외하고는 제1항에 따른 주식을 주주총회의 결의일부터 1개월 이내에 발행하여야 한다.

[본조신설 2009. 2. 3]

Ⅰ. 본조의 취지

본조는 액면가에 미달하는 주식발행시 주권상장법인의 특례를 규정하고 있다. 즉, 액면주식을 발행하는 경우 신주발행의 결과 신주의 액면총액만큼 자본금이 늘어나므로 자본충실의 요청상 액면가액 이상의 순자산이 늘어나야 하므로 신주의 발행가액은 액면가액 이상이어야 한다. 그러나 회사의 실적부진이나 시장의 침체로 신주에 대한 수요가 낮을 경우 액면가액 이상의 발행만을 고집하는 경우 자금조달에 실패할 가능성이 있기 때문에 액면미달 발행을 허용할 필요가 있다.[1] 이에 따라 상법은 엄격한 요건을 정하여 액면미달발행을 허용하고 있는데, 자본시장법은 주권상장법인의 액면미달발행에 있어서는 상법보다는 그 요건을 다소 완화하고 있다.

Ⅱ. 상법상 액면미달발행

상법상 액면미달발행을 하려면 회사가 성립한 날로부터 2년을 경과한 후이어야 하

1) 이철송, 전게서(2013), 857쪽.

고(상법 417조 1항), 할인발행의 여부와 최저발행가액에 대한 주주총회 특별결의가 있어야 하며(상법 417조 2항), 법원의 인가를 얻어야 한다(상법 417조 1항). 법원은 액면미달발행을 인가함에 있어 회사의 현황과 제반사정을 참작하여 최저발행가액을 변경하여 인가할 수 있으며, 이 경우 법원은 회사의 재산상태 기타 필요한 사항을 조사하게 하기 위하여 검사인을 선임할 수 있다(상법 417조 3항). 회사는 법원의 인가를 얻은 날로부터 1월 내에 또는 법원이 특별히 연장하여 인가한 기간 내에 주식을 발행하여야 한다(상법 417조 4항).

Ⅲ. 자본시장법상 액면미달발행

주권상장법인은 상법의 규정에도 불구하고 법원의 인가를 얻지 아니하고도 주주총회의 특별결의만으로 액면미달발행을 할 수 있다. 다만, 그 액면미달금액의 총액에 대하여 상각을 완료하지 아니한 경우, 즉 이전에 발행한 액면미달금액의 상각이 완료된 경우에 한하여 액면미달발행이 허용된다.

주권상장법인의 액면미달발행을 결의하는 주주총회에서는 주식의 최저발행가액을 정하여야 한다. 이 경우 발행가액은 다음의 방법[1]에 따라 산정된 가격 이상이어야 하며, 주주총회에서 달리 정하는 경우를 제외하고는 주주총회 결의일로부터 1개월 이내에 발행하여야 한다.

(1) 주식의 액면미달가액 발행을 위한 주주총회 소집을 위한 이사회의 결의일 전일부터 과거 1개월간 공표된 매일의 증권시장에서 거래된 최종시세가격의 평균액

(2) 주주총회소집을 위한 이사회의 결의일 전일부터 과거 1주일간 공표된 매일의 증권시장에서 거래된 최종시세가격의 평균액

(3) 주주총회소집을 위한 이사회의 결의일 전일의 증권시장에서 거래된 최종시세가격

第165조의9(주주에 대한 통지 또는 공고의 특례)

주권상장법인이 제165조의6 또는 「상법」 제418조 제 2 항의 방식으로 신주를 배정할 때 제161조 제 1 항 제 5 호에 따라 금융위원회에 제출한 주요사항보고서가 제163조에 따라 금융위원회와 거래소에 공시된 경우에는 「상법」 제418조 제 4 항을 적용하지 아니한다.
[전문개정 2013. 4. 5]

1) 법 시행령 第176조의10.

Ⅰ. 본조의 취지

본조는 주주외의 자에 대한 신주의 배정시 상법은 기존주주의 이해관계를 고려하여 기존주주에게 통지 또는 공고의무를 부과하고 있는 반면, 자본시장법은 금융위원회에 대한 주요사항보고서 제출로 상법상 주주외의 자에 대한 신주배정시 주주에 대한 통지 또는 공고의무를 적용하지 아니하도록 하고 있다.

Ⅱ. 상법상 주주 외의 자에 대한 신주배정에 관한 통지·공고의무

상법은 주주 외의 자에 대한 신주발행시 기존 주주에게 신주의 종류와 수, 신주의 발행가액과 납입기일, 무액면주식인 경우에는 신주의 발행가액 중 자본금으로 계상하는 금액, 신주의 인수방법, 현물출자를 하는 자의 성명과 그 목적인 재산의 종류, 수량, 가액과 이에 대하여 부여할 주식의 종류와 수를 납입기일의 2주 전까지 통지하거나 공고하여야 한다(상법 418조 4항).

이는 주주 외의 자에 대한 신주발행이 기존 주주의 신주인수권을 제한하는 경우에는 기존 주주에게 불리한 신주발행을 유지(留止)할 수 있는 기회를 제공하기 위하여 주주 외의 신주발행사항에 대하여 사전공시의무를 규정하는 것이다.[1)]

Ⅲ. 자본시장법상 주주에 대한 통지 또는 공고의 특례

주권상장법인은 주주 외의 자에 대한 신주배정시 법 제161조 제1항 제5호에 따라 금융위원회에 제출한 주요사항보고서가 금융위원회와 한국거래소에 공시된 경우에는 상법 제418조 제4항을 적용하지 아니한다. 즉, 주권상장법인은 자본의 증가 또는 감소에 관한 이사회 결정이 있은 때, 그 사실이 발생한 다음 날까지 금융위원회에 주요사항보고서를 제출하여야 하며,[2)] 동 주요사항보고서는 금융감독원과 한국거래소의 전자공시시스템을 통하여 기존 주주를 포함한 이해관계자 등에 정보가 제공되고 있으므로, 상법과 같은 통지 또는 공고의무를 적용할 필요성이 적기 때문이다.

[초판: 권종호, 개정판: 이재혁]

1) 법무부, 「상법 회사편 해설」, 2012, 280쪽.
2) 법 제161조 제1항 제5호, 법 시행령 제171조 제1항.

제165조의10(사채의 발행 및 배정 등에 관한 특례)

① 주권상장법인이 제165조의11제 1 항에 따른 사채(주식으로 전환되는 조건이 붙은 사채에 한한다)와 「상법」 제469조 제 2 항 제 2 호, 제513조 및 제516조의2에 따른 사채(이하 "주권 관련 사채권"이라 한다)를 발행하는 경우에는 제165조의6제 1 항·제 2 항 및 제 4 항, 제165조의9를 준용한다.

② 주권상장법인이 「상법」 제516조의2제 1 항에 따른 사채를 발행할 때 같은 조 제 2 항 제 4 호에도 불구하고 사채권자가 신주인수권증권만을 양도할 수 있는 사채는 발행할 수 없다.

[본조신설 2013. 5. 28]

Ⅰ. 본조의 취지

본조 1항은 주식으로 전환되는 조건이 붙은 사채를 발행하는 경우 배정과 그 발행, 실권주 처리, 일반공모의 방법으로 신주를 배정하는 방식, 주주에 대한 통지 또는 공고의 특례 등에 관하여 신주를 발행하는 절차를 준용하는 규정이다. 즉 주식으로 전환되는 조건이 붙은 주권관련 사채로서 조건부자본증권, 교환사채, 상환사채, 전환사채, 신주인수권부사채("주권 관련 사채권"라 한다)를 발행하는 경우, 사채의 발행 및 배정 등은 신주발행 과정에서의 처리절차와 방식을 준용한다. 제 2 항은 상법 제516조의2 제 1 항에 따른 사채(신주인수권부사채)를 발행할 때에는 동조 제 2 항 제 4 호(신주인수권만을 양도할 수 있다는 내용)에도 불구하고 주권상장법인에 대하여 분리형 신주인수권부사채의 발행을 제한하여 신주인수권과 사채로 분리하지 못하도록 한 것이다. 이는 사채권자가 신주인수권부 사채를 발행하면서 신주인수권증권만을 양도할 수 있는 사채를 분리하여 발행할 수 없도록 금지하는 것으로 지배주주의 지배권확대 및 지분 승계 등에 활용되지 못하도록 하기 위한 규제이다. 이는 분리형 신주인수권부사채가 일부 한계기업의 편법적 지분확보나 대주주가 분리형 신주인수권부사채의 발행을 통하여 지분율 확대·유지 또는 경영권 보호 수단으로 악용하는 것을 규제하기 위함이다. 분리형 신주인수권사채 발행의 금지를 명문화함으로써 일정 등급 이상의 회사채 시장활성화를 위한 보완책으로서 이를 다시 허용해야 한다는 주장에도 불구하고 자본시장의 투명성을 제고하고 건전한 시장 관행을 유도한다는 측면에서 긍정적인 평가[1]를 받고 있다.

---

1) 이승희/이주용, "실권주의 처리와 분리형 신주인수권부사채 발행 금지에 관한 소고," 「BFL」 제61호

Ⅱ. 본조 적용 사채의 종류 및 발행과 배정

1. 본조 적용 사채의 종류

자본시장법에서 해당 사채의 발행당시 객관적이고 합리적인 기준에 따라 미리 정하는 사유가 발생하는 경우 주식으로 전환되거나 그 사채의 상환과 이자지급의무가 감면된다는 조건이 붙은 사채 등의 조건부자본증권(법 165조의11)[1]과 상법상 일반사채 외에도 특수사채로서 보통사채에 사채발행회사의 주식으로 전환할 수 있는 전환사채(상법 513조)와 사채발행회사가 신주를 발행시에 이를 인수할 수 있는 권한이 부여된 신주인수권부사채(상법 516조의2)는 신주발행에서의 처리방식과 절차를 따르며, 이익배당에 참가할 수 있는 사채(상법 469조 2항 1호), 주식이나 그 밖의 다른 유가증권으로 교환 또는 상환할 수 있는 사채(상법 469조 2항 2호), 유가증권이나 통화 또는 그 밖에 대통령령[2]으로 정하는 자산이나 지표 등의 변동과 연계하여 미리 정하여진 방법에 따라 상환 또는 지급금액이 결정되는 사채(상법 469조 2항 3호)[3]도 또한 본조의 적용대상으로 하고 있다.

2. 주권관련 사채의 발행 및 배정방법

주식관련 사채를 발행하는 경우 그 사채의 발행 및 배정은 주권의 발행 및 배정방법을 따른다. 개정된 자본시장법상 주권상장법인의 주권의 발행 및 배정방식을 (i) 주주에게 그가 가진 소유주식수에 따라서 신주를 배정하기 위해 신주인수인의 청약을 할 기회를 부여하는 방식(주주배정방식), (ii) 신기술의 도입, 재무구조의 개선 등 회사의 경영상 목적을 달성하기 위하여 주주배정 방식 이외의 방식으로 특정한 자에게 신주인수의 청약을 할 기회를 부여하는 방식(제3자배정방식), (iii) 주주배정방식 이외의 불특정다수인에게

(2013. 9), 서울대학교 금융법센터, 123쪽. 그러나 일부에서는 기업의 증자과정 또는 자금조달 과정에서 불필요한 절차를 만들거나 자금조달방법을 제한함으로써 추가적인 비용을 유발하고 결과적으로 주주의 손해를 야기한다는 우려도 제기되고 있다. 「BFL」 제61호(2013. 9), 115쪽.

1) 법 제165조의11에서 명시적으로 조건부자본증권이 사채임을 명시하고 있다. 아울러 동법 시행령에서 전환형 조건부자본증권과(176조의12)과 상각형 조건부자본증권(176조의13)으로 구분하여 정관으로 규정해야 할 사항을 열거하고 있다.

2) 상법 시행령 제20조(사채의 발행)는 법 제469조 제2항 제3호에서 대통령령으로 정하는 자산이나 지표란 법 제4조 제10항에 따른 기초자산의 가격·이자율·지표·단위 또는 이를 기초로 하는 지수를 말한다고 한다.

3) 또한 자본시장법상(4조 7항)의 파생결합증권은 기초자산의 가격·이자율·지표·단위 또는 이를 기초로 하는 지수 등의 변동과 연계하여 미리 정하여진 방법에 따라 지급금액 또는 회수금액이 결정되는 권리가 표시된 것이다. 상법상 파생결합사채(469조 2항 3호)는 유가증권이나 통화 또는 그 밖에 대통령령으로 정하는 자산이나 지표 등의 변동과 연계하여 미리 정하여진 방법에 따라 상환 또는 지급금액이 결정되는 사채를 말하고, 동법 시행령(20조)에서는 유가증권이나 통화 또는 그 밖에 대통령령으로 정하는 자산이나 지표 등의 변동과 연계하여 미리 정하여진 방법에 따라 상환 또는 지급금액이 결정되는 사채로 정의하고 있다. 그리고 자본시장법에서 상법 제469조 제2항 제3호의 사채를 채무증권으로 분류하고 있다(법 4조 3항).

신주인수의 청약 기회 부여(일반공모방식)하는 것으로 구분함에 따라(법 165조의6 1항) 주식관련 사채를 배정하는 때에는 이러한 방식을 따르게 된다.

이 경우 일반공모방식의 유형을 ① 불특정 다수에게 배정, ② 우리사주조합 우선배정 후 불특정 다수에게 배정, ③ 주주 우선청약 후 불특정 다수에게 배정, ④ 수요예측 후 일정한 청약그룹에게 우선청약 기회 부여하는 4가지 방식으로 신주발행의 방식을 구체화하고 있으나(법 165조의6 4항), 주식관련 사채의 특성을 고려할 때 우리사주조합원에 대하여 우선배정하고 청약되지 아니한 부분을 불특정 다수인에게 청약을 할 기회를 부여하는 방식은 제외하게 될 것이다. 따라서 주식관련 사채를 일반공모방식의 유형을 따라 배정하는 경우 우리사주조합 우선배정 후 불특정 다수에게 배정하는 방법을 제외한 상기 ①, ②, ④의 3가지 방식 중에서 정관의 정함에 따라 이사회 결의로 그 부여 방법을 정하여 배정하여야 한다.

Ⅲ. 주권관련 사채 발행시 실권주의 처리와 공고 특례

1. 실권주의 처리방법

주권상장법인은 신주발행뿐만 아니라 주식으로 전환되는 조건이 붙은 사채인 조건부자본증권과 주권 관련 사채를 발행하는 경우에 실권주의 임의처리를 제한하는 제165조의6 제 2 항을 준용함에 따라(1항) 주식관련 사채의 발생시 실권이 발생할 경우 그 발행을 철회하거나 금융위원회가 정하는 방법으로만 발행해야 한다.

따라서 주권상장법인이 주식관련 사채를 발행하는 경우 신주 배정절차(법 165조의6 2항)의 실권주 처리방식에 따라 그 발행의 철회 또는 금융위원회가 정하여 고시하는 방법으로 산정한 가격 이상으로 발행가액의 적정성이 확보되는 예외적인 발행절차를 따라야만 한다(법 시행령 176조의8, 증권의 발행 및 공시등에 관한 규정 5-15조의2).

그리고 실권주의 처리와 관련하여 제165조의6 제 2 항에서는 (i) 주권발행회사와 계열회사 관계에 있지 않은 투자매매업자가 인수인으로서 그 실권주 전부를 취득하는 계약을 해당 주권상장법인과 체결하는 경우(법 시행령 176조의8 1항)와 (ii) 신주인수의 청약시 주권상장법인과 주주 간의 합의에 따라 배정받을 주식수를 초과한 내용의 초과청약하고 그 주주에게 우선적으로 실권주를 배정하기로 한 경우로서 이 때 신주인수의 청약에 따라 배정받을 주식수에 대통령령으로 정하는 비율(100분의 20)을 곱한 주식수를 초과할 수 없으며(법 시행령 176조의8 2항), (iii) 기타 주권상장법인의 자금조달의 효율성, 주주 등의 이익보호, 공정한 시장질서 유지의 필요성을 종합적으로 고려하여 대통령령[1])이 정하는 경우

1) 법 시행령 제176조의8 제 3 항에서는 법 제130조에 따라 신고서를 제출하지 아니하는 모집·매출의 경우(10억원 미만의 신주 발행)와 주권상장법인이 우리사주조합원(법 176조의9 3항 1호에 따른 우리사주

를 규정하고 있다(법 165조의6 2항).[1] 이때 발행가액의 적정성의 판단기준으로서 배정방식별로 할인율을 적용한 가격이상으로 발행하여야 한다.[2]

2. 주주에 대한 공고 특례

상법 제418조 제4항은 신기술의 도입, 재무구조의 개선 등 회사의 경영상 목적을 달성하기 위하여 필요한 경우에 한하여 주주 이외의 자에 대한 신주발행이 기존 주주의 신주인수권을 제한하는 경우에는 기존 주주에게 불리한 신주발행을 유지(留止)할 수 있는 기회를 제공하기 위하여 신주발행사항을 공시할 의무를 부과하고 있다. 즉, 회사는 납입기일의 2주 전까지 신주의 종류와 수, 발행가액과 납입기일, 발행가액 중 자본금으로 계상하는 금액, 인수방법, 현물출자를 하는 자의 성명과 그 목적인 재산의 종류, 수량, 가액과 이에 대하여 부여할 주식의 종류와 수를 공고하거나 주주에게 통지하도록 하고 있다.

이에 반해 주권상장법인이 주식관련 사채를 발행하는 경우 제165조의6(주주배정, 제3자배정, 일반공모) 또는 상법 제418조 제2항에 따른 방식으로 정관이 정하는 바에 따라 주주외의 자에게 신주를 배정할 때 제161조 제1항 제5호[3]에 따라 금융위원회에 제출한 주요사항보고서가 제163조[4]에 따라 금융위원회와 거래소에 공시된 경우에는 상법 제418조 제4항을 적용하지 아니하도록 하고 있다(법 165조의9).[5]

조합원)에 대하여 법 제165조의7 또는 「근로복지기본법」 제38조 제2항에 따라 발행되는 신주를 배정하지 아니하는 경우로서 실권주(법 165조의6 2항 각 호 외의 부분 본문에 따른 실권주를 말한다)를 우리사주조합원에게 배정하는 경우를 규정하고 있다.

1) 이에 따라 법 시행령 제176조의8(주식의 발행 및 배정에 관한 방법 등) 제3항에서는 "대통령령으로 정하는 경우"를 다음 각 호의 어느 하나에 해당하는 것으로 하고 있다.
   1. 법 제130조에 따라 신고서를 제출하지 아니하는 모집·매출의 경우
   2. 주권상장법인이 우리사주조합원(제176조의9제3항 제1호에 따른 우리사주조합원을 말한다. 이하 이 호에서 같다)에 대하여 법 제165조의7 또는 「근로복지기본법」 제38조 제2항에 따라 발행되는 신주를 배정하지 아니하는 경우로서 실권주(법 제165조의6제2항 각 호 외의 부분 본문에 따른 실권주를 말한다)를 우리사주조합원에게 배정하는 경우

2) 실권주는 신주의 발행가액이 금융위원회가 정하는 방법에 따라 산정된 가격에 대한 할인율이 주주배정방식의 경우 40%, 제3자배정방식의 경우 10%, 일반공모방식의 경우 30%의 할인율을 적용하여 산정한 가격 이상으로 발행하는 것이다(증권의 발행 및 공시에 관한 규정 5-15조의2).

3) 법 시행령 제171조(주요사항보고서의 제출사유 등) ① 법 제161조 제1항 제5호에서 "대통령령으로 정하는 경우에 해당하는 자본 또는 부채의 변동"이란 다음 각 호의 어느 하나를 말한다.
   • 자본의 증가 또는 감소
   • 조건부자본증권의 발행에 따른 부채의 증가

4) 법 제163조(사업보고서등의 공시) 금융위원회와 거래소는 사업보고서등을 3년간 일정한 장소에 비치하고, 인터넷 홈페이지 등을 이용하여 공시하여야 한다. 이 경우 기업경영 등 비밀유지와 투자자 보호와의 형평 등을 고려하여 대통령령으로 정하는 사항을 제외하고 비치 및 공시할 수 있다.

5) 증권의 발행 및 공시에 관한 규정 제5-20조(발행가액등의 공고·통지) ① 주주우선공모증자방식에 따라 신주를 발행하고자 하는 주권상장법인이 그 유상증자를 결의하는 때에는 우선 청약할 수 있는 주주를 정하기 위한 주주확정일을 정하고 그 확정일 2주 전에 이를 공고하여야 한다. ② 주주배정증자방식 또는 주주우선공모증자방식으로 유상증자를 하는 주권상장법인은 발행가액이 확정되는 때에 그 발행가액을 지체 없이 주주에게 통지하거나 정관에 정한 신문에 공고하여야 한다. ③ 신주를 발행하는 주권상장법인은 그 발행가액이 확정되는 때에 그 내용을 지체 없이 공시하여야 한다.

Ⅳ. 분리형 신주인수권부사채의 발행 제한

1. 본조 2항의 발행 제한의 취지

신주인수권증서는 신주발행시 이사회의 결의로 신주인수권을 양도할 수 있도록 한 경우 회사가 신주인수권에 양도성을 부여하기 위하여 발행하는 것으로 주주의 신주인수권을 표시하는 증서이고(상법 416조), 신주인수권의 양도는 신주인수권을 교부에 의하며(상법 420조의3 1항) 그 증서는 주주에게만 발행할 수 있다.[1] 다만 회사는 신주인수권증서를 발행하는 대신에 정관으로 정하는 바에 따라 전자등록기관의 전자등록부에 신주인수권을 등록할 수 있다. 이 경우 신주인수권은 발행하지 않는다(상법 516조의7, 356조의2).

2. 신주인수권의 종류 및 문제점

신주인수권부사채(보통 BW라고 한다)는 사채권자에게 신주의 발행을 청구할 수 있는 권리가 부여된 사채이다. 사채권자는 사채권자로서 확실한 이자수입을 확보함과 동시에 시장에서 주가가 높을 때에는 소정의 가액으로 신주를 인수하여 주주가 될 수 있어 추가 이익을 얻을 수 있고, 회사는 이 제도에 의해 용이하게 자금을 조달할 수 있다.[2] 이는 기채회사에 대한 신주인수권(신주발행청구권)이 부여된 사채로서 대부분 전환사채와 유사하고, 차이점으로는 신주인수권을 행사하여도 사채는 존속하므로 만기에 상환해야 하며, 신주발행의 대가로 별도의 출자를 필요로 하고 신주발행 가액이 신주인수권부사채의 금액을 초과할 수 없고 분리형은 무기명사채로 유통된다. 신주인수권부사채에는 분리형과 비분리형(결합형)이 있으며, 비분리형은 발행사항중 '신주인수권만을 양도할 수 있는 것에 관한 사항'을 정하지 않은 경우이고 분리형은 이를 정하여 신주인수권증권이 채권과 별도로 발행되어 유통되는 경우이다. 상법은 양자 모두 인정한다.[3]

신주인수권부사채가 신주인수권과 사채로 분리되어[4] 일부 한계기업의 편법적인 지분의 확보나 대주주 등에 저가로 매각하는 등 경영권을 보호하는 수단으로 남용되는 것을 방지하기 위하여 분리형 신주인수권부사채의 발행을 금지한다.[5] 따라서 주권상장법

1) 신주인수권증권은 신주인수권을 표시하는 증권으로서 채권과 별도로 발행된다(분리형BW라고 한다).
2) 최준선, 「회사법(제 9 판)」, 삼영사, 2014, 675쪽.
3) 임재연, 「자본시장법」, 박영사, 2014, 706-707쪽.
4) 사채권에 신주인수권이 결부되어 있으며 이를 분리 여부에 따라 구분하면 분리형과 비분리형이 있고, 대부분 분리형으로 발행되어 신주인수권을 분리하여 양도할 수 있었다. 경영권 편법승계 수단으로 활용되는 것은 분리형 신주인수권을 제 3 자에게 발행 후 분리하여 최대주주 등에게 매각하는 경우에 발생한다.
5) 개정 전에는 최대주주 등에 대하여 변칙적으로 신주인수권이 부여되는 것을 막기 위한 제한규정으로 주권상장법인이 분리형 신주인수권부사채 발행시 일정기간 분리된 사채만을 사채발행일로부터 사채만기의 1/3 또는 1년 중 긴 시점까지 매입하지 못하도록 제한하고 있었다(증권의 발행 및 공시등에 관한 규정 5-24조 3항, 2013. 9. 17. 삭제).

인은 상법 제516조의2 제 1 항에 따른 신주인수권부사채를 발행할 때에는 신주인수권만을 양도할 수 있음에도(상법 516조의2 1항)[1] 불구하고 사채권자가 신주인수권증권[2]만을 양도할 수 있는 사채는 발행할 수 없다.[3]

이는 분리형 신주인수권부사채가 일부 한계기업의 편법적 지분확보나 대주주가 분리형 신주인수권부사채의 발행을 통하여 자신의 지분율을 확대하거나 유지하는 경영권 보호 수단으로 악용하고 있는 점을 규제하는 것이다.

3. 제한의 내용과 발행

신주인수권부사채는 일반 사채와 신주인수권이 하나로 결합된 증권으로 사채발행 후 일정 기간 이내에 발행 당시에 정해진 행사가격과 주식을 사채권자가 인수할 수 있는 권리인 신주인수권이 부여된 사채를 말한다. 이러한 신주인수권부사채는 신주인수권과 사채의 분리가능 여부에 따라 분리형 신주인수권부사채와 비분리형 신주인수권부사채로 나누고,[4] 신주인수권 행사시 인수주식의 발행가액에 대한 납입방법에 따라 현금납입형과 대용납입형으로 구분한다.[5]

분리형은 사채권과 신주인수권증권이 서로 분리되어 타인에게 양도가 가능하기 때문에 각각의 유통시장에서 독립적으로 거래되고, 비분리형은 신주인수권이 사채권에 사채의 권리와 함께 표시되기 때문에 신주인수권을 사채권에서 따로 분리하여 양도할 수 없어 분리형에 비해서 유동성이 떨어진다. 그리고 현금납입형은 신주인수권 행사 시 인수주식의 발행가액을 현금으로 납입하는 것이며 대용납입형은 사채권자가 보유한 사채의 상환으로 현금납입에 갈음하는 것이다.

그동안 주권상장법인은 주로 사채권과 신주인수권이 같이 하나의 사채권에 표창된 비분리형보다 사채권에는 사채권만을 표창하고 신주인수권은 별도의 증권에 표창하여 양자를 분리하여 양도할 수 있게 한 분리형 신주인수권부사채를 주로 발행하였는데, 이는 신주인수권과 사채가 분리되어 각각 타인에게 양도가 가능하였기 때문이다.

---

1) 이 사항은 정관으로 규정하지 않으면 이사회가 이를 결정한다. 그러나 정관으로 주주총회에서 이를 결정하도록 정한 경우에는 그러하지 아니하다.

2) 신주인수권증서는 통상의 신주발행절차에 의해 이미 구체화된 신주인수권을 표창하는 것임에 대하여 신주인수권증권은 엄밀히 말하면 신주발행청구권을 표창하는 것이다. 신주인수권증권은 신주인수권을 표창한 유가증권이다. 그러므로 신주인수권의 행사나 양도는 이 증권에 의하여야 한다. 신주인수권 증서는 발행일 이후 청약기일까지 2주 남짓의 단기간에 유통될 뿐이다. 이철송, 「회사법 강의(제20판)」, 2012, 1015쪽, 1018쪽.

3) 제165조의6 제 3 항에서 주주배정증자의 경우 신주인수권증서 발행을 의무화하고 주주등의 이익보호, 공정한 시장질서 유지의 필요성을 고려하여 (i) 증권시장에 상장하는 방법 또는 (ii) 주권상장법인과 계열회사의 관계에 있지 아니한 2 이상의 투자매매업자 또는 투자중개업자를 통한 매매·중개 방법에 따라 신주인수권증서가 유통될 수 있도록 하였다.

4) 분리형과 결합형으로 표현하기도 한다. 이철송, 전게서(2012), 1015쪽.

5) 이승희/이주용, 전게논문(2013. 9), 120쪽.

주권상장법인에 신주인수권부사채는 다양한 자금조달 수단을 제공한다는 측면에서 긍정적인 역할을 수행하기도 하지만 반대로 대주주 및 기관투자자들만 이익을 볼 뿐 정작 발행회사는 오히려 일반 사채보다 높은 금리로 자본을 조달하게 되어 손해를 부담해 왔다는 의견도 존재한다.[1] 또한, 분리형 신주인수권부사채는 회사가 긴급하게 자금이 필요한 상황이 아님에도 불구하고 신주인수권부사채를 발행함으로써 주가가 희석되고, 대주주 지분확대 등에 활용되는 등 부정적인 의견도 많았다. 일정등급 이하 회사채 시장을 활성화하기 위해서는 분리형 신주인수권부사채(BW) 발행을 다시 허용하는 것이 효과적이라는 의견도 제시되고 있다.[2] 그러나 자본시장법에서는 주권상장법인의 분리형 신주인수권부사채의 발행을 금지함으로써 지배주주의 지배권 확대 또는 지분 승계 등에 활용되는 것을 차단하고 있다(2항).

[초판: 송종준, 개정판: 정순현]

第165조의11(조건부자본증권의 발행 등)

① 주권상장법인은 정관으로 정하는 바에 따라 이사회의 결의로 「상법」 제469조 제 2 항, 제513조 및 제516조의2에 따른 사채와 다른 종류의 사채로서 해당 사채의 발행 당시 객관적이고 합리적인 기준에 따라 미리 정하는 사유가 발생하는 경우 주식으로 전환되거나 그 사채의 상환과 이자지급 의무가 감면된다는 조건이 붙은 사채, 그 밖에 대통령령으로 정하는 사채를 발행할 수 있다.

② 제 1 항에 따라 발행하는 사채의 내용, 발행사항 및 유통 등의 방법, 조건의 세부내용 등 필요한 사항은 대통령령으로 정한다.

[전문개정 2013. 5. 28]

Ⅰ. 본조의 취지

본조는 주권상장법인이 조건부자본증권을 발행할 수 있다고 명시하며, 그 발행 절차와 조건 등을 규정하고 있다. 조건부자본증권의 발행을 허용한 기본 취지는 재무상태가 악화되는 경우에 손실을 흡수할 수 있는 새로운 수단을 주권상장법인에게 제공하려는 데에 있다. 아울러 본조는 주권상장법인이 대통령령으로 정하는 그 밖의 특수사채를 발행

1) 상게논문, 121쪽.

2) 임형준, 「주간금융브리프」 제22권 제48호(2013-12-14), 한국금융연구원, 11쪽.

하는 것도 허용하고 있다.[1)]

Ⅱ. 조건부자본증권 개관

1. 의 의

본조 제 1 항에 따르면 조건부자본증권(contingent capital instruments)이란 상법상의 이익참가부사채, 교환사채, 상환사채, 파생결합사채, 전환사채 및 신주인수권부사채와 다른 종류의 사채로서 발행 당시 객관적이고 합리적인 기준에 따라 미리 정하는 사유가 발생하는 경우 주식으로 전환되거나 그 사채의 상환과 이자지급 의무가 감면된다는 조건이 붙은 사채를 말한다. 전자를 전환형(conversion type) 조건부자본증권이라 하며(영 176조의12 1항), 후자를 상각형(write-off type) 조건부자본증권이라 한다(영 176조의13 1항).

2. 제도 도입의 국제적 경과 및 현황

2007년 시작된 글로벌 금융위기의 와중에서 여러 나라의 정부가 출자 등의 방법으로 금융기관에 구제금융(bail-out)을 제공한 바 있다. 이는 시스템적으로 중요한 금융기관(systemically important financial institutions; SIFIs)의 도산이 야기할 시스템적 위험을 방지하기 위한 것이었으나, 이처럼 납세자인 국민의 부담으로 금융기관에 대한 채권자 등의 투자자가 손실을 회피할 수 있게 하는 것은 공평의 관점에서 부당할 뿐만 아니라 금융기관이 대마불사(too-big-to-fail)라는 기대하에 과도한 위험을 추구하는 도덕적 해이에 빠질 유인을 사전적으로 증가시키므로 효율의 관점에서도 바람직하지 아니하다는 비판이 제기되었다. 이에 금융기관의 자기자본 확충과 채권자 손실분담(bail-in)에 관한 국제적 논의가 전개되었으며, 그 일환으로 조건부자본증권을 금융기관이 발행하는 방안이 제안되었다.[2)] 이 방안의 요체는, 전형적인 채무증권에 갈음하여 발행인의 재무상태가 일정한 기준 아래

1) 그러나 현행 시행령은 그러한 특수사채를 규정하고 있지 않다. 구 시행령(2013. 8. 27. 대통령령 제24697호로 개정되기 전의 것) 제176조의12와 제176조의13은 구 법(2013. 5. 28. 법률 제11845호로 개정되기 전의 것) 제165조의11에 근거하여 이익참가부사채와 교환사채의 발행에 관하여 각 규정하고 있었으나, 2011. 4. 14. 개정된 상법 제469조 제 2 항에 의하여 주권상장법인이 아닌 주식회사도 이를 발행할 수 있게 됨에 따라, 그 내용이 삭제되었다.

2) 글로벌 금융위기 이후에 처음 이를 본격적으로 제안하였다고 알려진 것으로는 Squam Lake Working Group on Financial Regulation, “An Expedited Resolution Mechanism for Distressed Financial Firms: Regulatory Hybrid Securities,” Working Paper (2009. 4) 참조. 이 글은 후에 흔히 조건부전환사채(contingent convertibles; CoCos)라고도 불리게 되는 전환형 조건부자본증권의 발행을 제안하였는데, 유사한 논의가 그 이전에 없었던 것은 아니다. 예컨대, 이른바 역전환사채(reverse convertible debentures)를 도입하자는 주장이 일찍이 있었으며(Mark J. Flannery, “No Pain, No Gain? Effecting Market Discipline via ‘Reverse Convertible Debentures’,” Working Paper (2002) 참조), 그보다도 먼저 “chameleon equity”라는 개념이 도산법 분야에서 제출되었던 바도 있다(Barry E. Adler, “Financial and Political Theories of American Corporate Bankruptcy,” StanfordLawReview, Vol. 45, pp. 311-46(1993)참조).

로 악화되는 것과 같은 소정의 사유(trigger event)가 발생하면 자동적으로 보통주와 같은 지분증권으로 전환되거나 지급청구권이 소멸되는 증권을 발행함으로써, 실제로 그러한 사유가 발생하는 경우에 그처럼 전환 또는 소멸되는 채권액만큼 발행인의 부채가 감소하고 자본이 증가하게 됨에 따라 공적 자금과 같은 외부 자본의 투입 없이도 발행인이 도산 상태에 빠지지 아니하거나 그러한 상태에서 벗어나는 효과를 거둘 수 있다는 것이다.[1)]

조건부자본의 이러한 손실흡수능력(loss-absorbing capacity)은 금융규제에 관한 여러 국제적 논의 기구에 의하여 주목되었다. 그리하여 바젤은행감독위원회(Basel Committee on Banking Supervision; BCBS)는 조건부자본이 금융기관 자기자본 규제 체계 내에서 수행할 수 있는 역할을 검토하여,[2)] 국제적으로 활동하는 은행(internationally active banks)이 발행하는 보통주 이외의 자본증권은 금융감독당국이 상각 또는 공적 자금의 투입을, 그에 의하지 아니하고는 금융기관이 생존불가능(non-viable)하다고 판단하여, 결정하는 경우에 금융감독당국의 선택에 의하여 상각되거나 보통주로 전환된다는 취지의 규정이 발행조건에 포함되어 있는 경우에만 기본자본(tier 1 capital) 또는 보완자본(tier 2 capital)으로 인정될 수 있다고 발표하였으며,[3)] 바젤 Ⅲ(Basel Ⅲ)에서 회계상 부채로 분류되는 증권이 기타기본자본(additional tier 1 capital: 보통주자본(common equity tier 1 capital) 이외의 기본자본)으로 인정되기 위하여 갖추어야 할 요건의 하나로 사전에 정한 객관적 사유가 발생하는 시점에 보통주로 전환되거나 원리금이 감면됨으로써 손실을 흡수할 수 있을 것을 요구하였다.[4)]

---

1) 이처럼 채무자의 부채를 감축하거나 자본으로 전환하는 자본재편(recapitalization)은 일반적으로 우리나라의 채무자 회생 및 파산에 관한 법률상의 회생절차나 그에 상응하는 각국의 도산절차에서 이루어지는 것이지만, 그러한 도산절차는 금융기관, 특히 SIFI가 이용하기에 적합하지 아니하다는 것이 일반적인 이해이다. 이러한 이해로부터 금융기관에 대한 구제금융의 제공이나 특별한 금융기관 정리(resolution) 절차의 도입이 정당화되며, 조건부자본증권의 도입 필요성도 강조되는 측면이 있다.

2) BCBS, "Strengthening the Resilience of the Banking Sector," Consultative Document(2009. 12), para. 16, 91 참조. 이러한 작업은 2010. 6. 캐나다 토론토에서 열린 주요 20개국(G20) 정상회의에서도 지지되었다.

3) BCBS, "Proposal to Ensure the Loss Absorbency of Regulatory Capital at the Point of Non-Viability," Consultative Document (2010. 8) 및 Bank for International Settlements, "Basel Committee issues final elements of the reforms to raise the quality of regulatory capital," Press Release(2011. 1. 13)에 Annex로 첨부된 "Minimum Requirements to Ensure Loss Absorbency at the Point of Non-Viability" 참조. 이처럼 금융기관의 정리에 이용되는 것을 생존불가능기업 조건부자본(gone- concern contingent capital) 또는 "low-trigger contingent capital"이라 부르며, 이를 손실분담채권(bail-in(able) debt)으로 이해하기도 한다(그러나 이 개념의 적절성에 관하여는 논란이 있다). 다만, 관련 법률상 금융감독당국이 상각 등을 할 수 있는 권한을 이미 가지고 있는 경우에는 발행조건에 이를 별도로 규정할 필요가 없는데, 그처럼 법률에 근거한 금융감독당국의 권한행사에 따른 상각 등에 의한 손실분담을 법정 손실분담(statutory bail-in) 또는 "bail-in within resolution"이라 한다. 이와 관련하여 금융안정위원회(Financial Stability Board; FSB)는 금융감독당국이 금융기관 정리를 위하여 법정 손실분담을 실행할 권한을 가질 것을 권고하였다(FSB, "Key Attributes of Effective Resolution Regimes for Financial Institutions"(2011. 10), para. 3.5 참조). 한편으로 계약에 근거한 소정의 사유(이에는 위와 같이 금융감독당국의 결정도 포함될 수 있다) 발생에 따른 상각 등에 의한 손실분담을 그와 구별하여 약정 손실분담(contractual bail-in)이라 부르기도 한다.

4) BCBS, "Basel Ⅲ: A Global Regulatory Framework for More Resilient Banks and Banking Systems"

유럽연합의 경우에는 바젤 Ⅲ의 시행을 위하여 제정된 제 4 차 자본요건지침(Capital Requirement Directive Ⅳ; CRD Ⅳ)과 자본요건규정(Capital Requirement Regulation; CRR)에서 자본증권이 기타기본자본으로 인정되기 위하여 갖추어야 할 요건의 하나로 보통주자본비율이 5.125% 아래로 하락하는 즉시 원금이 감면되거나 보통주로 전환된다는 규정이 발행조건에 포함되어 있을 것을 요구하고 있다.1) 그리고 실제로도 유럽의 여러 금융기관이 조건부자본증권을 발행한 바 있다.2)

반면에 미국의 경우에는 아직까지 금융기관이 조건부자본증권을 발행할 것을 요구하고 있지 않다.3) 이러한 유보적 입장의 배경에는, 조건부자본증권이 손실흡수능력을 가지며 조건부자본증권의 보통주 전환 또는 상각이 발생하는 경우에 손실을 입게 될 조건부자본증권 보유자와 주주가 이를 방지하기 위하여 경영진에 대한 시장규율(market discipline)을 강화할 유인을 가지게 된다는 등의 장점이 있지만, 손실흡수능력이 보통주에 미치지 못하며 그 전환 또는 상각이 발행인의 재무상태에 관한 부정적인 신호로 시장에 전달됨으로써 이른바 "death spiral"을 야기할 수 있다는 등의 단점을 가진다는 점에 대한 고려가 자리하고 있다.4)

(2010. 12; 2011. 6. 수정), para. 55 참조. 이처럼 금융기관의 회복(recovery)에 이용되는 것을 계속기업 조건부자본(going-concern contingent capital) 또는 "high-trigger contingent capital"이라 부른다.

1) Regulation(EU) No 575/2013 of the European Parliament and of the Council of 26 June 2013 on Prudential Requirements for Credit Institutions and Investment Firms and Amending Regulation(EU) No 648/2012, Article 52(1), 54(1) 참조. 발행조건에서 5.125%보다 더 높은 비율을 정하거나 추가적인 전환사유를 정하는 것은 허용된다.

2) Lloyds Banking Group이 2009. 11. "Enhanced Capital Notes (ECNs)"를 기존 채권과 교환하는 방식으로 발행한 것이 최초의 사례로 알려져 있다. 이는 핵심기본자본(core tier 1 capital; 바젤 Ⅲ의 도입 이전에 사용되던 개념으로 Basel Ⅲ에서의 보통주자본에 대응되는 것이다)의 비율이 5% 아래로 하락하면 주식으로 전환되는 조건으로 발행되었다. 바젤 Ⅲ의 도입 이후에는 예컨대 Credit Suisse가 2011. 2. 보통주자본비율이 7% 아래로 하락하거나 스위스 금융감독당국의 결정이 있으면 주식으로 전환되는 조건으로 "Buffer Capital Notes(BCNs)"를 발행한 바 있다.

3) 도드-프랭크 월가 개혁 및 소비자보호법(Dodd-Frank Wall Street Reform and Consumer Protection Act; Dodd-Frank Act)에 의하면 연방준비제도이사회(Board of Governors of the Federal Reserve System; FRB)가 금융기관에 조건부자본증권의 발행을 요구하는 규정을 제정할 수는 있다(12 U.S.C. 5625(c) 참조). 그렇지만 동법은 금융안정감시위원회(Financial Stability Oversight Council; FSOC)가 금융기관의 조건부자본 요건에 관한 연구를 수행하도록 하면서(12 U.S.C. 5325(c) 참조) 그 연구 결과를 FRB가 위 규정을 제정함에 있어 고려하도록 하였는데, FSOC은 일단 위 요건의 장단점을 계속하여 연구함이 바람직하다는 유보적 취지의 보고서를 제출하였다(FSOC, "Report to Congress on Study of a Contingent Capital Requirement for Certain Nonbank Financial Companies and Bank Holding Companies"(2012. 7) 참조). 참고로, 영국의 Vickers Report에서도 조건부자본증권의 이용을 강제할 것을 권고하지 아니하였다(Independent Commission on Banking, "Final Report: Recommendations" (2011. 9), para. 4.72 참조).

4) FSOC, 전게 보고서, pp. 5-6 참조. 미국의 경우에는 연방예금보험공사(Federal Deposit Insurance Corporation; FDIC)가 Dodd-Frank Act에 의하여 부여된 Orderly Liquidation Authority를 행사하여 금융기관을 정리하면서 법정 손실분담을 실행할 수 있으므로, 보통주 이외의 자본증권이 자기자본으로 인정되기 위하여 BCBS가 발표한 조건부자본 요건을 별도로 갖출 필요가 없다. 또한 미국은 회계상 자본으로 분류되는 증권만이 기타기본자본으로 인정될 수 있다는 입장을 취하고 있으므로, 바젤 Ⅲ에서 회계상 부채로 분류되는 증권에 관하여 요구한 조건부자본 요건은 적용될 여지가 없다(Federal

한편으로 회사법 또는 자본시장법 등의 제정법에 조건부자본증권의 발행을 허용하는 명시적인 근거를 두는 예는 국제적으로 찾기 힘들다. 유럽의 경우에는 영국, 독일, 프랑스, 이탈리아 등의 회사법의 해석상 조건부자본증권을 발행하는 데에 법적 장애가 없는 것으로 풀이되고 있으며,[1] 이는 미국의 경우에도 마찬가지이다. 다만 프랑스 상법은 자본접근부증권(valeurs mobilières donnant accès au capital)의 발행을 포괄적으로 허용하는 규정을 두어 혼합증권(valeurs mobilières composées) 발행의 자유화를 명시적으로 선언함으로써,[2] 조건부자본증권도 발행할 수 있는 법적 근거를 갖추고 있다.

3. 법적 성격

법 제 4 조 제 7 항 단서에 의하여 조건부자본증권은 파생결합증권에서 제외된다. 그런데 조건부자본증권이 본래 파생결합증권에 해당하는 것인지에 관하여는 이론이 있다. 조건부자본증권은 그 기초자산이 법 제 4 조 제10항 제 4 호의 "신용위험"인 파생결합증권에 해당한다고 보는 견해가 있으며,[3] 전환가격을 일정한 금액으로 미리 정한 경우에는 기초자산인 주식의 가격에 연계되어 신주가 발행된다는 점에서 파생결합증권의 요소가 존재하지만 전환 시점에서 주식의 시가를 기준으로 신주를 인수하는 것으로 정한 경우에는 기초자산의 가격 변동과의 연계성이 존재하지 아니하고 조건부자본증권의 가치와 전환 후의 주식의 가치가 동일하게 유지되므로 파생결합증권에 해당할 수 없다는 견해도 있다.[4]

전환형 조건부자본증권은 장래 주식으로 전환되는 것을 전제하는 점에서 전환사채와 마찬가지로 잠재적 주식으로서의 성질을 가진다. 그러나 이는 일정한 전환사유가 발생하는 경우에 자동적으로 주식으로 전환된다는 점에서 사채권자에게만 전환권이 인정되는 전환사채와는 다르며, 전환권이 발행회사에 귀속되는 강제전환사채와도 구별된다.

조건부자본증권은 사채로서 채무증권이다. 특히 상각형 조건부자본증권은 발행회사의 주식으로 전환되는 것이 아니라 일정한 채무재조정사유가 발생하면 사채의 상환과 이자지급 의무가 감면되는 것일 뿐이므로, 그러한 사유가 발생하더라도 여전히 사채로서의 지위를 유지한다.

Register, Vol. 78, No. 198(2013. 10. 11), p. 62047 참조).

1) Chris Bates, "Contingent Capital-The New Hybrid Capital?," Securities Regulation in Europe(Ninth Annual Institute): A Contrast in EU & US Provisions(Practising Law Institute, 2010), pp. 670-73 참조.

2) Droit Commercial, art. L. 228-91~L.228-106 참조. 이에 관한 상세한 소개로는 송종준, "조건부자본증권의 도입에 관한 소고,"「기업법연구」제25권 제 3 호(2011), 한국기업법학회, 234-39쪽 참조.

3) 정순섭, "조건부자본증권에 대한 법적 연구,"「상사법연구」제30권 제 3 호(2011), 한국상사법학회, 35-36쪽 참조.

4) 송종준, 전게논문(2011), 232-33쪽 참조. 유사한 취지의 견해로는 박준, "기업금융활성화와 신종증권에 관한 자본시장법의 개정,"「상사판례연구」제24집 제 3 권(2011), 한국상사판례학회, 47쪽 참조.

Ⅲ. 전환형 조건부자본증권

1. 발 행

(1) 발행회사

본조의 조건부자본증권은 주권상장법인이 발행할 수 있다. 조건부자본증권의 도입에 관한 논의는 주로 금융기관을 대상으로 이루어졌으나, 금융기관이 아닌 주권상장법인이 조건부자본증권을 발행하는 것도 허용하여 다양한 자금조달 수단을 제공하는 한편으로 재무적 곤경(financial distress)에 대응하는 대안적 기제를 이용할 수 있게 한 것이다.[1] 입법론적으로는 상법을 개정하여 주권상장법인이 아닌 회사에게도 조건부자본증권의 발행을 허용함이 바람직할 것이다.[2]

(2) 정관 규정

조건부자본증권은 정관으로 정하는 바에 따라 발행할 수 있다. 전환형 조건부자본증권이 주식으로 전환되는 경우에 주주가 보유한 주식의 지분비율과 가치가 희석될 수 있으므로, 주주의 이익 보호를 위하여 정관에 근거가 있는 경우에만 이를 발행할 수 있게 한 것이다.

전환형 조건부자본증권을 발행하려는 주권상장법인은 정관에 (i) 전환형 조건부자본증권을 발행할 수 있다는 뜻, (ii) 전환형 조건부자본증권의 총액, (iii) 전환의 조건, (iv) 전환으로 인하여 발행할 주식의 종류와 내용, (v) 주주에게 전환형 조건부자본증권의 인수권을 준다는 뜻과 인수권의 목적인 전환형 조건부자본증권의 액 및 (vi) 주주 외의 자에게 전환형 조건부자본증권을 발행하는 것과 이에 대하여 발행할 전환형 조건부자본증권의 액에 관한 사항을 규정하여야 한다(영 176조의12 1항).

구체적으로 보면, (ii)의 전환형 조건부자본증권의 총액, 즉 그 발행한도에 관하여는 별다른 제한이 없다. (iii)의 전환의 조건이란 후술하는 전환사유와 전환가격을 말하는데, 이를 여럿으로 정할 수도 있을 것이다. (iv)의 전환으로 인하여 발행할 주식은 손실흡수 능력이라는 관점에서는 보통주로 정하는 것이 바람직하겠으나,[3] 다른 종류와 내용의 주

---

1) 금융기관이 아닌 기업의 경우에는 자본재편을 위하여 회생절차를 이용하는 것이 곤란하지 아니하므로, 조건부자본증권을 발행할 필요성이 상대적으로 낮다고 볼 수는 있다. 그러나 회생절차를 진행하는 데에 따르는 비효율을 방지하기 위하여 그 대안으로 이해관계인들이 사전에 자본재편에 관한 약정을 체결하는 것을 금지하여야 할 이유란 없다.

2) 송종준, 전게논문(2011), 240-241쪽 참조.

3) 발행회사가 아닌 그 (완전)모회사의 보통주로 전환되는 조건부자본증권을 발행하는 것은 현행법상 허용되지 아니하나, 입법론적으로는 이를 허용할 필요가 있을 것이다. 예컨대, 앞서 언급한 BCN은 지주회사인 Credit Suisse Group AG가 직접 발행한 것이 아니라 그 발행만을 목적으로 영국령 건지에 설립된 완전자회사인 Credit Suisse Group(Guernsey) I Limited가 지주회사의 보증하에 발행하였는데, 전환사유가 발생하면 발행회사가 아니라 그 완전모회사인 지주회사의 보통주로 전환되는 것이다. 한편으로 금융지주회사의 자회사인 은행이 모회사인 금융지주회사의 주식으로 전환되는 조건부자본증권

식으로 정하는 것도 허용된다.[1] 한편으로 후술하는 바와 같이 손실흡수와는 무관한 조건부자본증권을 발행하는 것도 가능한데, 그 경우에는 굳이 보통주로 전환하여야 할 필요가 없을 것이다. (v) 및 (vi)의 취지는, 후술하는 바와 같이 전환형 조건부자본증권의 배정 방식으로는 주주배정과 제 3 자배정이 모두 허용되는데, 각 경우의 발행한도를 미리 정관에 정하여야 한다는 것이다.

(3) 이사회 결의

조건부자본증권은 이사회의 결의로 발행할 수 있다. 정관으로 정한 범위 내에서 어떠한 조건으로 누구에게 얼마나 조건부자본증권을 발행할 것인지는 개별적으로 이사회가 정하도록 한 것이다. 그 가격결정(pricing), 즉 발행가액과 이율 등의 결정 권한도 이사회에 있다. 그렇지만 주주총회의 특별결의로 전환형 조건부자본증권을 발행하는 것도 가능하다고 본다. 다만 그 경우에도 발행의 근거는 정관에 규정되어 있어야 하므로, 그러한 정관 규정이 없는 상태에서는 정관변경에 관한 주주총회의 특별결의가 함께 이루어져야 할 것이다. 참고로, 프랑스 상법은 자본접근부증권을 발행하기 위하여는 주주총회의 특별결의가 있어야 한다고 명시하고 있는데,[2] 그 구체적인 사항에 관한 결정을 집행기구(organe de gestion)에 위임하는 것은 허용되며 그것이 일반적이라 한다.[3]

(4) 배정 방식

전환형 조건부자본증권의 배정 방식으로는 신주나 전환사채 등의 경우와 같이 주주배정과 제 3 자배정이 모두 허용되지만, 불특정 다수인이 아니라 특정한 자에게만 배정하는 것은 신기술의 도입, 재무구조의 개선 등 발행회사의 경영상 목적을 달성하기 위하여 필요한 경우에만 허용된다(법 165조의10 1항, 165조의6 1항). 일반적인 전환형 조건부자본증권의 발행은 회사의 재무구조의 개선이라는 경영상 목적을 달성하기 위하여 필요한 경우에 해당할 것이다. 다만 후술하는 바와 같이 손실흡수와는 무관한 전환형 조건부자본증권을 발행하는 것도 가능한데, 이를 특정한 자에게 배정하는 경우에는 경영상 목적 달성을 위하여 필요한지가 문제로 될 수 있을 것이다.

주권상장법인은 전환형 조건부자본증권을 배정하는 경우에 그 기일까지 인수의 청약을 하지 아니하거나 그 가액을 납입하지 아니한 증권에 대하여 원칙적으로 발행을 철회하여야 하지만(법 165조의6 2항 본문), 법 제165조의6 제 2 항 단서 각호의 경우에는 그러

을 발행할 수 있게 하는 방안이 국내에서도 검토되고 있다.

1) 따라서 금융기관도 보통주 이외의 주식으로 전환되는 조건부자본증권을 발행할 수는 있다. 그렇지만 우리 나라가 2013. 12. 1.부터 바젤 Ⅲ를 도입함에 따라 개정된 은행감독업무 시행세칙은 "자기자본 인정을 위한 조건부자본 기준"을 정하고 있는데, 이 기준에 따르면 그러한 증권은 은행의 조건부자본으로 인정될 수 없다. 또한 개정된 금융지주회사감독규정 시행세칙이 이 기준을 준용하고 있으므로, 그러한 증권은 금융지주회사의 조건부자본으로 인정될 수도 없다.

2) Droit Commercial, art. L. 228-92 참조.

3) Daniel Ohl, Droit des Sociétés Cotées(Litec, 2008), p. 201 참조.

하지 아니하다. 불특정 다수인에게 전환형 조건부자본증권을 배정하는 경우에는 정관으로 정하는 바에 따라 이사회의 결의로 법 제165조의6 제4항 각호의 방식으로 하여야 한다. 이에 관한 구체적인 해설은 법 제165조의6의 주석을 참고하기 바란다.

(5) 등록발행

전환형 조건부자본증권은 공사채등록법 제3조에 따른 등록기관에 등록하여 발행하여야 한다(영 176조의12 3항 전문). 공사채등록업무를 취급할 수 있는 법인은 한국예탁결제원("예탁원"), 은행법상 은행, 한국산업은행 및 중소기업은행이다(공사채등록법 시행령 제1조의2 1항, 영 10조 2항 1호 내지 3호).

또한 예탁원에의 예탁자 또는 그 투자자가 전환형 조건부자본증권을 인수 또는 청약하거나 그 밖의 사유로 새로 전환형 조건부자본증권의 발행을 청구하는 경우에 그 발행인은 예탁자 또는 그 투자자의 신청이 있으면 그들에 갈음하여 예탁원을 명의인으로 하여 전환형 조건부자본증권을 등록하여야 한다(영 176조의12 3항 후문, 법 309조 5항).

(6) 사채청약서 및 사채원부 기재

전환형 조건부자본증권은 사채이므로 상법상의 일반사채와 마찬가지로 사채청약서와 사채원부를 작성하고 일정한 사항을 기재하여야 하는데, (i) 조건부자본증권을 주식으로 전환할 수 있다는 뜻, (ii) 전환사유 및 전환의 조건과 (iii) 전환으로 인하여 발행할 주식의 종류와 내용이 그러한 기재사항으로 추가된다(영 176조의12 4항).

(7) 등　　기

전환형 조건부자본증권의 발행회사는 그 납입이 완료된 날부터 2주일 이내에 본점소재지에서 (i) 전환형 조건부자본증권의 총액, (ii) 각 전환형 조건부자본증권의 금액, (iii) 각 전환형 조건부자본증권의 납입금액, (iv) 조건부자본증권을 주식으로 전환할 수 있다는 뜻, (v) 전환사유 및 전환의 조건과 (vi) 전환으로 인하여 발행할 주식의 종류와 내용을 등기하여야 한다(영 176조의12 6항).

2. 전환사유

(1) 일반적 논의

조건부자본증권의 전환에 의한 손실흡수라는 관점에서 보자면 발행회사의 재무건전성을 보여주는 지표가 일정한 기준치 아래로 하락하는 것을 전환사유로 상정할 수 있다. 그러한 기준치가 높을수록 발행회사의 도산 위험을 감축시키는 데에는 효과적일 것이며, 조건부자본증권 보유자와 주주의 경영진에 대한 시장규율은 강화될 것이지만,[1] 발행비

1) International Monetary Fund, "Contingent Capital: Economic Rationale and Design Features," IMF Staff Discussion Note, SDN/11/01(2011. 1. 25), p. 9 참조.

용은 상승할 것이다.

위의 지표는 발행회사의 주가, 채권가격이나 신용부도스왑(credit default swap; CDS) 프리미엄 등과 같이 시장의 평가에 기반하는 것일 수도 있으며, 자기자본비율이나 재무상태표상 순자산액과 같이 일정한 기준에 의하여 산정되는 것일 수도 있다. 전자를 이용한 전환사유를 시장기반 사유(market-based trigger), 후자를 이용한 것을 자본기반 사유(capital-based trigger)나 회계기반 사유(accounting-based trigger)라 하는데, 양자는 적시성과 조작 가능성의 두 측면에서 일단 대비된다. 후자는 전자만큼 적시에 발행회사의 재무상태를 반영하지 못한다는 단점이 있으며, 후자와 달리 전자는 본질가치와는 무관한 가격조작의 위험에 노출되어 있다(예컨대 발행회사의 주가가 일정한 기준치 아래로 하락하는 것이 전환사유라면, 전환으로 인하여 이익을 얻을 수 있는 포지션을 취하고 있는 투자자가 공매도 등의 방법에 의하여 주가를 하락시키고자 시도할 수 있다)는 단점이 있다.

한편으로 금융기관의 경우에는 적기시정조치(prompt corrective action; PCA)와 같은 금융감독당국의 결정을 전환사유로 상정할 수도 있다. 또한 이상과 같이 개별 금융기관에 특유한 기업특유 사유(firm-specific trigger)가 아니라 시스템적 위험의 발생과 같은 시스템적 사유(systemic trigger)를 상정할 수도 있다.[1)]

(2) 현행 규정의 입장

본조 제 1 항은 전환형 조건부자본증권의 전환사유가 "발행 당시 객관적이고 합리적인 기준에 따라 미리 정하는 사유"일 것을 요구하고 있으며, 시행령은 적정한 방법에 의하여 산출 또는 관찰이 가능한 가격·지표·단위·지수로 표시되는 것 또는 금융산업의 구조개선에 관한 법률("금산법") 제10조에 따른 적기시정조치 등의 사건으로서 (i) 발행인, 그 주주 및 투자자 등 조건부자본증권의 발행과 관련하여 이해관계를 가지는 자의 통상적인 노력으로 변동되거나 발생할 가능성이 현저히 낮은 것으로서 금융위원회("금융위")가 정하여 고시하는 요건에 부합할 것과 (ii) 금융위가 정하여 고시하는 기준과 방법에 따라 증권시장 등을 통하여 충분히 공시·공표될 수 있을 것을 요구하고 있다(영 176조의12 2항).

이에 따라 금융위 고시인 증권의 발행 및 공시 등에 관한 규정("증발공규정") 제5-25조 제 2 항은 위의 금융위가 정하여 고시하는 요건이란 (i) 발행인이 금산법 제 2 조 제 2 호에 따른 부실금융기관으로 지정된 경우, (ii) 발행인이 기업구조조정 촉진법("기촉법") 제 4 조에 따라 주채권은행으로부터 부실징후기업에 해당한다는 사실을 통보받은 경우 또는 (iii) 그 밖에 발행인의 경영성과 또는 재무구조의 개선 등 조건부자본증권을 발행할 당시 미리 정한 일정 시점에서의 목표수준에 관한 사항이 달성되는 경우를 말한다고 규정하고 있다.

---

1) 이러한 여러 전환사유의 장단점에 관한 개략적인 설명으로는 Ibid., pp. 24-26, Bank of England, "Precautionary Contingent Capital," Financial Stability Paper No. 16(2012. 5), pp. 8-12 및 FSOC, 전게 보고서, pp. 11-16 참조.

금산법상 부실금융기관은 부채초과, 지급정지 또는 지급불능과 같은 도산 사유가 발생한 금융기관이므로, (i)은 보통주 이외의 자본증권이 자기자본으로 인정되기 위하여 갖추어야 할 것으로 BCBS가 요구하고 있는 요건을 갖춘 조건부자본증권을 금융기관이 발행할 수 있는 근거로 된다.[1] 그런데 (ii)는 금융기관에는 적용될 여지가 없으며, 후술하는 바와 같이 (iii)은 일반적인 조건부자본증권과는 무관하므로, 결국 회계상 부채로 분류되는 증권이 기타기본자본으로 인정되기 위하여 갖추어야 할 것으로 바젤 Ⅲ가 요구하고 있는 요건을 갖춘 조건부자본증권을 금융기관이 발행하는 것은 현재 허용되지 아니한다고 볼 수밖에 없다.[2]

(ii)는 "조건부자본증권의 발행과 관련하여 이해관계를 가지는 자의 통상적인 노력으로 변동되거나 발생할 가능성이 현저히 낮은 것"이라는 시행령상의 전환사유 요건을 충족하는 것인지가 극히 의문이다. 거래기업이 발행한 조건부자본증권이 주식으로 전환되는 경우에 자신의 거래기업에 대한 채권의 상환 가능성이 증가하는 사적인 경제적 이익을 얻게 되는 위치에 있는 자인 주채권은행이 그 전환사유인 거래기업의 부실징후기업 해당 통보를 객관적인 판단에만 기초하여 행하리라고 기대하는 것은 비합리적이다.

(iii)은 재무건전성이 악화될 경우에 대비하여 발행하는 일반적인 조건부자본증권의 전환사유와는 무관하다. 이를 전환사유로 하는 증권이 실제로 전환되는 시점에서의 주식의 가치는 대부분의 경우에 그 발행 당시보다 높으리라는 점에서 이는 오히려 일반적인 조건부자본증권과는 정반대의 성격을 가진다고도 볼 수 있다. 이러한 증권의 발행을 금지할 이유는 물론 없을 것이지만, 그 경우에는 이처럼 전환사유 설정에 있어서의 유연성을 허용하면서 일반적인 조건부자본증권의 경우에는 그 전환사유를 굳이 (i) 또는 (ii)만으로 한정한 것은 의문이다.

결론적으로 전환사유에 관한 현행 규정은 조건부자본에 관한 국제적 논의를 충분히 반영하지 못하였고, 조건부자본증권이 자본재편을 위한 대안적 기제로 작동하는 것을 불가능하게 하고 있으며, 시장에서의 다양한 증권설계의 가능성을 봉쇄하고 있다는 점에서 개정될 필요가 있을 것이다.[3]

---

1) 앞서 언급한 "자기자본 인정을 위한 조건부자본 기준"은 보통주 이외의 자본증권이 자기자본인 조건부자본으로 인정되기 위한 요건으로 금융위가 은행업감독규정상 경영개선명령을 하는 경우 또는 금산법상 부실금융기관으로 지정되는 경우에 상각되거나 보통주로 전환될 것을 요구하고 있는데(은행감독업무 시행세칙 [별표 3-5]의 3-가), 경영개선명령은 부실금융기관 이외의 경우, 예컨대 자기자본비율이 2% 미만인 경우에도 할 수 있는 것이다(은행업감독규정 36조 1항). 그렇다면 현행 규정상 그러한 경우에도 상각되거나 전환되는 조건부자본증권을 발행할 수 있는지는 의문이다.

2) 위의 기준은 회계기준상 부채로 인식되는 증권이 기타기본자본인 조건부자본으로 인정되기 위한 요건으로 보통주자본비율이 5.125% 아래로 하락하는 경우에 상각되거나 보통주로 전환될 것을 요구하고 있다(은행감독업무 시행세칙 [별표 3-5]의 4-가). 그러나 현행 규정상으로는 이러한 요건을 갖춘 조건부자본증권을 발행할 수 있는 근거가 없다.

3) 다만, 조건부자본의 실효성에 관한 논의가 여전히 진행되고 있는 상황에서 제도를 도입함에 따라 예

3. 전환가격

(1) 일반적 논의

전환가격이란 조건부자본증권의 전환으로 인하여 발행되는 주식의 명목상 발행가액을 말하는데, 이에 의하여 조건부자본증권과 주식 사이의 실질적 전환비율이 결정된다.[1] 전환으로 인하여 발행되는 주식의 수가 많아질수록 기존 주주가 보유한 주식의 지분비율과 가치가 희석되는 정도가 높아진다는 점에서, 전환가격 산정을 둘러싼 조건부자본증권 보유자와 기존 주주의 이해관계는 상호 충돌한다. 한편으로 그에 따라 상대적으로 더 불리하게 되는 자가 전환을 방지하기 위하여 경영진을 감시(monitoring)할 유인을 더 크게 가지게 될 것이다.

후순위의 잔여청구권자(residual claimant)로서 발행회사의 상방잠재력(upside potential)의 실현에 따른 이익을 향유할 수 있는 지위에 있는 주주가 도산 위험과 같은 하방위험(downside risk)의 증가에 따른 손실은 우선적으로 부담하지 아니하면 위험투자의 선호와 같은 비효율적 의사결정을 할 가능성이 증대한다. 따라서 기존 주식의 전부 무상소각(wipe-out)이 수반되지 아니하는 한, 청구권의 성격이 부채에서 자본으로 변하는 데에 따른 잠재적인 손실 위험의 증가 이외의 직접적인 경제적 손실을 조건부자본증권 보유자가 전환으로 인하여 부담하는 것은 바람직하지 아니하다는 관점에서는 전환사유 발생 시점에서의 주식의 시가를 전환가격으로 삼는 것이 합당하다.

그러나 그 경우에는 전환사유의 발생이 가까워짐에 따라 주가가 자기충족적으로 계속하여 하락할 가능성이 있고, 가격조작의 위험에 더 크게 노출될 수도 있다. 이에 사전에 전환가격 또는 그 하한을 설정하거나 전환사유 발생 시점 이전의 일정 기간 동안의 가중산술평균주가를 전환가격으로 산정하는 것이 바람직하다는 견해도 유력하다.[2]

(2) 현행 규정의 입장

시행령은 전환사유 발생에 따른 전환형 조건부자본증권의 주식으로의 전환가격에 관하여 필요한 세부사항을 금융위가 정하여 고시하게 하였다(영 176조의12 8항). 이에 따라 증발공규정 제5-25조 제 1 항은 다음과 같이 전환사유에 따라 전환가격 산정방법을 달리

상치 못한 부작용이 발생할 것을 우려하여 신중한 태도를 취하고자 한 금융감독당국의 입장을 이해하지 못할 바는 아닐 것이다. 이와 관련하여 증발공규정 부칙 제 2 조는 금융위가 2015. 9. 30.까지 전환형 조건부자본증권의 전환가격 산정방법과 전환사유에 관한 현행 규정의 타당성을 검토하여 그 폐지, 완화 또는 유지 여부를 결정하여야 한다고 규정하고 있다.

1) 조건부자본증권의 전환으로 인하여 주식이 발행되는 경우에 조건부자본증권의 금액과 주식의 발행가액은 총액 기준으로 동일하여야 하므로(법 시행령 176조의12 7항 후단, 상법 348조), 후자가 전자보다 작아지는 전환형 조건부자본증권을 발행할 수는 없다. 그렇지만 전환형 조건부자본증권과 상각형 조건부자본증권을 함께 발행함으로써 실제로 그러한 효과를 발생시킬 수는 있을 것이다.

2) FSOC, 전게 보고서, pp. 10-11 참조. 여러 전환가격 산정방법의 장단점에 관한 개략적인 설명으로는 International Monetary Fund, op. cit., pp. 27-29참조.

하여 규정하고 있다.

전환사유가 동조 제 2 항 제 1 호에 따른 사유, 즉 발행인이 금산법에 따른 부실금융기관으로 지정된 경우 또는 기촉법에 따라 주채권은행으로부터 부실징후기업에 해당한다는 사실을 통보받은 경우와 같은 재무건전성 악화에 해당하는 경우에는 (i) 전환사유 발생일 전 제 3 거래일부터 제 5 거래일까지의 가중산술평균주가를 기준으로 제5-22조 제 2 항[1]에 따른 할인율을 적용하여 산정한 가격, (ii) 발행인이 전환으로 인하여 발행할 주식수의 예측 등을 위하여 조건부자본증권의 발행시 정한 가격 및 (iii) 전환으로 인하여 발행할 주식의 액면가액(무액면주식을 제외한다) 중 가장 높은 가격을 전환가격으로 정하여야 한다. 이처럼 전환사유 발생일의 주가가 아니라 (i)과 같은 그 이전 일정 기간 동안의 가중산술평균주가를 기초로 하고 (ii)와 같은 전환가격의 하한을 설정하게 한 것은 전술한 견해에 따른 것으로 보인다.

이와는 달리 전환사유가 동조 제 2 항 제 2 호에 따른 사유, 즉 발행인의 경영성과 또는 재무구조의 개선 등 발행 당시 미리 정한 일정 시점에서의 목표수준에 관한 사항이 달성되는 경우에 해당하는 경우에는 (i) 조건부자본증권의 발행을 위한 이사회의 결의일 전일부터 과거 1개월 가중산술평균주가, 1주일 가중산술평균주가 및 결의일 전일의 가중산술평균주가를 산술평균한 가액, (ii) 위 결의일 전일의 가중산술평균주가 및 (iii) 청약일 전 제 3 거래일의 가중산술평균주가 중 가장 높은 가격 이상을 전환가격으로 정하여야 한다. 다만 전환 전에 주식배당 또는 시가변동 등 주식가치 하락사유가 발생하거나 감자 또는 주식병합 등 주식가치 상승사유가 발생한 경우에는 제5-23조[2] 또는 제

---

1) 제5-22조(전환사채의 전환가액 결정) ② 제 1 항에 불구하고 주권상장법인이 발행하는 전환사채가 다음 각 호의 어느 하나에 해당하는 경우에는 전환가액을 제 1 항 본문의 규정에 의하여 산정한 가액의 100분의 90 이상으로 할 수 있다.

1. 2 이상의 신용평가회사가 평가한 해당 채권의 신용평가등급(해당 채권의 발행일부터 과거 3월 이내에 평가한 채권의 등급이 있는 경우 그 등급으로 갈음할 수 있다)이 투기등급(BB+ 이하)인 경우
2. 해당 사채를 자산유동화에 관한 법률에 따라 발행하는 유동화증권의 기초자산으로 하는 경우

2) 제5-23조(전환가액의 하향조정) 주권상장법인이 전환가액을 하향하여 조정할 수 있는 전환사채를 발행하는 경우에는 다음 각 호의 방법에 따라야 한다.

1. 전환사채의 발행을 위한 이사회에서 증자·주식배당 또는 시가변동 등 전환가액을 하향조정하고자 하는 각 사유별로 전환가액을 조정할 수 있다는 내용, 전환가액을 조정하는 기준이 되는 날(이하 "조정일"이라 한다) 및 구체적인 조정방법을 정하여야 한다.
2. 시가하락에 따른 전환가액의 조정시 조정 후 전환가액은 다음 각 목의 가액 이상으로 하여야 한다.
   가. 발행 당시의 전환가액(조정일 전에 신주의 할인발행 등 또는 감자 등의 사유로 전환가액을 이미 하향 또는 상향 조정한 경우에는 이를 감안하여 산정한 가액)의 100분의 70에 해당하는 가액. 다만, 정관의 규정으로 조정 후 전환가액의 최저한도(이하 "최저조정가액"이라 한다), 최저조정가액을 적용하여 발행할 수 있는 전환사채의 발행사유 및 금액을 구체적으로 정한 경우 또는 정관의 규정으로 전환가액의 조정에 관한 사항을 주주총회의 특별결의로 정하도록 하고 해당 전환사채 발행시 주주총회에서 최저조정가액 및 해당 사채의 금액을 구체적으로 정한 경우에는 정관 또는 주주총회에서 정한 최저조정가액
   나. 조정일 전일을 기산일로 하여 제5-22조 제 1 항 본문의 규정에 의하여 산정(제 3 호는 제외한다)한 가액

5-23조의2[1])를 준용한다. 이는 전환사채의 경우와 거의 동일한 것이다(증발공규정 5-22조 1항 참조).[2])

한편으로 증발공규정 제5-25조 제 1 항 단서에 따르면 위의 두 경우에 전환으로 인하여 발행할 주식이 증권시장에서 시가가 형성되어 있지 않은 종목의 주식인 경우에는 제5-18조 제 3 항을 준용하여 권리내용이 유사한 다른 주권상장법인의 주식의 시가(동 시가가 없는 경우에는 적용하지 아니한다) 및 시장상황 등을 고려하여 기준주가를 산정하여야 하는 것으로 되어 있다. 그러나 이러한 준용은 전환사채의 경우처럼 전환가격을 사전에 정하는 위의 후자의 경우에는 적절할 수 있지만, 전환가격이 사후에 산정되는 위의 전자의 경우에는 명백히 부적절한 것이다.

4. 전환의 효력

(1) 자동전환

전환형 조건부자본증권은 전환사유가 발생하면 그 보유자의 전환청구권 행사나 발행회사의 전환권 행사 없이 자동적으로 주식으로 전환된다. 다만 이러한 전환의 효력은 전환사유가 발생한 날이 아니라 그 날부터 제 3 영업일이 되는 날에 발생한다(영 176조의12 5항). 이처럼 전환의 효력이 발생하는 날에 아무런 다른 절차를 거칠 필요 없이 조건부자본증권의 금액을 전환가격으로 나눈 수만큼의 주식이 전환가격을 발행가액으로 하여 조건부자본증권 보유자에게 발행되는 효과가 발생하는 것이다. 이에 대비하여 전환형 조건부자본증권의 발행회사는 정관상 발행할 주식의 총수에서 전환으로 인하여 새로 발행될 수만큼의 발행을 유보하여야 한다(영 176조의12 7항 후단, 상법 346조 4항).[3])

---

1) 제5-23조의2(전환가액의 상향조정) ① 주권상장법인이 전환사채를 발행하는 경우에는 감자·주식병합 등 주식가치 상승사유가 발생하는 경우 감자·주식병합 등으로 인한 조정비율만큼 상향하여 반영하는 조건으로 이를 발행하여야 한다. 단, 감자·주식병합 등을 위한 주주총회 결의일 전일을 기산일로 하여 제5-22조 제 1 항 본문의 규정에 의하여 산정(제 3 호는 제외한다)한 가액(이하 이 항에서 "산정가액"이라 한다)이 액면가액 미만이면서 기산일 전에 전환가액을 액면가액으로 이미 조정한 경우(전환가액을 액면가액 미만으로 조정할 수 있는 경우는 제외한다.)에는 조정 후 전환가액은 산정가액을 기준으로 감자·주식병합 등으로 인한 조정비율만큼 상향조정한 가액 이상으로 할 수 있다.
② 제 1 항에도 불구하고 주권상장법인이 정관의 규정으로 전환가액의 조정에 관한 사항을 주주총회의 특별결의로 정하도록 하고 해당 전환사채 발행시 주주총회에서 최저조정가액 및 해당 사채의 금액을 구체적으로 정한 경우에는 최저조정가액 이상으로 상향하여 반영하는 조건으로 이를 발행할 수 있다.
③ 주권상장법인이 기업구조조정 촉진법에 의한 부실징후기업의 관리, 채무자 회생 및 파산에 관한 법률에 의한 회생절차 개시 등 관련 법령에 의해 전환사채를 발행하는 경우에는 제 1 항 및 제 2 항을 적용하지 아니할 수 있다.

2) 다만, 상각형 조건부자본증권의 경우에는 전환가격의 할인에 관한 증발공규정 제5-22조 제 2 항이 준용되는 것으로 규정되어 있지 아니하다는 점에서 전환사채와 차이가 있는데, 이러한 차이가 의도된 것인지의 여부는 분명하지 아니하다.

3) 전환사유가 증발공규정 제5-25조 제 2 항 제 2 호에 따른 사유인 경우에는 발행시에 전환가격이 일단 확정되므로 발행을 유보하여야 할 주식의 수를 사전에 산정할 수 있는 반면에, 제 2 항 제 1 호에 따른 사유인 경우에는 전환시에 전환가격이 확정되므로 그 수를 사전에 산정할 수 없다. 그렇지만 전술한

(2) 전환에 따르는 효력

전환형 조건부자본증권을 목적으로 한 질권이 설정되어 있던 경우에는 물상대위의 법리에 따라 전환으로 인하여 발행된 주식에 대하여도 질권을 행사할 수 있다(영 176조12 7항 후단, 상법 339조).

전환형 조건부자본증권이 주주명부 폐쇄기간 중에 주식으로 전환된 경우에는 그 주주는 그 기간 중의 주주총회의 결의에 관하여는 의결권을 행사할 수 없다(영 176조의12 7항 후단, 상법 350조 2항).

전환으로 인하여 발행된 주식의 이익배당에 관하여는 정관에 다른 규정이 없으면 전환의 효력이 발생한 때가 속하는 영업연도 말에 전환된 것으로 보지만, 위 영업연도의 직전 영업영도 말에 전환된 것으로 본다고 정관으로 정하는 경우에는 그 때에 전환된 것으로 본다(영 176조의12 7항 후단, 상법 360조 3항).

5. 양　　도

본조 제2항은 조건부자본증권의 유통 방법은 대통령령으로 정한다고 규정하고 있으며, 시행령은 전환형 조건부자본증권의 유통에 관하여 필요한 세부사항은 금융위가 정하여 고시한다고 규정하고 있으나(영 176조의12 8항), 현재까지 금융위가 이를 고시한 바는 없다. 그렇다면 전환형 조건부자본증권은 통상적인 증권과 마찬가지로 자유로이 양도할 수 있다고 볼 것이다.

전술한 바와 같이 전환형 조건부자본증권은 공사채등록법에 따라 등록발행하여 증권 실물을 발행하지 아니하므로, 그 양도는 의사표시만으로 가능하고 증권의 교부를 필요로 하지 아니한다. 다만 이를 무기명식 사채로 발행한 경우에는 양도 사실을 등록하지 아니하면 발행회사나 그 밖의 제3자에게 대항하지 못하며(공사채등록법 6조 1항), 기명식 사채로 발행한 경우에는 양도 사실을 등록하고 발행회사가 비치한 사채원부에 기록하지 아니하면 대항하지 못한다(공사채등록법 6조 2항).

전술한 바와 같이 전환형 조건부자본증권의 전환사유가 발생하면 자동적으로 그 보유자에게 주식이 발행되는 효과가 발생하는 것이므로, 전환형 조건부자본증권에서 전환으로 인하여 발행되는 주식을 취득할 권리만을 분리하여 별도로 양도할 수는 없다.

6. 위법·불공정 발행과 구제

잠재적 주식인 전환형 조건부자본증권이 위법하거나 불공정하게 발행되는 경우에는 발행회사 또는 그 주주의 이익이 침해될 수 있다. 따라서 이사에 대한 손해배상청구나

바와 같이 그 경우에도 전환가격의 하한은 발행시에 확정되므로 그 수의 상한은 사전에 산정할 수 있으며, 따라서 발행인은 그 상한에 상당하는 수만큼의 발행을 유보하여야 할 것이다.

위법행위유지청구가 가능하며, 그 밖에도 다음과 같은 구제수단이 인정된다.

(1) 발행유지청구

발행회사가 법령 또는 정관에 위반하거나 현저하게 불공정한 방법에 의하여 전환형 조건부자본증권을 발행함으로써 주주가 불이익을 받을 염려가 있는 경우에는 그 주주는 발행회사에 그 발행을 유지할 것을 청구할 수 있다(영 176조의12 7항 전단, 상법 424조).

일반적인 전환형 조건부자본증권, 즉 증발공규정 제5-25조 제 2 항 제 1 호에 따른 사유를 전환사유로 하여 발행되는 조건부자본증권의 경우에는 전환사유와 전환가격이 규정상 구체적으로 특정되어 있으므로 그 불공정성이 문제로 될 여지는 없을 것이나, 그 발행가액이나 이율 등의 불공정성이 다투어질 수는 있을 것이다. 반면에 증발공규정 제5-25조 제 2 항 제 2 호에 따른 사유를 전환사유로 하여 발행되는 조건부자본증권의 경우에는 전환사유의 불공정성도 다투어질 수 있을 것이다.

(2) 통모인수인의 책임

발행회사의 이사와 통모하여 현저하게 불공정한 발행가액으로 전환형 조건부자본증권을 인수한 자는 공정한 발행가액과의 차액에 상당한 금액을 발행회사에 지급할 의무가 있다. 이 차액의 지급을 청구하는 소에 관하여는 상법 제403조 내지 제406조의 규정이 준용되며, 이는 통모한 이사의 발행회사 또는 주주에 대한 손해배상책임에 영향을 미치지 아니한다(영 176조의12 7항 전단, 상법 424조의2).

(3) 발행무효의 소

전환형 조건부자본증권의 발행에 무효원인이 있다면 발행회사의 주주, 이사 또는 감사는 발행일로부터 6월 내에 소로서 그 무효를 주장할 수 있다. 이 소에 관하여는 상법 제186조 내지 제189조, 제190조 본문, 제191조, 제192조 및 제377조의 규정이 준용된다. 발행무효의 판결이 확정된 때에는 전환형 조건부자본증권은 장래에 대하여 그 효력을 잃으며, 발행회사는 지체 없이 그 뜻과 3월 이상의 일정한 기간 내에 증권을 발행회사에 제출할 것을 공고하고 사채원부에 기재된 보유자와 질권자에게 개별적으로 통지하여야 한다. 그리고 발행회사는 보유자가 납입한 금액을 반환하여야 하는데, 이 금액이 위 판결 확정시의 발행회사의 재산상태에 비추어 현저하게 부당한 때에는 법원은 발행회사 또는 주주의 청구에 의하여 그 증감을 명할 수 있다. 이 경우에 상법 제339조, 제340조 제 1 항, 제 2 항의 규정이 준용된다(영 176조의12 7항 전단, 상법 429조 내지 432조).

7. 기타 사항

(1) 주권상장법인은 전환형 조건부자본증권의 발행에 관한 이사회의 결의가 있은 때

와 전환사유가 발생한 때에 그 다음 날까지 그 내용을 기재한 주요사항보고서를 금융위에 제출하여야 한다(법 161조 1항 5호, 9호, 영 171조 1항 2호, 3항 6호).

(2) 주권상장법인은 전환형 조건부자본증권을 발행한 경우에 전환사유가 되는 사유가 되는 가격·지표·단위·지수의 현황에 관한 사항을 사업보고서, 반기보고서, 분기보고서에 기재하여야 한다(법 159조 2항 5호, 160조, 영 168조 3항 9호, 170조 1항 전문, 증발공규정 4-3조 1항 타호).

(3) 주권상장법인이 제3자배정 방식으로 전환형 조건부자본증권을 발행한다는 이사회 결의의 내용을 기재하여 금융위에 제출한 주요사항보고서가 금융위와 거래소에 공시된 경우에는 상법 제418조 제4항에 따른 주주에의 통지나 공고를 할 필요가 없다(법 165조의10 1항, 165조의9).

(4) 조건부자본증권은 법상 파생상품이나 파생결합증권이 아니지만 법 제46조의2의 적정성의 원칙의 적용 대상인 금융투자상품에 해당한다(영 52조의2 1항 4호).

(5) 투자매매업자 또는 투자중개업자는 전환형 조건부자본증권의 모집 또는 매출과 관련한 계약을 체결한 날부터 그 증권이 증권시장에 최초로 상장된 후 40일 이내에 그 증권에 대한 조사분석자료를 공표하거나 특정인에게 제공하는 행위를 하여서는 원칙적으로 아니 된다(법 71조 4호 나목, 영 68조 4).

(6) 집합투자업자, 투자일임업자 또는 신탁업자는 자기 또는 관계인수인이 인수한 조건부자본증권을 각 집합투자재산, 투자일임재산 또는 신탁재산으로 매수하는 행위를 하여서는 아니 된다(법 85조 2호, 98조 2항 2호, 108조 2호, 영 87조 1항 2호의2, 99조 2항 2호의2, 109조 1항 2호의2).

(7) 금융위는 주권상장법인이 본조를 위반하여 조건부자본증권을 발행한 경우에는 그 법인에게 이유를 제시한 후 그 사실을 공고하고 정정을 명할 수 있으며, 필요하면 그 법인의 주주총회에 대한 임원의 해임 권고, 일정 기간 증권의 발행 제한, 수사기관에의 고발 또는 통보, 경고 또는 주의 등의 조치를 할 수 있다(법 165조의18 16호, 영 176조의18 2항, 138조 3호, 5호).

(8) 전환형 조건부자본증권의 발행인은 전환사유가 발생하였을 때에는 예탁원에 이를 지체 없이 통지하여야 한다(영 317조의2 1항 전문).

(9) 전환형 조건부자본증권의 발행인이 예탁원에 전환사유가 발생하였다는 통지를 한 경우 예탁원은 그 전환사유가 발생한 날부터 제2영업일이 되는 날의 실질사채권자(조건부자본증권의 공유자)의 성명 및 주소와 실질사채권자별 예탁 조건부자본증권의 금액에 관한 사항을 지체 없이 그 발행인 또는 명의개서를 대리하는 회사에 통지하여야 한다. 그리고 예탁원은 예탁자에게 위 사항의 통보를 요청할 수 있으며, 이 경우 요청받은 예탁자는 지체 없이 이를 통보하여야 한다(영 317조의2 1항 후문, 2항).

(10) 증발공규정 제2-2조 제2항 제1호 전단에 따라 예탁된 전환형 조건부자본증권의 전환사유가 발생하는 경우 예탁원은 발행인의 신청에 의하여 그 증권의 인출을 허용할 수 있다. 이 경우 예탁원은 전환에 의하여 취득한 주식을 지체 없이 재예탁하도록 하여야 한다(증발공규정 2-2조 3항 5호).

Ⅳ. 상각형 조건부자본증권

전환형 조건부자본증권에 관한 위 Ⅲ에서의 설명은 이하에서 달리 설명하고 있는 부분을 제외하고는 상각형 조건부자본증권에도 대체로 준용된다. 다만 Ⅲ-1-(4)의 배정방식, Ⅲ-1-(7)의 등기, Ⅲ-3의 전환가격, Ⅲ-4-(2)의 전환에 따르는 효력, Ⅲ-6의 위법·불공정 발행과 구제 및 Ⅲ-7의 기타 사항 중 (3), (5), (9) 및 (10)에 관한 설명은 준용되지 아니한다.

1. 발 행

(1) 정관 규정

상각형 조건부자본증권을 발행하려는 주권상장법인은 정관에 (i) 상각형 조건부자본증권을 발행할 수 있다는 뜻, (ii) 상각형 조건부자본증권의 총액, (iii) 원금상환 및 이자지급 의무 감면, 즉 채무재조정이 되는 조건 및 (iv) 채무재조정으로 인하여 변경될 상각형 조건부자본증권의 내용에 관한 사항을 규정하여야 한다(영 176조의13 1항).

그런데 전환형 조건부자본증권과는 달리 상각형 조건부자본증권의 채무재조정이 발생한다고 하여 주주가 보유한 주식의 지분비율과 가치가 희석될 수 있는 것은 아니다. 그렇다면 이사회의 결의만에 의하여 발행할 수 있는 상법상의 일반사채와 달리 정관으로 정하는 바에 따라서만 상각형 조건부자본증권을 발행할 수 있게 한 것은 의문이다.

(2) 사채청약서 및 사채원부 기재

(i) 상각형 조건부자본증권에 대한 채무재조정이 발생할 수 있다는 뜻, (ii) 채무재조정사유 및 채무재조정의 조건과 (iii) 채무재조정으로 인하여 변경될 상각형 조건부자본증권의 내용이 상각형 조건부자본증권의 사채청약서와 사채원부의 기재사항으로 추가된다(영 176조의13 2항).

2. 채무재조정사유

시행령은 전환형 조건부자본증권의 전환사유에 관한 규정을 상각형 조건부자본증권의 채무재조정사유에 관하여 준용하고 있다(영 176조의13 4항). 따라서 증발공규정 제5-25

조 제2항 제1호에 따른 사유와 제2호에 따른 사유가 채무재조정사유로 된다. 그러나 발행회사의 재무건전성 악화에 해당하는 전자의 사유는 채무재조정사유가 될 수 있지만, 그와 반대되는 후자의 사유가 채무재조정사유로 된다는 것은 상정하기 곤란하다.

3. 채무재조정의 조건

전술한 바와 같은, 주주가 하방위험의 증가에 따른 손실을 우선적으로 부담하지 아니하는 데에 따르는 비효율을 고려하면, 기존 주식의 전부 무상소각이 행하여지는 경우에 한하여 상각형 조건부자본증권의 채무재조정이 발생하도록 하는 것이 바람직하다. 물론 기존 주식이 잔존하는 상태에서 채무재조정이 발생하는 조건으로 상각형 조건부자본증권을 발행하는 경우에는 이론상 이를 감안하여 그 발행가액이나 이율을 결정하는 방식으로 그 보유자에게 보상이 제공될 것이지만, 그 거래의 당사자가 아닌 발행회사의 다른 채권자의 이해관계 등에 미치는 부정적 영향은 여전히 남게 되는 문제가 있다.[1)]

그렇지만 증발공규정 제5-25조 제2항 제1호에 따른 채무재조정사유가 발생하는 경우에는 금산법에 따른 부실금융기관의 정비나 기촉법에 따른 부실징후기업의 구조조정 과정에서 무상감자 등에 의하여 부분적으로나마 기존 주주의 권리를 감축하는 것이 통상적이므로, 적어도 현행 규정상으로는 위와 같은 문제가 상당한 정도로 완화될 수 있을 것이다.

4. 채무재조정의 효력

상각형 조건부자본증권은 채무재조정사유가 발생하면 사전에 정관에 규정되고 사채청약서에 기재된 내용에 따라 원금상환 및 이자지급 의무가 감면된다. 다만 이러한 채무재조정의 효력은 채무재조정사유가 발생한 날이 아니라 그 날부터 제3영업일이 되는 날에 발생한다(영 176조의13 3항).

[초판: 송종준, 개정판: 김성용 · 송종준]

---

1) 이와 관련하여 유럽의 여러 금융기관이 계속기업 조건부자본으로서의 요건을 갖추어 기타기본자본으로 인정되는 상각형 조건부자본증권을 발행하고, 고수익을 추구하는 투자자들이 투자위험에 대한 충분한 인식 없이 그에 몰려드는 현상을 우려하는 목소리도 크다. 특히 이처럼 기존 주주의 권리는 전혀 감축하지 아니한 상태에서 그보다 선순위인 조건부자본증권 보유자의 권리를 먼저 감축할 수 있게 함으로써 청구권의 순위를 존중하지 아니하는 조건부자본증권을 발행하는 것은 시스템적 위험의 발생 가능성을 오히려 높일 수 있다는 문제점이 지적되고 있다("'Sudden death' bank bonds on the increase," Financial Times (2013. 8. 28), http://www.ft.com/intl/cms/s/0/cbc58026-0fd3-11e3-a258- 00144feabdc0.html#axzz2l0rCfxxQ 참조).

제165조의12(이익배당의 특례)

① 연 1회의 결산기를 정한 주권상장법인은 정관으로 정하는 바에 따라 사업연도 중 그 사업연도 개시일부터 3월, 6월 및 9월 말일 당시의 주주에게 이사회 결의로써 금전으로 이익배당(이하 "분기배당"이라 한다)을 할 수 있다.

② 제 1 항의 이사회 결의는 제 1 항의 말일부터 45일 이내에 하여야 한다.

③ 제 1 항에 따른 분기배당금은 이사회 결의일부터 20일 이내에 지급하여야 한다. 다만, 정관에서 그 지급시기를 따로 정한 경우에는 그에 따른다.

④ 분기배당은 직전 결산기의 대차대조표상의 순자산액에서 다음 각 호의 금액을 뺀 금액을 한도로 한다.

1. 직전 결산기의 자본의 액
2. 직전 결산기까지 적립된 자본준비금과 이익준비금의 합계액
3. 직전 결산기의 정기총회에서 이익배당을 하기로 정한 금액
4. 분기배당에 따라 해당 결산기에 적립하여야 할 이익준비금의 합계액

⑤ 해당 결산기의 대차대조표상의 순자산액이 「상법」 제462조 제 1 항 각 호의 금액의 합계액에 미치지 못할 우려가 있으면 분기배당을 하여서는 아니 된다.

⑥ 해당 결산기의 대차대조표상의 순자산액이 「상법」 제462조 제 1 항 각 호의 금액의 합계액에 미치지 못함에도 불구하고 분기배당을 한다는 이사회 결의에 찬성한 이사는 해당 법인에 대하여 연대하여 그 차액(분기배당액의 합계액이 그 차액보다 적을 경우에는 분기배당액의 합계액)을 배상할 책임이 있다. 다만, 그 이사가 상당한 주의를 하였음에도 불구하고 제 5 항의 우려가 있다는 것을 알 수 없었음을 증명하면 배상할 책임이 없다.

⑦ 「상법」 제340조 제 1 항, 제344조 제 1 항, 제350조 제 3 항(같은 법 제423조 제 1 항, 제516조 제 2 항 및 제516조의9에서 준용하는 경우를 포함한다. 이하 이 항에서 같다), 제354조 제 1 항, 제370조 제 1 항, 제457조 제 2 항, 제458조, 제464조 및 제625조 제 3 호의 적용에 관하여는 분기배당을 같은 법 제462조 제 1 항에 따른 이익의 배당으로 보고, 같은 법 제350조 제 3 항의 적용에 관하여는 제 1 항의 말일을 영업연도 말로 보며, 「상법」 제635조 제 1 항 제22호의2의 적용에 관하여는 제 3 항의 기간을 「상법」 제464조의2 제 1 항의 기간으로 본다.

⑧ 제 6 항에 따라 이사가 연대책임을 지는 경우에 관하여는 「상법」 제399조 제 3 항 및 제400조를 준용하고, 제 4 항을 위반하여 분기배당을 한 경우에 관하여는 「상법」 제462조 제 2 항 및 제 3 항을 준용한다.

[본조신설 2009. 2. 3]

Ⅰ. 본조의 취지

본조는 기업재무정책의 자율성을 제고하기 위해 상장법인이 분기별로 이익배당을 할 수 있도록 허용하고 있다. 증권거래법은 상장법인의 주주를 보호하고 투자자에게 배당투자를 유도하며, 결산기에 자금지급이 집중되는 문제를 완화하기 위해 1998년 중간배당제도를 도입한 바 있다. 이를 통해 상장법인은 영엽연도말 이익배당 외에 영업연도 중 1회에 한하여 금전으로 이익배당을 할 수 있게 되었다. 그런데 1998년 상법 개정에 의해 비상장법인들도 중간배당을 할 수 있게 되었고(상법 462조의3), 중간배당에 관한 특례를 규정한 증권거래법 제192조의3의 의미가 줄어들게 되었다. 이에 증권거래법은 2003년 12월 개정을 통해 주권상장법인이 분기배당을 실시할 수 있도록 새로운 규정을 마련하였고, 2009년 2월 3일 개정에 의해 자본시장법으로 이관되었다.[1] 분기배당은 주권상장법인에 한하여 허용되며, 연 1회 한하여 배당할 수 있는 중간배당과 달리 연 3회까지 가능하고, 금전에 의한 배당만을 허용하되 이사회의 결의만으로 할 수 있는 점이 특징이다. 다만, 분기배당은 당해 사업연도의 손익이 확정되기 전에 이사회 결의만으로 회사재산을 사외로 유출시키는 것으로, 지나친 배당이 이루어질 경우 회사의 자본충실을 해할 위험이 높다. 이에 따라 자본시장법은 분기배당의 요건과 절차를 상세히 규정하고, 이사에게 무거운 책임을 지우고 있다.

Ⅱ. 분기배당의 의의와 법적 성질

연 1회의 결산기를 정한 주권상장법인이 사업연도 중 그 사업연도 개시일부터 3월, 6월 및 9월 말일 당시의 주주에게 이사회 결의로써 금전으로 하는 이익배당을 할 수 있고(1항), 이를 분기배당이라 한다. 회사는 경영활동을 통하여 얻은 이익을 주주들에게 분배하기 위해 이익배당절차를 진행하게 되는데, 상법에서는 매 결산기말에 이루어지는 이익배당인 정기배당(상법 462조 1항 각호)과 영업연도 중 연 1회에 한하여 허용되는 중간배당을 규정하고 있다(상법 462조 1항 각호).[2] 자본시장법상 분기배당은 중간배당의 하나라고 할 수 있지만 주권상장법인에 발생한 이익을 주주에게 3월, 6월, 9월 등 분기별로 분배함으로써 주주에게 투자수익을 회수할 수 있는 길을 확대한 것이다. 분기배당은 절차와 요건,

---

1) 실무에서 중간배당과 분기배당의 활용도는 그리 높지 않은 것으로 보인다. 유가증권상장시장 12월 결산 상장법인을 기준으로 볼 때, 2009년 643개사 중 22개사(약 3.4%), 2010년 657개사 중 23개사(약 3.5%), 2011년 668개사 중 25개사(약 3.7%), 2012년 661개사 중 22개사(약 3.3%)가 중간배당 및 분기배당을 실시하였다(김성광 외 3인, 「상장회사 배당실무」, 한국상장회사협의회, 2014, 48쪽).

2) 중간배당은 결산을 하지 않고 영업연도 중 일정한 날의 주주들에게 금전을 지급하는 것이어서 본래의 이익배당은 아니나, 경제적으로는 이익배당의 성격을 가지고 있으므로 상법 제432조의3 제1항에서는 이익배당이라는 문구를 사용하고 있고 이익배당에 관한 많은 규정을 중간배당에 준용하고 있다.

이사의 책임 등의 면에서 상법상의 중간배당제도와 동일하였으나, 2011년 상법 개정에 의해 중간배당의 경우 분기배당과 달리 현물 배당도 가능하고, 배당가능이익 산정방식에 있어서도 차이가 있게 되었다. 사업연도 중에 회사의 영업활동의 이익을 출자자인 주주에게 분배한다는 측면에서 유사한 성격을 가지고 동일한 기능을 하는 상법상 중간배당과 자본시장법상 분기배당이 각기 다른 법에 규정되어 있음으로 인해 정합성 문제가 발생한다. 이에 대해 입법론적으로 자본시장법상의 이익배당에 관한 특례규정을 상법으로 일원화하여야 한다는 주장도 있다.[1)]

중간배당 및 분기배당의 법적 성질에 대해 전기이익후급설[2)]과 당기이익선급설[3)]이 대립하고 있다. 전기이익후급설은 직전 결산기에 발생한 이익의 후급이라는 견해로, 이는 중간배당 및 분기배당이 전기의 재무상태를 기준으로 배당가능이익을 산정한다는 점과 주주총회의 결의라는 이익배당의 절차적 요건을 갖추지 못하고 이사회 결의에 의해 결정한다는 점을 근거로 한다. 당기이익선급설은 당기에 발생할 이익을 미리 지급하는 것이라는 견해로, 당해 결산기에 결손이 발생할 우려가 있으면 중간배당 및 분기배당이 금지된다는 점과 중간배당 및 분기배당을 한 이후에 당해 결산기에 결손이 발생하였다면 이를 결정한 이사가 손해배상책임을 진다는 점을 근거로 한다. 이에 대하여 법무부는 중간배당에 관한 질의와 관련하여, 중간배당의 배당가능이익산정은 직전 결산기를 기준으로 하고 있으므로 전년도 결산기를 기준으로 발생한 이익 중 배당하지 않은 부분에 대해 당해 연도 중에 중간배당하는 것이 가능하다고 회신한 바 있다.[4)] 또한 상장회사협의회에서 발간한 실무 상담사례에서도 상법은 중간배당을 전기배당의 후급으로 규정하고 있는 것으로 해석되므로 중간배당의 재원은 전기에 발생한 이익이고 그 이후에 발생한 이익은 중간배당의 재원이 될 수 없다고 상담한 바 있다.[5)] 중간배당의 경우 배당가능재원을 직전 결산기의 대차대조표상의 순자산액으로부터 자본금 등을 공제한 잔액으로 하고 있는 것(상법 462조 2항)에 비추어 볼 때 전기이익후급설이 타당하다고 본다. 본조는 중간배당의 경우와 마찬가지로 직전 결산기의 미처분 이익을 분기배당의 한도로 정하고 있으므로, 전기 이익배당의 후급이라고 보는 것이 타당하다.[6)]

---

1) 정준우, "자본시장법상 상장법인 특례규정의 정합성 검토(Ⅱ)," 「선진상사법률연구」, 통권 제62호(2013), 41쪽.

2) 권기범, 「현대회사법론」, 삼영사, 2012, 1040쪽; 이철송, 「회사법강의」, 박영사, 2013, 957쪽; 임재연, 「회사법 I」, 박영사, 2013, 712쪽; 정동윤, 「상법(上)」, 법문사, 2008, 757쪽; 정찬형, 「상법강의(상)」, 박영사, 2012, 1134쪽.

3) 손주찬, 「상법(上)」, 박영사, 2002, 974쪽; 송옥렬, 「상법강의」, 홍문사, 2013, 1164쪽; 최준선, 「회사법」, 삼영사, 2012, 673쪽.

4) 법무부 민원회신(2013. 5. 15. 상사법무과-1532).

5) 상장회사협의회, 「상장」 11월호(2013), 46쪽.

6) 임재연, 「자본시장법」, 박영사, 2013, 686쪽.

Ⅲ. 분기배당의 요건

분기배당을 하기 위해서는 연 1회 결산기를 정한 주권상장법인이어야 하며,[1] 정관에 분기배당에 관한 규정이 있어야 한다. 분기배당의 대상은 사업연도 개시일로부터 3월, 6월 및 9월 말일 당시의 주주이다(1항). 중간배당의 경우에는 이사회의 결의로 배당기준일을 설정하지만(상법 462조의3 1항), 분기배당은 이사회가 임의로 배당시기를 결정할 수 없고 반드시 3월, 6월 및 9월 말일 당시의 주주에게 하여야 한다. 따라서 분기배당의 경우 별도의 주주명부의 폐쇄나 기준일의 설정은 필요하지 않다.

분기배당의 결정은 중간배당과 동일하게 이사회 결의로 하고(1항), 이 이사회의 결의는 3월, 6월, 9월 말일부터 45일 이내에 하여야 한다(2항). 이익배당을 위해서는 주주총회의 승인결의가 있어야 하나(상법 462조 2항),[2] 중간배당이나 분기배당에 대하여 이사회 결의로 가능하게 한 것은 중간배당이나 분기배당을 하기 위해서는 사전에 주주들의 승인을 얻어 정관에 규정을 두어야 하기 때문이다.[3]

분기배당은 금전배당만 허용되므로 주식배당 기타 현물배당은 허용되지 아니한다(1항). 중간배당도 과거에는 금전배당만 허용되었으나, 2011년 개정상법에서 '금전으로'라는 문구를 삭제함으로써 정관의 규정에 의한 현물배당이 가능하게 되었다. 다만 주식배당을 할 수 없는 것은 분기배당과 중간배당이 공통적인데, 주식배당은 주주총회 결의에 의하여 새로이 발행되는 주식으로 배당하여야 한다는 요건이 있으나(상법 462조의2), 중간배당과 분기배당은 이사회 결의에 의해 결정되어 주식배당의 요건을 충족할 수 없기 때문이다.[4]

배당금의 지급시기와 관련하여, 상법에서는 이익배당과 중간배당의 경우 주주총회나 이사회 결의가 있은 날로부터 1개월 내에 지급하도록 정하고 있다(상법 464조의2 1항). 그러나 분기배당의 경우에는 이사회의 결의가 있은 날로부터 20일 이내에 지급하여야 한다고 규정하여(3항), 지급시기를 단축시키고 있다. 다만, 정관에서 그 지급시기를 따로 정한 경우에는 그에 따른다는 점에서는 상법상 이익배당·중간배당과 자본시장법상 분기배당 모두 동일하다.

---

1) 연 1회의 결산기를 정한 주권상장법인으로 규정한 것은 연 2회의 결산기를 정한 회사는 6개월을 주기로 하여 배당이 이루어지므로 별도의 분기배당제도가 적기 때문이고(임재연, 상게서(2013), 685쪽), 연 2회 결산기를 정한 주권상장법인이라 하더라도 1회의 결산기에 2회의 분기배당을 실시할 수 있으므로 분기배당의 요건을 충족할 경우 동조가 유추적용된다는 견해도 있다(정찬형, 「주석금융법 3(자본시장법 2)」, 한국사법행정학회, 2013, 344쪽).

2) 2011년 상법 개정으로 재무제표에 대한 외부감사인의 적정의견과 감사 전원의 동의가 있을 경우 재무제표의 승인 및 이익배당의 결정을 이사회 결의로 갈음할 수 있게 되었다(상법 449조의2 1항 및 462조 2항).

3) 김춘, "주식회사의 이익분배에 관한 법적 연구," 성균관대학교 박사학위논문, 2012, 137쪽.

4) 임재연, 자본시장법(2013), 685쪽.

Ⅳ. 분기배당의 한도

분기배당은 직전 결산기의 대차대조표상의 순자산액에서 직전 결산기의 자본의 액, 직전 결산기까지 적립된 자본준비금과 이익준비금의 합계액, 직전 결산기의 정기총회에서 이익배당을 하기로 정한 금액, 분기배당에 따라 해당 결산기에 적립하여야 할 이익준비금의 합계액 등을 뺀 금액을 한도로 한다(4항). 직전 결산기에 관한 정기총회에서 이익배당을 하고 난 잔액을 한도로 하여 중간배당과 분기배당을 할 수 있는 것이다. 예컨대 12월 결산법인인 A회사가 2014년 3월 정기총회에서 승인된 재무제표를 기준으로 한 배당가능이익이 10억원이고, 당해 총회에서 그 중에 5억원을 배당하기로 결정한 경우를 가정해 보도록 한다. 이 경우 A회사가 중간배당이나 분기배당을 할 수 있는 재원은 미처분이익인 5억원에서 2014년 결산기에 적립하여야 할 이익준비금의 합계액을 제외한 금액이다. 회사는 매 결산기 이익배당액의 10분의 1 이상을 이익준비금으로 적립하여야 하므로(상법 458조), 이 금액의 적립을 감안한 잔액에 한하여 중간배당을 할 수 있다.[1]

분기배당의 한도와 관련하여 한 가지 더 살펴보아야 할 것은 미실현이익의 공제여부이다. 2011년 상법 개정으로 자산평가방법 등 회계에 대한 규정을 삭제하고, 회사의 회계는 일반적으로 공정하고 타당한 회계관행에 따른다는 일반적 규정만을 두어 기업회계기준에 의해 회계처리가 이루어지도록 하였다(상법 446조의2). 이로 인해 구 상법에서는 자산을 평가하는 방법으로 취득원가주의를 채택하고 있어 미실현이익으로 배당하는 것이 가능하지 않으나, 기업회계기준에서는 시가평가를 원칙으로 하므로 당기순이익에 미실현이익을 포함하고 있게 되었다. 미실현이익이란 문자 그대로 아직 실현되지 않은 이익으로, 매도가능증권평가이익과 같이 회사가 보유하고 있을 당시의 증권의 가치가 10만원이라고 하여도 추후에 처분할 당시에는 가치가 변동될 수 있는 것을 말한다. 따라서 2011 개정 상법에서는 배당가능이익 산정시 미실현이익을 공제하도록 하여(상법 462조), 이익산정의 공정성을 확보하고자 하였다. 그런데 문제는 상법 제462조 제 1 항 제 4 호에서는 이익배당시 배당가능이익의 산출을 위해 순자산에서 공제할 항목으로 '대통령령으로 정하는 미실현이익'을 규정하였음에도, 중간배당과 분기배당에서는 이 점이 반영되지 않았다는 것이다. 미실현이익의 공제 필요성은 중간배당이나 분기배당이라고 해서 달라질 수는 없다. 이에 법무부는 상법 해설서를 통해 중간배당에서도 미실현이익은 배당가능이익에서 공제하여야 한다고 서술하며, 향후 중간배당의 한도를 계산하는 규정인 462조의3 제 2 항에 미실현이익의 공제를 명확히 규정하도록 보완할 예정이라는 입장을 밝혔다.[2] 배당가능이익에서 미실현이익을 공제하도록 한 2011년 개정상법의 입법취지와

1) 이철송, 전게서(2013), 956쪽.

2) 법무부, 「상법 회사편 해설서」, 도서출판 동강, 2012, 346쪽.

중간배당의 한도에 대한 법무부의 해설서 내용을 바탕으로 판단할 때, 분기배당에 있어서도 미실현이익을 공제하도록 해석하는 것이 타당하고 입법을 통해 명확히 규정함이 필요하다.

회사가 직전 결산기의 미처분이익을 한도로 하여 분기배당의 요건들을 갖추었다 할지라도, 영업실적 등의 전망에 비추어 볼 때 배당이 불가능함에도 불구하고 분기배당을 함으로써 연말에 결손이 발생할 수도 있다. 이에 본조에서는 해당 결산기의 대차대조표상의 순자산액이 자본의 액, 그 결산기까지 적립된 자본준비금과 이익준비금의 합계액 및 그 결산기에 적립하여야 할 이익준비금의 액(상법 462조 1항 각호)의 합계액에 미치지 못할 우려가 있으면 분기배당을 하여서는 아니 된다고 규정하고 있다(5항). 즉 당해 결산기말을 기준으로 배당가능이익이 존재하지 않을 우려가 있는 경우에는 분기배당이 금지되고, 이는 중간배당과 동일하다(상법 462조 3항).

V. 분기배당에 관한 이사의 책임

분기배당을 하였는데, 당해 결산기에 회사에 배당가능이익이 없게 되었다면 분기배당에 대한 이사회 결의에 찬성한 이사는 회사에 대하여 손해배상책임을 진다(6항). 즉 해당 결산기의 대차대조표상의 순자산액이 상법 제462조 제2항 각 호의 금액의 합계액에 미치지 못함에도 불구하고 분기배당을 한다는 이사회 결의에 찬성한 이사는 해당 법인에 대하여 연대하여 그 차액(분기배당액의 합계액이 그 차액보다 적을 경우에는 분기배당액의 합계액)을 배상할 책임이 있다. 이는 제5항에서 해당 결산기말에 결손의 우려가 있는 경우 분기배당을 금지하였음에도, 이사회가 분기배당을 결의하여 배당금을 지급한 경우 해당 결의에 찬성한 이사에게 그 차액만큼 배상책임을 지우는 것이다. 따라서 이사는 분기배당을 위한 이사회결의시점을 기준으로 회사의 실적, 자본금 등의 증감현황 등 회사의 재무상황을 종합적으로 고려하여 분기배당여부를 결정하여야 한다.[1] 다만 이사가 상당한 주의를 하였음에도 불구하고 결손의 우려가 있다는 것을 알 수 없었다는 사실을 증명하면 배상책임을 면할 수 있다(6항 단서). 여기서 이사의 책임은 과실책임이지만, 이사가 상당한 주의를 하였음에도 결손여부를 판단할 수 없었다는 사실을 증명하여야 하는 주체는 이사이므로 증명책임의 전환이 이루어졌다고 볼 수 있다.

1) 김춘, 전게논문(2012), 124쪽.

Ⅵ. 상법의 준용

1. 분기배당의 이익배당 간주

제7항에서는 분기배당을 상법 제462조 제1항에 따른 이익의 배당으로 보고 상법의 관련 규정을 준용하고 있고(7항), 준용규정은 다음과 같다.

(1) 기명주식을 질권(質權)의 목적으로 한 경우에 회사가 질권설정자의 청구에 따라 그 성명과 주소를 주주명부에 덧붙여 쓰고 그 성명을 주권(株券)에 적은 경우에는 질권자는 회사로부터 이익배당, 잔여재산의 분배 또는 제339조에 따른 금전의 지급을 받아 다른 채권자에 우선하여 자기채권의 변제에 충당할 수 있다(상법 340조 1항 준용).

(2) 회사는 이익의 배당, 잔여재산의 분배, 주주총회에서의 의결권의 행사, 상환 및 전환 등에 관하여 내용이 다른 종류의 주식을 발행할 수 있다(상법 344조 1항 준용).

(3) 전환에 의하여 발행된 주식의 분기배당에 관하여는 주주가 전환을 청구한 때 또는 회사가 2주간 이상의 기간으로 하여 정한 주권제출기간이 끝난 때가 속하는 각 분기의 말일에 전환된 것으로 본다. 이 경우 신주에 대한 분기배당에 관하여는 정관으로 정하는 바에 따라 그 청구를 한 때 또는 회사가 2주간 이상의 기간으로 하여 정한 주권제출기간이 끝난 때가 속하는 분기의 직전 영업연도 말에 전환된 것으로 할 수 있다(상법 350조 3항 준용). 신주의 인수인은 납입 또는 현물출자의 이행을 한 때에는 다음 날부터 주주의 권리의무가 있는데, 이 경우 신주에 대한 분기배당에 관하여는 정관으로 정하는 바에 따라 그 청구를 한 때 또는 회사가 2주간 이상의 기간으로 하여 정한 주권제출기간이 끝난 때가 속하는 분기의 직전 영업연도 말에 전환된 것으로 할 수 있다(상법 423조 1항 준용). 상법상 전환사채의 전환에 대하여 준용되는 질권의 물상대위(상법 339조), 전환주식의 경우 전환으로 인하여 발행하는 주식의 발행가액(상법 348조), 전환의 효력발생(상법 350조) 및 전환의 등기(상법 351조)에 관한 규정이 준용된다(상법 516조 2항 준용). 그리고 신주인수권부사채의 행사에 의하여 신주의 발행가액을 전액을 납입한 주주에 대하여 적용되는 신주인수권 행사의 효력발생에 관한 규정(상법 350조 2항·3항)이 준용된다(상법 516조의9 후단 준용).[1]

(4) 회사는 분기배당을 받을 자를 정하기 위하여 일정한 기간을 정하여 주주명부의 기재변경을 정지하거나 일정한 날에 주주명부에 기재된 주주 또는 질권자를 그 권리를 행사할 주주 또는 질권자로 볼 수 있다(상법 354조 1항 준용).[2]

(5) 상법 370조 1항 의결권 없는 주식과, 상법 제457조 제2항 배당건설이자의 계산

---

1) 2011년 상법 개정으로 상법 제516조의9 주주가 되는 시기에 관한 조문은 제516조의10으로 변경되었으나, 자본시장법은 이를 반영하지 못하고 이전 조문을 준용하고 있어 명백한 입법의 오류로 개정되어야 한다.

2) 본조 제1항은 분기배당을 받을 자를 3월, 6월 및 9월 말일 당시의 주주로서 명시하고 있으므로, 상법 제354조 제1항 전단 규정의 주주명부의 폐쇄는 허용되지 아니한다고 보아야 할 것이다.

의 경우 2011년 상법 개정으로 삭제되었으나 자본시장법에서는 여전히 이를 준용하고 있어 입법의 오류라고 판단할 수 있다.

(6) 회사는 그 자본금의 2분의 1이 될 때까지 매 분기별 이익배당액의 10분의 1 이상을 이익준비금으로 적립하여야 한다. 다만, 주식배당의 경우에는 그러하지 아니하다(상법 458조 준용).

(7) 분기배당은 각 주주가 가진 주식의 수에 따라 지급한다. 다만 분기배당에 관하여 종류주식을 발행한 경우에는 그러하지 아니하다(상법 464조 준용).

(8) 이사가 법령 또는 정관의 규정에 위반하여 분기배당을 한 때에는 5년 이하의 징역 또는 1천 500만원 이하의 벌금에 처한다(상법 625조 3호 준용).

(9) 정관에서 달리 정하지 않은 경우 이사회의 결의일부터 30일 내에 분기배당금을 지급하지 않은 때에는 500만원 이하의 과태료에 처한다(상법 635조 22의2호 준용).[1)]

2. 이사의 회사에 대한 책임 등

(1) 제 8 항은 제 6 항에 따라 이사가 연대책임을 지는 경우에 이사회의 결의에 참가한 이사로서 이의를 한 기재가 의사록에 없는 자는 그 결의에 찬성한 것으로 추정한다(상법 399조 3항 준용). 그리고 이사가 회사에 대하여 지는 책임은 총주주의 동의로 면제할 수 있고, 이사의 손해배상책임한도액은 이사의 책임을 이사가 그 행위를 한 날 이전 최근 1년간의 보수액(상여금과 주식매수선택권의 행사로 인한 이익 등을 포함한다)의 6배(사외이사의 경우는 3배)를 초과하는 금액에 대하여 면제할 수 있다(상법 400조 준용).

(2) 제 8 항에 따라 이사가 제 4 항의 분기배당의 한도액을 초과하여 분기배당을 한 경우에 회사채권자는 그 초과액을 회사에 반환할 것을 청구할 수 있고, 회사채권자에 의한 반환청구의 소는 회사의 본점 소재지의 지방법원의 관할에 전속된다(상법 462조 2항·3항 준용).

제165조의13(주식배당의 특례)

① 주권상장법인은 「상법」 제462조의2 제 1 항 단서에도 불구하고 이익배당총액에 상당하는 금액까지는 새로 발행하는 주식으로 이익배당을 할 수 있다. 다만, 해당 주식의 시가가 액면액에 미치지 못하면 「상법」 제462조의2 제 1 항 단서에 따른다.

② 제 1 항 단서에 따른 주식의 시가 산정방법은 대통령령으로 정한다.

[본조신설 2009. 2. 3]

---

1) 2011년 상법 개정으로 상법 제635조 제22의2호 배당금 미지급시 과태료 조항은 동조 제27호로 변경되었으나, 자본시장법은 이를 반영하지 못하고 이전 조문을 준용하고 있어 명백한 입법의 오류로 개정되어야 한다.

Ⅰ. 본조의 취지

본조는 주식배당에 관한 상법의 규정(상법 462조의2 1항)에 대한 특례로서 상법에서는 주식배당의 한도액을 이익배당총액의 2분의 1에 상당하는 금액으로 한정하는 반면, 본조에서는 주권상장법인의 경우 이익배당총액에 상당하는 금액까지 주식배당이 가능하도록 허용하고 있다. 다만 주식배당을 하는 회사의 주식의 시가가 액면액에 미달하는 경우에는 상법의 규정을 적용하도록 하여 주주들에게 현금배당을 받을 수 있는 권리를 보장하도록 하였다. 시가가 액면액에 미달하는지 여부를 판단하기 위해 동조 시행령에서는 시가 산정방법에 대해 상세하게 규정하고 있다.

Ⅱ. 자본시장법상 주식배당특례 적용 대상

주권상장법인은 상법 제462조의2 제 1 항 단서에도 불구하고 이익배당총액에 상당하는 금액까지는 새로 발행하는 주식으로 이익배당을 할 수 있다(1항 본문). 주식배당은 회사가 금전 대신 새로이 발행하는 주식으로 이익배당을 하는 것을 말한다. 따라서 배당하여야 할 이익이 금전으로 확정되면, 해당 배당금을 주식의 가액으로 환산하여 신주를 발행한 뒤 배당하는 것이다.[1] 새로이 발행하는 주식으로 하여야 하므로, 회사가 보유한 자기주식으로는 주식배당을 할 수 없고 현물배당의 대상이 될 수 있을 뿐이다.[2] 회사입장에서 주식배당은 주주에게 배당할 현금을 사내에 유보하여 회사의 원활한 자금조달에 이바지하며, 현금배당에 따른 일시적인 자금압박을 피할 수 있게 해주고, 주가가 너무 높은 경우에는 주식의 증가로 주가를 낮춰 주식의 유통성을 높이는 기능을 한다.[3] 또한 주주입장에서는 시장성이 있는 주식으로 주가가 높은 경우에 현금배당을 받는 것보다 주식으로 배당을 받은 후 매각을 통해 양도차익을 얻음으로 배당증가의 효과를 얻을 수 있다는 장점이 있다.[4] 그러나 한편으로는 주식배당을 하면 발행주식총수가 늘어나 장차 회사는 더 큰 배당압박을 받을 수 있게 되고,[5] 주식배당을 많이 하는 때에는 시중에서 유통되는 주식수 증가에 따른 주가 하락으로 결과적으로 현금배당보다 더 낮은 수익을 얻

1) 이철송, 전게서(2013), 963쪽.
2) 법무부 민원회신(2013. 1. 25. 상사법무과-271).
3) 정동윤, 전게서(2008), 750-751쪽; 정찬형, 전게서(주석금융법), 347쪽; 최준선, 전게서(2012), 664쪽.
4) 이철송, 전게서(2013), 966쪽.
5) 이철송, 전게서(2013), 966쪽.

게 될 염려도 있으며 경우에 따라서 특정 종류의 주주들에게 부정적 영향을 미칠 수도 있다.[1] 이러한 이유로 상법은 주식배당의 한도를 정하여 이익배당총액의 2분의 1에 상당하는 금액을 초과하지 않는 한도 내에서만 가능하도록 규정하고 있다. 다만 주권상장법인의 경우 주식의 시가가 액면가 이상인 경우에는 증권시장에서 배당된 주식의 현금화가 상대적으로 용이하고, 액면금액으로 배당되는 주식의 배당가치가 훼손될 우려가 작기 때문에 상법과 같이 주식배당의 한도를 엄격하게 제한할 이유는 없다. 따라서 주권상장법인은 상법상 제한에도 불구하고 상장된 주식의 시가가 액면액 이상인 경우에는 이익배당총액의 범위 내에서 주식배당을 할 수 있도록 허용하고 있다(1항 단서).

Ⅲ. 상법상 주식배당 적용대상

주권상장법인의 주식배당은 원칙적으로 이익배당총액의 범위 내에서 이익배당의 전부를 주식으로 배당할 수 있지만, 주식의 시가가 액면액에 미치지 못하는 경우에는 상법의 규정(상법 462조의2 1항 단서)에 따라 이익배당총액의 2분의 1에 상당하는 금액을 초과하여 주식배당을 하지 못한다(1항 단서). 주식배당을 하고자 하는 주권상장법인의 주식의 시가가 액면미달인 경우, 주식배당을 받아 증권시장에서 처분할 때 현금배당으로 받을 수 있었던 금액보다 낮은 시가로 처분하게 되어 주주가 손실을 볼 수 있기 때문이다. 그리하여 이러한 경우 당해 주권상장법인은 이익배당총액의 2분의 1까지만 주식배당을 하도록 하여 주주를 보호하고자 한 것이다.

주권상장법인의 주식배당의 한도를 정하는 기준이 주식의 시가이므로, 주식의 시가 산정을 둘러싼 분쟁을 방지하기 위해 동법 시행령에서 획일적인 산정기준을 정하고 있다. 즉 주식의 시가는 주식배당을 결의한 주주총회일의 직전일부터 소급하여 그 주주총회일이 속하는 사업연도의 개시일까지 사이에 공표된 매일의 증권시장에서 거래된 최종시세가격의 평균액과 그 주주총회일의 직전일의 증권시장에서 거래된 최종시세가격 중 낮은 가액으로 산정하여야 한다(2항, 법 시행령 176조의14).

제165조의14(공공적 법인의 배당 등의 특례)

① 공공적 법인은 이익이나 이자를 배당할 때 정부에 지급할 배당금의 전부 또는 일부를 「상법」 제464조에도 불구하고 대통령령으로 정하는 방법에 따라 해당 법인의 주주 중 다음 각 호의 어느 하나에 해당하는 자에게 지급할 수 있다.

1. 해당 주식을 발행한 법인의 우리사주조합원

---

1) 권기범, 전게서(2013), 1047쪽.

2. 연간소득수준 및 소유재산규모 등을 고려하여 대통령령으로 정하는 기준에 해당하는 자

② 공공적 법인은 준비금의 전부 또는 일부를 자본에 전입할 때에는 정부에 대하여 발행할 주식의 전부 또는 일부를 「상법」 제461조 제 2 항에도 불구하고 대통령령으로 정하는 기준 및 방법에 따라 공공적 법인의 발행주식을 일정 기간 소유하는 주주에게 발행할 수 있다.

[본조신설 2009. 2. 3]

Ⅰ. 본조의 취지

본조는 근로자, 농어민 등을 위한 공공정책적 목적을 실현하기 위하여 공공적 법인의 이익배당과 준비금의 자본 전입에 있어서 주주평등원칙의 적용을 배제하고 있다. 자본시장법상 공공적 법인이란, 국가기간산업 등 국민경제상 중요한 산업을 영위하는 법인으로서 대통령령으로 정하는 상장법인을 말하고(152조 3항),[1] 현재 공공적 법인으로 지정된 법인은 한국전력공사가 유일하다. 공공적 법인으로 지정될 경우 주식의 보유요건이 제한된다는 점에서 본조의 실천적 의미는 매우 제한적이라고 볼 수 있다.

Ⅱ. 이익배당의 특례

주식회사는 종류주식에 관해 특별한 규정을 둔 경우를 제외하고 각 주주가 가진 주식비율에 따라 이익배당을 하여야 한다(상법 464조). 그러나 국가기간산업 등 국민경제상 중요한 산업을 영위하는 공공적 법인의 경우, 주식평등원칙의 예외로 이익이나 이자를 배당할 때 특례조항을 적용받도록 하고 있다. 공공적 법인은 이익이나 이자를 배당할 때 정부에 지급할 배당금의 전부 또는 일부를 해당 법인의 주주 중 해당 주식을 발행한 법인의 우리사주조합원, 연간소득수준 및 소유재산규모 등을 고려하여 대통령령으로 정하는 자에게 지급할 수 있다(1항). 여기서 대통령령으로 정하는 자라 함은 한국주택금융공사법 시행령 제 2 조 제 1 항에 따른 근로자, 농어가 목돈마련저축에 관한 법률 시행령 제 2 조 제 1 항에 따른 농어민, 연간소득금액이 720만원 이하인 자 등의 어느 하나에 해당

---

1) 자본시장법 시행령 제162조(공공적 법인의 범위) 법 제152조 제 3 항에 따른 공공적 법인(이하 "공공적 법인"이라 한다)은 다음 각 호의 요건을 모두 충족하는 법인 중에서 금융위원회가 관계 부처장관과의 협의와 국무회의에의 보고를 거쳐 지정하는 법인으로 한다.
1. 경영기반이 정착되고 계속적인 발전가능성이 있는 법인일 것
2. 재무구조가 건실하고 높은 수익이 예상되는 법인일 것
3. 해당 법인의 주식을 국민이 광범위하게 분산 보유할 수 있을 정도로 자본금 규모가 큰 법인일 것

하는 자를 말한다(법 시행령 176조의15 2항).

공공적 법인의 이익배당특례는 공공적 법인의 주주로서 위의 법률에서 정한 근로자, 농어민, 저소득자이면 모두 적용되는 것이 아니라, 정부로부터 직접 매수하여 계속 소유하는 주주인 경우에만 적용된다(법 시행령 176조의15 1항). 여기서 정부라 함은 한국은행, 한국산업은행, 그 밖에 「공공기관의 운영에 관한 법률」에 따른 공공기관 중 금융위원회가 지정하는 기관이 그 소유하는 공공적 법인의 발행주식을 매각한 경우에는 그 기관을 포함한다. 따라서 이러한 특례는 한국은행 등이 소유하는 주식을 매각하는 때에 이를 직접 매수한 자들에게만 적용되며, 그 매수시점부터 이익배당시까지 그 주식을 계속 소유하는 경우에만 적용된다.

Ⅲ. 준비금의 자본 전입의 특례

주식회사가 이사회 결의에 의하여 준비금의 전부 또는 일부를 자본금에 전입하는 무상증자를 할 경우, 주주가 소유한 주식의 수에 따라 주식을 발행하여야 한다(상법 461조 2항). 그러나 공공적 법인은 준비금의 전부 또는 일부를 자본에 전입할 때에는 정부에 대하여 발행할 주식의 전부 또는 일부를 주주가 소유하는 주식의 수에 따르지 아니하고 공공적 법인의 발행주식을 일정 기간 소유하는 주주에게 발행할 수 있다(2항). 이 특례가 적용되기 위해 주주는 한국주택금융공사법 시행령 제 2 조 제 1 항에 따른 근로자, 농어가 목돈마련저축에 관한 법률 시행령 제 2 조 제 1 항에 따른 농어민, 연간소득금액이 720만원 이하인 자 등의 어느 하나에 해당하는 자이어야 한다(법 시행령 176조의15 2항·3항). 또한 당해 주주는 정부로부터 해당 주식을 직접 매수하고 계속 소유하여야 하며(법 시행령 176조의15 3항), 이 규정에 의해 정부로부터 주식을 취득한 자는 금융위원회가 정하여 고시하는 바에 따라 취득일부터 5년간 그 주식을 예탁하여야 한다(법 시행령 176조의15 4항).

[초판: 송종준, 개정판: 황현영]

제165조의15(의결권이 없거나 제한되는 주식의 특례)

① 「상법」 제344조의3 제 1 항에 따른 의결권이 없거나 제한되는 주식의 총수에 관한 한도를 적용할 때 주권상장법인(주권을 신규로 상장하기 위하여 주권을 모집하거나 매출하는 법인을 포함한다. 이하 이 조에서 같다)이 다음 각 호의 어느 하나에 해당하는 경우에 발행하는 의결권 없는 주식은 그 한도를 계산할 때 산입하지 아니한다. 〈개정 2013. 4. 5, 2013. 5. 28〉

1. 대통령령으로 정하는 방법에 따라 외국에서 주식을 발행하거나, 외국에서 발행한 주권 관련

사채권, 그 밖에 주식과 관련된 증권의 권리행사로 주식을 발행하는 경우

2. 국가기간산업 등 국민경제상 중요한 산업을 경영하는 법인 중 대통령령으로 정하는 기준에 해당하는 법인으로서 금융위원회가 의결권 없는 주식의 발행이 필요하다고 인정하는 법인이 주식을 발행하는 경우

② 제 1 항 각 호의 어느 하나에 해당하는 의결권 없는 주식과 「상법」 제344조의3제 1 항에 따른 의결권이 없거나 제한되는 주식을 합한 의결권 없는 주식의 총수는 발행주식총수의 2분의 1을 초과하여서는 아니 된다. 〈개정 2013. 4. 5〉

③ 의결권이 없거나 제한되는 주식 총수의 발행주식총수에 대한 비율이 4분의 1을 초과하는 주권상장법인은 제 2 항에 따른 비율 이내에서 대통령령으로 정하는 방법에 따라 신주인수권의 행사, 준비금의 자본전입 또는 주식배당 등의 방법으로 의결권 없는 주식을 발행할 수 있다. 〈개정 2013. 4. 5〉 [본조신설 2009. 2. 3] [제목개정 2013. 4. 5]

Ⅰ. 본조의 취지

본조는 상법상 의결권의 배제·제한에 관한 종류주식의 발행한도에 대한 특례로서 주권상장법인의 경우에는 그 한도를 발행주식총수의 2분의 1로 제한하고, 그 한도의 계산에 산입되지 않는 경우를 명시하고 있다. 본조상의 특례는 주권상장법인의 경우 의결권의 배제·제한에 관한 종류주식의 발행한도를 확대하여 경영권의 안정화를 기하면서 필요한 자본을 다양하게 조달할 수 있도록 하기 위한 것이다. 그러나 의결권의 배제·제한에 관한 종류주식 발행의 남용은 소수의 주식으로 회사를 지배하는 문제를 안고 있으므로 상법상의 발행한도를 초과하여 발행주식총수의 2분의 1까지 의결권의 배제·제한에 관한 종류주식을 발행할 수 있는 방법을 제한하고 있다.

Ⅱ. 의결권의 배제·제한에 관한 종류주식 총수에 대한 특례

1. 불산입되는 의결권의 배제·제한에 관한 종류주식

상법상 의결권의 배제·제한에 관한 종류주식은 발행주식총수의 4분의 1을 초과하지 못하며(상법 344조의3 2항), 주권상장법인도 이러한 한도 규제를 받는다. 그러나 주권상장법인이 발행할 수 있는 의결권의 배제·제한에 관한 종류주식의 총수에 관한 한도를 적용할 때 다음과 같은 요건에 해당할 경우에 발행하는 의결권 없는 주식은 그 한도를 계산

할 때 산입하지 아니한다(법 165조의15 1항). 즉 주권상장법인(주권을 신규로 상장하기 위하여 주권을 모집하거나 매출하는 법인을 포함한다)이 (1) 대통령령으로 정하는 방법에 따라 외국에서 주식을 발행하거나, 외국에서 발행한 주권 관련 사채권, 그 밖에 주식과 관련된 증권의 권리행사로 주식을 발행하는 경우, (2) 국가기간산업 등 국민경제상 중요한 산업을 경영하는 법인 중 대통령령으로 정하는 기준에 해당하는 법인으로서 금융위원회가 의결권 없는 주식의 발행이 필요하다고 인정하는 법인이 주식을 발행하는 경우 중 어느 하나에 해당하는 경우가 그것이다.

(1)에 있어서 대통령령이 정하는 방법이란 주권상장법인과 주식을 신규로 상장하기 위하여 주식을 모집 또는 매출하는 법인이 금융위원회가 정하여 고시하는 바에 따라 해외증권을 의결권 없는 주식으로 발행하는 것을 말한다(법 시행령 176조의16 1항). 이것은 외국투자자로부터 국내기업의 경영권을 안정적으로 유지하면서 주권상장법인이나 상장을 위한 공모기업이 해외에서 대규모의 자본을 조달할 수 있게 하기 위한 것이다.

(2)에 있어서 대통령령으로 정하는 기준에 해당하는 법인이란 정부(한국은행·한국산업은행 및 공공기관의 운영에 관한 법률에 따른 공공기관을 포함한다)가 주식 또는 지분의 100분의 15 이상을 소유하고 있는 법인, 다른 법률에 따라 주식취득 또는 지분참여가 제한되는 사업을 하고 있는 법인 중 어느 하나에 해당하는 법인을 말한다(법 시행령 176조의16 2항). 이것은 외국인투자촉진법, 방위사업법, 은행법 등에서와 같이 국가기간산업, 국가안보 또는 공공성이 보호될 필요성이 큰 산업에 대하여 주식소유제한 또는 기업인수합병에 대한 정부의 인허가 등을 요건으로 하는 경우[1]에 당해 법인의 경영권을 안정화시키면서 필요한 자본을 조달할 수 있도록 하기 위한 것이다.

2. 의결권의 배제·제한에 관한 종류주식의 발행한도

주권상장법인은 제1항에 의하여 의결권 없는 주식총수에 산입하지 않는 의결권 없는 주식과 상법 제344조의3 제1항에 따른 의결권이 없거나 제한되는 주식을 합한 의결권 없는 주식의 총수는 발행주식총수의 2분의 1을 초과하여서는 아니 된다(2항). 주권상장법인은 원칙적으로 상법상의 발행한도(발행주식총수의 4분의 1)의 적용을 받는데, 그 한도를 초과하여 발행주식총수의 2분의 1에 이르기까지 의결권 없는 주식을 발행하는 경우에는 제1항에 의하여 의결권 없는 주식총수에 산입하지 않는 의결권 없는 주식도 포함하여야 한다는 것을 명확히 하는 것이다.

1) 이에 해당하는 개별법의 내용에 대하여는 송종준, 「적대적 M&A의 법리」, 도서출판 개신, 2008, 407쪽 이하 참조.

Ⅲ. 의결권의 배제·제한에 관한 종류주식 발행의 남용제한

의결권이 없거나 제한되는 주식 총수의 발행주식총수에 대한 비율이 4분의 1을 초과하는 주권상장법인은 제 2 항에 따른 비율 이내에서 대통령령으로 정하는 방법에 따라 신주인수권의 행사, 준비금의 자본전입 또는 주식배당 등의 방법으로 의결권 없는 주식을 발행할 수 있다(법 165조의15 3항). 여기서 대통령령으로 정하는 방법에 따라 의결권 없는 주식을 발행하는 방법은 ① 주주 또는 사채권자에 의한 신주인수권·전환권 등의 권리행사, ② 준비금의 자본전입, ③ 주식배당, ④ 주식매수선택권의 행사 등을 말한다(법 시행령 176조의16 3항).

이러한 제한은 주권상장법인이 의결권 없는 주식을 남용적으로 발행하는 경우 지배주주 또는 경영진이 회사지배구조를 자의적으로 왜곡시킬 수 있는 여지를 막기 위한 것이다.

본조의 구조상 주권상장법인은 총량적으로는 발행주식총수의 2분의 1을 초과하지 않는 범위에서 의결권 없는 주식을 발행할 수 있지만, 통상적인 신주발행에 의한 방법으로 의결권 없는 주식을 발행하는 것은 상법상 발행한도인 발행주식총수의 4분의 1까지이다. 이를 초과하여 의결권 없는 주식을 발행하고자 하는 경우에는 그 발행방법에 일정한 제한이 따른다. 즉, 이 경우에는 반드시 주주 또는 사채권자에 의한 신주인수권·전환권 등의 권리행사, 준비금의 자본전입, 주식배당, 주식매수선택권의 행사 등에 의한 방법에 의하여 의결권 없는 주식을 발행하여야 한다.

요컨대 주권상장법인이 발행주식총수의 4분의 1을 초과하여 의결권 없는 주식을 발행하는 경우에는 제 1 항에 의하여 의결권 없는 주식수의 계산에 산입되지 않는 경우, 그리고 주주 또는 사채권자에 의한 신주인수권·전환권 등의 권리행사, 준비금의 자본전입, 주식배당, 주식매수선택권의 행사 등에 의한 방법에 의하여 발행하는 경우만이 허용되는 것이다.

[초판: 송종준, 개정판: 김순석]

第165조의16(주권상장법인 재무관리기준)

① 금융위원회는 투자자를 보호하고 공정한 거래질서를 확립하기 위하여 다음 각 호의 사항에 관하여 주권상장법인 재무관리기준을 정하여 고시하거나 그 밖에 필요한 권고를 할 수 있다. 다만, 제 9 조 제15항 제 3 호 나목에 따른 법인에 대하여는 주권상장법인 재무관리기준을 다르게 정할 수 있다. 〈개정 2013. 5. 28〉

1. 유상증자의 요건에 관한 사항
1의2. 주권 관련 사채권의 발행에 관한 사항
2. 배당에 관한 사항
3. 대통령령으로 정하는 해외증권의 발행에 관한 사항
4. 그 밖에 건전한 재무관리에 필요한 것으로서 대통령령으로 정하는 사항
② 주권상장법인은 제 1 항에 따른 재무관리기준에 따라야 한다.
[본조신설 2009. 2. 3]

Ⅰ. 본조의 취지

본조는 투자자를 보호하고 공정한 거래질서를 확립하기 위하여 금융위원회에 주권상장법인의 재무관리기준을 정하여 고시할 수 있도록 권한을 위임하는 규정이다. 이에 따른 세부적인 고시기준은 「증권의 발행 및 공시 등에 관한 규정」에서 규정하고 있다. 재무관리기준은 금융위원회가 정하여 주권상장법인에 권고할 수 있으며, 주권상장법인에게 그 기준에 따라야 할 의무를 부과하고 있다.

Ⅱ. 재무관리기준의 제정위임과 준수의무

주권상장법인의 재무관리기준은 유상증자의 요건, 배당, 대통령령으로 정하는 해외증권(주권상장법인이 해외에서 발행하는 주권, 주권 관련 사채권, 이익참가부사채권, 증권예탁증권, 그 밖에 이와 비슷한 증권, 법 시행령 176조의17 1항)의 발행, 그 밖에 건전한 재무관리에 필요한 것으로서 대통령령으로 정하는 사항에 관한 것이다(1항).

그러나 금융위원회는 주권과 관련된 증권예탁증권이 증권시장에 상장된 경우에는 그 주권을 발행한 법인(법 9조 15항 3호 나목)에 대하여는 주권상장법인 재무관리기준을 다르게 정할 수 있다(1항 단서). 주권상장법인은 금융위원회가 정한 재무관리기준을 따라야 한다(2항).

금융위원회는 「증권의 발행 및 공시 등에 관한 규정」 제 3 절 제5-16조부터 제5-25조에서 유상증자의 요건과 기타 건전한 재무관리에 필요한 사항을 아래와 같이 규정하고 있다.

Ⅲ. 유상증자의 요건에 관한 사항

「증권의 발행 및 공시 등에 관한 규정」은 유상증자의 요건에 관한 사항으로서 유상증자의 발행가액 결정, 신주인수권증서의 발행, 발행가액등의 공고·통지에 대하여 규정하고 있다.

1. 유상증자의 발행가액 결정(발행공시규정 5-18조)

(1) 주권상장법인이 일반공모증자방식 및 제 3 자배정증자방식으로 유상증자를 하는 경우 그 발행가액은 청약일전 과거 제 3 거래일부터 제 5 거래일까지의 가중산술평균주가를 기준주가로 하여 주권상장법인이 정하는 할인율을 적용하여 산정한다. 다만, 일반공모증자방식의 경우에는 그 할인율을 100분의 30 이내로 정하여야 하며, 제 3 자배정증자방식의 경우에는 그 할인율을 100분의 10 이내로 정하여야 한다(동조 1항).

(2) 제 1 항 본문에 불구하고 제 3 자배정증자방식의 경우 신주 전체에 대하여 제2-2조 제 2 항 제 1 호[1)] 전단의 규정에 따른 조치 이행을 조건으로 하는 때에는 유상증자를 위한 이사회결의일(발행가액을 결정한 이사회결의가 이미 있는 경우에는 그 이사회결의일로 할 수 있다) 전일을 기산일로 하여 과거 1개월간의 가중산술평균주가, 1주일간의 가중산술평균주가 및 최근일 가중산술평균주가를 산술평균한 가격과 최근일 가중산술평균주가 중 낮은 가격을 기준주가로 하여 주권상장법인이 정하는 할인율을 적용하여 산정할 수 있다(동조 2항).

(3) (1) 및 (2)에 따라 기준주가를 산정하는 경우 주권상장법인이 증권시장에서 시가가 형성되어 있지 않은 종목의 주식을 발행하고자 하는 경우에는 권리내용이 유사한 다른 주권상장법인의 주식의 시가(동 시가가 없는 경우에는 적용하지 아니한다) 및 시장상황 등을 고려하여 이를 산정한다(동조 3항).

(4) 주권상장법인이 다음 각 호의 어느 하나에 해당하는 경우에는 제 1 항 단서에 따른 할인율을 적용하지 아니할 수 있다(동조 4항).

① 금융위원회 위원장의 승인을 얻어 해외에서 주권 또는 주권과 관련된 증권예탁증권을 발행하거나 외자유치 등을 통한 기업구조조정(출자관계에 있는 회사의 구조조정을 포함한다)을 위하여 국내에서 주권을 발행하는 경우(1호)

---

1) 「증권의 발행 및 공시 등에 관한 규정」 제2-2조 제 2 항 제 1 호 : 증권을 발행한 후 지체 없이 한국예탁결제원(이하 "예탁결제원"이라 한다)에 예탁(공사채등록법에 따른 등록을 포함한다. 이하 이 장에서 같다)하고 그 예탁일부터 1년간 해당 증권(증권에 부여된 권리의 행사로 취득하는 증권을 포함한다)을 인출하거나 매각(매매의 예약 등을 통해 사실상 매각이 이루어지는 경우를 포함한다. 이하 제 7 호에서 같다)하지 않기로 하는 내용의 예탁계약을 예탁결제원과 체결한 후 그 예탁계약을 이행하는 경우 또는 「금융산업의 구조개선에 관한 법률」(이하 "금산법"이라 한다) 제12조 제 1 항에 따라 정부 또는 예금보험공사가 부실금융기관에 출자하여 취득하는 지분증권에 대하여 취득일부터 1년 이내에 50인 이상의 자에게 전매되지 않도록 필요한 조치를 취하는 경우

② 업무구조조정촉진을 위한 금융기관협약에 의한 기업개선작업을 추진중인 기업으로서 금산법 제11조 제 6 항 제 1 호의 규정에 의하여 같은 법 제 2 조 제 1 호의 금융기관(이하 이 절에서 “금융기관”이라 한다)이 대출금 등을 출자로 전환하기 위하여 주권을 발행하거나, 「기업구조조정촉진법」에 의하여 채권금융기관 공동관리 절차가 진행 중인 기업으로서 채권금융기관이 채권재조정의 일환으로 대출금 등을 출자로 전환하기 위하여 주권을 발행하는 경우(2호)

③ 금산법 제12조 및 제23조의8, 「예금자보호법」 제37조 및 제38조에 따라 정부, 「한국정책금융공사법」에 의하여 설립된 정책금융공사 또는 「예금자보호법」에 의하여 설립된 예금보험공사의 출자를 위하여 주권을 발행하는 경우(3호)

④ 금융기관이 공동(은행법 제 8 조의 규정에 의하여 은행업을 인가받은 자를 1 이상 포함하여야 한다)으로 경영정상화를 추진중인 기업이 경영정상화계획에서 정한 자에게 제 3 자배정증자방식으로 주권을 발행하는 경우(4호)

⑤ 「채무자 회생 및 파산에 관한 법률」에 의한 회생절차가 진행 중인 기업이 회생계획 등에 따라 주권을 발행하는 경우

2. 신주인수권증서의 발행(발행공시규정 5－19조)

(1) 주권상장법인이 주주배정증자방식의 유상증자를 결의하는 때에는 법 제165조의6제 3 항에 따른 신주인수권증서의 발행에 관한 사항을 정하여야 한다(동조 1항).

(2) 제 1 항의 주권상장법인은 해당 신주인수권증서를 증권시장에 상장하거나 자기 또는 타인의 계산으로 매매할 금융투자업자(주권상장법인과 계열회사의 관계에 있지 아니한 금융투자업자를 말한다. 이하 이 조에서 같다)를 정하여야 한다(동조 2항).

(3) 영 제176조의8제 4 항 각 호 외의 부분 후단 중 “신주인수권증서의 상장 및 유통의 방법 등에 관하여 필요한 세부사항”이란 금융투자업자가 회사 내부의 주문·체결시스템을 통하여 신주인수권증서를 투자자 또는 다른 금융투자업자에게 매매하거나 중개·주선 또는 대리하는 것을 말한다. 이 경우 인터넷 홈페이지·유선·전자우편 등을 통하여 신주인수권증서를 매수할 투자자 또는 다른 금융투자업자를 탐색하는 것을 포함한다(동조 3항).

3. 발행가액등의 공고·통지(발행공시규정 5－20조)

(1) 주주우선공모증자방식에 따라 신주를 발행하고자 하는 주권상장법인이 그 유상증자를 결의하는 때에는 우선 청약할 수 있는 주주를 정하기 위한 주주확정일을 정하고 그 확정일 2주 전에 이를 공고하여야 한다(동조 1항).

(2) 주주배정증자방식 또는 주주우선공모증자방식으로 유상증자를 하는 주권상장법

인은 발행가액이 확정되는 때에 그 발행가액을 지체 없이 주주에게 통지하거나 정관에 정한 신문에 공고하여야 한다(동조 2항).

(3) 신주를 발행하는 주권상장법인은 그 발행가액이 확정되는 때에 그 내용을 지체 없이 공시하여야 한다(동조 3항).

Ⅳ. 기타 건전한 재무관리에 필요한 사항

기타 건전한 재무관리에 필요한 것으로서 대통령령으로 정하는 사항은 이익참가부 사채권의 발행에 관한 사항, 결손금에 관한 사항, 계산서류 및 재무에 관한 사항의 신고 및 공시방법에 관한 사항으로서 「증권의 발행 및 공시 등에 관한 규정」이 정하는 바는 다음과 같다.

1. 감사의견의 표시(발행공시규정 5-17조)

(1) 주권상장법인이 결산주주총회에 제출하는 영업보고서에는 회계감사인의 감사의견과 감사결과 수정된 당기순이익(당기순손실) 수정총액 및 주요 수정내용 등 감사보고서 본문을 기재하여야 한다(동조 1항).

(2) 주권상장법인이 「상법」 제449조 제3항에 따라 대차대조표를 공고하는 때에는 외감법 제14조 제2항에 따라 병기하여야 하는 회계감사인의 명칭과 감사의견 이외에 회계감사인의 감사결과 수정된 당기순이익(당기순손실) 및 감사결과 수정된 수정후 전기이월이익잉여금(수정후 전기이월결손금)을 부기하여야 한다(동조 2항).

2. 전환사채의 발행제한 및 전환금지기간(발행공시규정 5-21조)

(1) 주권상장법인은 다음 각 호의 기간 중에는 「상법」 제513조의2 제1항에 따라 주주에게 사채의 인수권을 부여하여 모집하거나 법 제165조의6 제1항 제3호의 방법으로 사채를 모집하는 방식(이하 이 절에서 "공모발행방식"이라 한다) 외의 방법으로 전환사채를 발행할 수 없다(동조 2항).

① 법 제29조에 따른 소수주주(이하 "소수주주"라 한다)가 해당 주권상장법인의 임원의 해임을 위하여 주주총회의 소집을 청구하거나 법원에 그 소집의 허가를 청구한 때에는 청구시부터 해당 임원의 해임여부가 결정될 때까지의 기간(1호)

② 소수주주가 법원에 해당 주권상장법인의 임원의 직무집행의 정지를 청구하거나 주주총회결의의 무효·취소 등의 소를 제기하는 등 해당 주권상장법인의 경영과 관련된 분쟁으로 소송이 진행중인 기간(2호)

③ 제1호 및 제2호에 준하는 해당 주권상장법인의 경영권분쟁사실이 신고·공시된

후 그 절차가 진행중인 기간(3호)

(2) 주권상장법인이 전환사채를 발행하는 경우에는 그 발행 후 1년이 경과한 후에 전환할 수 있는 조건으로 이를 발행하여야 한다. 다만, 공모발행방식으로 발행하는 경우에는 그 발행 후 1월이 경과한 후에 전환할 수 있는 조건으로 이를 발행할 수 있다(동조 2항).

3. 전환사채의 전환가액 결정(발행공시규정 5－22조)

(1) 주권상장법인이 전환사채를 발행하는 경우 그 전환가액은 전환사채 발행을 위한 이사회결의일 전일을 기산일로 하여 그 기산일부터 소급하여 산정한 다음 각 호의 가액 중 높은 가액(법 165조의6 1항 3호의 방법으로 사채를 모집하는 방식으로 발행하는 경우에는 낮은 가액) 이상으로 한다. 다만, 전환에 따라 발행할 주식이 증권시장에서 시가가 형성되어 있지 않은 종목의 주식인 경우에는 제5－18조 제3항을 준용한다(동조 1항).

① 1개월 가중산술평균주가, 1주일 가중산술평균주가 및 최근일 가중산술평균주가를 산술평균한 가액(1호)

② 최근일 가중산술평균주가(2호)

③ 청약일전(청약일이 없는 경우에는 납입일) 제3거래일 가중산술평균주가(3호)

(2) 제1항에 불구하고 주권상장법인이 발행하는 전환사채가 다음 각 호의 어느 하나에 해당하는 경우에는 전환가액을 제1항 본문의 규정에 의하여 산정한 가액의 100분의 90 이상으로 할 수 있다(동조 2항).

① 2 이상의 신용평가회사가 평가한 해당 채권의 신용평가등급(해당 채권의 발행일부터 과거 3월 이내에 평가한 채권의 등급이 있는 경우 그 등급으로 갈음할 수 있다)이 투기등급(BB+ 이하)인 경우(1호)

② 해당 사채를 「자산유동화에 관한 법률」에 따라 발행하는 유동화증권의 기초자산으로 하는 경우(2호)

(3) 다음 각 호의 어느 하나에 해당하는 주권상장법인이 금융기관의 대출금 또는 사채를 상환하기 위하여 전환사채를 발행하는 경우에는 제1항 및 제2항의 규정을 적용하지 아니할 수 있다(동조 3항).

① 기업구조조정 촉진을 위한 금융기관협약에 의하여 기업개선작업을 추진중인 기업(1호)

② 금융기관이 공동(「은행법」 제8조의 규정에 의하여 은행업을 인가받은 자를 1 이상 포함하여야 한다)으로 경영정상화를 추진중인 기업이 경영정상화계획에서 정한 자를 대상으로 전환사채를 발행하는 경우 해당 기업(2호)

4. 전환가액의 조정

(1) 전환가액의 하향조정(발행공시규정 5-23조)

주권상장법인이 전환가액을 하향하여 조정할 수 있는 전환사채를 발행하는 경우에는 다음 각 호의 방법에 따라야 한다(동조 1항).

① 전환사채의 발행을 위한 이사회에서 증자·주식배당 또는 시가변동 등 전환가액을 하향조정 하고자 하는 각 사유별로 전환가액을 조정할 수 있다는 내용, 전환가액을 조정하는 기준이 되는 날(이하 "조정일"이라 한다) 및 구체적인 조정방법을 정하여야 한다(1호).

② 시가하락에 따른 전환가액의 조정시 조정 후 전환가액은 다음 각 목의 가액 이상으로 하여야 한다(2호).

i) 발행당시의 전환가액(조정일 전에 신주의 할인발행 등 또는 감자 등의 사유로 전환가액을 이미 하향 또는 상향 조정한 경우에는 이를 감안하여 산정한 가액)의 100분의 70에 해당하는 가액. 다만, 정관의 규정으로 조정 후 전환가액의 최저한도(이하 "최저조정가액"이라 한다), 최저조정가액을 적용하여 발행할 수 있는 전환사채의 발행사유 및 금액을 구체적으로 정한 경우 또는 정관의 규정으로 전환가액의 조정에 관한 사항을 주주총회의 특별결의로 정하도록 하고 해당 전환사채 발행시 주주총회에서 최저조정가액 및 해당 사채의 금액을 구체적으로 정한 경우에는 정관 또는 주주총회에서 정한 최저조정가액(가목)

ii) 조정일 전일을 기산일로 하여 제5-22조 제 1 항 본문의 규정에 의하여 산정(제 3 호는 제외한다)한 가액(나목)

(2) 전환가액의 상향조정(발행공시규정 5-23조의2)

① 주권상장법인이 전환사채를 발행하는 경우에는 감자·주식병합 등 주식가치 상승사유가 발생하는 경우 감자·주식병합 등으로 인한 조정비율만큼 상향하여 반영하는 조건으로 이를 발행하여야 한다. 단, 감자·주식병합 등을 위한 주주총회 결의일 전일을 기산일로 하여 제5-22조 제 1 항 본문의 규정에 의하여 산정(제 3 호는 제외한다)한 가액(이하 이 항에서 "산정가액"이라 한다)이 액면가액 미만이면서 기산일 전에 전환가액을 액면가액으로 이미 조정한 경우(전환가액을 액면가액 미만으로 조정할 수 있는 경우는 제외한다)에는 조정 후 전환가액은 산정가액을 기준으로 감자·주식병합 등으로 인한 조정비율만큼 상향조정한 가액 이상으로 할 수 있다(동조 1항).

② 제 1 항에도 불구하고 주권상장법인이 정관의 규정으로 전환가액의 조정에 관한 사항을 주주총회의 특별결의로 정하도록 하고 해당 전환사채 발행시 주주총회에서 최저조정가액 및 해당 사채의 금액을 구체적으로 정한 경우에는 최저조정가액 이상으로 상향하여 반영하는 조건으로 이를 발행할 수 있다(동조 2항).

③ 주권상장법인이 「기업구조조정 촉진법」에 의한 부실징후기업의 관리, 「채무자 회생 및 파산에 관한 법률」에 의한 회생절차 개시 등 관련 법령에 의해 전환사채를 발행하는 경우에는 제 1 항 및 제 2 항을 적용하지 아니할 수 있다(동조 3항).

5. 신주인수권부사채의 발행(발행공시규정 5-24조)

(1) 이 규정 제5-21조, 제5-22조 제 1 항, 제5-23조 및 제5-23조의2의 규정은 신주인수권부사채의 발행에 관하여 이를 준용한다(동조 1항).

(2) 주권상장법인이 신주인수권부사채를 발행하는 경우 각 신주인수권부사채에 부여된 신주인수권의 행사로 인하여 발행할 주식의 발행가액의 합계액은 각 신주인수권부사채의 발행가액을 초과할 수 없다(동조 2항).

6. 전환형 조건부자본증권의 전환가액 결정 등(발행공시규정 5-25조)

(1) 전환형 조건부자본증권(법 165조의11 1항에 따라 해당 사채의 발행 당시 객관적이고 합리적인 기준에 따라 미리 정하는 사유가 발생하는 경우 주식으로 전환되는 조건이 붙은 사채, 영 176조의12)을 발행하는 경우 주식의 전환가격은 전환사유별로 다음 각 호의 방법에 따라 정하여야 한다. 다만, 전환으로 인하여 발행할 주식이 증권시장에서 시가가 형성되어 있지 않은 종목의 주식인 경우에는 제5-18조 제 3 항을 준용한다(동조 1항).

① 전환사유가 발행인의 재무건전성 악화 등 제 2 항 제 1 호에 따른 사유 등에 해당하는 경우 : 전환사유가 발생한 때에 다음 각 목의 방법에 따라 산정한 가격 중 가장 높은 가격(1호)

ⅰ) 전환사유 발생일 전 제3거래일부터 제 5 거래일까지의 가중산술평균주가를 기준으로 제5-22조 제 2 항에 따른 할인율을 적용하여 산정한 가격(가목)

ⅱ) 발행인이 전환으로 인하여 발행할 주식수의 예측 등을 위하여 조건부자본증권의 발행시 정한 가격(나목)

ⅲ) 전환으로 인하여 발행할 주식의 액면가액(무액면주식을 제외한다)(다목)

② 전환사유가 발행인의 경영성과 또는 재무구조의 개선 등 제 2 항 제 2 호에 따른 사유 등에 해당하는 경우 : 다음 각 목의 방법에 따라 산정한 가격 중 가장 높은 가격 이상일 것. 다만, 전환 전에 주식배당 또는 시가변동 등 주식가치 하락사유가 발생하거나 감자·주식병합 등 주식가치 상승사유가 발생한 경우 제5-23조 또는 제5-23조의2를 준용한다(2호).

ⅰ) 조건부자본증권의 발행을 위한 이사회의 결의일 전일부터 과거 1개월 가중산술평균주가, 1주일 가중산술평균주가 및 결의일 전일의 가중산술평균주가를 산술평균한 가액(가목)

ⅱ) 조건부자본증권의 발행을 위한 이사회의 결의일 전일의 가중산술평균주가(나목)

ⅲ) 청약일 전 제3거래일의 가중산술평균주가(다목)

(2) 영 제176조의12제2항 제1호에서 "금융위원회가 정하여 고시하는 요건"이란 다음 각 호의 어느 하나에 해당하는 경우를 말한다(동조 2항).

① 다음 각 목의 어느 하나에 해당하는 경우(1호)

ⅰ) 조건부자본증권을 발행한 발행인이 금산법 제2조 제2호 또는 「예금자보호법」 제2조 제5호에 따른 부실금융기관으로 지정된 경우(가목)

ⅱ) 조건부자본증권을 발행한 발행인이 「기업구조조정 촉진법」 제4조에 따라 주채권은행으로부터 부실징후기업에 해당한다는 사실을 통보받은 경우(나목)

② 그 밖에 발행인의 경영성과 또는 재무구조의 개선 등 조건부자본증권을 발행할 당시 미리 정한 일정시점에서의 목표수준에 관한 사항이 달성되는 경우(2호)

第165조의17(주식매수선택권 부여신고 등)

① 「상법」 제340조의2 또는 제542조의3에 따른 주식매수선택권을 부여한 주권상장법인은 주주총회 또는 이사회에서 주식매수선택권을 부여하기로 결의한 경우 대통령령으로 정하는 방법에 따라 금융위원회와 거래소에 그 사실을 신고하여야 하며, 금융위원회와 거래소는 신고일부터 주식매수선택권의 존속기한까지 그 사실에 대한 기록을 갖추어 두고, 인터넷 홈페이지 등을 이용하여 그 사실을 공시하여야 한다. 〈개정 2013. 4. 5〉

② 「공기업의 경영구조개선 및 민영화에 관한 법률」, 「은행법」, 그 밖의 법률에 따라 선임된 주권상장법인의 비상임이사 또는 사외이사는 「상법」에 따른 요건 및 절차 등에 따라 선임된 사외이사로 본다.

③ 주권상장법인은 사외이사를 선임 또는 해임하거나 사외이사가 임기만료 외의 사유로 퇴임한 경우에는 그 내용을 선임·해임 또는 퇴임한 날의 다음 날까지 금융위원회와 거래소에 신고하여야 한다.

[본조신설 2009. 2. 3]

Ⅰ. 본조의 취지

본조는 주권상장법인이 그 임직원에게 주식매수선택권을 부여한 경우 그 사실을 금융위원회와 거래소에 신고하여 공시하도록 하고, 사외이사의 선임, 해임, 자발적 퇴임에 관한 내용도 신고하게 하고 있다. 주식매수선택권은 구증권거래법에서 그 부여를 위한 절차와 요건, 권리행사의 방법 등에 관하여 규정하고 있었으나(구증권법 189조의4), 1999년 12월 31일 상법 개정으로 이에 대한 일반 규정(상법 340조의2 내지 340조의5, 341조의2)을 두었고, 2009년 1월 31일 상법 개정으로 구증권법상 상장회사의 주식매수선택권에 관한 특례 규정이 상법(상법 542조의3)으로 이관되었다.

본조는 신고 등 공시에 관한 특례사항만을 규정하고 있다. 이것은 주식매수선택권의 부여사실, 사외이사의 선·해임 등에 관한 사실이 주주, 투자자 등 이해관계자에게 중요한 정보라는 점에서 이의 공시를 강제하여 투자자를 보호하고자 한 것이다.

Ⅱ. 주식매수선택권 부여의 신고

「상법」 제340조의2 또는 제542조의3에 따른 주식매수선택권을 부여한 주권상장법인은 주주총회 또는 이사회에서 주식매수선택권을 부여하기로 결의한 경우 대통령령으로 정하는 방법에 따라 금융위원회와 거래소에 그 사실을 신고하여야 하며, 금융위원회와 거래소는 신고일부터 주식매수선택권의 존속기한까지 그 사실에 대한 기록을 갖추어 두고, 인터넷 홈페이지 등을 이용하여 그 사실을 공시하여야 한다(1항).

이에 주권상장법인이 「상법」 제340조의2 제1항에 따라 주주총회 또는 이사회에서 주식매수선택권을 부여하기로 결의한 때에는 그 내용을 금융위원회와 거래소에 지체 없이 신고하여야 한다. 이 경우 해당 주권상장법인은 그 신고서에 주주총회 의사록 또는 이사회 의사록을 첨부하여야 한다(법 시행령 176조의18 1항).

Ⅲ. 사외이사의 의제

「공기업의 경영구조개선 및 민영화에 관한 법률」, 「은행법」, 그 밖의 법률에 따라 선임된 주권상장법인의 비상임이사 또는 사외이사는 「상법」에 따른 요건 및 절차 등에 따라 선임된 사외이사로 본다(2항).

본래 주권상장법인은 상법에 따른 요건과 절차에 따라 사외이사를 선임하여야 한다(상법 542조의8). 그러나 상법 이외에 공기업, 은행 등을 규율하는 특별법은 상법과 달리 사외이사를 선임하고 구성하는 내용을 정할 수 있다. 「공기업의 경영구조개선 및 민영화에 관한 법률」에서는 사외이사 대신에 비상임이사의 선임에 관한 규정을 두고 있으며, 비상임이사의 수를 이사의 정수의 100분의 50 이상으로 하여야 하며, 비상임이사는 매년 그 정수의 3분의 1에 상당하는 수가 선임되도록 하여야 한다(동법 5조). 또한 비상임이사후보는 정관이 정하는 바에 의하여 주주 또는 주주협의회가 추천하며(동법 8조 2항), 대상기업과 중대한 이해관계가 있는 자는 비상임이사가 될 수 없다고 규정하고 있다(동법 9조 2항).

「은행법」상 은행은 이사회에 상시적인 업무에 종사하지 아니하는 이사로서 이 조에 따라 선임되는 이사(이하 "사외이사"라 한다)를 3명 이상 두어야 한다. 이 경우 사외이사의 수는 전체 이사 수의 과반수가 되어야 한다(동법 22조 2항).

그리고 은행은 사외이사 후보를 추천하기 위하여 「상법」 제393조의2에 따른 위원회(이하 "사외이사후보추천위원회"라 한다)를 설치하여야 한다. 이 경우 사외이사후보추천위원회는 사외이사가 총위원의 2분의 1 이상이 되도록 구성하여야 하며, 사외이사후보추천위원회가 사외이사를 추천하는 경우에는 제23조의5 제 4 항[1]에 따른 권리를 행사할 수 있는 요건을 갖춘 주주가 추천한 사외이사 후보를 포함시켜야 한다(동법 22조 3항). 사외이사는 사외이사후보추천위원회의 추천을 받은 자 중에서 주주총회에서 선임한다(동법 22조 4항).

본조 제 2 항은 이 법 이외의 다른 법률에서 명칭과 관계없이 비상임이사 또는 사외이사를 상법상 사외이사로 의제함으로써 이들이 그 다른 법률이 정하는 요건과 절차 이외에 상법이 정하는 요건과 절차를 따로 준수하여야 할 부담을 해소시키고자 한 것이다.

Ⅳ. 사외이사의 선·해임·자발적 퇴임의 신고

주권상장법인은 사외이사를 선임 또는 해임하거나 사외이사가 임기만료 외의 사유로 퇴임한 경우에는 그 내용을 선임·해임 또는 퇴임한 날의 다음 날까지 금융위원회와 거래소에 신고하여야 한다(3항). 본항은 사외이사의 변동 사실이 주권상장법인의 지배구조의 변화와 경영의사결정과 밀접한 관련을 맺는 중요정보라는 점을 고려하여 이를 신속하게 신고하도록 하고 있다. 사외이사의 변동은 사외이사가 임기만료로 퇴임한 경우를 제외하고, 신규로 선임된 경우, 임기 중의 사외이사를 해임한 경우, 임기 중에 자발적으로 사임한 경우를 말한다. 신고 기한을 선임, 해임, 퇴임의 다음 날까지로 명시함으로써 신속한 신고를 촉구하고 있다. 이에 위반한 경우에는 금융위원회는 정정을 명하는 등 일정한 조치를 취할 수 있도록 하여 신속한 신고의 이행을 담보하고자 하고 있다(법 165조의18 25호).

1) 은행법 제23조의5(소수주주권의 행사) ④ 6개월 이상 계속하여 은행의 의결권 있는 발행주식 총수의 1만분의 50 이상(대통령령으로 정하는 은행의 경우에는 1만분의 25 이상)에 해당하는 주식을 대통령령으로 정하는 바에 따라 보유한 자는 상법 제363조의2에서 규정하는 주주의 권리를 행사할 수 있다.

제165조의18(주권상장법인에 대한 조치)

금융위원회는 다음 각 호의 어느 하나에 해당하는 경우에는 주권상장법인에 대하여 이유를 제시한 후 그 사실을 공고하고 정정을 명할 수 있으며, 필요하면 그 법인의 주주총회에 대한 임원의 해임 권고, 일정 기간 증권의 발행 제한, 그 밖에 대통령령으로 정하는 조치를 할 수 있다. 이 경우 그 조치에 필요한 절차 및 조치기준은 총리령으로 정한다. 〈개정 2013. 4. 5, 2013. 5. 28〉

1. 제165조의3 제2항을 위반하여 자기주식을 취득한 경우
2. 제165조의3 제4항을 위반하여 자기주식을 취득(자기주식을 취득하기로 한 신탁업자와의 신탁계약의 체결을 포함한다)하거나 처분(자기주식을 취득하기로 한 신탁업자와의 신탁계약의 해지를 포함한다)한 경우
3. 제165조의4 제1항을 위반하여 같은 항 각 호의 어느 하나에 해당하는 행위를 한 경우
4. 제165조의4 제2항을 위반하여 외부평가기관으로부터 평가를 받지 아니한 경우
5. 제165조의5 제2항을 위반하여 주식매수청구기간이 종료하는 날부터 1개월 이내에 해당 주식을 매수하지 아니한 경우
6. 제165조의5 제4항을 위반하여 대통령령으로 정하는 기간 이내에 주식을 처분하지 아니한 경우
7. 제165조의5 제5항의 절차를 위반하여 통지 또는 공고를 하거나, 같은 항에 따른 통지 또는 공고를 하지 아니한 경우
8. 제165조의6 제2항을 위반하여 실권주의 발행을 철회하지 아니한 경우
9. 제165조의6 제3항을 위반하여 신주인수권증서를 발행하지 아니하거나 유통될 수 있도록 하지 아니한 경우
10. 제165조의6 제4항을 위반하여 불특정 다수인(해당 주권상장법인의 주식을 소유한 자를 포함한다)에게 신주를 배정한 경우
11. 제165조의7을 위반하여 우리사주조합원에 대하여 주식의 배정을 한 경우
12. 제165조의8 제1항 단서를 위반하여 액면미달의 가액으로 주식을 발행한 경우
13. 제165조의8 제2항을 위반하여 최저발행가액을 정하지 아니하거나 같은 항 후단에 따른 방법에 따라 산정하지 아니한 경우
14. 제165조의8 제3항을 위반하여 주주총회의 결의일부터 1개월 이내에 주식을 발행하지 아니한 경우
15. 제165조의10을 위반하여 사채를 발행한 경우
16. 제165조의11을 위반하여 조건부자본증권 등을 발행한 경우
17. 제165조의12 제1항 및 제2항을 위반하여 이사회 결의를 거치지 아니하고 분기배당을 한 경우
18. 제165조의12 제3항을 위반하여 분기배당금을 지급하지 아니한 경우
19. 제165조의12 제5항을 위반하여 분기배당을 한 경우
20. 제165조의13 제1항을 위반하여 주식배당을 한 경우
21. 제165조의13 제2항을 위반하여 주식의 시가를 산정한 경우
22. 제165조의15 제2항을 위반하여 의결권이 없거나 제한되는 주식을 발행한 경우
23. 제165조의16 제2항을 위반하여 재무관리기준에 따르지 아니한 경우

24. 第165조의17 제 1 항을 위반하여 같은 항에 따른 방법에 따라 주식매수선택권 부여에 관한 신고를 하지 아니한 경우
25. 第165조의17 제 3 항을 위반하여 사외이사의 선임·해임 또는 퇴임 사실을 신고하지 아니한 경우

[본조신설 2009. 2. 3]

Ⅰ. 본조의 취지

본조는 주권상장법인에 대한 이 법의 특례를 적용함에 있어서 이 법에 의한 규정이나 명령 또는 금융위원회의 명령에 위반하는 경우에 금융위원회에게 이에 대한 정정명령, 해당법인의 임원해임 권고 등의 행정적 조치를 할 수 있는 권한을 위임함으로써 특례규정 준수의 실효성을 확보하고, 또한 조치의 내용과 범위를 명확히 하여 금융위원회의 재량권 남용을 제한하고자 한 것이다.

Ⅱ. 조치의 내용과 범위

금융위원회는 일정한 특례규정 위반사유가 발생한 경우에 주권상장법인에 대하여 이유를 제시한 후 그 사실을 공고하고 정정을 명할 수 있으며, 필요하면 그 법인의 주주총회에 대한 임원의 해임 권고, 일정 기간 증권의 발행 제한, 그 밖에 대통령령으로 정하는 조치를 할 수 있다. 이 경우 그 조치에 필요한 절차 및 조치기준은 총리령으로 정한다.

금융위원회가 취할 수 있는 조치는 자본시장법을 위반한 경우에는 고발 또는 수사기관에의 통보, 다른 법률을 위반한 경우에는 관련 기관이나 수사기관에의 통보, 경고 또는 주의이다(법 시행령 176조의18, 138조). 한편, 그 조치에 필요한 절차와 조치기준은 총리령에서 정하도록 하고 있으나 아직 이에 대한 규칙이 마련되어 있지 아니하다.

Ⅲ. 조치의 대상

1. 자기주식의 취득과 처분 특례

(1) 第165조의3 제 2 항을 위반하여 자기주식을 취득한 경우(1호). 주권상장법인이 증권시장매수 또는 공개매수 이외의 방법으로 자기주식을 취득하거나, 배당가능이익의 한

도를 벗어나 자기주식을 취득한 경우이다.

(2) 제165조의3 제4항을 위반하여 자기주식을 취득(자기주식을 취득하기로 한 신탁업자와의 신탁계약의 체결을 포함한다)하거나 처분(자기주식을 취득하기로 한 신탁업자와의 신탁계약의 해지를 포함한다)한 경우(2호). 자기주식을 취득한 주권상장법인이 법 시행령이 정하는 요건과 방법 등의 기준(176조의2)에 의하지 아니하고 자기주식을 취득하거나 처분한 경우이다.

2. 합병 등의 특례

(1) 제165조의4 제1항을 위반하여 같은 항 각 호의 어느 하나에 해당하는 행위를 한 경우(3호). 주권상장법인이 법 시행령이 정하는 요건, 방법 등의 기준(법 시행령 176조의5 내지 176조의6)에 위반하여 다른 법인과의 합병, 중요한 영업 또는 자산의 양수 또는 양도, 주식의 포괄적 교환 또는 포괄적 이전, 분할 또는 분할합병을 한 경우이다.

(2) 제165조의4 제2항을 위반하여 외부평가기관으로부터 평가를 받지 아니한 경우(4호). 주권상장법인이 합병 등을 하는 경우 투자자 보호 및 건전한 거래질서를 위하여 일정 기준(법 시행령 176조의6)에 따라 외부의 전문평가기관으로부터 합병 등의 가액, 그 밖에 대통령령으로 정하는 사항에 관한 평가를 받지 아니한 경우이다.

3. 주식매수청구권의 특례

(1) 제165조의5 제2항을 위반하여 주식매수청구기간이 종료하는 날부터 1개월 이내에 해당 주식을 매수하지 아니한 경우(5호). 주권상장법인이 주주의 주식매수청구를 받고도 그 청구기간이 종료하는 날부터 1개월 이내에 해당 주식을 매수하지 않은 경우이다.

(2) 제165조의5 제4항을 위반하여 대통령령으로 정하는 기간 이내에 주식을 처분하지 아니한 경우(6호). 주권상장법인이 주주의 주식매수청구에 따라 매수한 주식을 3년 내에 처분하지 않은 경우이다.

(3) 제165조의5 제5항의 절차를 위반하여 통지 또는 공고를 하거나, 같은 항에 따른 통지 또는 공고를 하지 아니한 경우(7호). 주권상장법인이 주식매수청구권의 내용 및 행사방법을 명시해야 하는 등의 주주총회의 소집 통지 또는 공고를 하지 아니하고 주식의 포괄적 교환, 주식의 포괄적 이전, 영업의 양도, 양수 또는 임대, 합병, 분할합병을 한 경우이다.

4. 주식의 발행 및 배정 등에 관한 특례

(1) 제165조의6 제2항을 위반하여 실권주의 발행을 철회하지 아니한 경우(8호). 주권상장법인이 금융위원회가 정한 실권주 발행의 예외로서 가격조건 및 취득자 조건에 부합하지 아니함에도 실권주를 발행할 경우이다.

(2) 제165조의6 제3항을 위반하여 신주인수권증서를 발행하지 아니하거나 유통될 수 있도록 하지 아니한 경우(9호).

(3) 제165조의6 제4항을 위반하여 불특정 다수인(해당 주권상장법인의 주식을 소유한 자를 포함한다)에게 신주를 배정한 경우(10호).

5. 우리사주조합원에 대한 우선배정 특례

제165조의7을 위반하여 우리사주조합원에 대하여 주식의 배정을 한 경우(11호). 주권상장법인이 우리사주조합원에 대한 우선배정 규정을 위반하여 우리사주조합원에 대하여 주식의 우선배정을 한 경우이다.

6. 액면미달발행의 특례

(1) 제165조의8 제1항 단서를 위반하여 액면미달의 가액으로 주식을 발행한 경우(12호). 주권상장법인이 액면미달금액의 총액에 대하여 상각(償却)을 완료하지 아니하였음에도 액면미달의 가액으로 주식을 발행한 경우이다.

(2) 제165조의8 제2항을 위반하여 최저발행가액을 정하지 아니하거나 같은 항 후단에 따른 방법에 따라 산정하지 아니한 경우(13호). 주권상장법인이 액면미달발행을 함에 있어서 최저발행가액을 정하지 아니하거나 법 시행령이 정하는 방법(법 시행령 176조의10)에 따라 최저발행가액을 산정하지 않은 경우이다.

(3) 제165조의8 제3항을 위반하여 주주총회의 결의일부터 1개월 이내에 주식을 발행하지 아니한 경우(14호). 주권상장법인이 액면미달발행을 결의를 한 후 그 주주총회의 결의일부터 1개월 이내에 주식을 발행하지 아니한 경우이다.

7. 사채의 발행 및 배정 등에 관한 특례

제165조의10을 위반하여 사채를 발행한 경우(15호). 주권상장법인이 주권 관련 사채권의 발행시주식의 발행 및 배정에 관한 특례를 준용하지 않거나, 분리형 신주인수권부사채를 발행한 경우이다.

8. 조건부자본증권의 특례

제165조의11을 위반하여 조건부자본증권 등을 발행한 경우(16호). 주권상장법인이 조건부자본증권의 발행을 위해 법 시행령이 정하는 요건과 방법 등의 기준(법 시행령 176조의12, 176조의13)에 의하지 않고 이를 발행한 경우이다.

9. 이익배당의 특례

(1) 제165조의12 제1항 및 제2항을 위반하여 이사회 결의를 거치지 아니하고 분기배당을 한 경우(17호). 주권상장법인이 각 분기말일부터 45일 이내에 이사회 결의를 거치지 아니하고 분기배당을 한 경우이다.

(2) 제165조의12 제3항을 위반하여 분기배당금을 지급하지 아니한 경우(18호). 주권상장법인이 분기배당금을 이사회 결의일부터 20일 이내에 지급하지 아니한 경우이다.

(3) 제165조의12 제5항을 위반하여 분기배당을 한 경우(19호). 주권상장법인이 해당 결산기의 대차대조표상의 순자산액이 「상법」 제462조 제1항 각 호의 금액의 합계액에 미치지 못할 우려가 있음에도 분기배당을 한 경우이다.

10. 주식배당의 특례

(1) 제165조의13 제1항을 위반하여 주식배당을 한 경우(20호). 주권상장법인이 이익배당총액을 초과하여 주식배당을 한 경우이다.

(2) 제165조의13 제2항을 위반하여 주식의 시가를 산정한 경우(21호). 주권상장법인이 주식의 시가가 액면액에 미치지 않음에도 불구하고 법 시행령이 정하는 주식의 시가 산정방법(법 시행령 176조의14)을 따르지 아니하고 시가를 산정한 경우이다.

11. 의결권 없는 주식의 특례

제165조의15 제2항을 위반하여 의결권이 없거나 제한되는 주식을 발행한 경우(22호). 주권상장법인이 법 시행령 등으로 의한 의결권 없는 주식과 상법상 의결권이 제한 또는 배제되는 주식을 합한 의결권 없는 주식의 수를 합한 총수가 발행주식총수의 2분의 1을 초과하여 의결권 없는 주식을 발행한 경우이다.

12. 주권상장법인 재무관리기준

제165조의16 제2항을 위반하여 재무관리기준에 따르지 아니한 경우(23호). 주권상장법인이 증권의 발행 및 공시 등에 관한 규정이 정하고 있는 재무관리기준에 따르지 아니한 경우이다.

13. 주식매수선택권 부여신고 등 특례

(1) 제165조의17 제1항을 위반하여 같은 항에 따른 방법에 따라 주식매수선택권 부여에 관한 신고를 하지 아니한 경우(24호). 주권상장법인이 주식매수선택권을 부여한 사실을 금융위원회와 거래소에 신고하지 아니한 경우이다.

(2) 제165조의17 제 3 항을 위반하여 사외이사의 선임·해임 또는 퇴임 사실을 신고하지 아니한 경우(25호). 주권상장법인이 사외이사의 선임·해임 또는 퇴임 사실을 금융위원회와 거래소에 신고하지 아니한 경우이다.

[초판: 송종준, 개정판: 강택신]

제165조의19(사외이사 및 상근감사에 관한 특례)

「중소기업기본법」 제 2 조에 따른 중소기업이 발행한 주권을 매매하는 대통령령으로 정하는 증권시장에 상장된 주권을 발행한 법인에 대하여는 「상법」 제542조의8(제 1 항 단서, 제 4 항 및 제 5 항은 제외한다) 및 제542조의10을 적용하지 아니한다.
[본조신설 2013. 8. 13]

본조는 2013. 8. 13.자 개정시 신설된 조항으로 「중소기업기본법」 제 2 조에서 규정하고 있는 중소기업 중 코넥스시장에 주권을 상장한 법인[1]에 대한 특례를 규정하고 있다.

코넥스시장은 유가증권시장 및 코스닥시장과 같은 자본시장법상 증권시장이므로, 코넥스시장에 상장된 회사는 주권상장법인으로서 사외이사 구성요건 및 자격요건 강화, 일정 규모 이상 회사에 대한 상근감사 및 감사위원회 설치 의무 등과 같은 상법 및 자본시장법상의 주권상장법인에 대한 특례를 적용받게 된다.[2]

다만, 자본시장법은 코넥스시장의 상장대상이 중소기업이라는 점을 감안하여 코넥스시장 상장법인에 대하여 상법 제542조의8(사외이사 구성요건 및 자격요건)과 제542조의10(상근감사 구성요건 및 자격요건)을 적용하지 않도록 위와 같은 특례를 규정함으로써 신규상장 및 상장유지에 대한 부담을 경감시키고자 하였다.

[개정판: 이서연]

---

1) 자본시장법 제165조의19의 "대통령령으로 정하는 증권시장"이란 코넥스시장을 의미한다(법 시행령 176조의19).

2) 상법 제542조의2 및 상법 시행령 제29조, 자본시장법 제165조의2.

제 4 장 장외거래 등

제166조(장외거래)

거래소시장 또는 다자간매매체결회사 외에서 금융투자상품을 매매, 그 밖의 거래를 하는 경우 그 매매, 그 밖의 거래방법 및 결제의 방법 등 필요한 사항은 대통령령으로 정한다. 〈개정 2009. 2. 3, 2013. 5. 28〉

Ⅰ. 본조의 취지

자본시장법 개정으로 대체거래소(다자간매매체결회사)를 허용함에 따라 상장기능은 없지만 매매기능을 대체할 수 있는 시장이 생겨날 수 있게 되었는데, 거래소시장을 포함한 복수체제의 거래소시장 이외에서 거래가 이루어지는 장외시장에서의 금융투자상품의 거래위험으로부터 투자자를 보호하는 것을 내용으로 하는 것이 본조의 규정이다.

개정법에서는 거래소에 대한 경쟁력 강화 및 불법 장외거래에 대한 규제를 위하여 거래소법정주의를 폐지하고 거래소허가제를 도입하는 한편(373조의 2 이하), 자본시장 인프라개혁을 위한 대체거래시스템(Alternative Trading System)[1)]을 도입하여 금융위원회의 인가를 받아 전자적 방법으로 다수의 자를 거래상대방으로 하여 상장주권 등의 매매체결업무를 수행하는 다자간매매체결회사를 설립할 수 있도록 하였다. 이러한 다자간매매체결회사가 일정한 규모 이상이 되면 금융위원회의 허가를 받아 거래소로 전환할 수 있도록 하여 복수체제의 거래소를 운영할 수 있는 근거가 마련된 것이다.

개정법에서 새로이 도입된 다자간매매체결회사란 정보통신망이나 전자정보처리장치를 이용하여 동시에 다수의 자를 거래상대방 또는 각 당사자로 하여 각 호에 의해 정의된 매매가격의 결정방법으로 증권시장에 상장된 주권, 그 밖에 대통령령으로 정하는 증권[2)]

---

1) 대체거래시스템(ATS : Alternative Trading System)은 투자자로부터 주문을 집중하고 일정한 거래원칙에 의하여 매매중개를 하는, 거래소가 아닌 증권회사가 운영하는 시스템으로서 거래소의 기능을 수행하는 거래시스템을 말한다.

2) 여기서 "대통령령으로 정하는 증권"이란 다음 각 호의 어느 하나에 해당하는 것을 말한다(법 시행령 7조의2).
   1. 주권과 관련된 증권예탁증권으로서 증권시장에 상장된 것
   2. 그 밖에 공정한 가격 형성 및 거래의 효율성 등을 고려하여 총리령으로 정하는 증권

의 매매 또는 그 중개·주선이나 대리업무를 하는 투자매매업자 또는 투자중개업자를 말하고(8조의2 5항), 지정거래소의 감시를 받게 된다(78조 3항·4항). 그리고 다자간매매체결회사는 상장기능을 하는 거래소[1]가 아니라 증권의 매매를 하는 투자매매업자 또는 투자중개업자이기 때문에 개정법 제373조의 예외조항으로 다자간매매체결회사가 제78조에 따라 다자간매매체결업무를 하는 경우는 금융투자상품시장[2]을 개설하고 운영할 수 있다.[3]

한편 사모집합투자기구를 제외한 집합투자기구 또는 정부가 소유하거나, 금융위원회의 승인을 받은 경우(예컨대 거래소, 금융기관 또는 ATS)를 제외하고, 누구든지 다자간매매체결회사의 의결권 있는 발행주식총수의 15%를 초과하여 소유할 수 없다(78조 5항). 그리고 투자자보호 및 매매체결의 안정성확보 등을 위하여 다자간매매체결회사는 매매체결대상상품의 거래량이 시행령으로 정하는 기준을 넘는 경우 경쟁매매의 방법으로 매매가격을 결정할 수 없고(8조의2 5항 1호), 경쟁매매 이외의 방법으로 매매가격을 결정하는 다자간매매체결회사는 매매체결대상상품의 거래량이 시행령으로 정하는 기준을 넘는 경우 시행령으로 정하는 조치(예, 매매체결시스템 안정성확보, 매매체결관리조직 확충 등)를 하여야 한다(78조 7항).

Ⅱ. 장외시장과 장외거래

1. 장외시장

(1) 장외시장의 특징

법조문을 있는 그대로 보면, 장외시장(場外市場, off-board market)이란 거래소시장[4] 또는 다자간매매체결회사 외에서 금융투자상품의 매매 기타 거래가 이루어지는 시장을 말한다고 할 수 있다. 그런데 장외시장은 금융투자상품 유통시장의 한 분야로서 일정한 조직과 설비를 갖춘 한국거래소시장에 대한 상대적 개념으로서, 일반적으로 한국거래소시장이 거래방법과 거래참가자의 자격 등 금융투자상품의 거래에 관련된 제반사항에 대해 엄격한 규정을 두고 조직적으로 관리하는 구체적 시장인 반면, 장외시장은 한국거래소시장 밖에서 고객과 증권회사, 증권회사 상호간 또는 고객 상호간에 개별적으로 거래가 이루어지는 비조직적인 추상적 시장이다.

한편 미국이나 유럽의 경우 국내거래시장보다 다양한 방법으로 매매 및 체결이 이루어진다. 즉, 매매체결뿐만 아니라, 상장, 공시 및 회원감리 등 자율규제 기능을 갖춘

1) '거래소'란 증권 및 장내파생상품의 공정한 가격 형성과 그 매매, 그 밖의 거래의 안정성 및 효율성을 도모하기 위하여 금융위원회의 허가를 받아 금융투자상품시장을 개설하는 자를 의미한다.
2) '금융투자상품시장'이란 증권 또는 장내파생상품의 매매를 하는 시장을 의미한다.
3) 이인형, "다자간매매체결회사 도입여건 점검," 「자본시장 Weekly」, 2013-15호(2013. 4).
4) '거래소시장'이란 증권 또는 장내파생상품의 매매를 위하여 거래소가 개설하는 금융투자상품시장을 의미한다.

전통적 의미의 정규거래소시장과 더불어 대체거래시스템(ATS)을 이용한 거래를 통하여 시장효율성의 증대가 도모되고 있다. 대체거래시스템은 장외전자거래시스템(ECN)[1]과 대량매매를 주로 취급하는 비공개주문시장(Dark Pool)로 구분되는데, 광의의 장외시장은 정규거래소시장 밖에서 금융투자상품을 거래하는 시장을 총칭하므로 ECN(장외전자거래중개시장)이나 제 3 시장(호가중개시스템)도 모두 장외시장에 해당한다. 이번 개정법에서 도입된 다자간매매체결회사의 설립은 선진자본시장의 사례를 참고로 하여 정규거래소와 더불어 대체거래시스템을 활용한 자본시장의 인프라개혁을 도모한 것이다.

장외시장은 거래방법에 따라 직접거래시장(no broker market)과 점두시장(over the counter market)으로 나뉜다. 직접거래시장은 투자자가 서로 개별적으로 접촉해 협상을 벌여 거래되는 시장이고, 점두시장은 중개기관인 증권회사의 창구에서 주식이 거래되는 시장으로 이를 일반적으로 협의의 장외시장이라고 한다. 그러나 직접거래시장은 중개업자를 통하지 않는 거래형태로서 엄밀한 의미에서 시장이라고 할 수 없기 때문에 장외시장이라고 하면 보통 점두시장(창구시장)만을 뜻하는 제한적 개념으로 사용되는 경우가 많다. 이처럼 정규시장인 거래소를 통하지 않고 증권회사의 점포 내에서 업자와 고객이 일대일로 미상장주, 채권 등을 점두거래하는 가격형성기능을 가리켜 점두시장이라고 한다. 점두시장에서 거래되는 대표적인 금융투자상품에는 점두주식과 점두파생상품 그리고 채권 등이 있다. 점두주식(over the counter stocks)은 거래소를 통하지 않고 증권회사의 점두에서 매매되는 비상장주식으로, 일정한 기준을 충족하여 공개한 등록종목과 과거에는 상장하고 있었지만 상장폐지기준에 저촉되어 상장폐지가 된 관리종목이 이에 해당된다. 점두파생상품(over the counter derivatives)은 거래소를 통하지 않고 은행이나 증권회사의 점두에서 거래되는 금융파생상품을 가리킨다. 특히 채권은 주식 등과 달리 점두거래가 대부분을 차지하고 있다.

오늘날 선진 각국에서는 이러한 장외시장을 중심으로 제도를 정비하고 거래소시장에 준하는 조직적인 대형시장으로 발전시키고 있다.[2] 장외시장은 거래소시장이 행하기

1) 장외거래의 경우 주로 비상장주식을 대상으로 하나, ECN(장외전자거래중개시장)에서는 상장주식도 거래된다. 전자증권거래네트워크(ECN : Electronic Communication Network)라고도 하고, 또한 ATS의 일종으로 컴퓨터 네트워크를 활용하여 인터넷을 기반으로 주식을 매매, 거래소시장의 기능을 수행하는 대체증권시장 또는 사이버(온라인) 증권시장이며, 사설증권거래소(PTS : personal trading system)라고도 불린다. ECN은 신속한 거래, 낮은 수수료, 거래당사자의 익명성보장 등 장점이 있으나 정부당국의 규제로부터 자유로워 이를 이용한 불법·탈법거래가 성행할 수 있다. 또 별도의 투자자보호장치가 없어 선의의 피해를 입는 투자자들이 발생할 가능성이 있다. 과거에 '한국ECN증권(주)'이 2001년 12월 14일 금융감독위원회의 의결을 거쳐 증권업 허가를 취득함으로써 2001년 12월 27일부터 국내에서 최초로 전자장외거래시장을 개설한 바 있다. 그러나 한국ECN증권(주)은 유동성의 극심한 부족으로 실패하였고 개장 3년 6개월만인 2005년 청산되고 말았다.

2) 종래에는 미국의 NASDAQ시장, 일본의 점두등록시장 및 우리나라의 주식장외시장 등에서 보는 바와 같이 각국이 제도화하여 관리하고 있었는데, 일본의 경우는 역사적으로 비상장유가증권을 증권회사의 점두에서 매매하는 시장이 자연적으로 발생하고 증권업협회의 산하에서 조직화되었지만, 2004년 점두

곤란한 부문을 수행하는 보완적 기능을 하거나, 증권가격이 형성될 때 견제적인 기능을 하기도 하고, 때에 따라서는 거래소시장과 경쟁관계가 되어 경쟁적 기능을 하는데, 이러한 기능을 통해서 비상장기업의 건전한 육성과 유통시장 규모의 확대 및 질적 향상에 기여하는 등 중요한 역할을 한다.

거래소시장과는 다른 장외시장의 특징은 다음과 같이 정리할 수 있다. ① 매매거래를 위한 일정한 장소와 시설 등이 필요 없고, 증권회사 자체가 하나의 독립적인 시장을 형성하며, 증권회사의 전국 각 지점이 장외거래장소로 사용된다. ② 다수의 매도인과 매수인의 경쟁을 통해 거래조건을 결정하는 경쟁매매가 아닌, 주로 증권회사와 거래관련 정보를 상호 교환하고 매도·매수인이 적합한 상대방을 찾아 직접 협상을 통해 가격·수량·결제시기 등 거래조건을 결정하는 상대매매를 한다. ③ 경쟁매매방식에서 특정시점의 특정종목이 단일가격인 것과는 달리, 개별 증권회사의 점두에서 개별적으로 행해지므로 동일종목이 동일시각에 거래되는 경우에도 둘 이상의 복수가격이 형성될 수 있다. ④ 비상장증권은 물론 일정 조건 하에서 상장증권도 거래하므로 거래대상 종목이 다양하다. ⑤ 거래대상이 다양하여 정보수집기회가 많고 시장동향에 정통한 증권회사가 중심이 되어 거래가 이루어진다.

(2) K-OTC 시장(Kofia Over－The－Counter Market, 프리보드가 명칭을 변경)

종전의 프리보드는 유가증권 및 코스닥 시장에 상장되지 아니한 비상장기업들의 주권을 장외에서 매매할 수 있도록 한국금융투자협회(이하, '협회'라고 한다)가 자본시장법에 근거하여 개설·운영한 새로운 증권시장으로서 법적근거를 가지고 조직화된 장외주식시장이라는 면에서 순수한 장외시장과는 구별된다.[1] 이 시장은 제 3 시장으로도 불리고 상장등록요건을 충족하지 못하여 증권시장에서 거래되지 못하거나 상장이 폐지된 주식을 거래하기 위한 시장이며, 규제를 최소화한 저비용 시장으로서 주로 벤처자금조달에 있어서 중요한 역할을 담당하였다. 본래 이 시장은 비상장주식의 거래를 가능하게 하여 자금조달기회를 부여하고 불공정거래나 사기행위로부터 투자자를 보호하기 위해 2000년 3월에 개설되었는데, 2005년 통합거래소 출범이후 명칭을 프리보드로 변경하여 운영하였다.[2] 프리보드의 거래대상은 중소기업이 중심이었는데 중소기업전용의 코넥스시장이 개설되면서 그 정체성이 모호해짐에 따라 전면적인 개편이 필요하다는 판단하에 2014년 8월 25일 K－OTC 시장으로 재탄생하였다. K－OTC는 모든 비상장주식을 투명하게 거래하는 실질적인 장으로 기능함으로써 증권회사의 수익확대와 지하경제 양성화에도 기여하는

등록시장이 면허를 취득하여 증권거래소가 되었기 때문에 현재에는 법률상의 점두매매유가증권시장에 상당하는 시장은 개설되어 있지 않다. 近藤光男/吉原和志/黒沼悦郎, 「金融商品取引法入門(第 2 版)」, 商事法務, 2011, 75頁.

1) 김용재, 「자본시장과 법(上)」, 고려대학교 출판부, 2011, 289쪽.

2) 증권법학회, 주석서 Ⅰ, 767쪽.

것을 목표로 하면서, 기업들의 신뢰도 확보와 투자자보호를 위하여 시장진입과 퇴출요건을 강화하였다. K－OTC 시장의 가장 큰 특징은 1부(상대적으로 엄격한 진입규제와 공시규제의 적용)와 2부(사실상 규제가 없이 모든 비상장법인의 주식거래가 가능)로 나누어 진입규제와 공시규제를 차별화하고 있다는 점이다. K－OTC의 매매관련제도는 프리보드와 원칙적으로 같고 거래시간 및 호가수량단위, 가격제한폭, 위탁증거금 등 세부적인 제도들 또한 종전과 동일하게 적용된다.

협회 외의 자는 증권시장 및 다자간매매체결회사 외에서 비상장주권 장외매매의 중개업무를 영위할 수 없으며(법 시행령 178조 2항), 비상장주권의 장외매매거래업무를 수행하기 위해서는 일정한 기준(법 시행령 178조 1항)에 따라야 한다. 그리고 이 시장은 협회가 제정한 장외주식의 호가중개에 관한 규정에 따라 운영되며, K－OTC시장에서 금융투자상품을 매매하기 위해서는 동 규정에 의한 거래대상종목의 신규지정을 받아야 하는데, 여기서 말하는 지정이란 프리보드에서 비상장주권의 매매가 가능하도록 협회가 K－OTC시장 호가중개종목으로 지정(승인)하는 행위로서, 정규거래소시장(유가증권시장 또는 코스닥 시장)에서의 상장과 유사한 개념이다.

2. 장외거래(over the counter transaction)

거래소시장 및 대체거래소(다자간매매체결회사) 외에서 증권이나 장외파생상품을 매매하는 경우에는 제178조 제 1 항(협회를 통한 장외거래) 및 제179조(채권중개전문회사를 통한 장외거래)에 따른 매매거래를 제외하고는 단일의 매도자와 매수자 간에 매매하는 방법으로 하여야 한다.

그런데 본래의 의미의 장외거래는 정규거래소시장 이외의 장소에서 이루어지는 증권이나 파생상품의 거래를 가리킨다. 주로 증권회사의 점두(店頭), 즉 창구를 통하여 증권업자와 고객 사이에 이루어진다는 뜻에서 점두거래라고도 한다. 매도인과 매수인이 직접 증권(현물)과 대금을 상호 교환하는 것이 특징이다. 장외거래의 경우 주로 비상장주식을 대상으로 하나, ECN(장외전자거래중개시장)에서는 상장주식도 거래되며, 상장주식 중 거래단위 미만의 단주도 장외에서 거래된다. 채권의 경우 전환사채와 일부 국공채를 제외하고 대부분 장외에서 거래되어 장외거래가 장내거래보다 많다. 장외거래에서 매매거래 및 결제방법 기타 필요한 사항 등은 금융감독위원회가 정하고 금융감독원이 감독한다.

Ⅲ. 장외거래의 방법 및 종류

장외거래는 장외거래를 필요로 하는 고객과 장외파생상품을 전문적으로 취급하는 시장조성자(market maker) 사이에서 대부분 이루어진다.

1. 장외거래의 방법

장외시장, 즉 거래소시장 및 대체거래소(다자간매매체결회사) 외에서 증권이나 장외파생상품을 매매하는 경우에는 원칙적으로 단일의 매도자와 매수자 간에 매매하는 방법으로 하여야 한다(법 시행령 177조). 여기서는 상대매매라는 거래방법을 취하는데, 구체적으로는 증권회사 등이 투자자에게 가격을 공표하고 이를 토대로 매도인과 매수인이 마주하여 매매가격을 결정하면 거래가 성립된다. 하지만 협회를 통한 장외거래(법 시행령 178조)와 채권중개전문회사를 통한 장외거래(법 시행령 179조)의 경우는 동시에 다수의 당사자를 상대로 하여 거래가 이루어지며, 시행령에서 정하는 기준을 준수하여야 한다.

2. 장외거래의 종류

(1) 협회를 통한 장외거래

협회가 증권시장에 상장되지 아니한 주권의 장외매매거래에 관한 업무를 수행하는 경우에 준수하여야 할 기준은 다음과 같다(법 시행령 178조 1항). (1) 동시에 다수의 자를 각 당사자로 하여 당사자가 매매하고자 제시하는 주권의 종목, 매수하고자 제시하는 가격(이하 "매수호가"라 한다) 또는 매도하고자 제시하는 가격(이하 "매도호가"라 한다)과 그 수량을 공표할 것, (2) 주권의 종목별로 금융위원회가 정하여 고시하는 단일의 가격 또는 당사자 간의 매도호가와 매수호가가 일치하는 경우에는 그 가격으로 매매거래를 체결시킬 것, (3) 매매거래대상 주권의 지정·해제기준, 매매거래방법, 결제방법 등에 관한 업무기준을 정하여 금융위원회에 보고하고, 이를 일반인이 알 수 있도록 공표할 것, (4) 금융위원회가 정하여 고시하는 바에 따라 재무상태·영업실적 또는 자본의 변동 등 발행인의 현황을 공시할 것 등이 그것이다. 그리고 이와 관련한 금융위원회의 고시내용 등에 대해서는 금융투자업규정에서 상세하게 규정하고 있다.

한편, 협회 외의 자는 증권시장 및 다자간매매체결회사 외에서 제 1 항에 따른 방법으로 주권 매매의 중개업무를 하여서는 아니 된다(법 시행령 178조 2항).

(2) 채권중개전문회사를 통한 장외거래

금융위원회로부터 투자중개업의 인가를 받은 채권중개전문회사가 증권시장 외에서 채무증권 매매의 중개업무를 수행하는 경우에 준수하여야 할 기준은 다음과 같다(법 시행령 179조). (1) 채무증권 매매의 중개는 매매의 중개대상이 되는 채무증권에 관하여 전문투자자[1] 간의 매매의 중개일 것, (2) 동시에 다수의 자를 각 당사자로 하여 당사자가 매

1) 전문투자자는 법 시행령 제10조 제 2 항 제 1 호부터 제17호까지의 자 및 같은 조 제 3 항 제 1 호부터 제13호까지의 자, 「우체국 예금·보험에 관한 법률」에 따른 체신관서, 그 밖에 금융위원회가 정하여 고시하는 자 등을 가리킨다(법 시행령 179조 1호).

매하고자 제시하는 채무증권의 종목(181조에 따른 환매조건부매매의 중개업무를 하는 경우에는 그 매매의 대상인 여러 종목의 채무증권을 하나의 종목으로 볼 수 있다), 매수호가 또는 매도호가와 그 수량을 공표할 것, (3) 채무증권의 종목별로 당사자 간의 매도호가와 매수호가가 일치하는 가격으로 매매거래를 체결시킬 것, (4) 업무방법 등이 금융위원회가 정하여 고시하는 기준을 충족할 것 등이 그것이다. 그리고 여기서 말하는 금융위원회가 정하여 고시하는 기준은 채권중개전문회사의 업무기준을 가리키며, 이에 대해서는 금융투자업규정에서 상세하게 규정하고 있다.

(3) 채권전문자기매매업자를 통한 장외거래

채권전문자기매매업자는 매도호가와 매수호가를 동시에 제시하는 채권과 해당 채권전문자기매매업자가 투자자에게 매도한 채권 중 어느 하나에 해당하는 채권에 대하여 투자자의 매매에 관한 청약이 있는 경우에 해당 채권전문자기매매업자가 정한 투자자별 한도 이내에서 이에 응하여야 한다(법 시행령 180조 1항). 여기서 말하는 채권전문자기매매업자는 채권을 대상으로 한 투자매매를 업으로 하는 자가 소유하고 있는 채권에 대하여 매도호가와 매수호가를 동시에 제시하는 방법으로 해당 채권의 거래를 원활하게 하는 역할을 수행하는 자로서 금융위원회가 지정하는 자를 가리킨다.

채권전문자기매매업자의 지정과 지정취소의 기준, 채권전문자기매매업자의 의무사항, 채권전문자기매매업자에 대한 지원사항, 그 밖에 채권전문자기매매업자에 관하여 필요한 사항은 금융위원회가 정하여 고시한다(법 시행령 180조 2항). 여기서 금융위원회가 정하여 고시하는 내용은 채권전문자기매매업자를 통한 장외거래에 관한 것으로서, 채권전문자기매매업자의 지정, 의무, 지원, 최소호가수량, 호가의 공시, 자격정지 및 지정취소, 거래내역의 보고 등에 관하여 금융투자업규정에서 상세하게 규정하고 있다.

(4) 환매조건부매매

환매조건부매매(repurchase agreements, RP, Repo거래)는 거래목적물을 일정기간 경과 후에 사전에 정한 가격으로 환매수할 것을 조건으로 매도하거나 환매도할 것을 조건으로 매수하는 매매계약으로서, 증권을 일정기간 경과 후 원매도가액에 이자 등 상당 금액을 합한 가액으로 환매수할 것을 조건으로 하는 매도(조건부매도)나, 증권을 일정기간 경과 후 원매수가액에 이자 등 상당 금액을 합한 가액으로 환매도할 것을 조건으로 하는 매수(조건부매수)를 가리킨다(금융투자업규정 5-1조 6호). 선진국에서의 Repo거래는 주식·CD·CP와 같은 다양한 증권을 대상으로 하지만, 한국에서는 "환매조건부채권매매"로 명명하여 거래대상증권을 채권에만 국한하고 있으므로, Repo거래가 채권을 매수(매도)하면서 정해진 날짜에 정해진 조건(가격)으로 다시 매도(매수)하기로 하는 2건의 매매계약을 매매 시에 동시에 체결하는 유가증권 매도·매수 계약을 의미하게 된다.

1) 일반투자자 등이 상대방인 경우

투자매매업자가 일반투자자 등과 환매조건부매매를 하는 경우에 준수하여야 할 기준이 있는데, 우선 국채증권, 지방채증권, 특수채증권, 그 밖에 금융위원회가 정하여 고시하는 증권을 대상으로 하면서, 금융위원회가 정하여 고시하는 매매가격으로 매매하며, 환매수 또는 환매도하는 날을 정해야 한다. 그런데 환매도일 등을 정하는 경우에 환매조건부매수를 한 증권을 환매조건부매도하려는 경우에는 해당 환매조건부매도의 환매수를 하는 날은 환매조건부매수의 환매도를 하는 날 이전으로 하여야 한다. 그리고 환매조건부매도를 한 증권의 보관·교체 등에 관하여 금융위원회가 정하여 고시하는 기준을 따라야 하는 것 등이 준수할 기준의 내용이 된다(법 시행령 181조 1항). 그러나 투자매매업의 인가를 받은 겸영금융투자업자(금융위원회가 정하여 고시하는 자는 제외한다)는 일반투자자등을 상대로 환매조건부매수업무를 영위하여서는 아니 된다(법 시행령 181조 2항).

2) 전문투자자 등이 상대방인 경우

전문투자자가 그 상호간에 투자중개업자를 통하여 환매조건부매매를 하거나 투자매매업자를 상대방으로 환매조건부매매를 한 경우(신탁업자가 신탁재산으로 환매조건부매매를 한 경우는 제외한다)에는 금융위원회가 정하여 고시하는 방법에 따라 그 대상증권과 대금을 동시에 결제하여야 한다. 다만, 금융위원회가 정하여 고시하는 경우에는 그 대상증권과 대금을 동시에 결제하지 아니할 수 있다(법 시행령 181조 3항).

(5) 증권의 대차거래

증권대차거래(securities borrowing and lending)는 증권의 보유자가 매매거래의 결제 또는 투자활동의 목적으로 증권을 필요로 하는 상대방에게 일정기간 빌려주고 배당, 유·무상증자, 이자 등의 경제적 이득을 보상받으며, 담보에 의해 대여증권의 안정성을 확보하면서 대여수수료수익을 획득하고, 차입자는 차입증권을 장내·외 시장거래의 매도에 따른 결제부족증권의 보전 및 차익거래와 같은 투자활동에 이용할 것을 목적으로 하는 전형적 증권담보거래계약이다.[1] 이 계약은 소비대차계약으로서 대여된 증권의 소유권을 차입자에게 이전하며 차입자가 모든 법적인 권한을 인수한다.[2] 즉, 증권의 보유기관(대여자)이 증권예탁원 등 중개기관의 중개를 통해 그 증권을 필요로 하는 기관(차입자)에게 일정기간 경과 후의 상환을 조건으로 빌려 주고 수수료를 받는 제도이다.

투자매매업자 또는 투자중개업자가 증권의 대차거래 또는 그 중개·주선이나 대리업무를 하는 경우에 준수하여야 할 기준이 있는데, 우선 금융위원회가 정하여 고시하는 방법에 따라 차입자로부터 담보를 받고,[3] 금융위원회가 정하여 고시하는 방법에 따라

1) 김정수, 「현대증권법원론」, 박영사, 2002, 178쪽.
2) 한국증권법학회, 전게서(2009), 771쪽.
3) 다만, 증권의 대여자와 차입자가 합의하여 조건을 별도로 정하는 대차거래로서 투자매매업자 또는

그 대상증권의 인도와 담보의 제공을 동시에 이행(다만, 외국인 간의 대차거래의 경우에는 그러하지 아니하다)하며, 증권의 대차거래 내역을 협회를 통하여 당일에 공시하여야 한다(법 시행령 182조 1항). 이것은 투자매매업자 및 투자중개업자 외의 자로서 법에 따라 설립되거나 인가를 받은 자가 증권의 대차거래 또는 그 중개·주선 또는 대리 업무를 하는 경우에도 같다(법 시행령 182조 4항). 또한 투자매매업자 또는 투자중개업자는 대차중개(금융위원회가 정하여 고시하는 대차거래 형식의 중개를 말한다)의 방법으로 대차거래의 중개를 할 수 있으며, 담보의 비율·관리, 대차거래의 공시방법 등에 관하여 필요한 사항은 금융위원회가 정하여 고시한다(법 시행령 182조 2항·3항).

(6) 기업어음증권의 장외거래

기업어음증권(commercial paper, CP)은 상거래에 수반하여 발행되고 융통되는 진성어음과는 달리 기업이 단기자금을 조달할 목적으로 신용상태가 양호한 기업이 발행한 약속어음형식의 단기채권이다. 은행 또는 종합금융회사 등에 의해 선정된 우량기업이 금융시장 실세금리 수준으로 어음을 발행하면 금융회사가 이를 인수하여 일반투자자에게 매출한다.

이 법에서는 기업어음증권을 기업이 사업에 필요한 자금을 조달하기 위하여 발행한 약속어음으로서 기업의 위탁을 받아 그 지급대행을 하는 은행법상의 은행, 한국산업은행, 중소기업은행이 내어준 것으로서 "기업은행증권"이라는 문자가 인쇄된 어음용지를 사용하는 것이라고 정의한다(법 4조 3항, 법 시행령 4조).

투자매매업자 또는 투자중개업자가 기업어음증권을 매매하거나 중개·주선 또는 대리하는 경우에 준수하여야 할 기준이 있는데, 우선 둘 이상의 신용평가회사로부터 신용평가를 받은 기업어음증권이어야 하고, 기업어음증권에 대하여 직접 또는 간접의 지급보증을 하지 아니하여야 한다(법 시행령 183조 1항). 그리고 기업어음증권의 매매 등의 방법, 신용평가 방법 등에 관하여 필요한 사항은 금융위원회가 정하여 고시하는데, 기업어음증권의 장외거래에 있어서 취급방법의 제한 등[1]과 신용평가 방법에 대해서 금융투자업규정에서 규정하고 있다(법 시행령 183조 2항, 금융투자업규정 5-28조·5-29조). 이러한 사항들은 전자단기사채등의 장외거래에 있어서도 마찬가지다(법 시행령 183조 4항).

(7) 해외시장 거래 등

일반투자자(금융위원회가 정하여 고시하는 전문투자자를 포함한다)가 해외시장에서 일정한 증권이나 파생상품의 매매거래(외국 다자간매매체결회사에서의 거래를 포함한다)를 하기 위해서는 투자중개업자를 통하여야 한다. 해외시장이란 해외의 장외시장이 아니라 해외 증권시장

투자중개업자가 필요하다고 인정하는 대차거래의 중개(법 시행령 182조 2항에 따른 대차중개는 제외한다)의 경우에는 담보를 받지 아니할 수 있다.

1) 투자매매업자 또는 투자중개업자가 기업어음증권을 매매 또는 중개하는 경우에는 투자매매업자 또는 투자중개업자가 책임을 지지 아니하는 무담보매매·중개방식으로 하고, 투자매매업자 또는 투자중개업자는 환매조건부 기업어음증권매매 등 기업어음증권을 매개로 하는 자금거래를 하여서는 아니 된다.

이나 해외 장내파생상품시장을 말하고, 일정한 증권이란 외화증권 및 장내파생상품을 가리킨다(법 시행령 184조 1항).[1]

그리고 투자중개업자가 일반투자자(금융위원회가 정하여 고시하는 전문투자자를 포함한다)로부터 이러한 해외시장에서의 매매거래(외국 다자간매매체결회사에서의 거래를 포함한다)를 수탁하는 경우에는 외국 투자중개업자 등에 자기계산에 의한 매매거래 계좌와 별도의 매매거래 계좌를 개설하여야 하는데(법 시행령 184조 2항), 이것은 투자중개업자의 투자위험으로부터 투자자의 자산을 보호하기 위한 것이다.

그 밖에 해외시장에서의 매매에 관한 청약이나 주문의 수탁, 결제, 체결결과 및 권리행사 등의 통지, 그 밖에 투자매매업자·투자중개업자의 외화증권 및 장내파생상품의 국내 거래에 관하여 필요한 사항은 금융위원회가 정하여 고시한다(법 시행령 184조 3항). 한편 금융투자업규정에는 해외시장거래 등에 관한 상세한 규정이 마련되어 있는데, 해외시장 거래에 있어서의 용어의 정의, 해외시장거래, 외화증권의 결제·결제일·매매성립결과통지·권리행사통지, 외화증권 매매를 위한 환전 및 송금 또는 수령, 해외파생상품시장거래의 계좌별 구분관리·외국환은행계좌의 지정, 해외파생상품신용거래, 해외파생상품시장거래 자금확인서·위탁증거금 또는 결제대금의 예탁시한, 외화증권 투자현황과 장내파생상품 거래현황의 보고 등에 관한 것이 이에 해당한다(금융투자업규정 5-30조에서 5-42조).[2]

(8) 그 밖에 증권의 장외거래

투자매매업자가 아닌 자는 자신이 보유하지 아니한 채권을 증권시장 및 다자간매매체결회사 외에서 매도할 수 없다(법 시행령 185조 1항).

그리고 투자매매업자는 투자자로부터 증권시장 및 다자간매매체결회사의 매매수량단위 미만의 상장주권에 대하여 증권시장 및 다자간매매체결회사 외에서 매매에 관한 청약을 받은 경우에는 이에 응하여야 한다. 다만, 그 투자매매업자가 소유하지 아니한 상장주권에 대하여 매수에 관한 청약을 받은 경우에는 이에 응하지 아니할 수 있다(법 시행령 185조 2항).

그 밖에 증권시장 및 다자간매매체결회사 외에서의 증권 등의 매매와 결제방법, 그 밖에 필요한 사항은 증권 등의 종류와 매매, 그 밖의 거래의 형태 등에 따라 금융위원회가 정하여 고시하는 방법에 따른다(법 시행령 185조 3항). 한편, 금융투자업규정에서는 채권의 장외거래에 있어서의 적용범위, 결제방법, 채권의 공매도, 매매약정단가, 매매수익률 호가 게시, 장외거래정보의 공시, 호가정보·거래내역 등의 보고 등에 관하여 규정하고 있다(동 규정 5-4조에서 5-9조).[3]

---

1) 한국증권법학회, 전게서(2009), 772쪽.
2) 상게서, 772쪽.
3) 상게서, 773쪽.

제166조의2(장외파생상품의 매매 등)

① 투자매매업자 또는 투자중개업자는 장외파생상품을 대상으로 하여 투자매매업 또는 투자중개업을 하는 경우에는 다음 각 호의 기준을 준수하여야 한다. 〈개정 2010. 3. 12〉

1. 장외파생상품의 매매 및 그 중개·주선 또는 대리의 상대방이 일반투자자인 경우에는 그 일반투자자가 대통령령으로 정하는 위험회피 목적의 거래를 하는 경우에 한할 것. 이 경우 투자매매업자 또는 투자중개업자는 일반투자자가 장외파생상품 거래를 통하여 회피하려는 위험의 종류와 금액을 확인하고, 관련 자료를 보관하여야 한다.
2. 장외파생상품의 매매에 따른 위험액(금융위원회가 정하여 고시하는 위험액을 말한다)이 금융위원회가 정하여 고시하는 한도를 초과하지 아니할 것
3. 영업용순자본이 총위험액의 2배에 미달하는 경우(겸영금융투자업자의 경우에는 금융위원회가 정하여 고시하는 경우를 말한다)에는 그 미달상태가 해소될 때까지 새로운 장외파생상품의 매매를 중지하고, 미종결거래의 정리나 위험회피에 관련된 업무만을 수행할 것
4. 장외파생상품의 매매를 할 때마다 제28조의2의 파생상품업무책임자의 승인을 받을 것. 다만, 금융위원회가 정하여 고시하는 기준을 충족하는 계약으로서 거래당사자 간에 미리 합의된 계약조건에 따라 장외파생상품을 매매하는 경우는 제외한다.
5. 월별 장외파생상품(파생결합증권을 포함한다)의 매매, 그 중개·주선 또는 대리의 거래내역을 다음 달 10일까지 금융위원회에 보고할 것
6. 다음 각 목의 어느 하나에 해당하는 장외파생상품을 신규로 취급하는 경우 협회의 사전심의를 받을 것. 다만, 대통령령으로 정하는 경우는 제외한다.
   가. 기초자산이 제4조 제10항 제4호 또는 제5호에 해당하는 장외파생상품
   나. 일반투자자를 대상으로 하는 장외파생상품

② 장외파생상품 거래의 매매에 따른 위험관리, 그 밖에 투자자를 보호하기 위하여 필요한 사항은 금융위원회가 정하여 고시할 수 있다.

③ 금융감독원장은 투자매매업자 및 투자중개업자의 장외파생상품의 매매 등과 관련하여 제1항 각 호의 기준 준수 여부를 감독하여야 한다.

[본조신설 2009. 2. 3]

Ⅰ. 본조의 취지

파생상품 등에 대한 투자자 보호제도는 상품 개발단계와 상품 판매단계로 구분하여 볼 수 있는데, 판매단계에서 일반투자자에 대해 위험회피 목적으로만 장외파생상품을 거래할 수 있도록 하고 투기목적의 장외파생상품 거래를 금지하고 있다. 본조는 투자매매업자 또는 투자중개업자가 장외파생상품을 대상으로 하여 투자매매업 또는 투자중개업을

하는 경우에 발생할 수 있는 위험을 관리하고 투자자를 보호하는데 목적이 있는 것이다.

특히 일반투자자를 상대로 한 장외파생상품거래의 경우에는 위험회피의 목적으로 거래를 하는 경우에만 장외파생상품의 매매 또는 중개를 허용하며, 장외파생상품거래의 실효성확보를 위한 규정들을 마련하고, 업무책임자의 승인, 금융감독원장의 감독의무 등을 부과하고 있다.

한편 금융환경변화를 적극적으로 수용하면서 금융관련 산업이 도약할 계기를 마련하고 투자자의 자본시장에 대한 신뢰성을 높여 공정한 시장질서를 확립하기 위하여 금융투자상품거래 청산제도 등이 도입되었다. 즉, 장외파생상품거래 등의 결제불이행 위험을 축소하기 위한 G20정상회의의 합의사항을 국내에 수용하기 위하여 금융투자업자의 채무불이행이 국내 자본시장에 중대한 영향을 줄 우려가 있는 장외파생상품의 매매 등에 대해서 금융투자상품거래 청산회사를 설치하여 의무적으로 청산하도록 하였는데(166조의3), 이에 대해서는 동법 제166조의3에서 설명하도록 한다.

Ⅱ. 장외파생상품 매매 등의 허용요건

1. 장외파생상품의 의의

파생상품은 기초자산에서 파생된 상품으로서 특히 거래소를 통하지 않고 쌍방의 합의에 의해 장외에서 거래되는 파생상품을 장외파생상품이라고 한다.

금리스왑과 선물금리 계정 등이 대표적인 장외파생금융상품(Over-The-Counter: OTC derivatives)으로 통화관련 상품인 통화스왑과 통화옵션, 금리관련 파생상품인 선도금리계약(FRA)과 금리옵션, 금리스왑, 주식관련 파생상품, 원자재관련 파생상품, 신용 파생상품 등이 이에 해당된다. 그리고 이들은 주로 거래소가 아닌 장외에서 이루어지는데 이를 장외거래라고 한다. 장외거래는 장외거래를 필요로 하는 고객과 장외파생상품을 전문적으로 취급하는 시장조성자 사이에서 대부분 이루어지며, 거래당사자에 맞추어 자유롭게 약정기간을 설정할 수 있는 등 유연성이 있고 맞춤형거래가 가능한 것이 특징이다. 이론적으로는 거래상대방 사이의 동의만 있으면 어떠한 조항도 가능하고, 거래소나 결제기구가 자금의 결제를 책임지므로 거래상대방의 신용리스크가 크게 문제되지 않는 장내거래와는 달리, 스왑거래 등의 장외거래는 상대방의 신용도에 따라 여신한도를 설정하는 등 상대매매이므로 리스크관리가 필요하다. 따라서 법은 장외파생상품거래를 하는 투자매매업자 또는 투자중개업자가 준수하여야 할 일정한 기준을 마련하고 있다.

2. 장외파생상품 매매 등의 허용요건

(1) 장외파생상품의 매매 및 그 중개·주선 또는 대리의 상대방이 일반투자자인 경

우에는 그 일반투자자가 대통령령으로 정하는 위험회피 목적의 거래를 하는 경우에 한하여 거래가 인정된다(법 166조의2 1항 1호 전단). 여기서 말하는 "대통령령으로 정하는 위험회피 목적의 거래"란 위험회피를 하려는 자가 보유하고 있거나 보유하려는 자산·부채 또는 계약 등(이하 "위험회피대상"이라 한다)에 대하여 미래에 발생할 수 있는 경제적 손실을 부분적 또는 전체적으로 줄이기 위한 거래로서 계약체결 당시 위험회피대상을 보유하고 있거나 보유할 예정이고, 장외파생거래 계약기간 중 장외파생거래에서 발생할 수 있는 손익이 위험회피대상에서 발생할 수 있는 손익의 범위를 초과하지 아니하는 거래를 가리킨다(법 시행령 186조의2). 이 경우 투자매매업자 또는 투자중개업자는 일반투자자가 장외파생상품 거래를 통하여 회피하려는 위험의 종류와 금액을 확인하고, 관련 자료를 보관하여야 한다(법 166조의2 1항 1호 후단).

(2) 장외파생상품의 매매에 따른 위험액(금융위원회가 정하여 고시하는 위험액을 말한다)이 금융위원회가 정하여 고시하는 한도를 초과하지 아니하여야 한다(1항 2호). 여기서 "금융위원회가 정하여 고시하는 위험액"이란 시장위험액, 신용위험액, 운영위험액을 합산한 금액인 총위험액이고(금융투자업규정 5-49조1항), 금융위원회가 정하여 고시하는 한도는 겸영금융투자업자 이외의 투자매매업자 또는 투자중개업자는 자기자본의 100분의 30이며, 겸영금융투자업자인 투자매매업자 또는 투자중개업자는 당해 겸영금융투자업자의 이사회에서 정한 한도를 가리킨다(금융투자업규정 5-49조 2항).

(3) 영업용순자본이 총위험액의 2배에 미달하는 경우(겸영금융투자업자의 경우에는 금융위원회가 정하여 고시하는 경우를 말한다)에는 그 미달상태가 해소될 때까지 새로운 장외파생상품의 매매를 중지하고, 미종결거래의 정리나 위험회피에 관련된 업무만을 수행하여야 한다(1항 3호). 여기서 "금융위원회가 정하여 고시하는 경우"란 영업용순자본이 당해 겸영금융투자업자에 적용되는 「금융산업의 구조개선에 관한 법률」에 따른 적기시정조치의 기준을 하회하는 경우를 가리킨다(금융투자업규정 5-49조 3항).

(4) 장외파생상품의 매매를 할 때마다 第28조의2의 파생상품업무책임자의 승인을 받아야 하는데(1항 4호 본문), 이것은 무분별한 매매로 인한 위험성을 회피하기 위한 것이다. 다만, 금융위원회가 정하여 고시하는 기준을 충족하는 계약으로서 거래당사자 간에 미리 합의된 계약조건에 따라 장외파생상품을 매매하는 경우는 제외한다(1항 4호 단서). 이와 관련하여 금융투자업규정에는 장외파생상품의 매매 시마다 요구되는 파생상품업무책임자의 승인이 불필요한 경우가 규정되어 있는데, 우선 파생상품업무책임자의 승인을 받은 기본계약서에 근거하여 체결한 장외파생상품 매매이면서, 법 제5조 제1항 제1호 또는 제3호에 따른 파생상품으로서 채권가격, 금리 또는 통화를 기초자산으로 하는 장외파생상품 매매에 해당하거나, 파생상품업무책임자로부터 위임받은 자가 승인한 매매(파생상품업무책임자에게 사후보고하는 거래에 한한다)에 해당하면 된다. 다만 승인을 위임하고자 하

는 금융투자회사는 매매금액 및 위험 등을 고려한 위임 및 사후보고에 관한 내부기준을 마련하여야 한다(금융투자업규정 5-49조 4항).

(5) 월별 장외파생상품(파생결합증권을 포함한다)의 매매, 그 중개·주선 또는 대리의 거래내역을 다음 달 10일까지 금융위원회에 보고하여야 한다(1항 5호).

(6) 장외파생상품 거래의 매매에 따른 위험관리, 그 밖에 투자자를 보호하기 위하여 필요한 사항은 금융위원회가 정하여 고시할 수 있다(2항). 그리고 금융감독원장은 투자매매업자 및 투자중개업자의 장외파생상품의 매매 등과 관련하여 제 1 항 각 호의 기준 준수 여부를 감독하여야 한다(3항). 또한 금융투자업규정에는 장외파생상품을 대상으로 하여 투자매매업 또는 투자중개업을 영위하는 금융투자업자에게 요구되는 위험관리기준에 대한 규정이 있으며(금융투자업규정 5-50조 1항·2항), 장외파생상품을 대상으로 하여 투자매매업 또는 투자중개업을 영위하는 금융투자업자에게 반기별로 종합평가를 실시하고 그 결과를 금융감독원장에게 보고하도록 하여(금융투자업규정 5-50조 3항), 장외파생상품거래에 대한 위험관리의 실효성확보를 도모하고 있다.

[초판: 송종준, 개정판: 강영기]

제166조의3(장외거래의 청산의무)

금융투자업자는 다른 금융투자업자 및 대통령령으로 정하는 자(이하 이 조에서 "거래상대방"이라 한다)와 대통령령으로 정하는 장외파생상품의 매매 및 그 밖의 장외거래(그 거래에 따른 채무의 불이행이 국내 자본시장에 중대한 영향을 줄 우려가 있는 경우로 한정하며, 이하 이 조에서 "청산의무거래"라 한다)를 하는 경우 금융투자상품거래청산회사, 그 밖에 이에 준하는 자로서 대통령령으로 정하는 자에게 청산의무거래에 따른 자기와 거래상대방의 채무를 채무인수, 경개, 그 밖의 방법으로 부담하게 하여야 한다.

제186조의3(장외거래의 청산의무) ① 법 제166조의3에서 "대통령령으로 정하는 자"란 외국 금융투자업자를 말한다.
② 법 제166조의3에서 "대통령령으로 정하는 장외파생상품의 매매 및 그 밖의 장외거래"란 원화로 표시된 원본액에 대하여 일정한 기간 동안 고정이자와 변동이자를 장래의 특정 시점마다 원화로 교환할 것을 약정하는 거래로서 기초자산, 거래의 만기 등에 관하여 금융위원회가 정하여 고시하는 요건을 충족하는 장외파생상품거래를 말한다. 다만, 법 또는 법에 상응하는 외국의 법령 등에 따라 금융투자상품거래청산회사(법 제323조의3에 따라 금융투자상품거래청산업의 인가를 받은 자를 말한다. 이하 같다)를 통한 청산이 불가능한 경우로서 금융위원회가 정하여 고시하는 거래는 제외한다.
③ 법 제166조의3에서 "그 밖에 이에 준하는 자로서 대통령령으로 정하는 자"란 외국 법령에 따라 외국에서 금융투자상품거래청산업에 상당하는 업무를 하는 자(이하 "외국금융투자상품거래청산회사"라 한다)로서 다음 각 호의 요건을 모두 충족하는 자 중에서 금융위원회가 승인하는 자를 말한다.
1. 외국금융투자상품거래청산회사가 해당 금융투자상품거래청산업에 상당하는 업무를 하기 위하여 외국금융투자감독

기관의 허가·인가 또는 승인 등을 받을 것
2. 외국금융투자상품거래청산회사가 외국금융투자감독기관으로부터 금융투자상품거래청산업에 상당하는 업무와 관련하여 적절한 감독을 받을 것
3. 금융위원회가 법 또는 법에 상응하는 외국의 법령을 위반한 외국금융투자상품거래청산회사의 행위에 대하여 법 또는 법에 상응하는 외국의 법령에서 정하는 방법에 따라 행하여진 조사 또는 검사자료를 상호주의의 원칙에 따라 외국금융투자감독기관으로부터 제공받을 수 있는 국가의 외국금융투자상품거래청산회사일 것
4. 금융위원회가 외국금융투자상품거래청산회사가 소재한 국가의 외국금융투자감독기관과 상호 정보교환 및 청산대상거래 등 금융위원회가 정하여 고시하는 사항에 관한 협력약정 등을 체결하고 있을 것

Ⅰ. 본조의 취지

2008년 리먼 쇼크이후의 글로벌 금융위기를 계기로 세계적으로 장외파생상품에 대한 중앙청산소의 도입문제가 제기되었는데, 이는 감독기관의 적절한 관리가 없는 상태에서 많은 장외상품을 금융기관이 보유하면서 하나의 금융기관의 부도가 전 세계적으로 확산되었다는 반성에서였다. 2009년 9월 피츠버그 G20에서 '장외파생상품거래의 청산기관(CCP)을 통한 청산의무화'를 합의하였고, 이것이 개정 자본시장법에 반영되어 2014년 6월 30일부터 원화IRS 거래청산이 의무화된다. 미국과 일본에서는 이미 시행되었으며, 다른 나라들도 도입을 앞두고 있다. 본조는 금융투자업자의 채무불이행이 국내 자본시장에 중대한 영향을 줄 우려가 있는 장외파생상품의 매매 등에 대해서 금융투자상품거래 청산회사를 설치하여 의무적으로 청산하도록 함으로써 장외파생상품거래 등의 결제불이행 위험을 축소하고 투자자의 자본시장에 대한 신뢰성을 높여 공정한 시장질서를 확립하기 위한 목적으로 도입된 것이다.

지금까지 금융회사는 장외파생상품을 거래할 때 다수의 거래상대방과 매번 결제를 해야 하고 결제금액이 커서 리스크가 컸는데, 중앙청산소가 도입되면 거래소에 거래업무가 집중되어 금융회사의 결제업무가 줄어드는 장점이 있다. 한국거래소는 시장참여자의 재무요건을 강화하고 사전증거금제도를 채택하여 리스크관리를 강화할 것이라고 한다.

중앙청산소는 장외파생상품의 매매거래를 중간에서 보증하며, 장외파생상품의 매도자에 대해서는 매수자가 되고 매수자에 대해서는 매도자가 되어 결재책임을 진다. 2013년 9월 11일 금융위원회가 한국거래소에 대해 장외파생상품거래 청산업의 인가를 의결하였으므로, 한국거래소가 장내와 장외에서 파생상품의 청산서비스를 제공하는 중앙청산

소(CCP : Central Counterparty)의 역할을 맡게 되고, 금융회사의 연쇄적 파산을 방지할 수 있게 된다.

중앙청산소를 이용할 수 있는 청산회원은 투자매매업 인가를 받은 은행(48개), 증권사(34개) 등이고, 결제의 안정성을 위해 청산위탁이 가능한 일반청산회원은 자본금 5000억원 이상, 자기거래만 청산이 가능한 회원은 자본금이 500억원 이상일 것을 요구한다. 자기자본비율(BIS)로는 은행은 BIS 8% 이상, 증권사는 영업용순자본비율(NCR) 250% 이상이어야 한다. 청산신청 시간은 오전 9시부터 오후 4시까지이며, 2013년 12월 2일부터 원화 이자율 스왑(IRS)에 대한 자율청산서비스를 개시한다. 여기서 말하는 IRS는 거래당사자 간 미래의 일정시점마다 고정금리와 변동금리를 교환할 것을 약정하는 계약이며, 국내는 변동금리로 CD(양도성예금증서)금리가 적용되고, 이자교환주기는 3개월이다. 약 3000조원의 IRS가 의무청산 대상이 되고 앞으로 NDF(차액결제선물환) 등으로 그 대상이 확대될 것이라고 한다.

Ⅱ. 청산의무자

본조에서 장외거래에 대한 청산의무자는 금융투자업자 및 그와 청산대상거래인 장외거래를 하게 되는 거래상대방인 다른 금융투자업자 및 대통령령으로 정하는 자이다. 시행령에 따르면 여기서 대통령령이 정하는 자란 외국 금융투자업자를 말한다(법 시행령 186조의3 1항). 법상 금융투자업자란 투자매매업, 투자중개업, 집합투자업 또는 신탁업의 인가를 받은 자이거나 투자일임업 또는 투자자문업의 등록을 한 자를 말하며(법 8조 1항), 외국 금융투자업자란 외국 법령에 따라 외국에서 금융투자업에 상당하는 영업을 영위하는 자를 말한다(법 12조 2항 1호 나목).

Ⅲ. 청산대상거래

1. 청산의무자간 거래

청산대상거래란 일단 금융투자업자와 다른 금융투자업자 또는 외국 금융투자업자간 거래를 말하는데 여기서 금융투자업자간 거래라는 문언을 가장 광의로 해석할 경우 어느 하나의 금융투자업에 일부라도 인가를 받은 자가 아래에서 설명하는 청산대상거래를 하게 되는 경우 그 금융투자업자가 인가받은 업과 관련이 있든 없든 모두 포함될 수 있다.[1] 한편 이를 가장 협의로 해석할 경우는 청산대상거래에 대한 업 인가를 받은 금융투

1) 금융투자업자도 위험회피를 위한 거래의 경우 자신이 해당 거래에 대한 업의 인가를 득하지 못한 경우에도 해당 거래에 대한 업 인가를 득한 금융투자업자와의 거래는 일반적으로 인정되고 있다(법 7조

자업자간 거래로 해석할 수도 있다.[1] 한편, 외국금융투자업자와 관련해서는 각 나라의 업 인가 제도가 각각 다른 만큼 적용에 어려움이 있을 수 있으나 원칙적으로 그 외국 금융투자업자가 해당국가에서 청산대상거래관련 업무의 인가를 받은 경우가 될 것이다.[2] 그런데 금융투자상품거래청산회사로 인가[3]받은 한국거래소의 "장외파생상품 청산업무규정"[4](이하 "규정"이라 함)에 따르면 청산회원 또는 청산위탁자가 되어야만 한국거래소를 통하여 청산을 할 수 있게 되는바(규정 2조 1항 1호), 청산회원은 장외파생상품거래[5]에 관하여 투자매매업의 인가를 받은 자(예비인가를 받은 자 또는 인가를 신청한 자도 청산회원 신청자격이 있다)[6]로서 거래소로부터 장외파생상품거래의 청산업무에 참여할 수 있는 자격을 얻은 자를 말하며(규정 2조 3호), 청산위탁자는 금융투자업 인가를 받은 자 또는 외국금융투자업자로서 자기의 명의로 성립된 청산대상거래와 관련한 결제금액 및 청산위탁증거금의 수수, 그 밖의 결제업무를 청산회원에게 위탁한 자를 말한다(규정 제2조 제4호). 그런데, 규정에 따르면 청산위탁자가 되기 위한 요건은 다시 법 제12조 제1항에 따라 금융투자업 인가를 받은 자 또는 법 제12조 제2항 제1호 나목에 따른 외국 금융투자업자일 것(규정 55조)이라고 하고 있어 결국 청산회원의 경우는 앞서 금융투자업자간 거래에 대한 협의의 해석에 따르는 것처럼 보이지만, 청산위탁자의 경우는 그러한 명시적 제한이 없어 보다 넓은 범위도 인정되는 것처럼 보이고 따라서 실무적으로 청산의무자의 범위는 청산위탁자의 범위와 일치하게 된다. 청산위탁자가 되기 위해서는 세칙에서 정하는 '서약서'를 한국거래소에 제출하여야 하는바(규정 54조 4항), 실무적으로 동 서약서 제출에 필요한 자격요건이나 첨부서류의 제한을 통해 청산위탁자의 구체적 범위를 제한할 수 있을 것이다.[7]

6항 2호).

1) 한국거래소의 'IRS CCP청산 제도 및 IT개발 관련 설명회 자료'(2012. 4. 16)인 "원화이자율스왑 CCP 청산제도 및 IT 구축방안," 2쪽을 보면 "의무청산 대상이 원화 IRS로 한정되므로 의무청산자도 '이자율이 기초자산인 장외파생상품'에 대한 투자매매업 인가자로 한정"된다고 하고 있다.

2) 한국거래소가 현재 제정 예정인 장외파생상품 청산업무규정 시행세칙에서는 서약서의 첨부서류로 외국법령에 따라 외국에서 금융투자업에 상당하는 업의 인가(예비인가, 인가신청 포함)를 증명하는 서류를 제출토록 할 예정인 것으로 알려져 있다.

3) 한국거래소는 2013년 9월 11일 금융위원회로부터 금융투자상품거래청산회사 인가를 받았다.

4) 2013년 9월 11일 제정.

5) 여기서의 장외파생상품거래라 함은 규정에 의하면 "장래의 일정기간 동안 미리 정한 가격으로 기초자산이나 기초자산의 가격·이자율·지표·단위 또는 이를 기초로 하는 지수 등에 의하여 산출된 금전등을 교환할 것을 약정하는 계약"(법 5조 1항 3호, 이하 '스왑거래'라 함) 중에서 장외에서 이루어지는 청산회원 상호간, 청산회원과 청산위탁자 간 또는 청산위탁자 상호간 행하여진 이자율스왑거래를 말한다(규정 2조 1항 1호).

6) 규정 제8조 참조.

7) 한국거래소는 현재 제정 예정인 장외파생상품 청산업무규정 시행세칙에서 서약서의 첨부서류로 금융투자업의 인가(예비인가, 인가신청 포함)를 증명하는 서류를 제출토록 할 예정인 바, 여기서 인정하는 금융투자업의 범위에 따라 청산의무자의 범위가 제한될 수 있을 것이다.

2. 청산대상거래

청산대상거래는 또한 대통령령으로 정하는 장외파생상품의 매매 및 그 밖의 장외거래(그 거래에 따른 채무의 불이행이 국내 자본시장에 중대한 영향을 줄 우려가 있는 경우로 한정됨)인데 여기서 "대통령령으로 정하는 장외파생상품의 매매 및 그 밖의 장외거래"란 원화로 표시된 원본액에 대하여 일정한 기간 동안 고정이자와 변동이자를 장래의 특정 시점마다 원화로 교환할 것을 약정하는 거래로서 기초자산, 거래의 만기 등에 관하여 금융위원회가 정하여 고시하는 요건을 충족하는 장외파생상품거래를 말한다. 다만, 법 또는 법에 상응하는 외국의 법령 등에 따라 금융투자상품거래청산회사(법 323조의3에 따라 금융투자상품거래청산업의 인가를 받은 자를 말한다. 이하 같다)를 통한 청산이 불가능한 경우로서 금융위원회가 정하여 고시하는 거래는 제외한다(법 시행령 186조의3 2항). 따라서 현재 청산대상거래는 원화이자율스왑거래[1]로 한정되고 있다. 규정은 청산대상거래를 한국거래소가 금융투자상품거래청산업무를 영위함에 있어서 한국거래소가 부담할 채무의 대상이 될 수 있는 원화이자율스왑거래를 말한다고 하고(규정 2조 1항 5호), 규정에서는 구체적으로는 다음의 요건을 갖춘 거래라고 하고 이를 "적격원화이자율스왑거래"라 한다(규정 6조 1항).

1. ISDA[2]기본계약, ISDA정의에 의거하여 체결된 원화이자율스왑거래일 것
2. 계약금액에 대한 고정금리와 변동금리를 교환하는 거래일 것
3. 대한민국 원화를 계약금액 및 결제금액의 기준통화로 할 것
4. 변동금리가 이자산출대상기간 초일의 직전 영업일(이하 이 장에서 "금리확정일"이라 한다)에 한국금융투자협회가 공시하는 세칙이 정하는 시간의 만기 91일 양도성예금증서의 연 수익률(이하 이 장에서 "기준 CD금리"라 한다)일 것
5. 계약만기가 3개월 단위로서 10년 이내일 것
6. 계약금액이 10억원 이상 1조원 이하일 것
7. 그 밖에 세칙이 정하는 요건을 충족할 것

Ⅳ. 금융투자상품거래청산회사

청산의무거래에 따른 자기와 거래상대방의 의무를 부담하는 것은 금융투자상품거래청산회사뿐만 아니라 외국에서 금융투자상품거래청산업에 해당하는 업무를 하는 자로서 외국금융투자감독기관으로부터 청산업에 관한 감독을 받는 등 일정한 요건을 갖춘 자 중

1) 장외파생상품거래 중에서 원화로 표시된 계약금액에 대하여 장래의 특정 시점마다 고정금리이자금액과 변동금리이자금액을 원화로 교환할 것을 약정하는 거래를 말한다(규정 2조 1항 2호).
2) "ISDA"란 International Swaps and Derivatives Association, Inc.(국제스왑·파생상품협회)를 말한다.

에 금융위원회가 승인하는 자도 할 수 있도록 하였는데(법 시행령 186조의3 3항), 이는 청산의무대상이 되는 거래의 구체적인 범위와 더불어 외국 금융투자상품거래청산회사의 승인요건 등을 정함으로써 장외파생상품거래의 결제불이행위험을 줄이고 국내자본시장의 효과적인 위험관리체계를 구축하기 위한 것으로 볼 수 있다.

금융위원회로부터 외국 금융투자상품거래청산회사로 승인받기 위한 신청을 위해서는 우선 ① 외국금융투자상품거래청산회사가 해당 금융투자상품거래청산업에 상당하는 업무를 하기 위하여 외국금융투자감독기관의 허가·인가 또는 승인 등을 받을 것, ② 외국금융투자상품거래청산회사가 외국금융투자감독기관으로부터 금융투자상품거래청산업에 상당하는 업무와 관련하여 적절한 감독을 받을 것, ③ 금융위원회가 법 또는 법에 상응하는 외국의 법령을 위반한 외국금융투자상품거래청산회사의 행위에 대하여 법 또는 법에 상응하는 외국의 법령에서 정하는 방법에 따라 행하여진 조사 또는 검사자료를 상호주의의 원칙에 따라 외국금융투자감독기관으로부터 제공받을 수 있는 국가의 외국금융투자상품거래청산회사일 것, ④ 금융위원회가 외국금융투자상품거래청산회사가 소재한 국가의 외국금융투자감독기관과 상호 정보교환 및 청산대상거래 등 '금융위원회가 정하여 고시하는 사항'에 관한 협력약정 등을 체결하고 있을 것 등의 요건을 모두 갖출 것이 필요하다(법 시행령 186조의3 3항). 시행령 제186조의3 제3항 제4호에서 "금융위원회가 정하여 고시하는 사항"에는 ① 금융위원회가 요청하는 외국금융투자상품거래청산회사에 대한 정보를 제공받을 수 있는 정보교환체계, ② 외국금융투자상품거래청산회사가 법 또는 법에 상응하는 외국의 법령을 위반하여 본국 정부 및 감독기관으로부터 제제를 받을 경우 지체 없이 금융위원회에 통보토록 하는 고지체계, ③ 외국금융투자상품거래청산회사가 국내 청산대상업자를 대상으로 금융투자상품거래청산업을 영위하는 경우 지체 없이 금융위원회에 통보토록 하는 고지체계, ④ 외국금융투자상품거래청산회사에 대한 금융위원회와 본국 감독당국간 현장검사 등을 포함한 감독 및 검사업무 협력체계 등이 포함되는데, 이처럼 해외 입법례를 감안하여 외국 청산회사 승인요건 중 상호협력약정 체결의 세부 내용을 정하도록 하고 있다(금융투자업규정 5-50조의2 2항).

한편, 금융위원회가 이러한 외국금융투자상품거래청산회사를 승인하는 경우에는 경영의 건전성 및 투자자보호에 필요한 조건을 붙일 수 있다(금융투자업규정 5-50조의2 3).

V. 청산방법[1]

청산대상거래의 청산방법은 해당 청산대상거래에 따른 자기와 거래상대방의 채무를

1) 청산방법의 법적 구조에 대해서는 제6편 제2장의2의 전주 중 '한국거래소의 장외파생상품청산의 법적구조'를 참조.

채무인수, 경개, 그 밖의 방법으로 부담하게 하여야 한다. 규정은 이러한 채무의 부담을 “채무부담”이라 정의하면서(규정 2조 1항 8호) 그 방법은 청산회원간에는 새로이 다음 각 호의 청산약정거래가 성립하는 것으로 한다(규정 52조 1항).

1. 청산대상거래의 일방 당사자인 청산회원과 한국거래소 간에 한국거래소의 지위가 해당 청산대상거래의 타방 당사자인 청산회원과 동일한 청산약정거래

2. 청산대상거래의 타방 당사자인 청산회원과 한국거래소 간에 한국거래소의 지위가 해당 청산대상거래의 일방 당사자인 청산회원과 동일한 청산약정거래

이 경우 규정에 의한 채무부담신청은 청산약정거래가 성립하는 것을 조건으로 청산회원간 청산대상거래를 합의 해약하는 의사표시를 상대방 청산회원에게 행한 것으로 한다(규정 52조 2항). 위탁청산약정거래의 경우에는 그 거래의 성립과 동시에 청산회원과 그의 청산위탁자 간에는 새로이 적격원화이자율스왑거래가 성립하는 것으로 본다. 이 경우 청산회원은 거래소와 성립한 위탁청산약정거래와 반대인 당사자 지위로 청산위탁자와 적격원화이자율스왑거래를 성립시킨 것으로 본다(규정 52조 3항).

[초판: 송종준, 개정판: 이헌영 · 강영기]

第167条(공공적 법인이 발행한 주식의 소유제한)

① 누구든지 공공적 법인이 발행한 주식을 누구의 명의로 하든지 자기의 계산으로 다음 각 호의 기준을 초과하여 소유할 수 없다. 이 경우 의결권 없는 주식은 발행주식총수에 포함되지 아니하며, 그 특수관계인의 명의로 소유하는 때에는 자기의 계산으로 취득한 것으로 본다.

1. 그 주식이 상장된 당시에 발행주식총수의 100분의 10 이상을 소유한 주주는 그 소유비율
2. 제 1 호에 따른 주주 외의 자는 발행주식총수의 100분의 3 이내에서 정관이 정하는 비율

② 제 1 항에 불구하고 소유비율 한도에 관하여 금융위원회의 승인을 받은 경우에는 그 소유비율 한도까지 공공적 법인이 발행한 주식을 소유할 수 있다. 〈개정 2008. 2. 29〉

③ 제 1 항 및 제 2 항에서 규정하는 기준을 초과하여 사실상 주식을 소유하는 자는 그 초과분에 대하여는 의결권을 행사할 수 없으며, 금융위원회는 그 기준을 초과하여 사실상 주식을 소유하고 있는 자에 대하여 6개월 이내의 기간을 정하여 그 기준을 충족하도록 시정할 것을 명할 수 있다. 〈개정 2008. 2. 29〉

Ⅰ. 본조의 취지

본조는 1987년 증권거래법 개정 당시에 도입된 것으로, 한국전력공사나 포항제철 등 소위 공공적 법인들의 민영화과정에서 당해 기업들의 주식을 국민들에게 매각하기 위한 목적을 위한 규정이다. 이러한 공공적 법인의 주식을 국민에게 분배하는 방식으로 민영화하면서 이들 법인이 발행한 주식을 국민주라고 불렀다. 본조는 국가기간산업 등 국민경제상 중요한 산업을 영위하는 법인의 경영권보호차원에서도 중요한 의의를 갖는 것이었다. 그런데 본조의 규정을 도입할 당시 국민주 보급을 위한 공공적 법인의 지정이 있었지만, 당시의 포항제철과 한국전력의 주식을 국민주로 보급한 이후 국민주의 주가폭락 등을 거쳐 국민주제도가 사실상 중단되었고, 현재 유일한 공공적 법인이 한국전력공사밖에 없는 현실을 감안하면 본조의 의미는 거의 퇴색되었다고 할 수 있다.

Ⅱ. 공공적 법인의 범위

공공적 법인이란 '특정한 공공목적을 위하여 특별한 법적 근거에 따라서 설립된 법인'을 말하는데, 이 법에서 말하는 공공적 법인은 '국가기간산업 등 국민경제상 중요한 산업을 영위하는 법인으로서 대통령령으로 정하는 상장법인'을 말한다(법 152조 3항). 이러한 공공적 법인이 되기 위해서는 일정한 요건을 충족하여야 하는데, ① 경영기반이 정착되고 계속적인 발전가능성이 있고, ② 재무구조가 건실하고 높은 수익이 예상되며, ③ 해당 법인의 주식을 국민이 광범위하게 분산 보유할 수 있을 정도로 커다란 자본금 규모까지 모두 갖춘 법인 중에서 금융위원회가 관계 부처장관과의 협의와 국무회의에의 보고를 거쳐 지정하게 된다(법 시행령 162조).

공공적 법인의 경우는 그 목적이 법률로써 정해져 있고, 목적 달성에 필요한 한도에서 다양한 특혜가 인정되며, 또한 국가의 특별한 감독을 받는다는 것 등에 그 특색이 있다.

현재 공공적 법인에 대하여는 외국인 전체의 주식 취득한도를 40%로 1인 취득한도는 정관이 정하는 바에 따르도록 규정하고 있으며, 또한 다른 법령에서 외국인의 주식취득을 따로 제한하고 있는 경우에는 해당 법령에서 별도로 한도를 정하고 있는데, 한국전력공사의 정관은 1인 취득한도를 3%로 규정하고 있다. 따라서 자본시장법상 공공적 법인에 해당하는 한국전력공사의 주식에 대해 3% 초과 지분을 보유하려면 금융위원회의 승인을 받아야 한다. 그 밖에도 국가기간산업에 해당하는 법인의 경우에는 경영권보호를 강화하는 세계적인 흐름을 고려하여 본조에서 말하는 공공적 범위에 포함시킬 필요성에 대해 검토할 필요가 있다.

Ⅲ. 주식소유의 제한

1. 원 칙

누구든지 공공적 법인이 발행한 주식을 누구의 명의로 하든지 자기의 계산으로 그 주식이 상장된 당시에 발행주식총수의 100분의 10 이상을 소유한 주주는 그 소유비율, 그 주주 외의 자는 발행주식총수의 100분의 3 이내에서 정관이 정하는 비율을 초과하여 소유할 수 없도록 하고 있다. 이 경우 의결권 없는 주식은 발행주식총수에 포함되지 아니하며, 그 특수관계인의 명의로 소유하는 때에는 자기의 계산으로 취득한 것으로 본다(1항). 이것은 주식소유의 편중에 따른 폐해를 방지하고 대중에 대한 주식분산을 통해 자금조달의 원활화와 자본과 경영의 분리에 의한 경영합리화를 도모하기 위하여 상장법인의 발행주식소유에 제한을 가한 것이다.[1] 이러한 소유제한의 대상은 내·외국인을 묻지 않는다. 또한 주식의 소유명의를 불문하므로 타인의 명의를 차용하거나 가설인의 명의를 사용하더라도 당해 주식을 실질적으로 소유하는 자를 기준으로 판단한다.[2]

2. 예 외

예외적으로 주식의 소유비율 한도에 관하여 금융위원회의 승인을 받은 경우에는 그 소유비율 한도까지 공공적 법인이 발행한 주식을 소유할 수 있는데(2항), 이러한 한도를 초과하여 공공적법인 발행주식을 취득하기 위해서는 금융위원회로부터 대량주식취득의 승인을 받아야 한다. 승인신청에 관해서는 금융투자업규정에 규정이 있으며, 호적등본 또는 법인등기부등본, 주식취득사유 설명서, 당해 주식발행인의 최대주주의 소유비율을 초과하여 주식을 취득하고자 하는 경우에는 최대주주의 의견서를 첨부한 승인신청서("대량주식취득승인신청서"라 한다)를 금융위원회에 제출하여야 한다(금융투자업규정 5-51조).

한편, 합병·상속 또는 유증, 준비금의 자본전입 또는 주식배당, 유상증자(주주권의 행사로 취득한 경우에 한한다), 대주주(주주 1인과 특수관계인의 소유주식수가 100분의 10 이상인 주주를 말하며, 이에 해당하는 자가 없는 경우에는 최대주주를 말한다) 외의 주주가 실권한 주식의 인수, 정부소유주식에 대한 정부로부터의 직접 취득, 정부의 취득 등의 경우에는 그 취득한 주식에 대해 금융위원회의 승인을 얻어 이를 취득한 것으로 본다(금융투자업규정 5-52조 1항). 또한 공공적법인이 주식을 상장할 당시에 총발행주식의 100분의 10 이상을 소유한 주주외의 주주가 발행주식총수의 100분의 3 이내에서 정관이 정하는 비율을 초과하여 소유하는

---

1) 재벌의 편법적인 계열사에 대한 지배력 강화 및 편법 상속·증여 수단으로 활용되는 공익법인의 규제를 강화, 자산규모 5조원 이상인 상호출자제한기업집단에 속한 회사를 지배하는 동일인의 특수관계인에 해당되는 공익법인은 취득 또는 보유 주식의 국내 계열사 주식에 대한 의결권을 제한할 필요성이 있다는 주장도 유사한 맥락이다.

2) 한국증권법학회, 전게서(2009), 777쪽.

주식은 금융위원회의 승인을 얻어 이를 취득한 것으로 본다(금융투자업규정 5-52조 2항).

그리고 금융위원회의 승인을 얻어 주식을 취득한 자(승인간주의 경우를 포함한다)는 취득기간의 종료일부터 10일 이내에 취득사실 확인서류를 첨부하여 금융위원회에 대량주식취득의 사실을 보고하는 서류(대량주식취득보고서)를 제출하여야 하는데, 이 경우 금융위원회의 승인의 내용대로 주식을 취득하지 아니한 때에는 그 사유서를 첨부하여야 한다(금융투자업규정 5-53조). 공공적법인 발행주식 취득을 신청하는 자는 대량주식취득승인신청서 및 대량주식취득보고서를 각각 2부씩 금융위원회에 제출하여야 하며, 금융위원회는 동 신청서 등을 접수일부터 3년간 공시하여야 하는데, 이러한 신청서 및 보고서의 서식 및 작성방법 등에 관하여 필요한 사항은 금융감독원장이 정한다(금융투자업규정 5-54조).

Ⅳ. 소유초과시의 의결권 제한

본조에서 규정하는 주식소유비율의 한도를 초과하여 사실상 주식을 소유하는 경우에는 그 초과분의 주식에 대해서는 의결권의 제한이나 초과분의 주식에 대한 처분명령 등의 제재가 가해진다. 우선, 주식이 상장된 당시에 발행주식총수의 10% 이상을 소유한 자는 그 소유비율, 그 주주 외의 자는 발행주식총수의 3% 이내에서 정관이 정하는 비율을 초과하여 주식을 소유한 자는 그 초과비율에 해당하는 주식에 대해서는 의결권을 행사할 수 없다(3항). 이러한 의결권행사의 제한은 주식소유비율이 한도를 초과하면 즉시 효력이 생기는 것이다.

한편, 주식소유비율의 한도를 초과하여 사실상 주식을 소유하고 있는 자에 대하여 6개월 이내의 기간을 정하여 그 기준을 충족하도록 시정할 것을 명할 수 있는데, 이처럼 시정명령의 근거규정은 있지만 초과분의 주식을 처분하는 방법 등에 대한 구체적인 내용은 언급이 없다. 그러나 이것은 명목상의 주주만이 아닌 실질적인 주주인 경우까지 포함하고 있다는 점에 비추어 본조의 실효성확보를 위해서도 필요하다고 할 수 있다. 만일 한도를 초과하여 소유하는 자가 자신과 특수한 관계에 있거나 우호적인 3자에게 처분하는 경우와 같이 실질적인 지배가 해소되지 않는 경우에는 본조의 취지를 살릴 수 없기 때문이다.

[초판: 송종준, 개정판: 강영기]

제168조(외국인의 증권 또는 장내파생상품 거래의 제한)

① 외국인(국내에 6개월 이상 주소 또는 거소를 두지 아니한 개인을 말한다. 이하 이 조에서 같다) 또는 외국법인등에 의한 증권 또는 장내파생상품의 매매, 그 밖의 거래에 관하여는 대통령령

으로 정하는 기준 및 방법에 따라 그 취득한도 등을 제한할 수 있다. 〈개정 2009. 2. 3〉

② 외국인 또는 외국법인등에 의한 공공적 법인의 주식 취득에 관하여는 제 1 항에 따른 제한에 추가하여 그 공공적 법인의 정관이 정하는 바에 따라 따로 이를 제한할 수 있다.

③ 제 1 항 또는 제 2 항을 위반하여 주식을 취득한 자는 그 주식에 대한 의결권을 행사할 수 없으며, 금융위원회는 제 1 항 또는 제 2 항을 위반하여 증권 또는 장내파생상품을 매매한 자에게 6개월 이내의 기간을 정하여 그 시정을 명할 수 있다. 〈개정 2008. 2. 29〉

④ 그 밖에 외국인 또는 외국법인등에 의한 증권 또는 장내파생상품의 매매, 그 밖의 거래와 관련하여 투자자 보호 및 건전한 거래질서를 위하여 필요한 사항은 대통령령으로 정한다.

Ⅰ. 본조의 취지

자본시장 국제화의 일환으로 1992년부터 외국인등이 국내 증권에 직접 투자할 수 있도록 자본시장이 개방되었는데, 국내기간산업 보호 등을 이유로 외국인투자를 일정부분 제한할 필요가 있었다. 또한 외국인등의 국내 자본시장에서의 거래는 자본시장법과 관련규정의 적용대상이 되지만, 더 나아가 외국인이라는 특수성에 따라 거래절차 등을 별도로 규제할 필요가 있었다. 본조는 외국인등이 국내 증권시장에서 증권 또는 장내파생상품을 매매 거래하는 경우 취득한도 등을 규정하고 거래절차에 대한 규제를 하기 위한 법적 근거가 된다.[1)]

본조의 적용대상이 되는 자는 외국인과 외국법인등(이하 '외국인 등'이라 함)이다. 외국인은 거주자개념을 사용하여 외국국적 보유자로서 국내에 6개월 이상 주소 또는 거소를 두지 아니한 개인으로 정의된다(1항). 외국법인등은 제 9 조 제16항에 정의되어 있으며, 외국 정부, 외국 지방자치단체, 외국 공공단체, 외국 법령에 따라 설립된 외국 기업, 대통령령으로 정하는 국제기구, 그 밖에 외국에 있는 법인 등으로서 대통령령으로 정하는 자를 말한다(9조 16항).

Ⅱ. 외국인등의 취득한도 제한

1. 일반적인 제한

본조 제 1 항에 의하면 대통령령이 정하는 바에 따라 외국인등이 국내에서 증권 또

1) 구증권법 제203조에 해당한다.

는 장내파생상품 매매, 그 밖의 거래를 할 때 그 취득한도를 제한할 수 있으나, 현재 시행령에서는 이러한 일반적인 제한을 두고 있지 않다.[1)]

한편, 금융위원회는 증권시장 및 파생상품시장의 안정과 투자자 보호를 위하여 필요하다고 인정하는 경우에는 증권 또는 장내파생상품(파생상품시장에서 거래되는 것에 한한다)에 대하여 업종별, 종류별 또는 종목별·품목별 취득한도를 정하여 고시할 수 있다(법 시행령 187조 2항). 그러나 현재 이러한 외국인등의 취득한도는 아래에서 보는 공공적 법인에 대한 투자한도 이외에는 마련되어 있지 않다.

2. 공공적 법인에 대한 취득한도 제한

외국인등은 금융위원회가 정하여 고시하는 경우를 제외하고는 누구의 명의로든지 자기의 계산으로 종목별 취득한도 및 1인당 취득한도를 초과하여 공공적 법인이 발행한 지분증권을 취득할 수 없다. 종목별 취득한도는 해당 종목의 지분증권 총수의 40%이며, 1인당 취득한도는 해당 공공적 법인의 정관에서 정한다(법 시행령 187조 1항). 한도초과분의 처분, 취득한도의 계산기준, 관리 등 필요한 사항은 금융위원회가 정하여 고시한다.

공공적 법인은 제167조에서 정하는데, 현재 한국전력공사 하나만이 지정되어 있다. 현재 한국전력공사의 정관에서는 제167조에 따른 1인당 주식 소유한도와 별도로 외국인에 대한 1인당 취득한도를 두고 있지 않다. 그러나 이러한 공공적 법인 지정에 따른 현행 규제로는 부족하고 일정한 기간산업의 경우 보다 적극적으로 외국인 등으로부터 경영권을 보호할 필요성이 제기되고 있다.[2)]

외국인투자촉진법에 의한 직접투자로 주식을 취득하는 경우, 주식예탁증권 및 유통주식예탁증권의 발행과 관련하여 해외예탁기관이 원주를 취득하는 경우, 내국인이 외국인으로 되는 경우, 내국민대우 외국인이 내국민대우 자격을 상실하는 경우, 해외증권의 소유자가 권리행사로 주식을 취득하는 경우, 전환사채권·신주인수권부사채권·교환사채

1) 외국인 등의 국내 증권투자에 대하여는 자본시장 개방 초기에는 투자한도가 있었으나, 점차 폐지되었다. 1992년 1월 국내 증권시장 투자를 처음 허용하면서 국내 개별 기업에 대하여 외국인 등의 총 투자한도를 발행주식 총수의 10%, 외국인 1인당 투자한도를 발행주식 총수의 3%로 제한하였다. 이후 종목별 투자한도 및 1인당 투자한도를 지속적으로 확대하여 오다가 1997년 외환위기 당시 IMF와의 협상에 따라 종목별 투자한도가 55%, 1인당 투자한도가 50%로 급격히 확대되었으며, 1998. 5. 25.자로 일반 기업에 대한 외국인 등의 종목별 주식투자한도 및 1인당 투자한도는 폐지되었다. 임재연, 「자본시장법」, 2013, 756쪽 각주 1 참조.

2) 미국에서는 1988년 외국인투자에 대하여 국가안보 심사를 거쳐 대통령이 승인을 하도록 하는 Exon-Florio 조항을 도입하여 외국인에 의한 미국 산업 인수를 제한할 근거를 두고 있으며, 2007년 외국인투자 및 국가안보법(Foreign Investment and National Security Act of 2007)을 제정하여 Exon-Florio 조항을 한층 강화하였는데, 이를 계기로 우리나라에서도 기간산업에 대한 외국인투자를 엄격하게 제한하여야 한다는 주장이 제시되었다. 성희활, "미국의 기간산업 보호와 엑슨-플로리오법," 「법학연구」 제48권 1-1호(2007), 부산대학교 법학연구소, 113쪽 이하 참조. 영국, 프랑스, 독일, 캐나다, 일본도 일정한 외국인 투자에 대하여 사전승인을 요구하는 등 규제를 할 근거를 두고 있다. 임재연, 전게서(2013), 756쪽 각주 2 참조.

권·주식매수선택권의 소유자가 권리행사로 주식을 취득하는 경우, 주주로서의 권리행사로 주식을 취득하는 경우, 상속·증여·유증으로 주식을 취득하는 경우, 외국법인이 합병으로 주식을 취득하는 경우, 그 밖에 권리행사 등 부득이한 경우로서 금융감독원장이 인정하는 경우에는 공공적 법인의 외국인등 취득한도를 초과하여 주식을 취득할 수 있다(금융투자업규정 6-2조 1항). 이 중 직접투자, 주식예탁증권 및 유통주식예탁증권과 관련하여 취득한도를 초과한 경우 이외에 1인당 취득한도를 초과하여 취득한 외국인등은 초과분을 취득한 날로부터 3개월 이내에 그 초과분을 매각하여야 한다(금융투자업규정 6-2조 3항). 이에 추가하여 주식옵션 및 주식워런트증권의 콜옵션 권리행사 또는 풋옵션 권리행사 배정으로 주식을 취득하는 경우에도 공공적 법인의 주식 취득한도를 초과할 수 있으며(금융투자업규정 6-3조 1항), 공공적 법인의 주식이 편입된 상장지수집합투자기구(ETF)를 보유한 외국인이 환매를 청구하는 경우에도 취득한도를 초과하여 공공적 법인의 주식을 취득할 수 있다(금융투자업규정 6-4조 1항). 이 경우 한도초과분을 처분하는 방법을 금융투자업규정에서 정하고 있다.

외국인 취득한도가 소진된 경우 외국인등은 해당 주식뿐만 아니라 신주인수권증서를 매수하는 것도 금지된다(금융투자업규정 6-2조 2항). 투자매매업자 및 투자중개업자는 외국인으로부터 매수주문을 받은 때에는 외국인 취득한도 초과 여부를 확인하여야 하며, 한도를 초과한 주문은 거부하여야 한다(금융투자업규정 6-6조).

3. 다른 법령에 따른 제한

자본시장법 이외에 개별 산업을 규제하는 법령에서 외국인투자를 제한하기도 한다. 예를 들면 전기통신사업법에서는 기간통신사업자의 주식에 대한 외국인 투자한도를 발행주식 총수의 49%로 제한하고(전기통신사업법 8조), 방송법에서는 방송사업자의 종류에 따라 외국인 투자한도를 달리 규정하고 있다(방송법 14조). 이러한 제한은 개별법에 따라 적용대상이 되는 외국인의 정의, 적용대상이 되는 행위, 예외규정 등이 다르게 정해져 있다.[1]

또한 외국인투자촉진법에서는 동법에 따른 직접투자에 대하여 국가의 안전과 공공질서의 유지에 지장을 주는 경우, 국민의 보건위생 또는 환경보전에 해를 끼치거나 미풍양속에 현저히 어긋나는 경우, 대한민국의 법령을 위반하는 경우에는 외국인 투자를 제한할 수 있고, 방위산업체에 대한 외국인투자에 대하여도 일정한 절차를 마련하고 있다(외국인투자촉진법 4조 2항·3항).

1) 2012년 12월말 현재 자본시장법 이외의 다른 법령에서 외국인 등의 주식 투자한도를 규정하고 있는 회사는 33개사이다. 금융감독원 금융투자감독국 증권시장팀, 「외국인 투자제도에 대한 안내서」, 2012. 12, 7쪽.

4. 증권예탁증권의 발행을 위한 지분증권취득의 승인

국내법인이 발행한 지분증권을 바탕으로 해외에서 증권예탁증권을 발행하는 경우에는 외국인등에 해당하는 해외예탁결제기관이 지분증권을 취득하고 이를 바탕으로 증권예탁증권을 발행하게 되는데, 이러한 경우에는 외국인등 취득한도를 초과하여 취득할 수 있으며, 처분의무도 발생하지 않는다(금융투자업규정 6-2조 1항 2호). 이 경우는 내국기업의 해외증권발행을 위하여 이루어지는 것이므로 외국인의 국내증권시장에서의 증권취득과 동일하게 규제하는 것이 적절하지 않기 때문이다. 그러나 해외에서 발행된 증권예탁증권을 취득한 외국인등이 원주전환을 청구하는 경우에는 결과적으로 국내 증권시장에서 주식을 취득하는 것과 동일하게 된다. 이러한 증권예탁증권의 구조를 악용하여 외국인등 취득한도를 잠탈하는 것을 막기 위하여 국내법인의 사전 동의없이 해외에서 증권예탁증권을 발행하는 것을 금지하고 있다. 즉, 외국예탁결제기관(법 296조 5호)은 해외에서 증권예탁증권을 발행할 목적으로 국내법인이 발행한 지분증권을 취득하고자 하는 경우에는 그 지분증권을 발행한 국내법인의 사전 동의를 얻어야 한다(법 시행령 187조 3항 본문).[1] 다만, 이미 발행된 증권예탁증권 중 원주로 전환된 수량 이내에서 다시 증권예탁증권을 발행할 목적으로 주식을 취득하는 경우에는 다시 동의를 받을 필요가 없다(법 시행령 187조 3항 단서, 금융투자업규정 6-9조).

Ⅲ. 외국인등의 투자절차

외국인등은 증권시장에 상장된 증권 또는 증권시장에 상장하기 위하여 모집·매출하는 증권 등 상장이 예정된 증권을 취득 또는 처분하고자 하는 경우에는 사전에 본인의 인적사항 등을 금융위원회에 등록하여야 한다. 이 경우 투자등록의 요건·방법·절차 및 등록취소 등에 관하여 필요한 사항은 금융위원회가 정하여 고시한다(법 시행령 188조 1항, 금융투 자업규정 6-10조 내지 6-13조). 또한 매매거래 계좌의 개설, 매수증권의 보관, 국내 대리인의 선임, 매매내역의 보고 등에 관하여 금융위원회가 정하여 고시하는 기준을 충족하여야 하며(법 시행령 188조 1항 1호 나목), 장내파생상품을 매매하는 경우에도 매매거래 계좌의 개설, 매매내역의 보고 등에 관하여 금융위원회가 정하여 고시하는 기준을 충족하여

1) 증권예탁증권은 (i) 발행회사가 제3자 배정에 의한 유상증자 형식으로 해외예탁기관에게 주식을 발행하고 해외예탁기관이 이를 근거로 증권예탁증권을 발행하는 신주DR, (ii) 발행회사가 보유한 자기주식을 발행회사가 해외예탁기관에 예탁하고 해외예탁기관이 이를 근거로 증권예탁증권을 발행하는 구주DR, (iii) 국내에서 이미 발행되어 유통되고 있는 주식을 해외예탁기관이 취득하여 이를 근거로 증권예탁증권을 발행하는 유통DR로 구분할 수 있다. 신주DR과 구주DR은 발행회사가 자금을 조달하기 위하여 발행을 주도하는 해외증권발행으로 외국인 취득한도를 잠탈할 염려가 없으나, 유통DR의 경우에는 이러한 우려가 있어 발행회사의 동의를 얻도록 규정한 것이다. DR의 구분에 대하여는 한국예탁결제원, 「증권예탁결제제도(전정3판)」, 616-618쪽 참조.

야 한다(법 시행령 188조 1항 2호).

외국인이 투자등록을 하면 외국인투자자등록증이 발급되고(금융투자업규정 6-11조), 그 이후의 해당 외국인등의 증권투자는 금융감독원이 운영하는 외국인투자관리시스템으로 전산관리된다. 외국인등이 상장증권을 거래하기 위하여 매매거래 계좌를 개설하는 경우에는 투자등록증을 투자매매업자 또는 투자중개업자에게 제시하여야 한다(금융투자업규정 6-14조). 외국인등이 상장증권을 매매하는 경우에는 원칙적으로 증권시장을 통하여야 하며, 장외거래는 허용하지 아니한다(법 시행령 188조 1항 1호 가목). 다만 외국인투자촉진법에 의한 직접투자, 취득한 증권의 권리로 취득하는 경우, 공개매수에 응하여 처분하는 경우 등 금융위원회가 정하여 고시하는 경우에는 증권시장 외에서 거래할 수 있다(금융투자업규정 6-7조 1항 및 2항). 증권시장 외에서의 거래는 외국인투자관리시스템으로 금융감독원장에게 신고되어야 한다(법 시행령 188조 1항 3호, 금융투자업규정 6-8조).

외국인등이 매수한 증권은 국내 보관기관을 통하여 증권예탁결제원에 예탁되어야 한다(금융투자업규정 6-21조). 또한 외국인등은 국내 보관기관으로 인정되는 자 중에서 상임대리인을 선임하여 취득증권의 권리 행사, 그 밖에 이와 관련된 사항 등을 대리하도록 하여야 한다(금융투자업규정 6-22조).

Ⅳ. 위반에 대한 제재

1. 의결권 제한

제168조 제 1 항과 제 2 항에 규정된 취득한도를 위반하여 주식을 취득한 외국인등은 그 한도초과보유주식에 대하여 의결권을 행사할 수 없다(3항 전단). 이 의결권은 금융위원회의 명령과 관계없이 위반시부터 자동적으로 그 행사가 금지된다. 그러나 의결권을 제외한 자익권과 공익권 등의 주주권은 유지·존속된다. 자본시장법이 아닌 법령에서 취득한도를 규정하고 있는 경우에는 해당 법령에서 위반에 대한 조치사항을 두고 있는데, 예를 들어 전기통신사업법의 경우에는 외국인 투자한도를 위반한 경우 의결권을 제한하고 있다(전기통신사업법 12조 1항).

2. 시정명령

금융위원회는 제 1 항과 제 2 항에 위반하여 증권 또는 장내파생상품을 매매한 자에게 6개월 이내의 기간을 정하여 그 시정을 명할 수 있다(3항 후단). 시정명령은 취득한도를 위반하여 취득한 증권 등의 매각처분명령을 말한다(금융투자업규정 6-25조 1항). 처분방법에 대하여는 달리 규정하고 있지 아니하지만, 본조의 입법취지에 비추어 증권시장을 통한 매각 또는 장외에서의 공개경쟁매각의 방식으로 처분명령을 할 수 있다고 해석하여야 할 것이다.

3. 기타 행정조치

금융감독원장은 외국인, 상임대리인, 예탁결제원, 해외예탁기관, 보관기관, 금융기관 및 상장법인 등에 외국인의 증권 매매거래, 그 밖에 투자내역에 관한 사항의 보고 및 자료제출을 요구할 수 있다(금융투자업규정 6-24조).

제168조 제1항과 제2항에 규정된 취득한도 위반 이외에, 금융위원회가 정한 투자절차를 위반한 경우에는 금융위원회는 시정을 명하거나 금융감독원장으로 하여금 투자등록 취소 등 필요한 조치를 취하게 할 수 있다(금융투자업규정 6-25조 2항). 투자등록이 취소되면 해당 외국인은 한국 증권시장에서 투자를 할 수 없게 된다.

第169조(회계감사인에 의한 감사증명)

① 이 편에 따라 금융위원회와 거래소에 재무에 관한 서류를 제출하는 자 중 대통령령으로 정하는 자는 「주식회사의 외부감사에 관한 법률」에 따라 회계감사를 받아야 한다. 다만, 기업경영 등 비밀유지 및 기업부담과 투자자 보호와의 형평 등을 고려하여 대통령령으로 정하는 사항에 대하여는 그러하지 아니하다. 〈개정 2008. 2. 29〉

② 금융위원회는 투자자 보호를 위하여 필요하다고 인정되는 경우에는 제1항에 따라 회계감사를 한 회계감사인 또는 회계감사를 받은 법인에 대하여 자료의 제출 및 보고를 명하거나, 그 밖에 필요한 조치를 할 수 있다. 〈개정 2008. 2. 29〉

③ 외국법인등이 외국 금융투자업관련 법령에 따라 회계감사를 받은 경우로서 대통령령으로 정하는 기준을 충족하였을 경우에는 제1항 본문에 따른 회계감사를 받은 것으로 본다. 이 경우 제2항은 외국 금융투자업관련 법령에 따라 회계감사를 한 회계감사인(이하 "외국회계감사인"이라 한다) 또는 회계감사를 받은 외국법인등에게 준용한다.

Ⅰ. 본조의 취지

본조는 증권의 발행시장에서 증권을 모집 또는 매출한 법인과, 발행한 증권의 소유자의 수가 상당하여 유통시장이 형성된 것으로 인정되는 법인에게 회계감사인에 의한 회계감사를 강제하고 있다. 본조에 따라 회계감사인의 감사를 받은 서류는 사업보고서 기타 자본시장법에 따라 제출하는 서류에 첨부된다. 이는 투자판단상 중요한 재무정보의 완전공시를 실현하여 투자자를 보호하기 위한 것이다. 다만 기업경영 등 비밀유지 및 기업부담과 투자자 보호와의 형평 등을 위하여 필요한 경우에는 감사증명의무를 면제하고 있으며, 외국법인 등이 외국법령에 의하여 회계감사를 받은 경우에는 감사증명을 이행한 것으로 의제하고 있다.

Ⅱ. 회계감사인에 의한 감사증명의무

1. 감사증명을 받아야 할 자의 범위

증권의 발행·유통과 관련하여 금융위원회와 거래소에 재무에 관한 서류를 제출하는 자 중에서 대통령령으로 정하는 자는 회계감사인에 의한 감사증명을 받을 의무가 있다(1항 본문). 대통령령에서는 사업보고서 제출대상법인[1]과 증권신고서를 제출하지 아니하고 모집 또는 매출을 한 법인[2]을 본조에 따라 회계감사를 받아야 하는 법인으로 정하고 있다(법 시행령 189조 1항). 사업보고서 제출대상법인은 본조에 따라 회계감사인의 감사를 받은 감사보고서를 사업보고서의 첨부서류로 제출하여야 한다(법 시행령 168조 6항 1호).[3] 제130조에 따라 증권신고서 제출이 면제된 모집 또는 매출의 경우 재무상태와 영업실적을 기재한 서류를 금융위원회에 제출하여야 하는데, 이 경우에도 본조에 따라 회계감사인의 회계감사를 받은 감사보고서를 제출하여야 한다(법 시행령 137조 1항 1호, 발행공시규정 2-17조 1항).

---

1) 사업보고서 제출대상법인은 다음 각 호의 어느 하나에 해당하는 법인을 말한다(법 159조 1항, 법 시행령 167조 1항).
   1. 다음 각 목의 어느 하나에 해당하는 증권을 증권시장에 상장한 발행인
      가. 주권 외의 지분증권[집합투자증권과 자산유동화계획에 따른 유동화전문회사등(「자산유동화에 관한 법률」 제3조에 따른 유동화전문회사등을 말한다)이 발행하는 출자증권을 제외한다]
      나. 무보증사채권(담보부사채권과 법 시행령 362조 8항에 따른 보증사채권을 제외한 사채권을 말한다)
      다. 전환사채권·신주인수권부사채권·이익참가부사채권 또는 교환사채권
      라. 신주인수권이 표시된 것
      마. 증권예탁증권(주권 또는 가목부터 라목까지의 증권과 관련된 증권예탁증권만 해당한다)
      바. 파생결합증권
   2. 제1호 외에 다음 각 목의 어느 하나에 해당하는 증권을 모집 또는 매출(법 130조 본문에 따른 모집 또는 매출을 제외한다)한 발행인(주권상장법인 또는 제1호에 따른 발행인으로서 해당 증권의 상장이 폐지된 발행인을 포함한다)
      가. 주권
      나. 제1호 각 목의 어느 하나에 해당하는 증권
   3. 제1호 및 제2호 외에 주식회사 외부감사에 관한 법률 제2조에 따른 외부감사대상 법인으로서 제2호 각 목의 어느 하나에 해당하는 증권별로 그 증권의 소유자 수(금융위원회가 정하여 고시하는 방법에 따라 계산한 수를 말한다. 이하 이 조에서 같다)가 500인 이상인 발행인(증권의 소유자 수가 500인 이상이었다가 500인 미만으로 된 경우로서 제2항 제5호에 해당하지 아니한 발행인을 포함한다)

2) 법 시행령 제167조 제1항 제2호 각 목의 어느 하나에 해당하는 증권(주권, 동 제1호 각 목의 증권)에 대하여 증권신고서를 제출하지 아니하고 모집 또는 매출을 한 법인을 말한다.

3) 그 법인의 재무제표에 대한 감사보고서를 첨부하여야 하며, 연결재무제표 작성의무가 있는 법인은 연결재무제표에 대한 감사보고서도 첨부하여야 한다(법 시행령 168조 6항 1호).

2. 감사증명의무의 면제

기업경영 등 비밀유지 및 기업부담과 투자자 보호와의 형평 등을 위하여 일정한 경우에는 감사증명의무가 면제된다(1항 단서). 이에 따라 재무에 관한 서류 중 「군사기밀보호법」 제2조에 따른 군사기밀에 해당하는 사항 및 발행인의 업무 또는 영업에 관한 것으로서 금융위원회의 승인을 받은 사항(법 시행령 131조 5항)이 기재된 부분에 대하여는 감사증명의무가 면제되며, 반기보고서 및 분기보고서 중 재무에 관한 서류에 대하여도 감사증명을 받을 의무가 면제된다(법 시행령 189조 2항). 감사보고서는 면제되지만 (i) 반기보고서는 회계감사인의 확인 및 의견표시가 있어야 하며(법 시행령 189조 2항 2호 단서), (ii) 분기보고서는 금융기관(「금융위원회의 설치 등에 관한 법률」 제38조에 따른 검사대상기관을 말한다) 또는 최근 사업연도말 현재의 자산총액이 5천억원 이상인 주권상장법인이 제출하는 경우(법 시행령 170조 1항 2호 단서)에는 역시 회계감사인의 확인 및 의견표시가 있어야 한다(법 시행령 189조 2항 2호 단서).

3. 외국법인 등에 대한 감사증명의무의 이행의제

외국법인 등이 자본시장법에 따라 사업보고서 제출의무가 있거나 제130조에 따라 소액공모서류 제출의무가 있는 경우에는 국내기업과 마찬가지로 회계감사인에 의한 감사보고서를 제출하여야 하는데, 외국법인등이 외국의 금융투자관련 법령에 따라 회계감사를 받은 경우로서 일정한 기준을 충족하였을 경우에는 「주식회사의 외부감사에 관한 법률」(이하 '외감법'이라 함)에 따른 회계감사를 받은 것으로 본다(3항 전단). 일정한 기준이라 함은 (i) 외국 법령에 따라 설립된 외국기업의 경우 외국 법령에 따라 외부감사를 받은 것을, (ii) 외국 정부, 외국 지방자치단체, 일정한 외국 공공단체 및 국제금융기구(법 시행령 제176조 1항 각호의 어느 하나에 해당하는 외국법인)의 경우에는 외국 법령 또는 설립의 근거가 되는 조약·정관·규정 등에 따라 감사를 받은 것을 말한다(법 시행령 190조 1호·2호).

다만, (i)의 외국기업의 경우에는 해당 외국기업이 채택하고 있는 회계처리기준이 외감법에 따른 국내의 회계처리기준(K-GAAP)과 다른 경우에는 그 차이의 구체적 내용과 그 차이가 당해 기업의 재무제표에 미치는 영향, 외국기업에 대하여 외감법에 따른 회계처리기준을 적용하여 비교형식으로 작성한 최근 2개사업연도의 요약재무제표 등 금융위원회가 정하여 고시하는 사항(금융투자업규정 6-28조 1항)[1]을 기재한 서류를 해당 감사보고서와 함께 제출하여야 한다(법 시행령 190조 2호 단서). 이와 같이 외국법인 등이 외국법에 따라 감

1) 그러나 외국기업이 국제회계기준위원회가 제정한 국제회계기준(IFRS) 또는 미국 내에서 일반적으로 인정되는 회계처리기준(US GAAP)에 따라 재무제표를 작성하여 당해 외국기업의 설립근거가 되는 국가의 증권관련 법령에 따라 회계감사를 받은 경우에는 이러한 사항을 기재하지 아니할 수 있다(금융투자업규정 6-28조 2항).

사를 받은 경우 외감법에 따라 다시 감사를 받는 번거로움과 비용 지출을 피하게 하여 외국법인 등의 편의를 제고하면서, 국내 투자자의 보호에 미흡하지 않도록 장치를 마련하고 있다.

Ⅲ. 자료의 제출명령 등 조치

금융위원회는 투자자 보호를 위하여 필요하다고 인정되는 경우에는 회계감사를 한 회계감사인 또는 회계감사를 받은 법인에 대하여 자료의 제출 및 보고를 명하거나, 그 밖에 필요한 조치를 할 수 있다(2항). 외국의 금융투자업관련 법령에 따라 회계감사를 한 외국 회계감사인 또는 회계감사를 받은 외국법인 등에 대하여도 마찬가지이다(3항 후단). 이는 재무에 관한 회계감사가 불충분하거나 명확하지 않을 경우에 대비하여 이를 보완하거나 필요한 조치를 취할 수 있도록 하여 투자자 보호를 강화하기 위한 것이다.

第170조(회계감사인의 손해배상책임)

① 「주식회사의 외부감사에 관한 법률」 제17조 제2항부터 제9항까지의 규정은 선의의 투자자가 사업보고서등에 첨부된 회계감사인(외국회계감사인을 포함한다. 이하 이 조에서 같다)의 감사보고서를 신뢰하여 손해를 입은 경우 그 회계감사인의 손해배상책임에 관하여 준용한다. 〈개정 2009. 2. 3., 2014. 1. 28.〉

② 제1항에 따라 배상할 금액은 청구권자가 그 증권(그 증권과 관련된 증권예탁증권, 그 밖에 대통령령으로 정하는 증권을 포함한다. 이하 이 조에서 같다)을 취득 또는 처분함에 있어서 실제로 지급한 금액 또는 받은 금액과 다음 각 호의 어느 하나에 해당하는 금액(처분의 경우에는 제1호에 한한다)과의 차액으로 추정한다.

1. 제1항에 따라 손해배상을 청구하는 소송의 변론이 종결될 때의 그 증권의 시장가격(시장가격이 없는 경우에는 추정처분가격을 말한다)
2. 제1호의 변론종결 전에 그 증권을 처분한 경우에는 그 처분가격

③ 제2항에 불구하고 제1항에 따라 배상책임을 질 자는 청구권자가 입은 손해액의 전부 또는 일부가 중요사항에 관하여 거짓의 기재 또는 표시가 있거나 중요사항이 기재 또는 표시되지 아니함으로써 발생한 것이 아님을 증명한 경우에는 그 부분에 대하여 배상책임을 지지 아니한다.

Ⅰ. 본조의 취지

본조는 사업보고서등에 첨부된 회계감사인의 감사보고서에 부실기재가 있는 경우의 손해배상책임에 대하여 규정하고 있다. 사업보고서등을 제출하는 주식회사는 대부분 「주식회사의 외부감사에 관한 법률」(이하 '외감법'이라 한다)에 따른 외부감사대상에 해당하게 되는데, 외감법에서는 외부감사인의 부실감사에 따른 책임에 대하여 별도의 규정을 두고 있다. 한편, 이러한 외부감사에 따라 작성된 감사보고서는 증권신고서와 사업보고서등에 첨부서류로 제출되며, 이 경우 증권신고서 부실기재에 따른 책임규정인 제125조와, 사업보고서등의 부실기재에 따른 책임규정인 제162조가 적용될 수 있다. 따라서 회계감사인의 부실감사에 대하여는 외감법에 따른 책임규정과 자본시장법 제125조 또는 제162조와의 관계가 문제된다. 2009년 2월 자본시장법 개정을 통하여 사업보고서등에 첨부된 감사보고서의 부실기재에 따른 회계감사인의 책임에는 제162조가 적용되지 아니하고 본조에 따라 외감법 제17조의 책임조항이 적용되게 되었다.[1] 반면 증권신고서에 첨부된 감사보고서의 부실에 대하여는 여전히 제125조와 본조에 따라 준용되는 외감법 제17조가 모두 적용될 수 있다.

Ⅱ. 손해배상책임의 성질

1. 과실책임

외감법에 의한 회계감사인(외국회계감사인도 포함)이 중요한 사항에 관하여 감사보고서에 기재하지 아니하거나 허위의 기재를 함으로써 이를 믿고 이용한 선의의 투자자에게 손해가 발생한 경우에 그 감사인은 해당 투자자에게 손해배상책임을 진다. 민법상 불법행위책임을 물으려면 투자자가 상대방의 과실과 손해액 등을 증명해야 하는데, 외감법 제17조를 준용하는 본조에 따른 책임의 성질은 투자자의 증명부담을 덜어주기 위하여 증명책임을 전환한 과실책임으로 이해된다.[2]

2. 민법상 불법행위책임과의 관계

본조에 의한 회계감사인의 부실감사책임과 민법 제750조의 일반불법행위책임과의 관계가 문제된다. 이에 대하여는 본조의 책임을 법정책임으로 파악하여 양 책임의 청구권경합을 인정하는 견해(법정책임설)[3]와 본조는 민법상의 불법행위책임에 대한 특칙으로서 법

1) 김건식/정순섭, 「새로 쓴 자본시장법(제 3 판)」, 두성사, 2013, 234쪽.

2) 강성국, "외부감사인의 제 3 자에 대한 손해배상책임," 「청연논총」 제 5 집(2008), 20쪽; 조귀장, "외부감사인의 부실감사로 인한 제 3 자에 대한 손해배상책임," 「민사판례연구」 제21집(1999), 512-513쪽.

3) 임재연, 전게서(2013), 766쪽.

조경합이 있게 되어 민법 규정의 적용은 배척된다는 견해(불법행위특칙설)[1)]가 있으나, 법원은 본조에 따른 책임과 민법상 불법행위책임은 함께 물을 수 있는 청구권 경합의 관계에 있는 것으로 보고 있다. 즉, 대법원은 1998. 4. 24. 선고 97다32215 판결에서 구 증권거래법에 따라 준용되는 외감법상의 감사인의 책임은 "손해배상책임 발생의 요건이 특정되어 있고, 그에 대한 증명책임이 전환되어 있을 뿐만 아니라 손해배상액이 추정되어 선의의 투자자가 보다 신속하게 구제 받을 수 있게 하는 한편 유가증권 시장의 안정을 도모하기 위하여 그 책임을 물을 수 있는 기간이 단기간으로 제한되어 있는 손해배상책임으로서 민법상의 불법행위책임과는 별도로 인정되는 법정책임이라 할 것이므로, 감사인의 부실감사로 인하여 손해를 입게 된 선의의 일반 주식투자자들은 감사인에 대하여 증권거래법상의 손해배상책임과 민법상의 불법행위로 인한 손해배상책임을 다 함께 물을 수 있다"고 판시하였으며, 1999. 10. 22. 선고 97다26555 판결에서 이러한 입장을 재차 확인하였다.

Ⅲ. 손해배상책임의 요건

1. 고의 또는 과실

회계감사인이 감사보고서의 부실기재에 따른 손해배상책임을 지기 위해서는 고의 또는 과실로 중요사항을 누락하거나 허위기재하여야 한다. 이 책임이 과실책임인 이상 회계감사인의 귀책사유가 요구된다.

감사보고서에 부실기재가 있으면 회계감사인의 고의 또는 과실이 추정되며, 손해배상을 구하는 투자자가 이를 증명할 필요는 없고 감사인 또는 감사에 참여한 공인회계사가 임무를 게을리하지 않았음을 증명하여야 한다(외감법 17조 7항 본문). 이러한 증명책임의 전환은 선의의 소액 투자자를 보호하기 위하여 마련된 것인데. 이를 당해 회사와 재무정보에 관한 수집·분석능력 등이 충분한 금융기관 등에게까지 획일적으로 적용한다면 악용의 우려가 있으므로 감사인을 선임한 감사대상 회사와 은행, 보험회사, 종합금융회사 및 상호저축은행에 대하여는 증명책임이 전환되지 않는다(외감법 17조 7항 단서).[2)] 따라서 감사대상 회사와 이러한 금융기관이 제170조에 따른 책임을 회계감사인에게 묻는 경우에는 회계감사인의 고의 또는 과실을 증명하여야 한다.

2. 중요사항의 부실기재

감사보고서의 모든 사항이 부실기재로 인한 책임대상이 되는 것은 아니고 감사보고서의 중요한 사항에 관하여 기재 누락이나 거짓기재가 있어야 본조에 따라 책임이 인정

1) 이준섭, "재무정보공시에 대한 외부감사인의 손해배상책임," 「상사법연구」 제17권 제 2 호(1998), 168쪽.
2) 주식회사의 외부감사에 관한 법률 2008. 3. 21. 개정이유 참조.

된다(외감법 17조 2항). 중요성을 요구하지 아니하면 배상책임이 과도하게 될 우려가 있어, 법에서 명시한 것이다.[1] 중요한 사항이 무엇인지에 대하여는 자본시장법 제47조 제3항의 "투자자의 합리적인 투자판단 또는 해당 금융투자상품의 가치에 중대한 영향을 미칠 수 있는 사항"의 정의규정이 참고가 될 수 있다. 본 항에서는 중요사항의 기재누락과 허위표시만을 규정하고 있지만 투자자에게 오해를 유발할 수 있는 기재를 한 경우에도 부실기재에 포함된다고 풀이할 것이다.[2]

감사보고서상 부실기재의 존재 및 중요성에 대하여는 손해를 입은 투자자가 증명하여야 한다. 실제로는 감독당국이나 수사기관의 발표, 또는 정정신고서의 제출에 의하여 부실기재의 존재를 알게 되는 경우가 많을 것이다.[3]

연결재무제표에 대한 감사보고서에 중요사항을 부실기재한 책임이 종속회사 또는 관계회사의 감사인에게 있는 경우에는 해당 감사인이 손해배상책임을 진다(외감법 17조 2항 단서).

3. 인과관계

감사보고서 부실기재에 대하여 투자자가 손해배상을 구하기 위하여는 (i) 부실기재를 신뢰하여 거래에 이용하였다는 거래 인과관계와 (ii) 부실기재에 따라 투자자가 손해를 입었다는 손해 인과관계의 두 단계의 인과관계가 문제된다.[4] 손해 인과관계의 증명책임은 피고인 회계감사인에게 전환된다. 회계감사인이 손해액의 전부 또는 일부가 중요사항에 관한 거짓의 표시 또는 누락으로 발생한 것임이 아님을 증명한 경우에는 그 부분에 대하여 배상책임을 면제하고 있기 때문이다(170조 3항). 손해 인과관계에 대하여는 아래 손해배상액의 산정 부분에서 다룬다.

반면, 유통시장 공시에 있어서 거래 인과관계가 요구되는지에 대하여는 투자자가 해당 회사의 정보에 접근할 수 있는 수단이 계속공시서류 이외에도 다양하게 존재하고 계속공시서류가 직접적으로 투자를 권유하기 위한 것도 아니기 때문에 거래 인과관계를 엄격하게 요구하여야 한다는 견해[5]와 투자자가 공개된 주식시장에서 상장된 증권을 거래하는 경우에는 주가형성요인에 관한 중요한 정보는 주가에 그대로 반영되므로 투자자가 주가에 따라 거래를 하였다면 주가를 형성하는 중요한 요인들에 관한 한 이를 믿고 이용한 것으로 볼 수 있으므로 거래 인과관계를 별도로 증명할 필요가 없다는 견해가 나뉜

1) 김건식/정순섭, 전게서(2013), 231쪽.
2) 법 제125조의 증권신고서 부실기재에 대한 책임에 있어서도 부실기재의 범위에 오해유발 표시를 명시적으로 포함시키지 않고 있으나, 이 경우 '오해유발표시'도 허위표시에 포함되는 것으로 해석하는 것이 보통이다. 임재연, 전게서(2013), 402쪽; 김건식/정순섭, 전게서(2013), 231쪽.
3) 임재연, 전게서(2013), 404쪽.
4) 김건식/정순섭, 전게서(2013), 242쪽.
5) 이준섭, 전게논문(1998), 16-17쪽.

다.[1] 두 번째 견해도 거래 인과관계의 요건을 전면적으로 부정하는 것은 아니며, 다만 간접사실에 의한 사실상 추정의 법리에 따라 감사보고서가 공시된 이후 주식시장에서 증권을 취득한 투자자들은 특별한 사정이 없는 한 공시된 내용이 진실한 것으로 믿고 거래를 한 것으로 추정할 수 있고, 이러한 추정을 깨기 위한 특별한 사정의 존재는 인과관계를 부정하려는 측에서 증명하여야 한다고 본다.[2]

한편, 대법원은 1997. 9. 12. 선고 96다41991 판결에서 "주식거래에 있어서 대상 기업의 재무상태는 주가를 형성하는 가장 중요한 요인 중의 하나이고, 대상 기업의 재무제표에 대한 외부감사인의 회계감사를 거쳐 작성된 감사보고서는 대상 기업의 정확한 재무상태를 드러내는 가장 객관적인 자료로서 일반투자자에게 제공·공표되어 그 주가 형성에 결정적인 영향을 미치는 것이므로, 주식투자를 하는 일반투자가로서는 그 대상 기업의 재무상태를 가장 잘 나타내는 감사보고서가 정당하게 작성되어 공표된 것으로 믿고 주가가 당연히 그에 바탕을 두고 형성되었으리라는 생각 아래 대상 기업의 주식을 거래한 것으로 보아야 한다"고 판시하여, 거래 인과관계의 증명이 없다고 판단한 원심을 파기하였으며, 그 이후에도 같은 입장을 유지하고 있다(대법원 2007. 7. 26. 선고 2006다20405 판결, 대법원 2007. 10. 25. 선고 2006다16758 판결 등).

외감법 제 2 항은 종전에는 "감사인이 중요한 사항에 관하여 감사보고서에 기재하지 아니하거나 허위의 기재를 함으로써 제 3 자에게 손해를 발생하게 한 때에는 … 책임이 있다"고 규정하고 있었으나, 1993. 12. 31. 개정으로 현행과 같이 "감사인이 … 기재를 함으로써 이를 믿고 이용한 제 3 자에게 손해를 발생하게 한 경우에는 … "이라고 규정함으로써, 거래 인과관계를 명시적으로 요구하고 있다. 그러나 개정 이후에도 판례의 태도와 같은 간접사실의 인정에 의한 사실상의 추정을 부인할 필요는 없으며, 여전히 가능하다고 할 것이다.[3]

4. 손해의 발생

투자자가 감사인에게 손해의 배상을 청구하기 위해서는 투자자에게 손해가 발생하여야 한다. 이 손해는 감사인의 부실기재와 상당한 인과관계에서 발생한 것이어야 한다. 투자자는 감사인의 부실기재로 발생한 손해를 증명하여야 하는데, 투자자의 증권 취득시점과 처분시점 또는 변론종결시점에서의 가격 차이가 손해로 추정되고 있다(17조 2항). 따라

1) 조귀장, 전게논문(1999), 529-530쪽.

2) 강성국, 전게논문(2008), 26-27쪽.

3) 이동신, "유가증권 공시서류의 부실기재에 관한 책임," 「증권거래에 관한 제문제(상)」, 재판자료 제90집(2001), 4221쪽에서는 거래인과관계에 관한 견해의 대립을 사실상의 추정의 증명도 및 반증의 정도를 판단함에 있어 고려하면 충분하다고 본다. 임재연, 전게서(2013), 441-442쪽도 견해의 대립에 불구하고 법원이 운용의 묘를 살리면 결과에 있어 큰 차이가 없을 것이라고 본다.

서 투자자는 손해를 따로 증명할 필요는 없고, 감사인이 부실기재와 원고가 주장하는 손해액 사이에 인과관계가 없음을 증명하여 손해배상 액수를 줄일 수 있다(증명책임의 전환).

5. 증명책임

민법상의 불법행위책임을 추궁하는 경우에는 투자자가 감사인의 고의 또는 과실, 부실기재와 손해 사이의 인과관계, 손해액에 대하여 모두 주장 및 증명책임을 부담한다.[1] 그러나 본조에 따라 준용되는 외감법 제17조에 의한 책임을 추궁하는 경우에는 투자자는 중요사항의 부실기재와 손해발생의 사실만 증명하면 된다. 감사인의 고의 또는 과실에 대하여는 면책을 주장하는 감사인에게 증명책임이 있으며, 손해배상액도 추정되므로 부실기재와 손해 간의 인과관계, 즉 손해인과관계의 존재를 증명할 책임은 투자자가 부담하지 아니하고 추정된 액수보다 손해가 적다고 주장하는 감사인에게 증명책임이 있다.

Ⅳ. 손해배상액의 산정

1. 자본시장법상의 산정 기준

감사보고서의 부실기재에 따라 감사인이 배상할 금액은 증권(회계감사를 받는 법인이 발행한 증권과 관련된 증권예탁증권, 기타 그 증권과 교환을 청구할 수 있는 교환사채권 및 그 증권과 그 교환사채권만을 기초 자산으로 하는 파생결합증권을 포함)의 취득 또는 처분시 실제로 지급한 금액 또는 받은 금액에서 손해배상청구소송의 변론이 종결될 때에의 그 증권의 시장가격(시장가격이 없는 경우에는 추정처분가격), 또는 변론종결 전에 증권을 처분한 때에는 그 처분가격과의 차액으로 추정한다(2항).[2] 다만 회계감사인이 손해액의 전부 또는 일부가 허위로 기재·표시하거나 중요한 사항을 기재·표시하지 아니함으로써 발생한 것이 아님을 증명한 경우에는 그 부분에 대하여 배상책임을 지지 아니한다(3항). 말하자면 일단 유가증권의 취득가액에서 변론종결 당시까지 그 취득자가 보유하고 있는 것으로 확인되는 금액을 공제한 차액을 전부 손해로 보되, 그 차액 중 회계감사인이 다른 요인에 의하여 생긴 것을 증명하는 부분은 손해에서 공제하는 방법으로 손해배상액을 산정하도록 한 것으로, 투자자로서는 차액만 증명하면 되고 그 중 인과관계가 없는 부분의 증명은 상대방이 하도록 함으로써 투자자의 손해액과 손해 인과관계에 대한 주장 및 증명을 간명하게 하고 그 증명책임을 완화시키고 있다.[3] 그런데 이 기준을 적용하면 부실기재된 사항이 호재인지 악재

---

1) 대법원 1997. 9. 12. 선고 96다41991 판결.

2) 구증권법 제15조(법 제126조)의 손해배상액 산정규정에 대한 위헌심사에서 헌법재판소는 동 규정을 손해배상액에 대한 간주규정이 아니라 추정규정으로 해석하는 경우 이는 입법권의 침해에 해당하지 않는다고 결정하였는데(헌재 1996. 10. 4. 94헌가8), 이를 입법에 반영하여 추정규정임을 명시한 것이다.

3) 강성국, 전게논문(2008), 29쪽. 대법원 2007. 10. 25. 선고 2006다16758, 16765 판결에서는 “거래소에서

인지를 구분하지 않고 결과적으로 차액이 발생하면 손해액이 있는 것으로 추정이 된다. 즉, 부실기재 감사보고서의 공시 후 증권을 취득하면서 지급한 금액(100만원)보다 변론종결 이전의 처분가격(50만원) 또는 변론종결시의 시장가격(50만원)이 낮은 경우에는 그 차액(50만원)이 손해액으로 추정된다(2항 1호). 또한 부실기재 감사보고서의 공시 후 증권을 처분하고 받은 금액(100만원)보다 변론종결시의 시장가격(150만원)이 높은 경우에는 그 차액(50만원)이 손해액으로 추정된다(2항 2호).

한편, 손해 인과관계의 부존재를 회계감사인이 증명하여야 하는데, '손해 인과관계의 부존재사실'의 증명과 관련하여 대법원 2007. 10. 25. 선고 2006다16758, 16765 판결은 "직접적으로 문제된 당해 허위공시 등 위법행위가 손해 발생에 아무런 영향을 미치지 아니하였다는 사실이나 부분적 영향을 미쳤다는 사실을 증명하는 방법 또는 간접적으로 문제된 당해 허위공시 등 위법행위 이외의 다른 요인에 의하여 손해의 전부 또는 일부가 발생하였다는 사실을 증명하는 방법"으로 증명이 가능하다고 보았으며, "허위공시 등 위법행위가 시장에 알려지기 이전의 자료를 기초로 하여 그 위법행위가 공표되지 않았다고 가정하였을 경우 예상할 수 있는 기대수익률 및 정상주가를 추정하고 그 기대수익률과 시장에서 관측된 실제 수익률의 차이인 초과수익률의 추정치를 이용하여 그 위법행위의 공표가 주가에 미친 영향이 통계적으로 유의한 수준인지 여부를 분석하는 사건연구(event study) 방법"을 사용하는 것도 인정하였다. 그러나 "손해액 추정조항의 입법 취지에 비추어 볼 때 허위공시 등의 위법행위 이후 매수한 주식의 가격이 하락하여 손실이 발생하였는데 그 가격 하락의 원인이 문제된 당해 허위공시 등 위법행위 때문인지 여부가 불분명하다는 정도의 증명만으로는 위 손해액의 추정이 깨어진다고 볼 수 없다"고 판시하였다. 그럼에도 불구하고 이 사건에서 대법원은 "일반적으로 분식회계 및 부실감사 사실이 밝혀진 이후 그로 인한 충격이 가라앉고 그와 같은 허위정보로 인하여 부양된 부분이 모두 제거되어 일단 정상적인 주가가 형성되면 그와 같은 정상주가의 형성일 이후의 주가변동은 달리 특별한 사정이 없는 한 분식회계 및 부실감사와 아무런 인과관계가 없다고 할 것"이라고 보아, 매수가격에서 추정된 손해액에서 정상주가와 실제 처분가격(또는 변론종결일의 시장가격)과의 차액 부분에 대하여는 인과관계 부존재가 증명되었다고 보았다.

집중적·대량적으로 이루어지는 매매에 따라 형성되는 주식의 가격은 주식시장 내부에서의 주식물량의 수요·공급과 주식시장 외부의 각종 여건 등 매우 다양한 요인에 의하여 결정되는 지극히 가변적인 성질을 지니고 있기 때문에, 주가의 등락분 중 허위기재 등으로 인한 하락분을 가려내어 그 인과관계를 증명한다는 것은 결코 쉬운 일이 아니다. 이와 같이 어려운 손해의 증명책임을 손해배상의 일반원칙에 따라 주식 취득자에게 부담시키는 것은 사실상 손해배상의 청구를 곤란하게 만드는 셈이 된다. 그래서 법은 투자자 보호의 측면에서 투자자가 손해배상청구를 가능한 한 쉽게 할 수 있도록 증명책임을 전환하여 손해배상의무자에게 무과실의 증명책임을 부담시키고 있을 뿐만 아니라, 나아가 손해액에 관한 추정규정을 두어 손해배상의무자가 손해와 사이의 인과관계의 부존재를 증명하지 못하는 한 투자자는 원칙적으로 법정 추정액의 손해배상을 받을 수 있도록 하고 있는 것이다"고 판시하였으며, 감사인의 손해배상책임에 대하여도 같은 취지에서 손해배상액을 추정한다고 보았다.

2. 민법상의 산정 기준

본조에 의한 손해배상책임 이외에 따로 민법 제750조의 불법행위에 기한 손해배상청구권을 행사하는 경우에는 손해배상액 추정규정이 적용되지 않는다. 이 경우의 손해액에 대하여 대법원은 "분식결산 및 부실감사로 인하여 상실하게 될 주가상당액"으로 보고 이는 "분식결산 및 부실감사가 밝혀져 거래가 정지되기 전에 정상적으로 형성된 주가와 분식결산 및 부실감사로 인한 거래정지가 해제되고 거래가 재개된 후 계속된 하종가를 벗어난 시점에 정상적으로 형성된 주가의, 또는 그 이상의 가격으로 매도한 경우에는 그 매도가액과의 차액상당"이라고 인정하였다.[1)]

3. 손해배상공동기금의 적립 등

회계감사인에 의한 감사보고서 부실기재로 인한 손해배상책임을 보장하기 위하여 외감법은 손해배상공동기금의 적립 또는 보험가입 등 필요한 조치를 하도록 의무화하고 있다(외감법 17조 8항). 그리하여 외감법은 회계법인에게 한국공인회계사회에 손해배상공동기금을 적립하도록 요구하고 있고(외감법 17조의2 1항), 그 적립한도와 적립금액 등을 규정하고 있다(동조 2항). 공인회계사법도 회계법인은 매사업연도 매출액의 2%에 해당하는 금액을 손해배상준비금으로 적립하도록 규정하고 있다(공인회계사법 28조). 회계법인이 손해배상책임보험에 가입한 경우에는 동법인은 기본적립금 외에 연간적립금을 따로 적립하지 않을 수 있다(외감법 17조의2 1항 단서). 손해배상공동기금은 원칙적으로 양도하거나 담보로 제공할 수 없으며, 압류대상도 되지 않는다(외감법 17조의2 3항).

Ⅴ. 면책항변

1. 악의의 항변

회계감사인이 부실기재에 의한 손해배상책임을 면하기 위해서는 투자자가 부실기재 사실을 알면서(악의) 증권을 취득하거나 처분하였음을 증명하여야 한다. 이 책임규정은 선의의 투자자에게만 적용되기 때문이다(1항).

2. 무과실의 항변

감사인 또는 감사에 참여한 공인회계사가 그 임무를 게을리하지 아니하였음을 증명하

1) 대법원 1997. 9. 12. 선고 96다41991 판결. 이 판결의 손해배상액 인정에 대한 비판은 김건식, "외부감사인의 부실감사로 인한 손해배상책임," 「상사판례연구」 Ⅳ권(2000), 255-256쪽; 이준섭, 전게논문(1998), 174쪽 이하 참조.

는 경우에는 손해배상책임을 지지 아니한다(외감법 17조 7항 본문). 회계감사인의 고의 또는 과실은 추정되므로 투자자가 이를 증명할 필요가 없고 책임을 면하려는 회계감사인이 증명책임을 부담하는 것이다. 그러나 감사인을 선임한 감사대상 회사와 은행, 보험회사, 종합금융회사 및 상호저축은행에 대하여는 증명책임이 전환되지 않는다(외감법 17조 7항 단서).

회계감사인으로 감사업무를 수행함에 있어 주의의무를 다하였다면 면책될 수 있을 것이나, 단순히 회사가 제공하는 자료에 기초하여 감사업무를 수행하였다는 정도로는 면책이 된다고 할 수 없다. 한 예로 대법원 2002. 9. 24. 선고 2001다9311 판결에서는 회계감사인의 면책항변에 대하여 감사기간이 3일에 불과하여 실질적인 감사가 이루어졌다고 인정하기 어려운 점, 표본조사만을 시행하고 전체적이고 실질적인 감사는 하지 않은 점, 피고 회계법인이 감사를 맡은 시점 이전의 재무제표의 진실성 및 그 기초자료의 객관성에 대하여 회사로부터 재무확인서를 받은 이외 다른 조치는 취하지 않은 점, 피고 회계법인이 감사보고서상 매출을 계산한 근거는 회사의 보조원장, 부가가치세신고서 등의 서류들만 검토하고 그 이외 객관적으로 매출을 조사하지 않은 점, 피고 회계법인은 당시 회사의 자산규모에 비추어 상당한 액수의 대표이사 대여금이 있다는 사실을 듣고서도 대표이사의 확인서만 받은 채 그 진실성 및 실질적인 내용은 전혀 파악하지 않은 점 등에 비추어 회계감사인이 상당한 주의를 다하였다고 인정하기 어렵다고 판단하였다.

연결재무제표에 대한 감사보고서의 부실기재의 경우 지배회사의 회계감사인은 부실기재의 책임이 종속회사 또는 관계회사의 감사인에게만 있음을 증명하면 책임을 면할 수 있을 것이다(외감법 17조 2항 단서).

3. 인과관계 부존재의 항변

배상책임을 질 자는 청구권자가 입은 손해액의 전부 또는 일부가 중요사항에 관하여 거짓의 기재 또는 표시가 있거나 중요사항이 기재 또는 표시되지 아니함으로써 발생한 것이 아님을 증명한 경우에는 그 부분에 대하여 배상책임을 지지 아니한다(3항). 여기의 인과관계는 부실기재와 손해발생 사이의 인과관계, 즉 손해인과관계를 의미한다. 이 손해인과관계는 부실기재와 손해가 인정되면 추정되는 것이므로 그 부존재에 대한 증명책임은 회계감사인에게 전환된다.

또한 회계감사인은 투자자가 감사보고서의 부실기재사실을 알면서 증권을 취득하거나 처분하였음을 증명하면 손해배상책임을 지지 않는다. 거래 인과관계의 존재가 사실상 추정되므로, 회계감사인이 사실상 추정을 깨뜨릴 특별한 사정을 증명하여야 한다.

Ⅵ. 책임의 분배

1. 연대책임

회계감사인이 회계법인인 경우에는 해당 회계법인이 책임을 부담하며, 공인회계사법에 따라 등록한 감사반인 경우에는 그 감사에 참여한 공인회계사가 연대하여 손해배상책임을 진다(외감법 17조 3항·1항후단). 그런데 감사보고서의 부실기재에 대하여 외부감사대상인 당해 회사의 이사, 감사 또는 감사위원회 위원도 그 책임이 있는 때에는 그 감사인과 해당 이사, 감사 또는 감사위원회 위원은 연대하여 손해배상책임을 진다(1항, 외감법 17조 4항). 그리고 연결재무제표에 대한 감사보고서에 중요사항을 부실기재한 책임이 종속회사 또는 관계회사의 감사인에게도 있는 경우에는 해당 감사인도 손해배상책임을 지는데(외감법 17조 2항 단서), 당해법인의 회계감사인도 과실이 있다면 연대하여 책임을 부담한다. 이러한 책임은 부진정연대책임이다.

감사보고서의 대상이 된 재무정보 이외에 사업보고서등에 기재된 내용에도 부실기재가 있어 당해 회사의 이사 등 일정한 자가 제162조에 따라 손해배상책임을 부담하는 경우에도 손해액은 동일하게 추정되므로, 회계감사인과 제162조에 따른 손해배상책임자의 책임은 부진정연대관계가 될 것이다.[1)]

2. 비례책임의 도입

위에서 본 연대책임 원칙은 손해배상 책임을 부담하는 자의 고의가 인정될 경우에만 적용되고, 고의가 인정되지 않는 경우에는 법원이 귀책사유에 따라 정하는 책임비율에 따라 손해배상책임을 부담한다(외감법 17조 4항 단서). 이러한 비례책임제도는 2013년 12월 30일 외감법 개정으로 도입되었는데, 그 취지는 회사의 내부자인 이사나 감사, 감사위원회 위원과 달리 회사로부터 독립적인 외부감사인은 한정된 기간 동안 일정한 감사절차에 따라 전수조사를 하지 않고 감사를 실시하므로 손해에 대한 기여도가 제한적임에도 불구하고, 손해 전액에 대하여 연대책임을 부담시키는 것은 다른 전문자에 대한 책임과 비교할 때 적절하지 않고, 과실의 정도가 높은 행위자보다 과실은 경미하지만 상대적으로 지급능력이 있는 자가 우선적으로 배상책임 전부를 부담하는 문제(이른바 deep pocket)가 발생하므로, 회계감사인은 법원이 결정하는 기여 정도에 비례하여 책임을 부담하도록 하여 책임 부담에 형평성을 기한다는 것이다.[2)]

1) 증권신고서 및 증권신고서에 첨부된 감사보고서의 부실기재에 따른 책임추궁에 있어, 감사보고서에 허위의 기재가 있고 이를 작성한 회계법인을 손해배상의 책임주체로 인정한 후, 감사보고서의 기재가 증권신고서상의 공모가격 등에 구체적으로 기여한 정도의 여부와 상관없이 회계법인의 책임이 성립한다고 인정한 사례가 있다. 대법원 2002. 9. 24. 선고 2001다9311 판결.

2) 해당 의안에 대한 국회 심사보고서 참조(http://likms.assembly.go.kr/bill/jsp/main.jsp).

한편, 배상청구인의 소득인정액이 대통령령으로 정하는 금액 이하인 경우에는 배상청구인의 배상 확보를 위하여 기여도에 따른 책임제한을 인정하지 않고 연대책임 원칙이 적용된다(외감법 17조 5항). 같은 목적에서, 손해배상 책임이 있는 자 중 배상능력이 없는 자가 있어 손해액의 일부를 배상하지 못하는 경우에는 나머지 손해배상 책임자들은 기여도에 따라 정하여진 책임비율의 50% 범위 내에서 대통령령으로 정하는 바에 따라 각자 손해액을 추가로 배상할 책임을 진다(외감법 17조 6항). 이러한 비례책임은 2013. 12. 30. 이후 최초로 시작되는 사업연도에 대한 재무제표 및 감사보고서부터 적용한다(부칙 2조).

이러한 비례책임은 제170조에 따른 감사보고서의 부실기재에 대하여 적용된다. 그러나 법원에서는 법령에서 명시적으로 비례책임을 규정하지 않은 경우에도 연대책임을 지는 다수의 의무자들 사이에 책임액을 다르게 인정하고 있으므로, 회사의 이사나 감사, 감사위원회 위원이 감사보고서 이외의 사항에 대하여 제125조 또는 제162조에 따라 손해배상 책임을 부담하는 경우에도 회계감사인과 이사, 감사 또는 감사위원회 위원들 사이에 책임비율을 정할 수 있다고 본다.[1)]

3. 손해배상액의 제한

본조에 따라 손해배상책임이 인정되는 경우에도 손해의 공평 부담이라는 손해배상법의 기본 이념에 따라 피해자에게 손해의 발생 및 확대에 기여한 과실이 있다는 점을 이유로 과실상계를 하거나 공평의 원칙에 기한 책임의 제한을 할 수 있다. 다만 피해자의 부주의를 이용하여 고의로 불법행위를 저지른 자가 바로 그 피해자의 부주의를 이유로 자신의 책임을 감하여 달라고 주장하는 것은, 고의적 불법행위가 영득행위에 해당하는 경우 과실상계와 같은 책임의 제한을 인정하게 되면 가해자로 하여금 불법행위로 인한 이익을 최종적으로 보유하게 하여 공평의 이념이나 신의칙에 반하는 결과를 가져오기 때문에 원칙적으로 허용되지 아니하고, 이러한 결과가 초래되지 않는 경우에 한하여 과실상계나 공평의 원칙에 기한 책임의 제한이 가능하다.[2)]

대우전자의 분식회계에 관한 대법원 2007. 10. 25. 선고 2006다16758 판결에서는, 원고들이 주식을 취득할 무렵 채권금융기관, 신용평가회사, 금융감독위원회의 여러 조치들로 인하여 대우전자의 자금사정이나 재무상태에 문제가 있다는 사정이 어느 정도 알려졌

1) 대법원 2005. 10. 28. 선고 2003다69638 판결에서는 이사들이 연대하여 회사에 대하여 손해배상책임을 부담하는 사안에서 당해 사업의 내용과 성격, 당해 이사의 임무위반의 경위 및 임무위반행위의 태양, 회사의 손해 발생 및 확대에 관여된 객관적인 사정이나 그 정도, 평소 이사의 회사에 대한 공헌도, 임무위반행위로 인한 당해 이사의 이득 유무, 회사의 조직체계의 흠결 유무나 위험관리체제의 구축 여부 등 제반 사정을 참작하여 손해분담의 공평이라는 손해배상제도의 이념에 비추어 그 손해배상액을 제한할 수 있다고 보아, 이사별로 손해배상액을 달리 결정한 원심을 수긍하였으며, 이를 따른 하급심도 다수 존재한다.

2) 대법원 2007. 10. 25. 선고 2006다16758 판결.

는데도 원고들이 무모하게 주식을 취득하였고, 그 후 주가가 지속적으로 하락하였는데도 주식의 매도를 늦추어 손해가 확대되었음을 인정하여, 피고들의 책임 액수를 제한하였다.

Ⅶ. 손해배상청구권의 소멸

제170조에 따른 회계감사인의 손해배상책임은 그 청구권자가 당해 사실을 안 날로부터 1년 이내 또는 감사보고서를 제출한 날로부터 3년 이내에 청구권을 행사하지 아니한 때에는 소멸한다(1항, 외감법 17조 9항 본문). 이 기간은 감사인의 선임 계약에서 연장할 수 있다(외감법 17조 9항 단서). 반면, 민법상의 손해배상청구권은 손해 및 가해자를 알게 된 날로부터 3년, 불법행위가 있는 날로부터 10년이 지나면 소멸시효가 완성된다(민법 766조). 외감법에 따른 특칙은 주식거래의 신속성, 대량·다발성 등의 특수성과 회계감사로부터 발생하는 분쟁을 조기에 종결하여 회계감사업무의 법적 안정성을 도모하려는데 있다.[1]

본조에 따른 기간이 제척기간인지 소멸시효기간인지에 대하여는 논란이 있다. 법문에서 시효로 소멸한다는 표현을 하지 않고 있으므로 소멸시효를 규정한 것으로는 보기 어려우나, 제척기간으로 보는 경우에도 재판상 청구를 해야 하는 기간이 아니라 재판상 또는 재판외의 권리행사기간을 의미한다고 해석할 수 있다.[2]

'당해 사실을 안 날'이라 함은 청구권자가 감사보고서에 부실기재된 사실을 현실적으로 인식한 날을 의미한다. 다만 그 인식은 반드시 청구권자가 직접 증명해야 하는 것은 아니며, 일반인이 그와 같은 부실기재 사실을 인식할 수 있는 정도라면 특별한 사정이 없는 한 청구권자도 그러한 사실을 현실적으로 인식한 것으로 추정된다고 보아야 할 것이다.[3]

제171조(보증금 등의 대신 납부)

① 국가·지방자치단체 또는 「공공기관의 운영에 관한 법률」에 따른 공공기관(이하 이 조에서 "공공기관"이라 한다)에 납부할 보증금 또는 공탁금 중 대통령령으로 정하는 보증금이나 공탁금은 상장증권으로 대신 납부할 수 있다.

② 국가·지방자치단체 또는 공공기관은 제1항에 따라 상장증권으로 대신 납부하는 경우 이를 거부하여서는 아니 된다.

---

1) 강성국, 전게논문(2008), 33쪽.

2) 김건식/정순섭, 전게서(2013), 248쪽에서는 단기매매차익 반환청구권의 행사기간을 규정한 구증권법의 조문을 제척기간으로 보면서도 재판상 또는 재판외의 권리행사기간이며 재판상 청구를 위한 출소기간은 아니라고 판단한 대법원 2012. 1. 12. 선고 2011다80203 판결을 근거로 들고 있다.

3) 대법원 1997. 9. 12. 선고 96다41991 판결; 대법원 2007. 10. 25. 선고 2006다16758 판결.

③ 제1항에 따라 국가·지방자치단체 또는 공공기관에 대신 납부할 수 있는 상장증권 및 그 상장증권의 대신 납부하는 가액의 평가기준은 대통령령으로 정한다.
④ 제1항에 따라 대신 납부하는 상장증권이 제309조 제3항 제2호의 예탁증권등인 경우에는 예탁결제원이 대통령령으로 정하는 방법에 따라 발행하는 예탁증명서(이하 이 조에서 "예탁증명서"라 한다)로 그 상장증권에 갈음할 수 있다.
⑤ 예탁결제원 또는 예탁자(제309조 제2항에 따른 예탁자를 말한다)는 제4항에 따라 예탁증명서가 발행된 경우 그 발행일부터 그 예탁증명서를 반환받을 때까지 해당 상장증권의 처분이 제한된다는 뜻을 예탁자계좌부 또는 투자자계좌부에 기재하여야 한다.
⑥ 누구든지 제5항에 따라 처분이 제한되는 상장증권을 자신의 채권과 상계하거나 이를 압류(가압류를 포함한다)하지 못한다. 〈신설 2013. 5. 28〉

Ⅰ. 본조의 취지

본조는 상장증권의 활용도를 높이기 위하여 국가, 지방자치단체 또는 공공기관에 납부할 보증금이나 공탁금을 납부하는 경우 현금 대신 상장증권으로 납부할 수 있도록 허용하고 있다. 상장증권은 거래소에서 공정하고 객관적인 시세가 형성되기 때문에 현금 대용으로 국가 등에 납부할 보증금이나 공탁금의 납부에 이용될 수 있다.

Ⅱ. 상장증권에 의한 보증금 등의 대신납부

1. 대신납부의 권한과 거부의 금지

누구든지 국가, 지방자치단체 또는 공공기관에 납부할 보증금 또는 공탁금(이하 '보증금' 등이라 함) 중 대통령령이 정하는 것은 상장증권으로 대신 납부할 수 있다(1항). 이 경우 국가, 지방자치단체 또는 공공기관은 상장증권으로 보증금 등을 대신 납부하는 경우 이를 거부하지 못한다(2항).

2. 대신납부 대상 보증금 등의 범위

국가, 지방자치단체 또는 공공기관에 상장증권으로 대신 납부할 수 있는 보증금 등은 입찰보증금, 계약보증금, 하자보수보증금, 법령에 따른 공탁금으로 제한된다(법 시행령 192조 1항). 법령에 따른 공탁금의 경우에도 변제공탁은 해당되지 않는다고 할 것이며, 재판상 보증공탁,[1] 집행공탁,[2] 몰취공탁[3]이 이에 해당한다고 할 것이다.

3. 대신 납부할 수 있는 상장증권

보증금 또는 공탁금으로 대신 납부할 수 있는 상장증권은 채무증권(기업어음증권을 제외한다)과 지분증권이다(법 시행령 192조 2항). 채무증권으로는 국채증권, 지방채증권, 특수채증권(법률에 의하여 직접 설립된 법인이 발행한 채권), 사채권이 있다(법 4조 3항). 지분증권으로는 주권, 신주인수권이 표시된 것, 법률에 의하여 직접 설립된 법인이 발행한 출자증권, 기타 이와 유사한 것으로서 출자지분이 표시된 것이 있다(법 4조 4항). 이들 증권 중에서 증권시장에 상장된 증권만이 대신 납부에 이용될 수 있다.

4. 예탁증명서에 의한 대신 납부

상장증권은 대부분 예탁되어 있는데, 보증금 또는 공탁금으로 납부하기 위하여 증권 실물을 반환받아 납부하고 납부사유가 소멸하면 납부하였던 증권 실물을 반환받아 다시 예탁하는 절차를 거치는 경우 번거롭고 실물증권 이동에 따른 도난, 분실 등의 위험과 비용에 노출되게 된다. 이에 예탁결제원이 발급하는 예탁증명서로 실물 납부에 대신하도록 함으로써 증권 실물 이동에 따른 위험과 비용을 덜게 되었다.[4]

납부하는 상장증권이 예탁증권등인 경우에는 예탁결제원이 대통령령이 정하는 방법에 따라 발행하는 예탁증명서로 그 상장증권에 갈음할 수 있다(4항). 예탁증명서는 예탁결제원이 발행하며, 예탁자의 자기소유분에 대하여는 예탁자계좌부에 의하여, 투자자예탁분에 대하여는 해당 예탁자가 예탁결제원에 통지한 투자자계좌부에 의하여 발행한다(법 시행령 193조 1항). 예탁증명서를 발행하면 예탁결제원은 예탁자 자기분의 경우는 예탁자계좌부의 자기분에 처분 제한을 표시하고 투자자분에 대하여는 해당 예탁자의 투자자

---

1) 대법원 공탁규칙 제2조 제2호에 의하면 민사소송법 제117조 제1항에 따른 소송비용의 담보와 관련된 공탁, 동법 제213조에 따른 가집행선고와 관련된 공탁, 동법 제500조 제1항에 따른 재심(再審)이나 상소(上訴)의 추후보완신청으로 말미암은 집행정지(執行停止)와 관련된 공탁, 동법 제501조, 제500조 제1항에 따른 상소제기나 변경의 소제기로 말미암은 집행정지와 관련된 공탁, 민사집행법 제34조 제2항, 제16조 제2항에 따른 집행문부여 등에 관한 이의신청과 관련된 공탁, 동법 제46조 제2항, 제44조에 따른 청구에 관한 이의의 소의 잠정처분(暫定處分)과 관련된 공탁, 동법 제46조 제2항, 제45조에 따른 집행문부여에 대한 이의의 소의 잠정처분과 관련된 공탁, 동법 제280조, 제301조에 따른 가압류·가처분명령과 관련된 공탁, 동법 제286조 제5항, 제301조에 따른 가압류·가처분 이의에 대한 재판과 관련된 공탁, 동법 제288조 제1항, 제307조에 따른 가압류·가처분 취소와 관련된 공탁이 이에 해당한다.

2) 대법원 공탁규칙 제2조 제3호에 의하면 민사집행법 제282조에 따른 가압류 해방금액(解放金額)의 공탁을 말한다.

3) 대법원 공탁규칙 제2조 제4호에 의하면 민사소송법 제299조 제2항에 따른 소명(疏明)에 갈음하는 보증금의 공탁을 말한다.

4) 한국예탁결제원, 전게서, 121쪽.

계좌부에 처분 제한을 표시한다(5항).[1] 투자자예탁분에 대하여는 해당 예탁자도 투자자계좌부에 처분제한을 표시하여야 한다(5항). 이러한 처분제한에 따라 해당 증권은 대신 납부 이외에 사용할 수 없다. 더 나아가 이와 같이 처분이 제한되는 상장증권은 상계나 압류, 가압류가 허용되지 아니한다(6항).

보증금 등의 수납기관이 예탁증명서를 받은 후 보증금 등을 수납기관에게 귀속시킬 사유가 발생한 때에는 수납기관은 예탁결제원에 예탁증명서를 제출하고 해당 증권을 수납기관의 계좌로 대체할 것을 신청할 수 있다. 해당 수납기관이 예탁자인 경우에는 예탁결제원이 예탁자계좌부로 계좌대체하고, 예탁자가 아닌 경우에는 해당 수납자를 투자자로 둔 예탁자가 투자자계좌부에서 계좌대체하며, 처분제한 표시는 말소한다.[2] 보증금 등을 반환할 사유가 발생하면 수납기관이 납부자에게 예탁증명서를 반환하게 되며, 납부자가 예탁자인 경우는 직접, 납부자가 투자자인 경우는 예탁자를 통하여 예탁증명서를 예탁결제원에 반환하여야 하고, 처분제한 표시는 말소한다.[3]

Ⅲ. 상장증권의 평가기준

공공기관 등에 대신 납부할 수 있는 상장증권 및 그 상장증권의 대신 납부하는 가액은 거래소가 정하는 대용가격으로 평가한다(3항, 법 시행령 192조 3항). 금융시장에서 대용가격은 대용증권거래와 담보금융거래에서 객관적인 가격의 평가기준으로 이용되고 있다. 대용가격의 산정방법, 기준시기와 사정비율은 거래소의 업무규정에서 증권의 종류별로 상세히 정하고 있으며(유가증권시장업무규정 88조 3항, 동시행세칙 113조 내지 119조, 코스닥시장업무규정 43조 3항, 동시행세칙 45조 내지 제49조), 증권정보단말기와 증권시장지에 공표된다.

[초판: 송종준, 개정판: 김연미]

---

1) 상계서, 121쪽.
2) 상계서, 121쪽.
3) 한국예탁결제원, 증권등예탁업무규정 제84조, 제85조.

자본시장과
금융투자업에 관한 법률

| 제 4 편 불공정거래의 규제

제 1 장 내부자 거래 등

제172조(내부자의 단기매매차익 반환)

① 주권상장법인의 임원(상법 제401조의2 제 1 항 각 호의 자를 포함한다. 이하 이 장에서 같다), 직원(직무상 제174조 제 1 항의 미공개중요정보를 알 수 있는 자로서 대통령령으로 정하는 자에 한한다. 이하 이 조에서 같다) 또는 주요주주가 다음 각 호의 어느 하나에 해당하는 금융투자상품(이하 "특정증권등"이라 한다)을 매수(권리 행사의 상대방이 되는 경우로서 매수자의 지위를 가지게 되는 특정증권등의 매도를 포함한다. 이하 이 조에서 같다)한 후 6개월 이내에 매도(권리를 행사할 수 있는 경우로서 매도자의 지위를 가지게 되는 특정증권등의 매수를 포함한다. 이하 이 조에서 같다)하거나 특정증권등을 매도한 후 6개월 이내에 매수하여 이익을 얻은 경우에는 그 법인은 그 임직원 또는 주요주주에게 그 이익(이하 "단기매매차익"이라 한다)을 그 법인에게 반환할 것을 청구할 수 있다. 이 경우 이익의 산정기준·반환절차 등에 관하여 필요한 사항은 대통령령으로 정한다.

1. 그 법인이 발행한 증권(대통령령으로 정하는 증권을 제외한다)
2. 제 1 호의 증권과 관련된 증권예탁증권
3. 그 법인 외의 자가 발행한 것으로서 제 1 호 또는 제 2 호의 증권과 교환을 청구할 수 있는 교환사채권
4. 제 1 호부터 제 3 호까지의 증권만을 기초 자산으로 하는 금융투자상품

② 해당 법인의 주주(주권 외의 지분증권 또는 증권예탁증권을 소유한 자를 포함한다. 이하 이 조에서 같다)는 그 법인으로 하여금 제 1 항에 따른 단기매매차익을 얻은 자에게 단기매매차익의 반환청구를 하도록 요구할 수 있으며, 그 법인이 그 요구를 받은 날부터 2개월 이내에 그 청구를 하지 아니하는 경우에는 그 주주는 그 법인을 대위(代位)하여 그 청구를 할 수 있다.

③ 증권선물위원회는 제 1 항에 따른 단기매매차익의 발생 사실을 알게 된 경우에는 해당 법인에 이를 통보하여야 한다. 이 경우 그 법인은 통보받은 내용을 대통령령으로 정하는 방법에 따라 인터넷 홈페이지 등을 이용하여 공시하여야 한다.

④ 제 2 항의 청구에 관한 소를 제기한 주주가 승소한 경우에는 그 주주는 회사에 대하여 소송비용, 그 밖에 소송으로 인한 모든 비용의 지급을 청구할 수 있다.

⑤ 제 1 항 및 제 2 항에 따른 권리는 이익을 취득한 날부터 2년 이내에 행사하지 아니한 경우에는 소멸한다.

⑥ 제 1 항은 임직원 또는 주요주주로서 행한 매도 또는 매수의 성격, 그 밖의 사정 등을 고려하여 대통령령으로 정하는 경우 및 주요주주가 매도·매수한 시기 중 어느 한 시기에 있어서 주요주주가 아닌 경우에는 적용하지 아니한다.

⑦ 제 1 항 및 제 2 항은 주권상장법인이 모집·사모·매출하는 특정증권등을 인수한 투자매매업자에게 대통령령으로 정하는 기간 동안 준용한다.

Ⅰ. 개 관

단기매매차익(Short-swing profits) 반환제도는 주권상장법인의 내부자가 6월 이내의 기간에 그 법인의 주식 등을 사고팔거나 팔고사는 경우 미공개중요정보를 이용하였을 개연성이 크다는 점에서 거래 자체는 허용하되 그 대신 내부자가 실제로 미공개 정보를 이용하였는지 여부나 내부자에게 미공개중요정보를 이용하여 이득을 취하려는 의사가 있었는지 여부를 묻지 않고 내부자로 하여금 그 거래로 얻은 이익을 법인에 반환하도록 하는 엄격한 법정책임을 인정함으로써 내부자가 미공개중요정보를 이용하여 그 법인의 주식 등을 거래하는 행위를 간접적으로 규제하려는 제도이다.[1] 미국의 1934년 증권거래소법 §16(b)에서 유래한다.

이러한 단기매매차익반환제도는 내부자가 속한 법인의 차익반환청구권을 내용으로 하지만 제도의 본래의 취지는 법인의 이익을 보호하려는 것이 아니라 내부자거래의 상대방인 투자자를 보호하려는 것이다.[2] 다만 단기매매차익 반환의 상대방은 투자자가 아닌 당해 법인이므로 단기매매차익반환제도에 따라 직접적으로 투자자가 보호된다기보다는 간접적으로 내부자거래의 성격을 가진 거래발생을 저지시킴으로써 간접적으로 보호된다고 보는 것이 타당하다. 대법원도 단기매매차익반환제도의 취지를 '엄격한 책임을 인정함으로써 내부자가 미공개 내부정보를 이용하여 법인의 주식 등을 거래하는 행위를 간접적으로 규제하려는 제도'라고 판시하였다.[3]

한편, 단기매매차익반환을 규정하는 법 제172조가 종래 미공개중요정보 이용행위 및 시세조종 등과 함께 불공정거래규제의 편에 같이 있기는 하나, 단기매매차익반환제도는 그 증명책임의 곤란을 입법적으로 해결하기 위한 편의적 제도일 뿐 단기매매행위 자체가 직접적인 불공정거래행위라고 하기는 어렵다는 견해[4]가 있음은 특기할 만하다.

단기매매차익반환책임은 특수한 법정책임이라고 할 것이고, 일반 불법행위책임과는 다르다. 따라서 단기매매차익반환책임이 발생하였다고 하여 그것만을 근거로 거래 상대방인 투자자가 불법행위책임을 소구할 수는 없다고 본다. 단기매매차익반환책임은 법정

1) 대법원 2004. 2. 13. 선고 2001다36580 판결; 대법원 2004. 5. 28. 선고 2003다60396 판결 등 참조.
2) 임재연, 「자본시장법」, 박영사, 2013, 776쪽.
3) 대법원 2012. 1. 12. 선고 2011다80203 판결 등.
4) 김정수, 「자본시장법원론」, SFL그룹, 2011, 1045-1046쪽.

책임이며, 법에 정한 소구권자가 대상인 내부자에 대하여 책임을 추궁할 수 있고, 이 경우 미공개중요정보의 이용 여부를 불문하고 요건에 해당하는 경우 자동적으로 내부자에게 책임이 인정되며 설령 미공개중요정보를 이용하지 않았음을 증명하더라도 그 책임을 면할 수 없다는 점에서 내부자는 엄격책임(strict liability)을 부담한다.[1)]

Ⅱ. 입법연혁[2)]

1. 미 국

미국의 단기매매차익반환제도는 1934년 증권거래소법 §16(b)에서 근거한 것으로, 주요주주(또는 실질소유자)(principal stockholder or beneficial owner), 이사(director)나 집행간부(officer) 등이 당해 법인과의 관계로 인하여 취득한 정보를 불공정하게 주식 등 거래에 이용하는 것을 방지하기 위하여 그와 같은 내부자가 6개월 기간 내에 당해 법인의 증권을 매도, 매수하거나 또는 매수, 매도하거나 하여 얻은 이익에 대하여 당해 주식 등을 종전 계약상 채무와 관련하여 선의로 취득한 것이 아닌 한 설사 동인들이 6개월을 초과하여 매수한 증권을 보유하거나 매도한 증권을 재매수하지 않는 계약을 체결하려는 의사와 무관하게 당해 법인은 그러한 거래를 통한 이익을 회수하여야 한다고 규정하고 있다.[3)]

즉, 미국의 단기매매차익반환제도 역시 주요주주 등이 당해 법인과의 관계로 인하여 지득할 수 있는 정보를 불공정하게 이용하는 것을 방지함에 그 취지가 있으며, 이러한

---

1) 고창현, "증권거래법상 단기매매차익반환의무," 「인권과 정의」 제277호(1999. 9), 63쪽.

2) 우리나라와 미국 및 일본의 자세한 입법연혁에 대하여는 전술한 제172조 前注 Ⅱ. 2(미국), Ⅲ. 4(일본) 및 Ⅴ. 3(우리나라) 이하 참조.

3) 원문은 다음과 같다. (b) For the purpose of preventing the unfair use of information which may have been obtained by such beneficial owner, director, or officer by reason of his relationship to the issuer, any profit realized by him from any purchase and sale, or any sale and purchase, of any equity security of such issuer (other than an exempted security) or a security-based swap agreement involving any such equity security within any period of less than six months, unless such security or security-based swap agreement was acquired in good faith in connection with a debt previously contracted, shall inure to and be recoverable by the issuer, irrespective of any intention on the part of such beneficial owner, director, or officer in entering into such transaction of holding the security or security-based swap agreement purchased or of not repurchasing the security or security-based swap agreement sold for a period exceeding six months. Suit to recover such profit may be instituted at law or in equity in any court of competent jurisdiction by the issuer, or by the owner of any security of the issuer in the name and in behalf of the issuer if the issuer shall fail or refuse to bring such suit within sixty days after request or shall fail diligently to prosecute the same thereafter; but no such suit shall be brought more than two years after the date such profit was realized. This subsection shall not be construed to cover any transaction where such beneficial owner was not such both at the time of the purchase and sale, or the sale and purchase, of the security or security-based swap agreement or a security-based swap involved, or any transaction or transactions which the Commission by rules and regulations may exempt as not comprehended within the purpose of this subsection.

내부정보의 투기적 남용가능성 때문에 엄격책임을 부과하고 있다.

2. 일 본

상장회사의 임원이나 주요주주는 당해 법인의 직무 또는 지위로 인하여 회사가 발행하는 유가증권의 투자판단에 영향을 미치는 중요한 사실을 알게 될 가능성이 크기 때문에 이러한 자가 이러한 중요사실을 이용하여 내부자거래를 하는 것을 방지하기 위하여 6개월 이내에 당해 법인 등의 특정유가증권을 매수하여 매도하거나 또는 매도한 후 매수하는 행위를 통하여 이익을 얻은 경우에 그 이익을 회사에 반환시키도록 하고 있다(日金商法 164조 1항).

일본에서도 대체로 미국의 1934년 증권거래소법 §16(b)항을 모델로 하여 미국의 단기매매차익반환제도를 거의 그대로 계수하였으며, 그 운용과 관련해서도 미국 법과 관련 SEC 규칙 및 판례를 참조하고 있는 것으로 보인다.

3. 우리나라

1962년 증권거래법이 제정될 당시에는 내부자거래에 대한 아무런 규제조항이 없다가 1976. 12. 22. 법률 제2920호로 동법이 전면 개정되면서 단기매매차익반환의 규정이 우선 도입되었다.[1] 이때에는 '직무 또는 지위에 의하여 지득한 비밀을 이용하여'라는 직무관련성과 내부정보이용을 요건으로 하였고, 그 증명책임은 반환을 청구하는 회사에 있었다. 1982. 3. 29. 법률 제3541호로 동법이 개정될 때에는 단기매매차익의 반환청구권자에 당해 회사 이외에 현재의 증권선물위원회에 해당하는 증권관리위원회가 추가되었고, 상장법인의 주요주주와 임원에 대하여 소유주식상황과 그 소유주식비율변동 내용을 증권관리위원회와 증권거래소에 보고하도록 하고 이러한 보고서를 비치하여 일반인에게 공시하도록 함으로써 주된 내부자와 주요주주의 거래현황을 규제기관과 일반 투자자가 상시 파악할 수 있도록 하는 제도를 처음 도입하였다.

1987. 11. 28. 법률 제3945호로 동법이 개정되어 미공개 내부정보를 이용한 거래를 금지하는 포괄적 규정인 제105조 제 4 항 제 3 호가 처음 도입되면서, 단기매매차익반환의 요건과 증명책임이 완화되었다. 즉, '그 직무 또는 지위에 의하여 지득한 비밀을 이용하여'라는 직무관련성의 요건을 삭제하고 동조 단서 규정에서 내부자가 내부정보를 이용하지 않았음을 증명하도록 하여 증명책임을 내부자에게 전환하였다.[2]

---

1) 당시 법 제188조 제 2 항에서는 "상장법인의 임원·직원 또는 주요주주는 그 직무 또는 지위에 의하여 지득한 비밀을 이용하여 그 자가 그 법인의 주식을 매수한 후 6월 이내에 매도하거나 그 법인의 주식을 매도한 후 6월 이내에 매수하여 시세차익을 얻은 경우에는 해당 법인 또는 해당 법인의 주주는 그 이익을 그 법인에게 제공할 것을 청구할 수 있다"라고 규정하고 있었다.

2) 당시 법 제188조 제 2 항에서는 "상장법인 또는 등록법인의 임원·직원 또는 주요주주가 그 법인의

그리고 동법이 1991. 12. 31. 법률 제4469호로 개정되면서 단기매매차익반환의무자에 해당하는 주요주주의 범위를 확대하여 발행주식 총수의 10% 이상을 소유하지 아니한 주주라고 하더라도 임원의 임면 등 당해 법인의 주요경영사항에 대하여 사실상 영향력을 행사하고 있는 주주 즉 사실상의 지배주주의 경우까지 포함되도록 하였다. 또한 대상 유가증권도 종래의 주식에 한정하지 않고 신주인수권을 표시하는 증서와 전환사채권, 신주인수권부사채권 등 신주관련사채권 등 시행규칙에서 정하는 증권으로 확대하였다. 또 제188조 제 2 항의 단서조항을 삭제하여 대통령령에서 정하는 사유에 해당하는 일정한 경우를 제외하고는 미공개정보의 이용유무와 관계없이 단기매매차익을 반환하도록 하였다.[1)]

2000. 1. 21. 법률 제6176호로 동법이 개정되어 단기매매차익반환대상이 증권거래소에 상장된 법인이나 증권뿐 아니라 코스닥상장법인이나 코스닥증권으로 확대되었고, 2008. 3. 14. 법률 제8904호로 다시 개정되면서 대상증권에 외국주권, 외국주권예탁증서 등이 포함되었다.

한편, 증권거래법이 폐지되고, 자본시장법이 제정되면서, 자본시장법에서는 먼저 '특정증권등'의 개념을 도입하여 단기매매차익반환제도와 미공개중요정보 이용행위금지 및 임원과 주요주주의 '특정증권등' 소유상황 보고제도의 적용대상을 통일하고, 구증권거래법과 달리 당해 법인이 발행한 증권 외에 당해 법인의 증권을 기초 자산으로 타인이 발행한 신종증권, 법인의 주식과 밀접한 관련성이 있는 예탁증권 및 교환사채권을 대상 '특정증권등'에 포함하고 있다.

또한 내부자 중 직원의 경우 원칙적으로 직무상 미공개중요정보를 알 수 있는 자에 한하여 대통령령에서 정하는 자에 대해서만 단기매매차익반환을 적용하도록 하였고,[2)] 증권선물위원회의 단기매매차익반환요구 및 대위청구권을 폐지하되 증권선물위원회가 그 법인에게 통보하여 당해 법인의 홈페이지 등에 공시하도록 하고 있다.

한편 종래 단기매매차익반환의 예외가 되는 거래와 증권의 가격 및 수량산정방법 등을 규정한 「임원·주요주주의 주식소유상황보고 및 단기매매차익반환에 관한 규정」은 상당수가 현행법상 대통령령으로 옮겨 규정하고 있으며, 그 외 자본시장법 및 시행령에

주권 등을 매수한 후 6월 이내에 매도하거나 그 법인의 주권 등을 매도한 후 6월 내에 매수하여 이익을 얻은 경우에는 당해 법인 또는 위원회는 그 이익을 그 법인에게 제공할 것을 청구할 수 있다. 다만, 그 자가 그 직무 또는 지위에 의하여 지득한 비밀을 이용하여 이익을 얻은 것이 아님을 증명할 때에는 그러하지 아니하다"라고 규정하고 있었다.

1) 이에 대하여 "… 이러한 증명책임의 전환에도 불구하고 내부자로서는 내부정보이용 여부의 증명자료를 독점하는 관계로 어렵지 않게 내부정보를 이용하지 않았음을 증명할 수 있었고, 또한 아무런 근거도 없이 내부자거래가 아님을 주장하여 반환책임을 고의로 지연시키는 등 단기매매차익반환제도의 실효성이 없어지게 되었다"는 것이다. 헌재 2002. 12. 18. 99헌바105, 2001헌바48(병합).

2) 김건식/정순섭, 「새로 쓴 자본시장법」, 두성사, 2013, 433쪽에서는 실제로 정보에 대한 접근가능성이 전혀 없는 단순 노무에 종사하는 하급직원이 회사주식의 단기매매를 통하여 얻은 이익을 반환하는 사례가 적지 않게 발생하였던 현실을 고려한 것이라고 설명하고 있다.

서 증권선물위원회에 위임하고 있는 사항에 관하여 2009. 2. 4. 증권선물위원회 고시 제2009-4호 「단기매매차익반환 등에 관한 규정」을 제정·시행하였고, 그 후 위 규정은 「증권범죄조사 사무처리규정」, 「불공정거래 신고 및 포상등에 관한 규정」과 함께 2011. 11. 4. 증권선물위원회 고시 제2011-1호 「단기매매차익 반환 및 불공정거래조사·신고 등에 관한 규정」으로 통합·시행하고 있다.

4. 단기매매차익반환규정의 위헌성 여부

단기매매차익반환제도는 내부자가 실제로 미공개 내부정보를 이용하였는지 여부에 관계없이 (i) 내부자가 (ii) 6월 이내의 기간에 (iii) 자기회사의 주식 등을 거래하여 (iv) 차익이 발생한 경우라는 형식적 요건에만 해당하면 반환책임이 성립하고, 내부정보를 이용하지 않고 주식거래를 하였다는 일체의 반증을 허용하지 않는 등 내부자에 대한 엄격한 책임을 부과하고 있다. 이는 미공개 내부정보의 이용 유무를 적용요건으로 하는 경우 그 증명 및 인정이 실제 극히 곤란하기 때문에 단기매매차익반환청구권의 신속하고 확실한 행사를 방해하고 결국 입법목적을 달성할 수 없는 결과를 가져온다는 점을 고려할 때 일반 투자자들의 증권시장에 대한 신뢰의 제고라는 입법목적달성을 위한 불가피한 선택이라고 할 것이다.[1)]

헌법재판소도 그러한 이유로 구증권법 제188조 제 2 항이 그 적용요건을 객관화하여 엄격한 반환책임을 내부자에게 부과하고 같은 조 제 8 항 및 이에 근거한 시행령 제86조의6 등에서 반환책임의 예외를 한정적으로 열거하여 이에 해당하지 않는 한 반환책임의 예외를 인정하지 않고 있기는 하나 한편으로는 위 법률조항의 입법목적과 단기매매차익반환의 예외를 정한 시행령 제86조의6의 성격 및 헌법 제23조가 정하는 재산권보장의 취지를 고려하면 내부정보를 이용할 가능성조차 없는 유형의 주식거래에 대해서는 애당초 적용되지 않는다고 해석하여야 할 것이므로 이러한 내용의 법률조항을 두고 최소침해원칙에 반한다고 할 수 없다고 결정한 바 있다.

또 단기매매차익반환제도가 일반 투자자들의 이익을 보호함과 동시에 증권시장의 공평성, 공정성을 확보함으로써 일반 투자자들의 증권시장에 대한 신뢰를 확보하고자 하는 데 비하여 이로 인하여 제한되는 내부자의 재산권에 대한 제한은 내부자에게 일체의 주식거래를 금지하는 것이 아니라 단지 단기매매에 해당하는 경우 그 차익을 회사로 반환하도록 하는데 그치고 나아가 6월의 기간이 지나면 아무런 제한 없이 주식거래를 할 수 있고 그 차익도 보유할 수 있으므로 이 사건 법률조항에 의한 재산권의 제한이 이로 인하여 달성할 수 있는 공익에 비하여 결코 크다고 볼 수도 없다고 판시하였다.

---

1) 헌재 2002. 12. 18. 99헌바105, 2001헌바48(병합); 미국의 Kern County Land Co. v. Occidental Petroleum Corp. 411 U.S. 582(1973) 및 일본 最高裁 2002. 1. 13. 平 12(ォ) 1965, 1703 판결.

또한 증권시장에는 다양한 형태의 거래가 있고 금융의 제도나 환경이 빠르게 변화하기 때문에 법률에서 예외가 되는 모든 사항을 구체적으로 정하기가 곤란하므로 시의적절하고 탄력적으로 행정입법에 의하여 이를 규율할 필요성이 크고 나아가 구증권법 제188조 제2항의 입법목적, 같은 조 제8항의 '성격 등을 감안하여'라는 문언 취지 등을 고려하면 구증권법 제188조 제8항의 위임에 따라 대통령령에 의하여 규제할 내용은 불공정하다고 볼 수 없거나 미공개정보를 이용하지 않은 매매인 경우로 그 내용의 대강을 미리 예측할 수 있다는 점에서 포괄위임입법금지의 원칙에 반하지 않는다고 보았다.

헌법재판소의 이러한 판단은 내부자거래가 이 사건 법률조항의 객관적 적용요건에 해당하고 한편으로는 위 한정된 예외사유에 해당하지 않는 한 비록 그 거래의 성격 내지 내용이 단기매매차익반환제도의 입법목적(내부정보를 이용한 거래라고 의심받을 수 있는 행위 자체를 규제하는 것) 실현과 전혀 무관할 경우(도대체 내부정보를 이용한 거래로 의심조차 받을 수 없음이 객관적으로 명백한 경우)에도 불구하고 다시 말하면 구증권법 제188조 제8항에 따른 적용 예외사유와 본질적으로 같은 성격의 거래임에도 불구하고 내부자의 반환책임이 발생한다고 하면 이는 입법목적 달성과의 적정한 비례관계를 벗어난 것으로 볼 수 있다는 견해를 전제로 제188조 제2항의 적용범위에 관하여 위와 같은 해석을 한 것으로 평가된다.[1]

결국 단기매매차익반환의 적용제외요건의 요체를 예컨대 내부자의 거래의 동기, 내부자가 내부정보에 대하여 접근 가능한 위치에 있었는지 또는 실제 내부정보를 이용하였는가의 여부에 둔 것이 아니라 내부자가 선택한 거래의 성격 내지 유형 자체가 미공개내부정보를 이용할 수 없는 것으로 객관적으로 인정될 수 있는지 여부에 있다고 판단한 것이다.[2] [3]

Ⅲ. 차익반환의무자

단기매매차익반환제도는 주권상장법인의 임원, 직무상 미공개중요정보를 알 수 있는 지위에 있는 직원, 주요주주 및 주권상장법인이 모집·사모·매출하는 특정증권등을 인수한 투자매매업자가 대상이다.

---

1) 김상환, "증권거래법 제188조 제2항 등 위헌소원－증권거래법상 단기매매차익반환조항의 위헌여부," 「헌법재판소결정해설집」, 2002, 748쪽.

2) 상게논문, 748쪽.

3) 이에 대하여 모든 직원을 단기매매규제 대상으로 한 구증권법은 지나친 규제로서 과잉금지의 원칙에 위배되어 위헌의 소지가 크고, 자본시장법은 직원의 범위를 제한하여 위헌 소지가 줄어들기는 하였으나, 모든 직원을 대상에서 제외하는 것이 바람직하고 장기적으로는 단기매매차익반환제도를 완전히 폐지하고 그 규제의 공백은 내부자거래 규제의 강화로 커버가 충분하다는 견해가 있다. 김정수, 전게서(2011년), 1052-1055쪽

주권상장법인이란 증권시장에 상장된 주권이나 주권과 관련된 증권예탁증권[1]을 발행한 법인(법 9조 15항 3호)을 말한다.

임원 등이 실질상 계좌주로서 차명계좌를 이용하여 거래한 경우에도 단기매매차익 반환의무가 발생한다.[2] 임원 등으로부터 정보를 수령한 자(tippee)에 대하여도 단기매매차익 반환의무가 적용되는지에 관하여는 경우에 따라 대리이론을 적용하여 간접적으로 차익반환의무를 부과할 수 있는 여지가 존재할 수 있다는 견해가 있으나,[3] 이들에 대하여도 적용된다는 해석은 명문의 규정에 반하고 자본시장법 제174조를 적용하여야 할 것이다.[4]

1. 임원과 직원

(1) 임 원

임원은 이사와 감사를 말한다(법 9조 2항). 사외이사[5]도 이사에 포함됨은 당연하다.[6] 상법 제401조의2에서 규정하는 업무집행지시자도 임원에 해당한다. 즉 회사에 대한 자신의 영향력을 이용하여 이사에게 업무집행을 지시한 자(1호),[7] 이사의 이름으로 직접 업무를 집행한 자(2호) 및 이사가 아니면서 명예회장 회장 사장 부사장 전무 상무 이사 기타 회사의 업무를 집행할 권한이 있는 것으로 인정될 만한 명칭을 사용하여 회사의 업무를 집행한 자(3호) 등도 단기매매차익반환의무의 대상자이다.

(2) 직 원

구증권법에서는 직원의 범위에 관하여 아무런 제한이 없었고, 이에 대하여 애당초 중요정보에 접근이 곤란한 직원에게는 불합리한 측면이 있으며 또 직원들은 증시침체기에 주가가 많이 떨어지는 경우 주가관리차원에서 회사의 요구에 따라 매입하는 경우도 있는데 이는 내부정보를 알아서가 아니라 자기회사의 장기적인 전망을 보아 투자하는 것이라고 할 수 있기 때문에 직원을 그 규제대상에서 제외하는 것이 바람직하다고 하는 견

1) 2009. 2. 3. 개정에 의하여 포함되었다. 즉 주권상장법인의 개념에 증권시장에 상장된 주권뿐만 아니라, 주권과 관련된 증권예탁증권이 증권시장에 상장된 경우에는 그 주권을 발행한 법인도 포함하게 되었다.

2) 대법원 2007. 11. 30. 선고 2007다24459 판결.

3) 김정수, 전게서(2011), 1059-1060쪽.

4) 임재연, 전게서(2013), 778쪽.

5) 사외이사란 회사의 상시적인 업무에 종사하지 아니하는 자로서 법 제25조에 따라 선임되는 자를 말한다(법 9조 3항).

6) 임재연, 전게서(2013), 778-779쪽; 김정수, 전게서(2011), 1055-1056쪽(일반적으로 사외이사는 비상임이기 때문에 경영을 직접 담당하는 사내이사만큼 회사의 내부정보에 접근할 가능성은 적지만 사외이사도 이사회의 구성원인 만큼 기업의 경영에 관한 중요내부정보에 접근할 가능성이 매우 크기 때문이다).

7) 여기의 "회사에 대한 자신의 영향력을 이용하여 이사에게 업무집행을 지시한 자"에는 자연인뿐만 아니라 법인인 지배회사도 포함된다(대법원 2006. 8. 25. 선고 2004다26119 판결).

해[1])가 있었다. 미국에서는 이사(directors)나 집행간부(officers) 및 10% 이상 주식을 소유한 주주만을(미 1934년법 §16(b)), 일본에서는 상장회사의 임원이나 주요주주만을(日金商法 164조) 그 대상으로 규정함으로써 직원을 반환대상자에서 제외하고 있다.

자본시장법에서는 직원을 규제대상에서 완전히 제외하지는 않고 다만 직무상 제174조 제1항의 미공개중요정보를 알 수 있는 자로서 대통령령으로 정하는 자에 한정시키고 있다. 구체적으로 그 법인에서 주요사항보고서에 관한 법 제161조 제1항 각 호[2])의 어느 하나에 해당하는 사항의 수립·변경·추진·공시, 그 밖에 이에 관련된 업무에 종사하고 있는 직원이나 그 법인의 재무·회계·기획·연구·개발에 관련된 업무에 종사하고 있는 직원으로서 증권선물위원회가 법 제174조 제1항에 따른 미공개중요정보를 알 수 있는 자로 인정하는 자를 말하고(법 시행령 194조), 증권선물위원회가 제정한 「단기매매차익 반환 및 불공정거래조사·신고 등에 관한 규정」에서는 그 법인의 재무·회계·기획·연구개발·공시 담당부서에 근무하는 직원을 들고 있다.[3])

(3) 임직원의 신분 보유시기

한편 회사내부자로서 임·직원의 신분은 매수와 매도 전 기간에 걸쳐 유지할 필요는 없고 매수할 때 또는 매도할 때 어느 한 시점에만 그 지위에 있으면 충분하다고 보는 것이 통설이고 판례의 입장이다.[4]) 법에서 매도와 매수 양 시기에 모두 신분을 가질 것을 요구하는 주요주주의 경우(법 172조 6항)와 달리 임·직원에 관하여는 아무런 규정이 없기 때문이다. 또한 정직처분을 받아 신분 및 임무수행상의 제한을 받는 상태에 있었다고 하더라도 그러한 외형만으로 내부정보에 대한 접근 가능성이 완전히 배제된다고 볼 수 없

1) 김용진, 전게서(2007), 666쪽; 노태악 "내부자거래 등 관련행위의 규제," 「증권거래에 관한 제문제(상)」, 법원도서관, 2001, 465쪽. 그리고 김정수, 전게서(2011), 1054쪽도 같음.

2) 법 제161조(주요사항보고서의 제출) ① 사업보고서 제출대상법인은 다음 각 호의 어느 하나에 해당하는 사실이 발생한 경우에는 그 사실이 발생한 날의 다음 날까지 그 내용을 기재한 보고서(이하 "주요사항보고서"라 한다)를 금융위원회에 제출하여야 한다. 이 경우 제159조 제6항 및 제7항을 준용한다.
   1. 발행한 어음 또는 수표가 부도로 되거나 은행과의 당좌거래가 정지 또는 금지된 때
   2. 영업활동의 전부 또는 중요한 일부가 정지된 때
   3. 채무자 회생 및 파산에 관한 법률에 따른 회생절차개시의 신청이 있은 때
   4. 이 법, 상법, 그 밖의 법률에 따른 해산사유가 발생한 때
   5. 자본증가 또는 자본감소에 관한 이사회의 결의가 있은 때
   6. 상법 제360조의2, 제360조의15, 제522조 및 제530조의2에 규정된 사실이 발생한 때
   7. 대통령령으로 정하는 중요한 영업 또는 자산을 양수하거나 양도할 것을 결의한 때
   8. 자기주식을 취득(자기주식의 취득을 목적으로 하는 신탁계약의 체결을 포함한다) 또는 처분(자기주식의 취득을 목적으로 하는 신탁계약의 해지를 포함한다)할 것을 결의한 때
   9. 그 밖에 그 법인의 경영·재산 등에 관하여 중대한 영향을 미치는 사항으로서 대통령령으로 정하는 사실이 발생한 때

3) 단기매매차익 반환 및 불공정거래조사·신고 등에 관한 규정 제5조.

4) 김건식/정순섭, 전게서(2013), 434쪽; 김용진, 전게서(2007), 665쪽; 김정수, 전게서(2011), 1056쪽; 이철송, 전게서(2009), 368쪽; 임재연, 전게서(2013), 786쪽; 대법원 2008. 3. 13. 선고 2006다73218 판결. 다만, 미국 SEC의 입장은 다른 것으로 보인다.

으므로 단기매매차익 반환의무를 부담한다는 것이 판례이다.[1)]

2. 주요주주[2)]

(1) 주요주주의 개념

'주요주주'란 대주주로서 (i) 누구의 명의로 하든지 자기의 계산으로 법인의 의결권 있는 발행주식 총수의 100분의 10 이상의 주식(그 주식과 관련된 증권예탁증권을 포함한다)을 소유하거나, (ii) 임원의 임면 등의 방법으로 법인의 중요한 경영사항에 대하여 사실상의 영향력을 행사하는 주주로서 대통령령으로 정하는 자이다(법 9조 1항 2호).

'사실상의 영향력을 행사하는 주주'란 ① 단독으로 또는 다른 주주와의 합의·계약 등에 따라 대표이사 또는 이사의 과반수를 선임한 주주, ② 경영전략·조직변경 등 주요 의사결정이나 업무집행에 지배적인 영향력을 행사한다고 인정되는 자로서 '금융위원회가 정하여 고시하는 주주'(법 시행령 9조)[3)]를 말한다.

(2) 10%의 계산

전환사채나 신주인수권부사채 등 장래 주식화할 수 있는 채권을 소유한 경우 이들 채권으로부터 주식으로 전환할 수 있는 주식 수를 주요주주의 소유주식에 포함할 것인지 여부가 문제가 된다. 이들 채권은 일정시점이 되면 소유권자의 선택에 의하여 일정한 주식으로 전환할 수 있는 권리를 가지고 있기 때문에 합산하여 계산하는 것이 옳다는 견해와 명문의 규정이 없으므로 합산할 수 없다는 견해가[4)] 있으나 단기매매차익반환제도가 내부자에게 엄격책임을 지운다는 측면에서 요건의 해석도 엄격하게 해석하는 것이 타당하다.

또 10%의 소유지분을 계산할 때 특수관계인[5)]의 지분을 산입할 것인가의 문제가 있

---

1) 대법원 2008. 3. 13. 선고 2006다73218 판결.

2) 자본시장법상 주요주주에 대한 규제를 크게 살펴보면, 1) 금융투자회사설립과 대주주 변경시 적격심사의 대상이고, 2) 금융투자회사의 사외이사 감사위원 선임이 불가능하며, 3) 내부자거래규제의 대상이 되는 것을 들 수 있다.

3) '금융위원회가 정하여 고시하는 주주'란 임원(상법 제401조의2 제1항 각 호의 자를 포함한다)인 주주로서 의결권 있는 발행주식 총수의 100분의 1 이상을 소유하는 자를 말한다(2008. 12. 26.자 금융위원회 고시 2009-2호, 금융투자업규정 1-6조).

4) 임재연, 전게서(2013), 781쪽.

5) 법 시행령 제8조(특수관계인의 범위) 법 제9조 제1항 제1호에서 "대통령령으로 정하는 특수한 관계가 있는 자"란 다음 각 호의 어느 하나에 해당하는 자를 말한다.

1. 본인이 개인인 경우에는 다음 각 목의 어느 하나에 해당하는 자
   가. 배우자(사실상의 혼인관계에 있는 자를 포함한다. 이하 같다)
   나. 6촌 이내의 부계혈족 및 4촌 이내의 부계혈족의 처
   다. 3촌 이내의 부계혈족의 남편
   라. 3촌 이내의 모계혈족과 그 배우자 및 자녀
   마. 배우자의 2촌 이내의 부계혈족 및 그 배우자
   바. 입양자의 생가의 직계존속

는데, 특수관계인의 소유지분이 포함됨을 명문으로 규정하는 '최대주주'(법 9조 1항 1호)[1]와 달리 주요주주의 소유지분을 산정할 때에는 명문의 규정이 없으므로 포함하지 않는다고 보아야 할 것이다. 다만, 특수관계인의 지분을 합쳐서 10% 이상을 소유하는 경우 사실상 영향력을 행사하는 주주에 해당할 가능성이 클 것이다.[2]

(3) 주요주주의 신분보유시기

주요주주의 경우에는 임, 직원과 달리 매수와 매도 양 시점에서 모두 주요주주로서의 신분을 구비하고 있어야 한다(법 172조 6항). 이는 미국의 1934년 법 §16(b)[3]에서 유래한 것으로서 일본도 같은 규정을 두고 있다(日金商法 164조 8항). 그런데 주요주주가 아닌 자가 매수로 인하여 비로소 주요주주가 된 경우 단기매매차익반환규정이 적용될 것인가에 관하여 과거 논의가 있었다.

이에 관하여 본 제도의 취지가 내부자에 의한 정보의 이용 및 그로 인한 단기차익의 실현을 저지하려는데 있는 이상 10% 이상의 주주가 되는 순간부터 정보이용의 기회가 주어지며 이것이 그 후의 매도에 반영된다고 보아야 할 것이므로 매수와 동시에 주요

사. 출양자 및 그 배우자와 출양자 양가의 직계비속
아. 혼인 외의 출생자의 생모
자. 본인의 금전, 그 밖의 재산에 의하여 생계를 유지하는 자 및 생계를 함께 하는 자
차. 본인이 단독으로 또는 그와 가목부터 자목까지의 관계에 있는 자와 합하여 100분의 30 이상을 출자하거나 그 밖에 임원의 임면 등 법인 또는 단체의 중요한 경영사항에 대하여 사실상의 영향력을 행사하고 있는 경우에는 해당 법인 또는 단체와 그 임원(임원을 특수관계인으로 보지 아니할 필요가 있는 경우로서 금융위원회가 정하여 고시하는 경우에는 그 임원을 제외한다. 이하 이 조에서 같다)
카. 본인이 단독으로 또는 그와 가목부터 차목까지의 관계에 있는 자와 합하여 100분의 30 이상을 출자하거나 그 밖에 임원의 임면 등 법인 또는 단체의 중요한 경영사항에 대하여 사실상의 영향력을 행사하고 있는 경우에는 해당 법인 또는 단체와 그 임원
2. 본인이 법인 또는 단체인 경우에는 다음 각 목의 어느 하나에 해당하는 자
가. 임원
나. 계열회사(독점규제 및 공정거래에 관한 법률에 따른 계열회사를 말한다. 이하 같다) 및 그 임원
다. 단독으로 또는 제1호 각 목의 관계에 있는 자와 합하여 본인에게 100분의 30 이상을 출자하거나 그 밖에 임원의 임면 등 본인의 중요한 경영사항에 대하여 사실상의 영향력을 행사하고 있는 개인 및 그와 제1호 각 목의 관계에 있는 자 또는 단체(계열회사를 제외한다. 이하 이 호에서 같다)와 그 임원
라. 본인이 단독으로 또는 본인과 가.목부터 다.목까지의 관계에 있는 자와 합하여 100분의 30 이상을 출자하거나 그 밖에 임원의 임면 등 단체의 중요한 경영사항에 대하여 사실상의 영향력을 행사하고 있는 경우에는 해당 법인·단체와 그 임원

1) 법인의 의결권 있는 발행주식 총수를 기준으로 본인 및 그 외 대통령령으로 정하는 특수한 관계가 있는 자가 누구의 명의로 하든지 자기의 계산으로 소유하는 주식(그 주식과 관련된 증권예탁증권을 포함한다)을 포함하여 그 수가 가장 많은 경우의 그 본인(법 9조 1항 1호).
2) 임재연, 전게서(2013), 781-782쪽.
3) "… shall not construed to cover any transaction where such beneficial owner was not such both at the time of the purchase and sale, or the sale and purchase"라고 규정하고 있고, 연방법원의 판례도 매수와 매도시기 모두 신분의 보유가 필요한 것으로 보고 있다. Electric Co. v. Emerson Electric Co., 404 US 418(1972), Foremost-Mckesson Inc. v. Provident Securities Co., 423 U.S. 232(1975).

주주가 되는 경우의 매수도 내부자거래에 포함된다고 보아야 하고, 매도의 경우도 법정기간이 6개월 내에 행해지는 한 하나의 처분계획에 의한 단일의 매도행위[1]로 볼 수 있는 것으로 처분과정에 있어서의 신분 상실은 고려할 필요가 없다고 보는 견해[2]가 있고, 이에 대하여 주식을 매수하여 비로소 주요주주가 된 경우에는 매수 당시 회사의 내부정보를 이용하였다고 볼 수 없다는 견해[3]가 있었다.

그러나 이러한 논의는 법 제172조 제 6 항(구증권법 188조 8항)에서 '주요주주가 매도, 매수한 시기 중 어느 한 시기에 있어서 주요주주가 아닌 경우에는 적용하지 않는다'고 명시적으로 규정함으로써 더 이상 실익은 없어졌다고 하겠다.

매수에 의하여 주요주주가 된 자가 6월 이내에 매도한 경우 내부정보를 이용할 가능성이 크므로 이를 그 대상에서 제외하는 것이 불합리하다고 보이기는 하나 입법론[4]상으로는 별론으로 하고, 이제는 더 이상 법문의 해석상 전자의 견해를 취하기는 어려운 것으로 생각된다. 따라서 주식을 매수하여 비로소 10% 이상의 주식을 보유하게 되어 주요주주가 된 경우에는 적용대상이 아니고, 반대로 주요주주가 주식을 매도함으로써 주요주주의 지위를 상실하게 되는 경우에는 반환의무를 인정하여야 할 것이다.[5] 우리나라와 같은 규정을 두고 있는 일본의 학설도 마찬가지로 보인다.[6][7]

한편, 일반적으로 단 한 번의 거래로 10% 이상을 취득하는 것이 아니라 하루 동안에도 여러 번의 거래를 통하여 주식을 취득하게 되는 것이 보통인데, 이러한 경우 어느 범위에서 합산하여 계산하여야 하는지 논의가 있다. 이에 대해 일본에서는 하루에 몇 번의 거래가 발생하였든 간에 하루 단위로 매수 또는 매도량을 합산하여 일별로 계산하여야 할 것이라는 견해가 있다.[8]

또 주식의 양도는 주권의 교부로서 그 효력이 발생하므로 실제로 증권을 인도받아 소유하게 된 시점을 기준으로 삼아야 한다는 견해가 있으나, 미공개중요정보이용의 사전

---

1) "… a single sale effected pursuant to a plan of distribution conceived at the same time…," Reliance Electric Co. v. Emerson Electric Co., 404 US 418(1972).

2) 이철송, 전게서(2009), 368쪽. 이를 동시설('simultaneously with' test)이라고 한다.

3) 임재연, 전게서(2013), 783-784쪽. 이를 이전설('prior to' test)이라고 한다. 김정수, 전게서(2011), 1075쪽도 같은 입장이다.

4) 김용진, 전게서(2007), 666쪽.

5) 임재연, 전게서(2013), 783쪽. 이와 같이 해석하면 만일 증권을 전혀 소유하지 않은 투자자가 6%씩 3회에 걸쳐 증권을 매수하였다가 모두 매도하였다면 세 번째 매수한 증권으로부터의 이익만 반환의 대상이 된다. 그 반대로 증권을 매도함으로써 10% 미만의 증권소유자로 된 경우에는 위 규정의 목적에 비추어 차익반환의무를 부담한다고 보아야 한다.

6) 神崎/志谷/川口, 전게서(2006), 929-930頁.

7) 미국법상으로도 10% 주주의 경우에는 매도시와 매수시에 모두 그 지위를 유지하여야 한다. 연방대법원은 매수시에 10% 주주가 아니었던 자는 6개월 내에 그 주식을 매도한 경우에 단기매매차익반환의 적용을 받지 않는다고 판시한 바 있다. Foremost-Mckesson v. Provident, 423 U.S. 232(1976)

8) 神崎/志谷/川口, 전게서(2006), 929-930頁; 임재연, 전게서(2013), 785-786쪽.

예방을 위한 제도라는 점을 고려하면 계약체결일을 기준으로 삼아야 할 것이다.[1] 따라서 예를 들어 2월 1일 주식매도계약을 체결하고 인도일은 2월 10일로 정한 뒤 그 사이에 같은 주식을 매수하는 경우에도 단기매매차익반환의무가 발생한다고 할 것이다. 다만 장외거래의 경우에는 계약체결 후에 여러 사정으로 주식이 매수인에게 인도되지 않을 수도 있으므로 계약체결일을 기준으로 하되 주식인도의 불이행을 해제조건부로 하여 주요주주의 지위가 소급적으로 상실되는 것으로 보아야 한다는 견해가 있다.[2]

(4) 조합이 소유하는 지분

한편, 주요주주의 범위와 관련하여 법인격을 갖지 않는 민법상의 조합 등이 조합재산으로 주식을 보유하고 있는 경우 주주를 누구로 볼 것인가에 관하여 논란이 있을 수 있다. 이에 관하여 우리나라에서는 아무런 규정이 없으나 일본에서는 법을 개정하면서 조합 등이 그 재산으로서 상장회사 등의 의결권의 10% 이상의 의결권을 보유하고 있는 경우에는 매매보고서의 제출의무나 단기매매 등의 이익제공의무의 대상으로 추가하였다(日金商法 165조의2).

민법상 조합 등의 조합원은 조합으로서 일체적으로 행동하고 조합 전체로서 10% 이상의 의결권을 보유하고 있는 경우에는 의결권도 일체로 행사되는 것이 일반적이므로 매매보고서의 제출의무나 단기매매차익반환의무의 취지나 법인과의 형평성 등을 고려하여 입법한 것으로 보인다.

3. 투자매매업자

단기매매차익반환의무는 주권상장법인이 모집(대통령령으로 정하는 방법에 따라 산출한 50인 이상의 투자자에게 새로 발행되는 증권의 취득의 청약을 권유하는 것을 말한다)(법 9조 7항)·사모(私募, 새로 발행되는 증권의 취득의 청약을 권유하는 것으로서 모집에 해당하지 않는 것을 말한다)(법 9조 8항)·매출(대통령령으로 정하는 방법에 따라 산출한 50인 이상의 투자자에게 이미 발행된 증권의 매도의 청약을 하거나 매수의 청약을 권유하는 것을 말한다)(법 9조 9항)하는 '특정증권등'을 인수한 투자매매업자에게 대통령령이 정하는 기간 동안 준용한다.

이는 증권회사가 인수업무의 수행 중 취득한 정보를 이용하여 이익을 얻는 것을 방지하기 위한 것으로, 외국에서 보기 드문 입법례로서 우리나라 업계의 문제점이 반영된 규정이라고 한다.[3]

투자매매업이란 누구의 명의로 하든지 자기의 계산으로 증권과 장내 및 장외 파생상품 등 금융투자상품의 매도·매수, 증권의 발행·인수 또는 그 청약의 권유, 청약, 청약

---

1) 김건식/정순섭, 전게서(2013), 436쪽; 임재연, 전게서(2013), 785쪽; 고창현, 전게논문(1999), 72쪽.
2) 임재연, 전게서(2013), 785쪽.
3) 임재연, 전게서(2013), 783쪽; 고창현, 전게논문(1999), 78쪽.

의 승낙을 영업으로 하는 것을 말하고(법 6조 2항), 투자매매업자란 금융감독위원회의 인가를 받거나 등록한 금융투자업자 중 투자매매업을 영위하는 자를 말한다(법 8조 1항·2항). 구체적으로 투자매매업자가 인수계약을 체결한 날부터 3개월 이내에 매수 또는 매도하여 그 날부터 6개월 이내에 매도 또는 매수하는 경우에 준용하고(법 시행령 199조),[1] 다만, 투자매매업자가 안정조작 또는 시장조성을 위하여 매매하는 경우에는 해당 안정조작 또는 시장조성기간 내에 매수 또는 매도하여 그 날부터 6개월 이내에 매도 또는 매수하는 경우[2]에 준용한다.

구증권법에서는 투자매매업자에게 기간의 제한 없이 준용규정만 두고 있으면 주선·인수한 주식의 매매를 6개월간 금지하는 결과가 되어 이는 지나치게 장기간이어서 부당하기 때문에 시행령에서 그 기간을 단축하여 주선·인수계약을 체결한 날로부터 3월 이내에 매수 또는 매도하여 이익을 얻은 경우에만 준용하고, 안정조작의 경우에는 당해 안정조작기간 내에 매수 또는 매도하여 이익을 얻은 경우에만 준용하고 있었다(구증권법 시행령 83조의7 2항).

Ⅳ. 대상유가증권(특정증권등)

자본시장법은 단기매매차익반환, 미공개중요정보 이용행위 및 주권상장법인의 임원이나 주요주주의 소유상황보고의 대상이 되는 증권을 통일적으로 규정하고 있다.[3] 다만, 단기매매차익반환의 경우 '그 법인'의 개념에 그 계열회사를 포함하고 있지 아니하므로 예컨대 자신의 회사가 아닌 계열회사의 주권 등을 매매하여 차익을 올린 경우 단기매매차익반환의 대상은 되지 않겠지만 미공개내부정보 이용행위금지의 대상이 될 수는 있을 것이다.

1. 주권상장법인이 발행한 증권(법 172조 1항 1호)

주권상장법인이 발행한 증권으로서 대통령령에서 정하는 증권을 제외한다.

대통령령에 의하여 단기매매차익반환의 대상에서 제외되는 증권은 채무증권,[4] 수익

---

1) 다만, 시행령 제198조 제 4 호의 모집·사모·매출하는 '특정증권등'의 인수에 따라 취득하는 경우를 제외한다.

2) 다만, 시행령 제198조 제 3 호의 안정조작 또는 시장조성을 위하여 매수·매도 또는 매도·매수하는 경우를 제외한다.

3) 김건식/정순섭, 전게서(2013), 413쪽 이하에서는 이로 인해 채무증권 중에서 일반사채가 미공개정보이용행위의 적용대상에서 제외되는 결과가 발생하는데, 일반사채를 단기매매차익반환대상증권에서 제외한 것은 타당하지만 미공개중요정보이용행위의 대상증권에는 포함되어야 한다고 설명하고 있다.

4) '채무증권'이란 국채증권, 지방채증권, 특수채증권(법률에 의하여 직접 설립된 법인이 발행한 채권을 말한다), 사채권, 기업어음증권(기업이 사업에 필요한 자금을 조달하기 위하여 발행한 약속어음으로서 대통령령으로 정하는 요건을 갖춘 것을 말한다), 그 밖에 이와 유사한 것으로 지급청구권이 표시된

증권,[1] 파생결합증권[2](법 172조 1항 4호에 해당하는 파생결합증권 즉, 증권, 증권예탁증권, 교환사채권만을 기초 자산으로 하는 금융투자상품은 제외한다. 즉 단기매매차익반환의 대상이 된다) 등이 이에 해당한다(법 시행령 196조). 다만, 채무증권 중에서 전환사채권, 신주인수권부사채권, 이익참가부사채권(이와 교환을 청구할 수 있는 교환사채권도 포함한다) 및 그 법인이 발행한 지분증권이나 관련된 증권예탁증권은 단기매매차익반환의 대상으로 포함하고 있다(법 시행령 196조 1호 가부터 라).

2. 제 1 호의 증권과 관련된 증권예탁증권(법 172조 1항 2호)

증권예탁증권이란 채무증권, 지분증권, 수익증권, 투자계약증권, 파생결합증권 등의 증권을 예탁받은 자가 그 증권이 발행된 국가 외의 국가에서 발행한 증권으로서 그 예탁받은 증권에 관련된 권리가 표시된 것(법 4조 8항)을 말한다.

해외투자자의 편의를 위하여 기업이 국외에서 발행함으로써 주식의 국제적 유통수단으로 이용되는 대체증권인 유가증권예탁증서(Depository Receipts) 중 외국법인 등이 발행한 증권 또는 증서를 기초로 하여 증권예탁원이 발행한 것뿐만 아니라 구증권법상 대상이 아닌 국내의 기관들이 국외에서 발행한 유가증권예탁증서도 그 대상이 됨을 명시적으로 밝히고 있다.

3. 교환사채권(법 172조 1항 3호)

그 법인 외의 자가 발행한 것으로서 전 호의 각 증권과 교환을 청구할 수 있는 교환사채권[3]도 단기매매차익반환의 대상이 된다. 구증권법상 교환사채는 당해 법인이 발행한 것이 아니기 때문에 그 대상에서 제외된다고 설명되었다. 한편, 단기매매차익반환의무가 면제되는 대상증권에 해당하지 아니하는 것으로 교환사채를 열거하고 있어 중복된 규정으로 보인다(법 시행령 196조 1호 라목).

것을 말한다(법 4조 3항).

1) '수익증권'이란 법 제110조의 수익증권(신탁업자가 금전신탁계약에 의하여 수익권을 표시하여 발행하는 증권), 제189조의 수익증권(투자신탁을 설정한 집합투자업자가 발행가액 전액이 납입된 경우 신탁업자의 확인을 받아 예탁결제원을 명의인으로 하여 발행하는 증권), 그 밖에 이와 유사한 것으로서 신탁의 수익권이 표시된 것을 말한다(법 4조 5항).

2) '파생결합증권'이란 기초 자산의 가격·이자율·자표·단위 또는 이를 기초로 하는 지수 등의 변동과 연계하여 미리 정하여진 방법에 따라 지급금액 또는 회수금액이 결정되는 권리가 표시된 것을 말한다(법 4조 7항). '기초 자산'이란 금융투자상품, 통화, 일반상품, 신용위험 그 밖에 자연적·환경적·경제적 현상 등에 속하는 위험으로서 합리적이고 적정한 방법에 의하여 가격·이자율·지표·단위의 산출이나 평가할 수 있는 것을 말한다(법 4조 10항).

3) '교환사채(Exchangeable Bond)'란 주권상장법인이 이사회의 결의에 의하여 그 법인이 소유하고 있는 상장유가증권(구증권법 189조의2 또는 법 191조의 규정에 의하여 취득한 자기주식을 포함한다)과 교환을 청구할 수 있는 권리가 부여된 사채를 말한다(구증권법 시행령 84조의13).

4. 제 1 호부터 제 3 호까지의 증권만을 기초자산으로 하는 금융투자상품 (법 172조 1항 4호)

예컨대 주식옵션의 경우 구증권법상 대상이 되는지 여부에 관하여 논란이 있었으나,[1] 현행법상 명문의 규정을 도입함으로써 논란의 여지가 없어졌다.

Ⅴ. 대상거래

1. '특정증권등'의 매도와 매수

(1) 매도와 매수

내부자에 의하여 6개월 이내에 매수와 매도 또는 매도와 매수가 있어야 한다. 매도와 매수는 장외시장에서 이루어진 경우도 이에 해당한다.[2]

여기서 매도 또는 매수는 민법상의 전형적인 매매 이외에도 상법이나 자본시장법이 인정하는 다양한 방식에 의한 유상취득이나 처분행위를 통하여서도 가능할 수 있으며 나아가 구체적으로 민법상의 매매 이외의 다른 어떤 전형계약 또는 비전형계약까지 매도나 매수의 범위에 포함해 규제할 것인가 하는 점은 내부자의 단기매매차익반환을 규정하는 법조항의 연혁 및 입법취지, 관련 하위법규의 규정 내용 등을 고려하여 당해 거래의 성격이나 비자발성의 정도, 거래의 동기 및 결과 등에 따라 법원이 합목적적이고 실용적으로 해석하여야 할 것이다.[3]

동일인이 차명계좌를 통하여 보유하고 있던 주식을 공개시장에서 실명계좌로 매도한 경우 비록 공개시장에서의 증권예탁에 혼합임치의 성격이 있어 매도 및 매수되는 주식을 특정할 수 없다 할지라도 실질적으로 동일한 시점에 차명계좌로부터 매도주문과 실명계좌로부터의 매수주문이 존재하였다면 차명계좌에서의 매도가격과 차명계좌에서의 매수가격이 정확히 일치하는 수량에 관한 한 단기매매차익반환의 대상이 되는 거래라고 할 수 없다.[4]

매도와 매수의 개념은 최소한 유상거래를 전제로 하고 있다고 보아야 한다는 점은 이론이 없고 따라서 증여, 상속, 무상증자(예컨대 상법 461조의 준비금의 자본전입) 등을 통한

1) 구증권법의 해석으로는 대상증권의 가격변동에 의하여 손익이 큰 옵션거래의 특성상 적용대상이라는 견해와 '주권 등'의 범위를 명시한 구증권법의 해석상으로는 적용대상이 아니라고 보아야 한다는 견해가 있다. 다만, 입법론으로 포함하자는데 아무런 이의가 없었다.

2) 김건식/정순섭, 전게서(2013), 435쪽; 김용진, 전게서(2007), 668쪽; 이철송, 전게서(2009), 368쪽; 임재연, 전게서(2013), 505쪽; 김정수, 전게서(2011), 1064쪽.

3) 서울고등법원 2001. 5. 18. 선고 2000나22272 판결 참조(위 판결은 상고심에서 상고각하 판결이 선고되어 확정되었다). 이는 아래에서 보는 바와 같이 미국 판례법의 태도라고 할 수 있다.

4) 대법원 2005. 3. 25. 선고 2004다30040 판결.

주식의 이전은 여기에 해당하지 않는다고 보는 것이 통설이다.[1)]

또 교환, 대물변제와 같이 종국적인 소유권의 취득이나 처분을 수반하는 유상거래는 여기에서의 매도와 매수에 해당하고,[2)] 상법상 제 3 자 배정에 의한 신주인수(사모유상증자)도 이에 포함한다고 본 하급심 판례가 있다.[3)]

주권, 전환사채나 신주인수권의 권리행사에 의한 신주취득도 내부자의 의사에 기하여 유상으로 이루어지는 거래라는 점에서 매매와 유사하나, 이러한 권리행사로 인한 주식취득은 내부정보보다는 시가와 발행가격의 차이에 따라 좌우된다는 점에서 예외사유로 보아야 한다는 견해가 있었고, 구증권법상 단기매매차익반환의 예외로서 증권선물위원회가 인정하는 경우의 하나로 정하고 있었는데,[4)] 현재는 대통령령 제198조에서 예외로 인정하고 있다. 한편, 자본거래 일반에 대하여는 아래에서 따로 살펴본다.

미국의 판례는 매수와 매도의 개념에 대하여 판례법상 특정거래가 입법취지에 비추어 남용이라고 보이는 거래에 해당하는지 여부를 결정함에 있어 실용적인 접근방법(pragmatic approach)을 취하고 있다.[5)6)]

(2) 자본거래

회사에 대한 주주의 투자 또는 회수를 의미하는 자본거래를 통하여 주식을 취득하는 예로서는 회사가 신주발행을 함에 있어 주주가 신주인수권을 행사하여 주식을 배정받은 경우(유상증자, 상법 416조), 전환사채권자가 전환을 청구하는 경우(상법 515조), 신주인수권부사채권자가 신주인수권을 행사하는 경우(상법 516조의8), 주식매수선택권의 행사에 의하여 주식을 취득하는 경우(상법 340조의4, 구증권법 189조의4), 합병에 의하여 소멸하는 회사의 주주가 존속회사의 주식을 배정받은 경우(상법 523조 3호), 회사분할에 의하여 분할회사의 주주가 신설회사나 합병분할의 상대회사 주식을 취득하는 경우(상법 530조의5 1항 4호), 주식의 교환·이전에 의하여 자회사의 주주가 모회사의 주식을 취득하는 경우(상법 360조의2 2항,

---

1) 김정수, 전게서(2011), 1065쪽; 김건식/정순섭, 전게서(2013), 435쪽; 임재연, 전게서(2013), 788쪽; 이철송, "유가증권의 단기매매차익반환과 정보이용의 요건성,"「증권법연구」 제 5 권 제 1 호(2004), 185쪽.

2) 김건식/정순섭, 전게서(2013), 435쪽; 김정수, 전게서(2011), 1066쪽; 임재연, 전게서(2013), 789쪽; 이철송, 전게논문(2004), 185쪽.

3) 서울고등법원 2001. 5. 18. 선고 2000나22272 판결(확정).

4) 구 임원 및 주요주주의 주식소유상황보고 및 단기매매차익반환에 관한 규정 제 9 조의2 제 1 호(이미 소유하고 있는 주권·전환사채권·신주인수권부사채권(분리형의 경우 신주인수권증권)·신주인수권을 표시하는 증서의 권리행사에 의한 유상신주의 취득). 미국에서는 전환사채의 매도(매수)와 보통주의 매수(매도)는 서로 일치하는 거래가 아니라는 판결이 있다. Gordon GUND v. FIRST FLORIDA BANKS, Inc., 726 F.2d 682(11th Cir. 1984) 참조.

5) SEC §3(a)(13)에서 "The term 'buy' and 'purchase' each include any contract to buy, purchase, or otherwise acquire," §3(a)(14)에서 "The term 'sale' and 'sell' each include any contract to sell or otherwise dispose of …"라고 규정하고 있다. David L. Ratner, Securities Regulation(6th ed.), 1988, pp. 120-121 참조.

6) 이 부분에 대한 상세한 소개는 김정수, 전게서(2011), 1063쪽 이하 참조.

360조의15 2항), 주식배당에 의하여 주식을 취득하는 경우를 들 수 있다.[1)]

자본거래를 통하여 주식을 처분 또는 상실하는 예로서는 자본감소에 의하여 주식이 유상 소각되는 경우(상법 438조), 이익소각에 의하여 주식이 소각되는 경우(상법 343조 단서, 343조의2 1항), 주식매수청구권의 행사에 의하여 주식을 회사에 이전하는 경우(상법 360조의5, 360조의22, 374조의2, 522조의3, 530조의11 2항), 합병에 의하여 소멸하는 회사의 주주의 소유주식이 소멸되는 경우, 회사분할에 의하여 분할회사의 주주의 소유주식이 소멸하는 경우, 주식의 교환, 이전에 의하여 완전 자회사 주주의 소유주식이 완전 모회사에 이전하는 경우를 들 수 있다.

위와 같이 자본거래를 통하여 주식을 취득하는 경우가 주식을 처분 또는 상실하는 거래에 연결되는 경우 단기매매차익반환의 대상이 되는 거래에 해당될 수 있을 것인가.

단기매매차익반환의무를 인정하는 법조문이 내부자가 신분을 이용하여 지득한 정보를 이용하여 차익을 얻는 것을 방지할 목적에 있으므로 주식의 취득과 처분은 기본적으로 내부자의 자유로운 결정에 따른 것임을 전제로 한 것이라고 할 수 있다. 그렇다면, 위와 같은 자본거래의 경우는 내부자의 자유로운 의사결정에 의한 것임이 아니거나 자신의 재산관리상 불가피한 경우에 해당한다면 그 입법목적과는 무관한 거래라고 할 것이다.[2)]

이러한 자본거래 중 몇 가지는 법 시행령의 규정(법 시행령 198조)이나 증권선물위원회가 정한 고시에서[3)] 그 적용대상에서 제외하고 있으나, 예외를 인정한 경우의 합리성, 법적 안정성, 예외로 열거된 거래와 열거되지 않은 거래가 선후행위로 연결될 경우 그 적용대상이 되는지 여부 등에 대하여 여전히 문제가 남아있다.

물론 자본거래 자체가 내부자에 의하여 지배될 수 있는 경우라면 달라질 여지도 있으나, 그렇다고 하더라도 원칙적으로 단기매매차익반환은 그 적용범위를 개인 간에 이루어지는 유상거래로 제한하는 것도 하나의 합리적인 해석이 될 수 있다.

(3) 종류가 다른 증권의 매도와 매수

주식을 매수한 후 전환사채를 매도한 경우와 같이 종류가 다른 경우 이에 해당할 것인가에 관하여, 종래 통설적인 견해는 해당되지 않는다고 보고 그 주요한 근거로서 그러한 경우 단기매매차익반환의 산정방법에 관하여 아무런 정함이 없다는 것을 들고 있었다.[4)] 그러나 이에 대하여 구증권법 제188조 제 2 항의 '주권등'은 주권·전환사채권·신주

1) 이하 이철송, 전게논문(2004), 186쪽 이하 참조.

2) 이철송, 전게논문(2004), 187쪽.

3) 「단기매매차익 반환 반환 및 불공정거래조사·신고 등에 관한 규정」 제 8 조에서는 유상신주 발행시 발생한 실권주 또는 단수주의 취득(1호), 집합투자규약에 따라 집합투자업자가 행하는 매매(2호), 공로금·장려금·퇴직금 등으로 지급받는 주식의 취득(3호), 이미 소유하고 있는 특정증권등의 권리행사로 인한 취득(4호) 및 증권시장에서 허용되는 최소단위 미만의 매매(5호) 등을 들고 있다.

4) 김건식, 「증권거래법(제 4 판)」, 두성사, 2006, 282쪽(현실적으로 매매대상증권의 종류가 다른 경우에 차익을 계산하기는 어렵고, 시행령에서 증권의 종류가 다른 경우에 관하여 이익산정규정을 두지 않는

인수권부사채권·신주인수권을 표시하는 증서·이익참가부사채권 등을 통칭하므로 '주권등'에 포함되는 한 종류에 관계없이 적용대상이라고 보아야 한다는 견해[1)]가 있었다.

그런데 아래에서 보는 바와 같이 현행 규정(법 시행령 195조 2항 2호 및 3항)[2)]은 종류가 다른 경우 구시행령과 달리 단기매매차익반환의 대상이 되는 것을 전제로 그 가격과 수량 등의 산정방법에 관하여 증권선물위원회가 정하여 고시하는 방법으로 정하고 있어 현행법상 종류가 다른 증권의 경우에도 그 대상이 됨은 분명하다.

한편, 위와 같이 종류가 다른 증권의 매도와 매수의 경우에도 단기매매차익반환의 대상이 된다고 할 때 종류는 같고, 종목이 다른 경우 단기매매차익반환의 대상이 될 수 있는지 문제된다. 취지상 당해 법인의 증권이면 보통주 매수, 우선주 매도와 같이 종목[3)]이 다르더라도 종류가 같은 경우에는 단기매매차익반환대상의 거래에 해당하여야 할 것이다. 현행규정에서도 종류는 같고, 종목이 다른 경우에 대한 단기매매차익 산정방법을 정하고 있다.

(4) 담보권의 설정 및 실행

주식을 질권이나 양도담보의 형식으로 담보로 제공하고 금전을 차용하는 경우에는 담보권설정자와 담보권자 간의 실질적인 의사는 금전차용 및 그에 따른 담보권설정이라고 할 것이고, 주식의 소유권을 이전하는 것이 아니므로 담보권설정행위 자체를 주식의 매도로 볼 수 없다.[4)]

한편 담보권자가 담보권실행의 차원에서 주식을 매도하는 경우 담보권설정자의 의사에 기한 처분이 아니므로 원칙적으로 차익반환의무의 대상이 되지 않는다고 보는 것이 타당하다. 다만 담보권설정계약에 담보권자가 일정한 경우 임의로 주식을 처분할 수 있도록 하는 내용이 포함되어 있는 때에는 처분권을 담보권자에게 위임한 것으로 볼 수 있으므로 차익반환의무를 부담한다고 보아야 한다는 견해[5)]가 있다.

것은 이 규정의 적용대상에서 배제하려는 의도였다고 보는 것이 자연스러운 해석이라고 한다); 김용진, 전게서(2007), 667쪽; 임재연, 「증권거래법」, 박영사, 2006, 508, 515쪽.

1) 고창현, 전게논문(1999), 72쪽.

2) 매수 '특정증권등'과 매도 '특정증권등'이 종류가 다른 경우 지분 증권 외의 '특정증권등'의 가격은 증권선물위원회가 정하여 고시하는 방법에 따라 지분증권으로 환산하여 계산한 가격으로 하고(법 시행령 195조 2항 2호), 그 수량의 계산은 증권선물위원회가 정하여 고시하는 방법에 따라 계산된 수량으로 한다(법 시행령 195조 3항)

3) 종목이란 증권거래소에서 거래의 대상이 되고 있는 유가증권의 명칭 또는 고유번호를 말한다(예컨대 신주와 구주, 우선주와 보통주는 구별하여 별도의 종목으로 취급된다). 종류와 종목의 개념에 대한 법령상 명문의 규정이 없어 논란이 될 수 있다.

4) 임재연, 전게서(2013), 793쪽.

5) 임재연, 전게서(2013), 793쪽. 이 견해에 따르면 단기매매차익반환의무를 회피하기 위하여 담보권설정자와 담보권자가 공모하여 담보권설정 후 담보권실행명목으로 주식을 매도하는 경우를 규제할 수 없으므로 제도의 실효성을 현저히 약화시키는 결과가 된다고 한다. 결국 증명의 문제로서 사실상 담보권설정자의 의사에 기한 처분이라고 인정된다면 차익반환의무를 부담함은 당연하다고 할 것이다.

2. 6개월 이내의 매매

6개월 이내에 매도와 매수가 있어야 한다. 6개월에서 하루라도 경과하여 매도나 매수가 발생하였다면 대상이 된다고 할 수 없다. 6개월의 기간을 산정함에 있어 민법상 기간의 산정과 달리 초일을 산입한다(법 시행령 195조 1항 1호).[1)]

그런데 증권시장에서 거래가 이루어지는 경우 시장에서의 매매일을 기준으로 할 것인가 아니면 2일 후인 결제일(전환사채의 경우는 매매일)로 되어야 할 것인가에 관하여 논의가 있다. 결제일로 보아야 한다는 견해[2)]가 있으나, 문면대로 계약체결일로 보는 견해[3)]가 타당하다. 판례[4)]도 동일하다. 결제일을 기준으로 보게 되면 6월 1일에 증권시장에서 매수된 경우 결제일이 6월 3일이므로 6월 3일부터 6개월의 기간이 시작된다.

한편, 미국의 경우 기간을 'less than six month'라고 규정하고 있으므로 정확히 '6개월'이 아니라 '6개월에서 1일을 뺀 날'이 된다.[5)] 따라서 초일불산입과 같은 원칙은 없는 것으로 보이는 미국에서는, 즉 3월 15일 매수하였다면 6개월은 9월 14일 종료하므로 끝나기 1일 전까지 매도한 경우에만 단기매매차익반환의무가 발생하므로 9월 14일 매도한 행위에 대하여는 책임을 지지 않는다.[6)]

3. 정보이용의 요건성

구증권법상 단기매매차익반환의 대상거래는 반드시 내부정보를 이용하는 것이 필요한지 여부에 관하여 적극적으로 보는 견해도 없지 않았으나, 통설은 1991년 법을 개정하면서 내부정보의 이용에 관한 요건을 삭제하였으며 내부정보를 이용한 내부자거래에 관하여 구증권법 제188조의2에 의하여 규제하고 특별히 회사내부자의 단기매매차익이 발

1) 기간의 계산은 법령, 재판상의 처분 또는 법률행위에 다른 정한 바가 없으면 민법 제6장(기간)의 규정에 의하여야 하고(민법 155조), 기간을 일, 주, 월 또는 연으로 정한 때에는 그 기간의 초일은 그것이 오전 0시로부터 시작하는 경우가 아닌 한 산입하지 아니하며(민법 157조), 기간을 주, 월 또는 연의 처음으로부터 기간을 기산하지 아니한 때에는 최후의 주, 월 또는 연에서 그 기산일에 해당하는 날의 전일로 기간이 만료된다. 또한, 주, 월, 또는 연의 처음으로부터 기간을 기산하지 아니한 때에는 최후의 주, 월 또는 연에서 그 기산일에 해당하는 날의 전일로 기간이 만료한다(민법 160조 2항).

2) 김정수, 전게서(2011), 1070쪽.

3) 노태악, 「내부자거래규제제도」, 한국상장회사협의회, 2001, 25쪽; 임재연, 전게서(2013), 795쪽(민법상 매매는 매매대금의 지급과 소유권의 이전을 약정하는 낙성계약이므로 법 제172조 제 1 항이 규정하는 매수와 매도는 정확하게는 매수약정과 매도약정을 의미하고, 동 규정의 입법취지가 미공개정보의 이용을 방지하기 위한 것인 점에서 또 장내거래와 장외거래를 통일적으로 규율하기 위하여도 매매의사를 표시한 시점인 계약체결일을 기준으로 하여야 한다는 것이다); 김건식/정순섭, 전게서(2013), 436쪽(내부정보의 이용과 관련하여 중요한 것은 매매의사를 표시하는 시점이기 때문이다).

4) 대법원 2011. 3. 10. 선고 2010다84420 판결.

5) Ratner, 전게서(1988), p.126, Louis Loss, Fundamentals of Securities Regulation(2nd ed.), 1988. p. 562 참조.

6) Ratner, 전게서(1988), p. 126.

생한 경우에는 내부정보의 이용여부에 관계없이 이익의 반환책임을 규정한 것으로 내부정보의 이용을 요건으로 하고 있지 않다고 본다.[1] 판례도 마찬가지의 입장에 서 있다.[2]

미국에서는 내부정보의 이용에 관계없이 또 회사에 대한 손해의 발생과 관계없이 인정되는 엄격책임이라고 설명함이 일반적이고,[3] 일본에서도 내부정보를 현실적으로 이용할 것을 요건으로 한다면 동 조항의 기능이 제대로 발휘하지 못할 것이라는 점에서 내부정보의 이용을 요건으로 하지 않는다고 보는 것이 다수설[4]이고 판례[5]의 입장이다.

4. 단기매매차익반환의무의 면제

(1) 시행령에서 정하고 있는 사유

임직원 또는 주요주주가 6월 이내의 단기매매를 하여 이익을 얻은 경우에도 매도, 매수의 성격 기타 사정을 감안하여 내부정보를 이용할 가능성이 없다고 인정되는 경우로서 대통령령으로 정하는 경우에는 단기매매차익의 반환의무가 면제된다(법 172조 6항).

대통령령으로 정한 경우란 다음 각 호의 어느 하나에 해당하는 경우를 말한다(법 시행령 198조). ① 법령에 따라 불가피하게 매수하거나 매도하는 경우

② 정부의 허가·인가·승인 등이나 문서에 의한 지도·권고에 따라 매수하거나 매도하는 경우

③ 안정조작 또는 시장조성을 위하여 매수·매도 또는 매도·매수하는 경우

④ 모집·사모·매출하는 '특정증권등'의 인수에 따라 취득하거나 인수한 특정증권등을 처분하는 경우

⑤ 주식매수선택권의 행사에 따라 주식을 취득하는 경우

⑥ 이미 소유하고 있는 지분증권·신주인수권이 표시된 것, 전환사채권 또는 신주인수권부사채권의 권리행사에 따라 주식을 취득하는 경우

⑦ 법 제172조 제1항 제2호에 따른 증권예탁증권의 예탁계약 해지에 따라 법 제172조 제1항 제1호에 따른 증권을 취득하는 경우

⑧ 법 제172조 제1항 제1호에 따른 증권 중 제196조 제1호 라목의 교환사채권 또는 법 제172조 제1항 제3호에 따른 교환사채권의 권리행사에 따라 증권을 취득하는 경우

⑨ 모집·매출하는 '특정증권등'의 청약에 따라 취득하는 경우

---

1) 김용진, 전게서(2007), 668쪽; 이철송, 전게서(2009), 369쪽; 임재연, 전게서(2013), 776쪽.

2) 대법원 2004. 2. 13. 선고 2001다36580 판결; 대법원 2004. 5. 28. 선고 2003다60396 판결; 헌재 2002. 12. 28. 99헌바105, 2001헌바48(병합).

3) Hazen, 전게서(2002), p. 719.

4) 神崎/志谷/川口, 전게서(2006), 929頁; 堀口亘, 「ハンドブック證券取引法(第五版)」, 勁草書房, 2001, 638頁.

5) 日 最高裁 2002. 2. 23(民集 56卷 2号· 331頁).

⑩ 근로자복지기본법 제36조부터 제39조까지 또는 제44조에 따라 우리사주조합원이 우리사주조합을 통하여 회사의 주식을 취득하는 경우(그 취득한 주식을 같은 법 43조에 따라 수탁기관에 예탁하는 경우만 해당한다)

⑪ 주식매수청구권의 행사에 따라 주식을 처분하는 경우

⑫ 공개매수에 응모함에 따라 주식 등을 처분하는 경우

⑬ 그 밖에 미공개중요정보를 이용할 우려가 없는 경우로서 증권선물위원회가 정하여 고시하는 경우[1)]

(2) 유형적 적용제외의 대상

적용제외 대상범위와 관련하여 구증권법 제188조 제 8 항과 이에 근거한 같은법 시행령 제83조의6 및 동 시행령에 근거한 임원·주요주주의 주식소유상황보고 및 단기매매차익반환에 관한 규정 제 9 조의2가 정하는 예외사유는 앞서 본 것처럼 구증권법 제188조 제 2 항이 적용되지 아니하는 경우로서 한정적으로 열거된 것이라고 보는 견해가 있었다. 그러나 내부정보를 이용할 개연성이 크다고 볼 수 있는 내부자의 단기간 주식거래에 있어 실제로 내부자가 회사의 내부정보를 이용하였는지 여부를 불문하고 객관적인 요건에 해당하는 한 그러한 거래로 인하여 발생한 이익을 회사로 반환시켜야 할 필요성과 합리적인 이유가 있다고 하더라도 애당초 단기매매차익의 발생원인이 미공개중요정보의 이용에 있지 않음이 객관적으로 명백히 인정되는 반환책임의 예외사유와 본질적으로 같은 성격의 거래임에도 단지 법령 등에서 정한 예외사유에 해당하지 않는다는 이유로 그 차액을 일률적으로 모두 반환하게 한다면 이는 헌법에서 말하는 이른바 최소침해성의 원칙에 반할 여지가 있다. 따라서 단기매매차익반환의 예외를 정한 예외사유에서 명시적으로 따로 정한 바 없다고 하더라도 거래의 유형상 애당초 내부정보의 이용가능성이 객관적으로 없는 경우에는 이미 이 사건 법률조항 자체가 적용되지 않는다고 보아야 하고 헌법재판소의 결정 내용도 그와 같다.[2)] 대법원 역시 구증권법 시행령 제83조의6과 관련하여, 이는 한정적으로 열거된 것으로서 여기에서 정하지 않는 사유로까지 그 반환책임의 예외사유를 넓힐 것을 예정한 것은 아니라 할 것이지만, 단기매매차익반환제도의 입법목적 등을 고려하면, 이에 해당하지 않더라도 객관적으로 볼 때, 애당초 내부정보의 이용

1) 단기매매차익 반환 및 불공정거래 조사·신고 등에 관한 규정 제 8 조에서는 유상신주 발행시 발생한 실권주 또는 단수주의 취득(1호), 집합투자규약에 따라 집합투자업자가 행하는 매매(2호), 공로금·장려금·퇴직금 등으로 지급받는 주식의 취득(3호), 이미 소유하고 있는 특정증권등의 권리행사로 인한 주식의 취득(4호), 증권시장에서 허용되는 최소단위 미만의 매매(5호), 그 밖에 증권선물위원회가 의결로써 미공개중요정보를 이용할 염려가 없는 경우로 인정하는 경우(6호)를 들고 있다.

2) 헌재 2002. 12. 18. 99헌바105, 2001헌바48(병합); 대법원 2004. 2. 13. 선고 2001다36580 판결 및 대법원 2008. 3. 13. 선고 2006다73218 판결(이 사안에서는 직원이 정직처분을 받아 신분 및 임무수행상의 제한을 받고 있었다고 하더라도 그 외형 자체만으로는 내부정보에의 접근가능성이 완전히 배제된다고 할 수는 없다고 판시하였다) 등 참조.

가능성이 전혀 없는 유형의 거래에 대하여는 단기매매차익반환규정이 적용되지 않는다고 해석하였다.[1)]

헌법재판소와 대법원의 입장은 미국 판례법에서 말하는 비전형적 거래(unorthodox transaction)이론[2)]을 수용한 것으로 볼 수 있다. 즉 '거래의 유형상 내부정보의 이용가능성이 객관적으로 부존재하는 거래'가 여기에 해당할 것이다. 한편, 일본의 최고재판소도 유형적으로 보아 거래의 태양 자체에서 내부정보를 부당하게 이용한다고 인정할 수 없는 경우에는 위 규정이 적용되지 않는다고 보아야 한다고[3)] 하는 이른바 합헌적 해석론의 입장에 있다.[4)]

대법원에 따르면 유형적 적용제외대상인지 여부는 ① 당해 거래가 임의적인 거래인지 여부와 ② 내부정보에의 접근성 등 2가지의 기준으로 판단한다.

지배주식의 매도와 경영권 프리미엄의 문제는 어떠한가. 대법원은 이에 관하여, 지배주주가 적대적 M&A를 방어하기 위하여 부득이 주식을 매입하였다가(그 당시에는 경영권 양도의 의도가 없었다), 갑작스러운 경영악화로 인하여 경영권을 양도하기로 하고 나서 그 방법으로 보유주식을 경영권 프리미엄을 포함한 협의가격에 의하여 6개월 이내에 장외에서 매도하여 이익을 얻은 경우에 해당한다는 피고의 주장을 배척하고, 지배주식의 양도와 함께 경영권이 주식양도인으로부터 주식양수인에게 이전하는 경우 그와 같은 경영권의 이전은 지배주식의 양도에 따르는 부수적인 효과에 불과하고 그 양도대금은 지배주식 전체에 대하여 지급되는 것으로서 주식 그 자체의 대가임이 분명하므로 구증권법 제188조 제2항에 규정된 법인의 내부자가 주식을 매수한 후 6월 이내에 그 주식과 함께 경영권을 이전하면서 취득한 경영권 프리미엄 또한 주식의 단기매매로 인하여 얻은 이익에 해당한다고 판시하였다.[5)6)]

---

1) 대법원 2004. 2. 13. 선고 2001다36580 판결; 대법원 2004. 5. 28. 선고 2003다60396 판결; 대법원 2008. 3. 13. 선고 2006다73218 판결 등 참조. 다만, 이 판결들은 각 해당 사안에서는 단기매매차익반환의무가 있다고 판단하였다.

2) 이에 관한 리딩 케이스로 Kern County Land Co. v. Occidental Petroleum Corp. 411 U.S. 582 (1973) 판결이 있다. 위 판결은 이른바 실용적 접근(pragmatic approach)의 입장에서 통상의 현금-주식거래가 아닌 비전형적 거래에서 내부자정보의 투기적 남용(speculative abuse)의 가능성이 있는지 여부를 판단함에 있어 (i) 피고가 내부자정보에 접근(access)할 수 있으리라고 기대할 수 있었겠는지 여부 및 (ii) 그가 자발적(involuntary)으로 거래를 하였는지 여부를 판단하여야 한다는 원칙을 처음으로 세웠다.

3) 日 最高裁 2002. 2. 23.(民集 56卷 2号 331頁).

4) 이에 대하여 유형적으로 보아 비밀의 부당이용의 가능성이 없는 경우만을 그 적용대상이 되지 않는다고 하는 것이라면, 객관적 요건에 대한 형식적 적용을 의미하는 것으로 일반 예방적 규정으로서 위 조항의 기능을 훼손되지는 않게 될 것이라고 하며, 따라서 해석에 의하여 사실상의 적용제외를 인정한 최고재의 판결은 타당하다고 해석된다고 한다. 黒沼悦郎, "短期賣買差益返還規定の合憲性," 1228号(2002. 8), 12頁; 宋尾健一, (二, 完), 94頁.

5) 대법원 2004. 2. 13. 선고 2001다36580 판결(주리원백화점 사건) 및 대법원 2004. 2. 12. 선고 2002다69327 판결(CJ홈쇼핑 사건)은 단기매매차익반환제도와 관련한 대법원의 최초 판시이다.

6) 위 판결에 대한 평석으로 장상균, "지배주식의 매도에 의한 증권거래법상 단기매매차익반환조항의 적

한편, 적대적 기업인수를 시도하던 자가 주요주주가 된 후에 대상회사 경영진의 저항에 부딪혀 인수를 단념하고 취득한 주식을 공개시장에서 처분한 사건에서 대량 취득하였던 주식을 매도한 것은 비록 계속 보유할 경우의 경제적 손실을 회피하기 위한 동기에서 비롯된 것이었다 할지라도 피고 스스로 경제적 이해득실을 따져 본 후 임의로 결정한 다음 공개시장을 통하여 매도한 것으로 보일 뿐 비자발적인 유형의 거래로 볼 수 없을 뿐 아니라 적대적 주식 대량 매수자와 회사 경영자가 서로 어느 정도 적대적인지는 개별 사안에 따라 다를 수 있고 또한 같은 사안에 있어서도 시기별로 차이가 있을 수 있으므로 그 적대적 관계성은 결국 개별 사안에서 시기별로 구체적 사정을 살펴 본 이후에야 판단할 수 있는 사항이어서 적대적 주식 대량매수자의 지위에서 주식을 거래하였다는 그 외형 자체만으로 내부정보에의 접근가능성이 완전히 배제된다고 볼 수는 없는 점을 고려하면 결국 내부정보에 대한 부당한 이용의 가능성이 전혀 없는 유형의 거래에 해당하지 않는다고 보아야 할 것이므로 구증권법 제188조 제 2 항의 적용대상인 매도에 해당한다고 판시하였다.[1] [2]

용,"「BFL」제 5 호(2004), 105쪽 참조. 이와 관련하여 미국 뉴욕 남부연방지방법원의 Shur v. Salzman, 365 F. Supp. 725(1973, SDNY) 판결을 참조할 만하다. 이 사건에서 피고는 시장 평균가가 1주당 18달러였는데 30달러에 처분하였다. 그 차액 12달러는 지배권, 임원 및 이사직 사임, 정관 및 이사회구성원의 변경에 최선의 노력을 다한다는 약정과 자신에 대한 고용계약해지 등을 모두 포함한 경영권양도에 따른 프리미엄인데 법에서는 증권의 매도로 인한 이익만을 반환하도록 정하고 있다는 점을 주장하였지만, 법원은 ① 지배주식(control shares)은 보통 프리미엄을 동반하고 내부자는 그가 그러한 주식을 팔 수 있다는 것을 알 때에 일반인의 주식을 매수하여 추가적인 이익을 얻으려는 유혹이 존재한다는 점, ② 제16조(b)항을 적용하더라도 지배권을 가진 주주의 주식매도를 방해하는 것은 아닐 뿐 아니라 제16조(b)항은 양도로 발생한 전체이익에 대하여 그 책임을 묻는 것이 아닌바 그 조항은 오직 양도계약 전 6개월 이내에 추가로 매수한 주식으로 실현한 이익을 회사에 반환하도록 요구하는 것이며 이는 내부자가 내부정보에 의하여 초래하는 악을 제거하기 위한 유효한 수단인 점, ③ 피고와 같은 내부자가 경영권을 양도함에 있어서 투기적인 행위에 종사할 기회가 여전히 상존하고 법은 이에 대한 규제를 목표로 하고 있다는 점 등을 들어 위 주장을 배척하였다.

1) 대법원 2004. 5. 28. 선고 2003다60396 판결. 이 사건과 전주의 두 사건이 다른 것은 전주에서의 피고는 '대표이사'였음에 반하여 이 사건에서의 피고는 '적대적 인수를 시도하다가 중단한 자'라는 점이다. 이 사건에서 피고는 적대적 인수의 특성상 피고는 원고의 내부정보에의 접근이 원천적으로 불허된 상태에서 '매수'하였고, 원고 경영진의 효과적인 경영권 방어 전략에 의하여 부득이한 선택으로서 비자발적으로 적대적 인수를 포기하고 주식을 '매도'한 것이며, 피고의 M&A 시도나 성공 및 실패가능성이라는 것은 공시 및 시장에서의 소문 등을 통하여 알려진 공지의 사실로서 미공개정보가 아니다. 적대적 M&A 과정에서의 주가가 올라 차익을 얻은 것은 시장원리에 기초한 것일 뿐 피고가 내부정보를 독점하거나 이를 이용함으로써 이익을 얻은 것이 아니라고 주장하였다. 위 판결에 대한 평석으로 장상균, "적대적 기업인수의 포기로 인한 매도와 단기매매차익의 반환책임,"「대법원판례해설」제49호(2005), 703쪽 이하.

2) 유사한 미국 사례로서 Allis-Chalmers Mfg. Co. v. Gulf & Western Industries, Inc., 527 F.2d 35(7th Cir. 1975)(법원은 기업인수의 가능성이 없다고 판단한 피고가 합병절차가 아닌 공개시장에서 현금을 받고 주식을 매도한 경우에는 자발적 매매이므로 1934년법 §16(b)의 적용대상이 된다고 판시하였다) 및 Colan v. Mesa Petroleum Co. 951 F.2d 1512(9th Cir. 1991)(피고는 대상회사의 주식에 대한 공개매수청구를 포기하고 대상회사가 마련한 자구계획에 따른 매수청구를 받아들여 피고가 3개월 전에 매수한 대상회사 주식을 주는 대신 대상회사가 발행한 채권을 교부받았는데 법원은 피고의 이러한 교환행위가 자발적이었다는 이유로 1934년법 §16(b)의 적용대상이 된다고 판시하였다) 등이 있다.

Ⅵ. 단기매매차익의 산정기준

1. 차익의 산정방법

단일거래의 경우 단기매매차익의 산정에 별 문제가 없고, 복수거래의 경우에도 1거래일에만 수개의 매매가 있는 경우에는 최저가입－최고가출의 기준으로 이를 산출하는데 별다른 이의가 없다. 그런데 2거래일 이상 일정한 기간 주식의 거래가 빈번하게 중복되는 경우에 매매차익을 산정하는 방식으로 개개의 거래를 확인하는 방식은 실제로 불가능하여 일반적으로 다음과 같은 몇 가지 기준이 제시되고 있다.

즉 수수료 및 거래세를 제외한 매도대금총액에서 매수대금총액과의 차액에 의하는 총액차감법, 6개월 내의 거래량을 가중치로 한 매도평균가격에서 매수평균가격을 공제하여 차익을 산정하는 가중평균법(weighted average method), 매수한 순서와 매도한 순서를 맞추어 순서대로 매도가격에서 매수가격을 공제하여 차액을 산정하는 선입선출법(first-in-first-out method) 및 6개월 내의 매수분은 최저가부터, 매도분은 최고가부터 순서대로 배열하고, 거래량을 가중치로 하여 매도가격에서 매수가격을 공제하여 차익만 합산하고, 차손은 공제하지 않음으로써 가능한 최대의 이익을 산정하는 최저가입최고가출산출법(lowest-in-highest-out method) 등이 있다.

우리나라에서는 구증권법상 한때 가중평균법을 채택하여 평균 가격을 산출하는 단계에서 당해 기간 중 발생한 이익액과 손실액 사이의 상쇄(offsets)를 허용하는 방법을 취한 적이 있었으나, 2000. 9. 8. 법을 개정하여 선입선출법을 기본으로 하여 그러한 상쇄를 허용하지 않고 있었고, 자본시장법 시행 후에도 대통령령에서 동일하게 규정하고 있다. 이와 같이 선입선출에 따라 계산하는 것이 단기매매차익반환제도의 입법목적에 더욱 충실한 것으로 보이며 전체적으로 볼 때 합리적인 이익액 산정이라고 하겠다.

가중평균법에서는 거래량으로 가중 평균한 매수단가와 매도단가의 차액에 매매일치수량(매수수량과 매도수량 중 적은 수량)을 곱한 금액을 매매차익으로 산정한다. 여기서는 평균매매단가 산정 시 차손부분이 단가에 반영된다. 따라서 전체적으로 차익발생시에만 반환한다. 그러나 선입선출법에서는 가장 시기가 빠른 매수와 매도를 순차적으로 대응하여 그 차액에 매매일치수량을 곱한 금액을 매매차익으로 산정한다. 여기서는 차손이 발생한 부분은 반영하지 않고 차익부분만 반영한다.[1] 따라서 매매차익이 가중평균법보다 더 많이 나올 가능성이 크다. 따라서 선입선출법에서는 전체적으로 차손 발생 시에도 반환하게 된다(가중평균법≤선입선출법).[2]

---

1) 이에 대하여 대법원은 재산권보장에 관한 헌법 제23조나 포괄위임금지원칙을 선언한 헌법 제75조에 위반되는 무효의 규정이라고 할 수 없다고 판시하였다. 대법원 2005. 3. 25. 선고 2004다30040 판결.

2) 김용진, 전게서(2007), 668-669쪽.

2. 선입선출법에 의한 산정

시행령 제195조 제 1 항에서 정하고 있는 단기매매차익의 산정방법은 다음과 같고, 같은 조 제 6 항에서 단기매매차익 계산의 구체적인 기준과 방법 등 필요한 세부사항은 증권선물위원회가 정하여 고시하도록 규정하고 있다. 이러한 선입선출법에 의한 단기매매차익은 이익이 발생한 경우 이를 합산할 뿐이고 그 손해액은 고려하지 않고 있고 있으며, 이러한 규정이 헌법 제23조에 위반하는 것은 아니라고 할 것이다.[1)]

① 해당 매수(권리행사의 상대방이 되는 경우로서 매수자의 지위를 가지게 되는 특정증권등의 매도를 포함한다) 또는 매도(권리를 행사할 수 있는 경우로서 매도자의 지위를 가지게 되는 특정증권등의 매수를 포함한다) 후 6개월(초일을 산입한다) 이내에 매도 또는 매수한 경우에는 매도단가에서 매수단가를 뺀 금액에 매수수량과 매도수량 중 적은 수량(매매일치수량)을 곱하여 산출한 금액에서 당해 매매일치수량분에 관한 매매거래수수료와 증권거래세액 및 농어촌특별세액을 공제한 금액을 이익으로 산정한다.[2)] 이 경우 그 금액이 0원 이하인 경우에는 이익이 없는 것으로 본다(법 시행령 195조 1항 1호).[3)]

② 해당 매수 또는 매도 후 6개월 이내에 2회 이상 매도 또는 매수한 경우에는 가장 시기가 빠른 매수분과 가장 시기가 빠른 매도분을 대응하여 제 1 호의 방법으로 계산한 금액을 이익으로 산정하고, 그 다음의 매수분 및 매도분에 대하여는 대응할 매도분 또는 매수분이 없어질 때까지 같은 방법으로 대응하여 제 1 호의 방법으로 계산한 금액을 이익으로 산정한다. 이 경우 대응된 매수분 또는 매도분 중 매매일치수량을 초과하는 수량은 해당 매수 또는 매도와 별개의 매수 또는 매도로 보아 대응의 대상으로 한다(법 시행령 195조 1항 2호).[4)]

1) 대법원 2005. 3. 25. 선고 2004다30040 판결(다만, 2000. 9. 8. 개정된 증권거래법 시행령 부칙 제 2 조 제 1 항의 해석상 같은 시행령 제83조의5에서 정하는 선입선출법은 그 시행일 이후 매도·매수한 주식을 다시 6개월 이내에 매매하는 경우에만 적용되고, 그 시행일 이전에 매수한 주식 중 그 시행일 이전에 매도되지 아니하였다가 그 후에 매도된 주식에 대하여는 가중평균법이 적용된다. 2000. 8. 24.부터 같은 해 9. 22.까지 이루어진 거래는 위 개정 전의 가중평균법을 적용하여야 한다).

2) 이를 단순화하면 "(평균매도단가－평균매수단가)×매도수량과 매수수량 중 적은 수량(매매일치수량)－수수료와 세금 등 비용＝단기매매차익"이 된다.

3) 이 경우 그 금액이 0원 이하인 경우에는 이익이 없는 것으로 본다는 규정으로 인하여 차익 산정시 손실이 반영되지 않게 된다. 따라서 실제의 차익보다 큰 금액을 반환하여야 하거나 심지어는 실제로는 손실이 발생한 경우에도 반환할 차익이 인정되기도 한다. 이 부분을 제 1 호의 말미에 규정한 이유는 수회의 거래를 하는 통상적인 경우에 적용되는 제 2 호에 이 부분을 규정하면 수회의 거래를 하여 결과적으로 순손실이 발생한 경우에는 차익반환의무가 없게 되는 결과가 되므로 굳이 제 1 호의 말미에 규정한 것이다. 임재연, 전게서(2013), 801, 803쪽. 대법원은 위 규정(에 해당하는 구 증권법시행령 제83조의5 제 2 항 제 1 호 말미부분)에 대하여 헌법 제23조, 제75조에 위반되지 않는다고 판시하였다(대법원 2005. 3. 25. 선고 2004다30040 판결).

4) 구증권법 시행령에서는 그 외에도 같은 날에 2회 이상의 매수 또는 2회 이상의 매도가 행하여진 경우에는 매수에 관하여는 단가가 가장 낮은 순서대로 매수한 것으로 보고, 매도에 관하여는 단가가 가장 높은 순서대로 매도한 것으로 보아 제 2 호의 방법으로 계산한 금액을 이익으로 산정하는 방법(최저가

선입선출법에 의하여 계산하는 방법의 예를 들면 다음과 같다. 즉 선입선출법에서는 차손을 감안하지 아니하므로 총 130,000원의 단기매매차익이 발생하게 되고, (거래량) 가중평균법으로 산정할 경우 [평균매도단가(11,600원) − 평균매수단가(11,000)] × 매수수량과 매도수량 중 일치하는 수량(100주) = 단기매매차익은 60,000원이 된다(매매수수료, 거래세 등을 고려하지 아니한다).[1)]

○ 가중평균법으로 산정하는 경우

매매구분	매매일자	매매수량	매매단가	거래금액
매 수	1. 30.	50	10,000	500,000
	2. 15.	20	11,000	220,000
	3. 12.	50	12,000	600,000
	4. 16.	30	11,000	330,000
	계	150		1,650,000
매 도	2. 10.	40	12,000	480,000
	3. 16.	20	13,000	260,000
	5. 12.	30	11,000	330,000
	6. 10	10	9,000	90,000
	계	100		1,160,000

○ 선입선출법으로 산정하는 경우

순 서	내 용	산 식	비 고
1	1. 30. 매수분 50주 중 2. 10. 매도분 40주 대응	40 × 2,000	차익 : 80,000
2	1. 30. 매수분 50주 중 잔량 10주와 3. 16. 매도분 20주 중 10주와 대응	10 × 3,000	차익 : 30,000
3	2. 15. 매수분 20주 중 10주와 3. 16. 매도분 중 잔량 10주와 대응	10 × 2,000	차익 : 20,000
4	2. 15. 매수분 20주 중 잔량 10주와 5. 12. 매도분 30주 중 10주와 대응	10 × 0	차익 : 0
5	3. 12. 매수분 50주 중 20주와 5. 12. 매도분 중 잔량 20주와 대응	20×(−1,000)	차손 : 20,000
6	3. 12. 매수분 50주 중 잔량 10주와 6. 10. 매도분 10주와 대응	100×(−3,000)	차손 : 30,000

입−최고가 산출)을 규정하고 있었다(구법 시행령 83조의2 2항 3호).

1) 금융감독정보 2000. 9. 25.−9. 30/제2000−39호, 36쪽(김용진, 전게서(2007), 669−670쪽 재인용).

3. 매수가격·매도가격의 산정과 수량의 계산

(1) 종류는 같으나 종목이 다른 경우

매수 특정증권등과 매도 특정증권등이 종류는 같으나 종목이 다른 경우의 가격산정은, 매수 후 매도하여 이익을 얻은 경우에는 매도한 날의 매수 특정증권등의 최종가격을 매도 특정증권등의 매도가격으로 하고, 매도 후 매수하여 이익을 얻은 경우에는 매수한 날의 매도 특정증권등의 최종가격을 매수 특정증권등의 매수가격으로 한다(법 시행령 195조 2항 1호).

(2) 종류가 다른 경우

매수 특정증권등과 매도 특정증권등이 종류가 다른 경우 지분증권 외의 특정증권등의 가격은 증권선물위원회가 정하여 고시하는 방법에 따라 지분증권으로 환산하여 계산한 가격으로 하며(같은 항 2호), 구체적으로 당해 특정증권등의 매매일의 당해 특정증권등의 권리행사의 대상이 되는 지분증권의 종가를 말한다.[1] 그 수량의 계산은 마찬가지로 증권선물위원회가 정하여 고시하는 방법에 따라 계산된 수량으로 하고(법 시행령 195조 3항), 구체적으로 당해 특정증권등의 매매일에 당해 특정증권등의 권리행사가 이루어진다면 취득할 수 있는 것으로 환산되는 지분증권의 수량으로 한다. 이 경우 환산되는 지분증권의 수량 중 1주 미만의 수량은 버린다.[2]

예컨대, 전환사채를 매수하고 그 대상 주식을 6개월 내에 매도하여 차익이 발생한 경우 전환사채의 환산가격은 당해 전환사채의 매매일의 전환사채 권리행사 대상이 되는 주식의 최종가격이 되고, 환산수량은 당해 전환사채의 매매일에 당해 전환사채의 권리행사가 이루어진다면 취득할 수 있는 것으로 환산되는 주식의 수가 되는 것이다.

(3) 가격 및 수량 산정시 고려사유 등

대통령령 제195조 제 4 항에서는 단기매매차익을 계산하는 경우 매수 또는 매도 후 특정증권등의 권리락·배당락 또는 이자락, 그 밖에 이에 준하는 경우로서 증권선물위원회가 정하여 고시하는 사유가 있는 경우에는 이를 고려하여 환산한 가격 및 수량을 기준으로 이익을 계산하도록 규정하고 있으며, 증권선물위원회가 정하여 고시하는 사유는 자본의 증감, 합병, 배당, 주식분할 및 주식병합 중 어느 하나를 말한다.[3]

한편 주식의 매수 또는 매도 후 주식의 권리락 또는 배당락이 있은 때에는 증권선물위원회가 정한 산식에 따라 환산한 매매단가 및 수량을 기준으로 하여 단기매매차익을

---

1) 단기매매차익 반환 및 불공정거래 조사·신고 등에 관한 규정 제 6 조 제 1 항.
2) 단기매매차익 반환 및 불공정거래 조사·신고 등에 관한 규정 제 6 조 제 2 항.
3) 단기매매차익 반환 및 불공정거래 조사·신고 등에 관한 규정 제 7 조 제 1 항.

계산한다.[1)]

그리고 동일인이 자기의 계산으로 다수의 계좌를 이용하여 매매한 경우에는 전체를 1개의 계좌로 보고,[2)] 단기매매차익을 산정하는 경우 무상증자 또는 배당에 대한 세금과 기타 매매와 관련한 미수 연체이자, 신용이자 등은 고려하지 아니한다.[3)]

4. 경영권 프리미엄의 경우

지배주식의 양도와 함께 경영권을 이전하면서 취득한 이른바 경영권 프리미엄도 단기매매차익에 포함됨은 앞서 본 바이다.

5. 경과조치

구증권법에 따른 주권상장법인 또는 코스닥상장법인의 임직원 또는 주요주주가 이 법 시행 전에 주권 등을 매수하거나 매도한 후 6개월 이내에 그 주권 등을 매도하거나 매수(이 법 시행 후에 매도하거나 매수한 경우에 한한다)하여 이익을 얻은 경우에 있어서 그 이익의 반환청구·산정기준·반환절차 등에 관하여는 법 제172조 제 1 항부터 제 3 항까지의 규정에 불구하고 종전의 구증권법 제188조 제 2 항부터 제 4 항까지의 규정에 따른다(법 부칙 26조).

Ⅶ. 단기매매차익반환절차

1. 반환청구권자

반환청구권자는 기본적으로 당해 법인이다. 단기매매차익도 그 법인에게 귀속된다.[4)]

당해 법인의 주주(주권 외의 지분증권 또는 증권예탁증권을 소유한 자를 포함한다)는 그 법인으로 하여금 단기매매차익의 반환청구를 하도록 요구할 수 있고, 그 법인이 요구를 받은 날부터 2개월 이내에 그 청구를 하지 아니하는 경우에는 법인을 대위하여 청구를 할 수 있다(법 172조 2항).

대위청구권을 행사할 수 있는 주주의 자격에 대하여 구증권법과 마찬가지로 아무런

---

1) 단기매매차익 반환 및 불공정거래 조사·신고 등에 관한 규정 제 7 조 제 2 항 및 [별지 산식] 매매단가 및 수량의 환산기준

2) 단기매매차익 반환 및 불공정거래 조사·신고 등에 관한 규정 제 7 조 제 3 항.

3) 단기매매차익 반환 및 불공정거래 조사·신고 등에 관한 규정 제 7 조 제 4 항.

4) 이에 관하여 우리 법상으로 순전히 단기매매를 억제하기 위한 것이라는 정책적 이유 외에는 회사가 이익을 차지하는 것을 정당화하기 어렵다는 견해가 있다. 김건식/정순섭, 전게서(2013), 439쪽. 한편, 일본에서는 계약법적으로 접근하여 정보의 이용권을 가진 회사가 그 이용을 인정하지 아니한 임원 등에 대한 이득의 반환을 구할 수 있다고 이론구성을 하는 견해도 있다. 神崎/志谷/川口, 전게서(2006), 932頁 각주 (6) 참조.

자격제한이 없다. 따라서 단 1주의 주식을 보유하고 있는 주주라도 청구권이 있다고 해석되며 또한 보유시점에 있어서도 반환청구 당시 주주이면 충분하고, 단기매매차익이 발생한 기간에 주주였을 것을 요구하지 않는다.[1] 다만, 소송 종료 시까지 주주의 신분을 요함은 물론이다. 단기매매차익의 반환으로 인한 이익의 향유는 의결권 유무와는 상관이 없으므로 무의결권주식의 주주도 법인을 대위하여 청구할 수 있다.[2]

구증권법에서는 증권선물위원회도 당해 법인을 대위하여 청구할 수 있도록 하였으나(구증권법 188조 3항) 현행법에서는 이를 제외하였다. 국가기관인 증권선물위원회가 이를 행사하도록 하는 것은 사인관계에 과도하게 개입하는 문제가 있다는 비판이 있었기 때문이다.

반환청구권은 행사에 의하여 비로소 반환의무가 생기므로 형성권이다. 따라서 회사의 일방적인 의사표시로 반환의무가 생겨나며, 반드시 소송으로 할 필요도 없다.

당해 법인이 반환청구를 하기는 하였으나 불합리하게 적은 금액의 반환청구만 하는 경우에는 법에서 정한 반환청구의무를 이행하지 않은 것으로 보고 주주의 대위청구를 허용할 것인가.

이를 적극적으로 보는 견해[3]가 있으나, 일반적인 대위권의 법리에 비추어 당해 법인이 그 권리를 행사한 이상 그 방법이나 결과가 불합리하더라도 대위권행사는 할 수 없고 다만 보조참가의 방법으로만 관여할 수 있다고 보아야 할 것이다.[4] 물론 보조참가인은 피참가인의 소송행위와 저촉되는 소송행위를 할 수 없는 등 소송행위에 제한이 있는 점이 있기는 하나 당해 법인이 반환청구의무에 명백히 반하는 행위를 하는 경우 이를 제어할 수 있고, 나아가 이사에 대한 책임을 물을 수 있는 근거를 마련할 수 있을 것이다.

한편, 소를 제기한 주주가 승소한 경우에는 그 주주는 회사에 대하여 소송비용, 그 밖에 소송으로 인한 모든 비용의 지급을 청구할 수 있다(법 172조 4항). 구증권법에서는 소송비용과 소송비용에 필요한 실비액을 청구할 수 있도록 하였으나 현행법은 청구할 수 있는 비용을 제한하지 않고 있다.

2. 증권선물위원회의 통보와 단기매매차익의 공시

증권선물위원회는 단기매매차익의 발생 사실을 알게 된 경우에는 당해 법인에 이를 통보하여야 하고, 이 경우 그 법인은 통보받은 내용을 대통령령이 정하는 방법에 따라 인터넷 홈페이지 등을 이용하여 공시하여야 한다(법 172조 3항).

---

1) 김용진, 전게서(2007), 666쪽; 김정수, 전게서(2011), 1061쪽; 이철송, 전게서(2009), 371쪽; 임재연, 전게서(2013), 797쪽.

2) 임재연, 전게서(2013), 797쪽; 김정수, 전게서(2011), 1062쪽.

3) 임재연, 전게서(2013), 797쪽.

4) 노태악, 전게논문(2001), 478쪽.

단기매매차익의 공시는 단기매매차익을 반환해야 할 자의 지위 즉 임원·직원 또는 주요주주, 단기매매차익 금액(임원별·직원별 또는 주요주주별로 합산한 금액을 말한다), 증권선물위원회로부터 단기매매차익 발생 사실을 통보받은 날, 당해 법인의 단기매매차익 반환 청구 계획 및 당해 법인의 주주는 그 법인으로 하여금 단기매매차익을 얻은 자에게 단기매매차익의 반환청구를 하도록 요구할 수 있으며, 그 법인이 요구를 받은 날부터 2개월 이내에 그 청구를 하지 아니하는 경우에는 그 주주는 그 법인을 대위하여 청구를 할 수 있다는 뜻 등에 관한 사항으로서 지체 없이 이루어져야 한다(법 시행령 197조).

증권선물위원회의 대위청구권이 폐지되는 대신에 당해 법인에 단기매매차익에 관한 공시의무를 부과함으로써 반환청구가 이루어지도록 유도한 것이다. 따라서 당해 법인이 공시의무를 이행하지 않는 경우 증권선물위원회는 주의, 경고 등의 조치를 취할 수 있다(법 426조 5항).

3. 반환청구권의 행사와 소멸

반환청구권은 이익을 취득한 날부터 2년 이내에 행사하지 아니한 경우에는 소멸한다(법 172조 5항). 이는 소멸시효기간이 아니라 제척기간이다. 따라서 시효와 같이 기간 진행의 중단이 인정되지 않는다.[1] [2] 이 제척기간은 재판상 또는 재판외의 권리행사기간이며 재판상 청구를 위한 출소기간이 아니다.[3]

이익을 취득한 날의 의미에 관련하여 계약체결일과 결제일 중 어느 날이 제척기간의 기산일이 될 것인가에 관하여 논의가 있다.

즉 법문상 매도 또는 매수라는 표현 대신 이익의 취득이라는 표현을 사용하고 있는 점,[4] 매매계약에 따른 이행행위가 있어야 비로소 이익의 취득이 있다고 할 수 있고(증권시장에서 매매를 하는 경우 매매체결일로부터 3일째 되는 날 대금결제와 주식인도가 이루어지고 장외거래에 있어서도 당사자 간의 거래내용에 따라 매매계약체결일과 이익의 취득 사이에 시차가 있을 수 있다), 또 당해 법인 등에 의한 반환청구가 현실적으로 가능하기 위해서는 임원 등에 의한 매매사실이 공시되어야 할 것인데 임원 등의 보고기준일이 그 결제일이라는 점(법 시행령 200조 4항 1호 참조)을 고려하면 제척기간의 기산일은 매매계약체결일 즉 매수, 매도시가 아닌 그 결제일(이행시기)이라고 보는 것이 타당하다.[5]

한편, 내부자의 단기매매사실이 밝혀져 주주가 당해 법인에게 반환 청구하도록 요구

1) 서울지방법원 서부지원 2003. 5. 23. 선고 2002가단5500 판결(확정).
2) 같은 내용으로 규정하고 있는 일본의 경우도 제척기간으로 본다. 神崎/志谷/川口, 전게서(2006), 930頁.
3) 대법원 2012. 1. 12. 선고 2011다80203 판결.
4) 따라서 전술한 '6개월 이내의 매매'를 결정할 때 결제일이 아니라 계약체결일로 보는 것과 모순되지 않는다.
5) 임재연, 전게서(2013), 798-799쪽; 고창현, 전게논문(1999), 76쪽.

한 시점에서 2월이 경과하기 전에 2년의 제소기간이 도래하는 경우가 있을 수 있다. 이때에도 상법 제403조의 '회복할 수 없는 손해가 생길 염려'가 있는 경우 즉시 회사를 위하여 소를 제기할 수 있다는 규정을 유추 적용하여 제소기간이 경과하기 전에 회사에 반환청구를 요구하였던 주주는 소송을 제기할 수 있다고 해석하여야 한다.[1)]

이러한 단기매매차익반환규정은 주권상장법인이 모집·사모(私募)·매출하기 위하여 '특정증권등'을 인수한 투자매매업자에게 대통령령이 정하는 기간 동안 준용한다. 대통령령에서는 투자매매업자가 인수계약을 체결한 날부터 3개월 이내에 매수 또는 매도하여 그 날부터 6개월 이내에 매도 또는 매수하는 경우[2)]에 준용한다. 다만, 투자매매업자가 안정조작이나 시장조성을 위하여 매매하는 경우에는 당해 안정조작이나 시장조성기간 내에 매수 또는 매도하여 그 날부터 6개월 이내에 매도 또는 매수하는 경우[3)]에 준용한다(법 시행령 199조).

Ⅷ. 미공개중요정보 이용행위로 인한 책임과의 관계

내부자가 미공개중요정보를 이용하여 단기매매차익을 얻은 경우에는 일반 투자자에게 내부자거래로 인한 손해배상책임을 지는 것과 별도로 단기매매차익반환의 책임도 아울러진다.[4)]

단기매매차익반환제도와 미공개중요정보 이용행위 금지위반으로 인한 손해배상책임제도는 내부정보이용행위를 규제하는 점은 같으나, 청구권자, 책임의 성질과 요건 등에 차이가 있으므로 별개의 제도로 보아야 하고, 따라서 양 책임이 동시에 성립하는 경우 내부거래자는 반대 매매자와 당해 법인에 대하여 각각 책임을 진다고 봄이 타당하고, 미공개중요정보 이용행위로 인한 책임이 우선한다고 보아 내부자거래로 인한 손해배상책임액을 공제한 이익만을 당해 법인에 반환하면 된다고 볼 것은 아니다.[5)]

[초판: 노태악, 개정판: 양호승·이정수]

1) 임재연, 전게서(2013), 799쪽.
2) 다만, 모집·사모·매출하는 '특정증권등'의 인수에 따라 취득하거나 인수한 '특정증권등'을 처분하는 경우(법 시행령 198조 4호)에는 제외한다.
3) 다만, 안정조작이나 시장조성을 위하여 매수·매도 또는 매도·매수하는 경우(법 시행령 198조 3호)에는 제외한다.
4) 김용진, 전게서(2007), 661쪽.
5) 임재연, 전게서(2013), 805쪽; 김정수, 전게서(2011), 1079쪽; 고창현, 전게논문(1999), 78쪽.

제173조(임원 등의 특정증권등 소유상황 보고)

① 주권상장법인의 임원 또는 주요주주는 임원 또는 주요주주가 된 날부터 5일(대통령령으로 정하는 날은 산입하지 아니한다. 이하 이 조에서 같다) 이내에 누구의 명의로 하든지 자기의 계산으로 소유하고 있는 특정증권등의 소유상황을, 그 특정증권등의 소유상황에 변동이 있는 경우(대통령령으로 정하는 경미한 소유상황의 변동은 제외한다. 이하 이 조에서 같다)에는 그 변동이 있는 날부터 5일까지 그 내용을 대통령령으로 정하는 방법에 따라 각각 증권선물위원회와 거래소에 보고하여야 한다. 이 경우 대통령령으로 정하는 부득이한 사유에 따라 특정증권등의 소유상황에 변동이 있는 경우와 전문투자자 중 대통령령으로 정하는 자에 대하여는 그 보고 내용 및 시기를 대통령령으로 달리 정할 수 있다. 〈개정 2013. 5. 28〉

② 증권선물위원회와 거래소는 제1항의 보고서를 3년간 갖추어 두고, 인터넷 홈페이지 등을 이용하여 공시하여야 한다. 〈개정 2009. 2. 3〉

Ⅰ. 의 의

법 제173조는 주권상장법인의 임원 및 주요주주에 대하여 그 법인의 특정증권등의 소유상황과 그 변동상황에 대한 공시의무를 지우고 있다. 이 규정은 주권상장법인의 일정한 내부자들로 하여금 주식의 소유 내역을 감독기관에게 보고하고 일반에게 공시하도록 요구함으로써 해당 당사자의 내부자거래를 예방하고, 나아가 일반 투자자들이 이를 투자의 판단자료로 활용할 수 있도록 하기 위한 것이다.[1]

Ⅱ. 보고대상인 내부자와 보고대상증권

보유주체를 불문하고 주식등의 대량보유보고를 요구하는 법 제147조와 달리, 법 제173조에 따라 특정증권등의 소유상황에 대한 보고의무를 부담하는 자는 상장법인의 임원과 주요주주로 제한된다. 또한 단기매매차익반환을 강제하는 법 제172조가 임직원 및 주요주주에게 적용되는 것과는 달리, 법 제173조는 직원을 보고의무의 주체에서 제외하고 있다. 따라서 상장법인의 직원은 일정한 경우 5% 보고의무나 단기매매차익반환의무를 부담할 수는 있겠지만 법 제173조에 따른 보고의무는 부담하지 않는다. 계열회사의 임원은 업무집행관여자에 해당하지 않는 한 포함되지 않는다.[2]

1) 김건식/정순섭, 전게서(2010), 350쪽; 김정수, 전게서(2011), 987쪽.

2) 임재연, 전게서(2013), 807쪽.

법 제173조에 따라 보고의무를 부담하는 임원의 범위에는 상법 제401조의2 제 1 항의 업무집행관여자가 포함된다(법 172조 1항). 그렇지만 외부로 잘 드러나지 않는 상법 제401조의2 제 1 항 소정의 당사자, 즉 회사에 대한 자신의 영향력을 이용하여 이사에게 업무집행을 지시한 자(1호)나 이사의 이름으로 직접 업무를 집행한 무권대행자(2호) 또는 이사가 아니면서 회사의 업무를 집행할 권한이 있는 것으로 인정될만한 명칭을 사용하여 회사의 업무를 집행한 표현이사(3호) 등에게 보고의무를 부담시키는 것은 현실적인 어려움이 있기에 논란의 여지가 있다.[1)]

법 제173조상의 보고대상증권은 '특정증권등'으로, 단기매매차익반환의 대상이 되는 증권과 동일하다. 따라서 주권상장법인이 발행한 증권 및 그 증권과 관련된 증권예탁증권(DR)뿐만 아니라, 해당 법인의 증권만을 기초자산으로 하여 다른 법인이 발행한 교환사채, 주식옵션, 주식선물 등을 거래한 경우도 모두 규제대상이 된다(법 172조 1항 참조).

Ⅲ. 보고시기 및 그 내용

자본시장법은 법 제173조에 따른 임원 및 주요주주의 소유주식 보고기한을 주식 등의 대량보유보고제도(5% rule, 법 147조)와 같이 최초보고와 변동보고 모두를 5일 이내에 보고하도록 하여[2)] 양 보고제도의 보고기한을 일치시켰다. 여기서 5일의 보고기한에 산입하지 아니하는 날이 있는데, 공휴일, 「근로자의 날 제정에 관한 법률」에 따른 근로자의 날, 토요일이 그 날이다(법 시행령 200조 1항, 153조 1항).

구체적인 보고기간의 기준일은 ① 주권상장법인의 임원이 아니었던 자가 해당 주주총회에서 임원으로 선임된 경우에는 그 선임일, ② 상법 제401조의2 제 1 항 각 호 업무집행지시자의 경우에는 그 해당 지위를 갖게 된 날, ③ 주권상장법인이 발행한 주식의 취득 등으로 해당 법인의 주요주주가 된 경우에는 그 취득 등을 한 날, ④ 주권비상장법인이 발행한 주권이 증권시장에 상장된 경우에는 그 상장일, ⑤ 주권비상장법인의 임원 또는 주요주주가 합병, 분할합병 또는 주식의 포괄적 교환·이전으로 주권상장법인의 임원이나 주요주주가 된 경우에는 그 합병, 분할합병 또는 주식의 포괄적 교환·이전으로 인하여 발행된 주식의 상장일이 된다(법 시행령 200조 3항).

특정증권등의 소유상황의 변동을 보고하여야 하는 경우 그 변동일은 ① 증권시장이나 파생상품시장에서 특정증권등을 매매한 경우에는 그 결제일, ② 증권시장이나 파생상품시장 외에서 특정증권등을 매수한 경우에는 대금을 지급하는 날과 특정증권등을 인도

1) 업무집행관여자에게까지 보고의무를 부담시키는 것의 타당성에 의문을 제기하는 견해로는 임재연, 전게서(2013), 807쪽 참조.

2) 구증권법에서는 임원 또는 주요주주가 된 날부터 10일 이내, 변동이 있는 날이 속하는 달의 다음달 10일까지 보고하도록 규정하고 있었다(동법 188조 6항).

받는 날 중 먼저 도래하는 날, ③ 증권시장이나 파생상품시장 외에서 특정증권등을 매도한 경우에는 대금을 수령하는 날과 특정증권등을 인도하는 날 중 먼저 도래하는 날, ④ 유상증자로 배정되는 신주를 취득하는 경우에는 주금납입일의 다음날, ⑤ 특정증권등을 차입하는 경우에는 그 특정증권등을 인도받는 날, 상환하는 경우에는 그 특정증권등을 인도하는 날, ⑥ 특정증권등을 증여받은 경우에는 그 특정증권등을 인도받는 날, 증여하는 경우에는 그 특정증권등을 인도하는 날, ⑦ 상속으로 특정증권등을 취득하는 경우로서 상속인이 1인인 경우에는 단순승인 또는 한정승인에 따라 상속이 확정되는 날, 상속인이 2인 이상인 경우에는 그 특정증권등과 관계되는 재산분할이 종료되는 날, ⑧ ①부터 ⑦까지 외의 경우에는 민법·상법 등 관련 법률에 따라 해당 법률행위 등의 효력이 확정적으로 발생하는 날이 된다(법 시행령 200조 4항). 법 시행령 제200조 제 4 항에서 말하는 '증권시장'에는 '다자간매매체결회사'가 포함되는데, 이는 2013년 개정법에서 다자간매매체결회사에서 이루어지는 증권의 매매거래를 증권시장에서의 거래와 동등하게 취급하고 있는 까닭이다.[1)]

2013년 개정법은 소유상황의 변동이 있더라도 그 변동이 시행령이 정하는 경미한 경우에는 보고의무에서 제외하고 있다. 즉 증권선물위원회가 정하여 고시하는 바에 따라 산정된 특정증권등의 변동 수량이 1천주 미만이고, 그 취득 또는 처분금액이 1천만원 미만인 경우에는 보고의무에서 제외된다. 다만 직전 보고일 이후 증권선물위원회가 정하여 고시하는 바에 따라 산정된 특정증권등의 변동 수량의 합계가 1천주 이상이거나 그 취득 또는 처분금액의 합계액이 1천만원 이상인 경우는 보고하여야 한다(법 시행령 200조 5항).

시행령에서는 보고서에 기재할 사항에 관하여 구체적으로 정하고 있다. 소유상황 및 그 변동에 대한 보고서에는 ① 보고자, ② 해당 주권상장법인(법 172조 1항 2호의 경우에는 그 기초가 되는 증권을 발행한 법인을, 같은 항 3호의 경우에는 교환의 대상이 되는 증권을 발행한 법인을, 같은 항 4호의 경우에는 그 기초 자산이 되는 증권을 발행한 법인을 말한다), ③ 특정증권등의 종류별 소유현황 및 그 변동에 관한 사항 등을 기재하여야 한다(법 시행령 200조 2항). 그 밖에 보고서의 서식 및 작성방법 등에 관하여 필요한 사항은 증권선물위원회가 정하여 고시한다(법 시행령 200조 10항).

2013년 개정법은 ① 시행령으로 정하는 부득이한 사유에 따라 특정증권등의 소유상황에 변동이 있는 경우와, ② 전문투자자 중 시행령으로 정하는 자에 대하여는 그 보고내용 및 시기를 달리 정할 수 있도록 하고 있다. ①에서 말하는 부득이한 사유란 주식배당, 준비금의 자본전입, 주식의 분할 또는 병합, 자본의 감소 가운데 어느 하나에 해당하

---

1) 2013년 개정법상 시장의 개념변화와 다자간매매체결회사에 관해서는 장근영, "자본시장법상 다자간매매체결회사의 도입 및 관련 제도의 변화," 「증권법연구」 제14권 제 2 호(2013), 한국증권법학회, 512-514쪽 참조.

는 사유를 말한다(법 시행령 200조 6항). 이러한 사유로 특정증권등의 소유상황에 변동이 있는 주권상장법인의 임원 또는 주요주주는 그 변동이 있었던 달의 다음 달 10일까지 그 변동내용을 보고할 수 있다(법 시행령 200조 8항). 그리고 ②에서 말하는 전문투자자란 국가, 한국은행, 예금보험공사 및 정리금융기관, 한국자산관리공사, 한국주택금융공사, 한국투자공사, 한국정책금융공사, 한국예탁결제원, 거래소, 금융감독원, 신용보증기금, 기술신용보증기금, 법률에 따라 설립된 기금 및 그 기금을 관리·운용하는 법인, 지방자치단체 가운데 어느 하나에 해당하는 자로서, 특정증권등의 보유 목적이 해당 법인의 경영권에 영향을 주기 위한 것이 아닌 자를 말한다(법 시행령 200조 7항). 여기에 해당하는 전문투자자는 특정증권등의 소유상황에 변동이 있는 경우 그 변동이 있었던 분기의 다음 달 10일까지 그 변동내용을 보고할 수 있다(법 시행령 200조 9항).

Ⅳ. 보고서의 비치와 공시

증권선물위원회와 거래소는 이러한 특정증권등의 소유상황에 관한 보고서를 3년간 갖추어 두고, 인터넷 홈페이지 등을 이용하여 공시하여야 한다(법 173조 2항).

Ⅴ. 벌　　칙

법은 이상의 보고를 강제하기 위하여 법 제173조 제 1 항을 위반하여 보고를 하지 아니하거나 거짓으로 보고한 경우 1년 이하의 징역 또는 3천만원 이하의 벌금에 처한다(법 446조 31호). 이러한 처벌규정에도 불구하고 실제로 이 의무는 잘 지켜지는 경우가 많지 않다고 한다.[1)]

Ⅵ. 주식등 대량보유 보고의무와의 관계

법 제147조에 따른 주식등 대량보유상황은 시장투명성과 정보효율성의 제고를 위하여 금융위원회와 거래소에 보고하는 외에 해당 법인에 대해서도 그 보유사실을 통보하도록 하고 있으나(법 148조), 법 제173조에 따른 주식소유상황은 그러하지 아니하다. 또한 주식등의 대량보유 및 변동보고는 금융위원회에 하도록 되어 있는 반면, 임원 및 주요주주의 주식소유상황보고는 증권선물위원회에 하도록 하고 있다. 내부자거래와 관련한 감독은 증권선물위원회의 소관이기 때문이다.

법 제147조가 주식등의 대량보유에 관한 보고를 요구하는 취지는 경영권 변동에 관한 정보제공이고, 법 제173조가 주식소유상황의 보고를 요구하는 취지는 내부자거래의

1) 김건식/정순섭, 전게서(2010), 350쪽.

예방을 위한 것이다. 따라서 법 제147조와 법 제173조를 동시에 위반한 경우에는 보고의 주체, 요건, 시기 및 내용 등을 달리하여 법률상 1개의 행위로 평가될 수 없어 양자는 상상적 경합관계가 아니라 실체적 경합관계에 있다고 볼 것이다.[1)]

제173조의2(장내파생상품의 대량보유 보고 등)

① 동일 품목의 장내파생상품(제 4 조 제10항 제 3 호에 따른 일반상품, 그 밖에 대통령령으로 정하는 것을 기초자산으로 하는 파생상품으로서 파생상품시장에서 거래되는 것만 해당한다. 이하 이 조에서 같다)을 금융위원회가 정하여 고시하는 수량 이상 보유(누구의 명의로든지 자기의 계산으로 소유하는 경우를 말한다. 이하 이 항에서 같다)하게 된 자는 그 날부터 5일(대통령령으로 정하는 날은 산입하지 아니한다. 이하 이 조에서 같다) 이내에 그 보유 상황, 그 밖에 대통령령으로 정하는 사항을 대통령령으로 정하는 방법에 따라 금융위원회와 거래소에 보고하여야 하며, 그 보유 수량이 금융위원회가 정하여 고시하는 수량 이상으로 변동된 경우에는 그 변동된 날부터 5일 이내에 그 변동 내용을 대통령령으로 정하는 방법에 따라 금융위원회와 거래소에 보고하여야 한다. 〈개정 2013. 5. 28〉

② 다음 각 호의 어느 하나에 해당하는 자로서 파생상품시장에서의 시세에 영향을 미칠 수 있는 정보를 업무와 관련하여 알게 된 자와 그 자로부터 그 정보를 전달받은 자는 그 정보를 누설하거나, 제 1 항에 따른 장내파생상품 및 그 기초자산의 매매나 그 밖의 거래에 이용하거나, 타인으로 하여금 이용하게 하여서는 아니 된다. 〈개정 2013. 5. 28〉

1. 장내파생상품의 시세에 영향을 미칠 수 있는 정책을 입안·수립 또는 집행하는 자
2. 장내파생상품의 시세에 영향을 미칠 수 있는 정보를 생성·관리하는 자
3. 장내파생상품의 기초자산의 중개·유통 또는 검사와 관련된 업무에 종사하는 자

[본조신설 2009. 2. 3]

Ⅰ. 의 의

자본시장법은 과거 개별 법률에 산재되어 있던 파생상품거래에 관한 규정들을 자본시장법으로 흡수·통합하고, 파생상품의 정의를 체계화하였으며, 기초자산의 범위를 확대함으로써 급변하는 금융현실에 대응할 수 있는 제도적 기반을 제공하고 있다.[2)] 파생상품은 기초자산의 가치에 따라 그 가격이 결정되는 구조인데, 기초자산의 가격결정과정에

1) 대법원 2007. 4. 12. 선고 2007도1149 판결.
2) 상세한 것은 김홍기, "자본시장통합법상 파생상품 규제의 내용과 제도적 개선과제," 「증권법연구」 제 9 권 제 1 호(2008), 한국증권법학회, 86쪽 이하 참조.

서 관련 당사자에 의해 불공정거래가 발생할 가능성이 크다. 이러한 불공정거래를 방지하기 위하여 일반상품 및 일정한 주가지수를 기초자산으로 한 장내파생상품에 한하여 대량보유보고를 요구하고 중요정보이용을 금지하는 제도가 자본시장법에 존재한다. 법 제173조의2가 바로 그것인데, 이 규정은 구선물거래법 제32조 제 2 항[1])과 제33조[2])에서 비롯된 것으로 보인다.

Ⅱ. 장내파생상품의 대량보유보고

법 제173조의2에 따르면 일정한 동일 품목의 장내파생상품을 금융위원회가 정하여 고시하는 수량 이상 보유(누구의 명의로든지 자기의 계산으로 소유하는 경우를 말한다)하게 된 자는 그 날부터 5일 이내에 그 보유 상황, 그 밖에 시행령으로 정하는 사항을 시행령으로 정하는 방법에 따라 금융위원회와 거래소에 보고하여야 한다. 또한 그 보유 수량이 금융위원회가 정하여 고시하는 수량 이상으로 변동된 경우에는 그 변동된 날부터 5일 이내에 그 변동 내용을 시행령으로 정하는 방법에 따라 금융위원회와 거래소에 보고하여야 한다.

여기서 보고대상이 되는 장내파생상품이란 다음 두 가지의 것을 기초자산으로 하는 파생상품으로서 파생상품시장에서 거래되는 것만을 말한다. 첫째는 법 제 4 조 제10항 제 3 호에 따른 일반상품(농산물·축산물·수산물·임산물·광산물·에너지에 속하는 물품 및 이 물품을 원료로 하여 제조하거나 가공한 물품, 그 밖의 유사한 것)이고, 둘째는 금융위원회가 정하여 고시하는 기준과 방법에 따른 주가지수이다(법 173조의2 1항, 법 시행령 200조의2 1항). 기존에는 보고대상인 장내파생상품이란 일반상품을 기초자산으로 하는 장내파생상품만으로 한정하였으나, 2013년 개정법은 일정한 주가지수를 기초자산으로 하는 장내파생상품도 규제대상으로 포섭하였다.

보유한 장내파생상품의 보고기한은 보유일로부터 5일 이내인데, 공휴일, 「근로자의

1) 구선물법 제32조(거래 등의 제한 및 보고의무) 제 2 항은 다음과 같다. 일반상품 또는 일반상품의 지수를 대상으로 하는 선물거래의 종목별 미결제약정(최종거래일까지 소멸되지 아니한 선물거래약정을 말한다)을 대통령령으로 정하는 수량 이상 보유하게 된 선물업자 또는 위탁자는 대통령령으로 정하는 바에 따라 미결제약정의 보유상황 등을 금융위원회와 거래소에 보고하여야 한다. 다만, 위탁자의 경우에는 선물업자로 하여금 대리하여 보고하게 할 수 있다. 〈신설 2008. 3. 14〉

2) 구선물법 제33조(업무상 알게 된 정보의 누설금지)는 다음과 같다. 다음 각 호의 1에 해당하는 자로서 선물시장에서의 가격결정에 영향을 미칠 수 있는 정보를 업무와 관련하여 알게 된 자와 그 자로부터 당해 정보를 전달받은 자는 그 정보를 누설하여서는 아니 되며, 그 정보를 이용하여 이익을 얻거나 제 3 자로 하여금 이익을 얻게 하여서는 아니 된다. 〈2008. 3. 14. 개정〉 1. 제81조 제 1 항의 규정에 의한 선물관련기관에 대하여 이 법에 의한 허가·인가·승인 또는 감독업무에 종사하는 자, 2. 거래소의 임직원, 3. 선물거래 대상품목의 시세에 영향을 미칠 수 있는 정책을 입안·수립 또는 집행하는 자, 4. 선물거래 대상품목의 시세에 영향을 미칠 수 있는 정보의 생성·관리 또는 대상품목의 중개·유통·검사와 관련한 업무에 종사하는 자.

날 제정에 관한 법률」에 따른 근로자의 날, 토요일은 보고기한에 산입하지 아니한다(법 시행령 200조의2 2항). 보유상황에 더하여 보고할 사항으로는 ① 대량보유자 및 그 위탁을 받은 금융투자업자에 관한 사항, ② 해당 장내파생상품거래의 품목 및 종목, ③ 해당 장내파생상품을 보유하게 된 시점, 가격 및 수량, ④ ①부터 ③까지의 사항과 관련된 사항으로서 금융위원회가 정하여 고시하는 사항 등을 들 수 있다(법 시행령 200조의2 2항). 한편 금융위원회와 거래소에 보고하여야 할 자가 위탁자인 경우에는 금융투자업자로 하여금 대신하여 보고하게 할 수 있으며, 장내파생상품의 대량보유상황이나 그 변동내용을 보고하는 날 전날까지 새로 변동내용을 보고하여야 할 사유가 발생한 경우에는 새로 보고하여야 하는 변동내용은 당초의 대량보유상황이나 그 변동내용을 보고할 때 함께 보고하여야 한다(법 시행령 200조의2 3항). 이외에 보고의 방법 및 절차 등에 관하여 필요한 사항은 금융위원회가 정하여 고시한다(법 시행령 200조의2 4항).

이상의 의무를 위반하여 보고를 하지 아니하거나 거짓으로 보고한 자에 대하여는 1천만원 이하의 과태료에 처한다(법 449조 2항 8의2).

Ⅲ. 중요정보의 누설·이용금지의무

장내파생상품의 시세에 영향을 미칠 수 있는 중요정보를 업무상 알게 된 자가 이를 이용하여 장내파생상품을 거래하게 된다면 증권을 대상으로 한 내부자거래에서 우려하는 문제가 동일하게 발생할 수 있다.[1] 따라서 법 제173조의2 제2항은 다음과 같이 장내파생상품의 시세에 영향을 미칠 수 있는 정보의 누설이나 이용 등을 금지하고 있다.

규제대상 정보는 "파생상품시장에서의 시세에 영향을 미칠 수 있는 정보"인데, 여기에는 기초자산인 일반상품 및 주가지수의 수요 및 공급에 영향을 미칠 수 있는 다양한 정보가 포함될 수 있을 것이다. 규제대상자는 기본적으로 ① 장내파생상품의 시세에 영향을 미칠 수 있는 정책을 입안·수립 또는 집행하는 자, ② 장내파생상품의 시세에 영향을 미칠 수 있는 정보를 생성·관리하는 자, ③ 장내파생상품의 기초자산의 중개·유통 또는 검사와 관련된 업무에 종사하는 자이다. 그리고 이들로부터 '그 정보를 전달받은 자'도 포함된다. 법 제174조에서의 해석과 마찬가지로, 법 제173조의2에서 말하는 규제대상자 역시 1차 정보수령자로 한정되고 2차 정보수령자는 포함되지 않는다고 볼 것이다.

규제대상행위는 ① 정보의 누설, ② 법 제173조의2 제1항에 따른 장내파생상품 및 그 기초자산의 거래에의 이용, ③ 타인으로 하여금 이용하게 하는 행위가 모두 포함된다. 따라서 일반상품과 이를 기초로 한 장내파생상품의 거래에 정보를 이용하는 경우뿐만 아니라, 일정한 주가지수 및 이를 기초자산으로 하는 장내파생상품의 거래에 정보를 이용

1) 김건식/정순섭, 전게서(2010), 352쪽.

하는 경우도 규제대상에 포섭된다.

이상의 규정을 위반하여 파생상품시장에서의 시세에 영향을 줄 수 있는 정보를 누설하거나, 장내파생상품 및 그 기초자산의 매매나 그 밖의 거래에 이용하거나, 타인으로 하여금 이용하게 하는 경우에는 3년 이하의 징역 또는 1억원 이하의 벌금에 처한다(법 445조 22의2).

[초판: 노태악, 개정판: 장근영]

제174조(미공개중요정보 이용행위 금지)

① 다음 각 호의 어느 하나에 해당하는 자(제 1 호부터 제 5 호까지의 어느 하나의 자에 해당하지 아니하게 된 날부터 1년이 경과하지 아니한 자를 포함한다)는 상장법인[6개월 이내에 상장하는 법인 또는 6개월 이내에 상장법인과의 합병, 주식의 포괄적 교환, 그 밖에 대통령령으로 정하는 기업결합 방법에 따라 상장되는 효과가 있는 비상장법인(이하 이 항에서 "상장예정법인등"이라 한다)을 포함한다. 이하 이 항 및 제443조 제 1 항 제 1 호에서 같다]의 업무 등과 관련된 미공개중요정보(투자자의 투자판단에 중대한 영향을 미칠 수 있는 정보로서 대통령령으로 정하는 방법에 따라 불특정 다수인이 알 수 있도록 공개되기 전의 것을 말한다. 이하 이 항에서 같다)를 특정증권등(상장예정법인등이 발행한 해당 특정증권등을 포함한다. 이하 제443조 제 1 항 제 1 호에서 같다)의 매매, 그 밖의 거래에 이용하거나 타인에게 이용하게 하여서는 아니 된다. 〈개정 2009. 2. 3, 2013. 5. 28〉

1. 그 법인(그 계열회사를 포함한다. 이하 이 호 및 제 2 호에서 같다) 및 그 법인의 임직원·대리인으로서 그 직무와 관련하여 미공개중요정보를 알게 된 자
2. 그 법인의 주요주주로서 그 권리를 행사하는 과정에서 미공개중요정보를 알게 된 자
3. 그 법인에 대하여 법령에 따른 허가·인가·지도·감독, 그 밖의 권한을 가지는 자로서 그 권한을 행사하는 과정에서 미공개중요정보를 알게 된 자
4. 그 법인과 계약을 체결하고 있거나 체결을 교섭하고 있는 자로서 그 계약을 체결·교섭 또는 이행하는 과정에서 미공개중요정보를 알게 된 자
5. 제 2 호부터 제 4 호까지의 어느 하나에 해당하는 자의 대리인(이에 해당하는 자가 법인인 경우에는 그 임직원 및 대리인을 포함한다)·사용인, 그 밖의 종업원(제 2 호부터 제 4 호까지의 어느 하나에 해당하는 자가 법인인 경우에는 그 임직원 및 대리인)으로서 그 직무와 관련하여 미공개중요정보를 알게 된 자
6. 제 1 호부터 제 5 호까지의 어느 하나에 해당하는 자(제 1 호부터 제 5 호까지의 어느 하나의 자에 해당하지 아니하게 된 날부터 1년이 경과하지 아니한 자를 포함한다)로부터 미공개중요정보를 받은 자

② 다음 각 호의 어느 하나에 해당하는 자(제 1 호부터 제 5 호까지의 어느 하나의 자에 해당하지

아니하게 된 날부터 1년이 경과하지 아니한 자를 포함한다)는 주식등에 대한 공개매수(제133조 제1항의 공개매수를 말한다. 이하 이 항에서 같다)의 실시 또는 중지에 관한 미공개정보(대통령령으로 정하는 방법에 따라 불특정 다수인이 알 수 있도록 공개되기 전의 것을 말한다. 이하 이 항에서 같다)를 그 주식등과 관련된 특정증권등의 매매, 그 밖의 거래에 이용하거나 타인에게 이용하게 하여서는 아니 된다. 다만, 공개매수를 하려는 자(이하 이 조에서 "공개매수예정자"라 한다)가 공개매수공고 이후에도 상당한 기간 동안 주식등을 보유하는 등 주식등에 대한 공개매수의 실시 또는 중지에 관한 미공개정보를 그 주식등과 관련된 특정증권등의 매매, 그 밖의 거래에 이용할 의사가 없다고 인정되는 경우에는 그러하지 아니하다. 〈개정 2009. 2. 3, 2013. 5. 28〉

1. 공개매수예정자(그 계열회사를 포함한다. 이하 이 호 및 제2호에서 같다) 및 공개매수예정자의 임직원·대리인으로서 그 직무와 관련하여 공개매수의 실시 또는 중지에 관한 미공개정보를 알게 된 자
2. 공개매수예정자의 주요주주로서 그 권리를 행사하는 과정에서 공개매수의 실시 또는 중지에 관한 미공개정보를 알게 된 자
3. 공개매수예정자에 대하여 법령에 따른 허가·인가·지도·감독, 그 밖의 권한을 가지는 자로서 그 권한을 행사하는 과정에서 공개매수의 실시 또는 중지에 관한 미공개정보를 알게 된 자
4. 공개매수예정자와 계약을 체결하고 있거나 체결을 교섭하고 있는 자로서 그 계약을 체결·교섭 또는 이행하는 과정에서 공개매수의 실시 또는 중지에 관한 미공개정보를 알게 된 자
5. 제2호부터 제4호까지의 어느 하나에 해당하는 자의 대리인(이에 해당하는 자가 법인인 경우에는 그 임직원 및 대리인을 포함한다)·사용인, 그 밖의 종업원(제2호부터 제4호까지의 어느 하나에 해당하는 자가 법인인 경우에는 그 임직원 및 대리인)으로서 그 직무와 관련하여 공개매수의 실시 또는 중지에 관한 미공개정보를 알게 된 자
6. 공개매수예정자 또는 제1호부터 제5호까지의 어느 하나에 해당하는 자(제1호부터 제5호까지의 어느 하나의 자에 해당하지 아니하게 된 날부터 1년이 경과하지 아니한 자를 포함한다)로부터 공개매수의 실시 또는 중지에 관한 미공개정보를 받은 자

③ 다음 각 호의 어느 하나에 해당하는 자(제1호부터 제5호까지의 어느 하나의 자에 해당하지 아니하게 된 날부터 1년이 경과하지 아니한 자를 포함한다)는 주식등의 대량취득·처분(경영권에 영향을 줄 가능성이 있는 대량취득·처분으로서 대통령령으로 정하는 취득·처분을 말한다. 이하 이 항에서 같다)의 실시 또는 중지에 관한 미공개정보(대통령령으로 정하는 방법에 따라 불특정 다수인이 알 수 있도록 공개되기 전의 것을 말한다. 이하 이 항에서 같다)를 그 주식등과 관련된 특정증권등의 매매, 그 밖의 거래에 이용하거나 타인에게 이용하게 하여서는 아니 된다. 다만, 대량취득·처분을 하려는 자가 제149조에 따른 공시 이후에도 상당한 기간 동안 주식등을 보유하는 등 주식등에 대한 대량취득·처분의 실시 또는 중지에 관한 미공개정보를 그 주식등과 관련된 특정증권등의 매매, 그 밖의 거래에 이용할 의사가 없다고 인정되는 경우에는 그러하지 아니하다. 〈개정 2009. 2. 3, 2013. 5. 28〉

1. 대량취득·처분을 하려는 자(그 계열회사를 포함한다. 이하 이 호 및 제2호에서 같다) 및 대량취득·처분을 하려는 자의 임직원·대리인으로서 그 직무와 관련하여 대량취득·처분의 실시 또는 중지에 관한 미공개정보를 알게 된 자

2. 대량취득·처분을 하려는 자의 주요주주로서 그 권리를 행사하는 과정에서 대량취득·처분의 실시 또는 중지에 관한 미공개정보를 알게 된 자
3. 대량취득·처분을 하려는 자에 대하여 법령에 따른 허가·인가·지도·감독, 그 밖의 권한을 가지는 자로서 그 권한을 행사하는 과정에서 대량취득·처분의 실시 또는 중지에 관한 미공개정보를 알게 된 자
4. 대량취득·처분을 하려는 자와 계약을 체결하고 있거나 체결을 교섭하고 있는 자로서 그 계약을 체결·교섭 또는 이행하는 과정에서 대량취득·처분의 실시 또는 중지에 관한 미공개정보를 알게 된 자
5. 제 2 호부터 제 4 호까지의 어느 하나에 해당하는 자의 대리인(이에 해당하는 자가 법인인 경우에는 그 임직원 및 대리인을 포함한다)·사용인, 그 밖의 종업원(제 2 호부터 제 4 호까지의 어느 하나에 해당하는 자가 법인인 경우에는 그 임직원 및 대리인)으로서 그 직무와 관련하여 대량취득·처분의 실시 또는 중지에 관한 미공개정보를 알게 된 자
6. 대량취득·처분을 하려는 자 또는 제 1 호부터 제 5 호까지의 어느 하나에 해당하는 자(제 1 호부터 제 5 호까지의 어느 하나의 자에 해당하지 아니하게 된 날부터 1년이 경과하지 아니한 자를 포함한다)로부터 대량취득·처분의 실시 또는 중지에 관한 미공개정보를 알게 된 자

Ⅰ. 의 의

1. 의 의

내부자거래란 상장법인의 임직원 및 주요주주 등 법인과 일정한 관계에 있는 자가 그 직무와 관련하여 또는 그 권한을 행사하는 과정에서 알게 된 업무 등과 관련한 미공개중요정보를 대통령령에서 정하는 방법에 따라 공개하기 전에 '특정증권등'의 매매, 그 밖의 거래에 이용하거나 타인에게 이용하게 하는 행위를 말한다.

2. 입법취지

내부자거래를 규제하는 규정을 둔 취지는 기업 내부의 정보에 접근하기 쉬운 내부자와 이로부터 정보를 전달받은 자가 당해 정보가 중요한 미공개정보인 점을 이용하여 이를 알지 못한 자와 불평등한 상태에서 거래를 하게 되면 불공정한 거래가 되기 때문

에, 이러한 거래를 금지하지 않으면 증권시장 전체를 불건전하게 할 수 있으므로 증권거래에 참가하는 투자자의 이익을 보호하고 일반투자자의 증권시장에 대한 신뢰를 보호하여 증권시장이 국민경제의 발전에 기여하기 위한 것이다.[1)]

Ⅱ. 미공개정보 이용행위의 규제연혁

우리나라에서는 1962년 증권거래법이 제정될 때에는 내부자거래를 규제하는 규정이 없었다. 그 후 단기매매차익반환제도와 주식소유상황보고의무가 먼저 도입되었다가 1987년 11월 미공개중요정보 이용행위에 대한 규제를 신설하고 위반행위에 대한 벌칙규정을 마련하였다. 이때 형사책임과 별도로 손해배상책임에 관한 규정을 두었으며, 증권관리위원회의 조사요구에 불응한 자에 대하여도 형사벌칙을 부과할 수 있도록 하였다.

그 후 1991년 불공정거래 규제법제를 전면 개편하면서, 제188조의2(내부자거래의 금지)와 제188조의3(내부자거래의 배상책임)을 제 9 장 '상장법인의 관리' 내에 독립하여 신설하면서 내부자의 단기매매차익반환의무 등 내부자거래규제조항 상호 간에 통일적인 해석이 가능하도록 하였다.

이때 내부자의 범위를 회사내부자, 준내부자 및 정보수령자로 규정하고, 내부정보의 범위를 상장법인의 신고사항(구증권법 186조 1항)으로 구체화하고, 다만 신고사항 중 특히 투자자의 투자판단에 중대한 영향을 미칠 수 있는 정보로 한정하였다. 그리고 위반행위에 대한 벌칙 중 벌금형을 강화하여 위법행위로 얻은 이익 또는 회피한 손실액의 3배에 해당하는 금액이 2,000만원을 초과하는 경우에 그 이익 또는 회피손실액의 3배 이내에서 벌금형에 처하도록 하였다.

1997년 1월 징역형과 벌금형을 병과할 수 있도록 하는 벌칙 규정에 대한 개정이 있었고, 2002년 4월 벌칙규정을 개정하여 미공개중요정보 이용행위로 얻은 이익이나 회피한 손실액이 5억원 이상 50억원 미만인 때에는 3년 이상의 유기징역형을, 그 이익이나 손실액이 50억원 이상일 때에는 무기 또는 5년 이상의 유기징역에 처하도록 벌칙규정을 대폭 강화하였다.

자본시장법에서는 벌칙규정도 대체로 구증권법과 일치하나 벌금형의 상한을 높여 10년 이하의 징역 또는 5억원 이하의 벌금에 처하되 그 위반행위로 얻은 이익 또는 회피한 손실액의 3배에 해당하는 금액이 5억원을 초과하는 경우에는 그 이익 또는 회피한 손실액의 3배에 상당하는 금액 이하의 벌금에 처한다(법 443조 1항). 그리고 위반행위로 얻은 이익 또는 회피한 손실액이 5억원 이상인 경우 가중하는 것은 종전과 같다.

한편, 자본시장법으로 달라진 주요내용을 살펴보면, 내부자 중 해당 법인의 범위에

1) 이상복, 「내부자거래」, 박영사, 2010, 82쪽.

독점규제 및 공정거래에 관한 법률상의 계열회사를 포함하고 대리인이 법인인 경우에는 그 법인의 임직원 및 대리인도 포함하도록 하였다. 해당 법인과 계약체결을 교섭 중인 자도 준내부자에 해당함을 명확히 하고, '특정증권등'의 개념을 도입하여 해당 법인이 발행한 증권 외에 해당 법인의 증권을 기초 자산으로 타인이 발행한 신종증권 및 법인의 주식과 밀접한 관련성이 있는 예탁증권 및 교환사채권을 그 적용대상증권으로 확대하였다. 또한, 미공개중요정보의 개념을 투자자의 투자판단에 중대한 영향을 미칠 수 있는 정보로서 불특정 다수인에게 미공개된 것으로 명확히 하는 한편 공개매수 시 당사자는 동 정보공개 이전에 별도로 주식취득이 필요한 점을 고려하여 규제대상에서 제외하고 주식 등을 장내 외에서 대량취득, 처분하는 경우에도 공개매수와 같이 미공개정보이용금지 규제체계를 준용하도록 추가하고 있다.

2013년 5월에는 상장예정법인등의 개념을 명확히 하고, 그 범위를 6개월 이내에 상장하는 법인 이외에 6개월 이내에 상장법인과의 합병, 주식의 포괄적 교환, 그 밖에 대통령령으로 정하는 기업결합 방법에 따라 상장하는 효과가 있는 비상장법인으로 확대하였다. 이는 상장예정법인 등이 미공개중요정보를 이용하는 현실을 규제하기 위한 것이다. 또 공개매수와 미공개중요정보 이용행위와 주식의 대량취득·처분과 미공개정보 이용행위 부분도 부분 개정하였다. 이는 미공개중요정보 이용행위에 대한 규제 강화를 의미한다.

Ⅲ. 내 부 자

1. 회사내부자

(1) 당해 법인

당해 법인은 증권의 발행인을 말하며, 1999년 증권거래법 개정시 내부자에 포함되었다. 따라서 법인이 자기주식을 취득하거나 처분하는 과정에서 미공개중요정보를 이용하는 경우에 규제대상이 된다.

당해 법인을 내부자의 범위에 포함한 이유는 자본시장법이 상법상 자기주식취득에 대한 규제를 완화하고 있기 때문이다. 즉 당해 법인은 이익배당을 할 수 있는 한도 이내에서 이사회결의로 자기주식을 취득할 수 있어(법 165조의2 1항 및 2항, 법 시행령 176조의2 1항) 법인에 의한 내부자거래의 가능성이 크기 때문이다.[1)]

1) 그러나 자본시장법 제448조의 양벌규정에 의하여 법인에 대한 처벌이 가능한 상황에서 법인을 내부자거래의 행위주체로 추가할 필요가 있는지에 대하여 의문을 제기하는 견해가 있으며(김건식/정순섭, 전게서, 281쪽), 또한 법인의 사무를 처리하는 회사의 임직원을 내부자로 하는 있는 현행 법제에서 범죄능력이 없는 법인을 내부자거래의 행위주체로 하는 것에 대하여 의문을 제기하는 견해도 있다(박임출, 전게논문, 117쪽).

당해 법인의 임직원 또는 대리인이 미공개중요정보를 이용하여 법인의 업무에 관하여 자사의 주식을 매각하는 경우에도 그 법인의 임직원 또는 대리인은 형사처벌된다. 즉 임직원 또는 대리인이 자신을 위한 매매가 아닌 법인을 위한 매매를 하더라도 형사처벌된다는 판례가 있다.[1] 당해 법인이 내부자거래의 주체에 포함되었다고 해서 실제로 내부자거래를 행한 임직원 또는 대리인이 면책되는 것은 아니라는 점을 주의할 필요가 있다.

(2) 계열회사

"계열회사"라 함은 2이상의 회사가 동일한 기업집단에 속하는 경우에 이들 회사는 서로 상대방의 계열회사라 한다(독점규제 및 공정거래에 관한 법률 2조 3호). 이 경우 "기업집단"이란 동일인(동일인이 회사인 경우 그 동일인과 그 동일인이 지배하는 하나이상의 회사의 집단, 그리고 동일인이 회사가 아닌 경우 그 동일인이 지배하는 2이상의 회사의 집단)이 시행령 제3조에서 정하는 기준에 의하여 사실상 그 사업내용을 지배하는 회사의 집단을 말한다(독점규제 및 공정거래에 관한 법률 2조 2호).

내부자거래의 주체에 계열회사를 포함시킨 것은 내부자거래 규제를 회피하기 위하여 당해 법인이 계열회사로 하여금 내부자거래를 유도하는 자본시장의 현실적인 문제점을 해결하기 위한 것이다. 계열회사는 당해 법인의 내부자와 공모하거나 당해 법인으로부터 정보를 수령하지 않고서도 당해 법인 등의 미공개정보에 우선적으로 접근할 수 있고, 계열회사 자체가 미공개정보의 원천이 될 수 있기 때문에, 당해 법인의 증권거래에 있어서 미공개정보 취득의 면에서 일반투자자 보다 훨씬 유리한 위치에 있다. 따라서 계열회사를 내부자의 범위에서 포함한 것은 정보의 불평등으로 인한 불공정한 증권거래의 방지를 취지로 하는 내부자거래규제의 취지에 부합한다고 할 것이다.

또한 당해 법인의 내부자로부터 미공개중요정보를 수령한 자(1차 정보수령자)로부터 다시 당해 정보를 전달받은 자(2차 정보수령자)가 증권의 매매와 관련하여 수령한 정보를 이용하거나 다른 사람으로 하여금 이용하게 하는 행위는 자본시장법상 내부자거래규제 대상이 아니고, 2차 정보수령자는 1차 정보수령자와 형법 제33조의 공범관계도 성립하지

---

1) 대법원 2002. 4. 12. 선고 2000도3350 판결. 구법 제188조의2 제1항 제1호(자본시장법 제1항 제1호)에서 말하는 임직원의 미공개정보 이용행위는 그것이 자신의 이익을 추구할 목적으로 자기의 계산으로 하는 것이든 또는 당해 법인에게 이익이 귀속된 자사주식의 처분처럼 타인의 이익을 위하여 타인의 계산으로 하는 것이든 아무런 제한을 두고 있지 아니하였던 데다가 구법 제215조(자본시장법 제448조)가 법인의 대표자, 대리인, 사용인 기타 종업원이 그 법인의 업무에 관하여 제207조의2(자본시장법 제443조)의 위반행위를 한 때에 행위자를 벌하도록 규정한 것을 보면 당해 법인의 임직원 또는 대리인이 미공개정보를 이용하여 법인의 업무에 관하여 자사의 주식을 매각하는 경우에도 그 법인의 임직원 또는 대리인은 당연히 형사처벌되는 것이라 할 것이므로, 개정된 법률(1999년 개정 증권거래법을 말한다)에서 미공개정보 이용행위금지의 주체로 법인을 추가하고 당해 법인의 금지위반행위를 처벌의 대상으로 삼게 되었다고 하여 구법(1999년 개정 전의 증권거래법을 말한다)의 규정을 달리 볼 수는 없다 할 것이다.

않는다.[1] 따라서 2차 수령자 이후의 자들은 내부자거래규제의 대상에 포함할 수 없는 법의 사각지대가 생긴다. 특히 당해 법인의 계열회사나 그 임직원· 대리인은 이에 해당할 가능성이 매우 높은 자들이기 때문에 자본시장법이 기존의 법인에 계열회사를 포함시킨 것을 매우 의미 있는 변화라고 할 것이다.

(3) 법인(계열회사)의 임직원·대리인

임원은 이사 및 감사를 말한다(법 9조 2항). 상근 여부, 등기 여부, 사내·사외이사 여부를 불문하고 임시이사, 임시감사, 임시직무대행자도 임원에 해당한다.

직원은 당해 법인의 사용인으로서 직무에 의하여 미공개중보정보에 접근할 수 있는 자는 포함된다. 따라서 고용관계의 유무, 형식상의 직급이나 호칭을 불문하고 당해 법인의 지휘·명령하에 현실적으로 당해 법인의 업무에 종사하는 한, 임시고용인, 파견사원, 아르바이트 사원 등도 이에 포함된다.

대리인은 당해 법인으로부터 대리권을 수여받은 자로서 지배인, 변호사 등이 이해 해당한다.

(4) 당해 법인(계열회사)의 주요주주

1) 의 의

주요주주는 누구의 명의로 하든지 자기의 계산으로 법인의 의결권 있는 발행주식총수의 10% 이상의 주식(그 주식과 관련된 증권예탁증권을 포함)을 소유하거나 임원의 임면 등의 방법으로 법인의 중요한 경영사항에 대하여 사실상의 영향력을 행사하는 주주로서 대통령령으로 정하는 자를 말한다(법 9조 1항 2호). 따라서 주요주주는 당해 법인의 10% 이상의 주식을 소유한 자와 사실상의 지배주주를 말한다.

여기서 "사실상 영향력을 행사하는 주주로서 대통령령이 정하는 자"(사실상의 지배주주)란 주요주주가 아니더라도 단독으로 또는 다른 주주와의 합의·계약 등에 따라 대표이사 또는 이사의 과반수를 선임한 주주이거나 경영전략·조직변경 등 주요 의사결정이나 업무집행에 지배적인 영향력을 행사한다고 인정되는 자로서 금융위원회가 정하여 고시하는 주주[2]를 말한다(영 9조).

사실상의 지배주주를 주요주주에 포함시킨 것은 우리나라 재벌기업의 기업지배구조의 특성상 10% 이하의 적은 지분율을 소유하더라도 여러 계열회사를 사실상 지배하고 있는 현실을 고려한 것이다. 다만, 사실상 지배주주도 주주인 이상 당해 법인의 주식을 1주 이상 보유하고 있어야 하며 임원의 임면 등의 방법으로 중요한 경영사항에 대하여 사

1) 대법원 2001. 1. 25. 선고 2000도90 판결.

2) 금융투자업규정 제1-6조(주요주주의 범위) 영 제9조 제2호에서 "금융위원회가 정하여 고시하는 주주"란 임원(상법 제401조의2 제1항 각 호의 자를 포함)인 주주로서 의결권 있는 발행주식총수의 1% 이상을 소유하는 자를 말한다.

실상의 영향력을 행사하고 있어야 한다. 영향력의 내용과 범위와 관련해서는 모든 업무에 대하여 결제하거나 지시할 필요는 없고 중대한 사항에 대해서만 보고를 받고 지시를 하는 것만으로도 충분하다.[1)]

법원은 수인이 집합적으로 의결권을 행사하면서 임원의 임명 등 당해 법인에 주요 영향력을 행사하는 경우라도 이들이 주요주주에 해당하는지 여부를 판단할 때는 개별 주주 1인을 기준으로 판단하여야 한다고 하였다.[2)]

그런데 주주는 자연인이든 법인이든 불문한다. 주요주주가 개인인 경우 그의 대리인, 사용인, 기타 종업원을 포함하고, 법인인 경우에는 그 임직원 및 대리인을 포함한다.

2) 10% 지분산정의 의미

자본시장법은 주요주주를 정의하는데 10% 이상의 수치를 사용하는 것은 미국과 일본의 입법례를 계수한 것으로 주식이 널리 분산된 상장법인에서 10% 정도의 주식소유는 회사에 대한 영향력을 행사하여 기업정보를 용이하게 취득할 수 있으리라는 데에 그 타당성을 찾을 수 있다.[3)] 또한 명문의 규정이 없으므로 주요주주의 10% 지분비율을 산정함에 있어 일정한 인적관계가 있는 특수관계인의 지분은 산입하지 않는다.[4)]

10%를 계산함에 있어 전환사채의 장래 전환사채의 행사, 신주인수권부사채의 장래 신주인수권의 행사로 인한 권리를 합산해야 한다는 견해[5)]도 있으나, 자본시장법이 명문 규정으로 10% 이상의 주식(그 주식과 관련된 증권예탁증권을 포함)을 소유한 자로 정의하고 있어 주식형사채를 보유하고 있는 상태에서는 주주가 아니기 때문에 주요주주에 해당한다고 볼 수 없으므로 합산할 수 없다고 보아야 한다.[6)]

2. 준내부자

(1) 당해 법인에 대하여 법령에 따른 허가·인가·지도·감독, 그 밖의 권한을 가지는 자

일반적으로 상장법인 등에 대하여 법령에 의한 권한을 가지는 자는 그 권한행사에 의해 내부정보를 알 수 있는 지위에 있으므로 내부자거래의 행위주체가 된다. 여기서 법령이란 법률, 시행령, 시행규칙에 한정되지 않고 국가 또는 지방자치단체 기타 공공기관이 정하는 법규범을 말한다. 그리고 그 명칭 여하를 불문하고 조약이나 조례도 포함된다. 법령에 의한 권한이란 당해 권한의 존재가 법령에 명시될 필요가 없으며, 그 법령으로부

1) 박임출, 전게논문(2003), 119쪽.
2) 서울고등법원 2008. 6. 24. 선고 2007노653 판결.
3) 이철송, 전게서, 366쪽.
4) 김병태, 전게논문, 5쪽; 임재연, 전게서, 738쪽.
5) 신영무, 「증권거래법」, 서울대학교출판부, 1989, 453쪽.
6) 고창현, "증권거래법상 단기매매차익반환의무," 「인권과 정의」 제277호(1999), 대한변호사협회, 67쪽; 김건식/정순섭, 전게서(2013), 283쪽; 임재연, 「자본시장법」, 박영사, 2009, 682쪽.

터 당해 권한이 존재하고 있다고 해석될 수 있으면 족하다. 그 권한은 상장법인 등의 의무의 존재를 전제로 하지 않지만, 상장법인 등의 의사에 불구하고 권한을 행사할 수 있어야 한다.[1] 예컨대, 당해 법인의 업무에 대한 인허가권을 갖는 행정부의 공무원, 은행·보험·금융투자업자 등에 대한 감독기관의 임직원, 당해 법인에 대하여 조사권이나 심리권을 갖는 기관의 임직원, 그리고 행정부, 사법부, 입법부에서 당해 법인과 관련된 사항을 심의·조사·지도·수사 등의 권한을 가지는 자를 들 수 있다.[2]

법령에 의한 권한을 가지는 자란 법령상의 권한을 가지는 자뿐만 아니라 그 자의 부하직원 또는 보조자로서 권한행사에 관여하는 자를 포함한다. 법령에 정하는 권한을 가지는 자가 아니라 법령에 의하여 권한을 가지는 자로 규정하고 있기 때문이다. 따라서 권한을 가지는 자는 공무원에 한정되지 않는다. 이러한 권한을 가지는 자에 당해 권한을 적극적으로 행사하는 자뿐만 아니라, 수동적으로 법령에 의해 제출되는 신고서 등을 수령하는 자도 포함된다.[3]

(2) 당해 법인과 계약을 체결하고 있거나 체결을 교섭하고 있는 자

당해 법인과 계약을 체결하고 있는 자가 계약의 체결 또는 이행과 관련하여 또는 계약의 체결을 교섭하고 있는 자가 교섭과정에서 미공개중요정보를 알게 된 경우에는 준내부자로 내부자거래의 규제를 받는다.

계약을 체결하고 있는 자는 법률자문계약을 체결하고 있는 변호사, 회계감사계약을 체결하고 있는 공인회계사, 금융거래계약을 체결하고 있는 은행 기타 금융기관, 제휴계약을 체결하고 있는 자 등이 포함된다. 그러나 이러한 보조적 업무와 관련된 계약뿐만 아니라 원재료의 공급회사, 제품의 판매회사, 제조 또는 가공을 위한 하청회사 등과 같은 영업과 관련된 계약의 상대방도 포함된다.[4] 여기의 계약에는 계약의 내용이나 종류, 계약형태, 이행시기, 계약기간의 장단 등은 불문한다. 따라서 본 계약이 체결전이라도 본계약의 진행과 관련한 상호합의사항에 대한 비밀유지합의를 한 경우에는 중요한 정보에 접근할 수 있는 계약이므로 규제대상인 준내부자에 해당한다.[5]

여기서의 계약은 유효한 계약을 전제로 한다는 하급심 판례가 있다. 즉 적법한 이사회 결의 없이 체결한 신주인수계약은 무효이기 때문에 상대방은 준내부자의 지위를 취득할 수 없다고 판시하였다.[6] 그러나 준내부자를 규제하는 이유가 정보에 대한 접근가능

1) 박임출, 전게논문(2003), 120쪽.
2) 형남훈, "내부자거래의 규제방안,"「상장협연구」 추계호(1999), 한국상장회사협의회, 7쪽.
3) 박임출, 전게논문(2003), 120쪽.
4) 상게논문, 120쪽.
5) 서울지방법원 2003. 6. 25. 선고 2002노9772 판결.
6) 서울중앙지방법원 2007. 7. 20. 선고 2007고합159 판결. 이에 의하면 "죄형법정주의의 이념에 따라 형벌법규는 엄격하게 해석해야 하므로 당해 법인과 계약을 체결하고 있는 자는 유효하게 성립한 계약을 체결하고 있는 자를 의미하는 것으로 해석하여 한다."

성이기 때문에 당해 계약이 유효하지 않더라도 준내부자로 보는 것이 타당하다.[1)]

여기서 중요한 정보의 지득은 계약체결 또는 이행 자체에 의하여 알게 된 경우 이외에 계약의 체결 또는 이행과 밀접하게 관련된 행위에 의해 알게 된 경우를 포함한다. 또한 계약체결을 위한 준비·조사·교섭 등의 과정에서 중요한 사실을 알게 된 경우도 포함한다. 따라서 실제 계약 체결을 교섭하는 과정에서 미공개정보를 취득하는 경우가 많은 현실을 반영한 것이다.

당해 법인과 계약체결을 교섭하고 있는 자를 내부자로 추가한 것은 어떤 회사가 상장법인 등의 신주를 인수함으로써 장래 당해 상장법인 등의 지배회사 또는 지분보유회사가 되려고 하는 경우에 그 회사의 관련자들을 내부자거래의 규제대상에 포함시킬 수 있고, 상장법인 등의 업무나 재산에 관한 중요한 계약관계의 교섭과정에서 당해 상장법인 등의 거래상대방 측면에서 발생할 수 있는 내부자거래를 규제하는 기능을 할 것이다.[2)]

(3) 내부자의 대리인·사용인·종업원

제 2 호부터 제 4 호까지의 어느 하나에 해당하는 자의 대리인(이에 해당하는 자가 법인인 경우에는 그 임직원 및 대리인을 포함)·사용인, 그 밖의 종업원(2호부터 4호까지의 어느 하나에 해당하는 자가 법인인 경우에는 그 임직원 및 대리인)으로서 그 직무와 관련하여 미공개중요정보를 알게 된 자도 내부자거래 규제의 대상이다(법 174조 1항 5호).

대리인은 본인으로부터 대리권을 수여받아 본인을 위하여 의사표시를 하고 그 효과를 직접 본인에게 발생시키는 자이다(민법 114조). 여기서 본인은 상장법인 등을 의미하므로 대리인이란 당해 상장법인 등으로부터 대리권을 수여받아 당해 법인을 위한 것임을 표시하여 법률행위를 하고 그 효과를 당해 법인에 귀속시키는 자이다. 따라서 업무제휴계약의 대리인, 중요한 재산의 처분 또는 양도의 대리인, 지배인 등을 들 수 있다. 이와 같이 대리인을 내부자로 포함시키는 이유는 당해 법인의 관계자를 모두 내부자로 간주하여 이들의 내부자거래를 규제하기 위한 것이다.[3)]

사용인과 그 밖의 종업원은 당해 법인의 직무에 종사하는 자로서 당해 법인과의 계약형식과 종류를 불문하고, 계약관계가 존재하지 않더라도 사실상 종사하고 있으면서 법인의 감독하에 있으면 충분하며, 일시적이든 계속적이든 불문한다. 따라서 회사의 직원으로 채용된 적은 없어도 회사의 명시적 또는 묵시적 승인하에 회사 직원과 동일한 업무를 수행하면서 사실상 회사 직원으로 행세하여 온 사실이 있는 경우에는 종업원에 해당한다.

"대리인, 사용인 기타의 종업원"이라 함은 반드시 법인의 내부규정에 따라 정식 채

1) 김건식/정순섭, 전게서(2013), 284쪽: 임재연, 전게서(2013), 836쪽.
2) 김병태, 전게논문(2012), 21쪽.
3) 박임출, 전게논문(2003), 121쪽.

용절차를 거친 직원 또는 임원에 한정되는 것은 아니다. 또한 이에는 정식의 고용계약을 체결한 자뿐만 아니라 사실상 자기의 보조자로 사용하고 있으면서 직접 또는 간접으로 자기의 통제·감독하에 있는 자도 포함되는 것이다.[1]

(4) 내부자 지위의 연장

제 1 호부터 제 5 호까지의 어느 하나의 자에 해당하지 아니하게 된 날부터 1년이 경과하지 아니한 자를 포함한다(174조 1항).

회사의 내부자 또는 준내부자는 그 지위를 상실한 경우에도 향후 일정기간 동안 내부자로서 거래의 규제를 받는다. 즉 회사내부자와 준내부자에 해당하지 아니하게 된 날로부터 1년이 경과하지 아니한 자도 여전히 내부자이다. 이는 회사내부자 및 준내부자가 그의 지위에서 내부정보를 지득하고 퇴직한 후 그 정보를 이용하여 증권을 거래하는 경우를 예정한 것이다. 따라서 회사내부자 및 준내부자가 그 지위를 상실한 지 1년이 경과하면 설령 회사내부자·준내부자의 지위에서 알게 된 내부정보를 이용하여 당해 증권을 거래하여도 내부자거래에 해당하지 않는다.[2]

(5) 직무관련성

회사내부자와 준내부자는 미공개중요정보를 자신의 직무와 관련하여 알게 되었을 것을 필요로 하는 점에서 정보수령자와 다르다. 따라서 회사내부자와 준내부자가 직무와 관련 없이 미공개중요정보를 알게 된 경우에는 회사내부자나 준내부자가 아닌 정보수령자로서 내부자거래의 규제대상이 된다. 직무관련성 요건을 규정하고 있는 취지는 회사내부자와 준내부자가 자신의 지위를 이용하여 미공개중요정보를 취득한 경우에 가벌성을 인정하려는 것이다.

자본시장법은 정보를 알게 된 과정을 회사내부자와 준내부자의 유형별로 직무관련성을 규정하고 있다.[3] 즉 자본시장법 제174조 제 1 항은 ① 당해 법인 및 그 법인의 임직원·대리인은 직무와 관련하여 미공개중요정보를 알게 된 자, ② 당해 법인의 주요주주는 그 권리를 행사하는 과정에서 미공개중요정보를 알게 된 자, ③ 당해 법인에 대하여 법령에 따른 허가·인가·지도·감독, 그 밖의 권한을 가지는 자는 그 권한을 행사하는 과정에서 미공개중요정보를 알게 된 자, ④ 당해 법인과 계약을 체결하고 있거나 체결을 교섭하고 있는 자는 그 계약을 체결·교섭 또는 이행하는 과정에서 미공개중요정보를 알게 된 자, ⑤ 내부자의 대리인·사용인·종업원은 그 직무와 관련하여 미공개중요정보를

1) 대법원 1993. 5. 14. 선고 93도344 판결.

2) 박임출, 전게논문(2003), 116쪽. 내부자의 퇴직으로 인한 반사이익이 사라질 때까지 내부자거래 규제대상으로 하고 있는 것은 세계적인 경향이다.

3) 구증권법은 직무관련성 요건을 내부자의 유형에 따라 구분하지 않고 "직무와 관련하여"라고 규정하여 모든 회사내부자와 준내부자에 대하여 획일적으로 규정하고 있었다(188조의2 1항).

알게 된 자로 규정하고 있다.

직무관련성에서의 직무란 회사내부자와 준내부자가 취급할 수 있는 일체의 업무이고 현실적으로 담당하고 있지 않아도 상관없다. 즉 기획 및 입안과정에서 분석·검토·평가를 거쳐 최종적인 판단에 직·간접적으로 참여하거나 알 수 있는 역할상의 직무이다.[1] 따라서 회사내부자와 준내부자가 자신의 직무와 관련 없이 우연한 기회에 또는 도청이나 해킹과 같은 위법한 방법으로 미공개중요정보를 알게 된 경우에는 당해 내부자가 직무와 관련하여 내부정보를 알게 된 다른 내부자와 공모하거나 그로부터 내부정보를 수령하지 않는 한 내부자거래가 성립하지 않는다.[2]

3. 정보수령자

(1) 의 의

정보수령자란 회사내부자 및 준내부자로부터 미공개중요정보를 전달받은 자이다. 즉 정보수령자란 자본시장법 제174조 제1항 제1호부터 제5호까지의 어느 하나에 해당하는 자(1호부터 5호까지의 어느 하나의 자에 해당하지 아니하게 된 날부터 1년이 경과하지 아니한 자를 포함)로부터 미공개중요정보를 받은 자이다(법 174조 1항 6호).

정보수령자를 내부자거래의 행위주체 포함시킨 것은 회사내부자나 준내부자의 탈법행위를 방지하기 위한 것이다. 즉 회사내부자나 준내부자로부터 미공개정보를 전달받은 정보수령자가 당해 법인 등이 발행한 증권의 거래에 정보를 이용하는 행위를 내부자거래로 처벌하지 않는다면 회사내부자나 준내부자는 제3자에게 정보를 전달하는 방식으로 내부자거래를 회피할 것이기 때문이다.

(2) 정보수령자의 성립요건

1) 개 요

정보수령자는 자신의 직무와 관련하여 내부정보를 알게 된 회사내부자나 준내부자로부터 그 정보를 제공받기 때문에 당사자 사이에 직·간접적인 연결고리가 존재하고 있다. 따라서 정보수령자는 다음과 같은 요건을 구비하여야 내부자거래의 행위주체가 된다.[3] 첫째, 정보제공자가 회사내부자나 준내부자일 것, 둘째, 정보는 회사내부자나 준내부자가 그 직무 또는 권한행사, 계약의 체결 등과 관련하여 알게 된 정보일 것, 셋째, 수령한 정보가 회사의 업무 등에 관한 중요사실 일 것, 넷째, 정보는 공표되지 않았을 것. 다섯째, 정보수령자의 위 4가지 사실을 인식하고 정보를 전달받았을 것, 여섯째 정보제공자는 정보제공의 사실을 인식하고 있을 것 등이다.

---

1) 박임출, 전게논문(2003), 122쪽.
2) 김병태, 전게논문(2012), 6쪽.
3) 박임출, 전게논문(2003), 126쪽.

2) 정보제공자의 정보제공 사실의 인식

정보를 전달하는 회사내부자나 준내부자는 자신이 직무와 관련하여 알게 된 내부정보를 타인에게 제공한다는 사실을 인식하고 있어야 한다. 여기서의 정보의 전달은 구두, 서면의 송부, 전화, 암호 등 그 방법을 묻지 않는다. 그러나 회사내부자나 준내부자로부터 직접적으로 정보전달이 이루어져야 하고 우연히 알게 된 경우에는 정보수령자가 아니다.[1)]

정보수령자를 회사내부자나 준내부자로부터 '정보를 받은 자'라고 규정하고 있기 때문에 정보를 제공하는 내부자의 행위에 의하여 취득한 경우에는 모두 정보수령자가 될 수 있다. 즉 회사내부자나 준내부자의 정보제공 목적이 불법적이거나 대가의 취득일 필요는 없지만, '정보를 받은 자'라는 표현의 해석상 고의에 의한 정보제공행위임을 요한다.[2)] 따라서 정보수령자가 정보를 전달받았다고 하기 위하여는 정보를 제공하는 자가 전달받은 자에 대하여 내부정보를 전달할 의사가 있어야 한다. 그러므로 남의 대화를 몰래 듣거나 우연한 기회에 들은 경우, 잃어버린 가방 속의 서류에서 내부정보를 알게 된 경우, 회사의 서류를 우연히 보게 된 경우 등을 이에 해당하지 않는다. 왜냐하면 정보제공자의 정보제공에 대한 의사나 정보를 전달받은 자의 성명이나 주소를 알 필요도 없고, 안면이 없더라도 족하며, 전달을 받은 자가 특정될 수 있으면 충분하다. 정보전달의 의사는 미필적 인식으로 충분하며, 내부정보를 알고 있는 회사내부자나 준내부자가 내부정보를 대화의 상대방이 인식할 수 있을 것이라고 예견하고 전달한다면 여기의 전달에 해당한다.[3)]

3) 정보수령자의 인식

정보수령자는 회사내부자나 준내부자로부터 미공개중요정보라는 사실을 인식하고 그 정보를 전달받았어야 한다. 따라서 정보수령자가 정보를 전달한 자를 당해 법인의 이사로 인식하였으나, 실제로는 당해 법인과 계약을 체결하고 있는 자의 직원이었던 경우는 사실의 착오의 문제이므로 행위자의 인식이 구성요건에 해당되고, 실제로 발생한 결과도 구성요건에 해당되는 이상 고의는 인정되기 때문에 정보수령자에 해당한다. 또한 미공개중요정보가 들어 있는 신문기사를 독자가 읽은 경우에 그 기사를 작성한 기자가 우연하게도 회사와 어떤 계약을 체결한 자이고, 이로 인하여 그 중요정보를 알고 있었더라도 그 독자는 기자가 회사내부자나 준내부자로부터 정보를 전달받았다는 인식이 없었기 때문에 정보수령자에 해당하지 않는다.[4)]

1) 곽민섭, 전게논문(2000), 8쪽.
2) 곽민섭, 상게논문, 11쪽; 김건식/정순섭, 전게서(2013), 286쪽; 박임출, 전게논문(2003), 126쪽.
3) 박임출, 전게논문(2003), 127쪽.
4) 상게논문, 126쪽.

4) 정보의 구체성

정보수령자가 내부자거래의 규제를 받기 위하여는 회사내부자나 준내부자가 상당한 정도로 구체적인 정보를 수령자에게 제공하였어야 한다. 어느 정도의 구체성은 정보의 중요성 개념에 내재되어 있지만, 정보의 구체성은 독립적으로 의미를 갖는다. 정보가 구체성이 없을 경우에는 중요성의 구비여부도 의문일 뿐만 아니라 정보제공을 인정하기 어려울 것이다.[1)]

5) 정보수령자의 직무관련성 요건 여부

정보수령자는 직무관련성 요건이 필요하지 않다. 따라서 회사내부자나 준내부자가 직무와 관계없이 내부정보를 알게 된 경우에는 정보수령자가 될 수 있을 뿐이다. 또한 회사내부자나 준내부자가 아닌 자로부터 중요한 내부정보를 알게 된 자도 정보수령자가 아니다. 그러나 정보제공자가 회사내부자나 준내부자의 지위에 있을 뿐만 아니라 그 지위를 상실한 지 1년이 경과하지 않은 경우에도 그 자로부터 중요한 내부정보를 전달받은 자는 정보수령자가 된다.[2)]

(3) 2차 정보수령자의 규제문제

정보수령자로부터 다시 내부정보를 전달받은 자(2차 정보수령자)도 규제의 대상이 되는가의 문제가 있다. 즉 정보수령자가 내부자거래의 행위주체가 되는가의 문제이다.

1) 부 정 설

자본시장법의 제174조 제1항 각 호의 규정을 문리적으로 해석하여 부정하는 견해이다.[3)] 이 견해는 죄형법정주의를 엄격하게 해석하는 입장에서 정보수령자로부터 단계를 거듭해가며 그 정보를 전달받은 자의 경우에는 정보누설의 관계가 거듭될수록 정보의 신뢰성이 떨어지고, 일정 단계에 이르면 정보는 단순한 풍문 정도의 가치를 갖는 것에 불과하기 때문에 일정한 단계를 두어야 한다고 한다.

2) 긍 정 설

내부자거래 규제의 실효성을 확보하기 위하여 2차 이상의 정보수령자도 규제의 대상으로 보는 견해이다.[4)] 이 견해는 내부자거래의 규제취지에 근거를 두고 제1차 정보수령자나 제2차 정보수령자 기타 그 이상의 정보수령자의 행위가 실질적으로 내부자거래로 간주되는 경우에 이를 모두 동일하게 책임을 부담시켜야 한다고 한다.

---

1) 강대섭, 전게논문(1992), 8쪽.
2) 박임출, 전게논문(2003), 127쪽.
3) 김건식/정순섭, 전게서(2013), 286쪽; 임재연, 전게서(2013), 847쪽.
4) 최재경, "증권거래법상 내부자거래의 형사처벌 관련문제,"「법무연구」제27호(2000), 법무연수원, 55쪽.

3) 결 어

“정보를 이용하게 하는 행위”는 실질적으로 정보제공자로부터 정보수령자에게 정보가 전달되었다고 평가되는 것을 의미하므로 형식적으로는 중간에 타인이 개입되어 있어도 정보를 전달받은 것으로 인정될 수 있는 경우도 있고, 정보수령자의 내부자거래에 대한 책임을 형사책임으로 볼 것인가 아니면 민사책임으로 볼 것인가에 따라 입장이 다르기 때문에 정보가 전달될 당시의 정보제공자와 정보수령자의 인식, 전달의 형태 등을 종합적으로 평가하여 개별적 사안별도 정보수령자의 한계를 결정하여야 한다. 따라서 실제 사안에서는 형법상 공모공동정범이론에 의하여 융통성 있는 법적용을 할 수 있을 것이고, 민사소송에서는 중간의 정보수령자들은 공동불법행위자로서 연대하여 손해배상책임을 지게 될 것이다.[1)]

(4) 조직을 상대로 정보를 제공하려는 의도였던 경우의 문제

회사내부자나 준내부자가 어느 조직에 소속된 개인에게 정보를 제공하였지만 실제로는 그 개인 아닌 조직을 상대로 정보를 제공할 의도였던 경우에는 그 조직의 모든 구성원이 제 1 차 정보수령자로 볼 수 있는가의 문제가 있다. 법 제174조 제 1 항 제 5 호에는 제 1 차 내부자가 법인인 경우에는 그 임원·직원 및 대리인을 포함하고 있으나, 정보수령자가 법인인 경우에는 그 임직원을 포함한다는 명시적인 표현이 없기 때문이다. 그러나 이와 같은 경우에도 내부정보를 받은 법인의 임직원은 일반투자자에 비하여 정보상의 우위에 있기 때문에 정보수령자로 보는 것이 타당하다. 이와 같이 해석하지 않으면 내부자거래 규제의 취지는 퇴색되기 때문이다. 예컨대, 회사의 대표이사가 신제품발명을 홍보할 목적으로 신문사의 기자에게 그 정보를 제공한 경우에는 당해 기자뿐만 아니라 그 신문사의 나머지 구성원들도 모두 정보수령자로 본다.[2)]

Ⅳ. 미공개중요정보

1. 의 의

미공개중요정보란 투자자의 투자판단에 중대한 영향을 미칠 수 있는 정보로서 대통령령으로 정하는 방법에 따라 불특정 다수인이 알 수 있도록 공개되기 전의 것을 말하며, 상장법인(6개월 이내에 상장하는 법인을 포함)의 업무 등과 관련된 정보이어야 한다(법 174조 1항). 즉 미공개중요정보(내부정보)는 일반인에게 공개되지 아니한 정보로 회사업무와 관련하여 투자자의 투자판단에 중대한 영향을 정보이다. 내부정보는 당해 법인의 업무 등과

1) 박임출, 전게논문(2003), 129쪽.
2) 김건식/정순섭, 전게서(2013), 286쪽; 박임출, 전게논문(2003), 129쪽.

관련된 중요한 정보로서 이른바 회사관련정보(corporate information)를 말한다.[1)]

내부자거래는 회사의 내부자가 미공개중요정보를 이용하여 증권을 거래하는 것이다. 따라서 내부정보의 개념은 내부자거래의 규제에서 핵심적인 요소이다. 그런데 회사의 정보가 모두 내부정보에 해당하는 것은 아니며, 내부자거래의 규제대상이 되는 내부정보에 해당하기 위하여는 중요성과 미공개성의 두 가지 요건을 구비할 필요가 있다. 여기서 중요성 요건은 정보의 객관적 내용에 관한 문제이고, 미공개성 요건은 정보의 시간적 범위에 관한 문제이다.[2)]

2. 상장법인의 업무 등과 관련된 정보

(1) 상장법인

내부자거래의 규제대상이 되는 법인은 상장법인이다. 여기의 법인에는 비상장법인은 포함되지 않지만 예외적으로 6개월 이내에 상장하는 법인은 포함된다. 비상장법인은 자본시장의 공정성과 건전성을 해하지 않고 투자자 보호의 문제도 없으므로 규제대상에서 제외되지만, 6개월 이내에 상장이 예정된 법인은 상장정보를 이용하여 내부자거래를 하는 현실을 고려한 입법이다.

그러나 상장법인과 합병을 통해 실질적인 상장의 효과를 누리는 우회상장은 죄형법정주의 원칙상 규제대상이 아니다. 내부자거래를 한 자는 형사제재의 대상이 되는데 형법의 기본원리인 죄형법정주의는 법관의 자의를 방지하고 국민의 예측가능성을 담보하기 위하여 범죄구성요건의 명확성을 요구하고 있기 때문이다.

미공개중요정보는 내부자가 관계가 있는 '상장법인의' 업무 등과 관련된 정보여야 한다. 따라서 상장법인의 계열회사에 관한 정보는 그 자체만으로 내부정보에 해당하지 않는다. 그러나 그것이 당해 상장법인의 업무 등과 관련된 것으로 인정되는 경우에는 내부정보가 될 수 있다.

(2) 당해 법인의 업무관련성

미공개중요정보는 상장법인의 '업무 등'에 직·간접적으로 관련되는 정보를 의미한다. 따라서 회사의 영업성적이나 재산상태에 영향을 주는 내부정보는 이에 해당하고, 당해 법인이 자체적으로 작성한 영업환경 전망이나 예상실적 등은 내부정보가 될 것이다.[3)] 또한 업무 등에 관한 정보이어야 하므로, 내부정보는 정확하고 확실한 정보이어야 한다.[4)] 따라서 단순한 풍문이나 추측은 내부정보가 아니다.

---

1) 노태악, 전게논문(2001), 8쪽.
2) 최재경, 전게논문(2000), 56쪽.
3) 노태악, 전게논문(2001), 9쪽.
4) 곽민섭, 전게논문(2000), 9쪽.

(3) 시장정보

시장정보란 당해 상장법인의 업무 등에 관련된 정보가 아닌 사외정보로서 증권시장에서 당해 법인이 발행한 증권의 수급에 영향을 줄 수 있는 정보 또는 기관투자자나 외국인 투자자의 동향과 같은 정보를 말한다. 따라서 통화관리정책, 금리정책, 외환정책, 관세정책, 무역수지상황 등 특정산업 일반에 관한 정책이나 경제동향, 기관투자자의 투자동향, 펀드매니저의 추천종목 등 당해 상장법인의 업무 외의 사정에 관한 정보는 내부자거래의 규제대상이 되는 미공개중요정보에 해당하지 않는다. 따라서 당해 법인으로부터 발생한 정보나 그 법인의 재산상황에 관한 정보가 아닌 주식의 매매동향에 대한 시장정보는 이미 공개된 사실을 기초로 분석·연구한 성과이기 때문에 내부정보에 해당하지 않는다. 내부자거래의 규제는 사실에 대한 정보의 평등을 도모하는 것이며, 사실에 대한 분석·조사는 개인적 능력의 평등을 도모하는 것이 아니기 때문이다.[1] 그러므로 시장정보는 증권의 가격에 영향을 미치더라도 내부정보가 아니다.

그러나 자본시장법은 예외적으로 시장정보 중 공개매수의 실시 또는 중지에 관한 정보와 주식 등의 대량 취득·처분에 관한 정보를 별도의 규정에서 내부자거래의 규제대상으로 하고 있다(법 174조 2항 및 3항).

3. 정보의 정확성

(1) 정보의 성립시기

1) 정보의 생성시점

자본시장법은 회사의 내부정보가 규제대상이 되는 "중요한" 미공개 정보로 전환되는 시점에 관하여 규정하지 않고, 다만 "투자자의 투자판단에 중대한 영향을 미칠 수 있는 정보"라고만 규정하고 있다. 그런데 정보의 생성시점은 특정한 거래가 내부자거래 규제의 대상이 되는지와 직접적인 관계를 갖기 때문에 어느 시점부터 "중요한" 내부정보로 볼 것인지는 상당한 의미를 갖는다.

일반적으로 정보는 어느 시점에 순간적으로 형성되는 것이 아니라 시간이 진행됨에 따라 시차를 두고 생성·발전한다. 따라서 "중요한" 정보에 대한 논의는 먼저 그 대상이 되는 "중요한" 정보의 생성시점이 문제된다. 예컨대 부도발생 또는 합병 등의 경우에 어느 시점에 "중요한" 정보가 되는가이다. 특히 합병은 대상회사의 물색, 대상회사의 기업내용의 조사·분석, 대상회사와의 예비접촉, 합병방법과 조건의 합의, 이사회 결의, 합병계약의 체결, 합병승인, 주주총회의 결의 등 여러 단계를 거쳐 이루어지는데 어느 단계에서 "중요한" 정보가 생성된 것으로 볼 것인가가 문제이다.

---

1) 이형기, "증권거래법상의 민사책임에 관한 고찰," 「인권과 정의」 제277호(1999), 57쪽.

여기서 "중요한" 정보의 생성시점을 판단함에 있어서는 진행 중이어서 확정적인 평가가 어렵더라도 진행 중인 사실을 "중요한" 정보로 평가할 수 있는 것이다. 예컨대, 부도발생 이전이라도 자금사정의 악화 등으로 부도발생의 개연성이 충분히 존재하는 시점[1)]이나 합병에 관한 이사회 결의 전단계라도 구체적인 상황에 따라 "중요한" 정보가 생성된 것으로 평가할 수 있다. 즉 "중요한" 정보에 해당하기 위해서는 합리적인 투자자가 당해 증권을 매도 또는 매수할 것인가 아니면 계속 보유할 것인가를 결정할 수 있는 가치가 있어야 한다. 합리적인 투자자라면 이러한 평가를 하기 위하여 진행 중인 불확실한 사실이라 하더라도 그 판단의 대상에서 배제하지 않을 것이기 때문이다.[2)]

2) 결정사항과 발생사항

자본시장법은 일본의 금융상품거래법과는 달리 결정사항인 정보와 발생사항인 정보를 구별하고 있지 않다. 그러나 정보의 일반적인 생성과정을 보면 "중요한" 미공개정보는 상장법인의 경영·재산 등에 관한 사항에 대하여 이사회 또는 이에 준하는 의사결정기관의 결정에 의하여 이루어지는 사항("결정사항")과 그러한 결정에 의하지 않고 발생하는 사항("발생사항")으로 구분할 수 있다.[3)]

"중요한" 미공개정보 중에서 발생사항의 경우(예를 들면, 재해에 기인하는 손해 또는 업무수행과정에서 생긴 손해 등)는 대체로 발생에 이르기까지 점차로 성숙되고 구체화되는 과정의 경유없이 그 발생이 확정되는 시점에 즉시 "중요한" 미공개정보가 될 것이다. 그러나 결정사항의 경우(예를 들면, 합병 등)는 여러 단계에 걸쳐서 그에 대한 결정여부 및 결정내용이 점차로 구체화되어 가는 것이 일반적일 것이다. 상장법인의 결정사항이 어느 시점에 "중요한" 정보가 될 것인지는 개별사안에 따라서 구체적인 사정을 종합적으로 고려하여 판단하여야 할 것이다.[4)] 따라서 이사회나 의사결정기관이 공식적인 결정을 내리지 않았더라도 임원회의 등의 실질적인 결정기관 또는 대주주에 의한 결정이 있고, 이러한 결정이 당해 결정사항의 실시가 확실하여 주가에도 영향을 미치게 되는 경우에는 이를 "중요한" 정보로 인정할 필요가 있다.[5)]

(2) 정보의 진실성

자본시장법 제174조 제1항에는 미공개중요정보라고 규정하고 있을 뿐 그 정보가 진실한 정보일 것을 명시적으로 규정하고 있지는 않다. 그러나 진실한 정보만이 내부자거래 규제의 대상이 된다.

1) 대법원 2000. 11. 24. 선고 2000도2827 판결.
2) 김용진, "내부자거래규제대상으로서의 내부정보에 관한 연구," 한양대학교 박사학위논문(1993), 16쪽.
3) 일본 금상법 제166조 제2항은 명시적으로 "결정에 관한 사항"과 "발생에 관한 사항"으로 구분하여 중요한 미공개정보를 열거하여 규정하고 있다.
4) 김병태, 전게논문(2012), 13쪽.
5) 박임출, 전게논문(2003), 135쪽.

정보는 어떤 사실에 관하여 확실하고 진실한 것이어야 진정한 정보로서의 가치를 가진다. 특히 증권시장에서 산재하는 정보는 여러 형태로 증권의 가격에 영향을 주지만, 사실과 다른 풍문이나 추측정보와 같이 정확성 내지 진실성이 결여된 정보를 이용한 행위는 내부자거래의 규제대상이 되지 않는다. 내부자거래는 본질적으로 공시의무의 존재를 전제로 한다. 따라서 공시의무를 위반하여 공시를 하지 않은 것, 즉 부작위에 의한 내부자거래를 규제하는 것이고, 적극적으로 허위표시나 중요사항의 누락을 이용하는 거래는 법 제176조의 시세조종으로 규제하고 있기 때문이다.[1] 이러한 점에서 공시의무의 대상이 되는 사실은 허위가 아닌 진정한 사실을 의미하고, 중요정보의 기초가 되는 사실은 객관적으로 존재하여야 한다.[2]

실제로는 중요사실이 존재하지 않음에도 불구하고 존재한다고 오신하여 증권을 거래한 경우에는 처벌되지 않는다. 예를 들어, 회사의 계약체결자가 회사의 임원으로부터 이사회에서 대규모 신주발행이 결정되었다는 말을 전해 듣고 거래한 경우, 실제로는 그와 같은 결정이 없었거나 거래 당시에 아직 결정되지 않은 때에는 처벌되지 않는다. 또한 대표이사가 주가를 끌어올리기 위하여 가공계약의 허위공시를 하는 과정에서 공시담당자가 그 가공계약이 진실한 것으로 믿고 이를 이용하여 주식을 매수한 경우에 이를 내부자거래로 볼 수 있는가의 여부이다. 이 경우 공시담당자는 허위의 가공계약을 진실한 정보로 오신하여 이에 기초하여 주식을 매수한 경우로서 구성요건 사실에 대한 착오가 있었기 때문에 불능미수 또는 불능범으로 보아야 할 것이다.[3]

4. 정보의 중요성과 판단기준

(1) 중요한 내부정보

1) 법적용상 중요성 판단의 의의

자본시장법의 목적은 완전공시의 원칙을 채택하여 투자자를 보호하는 것이며, 내부자거래의 규제도 미공시 또는 불완전공시를 규제하는 소극적인 방법이다. 그러나 기업내용의 공시를 무한정으로 요구할 수는 없다. 만약 제한 없는 공시를 요구한다면 공시의무의 이행을 위하여 많은 비용이 발생할 뿐만 아니라 현실적으로도 불가능하기 때문에 대부분의 회사와 경영진을 자본시장법의 위반사범으로 만들 위험이 있다. 또한 자본시장법상의 공시의무위반을 염려하는 회사나 경영진에 의하여 과다한 정보가 제공됨으로써 투자자는 투자판단에 도움이 되지 않는 정보의 홍수 속에 파묻히게 되어 오히려 투자자가 정보에 의하여 의사를 결정하는 것을 어렵게 만들 우려도 있다. 따라서 내부자거래를 규

1) 노태악, 전게논문(2001), 16쪽.
2) 박임출, 전게논문(2003), 136쪽.
3) 상게논문, 136쪽.

제하는 경우 내부자가 이용한 정보에 질적인 한계를 설정하여야 한다. 자본시장법이 내부자거래 규제대상으로서의 정보를 "투자자의 투자판단에 중대한 영향을 미칠 수 있는 정보로서 대통령령으로 정하는 방법에 따라 불특정 다수인이 알 수 있도록 공개되기 전의 것"으로 규정한 것도 그러한 이유이다. 따라서 중요성은 내부자거래의 성립요건으로서 내부자의 행위의 위법성 나아가서는 가벌성여부를 결정하는 기준이 된다.[1]

그런데 "투자자의 투자판단에 중대한 영향을 미칠 수 있는 정보"란 당해 증권을 매도할 것인가 또는 계속 보유하거나 매수할 것인가를 판단함에 있어 의존해야 할 자료가 되는 정보를 말한다. 즉 이것은 투자자들이 일반적으로 안다고 가정할 경우 당해 증권의 가격에 중대한 영향을 미칠 수 있는 사실이다. 당해 증권의 가격에 중대한 영향을 미칠 수 있는 것이 아닌 평범한 정보는 투자자의 투자판단자료로 이용할 가치가 별로 없기 때문이다. 그러나 자본시장법은 "투자자의 투자판단에 중대한 영향을 미칠 수 있는 정보"인가 아닌가를 어떻게 판단할 것인가에 대하여는 규정하기 아니하였기 때문에 해석론으로 객관성이 있는 기준을 찾아야 한다. 중요성의 판단은 내부자거래 규제에서 판단이 어려운 사항으로 가장 핵심적인 부분이라고 할 수 있다.

2) 입법형식

(가) 제한적 열거주의

규제의 대상이 되는 정보를 구체적으로 열거하여 그 열거된 정보만을 규제대상으로 삼는 방법이다.[2] 일본은 중요정보의 범위와 기준을 입법적으로 해결하는 한정적 열거주의를 취하고 있다.

한정적 열거주의는 행위자인 내부자가 피해자인 투자자의 사전판단을 가능하게 하여 내부자거래의 사전예방적 효과나 법적 안정성을 도모할 수 있다. 그러나 여건변화에 적절히 대응하면서 여건의 변화에 따라 구체적인 타당성을 기할 수 없는 것이 단점이다.

(나) 포괄주의

중요한 정보의 개념만을 정의하여 두고(또는 이와 병행하여 중요한 정보의 사례를 예시하고) 구체적인 사건에 당하여 법원으로 하여금 중요성의 해당 여부를 가리게 하는 방법이다.[3] 미국은 포괄주의를 취하고 있는 대표적인 경우에 해당한다.

중요성의 개념을 사법적으로 판단하는 포괄주의는 여건 변화에 적절히 대응하면서 현실적인 여건에 따라 구체적 타당성을 도모할 수 있다. 그러나 내부자거래의 사전예방적 효과나 법적 안정성을 도모하기 어렵다는 단점이 있다.

---

1) 김용진, 전게논문(1993), 10쪽.
2) 대법원 1995. 6. 29. 선고 95도467 판결.
3) 대법원 1995. 6. 29. 선고 95도467 판결.

(다) 우리나라의 해석론

중요성의 개념을 정의하는 경우에 어떤 입법주의 형식을 취할 것인가는 각국의 법문화에 따른 입법정책의 문제라고 할 수 있다.

내부자거래의 규정은 포괄주의를 취하고 있는 미국의 입법례를 기본으로 하고 중요한 미공개정보의 개념을 포괄적·추상적으로 규정한 다음 중요한 미공개정보에 해당하는지 여부에 대한 구체적인 판단은 법원의 사법적 심사에 맡겨 각 사안별로 판단하도록 하고 있다.[1] 또한 대법원도 동일한 포괄주의를 취하고 있음을 명백히 하고 있다.[2]

"중요한" 정보에 관하여 포괄주의를 취하고 있는 이유는 여건변화에 적절이 대응하여 구체적 타당성을 기하기 위한 것이고, 자본시장법 제174조 제 1 항이 "투자자의 투자판단에 중대한 영향을 미칠 수 있는 정보"를 중요한 정보로 규정하고 있으며, 입법기술의 한계상 불확정개념이 불가피한 점을 고려하면 우리 자본시장법의 규정이 포괄주의를 취하고 있는 것은 죄형법정주의의 원칙에 위반된 해석은 아니라고 할 것이다.

(2) 중요성의 판단기준

중요성을 판단하는 주체는 합리적인 투자자이어야 한다. 정보는 여러 단계를 거치는 과정에서 구체화되는 것으로 반드시 객관적으로 명확한 것만 이용이 금지되는 중요한 미공개정보에 해당하는 것이 아니다. 합리적인 투자자라면 정보의 중요성과 사실이 발생할 개연성을 비교 평가하여 판단한 경우 증권의 거래에 관한 합리적인 의사를 결정함에 있어 중요한 가치를 지닌다고 생각하는 정보를 말하고,[3] 이 경우 투자자는 합리적인 투자자를 가정하여 객관적으로 판단하여야 한다.

그런데 합리적인 투자자란 어떤 범위의 투자자를 말하는가에 대하여 논란이 있다. 이는 중요성의 판단주체를 보수적인 투자자로 제한할 것인가, 또는 이에 투기자를 포함할 것인가에 관한 문제이다. 내부정보로서 중요한 사실은 확정적인 사실은 물론이고 발생 개연성이 있는 한 확정적인 사실이 아닌 경우에도 있을 수 있다. 이 경우 확정적인 사실이 아닌 불확실성은 투기자에게는 중요성 판단의 적극적인 자료가 될 것이다. 여기에서 보수적인 투자자를 중요성의 판단주체로 제한하는 경우 중요성의 범위가 좁게 해석될 것이고 투기자를 포함하는 투자자를 중요성의 판단주체로 보는 경우에는 그 범위가 확장될 여지가 크다. 그러나 모든 투자자에게는 불확실성을 투자의 기초로 삼아 보다 높은 수익을 올리고자 하는 내적 동기가 있고, 보수적인 투자자와 투기자를 구별하는 것은

1) 김병태, 전게논문(2012), 11쪽; 임재연, 전게서(2013), 755쪽.
2) 대법원 1995. 6. 29. 선고 95도467 판결; 대법원 2000. 11. 24. 선고 2000도2827 판결; 대법원 2008. 11. 27. 선고 2008도6219 판결.
3) 대법원 1994. 4. 26. 선고 93도695 판결; 대법원 1995.6.30. 선고 94도2792 판결; 대법원 2006.5.11. 선고 2003도4320 판결; 대법원 2008.11.27. 선고 2008도6219 판결.

쉽지 않을 뿐만 아니라 법률상 차별하여야 할 이유가 없으므로 투기자도 포함된다고 해석하는 것이 타당하다. 따라서 중요성의 판단은 구체적인 사안에 따라 합리적인 투자자의 객관적인 입장에서 개연성/중대성을 비교 평가하여 중요성의 유무를 가려야 한다.[1)]

5. 정보의 미공개성

(1) 미 공 개

자본시장법은 "대통령령이 정하는 방법에 따라 불특정 다수인이 알 수 있도록 공개되기 전의 것"만을 내부자거래의 규제대상이 되는 내부정보로 하고 있다. 따라서 당해 법인이 대통령령이 정하는 방법에 따라 공개하기 전의 정보는 경제신문에 실제의 정보와 유사한 정보가 게재되었어도 공개된 정보는 아니다.

내부정보는 반드시 비밀정보임을 전제로 하지 않는다. 다만, 내부정보의 부당이용에 대한 규제는 시간적으로 남보다 앞서서 내부정보를 부당하게 이용하는 행위를 방지하려는 것이기 때문에, 당해 정보를 이용하였을 때를 기준으로 그 이용시간에 타인도 그 정보에 접근할 수 있었는가의 여부가 위법성 유무를 결정하는 중요한 근거가 될 수 있다. 따라서 투자자의 투자판단에 중대한 영향을 미치는 중요한 정보라 할지라도 이미 공개된 것이라면 시장거래의 평등에 대한 부당한 침해가 없을 것이므로 그 이용은 규제할 필요가 없는 것이다.[2)]

(2) 공개절차

1) 공개방법과 대기기간

중요한 정보가 일반 투자자에게 전달되려면 일정한 공시방법으로 공개되고 일정한 기간이 경과하여야 한다. 이와 같이 공개된 정보가 널리 전파되어 일반 투자자가 주지할 수 있도록 제도적으로 보장되는 기간을 대기기간이라고 한다. 따라서 이 대기기간이 경과한 다음에는 정보가 널리 일반 투자자에게 공시되었기 때문에 내부자도 매매거래를 할 수 있다.[3)]

---

1) 박임출, 전게논문(2003), 139쪽.
2) 최재경, 전게논문(2000), 58쪽.
3) 위에서 살펴 본 Texas Gulf Sulphur 사건의 경우, 광맥 발견 사실이 1964년 4월 16일 오전 10시부터 약 15분간 신문에 보도되었고, 이 정보가 전파되어 Dow Jones사의 속보테이프에 표시된 것이 오전 10시 54분이었다. 이에 대하여 제1심 법원은 신문보도가 있었던 10시 15분경에는 정보가 보도기관에 전달되었으므로 그 후에는 내부자가 매매거래를 해도 좋으며, 그 보도가 널리 전파되는 것을 기다릴 필요가 없다고 판시하였다. 그러나 제2심 항소법원은 회사가 정보를 공개한 후 그 정보가 일반투자자에게 전달되는 것이 충분히 확보되는 전파매체에 의하여 전파되었고, 기대되는 합리적인 시점까지 기다려야 한다고 판시하여, 신문기자에게 발표한 후 Dow Jones사의 속보테이프에 표시될 때까지의 사이에 거래를 한 내부자에게 책임을 인정하였다(SEC v. Texas Gulf Sulphur Co., 401 F.2d. 833, 859(2d Cir. 1968)).

이와 관련하여 시행령은 "해당 법인(해당 법인으로부터 공개권한을 위임받은 자를 포함) 또는 그 법인의 자회사(상법 342조의2 1항에 따른 자회사를 말하며, 그 자회사로부터 공개권한을 위임받은 자를 포함)가 다음의 어느 하나에 해당하는 방법으로 정보를 공개하고 해당 호에서 정한 기간이나 시간이 지나는 것을 말한다"고 규정하고 있다(영 201호 1항).[1)]

1. 법령에 따라 금융위원회 또는 거래소에 신고되거나 보고된 서류에 기재되어 있는 정보 : 그 내용이 기재되어 있는 서류가 금융위원회 또는 거래소가 정하는 바에 따라 비치된 날부터 1일

2. 금융위원회 또는 거래소가 설치·운영하는 전자전달매체를 통하여 그 내용이 공개된 정보 : 공개된 때부터 3시간

3. 신문 등의 진흥에 관한 법률에 따른 일반일간신문 또는 경제분야의 특수일간신문 중 전국을 보급지역으로 하는 둘 이상의 신문에 그 내용이 게재된 정보 : 게재된 날의 다음 날 0시부터 6시간. 다만, 해당 법률에 따른 전자간행물의 형태로 게재된 경우에는 게재된 때부터 6시간으로 한다.

4. 방송법에 따른 방송 중 전국에서 시청할 수 있는 지상파방송을 통하여 그 내용이 방송된 정보 : 방송된 때부터 6시간

5. 뉴스통신진흥에 관한 법률에 따른 연합뉴스사를 통하여 그 내용이 제공된 정보 : 제공된 때부터 6시간

2) 상대거래에 대한 예외

공개시장에서의 거래가 아니라 거래당사자 간의 직접 협상에 의한 상대거래의 경우, 거래의 목적인 증권 관련 내부정보가 이미 거래당사자에게 알려진 상태에서 거래가 이루어졌다면 5가지 방법에 의하여 공개되지 않은 정보도 미공개정보로 보지 않는다.[2)]

공개증권시장을 통하지 아니하고 거래가 이루어지는 이른바 '상대거래'의 경우에 증권시장의 공정성이나 일반투자자의 신뢰성의 문제는 발생되지 않으며, 따라서 정보의 불

1) 미국의 경우 증권규제법은 내부정보의 공시방법이나 공시로 중요한 정보가 일반적으로 유포되는 데에 어느 정도의 시간경과를 요하는지에 대한 규정을 두고 있지 않다. 다만, 증권거래소에서 획일적인 대기기간을 권유하고 있다. 뉴욕증권거래소(NYSE)는 회사의 이사 또는 임원은 정보가 기재된 연차보고서, 반기보고서, 기타 사업보고서, 위임장설명서 등이 주주 등에게 광범위하게 배포된 후 매매거래를 하는 것이 적당하다고 하고 있다. 또한 뉴욕증권거래소의 상장규정과 아메리칸증권거래소(AMEX)의 상장규정은 공시방법에 관하여 규정하고 있다. AP, UPI, Dow Jones and Company, Reuters Economic Services에 통보하는 것을 공시로 인정하고 있다. 특히 아메리칸증권거래소는 그 외에 New York Times, Wall Street Journal, Moody's Investors Service, Standard and Poor's Corporation 등에 게재하는 것도 공시로 인정하고 있다. 그리고 아메리칸증권거래소는 내부자는 전국적 규모의 매체를 통한 공시가 있은 후 24시간 경과 후에 증권거래가 가능하고, 전국적 규모가 아닌 매체를 통한 공시는 최소한 48시간의 대기기간이 경과한 후에 거래하도록 권유하고 있다(Listing Standard, Policy and Requirement, Part4. Disclosure Policies 402(f)).

2) 서울고등법원 2003. 2. 17. 선고 2002노2611 판결.

공정한 격차의 문제는 거래당사자 사이에서 판단하여야 하고, '미공개정보'인지 여부는 거래당사자가 이를 알고 있었는지 여부에 따라 판단하여야 하며, 상대거래의 거래당사자가 모두 해당정보를 알고 있는 경우라면 해당 정보가 비록 공시되지는 않았다고 하더라도 내부자거래의 요건인 '미공개정보'에 해당된다고 할 수는 없는 것이다. 증권시장을 전제로 한 내부자거래의 규제가 상대거래에도 그대로 적용된다고 본 것은 잘못이다.[1)]

(3) 공개내용의 진실성

자본시장법은 당해 법인이 일반 투자자에게 어느 정도 공개한 것을 공시로 볼 것인가에 관하여 규정을 하고 있지 아니하다. 다만 이와 관련하여 법령에 금융위원회 또는 거래소에 신고하거나 보고된 내용의 비치공시의 경우에는 법령에 의하여 서류의 기재사항이 정해져 있고, 거래소의 공시방송망을 통한 적시공시의 경우에는 거래소가 공시문안을 조정하고 공시업무편람에 따라 공시하여야 할 내용을 점검하고 있다.[2)]

당해 법인이 직접 일간신문이나 방송을 통하여 내부정보를 공시하는 경우에는 투자자의 투자판단에 혼란을 주는 경우가 있다. 이 경우는 거래소는 일간신문이나 방송의 보도내용이 사실인가의 여부를 당해 법인에 조회할 수 있고, 당해 법인의 확인내용을 기초로 공시문안을 조정하여 이를 다시 전자공시시스템이나 신문사, 방송사를 통하여 일반투자자에게 공시할 수 있다.

이와 같이 공시내용의 정확성을 담보하기 위한 제도적 장치가 마련되어 있지만, 원칙적으로 상장법인이 고의적으로 공시사항의 일부를 은폐하거나 왜곡시키는 경우에는 그 진상을 파악하는 것은 매우 어렵다. 따라서 이와 같은 공시의 실체부합성 및 충분성 여부는 문제된 정보의 중요요소에 의해 판단되어야 한다. 정보의 중요요소란 개연성/중대성의 논리를 기초로 하여 합리적인 투자자의 투자판단에 중대한 영향을 미칠 수 있는 부분으로 이해되어야 한다.[3)]

(4) 미공개와 적극적 부실표시

내부자거래의 규제는 중요한 미공개정보를 이용하는 행위를 금지하는 것으로, 이는 침묵에 의한 내부자거래를 규제하는 것이고, 적극적으로 거짓의 기재나 누락에 의한 경우에는 시세조종에 관한 제176조에서 규제를 하고 있다.[4)]

1) 서울지방법원 2003. 6. 25. 선고 2002노9772 판결.
2) 노태악, 전게논문(2001), 16쪽.
3) 박임출, 전게논문(2003), 143쪽.
4) 노태악, 전게논문(2001), 16쪽.

Ⅴ. 정보의 이용행위

1. 매매 그 밖의 거래

내부자, 준내부자 및 정보수령자는 특정증권등의 매매, 그 밖의 거래에 이용하거나(정보이용행위) 타인에게 이용하게(정보제공행위) 하여서는 아니 된다(법 174조 1항). “그 밖의 거래”란 매매 이외의 유상거래만을 의미하므로 교환 등 매매 이외의 취득 또는 처분, 전환사채권자의 전환권의 행사, 신주인수권부사채권자의 신주인수권의 행사, 교환사채권자의 교환권의 행사 등을 포함한다. 또한 일체의 양도와 담보권설정이나 담보권취득, 증권의 대차거래 등의 거래를 포함된다. 그러나 무상거래인 증여는 포함되지 않는다.

2. 정보이용행위

(1) 정보를 이용한 매매

자본시장법은 정보이용행위 자체가 아니라 정보를 이용한 매매 그 밖의 거래행위를 금지하고 있다. 즉 정보를 이용한 매매란 정보가 호재인 경우에는 증권을 매수하고 악재인 경우에는 증권을 매도하는 것을 의미한다.

그리고 매매 그 밖의 거래와 관련하여 그 정보를 이용한다는 것은 적극적인 이용과 소극적인 이용을 포괄하는 것으로 볼 수 있다. 그러나 실제에 있어서 어떤 정보를 이용하여 증권을 매도하거나 매수하지 않는 소극적인 형태의 이용을 처벌하는 것을 곤란하므로 적극적인 형태의 정보이용행위만이 규제대상이 된다.[1)]

(2) 정보의 지득여부 판단

미공개 정보의 이용 행위는 통상 회사 내부적으로 은밀하게 이루어지는 것이고, 특히 정보의 전달 및 지득은 사적인 장소에서 관련자들 사이의 대화에 의해서도 이루어질 수 있는 것이어서 관련자들이 범행을 부인하는 경우 정보의 전달 및 지득 여부에 대한 직접증거를 확보하기 곤란하다. 내부자거래 사건에서 정보의 전달 및 지득에 대한 직접적인 증거만을 요구하는 것은 내부자 규제제도를 위반한 자들에게 사실상 면죄부를 주는 것이어서 합리성이 없다. 따라서 사물의 성질상 범의와 상당한 관련성이 있는 간접사실 또는 정황사실을 증명하는 방법에 의하여 이를 증명할 수밖에 없으며, 이때 무엇이 상당한 관련성이 있는 간접사실에 해당할 것인가는 정상적인 경험칙에 바탕을 두고 치밀한 관찰력이나 분석력에 의하여 사실의 연결상태를 합리적으로 판단하는 방법에 의하여야 할 것이다.[2)]

---

1) 최재경, 전게논문(2000), 59쪽.
2) 서울중앙지방법원 2007. 2. 9. 선고 2006고합332 판결.

(3) 정보의 보유와 이용

정보의 이용은 증권의 매매 그 밖의 거래와 관련되어야 하므로 현실적인 거래행위의 존재를 전제로 하는 것이다. 매매 그 밖의 거래를 하지 않고 순수하게 정보를 이용한 경우, 예컨대 회사의 사업목적을 위하여 내부정보를 이용하는 경우에는 이에 해당하지 않는다. 또한 내부정보를 이용하였다고 하기 위하여는 정보보유자의 거래가 전적으로 내부정보 때문에 이루어진 점을 증명할 필요는 없고, 단지 내부정보가 거래를 하게 된 하나의 요인이었다는 점을 증명하면 족하다. 즉 내부정보가 거래를 하게 된 요인이 아닌 경우에는 이에 해당하지 않는다. 그리고 정보보유자가 불가피하게 매매할 수밖에 없는 경우에는 정보의 이용을 인정할 수 없을 것이다.[1]

(4) 정보이용의 고의

내부자, 준내부자 및 정보수령자는 증권의 매매 등과 관련하여 정보를 이용하는 것이 금지된다. 그런데 이들의 정보이용행위에는 고의가 필요하다. 따라서 내부자와 준내부자는 자신이 알고 있는 정보가 중요한 미공개정보라는 사실과 그 정보를 이용하여 증권의 매매 그 밖의 거래를 한다는 인식이 있어야 한다. 정보수령자는 정보제공자가 제공한 정보가 중요한 미공개정보라는 사실뿐만 아니라 정보제공자가 그의 직무와 관련하여 알게 된 정보라는 사실도 인식하고 증권의 매매 그 밖의 거래에 이용한다는 인식이 있어야 한다.

그러나 내부자, 준내부자 및 정보수령자는 중요한 미공개정보를 이용한 증권의 매매 그 밖의 거래를 통하여 이익을 취득하거나 손실을 회피할 의도를 갖고 있을 필요는 없다. 또한 결과적으로 이익을 취득하거나 손실을 회피한 사실의 존재도 필요하지 않다. 왜냐하면 자본시장법 제174조 제1항의 구성요건의 내용이 결과의 발생을 요하지 않고 법에 규정된 행위를 함으로써 충족되는 형식범의 형태이고, 법익침해의 일반적인 위험이 있으면 구성요건이 충족되는 추상적 위험범의 형태로 규정되어 있기 때문이다. 이와 같이 구성요건이 결과범의 형태가 아닌 형식범의 형태로 되어 있어 결과의 발생을 요건으로 하지 아니하므로 내부자의 중요한 미공개정보 이용행위가 있으면 범죄는 완성되어 바로 기수가 성립되고, 미수가 성립될 여지는 없다.

3. 정보제공행위

(1) 정보를 이용하게 하는 행위

내부자가 중요한 미공개정보를 타인에게 알려주어 그 타인이 이 정보를 이용하여 거래를 하게 하는 것을 의미한다. 내부자가 타인의 증권의 매매 기타 거래에 미공개 중요

1) 김건식/정순섭, 전게서(2013), 293쪽.

정보를 이용하도록 제공하는 행위만으로 충분하고 달리 정보수령자가 그 정보를 이용하는 행위까지 필요로 하지는 아니하다.[1] 이 경우 그 정보수령자로 규제를 받고, 정보를 이용하게 하는 행위에 반드시 대가를 요하지 않으며, 그 타인이 정보를 이용하여 거래를 하여야 하므로 그 타인의 거래가 없는 경우에는 그 타인은 물론 정보제공자의 책임도 없다.

즉 정보제공자인 내부자가 정보수령자인 상대방이 중요한 미공개정보를 이용하여 매매 그 밖의 거래를 할 것이라는 사실을 인식하거나 그렇게 믿을만한 합리적인 이유가 있는 상황에서 상대방에게 정보를 제공하는 행위이다. 따라서 내부자가 정보를 전달하는 과정에서 상대방이 그 정보를 이용하여 매매 그 밖의 거래를 하지 않을 것으로 믿었거나 그렇게 믿을만한 합리적인 이유가 있었던 경우에 그 상대방에게 정보를 알려주는 단순한 정보제공행위는 정보를 이용하게 하는 행위에서 제외된다.

그러나 단순한 정보제공행위와 타인으로 하여금 정보를 이용하게 하는 행위를 구분하는 것은 쉽지 않고, 내부자의 단순한 정보제공행위는 타인의 내부자거래를 조장할 위험성이 높다. 따라서 정당한 권한 없이 중요한 미공개정보를 타인에게 제공하는 행위는 설사 그에게 내부자거래를 시킬 의도가 없었다 하더라도 규제할 필요가 있다는 견해가 있다.[2] 그러나 정당한 권한 없는 단순한 정보제공행위가 악용될 가능성이 크기 때문에 이를 규제할 필요성이 있겠지만, 현행법상 이와 같이 해석하는 것은 곤란하다고 본다. 예컨대, 이와 같은 문제는 사실관계의 해석으로 보고, 중요한 미공개정보가 전달되는 상황에서 정보를 제공하는 자와 정보를 수령하는 자가 그 정보 또는 그 정보의 이용에 관하여 어떻게 인식하고 있었는가에 따라 위법성 여부를 구체적으로 판단하여야 할 것이다.[3]

(2) 정보제공자의 고의와 정보수령자의 고의

정보제공자는 정보를 수령하는 자가 그 정보를 이용하여 증권을 거래할 가능성이 있음을 인식하면서 정보를 전달하여야 한다. 그리고 정보수령자가 수령한 정보를 이용하여 매매 그 밖의 거래를 하는 경우에만 내부자거래가 성립하고 정보제공자의 책임이 인정된다. 이는 정보수령자가 거래를 하지 않은 경우에는 거래당사자 간의 정보의 비대칭 문제가 없으므로 이에 대한 제재를 할 필요가 없기 때문이다.[4]

또한 정보수령자는 그 정보를 전달한 정보제공자가 그 직무와 관련하여 알게 된 정보를 자신에게 전달한다는 사실을 인식하고 그 정보를 이용하여 거래한 경우에 한하여 내부자거래에 해당한다. 따라서 정보수령자가 그러한 사실을 인식하지 못한 경우에는 내부자거래가 성립하지 않는다.[5]

---

1) 서울고등법원 2008. 6. 4. 선고 2008노145 판결.
2) 김건식/정순섭, 전게서(2013), 295쪽.
3) 박임출, 전게논문(2003), 148쪽.
4) 임재연, 전게서(2013), 847쪽.
5) 박임출, 전게논문(2003), 148쪽.

Ⅵ. 미공개중요정보 이용행위와 형사상 책임

일반적으로 범죄의 액수는 구성요건 요소가 아니고 양형의 자료에 불과하지만 가령 특정경제범죄 처벌 등에 관한 법률 위반죄의 경우 범죄의 액수는 구성요건 요소로서 그 액수에 따라 적용될 법률조항이 달라지고 그 계산이 잘못되면 법률 적용의 착오로서 판결에 영향을 미친 법률위반이 된다. 따라서 구증권법 제207조의2에서 정하고 있는 위반행위로 얻은 이익 또는 회피한 손실액은 구성요건의 일부가 된다.[1)2)]

위반행위로 얻은 이득액이나 회피한 손실액의 산정기준에 관하여 법문상 아무런 규정이 없다.

대법원은 시세조종행위와 관련하여 얻은 이익과 회피한 손실액의 산정방법에 관하여 어느 정도 구체적인 기준을 제시하고 있다고 볼 수 있으나, 미공개중요정보 이용행위에 관하여는 별다른 산정 기준을 제시하지 않고, 그 계산근거의 합리성과 정확성의 담보를 전제로 하여 규제당국에서 일응 산정해오는 기준을 받아들이는 듯하다.[3)]

위반행위로 얻은 이익이란 함께 규정되어 있는 손실액에 반대되는 개념으로 당해 위반행위로 인하여 행위자가 얻은 이익, 즉 그 거래로 인한 총수입에서 그 거래를 위한 총비용을 공제한 차액을 말하므로 미공개정보 이용행위로 얻은 이익은 그와 관련된 유가증권거래의 총 매도금액에서 총 매수금액 및 그 거래비용을 공제한 나머지 순 매매이익을 의미하고,[4)] 또 위반행위와 직접적인 인과관계가 있는 것만을 의미하는 것은 아니고 그 위반행위가 개입된 거래로 인하여 얻은 이익이라면 이에 해당하는 것이다.[5)]

구체적 산정 기준에 관하여, 대법원은 구체적 이익의 산정에 있어서는 피고인의 이익실현행위를 기준으로 그에 따른 구체적 거래로 인한 이익, 아직 보유 중인 미공개정보 이용대상 주식의 가액, 미공개중요정보 이용행위와 관련하여 발생한 채권 등이 모두 포함되어야 하며, 이 경우 특별한 사정이 없는 한 아직 보유 중인 주식의 가액은 그와 동종 주식의 마지막 처분행위시를 기준으로, 주식양도를 목적으로 하는 채권의 가액은 그

---

1) 대법원 2001. 1. 19. 선고 2000도5352 판결 등 참조.

2) 대법원 2003. 11. 28. 선고 2002도2215 판결.

3) 참고로 금융감독원에서는 현재 미공개중요정보의 이용으로 인한 부당이득의 산정대상은 특히 유가증권의 가격상승 요인이 되는 중요정보를 알고 정보를 모르는 자로부터 당해 유가증권을 매수하여 가격상승 후 이를 매도 또는 보유함으로써 이익을 얻는 경우나 특정 유가증권의 가격하락이 예상되는 중요정보를 알고 정보를 모르는 자에게 매도하여 가격하락으로 인한 손실을 전가하는 경우로 보고, 산정계산방식은 얻은 이익(profit gained)으로 ① 실현이익은 (가중평균 매도단가－가중평균 매수단가)×매매일치수량, ② 미실현이익은 (최초형성 최고가－가중평균 매수단가)×매매일치수량(잔여수량)(여기서 최초형성 최고가란 공개 후 형성된 일일 종가 중 최초로 형성된 최고가를 의미). 회피손실(loss avoided)은 (가중평균 매도단가－최초형성 최저가)×매매일치수량(여기서 최초형성 최저가란 공개 후 형성된 일일 종가 중 최초로 형성된 최저가를 의미)의 방식으로 계산한다.

4) 대법원 2002. 6. 14. 선고 2002도1256 판결; 대법원 2005. 4. 15. 선고 2005도632 판결.

5) 대법원 2004. 9. 3. 선고 2004도1628 판결; 대법원 2005. 4. 15. 선고 2005도632 판결.

약정이행기를 기준으로 산정함이 상당하다고 판시한 바 있다.[1)]

Ⅶ. 공개매수와 미공개중요정보 이용행위

1. 서 설

공개매수 관련자는 주식 등에 대한 공개매수의 실시 또는 중지에 관한 미공개정보를 그 주식 등과 관련된 특정증권등의 매매, 그 밖의 거래에 이용하거나 타인에게 이용하게 하여서는 아니 된다. 다만, 공개매수를 하려는 자("공개매수예정자")가 공개매수공고 이후에도 상당한 기간 동안 주식등을 보유하는 등 주식등에 대한 공개매수의 실시 또는 중지에 관한 미공개정보를 그 주식등과 관련된 특정증권등의 매매, 그 밖의 거래에 이용할 의사가 없다고 인정되는 경우에는 그러하지 아니하다(174조 2항).

일반적인 내부자거래는 어떤 특정한 법인의 업무 등과 관련된 중요한 정보를 이용하는 행위를 규제하고 있으나, 공개매수의 실시 또는 중지에 대한 중요한 미공개정보 이용행위에 대하여 예외적으로 규제하고 있는 것이다.

내부자거래의 규제와 관련하여 중요한 미공개정보 이용의 규제대상은 회사의 내부정보이고 시장정보는 규제대상이 아니다. 그러나 시장정보 중에서 공개매수의 실시 또는 중지에 관한 미공개정보와 주식의 대량 취득·처분의 실시 또는 중지에 관한 미공개정보는 내부자거래의 규제대상으로 하고 있다. 왜냐하면 공개매수정보와 주식의 대량 취득·처분의 정보는 주가에 큰 영향을 미치는 시장정보이기 때문이다.

---

1) 대법원 2006. 5. 12. 선고 2004도491 판결. 구체적 판시내용은 다음과 같다. 미공개정보를 이용하여 대상회사 발행 전환사채 1구좌를 타인 명의로 인수하고 그 인수대금 1,095,779,918원을 지급한 사실, 피고인은 2001. 6. 중순경 대상회사의 대주주로서 임원인 사람 사이에 피고인이 전환사채 1구좌를 대상회사에 양도하는 대신 위 회사의 주식 50만 주를 양수하기로 하는 내용의 계약을 체결하고, 2001. 6. 21. 위 회사의 주식 30만 주는 이전받았으나 나머지 20만 주는 그 약정시기(2002. 5. 30.부터 2002. 6. 30.까지 사이에 피고인이 청구한 이후 5일 이내) 이전에 이 사건 미공개정보 이용행위가 적발됨으로써 이전받지 못한 사실, 피고인은 위 30만 주 중 16만 주를 2001. 6. 26.부터 2001. 7. 19.까지 사이에 743,361,720원에 매각하고 그에 관한 증권거래세 및 수수료로 5,203,515원을 지출하여 그 차액 738,158,205원을 취득한 사실, 피고인은 나머지 14만 주 외에 2001. 7. 20. 이후 위 회사의 주식 3만 주를 추가로 매수하여 2002. 4. 26.까지 그 중 15만주를 645,858,320원에 매각하고 그에 관한 증권거래세 및 수수료로 4,521,005원을 지출하여 그 차액 641,337,315원을 취득한 사실을 알 수 있다. 위와 같은 사실관계를 기초로 위의 법리에 따라 피고인에게 가장 유리한 방법으로 이 사건 미공개이용행위로 얻은 이익(밑줄 필자 주)을 계산하면 위 2001. 7. 19.까지 16만 주의 매각으로 취득한 738,158,205원, 그 이후 매각한 15만 주에 추가로 매수한 3만 주가 포함되어 위 30만 주 중 12만 주만 매각된 것으로 보아 12만 주에 해당하는 513,069,852원, 보유 중인 나머지 2만 주를 마지막 매각일인 2002. 4. 26.의 주가를 기준으로 평가한 31,200,000원(=2만주×1,560원), 아직 이전받지 못한 20만 주를 그 약정이행기간 동안의 가장 낮은 주가를 기준으로 평가한 190,000,000원(=20만 주×950원, 피고인이 그 후 위 20만 주를 포기한다고 하더라도 이는 범죄 종료 후에 받은 이익을 포기한 것에 불과하므로 이 사건 이익액의 산정에 있어 고려할 사정은 아니다)의 합계액에 위 인수대금 1,095,779,918원을 공제한 376,648,139원이 된다.

2. 주 체

공개매수의 특칙의 경우 내부자거래의 주체는 일반적인 내부자거래의 주체와 동일하다. 다만 여기서의 내부자는 공개매수예정자에 관련된 자이다(법 174조 2항). 즉 공개매수 대상회사와 관련된 내부자, 준내부자 및 정보수령자가 아닌 대상회사 외부자인 공개매수자의 내부자, 준내부자 및 정보수령자가 공개매수의 실시 또는 중지에 관한 정보를 이용하거나 타인에게 이용하게 하는 것을 규제하는 것이다. 다만 공개매수자가 공개매수를 목적으로 거래하는 경우에는 내부자거래의 규제대상에서 제외되는데, 이는 공개매수자의 공개매수를 위한 증권의 사전매수 행위를 공개매수 준비행위로 인정할 수 있기 때문에 제외한 것이다.

1. 공개매수예정자(그 계열회사를 포함) 및 공개매수예정자의 임직원·대리인으로서 그 직무와 관련하여 공개매수의 실시 또는 중지에 관한 미공개정보를 알게 된 자

2. 공개매수예정자의 주요주주로서 그 권리를 행사하는 과정에서 공개매수의 실시 또는 중지에 관한 미공개정보를 알게 된 자

3. 공개매수예정자에 대하여 법령에 따른 허가·인가·지도·감독, 그 밖의 권한을 가지는 자로서 그 권한을 행사하는 과정에서 공개매수의 실시 또는 중지에 관한 미공개정보를 알게 된 자

4. 공개매수예정자와 계약을 체결하고 있거나 체결을 교섭하고 있는 자로서 그 계약을 체결·교섭 또는 이행하는 과정에서 공개매수의 실시 또는 중지에 관한 미공개정보를 알게 된 자

5. 제2호부터 제4호까지의 어느 하나에 해당하는 자의 대리인(이에 해당하는 자가 법인인 경우에는 그 임직원 및 대리인을 포함)·사용인, 그 밖의 종업원(2호부터 4호까지의 어느 하나에 해당하는 자가 법인인 경우에는 그 임직원 및 대리인)으로서 그 직무와 관련하여 공개매수의 실시 또는 중지에 관한 미공개정보를 알게 된 자

6. 공개매수예정자 또는 제1호부터 제5호까지의 어느 하나에 해당하는 자(1호부터 5호까지의 어느 하나의 자에 해당하지 아니하게 된 날부터 1년이 경과하지 아니한 자를 포함)로부터 공개매수의 실시 또는 중지에 관한 미공개정보를 받은 자

3. 규제대상증권

규제대상증권은 "공개매수의 대상인 주식 등과 관련된 특정증권등"이다. "공개매수의 대상인 주식 등"의 개념과 "특정증권등"의 개념은 매우 넓기 때문에 두 개의 개념을 결합한 개념인 "공개매수의 대상인 주식 등과 관련된 특정증권등"의 범위를 확정하는 것은 쉽지 않다.[1] 따라서 규제의 목적을 달성하기 위하여 가능한 한 넓게 해석하여야 할

것이다.

4. 규제대상정보

공개매수의 특칙과 관련된 내부정보는 "공개매수의 실시 또는 중지에 관한 미공개정보"를 말하고, 여기서의 미공개정보는 "대통령령이 정하는 방법에 따라 불특정 다수인이 알 수 있도록 공개되기 전의 것을 말한다(법 174조 2항). 일반적인 내부자거래와 달리 정보의 중요성은 요건이 아니다.

Ⅷ. 주식의 대량취득·처분과 미공개정보 이용행위

1. 서 설

규제대상자는 주식등의 대량취득·처분의 실시 또는 중지에 관한 미공개정보를 그 주식등과 관련된 특정증권등의 매매, 그 밖의 거래에 이용하거나 타인에게 이용하게 하여서는 아니 된다. 다만, 대량취득·처분을 하려는 자가 제149조에 따른 공시 이후에도 상당한 기간 동안 주식등을 보유하는 등 주식등에 대한 대량취득·처분의 실시 또는 중지에 관한 미공개정보를 그 주식등과 관련된 특정증권등의 매매, 그 밖의 거래에 이용할 의사가 없다고 인정되는 경우에는 그러하지 아니하다(법 174조 3항).

주식 등의 대량취득·처분으로 인한 주가의 변동가능성은 투자자들의 투자판단에 중대한 영향을 미치고, 주식 등을 대량취득·처분하는 자와 투자자의 정보의 비대칭이 존재하므로, 경영권에 영향을 줄 가능성이 있는 정보를 이용한 거래행위를 규제하려는 것이다.

2. 주 체

대량취득·처분 특칙의 경우 내부자거래의 주체는 공개매수 특칙의 경우와 동일하다. 다만 여기서의 내부자는 주식 등을 대량취득·처분을 하는 자와 관련된 자이다(법 174조 3항).

1. 대량취득·처분을 하는 자(그 계열회사를 포함) 및 대량취득·처분을 하는 자의 임직원·대리인으로서 그 직무와 관련하여 대량취득·처분의 실시 또는 중지에 관한 미공개정보를 알게 된 자

2. 대량취득·처분을 하는 자의 주요주주로서 그 권리를 행사하는 과정에서 대량취득·처분의 실시 또는 중지에 관한 미공개정보를 알게 된 자

3. 대량취득·처분을 하는 자에 대하여 법령에 따른 허가·인가·지도·감독, 그 밖의

---

1) 임재연, 전게서(2013), 764쪽.

권한을 가지는 자로서 그 권한을 행사하는 과정에서 대량취득·처분의 실시 또는 중지에 관한 미공개정보를 알게 된 자

4. 대량취득·처분을 하는 자와 계약을 체결하고 있거나 체결을 교섭하고 있는 자로서 그 계약을 체결·교섭 또는 이행하는 과정에서 대량취득·처분의 실시 또는 중지에 관한 미공개정보를 알게 된 자

5. 제2호부터 제4호까지의 어느 하나에 해당하는 자의 대리인(이에 해당하는 자가 법인인 경우에는 그 임직원 및 대리인을 포함)·사용인, 그 밖의 종업원(2호부터 4호까지의 어느 하나에 해당하는 자가 법인인 경우에는 그 임직원 및 대리인)으로서 그 직무와 관련하여 대량취득·처분의 실시 또는 중지에 관한 미공개정보를 알게 된 자

6. 대량취득·처분을 하는 자 또는 제1호부터 제5호까지의 어느 하나에 해당하는 자(1호부터 5호까지의 어느 하나의 자에 해당하지 아니하게 된 날부터 1년이 경과하지 아니한 자를 포함)로부터 대량취득·처분의 실시 또는 중지에 관한 미공개정보를 알게 된 자

3. 규제대상증권

규제대상증권은 "대량취득·처분의 대상인 주식 등과 관련된 특정증권등"이다. 그 설명은 공개매수의 특칙의 경우와 동일하다.

4. 규제대상정보

대량취득·처분의 특칙과 관련된 내부정보는 주식 등의 대량취득·처분의 실시 또는 중지에 관한 미공개정보이다. 여기서 주식 등의 대량취득·처분은 경영권에 영향을 줄 가능성이 있는 대량취득·처분으로서 대통령령으로 정하는 취득·처분을 말하고, 미공개정보는 대통령령이 정하는 방법에 따라 불특정 다수인이 알 수 있도록 공개되기 전의 것을 말한다(법 174조 3항). 일반적인 내부자거래와 달리 정보의 중요성은 요건이 아니다.

[초판: 노태악, 개정판: 이상복]

第175条(미공개중요정보 이용행위의 배상책임)

① 제174조를 위반한 자는 해당 '특정증권등'의 매매, 그 밖의 거래를 한 자가 그 매매, 그 밖의 거래와 관련하여 입은 손해를 배상할 책임을 진다.

② 제1항에 따른 손해배상청구권은 청구권자가 제174조를 위반한 행위가 있었던 사실을 안 날부터 1년간 또는 그 행위가 있었던 날부터 3년간 이를 행사하지 아니한 경우에는 시효로 인하여 소멸한다.

Ⅰ. 개 관

1. 의 의

미공개중요정보를 이용하여 해당 '특정증권등'의 매매, 그 밖의 거래를 한 내부자는 그 매매 그 밖의 거래와 관련하여 입은 민사상 손해를 배상할 책임을 진다. 본조가 없더라도 민법 제750조에 의한 일반불법행위 책임을 추궁하는 것이 불가능하지는 않지만 민법 제750조에 의할 경우 미공개중요정보 이용행위의 피해자가 손해배상청구권을 행사하기 곤란하다는 점을 감안한 특칙이 제175조이다.[1] 미공개중요정보를 이용한 자가 같은 시기에 동종의 유가증권을 거래한 불특정다수의 투자자에 대하여 일반적인 민법상의 불법행위책임을 진다고 해석하기에는 무리이므로 미공개중요정보 이용자에게 법정책임으로서 특별한 배상책임을 인정하자는 것이다.[2]

이에 대해 내부자거래에 대한 투자자의 손해배상청구를 인정하는 것은 투자자의 손해를 배상한다는 측면에서보다는 내부자거래를 억제한다는 측면이 더 두드러지는 것으로 보아야 할 것이라는 견해도 있다.[3] 그러나 이러한 견해는 우리 자본시장법의 해석론으로는 받아들이기 어려운 측면이 있다. 제175조에 근거한 내부자거래로 인한 손해배상청구권은 그 본질이 민법상 손해배상청구권의 특칙으로서 피해자가 입은 손해의 전보 이상의 기능을 부여하고 있는 것으로는 보기 어렵다. 다만, 이러한 필요성을 고려한다면 입법론으로 미국과 같이 민사제재금(civil penalty) 제도를 도입하는 논의는 실익이 있다고 본다.

2. 비교법적 고찰

미국에서는 판례에 의하여 내부자거래에 대한 손해배상청구권이 인정되어 오다가 미국 1934년 법 §20A로 편입된 Insider Trading and Securities Fraud Enforcement Act of

1) 김용진, 전게서(2007), 656쪽; 곽민섭 "증권거래법상의 내부자거래에 관한 민사책임," 「증권법연구」 제 1 권 제 1 호(2000. 12), 147쪽.
2) 이철송, "증권거래관련 손해배상청구제도의 구조," 「인권과 정의」 제277호(1999. 9), 16쪽.
3) 김건식, 전게서(2006), 276쪽.

1988(ITSFEA)에서 명문화되었다.[1)2)]

한편, 일본은 법률로 내부자거래로 인한 민사책임에 관한 규정을 별도로 두고 있지 아니하므로, 피해자는 일본 민법 제709조에 의한 불법행위손해배상청구를 하여야 한다.[3)] 따라서 미공개 내부중요정보 이용행위로 인한 민사상 손해배상책임은 민법의 원칙에 따라 거래 상대방의 고의·과실, 손해 및 양자 사이의 인과관계 존재 등을 주장·증명하여야 한다.[4)] 다만, 형사 처벌규정 외에 2004년 법을 개정하면서 중요정보가 공표되기 6개월 이전에 내부정보를 이용하여 매도 또는 매입한 경우 그 중요정보가 공표된 후의 가격과의 차액을 과태료로 징수하는 규정을 도입하였다.[5)6)]

Ⅱ. 손해배상청구권자와 의무자

1. 손해배상청구권자

손해배상청구권자는 해당 '특정증권등'의 매매, 그 밖의 거래를 한 자가 그 매매, 그 밖의 거래와 관련하여 손해를 입은 자이다. 매매거래를 위탁하였으나 현실적으로 매매를 하지 않은 자는 청구권자가 될 수 없다.

(1) 해당 특정증권 등

미공개중요정보 이용행위는 "특정증권등"의 거래를 대상으로 한다. 이와 비교하여, 시세조종으로 인한 배상책임의 경우에는 "상장증권 또는 장내파생상품"의 거래를, 부정거래행위의 배상책임에서는 모든 "금융투자상품" 거래를 대상으로 한다는 점에서 서로 구별된다. "해당 특정증권등"이란 내부자가 내부정보를 이용하여 거래한 바로 그 특정증권등으로서 발행인이 동일하더라도 종류나 종목이 다른 특정증권등을 거래한 경우에는 본조의 손해배상책임이 발생하지 않는다. 따라서 내부자가 내부정보를 이용하여 특정 종류의 주식(보통주)을 거래한 경우, 해당 주식으로의 교환 또는 전환의 대상으로 하는 사채

1) David L. Ratner, Securities Regulation, West Group(1998) pp. 162-163.

2) "Any person who violates the 1934 Act or any rule thereunder by trading while in possession of material non public information is liable to any person who was 'contemporaneously' trading the same security on the other side of the market."

3) 임재연, 전게서(2013) 959쪽; 곽민섭 "증권거래법상의 내부자거래에 관한 민사책임,"「증권법연구」제 1 권 제 1 호(2000. 12), 147쪽.

4) 河本/大武, 전게서(2002), 300頁. 따라서 그에 관한 판례도 드물다.

5) 日金商法 제175조 제 1 항. 다만, 형사재판을 받으면서 필요적 몰수 및 추징이 된 경우 그에 상당한 금액을 공제한다(185조의7 2항).

6) 이는 미국 1934년법의 §21A로 편입된 1984년 ITSA의 영향을 받은 것으로 보인다. 위 법에 의하면, SEC는 내부자거래 위반자 및 그 사용인 또는 법인(controlling person)에 대하여 내부자거래로 인하여 얻은 이익이나 회피한 손실의 3배까지에 해당하는 민사적 제재(civil penalty)를 부과할 수 있다. 이익이나 손실은 매입 또는 매수가격과 중요정보가 공표된 후 합리적인 기간의 가격과의 차이를 말한다. 일본은 합리적인 기간을 6개월로 명문으로 정하였다.

권인 교환사채(EB)나 전환사태(CB), 우선주, 옵션 등을 거래한 자는 그 내부자에 대하여 손해배상청구를 할 수 없다.[1]

(2) 매 매

특정증권등의 가격상승에 영향을 줄 수 있는 미공개중요정보에 기하여 특정증권등을 매수하였을 때뿐만 아니라 가격하락에 영향을 줄 수 있는 미공개중요정보에 기하여 특정증권등을 매도하였을 때에도 결국은 하락폭만큼 이익을 얻은 것이므로 매도와 매수 모두 규제의 대상이 된다. 이에 해당하는 매매라고 하기 위해서는 매매계약의 이행은 요구되지 않지만 적어도 매매계약의 체결은 요구된다. 따라서 단지 매도청약 또는 매수청약을 한 것만으로는 본조에 해당하지 않는다.[2]

(3) 기타 거래

매매뿐만 아니라 교환 등 일체의 양도와 담보권설정이나 담보권취득 등의 거래를 한 자도 손해배상청구권자가 될 수 있다.

(4) 거래의 장소

규제대상 특정증권등의 발행인은 상장법인으로 제한되지만, 규제대상이 거래장소는 반드시 장내일 필요는 없고, 장외거래도 규제대상이 된다.[3] 이와 달리, 시세조정에 관한 제177조 제 1 항은 "제176조를 위반한 자는 그 위반행위로 인하여 형성된 가격에 의하여 해당 상장증권 또는 장내파생상품의 매매를 하거나 위탁을 한 자가 그 매매 또는 위탁으로 인하여 입은 손해를 배상할 책임을 진다"고 규정하고 있어 미공개중요정보 이용행위와 구별된다.

(5) 손해배상청구권자의 범위

일반적으로 내부자거래는 중요정보가 공개되기 이전에 거래가 되며, 또한 이러한 내부자거래는 수많은 거래에 묻혀서 거래가 되기 때문에 내부자거래의 상대거래자는 내부자거래의 존재를 전혀 인식하지 못한 채 거래하게 되며, 더더욱 불특정다수인간의 대량거래가 이루어지는 공개시장에서 누가 자신의 거래상대방이 되는지는 아무런 문제가 되지 않기 때문에, 실제로 거래상대방이 내부자의 거래로 인하여 피해를 입은 것인지도 애매한 부분이 있다.[4] 더구나 일반불법행위 손해배상 소송의 경우와 달리 내부자거래의 경우에는 시장의 건전성을 확보하기 위하여 손해배상을 제재 수단의 하나로 인정한 면이 있어 손해배상청구권자의 특정에 난점이 있다.

---

1) 임재연, 전게서(2013), 961-962쪽.
2) 임재연, 상게서, 962쪽.
3) 임재연, 상게서, 962쪽.
4) 김정수, 전게서(2013), 1035쪽,

현행법의 규정은 구증권법의 규정과 같은바, 구증권법의 해석에 있어 '해당 특정증권의 매매, 그 밖의 거래'라고 규정되어 '해당'이 '특정증권등'을 수식하는 것인지 '매매, 그 밖의 거래'를 수식하는 것인지 분명하지 않아 내부자의 거래 상대방만이 손해배상청구권을 가지는지 아니면 비슷한 시기에 거래한 모든 사람들도 손해배상청구권을 가지는지 구증권법상으로 해석상 논란이 있었다.[1)]

손해배상청구권자의 범위에 대해서 다음과 같이 견해가 나뉜다. 첫 번째는 내부자거래의 직접 상대방으로 한정하는 방법(직접거래당사자로 보는 견해), 둘째는 내부자가 거래 금지의무를 위반한 시점부터 미공개중요정보가 공개된 시점 사이에 거래한 자를 모두 포함하는 방법, 세 번째 앞서 두 가지 방법을 절충하여 내부자거래와 같은 시기에 거래한 자들을 포함하는 방법(동시기 거래자로 보는 견해) 등이 그것이다.

첫 번째 방법에 대하여 거래량이 많은 증권거래에서는 누가 상대방이 되는가는 전산시스템에 의하여 우연히 결정되는데 이러한 우연적인 사정에 의하여 당사자적격을 인정하는 것은 부당하다는 점이 지적되고,[2)] 두 번째의 방법은 내부자는 이익에 비하여 너무 과중한 손해배상책임을 지게 된다는 난점이 지적된다.[3)] 우리나라에서는 세 번째 방식을 취한 하급심판례가 있다.[4)]

미국 법원의 대체적인 태도는 대개 동시기 거래자로 보는 세 번째 방식을 취하고 있는 것으로 보인다. 미국 법원은 내부자거래의 피해자인 청구권자의 범위를 다루었던 내부자의 책임의 범위를 제한적으로 보지 않고 확대할 수 있는 여지를 두었으나,[5)] 1988년 연방 제 2 항소법원의 Elkind 판결[6)]은 내부자 책임의 범위를 제한하는 태도를 보였다. 이 판결에서 제 2 항소법원은 배상청구권자를 내부자거래와 같은 시기에 거래를 한 자로 보면서도 배상액은 내부자의 이익에 한정하였다.

그 후 미국은 1988년 증권사기규제법(ITSFEA)을 제정하면서 내부자가 미공개정보를 이용하여 거래를 함으로써 미국 1934년법과 SEC 규칙을 위반한 경우 그 거래와 동시기(contemporaneously)에 내부자와 반대방향으로 매도하거나 매수한 거래자에게 손해배상청구권을 인정하고 있다(미 1934년법 §20A). 다만, 이러한 경우 원고의 범위가 상당히 커지고 손해배상액이 과중할 우려가 있기 때문에 내부자가 부담하는 책임의 범위는 내부자가 얻은

1) 김정수, 전게서(2013), 1036-1037쪽, 임재연, 전게서(2013), 963-964쪽, 박임출, "내부자거래규제에 관한 비교법적 연구," 성균관대학교 박사학위논문(2003), 160쪽.
2) 김건식, 전게서(2006), 275쪽; 김정수, 전게서(2013), 1036쪽.
3) 김건식, 전게서(2006), 276쪽; 김정수, 전게서(2013), 1036쪽.
4) 서울지방법원 남부지원 1994. 5. 6. 선고 92가합11689 판결.
5) Shapiro v. Merrill Lynch, Pierce, Fenner & Smith, Inc., 495 F.2d 228(2d Cir. 1974), Fridrich v. Bradford, 542 F.2d 307(6th Cir. 1976). 이 판결들에서 법원은 판결문에서 'same period' 또는 'contemporaneously' 등의 용어를 사용하였지만, 손해배상청구권자의 범위를 내부자의 이익 또는 회피한 손실에 제한하지 않아 확대될 가능성을 열어두고 있었다.
6) Elkind v. Liggett & Meyers, Inc. 635 F.2d 156(1980).

이익 또는 회피한 손실로 국한하고, 내부자가 반환(disgorge)한 금액이 있으면 그 금액의 범위 내로 제한하고 있다(미 1934년법 §20A(b)(1)).[1] 그럼에도 불구하고 '동시기'에 관하여 법률상 명확하게 개념정의가 되지 아니한 탓에 법원의 실무가 일치하지 않고 있다.[2] 내부자와 거래한 날과 같은 날에 거래할 것을 요건으로 하는 것에서부터 그 거래들 사이에 1개월이 경과한 경우에도 인정하는 것까지 분포되어 있으며, 관련정보가 미공개 상태로 남아 있는 전체기간을 포함할 수 있는 것으로 본 법원도 있다. 다만, 동시성을 제한적으로 해석하는 것이 법원의 추세로 보인다.[3]

위 세 번째 방식을 취한 하급심 판결에서는 구증권법상의 '당해 유가증권의 매매 기타 거래를 한 자'란 '내부자가 거래한 것과 같은 종목의 유가증권을 동시기에 내부자와는 반대방향으로 매매한 자'를 의미한다고 판시하였다.[4] 위 판결에 대하여 같은 종목을 같은 시기에 거래한 자에 한정시키는 것은 정보격차의 불공정이용이라는 점에서 그다지 설득력이 없으며, 미공개정보를 몰랐기 때문에 특정주식을 매도한 투자자가 손해를 본 것으로 인정한다면 그 때문에 특정주식을 매수하지 않은 투자자의 손해를 인정하지 못할 이유도 없기 때문이라는 비판적인 견해가 있다.[5]

결국, 내부자거래와 동시기에 거래한 거래자 모두를 포함하는 것으로 해석하는 세 번째 견해가 타당하다고 본다. 그러나 구체적으로 '동시기'의 범위를 판단하는 것은 쉽지 않은 문제다. 예를 들어 2시에 거래가 이루어졌다고 하면 2시와 '동시기'는 2시 몇 분 전부터 2시 몇 분 후까지로 정해져야 하는 것인지는 여전히 불명확하다. 이에 대해서 2시부터 장 종료시까지, 즉 내부자거래 발생시점에서 당일 장 종료시까지 범위를 설정하는 것이 바람직하다는 견해가 있지만, 그렇다면 1시 59분에 거래한 사람이 청구권자의 범위에서 제외되는 것을 논리적으로 설명할 수 없다는 문제가 있다. 이 시기에 거래한 모두가 내부자거래가 이루어졌다는 사실을 모르고 있었으며, 단시 어떤 사람은 1시 59분에, 어떤 사람은 2시, 어떤 사람은 2시 이후에 거래하였을 뿐이다.[6] 구체적인 사안에서 '동시기'의 설정, 즉 손해배상청구권자의 범위의 설정은 내부자거래가 발생한 정황, 거래시

1) 15 U.S.C.A. § 78t-1(b)(2).

2) 미국의 대부분의 법원들을 동시기의 범위를 설정함에 있어서 내부자가 거래한 주간 동안에 상대편에서 거래를 하였다면 동시기의 요건을 충족하는 것으로 보고 있다. 따라서 미국의 법원은 동시기의 범위를 상대적으로 넓게 보는 것으로 보인다(김정수, 전게서(2013), 1038쪽).

3) In Re MicroStrategy, Inc. Securities Litigation, 115 F.Supp. 2d 620(2000)(위 사안에서는 같은 날 거래가 이루어진 거래에 대하여는 동시성의 요건을 갖추었다고 보고 있으며, 3일의 간격이 있는 거래에 대하여는 동시성의 요건을 결여하였다고 보았다).

4) 이 판결의 항소심에서 서울고등법원은 이 사건 신정제지 주식 1만주를 매수한 원고의 매수주문은 오전 9시 37분부터 9시 46분까지 전량 체결되었고, 피고의 매도주문은 동시호가에서 일부 체결되고 나머지는 10시 이후까지 모두 체결되었고, 법원은 이러한 체결시점으로 보아 직접거래당사자관계가 인정된다고 판시하였다. 그러면서 1심 법원의 판결을 지지하였다(서울고등법원 1996. 6. 14. 선고 94나21162 판결).

5) 김건식, 전게서(2006), 276쪽.

6) 김정수, 전게서(2013), 1036쪽

간의 간격, 거래의 규모, 내부자가 취득한 이득 또는 회피한 손실의 규모, 상대거래자의 수 등 다양한 변수 등을 고려하여 법원이 사안에 따라 개별적으로 판단할 수밖에 없다.[1] 구체적으로는 내부자가 거래를 시작한 날로부터 내부자거래가 종료된 날까지로 보는 것이 타당할 듯하다.[2]

한편, 해당 법인이 이러한 손해배상청구권자가 될 수 있는가. 법률에 아무런 규정이 없고, 일반 회사법상의 원리에 의하더라도 회사에 손해가 없는 한 이사가 얻은 이익의 반환을 회사가 청구할 수 있는 근거는 없으므로 부정적으로 보는 입장[3]이 타당하다.

2. 손해배상책임의 주체

손해배상의무를 부담하게 되는 청구의 손해배상책임의 주체는 내부자, 준내부자, 정보수령자로서 미공개중요정보이용행위를 금지하는 자본시장법 제174조를 위반한 자이다.

제2차 및 그 후의 정보수령자의 경우 입법론적으로 논란이 있으나, 구증권법 제188조의2 제1항의 해석상 내부자로부터 미공개 내부정보를 전달받은 제1차 정보수령자가 유가증권의 매매 기타 거래와 관련하여 그 정보를 이용하거나 다른 사람으로 하여금 이를 이용하게 하는 행위만을 금지하고 있을 뿐 제1차 정보수령자로부터 미공개 내부정보를 전달받은 제2차 정보수령자 이후의 사람이 유가증권의 매매 기타 거래와 관련하여 당해 정보를 이용하거나 다른 사람으로 하여금 이를 이용하게 하는 행위를 금지하지는 아니하므로 원칙적으로 청구의 상대방이 되지 않는다.[4] 따라서 제1차 정보수령자가 제2차 정보수령자에게 정보를 제공한 경우 제2차 정보수령자는 내부자에 해당하지 않지만 제1차 정보수령자의 정보제공행위는 불법행위에 해당하고 따라서 제2차 정보수령자의 내부자거래행위와 관련하여 피해를 입은 피해자에게 제1차 정보수령자가 손해배상책임을 져야 할 것이다.[5] 이때 거래자로부터 어떠한 금전적 이득을 취하였는지 여부와 무관하며, 직접 거래를 하지 않은 경우도 해당한다.

한편, 미국에서는 내부자거래를 위반한 행위자의 사용자 또는 법인('controlling person')도 그 청구의 상대방이 될 수 있다.[6]

---

1) 김정수, 전게서(2013), 1036쪽.
2) 임재연, 전게서(2013), 964쪽; 곽민섭, "증권거래법상 내부자거래에 대한 민사책임," 「증권법연구」 제1권 제1호(2000), 158쪽; 노태악, "내부자거래 등 관련행위의 규제," 「증권거래에 관한 제문제(상)」, 법원도서관(2001), 518쪽.
3) 김건식, 전게서(2006), 277쪽.
4) 김정수, 전게서(2013), 1039쪽.
5) 김정수, 전게서(2013), 1039쪽.
6) David L. Ratner, Securities Regulation, West Group(1998) p. 163.

Ⅲ. 손해배상의 증명책임

1. 인과관계

피고의 위반행위에 대하여 원고가 이를 신뢰하여 거래를 하였고, 위반행위가 주원인이 되어 원고에게 손해가 발생한 경우 위반행위와 거래 및 위반행위와 손해의 발생 사이에 각각 인과관계가 필요하다. 위반행위와 거래 사이를 거래인과관계(transaction causation)라고 하고, 위반행위와 손해의 발생 사이의 인과관계를 손해인과관계(loss causation)라고 한다. 거래인과관계란 원고가 피고를 신뢰하고 거래하였다는 사실을 말한다. 일반불법행위의 경우 손해배상청구를 하기 위해서는 거래인과관계의 존재를 포함한 이러한 인과관계가 원칙적으로 증명되어야 한다. 미국에서는 사실상의 인과관계를 확정하기 위하여 신뢰(reliance)개념과 당사자(privity)의 개념을 사용한다. 그러나 대체로 증권시장거래의 경우에는 적극적인 신뢰의 증명을 요하지 않는 것으로 하여 인과관계를 사실상 추정하고 있으며, 공개시장에서 이루어지는 내부자거래의 경우는 내부자와 투자자 사이에 실제로 매매가 이루어졌다는 당사자관계의 증명을 요하지 않는다고 보고 있다.[1] 미국에서도 손해인과관계의 증명책임에 대하여는 판례가 일치되지 않았었는데 1995년 제정된 증권민사소송개혁법(PSLRA)에 의하여 원고가 증명책임을 부담하도록 명문화되었다.[2]

우리나라와 달리 법상 특별규정을 두지 않은 일본에서는 일반 불법행위책임에서와 같은 인과관계를 요한다고 볼 것인데, 증권거래소라는 공개시장을 통하여 이루어지는 내부자거래에 대하여는 그 손해발생의 인과관계에 대한 증명이 곤란하다고 하여, 일본에서는 내부자거래에 대한 실효성을 높이기 위해서는 강도 있는 민사적 책임을 묻는 것이 필요하다고 하여 그 인과관계에 대한 증명을 완화하자는 견해[3]가 있고, 미국과 마찬가지로 같은 시기의 거래자는 각자가 입은 손해배상을 청구할 수 있도록 하자는 견해, 부작위에 의한 불법행위이므로 거래소거래의 경우에도 내부자의 작위행위의 내용인 작위가 있었더라면 권리침해의 결과가 발생하지는 않았을 것이라는 의미에서의 인과관계를

---

1) 강대섭, "내부자거래의 인과관계와 배상청구권자의 범위," 「상거래법의 이론과 실제 — 안동섭교수 화갑기념 논문집」, 세창출판사(1995), 350쪽.

2) SEA § 21D(b)(4).

3) 栗山修, 「證券規制の研究」, 成文堂, 1998, 236頁. 실제 일본 하급심 중 인과관계에 대한 입증이 없다는 이유로 배상청구를 기각한 사례가 있다. 즉 내부자거래의 불법행위에 대하여 인과관계에 관한 추정규정이 없는 상황에서는 책임성립의 인과관계가 필요하고, 내부자가 위법하게 매각한 주식을 원고가 취득하여 매수하였다는 사실이 증명되어야 인과관계를 인정할 수 있는데, 고객의 위탁주문이 증권회사를 통하여 증권거래소에 집약되고 일정한 기준에 따라 집계된 매도주문과 매수주문이 집단적으로 연결되어 매매가 성립하는 주식거래에서는 피고의 매도주문과 원고의 매수주문이 현실적으로 연결되었다는 입증이 없다는 이유로 내부자에 대한 배상청구를 기각하였다(東京地裁 1992. 10. 29. 판결, 金判 898号, 29頁). 위 판결에 대하여는 비판의 목소리가 높다.

인정할 수 있다는 견해 등이 있다.[1]

2. 증명책임

법 제175조 제1항은 "매매, 그 밖의 거래와 관련하여 입은 손해를 배상할 책임을 진다"라고 규정하고 있어 손해인과관계의 증명만 요구하고 거래인관관계의 증명은 요구하지 않는다.[2] 일반적으로 손해배상책임에서 손해인과관계의 증명책임은 원고가 부담하는바, 내부자거래와 관련된 손해배상책임에 있어서는 법 제126조 제2항과 같은 손해인과관계 증명책임을 전환하는 규정이 없으므로 일반 손해배상책임에 있어서와 마찬가지로 원고가 증명책임을 부담한다.[3]

한편 거래인관관계의 증명은 요구하지 않는 것으로 해석하여야 하는 이유로 우리나라의 경우 제175조에서 '그 매매 기타 거래와 관련하여'라고 하여 증권신고와 사업설명서의 부실 기재로 인한 책임규정인 법 제125조 제1항[4]과 시세조종 등으로 인한 손해배상책임 규정인 법 제177조 제1항[5]과 달리 표현하고 있는 점을 들 수 있다. 그러므로 거래인과관계와 관련하여 원고는 내부자거래가 있었던 동시기에 반대방향에서 거래를 하였다는 사실의 증명만으로 충분하다. 법 제125조의 경우에는 거래인관관계가 추정된다고 보지만, 내부자거래의 경우에는 거래인과관계 자체를 요구하고 있지 않다는 점에서 구별된다.[6]

만일 거래인과관계의 증명도 필요하다고 보면서, 다만 내부자거래의 특성상 내부자거래가 없었더라도(중요한 미공개 정보의 존재를 모르는) 다른 투자자로서는 거래를 하였을 것이기 때문에 거래인관관계의 증명을 요구하는 것을 불가능하므로, 미공개중요정보 이용행위가 발생하였고, 해당 정보가 투자자의 투자판단에 중대한 영향을 미칠 수 있는 경우에는, 그와 동시기에 거래한 투자자는 (중요한 미공개중요정보의 부존재에 대한, 또는 가격의 공정성에 대한) 신뢰에 기하여 거래를 한 것으로 추정되는 것으로 해석하는 견해를 취하게 되면 원고에게 이러한 신뢰가 없었음을 피고가 증명하면 추정이 번복된다고 할 것이나, 이러

---

1) 民事法硏究會, 「證券取引被害救濟の手引(四訂版)」, 2006, 271-272頁.

2) 임재연, 전게서(2013), 964면; 김정수, 전게서(2013), 1040쪽.

3) 김정수, 전게서(2013), 1041쪽. 미국의 경우 손해인과관계의 입증책임에 대해서는 1995년 증권민사소송개혁법을 제정하면서 원고가 손해인과관계의 입증책임을 부담하는 것으로 명문화하였고, 이후 2004년 연방대법원의 Dura 판결에서 이러한 원칙이 재확인되었다).

4) 법 제125(거짓의 기재 등으로 인한 배상책임) ① 증권신고서와 투자설명서 중 중요사항에 관하여 거짓의 기재 또는 표시가 있거나 중요사항이 기재 또는 표시되지 아니함으로써 증권의 취득자가 손해를 입은 경우에는 … (이하 생략)이라고 규정하고 있다(구증권법 14조 1항과 같다).

5) 법 제177조(시세조종의 배상책임) ① 제176조를 위반한 자는 그 위반행위로 인하여 형성된 가격에 의하여 해당 상장증권 또는 장내파생상품의 매매를 하거나 위탁을 한 자가 그 매매 또는 위탁으로 인하여 입은 손해를 배상할 책임을 진다(구증권법 188조의5와 같다)라고 규정하고 있어 거래 인과관계를 요구하고 있다고 보인다.

6) 김정수, 전게서(2013), 1040쪽.

한 해석은 법문에 반하는 것이므로, 이에 비추어 손해 인과관계만을 규정하고, 거래 인과관계는 규정하고 있지 아니하는 것으로 해석하는 것이 타당하다.[1] 그러므로 손해배상청구권자는 청구권자가 자신이 내부자가 거래를 한 동일한 시기에 반대방향의 거래를 하였다는 사실(내부자거래사실의 존재) 외에는 손해가 매매거래와 관련하여 입은 것이라는 사실만 증명하면 된다.

판례는 구증권법 제186조의5(법 162조)에 의하여 준용되는 구법 제14조(법 125조)의 규정을 근거로 주식의 취득자가 주권상장법인 등에 대하여 사업보고서의 거짓의 기재 등으로 인하여 입은 손해의 배상을 청구하는 경우 주식의 취득자는 구법 제15조 제 2 항(법 126조 2항)의 규정에 따라 사업보고서의 거짓의 기재 등과 손해발생 사이의 인과관계의 존재에 대하여 증명할 필요가 없고, 주권상장법인 등이 책임을 면하기 위하여 이러한 인과관계의 부존재를 증명하여야 한다. 그리고 구법 제15조 제 2 항이 요구하는 '손해 인과관계의 부존재사실'의 증명은 직접적으로 문제된 당해 허위공시 등 위법행위가 손해발생에 아무런 영향을 미치지 아니하였다는 사실이나 부분적 영향을 미쳤다는 사실을 증명하는 방법 또는 간접적으로 문제된 당해 허위공시 등 위법행위 이외의 다른 요인에 의하여 손해의 전부 또는 일부가 발생하였다는 사실을 증명하는 방법으로 가능하다고 본다.[2]

3. 고의·과실

손해배상을 청구하기 위하여 청구권자가 내부자의 고의나 과실의 존재를 증명할 필요는 없다.[3] 이와 관련하여 제기될 수 있는 문제는 제174조를 위반하여야 제175조의 민사책임을 부담하게 되는바, 제174조 위반을 이유로 한 형사책임은 과실범 처벌규정이 없으므로 고의범에 한하여 제443조의 책임을 부담할 것인데, 민사책임의 경우에도 형사책임과 같이 내부자가 고의인 경우로 한정되는가에 있다. 민사책임의 경우에는 투자자의 보호와 시장의 건전성을 담보하기 위한 제도의 취지를 고려하면, 제174조 및 제175조가 고의에 한정하고 있지 않으므로 반드시 내부자가 고의인 경우에 한정하여 민사책임을 부담하는 것으로 해석할 이유가 없다. 따라서 손해배상을 청구하기 위하여 내부자가 고의여야 청구권자의 민사손해배상청구가 인용될 수 있는 것은 아니다.[4]

---

1) 임재연, 전게서(2013), 965쪽; 강대섭, 전게논문(1995), 353쪽 등 참조.

2) 대법원 2002. 10. 11. 선고 2002다38521 판결; 대법원 2007. 10. 25. 선고 2006다16758·16765 판결 등.

3) 임재연, 전게서(2013), 965쪽.

4) 김정수, 전게서(2013), 1039쪽(미국의 경우 Rule 10b-5 소송에서 인식(scienter)이 분명히 요구되고, 더 나아가 '중과실'이라 할 수 있는 'recklessness'도 인식의 범위에 포함되는 것으로 보고 있다).

Ⅳ. 손해배상의 범위

1. 상당인과관계

증권신고서와 투자설명서의 중요사항에 관하여 거짓의 기재 또는 표시가 있거나 중요사항이 기재 또는 표시되지 아니함으로써 증권의 취득자가 손해를 입은 경우의 손해배상책임에 관하여는 자본시장법 제126조가 배상액산정방법을 구체적으로 규정하나, 미공개중요정보 이용행위로 인한 손해배상책임에 관한 제175조 제1항은 "그 매매, 그 밖의 거래와 관련하여 입은 손해"라고만 규정할 뿐 손해액의 구체적인 산정방식을 규정하지는 않는다. 불법행위의 법리상 피고는 위법행위와 상당인과관계 있는 손해에 대해서만 배상책임을 진다. 그런데 내부자 거래는 적극적 부실표시가 아닌 미공개(침묵)에 의한 거래이므로 상당인과관계의 범위를 정하기 곤란하다는 문제가 있다.[1]

2. 손해배상액의 산정방법

(1) 이익기준과 손해기준

내부자가 얻은 이익의 규모에 불구하고 내부자와 같은 시기에 거래한 투자자의 손해 전부를 배상하여야 하는지(원고의 손해 기준), 또는 내부자가 얻은 이익의 범위 내에서만 손해를 배상하면 되는 것인지(피고의 이익 기준)에 관하여 정립된 판례나 학설은 없다. 전자에 의하면 내부자의 현실적인 변제능력을 무시한 막대한 배상을 명하는 판결이 있을 수 있어 가혹한 결과가 있을 수 있으며, 후자에 의하면 과도한 금액의 배상을 피할 수 있지만 내부자는 적발된 경우 적어도 민사적으로 순손실을 입지 않는 결과가 되는 문제점이 있다.[2]

(2) 자본시장법 제126조 제1항 준용 또는 유추적용

미공개중요정보 이용행위로 인한 손해배상사건에서 결국 가장 복잡한 쟁점이 손해배상액의 산정일 것이다.[3] 내부자거래로 인한 손해의 산정방법에 관하여, 종래 일부 하급심은 비록 준용규정은 없지만 증권거래법 제15조 제1항(자본시장법 제126조 제1항에 해당하는 규정)을 준용하기도 하였다.[4] 증권신고서와 투자설명서에 거짓의 기재 또는 표시를

1) 임재연, 전게서(2013), 965쪽.

2) 임재연, 전게서(2013), 967쪽.

3) 한편, 시세조종행위로 인한 손해배상책임의 산정에 관하여 대법원은 초과지출배상법에 근거하여 피해자가 구매한 당시 실제 주가에서 주가조작이 없었더라면 형성되었을 정상주가를 공제한 나머지를 손해로 본다(대법원 2004. 5. 27. 선고 2003다55486 판결; 대법원 2004. 5. 28. 선고 2003다69607 판결; 대법원 2004. 6. 11. 선고 2000다72916 판결 등).

4) 서울지방법원 남부지원 1994. 5. 6. 선고 92가합11689 판결. 이 판결에 대해서는 실제 정보가 공개된 시점이 아니라 재판진행절차에 따라서 얼마든지 지연될 수 있는 변론종결시점을 기준으로 하여야 한다는 근본적인 문제점이 있는 조문을 준용규정도 없이 적용하는 것에 대해서는 비판이 있었다(임재연,

하거나 중요사항을 기재 또는 표시하지 않음으로써 증권취득자가 손해를 입은 경우, 법 제126조(구 증권법 15조)에서는 그 손해배상의 범위를 정하고 있다. 즉 손해배상액은 청구권자가 해당 유가증권을 취득함에 있어서 실제로 지급한 액에서 변론이 종결될 때의 가격(시장가격이 없는 경우에는 추정처분가격)을 공제한 금액으로 하되, 변론종결 전에 해당 증권을 처분한 때에는 그 처분가격을 공제한 금액으로 하게 된다.

법 제126조에 대한 명문의 준용규정이 없을 뿐만 아니라 그 책임의 성격상 이를 유추적용하기도 어렵다고 할 것이고,[1] 명시적인 대법원의 입장을 밝힌 것도 없어 실무상으로는 민법상 불법행위책임에 관한 전통적인 차액설의 입장에서, 외부감사인의 부실감사로 말미암은 민법상 손해배상책임을 구한 사안[2]이나 시세조종행위로 인한 손해배상책임을 구한 사안[3]에서 대법원이 밝힌 산정방법을 참고로 하여 산정할 수밖에 없을 것이다.

(3) 차액설에 의하여 손해액의 산정

판례상 손해배상방식인 차액설을 따르더라도 그 기준 시점을 어디로 볼 것인가에 따라 구체적으로 다를 수 있다. 즉 외부감사인의 손해배상책임을 산정하는 방식에 의하면, 미공개중요정보가 공개되고 일정기간 경과 후의 주가와 반대거래자가 실제로 거래한 주가와의 차액이 손해가 될 것이고,[4] 시세조종행위로 인한 손해배상책임을 산정하는 방식에 따른다면, 내부자거래시점을 기준으로 내부자거래가 없었더라면 형성되었을 가격과 내부자거래로 인하여 형성된 가격으로서 반대거래자가 실제로 거래한 가격의 차액이 될 것이다. 어느 입장이 반드시 논리적으로 타당하다고 보기는 어렵다.

그런데 어느 정도의 일정한 시간이 경과하여야 정보의 가치가 주가에 반영되었다고 인정할 수 있을까. 그 시점을 내부정보가 공시된 날의 종가를 의미한다고 할 수 없고 공시된 후 그 공시된 정보가 주가에 반영되었다고 볼 수 있는 날까지의 일정기간 동안의

전게서(2013), 966쪽).

1) 김건식, 전게서(2006), 277쪽; 김정수, 전게서(2013), 1042쪽

2) 대법원 1997. 9. 12. 선고 96다41991 판결; 대법원 1998. 4. 24. 선고 97다32215 판결 및 대법원 1999. 10. 22. 선고 97다26555 판결 등 참조(일반적으로 감사인의 부실감사로 인한 손해배상액은 부실감사로 인하여 상실하게 된 주가 상당액인데, 이러한 주가 상당액은 특별한 사정이 없는 한 그 부실감사가 밝혀져 거래가 정지되기 직전에 정상적으로 형성된 주가와 부실감사로 인한 거래정지가 해제되고 거래가 재개된 후 계속된 하종가를 벗어난 시점에서 정상적으로 형성된 주가와의 차액 상당이라고 볼 수 있으며, 주가가 다시 정상적으로 형성되기 이전에 매도가 이루어지고 그 가액이 다시 형성된 주가를 초과하는 경우에는 그 매도가액과의 차액상당액이라고 판시하고 있다).

3) 대법원 2004. 5. 27. 선고 2003다55486 판결; 대법원 2004. 5. 28. 선고 2003다69607·69614 판결; 대법원 2004. 6. 11. 선고 2000다72916 판결 등(시세조종행위가 없었더라면 형성되었으리라고 인정되는 주가인 정상주가와 시세조종행위로 인하여 형성된 가격으로서 피해자가 실제로 매수한 주가인 조작된 주가의 차액상당이고, 만약 정상주가 이상의 가격으로 실제 매도한 경우에는 조작된 주가와 그 매도주가와의 차액 상당을 손해로 본다).

4) 미공개중요정보가 공개되어 시세에 반영된 정상가격은 당해 내부정보가 공개된 후 일정한 시간 경과 후 그 정보의 가치가 주가에 반영되었다고 인정되는 시점의 주가로 보고 있다(김건식, 전게서(2006), 277쪽; 김용진, 전게서(2007), 660쪽).

거래량을 가중치로 한 가중산술평균가격으로 해야 할 것이다. 공시된 후 일정한 기간의 시황을 보아 그때그때 구체적으로 결정할 수밖에 없다. 예컨대 공시하는 대로 즉시 주가에 반영되는 경우도 있겠지만 보통 공시시점으로부터 3, 4일로부터 길어야 5, 6일이면 그 정보가 주가에 반영되었다고 볼 수 있다.[1)]

입법론으로는 미국과 같이 정보가 시장에 반영된 가격 즉 실제가격(actual price)은 공시가 이루어진 날로부터 90일간의 평균거래가격을 실제가격으로 규정하고 있는 것(PSLRA §21)처럼 기간을 정하는 방안을 고려할 필요가 있다.

(4) 손해배상액의 총액의 제한

미국에서 손해배상액의 총액은 내부자가 취득한 이익 또는 회피한 손실액을 초과할 수 없도록 규정하고 있다. 이는 1980년 Elkind v. Liggertt v. Myers, Inc. 판결[2)]에서 투자자는 자신이 거래한 가격과 정보가 공시된 후 시장에 반영된 가격과의 차액을 손해배상으로 청구할 수 있지만, 내부자가 취득한 이익의 범위를 넘을 수 없다고 판시하고, 이후 1988년 증권사기규제법(ITSFEA)에 수용되어 1934년법 제20조A에서 손해배상액의 총액은 내부자가 취득한 이익 또는 회피한 손실액을 넘을 수 없다고 규정하게 되었다.

미국과 달리 우리나라에는 손해배상액의 총액을 제한하는 아무런 규정이 없다. 이에 대하여 내부자에게 무한정의 손해배상책임을 부과하는 것은 비현실적이며, 따라서 내부자가 얻은 이득 또는 회피한 손실을 한도로 하여 손해배상책임을 물을 수 있다고 보는 것이 합리적이라는 견해[3)]가 있다. 한편 내부자거래는 형사처벌의 경우를 제외하고는 밑져야 본전이라는 생각에서 내부자거래를 감행하기 때문에 찬성하기 어렵고, 내부자가 얻은 이익 또는 회피한 손실액을 초과하여 손해를 배상하는 경우가 있음을 인정하여야 하고 또한 그렇게 하는 것이 내부자거래를 근절하는 차원에서도 바람직하다고 본다는 견해[4)]도 있다.

손해의 일부가 미공개중요정보 이용행위 이외의 다른 사실에 의한 것임이 증명된 경우에는 이를 제외함은 당연하나, 미공개중요정보 이용행위로 인한 손해의 범위를 내부자가 얻은 이익의 범위 내로 제한해야 할 아무런 근거가 없으므로 입법론으로 주장하는 것은 별론으로 하고, 미국의 경우와 달리 손해액이 내부자가 취득한 이익 또는 회피한 손실액을 초과하더라도 손해배상을 받을 수 있다고 보는 것이 타당하다.

(5) 표본적·평균적·통계적 방법 등에 의한 손해액 산정

집단소송으로 제기된 경우에는 법원이 제반사정을 고려하여 표본적·평균적·통계적

1) 김용진, 전게서(2007), 660쪽.
2) 635 F.2d 156(2nd Cir. 1980).
3) 김정수, 전게서(2013), 1044쪽.
4) 김용진, 전게서(2007), 660쪽.

방법 등의 합리적 방법으로 손해액을 정할 수 있다(증권소송법 34조 2항)(상세한 것은 후술하는 Ⅶ. 참조).

3. 미국에서의 손해배상책임의 범위

미국에서는 SEC rule 10b-5에서 직접 투자자가 손해배상책임을 구할 수 있다고 한 이래 그 손해배상책임의 범위에 관하여 판례를 통하여 축적이 되었는데 그 산정방식은 개별적이고 구체적인 사안에 따라 결정되어 왔다. 이하 몇 가지 방식을 정리하면 다음과 같다.[1)]

(1) 현실적 지출설 또는 현실적 손해배상방식(out of pocket measure)

일반적으로 사기에 의하여 손해를 입은 경우에 산정방법인 일반적인 손해산정방식이다. 이 방식은 피청구인의 사기적 행위에 의하여 증권을 매수 또는 매도하게 된 투자자가 그 사기적 거래를 취소 또는 해제하지 않고 그 손해액을 청구인이 교부한 가격과 수령한 가격과의 차액 또는 주식이 매매된 시점에 있어서의 당해 주식의 실제 가치와 실제의 매매가격과의 차액으로 하여 손해배상을 청구하는 방식이다. 이 방식은 피고에게 발생한 이익을 청구인에게 반환시키려는 원상회복 방식에 비하여 청구인에게 그가 현실적으로 입은 손해를 배상하여 준다는 점을 중시한 방식이기 때문에 청구인이 얻어서는 안 될 이익을 얻는 것은 인정하지 않고 있다.

(2) 수정 현실적 손해산정방식(modified out-of-pocket measure)

현실적 손해산정방식에서의 현실적 손해가 주식이 매도된 시점에 있어서의 당해 주식의 실제 가치와 실제 매매가격과의 차액이지만 내부자의 사기행위가 없는 경우의 실제 가치를 결정하기가 곤란하다는 점을 보완하기 위하여 대두된 방식이다. 이 방식은 청구인이 주식을 매수 또는 매도한 가격과 그로부터 상당한 기간 후 사기행위가 적발된 시점의 실제 가치와의 차액을 손해액으로 한다.

(3) 계약해제에 의한 원상회복방식(restitution, rescission measure of damage, rescissory damage measure)

청구인은 만약 그가 매수인이었다면 매수한 물건을, 매도인이었다면 수령한 대금을 각각 제공하여 사기적 거래를 해제하고 그가 교부한 목적물의 반환을 청구하는 방식, 매매목적물의 제공 또는 반환할 수 없는 경우에는 그와 동일한 금액을 제공, 반환한다. 전전 유통되는 증권을 대상으로 하는 거래에 있어서는 계약이 해제되어 매매목적물인 증권

---

1) 오영환, "내부자거래에 있어서의 손해배상책임,"「기업구조의 재편과 상사법」, 박길준교수 화갑기념논문집(1998), 1014쪽 이하; 黑沼悅郎,「アメリカ 證券取引法(第二版)」, 弘文堂, 2004, 168-170頁; Hazen, 전게서(2002), pp. 823-833.

이 제공, 반환되는 경우는 드물고 실제로는 증권의 대체물인 지급액 또는 수령액과 그 증권의 가격과의 차액이 손해배상으로 반환되게 된다.

(4) 원상회복비용지급 또는 전보방식(cover, coversion, Chasins measure)

증권의 매도가격과 그 매도인이 사기행위를 한 후 합리적 기간 내에 동일한 증권을 공개시장에서 매수(재투자)하는데 필요한 금액과의 차액을 손해액으로 한다. 이론상으로는 사기에 의하여 증권을 매수한 자에게도 이 방식에 의한 배상금의 산정이 가능하나, 이 방식에 완벽히 입각해 배상금을 산정한 경우는 없다. 한편, Chains 사건[1]에서 확립된 방식으로 이와는 반대로 기망된 매수인이 매수가격과 사기를 발견하거나 안 때로부터 합리적인 기간 내의 최저가격의 차액을 청구할 수 있도록 하는 방식이다.

(5) 거래차익배상방식 혹은 기대침해손해액 산정방식(benefit-of-bargain measure)

청구인이 그가 매수한 가격과 정보가 공시된 때의 주식의 가격과의 차액 또는 피고에 의하여 표시된 가격과 거래일에 있어서의 진정한 가액과의 차액(즉 거래차익)을 배상받게 되는 방식이다. 이 방식은 현재 SEC Rule 10b-5 소송에서는 일반적으로 인정되지 않고 합병이나 공개매수를 위한 적극적 공격이 있는 경우 등에 있어서 채택되는 방식이라고 한다.

(6) 부당이득반환 또는 토출방식(disgorgement of profit measure)

피청구인이 청구인이 입은 손해를 초과하여 부당이득을 얻고 있는 경우에 피청구인이 청구인에 대하여 이를 반환할 것을 청구할 수 있도록 하는 방식이다. 매수인이 전매에 의하여 얻은 이익을 기망당한 매도인에게 반환하게 하는 방식, 즉 원고는 피고가 증권을 매수한 후 재매각한 경우 재매각가격에서 원고의 수령액을 공제한 금액을 청구할 수 있다. 이 방식은 현실적 손해를 배상하는 현실적 손해배상방식(out of pocket measure)과 비교할 때 피고가 재매각한 후의 가격상승분을 배상액에 포함시키지 않는 점에서 원상회복방식보다 배상액이 적어질 수 있다.

Ⅴ. 손해배상청구권의 행사기간

미공개중요정보의 이용행위로 인한 손해배상청구권은 청구권자가 그 위반한 행위가 있었던 사실을 안 날부터 1년간 또는 그 행위가 있었던 날부터 3년간 이를 행사하지 아니한 경우에는 시효로 인하여 소멸한다.

이에 관하여 시효라는 문자가 있음에도 불구하고 증권시장에서의 거래는 비개성적

---

1) Chasins v. Smith & Barney Co. Inc., 438 F.2d 1167(2d Cir. 1970).

이라는 증권시장의 특성상 권리관계를 조속히 확정짓기 위하여 소멸시효로 보지 않고 시효의 중단이 없는 제척기간으로 보는 견해[1]도 있기는 하나, 법문의 구성과 시효라는 표현을 사용하고 있음에 비추어 이를 문언과 달리 볼 근거가 없다. 소멸시효로 보는 것이 타당하다.[2]

소멸시효의 기산점이 되는 "위반행위가 있었던 사실을 안 때"라 함은 문언 그대로 피해자가 불공정거래행위가 있었다는 사실을 알았어야 한 때(constructive knowledge)가 아니라, 실제로 인식한 때(actual knowledge)라고 보아야 하고,[3] 그 인식의 정도는 일반인이라면 불공정행위의 존재를 인식할 수 있는 정도면 족하며,[4] 위반자에 대한 유죄의 형사판결이 선고되거나 확정될 때부터 기산되는 것은 아니다.[5]

한편, 이와 관련하여 미공개중요정보이용행위의 사실은 감독기관의 조사결과나 법원의 판결이 발표되는 경우에 비로소 투자자들이 인식할 수 있는 것이 보통이고, 이러한 조사나 재판절차에 상당한 기간이 소요되는 것을 감안하여 시효기간을 연장할 것을 주장하는 견해도 있다.[6]

Ⅵ. 단기매매차익반환책임과의 경합

내부자가 미공개중요정보를 이용하여 단기매매차익을 얻은 경우에는 일반 투자자들에게 손해배상책임을 지는 것과는 별도로 해당 법인에 단기매매차익반환책임을 진다는 데 이론이 없다(전술한 제172조 해당 부분 참조).[7]

한편, 미공개중요정보이용행위 금지규정의 대상이 되는 '특정증권등'의 개념과 관련하여 그 개념을 단기매매차익반환의무 규정의 그것을 그대로 사용하고 있는데 이 경우 단기매매차익반환의무의 대상에서 제외되는 순수한 채권에 대해서는 내부자거래의 규율이 불가능하게 된다. 채권의 경우에도 내부자는 내부정보를 이용하여 거래할 가능성이 높고, 미공개중요정보이용행위 금지규정과 단기매매차익반환의무규정의 입법취지가 동일하지는 않다는 측면에서 입법적 보완이 필요한 부분이다.

1) 김용진, 전게서(2007), 660쪽.
2) 김정수, 전게서(2013), 1045쪽; 김건식, 전게서(2006), 278쪽.
3) 임재연, 전게서(2013), 967쪽.
4) 대법원 1993. 12. 21. 선고 93다20403 판결.
5) 대법원 2002. 12. 26. 선고 2003다23440·23457 판결.
6) 임재연, 전게서(2013), 967쪽
7) 김용진, 전게서(2007), 661쪽; 김건식, 전게서(2006), 279쪽.

Ⅶ. 증권집단소송법상의 미공개중요정보 이용행위로 인한 손해배상청구

내부자의 미공개중요정보 이용행위에 대한 손해배상청구는 이 법뿐만 아니라 2005. 1. 1.부터 시행된 증권관련 집단소송법의 대상이 된다(3조 1항 3호).[1)]

미공개중요정보 이용행위의 성립요건과 내부자의 범위, 손해배상청구권자, 배상책임 의무자 등에 관하여는 증권소송법상 별다른 규정이 없고 법 제174조의 해석에 맡겨 있다고 볼 수 있다. 증권소송법에서는 소송절차와 관련한 특칙을 주로 규정하고 있다(증권소송법 1조).

1. 원고·피고적격의 문제

손해배상청구권자의 범위를 어떻게 확정할 것인가에 관하여는 앞서 살펴본 바와 같다. 그런데 내부자거래의 직접 상대방으로 한정하는 견해에 따르면 미공개중요정보 이용행위에 대한 손해배상청구를 증권소송법에 포함한 의의는 별로 없다. 증권소송법에서는 유가증권의 매매 그 밖의 거래과정에서 다수인에게 피해가 발생한 경우 그 중의 1인 또는 수인이 대표당사자가 되어 수행하는 손해배상청구를 그 대상으로 하고 있기 때문이다(증권소송법 2조 1호).

구체적으로 총원을 구성하는 각각의 피해자들인 구성원이 50인 이상이어야 하고, 구성원의 보유 유가증권의 합계가 피고회사의 발행유가증권 총수의 1만분의 1 이상의 요건을 구비하도록 하고 있다(증권소송법 12조 1항 1호).

한편, 내부자거래로 인한 증권관련집단소송의 피고가 될 수 있는 자는 우선 법 제174조에서 규정하고 있는 미공개중요정보 이용행위를 위반한 내부자임에는 별다른 문제가 없다. 또한, 정보수령자도 그 대상에서 제외된다고 할 아무런 근거가 없다. 다만, 앞서 본 것처럼 제2차 이후의 정보수령자에 대하여 형사상 처벌의 대상이 되지 않음은 분명하나 민사상 피고적격을 가지는지 논의가 있을 수 있다. 그러나 제175조의 법문상 제174조를 위반한 자만을 대상으로 하고 있으므로 내부자의 범위는 같다고 보아야 할 것이다.

2. 손해배상액의 산정

증권집단소송의 대상이 되는 위법행위를 근거로 한 손해배상청구소송에서 주식투자

---

1) 2005. 1. 1. 이후의 내부자거래와 시세조종 등 불공정거래행위를 원인으로 한 손해배상청구에 대하여는 유가증권의 발행법인의 자산총액에 관계없이 증권관련집단소송을 제기할 수 있지만 그 밖에 유가증권신고서 등 허위기재·누락을 원인으로 한 손해배상청구에 대하여는 유가증권 발행법인의 자산총액에 따라 구별하여 2조원 이상에 대하여는 2005. 1. 1.부터 2조원 미만에 대하여는 2007. 1. 1. 이후의 행위를 원인으로 한 증권관련집단소송을 제기할 수 있다.

자의 손해의 범위는 '주당 손해액'과 '피해주식 수'에 의하여 결정되어야 한다.[1]

증권소송법은 손해배상액의 산정에 관하여 다른 법률의 규정에 의하거나[2] 증거조사에 의하여도 정확한 손해액의 산정이 곤란한 경우에는 제반사정을 참작하여 표본적·평균적·통계적 방법 그 밖의 합리적 방법으로 정할 수 있도록 규정하고 있다(증권소송법 34조 1항). 현재 대법원은 시세조종과 같이 주식시장에서 주가를 인위적으로 끌어올려 이익을 취하려는 사기행위로 인한 손해배상사건에서 인과관계 여부 및 손해배상액을 산정하기 위하여 이른바 '사건연구방식 또는 사건영향분석(Event Study)'을 합리적인 증거조사방법의 하나로 보고 있다.[3]

원칙적으로 손해배상의 대상이 되는 전체 증권에 대하여 증권별로 손해액을 산정한 후 구성원의 거래내역에 따라 구성원별 손해액을 계산하여 이를 합산하는 방식으로 총원 전체의 손해액을 산정하여 할 것이나, 소송이 진행 중에도 당해 증권을 처분할 수도 있고, 구성원의 수가 수천, 수만 명에 이르는 경우까지 개인별로 산정한다는 것은 사실상 불가능할 수가 있기 때문에 법원은 이 규정에 의하여 총원 전체에 대한 손해배상액만을 산정할 수도 있다.[4] 그러한 경우에는 개인별로 증명된 범위를 기준으로 안분 비례하여 분배될 것이다.

표본적·평균적·통계적 방법이 구체적으로 무엇인지 논의가 있을 수 있으나 내부자거래의 상대방이 실제로 매매한 가격과 해당 내부정보가 공시된 시기 전후의 일정기간 동안의 거래량을 가중치로 한 가중산술평균가격과의 차액으로 하는 방식이 상당하다고 본다.[5]

---

1) 노혁준, "증권관련집단소송에서의 손해액 산정 — 피해주식 수의 산정을 중심으로," 「인권과 정의」 제342호(2005. 2), 94쪽.

2) 예컨대 증권신고서나 투자설명서 중 중요사항에 관하여 거짓의 기재나 누락이 있는 경우의 손해배상액에 관하여 법 제126조(구증권법 15조)에서, 거짓의 사업보고서 등에 관하여는 법 제162조 제 3 항(구증권법 186조의5에 의한 15조의 준용)에서 각 정하고 있다.

3) 대법원 2004. 6. 11. 선고 2000다72916 판결[시세조종행위로 인하여 형성된 가격에 의하여 유가증권시장 또는 코스닥시장에서 당해 유가증권의 매매거래 또는 위탁을 한 투자자가 그 매매거래 또는 위탁에 관하여 입은 손해를 산정함에 있어서, 그와 같은 시세조종행위가 없었더라면 매수 당시 형성되었으리라고 인정되는 주가(즉 '정상주가')와 시세조종행위로 인하여 형성된 주가로서 그 투자자가 실제로 매수한 주가(즉 '조작주가')와의 차액 상당(만약, 정상주가 이상의 가격으로 실제 매도한 경우에는 조작주가와 그 매도주가와의 차액 상당)을 손해로 볼 수 있고, 여기서 정상주가를 산정함에 있어서는 우선 전문가의 감정을 통하여 그와 같은 시세조종행위가 발생하여 그 영향을 받은 기간(이하 '사건기간'이라 한다) 중의 주가동향과 그 사건이 없었더라면 진행되었을 주가동향을 비교한 다음 그 차이가 통계적으로 의미가 있는 경우 시세조종행위의 영향으로 주가가 변동되었다고 보고, 사건기간 이전이나 이후의 일정 기간의 종합주가지수, 업종지수 및 동종업체의 주가 등 공개된 지표 중 가장 적절한 것을 바탕으로 도출한 회귀방정식을 이용하여 사건기간 동안의 정상수익률을 산출한 다음 이를 기초로 사건기간 중의 정상주가를 추정하는 금융경제학적 방식을 비롯한 합리적인 방법을 채택할 수 있을 것인데…]. 다만 구증권법 제15조 제 2 항 손해액 추정의 복멸에 관하여 대법원 2007. 10. 25. 선고 2006다16758·16765 판결 등 참조.

4) 전원열, "증권관련집단소송법 해설," 「인권과 정의」 제345호(2005. 5), 78쪽.

5) 전삼현, "증권집단소송법상의 내부자거래책임," 「법학연구」 제16집, 한국법학회(2004. 11), 471쪽.

3. 증권집단소송과 법원의 역할

증권집단소송법은 그 운용에 있어 남용 내지 악용될 가능성 때문에[1] 법원에 주도적인 역할을 부여하고 있다. 예컨대 소 제기 자체도 법원의 허가를 받아야 하고, 대표당사자의 선정과 사임, 소의 취하도 허가를 받아야 하며, 분배관리인도 선임하고, 분배계획안을 인가하고 수정하는 것도 모두 법원의 권한으로 두고 있다.[2]

[초판: 노태악, 개정판: 이정수·최승재]

1) 내부자거래로 인한 손해를 집단적으로 구제받을 수 있도록 정한 증권소송법은 그 내용 면에서 볼 때 매우 결함이 많고, 특히 원고의 자격과 피고의 자격에 관하여 법률상 아무런 규정을 두지 않아 포괄적으로 해석되어 법 적용상 많은 혼란을 가져올 것이라고 보는 견해는 전삼현, 전게논문(2004), 471쪽.

2) 전원열, 전게논문(2005), 68쪽.

제2장 시세조종 등

○ 前注

Ⅰ. 시세조종의 개념 및 규제의 역사

자본시장에서 투자대상 상품의 가격(시세)은 투자행위의 시작이자 끝이고, 원인이자 결과라고 할 수 있다. 일반적으로 시장에서 형성된 가격은 기존의 모든 정보가 반영된 합리적 가격으로 인정되고, 투자자는 과거와 미래에 대한 본인의 주관적 판단에 비추어 다시 한 번 동 가격이 합리적인지 여부를 판단한 후 매수 또는 매도를 한다. 투자자들의 매매 행위에 따라 그 가격은 다시 조정될 것이고 그 조정된 가격을 기준으로 또 다른 투자자들의 매매 행위가 이루어진다. 이와 같이 시세 형성은 객관적 정보와 투자자의 주관적 판단이 끊임없이 반영되어 가상의 균형가격을 향하여 지속적인 수렴이 이루어지는 동태적 과정이다.

시세는 투자자의 투자판단의 기준이자 출발점이기 때문에 이론적인 균형가격에 가까울수록 바람직하다. 객관적인 정보와 주관적인 투자판단이 집단적으로 반영되어 형성되어야 한다는 것이다. 완전한 균형가격이 형성되기 위해서는 정보의 진실성이 담보되어야 할 것이며 집단적 의사의 수렴을 방해하는 인위적인 조작이 없어야 할 것이다. 공시제도가 정보의 진실성 담보를 위한 장치라면 시세조종금지 규범은 집단적 의사의 자연적 수렴을 방해하는 일체의 행위를 규제하는 장치라고 할 수 있다.[1] 시세조종을 금지하는 기본적인 목적은 이와 같이 자본시장의 합리적인 가격결정과 자유로운 수급질서를 통한 공정한 시장의 유지에 있는데, 이는 투자자보호에 있어서 절대적인 요건이기도 하고, 공정하고 자유로운 시장이 구축되어야만 증권시장을 통한 합리적 자원배분과 이를 통한 경제발전이 가능하기 때문이다.[2]

1) 시세조종은 언론 등 일반적으로는 주가조작이라고 불리는데, 엄밀히 따지면 자본시장에서의 투자대상 상품이 주식만 있는 것이 아니기 때문에 적절하다고 보기 어렵지만, 주식이 자본시장에서의 대표적인 투자상품인 점을 감안하여 이하에서는 법적 용어인 시세조종과 주가조작이란 용어를 함께 사용하기로 한다.

2) 대법원 2001. 1. 19. 선고 2000도444 판결 참조.

내부자거래가 미국에서는 1960년대, 그 외 대부분의 나라에서는 1980년대 이후 본격적으로 규제되기 시작한데 비하여 시세조종은 자본시장의 역사만큼이나 오래되었고 그 유형 또한 매우 다양하다.

1. 영국의 de Berenger 사건

시세조종이 법정에서 범죄로 단죄 받은 최초의 사건은 1814년 영국의 Rex v. de Berenger 사건으로 볼 수 있다.[1] 1814년 2월 21일, Dover로부터 Winchester에 도착한 군복을 입은 한 병사가 나폴레옹이 죽었고 연합군이 파리를 점령하였다는 소식을 전하였다. 그리고 다른 몇몇 사람들도 이와 같은 소문을 전하였다. 이러한 소문이 확산되면서 주가는 급등하였고, 이들은 보유하고 있던 모든 주식을 시장에 내다 팔아 막대한 이득을 챙겼다. 얼마 지나지 않아 이 소문이 사실이 아니라는 것이 판명되면서 주가는 다시 급락하였다. 런던증권거래소가 이러한 거래상황을 조사한 결과 de Berenger 일당이 자신들이 보유하고 있던 주식을 높은 가격에 팔기 위하여 계획적으로 거짓 소문을 퍼뜨린 것으로 판명되었다.[2]

영국 법원은 de Berenger 사건을 다루면서 공중은 누구에 의해서도 조작되지 않는 시장에 대한 권리가 있다는 사실을 인정하면서, 소위 '자유롭고 공개된 시장원칙'(free-and-open-public market doctrine)을 확립하였다.[3] 또한 이러한 주가조작 행위에 의해서 반드시 정부가 손해를 입었거나 조작자들이 이익을 실현하였을 것을 요건으로 하지 않는다고 판결하였다.

2. 영국의 Scott 사건

1892년에 Scott v. Brown, Doering, McNab Co. 사건이 발생하였는데, 이 사건은 de Berenger 사건 같이 허위사실의 유포는 없었고 단지 현실거래를 통해서 주가조작을 한 경우였다. 영국 법원은 이 사건에서 허위정보의 유포를 통한 주가조작과 현실거래에 의한 주가조작 사이에 아무런 차이가 없다고 판결하면서 de Berenger 사건에서 선언된 '자유롭고 공개된 시장원칙'을 다시 한 번 확립하는 전기를 마련하였다.[4]

3. 미국의 사례

미국에서도 1860년대에 철도주식을 중심으로 거대한 주가조작 사건들이 이미 등장

1) Hubert de Vauplane, "The Concept of Securities Manipulation and Its Foundations in France and the USA," 23 Brook. J. Int'l L. 203, 205(1997).

2) Loss, Securities Regulation(3th) 932; Hubert De Vauplane, id. at 205.

3) Loss, id.

4) Loss, 932.

하였다.[1] 미국에서 발생한 시세조종 사건들은 기술적 측면에서 영국에서보다 한 차원 발전된 모습을 보여주고 있다. 예를 들면, 부패한 언론까지 개입하여 허위사실을 특종인 양 보도하여 주가를 끌어올리기도 하고, 기업의 경영진들이 직접 작전에 나서 배당률을 올릴 것이라는 루머를 퍼뜨려 주가를 끌어올리기도 하였다. 더 나아가 특정 기업의 주식을 공매도한 뒤 해당 기업과 맺은 계약을 의도적으로 파기한 후 주가가 급락하면 매수포지션을 취하는 비열한 방법까지 등장하였다.[2]

경제규모와 증권시장의 규모가 점점 커지면서 증권시장을 교란하고 뒤흔드는 다양한 유형의 시세조종 사건들이 등장하자 증권시장을 가지고 있는 국가들은 증권시장을 보호하기 위하여 이러한 행위들을 중요한 범죄로 규정하면서 규제법을 제정하기 시작하였는데, 미국이 1934년에 제정한 「1934년 증권거래소법(Securities Exchange Act of 1934)」(이하 1934년법)이 제정법으로서는 그 효시라고 할 수 있다.[3]

4. 시세조종의 발전과 동인(動因)

이처럼 판례나 법률의 제정을 통해 시세조종에 대한 규제가 이미 오래 전부터 시작되었지만, 시세조종은 기술(technology)의 발달과 함께 끊임없이 새롭고 다양한 유형들이 등장하면서 자본시장의 발전과 그 궤를 같이 하여 진화하고 있다. 21세기에 이른 오늘날에까지 크고 작은 시세조종은 자본시장이 존재하는 곳이라면 어디서나 계속해서 발생하고 있는 현실이다. 지난 2002년에 미국에서 발생한 Enron, WorldCom 등 세계적인 기업들의 분식회계 사건도 결국 허위표시에 의한 시세조종으로 볼 수 있는데, 이를 통해 특정 경영진들은 기업의 실적을 수년간 허위로 속여 오면서 자신의 지위를 유지하였고 또한 엄청난 보수를 받았던 것이다. 이처럼 시세조종은 철저하게 위장만 한다면 수많은 거래에 묻혀 잘 적발되지 않을 수 있다는 특성이 있고, 그 반대급부는 엄청나기 때문에 탐욕을 가진 인간에게 강력한 유혹이 되고 있다.

오늘날 사이버 시대가 도래 하면서 인터넷(Internet) 등 '새로운 매체'(new medium)를 통한 증권사기가 급증하고 있지만, 그 기본구조는 과거와 크게 다르지 않다고 할 수 있다.[4] 인터넷 상의 사이버 공간을 이용하여 허위정보를 더욱 빠르고 저렴한 비용으로 유

1) Edward Chanceller, 강남규 역, 「금융투기의 역사」, 2001, 258-260쪽 참조. 그러나 미국의 경우 영국의 영향을 받아 시세조종과 관련하여 'free-and-open-public market doctrine'을 받아들였지만, 시세조종에 대한 구체적인 판례는 1930년대 가서야 등장하기 시작한다. Hubert de Vauplane, 전게논문, at 205.

2) 강남규 역, 전게서(2001), 260-261쪽 참조.

3) 미국의 경우 1929년에 증권시장이 붕괴하는 사건이 발생하였는데, 이러한 붕괴의 원인이 당시 만연한 내부자거래와 빈번한 주가조작 행위라고 파악되면서 이러한 불공정거래들을 철저하게 규제하기 위한 연방법의 제정에 착수하게 되었고, 이러한 노력의 결과로 탄생한 것이 1934년 증권거래소법이다.

4) United States Senate, Securities Fraud on the Internet, Hearings before the Permanent Subcommittee on Investigations of the Committee on Governmental Affairs 46(106th Congress)(1999. 3. 22). 인터넷

포한다든가 불특정다수의 세력을 주가조작에 동원할 수 있다는, 즉 사이버 공간이 가진 무제한적인 접근성이나 익명성 등을 이용한 새로운 기법들이 가능하지만, 시세조종의 근본 구조에 있어서는 특별히 더 새로운 것은 없기 때문이다.[1)]

그러나 인터넷이라는 혁명적인 기술의 등장은 과거보다 더욱 많은 시장정보에 투자자들이 보다 빠르게, 보다 저렴하게, 보다 편리하게 접근할 수 있도록 해주는 반면, 시세조종을 비롯한 증권사기의 강력한 도구로 부상하고 있어 규제당국이나 투자자들에게 심각한 우려와 도전을 제기하고 있다.[2)]

Ⅱ. 시세조종의 정의와 규제 조항

1. 구증권법 제188조의4

구증권법은 1962년에 처음으로 제정되었는데, 당시 제105조에서 시세조종 행위를 금지하고 있었다. 이후 수차례 개정되었지만 시세조종의 금지에 관한 내용은 커다란 변동이 없었으며, 1982년 제 8 차 개정시 제105조 제 4 항을 신설하여 허위표시 또는 중요사실의 표시가 누락된 문서를 이용하는 사기적 행위를 규제대상에 포함시키면서, 전형적인 유형의 시세조종이 아닌 경우도 처벌할 수 있도록 하였다. 그러나 이 조항도 '포괄적 사기금지 조항'으로 활용하기에는 여러 제약이 있어, 1997년 제12차 개정시 제105조를 제188조의4로 위치를 바꾸면서 기존의 제 4 항을 수정하여 보다 실질적인 '포괄적 사기금지 조항'으로 작동할 수 있도록 개정되었다.

일반적으로 주요국 증권거래법은 시세조종을 금지하면서도 시세조종의 개념에 대한 정의를 내리지 않고 있다. 이는 시세조종의 행위가 매우 다양하며 기술적인 측면들이 많기 때문에 그 개념에 대한 정확한 정의를 내리기가 어렵기 때문이다. 이러한 문제점으로

시대라 해서 달라진 것은 없으며, 과거와 같은 "phony offerings of securities, pyramid and Ponzi schemes, pump-and-dump, unlawful touting" 등이 오늘날에도 전형적인 증권사기의 유형으로 볼 수 있다. 2008년 12월, 미국에서 Madoff와 관련하여 발생한 거대한 금융사기도 전형적인 Ponzi schemes의 일종으로 볼 수 있다.

1) 오랜 역사의 기간 동안에 다양한 유형의 시세조종 사건들이 있었지만, 공통된 점은 투자자를 기망하기 위하여 시세조종자들은 당시에 존재하는 기술들을 효과적으로 이용하였다는 점이다. 19세기 말이나 20세기 초에는 주식시장의 정보를 전달하는데 전보를 이용하였고, 1920년대 라디오가 전파되면서 투자자나 투기자들은 이전보다 빠르게 시장정보에 접근할 수 있게 되고, 다시 전화가 등장하면서 브로커들은 전화를 새로운 투자의 도구로 사용하게 되었다. 이러한 새로운 기술들은 투자자들에게 보다 빠르게 시장에 접근할 수 있는 기회를 제공하여 주었지만, 역시 그들을 노리는 시세조종자들에게도 보다 빠르고 편리하게 투자자를 기망하는 수단을 제공하여 주었던 것이다.

2) Richard Walker, Director of Enforcement, SEC, "오늘날 시세조종자들은 인터넷을 통해 과거보다도 훨씬 저렴한 비용으로, 훨씬 간편하게 시세조종을 할 수 있는 환경을 맞이하게 되었다. 이는 향후 인터넷을 이용한 시세조종 등 증권사기가 급증할 것이라는 것을 예고해 주는 의미를 가지고 있다." Concerning Securities Fraud on the Internet, Hearings before the Permanent Subcommittee on Investigations of the Committee on Governmental Affairs, U.S. Senate 46(106th Congress)(1999. 3. 22-23).

인해 대부분의 국가들의 입법례를 보면 특정한 유형의 거래행위를 시세조종으로 열거함으로써 시세조종을 금하는 형식을 취하고 있다. 우리 구증권법도 제188조의4에서 시세조종의 특정한 유형을 열거하고 이를 금지함으로써 시세조종을 금지하는 형식을 취하였다. 이러한 우리의 입법모델은 미국의 1934년법 제9조라 할 수 있다. 시세조종의 구체적인 유형과 내용에 대해서는 제176조의 해설 부분에서 후술한다.

2. 구선물법 제31조

구선물법은 1995년, 상품의 선물거래를 규제하기 위하여 제정되었다.[1] 선물거래의 경우도 증권거래와 마찬가지로 다양한 불공정거래가 등장할 수 있으며, 따라서 구선물법에도 구증권법과 마찬가지로 선물거래에서 발생할 수 있는 다양한 불공정거래를 규제하기 위한 조항들이 있었다.

먼저, 구선물법은 제31조에서 특정한 유형의 행위들을 시세조종 행위로 규정하면서 금지하였는데, 이러한 특징은 구증권법의 규정체계와 유사하였다. 이러한 규정들은 구증권법 조항들과 통합되면서 자본시장법 제176조로 계수되었다.

구선물법은 구증권법과는 달리 '현물거래와 선물거래를 연계(현·선연계)'한 시세조종 행위들을 규제하는 규정들을 가지고 있었다. 구선물법은 제31조 제1항 제5의2호에서 현물을 조작하여 선물시장에서 이득을 취하는 소위 '순방향 현·선연계 시세조종' 행위를 금지하고 있었다. 이후 반대로 선물을 조작하여 그 기초자산이 되는 현물거래에서 이득을 취하는 소위 '역방향 현·선연계 시세조종' 행위를 규제하기 위하여 선물거래법 시행령 제7조 제2호가 2007년 12월에 신설되었다.

또한 2008년 4월에는 돈육선물시장이 개설됨에 따라 금융상품 위주로 되어 있는 당시 선물거래법 규제체계를 보완하기 위하여 일반상품의 현·선연계 시세조종까지 포함할 수 있도록 구증권법 제188조의4 제4항과 같은 포괄적 사기금지 조항인 구선물법 제31조 제1항 제5의3호 및 제5의4호를 신설하였다. 이로써 우리나라는 자본시장법 제정 이전에 시세조종 규제에 있어서는 구증권법 및 구선물법을 통하여 상당한 수준의 규제체계를 이미 마련하고 있었다고 평가할 수 있다.

3. 자본시장법상의 시세조종 규제

자본시장법은 구증권법과 구선물법을 통합한바, 각 법이 기존에 규제하고 있던 시세조종 부분들이 자연스럽게 자본시장법 안으로 계수·통합되었다. 자본시장법상에서 볼

1) KOSPI200 주가지수선물시장은 1996. 5. 3.에, KOSPI200 주가지수옵션시장은 1997. 7. 7.에 각각 증권거래소에 개설되었는데, 주가지수선물·옵션은 증권으로 의제되어 이들 거래와 관련한 시세조종행위는 당시 증권거래법의 규제를 받는 체계였다.

수 있는 시세조종 규제는 기본적으로 구법들의 체계와 내용을 그대로 수용하였기 때문에 구법들과 크게 다르지 않으나 다음과 같은 점에서 차이를 발견할 수 있다.

첫째, 구증권법에서는 다양한 시세조종이나 기타 사기적 부정거래를 규제하기 위하여 법 제188조의4 제 4 항에서 소위 '포괄적 사기금지 조항'을 두고 있었는데, 자본시장법은 구증권법 제188조의4 제 4 항을 보완하여 보다 완전한 의미의 포괄적 사기금지 조항으로 작동할 수 있도록 제178조를 별도로 독립된 조항으로 분리·신설하였다. 이는 향후 예상되는 금융시장의 고도화 및 금융상품의 다양화에 따른 대비라고 볼 수 있다. 또한 그동안 구조항의 한계가 지적되면서 우리도 미국의 SEC Rule 10b-5와 같은 포괄적 사기금지 조항이 필요하다는 기존의 많은 논의의 결실이라 평가할 수 있다.[1)]

둘째, 연계 불공정거래와 관련하여 자본시장법은 현물과 현물을 연계한 불공정거래를 규제할 수 있도록 보완되었다. 이는 자본시장법상 파생결합증권이 증권으로 분류되면서 파생결합증권의 기초자산인 증권과 파생결합증권을 연계하여 이득을 취하는 현·현 연계 시세조종행위를 규제할 필요가 있기 때문이다.

현·선을 연계한 불공정거래는 순방향이나 역방향 모두 구선물법에 의해 규제되고 있었기 때문에 자본시장법 제176조 제 1 호와 제 2 호의 규정이 새로운 것은 아니다. 오히려 구선물법은 시행령 제 7 조 제 2 호에서 '선물거래 대상품목'으로 이득 취득의 대상을 일반상품까지 포함하고 있는 반면 자본시장법은 '증권'으로만 제한하고 있어, 구선물법 취지와 같이 일반상품까지 포함할 수 있도록 하기 위하여 2009. 2. 4.에 자본시장법이 개정된 바 있다.

한편, 연계거래의 경우 2013. 8. 개정시 파생상품과 파생상품 간 연계거래인 선·선 연계 불공정거래도 금지규정에 추가됨으로써, 우리 자본시장법은 현·현, 현·선(순방향 및 역방향), 선·선연계 등 모든 형태의 연계 불공정거래행위가 빠짐없이 열거되어 제도적 완결성을 이루었다. 이와 같이 연계거래 관련 이론상 가능한 모든 형태의 연계 불공정거래 행위에 대한 규제체계를 수립한 사례는 세계적으로 유례를 찾아볼 수 없을 만큼 선진적인 입법례라 할 것이다.

2013. 4월, 정부는 주가조작을 엄단하라는 대통령 특별지시에 따라 범정부 합동으로

---

1) 구증권법 제188조의4 제 4 항의 포괄적 사기금지조항으로서의 성격과 관련해서는 "위계" 등의 문구와 다른 조항과의 차별화된 구성요건을 감안할 때 SEC Rule 10b-5와 같은 포괄적 사기금지규범으로 충분하다라는 의견과, Rule 10b-5와 같은 기능을 하기에는 요건이 제한적이고 시장이 날로 고도화되는 점을 감안할 때 보다 포괄적인 조항이 별도로 필요하다는 의견이 대립하였다. 부정거래와 같은 별도의 포괄적 사기금지규정의 필요성을 부인하는 견해로는 성희활, "사기적 부정거래에서 '위계'의 적용문제," 「증권법연구」 제 8 권 제 1 호(2007), 81쪽 등이 있었고, 부정거래 조항의 필요성을 인정하는 견해로는 한국증권법학회, 「증권산업의 경쟁력 강화 등을 위한 증권-선물거래법의 통합에 관한 연구」, 증권업협회 연구용역보고서, 2005. 9. 8, 207-209쪽; 김정수, 「현대증권법원론」, 박영사, 2002, 754쪽; 서종남, "증권거래의 시세조종의 규제에 관한 연구," 건국대학교 박사학위논문, 1999, 243-245쪽; 임재연, 「증권거래법(개정 2 판)」, 박영사, 2004, 458쪽 등이 있었다.

“주가조작 등 불공정거래 근절 종합대책”을 발표하였다.[1] 동 종합대책의 주요 골자는 다음과 같다. 먼저 인지단계에서는, 불공정거래 적출을 위한 사이버 시장감시 인프라를 한국거래소에 구축·운영하고, 새로운 주문식별정보 확보 수단도 마련하는 한편, 불공정거래에 대한 제보 인센티브를 대폭 강화하기로 하였다. 다음으로 조사·수사단계에서는 첫째, 금융위 내 조사전담부서를 신설하여 조사기능을 강화하고 Fast Track 제도를 운영하기로 하였다. Fast Track 제도란 거래소에서 적출된 사건을 조사 전담부서에서 우선 분석하여 검찰의 강제수사가 즉시 필요한 ‘긴급사건’으로 판단될 경우, 증선위원장이 검찰에 바로 수사 통보하여 처리하는 것을 말한다. 둘째, 조사(금융감독원)·심리(한국거래소)기관협의회를 활성화하여 사건을 ① 중대사건, ② 중요사건, ③ 일반사건으로 분류하여 중대사건은 긴급사건과 마찬가지로 Fast Track으로 처리하기로 하였다. 셋째, 관계기관이 참여하는 증권범죄 합동수사단을 검찰에 설치하여 주요사건에 대해 단기간 내에 집중적이고 신속한 수사를 하겠다고 하였다. 넷째, 금융위원회의 조사공무원과 금융위원회 조사부서에 파견 근무하는 금융감독원 직원을 제한적으로 특별사법경찰관(특사경)으로 지명하여 통신사실 조회, 출국금지 등 효율적 조사가 가능하도록 추진하기로 하였다. 조치(제재) 단계에서는 우선, 자본시장법을 개정하여 징역형이 선고될 경우 벌금형이 필요적으로 병과되도록 하고 몰수·추징도 의무화하여 부당이득을 최소 2배 이상 환수하도록 하겠다고 하였다. 또한, 신종 ‘시장질서 교란행위’에 대한 과징금 규제를 신설하여 현행 형사처벌 대상인 불공정거래행위보다 그 정도가 약한 신종 시장질서 교란행위에 대한 규제 공백을 제거하겠다는 방침이다. 마지막으로 사후 조치 단계에서, 부처간 협업 및 과징금 징수율 제고를 위해 자본시장법에 국세과세 정보요구권을 신설하여 체납 과징금의 징수율을 제고하는 한편, 주가조작 등 불공정거래로 인해 피해를 입은 투자자의 민사소송을 지원하는 ‘투자자 소송 지원 센터’를 거래소에 구축하고 증권관련 집단소송의 대상 및 요건을 확대하는 방안도 추진하기로 하였다.[2]

이 종합대책에 따라 그 후 관계기관에 특별기구가 설치되었는데, 검찰에는 ‘증권범죄 합동수사단’, 금융위에는 ‘자본시장조사단’, 금융감독원에는 ‘특별조사국’, 한국거래소에는 ‘특별심리부’ 등이다.

4. 미국에서의 시세조종 규제

(1) 1934년법 제 9 조와 제10조(b)

미국의 경우 ‘시세조종’(manipulation or manipulative)을 규제하기 위하여 1934년법 제 9

---

1) 금융위원회·법무부(검찰)·국세청·금융감독원·한국거래소, “주가조작 등 불공정거래 근절 종합대책,” 2013. 4. 18.

2) 이상은 성희활, “영화 ‘작전’에 대한 금융법 및 자본시장법적 고찰,” 「KRX Market」, 한국거래소, 2013. 6 참조.

조를 제정하면서, 시세조종에 대한 정의를 내리지 않고 시세조종의 유형에 대해 규정하는 방식을 채택하였다. 미국의 1934년법 제 9 조의 내용은 우리 자본시장법 제176조와 내용이 매우 유사한데, 이는 우리 법이 미국의 법을 모델로 하고 있기 때문이다. 미국 1934년법 제 9 조(a)는 통정매매, 가장매매, 현실거래에 의한 시세조종, 허위표시에 의한 시세조종을 열거하며 금지하고 있다. 또한 제 9 조(b)는 주식옵션과 주식선물에 대한 시세조종 등을 금지하고 있다. 또한 이들 조항 이외에도 1934년법 제10조(b)는 포괄적으로 증권거래와 관련한 모든 사기적 행위를 금지하고 있다. 이 두 개의 조항이 시세조종을 규제하는 근간이지만, 이외에도 1934년법 제15조(c)를 통해서 장외시장에서의 브로커-딜러의 사기적 거래행위를 금지하고 있다.

그런데 미국에서 시세조종이나 증권사기소송의 대부분은 제 9 조보다는 제10조(b)를 근거로 해서 이루어졌는데, 이는 제 9 조가 요구하는 구성요건이 제10조(b)보다 엄격하고, 또한 손해배상책임을 규정하는 제 9 조(e)도 엄격하기 때문이다. 따라서 미국은 시세조종이나 증권사기소송이 제10조(b) 및 SEC Rule 10b-5를 통해 다투어졌고, 시세조종 또는 사기적 행위의 구성요건 등을 제10조(b) 및 SEC Rule 10b-5의 해석을 통해 추출해내는 과정을 겪게 되었다. 이와 함께 제10조(b) 및 SEC Rule 10b-5가 표현하는 "Manipulative" 및 "Deceptive Devices"의 개념에 대한 논쟁이 핵심을 이루었고, 이러한 논쟁을 통해 시세조종 또는 사기적 행위에 대한 개념 또는 정의가 확립되는 과정을 경험하였다.

이처럼 제정법이 시세조종에 대한 정의를 직접 내리고 있지는 않지만, 1934년법의 입법취지를 담고 있는 상원보고서는 "이 법의 목적은 증권거래소가 조작되지 않은 가격에서 공급과 수요가 자유롭게 만날 수 있는 공개된 증권시장을 구축한다는 증권거래소의 기본적인 기능이 제대로 이루어 질 수 있도록 하기 위한 것"[1]이라고 밝히고 있다. 즉 증권거래소에게 증권시장을 운영함에 있어서 인위적으로 조작된 가격으로 증권이 거래되지 않도록 시장을 관리할 책임을 부여하면서, 입법자는 입법 당시 시세조종에 대한 정의를 간접적으로 보여주고 있다.

(2) 판례의 입장

미국의 경우 이처럼 연방법이나 SEC 규칙에서 시세조종의 개념에 대해 정의를 내리지 않고 있지만, 시세조종에 대한 다양한 정의가 법원의 판결을 통해서, 그리고 학자들 사이에서 논의되면서 시세조종에 대한 보다 명확한 개념을 가지게 되었다.

연방대법원은 시세조종과 관련한 여러 판결에서 시세조종에 대한 정의를 내렸는데,

1) Senate Report No. 1455, 73d Congress. 2d Sess. 81(1934), Josep Goldstein, Sarah Ackerso and Laura Novak, An Overview of Market Manipulation : Legal and Practical Aspects, c62 ALI-ABA 157, 160 (1991)에서 재인용.

먼저 1976년 Ernst & Ernst 사건에서 "시세조종(manipulation)은 주가에 인위적으로 영향을 미침으로 인해서 투자자들을 기망(欺罔)하거나 사기(詐欺)를 위한 의도적 또는 고의적인 행위"로 정의하였다.1)

그리고 1년 후에 있었던 Sante Fe 사건에서 연방대법원은 다시 "시세조종이란 증권시장과 관련하여 사용되는 용어인데, 일반적으로 시장의 움직임에 인위적인 영향을 미침으로써 투자자들을 오해에 빠뜨리기 위한 행위들, 즉 가장매매, 통정매매, 가격고착 등과 같은 행위들"이라고 정의를 내렸다.2) 다른 말로 표현한다면, 시세조종이란 증권시장에서 인위적으로 주가를 통제함으로써 투자자를 속이려는 의도로 볼 수 있다. 따라서 통정매매(通情賣買)나 가장매매(假裝賣買)에 국한하지 않고 시장의 자유로운 기능을 변경시키려는 모든 인위적인 행동에 대해 연방대법원은 시세조종이라고 보고 있는 것이다. 이어 1979년의 Hundahl 사건에서 텍사스 지방법원은 시세조종에 대해 "실제적인 수요 및 공급과는 관계없이 특정한 시장의 움직임이 발생하도록 시장에 허위의 정보를 퍼뜨리거나 주가 자체를 조작하는 행위를 포함한다"라고 판결하였다.3)

1934년법 제10조(b)의 "manipulative device"가 위와 같이 '가장매매'(wash sales), '통정매매'(matched orders), 기타 '인위적 시세상승'(rigged price) 등 전통적인 시장에서의 시세조종 행위를 의미하는 반면, 동항의 "deceptive device"는 보통법상의 사기에서 요구되는 '기망'(deception), '부실표시'(misrepresentation) 또는 '불공시'(non-disclosure)가 있어야 할 것을 요구하였다. 만약 이러한 요소가 없었을 경우, 이는 단순한 '신의칙(信義則) 위반'(breach of fiduciary duty)에 불과하며 1934년법 제10조(b) 또는 SEC Rule 10b-5에 의한 소송의 대상이 되지 못한다. 시장에서의 시세조종행위는 '사기적 행위'(deception)에 포함된다.4)

5. 영국과 유럽에서의 시세조종 규제

영국 등 유럽에서는 형사범죄로서의 시세조종과 별도로 비형사범으로서 행정제재의 대상이 되는 시장남용행위(Market abuse)라는 개념과 규제체계를 가지고 있다. 영국의 경우 EU보다 먼저 금융서비스시장법(FSMA 2000)을 통해서 시장에서의 시세조종과 미공개중요정보 이용 관련 불건전한 행위를 규제하고 있었다. 한편 EU는 2003. 1. 28, 영국의 규제

1) Ernst & Ernst v. Hochfelder, 245 U.S. 185, 199(1976).

2) Santa Fe Indus. v. Green, 430 U.S. 462, 477(1977). "Manipulation is virtually a term of art when used in connection with securities markets. The term refers generally to practices, such as wash sales, matched orders, or rigged prices, that are intended to mislead investors by artificially affecting market activity."

3) Hundahl v. United Benefit Life Insurance Compnay, 465 F. Supp. 1349, 1360(N.D. Tex. 1979).

4) 보통법하에서 모든 형태의 '조작'(manipulation)은 '사기'(fraud)에 속한다(Manipulation is a species of fraud). Frank Easterbrook, "Monopoly, Manipulation. and the Regulation of Futures Market," 59 Journal of Bus. L., 103 106(1986). 즉 증권시장에서의 사기 개념은 시세조종보다 큰 개념으로서 주가조작은 증권사기의 한 부류에 속하는 것으로 이해할 수 있다.

취지나 체계와 거의 동일하게, 「Insider Dealing and Market Manipulation Directive」[1]를 제정하여 회원국들이 시장남용행위를 예방·적발하고 모든 시장참가자에게 평등한 정보 접근성을 보장하는데 있어 필요한 공동지침을 제시하였다. 영국은 이러한 EU 지침을 받아들여 2005년에 이전의 FSMA 2000을 수정하여 보다 강하게 시장남용행위를 규제하는 체제를 마련하였다. 영국의 FSMA 2000 제118조에서 규정하는 시장남용행위의 내용은 다음과 같다.

(1) 다음과 같은(특정인 혼자 또는 2명 이상의 자가 연대하여 또는 공모하여 행한 행위)

ⅰ) 규정된 시장에서 거래되는 또는 거래가 허용된 적격투자상품과 관련하여 발생하는 행위 또는 해당 시장에서 행해진 거래에 대한 허용요청과 관련하여 발생하는 행위, 그리고

ⅱ) 다음의 (2) 내지 (8)에서 열거된 행위유형 중 하나 또는 그 이상에 해당하는 행위

(2) 적격투자상품과 연관된 내부정보에 입각하여 해당 적격투자상품 또는 관련 투자상품을 거래 또는 거래를 시도하는 내부자

(3) 고용, 직업 또는 직무상 적절한 과정 이외의 타인에게 내부정보를 고지하는 내부자

(4) 앞의 (1) 또는 (2) 이외에,

ⅰ) 일반적으로 공개되지는 않았으나 시장의 일반투자자가 알게 되었을 때 적격투자상품 또는 관련 투자상품에 대한 투자판단에 영향을 끼치는 (또는 영향을 끼칠 가능성이 있는) 정보에 입각한 행위

ⅱ) 시장의 일반투자자가 판단하였을 때 시장상황에 따라 합리적으로 기대되는 행위기준에 부합되지 않을 수 있는 행위

(5) 하나 또는 그 이상의 적격투자상품 또는 관련 투자상품의 수요·공급·가격·가치에 영향을 미치거나 거짓 또는 오해를 유발할만한(시장관행으로 받아들여지지 않는) 거래 또는 거래주문에 영향을 미치거나 영향을 미치는데 가담하는 행위

(6) 사기적 수단 또는 일체의 기타의 사기적 행태, 계략을 이용한 거래주문에 영향을 미치거나 영향을 미치는데 가담하는 행위

(7) 해당 정보가 거짓 또는 오해를 유발할 것이라고 알고 있는 또는 합리적으로 알 수 있을 것이라고 기대되는 자가 적격투자상품 또는 관련 투자상품에 대한 거짓 또는 오해를 유발하는 인쇄물을 제공 또는 제공하려고 하는 일체의 수단을 통한 정보유포행위

(8) 시장남용혐의가 제기된 자가 합리적으로 기대하는 행위기준에 미달하는 오해유발 또는 시장왜곡행위

위의 (2) 및 (3)은 EU의 내부자거래 금지 내용을 그대로 수용한 반면, (4) 및 (8)은

1) 이를 보통 'Market Abuse Directive'라고 한다.

EU의 시장남용지침에 없는 내용을 영국만이 독자적으로 규정한 것들이다. 영국의 경우 (4) 및 (8)과 관련하여 이전부터 규제하고 있었는데 EU 지침을 수용하면서 EU 지침에는 없지만 (4)와 (8)을 계속 유지함으로써 이들 조항들이 EU의 기준을 넘어 정보의 오용 및 시장의 왜곡행위를 엄격하게 금지하는 초과조항(gold-plating)으로 작동할 수 있도록 하였다.[1] 주목할 부분은 기존에 없던 부정거래를 (6)에 추가하였다는 점이다.

위에서 살펴본 것처럼, 영국을 비롯하여 EU 회원국들은 과거보다 내부자거래나 시세조종 행위에 대해 엄격한 규제체계를 정비하였다고 평가할 수 있다. 이는 글로벌 금융시장간 경쟁에서 자국의 증권·파생상품시장의 건전성을 제고하여 시장의 경쟁력을 강화하기 위한 노력의 일환으로 평가할 수 있다.

Ⅲ. 시세조종규제의 필요성 논쟁

1. 규제에 대한 비판과 불필요성 이론

시세조종에 대한 규제의 역사가 자본시장의 역사만큼이나 오래되었지만, 시세조종에 대한 규제가 불필요하다는 일부의 주장도 있다. 이러한 주장은 미국 시카고 대학의 Fishel과 Ross에 의해서 대표된다.[2] 비판론은 비록 시세조종에 대한 일반적인 정의가 가능하다 하더라도 실제적인 문제로 들어가면 시세조종은 정확한 개념 정의를 내리기 어려운 매우 기술적이고도 복잡한 내용을 가지고 있다는 것이다. 따라서 이러한 문제들이 해결되기 어려운 이상 시세조종을 법으로 규제하는 것이 바람직하지 않다고 주장한다.

예를 들어, 정당한 거래와 정당하지 않은 거래를 어떻게 구별할 것이며, 주가가 어느 시점부터 조작된 것으로 볼 수 있는 것이며, 어떤 것이 진정한 가격인지 애매하다는 것이다.[3] 시세조종의 주요 구성요건을 형성하는 '개입'(interference)의 개념도 분명하지 않으며, 또한 '거래의 유인'(inducement of trading)도 그 개념이 너무 '광범위'(overbroad)하다는 것이다.[4] 또한 거래의 가격은 수많은 매도 및 매수들이 만나서 형성이 되는 것인데, 이 과정에서 특정 거래자가 어느 정도 인위적인 영향을 미쳤는지를 분석해 낸다는 것은 거의 불가능하다고 주장한다.[5] 그리고 인위적인 가격의 변동이 반드시 나쁜 것은 아니라고 한다.[6] 이러한 비판론은 주로 시세조종의 정의를 구성하는 개념들이 정확성을 결여

1) Barry Rider, Kern Alexander, Lisa Linklater & Stuart Bazley, Market Abuse and Insider Dealing(2nd ed.) 73, Tottel publishing.
2) Daniel Fischel & David Ross, "Should the Law Prohibit "manipulation" in Financial Market," 105 Harv. L. Rev. 503, 507(1991).
3) Ibid.
4) Ibid.
5) Ibid.
6) 이러한 예로서 Fishel 교수는 발행회사에 의한 자사주 매입의 경우를 예로 들고 있다. 발행회사가 자

하고 있다는 사실에 근거를 두고 있다.

2. 우리나라에서의 규제 불필요성 주장

1999년 5월, '현대전자 주가조작 사건'이 우리 증권시장에서 이슈가 되었을 때 시세조종은 그 정의를 형성하는 개념들이 모두 객관적으로 증명하기 어려운 것들이며, 따라서 시세조종과 정상적인 거래 간의 구별이 불가능한바, '현대전자 주가조작 사건'이 다른 목적으로 이용되는 것이 아닌가 라고 의문을 제기한 글이 발표되었다.[1)] 이 글의 내용은 당시 증권거래법이 금지하고 있는 시세조종의 구성요건들이 증명하기 어려운 '추상적'인 개념들이기 때문에 이를 법적으로 규제한다는 것은 무리라고 주장하였다. 즉 정상적인 거래와의 구분이 어렵다는 것과 시세조종의 목적성은 사람의 마음속에 존재하는 것으로서 증명 여부가 불가능하다는데 주장의 근거를 두고 있다. 이 글에서 제기한 시세조종 규제의 '모호성' 또는 '추상성' 주장은 Fishel과 Loss가 제기한 의견과 거의 동일하다.

3. 소　　결

위에서 언급한 비판론이 주장하는 것처럼 시세조종의 구성요건이 기술적인 문제들을 포함하고 있어 정확한 개념들을 제시하지 못하는 것처럼 보이고 또한 시세조종으로 인한 손해배상액을 산정함에 있어서 피고의 행위 이외의 다른 요소들이 주가에 영향을 미친 요소들을 구분해 내는 것이 쉬운 일이 아니지만, 특정한 행위가 시세조종 행위에 해당되느냐 여부를 판단하는 문제는 어려운 문제가 아니다.

먼저, 비판론은 시세조종의 구성요건을 형성하고 있는 '유인', '개입', '목적성', '허위표시' 등이 모호한 개념이라고 주장하지만, 정상적인 투자자의 거래패턴과 시세조종자들의 거래패턴은 대부분 확연히 구분된다. 즉 시세조종자들은 정상적인 거래자들이라면 당연히 하지 않을 거래행위들을 할 수밖에 없는데, 예를 들어 집중적인 통정·가장매매, 순차적 고가매수, 매도주문 후 집중적인 허수매수주문 행위 등을 들 수 있는데, 이러한 거래행위들이 특정 계좌들을 중심으로 빈번하게 등장할 때 이러한 행위들을 시세조종 행위로 추정하여도 무리가 없다.[2)]

사주를 매입하는 것은 해당 주식이 저평가되었다는 사실을 투자자들에게 알리는 의미를 가지고 있다. 이처럼 자사주 매입은 주가를 상승시키는 효과가 있으며, 자사주 매입으로 인한 주가 상승을 "인위적"인 조작이라고 할 수 없다는 것이다. Daniel Fishel & David Ross, id., at 508.

1) 김정호, "주가조작에 대하여," 「Opinion Leader's Digest」, 자유기업센터, 1999. 5. 14; "주가조작, 정치적 악용 공방"(대한매일 1999. 5. 15) 참조.

2) Hubert de Vauplane and Odile Simart는 시세조종의 개념이 비록 복잡하고(complex) 애매한(ambiguous) 면이 있지만, 다음과 같은 대표적인 시세조종의 유형을 들면서 이러한 행위들이 시세조종이 아니고 무엇이냐고 반문하고 있다. 예를 들어, boiler practice(투자자에게 강압적인 매수추천을 통해서 주식을 매수토록 권고하는 행위), 주가를 사전에 매입해 놓고 주가를 끌어올린 다음에 팔고 나오는 행위, 주가가 빠질 만한 허위정보를 공시하고 주가가 빠지면 저렴한 가격에서 매입하는 행위, M&A에서 유리

또한, 증거와 관련하여 시세조종의 구성요건으로 '목적성'과 같은 주관적인 요소가 요구되는데, 현실적으로 이러한 목적 여부에 대한 직접적인 증거를 확보하는 것은 어려운 일이다. 그러나 증권거래의 특성상 '간접증거' 즉 '정황증거'에 의해서 그러한 목적성이 추정될 수 있으며, 이는 특히 시세조종 사건의 경우에 오래 전부터 인정되어 왔다.

미국 SEC는 Pagel 사건에서 "시세조종의 증명은 항상 많은 세부적인 사실로부터의 추정에 의존한다. 사실인정은 매매패턴, 명백한 비정상적인 거래 및 기타 거래자료로서 이루어져야 한다. 이러한 모든 것을 고려할 때 자유로운 시장에 개입한 시세조종을 추정할 수 있다"라고 결정하였다. 이에 대해 브로커·딜러였던 Pagel은 항소하였는데, 항소법원의 Wollman 판사는 SEC의 결정은 정당하다고 인정하였다.[1)]

특히, 미국의 경우 주가를 상승시키고자 적극적인 행위를 한 자가 주가의 상승으로 인해 "상당하고, 직접적인 금전적 이득"(substantial, direct pecuniary interest)을 가지는 경우 'prima facie case'라 하여 증명책임이 혐의자에게 넘어가며, 그는 자신이 시세조종의 의도가 없었다는 사실을 반증하여야 한다.[2)] 그러나 'prima facie case'가 단지 직접적인 경제적 이해관계를 가지고 있는 경우에만 적용될 수 있는 것은 아니며, 시세조종 행위의 목적으로 추정될 수 있는 기타 행위들에 대해서도 적용될 수 있다.[3)]

미국의 법원들은 지난 수십년 동안 이러한 정황증거를 가지고 시세조종을 처벌하여 왔으며, 우리 법원도 동일한 입장에서 시세조종 사건을 처벌해 왔다.[4)] 따라서 시세조종 개념의 모호성 또는 증명의 불가능 등을 이유로 시장의 자유롭고 공정한 질서를 교란하고 파괴하는 증권범죄인 시세조종에 대한 규제의 불필요성을 주장하는 논리는 인정되기 어렵다.

한 입장에 서기 위하여 주가를 끌어올리는 행위, 종가를 끌어올려 다음날의 주가에 인위적인 영향을 미치려는 행위 등을 들고 있다. Hubert de Vauplane, 전게논문, at 238-239(1997).

1) Pagel v. SEC, 803 F.2d 942(8th Cir. 1986).

2) Crane Co. v. Westinghouse Air Brake Co., 419 F.2d 787, 795(2d Cir. 1969).

3) 'prima facie doctrine'에 대해서는 후술한다.

4) 시세조종의 추상성과 증명문제에 대해서는 미국 SEC v. Collins Securities Co., 562 F.2d 822 (D.C. Cir. 1977) 사건 참조. 이 사건에서 항소법원은 1934년법상 시세조종의 개념적 모호성이나 정확성의 결여는 불가피하며, 따라서 시세조종 혐의의 증명에 있어서 정황증거를 사용하는 것은 합리적이라고 판결하였다. 우리 법원도 '현대전자 시세조종 사건'에서 피고의 특정한 주문행위가 시세조종의 목적을 가지고 있다고 보는데 무리가 없다고 판시하였다.

제176조(시세조종행위 등의 금지)

① 누구든지 상장증권 또는 장내파생상품의 매매에 관하여 그 매매가 성황을 이루고 있는 듯이 잘못 알게 하거나, 그 밖에 타인에게 그릇된 판단을 하게 할 목적으로 다음 각 호의 어느 하나에 해당하는 행위를 하여서는 아니 된다.

1. 자기가 매도하는 것과 같은 시기에 그와 같은 가격 또는 약정수치로 타인이 그 증권 또는 장내파생상품을 매수할 것을 사전에 그 자와 서로 짠 후 매도하는 행위
2. 자기가 매수하는 것과 같은 시기에 그와 같은 가격 또는 약정수치로 타인이 그 증권 또는 장내파생상품을 매도할 것을 사전에 그 자와 서로 짠 후 매수하는 행위
3. 그 증권 또는 장내파생상품의 매매를 함에 있어서 그 권리의 이전을 목적으로 하지 아니하는 거짓으로 꾸민 매매를 하는 행위
4. 제1호부터 제3호까지의 행위를 위탁하거나 수탁하는 행위

② 누구든지 상장증권 또는 장내파생상품의 매매를 유인할 목적으로 다음 각 호의 어느 하나에 해당하는 행위를 하여서는 아니 된다. [개정 2013. 5. 28] [시행일 2013. 8. 29]

1. 그 증권 또는 장내파생상품의 매매가 성황을 이루고 있는 듯이 잘못 알게 하거나 그 시세(증권시장 또는 파생상품시장에서 형성된 시세, 다자간매매체결회사가 상장주권의 매매를 중개함에 있어서 형성된 시세, 그 밖에 대통령령으로 정하는 시세를 말한다. 이하 같다)를 변동시키는 매매 또는 그 위탁이나 수탁을 하는 행위
2. 그 증권 또는 장내파생상품의 시세가 자기 또는 타인의 시장 조작에 의하여 변동한다는 말을 유포하는 행위
3. 그 증권 또는 장내파생상품의 매매를 함에 있어서 중요한 사실에 관하여 거짓의 표시 또는 오해를 유발시키는 표시를 하는 행위

③ 누구든지 상장증권 또는 장내파생상품의 시세를 고정시키거나 안정시킬 목적으로 그 증권 또는 장내파생상품에 관한 일련의 매매 또는 그 위탁이나 수탁을 하는 행위를 하여서는 아니 된다. 다만, 다음 각 호의 어느 하나에 해당하는 경우에는 그러하지 아니하다.

1. 투자매매업자(모집 또는 매출되는 증권의 발행인 또는 소유자와 인수계약을 체결한 투자매매업자로서 대통령령으로 정하는 자에 한한다. 이하 이 조에서 같다)가 대통령령으로 정하는 방법에 따라 그 증권의 모집 또는 매출의 청약기간의 종료일 전 30일의 범위에서 대통령령으로 정하는 날부터 그 청약기간의 종료일까지의 기간 동안 증권의 가격을 안정시킴으로써 증권의 모집 또는 매출을 원활하도록 하기 위한 매매거래(이하 이 항에서 "안정조작"이라 한다)를 하는 경우
2. 투자매매업자가 대통령령으로 정하는 방법에 따라 모집 또는 매출한 증권의 수요·공급을 그 증권이 상장된 날부터 6개월의 범위에서 대통령령으로 정하는 기간 동안 조성하는 매매거래(이하 이 항에서 "시장조성"이라 한다)를 하는 경우
3. 모집 또는 매출되는 증권 발행인의 임원 등 대통령령으로 정하는 자가 투자매매업자에게 안정조작을 위탁하는 경우
4. 투자매매업자가 제3호에 따라 안정조작을 수탁하는 경우
5. 모집 또는 매출되는 증권의 인수인이 투자매매업자에게 시장조성을 위탁하는 경우

6. 투자매매업자가 제 5 호에 따라 시장조성을 수탁하는 경우

④ 누구든지 증권, 파생상품 또는 그 증권·파생상품의 기초자산 중 어느 하나가 거래소에 상장되거나 그 밖에 이에 준하는 경우로서 대통령령으로 정하는 경우에는 그 증권 또는 파생상품에 관한 매매, 그 밖의 거래(이하 이 항, 제177조 및 제443조 제 1 항 제 7 호에서 "매매등"이라 한다)와 관련하여 다음 각 호의 어느 하나에 해당하는 행위를 하여서는 아니 된다. [개정 2009. 2. 3, 2013. 5. 28] [시행일 2013. 8. 29]

1. 파생상품의 매매등에서 부당한 이익을 얻거나 제삼자에게 부당한 이익을 얻게 할 목적으로 그 파생상품의 기초자산의 시세를 변동 또는 고정시키는 행위
2. 파생상품의 기초자산의 매매등에서 부당한 이익을 얻거나 제삼자에게 부당한 이익을 얻게 할 목적으로 그 파생상품의 시세를 변동 또는 고정시키는 행위
3. 증권의 매매등에서 부당한 이익을 얻거나 제삼자에게 부당한 이익을 얻게 할 목적으로 그 증권과 연계된 증권으로서 대통령령으로 정하는 증권 또는 그 증권의 기초자산의 시세를 변동 또는 고정시키는 행위
4. 증권의 기초자산의 매매등에서 부당한 이익을 얻거나 제삼자에게 부당한 이익을 얻게 할 목적으로 그 증권의 시세를 변동 또는 고정시키는 행위
5. 파생상품의 매매등에서 부당한 이익을 얻거나 제삼자에게 부당한 이익을 얻게 할 목적으로 그 파생상품과 기초자산이 동일하거나 유사한 파생상품의 시세를 변동 또는 고정시키는 행위

Ⅰ. 개 관

자본시장법은 제176조에서 크게 6가지의 시세조종 유형을 열거하면서 증권시장 및 장내파생상품시장에서 공정한 가격의 형성을 저해할 수 있는 일련의 행위들을 금지하고 있다. 이들 유형들은 구증권법과 구선물법에서 규정하고 있는 유형들을 그대로 계수한 것들이라 할 수 있다. 법 제176조에서 열거하고 있는 시세조종 유형을 구체적으로 살펴보면, (i) 통정매매와 가장매매, (ii) 현실거래에 의한 시세조종, (iii) 허수호가에 의한 시세조종, (iv) 허위표시에 의한 시세조종, (v) 시세의 안정 또는 고정행위, (vi) 연계에 의한 시세조종을 들 수 있다.

법 제176조는 구법들의 시세조종 체계를 대체로 계수하였지만 다음과 같은 부분에서 차이가 있다.

(1) 연계 시세조종 규제 보완을 들 수 있다. 자본시장법은 파생결합증권을 증권으로

정의하였고, 따라서 파생결합증권의 기초자산인 증권과 해당 파생결합증권을 연계한 불공정거래의 개연성이 존재하는 바, 이를 규제하기 위하여 제176조 제 4 항 제 3 호를 마련하였다. 2013년 개정법은 선·선연계 불공정거래도 규제범위에 포함시킴으로써 존재 가능한 모든 형태의 연계거래가 규제대상이 되었다.

(2) 통정매매와 가장매매의 경우 '목적성' 요건 부분이다. 구증권법은 '목적성'을 구성요건으로 요구하였지만, 구선물법에서는 '목적성'을 구성요건으로 요구하지 않았다. 이는 선물거래의 특성상 '목적성'이 크게 중요하지 않았기 때문이다. 자본시장법에서는 두 법을 통합하면서 '목적성' 요건을 명시함으로써 구증권법 방식으로 통일하였다. 따라서 장내파생상품의 통정·가장매매의 경우에도 목적성을 요구함으로써 구선물법 체제보다 규제가 상당히 완화되었다. 이러한 입법이 바람직한지에 대해 논쟁이 있을 수 있는데, 이에 대해서는 관련된 부분에서 자세히 후술한다.

(3) 구증권법 제188조의4 제 4 항을 보완하였다. 동 조항은 소위 '포괄적 사기금지 조항'으로 활용되어 왔지만, 보다 완전한 의미의 포괄적 사기금지 조항으로 작동할 수 있도록 「제 2 장 시세조종행위 등의 규제」에 속하는 제176조의 체계와 분리하여 독립된 「제 3 장 부정거래행위」라는 제목 하에 제178조를 신설하였다. 이는 제176조의 유형별 규제로 커버하기 어려운 다양한 형태의 불공정거래 행위들을 규제하기 위한 것이다. 또한 제178조는 증권의 모집·사모·매출도 규제대상으로 명시하여 발행시장에서의 부정거래까지도 포괄할 수 있도록 하였다. 향후 자본시장법의 시행 이후 증권시장 및 파생상품시장의 고도화로 인해 더욱 다양한 금융투자상품과 기법들이 시세조종 행위들과 연계될 개연성이 높은바, 이를 적절히 규제하기 위해 기존의 제188조의4 제 4 항을 계수하면서 발전적으로 수정·보완한 것이다.

Ⅱ. 위장거래에 의한 시세조종

1. 의　　의

자본시장법 제176조 제 1 항은 누구든지 상장유가증권 또는 장내파생상품의 매매에 관하여 그 매매가 성황을 이루고 있는 듯이 잘못 알게 하거나, 그 밖에 타인에게 그릇된 판단을 하게 할 목적으로, (i) 자기가 매도(매수)하는 것과 같은 시기에 그와 같은 가격 또는 약정수치로 타인이 그 증권 또는 장내파생상품을 매수(매도)할 것을 사전에 그 자와 짠 후 매도하는 행위(동조 1항 1호-2호), (ii) 그 증권 또는 장내파생상품의 매매를 함에 있어서 그 권리의 이전을 목적으로 하지 아니하는 거짓으로 꾸민 매매를 하는 행위(3호), 그리고 (iii) 이러한 행위를 위탁하거나 수탁하는 행위(4호)를 금지하고 있다. 여기서 (i)은 통정매매, (ii) 가장매매라 한다. 그리고 이 둘은 통칭하여 실무적으로 위장거래라 부른다.

통정매매와 가장매매를 규제하는 기본적인 목적은 다른 시장참여자에게는 독립적인 매수인 및 매도인에 의해서 거래가 이루어진 거래와 구분할 수 없는 기록상의 거래를 만들어 내는 것으로써 다른 투자자들을 오인시킬 수 있기 때문이다. 통정매매나 가장매매는 일부 예외적인 경우를 제외하고는 그 자체만으로 시장을 교란시키려는 악의적인 행동으로 볼 수 있다. 왜냐하면 정상적인 투자자는 그러한 거래를 하지 않기 때문이다. 자본시장법은 통정매매와 가장매매를 규제함에 있어서 '매매가 성황을 이루고 있는 듯이 잘못 알게 하거나, 그 밖에 타인에게 그릇된 판단을 하게 할 목적'을 요구하고 있는데, 이는 선의의 투자자 또는 선의의 거래가 통정매매나 가장매매의 형태로 이루어질 수 있는바, 이러한 거래들을 규제에서 제외하기 위함이다.

이러한 통정·가장매매는 독자적으로보다는 다른 시세조종의 형태, 특히 현실거래에 의한 시세조종과 결합되어 등장하는 것이 일반적이라 할 수 있다. 이 경우 목적성 요건을 증명하는 것은 어렵지 않다.[1] 그러나 단독으로 통정매매 또는 가장매매가 이루어지기도 하는데, 이 경우에는 목적성 요건을 증명하기가 어렵다. 이는 처음부터 타인을 유인할 목적이 아니라 그러한 독립된 거래 자체로서 특정한 목적으로 달성하기 때문이다.

2. 통정매매

통정매매(matched orders)란 자기가 매도(매수)하는 것과 같은 시기에 그와 같은 가격 또는 약정수치로 타인이 그 증권 또는 장내파생상품을 매수(매도)할 것을 사전에 그 자와 짠 후 매도하는 행위를 말한다. 따라서 통정매매가 성립하기 위해서는 '같은 시기'에 '같은 가격'으로 주문을 내는 행위가 존재하여야 한다. 여기서 '같은 시기'란 반드시 매도와 매수주문이 정확하게 동시에 이루어 질 것을 요구하는 것은 아니다. 예를 들어, 일방의 주문이 먼저 제출되어 기다리는 상황에서 다른 주문이 제출되어 매매가 체결된다면 이를 '같은 시기'에 제출된 주문으로 볼 수 있을 것이다. 그러나 이러한 경우에도 주문 간의 시차가 상당히 벌어져 있다면 문제는 다를 수 있다.[2]

'같은 가격'도 마찬가지로 이해할 수 있다. 매도주문과 매수주문의 가격에 다소 차이가 있더라도 상호 간에 통정한 가격에 매매거래가 실제로 체결되거나, 그와 유사한 가격대에서 체결된다면 '가격의 동일성'을 갖춘 것으로 볼 수 있다. 즉 사전에 통정한 가격에 주문이 체결되는 한, 시기와 주문가격은 다소 차이가 있더라도 통정매매의 성립요건을

1) 현실거래에 의한 시세조종의 경우 대부분의 사안이 통정매매와 가장매매를 상당히 동반한다. 이는 첫째로 시세조종을 위한 작전의 경우 상당한 자금을 필요로 하는데 제한된 자금으로 작전을 하는 경우 통정매매와 가장매매의 사용은 불가피하기 때문이며, 둘째로 많은 자금이 동원된 경우라 하더라도 인위적으로 끌어올려진 가격에서의 거래를 정상적인 거래로 위장하기 위하여 작전세력들은 끌어올려진 가격에서 다시 통정매매와 가장매매를 반복하기 때문이다.

2) 미국의 경우 "at substantially the same time"이라는 용어를 사용하고 있는데, 이는 '동시에' 주문이 제출되지 않고 '실질적으로 동일한 시간' 안에 주문이 제출되어 상호 매매가 이루어졌다면 통정매매의 한 요건을 충족시킨 것으로 간주한다는 의미이다. 1934년법 제 9 조(a)(1) 참조.

충족시킨 것으로 본다. 이처럼 탄력적으로 이해하는 것은 증권시장에서 매도·매수주문 가격이 서로 다르더라도 특정한 가격에 매매를 체결시킬 수가 있기 때문이다. 통정매매의 경우 '주문수량'도 문제가 될 수 있다. 자본시장법은 이에 대해서도 언급이 없으나 주문수량이 정확하게 일치하지 않아도 통정매매로 간주하는데 문제가 되지 않는다.[1)]

3. 가장매매

가장매매(wash sales)란 형식적으로는 거래의 외관을 갖추고 있으나 실질적으로는 권리의 이전을 목적으로 하지 않는 거래를 말한다. 일반적으로 증권 및 장내파생상품의 거래는 권리의 이전을 목적으로 발생하게 된다. 그런데 권리의 이전을 목적으로 증권의 거래가 행해지지 않는 경우는 거래상대방이 서로 짜고 매도한 후 다시 매수하는 등 반대매매에 의하여 거래를 성립시킨다. 보통 이러한 가장매매는 작전세력들이 상호 간에 일정한 계획을 가지고 매도 및 매수주문을 계속해서 제출하는 과정에서 많이 발생한다. 따라서 가장매매는 통정매매를 수반하는 경우가 대부분이다.

이와 관련하여 거래소는 일반적인 경쟁매매의 특례로서 장중대량매매제도라고 하여, 거래 당사자간 미리 합의된 가격으로 매매거래를 체결시켜 주는 제도를 운영하고 있다.[2)] 이 제도는 외형상으로는 가장매매나 통정매매의 모습을 띠고 있으나, 그 매매가 성황을 이루고 있는 듯이 잘못 알게 하거나 그 밖에 타인에게 그릇된 판단을 하게 할 목적이 없고, 또한 법령에 근거하여 금융위원회의 승인을 받은 업무규정에 의하여 이루어지기 때문에 위법행위로 보기 어렵다.

4. 대상증권과 거래장소

위장거래의 규제대상은 상장증권과 장내파생상품이다. 즉 거래소시장에서 거래되는 모든 상장증권과 장내파생상품이 대상이다(법 176조 1항). 그러나 거래가 이루어지는 장소에 대해서 법은 언급하고 있지 않아 문리적으로 보면 장외거래까지 포함하는 것으로 볼 수 있지만 다음과 같은 이유, 즉 (i) 위장거래는 자유롭게 수요·공급이 만나 가격이 형성되는 공개시장의 거래 메커니즘을 근본적으로 부정하는 거래이며, (ii) 비록 상장증권 또는 장내파생상품의 위장거래라 하더라도 장외거래까지 법이 개입할 필요가 없으며, 특히 장외거래는 통정매매가 거래의 기본이며, (iii) 위장거래의 주관적 요건으로 거래가 '성황

---

1) 실질적으로 통정매매의 경우 주문수량이 일치하는 것이 일반적이라 할 수 있다. 지수선물·옵션거래의 경우에는 특히 그러하다. 그러나 주식의 경우 주문수량이 일치하지 않는 통정매매도 많이 나타난다. 따라서 통정매매에서 가장 중요한 요소는 주문가격과 시간이라 할 수 있다. 미국의 경우 통정매매는 '같은 가격'과 '같은 시기'를 요구하면서 동시에 '같은 주문 규모'(an order or orders of substantially same size)를 요건으로 규정하고 있다. 1934년법 제9조(a)(1) 참조.

2) 한국거래소 홈페이지 매매거래제도 해설 참조. http://www.krx.co.kr/m7/m7_4/m7_4_1/m7_4_1_3/UHPKOR07004_01_03_03.html.

을 이루고 있는 듯이' 요건을 충족하는 장외 통정·가장매매는 성립 자체가 불가능하며, (iv) 이러한 주관적 요건의 요구가 선의의 투자자를 오인시키지 않기 위함인 점[1] 등을 고려할 때 거래소시장을 전제로 하고 있다고 보아야 할 것이다.[2]

5. 행위의 목적성

(1) 목적성 요건

위장거래가 되기 위해서는 "거래가 성황을 이루고 있는 듯이 잘못 알게 하거나 기타 타인으로 하여금 그릇된 판단을 하게 할 목적"이 있어야 한다. 즉 상대방을 '오인하게 할 목적' 또는 '그릇된 판단을 하게 할 목적'을 요구하고 있다. 따라서 통정매매나 가장매매로 처벌하기 위해서는 이러한 목적성이 증명되어야 하며, 이는 선의의 거래를 통정매매나 가장매매로 규제하지 않기 위함이다.

법문이 말하는 "거래가 성황을 이루고 있는 듯이 잘못 알게 하거나 기타 타인으로 하여금 그릇된 판단을 하게 할 목적"이라 함은 "인위적인 통정매매에 의하여 거래가 일어났음에도 불구하고, 투자자들에게는 유가증권시장에서 자연스러운 거래가 일어난 것처럼 오인하게 할 의사로서, 그 목적의 내용을 인식함으로써 충분하고, 적극적 의욕까지는 필요하지 않다."[3] 이처럼 위장거래 행위자는 이러한 목적을 '인식'하고 행위를 하였어야 하나 그 목적의 달성 여부는 위장거래의 성공과는 관계없다.

(2) 목적성의 증명

자본시장법은 위장거래를 포함하여 대부분의 시세조종 유형의 구성요건으로 '목적성'을 요구하고 있는데, '목적'(purpose)이란 사람의 마음속에 있는 것이기 때문에 목적성과 관련한 직접증거를 확보하는 것은 매우 어려운 일이다. 이는 현실거래에 의한 시세조종의 경우에도 동일한 문제이다.

목적성의 존재에 대한 증명책임은 원고가 부담한다. 그렇다면 원고는 주관적 성격의 목적성을 어떻게 증명할 수 있을까? 원고는 피고가 '빈번하게' 통정매매 또는 가장매매를 행했다는 사실, 즉 법문이 규정한 목적을 '사실상 추정'하게 해주는 객관적 사실을 주장할 수 있다면 피고의 행위는 '오인의 목적' 또는 '그릇된 판단을 하게 할 목적'을 가진 것

1) 아세아종합금융 시세조종 사건에서 대법원은 통정매매의 목적성과 관련하여 "인위적인 통정매매에 의하여 거래가 일어났음에도 불구하고, 투자자들에게는 유가증권시장에서 자연스러운 거래가 일어난 것처럼 오인하게 할 의사"로 판단하였는데, 여기서 공개시장을 전제로 하고 있음을 간접적으로 시사하고 있다.

2) 같은 의견: 김건식, 「새로 쓴 자본시장법(제 3 판)」, 두성사, 2013, 450쪽; 임재연, 「자본시장법」, 박영사, 2013, 894쪽. 반대의견은 황동욱, 「불법증권거래와 손해배상」, 동현출판사, 1997, 237쪽; 김정만, "시세조종행위의 규제," 증권거래에 관환 제문제(하), 「재판자료」 제91집, 법원도서관, 198쪽.

3) 대법원 2002. 7. 22. 선고 2002도1696 판결.

으로 추정된다.[1] 이 경우 피고는 자신의 빈번한 통정 또는 가장매매가 그러한 목적이 없었다는 사실을 반증하지 못한다면, 그러한 거래행위는 '오인의 목적' 또는 '그릇된 판단을 하게 할 목적'을 가진 것으로 판단되어 시세조종으로 처벌될 가능성이 크다.[2]

> 미국의 경우 위장매매의 목적성 요건은 (현실거래의 목적성 요건에 비해) 크게 중요한 것으로 보지 않는다. 위장매매는 세금 또는 자전거래(crossing of order) 등 몇 가지 예외적인 경우를 제외하고는 위장매매 행위 그 자체로 시장을 '교란'(falsify)시킬 목적을 본질적으로 가지고 있기 때문이다. 연방 의회도 1934년법을 제정하면서 통정매매와 가장매매를 증권거래소에서 발생하는 가장 '악의적'(vicious) 거래로 간주하였다.[3]

(3) 장내파생상품 거래에 있어서의 목적성 문제

1) 구선물법상 규제

구선물법의 경우는 증권거래법과는 달리 통정매매를 규제함에 있어서 '목적성'을 요건으로 요구하지 않았다(구선물법 31조 1항 1호-2호). 즉 당시 증권거래소시장에서 거래되는 주가지수선물·옵션거래는 구증권법이 적용되어 통정매매와 가장매매의 성립요건으로 '목적성'을 요구하였지만, 선물거래소시장에서 거래되는 선물거래에 대한 통정매매와 가장매매의 성립요건으로 구선물법은 '목적성'을 요건으로 하지 않았다. 이처럼 구선물법이 선물거래의 통정매매와 가장매매에 대해 목적성을 요건으로 하지 않았던 이유는 무엇인가? 선물거래는 주식거래와는 달리 '제로섬'(zero-sum) 게임이며, 거래의 한 상대방이 이익을 얻는 만큼 다른 상대방이 반드시 손해를 입는 거래로서 주식거래처럼 '오인 목적'이나 '그릇된 판단을 하게 할 목적'이 아닌 다른 불법적인 목적을 가지고 위장거래가 이루어질 가능성이 크기 때문이다. 다음은 목적성이 없이도 선물거래에서 현실적으로 발생하고 있는 불법적인 거래의 대표적 유형이다.

ⅰ) 증권회사의 계좌관리자들이 특정 계좌로 이익을 몰아주기 위해 통정매매를 이용한 선물거래를 할 수 있다. 이는 자신이 관리하는 여러 고객계좌들의 수익을 조정하기 위한 수단으로 이용된다. 이 경우 손해를 입은 고객은 정상적인 선물거래를 하는 과정에서 손해가 발생한 것으로 잘못 알게 될 뿐이고, 계좌관리자가 의도적으로 자신의 거래에서 손해를 발생시킨 사실을 알 수가 없다.

ⅱ) 위와 같은 수법으로 증권회사 직원이 악의적으로 자사의 상품계좌에서 손해를

---

1) 오석락, 「입증책임론」, 박영사 1996, 108-112쪽 참조. 목적성의 입증과 관련해서는 "현실거래에 의한 시세조종" 부분에서 자세히 설명한다.

2) 김정만, 전게논문, 201-202쪽.

3) Lewis Lewenfels, "Section 9(a)(1) And 9(a)(2) of the Securities Exchange Act of 1934 : Analysis of Two Important Anti-Manipulative Provisions Under the Federal Securities Law," 85 Nw. U. L. Rev. 698, 699(1991).

발생시키고 자신의 차명계좌 또는 자신이 관리하는 고객계좌로 돈을 빼돌리는 방법으로 통정을 이용한 선물거래를 할 수 있다.

iii) 선물거래의 특성을 이용하여 거래가 되지 않는 원월물(遠月物)을 중심으로 통정매매를 통해 불법상속이나 증여를 위한 편법으로 이용될 수 있다.

이들 거래의 경우에는 통정매매의 구성요건인 '오인의 목적'이나 '그릇된 판단을 하게 할 목적'이 거래의 특성상 처음부터 존재하지 않는다. 따라서 장내파생상품을 이용한 이러한 거래의 규제는 중요한 의미를 가지고 있었다고 볼 수 있다.[1)]

2) 자본시장법에 의한 '목적성' 요건의 추가

자본시장법은 구선물법을 흡수하면서 선물거래인 장내파생상품거래의 통정매매나 가장매매의 경우 구성요건이 아니었던 '목적성' 요건을 구성요건으로 추가함으로써 규제의 범위를 과거보다 좁혀놓았다. 즉 선물거래의 경우 상품적 특성으로 말미암아 '목적성' 요건을 요구하지 않고 규제하였던 것을 구증권법과 통합하면서 구증권법의 규제방식을 장내파생상품의 경우에도 동일하게 적용한 것이다.

3) 소 결

자본시장법이 이처럼 목적성 요건을 추가한 이유는 차익거래 등 다양한 목적의 건전한 투자자들의 거래조차 불법으로 볼 수 있는 우려 때문으로 보이는데, 그렇다고 장내파생상품의 통정·가장매매의 목적성 요건을 전면적으로 추가한 것은 문제가 있다. 만약 선의의 투자자를 보호할 필요가 있다면 기존처럼 목적성 요건을 그대로 배제하고, 선의의 투자자를 보호하기 위한 면책적 조항을 설치하는 방법이 입법론적으로 더 바람직하다고 생각한다. 향후 장내파생상품거래와 관련하여 위에서 언급한 불법적인 통정매매가 발생할 경우 자본시장법으로 규제하는 것은 매우 곤란해졌다.

6. 위탁 및 수탁행위에 대한 규제

위장거래가 반드시 성립된 경우에만 처벌되는 것은 아니고, 법은 이러한 주문을 증권회사에 위탁하는 행위 자체만으로도 처벌하고 있다(법 176조 1항 4호). 그러나 위탁을 하였다는 것만은 의미가 없고 실제로 거래소시장에 호가되었어야 한다. 시장에 호가된 경우에는 실제로 체결이 이루어지지 않았더라도 해당 주문들을 위탁한 행위만으로도 처벌할 수 있다.[2)] 주문이 실제로 체결되지 않은 경우라도 주문이 시장에 들어와 호가되는 것 그 자체만으로도 타인으로 하여금 "그 매매가 성황을 이루고 있는 듯이 잘못 알게 하거

1) 서울중앙지법 2005. 5. 6. 선고 2004노4301 판결도 "선물거래는 주식거래와 달리 거래의 일방이 이익을 얻으면 상대방이 반드시 손해를 입게 되는 제로섬(zero sum) 게임이기 때문에 거래성황오인목적이나 오판목적 없이도 불법적인 통정매매가 가능"하다고 하였다. 임재연, 전게서(2013), 895쪽에서 재인용.

2) 임재연, 전게서(2013), 903쪽; 김정만, 전게논문, 205쪽.

나, 그 밖에 타인에게 그릇된 판단을 하게 할" 수 있기 때문이다.

또한 이러한 주문을 수탁한 증권회사의 직원도 처벌대상이 된다. 그러나 이 경우 증권회사 직원은 자신이 수탁하여 호가된 주문이 위장거래라는 사실을 인식하지 못하였다면 처벌의 대상이 되지 아니할 것이다. 위장매매라는 사실에 대한 증권회사 직원의 인식 여부의 증명책임은 규제자에게 있다. 다만, 거래의 정황상 위장거래로 인식할 수 있는 객관적 상황이 증명되는 경우 증권회사 직원의 위법행위는 사실상 추정될 것이고, 증권회사 직원은 상당한 주의를 하였음에도 불구하고 그러한 거래가 위장거래라는 사실을 인식하지 못하였다는 것을 반증하여야 할 것이다.

Ⅲ. 현실거래에 의한 시세조종

1. 개 설

자본시장법 第176조 제2항 제1호는 누구든지 상장증권 또는 장내파생상품의 매매를 유인할 목적으로 매매가 성황을 이루고 있는 듯이 잘못 알게 하거나 그 시세를 변동시키는 매매 또는 그 위탁이나 수탁을 금지한다, 행위자가 직접 거래에 참여하여 주가에 영향을 미치는 행위라는 점에서 통상 현실거래에 의한 시세조종이라고 일컬어지며 가장 전형적인 시세조종행위라 할 수 있다. 한편 동법 第176조 제2항 제2호 및 제3호는 거래행위가 아니라 시장조작설 유포행위 또는 중요사실의 허위표시를 금지하고 있어 일반적으로 허위표시에 의한 시세조종으로 불리고 있다.

현실거래에 의한 시세조종은 특정 종목의 증권에 대한 대량적이고 집중적인 매매를 반복하여 시장가격을 행위자가 의도하는 수준으로 등락시키는 행위이다. 일반적으로 증권을 대량으로 매매하게 되면 가격이 등락하는 것은 누구나 예상할 수 있다. 그러나 다른 투자자는 시장가격이 변동하는 진정한 이유를 알지 못하고 시세의 추세에 반응하여 매매거래에 유인되고 결과적으로 시장가격을 행위자가 의도한 방향으로 이끌게 된다. 그 결과 투자자의 투자판단을 그릇되게 하여 증권의 공정한 가격형성을 왜곡하게 된다.[1)]

미국 1934년법에서 현실거래에 의한 시세조종을 규정하고 있는 제9조(a)(2)는 SEC가 "1934년법의 핵심(the very heart of the Act)"이라고 강조한 조문으로서 작전을 위법하게 하고 증권에 대한 모든 행위가 허상이 아닌 진정한 수요를 반영한 것임을 일반공중에게 납득시켜 증권시장에 대한 신뢰를 회복하기 위한 목적을 갖는 것이라고 설명하고 있다.[2)]

현실거래에 의한 시세조종은 거래소시장에서의 매수/매도거래에 직접 참가하여 이

1) 金融財政事情研究會, 「注釋 金融商品取引法」, 第3巻, 22-23頁.

2) Louis Loss & Joel Seligman, Securities Regulation, Vol. Ⅷ(3rd ed., 2004), at 3986.31; Stock Exchange Practices, Report of Com. on Banking & Currency, S. Rep. No. 1455, 73d Cong., 2d Sess.(1934) 54.

루어지는 행위라는 점에서 허위표시에 시세조종에 비하여 가격조작의 효과가 직접적이고 영향력이 크다. 통정매매나 가장매매도 궁극적으로 시세를 변동시키면서 주가를 끌어올리는 이러한 행위의 보조적 행위에 불과한 경우가 대부분이다. 또한 허위표시에 의한 시세조종도 현실거래에 의한 시세조종 행위와 연계될 때 주가조작의 효과가 커지기 때문에 현실거래에 의한 시세조종이 시세조종의 유형 중 가장 중심이 되는 유형이라 할 수 있다. 증명에 있어서도 현실거래에 의한 시세조종은 행위자의 가격결정 개입 정도, 거래과정이나 행태 등에 중점이 두어지는 반면 허위표시에 의한 시세조종은 유포된 정보의 허위성, 유포된 정보와 가격변동과의 연계성에 중점이 두어진다.

그러나 통정매매나 가장매매와 같은 '허위거래에 의한 시세조종'의 경우에는 그 행위 자체에서 거래의 진정성이 없는 악성거래임이 비교적 뚜렷하게 인정되므로 규제 필요성이 분명한 반면에 실제의 거래를 통해 이루어지는 '현실거래에 의한 시세조종'의 경우에는 그 거래행위가 정상적인 투자활동으로서 행해진 것인지 인위적인 시세의 조작인지 행위의 외관만으로는 판단하기 어렵다. 여기서 현실거래에 의한 시세조종의 주관적 요건으로서 '유인목적'이 당해 거래의 적법성 여부(시세조종 해당 여부)를 결정짓는데 있어 중요한 역할을 한다.

현실거래에 의한 시세조종의 구성요건은 (i) 매매를 유인할 목적으로, (ii) 증권 또는 장내파생상품의 매매가 성황을 이루고 있는 듯이 잘못 알게 하거나, (iii)시세를 변동시키는 매매, (iv) 그 위탁이나 수탁행위로 구성되어 있다. 여기서 (i)의 매매를 유인할 목적은 '주관적 요건', 그리고 (ii) 또는 (iii)의 행위는 '객관적 요건'이라 한다. 현실거래에 의한 시세조종으로 처벌하기 위해서는 주관적 요건과 객관적 요건이 모두 충족되어야 하는데, 현실거래에 의한 시세조종은 일반적으로 (i) + (ii), 또는 (i) + (iii) 또는 (i) + (ii) + (iii)의 형태로 이루어진다. 이하에서는 (ii)와 (iii)을 분리하여 설명한다. 그러나 실제로 현실거래에 의한 일반적인 시세조종 형태는 (i) + (ii) + (iii)의 형태로 많이 등장하고, 판례도 보통 (ii)와 (iii)을 분리해서 분석하기보다는 동시에 하나의 행위로 통합하여 포괄적으로 다루는 경우가 많다.[1] 그리고 마지막 (iv)의 행위는 그러한 호가 또는 주문을 하는 투자자와 이를 수탁하는 증권회사 직원을 규제하기 위한 조항이다.[2]

2. 거래성황 오인 또는 시세를 변동시키는 매매(객관적 요건)

자본시장법은 현실거래에 의한 시세조종의 객관적 요건으로서 '거래의 성황을 오인시키는 행위'와 '시세를 변동시키는 매매'를 규정하고 있다. 객관적 요건은 이 중 하나의

1) 대법원 2005. 11. 10. 선고 2004도464 판결.
2) 자본시장법은 증권회사 직원에 대해 '불건전영업행위'를 금지하면서 구체적으로 금지유형을 열거하고 있는데, 법 시행령 제68조 제 5 항 제 6 호에서 시세조종과 관련한 주문의 수탁행위를 금지하고 있다.

요건만 충족하면 된다. 조문 형식상으로 '거래상황 오인 유발'과 '변동거래'로 행위 유형이 2개로 나누어져 있지만 실제에 있어 거래성황 오인 유발행위는 시세를 변동시키는 거래(변동거래)를 동반하는 것이 일반적이어서 대부분의 경우 변동거래에 해당하는지 여부가 중요[1]하다고 할 수 있으며,[2] 판례 등에서도 함께 취급하는 경우가 일반적인 것 같다. 각 요건을 차례로 살펴보기로 한다.

(1) 거래성황 오인 유발행위

누구라도 거래소시장에서 매매를 유인할 목적으로 '증권 또는 장내파생상품의 매매가 성황을 이루고 있는 듯이 잘못 알게 하는' 행위는 금지된다(법 176조 2항 본문 및 1호 전단). 이는 현실거래에 의한 시세조종행위의 한 유형으로서 거래상황 오인 유발행위이다.

어떠한 매매가 '성황을 이루고 있는 듯이 잘못 알게 하는' 행위인가? '성황을 이루고 있는 듯이 잘못 알게 하는 행위'가 어떤 거래행위인지는 그 때의 시장상황에 따라 다르므로 단편적으로 결정하는 것은 타당하지 않다. 시세조종 행위자에 의한 당해 증권의 매매거래 등의 수량, 매매거래가 이루어지기 이전의 매매거래 상태, 시세조종행위 후의 시장동향, 당해 매매 등에 의해 유인된 타인의 매매 등을 고려하여 결정된다. 구체적으로는 통정매매나 가장매매, 그리고 허수호가 행위 등이 그 예가 될 수 있다. 그리고 이러한 매매나 호가의 빈도·규모, 거래규모, 시장상황 등을 종합적으로 고려하여 성황 오인행위 여부를 판단하게 된다.

거래성황 오인행위는 실제로 매매가 이루어지면서 투자자를 오인시키는 행위가 많겠지만, 실제로 호가행위만으로도 타인을 오인시키는 것이 가능하므로 반드시 매매가 이루어질 것이 요구되는 것은 아니다. 대표적인 사례는 허수호가이다. 허수호가는 매매체결 의사가 없으면서 마치 매도 또는 매수주문이 몰리는 것처럼 외형을 만들어 분위기를 조성함으로써 투자자들을 오인시키는 호가행위를 말하는데, 이러한 행위는 제176조 제2항 제1호 전단의 규정에 해당하는 행위라고 할 수 있다.[3] 그러나 현실적으로는 매매체결이 이루어지는 주문과 매매체결이 이루어지지 않는 호가들이 섞여서 '매매가 성황을 이루고 있는 듯이 잘못 알게 하는' 상황을 형성하는 것이 일반적이다.

'성황을 이루고 있는 듯이 잘못 알게 하는' 행위의 판단에 대하여, 대법원은 '신정제지 사건'에서 "특정 거래행위가 유가증권의 매매거래가 성황을 이루고 있는 듯이 오인하게 하는 매매거래에 해당하는지 여부는 당해 유가증권의 성격, 발행주식의 총수, 종전 및 당시의 거래상황, 증권시장의 상황 등을 종합적으로 고려하여 판단하여야 한다"고 판

1) 일본에서도 거래상황 오인 유발행위만이 문제되는 경우는 거의 없다고 한다. 金融財政事情研究會, 전게서, 23頁.
2) 김건식/정순섭, 「자본시장법(제 2 판)」, 두성사, 2010, 362쪽.
3) 임재연, 전게서(2004), 465쪽.

시하였다.[1)] 판례는 어떠한 행위가 '성황을 이루고 있는 듯이 잘못 알게 하는 행위'인지에 대해서는 직접적인 언급은 하지 않고, 다만 특정 거래행위가 '성황을 이루고 있는 듯이 잘못 알게 하는 행위'인지 여부는 종합적인 고려가 필요하다고 하였다.[2)]

'매매가 성황을 이루고 있는 듯이 잘못 알게 하는 행위'로 처벌하기 위해서는 행위자의 인식이 어느 수준까지 요구되는가? 특정한 행위가 타인으로 하여금 매매의 성황을 오인하게 한다는 적극적 인식까지 요구하는 것은 아니며 「미필적 인식」이면 충분하다고 본다.[3)]

(2) 시세를 변동시키는 매매

'시세를 변동시키는 매매'(이하 "변동거래")는 증권 또는 장내파생상품 시장에서 수요·공급의 원칙에 의해서 자연스럽게 형성되어야 할 증권 및 장내파생상품의 가격에 직접적인 매매행위를 통해 인위적인 영향을 가하여 시세의 상승 또는 하락을 유도하는 매매[4)]를 말한다. 변동거래는 시세조종행위의 전형으로서 이용 현황, 처벌 빈도 등에 비추어 시세조종 규제에 있어 중요한 지위를 차지하고 있다.

변동거래의 개념에 대해서는 실제로 시세가 변동될 필요는 없고 제반사정에 비추어 해당 증권의 시세가 행위자의 행위로 인하여 변동되었을 개연성이 있으면 충분하다고 본다.[5)] 그리고 제 1 호 후단에서 위탁행위를 별도로 금지하고 있고, 현실적으로 호가행위만으로도 시세를 변동시킬 가능성이 있다. 따라서 시세를 변동시키는 매매를 좁게 해석하여 시세를 변동시킬 가능성이 있는 행위를 배제할 필요는 없다고 본다. 초기 대법원은 1994년 '신정제지 사건'에서는 "단순히 시세를 변동시킬 가능성이 있는 행위만으로는 부족하고 … 인위적으로 상승 또는 하락시키는 등의 조작을 가하는 매매거래"[6)]라고 판시하여 실제 시세의 상승 또는 하락을 요하는 입장을 보였다. 그러나 2007년 '프로소닉 사건'에서 대법원은 종전 태도를 변경하여 변동거래에 대하여 "전체적으로 그 행위로 인하여 시세를 변동시킬 가능성이 있으면 충분"하다고 함으로써 변동가능성 또는 변동개연성을 기준으로 변동거래 해당 여부를 판단함으로써 보다 적극적인 입장을 취하고 있다.[7)]

---

1) 대법원 1994. 10. 25. 선고 93도2516 판결.
2) 이러한 대법원의 입장은 최근의 판례에서도 확인되고 있다. 종합적으로 고려해야 할 사항으로 최근의 판례에서 추가로 언급된 것으로는 "매매거래의 동기와 유형"(대법원 2001. 6. 26. 선고 99도2282 판결)과 "매매거래의 동기와 태양, 거래의 경제적 합리성 및 공정성"(대법원 2001. 11. 27. 선고 2001도3567 판결) 등이 있다.
3) 대법원 2007. 11. 29. 선고 2007도7471 판결.
4) 대법원 1994. 10. 25. 선고 93도2516 판결 참조.
5) 김건식, 전게서(2006), 295쪽; 채동헌, 「증권거래와 법」, 청림출판, 2006, 437쪽; 김정만, 전게논문, 216쪽.
6) 대법원 1994. 10. 25. 선고 93도2516 판결.
7) 대법원 2007. 11. 29. 선고 2007도7471 판결.

"유가증권의 매매거래가 성황을 이루고 있는 듯이 잘못 알게 하거나 그 시세를 변동시키는 매매거래라 함은 본래 정상적인 수요 공급에 따라 자유경쟁시장에서 형성될 시세 및 거래량을 시장요인에 의하지 아니한 다른 요인으로 인위적으로 변동시킬 가능성이 있는 거래를 말하는 것일 뿐 그로 인하여 실제로 시세가 변동될 필요까지는 없고, 일련의 행위가 이어진 경우에는 전체적으로 그 행위로 인하여 시세를 변동시킬 가능성이 있으면 충분한데, … 간접사실을 종합적으로 고려하여 이를 판단할 수 있다."

일본의 경우에도 '변동거래'에 대하여 協同飼料 사건의 제1심[1] 및 최고재판소 판결[2]은 "유가증권시장에 있어서 당해 유가증권의 시세를 변동시킬 가능성이 있는 매매거래"를 가리킨다고 판시함으로써 우리 판례와 같은 태도를 보이고 있다. 후지타관광주식 사건에서 도쿄지방법원도 변동거래에 대하여 協同飼料 사건의 최고재판소 판결과 마찬가지로 "시세를 변동시킬 가능성이 있는 매매거래"로 해석하여, 해당 4거래일 중 2일 째 및 3일 째 최고가 또는 그에 가까운 주가등귀를 보여준 사실, 피고인의 매수수량이 72만주로 거래량 점유율이 약 62%인 점 등으로부터 변동거래를 인정하였다.[3]

변동거래 요건의 판단은 증권시세의 가격변동, 전체 거래에서 차지하는 당해 거래의 비율, 당해 매매거래의 양태 등의 사정을 고려하여 판단한다. 증권의 시장가격을 등락시키는 빈발한 매매와 함께 "더 저렴한 증권을 매수하여, 더 고가로 매도한다는 본래의 투자자 이익에 부합하는 거래형태에서 벗어나 투자 효율성에 반하는 행위"가 있는 경우 그에 해당할 것이다.

변동거래의 대상인 '시세'의 범위에 대해 자본시장법은 "증권시장 또는 장내파생상품시장에서 형성된 시세, 다자간매매체결회사가 상장주권의 매매를 중개함에 있어서 형성된 시세, 상장(금융위원회가 정하여 고시하는 상장을 포함)되는 증권에 대하여 증권시장에서 최초로 형성되는 시세"로 규정하고 있다. 먼저, 증권시장 또는 장내파생상품시장에서 형성된 시세는 그 취지나 문구의 명확성에 비추어 이론의 여지가 없다. 다자간매매체결회사(이른바 "ATS")를 통해 형성된 시세의 경우는 2013. 5월 자본시장법 개정시 ATS가 도입됨에 따라 추가된 것인데 ATS에서의 거래가 거래소시장 가격을 이용하여 이루어지는 점을 반영하여 변동거래 규제대상인 시세에 포함시켰다. 상장되는 증권에 대해서는 증권시장에서 최초로 형성되는 시세를 규제대상에 포함하였다. 애초에 대법원은 '신정제지 사건'에서 "유가증권의 시세를 변동시키는 매매거래행위라 함은 유가증권시장에서 수요·공급의 원칙에 의하여 형성된 유가증권의 가격을 인위적으로 상승 또는 하락시키는 등의 조작을 가하는 매매거래를 말하는 것으로서, 최초로 상장되는 주식의 경우에는 기 형성된

1) 東京地裁昭48特(わ)357號, 昭 59. 7. 31 刑二五部判決, 「判例時報」, 1138號(1985. 2. 21), 25頁 이하.
2) 最高裁昭63(あ)1102號, 平 6. 7. 20 三小法廷決定, 「判例時報」, 1507號(1994. 12. 11), 51頁 이하.
3) 金融財政事情研究會, 전게서, 27頁.

주식가격이 없으므로 비록 상장당일 매매거래의 가격제한폭의 적용기준인 상장기준가에 영향을 미치는 매매거래라 할지라도 이에 해당한다고 볼 수 없다"고 함으로써[1] 상장 시초가는 변동거래의 구성요소인 시세에 해당하지 않는다고 보았다. 그러나 상기 대법원 판례가 나온 후 IPO를 통해 최초로 상장되어 시초가(始初價)가 형성될 때의 시세조종 행위도 '유가증권시장에서'의 거래로 보는 것이 합리적이라는 의견이 많았다.[2] 이에 자본시장법은 최초로 증권시장에 상장될 때 형성된 최초가도 변동거래의 구성요소인 시세에 해당하는 것으로 규정하였다. 따라서 현재는 상장 후 최초로 형성되는 시세에 인위적으로 개입하는 행위가 시세조종에 해당할 수 있음은 의문의 여지가 없다.

변동거래에 해당하기 위한 요소로서 '매매'의 개념범위를 어떻게 보아야 할지 문제될 수 있다. 이는 현실거래에 의한 시세조종이 성립하기 위해서는 매매계약의 체결까지 필요한지 여부의 문제인데 '성황 오인 행위의 경우'에는 이른바 허수주문과 같이 매매계약의 체결에 이르지 않는 행위도 당연히 규제대상에 해당되는 것으로 취급되고 있는데, 앞서 본 바와 같이 현실거래에 의한 시세조종은 성황 오인 유발행위와 변동거래가 밀접하게 연결되어 이루어지므로 분리하여 판단할 경우는 많지 않은 것으로 보인다.

매수주문 또는 매도주문이 시세를 올리거나 하락시키는 효과가 있으면 당해 증권에 대한 관심을 높이게 되고 제 3 자로 하여금 증권의 매매를 유인하는 성질을 가지게 된다. 대법원은 이러한 맥락에서 "매매계약의 체결에 이르지 아니한 매수청약 또는 매수주문이라 하더라도 그것이 유가증권의 가격을 상승 또는 하락시키는 효과를 가지고 제 3 자에 의한 유가증권의 매매거래를 유인하는 성질을 가지는 이상 여기에 해당하고, 단지 매수주문이 많은 것처럼 보이기 위하여 매수의사 없이 하는 허수 매수주문도 이른바 현실거래에 의한 시세조종행위의 유형에 속한다고 할 것이다"고 판시하고 있다.[3] 또한 법 제176조 제 2 항 제 1 호는 "위탁이나 수탁"하는 행위를 대상으로 하고 있어 실제로 증권의 매매계약 체결에 이르지 못한 매수주문 등도 현실거래에 의한 시세조종의 한 요소를 구성한다.

일반적으로 시세조종은 한 번의 매매에 의해서라기보다는 일련의 의도된 계속적인 매매거래를 통해 이루어진다.[4] 여기서 변동거래는 '일련의 거래'(a series of transactions)가 존재하여야 하는지가 문제되는데 미국 1934년법과 일본 금상법은 이 요소를 법문에 직접 규정[5]하고 있다. 미국은 일련의 거래(a series of transactions) 요건과 관련하여 단지 3회

1) 대법원 1994. 10. 25. 선고 93도2516 판결.
2) 임재연, 전게서(2004), 467쪽.
3) 대법원 2002. 6. 14. 선고 2002도1256 판결.
4) 거래량이 적은 경우 단 한 번의 거래로 가격을 급변시킬 수도 있는데, 이러한 경우 단 한 번의 거래라도 시세조종에 해당될 수 있음은 물론이다; 김건식, 전게서(2006), 294쪽; 임재연, 전게서(2004), 465쪽.
5) 미국 1934년 증권거래법 §9(a) : … "To effect, alone or with one or more other persons, a series of transactions in any security registered on a national securities exchange …."

의 거래가 있었던 경우는 물론 2회의 거래의 경우도 요건을 충족한 것으로 보았다.[1] 일본의 경우에는 일련의 거래는 2개 이상의 매매가 있으면 이에 해당한다는 견해[2]와 한 번의 대량거래도 시장상황 등에 따라 시세를 변동시킬 수 있기 때문에 인위적인 시세조종에 해당한다는 의견[3]이 있다. 반면, 우리 자본시장법은 '일련의 거래' 요건을 규정하지 않고 있다. 생각건대 자본시장법이 미국, 일본과 달리 명시적인 일련의 거래 요건을 요구하지 않고 있고, 일련의 거래의 수량적 기준도 가늠하기 어려운 점 등을 고려할 때 굳이 복수의 거래가 아닌 1회의 주문이라도 시세를 변동시키는 경우라면 변동거래에 해당할 수 있다[4]고 보아야 할 것이다.[5] 사례로서 '엘지반도체 사건'을 들 수 있는데,[6] 이 사건은 특정한 가격에 대량의 물량을 자전거래하기 위하여 먼저 주가를 인위적으로 상승시켜 고정시켜 놓은 후에 그 고정시킨 가격으로 대량의 물량을 자전시킨 사건이다. 이 사건은 시세의 불법적인 고정·안정 여부를 놓고 다투어졌지만, 한 번의 매매에 의해서도 시세조종이 이루어질 수 있다고 인정한 사례이다. 하급심이지만 2011년 서울중앙지방법원은 '한미은행 주식' 관련 낙아웃 옵션(knock-out option)계약의 당사자가 주가가 낙아웃 옵션계약에 근접하는 시장상황에서 종가결정에 대량으로 제출한 1회의 매도주문에 대하여 인위적인 시세변동으로 보고 시세조종의 유죄판결을 내린 바 있다.[7] 다만, 일련의 거래가 아닌 단일거래에 대하여 시세조종을 인정하기 위해서는 일련의 거래 또는 계속적 거래인 경우에 비하여 목적의 존재에 대한 엄격한 판단이 필요하다고 할 것이다.[8]

한편 증권의 경우에 있어 시세를 변동시키는 행위와는 달리 인위적으로 주가를 고정시키거나 안정시키는 행위가 존재할 수 있다. 자본시장법은 원칙적으로 이러한 인위적인 시세고정이나 안정을 금지하고, 다만 '안정조작'이나 '시장조성' 등 일정한 경우에만 예외적으로 허용하고 있다.

변동거래의 구체적 유형으로는, (i) 시초가 결정시 전일 종가 대비 고가 매수주문, (ii) 직전가 또는 상대호가 대비 고가매수주문, (iii) 종가 결정시 직전가 대비 고가 매수주문, (iv) 주문을 점차적으로 높은 가격으로 내는 행위(순차적 고가매수) 등이 있다. 이처럼

일본 금상법 §159 제 2 항 제 1 호 : "一連の有價證券賣買等."

1) 윤영신, "현실거래에 의한 시세조종행위,"「증권법연구」 제2권 제 1 호(2001), 12쪽.

2) 金融財政事情硏究會, 전게서, 23頁.

3) 일본 금융청의「증권법령 해석사례집」.
available at http://www.fsa.go.jp/common/law/jireishu/sec/index.html.

4) 일본 금융청의「증권법령 해석사례집」에 따르면 한 번에 대량의 주문을 제출한 경우에도 시장상황, 주문수량, 주문시각에 따라서는 시세를 변동시킬 수 있기 때문에 인위적인 시세조종에 해당한다고 한다. available at http://www.fsa.go.jp/common/law/jireishu/sec/index.html.

5) 박임출, "시세조종의 구성요건인 변동거래와 유인목적 – 서울중앙지방법원 2011. 1. 28.선고 2010고합11 판결을 중심으로 –,"「증권법연구」 제12권 제 2 호(2011), 241쪽.

6) 대법원 2004. 10. 28. 선고 2002도3131 판결.

7) 서울중앙지방법원 2011. 1. 28. 선고 2010고합11 판결.

8) 임재연,「자본시장법」, 박영사, 2011, 862쪽.

매수세력으로 개입하여 '직접' 시세를 끌어올리는 행위들뿐만 아니라 증권의 공급을 고갈시킴으로써 궁극적으로 시세를 끌어올리는 행위[1]들도 시세를 변동시키는 매매의 유형에 포함될 수 있다.

끝으로, 매매가 성황을 이루고 있는 듯이 잘못 알게 하거나 시세를 변동시키는 주문을 제출하는 위탁자뿐만 아니라 이러한 주문을 수탁하는 자도 함께 처벌된다. 이 경우 수탁자를 처벌하기 위해서는 수탁자가 동 주문이 '매매가 성황을 이루고 있는 듯이 잘못 알게 하거나 시세를 변동시킬' 의도를 가지고 행해지고 있다는 사실을 인식하였어야 한다. 또한 위탁행위만으로도 처벌이 가능하다. 즉 실제로 매매가 이루어지지 않았더라도 매매가 성황을 이루고 있는 듯이 타인을 잘못 알게 하는 주문을 제출하는 행위만으로도 구성요건에 해당되어 처벌이 가능하다.[2] 이러한 대표적인 사례로 허수호가를 들 수 있다.

(3) 허수호가

최근 인터넷 등 정보통신기술의 발전에 따라 자본시장에서도 온라인거래가 일반화되었고, 이를 이용한 데이트레이딩(day trading)[3]이 급증하면서 '허수호가' 또는 '허수주문'(fictitious quote or order)[4]을 이용한 새로운 유형의 시세조종이 증가하고 있다. 이러한 행위유형은 다른 나라 시장에서도 발견되기도 하지만, 온라인 거래의 대중화 및 완전 전산매매체결시스템을 구축하여 시장을 운용하고 있는 우리 시장의 인프라 특성을 반영한 독특한 현상이라 할 수 있다.[5]

허수호가란 진정한 매매체결의 의사가 없는 호가로서, 이러한 호가의 제출 목적은

---

1) 이러한 행위는 공매도와 관련하여 발생하는데 미국에서는 '스퀴즈'(squeeze)라 하여 시세조종의 일종으로 규제하고 있다. Arthur Mathews, Rheodore Levine, Gerard Citera and David Dana, "Manipulative Practices : Past, Present and Future," 684 PLI/Corp 99, 120 (1990). 우리의 경우에도 '스퀴즈'라 할 수 있는 형태의 시세조종이 공매도와 관련된 시세조종 사건인 성도이엔지 사건에서 등장하였다.

2) 김정만, 전게논문, 219쪽 참조.

3) 데이트레이딩이란 당일 취한 포지션을 당일에 처분하는 것을 말한다. 즉 당일 매수(매도)한 주식의 경우 당일에 매도(매수)하는 거래를 말한다.

4) 일반적으로 투자자가 주식을 매입 또는 매도하기 위하여 증권회사에 위탁하는 행위를 '주문'이라 하며, 증권회사가 이 주문을 거래소에 제출하는 행위를 '호가'라 한다. 과거에는 이러한 '주문행위'와 '호가행위'가 명백히 구분되어 있었지만, 최근 HTS의 등장으로 이러한 구분이 모호해졌다. 즉 투자자가 HTS를 통해 주문을 제출하는 경우 증권회사의 시스템을 거쳐 바로 한국거래소의 매매체결시스템에 들어와 호가되기 때문이다. 즉 과거처럼 '주문행위'와 '호가행위'가 구분되지 않고 하나의 행위로 구성되어 있는 것이다. 일반적으로 '허수주문'과 '허수호가'는 동일한 의미로 사용되고 있으며, 필자도 두 개의 개념을 구분하지 않고 같은 의미로 사용한다.

5) 미국의 나스닥(Nasdaq) 시장에서도 허수호가가 발생하여 조사에 나서고 있다는 보도가 있었다(서울경제, 2001. 1. 13). 미국의 경우 허수호가를 'ficticious quote' 또는 'phantom quote'라고 하는데, 다른 투자자들의 오해를 유발할 목적으로 대량의 매도 또는 매수주문을 내어 단기매매자들의 추격 매도/매수를 유발한 뒤 자신의 주식을 매매하는 방법으로서 우리의 경우와 크게 다르지 않다. 그러나 이러한 미국의 허수주문은 스페셜리스트 등 중개인의 존재로 인하여 매우 드문 경우인 반면, 우리의 경우는 시장 구조상 고질적인 문제로 등장하고 있다는 데 문제의 심각성이 있다.

매매가 성황을 이루고 있는 듯이 보이도록 하여 타인으로 하여금 매매에 참여하도록 유인하기 위한 호가라고 할 수 있다. 이러한 허수호가의 정의에 대하여 거래소 규정은 "거래성립 가능성이 희박한 호가를 대량으로 제출하거나 작전가격 또는 최우선호가의 가격이나 이와 유사한 가격으로 호가를 제출한 후 당해 호가를 반복적으로 정정·취소하여 시세 등에 부당한 영향을 미치거나 미칠 우려가 있는 행위"로 규정하고 있다.[1] 이러한 허수호가 행위는 법 제176조 제2항이 금지하는 "증권 또는 장내파생상품의 매매가 성황을 이루고 있는 듯이 잘못 알게 하거나 … 또는 그 위탁 … 을 하는 행위"에 해당된다. 즉 타인을 매매에 유인할 목적으로 매매가 성황을 이루고 있는 듯이 잘못 알게 하기 위하여 진정한 거래의 의사 없이 빈번하게 호가행위를 하는 것은 시세조종에 해당된다.[2] 이러한 허수호가들은 말 그대로 호가행위에 그치고 매매체결로 이어지지 않는다는 특징을 가지고 있다.

우리 법원도 허수호가를 현실거래에 의한 시세조종행위에 해당하는 것으로 보고 있다. 서울지방법원은 '현대전자 사건'에서 약 60회 정도의 허수호가행위에 대해 "시초가 형성을 위한 동시호가시 호가잔량만 공개되는 점을 이용하여 매매체결가능성이 없는 낮은 가격에 대량의 허위 매수주문을 내 매수세가 성황을 이루고 있는 듯이 보이게 하여, 유가증권의 매매가 성황을 이루고 있는 듯이 잘못 알게 하는 행위"라고 판시하였고,[3] 이어 대법원은 '동특 사건'에서 "매매계약의 체결에 이르지 아니한 매수청약 또는 매수주문이라 하더라도 그것이 유가증권의 가격을 상승 또는 하락시키는 효과를 가지고 제3자에 의한 유가증권의 매매거래를 유인하는 성질을 가지는 이상 여기에 해당하고, 단지 매수주문량이 많은 것처럼 보이기 위하여 매수의사 없이 하는 허수매수주문도 본조 제2항 제1호가 금지하는 이른바 현실거래에 의한 시세조종행위의 유형에 속한다고 할 것이다"라고 판시하였다.[4]

허수호가는 다양한 목적과 방식으로 이루어지고 있다. 먼저 호가배분에서 더 많은 물량을 배정받기 위한 허수호가가 있는 반면, 직접 매매거래를 유인하여 시세에 영향을 미치기 위한 시세조종성 허수호가도 있다. 후자의 경우는 명백한 시세조종에 해당되는 것으로 우리 법원은 앞에서 살펴본 것처럼 구법 제188조의4 제2항 제1호 위반이라고 보고 있다. 1996년에 논란이 되었던 허수호가 사건을 살펴보면, 당시의 허수주문은 동시호가 때보다 많은 수량을 배정받기 위해 증권회사가 고객으로부터 수탁한 주문 수량에다 추가로 수량을 증가시킨 후 이를 분할하여 내는 수법으로 등장하였다. 예를 들면, 고객이 100주를 주문하면 증권회사는 여기에 900주를 더하여 1,000주의 주문으로 만들고,

1) 한국거래소, 시장감시규정 제3조 제1항 제5호.
2) 김정만, 전게논문, 219쪽; 김건식, 전게서(2006), 295쪽; 임재연, 전게서(2004), 465쪽.
3) 서울지방법원 2001. 1. 17. 선고 99노11300 판결.
4) 대법원 2002. 6. 14. 선고 2002도1256 판결.

이를 다시 10건으로 분할하여 주문을 내는 양태였다. 대표적인 사례로서, 1996년 3월 7일 주택은행 1신주가 거래소에 상장되었는데, 상장일로부터 3일간 9개 증권회사가 특정 위탁자로부터 수탁한 주문을 실제 주문량보다 34배로 증가시켜 주문을 낸 사건이 발생하였다.[1] 또한 당시 기관투자자들은 위탁증거금이 면제가 되는 것을 이용하여 수량 확보를 위해 상당수의 허수주문을 내었었다. 당시 이러한 행위는 불건전한 거래행위에 해당할 수는 있어도 거래법이 금지하고 있는 시세조종에 해당되는 것으로는 간주되지 않았다.

그러나 2000년대 초반부터 우리 시장에서 다시 등장한 허수호가는 상황이 매우 심각하였다. 이 때의 행위는 구법 제188조의4 제 2 항 제 1 호에 정면으로 위반되는 행위들이었다. 당시의 허수호가는 진정한 매매체결 의사 없이 호가를 내는 행위를 말하는데, 그 목적은 매매가 성황을 이루고 있는 듯이 보이도록 하기 위한 것이며, 구체적으로 매도 또는 매수주문이 증가하고 있는 것으로 위장하여 다른 투자자들의 선취매를 유도하고, 이로 인해 시세가 상승하면 높은 가격으로 자신의 매도를 실현하는 행위이었다.[2] 이러한 허수호가 행위는 높은 가격에 자신의 매도주문을 미리 해놓는 행위와 함께 이루어지는 것이 일반이지만, 단순히 허수호가 행위만으로도 구법 제188조의4 제 2 항 제 1 호가 규정하고 있는 매매가 성황을 이루고 있는 듯이 오인하게 하는 행위에 해당될 수 있었다. 즉 빈번한 허수호가 제출행위만으로도 법이 규제하고 있는 시세조종 행위에 해당될 수 있다. 구증권법의 규정은 자본시장법 제176조 제 2 항 제 1 호로 계수되었기 때문에 자본시장법에서도 동일하게 해석된다. 실제로 시장에 등장하는 허수호가는 매우 다양한데 다음의 6가지 유형이 대표적이다.[3]

[허수호가의 대표적 6가지 유형]

우리 시장에 등장하고 있는 허수호가 유형은 크게 다음의 6가지 유형으로 그 양태를 분류할 수 있다. (i) 일반형으로서 하한가 근접가격에 대량의 허수성 호가를 제출하여 매수호가 유인 후에 보유물량을 매도하고, 매도가 완료되면 즉시 매수호가를 취소하는 유형, (ii) 공격형으로서 대량의 허수호가를 직전가 근접가격대에 단계적으로 가격을 상승시키면서 연속하여 제출하여 추종 매수세력을 유인한 후에, 매도목적을 달성하면 매수호가 전량을 취소하는 유형(이 유형은 거액의 투자자들이나 투자상담사들이 자주 사용하는 방법으로서 가장 문제가 심각하다), (iii) 전장 동시호가에 보유물량을 매도할 때, 대량의 저가(하한가 주변) 매수호가와 함께 제출하여 고가에 매도되도록 투자자를 유인하고, 전장 동시호가 마감 직전 혹은 직후

1) 증권거래소, 「허수주문 관리방안」, 1996. 8(비공개자료).

2) 이전에는 없었던 심각한 허수호가 행위가 대대적으로 등장한 배경에는 당시 호가공개 방법에 문제가 있었다. 당시 호가전량이 공개되던 호가공개 방법의 허점을 악용하여 선의의 투자자를 기망하는 수단으로 허수호가가 등장하였고, 상당한 논쟁 끝에 허수호가 등장의 배경이 되었던 호가공개 방법을 변경하였는데, 이에 대한 상세는 김정수, "시세조종 규제의 이론과 실제," 「주식」(2001. 7월호), 증권거래소, 41-43쪽 참조.

3) 증권거래소 보도자료(2001. 1. 11) 참조.

에 매수호가 전량을 취소하는 행위, (iv) 종가관여형으로서 종가결정을 위한 동시호가시 대량의 허수성 매수호가로 유리한 종가형성을 유도한 후, 시간외매매 혹은 익일 시초가에 보유물량을 매도하는 행위, (v) 대량의 허수성 호가를 제출하여 시세상승을 유도한 후 공매도하고, 그 직후 매수호가 전량을 취소하여 시세하락을 유도한 후 저가에 공매분을 취소하는 경우, (vi) 하한가 주변에 대량의 허수성 매수호가를 제출한 후 취소하지 않고 지속적으로 시세에 영향을 미치게 하는 행위 등이다. 이러한 허수호가 행위는 주식이 중심이지만 장내파생상품의 경우에도 자주 등장하고 있다.

자본시장법은 이러한 호가를 위탁하거나 수탁하는 행위도 처벌하고 있다. 따라서 허수호가를 수탁한 증권회사 직원도 처벌될 수 있는데, 최근 허수호가 대부분이 HTS를 통해서 자동적으로 이루어지면서 증권회사 직원의 수탁 책임의 한계가 모호해지는 측면이 생기고 있다. 증권회사 직원이 자신이 관리하는 계좌가 허수호가를 내고 있는 것을 알고 있고, 이를 계속해서 방치하였다면 허수호가 수탁에 대한 책임을 면하기 어려울 것으로 생각된다.

3. 매매의 유인목적(주관적 요건)

(1) 의 의

현실거래에 의한 시세조종이 성립하기 위해서는 거래성황 오인이나 변동거래라는 객관적 요건 외에 '매매를 유인할 목적'이라는 주관적 요건이 구비되어야 한다. 매매의 유인목적의 의미에 대하여 우리 대법원은 "인위적인 조작을 가하여 시세를 변동시킴에도 불구하고 투자자에게는 그 시세가 유가증권시장에서의 자연적인 수요·공급의 원칙에 의하여 형성된 것으로 오인시켜 유가증권의 매매거래에 끌어 들이려는 목적"[1]으로 해석하고 있다.

일본 최고재판소는 協同飼料 사건에서 유인목적을 "인위적인 조작을 가하여 시세를 변동시킴에도 불구하고 투자자에게 그 시세가 자연의 수급관계에 의해 형성되는 것이라고 오인시켜 유가증권시장에서의 유가증권의 매매거래에 끌어 들이려는 목적"이라는 견해[2]를 제시하여 우리 대법원과 유사한 입장을 취하고 있다.

자본시장법이 시세변동이라는 객관적 요건 외에 「유인목적」이라는 특별한 주관적 요건을 요구하는 이유는 증권시장이나 장내파생상품시장에서의 매매의 경우 다양한 목적과 동기를 가지고 이루어지기 때문에 외양적·객관적 행태만으로 현실거래에 의한 시세조종 여부를 판단하게 되면 정당한 거래기법이나 수요에 응하여 이루어진 선의의 거래

1) 대법원 2002. 7. 22. 선고 2002도1696 판결; 대법원 2005. 11. 10. 선고 2004도1164 판결; 대법원 2009. 4. 9. 선고 2009도675 판결.

2) 最高裁昭63(あ)1102號, 平 6. 7. 20 三小法廷決定.

까지 시세조종으로 처벌받게 됨으로써 전과자가 양산되는 법적 위험성을 없애기 위한 것이다. 따라서 투자자를 조작된 가격으로 끌어들이려는 목적이 없는 매매는 비록 시세를 변동시키는 행위일지라도 시세조종으로 처벌되지 않는다. 아래 사례는 미국에서 유인목적의 부재로 무죄 판결을 받은 경우이다.

> Trane Co. v. O'Connor Securities 사건에서 혐의자는 9개월에 걸쳐 Trane 주식을 활발하게 거래하였고, Trane 유동주식의 15%를 보유하였던 차익거래자였다. 미국 법원은 이 사건에서 이러한 정도의 거래는 불가피하게 주가에 영향을 미칠 수밖에 없으며, 타인으로 하여금 거래에 참여하도록 유인의 효과가 있었음을 의심할 여지가 없다고 인정하였다. 그러나 법원은 이 사건에서 시세조종의 혐의가 없다고 판결하였다. 법원은 이 사건에서 시세조종을 금지하고 있는 34년법 제 9 조(a)의 근본 목적은 주가를 올리거나 내릴 수 있는 거래행위를 금지하고 있는 것이 아니라, 자연스러운 공급과 수요가 주가에 영향을 미치는 자유롭고도 공개된 시장의 유지라고 판시하였다. 그런데 혐의자인 O'Connor는 공개시장을 통해서 주식을 거래하였으며, 그가 주가를 조작하였다는 증거가 없으며, 또한 그의 활발한 거래가 종료된 이후에도 시장이 붕괴되지도 않았다. 또한 O'Connor의 목적은 Trane 주식의 인위적인 수요를 창출하려는 것이 아니었고, 타인의 거래를 유인할 목적도 없었다. 그는 단지 이익을 얻을 목적으로 빈번하게 거래를 하였을 뿐이라고 인정하여 무죄로 판결하였다.[1)]

유인목적과 관련하여 제 3 자를 매매거래에 끌어 들이기 위해 당해 제 3 자를 오인시키는 "기망성"의 증명이 필요하다고 할 것이다. 증명기술상 시장에 대한 잘못된 인식을 투자자에게 야기시키는 기망성은 객관적 요건인 거래의 태양 뿐만 아니라 거래동기 및 전후 사정 등을 통하여 추인할 수밖에 없다. 증권의 시장가격을 등락시키는 매매행태와 함께 "싸게 매수하여 비싸게 매도하고 싶어 하는 일반적인 투자 본성에 부합하지 않는 거래행태" 등에서 찾을 수 있을 것이다.[2)]

(2) 유인목적의 증명

유인목적은 현실거래에 의한 시세조종 여부 판단에 있어서 중요한 요건이지만 '유인목적'이라는 것이 보이지 않는 사람의 내심의 상태이기 때문에 행위자의 자백이 있지 않는 한 이를 직접적으로 명확하게 증명하는 것은 매우 어렵다. 따라서 불가피하게 정황증거나 간접증거에 의하여 유인목적의 존재를 판단할 수밖에 없다. 여기서 정황증거[3)] 또는 간접증거는 해당 매매거래가 정상적인 거래처럼 보이게 하여 투자자들을 당해 금융투자상품의 매매거래로 이끌게 하려는 의도를 추단할 수 있는 사실이나 상황이라고 할 수 있다.

---

1) Trane Co. v. O'Connor Securities, 561 F.Supp. 301, 302-305(S.D.N.Y. 1983), Lewis Lowenfels, id. at 710-711에서 재인용.
2) 金融財政事情硏究會, 전게서, 29頁.
3) 이들 개념에 대한 상세는 오석락, 전게서(1996), 108-112쪽 참조.

위와 같이 시세조종의 목적성 증명에 있어서 당사자의 자백 외에는 직접증거의 확보가 어렵기 때문에 이처럼 간접사실을 통한 '간접증거' 또는 '정황증거'(circumstantial evidence)가 중요한 의미를 가진다. 이러한 입장은 미국에서 많은 판례들을 통해서 확립되었는데, 특히 SEC v. Collins Sec. Corp. 사건은 법원이 시세조종의 증명에 있어서 정황증거의 중요성을 인정한 사건으로써 중요한 의미를 가지고 있다.

> 이 사건에서 법원은 "SEC는 피고가 의도적으로 Big Horn 주식의 시세를 조종하였다는 직접 증거가 없다는 것을 인정하였다. 그러나 SEC는 정황증거로부터의 추정에 의존하여 불법적인 시세조종이 발생하였다는 결론에 도달하였다. 법원은 수많은 사례에서 이러한 추정방법의 사용이 34년법 위반을 증명하는데 필수적이라는 SEC의 견해에 동의한다. 아무튼 법원은 34년법에서 개념상 모호성이나 정확성의 결여를 설명하는데 있어서 정황증거에 의지하는 것이 합리적"[1]이라고 판결하였다. 또한 SEC v. Pagel 사건에서도 법원은 시세조종의 증명은 항상 많은 세부적 사실로부터의 추정에 의존하게 될 수밖에 없으며, 시세조종이라는 사실의 인정은 매매패턴, 명백한 비정상적인 거래 및 기타 거래자료로써 이루어질 수밖에 없다고 하였다. 이러한 모든 것을 고려하여 자유로운 시장에 대해 개입한 시세조종을 추정할 수 있다는 것이다.

미국의 경우는 간접증거의 활용과 함께 '프라이머 페이쉬 원칙'(prima facie doctrine)[2]도 활용되고 있는데, '프라이머 페이쉬 원칙'이란 실질적이고 직접적인 금전적 이익을 갖고 있는 사람이 주가를 상승시키기 위하여 적극적인 행위를 하였을 때는 시세조종의 목적이 존재한다고 추정해 주는 것이다. 즉 문제가 된 거래행위가 prima facie case인 경우에는 증명책임이 피고에게 이전되고, 피고가 시세조종의 목적이 없었다는 것을 증명하지 못한다면 시세조종의 책임을 지게 될 것이다. 위에서 살펴본 것처럼 미국은 1934년법 제9조(a)가 요구하는 '매매거래를 유인할 목적'은 판례를 통해서 정황증거에 의한 추정이 인정되는 경우 증명책임을 전환시키고 있다. 또한 1934년법 제10조(b) 및 SEC Rule 10b-5의 경우에 요구되는 '인식'(scienter)도 정황증거에 의한 '사기적 의도'가 추정될 경우 행위자는 그러한 인식이 없었음을 반증하여야 한다. 이는 증권거래가 가진 거래의 특성을 고려하여 원고의 증명책임을 경감시켜 주는 것이라 할 수 있다.

현재 자본시장법은 시세조종의 증명책임과 관련하여 언급하고 있지는 않지만 위장거래나 현실거래에 의한 시세조종의 경우 매매가 통상의 거래관행을 벗어나는 정황이 존재하는 경우 각각 오인목적 또는 유인목적이 추정되고, 따라서 거래자는 해당 거래가 그

1) SEC v. Collins Sec. Corp. 562 F.2d 822-823(D.C. Cir. 1977).
2) 'Prima Facie'란 라틴어로서 특정한 행위가 있으면 그 행위로서 증명책임을 면할 수 있는 정황증거를 말한다. 여기서는 원고인 SEC에게 증명책임을 면제시켜 주며, 따라서 피고가 시세조종을 하지 않았다는 사실을 반증해야 한다. Prima Facie Case에 대해서 구체적인 내용은 James Fisher, Understanding Remedies, 312-317(1999) 참조.

러한 목적을 수반하고 있지 않고 정상적인 목적을 가진 거래였다는 사실을 증명하여야 할 것이다.[1)]

건전한 투자자의 거래패턴과 확연히 구분되는, 시세조종의 의도가 없었다면 그러한 거래를 하지 않았을 것이라는, 그리고 피고의 특정한 거래행위(예로서 순차적 고가매수의 집중 등)에 의해 주가가 이상적(異狀的)으로 상승하였다는 사실을 증명하면, 이러한 간접사실로부터 피고의 거래행위가 매매를 유인할 목적을 가졌다는 것을 추정할 수 있을 것이다.

우리 대법원도 유인목적에 대하여 정황증거 또는 간접증거에 대한 의존을 허용하고 있다. 대법원은 2001년 '삼익주택 시세조종 사건'에서 "거래가 성황을 이루고 있는 듯이 오인하게 하거나, 기타 타인으로 하여금 그릇된 판단을 하게 할 목적이 있어야 함은 물론이나… 이러한 목적은 당사자가 이를 자백하지 않더라도 그 유가증권의 성격과 발행된 유가증권의 총수, 매매거래의 동기와 태양(순차적 가격상승주문 또는 가장매매, 시장관여율의 정도, 지속적인 종가관여 등), 그 유가증권의 가격 및 거래동향, 전후의 거래상황, 거래의 경제적 합리성 및 공정성 등의 간접사실을 종합적으로 고려하여 판단할 수 있는 것이다"라고 판시하였다.[2)] 후지타관광주식 사건에서 동경지방법원은 유인목적의 존부에 관하여 "당사자의 진술에 의하지 아니하고, 거래의 동기, 매매거래의 양태, 매매거래에 수반하는 전후의 사정 등으로 판단할 수 있으며, 이 때에는 매매거래의 양태가 '경제적 합리성'을 갖는지 여부"가 시세를 인위적으로 조작하고자 하는 목적을 엿보게 하는 것으로서 중요한 의미를 갖는다고 하였다.[3)]

유인목적의 인식의 정도는 어느 정도이어야 하는가? 유인목적은 다른 목적과의 공존여부나 어느 목적이 주된 것인지는 문제되지 아니하고, 목적에 대한 인식의 정도도 미필적 인식으로 충분하다.[4)] 대법원은 '프로소닉 사건'에서 "매매거래를 유인할 목적이라 함은 인위적인 조작을 가하여 시세를 변동시킴에도 불구하고, 투자자에게는 그 시세가 유가증권시장에서의 자연적인 수요·공급의 원칙에 의하여 형성된 것으로 오인시켜 유가증

1) 이러한 피고의 증명부담을 '증명책임의 전환'으로 보아야 할 것인가? 명확히 말하자면 증명책임의 전환은 아니라는 의견이 있다. 즉 피고는 자신의 특정한 행위로부터 요증사실에 대한 사실상의 추정이 허용되어 요증사실이 추인되는 경우에도 피고는 그 추정을 복멸할 필요를 느끼는 일이 있어도 그 때문에 추정명제의 부존재에 대한 증명책임을 부담하게 되는 것은 아니기 때문이다. 즉 사실상의 추정이 성립된다 하여 요증사실에 대한 「증명책임의 전환」이 빚어지는 것은 아니다. 그러나 판례는 일찍부터 사실상의 추정이 성립되는 경우에는 추정사실의 부존재에 대한 증명책임이 피고에게 있다 하여 마치 증명책임의 전환을 긍정하는 듯한 태도를 취하는 예가 허다한데, 추정을 복멸하기 위한 반증이 추정사실의 부존재에 대한 본증보다 그 증명도에 있어서 결코 가벼울 수 없는 만큼 증명책임의 전환을 부정하는 견해와 실질적 차이가 있는 것은 아니라고 할 수 있다. 오석락, 전게서(1996), 111-112쪽 참조.

2) 대법원 2001. 11. 27. 선고 2001도3567 판결.

3) 東京地裁平二5特(わ)一三六二9號, 平 5. 5. 19 刑事第八部判決, 「判例タイムズ」, No. 817(1993. 8. 1), 221頁.

4) 김정만, 전게논문, 213쪽; 임재연, 전게서(2004), 464쪽. 대법원 2009. 4. 9. 선고 2009도675 판결.

권의 매매에 끌어들이려는 목적으로서 이 역시 다른 목적과의 공존 여부나 어느 목적이 주된 것인지는 문제되지 아니하고, 목적에 대한 인식의 정도는 미필적 인식으로 충분"하다고 판시하였다.[1] 그리고 실제로 투자자가 유인될 것도 요하지 않는다.

(3) 유인목적의 직접성 여부

시세를 변동시키는 매매라 할지라도 '매매를 유인할 목적'이 없는 행위는 처벌되지 않는다. 그렇다면 특정한 거래상황 속에서 '매매를 유인할 목적'이 있었는지 여부를 어떠한 기준으로 판단할 수 있는지가 매우 중요한 문제가 된다. 타인을 해당 매매에 유인하려는 직접적인 목적이 존재하는 경우만으로 제한할 것인지,[2] 아니면 좀 더 완화된 경우까지 유인목적을 인정할 수 있는지 여부이다.

이 문제는 오늘날의 기업경영활동의 많은 부분이 주가의 움직임에 큰 영향을 받고 있다는 사실과 연관된다. 주가는 기업의 재무전략에 중대한 영향을 미치는데, 기업은 재무전략상 주가를 특정한 수준으로 올리고 싶은 유혹을 느끼는 경우가 있을 수 있다. 이러한 경우에 기업이 시도할 수 있는 시세조종은 시세를 일정 수준으로 끌어올리거나 낮추는 것으로 충분하고, 타인으로 하여금 매매에 참여하도록 유인할 직접적인 목적은 본질적으로 갖고 있지 않은 경우가 있을 수가 있다. 이러한 경우의 사례로서 (i) 주가가 액면가 이하인 상황에서 원활한 유상증자를 위하여 주가를 액면가 이상으로 끌어올리는 경우, (ii) 똑같은 유상증자의 경우에도 기준가를 높이기 위하여 주가를 끌어올리는 경우, (iii) 전환사채(CB) 또는 신주인수권부사채(BW)의 발행을 원활하게 하기 위해 주가를 끌어올리는 경우, (iv) 전환사채를 싼 가격의 주식으로 전환하기 위하여 주가를 하락시키는 경우, (v) M&A시 인수가격을 유리하게 하기 위하여 주가를 조작하는 경우 등을 들 수 있으며, 실제로 이러한 유형의 거래들이 시장에서 발생하고 있다. 이러한 거래행위들이 과연 다른 투자자들을 매매에 유인할 목적이 없었다고 볼 수 있는지, 유인목적의 범위를 어디까지 인정할 것인지 해석의 문제가 남아 있다.

우리 법원은 '유인목적'을 해석함에 있어 매매를 유인하려는 직접적인 목적은 없더라도 당해 시세개입으로 인하여 일반투자자들이 오인하고 매매거래에 유인될 가능성을 인식하는 경우에는 유인목적이 있다고 적극적으로 해석하고 있다.

'현대전자 사건'에서 제 2 심인 서울지방법원은 구증권법 제188조의4 제 2 항의 '매매거래를 유인할 목적'을 해석하면서, 매매거래를 유인할 목적은 인위적으로 가격을 조작함으로써 투자자들을 오해시켜 유가증권시장에서 유가증권 매매거래를 유인하는 것을

1) 대법원 2007. 11. 29. 선고 2007도7471 판결.

2) 주로 초기의 이론으로서 매매를 유인할 직접적인 목적이 없었다면 면책이 바람직하다는 견해로는 안문택, 「증권거래법 개론」, 박영사, 1982, 444쪽; 박준, "시세조종행위의 규제," 「인권과 정의」, 통권 제230호(1995. 10), 82쪽(김정만, 전게논문, 208쪽에서 재인용).

직접목적으로 하는 경우에만 인정되는 것이 아니라, 유상증자시 발행가격을 높일 목적으로 시세를 끌어올리거나, 전환사채 또는 신주인수권부사채의 발행을 원활하게 할 목적으로 시세를 조종하는 등과 같이 일반투자자의 유가증권 매매거래를 유인하게 된다는 것을 인식하고 있는 이상 매매거래를 유인할 목적은 인정되는 것이라고 판시하였다. 이는 시세를 조종하는 과정에서 시세를 조종하는 주체가 해당 주식거래량의 전부를 매도·매수할 수는 없는 것이므로, 결국 일반투자자들의 매매거래를 유인함으로써만 위와 같은 목적 달성이 가능하기 때문에 유인의 목적이 존재하였다고 볼 수 있다는 것이다. 나아가 주가를 상승시킨 후 일반투자자에게 주식을 매도함으로써 부당한 이득을 취할 목적까지 있어야 매매거래 유인의 목적이 인정되는 것은 아니라고 판시하였다.[1)]

뒤이어 대법원은 2001년 '리젠트증권 사건'에서도 "리젠트증권의 주가를 인위적으로 조작하여 상승시킴으로써 리젠트증권의 지분매각 또는 유상증자를 원활하게 하기 위하여 행해진 변칙거래로서 '유가증권의 시세를 변동시키는 매매거래'에 해당하고 이와 같이 인위적인 조작으로 주가를 상승시킨 것은 비록 유가증권시장에서 일반투자자들을 오인시켜 유가증권 매매거래를 유인하는 것을 직접 목적으로 하는 경우는 아니라 하더라도 리젠트증권의 지분매각 또는 유상증자를 원활하게 할 목적으로 시세를 조종하는 과정에서 일반투자자로 하여금 위 리젠트증권의 주식이 유망한 것처럼 오인시켜 그 주식의 매매거래를 유인하게 된다는 것도 알 수 있었던 이상 일반투자자들의 매매거래를 유인할 목적도 있었다고 봄이 상당하다"고 판시하였다.[2)]

일본의 협동사료 사건의 1심 판결은 유인목적의 인정요소로서 주가가 침체하는 가운데 증자로 자금을 조달하려는 거래동기, 주가의 변동, 행위자에 의한 거래량 및 점유율, 시세조종 자금의 출처, 피고인 회사가 30억엔의 자금을 조달한 사실 외에 변동거래요건의 인정에 있어서 본래의 투자자 이익에 반하는 매수방법으로 지적된 거래양태를 제시하였다.[3)]

4. 유인목적과 변동거래의 관계

앞에서 살펴 본 바와 같이 현실거래에 의한 시세조종에 해당하기 위해서는 주관적 요건으로서 '유인목적'과 객관적 요건으로서 '변동거래'가 충족되어야 한다. 실제에 있어서도 시세를 의도하는 수준으로 변동시키기 위해서는 당해 행위자의 시세조종적인 매매거래뿐만 아니라 타인을 매매에 끌어 들여야 실현가능한 경우가 많다. 즉 인위적인 시세형성은 투자자를 기망하여 증권거래에 유인함으로써 형성되는 측면이 있다. 따라서 변동

1) 서울지방법원 2001. 1. 17. 선고 99노11300 판결.
2) 대법원 2001. 7. 26. 선고 2001도4947; 서울고등법원 2001. 9. 5. 선고 2001노1397 판결.
3) 金融財政事情研究會, 전게서, 30頁.

거래와 유인목적의 관계를 단절하여 위법성 여부를 판단하기는 어렵다. 유인목적 요건의 증명은 변동거래 요건과 일부 중첩될 가능성이 높기 때문이다. 따라서 변동거래와 유인목적은 결합하여 판단되어야 할 것으로 생각된다. 어떤 요건을 더 중시할지 문제는 있지만 양 요건은 관련되어 증명되어야 할 것으로 보인다.[1] 미국의 경우 Ray v. Lehman Bros. Kuhn Loeb, Inc 사건[2]에서 법원은 "Sec. 9(a)(2)는 증권가격을 상승시키는 광범위한 증권거래를 비난하는 것이 아니다. 시세를 조종하고자 하는 특정목적 자체가 동항 위반의 성립요건이 된다"고 하고 있는데 구성요건으로서 변동거래와 유인목적을 명확히 구분하고 있지 않은 것으로 보인다.

현실거래에 의한 시세조종의 구성요건으로서 '유인목적'과 '변동거래' 요건의 충족 여부는 거래 동기, 거래 양태 및 전후 사정 등 간접사실을 종합적으로 고려하여 판단한다. 우리 대법원은 현실거래에 의한 시세조종의 유인목적과 변동거래의 각 요건에 대하여 간접사실에 의하여 판단할 수 있다고 보고 있다. 아래 사건에서 대법원은 주관적 요건인 '유인목적'과 객관적 요건인 '변동거래'의 각 요건 해당여부에 대하여 공히 간접사실을 종합적으로 고려하여 판단할 수 있다고 판시하였다.

> "구 증권거래법 제188조의4 제2항 소정의 '매매거래를 유인할 목적'이라 함은 인위적인 조작을 가하여 시세를 변동시킴에도 불구하고, 투자자에게는 그 시세가 유가증권시장에서의 자연적인 수요·공급의 원칙에 의하여 형성된 것으로 오인시켜 유가증권의 매매에 끌어들이려는 목적으로서 이 역시 다른 목적과의 공존 여부나 어느 목적이 주된 것인지는 문제되지 아니하고, 목적에 대한 인식의 정도도 미필적 인식으로 충분하며, 나아가 위 조항 제1호 소정의 '유가증권의 매매거래가 성황을 이루고 있는 듯이 잘못 알게 하거나 그 시세를 변동시키는 매매거래'라 함은 본래 정상적인 수요·공급에 따라 자유경쟁시장에서 형성될 시세 및 거래량을 시장요인에 의하지 아니한 다른 요인으로 인위적으로 변동시킬 가능성이 있는 거래를 말하는 것일 뿐 그로 인하여 시세가 실제로 변동될 필요까지는 없고, 일련의 행위가 이어진 경우에는 전체적으로 그 행위로 인하여 시세를 변동시킬 가능성이 있으면 충분한데, 이상의 각 요건에 해당하는지 여부는 당사자가 이를 자백하지 않더라도 그 유가증권의 성격과 발행된 유가증권의 총수, 가격 및 거래량의 동향, 전후의 거래상황, 거래의 경제적 합리성과 공정성, 가장 혹은 허위매매 여부, 시장관여율의 정도, 지속적인 종가관리등 거래의 동기와 태양 등의 간접사실을 종합적으로 고려하여 이를 판단할 수 있다."[3]

상기 판결에서 대법원이 현실거래에 의한 시세조종의 주관적 및 객관적 요건 해당 여부를 간접사실을 종합적으로 고려하여 판단할 수 있다고 한 까닭은 '유인목적성'과

1) 상게서, 29頁.
2) Ray v. Lehman Bros. Kuhn Loeb, Inc., 624 F. Supp. 16, 22(N.D.Ga. 1984).
3) 대법원 2009. 4. 9. 선고 2009도675 판결; 대법원 2007. 11. 29. 선고 2007도7471 판결; 대법원 2006. 5. 11. 선고 2003도4320 판결; 대법원 2005. 11. 10. 선고 2004도1164 판결 등.

'변동거래성'이 밀접하게 연관되어 있는 점을 감안한 것으로 보인다. 예를 들면 정황증거로서 거래의 동기와 태양의 경우 '유인목적'과 '변동거래' 요건 증명에 모두 관련성이 있어 이를 분리하여 판단하기 쉽지 않고 양자를 결합하여 판단하는 것이 타당하기 때문이다.

우리 대법원이 현실거래에 의한 시세조종 여부의 판단을 위한 기초사실로서 유가증권의 성격과 발행증권 총수 등 다양한 요소를 열거하고 있는데 특히 중요한 것은 거래의 동기와 태양이라고 할 수 있다. 거래의 동기는 특히 유인목적성 판단에, 거래의 양태는 변동거래성에 중요한 판단요소라고 할 수 있다. 미국에서도 시세조종의 동기[1]가 요건을 충족시키는 일련의 거래와 결합된 경우에는 일응 시세조종의 목적이 추정된다고 본다.[2] 거래의 동기는 당해 거래에 나아가게 된 경제적·비경제적 이유와 전후의 사정 등을 통해 파악하여야 하는 반면 거래의 양태는 당해 금융투자상품의 매매가격, 거래량 및 매매형태 등을 통해 나타나며, 실제에 있어서는 거래소, 금융감독원의 거래분석을 통해 증명이 이루어진다. 거래의 동기에서 특히 중요한 것은 행위자가 당해 시세조종에 금전적·경제적 이해관계를 갖는지 여부일 것이다. 미국에서도 행위자의 금전적 이해관계를 유인목적을 추정하는 요소로서 중시하며,[3] 일본에서는 매매거래의 양태가 '경제적 합리성을 갖는지 여부'가 시세를 인위적으로 조작하고자 하는 목적을 엿보게 하는 것으로서 중요한 의미를 갖는다고 한다.[4]

시세조종의 성립을 판단하는 정황증거 또는 간접증거로 인정되는 것으로 다음과 같은 행위들을 들 수 있다. (i) 순차적으로 오른 가격으로 연속적으로 대량으로 매수주문을 내는 행위, (ii) 대량보유자와 특정 가격에 도달하기 이전에는 매도하지 않을 것을 사전에 약속하고 주식을 계속해서 매입하는 행위, (iii) 오해를 유발하기 위하여 호재성 정보를 다룬 문건을 유포하는 행위, (iv) 증권 또는 장내파생상품의 매수를 강권하는 행위, (v) 고객을 거래에 유인하기 위하여 브로커에게 추가적인 보상을 약속하는 행위, (vi) 현재의 시장가격 이상으로 고가의 매수주문을 계속해서 제출하는 행위, (vii) 매수자에게 손해보상을 보장하는 행위, (viii) 주가조작의 과정 중 중요한 시점에 발행자로 하여금 중요사항의 공시를 사전에 모의하는 행위, (ix) 증권의 공급을 고갈시키는 행위, (x) 증권의

1) 윤영신, "현실거래에 의한 시세조종행위," 「증권법연구」 제 2 권 제 1 호(2001), 15쪽. 미국에서 판례 또는 SEC 결정례에서 동기가 존재하는 것으로 판단하는 경우에는 현재시가보다 높은 가격으로 상당한 양의 증권을 매수할 옵션을 보유하는 경우, 대출상환압력을 받고 있는 은행대출에 대하여 담보로 제공된 증권의 가치를 높이고자 하는 경우, 공개매수를 성공시키거나 저지하고자 하는 경우, 워런트 행사의 대상이 되는 주식의 가격을 변동시켜서 워런트 행사를 촉발시킴으로써 자금을 조달하려는 경우 등이 있다고 한다.

2) Louis Loss, Fundamentals of Securities Regulation(2d ed., 1988), p. 855.

3) Crane Co. v. Westinghouse Air Brake Co., 419 F. 2d 787(2d Cir., 1969), cert. denied, 400 U.S. 822(1970).

4) 金融財政事情研究會, 전게서, 35頁.

과잉공급을 줄이거나 축소(dry-up)시키는 행위 등이다.

궁극적으로 시세조종 여부를 판단하기 위해서는 해당 회사의 자본금 규모, 발행주식의 총수, 피고인이 소외 회사의 주식을 매수한 경위, 매매거래의 동기와 태양, 주가의 추이 및 당시 거래상황 등이 종합적으로 고려되어야 할 것이다.[1] 이러한 정황증거들과 당시의 거래상황 등을 고려하여 유인목적 및 거래가 성황을 이루고 있는 듯이 잘못 알게 하거나 그 시세를 변동시키는 매매거래로 추정되어 시세조종 행위가 인정되게 된다. 제3자에게 실제로 손해를 입혔는지 여부와 관계없이 시세조종은 성립한다. 요컨대 상장증권의 가격변동에 대하여 금전적·경제적 이해관계를 가지는 자가 매매과정에서 비합리적·비정상적으로 당해 증권의 가격을 변동시킨 경우에는 '유인목적'과 '변동거래' 요건이 충족되는 것으로 추정되어 현실거래에 의한 시세조종이 성립된다고 할 것이다.

5. 위탁·수탁행위

매매가 성황을 이루고 있는 듯이 잘못 알게 하거나 시세를 변동시키는 주문을 제출하는 경우 위탁자뿐만 아니라 이러한 주문을 수탁하는 자도 함께 처벌된다. 즉 매매가 성립되지 않더라도 이러한 매매를 위탁하거나 수탁한 경우에는 시세조종에 해당하게 된다. 수탁자의 경우에는 그를 처벌하기 위해서는 수탁자가 동 주문이 '매매가 성황을 이루고 있는 듯이 잘못 알게 하거나 시세를 변동시킬' 의도를 가지고 행해지고 있다는 사실을 인식하였어야 한다.

6. 죄수의 문제

현실거래에 의한 시세조종의 경우 일반적으로 대량의 허수호가행위, 빈번한 통정·가장매매, 고가매수주문행위 등이 반복적으로 나타난다. 이러한 경우 이들 행위 각각이 제176조 각 항 또는 각 호에 각각 해당될 수 있는데 그 죄수를 어떻게 보아야 할 것인가? 포괄일죄가 될 것이다. 우리 대법원은 '동특 사건'에서 구증권법 제188조의4에 해당하는 수개의 행위를 단일하고 계속된 범의 하에 일정기간 계속하여 반복한 범행이라 할 것이고, 이 범죄의 보호법익은 증권시장에서의 거래의 공정성 및 유통의 원활성 확보라는 사회적 법익이고 각각의 증권 소유자나 발행자 등 개개인의 재산적 법익은 직접적 보호법익이 아닌 점에 비추어 각 범행의 피해법익의 동일성도 인정되므로 구증권법 제188조의4 소정의 불공정거래행위 금지위반의 포괄일죄가 성립된다고 판시하였다.[2] 이러한 판례의 입장은 '아세아종합금융 사건'[3]과 '영남제분 사건'[4]에서도 동일하게 유지

1) 대법원 2001. 6. 26. 선고 90도2282 판결.
2) 대법원 2002. 6. 14. 선고 2002도1256 판결.
3) 대법원 2002. 7. 22. 선고 2002도1696 판결.
4) 대법원 2002. 7. 26. 선고 2002도1855 판결.

되고 있다.[1)]

Ⅳ. 허위표시에 의한 시세조종

자본시장법 제176조 제 2 항 제 2 호 및 제 3 호는 허위표시에 의한 시세조종을 금지하고 있다. 동항 제 2 호 및 제 3 호는 상장증권 또는 장내금융투자상품의 매매를 유인할 목적으로 (i) 그 증권 또는 장내파생상품의 시세가 자기 또는 타인의 시장조작에 의하여 변동한다는 말을 유포하는 행위, (ii) 그 증권 또는 장내파생상품의 매매를 함에 있어서 중요한 사실에 관하여 거짓의 표시 또는 오해를 유발시키는 표시를 하는 행위를 금지한다.

이 유형의 시세조종은 거짓의 표시 또는 오해를 유발시키는 표시 등을 통하여 투자자를 기망에 빠뜨려 매매를 유인하는 행위를 말한다. 증권 또는 장내파생상품의 가격은 상장회사 또는 기초자산의 가치에 관한 정보에 의해 부단히 움직인다. 따라서 정보는 시세에 강력한 영향을 미치는 요소이다. 역사적으로도 증권시장에서 허위표시를 이용한 시세조종이 끊이지를 않았다. 이는 증권의 속성상 해당 법인에 대한 중요정보에 의해 주가가 직접적으로 영향을 받기 때문이다. 허위표시에 의한 시세조종은 일찍이 1814년 영국의 'de Berenger 사건'에서도 발견되었고 오늘날에도 강력한 시세조종의 수단으로 활용되고 있다. 허위표시에 의한 시세조종에도 현실거래에 의한 시세조종과 마찬가지로 '매매를 유인할 목적'이라는 주관적 요건이 충족되어야 한다. 유인목적에 관한 설명은 현실거래에 의한 시세조정의 경우와 동일하다.

1. 자기 또는 타인의 시장조작에 의한 시세변동의 정보 유포(176조 2항 2호)

이 조항은 자기 또는 타인의 시장조작에 의하여 시세가 변동한다는 말을 유포하는 행위를 금지한다. 시세변동 정보를 유포하여 투자자들이 그에 현혹되어 거래에 유인되는 것을 규제하기 위한 조항이다. 시세가 자기 또는 타인의 시장조작에 의하여 변동한다는 말을 유포하는 것이 행위 요건으로 되어 있으므로 실제로 자기 또는 타인에 의한 시장조작이 행하여지거나 현실로 증권 등의 시세가 변동되지 않아도 규제대상이 된다. 유포라 함은 불특정 또는 다수인에게 전파하는 것을 말하며, 반드시 대중매체, 전기통신 기타 공개적인 방법에 한정되지 않는다.[2)] 유포되는 내용은 사실이든 거짓이든 문제가 되지 않는다는 점에서 제 3 호와 차이가 있다.

자본시장법은 시장조작에 의한 시세변동의 유포행위의 방법으로 '말'로써 하는 것을

1) 포괄일죄의 문제는 다른 제목의 불량만화를 제작한 각 행위에 대해 동일 죄명에 해당하는 수개의 행위를 계속된 범의 하에 일정기간 계속하여 행하고 피해법익도 동일한 경우라 하여 포괄일죄를 적용한 1996년 대법원 판결이 선도판결이라 할 수 있다(대법원 1996. 4. 23. 선고 96도417 판결 참조).

2) 변제호/김종훈/홍성기/엄세용/김유석, 「자본시장법」, 지원출판사, 2009, 530쪽.

규정하고 있지만, 규제 취지에 비추어 시세변동 정보의 유포행위가 중요하므로 최근의 정보통신기술의 발전을 고려할 때 유포의 효과를 가지는 한 유포의 수단은 탄력적으로 해석하여야 할 것이다. 따라서 구두에 의한 유포행위 외에도 온라인 게시판이나 메시지 등을 통해 그와 같은 정보를 유포시키는 행위도 이 조항에 해당하게 된다. 정보의 유포가 있어야 하므로 자기 또는 타인에 의한 시장조작에 의하여 시세가 변동한다는 취지를 불특정 또는 다수인에게 전파할 것을 요하지만 당해 표시가 증권 등의 매매에 수반하고 자기 또는 타인의 시장조작이 실제로 행하여지는 것을 예정하는 것은 아니다. 자기 또는 타인의 시장조작이 진실한 것이어도 그것이 유인목적을 갖고 유포가 행하여지는 경우에는 이 조항의 위반에 해당될 가능성이 있다.[1)]

일반적으로 시세를 조종하고자 하는 자들은 투자자들을 유인하기 위하여 '정보꾼'을 풀어서 시세조종에 관한 소문을 퍼트린다. 소위 '작전'이 준비·진행 중에 있다는 말을 의도적으로 유포하는 것이다. 유포의 방법이나 수단은 다양할 수 있다. 과거에는 증권회사 창구에서 개별적인 접촉을 통해 유포되는 것이 일반적이었으나 최근에는 주로 인터넷을 통해 작전에 관한 거짓 정보 또는 루머들이 유포되고 있는 상황이다. 인터넷의 경우 다른 매체에 비해 감독당국의 추적이 어렵고 익명성이 보장된다는 특징을 가지고 있는데 정보의 확산성에 있어 매우 강한 힘을 발휘한다. 증권회사 직원을 통해 투자자에게 유포되는 경우는 최근에도 꾸준히 발생하고 있다. 이러한 행위는 특정 종목을 작전종목으로 소개하고 자기 또는 타인의 조작에 의해 주가가 급등할 것이라는 말을 유포하면서 특정한 매매에 유인하는 경우가 대부분이다. 법은 반드시 매매를 유인하는 행위가 뒤따를 것을 요건으로 하지 않으며 유포행위 자체만으로도 처벌될 수 있다.[2)]

2. 중요한 사실에 관한 허위표시 행위(176조 2항 3호)

(1) 의 의

이 조항은 상장증권 또는 장내파생상품의 매매를 함에 있어서 중요한 사실에 관하여 거짓의 표시 또는 오해를 유발시키는 표시를 하는 행위를 금지한다. 중요사실에 관한 허위표시 또는 오해 유발 행위를 통해서 투자자로 하여금 특정 증권 또는 장내파생상품의 시세가 상승 또는 하락할 것이라는 기망에 빠뜨려 매수 또는 매도를 유인하는 행위를 규제하기 위한 것이다.

'거짓의 표시' 또는 '허위표시'는 사실과 다른 정보를 적극적으로 표시하여 상대방을 기망에 빠뜨리는 것을 의미하는 반면, '오해를 유발하게 하는 행위'는 보다 넓은 개념으로 볼 수 있다. 일반적으로 거짓의 표시는 행위자의 적극적인 행위를 통해 이루어지지만

1) 金融財政事情研究會, 전게서, 35頁.
2) 김건식, 전게서(2006), 296쪽.

오해를 유발시키는 표시는 행위자의 적극적인 오해 유발행위 외에 상장법인과 같이 공시의무가 있는 자가 공시를 하되 오해를 유발시키기 위해 '필요한 정보를 누락시키거나 또는 부분적 '불공시'(non-disclosure) 행위[1]를 통해서 이루어질 수 있다. 최근 인터넷 증권사이트, 카페 또는 블로그(blog) 등 사이버 매체를 이용한 허위표시 또는 오해를 유발하게 하는 표시행위 등이 빈번하게 등장하고 있는 상황에서 이 규정은 중요한 의미를 가지고 있다. 인터넷 카페 등에 등장하는 "대박," "엄청난 호재," "큰 손 매집" 등과 같이 유인목적이 추정되나 구체적인 사실을 적시하지 않고 막연한 주장이나 구호의 경우에는 실제 거래와의 연계성이 확인되지 않는 한 불공정행위로 판정하기는 어려울 것이다[2].

(2) 고의요건의 삭제

구증권법은 "고의로 허위의 표시 또는 오해를 유발하게 하는 허위표시"를 금지하였는데(구법 188조의4 2항 3호), 자본시장법은 '고의'요건을 삭제하였다. 즉 과실로 인한 허위표시 등도 처벌이 가능하게 되어 규제의 범위가 확대되었다. 그러나 고의요건 삭제에 대하여 실질적으로 특별한 의미를 부여하기는 어렵다고 본다. 개념적으로는 과실까지 포함하게 되어 규제대상이 넓어졌지만, 실제로 과실로 인한 허위표시는 생각하기 어렵기 때문이다. 이는 허위표시의 시세조종으로 처벌하기 위해서는 허위표시 행위라는 객관적 요건 이외에 매매거래의 유인목적이라는 주관적 요건을 충족하여야 하는데, 이러한 주관적 요건을 갖춘 '과실에 의한 허위표시'는 존재하기 어렵기 때문이다. 즉 고의보다 더 엄격한 요건인 유인목적요건을 충족하는 경우 고의문제는 자동적으로 목적요건 안으로 흡수될 것이기 때문이다. 허위표시의 시세조종으로 형사처벌하기 위해서는 객관적 요건과 주관적 요건이 모두 충족되어야 하는데, 주관적 요건을 충족하지 못한 '과실에 의한 허위표시'로 시세가 변동이 되었고, 그로 인해 투자자의 피해가 발생할 가능성은 있다. 이 경우 형사처벌의 대상이 되지 않음은 명백하지만 민사책임의 대상은 될 수 있는가? 민사책임을 규정하고 있는 제177조는 '제176조의 위반행위의 존재'를 전제로 하기 때문에 주관적 요건을 충족하지 못한 과실에 의한 허위표시 행위는 제176조의 위반행위에 해당되지 않아 민사책임의 대상이 되기 어렵다고 본다.

(3) 허위표시 등

법은 "거짓의 표시 또는 오해를 유발시키는 표시를 하는 행위"를 금지하고 있다. 어떠한 행위가 거짓의 표시 또는 오해를 유발시키는 행위인가? 이는 사안에 따라 종합적으로 판단할 수밖에 없다. 또한 이러한 거짓의 표시 또는 오해를 유발시키는 행위는 '중요

---

1) 특정 사안 전체를 불공시하는 행위는 '중요한 사실에 관한 허위표시' 행위에 해당되지 않는다.

2) 성희활, "인터넷 증권싸이트에 대한 규제방안 고찰 – 유통시장관련 풍설 등의 유포를 중심으로 –," 「주식」(2000. 7), 증권거래소, 16쪽.

한' 사실에 관한 것이어야 하는데, 이는 그러한 허위표시 등의 행위가 궁극적으로 투자자의 투자판단에 영향을 미칠 수 있는 경우에만 처벌할 수 있기 때문이다.[1] 따라서 허위표시 등의 행위는 관련 사실의 중요성 여부와 깊은 관계를 가지고 있다.

포괄적 사기금지조항인 법 제178조 제 1 항 제 2 호도 "중요사항에 관하여 거짓의 기재 또는 표시를 하거나 타인에게 오해를 유발시키지 아니하기 위하여 필요한 중요사항의 기재 또는 표시가 누락된 문서, 그 밖의 기재 또는 표시를 사용"하는 행위를 금지하고 있다. 기본적으로 동일한 규제이념을 가지고 있다고 볼 수 있다. 그렇지만 이 조항이 제176조 제 2 항 제 3 호보다 구성요건 등이 완화되어 있어 허위표시와 관련된 실제 소송에서는 제178조 제 1 항 제 2 호가 더 활용되고 있다. 그 이유는 제178조가 무엇보다도 증명이 어려운 목적성을 요구하지 않고, 거래장소의 제한도 없으며, 매매를 포함한 다양한 거래에서 이루어지는 거짓의 표시 또는 중요한 사실의 누락을 이용하는 행위까지 규제 가능하기 때문이다. 따라서 허위표시 등을 이유로 소송이 제기된 사건의 다수는 법 제176조보다는 제178조를 소송원인으로 의존하고 있다. 허위표시 등의 해석 자체는 양 조항이 다르지 않다고 할 것이다.

(4) 허위표시 대상의 '중요성'

거짓의 표시 또는 오해를 유발시키는 행위는 '중요한' 사실에 관한 것이어야 한다. 자본시장법은 어떠한 정보가 거짓의 표시 또는 오해를 유발시키는 행위는 '중요한 정보'인지에 대하여는 언급하고 있지 않다. 구증권법은 내부자거래와 관련하여 중요정보에 대한 정의 규정을 가지고 있었는데, 중요정보를 구증권법 제186조의 수시공시 사항 중 투자자의 투자판단에 중대한 영향을 미칠 수 있는 정보라고 규정하였다. 이 규정의 해석과 관련하여 정보의 중요성 여부를 다투었던 '신정제지 사건'에서 대법원은 구증권법 제186조에 열거된 정보는 중요한 정보의 열거에 불과하고, 여기에 열거되지 않은 정보라도 투자자의 투자판단에 중대한 영향을 미칠 수 있는 정보라면 중요정보에 해당된다고 판시하였다. 이러한 견해는 중요정보의 개념 또는 범위에 관한 우리 법원의 일관된 해석이라고 할 수 있다. 자본시장법은 내부자거래와 관련한 중요정보의 개념에 대하여 수시공시와의 관계를 단절하고 해당 조문에서 직접 정의하였는바 중요정보란 '투자자의 투자판단에 중대한 영향을 미칠 수 있는 정보'로 규정하였다.[2] 허위표시에 관한 시세조종의 구성요소

1) '중요성'(materiality) 개념은 허위공시에 의한 시세조종 및 내부자거래 규제의 결정적인 구성요건으로서 형사 및 민사책임의 경계선을 긋는 기준으로서뿐만 아니라 투자자에게는 증명의 책임을 제거하여 준다는 측면에서도 중요한 의미를 가지고 있다. 예를 들어, '중요성 원칙'은 투자자가 허위공시로 인한 시세조종과 관련하여 피해를 입은 경우, 허위공시된 정보가 중요한 정보라는 증명은 투자자가 당해 정보를 신뢰하여 거래하였다는 사실의 증명책임을 면제하여 준다는 점에서 특히 중요하다 할 수 있다. Harold Bloomenthal, The Standard of Materiality, s12.05, Going Public and the Public Corporation(1996).

2) 자본시장법은 구증권법상의 수시공시 체제를 개편하면서 중요정보의 규정방식도 함께 변경하였다. 구증권법 체제에서는 수시공시 사항과 중요정보 사이에 약간의 혼란스러운 부분이 있었고, 판례는 열거

로서 중요정보에 대한 별도 정의가 없으므로 향후 내부자거래를 규제하는 제173조의 정의를 채용하여 해석될 것으로 예상된다.

이러한 맥락에서 제176조 제 2 항 제 3 호를 적용함에 있어 중요한 사실의 판단은 투자자의 투자판단에 영향을 미칠 수 있는 정보인지 여부에 달려있다고 볼 수 있다.[1] 결국 문제가 된 허위표시 사실이 중요한 정보인지 여부는 특정 표시를 둘러싼 여러 상황을 종합적으로 고려하여 사안에 따라 개별적으로 판단하는 문제가 될 것이다.[2] 그러나 특정 정보가 중요정보의 개념에 해당된다 하더라도 어느 시점에 중요정보로 성립되느냐는 또 다른 문제라고 할 수 있다. 이에 대해 대법원은 미국 연방대법원이 1968년 'Texas Gulf Sulphur 사건'에서 보여준 '개연성－중대성 기준'(Probability－Magnitude Test)을 채택하고 있는 것으로 보인다. 그리고 그 정보는 반드시 객관적으로 명확하고 확실할 것까지는 없다고 하면서 '명백성 원칙'(Bright-Line Test)은 요구하지 않고 있다.

> "법인경영에 관하여 중대한 영향을 미칠 사실들 가운데 합리적인 투자자라면 그 정보의 중대성과 사실이 발생할 개연성을 비교 평가하여 판단할 경우 유가증권의 거래에 관한 의사결정을 함에 있어서 중요한 가치를 지닌다고 생각하는 정보를 가리키는 것이라고 해석함이 상당하고, 그 정보가 반드시 객관적으로 명확하고 확실할 것까지 필요로 하지는 아니한다."[3]

참고로 일본에서는 허위표시에 의한 시세조종에 있어서 허위표시의 대상으로서 '중요한 사실'이란 그 유포로 시세가 등귀하거나 하락할 상당한 원인이 되는 것으로 생각될 정도의 중요한 사항이라고 보고 있다.[4]

3. 인터넷 등 정보통신기술 발전과 사이버 시세조종

시세조종, 특히 허위정보 유포에 의한 시세조종행위의 경우 과거에는 주로 입에서 입으로 전달되는 소문을 활용하거나 전화 등이 매개수단으로 활용되었으나, 인터넷의 발전 및 SNS 등 다양한 정보교환수단의 등장에 따라 사이버 공간을 이용하는 새로운 시세

적 포괄주의 입장을 견지해 왔는데, 자본시장법은 중요정보와 공시사항의 분리를 입법적으로 정리한 측면에서 긍정적이라 평가할 수 있다. 그러나 실제로 중요정보를 해석함에 있어서는 구법 체제와 크게 다를 것이 없을 것이다.

1) Victor Brudney, "A Note on Materiality and Soft Information under the Federal Securities Law," 75 Vir. L. Rev. 723, 728(1989).

2) 미국의 사법부는 중요성의 기준을 설정하기 위하여 많은 노력을 해왔다. 그러나 중요성에 대한 기준 설정의 문제는 단순한 문제가 아니다. 이는 '사실'(facts)과 '법'(law)이 혼재된 문제이기 때문이다. 즉 특정한 사건에 있어서 문제가 된 정보가 중요한 정보이냐의 판단 문제는 해당 사건의 특수성을 개별적으로 고려할 수밖에 없다는 것이다. 이에 대해 연방대법원은 'TSC Industries v. Northway 사건'에서 이러한 중요성의 판단 문제를 "특정한 일련의 사실들에 대해서 특정한 법의 원칙을 적용하는 문제로서 법과 사실이 혼재된 문제"라고 언급하였다. 426 S.Ct. 438(1976).

3) 대법원 1994. 4. 26. 선고 93도695 판결. 이후 우리 법원은 이러한 논지와 동일한 입장을 견지하고 있다.

4) 金融財政事情研究會, 전게서, 36頁.

조종 형태가 등장하기 시작했다. 인터넷 시대를 전후로 하여 시세조종의 형태와 특징을 비교해 보면 사이버 시세조종의 경우 허위사실 유포수단이 SNS, 증권방송 등으로 다양해지고, 전파속도도 거의 실시간으로 이루어지고 있으며, 전파범위도 사이버 공간을 매개로 한 무연고의 불특정 다수로 확대되고 있다. 그러나 이러한 사이버 공간에서 행해지는 허위정보의 유포를 규제하는 것이 중요함에도 개인의 표현의 자유 문제와 연계되어 감독차원의 규제수단이 제한적이라는데 어려움이 있다.[1]

페이스북, 트위터 등 이용이 급증하고 있는 주요 SNS[2] 매체의 경우 정보의 전달속도나 정보 확산력에 있어 과거의 오프라인 방식에 비하여 엄청난 변화를 보여 주고 있다. 90년대부터 인터넷 등을 이용한 사이버 불공정거래의 심각성에 직면했던 미국의 경우를 보면 인터넷상 시세조종은 첨단 정보통신기술을 최대한으로 활용하고 익명성을 이용하여 행위자의 신분을 노출시키지 않은 채 시세조종에 관여함으로써 범죄적발 및 제재에 있어 어려움을 경험한 바 있다. 온라인 시세조종의 유형은 통상 (i) Pump and dump, (ii) Cyber-smear로 나누어 볼 수 있는데 SEC는 일반적으로 이들을 연방법 10(b)-5 위반으로 소추하고 있다.[3] 이들이 인터넷을 시세조종에 이용하는 과정을 보면, 먼저 잠재적 투자자들이 발행인에 대해 알 수 있는 사이트를 개설한 후 대용량 이메일·스팸 프로그램을 이용하여 잠재적 투자자에 접근하여 특정 발행회사와 주식에 관한 허위정보를 인터넷 게시판이나 토론방 등에 유포시키는 동시에 인터넷 투자 뉴스레터를 발송하여 소문을 더욱 강화시킨 후 보유하고 있는 물량을 고가에 처분하는 방식이다.[4]

인터넷 등을 이용한 사이버 불공정거래의 급증에 대응하여 미국 SEC는 1998년부터 인터넷상 증권법 위반사안에 대하여 다양한 방어 전략을 채택하였다. 첫째, 인터넷 모니터링을 위한 조직 설치 및 감시인력 보강인데 1998년 여름 SEC내에 인터넷 감시부(OIE: Office of Internet Enforcement)를 설치하여 급증하고 있는 온라인 증권사기에 대응하였다. 또한 온라인 공간을 모니터링하고 조사하기 위한 전문직원을 대폭 보강하였다. 둘째, 인터넷 사기에 대한 강력한 집행 및 제재를 하였는데 Rule 10b-5를 적극 적용하여 사기혐의로 소추하였다.[5] 셋째, 인터넷 투자자에 대한 의심스러운 거래 및 정보 게재에 대한 적극적 신고를 요청하였고, 이를 전담하는 온라인 신고센터(on-line Enforcement Complaint

---

1) 전통적 시세조종과 사이버 시세조종의 여러 가지 특성에 대하여는 엄세용, "자본시장에서의 사이버 불공정거래 규제에 대한 小考," 「경영법률」 제22집 제4호(2012. 7), 263쪽 참조.

2) SNS(Social Networking Service)란 일반적으로 온라인상에서 불특정 타인과 관계를 맺을 수 있는 서비스로서 Twitter, Facebook 등이 이에 해당한다.

3) Sean Andrew Kennedy, "Super Highway Robbery: The SEC and the Evolution of Online Securities Fraud," Seton Hall Law eRepositor(2013. 5), p. 8.

4) Nancy Toross, "Double-Click on This: Keeping Pace with On-Line Market Manipulation," 32 Loyola of Los Angeles Law Review, 1399(1999), pp. 1417-1419.

5) 미국 SEC의 인터넷사기에 대한 제재사례에 대하여는 Blake A. "Securities Law Developments," 6 Cyberspace Lawyer 23, September 2001 참조.

Center)를 설치하여 당시 매일 평균적으로 120건에 달하는 증권법 위반 신고를 접수받기도 하였다. 넷째, 추가적인 인터넷 사기 희생자를 방지하기 위한 교육 및 홍보를 강화하였다. 끝으로, 온라인 사기거래의 적발 및 제재는 감독기관만으로는 감당하기 어려워 여러 관련기관과의 긴밀한 협조체제를 구축하였다. 여기에는 연방수사국(FBI), 연방방송위원회(Federal Communications Commission), 공정거래청(FTC), 법무성 및 24개 州정부와 NYSE, NASD 등 자율규제기관 등이 망라되었다.[1)]

특히 1996년 12월, SEC는 '검색의 날'(Surf Day)을 마련하고 연방기관 3곳 및 24개 州의 법집행 기관과 협력하여 500건 이상의 가능성 높은 인터넷 사기를 적출하였고, 또한 SEC는 NYSE, NASD, 기타 자율규제기관들과도 긴밀한 협조를 통해서 인터넷상의 증권법 위반을 막기 위해 노력하였다. 1998년 11월의 '투자기회 검색의 날'(Investment Opportunity Surf Day)에는 400여개의 웹사이트 중 수십 건의 잠재적 금융사기를 발견하였다.[2)]

인터넷상의 증권법 위반 범죄는 전통적인 연방증권법의 개념들과는 다소 다르지만, SEC는 대부분의 인터넷 시세조종과 사기범죄를 Rule 10b-5로 처벌하여 왔다. 논의된 대부분의 사례에서는 피고가 회사 및 그 내부자 혹은 계열사였으나, 시세조종자가 일반투자자로서 채팅방 등지에서 익명으로 허위 주장을 하는 경우 쉽게 감지할 방도가 없었다. 인터넷상의 소통은 익명성으로 인해 추적에 큰 어려움이 따르고, 별도의 기록보관소가 부재하여 규제당국의 증거수집이 곤란한 점은 당시 미국도 마찬가지였으며, 책임추궁에 있어서 어려움을 겪기도 하였다.

인터넷 사기의 규제에 있어 가장 어려운 문제는 시세조종 목적으로 사이버 공간에 떠도는 사기성 루머를 어떻게 적발하고 증거를 수집하는가 하는 가와 사이버 공간상의 표현의 자유문제를 어떻게 조화시킬 것인가 하는 것이다. 이는 증권감독기관이 포털, 인터넷 카페 등 사이버 공간을 규율할 수 있는 권한이 있는가 인데 여기에 대하여는 특히 호주 ASIC 규제지침 162(IDS : Internet Discussion Sites)가 시사적인 방향을 제시하고 있다.

[호주 ASIC의 Regulatory Guide 162 : Internet discussion sites][3)]

호주는 인터넷 토론사이트도 원칙적으로 투자자문업 라이선스 대상으로 보고 증권규제대상으로 포섭하고 있다. 동 가이드라인은 토론사이트의 유형을 3단계(뉴스그룹 자문사이트, 상호대화형 회원제 사이트, 순수 개인 사이트)로 구분하고 투자자문업으로 라이선스를 요하지 않는 상호대화형 회원제 사이트와 순수 개인사이트에 대하여 당해 가이드 라인을 준수하도록 요구하고 있다. 규제에 있어서는 사이트 이용자(접속자) 및 게시물 작성자에 대하여 경고 및

1) Nancy Toross, "Double-Click on This: Keeping Pace with On-Line Market Manipulation," 32 Loyola of Los Angeles Law Review, 1399(1999), pp. 1437-1443.
2) Ibid., 1399(1999), p. 1440.
3) 동 Guide는 2000. 8. 15일 제정되었고, 2007. 7. 4일 개정이 이루어졌다.

주의에 관한 사항과 허위정보 게시 금지 등 건전한 사이버 공간을 위한 의무사항을 규정하고, ASIC이 필요한 경우 사이트에 저장된 회원정보와 게시물에 대하여 접근할 수 있는 권한을 부여하고 있다.

최근 우리의 경우도 유사투자자문업자 등이 증권방송이나 증권카페 등 사이버 공간을 이용하여 허위정보를 유포하여 주가를 끌어 올린 후 미리 매집한 보유주식을 처분하여 이익을 얻는 사례가 다수 발견되고 있는데 이에 대한 적절한 제도 구축과 기술적 대응이 필요하다.

V. 시세의 고정 또는 안정행위

1. 개 설

(1) 원칙적 금지

자본시장법 제176조 제3항은 "누구든지 상장증권이나 장내파생상품의 시세를 고정시키거나 안정시킬 목적으로 그 증권 또는 장내파생상품에 관한 일련의 매매 또는 그 위탁이나 수탁을 하는 행위를 하여서는 아니 된다"라고 규정하고 있다. 즉 시세를 적극적으로 변동시키는 행위는 아니지만 인위적으로 시세를 고정(fixing)시키거나 안정(stabilizing)시키는 행위도 시세조종으로서 금지한다. 이러한 행위는 비록 적극적으로 시세를 변동시키는 것이 아니고 시세를 특정 수준에서 유지시키는 소극적 행태지만, 이 역시 자유로운 수요와 공급을 통한 공정한 가격형성을 저해하는 행위이기 때문이다.[1]

상장증권이나 장내파생상품의 "시세를 고정시키거나 안정시킬 목적"에 관하여, 대법원은 "증권의 현재의 시장가격을 고정시키거나 안정시키는 경우뿐 아니라, 행위자가 일정한 가격을 형성하고 그 가격을 고정시키거나 안정시키는 경우에도 인정되고, 행위자가 그러한 목적을 가지고 매매거래를 한 것이라면 그 매매거래가 일정한 기간 계속 반복적으로 이루어져야 하는 것이 아니라 한 번의 매매거래도 증권거래법 제188조의4 제3항의 구성요건을 충족한다"고 판시하고 있다.[2]

자본시장법은 시세고정·안정행위에 대하여 기본적으로 구증권법과 동일한 체제를 유지하고 있으나, 다만, 구증권법에서 "매매거래"라고 한 것을 "일련의 매매거래"라고 표현을 달리 하였다. 일련의 매매거래라는 표현은 외견상 일정 기간 계속적이라고까지는 아니어도 여러 번의 매매거래를 의미하는 것으로 보인다. 그러나 실제로 한 번의 매매거래로 가격을 고정시키거나 안정시키는 사례들이 시장에서는 빈번하게 발생하였고, 구법

1) 미국의 판례의 경우 시세조종을 주가에 인위적으로 영향을 가하는 모든 행위로 이해하고 있는바, 시세의 고정이나 고착 등도 당연히 시세조종의 유형에 포함하고 있다.

2) 대법원 2004. 10. 28. 선고 2002도3131 판결.

에서는 이러한 매매거래도 처벌하였다. 2004년 '엘지반도체 사건'에서 구증권법상 시세의 안정이나 고정행위와 관련하여 단 한 번의 매매거래를 통한 시세의 고정행위도 처벌이 가능한지, 아니면 일정 기간 계속해서 반복적으로 매매거래가 있어야 하는지가 다투어졌다. 이에 대해 제 1 심은 유죄, 그리고 제 2 심은 무죄 판결을 하였다. 그러나 대법원은 다시 제 2 심의 판결을 부정하여 유죄 판결을 하였는데, 대법원은 이 사건에서 "유가증권의 시세를 고정시키거나 안정시킬 목적은 … 행위자가 그러한 목적을 가지고 매매거래를 한 것이라면, 그 매매거래가 일정한 기간 계속 반복적으로 이루어져야 하는 것이 아니라 한 번의 매매거래라도 증권거래법 제188조의4 제 3 항의 구성요건을 충족한다"[1] 고 판시하였다.

여기서 자본시장법 체제에서 한 번의 매매거래에 의한 시세의 고정이나 안정행위가 성립할 수 있는지가 문제된다. 일반적으로 시세의 고정이나 안정행위는 일정 기간 계속적인 매매거래를 통해서 이루어지는 것이 일반적이지만, 상기 '엘지반도체 사건'과 같이 시장에서는 단 한 번의 매매거래를 통해 시세의 고정행위가 빈번하게 발생할 가능성이 있다. 앞서 살펴본 바와 같이 현실거래에 의한 시세조종에 있어 변동거래의 성립요건으로서 논의된 '일련의 매매'(a series of transactions)에 대한 일본, 미국의 태도 등에 비추어 볼 때 여기서도 시세고정 행위의 반복성·계속성은 완화하여 해석하는 것이 바람직하다고 생각된다.[2]

(2) 예외적 허용

일정한 경우에는 시세를 고정시키거나 안정시키는 행위가 예외적으로 허용된다. 특별한 상황에서는 시세를 고정 또는 안정시키는 것이 투자자 보호 또는 해당 증권의 안정적인 가격형성 측면에서 필요하기 때문이다. 그러한 특별한 상황은 증권의 공모와 상장과 관련하여 인정되는 데 여기에는 '안정조작'(stabilization)과 '시장조성'(market making)이 있다. 이것은 증권의 모집 또는 매출이 있는 경우 일시적으로 대량의 증권이 시장에 유입되어 일시적인 수급관계의 악화로 시세가 하락하게 되는데 이를 방치할 경우 모집 또는 매출이 어려워져 산업자금의 원활한 조달을 어렵게 하고, 당해 주식을 보유한 주주의 경우 주식매각 가격이 낮아져 손실을 입을 가능성이 높기 때문이다.

자본시장법이 시세의 고정이나 안정을 적법한 것으로 허용하는 경우로서 규정하는 것은 다음과 같다(법 176조 3항 단서).

i) 투자매매업자(모집 또는 매출되는 증권의 발행인 또는 소유자와 인수계약을 체결한 투자매매업자로서 대통령령으로 정하는 자)가 대통령령으로 정하는 방법에 따라 그 증권의 모집 또는 매출의 청약기간의 종료일 전 30일의 범위에서 대통령령으로 정하는 날부터 그 청약기간

1) 대법원 2004. 10. 28. 선고 2002도3131 판결.
2) 이 조항에 대한 입법적 재고를 요한다는 견해로는 임재연, 「자본시장법」, 박영사, 2011, 872쪽.

의 종료일까지의 기간 동안 증권의 가격을 안정시킴으로써 증권의 모집 또는 매출을 원활하도록 하기 위한 매매거래(이하 "안정조작")를 하는 경우

ii) 투자매매업자가 대통령령으로 정하는 방법에 따라 모집 또는 매출한 증권의 수요·공급을 그 증권이 상장된 날부터 6개월의 범위에서 대통령령으로 정하는 기간 동안 조성하는 매매거래(이하 "시장조성")를 하는 경우

iii) 모집 또는 매출되는 증권 발행인의 임원 등 대통령령으로 정하는 자가 투자매매업자에게 안정조작을 위탁하는 경우

iv) 투자매매업자가 iii)에 따라 안정조작을 수탁하는 경우

v) 모집 또는 매출되는 증권의 인수인이 투자매매업자에게 시장조성을 위탁하는 경우

vi) 투자매매업자가 v)에 따라 시장조성을 수탁하는 경우

(3) 안정조작 및 시장조성에 대한 규제

안정조작 또는 시장조성은 시세고정·안정행위의 예외로서 허용되지만 그에 대하여는 주체, 가격, 기간 등 엄격한 절차적·내용적 규제가 따르고 있다. 먼저 미리 안정조작 및 시장조성 사실에 대한 사전공시를 하도록 하여 투자자 및 시장의 예측가능성을 보장하고 불측의 과민반응이 발생하는 부작용을 방지하고자 하며, 다른 하나는 당해 안정조작이나 시장조성의 주체, 기간, 가격 등을 규제함으로써 당해 행위의 시장에 대한 인위적 영향이 지나치게 확대되거나 장기화되는 것을 막고 있다.

안정조작이나 시장조성을 하기 위해서는 이를 사전에 신고하여야 한다. 공모 또는 상장과 관련하여 해당 증권의 가격이 일정기간에 걸쳐 인위적으로 유지될 것이라는 사실을 미리 시장에 알려 충격을 완화하고, 법령에 따라 적법하게 안정조작이나 시장조작이 진행되도록 유도하기 위함이다. 법은 (i) 증권신고서에 안정조작이나 시장조성을 할 수 있다고 기재된 투자매매업자와, (ii) 증권신고서를 제출하지 않은 경우에는 인수계약의 내용에 안정조작이나 시장조성을 할 수 있다고 기재된 투자매매업자에 한하여 안정조작이나 시장조성을 허용하고 있다(법 시행령 203조). 대법원은 1998년의 '레이디가구 사건'에서 "유가증권의 시세를 고정시키거나 안정시킬 목적으로 하는 경우에는 법 제188조의4 제3항에 의하여 기간·가격 및 주체 등에 관한 엄격한 조건 하에서 예외적으로 허용"된다고 확인하면서, "이러한 요건을 갖추지 않고 레이디가구의 주식을 주가의 폭락 없이 매도 또는 매수할 수 있도록 거래 당사자들끼리 통정하여 동 주식을 다량으로 매매하는 행위에 가담하였으며 그 행위시에 위와 같은 불법목적을 가졌다는 사실"을 인정하여 원심의 유죄를 확정하였다.[1)]

1) 대법원 1998. 12. 5. 선고 98도3051 판결.

2. 안정조작

안정조작(stabilization)이란 증권의 모집 또는 매출의 청약기간의 종료일 전 30일의 범위에서 대통령령으로 정하는 날부터 그 청약기간의 종료일까지의 기간 동안 증권의 가격을 안정시킴으로써 증권의 모집 또는 매출을 원활하도록 하기 위한 매매거래를 말한다. 안정조작의 방법에 대해서는 시행령에서 구체적으로 규정하고 있다(법 시행령 204조).

(1) 안정조작의 주체 및 안정조작신고서

안정조작은 투자매매업자에 의해서 행하여진다. 먼저 투자매매업자가 안정조작을 하기 위해서는 증권신고서에 안정조작의 계획을 적시하여야 하며(법 시행령 203조), 투자설명서에도 안정조작에 관한 사항을 기재하여야 한다. 신고서를 제출하지 않은 경우에는 인수계약 내용에 기재가 되어 있어야 한다(법 시행령 204조 1항). 그리고 투자매매업자는 안정조작을 할 수 있는 기간 중에 최초로 안정조작을 한 경우에는 지체 없이 안정조작신고서를 금융위와 거래소에 제출하여야 한다(법 시행령 204조 2항).

모집 또는 매출되는 증권 발행인의 임원 등 시행령으로 정하는 자는 투자매매업자에게 안정조작을 위탁할 수 있으며, 투자매매업자는 이에 따라 안정조작을 수탁할 수 있다(법 176조 3항 3호 및 4호). 시행령 제206조는 안정조작을 위탁할 수 있는 자의 범위에 대하여 다음과 같이 규정한다.

i) 모집 또는 매출되는 증권의 발행인의 이사

ii) 매출되는 증권의 소유자. 다만, 인수계약에 따라 증권이 양도된 경우에는 그 증권을 양도한 자를 소유자로 본다.

iii) 모집 또는 매출되는 증권의 발행인이 다른 회사에 대하여 또는 다른 회사가 그 발행인에 대하여 다음 각 목의 어느 하나에 해당하는 관계가 있는 경우에는 그 회사 또는 그 회사의 이사

가. 지분증권총수의 100분의 30을 초과하는 지분증권을 소유하고 있는 관계

나. 지분증권총수의 100분의 10을 초과하는 지분증권을 소유하고 있는 관계로서 영 제9조 각호의 어느 하나에 해당하는 관계

iv) 모집 또는 매출되는 증권의 발행인 또는 소유자가 안정조작을 위탁할 수 있는 자로 지정하여 미리 금융위원회와 거래소에 통지한 자

상기와 같이 자본시장법은 안정조작을 위탁할 수 있는 자의 범위를 증권의 모집 또는 매출이 원활하게 이루어지는 것에 의하여 일정한 이익을 얻는 자로 제한하고 있다. 안정조작 위탁자의 자격을 제한하는 이유는 무질서한 위탁으로 공정한 가격형성이 저해되는 것을 방지하기 위한 것이다.[1)]

1) 金融財政事情硏究會, 전게서, 38頁.

(2) 안정조작의 방법

안정조작은 투자설명서나 인수계약서에 기재된 증권시장에서만 하여야 한다(동조 2항). 자본시장법은 안정조작 가격의 범위에 대하여 안정조작 개시일의 경우와 그 이후의 경우를 나누어 규정한다. 즉 투자매매업자는 다음에서 정하는 가격을 초과하여 안정조작의 대상이 되는 증권을 매수하여서는 아니 된다(법 시행령 204조 4항).

i) 안정조작개시일의 경우

가. 최초로 안정조작을 하는 경우 : 안정조작개시일 전에 증권시장에서 거래된 해당 증권의 직전 거래가격과 안정조작기간의 초일 전 20일간의 증권시장에서의 평균거래가격중 낮은 가격. 이 경우 평균거래가격의 계산방법은 금융위원회가 정하여 고시한다.

나. 최초 안정조작 이후에 안정조작을 하는 경우 : 그 투자매매업자의 안정조작 개시가격

ii) 안정조작 개시일 다음날 이후 : 안정조작 개시가격과 안정조작을 하는 날 이전에 증권시장에서 거래된 해당 증권의 직전거래가격중 낮은 가격

(3) 안정조작보고서

투자매매업자가 법에서 정한 방법으로 안정조작을 하였는지 여부를 확인하기 위하여 투자매매업자는 안정조작개시일부터 종료일까지의 기간 동안 안정조작증권의 매매거래에 대하여 해당 매매거래를 한 날의 다음 날까지 매매거래의 내용을 기재한 안정조작보고서를 금융위와 거래소에 제출하여야 한다(동조 5항). 그리고 금융위와 거래소는 이러한 안정조작보고서를 3년간 비치하고, 인터넷 홈페이지를 통하여 공시하여야 한다(동조 6항).

3. 시장조성

시장조성(market making)이란 투자매매업자가 대통령령으로 정하는 방법에 따라 모집 또는 매출한 증권의 수요·공급을 그 증권이 상장된 날부터 1개월 이상 6개월 이하의 범위에서 조성하는 매매거래를 말한다. 시장조성에 대해서도 안정조작과 마찬가지로 법령에서 엄격한 절차와 방법을 규정하고 있으며, 시장조성을 하려는 투자매매업자는 이러한 규정을 준수하여야 한다.

(1) 시장조성의 주체 및 시장조성신고서

시장조성을 하려는 투자매매업자는 시장조성신고서를 금융위와 거래소에 제출하여야 하는데, 신고서에는 시장조성을 할 투자매매업자의 상호, 대상 증권의 종목, 시장조성기간, 시장조성을 개시할 날과 시간 등이 기재되어야 한다(법 시행령 205조 1항). 모집 또는

매출되는 증권의 인수인은 투자매매업자에게 시장조성을 위탁할 수 있고, 투자매매업자는 그에 따른 시장조성을 수탁할 수 있다(법 176조 3항 5호 및 6호).

(2) 시장조성 가격 및 기간

투자매매업자는 시장조성을 하는 경우 시장조성의 대상이 되는 증권의 모집 또는 매출가격을 초과하여 매수하거나 모집 또는 매출가격을 밑도는 가격으로 매도하여서는 아니 된다. 다만, 권리락이나 배당락 또는 이자락이 발생한 경우에는 이를 고려하여 계산한 가격을 기준으로 한다(법 시행령 205조 2항). 시장조성은 모집 또는 매출을 원활히 하기 위하여 상장 후 공모가격이 유지되도록 시장을 조성하도록 하는 활동이므로 당해 공모가격을 시장조성 활동의 기준가격으로 삼는 것이다.

시장조성의 기간은 모집 또는 매출되는 증권이 상장된 날부터 1개월 이상 6개월 이하의 범위에서 인수계약으로 정하는 날까지의 기간으로 한다다(법 시행령 205조 4항).

(3) 시장조성보고서

시장조성도 안정조작과 마찬가지로 신고서처럼 시장안정이 이루어졌는지 확인하기 위하여 투자매매업자는 시장조성개시일부터 종료일까지의 기간 동안 대상 증권의 매매거래에 대하여 해당 매매거래를 한 날의 다음 날까지 매매거래의 내용을 기재한 시장조성보고서를 금융위와 거래소에 제출하도록 하고 있다. 그리고 금융위와 거래소는 이러한 시장조성보고서를 3년간 비치하고 인터넷 홈페이지를 통하여 공시하도록 하고 있다(법 시행령 205조 3항).

Ⅵ. 현·선 연계 등에 의한 시세조종 규제

1. 의 의

자본시장법은 제176조 제 1 항부터 제 4 항까지에 걸쳐 증권시장 또는 장내파생상품시장에서 금지되는 다양한 유형의 시세조종행위를 열거하고 있다. 이 중 제 1 항부터 제 3 항까지는 하나의 증권시장 또는 장내파생상품시장에서 하나의 증권 또는 파생상품의 시세를 조종하는 행위를 규제하기 위한 것이고, 제 4 항은 다른 시장 또는 동일 시장에서 증권, 파생상품 또는 그 기초자산을 연계하여 증권, 파생상품 또는 그 기초자산의 시세를 조종하는 행위를 규제하기 위한 것이다. 동조 제 4 항은 증권, 파생상품 또는 그 기초자산 중 어느 하나가 거래소에 상장되어 있거나 거래소가 그 파생상품을 장내파생상품으로 결정한 경우에 한하여 적용된다(법 시행령 제206조의2).

동법 제176조 제 4 항에서 규제하는 시세조종행위는 일반적으로 '연계시세조종' 행위라고 불리는데, 증권, 파생상품 또는 그 기초자산의 가격은 상호 밀접한 연관성을 가지면서 영향을 미칠 수 있기 때문에 증권, 파생상품 또는 그 기초자산을 연계하여 시세를 조종할 가능성이 존재한다. 연계시세조종 행위에서는 가격이 조작되는 상품의 거래자와 이득이 발생하는 상품의 거래자 간의 동일성 내지는 연계성을 파악하는 것이 어렵기 때문에 이를 적발하여 처벌하는 것이 용이하지 아니할 수 있다.

동법 제176조 제4항에서는 네 가지 유형의 연계시세조종 행위를 열거하고 있다. 첫째는 그 기초자산의 가격을 조작하여 파생상품 또는 파생결합증권에서 이득을 얻는 행위(현·선 연계시세조종)이고, 둘째는 파생상품 또는 파생결합증권의 가격을 조작하여 그 기초자산에서 이득을 얻는 행위(선·현 연계시세조종)이며, 셋째는 증권의 가격을 조작하여 연계된 증권에서 이득을 얻는 행위(현·현 연계시세조종)이고, 넷째는 파생상품의 가격을 조작하여 다른 파생상품에서 이득을 얻는 행위(선·선 연계시세조종)이다.

2. 연계시세조종 행위의 유형

(1) 현·선 연계시세조종

자본시장법 제176조 제4항 제1호는 파생상품 매매에서 부당한 이익을 얻거나 제3자에게 부당한 이익을 얻게 할 목적으로 그 파생상품의 기초자산의 시세를 변동 또는 고정시키는 행위를 금지하고 있다. 이는 현물시장에서 시세조종을 하고 선물시장에서 이득을 취하는 '순방향의 연계시세조종'인데, 연계시세조종의 가장 대표적인 유형이라 할 수 있다. 아울러 동항 제3호는 증권의 매매에서 부당한 이익을 얻거나 제삼자에게 부당한 이익을 얻게 할 목적으로 그 증권의 기초자산의 시세를 변동 또는 고정시키는 행위를 금지하고 있다. 이는 그 기초자산의 가격을 조작하여 파생결합증권에서 이득을 취하는 경우인데, 엄밀하게 말하면 현·선 연계시세조종은 아니지만 현·선 연계시세조종과 거래구조가 유사하다.

현·선 연계시세조종의 예를 들면, 주가지수선물의 포지션을 취한 후 증권시장에서 주식을 집중적으로 매도 또는 매수하여 지수를 변동시키고, 그러한 변동을 통하여 선물에서 이득을 취하는 연계거래가 이에 해당한다. 구체적으로는, 주식의 대량매도에 앞서 선물 매도포지션을 취한 후 프로그램 매도를 통해 주가의 하락을 초래하고, 선물가격이 하락하면 기 보유 선물 매도포지션을 청산하여 선물에서 이득을 취하는 행위가 가능하다. 반대로, 주식의 대량매수에 앞서 선물 매수포지션을 취한 후 프로그램 매수를 통해 주가의 상승을 초래하고, 주가의 상승으로 인하여 선물가격이 상승하면 기 보유 선물 매수포지션을 청산하여 선물에서 이득을 취하는 행위가 가능하다. KOSPI200 지수선물이나 지수옵션이 주종을 이루었던 과거와는 달리, 최근에는 개별주식을 기초자산으로 하는 다양한 파생상품들이 장내파생상품시장에서 거래되고 있기 때문에 그 기초자산과 파생상품을 연계한 시세조종이 발생할 개연성이 커지고 있다.

(2) 선·현 연계시세조종

자본시장법 제176조 제 4 항 제 2 호는 파생상품의 기초자산의 매매에서 부당한 이익을 얻거나 제삼자에게 부당한 이익을 얻게 할 목적으로 그 파생상품의 시세를 변동 또는 고정시키는 행위를 금지하고 있다. 현물시장과 선물시장의 양 시장을 연계하는 시세조종은 대부분의 경우 현물시장에서 시세조종을 하고 선물시장에서 이득을 취하는 형태이지만, 파생상품의 가격을 조작하여 그 기초자산에서 이득을 취하는 '역방향의 연계시세조종'도 가능하다.

아울러 동항 제 4 호는 증권의 기초자산의 매매에서 부당한 이익을 얻거나 제삼자에게 부당한 이익을 얻게 할 목적으로 그 증권의 시세를 변동 또는 고정시키는 행위를 금지하고 있다. 이는 파생결합증권의 가격을 조작하여 그 기초자산에서 이득을 취하는 경우인데, 본래의 개념으로 선·현 연계시세조종은 아니지만 선·현 연계시세조종과 거래구조가 유사하다.

(3) 현·현 연계시세조종

자본시장법 제176조 제 4 항 제 3 호는 증권의 매매에서 부당한 이익을 얻거나 제삼자에게 부당한 이익을 얻게 할 목적으로 그 증권과 연계된 증권으로서 대통령령으로 정하는 증권의 시세를 변동 또는 고정시키는 행위를 금지하고 있다. 현물시장에서 거래되는 증권들 중에는 가격의 변동이 그와 연계된 증권의 가격에 영향을 미치는 증권들이 있는 바, 특정한 증권의 가격을 조작하여 다른 증권에서 이득을 취하는 행위가 가능하다. 동법 시행령은 '현·현 연계시세조종'이 적용되는 증권의 종류를 열거하고 있는데, 그 내용은 다음과 같다(법 시행령 207조).

㈎ 전환사채권이나 신주인수권부사채권의 매매에서 부당한 이익을 얻거나 제 3 자에게 부당한 이익을 얻게 할 목적인 경우에는 그 전환사채권이나 신주인수권부사채권과 연계된 ① 그 전환사채권이나 신주인수권부사채권과 교환을 청구할 수 있는 교환사채권, ② 지분증권, ③ 그 전환사채권이나 신주인수권부사채권을 기초자산으로 하는 파생결합증권 및 ④ 그 전환사채권이나 신주인수권부사채권과 관련된 증권예탁증권

㈏ 교환사채권의 매매에서 부당한 이익을 얻거나 제 3 자에게 부당한 이익을 얻게 할 목적인 경우에는 그 교환사채권의 교환대상이 되는 ① 전환사채권이나 신주인수권부사채권, ② 지분증권, ③ 파생결합증권 및 ④ 증권예탁증권

㈐ 지분증권의 매매에서 부당한 이익을 얻거나 제 3 자에게 부당한 이익을 얻게 할 목적인 경우에는 그 지분증권과 연계된 ① 전환사채권이나 신주인수권부사채권, ② 그 지분증권과 교환을 청구할 수 있는 교환사채권, ③ 그 지분증권을 기초자산으로 하는 파

생결합증권 및 ④ 그 지분증권과 관련된 증권예탁증권 및 ⑤ 그 지분증권 외의 지분증권

㈑ 파생결합증권의 매매에서 부당한 이익을 얻거나 제3자에게 부당한 이익을 얻게 할 목적인 경우에는 그 파생결합증권의 기초자산으로 되는 ① 전환사채권이나 신주인수권부사채권, ② 교환사채권(①, ③ 또는 ④와 교환을 청구할 수 있는 것만 해당한다), ③ 지분증권 및 ④ 증권예탁증권

㈒ 증권예탁증권의 매매에서 부당한 이익을 얻거나 제3자에게 부당한 이익을 얻게 할 목적인 경우에는 그 증권예탁증권의 기초로 되는 ① 전환사채권이나 신주인수권부사채권, ② 교환사채권(①, ③ 또는 ④와 교환을 청구할 수 있는 것만 해당한다), ③ 지분증권 및 ④ 파생결합증권

현·현 연계시세조종 행위 중에서 실제로 발생할 가능성이 높은 것은 ㈑의 유형이다. 현재 주가연계증권(Equity Linked Securities: ELS)이 많이 거래되고 있는데, ELS의 기초자산은 평균 2개 정도의 주식으로 구성된다. ELS의 상품구조를 보면 조기(통상 3개월 또는 6개월 단위) 또는 만기(통상 2년) 상환시의 수익률이 제시되는데, 투자자는 그 시점에 기초자산인 특정 주식의 가격이 일정 수준을 넘으면 높은 약정수익률로 상환을 받고, 반대로 일정 수준에 미치지 못하면 수익이 없거나 오히려 손실을 볼 수 있다. 이 같은 상품구조로 인하여 ELS에는 조기 또는 만기 상환일에 기초자산인 특정 주식의 가격을 하락시키려는 시도가 있을 수 있는데, 이러한 시도는 특정 주식의 가격을 하락시켜 ELS에서 이득을 취하는 행위에 해당하여 법 제176조 제4항 제3호가 적용될 여지가 있다.

(4) 선·선 연계시세조종

자본시장법 제176조 제4항 제5호에서는 파생상품의 매매에서 부당한 이익을 얻거나 제삼자에게 부당한 이익을 얻게 할 목적으로 그 파생상품과 기초자산이 동일하거나 유사한 파생상품의 시세를 변동 또는 고정시키는 행위를 금지하고 있다.

선·선 연계시세조종은 선물과 옵션 등 서로 다른 종목 간에는 물론이고 선물과 선물 등 서로 같은 종목 간에도 발생할 수 있다. 예를 들어, 개별주식선물과 KOSPI200 선물 또는 옵션을 연계하거나 개별주식선물과 개별주식옵션을 연계한 시세조종이 발생할 수 있다. 또한 다른 조건이 모두 동일하고 만기가 다른 두 선물을 연계하는 시세조종이 발생할 수도 있다.[1)]

[초판: 김정수,* 개정판: 성희활·엄세용·최성근]

1) 최성근·김용재·김홍기·성희활, 「파생상품 규제체계 재정립 및 규제효율화를 위한 연구」(한국증권선물거래소 용역보고서), 한국증권법학회(2008. 12), 48-49면.

* 이 부분은 제1판 집필자인 김정수가 본인의 저서 「자본시장법원론」(SFL그룹, 2011), 1088-1136면을 인용하여 작성한 글을 제2판 집필자인 성희활·엄세용이 수정한 것임을 밝힙니다.

제177조(시세조종의 배상책임)

① 제176조를 위반한 자는 다음 각 호의 구분에 따른 손해를 배상할 책임을 진다.

1. 그 위반행위로 인하여 형성된 가격에 의하여 해당 증권 또는 파생상품에 관한 매매등을 하거나 그 위탁을 한 자가 그 매매등 또는 위탁으로 인하여 입은 손해
2. 제1호의 손해 외에 그 위반행위(제176조 제 4 항 각 호의 어느 하나에 해당하는 행위로 한정한다)로 인하여 가격에 영향을 받은 다른 증권, 파생상품 또는 그 증권 · 파생상품의 기초자산에 대한 매매등을 하거나 그 위탁을 한 자가 그 매매등 또는 위탁으로 인하여 입은 손해
3. 제 1 호 및 제 2 호의 손해 외에 그 위반행위(제176조 제 4 항 각 호의 어느 하나에 해당하는 행위로 한정한다)로 인하여 특정 시점의 가격 또는 수치에 따라 권리행사 또는 조건성취 여부가 결정되거나 금전등이 결제되는 증권 또는 파생상품과 관련하여 그 증권 또는 파생상품을 보유한 자가 그 위반행위로 형성된 가격 또는 수치에 따라 결정되거나 결제됨으로써 입은 손해

② 제 1 항에 따른 손해배상청구권은 청구권자가 제176조를 위반한 행위가 있었던 사실을 안 때부터 1년간, 그 행위가 있었던 때부터 3년간 이를 행사하지 아니한 경우에는 시효로 인하여 소멸한다.

Ⅰ. 의 의

자본시장법 제177조는 시세조종으로 인해 피해를 입은 투자자가 시세조종자에 대해 손해배상책임을 물을 수 있도록 규정하고 있다. 이는 자본시장법이 시세조종으로 피해를 입은 투자자를 보호하기 위하여 민법상 불법행위에 기한 손해배상책임과는 별도로 피해자에게 부여한 특칙이다. 즉 자본시장법상 허용되는 손해배상청구권은 민법상 불법행위에 기한 손해배상청구권과는 별도로 인정되는 것이므로 원고는 자본시장법상 손해배상책임과 민법상 손해배상책임을 함께 물을 수 있다. 자본시장법의 특칙과 민법상 손해배상책임과의 관계를 법조경합으로 보는 의견이 있지만 청구권경합으로 보는 것이 다수의 견해이며 판례[1])도 동일한 입장이다.

이 조항은 증권거래법 제188조의5를 그대로 계수하고 있었는데 구법과 마찬가지로 손해배상의 방법이나 손해배상액의 산정방식에 대해서는 언급하고 있지 않아 문제가 지적되어 왔고, 그에 따라 2013. 5. 28. 개정을 통해 시세조종행위를 한 자의 손해배상책임을 손해배상청구권자와 손해의 범위에 따라 세 가지 유형으로 구분하여 규정하게 되었다.

---

1) 대법원 1999. 10. 22. 선고 97다26555 판결.

Ⅱ. 손해유형의 다양화

개정 전 자본시장법 제177조 제 1 항은 "제176조를 위반한 자는 그 위반행위로 인하여 형성된 가격에 의하여 해당 상장증권 또는 장내파생상품의 매매를 하거나 위탁을 한 자가 그 매매 또는 위탁으로 인하여 입은 손해를 배상할 책임을 진다"고만 규정하고 있어 다양한 손해배상청구권자의 배상수요를 충족할 수 없었고, 특히 이러한 문제점이 주가연계증권(ELS) 시세조종사건에서 다수 제기되었다.

따라서 입법취지를 이해하기 위해서 먼저 주가연계증권(ELS) 시세조종사건의 개략을 알 필요가 있다. 주가연계증권 시세조종 사건에서 주가연계증권의 판매자 또는 그로부터 스왑계약을 통하여 판매자와 동일한 수익구조를 갖게 된 제 3 자가 헷지 목적으로 기초자산인 주식을 거래함으로써 주가연계증권의 조건성취에 영향을 미치게 되었고, 이에 주가연계증권을 보유한 자들이 손해배상을 청구하였다. 그러나 개정전 법 제177조는 "제176조를 위반한 자는 그 위반행위로 인하여 형성된 가격에 의하여 해당 상장증권 또는 장내파생상품의 매매를 하거나 위탁을 한 자가 그 매매 또는 위탁으로 인하여 입은 손해를 배상할 책임을 진다"고 규정하고 있었으므로 (1) 해당 상장증권 또는 장내파생상품의 매매와 (2) 매매 또는 위탁으로 인하여 입은 손해라는 두 가지 요건 충족이 문제되었다. 즉, 동 사건에서 주가연계증권(ELS)은 '상장증권'이 아니며 제 3 자가 주가연계증권 판매자와 스왑계약을 한 경우에는 제 3 자의 입장에서 스왑계약은 '장내파생상품'도 아니었다. 또한 대부분의 경우 주가연계증권 투자자는 기초자산인 주식의 거래 이전에 이미 주가연계증권을 취득하여 그 이후에도 그대로 보유하고 있는 것이므로 '매매 또는 위탁으로 인하여 입은 손해'라 보기도 어려웠다.

이에 2013. 5. 28. 개정법에서는 시세조종행위에 대한 유형을 세 가지로 분류하여 규정하고 있으며, 아래에서 보는 바와 같이 주가연계증권(ELS) 시세조종사건에서 노정된 문제를 보완하기 위하여 제 2 호와 제 3 호 손해를 신설하였다.[1)]

제 1 호 손해는 "시세조종행위로 인하여 형성된 가격에 의하여 해당 증권 또는 파생상품에 관한 매매 등을 하거나 그 위탁을 한 자"가 "그 매매 등 또는 위탁으로 인하여 입은 손해"를 말한다. 이는 종래부터 인정되어 오던 손해유형이다. 제 1 호 손해는 시세조종의 대상이 된 해당 증권이나 파생상품에 관한 매매 등을 하여 손해를 입은 자의 손해를 대상으로 한다. 그러나 특히 연계시세조종행위의 경우 시세조종의 대상이 된 해당 증권이나 파생상품은 아니지만 그 시세조종행위로 영향을 받은 다른 증권, 파생상품 또는 그 증권, 파생상품의 기초자산에 대한 매매 등을 하여 입은 손해가 있을 수 있다. 그러나 제 1 호 손해는 이러한 손해를 포함하지 않는다.

1) 김건식, 정순섭, 전게서(2013), 466쪽 이하.

제 2 호 손해는 위와 같은 경우, 즉 제 1 호가 포괄하지 못하는 손해에 대한 것으로 "연계시세조종행위(176조 4항 1호 내지 5호)로 인하여 가격에 영향을 받은 다른 증권, 파생상품 또는 그 증권, 파생상품의 기초자산에 대한 매매 등을 하거나 그 위탁을 한 자"가 "그 매매 등 또는 위탁으로 인하여 입은 손해"를 말한다. 예컨대 주가연계증권의 기초자산인 특정 회사의 주식에 대한 시세조종이 이루어진 경우에 그로 인하여 지급구조를 결정하는 기준가격에 영향을 받은 주가연계증권에 대한 매매 등을 한 자의 손해가 여기에 해당한다.

연계시세조종의 경우 '시세조종의 대상이 된 해당 증권이나 파생상품' 또는 '연계시세조종행위로 영향을 받은 다른 증권, 파생상품 또는 그 증권, 파생상품의 기초자산'에 대한 매매 등을 하지는 않고 단순히 보유하고 있었지만, 그 연계시세조종행위로 형성된 가격 또는 수치에 따라 권리행사 또는 조건성취 여부가 결정되거나 금전 등이 결제됨으로써 입은 손해도 존재한다. 그러나 제 1 호 손해와 제 2 호 손해는 이러한 손해를 포함할 수 없다. 제 3 호 손해는 바로 이러한 손해를 대상으로 하는 것으로서 "연계시세조종행위(176조 4항 1호 내지 5호)로 인하여 특정시점의 가격 또는 수치에 따라 권리행사 또는 조건성취 여부가 결정되거나 금전 등이 결제되는 증권 또는 파생상품과 관련하여 그 증권 또는 파생상품을 보유한 자가 그 연계시세조종행위로 형성된 가격 또는 수치에 따라 결정되거나 결제됨으로써 입은 손해"를 말한다. 예컨대 주가연계증권의 기초자산인 특정 회사의 주식에 대한 시세조종이 이루어진 경우에 그 주가연계증권의 지급구조를 결정하는 기준가격에 영향을 받았지만 그 주가연계증권을 단순히 보유하고 있던 자의 손해가 여기에 해당한다.

Ⅲ. 손해배상청구 요건

위와 같이 자본시장법 제177조는 제 1 항에서 손해배상책임의 유형을 3분하고 있으나 제 1 호의 손해배상의 경우에는 종전과 큰 차이가 없다. 즉 제 1 호의 손해배상을 청구하기 위해서는 (i) 위반행위로 인하여 형성된 가격, 즉 조작된 가격에 의하여, (ii) 상장증권 또는 장내파생상품을, (iii) 매매하거나 위탁한 자가, (iv) 그 매매 또는 위탁으로 손해를 입을 것이라는 요건을 충족하여야 한다.

제 2 호의 경우에는 위 (i) 대신 '제 1 호의 손해 외에 그 위반행위(176조 4항 각 호의 어느 하나에 해당하는 행위로 한정한다)로 인하여'라는 요건을, (ii) 대신 '그로 인해 가격에 영향을 받은 다른 증권, 파생상품 또는 그 증권·파생상품의 기초자산에 대한 매매등을' 이라는 요건을 각 충족하여야 한다.

제 3 호의 경우에는 위 (i) 대신 '제 1 호 및 제 2 호의 손해 외에 그 위반행위(176조 4항 각 호의 어느 하나에 해당하는 행위로 한정한다)로 인하여'라는 요건을, 위 (ii) 대신 '특정 시점의 가격 또는 수치에 따라 권리행사 또는 조건성취 여부가 결정되거나 금전등이 결제되는 증권 또는 파생상품과 관련하여'라는 요건을, 위 (iii) 대신 '그 증권 또는 파생상품을 보유한 자'라는 요건을 각 충족하여야 하고, 다만 위 (iv)와는 달리 '그 위반행위로 형성된 가격 또는 수치에 따라 결정되거나 결제됨으로써 손해를 입을 것'이라는 요건만 충족하면 되고 '매매 또는 위탁으로 인하여 손해를 입을 것'은 요건이 아니다.

아래에서는 제 1 호 요건을 중심으로 살피고, 제 2 호와 제 3 호의 요건에 대해서는 후술한다.

1. 위법행위의 존재

시세조종에 대한 손해배상책임을 묻기 위해서는 먼저 시세조종 행위가 있어야 한다. 일반적으로 시세조종은 거래소에서 혐의 포착, 금융감독원의 정밀조사, 검찰의 수사·기소, 그리고 사법부의 판단이라는 프로세스를 거쳐 시세조종 여부가 최종적으로 확정된다. 이처럼 시세조종 여부를 확정하기 위해서는 공개시장에서 이루어진 대량의 데이터에의 접근과 분석, 또는 기업내부에 존재하는 많은 서류들에의 접근과 분석이 요구되는데, 이러한 일들이 일반투자자에게는 거의 불가능한 일이라 할 수 있다.

따라서 시세조종이라는 불법행위의 존재를 증명해야 하는 원고들은 현실적으로 사법부 또는 최소한 금융감독당국이 시세조종으로 판단한 사안에 대해서만 손해배상청구가 가능하다고 볼 수 있다. 이러한 이유로 시세조종과 관련한 민사적 손해배상청구는 형사적 판결에 크게 의존할 수밖에 없으며, 따라서 형사사건과 같이 진행되거나 형사판결이 있은 후에 개시되는 것이 일반적이라 할 수 있다. 만약 원고가 직접 손해배상책임을 청구하려 한다면 법 제176조에서 금지하고 있는 시세조종 행위가 있었다는 사실을 직접 증명하여야 한다.

2. 인과관계

법 제177조는 위반행위로 인하여 형성된 가격에 의하여 거래를 하였고, 그 거래로 말미암아 손해가 발생했을 것을 요구하고 있다. 즉 피고의 위반행위(예를 들면 허위표시 등), 그리고 그러한 표시 때문에 원고의 거래가 이루어졌고, 그 거래로 말미암아 손해가 발생했다는 인과관계가 존재하여야 한다. 최근 증권소송에서 인과관계를 논할 때 보통 「거래인과관계」와 「손해인과관계」로 구분하여 논해지는바, 이하에서 이들을 구분하여 살펴본다. 거래인과관계는 「신뢰요건」과 개념적인 혼란이 있을 수 있어, 먼저 미국에서 논해지는 거래인과관계와 신뢰요건의 차이에 대해 살펴본다.

미국에서 Rule 10b-5를 근거로 한 증권민사소송의 경우 성립요건 중 우리나라의 인과관계와 관련하여 중요한 개념으로 「신뢰」(reliance)와 「인과관계」(causation)가 있다. 인과관계는 다시 「거래인과관계」(transaction causation)와 「손해인과관계」(loss causation)로 구분한다. 미국법상 「거래인과관계」의 개념과 약간 혼란스러운 개념이 「신뢰」인데, 이 둘의 개념적 차이 또는 관계를 이해하는 것이 중요하다. 보통법상 요구되는 「신뢰」는 Rule 10b-5하의 증권민사소송에서도 분명하게 요구된다. 즉 원고는 허위표시된 사실 때문에 해당 거래를 하였다는 것을 증명하여야 한다. 이외에 인과관계의 하나로 「거래인과관계」가 다시 요구되는데, 「거래인과관계」란 허위표시가 없었다면 해당 거래를 하지 않았을 것을 의미한다. 즉 허위표시와 해당 거래 사이의 직접적인 원인관계의 존재를 의미한다. 그러나 신뢰와 거래인과관계가 Rule 10b-5 소송에서 각각 요구되는 분명한 요소이지만, 거래인과관계는 신뢰가 성립되면 결과적으로 성립될 수 있다. 따라서 거래인과관계는 "단순히 신뢰를 설명하는 또 다른 방법"(merely another way of describing reliance)으로 평가하는 법원[1]도 있다.[2]

(1) 거래인과관계

1) 의 의

일반 불법행위의 경우 손해배상을 청구하기 위해서는 '거래인과관계' 또는 '신뢰'의 존재를 필요로 한다. 즉 원고는 피고의 행위를 믿고 거래를 하였다는 사실을 증명하여야 한다. 일반 불법행위의 경우는 당사자관계를 근간으로 하는 대면거래로 이루어지기 때문에 이러한 신뢰요건이 특별히 문제가 되지 않는다. 그러나 공개시장에서 불특정다수인 간에 비대면거래(非對面去來)로 이루어지는 증권·장내파생상품거래의 경우에도 이러한 신뢰요건을 민사상의 일반 거래와 동일하게 요구하는 것은 적절치 않을 수 있다.[3] 예를 들어, 감사보고서에 허위표시가 기재된 경우 투자자가 직접 감사보고서의 허위표시를 읽고 그 내용을 신뢰하고 거래하는 경우는 매우 드물다. 일반투자자는 그 기업의 재무상태를 가장 잘 나타내는 감사보고서가 정당하게 작성되어 공표된 것으로 믿고 주가가 당연히 그에 바탕을 두고 형성되었을 것이라는 생각 아래 거래를 하는 것이 일반이라 할 수 있다.[4] 이런 경우 허위표시를 한 자와 거래자 사이에 당사자관계가 존재하지 않으며, 거래 자체도 허위표시를 한 자와 거래가 이루어지는 것도 아니다. 따라서 이러한 경우에까지 허위표시에 대한 직접 신뢰를 요구하는 것은 증권시장의 특성상 바람직하지 않을 수 있다.

자본시장법은 제177조에서 단순히 위반행위로 인하여 형성된 가격으로 거래할 것을 요구하면서 별도로 거래인과관계나 신뢰요건을 요구하고 있지 않기 때문에, 거래인과관계 또는 신뢰요건의 충족을 추정[5] 또는 면제해 주는 것으로 해석할 수 있다. 그러나 위

1) Castellano v. Young & Rubicam, Inc., 257 F.3d 171, 186(2d Cir. 2001).
2) Hazen, The Law of Securities Regulation(revised 5th, 2006) 514-515; Cox, Hillman, Langevoort, Securities Regulation(5th, 2006) 699-703.
3) 임재연, 전게서(2004), 481쪽.
4) 대법원 1997. 9. 12. 선고 96다41991 판결 참조.
5) 김건식, 전게서(2006), 299쪽.

반행위를 인지하고 거래한 투자자까지 보호할 필요는 없으므로 신뢰의 추정으로 충분하다고 본다.[1] 즉 투자자가 허위기재한 공시서류를 직접 읽지 않고 거래한 경우에도, 그러한 허위기재 정보가 정당한 것으로 보아 형성된 시장가격을 신뢰한 것만으로도 신뢰요건을 충족한 것으로 추정해 주는 것이다. 이러한 측면에서 자본시장법 제177조는 민법 제750조의 일반 불법행위책임에 대한 특칙으로 볼 수 있다.

2) 시장사기이론

증권민사소송에서 원고의 신뢰 또는 거래인과관계의 추정 또는 면제는 미국에서 판례를 통해 발전해 왔다. 이러한 신뢰의 추정이 대면거래에서 시작되었지만, 이후 미국 법원은 공개시장에서 거래된 경우에도 동일한 추정을 허용하면서 그 이론적 근거로 「시장사기이론」(fraud on the market theory)을 채택하였다. 시장사기이론이란 효율적 시장에서 투자자는 시장에서의 주가는 해당 증권에 대한 중요한 모든 정보가 반영된 가격이라는 사실을 신뢰하고 거래한다는 사실을 전제로 한다. 따라서 투자자가 특정한 부실표시 또는 누락에 대해 직접적으로 신뢰를 하였다는 증거가 없더라도 '시장의 완전성'을 '신뢰'한 것으로 신뢰요건이 충족되었다고 추정해 주는 이론이다.[2] 이러한 「시장사기이론」은 투자자가 투자결정을 내림에 있어서 중요한 정보에 대한 투자자의 특별한 판단보다는 효율적 시장에서 부실표시 또는 기재누락이 주가에 미치는 영향을 더 중요하게 고려한다.[3]

미국 연방대법원은 이 이론에 근거하여 신뢰의 가정을 채택하는 것이 부적절한 것은 아니라는 입장을 보이고 있지만, 아직 확립된 원칙은 아니며, 따라서 이 이론은 아직 논쟁의 여지를 남겨놓고 있다.[4] 우리 법원은 1997년 「한국강관 사건」을 시작으로 하여 이후 거의 모든 판례가 「시장사기이론」을 적극적으로 인용하고 있다.

1) 이러한 신뢰문제의 해결은 공개시장에서 이루어지는 시세조종의 경우 불가피하며, 따라서 (현실거래에 의한) 시세조종자의 직접 상대방이 된 피해자 이외에도 시세조종으로 형성된 가격으로 거래한 모든 거래자들에게 원고적격을 부여하는 의미를 가지고 있다.

2) 미국에서 시장사기이론의 발전에 대해서는 Michael Lynn, Fraud on the Market : An Emerging Theory of Recovery Under SEC Rule 10b-5, 50 George Washington Law Review 627(1982) 참조. 국내 문헌으로 시장사기이론에 대한 상세는 김정수, "미국법상 시장사기이론에 대한 고찰," 「주식」, 증권거래소(2003. 11), 34쪽 참조.

3) 따라서 이 이론은 불특정다수인 간의 비대면거래라는 특성을 가진 증권시장의 거래에서 허위정보를 직접적으로 신뢰하지는 않았지만, 증권시장의 가격결정기능은 모든 중요한 정보가 반영되어 정상적으로 작동한다는 사실을 신뢰한 투자자가 입은 손해를 보호하기 위한 미국 법원들의 노력으로 평가할 수 있다.

4) 연방대법원은 Basic Inc. v. Levinson 사건에서 이 이론이 근거하고 있는 전제조건이 논쟁의 여지가 없는 것은 아니지만, 이 사건에서 시장사기이론을 인정하면서 집단소송을 낸 원고들이 투자결정을 내림에 있어 피고의 부실표시 또는 기재누락에 대한 직접적인 신뢰요건을 요구하지 않았다. 연방대법원은 Basic 사건에서 날카롭게 의견이 갈렸었다. 시장사기이론이 논쟁의 여지가 있을 수 있다는 견해는, 예를 들어 피해자, 즉 원고가 그 사실을 알고 있었더라도 해당 거래를 했을 것이라는 증명이 필요한지 여부와 관련이 있다. Cox, 720.

(2) 손해인과관계

일반적으로 불법행위로 인한 손해배상을 청구하기 위해서는 원고는 불법행위와 자신이 입은 손해 사이에 인과관계가 존재한다는 사실을 증명하여야 한다. 자본시장법 제177조의 법문도 동일하게 해석하여야 할 것이다. 즉 원고가 손해인과관계의 증명책임을 진다. 따라서 원고는 자신의 거래가 피고의 위법행위 때문에 손해를 입었다는 사실을 증명해야 한다. 그러나 손해인과관계가 피고의 허위표시 등이 원고의 손해발생에 '배타적 요소'(exclusive cause)였다는 것까지 요구하는 것은 아니며, 원고의 손해발생에 중대한 요소였음을 증명하는 것으로 충분하다.[1) 즉 원고는 피고의 위법행위 때문에 거래를 하게 되었고, 피고의 위법행위가 없었더라면 하지 않았을 거래의 결과로 손해를 입었다는 사실을 증명하는 것으로 충분하다. 대체로, 이러한 손해인과관계의 증명은 원고가 입은 손해의 규모를 주장하는 것과 커다란 차이가 없다고 할 수 있다.

3. 매매 또는 위탁

(1) 개 념

손해배상책임의 원고적격은 시세조종으로 형성된 가격에 의하여 해당 상장증권 또는 장내파생상품의 매매를 하거나 위탁을 한 자이다. 법은 '매매 또는 위탁'으로 표시하고 있는데 실제로 조작된 가격으로 매매가 이루어져야 한다. 매매의 위탁을 하였지만 실제로 매매가 이루어지지 않은 경우에는 손해가 발생한다고 볼 수 없어 손해배상책임의 문제가 발생하지 않는다. 따라서 법에서 규정하고 있는 '위탁'은 특별한 의미가 없는 규정으로 보인다. 이 규정은 증권거래법의 규정을 그대로 계수하고 있다.

(2) 매매 또는 위탁의 장소

법 제177조는 매매 또는 위탁이 거래소시장에서 이루어질 것을 요건으로 하고 있지 않다. 증권거래법은 "유가증권시장 또는 코스닥시장에서 당해 유가증권의 매매 또는 위탁을 한 자"로 규정함으로써 거래소시장을 장소적 요건으로 제한하고 있었다. 이러한 장소적 제한으로 말미암아 구법은 장외거래까지 규제하는 제188조의4 제 4 항을 근거로 한 손해배상문제를 커버하지 못하였는데 자본시장법은 이러한 장소적 제한을 삭제하였다. 그러나 제177조가 대상으로 하는 제176조의 금지행위들은 거의 모두 거래소시장에서 발생하는 유형들이기 때문에 장소적 제한의 삭제는 실질적 의미를 부여하기 어렵다고 본다. 왜냐하면 구법의 제188조의4 제 4 항은 자본시장법에서 제178조로 별도로 분리되었고, 동 조항과 관련한 손해배상책임은 제179조에서 별도로 규정하고 있기 때문이다.

---

1) Hazen, 516.

4. 대상 증권 및 파생상품

법 제177조 제 1 항 제 1 호의 손해배상청구의 대상은 상장증권 또는 장내파생상품으로 한정된다. 따라서 비상장증권이나 장외파생상품의 거래와 관련하여 발생한 시세조종행위에 대해서는 동조를 근거로 한 손해배상의 청구가 허용되지 않는다. 이러한 경우에 대해서는 종래 제178조의 부정거래행위를 근거로 제179조를 통한 손해배상책임을 물을 수밖에 없었을 것이나, 이번 법개정을 통해 제 2 호와 제 3 호를 통해 손해배상책임을 물을 수 있는 근거가 마련되었다.

5. 원고적격

(1) 의 의

법 제177조 제 1 항 제 1 호는 손해배상청구의 원고적격에 대하여 시세조종으로 인하여 형성된 가격으로 "매매 또는 위탁을 한 자"로 규정하고 있다. 이는 실제로 시장에서 매매거래 또는 위탁을 한 자를 의미한다. 그러나 앞에서 언급한 것처럼 여기서 '매매'는 실제로 거래가 이루어진 경우를 말하며, 실제로 '위탁'만을 한 자가 손해배상을 받는 경우는 없을 것이다.

(2) 기존의 보유자의 손해에 관한 문제

이와 관련하여 개정전 법에서는 조작된 가격으로 증권 또는 장내파생상품을 거래하지 않았지만, 이미 해당 금융상품을 보유하고 있는 경우 시세조종으로 인해 해당 금융투자상품의 가격이 하락한 경우 손실이 발생할 수 있는데, 이 경우에 손해배상을 받을 수가 없었다. 그러나 2013. 5. 28. 개정을 통해 그러한 경우에도 손해배상을 받을 수 있는 길이 열렸다.

한편, 시세조종의 대상이 되었던 기업 자체도 시세조종으로 인해 피해를 입을 수가 있다. 또한 동 기업의 채권자 및 다른 관련자들도 시세조종으로 인해 피해를 입을 수가 있는데 자본시장법상 이들은 모두 원고적격에서 제외되고 있다. 이외에도 뮤추얼 펀드, 수익증권 등 간접투자상품에 투자한 투자자들도 손해배상청구의 자격이 없는 것으로 해석된다.[1] 이러한 이해관계자의 손해까지 자본시장법이 보호를 하여야 하는지는 입법정책의 문제라고 하겠으나 최소한 당해 기업의 경우(예컨대 시급한 자금조달 목적으로 유상증자를 계획하였으나 시세조종으로 인해 유상증자에 실패하여 신규사업 진출이 실패한 경우)에 대해서는 입법적으로 고민이 필요하다고 본다.

1) 이 경우 일반불법행위책임으로 접근하여 손해발생경로가 우회이기는 하지만 간접투자자가 실질적인 손해의 귀속자이기 때문에 시세조종자를 상대로 직접적인 청구가 가능하다고 보는 견해가 있다(이경룡, 1999년 10월 25일「정강법률포럼」토론 중에서).

(3) 파생상품이나 주식형 채권의 보유자의 경우

원고적격과 관련하여 최근 파생상품과 전환사채와 같은 주식형 채권들이 등장하면서 이들 보유자에 대한 손해배상청구권이 문제가 될 수 있고 그에 대한 입법적 개선이 2013. 5. 28. 개정을 통해 이루어졌다.

미국의 경우 파생상품이 등장하기 이전에는 34년법 제 9 조(e)와 관련하여 손해배상청구의 원고적격에 대하여 "당해 행위나 거래에 의하여 영향을 받은 가격으로 증권을 매매한 자"라고 규정하여 기본적으로 매매거래를 한 자로 규정하고 있다. Birnbaum 사건[1]에서 법원은 실제로 증권을 매수 또는 매도한 자만이 Rule 10b-5에 의한 소송을 제기할 수 있다고 판결하였다.

그러나 파생상품이나 다양한 주식형 채권이 등장하면서 이러한 구조를 근본적으로 바꾸어 놓았다. 먼저 파생상품과의 연계성 부분이다. 선물 또는 옵션거래가 주식거래와 연계되어 시세조종이 이루어질 때, 비록 주식을 사고 팔지는 않았지만 주식에 대한 시세조종으로 인해 선물 또는 옵션을 거래한 자가 피해를 입을 수 있다. 전환사채 또는 전환우선주의 경우도 동일하다. 이에 대해 미국의 법원들은 34년법 제 9 조(e)의 원고적격에 있어서 Birnbaum 판결을 번복하여 직접적인 매도자 또는 매수자가 아니더라도 전환주식 또는 전환사채의 보유자도 기초가 되는 보통주의 시세조종을 이유로 손해배상 청구소송을 제기할 수 있는 넓은 개념이라고 입장을 전환하였다.

최근의 자본시장법 개정은 앞서 살핀 바와 같이 주가연계증권(ELS) 시세조종사건에서 연유하는 바가 크지만 이와 같은 전반적인 환경 변화에 따른 것이라고 볼 수 있겠다.

6. 제 2 호와 제 3 호 손해배상청구요건

앞서 살핀 바와 같이 제 1 호와는 달리 제 2 호의 경우에는 위 (i) 대신 '제 1 호의 손해 외에 그 위반행위(176조 4항 각 호의 어느 하나에 해당하는 행위로 한정한다)로 인하여'라는 요건과 (ii) 대신 '그로 인해 가격에 영향을 받은 다른 증권, 파생상품 또는 그 증권·파생상품의 기초자산에 대한 매매등을'이라는 요건을 각 충족하여야 한다. 제 2 호의 경우 시세조종행위를 한 자의 행위에 의해 직접 변동되는 해당 증권 또는 파생상품에서 손해가 발생할 필요가 없으나, 여하간 손해가 발생한 다른 증권, 파생상품 등에 대한 매매등을 통해 손해가 확정되어야 한다는 것이다.

제 3 호의 경우에는 위 (i) 대신 '제 1 호 및 제 2 호의 손해 외에 그 위반행위(176조 4항 각 호의 어느 하나에 해당하는 행위로 한정한다)로 인하여', 위 (ii) 대신 '특정 시점의 가격 또는 수치에 따라 권리행사 또는 조건성취 여부가 결정되거나 금전등이 결제되는 증권 또는

1) Birnbaum v. Newport Steel Corp. 193 F.2d 461(2d Cir. 1952).

파생상품과 관련하여', 위 (iii) 대신 '그 증권 또는 파생상품을 보유한 자'라는 요건을 각 충족하여야 하고, 다만 위 (iv)와는 달리 '그 위반행위로 형성된 가격 또는 수치에 따라 결정되거나 결제됨으로써 손해를 입을 것'이라는 요건만 충족하면 되고 '매매 또는 위탁으로 인하여 손해를 입을 것'은 요건이 아니다. 제 3 호의 경우가 주가연계증권(ELS) 시세조종사건에 대한 직접적인 보완규정이라고 할 수 있는데 동 사건에서 주가연계증권의 보유자들은 시세조종 시점 이전에 동 증권을 보유하고, 시세조종 시점 이후에도 그대로 보유하되 다만 주가연계증권의 정해진 조건에 따라 종국적으로 손해를 입는 것이 일반적이기 때문이다. 다만 이와 관련하여 제 3 호의 경우 제 2 호의 손해 외의 경우로 한정하고 있는데 이러한 입법이 타당한지는 의문이다. 제 2 호의 손해가 발생하는 경우에도 매매등에 의하지 아니하고 그 위반행위로 형성된 가격 또는 수치에 따라 결정되거나 결제됨으로써 손해를 입는 경우가 발생할 수 있을 것이기 때문이다.

여하튼 제 2 호와 제 3 호 손해배상청구요건과 관련해서, 제 2 호 손해의 경우 "연계시세조종행위로 인하여 가격에 영향을 받은" 것인지 여부의 증명이, 그리고 제 3 호 손해의 경우에는 "그 연계시세조종행위로 형성된 가격 또는 수치에 따라 권리행사 또는 조건성취 여부가 결정되거나 금전 등이 결제"되는 것인지 여부의 증명이 관건이 될 것이다.

Ⅳ. 소멸시효

시세조종과 관련한 손해배상청구권은 시세조종 행위 사실을 안 때부터 1년, 그 행위가 있었던 때부터 3년간 이를 행사하지 아니한 경우에는 시효로 소멸한다(법 177조 2항).

'위반행위가 있었던 사실을 안 때'란 문언 그대로 피해자가 시세조종 등 불공정거래행위가 있었다는 사실을 현실적으로 인식한 때라고 볼 것이고, 그 인식의 정도는 일반인이라면 불공정행위의 존재를 인식할 수 있는 정도면 충분하다.[1]

자본시장법은 증권거래법을 그대로 계수하여 시세조종 행위사실을 안 날로부터 1년, 그 행위가 있었던 때부터 3년으로 시효기간을 제한하고 있는데, 시세조종은 수많은 거래 속에 묻혀서 거래되기 때문에 원고들이 시세조종 발생사실을 자체적으로 인지한다는 것은 거의 불가능하다. 일반적으로 시세조종은 금융위원회의 고발이나 법원의 판결을 통해서만 일반에게 알려지는데, 정부감독기관의 조사결과 또는 법원의 판결까지는 상당한 시일이 소요되는 경우가 보통이므로 투자자보호 차원에서 이 기간을 늘릴 필요가 있다.[2] 미국은 2002년 사베인스-옥슬리법을 제정하면서 과거 1년 및 3년 요건을 2년 및 5년으로 시효를 확대한 바 있다.

1) 대법원 1993. 12. 21. 선고 93다30402 판결.
2) 김건식, 전게서(2006), 299쪽; 임재연, 전게서(2004), 483쪽.

V. 손해배상액의 산정방법

자본시장법은 증권거래법과 마찬가지로 시세조종과 관련하여 손해배상액 산정방법에 대해서 언급이 없다. 다만, 자본시장법은 증권의 발행과 관련하여 제126조에서, 공개매수와 관련하여 제142조에서, 유통공시와 관련하여 제162조에서 부실표시 등으로 인한 손해배상액 산정방법에 대해 규정하고 있을 뿐이다.[1] 따라서 시세조종과 관련한 손해배상액을 어떻게 산정할 것인가는 법원에 맡겨져 있다고 할 수 있다. 즉 제126조를 원용하여 손해배상액을 산정할 수도 있고 이와는 다른 방법으로 손해배상액을 산정할 수 있다.[2]

우리 법원이 시세조종과 관련한 손해배상액을 산정함에 있어서 제126조의 방법을 원용한 사례가 있지만, 주로 「현실지출방식」을 채택한 경우가 많다고 할 수 있다. 미국에서는 이들 이외에도 「거래취소에 따른 원상회복」이나 「부당이득의 반환」 등의 방법들이 사용되기도 한다. 미국은 주로 Rule 10b-5를 근거로 손해배상책임 문제가 다루어지는데, 장외거래를 포함한 다양한 유형의 사건들이 포함되기 때문에 그만큼 다양한 유형의 배상방법이 논의되는 것으로 볼 수 있다. 그러나 미국의 경우도 공개시장에서 이루어진 거래에 대해서는 현실지출방식이 주류를 이루고 있으며, 원상회복이나 부당이득의 반환 같은 방법은 주로 장외거래의 경우에 활용된다. 공개시장에서 수많은 거래자 간에 이루어진 거래를 취소하여 원상회복시킨다는 것은 근본적으로 불가능하기 때문이다.

1. 제126조에 의한 손해배상 산정방식

법 제126조에 의한 손해배상액 산정은 취득가격에서 처분가격을 공제한 금액으로 추정하고 있는데, 다만 변론종결시까지 처분하지 않은 경우에는 변론종결시의 가격을 공제한 금액으로 하고 있다. 이러한 산정방법을 시세조종 사건에 원용한 사례가 있는데, 부산고등법원은 1998년 피어리스 사건에서 이 방법을 사용하여 손해배상액을 산정하였다.[3] 그러나 제126조의 산정방식은 많은 문제점을 안고 있는데, 이 방식의 문제점은 다음과 같다.

첫째, 이 방법은 취득가격에서 단순히 처분가격을 공제한 금액을 배상액으로 인정함

---

1) 자본시장법에서 제142조와 제162조를 신설하였다. 그러나 제142조와 제162조의 내용은 제126조의 내용과 동일하므로 특별한 의미를 부여하기 어렵다. 유통시장공시의 경우 구법에서는 발행시장 규정을 준용하도록 하였으므로 현재 자본시장법과 그 내용에 있어서는 실질적으로 동일하다고 할 수 있다.

2) 미국의 사례를 중심으로 한 이들 방법에 대해서는 필자가 1999년 10월 『정강법률포럼』에서 발표한 「주가조작의 행태분석과 사례별 피해의 구제」에서 자세하게 설명하였고, 그 내용 중 일부를 이하에서 인용한다. 김주영·김태선, "주가조작에 따른 손해배상청구사건에 있어서 배상액의 산정방법에 대한 고찰," 「증권법연구」, 제 2 권 제 1 호(2001), 한국증권법학회, 125-131쪽 참조.

3) 부산고등법원 1998. 8. 27. 선고 98나574 판결; 대법원 2000. 3. 28. 선고 98다48934 판결.

으로써 피해자에게 투자원본을 보존해 주는 데에 그치고 있다. 따라서 시세조종 기간에 해당 주가에 영향을 미칠 수 있는 다양한 변수들의 영향을 모두 배제하는 지나치게 단순한 방법이라 할 수 있다.

둘째, 변론종결시까지 처분하지 않은 경우에는 변론종결시 가격으로 처분가를 결정하는데, 매수시기로부터 불확실한 미래의 시점을 처분가격으로 미리 정하는 것도 불합리하다. 또한 이 방법은 같은 시기에 유사한 가격으로 매수한 투자자들이 매도시기에 따라 주당 손해배상액이 모두 달라지는 불합리한 점도 발생한다.

2. 현실지출방식

우리 법원들이 최근 시세조종과 관련한 사건에서 많이 사용하고 있는 방법이 「현실지출방식」(out-of-pocket damages measures)인데, 이는 미국에서 증권사기와 관련하여 가장 중요한 손해배상 산정방식으로 알려진 방법이다.[1] 「현실지출방식」이란 증권을 매입한 가격과 거래 당시 해당 증권의 '진정한 가치'(actual price)와의 차액을 손해배상으로 지급하는 방법이다. 이 방법은 미국 34년법 하에서 손해배상의 기본 목적이 '보상'(compensation)이라는 측면에서 가장 적절한 방법이라고 평가되고 있다.[2] 이 방법은 우리나라에서도 학설로서는 통설을 이루고 있다고 보아도 무방하다.[3]

「현실지출방법」에 의한 손해배상은 그 정의가 이미 말해주고 있듯이 특정한 경우의 예외를 제외하고는 거래 이후에 발생한 사건(예를 들면, 갑작스럽게 등장한 공개매수)은 고려하지 않는다. 따라서 원고가 부당한 이득을 취할 수 있다는 염려는 불식된다. 그러나 이 방법도 커다란 한계를 안고 있는데, 그것은 거래시점에서 공시가 완전히 이루어졌다는 전제 하에, 또는 시세조종이 없었을 경우를 전제로 진정한 증권의 가치를 가정적으로 계산해야 하기 때문이다. 거래 당시 해당 증권의 「진정한 가치」(fair or real value)가 실제로 얼마인가라는 점은 가정으로밖에는 성립이 되지 않기 때문이다. 이러한 추정이 또 어려운 이유는 해당 허위표시 또는 인위적 조작 이외에 다른 많은 요소들(일반 시장상황, 재무상황, 동종 산업의 상황, 시세조종과 관련이 없는 발행 기업의 다른 문제들 등)이 해당 주가의 상승에 영향을 미쳤을 가능성이 있는데, 이러한 영향들을 어떻게 분리해 낼 것이냐 하는 것이다.[4]

우리 법원은 시세조종과 관련한 손해배상액 산정방법에 있어서 현실지출방법을 많

1) Edward Adams and David Runkle, Solving a Profound Flaw in Fraud-on-the Market Theory: Utilizing a Derivative of Arbitrage Pricing Theory to Measure Rule 10b-5 Damages, 145 University of Pennsylvania Law Review 1097, 1103(1997).

2) 미국에서도 하나의 원칙이 확립되어 있는 것은 아니다. 현실지출방법 이외에 다음에서 언급하는 '거래취소에 따른 원상회복', '부당이득반환' 등의 방법도 사용되는데, 미국 법원들은 시세조종으로 인한 손해배상 산정방법에 있어서 개별 유형의 특징에 따라 적절한 방법을 강구한다는 입장이라 할 수 있다.

3) 임재연, 전게서(2004), 482쪽; 황동욱, 전게서(1997), 156쪽; 김주영·김태선, 전게논문(2001), 131쪽.

4) Cox, 725.

이 채택하고 있다.

먼저, 2000년의 「대한방직 사건」에서 "시세조종 등 불공정거래 행위로 인하여 주식시장에서 그 주식을 매매한 피해자가 입은 손해액은 그 불공정거래 행위가 없었더라면 형성된 주가로서 피해자가 매수할 수 있었으리라고 인정되는 주가(정상주가)와 그 불공정거래 행위로 인하여 형성된 주가로서 피해자가 실제로 매수한 주가(조작주가)와의 차액으로 봄이 상당"하다고 판시하였다.[1)]

이어 2003년 「세종하이테크 사건」에서 서울고등법원은 '현실지출방법'을 포함한 3가지 손해배상액 산정방법을 제시하면서 "피해자가 주식을 매수한 시점을 기준으로 손해를 확정하는 '정상주가에 의한 차액 산정방식'이 타당하다"고 판시하였다.[2)]

대법원은 2004년 「현대전자 사건」에서도 "시세조종 행위로 인하여… 입은 손해를 산정함에 있어서는, 그와 같은 시세조종행위가 없었더라면 매수 당시 형성되었으리라고 인정하는 주가(정상주가)와 시세조종행위로 인하여 형성된 주가로서 그 투자자가 실제로 매수한 주가(조작주가)와의 차액상당(만약, 정상주가 이상의 가격으로 실제 매도한 경우에는 조작주가와 그 매도주가와의 차액상당)을 손해로 볼 수 있고"라고 판시하였다.[3)]

이처럼 「현실지출방식」에 의한 손해배상액 산정방법이 법원에 의해서 합리적인 방법으로 인정되고 있지만, 앞서 언급한 것처럼 그러한 시세조종 행위가 없었더라면 형성되었을 정상주가를 어떻게 산정할 것이냐는 또 다른 어려운 과제를 제시하고 있다. 위에서 언급한 「대한방직 사건」에서도 법원은 현실지출방식을 채택하였지만, 정상가 계산을 「이벤트 스터디」(event study) 등의 방법을 사용하지 않고 주가조작 이전에 있었던 최고가를 기준으로 결정하였는데, 이러한 정상가 산정방식은 논리적 타당성이 결여되어 있다.[4)] 현실지출방식에 의한 손해배상액을 산출할 때 어떠한 방법들이 동원되는지에 대해서는 후술한다.

---

1) 서울지방법원 2000. 4. 27. 선고 98가합52839 판결; 서울고등법원 2000. 12. 5. 선고 2000나22456 판결; 대법원 2004. 6. 11. 선고 2000다72916 판결(파기환송); 서울고등법원 2006. 7. 20. 선고 2004나46436 판결; 대법원 2007. 11. 30. 선고 2006다58578 판결.

2) 대법원 2004. 5. 27. 선고 2003다55486 판결.

3) 대법원 2004. 5. 28. 선고 2003다69607, 69614 판결; 이외에도 현실지출방법에 의하여 손해배상액을 산정한 판결로서는 「세종하이테크 시세조종 사건」(대법원 2004. 5. 27. 선고 2003다55486 판결)과 「모디아 사건」(서울중앙지방법원 2005. 7. 13. 선고 2005가합35795 판결; 서울고등법원 2007. 7. 4. 선고 2005나99154 판결)이 있다.

4) 대법원은 동 사건을 환송 결정하면서 "정상주가 및 손해액 산정에 관하여 이와 같은 합리적 방법에 의하지 아니하고 정상주가 산정의 어려움을 이유로 사실심 변론종결시까지 당해 주식의 거래에서 시세조종행위의 영향을 받은 기간을 제외한 나머지 기간 중 형성된 최고가격을 정상주가로 간주하여 조작주가와 그 최고가격과의 차액을 손해액으로 인정한 것으로 사실상 정상적인 주가로부터 가장 거리가 먼 주가를 정상주가로 취급하는 것이어서 허용될 수 없다"고 판시하였다. 대법원 2000다72916 판결(환송판결).

3. 거래취소에 따른 원상회복

미국의 경우「현실지출방식」이외에도 여러 법원들이 거래취소에 따른「원상회복방식」(rescissionary)을 채택하는 경우도 있다. 이 방식을 채택하는 경우 법원들이 원고에게 'rescissionary remedy'(매입가격 또는 주식의 반환)나 'rescissionay measures of damages'(사기를 당해 매입한 증권이 이미 매도된 경우, 매입가와 처분시 해당 증권의 가치와의 차이) 중 하나를 선택하도록 한다. 이러한 방법은 기본적으로 거래를 취소시켜 무효화시키는 것을 의미한다. 연방대법원은「Randall 사건」에서 34년법 제10조(b) 하의 소송에서 이 방법의 적절성 여부에 대해서 판단을 유보하였다.[1] 대법원은 이 방법의 채택으로 인해 거래의 무효가 이루어지는 경우 원고가 해당 거래를 통해서 얻은 세제 혜택을 상계(offset)하는 것을 허용하지 않았다. 즉 34년법 제28조(a)가 말하는 '실질적 손해'와 관련하여, 원고가 배상받을 수 있는 범위를「순수한 경제적 피해」(net economic harm)에 제한할 이유가 없기 때문이라는 것이다. 대법원은 제10조(b) 하의 소송에서 이러한 손해배상방법이 가진 위법행위 저지 기능을 강조하였으며, 이는 34년법을 제정한 의회의 입법 목적과도 일치하는 것이라고 인정하였다. 이러한 논리에 의하면 연방대법원이 이 방법에 대해서 공식적으로는 유보하였지만, 긍정적인 입장을 견지하고 있는 것으로 보인다.[2]

이 방법이 가지고 있는 장점은 그 '단순성'(simplicity) 이외에도「현실지출방식」에 의한 방법으로 해결하지 못하는, 피고가 부당하게 얻은 상당한 재산상의 이득을 제거하는 효과를 가지고 있다는 점이다.[3]

이러한 원상회복방식과 관련하여 우리 자본시장법 제126조 방식(1항 2호의 경우)이 유사한 면이 있다. 미국의 경우 원상회복에는 거래 이전의 상태로 회복시키는 '원상회복'과 금전적으로 계산하여 지급하는 '금전배상'이 있으나, 우리 민법은 손해배상에 대하여 금전배상을 원칙으로 한다(민법 763조, 394조). 즉 발생한 손해를 금전으로 평가하여 그 가액을 지급케 하는 방법이다. 따라서 민법상 당사자 사이에 다른 특약이 없음에도 불구하고 원상회복을 명하는 것은 위법이다.[4] 그러나 증권거래의 경우는 다소 다르다고 할 수 있다. 예를 들어, 임의매매의 경우 투자자가 손해배상을 청구하는 대신 주식의 반환, 즉 원상회복을 요구할 수 있는가에 대해 이를 부정할 이유가 없다고 보는 것이 다수의 견해[5]이며, 판례도 이를 인정한 경우가 있다.[6]

---

1) Randall v. Loftsgaarden, 478 U.S. 647(1986).
2) Cox, 725-726.
3) Id.
4) 대법원 1961. 10. 12. 선고 4293민상115 판결.
5) 권순일,「증권투자권유자책임론」, 박영사, 2002, 275쪽; 김건식, 전게서(2006), 356쪽.
6) 대법원 1992. 3. 27. 선고 92다1698 판결.

그러나 불법행위의 경우에는 채무불이행과는 달리 배상방법에 대한 특약이 거의 없기 때문에 불법행위에 대한 손해배상방법으로 「원상회복」은 매우 제한적으로만 인정될 것으로 보인다. 특히 증권시장에서 이루어진 시세조종과 관련한 손해배상방법은 거래의 성격상 금전배상에 국한될 수밖에 없을 것으로 보인다. 앞에서 언급한 것처럼 법 제126조(1항 2호의 경우)는 피해자들의 개별적인 손해액에 관계없이 모두 투자원본을 회복시켜 주는 효과를 가지고 있으며, 이는 미국의 원상회복방식 중 '금전적 원상회복'과 효과면에서 동일하다고 할 수 있다.

4. 부당이득의 반환

미국의 법원은 원상회복 이외에 시세조종자가 위법행위로 인해 상당한 이득을 얻은 경우 이 부당한 이득을 반환하도록 하기 위해서 「부당이득반환」(restitution)이라는 방식을 채택하기도 하였다. 그러나 부당이득반환은 다른 손해배상방법과는 본질적으로 다른 의미를 가지고 있다. 부당이득반환은 원고가 입은 손해액의 범위를 넘어 피고가 얻은 '부당이득'(unjust enrichment)을 제거하고자 하는 목적을 가지고 있기 때문이다.1) 즉 부당이득반환은 피고에게 원고의 재산 또는 자금을 돌려주는 것 이외에, 즉 원고가 입은 피해 수준을 넘어서 피고가 원고의 재산 또는 자금을 이용하여 취득한 '이익'까지도 원고에게 반환하게 하는 것을 의미한다.2)

예를 들어, 1965년의 「Janigan 사건」3)에서 원고는 발행회사의 사장인 피고에게 40,000달러에 주식을 팔았다. 그 후 얼마 되지 않아 피고는 700,000달러에 다시 팔았다. 법원은 부당이득의 반환을 명령하면서, '사기를 친 사람에게 상당한 이익을 얻게 하는 것보다 사기를 당한 사람에게 상당한 이익을 주는 것이 더 적절하다'고 판결하였다. 「Randall 사건」을 다루었던 연방대법원의 판결에서 이 Janigan 판결 내용을 인용하고 있는 것을 발견할 수 있다. 이처럼 법원들은 손해배상방법을 고려함에 있어서 어떠한 방식이 정의의 실현에 적절한지와 관련하여 원상회복 또는 부당이득의 반환방법을 의식적으로 적절하게 합성하여 사용하고 있는 것을 볼 수 있다.4)

1) James Fisher, Understanding Remedies, c.6 General Principles Governing Restitutionary Relief(1999) 참조. 미국에서 전통적으로 부당이득반환에 의한 구제방식도 피고의 이익은 원고의 손해와 직접 관련이 있어야 된다는 개념으로 이해되어 왔다. 즉 「plus-minus rule」이 요구되었다. 그러나 오늘날 이러한 요건은 일반적으로 거부되고 있다. 원고가 실질적으로 손해를 입지 않은 경우조차도 피고가 부당하게 이익을 실현하였다면 부당이득반환청구를 인정하고 있다. 즉 원고는 자신이 입은 손해의 배상을 청구하든지, 아니면 피고가 얻은 이익의 반환을 청구하든지 둘 중 하나의 선택이 허용된다. 이러한 원고의 소권은 오늘날 미국에서 완전하게 확립되었다고 할 수 있다. James Fisher, id at. 317.

2) 원고가 얻은 이익(benefit)의 범위는 매우 광범위하게 적용된다. id. at 303.

3) Janigan v. Taylor, 344 F.2d 781(1st Cir. 1965).

4) Cox, 726.

5. 소 결

이상에서 살펴본 것처럼 증권거래와 관련한 손해배상의 산정방법에는 여러 가지가 있을 수 있는데, 우리나라의 경우 공개시장에서 이루어진 거래의 경우에는「현실지출방법」이 주류를 형성하고 있는 것을 볼 수 있다. 그리고「원상회복」이나「부당이득반환」방법은 장외거래에서 그 거래의 특성을 고려하여 선택이 가능할 것이다. 그러나 이들 손해배상의 산정방법은 각각 장단점을 가지고 있는데, 특히 손해배상액을 결정하는 손해인과관계와 관련하여 법리적으로 고찰할 부분이 있다.

예를 들어, 사기를 당한 원고가 소송을 제기한 경우, 피고의 사기행위와는 완전히 관계가 없는 요소로 인해 주가가 크게 변동한 경우 거래무효의 방법은 의미를 잃는가 하는 문제이다. 일반적으로 손해인과관계를 가장 이해하기 쉬운 방법은 현실지출방법일 것이다. 이 방법은 좋든 나쁘든 거래 이후에 발생한 예상하지 않았던 사건들을 무시하기 때문이다. 그러나 그러한 행위를 사전에 알았더라면 그러한 거래를 하지 않았을 사건의 경우에, 다시 표현하자면 무효가 가장 적절한 구제수단으로 여겨지는 상황의 경우 미국 법원이 피해의 '완전한 회복'(full recovery)을 위하여 거래취소에 따른 원상회복 또는 부당이득 반환의 방식을 채택하고 있다는 사실은 주목할 만하다.[1] 향후 이러한 손해배상 산정방법은 우리에게도 장외시장에서의 대면거래에서 발생할 수 있는 부정거래행위의 경우에 시사점을 줄 수 있을 것으로 보인다.

Ⅵ. 손해배상액의 산정기법

시세조종 사건에서 손해배상액을 산정하는 가장 적절한 방법은「현실지출방법」이라 할 수 있다. 그러나 앞에서 지적한 것처럼 현실지출방식이 여러 가지 장점을 지녔으나 가장 핵심적인 개념이라 할 수 있는「actual price」를 어떻게 산출해 낼 수 있느냐가 관건이다. 즉 예를 들어, 허위공시를 통한 시세조종의 경우 "당일 정상적인 공시가 이루어졌다면 해당 증권의 가치(informed value of a stock)가 얼마였을까?"를 계산해 내는 것은 매우 어려운 문제인 것이다. 이를 해결하기 위해 현재 이용되고 있는 가장 세련된 방식은 현대재무이론을 이용하는 방법인데, 미국의 경우 많은 증권사기 사건에서 이 방법이 채용되고 있고 우리나라에서도 현실지출방식을 채택하는 경우 실제 계산방법으로 재무공학이론들이 사용되고 있다.

재무이론을 사용하는 방법에는 일반적으로 두 가지가 있는데, 하나는 사기행위가 없었을 경우 해당 증권의 수익률을 측정하는「hypothetical index」를 사용하는 방식이며,

1) Rolf v. Blyth Eastman Dillon & Co., 570 F.2d 38(2d Cir.), cert. denied, 439 U.S. 1039(1978).

다른 하나는 사기관련정보가 공시된 날을 제외하고 '본질가치'(intrinsic value)와 '실질가치'(actual value)가 동일한 것을 가정하는 소위 「이벤트 스터디」(event study)를 사용하는 방식이다.[1] 양 방식 모두 기본적인 개념은 정보의 종류에 따라 주가에 영향을 미치는 효과를 분리하는 것이다. 즉 해당 기업에만 특정한 정보(예를 들면 배당금의 지급)와 시장 전체에 영향을 미치는 정보(금리인하)를 분리한다. 그 후 허위정보에 의해 발생한 '비정상적인 수익률'(abnormal return)을 측정하는 것이다. 하지만 특히 정보가 시장에 아주 천천히 흘러나간 경우 또는 허위정보에 대한 수정과 동시에 정확한 많은 정보가 공시되는 경우에는 이러한 방법에 의한 계산이 극도로 어렵다고 할 수 있다.

이러한 실무적인 어려움으로 인해서 원고 및 피고를 대신해서 계산을 수행하는 금융경제학자들의 계산은 흔히 상당한 차이가 발생하곤 한다. Apple Computer 증권소송의 경우 양측이 본질적으로 동일한 방법론을 사용하였음에도 불구하고 서로 간에 1억 2천만 달러의 차이를 보였다고 한다.

이외에도 또 다른 요소들이 이벤트 스터디를 더욱 어렵게 만든다. 예를 들어 허위공시 사건이 공개되면 주가는 허위공시와 관련하여 예상되는 소송비용이라는 요소로 인하여 영향을 입을 것이다. 이것이 '현실지출방법'에 포함되어야만 하는가? 「효율적 시장가설」하에서 진실이 최종적으로 발표가 되면 주가는 즉시 그 정보가 반영된 수준으로 조정되어 움직인다. 그러나 소문이 주가에 상당할 정도로 미친다고 믿는 일부 금융경제학자들은 투자자들이 호재 또는 악재에 대해 과잉반응을 보이는 경향이 있다고 주장한다. 따라서 문제가 되었던 내용에 대한 사실적 공시가 이루어지면 주가는 초단기적으로는 급락할 것이고, 해당 정보가 반영된 정상적인 가격으로의 회복은 점진적으로 이루어질 것이라고 예상할 수 있다. 이러한 과잉반응으로 인해 이벤트 스터디를 사용하는 경우 '지나친 손해배상액'(overcompensation)이 계산될 가능성이 있다. 이처럼 손해배상액이 과대하게 평가되는 것을 방지하기 위하여 미국은 「1995년 증권민사소송개혁법」 제21D조(e)를 제정하여 손해액을 시장가격에 근거하여 산출하는 경우 그 손해는 매입가 또는 매도가와 정확한 정보가 시장에 공개된 날부터 90일까지의 해당 증권의 '평균거래가격'과의 차이를 초과할 수 없다고 규정하였다.

우리나라의 경우 재무이론을 사용하는 경우에도 「hypothetical index」방법보다는 대부분 「이벤트 스터디」방식을 채용하여 손해액을 계산하고 있는데, 대법원은 "정상주가의 산정방법으로는 전문가의 감정을 통하여 그와 같은 시세조종행위가 발생하여 그 영향을 받은 기간(사건기간) 중의 주가동향과 그 사건이 없었더라면 진행되었을 주가동향을 비교한 다음 그 차이가 통계적으로 의미가 있는 경우 시세조종행위의 영향으로 주가가 변동

1) Event Study를 통해서 어떻게 'actual price'를 산출하는지에 대한 수학적 방법에 대해서는 Ronald Gilson & Bernard Black, The Law and Finance of Corporate Governance 185-230(2nd, 1995) 참조.

되었다고 보고, 사건기간 이전이나, 이후의 일정 기간의 종합주가지수, 업종지수 및 동종 업체의 주가 등 공개된 지표 중 가장 적절한 것을 바탕으로 도출한 회귀방정식을 이용하여 사건기간 동안의 정상수익률을 산출한 다음 이를 기초로 사건기간 중의 정상주가를 추정하는 금융경제학적 방식 등의 합리적인 방법에 의할 수 있다"고 판시하였다.[1)]

[초판: 김정수,* 개정판: 이정수 · 최성근]

1) 대법원 2004. 5. 28. 선고 2003다69607 · 69614 판결.

* 이 부분은 제1판 집필자인 김정수가 본인의 저서 「자본시장법원론」(SFL그룹, 2011), 1168-1183면을 인용하여 작성한 글을 제2판 집필자인 이정수 · 최성근이 수정한 것임을 밝힙니다.

제 3 장　부정거래행위 등

第178条(부정거래행위 등의 금지)

① 누구든지 금융투자상품의 매매(증권의 경우 모집·사모·매출을 포함한다. 이하 이 조 및 제179조에서 같다), 그 밖의 거래와 관련하여 다음 각 호의 어느 하나에 해당하는 행위를 하여서는 아니 된다.

1. 부정한 수단, 계획 또는 기교를 사용하는 행위
2. 중요사항에 관하여 거짓의 기재 또는 표시를 하거나 타인에게 오해를 유발시키지 아니하기 위하여 필요한 중요사항의 기재 또는 표시가 누락된 문서, 그 밖의 기재 또는 표시를 사용하여 금전, 그 밖의 재산상의 이익을 얻고자 하는 행위
3. 금융투자상품의 매매, 그 밖의 거래를 유인할 목적으로 거짓의 시세를 이용하는 행위

② 누구든지 금융투자상품의 매매, 그 밖의 거래를 할 목적이나 그 시세의 변동을 도모할 목적으로 풍문의 유포, 위계(僞計)의 사용, 폭행 또는 협박을 하여서는 아니 된다.

Ⅰ. 의　　의

자본시장법이 금융투자상품과 금융투자업을 포괄적으로 정의함에 따라 자본시장에는 종전보다 다양하고 복잡한 형태의 거래가 가능해졌다. 다종다양한 금융상품의 거래일반에 대한 위법행위를 미리 상세하게 열거하고 이에 해당되는 행위만을 금지하는 것은 적당하지 않다.[1] 미공개정보 이용행위나 시세조종은 전형적 불공정한 거래로서 이를 규제하기 위한 법률의 규정으로는 새로운 유형의 불공정한 거래에 효과적으로 대처할 수 없다. 이와 같은 문제점을 극복하기 위하여 포괄적 금지규정으로서 제178조 제 1 항 제 1 호를 도입한 것이다.[2]

요컨대 앞으로 등장할 다양한 금융투자상품의 거래에 대비하는 한편, 구체적인 금지행위 유형을 정하여 규제하는 경우에 발생할 수 있는 규제공백을 제거하기 위하여 목적요건을 두지 않고 행위태양을 추상적으로 규정하였다.[3] 이와 같은 입법취지는 미

1) 神崎克郎/志谷匡史/川口恭弘, 「證券取引法」, 青林書院, 2006, 857頁.

2) 국회 재정경제위원회, 「자본시장법 제정안 심사보고서」, 2007. 7, 86쪽.

3) 박임출, “자본시장법 제178조의 ‘부정거래’에 관한 연구－대법원 2011. 10. 27. 선고 2011도8109 판결을

공개정보 이용행위와 시세조종, 부정거래행위의 관계를 정립할 때 고려되어야 할 사항이다.[1)]

그런데, 제178조 제 1 항 제 1 호와 같은 추상적 포괄조항은 다양한 불공정 행위를 보충적으로 포섭하기 위한 입법기술상의 한계 때문에 그 불가피성을 인정할 수 있지만, 다른 한편으로 우리나라의 법체계에서 익숙하지 않은 '수단, 계획, 기교' 등의 생소한 용어를 정의 없이 사용하여 추가적인 보완을 하지 않는다면 위헌가능성이 있다는 견해가 있다.[2)] 일본에서도 구성요건이 지나치게 추상적이고 막연하여 전통적인 형법 하에서는 이를 적용하여 형사벌을 부과하기 어렵다고 보았다.[3)]

그러나 자본시장법 제178조의 모델인 일본 金融商品取引法 제157조에 관하여 최고재판소[4)]가 那須硫黃鑛業 사건[5)]에서 "부정한 수단이란 증권거래에 한정하여 그에 관하여 사회통념상 부정하다고 인정되는 모든 수단을 말하는 것이며, 문리상 그 의미가 명확하여 그 자체로서 범죄의 구성요건을 명백히 하고 있다고 인정된다"고 판시하였다. 이와 같이 일본의 최고재판소가 동 조항을 한정적으로 해석하여 불명확성을 불식시키고자 한 것[6)]은 시사하는 바가 크다.[7)]

우리나라의 헌법재판소가 제178조 제 1 항 제 1 호에 대해 직접 판단한 사례는 없지만 포괄적 규정의 존재 필요성을 인정하고 있다.[8)] 따라서 자본시장법의 제정목적 범위 내에서 일정한 요건을 갖춘 행위에만 제178조 제 1 항 제 1 호를 제한적으로 적용하는 경

중심으로－," 「증권법연구」 제14권 제 2 호(2013), 363쪽.

1) 서울대학교 금융법센터, 「각국의 부정거래행위 적용실태와 우리나라에 적합한 적용기준 정립방안 연구」, 2009, 27쪽.

2) 최승재, "자본시장법 제178조 제 1 항 제 1 호에 관한 연구," 「금융법연구」 제 6 권 제 2 호(2009), 한국금융법학회, 28쪽.

3) 近藤光男/吉原和志/黑沼悅郎, 「金融商品取引法入門」, 商事法務, 2009, 336頁; 神田秀樹/黑沼悅朗/松尾直彦, 「金融商品取引法コメンタール(4)」, 商事法務, 2012, 12頁.

4) 最高裁 第三小判法庭, 昭和40年5月25日(1965. 5. 25.), 裁判集刑事 155号, 831頁.

5) 피고인이 N사의 주식이 가치가 거의 없는 것임에도 시장성이 있는 것처럼 보이게 하여 그 주권을 담보로 금융기관에서 대출받을 것을 계획하고, 증권회사 직원 2명과 공모하여 권리이전을 목적으로 하지 않는 가장매매를 통하여 1주에 60엔 내지 75엔의 가격을 형성하게 한 사건이다. 이 사건은 유가증권의 매매거래에 관하여 타인의 오해를 유발할 목적이 인정되지 않아 證券取引法 제125조(가장매매) 위반죄가 아니라 제58조 제 1 호 위반죄를 적용하였다〔曾根威彦, "證券取引法(舊) 58條 1号にいう「不正の手段」の 意義," 「判例經濟刑法大系」 第1卷(2000), 日本評論社, 294頁〕.

6) 曾根威彦, 상게논문, 294頁.

7) 임재연, 「자본시장법」, 박영사, 2013, 931쪽.

8) 처벌법규의 구성요건이 명확하여야 한다고 하더라도 입법자가 모든 구성요건을 단순한 의미의 서술적인 개념에 의하여 규정하여야 한다는 것은 아니다. 처벌법규의 구성요건이 다소 광범위하여 어떤 범위에서는 법관의 보충적인 해석을 필요로 하는 개념을 사용하였다고 하더라도 그 점만으로 헌법이 요구하는 처벌법규의 명확성원칙에 반드시 배치되는 것이라고 볼 수는 없다. 즉 건전한 상식과 통상적인 법 감정을 가진 사람으로 하여금 그 적용대상자가 누구이며, 구체적으로 어떠한 행위가 금지되고 있는지를 충분히 알 수 있도록 규정되어 있다면 죄형법정주의의 명확성원칙에 위배되지 않는다고 보아야 한다. 그렇게 보지 않으면 처벌법규의 구성요건이 지나치게 구체적이고 정형적이 되어 부단히 변화하는 다양한 생활관계를 제대로 규율할 수 없게 될 것이기 때문이다(헌재 2010. 3. 25. 2009헌가2).

우에는 그 존재의의가 충분하다.[1)]

더구나 제178조의 내용은 구증권법 제188조의4 제 4 항과 달리 '부당한 이득을 취득하려는' 목적요건도 없고 금지되는 행위를 표현함에 있어서도 '부정한 수단, 계획' 또는 '위계' 등 탄력적으로 적용이 가능한 태도를 취하고 있다는 점에서[2)] 불공정한 거래 일반에 대해 규제의 가능성을 보여주고 있는 의의가 크기 때문에 증권범죄에 대한 억지적인 기능을 기대할 수 있다.[3)]

Ⅱ. 연 혁

제178조의 부정거래 금지조항은 구증권법 제188조의4 제 4 항을 계수하면서 그 동안 지적되었던 불공정거래 규제의 한계를 극복하기 위해 도입되었다. 따라서 제178조를 이해하기 위해서는 구증권법 제188조의4 제 4 항의 연혁과 배경을 살펴볼 필요가 있다.

구증권법 제188조의4 제 4 항은 "누구든지 유가증권의 매매 기타 거래와 관련하여 부당한 이득을 얻기 위하여 고의로 허위의 시세 또는 허위의 사실 기타 풍설을 유포하거나 위계를 쓰는 행위"(1호)와 "중요한 사항에 관하여 허위의 표시를 하거나 필요한 사실의 표시가 누락된 문서를 이용하여 타인에게 오해를 유발하게 함으로써 금전 기타 재산상의 이익을 얻고자 하는 행위"(2호)를 금지하였다. 구증권법은 자본시장법과 마찬가지로 동조 제 1 항부터 제 3 항까지 시세조종의 구체적 유형을 열거함으로써 규제의 근거를 명확히 하였다.

그러나 자본시장의 환경변화에 따라 그와 같은 구체적 열거유형에는 해당되지 않지만 자본시장의 질서를 교란하고 투자자 등에게 피해를 입히는 새로운 유형의 불공정거래가 등장할 개연성은 매우 크다. 특히 시세조종은 그 특성상 가격결정 메커니즘의 변화나 자본시장의 환경변화에 따라 지능적인 새로운 유형이 등장할 수 있는데, 예측가능한 시세조종의 모든 유형을 일일이 열거하여 규제한다는 것은 입법기술상 한계가 있다.

따라서 이와 같은 열거유형에 해당되지 않지만, 자연스러운 수요 및 공급을 통해 형성되어야 할 시세를 인위적으로 조작하거나 투자자를 기망하는 다양한 행위를 규제하고 처벌하기 위한 법적 근거가 필요하다.

이러한 필요에 따라 1982년 제 8 차 구증권법 개정을 통해 당시 제105조 제 4 항을 신설하여 허위표시 또는 중요사실의 표시가 누락된 문서를 이용하는 행위 등 사기적 행위를 규제대상에 포함시키고, 허위사실의 유포 주체를 '증권회사 임직원'에서 '누구든

1) 경제적 일탈행위의 규제·처벌에 관한 합헌성 판단기준이 표현의 자유 등에 관한 규제에 관한 합헌성 판단기준과 차이가 존재한다(曽根威彦, 전게논문(2000), 294頁).

2) 김병연, "미국 증권법상 "Scheme Liability"에 관한 연구,"「기업법연구」 제23권 제 1 호(2009. 3), 349쪽.

3) 近藤光男/吉原和志/黑沼悦郎, 전게서(2009), 337頁; 神田秀樹/黑沼悦朗/松尾直彦, 전게서(2012), 12頁.

지'로 개정하여 규제대상 범위를 확대함으로써 소위 「사기적 부정거래 금지 조항」을 도입하였다.[1)]

당시 이 조항은 '부당한 이익취득의 목적'이라는 주관적 요건과 '금전 기타 재산상의 이익취득'이라는 객관적 요건이 요구되어 실제 규정을 적용하는 데는 어려움이 있었다.

이에 따라 1997년 제12차 개정시 제105조 제 4 항이 제188조의4 제 4 항으로 위치를 옮기면서 재산상의 이익취득이라는 객관적 요건을 '부당한 이익을 얻기 위하여'라는 표현으로 수정하면서 보다 포괄적인 사기금지 조항의 형태로 변모하게 되었다.[2)]

그러나 구증권법 제188조의4 제 4 항 제 1 호의 경우 '부당한 이익을 얻기 위하여'라고 하여 다른 유형처럼 '목적'이란 용어를 명시적으로 사용하고 있지는 않으나 간접적으로 목적성을 제시하고 있고, 제 2 호도 '타인에게 오해를 유발하게 함으로써'라고 규정하고 있어 간접적인 목적성을 제시하고 있고, 행위유형을 너무 구체적으로 규정하여 포괄적 사기금지 조항으로서 그 의미가 반감된다는 지적이 있었다.[3)]

그러나 제 1 호의 경우 '부당한 이득을 얻기 위하여'는 형법상 모든 사기적 행위가 가진 일반적인 목적인 '불법영득의사'와 크게 차이가 없기 때문에 제 1 항 및 제 2 항의 '목적성' 요건과는 차이가 있다고 볼 여지도 있으며, 제 2 호의 '타인에게 오해를 유발하게 함으로써'라는 의미도 오해를 유발할 '목적'을 전제로 해석하기보다는 '기망행위'의 내용을 표현한 것으로 볼 수도 있다는 점에서 논란의 여지가 많이 있었다. 오히려 구증권법 제188조의4 제 4 항을 위와 같이 목적성 요건의 완화로 해석하는 것은 부정거래행위 규제범위의 외연을 넓히는 효과가 있었다는 측면도 있기 때문에 구증권법 제188조의4 제 4 항은 「포괄적 사기금지 조항」의 성격을 가지고 있었다고 볼 수 있다.[4)]

그러나 다양한 유형의 불공정거래행위를 효율적으로 규제할 수 있는 규정의 도입이 지속적으로 주장되면서[5)] 미국의 1934년법 제10조(b) 및 SEC Rule 10(b)-5와 같은 명실상부한 '포괄적 사기금지 조항'의 도입 필요성이 제기되어 자본시장법은 제176조와 별개로 제178조를 도입하였다.

Ⅲ. 부정거래의 체계적 지위

제178조는 미국의 1934년법 제10조 (b)항에 근거한 SEC Rule 10b-5와 유사하게 추

1) 안문택, 「증권거래법 체계」, 육법사, 1985, 244-246쪽.
2) 금융감독원, 「금융투자상품에 대한 불공정거래」, 2008. 12, 71-72쪽 참조.
3) 임재연, 「증권거래법」, 박영사, 2004, 475쪽.
4) 김정수, 「현대증권법원론」, 박영사, 2002, 742쪽; 성희활, "사기적 부정거래에서 '위계'의 적용 문제," 「증권법연구」 제 8 권 제 1 호(2007), 62쪽.
5) 김정수, 전게서(2002), 754쪽.

상적인 문언으로 규정되어 있지만, 실제 문언의 내용을 살펴보면 일본의 金融商品取引法 제157조, 제158조와 동일하다.

즉, 일본 金融商品取引法과 같이 금융투자상품의 매매 그 밖의 거래와 관련하여 부정한 수단 등의 사용 금지(1호), 부실표시의 금지(2호), 허위시세 이용금지(3호) 등 3가지의 부정거래를 금지하는 조항(1항)과 금융투자상품의 매매 또는 시세변동을 목적으로 위계의 사용 등을 금지하는 조항(2항)으로 구성되어 있다.

즉, 제178조는 보다 구체적인 유형의 금지규정인 제 1 항 제 2 호, 제 3 호 및 제 2 항을 두면서도 그와 동시에 제 1 항 제 1 호에서 포괄적으로 부정거래를 금지하고 있다. 이는 거래구조의 변화나 시장의 환경변화에 따라 다양하고 새로운 유형의 부정거래가 발생할 수 있는 개연성이 높은 반면, 모든 부정거래 유형을 사전에 일일이 열거하여 규제하는 것은 입법기술상 한계가 있는 점을 고려하여 자본시장법 제정과 함께 신설된 것이다.[1)]

제178조 제 1 항 제 1 호는 입법모델인 미국의 SEC Rule 10b-5, 일본의 金融商品取引法 제157조 제 1 호와 유사하지만 입법연혁이나 그 적용사례에 있어 차이가 존재한다. 미국의 1934년법 제10조(b)항은 제정 당시 불법행위법상 사기의 개념이 법원에 의해 이미 확립되어 있었기 때문에 불공정한 증권거래에 널리 적용되어 왔다.[2)]

또한 일본에서는 證券取引法 제정 당시 이미 오늘날의 金融商品取引法 제157조가 도입되었음에도 구성요건이 명확하지 않다는 이유로 법원에서 거의 적용하지 않았고, 입법당시 예상하지 못한 불공정한 행위가 문제될 때마다 새로운 조항을 추가하는 형태로 대처해왔다.[3)]

그러나 우리나라는 일본과 반대로, 불공정한 거래를 금지하는 여러 조항을 지속적으로 신설해 왔음에도 새로운 불공정한 거래에 적절하게 대처하지 못한다는 지적에 따라 규제의 공백을 극복하기 위해 최근에야 제178조 제 1 항 제 1 호를 도입하였다.

종래 위계에 의한 사기적 부정거래를 금지하는 구증권법 제188조의 4는 일반적 사기금지 조항이라기보다는 시세조종을 규제하기 위한 보충적 성격의 규정으로 이해되었고,[4)] 미공개정보 이용행위에 대한 보충적 기능으로 이해되지는 않았다.[5)]

이에 따라 부정한 수단 등을 사용하는 행위를 금지하는 제178조 제 1 항 제 1 호를 도입하여 시세조종은 물론 금융투자상품의 거래일반에 대하여 법익침해 가능성이 있는 부정행위를 포괄적으로 금지할 수 있는 장치를 갖추게 되었다.

1) 서울고등법원 2013. 4. 5. 선고 2012노3521 판결, 17쪽.
2) 萬澤陽子, "金融商品取引法 157條 利用の可能性について－米國證券取引所法 10b－5との比較から－," 「證券經濟研究」 第71号(2010. 9), 42-46頁.
3) 상게논문, 41頁.
4) 류장만, "증권거래법상 시세조종행위에 대하여,"「검찰」 제111호(2000), 432쪽.
5) 변제호 등 5인 공저,「자본시장법」, 지원출판사, 2009, 538쪽.

이처럼 구증권법 제188조의4 보다 추상화의 정도가 높은 제178조 제 1 항 제 1 호는 우리나라 법체계에서 보기 드문 입법방식을 취함으로써 동호의 적용범위는 크게 늘어났다. 그러나 동호가 갖는 추상성 때문에 구체적인 해석과 적용에 있어서는 감독당국의 정책과 법원의 판단이 무엇보다도 중요하게 되었다.[1)]

한편, 미국의 SEC Rule 10b-5는 사기해당 여부를 기준으로 내부자거래나 시세조종 등에 널리 적용되고 있는 반면, 자본시장법은 내부자거래와 시세조종을 금지하는 규정 이외에 사기와 무관한 제178조 제 1 항 제 1 호를 두고 있다. 따라서 동호를 적용할 때에 미국의 SEC Rule 10b-5에 대한 적용 사례를 그대로 인용하는 것은 곤란하고,[2)] 오히려 일본의 金融商品取引法 제157조의 해석론이나 적용사례를 연구하는 것이 필요하다.[3)]

Ⅳ. 제178조 제 1 항 부정거래 요건

1. 부정한 수단 등의 사용에 의한 부정거래

(1) 부정한 수단 등의 사용

제178조 제 1 항 제 1 호[4)]는 부정한 수단, 계획 또는 기교(이하 '부정한 수단 등'이라 한다)를 사용하는 행위를 금지하고 있다. '계획 또는 기교'는 '수단'과 같은 의미이며, 부정거래의 적용에 공백이 생기지 않도록 같은 호에 열거하고 있는 문언에 불과하다.[5)] 종래 일본의 다수설은 金融商品取引法 제157조 제 1 호의 부정한 수단을 '유가증권 거래에 대해 타인을 기망하여 착오에 빠지게 하는 행위'라고 하였다. 이는 동조 제 2 호, 제 3 호에서 구체적으로 열거하고 있는 모든 행위가 사기이기 때문에 제 1 호도 마찬가지로 해석해야 한다는 점을 근거로 하였다.

그러나 일본의 최고재판소[6)]가 부정한 수단을 '사회통념상 부정하다고 인정되는 일체의 수단'이라고 판시한 바와 같이 부정한 수단을 넓게 해석하여 사기행위로 제한할 필요가 없다는 견해가 있다.[7)]

우리나라에서는 부정한 수단 등을 사용하는 부정거래가 자본시장법 제정으로 도입되었기 때문에 일본의 학설과 같이 사기에 한정된다는 제한설, 무제한설 등의 논의는 없

1) 김건식/정순섭, 「자본시장법」, 두성사, 2009, 377쪽.
2) 미국의 10b-5는 손해배상책임을 인정하는 근거로 주로 사용되고, 자본시장법상 내부자거래의 금지근거로도 사용되며, 중요정보의 누락에 관해서도 문서이용을 요구하지 않는 등의 이유로 명문의 내부자거래 규정과 형사처벌 규정을 두고 있는 자본시장법의 해석·적용에 미국법의 해석을 받아들이기에는 한계가 있다고 한다(최승재, 전게논문(2009), 22쪽).
3) 정순섭, "불공정거래법제의 현황과 해석론적 과제," 「BFL」 제43호(2010. 9), 11쪽.
4) 미국의 10b-5상의 'to defraud'를 특별한 의도 없이 '부정한'으로 번역하여 규정한 결과라고 한다.
5) 최승재, 전게논문(2009), 35쪽.
6) 最高裁 第三小判法庭, 昭和40年5月25日(1965. 5. 25.), 裁判集刑事 155号, 831頁.
7) 神田秀樹/黑沼悅朗/松尾直彦, 전게서(2012), 8頁.

었다. 다만, 제178조 제 1 항 제 1 호를 최초로 적용한 대법원[1]은 부정한 수단 등에 관하여 직접적으로 해석하지 않고, 하나의 사실관계에 위계의 사용과 부정한 수단 등의 사용을 동시에 적용함으로써 위계와 마찬가지로 부정한 수단에도 사기적 요소가 필요한 것과 같이 판단하였다.

그러나 SCD 사건에서 대법원[2]은 부정한 수단 등을 '사회통념상 부정하다고 인정되는 일체의 수단, 계획 또는 기교'라고 최초로 판시하여 일본의 최고재판소와 같은 해석을 보였다.

미국의 10b-5와 달리 부정성을 요건으로 하고 있고, 제178조 제 1 항 제 2 호, 제 3 호, 제 2 항과 달리 기망적 요소를 구성요건으로 하고 있지 않으며, 투자자를 두텁게 보호할 필요가 있다는 점에서 대법원의 판단은 타당하다고 본다.[3]

더욱이 대법원이 '사회통념상'이라는 표현을 사용한 것은 어떤 구체적인 판단기준이 없을 경우 조리에 따른 해석의 여지를 남겨 놓은 것으로 동호가 널리 적용될 수 있는 여지를 남겨 놓았다고 본다.[4]

(2) 금융투자상품의 거래와 관련성

제178조 제 1 항 제 1 호는 금융투자상품의 매매 그 밖의 거래와 관련하여 부정한 수단 등의 사용을 금지하여 시장의 공정성과 신뢰성을 확보하기 위한 일반조항이다. 따라서 부정한 수단 등을 누가 사용하는지, 어떤 금융투자상품에 부정한 수단 등을 사용하는지, 금융투자상품이 상장되었는지, 금융투자상품이 거래되는 곳이 거래소인지, 또는 주식교환 등 어떤 유형의 거래에 대해 부정한 수단 등을 사용하는지를 묻지 않는다.[5]

나아가 '관련하여'는 매매거래와 관련성을 의미한다. '관련성'의 의미를 어떻게 해석하느냐에 따라 부정거래의 적용범위를 확대시킬 수 있다. 즉, 금융투자상품의 매매 그 밖의 거래를 하는 목적보다 넓은 개념으로 이해할 수 있다.[6] 부정한 수단 등을 사용하는 자는 부정거래에 대한 인식이 필요하지만, 그 자가 현실적으로 금융투자상품을 거래한 경우는 물론 금융상품을 거래하지 않은 경우에도 인정될 수 있다.[7]

이는 금융투자상품의 거래에 부정한 수단 등이 사용된 때는 그 자가 직접 금융투자상품을 거래하지 않은 경우에도 투자자의 이익이 침해되어 공정하고 자유로운 자본시장

1) 대법원 2011. 7. 14. 선고 2011도3180 판결.
2) 대법원 2011. 10. 27. 선고 2011도8109 판결, 16쪽.
3) 김건식/정순섭, 전게서(2009), 378쪽; 임재연, 전게서(2013), 940-941쪽; 안수현, "자본시장법 시행 이후 불공정거래 규제 변화와 과제,"「BFL」 제40호(2010. 3), 83쪽.
4) 박임출, 전게논문(2013), 375쪽.
5) 神田秀樹/黑沼悦朗/松尾直彦, 전게서(2012), 8-9頁.
6) 近藤光男/吉原和志/黑沼悦郎, 전게서(2009), 335頁; 서울대학교 금융법센터, 전게 보고서(2009), 29쪽.
7) 近藤光男/吉原和志/黑沼悦郎, 전게서(2009), 335-336頁.

의 형성을 방해할 위험이 존재하기 때문이다.[1] 다만, 부정한 수단 등이 타인의 금융투자상품의 거래에 영향을 미치고, 이에 따라 타인이 금융투자상품의 거래에 관하여 피해를 입은 것만으로는 동호에 위반되지 않는다.[2] 왜냐하면 부정한 수단 등을 사용한 자가 금융투자상품을 거래한 때에 부정한 수단 등을 사용하는 것을 전제하고 있기 때문이다.[3]

한편, 부정한 수단 등을 사용하는 행위의 일반적 추상성에 비추어 형사범죄와 어떻게 구별할 것인가의 문제가 있다.

부정거래와 형사범죄는 규제의 목적에 따라 구별될 수 있다. 자본시장법에서 부정거래를 규제하는 목적은 자본시장의 공정성·신뢰성 확보와 투자자 보호에 있다. 즉, 특정한 투자자의 이익이나 손해가 아니라 시장 자체에 대한 근본적인 신뢰를 보호하는 데에 목적이 있다.[4] 부정거래의 규제는 일반 형사법이나 경제법과 무관하게 고유의 입법목적을 위하여 존재하는 것이므로 규제의 중복 또는 이중처벌이라고 단정할 수 없다.[5]

또한 부정거래는 형법상 사기죄 등으로 의율할 수 있는 행위도 포함하고 있지만, 부정거래는 거래의 다양성과 복잡성 등에 비추어 일반 형사법이나 경제법에서 요구하는 요건과 절차를 충족하기 어렵다는 입법기술상의 필요에 따라 특별히 규정된 것으로 이해할 수 있다.[6]

예컨대 손익이전을 목적으로 선물·옵션시장의 통정매매를 반복하는 경우 횡령죄와 부정한 기교를 사용하는 부정거래가 동시에 적용될 수 있고,[7] 대주주나 회사관계자 등이 차명으로 증자에 참여하는 가공증자의 경우 공정증서원본 부실기재죄와 부실표시에 의한 부정거래가 동시에 적용될 수 있다.[8]

이와 같이 부정한 수단 등을 사용하는 부정거래는 경우에 따라서 일반 형사법과 경합될 수 있는 여지가 있지만, 금융투자상품의 매매거래와 관련성을 구성요건으로 하고 있고, 자본시장법은 고유의 규제목적을 가진 특별법적 지위에 있다는 점, 개인적 법익보다는 사회적 법익을 보호법익으로 하고 있다는 점 등에 비추어 부정거래를 우선 적용할

1) 神田秀樹/黑沼悅朗/松尾直彦, 전게서(2012), 9頁.
2) 神崎克郎/志谷匡史/川口恭弘, 전게서(2006), 858-859頁.
3) 神田秀樹/黑沼悅朗/松尾直彦, 전게서(2012), 9頁.
4) 대법원 2008. 5. 15. 선고 2007도11145 판결.
5) 서울대학교 금융법센터, 전게 보고서(2009), 62쪽. 반대로 검찰 등 수사기관에서 자본시장법상 부정거래행위에 해당하는 행위에 대해 일반 형사범죄나 경제범죄로 기소하는 것도 가능하다.
6) 정순섭, 전게논문(2010. 9), 12쪽.
7) 창원지방법원 2011. 4. 22. 선고 2010노2603 판결.
8) 일본에서는 종래 가공증자는 형법상 공정증서원본 부실기재죄를 적용하였지만, 증자에 관한 허위의 등기를 이유로 등기의 신뢰성을 손상시켰다고 평가하기보다는 가공증자와 허위의 공시에 의해 시장의 공정성과 투자자의 이익을 손상시켰다고 평가하는 것이 더 낫다고 보고, 증권시장의 파수꾼인 증권거래등감시위원회가 소관하는 법률인 금상법 위반의 범죄인 위계의 사용으로 고발하였다〔岡本 宰, "不公正ファナンスに係る爲計の告發,"「金融法務事情」, No. 1900(2010. 6), 72頁〕.

수 있다고 본다.[1)]

(3) 제176조의 시세조종과 경합

제176조의 시세조종에 해당되는 행위가 제178조 제1항 제1호의 부정거래에 해당될 수 있는지 여부의 문제가 있다.

우선, 동호는 그 자체가 독립된 조항이므로 시세조종(176조), 다른 부정거래(178조 1항 2호·3호와 2항)의 적용여부와 별개의 독립적인 제3의 유형으로 보고, 그 적용에 있어서는 병렬적 관계에 있다는 견해(독립규정설)가 있다.[2)]

반면에, 동호는 그 자체가 독립적인 규정이 아니라 신종 불공정거래에 대비하기 위한 입법 기술적 관점에서 포괄규정의 형식으로 도입한 것으로서, 다른 불공정거래 조항과의 관계는 일반조항과 특별조항의 관계에 있다는 견해(보충규정설)가 있다.[3)]

또한 제176조와 제178조의 법정형이 동일하며(443조), 판례가 시세조종에 관한 구증권법 제188조의 4의 각 항이 규정하는 시세조종에 해당하는 수 개의 시세조종은 포괄일죄가 성립한다고 보고 있기 때문에 실제로는 차이가 없다는 견해도 있다.[4)]

미국에서는 시세조종을 직접 규제하고 있는 1934년 증권거래법 제9조보다 동법 제10조(b)항 및 SEC Rule 10b-5가 적용되는 경우가 많다.[5)] 일본에서는 金融商品取引法 제157조는 제159조 등과 적용범위가 중첩되지만 그 적용관계는 법조경합이 아니라 상상적 경합으로 보아 시세조종을 금지하는 金融商品取引法 제159조에 해당되지 않더라도 죄질이 나쁜 행위에 대해서는 보다 중한 제재근거[6)]인 부정거래를 금지하는 제157조를 적용해야 한다고 한다.

내국인이 외국인 전용계좌를 이용하여 고가매수 등으로 주가를 조작한 사안에 대해 제1심[7)]은 상상적 경합으로 판단한 반면, 원심[8)]은 법조경합으로 판단하였고, 대법원[9)]은 원심을 인정하였다.

위 원심은 각 조항의 보호법익이 사회적 법익으로 같지만 제178조 제1항 제1호의

---

1) 수사기관에서 부정거래에 대해 일반 형사범죄나 경제범죄로 수사하거나 기소하는 것도 불가능한 것도 아니다(서울대학교 금융법센터, 전게 보고서(2009), 61쪽).

2) 김정수, 전게서(2009), 1150쪽; 안수현, 전게논문(2013), 85쪽.

3) 곽수현, "자본시장법상 부정거래금지에 관한 소고-부정한 수단, 계획, 기교와 '위계'를 중심으로-," 「경영법률」 제21집 제4호(2011), 462쪽; 변제호 등 5인 공저, 전게서(2009), 543쪽.

4) 임재연, 전게서(2013), 929쪽.

5) 박임출, "시세조종의 구성요건인 변동거래와 유인목적-서울중앙지방법원 2011. 1. 28. 선고 2010고합11판결을 중심으로-," 「증권법연구」 제12권 제2호(2011), 229쪽.

6) 시세조종, 내부자거래의 경우 5년 이하의 징역 또는 500만엔 이하의 벌금인 반면, 부정거래행위의 경우 10년 이하의 징역 또는 1,000만엔 이하의 벌금에 처한다.

7) 서울중앙지방법원 2010. 10. 29. 선고 2010고합305 판결.

8) 서울고등법원 2011. 6. 9. 선고 2010노3160 판결, 56쪽.

9) 대법원 2011. 10. 27. 선고 2011도8109 판결.

요건이 금융투자상품의 범위, 거래장소, 거래유형이 보다 포괄적이라는 이유로 법조경합으로 판단하였다.

제178조의 부정거래유형을 주관적 부정거래, 주관적·구체적 부정거래, 주관적·추상적 부정거래, 객관적 부정거래로 구별할 수 있는 이상[1], 동호의 부정한 수단 등을 사용하는 부정거래는 최고의 일반규정으로서 제176조의 시세조종, 제178조의 부정거래를 보충하는 기능을 한다. 다시 말하면, 제178조 제1항 제1호와 제176조의 관계는 일반-특별관계에 있기 때문에 법조경합관계로 볼 수 있고, 특별관계에 있는 경우 '특별법은 일반법에 우선한다'는 원칙에 따라 제176조가 적용되고 제178조 제1항 제1호의 적용은 배제된다. 따라서 원심과 대법원이 제176조 제2항 제1호(유인목적 변동거래)와 제178조 제1항 제1호의 관계를 법조경합관계로 보고 제176조의 시세조종을 적용한 것은 타당하다고 본다.

요컨대, 이론상으로는 제176조의 시세조종에 해당되는 행위가 제178조 제1항 제1호의 부정거래에도 해당될 수 있다.[2] 그러나 자본시장법 제정 당시 (구)증권거래법 제188조의 4 제4항의 사기적 부정거래를 여전히 존치하면서도 동호를 도입한 취지가 규제의 공백을 방지하고자 하는 취지이고,[3] 객관적·추상적 문언을 사용한 점에 비추어 제176조를 적용할 수 없는 경우에 비로소 동호를 적용하는(보충적 규정) 것이 타당하다고 본다.[4]

2. 허위 또는 부실표시 사용행위

(1) 규제범위

제178조 제1항 제2호는 중요사항에 관하여 거짓의 기재 또는 표시를 하거나 타인에게 오해를 유발시키지 않기 위하여 필요한 중요사항의 기재 또는 표시가 누락된 문서, 그 밖의 기재 또는 표시를 사용하여 금전, 그 밖의 재산상의 이익을 얻고자 하는 행위를 금지하고 있다.

'금전 그 밖의 재산상의 이익을 얻고자 하는 행위'는 재산상의 이익을 얻으려는 목적을 요구하나 재산상의 이익을 현실적으로 얻을 것은 요건으로 하지 아니하며[5] 허위 또는 부실표시 행위에 의하여 실제로 투자자의 오해가 유발되었을 것을 필요로 하지 않는다.[6]

또한 제178조 제1항 제2호는 중요사항에 관하여 거짓의 기재 또는 표시를 하거나 타인에게 오해를 유발시키지 않기 위하여 필요한 중요사항의 기재 또는 표시가 누락된

1) 자세한 내용은 정순섭, 전게논문(2010. 9), 13-17쪽을 참조.
2) 제176조와 제178조는 특별-일반관계에 있다(법조경합).
3) 국회 재정경제위원회, 전게 보고서(2007. 7), 86쪽.
4) 임재연, 전게서(2013), 929쪽.
5) 대법원 2006. 4. 14. 선고 2003도6759 판결.
6) 김병연/권재열/양기진, 「자본시장법-사례와 이론-」, 박영사, 2012, 411쪽.

문서를 규제하므로 중요사항에 관한 적극적인 부실표시(misrepresentation)와 소극적인 누락 혹은 불공시(omission or non-disclosure)의 경우를 모두 규제대상에 포함한다.

(2) 시세조종에 관한 허위표시 또는 오해유발표시행위와의 구별

제176조 제 2 항 제 3 호가 규제하는 시세조종에 관한 '허위표시 또는 오해유발표시행위'가 '상장증권 또는 장내파생상품의 매매를 유인할 목적'으로 하는 행위를 금지하는 반면, 제178조 제 1 항 제 2 호가 규제하는 '허위 또는 부실표시·누락 사용행위'는 금융투자상품의 매매(증권의 경우 모집·매출·사모를 포함함)에 관하여 폭넓게 금지하므로, 규제대상인 금융투자상품, 거래장소, 목적 면에서 차이가 있어서 제176조 제 2 항 제 3 호에 의한 규제의 공백을 보완하는 기능을 한다.[1)]

(3) 중 요 성

여기에서 말하는 '중요성'의 기준에 대하여 제178조에서 명문의 규정으로 제시하고 있지는 않으나,[2)] 일반적으로 내부자거래 등에서 이야기되는 미공개정보에만 한정되는 것이 아니라, 합리적인 투자자라면 그 사실의 중대성과 사실이 발생할 개연성을 함께 고려하여 금융투자상품의 거래에 관한 의사를 결정함에 있어서 중요한 가치를 가지는 정보를 말하며,[3)] 판례[4)]도 이와 유사한 입장을 보이고 있다.

이러한 '중대성(magnitude) 및 개연성(probability) 기준'은 내부자거래와 관련하여 중요한 의미를 가지는 미국의 Texas Gulf Sulphur사건[5)]에서 제시된 이래 미국의 증권규제에서도 지켜지고 있는 기준이다.

특히 '중요성(materiality)'의 의미에 대하여 미 연방대법원은 1976년 TSC Industries Co. v. Northway, Inc. 사건[6)]과 Basic Incorporated v. Levinson사건[7)]을 거치면서 합리적인 투자자가 투자의사결정을 내림에 있어서 중요하다고 고려할 실질적인 가능성이 있는 것으로 보았다.

그러나 투자자가 어떤 사항을 고려하여 의사결정을 바꾸었다는 구체적인 증거를 요구하는 것은 아니다. 결국 중요사항인가의 여부는 각 사건별로 현실적인 상황의 특징을 고려하여 결정되어질 것이다.[8)]

---

1) 김병연/권재열/양기진, 전게서(2012), 412쪽; 임재연, 전게서(2013), 943쪽.
2) 한편 자본시장법은 설명의무와 관련하여 '중요사항'의 의미를 '투자자의 합리적인 투자판단 또는 해당 금융투자상품의 가치에 중대한 영향을 미칠 수 있는 사항'이라고 함으로써 간접적으로 제시하고 있다.
3) 김건식/정순섭, 전게서(2013), 411쪽; 김병연/권재열/양기진, 전게서(2012), 360쪽; 김정수, 전게서(2011), 1129쪽.
4) 대법원 1994. 4. 26. 선고 93도695 판결; 대법원 2008. 11. 27. 선고 2008도6219 판결.
5) SEC v. Texas Gulf Sulphur Co., 401 F.2d 833(2d Cir. 1968).
6) 426 U.S. 438, 450(1976).
7) 485 U.S. 224, 224(1988).
8) Basic Incorporated v. Levinson, 485 U.S. 224, 225(1988).

(4) 문서의 의미

제178조 제 1 항 제 2 호는 중요사항에 관하여 허위표시를 기재되거나 오해를 유발시키지 않기 위해서 필요한 중요사항이 누락된 '문서'와 관련하여 발생하는 부정거래행위를 규제하는 것이므로 부정거래행위의 매체가 '문서'이어야 한다.

제178조 제 1 항 제 1 호와 제 3 호 및 제178조 제 2 항이 '행위'를 그 규제대상으로 함에 비해 제 1 항 제 2 호는 '문서'를 규제대상으로 하고 있다.

구증권법에 관한 판례이기는 하지만 본 호와 유사한 내용을 가진 구증권법 제188조의4 제 4 항 제 2 호와 관련하여 "(구)증권거래법 제188조의4 제 4 항 제 2 호는 유가증권의 매매 기타 거래와 관련하여 '중요한 사항에 관하여 허위의 표시를 하거나 필요한 사실의 표시가 누락된 문서를 이용하여 타인에게 오해를 유발하게 함으로써 금전 기타 재산상의 이익을 얻고자 하는 행위'를 금지하고 있는바, 이는 투자자의 투자판단에 영향을 미치는 중요한 사항에 관하여 허위·부실 표시 문서를 이용하는 방법으로 타인의 오해를 유발하여 재산상의 이익을 얻고자 하는 행위를 처벌하는 것으로 그 행위의 매체는 문서에 국한되므로, 위 제 2 호 위반행위에 해당하기 위해서는 '문서의 이용'이라는 요건이 충족되어야 한다"고[1] 판시함으로써 문서의 이용이 그 규제대상이 됨을 밝히고 있다.

여기에서 말하는 '문서'의 범위는 기업이 법령상 의무로써 작성하여 공시하게 되는 재무제표 등의 공시서류는 당연히 포함되는 것이고, 이외에도 한국거래소와 같은 자율규제기관의 규정상 작성하는 공시서류를 포함하여 비공식적으로 작성된 서류라고 하더라도 다중을 대상으로 유포될 것을 예상하고 작성된 문서는 모두 여기에 포함된다고 보아야 한다.

한편 제178조 제 1 항 제 2 호에서 '문서'에 이어 병렬적으로 규정하고 있는 '그 밖의 기재 또는 표시'가 어떠한 것인지에 대하여는 아직 사례가 축적되지 않아서 명확한 의미를 제시하기는 힘든 면이 있다.

문서와 동일한 선상에서 병렬적으로 규정하고 있다는 점을 고려해 본다면 여기에서 말하는 '그 밖의 기재 또는 표시'의 의미는 전형적인 종이를 사용하는 매체가 아니라 방송, 광고를 비롯하여 인터넷상 표시 등을 포함하는 것으로서 다중에게 유포할 것을 예상하고 작성된 매체를 의미한다고 보아야 할 것이다. 이렇게 보는 것이 자본시장법이 추구하는 투자자보호의 이념에 부합하는 것이라고 본다.

1) 대법원 2010. 12. 9. 선고 2009도6411 판결.

3. 거짓의 시세 이용행위

(1) 규제범위

제178조 제 1 항 제 3 호는 금융투자상품의 매매, 그 밖의 거래를 유인할 목적으로 거짓의 시세를 이용하는 행위를 금지하고 있다.

본호에서 규제하고자 하는 대상과 관련하여 매매나 그 밖의 거래를 유인할 목적을 필요로 하고 있다는 점에서 시세조종에 관한 제176조 제 2 항의 규정과 유사하다고 볼 여지도 있으나, 제176조 제 2 항 제 1 호의 경우는 이에 더하여 '성황을 이루고 있는 듯이' 오인하게 하는 요건을 추가적으로 요구하고 있다는 점에서 차이가 있다.

또한 제176조 제 2 항 제 3 호는 '중요한 사실에 관하여 거짓의 표시 또는 오해를 유발시키는 표시를 하는 행위'를 금지한다는 점에서 유사하다고 할 수 있으나, 그 규제대상이 '그 증권 또는 장내파생상품의 매매'를 함에 있어서의 행위를 금지한다는 점에서 제178조 제 1 항 제 3 호의 규제대상이 제176조 제 2 항의 규제대상보다 그 범위가 더 넓다고 할 수 있다.

제176조와 제178조의 근본적인 차이는 그 규제대상에 있다. 전자는 상장증권 또는 장내파생상품이 적용대상인 반면, 후자는 문면상 모든 금융투자상품을 적용대상으로 하고 있어서 적용범위가 보다 넓다.[1)]

(2) 거짓의 시세

제178조 제 1 항 제 3 호가 그 규제대상으로 하는 마지막 요소는 '거짓의 시세'를 이용하는 행우이다.

거짓의 시세에서 말하는 '시세'의 의미에 관해서 자본시장법상 규정하고 있지 않은데, 일반적으로 시세는 예컨대 한국거래소의 경우처럼 금융투자상품에 대한 수요와 공급에 기초하여 형성된 시세를 의미한다. 제178조는 장내금융투자상품에 그치는 것이 아니라 모든 금융투자상품을 그 적용대상으로 하고 있기 때문에 장외에서 형성된 시세도 여기에 해당된다고 보아야 한다.

제178조의 내용은 일본 금융상품거래법 제157조를 모델로 한 것이라고 보고 있다.[2)] 아직 우리나라는 물론이고 일본에서도 '거짓의 시세'의 의미에 대하여 축적된 사례가 없는 상황이기 때문에 부정거래행위를 규제하려는 법의 전체적인 취지와 법조문의 체계적 구조 및 법규정의 문구적인 의미해석에 대한 비교법적 이해에 따라서 해석할 수밖에 없다.

---

1) 김병연/권재열/양기진, 전게서(2012), 412쪽; 임재연, 전게서(2013), 938쪽.
2) 박임출, 전게논문(2013), 364쪽; 정순섭, 전게논문(2010. 9), 11쪽.

일본 금융상품거래법 第157条 제3호에 규정된 '허위의 시세'의 의미를 생각해 본다면, 거래소의 시세처럼 고정된 시세를 의미하는 것이 아니라 그러한 시세가 형성되기 위해서 행해지는 호가를 포함하는 보다 넓은 개념으로 보는 것이 타당하다.

'거짓의 시세'의 의미를 파악함에 있어서도, 시세가 거짓이기 위해서는 이미 인위적인 조작에 의해서 왜곡된, 즉 시세조종과 같은 위법행위로 인해 정상적으로 시세의 형성이 되지 못한 상태로 이해하여야 한다. 그리고 이러한 왜곡된 시세임을 알면서 이를 이용하는 행위를 규제하는 것이 第178条 제1항 제3호의 의도라고 보아야 할 것이다.

Ⅴ. 第178条 제2항 부정거래 요건

1. 개 관

第178条 제2항은 "금융투자상품의 매매, 그 밖의 거래를 할 목적이나 그 시세의 변동을 도모할 목적으로 풍문의 유포, 위계의 사용, 폭행 또는 협박을 하여서는 아니 된다"라고 규정하고 있다. 이는, 구 증권거래법 第188条의4 제4항 제1호의 '부당한 이득을 얻기 위하여 고의로 허위의 시세 또는 허위의 사실 기타 풍설을 유포하거나 위계를 쓰는 행위'를 현행 第178条 제1항 제1호 '부정한 수단, 계획 또는 기교'의 도입에 맞춰 개정한 것이다.

본 조항의 '금융투자상품'은 제1항과 동일한 개념으로 증권의 모집, 매출을 포함한다.

아울러 신분범이 아니므로 주주, 기업 관계인, 채권자, 주간사(증권사), 회계법인, 일반 투자자 등 신분에 구애받지 않고 누구든지 행위 주체가 될 수 있다.

2. 풍문 유포, 위계 사용, 폭행 또는 협박

'풍문'이란 진위 여부가 증명되지 않은 상태의 불확실한 소문을 말한다.[1] 판례 중에는 "풍문이라 함은 시장에 알려짐으로써 주식 등 시세의 변동을 일으킬 수 있을 정도의 사실로서 합리적 근거가 없는 것을 의미한다"고 판시한 사례가 있다.[2]

풍문의 내용이 명백히 허위인 경우는 물론 그 진실 여부가 현재로서 증명되지 않아 객관적으로 명백하지 않다면 풍문에 해당한다.

행위자가 공지의 진실을 풍문으로 믿었다면 이를 유포했다 하더라도 '풍문의 유포'로 볼 수 없는[3] 반면 풍문을 공지의 진실로 믿었다면 구성요건의 착오(형법 13조, 15조)에

1) 김학석, "금융투자상품의 부정거래행위에 관한 연구," 고려대학교 박사학위논문(2010), 173쪽.
2) 서울고등법원 2013. 1. 17. 선고 2012노3290 판결.
3) 대법원 2008. 5. 15. 선고 2007도11145 판결 '헤르메스 사건'에서 대법원은 "표시내용이 허위가 아니라면 위계에도 해당하지 않는다"고 판시한 바 있다.

해당하여 그럴만한 합리적이고 정당한 사유가 있는지 여부에 따라 범의가 조각될 수 있다.[1)]

'풍문'은 유포 당시를 기준으로 하므로 그 시점에서 진위 여부에 관계없이 풍문에 해당한다면 설사 추후 진실로 증명된다 하더라도 가벌성은 별론으로 하고 '풍문의 유포'로 보아야 한다.

또한 '풍문'은 사실에 대한 것을 말하므로 단순한 의견이나 예측, 예상은 풍문이라 할 수 없다. 판례도 이와 같다.[2)] 그러나 의견이나 예측, 예상이 진실 여부가 불명확한 사실 특히 허위 사실을 근거로 하는 경우에는 전체를 풍문이라 할 수 있다.[3)]

'풍문'은 모든 소문을 가리키는 것이 아니라 그로 인해 거래 여부의 결정이나 시세의 변동을 초래할 수 있을 만큼 중요한 사항에 대한 것이어야 한다.[4)] 판례도 같은 입장이다.[5)] '중요 사항 여부'는 내부자거래 관련 '중요정보의 중요성'에 대한 판례[6)]를 기준으로 판단할 수 있을 것이다.

'유포'는 이메일, 보도자료, 홈페이지 게재, 문자 메시지 발송, 방송 출연 인터뷰 등 방법상 아무런 제한이 없다. 보통, 불특정 다수인을 대상으로 하겠지만 예를 들어 특정인에게 풍문을 내용으로 하는 문자 메시지를 발송하더라도 전파가능성이 있다면 유포에 해당할 수 있다.[7)]

공간된 자료나 기업의 공시자료, 관련 신문기사의 내용을 그대로 전재하는 것은 원칙적으로 풍문의 유포에 해당한다고 볼 수 없으나 해당 자료의 허위성을 명백히 인식하고서도 그 효과에 편승하기 위한 의도가 인정된다면 풍문의 유포로 볼 수 있을 것

1) 박상기, 「형법학」, 집현재, 2013, 86쪽 이하; 정웅석/백승민, 「형법강의」, 대명출판사, 2009, 169쪽 이하 참조. 판례는 법정적 부합설의 입장에서, 행위자가 인식한 사실과 현실적으로 발생한 사실이 법규범상 일치하면 고의·기수범을 인정하나 양자가 일치하지 않으면 발생한 사실에 대한 과실범, 실현되지 않은 사실에 대한 미수범 책임을 인정한다(대법원 1983. 9. 13. 선고 83도1762 판결 등). 자본시장법상 부정거래행위는 과실범, 미수범을 처벌하지 않는 범죄이므로 풍문을 진정한 사실로 믿었다면 원칙적으로 처벌할 수 없다.

2) 서울고등법원 2013. 1. 17. 선고 2012노3290 판결〔"원래부터 투자자의 주가전망이나 견해를 게시하도록 구축된 공간에서 유포자 자신의 장래 주가전망에 대한 예측이나 유포자의 단순한 개인적 의견을 제시하는 경우, 유포자의 동일성(ID)을 밝히고 그것이 단지 유포자 개인의 견해라는 점을 혼선의 여지 없이 명확히 하였다면 풍문유포에 해당하지 않는다고 보아야 한다"〕 참조.

3) 김학석, 전게논문(2010), 174쪽.

4) 김학석, 전게논문(2010), 174쪽; 곽수현, 전게논문(2011), 478쪽.

5) 서울고등법원 2013. 1. 17. 선고 2012노3290 판결; 후술하는 대법원 2011. 3. 10. 선고 2008도6335 판결(론스타 사건) 참조.

6) 대법원은 '중요정보'와 관련하여 "합리적인 투자자라면 그 정보의 중대성과 사실이 발생할 개연성을 비교, 평가할 경우 유가증권 거래에 관한 의사를 결정함에 있어서 중요한 가치를 지닌다고 생각하는 정보"(1994. 4. 26. 선고 93도695 판결), "일반 투자자들이 일반적으로 안다고 가정할 경우, 당해 유가증권의 가격에 중대한 영향을 미칠 수 있는 사실"(1995. 6. 29. 선고 95도467 판결) 등의 판단기준을 제시하고 있다.

7) 김학석, 전게논문(2010), 174쪽; 박상기, 전게서(2013), 526쪽; 대법원 1989. 7. 11. 선고 89도2886 판결; 서울고등법원 2009. 1. 22. 선고 2008노2315 판결 등 참조.

이다.[1)]

아울러, 행위자에게 작위의무와 보증인 지위, 작위의무에 대한 기대가능성[2)]이 충족되는 경우 유포는 '부작위'에 의한 방법으로 가능하고, 공동정범은 물론 간접정범의 형태로도 범해질 수 있으며, 유포에 대한 교사범과 종범도 성립할 수 있다.

한편, 현행 법률은 구 증권거래법상의 '허위의 사실'을 삭제하여 예컨대 행위자가 스스로 허위 사실을 작출하는 경우까지 '풍문의 유포'에 해당한다고 볼 수 있는지 문제이다.

이에 대해 의문을 표하는 견해[3)]도 있으나 앞서 살펴본 것처럼 구 증권거래법 제188조의4 제4항 제1호가 '허위의 시세, 허위의 사실'을 '기타 풍설'의 열거적 예시로 규정하고 있었던 점, 대개 '허위 사실 유포'를 이유로 동조를 적용해 처벌했던 사례[4)]가 많았음에도 현행 법에서 이를 삭제하고 '풍설'을 '풍문'으로 변경한 입법취지 등을 감안할 때 행위자가 스스로 허위의 사실을 작출하는 경우도 '풍문의 유포'에 해당한다고 봄이 타당하다.[5)]

참고로, 이와 관련하여 종래 판례는 '허위 사실 여부'를 행위자의 내심의 의사에서 분리시켜 객관적으로 판단해오고 있음을 기억할 필요가 있다.[6)]

'위계'란 '거래 상대방이나 불특정 투자자를 기망하여 일정한 행위를 유인할 목적의 수단, 계획, 기교 등'을 말한다.[7)]

'위계'를 형법상 사기와 동일한 것으로 보는 견해[8)]가 있는 반면, '위계의 요소로 기망, 계략, 술책 외에 때로는 타인을 유혹하는 경우도 포함되므로 위계는 일반적인 사기 개념보다 더 확장된 것'이라고 주장하는 견해[9)]도 있으나 기망이 배제된 계략, 술책이나 타인 유혹은 현실적으로 상정하기 힘들고, 그럴 경우 문언적 의미의 '위계'로 보기도 어

---

1) 같은 취지로 서울고등법원 2013. 1. 17. 선고 2012노3290 판결 참조.

2) 학설은 위 세 가지를 부작위범의 성립요건으로 보고 있다. 박상기, 전게서(2013), 54쪽 이하 참조.

3) 최원우, "자본시장법상 부정거래행위 금지규정에 관한 연구," 한양대학교 박사학위논문(2013), 37쪽.

4) '허위사실의 유포'를 쟁점으로 하는 대표적 사건으로는 대법원 2003. 11. 14. 선고 2003도686 판결(화승강업 사건); 대법원 2001. 1. 19. 선고 2000도4444 판결(경기화학 사건); 대법원 2002. 7. 22. 선고 2002도1696 판결(아세아종금 사건) 등을 들 수 있다.

5) 같은 의견으로 김학석, 전게논문(2010), 175쪽; 김건식/정순섭, 전게서(2013), 477쪽.

6) 위 화승강업 사건 참조. 동 사건에서는, 피고인이 실제로 정보통신 관련 분야의 사업을 추진할만한 능력이나 의사가 없었음에도 "화승강업이 '이사회 결의사항으로 정보통신 관련 등 사업내용을 추가한다'는 내용의 안건을 임시주주총회에 부의하였고, 그 안건이 주주총회에서 의결되어 확정되었다"는 내용으로 공시를 한 것이 허위사실을 유포한 것인지 쟁점되었는 바, 대법원은 "피고인이 허위사실을 유포하거나 허위의 표시를 하였는지 여부는 공시내용 자체가 허위인지 여부에 의하여 판단하여야 할 것이지 피고인이 실제로 정보통신 관련 등 사업에 투자할 의사와 능력이 있었는지 여부에 의해 판단할 것은 아니"라면서 "적어도 피고인의 공시내용 자체에는 어떤 허위가 있었다고 보기 어렵다"는 이유로 무죄를 선고하였다. 같은 취지의 판시는 '론스타 사건'의 항소심 재판(서울고등법원 2008. 6. 24. 선고 2008노518 판결)에서도 이어졌다.

7) 대법원 2008. 5. 15. 선고 2007도11145 판결; 대법원 2011. 7. 14. 선고 2011도3180 판결 등.

8) 김정수, "시세조종규제의 이론과 실재,"「주식」(2001. 7), 증권거래소, 29쪽.

9) 성희활, 전게논문(2007), 73쪽.

려우므로 '위계'는 형법상 사기의 '기망'과 같은 개념으로 이해하여야 한다고 본다.[1] 판례도 '위계란 거래 상대방이나 불특정 투자자를 기망하여 일정한 행위를 유인할 목적의 수단, 계획, 기교'라고 판시하여 '기망'을 위계의 본질적 요소로 판단한 바 있다.[2]

'위계'는 불특정 투자자를 대상으로 하는 사례가 많겠지만 상황에 따라서는 특정한 거래 상대방을 대상으로 이루어지는 경우도 있을 수 있다.[3] 그 경우, 자본시장법 제178조 제 2 항의 사기적 부정거래와 형법 제347조의 사기죄가 모두 성립할 수 있으며 양자는 상상적 경합의 관계에 있다고 보아야 할 것이다.[4] 마찬가지로, 내용이 허위인 풍문을 유포한 경우에도 사기적 부정거래와 사기죄의 상상적 경합 관계가 성립할 수 있다. 그러나 두 죄의 법정형이 동일하므로 상상적 경합 관계로 보더라도 그 실익은 크지 아니하다.

'위계'는 '풍문'과 마찬가지로 그로 인해 거래 여부의 결정이나 시세의 변동을 초래할 수 있을 만큼 중요한 사항에 대한 것이어야 한다. 판례도 이와 같다.[5] 따라서 기망이 있었다고 하더라도 정황의 과장에 불과하거나 일시적 착각에 의한 것이거나 지엽적 내용에 대한 것이어서 거래 여부의 결정 내지 시세변동에 별 다른 영향을 미치지 못하는 것이라면 본조의 '위계'라고 볼 수 없다.

'위계의 사용'은 기망을 실행에 옮기는 것을 말한다. 작위에 의해 거래 상대방이나 불특정 투자자로 하여금 착오나 부지를 갖게 하는 것뿐만 아니라 이미 착오나 부지에 빠져있는 거래 상대방이나 불특정 투자자를 부작위의 방법으로 이용하는 것도 '위계의 사용'에 해당할 수 있다.[6] 명시적 기망, 묵시적 기망을 모두 포함한다. 아울러, 공동정범,

---

1) 김민교, "구 증권거래법상의 위계 및 자본시장법의 부정거래행위 규정에 대한 연구," 「KRX market」 (2009. 7), 19쪽.

2) 대법원 2008. 5. 15. 선고 2007도11145 판결. 그 외 대법원 2011. 7. 14. 선고 2011도3180 판결 참조. 동 사안은 '피고인들이 계열사의 주식을 취득하거나 대주주가 주식을 취득한 것임에도 마치 제 3 자의 자금이 정상적으로 투자·유입되거나 외국인 자금이 투자·유입된 것과 같은 외관을 형성하여 주식거래시장에서 투자자들로 하여금 잘못된 판단을 하게 함으로써 자본시장에서 공정한 경쟁을 해치고 선의의 투자자에게 손해를 전가하여 자본시장의 공정성, 신뢰성 및 효율성을 해친 상태에서 원리금 보장약정에 의한 주식인수나 유상증자를 통해 투자자를 유치한 행위'를 자본시장법 제178조 제 1 항 제 1 호, 제 2 항에서 규정하고 있는 '금융투자상품의 매매와 관련하여 부정한 수단이나 기교를 사용하는 행위' 및 '위계의 사용'에 해당한다고 판시한 것이다.

3) 대법원 2006. 4. 14. 선고 2003도6759 판결. 동 판결은, 사기적 부정거래가 유가증권의 직접, 대면거래에 적용될 수 있음을 인정하고 있다. 곽수현, 전게논문(2011), 467쪽 주 35 참조.

4) 서울지방법원 2002. 7. 3. 선고 2002노4911 판결. 반면 다른 하급심 판결은 "특정한 개인을 상대로 한 경우까지 사기적 부정거래를 적용할 것은 아니다"라면서 사기죄만 인정한 사례도 있다(서울지방법원 2002. 10. 15. 선고 2002고단6347 판결). 곽수현, 전게논문(2011), 467쪽 주 35 참조.

5) 곽수현, 전게논문(2011), 478쪽. 후술하는 대법원 2011. 3. 10. 선고 2008도6335 판결(론스타 사건)에서도 '기망이 위계에 해당하는지'를 '기망내용이 중요정보로 볼 수 있는지 여부'를 중심으로 판단하였다. 또한 대법원 2011. 10. 27. 선고 2011도8109 판결도 자본시장법 제178조 제 1 항 제 2 호의 '중요사항'에 대해 같은 취지로 판시한 바 있어 참고할 만하다.

6) 물론, 형법상 부작위범으로서의 일반요건을 충족하여야 한다.

간접정범은 물론 이에 대한 교사범, 종범의 성립이 가능한 것도 풍문의 유포에서 본 바와 동일하다.

‘위계의 사용’이 문제된 대표적 사안으로는 소위 ‘헤르메스 사건’[1]과 ‘론스타 사건’[2]을 들 수 있다.

‘헤르메스 사건’에서는 헤르메스 펀드의 펀드매니저인 피고인이 주가 및 거래량을 끌어올릴 의도로 특정 언론사와 인터뷰를 하면서 “삼성물산이 주주의 가치를 개선하기 위한 노력을 기울이지 않는다면 적대적 M&A에 취약할 수밖에 없고, 그런 상황에서 M&A세력이 피고인에게 합리적인 제안을 해온다면 그 제안내용에 따라서는 그 세력을 지원할 수도 있다”는 취지로 말한 것이 ‘삼성물산에 대한 적대적 M&A 관련하여 사실과 달리 위계를 사용한 것인지 여부’가 문제되었다.

이에 대해 대법원은 “인터뷰 당시 삼성물산의 주가를 상승시키려는 의도가 포함되었다고 의심할만한 정황이 있다고 하더라도 피고인의 인터뷰 내용은 가정적, 원론적 답변에 불과한 것으로서 그 자체에 허위사실이나 일반 투자자를 오인하게 할 내용이 없었다면 인터뷰를 한 사실만으로 위계를 사용한 경우에 해당한다고 할 수 없다”는 취지로 판시하였다.

이와 같은 입장은, ‘위계 해당 여부’를 판단함에 있어 ‘행위자의 내심의 의사를 기준으로 할 것은 아니라는 것’으로 평가할 수 있으며, 앞서 살펴본 ‘화승강업 사건의 허위사실 유포’에서 판시한 기조, 즉 “위계는 원칙적으로 그 자체에 어떤 기망이 있는지 여부의 객관적 기준에 의해 판단한다”는 입장을 일관되게 유지하고 있는 것이라 할 수 있다.

반면 ‘론스타’ 사건은 론스타 펀드가 외환은행과 그 자회사인 외환카드를 합병함에 있어, 합병비용을 줄이고 합병신주 발행시 론스타 펀드의 외환은행 지분이 덜 희석되게 할 의도 등으로 사실과 달리 마치 외환카드의 감자가 진지하게 검토되고 있는 것처럼 사실을 유포하여 위계를 사용한 혐의로 기소된 사안이다. 이에 대해 1심[3]은 유죄를, 2심[4]은 무죄를 선고하였고,[5] 대법원은 최종적으로 유죄를 선고하였다.

대법원의 주요 판시 취지는 “상장법인 등이 객관적으로 보아 감자 등을 할 법적 또는 경제적 여건을 갖추고 있지 아니하거나 또는 그 임직원이 그 감자 등을 진지하고 성실하게 검토, 추진하려는 의사를 갖고 있지 아니함에도 불구하고 감자 등의 검토 계획을 공표한 것은 위계에 해당한다”는 것이다.

---

1) 대법원 2008. 5. 15. 선고 2007도11145 판결.
2) 대법원 2011. 3. 10. 선고 2008도6335 판결.
3) 서울중앙지방법원 2008. 2. 1. 선고 2007고합71, 2006고합1272 병합 판결.
4) 서울고등법원 2008. 6. 24. 선고 2008노518 판결.
5) 무죄 이유를 요약하면, “허위사실 유포를 공시내용 자체에 의해 판단해야 하는 것처럼 론스타 펀드의 위와 같은 기자간담회 발언만으로는 어떤 허위사실 유포나 위계가 있었다고 하기 어렵다”는 것이다.

'론스타 사건'의 대법원 입장은 위계 여부를 판단함에 있어 '헤르메스 사건'에 비해 '기망'의 고의와 '합병비용 절감, 론스타 펀드의 외환은행에 대한 지분 희석 최소화'라는 목적 등 주관적 요소에 비중을 두고 있는 듯한 인상을 주어 '헤르메스 사건'에서 보여준 견해를 변경한 것이 아닌가 생각될 수 있다.[1)]

그러나 "감자를 할 의사나 능력을 인정하기 어려운 이상, 기자간담회에서의 발언에 기망적 요소가 있음을 부인할 수 없다"는 것이어서 근본적으로 '위계 여부의 판단기준'이 변경되었다고 볼 수는 없다고 할 것이다. 다만, 기자간담회에서의 발언 그 자체만으로 위계 여부를 검토하지 아니하고 객관적 위계 여부 판단에 주관적 의도까지 종합적으로 고려하였다는 점은 확실히 '헤르메스 사건'에 비해 진일보한 것으로 평가받을 수 있을 것이다.[2)]

자본시장법 제178조 제 2 항은 풍문의 유포, 위계의 사용 외에도 '폭행, 협박'을 부정거래의 행위 태양으로 규정하고 있다. '폭행, 협박'은 형법상 개념을 그대로 원용할 수밖에 없다.

'폭행' 개념은 최광의, 광의, 협의, 최협의로 분류되는데[3)] 동 조에서 말하는 폭행은 형법 제260조 폭행죄의 폭행과 같이 '사람의 신체에 대한 유형력의 행사'를 뜻하는 것으로 보는 것이 타당하다.[4)] 사람의 신체를 향한 것이라면 유형력이 피해자의 신체에 직접 영향을 미치지 않더라도 폭행에 해당할 수 있다.[5)]

'협박' 개념도 광의, 협의, 최협의로 나뉘는데[6)] 동 조에서 말하는 협박은 형법 제283조 협박죄의 협박과 같이 '해악의 고지에 의해 상대방이 현실적으로 공포심을 느낄 정도'의 협박을 가리킨다.[7)] 고지되는 해악의 내용에는 제한이 없어 생명, 신체, 자유, 명예, 재산은 물론 정조, 업무, 신용에 관한 것 등을 포괄하며 자신에 대한 해악의 고지뿐만 아니라 가족과 같이 상대방과 밀접하게 관련 있는 제 3 자에 대한 해악의 고지도 상대방에 대한 협박이 될 수 있다.[8)] 일반적으로 공포심을 갖게 하기에 충분한 해악을 고지하고 상대방이 그 의미를 인식한 이상, 상대방이 현실적으로 공포심을 일으켰는지 여부와 관계

1) 곽수현, 전게논문(2011), 477쪽 참조.
2) 실질적으로 두 사건의 차이 중 하나는 '론스타 사건'에서는 직접 보도자료의 내용을 위반혐의자가 작성을 주도하였고 언론에 대한 접촉도 적극적으로 한 측면이 있는 반면, '헤르메스 사건'에서는 언론에서 반대로 위반혐의자에게 접근하여 보도가 된 측면이 있다는 점이다. 이러한 점은 위계의 존재 여부에 대한 의미 있는 사실이 될 가능성도 있다고 본다. 그런데 미국 연방대법원은 2008년 Stoneridge 사건에서 사기적 공시자료의 작성이 가능하도록 도움을 주었지만 법률상 공시의무도 없고, 직접 사기적 공시를 하지 않은 제 3 자에 대하여 SEC Rule 10b-5의 적용을 인정하지 않았다는 점에서(Stoneridge v. Scientific-Atlanta, Inc., 128 S.Ct. 761, 773-74, 2008) 향후 위계의 인정이 쉽지는 않다는 점을 예상해 볼 수 있다.
3) 박상기, 전게서(2013), 435쪽.
4) 김학석, 전게논문(2010), 186쪽.
5) 대법원 1972. 11. 28. 선고 72도2201 판결.
6) 박상기, 전게서(2013), 464쪽.
7) 김학석, 전게논문(2010), 186쪽.
8) 박상기, 전게서(2013), 466-467쪽.

없이 협박죄는 기수에 이르렀다고 본다.[1)]

형법상 폭행죄와 협박죄가 규정되어 있음에도 자본시장법상 부정거래의 행위 태양으로 폭행, 협박을 추가한 것은 거래나 시세변동의 목적을 가지고 자본시장 참여자를 대상으로 폭행, 협박을 함으로써 자본시장의 질서와 신뢰를 저해하는 범죄를 엄히 다스리기 위함으로 이해하는 것이 타당하다.[2)] 형법상 폭행죄가 '2년 이하의 징역'에, 협박죄가 '3년 이하의 징역'에 처하는 것에 비해 자본시장법 제443조 제 1 항이 이들 범죄를 '10년 이하의 징역'에 처하도록 한 배경도 그와 같다고 생각된다.

따라서 자본시장법 제178조 제 2 항의 '폭행, 협박'은 형법상 '폭행, 협박'에 대한 특별관계의 규정이라 할 수 있으며, 거래나 시세변동을 목적으로 폭행, 협박을 한 자는 형법이 아니라 자본시장법에 의해 처벌되어야 한다.[3)] 하지만 특수폭행죄(형법 261조), 폭행치사상죄(동법 262조), 상습폭행죄(동법 264조)나 특수협박죄(동법 284조), 상습협박죄(동법 285조)는 자본시장법 제178조 제 2 항이 예정하는 단순 폭행, 협박의 범위를 벗어나므로 자본시장법위반죄는 물론 형법상 이들 각 범죄도 적용이 가능하며 양자는 상상적 경합범의 관계에 있다고 보아야 할 것이다.[4)]

본조의 '폭행, 협박' 규정에 대해서는, "부정거래행위금지의 이념과 맞지 않고, '부정한'의 해석에 있어서도 혼란을 주고 있으므로 입법적 개선이 필요하다"는 비판[5)]이 제기되고 있는바, 타당한 지적이라 할 수 있다.

3. 거래를 할 목적이나 그 시세의 변동을 도모할 목적 및 인과관계

구 증권거래법 제188조의4 제 4 항 제 1 호는 '부당한 이득을 얻기 위하여 고의로 허위의 시세 또는 허위의 사실 기타 풍설을 유포하거나 위계를 쓰는 행위'를 처벌하고 있었으나[6)] 현행 자본시장법 제178조 제 2 항은 구 증권거래법상 '부당한 이득을 얻기 위하

1) 대법원 2007. 9. 28. 선고 2007도606 판결(전원합의체).

2) 김학석, 전게논문(2010), 186쪽.

3) 폭행이나 협박은 반의사불벌죄(형법 260조 3항, 283조 3항)인 반면, 자본시장법 제178조 제 2 항이 특별규정으로 우선적용되므로 피해자의 명시한 의사에 반하여 자본시장법 위반으로 공소를 제기할 수 있다.

4) 다만, 폭행이나 협박 관련 형법 각칙의 어떤 구성요건보다 자본시장법위반죄의 법정형이 '10년 이하의 징역'으로 높아 상상적 경합범으로 보더라도 그 실익은 크지 아니하다.

5) 김학석, 전게논문(2010), 186쪽.

6) "어떠한 행위가 허위의 사실을 유포하는 행위에 해당하는지 및 그러한 행위가 부당한 이득을 얻기 위한 것인지 여부는 부정거래금지조항의 취지, 행위자의 지위, 해당 기업의 경영 상태와 그 주가의 동향, 인터뷰 및 보도내용의 구체적 표현과 전체적인 취지, 보도의 계기 및 그 계속·반복성 여부, 보도내용과 관련된 기업의 여러 실제 사정 등을 전체적·종합적으로 고려하여 객관적인 기준에 의해 판단하여야 한다. '부당한 이득'은 유가증권의 처분으로 인한 행위자의 개인적이고 유형적인 경제적 이익에 한정되지 않고, 기업의 경영권 획득, 지배권 확보, 회사 내에서의 지위 상승 등 무형적 이익 및 적극적 이득뿐 아니라 손실을 회피하는 경우와 같은 소극적 이득, 아직 현실화되지 않은 장래의 이득도 모두 포함하는 포괄적인 개념으로 해석하는 것이 상당하다"(대법원 2009. 7. 9. 선고 2009도1374 판결).

여 고의로'를 삭제하고, '금융투자상품의 매매, 그 밖의 거래를 할 목적이나 그 시세의 변동을 도모할 목적'을 초과 주관적 구성요건요소로 요구하고 있다.

자본시장법 제178조 제 2 항 위반죄는 당연히 고의범을 전제로 하며,[1] '풍문의 유포, 위계의 사용, 폭행 또는 협박' 등 객관적 구성요건에 대한 고의 외에 '금융투자상품의 매매, 그 밖의 거래를 할 목적이나 그 시세의 변동을 도모할 목적'이 인정되어야 처벌이 가능하다.

'거래를 할 목적'이란 문언상 '적극적으로 거래를 형성시킬 목적'을 뜻한다고 보아야 한다.[2]

'시세의 변동을 도모할 목적'은 '자연스러운 수요와 공급의 원리에 의해 형성되어야 할 시세에 인위적인 영향력을 가하여 그 상승 또는 하락을 도모할 목적'을 의미한다.[3]

같은 취지에서 직접적으로 시세의 상승 또는 하락을 도모하는 것이 아니라 하락추세에 있는 시세를 인위적으로 떠받칠 의도 있는 행위도 '시세의 변동을 도모할 목적'에 포섭되는 것으로 이해함이 타당하다.

본죄는 위험범이므로 '매매, 그 밖의 거래를 할 목적이나 시세의 변동을 도모할 목적'으로 풍문의 유포, 위계의 사용이나 폭행·협박에 나아가면 범죄는 성립하는 것이고 실제 그와 같은 결과가 발생할 것을 요하지 않는다.[4] 다시 말해 '풍문의 유포' 특히 '위계'를 형법상 사기죄의 '기망'과 같은 개념으로 이해하는 경우, 사기죄는 기망행위와 그로 인한 피기망자의 착오, 처분행위 및 그로 인한 재산상의 손실이 있어야 범죄가 성립하는 반면 자본시장법 제178조 제 2 항의 부정거래는 '매매, 그 밖의 거래를 할 목적이나 시세의 변동을 도모할 목적으로 풍문의 유포, 위계의 사용'만 하면 범죄는 성립하고 그로 인한 상대방 투자자의 착오나 처분행위로 인한 재산상의 손실 등 인과관계를 필요로 하지 않는다. 그런 점에서 자본시장법상 부정거래의 처벌요건이 형법상 사기죄의 범죄구성요건보다 완화되어 있다고 말할 수 있다.[5]

또한 위와 같은 목적은 다른 목적과의 공존 여부나 어느 목적이 주된 것인지 문제되지 아니하고, 그 목적에 대한 인식의 정도도 적극적 의욕이나 확정적 인식임을 요하지 아니하며 미필적 인식으로 족하다. 판례의 입장도 동일하다.[6]

---

1) 자본시장법상 부정거래 범죄의 미수나 과실범 처벌 규정이 없으므로 이들 범죄의 미수나 과실범은 처벌대상이 아니다.

2) 그러므로 '거래를 하지 않게 할(해지나 해제할) 목적'으로 행한 행위에 대해서는 자본시장법 제178조 제 2 항이 아니라 동조 제 1 항 제 1 호가 적용되어야 할 것이다.

3) 시세조종의 목적에 관한 대법원 2001. 6. 26. 선고 99도2282 판결; 대법원 2002. 6. 14. 선고 2002도1256 판결; 대법원 2002. 7. 26. 선고 2001도4947 판결 등 참조.

4) 대법원 2006. 4. 14. 선고 2003도6759 판결 참조.

5) 김민교, 전게논문(2010), 42−43쪽. 대법원 2006. 4. 14. 선고 2003도6759 판결도 같은 취지로 판시하고 있다.

6) "허위의 사실을 유포하는 행위 당시, 포괄적인 의미의 부당한 이득을 얻으려는 목적이 있으면 족하고,

4. 풍문의 유포와 위계 및 자본시장법 제178조 제 1 항과 제 2 항의 적용관계

풍문의 유포는 넓게 위계의 한 종류라고 할 수 있으므로 실무상 '풍문의 유포'를 처벌할 때에는 자본시장법 제178조 제 2 항을 적용함에 있어 풍문의 유포와 위계를 따로 구별하지 아니하고 '풍문의 유포, 위계를 사용한 것'으로 법률평가를 하고 있다. 이는 구 증권거래법 아래에서 '허위사실의 유포와 위계'를 굳이 구별하지 않고 함께 법률적용[1]을 하였던 것과 같은 취지이다. 그러므로 사안에 따라서는 '풍문의 유포'에 해당한다고는 보기 어렵고 '위계'로만 의율하여야 할 경우도 있을 수 있다.[2]

문제는 자본시장법 제178조 제 1 항 제 1 호가 '부정한 수단, 계획 또는 기교 사용'이란 포괄적 금지를 선언하였고, 동법 제178조 제 2 항에 해당하는 사례들은 동시에 위 '부정한 수단, 계획, 기교 사용'에도 해당한다고 할 수 있어 양자의 법률적용을 어떻게 할 것인지 여부라 할 것이다.

판단건대, 동조 제 1 항 제 1 호의 '부정한 수단, 계획 또는 기교 사용'은 일반규정이므로 보충적으로 기능하는 것이 바람직하다. 따라서 '매매, 그 밖의 거래나 시세변동을 도모할 목적으로 풍문의 유포, 위계를 사용'한 경우에는 자본시장법 제178조 제 2 항만 적용된다고 보는 것이 타당하다.[3] 동조 제 1 항 제 1 호는 제 2 항의 주관적, 객관적 구성요건을 충족하지 않는 사안에 비로소 적용된다고 할 것이다.

그러나 이와 달리 동조 제 1 항 제 1 호의 독립적 적용을 주장하는 견해도 있다.[4] 이 견해에 따르면 자본시장법 제178조 제 2 항이 적용될 사건에 동조 제 1 항 제 1 호도 같이 적용되게 된다. 판례 중에도 '외국인 전용계좌를 이용하여 고가매수를 하게 한 행위에 대해 유인목적의 시세조종(법 176조 2항 1호)과 부정한 기교의 사용(법 178조 1항 1호) 여부'가 문제된 사건에서 "동법 제178조 제 1 항 제 1 호와 제 2 호 또는 제178조 제 2 항은 법조경합 관계에 있지 않다"며 제178조 제 2 항과 함께 제178조 제 1 항의 독립적 적용을 인정하고 양자의 관계를 상상적 경합범으로 판시한 사례가 있다.[5] 또한 앞서 언급한 것처럼, '피

그 행위 당시부터 장차 유가증권을 처분하여 이득을 얻겠다는 목적이 구체적이고 확정적으로 존재하여야 하는 것은 아니며, 위와 같은 부당한 이득을 얻으려는 목적은 그것이 행위의 유일한 동기일 필요는 없는 것이므로 다른 목적과 함께 존재하여도 무방하고 그 경우 어떤 목적이 행위의 주된 원인인지는 문제되지 아니한다"(대법원 2009. 7. 9. 선고 2009도1374 판결). 이는 시세조종의 '매매유인목적'을 해석할 때에도 같다(대법원 2010. 6. 24. 선고 2007도9051 판결 등 참조).

1) 대법원 2003. 11. 14. 선고 2003도686 판결(화승강업 사건) 등.

2) 대법원 2008. 5. 15. 선고 2007도11145 판결의 '헤르메스 사건'은 '위계 여부'만 문제되었던 사안이다. 동 판결에서 대법원은 "표시내용이 허위가 아니라면 위계에도 해당하지 않는다"고 판시하였다.

3) 같은 의견으로 곽수현, 전게논문(2011), 462쪽 ; 최승재, 전게논문(2009), 19쪽 참조.

4) 김학석, 전게논문(2010), 190-191쪽; 안수현, 전게논문(2010. 3), 37쪽.

5) 서울고등법원 2011. 6. 9. 선고 2010노3160 판결. 상고심인 대법원은 2011. 10. 27. 선고 2011도8109 판결에서 "자본시장법 제178조 제 1 항과 제 2 항 위반죄 모두 법정형이 동일하기 때문에 판결결과에 영향을 미치지 아니하였다"며 별도 판단을 내리지 아니한 채 두 죄의 관계를 상상적 경합 관계로 본 원심의

고인들이 계열사의 주식을 취득하거나 대주주가 주식을 취득한 것임에도 마치 제 3 자의 자금이 정상적으로 투자·유입되거나 외국인 자금이 투자·유입된 것과 같은 외관을 형성하고 원리금 보장약정에 의한 주식인수나 유상증자를 통해 투자자를 유치한 사안'에서도 "자본시장법 제178조 제 1 항 제 1 호, 제 2 항에서 규정하고 있는 금융투자상품의 매매와 관련하여 '부정한 수단이나 기교를 사용하는 행위' 및 '위계의 사용'에 해당한다"며 같은 취지로 판시한 바 있다.[1] 현재 검찰 실무도 위 대법원 판결과 같이, 자본시장법 제178조 제 2 항이 문제된 사건에서 동법 제178조 제 1 항 제 1 호를 같이 적용하여 처벌하는 것으로 보인다.

그러나 제178조 제 1 항 제 1 호가 신설된 입법취지, 일반조항으로의 도피는 최소화되어야 한다는 점 등을 감안할 때 이러한 경향은 재고될 필요가 있다. 다만, 자본시장법 제178조 제 1 항 제 1 호와 제 2 항의 관계를 상상적 경합범으로 보는 이상, 법정형이 동일하므로 처단형의 범위에 변화가 없어 논의의 실익은 크지 아니하다.

한편, 범의의 단일성 및 계속성, 시간적·장소적 근접성, 동일한 법익 등 연속범의 요건이 충족된다면 동법 제178조 제 2 항의 풍문 유포와 위계 사용, 폭행 및 협박을 반복적으로 행하거나 제178조 제 2 항의 행위와 제178조 제 1 항의 행위를 반복적으로 행한 경우 이들 죄수는 모두 포괄일죄로 보아야 할 것이다. 판례도 이와 같은 입장이다.[2]

Ⅵ. 소 결

자본시장법 제178조 제 1 항 특히 제 1 호의 포괄적·일반적 부정거래금지 조항의 도입은 불공정행위 규제 체계의 획기적 변화로 평가할 수 있다. 그러나 동 조항은 그 추상적·불확정 개념으로 인해 죄형법정주의위반 소지 논란을 일으키고 있는 것도 사실이다.[3]

그럼에도 불구하고 자본시장법상 불공정거래행위 중 시세조종은 조금씩 감소하는 추세에 있는 반면, 부정거래는 큰 폭으로 늘어나고 있는 것으로 나타나고 있기 때문에[4] 다양한 유형으로 나타나는 부정거래행위를 규제하기 위해서는 향후 제178조의 활용을

판단을 사실상 수긍하였다. 이에 대해 상세한 평석은 박임출, 전게논문(2013), 376-378쪽 참조.

1) 대법원 2011. 7. 14. 선고 2011도3180 판결.

2) 대법원 2011. 10. 27. 선고 2011도8109 판결 참조. 동 판결에서 대법원은 "범의의 단일성이 인정된다면 제178조 각 항의 행위는 물론 제178조와 제176조 등 이질적인 구성요건의 행위도 서로 포괄일죄의 관계에 있다"고 하였다.

3) 이에 대해 상세한 것은, 김학석, 전게논문(2010), 15-20쪽 참조.

4) 한국거래소 시장감시본부의 통계자료에 의하면, 시세조종은 2010년 136종목, 2011년 126종목, 2012년 96종목으로 그 적발 종목 수가 조금씩 감소하였고, 미공개중요정보이용은 2010년 79종목, 2011년 78종목, 2012년 73종목으로 비슷한 반면, 부정거래는 2010년 12종목, 2011년 28종목, 2012년 96종목으로 대폭 증가하였음을 알 수 있다. 김영기, "자본시장 불공정행위 처벌의 한계와 개선방향,"「자율규제리포트」 제25호(2013. 9), 한국거래소, 38-49쪽 참조.

적극적으로 검토할 필요가 있다. 그래야 시장의 완전성과 자본시장에 대한 신뢰를 회복함으로써 투자자 보호에 만전을 기할 수 있을 것으로 생각된다.

사정이 이와 같으므로 우선적으로 '부정한 수단, 계획, 기교'의 정확한 개념과 적용범위, 동조 제 1 항 각 호와 제 2 항의 관계 기준이 정립될 필요가 있다. 이를 위해 학계의 연구노력도 중요하지만 검찰, 법원 등 실무의 적극적인 법률적용과 해석이 요구된다.

자본시장법 제178조 제 1 항 제 1 호 '부정한 수단, 계획, 기교의 사용'이 남용되지 않으면서 동항 제 2 호, 제 3 호 및 제 2 항의 각 구성요건과 조화롭게 그 역할을 다하게 되기를 기대한다.

[초판: 김정수,* 개정판: 박임출 · 김병연 · 김영기]

제178조의2(시장질서 교란행위의 금지)

① 제 1 호에 해당하는 자는 제 2 호에 해당하는 정보를 증권시장에 상장된 증권(제174조 제 1 항에 따른 상장예정법인등이 발행한 증권을 포함한다)이나 장내파생상품 또는 이를 기초자산으로 하는 파생상품(이를 모두 포괄하여 이하 이 항에서 "지정 금융투자상품"이라 한다)의 매매, 그 밖의 거래(이하 이 조에서 "매매등"이라 한다)에 이용하거나 타인에게 이용하게 하는 행위를 하여서는 아니 된다. 다만, 투자자 보호 및 건전한 시장질서를 해할 우려가 없는 행위로서 대통령령으로 정하는 경우 및 그 행위가 제173조의2 제 2 항, 제174조 또는 제178조에 해당하는 경우는 제외한다.

1. 다음 각 목의 어느 하나에 해당하는 자
   가. 제174조 각 항 각 호의 어느 하나에 해당하는 자로부터 나온 미공개중요정보 또는 미공개정보인 정을 알면서 이를 받거나 전득(전득)한 자
   나. 자신의 직무와 관련하여 제 2 호에 해당하는 정보(이하 이 호에서 "정보"라 한다)를 생산하거나 알게 된 자
   다. 해킹, 절취(절취), 기망(기망), 협박, 그 밖의 부정한 방법으로 정보를 알게 된 자
   라. 나목 또는 다목의 어느 하나에 해당하는 자로부터 나온 정보인 정을 알면서 이를 받거나 전득한 자
2. 다음 각 목의 모두에 해당하는 정보
   가. 그 정보가 지정 금융투자상품의 매매등 여부 또는 매매등의 조건에 중대한 영향을 줄 가능성이 있을 것
   나. 그 정보가 투자자들이 알지 못하는 사실에 관한 정보로서 불특정 다수인이 알 수 있도록 공개되기 전일 것

② 누구든지 상장증권 또는 장내파생상품에 관한 매매등과 관련하여 다음 각 호의 어느 하나에 해당하는 행위를 하여서는 아니 된다. 다만, 그 행위가 제176조 또는 제178조에 해당하는 경우

* 이 부분은 제1판 집필자인 김정수가 본인의 저서 「자본시장법원론」(SFL그룹, 2011), 1147-1157면을 인용하여 작성한 글을 제2판 집필자인 박임출·김병연·김영기가 수정한 것임을 밝힙니다.

는 제외한다.

1. 거래 성립 가능성이 희박한 호가를 대량으로 제출하거나 호가를 제출한 후 해당 호가를 반복적으로 정정·취소하여 시세에 부당한 영향을 주거나 줄 우려가 있는 행위
2. 권리의 이전을 목적으로 하지 아니함에도 불구하고 거짓으로 꾸민 매매를 하여 시세에 부당한 영향을 주거나 줄 우려가 있는 행위
3. 손익이전 또는 조세회피 목적으로 자기가 매매하는 것과 같은 시기에 그와 같은 가격 또는 약정수치로 타인이 그 상장증권 또는 장내파생상품을 매수할 것을 사전에 그 자와 서로 짠 후 매매를 하여 시세에 부당한 영향을 주거나 영향을 줄 우려가 있는 행위
4. 풍문을 유포하거나 거짓으로 계책을 꾸미는 등으로 상장증권 또는 장내파생상품의 수요·공급 상황이나 그 가격에 대하여 타인에게 잘못된 판단이나 오해를 유발하거나 상장증권 또는 장내파생상품의 가격을 왜곡할 우려가 있는 행위

[본조신설 2014. 12. 30]

Ⅰ. 서 론

자본시장법 제 4 편의 불공정거래는 과징금 부과대상이 아니므로, 불공정거래에 대하여는 공시의무 위반의 경우와 달리 금전적 제재수단이 없다.[1] 불공정거래에 대하여는 형사처벌을 목적으로 검찰고발, 검찰통보 등의 조치를 취하게 되는데, 형사처벌이 반드시 가장 적절한 제재는 아니고 한편으로는 형사책임의 요건인 엄격한 범죄의 증명 문제로 수사나 재판 단계에서 효과적인 제재가 이루어지지 않는 경우도 많다. 따라서 불공정거래행위에 대한 제재수단으로 형사처벌 외에 과징금을 도입하는 방안이 논의되어 왔다.[2] 미국의 경우 SEC는 증권법 위반자에 대하여 법원에 민사벌금(civil penalty)의 부과를 청구할 수 있고, 일정한 경우에는 직접 부과할 수도 있다.[3] 영국에서도 2000년 금융서비

1) 다만, 위반행위가 내부자거래 및 시세조종 등 자본시장법 제 4 편에 따른 불공정거래행위와 관련이 있는 경우에는 법정최고액의 50% 이상을 과징금으로 부과하여야 한다는 제한규정은 있다(시행령 379조 1항).

2) 과징금도입에 대한 신중론은 자본시장법은 불공정거래에 대한 벌금형이 얻은 이익 또는 회피한 손실의 3배액으로 규정하는데 이는 미국의 민사제재금 부과기준과 유사하고, 또한 「범죄수익은닉의 규제 및 처벌 등에 관한 법률」에 의하여 불공정거래로 인한 부당이득의 환수가 가능하므로 불공정거래에 대한 과징금 도입은 신중히 결정되어야 한다는 점을 든다. 과태료, 과징금, 벌금 등을 비교해 보면, 부과주체는 각각 행정청(이의제기시 법원), 법원이고, 불복절차는 각각 질서위반행위규제법(이의제기시 비송사건절차법), 행정소송, 형사소송 등이다.

3) 미국에서도 내부자거래의 규제의 실효성을 높이기 위하여 연방의회는 1984년 "Insider Trading Sanctions Act of 1984(ITSA, 내부자거래제재법)"을 제정하여, SEC가 연방법원에 내부자거래를 행한 자 및 내부정보를 제공한 자를 상대로 얻은 이익 또는 회피한 손실의 3배액의 범위 내에서 민사제재금(civil penalty)을 법원에 청구할 수 있도록 하였다. 그리고 SEA에 §20A로 편입된 "Insider Trading and Securities

스시장법(Financial Services and Market Act : FSMA)에 시장남용행위가 규정된 후, 2003년 제정된 유럽연합의 지침(Directive)[1]을 반영한 개정된 규제가 2005년 7월부터 시행되었다. 일본에서도 2004년 불공정거래에 대한 과징금제도를 도입하였다(金商法 175조 1항).[2] 한편, 시장질서 교란행위에 대한 제재규정 등이 포함된 개정법(법률 제12947호)이 2014년 12월 30일 공포되었다(시행일은 2015년 7월 1일).

Ⅱ. 시장질서 교란행위

1. 미공개중요정보이용 관련 시장질서 교란행위

(1) 규제대상 주체와 정보

1) 규제대상 주체

미공개중요정보이용 관련 시장질서 교란행위의 규제대상 주체는 다음 중 어느 하나에 해당하는 자이다(법 178조의2 1항 1호).

가. 자본시장법 제174조 각 항 각 호의 어느 하나에 해당하는 자로부터 나온 미공개중요정보 또는 미공개정보인 정을 알면서 이를 받거나 전득(轉得)한 자[3]

나. 자신의 직무와 관련하여 규제대상 정보를 생산하거나 알게 된 자[4]

Fraud Enforcement Act of 1988(ITSFEA, 내부자거래 및 증권사기집행법)"은, (i) 내부자의 지배자(controlling person)도 민사제재금 부과대상에 포함시키고, (ii) SEC가 내부자 및 지배자가 얻은 이익의 3배액까지 법원에 민사제재금(civil penalty)을 청구할 수 있도록 하고, (iii) 민사제재금에서 정보제공자에 대한 포상금(bounty)을 지급하도록 하였다. 그 후 Securities Enforcement Remedies and Penny Stock Reform Act of 1990(증권집행구제 및 저가주개혁법, SERPSRA)에 의하여 민사제재금의 부과대상이 연방증권관계법령 위반행위로 확대되고, SEC는 브로커－딜러 등 증권업자에 대하여 법원을 통하지 않고 직접 행정절차에 의하여 자연인에 대하여는 $100,000, 회사에 대하여는 $500,000 이하의 민사제재금(civil penalty)을 부과할 수 있게 되었다. Private Securities Litigation Reform Act of 1995는 "사기행위를 알면서(knowingly) 주된 위반자에게 실질적 도움(substantial assistance)을 제공한 자"는 SEC가 금지청구를 할 수 있다고 규정한다. 인수인도 이 규정에 의하여 제재를 받을 수 있다. 그러나 위 규정은 금지명령(injunction), 민사제재금(civil penalty) 등과 같은 제재조치의 근거일 뿐이고, 사적소권의 근거는 되지 않는다.

1) 유럽연합이 2003년 제정한 시장남용지침(Market Abuse Directive : MAD)은 회원국이 입법으로 수용하여야 효력이 발생하는데, 유럽연합은 2014년 규제를 대폭 강화한 MAD II를 제정하였는데, MAD Ⅱ는 시장남용규정(Market Abuse Regulation : MAR)과 형사제재지침(Criminal Market Abuse Directive : CSMAD)으로 구성된다.

2) 일본에서는 2004년 證券取引法 개정시 업무 등에 관한 중요사실이 공표되기 6개월 이내에 내부정보를 이용하여 매도 또는 매수한 경우 그 중요정보가 공표된 후의 가격과의 차액을 과징금으로 납부하는 제도를 도입하였다(金商法 175조 1항). 단, 동일 사건에 대한 벌금 확정재판이 있는 경우 과징금 산출액에서 벌금액을 공제하여 과징금의 납부를 명하여야 하고(金商法 185조의7 4항), 동일 사건에 대하여 몰수, 추징에 대한 확정판결이 있는 경우에도 이를 공제하도록 규정하는데(金商法 185조의7 5항), 자본시장법에 불공정거래에 대한 과징금을 도입하는 경우에도 이러한 취지의 규정을 두는 것이 바람직하다.

3) 미공개중요정보이용규제의 범위에 포함되지 않는 2차 이후의 정보수령자가 제 1 호에 해당한다.

4) 애널리스트, 펀드매니저 등이 제 2 호에 해당할 것이다.

다. 해킹, 절취(竊取), 기망(欺罔), 협박, 그 밖의 부정한 방법으로 정보를 알게 된 자[1)]

라. 위 나목 또는 다목의 어느 하나에 해당하는 자로부터 나온 정보인 정을 알면서 이를 받거나 전득(轉得)한 자

2) 규제대상 정보

시장질서 교란행위 규제대상 정보는 다음 항목 모두에 해당하는 정보이다(법 178조의2 1항 2호).

가. 그 정보가 지정 금융투자상품의 매매등 여부 또는 매매등의 조건에 중대한 영향을 줄 가능성이 있을 것

나. 그 정보가 투자자들이 알지 못하는 사실에 관한 정보로서 불특정 다수인이 알 수 있도록 공개되기 전일 것

위 가목과 나목의 규정상 미공개중요정보규제에서 요구되는 업무관련성이나 직무관련성이 요구되지 않기 때문에 규제대상 정보의 범위가 광범위하다. 따라서 특정증권등에 대한 주가흐름의 분석, 증시관계자의 예측 등과 같은 시장정보도 명백히 규제대상 정보이다. 다만, 특정 금융투자상품이 아닌 시장 전체에 영향을 주는 정책정보도 시장질서 교란행위에 해당하는지에 대하여는 논란의 여지가 있다.

(2) 금지행위

위 규제대상 주체는 규제대상 정보를 증권시장에 상장된 증권[상장예정법인등(법 174조 1항)이 발행한 증권 포함]이나 장내파생상품 또는 이를 기초자산으로 하는 파생상품(이하 "지정 금융투자상품")의 매매, 그 밖의 거래(이하 "매매등")에 이용하거나 타인에게 이용하게 하는 행위를 하여서는 아니 된다. 다만, 투자자보호 및 건전한 시장질서를 해할 우려가 없는 행위로서 대통령령으로 정하는 경우 및 그 행위가 제173조의2 제 2 항(파생상품시장에서의 시세에 영향을 미칠 수 있는 정보를 업무와 관련하여 알게 된 자와 그 자로부터 그 정보를 전달받은 자는 그 정보를 누설하거나, 장내파생상품 및 그 기초자산의 매매나 그 밖의 거래에 이용하거나, 타인으로 하여금 이용하게 하는 행위), 제174조(미공개중요정보이용행위), 제178조(부정거래행위)에 해당하는 경우는 제외한다. 이로써 종래에는 규제대상에서 벗어나 있던 2차 이후의 정보수령자도 미공개중요정보를 이용하는 경우 과징금의 제재를 받게 되었다.

2. 시세조종·부정거래행위 관련 시장질서 교란행위

누구든지 상장증권 또는 장내파생상품에 관한 매매등과 관련하여 다음 각 호의 어느 하나에 해당하는 행위를 하여서는 아니 된다. 다만, 그 행위가 제176조 또는 제178조

1) 불법성·부정성이 요건이므로 우연히 알게 된 내부정보를 이용하는 자는 규제대상 주체가 아니다.

에 해당하는 경우는 제외한다(법 178조의1 2항). 이로써 종래에 시세조종규제대상에서 벗어난 행위도 과징금의 제재를 받게 되었다.

1. 거래 성립 가능성이 희박한 호가를 대량으로 제출하거나 호가를 제출한 후 해당 호가를 반복적으로 정정·취소하여 시세에 부당한 영향을 주거나 줄 우려가 있는 행위

2. 권리의 이전을 목적으로 하지 아니함에도 불구하고 거짓으로 꾸민 매매를 하여 시세에 부당한 영향을 주거나 줄 우려가 있는 행위

3. 손익이전 또는 조세회피 목적으로 자기가 매매하는 것과 같은 시기에 그와 같은 가격 또는 약정수치로 타인이 그 상장증권 또는 장내파생상품을 매수할 것을 사전에 그 자와 서로 짠 후 매매를 하여 시세에 부당한 영향을 주거나 영향을 줄 우려가 있는 행위

4. 풍문을 유포하거나 거짓으로 계책을 꾸미는 등으로 상장증권 또는 장내파생상품의 수요·공급 상황이나 그 가격에 대하여 타인에게 잘못된 판단이나 오해를 유발하거나 상장증권 또는 장내파생상품의 가격을 왜곡할 우려가 있는 행위

Ⅲ. 과징금 부과

금융위원회는 시장질서 교란행위자에 대하여 5억원 이하의 과징금을 부과할 수 있다. 다만, 그 위반행위와 관련된 거래로 얻은 이익(미실현 이익을 포함)[1] 또는 이로 인하여 회피한 손실액에 1.5배에 해당하는 금액이 5억원을 초과하는 경우에는 그 이익 또는 회피한 손실액의 1.5배에 상당하는 금액 이하의 과징금을 부과할 수 있다(법 429조의2).[2]

제178조의3(불공정거래행위 통보 등)

① 증권선물위원회는 제429조 및 제429조의2의 과징금 사건이 제173조의2 제2항, 제174조, 제176조 또는 제178조의 위반 혐의가 있다고 인정하는 경우에는 검찰총장에게 이를 통보하여야 한다.

---

1) 시장질서 교란행위와 관련된 이익을 산정할 때 미실현 이익을 포함하도록 하는 규정은 미공개중요정보 이용행위, 시세조종 등의 불공정거래행위로 인한 이익을 산정하는 경우 미실현 이익을 포함하여야 한다는 판례의 입장을 입법적으로 반영한 것으로 보인다. 그러나, 한편으로는 시장질서 교란행위와 관련된 이익을 산정할 때 이와 같이 명문으로 미실현 이익도 포함된다고 규정함으로써, 그러한 명문의 규정이 없는 미공개중요정보 이용행위, 시세조종 등의 경우에는 반대해석에 의하여 미실현 이익이 포함되지 않는다는 반론의 여지가 있으므로, 입법적으로 명확히 할 필요가 있는 부분이다.

2) 시장질서 교란행위자가 과징금을 부과받은 후 불공정거래로 인정되어 형사처벌을 받게 되는 경우가 있을 수 있는데, 일본 金商法은 과징금납부명령시점을 기준으로 형사재판이 확정된 경우, 계속중인 경우, 기소가 과징금 납부기한 내에 이루어진 경우 등으로 나누어 형사제재와 과징금을 조정하는 규정을 두고 있다. 자본시장법상 이러한 규정이 없지만, 제178조의3이 규정하는 기관 간 공조에 의하여 일정 범위에서의 조정은 가능할 것이다.

② 증권선물위원회는 검찰총장이 제173조의2 제 2 항, 제174조, 제176조 또는 제178조를 위반한 자를 소추하기 위하여 관련 정보를 요구하는 경우에는 이를 제공할 수 있다.
[본조신설 2014. 12. 30]

증권선물위원회는 제429조(공시위반에 대한 과징금) 및 제429조의2(시장질서 교란행위에 대한 과징금)의 과징금 사건이 제173조의2 제 2 항, 제174조, 제176조 또는 제178조의 위반 혐의가 있다고 인정하는 경우에는 검찰총장에게 이를 통보하여야 한다(법 178조의3 1항). 증권선물위원회는 검찰총장이 제173조의2 제 2 항, 제174조, 제176조 또는 제178조를 위반한 자를 소추하기 위하여 관련 정보를 요구하는 경우에는 이를 제공할 수 있다(법 178조의3 2항).

조사공무원 및 제426조에 따라 조사업무를 수행하는 금융감독원 소속 직원("조사원")은 자본시장법의 시행을 위하여 필요한 최소한의 범위 안에서 조사를 행하여야 하며, 다른 목적 등을 위하여 조사권을 남용할 수 없다(법 427조의2 1항).[1)]

[개정판: 임재연]

제179조(부정거래행위 등의 배상책임)

① 제178조를 위반한 자는 그 위반행위로 인하여 금융투자상품의 매매, 그 밖의 거래를 한 자가 그 매매, 그 밖의 거래와 관련하여 입은 손해를 배상할 책임을 진다.
② 제 1 항에 따른 손해배상청구권은 청구권자가 제178조를 위반한 행위가 있었던 사실을 안 때부터 1년간, 그 행위가 있었던 때부터 3년간 이를 행사하지 아니한 경우에는 시효로 인하여 소멸한다.

Ⅰ. 의 의

자본시장법 제179조는 제177조의 손해배상책임과 분리하여 제178조의 부정거래행위에 대해 별도로 손해배상책임을 규정하고 있다. 그러나 두 조문은 구조에 있어서 차이점이 없으며, 따라서 구성요건도 동일하다. 제179조도 앞의 제177조와 마찬가지로 손해배

1) 시장질서 교란행위의 조사를 위하여는 자본시장법 제427조의 압수·수색을 할 수 없다. 한편, 불공정거래를 조사하기 위하여 압수·수색을 한 결과 불공정거래에는 해당하지 않고 시장질서 교란행위에 해당하는 경우가 있을 수 있는데, 이러한 경우에는 불공정거래를 조사하기 위한 압수·수색을 한 결과 얻은 증거에 의하여 시장질서 교란행위를 인정할 수 있는지는 의문이다.

상의 산정방법에 대해서는 언급하고 있지 않다. 또한 제179조도 제177조와 마찬가지로 민법상 손해배상책임에 대한 특칙이라 할 수 있다.

Ⅱ. 손해배상책임의 구성요건

자본시장법 제179조는 부정거래행위로 인해 피해를 입은 자가 손해배상을 청구하기 위해서는, (i) 제178조의 위반행위로 인하여, (ii) 금융투자상품의 매매, 그 밖의 거래를 한 자가, (iii) 그 매매 또는 그 밖의 거래와 관련하여 손해를 입었을 것을 요구하고 있다.

1. 위법행위의 존재

법 제179조에 의한 책임을 묻기 위해서는 우선 제178조를 위반한 행위가 존재하여야 한다. 이러한 위반행위의 존재에 대해서는 피해자가 증명책임을 부담한다. 그러나 제176조의 시세조종의 경우와 마찬가지로 피해자가 그러한 불법행위의 존재를 증명한다는 것은 매우 어려운 일이며, 따라서 감독당국의 조사결과나 법원의 판결에 크게 의존할 수밖에 없는 사정은 마찬가지라 할 수 있다. 그러나 공개시장에서 이루어진 거래가 아니라 장외거래나 대면거래의 경우에는 증명책임의 부담이 상대적으로 크지 않을 수 있다.

2. 매매 또는 그 밖의 거래와 관련하여

법 제179조에 의한 손해배상을 청구하기 위해서는 피해자가 금융투자상품의 "매매, 그 밖의 거래와 관련하여" 손해를 입어야 한다. 매매뿐만 아니라 그 밖의 다양한 형태의 거래도 모두 포함되는데, 이는 제178조가 다양한 모든 형태의 거래를 규제대상으로 삼고 있기 때문에 이에 상응하는 내용이라 하겠다.

법문은 매매 또는 그 밖의 거래와 "관련하여"라고 규정하고 있어 제177조가 "인하여"라고 표현한 것에 비해 그 관련 범위를 확대하고 있다. 따라서 매매 또는 그 밖의 다양한 거래로부터 직접 손해가 발생한 경우는 물론이고 간접적 손해까지 포함되는 것으로 볼 수 있다.

3. 인과관계

법 제179조도 제177조와 마찬가지로 피해자가 위반행위를 한 자에게 손해배상책임을 묻기 위해서는 거래인과관계와 손해인과관계가 존재해야 한다. 앞에서 언급한 것처럼 제179조는 제177조와 구조가 동일한바, 인과관계의 증명책임 문제도 동일하게 볼 수 있다. 따라서 원고에게 거래인과관계의 추정이 인정된다. 실제로 구증권법 제188조의4를 근거로 제기된 소송에서 대법원은 거래인과관계의 증명을 요구하지 않았다.[1] 손해인과

관계의 증명책임은 원고가 진다. 이 증명은 위반행위로 거래한 사실과 그 거래로부터 손해를 입은 사실의 증명으로 충분하다.

4. 매매 또는 그 밖의 거래의 장소

법 제179조는 매매 등의 장소와 관련하여 금융투자상품의 매매 또는 그 밖의 거래가 거래소시장에서 이루어질 것을 요구하지 않는다.[1] 이는 포괄적 사기금지 조항인 제178조의 부정거래행위가 매매 또는 그 밖의 거래가 거래소시장 내에서 이루어질 것을 요건으로 하지 않는 것에 대응하는 것이다.

5. 대상 금융투자상품

자본시장법이 규정하는 모든 금융투자상품이 제178조의 규제대상이 되는바, 제179조도 그 대상을 모든 금융투자상품으로 하고 있다.

6. 원고적격

법 제179조는 원고적격에 대해서 “금융투자상품의 매매, 그 밖의 거래를 한 자”로 규정하고 있다. 이는 실제로 거래가 이루어졌을 것을 요구한다.

Ⅲ. 소멸시효

법 제179조 제 2 항은 부정거래행위에 대한 손해배상청구권의 시효에 대해 규정하고 있는데 그 내용은 제177조 제 2 항의 내용과 동일하다. 따라서 이 부분에 대한 설명은 생략한다.

Ⅳ. 손해배상액 산정방법

법 제179조도 제177조와 마찬가지로 손해배상액 산정방법에 대해서는 언급하고 있지 않은데, 제177조의 해설에서 살펴본 것처럼 현실지출방식이 제179조에 의한 손해배상액 산정방법에도 가장 설득력 있는 방법으로 볼 수 있다.

[초판, 개정판: 김정수]

1) 대법원 2006. 4. 11. 선고 2003도6759 판결(대한투자신탁관련 사기적 부정거래 사건) 참조. 동 사건에서 구증권법 제188조의4 제 4 항 제 2 호 위반죄가 성립하기 위하여 ‘허위·부실표시 문서 이용행위’와 ‘타인의 오해’ 사이에 인과관계가 있어야 하는지에 대해 소극적으로 해석하였다.

1) 대법원 2002. 11. 26. 선고 2002도4561 판결.

제 4 장 자본시장 불공정거래의 형사책임

Ⅰ. 개 요

자본시장법의 '미공개중요정보이용, 시세조종, 부정거래'는 협의의 불공정거래[1]로 분류된다. 이들 행위는 '10년 이하의 징역 등'에 처하는 범죄인데 자본시장법에 형사책임 추궁에 관한 특별규정이 없으므로 협의의 불공정거래 범죄들도 형법, 형사소송법 등 통상의 관련 법률에 근거한 절차와 법리에 의해 처벌된다.[2]

협의의 불공정거래는 ① 불특정 다수의 투자자들을 상대로, ② 주로 한국거래소가 운영하는 장내에서, ③ 상대거래가 아닌 경쟁매매 방식에 의해, ④ 주가에 인위적 영향을 주는 방법으로 이루어지며, ⑤ 비교적 짧은 시간에 대규모 이익을 얻거나 손실을 회피할 수 있다는 점에서 여타의 범죄와 다른 특징을 갖는다. 이들 거래도 보통의 범죄와 마찬가지로 실체적 사실규명과 그에 합당한 법률적용을 거쳐 처벌되지만 위와 같은 특성으로 인해 그 형사책임을 추궁함에 있어서는 주로 '구성요건 착오, 공범 확정, 죄수, 양형, 양벌규정의 적용, 부당이득의 산정' 등에서 실무상 논란이 야기될 수 있다.

그러므로 이하에서는, '미공개중요정보이용'(법 174조), '시세조종'(법 176조), '부정거래'(법 178조) 범죄를 대상으로 앞서 거론한 쟁점들을 차례로 검토하기로 한다.

Ⅱ. 구성요건 착오

구성요건 착오란 '객관적 구성요건요소에 대한 행위자의 인식과 현실적·구체적 정황이 일치하지 않는 경우'를 말한다.[3] 이 경우, 존재하고 있는 객관적 구성요건요소에 대한 인식이 행위자에게 결여된 상태이므로 주관적 구성요건요소인 고의를 인정할 수 없

1) 김학석 외 8인, 「금융범죄 수사실무 Ⅰ」, 법무연수원(2011), 10쪽.
2) 그러므로 이하에서 논의하는 쟁점 외의 형사책임 추궁에 대해서는 기존 형사법 판례와 이론 등이 그대로 적용된다.
3) 박상기, 「형법학」, 집현재, 2013, 86쪽; 정웅석/백승민, 「형법강의」, 대명출판사, 2010, 169쪽 등.

고 따라서 구성요건해당성이 없어 처벌이 불가하다.

형법도 "죄의 성립요소인 사실을 인식하지 못한 행위는 벌하지 아니한다. 단, 법률에 특별한 규정이 있는 경우에는 예외로 한다"(제13조)며 구성요건 착오의 기본적 효과를 규정하고 있고, "① 특별히 중한 죄가 되는 사실을 인식하지 못한 행위는 중한 죄로 벌하지 아니한다. ② 결과로 인하여 형이 중할 죄에 있어서 그 결과의 발생을 예견할 수 없었을 때에는 중한 죄로 벌하지 아니한다"며 동법 제15조에 구성요건 착오의 특별규정을 두고 있다.

구성요건 착오의 대상은 고의의 인식대상에 대한 착오범위와 같은데 그 중 '객체의 착오와 방법의 착오' 효과 관련하여 구체적 부합설, 추상적 부합설, 법정적 부합설의 견해가 대립한다.[1] 판례는 법정적 부합설의 입장으로 평가되고 있다.[2]

법정적 부합설에 따를 경우, 행위자가 인식한 사실과 현실적으로 발생한 사실이 법적 구성요건상 동일한 행위유형에 해당하면 고의·기수범을 인정하고, 양자가 일치하지 않으면 발생한 사실에 대한 과실범, 실현되지 않은 사실에 대한 미수범을 인정한다.[3]

협의의 불공정거래 가운데 특히 '미공개중요정보이용'과 관련하여 구성요건 착오 여부가 문제될 수 있다.

우선, 미공개중요정보이용은 행위자가 '내부자', '준내부자,' '정보수령자'로 제한되는 신분범이다. 따라서 사실은 신분 없는 자가 마치 신분범인 것으로 착각한 상태에서 내부자거래를 할 수 있고, 신분범으로 처벌대상임에도 스스로 처벌대상이 아닌 것으로 오해한 상태에서 내부자거래를 할 수도 있다.

그런데 신분이 객관적 구성요건요소임에는 틀림없으나 이와 같은 상황은 엄밀히 구성요건 착오에 대한 것이 아니라 형법 제33조(공범과 신분)에 의해 해결하여야 할 사안이다. 그러므로 전자의 경우는 적어도 미공개중요정보이용행위 금지가 가정하고 있는 행위주체가 될 수 없으므로 법 제174조 위반으로 볼 수 없는 반면 후자의 경우에는 그 인식여하에 관계없이 동조 위반으로 처벌이 가능하다.

미공개중요정보이용의 구성요건 착오는 '공개된 정보인지 여부'를 둘러싸고 발생할 수 있는데, 예를 들어 사실은 공개된 정보임에도 미공개정보라 생각하고 이를 이용하는 경우와 반대로 공개되지 않은 정보임에도 공개된 정보인 것으로 착각한 나머지 이를 이용하는 경우를 상정할 수 있다. 이는 '정보객체'라는 구성요건요소에 대한 착오라고 볼 수 있다.

법정적 부합설에 의하면 전자의 경우 미공개중요정보이용으로 볼 수 없는 반면, 후

1) 박상기, 전게서(2013), 87-88쪽 참조.

2) 상게서, 88쪽; 대법원 1987. 10. 26. 선고 87도1745 판결.

3) 그러나 자본시장법은 협의의 불공정거래 범죄의 미수범, 과실범을 처벌하지 않기 때문에 고의·기수범 성부만 문제된다.

자의 경우에는 행위자의 인식과 관계없이 미공개중요정보이용으로 처벌이 가능하다.[1)]

이례적이겠지만 '정보의 가치에 대한 판단'도 구성요건 착오의 대상이 될 수 있다. 행위자는 당해 정보를 악재성 정보로 생각하고 손실을 회피하고자 공시전 거래를 하였는데 시장에서는 호재성 정보로 평가하여 오히려 주가가 상승하거나, 반대로 호재성 정보로 생각하고 이익을 보고자 공시전 거래를 하였는데 시장에서는 악재성 정보로 평가하여 오히려 주가가 하락하는 경우가 그것이다.

이 역시 '정보객체'라는 구성요건요소에 대한 착오로 볼 수 있으며 법정적 부합설의 입장에 의할 때 어느 경우이건 미공개중요정보이용의 불공정거래 형사책임을 부담하는데 차이가 없다고 본다. 왜냐하면 미공개의 중요정보를 이용하면 범죄는 곧 성립하는 것이며 결과적으로 그 정보에 대한 시장의 평가가 어떠하였는지 여부는 객관적 구성요건요소가 아니고 그에 따라 범죄의 성부가 영향을 받는 것도 아니기 때문이다.

한편, '해당 정보가 과연 투자자의 투자판단에 중대한 영향을 미칠 수 있는 정보인지 여부', '당해 정보의 습득과 직무관련성', '정보의 생성시기' 등은 법률평가의 문제이지 구성요건 착오에 대한 것이 아니므로 행위자가 이를 어떻게 생각하였는지를 묻지 않고 법률적 관점에서 판단하면 충분하다.

시세조종 관련하여서는 법 제176조 제 1 항 내지 제 3 항이 '상장증권 또는 장내파생상품'을 그 객체로 하고 있어 이에 대해 구성요건 착오가 일어날 수 있다. 이 경우에도 법정적 부합설에 따라, 사실은 상장증권, 장내파생상품임에도 비상장증권, 장외파생상품으로 착각하여 시세조종을 한 행위자는 동법 위반으로 처벌할 수 있는 반면 그 반대의 행위자는 적어도 동법 위반으로는 처벌할 수 없다. 다만, 2013. 8. 29. 시행된 개정 자본시장법은 제176조 제 4 항 연계시세조종의 대상을 종전 '상장증권, 장내파생상품'에서 '증권, 파생상품'으로 범위를 넓혀 비상장증권, 장외파생상품까지 포섭하였으므로 구성요건 착오에 대한 논의 실익이 그만큼 적어졌다고 볼 수 있다.

부정거래 관련하여서는 법 제178조 제 2 항 '풍문'에 대한 인식과 관련하여 구성요건 착오가 검토될 수 있다. '풍문'이란 진위 여부가 증명되지 않은 상태의 불확실한 소문을 말한다.[2)] 풍문의 내용이 명백히 허위인 경우는 물론 그 진실 여부가 현재로서 증명되지 않아 객관적으로 명백하지 않다면 풍문에 해당할 수 있다. 행위자가 공지의 사실을 풍문으로 믿었다면 이를 유포했다고 하더라도 동 조항이 규정하고 있는 '풍문의 유포'로 볼 수 없지만, 풍문을 공지의 사실로 믿었다면 특단의 사정이 있어 그럴만한 합리적이고 정

---

1) 같은 취지로 박순철, 「미공개중요정보이용행위의 이해」, 박영사, 2010, 184쪽 참조.

2) 김학석, "금융투자상품의 부정거래행위에 관한 연구", 고려대학교 박사학위논문, 2010, 173쪽. 판례는 "풍문이라 함은 시장에 알려짐으로써 주식 등 시세의 변동을 일으킬 수 있을 정도의 사실로서 합리적 근거가 없는 것을 의미한다고 봄이 상당하다"고 판시한 바 있다(서울고등법원 2013. 1. 17. 선고 2012노3290 판결).

당한 사유가 인정되지 않는 한 '풍문의 유포'로 처벌될 수 있다.

공간된 자료나 기업의 공시자료, 관련 신문기사의 내용을 믿고 그대로 전재하는 행위는 그런 점에서 원칙적으로 풍문의 유포로 볼 수 없을 것이다. 다만, 그 내용이 명백히 허위이고, 해당 자료의 허위성을 쉽게 인식할 수 있었음에도 그 효과에 편승하기 위한 의도로 이를 유포하였다면 풍문의 유포에 해당한다고 생각한다.[1)]

그 외 법 제178조 제 1 항의 '부정한 수단, 계획, 기교'(1호), '중요사항과 거짓기재'(2호), '거짓시세'(3호)에 대한 판단과 동조 제 2 항의 '위계 여부'에 대한 판단은 구성요건 착오의 대상이 아니라 법률평가 사항이라 할 것이다.

Ⅲ. 불공정거래와 공범

범행가담 형태는 정범과 공범으로 대별된다. 정범에는 단독정범, 공동정범(형법 제30조), 간접정범(동법 34조)이 포함되고 공범에는 교사범(동법 제31조), 종범(방조범, 동법 제32조)이 포함된다.[2)] 교사범, 종범은 '협의의 공범'으로도 부르는데 이는 임의적 공범으로서 형법총칙상 공범규정의 적용을 받는 반면, 집합범·대향범·합동범 등의 필요적 공범에 대해서는 형법총칙상 공범규정이 적용되지 않는다.[3)]

한편, 정범과 협의의 공범 구별은 실무에서도 중요한 문제이다. 교사범은 정범과 같이 처벌하지만(형법 31조 1항) 종범은 정범에 비해 형을 필요적으로 감경하도록 되어 있어(동법 32조 2항) 특히 공동정범과 종범의 구별은 관련자의 형량에 큰 영향을 미친다.

정범과 협의의 공범을 구별하는 기준에 대해서는 객관설, 주관설 등의 대립이 있지만 판례[4)]는 일관하여 '행위지배설'의 입장을 취하고 있다. 행위지배설을 따를 경우, '주관적 요건인 공동가공의 의사와 객관적 요건인 공동의사에 기한 기능적 행위지배를 통해 범죄를 실현하는데 가담한 사실'이 인정된다면 정범이지만 주관적 요건 또는 객관적 요건 중 하나라도 결여하였다면 협의의 공범에 불과하게 된다.

'미공개중요정보이용, 시세조종, 부정거래' 행위는 단독정범은 물론 공동정범, 교사범, 종범 및 간접정범의 형태로 범해질 수 있다.

그 중, 법 제174조 미공개중요정보이용은 행위주체가 신분범의 형태로 규정되어 있지만 신분 없는 자라 할지라도 신분자에 가공하면 신분 없는 자를 신분자와 함께 공범으로 처벌할 수 있다(형법 제33조 본문). 아울러 자본시장법은 신분관계 유무에 따른 형의 경중을 구별하지 않고 있어 비신분자도 '내부자, 준내부자, 정보수령자' 등 신분자와 동일

1) 같은 취지로 서울고등법원 2013. 1. 17. 선고 2012노3290 판결 참조.
2) 박상기, 전게서(2013), 248쪽 이하 참조.
3) 대법원 2001. 12. 28. 선고 2001도5158 판결 등.
4) 대법원 2006. 3. 9. 선고 2004도206 판결; 대법원 2007. 1. 26. 선고 2004도1632 판결 등.

한 법정형을 적용받는다(형법 제33조 단서, 법 443조 1항). 반면, 법 제176조 시세조종과 동법 제178조 부정거래의 행위주체에는 아무런 제한이 없어 형법상 '공범과 신분' 논의는 적용될 수 없다.

협의의 불공정거래 범죄들은 실무상 대주주·경영자·기타 회사 내부 관계인, 사채업자(일명, '전주'), 전문세력, 채권자·담보권자, 유사투자자문업자 등 업계 종사자, 언론, 공무원 등이 조직적으로 유착하여 은밀하게 저질러지는 양상을 보이고 있다. 이와 같은 경향은 더 심각해질 것이고 더불어 공범으로 처벌되는 가담자들도 계속 늘어날 것으로 예상되어 관련자들에 대한 공범 판단이 중요한 문제로 부각될 것으로 보인다.

협의의 불공정거래에 대한 공범 논의와 관련해 검토할 필요가 있는 것은 제 1 차 정보수령자의 범행에 연관되어 있는 제 2 차 정보수령자의 '공범 여부 판단'이라 할 수 있다. 이에 대해 판례[1]는 구증권법 시행 당시, 신문기자인 형으로부터 특정 기업의 '무세제 세탁장치개발'이란 호재성 정보를 전해 듣고 이를 이용해 거래한 혐의로 동생이 기소된 사안에서 "증권거래법 제188조의2 제 1 항의 금지행위 중 하나인 내부자로부터 미공개 내부정보를 수령한 제 1 차 정보수령자가 다른 사람에게 유가증권의 매매 기타 거래와 관련하여 당해 정보를 이용하게 하는 행위에 있어서는 제 1 차 정보수령자로부터 당해 정보를 전달받는 제 2 차 정보수령자의 존재가 반드시 필요하고, 제 2 차 정보수령자가 제 1 차 정보수령자와의 의사 합치 하에 그로부터 미공개 내부정보를 전달받아 유가증권의 매매 기타 거래와 관련하여 당해 정보를 이용하는 행위가 당연히 예상되는바, 그와 같이 제 1 차 정보수령자가 미공개 내부정보를 다른 사람에게 이용하게 하는 증권거래법 제188조의2 제 1 항 위반죄가 성립하는데 당연히 예상될 뿐만 아니라, 그 범죄의 성립에 없어서는 아니 되는 제 2 차 정보수령자의 그와 같은 관여행위에 관하여 이를 처벌하는 규정이 없는 이상 그 입법취지에 비추어 제 2 차 정보수령자가 제 1 차 정보수령자로부터 제 1 차 정보수령 후에 미공개 내부정보를 전달받아 이용한 행위가 일반적인 형법총칙상의 공모, 교사, 방조에 해당된다고 하더라도 제 2 차 정보수령자를 제 1 차 정보수령자의 공범으로 처벌할 수는 없다"고 판시한 바 있다.

위와 같은 취지를 일관하는 이상, 현재로서는 예를 들어 제 2 차 정보수령자가 제 1 차 정보수령자를 독촉하여 미공개중요정보를 전달받거나, 제 1 차 정보수령자가 미공개중요정보를 전달하는데 제 2 차 정보수령자가 나서 도움을 주었더라도 제 2 차 정보수령자를 제 1 차 정보수령자의 교사범 내지 방조범으로 처벌할 수 없다는 결론에 이르게 된다. 그러나 이러한 결과는 불합리하다고 하지 않을 수 없다. 무엇보다 위 판례는 '제 1 차 정보수령자의 정보를 이용하게 하는 행위'와 '제 2 차 정보수령자의 당해 정보를 이용하는 관여행위'가 마치 대향범의 필요적 공범 관계에 있는 것처럼 보고 제 2 차 정보수령자에

1) 대법원 2002. 1. 25. 선고 2000도90 판결.

대한 형법총칙상의 교사범, 종범 성립을 부정하고 있으나, 구증권법 제188조의2 제 1 항이나 현행 자본시장법 제176조 제 1 항은 제 1 차 정보수령자가 '미공개정보를 타인에게 이용하게 하는 행위'를 하기만 하면 제 2 차 정보수령자가 그 정보를 실제 이용하지 않더라도 범죄가 성립하는 추상적 위험범의 구조로 되어 있으므로,[1] '제 1 차 정보수령자의 정보를 이용하게 하는 행위'에 당연히 수반할 것으로 예상되는 것은 '제 2 차 정보수령자가 제 1 차 정보수령자로부터 그 정보를 전달받는 행위'이지 더 나아가 '제 2 차 정보수령자가 해당 정보를 이용하는 행위'가 아니어서 필요적 공범의 관계에 있다고 볼 수 없기 때문에 제 2 차 정보수령자에 대한 형법총칙상의 공범규정 적용을 배제할 이유가 없다고 보아야 한다.[2]

요약하여, 제 2 차 정보수령자가 제 1 차 정보수령과는 다른 기회에 단순히 제 1 차 정보수령자로부터 미공개중요정보를 건네받아 매매 등에 이용한 경우 제 2 차 정보수령자를 처벌할 수 없음[3]은 별론으로 하더라도, 제 2 차 정보수령자가 그와 같은 지위에 머무르지 아니한 채 제 1 차 정보수령자로 하여금 미공개중요정보를 이용하게 하는 행위에 나아가도록 적극적으로 행동한 경우에는 행위지배 여하에 따라 제 2 차 정보수령자를 제 1 차 정보수령자의 '정보를 이용하게 하는 행위'에 대한 공동정범, 교사범 내지 종범으로 처벌할 수 있다고 해석하는 것이 타당하다.

한편 판례 중에는, '미공개 내부정보의 제 1 차 수령자가 내부정보를 제 2 차 수령자에게 전달하자 제 2 차 수령자가 그 정보를 이용하여 특정 회사의 주식을 매매한 후 수익을 분배하자고 제안하였고 제 1 차 정보수령자가 이를 승낙하여 범행을 공모한 뒤 그에 따라 주식을 매매한 사안'에서 "비록 1차 정보수령자가 주식거래를 직접 실행에 옮긴 바 없다 하더라도 공범인 제 2 차 정보수령자의 주식거래행위를 이용하여 자신의 범행의사를 실행에 옮긴 것으로 보아야 할 것이고, 여기에 주식 매수자금 대부분을 제 2 차 정보수령자 자신이 제공한 점, 주식매매를 통해 얻은 매매차익의 60% 정도가 제 2 차 정보수령자에게 귀속된 점 등의 사정까지 종합해보면 제 2 차 정보수령자와 제 1 차 정보수령자의 주식거래는 제 1 차 정보수령자가 제 1 차로 정보를 받은 단계에서 그 정보를 거래에

1) 같은 논리로, 제 1 차 정보수령자가 제 2 차 정보수령자에게 미공개중요정보를 제공하여 이용하게 하였으나, 제 2 차 정보수령자가 이를 이용하지 않고 제 3 차 정보수령자에게 주어 제 3 차 정보수령자가 이용한 경우에도 제 1 차 정보수령자에 대해 법 제174조 위반의 책임이 인정된다고 할 것이다. '타인에게 이용하게 하는 행위'라 함은 '누군가 미공개정보를 이용할 것임을 알면서 제공하면 성립하는 것'이지 반드시 직후 제 2 차 정보수령자의 이용행위만을 전제로 하는 것은 아니기 때문이다. 구성요건 착오에 대한 법정적 부합설의 입장에서도 결론은 같다고 할 수 있다. 다만, 정보수령자를 순차 전전하는 사이 해당 정보가 공개되어 더 이상 미공개중요정보이용으로 처벌할 수 없게 될 소지가 크다는 점은 주의할 필요가 있다.

2) 박순철, 전게서(2010), 189쪽; 박임출, "내부자거래 규제에 관한 비교법적 연구," 성균관대학교 박사학위논문, 2003, 148쪽.

3) 대법원 2002. 1. 25. 선고 2000도90 판결; 대법원 2009. 12. 10. 선고 2008도6953 판결 등.

막바로 이용한 행위에 해당하고, 제 2 차 정보수령자는 제 1 차 정보수령자의 위와 같은 행위에 공동으로 가담한 것으로 보아야 한다"는 판결[1]이 있다.

그러나 동 판결은 그 사실관계에 비춰 '제 2 차 정보수령자가 제 1 차 정보수령자의 미공개중요정보이용행위에 기능적으로 가담하였음이 인정되어 제 2 차 정보수령자를 제 1 차 정보수령자의 정보이용행위 공범'으로 판시한 것일 뿐 제 2 차 정보수령자에 대해 형법총칙상의 공범규정적용을 배제한 종전 판결 입장을 번복한 것이 아님을 유의하여야 한다.[2]

결론하여, 제 2 차 정보수령자에게 제 1 차 정보수령자의 '정보를 이용하게 하는 행위'를 유발한 책임이 인정된다면, 제 2 차 정보수령자를 제 1 차 정보수령자의 '정보를 이용하게 하는 행위'의 공범으로 처벌하는 방향으로 종전 판례는 변경될 필요가 있다고 생각한다.

아울러 정보수령자의 범위를 1차로 제한하는 것이 바람직한지 의문이며, 정보수령자의 범위 제한을 없애 2차 이후 정보수령자도 미공개중요정보이용의 행위주체가 될 수 있도록 법률 개정을 검토하여야 한다고 본다. 그와 같이 법률이 개정되더라도 정보유통과 동시에 미공개중요정보이용금지의 구성요건해당성에서 벗어날 가능성도 증가하게 될 것이어서 처벌의 범위가 무한히 확장될 소지는 희박할 것으로 예상된다.

마지막으로, 불공정거래 범죄의 본범에 대해서는 징역형과 벌금형의 임의적 병과가 가능한데(법 제447조), 본범 외에 그 범죄에 가담한 협의의 공범에 대해서도 동 조항에 근거하여 징역형과 벌금형의 병과가 가능하다고 본다. 판례도 시세조종에 가담한 방조범에 대해 징역형과 벌금형의 병과를 인정하면서 대신 "형법 제32조 제 2 항에 따라 필요적으로 감경하여야 한다"고 판시하고 있다.[3]

Ⅳ. 법정형과 죄수

현행 자본시장법은 '미공개중요정보이용', '시세조종', '부정거래'의 법정형에 차등을 두고 있지 아니하다. 그러나 포괄적 사기금지조항인 법 제178조 부정거래의 법정형이 미공개중요정보이용, 시세조종과 동일한 것은 바람직하다고 평가하기 어렵다.

최근의 불공정거래는 미공개중요정보이용과 시세조종, 부정거래가 혼합하여 이루어지는 등 불법성이 높아지는 경향을 보이고 있다. 발전하는 불공정거래 범죄에 적절히 대

1) 대법원 2009. 12. 10. 선고 2008도6953 판결.

2) 즉, 2000도90 판결은 "제 2 차 정보수령자 입장에서 제 2 차 정보수령자가 제 1 차 정보수령자의 정보를 이용하게 하는 행위의 공범에 해당할 수 있는지"가 쟁점인 반면, 2008도6953 판결은 "제 1 차 정보수령자의 입장에서 제 2 차 정보수령자가 제 1 차 정보수령자의 정보이용행위 공범에 해당하는지"를 쟁점으로 하는 것이어서 차원을 달리하는 것이라 할 수 있다.

3) 대법원 2009. 4. 9. 선고 2009도675 판결.

응하고, 포괄적 사기금지조항으로서 법 제178조 부정거래금지 규정의 기능을 제고하기 위해서는 부정거래금지 처벌조항의 법정형을 나누어, 미공개중요정보이용 내지 시세조종과 결합되지 않은 단순 부정거래금지위반행위는 미공개중요정보이용, 시세조종과 같은 법정형으로 처벌하되 이들 행위와 부정거래가 경합한 경우에는 가중처벌하도록 법률을 개정할 필요가 있다고 생각한다.[1)]

한편 어떤 범죄의 법정형은 처단형, 선고형으로 점차 구체화되는데, 처단형과 선고형의 범위를 결정짓는 중요한 요소 중 하나는 '수개 범죄에 대한 죄수 평가'라 할 수 있다. 특정한 행위자가 미공개중요정보이용이나 시세조종 또는 부정거래 중 하나의 범죄를 한 번만 저질렀다면 죄수 평가가 의미 없지만, 대개는 여러 정보를 이용해 해당 주식을 거래하거나 통정·가장매매와 현실거래에 의한 시세조종을 번갈아 행하여 주가조작을 하거나 풍문유포와 위계를 순차 사용하는 방식으로 부정거래를 하는 등 수개의 범죄가 동원되는 것이 보통이고, 때로는 미공개중요정보이용과 시세조종, 부정거래가 중복하여 사용되기도 하므로 이와 같은 경우에는 이들 범죄에 대한 죄수 평가가 큰 의미를 갖게 된다.

판례는, 대량의 허수호가를 제출하면서 빈번한 통정·가장매매를 반복하는 등 구증권법상 수개의 시세조종행위를 범한 경우 이들 죄수를 어떻게 볼 것인지와 관련하여, "단일하고 계속된 범의하에 일정기간 계속하여 반복한 범행이고, 구 증권거래법은 증권시장에서 거래의 공정성 및 유통의 원활성 확보라는 사회적 법익을 보호법익으로 하는 것이지 증권 소유자나 발행자와 같은 개인의 재산적 법익은 직접적 보호법익이 아니므로 각 범행의 피해법익의 동일성도 인정된다"며 포괄일죄로 보는 입장을 견지하고 있다.[2)] 미공개중요정보이용과 관련하여서도 '미공개중요정보를 지득한 자가 그 공개 전에 여러 번의 매매호가를 제출한 경우' 이를 포괄일죄로 보고 있고,[3)] 부정거래 관련하여서도 '자본시장법 제178조 제 2 항의 행위와 동조 제 1 항 제 1 호의 행위'에 대해 최근 같은 취지로 판시한 바 있다.[4)]

하지만 이러한 판례 입장에 대해서는 "포괄일죄는 다른 범죄자에 비해 오히려 범죄적 속성이 더 강한 행위자를 유리하게 취급하는 것이어서 부당하고, 대법원이 인정하는 연속범의 적용기준도 일정하지 않다"는 전제 아래 "시세조종은 시장경제의 근간을 무너뜨리는 중대범죄로서 불특정 다수의 개인 투자자들에게 피해를 입히기 때문에 개인 투자

1) 참고로 미공개중요정보이용행위에 있어, '정보를 직접 이용한 자'와 '타인으로 하여금 이를 이용하게 한 자'를 같은 법정형으로 처벌하고 부당이득액수에 따라 '타인으로 하여금 미공개정보를 이용하게 한 자'까지 가중처벌하는 것은 타당하지 않으므로, '타인으로 하여금 미공개정보를 이용하게 한 자'의 법정형은 '정보를 직접 이용한 자'에 대한 법정형과 차이를 둘 필요가 있다는 견해(박순철, 전게서(2010), 191쪽)가 있다. 타당한 지적이라 할 것이다.

2) 대법원 2011. 1. 13. 선고 2010도9927 판결 등.

3) 대법원 2000. 1. 21. 선고 99도4940 판결.

4) 대법원 2011. 10. 27. 선고 2011도8109 판결 참조.

자들에 대한 보호를 일차적인 목표로 삼고 개별행위마다 별개의 범죄가 성립하는 경합범으로 처벌함이 이론적으로나 형사정책적으로 타당하다"는 비판이 제기되고 있다.[1)]

판단건대 이러한 판례의 견해는, '자본시장법상 불공정거래금지의 보호법익이 개인적 법익이 아니라 사회적 법익이라는 점,' 즉 '개개인의 재산상 피해를 직접적으로 염두에 두고 있는 것은 아니라는 점'과 '범의의 단일성이 인정된다는 점' 등 두 가지에 기초하고 있다.

판례 입장을 비판하는 견해에도 경청할 이유가 충분하나[2)] 자본시장법상 협의의 불공정거래행위는 구체적으로 피해자가 개별 특정되는 상대매매와 달리, 일부 부정거래행위를 제외하고[3)] 대개 한국거래소가 운영하는 장내에서 접속매매·경쟁매매를 통해 이득을 취하거나 손실을 회피하는 방식이어서 죄수판단에 있어 피해자별로 별개의 범죄가 성립하는 것으로 보기는 힘든 구조임을 무시하기 어렵다. 따라서 위 판례처럼 구증권법(자본시장법)의 보호법익을 사회적 법익으로 보는 것은 현실적으로 불가피한 측면이 없지 아니하다.

자본시장법의 보호법익을 사회적 법익으로 보게 되면 '범의의 단일성'도 좀 더 쉽게 인정할 수 있다. 판례 중에는 "시세조종 등의 목적으로 자본시장법 제176조 시세조종과 제178조 부정거래에 해당하는 수개의 행위를 행한 경우"에도 "단일하고 계속된 범의가 인정된다"며 포괄일죄의 성립을 긍정한 사례가 있는데,[4)] 수개 행위의 구성요건이 이질적임에도 포괄일죄로 보았다는 점에서 주목할 만하다.

또한 포괄적 사기금지조항인 법 제178조와 제174조, 제176조의 관계도 문제된다. 판례[5)]는 "제178조의 부정거래금지규정은 일반조항으로서 특별규정인 제176조 시세조종금지규정과 법조경합관계에 있어 시세조종행위에 대해서는 제176조가 우선 적용된다"고 판시한 바 있다. 이는 법 제174조와 제178조의 관계에도 그대로 적용될 수 있어, 미공개중요정보이용행위에 대해서는 특별규정인 법 제174조가 우선적용된다고 보아야 할 것이다. 다만, 동 판례는 "자본시장법 제178조 제 1 항 제 1 호와 동조 제 2 항은 법조경합관계가 아니다"라면서 '풍문의 유포, 위계의 사용'에 대한 법 제178조 제 1 항 제 1 호 '부정한 수단, 계획, 기교'의 중복 적용을 수긍하고 있다.

---

1) 박상기, "포괄일죄와 연속범 및 공동정범－주식시세조종행위(2011. 1. 13. 선고 2010도9927 판결)를 중심으로－", 「저스티스」 통권 제129호(2010), 한국법학원, 330-358쪽; 부정거래 관련하여서는 박임출, "자본시장법 제178조의 '부정거래에 관한 연구'," 「증권법연구」 제14권 제 2 호(2013), 한국증권법학회, 385쪽 참조.

2) 수개의 행위를 실체적 경합범으로 볼 경우 법정형의 1/2까지 처단형이 가중되는 반면, 포괄일죄로 본다면 법정형과 처단형이 동일해 불법성이 강한 범죄자를 우대하는 결과를 초래할 수 있다. 특히 포괄일죄 범행기간 중간에 확정판결이 이루어진다면 그에 앞선 행위는 면소판결(형사소송법 제326조)의 대상이 되어 범죄를 저지르고서도 처벌받지 않는 경우까지 발생할 수 있어 더욱 문제라 할 수 있다.

3) 장외 금융투자상품을 대상으로 하는 부정거래행위의 경우에는 법 제178조와 형법 제347조의 사기가 모두 성립할 수 있고, 양자의 관계는 상상적 경합범으로 보아야 할 것이다.

4) 대법원 2011. 10. 27. 선고 2011도8109 판결. 이에 대해 상세한 평석은 박임출, 전게논문(2013) 참조.

5) 대법원 2011. 10. 27. 선고 2011도8109 판결.

요컨대, 현재의 판례 취지에 의할 때 '단일하고 계속된 범의'가 인정된다면 일정기간 계속하여 미공개중요정보이용, 시세조종, 부정거래 등 각각의 동종 행위를 개별적으로 수회 반복한 경우는 물론 미공개중요정보이용, 시세조종, 부정거래의 이질적 행위를 순차적으로 수회 반복한 경우에도 포괄하여 일죄가 성립한다고 할 수 있다. 결국, 이들 행위의 죄수 판단에 있어서는 '단일하고 계속된 범의의 인정 여부'가 주된 쟁점이라 할 수 있는 것이다.

미공개중요정보이용의 경우에는 '해당 정보의 내용, 정보 생성과 입수 경위, 관련자, 정보별 입수시기 차이, 거래시기의 차이' 등이, 시세조종의 경우에는 '해당 종목, 시세조종 관여자, 작전시기의 차이' 등이, 부정거래의 경우에는 '부정거래 행위의 유형과 방식, 행위시기의 차이, 관여자, 해당 종목' 등이 '범의의 단일성' 판단시 주요 검토대상이 될 수 있다.

만약, '범의의 단일성'이 인정되지 않는다면 수개의 행위는 원칙적으로 실체적 경합범의 관계에 있다고 보아야 한다. 다만, 법 제178조 제2항의 각 행위에 동조 제1항 제1호를 동시 적용하는 경우 양자의 관계는 상상적 경합범으로 봄이 타당하나,[1] 두 개 구성요건의 법정형이 동일하므로 이를 상상적 경합범의 관계로 보더라도 큰 의미는 없다.

한편, 동일한 행위가 협의의 불공정거래 범죄와 자본시장법 이외 범죄에 해당하는 경우 '구성요건적 행위의 내용이나 보호법익의 동일 여부'를 살펴 양자의 죄수관계를 검토하여야 한다. 원칙적으로 실체적 경합범의 관계로 보아야 하는 경우가 많을 것이다.[2]

Ⅴ. 불공정거래의 양형기준

자본시장법상 협의의 불공정거래 범죄에 대해서는 2012. 7. 1.부터 대법원 양형위원회가 제정한 양형기준이 시행되고 있다. 동 기준은 권고사항일 뿐 구속력이 없다. 다만, 판사가 양형기준을 이탈하는 경우 판결문에 그 양형이유를 기재하여야 한다.

동 양형기준은 협의의 불공정거래로 인한 이득액 또는 회피손실액을 중심으로 제1유형부터 제5유형까지 양형구간을 세분하고 있다. 제1유형은 '1억원 미만인 경우', 제2유형은 '1억원 이상, 5억원 미만인 경우', 제3유형은 '5억원 이상, 50억원 미만인 경우',

1) 대법원 2011. 10. 27. 선고 2011도8109 판결. 원심(서울고등법원 2011. 6. 9. 선고 2010노3160 판결)은 법 제178조 제1항 제1호와 동조 제2항의 관계(동 사건은 '풍문의 유포' 내지 '위계의 적용'에 대해 동조 제1항 제1호 '부정한 수단, 계획, 기교'를 함께 의율한 사안이었다)를 '상상적 경합범'으로 보았고, 위 대법원 판결도 이를 부인하지 아니하였다.

2) 판례 중에는 '허위작성, 공시된 재무제표를 이용하여 사기적 부정거래를 행한 사안'에서 "자본시장법위반죄와 주식회사의 외부감사에 관한 법률위반죄가 상상적 경합관계에 있다거나 전자가 후자의 불가벌적 사후행위에 해당한다고 볼 수 없다"고 판시한 사례가 있는바, 참고할 만하다(대법원 2013. 1. 24. 선고 2012도10629 판결).

제 4 유형은 '50억원 이상, 300억원 미만인 경우', 제 5 유형은 '300억원 이상인 경우'이다.

여기에, 각 유형별 기본 구간을 기준으로 감경요소와 가중요소를 따져 형을 가감하는데, 각 요소는 특별양형인자와 일반양형인자로 구별되고 각 인자는 '행위'요소와 '행위자/기타'요소로 다시 나뉜다. 특별양형인자는 구간을 움직이는 효과를 가지는 반면, 일반양형인자는 구간 자체를 움직이는 효과 없이 각 구간범위 내에서 형량을 가중, 감경하는 효과를 가진다. 양형기준에 적시된 특별양형인자는 한정적 요소로 보는데 '행위'요소는 '행위'요소끼리, '행위자/기타'요소는 '행위자/기타'요소끼리 판단한다.[1] 다만, '행위'요소와 '행위자/기타'요소가 대립하는 경우에는 '행위'요소에 우선 비중을 둔다.[2]

양형기준에 적시된 일반양형인자는 예시적 요소로 본다. 따라서 판사는 양형기준에 기재되어 있지 않은 요소도 일반양형인자로서 참작할 수 있다. '행위'요소는 '행위'요소끼리, '행위자/기타'요소는 '행위자/기타'요소끼리 판단하고, '행위'요소가 '행위자/기타'요소에 우선한다는 점은 특별양형인자의 경우와 같다.

특별양형인자와 일반양형인자는 아래 표와 같다.[3]

구분		감경요소	가중요소
특별양형인자	행위	○ 사실상 압력 등에 의한 소극적 범행가담 ○ 범행가담정도가 경미한 경우 ○ 실제 주가 등에 미친 영향이나 행위의 규모가 작은 경우 (시세조종, 부정거래의 경우)	○ 실제 주가 등에 중대한 영향을 미쳤거나 불공정거래의 규모가 매우 큰 경우 (시세조종, 부정거래의 경우) ○ 범죄수익을 의도적으로 은닉한 경우 ○ 범행수법이 매우 불량한 경우 ○ 피지휘자에 대한 교사
	행위자/기타	○ 농아자 ○ 자수 또는 내부비리 고발	○ 동종 누범
일반양형인자	행위	○ 범죄수익의 대부분을 소비하지 못하고 보유하지도 못한 경우 ○ 소극가담	○ 비난 동기
	행위자/기타	○ 형사처벌 전력 없음 ○ 진지한 반성	○ 범행 후 증거은폐 또는 은폐시도 ○ 이종 누범, 누범에 해당하지 않는 동종 실형전과(집행 종료 후 10년 미만) 또는 규제기구로부터 징계나 과징금 등의 제재조치를 받은 전력

1) 예를 들어, 특별양형인자 중 행위 관련하여 감경요소가 1개, 가중요소가 2개이면 종합적으로 가중구간을 따르게 되고, 감경요소와 가중요소가 각 2개이면 그대로 기본구간을 따르게 된다.

2) 예를 들어, 특별양형인자 중 행위 관련하여 감경요소가 3개, '행위자/기타' 관련하여 가중요소가 1개이면 '행위요소'가 '행위자/기타'요소에 우선하므로 종합적으로 감경구간을 따를 수 있다. 보통, '행위자/기타'요소 2개가 '행위'요소 1개와 같은 비중을 갖는 것으로 본다.

3) 2013년 대법원 양형기준 책자 289쪽에서 전재. 각 양형요소의 의미에 대해 상세한 것은 동 책자

위와 같은 인자들을 종합하여 '기본, 감경, 가중' 구간 해당 여부를 최종 결정하게 되는데 각 유형별 구간은 아래 표와 같다.[1)]

구별	감경구간	기본구간	가중구간
제 1 유형	~ 1년	6월 ~ 1년 6월	1년 ~ 2년 6월
제 2 유형	10월 ~ 2년 6월	1년 ~ 4년	2년 6월 ~ 6년
제 3 유형	1년 6월 ~ 4년	3년 ~ 6년	4년 ~ 7년
제 4 유형	3년 ~ 6년	5년 ~ 9년	7년 ~ 11년
제 5 유형	5년 ~ 9년	7년 ~ 11년	9년 ~ 15년

참고로, 집행유예 기준은 다음과 같다.[2)]

구분	부정적	긍정적
주요참작사유	○ 범죄수익을 의도적으로 은닉한 경우 ○ 범행 수법이 매우 불량한 경우 ○ 실제 주가 등에 중대한 영향을 미쳤거나 불공정거래의 규모가 매우 큰 경우 ○ 동종 전과(5년 이내의, 집행유예 이상 또는 3회 이상 벌금)	○ 사실상 압력 등에 의한 소극적 범행 가담 ○ 범행가담 정도가 경미한 경우 ○ 실제 주가 등에 미친 영향이나 행위의 규모가 작은 경우 ○ 자수 또는 내부비리 고발
일반참작사유	○ 동종 전과가 있거나 2회 이상 집행유예 이상 전과 또는 규제기구로부터 징계나 과징금 등의 제재조치를 받은 전력 ○ 사회적 유대관계 결여 ○ 진지한 반성 없음 ○ 공범으로서 주도적 역할 ○ 범행 후 증거은폐 또는 은폐시도 ○ 비난 동기	○ 사회적 유대관계 분명 ○ 진지한 반성 ○ 집행유예 이상의 전과 없음 ○ 피고인이 고령 ○ 공범으로서 소극 가담 ○ 피고인의 건강상태가 매우 좋지 않음 ○ 피고인의 구금이 부양가족에게 과도한 곤경을 수반 ○ 범죄수익의 대부분을 소비하지 못하고 보유하지도 못한 경우

주요참작사유는, 부정적 요소와 긍정적 요소를 종합적으로 고려하여 '실형 또는 집행유예' 중 어느 것을 권고할 것인지를 결정하는데 영향을 준다.[3)] 일반참작사유는, 주요참작사유를 검토하여 '실형 또는 집행유예'가 결정된 후 그 반대 측면에서 주요참작사유에 의한 결정을 번복할지 검토하기 위한 요소이다.[4)]

299-301쪽 참조.

1) 2013년 대법원 양형기준책자 288쪽에서 전재. 징역형을 전제로 한다.

2) 2013년 대법원 양형기준책자 311쪽에서 전재.

3) 예를 들어, 주요참작사유 중 부정적 요소가 긍정적 요소보다 많으면 실형을 권고하고, 그 반대의 경우에는 집행유예를 권고하게 된다.

4) 예를 들어, 주요참작사유 중 긍정적 요소가 부정적 요소보다 많아 집행유예 권고대상이더라도 일반참작사유 중 부정적 요소가 더 많으면 반대로 집행유예가 아닌 실형이 권고될 수 있는 것이다.

양형기준에 적시된 주요참작사유나 일반참작사유가 한정적인 것인지, 예시적인 것인지 규정상으로는 분명하지 아니하나 예시적인 것으로 보는 것이 타당할 것이다.

한편, 미공개중요정보이용은 '공개되지 않은 상태의 중요정보를 이용'하면 기수에 이르는 것으로 이익취득이나 손실회피 등 그로 인한 구체적 결과를 필요로 하지 않고,[1] 시세조종의 경우에도 그로 인한 '시세변동의 가능성'만 있으면 충분하며,[2] 부정거래 역시 '타인에게 오해를 유발하게 하는 행위'를 하면 되는 것이지 그로 인한 결과를 요하는 것은 아니라는 점에서[3] 모두 추상적 위험범에 해당한다고 할 수 있다. 따라서 범죄성립과 관련하여 기수 여부를 판단할 때에는 구체적 결과 발생 여부를 따지는 것이 큰 의미가 없을 수 있다.[4] 반면 양형에 있어서는, 협의의 불공정거래 범죄로 어떤 결과가 발생한 경우를 그렇지 않은 경우와 같은 형량으로 처벌하기는 어려우므로 '결과 발생 여부'와 '그 규모'를 살펴보아야 한다.

형벌의 예측가능성을 높이고 자의적 형량 결정을 방지할 수 있다는 점에서 양형기준의 제정과 시행은 매우 바람직한 방향이라고 평가할 수 있다. 그러나 현재의 양형기준은 앞서 살펴본 바와 같이 권고적 효력에 그치고 있고, 양형인자들이 자본시장 불공정거래의 특성을 충분히 포섭하고 있다고 보기 어려우며,[5] 그마저 추상적일 뿐만 아니라 권고형량 구간도 지나치게 넓어 과연 일선에서 양형기준으로서의 기능을 얼마나 발휘하고 있는지 의문이라고 하지 않을 수 없다. 양형인자와 기준 전반에 걸친 지속적 개선은 물론 엄정한 양형기준의 실무 정착이 요망된다.[6]

Ⅵ. 양벌규정의 적용

자본시장법 제448조는 "법인(단체를 포함한다. 이하 이 조에서 같다)의 대표자나 법인 또는 개인의 대리인, 사용인, 그 밖의 종업원이 그 법인 또는 개인의 업무에 관하여 제443조부터 제446조까지의 어느 하나에 해당하는 위반행위를 하면 그 행위자를 벌하는 외에

1) 박순철, 전게서(2010), 25쪽. 다만, '가중처벌 구성요건의 경우에는 현실적으로 거래가 존재하고 이로 인해 일정 금액 이상의 부당이득액이나 손실회피액이 있어야 하므로 투자자의 재산권을 침해하는 침해범적 성격'을 갖는다.
2) 대법원 2007. 11. 29. 선고 2007도7471 판결.
3) 대법원 2006. 4. 14. 선고 2003도6759 판결; 서울고등법원 2009. 1. 22. 선고 2008노2315 판결 등 참조.
4) 한편, 자본시장법에는 미수범 처벌규정이 없으므로 협의의 불공정거래 범죄에 대한 실행의 착수시기를 논하는 것은 무의미하다.
5) 예를 들어, 부정거래 등으로 자본시장질서를 심각하게 훼손하는 범행을 저질렀음에도 경우에 따라서는 그로 인한 부당이득액을 산정할 수 없거나 산정하기 곤란한 사례가 발생할 수 있는데, 위 양형기준은 철저히 결과 중심으로 되어 있어 이와 같은 사안을 포섭하는데 한계가 있다.
6) 종국적으로는 미국 등의 사례를 모델로 양형기준제가 아닌 양형기준법의 제정을 검토할 필요가 있을 것이다.

그 법인 또는 개인에게도 해당 조문의 벌금형을 과한다. 다만, 법인 또는 개인이 그 위반행위를 방지하기 위하여 해당 업무에 관하여 상당한 주의와 감독을 게을리하지 아니한 경우에는 그러하지 아니하다"라고 규정하고 있다.

위와 같은 내용의 양벌규정은 각종 특별형법에 거의 빠짐없이 입법되어 있는 것으로서, 당해 위반행위가 법인의 업무 등과 관련하여 저질러지는 경우에는 반복적·계속적으로 범해질 가능성이 크므로 행위자 외에 법인, 사용자인 개인까지 형사처벌대상으로 삼아 그 위반행위의 발생을 방지하고 처벌조항의 규범력을 확보하려는데 목적이 있다.[1)]

또한 법인은 기관을 통하여 행위하기 때문에 법인 대표자 행위의 법률효과는 법인에게 귀속되는 것이고 법인 대표자의 범죄행위에 대하여는 법인 자신이 책임을 지는 것으로 보아야 하므로 요컨대 법인 대표자의 법규위반행위에 대한 법인의 책임은 직접책임으로서 대표자의 고의에 의한 위반행위에 대하여는 법인 자신이 고의에 의한 책임을, 대표자의 과실에 의한 위반행위에 대하여는 법인 자신이 과실에 의한 책임을 지는 것이라 할 수 있다.[2)]

구체적으로, 법인의 대표자나 법인 또는 개인의 대리인, 사용인 그 밖의 종업원이 그 법인 또는 개인의 업무에 관하여 '미공개중요정보이용, 시세조종, 부정거래' 등 협의의 불공정거래를 한 경우 그 행위자를 벌하는 외에 법인이나 개인도 해당 조문의 벌금형에 처해진다.

'대표자, 대리인, 사용인 그 밖의 종업원에 해당하는지 여부'는 직책이나 명칭, 위임, 고용계약의 사법상 효력 등 형식적인 기준에 의해서가 아니라 일정한 권한을 가지고 실제로 본인(법인이나 개인)을 위해 행위를 하였느냐는 실질적인 관점에서 판단하여야 한다.[3)]

정식으로 고용계약을 체결하였는지를 묻지 않으며 직접 또는 간접으로 법인이나 개인의 통제·감독을 받으면서 사실상 대표자, 대리인, 사용인, 종업원으로 권한을 행사하였다면 동 양벌규정의 적용대상이 된다.[4)]

'업무관련성'을 인정하기 위해서는 객관적으로 법인이나 개인의 업무를 위한 것으로 볼 수 있는 행위가 있어야 하고, 주관적으로 대표자 등이 법인이나 개인의 업무를 위하여 한다는 인식을 가지고 행위를 한 경우여야 한다.[5)] 실무상 양벌규정의 '업무관련성'은 비교적 폭넓게 인정하는 경향에 있다.[6)]

---

1) 대법원 2010. 9. 30. 선고 2009도3876 판결 참조.
2) 헌재 2010. 7. 29. 2009헌가25(전원재판부) 참조. 그런 점에서 양벌규정에 근거한 법인 등의 형사처벌은 헌법상 '자기책임의 원칙'에 반한다고 볼 수 없다.
3) 서울중앙지법 2008. 2. 1. 선고 2007고합71 판결.
4) 대법원 1993. 5. 14. 선고 93도344 판결 참조.
5) 대법원 1997. 2. 14. 선고 96도2699 판결; 서울고등법원 2011. 10. 6. 선고 2011노806 판결 참조.
6) 서울고등법원 2008. 6. 24. 선고 2007노653 판결(미공개중요정보이용 관련); 대법원 2004. 1. 27. 선고 2003도5915 판결(시세조종 관련); 서울고등법원 2011. 10. 6. 선고 2011노806 판결(부정거래 관련) 등 참조.

양벌규정의 적용 요건이 충족된다면 그 행위자를 벌하는 외에 법인, 개인에게도 해당 조문의 벌금형을 과한다. 여기서 '행위자'란 미공개중요정보이용, 시세조종, 부정거래 각 구성요건이 예정하고 있는 행위 주체를 말한다. 다만, 미공개중요정보이용 관련 자본시장법 제174조 제1항 제1호의 '법인'은 당연히 범죄능력이 없으므로 양벌규정을 통해 처벌할 수밖에 없다.[1)]

법 제447조는 징역형과 벌금형의 병과를 규정하고 있고, 위 양벌규정의 적용요건이 충족되는 경우에는 '해당 법인 또는 개인에게 당해 조문의 벌금형'을 과하게 되어 있으므로 예를 들어, A법인의 대표 甲이 A법인의 업무와 관련하여 협의의 불공정거래 범죄를 범한 경우 甲은 법 제443조의 처벌규정에 의해 처벌되면서 동법 제447조에 근거해 징역형과 벌금형을 병과받을 수 있고, A법인은 동법 제448조에 근거해 벌금형을 부과받을 수 있다.[2)]

이때 부과하는 벌금액은 법 제443조 제1항 단서와 제2항이 규정한 기준 범위를 따라야 한다. 그러나 행위자인 甲에 대한 징역형과 벌금형의 병과는 임의적인 것에 불과하며, 甲에게 부과하는 벌금액수와 A법인에 부과하는 벌금액수가 반드시 같아야 하는 것도 아니다.[3)]

실무상 양벌규정의 적용요건을 충족한 경우, 행위자를 처벌하는 외에 해당 법인 또는 개인까지 처벌하는 것이 보통이나 특별한 참작사유가 있어 행위자만 처벌하고 해당 법인이나 개인을 기소하지 않았더라도 위법한 것으로는 볼 수 없다.

한편, 신분 없는 자가 법 제174조에서 규정한 신분자와 함께 미공개중요정보이용행위를 범한 경우 신분 없는 자는 신분자와 동법 제443조에 근거해 공범으로 처벌되고, 신분자가 법인의 업무와 관련해 그와 같은 범죄를 저질렀다면 그 법인은 동법 제448조에 근거해 벌금형을 부과받을 수 있으나 신분 없는 자가 소속한 법인에 대해서는 가사, 신분 없는 자가 그 소속 법인의 업무와 관련하여 위와 같은 범죄를 저질렀다고 하더라도 동법상 양벌규정에 근거해 처벌할 수는 없다고 보아야 한다. 법 제448조 양벌규정은 그 전제로서 행위자를 자본시장법상 행위주체로 한정하고 있고 거기에 가담한 신분 없는 자까지 대상으로 하는 것은 아니기 때문이다.[4)]

끝으로, 양벌규정의 적용요건을 일응 충족하였다고 하더라도 법인 또는 개인이 그 위반행위를 방지하기 위하여 해당 업무에 관해 상당한 주의와 감독을 게을리하지 아니한 경우에는 처벌할 수 없다(법 제448조 단서).[5)]

---

1) 박순철, 전게서(2010), 193쪽.
2) 대법원 2007. 7. 26. 선고 2007도4716 판결 참조.
3) 대법원 1995. 12. 12. 선고 95도1893 판결.
4) 박순철, 전게서(2010), 195쪽 참조.
5) 위와 같은 면책조항은 헌재 2009. 7. 30. 2008헌가14에 따라 신설된 것이다. 동 결정에서 헌법재판소는 "단순히 법인이 고용한 종업원 등이 업무에 관하여 범죄행위를 하였다는 이유만으로 법인에 대하여

동조 단서에 의한 면책적용에 있어서는 '위반행위가 발생하지 않도록 적절한 내부통제시스템이 갖추어져 있는지, 실제로 그와 같은 시스템이 상시 잘 가동되고 있었는지, 실현행위에 나아가기 전 내부통제를 받았는지 여부' 등이 주된 쟁점이 될 것이다.

이에 대한 증명책임은, 원칙적으로 검사가 '법인이나 개인이 위반행위방지에 요구되는 상당한 주의와 감독을 해태하였다'는 점을 증명하여야 한다. 그러나 해당 법인이나 개인이 '상당한 주의와 감독을 게을리하지 않았음'을 증명하는 것으로 사실상 증명책임이 전환되어 있으며, 결과책임에 가깝게 운영되고 있는 나머지 실무상 동조 단서에 의해 면책이 되는 사례는 많지 않은 것이 현실이다.

Ⅶ. 불공정거래의 부당이득액 산정

1. 서 설

미공개중요정보이용, 시세조종, 부정거래행위를 통해 얻은 이득액 또는 손실회피액[1]은 그 범행으로 인한 결과일 뿐이므로 원칙적으로 구성요건요소로 볼 수 없다.

그러나 자본시장법은 법 제443조 제 1 항 단서에서 '다만, 그 위반행위로 얻은 이익 또는 회피한 손실액의 3배에 해당하는 금액이 5억원 이하인 경우에는 벌금의 상한액을 5억원으로 한다'고 규정하고 있고, 같은 조 제 2 항은 그 위반행위로 얻은 이익 또는 회피한 손실액이 5억원 이상인 경우 액수에 따라 가중처벌하고 있으므로, 위와 같은 때에는 부당이득액을 '위반행위로 얻은 이익 또는 회피한 손실액이 5억원 이하임에도 상한액을 5억원으로 하여 벌금을 부과'하거나 '이익 또는 손실액이 5억원 이상임을 전제로 그 액수에 따라 가중처벌[2]'을 하기 위한 구성요건의 일부로 보아야 한다.[3] 다만 행위자가 그로 인해 얻게 될 부당이득액수까지 구체적으로 예견할 필요는 없고, '불공정거래를 함으로써 이득을 얻거나 손실을 회피할 수 있을 것'이란 정도의 미필적 인식만 있으면 충분하다.[4]

가중처벌을 위한 부당이득액의 규모에 대한 증명책임은 검사가 부담한다. 다만, 공

형사처벌을 과하는 것은 다른 사람의 범죄에 대해 그 책임 유무를 묻지 않고 형벌을 부과하는 것으로서 헌법상 법치국가의 원리 및 죄형법정주의로부터 도출되는 책임주의원칙에 위배된다"고 하였다.

1) 이하, 본장에서 미공개중요정보이용 관련하여 '부당이득액'을 지칭할 때에는 특별한 표현이 없는 이상 '이득액과 손실회피액'을 포함하는 것으로 이해하기 바란다.

2) 법 제443조 제 2 항은 결과적 가중범의 형태로 되어 있다. 결과적 가중범은 '기본범죄와 가중된 결과 사이의 인과관계, 가중된 결과에 대한 예견가능성'을 주된 성립요소로 한다(박상기, 전게서(2013), 199-201쪽 참조). 가중처벌시, 공소장에 이득액이나 회피손실액이 명확히 기재될 필요는 없고, 별지 범죄일람표 등을 종합해 그 액수가 '5억원 이하인지, 5억원 이상 50억원 미만인지, 50억원 이상인지'를 파악할 수 있다면 그에 따라 적용법조를 달리하여 가중처벌하는 것이 위법은 아니라고 할 것이다(김학석, 전게 학위논문(2010), 200쪽; 대법원 2000. 11. 24. 선고 2000도2827 판결; 대법원 2002. 7. 26. 선고 2002도1855 판결 참조).

3) 대법원 2004. 3. 26. 선고 2003도7112 판결.

4) 박순철, 전게서(2010), 191쪽 참조.

소장이나 관련 증거자료에 의하더라도 그 액수가 불명하여 가중처벌을 전제로 공소제기를 한 것인지 명확하지 않다면 특별한 사정이 없는 한 법 제443조 제 1 항에 따라 기본적 처벌규정으로 기소한 것으로 보는 것이 타당할 것이다.[1)]

한편, 미공개중요정보이용은 신분 없는 자가 신분자에 가공하여 범해질 수도 있는데 그 부당이득액수를 산정함에 있어서는 신분자는 물론 공범관계인정을 전제로 공범인 신분 없는 자의 부당이득액까지 포함하여 통산하고 그에 따라 신분자와 비신분자 전체에 대한 가중처벌 여부를 결정하여야 한다.[2)]

하지만 예를 들어 내부자가 1차 정보수령자로 하여금 미공개중요정보를 이용하게 하고 1차 정보수령자가 해당 정보로 가중처벌 규정에 상응하는 이득을 취하거나 손실을 회피한 경우, 1차 정보수령자를 그 액수에 따라 가중처벌하는 것은 당연하지만 내부자는 법 제443조 제 1 항의 기본규정으로 처벌하는 것이 타당하다. 왜냐하면 '타인으로 하여금 정보를 이용하게 한 자가 그로 인한 이득을 취한 바가 없는 이상' 부당이득액을 계산함에 있어서는 이익의 실질적 귀속관계를 따져 판단하는 것이 책임주의원칙에 부합한다고 할 것이기 때문이다.[3)]

2. 액수 산정의 기본 원칙

장내거래는 경쟁매매방식을 취하고 있고 또한 주가는 한 가지 요소에 의해서만 영향을 받는 것이 아니므로 자본시장 불공정거래 범죄들로 인한 부당이득액의 규모를 정확하게 계산해 내는 것은 사실상 불가능이라 할 수 있다.

하지만 법 제443조 제 1 항 단서, 동조 제 2 항의 규정들은 형사처벌을 위한 법정형에 관한 조항으로서 위반행위와 직접 인과관계 있는 이득액을 오차 없이 산출하여 박탈하려는 것이 아니기 때문에 불공정행위로 인한 부당이득액을 빈틈없이 계산해 낼 수는 없다고 하더라도 동조에 근거해 위반자들을 처벌하는데 어떤 법률적 하자가 있는 것은 아니다.[4)]

요컨대, 형사처벌을 위해 실무에서 산정하는 불공정거래 범죄의 부당이득액은 기술적으로 '추정치'이며 결국 일정한 기준에 따라 합리적인 의심이 들지 않도록 실제 수치에 보다 근접한 '추정수치'를 계산해 내는 것이 관건이라 할 수 있다. 그런 점에서 부당이득액수의 산정은 규범적 영역에 속하는 문제이고, 자유로운 증명의 대상이라 할 것이다.[5)]

부당이득액의 산정을 떠받치는 세 가지 기본적 원칙은 '죄형균형원칙, 책임주의원칙

1) 대법원 2004. 3. 26. 선고 2003도7112 판결 참조.
2) 대법원 2005. 8. 16. 선고 2005도2710 판결 참조.
3) 대법원 2011. 2. 14. 선고 2010도7404 판시취지 참조.
4) 서울고등법원 2009. 1. 23. 선고 2008노2564 판시취지 참조.
5) 자유로운 증명의 경우에는, 법정에서 이에 대한 증거조사 자체는 필요하지만 반드시 법률에 규정된 증거조사절차를 따라야 하는 것은 아니며, 법원이 재량에 의해 자유로운 방법으로 증거조사를 할 수 있다. 정웅석/백승민, 「형사소송법」, 대명출판사(2007), 174쪽.

및 인과관계'[1]이다. 죄형균형의 원칙은 "부당이득액은 엄격하고 신중하게 산정함으로써 범죄와 형벌 사이에 적정한 균형이 이루어지도록 하여야 한다"는 것을 뜻하고, 책임주의의 원칙은 "형벌은 책임에 기초하고 그 책임에 비례하여야 한다"는 것을 뜻한다. 또한 부당이득액은 위반행위와 직접적으로 관련이 있는 이익에만 한정되는 것이 아니라 널리 그 위반행위와 관련된 거래로 인한 이익을 말하는 것으로서 "위반행위로 인하여 발생한 위험과 인과관계가 인정된다"면 부당이득으로 볼 수 있는 것이다.[2] 이들 원칙은 서로 밀접하게 연관되어 있으며, 부당이득 산정 기준인 동시에 제한의 원리이기도 하다.

통상적인 경우에는 위반행위와 관련된 거래로 인한 총 수입에서 그 거래를 위한 총 비용을 공제한 차액을 산정하는 방법으로 인과관계가 인정되는 이익을 산출할 수 있으나, 구체적인 사안에서 위반행위로 얻은 이익의 가액을 위와 같은 방법으로 인정하는 것이 부당하다고 볼 만한 사정이 있는 경우에는 위반행위의 동기, 경위, 태양, 기간, 제 3 자의 개입 여부, 증권시장 상황 및 그 밖에 주가에 중대한 영향을 미칠 수 있는 제반 요소들을 전체적·종합적으로 고려하여 인과관계가 인정되는 이익을 산정하여야 하고 그에 관한 증명책임은 검사가 부담한다.[3]

아울러, 부당이득에는 "행위자의 개인적이고 유형적인 경제적 이익 외에도 기업의 경영권 획득, 지배권 확보, 회사 내에서의 지위상승 등 무형적 이익, 적극적 이익뿐만 아니라 손실을 회피하는 경우와 같은 소극적 이익, 아직 현실화되지 않은 장래의 이득도 모두 포함된다"고 보아야 한다.[4]

그러므로 사안에 따라서는 부당이득액수를 산출하는 것이 큰 의미가 없거나[5] 때로는 이를 산출할 수 없는 경우[6]도 있을 수 있다. 그와 같은 경우 실무상 「미공개중요정보이용, 시세조종, 부정거래와 같은 법률위반행위는 존재하되 그로 인한 이득액은 '액수불상'이란 취지」로 기소하고, 법 제443조 제 1 항의 기본적 벌칙규정[7]에 의해서만 처벌할 수 있을 뿐이며 가중처벌은 불가하다. 부당이득액수를 계산함에 있어, 불명확한 경우에는 '위반자에게 유리하게 산정하는 것'이 형사법의 대원칙(in dubio pro reo)에 부합함을 유의하여야 할 것이다.

---

1) 대법원 2009. 7. 9. 선고 2009도1374 판결; 대법원 2011. 10. 27. 선고 2011도8109 판결 등 참조.
2) 대법원 2009. 7. 9. 선고 2009도1374 판결.
3) 대법원 2010. 12. 9. 선고 2009도6411 판결.
4) 서울고등법원 2011. 6. 9. 선고 2010노3160 판결.
5) 예를 들어, 하락장세에서 대주주가 단지 보유주식의 하락가치로 인한 손해를 보지 않기 위해 시세를 떠받치는 주가고정 목적의 시세조종을 하고, 그 이후에도 계속 주식을 보유하고 있는 경우에는 그로 인한 부당이득액을 산정하는 것이 큰 의미가 없을 것이다.
6) 예를 들어, '회사 내에서의 지위 상승', '경영권 유지'와 같은 무형적 이익은 그 가치를 산정할 수 있는 객관적 기준 지표가 없을 뿐만 아니라 산정하는 것 자체가 적절하지 않을 수도 있다.
7) 부당이득액수 산정이 곤란하므로 벌금형으로 처벌할 수는 없고 '10년 이하의 징역형'을 선택하여 그 범위 내에서 징역형으로만 처벌할 수 있을 것이다.

3. 불공정거래 범죄의 유형별 액수 산정

협의의 불공정거래 범죄 중 시세조종과 미공개중요정보이용의 부당이득액수 산정에 대해서는 판례를 통해 비교적 여러 관점의 검토가 축적되어 있다고 할 수 있다.

우선, 자본시장법에 그와 같은 구분이 있는 것은 아니지만 '시세조종'과 '주가상승의 호재성 정보를 이용한 미공개중요정보이용' 관련 부당이득액은 '실현이익'과 '미실현이익'으로 나누어 평가한다.[1] '실현이익'은 말 그대로 '거래를 통해 구체적으로 발생한 이익'을 말하고, '미실현이익'은 '매도하지 않고 보유하고 있는 주식의 평가이익'을 말한다. 그런 이유로 '미실현이익'은 '평가이익'으로 부르기도 한다. 다만, 악재성 정보를 이용한 손실회피성 미공개중요정보이용의 경우에는 실현이익, 미실현이익의 구별은 의미가 없고 '회피한 손실액'만 계산하면 된다.[2]

먼저 시세조종의 부당이득액 산정에 대해 살펴본다.

시세조종의 부당이득액은 기본적으로 '거래로 인한 총 수입(실현이익)에서 그 거래를 위한 총 비용'을 공제하고 여기에 '미실현이익'을 더하는 방식으로 계산한다.

'거래를 위한 총 비용'에는 '총 매수대금과 매도수수료, 매수수수료, 거래세(농어촌 특별세 포함) 등의 거래비용'이 포함된다. 유의할 점은, 거래비용은 당해 거래에 직접적으로 수반되어 발생하는 비용으로 한정된다는 것이다.[3] 미실현이익을 산정할 때에는 장래 처분시 예상되는 거래비용 등을 공제할 필요가 없다.[4]

'실현이익'의 산정과 관련하여서는 '매수단가, 매도단가'가 문제되고, 미실현이익의 산정과 관련하여서는 '매수단가, 매도단가 기준시점 및 주가 즉, 간주매도단가'가 문제된다. 여러 번에 걸쳐 매수, 매도를 하였다면 가중평균 매수단가, 가중평균 매도단가를 적용하는 것이 타당하다.[5]

'실현이익'은 〔(매도단가 − 매수단가) × 매매일치 수량〕으로, '미실현이익'은 〔(시세조종행위 종료시점 당일 종가 − 매수단가) × 보유 수량〕으로 계산한다.[6] 미실현이익 계

---

1) 미공개중요정보이용에 대한 것으로는 대법원 2006. 5. 12. 선고 2004도491 판결, 시세조종에 대한 것으로는 대법원 2002. 6. 14. 선고 2002도1256 판결; 대법원 2005. 11. 10. 선고 2005도6523 판결 등 참조.

2) 박순철, 전게서(2010), 246쪽.

3) 예를 들어, 양도소득세나 시세조종을 위해 외부청약과정에서 청약자들에게 지급하기로 한 청약환불금, 작전에 필요하여 대출받은 대출금 이자 등은 공제대상인 거래비용에 포함되지 않는다. 대법원 2003. 11. 14. 선고 2003도686 판결; 대법원 2004. 5. 28. 선고 2004도1465 판결; 대법원 2005. 12. 9. 선고 2005도5569 판결 등 참조.

4) 대법원 2013. 7. 11. 선고 2011도15056 판결. 동 판결은 시세조종에 대한 것이나 미공개중요정보이용 등의 경우에도 동일하다고 보아야 한다.

5) 이는, 미공개중요정보이용 및 부정거래의 경우에도 동일하다. 이하에서 매도, 매수단가를 지칭할 때에는 특별한 언급이 없더라도 수회에 걸쳐 매도·매수가 이루어진 경우 가중평균 매도 및 매수단가를 뜻한다고 보면 된다.

6) 대법원 2005. 11. 10. 선고 2005도6523 판결; 대법원 2010. 6. 14. 선고 2010도4453 판결 참조.

산시 '보유 수량'이란 당초 보유하고 있던 전체 물량에서 시세조종이 종료할 때까지 처분하지 못한 채 보유하고 있는 나머지 잔존 물량을 뜻한다. 후술하는 미공개중요정보이용의 미실현이익 보유물량도 이와 같다.

매수단가는 시세조종 전일의 종가를 매수가격으로 추정하거나 시세조종행위 종료 후 최초로 형성된 최저가를 매수가로 추정하거나 시세조종기간 중 주가의 평균을 매수가격으로 추정하는 방법 등이 있을 수 있다.[1] 판단건대 매수단가는 시세조종을 위한 주식 매집시기가 '시세조종 시작 전인지, 후인지' 그리고 '시세조종을 목적으로 매집을 한 것인지, 아니면 시세조종과 무관한 계기에 이를 소유하게 된 것인지' 등을 종합하여 결정하여야 한다고 본다. 구체적으로 시세조종을 염두에 두고 그 일환으로 시세조종 시작 전에 매집을 하였다면 실제 매수단가를 적용[2]하고, 시세조종으로 먼저 주가를 어느 정도 띄워놓은 상태에서 매집을 하였다면 그 매수단가에는 시세조종으로 인한 효과가 포함되었고 이는 배제함이 타당하므로 시세조종 시작 전일의 종가를 매수가격으로 보는 것이 타당하다고 할 것이다. 시세조종 시작 전에 시세조종과 무관한 기회에 이를 취득하였고 이를 계기로 시세조종에 나서게 된 경우에는 시세조종행위 착수 전날 종가(=시세조종 시작 전일의 종가)를 매수단가로 보아야 한다고 생각한다.

또한 담보로 취득한 주식을 대상으로 시세조종을 한 경우에는, 채권자의 입장에서 주식 취득 당시 취득단가(=채무자의 입장에서 담보 제공 당시 1주당 계산 가격)를 매수단가로 보아야 한다고 본다.[3] 통상 담보 주식의 취득단가는 채권자와 채무자 간 약정에 의해 결정될 것이며, 주로 담보제공일 당시 종가를 기준으로 할 것이다.

중요한 것은 실현이익과 미실현이익의 산정 기준시점 및 기준 가격이다.

구체적 거래로 인한 실현이익은 개별 거래 시점의 체결가격이 매도단가이므로 이를 기준으로 실제 실현된 이익을 통산한다. 반면, 미실현이익은 원칙적으로 시세조종행위 종료 시점의 당일 종가[4]를 매도가격으로 보고 그 가액을 산정한다. 시세조종행위 종료 후 주가가 지속적으로 하락하였고 그 무렵 주식을 매도하여 오히려 손실을 보았다고 하더라도 시세조종행위 종료 시점의 당일 종가를 매도단가로 삼아 미실현이익을 산정하여야 한다는 것은 동일하다.[5] 시세조종 기간의 종기에 형성된 가격(종가)을 기초로 그 시기에 매도한 것으로 가정하여 미실현이익을 산정한다는 점[6]에서 이를 '간주매도단가'로 부

1) 서울고등법원 2006. 9. 21. 선고 2006노59 판결 참조.
2) 대법원 2005. 4. 15. 선고 2005도632 판결의 판시취지도 이와 같다.
3) 서울고등법원 2006. 9. 21. 선고 2006노59 판결은 이에 대해 명확한 입장을 밝히지 아니한 채 "담보주식의 매수가를 시세조종의 영향력이 소멸한 이후의 종가로 잡는 것은 합리적 근거가 없이 자의적으로 기준을 설정한 것으로 볼 수밖에 없다"고 판시한 바 있다.
4) 대법원 2005. 11. 10. 선고 2005도6523 판결; 대법원 2010. 6. 24. 선고 2010도4453 판결 참조.
5) 대법원 2010. 6. 24. 선고 2010도4453 판결.
6) 서울중앙지방법원 2006. 1. 12. 선고 2005고합420 판결 참조.

를 수 있는 것이다.

그런데 때로는 시세조종행위 종료 시점의 당일 종가가 매수가격보다 더 하락할 수 있다. 경우에 따라서는 그로 인한 음(−)의 미실현이익이 양(+)의 실현이익을 상쇄하여 전체적인 부당이득액이 오히려 음(−)으로 나타날 수도 있다.[1] 하지만 부당이득액이 음(−)이더라도 그 결과 자체는 법 제176조가 요구하는 객관적 구성요건요소가 아니므로 가중처벌을 할 수 없을 뿐 위반자를 기본적인 시세조종혐의(법 제443조 제1항 본문, 제174조 위반)로 처벌하는데 문제가 있는 것은 아니다.

한편 대부분의 시세조종은 주가상승을 도모하겠지만 때로는 주가하락을 목표로 하거나[2] 시세고정[3]을 목표로 하는 경우도 있을 수 있다. 시세조종의 동기가 다양해지면서 시세상승 외에 시세고정이나 시세하락을 위해 시세조종을 하는 사례도 크게 늘고 있는 실정이다.

시세고정을 염두에 둔 시세조종은, 시세조종을 통해 어떤 경제적 이익을 구체적으로 실현하기 위한 것이 아니므로 앞서 언급한 것처럼 실현이익이나 미실현이익을 산정하는 것이 무의미할 수 있다. 그렇다고 하더라도 시세조종의 위법행위가 있었던 것은 사실인 만큼 '액수불상의 부당이득을 취한 시세조종'으로 처벌이 가능하다.

주가하락을 목표로 한 시세조종의 경우에는, 비록 실현이익이건 미실현이익이건 주가 자체를 통해서는 어떤 '이익'을 얻은 바 없지만 주가 이외의 관점에서는 이익을 보았을 수 있으므로 시세조종과 인과관계가 인정되는 범위 내에서 주가하락을 통해 얻게 된 주가 이외의 이익을 따져보아야 한다.[4] 다만, 수치로 그 이익액을 계산할 수 없다면 시

1) 그런데 사견으로는, 이와 같은 사안에서도 판례 입장처럼 미실현이익을 시세조종행위 종료시점의 당일 종가를 기준으로 산정하는 것이 과연 부당이득액 산정의 여러 원칙 중 하나인 '인과관계' 측면에서 타당한 것인지 의문을 가지고 있다. 왜냐하면 주가상승을 도모한 시세조종의 경우, 시세조종 외 달리 주가상승을 견인할 만한 다른 요소가 없었다면 주가상승은 시세조종의 결과라 할 수 있으나, 주가가 최고점(종가 기준)을 지나 하락하기 시작하였다면 그것은 시세조종의 효과가 시장에서 희석되기 시작하였다는 반증으로 주가하락은 시세조종행위의 인과관계범위를 벗어나는 효과라고 볼 수 있기 때문이다. 따라서 그와 같은 경우에는 시세조종행위 종료시점의 종가가 아니라 시세조종의 결과로 나타난 최고가(=시세조종의 영향력이 극대화된 가격)를 기준 가격으로 미실현이익을 산정할 수 있는지를 검토하여야 한다고 본다. 후술하는 '호재성 미공개중요정보이용의 미실현이익 산정' 부분 참조.

2) 예를 들어, 투자부분과 사업부분이 혼재되어 있는 회사를 인적 분할하여 지주회사와 사업회사로 나누면서 대주주가 가지고 있는 사업회사의 지분을 지주회사에 현물출자하고, 지주회사의 제3자배정 유상증자에 대주주가 참여하는 경우, '사업회사 지분과 지주회사 지분의 교환비율 산정기간' 동안 대주주의 지주회사에 대한 지배권을 더욱 안정적으로 확보하기 위해 사업회사의 주가를 올리는 대신 지주회사의 주가를 내리기 위한 목적의 시세조종이 이루어질 가능성이 크다.

3) 예를 들어, 대주주가 자금차입을 위해 담보권자(사채업자)에게 그 주식을 담보제공한 경우, 주가가 하락하면 대주주는 담보권자에게 추가담보를 제공하여야 하는 불이익과 추가 주가 하락시 담보권자에 의한 반대매매의 위험을 감수하여야 하므로 대주주는 담보비율의 유지를 위한 목적으로 시세를 떠받치기 위한 시세조종의 유혹에 빠지기 쉽다.

4) 앞서 사례로 든 대주주의 지주회사에 대한 지배권 확보 목적 시세조종의 경우, 사업회사의 주가를 올리면서 동시에 지주회사의 주가를 끌어내림으로써 그와 같은 행위가 없었을 때보다 대주주가 지주회사에 대한 지분율을 얼마나 더 확보하였는지는 계산이 가능하며, 지주회사의 가치는 지주회사의 시가

세고정 목적의 시세조종처럼 '액수불상의 부당이득을 취한 시세조종'으로 처벌할 수밖에 없을 것이다.

미공개중요정보이용행위의 부당이득산정은 아래와 같다.

우선, 호재성 정보를 이용한 미공개중요정보이용의 실현이익은 기본적으로 〔(매도단가 − 매수단가) × 매매일치수량〕으로 산정[1]한다는 점에서 시세조종의 경우와 동일하다. 그러므로 이 경우에도 '매수단가와 매도단가'에 대한 판단이 문제된다.

호재성 정보가 공시되기 전에 미공개중요정보를 이용한 매매차익을 노리고 해당 종목을 매수하였다면 매수단가는 실제 취득단가로 보는 것이 타당하다.[2]

매도단가는 호재정 정보 공개 후 주가가 상승한 상태에서 최종처분할 당시의 매매체결가격을 기준으로 삼아야 할 것이다.[3]

미실현이익의 산정에 있어서는 '매수단가와 간주매도단가'가 문제된다.

'매수단가'는 실현이익 산정에 있어서와 크게 다른 점이 없으나 '매도단가' 관련하여서는 매도간주시점을 '최종처분시'로 볼 것인지 아니면 '최고가 형성시점'으로 볼 것인지 견해가 나뉘어 좀 복잡하다.

판례는 '정보공개 후 최초형성 최고가일 종가'를 간주매도단가로 보아 미실현이익을 산정한 경우도 있고,[4] '최종 처분행위시의 주가'를 간주매도단가로 보아 미실현이익을 산정한 경우도 있다.[5] 여기서 '정보공개 후 최초형성 최고가일 종가'라 함은 정보공개 후 주가가 지속적으로 상승하다 최고가를 형성한 날의 종가를 말한다.[6]

호재성 정보가 공시되어 시장에 영향을 미치고 그것이 주가에 반영되어 나타난다는 '인과관계'의 관점에서 보면 '정보공개 후 최초형성 최고가일 종가'를 기준으로 삼는 것이 합리적이다.[7] 반면, 호재성 정보를 이용해 이익을 실현하고자 하는 행위자의 의사에 충

총액으로 봄이 타당하므로(통상, 어떤 상장회사의 시장가치는 당해 회사의 시가총액규모로 본다. 대법원 2002. 6. 14. 선고 2002도1256 판시취지 참조), 결국 대주주는 위와 같은 시세조종으로 〔지주회사의 시가총액 × (시세조종 이후 대주주의 지주회사에 대한 지분율 − 시세조종 이전 대주주의 지주회사에 대한 지분율)〕 만큼의 경제적 이득을 취하였다고 할 수 있다.

1) 박순철, 전게서(2010), 248쪽; 대법원 2006. 5. 12. 선고 2004도491 판결 참조.

2) 반면, 우연한 기회에 당해 종목을 매수하게 되었고 이후 호재성 정보가 공시되어 뜻하지 않게 매매차익을 실현할 수 있게 된 경우라면, 이는 미공개중요정보를 이용한 거래로 보기 어려우므로 실현이익을 산정할 필요도 없이 처벌할 수 없다고 본다.

3) 박순철, 전게서(2010), 249-250쪽.

4) 서울중앙지방법원 2011. 4. 7. 선고 2010고합775 판결.

5) 대법원 2006. 5. 12. 선고 2004도491 판결.

6) 따라서 정보공개 후 주가가 지속적으로 상승하다 최고가를 찍고 어떤 이유에서인지 주가가 일시 하락하였다가 다시 더 큰 폭으로 상승하였다면, 최초로 최고가를 형성한 날의 종가가 '정보공개 후 최초형성 최고가일 종가'가 된다. 이후 주가가 하락하였다가 다시 상승한 경우 그 하락과 상승은 당해 정보의 공개와 관련이 없다고 보아야 하기 때문이다.

7) 왜냐하면 최초형성 최고가 이후 주가하락은 호재성 정보가 시장에 미치는 영향이 점차 줄어들고 있음을 의미한다고 보아야 하기 때문이다.

실한다면 '최종 처분행위시의 주가'를 기준으로 삼는 것이 타당하다고 할 수 있다.

판단건대, 호재성 미공개중요정보를 이용해 이익 실현에 나선 행위자가 수차례 당해 종목을 매매하여 이익을 실현하고 계약이 체결되지 아니하여 매수한 전체 물량 중 일부를 보유하고 있는 상황이라면(일부 처분, 일부 보유) 행위자의 의사에 충실하게 '최종 처분행위시의 주가'를 기준으로 미실현이익을 산정하는 것이 타당하다고 본다. 반면, 호재성 미공개중요정보의 공시효과가 시장에서 사그라지도록 이익을 실현하지 못한 채 매수 물량 전체를 보유하고 있는 상황이라면(전부 보유) '정보공개 후 최초형성 최고가일 종가'를 기준으로 삼아 미실현이익을 산정하여야 할 것이다.[1)]

'최종 처분행위시의 주가'를 기준으로 하면 대체로 '정보공개 후 최초형성 최고가일 종가'를 기준으로 계산하는 것보다 행위자에게 유리할 수 있어 바람직하기도 하다. 그러나 역으로 '정보공개 후 최초형성 최고가일 종가'를 기준으로 하면 '최종 처분행위시의 주가'를 기준으로 하는 경우보다 미실현이익 규모가 더 커질 수 있어 이익실현행위에 나아가지 못한 행위자를 도리어 이익실현에 성공한 행위자보다 불리하게 취급하게 될 가능성을 배제할 수 없는 것도 문제이다.

하지만 그와 같은 경우에는 '정보공개 후 최초형성 최고가일 종가' 이외에 달리 미실현이익을 산정할 만한 기준주가가 없다는 점, 호재성 정보 공개 후 주가 상승은 시장이 당해 정보에 반응을 하는 것이라 정보 공개와 인과관계가 있다고 할 수 있지만 최고가 형성 이후 주가 하락은 더 이상 시장이 그 정보에 반응을 하지 않은 것으로 볼 수 있어 호재성 정보의 시장영향도가 소멸된 것이고 정보 공개와 인과관계 있는 범위를 벗어난 것으로 평가할 수 있다는 점을 고려하지 않을 수 없다.

사실 이와 같은 문제는 주가상승을 도모한 시세조종의 미실현이익의 산정에 있어서도 동일하게 제기될 수 있는 사항으로서 앞에서 살펴본 것처럼 시세조종의 경우, 판례는 미실현이익을 '시세조종 종료 시점의 당일 종가'를 기준으로 산정[2)]하지만 사견으로는 시세조종의 경우에도 미공개중요정보이용의 경우에 준해 미실현이익을 판단하여야 한다고 본다.[3)]

요컨대, 미실현이익의 간주매도단가 산정은 '행위자가 보유주식을 처분하였다고 가

1) 사견으로는, 미공개중요정보이용과 같은 취지에서 시세조종의 경우에도 작전으로 주가가 상승하였음에도 작전이 종료될 때까지 이를 처분하지 못한 채 전량을 그대로 보유 중인 때에는 '최초형성 최고가일 종가'를 기준으로 미실현이익을 산정하여야 한다고 생각한다.

2) 대법원 2005. 11. 10. 선고 2005도6523 판결 등 참조.

3) 즉, 미공개중요정보이용의 미실현이익 산정과 같은 취지에서, 시세조종행위 기간 전에 주식을 매집한 뒤 시세조종에 나서 그 일부를 처분하고 일부를 보유하고 있는 상황이라면, 보유주식의 평가이익은 시세조종 행위자의 처분의사를 고려해 '최종 처분행위시' 주가를 기준으로 산정하고, 만약 시세조종으로 주가가 상승했음에도 불구하고 작전이 종료될 때까지 이를 처분하지 못한 채 보유 중이라면, '시세조종 착수 후 최초형성 최고가일 종가'를 기준으로 미실현이익을 산정하는 것이 타당하다고 생각한다.

정할 때 과연 언제 처분하였을 것으로 추정할 수 있는지'의 판단문제라 할 수 있으며, 행위자가 보유주식을 적극적으로 처분에 나선 상황이라면 '최종 처분행위시'에 전체를 처분하였을 것으로 보아 미실현이익을 산정하고, 처분을 하지 못한 채 전체 물량을 보유 중이라면 '최초로 형성된 최고가일 종가'로 처분하였을 것으로 보고 미실현이익을 산정하는 것이 행위자의 의사나 인과관계에 부합하는 것이라고 생각된다.

참고로 위의 미실현이익 산정에는 미공개정보이용행위와 관련하여 발생한 채권까지 모두 포함되어야 하며, 판례는 '주식양도를 목적으로 하는 채권의 가액은 그 약정이행기를 기준으로 산정하여야 한다'고 판시한 바 있다.[1]

한편 손실회피 목적의 미공개중요정보이용의 경우에는 '회피한 손실액의 산정'만 문제되고 이는 통상 〔(매도단가 − 정보공개 후 최초형성 최저가일 종가) × 매매일치수량〕의 방식으로 계산한다.[2]

'매도단가'는 실제로 매도주문을 제출하여 거래가 체결된 가격을 말하고, '정보공개 후 최초형성 최저가일 종가'는 악재성 정보가 공시된 뒤 주가가 계속 하락하다 최초로 형성된 최저가일의 종가를 말한다.[3]

그런데 판례 중에는 '정보공개 후 최초형성 최저가일 종가' 대신에 해당 정보가 충분히 시장에 공개된 이후 주가가 안정화된 시점의 주가를 기준으로 손실회피액을 산정한 사례[4]도 있다.

판단건대, 악재성 정보의 공개와 시장의 반응 간 인과관계를 고려할 때 손실회피액은 '정보공개 후 최초형성 최저가일 종가'를 기준으로 산정하는 것이 합리적이라 할 것이다. '정보공개 후 최초형성 최저가일 종가'가 이후에도 계속 유지되어 '주가가 안정화된 시점의 주가'와 일치한다면 문제가 없지만 최초형성 최저가일 종가를 찍고 그 뒤 최초형성 최저가일 종가와 다른 가격에서 주가가 안정화되었다면 그 가격은 당해 악재성 정보의 공개와 관련이 없는 제 3 의 원인이 개입되어 형성된 것으로 보아야 하기 때문에 그 가격을 기준으로 회피손실액을 산정하는 것은 인과관계 측면에서 문제가 있을 수 있다.

마지막으로, 부정거래는 시세조종이나 미공개중요정보이용의 경우와 달리 행위유형

---

1) 대법원 2006. 5. 12. 선고 2004도491 판결.

2) 박순철, 전게서(2010), 249쪽.

3) 서울중앙지방법원 2007. 5. 30. 선고 2007노346 판결 참조. 따라서 악재성 정보 공개 후 주가가 계속 하락하여 최저가를 형성한 다음 어떤 원인에 의해 주가가 일시 상승하였다가 다시 더 큰 폭으로 하락하였다면, 최초로 최저가를 형성한 당일의 종가가 '정보공개 후 최초형성 최저가'가 된다. 그 뒤 일시적인 주가상승은 악재성 정보 공개와 관련이 없다고 보기 때문이다.

4) 서울고등법원 2008. 6. 24. 선고 2007노653 판결. 동 판결은 "유상증자에 관한 내용이 공시되자 며칠간의 거래일 동안 주가가 급격하게 하락하였으나 이후 다시 상승하기 시작하여 약 4거래일만에 유상증자에 관한 내용이 공시되기 이전 수준까지 회복을 하였고 그 뒤 약 8거래일 동안 주가가 보합세를 유지한 사안"에 대한 것이었다. 주가가 안정화된 시점의 주가를 기준으로 손실회피액을 산정한다면 위와 같은 경우 회피한 손실액이 '0'에 해당할 수 있다.

이 정형화되어 있지 않은 나머지 부당이득액수의 산정 기준을 일률적으로 설명하기 어려운 점이 있다.

대체로 부정거래 중에는 주가상승과 그로 인한 시세차익실현을 도모하는 경우가 많을 것이므로 기본적으로는 주가상승 시세조종의 경우에 준해 부당이득액수를 산정하는 방법을 생각해 볼 수 있을 것이다. 따라서 실현이익과 미실현이익을 합산하고 거래비용을 공제하는 방식으로 부당이득액수를 계산하되 원론적으로 말하면 실현이익은 〔(부정거래 이후 매도단가 − 매수단가) × 매매일치수량〕의 방식으로, 미실현이익은 〔(부정거래행위 종료일 종가 − 매수단가) × 보유수량〕[1]의 방식으로 각 산정할 수 있다고 본다. 다만, 경우에 따라서는 부정거래행위 종료일 종가를 특정하기 곤란한 사안이 있을 수 있는데[2] 그 때에는 '부정거래행위 종료일 종가' 대신 〔(최종 처분행위시 주가 − 매수단가) × 보유수량〕의 방식으로 미실현이익을 산정하여야 할 것이다. 이는 앞서 언급한 '일부 처분, 일부 보유'의 경우와 같다.

반면, 부정거래로 주가가 상승하였음에도 그 기간 동안 보유주식을 처분하지 못한 채 전량 그대로 보유 중이라면(전부 보유) 부정거래 이후 '최초형성 최고가일 종가'를 기준으로 미실현이익을 산정하여야 한다고 본다.

'매수단가'는, 부정거래를 통해 주가를 견인하고 이익실현을 얻기 위한 일련의 계획에 따라 부정거래행위 착수 전 주식을 매집한 경우에는 실제 취득가격을 기준으로, 부정거래행위와 무관하게 이미 어떤 경위로 보유 중인 주식의 가격 상승을 도모한 경우에는 부정거래행위 착수 전날 종가[3]를 기준으로 산정하는 것이 타당할 것이다.

실현이익과 관련된 '부정거래 이후 매도단가'는 실제로 매매계약이 체결된 가격을 말하고, 그 외 매매일치수량, 보유수량 등은 시세조종에서 살펴본 바와 같다고 보면 무방할 것이다.

판례도 "부정거래행위로 인하여 취득한 이익은 부정거래행위로 인하여 상승한 주식의 평가액을 의미하는 것으로 보아야 한다,"[4] "부정거래로 인한 이득액은 손실액에 반대되는 개념으로서 당해 위반행위와 인과관계가 있는 범위 내에서 인정되어야 하며, 허위

---

1) 시세조종의 경우에 준해 생각한다면, 일응 위와 같을 수 있겠지만 사견으로는 시세상승을 도모한 부정거래의 일부 보유주식에 대한 미실현이익은 〔(최종 처분행위시 주가 − 매수단가) × 보유수량〕으로 산정하는 것이 더 타당하다고 생각한다. 시세조종에서 논한 바와 같다.

2) 예를 들어, 기자회견을 통해 허위사실을 유포하였는데 수개의 언론이 이를 순차적으로 보도하는 경우 부정거래행위 종료일을 기자회견일로 볼 것인지, 마지막 언론보도일로 볼 것인지 논란이 있을 수 있다.

3) 대법원 2011. 10. 27. 선고 2009도1370 판결은 "허위사실유포와 관련된 매수단가는 허위사실유포 전 매집기간 중 평균매수단가가 아니라 허위사실유포 최초 관여일 전날 종가로 산정하여야 한다"고 판시한 바 있다. 동 판결의 하급심인 서울고등법원 2009. 1. 22. 선고 2008노2315 판결도 대법원과 같은 취지에서 '허위보도자료를 작성, 배포하는 방식으로 시세상승 부정거래를 도모한 경우 보도자료가 작성, 배포되기 전 거래일의 종가'를 기준으로 부당이득을 산정하였다.

4) 서울중앙지방법원 2011. 9. 22. 선고 2011고합268 판결.

사실을 유포함으로써 취득한 이득액은 보유주식의 실제 처분대가에서 허위사실유포 직전 당해 주식의 시가 상당액과 주식 거래로 인한 수수료, 거래세 등을 공제한 금원이다"라는 취지로 판시[1]하고 있다.

그러나 실무상 부정거래행위는 '기업의 경영권 획득, 지배권 확보, 회사 내에서의 지위상승, 상장폐지의 모면' 등 무형적 이익이나 아직 현실화되지 않은 이익을 추구하는 경우가 많다. 아울러, 시세조종과 달리 '부정거래행위가 실제로 시장에 영향을 미쳐 주가에 반영되고 있는지' 여부 자체가 명확하지 않은 사례도 적지 않다. 위와 같은 이유로 부정거래의 경우에는 부당이득액을 '액수 불상'으로 기소할 수밖에 없는 사안이 다수 있을 수 있으며, 그로 인해 사실은 시장에 미친 영향이 더 큰 것이었음에도 가중처벌을 하지 못하기도 한다.[2] 하지만 법 제178조는 '누구든지 동 조항에서 규정한 행위를 하면 그 정확한 이득액이 얼마인지와 상관없이 처벌'하는 추상적 위험범이므로 '액수 불상'이라 하더라도 동법 제443조 제 1 항의 기본적 처벌규정으로 처벌하는데 문제가 있는 것은 아니다. 이는 시세조종의 경우와 동일하다.

한편, 주가상승에 비해 흔하지는 않지만 주가하락을 도모하는 부정거래행위도 있을 수 있다. 대표적인 것은 론스타 펀드의 '허위감자발표 등' 부정거래 사안인데 판례[3]는 "외환은행과 그 자회사인 외환카드를 합병함에 있어 외환은행의 대주주인 론스타 펀드가 사실과 달리 외환카드에 대한 감자검토발표를 함으로써 외환카드의 주가가 하락한 결과, 외환은행은 '외환카드의 합병 반대주주들에 대한 주식매수청구권 가격이 낮아진 만큼 합병비용을 절감하는 재산상 이익'을 얻었고,[4] 론스타 펀드는 '외환카드의 주가하락으로 외환은행이 보다 유리한 합병비율을 적용받게 되었고 그에 따라 외환카드의 주주들에 대해 상대적으로 더 적은 수의 합병신주를 발행하게 됨으로써 외환은행의 최대주주로서 외환은행에 대한 지분율이 상대적으로 덜 희석되는 재산상 이익'을 얻었다[5]"고 판시하였다.

---

1) 서울중앙지방법원 2008. 8. 14. 선고 2008고합164 판결.

2) 대법원 2011. 10. 27. 선고 2011도8109 판결 참조. 동 사안은 "투자수익보장약정과 유상증자 차명 참여 등이 자본시장법 제178조 부정거래금지 위반에 해당하여 기소된 사안"이었는데 원심(서울고등법원 2011. 6. 9. 선고 2010노3160 판결)은 그 이익액을 산정함에 있어 '투자수익보장약정과 유상증자 차명참여' 외에 당시 대통령이 외국 정상과의 행사장에서 해당 회사의 수소연료전지 자동차기술에 대해 "This is our dream"이라고 설명했다는 소식이 전해지면서 주가가 급등한 사실에 비춰 이를 그 이득액에서 분리해 낼 수 있는 방법이 없고 따라서 전체 이익액을 산정할 수 없다는 취지로 판시하였으며, 대법원은 위 판결에서 원심의 판단을 인정하였다. 이 부분에 대한 평석은 박임출, 전게논문(2013), 382-384쪽 참조.

3) 대법원 2011. 3. 10. 선고 2008도6335 판결 및 파기환송심인 서울고등법원 2011. 10. 6. 선고 2011노806 판결.

4) 법원은 그 부당이득액을 〔합병에 반대하여 주식매수청구권을 행사한 주식 수 × (합병 결의를 할 수 있었을 당시의 주식매수청구권 가격 − 합병결의를 하고 그 사이 하락한 실제 주식매수청구권 가격)〕 방식으로 계산하였다.

5) 법원은 론스타 펀드가 얻은 부당이득액을 〔합병기일 당시 외환은행의 시가총액 × (합병결의를 하여 보유하게 된 외환은행에 대한 지분율 − 당초 합병결의를 할 수 있었을 당시 합병결의를 하였을 경우

4. 주가 변동에 불공정거래 외 다른 요인이 함께 작용한 경우

주가는 매우 다양한 요인에 의해 복합적으로 영향을 받는다. 그 중에는 대내외적으로 쉽게 인식할 수 있는 요인이 있는 반면 드러나지 않은 요인이 있을 수도 있다. 협의의 불공정거래 범죄로 인한 부당이득액을 산정함에 있어 고려하지 않을 수 없는 사항 중 하나는 위와 같이 주가에 영향을 줄 수 있는 '제3의 원인 존재 여부'이다. 이는 부당이득 산정의 기본 원칙 중 인과관계와 관련된 쟁점이라고도 할 수 있다.

자본시장법에 '인과관계'에 대한 별도의 특별규정이 없으므로 '인과관계'는 형사법 관점에서 검토되어야 한다. '인과관계의 존재'는 곧 '형사책임의 인정문제'와 직결되는데 전통적으로 '인과관계의 존부' 판단에 대해서는 조건설, 합법칙적 조건설, 상당인과관계설 등의 견해 대립[1]이 있어 왔다. 판례[2]는 '상당인과관계설'의 입장에 있다고 평가되고 있다.[3]

'상당인과관계설'은 인과관계를 사실판단이 아니라 규범판단의 문제로 변환하여 해결하려 한다. 즉, 자연과학적 의미에서 인과관계가 인정된다고 하더라도 일반적으로 또는 경험적으로 상당성이 인정되지 않으면 인과관계 자체가 부정될 수 있다.[4] 자본시장 불공정행위의 부당이득액 산정도 기본적으로 규범적 영역의 문제임을 유념할 필요가 있다.[5]

중요한 것은 조건관계가 수정된 경우라 할 수 있는데, 상당인과관계설의 입장을 따를 경우 '둘 이상의 원인이 동시에 독립적으로 작용해 결과가 발생한 택일적 인과관계'나 '구성요건행위가 결과발생의 유일한 원인이 아니라 다른 원인이 개입한 비전형적 인과관계'의 경우라 할지라도 인과관계가 부인되지 않는다.[6] 판례의 입장도 전통적으로 이와 동일하다.[7]

위와 같은 '인과관계론'을 미공개중요정보이용, 시세조종, 부정거래의 부당이득액 산정에 대입해 보면, 협의의 불공정거래와 동시에 또는 협의의 불공정거래 종료 이전에 다

보유하게 되었을 지분율)〕 방식으로 계산하였다. 그리고 위 시가총액은 〔(기 발행주식총수 + 합병 신주 총수) × 합병 신주 상장일 종가〕로 계산하였다.

1) 박상기, 전게서(2013), 65-69쪽.

2) 대법원 2002. 10. 11. 선고 2002도4315 판결; 대법원 2001. 12. 11. 선고 2001도5005 판결 참조.

3) 박상기, 전게서(2013), 66-68쪽.

4) 상게서, 66쪽.

5) 예를 들어, 정상적으로 회계처리를 하였다면 한국거래소의 신규상장요건에 미달하여 신규상장을 할 수 없었을 기업이 분식회계를 통해 신규상장에 필요한 재무요건을 충족한 것처럼 가장하여 신규상장에 성공한 뒤 일반주주들로부터 공모자금을 납입받았다면, 그 공모자금 전액을 '분식회계'란 부정거래 행위와 인과관계 있는 부당이득액으로 보는 것이 타당한데 이는 규범적 판단에 기인한 것이다. 창원지방법원 2013. 5. 30. 선고 2012고합558, 567, 581, 2013고합35(병합) 판결 참조.

6) 박상기, 전게서(2013), 69-72쪽 참조.

7) 택일적 인과관계 관련하여 대법원 1996. 8. 23. 선고 96도1231 판결; 비전형적 인과관계와 관련하여 대법원 1994. 3. 22. 선고 93도3612 판결 참조.

른 원인이 개입되어 그와 같은 주가가 형성되었다고 하더라도 원칙적으로 그 주가와 협의의 불공정행위간 인과관계를 규범적으로 부인할 수 없다는 결론에 도달하게 된다.

그러나 한 가지 주의하여야 할 것은 '인과관계이론'은 기본적으로 범죄자의 형사책임 범위를 제한하기 위한 목적으로 발전되어 온 것으로서 인과관계가 인정된다고 하더라도 곧바로 그 전체 결과에 대한 책임을 부담하여야 하는 것은 아니며, 인과관계의 인정을 전제로 행위자에게 얼마만큼의 형사책임을 물을 것인지는 다른 차원에서 검토[1]되어야 하고, 부당이득액의 산정은 그 연장선상에 위치해 있다는 것이다.[2] 형법 제17조('어떤 행위라도 죄의 요소되는 위험발생에 연결되지 아니한 때에는 그 결과로 인하여 벌하지 아니한다')에 대해, 비단 '인과관계만을 선언한 것이 아니라 형사책임을 묻기 위해서는 다른 요소가 필요하다는 의미로 받아들여지는 것'도 위와 같은 취지에서라고 할 수 있다.[3]

그러므로 미공개중요정보이용, 시세조종, 부정거래로 인한 부당이득액의 산정에 있어서는, '미공개중요정보이용, 시세조종, 부정거래'라는 이벤트(event) 외에 주가에 영향을 줄만한 '별개의 이벤트 존재 여부'를 반드시 따져보아야 한다. 또한, '별개의 이벤트 존부'는 단지 불공정행위 존재 기간에 한정할 것이 아니라 '그 착수 전, 실행행위 중, 종료 후' 전반에 걸쳐 살펴보아야 하며, 불공정행위 전후의 주가 변동추이를 주의깊게 검토하여야 한다.

통상, 이벤트 스터디(event study)는 '당해 이벤트가 없었더라면 형성되었을 정상주가'를 추정하기 위해 이루어진다. 그리고 해당 기간 전후의 주가, 그 기간 동안 시장 전체 지수 및 당해 종목 산업별 지수, 당해 종목과 비교대상 종목의 지수 변화, 해당 기간 전후 시장에 영향을 줄만한 추가 이벤트 유무, 관련 기업의 공시정보 및 재무제표, 언론보도 등 제반 요소를 감안해 산출한다. 하지만 이벤트 스터디 사례 자체가 많지 않고, 기준도 불명확해 감정인에 따라 동일한 사항에 대한 이벤트 스터디 결과가 크게 차이가 나는 등 신뢰하기 어려운 경우가 적지 않아 문제이기도 하다.

원론적으로 설명하자면 협의의 불공정거래 범죄 외에 다른 요소가 개입된 결과, 그 전체를 미공개중요정보이용이나 시세조종, 부정거래로 인한 주가변동으로 보기 힘든 사정이 있을 때에는 원칙적으로 불공정행위와 인과관계가 인정되는 이익만 따로 떼어내 부당이득을 산정하여야 한다. 판례[4]도 '주식시장에서 정상적인 주가변동요인에 의한 주가

1) 형사법 영역에서는 인과관계의 존재를 전제로 객관적 귀속 여부를 추가로 검토하여 실제 범죄자의 형사책임 정도를 판단하고 있다. 박상기, 전게서(2013), 72-75쪽 참조.

2) 달리 표현하자면, 다른 요소가 개입되었더라도 인과관계가 인정되어 '미공개중요정보이용, 시세조종, 부정거래 등의 범죄혐의가 성립한다'는 사실과 '그 중 어느 부분까지 형사책임을 물을 것인지(어느 정도까지 당해 범죄행위로 인한 부당이득으로 볼 것인지)'는 차원이 다른 문제인 것이다. 후자는 부당이득액수에 따른 기본 또는 가중처벌규정의 선택과 연결된다.

3) 정웅석/백승민, 전게서(2010), 149-151쪽 참조.

4) 대법원 2013. 7. 11. 선고 2011도15056 판결.

상승분이나 위반행위자와 무관한 제 3 자가 야기한 변동요인에 의한 주가상승분이 존재하는 등으로 구체적인 사안에서 위반행위로 얻은 이익의 가액을 위와 같은 방법으로 산정하는 것이 부당하다고 볼만한 사정이 있는 경우에는 위반행위와 인과관계[1]가 인정되는 이익만을 따로 구분하여 산정해야 한다'고 판시하고 있다.

결국, '주가에 중대한 영향을 미칠 수 있는 요인이 추가로 발생하였는지 여부'를 꼼꼼히 살펴보는 것이 중요하다.[2] 만약 그와 같은 요인이 인정된다면 그로 인한 효과를 공제한 후 부당이득액수를 산정하여야 하고, 이를 위해 전문감정기관에 의한 감정이 필요하다.

그러나 이때 유의하여야 할 점은, 이벤트 스터디를 하여도 제3의 요인에 의한 효과를 금액으로 산정하기 곤란할 수 있는데 그런 경우라 할지라도 쉽사리 '전체 부당이득액을 산정할 수 없는 사안'으로 판단하여서는 안 된다는 것이다. 자기책임의 범위를 넘는 부분까지 형사책임을 물을 수 없는 것은 당연하지만 동시에 책임을 물어야 할 부분까지 면책되지 않도록 주의하여야 한다. 그 증명책임은 검사가 부담한다.[3]

한편, '중대한 요인'이 없거나 제3의 요인이 발견되더라도 '주가에 중대한 영향을 줄 만한 요소로 보기 어려운 경우'에는 그 전체를 미공개중요정보이용, 시세조종, 부정거래의 부당이득으로 산정하여야 한다고 본다. 판례 중에는 '증권시장의 가격이 매우 다양한 요인에 의해 영향을 받는다는 점에서 다른 요인을 모두 배제한 채 오로지 어느 특정요인에 의한 주가 변동분을 객관적으로 산정하는 것은 기술적으로 곤란하므로 주가에 중대한 영향을 미칠 수 있는 요인이 추가로 발생하였다는 등의 특별한 사정이 없는 이상 불공정거래 위반행위가 개입된 거래로 인하여 얻은 이익전체를 부당이득으로 볼 수 있다'는 취지의 것[4]이 있는데 타당한 판시라고 할 수 있으며 부당이득액 산정에 있어서는 위와 같은 입장이 견지되어야 한다고 생각한다.

5. 복합 불공정행위나 비상장주식의 경우

사안에 따라서는 미공개중요정보이용, 시세조종, 부정거래가 복합적으로 이루어지는

1) 여기서 말하는 '인과관계'란 '불공정거래 범죄성립을 위한 인과관계'를 뜻하는 것이 아니라, '부당이득 산정과 관련하여 책임범위를 특정지우기 위한 인과관계'를 의미한다고 보아야 한다.

2) 주가에 영향을 줄 수 있는 특별한 사정을 따져 부당이득액 규모를 제한한 사례로는 서울중앙지방법원 2007. 7. 20. 선고 2007고합159 판결을 들 수 있다. 동 사안은, '유상증자 참여'라는 호재성 미공개중요정보를 이용한 사건이었는데, '유상증자 참여' 공시 이후 주가상승 중 '해당 회사가 세계 최초로 인간 유전자를 가진 형질전환 복제돼지를 생산하는데 성공하였다는 사실'이 언론에 대대적으로 보도되면서 주가가 더 큰 폭으로 상승하였다. 법원은 이 경우 "언론보도 이후 주가 상승분은 유상증자 참여 공시로 인한 효과로 보기 힘들다"면서 언론보도 전날까지의 이득만 미공개중요정보이용의 부당이득으로 산정하였다.

3) 대법원 2011. 10. 27. 선고 2011도8109 판결 참조.

4) 서울중앙지방법원 2011. 4. 7. 선고 2010고합775 판결.

불공정거래 범죄가 발생할 수 있다. 실무상으로도 복합 불공정행위의 발생 건수가 점차 늘어나고 있는 추세이다.[1)]

그런데 복합 불공정행위의 부당이득액수는 이들 범죄의 죄수관계에 따라 달리 산정되어야 한다고 본다.

우선, '단일하고 계속된 범의' 아래 이루어져 이들 행위를 포괄일죄로 볼 수 있는 경우에는 그 시기, 종기 전체를 대상으로 서로 다른 종류의 개별행위를 마치 하나의 행위로 보아 그 전체를 부당이득액으로 삼아야 할 것이다. 굳이 개별행위의 부당이득액수를 계산할 필요가 없다.

같은 기간에 미공개중요정보이용이나 시세조종, 부정거래가 중복하여 발생하였고 이들 범죄가 포괄일죄의 관계에 있다면 그로 인한 주가변동분 전체를 한 개의 불공정행위로 발생한 부당이득으로 보는 것이 타당하다. 그 결과, 통산한 부당이득액의 규모가 법 제443조 제 2 항의 가중처벌요건에 해당하면 동조를 적용해 가중처벌할 수 있다.[2)]

반면, 그 행위들이 실체적 경합범의 관계에 있다면 각 행위로 인한 이득액을 따로 산정하여야 하고 이를 합산해서는 안 된다.[3)] 개별 행위의 각 이득액이 법 제443조 제 2 항의 가중처벌요건에 해당하지 않는 이상, 그 합산액으로 가중처벌할 수도 없다.

참고로, 불공정행위들이 상상적 경합범의 관계에 있다면 이는 과형상 일죄에 해당하므로 한 개의 불공정행위로 보고 부당이득액을 산정하면 된다.

한편, 자본시장법 제178조의 부정거래는 장외에서 비장상주식을 대상으로 이루어질 수도 있다. 그 경우 부당이득액수 산정을 위해서는 비상장주식의 평가가 필요하다.

비상장주식의 평가방법으로는 '현금흐름할인법, 주가수익비율배수법, 장부가치기준평가법, EV/EBITDA 비율방식' 등이 사용된다.

증권의 발행 및 공시 등에 관한 규정 제5-13조 제 1 항과 동 규정 시행세칙 제4조, 상속세 및 증여세법 시행령 제54조도 비상장주식의 평가방법에 대해 규정하고 있는데 특히 상속세 및 증여세법 시행령 제54조에 의할 때 비상장주식의 1주당 가액은 '1주당 최근 3년간 순손익액의 가중평균액 / 금융기관이 보증한 3년 만기회사채의 유통수익률을 감안하여 국세청장이 고시하는 이자율(순손익가치환원율)'로 계산하고, 1주당 순자산가치는 '당해 법인의 순자산가액 / 발행주식 총수'로 계산한다.

하지만 비상장주식의 가치를 평가하는 것은 쉬운 일이 아니며, 장내시장과 달리 장외시장에서는 비교대상으로 삼을 만한 주가가 형성되어 있지 않아 비상장주식을 대상으

1) 대법원 양형위원회는 복합 불공정행위의 양형처리에 대해 별도의 방법을 제시하고 있다. 상세한 것은 2013년 대법원 양형기준책자 308-309쪽 참조.

2) 포괄일죄에 있어서 그 전체액을 합산하여 가중처벌의 기준으로 삼는 것은 판례의 일관된 입장이다. 대법원 1990. 9. 25. 선고 90도1588 판결; 대법원 1990. 6. 26. 선고 90도466 판결 등.

3) 같은 취지의 판시로는 대법원 1989. 9. 26. 선고 89도1334 판결 등 참조.

로 하는 부정거래의 경우에는 현실적으로 그 부당이득액을 산정할 수 없는 경우가 많을 것이다.

6. 공범의 부당이익

수인의 공범이 가담하여 협의의 불공정거래 범죄를 범한 경우, 그로 인한 부당이득액은 범행에 가담한 공범 전체가 취득한 이득액을 말한다. 이는 판례의 일관된 입장[1]으로서 공동정범은 물론 교사범, 종범과 같은 협의의 공범이 취득한 이익도 당연히 포함된다.

공범의 이득 합산액이 법 제443조 제 2 항의 가중처벌요건에 해당하면 공범 전체를 가중처벌하여야 한다. 공범 각자가 실질적으로 분배받은 이익 범위 내에서 가중처벌 여부를 개별적으로 따져야 하는 것이 아니다.[2] 판례 중에는 '시세조종에 가담한 공범 중 일부 범인의 거래계좌에서 손실이 발생하였다고 하더라도 다른 공범의 거래계좌에서 발생한 이익이 그 손실액을 초과하여 전체로서는 이익이 발생하였다면 손익을 정산한 전체 이익을 기준으로 법정형을 결정하여야 한다'는 취지의 판시[3]가 있는데 공범 이론에 비추어 당연한 것이라고 생각한다.

반대로, 범행에 가담하지 아니한 제 3 자에게 귀속된 이익은 설사 동일한 불공정거래로 인해 발생한 이익이라 할지라도 그 부당이득액 산정에 포함되지 않는다.[4] 이득의 실질적 귀속관계를 판단하여 부당이득이 공범관계에 있지 않은 자에게 귀속된 경우에는 이를 제외하는 것이 타당하기 때문이다.[5]

한편, 불공정행위의 공범 중 일부가 다른 공범에 의한 실행의 착수 이후 가담한 승계적 공동정범의 경우에는 '비록 그 자가 범행에 가담할 당시 이미 이루어진 종전의 범행을 알았다고 하더라도 그 가담 이후의 범행에 대하여만 공동정범으로서 책임을 진다'는 법리[6]에 따라 그 가담 이후의 범행에 대해서만 공동정범으로서 처벌된다. 그러므로 승계적 공동정범의 경우에는 가담 이후의 이익만을 따로 산정해 가중처벌 여부를 결정해야 하며[7] 그 결과, 공범에 따라 가중처벌 여부가 달라질 수 있다.[8]

1) 대법원 2005. 8. 16. 선고 2005도2710 판결 등.
2) 대법원 2005. 12. 9. 선고 2005도5569 판결.
3) 대법원 2008. 6. 26. 선고 2007도10721 판결.
4) 대법원 2011. 7. 4. 선고 2011도3180 판결; 대법원 2011. 10. 27. 선고 2011도8109 판결; 대법원 2011. 2. 24. 선고 2010도7404 판결 등.
5) 같은 취지의 판례로 대법원 2011. 10. 27. 선고 2011도8109 판결 참조.
6) 대법원 1997. 6. 27. 선고 97도163 판결 등. 가담 이전 결과에 대해서도 공동정범으로서 죄책을 부담한다고 보는 견해가 일부 있으나 다수설은 판례의 입장과 같다. 박상기, 전게서(2013), 263－265쪽 참조.
7) 대법원 2005. 1. 28. 선고 2004도6805 판결.
8) 판례 중에는 통정·가장매매의 시세조종 관련 사안에서, "시세조종기간의 중간에 개입한 자라고 할지라도 선행자의 행위를 인식, 이를 이용하려는 의사의 연락이 있었고 실제 선행자의 선행행위로 만들어진 상황을 이용하면서 실행에 참가한 것으로 볼 수 있으므로 전체 기간 동안의 시세조종행위로 인한 책임을 진다"고 판시한 사례도 있다(서울고등법원 2004. 2. 9. 선고 2003노3094 판결). 동 판례는

7. 소 결

협의의 불공정행위로 인한 부당이득액 산정은 개연성있는 추정치를 산출해내는 작업의 결과물이므로 이에 대해서는 늘 다툼이 있을 수 있다. 그러나 형사처벌규정의 적용 여부가 논란의 대상이 되는 것은 결코 바람직하지 않다.[1] 더욱이 가중처벌 여부가 명확하지 않으면 예측가능성을 결여해 헌법상 죄형법정주의에 위반될 소지도 없지 아니하다.

따라서 실무 및 학계를 중심으로 부당이득액수 산정 기준을 정립하기 위한 연구와 노력이 한층 강화되어야 할 것이다. 그러나 그것만으로는 충분하지 아니하며, 자본시장법 개정을 통해 각 불공정행위의 유형별 부당이득액수 산정에 필요한 개괄적 기준을 입법적으로 제시할 필요가 있다고 생각한다.[2]

[개정판: 김영기]

제180조(공매도의 제한)

① 누구든지 증권시장에서 상장증권(대통령령으로 정하는 증권에 한한다. 이하 이 조에서 같다)에 대하여 다음 각 호의 어느 하나에 해당하는 매도(이하 이 조에서 "공매도"라 한다)를 하거나 그 위탁 또는 수탁을 하여서는 아니 된다. 다만, 증권시장의 안정성 및 공정한 가격형성을 위하여 대통령령으로 정하는 방법에 따르는 경우에는 이를 할 수 있다.

1. 소유하지 아니한 상장증권의 매도
2. 차입한 상장증권으로 결제하고자 하는 매도

② 제 1 항 본문에 불구하고 다음 각 호의 어느 하나에 해당하는 경우에는 이를 공매도로 보지 아니한다.

1. 증권시장에서 매수계약이 체결된 상장증권을 해당 수량의 범위에서 결제일 전에 매도하는 경우
2. 전환사채·교환사채·신주인수권부사채 등의 권리 행사, 유·무상증자, 주식배당 등으로 취득할 주식을 매도하는 경우로서 결제일까지 그 주식이 상장되어 결제가 가능한 경우
3. 그 밖에 결제를 이행하지 아니할 우려가 없는 경우로서 대통령령으로 정하는 경우

"통정·가장매매 범죄의 특성상 후행자의 거래는 선행자의 거래를 전제로 할 수밖에 없다"는 점에 주목한 것으로 보이나, 그와 같은 판단은 '범죄의 성립과 책임 범위'를 혼동한 것으로 "자기책임원칙에 위배된다"고 할 것이다.

1) 아직 우리나라에서는 형사절차에서의 협상제도 도입에 대해 비판적인 시각이 우세하나, '형사협상'은 세계적 추세이며 특히 자본시장 불공정거래 형사처벌 관련하여 '형사절차 협상제도' 도입을 검토하여야 한다고 본다. 미국의 형사사법에서는 일응의 부당이득액을 전제로 범죄인부와 형량(벌금액 등)을 협상하는 것이 가능한데 그와 같은 협상제도의 등장 배경을 살펴볼 필요가 있는 것이다.

2) 같은 견해로 박임출, 전게논문(2013), 382-384쪽 참조.

Ⅰ. 개　　관

1. 공매도의 의의

(1) 개념과 기능

공매도(Short Sale)란 일반적으로 주식을 소유하지 않은 자가 주가가 하락할 것으로 예상하는 경우 남의 주식을 빌려서 매도하는 것을 말한다. 이처럼 남의 주식을 빌려서 매도하는 자는 이후 자신의 예상대로 주가가 하락하면 하락한 가격으로 주식을 매수하여 주식을 빌려준 자에게 되갚게 된다. 이러한 공매도 거래를 통해서 공매도자는 주가가 하락한 만큼의 이익을 얻게 되며, 대여자는 일정한 이자를 받게 된다.

이처럼 공매도는 주가가 하락할 것으로 예상되는 경우 주식선물의 매도나 옵션포지션을 숏(short)으로 가져가는 방법과 함께 매우 유용한 투자전략으로 활용될 수 있다. 주요국 증권시장은 오래 전부터 이러한 공매도 제도를 허용해 왔는데, 이는 공매도가 투자자들에게 다양한 투자기회를 제공하고, 이를 통한 유동성 공급과 함께 가격발견의 효율성을 제고하는 순기능을 가지고 있기 때문이다. 즉 주가가 과열된 경우 공매도는 주가의 과열을 진정시키고 합리적인 가격발견을 지원하는 기능을 가지고 있다. 이러한 공매도의 순기능으로 인해 증권시장의 선진화를 측정하는 주요 요소 중 공매도가 들어가 있는데, 이는 증권시장에서의 합리적이고 공정한 가격결정이란 다양한 투자수단들이 자유롭게 허용될 때 이루어질 수 있다고 보기 때문이다.[1)]

공매도는 주가가 상승할 것으로 예상되는 경우 이루어지는 신용거래[2)]의 반대편에 있는 거래로 볼 수 있지만, 공매도는 신용거래와는 달리 매도자가 주식을 상환하기 이전에 매도한 가격 이상으로 주가가 오르는 경우 매도자에게 상당한 손실을 입힐 수 있다. 따라서 신용거래는 주가가 제로로 떨어지는 경우 투자한 금액만큼만 손해가 발생하게 되지만, 공매도는 이론적으로 그 손실액은 무한대가 될 수 있다.[3)][4)] 또한 공매도가 집중적

---

1) 최근 우리 증권시장은 FTSE 지수에 편입이 되었는데, 동 지수에 편입되기 위한 중요한 요건 중 하나가 우리 증권시장에서 공매도가 자유롭게 허용되느냐 여부였다.

2) 신용거래는 일반적으로 금전의 융자(margin transaction)를 의미하나 자본시장법에서는 증권의 대여 즉 대주(stock lending)까지 포함하는 개념으로 사용하고 있다(법 72조). 그러나 증권의 대여는 대차거래와 성격이 같으므로 이하에서 신용거래는 금전의 융자의 의미로 한정하여 사용한다.

3) Robert W. Hamilton, Fundamentals of Modern Business 450(1989).

4) 신용거래도 이론적으로는 그 손실액이 무한대가 될 수 있으나, 금전의 대여기관인 증권회사 등이 신용거래증거금을 징수하고 손실이 커지는 경우 증거금의 증액이나 반대매매를 실시하여 추가적인 손실의 확대를 방지하는 장치를 마련하고 있다.

으로 이루어질 때 주가하락을 가속화하고 가격변동성을 확대하는 역기능도 우려될 수 있고, 나아가 특정한 상황을 이용하여 주가하락을 의도하는 악의의 세력에게 시세조종의 수단으로 이용될 소지도 있다. 따라서 각국은 공매도를 허용하되 공매도의 역기능을 최소화하기 위해 일정한 규제를 가하고 있는 것이 일반이다. 대표적으로 기업의 내부자들에 대해서는 공매도를 원천적으로 금지하거나, 공매도의 투기성 또는 위험성을 고려하여 기관투자자나 상당한 경험과 수준을 갖춘 일반투자자에게만 허용하는 경우 등을 들 수 있다.[1] 또한 허용된 공매도라 할지라도 주가의 의도적 하락을 방지하기 위하여 호가방법을 일반 주문과 차별화하여 제한하는 경우가 많다.

(2) 공매도에 대한 논쟁

공매도는 위에서 언급한 것처럼 주가가 과열되어 있는 상태에서 주가를 진정시킬 수 있다는 측면에서 중요한 기능을 수행한다는 긍정적 측면이 있는 반면, 주가의 하락을 가속할 수 있다는 비판이 함께 존재한다.

공매도에 대한 비판론은 공매도는 시장을 불안정하게 만들고, 주가를 압박하며, 주가의 하락을 가속시키는 원인이 되고, 또한 경제적 가치나 정당성을 부여할 이유를 가지고 있지 않다고 주장한다. 더더욱 소유하지도 않은 주식을 매도하는 것이나 또는 가격하락을 이용하여 이익을 취하는 행위는 비윤리적이라는 지적이다.

반면 공매도 규제가 불필요하다거나 그 유용성을 주장하는 측은 공매도는 공개시장의 본질상 불가피한 요소이며, 시장이 급락하는 경우 공매도는 공정한 시장을 유지하는데 오히려 유용하며, 나아가 공매도는 주가의 급등을 제어하는 완충장치로서 기능을 한다는 것이다.[2] 이처럼 과열된 시장은 공매도로 인해 주가의 일정한 하락과 함께 안정이 될 것이고, 만약 주가가 하락하였다면 공매도자는 단기적인 관점에서 더 정확하게 주가의 미래를 예측하였을 뿐이지, 공매도 자체가 주가의 하락을 가속시킨다는 증거는 분명하지 않다고 주장한다. 또한 공매도는 주식의 상승시 행해지는 신용거래와 본질적으로 다를 것이 없다는 것이다. 그리고 공매도자가 이후 주식을 다시 매입하여 그의 부담을 해소시킨다면 그 누구에게도 피해를 입히지 않았다는 것이다.

이처럼 공매도 규제의 필요성 여부에 대한 논쟁은 매우 치열한데, 이는 위에서 언급한 것처럼 공매도가 주식의 가격결정에 중요한 변수로 작동할 수 있기 때문이다. 지난

1) 우리나라의 경우에도 차입공매도를 하기 위해서는 대차거래를 통해 증권을 차입할 수 있어야 한다. 이러한 차입의 대부분은 한국예탁결제원을 통해 이루어지는데, 예탁결제원의 규정은 일반투자자가 대차거래에 참여하는 것을 허용하고 있지 않다. 한편, 일반투자자는 신용대주를 통하여 차입공매도를 할 수는 있지만, 신용대주의 경우 거래실적이 거의 없고 대여기관 등이 엄격한 증거금과 위험관리를 하고 있어 공매도와 관련한 이슈에서는 특별히 논할 실익이 없다.

2) Stock Exchange Practices, Report of Senate Commission on Banking & Currency, Special Report No. 1455, 73d Congress, 2d Session 50(1934)(Loss, 702에서 재인용).

2008년 가을, 미국발 금융위기가 전 세계로 확산되면서 미국을 비롯한 주요국 증권시장들은 공매도의 한시적 금지를 발표하였다. 미국의 경우 799개 금융주 등에 대해 일체의 공매도를 금지하였고(08. 9. 19-10. 8), 영국의 경우는 32개 금융주에 대해서(08. 9. 19-09. 1. 16), 프랑스는 15개 금융주에 대해서(08. 9. 22-09. 2말), 그리고 호주의 경우는 금융주 전체(08. 9. 22-09. 3. 6) 및 비금융주(08. 9. 22-08. 11. 19)에 대해서 공매도를 금지하였다. 우리나라도 급락하는 증권시장을 진정시키기 위해 2009. 9. 24에 일정 기준에 해당하는 경우 10일간 공매도 제한을 하였다가, 이어 10. 1부터는 한시적이지만 전 종목의 차입공매도를 금지하는 조치를 취하였다. 이러한 비상조치들은 주로 금융주를 중심으로 이루어졌는데, 금융위기로 인해 무너지는 금융주의 주가를 공매도가 더욱 가속화하고 있다는 판단에서 비롯되었다. 이처럼 특정 종목 또는 전 종목에 대한 공매도 금지조치는 단기적으로 주가급락을 방어하는데 커다란 효과가 있지만, 중장기적으로 볼 때 공매도를 통한 유동성 공급의 차단으로 말미암아 그 효과는 부정적이라는 비판도 많이 제기되고 있다.

(3) 대차거래

일반적으로 공매도는 증권시장의 인프라와 관련하여 매우 복잡한 메커니즘을 배경으로 하고 있다. 타인으로부터 주식을 빌리는 것이 제도적으로 확립되어 있어야만 차입공매도가 가능하기 때문이다. 이처럼 증권시장에서 타인으로부터 주식을 빌리는 것을 「대차거래」라 하는데, 일반적으로 대차거래란 증권을 비교적 장기적으로 보유하는 기관(대여자)과 증권을 결제부족분 충당 또는 투자전략상 필요로 하는 기관(차입자)에게 일정한 수수료를 받고 빌려주는 거래를 말한다. 즉 대차거래는 일방이 증권을 빌려주고 일정 기간 경과 후 동종 동량의 증권을 돌려받는 일종의 소비대차계약이다(민법 598조). 이러한 대차거래를 통해 대여자는 여유 증권을 대여해 주고 대차수수료를 획득함으로써 안정적인 포트폴리오 수익을 향상시킬 수 있으며, 차입자는 매매거래 또는 Repo거래의 결제 등을 위해 필요한 증권을 확보하거나 차입증권을 이용해 장내·외 시장에서 다양한 투자전략을 실행함으로써 투자수익을 창출할 수 있다.[1)]

그렇다면 어떤 주식을 누구에게서 빌려올 수 있는가? 일반적으로 기관투자자들이나 증권회사가 보유하고 있는 유동성이 큰 주식들이 그 대상이 된다. 또한 연금기금이나 뮤추얼 펀드를 비롯한 대량보유자로부터 주식을 빌리기도 한다. 이들 기관투자자들이 주식을 빌려주면서 얻는 이익은 차입자로부터 받는 대차수수료이다. 대차수수료는 참가자간 호가경쟁에 의해 결정되는데, 보통 4-4.5% 수준에서 결정된다. 또한 차입자는 담보권자(예탁결제원)에 담보를 제공하여야 하는데, 담보비율은 보통 담보설정 대상가액의 100-130% 정도가 적용된다. 그러나 맞춤거래의 경우에는 담보가 면제될 수 있다. 예탁원은 담보로 제공

1) 예탁결제원, 증권대차거래제도(2008).

받은 현금 또는 증권을 운용할 수 있으며 운용에 따른 이자는 차입자에게 매월 지급한다.

이러한 대차거래는 예탁결제원, 증권금융 및 증권회사 같은 중개기관을 통해서 이루어지는데, 이 중 예탁결제원의 중개를 통한 거래비중이 약 80%에 달하고 있다. 대차거래 잔고에 대한 정보는 투자자에게 매우 중요할 수 있는데, 과거 각 중개기관별로 공시되던 대차거래 중개현황은 2008. 11. 1부터 금융투자협회의 시스템을 통해 통합하여 공시되고 있다.

2. 공매도 규제의 역사

공매도는 이처럼 증권시장에서 자유롭고 완전한 가격의 결정을 위해 순기능을 가지고 있는 반면, 일정한 상황하에서 주가의 하락을 가속하는 측면도 존재하기 때문에 각국은 공매도에 대해 일련의 규제를 강화하거나 완화하는 역사적 과정을 거쳐 왔다.

공매도가 처음으로 규제가 된 것은 지금부터 약 3백년 전 화란으로 알려져 있다.[1] 공매도 금지를 위반한 자에 대해서는 과중한 세금을 부과하기도 하였지만 현실적으로 잘 지켜지지가 않았고, 곧 이러한 규제는 폐지되었다. 프랑스도 1802년에 나폴레옹이 공매도 거래를 금지하였지만 결국 1885년에 폐지되었다.[2] 영국도 1734년, 주식의 공매도 거래를 금지하였을 뿐만 아니라 콜옵션 및 풋옵션 거래도 금지시켰다. 그러나 영국 법원은 1838년 Hibblewhite v. McMorine 사건에서 공매도를 합법적인 것으로 인정하였고, 1860년 결국 법이 개정되었다.[3] 미국도 1813년 뉴욕주법이 증권의 공매도를 금지하였지만, 이 법은 1830년에 수정되었고, 1858년에 다시 공매도를 인정하였다.[4] 이처럼 공매도가 금지와 금지의 철폐를 각국마다 거듭해 온 것은 공매도가 가진 유용성과 함께 시장에 미칠 수 있는 부정적 성격 때문이라 하겠다. 최근 미국발 금융위기 속에서 각국의 증권당국이나 거래소들이 일부 종목 또는 전 종목에 대해 한시적이지만 공매도를 금지한 것도 좋은 사례라 할 수 있다. 공매도 금지 이외에도 공매도 포지션에 대한 보고의무 부과 등 기타 규제들도 함께 등장하였다.[5]

---

1) Loss, 700. 공매도는 증권의 거래에서만이 아니고 상품거래를 비롯한 일반적인 상거래에서도 가능한 거래전략이다. 따라서 화란에서 처음으로 규제가 된 것은 증권의 거래에서가 아니고 상품거래에서의 공매도 금지이다.

2) Loss, 701.

3) Id.

4) Id.

5) 최근 금융위기 속에서 공매도 금지 이외에 각국이 보여주었던 공매도 규제 내용으로는 주로 기관투자자에 대한 공매도 포지션 보고의무 부과, 유통주식의 일정비율(0.25%) 이상에 해당하는 공매도 포지션 보고(공시)의무 부과 등이 있다. 그러나 이들 규제들도 공매도 금지기간보다는 길지만 모두 한시적으로 적용되었다.

Ⅱ. 자본시장법상 공매도 제도

1. 공매도의 제한

(1) 의 의

자본시장법 第180조는 '소유하지 않은 상장증권을 매도하거나 차입한 상장증권으로 결제하고자 하는 매도'를 공매도로 정의하면서, 이러한 공매도를 금지하고 또한 그 위탁이나 수탁 또한 금지하고 있다. 다만, 증권시장의 안정성 및 공정한 가격형성을 위하여 일정한 경우에는 공매도를 허용하고 있다.

증권거래법 체제에서는 거래소의 업무규정으로 공매도를 규제하고 있었고, 다만 상장법인의 임직원 또는 주요주주에 대해서만 법으로 공매도를 금지하고 있었다(구법 188조 1항). 이에 반해 자본시장법은 과거 거래소 업무규정으로 규제하던 공매도를 법상 규제로 강화하였고, 다만 거래소는 공매도 주문이 시장에 들어올 때 주문의 표시, 호가의 방법 등에 대해 규제하도록 하였다. 특히 차입공매도의 경우에는 공매도가 의도적으로 주가를 하락시키는 것을 방지하기 위하여 호가방법에 대해 일정한 제한을 가하고 있다(거래소 업무규정 17조 및 18조).

이처럼 공매도 규제가 증권거래법에서는 거래소 규정으로 규제되고 있었기 때문에, 거래소는 증권회사가 공매도 규정을 위반한 경우에 한하여 증권회사에 대하여 일정한 제재를 가할 수 있었다. 그러나 자본시장법에서는 공매도 규제가 법상 규제로 발전하면서 규제 대상이 '누구든지'로 확대되어 공매도를 직접 주문하는 투자자들도 직접 규제 대상이 되었다. 이는 바람직한 개선이라고 생각한다.

(2) 공매도의 유형과 예외

공매도는 일반적으로 '결제불이행 위험이 있는 공매도'(naked short sale)와 '결제불이행 위험이 없는 공매도'(covered short sale)로 구분할 수 있다. 증권거래법 체제에서는 '결제불이행 위험이 있는 공매도'가 무제한 허용이 되었는데, 2000년 3월 「성도이엔지 사태」로 결제불이행 사태가 발생하면서 거래소는 결제불이행 위험이 있는 공매도를 전면적으로 금지하였다. 자본시장법은 이를 그대로 계수하여 현재 결제불이행 위험이 있는 공매도는 허용되지 않는다.

자본시장법은 제180조에서 「소유하지 아니한 증권의 매도」나 「차입한 증권으로 결제하고자 하는 매도」를 금지하고 있고, 예외적으로 결제불이행 위험이 없다고 판단되는 경우에는 공매도를 허용한다.

1) 소유하지 않은 증권의 매도

자본시장법은 소유하지 않은 증권을 매도하는 것을 공매도의 한 유형으로 정의하고 이를 금지하고 있으나, 일정한 경우에는 공매도를 허용하고 있다. 우리 법은 특정한 경우를 열거하면서 비록 매도 주문을 하는 시점에서 해당 증권을 소유하고 있지는 않지만 결제불이행의 위험이 없는 경우에는 공매도로 보지 않는다고 규정하고 있다. 우리 법이 열거하고 있는, 비록 매도 주문 당시 해당 증권을 소유하고 있지 않은 상태에서 매도하는 경우라도 공매도로 보지 않는 경우는 다음과 같다(법 180조 2항).

첫째, 증권시장에서 매수계약이 체결된 상장증권을 해당 수량의 범위에서 결제일 전에 매도하는 경우이다. 이는 매수한 해당 증권이 결제일에 들어올 것이 확실하므로, 이 경우 매도를 하더라도 해당 증권을 결제일에 결제하는데 아무런 문제가 없기 때문이다.

둘째, 전환사채·교환사채·신주인수권부사채 등의 권리행사, 유·무상증자, 주식배당 등으로 취득할 주식을 매도하는 경우로서 결제일까지 그 주식이 상장되어 결제가 가능한 경우이다.

셋째, 그 밖에 결제를 이행하지 아니할 우려가 없는 경우로서 대통령령으로 정하는 경우인데, (i) 매도주문을 위탁받는 투자중개업자 외의 다른 보관기관에 보관하고 있거나, 그 밖의 방법으로 소유하고 있는 사실이 확인된 상장증권의 매도, (ii) 상장된 집합투자증권의 추가발행에 따라 받게 될 집합투자증권의 매도, (iii) 법 제234조에 따른 상장지수투자집합투자기구의 집합투자증권의 환매청구에 따라 받게 될 상장증권의 매도, (iv)증권예탁증권에 대한 예탁계약의 해지로 취득할 상장증권의 매도, (v) 대여 중인 상장증권 중 반환이 확정된 증권의 매도, (vi) 증권시장 외에서의 매매, 그 밖의 계약에 의하여 인도받을 상장증권의 매도, (vii) 앞의 (i)부터 (iv)까지의 증권을 예탁하고 취득할 증권예탁증권의 매도, (viii) 그 밖에 계약, 약정 또는 권리행사에 의하여 인도받을 상장증권을 매도하는 경우로서 증권시장업무규정으로 정하는 경우 등이다(법 시행령 208조 3항). 이러한 경우들은 모두 결제일에 결제불이행의 위험이 없다고 인정되는 경우라고 할 수 있다.

2) 차입공매도

차입공매도란 차입한 증권으로 결제하고자 하는 거래를 말하는데, 앞서 언급한 것처럼 우리 법은 이러한 차입공매도를 원칙적으로 금지하고 있다. 그러나 다음의 두 가지의 방법에 따라서 차입공매도가 이루어질 경우에는 이를 허용하고 있다.

첫째, 투자자가 거래소의 회원인 투자중개업자에게 매도주문을 위탁하는 경우, (i) 증권의 매도를 위탁하는 투자자는 그 매도가 공매도인지를 투자중개업자에게 알려야 하고, 이 경우 그 투자자가 해당 상장법인의 임직원인 경우에는 그 사실도 함께 알려야 하며, (ii) 투자중개업자는 투자자로부터 증권의 매도를 위탁받은 경우에는 그 매도가 공매도인지와 그 공매도에 따른 결제가 가능한지를 확인하여야 하며, (iii) 투자중개업자는 공매도에 따른 결제를 이행하지 아니할 염려가 있는 경우에는 공매도의 위탁을 받거나 증권시장에 공매도 주문을 해서는 안 되며, (iv) 투자중개업자는 투자자로부터 공매도를 위탁받은 경우에는 그 매도가 공매도임을 거래소에 알려야 한다(법 시행령 208조 2항 1호).

둘째, 거래소의 회원인 투자매매업자나 투자중개업자가 매도주문을 내는 경우에는 그 매도가 공매도임을 거래소에 알려야 한다(법 시행령 208조 2항 2호).

이처럼 차입공매도라 하더라도 결제불이행 위험이 없는 경우에는 공매도를 허용하고 있다. 차입공매도를 하기 위해서는 증권의 차입이 이루어져야 하는데, 이러한 차입은 주로 대차거래를 통해서 이루어진다. 우리 법은 결제불이행 위험이 없는 공매도만 허용하고 있기 때문에 차입공매도의 경우 공매도 호가를 내기 전에 반드시 대차거래가 선행적으로 이루어져야 한다. 증권회사는 공매도 호가가 제출되기 이전에 대차거래가 이루어졌다는 문서 등의 증거를 반드시 확보해야 한다. 이는 실제로 공매도 거래를 먼저 해놓고 차후에 대차거래를 하는 경우를 막기 위한 것이며, 이러한 행위는 실제로 '결제불이행 위험이 있는 공매도'에 해당되기 때문이다. 이러한 실질적인 '무(無)차입공매도'를 예방하기 위하여 거래소는 기존의 '결제이행확약서'에 의한 확인방법을 폐지하고, 회원사가 주문수탁시 차입여부를 문서, 전자통신 등의 수단으로 확인할 것으로 요구하고 있다(거래소 업무규정 17조).

차입공매도의 허용에 있어서 또 다른 중요한 점은 공매도 주문을 할 때 그 매도가 공매도임을 거래소에 알려야 한다는 점이다. 따라서 차입공매도 주문을 하는 경우, 투자중개업자는 그 주문이 차입공매도임을 거래소에 알리기 위해서 주문시 특정 표시를 하여야 한다. 거래소는 이렇게 차입공매도 표시를 달고 들어온 주문을 집계하여 다음 날 시장에 차입공매도 잔고를 발표하여 투자자들의 투자에 참고하도록 조치하고 있다.

(3) 대상 증권

기본적으로 공매도의 대상이 되는 증권은 상장증권인데, 상장증권 중에서도 (i) 전환사채권, 신주인수권부사채권, 이익참가부사채권 또는 교환사채권, (ii) 지분증권, (iii) 수익증권, (iv) 파생결합증권, (v) 증권예탁증권으로 한정하고 있다(법 시행령 208조 1항). 즉 전형적인 주식과 주식관련사채로 제한하고 있는데, 이는 공매도의 특성상 가격 변동성이 어느 정도 수반되는 증권의 경우에만 공매도의 실익이 있기 때문이다. 그러나 실제로 차입공매도가 이루어지는 증권은 주식인데, 이는 주식의 가격변동성이 가장 크기 때문이며, 또한 대차거래 측면에서도 주식의 '시장성'이 가장 크기 때문이다.

2. 공매도 호가의 제한

공매도는 앞서 언급한 것처럼 「차입공매도」와 「기타공매도」[1]로 구분할 수 있는데,

1) 기타공매도는 법상 용어는 아니지만, 법 제189조 제1항 제1호와 거래소 유가증권업무규정 제17조 제1항에서 규정하는 형태의 매도를 가리키는 실무적인 용어이다.

같은 공매도이지만 그 성격은 크게 차이가 난다. 즉 차입공매도는 말 그대로 타인이 소유하고 있는 주식을 빌려서 매도하고 일정한 기간 후에 되사서 갚는 것을 의미하지만, 기타공매도는 자신 소유의 주식이지만 매도 당시에 소유하고 있지 못할 뿐 결제일에는 소유하게 되는 경우 또는 다른 기관에 보관되어 있어 매도 당시 소유가 확인되지 않는 상태의 주식의 매도를 의미한다. 따라서 차입공매도와 기타공매도와의 본질적 차이는 자기재산의 처분이냐 여부이다. 즉 자기재산의 처분이라면 공매도 이후 주가가 하락할수록 손해를 보게 되지만, 차입하여 공매도를 한 경우에는 주가가 하락하면 더 낮은 가격으로 되사서 차입주식을 상환하면 되고 그 차익을 누리는 투자기법이다. 이처럼 기타공매도는 주가 하락시 경제적 손실을 입게 되나 차입공매도는 반대로 주가 하락시 경제적 이익을 얻게 되는 구조를 가지고 있다. 이러한 손익구조의 차이에 따라 차입공매도는 본질적으로 주가의 하락을 유도할 개연성이 있기 때문에 차입공매도의 경우 호가를 직전가와 같거나 낮은 가격으로 제출하지 못하도록 규제하고 있다. 이러한 호가제한을 일반적으로 「업－틱 룰」(up-tick rule)이라 한다.[1] [2] 이러한 호가의 제한은 거래소 업무규정에 의해 이루어지고 있다(규정 18조).

이러한 '업－틱 룰'은 기타공매도에는 적용되지 않고 차입공매도의 경우에만 적용된다. 실제로 차입공매도이면서 주가의 하락을 유도하기 위해 기타공매도로 호가표시를 하고 주문이 들어오는 경우들이 발견되는데, 이는 거래소 업무규정 위반행위이며 중요한 불건전매매라 할 수 있다.

차입공매도라 하더라도 지수차익거래에 대해서는 '업－틱 룰'을 적용하고 있지 않다. 지수차익거래는 현·선 가격 차이를 이용하여 이익을 얻으려는 투자전략이므로 주가하락을 유도할 유인이 별로 없고 '업－틱 룰'을 적용하는 경우 차익거래 자체가 불가능하게 되기 때문이다. 이러한 '업－틱 룰'이 면제되는 거래로는, (i) 지수차익거래를 위한 매도, (ii) 기초주권과 선물·옵션거래간 차익거래를 위한 기초주권의 매도, (iii) 상장지수펀드를 구성하는 주식집단과 상장지수펀드간 차익거래를 위한 주식집단의 매도, (iv) DR과 원주간 차익거래를 위한 원주의 매도, (v) 유동성공급자가 유동성 공급호가를 제출하는 경우 등이 있다(동 규정 18조).

---

1) 원래 '업－틱 룰'은 미국에서 시작되었는데 미국은 2007년에 이를 폐지하였다가 최근 금융위기를 경험하면서 '업－틱 룰'을 부활하기 위한 검토에 들어갔다(Wall Street Journal, 2009. 4. 7 보도).

2) 공매도와 관련하여 '업－틱 룰' 제도를 운영하는 시장들이 많은데, '업－틱 룰'보다 완화된 「modified uptick rule」을 채택하는 경우들이 생겨나고 있다. 「modified uptick rule」이란 공매도시 최우선매수호가(best bid price) 이하를 금지하는 제도이다. 이에 비해 '업－틱 룰'은 직전가 이하의 공매도 주문을 금지한다.

Ⅲ. 공매도와 시세조종

1. 의 의

시세조종은 일반적으로 주가를 고의로 조작하여 상승시키는 것을 의미하나 의도적으로 주가를 하락시키는 경우도 있다. 주가를 하락시키고자 하는 경우 중요한 수단의 하나가 '공매도' 방법이다. 따라서 공매도를 규제하는 배경에는 이러한 시세조종을 예방하기 위한 고려도 포함되어 있다.

공매도와 관련한 전형적인 시세조종 방법에는 두 가지가 있다. 첫째는 특정 주식의 가격이 상당히 상승하였고, 이제 상승의 에너지가 소진되었다고 판단되는 시점에 집중적인 공매도를 통해 주가를 하락시키는 방법이다. 주가의 상승이 특정 세력에 의해 인위적으로 이루어진 경우라면 공매도를 통한 주가하락 유도는 더욱 쉬울 수 있다. 또 다른 하나는 이처럼 정상적인 주가상승의 경우에 등장하는 공매도이든, 또는 주가조작 세력의 힘을 꺾는 공매도이든 특정 세력이 공매도를 집중적으로 하고 있다고 판단되는 경우, 반대편에 있는 자들이 공매도자들의 커버링을 막기 위해 시장에서 유통되는 특정 주식 또는 상품을 집중 매수하는 소위 「매점」(corner) 또는 「숏 스퀴즈」(short squeeze) 행동이다. 이런 행동은 궁극적으로 주가의 상승을 유발한다. 이런 경우 이들은 결제불이행 위험에 직면한 공매도자들에게 장외에서 상당한 웃돈을 받고 주식을 넘기게 된다.[1)]

공매도를 통해 주가의 하락을 유도하였다고 해서 시세조종으로 처벌할 수 있는가? 우리 법은 일련의 공매도를 허용하고 있으며, 따라서 이러한 법의 규정에 따라 이루어진 공매도가 비록 주가의 하락에 영향을 미쳤다고 해서 이를 시세조종으로 볼 수는 없다. 다만, 공매도를 하는 과정에 차입공매도를 기타공매도로 허위 신고하여 직전가 이하로 매도를 하면서 주가 하락을 주도한다면 시세조종에 해당될 수 있다.

2. 우리나라의 사례

우리나라에서 공매도를 둘러싸고 시세조종 행위가 발생한 사건으로는 대표적으로 2000년 3월에 발생한 「성도이엔지 공매도 사태」를 들 수 있는데 사안의 개요는 다음과 같다.

> 우풍상호신용금고의 주식운용담당자가 주식운용손실을 만회하기 위하여 당시 4일 연속 상한가 중이던 성도이엔지 주식에 대하여 유통물량(286,000주)보다 많은 340,000주를 대우증권을 통해 공매도하여 매매계약이 체결되었으나 결제물량을 확보하지 못하여 미결제사태가 발

1) 이러한 매점 또는 숏 스퀴즈가 미국의 경우 상품시장에서는 몇 번 발생하였지만 증권시장에서는 거의 발생하고 있지 않다. 증권시장의 경우 특정 주식의 유통주식을 모두 매수하려면 상당한 규모의 자금이 필요하기 때문이다. 그러나 유통주식이 상대적으로 크지 않은 경우에는 가능성이 상대적으로 크다.

생하였다. 이 사건은 단순히 공매도가 이루어진 물량에 대해 결제물량을 확보하지 못한 단순한 미결제사태가 아니었다. 문제가 된 공매도 대상 주식인 성도이엔지 주식은 공매도 사태 발생 이전인 2000년 2월부터 시세조종세력(성도이엔지 대주주 등)이 인위적으로 주가를 조작하여 상승시키고 있던 중이었다. 시세조종세력은 자신들이 시세조종하던 주식에 갑자기 우풍상호신용금고가 공매도하면서 주가가 급락하자 대우증권이 미결제주식을 매수하여 결제하는 것을 저지하기 위하여 전 매도물량을 매수하면서 상한가를 만들었고, 한편 성도이엔지의 대주주이며 사장이었던 S씨는 대우증권(매도증권회사)측의 보유주식 대차요구를 거부함으로써 결제불이행사태가 발생하였다.

이 사건에서 증권거래법 제188조의4를 위반한 자는 양 측 모두이다. 먼저 성도이엔지의 대주주측은 공매도와 관계없이 전형적인 시세조종 행위를 하였다. 그리고 우풍상호신용금고의 주식운용자는 집중적인 공매도를 통하여 주가를 하락시키기 위해 31만주를 공매도를 통해 주문하였고 다시 익일 매도물량 출회를 유도하기 위해 3만주를 추가로 공매도 주문하였는바, 이러한 행위 또한 시세조종에 해당된다. 2000. 11. 8 증권선물위원회는 이들을 시세조종 혐의로 검찰에 고발하였다.

Ⅳ. 공매도 위반에 대한 제재

공매도 규제를 위반한 경우에는 어떠한 처벌이 가능한가? 증권거래법 체제에서는 내부자의 경우에만 법에서 공매도를 금지하였고(188조 1항), 이를 위반한 자에 대해서는 2년 이하의 징역 또는 1천만원 이하의 벌금에 처하도록 하였다(209조 9호). 그리고 공매도의 대부분은 거래소 업무규정을 통하여 규제되고 있었다. 거래소는 자율규제기구로서 제재권한은 회원으로 제한되기 때문에, 비록 투자자가 거래소 규정을 위반하여 공매도를 하였더라도 투자자에 대해서는 처벌할 수단이 존재하지 않았고, 다만 회원에 대해서만 규정 위반의 사유로 일정한 제재를 가할 수 있었다. 따라서 공매도 규제를 위반한 행위자는 투자자인데, 투자자는 처벌하지 못하고 회원에 대해서만 제재를 가할 수 있는 모순이 있었다.

자본시장법은 이러한 문제점을 해소하기 위하여 공매도 규제를 자율규제 차원에서 법상 규제로 격상시키고, 규제 대상을 '누구든지'로 규정함으로써 공매도를 직접 주문한 투자자를 규제의 대상으로 명시적으로 포함시켰다.

이러한 개선과 함께 처벌규정에도 변화가 있었다. 증권거래법 체제에서는 기업의 내부자 등에 제한적이기는 하였지만, 이들이 공매도를 하는 경우에는 2년 이하의 징역이라는 강한 형사처벌이 적용되었다. 그러나 공매도 금지 위반 자체는 기술적 위반이며, 그 자체로 시장을 교란하는 행위로 보기는 어렵다. 이러한 과거의 엄격한 형벌체제는 내부자거래와 혼동한 것으로 보여지는데, 만약 내부자가 기업의 악재를 이용하여 공매도를 한 경우에는 내부자거래로 처벌하는 것으로 충분하다. 따라서 내부정보를 이용하지 않은 공매도 행위에 대해 엄격한 형사처벌 규정을 운용하는 것은 과도한 면이 없지 않았다.

자본시장법은 공매도 위반에 대해 기존의 형사처벌 규정을 폐지하면서 과태료 체제로 전환하였다. 즉 자본시장법은 공매도 규제를 위반한 경우에는 5,000만원 이하의 과태료를 부과하도록 하였다(법 449조 1항 39호). 과태료 부과대상은 공매도를 한 자뿐만 아니라 이를 위탁 또는 수탁한 자도 포함된다. 이처럼 공매도 규제 위반에 대해 과태료 부과 체제로 전환한 것은 공매도 규정 위반행위는 기술적 행위로서, 공매도 행위가 내부자거래나 시세조종 행위와 결합하지 않는 한 형사처벌보다는 과태료 규제가 적절하다고 판단한 것이다. 이러한 전환은 바람직한 방향이라고 본다.

[초판, 개정판: 김정수]

사항색인

개정판

자본시장법 [주석서 I]

초판 발행 2009년 10월 20일
개정판 발행 2015년 8월 10일
중판 발행 2020년 9월 30일

편 자 (사) 한국증권법학회
발행인 안종만 · 안상준

편 집 한두희
기획/마케팅 조성호
표지디자인 김문정
제 작 우인도 · 고철민

발행처 (주) 박영사
서울특별시 종로구 새문안로3길 36, 1601
등록 1959. 3. 11. 제300-1959-1호(倫)
전 화 02)733-6771
f a x 02)736-4818
e-mail pys@pybook.co.kr
homepage www.pybook.co.kr
ISBN 979-11-303-2766-2 94360
979-11-303-2765-5 (세트)

정 가 69,000원